2ª EDIÇÃO

EM

# CONCURSOS DE CARTÓRIOS

**2ª EDIÇÃO**

**COORDENADORES**
**Alexandre Gialluca** **Wander Garcia** **Daniela Rosário**

EM

# CONCURSOS DE CARTÓRIOS

2ª Edição

## 2.400 QUESTÕES COMENTADAS

2013 © Editora Foco

**Coordenadores:** Alexandre Gialluca, Daniela Rosário e Wander Garcia
**Autores:** Wander Garcia, Alexandre Gialluca, Arthur Trigueiros, Bruna Vieira, Daniela Rosário, Eduardo Dompieri, Flávia Moraes Barros Michele Fabre, Gabriela Rodrigues, Henrique Subi, Magally Dato, Robinson Sakiyama Barreirinhas, Teresa Melo, Tiago Queiroz
**Editor:** Márcio Dompieri
**Capa:** Wilton Carvalho Garcia (WCG Propaganda & Design) e R2 Editorial
**Projeto Gráfico e diagramação:** R2 Editorial
**Impressão e acabamento:** RR Donnelley

**Dados Internacionais de Catalogação na Publicação (CIP)**
**(Câmara Brasileira do Livro, SP, Brasil)**

---

Garcia, Wander
 Como passar em concursos de cartórios / Wander Garcia. -- 2 ed. -- Indaiatuba, SP : Editora Foco Jurídico, 2013. -- (Como passar em concursos de cartórios)

ISBN 978-85-8242-026-3

1. Cartórios de notas – Brasil 2. Concursos – Brasil 3. Registros públicos – Brasil I. Título. II. Série.

13–09217                  CDU-347.136(81)(079)

---

**Índices para Catálogo Sistemático:**
1. Brasil : Concurso de cartório : Registros públicos : Direito civil 347.136(81)(079)

**Direitos Autorais:** as questões de concursos públicos, por serem atos oficiais, não são protegidas como direitos autorais, na forma do art. 8º, IV, da Lei 9.610/1998. Porém, os comentários e a organização das questões são protegidos na forma da lei citada, ficando proibido o seu aproveitamento ou a reprodução total ou parcial dos textos. Os infratores serão processados na forma da lei.

**Atualizações e erratas:** a presente obra é vendida como está, sem garantia de atualização futura. Porém, atualizações voluntárias e erratas são disponibilizadas no *site* www.editorafoco.com.br, na seção *Atualizações*. Esforçamo-nos ao máximo para entregar ao leitor uma obra com a melhor qualidade possível e sem erros técnicos ou de conteúdo. No entanto, nem sempre isso ocorre, seja por motivo de alteração de software, interpretação ou falhas de diagramação e revisão. Sendo assim, disponibilizamos em nosso site a seção mencionada (*Atualizações*), na qual relataremos, com a devida correção, os erros encontrados na obra. Solicitamos, outrossim, que o leitor faça a gentiliza de colaborar com a perfeição da obra, comunicando eventual erro encontrado por meio de mensagem para contato@editorafoco.com.br.

**2013**
Proibida a reprodução total ou parcial.
Os infratores serão processados na forma da lei.
Todos os direitos reservados à
Editora Foco Ltda
Rua Alberto Santos Dumont, 1697 – sala 07 – Cidade Nova
CEP 13334-150 – Indaiatuba – SP
E-mail: contato@editorafoco.com.br

**www.editorafoco.com.br**

# APRESENTAÇÃO

A experiência diz que aquele que quer ser aprovado deve fazer três coisas: a) entender a teoria; b) ler a letra da lei, e c) treinar. A teoria é vista em cursos e livros à disposição no mercado. O problema é que ela, sozinha, não é suficiente. É fundamental "ler a letra da lei" e "treinar". E a presente obra possibilita que você faça esses dois tipos de estudo. Aliás, você sabia que mais de 90% das questões de Concursos de Cartórios são resolvidas apenas com o conhecimento da lei, e que as questões das provas se repetem muito?

Cada questão deste livro vem comentada com o dispositivo legal em que você encontrará a resposta. E isso é feito não só em relação à alternativa correta. Todas as alternativas são comentadas. Com isso você terá acesso aos principais dispositivos legais que aparecem nas provas e também às orientações doutrinárias e jurisprudenciais.

Estudando pelo livro você começará a perceber as técnicas dos examinadores e as "pegadinhas" típicas de prova, e ganhará bastante segurança para o momento decisivo, que é o dia do seu exame.

É por isso que podemos afirmar, com uma exclamação, que esta obra vai lhe demonstrar COMO PASSAR EM CONCURSOS DE CARTÓRIOS.

# SUMÁRIO

## COMO USAR O LIVRO? ........ 15

## 1. LÍNGUA PORTUGUESA ........ 19

1. INTERPRETAÇÃO DE TEXTOS ........ 19
2. REDAÇÃO ........ 19
3. MORFOLOGIA ........ 20
4. VERBO ........ 21
5. REGÊNCIA VERBAL ........ 22
6. USO DA CRASE ........ 22
7. CONCORDÂNCIA VERBAL E CONCORDÂNCIA NOMINAL ........ 23
8. LITERATURA E FIGURAS ........ 25

## 2. DIREITO CONSTITUCIONAL ........ 27

1. TEORIA DA CONSTITUIÇÃO, PODER CONSTITUINTE, INTERPRETAÇÃO E PRINCÍPIOS FUNDAMENTAIS ........ 27
2. CONTROLE DE CONSTITUCIONALIDADE ........ 32
3. DIREITOS E DEVERES INDIVIDUAIS E COLETIVOS ........ 38
4. DIREITOS SOCIAIS, NACIONALIDADE E DIREITOS POLÍTICOS ........ 44
5. ORGANIZAÇÃO DO ESTADO ........ 51
6. ORGANIZAÇÃO DOS PODERES LEGISLATIVO E EXECUTIVO ........ 59
7. ORGANIZAÇÃO DO PODER JUDICIÁRIO E FUNÇÕES ESSENCIAIS À JUSTIÇA ........ 65
8. DEFESA DO ESTADO, TRIBUTAÇÃO E ORÇAMENTO, ORDEM ECONÔMICA E FINANCEIRA E ORDEM SOCIAL ........ 70
9. SERVIÇOS NOTARIAIS E DE REGISTRO ........ 78
10. TEMAS COMBINADOS ........ 79

## 3. DIREITO ADMINISTRATIVO ........ 81

1. PRINCÍPIOS DO DIREITO ADMINISTRATIVO ........ 81
2. PODERES ADMINISTRATIVOS ........ 85
3. ATOS ADMINISTRATIVOS ........ 86
    3.1. CONCEITO E FORMAÇÃO DO ATO ADMINISTRATIVO ........ 86
    3.2. ATRIBUTOS DO ATO ADMINISTRATIVO ........ 86

3.3. REQUISITOS DO ATO ADMINISTRATIVO ............................................................................ 88
   3.4. DISCRICIONARIEDADE, VINCULAÇÃO E CONTROLE JURISDICIONAL .................................. 89
   3.5. EXTINÇÃO DO ATO ADMINISTRATIVO ........................................................................... 91
   3.6. CLASSIFICAÇÃO DO ADMINISTRATIVO ......................................................................... 92
4. ORGANIZAÇÃO DA ADMINISTRAÇÃO PÚBLICA ........................................................................ 94
5. AGENTES PÚBLICOS ................................................................................................................ 96
   5.1. CLASSIFICAÇÃO E ESPÉCIES DE AGENTES PÚBLICOS ................................................... 96
   5.2. ESPÉCIES DE VÍNCULOS ............................................................................................... 97
   5.3. PROVIMENTO E VACÂNCIA .......................................................................................... 97
   5.4. ACESSIBILIDADE ......................................................................................................... 97
   5.5. ESTABILIDADE E ESTÁGIO PROBATÓRIO ..................................................................... 98
   5.6. ACUMULAÇÃO REMUNERADA E AFASTAMENTO ......................................................... 99
   5.7. REMUNERAÇÃO, PROVENTOS E PENSÃO. OUTROS DIREITOS DOS AGENTES PÚBLICOS .................. 100
   5.8. INFRAÇÕES E PROCESSO DISCIPLINARES .................................................................... 100
   5.9. RESPONSABILIDADE CIVIL, PENAL E ADMINISTRATIVA DO SERVIDOR .......................... 101
   5.10. TEMAS COMBINADOS DE AGENTES PÚBLICOS ........................................................... 101
6. IMPROBIDADE ADMINISTRATIVA ............................................................................................ 102
7. BENS PÚBLICOS ...................................................................................................................... 103
8. RESPONSABILIDADE DO ESTADO ............................................................................................ 107
9. INTERVENÇÃO NA PROPRIEDADE ............................................................................................ 109
   9.1. DESAPROPRIAÇÃO ...................................................................................................... 109
   9.2. SERVIDÃO ADMINISTRATIVA ....................................................................................... 113
   9.3. TOMBAMENTO ............................................................................................................ 114
   9.4. REQUISIÇÃO ADMINISTRATIVA ................................................................................... 114
   9.5. TEMAS COMBINADOS DE INTERVENÇÃO NA PROPRIEDADE ....................................... 115
10. LICITAÇÃO ............................................................................................................................. 115
    10.1. TEMAIS GERAIS ........................................................................................................ 115
    10.2. CONTRATAÇÃO DIRETA ............................................................................................ 117
    10.3. MODALIDADES DE LICITAÇÃO .................................................................................. 117
11. CONTRATOS ADMINISTRATIVOS ............................................................................................ 118
12. SERVIÇOS PÚBLICOS ............................................................................................................. 120
13. CONTROLE DA ADMINISTRAÇÃO ........................................................................................... 124
14. PROCESSO ADMINISTRATIVO ................................................................................................ 125
15. DIREITO ADMINISTRATIVO APLICADO AOS NOTÁRIOS E REGISTRADORES ........................... 125
16. OUTROS TEMAS E QUESTÕES COMBINADAS ......................................................................... 126

## 4. DIREITO TRIBUTÁRIO — 129

1. PRINCÍPIOS E IMUNIDADES .................................................................................................... 129
2. DEFINIÇÃO DE TRIBUTO E ESPÉCIES ...................................................................................... 135
3. COMPETÊNCIA TRIBUTÁRIA ................................................................................................... 140
4. LEGISLAÇÃO TRIBUTÁRIA, INTEPRETAÇÃO E INTEGRAÇÃO .................................................... 143
5. FATO GERADOR, OBRIGAÇÃO, CRÉDITO TRIBUTÁRIO E LANÇAMENTO ................................... 145
6. SUJEIÇÃO PASSIVA – CONTRIBUINTES E RESPONSÁVEIS ...................................................... 147
7. SUSPENSÃO, EXTINÇÃO E EXCLUSÃO DO CRÉDITO TRIBUTÁRIO ........................................... 152
8. IMPOSTOS EM ESPÉCIE .......................................................................................................... 158
9. ADMINISTRAÇÃO TRIBUTÁRIA, CERTIDÕES, INSCRIÇÃO ........................................................ 167
10. AÇÕES TRIBUTÁRIAS ............................................................................................................ 169
11. TEMAS COMBINADOS E OUTRAS MATÉRIAS ......................................................................... 170

## 5. DIREITO PENAL — 177

1. CONCEITO, FONTES, PRINCÍPIOS, INTERPRETAÇÃO E APLICAÇÃO DA LEI NO TEMPO E NO ESPAÇO ........ 177
2. CLASSIFICAÇÃO DOS CRIMES, FATO TÍPICO E TIPO PENAL .................................................................. 180
3. CRIMES DOLOSOS, CULPOSOS E PRETERDOLOSOS; ERRO DE TIPO, DE PROIBIÇÃO E DEMAIS ERROS ...... 181
4. TENTATIVA, CONSUMAÇÃO, DESISTÊNCIA VOLUNTÁRIA E CRIME IMPOSSÍVEL ........................................ 183
5. ANTIJURIDICIDADE E CAUSAS EXCLUDENTES ..................................................................................... 184
6. AUTORIA E CONCURSO DE PESSOAS .................................................................................................. 184
7. CULPABILIDADE E CAUSAS EXCLUDENTES ......................................................................................... 185
8. PENAS E MEDIDAS DE SEGURANÇA ................................................................................................... 186
9. AÇÃO PENAL ....................................................................................................................................... 190
10. EXTINÇÃO DA PUNIBILIDADE ............................................................................................................... 190
11. CRIMES CONTRA A PESSOA E CONTRA O PATRIMÔNIO ....................................................................... 193
12. CRIMES CONTRA A DIGNIDADE SEXUAL, A FÉ PÚBLICA, A ADMINISTRAÇÃO PÚBLICA E AS FINANÇAS PÚBLICAS ..................................................................................................................... 197
13. OUTROS CRIMES DO CÓDIGO PENAL ................................................................................................. 210
14. CRIMES DA LEGISLAÇÃO EXTRAVAGANTE ......................................................................................... 212
15. TEMAS COMBINADOS .......................................................................................................................... 215

## 6. DIREITO PROCESSUAL PENAL — 219

1. FONTES, PRINCÍPIOS GERAIS, EFICÁCIA DA LEI PROCESSUAL NO TEMPO E NO ESPAÇO E INTERPRETAÇÃO ............................................................................................................ 219
2. INQUÉRITO POLICIAL, AÇÃO PENAL E AÇÃO CIVIL ............................................................................. 220
3. JURISDIÇÃO E COMPETÊNCIA; CONEXÃO E CONTINÊNCIA ................................................................ 224
4. QUESTÕES E PROCESSOS INCIDENTES ............................................................................................. 225
5. PROVA .................................................................................................................................................. 226
6. PRISÃO, MEDIDAS CAUTELARES E LIBERDADE PROVISÓRIA .............................................................. 228
7. SUJEITOS PROCESSUAIS, CITAÇÃO, INTIMAÇÃO E PRAZOS ................................................................ 229
8. PROCESSOS E PROCEDIMENTOS; SENTENÇA E COISA JULGADA ...................................................... 230
9. NULIDADES .......................................................................................................................................... 232
10. RECURSOS .......................................................................................................................................... 233
11. *HABEAS CORPUS* E REVISÃO CRIMINAL ........................................................................................... 235
12. EXECUÇÃO PENAL .............................................................................................................................. 237
13. LEGISLAÇÃO EXTRAVAGANTE E TEMAS COMBINADOS ...................................................................... 237

## 7. DIREITO CIVIL — 241

1. LINDB ................................................................................................................................................... 241
2. GERAL .................................................................................................................................................. 243
   2.1. PESSOAS NATURAIS .................................................................................................................. 243
   2.2. PESSOAS JURÍDICAS ................................................................................................................. 246
   2.3. DOMICÍLIO .................................................................................................................................. 248
   2.4. DIREITOS DA PERSONALIDADE E NOME .................................................................................. 248
   2.5. AUSÊNCIA .................................................................................................................................. 248
   2.6. BENS ........................................................................................................................................... 249
   2.7. FATOS JURÍDICOS ..................................................................................................................... 251
   2.8. PRESCRIÇÃO E DECADÊNCIA ................................................................................................... 257
3. OBRIGAÇÕES ...................................................................................................................................... 258
   3.1. INTRODUÇÃO, CLASSIFICAÇÃO E MODALIDADES DAS OBRIGAÇÕES ................................... 258
   3.2. TRANSMISSÃO, ADIMPLEMENTO E EXTINÇÃO DAS OBRIGAÇÕES ........................................ 260
   3.3. INADIMPLEMENTO DAS OBRIGAÇÕES ..................................................................................... 262

4. CONTRATOS ..................................................................................................................264
   4.1. CONCEITO, PRESSUPOSTOS, FORMAÇÃO E PRINCÍPIOS DOS CONTRATOS ..........................264
   4.2. VÍCIOS REDIBITÓRIOS ..................................................................................267
   4.3. COMPRA E VENDA ..........................................................................................268
   4.4. COMPROMISSO DE COMPRA E VENDA ..................................................................269
   4.5. DOAÇÃO ......................................................................................................271
   4.6. MÚTUO, COMODATO E DEPÓSITO ....................................................................274
   4.7. LOCAÇÃO ....................................................................................................276
   4.8. OUTROS CONTRATOS ......................................................................................276
   4.9. TEMAS COMBINADOS DE CONTRATOS ..............................................................282
5. RESPONSABILIDADE CIVIL ........................................................................................282
   5.1. OBRIGAÇÃO DE INDENIZAR ............................................................................282
   5.2. INDENIZAÇÃO ..............................................................................................284
6. COISAS ..................................................................................................................285
   6.1. POSSE ........................................................................................................285
   6.2. PROPRIEDADE IMÓVEL ....................................................................................286
   6.3. PROPRIEDADE MÓVEL ....................................................................................290
   6.4. CONDOMÍNIO ..............................................................................................291
   6.5. DIREITO REAIS NA COISA ALHEIA FRUIÇÃO ......................................................293
   6.6. DIREITOS REAIS SOBRE COISA ALHEIA GARANTIA ..............................................296
7. FAMÍLIA ................................................................................................................299
   7.1. CASAMENTO ................................................................................................299
   7.2. UNIÃO ESTÁVEL ............................................................................................306
   7.3. PARENTESCO E FILIAÇÃO ................................................................................306
   7.4. PODER FAMILIAR, ADOÇÃO, TUTELA E GUARDA ................................................309
   7.5. ALIMENTOS ................................................................................................310
   7.6. BEM DE FAMÍLIA ..........................................................................................311
   7.7. TUTELA E CURATELA ....................................................................................312
8. SUCESSÕES ............................................................................................................313
   8.1. SUCESSÃO EM GERAL ....................................................................................313
   8.2. SUCESSÃO LEGÍTIMA ....................................................................................315
   8.3. SUCESSÃO TESTAMENTÁRIA ............................................................................318
9. DIREITO EMPRESARIAL ............................................................................................320
   9.1. EMPRESÁRIO E SOCIEDADE ............................................................................320
   9.2. TÍTULOS DE CRÉDITO ....................................................................................321
10. DIREITO DO CONSUMIDOR ......................................................................................321
11. CRIANÇA E ADOLESCENTE ......................................................................................323
12. TEMAS COMBINADOS ............................................................................................323

## 8. DIREITO PROCESSUAL CIVIL — 325

1. PRINCÍPIOS NO PROCESSO CIVIL ..............................................................................325
2. PARTES, PROCURADORES, MINISTÉRIO PÚBLICO E JUIZ ................................................327
3. ATOS PROCESSUAIS ................................................................................................331
4. LITISCONSÓRCIO, ASSISTÊNCIA E INTERVENÇÃO DE TERCEIROS ..................................336
5. JURISDIÇÃO E COMPETÊNCIA ....................................................................................336
6. PRESSUPOSTOS PROCESSUAIS E CONDIÇÕES DA AÇÃO ................................................340
7. FORMAÇÃO, SUSPENSÃO E EXTINÇÃO DO PROCESSO. NULIDADES ..............................340
8. TUTELA ANTECIPADA E LIMINAR EM CAUTELAR ........................................................341
9. PROCESSO DE CONHECIMENTO, RITOS ORDINÁRIO E SUMÁRIO ................................343

10. DA DECLARAÇÃO DE INCONSTITUCIONALIDADE E DA HOMOLOGAÇÃO DE SENTENÇA ESTRANGEIRA ........ 353
11. CUMPRIMENTO DE SENTENÇA E PROCESSO DE EXECUÇÃO ........................................................... 355
12. AÇÃO RESCISÓRIA. RECURSOS .................................................................................................... 361
13. CAUTELARES .................................................................................................................................. 368
14. PROCEDIMENTOS ESPECIAIS ........................................................................................................ 369
15. LEGISLAÇÃO EXTRAVAGANTE ....................................................................................................... 374
16. COMBINADOS ................................................................................................................................. 378

## 9. DIREITO EMPRESARIAL — 383

1. EMPRESA E EMPRESÁRIO ............................................................................................................. 383
2. NOME EMPRESARIAL ..................................................................................................................... 387
3. ESTABELECIMENTO EMPRESARIAL ............................................................................................... 388
4. REGISTROS E LIVROS .................................................................................................................... 390
5. DIREITO SOCIETÁRIO ..................................................................................................................... 393
6. SOCIEDADES ANÔNIMAS ............................................................................................................... 405
7. CONTRATOS EMPRESARIAIS ......................................................................................................... 409
8. TÍTULOS DE CRÉDITO .................................................................................................................... 413
    8.1. TEORIA E NORMAS GERAIS ................................................................................................. 413
    8.2. LETRA DE CÂMBIO ................................................................................................................ 417
    8.3. NOTA PROMISSÓRIA ............................................................................................................. 418
    8.4. CHEQUE ................................................................................................................................. 419
    8.5. DUPLICATA ............................................................................................................................ 421
    8.6. OUTROS TÍTULOS DE CRÉDITO E TEMAS COMBINADOS .................................................. 423
9. RECUPERAÇÃO E FALÊNCIA .......................................................................................................... 424
10. TEMAS COMBINADOS E OUTRAS MATÉRIAS ............................................................................... 435

## 10. TEORIA GERAL DOS REGISTROS PÚBLICOS — 441

1. PRINCÍPIOS ..................................................................................................................................... 441
2. ESPÉCIES DE REGISTROS PÚBLICOS ........................................................................................... 443
3. OBJETO E FINALIDADE DOS REGISTROS PÚBLICOS ................................................................... 443
4. FUNÇÃO E FÉ PÚBLICA REGISTRÁRIA .......................................................................................... 444
5. DELEGAÇÃO E ASPECTO INSTITUCIONAL DOS SERVIÇOS DE REGISTROS PÚBLICOS ............ 445
6. DEONTOLOGIA: DIREITOS E DEVERES DE TABELIÃES, OFICIAIS DE REGISTRO E SEUS PREPOSTOS. DIREITOS E DEVERES PERANTE O CONSELHO NACIONAL DE JUSTIÇA. DEVERES DE LEITURA, ATUALIZAÇÃO, INFORMAÇÕES E DECLARAÇÕES. ................................ 450
7. TEMAS COMBINADOS DE REGISTROS PÚBLICOS ....................................................................... 456

## 11. REGISTRO CIVIL DAS PESSOAS NATURAIS — 467

1. COMPETÊNCIA E ATRIBUIÇÕES DO REGISTRO CIVIL DAS PESSOAS NATURAIS. ADMINISTRAÇÃO DOS SERVIÇOS .................................................................................................. 467
2. LIVROS E CLASSIFICADORES EM GERAL E ESPECÍFICOS DO SERVIÇO DE REGISTRO CIVIL DAS PESSOAS NATURAIS. ESCRITURAÇÃO E ORDEM DO SERVIÇO. PUBLICIDADE. CERTIDÕES. COMUNICAÇÕES. CONSERVAÇÃO. RESPONSABILIDADE. AUTENTICAÇÃO DE LIVROS MERCANTIS. CHANCELA MECÂNICA. ................................................................... 468
3. REGISTROS. AVERBAÇÕES. ANOTAÇÕES ..................................................................................... 469
4. REGISTRO CIVIL DAS PESSOAS NATURAIS EM GERAL. .............................................................. 470
5. NASCIMENTO E NATIMORTO ......................................................................................................... 471
6. CASAMENTO. CONVERSÃO DE UNIÃO ESTÁVEL EM CASAMENTO. RECONCILIAÇÃO. .............. 474
7. ÓBITO .............................................................................................................................................. 478
8. EMANCIPAÇÃO, INTERDIÇÃO E AUSÊNCIA. .................................................................................. 481

9. TRASLADOS DE ASSENTOS LAVRADOS NO EXTERIOR. OPÇÃO DE NACIONALIDADE .................. 483
10. RETIFICAÇÕES, RESTAURAÇÕES E SUPRIMENTOS. .................. 484
11. RECONHECIMENTO DE FILHOS. .................. 487
12. ADOÇÃO E REGISTRO CIVIL. .................. 489
13. GRATUIDADE NO SERVIÇO DE REGISTRO CIVIL. FUNDO DE RESSARCIMENTO DOS ATOS GRATUITOS .................. 490
14. REGISTRO TARDIO DE NASCIMENTO. LEI FEDERAL 11.790/2008 .................. 491
15. TEMAS COMBINADOS DE REGISTRO CIVIL DE PESSOAS NATURAIS .................. 491

## 12. REGISTRO CIVIL DE PESSOA JURÍDICA — 495

1. COMPETÊNCIA. PRINCÍPIOS INFORMATIVOS. LIVROS E CLASSIFICADORES .................. 495
2. ESCRITURAÇÃO E ORDEM DE SERVIÇO. CERTIDÕES. COMUNICAÇÕES. CONSERVAÇÃO .................. 497
3. REGISTROS. AVERBAÇÕES. ANOTAÇÕES. NOTIFICAÇÕES .................. 498
4. REGISTROS DE ASSOCIAÇÕES, FUNDAÇÕES, PARTIDOS POLÍTICOS E SOCIEDADES. MATRÍCULA DE JORNAIS, PERIÓDICOS, OFICINAS IMPRESSORAS E EMPRESAS DE RADIODIFUSÃO .................. 498
5. TEMAS COMBINADOS DE REGISTRO CIVIL DE PESSOA JURÍDICA .................. 500

## 13. REGISTRO DE TÍTULOS E DOCUMENTOS — 505

1. COMPETÊNCIA. PRINCÍPIOS INFORMATIVOS. LIVROS E CLASSIFICADORES .................. 505
2. ESCRITURAÇÃO E ORDEM DE SERVIÇO. CERTIDÕES. COMUNICAÇÕES. CONSERVAÇÃO .................. 508
3. REGISTROS. AVERBAÇÕES. ANOTAÇÕES. NOTIFICAÇÕES .................. 509
4. TEMAS COMBINADOS DE REGISTRO DE TÍTULOS E DOCUMENTOS .................. 510

## 14. TABELIONATO DE NOTAS — 513

1. TEORIA GERAL DOS ATOS NOTARIAIS. PRINCÍPIOS. ESPÉCIES. OBJETO. FINALIDADE. FUNÇÃO. FÉ PÚBLICA NOTARIAL. DELEGAÇÕES E ASPECTO INSTITUCIONAL DOS SERVIÇOS NOTARIAIS .................. 513
2. COMPETÊNCIA E ATRIBUIÇÕES DO TABELIONATO DE NOTAS. ADMINISTRAÇÃO DO SERVIÇO .................. 515
3. LIVROS E CLASSIFICADORES EM GERAL E ESPECÍFICOS DO SERVIÇO NOTARIAL. ESCRITURAÇÃO E ORDEM DO SERVIÇO. ATOS NOTARIAIS EM GERAL E EM ESPÉCIE. PUBLICIDADE. CERTIDÕES. COMUNICAÇÕES. CONSERVAÇÃO. RESPONSABILIDADE .................. 519
4. ESCRITURA PÚBLICA. REQUISITOS .................. 522
5. ESCRITURAS DE IMÓVEIS EM GERAL .................. 525
6. LEI 11.441/2007 – ESCRITURAS DE INVENTÁRIO, PARTILHA, SEPARAÇÃO E DIVÓRCIO CONSENSUAIS, DECLARAÇÃO E RECONHECIMENTO DE UNIÃO ESTÁVEL E CORRELATAS .................. 526
7. DAS PROCURAÇÕES .................. 529
8. DAS DOAÇÕES .................. 530
9. DOS TESTAMENTOS .................. 532
10. DO TRASLADO E CERTIDÃO .................. 535
11. DA AUTENTICAÇÃO DE DOCUMENTOS. DO SELO DE AUTENTICIDADE. RECONHECIMENTO DE FIRMAS .................. 535
12. FISCALIZAÇÃO TRIBUTÁRIA – IMPOSTO DE TRANSMISSÃO DE BENS IMÓVEIS (ITBI). O IMPOSTO DE TRANSMISSÃO *CAUSA MORTIS* E DOAÇÕES (ITCMD). DECLARAÇÃO SOBRE OPERAÇÕES IMOBILIÁRIAS (DOI) EMOLUMENTOS .................. 538
13. RESPONSABILIDADE DOS TABELIÃES .................. 539
14. TEMAS COMBINADOS DE TABELIONATO DE NOTAS .................. 540

## 15. TABELIONATO DE PROTESTO — 543

1. TEORIA GERAL. PRINCÍPIOS. ESPÉCIES. OBJETO. FINALIDADE. FUNÇÃO. FÉ PÚBLICA NOTARIAL. DELEGAÇÕES E ASPECTO INSTITUCIONAL DOS SERVIÇOS DE PROTESTO .................. 543
2. COMPETÊNCIA E ATRIBUIÇÕES DO TABELIÃO DE PROTESTO. ADMINISTRAÇÃO DO SERVIÇO .................. 544
3. LIVROS E CLASSIFICADORES EM GERAL E ESPECÍFICOS DO SERVIÇO DE PROTESTO. ESCRITURAÇÃO E ORDEM DO SERVIÇO. DAS ESPÉCIES DE PROTESTO .................. 545

4. PRAZO E REGISTRO DO PROTESTO.................................................................................548
5. DA APRESENTAÇÃO, DO EXAME E QUALIFICAÇÃO DOS TÍTULOS PROTESTÁVEIS.........................550
6. DA INTIMAÇÃO....................................................................................................552
7. DO PAGAMENTO..................................................................................................553
8. SUSTAÇÃO E DESISTÊNCIA DE PROTESTO.................................................................553
9. INSTRUMENTO DE PROTESTO. REQUISITOS..............................................................555
10. DAS RETIFICAÇÕES DO PROTESTO.........................................................................556
11. DAS CERTIDÕES................................................................................................556
12. RESPONSABILIDADE DOS TABELIÃES DE PROTESTO...................................................558
13. TEMAS COMBINADOS DE TABELIONATO DE PROTESTO................................................558

## 16. REGISTRO DE IMÓVEIS — 563

1. COMPETÊNCIA. PRINCÍPIOS INFORMATIVOS..............................................................563
2. LIVROS E CLASSIFICADORES. ESCRITURAÇÃO E ORDEM DOS SERVIÇOS. CERTIDÕES. COMUNICAÇÕES. CONSERVAÇÃO.............................................................................565
3. REGISTROS. AVERBAÇÕES. PRENOTAÇÃO. ANOTAÇÕES.................................................569
4. TÍTULOS EXTRAJUDICIAIS E JUDICIAIS. QUALIFICAÇÃO. NOTIFICAÇÕES...........................574
5. PROCEDIMENTO DE DÚVIDA....................................................................................575
6. RETIFICAÇÕES E GEORREFERENCIAMENTO................................................................578
7. ALIENAÇÃO FIDUCIÁRIA........................................................................................579
8. PARCELAMENTO DO SOLO URBANO E RURAL..............................................................579
9. CONDOMÍNIOS, INCORPORAÇÕES E PATRIMÔNIO DE AFETAÇÃO.....................................581

# COMO USAR O LIVRO?

Para que você consiga um ótimo aproveitamento deste livro, atente para as seguintes orientações:

1º Tenha em mãos um **vademecum** ou **um computador** no qual você possa acessar os textos de lei citados.

2º Se você estiver estudando a teoria (fazendo um curso preparatório ou lendo resumos, livros ou apostilas), faça as questões correspondentes deste livro na medida em que for avançando no estudo da parte teórica.

3º Se você já avançou bem no estudo da teoria, leia cada capítulo deste livro até o final, e só passe para o novo capítulo quando acabar o anterior; vai mais uma dica: alterne capítulos de acordo com suas preferências; leia um capítulo de uma disciplina que você gosta e, depois, de uma que você não gosta ou não sabe muito, e assim sucessivamente.

4º Iniciada a resolução das questões, tome o cuidado de ler cada uma delas **sem olhar para o gabarito e para os comentários**; se a curiosidade for muito grande e você não conseguir controlar os olhos, tampe os comentários e os gabaritos com uma régua ou um papel; na primeira tentativa, é fundamental que resolva a questão sozinho; só assim você vai identificar suas deficiências e "pegar o jeito" de resolver as questões; marque com um lápis a resposta que entender correta, e só depois olhe o gabarito e os comentários.

5º **Leia com muita atenção o enunciado das questões**. Ele deve ser lido, no mínimo, duas vezes. Da segunda leitura em diante, começam a aparecer os detalhes, os pontos que não percebemos na primeira leitura.

6º **Grife as palavras-chave, as afirmações e a pergunta formulada.** Ao grifar as palavras importantes e as afirmações você fixará mais os pontos-chave e não se perderá no enunciado como um todo. Tenha atenção especial com as palavras "correto", "incorreto", "certo", "errado", "prescindível" e "imprescindível".

7º Leia os comentários e **leia também cada dispositivo legal** neles mencionados; não tenha preguiça; abra o *vademecum* e leia os textos de leis citados, tanto os que explicam as alternativas corretas, como os que explicam o porquê de ser incorreta dada alternativa; você tem que conhecer bem a letra da lei, já que mais de 90% das respostas estão nela; mesmo que você já tenha entendido determinada questão, reforce sua memória e leia o texto legal indicado nos comentários.

8º Leia também os **textos legais que estão em volta** do dispositivo; por exemplo, se aparecer, em Direito Penal, uma questão cujo comentário remete ao dispositivo que trata da falsidade ideológica, aproveite para ler também os dispositivos que tratam dos outros crimes de falsidade; outro exemplo: se aparecer uma questão, em Direito Constitucional, que trate da composição do Conselho Nacional de Justiça, leia também as outras regras que regulamentam esse conselho.

9º Depois de resolver sozinho a questão e de ler cada comentário, você deve fazer uma **anotação ao lado da questão**, deixando claro o motivo de eventual erro que você tenha cometido; conheça os motivos mais comuns de erros na resolução das questões:

DL – "desconhecimento da lei"; quando a questão puder ser resolvida apenas com o conhecimento do texto de lei;

DD – "desconhecimento da doutrina"; quando a questão só puder ser resolvida com o conhecimento da doutrina;

DJ – "desconhecimento da jurisprudência"; quando a questão só puder ser resolvida com o conhecimento da jurisprudência;

FA – "falta de atenção"; quando você tiver errado a questão por não ter lido com cuidado o enunciado e as alternativas;

NUT - "não uso das técnicas"; quando você tiver se esquecido de usar as técnicas de resolução de questões objetivas, tais como as da **repetição de elementos** ("quanto mais elementos repetidos existirem, maior a chance de a alternativa ser correta"), das **afirmações generalizantes** ("afirmações generalizantes tendem a ser incorretas" - reconhece-se afirmações generalizantes pelas palavras *sempre, nunca, qualquer, absolutamente, apenas, só, somente exclusivamente* etc.), dos **conceitos compridos** ("os conceitos de maior extensão tendem a ser corretos"), entre outras.

**obs:** recomendo o curso online de "Ténicas de Resolução de Questões Objetivas" do IEDI (www.iedi.com.br), ministrado por nós.

10ª Confie no **bom-senso**. Normalmente, a resposta correta é a que tem mais a ver com o bom-senso e com a ética. Não ache que todas as perguntas contêm uma pegadinha. Se aparecer um instituto que você não conhece, repare bem no seu nome e tente imaginar o seu significado.

11ª Faça um levantamento do **percentual de acertos de cada disciplina** e dos **principais motivos que levaram aos erros cometidos**; de posse da primeira informação, verifique quais disciplinas merecem um reforço no estudo; e de posse da segunda informação, fique atento aos erros que você mais comete, para que eles não se repitam.

12ª Uma semana antes da prova, faça uma **leitura dinâmica** de todas as anotações que você fez e leia de novo os dispositivos legais (e seu entorno) das questões em que você marcar "DL", ou seja, desconhecimento da lei.

13ª Para que você consiga ler o livro inteiro, faça um bom **planejamento**. Por exemplo, se você tiver 30 dias para ler a obra, divida o número de páginas do livro pelo número de dias que você tem, e cumpra, diariamente, o número de páginas necessárias para chegar até o fim. Se tiver sono ou preguiça, levante um pouco, beba água, masque chiclete ou leia em voz alta por algum tempo.

14ª Desejo a você, também, muita **energia, disposição, foco, organização, disciplina, perseverança, amor** e **ética**!

Wander Garcia
Coordenador

# 1. Língua Portuguesa

Magally Dato

## 1. INTERPRETAÇÃO DE TEXTOS

**(Cartório/SP – VI – VUNESP)** Leia o poema.

> Ao desconcerto do Mundo
> Os bons vi sempre passar
> No Mundo graves tormentos;
> E pera* mais me espantar,
> Os maus vi sempre nadar
> Em mar de contentamentos.
> Cuidando alcançar assim
> O bem tão mal ordenado,
> Fui mau, mas fui castigado.
> Assim que, só pera mim
> Anda o Mundo concertado.

(Luís de Camões, *Obras Escolhidas*, Lisboa, Livraria Sá da Costa – Editora, 1954, 2.ª edição, vol. 1, p. 136)

*pera – grafia da preposição para no séc. XVI.

Assinale a alternativa que reproduz de maneira mais completa o pensamento do autor.

(A) No mundo, o autor vê que os bons sofrem enquanto os maus vivem bem.
(B) Os bons gostam de sofrer.
(C) Os maus são castigados pelos bons.
(D) Só para o autor o mundo está em desarmonia.

O autor conclui a ideia do poema com "só pera mim / Anda o Mundo concertado", pois somente o eu lírico do poema (eu lírico é a voz que expressa a subjetividade do poeta) sofre as consequências esperadas por um mau comportamento. O eu lírico diz ter visto os bons passarem por graves tormentos e os maus nadarem em mar de contentamentos. Ele tentou alcançar o bem por meio do mal, porém foi castigado ("Cuidando alcançar assim / O bem tão mal ordenado / Fui mau, mas fui castigado.)
Gabarito "A".

## 2. REDAÇÃO

**(Cartório/SP – II – VUNESP)** Indique a frase que contém a abreviatura **correta**.

(A) Ele deveria partir às 18hs.
(B) O estábulo ficava a 20 mts. da casa sede.
(C) Requeiro a V.Excia. a reconsideração do despacho.
(D) Ele mora perto da P. da República.

A: 18h; B: 20 m (nenhuma abreviatura do sistema métrico decimal tem ponto ou plural); C: V. Exa.; D: usa-se inicial maiúscula nos nomes de logradouros públicos (P. ou Pça.).
Gabarito "D".

**(Cartório/SP – III – VUNESP)** Indique a palavra **corretamente** grafada.

(A) Noso-grafia.
(B) Geo-ciência.
(C) Mixo-zoário.
(D) Licença-paternidade.

As palavras nosografia, geociência e mixozoário são escritas sem o hífen. Os substantivos licença e paternidade quando unidos por hífen formam o substantivo composto licença-paternidade.
Gabarito "D".

**(Cartório/SP – VI – VUNESP)** Assinale a alternativa que completa, **correta** e respectivamente, as lacunas da frase.

Ele casou-se _____ em sem providenciar o _____ .

(A) primeira núpcia ... pacto antenupcial
(B) primeiras núpcias ... pacto antenupcial
(C) primeiras núpcias ... pacto antinupcial
(D) primeira núpcia ... pacto ante-nupcial

A palavra *núpcias* é escrita somente no plural. O prefixo *ante-* carrega a ideia de anterioridade ("antes de"), já o prefixo *anti-* nos dá a noção de oposição ou contrariedade.
Gabarito "B".

**(Cartório/SP – V – VUNESP)** Na expressão – "Em se tratando de regra restritiva, a ausência de expressa proibição não autoriza o intérprete a _____, pois não há _____ em boa técnica como interpretar, normas restritivas."– Assinale a alternativa que completa, **correta** e respectivamente, as lacunas da frase.

(A) extendê-la ... extensivamente
(B) estendê-la ... estensivamente
(C) extendê-la ... estensivamente
(D) estendê-la ... extensivamente

O verbo e**s**tender é grafado com S. As palavras e**x**tensivo (significa aquilo que se aplica ou que é válido para um maior número de pessoas, objetos ou casos), extensão (significa o ato ou efeito de estender-se) e extensivamente são grafadas com a letra X.
Gabarito "D".

**(Cartório/SP – VI – VUNESP)** Assinale a alternativa que completa, **correta** e respectivamente, as lacunas da frase

João substabeleceu o _____ _____ não confiava mais no advogado.

(A) mandato ... por que
(B) mandado ... porque
(C) mandato ... porque
(D) mandado ... por quê

*Mandato* significa a autorização de um poder concedida a alguém. Já *mandado* é um substantivo que expressa ordem ou missão, seja judicial ou administrativa. A segunda lacuna deve ser preenchida com a cojunção *porque* (veja tabela abaixo).
Gabarito "C".

| porque | conjunção causal ou explicativa | João substabeleceu o mandato, porque não confiava mais no advogado. |
| porquê | substantivo | O porquê do substabelecimento foi a desconfiança de João. |
| por que | locução conjuntiva interrogativa (formada pela preposição *por* + pronome interrogativo). Equivale "por qual razão", "por qual motivo". É utilizado em interrogativas diretas ou indiretas. | **Por que** João substabeleceu o mandato? (interrogativa direta) O advogado quis saber **por que** [*por qual motivo*] João substabeleceu o mandato. (interrogativa indireta) |
| por que | pronome relativo | O motivo por que [*pelo qual*] o mandato foi substabelecido... |
| por quê | locução conjuntiva interrogativa (em fim de frase) | João substabeleceu o mandato. Por quê? |

### 3. MORFOLOGIA

**(Cartório/SP – VI – VUNESP)** O plural da palavra que lhe é correspondente está **correto** em

(A) Júnior ... Júniors
(B) Gavião ... Gaviães
(C) Mal ... Maus
(D) Troféu ... Troféus

O plural dos substantivos forma-se com o acréscimo de: -s; -es; -ões ou -ães. A: juniores; B: gaviões; C: males. Há uma diferença entre *mau* e *mal*. A palavra "mau" é adjetivo e tem como plural "maus". Já a palavra "mal" pode ser tanto advérbio quanto substantivo. "Males" é o substantivo "mal" pluralizado. Quando "mal" é advérbio, mantém-se sempre no singular, pois é invariável.
Gabarito "D".

**(Cartório/SP – III – VUNESP)** Assinale a forma plural **incorreta**:

(A) navio-escola = navios-escola.
(B) bóia-fria = bóias-fria.
(C) bate-boca = bate-bocas.
(D) joão-de-barro = joões-de-barro.

Flexionam-se os dois elementos do substantivo composto formado por dois elementos variáveis (substantivo + adjetivo): bóias-frias. Verifique a tabela abaixo.

| Flexionam-se os 2 elementos ||
| (note que os substantivos, adjetivos e numerais são variáveis) ||
| substantivo + substantivo | tenentes-coronéis; cartas-bilhetes; obras-primas |
| substantivo + adjetivo | amores-perfeitos; **bóias-frias** |
| adjetivo + substantivo | gentis-homens |
| numeral + substantivo | segundas-feiras |
| **Flexiona-se somente o 1º elemento** ||
| substantivo + preposição + substantivo | **joões-de-barro**; pães-de-ló |
| substantivo + substantivo que funciona como determinante do primeiro, especificando sua função | **navios-escola**; banana-prata; salários-família |
| **Flexiona-se somente o 2º elemento** ||
| verbo + substantivo | **bate-bocas**; guarda-chuvas; guarda-roupas |
| palavra invariável + palavra variável | abaixo-assinados; alto-falantes |
| palavras repetidas ou imitativas | tico-ticos; reco-recos |

**(Cartório/SP – III – VUNESP)** Assinale a alternativa em que a forma do superlativo absoluto sintético está **correta**:

(A) simples – simplérrimo.
(B) pessoal – pessoalíssimo.
(C) doce – docíssimo.
(D) livre – libérrimo.

São dois os graus dos adjetivos: o comparativo e o superlativo. O superlativo denota que um ser ou apresenta determinada qualidade elevada ou, em comparação à totalidade dos seres que possui a mesma qualidade, é aquele que se destaca. O superlativo absoluto sintético é expresso por uma só palavra (adjetivo + sufixo). A: simplicíssimo ou simplíssimo; B: personalíssimo; C: dulcíssimo; D: a forma "libérrimo" está correta.
Gabarito "D".

**(Cartório/SP – III – VUNESP)** Das locuções adjetivas apresentadas, está **incorreta**:

(A) de monstro – monstrengo.
(B) de aluno – discente.
(C) sem cheiro – inodoro.
(D) de olho – ocular.

A locução é o conjunto de duas ou mais palavras que funcionam como uma só. Nas locuções adjetivas, temos preposição + substantivo, dando a ideia de um adjetivo. A palavra "mostrengo" é um substantivo. O adjetivo correspondente é monstruoso.
Gabarito "A".

**(Cartório/SP – III – VUNESP)** Dos exemplos de locuções adjetivas que possuem adjetivo correspondente, indique qual é **incorreto**:

(A) de visão – ótico.
(B) de vida – vital.
(C) de macaco – simiesco.
(D) de igreja – eclesiástico.

O adjetivo ótico refere-se à orelha. Relativo a olho é óptico.
Gabarito "A".

**(Cartório/SP – III – VUNESP)** Quanto ao gênero do substantivo, indique qual é feminino:

(A) a proclama.
(B) a magazine.
(C) a lança-perfume.
(D) nenhum dos anteriores.

Proclama (anúncio), magazine (estabelecimento comercial; publicação) e lança-perfume (bisnaga carregada de éter perfumado) são substantivos masculinos.
Gabarito "D".

**(Cartório/SP – III – VUNESP)** Assinale a formação **correta** do feminino dos adjetivos:

(A) hindu – hindustana.
(B) valentão – valentoa.
(C) ilhéu – ilhona.
(D) sandeu – sandia.

A: o vocábulo hindu é adjetivo e substantivo de dois gêneros; B: o feminino de valentão é valentona; C: o feminino de ilhéu é ilhoa; D: sandia é o feminino de sandeu (indivíduo que diz sandices, coisas sem nexo).
Gabarito "D".

**(Cartório/SP – III – VUNESP)** Indique o coletivo **correto** dos substantivos apresentados:

(A) matilha – de lobos.
(B) arquipélago – de ilhas.
(C) manada – de porcos.
(D) patuléia – de patos.

O coletivo indica um conjunto de seres ou de coisas da mesma espécie consideradas como um todo. A: matilha é coletivo de cães, alcateia é o coletivo de lobos; C: manada é coletivo de bois. O coletivo de porcos é vara; D: patuleia refere-se a povo, plebe; o coletivo de patos é bando. Observação: pelo novo acordo ortográfica, não se acentuam os ditongos abertos "ei", "oi".
Gabarito "B".

**(Cartório/SP – II – VUNESP)** Assinale a alternativa **correta**.

(A) Entre mim e ti ficou tudo resolvido.
(B) Leva consigo o que lhe pertence!
(C) Por muitos anos ela permaneceu subjulgada aos caprichos do marido.
(D) Damião estivera em Salvador a cinco anos atrás.

A: pela tradição gramatical, as formas oblíquas tônicas (mim, ti, ele, ela, nós, vós, eles, elas) são empregadas depois da preposição *entre*. Não podem ser empregados os pronomes pessoais do caso reto (eu, tu, ele, ela, nós, vós, eles, elas). B: preste atenção à conjugação do verbo *levar*. Em "*Leva* consigo o que lhe pertence!", temos uma oração imperativa. O imperativo "leva" se refere a 2ª pessoa do singular "tu". São duas as possibilidades de correção: "**Leva (tu) contigo** o que **te** pertence!" ou "**Leve (você) consigo** o que **lhe** pertence."; C: a forma verbal correta é *subjugar*; D: o verbo haver pode indicar tempo decorrido ("... estivera em Salvador há cinco anos").
Gabarito "A".

## 4. VERBO

**(Cartório/SP – I – VUNESP)** Assinale a alternativa em que ambas as frases estão gramaticalmente **corretas**.

(A) 1- João foi a Itália, mas não à Roma dos Césares. 2- Estudou muito e, por isso, foi aprovado no concurso.
(B) 1- Durante a audiência, o advogado não interviu uma só vez. 2- Se vocês virem Luiz, avisem-me, por favor.
(C) 1- No clube havia lugares para todos os sócios. 2- O governo visa ao bem-estar social do povo.
(D) 1- Vou à escola no período da manhã. 2- O caso adequa-se ao estabelecido na lei.

A: 1- João foi à (necessário uso da crase por conta da regência do verbo *ir*) Itália, mas não à Roma dos Césares; B: 1- o verbo intervir é conjugado semelhante ao verbo vir. Assim, teremos a conjugação no pretérito perfeito: intervim, intervieste, interveio, interviemos, interviestes, intervieram (1- ... o advogado não **interveio** uma só vez); 2 - trata-se do verbo ver, corretamente conjugado nessa oração, no futuro do subjuntivo (vir, vires, vir, virmos, virdes, virem); C: o verbo haver no sentido de existir é impessoal e deve ser mantido no singular; 2- está correta a conjugação e regência do verbo visar; D: o verbo adequar é defectivo, isto é, não possui certas formas. No caso do verbo adequar ou adequar-se, não existem as formas da 1ª, 2ª e 3ª pessoas do singular; 3ª pessoa do plural do presente do indicativo e todas as formas do presente do subjuntivo (além dos imperativos, exceto a 2ª pessoa do plural do afirmativo – *adequai*). Esse verbo é mais empregado no particípio ou no infinitivo: "O caso é adequado ao estabelecido na lei." ou "O caso deve se adequar ao estabelecido na lei."
Gabarito "C".

**(Cartório/SP – I – VUNESP)** Assinale a alternativa **correta** para a colocação dos verbos nos espaços vazios da frase seguinte.

Se você _____ João, diga-lhe que Paulo _____ na ação por ele proposta, tão somente por lhe _____.

(A) ver - reconveio - aprouver
(B) vir - reconveio - aprazer
(C) ver - reconviu - aprouver
(D) vir - reconviu - aprazer

Trata-se da conjugação do verbo ver no futuro do subjuntivo (vir, vires, **vir**, virmos, virdes, virem), dos verbos reconvir (conjugado semelhante ao verbo vir: reconvim, reconvieste, **reconveio**, reconviemos, reconviestes, reconvieram) no pretérito perfeito do indicativo e da forma nominal do verbo aprazer.
Gabarito "B".

**(Cartório/SP – II – VUNESP)** Há **erro** de conjugação verbal na frase:

(A) Eu me precavejo contra os riscos do mercado financeiro.
(B) A direção quer que você medeie o debate.
(C) Ele sempre proveu às necessidades da casa.
(D) Ele reouve tudo o que perdera.

O verbo precaver é defectivo, não existe a forma "precavejo" (não existem as formas da 1ª, 2ª e 3ª pessoas do singular e 3ª pessoa

do plural do presente do indicativo, todas as formas do presente do subjuntivo, além dos imperativos, exceto a 2ª pessoa do plural do afirmativo – *precavei*). Deve-se reescrever a oração: "Eu devo me precaver contra os riscos do mercado financeiro".
Gabarito "A".

**(Cartório/SP – III – VUNESP)** Assinale a alternativa em que, aplicando os verbos haver e fazer de forma impessoal, a frase está **correta**.

(A) Haviam poucos alunos em sala.
(B) Isto tudo ocorreu a tempos.
(C) Faz dias que isto tudo ocorreu.
(D) Faziam horas que ninguém se manifestava.

A: o verbo *haver* no sentido de existir é impessoal e se mantém no singular ("Havia poucos alunos em sala."); B: o verbo *haver* também é usado no sentido de tempo decorrido ("Isto tudo ocorreu há tempos"); C e D: o verbo fazer com a ideia de tempo é impessoal e mantém-se no singular ("Fazia horas que ninguém se manifestava").
Gabarito "C".

**(Cartório/SP – III – VUNESP)** Indique a primeira pessoa do singular do presente do indicativo do verbo viger:

(A) vigio.
(B) vigoro.
(C) vijo.
(D) nenhuma das anteriores.

Tradicionalmente, o verbo *viger* é defectivo. Não existem as formas: 1ª pessoa do singular do presente do indicativo (eu -, tu viges, ele vige, nós vigemos, vós vigeis, eles vigem), o presente do subjuntivo também é inexistente e as 3ª pessoas do imperativo (afirmativo) (além de todo o negativo). Porém há gramáticos e linguistas (por exemplo, Houaiss) que consideram o verbo *viger* regular, levando em consideração a mutação da língua e os novos usos que vão surgindo.
Gabarito "D".

## 5. REGÊNCIA VERBAL

**(Cartório/SP – II – VUNESP)** Indique a alternativa **incorreta** quanto à regência verbal.

(A) Ele aspirava a algo melhor.
(B) Procedeu-se ao interrogatório do preso.
(C) Sua conduta não implica nenhum desdouro.
(D) É preferível lutar do que morrer sem glória.

A regência de *preferir* é "preferir aquilo **a** isso", desse modo: "É preferível lutar a morrer sem glória."
Gabarito "D".

**(Cartório/SP – VI – VUNESP)** Assinale a alternativa em que a regência verbal está **correta**.

(A) Ele assiste à missa todos os domingos.
(B) Os candidatos aspiram o emprego.
(C) Ele visava a recuperação dos jogadores.
(D) Estes são os livros que mais gosto.

A: o verbo *assistir* no sentido de presenciar é transitivo indireto. No sentido de ajudar é transitivo direto; B: *aspirar* no sentido de almejar é transitivo indireto ("Os candidatos aspiram ao emprego."); C: o verbo *visar* no sentido de almejar, ter como objetivo é, tradicionalmente, transitivo indireto ("visava à recuperação"); D: o verbo regente *gostar* exige a preposição *de* ("Estes são os livros de que mais gosto").
Gabarito "A".

## 6. USO DA CRASE

**(Cartório/SP – I – VUNESP)** Assinale a alternativa **correta** para a colocação das palavras nos espaços vazios.

O frio chegou repentinamente _____ território. Daqui _____ poucos meses, ninguém mais se lembrará das árvores frondosas, que _____ tanto tempo ornavam a paisagem.

(A) àquele - a - há
(B) àquele - à - a
(C) aquele - a - há
(D) aquele - há – a

A crase é a contração da preposição *a* e do artigo definido feminino "a(s)" ou com as iniciais dos pronomes demonstrativos "aquela(s)", "aquele(s)", "aquilo" ou com o pronome relativo "a qual" ou "as quais". A crase ocorrerá quando houver a exigência da preposição *a* e a possibilidade do uso do artigo definido ou dos pronomes mencionados. Desse modo, não há crase diante de palavra masculina ou diante de verbo (uma vez que um verbo nunca viria determinado por um artigo). Em "O frio chegou repentinamente **àquele** território", ocorre a crase por conta da exigência da preposição *a* pela regência do verbo chegar. Em "Daqui **a** poucos meses", a preposição *a* indica tempo futuro. Em "que há tanto tempo", o verbo haver indica tempo decorrido.
Gabarito "A".

**(Cartório/SP – II – VUNESP)** Considerando as regras quanto ao emprego ou não da crase, a frase está **incorreta** em:

(A) Jamais voltei à Paris dos meus sonhos.
(B) Quero agradecer àquele professor a dedicação que dispensou à classe.
(C) Os empregados entram no serviço a uma hora.
(D) Assim que cheguei a casa, recebi seu recado.

A: não ocorre a crase diante de nome de cidades que não aceitam artigo feminino, porém, quando há um adjunto especificando ("dos meus sonhos"), ocorre a crase; B: em "agradecer àquele", o verbo exige a preposição *a*. É possível a contração da preposição com o pronome demonstrativo. Ocorre a crase. Em "que dispensou à classe", trata-se de um verbo transitivo direto e indireto ("dispensar") que exige a preposição *a* diante de seu objeto indireto; C: ocorre a crase na indicação das horas do relógio ("Os empregados entram no serviço à uma hora", às 13h, às duas horas...; diferente da ideia de futuro em "chegarei daqui a duas horas"); D: diante da palavra "casa", quando não especificado "de quem é a casa" (quando a palavra "casa" não vem acompanhada de um modificador), não ocorre a crase.
Gabarito "C".

**(Cartório/SP – VI – VUNESP)** Quanto ao emprego da crase, assinale a alternativa **incorreta**.

(A) Esta é a minha escola, à qual trago sempre na lembrança.
(B) Vamos à biblioteca.
(C) Fui a Londres, a Paris e à Bahia.
(D) Aprendi a amar minha terra.

A: o pronome relativo "a qual" retoma o objeto direto "a minha escola". Não há preposição ("Trago minha escola na lembrança"); B: o verbo regente ir exige preposição, a palavra regida "biblioteca" aceita o artigo. Ocorre a crase; C: diante de nome de cidades que não aceitam artigo, não ocorre a crase (exceto quando acompanhada de adjunto). Diante de nome de estados, pode ocorrer a crase. Utilizar o truque: "fui **a** Londres, voltei de Londres; fui **a** Paris, voltei **de** Paris; fui **à** Bahia, voltei **da** (se 'de + a' = ocorre a crase em 'fui à Bahia') Bahia". D: não ocorre a crase antes de verbo.
Gabarito "A".

# 7. CONCORDÂNCIA VERBAL E CONCORDÂNCIA NOMINAL

**(Cartório/SP – I – VUNESP)** Assinale a frase **correta**.

(A) Haviam dez alunos na classe e uma multidão aguardavam no pátio.
(B) Vão fazer dois anos que não vejo Maria e daqui há alguns meses, farei uma viajem para vê-la.
(C) O público teria possibilidade de ver notáveis peças teatrais, se houvesse mais casas de espetáculos.
(D) Não devem haver rasuras na escritura pública, e esse é o porquê de tanto cuidado.

A: o verbo *haver* no sentido de existir é impessoal e mantém-se no singular ("**Havia** dez alunos"). Observe, também, em "uma multidão **aguardavam**", ocorreu a silepse de número, em que o verbo concorda ideologicamente com o sujeito; B: o verbo fazer com a ideia de tempo é impessoal e mantém-se no singular ("**Vai fazer** dois anos"). Veja, também, que o verbo haver pode indicar tempo decorrido e a preposição a indica tempo futuro ("daqui a alguns meses" [futuro] e não "daqui há alguns meses"[passado]). C: o verbo haver (**houvesse**) está corretamente empregado no singular, no sentido de existir; D: mais uma vez o verbo haver, impessoal, no sentido de existir ("Não **deve haver** rasuras").

Gabarito "C."

**(Cartório/SP – II – VUNESP)** Assinale a frase **correta**.

(A) Aluga-se casas.
(B) Notam-se sinais de recuperação na economia.
(C) No passado, não se recorriam aos processos como agora.
(D) Precisam-se de vendedores.

Para responder a essa questão, lembrar que a palavra **se** pode ser agente apassivador, como nas alternativas A e B ou índice de indeterminação do sujeito, como nas alternativas C e D. Primeiro, veja como é feita a transposição das vozes verbais.
Para a transposição das vozes verbais, siga sempre o esquema:
1) O verbo tem que ser transitivo direto;
2) Objeto da ativa = sujeito da passiva analítica;
3) Sujeito da ativa = agenda da passiva analítica;
4) O verbo sempre se mantém no mesmo tempo e modo que o verbo da ativa;

| VOZ VERBAL | SUJEITO | VERBO TRANSITIVO DIRETO | OBJETO DIRETO | AGENTE DA PASSIVA |
|---|---|---|---|---|
| ATIVA | Z | verbo concordando com o sujeito | Y | |
| Passiva analítica | Y | verbo *ser* no mesmo tempo e modo que o verbo da ativa + verbo principal no particípio | | Z |
| Passiva sintética | | verbo no mesmo tempo e modo que o verbo da ativa + SE, concordando com o sujeito da passiva analítica que é igual ao objeto da passiva sintética | Y | |

**Exemplo A:**

| VOZ VERBAL | SUJEITO | VERBO TRANSITIVO DIRETO | OBJETO DIRETO | AGENTE DA PASSIVA |
|---|---|---|---|---|
| ATIVA | [Z] Maria | [verbo concordando com o sujeito] **aluga** *(verbo no singular, pois o sujeito é singular. Verbo no presente do indicativo)* | [Y] casas | |
| Passiva analítica | [Y] Casas | [verbo *ser* no mesmo tempo e modo que o verbo da ativa (SÃO – verbo ser no presente do indicativo) + principal no particípio (ALUGADAS) concordando com o sujeito] **são alugadas** *(verbo no plural, pois o sujeito está no plural)* | | por [Z] |
| Passiva sintética | | verbo no mesmo tempo e modo que o verbo da ativa + SE **Alugam-se** *(o verbo concorda no plural com o sujeito da passiva analítica)* | [Y] casas | |

**Exemplo B:**

| VOZ VERBAL | SUJEITO | VERBO TRANSITIVO DIRETO | OBJETO DIRETO | AGENTE DA PASSIVA |
|---|---|---|---|---|
| ATIVA | [Z]<br>Os brasileiros | [verbo concordando com o sujeito]<br>**notam**<br>*(verbo no plural, pois o sujeito é plural. Verbo no PRESENTE do indicativo)* | [Y]<br>sinais de recuperação | |
| Passiva analítica | [Y]<br>Sinais de recuperação | [verbo *ser* no mesmo tempo e modo que o verbo da ativa (SÃO – verbo ser no PRESENTE do indicativo) + verbo principal no particípio (NOTADOS) concordando com o sujeito]<br>**são notados**<br>*(verbo no plural, pois o sujeito está no plural)* | | por [Z] |
| Passiva sintética | | verbo no mesmo tempo e modo que o verbo da ativa **+ SE**<br>**Notam-se**<br>*(o verbo concorda no plural com o sujeito da passiva analítica)* | [Y]<br>sinais de recuperação | |

Quando há verbo transitivo indireto ou intransitivo + se, temos o índice de indeterminação do sujeito. Assim, sendo sujeito indeterminado, esse verbo (na forma *verbo+se*) mantém-se no singular: "No passado, não **se recorria** aos processos como agora." e "**Precisa-se** de vendedores."

Gabarito "B".

---

**(Cartório/SP – V – VUNESP)** Assinale a alternativa **correta** de acordo com as normas gramaticais.

(A) Os funcionários leram o que propuseram-lhes e informaram ao orientador de que estavam de acordo.
(B) A cidade acordava realmente quando, no relógio da matriz, soava as 7 horas.
(C) Da estrada viam-se, ao longe, a casa da fazenda e o pasto.
(D) Lembrei-me, há pouco, que ainda hoje haverá novas reuniões.

A: verifique a colocação pronominal. O pronome é atrativo, desse modo, devemos utilizar a próclise ("Os funcionários leram o **que lhes** propuseram"). Também, verifique a regência verbal de informar. O objeto direto não deve vir com a preposição ("informaram ao orientador **que estavam** de acordo"); B: o sujeito do verbo soar é "as 7 horas". O verbo concorda com o sujeito no plural: "soavam as 7 horas"; C: o sujeito do verbo ver é composto e tem como núcleos "casa, fazenda, pasto"; D: a regência do verbo lembrar é "lembrar que" ou "lembrar-se de", desse modo, poderíamos ter as construções: "Lembrei-me ... de que ainda hoje" ou "Lembrei ... que ainda hoje".

Gabarito "C".

**(Cartório/SP – VI – VUNESP)** Assinale a alternativa que contém a frase **correta**.

(A) A audiência será ao meio dia e meio.
(B) Não os vejo por aqui fazem três anos.
(C) O professor estava de mal humor ontem.
(D) Fomos homenageadas, haja vista os resultados que obtivemos.

A: "será ao meio dia e **meia** (hora)"; B: o verbo fazer no sentido de tempo é impessoal e mantém-se no singular ("Não os vejo por aqui **faz** três anos"; C: a palavra mal é um advérbio e tem como antônimo a palavra bem. Já o adjetivo é **mau** (seu antônimo: bom) – "estava de mau humor"; D: a expressão "haja vista" é invariável. Está correto o seu uso nessa oração.

Gabarito "D".

**(Cartório/SP – VI – VUNESP)** Complete as lacunas com as palavras **corretas**.

João e Maria _____ Dr. Pedro e Dr. Jorge como seus _____ procuradores.

(A) constitui ... bastantes
(B) constituíram ... bastante
(C) constitui ... bastante
(D) constituíram ... bastantes

O verbo constituir deve concordar com o sujeito composto "João e Maria". O adjetivo bastante concorda com seu referente no plural: "procuradores".

Gabarito "D".

**(Cartório/SP – VI – VUNESP)** Assinale a frase **correta** quanto à concordância verbal.

(A) Fazem três anos que moro em São Paulo.
(B) As estrelas pareciam sorrir.
(C) Haverão sempre muitas pessoas procurando emprego.
(D) Neste cartório, lavra-se escrituras.

A: o verbo fazer indicando noção de tempo é impessoal e mantém-se no singular ("Faz três anos que"); B: o verbo parecer concorda no plural com o sujeito "As estrelas"; C: o verbo haver no sentido de existir é impessoal e mantém-se no singular ("Haverá sempre muitas pessoas"); D: o correto é "lavram-se escrituras" [veja quadro abaixo], pois o verbo na passiva sintética deve concordar como sujeito da analítica ("As escrituras são lavradas neste cartório").

Gabarito "B".

| VOZ VERBAL | SUJEITO | VERBO TRANSITIVO DIRETO | OBJETO DIRETO | AGENTE DA PASSIVA |
|---|---|---|---|---|
| ATIVA | [Z]<br>Alguém | [verbo concordando com o sujeito]<br>**lavra**<br>(verbo no singular, pois o sujeito é singular.<br>Verbo no PRESENTE do indicativo) | [Y]<br>as escrituras | |
| Passiva analítica | [Y]<br>As escrituras | [verbo *ser* no mesmo tempo e modo que o verbo da ativa (SÃO – verbo ser no PRESENTE do indicativo) + verbo principal no particípio (LAVRADAS) concordando com o sujeito]<br>**são lavradas**<br>(verbo no plural, pois o sujeito está no plural) | | por [Z] |
| Passiva sintética | | verbo no mesmo tempo e modo que o verbo da ativa **+ SE**<br>**Lavram-se**<br>(o verbo concorda no plural com o sujeito da passiva analítica) | [Y]<br>as escrituras | |

## 8. LITERATURA E FIGURAS

**(Cartório/SP – II – VUNESP)** Indique a alternativa que representa a **correta** relação autor-obra.

(A) Lima Barreto - O Noviço.
(B) Raul Pompéia - Triste Fim de Policarpo Quaresma.
(C) José Lins do Rego - Fogo Morto.
(D) José de Alencar - A Moreninha.

A: Lima Barreto (*Triste Fim de Policarpo Quaresma*) e Martins Pena (*O Noviço*); B: Raul Pompéia (*O Ateneu*); C: José Lins do Rego (*Menino de Engenho, Fogo Morto*, entre outros); D: José de Alencar (*Lucíola, Iracema, Senhora*); Joaquim Manuel de Macedo (*A Moreninha*).
"Gabarito "C".

**(Cartório/SP – II – VUNESP)** A escola literária em que se situa a obra "Memórias Póstumas de Brás Cubas", de Machado de Assis, é o

(A) Romantismo.
(B) Realismo Psicológico.
(C) Condoreirismo.
(D) Modernismo.

A obra *Memórias Póstumas de Brás Cubas* inaugura o realismo brasileiro. A obra, de 1881, retrata a escravidão, as classes sociais, o positivismo e o cientificismo. Narrado por um defunto, a obra apresenta a vida do anti-herói Brás Cubas.
"Gabarito "B".

**(Cartório/SP – IV – VUNESP)** O Modernismo brasileiro teve início com a Semana de Arte Moderna. Foram seus representantes:

(A) Cecília Meireles, Manuel Bandeira, Gonçalves Dias e Álvares de Azevedo.
(B) Mário de Andrade, Cecília Meireles, Manuel Bandeira e Gonçalves Dias.
(C) Mário de Andrade, Guilherme de Almeida, Cecília Meireles e Manuel Bandeira.
(D) Gonçalves Dias, Álvares de Azevedo, Castro Alves e Machado de Assis.

A, B e D: Gonçalves Dias é indianista, da 1ª fase do Romantismo; Álvares de Azevedo é poeta *byronista*, da 2ª fase do Romantismo; Castro Alves, poeta condoreiro, é da 3ª fase do Romantismo. Machado de Assis faz parte da escola Realista; C: participaram da Semana de Arte Moderna, ou Semana de 22, nomes como **Manuel Bandeira, Mário de Andrade**, Oswald de Andrade, Víctor Brecheret, Plínio Salgado, Anita Malfatti, Menotti Del Pichia, **Guilherme de Almeida**, Sérgio Milliet, Heitor Villa-Lobos, Tácito de Almeida, Di Cavalcanti, Graça Aranha, entre outros. **Cecília Meireles** não participa diretamente da Semana de 22, porém é representante do modernismo brasileiro. Atenção ao fato de que a questão solicita representantes do Modernismo.
"Gabarito "C".

**(Cartório/SP – IV – VUNESP)** Amar Verbo Intransitivo, Paulicéia Desvairada e Macunaíma, são obras de

(A) Oswaldo de Andrade.
(B) Mário de Andrade.
(C) Carlos Drummond de Andrade.
(D) Cecília Meireles.

A: Oswald de Andrade (*Manifesto da Poesia Pau-Brasil; Manifesto Antropófago*); B: Mario de Andrade é um dos fundadores do modernismo brasileiro e publica dentre outras, as três obras mencionadas; D: Carlos Drummond de Andrade (*Alguma Poesia, Sentimento do Mundo; Rosa do Povo*); D: Cecília Meireles (*Espectro; Romanceiro da Inconfidência; "Ou Isto ou Aquilo"*).
"Gabarito "B".

**(Cartório/SP – II – VUNESP)** A figura de linguagem existente no provérbio "De mau corvo, mau ovo." é

(A) metáfora.
(B) antítese.
(C) elipse.
(D) eufemismo.

A: a metáfora é uma comparação implícita; B: a antítese representa duas palavras ou dois pensamentos em sentidos opostos; C: a elipse é a omissão de um termo que o contexto ou a situação permitem suprir. O provérbio "De mau corvo, mau ovo" (tem o mesmo sentido de "Filho de peixe, peixinho é") tem como figura de linguagem a elipse: "Mau ovo **provém** de mau corvo"; D: o eufemismo é o uso de um termo que suaviza o peso conotativo de outra palavra.
"Gabarito "C".

# 2. Direito Constitucional

Bruna Vieira e Teresa Melo

## 1. TEORIA DA CONSTITUIÇÃO, PODER CONSTITUINTE, INTERPRETAÇÃO E PRINCÍPIOS FUNDAMENTAIS

**(Cartório/RJ – 2012)** Sobre Poder Constituinte, marque V para verdadeiro ou F para falso e, em seguida, assinale a alternativa que apresenta a sequência correta.

I. O Poder Constituinte derivado não é passível de controle de constitucionalidade.
II. O Poder Constituinte derivado decorrente consiste na possibilidade de alterar-se o texto constitucional, de acordo com as regras previstas na própria Constituição.
III. O Poder Constituinte originário existirá apenas no surgimento de uma primeira Constituição, sendo as demais derivadas.

(A) V/ F/ F
(B) F/ V/ F
(C) F/ F/ V
(D) V/ V/ V
(E) F/ F/ F

I: incorreta. O poder constituinte derivado é limitado e condicionado, pois se sujeita às normas preestabelecidas pelo poder constituinte originário. Desse modo, se tais limitações não estiverem sendo observadas, é possível que as regras criadas pelo derivado sejam objeto de controle de constitucionalidade; II: incorreta. O poder constituinte derivado se divide em três: *decorrente, reformador e revisor*. O primeiro é o poder que cada Estado tem de elaborar a sua própria Constituição, em virtude da sua capacidade de auto-organização (art. 11 do ADCT e art. 25 da CF). O segundo é o poder de alterar a Constituição Federal, que se manifesta por meio das emendas constitucionais (art. 60 da CF). O terceiro, poder revisor, não pode mais ser exercido, pois está com a eficácia exaurida. Segundo o art. 3º do Ato das Disposições Constitucionais Transitórias (ADCT), a revisão constitucional, portanto uma revisão apenas, teve de ser realizada após cinco anos da data da promulgação da Constituição, em sessão unicameral e pelo voto da maioria absoluta dos membros do Congresso Nacional. Atualmente, para alterar a Constituição, somente pelo processo legislativo das emendas constitucionais, previsto no art. 60 da CF; III: incorreta. O poder constituinte originário é aquele que cria a primeira constituição de um Estado ou a nova constituição de um Estado. No primeiro caso, é conhecido como poder constituinte histórico. Tem a função de instaurar e estruturar, pela primeira vez, o Estado. No segundo, é conhecido como poder constituinte revolucionário, porque ele rompe a antiga e existente ordem jurídica de forma integral, instaurando uma nova. Em ambos os casos, o poder constituinte impõe uma nova ordem jurídica para o Estado.
Gabarito "E".

**(Cartório/SP – 2012 – VUNESP)** A legislação ordinária produzida sob a vigência de uma dada Constituição e que se mostra compatível ou harmônica em face de uma nova constituição é considerada válida em decorrência da

(A) repristinação.
(B) constitucionalidade presumida dos atos lícitos.
(C) recepção.
(D) plena legalidade do poder constituinte reformador.

A: incorreta. A *repristinação* é o fenômeno jurídico pelo qual se restabelece a vigência de uma lei que foi revogada pelo fato de a lei revogadora ter sido posteriormente revogada. No ordenamento jurídico brasileiro não há repristinação automática. Se o legislador quiser restabelecer a vigência de uma lei anteriormente revogada por outra, terá de fazê-lo expressamente, conforme dispõe o § 3º do art. 2º da Lei de Introdução às Normas do Direito Brasileiro (denominação dada pela Lei nº 12.376/2010 à antiga "LICC" – Lei de Introdução ao Código Civil; B: incorreta. Não há que se falar em constitucionalidade dos atos, mas sim de recepção das normas materialmente compatíveis com a nova constituição; C: correta. O exemplo trazido se refere ao instituto da *recepção* que pode ser conceituado como o fenômeno jurídico pelo qual se resguarda a continuidade do ordenamento jurídico anterior e inferior à nova constituição, desde que se mostre compatível materialmente com seu novo fundamento de validade, ou seja, que esteja de acordo com a nova constituição; D: incorreta. Quem produz uma nova constituição é o poder constituinte *originário* e não o reformador, portanto não há que se falar em legalidade do poder constituinte reformador.
Gabarito "C".

**(Cartório/RJ – 2012)** Considerando que a Constituição da República fez uma distinção entre os fundamentos do Estado Democrático de Direito e os objetivos fundamentais da República Federativa do Brasil e levando em consideração o texto constitucional, pode-se afirmar que um dos objetivos fundamentais do Brasil é justamente o de garantir

(A) o desenvolvimento nacional.
(B) o exercício da cidadania.
(C) a dignidade da pessoa humana.
(D) o pluralismo político.
(E) os valores sociais do trabalho e da livre iniciativa.

A: correta. De acordo com o art. 3º da CF, os objetivos fundamentais da República Federativa do Brasil são os seguintes: I - construir uma sociedade livre, justa e solidária, II - *garantir o desenvolvimento nacional*, III - erradicar a pobreza e a marginalização e reduzir as desigualdades sociais e regionais, IV - promover o bem de todos, sem preconceitos de origem, raça, sexo, cor, idade e quaisquer outras formas de discriminação. B: incorreta. A cidadania é considerada fundamento da República Federativa do Brasil, conforme dispõe o art. 1º, II, da CF; C: incorreta. A dignidade da pessoa humana também é tida como fundamento, de acordo com o art. 1º, III, da CF; D e E: incorretas. Mais uma vez, o pluralismo político e os valores sociais do trabalho e da livre iniciativa são fundamentos e não objetivos fundamentais. É o que dispõe o art. 1º, IV e V, da CF.

Gabarito "A".

**(Cartório/SP – 2012 – VUNESP)** "No Brasil tivemos, até hoje, 8 (oito) Constituições: 1824, 1891, 1934, 1937, 1946, 1967, 1969 e 1988, muito embora alguns autores não considerem a Emenda Constitucional de 1969 como uma nova Constituição". O texto

(A) está totalmente incorreto.
(B) está totalmente correto.
(C) está correto só quanto às datas, estando incorreto quanto à ressalva sobre a Emenda Constitucional de 1969.
(D) apresenta conteúdo que se baseia na doutrina do constitucionalista italiano Máximo Saleme, já superada. Só as datas estão corretas.

D: correta. O texto está correto pois expressa quantas Constituições o Brasil já teve e os seus respectivos anos. A primeira, Constituição do Império do Brasil (1984), positiva por outorga, foi a que teve maior tempo de vigência. Perdurou até a Proclamação da República, que ocorreu em 1889 (vigorou por 65 anos). A de 1891 (promulgada) foi a segunda do Brasil, mas a primeira considerada republicana. A de 1934, terceira Constituição brasileira, foi elaborada por um processo de convenção (votação ou promulgação) e a primeira a introduzir os direitos trabalhistas. Foi a que teve menor vigência no nosso país, porque em 1937 ocorreu o golpe militar que rompeu toda a ordem jurídica. Desse modo, a Constituição de 1937, época de Getúlio Vargas, foi imposta, ou seja, outorgada. A de 1946 foi promulgada e restaurou o Estado Democrático de Direito. Já a de 1967 é tida como outorgada, mas há quem entenda que foi positivada por promulgação. A EC 01/1969, conhecida por conta do golpe militar, é considerada por parte da doutrina como uma verdadeira Constituição e por outros apenas como uma emenda. Por fim, a Constituição Federal de 1988 é absolutamente voltada para a proteção dos direitos individuais dos cidadãos, sendo fruto de processo de transição do regime militar para o regime democrático. Foi, portanto, promulgada.

Gabarito "D".

**(Cartório/SC – 2012)** Tratando-se dos Princípios Fundamentais presentes no Título I da Constituição da República Federativa do Brasil, pode-se afirmar:

I. O Brasil constitui-se de um Estado Democrático de Direito e tem entre seus fundamentos a dignidade da pessoa humana.
II. A autodeterminação dos povos, segundo a Constituição Federal brasileira, é um dos princípios de regência no trato das relações internacionais.
III. O pluralismo político constitui um dos objetivos fundamentais da República Federativa do Brasil.
IV. A República Federativa do Brasil não tem por objetivo a construção de uma sociedade livre, justa e solidária.

(A) Somente a proposição I está correta.
(B) Somente a proposição II está correta.
(C) Somente as proposições III e IV estão corretas.
(D) Somente as proposições II e III estão corretas.
(E) Todas as proposições estão corretas.

I: correta. O art. 1º da CF determina que a República Federativa do Brasil é considerada um Estado Democrático de Direito e tem como fundamentos: I - a soberania, II - a cidadania, III - *a dignidade da pessoa humana*, IV - os valores sociais do trabalho e da livre iniciativa e V - o pluralismo político; II: incorreta. A autodeterminação dos povos é um dos princípios que *rege o Brasil* nas suas relações internacionais; III: incorreta. O *pluralismo político* é um dos *fundamentos* da República Federativa do Brasil e não objetivo (art. 1º, V, da CF); IV: incorreta. A *construção de uma sociedade livre, justa e solidária* é tida como um dos *objetivos* fundamentais da República Federativa do Brasil (art. 3º, I, da CF).

Gabarito "A".

**(Cartório/RJ – 2012)** A doutrina constitucional descreve uma maneira de exercício do poder constituinte que se dá de forma permanente e por mecanismos informais, o que ocorre, por exemplo, com a interpretação das normas constitucionais. Essa modalidade de poder constituinte pode ser chamada de

(A) Poder Constituinte Originário.
(B) Poder Constituinte Concentrado.
(C) Poder Constituinte Hermenêutico.
(D) Poder Constituinte Difuso.
(E) Poder Constituinte Integrador.

A: incorreta. O poder constituinte originário, genuíno, ou de primeiro grau, é aquele que cria a primeira constituição de um Estado ou a sua nova constituição. Em ambos os casos, esse poder impõe uma nova ordem jurídica e, portanto, é ilimitado, incondicionado e autônomo; B: incorreta. A doutrina clássica não faz menção ao poder constituinte concentrado. O termo "concentrado", em direito constitucional, é muito utilizado no controle de constitucionalidade. Quanto ao poder constituinte, a doutrina divide-o em originário e derivado. O primeiro, como mencionado, é o poder de criar uma nova constituição. O segundo se divide em três: *decorrente, reformador* e *revisor*. O decorrente é o poder que cada Estado tem de elaborar a sua própria Constituição, em virtude da sua capacidade de auto-organização (art. 11 do ADCT e art. 25 da CF). O reformador é o poder de alterar a Constituição Federal, que se manifesta por meio das Emendas Constitucionais (art. 60 da CF). Por fim, o poder revisor. Segundo o art. 3º do Ato das Disposições Constitucionais Transitórias (ADCT), a revisão constitucional, portanto uma revisão apenas, teve de ser realizada após cinco anos da data da promulgação da Constituição, em sessão unicameral e pelo voto da maioria absoluta dos membros do Congresso Nacional. Como a revisão já foi feita, o dispositivo mencionado tem eficácia exaurida. Atualmente, para alterar a Constituição, somente pelo processo legislativo das emendas constitucionais, previsto no art. 60 da CF. Além dessa classificação, há quem defenda a existência do poder constituinte difuso e supranacional. O difuso, também chamado de mutação constitucional, se manifesta permanentemente e por mecanismos informais. Não há mudança no texto constitucional, mas na sua interpretação. O supranacional tem a ver com a ideia da elaboração e reformas de constituições com caráter global, que abarcaria diversos países; C: incorreta. Hermenêutica é o nome dado ao estudo da interpretação. Não há que se falar em poder constituinte hermenêutico; D: correta. De fato, o poder constituinte difuso tem a ver com a mudança informal da constituição, ou seja, mudança na sua interpretação; E: incorreta. O princípio do efeito integrador faz parte dos métodos de interpretação constitucional e informa que a análise dos conflitos jurídico-constitucionais deve se dar à luz dos critérios que beneficiam a integração política e social.

Gabarito "D".

**(Cartório/AC – 2006 – CESPE)** Com base na doutrina constitucional de aplicabilidade e interpretação das normas constitucionais, julgue os itens subsequentes.

(1) O preâmbulo da Constituição pode ser classificado como uma norma de reprodução obrigatória.
(2) As normas constitucionais de eficácia limitada contam pelo menos com a imediata eficácia de revogação das regras preexistentes que lhes sejam contrárias.
(3) É de eficácia plena a norma constitucional que determina que se destinam apenas às atribuições de direção, chefia e assessoramento as funções de confiança exercidas exclusivamente por servidores ocupantes de cargo efetivo, e os cargos em comissão a serem preenchidos por servidores de carreira, nos casos, condições e percentuais mínimos previstos em lei.

1: incorreta, pois o STF já decidiu que o preâmbulo não é de reprodução obrigatória e já declarou sua irrelevância jurídica. Ele serve tão somente como norte interpretativo das normas constitucionais, não tendo o condão, dessa forma, de gerar força obrigatória (STF, ADI 2.076-5/AC, Pleno, j. 15.08.2002, rel. Min. Carlos Velloso, *DJ* 08.08.2003); 2: correta, toda norma constitucional, ainda que de eficácia limitada, possui eficácia para revogar as normas em contrário ou para servir de vetor de interpretação para o legislador ordinário; 3: incorreta, o art. 37, V, da CF, como a própria expressão prevê "nos casos, condições e percentuais mínimos previstos em lei", refere-se à norma constitucional de eficácia limitada.
Gabarito 1E, 2C, 3E

**(Cartório/AM – 2005 – FGV)** Assinale a alternativa que apresente corretamente os fundamentos da República Federativa do Brasil.

(A) soberania, cidadania, direito de resposta, acesso à informação e valores sociais do trabalho e da livre iniciativa.
(B) soberania, cidadania, dignidade da pessoa humana, valores sociais do trabalho e da livre iniciativa e pluralismo político.
(C) soberania, cidadania, prevalência dos direitos humanos, acesso à informação e pluralismo político.
(D) soberania, cidadania, bem-estar social, valores sociais do trabalho e da livre iniciativa e pluralismo político.
(E) soberania, cidadania, autonomia, independência e dignidade da pessoa humana.

B: correta. Art. 1º, I a V, da CF.
Gabarito "B".

**(Cartório/AM – 2005 – FGV)** Assinale a alternativa que apresente corretamente princípios constitucionais.

(A) isonomia, inviolabilidade do direito à segurança e reserva legal.
(B) isonomia, reserva profissional e devido processo legal.
(C) liberdade de expressão, reserva profissional e ampla defesa.
(D) inviolabilidade do direito à segurança, contraditório e associação em condomínio.
(E) juiz natural, contraditório e amplo exercício da vontade.

A: correta, art. 5º, *caput* e II, da CF; B e C: incorretas, não existe princípio de reserva profissional (contraria o art. 5º, XIII, da CF); D: incorreta, não existe princípio de associação em condomínio; E: incorreta, não existe princípio de amplo exercício da vontade.
Gabarito "A".

**(Cartório/DF – 2008 – CESPE)** A respeito da CF, julgue os itens que se seguem.

(1) O princípio da correição funcional destina-se a interpretar a CF, com a finalidade de orientar seus intérpretes no sentido de que, instituindo a norma fundamental um sistema coerente e previamente ponderado de repartição de competências, não podem os seus aplicadores chegar a resultados que perturbem o esquema organizatório funcional nela estabelecido, como é o caso da separação de Poderes, cuja observância é consubstancial à própria ideia de estado de direito.
(2) Os direitos fundamentais à intimidade e à vida privada são passíveis de renúncia pela pessoa que deles é titular, desde que não ofenda à dignidade dessa pessoa.
(3) A maioria dos atuais ministros do STF já expressou entendimento no sentido de que previsão constitucional que trata da prisão do depositário infiel foi revogada, tendo em vista a adesão do Brasil ao Pacto Internacional dos Direitos Civis e Políticos e à Convenção Americana sobre Direitos Humanos.

1: correta, o princípio da conformidade funcional é também chamado de *princípio da justeza* e determina que o intérprete da Constituição, ao realizar sua tarefa, não pode subverter as regras formais de repartição de competências estabelecida pela própria Constituição; 2: correta, pois qualquer ato de disposição não pode atingir o núcleo duro do direito fundamental, que em última análise tutela a dignidade da pessoa humana; 3: incorreta, a Constituição Federal legitima a prisão civil do devedor que não paga pensão alimentícia e a do depositário infiel (art. 5º, LXVII, da CF). Entretanto, o Pacto de San José da Costa Rica, ratificado pelo Brasil, é ainda mais restritivo: só permite a prisão dos devedores de pensão alimentícia; ou seja, com base na Convenção Americana de Direitos Humanos, o depositário infiel não pode ser preso. O conflito entre a norma internacional e a norma constitucional foi inúmeras vezes analisado pelo STF que, em entendimento tradicional, decidia pela prevalência da Constituição e autorizava a prisão do depositário infiel. Ocorre que, em virada jurisprudencial (RE 466.343-1/SP, Pleno, j. 03.12.2008, rel. Min. Cezar Peluso, *DJe* 05.06.2009), o STF acabou por consagrar a tese da *supralegalidade* dos tratados para concluir que a prisão do depositário infiel é ilícita. Com base no entendimento atual do STF, mais restritivo da prisão, só é permitida a prisão do devedor de pensão alimentícia. Entretanto, o caso é de supralegalidade, não sendo certo falar em "revogação".
Gabarito 1C, 2C, 3E

**(Cartório/ES – 2007 – FCC)** A Constituição Federal de 1988, prevê a dignidade da pessoa humana como:

(A) objetivo da República Federativa do Brasil.
(B) fundamento da República Federativa do Brasil.
(C) princípio específico dos Direitos Sociais.
(D) princípio específico dos Direitos e Garantias Fundamentais.
(E) princípio específico da Seguridade Social.

B: correta. Art. 1º, III, da CF.
Gabarito "B".

**(Cartório/MA – 2008 – IESES)** Assinale a alternativa INCORRETA:

(A) A Constituição de 1934 foi promulgada, ao passo que a de 1937 foi outorgada.
(B) A Constituição de 1891 foi promulgada.
(C) Das constituições brasileiras, as duas primeiras eram semirrígidas.
(D) A Constituição de 1824 era semirrígida, já que previa a alteração de uma parte pelos chamados meios ordinários.

A e B: corretas, constituições outorgadas são as impostas pelo detentor do poder, sem legitimidade. As promulgadas são fruto de deliberação popular, na maioria das vezes por intermédio de uma Assembleia Nacional Constituinte. Foram outorgadas as Constituições brasileiras de 1824 (imperial), 1937 (Estado Novo de Getúlio Vargas); 1967 (Ditadura Militar). Alguns também apontam a EC de 1969 como outorgada, apesar de não ser propriamente uma Constituição. As demais Constituições brasileiras foram promulgadas (1891, 1934, 1946 e 1988); C e D: constituições semirrígidas ou semiflexíveis são aquelas que preveem em seu texto, ao mesmo tempo, normas constitucionais que só podem ser modificadas através de procedimento mais complexo e outras normas constitucionais que podem ser modificadas pelo mesmo processo aplicável às leis infraconstitucionais. A única Constituição semirrígida do Brasil foi a de 1824.
Gabarito "C".

**(Cartório/MS – 2009 – VUNESP)** Assinale a alternativa que contém uma afirmativa correta a respeito do constitucionalismo.

(A) O constitucionalismo teve seu marco inicial com a promulgação, em 1215, da Magna Carta inglesa.
(B) O constitucionalismo surge formalmente, em 1948, com a edição da Declaração Universal dos Direitos Humanos da Organização das Nações Unidas.
(C) A doutrina do Direito Constitucional é uníssona no entendimento de que o constitucionalismo surgiu com a revolução norte-americana resultando, em 1787, na Constituição dos Estados Unidos da América.
(D) É possível identificar traços do constitucionalismo mesmo na antiguidade clássica e na Idade Média.
(E) O constitucionalismo brasileiro inspirou-se fortemente no modelo constitucional do Estado da Inglaterra.

A, B, C, D: Segundo Pedro Lenza (*Direito Constitucional Esquematizado*. 15. ed. São Paulo: Saraiva, 2011. p. 55), a Magna Carta de 1215 constitui o marco do constitucionalismo da Idade Média. Antes disso, na Antiguidade Clássica, podem-se identificar traços do constitucionalismo no Estado Teocrático dos hebreus e nas Cidades-Estados gregas. Ainda de acordo com o mesmo autor, na Idade Moderna destacam-se o *Petition of Rights*, de 1628, o *Habeas Corpus Act*, de 1679, o *Bill of Rights*, de 1689 e o *Act of Settlement*, de 1701; os marcos do constitucionalismo na Idade Contemporânea (ou do constitucionalismo moderno) são a Constituição dos Estados Unidos da América de 1787 e a francesa de 1791; E: incorreta. A Constituição do Império teve influência francesa e inglesa; no período republicano, o constitucionalismo brasileiro foi fortemente marcado pelo modelo norte-americano, de federalismo e presidencialismo.
Gabarito "D".

**(Cartório/MT – 2005 – CESPE)** No que se refere à teoria geral das constituições, assinale a opção correta.

(A) Constituição flexível é aquela que somente admite a sua reforma por meio de emenda à constituição.
(B) A constituição é sempre fruto de um processo democrático, não havendo constituição nos países onde há a usurpação de poderes, por meio de golpes militares ou revolucionários.
(C) As normas constitucionais, em regra, não podem ser interpretadas pelos mesmos mecanismos de interpretação das normas infraconstitucionais.
(D) A interpretação conforme a constituição ocorre quando há, em relação a determinado dispositivo legal, no mínimo duas interpretações possíveis, sendo apenas uma dessas interpretações constitucional.

A: incorreta, constituições flexíveis são aquelas que não preveem um mecanismo diferente ou mais dificultoso para alteração de suas normas, podendo ser alteradas por normas infraconstitucionais posteriores incompatíveis com as normas constitucionais; B: incorreta, as constituições podem ser fruto de um processo democrático (promulgadas) ou autoritário (outorgadas); C: incorreta, podem ser interpretadas pelos *métodos* (ou mecanismos) ordinários, em conjunto com os *princípios* de interpretação constitucional; D: correta, a interpretação conforme a Constituição ocorre diante de normas plurissignificativas, ou seja, que admitem mais de uma interpretação possível, devendo-se preferir aquela que mais se aproxima da Constituição. Funciona como técnica de interpretação constitucional e como mecanismo de controle de constitucionalidade, sendo aceita em doutrina e também pela jurisprudência do STF.
Gabarito "D".

**(Cartório/MT – 2003 – UFMT)** São princípios fundamentais da República Federativa do Brasil:

(A) A soberania, a cidadania, a dignidade da pessoa humana, os valores sociais do trabalho e a autodeterminação dos povos.
(B) A soberania, a cidadania, a dignidade da pessoa humana, os valores sociais do trabalho e da livre iniciativa e o pluralismo político.
(C) A soberania nacional, a cidadania, a valorização do trabalho humano e a prevalência dos direitos humanos.
(D) A soberania nacional, a cidadania, os valores sociais do trabalho, a igualdade entre os Estados e o pluralismo político.
(E) A soberania, a cidadania, a valorização do trabalho humano, a livre iniciativa, o pluralismo político e os ditames da justiça social.

B: correta. Art. 1º, I a V, da CF. Atenção, pois o *caput* fala em "fundamentos", mas o artigo se insere no título dos "princípios fundamentais".
Gabarito "B".

**(Cartório/RR – 2001 – CESPE)** A Constituição da República determina que o Brasil, em suas relações internacionais, buscará a integração econômica, política, social e cultural dos povos da América Latina. Nesse sentido, os princípios norteadores das relações internacionais definidos no texto constitucional não incluem o(a)

(A) repúdio ao terrorismo e ao racismo.
(B) prevalência dos direitos humanos.

(C) independência nacional.
(D) não intervenção.
(E) soberania.

E: correta. Art. 4º, I a X, da CF. A soberania é fundamento (ou princípio fundamental), de acordo com o art. 1º, I, da CF.
Gabarito "E".

**(Cartório/SC – 2008)** A República Federativa do Brasil constitui-se em Estado Democrático de Direito e tem como princípios fundamentais:

(A) A dignidade da pessoa humana, a cidadania, os valores sociais do trabalho e da livre iniciativa, a prevalência dos direitos humanos.
(B) A soberania, o pluralismo político, a igualdade entre os Estados, a cidadania, a dignidade da pessoa humana.
(C) A cidadania, a dignidade da pessoa humana, a soberania, os valores sociais do trabalho e da livre iniciativa, o pluralismo político.
(D) A prevalência dos direitos humanos, a soberania, a cidadania, a dignidade da pessoa humana, o pluralismo político.
(E) A soberania, a cidadania, a redução das desigualdades regionais e sociais, a dignidade da pessoa humana, os valores sociais do trabalho e da livre iniciativa, o pluralismo político.

C: correta. Art. 1º, I a V, da CF.
Gabarito "C".

**(Cartório/SP – I – VUNESP)** Supondo-se que tivessem sido validamente editadas e estivessem em vigor até o advento da atual Constituição, das regras legais abaixo, a que teria sido por ela recepcionada seria:

(A) a que facultasse aos pais o direito de livremente deserdar seus filhos maiores, sem necessidade de motivar tal decisão.
(B) a que declarasse ser indissolúvel a sociedade conjugal.
(C) a que dispusesse sobre custas ou emolumentos devidos pela celebração de casamento.
(D) a que limitasse o quinhão dos filhos ilegítimos a um percentual do que é assegurado aos filhos legítimos.

A: correta. O advento de uma nova Constituição não revoga automaticamente toda a legislação a ela preexistente. Pelo princípio da recepção, a *legislação infraconstitucional* anterior à nova Constituição, desde que seja *materialmente* compatível com o novo texto, é validada e passa a se submeter à nova disciplina constitucional. Se a contrariedade da lei com a Constituição Federal de 1988 for apenas formal, sendo válido seu conteúdo, ainda assim será recepcionada (mas sua alteração será feita de acordo com a forma que a atual Constituição prevê). No caso, pela Constituição Federal de 1988, o casamento civil pode ser dissolvido pelo divórcio (art. 226, § 6º, da CF), o que torna a sociedade conjugal dissolúvel; a celebração do casamento civil é gratuita (art. 226, § 1º, da CF); há igualdade de direitos entre os filhos, havidos ou não na relação do casamento (art. 227, § 6º, da CF). Dessa forma, seria recepcionada pela Constituição Federal de 1988 apenas a regra que faculta aos pais o direito de deserção dos filhos maiores (art. 229, primeira parte, da CF).
Gabarito "A".

**(Cartório/SP – I – VUNESP)** Constitui exemplo de exercício do Poder Constituinte Decorrente:

(A) a Constituição da Alemanha, promulgada em Weimar em 1922.
(B) a Constituição do Estado de São Paulo, de 1989.
(C) a Emenda Constitucional nº 20, de 1998, à Constituição da República Federativa do Brasil, de 1988.
(D) a Constituição dos Estados Unidos da América, de 1787.

B: correta. Ao contrário do Poder Constituinte Originário (que é inicial, autônomo, ilimitado e incondicionado), o Poder Constituinte Derivado é secundário, subordinado, limitado, e exercido pelos representantes do povo. Daí resulta a conclusão de que o poder constituinte derivado encontra limites nas regras previstas pelo constituinte originário. Como defendido em doutrina, o poder constituinte derivado pode ser exercido através da reforma da Constituição Federal ou da Constituição Estadual (poder constituinte derivado reformador), pela revisão da Constituição Federal (poder constituinte derivado revisor, art. 3º do ADCT) ou por intermédio da elaboração das constituições estaduais e da lei orgânica do Distrito Federal (poder constituinte derivado decorrente). Assim, a promulgação das Constituições da Alemanha e dos Estados Unidos constitui exercício do Poder Constituinte Originário; a promulgação da EC 20/1988, do Poder Constituinte Derivado Reformador e a elaboração da Constituição do Estado de São Paulo, do Poder Constituinte Derivado Decorrente.
Gabarito "B".

**(Cartório/SP – IV – VUNESP)** A elaboração de uma nova Constituição é da competência do denominado Poder Constituinte Originário. São formas de exercício do Poder Constituinte:

(A) o poder Constituído e o Conselho de Notáveis.
(B) a revolução e a Assembleia Constituinte.
(C) a Câmara dos Deputados e o Senado Federal.
(D) os representantes da Sociedade Civil e do Congresso Nacional.

B: correta. De acordo com Pedro Lenza (*Direito Constitucional Esquematizado*. 15. ed. São Paulo: Saraiva, 2011. p. 176), duas são as formas de expressão do Poder Constituinte Originário: a) outorga (caracterizada pela declaração unilateral do agente revolucionário – exemplos: Constituições de 1824, 1937, 1967); b) assembleia nacional constituinte, ou convenção (nasce da deliberação da representação popular, como ocorrido nas Constituições de 1891, 1934, 1946 e 1988).
Gabarito "B".

**(Cartório/SP – IV – VUNESP)** A Constituição Federal estabelece que todo o poder emana do povo, que o exerce mediante representantes eleitos, ou diretamente, por meio do

(A) referendo, do *habeas corpus* e da ação popular.
(B) referendo, da ação popular e do plebiscito.
(C) mandado de injunção e da iniciativa popular.
(D) plebiscito, do referendo e da iniciativa popular.

D: correta. Art. 1º, parágrafo único, c/c art. 14, I a III, ambos da CF.
Gabarito "D".

**(Cartório/SP – VI – VUNESP)** Nossa Constituição Federal é tida pela doutrina como rígida em razão de:

(A) não admitir emendas constitucionais, mormente se estas violarem cláusulas pétreas.

(B) poder ser modificada após certo tempo, se houver um plebiscito assim determinando.
(C) admitir alteração desde que esta só ocorra após determinado período da promulgação.
(D) ser modificada mediante maior solenidade do que exigido para as demais normas.

D: correta. São rígidas as constituições em que o mecanismo de alteração das normas constitucionais é mais difícil que o previsto para a modificação de normas infraconstitucionais. A Constituição Federal de 1988 é rígida, pois estabelece em seu texto um procedimento mais qualificado para aprovação de emendas constitucionais que o de alteração das leis em geral (art. 60 da CF). A rigidez, portanto, tem como consequência a supremacia da Constituição sobre as demais normas jurídicas, pois nenhuma lei ou ato normativo pode contrariar o disposto na Constituição Federal, nem mesmo os tratados internacionais. Ainda que aprovados pela sistemática do art. 5º, § 3º, da CF, os tratados internacionais de direitos humanos equivalem às emendas constitucionais, que podem ser objeto de controle de constitucionalidade, caso incompatíveis com a Constituição (já que constituem manifestação do Poder Constituinte Derivado).
Gabarito "D".

**(Cartório/SP – VI – VUNESP)** Quanto à sua extensão, nossa Constituição Federal é definida pela doutrina como:
(A) sintética.
(B) analítica.
(C) concisa.
(D) flexível.

B: correta. A Constituição Federal de 1988 pode ser assim classificada: a) quanto à origem: promulgada (fruto do trabalho de uma Assembleia Nacional Constituinte); b) quanto à forma: escrita (normas reunidas em um único texto solene e codificado); c) quanto à extensão: analítica (tratam de todos os temas que os representantes do povo entendem importantes e, por isso, em geral são extensas e detalhistas); d) quanto ao modo de elaboração: dogmática (ou sistemática), porque traduzem os dogmas, planos e sistemas preconcebidos; d) quanto à estabilidade ou alterabilidade: rígida, já que prevê, para a alteração das normas constitucionais, um mecanismo mais difícil que aquele estabelecido para as normas não constitucionais (art. 60 da CF).
Gabarito "B".

**(Cartório/SP – VI – VUNESP)** O poder constituinte atribuído aos Estados-membros para se auto-organizarem é denominado
(A) decorrente.
(B) originário.
(C) originário-derivado.
(D) originário-federativo.

A: correta. Ao contrário do Poder Constituinte Originário (que é inicial, autônomo, ilimitado e incondicionado), o Poder Constituinte Derivado é secundário, subordinado, limitado, e exercido pelos representantes do povo. Daí resulta a conclusão de que o poder constituinte derivado encontra limites nas regras previstas pelo constituinte originário. Poder constituinte instituído (ou constituído, ou secundário) é sinônimo de Poder Constituinte Derivado. Como defendido em doutrina, o poder constituinte derivado pode ser exercido através da reforma da Constituição Federal ou da Constituição Estadual (poder constituinte derivado reformador), pela revisão da Constituição Federal (poder constituinte derivado revisor, art. 3º do ADCT) ou por intermédio da elaboração das constituições estaduais e da lei orgânica do Distrito Federal (poder constituinte derivado decorrente).
Gabarito "A".

**(Cartório/SP – VI – VUNESP)** Nossa Lei Maior elenca textualmente, como sendo princípios fundamentais da República brasileira,
(A) o respeito à privacidade, à intimidade e à inviolabilidade da pessoa humana.
(B) a unidade, a autonomia e a indissolubilidade dos nossos partidos políticos.
(C) o respeito aos valores sociais do trabalho e da livre iniciativa.
(D) a possibilidade da criação de novos municípios, mediante plebiscito democrático.

C: correta. Art. 1º, I a V, da CF.
Gabarito "C".

## 2. CONTROLE DE CONSTITUCIONALIDADE

**(Cartório/RN – 2012 – IESIS)** Quanto ao controle de constitucionalidade, assinale a alternativa correta:
(A) Não pode propor a ação declaratória de constitucionalidade entidade de classe de âmbito nacional.
(B) Quando o Supremo Tribunal Federal apreciar a inconstitucionalidade, em tese, de norma legal ou ato normativo, citará, previamente, o Advogado-Geral da União, que defenderá o ato ou texto impugnado.
(C) As decisões proferidas pelo Supremo Tribunal Federal nas ações declaratórias de constitucionalidade produzirão eficácia contra todos e efeito vinculante relativamente aos demais órgãos do Poder Judiciário e à Administração Pública direta e indireta.
(D) Procurador-Geral da República poderá ser previamente ouvido nas ações de inconstitucionalidade.

A: incorreta. De acordo com o art. 103, IX, da CF, a entidade de classe de âmbito nacional *pode* propor ação declaratória de constitucionalidade. Para tanto, segundo o STF, essa entidade precisa demonstrar *pertinência temática*, ou seja, o conteúdo do ato impugnado deve ter relação com os interesses por ela defendidos, sob pena de carência da ação (falta de interesse de agir); B: correta. Conforme o art. 103, § 3º, da CF, quando o STF apreciar a inconstitucionalidade, em tese, de norma legal ou ato normativo, citará, previamente, o Advogado-Geral da União, que defenderá o ato ou texto impugnado; C: incorreta. De acordo com o art. 103, § 2º, da CF, apenas as *decisões definitivas de mérito*, proferidas pelo STF, nas ações diretas de inconstitucionalidade e nas ações declaratórias de constitucionalidade produzirão eficácia contra todos e efeito vinculante, relativamente aos demais órgãos do Poder Judiciário e à Administração Pública direta e indireta, nas esferas federal, estadual e municipal. Sendo assim, se o STF apreciar uma medida cautelar em sede de ADI ou ADC essa decisão não produzirá o efeito mencionado; D: incorreta. Dispõe o art. 103, § 1º, da CF, que o Procurador-Geral da República *deverá* ser previamente ouvido nas ações de inconstitucionalidade e em todos os processos de competência do STF.
Gabarito "B".

**(Cartório/AM – 2005 – FGV)** Assinale a opção falsa.
(A) Há três sistemas de controle de constitucionalidade: o político, o jurisdicional e o misto.
(B) Os sistemas constitucionais conhecem dois critérios de controle da constitucionalidade: o difuso e o concentrado.

(C) O controle de constitucionalidade pelo critério difuso é da exclusiva competência do Supremo Tribunal Federal.
(D) Somente pelo voto da maioria absoluta de seus membros ou dos membros do respectivo órgão especial poderão os tribunais declarar a inconstitucionalidade de lei ou ato normativo do Poder Público.
(E) O Conselho Federal da Ordem dos Advogados do Brasil é um dos legitimados para o ajuizamento da ação direta de inconstitucionalidade.

A: correta, quanto à natureza do órgão que o exerce, o controle de constitucionalidade pode ser *político* (exercido por órgãos fora do Poder Judiciário, ou seja, pelo Poder Executivo – *e.g.*, ao vetar projeto de lei por inconstitucionalidade –, ou pelo Poder Legislativo – *e.g.*, ao não converter uma MP em lei por inconstitucionalidade ou ao sustar os atos do Poder Executivo que exorbitem do poder de delegação legislativa, *ex vi* do art. 49, V, da CF); ou *judicial*, também conhecido por *jurisdicional*, se exercido por órgãos do Poder Judiciário. Os sistemas que permitem o controle de constitucionalidade por todos os órgãos, como o brasileiro, é chamado de misto; B e C: Quanto ao órgão judicial que o exerce, o controle de constitucionalidade é *difuso* (realizado por qualquer juiz ou tribunal – no último caso, observada a regra do art. 97 da CF) ou *concentrado* (no STF ou no TJ). O STF realiza, ao mesmo tempo, controle difuso (por meio de recursos extraordinários – art. 102, III, da CF) e controle concentrado (art. 102, I, "a", da CF); D correta, o incidente de deslocamento, necessário por determinação do art. 97 da CF (princípio da reserva de plenário) é realizado na forma dos arts. 480 e 481 do CPC, sendo desnecessário quando houver pronunciamento anterior do próprio Pleno ou órgão especial do próprio Tribunal ou do Plenário do STF (art. 481, parágrafo único, do CPC); E: correta, o art. 103, VII, da CF.
Gabarito "C".

(Cartório/AP – 2011 – VUNESP) Ação direta de inconstitucionalidade proposta por Governador de Estado, tendo por objeto dispositivos de lei federal contrários à Constituição da República, é julgada procedente pelo Supremo Tribunal Federal. Nessa hipótese,
(A) a decisão é anulável, pois Governador de Estado não tem legitimidade para propor ação tendo por objeto a constitucionalidade de lei federal.
(B) não é aplicável a regra de participação do Procurador Geral da República, por se tratar de ação de interesse de Estado-membro da Federação.
(C) o Governador deveria ter demonstrado a repercussão geral das questões constitucionais discutidas no caso, nos termos da lei, a fim de que o Tribunal examinasse a admissibilidade da ação.
(D) a decisão produzirá eficácia contra todos e efeito vinculante, relativamente aos demais órgãos do Poder Judiciário e à administração pública direta e indireta, nas esferas federal, estadual e municipal.
(E) a decisão é nula, por se tratar de matéria de competência originária do Superior Tribunal de Justiça.

A: incorreta, o Governador de Estado é legitimado ativo para propor Ação Direta de Inconstitucionalidade - ADIn (art. 103, V, da CF); B: incorreta, o art. 103, § 1º, da CF não faz essa distinção; C: incorreta, pois a repercussão geral é requisito do recurso extraordinário (art. 102, § 3º, da CF); D: correta, art. 102, § 2º, da CF; E: incorreta, a competência para julgar ADIn é do STF (art. 102, I, "a", da CF).
Gabarito "D".

(Cartório/DF – 2008 – CESPE) Acerca do controle de constitucionalidade, julgue os itens a seguir.
(1) Os efeitos da medida liminar na ação direta de inconstitucionalidade, em regra, serão *ex tunc*, de modo a desconstituir as relações jurídicas decorrentes do direito considerado constitucional.
(2) Não cabe o controle de constitucionalidade quando o ato regulamentar extravasa os limites a que está materialmente adstrito, pois se trata de insubordinação executiva aos comandos da lei.
(3) O entendimento atual do STF é de que a perda superveniente da representação do partido político em uma das casas legislativas leva à extinção da ação direta de inconstitucionalidade sem julgamento de mérito, pois essa condição deve estar presente durante todo o curso da ação.

1: incorreta, de acordo com o art. 11, § 1º, da Lei 9.868/1999 a medida cautelar em ADIn tem, em regra, eficácia *ex nunc* ou *pro futuro*; 2: correta, "se o ato regulamentar vai além do conteúdo da lei, pratica ilegalidade. Neste caso, não há falar em inconstitucionalidade. Somente na hipótese de não existir lei que preceda o ato regulamentar, e que poderia este ser acoimado de inconstitucional, assim sujeito ao controle de constitucionalidade" (STF, ADIn 589, Pleno, j. 20.09.1991, rel. Min. Carlos Velloso, *DJ* 18.10.1991); 3: incorreta, o STF superou o entendimento anterior de que a perda da representação do partido político em uma das casas legislativas, posteriormente ao ajuizamento da ADIn, tinha como consequência a extinção da ação direta de inconstitucionalidade sem julgamento de mérito. *De acordo com o entendimento atual do STF*, a ADIn deve ser julgada se, no momento da sua propositura e quando do início do julgamento, o partido político tinha representação no Congresso Nacional (um congressista em qualquer das Casas Legislativas). Do contrário, a desfiliação do parlamentar equivaleria à desistência da ação direta, o que é vedado por lei (art. 5º da Lei 9.868/1999): "(...) III. Ação direta de inconstitucionalidade: legitimação de partido político não afetada pela perda superveniente de sua representação parlamentar, quando já iniciado o julgamento" (STF, ADI 2054-4, Pleno, j. 02.04.2003, rel. p/ acórdão Min. Sepúlveda Pertence, *DJ* 17.10.2003).
Gabarito 1E, 2C, 3E

(Cartório/DF – 2008 – CESPE) A respeito da CF, julgue o item que se segue.
(1) A ideia de supremacia material da CF, segundo o STF, é o que possibilita o controle de constitucionalidade.

1: incorreta, pelo princípio da supremacia da Constituição, qualquer lei ou ato normativo só será válido se compatível (material e formalmente) com os ditames constitucionais, o que constitui fundamento para o controle de constitucionalidade. A supremacia é atributo das constituições rígidas. As constituições flexíveis, por sua vez, não preveem mecanismo mais dificultoso para a alteração das normas constitucionais, que podem ser modificadas por leis infraconstitucionais posteriores com elas incompatíveis, não havendo falar, portanto, em supremacia constitucional.
Gabarito 1E

(Cartório/DF – 2006 – CESPE) A lei municipal n° Y foi impugnada, por meio de representação de inconstitucionalidade por suposta violação à Constituição Estadual, apresentada pelo defensor público geral de determinado Estado, perante o respectivo Tribunal de Justiça. Com base nessa situação hipotética e considerando o controle de constitucionalidade, julgue os itens seguintes.

(1) A iniciativa de propositura da representação não estará vedada ao defensor público geral, se houver previsão na respectiva constituição estadual.

(2) Se for julgada improcedente a citada representação, eventual decisão proferida pelo STF, em recurso extraordinário, cabível daquela decisão, terá eficácia *erga omnes* e efeito vinculante aos destinatários da norma.

1: correta, art. 125, § 2°, da CF; 2: correta, o item pressupõe o cabimento do recurso extraordinário, então se deve considerar que a norma da Constituição Estadual apontada como violada apenas reproduz uma norma da Constituição Federal, por ser de observância obrigatória pelos Estados-membros. Nesses casos a lei estadual, ao violar a Constituição Estadual está, em verdade, afrontando norma da Constituição Federal. Daí a possibilidade de interposição de recurso extraordinário para o STF, pois o parâmetro de controle passa a ser a Constituição Federal. O STF não irá analisar a compatibilidade vertical entre a lei estadual e a Constituição do Estado, mas entre a lei estadual e a Constituição Federal, utilizando, para tanto, um recurso típico do controle difuso. Apesar disso, o controle não perde sua natureza abstrata, razão pela qual a decisão do STF, nesse recurso extraordinário, produzirá os mesmos efeitos da ADIn genérica (*erga omnes*, vinculantes e *ex tunc*).
Gabarito 1C, 2C

(Cartório/DF – 2003 – CESPE) Acerca do controle de constitucionalidade de leis ou atos normativos do Distrito Federal, julgue os itens seguintes.

(1) A Lei Orgânica do Distrito Federal, conquanto tenha *status* de constituição estadual, não regulou o controle de constitucionalidade abstrato no Distrito Federal.

(2) As leis distritais podem ser objeto de ação direta de inconstitucionalidade (ADIN) ou ação direta de constitucionalidade (ADC) ajuizada no STF.

(3) Quando o Tribunal de Justiça do Distrito Federal e dos Territórios (TJDFT), em processo de sua competência originária, houver de julgar incidentalmente a inconstitucionalidade de lei local, decidirá com eficácia *erga omnes*.

1: correta, entretanto, o cabimento do controle abstrato estadual é garantido pela própria Constituição Federal (art. 125, § 2°, da CF); 2: incorreta, pois só cabe ADIn de lei ou ato normativo federal ou *estadual* (art. 102, I, "a", da CF). Por isso, em relação às leis distritais, só caberá ADIn se tiverem conteúdo de lei estadual (não cabíveis se tiverem conteúdo de leis municipais). Além disso, só cabe ADC de leis federais (art. 102, I, "a", da CF); 3: incorreta, se o julgamento sobre a constitucionalidade é incidental, a decisão tem em regra efeitos *inter partes*.
Gabarito 1C, 2E, 3E

(Cartório/DF – 2001 – CESPE) Julgue os seguintes itens.

(1) Em se tratando de ação direta de inconstitucionalidade por omissão, não é obrigatória a audiência do advogado-geral da União pelo Supremo Tribunal Federal (STF).

(2) Proposta ação direta de inconstitucionalidade por omissão em face de lei que ofereça regulamentação parcial de determinada norma constitucional, é possível deferir-se medida cautelar para a suspensão liminar daquela regulamentação parcial em vigor.

1: correta, o Procurador-Geral da República deverá ser previamente ouvido, por força do art. 103, § 1°, da CF. Já o Advogado-Geral da União, que funciona como curador da constitucionalidade da norma impugnada (art. 103, § 3°, da CF), tem sua participação dispensada por motivos óbvios: por se tratar de ADIn *por omissão*, não há texto legal a ser defendido; 2: incorreta, o deferimento de medida cautelar para suspensão da norma corresponderia à omissão total, caracterizando retrocesso constitucional.
Gabarito 1C, 2E

(Cartório/DF – 2001 – CESPE) Julgue o seguinte item.

(1) É dispensável a intervenção do Senado Federal para a suspensão da execução de lei declarada inconstitucional pelo STF em ação direta de inconstitucionalidade.

1: correta, a competência atribuída ao Senado Federal pelo art. 52, X, da CF, limita-se ao controle difuso ou incidental de constitucionalidade. No controle concentrado, a decisão do STF, por si só, produz efeitos contra todos (ou *erga omnes*) e vinculantes, por força do art. 102, § 2°, da CF, reproduzido no art. 28, parágrafo único, da Lei 9.868/1999.
Gabarito 1C

(Cartório/DF – 2001 – CESPE) Com relação ao controle de constitucionalidade, julgue os itens que se seguem à luz da Constituição da República e da jurisprudência pertinente.

(1) Para conhecer de ação direta de inconstitucionalidade proposta por confederação sindical ou entidade de classe de âmbito nacional, o Supremo Tribunal Federal (STF) dispensa a pertinência temática entre as finalidades estatutárias daquelas entidades e o conteúdo material das normas impugnadas.

(2) O modelo de controle de constitucionalidade brasileiro, por ser misto, admite plenamente que um juiz federal de primeira instância declare, com a eficácia *erga omnes* própria de decisões em ação civil pública, a inconstitucionalidade de determinada lei federal.

(3) Caso expire o trintídio de eficácia de determinada medida provisória sem que haja sido julgada ação direta de inconstitucionalidade contra ela proposta, é inexorável a extinção da ação proposta e imprescindível, caso se pretenda impugnar a reedição sem alterações daquela medida provisória, a propositura de nova ação congênere.

(4) A ação direta de inconstitucionalidade, por destinar-se a assegurar a higidez da ordem constitucional em vigor, não é cabível para aferir a legitimidade do direito pré-constitucional.

(5) As decisões proferidas em ação direta de inconstitucionalidade não possuem efeito vinculante em decorrência da ausência de expressa previsão constitucional para tanto.

1: incorreta, a legitimidade ativa para a propositura de ADIn encontra-se prevista no art. 103, I a IX, da CF. O STF, em interpretação restritiva do dispositivo constitucional, entende que determinados legitimados ativos devem observar o requisito da *pertinência temática* para propor ADIn, exigência que não está prevista na Constituição nem na legislação infraconstitucional, mas se encontra amplamente sedimentada na jurisprudência do STF. Por pertinência temática deve-se entender a existência de uma relação direta entre a questão presente na lei ou no ato normativo a ser impugnado e os objetivos sociais da entidade demandante (ou entre a lei objeto de controle e as funções institucionais do legitimado ativo). Vale dizer, a noção é muito próxima do *interesse de agir* da Teoria Geral do Processo e faz surgir duas classes de legitimados ativos: os *universais* ou *neutros* e os *interessados* ou *especiais*. De acordo com o STF, são legitimados *neutros* ou *universais* para a propositura de ADIn (= têm legitimidade ativa em qualquer hipótese, sem necessidade de demonstração de pertinência temática): o Presidente da República, as Mesas do Senado e da Câmara, o Procurador-Geral da República, o Conselho Federal da OAB e o partido político com representação no Congresso Nacional. São legitimados *interessados* ou *especiais*, ou seja, precisam demonstrar relação de pertinência temática entre o objeto da ADIn e sua esfera jurídica (ou a de seus filiados): o Governador de Estado, a Mesa de Assembleia Legislativa (ou da Câmara Legislativa do DF), bem como as confederações sindicais ou entidades de classe de âmbito nacional; 2: incorreta, o STF considera legítima a utilização da ação civil pública como instrumento de controle incidental de constitucionalidade de leis ou atos do poder público, pela via difusa, quando a controvérsia constitucional não se apresentar como o único objeto da demanda, mas como questão prejudicial, necessária à resolução do conflito principal. Assim, tem eficácia *inter partes*, não *erga omnes* (ainda que a eficácia *inter partes* em uma ACP seja mais ampla que em uma ação individual); 3: incorreta, após a EC 32/2001, as MPs vigem por sessenta dias (art. 62, § 3º, da CF), e não mais por trinta; 4: correta, o advento de uma nova Constituição não revoga automaticamente toda a legislação a ela preexistente. Se a norma pré-constitucional for *materialmente* compatível com a nova Constituição, ou seja, se não houver incompatibilidade quanto ao conteúdo, a norma anterior à Constituição é *recepcionada* pela nova Constituição, ainda que sua forma não seja mais prevista pela nova ordem constitucional (como ocorreu com o Código Tributário Nacional); 5: incorreta, pois contraria o disposto no art. 102, § 2º, da CF.
Gabarito 1E, 2E, 3E, 4C, 5E

**(Cartório/DF – 2001 – CESPE)** Acerca do controle de constitucionalidade, julgue os itens a seguir.

(1) A exigência de que a declaração de inconstitucionalidade nos tribunais somente possa ser realizada por maioria absoluta não impede que o respectivo órgão especial a realize.

(2) Em se tratando de norma já declarada inconstitucional pelo STF em ação direta de inconstitucionalidade, órgão fracionário de tribunal de justiça pode reconhecer a ilegitimidade daquela norma em razão da eliminação de sua presunção de constitucionalidade.

1: correta, art. 97 da CF; 2: correta, o incidente de deslocamento, necessário por determinação do art. 97 da CF (princípio da reserva de plenário) é realizado na forma dos arts. 480 e 481 do CPC, sendo desnecessário quando houver pronunciamento anterior do próprio Pleno ou órgão especial do próprio Tribunal ou do Plenário do STF (art. 481, parágrafo único, do CPC).
Gabarito 1C, 2C

**(Cartório/MA – 2008 – IESES)** Em relação ao sistema de controle de constitucionalidade, é correto afirmar:

(A) O Brasil adota tanto o sistema concentrado de controle de constitucionalidade, como o sistema difuso, o qual se caracteriza pela possibilidade do juiz, em qualquer processo em que tal se mostre necessário para a solução do caso concreto, declarar a inconstitucionalidade de lei ou ato normativo.

(B) Após o julgamento da ação direta de inconstitucionalidade, haverá a comunicação ao Congresso Nacional para a suspensão da execução da lei para que sua eficácia seja suspensa.

(C) A arguição de descumprimento de preceito fundamental poderá ser ajuizada por qualquer cidadão, desde que seja titular de direitos políticos.

(D) O Supremo Tribunal é o competente para conhecer de ação direta de inconstitucionalidade contra lei ou ato normativo federal, estadual ou municipal.

A: correta, pois o Brasil adota o sistema misto de constitucionalidade, vale dizer, convivem em nosso país o controle abstrato (ou concentrado) e o controle difuso (ou concreto). Dessa forma, qualquer juiz ou tribunal (inclusive o STF), ao analisar um caso concreto, pode verificar a compatibilidade de lei ou ato normativo diante da Constituição Federal (controle difuso). Ao mesmo tempo, apenas ao STF cabe o controle concentrado (ou abstrato ou por via de ação) de lei ou ato normativo federal ou estadual diante da Constituição Federal (e aos TJs locais o controle concentrado em face da Constituição estadual). Assim, o STF realiza as duas espécies de controle: o difuso, em exercício de competência recursal (art. 102, III, da CF), ao analisar um recurso extraordinário; e o concentrado, em competência originária, ao julgar ADIn, ADC e ADPF (art. 102, I, "a" e § 1º, da CF); B: incorreta, pois o art. 52, X, da CF é aplicado apenas em controle difuso. No controle por ADIn, a eficácia vinculante e *erga omnes* decorre na própria Constituição Federal (art. 102, § 2º); C: incorreta, o cidadão não tem legitimidade para propor ADPF. Os legitimados para a ADIn e para a ADPF são os mesmos (art. 2º da Lei 9.882/1999) e encontram-se listados no art. 103 da CF e no art. 2º da Lei 9.868/1999; D: incorreta, não cabe ADIn em face de lei municipal (art. 102, I, "a", da CF).
Gabarito "A".

**(Cartório/MA – 2008 – IESES)** De acordo com a Constituição da República Federativa do Brasil, em relação ao Controle de Constitucionalidade, marque V ou F, conforme as afirmações a seguir sejam verdadeiras ou falsas.

( ) Estão legitimados para a propositura de ação direta de inconstitucionalidade e a ação declaratória de constitucionalidade, dentre outros, o Presidente da República, a Mesa do Senado Federal, o Conselho Seccional do OAB, assim como o Procurador-Geral da República.

( ) Considera-se como forma de controle repressivo de constitucionalidade atribuído ao Poder Legislativo, a sustação dos atos normativos do Poder Executivo que exorbitem do poder regulamentar ou dos limites de delegação legislativa.

( ) A súmula vinculante, aprovada pelo Supremo Tribunal Federal, segundo o texto constitucional, possui força vinculativa idêntica à decisão de mérito proferida em ação direta de inconstitucionalidade.

( ) Declarada a inconstitucionalidade por omissão de medida para tornar efetiva norma constitucional, será dada ciência ao Poder competente para a adoção das providências necessárias e, em se tratando de órgão administrativo, para fazê-lo em trinta dias, sob pena de multa.

A sequência correta, de cima para baixo, é:

(A) F - F - V - V
(B) F - V - F - F
(C) F - V - V - F
(D) V - F - F - V

1: incorreta, não reflete o disposto no art. 103 da CF; 2: correta, art. 49, V, da CF; 3: correta, art. 103-A da CF; 4: incorreta, o art. 103, § 2º, da CF não prevê pena de multa para o caso.
Gabarito "C".

**(Cartório/MS – 2009 – VUNESP)** O Deputado que sofrer condenação criminal em sentença transitada em julgado perderá o mandato:

(A) se assim for decidido pela Câmara dos Deputados, por voto secreto e maioria absoluta, mediante provocação da Mesa da Casa ou de partido político representado no Congresso Nacional, assegurada ampla defesa.
(B) por decorrência automática da mesma decisão judicial.
(C) se assim restar decidido em processo parlamentar perante o Conselho de Ética, com posterior ratificação do Plenário da Câmara dos Deputados, mediante voto aberto e pela maioria simples da Casa.
(D) se a decisão, que deverá, obrigatoriamente, ser remetida à Câmara dos Deputados, for ratificada, posteriormente, pela respectiva Mesa da Casa.
(E) se a decisão judicial for relativa a crime de responsabilidade política e dependerá de aprovação pela maioria simples do Plenário da Câmara dos Deputados.

A: correta. Art. 55, VI e § 2º, da CF.
Gabarito "A".

**(Cartório/MS – 2009 – VUNESP)** A Ação Declaratória de Constitucionalidade, conforme estabelece a Constituição Federal de 1988,

(A) possui eficácia contra todos e efeito vinculante relativamente aos demais órgãos dos Poderes Executivo, Legislativo e Judiciário.
(B) não é cabível contra atos ou leis estaduais.
(C) pode ser ajuizada pelos mesmos legitimados à propositura da arguição incidental de inconstitucionalidade.
(D) exige a citação do Advogado-Geral da União, para a defesa da lei ou do ato impugnado.
(E) não admite a concessão de liminar.

A: incorreta, o art. 102, § 2º, da CF, estabelece eficácia vinculante em relação ao Poder Judiciário e ao Poder Executivo, mas não ao Poder Legislativo; B: correta, não reflete o disposto no art. 102, I, "a", da CF; C: incorreta, art. 103, I a IX, da CF; D: incorreta, o Advogado-Geral da União funciona como curador da constitucionalidade da norma impugnada (art. 103, § 3º, da CF). Por isso, só atua quando a inconstitucionalidade da norma é arguida; não quando a ação é proposta justamente para afirmar sua constitucionalidade; E: incorreta, o art. 21 da Lei 9.868/1999 garante a concessão de liminar em ADC: "O Supremo Tribunal Federal, por decisão da maioria absoluta de seus membros, poderá deferir pedido de medida cautelar na ação declaratória de constitucionalidade, consistente na determinação de que os juízes e os Tribunais suspendam o julgamento dos processos que envolvam a aplicação da lei ou do ato normativo objeto da ação até seu julgamento definitivo".
Gabarito "B".

**(Cartório/MS – 2009 – VUNESP)** Sobre o controle concreto de constitucionalidade no direito brasileiro, é correto afirmar que:

(A) tem como uma das suas características o de ser dotado de efeitos *erga omnes*.
(B) exige, necessariamente, para ser exercido, a alegação de uma das partes litigantes, não podendo a inconstitucionalidade ser apreciada, de ofício, pelo juiz.
(C) exige, quando exercida pelos tribunais, quórum de maioria absoluta de seus membros, e para obter efeito *erga omnes* depende de decisão do Senado.
(D) a reserva de plenário não pode ser dispensada mesmo que haja decisão anterior do STF que tenha decidido sobre a matéria discutida e pronunciada a inconstitucionalidade.
(E) a declaração de inconstitucionalidade *in concreto* não permite ao STF a modulação dos efeitos da sua decisão.

O Brasil adota o sistema misto de constitucionalidade, vale dizer, convivem em nosso País o controle abstrato (ou concentrado) e o controle difuso (ou concreto). Dessa forma, qualquer juiz ou tribunal, ao analisar um caso concreto, pode verificar a compatibilidade de lei ou ato normativo diante da Constituição Federal (controle difuso/concreto). Ao mesmo tempo, apenas ao STF cabe o controle concentrado (ou abstrato ou por via de ação) de lei ou ato normativo federal ou estadual diante da Constituição Federal (e aos TJs locais o controle concentrado em face da Constituição estadual). A: incorreta, no que toca aos efeitos do controle difuso (ou concreto, ou por via incidental), sua produção ocorre entre as partes que participaram do processo principal (*inter partes*) e para elas têm efeitos *ex tunc*, podendo ser editada resolução do Senado Federal visando à suspensão dos efeitos contra todos (*erga omnes*), conforme previsão no art. 52, X, da CF. A produção de efeitos contra terceiros, a partir da edição da Resolução do Senado, tem eficácia *ex nunc*; B: incorreta, a inconstitucionalidade é matéria de ordem pública, podendo ser conhecida de ofício pelo juiz, independentemente de provocação; C: correta, art. 97 da CF (princípio da reserva de plenário) e art. 52, X, da CF; D: incorreta, não reflete o disposto no art. 481, parágrafo único, do CPC; E: incorreta, não reflete o art. 27 da Lei 9.868/1999.
Gabarito "C".

**(Cartório/MT – 2005 – CESPE)** No que se refere ao controle de constitucionalidade, assinale a opção correta.

(A) A ação direta de inconstitucionalidade interventiva deve ser proposta pelo procurador geral da República, perante o STF, quando se tratar de intervenção da União nos Estados ou no Distrito Federal, por violação dos chamados princípios sensíveis, entre os quais encontra-se a ausência de prestação de contas de uma autarquia ou fundação estadual ou distrital.

(B) O STF admite o controle concentrado durante o processo legislativo, de forma a evitar que um determinado projeto de lei inconstitucional venha a se transformar em lei.
(C) No controle difuso, os juízes podem reconhecer a inconstitucionalidade de uma lei e, dependendo do processo em que tal decisão for proferida, pode esta decisão ter eficácia *erga omnes*.
(D) A arguição de descumprimento a preceito fundamental pode ser proposta mesmo quando haja outro meio eficaz de sanar a lesividade do ato atacado.

A: correta, a ação direta interventiva está prevista no art. 36, III, da CF e a legitimidade ativa é do Procurador-Geral da República. É cabível por violação dos chamados princípios constitucionais sensíveis, listados no art. 34, VII, da CF; B: incorreta, o STF não admite controle concentrado nessa hipótese, mas sim controle difuso, via Mandado de Segurança, impetrado apenas pelo parlamentar para assegurar seu direito líquido e certo ao devido processo legislativo; C: incorreta, no controle difuso a produção de efeitos é *inter partes*, não *erga omnes*; D: incorreta, a ADPF é subsidiária, de acordo com o art. 4º, § 1º, da Lei 9.882/1999.
Gabarito "A".

**(Cartório/RR – 2001 – CESPE)** Acerca da inconstitucionalidade de determinada lei ou ato normativo, assinale a opção correta.
(A) A declaração de inconstitucionalidade de lei ou ato normativo somente poderá ser objeto de deliberação por parte do Supremo Tribunal Federal (STF).
(B) Tratando-se de tribunais, somente pelo voto da maioria absoluta de seus membros ou da maioria dos membros de seu órgão especial poderá ser obtida declaração de inconstitucionalidade de lei ou ato normativo.
(C) A decisão de juiz de primeiro grau que declare inconstitucional lei ou ato normativo somente produzirá efeito após a ratificação dessa decisão por parte do respectivo tribunal *ad quem*.
(D) Qualquer agente público poderá deixar de aplicar norma que considere inconstitucional, desde que justifique seu ato.
(E) Quando proferida pelo STF, a declaração de inconstitucionalidade terá sempre efeito *ex tunc*.

A: incorreta, qualquer juiz ou tribunal (inclusive o STF), pode declarar a inconstitucionalidade de lei ou ato normativo pelo controle difuso de constitucionalidade; B: correta, art. 97 da CF; C: incorreta, a decisão de inconstitucionalidade proferida por juiz é válida por si só, de acordo com o controle difuso; D: incorreta, apenas os Chefes dos Poderes Executivo e Legislativo o podem fazê-lo: *"Os Poderes Executivo e Legislativo, por sua Chefia – e isso mesmo tem sido questionado com o alargamento da legitimação ativa na ação direta de inconstitucionalidade –, podem tão só determinar aos seus órgãos subordinados que deixem de aplicar administrativamente as leis ou atos com força de lei que considerem inconstitucionais" (STF, ADI 221-MC/DF, Pleno, j. 29.03.1990, rel. Min. Moreira Alves, DJ 22.10.1993), o que não prejudica posterior declaração de (in)constitucionalidade pelo Poder Judiciário;* E: incorreta, terá eficácia ex tunc, em regra, se a decisão do STF tiver sido tomada em controle concentrado (excepcionalmente pode ser aplicada a modulação temporal de efeitos prevista no art. 27 da Lei 9.868/1999). Se a decisão pela inconstitucionalidade tiver sido tomada em controle difuso, a eficácia temporal será ex nunc.
Gabarito "B".

**(Cartório/SP – I – VUNESP)** A suspensão de execução de lei declarada inconstitucional por decisão definitiva do Supremo Tribunal Federal, proferida em recurso extraordinário, cabe:
(A) ao próprio Supremo Tribunal Federal.
(B) ao Presidente da República.
(C) à Câmara dos Deputados.
(D) ao Senado Federal.

D: correta. Art. 52, X, da CF.
Gabarito "D".

**(Cartório/SP – I – VUNESP)** Das afirmativas abaixo, assinale a verdadeira.
(A) Já existe no Direito brasileiro o efeito vinculante em relação aos demais órgãos do Poder Judiciário, no caso de decisão definitiva de mérito proferida pelo Supremo Tribunal Federal em ação declaratória de constitucionalidade de lei.
(B) As pessoas e entidades legitimadas a propor ação declaratória de constitucionalidade são todas aquelas que têm legitimidade para propor ação direta de inconstitucionalidade.
(C) Incumbe ao Procurador-Geral da República fazer a defesa do texto impugnado, no caso de ação direta declaratória de inconstitucionalidade de lei.
(D) As ações diretas declaratórias de inconstitucionalidade são de competência originária do Superior Tribunal de Justiça.

A: correta, art. 102, § 2º, da CF; B: correta, art. 103 da CF; C: incorreta, atribuição do Advogado-Geral da União. O AGU funciona como curador da constitucionalidade das leis (art. 103, § 3º, da CF). Entretanto, é importante registrar que o STF já entendeu "ser necessário fazer uma interpretação sistemática, no sentido de que o § 3º do art. 103 da CF concede à AGU o direito de manifestação, haja vista que exigir dela defesa em favor do ato impugnado em casos como o presente, em que o interesse da União coincide com o interesse do autor, implicaria retirar-lhe sua função primordial que é a defender os interesses da União (CF, art. 131). Além disso, a despeito de reconhecer que nos outros casos a AGU devesse exercer esse papel de contraditora no processo objetivo, constatou-se um problema de ordem prática, qual seja, a falta de competência da Corte para impor-lhe qualquer sanção quando assim não procedesse, em razão da inexistência de previsão constitucional para tanto" (ADIn 4309/TO, rel. Min. Cezar Peluso). V. Informativo STF 562/2009; D: incorreta, competência do STF (art. 102, I, "a", da CF).
Gabarito "A" e "B".

**(Cartório/SP – II – VUNESP)** Com respeito ao controle da constitucionalidade, examine as afirmativas abaixo.
I. A decisão proferida na ação direta de inconstitucionalidade atinge a lei em tese e tem eficácia *erga omnes*.
II. A decisão definitiva de mérito, proferida na ação declaratória de constitucionalidade, produz efeito vinculante relativamente a todos os juízes e tribunais.
III. A decisão que declara a inconstitucionalidade na via de exceção atinge a lei em tese e tem eficácia apenas entre as partes.
IV. A decisão que declara a inconstitucionalidade na via de exceção não atinge a lei em tese e tem eficácia *erga omnes*.

Pode-se dizer que somente
(A) as afirmativas II e III são verdadeiras.
(B) as afirmativas I e II são verdadeiras.
(C) as afirmativas I e IV são verdadeiras.
(D) a afirmativa IV é verdadeira.

I: correta, art. 102, § 2º, da CF; II: correta, art. 102, § 2º, da CF, lembrando que a eficácia vinculante dirige-se ao Poder Executivo e ao Poder Judiciário, mas não ao Poder Legislativo; III: incorreta, a decisão final em controle difuso (ou concreto, ou por via incidental) não atinge a lei em tese, que continua em vigor para as pessoas que não foram parte do processo; IV: incorreta, não atinge a lei em tese, mas tem eficácia *inter partes*. Para adquirir eficácia *erga omnes*, a decisão final em controle difuso precisa ser objeto da atuação do Senado Federal, conferida pelo art. 52, X, da CF.
Gabarito "B".

**(Cartório/SP – III – VUNESP)** Assinale a alternativa incorreta sobre a eficácia das normas constitucionais e o controle da constitucionalidade.
(A) A lei revogada pela vigência de uma Constituição não se restaura pelo surgimento de uma nova Constituição com ela compatível.
(B) A desconstitucionalização é a possibilidade de recepção pela nova ordem constitucional de dispositivos da Constituição anterior como legislação infraconstitucional.
(C) Não é admissível o controle em abstrato ou direto da constitucionalidade de leis ou atos normativos existentes ao tempo da entrada em vigor da nova ordem constitucional.
(D) Não é admissível a declaração de inconstitucionalidade de norma constitucional.

A: correta, lei revogada na vigência da Constituição "A" não volta a viger com o simples advento da Constituição "B", pois a revogação já operou seus efeitos; B: correta, mas é importante observar que o ordenamento brasileiro não admite, como regra geral, o fenômeno da *desconstitucionalização*, segundo o qual as normas da constituição anterior, materialmente compatíveis com a nova ordem constitucional, permanecem em vigor com *status* de lei ordinária. Só existirá desconstitucionalização se o próprio Poder Constituinte assim determinar, haja vista sua autonomia; C: correta, o STF não adota a doutrina da "inconstitucionalidade superveniente", mas entende que as normas pré-constitucionais que não se compatibilizam com o *conteúdo* da nova Constituição são por ela revogadas. Por isso, não pode caber ADIN contra norma anterior à Constituição (mas pode caber ADPF – art. 1º, parágrafo único, I, da Lei 9.882/1999); D: incorreta (devendo ser assinalada), é pacífico o entendimento pela possibilidade de controle de constitucionalidade de emendas constitucionais ou de normas oriundas de revisão constitucional (fruto do Poder Constituinte Derivado). Só não cabe declaração de inconstitucionalidade de normas originárias (estabelecidas pelo Poder Constituinte Originário).
Gabarito "D".

## 3. DIREITOS E DEVERES INDIVIDUAIS E COLETIVOS

**(Cartório/SC – 2012)** Assinale a alternativa **correta**:
(A) O devido processo legal só é garantido àqueles procedimentos judiciais e administrativos nos quais há a possibilidade de privação de liberdade.
(B) Aos litigantes em processo judicial ou administrativo e aos acusados em geral são assegurados o contraditório e a ampla defesa, irrestritamente.
(C) O direito de petição, garantia fundamental, é assegurado a todos, porém somente àqueles reconhecidamente carentes é dada a isenção do pagamento de taxas.
(D) O mandado de segurança coletivo pode ser impetrado por qualquer partido político.
(E) O brasileiro naturalizado pode ser extraditado caso se comprove seu envolvimento em tráfico ilícito de entorpecentes e drogas afins.

A: incorreta. Conforme o art. 5º, LIV, da CF, ninguém será privado da liberdade *ou de seus bens* sem o devido processo legal. Desse modo, esse princípio *não* se restringe aos procedimentos nos quais há possibilidade de privação de liberdade. B: incorreta. Dispõe o art. 5º, LV, da CF que aos litigantes, em processo judicial ou administrativo, e aos acusados em geral são assegurados o contraditório e ampla defesa, *com os meios e recursos a ela inerentes*; C: incorreta. De acordo com o art. 5º, XXXIV, "a", da CF, são a todos assegurados, *independentemente do pagamento de taxas*: a) o *direito de petição* aos Poderes Públicos em defesa de direitos ou contra ilegalidade ou abuso de poder e b) a obtenção de certidões em repartições públicas, para defesa de direitos e esclarecimento de situações de interesse pessoal; D: incorreta. É necessário que o partido político *tenha representação no Congresso Nacional* (art. 5º, LXX, "a" da CF); E: correta. Conforme dispõe o artigo 5º, LI, da CF, brasileiro nato não pode ser extraditado, mas o naturalizado sim, em dois casos: crime comum, praticado antes da naturalização, ou de comprovado envolvimento em tráfico ilícito de entorpecentes e drogas afins, na forma da lei.
Gabarito "E".

Leia o texto a seguir para responder à questão abaixo.

A base do *habeas corpus*, uma ação de natureza constitucional, é assegurar a liberdade do indivíduo (direito de ir e vir), ameaçada pelo chamado constrangimento ilegal. Existem três modalidades desta ação: a) o *habeas corpus* preventivo, interposto antes do constrangimento, visa impedir a ocorrência deste último; b) o *habeas corpus* suspensivo, a ser utilizado pelo indivíduo quando já consumado o constrangimento ilegal e, por fim; c) o *habeas corpus* episódico, cabível quando o constrangimento ilegal é praticado por particular.

**(Cartório/SP – 2012 – VUNESP)** De acordo com o texto, é correto afirmar que
(A) o *habeas corpus* é uma ação de natureza administrativa e não constitucional. A presença do *habeas corpus* na Constituição vigente, de 1988, é absolutamente acidental.
(B) o *habeas corpus* preventivo não existe mais. Trata-se de construção doutrinária largamente aceita até a primeira metade do século XX.
(C) para impetrar o *habeas corpus* suspensivo é preciso constituir advogado.
(D) não existe o *habeas corpus* episódico.

A: incorreta. O *habeas corpus* é uma ação de natureza *constitucional* que tem por finalidade a proteção da liberdade de locomoção contra abuso de poder ou ilegalidade. Tal remédio ganhou *status* constitucional com a Constituição de *1891*. Desse modo, sua presença na Constituição Federal de 1988 *não tem caráter acidental* (art. 5º, LXVIII, da CF); B: incorreta. O *habeas corpus* preventivo *continua existindo*. Em suma, quanto ao momento no em que é impetrado, pode ser classificado da seguinte forma: a) *preventivo*

*ou salvo-conduto*: não é necessário que um indivíduo sofra, de fato, a violação em sua liberdade de locomoção para impetrá-lo. Basta que se sinta ameaçado (justificadamente) em seu direito de ir, vir e permanecer para que possa fazer uso desse remédio. Desse modo, o HC preventivo visa a resguardar o indivíduo contra a *ameaça a sua liberdade de locomoção* e b) *repressivo ou liberatório*: cabível quando o direito fundamental relativo à liberdade de locomoção *já foi violado*. A partir desde momento, a medida pode ser utilizada para reprimir a ofensa; C: incorreta. A ação de *habeas corpus* é regida pelo princípio da informalidade, de modo que qualquer pessoa, independentemente de capacidade civil, pode impetrá-lo. Também não é necessária a capacidade postulatória, ou seja, não precisa constituir advogado; D: correta. De fato, não existe *habeas corpus* episódico.
"Gabarito "D".

**(Cartório/SP – 2012 – VUNESP)** A Constituição Federal de 1988 trouxe em seu bojo ações constitucionais chamadas de *writs*. Dentre estas ações, há uma que visa proteger o exercício de um direito constitucional pelo cidadão, tornado inviável pela falta de norma regulamentadora. Trata-se do(a)

(A) mandado de segurança coletivo.
(B) *habeas data* extensivo.
(C) ação de descumprimento de preceito fundamental.
(D) mandado de injunção.

A: incorreta. O mandado de segurança visa proteger um direito líquido e certo, aquele em que já existe prova documental, desde que o direito não seja assegurado por *habeas corpus* ou *habeas data* (art. 5º, LXIX, da CF); B: incorreta. O *habeas data* protege a liberdade de informação relativa à pessoa do impetrante (art. 5º, LXXII, da CF); C: incorreta. A ADPF é mecanismo de controle concentrado de constitucionalidade; D: correta. O mandado de injunção visa combater uma omissão inconstitucional. Quando há um direito constitucionalmente assegurado, mas o seu exercício depende de regulamentação e não há essa normatização, é possível a impetração do mandado de injunção (art. 5º, LXXI, da CF).
"Gabarito "D".

**(Cartório/SP – 2012 – VUNESP)** "O princípio da igualdade admite discriminações que podem ser, portanto, lícitas. Mas, para ser lícita, a discriminação deve ser genérica e fundamentada." O raciocínio em foco está

(A) totalmente equivocado.
(B) parcialmente correto. Está incorreta a parte que afirma a necessidade de a discriminação ser genérica.
(C) totalmente correto.
(D) parcialmente correto. É algo que já existiu, mas não existe mais, eis que se trata de raciocínio tipicamente totalitário, já superado em nosso ordenamento jurídico e também em nossa doutrina.

C: correta. De fato, o princípio da igualdade ou isonomia (art. 5º, I, da CF) determina todos são iguais perante a lei, sem distinção de qualquer natureza. A realização efetiva da justiça busca o tratamento igual para os iguais, mas, para tanto, é preciso dar tratamento desigual aos desiguais, na exata medida da desigualdade. O objetivo dessa premissa é a superação da igualdade meramente formal (perante a lei) e o alcance da igualdade material (real). As discriminações, de fato, devem ser fundamentais e aplicadas genericamente. Duas decisões do STF podem ser dadas como exemplo. A primeira determina que "A lei impugnada realiza materialmente o princípio constitucional da isonomia, uma vez que o *tratamento diferenciado aos trabalhadores agraciados com a instituição do piso salarial regional visa reduzir as desigualdades sociais*. A LC federal 103/2000 teve por objetivo maior assegurar àquelas classes de trabalhadores menos mobilizadas e, portanto, com menor capacidade de organização sindical, um patamar mínimo de salário." (ADI 4.364, Plenário, j. 02.03.2011, rel. Min. **Dias Toffoli**, DJE 16.05.2011.) Já a segunda é trazida pela Súmula 683 do STF que determina que "o *limite de idade* para a inscrição em concurso público só se legitima em face do art. 7º, XXX, da Constituição, quando possa ser *justificado pela natureza das atribuições* do cargo a ser preenchido."
"Gabarito "C".

**(Cartório/SP – 2012 – VUNESP)** Como se sabe, os direitos fundamentais experimentaram uma evolução ao longo do tempo, constituindo as chamadas gerações de direitos. Neste sentido, assinale a alternativa que não exprime a verdade.

(A) Direitos fundamentais de primeira geração são chamados de direitos negativos em relação ao poder estatal.
(B) Direitos fundamentais de segunda geração são direitos sociais, econômicos e culturais.
(C) Direitos fundamentais de terceira geração possuem um viés mais coletivo e subjetivo, como direito à paz, a um meio ambiente sadio ou à comunicação.
(D) Direitos fundamentais de primeira e segunda geração foram contemplados, pela primeira vez, na Declaração de Direitos do Homem e do Cidadão, de 1789, na França.

A: correta. Os direitos de 1ª geração consubstanciam-se fundamentalmente nas liberdades públicas. A finalidade dessa dimensão foi limitar o poder de atuação do Estado, impondo a ele o dever de não intervenção, de abstenção. Por conta disso, tais direitos são conhecidos negativos. As revoluções francesa e norte-americana influenciaram, e muito, o surgimento dos direitos individuais. Os direitos políticos também se encontram nessa dimensão; B: correta. Na 2ª geração os valores ligados à igualdade foram prestigiados. As lutas trabalhistas, visando a melhores condições, também. Diferentemente dos direitos de primeira geração, os de segunda exigiram uma conduta positiva do Estado, uma ação propriamente dita e, por conta disso, também são chamados de direitos positivos. Encontram-se assegurados, aqui, os chamados direitos sociais, ou seja, aqueles relacionados ao trabalho, à educação e à saúde, os culturais e econômicos; C: correta. A 3ª geração parte da concepção de que o indivíduo faz parte de uma coletividade e que necessita, para a própria subsistência, de um ambiente saudável e equilibrado. É exigida a participação dos indivíduos na busca efetiva dos direitos da coletividade e não apenas dos direitos individuais. Encontram-se aqui os denominados direitos transindividuais que abarcam, por exemplo, o direito ao meio ambiente ecologicamente equilibrado, os direitos do consumidor e o direito à paz; D: incorreta, devendo ser assinalada. A Declaração de Direitos do Homem e do Cidadão, de 1789, na França, é, de fato, um documento histórico relevante no que diz respeito aos direitos fundamentais de 1ª geração. Já os de 2ª, começaram a surgir a partir do século XIX, com a Revolução Industrial Europeia.
"Gabarito "D".

**(Cartório/MG – 2012 – FUMARC)** Segundo a Constituição Federal, conceder-se-á mandado de injunção sempre que a falta de norma regulamentadora torne inviável o exercício das prerrogativas inerentes **EXCETO** à

(A) nacionalidade.
(B) soberania.

(C) cidadania.
(D) liberdade.

D: correta. De acordo com o art. 5º, LXXI, da CF, o mandado de injunção é o remédio constitucional que pode ser utilizado sempre que a falta de norma regulamentadora torne inviável o exercício dos direitos e liberdades constitucionais e das prerrogativas inerentes à nacionalidade, à soberania e à cidadania.
Gabarito "D".

**(Cartório/SP – 2012 – VUNESP)** A Ação Civil Pública se volta à tutela dos direitos

(A) difusos, direitos coletivos e interesses individuais homogêneos.
(B) difusos, direitos comunitários e interesses individuais homogêneos.
(C) difusos, direitos coletivos e interesses individuais heterogêneos.
(D) sociais, direitos coletivos e interesses individuais homogêneos.

A: correta. De acordo com o art. 129, III, da CF e o art. 1º da Lei 7.347/1985 (Lei da Ação Civil Pública - LACP) a ação civil pública se presta a promover responsabilidades pelos danos causados: I - ao meio-ambiente; II - ao consumidor; III - a bens e direitos de valor artístico, estético, histórico, turístico e paisagístico; IV - a qualquer outro interesse difuso ou coletivo; V - por infração da ordem econômica; (Redação dada pela Lei 12.529, de 2011) e VI - à ordem urbanística. Desse modo, os direitos difusos, coletivos e individuais homogêneos estão protegidos por essa ação. Os *difusos* são aqueles de natureza indivisível, de que sejam titulares pessoas indeterminadas e ligadas por circunstâncias de fato, por exemplo, uma lesão ao meio ambiente (art. 81, I, do Código de Defesa do Consumidor – CDC). Os *coletivos* são de natureza indivisível de que seja titular grupo, categoria ou classe de pessoas ligadas entre si ou com a parte contrária por uma relação jurídica base, por exemplo, a discussão de nulidade de uma cláusula abusiva em um contrato por adesão (art. 81, II, do CDC). Por fim, os *individuais homogêneos* são aqueles decorrentes de origem comum, por exemplo, produtos em série e que possuem o mesmo defeito (art. 81, III, do CDC); B: incorreta. Os direitos comunitários não são protegidos por meio de ação civil pública. "Em linhas gerais, o Direito Comunitário é um desdobramento do Direito Internacional, mas que, ao contrário deste, não é de Direito Público, pois possui um caráter supranacional, tendo natureza Público-Privada. Na América do Sul temos como exemplo o Direito no âmbito do Mercosul" (Wikipédia); C: incorreta. Os direitos individuais heterogênios não são tutelados por ação civil pública, pois possuem natureza puramente individual. De acordo com a jurisprudência, tais direitos são os que não têm origem comum e dependem da análise concreta de específica e particular relação jurídica (...)" (TST, RR 116100-91.2004.5.04.0024, 4ª T., j. 18.08.2010, rel. Min. Maria de Assis Calsing, *DEJT* 27.08.2010); D: incorreta. Os direitos sociais, aqueles previstos nos arts. 6º a 11 da CF, não são defendidos por meio de Ação Civil Pública.
Gabarito "A".

**(Cartório/MG – 2012 – FUMARC)** Segundo a Constituição Federal, qualquer cidadão é parte legítima para propor ação popular que vise anular ato lesivo, **EXCETO** ao

(A) ao meio ambiente.
(B) ao patrimônio privado.
(C) ao patrimônio público.
(D) à moralidade administrativa.

B: correta. Conforme o art. 5º, LXXIII, da CF, qualquer cidadão é parte legítima para propor ação popular com a finalidade de anular ato lesivo ao *patrimônio público* ou de entidade de que o Estado participe, à moralidade administrativa, ao meio ambiente e ao patrimônio histórico e cultural, ficando o autor, salvo comprovada má-fé, isento de custas judiciais e do ônus da sucumbência. Desse modo, a lesão ao patrimônio privado não pode ser anulada por meio de ação popular.
Gabarito "B".

**(Cartório/AP – 2011 – VUNESP)** Considere as seguintes afirmações sobre a disciplina constitucional da liberdade de associação:

I. É plena a liberdade de associação para fins lícitos, vedada a de caráter paramilitar.
II. As associações só poderão ser compulsoriamente dissolvidas ou ter suas atividades suspensas por decisão judicial, exigindo-se para tanto o trânsito em julgado desta.
III. Ninguém poderá ser compelido a associar-se ou a permanecer associado, salvo disposição prévia em contrário do estatuto social.

Está correto o que se afirma em

(A) I, apenas.
(B) II, apenas.
(C) III, apenas.
(D) I e II, apenas.
(E) I, II e III.

I: correta, art. 5º, XVII, da CF; II: incorreta, o art. 5º, XVII, da CF deve ser interpretado em conjunto com o inciso XIX do mesmo artigo. Assim, só se exige trânsito em julgado para a dissolução compulsória da associação. A suspensão de atividades só pode ser determinada por decisão judicial, mas não se exige o trânsito em julgado da decisão nesse caso; III: incorreta, o art. 5º, XX, da CF não prevê exceções.
Gabarito "A".

**(Cartório/DF – 2006 – CESPE)** Acerca da interpretação e aplicação das normas constitucionais, julgue o item seguinte.

(1) O artigo 5º, inciso LXXVI, da Constituição Federal assegura aos reconhecidamente pobres, o direito às certidões de nascimento e de óbito, de forma gratuita. Dessa forma, não poderia a lei, conforme entendimento do Supremo Tribunal Federal (STF), ampliar esse direito a pessoas que não fossem pobres.

1: incorreta, a proteção constitucional é mínima, podendo ser ampliada. V. Lei 9.534/1997 e ADIn-MC 1800-1/DF, Pleno, j. 06.04.1998, rel. Min. Nelson Jobim, DJ 03.10.2003.
Gabarito 1E.

**(Cartório/DF – 2003 – CESPE)** No tocante à jurisdição constitucional das liberdades e ao manejo de garantias processuais, julgue os itens seguintes.

(1) Os membros do Congresso Nacional têm legitimidade ativa para impetrar mandado de segurança com o objetivo de ver observado o devido processo legislativo constitucional.
(2) Não tem o STF competência para julgar mandado de segurança contra ato de turma recursal de juizado Especial.

(3) A impetração de mandado de segurança coletivo por entidade de classe em favor dos seus associados independe de autorização destes, desde que a pretensão veiculada interesse a toda a categoria, pois, em caso contrário, a entidade não possui a referida legitimação.

(4) É cabível habeas data contra ato de órgão administrativo do Poder Judiciário que negue informação relativa à pessoa do impetrante.

1: correta, o STF admite o controle difuso de constitucionalidade, via Mandado de Segurança, exclusivamente impetrado por parlamentares para defender seu direito líquido e certo ao devido processo legislativo (como na hipótese de tramitação de Emenda Constitucional que visa a abolir uma cláusula pétrea); 2: correta, a competência originária do STF para processar e julgar mandado de segurança limita-se aos atos das autoridades listadas no art. 102, I, "d", da CF; 3: incorreta, V. Súmulas 629 e 630 do STF; 4: correta, o *habeas data* deve ser impetrado para assegurar o conhecimento de informações relativas à pessoa do impetrante, constantes de registros ou bancos de dados de entidades governamentais ou de caráter público; ou para a retificação de dados (art. 5º, LXXII, "a" e "b", da CF).

Gabarito 1C, 2C, 3E, 4C

**(Cartório/ES – 2007 – FCC)** Segundo a Constituição Federal Brasileira, os tratados e convenções internacionais sobre direitos humanos que forem aprovados, em cada Casa do Congresso Nacional, em dois turnos, por:

(A) um terço dos votos dos respectivos membros, serão equivalentes às emendas constitucionais.
(B) dois terços dos votos dos respectivos membros, serão equivalentes às leis complementares.
(C) dois terços dos votos dos respectivos membros, serão equivalentes às leis ordinárias.
(D) três quintos dos votos dos respectivos membros, serão equivalentes às emendas constitucionais.
(E) três quintos dos votos dos respectivos membros, serão equivalentes às leis complementares.

D: correta. Art. 5º, § 3º, da CF.
Gabarito "D".

**(Cartório/MA – 2008 – IESES)** Acerca dos direitos e deveres individuais e coletivos, assinale a alternativa correta.

(A) As associações só poderão ser compulsoriamente dissolvidas ou ter suas atividades suspensas por decisão judicial, exigindo-se, o trânsito em julgado.
(B) A casa é asilo inviolável do indivíduo, ninguém nela podendo penetrar sem consentimento do morador, salvo em caso de determinação judicial, ou, durante o dia, em caso de flagrante delito ou desastre, ou para prestar socorro.
(C) A lei processual penal não retroagirá, salvo para beneficiar o réu.
(D) São gratuitas as ações de *habeas corpus* e *habeas data*.

A: incorreta, só se exige trânsito em julgado para a dissolução compulsória. Art. 5º, XVII e XIX, da CF; B: incorreta, não reflete o disposto no art. 5º, XI, da CF; C: incorreta, a lei penal (não a processual penal). Art. 5º, XL, da CF; D: correta, art. 5º, LXXVII, da CF.
Gabarito "D".

**(Cartório/MS – 2009 – VUNESP)** Analise as afirmativas a seguir:

I. a lei assegurará aos autores de inventos industriais privilégio temporário para sua utilização, bem como proteção às criações industriais, à propriedade das marcas, aos nomes de empresas e a outros signos distintivos, tendo em vista o interesse social e o desenvolvimento tecnológico e econômico do País.

II. a sucessão de bens de estrangeiros situados no País será regulada pela lei brasileira em benefício do cônjuge ou dos filhos brasileiros, mesmo que lhes seja mais favorável a lei pessoal do *de cujus*.

III. todos têm direito a receber dos órgãos públicos informações de seu interesse particular, ou de interesse coletivo ou geral, que serão prestadas no prazo da lei, sob pena de responsabilidade, não podendo a autoridade pública alegar qualquer tipo de sigilo para se negar a prestar tais informações.

IV. aos autores pertence o direito exclusivo de utilização, publicação ou reprodução de suas obras, transmissível aos herdeiros pelo tempo que a lei fixar.

Está correto apenas o que se afirma em
(A) I e IV.
(B) I e II.
(C) II e III.
(D) III e IV.
(E) II e IV.

I: correta, art. 5º, XXIX, da CF; II: incorreta, não reflete o disposto no art. 5º, XXXI, da CF; III: incorreta, não reflete o disposto no art. 5º, XXXIII, da CF; IV: correta, art. 5º, XXVII, da CF.
Gabarito "A".

**(Cartório/MS – 2009 – VUNESP)** É direito constitucional fundamental do cidadão brasileiro:

(A) o direito de petição aos Poderes Públicos, mediante o pagamento de taxa, em defesa de direitos ou contra ilegalidade ou abuso de poder.
(B) a obtenção de certidões em repartições públicas, para defesa de direitos e esclarecimento de situações de interesse pessoal, de terceiros ou de interesse coletivo.
(C) propor ação popular que vise a anular ato lesivo ao patrimônio público ou de entidade de que o Estado participe, à moralidade administrativa, ao meio ambiente e ao patrimônio histórico e cultural, ficando o autor, em qualquer caso, isento de custas judiciais e do ônus da sucumbência.
(D) a razoável duração do processo, exclusivamente no âmbito judicial, e os meios que garantam a celeridade de sua tramitação.
(E) a garantia de não ser extraditado, salvo o brasileiro naturalizado, em caso de crime comum, praticado antes da naturalização, ou de comprovado envolvimento em tráfico ilícito de entorpecentes e drogas afins, na forma da lei.

A: incorreta, o direito de petição é assegurado independentemente do pagamento de taxas (art. 5°, XXXIV, "a", da CF); B: incorreta, não reflete o disposto no art. 5°, XXXIV, "b", da CF; C: incorreta, o art. 5°, LXXIII, da CF prevê o pagamento de custas e sucumbência em caso de comprovada má-fé; D: incorreta, o art. 5°, LXXVIII, da CF garante a razoável duração do processo judicial e administrativo; E: correta, art. 5°, LI, da CF.
Gabarito "E".

**(Cartório/MT – 2005 – CESPE)** Com relação aos princípios fundamentais, assinale a opção correta.

(A) Os direitos e garantias individuais estão taxativamente previstos no texto constitucional, não sendo possível ampliá-los por meio de atos infraconstitucionais.
(B) Dos originários de Moçambique, exige-se, para fins de naturalização brasileira, residência no Brasil por 15 anos, conforme expressa disposição constitucional.
(C) Os partidos políticos possuem personalidade jurídica de direito privado e estão impedidos de receber recursos financeiros de entidade ou governo estrangeiros.
(D) Em relação aos bens localizados no Brasil, será sempre aplicada a lei brasileira, por expressa disposição constitucional.

A: incorreta, são apenas exemplificativos, não excluindo outros (art. 5°, § 2°, da CF); B: incorreta, não reflete o disposto no art. 12, II, "a", da CF, já que Moçambique é país de língua portuguesa; C: correta, art. 17, II e § 2°, da CF; D: incorreta, não reflete o disposto no art. 5°, XXXI, da CF.
Gabarito "C".

**(Cartório/PR – 2007)** O Devido Processo Legal é direito fundamental estatuído na Constituição Federal em uma dupla dimensão. Considerando esse aspecto, assinale a correta:

(A) O contraditório pressupõe a possibilidade de produzir provas.
(B) Somente é aplicável em processos judiciais.
(C) Admite a verdade sabida em processos administrativos e em processos judiciais.
(D) Não pressupõe a influência do acusado na instrução probatória.
(E) Os princípios do contraditório e da ampla defesa possuem dimensão formal e material.

A: incorreta, a produção de provas insere-se na garantia da ampla defesa; B: incorreta, o devido processo legal aplica-se em processos judiciais e administrativos (art. 5°, LV, da CF); C: incorreta, de acordo com Hely Lopes Meirelles (Direito Administrativo Brasileiro, 32ª Edição, São Paulo, Malheiros, p. 697), verdade sabida "*é o conhecimento pessoal da infração pela própria autoridade competente para punir o infrator (...) Tem-se considerado, também como verdade sabida a infração pública e notória, estampada na imprensa ou divulgada por outros meios de comunicação de massa.*" Dessa forma, é incompatível com o devido processo legal e com a ampla defesa, uma vez que não há oportunidade para que o acusado se defenda, uma vez que a autoria e a materialidade são de conhecimento da autoridade pública competente; D: incorreta, o contraditório e a ampla defesa abrangem não apenas o direito de produzir provas e o de ser ouvido, mas também o de influenciar na produção probatória; E: correta, o devido processo legal também abarca o devido processo substantivo ou material (art. 5°, LV, da CF), que abrange os princípios da razoabilidade e da proporcionalidade, majoritariamente tratados como sinônimos.
Gabarito "E".

**(Cartório/PR – 2007)** Em relação aos remédios constitucionais, assinale a correta:

(A) A ação civil pública possui como legitimado o Ministério Público.
(B) O direito adquirido é sinônimo de direito expectado.
(C) A garantia da coisa julgada é da coisa julgada formal.
(D) O mandado de injunção possibilita o exercício de direito líquido e certo, não amparável por *habeas corpus* ou *habeas data*.
(E) O mandado de segurança não é uma ação residual.

A: correta, o Ministério Público é legitimado para a Ação Civil Pública (art. 129, III, da CF), mas outras entidades também podem propor Ação Civil Pública; B: incorreta, o direito adquirido é o oposto da expectativa de direito. Art. 6°, § 2°, da LICC: "§ 2°. Consideram-se adquiridos assim os direitos que o seu titular, ou alguém por ele, possa exercer, como aqueles cujo começo do exercício tenha termo pré-fixo, ou condição preestabelecida inalterável, a arbítrio de outrem"; C: incorreta, e também da coisa julgada material; D: incorreta, em regra, a proteção de direito líquido e certo é realizada por mandado de segurança (art. 5°, LXIX, da CF). O mandado de injunção tem por objetivo impedir que a falta de norma regulamentadora torne inviável o exercício de direitos relativos à nacionalidade, à soberania e à cidadania (art. 5°, LXXI, da CF); E: incorreta, é uma ação residual, pois só é cabível se não for possível propor *habeas corpus* ou *habeas data* (art. 5°, LXIX, da CF).
Gabarito "A".

**(Cartório/RO – III)** A expedição de certidões requeridas às repartições públicas:

(A) ocorre somente para defesa de direitos individuais;
(B) ocorre somente para esclarecimento de situações de caráter coletivo;
(C) pode ocorrer para a defesa de direitos e esclarecimentos de situações de interesse pessoal;
(D) fica sujeito ao discricionarismo da Administração Pública.

C: correta. Art. 5°, XXXIV, "b", da CF.
Gabarito "C".

**(Cartório/RO – III)** A utilização do *habeas data* para retificação de dados pessoais é:

(A) obrigatória;
(B) proibida;
(C) indispensável;
(D) facultativa.

D: correta. Art. 5°, LXXII, "b", da CF.
Gabarito "D".

**(Cartório/RO – III)** Analise a veracidade das frases:

I. a prestação de assistência religiosa nas entidades civis ou militares é vedada, visto que a União não pode manter relações de dependência ou aliança com entidades religiosas.
II. é garantida, na forma da lei, a proteção aos locais de culto e suas liturgias;
III. ninguém tem direito a cumprir prestação alternativa por motivo de convicção política.

A resposta correta é:

(A) apenas alternativa II está correta;
(B) apenas as alternativas I e II estão corretas;
(C) apenas as alternativas I e III estão corretas;
(D) apenas as alternativas II e III estão corretas.

I: incorreta, não reflete o disposto no art. 5º, VII, da CF; II: correta, art. 5º, VI, da CF; III: incorreta, o art. 5º, VIII, da CF, garante a prestação alternativa por motivo de convicção religiosa, na forma da lei. A *escusa de consciência* só leva à perda dos direitos políticos (art. 15, IV, da CF) se o escusante negar-se a cumprir a prestação alternativa que a lei fixar.
Gabarito "A".

**(Cartório/RO – III)** O dispositivo constitucional que assegura não haver crime sem lei anterior que o defina nem pena sem prévia cominação legal apresenta dois princípios importantes, a saber:

(A) princípio de individualização da pena e princípio da anterioridade;
(B) princípio da reserva constitucional e princípio da anterioridade;
(C) princípio da legalidade e princípio da anterioridade da pena;
(D) princípio do contraditório e princípio da ampla defesa.

C: correta. Art. 5º, XXXIX, da CF.
Gabarito "C".

**(Cartório/RO – III)** Assinale a assertiva correta:

(A) nos termos da jurisprudência do STF, a decisão proferida em mandado de injunção pode suprir a eventual omissão legislativa;
(B) segundo entendimento dominante na doutrina e na jurisprudência, é inconstitucional a fixação de prazo para a impetração de *mandamus*;
(C) a denúncia vaga ou genérica no processo penal é plenamente compatível com o princípio constitucional da ampla defesa;
(D) a ação popular destina-se a anular ato lesivo ao patrimônio público ou de entidade de que o Estado participe, a moralidade administrativa, ao meio ambiente e ao patrimônio histórico e cultural.

A: incorreta, de acordo com o gabarito oficial. Entretanto, entendemos que, de acordo com a atual jurisprudência do STF, a alternativa está correta. O mandado de injunção (art. 5º, LXXI, da CF) visa tutelar *in concreto* os direitos subjetivos violados diante da falta de norma jurídica regulamentadora, referente a direitos ou prerrogativas relativos à nacionalidade, à soberania e à cidadania. Os efeitos da decisão do mandado de injunção é tema de polêmica doutrinária e jurisprudencial. A doutrina majoritária defende que o provimento jurisdicional tem natureza constitutiva, ou seja, na ausência de norma regulamentadora, deve o órgão julgador suprir a omissão e formular a norma do caso concreto, com eficácia *inter partes*. Entretanto, por muitos anos a jurisprudência do STF não consagrou essa tese, orientando-se no sentido de que o provimento do MI tinha natureza meramente declaratória, limitando-se a dar ciência da mora legislativa ao órgão omisso, para que tomasse as providências necessárias quanto à edição do ato normativo (equiparando-o à ADIn por omissão). Atualmente, porém, o STF passou a regulamentar o direito violado, desde que o silêncio normativo seja considerado desproporcional. Tem adotado postura mais ativa no que tange ao mandado de injunção para viabilizar a própria fruição do direito subjetivo antes impedido de ser exercido por força de omissão legislativa inconstitucional – v. Informativos STF 442 e 450; B: incorreta, o prazo é constitucional e se aplica aos mandados de segurança repressivos; C: incorreta, não se compatibiliza com o princípio da ampla defesa; D: correta, só pode ser proposta por cidadão (art. 5º, LXXIII, da CF).
Gabarito "D".

**(Cartório/RR – 2001 – CESPE)** Um servidor público foi aprovado em concurso público realizado pelo Tribunal de Justiça do Estado de Roraima (TJRR) e, com vistas a assumir o novo cargo, solicitou ao seu órgão de origem certidão que comprovasse o seu tempo de serviço público. O referido órgão, entretanto, recusou-se a conceder a certidão solicitada.

Nessa hipótese, considerando jurisprudência pacífica e abalizada pela doutrina acerca da questão, deverá o servidor, com vistas a obrigar o órgão de origem a conceder-lhe a certidão, propor:

(A) mandado de segurança.
(B) *habeas data*.
(C) *habeas corpus*.
(D) mandado de injunção.
(E) ação popular.

A: correta. Havendo recusa em fornecer certidões para a defesa de direitos ou situações de interesse pessoal, próprio ou de terceiros, ou mera informações de terceiros, já se pacificou que a via adequada é o mandado de segurança. Art. 5º, LXIX, da CF.
Gabarito "A".

**(Cartório/SP – I – VUNESP)** Ante as exceções estabelecidas pela Constituição para o princípio da inviolabilidade de domicílio, reconhece-se como legítimo o ingresso em casa alheia, sem o consentimento do morador,

(A) durante o dia, por determinação da autoridade policial, no curso de inquérito.
(B) a qualquer hora, por qualquer do povo, em caso de flagrante delito.
(C) durante o dia, por determinação da autoridade fazendária, para investigar sonegação de renda.
(D) a qualquer hora, por determinação judicial, no curso de instrução criminal.

B: correta. Art. 5º, XI, da CF. Observe-se que a regra prevista no art. 5º, XI, da CF foi ampliada pela jurisprudência do STF para abranger também o escritório particular que funciona na casa do administrado.
Gabarito "B".

**(Cartório/SP – II – VUNESP)** Assinale a alternativa correta.

(A) O autor de ação popular, beneficiário ou não da assistência judiciária, goza de plena isenção de custas judiciais e do ônus da sucumbência, desde que de boa-fé.
(B) A sucessão de bens de estrangeiros situados no País será regulada pela lei brasileira em benefício do cônjuge ou dos filhos brasileiros, ainda que lhes seja mais favorável a lei pessoal do *de cujus*.
(C) A inviolabilidade do sigilo da correspondência e das comunicações telegráficas e telefônicas só pode ser quebrada por ordem judicial, nas hipóteses e na forma que a lei estabelecer para fins de investigação criminal ou instrução processual penal.

(D) Ninguém será preso senão em flagrante delito ou por ordem escrita e fundamentada de autoridade judiciária competente, salvo nos casos de transgressão militar e inadimplência voluntária e inescusável de obrigação alimentícia.

A: correta, art. 5º, LXXIII, da CF; B: incorreta, não reflete o disposto no art. 5º, XXXI, da CF; C: incorreta, não reflete o disposto no art. 5º, XII, da CF; D: incorreta, não reflete o disposto no art. 5º, LXI, da CF.
Gabarito "A".

**(Cartório/SP – III – VUNESP)** Das afirmativas, assinale a verdadeira.

(A) A Constituição Federal veda de forma absoluta a aplicação da pena de morte.
(B) Ninguém será levado à prisão ou nela mantido, quando a lei admitir a liberdade provisória, com ou sem fiança.
(C) Toda desapropriação se dará mediante justa e prévia indenização ao proprietário do bem expropriado.
(D) Nenhum brasileiro será extraditado, salvo o naturalizado, em caso de crime comum, praticado após a naturalização, ou de comprovado envolvimento em tráfico ilícito de entorpecentes e drogas afins, na forma da lei.

A: incorreta, nos termos do art. 5º, XLVII, "a", da CF, pode-se declarar a pena de morte em caso de guerra declarada (art. 84, XIX, CF), e na forma prevista no Código Penal Militar; B: correta, art. 5º, LXVI, da CF; C: incorreta, não reflete o disposto no art. 5º, XXIV, da CF, que deve ser remetido aos arts. 182, § 4º, III e ao art. 243, ambos da CF. Necessário observar que na hipótese do art. 184 da CF, apesar de falar em justa indenização, o pagamento não se dá em dinheiro, mas em títulos da dívida agrária; D:incorreta, se praticado antes da naturalização (art. 5º, LI, da CF).
Gabarito "B".

**(Cartório/SP – IV – VUNESP)** A jurisprudência vem considerando o SCPC e SERASA como entidades de caráter público. De qual remédio jurídico-processual de natureza constitucional pode valer-se o consumidor para assegurar o conhecimento de informações relativas à sua pessoa constantes de registros ou bancos de dados e para a retificação de dados, quando não se prefira fazê-lo por processo sigiloso, judicial ou administrativo?

(A) Mandado de Injunção.
(B) Mandado de Segurança.
(C) Habeas Data.
(D) Habeas Corpus.

A: incorreta, o mandado de injunção tem por objetivo impedir que a falta de norma regulamentadora torne inviável o exercício de direitos relativos à nacionalidade, à soberania e à cidadania (art. 5º, LXXI, da CF); B: incorreta, o mandado de segurança visa proteger direito líquido e certo não amparável por *habeas corpus* ou por *habeas data* (art. 5º, LXIX, da CF); C: correta, o *habeas data* deve ser impetrado para assegurar o conhecimento de informações relativas à pessoa do impetrante, constantes de registros ou bancos de dados de entidades governamentais ou de caráter público; ou para a retificação de dados (art. 5º, LXXII, "a" e "b", da CF); D: incorreta, em regra, o *habeas corpus* visa proteger o direito de locomoção – direito de ir, vir e permanecer (art. 5º, LXVIII, da CF), próprio das pessoas (e não do patrimônio). Entretanto, vale ressaltar que o STF tem admitido HC quando a quebra de sigilo bancário implicar **ofensa indireta** ou reflexa ao direito de locomoção.
Gabarito "C".

**(Cartório/SP – VI – VUNESP)** A Constituição da República prevê a concessão de *habeas data* para que o impetrante possa:

(A) obter a liberação de documentos injustamente apreendidos por autoridade pública.
(B) conhecer ou retificar suas informações pessoais em bancos de dados públicos.
(C) assegurar o direito de ir e vir, próprio ou alheio, por determinado período de tempo.
(D) exigir que seja designado prazo razoável para que direito seu seja de fato respeitado.

B: correta. O *habeas data* deve ser impetrado para assegurar o conhecimento de informações relativas à pessoa do impetrante, constantes de registros ou bancos de dados de entidades governamentais ou de caráter público; ou para a retificação de dados (art. 5º, LXXII, "a" e "b", da CF).
Gabarito "B".

## 4. DIREITOS SOCIAIS, NACIONALIDADE E DIREITOS POLÍTICOS

**(Cartório/MG – 2012 – FUMARC)** Os direitos políticos negativos correspondem às previsões constitucionais que restringem o acesso do cidadão à participação nos órgãos governamentais, por meio de impedimentos às candidaturas. Com este conceito, são absolutamente inelegíveis os cidadãos

(A) servidores civis e militares.
(B) analfabetos e servidores civis.
(C) inalistáveis e militares.
(D) analfabetos e inalistáveis.

A: incorreta. Os servidores civis e os militares não são considerados *absolutamente* inelegíveis pelo texto constitucional. De acordo com o art. 14, § 8º, c/c o 142, § 3º, IV, ambos da CF, o militar é alistável, mas, durante o período em que estiver na ativa, não poderá se filiar a partido político. Como a filiação partidária é requisito da elegibilidade, o Tribunal Superior Eleitoral definiu que o registro da candidatura apresentada pelo partido político e a autorização do militar candidato, além do preenchimento dos requisitos constitucionais, previstos no art. 14, § 8º, são suficientes para que ele seja elegível. Sendo assim, a doutrina considera o militar como relativamente inelegível. Ou seja, cumpridas as determinações constitucionais ele pode ser eleito. B: incorreta. O analfabeto, conforme o art. 14, § 4º, da CF é absolutamente inelegível, mas o servidor civil não; C: incorreta. De fato, os inalistáveis (estrangeiros e conscritos, durante o serviço militar obrigatório – art. 14, § 2º, da CF) são absolutamente inelegíveis, pois o alistamento eleitoral é uma das condições de elegibilidade (art. 14, § 3º, III, da CF). Mas, o militar, conforme mencionado, não é absolutamente inelegível; D: correta (art. 14, § 4º, da CF).
Gabarito "D".

**(Cartório/RN – 2012 – IESIS)** Marque **V** ou **F**, conforme as afirmações a seguir sejam **verdadeiras** ou **falsas**. São direitos dos trabalhadores urbanos e rurais, além de outros que visem à melhoria de sua condição social:

I. Irredutibilidade do salário, ainda que disposto em convenção ou acordo coletivo.
II. Duração do trabalho normal não superior a oito horas diárias e quarenta e quatro semanais, vedada a compensação de horários mediante convenção coletiva de trabalho.

III. Jornada de oito horas para o trabalho realizado em turnos ininterruptos de revezamento.
IV. Assistência gratuita aos filhos e dependentes desde o nascimento até 12 (doze) anos de idade em creches e pré-escolas.
V. Igualdade de direitos entre o trabalhador com vínculo empregatício permanente e o trabalhador eventual.

A sequência correta, de cima para baixo, é:
(A) V – F – V – F – F
(B) F – F – F – F – F
(C) F – V – V – F – V
(D) V – F – F – V – V

I: incorreta. De acordo com o art. 7º, VI, da CF, a irredutibilidade do salário integra os direitos dos trabalhadores urbanos e rurais, *salvo o disposto em convenção ou acordo coletivo*; II: incorreta. O art. 7º, XIII, da CF determina a duração do trabalho normal não superior a oito horas diárias e quarenta e quatro semanais, *facultada a compensação de horários* e a redução da jornada, mediante acordo ou convenção coletiva de trabalho; III: incorreta. Conforme o art. 7º, XIV, da CF, a jornada é de *seis horas* para o trabalho realizado em *turnos ininterruptos* de revezamento, salvo negociação coletiva; IV: incorreta. O art. 7º, XXV, da CF garante a assistência gratuita aos filhos e dependentes desde o nascimento *até 5 (cinco) anos de idade* em creches e pré-escolas; V: incorreta. De acordo com o art. 7º, XXXI, da CF, é garantida a igualdade de direitos entre *o trabalhador com vínculo empregatício permanente e o trabalhador avulso*.
Gabarito "B".

**(Cartório/MG – 2012 – FUMARC)** São direitos políticos do cidadão em geral, **EXCETO**
(A) alistabilidade.
(B) direito de sufrágio.
(C) imunidade parlamentar.
(D) organização e participação de partidos políticos.

A, B, D: incorretas. De acordo com José Afonso da Silva, "os direitos políticos positivos consistem no conjunto de normas que asseguram o direito subjetivo de participação no processo político e nos órgãos governamentais. Eles garantem a participação do povo no poder de dominação política por meio das diversas modalidades de *direito de sufrágio*: direito de voto nas eleições, direito de elegibilidade (direito de ser votado), direito de voto nos plebiscitos e referendos, assim como por outros direitos de participação popular, como o direito de iniciativa popular, o direito de propor ação popular e o *direito de organizar e participar de partidos políticos*" (*Curso de Direito Constitucional Positivo*. 35. ed. São Paulo: Malheiros, 2011. p. 349). Sendo assim, o alistamento eleitoral, por meio do qual é garantido o exercício do direito de voto, o sufrágio que tem significa amplo, como explicado, e a organização e participação de partidos políticos, são considerados direitos políticos do cidadão em geral. C: correta. As *imunidades parlamentares* são prerrogativas dadas aos parlamentares para que eles exerçam a função com liberdade (art. 53 da CF). Portanto, *não configuram direitos políticos*.
Gabarito "C".

**(Cartório/SP – 2011 – VUNESP)** Os partidos políticos, após adquirirem personalidade jurídica, na forma da lei civil, registrarão seus estatutos
(A) no Registro Público competente.
(B) na Junta Eleitoral da Circunscrição Nacional.
(C) no Tribunal Superior Eleitoral.
(D) no Registro Civil das Pessoas Jurídicas.

C: correta. De acordo com o art. 17, § 2º, da CF, os partidos políticos, após adquirirem personalidade jurídica, na forma da lei civil, *devem registrar os seus estatutos no Tribunal Superior Eleitoral*.
Gabarito "C".

**(Cartório/SP – 2011 – VUNESP)** Sobre direitos políticos, é incorreto dizer:
(A) o alistamento eleitoral e o voto são obrigatórios para os maiores de dezoito anos, mas facultativos se estiverem numa das seguintes condições: (i) analfabetos ou (ii) maiores de setenta anos.
(B) a elegibilidade mínima para quaisquer cargos é de vinte e um anos.
(C) o alistamento eleitoral e o voto são facultativos para os maiores de dezesseis e menores de dezoito anos.
(D) a soberania popular é exercida mediante voto, plebiscito, referendo popular e iniciativa popular.

A: correta. É o que determina o art. 14, § 1º, I e II, da CF. B: incorreta, devendo ser assinalada. De acordo com o art. 14, § 3º, VI, da CF, as *idades mínimas* para a elegibilidade *variam de acordo com o cargo*, sendo: a) trinta e cinco anos para Presidente e Vice-Presidente da República e Senador, b) trinta anos para Governador e Vice-Governador de Estado e do Distrito Federal, c) vinte e um anos para Deputado Federal, Deputado Estadual ou Distrital, Prefeito, Vice-Prefeito e juiz de paz e d) dezoito anos para Vereador; C: correta. É o que se extrai do art. 14, § 1º, II, "c", da CF; D: correta. É o que dispõe o art. 14, I, II e III, da CF.
Gabarito "B".

**(Cartório/SP – 2011 – VUNESP)** Sobre nacionalidade, é incorreto dizer:
(A) fora dos casos previstos na Constituição Federal, a lei não poderá estabelecer diferenças entre brasileiros natos e naturalizados.
(B) são brasileiros natos os nascidos no Brasil, ainda que de pais estrangeiros, desde que estes não estejam a serviço de seu país.
(C) são brasileiros naturalizados os que adquiram a nacionalidade brasileira na forma da lei.
(D) são brasileiros natos os nascidos no estrangeiro de pai brasileiro ou de mãe brasileira, desde que registrados em Cartório de Registro Civil das Pessoas Naturais no Brasil, até atingirem a maioridade.

A: correta. De fato, de acordo com o art. 12, § 2º, da CF, a lei não poderá estabelecer distinção entre brasileiros natos e naturalizados, salvo nos casos previstos na Constituição Federal. Desse modo, as únicas distinções admitidas pelo ordenamento jurídico brasileiro são as trazidas pela própria Constituição Federal, como, por exemplo, os cargos privativos de brasileiros natos (art. 12, § 3º, da CF); B: correta. É o que determina o art. 12, I, "a", da CF; C: correta. É o que dispõe o art. 12, II, "a", primeira parte, da CF; D: incorreta, devendo ser assinalada. De acordo com o art. 12, I, "c", com redação dada pela EC 54/2007, são considerados brasileiros natos os nascidos no estrangeiro de pai brasileiro ou de mãe brasileira, *desde que sejam registrados em repartição brasileira competente ou venham a residir na República Federativa do Brasil e optem, em qualquer tempo, depois de atingida a maioridade, pela nacionalidade brasileira*.
Gabarito "D".

**(Cartório/SP – 2011 – VUNESP)** Assinale, dentre as alternativas apresentadas, o cargo privativo de brasileiro nato.

(A) Desembargador do Tribunal de Justiça.
(B) Ministro da Fazenda.
(C) Ministro do Superior Tribunal de Justiça.
(D) Oficial das Forças Armadas.

D: correta. Os cargos privativos de brasileiro nato estão previstos no art. 12, § 3º, da CF. São os seguintes: Presidente e Vice-Presidente da República, Presidente da Câmara dos Deputados, Presidente do Senado Federal, Ministro do Supremo Tribunal Federal, da carreira diplomática, *oficial das Forças Armadas* e Ministro de Estado da Defesa. Vale lembrar que o art. 89, VII, da CF trata do Conselho da República e dentre a composição do órgão há seis cidadãos brasileiros natos com mais de trinta e cinco anos de idade, sendo dois nomeados pelo Presidente da República, dois eleitos pelo Senado Federal e dois eleitos pela Câmara dos Deputados, todos com mandato de três anos, vedada a recondução. Desse modo, apenas a alternativa "D" traz um cargo privativo de nato que é o de oficial das Forças Armadas.

Gabarito "D".

**(Cartório/MG – 2012 – FUMARC)** O voto, que será exercido de forma direta, apresenta as seguintes características

(A) personalidade, publicidade, eficácia, igualdade e periodicidade.
(B) personalidade, publicidade, competência, liberdade e periodicidade.
(C) personalidade, obrigatoriedade, liberdade, sigilosidade, igualdade e periodicidade.
(D) personalidade, obrigatoriedade, liberdade, sigilosidade, publicidade e periodicidade.

A: incorreta. A eficácia não tem relação com o voto; B: incorreta. Competência também não está relacionada aos direitos políticos; C: correta. O voto é ato *personalíssimo*, **ou seja**, só pode ser exercido pela própria pessoa, não há possibilidade de se passar uma procuração para que outro vote em seu nome, o voto não pode ser efetivado por mandato. É também *obrigatório*, embora essa característica não seja considerada uma cláusula pétrea. É claro que há a possibilidade de votar em branco ou anular seu voto, mas isso não significa que o sujeito possa deixar de comparecer fisicamente ao local, dia e horário determinados. O voto é tido como *ato livre*, pois o seu conteúdo é livre, por conta disso que as pessoas, além de poderem escolher em qual candidato votarem, podem anular seu voto. É ainda regido pela igualdade, pois é ato *universal*, **ou seja**, a capacidade eleitoral é dada a todos os nacionais, indiscriminadamente. Por fim, é *sigiloso* (secreto) e *periódico*. Desse modo, os governantes detêm mandatos por um período determinado. D: incorreta. O voto não é dotado de publicidade, ao contrário, é ato sigiloso.

Gabarito "C".

**(Cartório/RJ – 2012)** Sobre nacionalidade, é correto afirmar que

(A) são privativos de brasileiros natos os cargos de Senador.
(B) não será declarada a perda da nacionalidade do brasileiro que adquirir outra nacionalidade, se em decorrência de reconhecimento de nacionalidade originária pela lei estrangeira.
(C) a lei ordinária poderá estabelecer distinção de tratamento entre brasileiros natos e naturalizados, ainda que não previstas as distinções no texto constitucional.
(D) os estrangeiros, de qualquer nacionalidade, residentes no Brasil há mais de 15 (quinze) anos, tornam-se automaticamente brasileiros.
(E) são privativos de brasileiros natos os cargos de Ministro do Superior Tribunal de Justiça (STJ).

A: incorreta. O cargo de Senador não é privativo de nato. De acordo com o no art. 12, § 3º, da CF os cargos de Presidente e Vice-Presidente da República, Presidente da Câmara dos Deputados, Presidente do Senado Federal, Ministro do Supremo Tribunal Federal, da carreira diplomática, oficial das Forças Armadas e Ministro de Estado da Defesa, devem ser preenchidos por brasileiros *natos*. Vale lembrar que o art. 89, VII, da CF trata do Conselho da República e traz mais alguns "cargos privativos", pois, determina que devem ocupar tal órgão, dentre outros, seis cidadãos sejam *brasileiros natos* com mais de trinta e cinco anos de idade, sendo dois nomeados pelo Presidente da República, dois eleitos pelo Senado Federal e dois eleitos pela Câmara dos Deputados, todos com mandato de três anos, vedada a recondução; B: correta. De fato, nessa situação *não será declarada a perda* da nacionalidade. É o que dispõe o art. 12, § 4º, II, "a", da CF; C: incorreta. De acordo com o art. 12, § 2º, da CF, *a lei não poderá estabelecer distinção entre brasileiros natos e naturalizados*, salvo nos casos previstos nesta Constituição; D: incorreta. A naturalização não é adquirida de forma automática. Determina o art. 12, II, "b", da CF, que são considerados brasileiros naturalizados, os estrangeiros de qualquer nacionalidade, residentes na República Federativa do Brasil há mais de quinze anos ininterruptos e sem condenação penal, *desde que requeiram a nacionalidade brasileira*; E: incorreta. O cargo de Ministro do STJ *não é privativo* de brasileiro nato. Vale lembrar que, de acordo com o art. 12, § 3º, da CF, são privativos de nato os seguintes cargos: Presidente e Vice-Presidente da República, Presidente da Câmara dos Deputados, Presidente do Senado Federal, Ministro do Supremo Tribunal Federal, da carreira diplomática, oficial das Forças Armadas e Ministro de Estado da Defesa. Além disso, o art. 89, VII, da CF trata do Conselho da República e dentre a composição do órgão destina seis cadeiras a cidadãos brasileiros *natos* com mais de trinta e cinco anos de idade, sendo dois nomeados pelo Presidente da República, dois eleitos pelo Senado Federal e dois eleitos pela Câmara dos Deputados, todos com mandato de três anos, vedada a recondução.

Gabarito "B".

**(Cartório/SC – 2012)** Quanto aos direitos sociais previstos na Constituição Federal, pode-se afirmar:

I. O salário-família é pago indistintamente a todos os brasileiros em razão da relação de dependência do trabalhador nos termos da legislação aplicável.
II. A gratificação de férias anuais remuneradas não está limitada a um terço do salário normal do trabalhador.
III. O servidor público regido pelo regime estatutário faz jus ao fundo de garantia por tempo de serviço.
IV. Em caso de acidente do trabalho, o trabalhador tem direito a seguro, com encargo ao empregador, e por isso não tem direito a qualquer indenização civil decorrente do acidente ocorrido em razão da função desempenhada.

(A) Somente a proposição IV está correta.
(B) Somente as proposições II e III estão corretas.
(C) Somente a proposição III está correta.
(D) Somente a proposição II está correta.
(E) Somente as proposições I e IV estão corretas.

I: incorreta. De acordo com o art. 7º, XII, da CF, o salário-família não é pago indistintamente, mas sim ao dependente do trabalhador de *baixa renda*, nos termos da lei; II: correta. Conforme dispõe o art. 7º, XVII, é direito do trabalhador o gozo de férias anuais remuneradas com, *pelo menos, um terço a mais* do que o salário normal; III: incorreta. Os servidores públicos estatutários não têm direito ao fundo de garantia por tempo de serviço; IV: incorreta. De acordo com o art. 7º, XXVIII, o trabalhador tem direito ao seguro contra acidentes de trabalho, a cargo do empregador, *sem excluir a indenização* a que este está obrigado, quando incorrer em dolo ou culpa.

Gabarito "D".

**(Cartório/AM – 2005 – FGV)** Assinale a alternativa que apresente corretamente direitos sociais.

(A) educação, saúde e previdência privada.
(B) educação, assistência aos silvícolas e trabalho.
(C) saúde, assistência aos desamparados e lazer.
(D) trabalho, moradia e liberdade de expressão.
(E) moradia, liberdade de expressão e proteção à infância.

C: correta. Art. 6º da CF.
Gabarito "C".

**(Cartório/DF – 2008 – CESPE)** Julgue o seguinte item, acerca dos direitos políticos.

(1) O voto é obrigatório para os maiores de 18 e menores de 70 anos de idade, independentemente do grau de instrução do eleitor, sendo facultativo para os maiores de 16 e menores de dezoito anos.

1: incorreta. O voto é facultativo para os analfabetos. Art. 14, § 1º, II, "a" a "c", da CF.
Gabarito 1E

**(Cartório/DF – 2006 – CESPE)** Acerca dos partidos políticos, julgue o item seguinte.

(1) Os partidos políticos, pessoas jurídicas de direito privado, criados na forma da legislação civil, devem ter seus estatutos registrados no Tribunal Superior Eleitoral.

1: correta. Art. 17, § 2º, da CF.
Gabarito 1C

**(Cartório/ES – 2007 – FCC)** Martim nasceu na cidade de Madrid na Espanha, filho de pais espanhóis, e veio para o Brasil quando tinha dez anos de idade. Após residir por mais de vinte anos ininterruptos no Brasil, sem qualquer condenação penal, requereu e obteve a nacionalidade brasileira neste ano de 2007. A partir de então, Martim poderá exercer, dentre outros, o cargo de:

(A) Ministro do Superior Tribunal de Justiça.
(B) Carreira diplomática.
(C) Presidente da Câmara dos Deputados.
(D) Presidente do Senado Federal.
(E) Ministro do Estado da Defesa.

A: correta. Como brasileiro naturalizado, pode exercer qualquer cargo público, exceto os listados no art. 12, § 3º, da CF.
Gabarito "A".

**(Cartório/MA – 2008 – IESES)** São brasileiros natos:

(A) Os estrangeiros de qualquer nacionalidade, residentes na República Federativa do Brasil há mais de quinze anos ininterruptos e sem condenação penal, desde que requeiram a nacionalidade brasileira.
(B) Os que, na forma da lei, adquiram a nacionalidade brasileira, exigidas aos originários de países de língua portuguesa apenas residência por um ano ininterrupto e idoneidade moral.
(C) Os nascidos no estrangeiro, de pai brasileiro ou de mãe brasileira, desde que sejam registrados em repartição brasileira competente ou venham a residir na República Federativa do Brasil e optem, em qualquer tempo, pela nacionalidade brasileira.
(D) Os nascidos no estrangeiro, de pai brasileiro ou de mãe brasileira, desde que sejam registrados em repartição brasileira competente ou venham a residir na República Federativa do Brasil e optem, em qualquer tempo, depois de atingida a maioridade, pela nacionalidade brasileira.

D: correta. Art. 12, I, "c", da CF.
Gabarito "D".

**(Cartório/MA – 2008 – IESES)** Dentre outros, são cargos privativos de brasileiros natos:

(A) Presidente e Vice-Presidente da República, Presidente do Senado, Presidente da Câmara dos Deputados e Ministro da Economia.
(B) Presidente e Vice-Presidente da República, Presidente do Senado e Ministro do Superior Tribunal de Justiça.
(C) Presidente e Vice-Presidente da República, Presidente do Senado e Ministro do Supremo Tribunal Federal.
(D) Presidente e Vice-Presidente da República, Presidente do Senado, Ministro do Tribunal Superior Eleitoral e Ministro do Superior Tribunal de Justiça.

C: correta. Art. 12, § 3º, I, III e IV, da CF.
Gabarito "C".

**(Cartório/MA – 2008 – IESES)** Quanto aos Direitos Políticos, analise as afirmações a seguir.

I. São condições de elegibilidade, entre outras, filiação partidária, o alistamento militar e a nacionalidade brasileira.
II. Constitui condição de elegibilidade, na forma da lei, a idade mínima de trinta e cinco anos para senador.
III. É vedada a cassação de direitos políticos, porém, a perda destes se dará em caso de cancelamento da naturalização por sentença transitada em julgado.
IV. Os partidos políticos, após adquirirem personalidade jurídica, na forma da lei civil, registrarão seus estatutos no Tribunal Regional Eleitoral.

A alternativa que contém todas e somente as afirmações corretas é:

(A) I – II – IV
(B) I – II – III
(C) III – IV
(D) II – III

I: incorreta, não se exige alistamento militar, mas eleitoral (art. 14, § 3º, I a VI, da CF); II: correta, art. 14, § 3º, VI, "a", da CF; III: correta, art. 15, *caput* e I, da CF; IV: incorreta, no Tribunal Superior Eleitoral (art. 17, § 2º, da CF).
Gabarito "D".

(Cartório/MG – 2005 – EJEF) Analise estas afirmativas concernentes à nacionalidade brasileira e assinale com V as verdadeiras e com F as falsas:

( ) São brasileiros natos os nascidos no estrangeiro, de pai brasileiro ou mãe brasileira, desde que qualquer deles esteja a serviço da República Federativa do Brasil.

( ) São brasileiros naturalizados os estrangeiros de qualquer nacionalidade residentes na República Federativa do Brasil há mais de 15 anos ininterruptos e sem condenação penal, desde que requeiram a nacionalidade brasileira.

( ) Aos portugueses com residência permanente no País, se houver reciprocidade em favor de brasileiros, serão atribuídos os direitos inerentes ao brasileiro, salvo os casos previstos na Constituição.

Assinale a alternativa que apresenta a sequência de letras CORRETA.

(A) (F) (F) (V)
(B) (V) (F) (V)
(C) (V) (V) (F)
(D) (V) (V) (V)

I: correta, art. 12, I, "b", da CF; II: correta, art. 12, II, "b", da CF; III: correta, art. 12, § 1º, da CF.
Gabarito "D".

(Cartório/MS – 2009 – VUNESP) Entre os direitos sociais, a Constituição Federal garante os direitos dos trabalhadores, exceto:

(A) relação de emprego protegida contra despedida arbitrária ou sem justa causa, nos termos de lei complementar, que preverá indenização compensatória, dentre outros direitos.
(B) participação nos lucros ou resultados, vinculada à remuneração, nos termos da lei.
(C) salário-família pago em razão do dependente do trabalhador de baixa renda, nos termos da lei.
(D) duração do trabalho normal não superior a oito horas diárias e quarenta e quatro semanais, facultadas a compensação de horários e a redução da jornada, mediante acordo ou convenção coletiva de trabalho.
(E) seguro contra acidentes de trabalho, a cargo do empregador, sem excluir a indenização a que este está obrigado, quando incorrer em dolo ou culpa.

A: correta, art. 7º, I, da CF; B: incorreta (devendo ser assinalada), não reflete o disposto no art. 7º, XI, da CF; C: correta, art. 7º, XII, da CF; D: correta, art. 7º, XIII, da CF; E: correta, art. 7º, XXVIII, da CF.
Gabarito "B".

(Cartório/MS – 2009 – VUNESP) O brasileiro naturalizado, segundo a Constituição, poderá ocupar o cargo público de:

(A) Presidente do Senado Federal.
(B) Ministro do Supremo Tribunal Federal.
(C) Deputado Federal.
(D) Oficial das Forças Armadas.
(E) Vice-Presidente da República.

C: correta. O art. 12, § 3º, da CF, lista os cargos privativos de brasileiro nato. Todos os demais podem ser exercidos por brasileiros naturalizados.
Gabarito "C".

(Cartório/MT – 2003 – UFMT) Será declarada a perda da nacionalidade do brasileiro que:

(A) tiver cancelada sua naturalização, por ato do Ministro da Justiça, em virtude de atividade ilícita, observado o princípio da ampla defesa e do contraditório.
(B) tiver cancelada sua naturalização, por sentença judicial, em virtude de atividade relacionada com o tráfico internacional de drogas e substâncias afins e prática de crimes hediondos.
(C) tiver cancelada sua naturalização, por sentença judicial, em virtude de atividade nociva ao interesse nacional.
(D) adquirir outra nacionalidade, salvo no caso de reconhecimento de nacionalidade originária por vontade própria.
(E) adquirir outra nacionalidade, salvo no caso de imposição de naturalização por outro Estado, como condição para permanência em seu território.

C: correta. Art. 12, § 4º, I e II, da CF.
Gabarito "C".

(Cartório/PR – 2007) A capacidade eleitoral ativa e a capacidade eleitoral passiva integram os direitos políticos e são delimitadores do seu exercício. Em face dessa realidade, assinale a correta:

(A) A inelegibilidade relativa decorre do texto constitucional e da lei.
(B) A inelegibilidade absoluta pode ser fixada na lei infraconstitucional.
(C) A capacidade eleitoral ativa compreende as inelegibilidades absolutas.
(D) A inelegibilidade reflexa por motivos de casamento somente fica afastada no caso de o candidato já estar ocupando mandato eletivo e independe de desincompatibilização.
(E) Os partidos políticos não possuem direito a recursos do fundo partidário.

A: correta, a inelegibilidade relativa refere-se a alguns cargos (em decorrência da função ou do parentesco), a algumas pessoas (como os militares), ou a situações previstas em lei complementar (art. 14, § 9º, da CF); B: incorreta, a inelegibilidade absoluta refere-se à impossibilidade de o nacional ser eleito para qualquer cargo eletivo, em todo o território nacional, e só pode ser estabelecida pela Constituição. Pelo art. 14, § 4º, da CF, são inelegíveis os inalistáveis (aí incluídos os conscritos e os estrangeiros) e os analfabetos; C: incorreta, a capacidade eleitoral ativa é o direito de votar e se dá com o alistamento eleitoral. A capacidade eleitoral passiva corresponde ao direito de ser eleito (de se eleger); D: incorreta, a regra de inelegibilidade reflexa vem prevista no art. 14, § 7º, da CF, segundo a qual são inelegíveis, no território de jurisdição do titular, o cônjuge e os parentes consanguíneos ou afins, até o segundo grau ou por adoção, do Presidente da República, de Governador de Estado ou Território, do Distrito Federal, de Prefeito ou de quem os haja substituído dentro dos seis meses anteriores ao pleito, salvo se já titular de mandato eletivo e candidato à reeleição. De acordo com o entendimento do STF, a vedação do art. 14, § 7º, da CF só é excepcionada se o titular for reelegível e tiver se desincompatibilizado seis meses antes, sendo os requisitos cumulativos. Pela interpretação conjunta do art. 14, § 7º da CF e dos artigos do Código Civil sobre parentesco (arts. 1.591 a 1.595 do CC/2002), são parentes do titular por consanguinidade ou por adoção inelegíveis: seus pais e filhos (1º grau), avós, netos

e irmãos (2º grau). São também inelegíveis por vínculo de *afinidade* com o titular: genro, nora, sogro, sogra (1º grau por afinidade), avós do cônjuge ou companheiro(a), cunhado e cunhada (2º grau por afinidade); E: incorreta, não reflete o disposto no art. 17, § 3º, da CF.
Gabarito "A".

**(Cartório/PR – 2007)** Os direitos sociais caracterizam o Estado Social Brasileiro. Em relação aos direitos sociais, assinale a correta:

(A) Os direitos sociais apresentam-se no texto constitucional como normas de aplicabilidade imediata e eficácia plena.
(B) A previdência social não depende de contribuição para ser usufruída.
(C) Possuem como conteúdo material a dignidade da pessoa humana e a melhoria das condições de vida do cidadão.
(D) Estão localizados na primeira geração de direitos fundamentais.
(E) A assistência social depende de contribuição social.

A e D: incorretas, os direitos sociais são direitos a prestações positivas do Estado, caracterizados pela doutrina como de *segunda dimensão*. Em geral são de eficácia limitada; B: incorreta, a previdência social é de caráter contributivo (art. 201 da CF); C: correta, art. 6º, da CF; E: incorreta, independe de contribuição social (art. 203 da CF).
Gabarito "C".

**(Cartório/RO – III)** Assinale a opção correta:

(A) o brasileiro naturalizado poderá ser extraditado no caso de comprovado envolvimento em tráfico de drogas;
(B) é legítima a extradição de brasileiro naturalizado;
(C) segundo a jurisprudência do STF, é legítima a extradição de português beneficiado com o estatuto da igualdade;
(D) a constituição brasileira admite a extradição nos casos de crimes políticos ou de opinião.

A: correta, art. 5º, LI, da CF; B: incorreta, excepcionalmente, na forma do art. 5º, LI, da CF; C: incorreta, art. 9º do Decreto 70.391/72: "Os portugueses e brasileiros que gozem do estatuto de igualdade não estão sujeitos à extradição, salvo se requerida pelo Governo do Estado da nacionalidade"; D: incorreta, a CF não admite a extradição nesses casos (art. 5º, LII, da CF).
Gabarito "A".

**(Cartório/SC – 2008)** NÃO é privativo de brasileiro nato o cargo de:

(A) Ministro do Superior Tribunal de Justiça.
(B) Presidente do Senado Federal.
(C) Ministro do Supremo Tribunal Federal.
(D) Oficial das Forças Armadas.
(E) Presidente da Câmara dos Deputados.

A: correta. Apenas os cargos listados no art. 12, § 3º, da CF, são privativos de brasileiros natos.
Gabarito "A".

**(Cartório/SP – II – VUNESP)** Assinale a alternativa correta.

(A) O Presidente da República, os Governadores de Estado e do Distrito Federal, os Prefeitos e quem os houver sucedido ou substituído no curso dos mandatos poderão ser reeleitos para um único período subsequente ou concorrer a outros cargos, devendo, em ambas as hipóteses, renunciar aos respectivos mandatos até seis meses antes do pleito.
(B) São elegíveis, fora do território de jurisdição do titular, o cônjuge e os parentes consanguíneos ou afins, até o segundo grau ou por adoção, do Presidente da República, de Governador de Estado e do Distrito Federal, de Prefeito ou de quem os haja substituído dentro dos seis meses anteriores ao pleito, desde que seja titular de mandato eletivo.
(C) O Presidente da República, os Governadores de Estado e do Distrito Federal, os Prefeitos e quem os houver sucedido ou substituído no curso dos mandatos poderão ser reeleitos para um único período subsequente ou concorrer a outros cargos, independentemente de renúncia aos respectivos mandatos até seis meses antes do pleito.
(D) O Presidente da República, os Governadores de Estado e do Distrito Federal, os Prefeitos e quem os houver sucedido ou substituído no curso dos mandatos poderão ser reeleitos para um único período subsequente ou concorrer a outros cargos, devendo, nesta última hipótese, renunciar aos respectivos mandatos até seis meses antes do pleito.

D: correta. Art. 14, §§ 5º e 6º, da CF.
Gabarito "D".

**(Cartório/SP – III – VUNESP)** Assinale a alternativa cujo enunciado não está em consonância com um dos incisos do artigo 7º da Constituição Federal.

(A) É proibido o trabalho noturno a menores de 18 e de qualquer trabalho a menores de 14 anos, salvo na condição de aprendiz.
(B) Aos trabalhadores urbanos e rurais é assegurado o 13º salário com base na remuneração integral ou no valor da aposentadoria.
(C) É direito do trabalhador rural a participação nos lucros ou resultados da empresa.
(D) É garantido o direito de ação quanto aos créditos resultantes das relações de trabalho, com prazo prescricional de 5 anos, seja para o trabalhador urbano, seja para o rural, até o limite de 2 anos após a extinção do contrato de trabalho.

A: incorreta (devendo ser assinalada) Não reflete o disposto no art. 7º, XXXIII, da CF; B: correta, art. 7º, VIII, da CF; C: correta, art. 7º, XI, da CF; D: correta, art. 7º, XXIX, da CF.
Gabarito "A".

**(Cartório/SP – IV – VUNESP)** São privativos de brasileiro nato os cargos:

(A) de Presidente e Vice-Presidente da República e de Oficial das Forças Armadas.
(B) de Presidente da Câmara dos Deputados e de Juiz Federal.
(C) de Senador e Ministro da Fazenda.
(D) de Ministro do Supremo Tribunal Federal e de Procurador Geral do Estado.

A: correta. Art. 12, § 3º, I a VII, da CF.
Gabarito "A".

**(Cartório/SP – IV – VUNESP)** O alistamento eleitoral e o voto são obrigatórios

(A) para os analfabetos que sabem assinar o próprio nome.
(B) para os maiores de dezoito anos.
(C) para os maiores de dezesseis e menores de dezoito anos que possuem o título eleitoral.
(D) para os estrangeiros residentes no País com visto permanente.

B: correta. Art. 14, § 1º, I, da CF.
Gabarito "B".

**(Cartório/SP – V – VUNESP)** Os nascidos no estrangeiro, de pai brasileiro ou mãe brasileira, são considerados brasileiros natos, desde que:

(A) até dois anos após completarem a maioridade, optem pela nacionalidade brasileira.
(B) sejam registrados em repartição brasileira no exterior.
(C) após completarem a maioridade, passem a ser domiciliados no Brasil.
(D) sejam registrados em repartição brasileira no exterior e, após completarem a maioridade, optem pela nacionalidade brasileira.

D: correta. Art. 12, I, "c", da CF.
Gabarito "D".

**(Cartório/SP – VI – VUNESP)** Dentre os direitos sociais, nossa Carta Magna elenca o direito dos trabalhadores urbanos ou rurais à:

(A) remuneração do serviço extraordinário pelo menos 50% maior que a do normal.
(B) irredutibilidade do salário após um ano de trabalho ininterrupto e efetivo no cargo.
(C) remuneração isonômica entre o trabalhador diurno e o noturno.
(D) jornada de trabalho normal não superior a 10 horas diárias e 48 semanais.

A: correta, art. 7º, XVI, da CF; B: incorreta, não reflete o disposto no art. 7º, VI, da CF; C: incorreta, não reflete o disposto no art. 7º, IX, da CF; D: incorreta, não reflete o disposto no art. 7º, XIII, da CF.
Gabarito "A".

**(Cartório/SP – VI – VUNESP)** São considerados brasileiros natos, pela Constituição Federal,

(A) os que optaram pela nossa nacionalidade e aqui residiram por um ano ininterrupto.
(B) os aqui nascidos, ainda que de pais estrangeiros a serviço do seu país de origem.
(C) os nascidos no estrangeiro, de pais brasileiros.
(D) os nascidos no estrangeiro, de pai ou mãe brasileiros que estejam a serviço do Brasil.

D: correta. Art. 12, I, "a" a "c", da CF. São brasileiros natos os nascidos no Brasil, ainda que de pais estrangeiros, desde que estes não estejam a serviço de seu país; os nascidos no estrangeiro, de pai brasileiro ou mãe brasileira, desde que qualquer deles esteja a serviço do Brasil ou os nascidos no estrangeiro de pai brasileiro ou de mãe brasileira, desde que sejam registrados em repartição brasileira competente ou venham a residir no Brasil e optem, em qualquer tempo, depois de atingida a maioridade, pela nacionalidade brasileira.
Gabarito "D".

**(Cartório/SP – VII – VUNESP)** Os partidos políticos, após adquirirem personalidade jurídica, na forma da lei civil, registrarão seus estatutos:

(A) no Registro Público competente.
(B) na Junta Eleitoral da Circunscrição Nacional.
(C) no Tribunal Superior Eleitoral.
(D) no Registro Civil das Pessoas Jurídicas.

C: correta. Art. 17, § 2º, da CF.
Gabarito "C".

**(Cartório/SP – VII – VUNESP)** Sobre direitos políticos, é incorreto dizer:

(A) o alistamento eleitoral e o voto são obrigatórios para os maiores de dezoito anos, mas facultativos se estiverem numa das seguintes condições: (i) analfabetos ou (ii) maiores de setenta anos.
(B) a elegibilidade mínima para quaisquer cargos é de vinte e um anos.
(C) o alistamento eleitoral e o voto são facultativos para os maiores de dezesseis e menores de dezoito anos.
(D) a soberania popular é exercida mediante voto, plebiscito, referendo popular e iniciativa popular.

A: correta, art. 14, § 1º, I e II, "a" e "b", da CF; B: incorreta (devendo ser assinalada), pois não reflete o disposto no art. 14, § 3º, VI, "a" a "d", da CF; C: correta, art. 14, § 1º, II, "c", da CF; D: correta, art. 14, *caput*, I a III, da CF.
Gabarito "B".

**(Cartório/SP – VII – VUNESP)** Sobre nacionalidade, é incorreto dizer:

(A) fora dos casos previstos na Constituição Federal, a lei não poderá estabelecer diferenças entre brasileiros natos e naturalizados.
(B) são brasileiros natos os nascidos no Brasil, ainda que de pais estrangeiros, desde que estes não estejam a serviço de seu país.
(C) são brasileiros naturalizados os que adquiram a nacionalidade brasileira na forma da lei.
(D) são brasileiros natos os nascidos no estrangeiro de pai brasileiro ou de mãe brasileira, desde que registrados em Cartório de Registro Civil das Pessoas Naturais no Brasil, até atingirem a maioridade.

A: correta, art. 12, § 2º, da CF; B: correta, art. 12, I, "a", da CF; C: correta, art. 12, II, "a", da CF; D: incorreta (devendo ser assinalada), não reflete o disposto no art. 12, I, "c", da CF.
Gabarito "D".

**(Cartório/SP – VII – VUNESP)** Assinale, dentre as alternativas apresentadas, o cargo privativo de brasileiro nato.

(A) Desembargador do Tribunal de Justiça.
(B) Ministro da Fazenda.
(C) Ministro do Superior Tribunal de Justiça.
(D) Oficial das Forças Armadas.

D: correta. Art. 12, § 3º, I a VII, da CF.
Gabarito "D".

## 5. ORGANIZAÇÃO DO ESTADO

**(Cartório/SC – 2012)** Assinale a alternativa **correta**:

(A) A lei orgânica municipal não deve observar o princípio de simetria com respeito aos princípios inscritos na Constituição Federal e na Constituição Estadual do respectivo Estado a que pertence seu território.
(B) A Constituição autoriza os Municípios com uma população superior a 100 (cem) mil habitantes a criar um Tribunal de Contas.
(C) Compete aos Municípios legislar somente sobre assuntos de interesses locais.
(D) Aos Estados pertencem as terras devolutas indispensáveis à defesa das fronteiras. Porém, as fortificações e construções militares pertencem à União.
(E) Segundo a Constituição Federal, os Estados organizam-se e regem-se pelas Constituições e leis que adotarem, observados os princípios presentes na Carta da República, sendo-lhes reservadas as competências que não lhes sejam vedadas pela Constituição.

A: incorreta. Ao contrário, a lei orgânica municipal *deve observar o princípio da simetria*. Conforme o art. 29 da CF, "o Município reger-se-á por lei orgânica, votada em dois turnos, com o interstício mínimo de dez dias, e aprovada por dois terços dos membros da Câmara Municipal, que a promulgará, *atendidos os princípios estabelecidos nesta Constituição, na Constituição do respectivo Estado*, além de outros preceitos"; B: incorreta. A CF, em seu art. 31, § 4º, *veda a criação de novos Tribunais de Contas Municipais*, bem como de Conselhos ou órgãos de Contas no âmbito municipal. Vale lembrar que os Municípios de São Paulo e Rio de Janeiro possuem Tribunais de Contas Municipais, pois eles foram criados antes da elaboração da Constituição Federal de 1988; C: incorreta. De acordo com Pedro Lenza (*Direito Constitucional Esquematizado*. 15. ed. São Paulo: Saraiva, 2011. p. 404), a competência legislativa dos municípios se divide em: a) *expressa* (art. 29, *caput*, da CF – capacidade de auto-organização dos municípios, através de lei orgânica); b) sobre *interesse local* (art. 30, I, da CF); c) *suplementar* (arts. 30, II, e 24, ambos da CF); c) sobre o *plano diretor* (art. 182, § 1º, da CF); e d) *competência tributária expressa* (art. 156 da CF). Desse modo, a competência legislativa municipal não se restringe aos assuntos de interesse local; D: incorreta. As *terras devolutas indispensáveis à defesa das fronteiras*, das fortificações e construções militares, das vias federais de comunicação e à preservação ambiental, definidas em lei, são consideradas *bens da União* (art. 20, II, da CF); E: correta (art. 25, *caput*, da CF).
Gabarito "E".

**(Cartório/MG – 2012 – FUMARC)** A organização político-administrativa da República Federativa do Brasil compreende, **EXCETO**

(A) os Estados.
(B) os Municípios e os Territórios.
(C) o Distrito Federal.
(D) a União.

B: correta. De acordo com o art. 18, *caput*, da CF, a organização político-administrativa da República Federativa do Brasil compreende à *União, os Estados, o Distrito Federal e os Municípios*, todos autônomos, nos termos da Constituição. O § 2º do mesmo dispositivo determina que *os Territórios Federais integram a União*, e sua criação, transformação em Estado ou reintegração ao Estado de origem sejam reguladas em lei complementar.
Gabarito "B".

**(Cartório/RJ – 2012)** Compete privativamente à União legislar sobre registros públicos (Constituição Federal, art. 22, XXV), sendo correto afirmar que

(A) a competência da União limitar-se-á a estabelecer normas gerais sobre registro.
(B) a competência privativa da União não exclui a competência suplementar dos Estados para legislar sobre registros.
(C) se inexistir lei federal sobre normas gerais, os Estados exercerão a competência legislativa plena sobre registros.
(D) a lei complementar poderá autorizar os Estados a legislar sobre questões específicas sobre registros públicos.
(E) a superveniência de lei federal sobre normas gerais de registro suspende a eficácia da lei estadual, no que lhe for contrário.

A, B, C, e E: incorretas, pois tais regras têm aplicação no âmbito da competência *concorrente* e não privativa (art. 24, §§ 1º a 4º, da CF; D: correta. É o que determina o parágrafo único do art. 22 da CF.
Gabarito "D".

**(Cartório/SP – 2012 – VUNESP)** A competência legislativa disposta na Constituição Federal permite aos entes políticos, em certas matérias e em dadas circunstâncias, legislarem concomitantemente sobre as mesmas matérias. É a chamada competência concorrente. Sobre esse aspecto, pode-se afirmar corretamente que

(A) se o Estado-membro já tiver editado lei sobre dada matéria, a superveniência de lei federal sobre o mesmo tema não interfere na aplicação da lei estadual.
(B) inexistindo lei federal sobre normas gerais, os Estados exercerão a competência legislativa plena, para atender as suas peculiaridades.
(C) a única matéria em que uma lei municipal não cederá e nem deixará de ser aplicada ante uma legislação federal é a de meio ambiente.
(D) a competência da União para legislar sobre normas gerais exclui a competência suplementar dos estados-membros.

A: incorreta. De acordo com o § 4º do art. 24 da CF, a superveniência de lei federal sobre normas gerais *suspende a eficácia da lei estadual, no que lhe for contrário*; B: correta. É o que determina o § 3º do art. 24 da CF; C: incorreta. Conforme o art. 24, VI, da CF, a legislação sobre a proteção do meio ambiente é da competência concorrente, ou seja, todos os entes federados podem tratar do assunto. D: incorreta. O § 2º do art. 24 da CF determina que a competência da União para legislar sobre normas gerais *não exclui* a competência suplementar dos Estados.
Gabarito "B".

**(Cartório/RN – 2012 – IESIS)** É **INCORRETO** afirmar:

(A) Os Territórios Federais integram a União.
(B) A criação, a incorporação, a fusão e o desmembramento de Municípios depende de consulta prévia, mediante plebiscito, às populações dos Municípios envolvidos, após divulgação dos Estudos de Viabilidade Municipal.

(C) Os Estados podem incorporar-se entre si, subdividir-se ou desmembrar-se para se anexarem a outros, ou formarem novos Estados ou Territórios Federais, mediante aprovação da população diretamente interessada, através de plebiscito, e do Congresso Nacional, por lei complementar.

(D) A criação, a incorporação, a fusão e o desmembramento de Municípios, far-se-ão por Lei Complementar Federal.

A: correta (art. 18, § 2º, da CF); B: correta (art. 18, § 4º, da CF); C: correta (art. 18, § 3º, da CF); D: incorreta, devendo ser assinalada. De acordo com o art. 18, § 4º, da CF, a criação, a incorporação, a fusão e o desmembramento de Municípios, *far-se-ão por lei estadual, dentro do período determinado por Lei Complementar Federal*, e dependerão de consulta prévia, mediante plebiscito, às populações dos Municípios envolvidos, após divulgação dos Estudos de Viabilidade Municipal, apresentados e publicados na forma da lei.
Gabarito "D".

(Cartório/SC – 2012) Tratando-se da competência legislativa prevista na Constituição Federal brasileira, pode-se afirmar:

I. Somente a União Federal pode legislar sobre direito urbanístico.
II. Os Estados e o Distrito Federal não podem legislar sobre direito urbanístico.
III. Cabe exclusivamente ao Município legislar sobre urbanismo.
IV. A União Federal, os Estados, o Distrito Federal e os Municípios podem legislar sobre direito urbanístico.

(A) Somente a proposição I está correta.
(B) Somente a proposição IV está correta.
(C) Somente a proposição III está correta.
(D) Somente as proposições II e IV estão corretas.
(E) Somente as proposições I e III estão corretas.

I, II, III: incorretas, pois a competência para legislar sobre direito urbanístico é concorrente, ou seja, todos os entes federativos podem tratar do assunto. IV: correta. O art. 24, I, da CF determina que a competência é concorrente entre a União, os Estados e o Distrito Federal. Prevalece o entendimento de que os Municípios também podem legislar sobre os assuntos dispostos no art. 24 da CF.
Gabarito "B".

(Cartório/MG – 2012 – FUMARC) A autonomia das entidades federativas pressupõe repartição de competências legislativas, administrativas e tributárias. Assim, compete aos municípios

(A) manter o serviço postal.
(B) assegurar a defesa nacional.
(C) instituir e arrecadar tributos, inclusive federais.
(D) criar, organizar e suprimir distritos, observada a legislação estadual.

A: incorreta. A manutenção do serviço postal é da competência exclusiva da União (art. 21, X, da CF); B: incorreta. Também compete à União, de forma exclusiva, assegurar a defesa nacional (art. 21, III, da CF); C: incorreta. Cabe ao Município apenas a instituição e a arrecadação de *tributos de sua competência* (art. 30, III, da CF); D: correta (art. 30, IV, da CF).
Gabarito "D".

(Cartório/SP – 2011 – VUNESP) A competência da União para emitir moeda será exercida pelo(a)

(A) órgão competente subordinado ao Ministério da Fazenda.
(B) Banco Central.
(C) Casa da Moeda do Tesouro Nacional.
(D) instituição financeira vencedora de licitação.

B: correta. De acordo com o art. 164, *caput*, da CF a competência da União para emitir moeda deve ser exercida, de forma exclusiva, *banco central*.
Gabarito "B".

(Cartório/RN – 2012 – IESIS) Quanto à organização do Estado, analise as afirmações a seguir.

I. Cabe aos Estados explorar diretamente, ou mediante concessão, os serviços locais de gás canalizado.
II. Os subsídios do Governador, do Vice-Governador e dos Secretários de Estado serão fixados por lei de iniciativa do Congresso Nacional.
III. O subsídio dos Deputados Estaduais será fixado por lei de iniciativa da Assembleia Legislativa.
IV. O número de Deputados à Assembleia Legislativa corresponderá ao triplo da representação do Estado na Câmara dos Deputados e, atingido o número de trinta e seis, será acrescido de tantos quantos forem os Deputados Federais acima de doze.
V. Nos Territórios Federais com mais de cem mil habitantes, além do Governador nomeado, haverá órgãos judiciários de primeira e segunda instância.

Assinale a alternativa correta:

(A) Todas as assertivas estão corretas.
(B) Apenas as assertivas I, III, IV e V estão corretas.
(C) Todas as assertivas estão erradas.
(D) Apenas as assertivas II, III e IV estão corretas.

I: correta (art. 25, § 2º, da CF); II: incorreta. Conforme o art. 28, § 2º, da CF, os subsídios do Governador, do Vice-Governador e dos Secretários de Estado serão *fixados por lei de iniciativa da Assembleia Legislativa*; III: correta (art. 27, § 2º, da CF); IV correta (art. 27, *caput*, da CF); V: correta (art. 33, § 3º, da CF).
Gabarito "B".

(Cartório/SP – 2011 – VUNESP) A União não intervirá nos Estados nem no Distrito Federal, exceto para

(A) repelir a propaganda de conceitos nocivos à Nação.
(B) pôr termo a greve prolongada que perturbe a ordem pública.
(C) manter a integridade nacional.
(D) impedir o livre exercício de qualquer dos Poderes nas unidades da Federação.

C: correta. De acordo com o art. 34 da CF, "a União somente intervirá nos Estados e Distrito Federal para: *I – manter a integridade nacional*; II - repelir invasão estrangeira ou de uma unidade da Federação em outra; III - pôr termo a grave comprometimento da ordem pública; IV - garantir o livre exercício de qualquer dos Poderes nas unidades da Federação; V - reorganizar as finanças da unidade da Federação que: a) suspender o pagamento da dívida fundada por mais de dois anos consecutivos, salvo motivo de força maior; b) deixar de entregar aos Municípios receitas tributárias fixadas nesta Constituição, dentro dos prazos estabelecidos em lei; VI - prover a execução de lei federal, ordem ou decisão judicial; VII - assegurar a observância dos seguintes princípios constitucionais: a) forma republicana, sistema representativo e regime democrático; b) direitos da pessoa humana; c) autonomia municipal; d) prestação de contas da administração pública, direta e indireta e e) aplicação do mínimo exigido da receita resultante de impostos estaduais, compreendida a proveniente de transferências, na manutenção e desenvolvimento do ensino e nas ações e serviços públicos de saúde".

Gabarito "C".

**(Cartório/SP – 2011 – VUNESP)** Compete privativamente à União legislar sobre

(A) procedimento em matéria processual.
(B) produção e consumo.
(C) florestas, caça e pesca.
(D) águas, energia e informática.

A: incorreta. Procedimento em matéria processual é assunto que deve ser tratado de forma *concorrente* pelos entes federativos (art. 24, XI, da CF); B: incorreta. Produção e consumo também é tema destinado à competência legislativa *concorrente* (art. 24, V, da CF); C: incorreta. Florestas, caça e pesca são disciplinadas de forma *concorrente* (art. 24, VI, da CF); D: correta. De fato, a legislação sobre águas, energia e informativa é da competência *privativa* da União (art. 22, IV, da CF).

Gabarito "D".

**(Cartório/AM – 2005 – FGV)** Assinale a alternativa verdadeira.

(A) A administração pública direta e indireta de qualquer dos Poderes da União, dos Estados, do Distrito Federal e dos Municípios obedecerá aos princípios da legalidade, impessoalidade, moralidade, publicidade e eficiência.
(B) Os cargos, empregos e funções públicas são acessíveis exclusivamente a brasileiros.
(C) O prazo de validade de concurso público será de até cinco anos.
(D) Ao servidor público civil é vedada a associação sindical.
(E) Os vencimentos dos cargos do Poder Executivo e do Poder Judiciário não poderão ser superiores aos pagos pelo Poder Legislativo.

A: correta, art. 37 *caput* da CF; B: incorreta, pois são acessíveis também aos estrangeiros, na forma da lei (art. 37, I, da CF); C: incorreta, não reflete o art. 37, III, da CF; D: incorreta, direito garantido pelo art. 37, VI, da CF; E: incorreta, pois não reflete o disposto no art. 37, XII, da CF.

Gabarito "A".

**(Cartório/AP – 2011 – VUNESP)** A nomeação de irmão de Secretário de Estado para exercer cargo de confiança de assessoria na Secretaria de que este é titular:

(A) não pode ser objeto de questionamento judicial, em virtude do princípio da separação de poderes, por se tratar de ato de competência do Poder Executivo.
(B) pode ser objeto de mandado de segurança coletivo, impetrado pelo Ministério Público, por ofensa a interesse difuso protegido constitucionalmente.
(C) é passível de impugnação por qualquer cidadão, por meio de ação popular, em virtude de ofensa à moralidade administrativa.
(D) pode ser objeto de *habeas data*, impetrado por quem preencha os requisitos para o cargo, com vistas à anulação do ato de nomeação.
(E) não conflita com os princípios constitucionais da Administração Pública, uma vez que não traz prejuízo ao erário.

C: correta. A conduta viola a Súmula Vinculante 13 do STF: "A nomeação de cônjuge, companheiro ou parente em linha reta, colateral ou por afinidade, até o terceiro grau, inclusive, da autoridade nomeante ou de servidor da mesma pessoa jurídica investido em cargo de direção, chefia ou assessoramento, para o exercício de cargo em comissão ou de confiança ou, ainda, de função gratificada na Administração Pública direta e indireta em qualquer dos Poderes da União, dos Estados, do Distrito Federal e dos Municípios, compreendido o ajuste mediante designações recíprocas, viola a Constituição Federal". Por ferir o princípio da moralidade, cabe a propositura de ação popular pelo cidadão (art. 5º, LXXIII, da CF).

Gabarito "C".

**(Cartório/DF – 2006 – CESPE)** Considere que o deputado distrital X apresente projeto de lei distrital que disciplina a criação de mais dois cartórios de registro de imóveis no Plano Piloto. Acerca desse hipotético projeto de lei e da disciplina da organização do Estado e do processo legislativo, julgue os itens que se seguem.

(1) O projeto de lei mencionado é constitucional no que se refere à competência do Distrito Federal (DF) para dispor sobre a matéria, já que a criação de cartórios extrajudiciais não se insere no conceito constitucional de organização judiciária do DF nem em matéria relativa a registros públicos, que são de competência privativa da União.
(2) O projeto de lei em tela é inconstitucional no que se refere à iniciativa parlamentar.

1: incorreta, pois fere o disposto no art. 22, XXV, da CF; 2: correta, a iniciativa seria de deputado ou de senador, dada a competência privativa da União.

Gabarito 1E, 2C.

**(Cartório/DF – 2006 – CESPE)** Acerca do disposto na Constituição Federal a respeito da administração pública, e de acordo com a jurisprudência do STF, julgue o próximo item.

(1) Os titulares de serviços notariais não fazem jus aos seguintes direitos previstos para os servidores públicos: regime próprio de previdência social; aposentadoria compulsória aos 70 anos de idade; estabilidade no serviço público.

1: correta, v. STF, AgRG no RE 411.266, 1ª T., j. 15.05.2011, rel. Min. Dias Toffoli, *DJ* 04.08.2011.

Gabarito 1C.

**(Cartório/DF – 2003 – CESPE)** A Lei nº 10.628, de 24.12.2002, que alterou o art. 84 do Código de Processo Penal, conferiu-lhe a seguinte redação:

> *Art. 84. A competência pela prerrogativa de função é do Supremo Tribunal Federal, do Superior Tribunal de Justiça, dos Tribunais Regionais Federais e Tribunais de Justiça dos Estados e do Distrito Federal, relativamente às pessoas que devam responder perante eles por crimes comuns e de responsabilidade.*

§ 1º A competência especial por prerrogativa de função, relativa a atos administrativos do agente, prevalece ainda que o inquérito ou a ação judicial sejam iniciados após a cessação do exercício da função pública.

§ 2º A ação de improbidade, de que trata a Lei nº 8.429, de 2 de junho de 1992, será proposta perante o tribunal competente para processar e julgar criminalmente o funcionário ou autoridade na hipótese de prerrogativa de foro em razão do exercício de função pública, observado o disposto no § 1º.

Considerando os termos da lei referida acima e a sua repercussão no âmbito da improbidade administrativa, julgue os itens a seguir.

(1) Em razão da edição da lei supra referida, o Supremo Tribunal Federal (STF) entendeu revigorada sua Súmula 394, que dispunha: "Cometido o crime durante o exercício funcional, prevalece a competência especial por prerrogativa de função, ainda que o inquérito ou a ação penal sejam iniciados após a cessação daquele exercício".

(2) Com fundamento nessa lei, é cabível a Governador de Estado, réu em ação de improbidade administrativa em curso na justiça comum de primeira instância, ajuizar reclamação no STF, visando preservar a competência da Excelsa Corte para processar e julgar o pedido de improbidade e obstar que o juiz reclamado possa usurpar esta competência originária.

(3) A partir da edição da lei citada, se o Ministério Público ajuizar ação de improbidade administrativa, em face de Ministro de Estado, na justiça de primeiro grau, deverá alegar, *incidenter tantum*, a inconstitucionalidade do dispositivo constante do § 2º do art. 84, hipótese em que o efeito da declaração será *ex tunc*, apenas para as partes do processo.

1: incorreta, o STF cancelou a referida súmula, por entender que o princípio republicano impede a prerrogativa de foro seja aplicada nas infrações penais comuns, ainda que ocorridas durante a atividade funcional, se sobrevier a cessação da investidura do indiciado, denunciado ou réu, no cargo, função ou mandato, cuja titularidade se qualifica como o único fator de legitimidade constitucional apto a fazer instaurar a competência penal originária do STF. V. AgRg no Inq. 1.376-4, Pleno, j. 15.02.2007, rel. Min. Celso de Mello, *DJ* 16.03.2007; 2: incorreta, não há foro por prerrogativa de função para as ações de improbidade administrativa, de caráter civil; 3: correta, o STF considera legítima a propositura da ação civil pública (bem como da ação popular) como instrumento de fiscalização *incidental* de constitucionalidade de leis ou atos do poder público, mas afasta sua utilização como sucedânea da ADIn, pois, ante sua eficácia *erga omnes*, constituiria verdadeiro controle concentrado de constitucionalidade. Assim, a inconstitucionalidade da norma é apreciada como causa de pedir e não como pedido principal da ação. Gabarito 1E, 2E, 3C

(Cartório/DF – 2001 – CESPE) Julgue os seguintes itens, acerca das competências previstas na Constituição da República e nas normas infraconstitucionais.

(1) A competência legislativa da União sobre direito do trabalho aplica-se às relações contratuais trabalhistas entre empregados e sociedades de economia mista estaduais.

(2) É inconstitucional, por invadir a competência legislativa privativa federal, lei estadual que estabeleça idade mínima distinta daquela constante em lei federal para a condução de veículos automotores.

(3) No âmbito da competência legislativa concorrente, a superveniência de lei federal sobre normas gerais suspende a aplicação da legislação estadual no que lhe for contrária.

(4) Compete à União legislar privativamente sobre a organização judiciária do Distrito Federal (DF).

(5) Ainda que inexista lei federal sobre normas gerais para a fixação de emolumentos relativos aos atos praticados pelos serviços notariais e de registro, não pode lei estadual conceder isenção do pagamento de emolumentos relativos ao registro de atos constitutivos de entidades beneficentes de assistência social.

1: correta, os empregados públicos são regidos pela CLT; 2: correta, é competência privativa da União legislar sobre trânsito e transporte (art. 22, XI, da CF); 3: correta, art. 24, § 4º, da CF; 4: correta, art. 22, XVII, da CF; 5: incorreta, o art. 151, III, da CF veda expressamente a isenção heterônoma (heterotópica), ou seja, aquela concedida por outro ente, que não o titular da competência tributária. Gabarito 1C, 2C, 3C, 4C, 5E

(Cartório/MA – 2008 – IESES) Em relação à repartição das competências entre a União, Estados e Municípios, é correto afirmar:

(A) Em relação à competência privativa, não há possibilidade de autorização legislativa para que os Estados tratem das matérias ali colocadas.
(B) É competência comum da União, dos Estados, do Distrito Federal e dos Municípios, legislar sobre registros públicos.
(C) Compete privativamente à União legislar sobre águas, energia, informática, telecomunicações e radiodifusão.
(D) É competência exclusiva da União legislar sobre a proteção ao patrimônio histórico, cultural, artístico, turístico e paisagístico.

A: incorreta, não reflete o disposto no art. 22, parágrafo único, da CF; B: incorreta, competência privativa da União (art. 22, XXV, da CF); C: correta, art. 22, IV, da CF; D: incorreta, competência concorrente (art. 24, VII, da CF). Gabarito "C".

(Cartório/MG – 2005 – EJEF) Considerando-se o previsto na Constituição da República, é *CORRETO* afirmar que compete à União Federal legislar:

(A) alternativamente com os Estados e Distrito Federal sobre registros públicos, emolumentos e custas dos serviços forenses.
(B) concorrentemente com os Estados, Distrito Federal e Municípios sobre registros públicos e direito notarial.
(C) privativamente sobre registros públicos.
(D) subsidiariamente com os Estados, Distrito Federal e Municípios sobre registros públicos e emolumentos.

C: correta. Competência privativa da União (art. 22, XXV, da CF). Gabarito "C".

**(Cartório/MG – 2009 – EJEF)** A União possui competência privativa para legislar, dentre outras hipóteses, sobre:

(A) direito comercial.
(B) direito tributário.
(C) direito financeiro.
(D) direito econômico.

A: correta. Art. 22, I, da CF. V. também art. 24, I, da CF.
Gabarito "A".

**(Cartório/MS – 2009 – VUNESP)** A competência para legislar sobre registros públicos:

(A) é exclusiva dos Estados e do Distrito Federal.
(B) é comum à União, aos Estados e ao Distrito Federal.
(C) é comum à União, aos Estados, ao Distrito Federal e aos Municípios.
(D) é privativa da União.
(E) é concorrente entre a União, os Estados e o Distrito Federal.

D: correta. Art. 22, XXV, da CF.
Gabarito "D".

**(Cartório/MS – 2009 – VUNESP)** Sobre a Administração Pública, a Constituição Federal estabelece que:

(A) as funções de confiança, exercidas exclusivamente por servidores ocupantes de cargo efetivo, e os cargos em comissão, a serem preenchidos por servidores de carreira, destinam-se apenas aos cargos técnicos.
(B) a lei reservará o percentual de, pelo menos, dez por cento dos cargos e empregos públicos para as pessoas portadoras de deficiência e definirá os critérios de sua admissão.
(C) a administração fazendária e seus servidores fiscais terão, dentro de suas áreas de competência e jurisdição, precedência sobre os demais setores administrativos, na forma da lei.
(D) os atos de improbidade administrativa importarão a cassação dos direitos políticos, a suspensão da função pública e o ressarcimento ao erário, na forma e gradação previstas em lei, sem prejuízo da ação penal cabível.
(E) a autonomia gerencial e financeira dos órgãos e entidades da administração direta e indireta não poderá ser ampliada mediante contrato, cabendo exclusivamente à lei dispor sobre a matéria.

A: incorreta, o art. 37, V, da CF, prevê que "as funções de confiança, exercidas exclusivamente por servidores ocupantes de cargo efetivo, e os cargos em comissão, a serem preenchidos por servidores de carreira nos casos, condições e percentuais mínimos previstos em lei, destinam-se apenas às atribuições de direção, chefia e assessoramento"; B: incorreta, o art. 37, VIII, da CF não estabelece o percentual mínimo, delegando sua fixação à lei. A propósito, o art. 5º, § 2º, da Lei 8.112/1990 prevê até 20% das vagas para os deficientes, caso as atribuições do cargo sejam incompatíveis com a deficiência; C: correta, art. 37, XVIII, da CF; D: incorreta, a cassação de direitos políticos é vedada pelo art. 15 da CF, que só prevê hipóteses de perda ou suspensão. A prática de atos de improbidade administrativa acarreta suspensão de direitos políticos, na forma do art. 12, I, II e III da Lei de Improbidade Administrativa (Lei 8.429/1992); E: incorreta, o art. 37, § 8º, da CF expressamente permite a ampliação da autonomia gerencial.
Gabarito "C".

**(Cartório/MT – 2005 – CESPE)** Acerca da organização do Estado, assinale a opção correta.

(A) A federação brasileira é composta pela União, pelos Estados, pelo Distrito Federal e pelos Territórios.
(B) Na organização político-administrativa da federação brasileira, tem-se que a competência da União e dos Municípios é expressa, ao passo que a competência dos Estados é residual.
(C) Os municípios são desprovidos de poder judiciário e o número de vereadores varia de acordo com o potencial econômico de cada município.
(D) O total da despesa de cada município com o seu respectivo poder legislativo não pode ultrapassar 10% da verba orçamentária.

A: incorreta, os Territórios não fazem parte da Federação, mas os Municípios sim (art. 18, *caput*, da CF); B: correta, em relação à competência legislativa, mas é importante notar que a competência *tributária* residual (art. 154, I, da CF) e a competência para instituir impostos extraordinários (art. 154, II, da CF) é da União. Os Estados só podem cobrar os tributos já instituídos pela Constituição Federal; C: incorreta, não possuem Poder Judiciário, mas o número de vereadores é proporcional à população (art. 29, IV, da CF); D: incorreta, não reflete o disposto no art. 29, VII, da CF.
Gabarito "B".

**(Cartório/MT – 2005 – CESPE)** A respeito da Administração Pública, assinale a opção correta.

(A) Os cargos públicos são acessíveis aos brasileiros, natos ou naturalizados, de acordo com os requisitos estabelecidos em lei, sendo que os estrangeiros também podem ocupar cargos públicos na forma da lei.
(B) A remuneração e o subsídio dos membros da procuradoria dos estados e dos defensores públicos estaduais não poderão ultrapassar o subsídio mensal do governador dos estados.
(C) Os atos de improbidade importarão na suspensão dos direitos políticos, na perda da função pública, na indisponibilidade dos bens e no ressarcimento ao erário. Todas essas sanções podem ser aplicadas pela autoridade administrativa competente.
(D) As normas relativas ao teto de remuneração na administração pública aplicam-se, em qualquer caso, às empresas públicas e às sociedades de economia mista.

A: correta, art. 37, I, da CF (v. art. 12, § 3º, da CF); B e D: incorretas, não refletem o disposto no art. 37, XI, da CF; C: incorreta, não reflete o disposto no art. 37, § 4º, da CF.
Gabarito "A".

**(Cartório/PR – 2007)** A Administração Pública possui regime jurídico no texto constitucional de direito público e condicionado aos princípios expressos no *caput* do artigo 37. Sobre esse regime jurídico, assinale a correta:

(A) O princípio da eficiência decorre do texto constitucional, determinando a otimização do exercício da função pública, estabelecendo para a Administração Pública a exigência de opção pela solução mais barata, independente de critério de qualidade.

(B) Os servidores públicos obrigatoriamente recebem por meio de subsídio.
(C) Subsídio é uma parcela única de remuneração que não admite a agregação de valores.
(D) Todo cidadão que é aprovado em concurso público para ocupar um cargo público tem direito adquirido à nomeação e posse.
(E) O princípio da moralidade se traduz nos padrões de moral reproduzidos em sociedade, alterando-se de acordo com aspectos culturais, sociais, regionais, sendo dinâmico e tendo como elementos nucleares as ideias de honestidade, lealdade e boa-fé.

A: incorreta, a inserção do princípio da eficiência na Constituição Federal reflete a busca pela administração gerencial, otimizada, e dirige-se tanto ao agente público como à estrutura organizacional do Poder Público; B: incorreta, não reflete o disposto no art. 37, X, da CF; C: correta, o que possibilita transparência; D: incorreta, tem expectativa de direito; E: incorreta, embora difícil de ser conceituada, a moralidade não é um conceito relativo.
Gabarito "C".

(Cartório/PR – 2007) Sobre os princípios que norteiam o exercício da função pública dentro da Administração Pública, assinale a correta:

(A) É possível a acumulação remunerada de dois cargos públicos de natureza técnica, como dois cargos de engenheiro.
(B) Pelo princípio da publicidade toda publicidade oficial poderá ter o caráter de informação, educação, orientação social e pode possibilitar a promoção pessoal de autoridades.
(C) Função pública é o exercício de um poder, facultativo e relacionado a uma finalidade de interesse da Administração.
(D) A isonomia assegura tratamento igual aos iguais e desigual aos desiguais na exata medida da sua desigualdade.
(E) O princípio da legalidade determina ao administrador área de liberdade, pois ninguém é obrigado a fazer ou deixar de fazer senão em virtude de lei.

A: incorreta, não se insere nas exceções do art. 37, XVI, da CF; B: incorreta, não reflete o disposto no art. 37, § 1º, da CF; C: incorreta, é poder-dever, não faculdade; D: correta, por isso, por exemplo, as mulheres tem licença maternidade maior que a licença paternidade; E: incorreta, o administrador só pode fazer o que permitido por lei, diferentemente do administrado, que pode fazer tudo o que não for vedado em lei.
Gabarito "D".

(Cartório/RO – III) Com base no art. 37, XIX, da CF, somente por lei específica podem ser criadas:

(A) as fundações públicas e as sociedades de economia mista;
(B) as autarquias;
(C) as sociedades de economia mista e suas subsidiárias;
(D) todas as entidades de administração indireta.

B: correta. Art. 37, XIX, da CF.
Gabarito "B".

(Cartório/RO – III) A punição de um funcionário público é:

(A) causa do ato administrativo;
(B) o fim do ato administrativo.
(C) a causa e o fim do ato administrativo;
(D) o efeito do ato administrativo.

D: correta. É resultado, consequência, não causa.
Gabarito "D".

(Cartório/SC – 2008) Segundo dispõe a Constituição Federal, compete privativamente à União legislar sobre:

(A) Seguridade social, jazidas, minas, outros recursos minerais e metalurgia, registros públicos, trânsito e transporte, propaganda comercial.
(B) Educação, cultura, ensino e desporto, jazidas, minas, outros recursos minerais e metalurgia, registros públicos, trânsito e transporte, previdência social, proteção e defesa da saúde.
(C) Proteção à infância e à juventude, registros públicos, trânsito e transporte, propaganda comercial, seguridade social.
(D) Jazidas, minas, outros recursos minerais e metalurgia, propaganda comercial, seguridade social, registros públicos, juntas comerciais.
(E) Propaganda comercial, produção e consumo, jazidas, minas, outros recursos minerais e metalurgia, registros públicos, trânsito e transporte.

A: correta. Art. 22, I a XXIX, da CF.
Gabarito "A".

(Cartório/SE – 2006 – CESPE) Julgue os itens subsequentes à luz da Constituição Federal.

(1) Há responsabilidade objetiva do Estado por dano causado por serventuário, pois os serviços notariais são exercidos por delegação do poder público.
(2) A responsabilidade civil por ato ilícito praticado por oficial do registro de imóveis não é pessoal e, por isso, alcança o seu sucessor na serventia.
(3) O ingresso na atividade notarial e de registro depende de concurso público de provas e títulos, não se permitindo que qualquer serventia fique vaga, sem abertura de concurso de provimento ou de remoção, por mais de seis meses.
(4) A aposentadoria por implemento de idade se aplica aos serviços notariais e de registro, que são realizados por ocupantes de cargos efetivos.

1: correta, art. 37, § 6º c/c art. 236, ambos da CF; 2: incorreta, a responsabilidade é pessoal, não alcançando o sucessor; 3: correta, art. 236, § 3º, da CF; 4: incorreta, o STF entende que o art. 40, § 1º, II, da CF não se aplica aos notários, por não serem servidores públicos: "Os notários e os registradores exercem atividade estatal, entretanto não são titulares de cargo público efetivo, tampouco ocupam cargo público. Não são servidores públicos, não lhes alcançando a compulsoriedade imposta pelo mencionado artigo 40 da CB/88 – aposentadoria compulsória aos setenta anos de idade" (ADIn 2602-0/MG, Pleno, j. 24.11.2005, rel. Min. Eros Grau, DJ 31.03.2006).
Gabarito 1C, 2E, 3C, 4E

**(Cartório/SP – I – VUNESP)** Na repartição de competências, estabelecida pela Constituição,

(A) são da União, por residualidade, aquelas que não tenham sido discriminadamente atribuídas aos Estados ou aos Municípios.
(B) é competência comum da União, dos Estados, do Distrito Federal e dos Municípios cuidar da proteção e garantia das pessoas portadoras de deficiência.
(C) compete privativamente à União legislar sobre previdência social.
(D) compete à União, aos Estados e ao Distrito Federal legislar, concorrentemente, sobre desapropriação.

Tomando por base a divisão de competências entre *administrativas, legislativas* e *tributárias*, pode-se dizer, em linhas gerais, que o sistema de repartição de competências adotado pela Constituição Federal de 1988 abrange: a) competências administrativas exclusivas da União (art. 21 da CF); b) competências administrativas comuns da União, Estados, Distrito Federal e Municípios (art. 23 da CF); c) competências legislativas privativas da União (art. 22 da CF); d) competências legislativas concorrentes da União, Estados, Distrito Federal (e, no que couber, dos Municípios) (art. 24 da CF); e) competências legislativas e administrativas remanescentes dos Estados (art. 25, § 1º, da CF); f) competência tributária expressa da União (art. 153 da CF); g) competência tributária residual da União (art. 154, I, da CF); h) competência tributária extraordinária da União (art. 154, II, da CF); i) competência tributária expressa dos Estados (art. 155 da CF); j) competências tributárias expressas dos Municípios (art. 156 da CF) e k) competências privativas dos Municípios (art. 30, III a IX, da CF). Importante notar que as competências *administrativas* e *legislativas* residuais são conferidas aos Estados, mas a competência *tributária* residual é da União. A: incorreta, fora a competência residual tributária, que é da União, as demais competências residuais (legislativas e administrativas) são dos Estados; B: correta, art. 23, II, da CF; C: incorreta, a competência, nesse caso, é concorrente (art. 24, XII, da CF); D: incorreta, competência privativa da União (art. 22, II, da CF).
Gabarito "B".

**(Cartório/SP – I – VUNESP)** Não se incluem entre os bens da União:

(A) os sítios arqueológicos.
(B) as terras tradicionalmente ocupadas por índios.
(C) as ilhas fluviais que se encontrem em zona limítrofe entre dois Estados.
(D) os rios que banhem mais de um Estado.

C: correta. Art. 20, I a XI, da CF. Sobre o tema, note-se que as terras devolutas pertencem aos Estados, com exceção das terras devolutas indispensáveis à defesa das fronteiras, das fortificações e construções militares, das vias federais de comunicação e à preservação ambiental, definidas em lei, que pertencem à União (art. 20, II, c/c art. 26, IV, da CF).
Gabarito "C".

**(Cartório/SP – II – VUNESP)** Assinale a assertiva correta.

(A) As pessoas jurídicas de direito público respondem pelos danos que seus agentes, nessa qualidade, causarem a terceiros, assegurado o direito de regresso contra o responsável somente no caso de dolo.
(B) A Administração Pública, obrigada a observar e respeitar a Constituição Federal como norma fundamental do sistema jurídico, pode e deve recusar-se a cumprir leis e atos normativos considerados flagrantemente inconstitucionais.
(C) A proibição de acumulação remunerada de cargos públicos estende-se a empregos e funções e abrange a administração direta e a indireta, excetuadas as sociedades de economia mista, que estão submetidas a regime jurídico próprio.
(D) O prazo de validade do concurso público será, sempre, de dois anos, proibida sua prorrogação por mais de uma vez.

A: incorreta, não reflete o disposto no art. 37, § 6º, da CF; B: correta, o Poder Executivo pode deixar de cumprir lei ou ato normativo flagrantemente inconstitucionais, como já decidiu o STF: *"Os Poderes Executivo e Legislativo, por sua Chefia – e isso mesmo tem sido questionado com o alargamento da legitimação ativa na ação direta de inconstitucionalidade –, podem tão só determinar aos seus órgãos subordinados que deixem de aplicar administrativamente as leis ou atos com força de lei que considerem inconstitucionais"* (STF, ADI MC 221-0/DF, Pleno, j. 29.03.1990, rel. Min. Moreira Alves, DJ 22.10.1993), o que não prejudica posterior declaração de (in)constitucionalidade pelo Poder Judiciário; C: incorreta, não reflete o disposto no art. 37, XVII, da CF; D: incorreta, não reflete o disposto no art. 37, III, da CF.
Gabarito "B".

**(Cartório/SP – II – VUNESP)** A Constituição Federal prevê expressamente, como princípios da Administração Pública:

(A) legalidade, moralidade, supremacia do interesse público e publicidade.
(B) impessoalidade, eficiência, publicidade e moralidade.
(C) moralidade, publicidade, impessoalidade e supremacia do interesse público.
(D) legalidade, pessoalidade, moralidade e responsabilidade funcional.

B: correta. Art. 37, *caput*, da CF (suas iniciais formam a sigla "LIMPE": legalidade, impessoalidade, moralidade, publicidade e eficiência).
Gabarito "B".

**(Cartório/SP – II – VUNESP)** Considere as afirmações sobre a repartição de competência fixada pela Constituição Federal:

I. compete à União, aos Estados e ao Distrito Federal legislar concorrentemente sobre registros públicos;
II. compete à União, aos Estados e ao Distrito Federal legislar concorrentemente sobre custas dos serviços forenses;
III. compete à União, aos Estados e ao Distrito Federal legislar concorrentemente sobre procedimentos em matéria processual;
IV. compete privativamente aos Estados e ao Distrito Federal legislar sobre assistência jurídica e defensoria pública.

Estão corretas apenas as afirmações

(A) III e IV.
(B) II e IV.

(C) II e III.
(D) I e II.

I: incorreta, competência privativa da União (art. 22, XXV, da CF); II: correta, art. 24, IV, da CF; III: correta, art. 24, XI, da CF; IV: incorreta, a competência, nesse caso, é concorrente: art. 24, XIII, da CF.
Gabarito "C".

**(Cartório/SP – II – VUNESP)** A propósito de desapropriação, analise as afirmativas abaixo.

I. Compete apenas à União legislar sobre desapropriação.
II. Compete à União e aos Estados a desapropriação por interesse social, para fins de reforma agrária.
III. É facultado ao Município a desapropriação de área urbana não edificada, subutilizada ou não utilizada, incluída ou não no plano diretor, para promover o seu adequado aproveitamento.
IV. Os bens do domínio dos Estados e Municípios poderão ser desapropriados pela União.

Está correto somente o contido em

(A) I e III.
(B) II e IV.
(C) I.
(D) I e IV.

I: correta, art. 22, II, da CF; II: incorreta, não reflete o disposto no art. 184 da CF; III: incorreta, não reflete o disposto no art. 182, § 4º, III, da CF; IV: correta, art. 2º, § 2º, do Dec.-lei 3.365/1941.
Gabarito "D".

**(Cartório/SP – III – VUNESP)** A Constituição Federal assegura aos servidores ocupantes de cargo público os seguintes direitos:

(A) salário mínimo; irredutibilidade absoluta de vencimentos; 13º salário.
(B) proibição de diferença de salários e de admissão por motivo de sexo, idade, nacionalidade, cor ou estado civil; estabilidade após 3 anos de efetivo exercício em cargo de provimento efetivo conquistado por concurso público; licença-paternidade.
(C) proteção do mercado de trabalho da mulher; gozo de férias anuais remuneradas com, pelo menos, um terço a mais do salário normal; remuneração do trabalho noturno superior à do diurno.
(D) salário-família; estabilidade após 2 anos de efetivo exercício em cargo de provimento efetivo conquistado por concurso público; remuneração do serviço extraordinário superior, no mínimo, em cinquenta por cento à do normal.

C: correta. De acordo com o art. 39, § 3º, da CF, "aplica-se aos servidores ocupantes de cargo público o disposto no art. 7º, IV, VII, VIII, IX, XII, XIII, XV, XVI, XVII, XVIII, XIX, XX, XXII e XXX, podendo a lei estabelecer requisitos diferenciados de admissão quando a natureza do cargo o exigir".
Gabarito "C".

**(Cartório/SP – III – VUNESP)** Assinale a alternativa cujo enunciado contraria comandos constitucionais relativos à Administração Pública.

(A) Extinto o cargo ou declarada sua desnecessidade, o servidor, estável ou não, nomeado para cargo de provimento efetivo em virtude de concurso público, ficará em disponibilidade, com remuneração proporcional ao tempo de serviço, até seu adequado aproveitamento em outro cargo.
(B) Ao servidor ocupante, exclusivamente, de cargo em comissão declarado em lei de livre nomeação e exoneração, bem como de outro cargo temporário ou de emprego público, aplica-se o regime geral de previdência social.
(C) Os Poderes Executivo, Legislativo e Judiciário devem publicar anualmente os valores do subsídio e da remuneração dos cargos e empregos públicos.
(D) As funções de confiança, exercidas exclusivamente por servidores ocupantes de cargo efetivo, e os cargos em comissão, a serem preenchidos por servidores de carreira nos casos, condições e percentuais mínimos previstos em lei, destinam-se apenas às atribuições de direção, chefia e assessoramento.

A: incorreta (devendo ser assinalada), não reflete o art. 41, § 3º, da CF; B: correta, art. 40, § 13, da CF; C: correta, art. 39, § 6º, da CF; D: correta, art. 37, V, da CF.
Gabarito "A".

**(Cartório/SP – IV – VUNESP)** Em concurso público, a participação de examinador que é sócio dos dois primeiros colocados no certame, ainda que não haja lei específica proibindo, ofende o princípio constitucional da:

(A) eficiência.
(B) legalidade.
(C) moralidade.
(D) publicidade.

C: correta. Art. 37, caput, da CF.
Gabarito "C".

**(Cartório/SP – VI – VUNESP)** Compete aos municípios, nos dizeres da Constituição Republicana em vigor,

(A) propor reformas para o aprimoramento da legislação estadual e do DF.
(B) legislar sobre questões versando acerca de assuntos de interesse regional.
(C) criar, organizar e suprimir distritos, observada a legislação estadual.
(D) instituir e arrecadar tributos sem necessidade de publicar balancetes.

C: correta. Art. 30, IV, da CF.
Gabarito "C".

**(Cartório/SP – VII – VUNESP)** A União não intervirá nos Estados nem no Distrito Federal, exceto para:

(A) repelir a propaganda de conceitos nocivos à Nação.
(B) pôr termo a greve prolongada que perturbe a ordem pública.
(C) manter a integridade nacional.
(D) impedir o livre exercício de qualquer dos Poderes nas unidades da Federação.

C: correta. Art. 34, I e VII, da CF.
Gabarito "C".

**(Cartório/SP – VII – VUNESP)** A competência da União para emitir moeda será exercida pelo(a):

(A) órgão competente subordinado ao Ministério da Fazenda.
(B) Banco Central.
(C) Casa da Moeda do Tesouro Nacional.
(D) instituição financeira vencedora de licitação.

B: correta. Art. 164 da CF.
Gabarito "B".

**(Cartório/SP – VII – VUNESP)** Compete privativamente à União legislar sobre:

(A) procedimento em matéria processual.
(B) produção e consumo.
(C) florestas, caça e pesca.
(D) águas, energia e informática.

A: incorreta, competência concorrente (art. 24, XI, da CF); B: incorreta, competência concorrente (art. 24, V, da CF); C: incorreta, competência concorrente (art. 24, VI, da CF); D: correta, art. 22, IV, da CF.
Gabarito "D".

## 6. ORGANIZAÇÃO DOS PODERES LEGISLATIVO E EXECUTIVO

**(Cartório/SC – 2012)** Assinale a alternativa **correta**:

(A) Compete, privativamente, ao Senado Federal eleger os membros do Conselho da República, que é órgão superior de consulta do Presidente da República.
(B) Compete, exclusivamente, à Câmara dos Deputados a organização administrativa, judiciária, do Ministério Público e da Defensoria Pública da União e dos Territórios, e a organização judiciária do Ministério Público e da Defensoria Pública do Distrito Federal.
(C) Cabe ao Senado Federal processar e julgar os Ministros do Supremo Tribunal Federal, os membros do Conselho Nacional de Justiça e do Conselho Nacional do Ministério Público, o Procurador-Geral da República e o Advogado-Geral da União nos crimes de responsabilidade.
(D) Aos Deputados e Senadores é reservada a garantia da liberdade de expressão, sendo por isso dito invioláveis penalmente quanto a quaisquer de suas opiniões, palavras e votos; contudo, eles respondem civilmente pelas consequências dessas mesmas opiniões, palavras e votos.
(E) Desde a expedição do diploma, os membros do Congresso Nacional não poderão ser presos, salvo em flagrante de crime afiançável.

A: incorreta. De acordo com o art. 89 da CF, o Conselho da República é órgão superior de consulta do Presidente da República. Sua composição já vem estabelecida constitucionalmente, qual seja: I - o Vice-Presidente da República; II - o Presidente da Câmara dos Deputados; III - o Presidente do Senado Federal; IV - os líderes da maioria e da minoria na Câmara dos Deputados; V - os líderes da maioria e da minoria no Senado Federal; VI - o Ministro da Justiça; VII - seis cidadãos brasileiros natos, com mais de trinta e cinco anos de idade, sendo dois nomeados pelo Presidente da República, dois eleitos pelo Senado Federal e dois eleitos pela Câmara dos Deputados, todos com mandato de três anos, vedada a recondução; B: incorreta. Conforme o art. 48, IX, da CF, alterado pela EC nº 69/2012, é da competência do Congresso Nacional, com a sanção do Presidente, a organização administrativa, judiciária, do Ministério Público e da Defensoria Pública da União e dos Territórios e organização judiciária e do Ministério Público do Distrito Federal; C: correta (art. 52, II, da CF); D: incorreta. De acordo com o art. 53 da CF, os parlamentares gozam de imunidade material, ou seja, são invioláveis *civil e penalmente*, por quaisquer palavras, opiniões e votos que proferirem no curso de seus mandatos; E: incorreta. Conforme o § 2º do art. 53, desde a expedição do diploma, os membros do Congresso Nacional não poderão ser presos, salvo em flagrante de crime *inafiançável*. É a chamada imunidade formal relativa à prisão.
Gabarito "C".

**(Cartório/RJ – 2012)** É da competência exclusiva do Congresso Nacional

(A) autorizar, por dois terços de seus membros, a instauração de processo contra o Presidente e o Vice-Presidente da República e os Ministros de Estado.
(B) eleger membros do Conselho da República.
(C) aprovar, previamente, a alienação ou concessão de terras públicas com área superior a 2.500 (dois mil e quinhentos) hectares.
(D) aprovar, por maioria absoluta e por voto secreto, a exoneração, de ofício, do Procurador-Geral da República antes do término de seu mandato.
(E) suspender a execução, no todo ou em parte, de lei declarada inconstitucional por decisão definitiva do Supremo Tribunal Federal.

A: incorreta. De acordo com o art. 51, I, da CF, é da competência privativa da Câmara dos Deputados autorizar, por dois terços de seus membros, a instauração de processo contra o Presidente e o Vice-Presidente da República e os Ministros de Estado; B: incorreta. Conforme o art. 51, V, da CF também é da compete privativamente à da Câmara de Deputados eleger os membros do Conselho da República, nos termos do art. 89, VII, da CF; C: correta (art. 49, XVII, da CF); D: incorreta. De acordo com o art. 52, XI, da CF, essa atribuição é da competência privativa do Senado Federal; D: incorreta. Conforme o art. 52, X, da CF, a suspensão da execução, no todo ou em parte, da lei declarada inconstitucional por decisão definitiva do STF, é da competência privativa do Senado Federal.
Gabarito "C".

**(Cartório/SC – 2012)** Assinale a alternativa **correta**:

(A) Segundo o processo legislativo descrito na Constituição Federal, as leis delegadas são elaboradas pelo Presidente da República, que deverá, por sua vez, solicitar a delegação ao Congresso Nacional. Contudo, não serão objeto de delegação os atos de competência exclusiva do Congresso Nacional, os de competência privativa da Câmara dos Deputados ou do Senado Federal e as matérias reservadas à lei complementar.
(B) Por disposição expressa constitucional, o Presidente da República pode considerar o projeto de lei, no todo ou em parte, inconstitucional ou contrário ao interesse público, oportunidade em que o vetará total ou parcialmente, e o veto parcial, caso ocorrente, poderá abranger somente expressões. Neste caso, para esse fim terá o prazo de quinze dias úteis, contados da data do recebimento, e comunicará, dentro de 48 horas, ao Presidente do Senado Federal, os motivos do veto.

(C) As comissões parlamentares de inquérito, que terão poderes de investigação próprios das autoridades judiciais, além de outros previstos nos regimentos das respectivas Casas, serão criadas pela Câmara dos Deputados e pelo Senado Federal, em conjunto ou separadamente, mediante requerimento de um terço de seus membros, para a apuração de fato determinado e por prazo certo, detendo em razão de suas conclusões competência de impor responsabilidade criminal e civil aos investigados.

(D) Os decretos legislativos, restritos ao ambiente do Congresso Nacional, segundo a Constituição Federal, não fazem parte do processo legislativo.

(E) As leis complementares exigem quórum qualificado, por isso são aprovadas, após discussão e votação, em dois turnos, com maioria simples nas duas casas legislativas.

A: correta (art. 68, *caput* e § 1º, da CF); B: incorreta. O veto parcial não pode abranger apenas expressões. De acordo com o § 2º do art. 66, esse veto somente será feito sobre o texto integral de artigo, de parágrafo, de inciso ou de alínea. As demais informações contidas na alternativa estão corretas; C: incorreta. A parte final está errada, pois as comissões parlamentares de inquérito não possuem competência para impor responsabilidade criminal e civil aos investigados. Segundo o art. 58, § 3º, da CF, as CPI's, quando necessário, encaminham suas conclusões ao Ministério Público, para que promova a responsabilidade civil ou criminal dos infratores. As demais informações contidas na alternativa estão corretas; D: incorreta. Os decretos legislativos constam do rol as espécies legislativas, previsto no art. 59 da CF. De acordo com mencionado dispositivo, o processo legislativo compreende a elaboração de I - emendas à Constituição, II - leis complementares, III - leis ordinárias, IV - leis delegadas, V - medidas provisórias, *VI - decretos legislativos* e VII - resoluções; E: incorreta. Conforme o art. 69 da CF, as leis complementares são aprovadas por maioria *absoluta*.
Gabarito "A".

**(Cartório/RJ – 2012)** As medidas provisórias podem tratar de matéria relativa a

(A) direito eleitoral.
(B) direito econômico se não reservada a lei complementar.
(C) direito processual civil.
(D) direitos políticos.
(E) direito processual penal, mas não a direito penal.

B: correta. Conforme o art. 62, § 1º, da CF, não pode ser objeto de medidas provisórias as matérias: I - relativa a: (a) nacionalidade, cidadania, *direitos políticos*, partidos políticos e *direito eleitoral*; b) *direito penal, processual penal* e *processual civil*; c) organização do Poder Judiciário e do Ministério Público, a carreira e a garantia de seus membros; d) planos plurianuais, diretrizes orçamentárias, orçamento e créditos adicionais e suplementares, ressalvado o previsto no art. 167, § 3º da CF; II - que vise a detenção ou sequestro de bens, de poupança popular ou qualquer outro ativo financeiro; III - reservada a lei complementar; IV - já disciplinada em projeto de lei aprovado pelo Congresso Nacional e pendente de sanção ou veto do Presidente da República. Desse modo, é possível que uma medida provisória trata de *direito econômico*, salvo se a matéria tiver de ser tratada por meio de lei complementar.
Gabarito "B".

**(Cartório/SP – 2012 – VUNESP)** "O Poder Legislativo Federal brasileiro é do tipo bicameral-federativo, sendo composto de duas casas legislativas, sendo uma delas composta por representantes do povo brasileiro, chamada Câmara, e a outra por representantes dos Estados e do Distrito Federal, denominada Senado." Pode-se dizer que o conteúdo do texto está

(A) totalmente incorreto.
(B) parcialmente correto. Não é apenas o poder legislativo federal que se organiza dessa forma. Os estados-membros também estruturam seus poderes legislativos da mesma maneira.
(C) parcialmente correto. O Senado também tem a função constitucional de representar o povo brasileiro, a partir do momento em que são escolhidos por voto popular, livre e secreto.
(D) totalmente correto.

D: correta. A afirmação está totalmente correta, pois corresponde ao mencionado nos arts. 44, 45 e 46, todos da CF. O primeiro dispõe que o Poder Legislativo é exercido pelo Congresso Nacional, que se compõe da Câmara dos Deputados e do Senado Federal (bicameral). O segundo, que a *Câmara dos Deputados* compõe-se de *representantes do povo*, eleitos, pelo sistema proporcional, em cada Estado, em cada Território e no Distrito Federal. E o terceiro, descreve que o *Senado Federal* compõe-se de *representantes dos Estados e do Distrito Federal*, eleitos segundo o princípio majoritário.
Gabarito "D".

**(Cartório/SP – 2012 – VUNESP)** Com relação ao *quorum* para a produção de normas pelo Poder Legislativo, assinale a alternativa correta.

(A) Maioria simples é toda aquela que exige metade mais um dos integrantes do colegiado.
(B) Maioria absoluta é toda aquela que exige metade mais um dos presentes.
(C) Maioria qualificada é toda aquela que exige 4/6 dos integrantes do colegiado.
(D) Maioria simples é toda aquela que exige metade mais um dos presentes.

A: incorreta. A maioria simples ou relativa toma por base os presentes e não o total de membros que integram o colegiado, ou seja, é alcançada pelo voto da metade mais um *dos presentes*. Vale lembrar que existe também o quórum de deliberação, ou seja, para que a votação se efetive tem de estar presente, no mínimo, a maioria absoluta dos membros (art. 47 da CF); B: incorreta. A maioria absoluta exige a metade mais um *do total* de membros da Casa. Assim, no Senado Federal, essa maioria é alcançada com 41 Senadores, já que o número de Senadores é de 81. Na Câmara dos Deputados, é necessário o voto de 257 deputados, pois esta Casa é composta por 513 deputados; C: incorreta. A maioria qualificada pode ser dividida em: a maioria absoluta para a edição de lei complementar e a maioria de três quintos dos membros, exigida para a aprovação das Emendas Constitucionais; D: correta. Cumprido o quórum de deliberação (presença da maioria absoluta), a aprovação por maioria simples se efetiva com o voto da metade mais um dos presentes.
Gabarito "D".

**(Cartório/SP – 2011 – VUNESP)** Compete ao Conselho da República

(A) manifestar-se nos processos de improbidade administrativa.
(B) decretar intervenção federal.
(C) decretar o estado de sítio.
(D) pronunciar-se sobre o estado de defesa.

A: incorreta. Dentre as atribuições do Conselho da República não há a de manifestação em processos de improbidade administrativa. De acordo com o art. 90 da CF, compete a tal órgão *pronunciar-se* sobre: I - intervenção federal, *estado de defesa* e estado de sítio, II - as questões relevantes para a estabilidade das instituições democráticas; B: incorreta. De acordo com o art. 84, X, da CF, a decretação e execução da intervenção federal são da competência privativa do Presidente da República; C: incorreta. Quem decreta o estado de sítio, privativamente, é também o Presidente da República. É o que se extrai do art. 84, IX, da CF); D: correta (art. 90, I, da CF).
Gabarito "D."

**(Cartório/SP – 2011 – VUNESP)** No âmbito nacional, a matéria constante de Projeto de Lei rejeitado poderá constituir objeto de novo projeto, na mesma sessão legislativa?

(A) Sim. Não há vedação ou ressalva no texto constitucional.
(B) Não. Há proibição de ordem constitucional.
(C) Sim, mediante proposta da maioria absoluta dos membros de qualquer das Casas do Congresso Nacional.
(D) Sim. Excepcionalmente em caso de iniciativa individual que contar com a maioria relativa dos membros do Congresso Nacional.

C: correta. Conforme o art. 67 da CF, "a matéria constante de projeto de lei rejeitado *somente poderá constituir objeto de novo projeto*, na mesma sessão legislativa, mediante *proposta da maioria absoluta dos membros de qualquer das Casas do Congresso Nacional*".
Gabarito "C."

**(Cartório/SP – 2011 – VUNESP)** Sobre o processo legislativo, é incorreto dizer:

(A) a Constituição Federal pode ser emendada mediante proposta do Presidente da República.
(B) a Constituição Federal pode ser emendada por proposta de qualquer membro da Comissão da Câmara dos Deputados, do Senado Federal ou do Congresso Nacional.
(C) compreende, dentre outras espécies de normas, as emendas à Constituição Federal, as leis complementares e os decretos legislativos.
(D) são de iniciativa privativa do Presidente da República as leis que fixem ou modifiquem os efetivos das Forças Armadas.

A: correta (art. 60, II, da CF); B: incorreta, devendo ser assinalada. A Constituição não pode ser emendada mediante proposta de qualquer membro da Comissão da Câmara dos Deputados, do Senado Federal ou do Congresso Nacional, pois o art. 60, I, da CF determina que seja, no *mínimo*, um terço dos membros da Câmara dos Deputados ou do Senado Federal; C: correta (art. 59, I, II e VI, da CF); D: correta (art. 61, § 1º, I, da CF).
Gabarito "B."

**(Cartório/SP – 2011 – VUNESP)** No Distrito Federal, o órgão de representação do Poder Legislativo é

(A) a Câmara Legislativa do Distrito Federal.
(B) a Câmara de Deputados do Distrito Federal.
(C) a Câmara Distrital de Brasília.
(D) o Congresso Distrital de Brasília.

A: correta. O órgão de representação do Poder Legislativo do Distrito Federal é denominado *Câmara Legislativa do DF* (art. 32, § 3º, da CF).
Gabarito "A."

**(Cartório/SP – 2011 – VUNESP)** A quem compete proceder à tomada de contas do Presidente da República, quando não apresentadas ao Congresso Nacional dentro de sessenta dias após a abertura da sessão legislativa?

(A) Privativamente ao Senado Federal.
(B) Privativamente à Câmara dos Deputados.
(C) Conjuntamente à Câmara dos Deputados e ao Senado Federal.
(D) Ao Congresso Nacional, com o auxílio do Tribunal de Contas da União.

B: correta. De acordo com o art. 51, II, da CF, compete privativamente à *Câmara dos Deputados* proceder à tomada de contas do Presidente da República, quando não apresentadas ao Congresso Nacional dentro de sessenta dias após a abertura da sessão legislativa.
Gabarito "B."

**(Cartório/AC – 2006 – CESPE)** De acordo com a organização dos poderes públicos e suas iniciativas no processo legislativo, julgue o item abaixo.

(1) Se o Congresso Nacional iniciasse projeto de lei que autorizasse o Poder Executivo a criar um programa de saúde itinerante para atender localidades ribeirinhas, por meio de unidades móveis de saúde, estabelecendo atribuição ao Ministério da Saúde e determinando que o orçamento anual contemplasse as despesas necessárias à implantação do projeto, estar-se-ia diante de uma usurpação à competência do chefe do Poder Executivo.

1: correta, STF, ADI 3.178-3/AP, Pleno, j. 27.09.2006, rel. Min. Gilmar Mendes. Inf. STF 442: "Por entender usurpada a competência do Chefe do Poder Executivo para iniciar projeto de lei que disponha sobre criação, estruturação e atribuições de órgãos da Administração Pública (CF, art. 61, § 1º, II, e), bem como violado o art. 165, III, da CF, que determina que os orçamentos anuais sejam estabelecidos por lei de iniciativa do Poder Executivo, o Tribunal julgou procedente pedido formulado em ação direta proposta pelo Governador do Estado do Amapá para declarar a inconstitucionalidade da Lei Estadual 806/2004, de iniciativa parlamentar, que autoriza o Poder Executivo a criar o 'Programa Saúde Itinerante', para atender localidades rurais e ribeirinhas, por meio de unidades móveis de saúde, estabelecendo atribuições à Secretaria Estadual de Saúde e prazo máximo para que o Poder Executivo a regulamente".
Gabarito "C."

**(Cartório/DF – 2008 – CESPE)** Julgue os seguintes itens.

(1) A promulgação de uma lei torna o ato perfeito e acabado, sendo o meio pelo qual a ordem jurídica é inovada. A publicação, por sua vez, é o modo pelo qual se dá conhecimento a todos sobre o novo ato normativo que se deve cumprir.
(2) No curso do mandato eletivo, o presidente da República não poderá ser responsabilizado por atos estranhos ao exercício de suas funções.
(3) O julgamento das contas do chefe do Poder Executivo compete ao TCU, órgão integrante do Poder Legislativo.

1: incorreta, segundo Alexandre de Moraes (*Direito Constitucional*. 28. ed. São Paulo: Atlas, 2012, p. 690), "promulgar é atestar que a ordem jurídica foi inovada, declarando que uma lei existe e, em consequência, deverá ser cumprida. Assim, a promulgação incide sobre um ato prefeito e acabado, ou seja, sobre a própria lei, mera atestação da lei e promulgação de sua executoriedade." Já a publicação é o ato de conhecimento, que ocorre após a promulgação. 2: incorreta, o art. 86, § 4º, da CF refere-se à vigência do mandato; 3: incorreta, o TCU não é órgão integrante do Poder Legislativo, mas órgão auxiliar. V. art. 71, I, da CF.

Gabarito 1E, 2E, 3E

**(Cartório/DF – 2006 – CESPE)** Julgue o item seguinte.

(1) Os serviços notariais não se submetem ao controle pelo TCU.

1: correta. V. art. 71 da CF.
Gabarito 1C

**(Cartório/DF – 2001 – CESPE)** Com relação ao processo legislativo e à eficácia das leis, julgue os itens que se seguem.

(1) É facultada ao Poder Legislativo a fixação de prazo para que o chefe do Poder Executivo exerça seu poder de iniciativa privativa de projeto de lei.
(2) A eficácia das leis interpretativas retroage à data da edição das leis por elas interpretadas.
(3) A alteração meramente redacional que não modifique substancialmente nenhuma das disposições de projeto de lei realizada por uma das Casas do Congresso Nacional não impõe o retorno do referido projeto à outra Casa.
(4) Ainda que vetado apenas parcialmente o projeto de lei, a lei dele decorrente somente será promulgada após a apreciação dos vetos pelo Poder Legislativo.

1: incorreta, a iniciativa privativa do Presidente da República abrange a conveniência e a oportunidade para exercício das competências listadas no art. 61, § 1º, da CF; 2: incorreta, a eficácia é prospectiva, *pro futuro*, *ex nunc*; 3: correta, interpretação do art. 65, parágrafo único, da CF; 4: incorreta, não reflete o disposto no art. 66, § 1º, da CF.
Gabarito 1E, 2E, 3C, 4E

**(Cartório/DF – 2001 – CESPE)** Acerca do processo legislativo, julgue os itens a seguir.

(1) A inobservância de determinada regra do processo legislativo constitucional pode ser impugnada, durante a tramitação legislativa de determinada matéria, por meio de mandado de segurança impetrado por parlamentar cujas prerrogativas forem afetadas pela violação daquela regra.
(2) A matéria constante em medida provisória rejeitada na sessão legislativa ordinária do Congresso Nacional pode ser reproduzida em nova medida provisória editada durante convocação extraordinária posterior do Congresso Nacional.
(3) O processo legislativo em matéria tributária é de iniciativa exclusiva do chefe do Poder Executivo.

1: correta, como exemplo, o STF admite a impetração de MS por deputados e senadores (não pelo Presidente da República), para evitar a tramitação de proposta de emenda constitucional que fira o art. 60, § 4º, da CF, por entender que os congressistas têm direito líquido e certo ao devido processo legislativo; 2: correta, não viola o art. 62, § 10, da CF; 3: incorreta, a iniciativa privativa do Chefe do Poder Executivo limita-se às matérias do art. 61, § 1º, da CF. A competência tributária é concorrente.
Gabarito 1C, 2C, 3E

**(Cartório/MA – 2008 – IESES)** É competência exclusiva do Congresso Nacional:

(A) Suspender a execução, no todo ou em parte, de lei declarada inconstitucional por decisão definitiva do Supremo Tribunal Federal.
(B) Autorizar o Presidente da República a declarar guerra, a celebrar a paz, a permitir que forças estrangeiras transitem pelo território nacional ou nele permaneçam temporariamente, ressalvados os casos previstos em lei complementar.
(C) Autorizar, por dois terços de seus membros, a instauração de processo contra o Presidente e o Vice-Presidente da República e os Ministros de Estado.
(D) Processar e julgar o Presidente e o Vice-Presidente da República nos crimes de responsabilidade, bem como os Ministros de Estado e os Comandantes da Marinha, do Exército e da Aeronáutica nos crimes da mesma natureza conexos com aqueles.

B: correta. Art. 49, I a XVII, da CF.
Gabarito "B"

**(Cartório/MA – 2008 – IESES)** Em relação ao processo legislativo, é correto afirmar:

(A) É vedada a edição de medidas provisórias sobre matéria relativa a nacionalidade, cidadania, direitos políticos, partidos políticos e direito eleitoral.
(B) São de iniciativa privativa do Presidente da República as leis que tratem de servidores públicos da União, dos Estados e dos Territórios, seu regime jurídico, provimento de cargos, estabilidade e aposentadoria.
(C) São de iniciativa privativa do Presidente da República as leis de organização administrativa e judiciária, matéria tributária e orçamentária, serviços públicos e pessoais da administração dos Estados e dos Territórios.
(D) Em caso de relevância e urgência, o Presidente da República poderá adotar medidas provisórias, com força de lei, devendo submetê-las de imediato ao Senado Federal.

A: correta, art. 62, § 1º, I, "a", da CF; B e C: incorretas, não refletem o disposto no art. 61, § 1º, II, "a" a "f", da CF; D: incorreta, não reflete o disposto no art. 62, *caput*, da CF (ao Congresso Nacional).
Gabarito "A"

**(Cartório/MA – 2008 – IESES)** No âmbito do devido processo legislativo, assinale a única opção correta:

(A) A Constituição poderá ser emendada mediante proposta de um terço das Assembleias Legislativas das unidades da Federação, manifestando-se, cada uma delas, pela maioria relativa de seus membros.
(B) As medidas provisórias terão sua votação iniciada no Senado Federal.
(C) Ainda que o Presidente da República detenha legitimidade para propor emenda à Constituição, é certo que, se ela vier a ser aprovada, não será submetida a sanção ou veto.

(D) É vedada, dentre outras, a edição de medidas provisórias sobre matéria relativa a direito penal, civil, processual civil, além de matéria reservada a lei complementar.

A: incorreta, não reflete o disposto no art. 60, III, da CF; B: incorreta, na Câmara dos Deputados (art. 62, § 8°, da CF); C: correta, é exercício do Poder Constituinte Derivado, portanto não há participação do Presidente da República para sancionar ou vetar. As emendas são publicadas pelas Mesas da Câmara dos Deputados e do Senado Federal (art. 60, § 3°, da CF); D: incorreta, v. art. 62, § 1°, I, "a" a "d", da CF.
Gabarito "C".

(Cartório/MT – 2005 – CESPE) Quanto à organização dos poderes, assinale a opção correta.

(A) Cada território deverá ter oito deputados federais.
(B) A criação ou extinção de órgão e ministérios se faz por lei. Mas a Constituição Federal autoriza ao presidente da República, por meio de decreto, alterar a organização e o funcionamento da administração federal, desde que isso não importe em aumento de despesa nem em criação ou extinção de órgãos públicos. O presidente da República poderá, ainda, extinguir cargos públicos vagos por meio de decreto.
(C) Ao presidente do STF cabe a iniciativa para propor projeto de lei que vise criar ou extinguir cargos e remuneração de seus serviços auxiliares. Essa mesma competência, em relação ao Ministério Público federal, é conferida, pela própria Constituição Federal, ao procurador-geral da República.
(D) Ao STF cabe julgar, em sede de recurso ordinário, as causas em que forem partes Estado estrangeiro ou organismo internacional, de um lado, e, do outro, município ou pessoa residente ou domiciliada no Brasil.

A: incorreta, não reflete o disposto no art. 45, § 2°, da CF; B: correta, art. 84, VI, "a" e "b" e art. 88, ambos da CF; C: incorreta, v. arts. 96, II, "b" e 127, § 2°, ambos da CF; D: incorreta, não reflete o disposto no art. 102, II, "a" e "b", da CF. Competência do STJ (art. 105, II, "c", da CF).
Gabarito "B".

(Cartório/SC – 2008) Assinale a alternativa correta:

(A) Ao Poder Legislativo é vedado apresentar emendas em projeto de iniciativa privativa do Chefe do Poder Executivo.
(B) Ao Poder Legislativo é permitido tomar a iniciativa de Emenda Constitucional dispondo sobre regime jurídico dos servidores públicos.
(C) Os Estados não detêm competência concorrente para legislar sobre registros públicos.
(D) Compete privativamente ao Senado Federal autorizar a instauração de processo contra o Presidente e o Vice-Presidente da República.
(E) O veto do Presidente da República a projeto de lei só pode ser rejeitado pelo voto de dois terços dos Deputados e Senadores, em escrutínio secreto.

A: incorreta, não reflete o disposto no art. 63, I, da CF; B: incorreta, propostas de emendas constitucionais podem ser apresentadas na forma do art. 60, I a III, da CF. É exercício do poder constituinte derivado; C: correta, pois trata-se de competência privativa da União (art. 22, XXV, da CF); D: incorreta, competência privativa da Câmara dos Deputados (art. 51, I, da CF); E: incorreta, não reflete o disposto no art. 66, § 4°, da CF.
Gabarito "C".

(Cartório/SE – 2006 – CESPE) Julgue o item subsequente à luz da Constituição Federal.

(1) O controle externo, a cargo do Congresso Nacional, é exercido com o auxílio do Tribunal de Contas da União.

1: correta. Art. 71 da CF.
Gabarito 1C

(Cartório/SP – I – VUNESP) Assinale a alternativa que contém afirmação falsa quanto ao processo legislativo.

(A) As emendas à Constituição são aprovadas se obtiverem três quintos dos votos dos membros de cada Casa do Congresso Nacional, em dois turnos, e não estão sujeitas a sanção ou veto pelo Presidente da República.
(B) As medidas provisórias são editadas pelo Presidente da República, com força de lei, mas devem ser submetidas ao Congresso Nacional, perdendo eficácia se não forem convertidas em lei.
(C) As leis delegadas são elaboradas pelo Presidente da República e nem sempre necessitam de aprovação posterior pelo Congresso.
(D) As leis complementares e as ordinárias são aprovadas se obtiverem maioria absoluta dos votos dos membros de cada Casa do Congresso Nacional e estão sujeitas a sanção ou veto pelo Presidente da República.

A: correta, art. 60, §§ 2° e 3°, da CF. Não se sujeitam a sanção ou veto do Presidente da República por serem exercício do Poder Constituinte Derivado Reformador; B: correta, art. 62, caput e § 3°, da CF; C: correta, art. 68, caput e § 3°, da CF; D: incorreta (devendo ser assinalada), estão sujeitas à sanção ou veto, mas o quórum de aprovação de leis ordinárias e complementares é diverso. V. arts. 47 (leis ordinárias) e 69 (leis complementares), ambos da CF.
Gabarito "D".

(Cartório/SP – I – VUNESP) Não é vedado aos membros do Congresso Nacional:

(A) exercer a advocacia.
(B) exercer emprego remunerado em sociedade de economia mista.
(C) firmar contrato que não obedeça a cláusulas uniformes com empresa concessionária de serviço público.
(D) ser proprietário de empresa que goze de favor decorrente de contrato com pessoa jurídica de direito público.

A: correta, não há vedação expressa na CF; B: incorreta, art. 54, I, "b", da CF; C: incorreta, art. 54, I, "a", da CF; D: incorreta, art. 54, II, "a", da CF.
Gabarito "A".

(Cartório/SP – III – VUNESP) São cláusulas pétreas da Constituição:

(A) o voto direto, os direitos e garantias individuais e a forma federativa de Estado.

(B) o voto secreto e universal, os direitos sociais e as garantias de vitaliciedade, inamovibilidade e irredutibilidade de subsídio asseguradas aos juízes.
(C) o voto direto, secreto, universal e periódico, o processo legislativo e a separação dos Poderes.
(D) a forma federativa de Estado, os direitos e garantias individuais e a inviolabilidade, civil e penal, dos Deputados e Senadores, por quaisquer de suas opiniões, palavras e votos.

A: correta. Art. 60, § 4º, I a IV, da CF. O que a Constituição proíbe é a restrição ou a limitação do conteúdo das cláusulas pétreas (o art. 60, § 4º, da CF refere-se a "tendente a abolir"). Assim, seria legítima, por exemplo, uma proposta de emenda que viesse a *ampliar* as garantias referentes a alguma matéria prevista como cláusula pétrea, ou a apenas aperfeiçoar seu texto. Em resumo: o que a Constituição veda, para as cláusulas pétreas, é o retrocesso constitucional e não a modificação pura e simples.
Gabarito "A".

(Cartório/SP – IV – VUNESP) A Constituição poderá ser emendada mediante proposta de um terço, no mínimo, dos membros da Câmara dos Deputados ou do Senado Federal; do Presidente da República ou de mais da metade das Assembleias Legislativas das unidades da Federação, manifestando-se, cada uma delas, pela maioria relativa de seus membros. Não será, porém, objeto de deliberação a proposta de emenda tendente a abolir:

(A) a separação dos Poderes; os direitos e garantias individuais; o salário mínimo e a vedação do trabalho aos menores de 14 anos.
(B) a forma federativa; a competência do tribunal do júri para o julgamento dos crimes dolosos contra a vida; o *habeas corpus* e a aposentadoria integral dos funcionários públicos.
(C) o voto direto, secreto, universal e periódico; o regime presidencialista; a irredutibilidade dos salários e os direitos e garantias individuais.
(D) a forma federativa de Estado; o voto direto, secreto, universal e periódico; a separação dos Poderes e os direitos e garantias individuais.

D: correta. Art. 60, § 4º, I a IV, da CF.
Gabarito "D".

(Cartório/SP – IV – VUNESP) Em caso de vacância do cargo de Presidente da República, serão sucessivamente chamados ao exercício da Presidência:

(A) o Vice-Presidente, que convocará nova eleição para noventa dias depois de aberta a vaga, a ser presidida pelo Presidente do Tribunal Superior Eleitoral.
(B) o Presidente da Câmara dos Deputados, o do Senado Federal e o do Supremo Tribunal Federal.
(C) o Deputado Federal mais votado, o Presidente da Câmara dos Deputados e o do Senado Federal.
(D) o Vice-Presidente, o Presidente da Câmara dos Deputados, o do Senado Federal e o do Supremo Tribunal Federal.

D: correta. Arts. 79 e 80 da CF.
Gabarito "D".

(Cartório/SP – V – VUNESP) O Presidente da República, mediante a edição de decretos, pode:

(A) criar e extinguir ministérios.
(B) transferir provisoriamente a Capital da República.
(C) fixar e modificar o efetivo das forças armadas.
(D) nenhuma das alternativas anteriores.

A: incorreta, a Constituição Federal exige lei nesse caso (art. 88 da CF); B: incorreta, competência do Congresso Nacional (art. 48, VII, da CF); C: incorreta, competência do Congresso Nacional (art. 48, III, da CF); D: correta, as hipóteses de expedição de decreto pelo Presidente da República encontram-se listadas no art. 84 da CF.
Gabarito "D".

(Cartório/SP – V – VUNESP) No impedimento conjunto do Presidente e do Vice-Presidente da República, o exercício do cargo é assumido, em primeiro lugar, pelo Presidente:

(A) da Câmara dos Deputados.
(B) do Supremo Tribunal Federal.
(C) do Senado Federal.
(D) do Congresso Nacional.

A: correta. Art. 80 da CF.
Gabarito "A".

(Cartório/SP – V – VUNESP) Assinale a alternativa correta.

(A) O Presidente da República pode vetar, total ou parcialmente, Emenda Constitucional, em razão da contrariedade ao interesse público.
(B) A Emenda Constitucional é sempre promulgada pelo Presidente da República, após o recebimento de mensagem enviada pelas Mesas da Câmara dos Deputados e do Senado Federal, comunicando sua aprovação.
(C) A Emenda Constitucional é sempre promulgada pelas Mesas da Câmara dos Deputados e do Senado Federal, após sua regular aprovação.
(D) A Emenda Constitucional é sempre promulgada pelo Presidente do Senado Federal, após o recebimento de mensagem enviada pela Mesa da Câmara dos Deputados, comunicando sua aprovação.

C: correta. O Presidente da República não participa do processo de elaboração de Emendas Constitucionais, pois correspondem ao exercício do Poder Constituinte Derivado Reformador. Por isso, a competência para promulgação de emendas à Constituição é das Mesas da Câmara dos Deputados e do Senado Federal (note-se que não é da Mesa do Congresso Nacional). V. art. 60, § 3º, da CF.
Gabarito "C".

(Cartório/SP – V – VUNESP) Constituem requisitos para a nomeação ao cargo de Ministro de Estado:

(A) a nacionalidade brasileira e permanecer domiciliado no Brasil.
(B) a nacionalidade brasileira e ter idade superior a vinte e um anos.
(C) ter idade superior a vinte e um anos e permanecer domiciliado no Brasil.
(D) ser brasileiro nato e ter idade superior a vinte e um anos.

B: correta. Art. 87, *caput*, da CF. Note-se que, pelo art. 12, § 3º, VII, da CF, o Ministro de Estado da Defesa precisa ser brasileiro nato (o naturalizado pode assumir qualquer outro ministério). A regra do art. 87 da CF aplica-se também para os cargos com *status* de Ministro, como o de Advogado-Geral da União e o de Presidente do Banco Central.

Gabarito "B".

**(Cartório/SP – VII – VUNESP)** No Distrito Federal, o órgão de representação do Poder Legislativo é:

(A) a Câmara Legislativa do Distrito Federal.
(B) a Câmara de Deputados do Distrito Federal.
(C) a Câmara Distrital de Brasília.
(D) o Congresso Distrital de Brasília.

A: correta. Art. 32 da CF. Como o DF possui competências estaduais e municipais (art. 32, § 1º, da CF), o nome de seu órgão legislativo de representação busca combinar "câmara municipal" com "assembleia legislativa", resultando em "Câmara Legislativa".

Gabarito "A".

**(Cartório/SP – VII – VUNESP)** A quem compete proceder à tomada de contas do Presidente da República, quando não apresentadas ao Congresso Nacional dentro de sessenta dias após a abertura da sessão legislativa?

(A) Privativamente ao Senado Federal.
(B) Privativamente à Câmara dos Deputados.
(C) Conjuntamente à Câmara dos Deputados e ao Senado Federal.
(D) Ao Congresso Nacional, com o auxílio do Tribunal de Contas da União.

B: correta. Art. 51, II, da CF.

Gabarito "B".

**(Cartório/SP – VII – VUNESP)** No âmbito nacional, a matéria constante de Projeto de Lei rejeitado poderá constituir objeto de novo projeto, na mesma sessão legislativa?

(A) Sim. Não há vedação ou ressalva no texto constitucional.
(B) Não. Há proibição de ordem constitucional.
(C) Sim, mediante proposta da maioria absoluta dos membros de qualquer das Casas do Congresso Nacional.
(D) Sim. Excepcionalmente em caso de iniciativa individual que contar com a maioria relativa dos membros do Congresso Nacional.

C: correta. Art. 67 da CF. Sobre o tema, v. tb. arts. 60, § 5º e 62, § 10, ambos da CF.

Gabarito "C".

## 7. ORGANIZAÇÃO DO PODER JUDICIÁRIO E FUNÇÕES ESSENCIAIS À JUSTIÇA

**(Cartório/RJ – 2012)** Compete ao Superior Tribunal de Justiça processar e julgar originariamente

(A) a extradição solicitada por Estado estrangeiro.
(B) o litígio entre Estado estrangeiro ou organismo internacional e a União, o Estado, o Distrito Federal ou o Território.
(C) as causas e os conflitos entre a União e os Estados, a União e o Distrito Federal, ou entre uns e outros, inclusive as respectivas entidades da administração indireta.
(D) os conflitos de atribuições entre autoridades administrativas e judiciárias da União, ou entre autoridades judiciárias de um Estado e administrativas de outro ou do Distrito Federal, ou entre as deste e da União.
(E) as ações contra o Conselho Nacional do Ministério Público.

A: incorreta. O julgamento da extradição solicitada por Estado estrangeiro é da competência do Supremo Tribunal Federal - STF (art. 102, I, "g", da CF). B: incorreta. O julgamento desse litígio também é da competência do STF (art. 102, I, "e", da CF); C: incorreta. Tais causas e conflitos são julgados pelo STF (art. 102, I, "f", da CF); D: correta (art. 105, I, "g", da CF); E: incorreta. As ações contra o Conselho Nacional do Ministério Público são julgadas pelo STF (art. 102, I, "r", da CF).

Gabarito "D".

**(Cartório/SP – 2012 – VUNESP)** Relativamente à composição do Conselho Nacional de Justiça (CNJ), é correto afirmar que

(A) dois advogados serão indicados por dois estados da federação, havendo rotatividade entre os estados na indicação a cada novo mandato.
(B) um juiz do trabalho será indicado por um Tribunal Regional do Trabalho (TRT), havendo rotatividade entre os TRT's na indicação a cada novo mandato.
(C) um desembargador de tribunal de justiça será indicado pelo Superior Tribunal de Justiça (STJ).
(D) dois cidadãos, de notável saber jurídico e reputação ilibada, indicados um pela Câmara dos Deputados, e outro pelo Senado Federal.

A: incorreta. Os dois advogados que compõem o CNJ são indicados pelo Conselho Federal da OAB (art. 103-B, XII, da CF); B: incorreta. O juiz do trabalho é indicado pelo Tribunal Superior do Trabalho (art. 103-B, IX, da CF); C: incorreta. O desembargador do Tribunal de Justiça que compõe o CNJ é indicado pelo Supremo Tribunal Federal (art. 103-B, IV, da CF); D: correta (art. 103-B, XIII, da CF).

Gabarito "D".

**(Cartório/SP – 2012 – VUNESP)** Cada um dos itens seguintes traz duas afirmações. Leia-as e depois indique qual alternativa oferece a resposta correta.

I. Os magistrados adquirem vitaliciedade após dois anos de exercício no cargo, seja em que instância for, e a inamovibilidade dos juízes pode ser excepcionada pelo interesse público, nos termos do artigo 93, VII, da Constituição Federal.

II. O ingresso na carreira de juiz será feito mediante concurso público, e um dos requisitos impostos aos candidatos, além da formação em direito, é o exercício prévio de atividade jurídica por, pelo menos, três anos, e a irredutibilidade de subsídios torna os juízes imunes à tributação por meio do imposto sobre a renda e proventos de qualquer natureza.

III. O juiz titular deverá residir na respectiva comarca, mas tal disposição poderá ser alterada pelo tribunal competente e não será promovido o juiz que, injustificadamente, retiver autos em seu poder além do prazo legal.

(A) O item I traz uma primeira afirmação correta e uma segunda afirmação incorreta.
(B) A primeira afirmação do item II deve ser lida em conjunto com a segunda afirmação do item I, e ambas estão incorretas.
(C) O item III está completamente correto.
(D) A segunda afirmação do item II deve ser lida em conjunto com a primeira afirmação do item III, e ambas estão corretas.

I: as duas afirmações estão corretas (art. 95, I e II, da CF); II: incorreta. De fato, o ingresso na carreira de juiz será feito mediante concurso público, e um dos requisitos impostos aos candidatos, além da formação em direito, é o exercício prévio de atividade jurídica por, pelo menos, três anos (art. 93, I, da CF). Já a irredutibilidade de subsídios *não torna* os juízes imunes à tributação por meio do imposto sobre a renda e proventos de qualquer natureza; III: correta. De fato, o juiz titular residirá na respectiva comarca, exceto se houver autorização do tribunal (art. 93, VII, da CF). Além disso, não será promovido o juiz que, injustificadamente, retiver autos em seu poder além do prazo legal, não podendo devolvê-los ao cartório sem o devido despacho ou decisão (art. 93, II, "e", da CF).
Gabarito "C".

(Cartório/RJ – 2012) O Conselho Nacional de Justiça compõe-se de 15 (quinze) membros, sendo precisamente um

(A) juiz estadual, indicado pelo Tribunal de Justiça correspondente.
(B) Ministro do Tribunal Superior do Trabalho, indicado pelo Supremo Tribunal Federal.
(C) juiz do Tribunal Regional Federal, indicado pelo próprio Tribunal.
(D) advogado, indicado pelo Conselho Federal da Ordem dos Advogados.
(E) juiz federal, indicado pelo Superior Tribunal de Justiça.

A: incorreta. Conforme o art. 103-B, V, da CF, o juiz estadual que compõe o Conselho Nacional de Justiça (CNJ) é *indicado pelo Supremo Tribunal Federal* (STF); B: incorreta. Há a participação de um Ministro do Tribunal Superior do Trabalho (TST) no CNJ, mas ele é *indicado pelo respectivo Tribunal* (art. 103-B, III, da CF) e não pelo STF; C: incorreta. De acordo com o art. 103-B, VI, da CF, o juiz do Tribunal Regional Federal (TRF) que compõe o CNJ é *indicado pelo Superior Tribunal de Justiça* (STJ); D: incorreta. O art. 103-B, XII, da CF, determina que *dois* advogados, indicados pelo Conselho Federal da OAB, componham o CNJ; E: correta (art. 103-B, VII, da CF).
Gabarito "E".

(Cartório/SP – 2011 – VUNESP) Assinale a alternativa correta a respeito do Conselho Nacional de Justiça (CNJ).

(A) Tem na sua composição um juiz federal, indicado pelo Supremo Tribunal Federal.
(B) Tem na sua composição dois desembargadores de Tribunal de Justiça, indicados pelo Supremo Tribunal Federal.
(C) Tem na sua composição dois cidadãos, de notável saber jurídico e reputação ilibada, indicados, um pela Câmara dos Deputados e outro, pelo Senado Federal.
(D) É composto por 17 membros com mandato de 02 anos, admitida 01 recondução.

A: incorreta. De acordo com o art. 103-B, VI, da CF, o juiz do Tribunal Regional Federal (TRF) que compõe o CNJ é indicado pelo Superior Tribunal de Justiça (STJ); B: incorreta. Conforme o art. 103-B, IV, da CF há na composição do CNJ apenas *um* desembargador de Tribunal de Justiça, indicado pelo Supremo Tribunal Federal; C: correta (art. 103-B, XIII, da CF); D: incorreta. Conforme o *caput* do art. 103-B da CF, o CNJ é composto de 15 (quinze) membros com mandato de 2 (dois) anos, admitida 1 (uma) recondução.
Gabarito "C".

(Cartório/AP – 2011 – VUNESP) Considerando, dentre outras razões, que os concursos públicos para outorga de delegação de serviços notariais e de registro não têm observado um padrão uniforme, sendo objeto de diversos procedimentos administrativos junto ao Conselho Nacional de Justiça (CNJ) e de medidas judiciais perante os órgãos judiciais de instância superior, o CNJ editou a Resolução nº 81, de 2009, que "dispõe sobre os concursos públicos de provas e títulos, para a outorga das Delegações de Notas e de Registro, e minuta de edital". O artigo 2º da citada Resolução prevê que "os concursos serão realizados semestralmente ou, por conveniência da Administração, em prazo inferior, caso estiverem vagas ao menos três delegações de qualquer natureza".

A esse respeito, pode-se afirmar que:

(A) é compatível com a Constituição da República o exercício de competência pelo CNJ para instaurar procedimentos administrativos relativamente a serviços notariais e de registro, mas não para editar resolução em decorrência do quanto apurado nos procedimentos em questão.
(B) é incompatível com a Constituição da República a previsão do art. 2º da Resolução 81 relativa à periodicidade para realização de concursos, a despeito de o CNJ possuir competência para editar resolução a esse respeito.
(C) é compatível com a Constituição da República o exercício de competência pelo CNJ para editar resoluções, mas não para instaurar procedimentos administrativos relativamente a serviços notariais e de registro, nem para disciplinar a periodicidade de realização de concursos para outorga desses serviços.
(D) é compatível com a Constituição da República o teor do art. 2º da Resolução 81 relativa à periodicidade para realização de concursos, a despeito de o CNJ não possuir competência para editar resolução a esse respeito.
(E) são compatíveis com a Constituição da República o exercício de competência pelo CNJ para instaurar procedimentos administrativos relativamente a serviços notariais e de registro e para editar

resolução em decorrência do quanto apurado nos procedimentos em questão, bem como a previsão do art. 2º da Resolução 81 referente à periodicidade para realização de concursos.

E: correta. Exercício da competência estabelecida no art. 103-B, § 4º, da CF.
Gabarito "E".

**(Cartório/DF – 2008 – CESPE)** Julgue o seguinte item.

**(1)** O defensor público da União tem legitimidade ativa para propor edição, revisão ou cancelamento de enunciado de súmula vinculante.

1: incorreta, o art. 3º da Lei 11.417/2006 lista os legitimados para a edição, revisão ou cancelamento de enunciado de súmula vinculante, onde não consta o Defensor Público da União.
Gabarito 1E

**(Cartório/DF – 2006 – CESPE)** No que concerne à organização dos poderes, na forma como prescrita na Constituição Federal, julgue o item seguinte.

**(1)** Em relação aos órgãos que prestam serviços notariais, compete ao Conselho Nacional de Justiça conhecer das reclamações acerca de suas atividades; avocar processos disciplinares em curso; determinar outras sanções administrativas, assegurada a ampla defesa.

1: correta, art. 103-B, § 4º, III, da CF.
Gabarito 1C

**(Cartório/DF – 2003 – CESPE)** De acordo com a Constituição Federal, o advogado é indispensável à administração da justiça, e o Estatuto da Ordem dos Advogados (Lei nº 8.906/1994) lhe confere prerrogativas para o exercício de sua função. Acerca do regime constitucional e legal a que estão subordinados os advogados, julgue os itens seguintes.

**(1)** Os integrantes da Advocacia-Geral da União, da Procuradoria da Fazenda Nacional, da Defensoria Pública e das Procuradorias e consultorias jurídicas dos Estados, do Distrito Federal, dos Municípios e das respectivas entidades de administração indireta e fundacional não se submetem ao regime do Estatuto da Ordem dos Advogados do Brasil, mas sim a regime legal próprio, razão pela qual não se lhes aplicam as sanções disciplinares.

**(2)** O advogado pode examinar, em qualquer órgão dos Poderes Judiciário e Legislativo, ou da administração pública em geral, autos de processos findos ou em andamento, mesmo sem procuração, quando não estejam sujeitos a sigilo, assegurando-se lhe o direito à obtenção de cópias.

**(3)** A disciplina constitucional da responsabilidade civil objetiva do Estado não é aplicável quando esteja em causa dano provocado a terceiros por ação ou omissão de advogado público no exercício de sua função, em razão da imunidade que acoberta seus atos e manifestações.

**(4)** O advogado pode postular, em juízo ou fora dele, sem procuração, afirmando urgência, desde que apresente a prova do mandato no prazo legal.

**(5)** Em razão da imunidade profissional do advogado, suas manifestações no exercício de sua atividade não se podem constituir em desacato.

1: incorreta, pois os advogados públicos também se submetem ao Estatuto da OAB; 2: correta, art. 7º, XIII, da Lei 8.906/1994; 3: incorreta, responde na forma do art. 37, § 6º, da CF; 4: correta, art. 5º, § 1º, da Lei 8.906/1994; 5: incorreta. Apesar de ser a redação do art. 7º, § 2º, da Lei 8.906/1994, o STF julgou essa parte inconstitucional, "ao fundamento de que tal previsão cria situação de desigualdade entre o juiz e o advogado, retirando do primeiro a autoridade necessária à condução do processo". (ADIn 1.127/DF, Pleno, j. 17.05.2006, rel. para o acórdão Min. Ricardo Lewandowski, DJe 11.06.2010).
Gabarito 1E, 2C, 3E, 4C, 5E

**(Cartório/DF – 2001 – CESPE)** À luz da Constituição da República e das normas infraconstitucionais, julgue os itens abaixo, relativos às competências e à atuação dos órgãos do Poder Judiciário e aos procedimentos processuais nesse âmbito.

**(1)** Lei ordinária federal pode permitir que causas de competência da justiça federal sejam processadas e julgadas pela justiça estadual, no foro do domicílio do interessado, não sendo a comarca sede de vara do juízo federal, sem prejuízo de competir o recurso cabível ao tribunal regional federal na área de jurisdição do juiz de primeiro grau.

**(2)** Compete ao STF processar e julgar causas ou conflitos estritamente patrimoniais entre Estados e entidades da administração federal indireta, tais como autarquias dotadas de sede ou estrutura regional de representação nos territórios dos respectivos estados.

**(3)** A Constituição da República autoriza a instituição de reclamação junto aos tribunais de justiça e aos tribunais regionais federais para a preservação de sua competência e a garantia da autoridade de suas decisões.

1: correta, art. 109, § 3º, da CF; 2: incorreta, questões estritamente patrimoniais não correspondem a conflito federativo, afastando a competência do STF; 3: incorreta, existe previsão de reclamação para o STF e para o STJ (arts. 102, I, "l"; 103-A, § 3º; 105, I, "f", todos da CF).
Gabarito 1C, 2E, 3E

**(Cartório/MA – 2008 – IESES)** No que se refere ao Poder Judiciário a suas respectivas competências constitucionais, todas as alternativas estão corretas, EXCETO:

**(A)** Compete ao Supremo Tribunal Federal, precipuamente, a guarda da Constituição, cabendo-lhe julgar, mediante recurso extraordinário, as causas decididas em única ou última instância, quando a decisão recorrida julgar válida lei local contestada em face de lei federal.

**(B)** Compete à Justiça do Trabalho processar e julgar as ações oriundas da relação de trabalho, abrangidos os entes de direito público externo e da administração pública direta e indireta da União, dos Estados, do Distrito Federal e dos Municípios, assim como as ações que envolvam exercício do direito de greve.

(C) Compete aos juízes federais processar e julgar os conflitos de atribuições entre autoridades administrativas e judiciárias da União.
(D) Compete ao Superior Tribunal de Justiça processar e julgar, originariamente o *habeas corpus*, quando o coator for o Ministro de Estado ou Comandante da Marinha, do Exército ou da Aeronáutica.

A: correta, art. 102, III, "d", da CF; B: correta, art. 114, I e II, da CF; C: incorreta (devendo ser assinalada), competência originária do STJ (art. 105, I, "g", da CF); D: correta, art. 105, I, "c", da CF.
"Gabarito "C"

(Cartório/MA – 2008 – IESES) O Ministério Público é instituição permanente, essencial à função jurisdicional do Estado, incumbindo-lhe a defesa da ordem jurídica, do regime democrático e dos interesses sociais e individuais indisponíveis. Assim, de acordo com a Constituição da República Federativa do Brasil, sobre o Ministério Público, assinale a alternativa correta.

(A) O Ministério Público da União tem por chefe o Procurador-Geral da República, nomeado pelo Presidente da República dentre integrantes da carreira, maiores de trinta e cinco anos, após a aprovação de seu nome pela maioria absoluta dos membros do Senado Federal, para mandato de dois anos, permitida a recondução.
(B) O Conselho Nacional do Ministério Público compõe-se de quatorze membros nomeados pelo Presidente da República, depois de aprovada a escolha pela maioria absoluta do Congresso Nacional, para um mandato de dois anos, admitida uma recondução.
(C) São princípios institucionais do Ministério Público a unidade, a divisibilidade e a independência funcional.
(D) É vedado, expressamente no texto constitucional, ao membro do Ministério Público, exercer outra função pública.

A: correta, art. 128, § 1º, da CF; B: incorreta, não reflete o disposto no art. 130-A da CF; C: incorreta, não reflete o disposto no art. 127, § 1º, da CF; D: incorreta, pode exercer uma função de magistério (art. 128, § 5º, II, "d", da CF).
"Gabarito "A"

(Cartório/MS – 2009 – VUNESP) Conforme a Constituição, aos juízes federais compete processar e julgar os crimes:

(A) contra a economia popular e o sistema financeiro.
(B) contra a organização do trabalho.
(C) praticados por estrangeiros.
(D) ecológicos e os praticados contra indígenas.
(E) praticados pelos membros dos Tribunais de Contas dos Municípios.

B: correta. Art. 109, VI, da CF.
"Gabarito "B"

(Cartório/PR – 2007) Os poderes se organizam na Constituição Federal num sistema harmônico de independência e controle. Sobre organização dos Poderes, assinale a correta:

(A) Os Poderes da Comissões Parlamentares de Inquérito são os do magistrado na instrução processual penal, relacionados à dilação probatória e aos poderes cautelares, podendo também a CPI quebrar sigilos bancários, determinar escutas telefônicas e realizar buscas e apreensões sem autorização judicial.
(B) O Poder Legislativo nos Estados Federativos se organiza em uma estrutura bicameral, exercido por meio do Congresso Nacional, composto pela Câmara dos Deputados e pelo Senado Federal. Esse bicameralismo está intimamente ligado à escolha, feita pelo legislador constituinte, da forma federativa do Estado.
(C) A função do Tribunal de Contas é apenas optativa, atuando como órgão auxiliar do parlamento, assim, o Poder Legislativo pode aprovar as contas do Chefe do Executivo, mesmo que elas tenham sido rejeitadas pelo Tribunal de Contas e essa aprovação pode se dar sem motivação.
(D) A função legislativa é definida pela criação de direitos e das obrigações de forma geral e abstrata, possuindo o Poder Legislativo também a função de fiscalizar.
(E) O Poder Executivo não possui atividade legislativa definida na Constituição Federal.

A: incorreta, o STF entende que as CPIs podem determinar a quebra de sigilo bancário, fiscal e telefônico por terem poderes próprios de autoridades judiciais, desde que o ato seja adequadamente fundamentado e revele a necessidade objetiva da medida extraordinária. Entretanto, busca e apreensão é matéria que se insere na reserva de jurisdição, ou seja, só pode ser determinada pelo Poder Judiciário; B: incorreta, não há Congresso Nacional nos Estados, mas Assembleias Legislativas (ou Câmara Legislativa, no Distrito Federal); C: incorreta, as funções dos tribunais de contas não são meramente optativas (v. art. 71 da CF); D: correta, elaboram leis (que inovam no ordenamento jurídico, podendo criar direitos e obrigações, com caráter imperativo, genérico e abstrato), além do papel de fiscalização exercido com o auxílio do Tribunal de Contas; E: incorreta, pode adotar, por exemplo, medidas provisórias (art. 62 da CF).
"Gabarito "D"

(Cartório/PR – 2007) O processo legislativo brasileiro se organiza a partir de espécies legislativas definidas no artigo 59 da Constituição Federal. Sobre esse assunto, assinale a correta:

(A) A Emenda Constitucional nº 32/2001 exclui a cláusula de convalidação.
(B) O processo legislativo sumário pressupõe prazo na deliberação parlamentar e regime de urgência e é requerido pelo Presidente da República ou convocado diretamente pelo texto constitucional.
(C) Atualmente veda-se a reedição sucessiva, mas se aceita a alteração de texto em medidas provisórias.
(D) O devido processo legislativo diz respeito à observância ao princípio da legalidade, portanto, o desrespeito ao devido processo legislativo gera inconstitucionalidade material e não propicia controle de constitucionalidade.
(E) O veto do Presidente da República caracteriza-se por ser expresso, imotivado, total ou parcial e insuperável.

A: incorreta, a EC 32/2001 convalida as medidas provisórias anteriores à sua edição (art. 2º da EC 32/2001); B: correta, art. 62, § 6º e art. 64, § 1º, ambos da CF; C: incorreta, não reflete o disposto no art. 62, §§ 3º e 12, da CF; D: incorreta, é cabível a realização de controle de constitucionalidade difuso ou concentrado em relação a normas elaboradas em desrespeito ao devido processo legislativo; E: incorreta, não reflete o disposto no art. 66, §§ 1º e 2º, da CF.
Gabarito "B".

**(Cartório/PR – 2007)** Com relação às espécies normativas e ao processo legislativo brasileiro, assinale a correta:

(A) Os limites às Emendas Constitucionais são materiais (cláusulas pétreas), circunstanciais, formais e implícitos.
(B) A lei complementar possui matéria reservada e também tem a necessidade de maioria simples para a sua aprovação.
(C) A Medida Provisória tem como pressupostos a relevância e a urgência, mas estes não são requisitos de admissibilidade.
(D) O controle da Lei Delegada é exercido pelo Congresso, por meio do veto na deliberação executiva, e pelo Judiciário, por meio de controle abstrato.
(E) A fase constitutiva do Processo Legislativo ordinário é a fase de deliberação executiva, quando ocorre ampla discussão e votação nas duas casas.

A: correta, para que uma emenda constitucional seja aprovada, é preciso observar todas as regras inscupidas no art. 60 da CF, que lista limites materiais (art. 60, § 4º), formais (art. 60, I a III e §§ 2º e 3º) e circunstanciais (art. 60, § 1º) ao poder de reforma da Constituição. A doutrina também aponta limites implícitos ao poder de reforma da Constituição. São exemplos desses últimos a titularidade do Poder Constituinte e o próprio procedimento de reforma da Constituição que, apesar de não escritos na Constituição, não podem ser alterados pelo legislador constituinte derivado; B: incorreta, possui matéria reservada, mas é aprovada por maioria absoluta (art. 69 da CF); C: incorreta, são requisitos constitucionais de admissibilidade (art. 62 da CF); D: incorreta, é exercido pelo Congresso (art. 49, V, da CF) e pelo Poder Judiciário, por meio de controle difuso ou concentrado; E: incorreta, de acordo com Pedro Lenza (*Direito Constitucional Esquematizado*. 15. ed. São Paulo: Saraiva, 2011. p. 530 e 531 ), o processo legislativo das leis ordinárias e complementares compreende a fase de a) iniciativa (geral, concorrente, privativa, popular, conjunta, do art. 67 da CF, e a parlamentar ou extraparlamentar); b) constitutiva (deliberação parlamentar e deliberação executiva) e c) complementar (promulgação e publicação).
Gabarito "A".

**(Cartório/SE – 2006 – CESPE)** Julgue o item subsequente à luz da Constituição Federal.

(1) O Ministério Público, a advocacia e a defensoria pública constituem funções essenciais à justiça.

1: correta, porque se encontram disciplinados no Capítulo IV da CF.
Gabarito 1C.

**(Cartório/SP – II – VUNESP)** Na Constituição Federal está definida a competência do Supremo Tribunal Federal, do Superior Tribunal de Justiça e:

(A) do Tribunal Superior do Trabalho.
(B) dos Tribunais Regionais Federais.
(C) do Superior Tribunal Militar.
(D) dos Tribunais de Justiça dos Estados.

B: correta. Art. 108 da CF. V. art. 111-A, § 1º; art. 124, *caput* e parágrafo único e art. 125, *caput* e § 1º, todos da CF.
Gabarito "B".

**(Cartório/SP – IV – VUNESP)** Compete privativamente autorizar, por dois terços de seus membros, a instauração de processo contra o Presidente, o Vice-Presidente da República e os Ministros de Estado:

(A) ao Senado Federal.
(B) à Câmara dos Deputados.
(C) ao Supremo Tribunal Federal.
(D) ao Conselho Nacional de Justiça.

B: correta. Art. 51, I, da CF.
Gabarito "B".

**(Cartório/SP – V – VUNESP)** A competência para o julgamento de mandado de segurança contra um ato de Ministro de Estado, ressalvada a da Justiça Eleitoral, é conferida ao:

(A) Conselho Nacional de Justiça.
(B) Superior Tribunal de Justiça.
(C) Superior Tribunal Militar.
(D) Supremo Tribunal Federal.

B: correta. Art. 105, I, "b", da CF. V. Súmula 177 do STJ: "O Superior Tribunal de Justiça é incompetente para processar e julgar, originariamente, mandado de segurança contra ato de órgão colegiado presidido por Ministro de Estado". Se o órgão colegiado, porém, for formado exclusivamente por Ministros de Estado, a competência é do STJ.
Gabarito "B".

**(Cartório/SP – VI – VUNESP)** É integrante do Poder Judiciário o:

(A) Tribunal de Contas.
(B) Juiz Militar.
(C) Juiz de Paz.
(D) Ministro da Justiça.

B: correta. Art. 92, VI, da CF.
Gabarito "B".

**(Cartório/SP – VII – VUNESP)** Sobre o processo legislativo, é incorreto dizer:

(A) a Constituição Federal pode ser emendada mediante proposta do Presidente da República.
(B) a Constituição Federal pode ser emendada por proposta de qualquer membro da Comissão da Câmara dos Deputados, do Senado Federal ou do Congresso Nacional.
(C) compreende, dentre outras espécies de normas, as emendas à Constituição Federal, as leis complementares e os decretos legislativos.
(D) são de iniciativa privativa do Presidente da República as leis que fixem ou modifiquem os efetivos das Forças Armadas.

A: correta, por força do art. 60, II, da CF; B: incorreta (devendo ser assinalada), v. art. 60, I, da CF; C: correta, v. art. 59, I a VII, da CF; D: correta, pelo art. 61, § 1º, I, da CF.
Gabarito "B".

(Cartório/SP – VII – VUNESP) Sobre as "Súmulas Vinculantes", é correto dizer:

(A) são editadas preferencialmente pelo Supremo Tribunal Federal e, excepcionalmente, pelo Superior Tribunal de Justiça.
(B) vinculam obrigatoriamente todos os membros do Poder Judiciário, excluindo-se os integrantes do Conselho Nacional de Justiça.
(C) vinculam todos os membros do Poder Judiciário sem distinção, assim como os demais Poderes (Executivo e Legislativo) e a Administração Pública de uma maneira geral.
(D) vinculam todos os membros do Poder Judiciário sem distinção, sendo orientadoras (facultativas) em relação aos demais Poderes da República e à Administração Pública em geral.

A: incorreta, são editadas apenas pelo STF (art. 103-A da CF); B: incorreta, o CNJ, como integrante do Poder Judiciário, também deve observância obrigatória às súmulas vinculantes (art. 92, I-A, da CF); C: correta de acordo com gabarito oficial. Mas, segundo entendimento do Autor, está incorreta, pois as súmulas vinculantes não "vinculam" o Legislativo, que pode aprovar leis em contrário (art. 103-A da CF); D: incorreta, pois as súmulas aprovadas na forma do art. 103-A da CF serão vinculantes. As persuasivas são as demais súmulas, não aprovadas de acordo com o art. 103-A da CF. Gabarito da banca "C", mas a questão não tem resposta correta.

(Cartório/SP – VII – VUNESP) Assinale a alternativa correta a respeito do Conselho Nacional de Justiça (CNJ).

(A) Tem na sua composição um juiz federal, indicado pelo Supremo Tribunal Federal.
(B) Tem na sua composição dois desembargadores de Tribunal de Justiça, indicados pelo Supremo Tribunal Federal.
(C) Tem na sua composição dois cidadãos, de notável saber jurídico e reputação ilibada, indicados, um pela Câmara dos Deputados e outro, pelo Senado Federal.
(D) É composto por 17 membros com mandato de 02 anos, admitida 01 recondução.

A: incorreta, o juiz federal é indicado pelo STJ (art. 103-B, VII, da CF); B: incorreta, tem um único desembargador de tribunal de justiça, indicado pelo STF (art. 103-B, IV, da CF); C: correta, art. 103-B, XIII, da CF; D: incorreta, é composto por 15 membros (art. 103-B, *caput*, da CF).
Gabarito "C".

## 8. DEFESA DO ESTADO, TRIBUTAÇÃO E ORÇAMENTO, ORDEM ECONÔMICA E FINANCEIRA E ORDEM SOCIAL

(Cartório/SC – 2012) Assinale a alternativa **correta**:

(A) A competência da União de instituir impostos não é exaustiva àqueles tipos tributários descritos na Constituição Federal, uma vez que, por lei ordinária, poderá também a União instituir impostos não previstos no artigo 153, desde que sejam não cumulativos e não tenham fato gerador ou base de cálculo próprios dos discriminados na Constituição.
(B) A instituição do imposto sobre a renda e proventos de qualquer natureza é da competência da União. Contudo, pertence aos Estados, Distrito Federal e Municípios o produto da arrecadação do imposto da União sobre renda e proventos de qualquer natureza, incidente na fonte, sobre rendimentos pagos, a qualquer título, por eles, por suas autarquias e pelas fundações que instituírem e mantiverem.
(C) É da competência dos Estados e do Distrito Federal instituir o imposto sobre a propriedade de veículos automotores (IPVA), nos termos constitucionais. O produto da arrecadação de tal imposto, conforme sua especificidade, tem por disposição constitucional a aplicação vinculada na construção e na manutenção do sistema viário terrestre.
(D) Instituir o Imposto sobre a Propriedade Predial e Territorial Urbana - IPTU é da competência do Município e do Distrito Federal. Esse imposto, conforme desenho constitucional, admite a seletividade na medida em que autoriza o tratamento diferenciado em razão do uso e da localização do bem imóvel. Por outro lado, ele pode ser submetido ao artifício da progressividade da alíquota na medida em que se aumenta a base de cálculo. Porém, a Constituição Federal só autoriza progressividade fiscal quando enuncia que o IPTU poderá ser progressivo em razão do valor do imóvel.
(E) Em se tratando de importação de produtos estrangeiros, a União está desautorizada a cobrar tributos no mesmo exercício financeiro em que haja sido publicada a lei que os instituiu ou aumentou.

A: incorreta. De fato, a competência da União de instituir impostos não é exaustiva àqueles tipos tributários descritos na Constituição Federal, mas a criação de impostos não previstos no art. 153, desde que sejam não cumulativos e não tenham fato gerador ou base de cálculo próprios dos discriminados na Constituição Federal, deve ser feita por *lei complementar* (art. 154, I, da CF); B: correta (arts. 153, II, e 157, I, ambos da CF); C: incorreta. De fato, é da competência dos Estados e do Distrito Federal instituir o imposto sobre a propriedade de veículos automotores (IPVA), nos termos constitucionais (art. 155, III, da CF). Mas, o produto da arrecadação de tal imposto não tem a aplicação vinculada na construção e na manutenção do sistema viário terrestre; D: incorreta. A Constituição Federal autoriza outra forma de progressividade que é aplicada quando o imóvel não está cumprindo a sua função social (arts. 156, § 1º, I e II, e 182, § 4º, II, ambos da CF). E: incorreta. É vedado aos entes federados cobrar tributos no mesmo exercício financeiro em que haja sido publicada a lei que os instituiu ou aumentou (art. 150, III, "b", da CF). Ocorre que tal vedação *não se aplica ao imposto de importação de produtos estrangeiros* (art. 150, § 1º, da CF).
Gabarito "B".

(Cartório/SP – 2012 – VUNESP) Quanto à duração ou vigência, é correto afirmar que o Estado de Defesa vigora por

(A) 30 dias, podendo ser renovado por mais 30 dias e assim sucessivamente, enquanto for necessário.
(B) até 30 dias, podendo ser renovado somente mais uma vez por igual período.

(C) 90 dias, sem possibilidade de renovação de sua vigência.
(D) 15 dias e, não gerando os efeitos pretendidos, converte-se em Intervenção.

B: correta. De acordo com o art. 136, § 2º, da CF, o tempo de duração do estado de defesa *não será superior a trinta dias*, podendo *ser prorrogado uma vez, por igual período*, se persistirem as razões que justificaram a sua decretação.
Gabarito "B".

**(Cartório/RN – 2012 – IESIS)** De acordo com a **Constituição da República Federativa do Brasil de 1988** analise as afirmações a seguir.

I. O plano diretor, obrigatório para cidades com mais de vinte mil habitantes, é o instrumento básico da política de desenvolvimento e de expansão urbana.
II. Compete à União desapropriar por interesse social, para fins de reforma agrária, o imóvel rural que não esteja cumprindo sua função social, mediante prévia e justa indenização em títulos da dívida agrária.
III. São isentas de impostos federais, estaduais e municipais as operações de transferência de imóveis desapropriados para fins de reforma agrária.
IV. Constituem monopólio da União a refinação do petróleo nacional ou estrangeiro.

Assinale a alternativa correta:

(A) Todas as assertivas estão corretas.
(B) Apenas as assertivas II e IV estão corretas.
(C) Todas as assertivas estão erradas.
(D) Apenas as assertivas I, III, IV estão corretas.

I: correta (art. 182, § 1º, da CF); II: correta (art. 184, *caput*, da CF); III: correta (art. 184, § 5º, da CF); IV: correta (art. 177, II, da CF).
Gabarito "A".

**(Cartório/RN – 2012 – IESIS)** De acordo com a Constituição da República Federativa do Brasil de 1988 é **INCORRETO** afirmar:

(A) A lei disciplinará, com base no interesse nacional, os investimentos de capital estrangeiro, incentivará os reinvestimentos e regulará a remessa de lucros.
(B) Incumbe ao Poder Público, diretamente ou sob regime de concessão ou permissão, sempre através de licitação, a prestação de serviços públicos.
(C) Dependerá de concessão o aproveitamento do potencial de energia renovável de capacidade reduzida.
(D) As empresas públicas e as sociedades de economia mista não poderão gozar de privilégios fiscais não extensivos às do setor privado.

A: correta (art. 172 da CF); B: correta (art. 175, *caput*, da CF); C: incorreta, devendo ser assinalada. Ao contrário do mencionado, *não dependerá* de autorização ou concessão o aproveitamento do potencial de energia renovável de capacidade reduzida (art. 176, § 4º, da CF); D: correta (art. 173, § 2º, da CF).
Gabarito "C".

**(Cartório/RJ – 2012)** Acerca da ordem econômica financeira, analise as assertivas abaixo.

I. Uma das formas de atuação direta do Estado no domínio econômico ocorre quando a alíquota do IPI é alterada para fomentar determinada indústria.
II. A expressão Ordem Econômica não pode ser considerada sinônima de Constituição Econômica.
III. Uma das formas de atuação indireta do Estado no domínio econômico ocorre quando ele próprio vem a desenvolver qualquer atividade econômica, por intermédio, por exemplo, de uma sociedade de economia mista.

É correto o que se afirma em
(A) I, apenas.
(B) II, apenas.
(C) III, apenas.
(D) II e III, apenas.
(E) I, II e III.

I: incorreta. De acordo com Vicente Paulo e Marcelo Alexandrino, "o Estado *atua diretamente* na economia *quando ele desenvolve o papel de agente econômico* (Estado-empresário). Nesses casos, o Estado – normalmente mediante pessoas jurídicas por ele constituídas e sob o seu controle – atua, ele mesmo, na produção de bens ou na prestação de serviços de conteúdo econômico. A atuação direta do Estado pode verificar-se em regime de monopólio (absorção) ou em concorrência (participação). A *atuação indireta do Estado* na economia ocorre de diversas *formas, visando*, em linhas gerais, *a corrigir distorções* que se verificam quando os agentes econômicos podem atuar de modo totalmente livre (merecendo destaque a coibição à formação de oligopólios, de cartéis, à prática de *dumping* – venda de produtos por preços inferiores aos custos –, enfim, a vedação a qualquer prática contrária à livre concorrência)" (*Direito Constitucional descomplicado*. 8. ed. São Paulo: Grupo Gen, 2012. p. 1.012); II: correta. De fato, as expressões *não* são sinônimas. Inocêncio Mártires Coelho (*Curso de Direito Constitucional*. 4. ed. São Paulo: Saraiva, 2009. p. 1.405), ao tratar dos princípios da ordem econômica, cita Manoel Gonçalves que dispõe: "as constituições da primeira geração do constitucionalismo não continham normas para disciplinar essa atividade – embora em algumas delas existissem disposições de repercussão econômica, que tanto podem estar agrupadas num só conjunto ou dispersas no corpo da constituição – caso em que se denominam *constituição econômica* formal – quando abrangerem, além desses preceitos constitucionais, também outras normas, infraconstitucionais, como leis ou até mesmo atos de menos hierarquia, compondo, então a constituição econômica material, como ensina Vital Moreira, entre outros (*Direito Constitucional Econômico*. São Paulo: Saraiva, 1190 p. 3-4). Registro semelhante, com referência específica às constituições liberais, é feito por António Carlos Santos, Maria Eduarda Gonçalves e Maria Manuel Leitão Marques, ao dizerem que *a relativa ausência de normas econômicas nessas cartas políticas não significa a inexistência de constituição econômica*. Primeiro, porque mesmo nelas encontramos normas com incidência direta ou indireta na ordem econômica (*v.g.* a consagração do direito de propriedade, da liberdade de comércio e indústria); segundo, porque a relativa ignorância de outros aspectos da vida econômica tem em si um significado jurídico e econômico, refletindo um modelo onde o Estado se demite, em geral, de uma intervenção corretiva na economia, aceitando e garantindo na sua plenitude a propriedade privada, a livre concorrência e a liberdade contratual (*Direito Econômico*. Coimbra: Almedina, 1991. p.18); III: incorreta. Quando o próprio Estado vem a desenvolver qualquer atividade econômica, ele atua *diretamente* no domínio econômico.
Gabarito "B".

**(Cartório/RN – 2012 – IESIS)** De acordo com a Constituição da República Federativa do Brasil de 1988, sobre Seguridade Social e Saúde é **INCORRETO** afirmar

(A) Serão destinados recursos públicos para auxílios ou subvenções às instituições privadas com fins lucrativos.
(B) A assistência à saúde é livre à iniciativa privada.
(C) As instituições privadas poderão participar de forma complementar do sistema único de saúde, mediante contrato de direito público ou convênio, tendo preferência as entidades filantrópicas e as sem fins lucrativos.
(D) A pessoa jurídica em débito com o sistema da seguridade social não poderá receber do Poder Público benefícios ou incentivos fiscais.

A: incorreta, devendo ser assinalada. Ao contrário do mencionado, é *vedada* a destinação de recursos públicos para auxílios ou subvenções às instituições privadas com fins lucrativos (art. 199, § 2º, da CF); B: correta (art. 199, *caput*, da CF); C: correta (art. 199, § 1º, da CF); D: correta (art. 195, § 3º, da CF).
Gabarito "A".

**(Cartório/RN – 2012 – IESIS)** De acordo com a Constituição da República Federativa do Brasil de 1988, marque **V** ou **F**, conforme as afirmações a seguir sejam **verdadeiras** ou **falsas**.

I. É assegurada a aposentadoria no regime geral de previdência social após trinta e cinco anos de contribuição, se homem, e trinta anos de contribuição, se mulher.
II. Nenhum benefício que substitua o salário de contribuição terá valor mensal inferior ao salário mínimo estadual.
III. É permitida a filiação ao regime geral de previdência social, na qualidade de segurado facultativo, de pessoa participante de regime próprio de previdência.
IV. Para efeito de aposentadoria, é vedada a contagem recíproca do tempo de contribuição na administração pública e na atividade privada.
V. É assegurada a aposentadoria no regime geral de previdência social após sessenta e cinco anos de idade, se homem.

A sequência correta, de cima para baixo, é:

(A) V – F – V – F – F
(B) V – F – F – F – V
(C) F – V – V – F – V
(D) V – F – F – V – V

I: correta (art. 201, § 7º, I, da CF); II: incorreta. O art. 201, § 2º, da CF determina que nenhum benefício que substitua o salário de contribuição ou o rendimento do trabalho do segurado *terá valor mensal inferior ao salário mínimo*; III: incorreta. De acordo com o art. 201, § 5º, da CF é *vedada* a filiação ao regime geral de previdência social, na qualidade de segurado facultativo, de pessoa participante de regime próprio de previdência; IV: incorreta. Conforme o art. 201, § 9º, da CF, "Para efeito de aposentadoria, é assegurada a contagem recíproca do tempo de contribuição na administração pública e na atividade privada, rural e urbana, hipótese em que os diversos regimes de previdência social se compensarão financeiramente, segundo critérios estabelecidos em lei; V: correta (art. 201, II, da CF).
Gabarito "B".

**(Cartório/SC – 2012)** Assinale a alternativa **INCORRETA**:

(A) A propriedade de empresa jornalística e de radiodifusão sonora e de sons e imagens é privativa de brasileiros natos ou naturalizados há mais de dez anos, ou de pessoas jurídicas constituídas sob as leis brasileiras e que tenham sede no País. Em qualquer caso, pelo menos 70% do capital total e do capital votante das empresas jornalísticas e de radiodifusão sonora e de sons e imagens deverá pertencer, direta ou indiretamente, a brasileiros natos ou naturalizados há mais de dez anos, que exercerão obrigatoriamente a gestão das atividades e estabelecerão o conteúdo da programação.
(B) O Estado garantirá a todos o pleno exercício dos direitos culturais e acesso às fontes da cultura nacional, e apoiará e incentivará a valorização e a difusão das manifestações culturais, protegendo as manifestações das culturas populares, indígenas e afro-brasileiras e das de outros grupos participantes do processo civilizatório nacional.
(C) A previdência social será organizada sob a forma de regime geral, de caráter contributivo e de filiação obrigatória, observados critérios que preservem o equilíbrio financeiro e atuarial, e atenderá, entre outros, nos termos da lei, à cobertura dos eventos de doença, invalidez, morte e idade avançada.
(D) A assistência social será prestada pelo Poder Público a quem dela necessitar, desde que o necessitado tenha contribuído para a seguridade social pelo período mínimo de 10 anos.
(E) A saúde é direito de todos e dever do Estado, garantido mediante políticas sociais e econômicas que visem à redução do risco de doença e de outros agravos e ao acesso universal e igualitário às ações e serviços para sua promoção, proteção e recuperação.

A: correta (art. 222, *caput* e § 1º, da CF); B: correta (art. 215, *caput* e § 1º, da CF); C: correta (art. 201, *caput* e inc. I, da CF); D: incorreta, devendo ser assinalada. Não é necessária a comprovação de contribuição social para que seja prestada a assistência social, pois ela será prestada a quem precisar, independentemente de contribuição (art. 203, *caput*, da CF); E: correta (art. 196 da CF).
Gabarito "D".

**(Cartório/RN – 2012 – IESIS)** A seguridade social será financiada mediante recursos provenientes das seguintes contribuições sociais:

I. Sobre a receita de concursos de prognósticos.
II. Do empregador, da empresa e da entidade a ela equiparada na forma da lei, incidentes sobre a receita ou o faturamento ou lucro.
III. Do importador de bens ou serviços do exterior, ou de quem a lei a ele equiparar.
IV. Do trabalhador e dos demais segurados da previdência social, aposentados ou pensionistas.
V. Do empregador, da empresa e da entidade a ela equiparada na forma da lei, incidentes sobre a folha de salários e demais rendimentos do trabalho pagos ou creditados, a qualquer título, à pessoa física que lhe preste serviço apenas com vínculo empregatício.

A sequência correta, de cima para baixo (V – Verdadeiro; F- Falso), é:
(A) V – F – V – F – F
(B) V – V – V – F – F
(C) V – F – F – V – V
(D) F – V – F – F – V

I: correta (art. 195, III, da CF); II: correta (art. 195, I, da CF); III: correta (art. 195, IV, da CF); IV: incorreta. Ao contrário do mencionado, os recurso para o financiamento da seguridade social advirá, dentre outros, do trabalhador e dos demais segurados da previdência social, mas *não incidirá contribuição sobre aposentadoria e pensão* concedidas pelo regime geral de previdência social de que trata o art. 201 da CF (art. 195, II, da CF); V: incorreta. *Não é necessário o vínculo empregatício* (art. 195, I, da CF).
Gabarito "B".

**(Cartório/RJ – 2012)** Em relação às políticas de proteção ao meio ambiente, marque V para verdadeiro ou F para falso e, em seguida, assinale a alternativa que apresenta a sequência correta

I. Incumbe ao Poder Público promover a educação ambiental para os alunos do ensino básico, sendo facultativo para os outros níveis de ensino, nos termos da Lei.
II. Aquele que explorar recursos minerais fica obrigado a recuperar o meio ambiente degradado, de acordo com solução técnica previamente apresentada ao órgão público competente.
III. O estudo prévio de impacto ambiental é regularmente sigiloso.

(A) V/ V/ V
(B) V/ F/ F
(C) V/ F/ V
(D) F/ V/ V
(E) F/ F/ F

I: incorreta. De acordo com o art. 225, § 1º, VI, da CF, é atribuição do Poder Público a promoção da educação ambiental *em todos os níveis de ensino* e a conscientização pública para a preservação do meio ambiente; II: incorreta. Conforme o art. 225, § 2º, da CF, aquele que explorar recursos minerais fica obrigado a recuperar o meio ambiente degradado, de acordo com solução técnica *exigida pelo órgão público competente, na forma da lei*; III: incorreta. O art. 225, § 1º, IV, da CF determina que o Poder Público exija, na forma da lei, para instalação de obra ou atividade potencialmente causadora de significativa degradação do meio ambiente, estudo prévio de impacto ambiental, *a que se dará publicidade*.
Gabarito "E".

**(Cartório/RJ – 2012)** Sobre a assistência à saúde, assinale a alternativa **incorreta**.

(A) A assistência à saúde admite a participação indireta, mas em hipótese nenhuma a direta de empresas ou capitais estrangeiros na assistência à saúde no País.
(B) A assistência à saúde é livre à iniciativa privada.
(C) É vedada a destinação de recursos públicos para auxílios ou subvenções às instituições privadas com fins lucrativos.
(D) A execução das ações e serviços de saúde deve ser realizada diretamente pelo Poder Público ou através de terceiros e, também, por pessoa física ou jurídica de direito privado.
(E) Uma das diretrizes do Sistema Único de Saúde é a descentralização, com direção única em cada esfera de governo.

A: incorreta, devendo ser assinalada. De acordo com o § 3º do art. 199 da CF, "é vedada a *participação direta ou indireta de empresas ou capitais estrangeiros* na assistência à saúde no País, *salvo nos casos previstos em lei*. B: correta (art. 199, *caput*, da CF); C: correta (art. 199, § 2º, da CF); D: correta (art. 197 da CF); E: correta (art. 198, I, da CF).
Gabarito "A".

**(Cartório/SP – 2011 – VUNESP)** Sobre a disciplina da Família, da Criança, do Adolescente e do Idoso na Constituição Federal, é incorreto afirmar que

(A) o casamento religioso poderá ter efeito civil, nos termos da lei.
(B) entende-se como entidade familiar, também, aquela formada por qualquer dos pais e seus descendentes.
(C) a Constituição considerou idosa a pessoa com idade superior a 70 anos, para fins de proteção da lei, inclusive a gratuidade dos transportes coletivos urbanos.
(D) a Constituição definiu o princípio da absoluta prioridade em favor da criança e do adolescente, garantindo-se a eles o dever da família, da sociedade e do Estado para assegurar os direitos à vida, à saúde, à alimentação, à cultura e à dignidade.

A: correta (art. 226, § 2º, da CF); B: correta (art. 226, § 4º, da CF); C: incorreta, devendo ser assinalada. De acordo com o art. 230, § 2º, da CF, aos maiores de *sessenta e cinco anos* é garantida a *gratuidade dos transportes coletivos urbanos*; D: correta (art. 227, *caput*, da CF).
Gabarito "C".

**(Cartório/AM – 2005 – FGV)** Assinale a alternativa correta.

(A) É ilimitada a competência tributária que a Constituição Federal concede aos entes tributantes.
(B) Os Estados e Municípios, excepcionalmente, podem aumentar tributo por meio de ato administrativo desde que devidamente motivado.
(C) Os entes tributantes podem instituir impostos sobre patrimônio, renda ou serviços uns dos outros desde que pela alíquota mínima.
(D) Pode a União instituir isenção de tributo que não seja de sua competência desde que o faça por meio de lei federal.
(E) Os entes estatais não podem instituir impostos sobre livros e jornais.

A: incorreta, a competência tributária residual (art. 154, I, da CF) e a competência para instituir impostos extraordinários (art. 154, II, da CF) é da União. Os Estados, os Municípios e o DF só podem cobrar os tributos já instituídos pela Constituição Federal; B: incorreta, viola o art. 150, I, da CF (princípio da legalidade tributária); C: incorreta, viola o art. 150, VI, "a", da CF (imunidade recíproca); D: incorreta, o art. 151, III, da CF, veda expressamente a isenção heterônoma (heterotópica), ou seja, aquela concedida por outro ente, que não o titular da competência tributária; E: correta, art. 150, VI, "d", da CF.
Gabarito "E".

**(Cartório/AP – 2011 – VUNESP)** Nos termos do artigo 1º do Decreto-lei nº 1.593, de 21 de dezembro de 1977, com a redação dada pela Medida Provisória nº 2.158-35, de 2001, a fabricação de cigarros do tipo que especifica "será exercida exclusivamente pelas empresas que, dispondo de instalações industriais adequadas, mantiverem registro especial na Secretaria da Receita Federal do Ministério da Fazenda". O artigo 2º do mesmo diploma normativo prevê, ainda, as hipóteses em que o registro especial referido será cancelado. Os dispositivos citados do Decreto-lei em questão:

(A) são incompatíveis com a disciplina constitucional da liberdade de iniciativa, que impede o Estado de exercer função regulatória de atividade econômica privada.
(B) são compatíveis com a disciplina constitucional da liberdade de iniciativa, que permite à lei exigir autorização de órgãos públicos para o exercício de atividade econômica.
(C) ofendem a disciplina constitucional da liberdade de iniciativa, que assegura a todos o livre exercício de qualquer atividade econômica, independentemente de autorização.
(D) contrariam o princípio da legalidade, pois Decreto-lei e Medida Provisória não podem criar obrigações ou restrições ao exercício de direitos fundamentais.
(E) ferem os princípios da igualdade e livre concorrência, por estabelecerem tratamento diferenciado entre pessoas jurídicas que exercem atividades econômicas, fora das hipóteses autorizadas pela Constituição.

B: correta. Art. 170, parágrafo único, da CF. V. STF, MC em AC 1.657-6/RJ, Pleno, j. 27.06.2007, rel. Min. Joaquim Barbosa, DJ 31.08.2007.
Gabarito "B".

**(Cartório/DF – 2006 – CESPE)** Acerca do disposto na Constituição Federal a respeito do sistema tributário nacional, e de acordo com a jurisprudência do STF, julgue o próximo item.

(1) Considerando que a lei X, que majora os emolumentos cartorários de determinado Estado da Federação, tenha sido publicada no dia 31 de dezembro de 2005, com entrada em vigor no mesmo dia, a cobrança desses emolumentos só poderia ser iniciada, de forma compatível com a Constituição Federal, a partir de 1º de janeiro de 2006.

1: incorreta, a majoração de tributos submete-se, em regra, aos princípios da anterioridade comum (art. 150, III, "b", da CF) e da anterioridade nonagesimal (art. 150, III, "c", da CF), cumulativamente, o que a doutrina chama de anterioridade máxima (conjugação das duas alíneas – art. 150, III, "b" + "c", da CF). Pela anterioridade comum, prevista no art. 150, III, "b", da CF, a majoração do tributo (ou o tributo criado) somente pode ser exigida no exercício seguinte àquele em que foi publicada a respectiva lei. Pela anterioridade nonagesimal, a exigência somente é possível após 90 dias da data de publicação da lei. Vale a data posterior.
Gabarito 1E.

**(Cartório/ES – 2007 – FCC)** Considere as seguintes assertivas sobre o Sistema Tributário Nacional:

I. É vedado à União, Estados e Municípios cobrar tributos no mesmo exercício financeiro em que haja sido publicada a lei que os instituiu ou aumentou.
II. A União poderá instituir isenções de tributos da competência dos Estados, do Distrito Federal ou dos Municípios.
III. É vedado aos Estados, ao Distrito Federal e aos Municípios estabelecer diferença tributária entre bens e serviços, de qualquer natureza, em razão de sua procedência ou destino.
IV. A aplicação dos recursos provenientes de empréstimo compulsório será vinculada à despesa que fundamentou sua instituição.

De acordo com a Constituição Federal de 1988, está correto o que se afirma APENAS em

(A) I, II e III.
(B) I, II e IV.
(C) I, III e IV.
(D) I e IV.
(E) II e III.

I: correta, art. 150, III, "b", da CF; II: incorreta, o art. 151, III, da CF veda expressamente a isenção heterônoma (heterotópica), ou seja, aquela concedida por outro ente, que não o titular da competência tributária; III: correta, art. 152 da CF; IV: correta, art. 148, parágrafo único, da CF.
Gabarito "C".

**(Cartório/ES – 2007 – FCC)** NÃO é considerado um objetivo da seguridade social:

(A) diversidade da base de financiamento.
(B) equidade na forma de participação no custeio.
(C) diversidade dos benefícios e serviços às populações urbanas e rurais.
(D) seletividade e distributividade na prestação dos benefícios e serviços.
(E) universalidade da cobertura e do atendimento.

C: correta. Art. 194, parágrafo único, I a VII, da CF.
Gabarito "C".

**(Cartório/MA – 2008 – IESES)** Acerca da Ordem Econômica e Financeira assinale a alternativa correta, a qual elenca alguns de seus princípios expressos na Constituição da República Federativa do Brasil:

(A) Livre iniciativa e redução das desigualdades regionais e sociais.
(B) Livre concorrência e propriedade privada.
(C) Defesa do consumidor e dignidade da pessoa humana.
(D) Busca do pleno emprego e função social do contrato.

B: correta. Art. 170, I a IX, da CF.
Gabarito "B".

**(Cartório/MA – 2008 – IESES)** Sobre a Defesa do Estado e das Instituições Democráticas, analise as afirmações a seguir.

I. O Presidente da República pode, ouvidos o Conselho da República e o Conselho de Defesa Nacional, decretar estado de defesa em caso de declaração de estado de guerra ou resposta a agressão armada estrangeira.

II. De acordo com a Constituição Federal, a execução de atividades de defesa civil incumbe aos corpos de bombeiros militares.

III. Ao militar são proibidas a sindicalização e a greve e, ainda em relação a este, enquanto em serviço ativo, não pode estar filiado a partidos políticos.

IV. A segurança pública, dever do Estado, direito e responsabilidade de todos, é exercida para a preservação da ordem pública e da incolumidade das pessoas e do patrimônio, através dos seguintes órgãos: polícia federal, polícia rodoviária federal, polícia ferroviária federal, polícias civis, polícias militares, corpos de bombeiros militares e guardas municipais.

A alternativa que contém todas e somente as afirmações corretas é:

(A) III – IV
(B) I – II – IV
(C) II – III
(D) I – III

I: incorreta, não reflete o disposto no art. 137, II, da CF; II: correta, art. 144, § 5º, da CF; III: correta, art. 142, § 3º, IV e V, da CF; IV: incorreta, as guardas municipais não se inserem no conceito de segurança pública do art. 144, I a V, da CF.
Gabarito "C".

(Cartório/MS – 2009 – VUNESP) Nos moldes do que dispõe a Carta Magna de 1988, é uma limitação constitucional tributária imposta aos entes da República Federativa brasileira:

(A) instituir tratamento desigual entre contribuintes que se encontrem em situação equivalente, admitida a distinção unicamente em razão de ocupação profissional ou função por eles exercida.
(B) cobrar tributos em relação a fatos geradores ocorridos depois do início da vigência da lei que os houver instituído ou aumentado.
(C) instituir impostos e taxas sobre o patrimônio, renda ou serviços, uns dos outros.
(D) instituir impostos sobre o patrimônio, renda ou serviços dos partidos políticos, inclusive suas fundações, das entidades sindicais dos trabalhadores, das instituições de educação e de assistência social, sem fins lucrativos, atendidos os requisitos da lei.
(E) instituir imposto e taxas sobre os livros, jornais, periódicos e o papel destinado a sua impressão.

D: correta. Art. 150, I a VI, da CF.
Gabarito "D".

(Cartório/MS – 2009 – VUNESP) Na ordem econômica e financeira, a Constituição Federal estabelece que:

(A) as empresas públicas e as sociedades de economia mista não poderão gozar de privilégios fiscais não extensivos às do setor privado.
(B) a lei regulará o abuso do poder econômico que vise à dominação dos mercados, à eliminação da concorrência e ao aumento arbitrário dos lucros.
(C) como agente normativo e regulador da atividade econômica, o Estado exercerá, na forma da lei, as funções de fiscalização, incentivo e planejamento, sendo este determinante para os setores público e privado.
(D) o Estado regulará a organização da atividade garimpeira, impedindo a participação de empresas estrangeiras na atividade, levando em conta a degradação do meio ambiente e a proteção econômico-social dos garimpeiros.
(E) dependerá de autorização ou concessão da União o aproveitamento do potencial de energia renovável de capacidade reduzida.

A: correta, art. 173, § 2º, da CF; B: incorreta, a lei não regulará, mas reprimirá o abuso de poder econômico (art. 173, § 4º, da CF); C: incorreta, indicativo para o setor privado (art. 174 da CF); D: incorreta, não reflete o disposto no art. 174, §§ 3º e 4º, da CF; E: incorreta, independe de autorização nos casos de capacidade reduzida (art. 176, § 4º, da CF).
Gabarito "A".

(Cartório/MS – 2009 – VUNESP) No que tange à seguridade social, pode-se afirmar que é seu objetivo constitucional:

(A) uniformidade da cobertura e do atendimento.
(B) individualização e distinção dos benefícios e serviços às populações urbanas e rurais.
(C) seletividade e distributividade na prestação dos benefícios e serviços.
(D) diversidade na forma de participação no custeio.
(E) padronização da base de financiamento.

C: correta. Art. 194, parágrafo único, I a VII, da CF.
Gabarito "C".

(Cartório/MT – 2003 – UFMT) São princípios constitucionais que regem a ordem econômica e financeira:

(A) As leis de mercado, a livre concorrência e a liberdade de iniciativa, ressalvado o monopólio dos meios de produção pelo Estado para assegurar o bem comum.
(B) A livre concorrência, a defesa do consumidor e do meio ambiente e a busca do pleno emprego.
(C) A vedação da participação do capital estrangeiro nas instituições bancárias e financeiras nacionais e a livre concorrência.
(D) A soberania nacional, a propriedade privada e o domínio dos mercados, eliminando-se a concorrência pelo estabelecimento de monopólios, para maior eficiência e melhor qualidade dos produtos em defesa do consumidor.
(E) A soberania nacional, a propriedade privada, a valorização do trabalho humano e a repressão ao abuso do poder econômico.

B: correta. Art. 170, I a IX, da CF.
Gabarito "B".

(Cartório/PR – 2007) Em relação ao Sistema Tributário Nacional, assinale a correta:

(A) pelo princípio da personalização dos impostos e da capacidade contributiva os impostos não terão caráter pessoal e serão graduados segundo a ocupação profissional do contribuinte.

(B) Taxa é tributo cuja obrigação tem por fato gerador a valorização de imóveis urbanos em face de obras públicas.
(C) Contribuição de melhoria é tributo cuja obrigação tem por fato gerador o exercício do poder de polícia ou a utilização potencial e efetiva de serviços públicos prestados ao contribuinte.
(D) Pelo princípio da reserva de lei ou legalidade estrita a instituição ou aumento de tributo pode se dar por regulamento da Administração Pública.
(E) Imposto é tributo cuja obrigação tem por fato gerador uma situação independente da atividade estatal específica. Decorre de fatos descritos na lei.

A: incorreta, não reflete o disposto no art. 145, § 1º, da CF; B: incorreta, não reflete o disposto no art. 145, II, da CF; C: incorreta, não reflete o disposto no art. 145, III, da CF; D: incorreta, não reflete o disposto no art. 150, I, da CF; E: correta, art. 16 do CTN.
Gabarito "E".

**(Cartório/RO – III)** Assinale a opção correta:
(A) a previdência fiscal será organizada sob a forma de regime geral, de caráter contributivo e de filiação obrigatória;
(B) a aposentadoria é direito de todos os trabalhadores à inatividade remunerada com proventos calculados nos casos por: invalidez, tempo de contribuição e idade;
(C) o salário de contribuição é o mesmo que salário de retribuição de trabalho;
(D) assegura-se, em qualquer caso, a contagem recíproca do tempo de contribuição na Administração Pública e na inatividade privada.

A: incorreta, características da previdência social, não "fiscal" (art. 201 da CF); B: correta, no caso dos servidores públicos, v. art. 40 da CF; C: incorreta, o salário de contribuição corresponde à base de cálculo da contribuição previdenciária; D: incorreta, não reflete o disposto no art. 94 da Lei 8.213/1991.
Gabarito "B".

**(Cartório/SP – I – VUNESP)** Assinale a alternativa em que ambos os princípios arrolados embasam a ordem econômica estabelecida pela atual Constituição.
(A) Soberania nacional e busca da igualdade real entre os cidadãos.
(B) Busca do pleno emprego e tratamento favorecido para as empresas de pequeno porte constituídas sob as leis brasileiras e que tenham sede e administração no país.
(C) Planejamento estatal da atividade econômica, como determinante para o setor privado e defesa do meio ambiente.
(D) Propriedade coletiva dos meios de produção e defesa do consumidor.

B: correta. Art. 170, I a IX, da CF.
Gabarito "B".

**(Cartório/SP – II – VUNESP)** Com respeito ao que dispõe a Constituição Federal sobre comunicação social, assinale o enunciado correto. A propriedade de empresa jornalística e de radiodifusão sonora e de sons e imagens é privativa:
(A) de brasileiros natos, aos quais caberá a responsabilidade por sua administração.
(B) de brasileiros natos ou naturalizados há mais de dez anos, aos quais caberá a responsabilidade por sua administração e orientação intelectual.
(C) de brasileiros natos ou naturalizados, residentes no País, aos quais caberá a responsabilidade por sua administração e orientação intelectual.
(D) de brasileiros natos ou naturalizados há mais de cinco anos, residentes no País, aos quais caberá a responsabilidade por sua administração e orientação intelectual.

B: correta. Art. 222, *caput* e §§ 1º e 2º, da CF.
Gabarito "B".

**(Cartório/SP – III – VUNESP)** Assinale a alternativa correta sobre política urbana, considerando o que dispõe, a respeito, a Constituição Federal.
(A) A política de desenvolvimento urbano, executada pela União, Estados, Distrito Federal e Municípios, conforme diretrizes gerais fixadas em lei, tem por objeto ordenar o pleno desenvolvimento das funções sociais das cidades e garantir o bem-estar de seus habitantes.
(B) As desapropriações de imóveis urbanos serão feitas com prévia e justa indenização em títulos da dívida pública, assegurados o valor real e os juros legais.
(C) A desapropriação de área urbana não edificada, subutilizada ou não utilizada constitui uma das penalidades impostas ao proprietário para o fim de assegurar o cumprimento da função social da propriedade.
(D) Os imóveis públicos, excetuados os dominicais, não podem ser adquiridos por usucapião.

A: incorreta, não reflete o disposto no art. 182, *caput*, da CF; B: incorreta, não reflete o disposto no art. 182, § 3º, da CF; C: correta, art. 182, § 4º, III, da CF; D: incorreta, o art. 183, § 3º, da CF não prevê exceções.
Gabarito "C".

**(Cartório/SP – III – VUNESP)** Com respeito ao que dispõe a Constituição Federal sobre política fundiária e reforma agrária, assinale a alternativa correta.
(A) Compete à União, aos Estados e ao Distrito Federal desapropriar por interesse social, para fins de reforma agrária, o imóvel rural que não esteja cumprindo sua função social, mediante prévia e justa indenização em títulos da dívida agrária, com cláusula de preservação do valor real, resgatáveis no prazo de até vinte anos.
(B) Somente lei complementar pode regular o procedimento contraditório especial, obrigatoriamente de rito sumário, para o processo judicial de desapropriação de imóvel rural, por interesse social, para fins de reforma agrária.
(C) São isentas de impostos federais, estaduais e municipais e de custas e emolumentos relativos aos atos praticados pelos serviços notariais e de registro as operações de transferência de imóveis desapropriados para fins de reforma agrária.

**(D)** A alienação ou a concessão, a qualquer título, de terras públicas para fins de reforma agrária, com área superior a dois mil e quinhentos hectares, dependerá de prévia aprovação do Congresso Nacional.

A: incorreta, a competência é privativa da União (art. 184 da CF); B: correta, art. 184, § 3º, da CF; C: incorreta, não reflete o disposto no art. 184, § 5º, da CF; D: incorreta, não reflete o disposto no art. 188, § 1º, da CF.
Gabarito "B".

**(Cartório/SP – V – VUNESP)** O estado de sítio é decretado:

**(A)** pelo Presidente do Senado Federal, a pedido do Presidente da República.
**(B)** pelo Presidente do Supremo Tribunal Federal, a partir do recebimento de mensagem do Congresso Nacional.
**(C)** pelo Presidente da República, colhida autorização prévia do Congresso Nacional.
**(D)** pelo Presidente da República, submetido posteriormente o ato à aprovação do Senado Federal.

C: correta. Art. 137 da CF.
Gabarito "C".

**(Cartório/SP – V – VUNESP)** O estado de defesa é decretado:

**(A)** pelo Presidente do Senado Federal, a pedido do Presidente da República.
**(B)** pelo Presidente do Supremo Tribunal Federal, a partir do recebimento de mensagem do Congresso Nacional.
**(C)** pelo Presidente da República, colhida autorização prévia do Congresso Nacional.
**(D)** pelo Presidente da República, submetido posteriormente o ato à aprovação do Congresso Nacional.

D: correta. Art. 136, *caput* e § 4º, da CF.
Gabarito "D".

**(Cartório/SP – V – VUNESP)** Assinale a alternativa correta.

**(A)** O direito de reunião, enquanto vigente estado de sítio, sempre é suspenso.
**(B)** O estado de sítio, quando decretado, vigora sempre em todo território nacional.
**(C)** O estado de sítio só pode ser decretado por prazo determinado.
**(D)** O estado de sítio sempre é decretado por prazo indeterminado.

A: incorreta, a restrição prevista no art. 139, IV, da CF é facultativa, não obrigatória; B: incorreta, não há disposição nesse sentido na Constituição Federal; C: correta e D: incorreta. Art. 138, *caput* e § 1º, da CF.
Gabarito "C".

**(Cartório/SP – V – VUNESP)** Assinale a alternativa incorreta.

**(A)** A refinação de petróleo constitui monopólio da União Federal.
**(B)** A defesa do consumidor é um dos princípios da ordem econômica instituídos pela Constituição Federal.
**(C)** A livre concorrência não é um dos princípios da ordem econômica instituídos pela Constituição Federal.
**(D)** O Estado brasileiro pode assumir a exploração direta de atividade econômica quando necessário à segurança nacional.

A: correta, art. 177, II, da CF; B: correta, art. 170, V, da CF: C: incorreta (devendo ser assinalada), não reflete o disposto no art. 170, IV, da CF; D: correta, art. 173 da CF.
Gabarito "C".

**(Cartório/SP – VI – VUNESP)** A ordem econômica nacional, conforme expresso preceito constitucional, deve observar, dentre outros, os princípios de:

**(A)** tratamento favorecido para as empresas, propriedade plena e redução do desemprego.
**(B)** soberania nacional, propriedade pública, propriedade privada e propriedade social.
**(C)** função social da propriedade, redução de desigualdades trabalhistas e pleno emprego.
**(D)** livre concorrência, defesa do consumidor e defesa do meio ambiente.

D: correta. Art. 170, I a IX, da CF.
Gabarito "D".

**(Cartório/SP – VII – VUNESP)** Compete ao Conselho da República:

**(A)** manifestar-se nos processos de improbidade administrativa.
**(B)** decretar intervenção federal.
**(C)** decretar o estado de sítio.
**(D)** pronunciar-se sobre o estado de defesa.

D: correta. Art. 90, I e II, da CF.
Gabarito "D".

**(Cartório/SP – VII – VUNESP)** Sobre a disciplina da Família, da Criança, do Adolescente e do Idoso na Constituição Federal, é incorreto afirmar que:

**(A)** o casamento religioso poderá ter efeito civil, nos termos da lei.
**(B)** entende-se como entidade familiar, também, aquela formada por qualquer dos pais e seus descendentes.
**(C)** a Constituição considerou idosa a pessoa com idade superior a 70 anos, para fins de proteção da lei, inclusive a gratuidade dos transportes coletivos urbanos.
**(D)** a Constituição definiu o princípio da absoluta prioridade em favor da criança e do adolescente, garantindo-se a eles o dever da família, da sociedade e do Estado para assegurar os direitos à vida, à saúde, à alimentação, à cultura e à dignidade.

A: correta, na forma do art. 226, § 2º, da CF; B: correta, de acordo com o art. 226, § 4º, da CF; C: incorreta (devendo ser assinalada), pelo Estatuto do Idoso, os maiores de 60 (sessenta) anos são considerados idosos (art. 1º), mas a gratuidade dos transportes coletivos urbanos e semiurbanos é garantida para os maiores de 65 (sessenta e cinco) anos (art. 39 da Lei 10.741/2003); D: correta, art. 227 da CF.
Gabarito "C".

## 9. SERVIÇOS NOTARIAIS E DE REGISTRO

**(Cartório/SP – 2011 – VUNESP)** A Constituição Federal, quanto aos serviços notariais e de registro, não permite que qualquer serventia fique vaga, sem abertura de concurso de provimento ou de remoção, por mais de

(A) seis meses.
(B) noventa dias.
(C) um ano.
(D) três anos.

A: correta. De acordo com o art. 236, § 3º, da CF, o ingresso na atividade notarial e de registro depende de concurso público de provas e títulos, não se permitindo que qualquer serventia fique vaga, sem abertura de concurso de provimento ou de remoção, por mais de *seis meses*.
Gabarito "A".

**(Cartório/AM – 2005 – FGV)** Os serviços notariais e de registro, de acordo com o art. 236, *caput*, da Constituição Federal são exercidos em caráter _____.

(A) permanente.
(B) público.
(C) precário.
(D) privado.
(E) público e privado.

D: correta. Art. 236 da CF.
Gabarito "D".

**(Cartório/ES – 2007 – FCC)** No que concerne aos serviços notariais e de registro, é certo que:

(A) lei ordinária definirá a fiscalização dos atos dos notários, dos oficiais de registros e de seus prepostos pelo Poder Judiciário.
(B) são exercidos em caráter público, por delegação do Poder Público.
(C) a lei complementar regulará as atividades e disciplinará a responsabilidade civil e criminal dos notários, dos oficiais de registro e de seus prepostos.
(D) O ingresso na atividade notarial e de registro depende de concurso público de provas e títulos, não se permitindo que qualquer serventia fique vaga, sem abertura de concurso de provimento ou de remoção, por mais de um ano.
(E) a lei estadual de cada Estado da Federação estabelecerá normas gerais para fixação de emolumentos relativos aos atos praticados pelos serviços notariais e de registro.

A: correta e C: incorreta, art. 236, § 1º, da CF; B: incorreta, exercidos em caráter privado (art. 236, *caput*, da CF); D: incorreta, por mais de seis meses (art. 236, § 3º, da CF); E: incorreta, lei federal (art. 236, § 2º, da CF).
Gabarito "A".

**(Cartório/MS – 2009 – VUNESP)** Assinale a alternativa correta, considerando o disposto na vigente Constituição da República e o atual entendimento do Supremo Tribunal Federal.

(A) Os notários e oficiais de registro submetem-se ao regime da aposentadoria compulsória aos setenta anos de idade.
(B) Os notários e oficiais de registro são regidos pelo regime próprio de previdência dos servidores públicos.
(C) A delegação dos serviços notariais e registrais se perfaz e se rege por meio de contrato administrativo.
(D) A atividade desenvolvida pelos titulares das serventias de notas e registros não se sujeita ao direito público em razão de ela ser análoga à atividade empresarial.
(E) O exercício da atividade notarial e de registro é incompatível com o da advocacia, o da intermediação de seus serviços ou o de qualquer cargo, emprego ou função públicos, ainda que em comissão.

A: incorreta, o STF entende que o art. 40, § 1º, II, da CF não se aplica aos notários, por não serem servidores públicos: "Os notários e os registradores exercem atividade estatal, entretanto não são titulares de cargo público efetivo, tampouco ocupam cargo público. Não são servidores públicos, não lhes alcançando a compulsoriedade imposta pelo mencionado art. 40 da CF – aposentadoria compulsória aos setenta anos de idade" (STF, ADIn 2.602-0/MG, Pleno, j. 24.11.2005, rel. para o acórdão Min. Eros Grau, *DJ* 31.03.2006); B: incorreta, por não serem servidores públicos, inserem-se no Regime Geral de Previdência Social (RGPS); C: incorreta, a delegação é feita mediante concurso público (art. 236, § 3º, da CF); D: incorreta, os serviços notariais e de registro são exercidos em caráter privado, mas por delegação do Poder Público (art. 236 da CF), com fiscalização pelo Poder Judiciário (art. 236, § 1º, da CF); E: correta, texto do art. 25 da Lei 8.935/1994, que regulamenta o art. 236 da CF.
Gabarito "E".

**(Cartório/SP – II – VUNESP)** Analise as afirmativas abaixo.

I. Os serviços notariais e de registro são exercidos em caráter privado, por delegação do Poder Público, e os seus titulares, não sendo servidores públicos, não estão sujeitos à aposentadoria compulsória aos 70 (setenta) anos de idade.
II. Os serviços notariais e de registro são exercidos em caráter privado, por delegação do Poder Público, e os seus titulares, sendo servidores públicos, estão sujeitos à aposentadoria compulsória aos 70 (setenta) anos de idade.
III. Compete à lei federal estabelecer o valor dos emolumentos relativos aos atos praticados pelos serviços notariais e de registro em todo o território nacional.
IV. Compete à lei estadual estabelecer o valor dos emolumentos relativos aos atos praticados pelos serviços notariais e de registro.

Estão corretas apenas as afirmativas:

(A) I e III.
(B) II e III.
(C) I e IV.
(D) II e IV.

I e II: Apesar do entendimento contrário da banca, o STF entende que o art. 40, § 1º, II, da CF não se aplica aos notários, por não serem servidores públicos: "Os notários e os registradores exercem atividade estatal, entretanto não são titulares de cargo público efetivo, tampouco ocupam cargo público. Não são servidores públicos, não lhes alcançando a compulsoriedade imposta pelo mencionado artigo 40 da CF – aposentadoria compulsória aos setenta anos de idade"

(STF, ADIn 2.602-0/MG, Pleno, j. 24.11.2005, rel. para o acórdão Min. Eros Grau, DJ 31.03.2006); III e IV: Decorrem da interpretação do art. 236, § 2º, da CF.

"Gabarito "sem resposta" ("Gabarito da banca "D")."

**(Cartório/SP – III – VUNESP)** Podem ser titulares de delegação do exercício da atividade notarial e de registro:

(A) os brasileiros naturalizados, com idade mínima de 21 anos, habilitados em concurso público de provas e títulos.

(B) somente os brasileiros natos, com idade mínima de 18 anos, habilitados em concurso público de provas e títulos.

(C) os brasileiros natos e naturalizados, com idade mínima de 18 anos, habilitados em concurso público de provas e títulos.

(D) os brasileiros natos, os naturalizados e os estrangeiros de qualquer nacionalidade residentes no Brasil há mais de 15 anos ininterruptos e sem condenação penal, habilitados em concurso público de provas e títulos.

C: correta. Art. 14, I a VI, da Lei 8.935/1994.
Gabarito "C".

**(Cartório/SP – III – VUNESP)** Não é vedado aos notários e registradores:

(A) contratar escreventes, dentre eles escolhendo os substitutos, com remuneração livremente ajustada e sob o regime estatutário ou da legislação do trabalho.

(B) escolher tantos substitutos quantos forem necessários, a seu critério, sem necessidade de autorização judicial ou de comunicação ao juízo corregedor.

(C) o exercício de cargo público em comissão.

(D) o exercício de mandato eletivo de Vereador, havendo compatibilidade de horários.

A: incorreta, o art. 20 da Lei 8.935/1994 estabelece o regime trabalhista; B: incorreta, não reflete o disposto no art. 20, §§ 1º e 2º, da Lei 8.935/1994; C: incorreta, não reflete o disposto no art. 25 da Lei 8.935/1994; D: correta, não há proibição na Lei 8.935/1994.
Gabarito "D".

**(Cartório/SP – V – VUNESP)** Dispõe o artigo 236 da Constituição Federal que "os serviços notariais e de registro são exercidos em caráter privado, por delegação do Poder Público", o que permite afirmar:

(A) o caráter privado da função notarial e de registro, cujo exercício é delegado pelo Poder Público.

(B) a imposição do regime privado de execução, vedada expressamente a atuação estatal direta, o que caracteriza o exercício privado de função pública.

(C) que se trata de função mista, de caráter privado quando exercida pelos delegados e de caráter público quando exercida diretamente pelo Estado.

(D) a obrigatoriedade da delegação dos serviços notariais e registro, cuja titularidade deixou de pertencer ao Poder Público a partir da vigência da Constituição Federal de 1988.

De acordo com Luís Roberto Barroso, em parecer intitulado "Invalidade de exercício direto pelo Estado dos Serviços Notariais e de Registros. Interpretação conforme a Constituição do art. 1.361, § 1º, do novo Código Civil" a Constituição prevê quatro diferentes regimes de prestação de serviços públicos: "(i) O primeiro regime é aquele em que apenas o Poder Público, com exclusividade, pode prestar determinados serviços, caso típico dos serviços públicos inerentes (como defesa nacional, diplomacia, segurança pública, prestação de jurisdição, atividade legislativa, dentre outros). Não se cogita, ao menos no estágio ideológico atual, de particulares assumindo essa espécie de serviço; (ii) A segunda possibilidade constitui a regra geral em matéria de serviços públicos, prevista no art. 175 da Constituição e reproduzida quando da previsão de vários serviços específicos. Por este regime, o Estado pode explorar diretamente o serviço ou delegar sua execução aos particulares por meio de concessão, permissão ou autorização, sempre através de licitação. A decisão a esse respeito estará na esfera infraconstitucional; (iii) A terceira possibilidade prevista pela Constituição é a da prestação conjunta do serviço pelo Estado e pelos particulares. Nessa hipótese, porém, diversamente do que se passa com a regra geral do art. 175, a execução dos serviços pela iniciativa privada dependerá, no máximo, de uma licença – ato administrativo vinculado – uma vez atendidas as exigências legais. É o caso dos serviços de educação (CF, art. 209), saúde (CF, art. 199) e previdência (CF, art. 201 e seguintes). A própria Constituição delega aos particulares a prestação desses serviços e o legislador infraconstitucional não poderá obstruir essa faculdade; (iv) O último regime constitucional acerca da prestação de serviços públicos é aquele em que a Constituição atribui ao particular, de forma direta, mediante concurso público, e com exclusão do Poder Público, o desempenho da atividade. É o que se passa com os serviços notariais e de registro, nos termos do art. 236 da Carta em vigor."
Gabarito "B".

**(Cartório/SP – VII – VUNESP)** A Constituição Federal, quanto aos serviços notariais e de registro, não permite que qualquer serventia fique vaga, sem abertura de concurso de provimento ou de remoção, por mais de:

(A) seis meses.
(B) noventa dias.
(C) um ano.
(D) três anos.

A: correta. Art. 236, § 3º, da CF.
Gabarito "A".

## 10. TEMAS COMBINADOS

**(Cartório/RN – 2012 – IESIS)** De acordo com a Constituição da República Federativa do Brasil de 1988, marque **V** ou **F**, conforme as afirmações a seguir sejam **verdadeiras** ou **falsas**.

I. Aquele que explorar recursos minerais fica obrigado a recuperar o meio ambiente degradado.

II. As condutas e atividades consideradas lesivas ao meio ambiente sujeitarão os infratores, a sanções penais e administrativas, independentemente da obrigação de reparar os danos causados.

III. São disponíveis as terras devolutas.

IV. A Serra do Mar não é patrimônio nacional.

V. A Zona Costeira não é patrimônio nacional.

A sequência correta, de cima para baixo, é:

(A) V – F – V – F – F
(B) V – V – F – F – F
(C) F – V – F – F – V
(D) V – F – F – V – V

I: correta (art. 225, § 2º, da CF); II: correta (art. 225, § 3º, da CF); III: incorreta. As terras devolutas necessárias à proteção dos ecossistemas naturais são indisponíveis (art. 225, § 5º, da CF); IV e V: incorretas. A Serra do Mar e a Zona Costeira são consideradas patrimônio nacional (art. 225, § 4º, da CF).

Gabarito "B".

**(Cartório/SC – 2012)** Assinale a alternativa **correta**:

(A) O Conselho de Defesa Nacional é órgão de consulta do Presidente da República nos assuntos relacionados com a soberania nacional e a defesa do Estado democrático, e dele participam como membros natos, entre outros, o Ministro da Justiça e o Presidente do Supremo Tribunal Federal.
(B) O Supremo Tribunal Federal poderá, de ofício ou por provocação, mediante decisão de dois terços dos seus membros, após reiteradas decisões sobre matéria constitucional, aprovar súmula que, a partir de sua publicação na imprensa oficial, terá efeito vinculante somente em relação aos demais órgãos do Poder Judiciário, nas esferas federal e estadual, bem como poderá proceder à sua revisão ou cancelamento, na forma estabelecida em lei.
(C) O INSS é uma autarquia federal, portanto as causas que tenham por objetivo o pleito de auxílio-acidente oriundo de infortunística devem ser submetidas ao processamento e julgamento perante os juízes federais.
(D) Somente pelo voto da maioria absoluta de seus membros ou dos membros do respectivo órgão especial poderão os tribunais declarar a inconstitucionalidade de lei ou ato normativo do Poder Público. A essa disposição constitucional se dá o nome de Cláusula de Reserva de Plenário.
(E) Nos termos da Constituição Federal, os Tribunais e Juízes dos Estados e do Distrito Federal e Territórios não integram o Poder Judiciário Nacional.

A: incorreta. O Presidente do STF não é membro do Conselho de Defesa Nacional (art. 91 da CF); B: incorreta. O efeito vinculante não se restringe aos demais órgãos do Poder Judiciário, aplica-se também à Administração Pública direta e indireta, nas esferas federal, estadual e municipal (art. 103-A, *caput*, da CF); C: incorreta. As causas que tenham por objetivo o pleito de auxílio-acidente oriundo de infortunística devem ser submetidas ao processamento e julgamento perante a *Justiça Estadual*. O art. 109, I, da CF *exclui* da competência dos juízes federais as causas decorrentes de acidentes de trabalho, mesmo que a União, entidade autárquica ou empresa pública federal forem interessadas; D: correta (art. 97 da CF); E: incorreta.Tais Tribunais e Juízes integram o Poder Judiciário Nacional (art. 92, VII, da CF).

Gabarito "D".

**(Cartório/AM – 2005 – FGV)** Analise as proposições a seguir:

I. O Congresso Nacional se compõe da Câmara dos Deputados e do Senado Federal.
II. Os governadores têm legitimidade para propor emenda à Constituição Federal.
III. A separação dos Poderes é uma das cláusulas pétreas.
IV. O Conselho Nacional de Justiça não é órgão do Poder Judiciário.

Assinale:

(A) se somente as proposições I e II forem verdadeiras.
(B) se somente as proposições I e III forem verdadeiras.
(C) se somente as proposições I e IV forem verdadeiras.
(D) se somente as proposições I, II e III forem verdadeiras.
(E) se somente as proposições II, III e IV forem verdadeiras.

I: correta, art. 44 da CF; II: incorreta, os legitimados para propor emendas à Constituição estão categoricamente listados no art. 60, I a III, da CF; III: correta, art. 60, § 4º, III, da CF; IV: incorreta, art. 92, I-A, da CF.

Gabarito "B"

**(Cartório/SC – 2008)** Assinale a alternativa correta:

(A) Todas as ilhas fluviais e lacustres pertencem à União.
(B) As leis complementares serão aprovadas pelo voto de dois terços dos parlamentares.
(C) Compete exclusivamente à União legislar sobre custas dos serviços forenses.
(D) A lei penal pode retroagir.
(E) O voto é facultativo para os analfabetos, para os maiores de 16 e os menores de 18 anos, e para os maiores de 65 anos de idade.

A: incorreta, não reflete o disposto no art. 20, IV, da CF; B: incorreta, aprovadas por maioria absoluta (art. 69 da CF); C: incorreta, competência concorrente (art. 24, IV, da CF); D: correta, quando para beneficiar o réu (art. 5º, XL, da CF); E: incorreta, não reflete o disposto no art. 14, § 1º, II, "b", da CF.

Gabarito "D".

# 3. DIREITO ADMINISTRATIVO

Flávia Moraes Barros Michele Fabre e Wander Garcia*

## 1. PRINCÍPIOS DO DIREITO ADMINISTRATIVO

(Cartório/MG – 2012 – FUMARC) Segundo a Constituição do Estado de Minas Gerais, a atividade administrativa dos Poderes do Estado e a de entidade descentralizada se sujeitarão aos princípios da:

(A) legalidade, impessoalidade, eficiência, moralidade, anualidade e publicidade.
(B) legalidade, impessoalidade, moralidade, publicidade, eficiência e anterioridade.
(C) legalidade, impessoalidade, moralidade, publicidade, eficiência e razoabilidade.
(D) legalidade, impessoalidade, moralidade, anualidade, publicidade e transparência.

A Constituição do Estado de Minas Gerais, em acréscimo ao que dispõe a Constituição Federal, de fato prevê a razoabilidade como princípio da Administração (art. 13 da Constituição de Minas Gerais, com nova redação dada pela Emenda à Constituição 49).
Gabarito "C".

(Cartório/RO – III) A Administração pública direta, indireta ou fundacional, de qualquer dos poderes da União, dos Estados, do Distrito Federal e dos Municípios, obedecerá aos princípios:

(A) finalidade, publicidade, impessoalidade, eficiência e legitimidade;
(B) legitimidade, constitucionalidade, moralidade, impessoalidade e legalidade;
(C) moralidade, impessoalidade; legalidade, eficiência e publicidade;
(D) finalidade, moralidade, impessoalidade, permissividade e legalidade.

Art. 37, caput, da CF/1988 – fica mais fácil guardar quais os princípios constitucionais que regem a Administração Pública lembrando-se da palavra "L-I-M-P-E": **L**egalidade, **I**mpessoalidade, **M**oralidade, **P**ublicidade e **E**ficiência.
Gabarito "C".

(Cartório/RN – 2012 – IESIS) De acordo com súmula vinculante editada pelo Supremo Tribunal Federal, assinale a alternativa que enumera as proposições em que há **VIOLAÇÃO** aos princípios constitucionais de Direito Administrativo, em especial os previstos expressamente no art. 37, caput, da Constituição Federal:

I. A nomeação para o exercício de cargo em comissão, de cônjuge ou companheiro da autoridade nomeante.
II. A nomeação para o exercício de cargo em comissão, de bisneto de servidor da mesma pessoa jurídica investido em cargo de direção, chefia ou assessoramento.
III. A nomeação para o exercício de função gratificada na administração pública, de primo da autoridade nomeante.
IV. A nomeação de pessoas contratadas de forma temporária, em qualquer caso.

(A) Em todas as proposições.
(B) Somente nas proposições III e IV.
(C) Somente nas proposições I, II e III.
(D) Somente nas proposições I e II.

O nepotismo, vedado pela Súmula Vinculante 13 do STF, fere o princípio da moralidade. I: correta (Súmula Vinculante 13 do STF); II: correta, valendo lembrar que o bisneto é parente em 3.º grau do bisavô (Súmula Vinculante 13 do STF); III: incorreta, pois primo é parente em 4.º grau e a súmula mencionada veda a nomeação de parente até o 3.º grau; IV: incorreta, pois a nomeação proibida na súmula é para cargo em comissão ou função gratificada, não atingindo assim a designação para funções temporárias.
Gabarito "D".

(Cartório/SC – 2012) A respeito dos princípios constitucionais aplicáveis à administração pública, pode-se afirmar:

I. O princípio da supremacia do interesse público não se constitui como um princípio constitucional administrativo, uma vez que não está previsto expressamente na cabeça do artigo 37 da Constituição Federal.

---

* Wander Garcia comentou as questões dos seguintes concursos: MG/12, RJ/12, RN/12 e SC/12. As demais foram comentadas pela autora Flávia Moraes Barros Michele Fabre.

II. Segundo o princípio da legalidade, presente no *caput* do artigo 37 da Constituição Federal, o administrador público somente poderá fazer o que estiver expressamente autorizado em lei e nas demais espécies normativas, não havendo por isso vontade subjetiva dele, dado que na administração pública só é permitido fazer o que a lei autoriza. Contudo, esse princípio que estabelece severa vinculação encontra-se relativizado quando no exercício da atividade administrativa o administrador público pratica atos tidos como discricionários. Esses atos, ao contrário dos vinculados, exigem do administrador público certa margem de operatividade para que se alcance o desiderato maior que é o interesse coletivo (bem-estar social). Nesse diapasão, o administrador público, no afã de alcançar o bem comum, edita o ato discricionário com esteio na conveniência e na oportunidade, razão pela qual não se exige dele submissão completa ao império constitucional e nem ao legal, relativizando-se assim o princípio da legalidade.

III. O princípio da razoabilidade, ainda que não expresso no *caput* do artigo 37 da Constituição Federal, é considerado como um princípio constitucional administrativo, uma vez que exige do administrador público agir com proporcionalidade na materialização do exercício da função pública e atuar com justiça e adequação subministrando seus atos impelido por critérios racionais e coerentes, consentâneos com a realidade dos fatos.

IV. O princípio da publicidade presente também no *caput* do artigo 37 da Constituição Federal veste a regra da transparência administrativa. Seu objetivo é dar conhecimento público à sociedade de todas as decisões administrativas, produzindo, a partir de então, seus consequentes efeitos. Todavia, a publicidade, mesmo que considerada princípio constitucional expresso, cede em razão do interesse público, quando este por seus próprios motivos assim o exigir.

(A) Somente as proposições I, II e III estão corretas.
(B) Somente as proposições III e IV estão corretas.
(C) Somente a proposição IV está correta.
(D) Somente a proposição II está correta.
(E) Somente as proposições I e IV estão corretas.

I: incorreta, pois o princípio da supremacia do interesse público sobre o interesse privado decorre do próprio princípio republicano, sendo reconhecido pela doutrina como princípio basilar do Direito Administrativo, ainda que não previsto expressamente no art. 37, *caput*, da CF; II: incorreta, pois a discricionariedade não isenta o administrador público de obedecer aos preceitos legais e constitucionais; III: correta; de fato, o princípio não está expresso na CF, mas decorre do disposto no art. 5.º, LXXVIII, e 70, *caput*, da CF, neste último caso, por conta das expressões "legitimidade" e "economicidade"; IV: correta, nos termos do art. 5.º, XXXIII, da CF.
Gabarito "B".

(Cartório/SC – 2008) Assinale a alternativa INCORRETA:
(A) Os princípios que norteiam o Direito Administrativo brasileiro, tais como legalidade, impessoalidade, moralidade administrativa, publicidade, eficiência, razoabilidade, finalidade, motivação e interesse público, visam sempre à supremacia do interesse público sobre o particular.
(B) No âmbito do Direito Administrativo, é possível a inversão do princípio da legalidade, se a parte beneficiária for pessoa jurídica considerada sem fins lucrativos, pois o administrador pode, nesse caso, dispor dos interesses públicos confiados à sua guarda em benefício do bem-estar social.
(C) À Administração Pública é facultada a autotutela de seus atos, decorrente do princípio da legalidade, pois, uma vez que está sujeita à lei, cabe-lhe o controle da legalidade, podendo, inclusive, zelar pelos bens que integram o seu patrimônio, sem necessitar de título fornecido pelo Poder Judiciário, exercendo a polícia administrativa contra os atos que ponham em risco a conservação desses bens.
(D) O princípio da publicidade, que está inserido no artigo 37 da Constituição da República, exige a ampla divulgação dos atos praticados pela Administração Pública, ressalvadas as hipóteses de sigilo previstas em lei.
(E) O princípio da eficiência está previsto na Constituição da República como um dos princípios norteadores da Administração Pública.

A: correta, os princípios que regem o Direito Administrativo Brasileiro são, todos eles (estejam previstos na Constituição, em leis ordinárias ou decorram da própria lógica do ordenamento jurídico), voltados a garantir que o interesse público, primário ou secundário, se sobreponha ao do particular, não para aviltar esse último, mas para assegurar o bem comum e o bom convívio em sociedade dentro do que está estabelecido em lei; B: incorreta, o interesse público é sempre indisponível, isto é, não há qualquer margem de liberdade para que o administrador dele disponha, visto que não tem com à coisa pública uma relação de propriedade, mas de administração de bens que pertencem ao povo. Daí porque a Administração Pública só pode fazer o que a lei lhe autoriza, não cabendo de modo algum falar em "inversão do princípio da legalidade". C: correta, trata-se do atributo da autotutela, em razão da qual a Administração Pública pode revogar os atos por conveniência e oportunidade ou anulá-los quando eivados de vícios; D: correta, art. 37 da CF/1988 c/c o art. 5º, XXXIII, da CF/1988; E: correta, art. 37, *caput*, da CF/1988.
Gabarito "B".

(Cartório/SC – 2008) Analise as proposições abaixo à luz das regras do Direito Administrativo brasileiro:

I. O administrador público pode realizar somente o que está na lei.
II. O administrador privado pode realizar tudo o que a lei não vede.
III. O administrador público possui poderes administrativos que visam atender ao interesse público.
IV. O administrador público deve, em regra, estar adstrito aos princípios administrativos e constitucionais na prática dos atos de sua competência.

Assinale a alternativa correta.
(A) Somente a proposição III está correta.
(B) Apenas as proposições I e IV estão corretas.
(C) Somente as proposições II e IV estão corretas.
(D) Todas as proposições estão corretas.
(E) Apenas as proposições II e III estão corretas.

Todas as assertivas da questão estão corretas. I, II, e IV: enquanto o administrador público só pode fazer aquilo que a lei determina, mantendo com ela uma relação de subsunção (na medida em que seus atos devem se subsumir às hipóteses autorizativas legais, sendo-lhe vedado atuar caso essa autorização inexista), ao administrador particular é dada a liberdade para fazer tudo o que a lei não vede, em uma relação de não contradição, tal como estabelecido pelo artigo 5º, II, da CF/1988, o qual preceitua que "ninguém será obrigado a fazer ou deixar de fazer alguma coisa senão em virtude de lei". III: a partir do momento em que foi dado ao Estado a finalidade maior de atender ao interesse público, precisa ele manejar poderes que lhe permitam garantir esse atendimento. Daí porque lhe são outorgados poderes administrativos, que têm seus limites estabelecidos pela lei.
Gabarito "D".

**(Cartório/SP – III – VUNESP)** A lei é a fonte primária do direito administrativo. Considerando que este se ressente de codificação legal, é possível afirmar que
(A) não se admite interpretação jurisprudencial contra a doutrina estrangeira.
(B) a jurisprudência, por seu caráter mais prático e objetivo que a doutrina e a lei, é valiosa fonte para o direito administrativo.
(C) a aplicação dos usos e costumes em direito administrativo supera o entendimento jurisprudencial.
(D) o direito administrativo não aceita interpretação jurisprudencial.

A: incorreta, é perfeitamente admissível a interpretação jurisprudencial contra a doutrina estrangeira. Aliás, uma das características da jurisprudência é seu nacionalismo, pela contínua adaptação da lei e dos princípios teóricos ao caso concreto. Destarte, sendo o Direito Administrativo menos geral que os demais ramos do Direito, isto é, tendo tendências variadas segundo o perfil de cada Estado, encontra muitas vezes mais afinidade com a jurisprudência do que com a doutrina estrangeira; B: correta, a jurisprudência, por ser voltada a solução de casos concretos, é mais prática e objetiva que a doutrina e a lei; C: incorreta: os usos e costumes, embora exerçam certa influência no direito administrativo em razão da ausência de legislação, não superam o entendimento jurisprudencial que, por ser prático e objetivo, é de relevada importância; D: incorreta, como vimos nas assertivas anteriores, a interpretação jurisprudencial é fonte relevante de direito administrativo.
Gabarito "B".

**(Cartório/SP – II – VUNESP)** Analise as afirmativas abaixo.
I. Em razão da supremacia dos interesses públicos, pode a Administração, de forma unilateral, constituir obrigações aos particulares e, em determinados casos, pode modificar unilateralmente as relações com estes já estabelecidas.
II. A Administração, escudada na supremacia do interesse público sobre o privado, pode exercer as prerrogativas de sua posição privilegiada com a mesma autonomia e liberdade com que os particulares exercitam seus direitos.
III. A Administração pode promover a revogação dos próprios atos através de manifestação unilateral de vontade e pode, quando viciados, deles decretar a nulidade.

Pode-se dizer que estão corretas as afirmativas
(A) I e II, apenas.
(B) I e III, apenas.
(C) II e III, apenas.
(D) I, II e III.

I: correta, desde que haja previsão legal, a Administração Pública pode, de forma unilateral, constituir obrigações aos particulares bem como, em determinados casos, modificar unilateralmente relações com estes já estabelecidas. II: incorreta, a Administração Pública não pode fazer senão o que a lei lhe autoriza e sempre com vistas ao ótimo atendimento do interesse público envolvido. Isso implica dizer que, ainda quando a lei dá certa margem de liberdade de escolha ao administrador público, o caso concreto pode demonstrar que apenas uma ou algumas das medidas admitidas pela lei atenderiam de forma ótima ao interesse público subjacente, de modo que não há, tal como ocorre na seara privada, a mesma liberdade e autonomia no manejo dos poderes públicos. III: correta, trata-se o poder de autotutela da Administração Pública, que pode anular diretamente seus atos ilegais ou revogá-los por oportunidade ou conveniência, logicamente dentro de certos limites.
Gabarito "B".

**(Cartório/SP – I – VUNESP)** Analise as afirmativas abaixo.
I. É princípio de Direito Administrativo o da supremacia do interesse público sobre o particular.
II. Em nome do princípio da autonomia da vontade, deve-se admitir que, nas relações entre particulares, podem eles fazer tudo o que não for proibido por lei.
III. Em consequência, também à Administração Pública se deve reconhecer o direito de fazer tudo aquilo que não for proibido por lei.

Dessas afirmativas, são admitidas pelo Direito brasileiro
(A) I, II e III.
(B) apenas II e III.
(C) apenas I e III.
(D) apenas I e II.

I: correta, embora não esteja expressamente consignado no ordenamento jurídico, trata-se de um princípio implícito e geral, que é inerente a qualquer sociedade e a própria condição de sua existência, a fim de que a coletividade possa conviver. Por essa razão, isto é, para que o interesse público seja devidamente atendido, dá-se à Administração Pública o manejo de poderes administrativo em face do particular, que pode ter seus interesses privados limitados em prol do bem comum, logicamente dentro dos lindes estabelecidas na lei. II: correta, ao particular é dada a liberdade para fazer tudo o que a lei não vede, em uma relação com essa de não contradição, tal como estabelecido pelo artigo 5º, II, da CF/1988. É o que preceitua que "ninguém será obrigado a fazer ou deixar de fazer alguma coisa senão em virtude de lei"; III: incorreta, de modo diverso do particular, o administrador público só pode fazer aquilo que a lei determina, mantendo com ela uma relação de subsunção (na medida em que seus atos devem se subsumir às hipóteses autorizativas legais, sendo-lhe vedado atuar caso essa autorização inexista).
Gabarito "D".

**(Cartório/SP – II – VUNESP)** Entre os princípios a que se submetem a Administração e as pessoas administrativas estão
I. o da legalidade;
II. o da igualdade entre a Administração e os particulares nas ações judiciais em que litigam;
III. o do controle jurisdicional dos atos administrativos;
IV. o da publicidade.

Pode-se dizer que estão corretos apenas os itens

(A) I e II.
(B) I, II e III.
(C) I, III e IV.
(D) II, III e IV.

I: correta, art. 37, *caput*, da CF/1988; II: incorreta, em nome da supremacia do interesse público sobre o particular, a lei outorga uma série de prerrogativas aos entes públicos quando esses litigam em juízo; III: correta, a submissão da Administração Pública ao Poder Judiciário decorre diretamente do princípio da inafastabilidade da jurisdição – art. 5º, XXXV, da CF/1988; IV: correta, art. 37, *caput*, da CF/1988.
Gabarito "C".

**(Cartório/SP – III – VUNESP)** O entendimento de que ao particular é lícito fazer tudo que a lei não proíbe e na Administração Pública só é permitido fazer o que a lei autoriza reflete, dentre os princípios básicos da administração, o da

(A) publicidade.
(B) moralidade.
(C) impessoalidade.
(D) legalidade.

Enquanto ao particular, em razão do que estabelece o 5º, II, da CF/1988, é dada a liberdade para fazer tudo o que a lei não vede (relação de não contradição com a lei), ao administrador público só é dado fazer aquilo que a lei determina, mantendo com ela uma relação de subsunção, na medida em que seus atos devem se subsumir às hipóteses autorizativas legais, sendo-lhe vedado atuar caso essa autorização inexista.
Gabarito "D".

**(Cartório/SP – III – VUNESP)** O clássico princípio da finalidade é conceituado atualmente como princípio da impessoalidade. Deste princípio, é possível concluir como correto que

(A) é possível praticar ato administrativo sem interesse público ou conveniência para a administração.
(B) é possível promoção pessoal de autoridade em razão de sua administração, desde que baseada em contrato público.
(C) fica afastada a possibilidade de promoção pessoal de autoridades ou servidores públicos sobre realizações administrativas.
(D) a prática de ato administrativo para satisfazer interesse próprio não implica em abuso do poder.

O princípio da impessoalidade impõe à Administração a obrigação de tratar a todos os administrados de forma isonômica, isto é, sem perseguições ou favoritismos. Por outro lado, deixa claro que o administrador não pode valer-se dos poderes que lhes são outorgados para o exercício de função pública para atender a interesses próprios. O poder emana do povo, a res é pública e o administrador trabalha em prol do interesse de terceiro, ou seja, a coletividade. Incorretas, portanto, todas as demais assertivas, visto que implicam a utilização dos poderes administrativos de forma personalista, sem visar ao indisponível interesse público.
Gabarito "C".

**(Cartório/SP – V – VUNESP)** São princípios que informam toda atividade administrativa:

(A) moralidade, legalidade, prioridade, especialidade e continuidade.
(B) legalidade, publicidade, razoabilidade, especialidade e eficiência.
(C) proporcionalidade, razoabilidade, moralidade, legalidade e eficiência.
(D) eficiência, legalidade, prioridade, impessoalidade e moralidade.

Proporcionalidade e razoabilidade são princípios gerais de direito; moralidade, legalidade e eficiência são princípios expressamente consignados no art. 37, *caput*, da CF/1988. Repare que a questão se refere a toda atividade administrativa, razão pela qual a continuidade (princípio que rege os serviços públicos) e a especialidade (princípio referente aos entes da administração indireta) não estão corretos. Prioridade não é princípio administrativo.
Gabarito "C".

**(Cartório/SP – VI – VUNESP)** Leia atentamente os seguintes enunciados.

I. Adequação entre meios e fins, vedada a imposição de obrigações, restrições e sanções em medida superior àquelas estritamente necessárias ao atendimento do interesse público.
II. Objetividade no atendimento do interesse público, vedada a promoção pessoal de agentes ou autoridades.
III. Atuação segundo padrões éticos de probidade, decoro e boa-fé.

Nesses enunciados, estão expressos, respectivamente, os seguintes princípios da Administração Pública:

(A) proporcionalidade (I), impessoalidade (II) e moralidade (III).
(B) razoabilidade (I), moralidade (II) e proporcionalidade (III).
(C) finalidade (I), supremacia do interesse público (II) e razoabilidade (III).
(D) razoabilidade (I), finalidade (II) e impessoalidade (III).

Proporcionalidade é precisamente a medida da razoabilidade, ou seja, é a adequação entre fins e meios. Impessoalidade é princípio que se traduz em dois aspectos: em relação aos administrados, veda quaisquer perseguições ou favoritismos, determinando seu tratamento isonômico. Em relação ao administrador, veda o uso personalista da coisa pública, como se dela dono fosse. Por fim, a moralidade é a obrigatoriedade de ação administrativo segundo preceitos éticos.
Gabarito "A".

**(Cartório/SP – 2011 – VUNESP)** A divulgação oficial do ato administrativo, para conhecimento e início de seus efeitos externos, a título de publicidade, é considerada

(A) requisito de eficácia e moralidade.
(B) elemento formativo do ato.
(C) condição para convalidar atos irregulares.
(D) exigência administrativa facultativa.

A publicidade é condição de eficácia do ato administrativo, o qual não produz efeitos em relação a terceiros enquanto não lhe é dada a devida divulgação. Por outro lado, tendo em vista que o administrador maneja poderes que lhes são dados para que ele possa bem atingir o interesse público, seus atos devem ser devidamente publicizados para que sejam passíveis de controle, em nome do princípio da moralidade.
Gabarito "A".

## 2. PODERES ADMINISTRATIVOS

**(Cartório/RN – 2012 – IESIS)** A ação punitiva do Estado deve ocorrer em um certo lapso temporal, sob pena de estar abarcada pelo instituto da prescrição. A respeito do tema, assinale a alternativa **INCORRETA**:

(A) A ação punitiva da Administração Pública Federal, direta e indireta, no exercício do poder de polícia, objetivando apurar infração à legislação em vigor, em regra, prescreve em cinco anos, contados da data em que tomou conhecimento da prática do ato.

(B) Em casos de infração permanente ou continuada, a prescrição somente começará a contar da data em que o ato tiver cessado.

(C) Se o ato administrativo constituir crime, o prazo prescricional será o mesmo da lei penal.

(D) Prescrevem em período superior a três anos os procedimentos administrativos paralisados que estão aguardando despacho ou julgamento da autoridade administrativa.

A: incorreta, devendo ser assinalada; como regra, o prazo em tela é contado da data da própria prática do ato e não da data do conhecimento da prática do ato (art. 1.º, *caput*, da Lei 9.873/1999); B: correta (art. 1.º, *caput*, da Lei 9.873/1999); C: correta (art. 1.º, § 2.º, da Lei 9.873/1999); D: correta (art. 1.º, § 1.º, da Lei 9.873/1999).
Gabarito "A".

**(Cartório/SP – IV – VUNESP)** Com relação ao poder disciplinar da Administração pública, pode-se afirmar que é

(A) faculdade punitiva interna da Administração, só abrangendo as infrações relacionadas com o serviço.

(B) faculdade punitiva interna da Administração, não alcançando fatos já previstos pelo direito penal, visto que este já se dá por meio da Justiça Penal, com o que se evita o *bis in idem*, repelido pelo direito positivo pátrio.

(C) faculdade punitiva interna da Administração, devendo, no entanto, o superior hierárquico observar o princípio da pena específica, segundo o qual não haverá falta administrativa, nem pena sem prévia e expressa definição legal.

(D) um poder-dever do superior hierárquico, que há de, tão logo verificado o ato, aplicar a pena e ordenar a publicação, salvo nos casos em que lhe falte competência, hipótese em que deverá levar o fato ao conhecimento da autoridade competente que, tomando ciência dele e sem delongas, imporá a pena e a fará publicar na imprensa oficial, ressalvando que a defesa e a invalidação do ato se dará pelo Judiciário, em respeito ao *due process of law* e à ampla defesa.

A: correta, o poder disciplinar é decorrência de uma relação especial estabelecida entre a Administração Pública e seus servidores e refere-se à faculdade de punir internamente as infrações funcionais dos servidores e demais pessoas sujeitas à disciplina dos órgãos e serviços da Administração. Seu âmbito de incidência é, pois, relativo à conduta interna de seus servidores; B: incorreta, a punição disciplinar e a criminal têm fundamentos diferentes, sendo diversa a natureza das penas, em termos de substância. É justamente em razão dessa diferença substancial, que é possível a aplicação conjunta das duas penalidades sem que ocorra *bis in idem*, de modo que é possível que uma mesma infração dê ensejo à punição administrativa (disciplinar) e a punição penal (criminal); C: incorreta, uma das características do poder disciplinar é, como regra, a discricionariedade, não havendo nesse âmbito a tipicidade exigida na seara penal. Não se aplica ao poder disciplinar, portanto, o princípio da pena específica; D: incorreta, a aplicação da penalidade depende de processo administrativo ou meio sumário prévio de apuração da ocorrência e gravidade da conduta do servidor. A discricionariedade que caracteriza o poder disciplinar não se confunde com arbitrariedade: somente depois de apurada devidamente a conduta do servidor é que o superior hierárquico terá condições de, dentre as penalidades cabíveis, aplicar aquela mais proporcional e legítima.
Gabarito "A".

**(Cartório/SP – 2012 – VUNESP)** Quanto ao poder disciplinar da Administração Pública, é correto afirmar:

(A) A aplicação conjunta de punição disciplinar e criminal resulta em *bis in idem*.

(B) As penas decorrentes das punições disciplinar e criminal têm a mesma natureza jurídica.

(C) O poder disciplinar está vinculado à prévia definição da lei sobre a infração funcional e a respectiva punição.

(D) Os atos administrativos disciplinares são praticados de acordo com a conveniência e oportunidade, sem motivação.

A: incorreta, a punição disciplinar e a criminal têm fundamentos diferentes, sendo diversa a natureza das penas, em termos de substância. É justamente em razão dessa diferença substancial, que é possível a aplicação conjunta das duas penalidades sem que ocorra *bis in idem*, de modo que é possível que uma mesma infração dê ensejo a punição administrativa (disciplinar) e a punição penal (criminal); B: incorreta, como já esclarecido na assertiva acima, a natureza jurídica das punições disciplinar e criminal é diversa: o poder disciplinar é exercido como faculdade punitiva interna da Administração Pública, abrangendo somente as infrações relacionadas com o serviço. A punição penal, por outro lado, é aplicada com finalidade social, para reprimir crimes e contravenções definidas previamente em lei penal, sendo sua aplicação realizada fora da Administração, pelo Poder Judiciário; C: correta, a discricionariedade disciplinar se reduz ao procedimento para aplicá-la e circunscreve-se à escolha da penalidade dentre as várias possíveis previstas em lei, à graduação da pena, à conveniência e oportunidade de sua aplicação. Tanto a infração quanto as penalidades cabíveis face a uma falta funcional devem estar previstas previamente em lei; D: incorreta, a motivação do ato disciplinar é imprescindível para a validade de pena.
Gabarito "C".

**(Cartório/SP – 2012 – VUNESP)** Sobre poder de polícia, é correto afirmar que

(A) a multa imposta pela Administração no exercício do poder de polícia pode ser executada diretamente pela via administrativa, devido ao atributo da autoexecutoriedade.

(B) o poder de polícia pode ser delegado a particular por decreto ou outra norma administrativa, desde que específica e clara em seu objeto.

(C) lei municipal pode impedir a instalação de estabelecimento comercial do mesmo ramo em determinada área.

(D) a concessão de licença para construir é um ato administrativo vinculado, derivado do exercício do poder de polícia.

A: incorreta, a multa é sanção pecuniária que é aplicada pela Administração Pública em razão do descumprimento de determinada ação ou omissão devida pelo particular. Ela não é o ato de polícia em si, mas uma das possíveis consequências cabíveis em razão de seu descumprimento. Por esse motivo, não é ela dotada dos atributos do poder de polícia, não tendo, portanto, a autoexecutoriedade como uma de suas características, demandando que a Administração Pública inscreva esse crédito exequendo em dívida ativa para sua cobrança; B: incorreta, o poder de polícia é indelegável, embora seja possível que certos aspectos meramente materiais sejam realizados por particulares ou mesmo por meio eletrônico. C: incorreta, o Município não possui competência para legislar sobre direito econômico (art. 24, I, da CF/1988). D: correta, a concessão de licença é ato vinculado, de modo que, preenchidos os requisitos legais, não há qualquer margem de liberdade dada pela lei para que a licença possa não ser concedida.
Gabarito "D".

## 3. ATOS ADMINISTRATIVOS

### 3.1. CONCEITO E FORMAÇÃO DO ATO ADMINISTRATIVO

**(Cartório/DF – 2008 – CESPE)** Julgue o item seguinte:

(1) O silêncio administrativo não significa ocorrência do ato administrativo ante a ausência da manifestação formal de vontade, quando não há lei dispondo acerca das consequências jurídicas da omissão da administração.

A assertiva está correta. O silencio administrativo não é ato jurídico, de modo que não pode ser considerado como um ato administrativo, pois este é uma declaração jurídica, que depende logicamente de uma manifestação formal de vontade. Quem se absteve de declarar e, desse modo, silenciou, nada declarou e não praticou ato administrativo algum, independentemente de ter a lei determinado ou não algum efeito a esse silêncio. Ele é mero fato jurídico, ao qual a lei pode imputar efeitos.
Gabarito 1C.

**(Cartório/MT – 2003 – UFMT)** Em relação ao ato administrativo, pode-se afirmar que é:

(A) válido e eficaz, quando se encontra plenamente ajustado às exigências legais e está disponível para deflagração dos efeitos que lhe são típicos.
(B) válido e ineficaz, quando, estando adequado aos requisitos de legitimidade, poderá deflagrar os efeitos que lhe são típicos.
(C) perfeito e inválido, quando, concluído seu ciclo de formação, não se encontra disponível para eclosão de seus efeitos típicos.
(D) imperfeito e válido, quando, concluído seu ciclo de formação, encontra-se plenamente ajustado às exigências legais.
(E) eficaz e inválido, quando, embora concluído seu ciclo de formação, não se encontra apto a produzir os efeitos inerentes.

A: correta, um ato administrativo é válido quando foi expedido em conformidade com o que determina o ordenamento jurídico e é eficaz quando apto a produzir os efeitos que lhe são próprios; B: incorreta, o erro da assertiva está na segunda parte, pois se um ato pode deflagrar os efeitos que lhe são típicos ele é **eficaz** e não ineficaz; C: incorreta, um ato administrativo é perfeito quando esgotadas todas as fases necessárias a sua formação, ou seja, quando concluído seu ciclo de formação. Assim sendo, a primeira parte da assertiva está correta. Todavia, temos um erro na segunda parte visto que a definição dada é de **ineficácia**, isto é, o ato não está apto a produzir os efeitos que lhe são próprios, não tendo relação com invalidade; D: incorreta, a resposta correta, tendo por base as definições dadas na assertiva, seria **perfeito** e válido; E: incorreta, as definições dadas pela assertiva referem-se, respectivamente, a ato perfeito e ineficaz.
Gabarito "A".

**(Cartório/PR – 2007)** O Regime Jurídico do ato administrativo estipula elementos, atributos e categorias para o seu estudo e para possibilitar o controle da Administração Pública. Considerando essa realidade, assinale a alternativa correta:

(A) os atributos do ato administrativo são a forma, o motivo e a finalidade.
(B) o ato administrativo eficaz é aquele que produz efeitos no caso concreto.
(C) a anulação ocorre por motivo de conveniência e oportunidade.
(D) a revogação ocorre por motivo de ilegalidade.
(E) ato discricionário é aquele em que o administrador pode escolher a solução no caso concreto, havendo autonomia de vontade.

A: incorreta, os atributos do ato administrativo são a presunção de legitimidade e veracidade, a imperatividade e a autoexecutoriedade; B: correta, ato administrativo eficaz é aquele que completo seu procedimento formativo e se encontra apto a produzir efeitos; C: incorreta, a anulação ocorre por motivo de ilegalidade; D: incorreta, a revogação ocorre por motivo de conveniência ou oportunidade;E: incorreta, ato discricionário é aquele no qual o administrador tem certa margem de liberdade, mas não há autonomia de vontade, pois a escolha está limitada às opções dadas pela lei.
Gabarito "B".

### 3.2. ATRIBUTOS DO ATO ADMINISTRATIVO

**(Cartório/MG – 2012 – FUMARC)** No que concerne aos traços peculiares de sua atuação, é **correto** afirmar que os atributos dos atos administrativos são:

(A) imperatividade, anualidade, presunção de legalidade, eficácia e publicidade.
(B) imperatividade, presunção de legalidade, eficácia, exequibilidade e executoriedade.
(C) publicidade relativa, imperatividade, eficácia, presunção de legalidade e executividade.
(D) publicidade, imperatividade, legalidade formal, eficácia, executividade e executoriedade.

A: incorreta, a anualidade e a publicidade não são atributos do ato administrativo; B: correta, a doutrina também usa outras expressões para tratar desses atributos, quais sejam, imperatividade, presunção de legitimidade, exigibilidade, autoexecutoriedade (= executoriedade ou coercibilidade) e tipicidade; C e D: incorretas, pois a publicidade não guarda relação alguma com os atributos do ato administrativo; vale ressaltar que essa questão usou palavras não usuais para se referir aos atributos do ato administrativo, como executividade, mas é possível resolvê-la por exclusão.
Gabarito "B".

**(Cartório/MS – 2009 – VUNESP)** Em relação aos atos administrativos, assinale a alternativa compatível com a ordem jurídica.

(A) Os atos administrativos gerais admitem impugnação por meio de recursos administrativos.

(B) A revogação de um ato administrativo individual é incondicionada.
(C) Os atos complexos não se compõem de vontades autônomas, embora múltiplas.
(D) A imperatividade é atributo existente apenas nos atos que impõem obrigações.
(E) A tipicidade existe com relação aos atos unilaterais e bilaterais.

A: incorreta, atos administrativos gerais ou regulamentares são aqueles expedidos sem um destinatário determinado, com finalidade normativa, alcançando todos os sujeitos que se encontrem na mesma situação de fato abrangida por seus preceitos. Contêm um comando geral da Administração Pública, visando à correta aplicação da lei, razão pela qual são inatacáveis por recursos administrativos, visto que, a menos que se refiram a um caso concreto, não podem ser atacados "in abstracto", apenas em tese. B: incorreta, atos individuais ou especiais são todos aqueles que se dirigem a destinatários certos, criando-lhes situação jurídica particular. Geralmente, geram direitos subjetivos para seus destinatários, podendo também criar-lhes encargos pessoais. Quando geram direitos adquiridos são irrevogáveis e, nos demais casos, aceitam revogação ou modificação, cabendo eventualmente indenização. C: incorreta, ato complexo é o que se forma pela conjugação de mais de um órgão administrativo. São órgãos diferentes e autônomos formando um único ato. D: correta, efetivamente, embora seja um atributo do ato administrativo, a imperatividade não estará presente em atos em que seja dispensado, por desnecessário, visto que os efeitos jurídicos do ato dependem exclusivamente do interesse do particular. E: incorreta, a tipicidade pode ou não existir, tanto em relação aos atos unilaterais como bilaterais.
Gabarito "D".

(Cartório/PR – 2007) A Administração Pública exerce Função Pública na condição de potestade pública, no exercício de autoridade. Considerando essa realidade, quanto aos atributos do ato administrativo, assinale a alternativa correta:
(A) coercitivo, legítimo e atípico.
(B) imperativo, legítimo e não autoexecutável.
(C) autoexecutável, imperativo e coercitivo.
(D) imperativo, legítimo e autoexecutável.
(E) verdadeiro, imperativo e discricionário.

Os atributos dos atos administrativos são a presunção de legitimidade e veracidade, a imperatividade e a autoexecutoriedade.
Gabarito "D".

(Cartório/SE – 2006 – CESPE) Com relação aos atos administrativos, julgue o item que se segue.
(1) A presunção de legitimidade e de veracidade dos atos administrativos depende de norma infraconstitucional que a estabeleça.

A assertiva está errada. Trata-se de um atributo ínsito do ato administrativo, decorrente do princípio da legalidade da Administração Pública que informa toda atuação estatal (art. 37 da CF/1988) e que, portanto, independe de qualquer previsão legal. Os atos administrativos, como emanação do Poder Público que são, trazem em si certos atributos que os diferenciam dos atos jurídicos privados e lhes dão condições especiais para atuação em prol do interesse público.
Gabarito 1E

(Cartório/SP – I – VUNESP) Considere os seguintes atributos:
I. irrevogabilidade;
II. presunção de legitimidade;
III. presunção de veracidade.

Pode-se dizer que são inerentes aos atos administrativos:
(A) apenas II e III.
(B) apenas I e II.
(C) I, II e III.
(D) apenas I e III.

I: incorreta, a irrevogabilidade não é atributo do ato; II e III: corretas, os atributos dos atos administrativos, qualquer que seja sua categoria ou espécie, são a presunção de legitimidade e veracidade, a imperatividade e a autoexecutoriedade.
Gabarito "A".

(Cartório/SP – III – VUNESP) A presunção de legitimidade dos atos administrativos implica
(A) transferência do ônus da prova de sua invalidade para quem a alegar.
(B) não depender de prova para alegação de invalidade.
(C) que a prova do vício cabe à administração pública.
(D) não permitir qualquer alegação de vício.

A: correta, a presunção de legitimidade dos atos administrativos implica a presunção relativa de que os atos praticados pela Administração foram realizados com a observância do princípio da legalidade expresso no art. 37 da CF/1988. Essa presunção autoriza a imediata execução do ato administrativo, que permanecerá válido até que arguidos vícios ou defeitos que possam mais tarde fulminá-lo por ilegalidade. Tratando-se de presunção relativa, portanto, criam para quem o contraria o ônus de provar a existência de invalidade apta a invalidá-lo. B: incorreta, como dito no item A, a presunção relativa de legitimidade do ato administrativo cria para aquele que alega sua invalidade o ônus de prova-lo; C: incorreta, essa presunção cria a necessidade de prova de invalidade para o administrado e não para a Administração Pública; D: incorreta, trata-se de presunção relativa e não absoluta, razão pela qual será possível a prova de sua invalidade.
Gabarito "A".

(Cartório/SP – IV – VUNESP) A presunção de legitimidade dos atos administrativos
(A) autoriza sempre a imediata execução do ato, desde que previamente declarado perfeitamente legal pelo controle externo, porque no Estado de Direito esse é o princípio garantidor da separação e harmonia dos Poderes.
(B) autoriza sempre a imediata execução do ato, porque decorre do princípio da legalidade da Administração, que, no Estado de Direito, informa toda a atuação governamental.
(C) autoriza a imediata execução do ato só nos casos in claris cessat interpretatio.
(D) não autoriza a imediata execução do ato, porque a presunção é uma ficção jurídica que, na maior parte das vezes, gera graves prejuízos aos particulares e à Administração, atravancando o Poder Judiciário.

A presunção de legitimidade dos atos administrativos implica a presunção relativa de que os atos praticados pela Administração foram realizados com a observância do princípio da legalidade expresso no art. 37 da CF/1988. Essa presunção autoriza a imediata execução do ato administrativo, independentemente de qualquer autorização de outro poder, e permanecerá válido e operante até que arguidos vícios ou defeitos que possam mais tarde fulminá-lo por ilegalidade.
Gabarito "B".

**(Cartório/SP – V – VUNESP)** São atributos do ato administrativo:

(A) a imperatividade, a discricionariedade e a presunção de publicidade.
(B) a autoexecutoriedade, a notoriedade e a discricionariedade.
(C) a notoriedade, a presunção de legitimidade e a autoexecutoriedade.
(D) a presunção de legitimidade, a imperatividade e a autoexecutoriedade.

São atributos do ato administrativo a presunção de legitimidade e veracidade, a imperatividade e a autoexecutoridade.
Gabarito "D".

**(Cartório/SP – 2012 – VUNESP)** Sobre o ato administrativo, pode-se afirmar que

(A) ato de competência exclusiva, avocado e praticado por autoridade superior, caracteriza situação de excesso de poder.
(B) a presunção de exigibilidade do ato administrativo autoriza fechar-se estabelecimento inadimplente com o fisco.
(C) a concessão de licença para construir pode ser condicionada à emissão de certidão negativa de débito relativa ao imóvel.
(D) a revogação de ato administrativo complexo pode ser realizada, bastando que um dos órgãos envolvidos manifeste sua aquiescência.

A: correta, se um ato está previsto em lei como de competência absoluta, não caberá em relação a ele as figuras de delegação ou da avocação. Destarte, quando um superior arroga-se poderes que não lhe foram atribuídos legalmente, age com excesso de poder, com violação de regra de competência passível de anulação; B: incorreta, o uso do poder extroverso da Administração Pública como instrumento de coação para o recebimento de multas, taxas e outros é ilegal, daí porque não se pode usar o poder de polícia e fechar um estabelecimento com vistas a forçar o pagamento de dívidas do inadimplente para com a Fazenda Pública; C: incorreta, a concessão de licença é ato plenamente vinculado e que não pode ser condicionado ao pagamento de débitos relativos ao imóvel; D: incorreta, um ato administrativo, em regra, deve ser revogado do mesmo modo como foi constituído. Logo, tratando-se de um ato complexo, formado pela vontade autônoma de mais de um órgão, não basta que um dos órgãos envolvidos na formação do ato o revogue, sendo necessário que todos os órgãos envolvidos para a formação desse único ato o façam.
Gabarito "A".

### 3.3. REQUISITOS DO ATO ADMINISTRATIVO

**(Cartório/ES – 2007 – FCC)** Dentre os requisitos do ato administrativo é correto apontar:

(A) veracidade, exigibilidade, motivo, forma e objeto.
(B) competência, legitimidade, imperatividade, exigibilidade e motivo.
(C) forma, finalidade, presunção de legitimidade, exigibilidade e autoexecutoriedade.
(D) competência, finalidade, forma, motivo e objeto.
(E) forma, motivo, objeto, presunção de legitimidade e autoexecutoriedade.

Os requisitos ou elementos do ato administrativo são: competência, finalidade, forma, motivo e objeto.
Gabarito "D".

**(Cartório/DF – 2001 – CESPE)** Acerca do direito administrativo brasileiro, julgue o item que se segue.

(1) O regime jurídico dos servidores federais confere à administração o poder de determinar a remoção de referidos servidores. Tendo certo servidor federal cometido infração funcional, poderá a administração determinar a sua remoção como forma de punição.

A assertiva está errada. Tem-se aqui típico desvio de finalidade, visto que a remoção, que não configura uma das modalidades de sanção que podem ser aplicadas ao servidor, sendo apenas o deslocamento desse, a pedido ou *ex officio*, no âmbito da mesma repartição, é aqui utilizada com o fim de punir. Trata-se, destarte, de ilegalidade, passível de anulação.
Gabarito 1E.

**(Cartório/MG – 2012 – FUMARC)** O ato administrativo, espécie do ato jurídico, possui os seguintes elementos:

(A) Competência, finalidade, forma, motivo e objeto.
(B) Competência, qualidade, forma, motivo e objeto.
(C) Competência, finalidade, resultado, motivo e objeto.
(D) Competência, qualidade, resultado, motivo e objeto.

A: correta, já que os *elementos* (ou *requisitos*) do ato administrativo são justamente os mencionados; B: incorreta, pois a qualidade não é elemento do ato administrativo; C: incorreta, pois o resultado não é elemento do ato administrativo; D: incorreta, pois a qualidade e o resultado não são elementos do ato administrativo.
Gabarito "A".

**(Cartório/RR – 2001 – CESPE)** Em determinado órgão da administração pública federal direta, constatou-se o cometimento reiterado de infrações funcionais por parte de determinado servidor. A chefia, com vistas a punir referido servidor, determinou a sua imediata remoção para outra unidade daquele mesmo órgão, localizada em local de difícil acesso. Em face dessa situação hipotética, é correto afirmar que a remoção do servidor

(A) é ato perfeitamente válido.
(B) pode ser questionada em sua validade haja vista não ter sido assegurado ao servidor o direito ao contraditório e à ampla defesa.
(C) é nula em face do desvio de finalidade.
(D) é nula em face do vício de forma na edição do ato.
(E) poderá ser convalidada se houver manifestação da autoridade competente para a sua prática.

No caso em tela, uma vez que a remoção foi utilizada como meio de punição, tem-se típico exemplo de desvio de finalidade. Sendo a finalidade um dos requisitos de ato administrativo de natureza vinculada, sua violação gera a nulidade do ato, que será tido por invalido. Veja que não se trata de vício de forma ou de competência, razão pela qual as assertivas D e E estão incorretas. Há no caso, um vício de finalidade que o torna inválido e a remoção, por não se tratar de uma espécie sancionatória, não demanda ampla defesa ou contraditório, foi ilegalmente utilizada como uma penalidade, razão pela qual tanto a assertiva A como a B estão incorretas.
Gabarito "C".

**(Cartório/SC – 2012)** A respeito da Teoria dos Atos Administrativos, é **correto** afirmar:

(A) A finalidade é classificada como um dos requisitos de validade do ato administrativo, cuja essência reside em não só atingir um fim de interesse público, mas também no interesse do governo, no sentido levar a cabo seu desiderato ideológico-partidário.
(B) A competência constitui um dos requisitos de validade do ato administrativo, e singulariza-se pelo poder legal conferido em favor do agente público para o desempenho específico das atribuições de seu cargo, que diante de determinadas situações excepcionais podem ser renunciadas e não apenas delegadas.
(C) O Poder Judiciário pode declarar a invalidade de um ato administrativo discricionário quando, analisando os termos desse ato, verificar que o motivo determinante distendido para sua edição não se apresenta justificável diante de sua ilegitimidade.
(D) São os elementos motivo e objeto que permitem verificar se o ato administrativo é vinculado ou discricionário. Nos atos vinculados, o binômio motivo-objeto determina o denominado mérito administrativo, que deve estar presente intrinsecamente em todo ato administrativo.
(E) Todo ato administrativo em sua edição deve ser dotado de motivo. Qualquer ato que não contenha expressamente a motivação em sua edição é passível de ter reconhecida sua ilegitimidade por parte do Poder Judiciário, pois não basta o lastro de haver motivo para sua existência, mas sim que sua motivação seja exteriorizada no ato.

A: incorreta, pois o administrador deve buscar a finalidade prevista na lei e não a finalidade ideológico-partidária; B: incorreta, pois a competência é irrenunciável (art. 11 da Lei 9.784/1999); C: correta, pois os atos discricionários não são um cheque em branco, devendo atender aos princípios e demais normas administrativas, podendo o Judiciário controlar, quanto a esses atos, aspectos de legalidade, razoabilidade e moralidade; D: incorreta, pois o mérito administrativo não diz respeito aos atos vinculados, mas aos atos discricionários; E: incorreta, pois a alternativa confunde motivo com motivação em sua primeira parte. Motivo são os fundamentos de fato e de direito que justificam a prática do ato, dizendo respeito ao requisito "motivo"; motivação, por sua vez, é a explicação dada para a prática do ato, dizendo respeito ao requisito "forma". Muitas vezes um ato tem motivação (explicação), tornando-o válido quanto à forma, mas o motivo invocado (por exemplo, um fato falso) tem problema, tornando o ato inválido por defeito quanto ao motivo.
Gabarito "C".

**(Cartório/SP – V – VUNESP)** São elementos do ato administrativo:

(A) publicidade, legalidade, finalidade, autoridade e eficiência.
(B) discricionariedade, efetividade, motivação, veracidade e formalidade.
(C) competência, finalidade, forma, motivo e objeto.
(D) eficácia, executoriedade, definitividade, moralidade e autenticidade.

Os requisitos ou elementos do ato administrativo são: competência, finalidade, forma, motivo e objeto.
Gabarito "C".

**(Cartório/SP – 2012 – VUNESP)** O ato administrativo, ainda que discricionário, quando tiver sua prática motivada, fica vinculado aos motivos expostos, para todos os efeitos jurídicos. Se tais motivos são falsos ou inexistentes, o ato praticado é nulo. Assinale a alternativa correta.

(A) Trata-se da teoria dos motivos determinantes.
(B) O ato administrativo discricionário não pode ser motivado.
(C) Os motivos dos atos administrativos decorrem da lei.
(D) Trata-se do princípio da legalidade.

A: correta, a teoria dos motivos determinantes estabelece que, quando os atos administrativos tiverem sua prática motivada, esses motivos determinam e justificam a realização do ato, de modo que os atos ficam vinculados aos motivos expostos para todos os efeitos jurídicos. Em outras palavras, uma vez expostos os motivos, necessariamente deve haver correspondência entre eles e a realidade. Isso se aplica mesmo aos atos discricionários que, se motivados, ficam vinculados aos motivos expostos como causa para o seu cometimento e se sujeitam ao controle de legitimidade; B: incorreta, os atos administrativos discricionários, como regra, não precisam ser motivados, mas a exposição dos motivos não é vedada. Caso haja essa exposição, tem-se a incidência da teoria dos motivos determinantes; C: incorreta, o motivo ou causa do ato administrativo é a situação de direito ou de fato que autoriza a realização do ato administrativo e ele pode vir expresso em lei ou ser deixado a critério do administrador; D: incorreta, não se trata aqui de incidência do princípio da legalidade, mas da teoria dos motivos determinantes, acima já explicitado.
Gabarito "A".

## 3.4. DISCRICIONARIEDADE, VINCULAÇÃO E CONTROLE JURISDICIONAL

**(Cartório/DF – 2001 – CESPE)** Acerca do direito administrativo brasileiro, julgue o item que se segue.

(1) O exame da razoabilidade do ato diz respeito ao mérito desse ato. Conclui-se, portanto, que esse exame está adstrito à administração pública, que poderá, caso considere ato desarrazoado, revogá-lo.

A assertiva está errada. A observância ao princípio da legalidade vai além da mera constatação da subsunção do fato à norma. Ele é mais amplo que isso, sendo bem maior que a mera sujeição do administrador à lei, pois este também deve necessariamente se submeter ao Direito, ao ordenamento jurídico, às normas e princípios constitucionais, devendo buscar como meta a igualdade na própria lei. Daí porque a razoabilidade do ato é critério que pode ser, portanto, objeto de apreciação pelo Poder Judiciário.
Gabarito 1E.

**(Cartório/DF – 2001 – CESPE)** Acerca do direito administrativo brasileiro, julgue o item que se segue.

(1) Ato discricionário é aquele que o administrador poderá dispor de sua forma ou finalidade. A particularidade dessa categoria de ato é a impossibilidade de controle pelo Poder Judiciário.

A assertiva está errada. Dentre os requisitos ou elementos do ato administrativo estão: a competência, a finalidade, a forma, o motivo e o objeto. Os três primeiros (competência, finalidade e forma) são elementos vinculados, ou seja, a lei não dá qualquer margem de liberdade ao administrador para sobre eles dispor. É apenas em relação ao motivo e ao objeto que a lei pode outorgar essa liberdade.
Gabarito 1E.

**(Cartório/PR – 2007)** Em relação a ato administrativo e seu regime jurídico, considerando-o como materialização do exercício de função pública, assinale a alternativa correta:

(A) Ato discricionário é aquele que possui todo o seu conteúdo disciplinado na lei e não há espaço para escolhas pelo administrador.
(B) Ato administrativo vinculado é aquele que não permite ao administrador liberdade na escolha da decisão, que traz todos os elementos regrados.
(C) A revogação do ato administrativo opera efeitos desde o momento de produção e formação do ato e incide sempre que se tratar de ilegalidade.
(D) A revogação do ato administrativo opera efeitos desde o momento de produção e formação do ato original e incide sempre que se tratar de ausência de conveniência e oportunidade da Administração Pública.
(E) O ato administrativo pode ser perfeito mesmo quando não teve seu ciclo de formação jurídica completado.

A: incorreta, ato discricionário é aquele em que a lei outorga certa margem de liberdade de escolha ao administrador quanto ao motivo ou a seu objeto; B: correta, ato vinculado é aquele em que a lei já determina todos os elementos do ato administrativo (competência, finalidade, forma, motivo e objeto), não havendo qualquer margem de escolha ao administrador; C: incorreta, a revogação é o desfazimento de ato lícito e perfeito por razões de conveniência e oportunidade da Administração Pública, razão pela qual produz efeitos *ex nunc*, ou seja, sem retroagir ao momento de produção e formação do ato; D: incorreta, como já dito na assertiva C, a revogação é o desfazimento de ato lícito e perfeito por razões de conveniência e oportunidade da Administração Pública, razão pela qual produz efeitos *ex nunc*, ou seja, sem retroagir ao momento de produção e formação do ato; E: incorreta, um ato administrativo é perfeito quando esgotadas todas as fases necessárias a sua formação, ou seja, quando concluído seu ciclo de formação.
Gabarito "B".

**(Cartório/SE – 2006 – CESPE)** Com relação aos atos administrativos, julgue os itens que se seguem.

(1) O mérito do ato administrativo consiste na possibilidade que tem a administração pública de valorar os motivos e escolher o objeto do ato, quando autorizada a decidir sobre a sua conveniência e oportunidade.
(2) A administração pública pode praticar atos ou celebrar contratos em regime de direito privado, como nos casos em que assina uma escritura de compra e venda ou de doação.

1: correta, o mérito administrativo consiste na valoração dos motivos e na escolha do objeto do ato feitas pela Administração Pública incumbida de sua prática, quando autorizada a decidir sobre a conveniência e oportunidade do ato a realizar; 2: correta, embora sempre existam derrogações de direito público, a Administração Pública pode praticar atos ou celebrar contratos em regime de direito privado, abrindo mão de sua posição de supremacia, desnecessária para aquele negócio jurídico. É o que ocorre, por exemplo, nos contratos de locação, de seguro, na assinatura de uma escritura de compra e venda ou de doação.
Gabarito 1C, 2C.

**(Cartório/SP – II – VUNESP)** O controle judicial da legalidade dos atos administrativos discricionários abrange a análise

(A) da conveniência do ato.
(B) da oportunidade do ato.
(C) da eficiência do ato.
(D) dos motivos determinantes do ato.

Os atos administrativos discricionários são aqueles em que a lei permite à Administração Pública certa liberdade para a escolha de seu conteúdo, de seus destinatários, de sua conveniência, de sua oportunidade e do modo de sua realização. Visto que essa liberdade é dada pela lei e nos limites por ela outorgada, o controle judicial não abrange a análise da conveniência ou oportunidade do ato discricionário, que não tem de ser motivado. Todavia, segundo a teoria dos motivos determinantes, caso o motivo seja consignado como causa para a realização de um determinado ato, seja ele vinculado ou discricionário, passa a ser possível ao Poder Judiciário o controle da legalidade para verificação da real correspondência entre o motivo alegado para o ato e os fatos efetivamente ocorridos no caso concreto.
Gabarito "D".

**(Cartório/SP – 2011 – VUNESP)** O ato discricionário praticado por autoridade incompetente, ou realizado por forma diversa da prevista em lei é

(A) passível de retificação.
(B) juridicamente inexistente.
(C) ilegítimo e nulo.
(D) anulável.

A: incorreta, o ato administrativo é composto dos seguintes elementos: competência, finalidade, forma, motivo e objeto. Os três primeiros (competência, finalidade e forma) são requisitos vinculados, razão pela qual qualquer vício em relação a esses aspectos gera a ilegalidade e invalidade do ato, não havendo que se falar em retificação; B: incorreta, ainda que um determinado ato seja eivado de vício de legalidade, isso não significa que foi inexistente juridicamente. Ato inexistente é aquele que apenas tem a aparência de manifestação regular da Administração Pública, mas que não chega sequer a concretizar seu ciclo de formação, a aperfeiçoar-se como ato administrativo. Ato nulo, por sua vez, é aquele que nasce afetado por um vício insanável em um ou alguns de seus elementos constitutivos ou no seu procedimento formativo. C: correta, uma vez que a competência e a forma são elementos vinculados do ato administrativo, tem-se por ilegítimo e nulo o ato em questão quando violados tais requisitos. D: incorreta, tratando-se de elementos ou requisitos vinculados do ato, sua violação, reconhecida pela Administração Pública ou pelo Judiciário, tornam o ato nulo, com efeitos *ex tunc*.
Gabarito "C".

**(Cartório/SP – 2012 – VUNESP)** Assinale a alternativa incorreta.

(A) O Poder Legislativo poderá exercer o controle do mérito dos atos administrativos nos casos de criação, transformação e extinção de cargos, empregos e funções públicas, observado o que estabelece o art. 84, VI, *b*, da Constituição Federal.
(B) Enquanto a oportunidade e a conveniência do ato administrativo somente podem ser controladas pela própria Administração Pública, a eficiência e o resultado do ato podem ser submetidos ao controle externo.

(C) O Poder Judiciário pode analisar a legalidade dos atos administrativos puramente discricionários.
(D) Apenas o ato administrativo vinculado pode ser anulado pelo Poder Judiciário; o discricionário deverá ser revogado.

A: correta, quando o Poder Legislativo está no exercício de função atípica administrativa, logicamente segue o mesmo regime jurídico administrativo previsto para o Poder Executivo quando no exercício da sua função típica. Assim sendo, uma vez que a criação, transformação e extinção de seus cargos, empregos e funções pública são hipóteses de exercício pelo Poder Legislativo de função administrativa, poderá ele exercer o controle do mérito do ato administrativo; B: correta, oportunidade e conveniência integram o chamado mérito administrativo, o qual é passível de controle tão somente pela Administração Pública, ao passo que a eficiência e o resultado, tal como previsto nos artigos 37 e 70 da Constituição Federal, são passíveis de controle externo. C: correta, a lei pode outorgar certa liberdade ao administrador para que este escolha, dentre as alternativas possíveis, a que atende otimamente a finalidade legal. Isso não significa, todavia, que todos os elementos do ato administrativo sejam abrangidos por essa liberdade: a competência, a forma e a finalidade são requisitos vinculados do ato. Desse modo, ainda que se trate de ato discricionário, pode o Judiciário analisar sua legalidade. D: incorreta, como já dito na assertiva C, tanto os atos administrativos vinculados como os discricionários podem ser anulados pelo Poder Judiciário quando eivados com vícios que os tornem ilegais, com fundamento no artigo 5º, XXXV da Constituição Federal (princípio da inafastabilidade do Poder Judiciário).
Gabarito "D".

## 3.5. EXTINÇÃO DO ATO ADMINISTRATIVO

(Cartório/DF – 2008 – CESPE) Julgue o item seguinte:

(1) O STF, em posição já tradicional de sua jurisprudência, classificou os atos administrativos eivados de vícios em ilegais, inconvenientes ou inoportunos, dizendo serem os ilegais passíveis de anulação, e os últimos, de revogação, mas, em qualquer dos casos, os direitos existentes devem ser sempre respeitados, por terem sido incorporados na esfera jurídica do indivíduo.

A assertiva está errada. Diz a súmula 473 do STF que: "a administração pode anular seus próprios atos, quando eivados de vícios que os tornam ilegais, porque deles não se originam direitos; ou revogá-los, por motivo de conveniência ou oportunidade, respeitados os direitos adquiridos, e ressalvada, em todos os casos, a apreciação judicial". Como pode ser verificado, dos atos nulos ou anuláveis, respeitados os direitos adquiridos, não se originam direitos, razão pela qual, excetuados esses casos, não geram direitos subjetivos aos particulares.
Gabarito 1E

(Cartório/RJ – 2012) Assinale a alternativa correta em relação aos atos administrativos.

(A) São inteiramente revogáveis.
(B) São irrevogáveis, sempre.
(C) São revogáveis os atos de efeitos instantâneos.
(D) São irrevogáveis os atos que geraram direitos subjetivos aos beneficiários.
(E) São revogáveis os atos vinculados.

A: incorreta, pois somente atos discricionários podem ser revogados; B: incorreta, pois os atos administrativos, caso sejam discricionários, podem ser revogados; C: incorreta, pois atos já exauridos não podem ser revogados, pois não existem mais; no caso, como os atos de efeito instantâneo ficam extintos (exauridos) logo que expedidos, tais atos não são revogáveis; D: correta, pois nem a *lei* pode revogar atos que geram direitos subjetivos (direitos adquiridos), quanto mais um mero *ato administrativo*; E: incorreta, pois os atos vinculados são irrevogáveis, diferentemente dos atos discricionários, que podem, sim, ser revogados.
Gabarito "D".

(Cartório/RN – 2012 – IESIS) Sobre o regime jurídico dos atos administrativos, assinale a alternativa correta:

(A) A convalidação é o ato administrativo praticado pela Administração de tornar válido ato que apresente defeitos sanáveis, produzindo efeitos *ex nunc*.
(B) A autoexecutoriedade é o requisito do ato administrativo que possibilita a imediata e direta execução de certos atos pela própria Administração, independentemente de ordem judicial.
(C) Cabe reclamação ao Supremo Tribunal Federal para anular atos administrativos que contrariem súmula vinculante ou na hipótese de existência de repercussão geral.
(D) O mérito do ato administrativo é aspecto pertinente apenas aos atos praticados no exercício de competência discricionária, relacionando-se com o motivo e o objeto de sua formação.

A: incorreta, pois os efeitos da convalidação são *ex tunc*, ou seja, retroagem; B: incorreta, pois a autoexecutoriedade não é *requisito*, mas *atributo* do ato administrativo; C: incorreta, pois cabe a reclamação para anular o ato administrativo na hipótese deste contrariar a súmula aplicável *ou que indevidamente a aplicar*, não cabendo a reclamação simplesmente por ter um ato administrativo repercussão geral (art. 103-A, § 3.º, da CF); D: correta; de fato, somente se fala em mérito (margem de liberdade) em atos discricionários; ademais, a discricionariedade, realmente, costuma estar justamente no motivo ou no objeto do ato administrativo.
Gabarito "D".

(Cartório/SP – II – VUNESP) Em relação aos vícios dos atos administrativos pode-se dizer que

(A) o vício do ato anulável pode ser declarado, em ação judicial, pelo juiz agindo de ofício ou mediante provocação do Ministério Público.
(B) os atos nulos podem ser convalidados sempre que assim for necessário para a satisfação do interesse público.
(C) qualquer que seja o vício existente, somente pode a nulidade ou anulabilidade ser declarada por decisão judicial.
(D) a invalidação dos atos nulos e dos anuláveis produz efeitos retroativos, ressalvada a persistência de seus efeitos em relação a terceiros de boa-fé.

A: incorreta, a nulidade relativa não pode ser decretada de ofício; B: incorreta, os atos nulos são aqueles eivados de vícios tais que tornam a convalidação impossível; C: incorreta, dado o poder de autotutela administrativa, pode a Administração Pública – e não apenas o Poder Judiciário – anular os atos eivados de vícios, podendo, ainda, convalidar os atos anuláveis quando essa for a solução ótima ao atendimento do interesse público envolvido; D: correta, tanto a invalidação dos atos nulos quanto dos atos anuláveis gera efeitos *ex tunc*, retroagindo até o momento de formação do ato, respeitados os direitos adquiridos e os terceiros de boa-fé.
Gabarito "D".

**(Cartório/SP – IV – VUNESP)** No tocante à invalidação dos atos administrativos do Executivo, é certo que

(A) o Poder Judiciário pode revogar e anular os referidos atos.
(B) o Executivo pode revogar, mas nunca anular seus próprios atos.
(C) o Executivo pode revogar ou anular seus próprios atos.
(D) o Poder Judiciário pode revogar os referidos atos.

A: incorreta, revogação é o desfazimento do ato administrativo discricionário por razões de conveniência e oportunidade pela própria Administração Pública. Não pode o Poder Judiciário, desse modo, revogar os atos administrativos do Poder Executivo, mas tão somente anulá-los, quando eivados de vícios que afetem sua legalidade – vide Súmula 473 STF; B: incorreta, a Administração Pública tem poderes de invalidação mais amplos que os do Poder Judiciário: ela tanto pode revogar um ato legítimo e eficaz por não ser mais conveniente sua existência (revogação), como deve anular os atos administrativos ilegítimos ou ilegais; C: correta, como já dito na assertiva B, a Administração Pública tanto pode revogar um ato legítimo e eficaz por não ser mais conveniente sua existência (revogação), como deve anular os atos administrativos ilegítimos ou ilegais (anulação); D: incorreta, não pode o Poder Judiciário revogar os atos administrativos do Poder Executivo, mas tão somente anulá-los, quando eivados de vícios que afetem sua legalidade – vide Súmula 473 do STF.
Gabarito "C".

**(Cartório/SP – V – VUNESP)** O ato pelo qual é suprido o vício existente em um ato ilegal, com efeitos retroativos à data em que este foi praticado, é o de

(A) reparação.
(B) convalidação.
(C) revisão hierárquica.
(D) retificação.

A convalidação é o suprimento da invalidade de um ato administrativo com efeitos retroativos. Trata-se de suprimento que pode derivar de um ato da própria Administração Pública ou do particular afetado pelo provimento viciado.
Gabarito "B".

**(Cartório/SP – VI – VUNESP)** Assinale a alternativa correta.

(A) Revogação é o ato administrativo discricionário pelo qual a Administração extingue um ato válido, por razões de oportunidade e conveniência, e seus efeitos são *ex tunc*.
(B) Revogação é o ato administrativo vinculado pelo qual a Administração extingue um ato válido, por razões de oportunidade e conveniência, e podem ser objeto de revogação, inclusive, os atos que já exauriram os seus efeitos.
(C) Revogação é o ato administrativo discricionário pelo qual a Administração extingue um ato válido, por razões de oportunidade e conveniência, e podem ser objeto de revogação, inclusive, os atos vinculados.
(D) Revogação é o ato administrativo discricionário pelo qual a Administração extingue um ato válido, por razões de oportunidade e conveniência, e seus efeitos são *ex nunc*.

A: incorreta, o erro da assertiva está na produção dos efeitos: justamente porque se trata de ato administrativo legítimo e eficaz e, portanto, sem qualquer ilegalidade a maculá-lo, ele produz efeitos até o seu desfazimento via revogação, razão pela qual seus efeitos são *ex nunc*. B: incorreta, a revogação é ato administrativo **discricionário** pois, por motivos de conveniência e oportunidade, a Administração Pública desfaz ato legítimo e eficaz. Logicamente a revogação tem limites, não incidindo sobre atos: que geram direitos subjetivos a seus destinatários (em respeito aos direitos adquiridos), que exaurem desde logo seus efeitos ou, ainda, quando já tenham transcorridos os prazos dos recursos internos, tendo decaído o poder de a Administração Pública modificá-los ou revogá-los; C: incorreta, a revogação só incide sobre atos administrativos discricionários; D: correta, revogação é o desfazimento do ato administrativo discricionário por razões de conveniência e oportunidade pela própria Administração Pública, com efeitos *ex nunc*.
Gabarito "D".

**(Cartório/SP – 2011 – VUNESP)** A anulação dos atos administrativos pela própria administração pública representa a forma normal de invalidação de atividade ilegítima do poder público. Em que se funda essa faculdade?

(A) Em razão de conveniência e oportunidade.
(B) No poder de autotutela do Estado.
(C) No poder arbitrário da administração.
(D) No poder de fiscalização hierárquica.

A: incorreta, a anulação do ato administrativo ocorre quando se está diante de uma ilegalidade, criando um dever para a Administração Pública de desfazer o ato eivado de vícios. Não se trata, nesse caso, de revogação por razões de conveniência e oportunidade; B: correta, poder de autotutela é uma decorrência do princípio da legalidade, cabendo à Administração Pública anular seus próprios atos quando ilegais, ou revogar os irregulares ou inoportunos, respeitados os direitos adquiridos e indenizados os prejudicados se for o caso; C: incorreta, não existe poder arbitrário da Administração Pública. Arbítrio pressupõe atuação sem respaldo em lei. Tendo em vista que à Administração Pública só é dado fazer o que a lei determina (relação de subsunção com a lei), não pode ela atuar sem que possua respaldo legal para tanto; D: incorreta, a fiscalização é uma das faculdades implícitas outorgadas ao superior decorrentes do poder hierárquico e consiste na vigilância permanente dos atos praticados pelos subordinados com o fim de mantê-los nos padrões regulamentares de cada atividade administrativa.
Gabarito "B".

## 3.6. CLASSIFICAÇÃO DO ADMINISTRATIVO

**(Cartório/DF – 2008 – CESPE)** Julgue o item seguinte:

(1) Como regra, entende-se a permissão administrativa, em seu sentido tradicional, como o ato administrativo de caráter discricionário e precário pelo qual o poder público autoriza o particular a executar serviço de utilidade pública ou a utilizar privativamente bem público, sendo possível a revogação do consentimento, não sendo, porém, devida indenização ao prejudicado.

A assertiva está correta, permissão é o ato administrativo discricionário e precário, por meio do qual o Poder Público faculta ao particular a execução de serviços de interesse coletivo ou o uso especial de bens públicos, a título gratuito ou remunerado. Como decorre de um ato de caráter precário, não dá ensejo, como regra geral, à indenização do particular.
Gabarito 1C.

**(Cartório/PR – 2007)** Os atos administrativos classificam-se segundo a sua formação, as suas prerrogativas e o grau de liberdade. Em relação a estas classificações, assinale a alternativa correta:

(A) Ato administrativo vinculado é aquele que permite ao administrador revogar os atos em contrário.
(B) A imperatividade do ato administrativo impõe que todos os atos administrativos presumem-se verdadeiros.
(C) Ato composto é aquele que necessita de duas vontades ou mais em dois atos para a sua formação.
(D) Ato administrativo vinculado é aquele que permite ao administrador liberdade na escolha da decisão.
(E) Ato administrativo vinculado é aquele que permite apenas parcialmente margem de escolha ao administrador.

A: incorreta, ato administrativo vinculado é aquele para o qual a lei estabelece os requisitos e condições para sua realização e contra ele não cabe revogação; B: incorreta, a assertiva tenta confundir dois atributos do ato administrativo: a imperatividade e a presunção de veracidade. A imperatividade consiste no atributo do ato administrativo que confere a coercibilidade para seu cumprimento ou execução, ao passo que a presunção de veracidade refere-se aos fatos alegados pela Administração para a prática do ato, os quais são tidos como verdadeiros até prova em contrário; C: correta, ato composto é que resulta da vontade única de um órgão, mas depende da verificação por parte de outro, que o ratifica; D: incorreta, o ato administrativo **discricionário** (e não o vinculado) é aquele que permite ao administrador certa liberdade de escolha da decisão; E: incorreta, ato administrativo vinculado é aquele para o qual a lei estabelece os requisitos e condições de sua realização, não sendo dada margem de liberdade para que o administrador escolha quaisquer desses requisitos.
Gabarito "C".

**(Cartório/SE – 2006 – CESPE)** Com relação aos atos administrativos, julgue os itens que se seguem.

(1) Os atos ordinatórios visam disciplinar o funcionamento da administração e a conduta funcional de seus agentes. Por isso, em regra, criam direitos e obrigações também para os particulares que dependam dos serviços desses agentes.
(2) A licença, a autorização, a permissão, a aprovação e a homologação são exemplos de atos administrativos negociais.

1: incorreta, atos ordinatórios são os que visam a disciplinar o funcionamento da administração e a conduta funcional de seus agentes. Só atuam no âmbito interno das repartições e só alcançam os servidores hierarquicamente subordinados à chefia que os expediu; 2: correta, quando um ato do Poder Público é uma declaração de vontade que coincide com a pretensão do particular, tem-se um ato administrativo negocial, o qual visa à concretização de negócios jurídicos públicos ou à atribuição de certos direitos ou vantagens ao interessado. São atos administrativos negociais: a licença, a autorização, a permissão, a admissão, o visto, a aprovação, a homologação, a dispensa, a renúncia e o protocolo administrativo.
Gabarito 1E, 2C

**(Cartório/SP – I – VUNESP)** O ato administrativo unilateral e vinculado pelo qual a Administração faculta a quem preencha os requisitos legais o exercício de uma atividade ou a realização de fatos materiais é a

(A) autorização.
(B) concessão.
(C) permissão.
(D) licença.

A: incorreta, autorização é o ato administrativo discricionário e precário por meio do qual o Poder Público torna possível ao particular a realização de certa atividade, serviço ou utilização de bem público ou particular, de exclusivo interesse desse, que a lei condiciona à aquiescência prévia da Administração; B: incorreta, concessão é a delegação contratual da execução de um serviço de utilidade pública de forma autorizada ou regulamentada pelo Executivo; C: incorreta, permissão é ato administrativo discricionário e precário pelo qual a Administração Pública faculta ao particular a execução de serviços de interesse coletivo ou o uso especial de bens públicos a título gratuito ou remunerado; D: correta, licença é ato administrativo vinculado e definitivo pelo qual o Poder Público, após verificar que o particular interessado preencheu todos os requisitos previstos em lei, faculta-lhe o desempenho de atividades ou a realização de certos fatos materiais. Uma vez satisfeitos os requisitos legais, ela gera um direito subjetivo ao interessado, com presunção relativa de definitividade.
Gabarito "D".

**(Cartório/SP – II – VUNESP)** Assinale a alternativa correta.

(A) Os atos administrativos não ficam vinculados à sua motivação quando esta, apesar de feita, era dispensável.
(B) A motivação é sempre obrigatória nos atos administrativos discricionários e é sempre facultativa nos atos vinculados.
(C) O princípio da finalidade permite aos agentes da Administração a adoção de todos os meios de que dispuserem para a obtenção do resultado almejado.
(D) Na prática de atos individuais, está o agente administrativo sujeito aos atos e normas genéricas que a Administração anteriormente houver produzido para regular os seus próprios comportamentos.

A: incorreta, trata-se da teoria dos motivos determinantes, a qual estabelece que, quando os atos administrativos tiverem sua prática motivada, esses motivos determinam e justificam a realização do ato, de modo que os atos ficam vinculados aos motivos expostos para todos os efeitos jurídicos. Em outras palavras, uma vez expostos os motivos, necessariamente deve haver correspondência entre eles e a realidade. Isso se aplica mesmo aos atos discricionários que, se motivados, ficam vinculados aos motivos expostos como causa para o seu cometimento e se sujeitam ao controle de legitimidade; B: incorreta, A motivação é obrigatória nos atos administrativos vinculados e facultativa nos atos administrativos discricionários; C: incorreta, o princípio da finalidade determina o dever de a Administração Pública visar sempre à finalidade normativa, impondo ao administrador que, ao manejar poderes para a fiel execução de suas funções, atue na estrita conformidade com os fins abrigados pela lei; D: correta, o agente administrativo, no exercício de suas atribuições, deve seguir os padrões fixados em atos normativos gerais expedidos pela Administração Pública, em observância ao princípio da impessoalidade, de modo a tratar a todos os administrados de forma isonômica.
Gabarito "D".

**(Cartório/SP – III – VUNESP)** "Determinações especiais dirigidas aos responsáveis por obras ou serviços públicos, autorizando seu início, ou contendo imposições de caráter administrativo, ou especificações técnicas sobre o modo e forma de sua realização" é conceito de

(A) avisos.
(B) circulares.
(C) ordens de serviço.
(D) portarias.

A: incorreta, avisos são atos emanados de Ministros de Estados e Secretários acerca de assuntos afetos às suas respectivas pastas, podendo também ser atos destinados a dar notícia ou conhecimento de assuntos afetos à atividade administrativa; B: incorreta, circulares são ordens escritas, de caráter uniforme, expedidas a determinados funcionários ou agentes administrativos incumbidos de certo serviço, ou do desempenho de certas atribuições em circunstâncias especiais; C: correta, trata-se exatamente da definição dada por Hely Lopes Meirelles. As ordens de serviço podem também conter autorização para a admissão de funcionários ou artífices, a título precário. Geralmente são dadas por meio de memorandos. D: incorreta, são atos administrativos internos pelos quais os chefes dos órgãos, repartições ou serviços expedem determinações gerais ou especiais a seus subordinados, ou designam servidores para funções e cargos secundários. Não podem obrigar particulares, visto que são decorrência do poder hierárquico.

Gabarito "C".

**(Cartório/SP – 2011 – VUNESP)** O exercício estatal de provimento de cargos e movimentação de funcionários, as autorizações e permissões constituem modalidade de atos

(A) administrativos de conservação de serviços públicos.
(B) de rotina administrativa.
(C) de expediente.
(D) de gestão.

A: incorreta, o enunciado da questão não apresenta qualquer pertinência lógica com o que consta nessa assertiva; B: incorreta, atos de rotina administrativa são atos administrativos de expediente, isto é, atos que se destinam a dar andamento a processos e papéis que fazem parte da atividade administrativa, mas sem caráter decisório; C: incorreta, como já explicitado no item B, ao atos administrativos não possuem conteúdo decisório e, portanto, não podem se referir a provimento de cargos, movimentação de funcionários ou a autorizações e permissões; D: correta, atos de gestão são aqueles que a Administração Pública pratica sem fazer uso de sua supremacia em relação aos particulares (o que caracteriza os atos de império), mas que podem ter conteúdo decisório. Desde que praticados regularmente, tornam-se vinculantes, gerando direitos subjetivos, salvo se precários por natureza.

Gabarito "D".

## 4. ORGANIZAÇÃO DA ADMINISTRAÇÃO PÚBLICA

**(Cartório/DF – 2003 – CESPE)** Em relação à atividade pública prestada por entes submetidos a regime de direito público ou privado, julgue os itens a seguir.

(1) Os partidos políticos, porque não têm natureza privada, adquirem sua personalidade jurídica com registro de seus estatutos no Tribunal Superior Eleitoral.
(2) O Distrito Federal pode criar nova modalidade de entidade da administração pública indireta, não prevista nas leis civis e comerciais, desde que a registre, para conferir-lhe personalidade jurídica, no cartório de registro de pessoas jurídicas.
(3) A personalidade jurídica das autarquias surge após o registro de seus atos constitutivos no cartório de registro de pessoas jurídicas.
(4) As fundações, quando mantidas por recursos públicos e submetidas a controle estatal, assumem a feição de entes de direito público, sendo, portanto, submetidas ao regime de licitações e contratos da administração pública.
(5) O chamado sistema "S", que compreende entidades de natureza privada, como SENAI, SENAC, SESC, é custeado por meio de contribuições de natureza tributária.
(6) As entidades de fiscalização do exercício das profissões, revestidas sob a forma de conselho (CRM, CREA etc.), uma vez que exercem poder de polícia, foram consideradas pelo STF como autarquias, submetidas, portanto, a regime de direito público.
(7) As doações particulares em favor de ente da administração pública não estão condicionadas à observância do regime das licitações.

1: incorreta, os partidos políticos possuem natureza jurídica de direito privado (art. 44, inc. V, do CC) e adquirem personalidade jurídica após a inscrição do ato constitutivo no respectivo Registro de Pessoas Jurídicas. Só após esse registro é que é que ocorre o registro do estatuto do partido político no Tribunal Superior Eleitoral. Veja o que diz o art. 7º da Lei 9.096/1995: "O partido político, após adquirir personalidade jurídica na forma da lei civil, registra seu estatuto no Tribunal Superior Eleitoral"; 2: incorreta, não se pode criar pessoas jurídicas, de direito privado ou de direito público, que não as previstas no artigo 41 e 44 do Código Civil. Note que o inciso V do artigo 41, que trata das pessoas jurídicas de direito público ainda possui cláusula aberta, pois prevê a personalidade jurídica de direito público para as "demais entidades de caráter público criadas por lei". Todavia, tendo em vista que a assertiva fala em registro no cartório de pessoas jurídicas para a aquisição da personalidade, só se pode estar a tratar de pessoas jurídicas de direito privados, cujas espécies já estão arroladas no Código Civil; 3: incorreta, autarquias são pessoas jurídicas de direito público, razão pela qual sua personalidade jurídica surge com a lei, não se fazendo necessário seu registro para tanto; 4: correta, as fundações podem ser de direito público ou privado. Quando de direito público possuem o regime jurídico das autarquias, razão pela qual se submetem ao regime de contratação das licitações e contratos administrativos; 5: correta, os entes do chamado sistema "S" são entidade privadas de relevante interesse coletivo, mas não são entes estatais. Nos termos do que dispõs o artigo 149 da CF/1988, a União instituiu contribuição de interesse de categorias especiais ou econômicas em favor dessas entidades, sendo pacífico o entendimento de que as contribuições têm natureza de tributo. 6: correta, os conselhos de fiscalização profissional têm natureza jurídica de autarquias, consoante decidido no MS 22.643, ocasião na qual restou consignado que: (i) estas entidades são criadas por lei, tendo personalidade jurídica de direito público com autonomia administrativa e financeira; (ii) exercem a atividade de fiscalização de exercício profissional que, como decorre do disposto nos artigos 5º, XIII, 21, XXIV, é atividade tipicamente pública; (iii) têm o dever de prestar contas ao Tribunal de Contas da União. 7: correta, uma vez que a doação é a favor da Administração Pública, logicamente não há que se falar em licitação para a escolha do contratante.

Gabarito 1E, 2E, 3E, 4C, 5C, 6C, 7C.

**(Cartório/DF – 2001 – CESPE)** Acerca do direito administrativo brasileiro, julgue o item que se segue.

(1) Considere, por hipótese, que o presidente de determinada autarquia federal, após o devido processo legal, demitiu servidor que cometera infração funcional. Nessa hipótese, o ministro de Estado a que referida autarquia encontra-se vinculada poderá convalidar referido ato, haja vista presidente de autarquia não possuir competência para demitir servidor; nesse caso, o ato será considerado válido desde a sua convalidação.

A assertiva está incorreta. Uma vez ocorrida a descentralização, com a criação por lei de uma outra pessoa jurídica, esta terá patrimônio e receita próprios, bem como sua gestão financeira e administrativa será descentralizada (art. 5º, I, do Dec.-lei 200/1967). Logo, possui o presidente da autarquia ampla competência na gestão administrativa desse ente, diversamente do que consta na assertiva. O vínculo com o ente da Administração Direta que lhe criou é somente de supervisão ministerial, exercida mediante orientação, coordenação e controle dessas entidades.

Gabarito "E".

**(Cartório/MT – 2005 – CESPE)** Acerca dos serviços públicos e da organização administrativa, assinale a opção correta.

(A) Serviço público somente pode ser concedido para entidades privadas.
(B) As autarquias e fundações públicas compõem a administração pública direta, enquanto as empresas públicas e as sociedades de economia mista compõe a administração pública indireta.
(C) Desconcentração é o fenômeno que transfere determinado serviço público para outros entes, dotados de personalidade jurídica própria.
(D) As autarquias são pessoas jurídicas de direito público criadas por lei específica, com a finalidade de desenvolver um serviço público de forma descentralizada, podendo a nomeação de seus dirigentes ser condicionada por lei à aprovação do respectivo poder legislativo, sem que haja violação ao princípio da separação de poderes.

A: incorreta, o serviço público tanto pode ser concedido para entidades privadas como públicas; B: incorreta, a descentralização administrativa se dá quando a Administração Pública Direta cria outros entes, sejam eles pessoas jurídicas de direito público ou privado. Assim sendo, tanto as autarquias, quanto as fundações, as empresas públicas e as sociedades de economia mista compõem a administração pública indireta; C: incorreta, desconcentração é a repartição de funções entre os vários órgãos de uma mesma pessoa jurídica, com a manutenção do vínculo hierárquico e sem a criação de uma nova pessoa; D: correta, não são poucas as leis estaduais e municipais que preveem a necessidade de que os dirigentes das autarquias criadas pelo respectivo Poder Público sejam aprovados pelo Poder Legislativo e tal previsão é considerada lícita.

Gabarito "D".

**(Cartório/RN – 2012 – IESIS)** A respeito da Administração Indireta, pode-se afirmar que:

I. Ressalvados os casos expressamente previstos na Constituição Federal, a exploração direta de atividade econômica pelo Estado só será permitida quando necessária aos imperativos da segurança nacional ou a relevante interesse coletivo, conforme definidos em lei.
II. A criação de subsidiárias de empresas públicas, de sociedades de economia mista e de fundações depende de autorização legislativa, em cada caso.
III. As autarquias beneficiam-se dos prazos processuais em dobro para contestar e em quádruplo para recorrer.
IV. Qualquer cidadão é legítimo para propor ação popular que vise a anular atos lesivos ao patrimônio de sociedade de economia mista exploradora de atividade econômica.

(A) Somente as proposições II e III estão corretas.
(B) Todas as proposições estão corretas.
(C) Somente as proposições I, II e IV estão corretas.
(D) Somente as proposições I e II estão corretas.

I: correta (art. 173, *caput*, da CF); II: correta (art. 37, XIX e XX, da CF); III: incorreta, pois as autarquias, de fato, se beneficiam dessas prerrogativas, porém o prazo é em quádruplo para contestar (e não em dobro) e em dobro para recorrer (e não em quádruplo), nos termos do art. 188 do CPC; IV: correta (art. 1.º da Lei 4.717/1965).

Gabarito "C".

**(Cartório/SC – 2012)** A respeito da administração pública indireta, pode-se afirmar:

I. A criação pelo Poder Público de autarquia e a autorização para a instituição de empresa pública, de sociedade de economia mista e de fundação pública exigem lei com conteúdo específico.
II. A autarquia, por fazer parte da administração pública indireta, não detém personalidade jurídica, patrimônio e receita próprios para executar as atividades típicas que a rigor seria obrigação da administração pública exercer diretamente.
III. Sociedade de economia mista classifica-se como pessoa jurídica de direito privado, instituída por lei específica, sob qualquer forma jurídica admitida em direito, para exploração de atividade econômica ou execução de serviços públicos, constituída de capitais públicos e privados.
IV. As fundações públicas, como integrantes da administração pública indireta, criada por lei específica, cabendo à lei complementar definir a área de sua atuação, admitem, exclusivamente, a título de natureza jurídica, a necessidade de constituir-se em personalidade jurídica de direito público.

(A) Somente a proposição I está correta.
(B) Somente a proposição IV está correta.
(C) Somente as proposições I, III e IV estão corretas.
(D) Somente a proposição II está correta.
(E) Somente as proposições II e III estão corretas.

I: correta (art. 37, XIX, da CF); II: incorreta, pois a autarquia tem, sim, personalidade jurídica própria, patrimônio e receita próprios, além de executar, sim, atividades típicas da administração direta (art. 5.º, I, do Dec.-lei 200/1967); III: incorreta, pois a sociedade de economia mista só pode ter a forma societária de sociedade anônima, diferente da empresa pública, que, essa sim, é instituída sob qualquer forma jurídica admitida em direito (art. 5.º, II e III, do Dec.-lei 200/1967); IV: incorreta, pois as fundações públicas são "autorizadas por lei específica" e não "criadas por lei específica"; depois da autorização, a sua criação se fará mediante o registro de seus atos constitutivos no cartório competente (art. 37, XIX, da CF).

Gabarito "A".

**(Cartório/SP – 2011 – VUNESP)** Sobre a administração indireta, é correto afirmar que

(A) as sociedades de economia mista e as fundações públicas, por serem pessoas jurídicas de direito privado, não precisam respeitar o princípio da publicidade.

(B) as causas cíveis em que é parte a sociedade de economia mista são de competência da Justiça Federal.
(C) autarquia é pessoa jurídica de direito público, criada por lei, com capacidade de autoadministração, para o desempenho de serviço público descentralizado, mediante controle administrativo exercido nos limites da lei.
(D) a fundação, por desempenhar atividade no âmbito social, não está sujeita ao controle administrativo ou tutela por parte da administração direta, sendo, por isso, dotada de autoadministração.

A: incorreta, a assertiva está completamente errada. A uma, porque tanto os entes da Administração Direta quanto os da Administração Indireta (como é o caso das sociedades de economia mista e das fundações) estão sujeitas ao princípio da publicidade em razão do que determina o art. 37 da CF/1988. A duas, porque a sociedade de economia mista é pessoa jurídica de direito privado, mas as fundações podem ser de direito privado ou de direito público (quando então são conhecidas como autarquias fundacionais); B: incorreta, Segundo a Súmula 517 do STF, "as sociedades de economia mista só tem foro na justiça federal, quando a união intervém como assistente ou opoente"C: correta, autarquias são entes administrativos autônomos, criados por lei específica, com personalidade jurídica de direito público. São entes da Administração Pública Indireta resultantes da descentralização administrativa e sujeitos ao regime jurídico administrativo das entidades de direito público da administração direta, inclusive quanto ao controle; D: incorreta, todo ente da administração indireta está sujeito a tutela administrativa por parte do ente da administração pública direta que lhe criou, independentemente de sua finalidade legal – art. 19 Dec.-lei 200/1967.
"Gabarito "C"

(Cartório/SP – 2011 – VUNESP) Sobre consórcios públicos, é correto dizer que
(A) os consórcios públicos serão realizados mediante constituição de autarquia, sendo vedada a instituição por pessoa jurídica de direito privado.
(B) a União somente participará de consórcios públicos em que também façam parte todos os Estados em cujos territórios estejam situados os Municípios consorciados.
(C) o consórcio público será celebrado mediante contrato de rateio, sendo vedada outra espécie de contratação.
(D) o consórcio público não poderá exercer atividades de arrecadação de tarifas e outros preços públicos.

A: incorreta, os consórcios públicos se constituirão em associação pública ou pessoa jurídica de direito privado – art. 1º, § 1º, da Lei 11.107/2005; B: correta, art. 1º, § 2º, da Lei 11.107/2005; C: incorreta, o consórcio público será constituído por contrato cuja celebração dependerá da prévia subscrição de protocolo de intenções – art. 3º da Lei 11.107/2005. O contrato de rateio é o único meio por meio do qual os entes consorciados entregam recursos ao consórcio público – art. 8º da Lei 11.107/2005; D: incorreta, art. 2º § 2º, da Lei 11.107/2005.
Gabarito "B"

## 5. AGENTES PÚBLICOS

### 5.1. CLASSIFICAÇÃO E ESPÉCIES DE AGENTES PÚBLICOS

(Cartório/SP – II – VUNESP) Podem ser considerados agentes públicos:
I. os agentes políticos;
II. os servidores estatais, nestes incluídos os servidores públicos e os das empresas públicas, das sociedades de economia mista e das fundações de Direito Privado, instituídas pelo Poder Público;
III. os delegados de função ou ofício público;
IV. os particulares que, em situações anormais e para atender as necessidades públicas urgentes, assumirem a condição de gestores de negócios públicos.

Estão corretos os itens
(A) I, II e III, apenas.
(B) II e III, apenas.
(C) II, III e IV, apenas.
(D) I, II, III e IV.

Todas as assertivas são verdadeiras. O conceito de agente público é bastante amplo. Agentes públicos são todas as pessoas físicas a quem são atribuídas, definitiva ou transitoriamente, o exercício de alguma atividade estatal. Quem quer que desempenhe função estatal, e enquanto o faça, é agente público. É gênero que possui as seguintes espécies: agentes políticos, agentes administrativos, agentes honoríficos, agentes delegados e agentes credenciados.
Gabarito "D"

(Cartório/SP – III – VUNESP) A definição: "são particulares que recebem a incumbência da execução de determinada atividade, obra ou serviço público e o realizam em nome próprio, por sua conta e risco, mas segundo as normas do Estado e sob permanente fiscalização..." trata de agentes
(A) honoríficos.
(B) delegados.
(C) políticos.
(D) administrativos.

A: incorreta, agentes honoríficos são cidadãos convocados, designados ou nomeados para prestar, transitoriamente, determinados serviços ao Estado, em razão de sua condição cívica, de sua honorabilidade ou notória capacidade profissional. Não possuem qualquer relação empregatícia ou estatutária com a Administração Pública, e exercem suas funções normalmente sem remuneração. São exemplos de agentes honoríficos os jurados, os mesários eleitorais etc.; B: correta, agentes delegados são pessoas físicas ou jurídicas que recebem a incumbência pela execução de determinada atividade, obra ou serviço público e o realizam em nome próprio, por sua conta e risco, mas segundo normas estabelecidas pelo Estado e sob sua constante fiscalização. São exemplos dessa categoria de agentes: os concessionários, os permissionários de obras e serviços públicos, os serventuários de ofícios ou cartórios não estatizados, os leiloeiros, tradutores e intérpretes públicos; C: incorreta, agentes políticos são os titulares dos cargos estruturais à organização política do País, ocupando dos cargos que integram o arcabouço constitucional do Estado. São exemplos de agentes

políticos: o Presidente da República, os governadores, os prefeitos, os Ministros e Secretários das Pastas, os Senadores, Deputados Federais, Vereadores, membros do Ministério Públicos, Ministros e Conselheiros dos Tribunais de Contas etc.; D: incorreta, agentes administrativos são todos aqueles que se vinculam ao Estado ou às suas entidades autárquicas e fundacionais por relações profissionais, estando sujeitos à hierarquia funcional e ao regime jurídico determinado pela entidade estatal a que servem. Constituem a imensa massa dos prestadores de serviços à Administração Pública. São exemplos de agentes administrativos: os servidores públicos concursados, os servidores públicos exercentes de cargos ou empregos em comissão titulares de cargo ou emprego público, servidores temporários, os dirigentes de empresas estatais.
Gabarito "B".

## 5.2. ESPÉCIES DE VÍNCULOS

**(Cartório/RO – III)** A contratação por tempo determinado:

(A) depende exclusivamente do discricionarismo do administrado público;
(B) não é admitida na Constituição Federal;
(C) é admita em épocas eleitorais;
(D) é admitida para atender a necessidade temporária de excepcional interesse público.

Diz o art. 37, IX, da CF/1988 que: "a lei estabelecerá os casos de contratação por tempo determinado para atender a necessidade temporária de excepcional interesse público".
Gabarito "D".

## 5.3. PROVIMENTO E VACÂNCIA

**(Cartório/MG – 2012 – FUMARC)** Nos termos do artigo 41, § 1.°, da Constituição Federal, o servidor público estável perderá o cargo, **EXCETO**:

(A) em virtude de reprovação em estágio probatório.
(B) em virtude de sentença judicial transitada em julgado.
(C) mediante processo administrativo em que lhe seja assegurada ampla defesa.
(D) mediante procedimento de avaliação periódica de desempenho, na forma de lei complementar, assegurada ampla defesa.

A: esta alternativa deva ser assinalada; considerando que o enunciado assevera que o servidor, no caso, já é estável, não há mais que se falar em "estágio probatório", instituto esse próprio da fase em que o servidor ainda não é estável; depois de adquirida a estabilidade, o servidor passa a ser submetido a "avaliações periódicas de desempenho", que também têm por razão avaliar o desempenho do servidor, mas não têm o nome de "estágio probatório"; B a D: não podem ser assinaladas, nos termos do art. 41, § 1.°, I a III, da CF.
Gabarito "A".

**(Cartório/MS – 2009 – VUNESP)** Reversão

(A) ocorre quando o servidor estável, anteriormente demitido, tem a decisão administrativa ou judicial que determinou sua demissão invalidada.
(B) é o retorno do servidor posto em disponibilidade a cargo de atribuições e vencimentos compatíveis com o anteriormente ocupado.
(C) é o retorno à atividade, de servidor aposentado.

(D) ocorre quando o servidor, estável ou não, havendo sofrido uma limitação física ou mental em suas habilidades, torna-se inapto ao exercício do cargo que ocupa, mas, por não ser caso de invalidez permanente pode ainda exercer outro cargo para o qual a limitação sofrida não o inabilita.
(E) é o retorno do servidor estável ao cargo anteriormente ocupado em decorrência de inabilitação em estágio probatório relativo a outro cargo ou reintegração do anterior ocupante.

A: incorreta, esse é o conceito de reintegração (também chamada, em alguns estatutos, de readmissão) e não de reversão; B: incorreta, trata-se da definição de aproveitamento e não de reversão; C: correta, reversão é o retorno à atividade do aposentado por invalidez quando perícia médica de cunho oficial declarar não mais existentes os motivos da aposentação, ou ainda, no interesse da Administração Pública, no caso de aposentadoria voluntária, desde que haja solicitação do inativo, tenha sido estável na atividade, haja cargo vago e a aposentadoria tenha ocorrido nos 05 anos anteriores à solicitação; D: incorreta, trata-se do conceito de readaptação; E: incorreta, trata-se do conceito de recondução.
Gabarito "C".

**(Cartório/SP – I – VUNESP)** A investidura de servidor em cargo de atribuições e responsabilidades compatíveis com a limitação que tenha sofrido em sua capacidade física ou mental, verificada em inspeção médica, tem o nome de

(A) readaptação.
(B) transferência.
(C) recondução.
(D) reversão.

A: correta, a readaptação ocorre quando o servidor, estável ou não, havendo sofrido uma limitação física ou mental em suas habilidades, torna-se inapto ao exercício do cargo que ocupa, mas, por não ser caso de invalidez permanente, pode ainda exercer outro cargo para o qual a limitação sofrida não o inabilita; B: incorreta, transferência é a passagem do servidor estável de cargo eletivo para outro de igual denominação, pertencente a quadro de pessoal diverso, de órgão ou instituição do mesmo Poder; C: incorreta, recondução é o retorno do servidor estável ao cargo anteriormente ocupado, que ocorre em decorrência de inabilitação em estágio probatório relativo a outro cargo ou reintegração do anterior ocupante; D: incorreta, reversão é o retorno à atividade do aposentado por invalidez quando perícia médica de cunho oficial declarar não mais existentes os motivos da aposentação, ou ainda, no interesse da Administração Pública, no caso de aposentadoria voluntária, desde que haja solicitação do inativo, tenha sido estável na atividade, haja cargo vago e a aposentadoria tenha ocorrido nos 05 anos anteriores à solicitação.
Gabarito "A".

## 5.4. ACESSIBILIDADE

**(Cartório/DF – 2001 – CESPE)** Acerca do direito administrativo brasileiro, julgue o item que se segue.

(1) Com vistas ao preenchimento de cargo de agente de polícia de determinado estado da federação, impôs-se no edital, como requisito à inscrição, altura mínima e idade máxima. Esses requisitos não irão, necessariamente, ofender o princípio constitucional da isonomia.

A assertiva está correta. O princípio da isonomia não determina a igualdade cega, meramente formal. Ela abre espaço para que, havendo pertinência lógica para a determinação de um determinado discrímen, não só os iguais sejam tratados igualmente, mas também os desiguais sejam tratados na medida dessa desigualdade. No caso em tela, pela própria natureza das funções de agente de polícia, existe pertinência lógica na exigência de certa altura e idade mínima para o exercício das funções, razão pela qual não há qualquer ilegalidade na instituição desse requisito.

Gabarito "C"

**(Cartório/MG – 2009 – EJEF)** Assinale a assertiva CORRETA.

(A) Os cargos, empregos e funções públicas são acessíveis aos brasileiros que preencham os requisitos estabelecidos em lei, assim como aos estrangeiros, na forma da lei.

(B) Os cargos, empregos e funções públicas são acessíveis apenas aos brasileiros natos que preencham os requisitos estabelecidos em lei.

(C) O prazo de validade do concurso público será de até um ano, prorrogável uma vez, por igual período.

(D) A lei reservará percentual dos cargos e empregos públicos para as pessoas portadoras de deficiência, cabendo ao administrador público definir os critérios de sua admissão.

A: correta, art. 37, I, da CF/1988; B: incorreta, o inciso I do artigo 37 da CF/1988 expressamente estabelece que "os cargos, empregos e funções públicas são acessíveis aos brasileiros que preencham os requisitos estabelecidos em lei, assim como aos estrangeiros, na forma da lei"; C: incorreta, o prazo de validade do concurso público será de até dois anos, prorrogável uma vez, por igual período – art. 37, III, da CF/1988; D: incorreta, a **lei** reservará percentual dos cargos e empregos públicos para as pessoas portadoras de deficiência **e definirá** os critérios de sua admissão – art. 37, VIII, da CF/1988.

Gabarito "A"

**(Cartório/RO – III)** Conforme previsão constitucional, as pessoas portadoras de deficiências, quanto aos cargos e empregos públicos:

(A) não gozarão de critérios especiais de admissão, mas terão reservado um percentual de vagas;

(B) concorrerão em igualdade de condições, com os demais candidatos, salvo quanto à preferência de admissão em caso de empate na classificação;

(C) gozarão de critérios especiais de admissão, mas não terão reservado um percentual de vagas;

(D) gozarão de critérios especiais de admissão e terão reservado um percentual de vagas.

A lei reservará percentual dos cargos e empregos públicos para as pessoas portadoras de deficiência e definirá os critérios de sua admissão – art. 37, VIII, da CF/1988.

Gabarito "A"

**(Cartório/SP – 2012 – VUNESP)** Sobre os agentes públicos, é lícito afirmar que

(A) o exame psicotécnico em concurso para cargo público pode ser instituído pelo edital.

(B) a nomeação de primo para cargo em comissão não ofende diretamente o texto da Súmula Vinculante 13 do STF, que veda o nepotismo.

(C) o salário-base do servidor público não pode ser inferior ao salário mínimo.

(D) a falta de defesa técnica, por advogado, em processo administrativo disciplinar, torna inválido todo o procedimento.

A: incorreta, diz a Súmula 686 do STF que "só por lei se pode sujeitar a exame psicotécnico a habilitação de candidato a cargo público"; B: correta, a Súmula Vinculante 13 estabelece que: "A nomeação de cônjuge, companheiro ou **parente em linha reta, colateral ou por afinidade, até o terceiro grau**, inclusive, da autoridade nomeante ou de servidor da mesma pessoa jurídica, investido em cargo de direção, chefia ou assessoramento, para o exercício de cargo em comissão ou de confiança, ou, ainda, de função gratificada na Administração Pública direta ou indireta, em qualquer dos Poderes da União, dos Estados, do Distrito Federal e dos municípios, compreendido o ajuste mediante designações recíprocas, viola a Constituição Federal." Ocorre que **primo é parente colateral de 4º grau**, de modo que sua nomeação para cargo em comissão é lícita, visto que não vedada pela Súmula Vinculante em questão; C: incorreta, é vedada a vinculação ou equiparação de quaisquer espécies remuneratórias para o efeito de remuneração de pessoal do serviço público – art. 37, XIII, da CF/1988; D: incorreta, eis o que diz a Súmula Vinculante 5: "a falta de defesa técnica por advogado no processo administrativo disciplinar não ofende a Constituição".

Gabarito "B"

## 5.5. ESTABILIDADE E ESTÁGIO PROBATÓRIO

**(Cartório/SP – IV – VUNESP)** A estabilidade no serviço público é garantia constitucional de permanência no serviço público,

(A) que admite a exoneração ad nutum, apenas após o estágio probatório.

(B) que excepciona o poder disciplinar da Administração.

(C) após o estágio probatório.

(D) que prescreve o estágio probatório após a efetiva aquisição da estabilidade.

A: incorreta, a exoneração ad nutum é aquela que ocorre por conveniência da Administração Pública e não é compatível com a estabilidade, a qual é estabelecida depois de regularmente cumpridos os requisitos previstos na Constituição (dentre eles, a aprovação em estágio probatório após 03 anos) e que garante a seu beneficiário o direito de não ser nem demitido nem exonerado "ad nutum" sem que se apure a infração em processo administrativo ou judicial, com garantia de ampla defesa e contraditório; B: incorreta, poder disciplinar é a faculdade que possui a Administração Pública de punir internamente as infrações funcionais de servidores e demais pessoas sujeitas à disciplina nos órgãos e serviços da Administração. Existe, portanto, indiferentemente de se tratar de servidor estável ou não; C: correta, art. 41 da CF/1988; D: incorreta, o estágio probatório é período que **antecede** a aquisição da estabilidade.

Gabarito "C"

**(Cartório/RO – III)** Assinale a opção correta:

(A) a disponibilidade do servidor público dar-se-á com subsídios integrais;

(B) o servidor estável poderá perder o cargo em virtude de sentença judicial transitada em julgado; mediante processo administrativo, no qual se lhe assegure ampla defesa ou mediante procedimento de avaliação periódica de desempenho, na forma da lei complementar, assegurada ampla defesa;

(C) é legítimo o provimento de cargos públicos mediante aproveitamento, transformação, acesso ou ascensão funcional;
(D) é permitida a filiação ao regime geral de previdência social, na qualidade de segurado facultativo, de pessoa participante de regime próprio de previdência.

A: incorreta, extinto o cargo ou declarada a sua desnecessidade, o servidor estável ficará em disponibilidade, com remuneração proporcional ao tempo de serviço, até seu adequado aproveitamento em outro cargo – art. 41, § 3º, da CF/1988; B: correta, art. 41, § 1º, da CF/1988; C: incorreta, provimento é o ato pelo qual se efetua o preenchimento de um cargo público, designando-se seu titular. Ele pode ser inicial, pressupondo a inexistência de vínculo entre a situação anterior do nomeado e o preenchimento do cargo, ou pode ser do tipo derivado, que ocorre quando há uma alteração na situação do serviço do provido. Essa última modalidade de provimento pode ocorrer via transferência, promoção, remoção, acesso, reintegração, readmissão, enquadramento, aproveitamento ou reversão. De todo modo, diante do que dispõe o art. 37, II, da CF/1988, esse provimento derivado só pode ocorrer depois do ingresso via concurso público, nos termos descritos no dispositivo em questão. Como a questão não estabelece qual o tipo de provimento de que se está a tratar e considerando essa condição constitucional, a assertiva está errada. Ademais, vale a pena ressaltar, no tocante à ascensão funcional, que essa era a progressão funcional entre cargos de carreiras distintas. Como a Constituição Federal exige concurso público para prover qualquer cargo efetivo (art. 37, II, da CF), não é possível que alguém que tenha cargo numa carreira passe para cargo de outra carreira sem concurso público. O STF vem reconhecendo reiteradamente a inconstitucionalidade desse tipo de medida (ex: ADI 368/ES, DJ 02.05.2003) ; D: incorreta, art. 201, § 5º, da CF/1988
Gabarito "B".

**(Cartório/SC – 2008)** De acordo com o disposto na Constituição da República, é correto afirmar:

(A) O servidor público estável não perderá o cargo efetivo em nenhuma hipótese, pois o conquistou por meio de concurso público de notas e títulos, de caráter vitalício.
(B) O servidor público estável perderá o cargo efetivo por sentença judicial proferida em segunda instância, por Tribunal competente, em que lhe tiver sido assegurada ampla defesa, sendo desnecessário aguardar o trânsito em julgado da sentença condenatória.
(C) O servidor aprovado em concurso público e nomeado para cargo de provimento efetivo será considerado estável após cinco anos de exercício e perderá o cargo em casos de abuso do poder econômico, mediante regular processo administrativo.
(D) O servidor público estável perderá o cargo efetivo nos seguintes casos: 1) por sentença judicial transitada em julgado; 2) mediante processo administrativo em que lhe seja assegurada ampla defesa; 3) mediante procedimento de avaliação periódica de desempenho, na forma de lei complementar, assegurada ampla defesa.
(E) O servidor público estável perderá o cargo efetivo nos seguintes casos: 1) por sentença judicial proferida em segundo grau; 2) por abuso do poder econômico; 3) por decisão administrativa da autoridade ocupante de cargo imediatamente superior ao que detenha, assegurada ampla defesa.

Diz o artigo 41 da CF/1988 que: São estáveis após três anos de efetivo exercício os servidores nomeados para cargo de provimento efetivo em virtude de concurso público. § 1º O servidor público estável só perderá o cargo: I – em virtude de sentença judicial transitada em julgado; II – mediante processo administrativo em que lhe seja assegurada ampla defesa; III – mediante procedimento de avaliação periódica de desempenho, na forma de lei complementar, assegurada ampla defesa.
Gabarito "D".

## 5.6. ACUMULAÇÃO REMUNERADA E AFASTAMENTO

**(Cartório/RJ – 2008 – UERJ)** A assertiva incorreta é:

(A) para o bem do serviço público e por conveniência e necessidade da Administração, o servidor investido em mandato eletivo ou classista poderá ser removido ou redistribuído de ofício para localidade diversa daquela onde exerce o mandato
(B) o servidor responde civil, penal e administrativamente pelo exercício irregular de suas atribuições, sendo que a obrigação de reparar o dano se estende aos sucessores e contra eles será executada, até o limite do valor da herança recebida
(C) ao servidor estudante que mudar de sede no interesse da Administração é assegurada, na localidade da nova residência ou na mais próxima, matrícula em instituição de ensino congênere, em qualquer época, independentemente de vaga
(D) ressalvados os casos previstos na Constituição, é vedada a acumulação remunerada de cargos públicos. Considera-se acumulação proibida a percepção de vencimento de cargo ou emprego público efetivo com proventos da inatividade, salvo quando os cargos de que decorram essas remunerações forem acumuláveis na atividade
(E) a critério da Administração, poderão ser concedidas ao servidor ocupante de cargo efetivo, desde que não esteja em estágio probatório, licenças para o trato de assuntos particulares pelo prazo de até três anos consecutivos, sem remuneração. A licença poderá ser interrompida, a qualquer tempo, a pedido do servidor ou no interesse do serviço

A: incorreta, tratando-se de mandato eletivo federal, estadual ou distrital, ficará afastado de seu cargo, emprego ou função, logo, como decorrência do próprio afastamento previsto no art. 38, I, da CF/1988, não cabe falar em sua remoção ou redistribuição. Quanto aos mandatos municipais, poderá ou não haver afastamento a depender de pedido do próprio eleito, nos termos previstos no art. 38 da CF/1988; B: correta, a responsabilidade do servidor é do tipo aquiliana ou subjetiva, isto é, depende da comprovação de sua culpa. Todavia, uma vez comprovada sua culpabilidade e determinada sua responsabilidade, ela se transmite aos hedieros *ultra vires hereditatis*, isto é, até as forças da herança; C: correta, sendo a remoção o deslocamento do servidor para outra localidade no interesse da Administração (e não por interesse do servidor) é assegurada, na localidade da nova residência ou na mais próxima, matrícula em instituição de ensino congênere, em qualquer época, independentemente de vaga. Importante salientar, todavia, que o STJ vem exigindo a **congeneridade** entre as instituições de ensino, isto é, o direito à matrícula será em instituição de ensino superior (IES) pública se o ingresso do servidor, de seus cônjuges, companheiros, filhos ou enteados tenha sido em instituto dessa natureza, sendo em IES privada se o ingresso tenha se dado em instituição particular. D: correta, art. 37, § 10, da CF/1988; E: correta, na verdade, tudo dependerá do que estiver previsto no estatuto do servidor público de cada ente federado. No caso em tela, visto que cada qual detém autonomia para legislar sobre o tema. De todo modo, tendo por base a Lei 8.112/1990, a qual dispõe sobre o regime jurídico dos servidores públicos civis da União, das suas autarquias e fundações federais, tal previsão encontra-se no artigo 91.

Gabarito "A".

## 5.7. REMUNERAÇÃO, PROVENTOS E PENSÃO. OUTROS DIREITOS DOS AGENTES PÚBLICOS

**(Cartório/MG – 2012 – FUMARC)** São direitos sociais aplicáveis inclusive aos funcionários públicos, **EXCETO**:

(A) décimo terceiro salário.
(B) licença-paternidade, nos termos fixados em lei.
(C) gozo de 30 dias úteis de férias anuais remuneradas.
(D) remuneração do trabalho noturno superior à do diurno.

De fato, os direitos previstos nas alternativas "A", "B" e "D" são comuns aos trabalhadores em geral e aos funcionários públicos, nos termos do art. 39, § 3.º, da CF. Todavia, a Constituição Federal não faz referência a 30 dias *úteis* de férias.

Gabarito "C".

**(Cartório/SC – 2012)** Sobre o regime previdenciário aplicável ao servidor público é **correto** afirmar:

(A) Ao servidor ocupante exclusivamente de cargo em comissão, assim reconhecido, de livre nomeação e exoneração, bem como de outro cargo temporário ou de emprego público, aplica-se o regime geral de previdência pública, sendo autorizada a aplicação subsidiariamente às regras dispostas no regime geral de previdência social.
(B) Os servidores públicos abrangidos pelo regime de previdência serão aposentados, sendo calculados os seus proventos a partir dos valores fixados na forma descrita na Constituição Federal, voluntariamente, desde que cumprido o tempo mínimo de dez anos de efetivo exercício no serviço público e cinco anos no cargo efetivo em que se dará a aposentadoria, contando o homem com 65 anos de idade e a mulher com 60 anos de idade, com proventos proporcionais ao tempo de contribuição.
(C) Os servidores públicos abrangidos pelo regime de previdência serão aposentados por invalidez permanente com proventos integrais ao tempo de contribuição, exceto nos casos de acidente em serviço, moléstia profissional ou doença grave, contagiosa ou incurável.
(D) O benefício de pensão por morte, concedido ao beneficiário do servidor falecido, será igual ao valor da totalidade dos proventos do finado, até o limite máximo estabelecido para os benefícios do regime geral de previdência social, acrescido de 50% da parcela excedente a esse limite, caso aposentado à data do óbito.

(E) O tempo de serviço prestado a qualquer ente federal, estadual ou municipal será contado para efeito de aposentadoria, sendo que a lei não poderá estabelecer qualquer forma de contagem de tempo de contribuição fictício.

A: incorreta, pois a esse tipo de servidor aplica-se diretamente o "regime geral de previdência social", e não o regime geral de previdência pública" (art. 40, § 13, da CF); B: correta (art. 40, § 1.º, III, da CF); C: incorreta, pois os proventos, como regra, são proporcionais nesse caso (art. 40, § 1.º, I, da CF); D: incorreta, pois o acréscimo mencionado é de 70% e não de 50% (art. 40, § 7.º, I, da CF); E: incorreta, pois será computado o tempo de "contribuição" e não o tempo de "serviço" (art. 40, §§ 9.º e 10, da CF).

Gabarito "B".

**(Cartório/SE – 2006 – CESPE)** De acordo com a Constituição Federal, julgue os seguintes itens.

(1) Os vencimentos dos cargos do Poder Legislativo e do Poder Judiciário podem ser superiores aos pagos pelo Poder Executivo.
(2) Ao servidor ocupante, exclusivamente, de cargo em comissão declarado em lei de livre nomeação e exoneração não se aplica o regime geral da previdência social.

1: incorreta, art. 37, XII, da CF/1988; 2: incorreta, art. 40, § 13, da CF/1988.

Gabarito 1E, 2E.

## 5.8. INFRAÇÕES E PROCESSO DISCIPLINARES

**(Cartório/AC – 2006 – CESPE)** Marina, servidora pública, respondia a regular processo administrativo disciplinar por ter procedido de forma desidiosa no exercício da função. Ao fim do processo administrativo, Marina foi demitida, por restar provada a falta funcional. Por estar com 6 meses de gestação, Marina impetrou mandado de segurança contra o ato demissório, alegando estabilidade gestante.

Julgue os próximos itens, relativos à situação hipotética acima.

(1) Nesse caso, a figura, na espécie, que corresponderia a eventual retorno da servidora ao cargo seria a reintegração.
(2) O processo administrativo está eivado de nulidade, pois Marina foi demitida enquanto estava grávida e, portanto, enquanto era detentora de estabilidade provisória.
(3) A comissão processante deve ser composta por servidor estável, designado por autoridade competente, e com nível de escolaridade igual ou superior ao de Marina.

1: correta, a reintegração é precisamente a recondução do servidor ao mesmo cargo de que fora demitido, com o pagamento integral dos vencimentos e vantagens do tempo em que esteve afastado, uma vez reconhecida administrativa ou judicialmente a ilegalidade da medida; 2: incorreta, na assertiva em questão, depreende-se que a servidora já era estável, razão pela qual, depois de processada o devido procedimento administrativo disciplinar e assegurada a ela a ampla defesa e o contraditório, ela acabou demitida. Ora, quem já era estável não faz jus a estabilidade provisória, que só tem sido aplicada pelos tribunais aos agentes públicos que mantém com a Administração Pública um vínculo de natureza precária; 3: correta, tendo em vista que cada ente federado dispõe de autonomia para legislar sobre o tema, tudo dependerá do que estiver previsto nas respectivas leis estatutárias de cada um deles. De todo modo, tomando por base a Lei 8.112/1990, seu art. 149 determina que a comissão seja composta por 03 servidores estáveis, sendo que seu presidente deverá ser ocupante de cargo efetivo ou superior de mesmo nível ou ter nível de escolaridade igual ou superior ao do indiciado.

Gabarito 1C, 2E, 3C

## 5.9. RESPONSABILIDADE CIVIL, PENAL E ADMINISTRATIVA DO SERVIDOR

**(Cartório/MG – 2009 – EJEF)** Marque a assertiva CORRETA.

(A) A responsabilidade administrativa do servidor será afastada no caso de absolvição criminal que negue a existência do fato ou sua autoria.
(B) As sanções civis, penais e administrativas são dependentes entre si e não poderão, em nenhuma hipótese, ser objeto de aplicação cumulativa.
(C) A responsabilidade penal não abrange os crimes e contravenções imputadas ao servidor, nessa qualidade.
(D) A responsabilidade civil-administrativa resulta, apenas, de ato comissivo praticado no desempenho do cargo ou função.

A: correta, afastada judicialmente a responsabilidade penal do servidor tendo por fundamento a inexistência do fato ou restando negada sua autoria pelo indiciado, a responsabilidade administrativa do servidor é igualmente afastada – o art. 126 da Lei 8.112/1990 contém previsão nesse sentido e todos os demais estatutos dos servidores seguem esse entendimento doutrinário e jurisprudencial; B: incorreta, a punição disciplinar e a criminal têm fundamentos diferentes, sendo diversa a natureza das penas, em termos de substância. São independentes entre si. É justamente em razão dessa diferença substancial, que é possível a aplicação conjunta das duas penalidades sem que ocorra *bis in idem*, de modo que é possível que uma mesma infração dê ensejo a punição administrativa (disciplinar) e a punição penal (criminal); C: incorreta, crimes e contravenções são sempre da seara penal, independentemente de terem sido cometidos por servidores ou não – art. 123 da Lei 8.112/1990; D: incorreta, tanto ações quanto omissões podem gerar a responsabilidade civil-administrativa – art. 124 da Lei 8.112/1990.

Gabarito "A".

**(Cartório/RO – III)** No âmbito da Administração Pública Federal, no que tange à responsabilidade e aos efeitos da coisa julgada em relação ao servidor público civil, é correto afirmar que:

(A) o servidor público civil é sempre irresponsável pelo que, no exercício da função pública, comete;
(B) sentença penal condenatória transitada em julgado faz coisa julgada somente na esfera administrativa;
(C) a responsabilidade administrativa será afastada no caso de absolvição criminal transitada em julgado, que negue a existência do fato ou sua autoria;
(D) sentença penal condenatória transitada em julgado faz coisa julgada somente na esfera cível.

A: incorreta, o servidor responde civil, penal e administrativamente pelo exercício irregular de suas atribuições – art. 121 da Lei 8.112/1990; B: incorreta, transitada em julgado, a sentença penal condenatória pode fazer coisa julgada em todas as esferas: penal, civil e administrativa; C: correta, afastada judicialmente a responsabilidade penal do servidor tendo por fundamento a inexistência do fato ou restando negada sua autoria pelo indiciado, a responsabilidade administrativa do servidor é igualmente afastada – o art. 126 da Lei 8.112/1990 contém previsão nesse sentido e todos os demais estatutos dos servidores seguem esse entendimento doutrinário e jurisprudencial; D: incorreta, conforme os comentários apresentados à alternativa "B".

Gabarito "C".

## 5.10. TEMAS COMBINADOS DE AGENTES PÚBLICOS

**(Cartório/MT – 2005 – CESPE)** Quanto aos agentes públicos e aos poderes da administração, assinale a opção correta.

(A) O poder da própria administração de rever o seu ato, por parte de seu superior hierárquico, encontra-se restringido pela decadência de 5 anos, nos termos da Lei n. 9.784/1999.
(B) É inconstitucional, conforme entendimento do STF, toda modalidade de provimento que propicie ao servidor investir-se, sem prévia aprovação em concurso público destinado ao seu provimento, em cargo que não integra a carreira na qual seja anteriormente investido.
(C) São atributos específicos do poder de polícia a presunção de legitimidade e veracidade, a autoexecutoriedade e a imperatividade.
(D) O servidor público estatutário em débito com o erário, que for demitido, exonerado ou tiver a sua aposentadoria cassada, terá o prazo de 30 dias para quitar o débito, sob pena de imediata execução, sendo desnecessária a prévia inscrição em dívida ativa.

A: incorreta, a revisão de ato por superior hierárquico não tem necessariamente relação com o direito da Administração de anular os atos administrativos de que decorram efeitos favoráveis ao administrados, para o qual existe o prazo decadencial de 05 anos, contados da data em que foram praticados, salvo comprovada má-fé – art. 54 da Lei 9.784/1999; B: correta, o STF entende que, em razão da previsão constitucional da necessidade de ingresso via concurso público, é inconstitucional toda modalidade de provimento que propicie ao servidor investir-se em cargo sem ter cumprido tal requisito; C: incorreta, são atributos de **todo** ato administrativo: a presunção de legitimidade e veracidade, a autoexecutoriedade e a imperatividade; D: incorreta, não existe qualquer previsão legal possibilitando que débitos de servidores sejam cobrados de qualquer outro modo que não a via ordinária de inscrição em dívida ativa.

Gabarito "B".

**(Cartório/MT – 2003 – UFMT)** Quanto aos agentes públicos, assinale a afirmativa correta.

(A) A Constituição estabelece o princípio da ampla acessibilidade aos cargos públicos, mediante concurso público de provas e títulos, apenas aos brasileiros natos.

(B) A relação jurídica que interliga o Poder Público e os titulares de cargo público não é de índole estatutária, mas derivada dos princípios que norteiam a Administração.
(C) A aposentadoria efetuar-se-á com proventos proporcionais ao tempo de contribuição quando resultar invalidez permanente, decorrente de acidente em serviço ou de moléstia profissional.
(D) O Presidente da República, os Governadores, os Prefeitos e respectivos vices, os Ministros e os Secretários, os Senadores, os Deputados e os Vereadores são considerados agentes políticos.
(E) Recondução é o retorno de servidor ilegalmente desligado e tal reconhecimento pode vir de decisão administrativa ou judicial.

A: incorreta, a Constituição Federal dispõe que: "os cargos, empregos e funções públicas são acessíveis aos brasileiros que preencham os requisitos estabelecidos em lei, assim como aos estrangeiros, na forma da lei" – art. 37, I, da CF/1988; B: incorreta, o vínculo jurídico que se estabelece entre o Poder Público e seus titulares de cargo público tem precisamente natureza estatutária, a qual estabelece uma relação de sujeição especial entre essas partes; C: incorreta, art. 40, § 1º, I, da CF/1988; D: correta, agentes políticos são os titulares dos cargos estruturais à organização política do país, com respaldo haurido direto da Constituição. É o caso dos agentes arrolados nessa assertiva; E: incorreta, recondução é o retorno do servidor estável ao cargo anteriormente ocupado em decorrência de inabilitação em estágio probatório relativo a outro cargo ou de reintegração do anterior ocupante. A assertiva está, na verdade, a tratar de reintegração.
Gabarito "D".

## 6. IMPROBIDADE ADMINISTRATIVA

(Cartório/DF – 2006 – CESPE) Acerca da improbidade administrativa e do controle dos atos administrativos, julgue os itens subsequentes.

(1) A ação de improbidade administrativa deverá ser proposta no prazo de 5 anos, a contar da data do conhecimento do fato, quando se tratar de detentor de mandato eletivo ou de cargo em comissão.

1: incorreta, segundo o art. 23 da Lei 8.429/1992, as ações destinadas a levar a efeito as sanções previstas nesta lei podem ser propostas: I – até cinco anos após o término de mandato, de cargo em comissão e de função de confiança, ou II – dentro do prazo prescricional previsto em lei específica para faltas disciplinares puníveis com demissão a bem do serviço público, nos casos de exercício de cargo efetivo ou emprego.
Gabarito 1E

(Cartório/RJ – 2012) A respeito da moralidade na Administração Pública, analise as assertivas abaixo.

I. Responde nos termos da Lei de Improbidade as pessoas que, mesmo não sendo agentes públicos, induzam ou concorram para a prática do ato de improbidade ou dele se beneficie sob qualquer forma direta ou indireta.
II. Para os fins de aplicação da Lei de Improbidade, reputa-se agente público todo aquele que exerce, por eleição, nomeação, designação, contratação ou qualquer outra forma de investidura ou vínculo, mandato, cargo, emprego ou função nas entidades da administração direta, indireta ou fundacional, salvo se transitoriamente ou sem remuneração.
III. A responsabilidade pela lesão ao patrimônio público não se estende a herdeiros.

É correto o que se afirma em:
(A) I, apenas.
(B) II, apenas.
(C) III, apenas.
(D) I e III, apenas.
(E) I, II e III.

I: correta (art. 3.º da Lei 8.429/1992); II: incorreta, pois mesmo que aquele que exerce qualquer das funções mencionadas o faça transitoriamente ou sem remuneração, ter-se-á um agente público para fins de aplicação da Lei de Improbidade (art. 2.º da Lei 8.429/1992); III: incorreta, pois o sucessor daquele que causar lesão ao patrimônio público ou se enriquecer ilicitamente está sujeito às cominações da Lei de Improbidade até o limite do valor da herança (art. 8.º da Lei 8.429/1992).
Gabarito "A".

(Cartório/SC – 2012) A respeito da Lei de Improbidade Administrativa, pode-se afirmar:

I. Todos os agentes públicos respondem nos termos da Lei de Improbidade Administrativa, exceto os agentes políticos que exercem mandato eletivo junto aos parlamentos, já que estes detêm fórum privilegiado para responder pelos crimes de responsabilidade.
II. As sanções e o ressarcimento de danos ao erário prescrevem em cinco anos após o término do exercício de mandato, de cargo em comissão ou de função de confiança e, dentro do prazo prescricional previsto em lei específica para faltas disciplinares puníveis com demissão a bem do serviço público, nos casos de exercício de cargo efetivo ou emprego.
III. Segundo disposição legal presente na Lei de Improbidade Administrativa, os atos de improbidade administrativa dividem-se em atos que importam em enriquecimento ilícito, resultam em prejuízo ao erário e atentam contra os princípios da administração pública. Para restar o agente público sancionado por infração às condutas vedadas, a lei de improbidade exige genericamente que ele tenha agido com dolo e que tenha havido prejuízo ao erário.
IV. Nos termos da lei de improbidade, independentemente da conduta praticada pelo agente público ou por aqueles que não sendo agentes são porém a eles assemelhados nos termos da referida lei, independentemente das sanções penais, civis e administrativas previstas na legislação específica, está o responsável pelo ato de improbidade sujeito às cominações, que podem ser aplicadas isolada ou cumulativamente, de acordo com a gravidade do fato, constituindo-se elas de perda dos bens ou valores acrescidos ilicitamente ao patrimônio, ressarcimento integral do dano, quando houver, perda da função

pública, suspensão dos direitos políticos de oito a dez anos, pagamento de multa civil de até três vezes o valor do acréscimo, proibição de receber benefícios ou incentivos fiscais ou creditícios, direta ou indiretamente, ainda que por intermédio de pessoa jurídica da qual seja sócio majoritário, pelo prazo de dez anos.

(A) Somente a proposição I está correta.
(B) Somente a proposição III está correta.
(C) Somente as proposições III e IV estão corretas.
(D) Somente a proposição II está correta.
(E) Nenhuma proposição está correta.

I: incorreta; todos os agentes públicos se submetem à Lei de Improbidade, exceto os agentes políticos que respondem por crime de responsabilidade (salvo o Prefeito), o que abarca não só os parlamentares, mas também outros agentes políticos como Presidente da República, Governador, Ministros etc.; II: incorreta, pois as sanções em geral, de fato, estão submetidas ao prazo prescricional mencionado (art. 23 da Lei 8.429/1992); porém, a pretensão de ressarcimento ao erário é imprescritível (art. 37, § 5.º, da CF); III: incorreta, pois não é necessário que haja prejuízo ao erário para se configurar um ato de improbidade administrativa (art. 21, I, da Lei 8.429/1992); no mais, quanto ao elemento subjetivo é exigido o dolo nas modalidades dos arts. 9.º e 11 (enriquecimento ilícito e violação a princípios), mas basta ao culposo em sentido estrito (ou dolo) para a configuração da improbidade na modalidade do art. 10 (prejuízo ao erário); IV: incorreta, pois, de acordo com a modalidade de improbidade, os prazos e critérios de suspensão de direitos políticos, pagamento de multa civil e proibição de contratar, variam, o que se dá nos termos dos incisos I, II e III do art. 12 da Lei 8.429/1992.
Gabarito "E".

(Cartório/SP – 2011 – VUNESP) Sobre improbidade administrativa disciplinada na Lei n. 8.429/1992, é incorreto afirmar:

(A) o sucessor daquele que causou lesão ao patrimônio público ou se enriquecer ilicitamente está sujeito às cominações da referida lei, notadamente o ressarcimento ao erário, até os limites da herança.
(B) o ressarcimento integral do erário não é exigido quando o agente tenha causado o prejuízo sem dolo.
(C) não poderá haver conciliação, acordo ou transação na ação cautelar de sequestro de bens e na ação principal (de ressarcimento ou recuperação de bens para o erário).
(D) constitui ato de improbidade administrativa facilitar ou concorrer de qualquer forma para a incorporação ao patrimônio particular, de pessoa física ou jurídica, de bens, rendas, verbas ou valores integrantes do acervo patrimonial do Estado ou de entidade pública.

A: correta, art. 8º da Lei 8.429/1992; B: incorreta, ocorrendo lesão ao patrimônio público por ação ou omissão, dolosa ou culposa, do agente ou de terceiro, dar-se-á o integral ressarcimento do dano – art. 5º da Lei 8.429/1992; C: correta, art. 17, § 1º, da Lei 8.429/1992; D: correta, art. 10, I, da Lei 8.429/1992.
Gabarito "B".

## 7. BENS PÚBLICOS

(Cartório/DF – 2006 – CESPE) Com relação aos bens públicos e ao controle da administração pública, julgue os próximos itens.

(1) As águas do lago Paranoá, em Brasília – DF, pertencem à União e constituem bem dominial.
(2) O Tribunal de Contas da União (TCU) é competente para realizar, por iniciativa própria, inspeções e auditorias de natureza contábil, financeira, operacional e patrimonial nas unidades administrativas do Poder Legislativo.

1: incorreta, o lago Paranoá pertence ao Distrito Federal e constitui bem de uso comum do povo; 2: correta, art. 71, IV, da CF/1988.
Gabarito 1E, 2C.

(Cartório/DF – 2003 – CESPE) No que concerne ao regime de bens imóveis, julgue o item a seguir.

(1) A concessão de direito real de uso de imóvel público depende, para se consumar, de registro no cartório de registro de imóveis.

1: correta, arts. 167, I, e 40 da Lei 6.015/1973.
Gabarito 1C.

(Cartório/MG – 2005 – EJEF) Analise estas afirmativas concernentes à classificação dos bens públicos e assinale com V as verdadeiras e com F as falsas:

( ) 1. São considerados bens dominicais os rios, mares, estradas, ruas e praças.
( ) 2. São considerados bens de uso comum do povo os edifícios ou terrenos destinados a serviço ou estabelecimento da Administração Federal, Estadual, Territorial ou Municipal, inclusive os de suas autarquias.
( ) 3. É considerado bem de uso especial o patrimônio das pessoas jurídicas de direito público, como objeto de direito pessoal ou real de cada uma dessas entidades.

Assinale a alternativa que apresenta a sequência de letras CORRETA.

(A) (F) (F) (F)
(B) (F) (F) (V)
(C) (F) (V) (F)
(D) (V) (F) (V)

1: incorreta, a assertiva é falsa, na medida em que os bens arrolados são bens de uso comum do povo e não bens dominicais; 2: incorreta, a assertiva é falsa, na medida em que os bens arrolados são bens de uso especial, visto que afetados a um serviço ou estabelecimento público; 3: incorreta, a assertiva em questão está igualmente falsa, visto que bens de uso especial são aqueles afetados a um serviço ou estabelecimento, utilizados para a realização da atividade pública ou colocados à disposição dos administrados a um serviço público. A afirmativa refere-se, na verdade, a bem dominical.
Gabarito "A".

**(Cartório/MS – 2009 – VUNESP)** Investidura é

(A) a alienação feita aos legítimos possuidores de direitos ou, na falta destes, ao Poder Público, de imóveis para fins residenciais construídos em núcleos urbanos anexos a usinas hidrelétricas, desde que considerados dispensáveis na fase de operação dessas unidades e não integrem a categoria de bens reversíveis ao final da concessão.
(B) o instituto por meio do qual o Poder Público, reconhecendo a posse legítima do interessado e a observância dos requisitos fixados em lei, transfere a ele a propriedade de área integrante do patrimônio público.
(C) a forma alienativa pela qual o Estado, ao instituir entidade administrativa privada, faz integrar no seu capital dinheiro ou bens móveis ou imóveis.
(D) o instrumento de direito público pelo qual uma entidade de direito público transfere a outrem, gratuita ou remuneradamente, bem público de seu domínio.
(E) o contrato em que um dos contratantes transfere a outrem bem de seu patrimônio e deste recebe outro bem equivalente.

A: correta, investidura é a incorporação de uma área pública remanescente ou resultante de uma obra pública ao terreno particular confinante por ser essa considerada isoladamente inconstruível ou inaproveitável; B: incorreta, a assertiva trata da usucapião e não de investidura e, de todo modo, os bens imóveis não são passíveis de usucapião nos termos do artigo 183, § 3º, da CF/1988; C: incorreta, a assertiva trata da integralização de capital pelos entes públicos para a instituição de ente de pessoa jurídica de direito privado integrante da administração indireta; D: incorreta, ao transferir bem público a outro ente tem-se a doação ou alienação; E: incorreta, trata-se de permuta e não de investidura.
Gabarito "A".

**(Cartório/MT – 2003 – UFMT)** Bens públicos são todos os bens que pertencem às pessoas jurídicas de Direito Público. Em relação a esses bens, assinale a afirmativa correta.

(A) Concessão de uso de bem público é o contrato administrativo pelo qual a Administração trespassa a alguém o uso de um bem público para uma finalidade indeterminada.
(B) Terrenos acrescidos, também chamados terrenos marginais, são bens públicos constituídos pelas faixas de terra à margem dos rios públicos livres da influência das marés.
(C) A desafetação dos bens de uso comum, trespassando-os para a classe dos dominicais, depende de ato do próprio Executivo.
(D) Terras devolutas são bens dominicais, não afetadas a uma destinação pública e sujeitas à prescrição aquisitiva, desde que não se encontrem em faixa de fronteira.
(E) Concessão de direito real de uso é o contrato pelo qual a Administração transfere, como direito real resolúvel, um bem para que seja utilizado com fins específicos por tempo certo ou por prazo indeterminado.

A: incorreta, concessão de uso de bem público é o contrato administrativo por meio do qual o Poder Público atribui a utilização exclusiva de um bem de seu domínio a particular, a fim de que este o explore segundo sua **destinação específica**. Sua característica primordial é o caráter contratual da outorga, para utilização com exclusividade e nas condições convencionadas com a Administração Pública: B: incorreta, terrenos acrescidos são todos aqueles que se formam com a terra carreada pela caudal. Pertencem aos proprietários das terras marginais a que aderirem – art. 1.250 do CC; C: incorreta, a desafetação de um bem público depende de lei; D: incorreta, terras devolutas realmente são bens dominicais, sem destinação pública específica. Todavia, independentemente da existência ou não de uma afetação, os bens públicos imóveis não podem ser objeto de usucapião, razão pela qual a assertiva está errada – art. 183, § 3º e art. 191, parágrafo único, da CF/1988; E: correta, concessão de direito real de uso é o contrato pelo qual a Administração transfere o uso remunerado ou gratuito de terreno público a particular, como direito real resolúvel, para que dele se utilize em fins específicos de urbanização, industrialização, edificação, cultivo ou qualquer outra exploração de interesse social.
Gabarito "E".

**(Cartório/RJ – 2012)** Sobre a afetação e a desafetação de bem público, é correto afirmar que:

(A) mesmo enquanto afetado, o bem público pode ser livremente alienado.
(B) o ente público poderá conceder direito real de uso de bem público afetado.
(C) a competência para afetar ou desafetar um bem é exclusiva da pessoa política proprietária do bem.
(D) os bens de uso comum do povo não são afetados.
(E) os bens dominicais também são bens afetados e, portanto, inalienáveis.

A: incorreta, pois um bem público afetado não pode ser alienado, sendo necessária a sua desafetação para tanto (art. 100 do Código Civil); B: incorreta, pois os bens afetados (ou seja, com destinação pública) devem obedecer à destinação pública a eles conferida, o que é incompatível com a concessão de um direito real de uso a terceiro; C: correta, sob pena de quebra do princípio federativo, que permite que cada ente administre seus bens como lhe aprouver, respeitadas, naturalmente, as normas jurídicas incidentes; D: incorreta, pois tais bens são afetados (= destinados) ao uso comum do povo (art. 99, I, do Código Civil), podendo perder tal destinação (qualificação), na forma que a lei determinar (art. 100 do Código Civil); E: incorreta, pois tais bens são meros bens patrimoniais do Estado (art. 99, III, do Código Civil), não tendo destinação (afetação), podendo, assim, ser objetos de alienação (art. 101 do Código Civil).
Gabarito "C".

**(Cartório/RN – 2012 – IESIS)** Quanto aos bens imóveis de domínio da União, é correto afirmar, **EXCETO**, que:

(A) Caberá à SPU a incumbência de fiscalizar e zelar para que sejam mantidas a destinação e o interesse público, o uso e a integridade física dos imóveis pertencentes ao patrimônio da União.
(B) A inscrição de ocupação, a cargo da Secretaria do Patrimônio da União, não pressupõe o uso efetivo do imóvel pelo ocupante.
(C) A permissão de uso de bens imóveis de domínio da União é autorizada por ato do Secretário do Patrimônio da União, que poderá ser delegado aos titulares das delegacias estaduais.

(D) Os imóveis da União poderão ser cedidos gratuitamente a pessoas físicas ou jurídicas, em razão de interesse público ou social ou de aproveitamento econômico de interesse nacional.

A: correta (art. 11, *caput*, da Lei 9.636/1998); B: incorreta, devendo ser assinalada; a inscrição de ocupação pressupõe, sim, o uso efetivo do imóvel pelo ocupante (art. 7.º, *caput*, da Lei 9.636/1998); C: correta (art. 22, *caput* e § 1.º, da Lei 9.636/1998); D: correta (art. 18, II, da Lei 9.636/1998).
Gabarito "B".

**(Cartório/RO – III)** Assinale a alternativa incorreta. São bens públicos:

(A) os dominicais, que constituem o patrimônio das pessoas jurídicas de direito público, como objeto de direito pessoal, ou real, de cada uma dessas entidades;
(B) os bens públicos dominicais podem ser alienados, observadas as exigências da lei;
(C) o uso comum dos bens público pode ser gratuito ou retribuído, conforme for estabelecido legalmente pela entidade a cuja administração pertencerem.
(D) os bens públicos podem ser objetos de usucapião;

A: correta, bens dominicais ou do patrimônio disponível da Administração Pública são todos aqueles que não estão afetados a uma finalidade específica, embora integrem o domínio público; B: correta, justamente por não estarem afetados a uma finalidade específica, eles são considerados patrimônio disponível, isto é, que podem ser alienados, nos termos do que dispuser a lei de cada ente; C: correta, bens de uso comum do povo podem ser utilizados gratuita ou onerosamente, a depender do que prevê a lei de cada ente; D: incorreta, por expressa previsão constitucional em mais de um dispositivo, os bens públicos imóveis não serão adquiridos por usucapião – art. 183, § 3º e art. 191, parágrafo único, da CF/1988.
Gabarito "D".

**(Cartório/SP – I – VUNESP)** Adotada a terminologia do Código Civil, que classifica os bens públicos em bens de uso comum do povo, bens de uso especial e bens dominicais, assinale a alternativa que contém afirmação falsa.

(A) Os bens de uso comum do povo, também chamados bens de domínio público do Estado, são indisponíveis e não são sujeitos a usucapião.
(B) Os bens de uso especial integram o patrimônio do Estado, são indisponíveis e não são sujeitos a usucapião.
(C) Os bens dominicais são disponíveis e sujeitos a usucapião.
(D) Os bens de uso especial convertem-se em bens dominicais se ocorrer desafetação.

A: correta, os bens de uso comum do povo são os destinados ao uso indistinto de todos e são chamados, por alguns, de bens do domínio público do Estado e, enquanto não desafetados, são indisponíveis. Nenhum bem imóvel público, seja que destinação tenha, pode ser objeto de usucapião; B: correta, bens dominicais são aqueles afetados a um serviço ou estabelecimento público, razão pela qual, enquanto não desafetados a essa finalidade específica, são indisponíveis e não estão sujeitos a usucapião; C: incorreta, art. 183, § 3º e art. 191, parágrafo único, da CF/1988; D: correta, desafetação é a retirada de um bem do fim específico a que ele servia. Se um bem de uso especial deixa de ter uma finalidade específica e passa ao patrimônio disponível de um ente público, ele se torna um bem público dominical.
Gabarito "C".

**(Cartório/SP – II – VUNESP)** Considere as seguintes afirmativas:

I. Os bens públicos dominicais somente estão sujeitos ao usucapião especial coletivo de área urbana superior a 250 m2, ocupada com moradias de população de baixa renda.
II. A alienação de bem público de uso especial depende de prévia desafetação.
III. Os bens públicos não são passíveis de usucapião, mas podem as Pessoas de Direito Público usucapir bens particulares.
IV. São considerados bens imóveis de domínio público todos aqueles utilizados pela Administração na execução dos serviços públicos.

Destas, pode-se dizer que somente estão corretas
(A) I e II.
(B) II e III.
(C) II, III e IV.
(D) III e IV.

I: incorreta, os bens públicos, independentemente de sua afetação ou não a uma específica finalidade pública, não estão sujeitos a usucapião; II: correta, um bem público de uso especial necessariamente estão afetados a um serviço ou estabelecimento, razão pela qual, a menos que haja uma lei a desafetá-lo, não poderá ser alienado; III: correta, a vedação constitucional prevista nos art. 183, § 3º e art. 191, parágrafo único, da CF/1988 refere-se apenas à usucapião de bens públicos, de modo que perfeitamente lícita a usucapião de bens particulares por ente público, IV: incorreta – os bens imóveis afetados à prestação de serviços públicos, quando de propriedade de entes da Administração Pública, são chamados bens públicos de uso especial..
Gabarito "B".

**(Cartório/SP – IV – VUNESP)** Quanto aos bens públicos, é certo afirmar que

(A) não poderão ser praceados, nem gravados com direitos reais de garantia, não sendo, ademais, suscetíveis de usucapião.
(B) não poderão ser praceados, nem suscetíveis de usucapião, nada impedindo, em casos especiais, sejam gravados com direitos reais de garantia.
(C) não poderão ser praceados, nem gravados com direitos reais de garantia, nada impedindo sejam suscetíveis de aquisição por usucapião *pro labore*.
(D) não poderão ser gravados com direitos reais de garantia, não sendo suscetíveis de usucapião, mas podem ser praceados.

Os bens públicos possuem como traço característico o fato de serem impenhoráveis e imprescritíveis, de modo que, assim sendo, não podem servir como garantia. Ademais, em razão de expressa previsão constitucional, não são suscetíveis de usucapião – art. 183, § 3º e art. 191, parágrafo único, da CF/1988.
Gabarito "A".

(Cartório/SP – IV – VUNESP) A concessão de uso de bem público é

(A) o ato unilateral, precário e discricionário pelo qual a Administração transfere o uso remunerado ou gratuito de um bem público, para uso específico, com tempo certo ou por prazo indeterminado.
(B) o ato unilateral, precário e discricionário pelo qual a Administração faculta a alguém o uso para finalidade específica de um bem público.
(C) o ato unilateral, precário e discricionário de bem público, pelo qual a Administração consente na prática de atividade individual, compatível com sua destinação principal e propiciando serventia para a coletividade.
(D) o contrato pelo qual a Administração transfere a alguém o uso de um bem público.

A: incorreta, trata-se da definição de permissão de uso e não de concessão de uso de bem público; B: incorreta, trata-se da definição de permissão de uso e não de concessão de uso de bem público; C: incorreta, trata-se da definição de autorização de bem público; D: correta, concessão de uso é o contrato administrativo pelo qual o Poder Público atribui a utilização exclusiva de um bem se seu patrimônio a particular, para que o explore segundo sua destinação específica. Gabarito "D".

(Cartório/SP – V – VUNESP) Os bens públicos podem ser classificados, nos termos do artigo 99 do Código Civil, em bens de uso comum do povo, bens de uso especial e bens dominicais. São bens públicos dominicais:

(A) os rios, mares, estradas, ruas e praças.
(B) os edifícios ou terrenos destinados a serviço ou estabelecimento da administração federal, estadual, serviço ou estabelecimento da administração federal, estadual, territorial ou municipal, inclusive os de suas autarquias.
(C) os adquiridos pelos delegados ou concessionários de serviço público, na vigência da delegação, com a utilização da correspondente remuneração.
(D) os que constituem patrimônio das pessoas jurídicas de direito público, como objeto de direito pessoal, ou real, de cada uma dessas entidades.

A: incorreta, os bens arrolados são de uso comum do povo; B: incorreta, os bens arrolados são de uso especial; C: incorreta, os bens adquiridos pelos delegados ou concessionários são bens privados destinados à prestação de serviço público; D: correta, os bens que compõem o patrimônio disponível da Administração Pública por não estarem afetados a uma finalidade pública específica são bens dominicais. Gabarito "D".

(Cartório/SP – 2011 – VUNESP) Sobre Terras Devolutas, é incorreto afirmar que

(A) as terras devolutas integram a categoria de bens de uso especial.
(B) as terras devolutas constituem espécie do gênero terras públicas.
(C) pela Constituição Federal, são bens da União as terras devolutas indispensáveis à defesa das fronteiras, das fortificações e construções militares, das vias federais de comunicação e à preservação ambiental, definidas em lei.
(D) a ação discriminatória tem como objetivo separar terras públicas das particulares, mediante verificação da legitimidade dos títulos de domínio dos particulares, apurando-se, por exclusão, as terras de domínio público.

A: incorreta, terras devolutas são todas aquelas que, pertencentes ao domínio público de qualquer dos entes estatais, não se encontra afetada a uma destinação pública específica, razão pela qual são considerados bens dominicais; B: correta, terras devolução são espécie do gênero terras públicas, assim como também o são as terras tradicionalmente ocupadas pelos índios, os terrenos de marinha etc.; C: correta, art. 20, II, da CF/1988; D: correta, Lei 6.383/1976. Gabarito "A".

(Cartório/SP – 2012 – VUNESP) Sobre bens públicos, é correto concluir que

(A) pode ser autorizado discricionariamente o uso privativo de bem público a particular não pertencente à Administração Pública.
(B) bens necessários à prestação de serviço público não podem ser penhorados, exceto se pertencentes à pessoa jurídica de direito privado.
(C) bens públicos são insuscetíveis de desapropriação.
(D) as terras tradicionalmente ocupadas pelos índios são bens públicos de uso comum do povo pertencentes à União; portanto, são inalienáveis.

A: correta, o uso de bem privativo por particular é perfeitamente lícito, desde que essa utilização seja compatível e não prejudique o fim principal ao qual se destina um determinado bem, e desde que isso atenda de forma ainda maior ao interesse da coletividade; B: incorreta, os bens afetados à prestação de serviços públicos, quer sejam eles pertencentes a entes públicos ou privados, são tidos por impenhoráveis; C: incorreta, os bens públicos são passíveis de desapropriação, nos termos do que dispõe o Dec.-lei 3.365/1941. D: incorreta, as terras tradicionalmente ocupadas pelos índios *não são* bens de uso comum do povo, mas bens de uso especial. Gabarito "A".

(Cartório/SP – 2012 – VUNESP) Analise as proposições a seguir.

I. Toda alienação de bem público depende de lei autorizadora, de licitação e de avaliação da coisa a ser alienada, contudo, se incompatível com a natureza do contrato, há a inexigibilidade dessas formalidades.
II. A formalização da Investidura de uma área pública se faz, obrigatoriamente, por escritura pública ou termo administrativo, sendo facultado o registro imobiliário.
III. Os bens imóveis de uso especial e os dominiais adquiridos de qualquer forma pelo Poder Público ficam sujeitos ao registro imobiliário.
IV. Os bens de uso comum do povo estão dispensados de registro enquanto mantiverem essa destinação.

São verdadeiras apenas as proposições
(A) I e II.
(B) I e III.
(C) III e IV.
(D) I, III e IV.

I: correta, art. 17, I e II, da Lei 8.666/1993; II: incorreta, investidura é a incorporação de uma área pública remanescente ou resultante

de uma obra pública ao terreno particular confinante por ser essa considerada isoladamente inconstruível ou inaproveitável. Trata-se, destarte, de modo de aquisição da propriedade pelo particular, que se dá por meio de compra e venda, o que logicamente demanda o devido e obrigatório registro imobiliário – art. 167, I, 29 da Lei 6.015/1973; III: correta, exceto em se tratando de bens de uso comum do povo, os demais bens da Administração Pública ficam sujeitos a registro imobiliário; IV: correta, bens de uso comum do povo, pela sua própria natureza, não estão sujeitos ao registro imobiliário.
Gabarito "D".

## 8. RESPONSABILIDADE DO ESTADO

**(Cartório/MT – 2003 – UFMT)** Em relação aos fundamentos do dever de reparar, na responsabilidade patrimonial extracontratual do Estado, assinale a afirmativa correta.

(A) Nos comportamentos lícitos, comissivos ou omissivos, o dever de reparar é imposto pelo princípio da legalidade.
(B) Nos comportamentos lícitos, comissivos ou omissivos, o dever de reparar funda-se na teoria da culpa anônima.
(C) Nos comportamentos ilícitos, o dever de reparar é a contrapartida do princípio da legalidade.
(D) Nos comportamentos ilícitos, o dever de reparar é contrapartida do princípio da igualdade.
(E) os comportamentos lícitos omissivos, o dever de reparar funda-se na teoria da culpa do serviço.

A: incorreta, nos comportamentos lícitos não se tem, a princípio, qualquer dever de reparação. Contudo, nos casos em que, apesar da licitude da conduta estatal tem-se o prejuízo exacerbado de determinado particular, é possível a responsabilidade estatal em razão de ato lícito, como forma de assegurar o princípio da isonomia. Suas características são, portanto, a certeza do dano e da lesão a um direito, sua especialidade e anormalidade. Ex.: nivelamento de rua que acabe por desvalorizar determinados imóveis em razão de se rebaixamento face o leito da rua; B: incorreta, mais uma vez a assertiva fala em comportamentos lícitos, razão pela qual a regra é a não configuração de qualquer responsabilidade estatal, exceto no caso de dano certo, especial e anormal decorrente de ato lícito, o que ensejará o dever de reparar como forma de garantir a isonomia entre os administrados; C: correta, quanto há um comportamento ilícito, seja ele comissivo ou omissivo, tem o Estado o dever de reparar o dano causado, como forma de restabelecer o princípio da legalidade – art. 37, § 6º, da CF/1988; D: incorreta, o dever de reparar o dano em decorrência do cometimento de ato ilícito é contrapartida do princípio da legalidade e não da igualdade; E: incorreta, nos comportamentos lícitos omissivos, não se tem, como acima já explicitado, o dever de reparar como regra, a menos que reste comprovada a violação do princípio da igualdade.
Gabarito "C".

**(Cartório/RO – III)** Assinale a resposta correta:

(A) somente as pessoas jurídicas de direito público responderão pelos danos que seus agentes, nessa qualidade, causarem a terceiros;
(B) as pessoas jurídicas de direito público e de direito privado prestadoras de serviços públicos responderão pelos danos que seus agentes, nessa qualidade, causarem a terceiros;
(C) as pessoas jurídicas de direito público e de direito privado são irresponsáveis pelos danos que seus agentes, nessa qualidade, causarem a terceiros;
(D) É permitida a vinculação remuneratória para o efeito de remuneração de pessoal do serviço público.

A: incorreta, "as pessoas jurídicas de direito público **e as de direito privado prestadoras de serviços públicos** responderão pelos danos que seus agentes, nessa qualidade, causarem a terceiros, assegurado o direito de regresso contra o responsável nos casos de dolo ou culpa" – art. 37, § 6º, da CF/1988; B: correta, art. 37, § 6º, da CF/1988; C: incorreta, art. 37, § 6º, da CF/1988; D: incorreta, é vedada a vinculação ou equiparação de quaisquer espécies remuneratórias para o efeito de remuneração de pessoal do serviço público – art. 37, XIII, da CF/1988.
Gabarito "B".

**(Cartório/SC – 2012)** Assinale a alternativa **correta**:

(A) O caso fortuito ou a força maior, quando ocorrente sua comprovação em uma ação reparatória contra o Estado, exclui a condenação deste, uma vez que a ocorrência de natureza imprevisível e inevitável, absolutamente independente da vontade do agente público, rompe com o nexo de causalidade entre o evento danoso e o resultado dele.
(B) Tratando-se de responsabilidade civil do Estado, nos termos adotados pela Constituição Federal brasileira, a absolvição do servidor público em juízo criminal por possível ato praticado no exercício da atividade funcional, por falta de provas, impede a condenação do Estado em uma ação de reparação civil de danos materiais e morais em razão do mesmo fato apurado no juízo criminal no qual o servidor restou absolvido.
(C) O Estado, uma vez condenado em ação em que se apura sua responsabilidade civil, não detém contra o servidor ação regressiva para recuperar aquilo que pagou à vítima lesada por ato de ofício praticado pelo servidor público.
(D) Na Teoria do Risco Integral, é indispensável a existência do evento danoso e do nexo causal para que surja a obrigação de indenizar para a administração pública, mesmo que o dano seja resultante de culpa exclusiva da vítima.
(E) A responsabilidade civil das pessoas jurídicas de direito privado prestadoras de serviço público é subjetiva relativamente a terceiros usuários e não usuários do serviço, segundo se apura no preconizado pela Constituição Federal a respeito da responsabilização civil do Estado.

A: correta, pois adotamos, no Brasil, quanto à responsabilidade objetiva do Estado, a Teoria do Risco Administrativo, que admite excludentes de responsabilidade, e não a Teoria do Risco Integral, que não admite tais excludentes; B: incorreta, pois, de acordo com a Constituição (art. 37, § 6.º), o Estado responde objetivamente, pouco importando se o agente público agiu com culpa ou dolo, ou se foi ou não absolvido na esfera criminal; aliás, a absolvição criminal por falta de provas sequer exime o agente público de vir a responder administrativa e civilmente pelos fatos praticados, sendo que a primeira se dá no âmbito de um processo disciplinar, ao passo que a segunda se dá quando a Administração Pública promove ação de regresso em seu desfavor; C: incorreta, pois o Estado tem sim essa

ação em face do agente público, desde que este tenha agido com culpa ou dolo (art. 37, § 6.º, da CF); D: incorreta; na Teoria do Risco Integral a exigência de nexo de causalidade é relativizada; mesmo que não se possa imputar o dano a uma conduta direta do Estado, este responderá; por exemplo, se um terremoto atingir uma usina nuclear (em caso de dano nuclear a Teoria do Risco Administrativo, que é a regra, cede para a Teoria do Risco Integral), causando danos a pessoas, mesmo que não se possa dizer que foi uma conduta do Estado a causadora do dano (ou seja, mesmo que não se possa dizer que houve nexo de causalidade entre o dano e uma conduta estatal), o Estado responderá; E: incorreta, pois a responsabilidade dessas pessoas é objetiva (art. 37, § 6.º, da CF), e não subjetiva; vale acrescentar que o STF é pacífico, hoje, no sentido de que essa responsabilidade objetiva se dá tanto em relação a terceiros usuários, como em relação a terceiros não usuários do serviço.
Gabarito "A".

**(Cartório/SE – 2006 – CESPE)** De acordo com a Constituição Federal, julgue o seguinte item.

(1) As pessoas jurídicas de direito privado prestadoras de serviços públicos respondem pelos danos que seus agentes, nessa qualidade, causarem a terceiros, desde que haja, qualquer que seja a hipótese, dolo ou culpa.

1: incorreta, a Constituição Federal consagra a teoria da responsabilidade objetiva do Estado, estabelecendo que: "as pessoas jurídicas de direito público e as de direito privado prestadoras de serviços públicos responderão pelos danos que seus agentes, nessa qualidade, causarem a terceiros, assegurado o direito de regresso contra o responsável nos casos de dolo ou culpa" – art. 37, § 6º, da CF/1988, ou seja, independente de dolo ou culpa, desde que haja nexo de causalidade entre a conduta do agente e o dano e não esteja presente quaisquer das causas excludentes de responsabilidade (quais sejam, a culpa exclusiva da vítima ou de terceiro, o caso fortuito ou a força maior)..
Gabarito 1E.

**(Cartório/SP – I – VUNESP)** Em matéria de responsabilidade do Estado, é falso dizer que

(A) também há responsabilidade objetiva do Estado no caso de dano causado por fenômeno da natureza.
(B) o agente que cause o dano somente responde regressivamente se tiver agido com dolo ou culpa.
(C) não só as pessoas jurídicas de direito público, mas também as de direito privado prestadoras de serviço público respondem objetivamente pelos danos que seus agentes, nessa qualidade, causem a terceiros.
(D) no caso de dano causado por ato de multidão, o Estado responderá não por responsabilidade objetiva, mas sim se for provada a culpa da administração.

A: incorreta, o direito administrativo brasileiro não adota a teoria do risco integral, mas sim a do risco administrativo, o que implica a existência de excludentes da responsabilidade estatal, quais sejam: a culpa exclusiva da vítima, em caso fortuito ou de força maior; B: correta, a responsabilidade do Estado é do tipo objetiva, mas a do agente público depende de prova de seu dolo ou culpa – art. 37 § 6º, da CF/1988; C: correta, art. 37, § 6º, da CF/1988; D: correta, no caso de dano causado por multidão, eventual responsabilidade do Estado dá-se em razão de conduta omissiva culposa, o que impõe a necessidade provar que tinha o dever de agir e que, culposamente, não o fez.
Gabarito "A".

**(Cartório/SP – II – VUNESP)** A responsabilidade do Estado

I. abrange apenas os danos que seus agentes, agindo com culpa ou dolo, causarem a terceiros;
II. aplica-se de forma indistinta a quaisquer das funções públicas, não sendo restrita a danos provenientes de atos administrativos;
III. é objetiva para os atos comissivos do Estado e, em regra, subjetiva para os comportamentos omissivos;
IV. é sempre objetiva.

Pode-se dizer que está correto apenas o contido em

(A) I e IV.
(B) I, II e IV.
(C) II e III.
(D) II e IV.

I: incorreta, não há que se falar em culpa ou dolo, apenas em nexo causal entre a conduta e o dano, "as pessoas jurídicas de direito público e as de direito privado prestadoras de serviços públicos responderão pelos danos que seus agentes, nessa qualidade, causarem a terceiros, assegurado o direito de regresso contra o responsável nos casos de dolo ou culpa" – art. 37, § 6º, da CF/1988; II: correta, a responsabilidade do Estado pode advir de qualquer ato, omissivo ou comissivo, que seus agentes públicos, nessa qualidade, causarem a terceiros – art. 37, § 6º, da CF/1988; III: correta, no caso de conduta comissiva, a responsabilidade estatal é objetiva, bastando a comprovação do nexo causal entre a conduta e o dano por ela produzido, independentemente de dolo ou culpa. No caso de condutas omissivas, todavia, surge a necessidade de comprovação de que não só há o nexo causal entre a conduta e o resultado danoso, como também de que o Estado tinha o dever de agir e não o fez, por culpa ou dolo, razão pela qual a responsabilidade estatal por omissão é do tipo subjetiva; IV: incorreta, como visto na resposta da assertiva III, a responsabilidade do Estado é objetiva no caso de conduta comissiva, e subjetiva, nas hipóteses de conduta omissiva.
Gabarito "C".

**(Cartório/SP – II – VUNESP)** O reconhecimento da obrigação do servidor indenizar pelos danos que, agindo com culpa ou dolo, causou à Administração

(A) depende sempre de prévia punição administrativa aplicada em procedimento próprio.
(B) pode ser feito em ação de responsabilidade civil que, neste caso, é imprescritível.
(C) depende de prévia condenação em ação penal nos casos em que o ilícito civil também configurar ilícito penal.
(D) é afastado pela absolvição do servidor em ação penal relativa ao mesmo fato, ainda que decorrente da falta de provas ou ausência de dolo.

A: incorreta, a responsabilização civil do servidor independe da responsabilidade administrativa; B: correta, o direito de regresso estatal pode ser exercido em face do servidor público por meio de ação de ressarcimento, a qual, segundo expressa disposição constitucional, é imprescritível – art. 37, § 5º, da CF/1988; C: incorreta, a responsabilidade civil independe da penal; D: incorreta, a responsabilidade penal só tem o condão de influir na esfera civil e administrativa caso refira-se à própria materialidade ou à autoria do ilícito, como no caso em que a absolvição se dê em razão da inocorrência do fato ou por comprovação de sua não autoria.
Gabarito "B".

**(Cartório/SP – III – VUNESP)** No campo da responsabilidade administrativa, a apuração de falta

(A) não depende de processo civil ou criminal, mas apenas administrativo.
(B) só comporta apuração uma vez esgotadas as esferas civil e criminal.
(C) depende da apuração no processo civil.
(D) depende de apuração no processo criminal.

As esferas civil, penal e administrativa são em geral independentes entre si, pois ensejam responsabilização com fundamentos diversos.
Gabarito "A".

**(Cartório/SP – IV – VUNESP)** A responsabilidade civil do Estado é

(A) subjetiva, quanto aos atos de seus prepostos, em relação ao terceiro lesado, se o preposto é réu na ação principal, cabendo a prova da culpa.
(B) objetiva nos casos de comissão e subjetiva, nos de omissão.
(C) objetiva, quanto aos atos do seu agente delegado, em relação ao terceiro lesado, se ele for denunciado à lide em ação de regresso.
(D) subjetiva, quanto ao ente público, se o preposto agiu com dolo ao lesar terceiro.

A responsabilidade do Estado é objetiva no caso de conduta comissiva, e subjetiva, nas hipóteses de conduta omissiva.
Gabarito "B".

**(Cartório/SP – 2012 – VUNESP)** Sobre a responsabilidade civil do Estado, é correto afirmar que

(A) a responsabilidade civil do Estado é, em regra, objetiva no caso de conduta omissiva.
(B) as concessionárias de serviço público respondem objetivamente, mesmo que o prejudicado não seja usuário.
(C) a teoria do risco integral é a regra mais utilizada no Brasil para definir a responsabilidade civil do Estado.
(D) em regra, o ato estatal e o dano que a vítima sofre são elementos necessários e suficientes para caracterizar a responsabilidade civil do Estado.

A: incorreta, a responsabilidade do Estado é objetiva no caso de conduta comissiva, e subjetiva, nas hipóteses de conduta omissiva; B: correta, a responsabilidade é objetiva em relação a terceiros, sejam eles usuários ou não – art. 37, § 6º, da CF/1988; C: incorreta, o Brasil adota a teoria do risco administrativo e não a teoria do risco integral; D: incorreta, são requisitos da responsabilidade objetiva do Estado: a conduta comissiva, o resultado danoso e o nexo entre eles.
Gabarito "B".

**(Cartório/SP – 2012 – VUNESP)** Assinale a alternativa correta no que diz respeito à responsabilidade civil do Estado.

(A) Praticado ato comissivo por parte do agente estatal, a Administração Pública responderá objetivamente, de modo que, para ser ressarcida, a vítima deverá comprovar o nexo de causalidade entre o fato lesivo e o dano.
(B) Será objetiva, com a adoção da teoria do risco integral.
(C) Será sempre objetiva, mesmo que, posteriormente, se apure a culpa da vítima na ocorrência do evento danoso.
(D) A Administração Pública, condenada ao pagamento de indenização por determinado fato jurídico, não poderá ajuizar a correspondente ação regressiva contra o servidor público que causou o dano, porquanto a mencionada ação somente seria possível, segundo a doutrina administrativista, em face dos agentes políticos.

A: correta, são requisitos da responsabilidade objetiva do Estado tão somente a conduta comissiva, o resultado danoso e o nexo entre eles; B: incorreta, para os atos comissivos, a responsabilidade é do tipo objetiva, mas adota-se a teoria do risco administrativo e não do risco integral, de modo que se admite a existência de excludentes de responsabilidade; C: incorreta, como dito na assertiva, a teoria do risco administrativo admite excludentes de responsabilidade, dentre as quais está a comprovação de culpa exclusiva da vítima; D: incorreta, a ação regressiva do Estado é cabível contra qualquer agente público, seja de que espécie ele for – art. 37, § 6º, da CF/1988
Gabarito "A".

## 9. INTERVENÇÃO NA PROPRIEDADE

### 9.1. DESAPROPRIAÇÃO

**(Cartório/AM – 2005 – FGV)** Assinale a alternativa que defina corretamente desapropriação indireta.

(A) É um ato legal da Administração.
(B) É uma mera declaração de vontade da Administração.
(C) É a desapropriação praticada pelo particular.
(D) É a desapropriação precedida de indenização em valor incompatível com o do bem expropriado.
(E) É um ato ilícito da Administração.

A desapropriação indireta, também chamada de apossamento administrativo, é, na verdade, esbulho da propriedade particular, sem qualquer respaldo legal e contra a qual pode opor-se o proprietário até mesmo com os interditos possessórios.
Gabarito "E".

**(Cartório/AM – 2005 – FGV)** Assinale a alternativa que complete corretamente a proposição a seguir: A tredestinação ocorre quando a Administração .

(A) dá um destino múltiplo ao bem desapropriado
(B) altera o ato expropriatório
(C) não dá ao bem a finalidade para que foi desapropriado
(D) realiza desapropriação por zonas
(E) não obtém autorização para imissão provisória na posse

Ao efetuar uma desapropriação o Poder Público tem o dever de dar aquele bem a finalidade pública que suscitou o processo expropriatório. Não o fazendo, tem-se a tredestinação, que é a destinação em desconformidade com o inicialmente previsto, e que pode ser lícita (quando, ainda que diverso, persiste o interesse público sobre o bem desapropriado) ou ilícita (quando então, dentre outras ações cabíveis, será possível ao ex-proprietário a retrocessão.
Gabarito "C".

**(Cartório/DF – 2008 – CESPE)** No que concerne aos princípios básicos da administração, da desapropriação e da caducidade da desapropriação, julgue os itens a seguir.

(1) A competência para declarar a utilidade pública ou o interesse social do bem que se pretende desapropriar, assim como a prática dos atos executórios necessários à transferência da propriedade, cabe aos delegatários do poder público.
(2) A responsabilidade civil passou por vários estágios, iniciando-se com a irresponsabilidade do Estado, evoluindo para a responsabilidade com culpa, chegando, na atualidade, à teoria do risco integral, adotada pela CF, segundo a qual a responsabilidade independe da demonstração de culpa ou dolo.
(3) Após caducar o decreto expropriatório, pode o bem ser objeto de nova declaração de interesse público ou social, desde que decorra desse fato o lapso temporal de pelo menos um ano.

1: incorreta, art. 6º do Dec.-lei 3.365/1941; 2: incorreta, o Brasil não adota a teoria do risco integral, mas a do risco administrativo, admitindo causas excludentes da responsabilidade estatal; 3: correta, art. 10 do Dec.-lei 3.365/1941.
Gabarito 1E, 2E, 3C

**(Cartório/DF – 2006 – CESPE)** A respeito da desapropriação e das limitações administrativas e, de acordo com a jurisprudência dos tribunais superiores, julgue os itens seguintes.

(1) Um estado da Federação pode desapropriar, por interesse social, bens imóveis rurais localizados em seu território, para fins de assentamento de colonos.
(2) As limitações administrativas são fundadas em atos legislativos ou administrativos dotados de caráter geral e, por isso, não são, em regra, indenizáveis. Mas poderão gerar indenização se houver comprometimento da utilização econômica do bem.

1: correta, embora o tema seja polêmico, a jurisprudência e a doutrina em geral tem entendido ser de competência exclusiva da União a desapropriação de imóvel rural por interesse social, para fins de reforma agrária, podendo as demais entidades políticas desapropriarem com fundamento no interesse social, desde que não seja para reforma agrária, nos termos da Lei 4.132/1962; 2: correta, limitação administrativa é toda imposição geral, gratuita, unilateral e de ordem pública, que condiciona os direitos ou atividades dos particulares em prol do bem comum. Justamente por ser uma imposição de ordem geral, não gera direito à indenização, salvo se o gravame sofrido em razão da limitação administrativa for de tal ordem que se configure o dano indenizável.
Gabarito 1C, 2C

**(Cartório/DF – 2003 – CESPE)** No que concerne ao regime de bens imóveis, julgue os itens a seguir.

(1) A desapropriação, que somente se consuma com o pagamento da indenização, libera o imóvel de todos os ônus que sobre ele incidiam.
(2) As limitações administrativas sobre bens imóveis são impostas pelo poder público, no exercício do poder de polícia, e não geram, como regra, obrigação de indenizar, não sendo admissível seu registro no cartório de registro de imóveis.

1: correta, art. 34 do Dec.-lei 3.365/1941; 2: correta, as limitações administrativas decorrem do poder de supremacia geral do Estado e, assim sendo, tem sua publicidade dada pela própria lei, não sendo necessário seu registro no cartório de imóveis.
Gabarito 1C, 2C

**(Cartório/MA – 2008 – IESES)** Em atenção à desapropriação, assinale a alternativa correta de acordo com a Constituição da República:

(A) Todas as desapropriações de imóveis urbanos serão feitas com prévia e justa indenização em títulos da dívida pública de emissão previamente aprovada pelo Senado Federal, com prazo de resgate de até 10 (dez) anos.
(B) Compete a União, aos Estados e aos Municípios desapropriar por interesse social, para fins de reforma agrária, o imóvel rural que não esteja cumprindo sua função social, mediante prévia e justa indenização em títulos da dívida agrária, resgatáveis no prazo de até vinte anos.
(C) Na desapropriação por interesse social, para fins de reforma agrária, as benfeitorias úteis e necessárias serão indenizadas em dinheiro.
(D) O Poder Público Municipal pode determinar a imediata desapropriação de terreno urbano que não tenha o adequado aproveitamento, realizando o pagamento da respectiva indenização mediante títulos da dívida pública de emissão previamente aprovada pelo Senado Federal, com prazo de resgate de até 10 (dez) anos.

A: incorreta, as desapropriações são, por regra, indenizadas com pagamento em dinheiro. Apenas nos casos previstos na Constituição é que o pagamento pela desapropriação pode ser feito de outro modo, como é o caso da desapropriação-sanção do art. 182, § 4º, III, da CF/1988 e a desapropriação por interesse social para fins de reforma agrária do art. 184 da CF/1988; B: incorreta, compete privativamente a União a desapropriação por interesse social para fins de reforma agrária – art. 184 da CF/1988; C: correta, art. 184, § 1º, da CF/1988; D: incorreta, a Constituição Federal prevê a utilização sucessiva dos seguintes instrumentos: I – parcelamento ou edificação compulsórios; II – imposto sobre a propriedade predial e territorial urbana progressivo no tempo e III – desapropriação com pagamento mediante títulos da dívida pública de emissão previamente aprovada pelo Senado Federal, com prazo de resgate de até dez anos, em parcelas anuais, iguais e sucessivas, assegurados o valor real da indenização e os juros legais – art. 182, § 4º, da CF/1988.
Gabarito "C".

**(Cartório/MA – 2008 – IESES)** Considere as seguintes assertivas:

I. No caso de iminente perigo público, a autoridade competente poderá usar de propriedade particular, assegurada ao proprietário indenização ulterior, se houver dano.
II. São isentas de impostos federais, estaduais e municipais as operações de transferência de imóveis desapropriados para fins de reforma agrária.
III. Compete a União, aos Estados e ao Distrito Federal legislar concorrentemente sobre a desapropriação.

Com fundamento na Constituição da República, estão corretas:

(A) Todas as assertivas.
(B) Apenas a assertiva I.
(C) As assertivas I e III.
(D) As assertivas I e II.

I: correta, art. 5º, XXV, da CF/1988; II: correta, art. 184, § 5º, da CF/1988; III: incorreta, a União possui competência privativa para legislar sobre desapropriação – art. 22, II, da CF/1988.
Gabarito "D".

**(Cartório/MS – 2009 – VUNESP)** Assinale a alternativa correta.

(A) Na desapropriação confiscatória, como modalidade de desapropriação, é necessária a expedição do decreto de declaração de interesse social ou de utilidade pública.
(B) Na desapropriação rural, toda a indenização é feita em títulos da dívida agrária.
(C) A contestação na desapropriação pode versar sobre toda matéria que interessar à defesa.
(D) É possível desistência na ação de desapropriação.
(E) Na desapropriação indireta, a transferência do bem ao patrimônio público é feita com observância do devido processo legal.

A: incorreta, o confisco é a pena de perdimento de bens em razão do cometimento de ilícito, não se confundindo com a desapropriação, que não tem caráter sancionatório, sendo tão somente modalidade de intervenção do Estado na propriedade; B: incorreta, as desapropriações, sejam elas urbanas ou rurais, seguem, em geral, o rito previsto no Dec.-lei 3.365/1941, com o pagamento da indenização em dinheiro. Apenas em algumas hipóteses, previstas na Constituição, essa regra é excepcionada, como no caso da desapropriação por interesse social para fins de reforma agrária de que trata o art. 184 da CF/1988; C: incorreta, a contestação só poderá versar sobre vício do processo judicial ou impugnação do preço; qualquer outra questão deverá ser decidida por ação direta – art. 20 do Dec.-lei 3.365/1941; D: correta, o Dec.-lei 3.365/1941 não contém dispositivo sobre a desistência da ação de desapropriação, mas a jurisprudência entende por sua possibilidade antes do pagamento do preço; E: incorreta, a desapropriação indireta é o apossamento administrativo que se dá de forma ilícita, sem seguir o correto rito expropriatório.
Gabarito "D".

**(Cartório/PR – 2007)** Bens públicos possuem regime jurídico peculiar e específico, integrando o denominado domínio público. Considerando o regime de direito público e as possibilidades de intervenção do Estado na propriedade privada, assinale a alternativa correta:

(A) Desapropriação por necessidade pública possui como sanção o pagamento em títulos públicos.
(B) Bens de uso comum do povo possuem uso restrito e definido em lei.
(C) A retrocessão prevê o retorno do bem desapropriado ao domínio do particular quando se demonstra que a Administração não destinou o bem de acordo com a motivação do ato de desapropriação e geralmente converte-se em perdas e danos.
(D) Bens dominicais são afetados pelo exercício de função pública.
(E) tombamento é espécie de intervenção que necessariamente exige pagamento de indenização pelo Poder Público ao proprietário do imóvel tombado.

A: incorreta, as desapropriações são, por regra, indenizadas com pagamento em dinheiro. Apenas nos casos previstos na Constituição é que o pagamento pela desapropriação pode ser feito de outro modo, como é o caso da desapropriação-sanção do art. 182, § 4º, II, da CF/1988 e a desapropriação por interesse social para fins de reforma agrária do art. 184 da CF/1988; B: incorreta, bens de uso comum do povo são todos aqueles que se reconhecem à coletividade em geral, não tendo discriminação de usuários ou ordem especial para sua fruição; C: correta, retrocessão é a obrigação que se impõe ao expropriante de oferecer o bem ao expropriado, mediante a devolução do valor da indenização, uma vez que não tenha sido dado ao bem o destino declarado no ato expropriatório; D: incorreta: bens públicos dominicais são todos aqueles que não estão afetados a uma função pública específica, ao passo que bens de uso especial são todos aqueles bens públicos que, por um título individual, a Administração atribui a determinada pessoa para fruir com exclusividade nas condições convencionadas, ou para os quais impões restrições (não impõe pagamento ou, ainda, aqueles que ela mesma utiliza para a execução dos serviços públicos; E: incorreta, tombamento é a intervenção administrativa na propriedade pela qual o Poder Público sujeita determinados bens a limitações para sua conservação e preservação. Apenas enseja indenização quando comprovado ser ele ensejador de danos ao proprietário em razão da grande afetação por ele causada aos direitos de propriedade de seu titular.
Gabarito "C".

**(Cartório/PR – 2007)** A Constituição Federal em seu artigo 180 e o Decreto Lei 3.365, de 21 de junho de 1941, dispõem sobre as desapropriações por utilidade pública. Sobre a matéria, julgue os itens seguintes:

I. Mediante declaração de utilidade pública, todos os bens poderão ser desapropriados pela União, pelos Estados, Municípios, Distrito Federal e Territórios.
II. Sem prejuízo de outros, consideram-se casos de utilidade pública: a segurança nacional, a salubridade pública, a exploração ou a conservação dos serviços públicos.
III. Os atos de declaração de utilidade pública dependem de aprovação da maioria absoluta dos membros do Poder Legislativo.
IV. Os concessionários de serviços públicos e os estabelecimentos de caráter público ou que exerçam funções delegadas de poder público poderão promover desapropriações mediante autorização expressa, constante de lei ou contrato.

São corretas:

(A) apenas II e IV.
(B) I, II e IV.
(C) apenas I e III.
(D) apenas II e III.
(E) II, III e IV.

I: correta, art. 2º do Dec.-lei 3.365/1941; II: correta, art. 5º, *a*, *d* e *h* do Dec.-lei 3.365/1941; III: incorreta, a declaração de utilidade pública será feita via decreto – art. 6º do Dec.-lei 3.365/1941; IV: correta, art. 3º do Dec.-lei 3.365/1941.
Gabarito "B".

**(Cartório/RJ – 2012)** Em relação à intervenção do Estado na propriedade, analise as assertivas abaixo.

I. A execução ou promoção da desapropriação para fins de reforma agrária ou para fins de desenvolvimento urbano é de competência exclusiva da União.
II. A tredestinação ocorre na hipótese de a Administração Pública, após a desapropriação, vir a atribuir outro destino ao bem desapropriado, que não o indicado no decreto expropriatório.
III. A desapropriação se restringe aos bens particulares, ou seja, não incide sobre bens públicos, independentemente se pertencem a entidades estatais distintas.

É correto o que se afirma em:

(A) I, apenas.
(B) II, apenas.
(C) I e III, apenas.
(D) II e III, apenas.
(E) I, II e III.

I: incorreta, pois a desapropriação para fins de desenvolvimento urbano não é exclusiva da União. Como se não bastasse, até mesmo a desapropriação para reforma agrária não é de competência exclusiva da União, sendo certo que esta só tem exclusividade nesse tema quando se tratar de desapropriação-sanção para a reforma agrária, ou seja, aquela que é feita por ter havido descumprimento da função social da propriedade (art. 184, *caput*, da CF); II: correta, valendo lembrar que, em sendo o novo objetivo de interesse público, há tredestinação lícita; em não sendo de interesse público, há tredestinação ilícita; III: incorreta, pois os bens dos Estados podem ser desapropriados pela União e os bens dos Municípios podem ser desapropriados pelos Estados e pela União, nos dois casos mediante autorização legislativa no âmbito do ente expropriante (art. 2.º, § 2.º, do Dec.-lei 3.365/1941).
Gabarito "B".

**(Cartório/RJ – 2008 – UERJ)** Mediante declaração de utilidade pública, todos os bens poderão ser desapropriados pela União, pelos Estados, Municípios, pelo Distrito Federal e pelos Territórios. Dentre os casos de utilidade pública, podem ser enumerados:

(A) (I) estabelecimento e a manutenção de colônias ou cooperativas de povoamento e trabalho agrícola; salubridade pública; (II) funcionamento dos meios de transporte coletivo; (III) utilização de áreas, locais ou bens que, por suas características, sejam apropriados ao desenvolvimento de atividades turísticas; (IV) criação de estádios, aeródromos ou campos de pouso para aeronaves
(B) (I) socorro público em caso de calamidade; (II) aproveitamento industrial das minas e das jazidas minerais das águas e da energia hidráulica, construção de edifícios públicos, monumentos comemorativos e cemitérios; (III) construção de casas populares; (IV) proteção do solo e preservação de cursos e mananciais de água e de reservas florestais
(C) (I) exploração ou conservação dos serviços públicos; (II) terras e águas suscetíveis de valorização extraordinária, pela conclusão de obras e serviços públicos, notadamente de saneamento, portos, transporte, eletrificação, armazenamento de água e irrigação, no caso em que não sejam ditas áreas socialmente aproveitáveis; (III) proteção do solo e preservação de cursos de mananciais de água e de reservas florestais; reedição ou divulgação de obra ou invento de natureza científica, artística ou literária
(D) (I) segurança nacional; (II) defesa do Estado; (III) criação e melhoramento de centros de população, seu abastecimento regular de meios de subsistência; preservação e conservação de monumentos históricos e artísticos, isolados ou integrados em conjuntos urbanos ou rurais, bem como as medidas necessárias a manter-lhes e realçar-lhes os aspectos mais valiosos ou característicos e, ainda, a proteção de paisagens e locais particularmente dotados pela natureza
(E) (I) segurança nacional; (II) defesa do Estado; (III) preservação e conservação de monumentos históricos e artísticos, isolados ou integrados em conjuntos urbanos ou rurais, bem como as medidas necessárias a manter-lhes e realçar-lhes os aspectos mais valiosos ou característicos e, ainda, a proteção de paisagens e locais particularmente dotados pela natureza; (IV) aproveitamento de todo bem improdutivo ou explorado sem correspondência com as necessidades de habitação, trabalho e consumo dos centros de população a que deva ou possa suprir por seu destino econômico

Art. 5º Dec.-lei 3.365/1941.
Gabarito "D".

**(Cartório/SC – 2008)** Assinale a alternativa INCORRETA:

(A) Os bens do domínio dos Estados, Municípios, Distrito Federal e Territórios poderão ser desapropriados pela União, e os dos Municípios pelos Estados, mas, em qualquer caso, ao ato deverá preceder autorização legislativa.
(B) Os concessionários de serviços públicos e os estabelecimentos de caráter público ou que exerçam funções delegadas de poder público poderão promover desapropriações mediante autorização expressa, constante de lei ou contrato.
(C) Todos os bens poderão ser desapropriados pela União, pelos Estados, Municípios, Distrito Federal e Territórios.
(D) O Poder Legislativo poderá tomar a iniciativa da desapropriação, cumprindo, neste caso, ao Executivo praticar os atos necessários à sua efetivação.
(E) É vedada a desapropriação, pelos Estados, Distrito Federal, Territórios e Municípios, de ações, cotas e direitos representativos do capital de instituições e empresas cujo funcionamento dependa de autorização do governo federal e se subordine à sua fiscalização, salvo mediante prévia autorização, por decreto, do Presidente da República.

A: correta, art. 2º, § 2º, do Dec.-lei 3.365/1941; B: correta, art. 3º do Dec.-lei 3.365/1941; C: incorreta, art. 2º, § 2º, do Dec.-lei 3.365/1941; D: correta, art. 8º do Dec.-lei 3.365/1941; E: correta, art. 2º, § 3º, do Dec.-lei 3.365/1941.
„Gabarito "C".

**(Cartório/SP – VI – VUNESP)** É correto afirmar que

(A) por ser forma originária da aquisição da propriedade, a Constituição Federal não prevê casos de desapropriação com caráter sancionatório.

(B) os bens desapropriados, como regra, devem passar a integrar o patrimônio das pessoas jurídicas políticas que fizeram a desapropriação ou das pessoas públicas ou privadas que desempenhem serviços públicos por delegação do Poder Público, mas podem também, em certos casos, ter a destinação específica de ser transferidos a terceiros.

(C) os bens desapropriados, necessariamente, devem passar a integrar o patrimônio das pessoas jurídicas políticas que fizeram a desapropriação ou das pessoas públicas ou privadas que desempenhem serviços públicos por delegação do Poder Público e não podem, jamais, ter o destino da sua transferência a terceiros.

(D) a desapropriação com caráter sancionatório só é possível quando incidente sobre terras onde se cultivem plantas psicotrópicas.

A: incorreta, apesar de a desapropriação ser forma *sui generis* de aquisição originária da propriedade, a Constituição Federal prevê situações em que a desapropriação possui caráter de pena: é a desapropriação sanção de que trata o art. 182, § 4º, III, da CF/1988; B: correta, os bens desapropriados podem passar a integrar tanto o patrimônio das pessoas jurídicas que realizaram a desapropriação, como também das pessoas públicas ou privadas prestadoras de serviços públicos, ou mesmo ser transferidas a terceiros, desde que tal esteja previsto específica e justificadamente; C: incorreta, os bens desapropriados podem passar a integrar tanto o patrimônio das pessoas jurídicas que realizaram a desapropriação, como também das pessoas públicas ou privadas prestadoras de serviços públicos, ou mesmo ser transferidas a terceiros, desde que tal esteja previsto específica e justificadamente; D: incorreta, o confisco é sanção de perdimento de bens e não espécie de desapropriação, a qual é forma de intervenção do Estado na propriedade.
„Gabarito "B".

**(Cartório/SP – 2011 – VUNESP)** Sobre desapropriação, é incorreto afirmar que

(A) todos os bens móveis e imóveis, corpóreos ou incorpóreos podem ser desapropriados.

(B) a desapropriação é forma originária de aquisição da propriedade.

(C) a retrocessão é o direito que tem o expropriado de exigir de volta o seu imóvel desapropriado, quando não houver sido dada a ele destinação pública.

(D) conforme entendimento sumulado pelo Supremo Tribunal Federal (Súmula 652), a imissão provisória na posse do imóvel desapropriado depende de prévia citação judicial do réu e depósito do preço.

A: correta, art. 2º do Dec.-lei 3.365/1941; B: correta, diversamente das demais hipóteses, em que a aquisição da propriedade somente é efetivada mediante a prévia comprovação da cadeia de registros anteriores, como forma de prova do título constitutivo da propriedade, a desapropriação não obedece a esta regra, pois se trata de uma forma de aquisição originária da propriedade, ou seja, o próprio processo desapropriatório tem o poder de conferir ao Estado a comprovação do título constitutivo da propriedade, que é necessário ao seu registro. C: correta, retrocessão é a obrigação que se impõe ao expropriante de oferecer o bem ao expropriado, mediante a devolução do valor da indenização, uma vez que não tenha sido dado ao bem o destino declarado no ato expropriatório; D: incorreta, diz a Súmula 652 do STF que: "Constitucionalidade – Imissão Provisória Mediante Depósito – Citação – Desapropriação por Utilidade Pública – Não contraria a Constituição o art. 15, § 1º, do Dec.-lei 3.365/1941 (Lei da Desapropriação por utilidade pública)". Ou seja, a imissão na posse pode ser feita, independentemente da citação do réu, mediante o depósito.
„Gabarito "D".

**(Cartório/SP – 2012 – VUNESP)** Sobre desapropriação, é correto afirmar que o(a)

(A) competência para legislar sobre desapropriação é concorrente.

(B) Município pode, por interesse social, desapropriar imóvel rural para fins de reforma agrária.

(C) Estado de São Paulo não pode desapropriar imóvel, situado em região metropolitana, para fins de política urbana.

(D) competência do Chefe do Poder Executivo, na fase declaratória da desapropriação, não é exclusiva.

A: incorreta, a competência para legislar sobre desapropriação é privativa da União, nos termos do que estabelece o art. 22, II, da CF/1988; o que é concorrente é a competência para declarar o bem de utilidade pública ou interesse social; B: incorreta, a jurisprudência tem entendido ser de competência privativa da União a desapropriação por interesse social para fins de reforma agrária, embora seja possível aos demais entes federados a desapropriação por interesse social, desde que não seja para esse fim; C: incorreta, trata-se de competência privativa dos Municípios – art. 182, § 4º, III, da CF/1988; D: correta, "a declaração de utilidade pública far-se-á por decreto do Presidente da República, Governador, **Interventor** ou Prefeito" – art. 6º do Dec.-lei 3.365/1941.
„Gabarito "D".

## 9.2. SERVIDÃO ADMINISTRATIVA

**(Cartório/SP – III – VUNESP)** Quanto à servidão administrativa como restrição pelo Estado sobre a propriedade, é correto afirmar que

(A) é direito pessoal que transfere o domínio do imóvel.

(B) é direito real de natureza privada, impondo ônus parcial sobre o imóvel.

(C) é direito real de natureza pública, impondo ônus parcial sobre o imóvel.

(D) é direito real de natureza pública, impondo ônus total sobre o imóvel.

Servidão administrativa é ônus real de uso, de natureza pública, imposto pela Administração ao particular para assegurar a realização e conservação de obras e serviços públicos ou de utilidade pública, mediante indenização dos prejuízos efetivamente suportados pelo proprietário. Deve ser parcial, a fim de possibilitar a utilização da propriedade particular para uma finalidade pública sem a desintegração do domínio privado, e só se efetiva com o registro competente para que possa produzir efeitos *erga omnes*, nos termos do art. 167, I, item 6, da Lei 6.015/1973.
„Gabarito "C".

## 9.3. TOMBAMENTO

**(Cartório/MG – 2005 – EJEF)** Analise estas afirmativas concernentes às modalidades de tombamento e assinale com V as verdadeiras e com F as falsas:

I. Quanto à eficácia, o tombamento pode ser provisório ou definitivo.
II. Quanto aos destinatários, o tombamento pode ser geral ou individual.
III. Quanto à constituição ou ao procedimento, o tombamento pode ser de ofício, voluntário ou compulsório.

Assinale a alternativa que apresenta a sequência de letras CORRETA.

(A) (F) (F) (V)
(B) (V) (F) (V)
(C) (V) (V) (F)
(D) (V) (V) (V)

I: correta, art. 10 do Dec.-lei 25/1937; II: correta, tombamento individual é o que atinge um bem determinado e geral é o que atinge a todos os bens situados em um bairro ou uma cidade; III: correta, tombamento de ofício é o que incide sobre bens públicos, tombamento voluntário é o realizado a pedido ou com a anuência do proprietário e compulsório é aquele no qual o proprietário se recusa a anuir à inscrição da coisa a ser tombada.
Gabarito "D".

**(Cartório/MS – 2009 – VUNESP)** No tombamento, o proprietário

(A) é impedido de gravar o bem tombado por meio de penhor, anticrese ou hipoteca.
(B) é impedido de alienar o bem particular tombado, já que existe uma necessidade de preservação cultural.
(C) não pode, em se tratando de bens móveis, retirá-los do país, senão por curto prazo, para fins de intercâmbio cultural, a juízo do IPHAN.
(D) pode destruir, mutilar ou demolir o bem tombado.
(E) não pode realizar obras de conservação.

A: incorreta, não há qualquer impedimento na lei nesse sentido – art. 12 do Dec.-lei 25/1937; B: incorreta, art. 12 do Dec.-lei 25/1937; C: correta, art. 14 do Dec.-lei 25/1937; D: incorreta, art. 17 do Dec.-lei 25/1937; E: incorreta, art. 19, § 3º, do Dec.-lei 25/1937.
Gabarito "C".

**(Cartório/MS – 2009 – VUNESP)** Tombamento de ofício é

(A) o que tem por objeto bens particulares.
(B) o que tem por objeto bem público.
(C) o que resulta do consentimento do proprietário.
(D) o que é feito enquanto está em curso o processo administrativo instaurado pela notificação do Poder Público.
(E) o que é feito após concluído o processo administrativo instaurado pela notificação do Poder Público.

A: incorreta, art. 6º do Dec.-lei 25/1937; B: correta, art. 5º do Dec.-lei 25/1937; C: incorreta, é o tombamento voluntário – art. 7º do Dec.-lei 25/1937; D: incorreta, é o tombamento provisório – art. 10 do Dec.-lei 25/1937; E: incorreta, é o tombamento definitivo – art. 10, parágrafo único, do Dec.-lei 25/1937.
Gabarito "B".

**(Cartório/SP – I – VUNESP)** A forma de intervenção do Estado na propriedade privada, que gera, automaticamente, por força de lei, limitação ao direito de construir nos imóveis que se situem na vizinhança, é

(A) requisição administrativa.
(B) edificação compulsória.
(C) servidão administrativa.
(D) tombamento.

Art. 18 do Dec.-lei 25/1937.
Gabarito "D".

**(Cartório/SP – III – VUNESP)** Quanto às restrições pelo Estado sobre a propriedade privada, e considerando o tombamento, é correto afirmar que este

(A) é limitação perpétua ao direito de propriedade, de caráter absoluto, e instituída em favor do interesse coletivo.
(B) afeta a propriedade em sua integralidade, retirando o bem do comércio.
(C) é limitação perpétua ao direito de propriedade, de caráter relativo, e instituída em favor do proprietário.
(D) não limita a propriedade e, dado seu caráter histórico ou cultural, pode ser afastado assim que cessar o elemento histórico ou cultural.

Tombamento é forma de intervenção do Estado da propriedade privada que tem por objetivo a proteção e preservação do patrimônio histórico e artístico nacional, em prol do interesse da coletividade. É sempre uma restrição parcial, que não impede o proprietário de exercer os direitos inerentes ao domínio, razão pela qual, em regra, não dá direito à indenização.
Gabarito "A".

## 9.4. REQUISIÇÃO ADMINISTRATIVA

**(Cartório/DF – 2008 – CESPE)** Com relação à intervenção do Estado na propriedade, julgue o item que se segue.

(1) A requisição, modalidade de intervenção do Estado na propriedade, é o meio pelo qual o Estado se utiliza de bens e serviços de particulares, em caso de perigo público iminente, sendo sempre obrigado a indenizar o proprietário, a título compensatório, pelo período em que houver a indisponibilidade do seu patrimônio.

1: incorreta, requisição é a utilização coativa de bens ou serviços particulares pelo poder público por ato de execução imediata e direta da autoridade requisitante e indenização ulterior, para atendimento de necessidades coletivas urgentes e transitórias (que não necessariamente se caracterizam como perigo público iminente).
Gabarito 1E.

**(Cartório/SP – IV – VUNESP)** A requisição é

(A) o pedido de bens ou serviços particulares, pelo Poder Público, visando à execução mediata e direta da autoridade requisitante e indenização prévia e justa, para atendimento de necessidades coletivas urgentes e transitórias.

(B) a utilização coativa de bens ou serviços particulares, pelo Poder Público, por ato de execução imediata e direta da autoridade requisitante e indenização ulterior, para atendimento de necessidades coletivas urgentes e transitórias.
(C) a utilização consensual de bens ou serviços particulares, pelo Poder Público, por ato de execução imediata e direta da autoridade requisitante e indenização ulterior, para atendimento de necessidades coletivas urgentes e transitórias.
(D) a utilização coativa de bens ou serviços particulares, pelo Poder Público, por ato de execução imediata e direta da autoridade requisitante e indenização prévia e justa, para atendimento de necessidades coletivas urgentes e transitórias.

Requisição é a utilização coativa de bens ou serviços particulares pelo poder público por ato de execução imediata e direta da autoridade requisitante e indenização ulterior, para atendimento de necessidades coletivas urgentes e transitórias.
Gabarito "B".

## 9.5. TEMAS COMBINADOS DE INTERVENÇÃO NA PROPRIEDADE

**(Cartório/RN – 2012 – IESIS)** A respeito da Intervenção do Estado na propriedade, é correto afirmar que:

I. A desapropriação se define como ato complexo através do qual o Poder Público, fundado em necessidade pública, utilidade pública ou interesse social, compulsoriamente despoja alguém de um bem certo, normalmente adquirindo-o para si, em caráter originário, mediante indenização prévia, justa e, em geral, pagável em dinheiro.
II. É exceção constitucional à indenização em dinheiro a desapropriação pela União, por interesse social, para fins de reforma agrária, de imóvel rural que não esteja cumprindo sua função social, na qual a indenização será em títulos da dívida pública de emissão previamente aprovada pelo Senado Federal, com prazo de resgate de até 10 (dez) anos, em parcelas anuais, iguais e sucessivas, assegurados o valor real da indenização e os juros legais.
III. A limitação administrativa tem natureza jurídica de direito real, atingindo os bens concreta e especificamente determinados pelo Poder Público.
IV. A servidão administrativa impõe ao proprietário uma obrigação de não fazer, alcançando toda uma categoria abstrata de bens ou, pelo menos, todos os que se encontrem em uma situação ou condição abstratamente determinada.
(A) Somente as proposições III e IV estão corretas.
(B) Somente a proposição I está correta.
(C) Todas as proposições estão incorretas.
(D) Somente a proposição II está correta.

I: incorreta, pois a desapropriação não é um *ato complexo*, mas um *procedimento*; II: incorreta, pois a forma de pagamento mencionada diz respeito à desapropriação por interesse social em área urbana pelo Município (art. 182, § 4.º, III, da CF); no caso da desapropriação-sanção em área rural pela União, os títulos são da dívida agrária (e não da dívida pública), com resgate em 20 anos (e não em 10 anos), nos termos do art. 184, *caput*, da CF; III: incorreta, pois essa definição é de servidão administrativa e não de limitação administrativa; IV: incorreta, pois essa definição é de limitação administrativa e não de servidão administrativa.
Gabarito "C".

**(Cartório/SP – VI – VUNESP)** Atualmente, no direito brasileiro, podem ser indicadas as seguintes modalidades de restrição do Estado sobre a propriedade privada:

(A) a servidão de trânsito, a anticrese, a enfiteuse, as limitações administrativas, a ocupação temporária, o tombamento, a requisição administrativa, a servidão administrativa, a desapropriação e o parcelamento e edificação compulsórios.
(B) as limitações administrativas, a ocupação temporária, o tombamento, a requisição administrativa, a servidão administrativa, a desapropriação, o usufruto e a enfiteuse.
(C) o tombamento, a requisição administrativa, a servidão administrativa, a desapropriação, o usufruto, a enfiteuse, as limitações administrativas e a requisição.
(D) as limitações administrativas, a ocupação temporária, o tombamento, a requisição administrativa, a servidão administrativa, a desapropriação e o parcelamento e edificação compulsórios.

AA servidão de trânsito, a anticrese, a enfiteuse e o usufruto são institutos privados que podem ser utilizados pelo Estado, mas que não são modalidades de intervenção estatal na propriedade privada.
Gabarito "D".

## 10. LICITAÇÃO

### 10.1. TEMAIS GERAIS

**(Cartório/MG – 2012 – FUMARC)** Para habilitação nas licitações, serão exigidos os seguintes documentos, dentre outros, **EXCETO**:
(A) qualificação técnica.
(B) qualificação legal e societária.
(C) regularidade fiscal e trabalhista.
(D) qualificação econômico-financeira.

As qualificações exigidas são a habilitação jurídica, a qualificação técnica, a qualificação econômico-financeira, a regularidade fiscal, a regularidade trabalhista e a não existência de trabalho infantil (art. 27 da Lei 8.666/1993). Não há previsão de "qualificação legal e societária", de modo que a alternativa "B" deve ser assinalada.
Gabarito "B".

**(Cartório/PR – 2007)** Em relação a Licitações, é correto definir que a Administração Pública Direta, Autárquica e Fundacional se sujeita a um regime jurídico de direito público estabelecido em especial e preponderantemente pela Lei 8.666/1993. Considerando tal regime, assinale a alternativa correta:

(A) O edital é a lei interna da licitação, vinculando o licitante e a Administração em absoluto de modo a garantir o interesse público.

(B) O princípio do julgamento objetivo permite ao administrador julgar as propostas de licitantes de acordo com critérios pessoais e subjetivos, devendo explicitar objetivamente sua decisão.
(C) A dispensa de licitação pressupõe inviabilidade de competição.
(D) A proposta inexequível é aquela que gera a impossibilidade de licitação por haver um único fornecedor.
(E) A análise do mérito e da oportunidade e conveniência da contratação devem ser feitas exclusivamente na fase externa da licitação.

A: correta: o princípio da vinculação ao instrumento convocatório obriga a Administração Pública e os licitantes em geral a respeitarem estritamente aquilo que tenha previamente previsto para disciplinar o certame, de modo a garantir a isonomia e salvaguardar o interesse público – arts. 3º e 41 da Lei 8.666/1993; B: incorreta, o princípio do julgamento objetivo visa justamente a impedir que a licitação seja decidida por razões subjetivas, por favoritismos ou perseguições – arts. 3º e 45 da Lei 8.666/1993; C: incorreta, A inexigibilidade de licitação pressupõe a inviabilidade de competição; a dispensa de licitação dá-se nas hipóteses em que há possibilidade de competição, mas a lei elege situações em que a contratação direta atenderá melhor ao interesse público envolvido; D: incorreta, proposta inexequível é aquela que não consiga demonstrar sua viabilidade por meio de documentação que comprove que os custos dos insumos são coerentes com os de mercado e que os coeficientes de produtividade são compatíveis com a execução do objeto do contrato, não tendo, pois, qualquer relação com a exclusividade ou não de fornecedor; E: incorreta, a análise da oportunidade e conveniência da contratação podem ser feitas tanto na fase interna (ao decidir pela necessidade ou não de abertura de um certame para a aquisição de bens, produtos ou serviços) como na fase externa (quando, apesar de já concluída a licitação, pode-se verificar a desnecessidade da contratação, que gerará ao vencedor do certame, todavia, a obrigação de com ele contratar caso venha a celebrar contrato com mesmo objeto durante o período de duração da avença).
Gabarito "A".

**(Cartório/PR – 2007)** A Licitação possui duas fases, uma interna e outra externa, que determinam e condicionam o atuar do administrador na tomada de decisão administrativa. Considerando o rito estabelecido em cada uma destas fases e o regime jurídico de direito público aplicável à matéria, assinale a alternativa correta:

(A) A fase de habilitação visa à aferição das condições técnicas para a garantia do cumprimento do objeto contratual.
(B) O parecer da assessoria jurídica na fase interna da licitação é vinculante.
(C) O instrumento de contrato é obrigatório somente na modalidade de licitação tomada de preços, concorrência pública e leilão.
(D) A cessão total do objeto contratual é aceita desde que haja previsão no instrumento convocatório.
(E) a adjudicação pressupõe a verificação da regularidade do certame.

A: correta, a fase de habilitação consiste no conjunto de atos orientados a apurar a idoneidade e a capacitação de um licitante para contratar com a Administração Pública ou, em outras palavras, é o exame das condições do direito de licitar, a fim de perquirir se o licitante terá ou não condições de dar cumprimento ao objeto do contrato; B: incorreta, na fase interna da licitação são realizados todos os atos necessários à abertura da licitação e verifica-se a existência ou não dos requisitos para instauração da licitação. Nessa etapa, o parecer da assessoria jurídica ainda não tem o caráter vinculante de que trata o art. 38, parágrafo único, da Lei 8.666/1993, referente à fase externa da licitação, e que estabelece a necessidade de exame e aprovação das minutas de editais de licitação, contratos, acordos convênios ou ajustes; C: incorreta, "o instrumento de contrato é obrigatório nos casos de concorrência e de tomada de preços, bem como nas dispensas e inexigibilidades cujos preços estejam compreendidos nos limites destas duas modalidades de licitação, e facultativo nos demais em que a Administração puder substituí-lo por outros instrumentos hábeis, tais como carta-contrato, nota de empenho de despesa, autorização de compra ou ordem de execução de serviço" – art. 62 da Lei 8.666/1993; D: incorreta, desde que previsto no instrumento convocatório, é possível a subcontratação **parcial** do objeto contratado – art. 72 da Lei 8.666/1993; E: incorreta, adjudicação é o ato pelo qual a Administração Pública atribui ao vencedor o objeto da licitação e não se confunde com a homologação, quando se exerce um juízo de legalidade e se verifica a conformidade ou não do certame com a lei.
Gabarito "A".

**(Cartório/SC – 2008)** É obrigação do Poder Público, através de seus administradores, contratar obras, serviços, compras, alienações, concessões, permissões e locações com pessoa física ou jurídica:

(A) Observada a idoneidade do fornecedor, mediante consulta aos seus antecedentes processuais.
(B) Mediante simples procedimento de consulta a órgãos de defesa do consumidor, visando o interesse público e o melhor preço.
(C) Mediante convite enviado às pessoas que já tiverem efetuado outras obras para a Administração, visando o interesse público e o melhor preço.
(D) Necessariamente mediante procedimento judicial, com a citação de todos os interessados no certame.
(E) Necessariamente mediante prévia licitação, excetuadas as hipóteses previstas em lei.

Diz a Constituição Federal que: "ressalvados os casos especificados na legislação, as obras, serviços, compras e alienações serão contratados mediante processo de licitação pública que assegure igualdade de condições a todos os concorrentes, com cláusulas que estabeleçam obrigações de pagamento, mantidas as condições efetivas da proposta, nos termos da lei, o qual somente permitirá as exigências de qualificação técnica e econômica indispensáveis à garantia do cumprimento das obrigações" – art. 37, XXI, da CF/1988.
Gabarito "E".

**(Cartório/SP – 2011 – VUNESP)** São modalidades de licitação previstas na Lei n. 8.666/1993:

(A) concorrência, tomada de preços, convite, leilão e hastas.
(B) escritura pública, concorrência, tomada de preços, concurso e convite.
(C) escritura pública, concorrência, convite, concurso e leilão.
(D) concorrência, tomada de preços, convite, concurso e leilão.

Art. 22 da Lei 8.666/1993.
Gabarito "D".

## 10.2. CONTRATAÇÃO DIRETA

**(Cartório/DF – 2008 – CESPE)** Com relação à dispensa de licitação, julgue o item seguinte.

**(1)** É dispensável a licitação em caso de fornecimento de bens ou serviços, produzidos ou prestados no país, desde que envolvam tanto a alta complexidade tecnológica como a defesa nacional, situação que exige parecer de comissão especialmente designada pela autoridade máxima do órgão.

Art. 24, XXVIII, da Lei 8.666/1993.
Gabarito 1C

**(Cartório/MA – 2008 – IESES)** De acordo com a Lei Federal n. 8.666/1993, a licitação poderá ser dispensada:

**(A)** Para a locação de imóvel destinado ao atendimento das finalidades específicas da Administração, cujas necessidades de instalação e localização condicionem a sua escolha.
**(B)** Para aquisição de materiais, equipamentos ou gêneros que só possam ser fornecidos por produtor, empresa ou representante comercial exclusivo, vedada a preferência de marca.
**(C)** Na contratação de serviços de publicidade, desde que o preço seja compatível com o valor de mercado.
**(D)** Nas concessões de serviços públicos.

Art. 24, X, da Lei 8.666/1993.
Gabarito "A".

## 10.3. MODALIDADES DE LICITAÇÃO

**(Cartório/ES – 2007 – FCC)** São modalidades de licitação:

**(A)** menor preço; melhor técnica; técnica e preço; concorrência, tomada de preços e convite.
**(B)** tomada de preços, convite; leilão; menor preço; melhor técnica e pregão.
**(C)** concorrência; tomada de preços; convite; concurso; leilão e pregão.
**(D)** concorrência; tomada de preços, pregão; registro de preços; menor preço e melhor técnica.
**(E)** concorrência; tomada de preços; concurso; leilão; registro de preços e menor preço.

Art. 22 da Lei 8.666/1993 e Lei 10.520/2002.
Gabarito "C".

**(Cartório/MS – 2009 – VUNESP)** Na modalidade licitatória convite, é possível a participação de não convidados, desde que manifestem seu interesse

**(A)** com antecedência de 24 horas da apresentação das propostas.
**(B)** até o terceiro dia anterior à data do recebimento das propostas.
**(C)** com antecedência de 24 horas da data do recebimento das propostas.
**(D)** até o terceiro dia anterior à data da apresentação das propostas.
**(E)** com antecedência de 48 horas da apresentação das propostas.

Art. 22, § 3º, da Lei 8.666/1993.
Gabarito "A".

**(Cartório/PR – 2007)** As Licitações Públicas sujeitam-se ao regime jurídico estabelecido na Lei 8.666/1993, o qual estabelece um estatuto jurídico pautado em normas gerais que obrigam a todas as unidades da Federação e normas específicas que vinculam a União Federal. Com base nesse estatuto jurídico, assinale a alternativa correta:

**(A)** licitação é um procedimento posterior à qualquer contratação da Administração Pública.
**(B)** O pregão só existe na Administração Pública Federal e pressupõe fases escritas exclusivamente.
**(C)** O leilão visa premiar um trabalho técnico, científico ou artístico.
**(D)** o princípio da vinculação ao edital obriga somente aos licitantes.
**(E)** A modalidade de licitação concorrência é utilizada para contratações de grande valor.

A: incorreta, pois a licitação, como procedimento administrativo anterior à contratação administrativa, pode ser dispensada, dispensável ou inexigível nos termos previstos na Lei 8.666/1993; B: incorreta, o traço característico do pregão é, afora a inversão de fases em relação às modalidades previstas na Lei 8.666/1993, a fase oral de lances; C: incorreta, o concurso visa a premiar o trabalho técnico, científico e artístico – art. 22, § 4º, da Lei 8.666/1993; D: correta, art. 23, I e II, da Lei 8.666/1993.
Gabarito "E".

**(Cartório/RN – 2012 – IESIS)** O pregão é modalidade de licitação que se destina à aquisição de bens e serviços comuns, sem limite de valor, em que as propostas e os lances são realizados em sessão pública. Sobre o tema, assinale a alternativa **INCORRETA**:

**(A)** Aquele que não celebrar o contrato no prazo de validade ou não mantiver sua proposta, ficará impedido de licitar e contratar com a União, Estados, Distrito Federal e Municípios pelo prazo de até cinco anos, sem prejuízo de outras sanções.
**(B)** Caso o interessado não possa comparecer a sessão pública, poderá mandar representante, desde que comprove os poderes para prática dos atos.
**(C)** O critério de julgamento é o de menor preço.
**(D)** A publicação da convocação dos interessados deve ocorrer com antecedência mínima de 15 dias úteis em relação à data da apresentação das propostas.

A: correta (art. 7.º da Lei 10.520/2002); B: correta (art. 4.º, VI, da Lei 10.520/2002); C: correta (art. 4.º, X, da Lei 10.520/2002); D: incorreta, devendo ser assinalada; a publicação da convocação deve ocorrer com antecedência mínima de 8 dias úteis e não de 15 dias úteis (art. 4.º, V, da Lei 10.520/2002).
Gabarito "D".

**(Cartório/SC – 2012)** Assinale a alternativa **correta**:

**(A)** A modalidade de licitação através de pregão já estava prevista na Lei das Licitações (Lei 8.666/1993), a qual, todavia, por ter se tornado anacrônica e possuir regras mais dificultosas em razão de sua formalidade, foi novamente regulada pela Lei 10.520/2002, que consubstancia regras mais claras, precisas, modernas e menos burocratas que a legislação que se encontrava em vigor. Contudo, a Lei das Licitações, em casos específicos e desde que não contrarie a Lei do Pregão, pode ser aplicada subsidiariamente a essa modalidade.

(B) O pregão é a modalidade de licitação utilizada para aquisição de bens em que os padrões de desempenho e qualidade possam ser objetivamente definidos pelo edital através de especificações editadas pela Associação Brasileira de Normas Técnicas – ABNT.
(C) Segundo a Lei 10.520/2002, o pregão é composto de três fases distintas, a saber: fase preparatória, fase de habilitação e a fase dita externa.
(D) O pregão é uma modalidade de licitação que pode ser utilizada para compras e contratação de bens e serviços comuns efetuadas pelo sistema de registro de preços nos termos da Lei das Licitações (Lei 8.666/1993).
(E) No pregão, segundo sua lei (Lei 10.520/2002), quem, convocado dentro do prazo de validade da sua proposta, não celebrar o contrato, deixar de entregar ou apresentar documentação falsa exigida para o certame, ensejar o retardamento da execução de seu objeto, não mantiver a proposta, falhar ou fraudar na execução do contrato, comportar-se de modo inidôneo ou cometer fraude fiscal ficará impedido de licitar e contratar com a pessoa jurídica licitante pelo prazo de cinco anos, sem prejuízo das multas previstas em edital e no contrato e das demais cominações legais.

A: incorreta, pois a modalidade de licitação pregão nunca esteve prevista na Lei 8.666/1993; B: incorreta, pois as especificações previstas no edital não são as editadas pela ABNT, mas as usuais no mercado (art. 1.º, parágrafo único, da Lei 10.520/2002); C: incorreta, pois são duas fases, quais sejam, a preparatória e a externa, sendo que a habilitação está contida na última (arts. 3.º e 4.º, XII, da Lei 10.520/2002); D: correta (art. 7.º da Lei 10.520/2002).
„Gabarito "D".

## 11. CONTRATOS ADMINISTRATIVOS

(Cartório/AM – 2005 – FGV) Assinale a alternativa que contenha características do contrato administrativo.

(A) multilateralidade, onerosidade e comutatividade
(B) bilateralidade, lucratividade e personalidade
(C) bilateralidade, gratuidade e comutatividade
(D) bilateralidade, onerosidade e comutatividade
(E) multilateralidade, onerosidade e personalidade

Os contratos administrativos têm como características a bilateralidade (pela presença de contratante e contratado), a onerosidade (porque remunerado na forma convencionada) e a comutatividade (porque estabelece compensações recíprocas entre as partes).
„Gabarito "D".

(Cartório/DF – 2008 – CESPE) Com relação aos contratos administrativos julgue o item seguinte.

(1) Caracteriza-se o fato do príncipe quando alteração no contrato administrativo, decorrente de fato imprevisível, extracontratual e extraordinário licitamente provocado pelo Estado, causa prejuízo ao particular que contratou com o poder público.

1: correta, fato do príncipe é toda determinação estatal, positiva ou negativa, geral, imprevista e imprevisível, que onera substancialmente a execução do contrato administrativo.
Gabarito 1C

(Cartório/MG – 2012 – FUMARC) A Lei Federal 8.666/93, nas contratações de obras, serviços e compras, prevê as seguintes modalidades de garantia, **EXCETO**:

(A) fiança bancária.
(B) seguro-garantia.
(C) penhora do ativo imobilizado.
(D) caução em dinheiro ou títulos da dívida pública.

O art. 56, § 1.º, da Lei 8.666/1993 traz as modalidades de garantia e, dentre as modalidades mencionadas nas alternativas da questão, a única não prevista na lei é a "penhora de ativo imobilizado".
„Gabarito "C".

(Cartório/MS – 2009 – VUNESP) Em razão da supremacia do interesse público sobre o particular, é possível à Administração Pública realizar alteração unilateral nos contratos administrativos. Com relação à alteração quantitativa, o limite a ser respeitado para as supressões que se fizerem necessárias no caso de reforma de edifício ou equipamento é de

(A) 50%.
(B) 25%.
(C) 30%.
(D) 40%.
(E) 10%.

Art. 65, § 1º, da Lei 8.666/1993.
„Gabarito "B".

(Cartório/MT – 2005 – CESPE) Acerca de atos e contratos administrativos, assinale a opção correta.

(A) O ato complexo se iguala, conforme entendimento da doutrina, ao contrato administrativo, pois há, em alguns casos, a conjugação de vontades de órgãos distintos para a formação do ato.
(B) A competência é um dos requisitos do ato administrativo e pode ser alterada, mesmo sem autorização legal, por vontade do administrador por meio do instituto da delegação.
(C) A cláusula contratual *exceptio non adimpleti contractus* não se aplica, em regra, aos contratos administrativos, quando a falta é da própria administração. No entanto, aplica-se esta cláusula quando houver o atraso, sem motivo justificado, por prazo superior a 90 dias, do pagamento devido pela administração.
(D) Não se configura uma cláusula exorbitante do contrato administrativo a possibilidade de aplicação de sanção motivada pela inexecução total ou parcial do contrato, já que não se pode confundir o contrato administrativo com o poder de polícia da administração.

A: incorreta, o ato complexo é aquele que se forma pela conjugação de vontades de mais de um órgão administrativo; nele, se integram as vontades de vários órgãos diferentes para a formação de um único ato. Já no caso de contrato administrativo, temos ajuste que a Administração Pública celebra com pessoas e não órgãos para a consecução de objetivos de interesse público; B: incorreta, a competência é elemento vinculado do ato administrativo; C: correta, a inaplicabilidade da utilização da exceção do contrato não cumprido em face da Administração Pública tem como limite legal ensejador de rescisão contratual "o atraso superior a 90 (noventa) dias dos pagamentos devidos pela Administração decorrentes de obras, serviços ou

fornecimento, ou parcelas destes, já recebidos ou executados, salvo em caso de calamidade pública, grave perturbação da ordem interna ou guerra, assegurado ao contratado o direito de optar pela suspensão do cumprimento de suas obrigações até que seja normalizada a situação" – art. 78, XV, da Lei 8.666/1993; D: incorreta, a possibilidade de aplicação de sanções pela inexecução total ou parcial do contrato administrativo é típica cláusula exorbitante e não se confunde com o poder de polícia, que tem aplicabilidade geral e refere-se à limitação à liberdade e à propriedade em prol do interesse público.
Gabarito "C".

**(Cartório/RR – 2001 – CESPE)** Durante a execução de determinado contrato administrativo, ocorreu fato superveniente previsível, porém de consequências absolutamente incalculáveis, que provocou grande desequilíbrio entre as obrigações do contratado e a remuneração devida pela administração. Diante dessa situação,

(A) o contratado será obrigado a suportar a fiel execução do contrato, caracterizando-se a hipótese como cláusula exorbitante.
(B) deverá ser restabelecido o equilíbrio contratual por acordo entre as partes.
(C) o contrato deverá ser revisto por ato unilateral da administração.
(D) poderá ser feita a supressão em até 25% do objeto do contrato, mantendo-se inalterado seu valor, com vistas à obtenção da recomposição do equilíbrio contratual.
(E) é devida a recomposição do equilíbrio. Esta, no entanto, somente poderá ser concedida mediante ordem judicial.

O reequilíbrio econômico financeiro dos contratos administrativos tem previsão constitucional no art. 37, XXI e deve ser realizada independente de decisão judicial, no bojo do próprio contrato administrativo – art. 65, II, "d", da Lei 8.666/1993.
Gabarito "B".

**(Cartório/SP – 2011 – VUNESP)** O atraso injustificado na execução do contrato administrativo sujeitará o contratado

(A) à suspensão temporária da participação em licitações e impedimento de contratar com a Administração pelo prazo de 05 anos.
(B) ao pagamento de multa, independentemente de previsão no ato convocatório e no contrato administrativo.
(C) à perda total da garantia do respectivo contrato cumulativamente com a incidência da multa.
(D) à rescisão unilateral do contrato pela Administração, sem prejuízo de outras sanções previstas na lei.

Art. 86, § 1º, da Lei 8.666/1993.
Gabarito "D".

**(Cartório/SP – 2011 – VUNESP)** Em matéria de contrato administrativo, o que se entende por cláusulas exorbitantes?

(A) As que conferem certas vantagens ao particular, como o uso especial de bem público.
(B) As que estabelecem uma prerrogativa em favor do contratado particular, sem atender ao interesse público.
(C) As que extrapolam a vontade das partes.
(D) As que excedem do direito comum, para consignarem uma vantagem ou uma restrição à administração ou ao contratado.

Cláusulas exorbitantes são aquelas que, prevista implícita ou explicitamente no contrato administrativo, permitem à Administração Pública instabilizar a avença, seja alterando unilateralmente o que fora pactuado, seja extinguindo unilateralmente o vínculo, ressalvadas a identidade da avença e a plena garantia dos interesses patrimoniais da outra parte.
Gabarito "D".

**(Cartório/SP – 2011 – VUNESP)** A exceção de contrato não cumprido – *exceptio non adimpleti contractus* –, usualmente invocada nos ajustes de Direito Privado, aplica-se em contratos administrativos. No que se refere a essa afirmação, assinale a alternativa correta.

(A) É inadmissível, porque os contratos administrativos regem-se pelas suas cláusulas e pelos preceitos de Direito Público.
(B) É incabível a invocação da exceção nas questões relativas aos contratos administrativos.
(C) Em princípio, não se aplica aos contratos administrativos, quando a falta é da Administração. Esta, porém, pode arguir a exceção em seu favor, em face da inadimplência do particular contratado.
(D) A inoponibilidade da exceção constitui regra absoluta, que não admite tergiversação.

A Administração Pública pode perfeitamente utilizar-se da exceção do contrato não cumprido em face do particular, mas a recíproca não é verdadeira, só cabendo a esse o uso dessa exceção na hipótese prevista no artigo 78, XV, da Lei 8.666/1993 (ou seja, quando a própria lei autoriza o particular a apresentar a exceção do contrato não cumprido como fundamento para a rescisão contratual dada a configuração de "atraso superior a 90 (noventa) dias dos pagamentos devidos pela Administração decorrentes de obras, serviços ou fornecimento, ou parcelas destes, já recebidos ou executados, salvo em caso de calamidade pública, grave perturbação da ordem interna ou guerra, assegurado ao contratado o direito de optar pela suspensão do cumprimento de suas obrigações até que seja normalizada a situação").
Gabarito "C".

**(Cartório/SP – 2012 – VUNESP)** Sobre os contratos administrativos e seu regime jurídico, é correto afirmar que

(A) ao ocasionar efeitos no contrato, a majoração de tributo realizada por ente de outra esfera administrativa caracteriza fato do príncipe.
(B) no contrato de locação de bem imóvel, aplica-se o regime jurídico de direito público quando a Administração for parte.
(C) o regime jurídico de direito público e o princípio constitucional da igualdade não permitem à Administração o uso de cláusulas exorbitantes.
(D) por razões de interesse público, a regra *rebus sic stantibus* não é aplicada nos contratos administrativos.

A: correta, fato do príncipe é toda determinação estatal, positiva ou negativa, geral, imprevista e imprevisível, que onera substancialmente a execução do contrato administrativo, a exigir o reequilíbrio econômico-financeiro dos contratos administrativos. A majoração de tributos é um exemplo de fato do príncipe; B: incorreta, no contrato de locação de bem imóvel o regime jurídico aplicável é, preponderantemente, o de direito privado, o qual sempre sofre algumas derrogações de direito público em razão da presença do ente público, mas sem o condão de alterar o regime preponderante na locação; C: incorreta, é justamente em nome da supremacia do interesse público sobre o particular e da necessidade de assegura a isonomia material entre os contratantes (tratando desigualmente os desiguais) que temos a licitude das cláusulas exorbitantes, existentes precipuamente para a proteção do interesse público; D: incorreta, todo contrato administrativo possui implicitamente uma cláusula *rebus sic stantibus*, de modo que o quanto pactuado deve ser mantido a menos que "fatos imprevisíveis, ou previsíveis, porém de consequências incalculáveis, retardadores ou impeditivos da execução do ajustado, ou ainda, em caso de força maior, caso fortuito ou fato do príncipe" ensejem a necessidade de reequilíbrio econômico do contrato.

Gabarito "A".

## 12. SERVIÇOS PÚBLICOS

(Cartório/AM – 2005 – FGV) Analise as proposições a seguir:

I. Os princípios da eficiência, continuidade, igualdade e modicidade orientam a prestação de serviços públicos e são aplicáveis também às concessionárias e permissionárias.
II. Segundo o princípio da legalidade, a Administração Pública direta e indireta pode fazer tudo o que a lei permite e tudo que a lei não proíbe.
III. A Constituição Federal reservou aos estados-membros a prestação, direta ou sob regime de concessão ou permissão, dos serviços públicos de interesse local.
IV. O não pagamento da taxa ou tarifa pelo usuário do serviço público não essencial pode ensejar a suspensão do seu fornecimento.

Assinale:

(A) se somente as proposições I e II forem verdadeiras.
(B) se somente as proposições I e III forem verdadeiras.
(C) se somente as proposições I e IV forem verdadeiras.
(D) se somente as proposições I, II e IV forem verdadeiras.
(E) se somente as proposições II, III e IV forem verdadeiras.

I: correta, conforme se afere do art. 175 da CF/1988, "incumbe ao Poder público, na forma da lei, diretamente ou sob regime de concessão ou permissão, sempre através de licitação, a prestação de serviços públicos". Daí se extrai que a prestação dos serviços públicos pode ser prestada direta ou indiretamente e seus princípios norteadores aplicam-se indistintamente a essas duas espécies de prestação; II: incorreta, diversamente do particular, que pode fazer tudo o que a lei não proíbe, em relação de não contradição com a lei, possui a Administração Pública uma relação de subsunção com o que está disposto em lei, só lhe cabendo atuar quando por ela autorizada e nos termos por ela descritos; III: incorreta, a prestação de serviços públicos de interesse local incumbe aos Municípios – art. 30, V, da CF/1988; IV: correta, embora haja grande celeuma sobre o fato é que os serviços públicos não têm como nota característica a gratuidade, isto é, demandam do usuário pagamento para sua utilização. Destarte, tem-se que o não pagamento da taxa ou tarifa enseja a suspensão em seu fornecimento.

Gabarito "C".

(Cartório/AM – 2005 – FGV) Analise as proposições a seguir:

I. Tanto a concessão quanto a permissão almejam a prestação de um serviço público.
II. A Lei 8.987/1995 atribuiu à permissão de serviço público a natureza de contrato de adesão.
III. Uma diferença entre concessão e licitação é que a primeira depende de licitação prévia enquanto a segunda dispensa esse procedimento.
IV. A anulação do contrato de permissão só pode ser decretada pela via judicial.

Assinale:

(A) se somente as proposições I e II forem verdadeiras.
(B) se somente as proposições I e III forem verdadeiras.
(C) se somente as proposições II e III forem verdadeiras.
(D) se somente as proposições III e IV forem verdadeiras.
(E) se somente as proposições I, II e III forem verdadeiras.

I: correta, art. 175 da CF/1988; II: correta, diz a lei de concessões e permissões que: "A permissão de serviço público será formalizada mediante contrato de adesão, que observará os termos desta Lei, das demais normas pertinentes e do edital de licitação, inclusive quanto à precariedade e à revogabilidade unilateral do contrato pelo poder concedente" – art. 40 da Lei 8.987/1995; III: incorreta, a assertiva apresenta ilogicidade clara ao prever que a licitação não precisa de licitação prévia; IV: incorreta, a anulação da avença pode ser realizada administrativa ou judicialmente.

Gabarito "A".

(Cartório/DF – 2008 – CESPE) Julgue os próximos itens, relativos a serviços públicos, competência de prestação e regulamentação.

(1) Segundo o STF, os oficiais dos serviços notariais e de registro exercem um serviço público, prestado mediante delegação, e têm o direito de perceber emolumentos por todos os atos por eles praticados, como forma de manter o equilíbrio econômico-financeiro da atividade por eles exercida.
(2) O STJ entende que o ato do tabelião, quando praticado em comarca diversa daquela para a qual tem delegação, carece de validade jurídica.

1: incorreta, restou decidido na ADI 1800/DF a constitucionalidade da instituição de gratuidades de registro, que não afetariam o equilíbrio econômico financeiro da relação, tendo em vista que existem diversas outras formas de produção de renda na atividade registrária e tem-se a necessidade constitucional de salvaguardar o interesse público e a cidadania. Vejamos o que disse a ementa do julgado em questão: "Constitucional. Atividade notarial. Natureza. Lei 9.534/1997. Registros públicos. Atos relacionados ao exercício da cidadania. Gratuidade. Princípio da proporcionalidade. Violação não observada. Precedentes. Improcedência da ação. I – A atividade desenvolvida pelos titulares das serventias de notas e registros, embora seja análoga à atividade empresarial, sujeita-se a um regime de direito público. II – Não ofende o princípio da proporcionalidade lei que isenta os "reconhecidamente pobres" do pagamento dos emolumentos devidos pela expedição de registro civil de nascimento e de óbito, bem como a primeira certidão respectiva. III – Precedentes. IV – Ação julgada improcedente"; 2: correta, "o tabelião de notas não poderá praticar atos de seu ofício fora do município para o qual recebeu a delegação" – art. 9º da Lei 8.935/1994.

Gabarito 1E, 2C.

**(Cartório/MA – 2008 – IESES)** Considere as seguintes assertivas:

I. Ressalvados os casos previstos na Constituição, a exploração direta de atividade econômica pelo Estado só será permitida quando necessária aos imperativos da segurança nacional ou a relevante interesse coletivo, conforme definidos em lei.
II. Como agente normativo e regulador da atividade econômica, o Estado exercerá, na forma da lei, as funções de fiscalização, incentivo e planejamento, sendo esse determinante tanto para o setor público como para o setor privado.
III. Incumbe ao Poder Publico, na forma da lei, diretamente ou sob o regime de concessão ou permissão, sempre através de licitação, a prestação de serviços públicos.

Com fundamento na Constituição da República, estão corretas:

(A) Apenas as assertivas I e II.
(B) Apenas as assertivas II e III.
(C) Todas as assertivas.
(D) Apenas as assertivas I e III.

I: correta, art. 173 da CF/1988; II: incorreta, o planejamento estatal é indicativo para o setor privado. Eis o que diz a Constituição: "como agente normativo e regulador da atividade econômica, o Estado exercerá, na forma da lei, as funções de fiscalização, incentivo e planejamento, sendo este determinante para o setor público e **indicativo para o setor privado**" – art. 174 da CF/1988; III: correta, art. 175 da CF/1988.
Gabarito "D".

**(Cartório/MA – 2008 – IESES)** Assinale a alternativa correta: A retomada do serviço pelo poder concedente durante o prazo da concessão, por motivo de interesse público, mediante lei autorizativa específica e após prévio pagamento da indenização é, nos termos da Lei Federal n. 8.987/1995, o instituto da:

(A) Intervenção.
(B) Encampação.
(C) Investidura.
(D) Caducidade.

A: incorreta, a intervenção decorre do poder de fiscalização estatal e consiste na possibilidade que tem o poder público de intervir na concessão com o fim de assegurar a adequação na prestação do serviço, bem como o fiel cumprimento das normas contratuais, regulamentares e legais pertinentes – art. 32 da Lei 8.987/1995; B: correta, também chamada de resgate, a encampação é a retomada coativa do serviço pelo poder concedente, por motivo de interesse público, dependendo de prévia lei autorizadora específica e de pagamento prévio de indenização apurada – art. 37 da Lei 8.987/1995; C: incorreta, investidura é a incorporação de uma área pública remanescente ou resultante de uma obra pública ao terreno particular confinante por ser essa considerada isoladamente inconstruível ou inaproveitável; D: incorreta, caducidade é a rescisão por inadimplência do concessionário.
Gabarito "B".

**(Cartório/MS – 2009 – VUNESP)** A delegação, a título precário, mediante licitação, da prestação de serviços públicos, feita pelo poder concedente à pessoa física ou jurídica que demonstre capacidade para seu desempenho, por sua conta e risco, com fixação de prazo é uma

(A) permissão qualificada.
(B) permissão incondicional.
(C) autorização de serviço público.
(D) concessão de serviço público.
(E) tredestinação.

A: correta, trata-se de permissão qualificada ou condicionada porque há a fixação de prazo determinado, não usual para as permissões em geral; B: incorreta, a permissão incondicional não tem prazo determinado; C: incorreta, autorização de serviço público consiste em ato administrativo precário, unilateral, discricionário o qual viabiliza a prestação de um serviço público por um particular; D: incorreta, é a delegação de sua prestação, feita pelo poder concedente, mediante licitação, na modalidade de concorrência, à pessoa jurídica ou consórcio de empresas que demonstre capacidade para seu desempenho, por sua conta e risco e por prazo determinado; E: incorreta, tredestinação ocorre quando há a destinação de um bem expropriado a finalidade diversa da que se planejou inicialmente e pode ser lícita ou ilícita.
Gabarito "A".

**(Cartório/MS – 2009 – VUNESP)** Caducidade é a extinção da concessão do serviço público em decorrência

(A) de interesse público superveniente à concessão.
(B) do inadimplemento ou adimplemento defeituoso por parte da concessionária.
(C) da falência ou extinção da empresa concessionária.
(D) do surgimento de norma jurídica que tornou inadmissível a concessão antes permitida.
(E) da emissão de ato com fundamento em competência diversa.

A: incorreta, trata-se do instituto da encampação – art. 37 da Lei 8.987/1995; B: correta, caducidade é a extinção da concessão em razão da inexecução total ou parcial do contrato por parte da concessionária – art. 38 da Lei 8.987/1995; C: incorreta, art. 35, VI da Lei 8.987/1995; D: incorreta, trata-se de ilegalidade superveniente que dá ensejo à anulação da concessão – art. 35, V, da Lei 8.987/1995; E: incorreta, não se trata de qualquer das hipóteses de extinção da concessão de serviço público previstas no art. 35 da Lei 8.987/1995.
Gabarito "B".

**(Cartório/PR – 2007)** Considerando que o serviço público é uma das atividades que integram a denominada Administração Pública em sentido objetivo e que é atividade vinculada direta ou indiretamente ao Poder Público, assinale a alternativa correta:

(A) O serviço público pode ser definido, genericamente, como uma utilidade fruível pelos particulares, sendo o Estado o ente responsável pela sua prestação, ainda que por delegação a particulares.
(B) O serviço público não privativo se caracteriza pela impossibilidade de delegação para o exercício direto pelo particular.

(C) O serviço público tem como elemento a essencialidade da atividade. A atividade para ser considerada serviço público deve ser essencial para cada indivíduo. É um elemento formal que se traduz numa opção técnica e não política, definida em regulamentos administrativos.

(D) Atividades passíveis de delegação seriam aquelas compreendidas entre os serviços próprios, os quais não possuem a mesma conotação de essencialidade que os impróprios. São os chamados serviços *uti universi*, onde os destinatários são individualizados, os serviços são divisíveis, a fruição é direta.

(E) O serviço público pode ser interrompido em caso de inadimplemento contratual ou para atender direito de greve dos servidores públicos.

A: correta, serviço público é todo aquele prestado pela Administração ou por seus delegados, sob regime de direito público, para satisfazer necessidades essenciais ou secundárias da coletividade ou do próprio Estado; B: incorreta, serviço público não privativo são serviços públicos que o Estado tem a obrigação de prestar, direta ou indiretamente, mas sem exclusividade. Ex.: educação e saúde; C: incorreta, a essencialidade não é um traço característico dos serviços públicos, cuja interdição à atuação privada varia de Estado para Estado e ao longo do tempo. Ex.: no principado de Mônaco, jogos de cassino são serviço público; D: incorreta, serviços próprios do Estado são aqueles relacionados com as atribuições típicas de poder público e para as quais a Administração Pública faz uso de seu poder extroverso. Ex.: segurança, polícia, higiene e saúde pública etc.). Serviços impróprios do Estado são os que não afetam substancialmente as necessidades da comunidade, razão pela qual a Administração Pública os presta remuneradamente, por meio de pessoas por ela criadas ou via delegação de sua prestação. Serviços *uti singuli* são os que têm usuários determinados e utilização particular e mensurável para cada destinatário, ao passo que serviços *uti universi* são aqueles que a Administração presta à coletividade como um todo, indeterminadamente; E: incorreta, o princípio da continuidade dos serviços públicos veda sua interrupção.
Gabarito "A".

**(Cartório/PR – 2007)** Considerando o regime jurídico específico do serviço público e os princípios do regime jurídico administrativo, assinale a alternativa correta:

(A) o princípio da adequação admite a prestação do serviço público de forma irregular.

(B) o concessionário de serviço público presta o serviço de forma ilimitada, com transferência da titularidade da atividade via contrato de concessão.

(C) serviço público é espécie de atividade econômica da administração pública, ligado à intervenção no domínio econômico.

(D) a impessoalidade refere-se à fundamental não discriminação quanto às condições de acesso dos usuários ao serviço ofertado, à ausência de favoritismos ou de perseguições na prestação do serviço.

(E) o princípio da eficiência determina a prestação do serviço público com o menor custo, considerando-se neste conceito o mais barato, independente de critério de qualidade.

A: incorreta, o princípio da adequação do serviço público está previsto no Código de Defesa do Consumidor, o qual estabelece, em seu art. 22, que: "Os órgãos públicos, por si ou suas empresas concessionárias, permissionárias ou sob qualquer outra forma de empreendimento, são obrigados a fornecer serviços, adequados, eficientes, seguros e, quanto aos essenciais, contínuos. Parágrafo único. Nos casos de descumprimento, total ou parcial, das obrigações referidas neste artigo, serão as pessoas jurídicas compelidas a cumpri-las e a repara os danos causados, na forma prevista neste Código"; B: incorreta, o poder concedente não transfere propriedade alguma ao concessionário, nem se despoja de qualquer direito ou prerrogativa pública. Não há transferência de titularidade. Ele apenas delega a **execução do serviço**, nos limites e condições legais ou contratuais, sempre sujeita a regulamentação e fiscalização do concedente; C: incorreta, o serviço público pode ser considerado como espécie do gênero atividade econômica, mas não é forma de intervenção do Estado no domínio econômico; D: correta, a impessoalidade é princípio que determina, basicamente, a inadmissibilidade de discriminação entre os usuários; E: incorreta, a eficiência determina a prestação do serviço público de forma a proporcionar os melhores benefícios aos usuários (aspectos qualitativo) pelo menor custo (aspecto quantitativo).
Gabarito "D".

**(Cartório/RN – 2012 – IESES)** Examinando-se as proposições a respeito da concessão de serviços públicos, assinale a alternativa correta:

I. A concessão de serviço público consiste na delegação de sua prestação, feita pelo poder concedente, mediante licitação, na modalidade de concorrência, à pessoa jurídica ou consórcio de empresas que demonstre capacidade para seu desempenho, por sua conta e risco e por prazo determinado. Diferencia-se da permissão de serviço público pois nesta a delegação ocorre a título precário e independe de licitação.

II. As concessionárias de serviços públicos, de direito público e privado, nos Estados e no Distrito Federal, são obrigadas a oferecer ao consumidor e ao usuário, dentro do mês de vencimento, o mínimo de seis datas opcionais para escolherem os dias de vencimento de seus débitos.

III. Considera-se encampação a retomada do serviço pelo poder concedente após o término do prazo da concessão, por motivo de interesse público, mediante lei autorizativa específica e depois de prévio pagamento da indenização.

IV. O contrato de concessão poderá prever o emprego de mecanismos privados para resolução de disputas decorrentes ou relacionadas ao contrato, inclusive a arbitragem.

(A) Somente as proposições II e IV estão corretas.
(B) Somente as proposições I e II estão corretas.
(C) Somente as proposições I, II e III estão corretas.
(D) Somente as proposições I e III estão corretas.

I: incorreta, pois a permissão de serviço público também depende de licitação (vide art. 2.º, II e IV, da Lei 8.987/1995); II: correta (art. 7.º-A da Lei 8.987/1995); III: incorreta, pois a encampação se dá *durante* o prazo da concessão (art. 37 da Lei 8.987/1995); IV: correta (art. 23-A da Lei 8.987/1995).
Gabarito "A".

**(Cartório/SP – I – VUNESP)** Ao delegar a prestação de serviço público, os poderes que o Estado, necessariamente, reserva para si, são:

I. Regulamentação.
II. Fiscalização.
III. Intervenção.
IV. Seleção de pessoal.

Assinale a alternativa correta.

(A) I, II, III e IV.
(B) Apenas I.
(C) Apenas I e II.
(D) Apenas I, II e III.

A prestação de serviços públicos pode ser feita de forma direta ou indireta e, nesse último caso, via delegação. Quando a prestação se dá indiretamente, o poder público permanece em sua função de fiscalização, regulamentação e intervenção (que nada mais é do que uma decorrência do poder de fiscalização existente em prol do interesse público e da prestação do serviço público adequado), mas a seleção de pessoal por parte da concessionária ou permissionária caberá unicamente a ela.
Gabarito "D".

**(Cartório/SP – I – VUNESP)** A extinção de concessão de serviço público, declarada por ato unilateral do poder concedente, em razão do descumprimento, pela concessionária, de cláusulas contratuais ou de disposições legais ou regulamentares concernentes à concessão é, segundo terminologia adotada por lei, caso de

(A) encampação.
(B) anulação.
(C) rescisão.
(D) caducidade.

A: incorreta, a encampação é a retomada coativa do serviço pelo poder concedente, por motivo de interesse público, dependendo de prévia lei autorizadora específica e de pagamento prévio de indenização apurada – art. 37 da Lei 8.987/1995; B: incorreta, anulação é uma das hipóteses de extinção do contrato de concessão que ocorre quando houver vício jurídico a macular a avença; C: incorreta, a rescisão pode ser judicial ou consensual. Ocorre a rescisão judicial quando houver inadimplência, ou do concessionário, ou do poder concedente e ocorre a rescisão consensual quando as partes, por mútuo acordo, resolvem antecipar a extinção da relação jurídica; D: correta, caducidade, também chamada de decadência, é a modalidade de encerramento da concessão, por ato do concedente, em razão da inadimplência do concessionário em grave violação do vínculo contratual.
Gabarito "D".

**(Cartório/SP – II – VUNESP)** Considere as seguintes afirmativas:

I. A prestação ao público dos serviços permitidos é feita mediante requisitos estabelecidos pela Administração e a atribuição da permissão aos particulares é feita mediante ato unilateral da Administração.
II. A execução dos serviços autorizados pelo Poder Público é pessoal e intransferível e a remuneração destes serviços é feita por meio de tarifas fixadas pelo Poder Público.
III. A concessão é forma de delegação de execução de serviço do Poder Público, mas a execução do serviço concedido é feita pelo particular em seu nome e por sua conta e risco.

Pode-se dizer que estão corretas as afirmativas

(A) I e II, apenas.
(B) I e III, apenas.
(C) II e III, apenas.
(D) I, II e III.

I: correta, serviços permitidos são todos aqueles em que a Administração estabelece os requisitos para sua prestação ao público e, por ato unilateral, comete sua execução a particular que demonstrar capacidade para seu desempenho; II: correta, serviços autorizados são aqueles em que o Poder Público, por ato unilateral, precário e discricionário, consente na sua execução por um particular para atender a interesses coletivos instáveis ou emergência transitória. A remuneração dos serviços autorizados é tarifada pela Administração Pública e sua execução é pessoal e intransferível a terceiros. Ex.: serviços de taxi e de despachantes; III: correta, serviços concedidos são aqueles que o particular executa em seu nome, por sua conta e risco, remunerados por tarifa, na forma regulamentar, mediante delegação contratual ou legal do poder concedente.
Gabarito "D".

**(Cartório/SP – III – VUNESP)** Quanto ao serviço público delegado, é possível afirmar que

(A) comporta transferência livre e desembaraçada pelo delegado do serviço público a outro particular.
(B) é livre ao delegado do serviço público para autorregulamentação e controle do serviço prestado.
(C) a execução de serviços públicos é repassada ao particular. Sua regulamentação e controle permanecem, entretanto, com o Poder Público.
(D) por ser atividade exercida por particular, o serviço público delegado não comporta regulamentação e controle pelo Poder Público.

Na delegação de serviço público, o Poder Público outorga a particular determinado (daí a impossibilidade de subcontratação total, visto que a avença é celebrada *intuitu personae*) a execução do serviço público, mas remanesce com sua titularidade, exercendo sua regulamentação e controle.
Gabarito "C".

**(Cartório/SP – IV – VUNESP)** O serviço público delegado a particulares por concessão é aquele que decorre da lei

(A) ou do contrato, na forma autorizada e regulamentada pelo Executivo, sendo remunerado por taxa fixada em lei.
(B) do contrato ou de ato unilateral, na forma autorizada e regulamentada pelo Executivo.
(C) ou de ato unilateral, sendo remunerado por tarifa.
(D) ou do contrato, na forma autorizada e regulamentada pelo Executivo.

Art. 2º, II, da Lei 8.987/1995.
Gabarito "D".

**(Cartório/SP – IV – VUNESP)** Os serviços públicos *uti universis*, ao contrário dos *uti singuli*,

(A) são divisíveis, e a Administração presta-os a usuários indeterminados, mantendo-os por taxa.
(B) são indivisíveis, e a Administração presta-os a usuários determinados, mantendo-os por impostos.
(C) são indivisíveis, e a Administração presta-os sem ter usuários indeterminados, mantendo-os por tarifa.
(D) são indivisíveis, e a Administração presta-os a usuários indeterminados, mantendo-os por impostos.

Diversamente do que ocorre nos serviços *uti singuli*, em que a prestação é feita a usuários determinados e sua prestação é divisível, nos serviços *uti universi* a prestação de serviços é feita para toda a coletividade indiscriminadamente, não sendo possível sua divisão. Daí porque os primeiros são remunerados com taxas e os segundos com impostos.
Gabarito "D".

**(Cartório/AM – 2005 – FGV)** Assinale a alternativa verdadeira.

(A) Serviços indelegáveis são aqueles que podem ser prestados pelo Estado e, eventualmente, por particulares colaboradores.
(B) Serviços coletivos (*uti universi*) são aqueles prestados a destinatários individualizados, sendo mensurável a utilização por cada um dos indivíduos.
(C) A prévia aprovação em concurso público é, como regra, condição de ingresso no serviço público.
(D) A Administração pode, excepcionalmente, convocar candidato para o provimento de cargo sem a estrita observância da precedência na ordem de classificação.
(E) A exoneração é a dispensa do servidor e possui caráter punitivo.

A: incorreta, serviços indelegáveis são aqueles que não admitem delegação do Poder Público para particulares, por terem como nota característica a utilização do poder de império estatal; B: incorreta, serviços *uti universi* são aqueles que a Administração presta à coletividade como um todo, indeterminadamente; C: correta, art. 37, II, da CF/1988; D: incorreta, a Administração Pública deve sempre observar a ordem de classificação no provimento de cargos públicos; E: incorreta, diversamente da demissão, que é punição em razão de falta grave, a exoneração não tem caráter punitivo, sendo desinvestidura que ocorre a pedido do interessado, de ofício, ou ainda motivadamente, nas hipóteses previstas na Constituição Federal.
Gabarito "C".

## 13. CONTROLE DA ADMINISTRAÇÃO

**(Cartório/MG – 2009 – EJEF)** Marque a alternativa CORRETA. Determinado servidor público, ocupante de cargo efetivo no Estado, mediante requerimento administrativo pediu documento público de informação sobre sua contagem de tempo de serviço, para fins de aposentadoria, conforme esclareceu. Sem qualquer justificativa, o requerimento permanece sem despacho há 90 (noventa) dias. O servidor poderá valer-se de medida judicial para defender especificamente seu direito de

(A) petição.
(B) ampla defesa.
(C) certidão.
(D) aposentadoria.

Art. 5º, XXXIV, "b", da CF/1988.
Gabarito "C".

**(Cartório/MS – 2009 – VUNESP)** Recurso hierárquico próprio

(A) é o pedido de reexame à própria autoridade que emitiu o ato.
(B) é o pedido de reexame à autoridade superior à que proferiu o ato dentro do mesmo órgão em que o ato foi praticado.
(C) é o pedido de reexame à autoridade superior de outro órgão não integrado na mesma hierarquia daquele que proferiu o ato.
(D) é o recurso de que se utiliza o servidor público, punido pela Administração Pública, para reexame da decisão, caso surjam fatos novos suscetíveis de demonstrar a sua inocência.
(E) é a denúncia de irregularidades feita perante a própria Administração.

A: incorreta, trata-se de pedido de reconsideração e não de recurso hierárquico próprio; B: correta, o recurso hierárquico próprio não passa do pedido feito ao superior hierárquico para reforma da decisão do inferior na escala administrativa; C: incorreta, trata-se de recurso hierárquico impróprio e não recurso hierárquico próprio; D: incorreta, trata-se de revisão e não recurso hierárquico próprio; E: incorreta, trata-se de representação.
Gabarito "B".

**(Cartório/SP – 2011 – VUNESP)** A respeito de mandado de segurança, é correto afirmar que

(A) não se concederá mandado de segurança quando se tratar de ato do qual caiba recurso administrativo com efeito suspensivo, independentemente de caução.
(B) cabe mandado de segurança contra os atos de gestão comercial praticados pelos administradores de empresas públicas, de sociedade de economia mista e de concessionárias de serviço público.
(C) em hipótese alguma é permitido impetrar mandado de segurança por telegrama, fax ou outro meio eletrônico.
(D) pessoa jurídica não pode impetrar mandado de segurança.

A: correta, art. 5º, I, da Lei 12.016/2009; B: incorreta, art. 1º, § 2º, da Lei 12.016/2009; C: incorreta, art. 4º da Lei 12.016/2009; D: incorreta, art. 1º da Lei 12.016/2009.
Gabarito "A".

**(Cartório/SP – 2012 – VUNESP)** Sobre o controle dos atos da Administração Pública, é incorreto afirmar que

(A) ato administrativo inválido pode ser recusado pelo cidadão, independentemente de declaração administrativa ou judicial prévia.
(B) ato administrativo discricionário pode ser anulado por análise do seu mérito.
(C) o controle existente entre a administração direta e a indireta é não hierárquico.
(D) o Judiciário, ao aplicar o princípio da razoabilidade, pode alterar a pena aplicada pela Administração em processo administrativo disciplinar.

A: incorreta, o ato administrativo possui como um de seus atributos a presunção de legitimidade e veracidade, de modo que, a menos que essa presunção seja afastada judicialmente ou pela própria Administração Pública (em exercício de autotutela), não poderá ser recusado pelo cidadão; B: correta, a Administração Pública possui uma faculdade mais ampla de invalidação dos atos administrativos, podendo anulá-los por considerações de mérito e de legalidade; C: correta, não se pode confundir subordinação com vinculação administrativa. A subordinação decorre do poder hierárquico existente dentro de um mesmo ente, pressupondo a distribuição e escalonamento de funções em seus órgãos, admitindo todos os meios de controle do superior sobre o inferior, ao passo que a vinculação resulta do poder de supervisão que possui o ente em relação a entidade a ele vinculada e é exercido nos limites da lei e sem afetação da autonomia do supervisionado; D: correta, cabe ao Poder Judiciário a análise da **legalidade** dos atos administrativos e o princípio da razoabilidade se insere nessa esfera, autorizando a alteração de pena aplicada pela Administração Pública.
„Ⱥ„ oʇᴉɹɐqɐƉ

## 14. PROCESSO ADMINISTRATIVO

**(Cartório/MG – 2012 – FUMARC)** A legislação que trata do processo administrativo estadual arrola os legitimados a interpor recurso, que são os seguintes, **EXCETO:**

(A) o ente estatal que restou vencido.
(B) o terceiro cujos direitos e interesses foram afetados pela decisão.
(C) o titular do direito atingido pela decisão, que for parte no processo.
(D) o cidadão, a organização e a associação, no que se refere a direitos e interesses coletivos e difusos.

Normalmente, as legislações sobre processo administrativo arrolam como legitimados a interpor recursos os mencionados nas alternativas "B", "C" e "D". Vide, por exemplo, o art. 58 da Lei Federal 9.784/1999. Quanto à alternativa "A", não tem lógica, pois o ente estatal é quem julga o processo administrativo, não fazendo sentido que o próprio ente público interessado recorra contra a sua própria decisão.
„Ⱥ„ oʇᴉɹɐqɐƉ

**(Cartório/RN – 2012 – IESIS)** Sobre os atos da administração, assinale a proposição correta:

(A) São elementos do ato administrativo: competência do agente, objeto, forma, motivo e presunção de legitimidade.
(B) Os contratos de compra e venda e de locação são considerados atos privados da administração.
(C) Para caracterização do ato administrativo são necessários pelo menos três aspectos, a saber: (i) vontade do agente público ou de alguém dotado de prerrogativa deste; (ii) seu conteúdo deve produzir efeitos jurídicos com fins públicos ou privados; e (iii) sua categoria deve ser regida basicamente pelo direito público.
(D) Os agentes da administração são aqueles que, embora não integrem a estrutura funcional da Administração Pública, recebem a incumbência de exercê-lo. Por sua vez, os agentes delegatários são aqueles que integram os órgãos administrativos, bem como os que pertencem aos quadros da Administração Pública Indireta.

A: incorreta, pois a *presunção de legitimidade* é um atributo e não um requisito do ato administrativo; faltou mencionar o *objeto*, como requisito do ato administrativo; B: correta, conforme apontado pela doutrina; vale citar, ainda, o disposto no art. 62, § 3.º, I, da Lei 8.666/1993; C: incorreta, pois (i) a vontade é do *Estado* ou de quem lhe faça às vezes, (ii) os fins do ato devem ser públicos e (iii) o regime aplicável é o de direito público; D: incorreta, pois houve inversão dos conceitos de *agentes da administração* e *agentes delegatários*.
„B„ oʇᴉɹɐqɐƉ

**(Cartório/SP – VI – VUNESP)** Em processo administrativo,

(A) é vedada a impulsão de ofício, respeitando-se o princípio de instância.
(B) é legítima a exigência de depósito prévio para admissibilidade de recurso administrativo, em razão do princípio de presunção de legalidade.
(C) é assegurado o princípio de reserva legal na prescrição de sanções, não na previsão de infrações nem na criação de condicionamentos aos direitos dos particulares.
(D) é necessária a indicação dos pressupostos de fato e de direito que determinam a decisão, em respeito ao princípio de motivação.

A: incorreta, o princípio da oficialidade está previsto no art. 2º, parágrafo único, XII, da Lei 9.784/1999; B: incorreta, Súmula 373 do STJ; C: incorreta, embora não se aplique o princípio da tipicidade no âmbito do procedimento administrativo, dada a multiplicidade das condutas que possivelmente podem ser realizadas, entende-se que tanto a previsão das infrações, como as sanções e eventuais condicionamentos aos direitos dos particulares devem necessariamente ter previsão legal; D: correta, art. 2º da Lei 9.784/1999.
„D„ oʇᴉɹɐqɐƉ

## 15. DIREITO ADMINISTRATIVO APLICADO AOS NOTÁRIOS E REGISTRADORES

**(Cartório/DF – 2003 – CESPE)** Relativamente à atividade notarial e de registro e suas relações com o direito administrativo e constitucional, julgue os itens subsequentes.

(1) As serventias extrajudiciais, notariais e de registro somente podem ser criadas por lei.
(2) A aposentadoria dos notários é compulsória aos 70 anos de idade.
(3) A edição de ato regulamentar dos serviços notariais pelo tribunal de justiça independe de previsão legal específica, uma vez que tal competência decorre diretamente da Constituição Federal.
(4) A responsabilidade civil pelos serviços notariais e de registro, por serem exercidos em caráter privado, depende da demonstração de culpa do serviço.
(5) Contra o ato do registrador de imóveis que nega registro cabe recurso administrativo inominado.

1: correta, quando a assertiva foi objeto de questionamento, nos idos de 2003, a resposta à questão seria incorreta, pois na época se entendia possível que provimento dos Tribunais de Justiça dos Estados pudessem dispor sobre a criação e extinção das serventias extrajudiciais, notariais e de registro. Todavia, esse entendimento foi alterado em razão da decisão da ADI 2415, a qual estabeleceu o seguinte no item 2 de sua ementa: " 2. *Criação e extinção de serventias extrajudiciais*. As serventias extrajudiciais se compõem de um feixe de competências públicas, embora exercidas em regime de delegação a pessoa privada. Competências que fazem de tais serventias uma instância de formalização de atos de criação, preservação, modificação, transformação e extinção de direitos e obrigações. Se esse feixe de competências públicas investe as serventias extrajudiciais em parcela do poder estatal idônea à colocação de terceiros numa condição de servil acatamento, a modificação dessas competências estatais (criação, extinção, acumulação e desacumulação de unidades) somente é de ser realizada por meio de lei em sentido formal, segundo a regra de que ninguém será obrigado a fazer ou deixar de fazer alguma coisa senão em virtude de lei. Precedentes"; 2: incorreta, desde a decisão proferida na ADI 2602 entende-se que o art. 40, § 1º, II, da CRFB, na redação que lhe foi conferida pela EC 20/1998, está restrito aos cargos efetivos da União, dos Estados-membros, do Distrito Federal e dos Municípios, incluídas as autarquias e as fundações. Assim sendo, tal como asseverado na dita ADI, "(...) os notários e os registradores exercem atividade estatal, entretanto, não são titulares de cargo público efetivo, tampouco ocupam cargo público. Não são servidores públicos, não lhes alcançando a compulsoriedade imposta pelo mencionado art. 40 da CRFB"; 3: correta, tendo em conta que a Constituição já autoriza em seu artigo 236 que lei defina a fiscalização dos atos dos notários e registradores pelo Poder Judiciário, tem-se que não há necessidade de lei específica a respeito, mas tão somente de lei regulamentando o artigo em questão e que atualmente é a Lei 8.935/1994; 4: incorreta, a responsabilidade civil pelos serviços notariais e de registro, por serem exercidos em caráter privado, independe da demonstração de culpa do serviço, havendo até mesmo quem defenda ser ela do tipo objetiva em razão do que dispõe o art. 22 da Lei 8.935/1994; 5: incorreta, contra o ato do registrador de imóveis que nega registro cabe a suscitação de dúvida – arts. 198 a 204 da Lei 6.015/1973.

Gabarito 1C, 2E, 3C, 4E, 5E

**(Cartório/SP – I – VUNESP)** São penas disciplinares aplicáveis ao Delegado do serviço extrajudicial:

(A) advertência, disponibilidade e perda da delegação.
(B) repreensão, suspensão e perda da delegação.
(C) advertência, suspensão e demissão.
(D) advertência, multa e suspensão.

Art. 32 da Lei 8.935/1994.

Gabarito "B".

**(Cartório/SP – V – VUNESP)** A Lei n. 8.935/1994, editada em cumprimento à determinação do § 1º do artigo 236 da Constituição Federal, dispõe, no seu artigo 22, que os notários e oficiais de registro

(A) salvo quando agirem de má-fé, devidamente comprovada, não serão responsáveis pelos danos decorrentes da anulação do registro, ou da averbação, por vício intrínseco ou extrínseco do documento, título ou papel, mas, tão somente, pelos erros ou vícios no processo de registro.
(B) responderão pelos danos que eles e seus prepostos causem a terceiros, na prática de atos próprios da serventia, assegurado aos primeiros direito de regresso no caso de dolo ou culpa dos prepostos.
(C) além das penas disciplinares em que incorrerem, são responsáveis civil e criminalmente pela omissão ou atraso na remessa de comunicações a outros cartórios.
(D) são civilmente responsáveis por todos os prejuízos que causarem, por culpa ou dolo, pessoalmente, pelos substitutos que designarem ou Escreventes que autorizarem, assegurado o direito de regresso.

Diz o artigo 22 expressamente que: "os notários e oficiais de registro responderão pelos danos que eles e seus prepostos causem a terceiros, na prática de atos próprios da serventia, assegurado aos primeiros direito de regresso no caso de dolo ou culpa dos prepostos".

Gabarito "B".

**(Cartório/SP – V – VUNESP)** O artigo 236 da Constituição Federal, ao dispor que "... os serviços notariais e de registro são exercidos em caráter privado, por delegação do Poder Público...", estabelece que a atividade notarial e de registro é exercida por meio de

(A) descentralização administrativa por colaboração.
(B) descentralização política constitucional.
(C) centralização da atividade privada.
(D) centralização funcional ou técnica.

O Estado tanto pode prestar ele mesmo as atividades administrativas, como pode fazer essa prestação por meio de outros sujeitos, caso em que se tem a descentralização, quando o Estado transfere o **exercício** (e não a titularidade) de atividades que lhe são pertinentes a particulares ou a pessoas por ele criadas. No caso dos serviços notariais e de registro, por expressa previsão constitucional prevista no artigo 236, tem-se caso de descentralização, que se considera como sendo de colaboração por ter sido instituído por contrato ou ato unilateral do ente outorgante.

Gabarito "A".

**(Cartório/SP – V – VUNESP)** Com relação aos notários e registradores, é correto afirmar que eles exercem a função

(A) privada e no exercício da sua atividade não produzem atos administrativos dotados de todos os atributos e sujeitos aos requisitos expressos no Direito Administrativo, pois o objetivo e a finalidade dos seus atos é a produção de efeitos jurídicos junto aos interesses privados e ao direito privado.
(B) pública, mas no exercício da sua atividade não produzem atos administrativos dotados de todos os atributos e sujeitos aos requisitos expressos no Direito Administrativo, pois o objetivo e a finalidade de seus atos é a produção de efeitos jurídicos junto aos interesses privados e ao direito privado.
(C) privada, mas no exercício da sua atividade também produzem atos administrativos dotados de todos os atributos e sujeitos aos requisitos expressos no Direito Administrativo, não obstante sejam o objetivo e a finalidade destes atos a produção de efeitos jurídicos junto aos interesses privados e ao direito privado.
(D) pública e no exercício da sua atividade também produzem atos administrativos dotados de todos os atributos e sujeitos aos requisitos expressos no Direito Administrativo, não obstante sejam o objetivo e a finalidade desses atos a produção de efeitos jurídicos junto aos interesses privados e ao direito privado.

Na medida em que os notários e registradores são **delegatários** do Poder Público, exercendo, na práticas dos atos afetos a essa delegação, função pública, submetendo-se, destarte, aos princípios de direito administrativo.
Gabarito "D".

## 16. OUTROS TEMAS E QUESTÕES COMBINADAS

**(Cartório/MG – 2012 – FUMARC)** Segundo a Constituição Federal e a propósito da atuação das polícias militares, é **correto** afirmar que:

(A) incumbe-lhes a polícia judiciária.
(B) subordinam-se ao Presidente da República.
(C) são forças auxiliares e de reserva do Exército.
(D) respondem pelo patrulhamento ostensivo das ferrovias federais.

A: incorreta, pois a polícia judiciária incumbe às polícias civil e federal (art. 144, §§ 1.º, IV, e 4.º, da CF); B: incorreta, pois as polícias militares são dos Estados e do DF, portanto submetidas aos governadores (art. 144, § 6.º, da CF); C: correta, nos termos do art. 144, § 6.º, da CF; D: incorreta, pois os policiais ferroviários federais são os que respondem por esse patrulhamento (art. 144, § 3.º, da CF).
Gabarito "C".

**(Cartório/PR – 2007)** Quanto à aquisição de imóvel rural por estrangeiro residente no país ou pessoa jurídica estrangeira autorizada a funcionar no Brasil, é FALSO:

(A) A aquisição de imóvel rural por pessoa física estrangeira não poderá exceder a 50 (cinquenta) módulos de exploração indefinida, em área contínua ou descontínua.
(B) Ao estrangeiro que pretende imigrar para o Brasil é facultado celebrar, ainda em seu país de origem, compromisso de compra e venda do imóvel rural desde que, dentre de 10 (dez) anos, contados da data do contrato, venha fixar domicílio no Brasil e explorar o imóvel.
(C) Quando se tratar de imóvel rural com área não superior a 3 (três) módulos, a aquisição será livre, independendo de qualquer autorização ou licença, ressalvadas as exigências gerais previstas em lei.
(D) A pessoa estrangeira, física ou jurídica, só poderá adquirir imóvel situado em área considerada indisponível à segurança nacional.
(E) Compete ao INCRA fixar, para cada região, o módulo de exploração indefinida, podendo modificá-lo sempre que houver alteração das condições econômicas e sociais da região.

A: correta, art. 3º da Lei 5.709/1971; B: incorreta, o art. 2º da Lei 5.709/1971, que continha previsão parecida, mas limitada ao prazo de 03 anos, foi revogado pela Lei 6.815/1980; C: correta, art. 3º, § 1º da Lei 5.709/1971; D: correta, a assertiva está mal formulada e só pode ser tida como correta se considerarmos "indisponível" como não sendo de interesse para a segurança nacional. Isso porque a aquisição de imóvel situado em área considerada indispensável à segurança nacional por pessoa estrangeira, física ou jurídica, depende do assentimento prévio da Secretaria-Geral do Conselho de Segurança Nacional – art. 7º da Lei 5.709/1971; E: correta, art. 4º do Decreto 74.965/1974, que regulamentou a Lei 5.709/1971.
Gabarito "B".

**(Cartório/PR – 2007)** O Estatuto da Cidade estabelece normas de ordem pública e interesse social que regulam o uso da propriedade urbana em prol do bem coletivo, da segurança e do bem-estar dos cidadãos, bem como do equilíbrio ambiental. Quanto à política urbana, é INCORRETO afirmar:

(A) O direito de adquirir o domínio de área ou edificação urbana de até 250 metros quadrados (usucapião especial de imóvel urbano) não será reconhecido, ao mesmo possuidor, mais de uma vez.
(B) São instrumentos de política urbana municipal, dentre outros, o zoneamento ambiental, o plano diretor e a disciplina do parcelamento, do uso e da ocupação do solo.
(C) É parte legítima para a propositura de ação de usucapião especial urbana, como substituto processual, a associação de moradores da comunidade, regularmente constituída, com personalidade jurídica, desde que explicitamente autorizada pelos representantes.
(D) A usucapião especial coletiva de imóvel urbano será declarada pelo juiz, mediante sentença, a qual servirá de título para registro no cartório do registro de imóveis.
(E) Compete aos Municípios, exclusivamente, legislar sobre normas gerais de direito urbanístico.

A: correta, art. 9º, § 2º, da Lei 10.257/2001; B: correta, art. 4º, III, da Lei 10.257/2001; C: correta, art. 12, III, da Lei 10.257/2001; D: correta, art. 10, § 2º, da Lei 10.257/2001; E: incorreta, compete à União, aos Estados e ao Distrito Federal legislar concorrentemente sobre direito urbanístico cabendo aos Municípios legislar, nesse âmbito, sobre questões urbanísticas de interesse local – arts. 24, I, e 30, I, da CF/1988.
Gabarito "E".

**(Cartório/SP – VI – VUNESP)** Leia as seguintes afirmações.

I. Revogação de ato administrativo é para casos de sua extinção por conveniência; anulação, para casos de sua extinção por oportunidade; nulidade, para casos de sua extinção por ilegalidade.
II. O cumprimento da penalidade imposta ao administrado (multa por infração de trânsito) não convalida, por si só, a eventual nulidade do procedimento administrativo do qual resultou a sua aplicação.
III. É juridicamente impossível a expropriação de bens próprios. Verificando, então, que a desapropriação, em caso de enfiteuse, não poderia ter incidido sobre o domínio pleno, mas apenas sobre o domínio útil, é possível a expropriante pleitear, em "repetição de indébito", o que indevidamente pagou pelo domínio direto.

Está correto o contido em

(A) I e III, apenas.
(B) I e II, apenas.
(C) II e III, apenas.
(D) I, II e III.

I: incorreta, **revogação** é a extinção de um ato administrativo ou de seus efeitos por outro ato administrativo, efetuada por razões de **conveniência e oportunidade**, com efeitos *ex nunc*; **anulação, isto é, a declaração de nulidade ou invalidação do ato**, diversamente, é a extinção do ato administrativo efetuada em razão de sua **ilegalidade**, com produção de efeitos *ex tunc*; II: correta, convalidação é o suprimento da invalidade de um ato com efeitos retroativos, que pode derivar de um ato da Administração ou de um ato do particular. No caso da assertiva, todavia, ela não ocorre, visto que a ilegalidade ocorrida no procedimento administrativo não é saneada simplesmente pelo cumprimento de penalidade ilegitimamente imposta, cabendo sua invalidação com efeitos *ex tunc*; III: correta, segundo o art. 2.038 do Código Civil, fica proibida a constituição de enfiteuses e subenfiteuses, mas as já existentes subordinam-se às disposições do antigo Código Civil, a Lei 3.071/1916. No caso de desapropriação de bens sobre os quais há a enfiteuse, também denominada aforamento ou emprazamento, tem-se o desdobramento do domínio em dois: o domínio direto e o domínio útil. Domínio pleno equivale à soma do domínio direto (do senhorio) e do domínio útil (do enfiteuta) e no caso de desapropriação de imóvel feita pelo ente titular do domínio direto, a desapropriação ocorre apenas sobre o domínio útil, de modo que caberá ação de repetição de indébito em relação à eventual valor pago como indenização pelo domínio pleno quando já possuía parte dele.

Gabarito "C".

# 4. Direito Tributário

Robinson Sakiyama Barreirinhas

## 1. PRINCÍPIOS E IMUNIDADES

**(Cartório/SP – 2012 – VUNESP)** Sem prejuízo de outras garantias asseguradas ao contribuinte, é vedado à União, aos Estados, ao Distrito Federal e aos Municípios

(A) Exigir ou aumentar tributo desde que haja previsão em lei que o estabeleça.
(B) Instituir tratamento igual entre contribuintes que se encontrem em situação equivalente.
(C) Cobrar tributos em relação a fatos geradores ocorridos após o início da vigência da lei que os houver instituído ou aumentado, no exercício financeiro subsequente àquele em que haja sido publicada a lei que os instituiu ou aumentou ou após decorridos noventa dias da data em que haja sido publicada a lei que os instituiu ou aumentou.
(D) Cobrar tributos sobre o patrimônio, renda ou serviços das autarquias e das fundações instituídas e mantidas pelo Poder Público, no que se refere ao patrimônio, à renda e aos serviços, vinculados às suas finalidades essenciais ou às delas decorrentes.

A: incorreta, pois o princípio da legalidade veda que os entes políticos exijam ou aumentem tributo *sem* lei que o estabeleça – art. 150, I, da CF; B: incorreta, pois o princípio da isonomia veda tratar desigualmente quem se encontre em situação equivalente – art. 150, II, da CF; C: incorreta, pois os princípios da irretroatividade e da anterioridade permitem a cobrança nessas condições (ou seja, não é vedado aos entes políticos fazer isso) – art. 150, III, da CF; D: correta, pois isso é vedado pela imunidade recíproca, estendida às entidades de direito público da administração indireta (note que o STF estende a imunidade também a algumas entidades de direito privado da administração indireta, como a ECT e a Infraero) – art. 150, § 2º, da CF.
Gabarito: "D".

**(Cartório/SP – 2011 – VUNESP)** Assinale a alternativa correta.

(A) Autarquia federal não está sujeita ao pagamento de taxa de coleta de lixo instituída pelo Município.
(B) À União é defeso cobrar IOF nas operações financeiras realizadas pelo Município.
(C) Valorização decorrente de obra pública municipal, de imóvel pertencente ao Estado de São Paulo, não pode ser fato gerador de contribuição de melhoria cobrada pelo município.
(D) A imunidade ou a isenção tributária do comprador se estende ao produtor, contribuinte do imposto sobre produtos industrializados.

A: incorreta, pois a imunidade recíproca refere-se apenas a impostos, não afastando a exigibilidade em relação a taxas – art. 150, VI, *a*, da CF; B: correta, pois a imunidade recíproca abrange o IOF – art. 150, VI, *a*, da CF; C: incorreta, pois a imunidade recíproca refere-se aos impostos, não às demais espécies tributárias, como as contribuições de melhoria – art. 150, VI, *a*, da CF; D: incorreta, pois contraria o disposto na Súmula 591 do STF, segundo a qual a imunidade ou isenção *não* se estende ao produtor..
Gabarito "B".

**(Cartório/SP – 2011 – VUNESP)** O Princípio da Anterioridade Nonagesimal, objeto da Emenda Constitucional 42, de 19 de dezembro de 2003, aplica-se à fixação da base de cálculo do:

(A) ITR e ao aumento da alíquota do ICMS.
(B) ITBI e ao aumento da alíquota do IRPF.
(C) IPVA e ao aumento da alíquota do IPI.
(D) IPTU e ao aumento de alíquota do IOF.

O princípio da anterioridade nonagesimal não se aplica ao empréstimo compulsório para atender despesas extraordinárias, ao imposto extraordinário, aos Impostos de Importação e Exportação, IR e IOF, nem à fixação da base de cálculo do IPVA e do IPTU, nos termos do art. 150, § 1º, da CF. Por essa razão, a alternativa "A" deve ser indicada.
Gabarito "A".

**(Cartório/SP – 2011 – VUNESP)** Assinale a alternativa que contém afirmação correta quanto às limitações do poder de tributário.

(A) É vedado à União instituir isenções de tributos da competência dos Estados, do Distrito Federal ou dos Municípios.
(B) É permitido à União instituir isenções de tributos da competência dos Estados, do Distrito Federal ou dos Municípios.
(C) É permitido aos Estados, ao Distrito Federal e aos Municípios estabelecer diferença tributária entre bens e serviços, de qualquer natureza, em razão de sua procedência ou destino.
(D) É vedado aos Estados, ao Distrito Federal e aos Municípios instituir impostos sobre livros, jornais e o papel destinado a sua impressão, cuja atribuição é reservada exclusivamente à União.

A: correta, pois a competência é exclusiva dos entes políticos indicados pela CF – art. 151, III, da CF; B: incorreta, conforme comentário à alternativa anterior; C: incorreta, pois isso é expressamente vedado nos termos do art. 152 da CF; D: incorreta, pois nem mesmo a União pode instituir impostos sobre livros, jornais e papel destinado à impressão, conforme a imunidade prevista no art. 150, VI, *d*, da CF.
Gabarito "A".

**(Cartório/SP – 2011 – VUNESP)** De acordo com a jurisprudência iterativa do STF e com os princípios gerais de direito tributário, assinale a alternativa correta.

(A) Nova tabela de emolumentos pode ser aplicada retroativamente a atos já praticados, mas para os quais ainda não ocorreu pagamento.
(B) Nova tabela, com majoração de emolumentos extrajudiciais, tem aplicação imediata a partir de sua publicação.
(C) A atualização do valor monetário da tabela de emolumentos não exige lei em sentido estrito.
(D) A definição do fato gerador dos emolumentos extrajudiciais pode ser feita por meio de Decreto do Poder Executivo Estadual.

A: incorreta, pois isso é vedado pelo princípio da irretroatividade – art. 150, III, *a*, da CF; B: incorreta, pois a majoração dos tributos submete-se ao princípio da anterioridade anual e nonagesimal – art. 150, III, *b* e *c*, da CF; C: correta, pois não se trata de aumento real, apenas manutenção do valor em face da inflação – art. 97, § 2º, do CTN; D: incorreta, pois emolumentos são taxa (espécie de tributo), sujeitando-se, portanto, ao princípio da legalidade – art. 150, I, da CF.
Gabarito "C".

**(Cartório/MG – 2012 – FUMARC)** É facultado ao Poder Executivo, conforme a Constituição, atendidas as condições e os limites estabelecidos em lei, alterar as alíquotas dos seguintes impostos

(A) Imposto de Importação, Imposto de Exportação, Imposto sobre Produtos Industrializados e Imposto sobre Operações Financeiras.
(B) Imposto Municipal sobre Operações Relativas à Circulação de Mercadorias, Imposto sobre Produtos Industrializados e Imposto sobre Operações Financeiras.
(C) Imposto sobre Operações Financeiras e Imposto sobre a Renda e Proventos de Qualquer Natureza.
(D) Imposto de Importação, Imposto de Exportação e Imposto sobre a Renda e Proventos de Qualquer Natureza.

O Executivo Federal (somente na União, portanto) pode alterar as alíquotas dos Impostos sobre Importação e Exportação, IPI e IOF nos termos do art. 153, § 1º, da CF. Por essa razão, a alternativa "A" é a correta.
Gabarito "A".

**(Cartório/MG – 2012 – FUMARC)** A norma constitucional, segundo a qual é vedado cobrar tributos antes de decorridos noventa dias da data em que haja sido publicada a lei que os instituiu ou aumentou, **não** se aplica **EXCETO** a:

(A) Imposto de Importação.
(B) Imposto sobre Produtos Industrializados.
(C) Imposto de Renda.
(D) Empréstimo Compulsório.

O princípio da anterioridade nonagesimal não se aplica ao empréstimo compulsório para atender despesas extraordinárias, ao imposto extraordinário, aos Impostos de Importação e Exportação, IR e IOF, nem à fixação da base de cálculo do IPVA e do IPTU, nos termos do art. 150, § 1º, da CF. Por essa razão, a alternativa "B" deve ser indicada. Note que o IPI é exceção ao princípio da anterioridade anual, mas não da nonagesimal.
Gabarito "B".

**(Cartório/RN – 2012 – IESIS)** Em relação às limitações constitucionais ao poder de tributar assinale a alternativa correta:

(A) Quando alugado a terceiros o imóvel de propriedade do partido político perde a imunidade e passa a sujeitar-se ao IPTU.
(B) O ICMS incidente sobre a comercialização de livros, mesmo por empresa com fins lucrativos, está abrangido pela imunidade tributária.
(C) O prédio da Receita Federal de propriedade da União é imune ao pagamento da taxa de coleta de lixo.
(D) Os rendimentos oriundos das aplicações financeiras realizadas pelos Municípios não são imunes ao imposto de renda.

A: incorreta, conforme a jurisprudência pacífica consolidada pela Súmula 724 do STF, que determina: "ainda quando alugado a terceiros, permanece imune ao IPTU o imóvel pertencente a qualquer das entidades referidas pelo art. 150, VI, *c*, da Constituição" com a ressalva de que "o valor dos aluguéis seja aplicado nas atividades essenciais de tais entidades"; B: correta, pois a imunidade dos livros é, nesse sentido, objetiva (refere-se às transações com o objeto, com o livro), não subjetiva (não importa o sujeito, quem realiza a operação) – art. 150, VI, *d*, da CF; C: incorreta, pois a imunidade recíproca refere-se apenas aos impostos, não às demais espécies tributárias, como as taxas cobradas pelos Municípios (coleta de lixo é serviço municipal, de modo que a taxa, no caso, é da competência do ente local); D: incorreta, pois a imunidade recíproca abrange o IR sobre aplicações financeiras – art. 150, VI, *a*, da CF.
Gabarito "B".

**(Cartório/SC – 2012)** Quanto ao princípio da legalidade, é **correto** afirmar:

(A) A atualização do valor monetário da base de cálculo do tributo e a fixação do prazo para recolhimento sujeitam-se ao princípio da legalidade.
(B) A atualização do valor monetário da base de cálculo do tributo está sujeita ao princípio da legalidade; a fixação do prazo para recolhimento não se sujeita ao princípio da legalidade.
(C) A atualização do valor monetário da base de cálculo do tributo não está sujeita ao princípio da legalidade; a fixação do prazo para recolhimento está sujeita ao princípio da legalidade.
(D) A atualização do valor monetário da base de cálculo do tributo e a fixação do prazo para o recolhimento não estão sujeitas ao princípio da legalidade.
(E) A atualização do valor monetário da base de cálculo do tributo e a fixação do prazo para o recolhimento estão sujeitas ao princípio da legalidade apenas no que concerne às taxas e aos empréstimos compulsórios.

A: incorreta, pois tanto a atualização monetária quanto a fixação de prazo para recolhimento não se sujeitam ao princípio da legalidade – art. 97, § 2º, do CTN e Súmula 669 do STF; B, C e E: incorretas, conforme comentário anterior. D: correta, conforme comentário à alternativa "A".
Gabarito "D".

**(Cartório/SC – 2012)** Quanto à criação de tributos, é **correto** afirmar:

(A) A Constituição Federal não faz qualquer ressalva quanto ao tipo de tributo que poderá ser criado por medida provisória, exigindo apenas que seus efeitos se produzam no exercício financeiro seguinte se houver sido convertida em lei até o último dia daquele em que foi editada, devendo ser obedecida, todavia, a anterioridade nonagesimal.

(B) A Constituição Federal autoriza a criação de impostos sobre importação de produtos estrangeiros; exportação, para o exterior, de produtos nacionais ou nacionalizados; renda e proventos de qualquer natureza; operações de crédito, câmbio e seguro, ou relativas a títulos ou valores mobiliários, por meio de medida provisória, mas esta só produzirá efeitos no exercício financeiro seguinte se houver sido convertida em lei até o último dia daquele em que foi editada, devendo ser obedecida, todavia, a anterioridade nonagesimal.

(C) Poderão ser criados, salvo as exceções constitucionais, por medida provisória, mas esta só produzirá efeitos no exercício financeiro seguinte se houver sido convertida em lei até o último dia daquele em que foi editada, devendo ser obedecida, todavia, a anterioridade nonagesimal.

(D) Não poderão ser criados por medida provisória em razão do princípio da legalidade restrita.

(E) Somente poderão ser criados por lei complementar, ressalvados os casos expressos na Constituição Federal.

A: incorreta, pois o art. 62, § 2º, da CF dispõe sobre impostos ao determinar que a medida provisória produzirá efeitos no exercício financeiro seguinte se houver sido convertida em lei até o último dia daquele em que foi editada (ou seja, essa norma não se aplica a outras espécies tributárias que, entretanto, sujeitam-se aos princípios da anterioridade anual ou nonagesimal, quando for o caso, conforme o art. 150, III, *b* e *c*, da CF, com as exceções do § 1º, do mesmo dispositivo); B: incorreta, pois essa norma restritiva do art. 62, § 2º, da CF (produção de efeitos somente no exercício seguinte, desde que convertida em lei até o último dia daquele em que foi editada) não se aplica aos Impostos de Importação e Exportação, IPI, IOF e Extraordinário; C: essa é a melhor alternativa, por exclusão das demais. Entretanto, é importante lembrar que a norma restritiva do art. 62, § 2º, da CF refere-se aos impostos, conforme as observações feitas no comentário à alternativa "A"; D: incorreta, conforme comentários às alternativas anteriores (é possível a instituição de tributos por medida provisória); E: incorreta, pois os tributos podem ser instituídos, em regra, por lei ordinária do ente competente. Apenas excepcionalmente é que se exige lei complementar para determinados tributos federais.
Gabarito "C".

**(Cartório/DF – 2001 – CESPE)** A Empresa Brasileira de Correios e Telégrafos (ECT), empresa pública federal, decidiu abrir uma agência no *campus* da Universidade de Brasília. Para tanto, realizou com a Fundação Universidade de Brasília (FUB), fundação pública federal, contrato de locação de uma sala localizada na área do *campus* destinada à instalação de serviços úteis à comunidade universitária. No contrato de locação, ficou determinado que a locatária seria responsável pelo pagamento de todos os impostos e taxas relativos ao imóvel, em especial o imposto predial e territorial urbano (IPTU) e a taxa de limpeza urbana (TLP). Para que pudesse funcionar no novo espaço, o DF cobrou da ECT taxa de localização e funcionamento, prevista em lei distrital, que tinha como fato gerador a atividade administrativa consistente na expedição de alvará de funcionamento. Iniciado o funcionamento da agência, foi afixado em seu mural um cartaz com o seguinte texto: "Abertas as inscrições para concurso público para carteiro, taxa de inscrição de R$ 15,00, informações no balcão de atendimento". Eduardo, que se inscreveu nesse concurso, foi aprovado, tomou posse e, ao receber o seu primeiro contracheque, observou que havia um desconto de R$ 50,00 sobre seu salário, a título de imposto de renda retido na fonte. Considerando a situação hipotética descrita, julgue os seguintes itens.

(1) Mesmo que a FUB seja imune ao pagamento do IPTU sobre a sala alugada à ECT, a previsão contratual de que caberia a esta empresa o pagamento desse imposto constitui a ECT como o responsável tributário pelo pagamento do IPTU e possibilita que o DF cobre esse tributo diretamente da referida empresa pública.

(2) Embora faça parte da administração pública indireta, a ECT não seria imune ao pagamento de taxa de localização e funcionamento, em virtude de não ser abrangida pela imunidade recíproca prevista na Constituição da República de 1988.

1: incorreta. A contribuinte do IPTU é a proprietária do imóvel (art. 34 do CTN), ou seja, a Fundação pública, entidade imune nos termos do art. 150, VI, "a" e § 2º da CF, de modo que não é possível a cobrança do imposto. Ademais, as atividades realizadas pela ECT são consideradas serviço público que atrai a imunidade desta a essa empresa pública, conforme entendimento do STF (ver RE 407.099/RS). Nesse sentido, não há falar em exploração de atividade econômica no imóvel que afastaria a imunidade em desfavor da Fundação nos termos do art. 150, § 3º, da CF; 2: incorreta, pois, conforme o comentário anterior, o STF entende que a ECT é prestadora de serviço público de prestação obrigatória e exclusiva do Estado, razão pela qual está abrangida pela imunidade do art. 150, VI, "a", da CF, apesar de a letra do § 2º desse dispositivo constitucional estender a imunidade expressamente somente às fundações públicas e às autarquias (a ECT é empresa pública). Importante salientar que a imunidade prevista no art. 150, VI, "a", da CF restringe-se aos impostos (não abrange, portanto, as taxas), de modo que a ECT deve mesmo pagar a taxa citada, mas por essa razão (não por conta de suposta inexistência de imunidade).
Gabarito 1E, 2E

**(Cartório/MG – 2007)** É CORRETO afirmar que, pelo princípio da anterioridade da lei tributária, é vedado à União, aos Estados, ao Distrito Federal e aos Municípios cobrar tributos no mesmo exercício financeiro em que haja sido:

(A) votada a lei que os instituiu ou aumentou.
(B) discutida a lei que os instituiu ou aumentou.
(C) apresentada a lei que os instituiu ou aumentou.
(D) publicada a lei que os instituiu ou aumentou.

O art. 150, III, *b*, da CF veda a cobrança de tributos no mesmo exercício financeiro em que haja sido publicada a lei que os instituiu ou aumentou, de modo que a alternativa "D" é a correta.
„Gabarito "D".

**(Cartório/MG – 2005 – EJEF)** Pelo art. 156, § 2º, I, da Constituição Federal, não há incidência do imposto de transmissão *inter vivos* de bens imóveis sobre a transmissão de bens ou direitos incorporados ao patrimônio de pessoa jurídica em realização de capital nem sobre a transmissão de bens ou direitos decorrentes de fusão, incorporação, cisão ou extinção de pessoa jurídica.

Considerando-se que se trata de uma proibição constitucional, é CORRETO afirmar que, *juridicamente*, esse fato se enquadra como

(A) anistia.
(B) diferimento.
(C) imunidade.
(D) isenção.

Sempre que a Constituição delimita negativamente a competência tributária, ou seja, afasta a possibilidade de tributação em relação a determinada pessoa, bem ou situação, temos imunidade, ainda que o texto constitucional adote outro termo (isenção ou não incidência). Por essa razão, a alternativa "C" é a correta.
„Gabarito "C".

**(Cartório/RJ – 2008 – UERJ)** Quanto à limitação do Poder de Tributar a alternativa incorreta é: sem prejuízo de outras garantias asseguradas ao contribuinte, é vedado à

(A) União, aos Estados, ao Distrito Federal e aos Municípios utilizar tributo com efeito de confisco
(B) sem prejuízo de outras garantias asseguradas ao contribuinte, é vedado à União, aos Estados, ao Distrito Federal e aos Municípios exigir ou aumentar tributo sem lei que o estabeleça
(C) sem prejuízo de outras garantias asseguradas ao contribuinte, é vedado à União, aos Estados, ao Distrito Federal e aos Municípios estabelecer limitações ao tráfego de pessoas ou bens, por meio de tributos interestaduais ou intermunicipais, sem qualquer ressalvada
(D) sem prejuízo de outras garantias asseguradas ao contribuinte, é vedado à União, aos Estados, ao Distrito Federal e aos Municípios instituir tratamento desigual entre contribuintes que se encontrem em situação equivalente, proibida qualquer distinção em razão de ocupação profissional ou função por eles exercida, independentemente da denominação jurídica dos rendimentos, títulos ou direitos
(E) sem prejuízo de outras garantias asseguradas ao contribuinte, é vedado à União, aos Estados, ao Distrito Federal e aos Municípios cobrar tributos: (I) em relação a fatos geradores ocorridos antes do início da vigência da lei que os houver instituído ou aumentado; (II) no mesmo exercício financeiro em que haja sido publicada a lei que os instituiu ou aumentou; (III) antes de decorridos noventa dias da data em que haja sido publicada a lei que os instituiu ou aumentou, observado o disposto na alínea b do inciso III do art. 150 da Constituição Federal

A: correta, pois o princípio tributário da vedação ao confisco é previsto no art. 150, IV, da CF; B: correta, conforme o princípio da legalidade - art. 150, I, da CF; C: essa é a incorreta, pois o art. 150, V, da CF ressalva expressamente a cobrança de pedágio pela utilização de vias conservadas pelo Poder Público; D: correta, pois a assertiva se refere ao princípio da isonomia, conforme o art. 150, II, da CF; E: assertiva correta, pois se refere aos princípios da irretroatividade e da anterioridade anual e nonagesimal - art. 150, III, da CF.
„Gabarito "C".

**(Cartório/RR – 2001 – CESPE)** Considerando as regras constitucionais relativas às limitações ao poder de tributar, assinale a opção correta.

(A) A União poderá, mediante lei complementar, instituir isenções de tributos de competência dos estados.
(B) Os estados poderão estabelecer diferença tributária entre bens e serviços em razão de sua procedência, tendo em vista o desenvolvimento socioeconômico entre as regiões.
(C) Poderá ser instituído tratamento desigual entre contribuintes em razão de ocupação profissional ou função por eles exercida.
(D) O princípio da irretroatividade tributária não comporta exceções, não sendo permitida, em nenhuma hipótese, a cobrança de tributos em relação a fatos geradores ocorridos antes da vigência da lei que os houver instituído ou aumentado.
(E) Estados e municípios não poderão tributar o patrimônio de autarquias federais, sendo-lhes possível, no entanto, instituir impostos sobre os serviços de referidas entidades, ainda que vinculados tais serviços às suas atividades essenciais.

A: incorreta, pois a CF veda expressamente a chamada isenção heterônoma, de modo que somente o ente político que detém a competência tributária pode instituir isenção em relação ao respectivo tributo - art. 151, III, da CF; B: incorreta, pois o art. 152 da CF veda expressamente essa discriminação tributária; C: incorreta, pois isso violaria o princípio da isonomia e é expressamente vedado pelo art. 150, II, da CF; D: essa é a melhor alternativa, pois, no que se refere à cobrança de tributos, não há exceção ao princípio da irretroatividade (lembre-se que o tributo não se confunde com a penalidade pecuniária, embora ambos sejam objeto da obrigação tributária principal - art. 113, § 1º, do CTN). É importante salientar, entretanto, que a irretroatividade comporta exceção em relação às penalidades pecuniárias (*lex mitior* – a norma mais benéfica retroage em favor do infrator), às normas expressamente interpretativas e àquelas atinentes a novas ferramentas de fiscalização ou de garantia do crédito tributário, nos termos dos arts. 106 e 144, § 1º, do CTN; E: incorreta, pois a imunidade das autarquias abrange todos os serviços relacionados às suas finalidades essenciais – art. 150, VI, "a" e § 2º, da CF.
„Gabarito "D".

Veja a seguinte tabela, com as hipóteses de aplicação da lei tributária a ato ou a fato pretérito, para estudo e memorização, lembrando que jamais há retroatividade de normas atinentes aos tributos:

| Aplicação da lei tributária a ato ou a fato pretérito |
|---|
| – lei expressamente interpretativa – art. 106, I, do CTN |
| – redução ou extinção de sanção (*lex mitior*) – art. 106, II, do CTN |
| – normas relativas à fiscalização ou ao aumento de garantias e privilégios do crédito tributário, exceto para atribuir responsabilidade tributária a terceiros – art. 144, § 1º, do CTN |

**(Cartório/SE – 2006 – CESPE)** O item a seguir apresenta uma situação hipotética, seguida de uma assertiva a ser julgada, relativa ao Sistema Tributário Nacional.

**(1)** No dia 10 de novembro de 2006, um município localizado no estado de Goiás publicou lei que alterou o valor venal dos imóveis localizados em seu território, majorando, portanto, o valor do imposto incidente sobre a propriedade predial e territorial urbana (IPTU). Nessa situação, a nova lei tributária será plenamente eficaz a partir do primeiro dia do exercício seguinte.

1: assertiva correta, nos termos do art. 150, III, *b*, da CF. Note que a majoração da base de cálculo do IPTU não se submete à anterioridade nonagesimal – art. 150, § 1º, *in fine*, da CF.
Gabarito: "C".

**(Cartório/SC – 2008)** Em relação a imunidades e isenções tributárias, assinale a alternativa correta:

**(A)** Não incide IPTU sobre imóvel de propriedade de partido político.
**(B)** A imunidade pode ser concedida por decreto do prefeito, desde que autorizado pela Câmara de Vereadores.
**(C)** Compete privativamente ao Chefe do Poder Executivo a iniciativa de leis que concedem isenção tributária.
**(D)** Os Estados detêm total autonomia para conceder isenção de ICMS.
**(E)** O princípio da igualdade tributária (CR, art. 150, II) impede a concessão de isenção de IPTU a grupos determinados de pessoas.

A: essa é a assertiva correta, pois o patrimônio dos partidos políticos é abrangido pela imunidade do art. 150, VI, *c*, da CF; B: incorreta, pois a imunidade é norma constitucional que delimita a competência tributária; C: assertiva incorreta, já que não há essa restrição na Constituição Federal; D: incorreta, pois as isenções de ICMS dependem de convênios interestaduais – art. 155, § 2º, XII, *g*, da CF; E: incorreta, já que a concessão de isenção a grupos determinados de pessoas não é, por si só, inconstitucional, sendo necessária a análise caso a caso (são comuns e razoáveis, por exemplo, isenções para o imóvel de moradia do idoso).
Gabarito: "A".

**(Cartório/SP – VII – VUNESP)** Assinale a alternativa correta.

**(A)** Autarquia federal não está sujeita ao pagamento de taxa de coleta de lixo instituída pelo Município.
**(B)** À União é defeso cobrar IOF nas operações financeiras realizadas pelo Município.
**(C)** Valorização decorrente de obra pública municipal, de imóvel pertencente ao Estado de São Paulo, não pode ser fato gerador de contribuição de melhoria cobrada pelo município.

**(D)** A imunidade ou a isenção tributária do comprador se estende ao produtor, contribuinte do imposto sobre produtos industrializados.

A e C: incorreta, pois a imunidade recíproca abrange apenas os impostos, não as outras espécies tributárias, como as taxas e contribuições de melhoria – art. 150, VI, "a" e § 2º, da CF; B: essa é a correta, pois todos os impostos que possam atingir o patrimônio, a renda ou prejudicar os serviços dos entes políticos são abrangidos pela imunidade recíproca; D: incorreta, pois o contribuinte (produtor do bem) não é beneficiado pela imunidade ou pela isenção concedida em favor do adquirente (mero contribuinte de fato), conforme a Súmula 591/STF.
Gabarito: "B".

**(Cartório/SP – VII – VUNESP)** O Princípio da Anterioridade Nonagesimal, objeto da Emenda Constitucional 42, de 19 de dezembro de 2003, aplica-se à fixação da base de cálculo do

**(A)** ITR e ao aumento da alíquota do ICMS.
**(B)** ITBI e ao aumento da alíquota do IRPF.
**(C)** IPVA e ao aumento da alíquota do IPI.
**(D)** IPTU e ao aumento de alíquota do IOF.

O art. 150, § 1º, *in fine*, da CF afasta a anterioridade nonagesimal em relação à fixação da base de cálculo do IPVA e do IPTU. Além disso, a anterioridade nonagesimal não se aplica à instituição ou à majoração de II, IE, IR, IOF e impostos extraordinários. A: correta, pois a fixação da base de cálculo do ITR não é exceção à anterioridade nonagesimal; B: incorreta, pois o IR é exceção à anterioridade nonagesimal, conforme o citado dispositivo constitucional; C e D: incorretas, pois a anterioridade nonagesimal não se aplica à majoração da base de cálculo do IPVA e do IPTU, nem ao IOF.
Gabarito: "A".

Veja a seguinte tabela, relativa às exceções ao princípio da anterioridade anual e nonagesimal, para memorização:

| Exceções à anterioridade anual (art. 150, III, *b*, da CF) | Exceções à anterioridade nonagesimal (art. 150, III, *c*, da CF) |
|---|---|
| – empréstimo compulsório para atender a despesas extraordinárias decorrentes de calamidade pública ou de guerra externa ou sua iminência (art. 148, II, *in fine*, da CF, em sentido contrário); | – empréstimo compulsório para atender a despesas extraordinárias decorrentes de calamidade pública ou de guerra externa ou sua iminência (art. 148, II, *in fine*, da CF, em sentido contrário – entendimento doutrinário); |
| – imposto de importação (art. 150, § 1º, da CF); | |
| – imposto de exportação (art. 150, § 1º, da CF); | – imposto de importação (art. 150, § 1º, da CF); |
| – IPI (art. 150, § 1º, da CF); | – imposto de exportação (art. 150, § 1º, da CF); |
| – IOF (art. 150, § 1º, da CF); | – IR (art. 150, § 1º, da CF); |
| – impostos extraordinários na iminência ou no caso de guerra externa (art. 150, § 1º, da CF); | – IOF (art. 150, § 1º, da CF); |
| – restabelecimento das alíquotas do ICMS sobre combustíveis e lubrificantes (art. 155, § 4º, IV, *c*, da CF); | – impostos extraordinários na iminência ou no caso de guerra externa (art. 150, § 1º, da CF); |
| – restabelecimento da alíquota da CIDE sobre combustíveis (art. 177, § 4º, I, *b*, da CF); | – fixação da base de cálculo do IPVA (art. 150, § 1º, da CF); |
| – contribuições sociais (art. 195, § 6º, da CF). | – fixação da base de cálculo do IPTU (art. 150, § 1º, da CF); |

**(Cartório/SP – VII – VUNESP)** Assinale a alternativa que contém afirmação correta quanto às limitações do poder de tributário.

(A) É vedado à União instituir isenções de tributos da competência dos Estados, do Distrito Federal ou dos Municípios.
(B) É permitido à União instituir isenções de tributos da competência dos Estados, do Distrito Federal ou dos Municípios.
(C) É permitido aos Estados, ao Distrito Federal e aos Municípios estabelecer diferença tributária entre bens e serviços, de qualquer natureza, em razão de sua procedência ou destino.
(D) É vedado aos Estados, ao Distrito Federal e aos Municípios instituir impostos sobre livros, jornais e o papel destinado a sua impressão, cuja atribuição é reservada exclusivamente à União.

A: correta, pois a CF veda expressamente a chamada isenção heterônoma, de modo que somente o ente político que detém a competência tributária pode instituir isenção em relação ao respectivo tributo - art. 151, III, da CF; B: incorreta, conforme comentário à alternativa anterior; C: incorreta, pois essa discriminação é vedada expressamente pelo art. 152 da CF; D: incorreta, pois a imunidade citada afasta a competência tributária de todos os entes políticos, inclusive da União – art. 150, VI, "d", da CF.
Gabarito "A".

**(Cartório/SP – V – VUNESP)** Os princípios constitucionais tributários estabelecem limites ao poder de tributar. Assim,

(A) o princípio da irretroatividade da lei tributária não é violado quando a lei é aplicada de maneira interpretativa a ato ou fato pretérito, excluindo a aplicação de penalidade à infração.
(B) o princípio da discriminação constitucional de rendas tributárias permite que duas entidades políticas instituam impostos sobre o mesmo fato gerador.
(C) o princípio da anterioridade da lei tributária não permite a instituição ou a majoração do tributo sem prévia autorização legislativa, com exceção do Poder Executivo da União, que desde que atendidas as condições e os limites estabelecidos em lei, pode alterar, a qualquer tempo, a alíquota de quaisquer impostos.
(D) a isenção tributária pode ser concedida por qualquer entidade política, em relação a qualquer tributo, por meio de lei complementar, desde que atenda a relevante interesse social e econômico.

A: correta, pois a lei expressamente interpretativa é aplicada retroativamente, nos termos do art. 106, I, do CTN; B: incorreta, já que a bitributação é vedada – art. 154, I, da CF; C: incorreta, considerando que o princípio da anterioridade impede a cobrança de tributos no mesmo exercício em que publicada a lei que os instituiu ou aumentou (não se refere à prévia autorização legislativa ou à majoração de alíquotas pelo Executivo) – art. 150, III, b, da CF; D: incorreta, pois a isenção pode ser concedida pelo ente tributante apenas com relação aos tributos de sua competência, por simples lei ordinária, como regra.
Gabarito "A".

**(Cartório/SP – V – VUNESP)** O princípio que visa preservar a arrecadação tributária de forma harmônica entre as três entidades políticas e a coexistência autônoma e independente dessas entidades é:

(A) capacidade contributiva.
(B) isonomia tributária.
(C) legalidade.
(D) imunidade recíproca.

A imunidade recíproca representa garantia de harmonia entre os entes federados (União, Estados, Distrito Federal e Municípios) e de suas autonomias financeiras, na medida em que impede a cobrança de impostos sobre os patrimônios, rendas e serviços uns dos outros – art. 150, VI, a, da CF.
Gabarito "D".

**(Cartório/SP – V – VUNESP)** As imunidades tributárias representam limitações ao poder de tributar e são previstas

(A) em medidas provisórias desde que convertidas em lei no prazo estabelecido na Constituição Federal.
(B) em convênios entre a União e os demais entes políticos.
(C) em leis complementares ou em leis federais, considerada a competência residual da União.
(D) no texto da Constituição Federal.

A imunidade é sempre norma constitucional, que delimita negativamente a competência tributária.
Gabarito "D".

**(Cartório/SP – V – VUNESP)** Entre os princípios e normas de limitação do poder de tributar situa-se, com destacada relevância, o princípio da capacidade contributiva que constitui a limitação do poder de tributar em relação

(A) apenas aos impostos a serem instituídos pela União, pelos Estados e pelo Distrito Federal.
(B) apenas aos impostos a serem instituídos pelos Municípios.
(C) aos impostos, às taxas e às contribuições de melhoria, indistintamente.
(D) a todos os impostos, sempre que a estrutura de cada um deles permitir.

O art. 145, § 1º, da CF determina que, sempre que possível, os impostos serão graduados segundo a capacidade econômica do contribuinte – a norma se aplica a todos os entes tributantes (União, Estados, Distrito Federal e Municípios). Por essa razão, a alternativa "D" é a única correta.
Gabarito "D".

**(Cartório/SP – V – VUNESP)** A vedação absoluta ao poder de tributar certas pessoas ou certos bens, estabelecida na Constituição Federal, caracteriza a

(A) não incidência legal.
(B) isenção; remissão.
(C) equidade.
(D) imunidade.

Sempre que a Constituição delimita negativamente a competência tributária, ou seja, afasta a possibilidade de tributação em relação a determinada pessoa, bem ou situação, temos imunidade, ainda que o texto constitucional adote outro termo (isenção ou não incidência). Por essa razão, a alternativa "D" é a correta.
Gabarito "D".

(Cartório/SP – III – VUNESP) No que toca às limitações do poder de tributar, faça a análise das seguintes considerações:

I. é vedado à União, aos Estados, ao Distrito Federal e aos Municípios exigir ou aumentar tributo sem lei que o estabeleça;
II. compete à União, aos Estados e ao Distrito Federal legislar concorrentemente sobre direito tributário;
III. lei estadual estabelecerá normas gerais para fixação de emolumentos relativos aos atos praticados pelos serviços notariais e de registro;
IV. o princípio da anterioridade não deve ser observado no âmbito de cobrança dos emolumentos notariais e registrais, em razão da natureza pública e o caráter social dos respectivos serviços.

Destas, pode-se dizer que somente estão corretas

(A) I, II e IV.
(B) I e II.
(C) I e III.
(D) I e IV.

I: correta, pois o princípio da legalidade tributária é previsto expressamente no art. 150, I, da CF; II: assertiva correta, nos termos do art. 24, I, da CF; III: incorreta, pois compete à lei federal estabelecer normas gerais para fixação de emolumentos relativos aos atos praticados pelos serviços notariais e de registro, conforme o art. 236, § 2º, da CF; IV: incorreta, pois os emolumentos notariais têm natureza de taxa, sujeitando-se, portanto, ao princípio da anterioridade como os tributos em geral – ver ADI 1.145/PB e ADI 3.694/AP: "É da jurisprudência do Tribunal que as custas e os emolumentos judiciais ou extrajudiciais têm caráter tributário de taxa".
"Gabarito "B".

## 2. DEFINIÇÃO DE TRIBUTO E ESPÉCIES

(Cartório/SP – 2012 – VUNESP) Sobre a definição de tributo, é correto afirmar que:

(A) Ato praticado por incapaz, sem assistência ou representação, não gera obrigação de pagar tributo.
(B) É admissível o pagamento de tributo mediante a prestação de trabalho ao ente tributante.
(C) É inadmissível que ilícito administrativo, cometido pelo contribuinte, acarrete aumento no valor de tributo devido.
(D) O confisco, previsto em norma aduaneira em caso de descaminho, é uma modalidade de tributo.

A: incorreta, pois a vontade do agente é irrelevante para a ocorrência do fato gerador e o surgimento da obrigação tributária, daí porque sua incapacidade civil não afasta o tributo – arts. 3º e 126, I e II, do CTN; B: incorreta, pois o tributo é sempre prestação pecuniária (em moeda corrente nacional) – art. 3º do CTN; C: correta, pois o tributo jamais decorre de fato ilícito – art. 3º do CTN. Importante notar que esse ilícito pode dar ensejo à multa (= penalidade pecuniária) e implicar aumento do crédito tributário correspondente – art. 113, § 1º, do CTN; D: incorreta, pois o tributo não pode ter natureza confiscatória – art. 150, IV, da CF.
"Gabarito "C".

(Cartório/MG – 2012 – FUMARC) Segundo normatização da Constituição Federal de 1988, acerca das contribuições sociais e de intervenção no domínio econômico, é **correto** afirmar que

(A) Incidirão também sobre a exportação de produtos e serviços.
(B) São de competência concorrente entre a União e os municípios.
(C) Não incidirão sobre as receitas decorrentes da importação e exportação.
(D) Poderão ter alíquota específica, tendo por base a unidade de medida adotada.

A: incorreta, pois o art. 149, § 2º, I, da CF veda expressamente a incidência de contribuições sociais e CIDE sobre receitas decorrentes de exportação; B: incorreta, pois as contribuições sociais e CIDE são da competência exclusiva da União – art. 149, caput, da CF. Importante lembrar que os demais entes políticos podem (na verdade, devem) instituir contribuições de seus servidores para custeio do regime próprio de previdência – art. 149, § 1º, da CF; C: incorreta, pois essa imunidade refere-se apenas à exportação, não à importação – art. 149, § 2º, I e II, da CF; D: correta, nos termos do art. 149, § 2º, III, b, da CF.
"Gabarito "D".

(Cartório/MG – 2012 – FUMARC) Ao disciplinar sobre o custeio do serviço de iluminação pública, a Constituição Federal de 1988 estabeleceu que pode:

(A) Ser exigido por decreto legislativo.
(B) Sofrer reajustes através de decretos.
(C) Ser cobrado no mesmo exercício financeiro e exigido por taxa.
(D) Ser instituído por contribuição e compete aos municípios e ao Distrito Federal.

O art. 149-A da CF dispõe que "os Municípios e o Distrito Federal poderão instituir contribuição, na forma das respectivas leis, para o custeio do serviço de iluminação pública, observado o disposto no art. 150, I e III" (princípios da legalidade, irretroatividade e anterioridade). Ademais, "é facultada a cobrança da contribuição a que se refere o caput, na fatura de consumo de energia elétrica" (parágrafo único do dispositivo). Por essa razão, a alternativa "D" é a correta.
"Gabarito "D".

(Cartório/RN – 2012 – IESIS) Em relação às espécies tributárias, assinale a alternativa correta:

(A) As contribuições de melhoria são de competência exclusiva dos Municípios.
(B) O valor arrecadado com o empréstimo compulsório deve ser aplicado exclusivamente na despesa que fundamentou sua instituição.
(C) As taxas podem ser exigidas em decorrência de serviço público prestado à população em geral, sem a necessidade de individualização do beneficiário.
(D) A lei que instituir imposto pode definir o destino dos recursos arrecadados.

A: incorreta, pois as contribuições de melhoria podem ser instituídas por qualquer ente político em relação às suas obras, desde que proporcionem valorização imobiliária (competência comum) – art. 145, III, da CF; B: correta, nos termos do art. 148, parágrafo único, da CF; C: incorreta, pois as taxas somente podem ser exigidas em relação a serviços prestados uti singuli (específicos e divisíveis), em que se possa identificar o usuário – art. 145, II, da CF e art. 79, III, do CTN; D: incorreta, pois é vedada, em regra, a vinculação da receita de imposto a despesa específica – art. 167, IV, da CF.
"Gabarito "B".

**(Cartório/SC – 2012)** Quanto às espécies tributárias previstas constitucionalmente, é **correto** afirmar:

(A) A par das duas modalidades de tributos a que se refere o artigo 145, há previsão de outras duas modalidades nos artigos 148 e 149, permitindo concluir que são quatro as espécies tributárias estabelecidas pela Constituição Federal.

(B) A par das três modalidades de tributos a que se refere o artigo 145, há previsão de outras duas modalidades nos artigos 148 e 149, permitindo concluir que são cinco as espécies tributárias estabelecidas pela Constituição Federal.

(C) Sem indicar diretamente quais as espécies tributárias inerentes ao ordenamento jurídico, a Constituição Federal estabeleceu quais os fatos geradores possíveis de ser adotados pelas pessoas jurídicas de direito público.

(D) De acordo com a Constituição Federal, constituem-se tributos apenas os impostos e as taxas.

(E) A par das cinco modalidades de tributos a que se refere o artigo 145, há previsão de outras duas modalidades nos artigos 148 e 149, permitindo concluir que são sete as espécies tributárias estabelecidas pela Constituição Federal.

A: incorreta, pois o art. 145 da CF prevê três espécies tributárias (impostos, taxas e contribuições de melhoria – as espécies clássicas da teoria tripartida); B: correta, pois, além de impostos, taxas e contribuições de melhoria (art. 145 da CF), a Constituição prevê os empréstimos compulsórios e as contribuições especiais (teoria pentapartida, cinco espécies tributárias); C: incorreta, pois a CF prevê expressamente cinco espécies tributárias, conforme comentário à alternativa "B"; D: incorreta, conforme comentário à alternativa "B"; E: incorreta, pois o art. 145 da CF prevê apenas três espécies tributárias.
Gabarito "B".

**(Cartório/SC – 2012)** Quanto às taxas, é **correto** afirmar:

(A) É exigível do legislador identidade entre o custo real dos serviços e o montante que o contribuinte pode ser compelido a pagar, tendo em vista a base de cálculo estabelecida pela lei e o *quantum* da alíquota por esta fixado.

(B) Não se pode exigir do legislador mais do que equivalência razoável entre o custo real dos serviços e o montante que o contribuinte pode ser compelido a pagar, tendo em vista a base de cálculo estabelecida pela lei e o *quantum* da alíquota por esta fixado.

(C) Não se pode exigir do legislador qualquer equivalência entre o custo real dos serviços e o montante que o contribuinte pode ser compelido a pagar.

(D) Em razão dos princípios da virtual impossibilidade de aferição matemática direta do custo de cada atuação do Estado, tornou-se desnecessária qualquer vinculação entre os serviços prestados pelo Estado e os montantes cobrados do contribuinte.

(E) As taxas, por sua singularidade, constituem-se em exações cujo montante da contraprestação depende exclusivamente do custo estatal, razão pela qual se torna inconstitucional a cobrança de qualquer valor que não possua a aceitação expressa do contribuinte.

A: incorreta, até porque essa correspondência exata é impossível, na prática; B: correta, pois a base de cálculo dos tributos deve quantificar de maneira razoável o fato gerador (o custo do serviço ou da fiscalização, no caso das taxas), considerando o montante efetivamente cobrado (inclusive no caso de alíquota variável); C e D: incorretas, conforme comentário à alternativa anterior; E: incorreta, pois, como todo tributo, a taxa é compulsória, ou seja, sua exigibilidade independe da vontade do sujeito passivo.
Gabarito "B".

**(Cartório/SC – 2012)** Analisando as proposições abaixo, assinale a alternativa **correta**:

I. Compete exclusivamente à União instituir contribuições sociais, de intervenção no domínio econômico e de interesse das categorias profissionais ou econômicas, como instrumento de sua atuação nas respectivas áreas, ressalvado aos Estados, ao Distrito Federal e aos Municípios instituírem contribuição, cobrada de seus servidores, para o custeio, em benefício destes, do regime previdenciário.

II. As contribuições sociais e de intervenção no domínio econômico poderão incidir sobre as receitas decorrentes de exportação.

III. Os Municípios e o Distrito Federal poderão instituir contribuição, na forma das respectivas leis, para o custeio do serviço de iluminação pública, facultada a cobrança desta na fatura de consumo de energia elétrica.

IV. Apenas a União, mediante lei complementar, poderá instituir empréstimos compulsórios.

(A) Somente as proposições II, III e IV estão corretas.
(B) Somente as proposições I, II e III estão corretas.
(C) Somente as proposições I e IV estão corretas.
(D) Somente as proposições I, III e IV estão corretas.
(E) Somente as proposições II e IV estão corretas.

I: correta, nos termos do art. 149, *caput* e § 1º, da CF; II: incorreta, pois há imunidade nesse caso – art. 149, § 2º, I, da CF; III: correta, nos termos do art. 149-A da CF; IV: correta, pois competência é exclusiva da União, nos termos do art. 148 da CF.
Gabarito "D".

**(Cartório/AM – 2005 – FGV)** Assinale a alternativa correta.

(A) De acordo com a definição do Código Tributário Nacional, os tributos são taxas, impostos, contribuições sociais e contribuições de melhoria.

(B) Os tratados e as convenções internacionais revogam ou modificam a legislação tributária interna, e serão observados pela que lhes sobrevenha, salvo em caso de guerra.

(C) O emprego da analogia poderá resultar na exigência de tributo não previsto em lei.

(D) O emprego da equidade não poderá resultar na dispensa do pagamento do tributo devido.

(E) A doutrina é fonte formal primária do Direito Tributário.

A: incorreta, pois o CTN não se refere às contribuições sociais em seu art. 5º: "Os tributos são impostos, taxas e contribuições de melhoria" (teoria tripartida); B: incorreta, pois o art. 98 do CTN não faz qualquer ressalva à observância dos tratados internacionais, nem mesmo na hipótese de guerra; C: incorreta, pois isso é expressamente vedado pelo art. 108, § 1º, do CTN; D: essa é a alternativa correta, pois reflete o disposto no art. 108, § 2º, do CTN; E: incorreta, pois a doutrina costuma classificar como fontes formais aquilo que o CTN denomina "legislação tributária", ou seja, os veículos introdutores das normas jurídicas (fontes formais primárias inovam no sistema jurídico: Constituição, emendas, leis, medidas provisórias etc.; fontes formais secundárias são as demais: decretos, instruções, portarias etc.).

Gabarito "D".

Veja a seguinte tabela, com as ferramentas de integração, na ordem em que devem ser aplicadas, para estudo e memorização:

| Ferramentas de integração – casos de ausência de disposição expressa |
| --- |
| 1º – analogia (não pode implicar exigência de tributo ao arrepio da lei) |
| 2º – princípios gerais de direito tributário |
| 3º – princípios gerais de direito público |
| 4º – equidade (não pode implicar dispensa de pagamento do tributo devido) |

**(Cartório/AP – 2011 – VUNESP)** O tributo que tem por fato gerador o exercício regular do poder de polícia, como, por exemplo, a fiscalização dos serviços notariais e registrais, é denominado

(A) imposto.
(B) taxa.
(C) contribuição de melhoria.
(D) emolumento.
(E) contribuição de interesse de categoria profissional ou econômica.

A assertiva refere-se à taxa pelo exercício do poder de polícia, de modo que a alternativa "B" é a correta – art. 145, II, da CF e art. 77 do CTN.

Gabarito "B".

**(Cartório/AP – 2011 – VUNESP)** Os emolumentos

(A) têm natureza tributária, mas não observam aos princípios da anterioridade anual e nonagesimal e da irretroatividade tributária.
(B) têm natureza tributária e a competência para instituí-los é da União, devendo os Estados e Distrito Federal apenas definir os atos que estarão sujeitos a sua incidência.
(C) têm natureza tributária, mas podem ser instituídos por portaria conjunta do Tribunal de Justiça do Estado e do Governo do Estado, devendo os valores serem únicos para todos os atos notariais e de registro.
(D) não têm natureza tributária e devem ser instituídos por lei dos Estados e do Distrito Federal, levando em conta a natureza pública e o caráter social dos serviços notariais e de registro.
(E) não têm natureza tributária e, por isso, podem ser instituídos por portaria ou decreto, devendo corresponder ao custo do serviço notarial e de registro que remuneram.

Os emolumentos cartorários têm natureza tributária de taxa – ver ADI 1.145/PB e ADI 3.694/AP: "É da jurisprudência do Tribunal que as custas e os emolumentos judiciais ou extrajudiciais têm caráter tributário de taxa". A: incorreta, pois todas as taxas submetem-se aos princípios da anterioridade e da irretroatividade (não há exceção) – art. 150, § 1º, da CF; B: incorreta, pois os serviços cartorários de competência dos Estados e do Distrito Federal dão ensejo a taxas estaduais e distritais, respectivamente. Somente quem tem competência material para a prestação do serviço ou para a fiscalização pode instituir a taxa correspondente – art. 145, II, da CF; C: incorreta, pois, sendo taxas, submetem-se ao princípio da legalidade, podendo ser instituídas, alteradas e extintas somente por lei – art. 150, I, da CF; D e E: incorretas, conforme comentário inicial. Obs.: entendemos que nenhuma das alternativas é correta.

Gabarito "D".

**(Cartório/DF – 2001 – CESPE)** A Empresa Brasileira de Correios e Telégrafos (ECT), empresa pública federal, decidiu abrir uma agência no *campus* da Universidade de Brasília. Para tanto, realizou com a Fundação Universidade de Brasília (FUB), fundação pública federal, contrato de locação de uma sala localizada na área do *campus* destinada à instalação de serviços úteis à comunidade universitária. No contrato de locação, ficou determinado que a locatária seria responsável pelo pagamento de todos os impostos e taxas relativos ao imóvel, em especial o imposto predial e territorial urbano (IPTU) e a taxa de limpeza urbana (TLP). Para que pudesse funcionar no novo espaço, o DF cobrou da ECT taxa de localização e funcionamento, prevista em lei distrital, que tinha como fato gerador a atividade administrativa consistente na expedição de alvará de funcionamento. Iniciado o funcionamento da agência, foi afixado em seu mural um cartaz com o seguinte texto: "Abertas as inscrições para concurso público para carteiro, taxa de inscrição de R$ 15,00, informações no balcão de atendimento". Eduardo, que se inscreveu nesse concurso, foi aprovado, tomou posse e, ao receber o seu primeiro contracheque, observou que havia um desconto de R$ 50,00 sobre seu salário, a título de imposto de renda retido na fonte. Considerando a situação hipotética descrita, julgue o seguinte item.

(1) A taxa de inscrição para o concurso público de carteiro tem caráter tributário, pois remunera serviço público divisível e específico.

1: assertiva incorreta, pois não há prestação de serviço público, na hipótese. O valor pago pelo candidato não é taxa (não é tributo), mas simples contrapartida pela participação no certame (= preço).

Gabarito "1E".

**(Cartório/DF – 2001 – CESPE)** Acerca do direito tributário, julgue o item abaixo.

(1) As custas judiciais, bem como os emolumentos relativos aos atos praticados pelos serviços notariais, constituem preços públicos cuja fixação não pode levar em conta a capacidade contributiva das pessoas que os devem pagar.

Incorreta, pois tanto as custas judiciais como os emolumentos notarias têm natureza tributária (são taxas) - ver ADI 1.145/PB e ADI 3.694/AP: "É da jurisprudência do Tribunal que as custas e os emolumentos judiciais ou extrajudiciais têm caráter tributário de taxa". Ademais, embora o art. 145, § 1º, da CF refira-se expressamente somente aos impostos, entende-se que o princípio maior da capacidade contributiva é também aplicável às demais espécies tributárias.

Gabarito 1E.

**(Cartório/MS – 2009 – VUNESP)** Assinale a assertiva correta acerca da organização e custeio da seguridade social.

(A) A seguridade social compreende um conjunto integrado de ações de iniciativa dos Poderes Públicos, destinadas a assegurar exclusivamente os direitos relativos à saúde e à previdência social.
(B) O objetivo da diversidade na base de financiamento pode ser citado como um dos que regem a organização da seguridade social.
(C) A seguridade social será financiada por toda a sociedade, de forma direta, por intermédio das contribuições sociais, não sendo admitida a forma indireta de financiamento, mediante recursos provenientes dos orçamentos dos Estados e Municípios.
(D) Contribuirão para o custeio da seguridade social os trabalhadores e demais segurados, incidindo contribuição, inclusive, sobre aposentadoria e pensão concedidas pelo regime geral da previdência social.
(E) As contribuições da empresa não poderão ter alíquotas diferenciadas em razão da atividade econômica exercida ou do seu porte, sob pena de afronta ao princípio constitucional da uniformidade.

A: incorreta, pois a seguridade social abrange não apenas a saúde e a previdência social, mas também a assistência social – art. 194 da CF; B: assertiva correta. Nos termos do art. 194, parágrafo único, da CF, a organização da seguridade social pelo poder público se dá com base nos seguintes objetivos: (i) universalidade da cobertura e do atendimento, (ii) uniformidade e equivalência dos benefícios e serviços às populações urbanas e rurais, (iii) seletividade e distributividade na prestação dos benefícios e serviços, (iv) irredutibilidade do valor dos benefícios, (v) equidade na forma de participação no custeio, (vi) diversidade da base de financiamento e (vii) caráter democrático e descentralizado da administração, mediante gestão quadripartite, com participação dos trabalhadores, dos empregadores, dos aposentados e do Governo nos órgãos colegiados; C: incorreta, pois, a sociedade financia a seguridade social de forma direta e indireta, nos termos da lei, mediante recursos provenientes dos orçamentos da União, dos Estados, do Distrito Federal e dos Municípios, e das contribuições sociais – art. 195 da CF; D: incorreta, pois o art. 195, II, *in fine*, da CF afasta a possibilidade de incidência de contribuições sociais sobre aposentadorias e pensões abrangidas pelo regime geral da previdência social; E: incorreta, pois o art. 195, § 9º, da CF prevê expressamente que as contribuições dos empregadores, empresas e equiparados poderão ter alíquotas ou bases de cálculo diferenciadas, em razão da atividade econômica, da utilização intensiva de mão de obra, do porte da empresa ou da condição estrutural do mercado de trabalho.
„Gabarito "B".

**(Cartório/SC – 2008)** No que se refere à taxa, é INCORRETO afirmar:

(A) É um tributo vinculado.
(B) Somente pode ser instituída pelos municípios.
(C) Os municípios não detêm total autonomia para definir sua base de cálculo.
(D) Possui como características a especificidade e a divisibilidade.
(E) Não pode ter base de cálculo ou fato gerador idênticos aos que correspondam a imposto.

Art. 145, II, e § 2º, da CF. A: correta, pois a taxa é tributo vinculado a atividade estatal específica (serviço público ou exercício do poder de polícia); B: essa é a incorreta, pois todos os entes políticos (União, Estados, DF e Municípios) podem instituir taxas - trata-se da chamada competência comum; C: correta, pois a base de cálculo deve se relacionar diretamente ao serviço prestado ou ao exercício do poder de polícia; D: correta, já que a taxa pela prestação de serviços refere-se apenas àqueles com essas características; E: a assertiva é verdadeira. Na verdade, a Constituição impede a adoção de base de cálculo **própria** de imposto. Note que o STF publicou a Súmula Vinculante 29, segundo a qual é constitucional a adoção, no cálculo do valor de taxa, de um ou mais elementos da base de cálculo própria de determinado imposto, desde que não haja integral identidade entre uma base e outra.
„Gabarito "B".

**(Cartório/SP – I – VUNESP)** Assinale a alternativa que arrola as espécies de tributos no sistema tributário nacional.

(A) Taxas, preço público e empréstimo compulsório.
(B) Taxas, tarifas e contribuição de melhoria.
(C) Taxas, contribuição de melhoria e impostos.
(D) Impostos, preço público e taxas.

O art. 145 da CF e o art. 5º do CTN referem-se aos impostos, às taxas e às contribuições de melhoria, como espécies tributárias (= teoria tripartida). Entretanto, é tranquilo o entendimento jurisprudencial e, em menor medida, o doutrinário no sentido de que os empréstimos compulsórios e as contribuições especiais (sociais, de intervenção no domínio econômico, de interesse de categorias profissionais e econômicas e para custeio do serviço de iluminação pública) também são espécies tributárias. A, B e D: incorretas, pois preço público e tarifa não têm natureza tributária (tarifa é a remuneração da concessionária de serviço público). A assertiva "C" é, portanto, a única correta.
„Gabarito "C".

**(Cartório/SP – II – VUNESP)** Considere as seguintes afirmativas:

I. O imposto é o tributo cuja obrigação tem por fato gerador uma situação independente de qualquer atividade estatal específica, relativa ao contribuinte.
II. As taxas têm como fato gerador o exercício regular do poder de polícia, ou a utilização, efetiva ou potencial, de serviço público específico e divisível, prestado ao contribuinte ou posto à sua disposição, não podendo ter base de cálculo própria de impostos.
III. A contribuição de melhoria é instituída para fazer frente ao custo de obras públicas de que decorra valorização imobiliária, tendo como limite total a despesa realizada que terá o valor dividido, igualmente, entre todos os beneficiados.

Pode-se dizer que está correto somente o afirmado em

(A) I.
(B) I e II.
(C) I e III.
(D) II e III.

I: correta, pois essa é a definição de imposto dada pelo art. 16 do CTN; II: assertiva correta, nos exatos termos do art. 145, II e § 2º, da CF; III: incorreta, pois o valor cobrado de cada contribuinte será calculado individualmente, com base na valorização do respectivo imóvel. Há, portanto, além do limite total (valor da despesa realizada) o limite individual correspondente ao acréscimo de valor que da obra resultar para cada imóvel beneficiado – art. 81 do CTN.
„Gabarito "B".

**(Cartório/SP – III – VUNESP)** Considere as seguintes proposições:

I. os emolumentos possuem diversos aspectos compreendidos pelo regime jurídico da espécie tributária denominada de taxa;
II. a parcela dos emolumentos destinada aos notários e registradores decorre da prestação efetiva aos usuários-contribuintes dos respectivos serviços públicos específicos e divisíveis;
III. as parcelas dos emolumentos destinadas ao Estado e ao Tribunal de Justiça são justificadas em razão do poder de polícia;
IV. os emolumentos são tributos não vinculados a uma atuação estatal, consistente em prestação unilateral do contribuinte.

Estão corretas apenas
(A) I e II.
(B) II e IV.
(C) I e III.
(D) I, II e III.

I: assertiva correta, pois não somente os emolumentos notariais possuem diversos aspectos, como são considerados, efetivamente, taxas – ver ADI 1.145/PB e ADI 3.694/AP: "É da jurisprudência do Tribunal que as custas e os emolumentos judiciais ou extrajudiciais têm caráter tributário de taxa"; II: correta, pois, conforme o comentário à alternativa anterior, os emolumentos são considerados taxas, ou seja, têm por fato gerador a utilização se serviço público específico e divisível prestado ao contribuinte; III: questionável. A Vunesp, em seus gabaritos, divide os emolumentos em duas parcelas. A parte que fica como agente delegado (tabelião, notário) é considerada taxa pela prestação de serviço público, enquanto a parcela repassada ao Estado é considerada taxa pelo exercício do poder de polícia. Por essa ótica, a assertiva está correta (assim como a anterior). Parece-nos, entretanto, que o tomador do serviço notarial paga pela prestação do serviço público, sem relação direta, em princípio, com o exercício do poder de polícia. Nesse sentido, o tributo é integralmente pago pelo usuário do serviço público (cliente do cartório paga taxa de serviço) e há simples repasse de parcela da receita pelo cartório ao Estado (matéria de direito financeiro, mas não tributário em sentido estrito); IV: incorreta, pois, como taxa, os emolumentos são tributos vinculados, referindo-se diretamente à atividade estatal prestada pelo Estado (por meio de delegação) ao contribuinte.
"Gabarito D".

**(Cartório/SP – IV – VUNESP)** É elemento essencial da definição de tributo, como estabelecido no Código Tributário Nacional,
(A) estar submetido à reserva legal.
(B) ser sanção de ato ilícito.
(C) constituir a sua cobrança, atividade administrativa plenamente discricionária.
(D) ser pago com a prestação de serviço.

O art. 3º do CTN define tributo como "toda prestação pecuniária compulsória, em moeda ou cujo valor nela se possa exprimir, que não constitua sanção de ato ilícito, instituída em lei e cobrada mediante atividade administrativa plenamente vinculada". A: assertiva correta, pois a definição de tributo refere-se expressamente à previsão legal (reserva legal); B: incorreta, pois o tributo jamais é sanção por ato ilícito; C: incorreta, pois a cobrança do tributo se dá por atividade administrativa plenamente vinculada, ou seja, não há margem para juízo de conveniência e oportunidade por parte de seus agentes; D: incorreta, pois o tributo tem natureza pecuniária, ou seja, seu objeto é o pagamento de uma quantia em dinheiro ao fisco.
"Gabarito A".

**(Cartório/SP – IV – VUNESP)** O exercício potencial do Poder de Polícia
(A) faculta a incidência simultânea da taxa de serviço e da taxa de polícia.
(B) permite a exigência de taxa de serviço.
(C) possibilita a exigência de taxa de polícia.
(D) não permite a exigência de taxa.

A e C: incorreta, pois a taxa pelo exercício do poder de polícia depende da efetiva atuação do poder público, muito embora a jurisprudência admita que a manutenção do aparato administrativo para a realização da fiscalização dispensa a comprovação do exercício do poder de polícia – ver REsp 936.487/ES-STJ. Somente o serviço público de utilização compulsória permite a cobrança da taxa sem efetiva fruição do serviço pelo contribuinte – art. 79, I, *b*, do CTN; B: incorreta, pois é preciso prestação de serviço público específico e divisível (não exercício do poder de polícia) para a cobrança da taxa de serviço; D: essa é a alternativa correta, conforme comentários anteriores.
"Gabarito D".

**(Cartório/SP – V – VUNESP)** Quanto aos elementos essenciais do tributo, assinale a alternativa incorreta.
(A) O fato gerador *in abstrato* corresponde a situação que, constatada, impõe a alguém a obrigação de pagar um tributo.
(B) A base de cálculo é a medida, a expressão econômica do fato que é tributado.
(C) A alíquota é o percentual que, multiplicado pela base de cálculo, permite o cálculo do *quantum* devido.
(D) O sujeito passivo é aquele que tem o dever de prestar o objeto da obrigação principal ou acessória.

Apesar de dúbia, a afirmação em "A" parece incorreta, pois o fato gerador em concreto é a situação efetivamente ocorrida, enquanto o fato gerador em abstrato é a descrição legal, geral e abstrata dessa situação que dá ensejo à incidência – de qualquer forma, "A" é a melhor alternativa, por exclusão das demais, que são claramente corretas.
"Gabarito A".

**(Cartório/SP – V – VUNESP)** O artigo 11 da Lei n.º 2.312/04 determina: *É obrigatória a ligação de toda construção considerada habitável à rede de canalização de esgoto, cujo afluente terá destino fixado pela autoridade competente.* O que remunera a prestação desse serviço, quando concedido e cobrado juntamente com a água, é
(A) imposto.
(B) taxa.
(C) contribuição de melhoria.
(D) tarifa.

O STJ pacificou, com base na jurisprudência do STF, o entendimento no sentido de que a cobrança pelo serviço de água e esgoto prestado por concessionária de serviço público se dá por meio de tarifa (sem natureza tributária, portanto) - REsp 1.117.903/RS-repetitivo. Estendeu esse mesmo entendimento aos casos em que o serviço é prestado por autarquia (há, portanto, cobrança não tributária mesmo quando inexiste concessão do serviço público) - ver REsp 1.163.968/RS. A rigor, não seria correto falar em tarifa neste último caso (prestação por autarquia), pois tarifa é remuneração paga à concessionária (art. 175, parágrafo único, III, da CF - a autarquia cobraria simples preço público). De qualquer forma, os precedentes do STJ referem-se indistintamente a tarifa e preço público, conforme o REsp 1.163.968/RS antes citado. Por essa razão, a alternativa "D" é a correta.
"Gabarito D".

**(Cartório/SP – VI – VUNESP)** A taxa é um tributo instituído pela União, pelos Estados, pelo Distrito Federal e pelos Municípios, em razão do exercício do poder de polícia ou

(A) pela utilização de serviços públicos prestados ao contribuinte ou postos à sua disposição.
(B) pela utilização efetiva de serviços públicos prestados ao contribuinte ou postos à sua disposição.
(C) pela utilização efetiva ou potencial, de serviços públicos específicos e divisíveis, prestados ao contribuinte ou postos à sua disposição.
(D) pela utilização potencial, de serviços públicos específicos e divisíveis, prestados ao contribuinte ou postos à sua disposição.

Além do exercício do poder de polícia, somente a utilização, efetiva ou potencial, de serviços públicos específicos e divisíveis, prestados ao contribuinte ou postos à sua disposição dá ensejo à cobrança de taxa – art. 145, II, da CF. Por essa razão, a alternativa "C" é a correta.
Gabarito "C".

**(Cartório/SP – VI – VUNESP)** Quanto aos emolumentos, assinale a alternativa correta.

(A) A menor parte constitui contribuição à Carteira de Previdência das Serventias não Oficializadas da Justiça do Estado.
(B) A menor parte constitui contribuição ao Instituto Nacional de Seguridade Social.
(C) A maior parte constitui receita do Estado.
(D) A maior parte constitui receita dos notários e registradores.

Como contrapartida pela prestação do serviço público delegado aos notários e registradores, a maior parte dos emolumentos é receita desses agentes, de modo que a alternativa "D" é a correta.
Gabarito "D".

## 3. COMPETÊNCIA TRIBUTÁRIA

**(Cartório/SC – 2012)** Quanto à competência tributária, é **correto** afirmar:

(A) A competência tributária ordinária é indelegável, sendo possível, contudo, delegar a capacidade tributária ativa.
(B) Tanto a competência tributária ordinária quanto a capacidade tributária ativa são passíveis de delegação.
(C) A competência tributária ordinária e a capacidade tributária ativa são indelegáveis.
(D) A capacidade tributária ativa é indelegável, sendo possível, contudo, delegar a competência tributária ordinária.
(E) A Emenda Constitucional n. 42/2003, que altera o Sistema Tributário Nacional, unificou os conceitos de competência e capacidade tributária, tornando ambas insuscetíveis de delegação.

A: correta, nos termos do art. 7º do CTN; B: incorreta, pois a competência tributária (= competência legislativa em relação aos tributos) é indelegável – art. 6º do CTN; C: incorreta, pois a capacidade tributária ativa, ou seja, a possibilidade de ocupar o polo ativo da obrigação tributária (exigir o tributo) é delegável – art. 7º do CTN; D: incorreta, pois a competência tributária é indelegável, enquanto a capacidade ativa pode ser delegada; E: incorreta, pois não há essa confusão entre os conceitos.
Gabarito "A".

**(Cartório/DF – 2008 – CESPE)** Considerando que a União, antes de a CF, entrar em vigor, tenha celebrado tratado internacional que concede isenção de tributos para a importação de mercadoria para o Brasil, se há isenção para o produto nacional similar e considerando o disposto no art. 151, inciso III, da CF, segundo o qual é vedado à União instituir isenções de tributos da competência dos estados, do DF ou dos municípios, julgue os itens a seguir.

(1) A hipótese descrita no art. 151, inciso III, da CF veda a instituição da isenção denominada heterônoma.
(2) A norma estabelecida no tratado internacional foi revogada pela CF de 1988 no que se refere ao ICMS.
(3) A celebração de tratado internacional com cláusula que prevê exoneração tributária não é equivalente à instituição de isenção de tributo estadual pela União e, portanto, essa isenção de imposto estadual não viola a CF.
(4) O referido tratado só se tornou válido e eficaz para os estados a partir de sua ratificação por convênio do Conselho Nacional de Política Fazendária (CONFAZ).
(5) O tratado internacional em questão adquire relevância somente se a mercadoria importada circular entre dois ou mais estados da Federação, pois a mera importação não constitui fato gerador do ICMS.

1: correta, pois o dispositivo constitucional (art. 151, III, da CF) veda a isenção heterônoma; 2: incorreta, já que não houve revogação, pois esses tratados (GATT, Mercosul etc.) não concedem isenção, apenas garantem tratamento isonômico ao similar importado (a isenção é concedida pelos Estados e pelo Distrito Federal, por meio de convênio); esse é o entendimento do STJ; 3: assertiva correta, pois esses tratados não violam a Constituição porque não concedem isenção, apenas garantem tratamento isonômico ao similar importado. Esse é entendimento do STJ; 4: incorreta, pois os tratados internacionais são referendados pelo Congresso Nacional. Como dito, não se trata de norma isentiva (que depende de convênio interestadual), mas sim garantidora de tratamento isonômico para o similar importado; 5: incorreta, já que entrada de mercadoria estrangeira no país é fato gerador do ICMS, nos termos do art. 155, § 2º, IX, a, da CF.
Gabarito 1C, 2E, 3C, 4E, 5E.

Veja a seguinte tabela, que indica a produção do tratado e sua introdução no sistema jurídico interno brasileiro (em princípio, não há "acordos executivos", sem referendo pelo Congresso Nacional, em matéria tributária):

| |
|---|
| 1º O Presidente da República celebra o tratado, muitas vezes por meio de plenipotenciário - art. 84, VIII, da CF |
| 2º O Congresso Nacional referenda o tratado, aprovando-o por decreto legislativo - art. 49, I, da CF |
| 3º O Presidente ratifica o tratado, manifestando o consentimento aos demais países |
| 4º O Presidente promulga o tratado, por decreto, cuja publicação insere-o no sistema jurídico interno |

**(Cartório/DF – 2001 – CESPE)** Com relação ao imposto sobre a propriedade de veículos automotores (IPVA) e considerando que Carlos vendeu seu carro a Élton, tendo ambos pactuado que este pagaria àquele a quantia de R$ 3.000,00 a título de arras, julgue o item abaixo.

**(1)** Sendo o IPVA um imposto estadual, compete ao DF conceder, sempre por lei complementar, moratória em relação aos créditos tributários relativos ao IPVA incidente sobre a propriedade de automóveis registrados e licenciados nessa unidade da federação.

Incorreta, pois o exercício da competência tributária (o que inclui a instituição de isenção) se dá, em regra, por meio de simples lei ordinária. Somente em relação a determinados tributos federais a Constituição exige lei complementar.
Gabarito 1E

**(Cartório/ES – 2007 – FCC)** Sobre a instituição dos impostos, compete:

(A) a todos os Estados, instituir, cumulativamente, os impostos atribuídos aos Estados e aos Municípios.
(B) à União, instituir, nos Territórios Federais, os impostos atribuídos aos Estados e, se aqueles não forem divididos em Municípios, cumulativamente, os atribuídos a estes.
(C) ao Distrito Federal, instituir apenas os impostos atribuídos aos Estados.
(D) aos Estados divididos em municípios, instituir, cumulativamente, os impostos atribuídos aos Estados e aos Municípios.
(E) aos Estados não divididos em Municípios, instituir, apenas, os impostos atribuídos aos Estados.

A: incorreta, pois as competências relativas aos impostos estaduais e municipais são privativas. Assim, os Estados somente podem legislar sobre impostos estaduais e, da mesma forma, somente os Municípios podem exercer a competência legislativa plena em relação a seus respectivos impostos. Excepcionalmente, o Distrito Federal cumula as competências tributárias estaduais e municipais - art. 147, *in fine*, da CF; B: assertiva correta, pois eventuais Territórios Federais que venham a ser criados não terão competência tributária. A União exercerá, além da competência tributária federal, também a competência relativa aos tributos estaduais e, adicionalmente, aos municipais, caso o Território não seja dividido em Municípios (se o Território for dividido em Municípios, cada um deles exercerá privativamente sua respectiva competência tributária) - art. 147 da CF; C: incorreta, pois o Distrito Federal cumula as competências tributárias estaduais e municipais - art. 147, *in fine*, da CF; D: incorreta, conforme comentários à alternativa "A"; E: incorreta, pois há Municípios em todos os Estados brasileiros. Não há Municípios apenas no Distrito Federal (daí porque o DF cumula as competências estaduais e municipais).
Gabarito "B".

**(Cartório/MT – 2005 – CESPE – adaptada)** Constitui regra em matéria tributária o fato de um tributo ser arrecadado e cobrado pelo mesmo ente da federação, destinando-se a este mesmo ente o produto da arrecadação. Relativamente à competência tributária e à distribuição da receita, assinale a opção incorreta.

(A) O imposto sobre operações relativas à circulação de mercadorias e prestações de serviços de transporte interestadual e intermunicipal e de comunicação (ICMS) é cobrado somente pelos estados e pelo Distrito Federal 25% de sua arrecadação destina-se aos municípios.
(B) O imposto sobre produtos industrializados (IPI) é cobrado apenas pela União, que distribui 58% do produto de sua arrecadação.
(C) O imposto territorial rural (ITR) somente pode ser cobrado pela União, cabendo aos municípios 50% de sua arrecadação.
(D) Metade da arrecadação do imposto sobre a propriedade de veículos automotores (IPVA) é distribuída entre os municípios.

A: assertiva correta, pois se trata de tributo estadual, com distribuição de receita para os Municípios nos termos do art. 158, IV, da CF; B: correta, pois a União entregará 48% da receita do IPI para os Fundos de Participação estadual e municipal, além de mais 10% diretamente aos Estados e ao Distrito Federal, proporcionalmente ao valor das respectivas exportações de produtos industrializados (desses 10% do IPI recebidos pelos Estados, 25% serão redistribuídos aos Municípios) - art. 159, I e II, e § 3º, da CF. Obs.: alternativa adaptada, pois o percentual foi aumentado em 1 ponto percentual pela EC 55/2007; C: essa é a alternativa incorreta, pois os Municípios podem optar, na forma da lei, por fiscalizar e cobrar o ITR, hipótese em que ficarão com a totalidade das receitas arrecadadas – arts. 153, § 4º, III, c/c art. 158, II, *in fine*, da CF; D: assertiva correta, nos termos do art. 158, III, da CF.
Gabarito "C".

**(Cartório/SC – 2008)** São impostos da competência dos municípios:

(A) ITBI (imposto sobre transmissão *inter vivos*, a qualquer título, por ato oneroso, de bens imóveis, por natureza ou acessão física, e de direitos reais sobre imóveis, exceto os de garantia, bem como cessão de direitos a sua aquisição) e ISQN (imposto sobre serviço de qualquer natureza).
(B) ICMS (imposto sobre operações relativas à circulação de mercadorias e sobre prestações de serviços de transporte interestadual e intermunicipal e de comunicação), IPTU (imposto predial e territorial urbano) e ITBI.
(C) IPTU e ITR (imposto sobre propriedade territorial rural).
(D) ITCMD (transmissão *causa mortis* e doação, de quaisquer bens ou direitos) e ISQN.
(E) ISQN e IPVA (imposto sobre propriedade de veículos automotores).

Art. 156, I, II e III, da CF: os Municípios e o DF têm competência em relação ao IPTU, ao ITBI e ao ISS - art. 156 da CF. Os Estados e do DF têm competência relativa ao ICMS, ao ITCMD e ao IPVA. Os demais impostos são da competência da União. Por essa razão, a alternativa "A" é a única correta.
Gabarito "A".

Veja a seguinte tabela com as competências dos entes políticos em relação aos impostos, para estudo e memorização:

| Competência em relação aos impostos |||
|---|---|---|
| União | Estados e DF | Municípios e DF |
| - imposto de importação<br>- imposto de exportação<br>- imposto de renda<br>- IPI<br>- IOF<br>- ITR<br>- Imposto sobre grandes fortunas<br>- Impostos extraordinários<br>- Impostos da competência residual | - ITCMD<br>- ICMS<br>- IPVA | - IPTU<br>- ITBI<br>- ISS |

**(Cartório/SP – I – VUNESP)** É de competência dos Estados o imposto sobre

(A) serviços de qualquer natureza.
(B) produtos industrializados.
(C) transmissão "inter vivos", a qualquer título, por ato oneroso.
(D) transmissão "causa mortis" e doação de quaisquer bens e direitos.

No que se refere aos impostos, os Estados detêm competência tributária exclusivamente em relação ao ICMS, ao IPVA e ao ITBI - art. 155 da CF. Por essa razão, a alternativa "D" é a única correta.
Gabarito "D".

**(Cartório/SP – I – VUNESP)** É de competência dos Municípios o imposto sobre

(A) propriedade de veículos automotores.
(B) propriedade predial e territorial urbana.
(C) operações relativas à circulação de mercadorias e serviços.
(D) propriedade territorial rural.

Em relação aos impostos, os Municípios detêm competência tributária exclusivamente em relação ao IPTU, ao ITBI e ao ISS, de modo que a alternativa "B" é a única correta.
Gabarito "B".

**(Cartório/SP – II – VUNESP)** Compete aos Municípios instituir impostos sobre

I. propriedade predial e territorial urbana;
II. transmissão *inter vivos*, a qualquer título, por ato oneroso, de bens imóveis e de direitos reais de garantia, bem como cessão de direitos à sua aquisição;
III. serviços de qualquer natureza;
IV. transmissão *causa mortis* e doação de quaisquer bens ou direitos.

Está correto apenas o indicado em

(A) I e II.
(B) I, II e III.
(C) I e IV.
(D) I.

I: assertiva correta, pois os Municípios detêm a competência legislativa plena em relação ao ISS, ao IPTU e ao ITBI; II: incorreta, pois o ITBI municipal não abrange os direitos reais de garantia - art. 156, II, da CF; III: a assertiva não é exata e, como não há alternativa indicando "I e III", esta deve ser descartada pelo candidato. Isso porque o art. 156, III, CF se refere a "serviços de qualquer natureza, não compreendidos no art. 155, II, definidos em lei complementar"; IV: incorreta, pois o ITCMD é tributo estadual - art. 155, I, da CF.
Gabarito "D".

**(Cartório/SP – III – VUNESP)** Assinale a alternativa incorreta.

(A) A competência tributária é a aptidão para criar tributos, descrevendo suas hipóteses de incidência, seus sujeitos ativos e passivos, suas bases de cálculos e suas alíquotas.
(B) No Brasil, somente as pessoas políticas têm competência tributária.
(C) A capacidade tributária ativa (direito de arrecadar o tributo) é indelegável, mas a competência tributária pode ser delegada por lei.
(D) Na arrecadação dos emolumentos, está presente o fenômeno da parafiscalidade.

A: assertiva correta, pois descreve adequadamente a competência tributária, lembrando que, além de criar tributos, o ente político competente tem aptidão para extinguir, modificar, perdoar, enfim, exercer a competência legislativa plena em relação a eles - art. 6º do CTN; B: assertiva correta, pois a competência tributária corresponde à competência legislativa (somente os entes políticos podem legislar no Brasil - União, Estados, Distrito Federal e Municípios); C: incorreta, pois é o oposto. A competência tributária (competência para legislar acerca do tributo) é indelegável. Já a capacidade tributária ativa (de ocupar o polo ativo da obrigação tributária) é delegável por lei - art. 7º do CTN; D: assertiva correta. Há parafiscalidade quando o ente político competente (Estados, no caso dos emolumentos notariais) delega a capacidade tributária ativa a outra pessoa (os tabeliães e notários, no caso, que cobram essas taxas) e, adicionalmente, esse sujeito ativo delegado fica com parcela da receita arrecadada para garantir suas atividades de natureza pública.
Gabarito "C".

**(Cartório/SP – IV – VUNESP)** Indique a afirmação correta.

(A) A Constituição Federal enumera os impostos de competência da União, que somente por Emenda Constitucional poderá instituir novos impostos além dos já previstos, para compor sua receita tributária.
(B) A enumeração dos impostos da União pela Constituição Federal é exaustiva, vedada a sua ampliação.
(C) A Constituição Federal enumera os impostos de competência da União, que pode instituir, mediante lei complementar, outros além dos previstos, desde que respeitadas restrições constantes da Carta Maior quanto à natureza, à hipótese de incidência e à base de cálculo.
(D) A enumeração dos impostos da União pela Constituição Federal é exaustiva, podendo lei complementar ampliá-los somente se se tratar de impostos extraordinários na iminência ou no caso de guerra externa.

A: incorreta, pois a União (e somente ela) detém a chamada competência tributária residual em relação aos impostos, de modo que pode criar outros, não previstos expressamente pela CF, por meio de lei complementar federal - art. 154, I, da CF; B: incorreta, pois a enumeração constitucional dos impostos somente é taxativa em relação aos Estados, ao Distrito Federal e aos Municípios, mas não para a União, que detém a competência tributária residual - art. 154, I, da CF; C: essa é a alternativa correta. De fato, a competência tributária residual da União (indicada nos comentários anteriores) não é absoluta, pois os novos impostos a serem criados por lei complementar federal devem ser não cumulativos e não podem ter fato gerador ou base de cálculo próprio de outro imposto já previsto na CF (não pode haver *bis in idem* ou bitributação); D: incorreta, conforme comentários à alternativa "A".
Gabarito "C".

**(Cartório/SP – IV – VUNESP)** A União pode instituir, por lei complementar, os impostos sobre

(A) produtos estrangeiros.
(B) grandes fortunas.
(C) impostos extraordinários, no caso de iminência ou de guerra externa.
(D) operações de crédito, câmbio e seguro, ou relativas a títulos ou valores mobiliários.

A, C e D: incorreta, pois a competência tributária é, em geral, exercida por meio de simples lei ordinária, caso do IPI, do imposto extraordinário e do IOF; B: essa é a assertiva correta, pois indica uma das exceções que exigem lei complementar federal - art. 153, VII, da CF.
Gabarito "B".

**(Cartório/SP – IV – VUNESP)51.** Em tema de empréstimo compulsório, pode-se afirmar que

(A) somente a União, por meio de lei complementar, pode institui-los.
(B) esses empréstimos podem ser instituídos pela União, pelos Estados e pelos Municípios.
(C) para sua instituição, faz-se necessária a edição de lei ordinária federal.
(D) a aplicação dos recursos provenientes de sua arrecadação não poderá ser vinculada a nenhuma despesa.

Somente a União pode instituir empréstimos compulsórios, por meio de lei complementar federal, (i) para atender a despesas extraordinárias, decorrentes de calamidade pública, de guerra externa ou sua iminência e (ii) no caso de investimento público de caráter urgente e de relevante interesse nacional. No segundo caso, não se observa o princípio da anterioridade – art. 148 da CF. Ademais, a aplicação dos recursos provenientes de empréstimo compulsório será vinculada à despesa que fundamentou sua instituição – art. 148, parágrafo único, da CF. A: assertiva correta, conforme comentário inicial; B: incorreta, pois a competência é exclusiva da União; C: incorreta, pois exige-se lei complementar federal; D: incorreta, pois a aplicação da receita está vinculada à despesa que deu ensejo à instituição do empréstimo compulsório.
Gabarito "A".

## 4. LEGISLAÇÃO TRIBUTÁRIA, INTEPRETAÇÃO E INTEGRAÇÃO

**(Cartório/SP – 2012 – VUNESP)** Considerado o art. 111 do Código Tributário Nacional (CTN), assinale a alternativa correta.

(A) Deve ser interpretada literalmente a legislação tributária que disponha sobre compensação e extinção de tributos.
(B) Deve ser interpretada literalmente a legislação tributária que disponha sobre suspensão ou exclusão de crédito tributário e outorga de isenção.
(C) Deve ser interpretada literalmente a legislação tributária que disponha sobre consignação em pagamento e conversão em renda.
(D) Deve ser interpretada literalmente a legislação tributária que disponha sobre prescrição e sobre decadência.

Segundo o art. 111 do CTN, interpreta-se literalmente a legislação tributária que disponha sobre (i) suspensão ou exclusão do crédito tributário, (ii) outorga de isenção e (iii) dispensa do cumprimento de obrigações tributárias acessórias. Por essa razão, a alternativa "B" é a correta.
Gabarito "B".

**(Cartório/SP – 2011 – VUNESP)** Atendidas as demais condições estabelecidas na Constituição Federal, é possível a utilização de Medida Provisória para instituição de:

(A) Imposto residual.
(B) Taxa.
(C) Imposto sobre grandes fortunas.
(D) Empréstimo compulsório.

A, C e D: incorretas, pois o imposto da competência residual, o imposto sobre grandes fortunas e o empréstimo compulsório somente podem ser instituídos por lei complementar, que não pode ser substituída por medida provisória – arts. 62, § 1º, III, 148, 153, VII, 154, I, da CF (há discussão acerca do imposto sobre grandes fortunas, se a instituição depende de lei complementar, ou se ela é exigida apenas para a definição do que seja grande fortuna – de qualquer forma, exige-se lei complementar, insubstituível por medida provisória); B: correta – art. 62, § 2º, da CF.
Gabarito "B".

**(Cartório/SP – 2011 – VUNESP)** No Sistema Tributário Nacional, de acordo com o texto constitucional, a estipulação de normas gerais em matéria de legislação tributária cabe à:

(A) Lei especial.
(B) Lei complementar.
(C) Lei ordinária.
(D) Lei delegada.

As normas gerais em matéria tributária devem ser veiculadas por lei complementar federal, nos termos do art. 146, III, da CF. Por essa razão, a alternativa "B" é a correta.
Gabarito "B".

**(Cartório/SP – VII – VUNESP)** Atendidas as demais condições estabelecidas na Constituição Federal, é possível a utilização de Medida Provisória para instituição de

(A) imposto residual.
(B) taxa.
(C) imposto sobre grandes fortunas.
(D) empréstimo compulsório.

A medida provisória substitui a lei ordinária em matéria tributária. Assim, pode ser utilizada para veicular normas tributárias que não exigem lei complementar – art. 62, § 1º, III, da CF. Interessante lembrar que o STF já admitiu medida provisória estadual, pelo princípio da simetria – ver ADI 2.391/SC. Finalmente, há regra de anterioridade específica para impostos normatizados por medida provisória, nos termos do art. 62, § 2º, da CF. A: incorreta, pois a competência residual da União deve ser exercida por meio de lei complementar federal – art. 154, I, da CF; B: correta, pois a competência tributária é, em geral, exercida por meio de simples lei ordinária, caso das taxas, que pode ser substituída por medida provisória; C: incorreta, pois o imposto sobre grandes fortunas, da competência federal, exige lei complementar para sua instituição (interessante notar que há quem entenda que a lei complementar deverá apenas definir o que sejam grandes fortunas, cabendo à lei ordinária sua efetiva instituição – não há, evidentemente, jurisprudência, pois o tributo não foi criado) - art. 153, VII, da CF.; D: incorreta, pois o empréstimo compulsório deve ser instituído por lei complementar federal, que não pode ser substituída por medida provisória – art. 148 da CF.
Gabarito: "B".

**(Cartório/SP – VII – VUNESP)** No Sistema Tributário Nacional, de acordo com o texto constitucional, a estipulação de normas gerais em matéria de legislação tributária cabe à

(A) lei especial.
(B) lei complementar.
(C) lei ordinária.
(D) lei delegada.

Cabe à lei complementar federal estabelecer normas gerais em matéria de legislação tributária, nos termos do art. 146, III, da CF. Por essa razão, a alternativa "B" é a correta.

Gabarito "B".

**(Cartório/SP – VII – VUNESP)** De acordo com a jurisprudência iterativa do STF e com os princípios gerais de direito tributário, assinale a alternativa correta.

(A) Nova tabela de emolumentos pode ser aplicada retroativamente a atos já praticados, mas para os quais ainda não ocorreu pagamento.
(B) Nova tabela, com majoração de emolumentos extrajudiciais, tem aplicação imediata a partir de sua publicação.
(C) A atualização do valor monetário da tabela de emolumentos não exige lei em sentido estrito.
(D) A definição do fato gerador dos emolumentos extrajudiciais pode ser feita por meio de Decreto do Poder Executivo Estadual.

A, B e D: incorretas, pois emolumentos têm natureza tributária de taxa, de modo que se submetem aos princípios tributários da irretroatividade, anterioridade e legalidade – ver ADI 1.145/PB e ADI 3.694/AP: "É da jurisprudência do Tribunal que as custas e os emolumentos judiciais ou extrajudiciais têm caráter tributário de taxa"; C: essa é a assertiva correta, pois a simples atualização monetária dos tributos, nos limites dos índices de inflação oficialmente apurados, não implica real majoração, de modo que não se exige lei para isso – art. 97, § 2º, do CTN e Súmula 160/STJ.

Gabarito "C".

**(Cartório/SP – V – VUNESP)** Autuado por infração à legislação aplicável à Declaração sobre Operações Imobiliárias – DOI, um registrador defendeu-se judicialmente. A decisão final do litígio lhe foi desfavorável. Intimado a pagar a multa devida, ele fica sabendo que entrou em vigor uma lei que deixa de definir como infração o ato praticado. Assinale a alternativa correta.

(A) A lei vigente à época da infração somente não é aplicável ao caso, se for expressamente revogada pela posterior.
(B) A nova lei retroage apenas para excluir a multa devida.
(C) Lei que estabelece normas gerais de direito tributário jamais se aplica a ato ou fato pretérito.
(D) A nova lei não é aplicável ao caso, porque se trata de ato definitivamente julgado.

A: incorreta, pois a norma tributária que afasta a ilicitude do ato não definitivamente julgado, ou que reduz ou extingue a sanção correspondente retroage em benefício do infrator (*lex mitior*) - art. 106, II, "a", do CTN; B: incorreta, pois, no caso, afastou-se a própria ilicitude do ato, e não apenas a sanção (se não há ilicitude, não há falar em sanção); C: incorreta, pois a norma expressamente interpretativa ou a que aumenta garantias do crédito tributário, por exemplo, retroagem (não há efetiva instituição ou majoração do tributo, de modo que não se submetem ao princípio da irretroatividade) - arts. 106, I, e 144, § 1º, do CTN; D: essa é a alternativa correta, pois a retroatividade da *lex mitior* ocorre apenas em relação a atos não definitivamente julgados (a coisa julgada é intangível, nesse caso) - art. 106, II, do CTN. Interessante lembrar que, além do julgamento definitivo, eventual recolhimento da multa também afastaria a possibilidade de norma posterior mais benéfica retroagir em favor do infrator (ato jurídico perfeito).

Gabarito "D".

**(Cartório/SP – IV – VUNESP)** Em matéria tributária, as Medidas Provisórias

(A) podem aumentar a alíquota de quaisquer impostos ou contribuições, para serem cobrados imediatamente, excluindo-se apenas os impostos de competência dos Estados.
(B) não podem instituir ou majorar tributos, em nenhuma hipótese.
(C) podem instituir ou majorar impostos, desde que a respectiva cobrança tenha lugar apenas no exercício seguinte ao da sua edição e que sejam convertidas em lei no prazo máximo de 120 dias.
(D) podem instituir impostos ou aumentar as alíquotas previstas em lei, desde que a respectiva cobrança só tenha lugar no exercício seguinte ao de sua conversão em lei, respeitado o princípio da anterioridade.

A: incorreta, pois a medida provisória que implique instituição ou majoração de impostos, exceto os previstos nos arts. 153, I, II, IV, V, e 154, II, da CF (II, IE, IPI, IOF e imposto extraordinário) só produzirá efeitos no exercício financeiro seguinte se houver sido convertida em lei até o último dia daquele em que foi editada – art. 62, § 2º, da CF; B: incorreta, pois a medida provisória substitui a lei ordinária em matéria tributária; C: incorreta, conforme comentário à alternativa "A" (não há limite de 120 dias); D: assertiva correta, conforme comentário à alternativa "A".

Gabarito "D".

Veja esta tabela, relativa às matérias que devem ser veiculadas por lei, para memorização:

| Dependem de lei – art. 97 do CTN | Não dependem de lei |
|---|---|
| - a instituição de tributos, ou a sua extinção;<br>- a majoração de tributos, ou sua redução (exceção: alteração das alíquotas do II, IE, IPI, IOF e da CIDE sobre combustíveis). Equipara-se à majoração do tributo a modificação da sua base de cálculo, que importe em torná-lo mais oneroso. Não constitui majoração de tributo a atualização do valor monetário da respectiva base de cálculo;<br>- a definição do fato gerador da obrigação tributária principal, ressalvado o disposto no inciso I do § 3º do artigo 52, e do seu sujeito passivo;<br>- a fixação de alíquota do tributo e da sua base de cálculo, ressalvado o disposto nos artigos 21, 26, 39, 57 e 65;<br>- a cominação de penalidades para as ações ou omissões contrárias a seus dispositivos, ou para outras infrações nela definidas;<br>- as hipóteses de exclusão, suspensão e extinção de créditos tributários, ou de dispensa ou redução de penalidades. | - fixação da data para pagamento do tributo;<br>- regulamentação das obrigações acessórias (forma de declaração, escrituração, recolhimento etc.). Há controvérsia quanto à própria fixação de obrigações acessórias, pois o art. 113, § 2º, do CTN faz referência à legislação tributária (expressão que inclui não apenas as leis, mas também os decretos, portarias etc.);<br>- alteração das alíquotas do II, IE, IPI, IOF e da CIDE sobre combustíveis. |

## 5. FATO GERADOR, OBRIGAÇÃO, CRÉDITO TRIBUTÁRIO E LANÇAMENTO

**(Cartório/SP – 2012 – VUNESP)** Sobre obrigação tributária, é correto afirmar que:

(A) O sujeito ativo é a pessoa que pode exigir o tributo; não necessariamente coincide com aquela que deve instituí-lo.
(B) A posterior concessão de anistia altera a natureza da obrigação tributária.
(C) Fato gerador da obrigação tributária ocorre, em situação de fato, desde quando esteja definitivamente constituída, nos termos do direito aplicável.
(D) O sujeito passivo da obrigação tributária principal é sempre o contribuinte, não podendo ser opostos à Fazenda Pública acordos entre particulares para modificá-lo.

A: correta, pois o sujeito ativo (quem detém a capacidade ativa tributária) não é, necessariamente, o ente político que detém a competência tributária (quem tem competência para legislar acerca do tributo), já que a capacidade ativa pode ser delegada por lei – art. 7º do CTN; B: incorreta, pois a anistia atinge apenas o crédito tributário (na verdade, exclui o crédito, na dicção do CTN), de modo que não altera a correspondente obrigação tributária – art. 175, II, do CTN; C: incorreta, pois a assertiva refere-se ao fato gerador que é situação jurídica – art. 116, II, do CTN; D: incorreta, pois o sujeito passivo pode ser também o responsável tributário – art. 121, parágrafo único, II, do CTN (ver também o art. 123 do CTN, acerca do acordo entre particulares ser inoponível ao fisco).
Gabarito "A".

**(Cartório/MG – 2012 – FUMARC)** Pertinente ao crédito tributário, uma vez notificado o sujeito passivo, o lançamento só pode ser alterado em virtude de, **EXCETO**

(A) Recurso de ofício.
(B) Embargos ao lançamento.
(C) Impugnação do sujeito passivo.
(D) Iniciativa de ofício da autoridade administrativa nos casos previstos no art. 149 do CTN.

Conforme o art. 145 do CTN, o lançamento regularmente notificado ao sujeito passivo só pode ser alterado em virtude de (i) impugnação do sujeito passivo, (ii) recurso de ofício ou (iii) iniciativa de ofício da autoridade administrativa, nos casos previstos no artigo 149 do mesmo Código. Por essa razão, a alternativa "B" destoa e deve ser indicada.
Gabarito "B".

**(Cartório/MG – 2012 – FUMARC)** Em caso de lançamento por homologação, se o contribuinte apura o *quantum* devido, faz a declaração perante o fisco, mas não efetua o pagamento, o direito da Fazenda Pública constituir o crédito tributário extingue-se após 5 (cinco) anos contados:

(A) Da notificação judicial.
(B) Da ocorrência do fato gerador.
(C) Do trânsito em julgado da decisão administrativa.
(D) Do 1º dia do exercício seguinte àquele em que o lançamento poderia ter sido efetuado.

Na verdade, a declaração do contribuinte, nesse caso, constitui o crédito, de modo que o fisco pode simplesmente inscrevê-lo em dívida ativa e executá-lo (ou seja, não há prazo decadencial fluindo)

– Súmula 436 do STJ. Entretanto, caso o fisco entenda que a declaração é incompleta, ou seja, que ela não abrange todo o valor devido pelo contribuinte, é possível o lançamento da diferença, nos termos do art. 173 do CTN, sendo que o prazo decadencial quinquenal é contado, em regra, do primeiro dia do exercício seguinte àquele em que o lançamento poderia ter sido efetuado. Por essa razão, a alternativa "D" é a melhor.
Gabarito "D".

**(Cartório/RN – 2012 – IESIS)** Em relação ao lançamento tributário assinale a alternativa correta:

(A) A definição do lançamento tributário é restrita à Lei Complementar.
(B) O lançamento tributário antecede a obrigação tributária e sucede o crédito tributário.
(C) São três as modalidades de lançamento tributário: de ofício, autolançamento e por homologação.
(D) O lançamento regularmente notificado ao sujeito passivo só pode ser alterado de ofício pela autoridade administrativa.

A: correta, pois essa é matéria reservada à lei complementar federal, nos termos do art. 146, III, *b*, da CF; B: incorreta, pois ocorre o fato gerador com o surgimento da obrigação tributária e, posteriormente, o crédito correspondente pode ser constituído pelo lançamento (essa é a ordem); C: incorreta, pois autolançamento é sinônimo de lançamento por homologação. As três modalidades de lançamento são ofício (= direto), por declaração (= misto) e por homologação (= autolançamento); D: incorreta, pois, conforme o art. 145 do CTN, o lançamento regularmente notificado ao sujeito passivo só pode ser alterado em virtude de (i) impugnação do sujeito passivo, (ii) recurso de ofício e (iii) iniciativa de ofício da autoridade administrativa, nos casos previstos no artigo 149 do mesmo Código.
Gabarito "A".

**(Cartório/AM – 2005 – FGV)** Assinale a alternativa que defina corretamente o fato gerador da obrigação principal.

(A) É a situação definida em atos administrativos como necessária e suficiente à sua ocorrência.
(B) É a situação definida em convenções ou tratados internacionais como necessária e suficiente à sua ocorrência.
(C) É a situação definida em lei como necessária e suficiente à sua ocorrência.
(D) É a situação definida em contrato como necessária e suficiente à sua ocorrência.
(E) É a situação decorrente de declaração unilateral de vontade como necessária e suficiente à sua ocorrência.

Nos termo do art. 114 do CTN, fato gerador da obrigação principal é a situação definida em lei como necessária e suficiente à sua ocorrência. Assim, a alternativa "C" é a correta.
Gabarito "C".

**(Cartório/DF – 2006 – CESPE)** Tratando-se de IPTU, o encaminhamento do carnê de recolhimento ao contribuinte é suficiente para se considerar o cidadão como notificado. Com esse entendimento, já pacificado no STJ, a Segunda Turma da Corte manteve decisão do Tribunal de Justiça do Rio Grande do Sul (TJRS) tomada em apelação proposta pelo município de Novo Hamburgo – RS. O TJRS entendeu que, para a espécie tributária IPTU, o lançamento opera-se diretamente, sem mediação do sujeito passivo, visto que a autoridade administrativa dispõe de todos os elementos necessários à sua concreção. "E a notificação se eficaciza invariavelmente e *ex vi legis* a todo primeiro dia do exercício correspondente, não sendo preciso qualquer ato administrativo de intercâmbio procedimental." Consoante a decisão acima tomada pelo STJ, o contribuinte tornou-se notificado do crédito tributário por meio do encaminhamento do carnê de pagamento do IPTU. Para tanto, naturalmente, era necessário que houvesse a prévia constituição daquele crédito. Relativamente ao caso objeto do texto acima, bem como à constituição, à notificação, à suspensão e à exclusão do crédito tributário, julgue os itens que se seguem.

(1) No caso de que trata o texto, a constituição do crédito decorreu de lançamento de ofício, pois foi necessário que, inicialmente, o contribuinte informasse ao fisco os dados necessários à elaboração do lançamento.

(2) Se um crédito tributário é extinto por meio de compensação prevista em lei, ocorre, ao mesmo tempo, a extinção da respectiva obrigação tributária.

(3) No caso objeto do texto, se ocorreu algum fato que excluiu a exigibilidade do crédito constituído, tal circunstância não afetará a obrigação que lhe deu origem.

(4) Ao elaborar o lançamento, deve o fisco atender à lei vigente à data da ocorrência do fato gerador, ainda que posteriormente modificada para instituir novos critérios de apuração.

1: incorreta, pois no lançamento de ofício o fisco já detém os dados necessários para o lançamento, sendo desnecessárias informações pelo contribuinte (o que qualificaria o lançamento por declaração). Interessante notar que isso não afasta eventuais obrigações acessórias de atualizações dos dados cadastrais junto ao fisco; 2: assertiva correta, pois a extinção do crédito tributário implica, em princípio, extinção da obrigação correspondente - art. 113, § 1º, do CTN. Importante ressalvar que há casos de erro, quanto ao sujeito passivo, por exemplo, em que a nulidade do lançamento e do crédito correspondente não atingem a obrigação, sendo possível novo lançamento, desde que não esgotado o prazo decadencial - art. 149, parágrafo único, do CTN; 3: assertiva correta, pois as circunstâncias que modificam o crédito tributário, sua extensão ou seus efeitos, ou as garantias ou os privilégios a ele atribuídos, ou que excluem sua exigibilidade não afetam a obrigação tributária que lhe deu origem - art. 140 do CTN; 4: incorreta, pois há exceções à regra de aplicação da lei vigente à época do fato gerador, inclusive a indicada na assertiva. De fato, aplica-se ao lançamento a legislação que, posteriormente à ocorrência do fato gerador da obrigação, tenha instituído novos critérios de apuração ou processos de fiscalização, ampliado os poderes de investigação das autoridades administrativas, ou outorgado ao crédito maiores garantias ou privilégios, exceto, neste último caso, para o efeito de atribuir responsabilidade tributária a terceiros - art. 144, § 1º, do CTN. Gabarito 1E, 2C, 3C, 4E

**(Cartório/DF – 2003 – CESPE)** A respeito de crédito tributário, julgue os itens seguintes.

(1) A constituição do crédito tributário determina a certeza e a liquidez para que se possa exigir o pagamento do tributo, o que implica a criação de um novo direito.

(2) O lançamento constituindo o crédito tributário está compondo materialmente o título executivo extrajudicial da Fazenda Pública.

(3) Estabelecendo o CTN, em seu art. 142, que a constituição do crédito tributário corresponde à determinação da matéria tributária, do cálculo do montante do tributo devido, da identificação do sujeito passivo e, sendo o caso, da proposição de aplicação da penalidade cabível, está excluindo do objeto do lançamento a multa aplicável.

1: incorreta, pois a constituição do crédito tributário apenas torna exigível o pagamento do tributo pelo fisco, mas não cria efetivamente novo direito, afinal, nos termos do art. 139 do CTN, o crédito tributário decorre da obrigação principal e tem a mesma natureza desta; 2: imprecisa. De fato, a constituição do crédito tributário é essencial para que se possa constituir o título executivo extrajudicial. Entretanto, é somente no caso de inadimplemento e consequente inscrição desse crédito em dívida ativa que passa a haver presunção de liquidez e certeza e prova pré-constituída, o que possibilita a certidão da dívida ativa - CDA com natureza de título executivo extrajudicial; 3: incorreta, pois o próprio art. 142 do CTN faz referência à multa aplicável, que é objeto de lançamento e da obrigação tributária principal correspondente. Atualmente, a própria autoridade fiscal que lança o tributo constitui também o crédito relativo à multa (apesar da literalidade do dispositivo, que fala em "propor a aplicação da penalidade cabível"). Ademais, apesar de ser comum, na prática, utilizar-se o termo "autuação" para a aplicação da penalidade, o CTN denomina "lançamento" a constituição do crédito tributário, seja em relação ao tributo ou à penalidade pecuniária (lembre-se que a obrigação tributária principal, a que corresponde o crédito lançado, tem por objeto tributo e penalidade pecuniária - art. 113, § 1º, do CTN). Gabarito 1E, 2C, 3E

**(Cartório/MT – 2005 – CESPE)** João é um tabelião que, em determinado mês de 2004, deixou de pagar o parcelamento de seu imposto de renda apurado na declaração de ajuste de 2004, ano base 2003, apresentada em 30 de abril de 2004. Considerando essa situação hipotética, assinale a opção incorreta acerca da condução do crédito tributário pelo fisco federal.

(A) O crédito contra João será constituído pela homologação da declaração, independentemente do pagamento.

(B) Ainda que João pague antes da homologação, poderá ocorrer de ser constituído contra ele crédito tributário de obrigação principal, em caso de inexatidão da declaração.

(C) Com o não pagamento por João, seu crédito tributário deve ser inscrito na dívida ativa.

(D) O procedimento inicial para João ter o direito de não pagar a parcela que deixou de pagar, por entender indevida, é a abertura de um processo administrativo tributário.

A: imprecisa, à luz da atual jurisprudência do STJ. O Superior Tribunal de Justiça entende que, no caso de tributos lançados por homologação que são precedidos por declaração prestada pelo contribuinte, a constituição do crédito tributário se dá com o fornecimento dessas informações relativas ao tributo devido. Assim, de fato, a inexistência de pagamento não afasta, nesse caso, a constituição do crédito tributário, conforme afirmado na alternativa. A assertiva não é, entretanto, totalmente precisa, porque a constituição do crédito ocorre no momento da declaração pelo contribuinte, não da homologação (que, se tácita, se dá apenas 5 anos após o fato gerador). É por essa razão que o prazo prescricional para a

cobrança começa a correr da declaração (mais precisamente, do vencimento, pelo princípio da *actio nata*). Ver o disposto na Súmula 436/STJ: "A entrega de declaração pelo contribuinte reconhecendo débito fiscal constitui o crédito tributário, dispensada qualquer outra providência por parte do fisco"; B: assertiva correta, pois o fisco tem prazo de 5 anos, contados do fato gerador, para realizar o lançamento complementar - art. 150, § 4º, do CTN; C: correta, pois, conforme comentário à alternativa "A", a declaração do valor devido pelo contribuinte constitui o crédito, sendo desnecessária qualquer outra providência pelo fisco que, em caso de inadimplemento, poderá inscrever e cobrar judicialmente o valor correspondente; D: discutível. Em princípio, o contribuinte tem o direito de impugnar administrativamente a exigência que entender indevida. Entretanto, no caso de parcelamento, a legislação especial costuma exigir prévia confissão da dívida por parte do devedor, o que afasta, em princípio, legitimidade para discutir administrativamente a validade da exigência já confessada.
Gabarito "D".

**(Cartório/SP – V – VUNESP)** O lançamento do ITCMD, *causa mortis* no estado de São Paulo, é uma espécie de

(A) lançamento de ofício.
(B) lançamento por declaração.
(C) lançamento por homologação.
(D) lançamento misto.

A legislação local prevê lançamento por homologação.
Gabarito "C".

**(Cartório/SP – V – VUNESP)** O nascimento da obrigação tributária dá-se com a ocorrência do (a)

(A) base de cálculo do tributo.
(B) fato gerador previsto em lei.
(C) caracterização do sujeito passivo ou fixação do sujeito passivo.
(D) quantificação do montante a ser pago.

Nos termos do art. 114 do CTN, a obrigação tributária nasce com o fato gerador correspondente (condição necessária e suficiente).
Gabarito "B".

**(Cartório/SP – V – VUNESP)** São elementos da obrigação tributária:

(A) o fisco, o contribuinte ou o responsável e o imposto.
(B) o Estado, o particular, o lançamento e o crédito tributário.
(C) o Estado, o particular, uma prestação positiva ou negativa e as isenções.
(D) o sujeito ativo, o sujeito passivo, uma prestação de dar, de fazer ou de não fazer e o vínculo jurídico.

A obrigação tributária tem a mesma estrutura de todas as obrigações: (i) credor, (ii) devedor e (iii) objeto, que é a prestação (dar, fazer ou não fazer) e configura o vínculo jurídico. Há autores que listam também a *causa* da obrigação, entre seus elementos básicos. A: incorreta, pois o contribuinte e o responsável ocupam o mesmo polo da obrigação tributária (ambos são espécies de devedores); B: incorreta, pois o lançamento e o crédito não são considerados elementos da obrigação; C: incorreta, pois isenção é modalidade de exclusão do crédito tributário, que não afeta a obrigação tributária correspondente - art. 140 do CTN; D: essa é a melhor alternativa, conforme comentário inicial, embora vínculo jurídico não nos pareça ser elemento autônomo da obrigação (confunde-se com a própria prestação, ou mesmo com a obrigação tributária, que liga o credor ao devedor).
Gabarito "D".

**(Cartório/SP – V – VUNESP)** Sobre o lançamento tributário, assinale a alternativa correta.

(A) Constitui a obrigação tributária.
(B) Constitui o crédito tributário.
(C) Evita ou suspende a constituição do crédito tributário.
(D) Constitui a obrigação tributária e interrompe a exigibilidade do crédito tributário.

Nos termos do art. 142 do CTN, o lançamento tributário constitui o crédito tributário. É interessante salientar, entretanto, ser forte o entendimento doutrinário pelo caráter declaratório do lançamento. A e D: incorretas, pois a obrigação tributária surge com o fato gerador, independentemente de qualquer ato do fisco – art. 114 do CTN; B: assertiva correta, conforme comentário inicial; C: incorreta, pois o lançamento constitui o crédito tributário.
Gabarito "B".

## 6. SUJEIÇÃO PASSIVA – CONTRIBUINTES E RESPONSÁVEIS

**(Cartório/MG – 2012 – FUMARC)** Em sede de responsabilidade de terceiros, quando impossível a exigência do cumprimento da obrigação pelo contribuinte, respondem solidariamente com este nos atos em que intervierem ou pelas omissões de que forem responsáveis, **EXCETO**

(A) Os pais, pelos tributos devidos pelos filhos menores.
(B) Os tutores e curadores, pelos tributos devidos por seus tutelados ou curatelados.
(C) O espólio, pelos tributos devidos pelo *de cujus* até a data da abertura da sucessão.
(D) O síndico e o comissário, pelos tributos devidos pela massa falida ou pelo concordatário.

Há responsabilidade nos casos indicados nas alternativas "A", "B" e "D", nos termos do art. 134, I, II e V, do CTN (lembrando que, pela atual legislação de falências e recuperações, não há mais síndico e comissário, mas administrador judicial. A alternativa "C" deve ser indicada, pois, embora o espólio possa ser responsável por sucessão, nos termo do art. 131, III, do CTN, não se trata da responsabilidade descrita na questão (responsabilidade de terceiro, regulada pelo art. 134 do CTN).
Gabarito "C".

**(Cartório/MG – 2012 – FUMARC)** Em sede de responsabilidade tributária, são pessoalmente responsáveis, **EXCETO**

(A) Os tabeliães, escrivães e demais serventuários do ofício, pelos tributos devidos sobre os atos praticados por eles, ou perante eles, em razão de seu ofício.
(B) O sucessor a qualquer título e o cônjuge meeiro, pelos tributos devidos pelo *de cujus* até a data da partilha ou adjudicação, limitada esta responsabilidade ao montante do quinhão, do legado ou da meação.
(C) O adquirente ou remitente, pelos tributos relativos aos bens adquiridos ou remidos.
(D) O espólio, pelos tributos devidos pelo *de cujus* até a data da abertura da sucessão.

A: essa é a melhor alternativa, pois o CTN não utiliza a expressão "pessoalmente responsável" ao se referir aos tabeliães, escrivães e demais serventuários do ofício no art. 134, VI, do Código; B, C e D: nesses casos, o CTN refere-se à responsabilidade pessoal, nos termos do seu art. 131.
Gabarito "A".

**(Cartório/RJ – 2012)** Sobre responsabilidade tributária, marque V para verdadeiro ou F para falso e, em seguida, assinale a alternativa que apresenta a sequência correta.

( ) A sucessão é modalidade de sujeição passiva indireta ou responsabilidade por transferência.
( ) A responsabilidade por substituição ocorre quando a obrigação tributária já nasce, por previsão legal, diretamente na pessoa de terceiro.
( ) É possível uma modalidade de substituição tributária intitulada regressiva, que ocorre mediante o diferimento do tributo.

(A) V/ F/ V
(B) V/ V/ F
(C) F/ F/ V
(D) V/ V/ V
(E) F/ F/ F

1ª: incorreta, pois há somente duas espécies de sujeição passiva previstas no CTN, a do contribuinte e a do responsável tributário – art. 121, parágrafo único, do Código. Entretanto, é interessante notar que o CTN refere-se à responsabilidade dos sucessores, nos arts. 129 a 133, que são, em princípio, casos de responsabilidade por transferência (conforme a doutrina clássica), ou seja, casos em que a obrigação tributária surge em relação ao contribuinte, mas, por conta de algum fato superveniente, algum outro sujeito passa a ocupar o polo passivo da obrigação. Sujeição passiva indireta é expressão utilizada para se referir à responsabilidade tributária, em oposição à sujeição passiva direta, atinente ao contribuinte. Por conta dessas observações, embora a assertiva seja confusa e imprecisa, há algum fundamento nela; 2ª: discutível. De fato, na responsabilidade por substituição, conforme a doutrina clássica, a obrigação tributária já surge com o responsável ocupando o polo passivo (não o contribuinte). Não é correto, entretanto, afirmar que a obrigação nasce na pessoa de alguém; 3º: correta, pois a substituição tributária regressiva ou "para trás" ocorre quando o responsável recolhe o tributo relativo a operações anteriores, ou seja, a cobrança foi diferida (adiada para o momento da operação futura realizada pelo responsável). **Por essas razões, discordamos do gabarito oficial (segundo o qual todas as assertivas seriam verdadeiras).**
Gabarito oficial "D".

**(Cartório/RN – 2012 – IESIS)** Ayrton adquire em 31/12/2011 um terreno urbano de Jairo sob o qual existem débitos tributários relativos aos períodos anteriores à data da compra. Os tributos em aberto limitam-se: aos que têm como fato gerador a propriedade do imóvel, às taxas pela prestação de serviços referentes ao mesmo e às contribuições de melhoria. Segundo o CTN, Ayrton:

(A) Será responsável pelos tributos cujo fato gerador ocorra em 2012.
(B) Não será o responsável tributário pelos débitos caso o vendedor assuma contratualmente que suportará o ônus.
(C) Não será o responsável tributário pelos débitos caso o vendedor assuma em escritura pública que suportará o ônus.
(D) Não será o responsável tributário pelos débitos caso tenha arrematado o bem em hasta pública.

A: incorreta, pois em 2012 Ayrton já é o proprietário do imóvel, logo é contribuinte em relação aos fatos geradores ocorridos nesse exercício – arts. 34 e 121, parágrafo único, I, do CTN; B e C: incorretas, pois a convenção entre particulares é inoponível ao fisco – art. 123 do CTN; D: correta, pois a hasta pública é modalidade de aquisição originária que afasta a responsabilidade tributária do adquirente – art. 130, parágrafo único, do CTN.
Gabarito "D".

**(Cartório/AC – 2006 – CESPE)** Julgue os itens seguintes, tendo como contexto a relação jurídico-tributária e o Código Tributário Nacional.

(1) O sujeito passivo da obrigação principal é a pessoa obrigada a pagamento de tributo ou penalidade pecuniária, podendo ser o contribuinte, quando sua obrigação decorre de disposição legal, ou o responsável, quando tem relação pessoal e direta com a situação que constituiu o respectivo fato gerador.
(2) Em relação à responsabilidade do sucessor imobiliário, é correto afirmar que os créditos tributários relativos às taxas decorrentes do poder de polícia e às contribuições de melhoria sub-rogam-se na pessoa dos respectivos adquirentes.
(3) Salvo disposição de lei em contrário, são efeitos de solidariedade tributária a interrupção da prescrição, em favor de um dos obrigados ou contra ele, que favorece ou prejudica os demais; o pagamento efetuado por um dos obrigados que aproveita aos demais; e a isenção ou a remissão de crédito que exonera todos os obrigados, salvo se outorgada pessoalmente a um deles, subsistindo, nesse caso, a solidariedade quanto aos demais pelo saldo.

1: incorreta quanto à distinção entre contribuinte e responsável, cujas definições estão invertidas. Contribuinte é o sujeito passivo natural, que tem relação pessoal e direta com a situação que constitui o respectivo fato gerador – art. 121, parágrafo único, do CTN. Responsável é o sujeito passivo indicado expressamente pela lei, que não se reveste da condição de contribuinte (ou seja, não tem relação pessoal e direta com o fato gerador); 2: incorreta, pois não há sub-rogação em relação às taxas pelo exercício do poder de polícia – art. 130 do CTN; 3: assertiva correta, pois indica corretamente os efeitos da solidariedade tributária, conforme o art. 125 do CTN.
Gabarito 1E, 2E, 3C.

**(Cartório/AM – 2005 – FGV)** Assinale a alternativa falsa.

(A) A anistia pode ser concedida limitadamente às infrações da legislação relativa a determinado tributo.
(B) A isenção não é extensiva aos tributos instituídos posteriormente à sua concessão, salvo disposição de lei em contrário.
(C) A isenção sempre decorre de lei que especifique as condições e requisitos exigidos para a sua concessão, os tributos a que se aplica e, sendo o caso, o prazo de sua duração, exceto quando prevista em contrato.
(D) Nos casos de impossibilidade de exigência do cumprimento de obrigação principal pelo contribuinte, respondem solidariamente com este nos atos em que intervierem ou pelas omissões de que forem responsáveis os tabeliães, escrivães e demais serventuários de ofício, pelos tributos devidos sobre os atos praticados por eles, ou perante eles, em razão do seu ofício.

**(E)** A prescrição e a decadência, assim como a conversão de depósito em renda, são modalidades de extinção do crédito tributário.

A: assertiva correta, pois a possibilidade dessa limitação é prevista expressamente pelo art. 181, II, "a", do CTN; B: correta, pois essa restrição é prevista expressamente pelo art. 177, II, do CTN; C: essa é a assertiva incorreta, pois a isenção, ainda que prevista em contrato, é sempre decorrente de lei que especifique as condições e requisitos exigidos para a sua concessão, os tributos a que se aplica e, sendo caso, o prazo de sua duração – art. 176, caput, do CTN; D: assertiva correta, pois essa responsabilidade é prevista no art. 134, VI, do CTN; E: correta, conforme a listagem das modalidades de extinção do crédito tributário no art. 156 do CTN.
Gabarito "C".

**(Cartório/AP – 2011 – VUNESP)** Quando do registro da escritura pública de venda e compra, o Oficial do Registro de Imóveis tem o dever legal de fiscalizar o recolhimento do imposto incidente sobre a operação. Se o registro acontecer sem que tenha havido o recolhimento do imposto de transmissão devido, o Oficial do Registro de Imóveis

**(A)** deverá anular o registro efetivado, sob pena de responsabilidade funcional, sem embargo da responsabilidade civil decorrente do ato de anulação do negócio jurídico.

**(B)** responderá civil e administrativamente pela omissão, sem embargo da obrigação tributária por infração decorrente da não fiscalização do recolhimento do tributo devido em razão de seu ofício.

**(C)** responderá solidariamente com o contribuinte, no caso de impossibilidade de exigência do cumprimento da obrigação principal por este, pelo tributo devido sobre o ato de transmissão praticado em razão de seu ofício.

**(D)** será considerado contribuinte do tributo devido sobre o ato de transmissão registrado, sem embargo do direito de regresso em face do adquirente do imóvel.

**(E)** não tem qualquer responsabilidade civil, penal, tributária ou administrativa pela não fiscalização dos tributos devidos sobre os atos praticados por ele, ou perante ele, em razão do seu ofício.

O oficial deve acautelar-se, pois, se houver o registro sem recolhimento do imposto devido (ITCMD ou ITBI), ele poderá vir a ser responsabilizado pelo tributo, nos termos do art. 134, VI, do CTN. A: incorreta, pois o registro não é nulo. O fisco simplesmente cobrará o tributo do contribuinte ou, sendo o caso, do responsável; B: incorreta, pois a responsabilidade tributária, nesse caso, refere-se ao tributo e à penalidade moratória (não apenas responsabilidade por infração) – art. 134, VI, e parágrafo único, do CTN; C: essa é a alternativa correta, pois reflete a responsabilidade do art. 134, VI, do CTN; D: incorreta, pois contribuinte será sempre uma das partes na transmissão do imóvel, que têm relação pessoal e direta com o fato gerador – arts. 42 e 121, parágrafo único, I, do CTN. O oficial será, no máximo, responsável tributário – art. 121, parágrafo único, II, do CTN; E: incorreta, pois poderá haver a responsabilidade do art. 134 do CTN. A rigor, se houver violação da lei (não for simples omissão), o oficial poderá responder pessoalmente por todo o crédito tributário (inclusive multas punitivas), nos termos do art. 135, I, do CTN.
Gabarito "C".

**(Cartório/AP – 2011 – VUNESP)** Diante da ausência de Certidão Negativa de Débitos, o Tabelião de Notas fez constar na escritura pública de compra e venda que constam débitos tributário incidentes sobre o imóvel objeto do negócio jurídico e que estes serão de responsabilidade do alienante. Neste caso, pode-se afirmar que

**(A)** o Tabelião será considerado o único devedor dos tributos devidos, por ser dever funcional a fiscalização dos tributos incidentes sobre os atos que pratica.

**(B)** esta declaração não importa em transferência da responsabilidade tributária ao alienante, na medida em que a responsabilidade tributária decorre de lei e, pelo CTN, será ela do adquirente.

**(C)** esta declaração tem força de transferir a responsabilidade tributária ao alienante, já que feita por instrumento público por agente delegado de função pública.

**(D)** tal ressalva é desnecessária, já que o alienante é o contribuinte e único devedor dos tributos cujos fatos geradores ocorreram até a data da lavratura da escritura pública, momento em que ocorre a transmissão do domínio.

**(E)** só terá eficácia perante o Fisco após o registro da escritura pública no cartório de Registro de Imóveis, oportunidade em que a responsabilidade tributária recairá na pessoa do alienante.

A: incorreta, pois, caso realize o registro sem o recolhimento dos tributos devidos, o tabelião poderá ser responsável subsidiariamente, nos termos do art. 134, VI, do CTN. Essa responsabilidade não é exclusiva, já que o tributo poderá ser cobrado do contribuinte (parte na transmissão do imóvel); B: incorreta na parte final, pois o CTN não dispõe que o adquirente é o responsável pelo imposto. Tanto para o ITBI como para o ITCMD, o art. 42 do CTN determina que contribuinte é qualquer das partes na operação tributada, como dispuser a lei. Assim, é a lei estadual, distrital ou municipal que indicará o contribuinte do ITCDM ou do ITBI. De fato, em regra, as leis indicam o adquirente do imóvel como contribuinte do ITBI, no caso de compra e venda, mas a assertiva está errada, porque, como visto, não é o CTN que determina isso; C e E: incorretas, pois a sujeição passiva é fixada por lei e não será alterada por declaração do tabelião – ver o art. 123 do CTN; D: incorreta, pois o adquirente passa a ser responsável tributário em relação a esses débitos, nos termos do art. 130 do CTN, sem prejuízo de eventual responsabilidade do tabelião, nos termos do art. 134, VI, do CTN. Obs.: parece-nos que não há alternativa correta.
Gabarito "B".

**(Cartório/DF – 2001 – CESPE)** A Empresa Brasileira de Correios e Telégrafos (ECT), empresa pública federal, decidiu abrir uma agência no *campus* da Universidade de Brasília. Para tanto, realizou com a Fundação Universidade de Brasília (FUB), fundação pública federal, contrato de locação de uma sala localizada na área do *campus* destinada à instalação de serviços úteis à comunidade universitária. No contrato de locação, ficou determinado que a locatária seria responsável pelo pagamento de todos os impostos e taxas relativos ao imóvel, em especial o imposto predial e territorial urbano (IPTU) e a taxa de limpeza urbana (TLP). Para que pudesse funcionar no novo espaço, o DF cobrou da ECT taxa de localização e funcionamento, prevista em lei distrital, que tinha como fato gerador a atividade administrativa consistente na expedição de alvará de funcionamento. Iniciado o funcionamento da agência, foi afixado em seu mural um cartaz com o seguinte texto: "Abertas as inscrições para concurso público para carteiro, taxa de inscrição de R$ 15,00, informações no balcão de atendimento". Eduardo, que se inscreveu nesse concurso, foi aprovado, tomou posse e, ao receber o seu primeiro contracheque, observou que havia um desconto de R$ 50,00 sobre seu salário, a título de imposto de renda retido na fonte. Considerando a situação hipotética descrita, julgue os seguintes itens.

(1) No tocante ao imposto de renda incidente sobre o salário de Eduardo, apesar de a ECT ser responsável pelo recolhimento do imposto de renda retido na fonte, essa empresa não poderia ser considerada substituta tributária.

1: imprecisa. A expressão "substituição tributária" vem sendo utilizada pela Constituição Federal (art. 150, § 7º, da CF) e pela legislação tributária como modalidade de responsabilidade tributária em que o responsável antecipa os tributos relativos a operações futuras (substituição tributária "para frente" ou prospectiva) ou recolhe posteriormente os tributos relativos a operações anteriores (substituição tributária "para trás" ou regressiva). Nesse sentido muito específico, a assertiva é correta, pois não é o caso da ECT. Entretanto, a doutrina clássica também usa o termo "substituição" como uma das modalidades de responsabilidade em oposição à "transferência" (nesse sentido, a substituição "para frente" e a "para trás" são duas espécies do gênero "responsabilidade por substituição", mas não as únicas). Há, por essa classificação, substituição quando o responsável ocupa o polo passivo da obrigação tributária desde o seu surgimento; e há transferência quando o responsável ocupa o polo passivo posteriormente à ocorrência do fato gerador, por conta de outro evento (por exemplo, o adquirente do imóvel que passa a responder pelo débito após a compra). Por essa classificação tradicional, a ECT (como todo responsável por retenção na fonte) é responsável por substituição, pois ocupa o polo passivo desde o momento em que surge a obrigação tributária – ver o REsp 412.997/RS.
Gabarito 1C.

(Cartório/DF – 2001 – CESPE) Acerca do direito tributário, julgue os itens abaixo.

(1) Caso o estado de Minas Gerais estabeleça que, no momento em que as indústrias automotivas vendem automóveis a concessionárias de veículos, o estabelecimento industrial deverá recolher o imposto sobre circulação de mercadorias e prestações de serviços de transporte interestadual e intermunicipal e de comunicação (ICMS) relativo à revenda dos automóveis realizada entre a concessionária e os consumidores, tal disposição será inconstitucional. Isso decorre do fato de que, mesmo tratando-se de imposto indireto, não se poderia tributar o estabelecimento industrial com base em um fato gerador futuro e incerto, dado que a venda ao consumidor pode não ocorrer devido a vários motivos, tais como perda do bem ou ausência de interesse do mercado consumidor.

(2) No direito tributário, ao contrário do direito civil, a solidariedade comporta benefício de ordem, o qual somente pode ser excluído mediante expressa disposição legal.

1: incorreta, pois o constituinte derivado, após reiterada jurisprudência do STF, incluiu o § 7º no art. 150 da CF prevendo expressamente a possibilidade da chamada substituição tributária "para frente", descrita na assertiva; 2: incorreta, pois, tal como no direito civil, a responsabilidade tributária não comporta benefício de ordem - art. 124, parágrafo único, do CTN.
Gabarito 1E, 2E

(Cartório/MG – 2005 – EJEF) Analise estas afirmativas concernentes à responsabilidade tributária de Tabeliães, Escrivães e demais Serventuários de Ofício e assinale com V as verdadeiras e com F as falsas:

( ) Nos casos de impossibilidade de exigência do cumprimento da obrigação acessória pelo contribuinte, respondem solidariamente com este, nos atos em que intervierem, os Tabeliães, Escrivães e demais Serventuários de Ofício, pelos tributos devidos sobre os atos praticados por eles, ou perante eles, em razão do seu ofício ou por omissões de que forem responsáveis.

( ) Nos casos de impossibilidade de exigência do cumprimento da obrigação principal pelo contribuinte, respondem solidariamente com este, nos atos em que intervierem, os Tabeliães, Escrivães e demais Serventuários de Ofício, pelos tributos devidos sobre os atos praticados por eles, ou perante eles, em razão do seu ofício ou por omissões de que forem responsáveis.

( ) Nos casos de impossibilidade de exigência do cumprimento da obrigação principal pelo responsável, respondem solidariamente com este, nos atos em que intervierem, os Tabeliães, Escrivães e demais Serventuários de Ofício, pelos tributos devidos sobre os atos praticados por eles, ou perante eles, em razão do seu ofício ou por omissões de que forem contribuintes.

Assinale a alternativa que apresenta a sequência de letras CORRETA.

(A) (F) (F) (V)
(B) (F) (V) (F)
(C) (V) (F) (V)
(D) (V) (V) (F)

1: incorreta, pois a responsabilidade tributária dos tabeliães, escrivães e demais serventuários de ofício prevista no art. 134, VI, do CTN refere-se apenas à obrigação principal, não à acessória; 2: correta, pois reflete exatamente o disposto no art. 134, VI, do CTN; 3: incorreta, pois a expressão "ou por omissões de que forem contribuintes" é estranha à responsabilidade prevista no art. 134, VI, do CTN, além de não fazer sentido.
Gabarito "B".

(Cartório/MS – 2009 – VUNESP) Nos termos do Código Tributário Nacional, a responsabilidade dos tabeliães, escrivães e demais serventuários de ofício, pelos tributos devidos sobre os atos praticados por eles, ou perante eles, em razão de seu ofício, nos termos do Código Tributário Nacional, dá-se por

(A) solidariedade.
(B) sucessão.
(C) infração.
(D) pessoalidade.
(E) substituição.

O art. 134, VI, do CTN, ao tratar da responsabilidade tributária dos tabeliães, escrivães e demais serventuários de ofício, afirma que eles respondem solidariamente, de modo que a alternativa "A" é a melhor, até por exclusão das demais. Entretanto, é tranquilo o entendimento no sentido de que essa responsabilidade é, a rigor, subsidiária, pois a obrigação somente é exigível contra o responsável em caso de impossibilidade de cobrança contra o contribuinte - ver REsp 909.215/MG-STJ.
Gabarito "A".

**(Cartório/MT – 2005 – CESPE)** No âmbito tributário, será responsável pessoalmente o agente quanto às infrações que decorram direta e exclusivamente de seu dolo específico contra terceiros. Assinale a opção que trata de situação que não configura responsabilidade pessoal do agente em razão da regra acima referida.

(A) A infração cometida com dolo pelos pais contra seus próprios filhos.
(B) Infração cometida com dolo por um serventuário de ofícios extrajudiciais contra os clientes, relativamente a escrituras de compra e venda de imóveis lavradas por ele.
(C) Infração cometida com dolo pelo síndico contra a respectiva massa falida.
(D) Infração cometida com dolo pelos empregados contra os clientes de uma pessoa jurídica contribuinte.

O art. 137, III, do CTN prevê a responsabilidade pessoal do agente no caso de infrações que decorram direta e exclusivamente de dolo específico (i) das pessoas referidas no art. 134 do CTN, contra aquelas por quem respondem, (ii) dos mandatários, prepostos ou empregados, contra seus mandantes, preponentes ou empregadores e (iii) dos diretores, gerentes ou representantes de pessoas jurídicas de direito privado, contra estas. A: há responsabilidade pessoal, conforme o art. 137, III, "a", combinado com o art. 134, I, ambos do CTN; B: há responsabilidade pessoal, conforme o art. 137, III, "a", combinado com o art. 134, VI, ambos do CTN; C: há responsabilidade pessoal, conforme o art. 137, III, "a", combinado com o art. 134, V, ambos do CTN (atualmente não há síndico, mas sim administrador judicial na falência); D: essa é a alternativa que não indica caso de responsabilidade pessoal do agente, pois o dolo que enseja a aplicação do art. 137, III, "b", do CTN é do empregado contra seus empregadores (e não contra os clientes dos empregadores).
Gabarito "D".

**(Cartório/RJ – 2008 – UERJ)** É correto afirmar que:

(A) a solidariedade em matéria tributária comporta benefício de ordem
(B) as convenções particulares relativas à responsabilidade pelo pagamento de tributos são oponíveis a Fazenda Pública
(C) sujeito passivo da obrigação tributária será sempre aquele que tenha relação pessoal e direta com a situação que constitua o respectivo fato gerador
(D) os tabeliães, escrivães e demais serventuários de ofícios respondem subsidiariamente ao contribuinte principal da obrigação, pelos tributos devidos sobre os atos praticados por eles, ou perante eles, em razão de seu ofício
(E) os créditos tributários relativos a impostos cujo fato gerador seja a propriedade, o domínio útil ou a posse de bens imóveis, e bem assim os relativos a taxas pela prestação de serviços referentes a tais bens, ou a contribuições de melhoria, sub-rogam-se na pessoa dos respectivos adquirentes, salvo quando conste do título a prova de sua quitação

A: incorreta, pois não há benefício de ordem na solidariedade tributária, conforme dispõe expressamente o art. 124, parágrafo único, do CTN; B: incorreta, pois é o oposto. Salvo disposições de lei em contrário, as convenções particulares, relativas à responsabilidade pelo pagamento de tributos, não podem ser opostas à Fazenda Pública, para modificar a definição legal do sujeito passivo das obrigações tributárias correspondentes – art. 123 do CTN; C: incorreta, pois, além do contribuinte, definido na assertiva, há o responsável tributário, como a outra espécie de sujeito passivo – art. 121, parágrafo único, II, do CTN; D: discutível. O art. 134, VI, do CTN, ao tratar da responsabilidade tributária dos tabeliães, escrivães e demais serventuários de ofício, afirma que eles respondem solidariamente, de modo que a alternativa foi considerada incorreta pelo examinador. Entretanto, é tranquilo o entendimento no sentido de que essa responsabilidade é, a rigor, subsidiária, pois a obrigação somente é exigível contra o responsável em caso de impossibilidade de cobrança contra o contribuinte - ver REsp 909.215/MG-STJ; E: assertiva correta, pois reflete exatamente o disposto no art. 130, *caput*, do CTN.
Gabarito "E".

**(Cartório/SE – 2006 – CESPE)** Em 5/1/2006, a Central do Esporte Ltda., pessoa jurídica que atua no ramo de compra e venda de artigos esportivos, adquiriu o estabelecimento empresarial de Alfredo Mecânica de Automóveis Ltda., sociedade com domicílio no estado de Minas Gerais. Ocorre que a alienante está em débito com a fazenda pública, quanto ao pagamento do ICMS, desde 2004. Em setembro de 2006, a pessoa jurídica Alfredo Mecânica de Automóveis Ltda. retomou suas atividades, no mesmo ramo de atividade antes explorado. Considerando a situação hipotética apresentada, julgue os itens seguintes, acerca da responsabilidade e do crédito tributários.

(1) A pessoa jurídica Central do Esporte Ltda. Possui responsabilidade subsidiária pelo pagamento dos tributos devidos por Alfredo Mecânica de Automóveis Ltda., até 5/1/2006.
(2) Se o estado de Minas Gerais conceder moratória individual, quanto ao ICMS devido por Alfredo Mecânica de Automóveis Ltda., considerar-se-á suspensa a exigibilidade do crédito tributário.

1: incorreta, pois a adquirente (Central do Esporte) não responde pelos débitos pretéritos, pois não prosseguiu na exploração da atividade anteriormente exercida pelo alienante (mecânica) – art. 133, *caput*, do CTN; 2: assertiva correta, nos termos do art. 151, I, do CTN – a moratória é modalidade de suspensão da exigibilidade do crédito.
Gabarito 1E, 2C.

**(Cartório/SP – II – VUNESP)** A respeito da responsabilidade tributária, é incorreto dizer que

(A) os sócios, no caso de liquidação de sociedade de pessoas, não respondem por obrigações tributárias da sociedade liquidada, pois as pessoas jurídicas têm existência distinta da dos seus membros.
(B) o herdeiro, legatário e cônjuge-meeiro são pessoalmente responsáveis pelos tributos devidos pelo *de cujus* até a data da partilha ou adjudicação, limitada esta responsabilidade ao montante do quinhão, do legado ou da meação.

(C) a pessoa jurídica de direito privado que resultar de fusão, transformação ou incorporação de outra ou em outra é responsável pelos tributos devidos até a data do ato pelas pessoas jurídicas de direito privado fusionadas, transformadas ou incorporadas.

(D) nas hipóteses de extinção de pessoas jurídicas de direito privado, quando a exploração da respectiva atividade seja continuada por qualquer sócio remanescente, ou seu espólio, a nova sociedade constituída, independentemente de sua razão social, é responsável pelos tributos devidos pela sociedade extinta.

A: essa é a assertiva incorreta, pois o art. 134, VII, do CTN prevê expressamente a responsabilidade dos sócios, no caso de liquidação de sociedade de pessoas; B: correta, pois essa responsabilidade, com a limitação indicada, está prevista no art. 131, II, do CTN; C: correta, conforme a responsabilidade do art. 132 do CTN; D: correta, pois a responsabilidade descrita é prevista no art. 132, parágrafo único, do CTN.
Gabarito "A".

**(Cartório/SP – III – VUNESP)** A respeito dos sujeitos ativo e passivo da relação jurídica tributária é incorreto dizer que

(A) a capacidade tributária passiva independe da capacidade civil das pessoas naturais.

(B) os delegados de notas e registros se situam no polo ativo da obrigação tributária, devendo exigir o seu cumprimento.

(C) em relação às parcelas dos emolumentos destinadas ao Estado e ao Tribunal de Justiça, os delegados de notas e registros são sujeitos passivos por substituição.

(D) de acordo com o Código Tributário Nacional, os inventariantes não são responsáveis solidários, em via subsidiária, pelos tributos devidos pelos espólios, nos atos em que intervierem ou pelas omissões de que forem responsáveis.

A: assertiva correta, conforme o art. 126, I, do CTN; B: imprecisa, pois não indica qual a obrigação tributária a que se refere. Se o examinador se referir aos emolumentos, a assertiva é correta, pois o agente a quem foi delegado o serviço público (tabelião, notário) é sujeito ativo dessa taxa, podendo e devendo cobrá-la; C: discutível. A Vunesp, em seus gabaritos, divide os emolumentos em duas parcelas. A parte que fica como agente delegado (tabelião, notário) é considerada taxa pela prestação de serviço público, enquanto a parcela repassada ao Estado é considerada taxa pelo exercício do poder de polícia. Por essa ótica, a assertiva estaria correta, pois o agente delegado seria sujeito passivo em relação à taxa pelo exercício do poder de polícia (parcela repassada ao Estado). Parece-nos, entretanto, que o tomador do serviço notarial paga a totalidade da taxa pela prestação do serviço público, sem relação direta, em princípio, com o exercício do poder de polícia. Nesse sentido, o tributo é integralmente pago pelo usuário do serviço público (cliente do cartório paga pela prestação do serviço) e há simples repasse de parcela da receita pelo cartório ao Estado (matéria de direito financeiro, mas não tributário em sentido estrito); D: essa é a assertiva incorreta, pois a responsabilidade dos inventariantes pelos atos em que intervierem ou pelas omissões de que forem responsáveis é prevista expressamente pelo art. 134, IV, do CTN. Apesar do dispositivo legal utilizar o termo "solidariamente", é tranquilo o entendimento no sentido de que essa responsabilidade é, a rigor, subsidiária, pois a obrigação somente é exigível contra o responsável em caso de impossibilidade de cobrança contra o contribuinte – ver REsp 909.215/MG-STJ.
Gabarito "D".

**(Cartório/SP – V – VUNESP)** O domicílio fiscal ou tributário do contribuinte é

(A) a sua residência habitual.

(B) o lugar da situação de seus bens.

(C) o local de sua preferência, desde que não seja recusado pela autoridade administrativa.

(D) o lugar onde estabelecer residência com ânimo definitivo e, se tiver diversas residências, aquela na qual passar a maior parte do tempo.

O contribuinte elege seu domicílio, nos termos e limites do art. 127 do CTN, que traz regras subsidiárias para sua identificação, apenas em caso de ausência de escolha do domicílio ou de recusa pelo fisco. Por essa razão, a alternativa "C" é a correta.
Gabarito "C".

## 7. SUSPENSÃO, EXTINÇÃO E EXCLUSÃO DO CRÉDITO TRIBUTÁRIO

**(Cartório/SP – 2012 – VUNESP)** Sobre a moratória, pode-se concluir que:

(A) Pode ser concedida por ato do Instituto Nacional do Seguro Social (INSS) quanto às contribuições para a seguridade social.

(B) A concessão de moratória em caráter individual pela Prefeitura Municipal de Ribeirão Preto gera direito adquirido.

(C) A norma paulistana concessiva de moratória deve ser impessoal; não pode discriminar sua aplicabilidade a determinada classe ou categoria de sujeitos passivos.

(D) Lei paulista pode fazer com que a moratória abranja créditos cujos lançamentos ainda não tenham sido iniciados.

A: incorreta, pois qualquer benefício fiscal somente pode ser concedido por lei do ente competente, no caso, por lei federal, pois a União é quem detém a competência tributária em relação às contribuições sociais – arts. 149 e 150, § 6º, da CF e art. 97, VI, do CTN; B: incorreta, pois a concessão da moratória em caráter individual (a exemplo da remissão e da isenção) não gera direito adquirido – art. 155 do CTN; C: incorreta, pois a moratória pode ser concedida em caráter individual, conforme o art. 152, II, do CTN; D: correta, pois a lei pode trazer essa regra excepcional, nos termos do art. 154 do CTN.
Gabarito "D".

**(Cartório/SP – 2011 – VUNESP)** Sobre as hipóteses de exclusão do crédito tributário previstas no Código Tributário Nacional (CTN), é correto afirmar que:

(A) A exclusão do crédito tributário dispensa o cumprimento das obrigações acessórias dependentes da obrigação principal do crédito excluído.

(B) A outorga de anistia somente poderá ser concedida por meio de lei específica que regule exclusivamente o correspondente tributo.

(C) A anistia não pode ser concedida em caráter geral.

(D) A lei concessiva de anistia pode abranger infrações que venham a ser cometidas posteriormente, desde que relacionadas ao mesmo tributo.

A: incorreta, pois a exclusão do crédito não afasta as obrigações acessórias correspondentes – art. 175, parágrafo único, do CTN; B: essa é a melhor alternativa, mas, na verdade, é possível também que

a anistia seja veiculada por lei específica que trate exclusivamente desse benefício fiscal (da anistia), não necessariamente que regule o correspondente tributo – art. 150, § 6º, da CF; C: incorreta, pois isso é possível – art. 181, I, do CTN; D: incorreta, pois isso (abrangência de fatos futuros) seria revogação da tipificação do ilícito ou da penalidade correspondente – art. 180, *caput*, do CTN.
"Gabarito "B".

**(Cartório/MG – 2012 – FUMARC)** São causas de extinção do crédito tributário, segundo a lei, **EXCETO:**

(A) A transação e a remissão.
(B) A prescrição e a decadência.
(C) O pagamento e a compensação.
(D) A consignação em pagamento e o lançamento.

Nos termos do art. 156 do CTN, extinguem o crédito tributário (i) o pagamento, (ii) a compensação, (iii) a transação, (iv) a remissão, (v) a prescrição e a decadência, (vi) a conversão de depósito em renda, (vii) o pagamento antecipado e a homologação do lançamento nos termos do disposto no artigo 150 e seus §§ 1º e 4º, do mesmo Código, (viii) a consignação em pagamento, nos termos do disposto no § 2º do artigo 164, também do CTN; (ix) a decisão administrativa irreformável, assim entendida a definitiva na órbita administrativa, que não mais possa ser objeto de ação anulatória, (x) a decisão judicial passada em julgado e (xi) a dação em pagamento em bens imóveis, na forma e condições estabelecidas em lei. Por essa razão, a alternativa "D" deve ser indicada, pois o lançamento não é modalidade de extinção do crédito (pelo contrário, o lançamento constitui o crédito).
Gabarito "D".

**(Cartório/MG – 2012 – FUMARC)** Em sede de consignação judicial do crédito tributário, **NÃO** é correto afirmar que:

(A) A consignação só pode versar sobre o crédito que o consignante se propõe a pagar.
(B) A consignação pode versar sobre outros créditos, desde que em face da mesma pessoa jurídica de direito público.
(C) Julgada procedente a consignação, o pagamento se reputa efetuado e a importância consignada é convertida em renda.
(D) Julgada improcedente a consignação, no todo ou em parte, cobra-se o crédito acrescido de juros de mora, sem prejuízo das penalidades cabíveis.

A: correta, conforme o art. 164, § 1º, do CTN; B: essa é a incorreta, devendo ser indicada, por exclusão das demais, considerando que o art. 164 do CTN refere-se apenas à consignação de créditos tributários que o consignante se propõe a pagar; C: correta, conforme o art. 164, § 2º, do CTN; D: correta, nos termos do art. 164, § 2º, *in fine*, do CTN.
Gabarito "B".

**(Cartório/MG – 2012 – FUMARC)** A ação para cobrança do crédito tributário prescreve em 5 (cinco) anos contados da data de sua constituição definitiva. São hipóteses de interrupção da prescrição, **EXCETO:**

(A) O protesto judicial.
(B) A citação pessoal feita ao devedor.
(C) Qualquer ato judicial que constitua em mora o devedor.
(D) Qualquer ato inequívoco, ainda que extrajudicial, que importe em reconhecimento do débito pelo devedor.

Nos termos do art. 174, parágrafo único, do CTN, a prescrição se interrompe (i) pelo despacho do juiz que ordenar a citação em execução fiscal, (ii) pelo protesto judicial, (iii) por qualquer ato judicial que constitua em mora o devedor, (iv) por qualquer ato inequívoco ainda que extrajudicial, que importe em reconhecimento do débito pelo devedor. Por essa razão, a alternativa "B" deve ser indicada (a citação do devedor era prevista no art. 174, parágrafo único, do CTN antes da alteração pela LC 118/2005 que lhe deu a redação atual).
Gabarito "B".

**(Cartório/MG – 2012 – FUMARC)** O crédito tributário pode ter sua exigibilidade suspensa por meio de:

(A) Embargos.
(B) Impugnação do sujeito passivo.
(C) Ação anulatória de exigência fiscal.
(D) Reclamações e recursos nos termos das leis reguladoras do processo tributário administrativo.

A: incorreta, pois os embargos à execução não implicam, por si só, suspensão da exigibilidade do crédito, conforme a jurisprudência mais recente; B: imprecisa, pois não é qualquer impugnação do sujeito passivo que suspende a exigibilidade, mas apenas as reclamações e os recursos apresentados nos termos da legislação tributária – art. 151, III, do CTN; C: incorreta, pois o simples ajuizamento de ação não suspende a exigibilidade do crédito; D: correta, nos termos do art. 151, III, do CTN.
Gabarito "D".

**(Cartório/RJ – 2012)** Sobre decadência tributária, é correto afirmar que:

(A) O prazo para o ajuizamento da execução fiscal é de natureza decadencial.
(B) Pela decadência, está extinto o direito de lançar.
(C) O prazo decadencial se inicia da data da constituição definitiva do crédito tributário.
(D) As normas pertinentes à decadência podem ser veiculadas por leis ordinárias.
(E) A decadência se interrompe pelo despacho do juiz que ordenar a citação em execução fiscal.

A: incorreta, pois o prazo é prescricional, nos termos do art. 174 do CTN; B: correta, nos termos do art. 173 do CTN, da doutrina e da jurisprudência, muito embora o Código refira-se à extinção do crédito tributário (não do direito de lançar) – art. 156, V, do CTN; C: incorreta, pois o prazo decadencial quinquenal para constituir o crédito inicia-se, em regra, no primeiro dia do exercício seguinte àquele em que o lançamento poderia ter sido efetuado – art. 173, I, do CTN; D: incorreta, pois se trata de matéria reservada à lei complementar federal – art. 146, III, *b*, da CF; E: incorreta, pois a decadência não se interrompe, em regra – art. 173 do CTN (há o caso excepcionalíssimo do inciso II desse artigo).
Gabarito "B".

**(Cartório/RN – 2012 – IESIS)** A empresa X recebeu em junho de 2012 um auto de infração constituindo crédito tributário relativo ao ICMS com período de apuração de março de 2011. Tempestivamente apresenta a reclamação fiscal que aguarda julgamento do órgão competente. Em face do narrado, assinale a alternativa correta:

(A) O crédito tributário é exigível administrativamente e judicialmente.
(B) O crédito tributário é exigível judicialmente, mas não o é administrativamente.
(C) O crédito tributário está com a exigibilidade suspensa.
(D) O crédito tributário está extinto.

As reclamações e os recursos, nos termos das leis reguladoras do processo tributário administrativo, suspendem a exigibilidade do crédito tributário – art. 151, III, do CTN. Por essa razão, a alternativa "C" é a correta.
Gabarito "C".

**(Cartório/SC – 2012)** No que tange ao crédito tributário, é **correto** afirmar:

(A) Podem ser extintos pelo pagamento; pela compensação; pela transação; pela remissão; pela prescrição; pela decadência; pela anistia e pela isenção.
(B) Podem ser extintos apenas pela anistia e pela isenção.
(C) Somente podem ser excluídos pela compensação; pela remissão; pela prescrição; pela decadência e pela anistia.
(D) Somente podem ser extintos pelo pagamento; pela compensação; pela transação; pela remissão; pela prescrição; pela decadência; pela anistia e pela isenção.
(E) Podem ser extintos pelo pagamento; pela compensação; pela transação; pela remissão; pela prescrição e pela decadência.

A, B, C e D: incorretas, pois anistia e isenção são as duas modalidades de exclusão do crédito tributário, não de extinção – art. 175 do CTN; E: correta, pois indica exclusivamente modalidades de extinção do crédito, conforme o art. 156 do CTN.
Gabarito "E".

**(Cartório/AC – 2006 – CESPE)** Julgue os itens seguintes, tendo como contexto a relação jurídico-tributária e o Código Tributário Nacional.

(1) A lei permite que a União conceda moratória quanto a tributos de competência dos estados, do Distrito Federal ou dos municípios, quando simultaneamente concedida quanto aos tributos de competência federal e às obrigações de direito privado.
(2) Salvo disposição de lei em contrário, a isenção não é extensiva às taxas e às contribuições de melhoria, em razão de as taxas estarem vinculadas a uma contraprestação, e a contribuição de melhoria derivar de valorização patrimonial decorrente de obra pública.

1: assertiva correta, pois esse excepcionalíssimo caso de concessão heterônoma de benefício fiscal (por quem não é titular da competência tributária) é previsto expressamente no art. 152, I, "b", do CTN; 2: correta, pois reflete o disposto no art. 177 do CTN.
Gabarito 1C, 2C

**(Cartório/DF – 2008 – CESPE)** Com o fim de pleitear, judicialmente, a compensação dos créditos com débitos tributários que possui, uma empresa adquiriu, por cessão de direitos, créditos decorrentes de precatório judicial expedido contra ente público, razão por que pretende requerer a imediata suspensão da exigibilidade dos créditos tributários, mediante antecipação de tutela. Acerca da situação descrita acima, julgue os seguintes itens.

(1) A compensação é uma das hipóteses legais de suspensão da exigibilidade do crédito tributário, desde que as partes sejam ao mesmo tempo credora e devedora uma da outra.
(2) A CF não prevê nenhuma forma de compensação de créditos decorrentes de precatórios com tributos cobrados pela entidade devedora, de forma que o pleito da empresa deverá ser indeferido.
(3) Segundo entendimento já sumulado do STJ, a compensação de créditos tributários não pode ser deferida em ação cautelar ou por medida liminar cautelar ou antecipatória.
(4) A lei pode, em determinadas condições, autorizar a compensação de créditos tributários com créditos líquidos e certos, vencidos ou vincendos, do sujeito passivo contra a fazenda pública.
(5) Os créditos decorrentes de precatório judicial possuem caráter personalíssimo, de maneira que é inválida a sua cessão para terceiros, somente podendo ser compensados com débitos tributários do beneficiário original constante do título executivo judicial.

1: incorreta, pois a compensação é causa extintiva do crédito, não suspensiva; ademais, depende de lei específica do ente tributante, de modo que não é possível, em regra, a quitação de tributo pela apresentação de precatório; somente a inadimplência das parcelas previstas no art. 78 do ADCT tem o efeito liberatório do pagamento de tributos (§ 2º); por essas razões, não há verossimilhança que permita a antecipação de tutela pleiteada (suspensão do crédito); 2: incorreta, já que não há previsão constitucional de compensação entre precatórios e tributos. No entanto, há poder liberatório de pagamento no caso de inadimplemento das parcelas previstas no art. 78 do ADCT, conforme o § 2º desse dispositivo; 3: correta, nos termos da Súmula 212/STJ; 4: assertiva correta, conforme o art. 170 do CTN; 5: assertiva incorreta. O Judiciário vinha aceitando a cessão de precatórios. Com a EC 62/2009, essa possibilidade passou a constar do art. 100, § 13, da CF. Ademais, já havia a previsão específica do art. 78, *in fine*, do ADCT (parcelamento constitucional de até dez anos). A compensação, no entanto, depende de lei específica.
Gabarito 1E, 2E, 3C, 4C, 5E

**(Cartório/DF – 2006 – CESPE)** Tratando-se de IPTU, o encaminhamento do carnê de recolhimento ao contribuinte é suficiente para se considerar o cidadão como notificado. Com esse entendimento, já pacificado no STJ, a Segunda Turma da Corte manteve decisão do Tribunal de Justiça do Rio Grande do Sul (TJRS) tomada em apelação proposta pelo município de Novo Hamburgo – RS. O TJRS entendeu que, para a espécie tributária IPTU, o lançamento opera-se diretamente, sem mediação do sujeito passivo, visto que a autoridade administrativa dispõe de todos os elementos necessários à sua concreção. "E a notificação se eficaciza invariavelmente e *ex vi legis* a todo primeiro dia do exercício correspondente, não sendo preciso qualquer ato administrativo de intercâmbio procedimental." Consoante a decisão acima tomada pelo STJ, o contribuinte tornou-se notificado do crédito tributário por meio do encaminhamento do carnê de pagamento do IPTU. Para tanto, naturalmente, era necessário que houvesse a prévia constituição daquele crédito. Relativamente ao caso objeto do texto acima, bem como à constituição, à notificação, à suspensão e à exclusão do crédito tributário, julgue os itens que se seguem.

(1) Se o contribuinte não consegue pagar seus tributos no prazo devido e se a norma aplicável permite o parcelamento, a lei que instituiu tal tributo não pode exigir multa e juros de mora.

(2) Apesar de o conceito de tributo comportar uma obrigação pecuniária, a extinção do crédito pode ser feita mediante pagamento em bens de natureza imóvel e móvel, desde que estes últimos estejam agregados aos imóveis, passando a ser classificados como bens imóveis.

1: assertiva incorreta, especialmente em relação ao juros moratórios, que podem sempre ser exigidos em caso de parcelamento, mesmo se inexistir inadimplemento. Quanto à multa, há duas situações possíveis, não esclarecidas na questão. Se a lei local permite o parcelamento do débito inadimplido (após o vencimento do IPTU), como uma espécie de programa de regularização da situação tributária, a multa é devida. Entretanto, se a questão se refere à possibilidade de parcelamento como opção do contribuinte (ele pode optar pelo pagamento a vista com desconto, ou pelo pagamento parcelado, por exemplo), não há inadimplência, mas simples escolha do parcelamento, de modo que a multa não é devida; 2: assertiva correta, devendo ser observada a legislação do ente tributante, que regula a dação em pagamento de bens imóveis. Em princípio, o CTN prevê apenas da dação de bens **imóveis** como modalidade de extinção do crédito tributário na forma e condições estabelecidas em lei (art. 156, XI). Há entendimento no sentido de que somente o CTN (ou lei complementar que o modifique) institui modalidades de extinção do crédito tributário, nos termos do art. 141 do CTN. Outros defendem que a reserva de lei complementar federal restringe-se à decadência è a prescrição, conforme o art. 146, III, "b", da CF. Esse último entendimento já foi acolhido pelo STF ao admitir lei estadual instituindo a dação de bens **móveis** como modalidade de extinção do crédito tributário (ADI 2.405 MC/RS). Posteriormente, entretanto, o STF afastou outra lei local que previa a dação de bens móveis, mas não por conta da reserva de lei complementar federal, e sim por ofensa, naquele caso específico, ao princípio da licitação (ADI 1.917/DF). De qualquer forma, no caso descrito na questão, aquilo que é agregado intencionalmente ao imóvel pelo proprietário é considerado bem imóvel por acessão intelectual, de modo que se pode ser incluído na dação em pagamento prevista no art. 156, XI, do CTN, sendo desnecessária a discussão a respeito da possibilidade de dação em pagamento de bens móveis - ver, por ser bastante esclarecedora, a redação do art. 43 do Código Civil de 1916 (revogado pelo atual CC), que definia didaticamente os imóveis por natureza, por acessão física e por acessão intelectual.
Gabarito 1E, 2C

**(Cartório/DF – 2003 – CESPE)** Após cinco anos de ininterrupta contribuição de ICMS para o Distrito Federal (DF), uma empresa distribuidora de produtos adquiridos na região Sul e revendidos no DF resolveu creditar-se da diferença de alíquota interestadual, com base em controle difuso de constitucionalidade efetuado pelo Supremo Tribunal Federal declarando indevida a incidência daquele tributo sobre alguns bens adquiridos. Considerando essa situação hipotética, julgue os itens a seguir.

(1) O crédito será lícito a partir do julgamento da ação intentada pela empresa para reconhecimento da inconstitucionalidade.
(2) A sociedade comercial será sempre parte legítima para ingressar em juízo requerendo a restituição do indébito.
(3) Autuada a empresa pelo fisco e convencendo-se da irregularidade do crédito, o pagamento poderá ser efetuado de forma parcelada, atendidos os requisitos da legislação própria, uma vez que não atuou com dolo, fraude ou simulação.

1: assertiva incorreta. A rigor, o creditamento relativo a indébitos e a compensação de ICMS pelo próprio contribuinte são regulados pela legislação local. É comum a legislação dos entes tributantes admitirem o creditamento por conta e risco do contribuinte, sujeitando-se à posterior fiscalização (o que torna desnecessária, em princípio, a propositura de ação judicial pela própria contribuinte, bastando, eventualmente, procedimento administrativo). Por outro lado, caso haja controvérsia com o fisco, é vedada, nos termos do art. 170-A, a compensação mediante o aproveitamento de tributo, objeto de contestação judicial pelo sujeito passivo, antes do trânsito em julgado da respectiva decisão judicial. O creditamento de ICMS implica compensação dos valores devidos nas operações atuais com o crédito que o contribuinte defende ter, em relação ao diferencial de alíquota sobre operações anteriores. Ainda que não se conheça a legislação local e os detalhes do caso, portanto, é possível afirmar que a assertiva é incorreta; 2: incorreta, pois, por se tratar de tributo indireto (cujo ônus econômico é, na forma da lei, repassado ao adquirente dos bens ou serviços), o contribuinte de direito deve comprovar que assumiu o ônus econômico do tributo ou tem autorização de quem o assumiu, como requisito para a restituição – art. 166 do CTN; 3: assertiva correta. O parcelamento é concedido na forma e condição estabelecidas em lei específica do ente tributante – art. 155-A do CTN. De qualquer forma, inexistindo dolo, fraude ou simulação do sujeito passivo ou do terceiro em benefício daquele, não há vedação à concessão do parcelamento, conforme o art. 154, parágrafo único, do CTN, aplicável por força do art. 155-A, § 2º, do mesmo Código.
Gabarito 1E, 2E, 3C

**(Cartório/DF – 2003 – CESPE)** A respeito de crédito tributário, julgue os itens seguintes.

(1) O depósito do montante integral do crédito tributário é medida cautelar cuja finalidade é a suspensão da exigibilidade do crédito tributário e, consequentemente, dos atos executórios.
(2) Uma lei local pode prever a modalidade civilista de dação em pagamento como forma de extinção do crédito tributário.

1: assertiva correta, conforme o art. 151, II, do CTN, lembrando que o depósito deve ser em dinheiro, para que tenha esse efeito; 2: matéria bastante controvertida. Em princípio, o CTN prevê apenas da dação de bens **imóveis** como modalidade de extinção do crédito tributário na forma e condições estabelecidas em lei (art. 156, XI). Há entendimento no sentido de que somente o CTN (ou lei complementar que o modifique) institui modalidades de extinção do crédito tributário, nos termos do art. 141 do CTN. Outros defendem que a reserva de lei complementar federal restringe-se à decadência è a prescrição, conforme o art. 146, III, "b", da CF. Esse último entendimento já foi acolhido pelo STF ao admitir lei estadual instituindo a dação de bens **móveis** como modalidade de extinção do crédito tributário (ADI 2.405 MC/RS). Posteriormente, entretanto, o STF afastou outra lei local que previa a dação de bens móveis, mas não por conta da reserva de lei complementar federal, e sim por ofensa, naquele caso específico, ao princípio da licitação (ADI 1.917/DF).
Gabarito 1C, 2E

**(Cartório/ES – 2007 – FCC)** Sobre a isenção tributária, considere:

I. A isenção, mesmo quando prevista em contrato, é sempre decorrente de lei que especifique as condições e requisitos exigidos para a sua concessão, os tributos a que se aplica e, sendo caso, o prazo de sua duração.
II. A isenção não pode ser restrita a determinada região do território da entidade tributante, em função de condições a ela peculiares.

III. Salvo disposição de lei em contrário, a isenção não é extensiva às taxas e às contribuições de melhoria;
IV. Salvo disposição de lei em contrário, a isenção é extensiva aos tributos instituídos posteriormente à sua concessão.
V. A isenção, salvo se concedida por prazo certo e em função de determinadas condições, pode ser revogada ou modificada por lei, a qualquer tempo, observado o princípio da anualidade, salvo se a lei for favorável ao contribuinte.

Está correto o que se afirma APENAS em

(A) III, IV e V.
(B) I e V.
(C) II e III.
(D) I, II e IV.
(E) I, III e V.

I: assertiva correta, pois reflete exatamente o disposto no art. 176, *caput*, do CTN; II: incorreta, pois essa restrição é permitida, nos termos do art. 176, parágrafo único, do CTN; III: correta, conforme o art. 177, I, do CTN; IV: assertiva incorreta, pois, nos termos do art. 177, II, do CTN, salvo disposição de lei em contrário, a isenção não é extensiva aos tributos instituídos posteriormente à sua concessão; V: adequada, pois reflete o disposto no art. 178 do CTN, c/o o art. 104, III, do mesmo Código. São necessárias, entretanto, algumas observações. Em primeiro lugar, o art. 104, III, do CTN refere-se ao que definimos atualmente como princípio da anterioridade, e não da anualidade, este não mais subsistente no sistema tributário brasileiro (que exigia prévia previsão orçamentária para a cobrança do tributo). Em segundo lugar, embora muitos autores defendam que toda revogação de isenção implica majoração de tributo, de modo que sempre se aplica a anterioridade, esse não é o entendimento pacífico na jurisprudência. De fato, o art. 104, III, do CTN prevê a anterioridade expressamente apenas em relação aos impostos sobre o patrimônio e sobre a renda. Por essa razão, o STF já entendeu que a revogação de isenção do ICMS (que não é nem sobre patrimônio, nem sobre renda) não se sujeita à anterioridade - ver Súmula 615/STF (que, aliás, utiliza o antiquado termo "anualidade", como a questão em análise).
Gabarito "E".

**(Cartório/MS – 2009 – VUNESP)** A vedação a que os entes tributantes instituam impostos sobre o patrimônio, renda ou serviços, uns dos outros, consiste em

(A) anistia.
(B) remissão.
(C) isenção.
(D) imunidade.
(E) compensação.

A assertiva refere-se à imunidade recíproca – art. 150, VI, *a*, da CF, de modo que a alternativa "D" é a correta. Anistia e isenção são modalidades de exclusão do crédito tributário – art. 175 do CTN. Remissão e compensação são modalidades de extinção do crédito – art. 156, II e IV, do CTN.
Gabarito "D".

**(Cartório/MT – 2005 – CESPE)** Com relação à compensação do crédito tributário, assinale a opção correta.

(A) A ação judicial a ser utilizada para a declaração de compensação é a ação ordinária.
(B) Para serem compensáveis, os créditos do sujeito passivo têm que ser líquidos e certos, porém, admitem-se créditos vincendos.
(C) As taxas de desconto de créditos futuros a compensar não podem ser menores que 1% ao mês.
(D) Se o crédito do sujeito passivo decorrer de ação judicial de natureza tributária, somente poderá ser utilizado para compensação, após a sentença de primeiro grau favorável à constituição desse crédito.

A: incorreta, pois, apesar de cabível ação ordinária com pedido declaratório, a jurisprudência admite o uso do Mandado de Segurança com essa finalidade, conforme consolidado pela Súmula 213/STJ (o que é bastante comum). É importante lembrar, entretanto, que não cabe mandado de segurança para convalidar a compensação tributária já realizada pelo contribuinte - Súmula 460/STJ; B: assertiva correta, conforme o art. 170 do CTN, que admite a compensação com créditos vencidos ou vincendos do sujeito passivo contra a fazenda pública; C: incorreta, pois o art. 170, parágrafo único, do CTN estabelece limite máximo de 1% para o desconto, não mínimo (o desconto não pode ser superior ao juro de 1% ao mês, podendo, portanto, ser igual ou inferior a isso); D: incorreta, pois é vedada a compensação mediante o aproveitamento de tributo, objeto de contestação judicial pelo sujeito passivo, antes do trânsito em julgado da respectiva decisão judicial – art. 170-A do CTN.
Gabarito "B".

**(Cartório/SE – 2006 – CESPE)** Acerca da disciplina da repetição do indébito tributário, julgue o item seguinte.

(1) Considere que o Posto Alvorada Ltda., pessoa jurídica que atua com a venda de combustível no varejo, tenha recolhido a COFINS e o PIS em valor superior ao devido, durante um período de 2 anos. Nessa situação, o Posto Alvorada Ltda. não possui legitimidade ativa para pleitear a restituição da COFINS e do PIS recolhidos indevidamente.

1: incorreta, pois o contribuinte que recolhe tributo a maior tem legitimidade ativa processual para repetir judicialmente o valor, observado o prazo prescricional quinquenal (reduzido para 2 anos, se houver prévio indeferimento administrativo) e desde de que comprove que assumiu o ônus econômico do indébito (ou tem autorização de quem tenha assumido), no caso dos chamados tributos indiretos - arts. 165 a 169 do CTN.
Gabarito 1E.

**(Cartório/SP – VII – VUNESP)** Sobre as hipóteses de exclusão do crédito tributário previstas no Código Tributário Nacional (CTN), é correto afirmar que

(A) a exclusão do crédito tributário dispensa o cumprimento das obrigações acessórias dependentes da obrigação principal do crédito excluído.
(B) a outorga de anistia somente poderá ser concedida por meio de lei específica que regule exclusivamente o correspondente tributo.
(C) a anistia não pode ser concedida em caráter geral.
(D) a lei concessiva de anistia pode abranger infrações que venham a ser cometidas posteriormente, desde que relacionadas ao mesmo tributo.

A: incorreta, pois exclusão do crédito tributário não dispensa o cumprimento das obrigações acessórias dependentes da obrigação principal cujo crédito seja excluído, ou dela consequente – art. 175, parágrafo único, do CTN; B: assertiva correta, pois, nos termos do art. 150, § 6º, da CF, qualquer subsídio ou isenção, redução de base de cálculo, concessão de crédito presumido, anistia ou remissão, relativos a impostos, taxas ou contribuições, só poderá ser concedido mediante lei específica, federal, estadual ou municipal, que regule exclusivamente as matérias acima enumeradas ou o correspondente tributo ou contribuição, sem prejuízo do disposto no art. 155, § 2.º, XII, "g" (refere-se à concessão de benefícios fiscais de ICMS pela deliberação conjunta dos Estados e do Distrito Federal); C: incorreta, pois a anistia pode ser concedida em caráter geral ou limitadamente, conforme o art. 181 do CTN; D: incorreta, pois a anistia abrange exclusivamente as infrações cometidas anteriormente à vigência da lei que a concede (se abrangesse infrações posteriores não seria anistia, mas sim revogação da norma que impõe a penalidade pecuniária) – art. 180, *caput*, do CTN.

Gabarito "B".

**(Cartório/SP – VI – VUNESP)** Assinale a alternativa incorreta.

(A) São gratuitos os registros de nascimento e de óbito, bem como as respectivas primeiras certidões.

(B) São gratuitos os registros de óbito e de casamento (para os declaradamente pobres), bem como as respectivas primeiras certidões.

(C) São gratuitos os registros de nascimento e de emancipação voluntária, bem como as respectivas primeiras certidões.

(D) São gratuitos os registros de interdições e as averbações em geral, oriundos de assistência judiciária deferida em Juízo.

A: assertiva correta, nos termos do art. 5º, LXXVI, da CF, do art. 30 da Lei 6.015/1973 e do art. 45 da Lei 8.935/1994; B: correta, nos termos do art. 226, § 1º, da CF e do art. 30, § 1º, da Lei 6.015/1973; C: essa é a incorreta, pois não há isenção em relação ao registro de emancipação voluntária; D: correta, nos termos do art. 5º, LXXIV, da CF

Gabarito "C".

**(Cartório/SP – VI – VUNESP)** Não extingue o crédito tributário

(A) a isenção.
(B) a transação.
(C) o pagamento.
(D) a compensação.

Nas alternativas, apenas a isenção (alternativa "A") não é modalidade de extinção, mas sim de exclusão do crédito tributário.

Gabarito "A".

Veja a seguinte tabela para estudar e memorizar as causas de suspensão, extinção e exclusão do crédito tributário:

| Suspensão | Extinção | Exclusão |
|---|---|---|
| – a moratória | – pagamento | – a isenção |
| – o depósito do seu montante integral | – a compensação | – a anistia |
| – as reclamações e os recursos, nos termos das leis reguladoras do processo tributário administrativo | – a transação | |
| – a concessão de medida liminar em mandado de segurança | – remissão | |
| – a concessão de medida liminar ou de tutela antecipada, em outras espécies de ação judicial | – a prescrição e a decadência | |
| – o parcelamento | – a conversão de depósito em renda | |
| | – o pagamento antecipado e a homologação do lançamento nos termos do disposto no artigo 150 e seus §§ 1º e 4º | |
| | – a consignação em pagamento, nos termos do disposto no § 2º do artigo 164 | |
| | – a decisão administrativa irreformável, assim entendida a definitiva na órbita administrativa, que não mais possa ser objeto de ação anulatória | |
| | – a decisão judicial passada em julgado | |
| | – a dação em pagamento em bens imóveis, na forma e condições estabelecidas em lei | |

**(Cartório/SP – V – VUNESP)** A concessão da liminar em mandado de segurança preventivo é causa de

(A) extinção ou exclusão do crédito tributário enquanto perdurarem os seus efeitos.
(B) suspensão da exigibilidade do crédito tributário enquanto perdurarem os seus efeitos.
(C) exclusão temporária do lançamento enquanto perdurarem os seus efeitos.
(D) cancelamento do fato gerador da obrigação tributária.

A concessão de liminar em mandado de segurança é modalidade de suspensão da exigibilidade do crédito tributário, nos termos do art. 151, IV, do CTN, de modo que a alternativa "B" é a correta.
Gabarito "B".

**(Cartório/SP – V – VUNESP)** Quanto à exclusão do crédito tributário, assinale a alternativa correta.

(A) Atendendo ao princípio da irretroatividade, a anistia só pode ser aplicada para infrações cometidas após a lei que a criou.
(B) A anistia não exclui as penalidades pecuniárias, mas sim a obrigação acessória.
(C) A revogação da isenção do pagamento de imposto sobre o patrimônio deve observar o princípio da anterioridade.
(D) Por meio de lei complementar, a União pode conceder isenção sobre qualquer imposto, desde que haja relevante interesse social e econômico.

A: incorreta, pois a anistia abrange exclusivamente as infrações cometidas anteriormente à vigência da lei que a concede (se abrangesse infrações posteriores não seria anistia, mas sim revogação da norma que impõe a penalidade pecuniária) – art. 180, *caput*, do CTN; B: incorreta, pois a anistia refere-se exatamente às infrações à legislação tributária e às respectivas penalidades pecuniárias - art. 180 do CTN, e não às obrigações acessórias; C: assertiva correta, pois o art. 104, III, do CTN prevê a anterioridade expressamente em relação aos impostos sobre o patrimônio e sobre a renda; D: incorreta, pois a União somente pode conceder isenção em relação aos impostos inseridos em sua própria competência tributária, sendo vedadas as chamadas isenções heterônomas - art. 151, III, da CF.
Gabarito "C".

**(Cartório/SP – I – VUNESP)** O ato pelo qual a autoridade administrativa, autorizada por lei e seguindo critérios estabelecidos no CTN, perdoa, total ou parcialmente, um débito tributário, denomina-se

(A) isenção.
(B) imunidade.
(C) remissão.
(D) anistia.

O perdão do crédito tributário (que abrange tributo e penalidade pecuniária) nos termos da lei é denominado remissão, modalidade de extinção do crédito tributário prevista no art. 156, IV, do CTN, de modo que a alternativa "C" é a correta. A anistia restringe-se às infrações à legislação tributária e às respectivas penalidades pecuniárias - art. 180 do CTN. Há autores que entendem que, como modalidade de exclusão do crédito tributário, há anistia apenas antes do lançamento (antes da constituição do crédito) - após o lançamento somente seria possível a extinção do crédito por meio de remissão.
Gabarito "C".

# 8. IMPOSTOS EM ESPÉCIE

**(Cartório/SP – 2012 – VUNESP)** Com relação ao Imposto sobre a Propriedade Territorial Rural (ITR), é correto concluir que:

(A) O conceito de bem imóvel rural obedece ao critério da destinação.
(B) É possível o Município fiscalizar o tributo, podendo conceder isenção ou outro tipo de redução do imposto.
(C) O lançamento do imposto, via de regra, dá-se de ofício.
(D) É possível a adoção de alíquotas de acordo com a utilização do imóvel.

A: incorreta. Em regra, a definição de bem imóvel é feita por exclusão, sendo aquele que não é urbano. O imóvel urbano, por sua vez, é definido, em regra, por sua localização, pois é aquele que se encontra na área urbana definida pela legislação municipal, nos termos e atendidos os requisitos do art. 32 do CTN. Entretanto, embora essa seja a regra (definição pelo critério da localização), é importante lembrar que há outra norma, pela qual o imóvel será rural, qualquer que seja sua localização (mesmo que na área urbana do município, portanto), desde que utilizado em exploração de atividade extrativa vegetal, agrícola pecuária ou agroindustrial (art. 15 do DL 57/1966); B: incorreta, pois, embora o Município possa fiscalizar e cobrar o ITR, na hipótese do art. 153, § 4º, III, da CF, não é possível que conceda isenção ou redução do imposto (a competência para legislar é indelegável); C: incorreta, pois o ITR é lançado por homologação, em regra (há autores que se referem ao lançamento por declaração) – art. 49 do Regulamento do ITR (Decreto 4.382/2002); D: correta, pois o ITR será progressivo e terá suas alíquotas fixadas de forma a desestimular a manutenção de propriedades improdutivas. Ademais, não incidirá sobre pequenas glebas rurais, definidas em lei, quando as explore o proprietário que não possua outro imóvel – art. 153, § 4º, I e II, da CF.
Gabarito "D".

**(Cartório/SP – 2012 – VUNESP)** Estão sujeitos à incidência do Imposto sobre a Propriedade Predial e Territorial Urbana (IPTU) os imóveis:

(A) Situados no perímetro urbano e na zona rural do Município.
(B) Situados no perímetro urbano e na zona rural do Município, desde que dentro da circunscrição máxima de 10 Quilômetros de raio.
(C) Que, situados na zona rural do Município, sejam objeto de atenção do Município, quanto a serviços de coleta de Lixo prestados pela Prefeitura Municipal.
(D) Situados na zona urbana do Município, definida em lei municipal e que possuam pelo menos dois melhoramentos, dentre os quais, sistema de esgotos sanitários, abastecimento de água, meio-fio ou calçamento, com canalização de águas pluviais e rede de iluminação pública, com ou sem postes para distribuição, construídos e mantidos pelo Poder Público.

A, B e C: incorretas, pois o IPTU incide sobre os imóveis localizados na zona urbana do Município, nos termos do art. 32 do CTN; D: correta, conforme o art. 32, *caput* e § 1º, do CTN.
Gabarito "D".

**(Cartório/SP – 2012 – VUNESP)** Sobre o Imposto de Transmissão de Bens Imóveis – ITBI, pode-se afirmar que:

(A) Não incide sobre a transmissão onerosa de contrato preliminar.
(B) Não incide sobre a constituição do direito do promissário comprador.
(C) O seu lançamento é de ofício, com base no valor da operação.
(D) Lei municipal pode prever alíquotas progressivas com base no valor do imóvel.

A: incorreta, pois o ITBI incide sobre a transmissão de qualquer direito real, exceto os de garantia – art. 156, II, da CF; B: correta, pois não há, nesse caso, transmissão de direito real; C: incorreta, pois, em regra, o lançamento do ITBI é feito por homologação, mas é preciso lembrar que a lei de cada Município regula a matéria (há casos de lançamento por declaração, por exemplo); D: incorreta, pois essa possibilidade foi afastada pela jurisprudência – Súmula 656 do STF.
Gabarito "B".

**(Cartório/SP – 2012 – VUNESP)** Sobre o Imposto de Transmissão Causa Mortis e Doação de Quaisquer Bens ou Direitos – ITCMD, é possível concluir que:

(A) Sua alíquota máxima é fixada em decreto legislativo.
(B) Não incide em inventário por morte presumida devido à possibilidade de o ausente reaparecer.
(C) Segundo a lei paulista, não incide sobre a vintena do testamenteiro, desde que estipulada até o limite legal.
(D) É devido ao Estado da sede da companhia, no caso de transferência de ações.

A: incorreta, pois a alíquota máxima do ITCMD é fixada pelo Senado Federal (não por decreto legislativo, que é ato do Congresso Nacional) – art. 155, § 1º, IV, da CF; B: incorreta, pois o ITCMD incide nessa hipótese, conforme a Súmula 331 do STF; C: correta, conforme o art. 5º, III, da Lei SP 10.705/2000, lembrando que a lei de cada Estado e do Distrito Federal dispõe sobre a incidência do imposto e os benefícios fiscais correspondentes – ver também o art. 1.987 do CC; D: incorreta, pois o ITCMD é devido, em relação a bens móveis (inclusive créditos e ações), ao Estado ou ao Distrito Federal onde se processar o inventário ou onde tiver domicílio o doador – art. 155, § 1º, II, da CF (não nos parece aplicável, nesse caso, a Súmula 435 do STF, por conta do disposto na Constituição atual).
Gabarito "C".

**(Cartório/SP – 2011 – VUNESP)** Acerca do ITCMD incidente nos inventários, é correto afirmar que:

(A) Para cada falecimento ocorre um fato gerador, independentemente do número de herdeiros ou legatários.
(B) O ITCMD é devido pela alíquota vigente ao tempo da abertura do inventário.
(C) Suas alíquotas mínimas serão fixadas pelo Senado Federal.
(D) A escolha do tabelião que lavrará o inventário influencia o elemento espacial do fato gerador.

A: incorreta, pois, nas transmissões causa mortis, ocorrem tantos fatos geradores distintos quantos sejam os herdeiros ou legatários – art. 35, parágrafo único, do CTN; B: incorreta, pois o ITCMD é devido pela alíquota vigente ao tempo da abertura da sucessão – Súmula 112 do STF; C: incorreta, pois o Senado tem competência para fixar as alíquotas máximas, apenas – art. 155, § 1º, IV, da CF; D: correta, pois o ITCMD é devido, em relação a bens móveis (inclusive créditos e ações), ao Estado ou ao Distrito Federal onde se processar o inventário – art. 155, § 1º, II, da CF.
Gabarito "D".

**(Cartório/SP – 2011 – VUNESP)** Assinale a alternativa que contém o significado e o ente encarregado da arrecadação do ITCMD, respectivamente.

(A) Imposto de Transmissão Causa Mortis e Doação; Estado.
(B) Imposição Tarifária sobre o Crescimento Médio do Desenvolvimento; União.
(C) Imposto de Transmissão Causa Mortis e Doação; Município.
(D) Imposto de Transferência e Circulação de Mercadoria; Estado.

ITCMD significa imposto sobre transmissão causa mortis e doações, da competência dos Estados e do Distrito Federal – art. 155, I, da CF. Por essa razão, a alternativa "A" é a correta.
Gabarito "A".

**(Cartório/SP – 2011 – VUNESP)** A respeito da progressividade nas alíquotas dos tributos que incidem sobre imóveis, assinale a alternativa correta.

(A) É possível para o ITBI, com objetivo extrafiscal.
(B) É possível para todos os impostos reais, com objetivo estritamente arrecadatório.
(C) É possível para o IPTU, para assegurar o cumprimento da função social da propriedade urbana.
(D) Não é possível para o ITR, por falta de previsão do constituinte derivado.

A: incorreta, pois não é possível alíquotas progressivas de ITBI com base no valor do imóvel, conforme a jurisprudência pacífica – Súmula 656 do STF; B: incorreta, pois o STF afastou a possibilidade de alíquotas progressivas em razão do valor dos bens (impostos chamados reais), exceto quando a Constituição Federal prevê expressamente a possibilidade – ver Súmula 668 do STF; C: correta, conforme a Súmula 668 do STF – art. 182, § 4º, II, da CF; D: incorreta, pois o art. 153, § 4º, I, da CF prevê expressamente a progressividade do ITR.
Gabarito "C".

**(Cartório/MG – 2012 – FUMARC)** A base de cálculo do ITR – Imposto Territorial Rural – é o valor

(A) venal.
(B) fundiário.
(C) da nua propriedade.
(D) venal e das acessões.

Nos termos do art. 30 do CTN, a base de cálculo do ITR é o valor fundiário do imóvel, de modo que a alternativa correta é a "B".
Gabarito "B".

**(Cartório/MG – 2012 – FUMARC)** Segundo o CTN, Código Tributário Nacional, para fins de cobrança de IPTU, Imposto sobre a Propriedade Territorial Urbana, são melhoramentos com que a zona urbana deve contar, **EXCETO**

(A) abastecimento de água.
(B) sistema de esgotos sanitários.
(C) iluminação pública com posteamento.
(D) meio fio ou calçamento, com canalização de águas.

Nos termos do art. 32, § 1º, do CTN, a lei municipal define a área urbana, desde que apresente pelo menos dois melhoramentos dentre os seguintes: (i) meio-fio ou calçamento, com canalização de águas pluviais, (ii) abastecimento de água, (iii) sistema de esgotos sanitários, (iv) rede de iluminação pública, com ou sem posteamento para distribuição domiciliar, (v) escola primária ou posto de saúde a uma distância máxima de 3 Km do imóvel considerado. Por essa razão, a alternativa "C" deve ser indicada, pois a rede de iluminação pública, mesmo sem posteamento, pode ser considerada para esse fim.

Gabarito "C".

**(Cartório/RJ – 2012)** Na transmissão de bens imóveis, o Imposto sobre Transmissão *Causa Mortis* e Doação (ITCMD) compete ao Estado:

(A) Do domicílio do doador ou do donatário.
(B) Do domicílio do donatário, apenas.
(C) Do domicílio do doador, apenas.
(D) Onde foi processado o inventário.
(E) Da situação do bem ou ao Distrito Federal.

No caso de bens imóveis, o ITCMD será devido ao Estado ou ao Distrito Federal onde localizado o bem – art. 155, § 1°, I, da CF. Por essa razão, a alternativa "E" é a correta.

Gabarito "E".

**(Cartório/RJ – 2012)** Sobre o Imposto de Transmissão *Inter Vivos* de Bens Imóveis (ITBI), analise as assertivas abaixo.

I. Compete aos Municípios instituir o imposto que incidirá sobre todas as transmissões *inter vivos* que envolvam todos os direitos reais sobre imóveis.
II. O imposto incide sobre a transmissão de bens ou direitos incorporados ao patrimônio de pessoa jurídica em realização de capital.
III. É inconstitucional a lei que estabelece alíquotas progressivas para o Imposto de Transmissão *Inter Vivos* de Bens Imóveis (ITBI) com base no valor venal do imóvel.

É correto o que se afirma em:

(A) I, apenas.
(B) I e II, apenas.
(C) III, apenas.
(D) II e III, apenas.
(E) I, II e III.

I: incorreta, pois a competência municipal relativa ao ITBI não abrange as doações (que também são realizadas *inter vivos*), nem as transmissões de direitos reais de garantia – arts. 155, I, e 156, II, da CF; II: incorreta, pois há imunidade nesse caso – art. 156, § 2°, I, da CF; III: correta, conforme a jurisprudência pacífica consolidada pela Súmula 656 do STF. Por essa razão, a alternativa "C" deve ser indicada.

Gabarito "C".

**(Cartório/RJ – 2012)** Em relação ao Imposto sobre Propriedade Territorial Urbana (IPTU), é correto afirmar que:

(A) A simples remessa do carnê para pagamento do IPTU ao endereço do contribuinte configura notificação de lançamento.
(B) O lançamento é feito por homologação.
(C) Não se admite, como contribuinte, o possuidor do imóvel a qualquer título.
(D) Tem como função preponderante funcionar como forma direta de intervenção do Estado no domínio econômico, ou seja, a extrafiscalidade.
(E) É inconstitucional a lei do município que reduz o IPTU sobre imóvel ocupado pela residência do proprietário, que não possua outro.

A: correta, nos termos da Súmula 397 do STJ; B: incorreta, pois o IPTU é em regra lançado de ofício, embora seja necessário verificar a legislação de cada Município, que pode dispor de maneira diversa; C: incorreta, pois contribuinte do IPTU é o proprietário do imóvel, o titular do seu domínio útil, ou o seu possuidor a qualquer título – art. 34 do CTN; D: incorreta, pois o IPTU tem função preponderantemente fiscal, arrecadatória para o erário; E: incorreta, pois observa-se, nesse caso, a isonomia (tratamento diferenciado para pessoas em situação também distinta), prestigiando o direito à moradia.

Gabarito "A".

**(Cartório/RN – 2012 – IESIS)** O Município de *Justiça* publica, em 20/10/2011, lei alterando a alíquota do IPTU de 1% para 2% e prevendo sua imediata entrada em vigor. O texto legal ainda altera a planta de avaliação dos imóveis e o Terreno de Jairo que estava calculado em R$ 10.000,00 passa a receber avaliação compatível com o mercado no valor de R$ 12.000,00. Qual será o valor devido a título de IPTU relativo a 2012, sabendo-se que o fato gerador do imposto ocorre a cada 1° de janeiro e considerando as determinações constitucionais:

(A) R$ 100,00
(B) R$ 240,00
(C) R$ 120,00
(D) R$ 200,00

A alteração da alíquota do IPTU sujeita-se à anterioridade anual e nonagesimal, de modo que terá eficácia somente noventa dias após 20/10/2011 (após a ocorrência do fato gerador em 01/01/2013). A alíquota aplicável ao fato gerador ocorrido em 01/01/2013 será, portanto, a antiga, de 1%. Já a majoração da base de cálculo subordina-se apenas à anterioridade anual, não à nonagesimal – art. 150, § 1°, *in fine*, da CF. Assim, a majoração da base de cálculo (avaliação do imóvel de Jairo) entra em vigor em 01/01/2013, aplicando-se ao fato gerador ocorrido naquela data. No caso concreto, calcula-se o IPTU pela multiplicação da alíquota de 1% sobre o valor atualizado de R$ 12 mil, o que implica tributo de R$ 120,00. Por essas razões, a alternativa "C" é a correta.

Gabarito "C".

**(Cartório/AM – 2005 – FGV)** Assinale a alternativa falsa.

(A) A competência para instituir impostos sobre a propriedade territorial rural é da União.
(B) É vedado aos Estados, ao Distrito Federal e aos Municípios estabelecer diferença tributária entre bens e serviços, de qualquer natureza, em razão de sua procedência ou destino.
(C) Compete aos Municípios instituir impostos sobre transmissão *inter vivos*, a qualquer título, por ato oneroso, de bens móveis e imóveis, por natureza ou acessão física, e de direitos reais sobre imóveis, exceto os de garantia, bem como cessão de direitos à sua aquisição.
(D) O IPTU é imposto da competência dos Municípios.
(E) O imposto de transmissão *causa mortis* e doação, de quaisquer bens ou direitos relativamente a bens imóveis e respectivos direitos, compete ao Estado da situação do bem, ou ao Distrito Federal.

A: assertiva correta, pois o ITR é da competência tributária da União - art. 153, VI, da CF; B: correta, pois a vedação a essa distinção é prevista expressamente no art. 152 da CF; C: essa é a assertiva incorreta, pois a competência tributária municipal relativa à transmissão de bens (ITBI) restringe-se aos imóveis, não abrangendo os bens móveis - art. 156, II, da CF; D: correta, pois a competência municipal em relação aos impostos abrange o IPTU, o ISS e o ITBI - art. 156 da CF; E: correta, pois a norma é prevista no art. 155, § 1º, I, da CF.

Gabarito "C".

Veja a seguinte tabela com as competências dos entes políticos em relação aos impostos, para estudo e memorização:

| Competência em relação aos impostos |||
| --- | --- | --- |
| União | Estados e DF | Municípios e DF |
| - imposto de importação<br>- imposto de exportação<br>- imposto de renda<br>- IPI<br>- IOF<br>- ITR<br>- Imposto sobre grandes fortunas<br>- Impostos extraordinários<br>- Impostos da competência residual | - ITCMD<br>- ICMS<br>- IPVA | - IPTU<br>- ITBI<br>- ISS |

(Cartório/AP – 2011 – VUNESP) Sobre o Imposto sobre a Propriedade Territorial Rural (ITR), é correto afirmar que

(A) é de competência municipal, sendo admitida a delegação da capacidade tributária à União.
(B) para obtenção de incentivos fiscais e de crédito rural é dispensada a comprovação do recolhimento do ITR, salvo no caso de concessão de financiamento ao amparo do PRONAF.
(C) para atos de registro e averbação no Registro de Imóveis, salvo exceções legais, é necessária a comprovação do recolhimento do ITR referente aos últimos cinco exercícios.
(D) os serventuários do registro de imóveis são responsáveis por sucessão no caso de registro de imóvel rural sem comprovação de recolhimento do ITR no último exercício, somente.
(E) o domicílio tributário do contribuinte do ITR é por ele eleito quando do ato do envio do Documento de Informação e Apuração do ITR - DIAT.

A: incorreta, pois o ITR é tributo da competência da União (só ela pode legislar a respeito), embora possa ser fiscalizado e cobrado pelos Municípios e pelo Distrito Federal que assim optarem na forma da lei, conforme previsto no art. 153, § 4º, III, da CF; B: incorreta, pois a concessão de qualquer incentivo fiscal e de crédito rural, exceto no caso de financiamento do PRONAF, depende de comprovação do recolhimento do ITR nos últimos cinco exercícios, nos termos do art. 62 do Regulamento do ITR - RITR (Decreto 4.382/2002); C: assertiva correta, nos termos do art. 63 do RITR; D: incorreta, pois o art. 63, parágrafo único, do RITR prevê a responsabilidade solidária, no caso. O STF, é interessante salientar, reconheceu que não se pode "criar novos casos de responsabilidade tributária sem a observância dos requisitos exigidos pelo art. 128 do CTN, tampouco a desconsiderar as regras matrizes de responsabilidade de terceiros estabelecidas em caráter geral pelos arts. 134 e 135 do mesmo diploma" – RE 562.276/PR. Nesse aspecto, é questionável a fixação dessa responsabilidade solidária pela Lei 9.393/1996

(a que se refere o art. 63, parágrafo único, do RITR) que, em princípio, amplia a responsabilidade subsidiária prevista no art. 134, VI, do CTN e até a responsabilidade pessoal do art. 135, I, do mesmo Código; E: incorreta, pois, nos termos do art. 7º do RITR, o domicílio tributário do contribuinte é o município de localização do imóvel, vedada a eleição de qualquer outro.

Gabarito "C".

(Cartório/AP – 2011 – VUNESP) Na transmissão *causa mortis*, o *de cujus* deixou bens imóveis localizados em diversos municípios do país, em especial em São Paulo, Rio de Janeiro, Fortaleza, Macapá, Porto Grande e Serra do Navio. O inventário foi processado no lugar da abertura da sucessão, ou seja, em São Paulo. O imposto incidente sobre a transmissão *causa mortis* - ITCMD, em razão da competência constitucional, é devido ao

(A) Município da situação do bem imóvel.
(B) Município do lugar do inventário.
(C) Município da situação do bem imóvel e ao Estado do lugar do inventário, em partes iguais.
(D) Estado do lugar do inventário.
(E) Estado da situação do bem imóvel.

O ITCMD relativo a bens imóveis é sempre devido ao Estado (ou ao Distrito Federal) em que o bem está localizado, nos termos do art. 155, § 1º, I, da CF. Por essa razão, a alternativa "E" é a correta. A regra do local do inventário ou do arrolamento vale apenas para as outras espécies de bens – art. 155, § 1º, II, da CF. Ademais, no caso de doação de outras espécies de bens (móveis, títulos e crédito), o imposto é devido no local do domicílio do doador – art. 155, § 1º, II, da CF.

Gabarito "E".

(Cartório/DF – 2008 – CESPE) Acerca da disciplina constitucional sobre o imposto de transmissão *causa mortis* e de doação, de quaisquer bens e direitos, julgue os itens que se seguem.

(1) Os municípios e o DF têm competência para a instituição do referido imposto.
(2) Relativamente a bens móveis, títulos e créditos, o imposto compete ao ente federativo onde se processar o inventário ou o arrolamento, ou onde tiver domicílio o doador, ou ao DF.
(3) Não está ainda legalmente regulamentada a competência para a instituição do imposto citado no caso de o *de cujus* possuir bens, ser residente ou domiciliado ou ter o seu inventário processado no exterior. Essa competência deve ser regulada futuramente por meio de lei complementar.
(4) O referido imposto tem suas alíquotas máximas fixadas pelo Senado Federal.
(5) Compete ao DF instituir o imposto relativamente aos bens imóveis situados em seu território.

1: incorreta, pois o ITCMD é da competência dos Estados e do DF – art. 155, I, da CF; 2: correta, conforme o art. 155, § 1º, II, da CF; 3: correta, nos termos do art. 155, § 1º, III, da CF; 4: correta, conforme o art. 155, § 1º, IV, da CF - ver Resolução 9/1992 do Senado Federal, que fixa alíquota máxima de 8%; 5: assertiva também correta, pois o DF detém a competência relativa o ITCMD incidente sobre os imóveis localizados em seu território – art. 155, § 1º, I, da CF.

Gabarito 1E, 2C, 3C, 4C, 5C.

**(Cartório/DF – 2006 – CESPE)** Antes de lavrar uma escritura de transmissão de propriedade de bem imóvel, o tabelião deve assegurar-se do cumprimento das obrigações tributárias incidentes sobre o bem objeto da negociação, tanto das relativas ao bem em si como das referentes ao ato que será lavrado. No que tange a essa incidência, julgue os itens que se seguem.

(1) Se o imóvel for de natureza urbana, o único imposto sobre a propriedade que deverá ser examinado pelo tabelião é o imposto predial e territorial urbano (IPTU), cuja instituição e cobrança competem aos municípios e ao DF.

(2) Se o imóvel objeto da negociação for de natureza rural, o tabelião deverá requerer a certidão negativa do Imposto Territorial Rural (ITR) – ou positiva, com efeito de negativa – sobre o bem em questão. A certidão deverá ser expedida pelo governo federal nos casos em que a arrecadação do ITR é feita pela União, sendo metade dessa arrecadação transferida para o município de situação do bem.

(3) Consoante o Código Tributário Nacional, surgindo, após lavrada a escritura de transmissão de propriedade de bem imóvel, débito tributário de ITR relativo a tal imóvel, o dever de pagar perante o fisco recairá sobre o adquirente.

(4) Não é admissível lavrar-se escritura de compra e venda de imóvel sobre o qual existam dívidas tributárias relativas ao IPTU que constem na certidão positiva sem efeito de negativa.

(5) Se a escritura se referir a ato de doação de imóvel de pai para filho, independentemente de ser ou não por adiantamento da herança legítima, incidirá, na operação, o Imposto sobre a Transmissão *Causa Mortis* e Doação (ITCMD), que, diferentemente do Imposto de Transmissão *Inter Vivos* (ITBI), é um imposto classificado como indireto.

---

1: incorreta, pois o tabelião deverá aferir o recolhimento também do impostos sobre transmissão do imóvel (ITBI ou ITCMD); 2: assertiva correta, pois, inexistindo opção do Município pela fiscalização e cobrança, sujeito ativo do ITR será a União, a quem competirá expedir certidões relativas ao tributo, sendo que 50% da receita arrecadada é transferida ao Município correspondente - art. 153, VI e § 4º, e art. 158, II, ambos da CF. A certidão positiva com efeito de negativa (existe débito tributário, mas sua exigibilidade está suspensa ou a execução está garantida) tem o mesmo efeito da certidão negativa (como diz o nome) – art. 206 do CTN; 3: assertiva correta, pois há responsabilidade tributária por sucessão do adquirente do imóvel, nos termos do art. 130 do CTN; 4: incorreta, pois é preciso comprovar a regularidade tributária relativa ao imóvel – ver o art. 134, VI, do CTN; 5: incorreta, pois tanto o ITCMD estadual quanto o ITBI municipal são tributos diretos, até porque costuma-se se referir a tributos indiretos (cuja natureza jurídica admite a transferência do ônus econômico ao adquirente) apenas em relação àqueles que incidem sobre uma cadeia de produção, comércio e consumo (impostos sobre circulação de mercadorias e produtos e sobre prestação de serviços).

Gabarito 1E, 2C, 3C, 4E, 5E

---

**(Cartório/DF – 2006 – CESPE)** A possibilidade de o contribuinte entrar com processo administrativo e também judicial para discutir uma mesma matéria está praticamente encerrada. O STF analisa a questão e, apesar de o julgamento no tribunal ainda não ter sido finalizado, a maioria dos ministros já votou contra a possibilidade. O placar está em seis a dois contra o contribuinte. Essa notícia, publicada na imprensa em maio de 2005, faz menção ao controle de constitucionalidade de lei em matéria tributária, exercido pelo STF relativamente à Lei de Execuções Fiscais. Sobre esse controle e a respeito das execuções fiscais, julgue os itens subsequentes.

(1) Se uma lei municipal referente ao IPTU estabelecesse diferenças de alíquotas entre imóveis com base na localização destes, ela deveria ser considerada inconstitucional, pois a Lei Maior não permite esse tipo de discriminação.

(2) Deveria ser considerada inconstitucional uma lei municipal que estabelecesse a incidência de ITBI sobre a transferência de imóveis aos sócios em razão da extinção de uma imobiliária.

(3) Não afrontaria a Constituição Federal lei federal que estabelecesse regras de concessão de isenções do imposto sobre a prestação de serviços de qualquer natureza (ISS).

(4) Deverá ser considerada constitucional lei estadual que atribua à respectiva unidade da Federação o direito de constituir ITCMD relativamente a imóvel situado em seu território, no caso de doador e donatário serem domiciliados em outro estado.

---

1: incorreta, pois a CF admite expressamente a diferenciação das alíquotas do IPTU de acordo com a localização e o uso do imóvel - art. 156, § 1º, I, da CF; 2: discutível. A imunidade relativa às transmissões imobiliárias, prevista no art. 156, § 2º, I, da CF não abrange a situação em que a atividade preponderante do *adquirente* seja a compra e venda de imóveis ou direitos reais, locação ou arrendamento mercantil desses bens. A assertiva é discutível, pois o fato de a pessoa ser sócia de imobiliária não significa que ela (a adquirente no caso descrito) tenha como atividade preponderante essas relacionadas com a comercialização ou locação de imóveis; 3: imprecisa. Há hipótese excepcional, prevista na própria CF, de lei complementar federal que pode excluir da incidência do ISS as exportações de serviços para o exterior - art. 156, § 3º, II, da CF e art. 2º, I, da LC 116/2003. Ocorre que não há consenso na qualificação desse benefício como isenção heterônoma. No mais, há somente essa possibilidade. Qualquer outra lei federal que tratasse de isenção do ISS seria inconstitucional, pois somente o respectivo município pode legislar sobre os benefícios fiscais atinentes aos seus impostos (privatividade da competência tributária) - art. 151, III, da CF. A assertiva é imprecisa, pois, ainda que se admita que o art. 156, § 3º, II, da CF trata de isenção, não há como responder se a lei federal a que se refere o examinador afrontaria ou não a Constituição, sem conhecer o seu teor (a resposta à indagação seria "depende"); 4: correta, pois o ITMCD relativo a bens imóveis será sempre da competência do Estado ou do Distrito Federal em que está localizado - art. 155, § 1º, I, da CF.

Gabarito 1E, 2E, 3C, 4C

## 4. DIREITO TRIBUTÁRIO

**(Cartório/DF – 2003 – CESPE)** Uma indústria fabricante de equipamentos pesados, que se dedica, também, ao comércio de locação dos produtos por ela fabricados, integrou, no período compreendido entre 1995 e 2000, maquinaria por ela produzida em seu ativo fixo, creditando-se do ICMS calculado sobre o preço presumido do bem. Com base em legislação local e convênio do CONFAZ, o fisco autuou a empresa e cobrou os valores dos créditos. Considerando essa situação hipotética à luz da interpretação dada ao assunto pelo STF, julgue os itens seguintes.

(1) Antes de 1996, não havia como o ICMS incidir em atividade de integração de bens ao ativo fixo do que era produzido pela própria empresa, ainda que lei local e convênio assim o estabelecessem.
(2) Foi legítima a atuação do CONFAZ ao estabelecer normas gerais sobre o ICMS.
(3) A Constituição Federal, ao definir a materialidade do ICMS, referiu-se à circulação de mercadoria, restringindo, assim, o sentido próprio de movimentação de mercadorias ou saída de mercadorias dos estabelecimentos produtores, industriais e comerciais.
(4) O legislador estadual, para definir as hipóteses de incidência do ICMS, não está adstrito à reprodução da legislação complementar federal.
(5) No período em que a empresa creditou-se do ICMS, antes de 1996, as normas gerais sobre ICMS eram as estabelecidas por Decreto-lei, recepcionado pela Constituição Federal.

1: assertiva correta, pois foi a LC 87/1996 que introduziu a possibilidade de creditamento relativo a bens destinados ao ativo permanente da contribuinte, vedando expressamente o aproveitamento de créditos de ICMS relativos a bens adquiridos antes da entrada dessa lei em vigor - arts. 20 e 33, III, da LC 87/1996; 2: assertiva correta, pois antes da publicação da lei complementar que passaria a veicular as normas gerais relativas ao ICMS (atualmente a LC 87/1996), o art. 34 § 8º, do ADCT previu que convênio interestadual exerceria provisoriamente essa função (à época, o Convênio ICMS 66/1988); 3: incorreta, pois admite-se a ocorrência do fato gerador do ICMS mesmo em casos em que não há efetiva circulação material da mercadoria, como por exemplo no caso de transmissão de propriedade de mercadoria, ou de título que a represente, quando a mercadoria não tiver transitado pelo estabelecimento transmitente - art. 12, IV, da LC 87/1996. Ademais, a própria CF prevê também a incidência do ICMS no caso de entrada de bens (não mercadoria, necessariamente) estrangeiros no país (mercadoria é espécie de bem móvel que circula na cadeia de comércio e consumo) - art. 155, § 2º, IX, "a", da CF; 4: discutível. De fato, o legislador estadual não está obrigado a simplesmente reproduzir a legislação nacional, mas é importante salientar que ele não pode inovar essencialmente, pois o fato gerador do imposto somente pode ser definido pela lei complementar federal - art. 146, III, "a", da CF; 5: imprecisa. De fato, antes da LC 87/1996, vigiam algumas normas do DL 406/1968 relativas ao ICMS. Ocorre que em 1988, após a promulgação da atual Constituição, os Estados firmaram o Convênio ICMS 66/1988, conforme previsto no art. 34 § 8º, do ADCT, que vigorou com força de lei complementar federal (ver RE 273.351/SP-STF), para regular nacionalmente o imposto e para "preencher as lacunas existentes e os dispositivos de Lei Complementar anterior não recebidos" (AI 195.556 AgR/SE-STF).
Gabarito 1C, 2C, 3E, 4C, 5C

**(Cartório/DF – 2001 – CESPE)** A Empresa Brasileira de Correios e Telégrafos (ECT), empresa pública federal, decidiu abrir uma agência no *campus* da Universidade de Brasília. Para tanto, realizou com a Fundação Universidade de Brasília (FUB), fundação pública federal, contrato de locação de uma sala localizada na área do *campus* destinada à instalação de serviços úteis à comunidade universitária. No contrato de locação, ficou determinado que a locatária seria responsável pelo pagamento de todos os impostos e taxas relativos ao imóvel, em especial o imposto predial e territorial urbano (IPTU) e a taxa de limpeza urbana (TLP). Para que pudesse funcionar no novo espaço, o DF cobrou da ECT taxa de localização e funcionamento, prevista em lei distrital, que tinha como fato gerador a atividade administrativa consistente na expedição de alvará de funcionamento. Iniciado o funcionamento da agência, foi afixado em seu mural um cartaz com o seguinte texto: "Abertas as inscrições para concurso público para carteiro, taxa de inscrição de R$ 15,00, informações no balcão de atendimento". Eduardo, que se inscreveu nesse concurso, foi aprovado, tomou posse e, ao receber o seu primeiro contracheque, observou que havia um desconto de R$ 50,00 sobre seu salário, a título de imposto de renda retido na fonte. Considerando a situação hipotética descrita, julgue os seguintes itens.

(1) O IPTU é um imposto indireto, já que o ônus de seu pagamento pode ser repassado para o locatário do imóvel sobre cuja propriedade incide o tributo.

1: incorreta. O IPTU, a exemplo de todos os tributos incidentes sobre a propriedade ou sua transmissão (IPVA, ITR, ITCMD, ITBI), é tributo direto, cujo ônus econômico incide juridicamente sobre o próprio contribuinte. A doutrina costuma classificar como tributos indiretos somente aqueles que incidem sobre operações realizadas dentro da cadeia de produção e comercialização de produtos e mercadorias ou da prestação de serviços (ICMS, IPI, ISS), admitindo que sua natureza jurídica permite a transmissão do ônus econômico aos adquirentes desses bens e serviços.
Gabarito 1E

**(Cartório/DF – 2001 – CESPE)** Acerca do direito tributário, julgue os itens abaixo.

(1) Considere que Fabrício, falecido recentemente, tenha deixado testamento no qual constava a seguinte disposição: deixo para Alberto metade dos livros de botânica de minha biblioteca particular. Nesse caso, tal disposição testamentária configuraria a constituição de um legado e, se Alberto aceitasse o legado, incidiria sobre a transmissão da propriedade dos livros o ITCD, sendo contribuinte desse imposto o espólio de Fabrício.
(2) Considerando que o Código Tributário Nacional determina que a posse de bem imóvel é fato gerador do imposto predial e territorial urbano (IPTU), seria correto afirmar que o DF poderia editar lei constituindo os locatários de imóveis como sujeitos passivos desse tributo.

1: incorreta, pois há imunidade sobre livros, o que impede a cobrança de qualquer imposto sobre sua transmissão, inclusive o ITCMD estadual - art. 150, VI, "d", da CF; 2: incorreta, pois, embora o CTN defina que contribuinte do IPTU é o proprietário, o possuidor ou titular do domínio útil (art. 34), não cabe ao fisco local escolher livremente qualquer um deles. Em primeiro lugar, contribuinte será o proprietário. Se houver enfiteuse, o titular do domínio útil será o contribuinte. Finalmente, apenas na hipótese de possuidor com *animus domini* (que age como proprietário) e *ad usucapionem* (que pode vir a ser proprietário por usucapião) é que ele será considerado contribuinte. O locatário é mero detentor do imóvel, não possuidor com *animus domini* ou *ad usucapionem*, de modo que não pode ser qualificado como contribuinte pela lei local.

Gabarito 1E, 2E

**(Cartório/ES – 2007 – FCC – adaptada)** A respeito do Imposto sobre propriedade predial e territorial urbana (IPTU), considere:

I. O imposto, de competência dos Municípios, sobre a propriedade predial e territorial urbana tem como fato gerador a propriedade, o domínio útil ou a posse de bem imóvel por natureza ou por acessão física, como definido na lei civil, localizado na zona urbana do Município.
II. A lei estadual pode considerar urbanas as áreas urbanizáveis, ou de expansão urbana, constantes de loteamentos aprovados pelos órgãos competentes, destinados à habitação, à indústria ou ao comércio, mesmo que localizados fora das zonas em outra lei definidas.
III. Na determinação da base de cálculo, não se considera o valor dos bens móveis mantidos, em caráter permanente ou temporário, no imóvel, para efeito de sua utilização, exploração, aformoseamento ou comodidade.
IV. Contribuinte do imposto em imóvel alugado é o inquilino.
V. A base do cálculo do imposto é o valor venal do imóvel.

Está correto o que se afirma APENAS em

(A) III e V.
(B) III, IV e V.
(C) II, IV e V.
(D) I, III e V.
(E) I, II e IV.

I: assertiva correta, pois reflete exatamente a definição do fato gerador do IPTU, prevista no art. 32 do CTN; II: incorreta, pois a definição da área urbana é feita pela lei municipal, e não pela estadual - art. 32, §§ 1º e 2º, do CTN; III: correta, conforme o art. 33, parágrafo único, do CTN; IV: incorreta, pois o inquilino é simples detentor do imóvel (não é possuidor com *animus domini* ou *ad usucapionem*), de modo que não será considerado contribuinte. No caso, somente o proprietário do imóvel alugado será contribuinte, lembrando que eventual acordo contratual impondo ao inquilino o dever de recolher o IPTU não altera a sujeição passiva, nem pode ser oposto contra o Fisco, salvo disposição legal em contrário - art. 123 do CTN; V: correta, pois essa é a base de cálculo definida no art. 33 do CTN.

Gabarito "D".

**(Cartório/MS – 2009 – VUNESP)** Assinale a alternativa correta no que diz respeito ao imposto sobre a transmissão *causa mortis* e doação de quaisquer bens ou direitos.

(A) Relativamente a bens imóveis e respectivos direitos, compete ao Estado onde se processar o inventário ou arrolamento, ou tiver domicílio o doador, ou ao Distrito Federal.
(B) Relativamente a bens imóveis e respectivos direitos, compete ao Estado da situação do bem ou ao Distrito Federal.
(C) Se o doador tiver domicílio ou residência no exterior, a competência para sua instituição será regulada por lei ordinária.
(D) Se o *de cujus* possuía bens, era residente ou domiciliado ou teve o seu inventário processado no exterior, a competência para sua instituição será regulada por lei ordinária.
(E) Terá suas alíquotas máximas e mínimas fixadas por lei complementar.

A e B: o ITCMD relativo a bens imóveis é sempre devido ao Estado (ou ao DF) em que o bem está localizado, razão pela qual a assertiva A é incorreta e a B, correta – art. 155, § 1º, I, da CF; C e D: incorretas, pois, nesses casos, a competência será regulada por lei complementar federal – art. 155, § 1º, III, *a* e *b*, da CF; E: assertiva incorreta, pois somente as alíquotas máximas (não as mínimas) são fixadas pelo Senado Federal (por resolução, não por lei complementar).

Gabarito "B".

**(Cartório/MS – 2009 – VUNESP)** Acerca do imposto sobre a transmissão *inter vivos*, a qualquer título, por ato oneroso, de bens imóveis, por natureza ou acessão física e de direitos reais sobre imóveis – ITBI, é correto afirmar que

(A) incide sobre a transmissão de bens ou direitos incorporados ao patrimônio de pessoa jurídica em realização de capital.
(B) incide sobre a transmissão de bens ou direitos decorrente de fusão de pessoa jurídica quando a atividade preponderante do adquirente for a locação de bens imóveis.
(C) incide sobre a transmissão de bens ou direitos decorrente de incorporação de pessoas jurídicas, salvo se a atividade preponderante do adquirente for a de arrendamento mercantil.
(D) não incide sobre a transmissão de bens ou direitos decorrente da cisão de pessoas jurídicas quando a atividade preponderante do adquirente for a compra e venda desses bens ou direitos.
(E) não incide sobre a transmissão de bens ou direitos decorrente de incorporação quando a atividade preponderante do adquirente for a compra e venda desses bens ou direitos.

A: incorreta, pois há imunidade nesse caso – art. 156, § 2º, I, da CF; B: assertiva correta, pois o tributo incide quando há essa preponderância – art. 156, § 2º, I, *in fine*, da CF; C: é o oposto, pois, em regra, o imposto não incide na transmissão decorrente de incorporação; D e E: incorretas, pois a preponderância citada nas assertivas implica incidência do tributo – art. 156, § 2º, I, da CF.

Gabarito "B".

**(Cartório/MS – 2009 – VUNESP)** Assinale a alternativa correta sobre o Imposto Territorial Rural – ITR.

(A) Não poderá ser progressivo, mas terá suas alíquotas fixadas de forma a desestimular a manutenção de propriedades improdutivas.
(B) Será progressivo, mas suas alíquotas não poderão ser fixadas de forma a desestimular a manutenção de propriedades, ainda que improdutivas.

(C) Incidirá sobre pequenas glebas rurais, definidas em lei, ainda que exploradas por proprietário que não possua outro imóvel.

(D) Será fiscalizado e cobrado pelos Municípios que assim optarem, na forma da lei, desde que não implique redução do imposto ou qualquer outra forma de renúncia fiscal.

(E) A competência para sua instituição pertence privativamente aos Estados e ao Distrito Federal, podendo, residualmente, ser exercida pelos Municípios nos casos especificados pela Constituição Federal.

A e B: incorretas, pois o ITR terá as alíquotas progressivas de modo a desestimular a propriedade improdutiva – art. 153, § 4º, I, da CF; C: incorreta, pois há imunidade nesse caso – art. 153, § 4º, II, da CF; D: essa é a assertiva correta, conforme o art. 153, § 4º, I, da CF; E: incorreta, pois a competência tributária relativa ao ITR é privativa da União.
Gabarito "D".

**(Cartório/MT – 2005 – CESPE)** De acordo com as atuais regras constitucionais incidentes sobre o imposto sobre serviços de qualquer natureza (ISS), assinale a opção correta.

(A) É competência de lei complementar a fixação de alíquotas mínimas.
(B) É vedado à lei complementar fixar alíquotas máximas.
(C) É vedado à lei complementar regular concessão de isenções.
(D) É matéria de lei complementar o estabelecimento de condições de anistia a suas penalidades.

As alíquotas mínimas e máximas do ISS devem ser fixadas por lei complementar federal, nos termos do art. 156, § 3º, I, da CF. Atualmente, as alíquotas mínimas e máximas são 2% e 5%, definidas pelo art. 88, I, do ADCT (mínima - a lei complementar ainda não regulou a matéria) e art. 8º, II, da LC 116/2003 (máxima). A: correta, conforme comentário inicial; B: incorreta, conforme comentário inicial; C: incorreta, pois, nos termos do art. 156, § 3º, III, da CF, compete à lei complementar federal regular a forma e as condições como isenções, incentivos e benefícios fiscais serão concedidos e revogados. Ademais, para que na legislação local não burle a alíquota mínima de 2%, o ISS não será objeto de concessão de isenções, incentivos e benefícios fiscais, que resulte, direta ou indiretamente, na redução da alíquota mínima estabelecida – art. 88, II, do ADCT; D: incorreta, pois não há reserva de lei complementar no que se refere às penalidades, que serão reguladas autonomamente por cada Município e pelo Distrito Federal. A anistia, entretanto, é espécie de benefício fiscal e, portanto, cabe à lei complementar federal regular a forma as condições como serão concedidas e rerogadas - art. 156, § 3º, III, da CF.
Gabarito "A".

**(Cartório/SC – 2008)** Sobre o ISQN é correto afirmar:

(A) É imposto compartilhado entre estados e municípios.
(B) O município detém total autonomia para instituir as hipóteses de incidência.
(C) A alíquota do ISQN não poderá ser superior a 5% do preço do serviço.
(D) Sob pena de extinção do crédito tributário, o município tem prazo de cinco anos para inscrever em dívida ativa o ISQN não pago.

(E) Incide sobre a prestação de serviços de telecomunicação.

A: incorreta, pois a arrecadação do ISS não é compartilhada; B: incorreta, pois os Municípios devem observar as normas constitucionais e nacionais relativas ao ISS – arts. 146, III, *a*, e 156, III, ambos da CF; C: essa é a assertiva correta, há esse limite máximo, fixado pelo art. 8º, II, da LC 116/2003; D: assertiva incorreta, pois o prazo prescricional refere-se à execução do crédito, não à sua inscrição em dívida ativa – art. 174 do CTN; E: incorreta, pois incide, nesse caso, somente o ICMS estadual – art. 155, II e § 3º, da CF.
Gabarito "C".

**(Cartório/SE – 2006 – CESPE)** Julgue os itens a seguir, relativos ao imposto de transmissão *inter vivos* (ITBI), ao imposto de transmissão *causa mortis* e doação (ITCMD) e ao imposto sobre a propriedade territorial rural (ITR).

(1) Considere a seguinte situação hipotética. A pessoa jurídica Limeira Olaria Ltda., que tem como atividade preponderante a fabricação de tijolos e telhas, incorporou a pessoa jurídica Casa Firme Imobiliária Ltda., que atua no ramo de compra e venda de bens imóveis. Na transação, houve a transmissão de um prédio localizado no centro de Belo Horizonte. Nessa situação, não será devido o ITBI pela incorporadora, Limeira Olaria Ltda.
(2) Considere que Adriano tenha falecido em São Paulo, tendo seu inventário sido processado em Brasília – DF, onde era domiciliado. Ele possuía um apartamento no Amazonas e um automóvel no Espírito Santo. Nessa situação, o ITCMD relativo à totalidade dos bens de Adriano deverá ser recolhido para o Distrito Federal.
(3) A base de cálculo do ITR relativo a imóvel localizado em área rural do estado de São Paulo será o valor venal do bem, devendo-se considerar o valor das construções, instalações, benfeitorias, culturas e pastagens.

1: correta, conforme o art. 156, § 2º, I, da CF – não incide ITBI nas transmissões de imóveis decorrentes de incorporação – importante salientar, no entanto, que haveria incidência do imposto municipal se a atividade da adquirente fosse preponderantemente imobiliária, nos termos do art. 37, §§ 1º a 3º, do CTN; 2: incorreta, nos termos do art. 155, § 1º, I e II, da CF – o tributo sobre o imóvel é devido ao Estado do Amazonas (local do bem) e o ITCMD incidente sobre o automóvel (bem móvel) deve ser recolhido ao Distrito Federal (local do inventário); 3: assertiva incorreta, à luz do art. 29 do CTN (o ITR é calculado apenas sobre a terra nua).
Gabarito 1C, 2E, 3E.

**(Cartório/SP – VII – VUNESP)** Acerca do ITCMD incidente nos inventários, é correto afirmar que

(A) para cada falecimento ocorre um fato gerador, independentemente do número de herdeiros ou legatários.
(B) o ITCMD é devido pela alíquota vigente ao tempo da abertura do inventário.
(C) suas alíquotas mínimas serão fixadas pelo Senado Federal.
(D) a escolha do tabelião que lavrará o inventário influencia o elemento espacial do fato gerador.

A: incorreta, pois nas transmissões *causa mortis*, ocorrem tantos fatos geradores distintos quantos sejam os herdeiros ou legatários – art. 35, parágrafo único, do CTN; B: incorreta, pois, nos termos da Súmula 112/STF, o imposto de transmissão *causa mortis* é devido pela alíquota vigente ao tempo da abertura da sucessão; C: incorreta, pois compete ao Senado fixar apenas as alíquotas máximas do ITCMD, e não as mínimas – art. 155, § 1º, IV, da CF; D: assertiva correta, pois o imposto sobre transmissão *causa mortis* relativo a móveis, títulos e créditos compete ao Estado (ou ao Distrito Federal) onde se processar o inventário ou arrolamento – art. 155, § 1º, II, da CF. Perceba que o local do inventário ou arrolamento é irrelevante em relação aos bens *imóveis*, pois o imposto, nesse caso, será sempre devido ao Estado ou ao Distrito Federal onde o bem estiver localizado.
Gabarito "D".

**(Cartório/SP – VII – VUNESP)** Assinale a alternativa que contém o significado e o ente encarregado da arrecadação do ITCMD, respectivamente.

(A) Imposto de Transmissão *Causa Mortis* e Doação; Estado.
(B) Imposição Tarifária sobre o Crescimento Médio do Desenvolvimento; União.
(C) Imposto de Transmissão *Causa Mortis* e Doação; Município.
(D) Imposto de Transferência e Circulação de Mercadoria; Estado.

A: essa é a assertiva correta, pois o ITCMD é tributo da competência dos Estados e do Distrito Federal – art. 155, I, da CF; B e D: incorretas, pois ITCMD é sigla que indica o imposto sobre transmissão *causa mortis* e doação de quaisquer bens ou direitos – art. 155, I, da CF; C: incorreta, pois o tributo é estadual, não municipal.
Gabarito "A".

**(Cartório/SP – VII – VUNESP)** A respeito da progressividade nas alíquotas dos tributos que incidem sobre imóveis, assinale a alternativa correta.

(A) É possível para o ITBI, com objetivo extrafiscal.
(B) É possível para todos os impostos reais, com objetivo estritamente arrecadatório.
(C) É possível para o IPTU, para assegurar o cumprimento da função social da propriedade urbana.
(D) Não é possível para o ITR, por falta de previsão do constituinte derivado.

O STF consolidou o entendimento no sentido de que os impostos reais, que incluem os que incidem sobre a propriedade imobiliária, não admitem, em princípio, progressividade de alíquotas com base no valor do imóvel. Ao julgar o caso do IPTU, a Corte Suprema definiu que é inconstitucional a lei municipal que tenha estabelecido, antes da Emenda Constitucional 29/2000, alíquotas progressivas para o IPTU, salvo se destinada a assegurar o cumprimento da função social da propriedade urbana (progressividade no tempo, com função extrafiscal específica, de natureza urbanística). Ocorre que, posteriormente, o constituinte derivado alterou a Constituição para prever expressamente a progressividade de alíquotas em relação ao ITR e ao IPTU (arts. 153, § 4º, I, e 156, § 1º, I, da CF). A: incorreta, pois, nos termos da Súmula 656/STF, é inconstitucional a lei que estabelece alíquotas progressivas para o imposto de transmissão inter vivos de bens imóveis – ITBI com base no valor venal do imóvel; B: incorreta, conforme comentário inicial; C: assertiva correta, pois o STF sempre admitiu, mesmo antes da EC 29/2000, a possibilidade de progressividade no tempo prevista no art. 182, § 4º, II, da CF; D: incorreta, pois o ITR deve ser progressivo com alíquotas fixadas de forma a desestimular a manutenção de propriedades improdutivas, conforme expressamente determina o art. 153, § 4º, I, da CF.
Gabarito "C".

**(Cartório/SP – V – VUNESP)** Atualmente, é (são) isenta(s) do recolhimento de ITCMD, no estado de São Paulo,

(A) a doação de bem móvel.
(B) a doação de bem imóvel de valor superior a 2.500 UFESP, desde que cada um dos donatários receba proporção inferior a 2.500 UFESP e desde que os mesmos não tenham recebido outra doação isenta, do mesmo doador, no mesmo exercício.
(C) a doação de A para B, realizada em janeiro de 2007, de bem imóvel no valor de 2.000 UFESP, e aquela realizada em dezembro de 2007, de bem imóvel no valor de 1.500 UFESP.
(D) a doação do poder público para o particular.

As isenções de ITCMD são reguladas pela lei de cada Estado e do Distrito Federal, observadas as respectivas competências tributárias. No caso de SP, a legislação local prevê isenção de ITMCD sobre imóvel cujo valor não ultrapasse 2.500 UFESPs (a unidade fiscal local), somando-se, para fins de limite, todas as doações recebidas de um mesmo doador durante o exercício financeiro - art. 6º, II, "a", 12, § 3º, 25, parágrafo único, e 31, II, "b", do Decreto 46.655/2002. Por essa razão, a alternativa "B" é a correta.
Gabarito "B".

**(Cartório/SP – V – VUNESP)** Atualmente, o ITCMD, no Estado de São Paulo, deve ser recolhido

(A) na transmissão *causa mortis* de bem imóvel, urbano ou rural, cujo valor não ultrapassar 2 500 UFESPs, desde que seja o único bem transmitido.
(B) antes da lavratura da escritura pública de doação e no prazo de 30 dias após a emissão da certidão de regularidade do recolhimento pela Secretaria da Fazenda, na escritura de inventário e partilha.
(C) pelo herdeiro, sobre o valor do quinhão que lhe coube na herança, a título de *causa mortis* e sobre o valor que lhe foi atribuído gratuitamente acima de seu respectivo quinhão, a título de *doação*.
(D) na transmissão onerosa de direito societário, debênture, dividendo, quota ou participação em fundo mútuo de ações e de renda fixa.

A: incorreta, pois há isenção nesse caso, nos termos da legislação local - art. 6º, I, "b", do Decreto 46.655/2002; B: incorreta, pois na transmissão *causa mortis*, o ITCMD paulista deverá ser recolhido no prazo de 30 dias após a decisão homologatória do cálculo ou do despacho que determinar seu pagamento - art. 31, I, do Decreto 46.655/2002; C: assertiva correta, pois o valor atribuído gratuitamente ao herdeiro além do seu quinhão implica doação pelo herdeiro que o concedeu - ver art. 1º, § 5º, do Decreto 46.655/2002; D: incorreta, pois o ITCMD incide apenas nas transmissões gratuitas (doações e *causa mortis*).
Gabarito "C".

**(Cartório/SP – V – VUNESP)** Assinale a alternativa incorreta quanto ao IPTU.

(A) É um imposto municipal cujo fato gerador é a propriedade, o domínio útil ou a posse de bem imóvel, por natureza ou por acessão física.
(B) A sua base de cálculo é o valor venal do imóvel, ou seja, seu preço, para pagamento à vista, sob condições normais de mercado e engloba o valor do terreno e o valor da construção.
(C) Incide sobre todos os imóveis situados na área urbana do Município, sejam residenciais, comerciais ou utilizados em exploração extrativista vegetal ou agroindustrial.

(D) Terá alíquota progressiva, fixada em lei municipal específica, para os proprietários dos imóveis não edificados, subutilizados ou não utilizados, situados em áreas incluídas no Plano Diretor do Município.

A: assertiva correta, conforme o art. 156, I, da CF e o art. 32 do CTN; B: assertiva correta, definindo precisamente o significado de *valor venal* para fins de definição da base de cálculo do IPTU, prevista no art. 33 do CTN; C: incorreta. O critério para delimitar o âmbito espacial de incidência do IPTU (afastando o conflito em relação ao ITR federal) é dado pelo art. 32 do CTN. Aplica-se primordialmente o *critério espacial*, ou seja, incide o IPTU em relação ao imóvel localizado na área urbana do município, conforme delimitado pela lei local, observada a existência de melhorias mínimas previstas no art. 32, § 1º, do CTN. Ademais, a lei municipal pode considera também área urbana as áreas urbanizáveis, ou de expansão urbana, constantes de loteamentos aprovados pelos órgãos competentes, destinados à habitação, à indústria ou ao comércio, mesmo que localizados fora das zonas urbanas definidas pelo critério dos melhoramentos – art. 32, § 2º, do CTN. Há, entretanto, uma exceção ao critério espacial, pela qual o imóvel é considerado rural, mesmo quando localizado na área urbana do Município, desde que destinado à exploração extrativista vegetal, agrícola, pecuária ou agroindustrial – *critério da destinação* previsto no art. 15 do DL 57/1966, daí porque a assertiva é incorreta; D: assertiva correta, referindo-se ao IPTU progressivo no tempo, de função extrafiscal urbanística, previsto no art. 182, § 4º, II, da CF e nos arts. 5º e 7º do Estatuto da Cidade (Lei 10.257/2001).
Gabarito "C."

**(Cartório/SP – V – VUNESP)** A lei, em sentido estrito, vigente no Estado de São Paulo, que disciplina o Imposto sobre Transmissões *Causa Mortis* e Doação, é

(A) a Lei n.º 9.591/1966, com as alterações trazidas pela Lei n.º 10.705/2000.
(B) a Lei n.º 10.705/2000, alterada pela Lei n.º 10.992/2001.
(C) a Portaria CAT n.º 15/2003, baixada pelo Coordenador da Administração Tributária logo depois de editada a Lei n.º 10.992/2001.
(D) a Portaria CAT n.º 5/2007, baixada pelo Coordenador da Administração Tributária logo depois de editada a Lei n.º 10.441/2007.

As normas básicas do ITCMD paulista são veiculadas pela Lei 10.705/2000 e seu regulamento, o Decreto 46.655/2002, de modo que a alternativa "B" é a correta.
Gabarito "B."

**(Cartório/SP – III – VUNESP)** Assinale a alternativa incorreta.

(A) Compete aos Municípios instituir impostos sobre a transmissão *causa mortis* e doação – ITCMD, de quaisquer bens ou direitos.
(B) No imposto sobre transmissão a título gratuito *inter vivos* (doação), dá-se o lançamento por homologação, devendo o imposto ser recolhido antes da celebração do ato ou contrato correspondente.
(C) O imposto sobre transmissão *causa mortis* e doação – ITCMD tem suas alíquotas máximas fixadas por Resolução do Senado Federal, não podendo exceder a 8%.
(D) Os tabeliães, nos atos que importem em doações de bens, ficam obrigados a exigir dos contratantes a apresentação da respectiva guia de recolhimento do imposto, cujos dados devem constar do instrumento de transmissão.

A: incorreta, pois o ITCMD é tributo estadual; B: assertiva correta, conforme a legislação paulista (art. 31, II, "b", do Decreto 46.655/2002), lembrando que as normas específicas relativas ao vencimento e ao recolhimento dos impostos são veiculadas pela legislação de cada ente tributante; C: assertiva correta, conforme o art. 155, § 1º, IV da CF e Resolução do Senado 9/1992; D: assertiva correta, conforme o art. 6º, § 3º, do Decreto 46.655/2002.
Gabarito "A."

## 9. ADMINISTRAÇÃO TRIBUTÁRIA, CERTIDÕES, INSCRIÇÃO

**(Cartório/SP – 2012 – VUNESP)** Com relação à Declaração Sobre Operações Imobiliárias – DOI, é lícito afirmar que:

(A) A multa por atraso no seu envio foi criada em instrução normativa da Receita Federal do Brasil.
(B) Se trata de obrigação acessória, mas que pode se tornar tributo, pelo simples fato de sua inobservância.
(C) Seu sujeito passivo é o adquirente do bem imóvel objeto da transação imobiliária.
(D) Não deve ser enviada em escritura de renúncia de usufruto.

A: incorreta, pois a multa é prevista no art. 8º, § 1º, da Lei 10.426/2002; B: incorreta, pois a inobservância de obrigação acessória é ilícito, o que pode implicar multa (penalidade), jamais tributo – art. 3º do CTN; C: incorreta, pois a DOI deve ser apresentada pelos serventuários da Justiça (esses são os sujeitos passivos dessa obrigação) – art. 8º da Lei 10.426/2002; D: correta, pois renúncia de usufruto não implica transferência do bem, de modo que não cabe DOI.
Gabarito "D."

**(Cartório/SP – 2011 – VUNESP)** Segundo o Código Tributário Nacional, a certidão será positiva com efeitos de negativa quando indicar a existência de créditos:

(A) Com exigibilidade excluída.
(B) Ainda não constituídos.
(C) Em curso de cobrança executiva em que tenha sido efetuada a penhora.
(D) Vencidos, mas ainda não inscritos em dívida ativa.

A certidão positiva com efeito de negativa é possível quando conste a existência de créditos não vencidos, em curso de cobrança executiva em que tenha sido efetivada a penhora, ou cuja exigibilidade esteja suspensa – art. 206 do CTN. Por essa razão, a alternativa "C" é a correta.
Gabarito "C."

**(Cartório/MG – 2012 – FUMARC)** Mediante intimação escrita, são obrigados a prestar à autoridade administrativa todas as informações de que disponham com relação aos bens, negócios ou atividades de terceiros, **EXCETO**

(A) O espólio e os herdeiros.
(B) Os corretores, os leiloeiros e os despachantes oficiais.
(C) Os tabeliães, os escrivães e os demais serventuários de ofício.
(D) Os bancos, as casas bancárias, as caixas econômicas e as demais instituições financeiras.

Nos termos do art. 197 do CTN, mediante intimação escrita, são obrigados a prestar à autoridade administrativa todas as informações de que disponham com relação aos bens, negócios ou atividades de terceiros (i) os tabeliães, escrivães e demais serventuários de ofício, (ii) os bancos, casas bancárias, caixas econômicas e demais instituições financeiras, (iii) as empresas de administração de bens, (iv) os corretores, leiloeiros e despachantes oficiais, (v) os inventariantes, (vi) os síndicos, comissários e liquidatários, (vii) quaisquer outras entidades ou pessoas que a lei designe, em razão de seu cargo, ofício, função, ministério, atividade ou profissão. Por essa razão, a alternativa "A" deve ser indicada, pois espólio e herdeiros não constam da listagem.

Gabarito "A".

**(Cartório/AM – 2005 – FGV)** Analise as proposições a seguir:

I. A fiscalização do crédito tributário é uma faculdade da Administração Fiscal.
II. A prova da quitação de todos os tributos pode, a critério do juiz, ser dispensada na extinção das obrigações do falido.
III. O direito de a Fazenda Pública constituir o crédito tributário extingue-se após cinco anos, contados do primeiro dia do exercício seguinte àquele em que o lançamento poderia ter sido efetuado ou da data em que se tornar definitiva a decisão que houver anulado, por vício formal, o lançamento anteriormente efetuado.
IV. a remissão é forma de extinção do crédito tributário.

Assinale:

(A) se somente as proposições I e III forem verdadeiras.
(B) se somente as proposições II e IV forem verdadeiras.
(C) se somente as proposições III e IV forem verdadeiras.
(D) se somente as proposições I, II e III forem verdadeiras.
(E) se somente as proposições I, III e IV forem verdadeiras.

I: incorreta, pois os atos administrativos relacionados à fiscalização são sempre vinculados, não havendo facultatividade, portanto - arts. 3º, in fine, e 142, parágrafo único, do CTN; II: incorreta, pois se trata de exigência legal inafastável pelo juiz – art. 191 do CTN; III: assertiva correta, pois essa é a norma decadencial prevista no art. 173 do CTN; IV: assertiva correta, pois a remissão significa perdão do crédito tributário, extinguindo-o, portanto – art. 156, IV, do CTN.

Gabarito "C".

**(Cartório/SP – V – VUNESP)** A presunção de certeza e de liquidez do crédito regularmente inscrito em Dívida Ativa é

(A) absoluta, não podendo mais ser ilidida pelo sujeito passivo.
(B) relativa e pode ser ilidida por prova inequívoca, a cargo do sujeito passivo ou do terceiro a que aproveite.
(C) absoluta a partir da emissão da Certidão da Dívida Ativa – CDA.
(D) relativa e não tem o efeito de prova pré-constituída.

A presunção é relativa (pode ser ilidida por prova inequívoca) – art. 204, parágrafo único, do CTN, de modo que a alternativa "B" é a correta.

Gabarito "B".

**(Cartório/SP – VII – VUNESP)** Segundo o Código Tributário Nacional, a certidão será positiva com efeitos de negativa quando indicar a existência de créditos

(A) com exigibilidade excluída.
(B) ainda não constituídos.

(C) em curso de cobrança executiva em que tenha sido efetuada a penhora.
(D) vencidos, mas ainda não inscritos em dívida ativa.

Nos termos do art. 206 do CTN, tem os mesmos efeitos da certidão negativa a certidão de que conste a existência de créditos não vencidos, em curso de cobrança executiva em que tenha sido efetivada a penhora, ou cuja exigibilidade esteja suspensa (= certidão positiva com efeitos de negativa). A: incorreta, pois a suspensão da exigibilidade é que permite emissão da certidão positiva com efeitos de negativa (se houver exclusão do crédito – isenção ou anistia – a certidão será negativa em relação aos valores respectivos); B: não há crédito antes do lançamento, nem, portanto, exigibilidade contra o sujeito passivo, de modo que, nesse caso, a certidão será negativa (exceto se houver outros débitos, evidentemente); C: essa é a correta, conforme comentários iniciais; D: incorreta, pois, nesse caso, a certidão será positiva, exceto se houver alguma causa de suspensão da exigibilidade.

Gabarito "C".

**(Cartório/SP – I – VUNESP - adaptada)** O prazo de validade da Certidão Negativa de Débitos relativa a contribuições sociais, exigida na alienação de bem imóvel, é de até

(A) cento e oitenta dias.
(B) três meses.
(C) seis meses.
(D) trinta dias.

A validade das certidões negativas é regulada pela lei de cada ente político. É importante salientar que, atualmente, a cobrança das contribuições sociais é feita pela Receita Federal do Brasil (não mais pelo INSS que, antes da RFB, cobrava determinadas contribuições), de modo que as certidões são expedidas por ela (RFB), em regra, com validade de 180 dias – art. 2º do Decreto 6.106/2007 Por essa razão, a alternativa "A" é a correta. A questão foi adaptada, pois fazia referência à CND do INSS e ao antigo prazo de 60 dias.

Gabarito "A".

**(Cartório/SP – V – VUNESP)** Considerando o disposto nos artigos números 205 a 208 do Código Tributário Nacional – CTN, é correto afirmar que

(A) mesmo quando a lei exige certidão de quitação, ela é dispensável no caso de o contribuinte necessitar praticar, com urgência, um ato para evitar a caducidade de um direito seu.
(B) a prova de quitação de que trata o artigo 205 do CTN deve ser expedida no prazo de, no máximo, 15 dias úteis contado da data de apresentação do pedido.
(C) não tem efeito de negativa a certidão em que conste haver débitos tributários não vencidos, ou em que haja débito cuja exigibilidade esteja suspensa.
(D) não é obrigatória a expedição da prova de quitação nos termos em que requerida, podendo a autoridade administrativa referir-se a tributos outros que não os constantes do pedido.

A: assertiva correta. De fato, o art. 207 do CTN prevê que, independentemente de disposição legal permissiva, será dispensada a prova de quitação de tributos, ou o seu suprimento, quando se tratar de prática de ato indispensável para evitar a caducidade de direito, respondendo, porém, todos os participantes no ato pelo tributo porventura devido, juros de mora e penalidades cabíveis, exceto as relativas a infrações cuja responsabilidade seja pessoal ao infrator; B: incorreta, pois o prazo para expedição da certidão é de 10 dias contados da data da entrada do requerimento na repartição – art. 205, parágrafo único, do CTN; C: incorreta, pois, nos termos do art. 206 do CTN, tem os mesmos efeitos da certidão negativa a certidão de que conste a existência de créditos não vencidos, em curso de cobrança executiva em que tenha sido efetivada a penhora, ou cuja exigibilidade esteja suspensa (= certidão positiva com efeitos de negativa); D: incorreta, pois, conforme o art. 205, parágrafo único, do CTN, a certidão negativa será sempre expedida nos termos em que tenha sido requerida e será fornecida dentro de 10 dias da data da entrada do requerimento na repartição.

Gabarito "A".

## 10. AÇÕES TRIBUTÁRIAS

**(Cartório/AC – 2006 – CESPE)** Com o crédito tributário definitivamente constituído, inicia-se a fase do chamado processo judicial tributário. Em relação à discussão do crédito tributário no âmbito judicial, julgue os itens que se seguem.

(1) O prazo para a oposição dos embargos à execução fiscal é de 30 dias e tem como termo inicial a intimação do executado da realização da penhora, do depósito ou da juntada da prova da fiança bancária.

(2) A repetição do indébito está assentada na ideia de não se dar abrigo ao enriquecimento sem causa. Contudo, em caso de pagamento maior que o devido ou pagamento indevido de tributo direto – aquele que comporta transferência de encargo financeiro –, o contribuinte deve provar que assumiu o encargo financeiro ou está expressamente autorizado por quem efetivamente o suportou.

(3) Considere a seguinte situação hipotética. A Secretaria de Fazenda do Estado do Acre, após fiscalizar determinada empresa, lavrou auto de infração devido às omissões relacionadas às obrigações tributárias acessórias e ao não recolhimento de ICMS em todo o ano de 2005. O crédito tributário foi definitivamente constituído em 30/8/2006. Nessa situação, a fazenda pública estadual tem prazo até 29/8/2011 para exercer o seu direito subjetivo de cobrar, sob pena de decadência.

(4) A importância do crédito tributário pode ser consignada judicialmente pelo sujeito passivo, diante da recusa de recebimento ou da subordinação deste ao pagamento de outro tributo ou de penalidade ou mesmo do cumprimento de obrigação acessória, bem como na hipótese de exigência de tributo idêntico sobre um mesmo fato gerador por mais de uma pessoa jurídica de direito público.

(5) Para que o depósito, integral e em dinheiro, tenha o poder de suspender a exigibilidade do crédito tributário, ele deve estar acompanhado de liminar nos autos de mandado de segurança ou de liminar/tutela antecipada em outras espécies de ação judicial.

1: assertiva correta, nos termos do art. 16 da Lei de Execução Fiscal – LEF (Lei 6.830/1980); 2: incorreta, pois a afirmação se refere aos tributos indiretos, não aos diretos (cujo ônus é assumido pelo próprio contribuinte de direito) – art. 166 do CTN; 3: incorreta, pois o prazo quinquenal para a cobrança tem natureza prescricional, não decadencial – art. 174 do CTN; 4: correta, sendo que a assertiva se refere adequadamente à ação de consignação judicial tributária – art. 164 do CTN; 5: incorreta, pois o depósito integral em dinheiro é modalidade autônoma de suspensão da exigibilidade do crédito tributário, sendo desnecessária liminar, antecipação de tutela ou outro provimento judicial adicional – art. 151, II, do CTN.

Gabarito 1C, 2E, 3E, 4C, 5E

**(Cartório/AM – 2005 – FGV)** Assinale a alternativa correta a respeito da ação para cobrança do crédito tributário.

(A) Prescreve em um ano.
(B) Prescreve em dois anos.
(C) Prescreve em quatro anos.
(D) Prescreve em cinco anos.
(E) É imprescritível.

A ação para a cobrança do crédito tributário prescreve em cinco anos, contados da data da sua constituição definitiva – art. 174 do CTN, de modo que a alternativa "D" é a correta.

Gabarito "D".

**(Cartório/DF – 2003 – CESPE)** Duas sociedades comerciais devedoras de ICMS por prática de sonegação fiscal unem-se para formar terceira pessoa jurídica. Com base nessa situação, julgue os itens a seguir.

(1) A nova sociedade será responsável pelos tributos devidos até a data do ato em que as duas sociedades foram transformadas.

(2) A execução fiscal poderá ser promovida contra a nova sociedade comercial, inexistindo responsabilidade dos sócios, caso se trate de sociedade de responsabilidade limitada, cujas dívidas são adimplidas com o capital social integralizado.

(3) Movida a execução contra a sociedade comercial e penhoradas suas ações, incumbe ao oficial de justiça comunicar tal fato à Bolsa de Valores, sendo essa comunicação suficiente para as anotações da penhora, independentemente de determinação do juiz.

(4) Ocorrendo o cancelamento da inscrição de dívida ativa, antes da decisão de primeira instância em embargos opostos, será assegurada ao executado a devolução do prazo para embargos.

1: assertiva correta, pois a sociedade resultante da fusão é responsável tributário em relação aos débitos deixados pelas sociedades originais - art. 132 do CTN; 2: incorreta, pois pode haver responsabilidade pessoal do sócio-administrador no caso de participação na sonegação fiscal, nos termos do art. 135 do CTN; 3: correta, nos termos do art. 14, III, da LEF; 4: incorreta, pois o cancelamento da inscrição implica, em princípio, extinção da execução fiscal. Será assegurada ao executado a devolução do prazo para embargos apenas no caso de emenda ou substituição da Certidão da Dívida Ativa (o que pressupõe manutenção da inscrição, ainda que alterada) - art. 203 do CTN e art. 2º, § 8º, da LEF.

Gabarito 1C, 2E, 3C, 4E

**(Cartório/ES – 2007 – FCC)** A ação para a cobrança do crédito tributário prescreve em cinco anos, contados da data da sua constituição definitiva. A prescrição se interrompe

(A) pelo protocolo da ação de execução fiscal.
(B) por qualquer ato inequívoco ainda que extrajudicial, que importe em reconhecimento do débito pelo devedor.
(C) pela citação pessoal feita ao devedor.
(D) pelo despacho do juiz que mandar autuar a petição inicial da execução fiscal.
(E) pela juntada do mandado de citação devidamente cumprido, ao respectivo processo de execução fiscal.

Nos termos do art. 174, parágrafo único, do CTN, a prescrição se interrompe (i) pelo despacho do juiz que ordenar a citação em execução fiscal, (ii) pelo protesto judicial, (iii) por qualquer ato judicial que constitua em mora o devedor e (iv) por qualquer ato inequívoco ainda que extrajudicial, que importe em reconhecimento do débito pelo devedor. Por essa razão, a alternativa "B" é a única correta.
Gabarito "B".

**(Cartório/MT – 2005 – CESPE)** Marcos foi citado para pagar uma dívida de imposto de renda que lhe está sendo cobrada por meio de execução fiscal, e foi notificado administrativamente para pagar uma outra dívida, desta feita, de imposto territorial rural, apurada. Para tais situações, a lei lhe faculta algumas medidas. Considerando essa situação hipotética, assinale a opção que representa uma medida que não está prevista no direito positivo aplicável.

(A) Marcos pode iniciar um processo administrativo tributário, para o caso do ITR, desde que tempestivo.
(B) Para a execução fiscal, a lei faculta a Marcos apresentar em juízo uma exceção de pré-executividade.
(C) No caso do imposto de renda, a lei dá a Marcos o direito de apresentar embargos à execução, atendidas as condições.
(D) A legislação admite mandado de segurança referente ao ITR, caso Marcos detenha direito líquido e certo relativamente à matéria.

A: correta, pois, observado o prazo fixado na legislação específica, a autuação fiscal e a cobrança administrativa podem ser impugnados administrativamente; B: questionável. Certamente a organizadora indicou essa assertiva como incorreta porque entendeu que não há previsão legal expressa relativa à exceção de pré-executividade. Ocorre que o termo "lei" na assertiva pode ser interpretado de maneira ampla, como permissão no sistema jurídico para a exceção, o que certamente há, tanto que é reconhecida pela jurisprudência - Súmula 393/STJ. Ademais, há autores que reconhecem previsão legal da exceção no art. 3º, parágrafo único, da LEF, que se refere à possibilidade de o executado (não embargante, mas simples executado!) ilidir a presunção de certeza e liquidez da dívida ativa. De qualquer forma, essa é a melhor alternativa, por eliminação das demais, e por conta desse debate doutrinário; C: correta, conforme o art. 16 da LEF; D: assertiva correta, pois o mandado de segurança é viável para impugnação de autuação fiscal, desde que observado o prazo de 120 dias e haja prova pré-constituída do direito líquido e certo.
Gabarito "B".

**(Cartório/SE – 2006 – CESPE)** Em junho de 1997, Jonas firmou contrato de comodato com certo partido político, tendo como objeto um bem imóvel de sua propriedade, para que a entidade pudesse instalar sua sede pelo prazo de 10 anos. Em outubro de 2006, Jonas foi surpreendido com mandado de execução fiscal, visando à cobrança do IPTU, quanto ao imóvel objeto do contrato de comodato, pois o partido político não havia efetuado o pagamento do referido tributo desde o início de suas atividades. Com base na situação hipotética apresentada, julgue os itens que se seguem, acerca das normas que regem a execução fiscal.

(1) O partido político, comodatário, não é contribuinte do IPTU incidente sobre o imóvel que ocupa.
(2) Para garantir a execução, Jonas poderá oferecer fiança bancária.
(3) Eventual exceção de suspeição apresentada por Jonas será arguida como matéria preliminar e processada e julgada juntamente com os embargos opostos.

1: assertiva correta, pois o comodatário é simples detentor do imóvel (não é possuidor com *animus domini* ou *ad usucapionem*), de modo que não será considerado contribuinte. No caso, somente o proprietário do imóvel emprestado será contribuinte, lembrando que eventual acordo contratual impondo ao comodatário o dever de recolher o IPTU não altera a sujeição passiva, nem pode ser oposto contra o Fisco, salvo disposição legal em contrário – art. 123 do CTN; 2: correta, pois, para garantir a execução fiscal, admitem-se (i) depósito em dinheiro, (ii) fiança bancária, (iii) bens à penhora e (iv) bens oferecidos por terceiros e aceitos pela Fazenda - art. 9º I a IV, da LEF; 3: incorreta, pois o art. 16, § 3º, da LEF dispõe expressamente que somente outras exceções, que não as de suspeição, incompetência e impedimentos, serão arguidas como matéria preliminar e serão processadas e julgadas com os embargos.
Gabarito 1C, 2C, 3E.

## 11. TEMAS COMBINADOS E OUTRAS MATÉRIAS

**(Cartório/SP – 2012 – VUNESP)** Sobre emolumentos cobrados pelos oficiais e notários pelos atos praticados, de acordo com a Lei Paulista n. 11.331/2002, é correto afirmar que:

(A) O Banco Central do Brasil não paga a parcela de emolumentos devida ao Fundo Especial de Despesa do Tribunal de Justiça.
(B) A Companhia de Saneamento Básico do Estado de São Paulo – SABESP é isenta do pagamento da parcela de emolumentos devida ao Estado.
(C) A Universidade de São Paulo – USP apenas paga a parcela dos emolumentos devida ao notário/tabelião.
(D) A Prefeitura Municipal de Campinas não paga qualquer quantia a título de emolumentos nos atos notariais.

A: correta, pois o Bacen é autarquia federal, abrangida pela isenção prevista no art. 8º da Lei SP 11.331/2002; B: incorreta, pois a isenção não abrange empresas públicas e sociedades de economia mista; C: incorreta, pois o Estado de SP e suas autarquias (caso da USP) são isentas de emolumentos – art. 8º, parágrafo único, da Lei SP 11.331/2002; D: incorreta, pois a isenção do art. 8º da Lei SP

11.331/2002 abrange apenas as parcelas dos emolumentos destinadas ao Estado, à Carteira de Previdência das Serventias não Oficializadas da Justiça do Estado, ao custeio dos atos gratuitos de registro civil e ao Fundo Especial de Despesa do Tribunal de Justiça (a parcela que corresponde à receita dos notários e registradores é devida).
Gabarito "A".

**(Cartório/MG – 2012 – FUMARC)** Considerando as súmulas vinculantes editadas pelo Supremo Tribunal Federal, é correto afirmar, **EXCETO** que:

(A) O ICMS não incide sobre alienação de salvados de sinistro pelas seguradoras.
(B) É inconstitucional a incidência do Imposto sobre Serviços de Qualquer Natureza – ISS sobre operações de locação de bens móveis.
(C) É inconstitucional a exigência de depósito prévio como requisito de admissibilidade de ação judicial na qual se pretenda discutir a exigibilidade de crédito tributário.
(D) A taxa cobrada exclusivamente em razão dos serviços públicos de coleta, remoção e tratamento ou destinação de lixo ou resíduos provenientes de imóveis viola o artigo 145, II, da Constituição Federal.

A: correta, conforme a jurisprudência atual do STJ, que cancelou a Súmula 152 daquela Corte; B: correta, nos termos da Súmula Vinculante 31 do STF; C: correta, nos termos da Súmula Vinculante 28 do STF; D: incorreta, devendo ser indicada, pois essa taxa é constitucional, nos termos da Súmula Vinculante 29 do STF.
Gabarito "D".

**(Cartório/MG – 2012 – FUMARC)** Conforme a Lei 15.424, de 30/12/2004, os emolumentos incluem, **EXCETO:**

(A) Protocolo, arquivamento e gestões necessárias ao ato notarial e de registro.
(B) Despesas postais e publicações, exceto quando expressamente ressalvadas nas tabelas.
(C) Utilização de sistema de computação, microfilmagem, disco ótico e outros meios de armazenamento e reprodução de dados.
(D) Traslado, anotações e comunicações determinadas por lei, diligências e gestões essenciais à realização do ato notarial ou de registro.

A: incorreta, devendo ser indicada, pois o art. 7º, I, da Lei MG 15.424/2004, que apontava esses atos, foi modificado para prever traslado, anotações e comunicações determinadas por lei, diligências e gestões essenciais à realização do ato notarial ou de registro; B, C e D: corretas, nos termos do art. 7º da Lei MG 15.424/2004.
Gabarito "A".

**(Cartório/MG – 2012 – FUMARC)** A Lei 15.424, de 30/12/2004, veda ao notário e ao registrador, **EXCETO:**

(A) Cobrar qualquer importância a título de despesa com serviço de despachante.
(B) Conceder desconto remuneratório de emolumentos ou de valores da taxa de fiscalização judiciária.
(C) Cobrar as quantias relativas às certidões porventura fornecidas na hipótese de não se realizar o ato notarial ou de registro.
(D) Cobrar do usuário emolumentos por ato retificador ou renovado em razão de erro imputável aos respectivos serviços notariais e de registro.

A, B e D: corretas, pois esses atos são vedados ao notário e ao registrador pelo art. 16 da Lei MG 15.424/2004; C: incorreta, devendo ser indicada, pois, na hipótese de não se realizar o ato notarial ou de registro, os valores recebidos serão restituídos ao usuário, mas devem ser deduzidas as quantias relativas às certidões porventura fornecidas – art. 9º da Lei MG 15.424/2004.
Gabarito "C".

**(Cartório/MG – 2012 – FUMARC)** Relativamente às condições instituídas para a aposentadoria do servidor integrante do Regime Próprio da Previdência Social, insertas na Lei Complementar n. 64, de 25 de março de 2002, é **correto** afirmar que:

(A) É vedada qualquer forma de contagem de tempo de contribuição fictício.
(B) A aposentadoria por invalidez será precedida de licença para tratamento de saúde por período não excedente a doze meses.
(C) O tempo de contribuição, para fins de aposentadoria, será comprovado mediante declaração pelo próprio segurado, na forma prevista na legislação em vigor.
(D) O tempo de contribuição que tiver servido de base para aposentadoria concedida pelo RGPS ou por outro regime próprio de previdência poderá ser contado para fins de aposentadoria no Regime Próprio de Previdência Social.

A: correta, até porque a contagem de tempo de contribuição fictício é expressamente vedada pelo art. 40, § 10, da CF – art. 8º, § 1º, da Lei Complementar MG 64/2002; B: incorreta, pois a aposentadoria por invalidez será precedida de licença para tratamento de saúde por período não excedente a vinte e quatro meses – art. 13 da Lei Complementar MG 64/2002; C: incorreta, pois o tempo de contribuição, para fins de aposentadoria, será comprovado mediante certidão expedida pelo órgão competente, na forma prevista na legislação em vigor – art. 12 da Lei Complementar MG 64/2002; D: incorreta, pois não será contado para fins de aposentadoria no Regime Próprio de Previdência Social o tempo de contribuição que tiver servido de base para aposentadoria concedida pelo RGPS ou por outro regime próprio de previdência – art. 11 da Lei Complementar MG 64/2002.
Gabarito "A".

**(Cartório/MG – 2012 – FUMARC)** Segundo entendimento do Superior Tribunal de Justiça, é **correto** afirmar que:

(A) É cabível o Mandado de Segurança para convalidar a compensação tributária realizada pelo contribuinte.
(B) A entrega de declaração pelo contribuinte reconhecendo débito fiscal constitui o crédito tributário, dispensada qualquer outra providência por parte do fisco.
(C) Os descontos incondicionais nas operações mercantis se incluem na base de cálculo do ICMS.
(D) É legal a cobrança de ICMS com base no valor da mercadoria submetido ao regime de pauta fiscal.

A: incorreta, pois, nos termos da Súmula 460 do STJ, é incabível o mandado de segurança para convalidar a compensação tributária realizada pelo contribuinte; B: correta, nos termos da Súmula 436 do STJ; C: incorreta, pois os descontos incondicionais nas operações mercantis não se incluem na base de cálculo do ICMS – Súmula 457 do STJ; D: incorreta, pois a Súmula 431 do STJ dispõe que é ilegal a cobrança de ICMS com base no valor da mercadoria submetido ao regime de pauta fiscal.
Gabarito "B".

(Cartório/MG – 2012 – FUMARC) Conforme expressa previsão da Lei 15.424, de 30/12/2004, são isentos de emolumentos e da Taxa de Fiscalização Judiciária, **EXCETO**:

(A) Caso de interesse da União, nos termos do Decreto-lei Federal n. 1.537, de 13 de abril de 1977.
(B) Penhora ou arresto, nos termos do inciso IV do artigo 7º da Lei Federal n. 6.830, de 22 de setembro de 1980.
(C) Cumprimento de mandado expedido em favor de beneficiário da justiça gratuita, aparado pela Lei Federal n. 1.060, de 05 de fevereiro de 1950, nos processos relativos a ações de separação judicial e divórcios.
(D) Caso de autenticidade de documento e de registro de atos constitutivos, inclusive alterações, de entidade de assistência social assim reconhecida pelo Conselho Municipal de Assistência Social ou Conselho Estadual de Assistência Social, nos termos da Lei 12.262, de 23 de julho de 1996, observado o disposto no § 3º do art. 20.

A, B e D: corretas, conforme o art. 20, I, II e IV, da Lei MG 15.424/2004; C: incorreta, devendo ser indicada, pois não há isenção no caso de ações de separação judicial e divórcios.
Gabarito "C".

(Cartório/MG – 2012 – FUMARC) Relativamente à pensão por morte decorrente de morte presumida, inserta na Lei Complementar n. 64, de 25 de março de 2002, **NÃO** é correto afirmar que:

(A) Mediante prova do desaparecimento do segurado em consequência de acidente, desastre ou catástrofe, seus dependentes farão jus a pensão provisória, a partir do requerimento, independentemente da declaração judicial.
(B) O beneficiário da pensão por morte presumida obriga-se a firmar, anualmente, declaração relativa à permanência do caráter presumido da morte do servidor, até que a autoridade judiciária declare definitiva a sucessão.
(C) Declarada judicialmente a morte presumida do segurado, será concedida a pensão provisória a seus dependentes, a partir da data da declaração.
(D) Os dependentes farão jus à pensão a partir da data de falecimento do segurado.

A: incorreta, devendo ser indicada, pois a pensão provisória, no caso, é possível a partir da data do sinistro (não do requerimento) – art. 21, § 1º, da LC MG 64/2002; B, C e D: corretas, nos termos do art. 21 da LC MG 64/2002.
Gabarito "A".

(Cartório/RJ – 2012) Acerca das discussões no STF sobre constitucionalidade no âmbito tributário, analise as assertivas abaixo.

I. É inconstitucional a incidência do Imposto sobre Serviços de Qualquer Natureza (ISS) sobre operações de locação de bens móveis.
II. É constitucional a adoção, no cálculo do valor de taxa, de um ou mais elementos da base de cálculo própria de determinado imposto, desde que não haja integral identidade entre uma base e outra.
III. É inconstitucional a exigência de depósito prévio como requisito de admissibilidade de ação judicial na qual se pretenda discutir a exigibilidade de crédito tributário.

É correto o que se afirma em:

(A) I, apenas.
(B) I e II, apenas.
(C) II, apenas.
(D) I, II e III.
(E) III, apenas.

I: correta, conforme a Súmula Vinculante 31 do STF; II: correta, nos termos da Súmula Vinculante 29 do STF; III: correta, conforme a Súmula Vinculante 28 do STF. Por essas razões, a alternativa "D" é a correta.
Gabarito "D".

(Cartório/RN – 2012 – IESIS) Assinale a alternativa correta:

(A) A adoção do Simples Nacional é compulsória para as microempresas e para as empresas de pequeno porte.
(B) A empresa que aufira, em cada ano-calendário anterior, receita bruta igual ou inferior a R$ 4.000.000,00 (quatro milhões e seiscentos mil reais) pode optar pelo Simples Nacional.
(C) A arrecadação dos tributos abrangidos pelo Simples Nacional é realizada de forma discricionária.
(D) Compete a Lei Complementar a definição de tratamento diferenciado e favorecido para as microempresas e para as empresas de pequeno porte.

A: incorreta, pois a adoção do Simples Nacional é sempre facultativa para o contribuinte – art. 146, parágrafo único, I, da CF; B: incorreta, pois o limite atual é de R$ 3,6 milhões – art. 3º, II, da LC 123/2006; C: incorreta, pois a arrecadação de tributos é sempre realizada de forma vinculada, ou seja, não há margem para análise de conveniência e oportunidade pela administração – art. 3º do CTN; D: correta, nos termos do art. 146, III, d, da CF.
Gabarito "D".

(Cartório/SC – 2012) Para a fixação do valor dos emolumentos, a Lei dos Estados e do Distrito Federal levará em conta a natureza pública e o caráter social dos serviços notariais e de registro, atendidas ainda as seguintes regras:

I. Os valores dos emolumentos constarão de tabelas e serão expressos em moeda corrente do País.
II. Os atos comuns aos vários tipos de serviços notariais e de registro serão remunerados por emolumentos específicos, fixados para cada espécie de ato.
III. É vedado classificar os atos específicos de cada serviço em atos relativos a situações jurídicas sem conteúdo financeiro. Os atos relativos a situações jurídicas com conteúdo financeiro terão seus emolumentos fixados mediante a observância de faixas que estabeleçam valores mínimos e máximos, nas quais se enquadrará o valor constante do documento apresentado aos serviços notariais e de registro.

IV. Os emolumentos cobrados em decorrência da prática de ato de retificação ou que teve de ser refeito ou renovado em razão de erro imputável aos respectivos serviços notariais e de registro terão seus valores reduzidos em 70% do valor fixado para o ato válido.

(A) Somente as proposições I, II e III estão corretas.
(B) Somente as proposições I e II estão corretas.
(C) Somente as proposições II, III e IV estão corretas.
(D) Somente as proposições II e III estão corretas.
(E) Somente as proposições I, II e IV estão corretas.

I: correta, nos termos do art. 2º, I, da Lei 10.169/2000; II: correta, conforme o art. 2º, II, da Lei 10.169/2000; III: incorreta, pois os atos específicos de cada serviço são classificados em atos relativos a situações jurídicas (i) sem conteúdo financeiro e (ii) com conteúdo financeiro – art. 2º, III, *a* e *b*, da Lei 10.169/2000; IV: incorreta, pois é vedado cobrar emolumentos em decorrência da prática de ato de retificação ou que teve de ser refeito ou renovado em razão de erro imputável aos respectivos serviços notariais e de registro – art. 3º, IV, da Lei 10.169/2000.
Gabarito "B".

**(Cartório/SC – 2012)** De acordo com a Lei n. 8.212/1991:

I. A Seguridade Social compreende um conjunto integrado de ações de iniciativa dos poderes públicos e da sociedade destinado a assegurar o direito relativo à saúde, à previdência e à assistência social.
II. A Saúde é direito de todos e dever do Estado, garantido mediante políticas sociais e econômicas que visem à redução do risco de doença e de outros agravos e ao acesso dos menos favorecidos economicamente às ações e serviços para sua promoção, proteção e recuperação.
III. A Previdência Social tem por fim assegurar a todos, universal e igualitariamente, meios indispensáveis de manutenção, por motivo de incapacidade, idade avançada, tempo de serviço, desemprego involuntário, encargos de família e reclusão ou morte daqueles de quem dependiam economicamente.
IV. A Assistência Social é a política social que provê o atendimento das necessidades básicas, traduzidas em proteção à família, à maternidade, à infância, à adolescência, à velhice e à pessoa portadora de deficiência, mediante contribuição à Seguridade Social.

(A) Somente a proposição I está correta.
(B) Somente as proposições I e II estão corretas.
(C) Somente a proposição III está correta.
(D) Somente as proposições I e IV estão corretas.
(E) Somente as proposições II e IV estão corretas.

I: correta, pois reflete o disposto no art. 194 da CF; II: incorreta, pois o acesso às ações e serviços para sua promoção, proteção e recuperação deve ser universal e igualitário – art. 196 da CF; III: incorreta, pois a previdência social tem caráter contributivo – art. 201 da CF; IV: incorreta, pois a assistência social é prestada a quem dela necessitar, independentemente de contribuição à seguridade social – art. 203 da CF.
Gabarito "A".

**(Cartório/SC – 2012)** De acordo com a Constituição Federal, a seguridade social será financiada por toda a sociedade, de forma direta e indireta, nos termos da lei, mediante recursos provenientes dos orçamentos da União, dos Estados, do Distrito Federal e dos Municípios, e das seguintes contribuições sociais:

I. Do empregador, da empresa e da entidade a ela equiparada na forma da lei, incidentes sobre a folha de salários e demais rendimentos do trabalho pagos ou creditados, a qualquer título, à pessoa física que lhe preste serviço, mesmo sem vínculo empregatício; a receita ou o faturamento; o lucro.
II. Do trabalhador, não incidindo sobre os demais segurados da previdência social, ressalvadas a contribuição sobre aposentadoria e pensão concedidas pelo regime geral de previdência social.
III. Sobre a receita de concursos públicos de provas ou de provas e títulos.
IV. Do importador de bens ou serviços do exterior, ou de quem a lei a ele equiparar.

(A) Somente as proposições I e IV estão corretas.
(B) Somente as proposições I, II e IV estão corretas.
(C) Somente as proposições II e III estão corretas.
(D) Somente as proposições I, II e III estão corretas.
(E) Somente as proposições III e IV estão corretas.

I: correta, nos termos do art. 195, I, da CF; II: incorreta, pois não apenas os trabalhadores, mas também os demais segurados da previdência social sujeitam-se às contribuições sociais, que não incidem sobre aposentadoria e pensão concedidas pelo regime geral de previdência social – art. 195, II, da CF; III: discutível. Claramente a examinadora indicou a alternativa como incorreta porque o art. 195, III, da CF prevê a incidência da contribuição social sobre receita de concursos de prognósticos (loterias), e não concursos públicos. Ocorre que pode incidir contribuição social sobre a receita da empresa que promove esses concursos públicos, nos termos do art. 195, I, *b*, da CF; IV: correta, nos termos do art. 195, IV, da CF.
Gabarito "A".

**(Cartório/AM – 2005 – FGV)** Assinale a alternativa correta.
(A) A exclusão do crédito tributário se dá pela isenção ou pela anistia.
(B) Apenas o despacho do juiz que ordenar a citação em execução fiscal faz interromper a prescrição.
(C) Não são extraconcursais os créditos tributários decorrentes de fatos geradores ocorridos no curso do processo de falência.
(D) Laudêmio é tributo.
(E) A obrigação legal de pagamento do laudêmio é do comprador.

A: correta, pois isenção e anistia são as duas únicas modalidades de exclusão do crédito tributário, previstas no art. 175 do CTN; B: incorreta, pois, nos termos do art. 174, parágrafo único, do CTN, a prescrição se interrompe (i) pelo despacho do juiz que ordenar a citação em execução fiscal, (ii) pelo protesto judicial, (iii) por qualquer ato judicial que constitua em mora o devedor e (iv) por qualquer ato inequívoco ainda que extrajudicial, que importe em reconhecimento do débito pelo devedor; C: incorreta, pois são extraconcursais os créditos tributários decorrentes de fatos geradores ocorridos no curso do processo de falência, conforme expressamente previsto no art. 188 do CTN; D: incorreta, pois laudêmio é objeto de obrigação cível, decorrente da enfiteuse – art. 2.038, § 1º, I, do CC; E: incorreta, pois o art. 686 do CC/1916 prevê obrigação do alienante pagar o laudêmio ao senhorio direto (o atual Código Civil não possui norma equivalente).

Gabarito "A".

**(Cartório/AM – 2005 – FGV)** Analise as proposições a seguir:

I. Imunidade é o obstáculo decorrente de regra da Constituição à incidência de regra jurídica à tributação.

II. Compete à União instituir imposto sobre propriedade de veículos automotores.

III. Anistia é a exclusão do crédito tributário relativo a penalidades pecuniárias.

IV. É vedado apenas à União instituir tratamento desigual entre contribuintes que se encontrem em situação equivalente, proibida qualquer distinção em razão de ocupação profissional ou função por eles exercida, independentemente da denominação jurídica dos rendimentos, títulos ou direitos.

Assinale:

(A) se somente as proposições I e II forem verdadeiras.
(B) se somente as proposições I e III forem verdadeiras.
(C) se somente as proposições I e IV forem verdadeiras.
(D) se somente as proposições I, II e III forem verdadeiras.
(E) se somente as proposições I, III e IV forem verdadeiras.

I: assertiva adequada. A rigor, a imunidade, fixada constitucionalmente, afasta a própria competência tributária em relação a determinadas pessoas, bens ou situações, impedindo, assim, a incidência; II: incorreto, pois o IPVA é da competência estadual e do Distrito Federal; III: assertiva correta, sendo que a anistia é uma das modalidades de exclusão do crédito tributário, ao lado da isenção – art. 175 do CTN; IV: incorreta, pois o princípio da isonomia, previsto expressamente no art. 150, II, da CF, aplica-se a todos os entes político, e não apenas à União.

Gabarito "B".

**(Cartório/AP – 2011 – VUNESP)** Considere os seguintes itens sobre a Declaração de Operações Imobiliárias - DOI:

I. O não cumprimento desta obrigação gera obrigação tributária acessória consistente em multa de 0,1% ao mês-calendário ou fração, sobre o valor da operação, devido pelo Oficial de Registro de Imóveis e pelo adquirente, solidariamente.

II. Consiste na declaração sobre operação imobiliária de aquisição ou alienação, realizada por pessoa física ou jurídica, independentemente do seu valor, cujos documentos sejam lavrados, anotados, averbados, matriculados ou registrados em Cartório de Notas, de Registro de Imóveis e de Títulos e Documentos.

III. Tem por sujeito ativo o Estado ou Distrito Federal e por sujeito passivo o adquirente de bem imóvel, devendo a obrigação ser cumprida no ato do registro do título aquisitivo no cartório de Registro de Imóveis.

IV. Consiste na emissão de certidão pelo Oficial do Cartório de Registro de Imóveis ou do cartório de Títulos e Documentos, ou ainda pelo Notário, relativa a operação imobiliária cujos documentos sejam lavrados, anotados, averbados, matriculados ou registrados no respectivo cartório.

V. Tem por sujeito ativo a União e por sujeito passivo o Oficial do Cartório de Registro de Imóveis, o Oficial do Cartório de Títulos e Documentos e o notário.

Está correto o que se afirma SOMENTE em

(A) I e IV.
(B) II e V.
(C) I, II e V.
(D) I, III e V.
(E) II, III e IV.

I: incorreta, pois não há responsabilidade solidária do adquirente – art. 8º, § 1º, da Lei 10.426/2002; II: correta, conforme o art. 8º da Lei 10.426/2002; III: incorreta, pois a exigência é da União (Secretaria da Receita Federal) e deve ser cumprida pelos serventuários da Justiça (oficial do cartório) – art. 8º da Lei 10.426/2002; IV: incorreta, pois é declaração prestada à União por meio eletrônico, não simples certidão; V: assertiva correta, conforme o art. 8º da Lei 10.426/2002.

Gabarito "B".

**(Cartório/SC – 2008)** Assinale a alternativa correta:

(A) Os Estados e Municípios não podem legislar sobre decadência e prescrição no tocante aos tributos de sua competência.
(B) A base de cálculo da contribuição de melhoria é o custo da obra pública.
(C) Fato gerador é a expressão que designa o fenômeno previsto em lei como passível de tributação.
(D) Somente créditos de natureza tributária podem ser inscritos em dívida ativa.
(E) As disposições do Código de Processo Civil não se aplicam às execuções fiscais.

A: assertiva correta, pois trata-se de matéria reservada a lei complementar federal – art. 146, III, b, da CF; B: incorreta, já que a base de cálculo deve refletir a valorização imobiliária decorrente da obra pública; C: incorreta, pois o fato gerador é expressão usualmente empregada para indicar a efetiva ocorrência do evento previsto na hipótese de incidência; D: incorreta, pois os créditos não tributários também podem ser inscritos – art. 2º da Lei 6.830/1980; E: incorreta, pois as disposições do Código de Processo Civil aplicam-se subsidiariamente às execuções fiscais – art. 1º, in fine, da Lei 6.830/1980.

Gabarito "A".

**(Cartório/SP – VI – VUNESP)** O registrador civil das pessoas naturais, ao efetuar um procedimento de retificação administrativa, com base no artigo 110 da Lei n.º 6.015/73, culminado com o ato averbatório da retificação e expedição da certidão respectiva, deverá

(A) abster-se de efetuar qualquer cobrança, mesmo que o erro corrigido não tenha sido por culpa da própria serventia, conforme previsão do artigo 110 da Lei n.º 6.015/73.

(B) cobrar pelo procedimento de retificação, porém, sem cobrar pela consequente averbação retificatória e expedição da respectiva certidão, por serem atos consequentes do procedimento de retificação.

(C) cobrar pelo procedimento de retificação e também pelo ato averbatório de retificação, por serem atos distintos.

(D) abster-se de efetuar qualquer cobrança apenas quando o erro corrigido não tenha sido por culpa da própria serventia.

Nos termos do art. 110 da Lei dos Registros Públicos (Lei 6.015/1973, com a redação dada pela Lei 12.100/2009), os erros que não exijam qualquer indagação para a constatação imediata de necessidade de sua correção poderão ser corrigidos de ofício pelo oficial de registro no próprio cartório onde se encontrar o assentamento, mediante petição assinada pelo interessado, representante legal ou procurador, independentemente de pagamento de selos e taxas, após manifestação conclusiva do Ministério Público. Por essa razão, a alternativa "A" é a única correta.

Gabarito "A".

**(Cartório/SP – V – VUNESP)** Assinale a alternativa correta. As receitas públicas são classificadas em

(A) tributárias e financeiras.
(B) originárias e derivadas.
(C) contratuais, industriais e de serviços.
(D) orçamentárias e extraorçamentárias.

Há diversas classificações das receitas públicas, a depender do critério adotado. As receitas podem ser classificadas como ordinárias ou extraordinárias, segundo a regularidade. Pelo critério da origem, é possível distinguir receitas originárias e derivadas. Em razão da previsão orçamentária, fala-se em receitas orçamentárias ou extraorçamentárias. A Lei 4.320/1964 (art. 11) refere-se às categorias econômicas, distinguindo receitas correntes e receitas de capital. Por essa razão, entendemos que as alternativas "B" e "D" são corretas.

Gabarito "B".

**(Cartório/SP – II – VUNESP)** Indique a alternativa correta.

(A) A imunidade tributária pode ser revogada por Lei Complementar.
(B) É ampla e irrestrita a imunidade tributária dos templos de qualquer culto e dos partidos políticos.
(C) É permitido à União instituir isenções de tributos da competência dos Estados, do Distrito Federal ou dos Municípios.
(D) A anistia abrange exclusivamente as infrações cometidas anteriormente à vigência da lei que a concede.

A: incorreta, pois a imunidade é norma constitucional, que jamais poderia ser alterada ou revogada por lei. A rigor, a depender da imunidade, nem mesmo emenda constitucional poderia revogar, caso se refira à cláusula pétrea (art. 60, § 4º, da CF); B: incorreta, pois as imunidades do art. 150, VI, "b" e "c", da CF compreendem somente o patrimônio, a renda e os serviços, relacionados com as finalidades essenciais das entidades nelas mencionadas – art. 150, § 4º, da CF; C: incorreta, pois a Constituição Federal veda expressamente as chamadas isenções heterônomas – art. 151, III, da CF; D: assertiva correta, conforme o art. 180 do CTN.

Gabarito "D".

# 5. DIREITO PENAL

Arthur Trigueiros e Eduardo Dompieri

## 1. CONCEITO, FONTES, PRINCÍPIOS, INTERPRETAÇÃO E APLICAÇÃO DA LEI NO TEMPO E NO ESPAÇO

**Cartório/DF – 2008 – CESPE)** Considerando a jurisprudência dos tribunais superiores, julgue o item seguinte com base no direito penal brasileiro.

(1) Segundo o princípio da ultra-atividade, quando o crime é praticado na vigência de lei penal mais benéfica, o agente do delito responde pelos fatos cometidos em seus termos, ainda que, posteriormente, essa lei seja revogada, introduzindo-se no seu lugar outra mais gravosa.

1: Correta. De fato, como é sabido, em matéria penal vigora o princípio da "retroatividade da lei penal mais favorável" ou "princípio da retroatividade benéfica", cristalizado no art. 5º, XL, da CF e art. 2º do CP. De acordo com referido princípio, a lei penal posterior que, de qualquer modo, puder favorecer o agente, irá a ele ser aplicada, retroagindo seus efeitos. A *contrario sensu*, se a lei anterior, vale dizer, aquela vigente à época do fato, for mais benéfica do que a que lhe suceder e revogar, caberá, então, a aplicação da anterior, cujos efeitos serão ultra-ativos. Aqui, fala-se em princípio da ultra-atividade.
Gabarito "C".

**(Cartório/DF – 2006 – CESPE)** De acordo com a legislação e a doutrina pertinentes, e considerando, ainda, a jurisprudência do STJ e do STF, julgue o item que se segue, relativo ao direito penal.

(1) A violência ou grave ameaça tipificadora do crime de roubo torna inviável a aplicação a esse crime do princípio da insignificância.

1: Correta. De acordo com a jurisprudência do STJ e STF, é inaplicável ao crime de roubo o princípio da insignificância, tendo em vista que, por se tratar de crime complexo e pluriofensivo, a conduta do roubador irá lesar, a um só tempo, o patrimônio e a liberdade pessoal (em caso de grave ameaça) ou a integridade física da vítima (em caso de violência). Logo, ainda que seja ínfima ou inexpressiva a violação ao patrimônio alheio, remanescerão as lesões à integridade corporal ou à saúde do ofendido, ou, ainda, à sua liberdade pessoal. Nesse sentido: STF (HC 96.671/MG; HC 95.174/RJ; RHC 106360/DF) e STJ (REsp 1.025.735/MG).
Gabarito "C".

**(Cartório/DF – 2006 – CESPE)** De acordo com a legislação e a doutrina pertinentes, e considerando, ainda, a jurisprudência do STJ e do STF, julgue o item que se segue, relativo ao direito penal.

(1) A eficácia ultrativa da norma penal mais benéfica — sob cuja égide tiver sido praticado o fato delituoso — deve prevalecer, por efeito do que prescreve a Constituição Federal, sempre que, ocorrendo sucessão de leis penais no tempo, se constatar que o diploma legislativo anterior se qualificava como estatuto legal mais favorável ao agente.

1: Correta. De fato, à luz do princípio constitucional da retroatividade da lei penal mais favorável (art. 5º, XL, da CF), plasmado, também, no art. 2º do CP, se a lei vigente à época do fato delituoso for mais benéfica do que aquela que lhe suceder, ainda que tenha havido a revogação da anterior, esta terá eficácia ultrativa.
Gabarito "C".

**(Cartório/DF – 2003 – CESPE)** A respeito da aplicação da lei penal e da lei penal no tempo e espaço, julgue os itens que se seguem.

(1) Considere a seguinte situação hipotética.
O presidente da República editou, em 2/2/2003, a Medida Provisória n.º 101/2003, que definiu como crime de dano culposo, com pena de detenção de um a seis meses, a conduta do agente que, agindo culposamente, destruir, inutilizar ou deteriorar coisa alheia. No dia 3/2/2003, Maria, agindo com imprudência, desfechou uma pedrada no veículo automotor de seu vizinho, quebrando o vidro. Nessa situação, em face dos princípios da legalidade e da anterioridade, Maria praticou o crime de dano culposo.

(2) Considere a seguinte situação hipotética.
A bordo de uma aeronave mercante cubana, que estava em voo no espaço aéreo correspondente ao território nacional, um indivíduo desferiu um tiro de revólver contra um desafeto seu, ceifando-lhe a vida. Nessa situação, o indivíduo ficará sujeito à legislação penal brasileira.

1: Errada. Nos termos do art. 5º, XXXIX, da CF, não haverá crime sem lei anterior que o defina, nem pena sem prévia cominação legal. Assim, à luz do princípio da legalidade, somente a lei, em sua acepção estrita, poderá definir crimes e cominar penas (subprincípio da reserva legal). Medida provisória, além de não ser "lei" em

sentido estrito, visto que editada pelo Chefe do Poder Executivo, não poderá tratar de matéria penal, nos exatos termos do art. 62, § 1º, I, "b", da CF. Logo, a Medida Provisória nº 101/2003, referida na assertiva, padece do vício de inconstitucionalidade material, não podendo, pois, servir de substrato ao reconhecimento da tipicidade da conduta praticada por Maria;
**2**: Correta. De fato, ainda que o crime tenha sido praticado a bordo de uma aeronave estrangeira (cubana, no caso), será aplicável a legislação penal brasileira, tendo em vista que o fato foi praticado em sobrevoo ao espaço aéreo nacional. Neste caso, a aeronave estrangeira será considerada território nacional por extensão (art. 5º, § 2º, do CP).
Gabarito 1E, 2C

**(Cartório/ES – 2007 – FCC)** Na apuração de infração penal, caso existam três leis sucessivas sobre o mesmo tema, sendo uma vigente na data dos fatos; outra vigente na data da aplicação da lei; e a terceira, intermediária, isto é, vigente entre a data dos fatos e a data da aplicação da lei ao caso concreto, deve ser aplicada

(A) a lei vigente no momento da apuração dos fatos, mesmo que prejudicial ao réu;
(B) sempre a lei intermediária, mesmo que não seja mais favorável ao réu, porque vigente entre o fato e a sua apuração
(C) a lei vigente na data em que o fato foi praticado, mesmo que prejudicial ao réu;
(D) a lei intermediária, se for mais favorável ao réu;
(E) a lei anterior ou a posterior, nunca a intermediária, mesmo que esta seja mais favorável ao réu.

De fato, como é sabido e ressabido, em matéria penal vigora o princípio da retroatividade benéfica (ou irretroatividade prejudicial), materializado no art. 5º, XL, da CF e art. 2º do CP. Destarte, em caso de sucesso de leis penais no tempo, deverá ser aplicada a lei mais benéfica (*lex mitior*). No caso relatado no enunciado, deve-se analisar qual a lei mais favorável ao agente: se a vigente à época do fato, se a vigente à época da aplicação da lei (decisão judicial) ou se a que foi editada após o cometimento do fato, mas antes da decisão judicial que aplicou a lei. Aqui, sempre com os olhos voltados à aplicação da *lex mitior*, deverá ser aplicada, como dito, a lei mais favorável. Dito isso, vamos às alternativas. **A**: incorreta, pois a aplicação da lei vigente no momento do fato, se prejudicial ao agente, violará o princípio da lei mais favorável; **B**: incorreta, pois a pura e simples aplicação da lei intermediária, quando esta for prejudicial ao réu se cotejada com as outras leis (a vigente à época do fato e a vigente à época da decisão), violará o art. 5º, XL, da CF, e art. 2º, parágrafo único, do CP; **C**: incorreta, pois se as leis que sobrevierem àquela vigente à época do fato forem mais benéficas ao agente, não poderá ser aplicada, sob pena de violação ao princípio da lei mais favorável em caso de conflito intertemporal; **D**: correta. Se a lei intermediária, *tertium genus*, for mais favorável do que aquelas vigentes à época do fato e à prolação da decisão, deverá, então, ser aplicada; **E**: incorreta, pelas razões já expostas nos comentários às alternativas anteriores.
Gabarito "D".

**(Cartório/MS – 2009 – VUNESP)** Assinale a alternativa incorreta.

(A) A *abolitio criminis* configura exceção ao princípio da irretroatividade da lei penal.
(B) Em relação ao lugar do crime, o Código Penal adotou a teoria do resultado.
(C) Ao crime praticado por brasileiro em território estrangeiro pode ser aplicada a lei brasileira.
(D) Leis temporárias são aquelas que têm vigência por um período predeterminado.
(E) A lei penal pátria pode ser aplicada ao estrangeiro que comete crime fora do território nacional, sendo a vítima brasileira.

**A**: assertiva correta, pois em conformidade com o que estabelecem os arts. 5º, XL, da CF e 2º, *caput*, do CP. Configura-se a *abolitio criminis* sempre que a lei posterior (mais benéfica e, portanto, retroativa) deixa de considerar determinado fato como crime. Sua ocorrência faz desaparecer todos os efeitos penais, principais e secundários; subsistem, no entanto, os civis (extrapenais), por força do que dispõe o art. 2º, *caput*, parte final do CP; **B**: assertiva incorreta, visto que, no que se refere ao *lugar do crime*, o CP adotou, em seu art. 6º, a *teoria mista* ou *da ubiquidade*, que tem aplicação nos chamados crimes a distância ou de espaço máximo; **C**: assertiva correta, art. 7º, II, *b*, do CP, que constitui hipótese de *extraterritorialidade condicionada*, visto que a incidência da lei brasileira a fatos ocorridos no estrangeiro, no caso do inciso II do art. 7º do CP, depende do concurso de determinadas condições, estabelecidas no § 2º do mesmo dispositivo; **D**: assertiva correta, *temporárias* são as leis destinadas a vigorar por período determinado, previsto na própria lei - art. 3º do CP; **E**: assertiva correta, art. 7º, § 3º, do CP (hipótese de *extraterritorialidade condicionada*).
Gabarito "B".

**(Cartório/MT – 2003 – UFMT)** O Princípio da Legalidade garante:

(A) A licitude de um fato, se lei anterior não o definir como crime.
(B) A aplicação de penas mesmo que a norma incriminadora delas não cogite.
(C) A definição de fatos incriminadores pelos Ministros do Supremo Tribunal Federal (STF).
(D) A possibilidade de se punir fatos atípicos.
(E) A existência de crime, ainda que a lei não o defina.

**A**: correta. De fato, se inexistir lei anterior que defina um fato como criminoso, o seu cometimento por qualquer pessoa estará circunscrito à esfera da licitude (legalidade). Em outras palavras, se alguém praticar determinado fato antes da edição de lei que o torne criminoso, sob o ângulo penal, referido fato não poderá ser tido como ilícito; **B**: incorreta. O princípio da legalidade impõe que o fato considerado criminoso e a respectiva pena estejam devidamente previstos na lei; **C**: incorreta, pois a definição de crimes e a cominação de penas são atividades típicas do Poder Legislativo (art. 5º, XXXIX, da CF); **D**: incorreta, pois o princípio da legalidade, em matéria penal, preconiza que somente os fatos considerados criminosos (e, também, contravencionais) pela lei estarão abrangidos pela tipicidade penal; **E**: incorreta, pois somente se cogita da existência de um crime se este estiver expressamente definido na lei (princípio da reserva legal).
Gabarito "A".

**(Cartório/MT – 2003 – UFMT)** O procedimento analógico no Direito Penal é:

(A) Absolutamente proibido.
(B) Permitido se beneficiar o réu.
(C) Possível em todas as normas penais incriminadoras.
(D) Possível se o réu for inimputável por doença mental.
(E) Permitido se beneficiar a vítima.

A analogia, em matéria penal, jamais poderá ser empregada para incriminar determinada conduta, ou para prejudicar o agente. Assim, considerando o princípio da legalidade (art. 5º, XXXIX, da CF e art.

1º do CP), somente a lei, aqui considerada em seu sentido estrito (leis ordinárias e leis complementares), poderá definir crimes e cominar penas. O procedimento analógico, no Direito Penal, constitui mecanismo de integração, cabível apenas em caso de lacuna da lei. Mas, ainda assim, somente será admissível para beneficiar o réu (analogia *in bonam partem*).

Gabarito "B".

**(Cartório/PR – 2007)** Em relação à lei penal e suas formas de interpretação, assinale a alternativa correta:

(A) A lei penal brasileira não será aplicada a nenhum caso ocorrido fora do território nacional.

(B) A lei penal nova mais benéfica retroage apenas se não houver trânsito em julgado da sentença condenatória.

(C) O Direito Penal admite a analogia, em situações excepcionais, em benefício ao acusado, conhecida como analogia *in bonam* partem.

(D) A lei penal brasileira concede imunidade parlamentar material aos membros de todos os Poderes.

(E) O Art. 327, do CP (Art. 327, CP: Considera-se funcionário público para fins penais, quem, embora transitoriamente ou sem remuneração, exerce cargo, emprego ou função pública) é uma norma penal incriminadora.

**A**: incorreta, tendo em vista o princípio da extraterritorialidade, que admitirá, nos casos definidos na lei (vide art. 7º do CP), a aplicação da lei brasileira, ainda que crimes tenham sido praticados no estrangeiro; **B**: incorreta, pois a aplicação da lei penal mais favorável não encontra, na coisa julgada, obstáculo à sua aplicação (art. 2º, parágrafo único, do CP); **C**: correta. De fato, a analogia, em matéria penal, será admissível apenas quando empregada para beneficiar o agente (*in bonam partem*); **D**: incorreta, pois a imunidade parlamentar material, obviamente, é concedida somente aos membros do Poder Legislativo (art. 53 da CF), e não aos membros de todos os Poderes; **E**: incorreta, pois o art. 327 do CP constitui uma normal penal não incriminadora de caráter explicativo ou descritivo, contendo o conceito de funcionário público para efeitos penais.

Gabarito "C".

**(Cartório/SP – 2012 – VUNESP)** Pode-se afirmar que o princípio da legalidade

(A) a depender do crime, pode ter índole constitucional ou infraconstitucional e é sinônimo de reserva legal.

(B) tem índole constitucional e tem por finalidade proteger o cidadão contra o arbítrio do poder punitivo estatal, já que deve haver perfeita correspondência entre a conduta praticada e a previsão legal.

(C) torna possível à medida provisória e lei delegada definirem crimes, criando tipos e impondo penas, desde que a exceção esteja prevista na Constituição Federal.

(D) torna possível a reprovação do autor de um fato punível porque, de acordo com as circunstâncias concretas, poderia e deveria agir de modo diferente.

**A**: incorreta. O princípio da legalidade, em matéria penal, tem sede constitucional (art. 5º, XXXIX, da CF), enunciando não haver *crime sem lei anterior que o defina, nem pena sem prévia cominação legal*. Destaque-se que referido princípio, sob a denominação de "anterioridade da lei penal", vem, também, previsto no art. 1º do CP. Para parcela da doutrina, a legalidade penal se subdivide em dois subprincípios, quais sejam, o da reserva legal (não há crime ou pena sem *lei*) e o da anterioridade (a lei que defina o crime e comine a respectiva pena deve ser *anterior* ao fato que se pretende punir); **B**: correta. De fato, o princípio da legalidade, de índole constitucional (art. 5º, XXXIX, da CF), constitui verdadeiro instrumento do cidadão contra o arbítrio estatal, não se podendo punir alguém por infração penal (crime ou contravenção penal) sem que haja lei prévia que a defina e comine a respectiva pena; **C**: incorreta. A "lei" a que faz alusão o art. 5º, XXXIX, da CF (não há crime sem *lei* anterior que o defina, nem pena sem prévia cominação *legal*) deve ser tomada em seu *sentido estrito*, decorrente de típica atividade do Poder Legislativo. Em matéria penal, somente as leis ordinárias e complementares podem criar crimes e cominar as respectivas penas. Não podem ser editadas medidas provisórias tratando de direito penal (art. 62, § 1º, "b", da CF), bem como as leis delegadas, que não podem dispor sobre direitos individuais (art. 68, § 1º, II, da CF). Lembre-se que o princípio da legalidade, previsto no art. 5º, XXXIX, da CF, está previsto no capítulo dos Direitos e Deveres Individuais e Coletivos; **D**: incorreta, pois a reprovação do autor de um fato punível, de acordo com as circunstâncias concretas, quando poderia e deveria agir de modo diferente, diz respeito à culpabilidade (*Teoria do poder de agir de outro modo*, de Welzel e Kauffman).

Gabarito "B".

**(Cartório/SP – 2011 – VUNESP)** Assinale a alternativa que indica hipótese de não aplicação da lei penal brasileira.

(A) Crime praticado em navio de cruzeiro italiano, navegando em mar territorial brasileiro.

(B) Crime praticado em navio de guerra brasileiro, navegando no mar territorial australiano.

(C) Crime praticado em lancha de recreio brasileira no mar territorial uruguaio.

(D) Falsificação de Reais (artigo 289 do Código Penal) praticada na China.

**A**: incorreta, pois um crime praticado em navio de cruzeiro italiano, navegando em mar territorial brasileiro, será punido de acordo com a lei brasileira (art. 5º, § 2º, do CP), tratando-se referida embarcação de território brasileiro por equiparação; **B**: incorreta, pois a embarcação brasileira, de natureza pública, ou a serviço do governo brasileiro, onde quer que se encontre, será considerada território nacional por extensão (art. 5º, § 1º, do CP); **C**: correta. De fato, se um crime for praticado em uma lancha de recreio (privada, portanto), em mar territorial uruguaio, não será considerada território nacional por equiparação (art. 5º, § 1º, do CP). Somente assim seria considerada referida embarcação se estivesse em alto-mar; **D**: incorreta, pois a falsificação de moeda nacional (art. 289 do CP), em qualquer país, gerará a possibilidade de imposição da lei penal brasileira, nos termos do art. 7º, I, "b", do CP (caso de extraterritorialidade incondicionada).

Gabarito "C".

**(Cartório/SP – VI – VUNESP)** Considerando os princípios que regem a aplicação da lei penal, analise as afirmativas.

I. Não há crime sem lei anterior que o defina, nem pena sem prévia imposição legal.

II. A lei penal não pode retroagir para prejudicar o réu.

III. É vedado o uso de qualquer tipo de analogia para interpretação das leis penais.

IV. Ninguém pode ser punido duas vezes pelo mesmo fato.

São corretas apenas as afirmativas

(A) II e III.
(B) I e II.
(C) II, III e IV.
(D) I, II e IV.

**I**: proposição correta, visto que corresponde ao prescrito nos arts. 5°, XXXIX, da CF e 1° do CP (princípio da legalidade); **II**: a lei penal somente projetará seus efeitos para o passado se for para favorecer o agente, nos exatos termos do art. 5°, XL, da CF. É dizer, a retroatividade da lei penal somente operará em benefício do réu; em seu prejuízo, nunca. Assertiva, portanto, correta; **III**: alternativa incorreta, uma vez que, em matéria penal, é permitido o emprego de analogia *in bonam partem* (em favor do réu), sendo vedada sua aplicação em prejuízo do agente, em obediência ao princípio da legalidade; **IV**: princípio da vedação do *bis in idem*.
Gabarito "D".

**(Cartório/SP – VII – VUNESP)** Assinale a alternativa que indica hipótese de não aplicação da lei penal brasileira.

(A) Crime praticado em navio de cruzeiro italiano, navegando em mar territorial brasileiro.
(B) Crime praticado em navio de guerra brasileiro, navegando no mar territorial australiano.
(C) Crime praticado em lancha de recreio brasileira no mar territorial uruguaio.
(D) Falsificação de Reais (artigo 289 do Código Penal) praticada na China.

**A**: correta, nos termos do art. 5°, § 2°, do CP (hipóteses de territorialidade); **B**: correta, nos termos do art. 5°, § 1°, do CP. Cuida-se de hipótese de *territorialidade*, na medida em que as embarcações brasileiras de natureza pública são consideradas *território brasileiro por equiparação*; **C**: incorreta, já que a lei brasileira somente terá incidência a crimes ocorridos no estrangeiro se se tratar de embarcações de natureza pública ou a serviço do governo brasileiro (art. 5°, § 1°, do CP). Neste caso, por se tratar de crime praticado a bordo de embarcação brasileira de propriedade privada, que se encontra no mar territorial uruguaio, será aplicada a lei deste país; **D**: correta, nos moldes do art. 7°, I, *b*, do CP (hipótese de *extraterritorialidade incondicionada* – art. 7°, § 1°).
Gabarito "C".

## 2. CLASSIFICAÇÃO DOS CRIMES, FATO TÍPICO E TIPO PENAL

**(Cartório/DF – 2008 – CESPE)** Considerando a jurisprudência dos tribunais superiores, julgue o item seguinte com base no direito penal brasileiro.

(1) O nexo causal que resulta da omissão é de natureza normativa, e não, naturalística. A omissão, portanto, é erigida pelo direito como causa do resultado, ocorrendo quando quem tem o dever legal de evitar o resultado não o faz.

**1**: correta. De fato, o nexo de causalidade, nas condutas omissivas, deriva de uma inatividade do agente, vale dizer, de um comportamento negativo. Assim, diz-se que "do nada, nada surge", ou seja, se o agente nada fez, por nada poderia responder. Todavia, nos crimes omissivos, a relação de causalidade é de natureza normativa, ou seja, o resultado advindo da inação do agente a ele será imputado não por tê-lo, com sua conduta direta, provocado, mas, sim, pelo fato de, em razão do dever jurídico de agir para impedi-lo, nada ter feito nesse sentido. Aqui, a omissão somente será penalmente relevante quando o agente, podendo - e devendo - agir para impedir determinado resultado, nada faz (art. 13, § 2°, do CP).
Gabarito 1C.

**(Cartório/DF – 2006 – CESPE)** De acordo com a legislação e a doutrina pertinentes, e considerando, ainda, a jurisprudência do STJ e do STF, julgue o item que se segue, relativo ao direito penal.

(1) Para que ocorra a caracterização de fato penalmente típico, é necessário, além da tipicidade legal, que a conduta do agente cause dano ou perigo concreto relevante, de modo a lesionar ou fazer periclitar o bem na intensidade reclamada pelo princípio da ofensividade, acolhido na vigente Constituição da República.

**1**: correta. A tipicidade penal decorre, em verdade, de um duplo juízo ou de uma dupla análise. Primeiramente, somente se cogitará do cometimento de um crime se a conduta perpetrada pelo agente tiver correspondência com um modelo geral e abstrato de descrição do crime (tipicidade formal). Porém, em seguida, para que se possa reconhecer a tipicidade penal, será necessário que o comportamento formalmente típico seja, também, causador de um dano ou perigo concreto relevante ao bem jurídico tutelado pela norma penal incriminadora. Aqui, fala-se em tipicidade material. Logo, podemos afirmar que a "fórmula" da tipicidade penal é a seguinte: tipicidade formal (subsunção do fato à normal penal) + tipicidade material (lesão ou perigo concreto causados, pela conduta do agente, ao bem jurídico protegido pela norma penal).
Gabarito "C".

**(Cartório/MT – 2005 – CESPE)** José, querendo a morte de Paulo, efetuou contra ele 10 certeiros disparos. Paulo foi socorrido por uma ambulância, que o conduziu ao hospital. Durante o trajeto, a ambulância se envolveu em acidente, e Paulo veio a falecer em virtude dos ferimentos adquiridos devido à colisão. Considerando essa situação hipotética, assinale a opção correta.

(A) José não responderá pelo crime de porte ilegal de arma.
(B) José não responderá pelo crime de homicídio consumado.
(C) Restará extinta a punibilidade de José.
(D) José será beneficiado com o perdão judicial.

A situação relatada no enunciado da questão diz respeito à relação de causalidade, mais especificamente, das causas supervenientes relativamente independentes da conduta do agente. A despeito de José ter efetuado dez disparos contra Paulo, querendo matá-lo, o fato é que, após o comportamento criminoso perpetrado pelo agente, a efetiva causa da morte de Paulo foi o acidente que envolveu a ambulância que o socorreu. Assim, a causa do resultado foi posterior (superveniente) à conduta de José, não podendo a este ser imputada a morte. Aplica-se, aqui, o art. 13, § 1°, do CP. Assim, se a causa for superveniente à conduta do agente, por si só produzindo o resultado, haverá o "rompimento" do nexo causal, não se lhe podendo imputar referido resultado, ainda que este fosse almejado por ele. Deverá José, no caso relatado, responder apenas pelos atos efetivamente praticados (no caso, lesões corporais e porte de arma), mas, jamais, por homicídio consumado.
Gabarito "B".

**(Cartório/MT – 2003 – UFMT)** Nos crimes comissivos por omissão:

(A) Há por parte do agente uma conduta ativa e passiva.
(B) A consumação se verifica independentemente de um resultado posterior.
(C) O resultado é a própria ação do agente, instante em que se dá a consumação.

(D) Nunca o crime terá um momento exato para sua consumação.
(E) Exige-se a produção de um resultado posterior para sua consumação.

**A**: incorreta, pois nos crimes omissivos impróprios, ou comissivos por omissão, o agente pratica conduta passiva (omissão), mas responderá como se houvesse tido comportamento positivo (ação), a ele se imputando o resultado que deixou de evitar, muito embora tivesse o dever jurídico de agir para evitá-lo (art. 13, § 2º, do CP); **B**: incorreta. Nos crimes omissivos impróprios, também chamados de comissivos por omissão, a consumação somente restará caracterizada se, em razão da inação (comportamento negativo) do agente, advier resultado que, podendo e devendo ser por ele evitado, não o tenha sido; **C**: incorreta, pois, como o próprio nome sugere, o crime omissivo impróprio (ou comissivo por omissão) tem como "fato gerador" uma omissão praticada pelo agente, e não uma ação, como quer a alternativa; **D**: incorreta. A consumação dos crimes omissivos impróprios ou comissivos por omissão ocorrerá no exato momento em que o resultado, que poderia e deveria ter sido evitado pelo agente, que deveria agir para impedi-lo, for verificado; **E**: correta. Como visto nas alternativas anteriores, nos crimes comissivos por omissão, ou omissivos impróprios, a produção de um resultado posterior à omissão do agente caracterizará o momento consumativo.
Gabarito "E".

**(Cartório/MT – 2003 – UFMT)** Se o agente comete o crime sob coação física irresistível:

(A) Há uma causa de exclusão da culpabilidade.
(B) Há uma causa excludente da ilicitude.
(C) A pena deve ser necessariamente atenuada.
(D) Não existe relação de causalidade, portanto não há crime.
(E) O agente responde pelo fato como copartícipe.

A questão, para ser adequadamente respondida, exige cautela do candidato. Perceba que o enunciado diz respeito à coação "física" irresistível (vis absoluta), e não à coação moral irresistível (vis relativa ou compulsiva). Neste caso, como é sabido, haverá a exclusão da culpabilidade por inexigibilidade de conduta diversa do agente (art. 22 do CP). Já se o agente agir ou deixar de agir em razão de sofrer coação física irresistível, restará afastada a própria conduta, elemento do fato típico, que pressupõe o binômio "consciência e vontade". Assim, somente se cogita de conduta penalmente relevante quando o agente age - ou deixa de agir - de forma livre e consciente. A coação física irresistível retira, totalmente, o elemento "vontade", tornando, pois, o fato, atípico. Destaque-se que essa espécie de coação, como dito, constitui causa de exclusão do próprio fato típico, e não da culpabilidade, como visto, ou da ilicitude. Frise-se, também, que se a questão tratasse da coação moral, é certo que, e fosse resistível, haveria atenuação da pena (art. 65, III, "c", do CP).
Gabarito "D".

**(Cartório/PR – 2007)** Em relação ao tipo penal e ao conceito formal, material e analítico de crime, assinale a alternativa INCORRETA:

(A) O conceito material de crime está vinculado à ideia de bem jurídico.
(B) O conceito analítico de crime divide-o em estágios para facilitar o estudo e a compreensão, com etapas sequenciais e lógicas.
(C) Todos os crimes têm a modalidade culposa.
(D) O tipo penal, segundo o Código Penal brasileiro, pode ser imputado apenas a título de dolo ou culpa.
(E) O dolo pressupõe, como regra geral, conhecimento e vontade em realizar um tipo objetivo.

**A**: correta. De fato, diz-se que crime, em seu conceito material, corresponde a todo comportamento humano capaz de causar lesão ou perigo de lesão ao bem jurídico tutelado pela norma penal incriminadora; **B**: correta. Para o conceito analítico, o crime deverá ser subdivido em degraus os estágios. Para os defensores da concepção bipartida, crime é fato típico e ilícito. Já para os adeptos da concepção tripartida, o crime deve passar por três estágios, quais sejam, o fato típico, a ilicitude e a culpabilidade; **C**: incorreta. Em regra, os crimes são dolosos. Excepcionalmente, e desde que exista expressa previsão legal, poderá o agente ser punido pela forma culposa. É o que se denomina de excepcionalidade do crime culposo (art. 18, parágrafo único, do CP); **D**: correta. De fato, os crimes somente poderão ser imputados a quem houver agido, no mínimo, com culpa (art. 19 do CP). Em simples palavras, ou a conduta praticada pelo agente será dolosa, dando azo ao reconhecimento do crime doloso, ou, se culposa, e desde que exista expressa previsão legal, responderá pelo crime culposo; **E**: correta. De fato, o dolo pressupõe que o agente, atuando de forma livre e consciente, queira (tenha a vontade) realizar os elementos objetivos do tipo.
Gabarito "C".

**(Cartório/SP – II – VUNESP)** Crime vago é aquele que

(A) não tem objeto jurídico.
(B) não tem objeto material.
(C) tem como sujeito passivo uma coletividade destituída de personalidade jurídica.
(D) não tem sujeito passivo.

Crime vago é aquele que tem como sujeito passivo uma coletividade destituída de **personalidade jurídica**, tal como a sociedade, o público e a família Exemplo é o crime de autoaborto (art. 124, CP), em que o sujeito passivo é o produto da concepção; crime de ato obsceno (art. 233, CP), onde o sujeito passivo é o público.
Gabarito "C".

## 3. CRIMES DOLOSOS, CULPOSOS E PRETERDOLOSOS; ERRO DE TIPO, DE PROIBIÇÃO E DEMAIS ERROS

**(Cartório/MG – 2012 – FUMARC)** A conduta de quem erra culposamente sobre a legitimidade da ação, e a pratica, supondo legítima, deverá ser punida, caso presentes os elementos do conceito analítico de crime, a título de culpa

(A) própria.
(B) consciente.
(C) inconsciente.
(D) por assimilação.

A conduta do agente que, por erro plenamente justificado pelas circunstâncias, pressupõe situação de fato que, se existisse, tornaria sua ação legítima, configura a descriminante putativa por erro de tipo. Se o erro do agente for invencível (ou inevitável, ou escusável), ficará isento de pena. Porém, se o erro derivar de culpa, o agente responderá a título de culpa, se houver previsão legal. Neste caso, estaremos diante daquilo que a doutrina denomina de culpa imprópria, ou por extensão, equiparação ou assimilação. Em verdade, o agente, em razão de incidir em erro, responderá pelo resultado praticado como se o houvesse causado culposamente, nada obstante, na realidade, o tenha efetivamente querido (ex.: o agente mata a vítima, acreditando que se tratava de um bandido que iria invadir sua residência, quando, em verdade, se tratava do próprio filho, que havia esquecido sua chave em casa e, por isso, forçava a porta de entrada, tentando ingressar em sua própria casa).

Vem retratada no art. 20, § 1º, segunda parte, do Código Penal. Não se confunde a culpa imprópria, na qual, como visto, o agente quer determinado resultado, mas que, por haver incidido em erro evitável, responderá a título de culpa, com a culpa própria, que é aquela em que o agente não quer o resultado. Aqui, temos como espécies a culpa inconsciente (o agente não quer, nem prevê o resultado) e a culpa consciente (o agente não quer o resultado, embora o preveja, acreditando, sinceramente, em sua inocorrência).

Gabarito "D".

**(Cartório/MG – 2012 – FUMARC)** É consequência jurídico-penal do erro de proibição inescusável

(A) isenção de pena.
(B) redução de pena.
(C) absolvição por atipicidade.
(D) absolvição por ausência de culpabilidade.

No tocante ao erro de proibição, que é o erro do agente que recai sobre a ilicitude do fato (art. 21 do CP), somente haverá isenção de pena, tratando-se, pois, de causa excludente da culpabilidade, afastando-se o requisito da potencial consciência da ilicitude, se for considerado escusável (ou invencível, ou inevitável), nos termos do art. 21, *caput*, primeira parte, do CP. Já se o erro pudesse ter sido evitado pelo agente, caso tivesse empregado maior diligência (erro vencível, evitável ou inescusável), a pena deverá ser reduzida de um sexto a um terço (art. 21, *caput*, segunda parte, do CP). Importante registrar que o erro de proibição, quando escusável (ou inevitável, ou invencível), gerará, caso tenha havido a instauração de ação penal em face do agente, sua absolvição, em razão da exclusão da culpabilidade. Já em caso de erro de proibição inescusável (ou vencível, ou evitável), o agente deverá ser condenado, mas com a pena reduzida nos patamares referidos.

Gabarito "B".

**(Cartório/RJ – 2012)** Em relação à exclusão da culpabilidade, analise as assertivas abaixo.

I. O erro de tipo invencível exclui o dolo e a culpa.
II. O erro de tipo vencível exclui o dolo, mas não a culpa; se o crime admitir a modalidade culposa, o sujeito responderá pela conduta.
III. No crime putativo por erro de tipo, o sujeito quer praticar o crime, mas erroneamente realiza um ato criminalmente irrelevante.

É correto o que se afirma em

(A) I, apenas.
(B) II, apenas.
(C) III, apenas.
(D) I, II e III.
(E) I e III, apenas.

I: correta. De fato, o erro de tipo invencível (ou inevitável, ou escusável) é espécie de erro sobre elemento constitutivo do tipo (art. 20, *caput*, do CP), cujo efeito será a exclusão do dolo e da culpa, tornando o fato absolutamente atípico; II: correta. Realmente, se o erro sobre o elemento constitutivo do tipo pudesse ter sido evitado por maior cautela empregada pelo agente, estaremos diante de erro de tipo vencível (ou evitável, ou inescusável), cujo efeito será a exclusão do dolo, mas a punição do agente pela forma culposa, desde que prevista em lei (art. 20, *caput*, segunda parte, do CP); III: correta. No crime putativo por erro de tipo, também chamado de crime erroneamente suposto ou imaginário, o agente pretende cometer um crime, mas, por erro, comete fato penalmente irrelevante (ex.: venda de pó de mármore, quando acreditava o agente que se tratava de cocaína).

Gabarito "D".

**(Cartório/SC – 2012)** Acerca do erro sobre elementos do tipo é **correto** afirmar:

(A) Não exclui o dolo, mas reduz a pena de um a dois terços.
(B) Configura circunstância atenuante.
(C) Exclui a imputabilidade.
(D) Configura crime impossível por ineficácia absoluta do meio ou por absoluta impropriedade do objeto.
(E) Exclui o dolo, mas permite a punição por crime culposo, se previsto em lei.

**A**: incorreta. O erro sobre elementos constitutivos do tipo, seja ele vencível (evitável ou inescusável), seja invencível (inevitável ou escusável), a consequência será, sempre, a exclusão do dolo, podendo, no primeiro caso (erro inescusável), o agente ser punido por culpa, desde que prevista expressamente (art. 20, *caput*, do CP); **B**: incorreta. O erro sobre elemento constitutivo do tipo legal de crime exclui dolo, e, portanto, a conduta, que é elemento do fato típico, não se tratando de circunstância atenuante, que, por óbvio, pressupõe que o fato tenha sido típico, para, somente então, cogitando-se de aplicação de pena (que pressupõe a culpabilidade), possa esta ser atenuada; **C**: incorreta. O erro de tipo (ou erro sobre elemento constitutivo do tipo), como visto, exclui, sempre, o dolo, atingindo, portanto, o primeiro elemento do crime, qual seja, o fato típico, e não a culpabilidade, que, dentre outras causas excludentes, será afastada pela inimputabilidade; **D**: incorreta, em nada se confundindo o erro de tipo (art. 20 do CP) com o crime impossível (art. 17 do CP), na qual não será punível a tentativa por ineficácia absoluta do meio empregado pelo agente ou, então, em razão da absoluta impropriedade do objeto material da infração penal perpetrada; **E**: correta. De fato, o erro de tipo sempre excluirá o dolo, mas permitirá a punição por crime culposo, quando previsto em lei (lembre-se: vigora a excepcionalidade do crime culposo, nos termos do art. 18, parágrafo único, do CP). Referida punição (a título de culpa) somente ocorrerá se o erro de tipo for considerado evitável (ou vencível, ou inescusável).

Gabarito "E".

**(Cartório/SP – II – VUNESP)** O erro sobre elementos do tipo

(A) isenta de pena, se inevitável.
(B) exclui o dolo, mas permite a punição por crime culposo, se previsto em lei.
(C) permite a diminuição da pena, de um a dois terços, se vencível.
(D) também é conhecido por *aberratio ictus*.

A: incorreta, pois o que isenta de pena, se inevitável, é o erro de proibição; B: correta, o equívoco do agente que recai sobre elemento integrante do tipo sempre exclui o dolo, subsistindo, no entanto, a punição por crime culposo, desde que haja previsão nesse sentido – art. 20, *caput*, do CP; C: incorreta, pois é o erro de proibição que permite a diminuição da pena, de um a dois terços, se vencível ou iescusável; D: incorreta, a aberratio ictus significa erro na execução ou erro por acidente, onde há uma relação pessoa-pessoa, ou seja, o agente pretendia acertar uma pessoa, mas acaba acertando outra por acidente ou erro na sua execução.

Gabarito "B".

**(Cartório/SP – III – VUNESP)** O erro sobre a ilicitude do fato

(A) exclui o dolo, mas permite a punição por crime culposo, se previsto em lei.
(B) isenta de pena, se inevitável.
(C) permite a diminuição da pena, de um a dois terços, se evitável.
(D) também é conhecido por descriminante putativa.

**A**: incorreta. O erro sobre elementos do tipo é que exclui o dolo, mas permite a punição por crime culposo, se previsto em lei; **B**: correta. O erro sobre a ilicitude do fato (erro de proibição), se inevitável, acarreta a isenção de pena, nos termos do art. 21, caput, primeira parte, do CP; se evitável, reduz a pena de 1/6 a 1/3; **C**: incorreta. A diminuição da pena é de um sexto a um terço, art. 21, CP; **D**: incorreta. A descriminante putativa é considerada erro de tipo e não erro de proibição.

Gabarito "B".

## 4. TENTATIVA, CONSUMAÇÃO, DESISTÊNCIA VOLUNTÁRIA E CRIME IMPOSSÍVEL

**(Cartório/DF – 2003 – CESPE)** No que concerne ao crime consumado, tentado, da desistência voluntária, arrependimento eficaz e arrependimento posterior, julgue os itens subsequentes.

(1) Considere a seguinte situação hipotética.
Um agente de polícia exigiu de um traficante a importância de R$ 20 mil para deixar de autuá-lo em flagrante e apreender a substância entorpecente que transportava. Nessa situação, a consumação do crime de concussão ocorrerá com a simples exigência da vantagem indevida, sendo o recebimento o exaurimento da infração penal.

(2) Considere a seguinte situação hipotética.
Júlio e Manoel, previamente ajustados e com unidade de desígnios, subtraíram do interior de uma agência bancária a importância de R$ 15 mil em dinheiro. Júlio ficou com o produto do crime e, voluntariamente, devolveu o numerário subtraído à autoridade policial, antes da conclusão do inquérito policial. Nessa situação, aplicar-se-á a Júlio e Manoel a causa de diminuição de pena do arrependimento posterior.

**1**: correta. De fato, o crime de concussão, previsto no art. 316, caput, do CP, por ser considerado formal, atingirá seu momento consumativo no exato momento em que o agente, funcionário público, em razão de sua função, exigir, para si ou para outrem, vantagem indevida. Caso haja o recebimento da quantia exigida, estar-se-á diante de mero exaurimento do crime, fato que deverá ser ponderado pelo magistrado no momento da fixação da pena (circunstâncias judiciais); **2**: correta. A conduta de Júlio de restituir toda a importância subtraída, ainda na fase inquisitiva, deve gerar o reconhecimento do arrependimento posterior (art. 16 do CP). Tratando-se de causa de diminuição de pena, de natureza objetiva, irá estender-se aos coautores ou partícipes (art. 30 do CP).

Gabarito 1C, 2C

**(Cartório/MS – 2009 – VUNESP)** "A" praticou manobras abortivas em "B", a pedido desta. Ao terminar o procedimento, verificou que B não se encontrava grávida como supunha. A conduta de "A" configura

(A) erro sobre elemento constitutivo do tipo.
(B) arrependimento eficaz.
(C) tentativa imperfeita.
(D) crime impossível.
(E) desistência voluntária.

Esta é uma hipótese de *delito putativo por erro de tipo*, em que o agente acredita na existência de um requisito típico que, na verdade, existe somente no seu imaginário. Sua vontade é dirigida ao cometimento de um delito - no caso o aborto -, manobras abortivas são realizadas, mas, após, constata-se que inexiste o objeto do crime que o agente pretendia praticar. O crime, por isso, é impossível – art. 17 do CP.

Gabarito "D".

**(Cartório/RJ – 2012)** Em relação à desistência voluntária, analise as assertivas abaixo.

I. A desistência voluntária se caracteriza quando o agente que pratica a conduta pensa: "posso prosseguir, mas não quero".
II. Na desistência voluntária, depois de já praticados todos os atos executórios suficientes para a execução do crime, o agente resolve tomar providências aptas a impedir a produção do resultado.
III. A desistência voluntária é admitida nos crimes unissubsistentes.

É correto o que se afirma em

(A) I, apenas.
(B) II, apenas.
(C) III, apenas.
(D) II e III, apenas.
(E) I, II e III.

**I**: correta. De acordo com a conhecida "Fórmula de Frank", na desistência voluntária, o agente "pode prosseguir, mas não quer", ao passo que na tentativa, o agente "quer prosseguir, mas não pode"; **II**: incorreta, pois na desistência voluntária (art. 15, caput, primeira parte, do CP), o agente não pratica todos os atos executórios suficientes para a execução do crime. Ao contrário, antes de esgotar toda a potencialidade ofensiva de que dispunha, o agente desiste de seu intento criminoso, parando de praticar os atos de execução. Situação diversa ocorre com o arrependimento eficaz (art. 15, caput, segunda parte, do CP), no qual o agente, após esgotar todos os atos executórios, pratica nova conduta, mas, desta feita, tencionando impedir a consumação do crime; **III**: incorreta. Somente se pode cogitar de desistência voluntária nos crimes plurissubsistentes, que são aqueles cuja conduta será praticada mediante a realização de diversos atos. Somente neste caso é que o agente, antes de esgotar todos os atos de execução, desistir de prosseguir no crime. Nos crimes unissubsistentes, bastará a prática de um só ato para que o delito atinja a consumação, sendo, pois, inviável o reconhecimento da desistência voluntária.

Gabarito "A".

**(Cartório/SP – I – VUNESP)** Não admitem a tentativa

(A) os crimes materiais.
(B) os crimes culposos.
(C) os crimes formais.
(D) os crimes em que se exige o dolo específico.

**A incorreta**: Admitem a modalidade tentada, desde que não se trate de ***delito unissubsistente***, que é aquele constituído por ato único, em que a conduta, por tal razão, não pode ser fracionada; **B**: correta. Não admitem porque o agente não pode tentar fazer aquilo que não deseja; buscar um resultado não querido; **C**: incorreta.. Exemplos: crimes de extorsão (art. 158, CP) e extorsão mediante sequestro (art. 159, CP); **D**: incorreta. Inexiste incompatibilidade entre ***tentativa*** e ***dolo específico***. É dizer, o crime não deixa de comportar a forma tentada por ser o dolo específico. A impossibilidade do *conatus*, no caso concreto, se dá por razões outras.

Gabarito "B".

## 5. ANTIJURIDICIDADE E CAUSAS EXCLUDENTES

**(Cartório/PR – 2007)** Sobre as formas de exclusão da antijuridicidade (ilicitude) e da culpabilidade assinale a alternativa INCORRETA:

(A) A coação moral irresistível é causa excludente (dirimente) de culpabilidade.
(B) O funcionário público pode valer-se de todas as excludentes de ilicitude, respeitados os requisitos de cada qual.
(C) O funcionário público pode efetuar uma prisão em caso de flagrante delito, ainda que não seja autoridade policial.
(D) Aos menores de dezoito anos, em razão de sua irresponsabilidade perante o Direito Penal, aplica-se medida de segurança.
(E) O erro de proibição não pode ser invocado por funcionário público.

**A**: correta. De fato, a coação moral irresistível, prevista no art. 22 do CP, é considerada causa excludente (ou dirimente) da culpabilidade, afastando um de seus elementos, qual seja, a exigibilidade de conduta diversa; **B**: correta, pois qualquer pessoa, inclusive os funcionários públicos, desde que satisfeitos os requisitos legais, poderão beneficiar-se de todas as causas excludentes da ilicitude, cujo rol mais relevante, embora exemplificativo, conste no art. 23 do CP; **C**: correta. O art. 301 do CPP prevê que as autoridades policiais e seus agentes "deverão" prender quem se encontre em flagrante delito (é o chamado flagrante obrigatório), ao passo que qualquer do povo "poderá" prender quem assim se encontre (é o denominado flagrante facultativo). Logo, um funcionário público, ainda que não seja autoridade policial, poderá efetuar uma prisão em flagrante, agindo como se fosse "qualquer do povo" (flagrante facultativo); **D**: incorreta. Aos menores de dezoito anos, considerados inimputáveis (art. 27 do CP), aplicar-se-ão, se o caso, as medidas socioeducativas previstas no ECA, e não as medidas de segurança, aplicáveis aos inimputáveis por doença mental ou semi-imputáveis dotados de periculosidade (arts. 96 e seguintes do CP); **E**: correta, segundo a banca examinadora. O erro de proibição, ou erro sobre a ilicitude do fato (art. 21, caput, do CP), constitui causa excludente da culpabilidade, desde que se trate de erro invencível (ou inevitável, ou escusável). Ocorre que o legislador não fez qualquer distinção sobre quem pode invocar referida figura. Logo, nada há que impeça, em determinada situação, que um funcionário público cometa determinada conduta típica sem sequer poder imaginá-la ilícita. Tudo dependerá do caso concreto.
Gabarito "D".

**(Cartório/RJ – 2008 – UERJ)** Há crime quando o agente pratica o fato:

(A) em legítima defesa
(B) em estado de perigo
(C) em estado de necessidade
(D) no exercício regular do direito
(E) em estrito cumprimento do dever legal

A, C, D e E: incorretas, pois não há crime se o fato for praticado em legítima defesa, estado de necessidade, estrito cumprimento do dever legal ou no exercício regular de direito, consideradas causas excludentes da ilicitude (art. 23 do CP); B: correta. De fato, em matéria penal, o estado de perigo, estudado no Direito Civil, não afasta a criminalidade da conduta. Assim, mesmo estando o agente em referida situação, cometerá crime. B: correta. De fato, em matéria penal, o estado de perigo, estudado no Direito Civil, e caracterizado quando alguém, premido da necessidade de salvar-se, ou a pessoa de sua família, de grave dano conhecido pela outra parte, assume obrigação excessivamente onerosa, não afasta a criminalidade da conduta. Assim, mesmo estando o agente em referida situação, cometerá crime. Não se confunde o estado de perigo com o estado de necessidade, este sim causa excludente da ilicitude (art. 24 do CP).
Gabarito "B".

**(Cartório/SP – I – VUNESP)** O agente que pratica fato descrito em norma penal, mas age em legítima defesa,

(A) comete crime, mas está isento de pena.
(B) comete crime, todavia a punibilidade será declarada extinta.
(C) não comete crime, uma vez que se trata de uma dirimente.
(D) não comete crime, já que se trata de uma causa excludente de antijuridicidade.

Dizemos que não pratica crime o agente que atua sob o manto da *legítima defesa* porque a infração penal pressupõe o cometimento de um fato ilícito (contrário ao direito). Aquele que atua em legítima defesa o faz porque a lei assim autoriza. Condutas desse tipo não podem ser consideras criminosas.
Gabarito "D".

## 6. AUTORIA E CONCURSO DE PESSOAS

**(Cartório/MG – 2012 – FUMARC)** Para que o partícipe venha a ser punido por uma infração penal, é preciso que, além da presença dos requisitos do concurso de pessoas, o autor tenha iniciado a execução do delito, nos termos do artigo 31 do Código Penal. Em que momento poderá ter ocorrido a contribuição do partícipe para que este seja punido pela mesma infração do autor?

(A) Após a consumação delitiva.
(B) Desde a ideação até a consumação.
(C) Em qualquer momento, até o exaurimento do delito.
(D) Nos crimes permanentes, em qualquer momento da execução, ainda que irrelevante tenha sido a conduta.

**A**: incorreta. A conduta do partícipe somente será punível se o induzimento, instigação ou auxílio à prática do crime, pelo autor, ocorrer antes ou durante a execução da empreitada criminosa, até o atingimento do momento consumativo. Uma vez consumado o delito, não se aventa de participação ou coautoria; **B**: correta, de acordo com a banca examinadora. De fato, a participação poderá ocorrer desde a ideação até a consumação do crime, mas a punibilidade somente ocorrerá se o crime for, ao menos, tentado. Para tanto, será de rigor que tenha havido o início da execução do crime. A mera cogitação, fase externa do delito, não é punível pelo Direito penal; **C**: incorreta, pois o exaurimento é fase posterior à própria consumação do crime. Como visto, a participação somente será punível da execução para frente, até o momento consumativo; **D**: incorreta, pois, nos crimes permanentes, cuja consumação se protrai (prolonga) no tempo, o partícipe poderá ser punido desde a prática dos atos executórios até a continuidade da permanência. Porém, para o reconhecimento do concurso de pessoas, imprescindível que a conduta do coautor ou partícipe seja relevante (relevância causal).
Gabarito "B".

**(Cartório/RJ – 2012)** Sobre concurso de pessoas, é correto afirmar que

(A) é inadmissível coautoria em crime culposo.
(B) na autoria colateral, duas ou mais pessoas intervêm na execução de um crime, buscando o mesmo resultado, sem ignorar a conduta alheia.
(C) autoria incerta é igual a autoria desconhecida.
(D) na participação, o partícipe também pratica o núcleo do tipo penal.
(E) o autor mediato é aquele que realiza indiretamente o núcleo do tipo, valendo-se de pessoa sem culpabilidade ou que age sem dolo ou culpa.

A: incorreta. A doutrina admite, perfeitamente, a coautoria nos crimes culposos, bastando que um dos agentes, de qualquer modo, concorra para que o outro prossiga com sua conduta imprudente, negligente ou imperita. Todo comportamento nesse sentido será tomado como "quebra do dever objetivo de cuidado", elemento imprescindível à caracterização da culpa; B: incorreta. Na autoria colateral, ou coautoria lateral, duas ou mais pessoas, embora concorram para um mesmo resultado, desconhecem uma a conduta da outra. Portanto, inexistirá, nesse caso, concurso de agentes, especialmente pela falta de um de seus elementos constitutivos, qual seja, o liame subjetivo ou vínculo psicológico entre os concorrentes da empreitada criminosa; C: incorreta. A autoria incerta ou com resultado incerto ocorre em caso de autoria colateral (já analisada no comentário à alternativa anterior), quando não se sabe quem foi o efetivo causador do resultado lesivo. Logo, não se conseguirá imputá-lo a qualquer um dos autores colaterais. Já na autoria desconhecida, como o próprio nome sugere, não se sabe quem foi o autor ou os concorrentes da empreitada criminosa. D: incorreta. Na participação, o partícipe comete conduta acessória, vale dizer, secundária, sem que execute qualquer conduta prevista no tipo penal. Caso contrário, será considerado coautor; E: correta. De fato, denomina-se de autor mediato (ou indireto) aquele que, sem praticar exatamente o contido no núcleo do tipo, se vale de terceira pessoa inculpável (ex.: inimputável) ou que aja sem dolo ou culpa (ex.: provocação de erro de tipo essencial) para alcançar o resultado almejado.
Gabarito "E".

**(Cartório/SP – 2011 – VUNESP)** O artigo 312 do Código Penal, crime de peculato, pode ser imputado

(A) ao particular em coautoria, desde que tenha conhecimento da qualidade de funcionário público do autor.
(B) ao funcionário público desvinculado da função.
(C) somente ao funcionário público independentemente do exercício de sua função.
(D) somente ao particular.

A: correta. A despeito de o crime de peculato ser considerado próprio, visto exigir a qualidade de funcionário público do agente, é certo que será admissível o concurso de pessoas (coautoria ou participação). Importante, para tal conclusão, lembrar da regra prevista no art. 30 do CP, segundo a qual as circunstâncias ou condições de caráter pessoal não se comunicam em caso de concurso de agentes, salvo se elementares do crime (ser funcionário público é elementar típica do crime em tela). Por fim, para a comunicabilidade da condição pessoal ao particular, coautor do peculato (art. 312 do CP), imprescindível que ele tenha ciência de que seu comparsa é funcionário público; **B**: incorreta. Para a caracterização do crime em tela é imprescindível que o funcionário o pratique em razão de sua função. **C**: incorreta, pois o crime de peculato, para restar caracterizado, depende que o agente pratique uma das condutas típicas previstas no art. 312 do CP, mas vinculada à função pública que exerce (p.ex.: no peculato--apropriação, o agente irá apropriar-se de dinheiro, valou ou bem móvel, público ou particular, de que tem a posse em razão do cargo); **D**: incorreta, pois o peculato, para ser imputado a um particular, exigirá, necessariamente, que um funcionário público, com ele conluiado, pratique uma das condutas descritas no art. 312 do CP. Afinal, lembre-se, o crime em comento é próprio, exigindo que o agente ostente a condição de funcionário público, sendo possível que o particular, em concurso com aquele, responde pelo mesmo crime, como coautor ou partícipe.
Gabarito "A".

**(Cartório/SP – V – VUNESP)** Em relação à comunicabilidade das circunstâncias e condições pessoais na hipótese de concurso de agentes, assinale a alternativa incorreta.

(A) Não se comunicam em hipótese alguma.
(B) Quando elementares do crime, as circunstâncias de caráter pessoal podem se comunicar.
(C) Quando elementares do crime, as condições pessoais podem se comunicar.
(D) Via de regra não se comunicam, ficando a exceção para aquelas que integram o tipo penal como elementares.

Por força do que dispõe o art. 30 do CP, as circunstâncias e condições de caráter pessoal não se comunicam, salvo quando elementares do crime.
Gabarito "A".

## 7. CULPABILIDADE E CAUSAS EXCLUDENTES

**(Cartório/DF – 2008 – CESPE)** Considerando a jurisprudência dos tribunais superiores, julgue o item seguinte com base no direito penal brasileiro.

(1) No estabelecimento da inimputabilidade (ou semi--imputabilidade), vigora o critério biopsicológico normativo, o que significa que deve existir prova de que o transtorno mental afetou a capacidade de compreensão do agente quanto ao caráter ilícito da sua ação (requisito intelectual) ou a sua capacidade de determinação segundo esse conhecimento (requisito volitivo) à época do fato, não bastando, portanto, apenas a existência da enfermidade.

1: correta. De fato, para o reconhecimento da inimputabilidade por doença mental ou desenvolvimento mental incompleto ou retardado (art. 26, caput, do CP), ou da semi-imputabilidade (art. 26, parágrafo único, do CP), houve a adoção do critério biopsicológico. Assim, não bastará a constatação do déficit mental do agente (aspecto biológico), sendo necessário que, em razão dele, sua capacidade de entender o caráter ilícito do fato (capacidade de entendimento) ou de determinar-se de acordo com esse entendimento (capacidade de autodeterminação) restem absolutamente afetadas (aspecto psicológico). Daí falar-se em critério biopsicológico (**aspecto biológico** - déficit mental + **aspecto psicológico** - afastamento da capacidade de entendimento ou de autodeterminação).
Gabarito 1C

## 8. PENAS E MEDIDAS DE SEGURANÇA

**(Cartório/DF – 2006 – CESPE)** De acordo com a legislação e a doutrina pertinentes, e considerando, ainda, a jurisprudência do STJ e do STF, julgue o item que se segue, relativo ao direito penal.

(1) Para fins de exacerbação da pena-base, segundo entende o STF, a consideração de inquéritos e processos criminais em andamento como maus antecedentes não viola o princípio constitucional da presunção de inocência.

**1:** errada. A simples existência de inquéritos policiais ou ações penais em andamento não justificará a majoração da pena-base, reconhecendo-se maus antecedentes. É que, se assim não fosse, estar-se-ia violando o princípio constitucional da presunção de inocência (ou de não--culpabilidade). Afinal, investigação criminal em trâmite ou ação penal não concluída não afastará o estado de inocência de que goza o agente. O STJ, a esse respeito, editou, inclusive, a Súmula 444, com a seguinte redação: "*É vedada a utilização de inquéritos policiais e ações penais em curso para agravar a pena-base*". Confira-se, ademais, o excerto extraído de julgamento do HC 97665/RS, da relatoria do eminente Ministro Celso de Mello (04/05/2010): *"HABEAS CORPUS" – ALEGAÇÃO DE AUSÊNCIA DE FUNDAMENTAÇÃO NA DOSIMETRIA PENAL - RECONHECIMENTO, PELO TRIBUNAL DE JUSTIÇA LOCAL, DE QUE A EXISTÊNCIA DE INQUÉRITOS POLICIAIS EM CURSO, DE AÇÕES PENAIS EM ANDAMENTO E DE ABSOLVIÇÕES LEGITIMA A FORMULAÇÃO, CONTRA O SENTENCIADO, DE JUÍZO NEGATIVO DE MAUS ANTECEDENTES – CONSEQUENTE EXASPERAÇÃO DA PENA-BASE - INADMISSIBILIDADE – OFENSA AO POSTULADO CONSTITUCIONAL DA PRESUNÇÃO DE INOCÊNCIA (CF, ART. 5º, LVII) – CONSEQUENTE REDUÇÃO DA PENA AO SEU MÍNIMO LEGAL – RESTABELECIMENTO, QUANTO A ESSE FUNDAMENTO, DA CORRETÍSSIMA SENTENÇA PROFERIDA PELA MAGISTRADA DE PRIMEIRA INSTÂNCIA – PEDIDO DEFERIDO.- A mera sujeição de alguém a simples investigações policiais (arquivadas ou não) ou a persecuções criminais ainda em curso não basta, só por si - ante a inexistência, em tais situações, de condenação penal transitada em julgado -, para justificar o reconhecimento de que o réu não possui bons antecedentes. Somente a condenação penal transitada em julgado pode justificar a exacerbação da pena, pois, com o trânsito em julgado, descaracteriza-se a presunção "juris tantum" de inocência do réu, que passa, então, a ostentar o "status" jurídico-penal de condenado, com todas as consequências legais daí decorrentes. Precedentes. Doutrina.- A presunção constitucional de inocência no vigente ordenamento positivo brasileiro. A evolução histórica desse direito fundamental titularizado por qualquer pessoa, independentemente da natureza do crime pelo qual venha a ser condenada. O "status quaestionis" no direito internacional: proteção no âmbito regional e no plano global. Presunção de inocência: direito fundamental do indivíduo e limitação ao poder do Estado (ADPF 144/DF, Rel. Min. CELSO DE MELLO, Pleno, v.g.). Doutrina. Precedentes (STF)".* Gabarito 1E

**(Cartório/DF – 2003 – CESPE)** Acerca do concurso de crimes e da reabilitação, julgue os itens que se seguem.

(1) Considere a seguinte situação hipotética.
Um indivíduo, mediante ameaça exercida com o emprego de um revólver municiado, subtraiu do interior de um ônibus coletivo a importância de R$ 500,00 do caixa, bem como R$ 1.000,00 de um casal de passageiros.
Nessa situação, o indivíduo responderá pela prática do crime de roubo, com a causa de aumento pelo emprego de arma de fogo, em concurso formal de crimes.

**1:** correta. No item em análise, vê-se, de fato, que o agente deverá responder pelo crime de roubo majorado (com causa de aumento) pelo emprego de arma, nos termos do art. 157, § 2º, I, do CP. Considerando que no mesmo contexto fático, subtraiu dinheiro pertencente a vítimas distintas (empresa de ônibus e casal de passageiros), deve ser reconhecido o concurso formal de crimes (art. 70 do CP), que se verifica quando o agente, mediante uma só ação, pratica dois ou mais crimes, idênticos ou não. Gabarito 1C

**(Cartório/ES – 2007 – FCC)** Quando o agente, mediante uma só ação ou omissão, pratica dois ou mais crimes, idênticos ou não, sendo a ação ou omissão dolosa e os crimes concorrentes resultantes de desígnios autônomos,

(A) aplica-se a pena de um só dos crimes, se idênticas as infrações penais, porém acrescida de um sexto até metade.
(B) aplica-se a pena do crime mais grave, se distintas as infrações penais, acrescida de um sexto até metade.
(C) aplicam-se as penas cumulativamente.
(D) aplica-se a pena de um dos crimes, idênticos ou não, acrescida de um quarto até metade.
(E) aplica-se a pena de um só dos crimes, se idênticos, ou a mais grave, se diversas, aumentando-se, em qualquer caso, de um sexto a dois terços.

**A, B, D e E:** incorretas. No enunciado da questão, temos situação que se amolda ao *concurso formal*, que se caracteriza pelo fato de o agente, mediante uma só ação ou omissão, praticar dois ou mais crimes, idênticos ou não (art. 70, caput, do CP). A doutrina o subdivide em duas espécies: i) concurso formal perfeito ou próprio - verifica-se quando o agente, agindo com um só desígnio delituoso, comete dois ou mais crimes, idênticos ou não. Nesse caso, aplicar-se-á a pena de um só deles, se idênticas, ou a mais grave, se distintos, aumentada, em qualquer caso, de um sexto até a metade; ii) concurso formal imperfeito ou impróprio - verifica-se quando o agente, agindo com pluralidade de desígnios (ou com desígnios autônomos), comete dois ou mais crimes dolosos. Aqui, incidirá não uma mera exasperação da pena (um sexto à metade), mas, sim, a soma de todas elas (cúmulo material), consoante dispõe a segunda parte do art. 70, *caput*, do CP. Logo, as assertivas em análise estão erradas, pois no concurso formal imperfeito ou impróprio não haverá acréscimo de pena, mas, sim, soma de cada um das resultantes de cada um dos crimes, que podem ser idênticos ou não; **C:** correta, nos termos do art. 70, *caput*, segunda parte, do CP. Gabarito "C".

**(Cartório/MG – 2009 – EJEF)** Assinale a assertiva FALSA. No que tange à imposição de penas, as leis brasileiras estabelecem:

(A) O tempo de cumprimento das penas privativas de liberdade não pode ser superior a 30 (trinta) anos.
(B) Quando o agente for condenado a penas privativas de liberdade cuja soma seja superior a 30 (trinta) anos, elas devem ser unificadas para atender ao limite máximo previsto em lei.
(C) O juiz dará à autoridade administrativa competente conhecimento da sentença transitada em julgado, que impuser ou de que resultar a perda da função pública ou a incapacidade temporária para investidura em função pública ou para exercício de profissão ou atividade.

(D) O réu que sofrer condenação em caráter perpétuo no Brasil não poderá ser submetido a tortura, nem a tratamento desumano ou degradante.

A:correta (art. 75, caput, do CP); B:correta (art. 75, § 1º, do CP); C: correta (art. 691 do CPP); D: incorreta, pois nenhuma pena poderá ter caráter perpétuo (art. 5º, XLVII, "b", da CF), bem como ninguém poderá ser submetido a tortura, nem a tratamento desumano ou degradante (art. 5º, III, da CF).
"Gabarito "D".

(Cartório/MS – 2009 – VUNESP) "A", primário, foi condenado por tentativa de roubo qualificado à pena de 2 anos e 8 meses de reclusão e multa. O juiz, ao aplicar a pena,

(A) deverá fixar o regime fechado para o cumprimento inicial por tratar-se de crime praticado com violência contra a pessoa.
(B) poderá substituir a pena privativa de liberdade por uma pena restritiva de direitos.
(C) poderá substituir a pena privativa de liberdade por duas penas restritivas de direitos.
(D) poderá conceder a suspensão condicional da pena privativa de liberdade por até 4 anos.
(E) poderá fixar o regime aberto para o cumprimento inicial da pena privativa de liberdade.

A: incorreta, poisiniciará o cumprimento da reprimenda no regime fechado o condenado a pena superior a oito anos, em vista do que dispõe o art. 33, § 2º, a, do CP; B e C:incorretas, pois independente da pena aplicada, é vedada a substituição da pena privativa de liberdade por restritivas de direito quando o crime for praticado com violência ou grave ameaça a pessoa - art. 44, I, do CP; D: incorreta, pois constitui requisito objetivo à incidência do *sursis* a condenação à pena privativa de liberdade não superior a dois anos, exceção feita ao *sursis* etário ou humanitário, em que a pena não é superior a quatro anos – art. 77, *caput* e § 2º, do CP; E: correta, pois reflete o disposto no art. 33, § 2º, c, do CP.
Gabarito "E".

(Cartório/RJ – 2008 – UERJ) São circunstâncias que atenuam a pena, exceto:

(A) o desconhecimento da lei
(B) cometer o crime em razão de relevante valor moral
(C) ser o agente maior de sessenta anos na data do fato
(D) a confissão espontânea perante autoridade competente
(E) cometer o crime sob a influência de multidão em tumulto, se não o provocou

Alerta ao candidato: a questão quer saber qual alternativa não é circunstância atenuante! Vamos a elas. A: incorreta, pois o desconhecimento da lei é circunstância atenuante (art. 65, II, do CP); B: incorreta, pois, de acordo com o art. 65, III, "a", do CP, cometer o crime em razão de relevante valor moral ou social, é circunstância que sempre atenua a pena; C: correta, pois ser o agente maior de setenta anos de idade na data da sentença (e não sessenta anos de idade na data do fato!) é circunstância atenuante (art. 65, I, do CP);D: incorreta, pois a confissão espontânea está prevista no art. 65, III, "d", do CP. E: incorreta, pois cometer o crime sob a influência de multidão em tumulto, se não o provocou, é considerado circunstância atenuante (art. 65, III, "e", do CP).
Gabarito "C".

(Cartório/RJ – 2008 – UERJ) São penas de interdição temporária de direitos, exceto:

(A) limitação de final de semana
(B) proibição de exercício de mandato eletivo
(C) suspensão de habilitação para dirigir veículo
(D) proibição de frequentar determinados lugares
(E) proibição de exercício de ofício que dependa de habilitação especial

A: incorreta, pois a limitação de fim de semana (art. 43, III, do CP) é espécie autônoma de pena restritiva de direitos, que, por sua vez, também tem como subespécie a interdição temporária de direitos (art. 43, V, do CP); B, C, D e E: corretas.De acordo com o art. 47 do CP, são consideradas penas de interdição temporária de direitos (que, por sua vez, é espécie de pena restritiva de direitos): I - proibição do exercício de cargo, função ou atividade pública, bem como de mandato eletivo (alternativa B); II - proibição do exercício de profissão, atividade ou ofício que dependam de habilitação especial, de licença ou autorização do poder público (alternativa E); III - suspensão de autorização ou de habilitação para dirigir veículo (alternativa C); IV - proibição de frequentar determinados lugares (alternativa D); V - proibição de inscrever-se em concurso, avaliação ou exame públicos.
Gabarito "A".

(Cartório/RJ – 2008 – UERJ) São penas restritivas de direito, exceto:

(A) prestação pecuniária
(B) perda de bens e valores
(C) recolhimento domiciliar
(D) limitação de fim de semana
(E) interdição temporária de direitos

A, B, D e E: incorretas. De acordo com o art. 43 do CP, são espécies de penas restritivas de direitos: I - prestação pecuniária (alternativa A); II - perda de bens e valores (alternativa B); III - (VETADO); IV - prestação de serviço à comunidade ou a entidades públicas; V - interdição temporária de direitos (alternativa E); VI - limitação de fim de semana (alternativa D); C: correta. De fato, o recolhimento domiciliar não se encontra no rol das penas restritivas de direitos.
Gabarito "C".

(Cartório/SC – 2012) Sobre as penas privativas de liberdade é **correto** afirmar:

(A) O trabalho do preso será sempre remunerado, sendo-lhe garantidos os benefícios da Previdência Social.
(B) As penas de reclusão e detenção devem ser cumpridas em regime fechado, semiaberto ou aberto.
(C) O condenado a pena privativa de liberdade em regime fechado poderá frequentar cursos supletivos, profissionalizantes, de instrução de 2º grau ou superior.
(D) Não se computa, a título de detração, a pena privativa de liberdade cumprida no estrangeiro.
(E) O preso conserva todos os direitos, inclusive aqueles atingidos pela perda da liberdade.

A: correta, nos exatos termos do art. 39 do CP; B: incorreta, pois a pena de detenção deverá ser cumprida, inicialmente, nos regimes semiaberto ou aberto (art. 33, *caput*, do CP), salvo necessidade de transferência ao fechado. Assim, enquanto que o regime inicial para o cumprimento da pena de reclusão poderá ser o fechado, semiaberto ou aberto, para a detenção, não se imporá, inicialmente, o regime fechado; C: incorreta, sendo possível ao condenado que esteja cumprindo pena no regime semiaberto (e não no fechado, como afirmado na alternativa), o trabalho externo, bem como a frequência a cursos supletivos, profissionalizantes, de instrução de segundo grau ou superior (art. 35, § 2º, do CP); **D**: incorreta. O art. 42 do CP preconiza que *"computam-se na pena privativa de liberdade e na medida de segurança, o tempo de prisão provisória , no Brasil ou no estrangeiro"*.**E**: incorreta. Por óbvio, o preso conservará todos os direitos não atingidos pela perda da liberdade (art. 38 do CP).

Gabarito "A".

**(Cartório/SP – 2012 – VUNESP)** É correto afirmar que

(A) funcionário público que pratica crime no exercício da função pública, com violação de deveres a ela inerentes, com aplicação de pena igual ou superior a um ano e declaração expressa e motivada na sentença, está sujeito ao efeito extrapenal específico de perda do cargo, função pública ou mandato eletivo.

(B) funcionário público que pratica crime no exercício da função pública, com violação de deveres a ela inerentes, com aplicação de pena igual ou superior a quatro anos, automaticamente, tem aplicado o efeito extrapenal específico de perda do cargo, função pública ou mandato eletivo, desde que haja sentença condenatória transitada em julgado.

(C) é sempre aplicado, automaticamente, o efeito extrapenal específico de perda do cargo, função pública ou mandato eletivo, ao agente de crime praticado no exercício da função pública, além de tornar certa a obrigação de reparação do dano.

(D) por ser efeito extrapenal genérico, a perda do cargo, função pública ou mandato eletivo decorre de qualquer condenação criminal e não precisa ser expressamente declarada na sentença, desde que praticado o crime por funcionário público.

**A**: correta. De fato, constitui efeito secundário de natureza extrapenal a perda do cargo, função pública ou mandato eletivo do agente que, tendo agido com abuso de poder ou violação de deveres para com a Administração Pública, houver sido punido a pena privativa de liberdade igual ou superior a um ano (art. 92, I, "a", do CP), tratando-se de efeito não automático da condenação, exigindo, pois, declaração motivada na sentença (art. 92, parágrafo único, do CP); **B**: incorreta. O funcionário público punido com pena privativa de liberdade superior a quatro anos, pouco importando se sua conduta tiver sido perpetrada com violação de deveres inerentes à função pública, perderá o cargo ou a função, exigindo-se, porém, declaração motivada na sentença (art. 92, I, "b" e parágrafo único, do CP); **C**: incorreta. A perda do cargo, função pública ou mandato eletivo, ao agente que houver praticado crime com abuso de poder ou violação de deveres para com a Administração Pública, constitui efeito não automático (ou específico) da condenação, exigindo declaração motivada na sentença (art. 92, I, "a" e parágrafo único, do CP). No tocante à obrigação de reparar o dano, de fato, se trata de efeito automático da condenação (art. 91, I, do CP), não precisando constar da sentença; **D**: incorreta. A perda do cargo, função pública ou mandato eletivo não é efeito genérico (ou automático) da condenação, mas, sim, específico (ou não automático), conforme dispõe o art. 92, I, "a" e "b", e parágrafo único, do CP.

Gabarito "A".

**(Cartório/MG – 2012 – FUMARC)** Constitui efeito específico e não automático da sentença condenatória transitada em julgado

(A) tornar certa a obrigação de indenizar o dano causado pelo crime.

(B) a perda de cargo ou função pública, quando aplicada pena privativa de liberdade por tempo igual ou superior a um ano, nos crimes praticados com abuso de poder ou violação de dever para com a administração pública.

(C) perda em favor da União, ressalvado o direito do lesado ou de terceiro de boa-fé, do produto do crime ou de qualquer bem ou valor que constitua proveito auferido pelo agente com a prática do fato criminoso.

(D) perda em favor da União, ressalvado o direito do lesado ou de terceiro de boa-fé, dos instrumentos do crime, desde que consistam em coisas cujo fabrico, alienação, uso, porte ou detenção constitua fato ilícito.

**A**: incorreta, pois a obrigação de indenizar o dano causado pelo crime constitui efeito genérico (ou automático) da condenação, nos termos do art. 91, I, do CP; **B**: correta. De fato, a perda de cargo, função pública ou mandato eletivo, nos moldes preconizados no art. 92, I, "a" e "b", constitui efeito específico (ou não automático) da sentença condenatória, exigindo-se declaração motivada no ato decisório (art. 92, parágrafo único, do CP); **C e D**: incorretas, pois a perda, em favor da União, do produto do crime ou do proveito auferido com o ilícito penal, bem como dos instrumentos do crime, desde que consistam em coisas cujo fabrico, alienação, uso, porte ou detenção constituam fato ilícito, nos termos do art. 91, II, "a" e "b", do CP, são efeitos genéricos (ou automáticos) da condenação.

Gabarito "B".

**(Cartório/SP – II – VUNESP)** O agente que pratica um crime após ter transitado em julgado a sentença que o condenou pela prática de contravenção penal anterior

(A) não é reincidente.

(B) só é reincidente se a contravenção foi praticada no Brasil.

(C) é reincidente.

(D) é reincidente se, entre a data da extinção da pena e a infração posterior, não decorreu período superior a cinco anos.

Não constitui hipótese de reincidência o cometimento de *crime* depois de o agente ter sido condenado definitivamente por *contravenção penal*, visto que essa situação não está contemplada na lei. Atenção: em vista do disposto no art. 7º da Lei das Contravenções Penais, terá lugar a reincidência na hipótese de o agente praticar uma *contravenção* depois de passar em julgado a sentença que o condenou pela prática de *crime*.

Gabarito "A".

**(Cartório/SP – III – VUNESP)** De acordo com o instituto da detração, computam-se,

(A) exclusivamente na pena privativa de liberdade, o tempo de prisão provisória, no Brasil, e o de prisão administrativa, no Brasil ou no estrangeiro.

(B) na pena privativa de liberdade e na medida de segurança, exclusivamente o tempo de prisão provisória e o de internação em hospital de custódia e tratamento psiquiátrico, no Brasil ou no estrangeiro.

(C) na pena privativa de liberdade e na medida de segurança, o tempo de prisão provisória, no Brasil ou no estrangeiro, o de prisão administrativa e o de internação em hospital de custódia e tratamento psiquiátrico, ou, à falta, em outro estabelecimento adequado.

(D) exclusivamente na pena privativa de liberdade, o tempo de prisão provisória, no Brasil, o de prisão administrativa e o de internação em hospital de custódia e tratamento psiquiátrico, ou, à falta, em outro estabelecimento similar.

A *detração* está prevista no art. 42 do CP.

Gabarito "C".

**(Cartório/SP – III – VUNESP)** Indique a alternativa incorreta relativamente à prestação de serviços à comunidade ou a entidades públicas.

(A) A prestação de serviços à comunidade ou a entidades públicas consiste na atribuição de tarefas gratuitas ao condenado, devendo ser cumpridas à razão de duas horas de tarefa por dia, fixadas de modo a não prejudicar a jornada normal de trabalho.
(B) A prestação de serviços à comunidade ou a entidades públicas é aplicável às condenações superiores a seis meses de privação de liberdade.
(C) A prestação de serviços à comunidade ou a entidades públicas dar-se-á em entidades assistenciais, hospitais, escolas, orfanatos e outros estabelecimentos congêneres, em programas comunitários ou estatais.
(D) Se a pena substituída for superior a um ano, é facultado ao condenado cumprir a pena substituída em menor tempo, nunca inferior à metade da pena privativa de liberdade fixada.

**A**: assertiva incorreta, tendo em conta que a *prestação de serviços à comunidade* ou *a entidades públicas*, a teor do que dispõe o art. 46, § 3º, do CP, deverá ser cumprida à razão de *uma hora* de tarefa por dia de condenação; **B**: correta, visto que em consonância com o que enuncia o art. 46, *caput*, do CP; **C**: correta, pois em consonância com o estabelece o art. 46, § 2º, do CP; **D**: correta, nos termos do art. 46, § 4º, do CP.
Gabarito "A".

**(Cartório/SP – III – VUNESP)** Indique qual das alternativas não corresponde a um pressuposto para a concessão do livramento condicional.

(A) Condenação do réu a pena privativa de liberdade igual ou superior a dois anos.
(B) Reparação do dano causado pela infração, salvo efetiva impossibilidade de fazê-lo.
(C) Cumprimento de mais de 1/3 da pena, se não for reincidente em crime culposo ou doloso, e tiver bons antecedentes.
(D) Comprovado comportamento satisfatório durante a execução da pena, bom desempenho no trabalho que lhe foi atribuído e aptidão para prover à própria subsistência mediante trabalho honesto.

**A**: assertiva correta, constitui *requisito objetivo* à concessão do livramento condicional que a pena estabelecida na sentença seja igual ou superior a dois anos - art. 83, *caput*, do CP; **B**: assertiva correta, outro *requisito objetivo* exigido para que o condenado faça jus ao benefício do livramento condicional é a *reparação do dano* impingido à vítima do crime, salvo efetiva impossibilidade de fazê-lo - art. 83, IV, do CP; **C**: assertiva incorreta, a reincidência em *crime culposo* não obsta a obtenção do livramento em favor do sentenciado que haja cumprido mais de um terço da pena e ostente bons antecedentes; somente a reincidência em *delito doloso* impedirá a concessão do benefício ao condenado que tenha cumprido mais de um terço da pena fixada na sentença - art. 83, I, do CP. Neste caso, o livramento será concedido com o cumprimento de mais da metade da pena (inciso II do dispositivo); **D**: assertiva correta, nos termos do art. 83, III, do CP, que estabelece os *requisitos subjetivos* necessários para que sentenciado alcance o livramento condicional.
Gabarito "C".

**(Cartório/SP – III – VUNESP)** Indique a alternativa incorreta, no que se refere ao concurso de crimes.

(A) Quando o agente, mediante uma só ação ou omissão dolosa, pratica dois ou mais crimes, idênticos ou não, que resultam de desígnios autônomos, aplica-se-lhe a mais grave das penas cabíveis ou, se iguais, somente uma delas, mas aumentada, em qualquer caso, de um sexto até a metade.
(B) A pena imposta pelo concurso formal de crimes não poderá exceder à que seria cabível pela regra do concurso material.
(C) No concurso de crimes, as penas de multa são aplicadas distinta e integralmente.
(D) Quando o agente, mediante mais de uma ação ou omissão, pratica dois ou mais crimes, idênticos ou não, aplicam-se cumulativamente as penas privativas de liberdade em que haja incorrido.

**A**: incorreta, nos termos do art. 70 do CP, o concurso formal poderá ser *próprio* **(perfeito)** ou *impróprio* **(imperfeito)**. No primeiro caso (primeira parte do *caput*), temos que o agente, por meio de uma única ação ou omissão (um só comportamento), pratica dois ou mais crimes, idênticos ou não, com *unidade de desígnio*; já no *concurso formal impróprio* ou *imperfeito* (segunda parte do *caput*), a situação é diferente. Aqui, a conduta única decorre de desígnios autônomos, vale dizer, o agente, no seu atuar, deseja os resultados produzidos. Como consequência, as penas serão somadas, aplicando-se o critério ou sistema do *cúmulo material*. No concurso formal perfeito, diferentemente, se as penas previstas forem idênticas, aplica-se somente uma; se diferentes, aplica-se a maior, acrescida, em qualquer caso, de um sexto até metade (sistema da exasperação). A assertiva - incorreta - refere-se ao *concurso formal impróprio*; **B**: correta, visto que reflete o disposto no art. 70, parágrafo único, do CP; **C**: correta, nos termos do art. 82 do CP; **D**: proposição correta. O art. 69 do CP prescreve que o agente deve ser punido pela soma das penas privativas de liberdade quando pratica dois ou mais crimes idênticos (concurso material homogêneo) ou não idênticos (concurso material heterogêneo). As penas, portanto, aplicam-se cumulativamente.
Gabarito "A".

**(Cartório/SP – V – VUNESP)** Na hipótese do concurso de agravantes e atenuantes na mesma infração penal, a pena deve aproximar-se do limite indicado pelas circunstâncias preponderantes, conforme expressa disposição legal. Para tanto, o Código Penal enumera as circunstâncias preponderantes. Assinale a alternativa que não descreve uma circunstância preponderante.

(A) Personalidade do agente.
(B) Motivos determinantes do crime.
(C) Reincidência.
(D) Comportamento da vítima.

O *comportamento da vítima* não está contemplado no art. 67 do CP como circunstância preponderante.
Gabarito "D".

**(Cartório/SP – V – VUNESP)** O condenado por crime contra a Administração Pública, para obter o benefício da progressão de regime de cumprimento de pena, deverá

(A) satisfazer aos requisitos comuns previstos para todos os crimes e reparar o dano ou devolver o produto do crime.

**(B)** satisfazer aos requisitos previstos para todos os crimes, sem qualquer exigência extra.
**(C)** satisfazer aos requisitos previstos para todos os crimes e deixar de contratar com o poder público nos 2 anos subsequentes.
**(D)** apenas reparar o dano causado ou devolver o produto do crime, não se aplicando aos servidores públicos as disposições comuns.

Na hipótese de cometimento de crime contra a Administração Pública, o agente, a teor do art. 33, § 4°, do CP, terá a sua progressão de regime condicionada à reparação do dano causado ou à devolução do produto do ilícito praticado, com os acréscimos legais.
Gabarito "A".

**(Cartório/SP – V – VUNESP)** Para fins de contagem do lapso temporal para a progressão de regime prisional na hipótese de já deferida a unificação das penas em respeito ao limite de 30 anos, segundo o entendimento contido em súmula do Supremo Tribunal Federal, considera-se
**(A)** a pena já unificada em 30 anos, em respeito ao limite legal.
**(B)** o total real da somatória de todas as penas, desprezando-se a unificação.
**(C)** a pena já unificada em 30 anos, acrescida de 1/6 em qualquer caso.
**(D)** o total real da somatória de todas as penas, diminuído de 1/3 se primário e 1/2 se reincidente.

Súmula n° 715, STF: "A pena unificada para atender ao limite de trinta anos de cumprimento, determinado pelo art. 75 do Código Penal, não e considerada para a concessão de outros benefícios, como o livramento condicional ou regime mais favorável de execução".
Gabarito "B".

**(Cartório/SP – V – VUNESP)** Assinale a alternativa correta a respeito do servidor público que, definitivamente condenado em processo criminal, poderia ter declarada a perda do cargo como efeito da condenação na própria sentença penal condenatória.
**(A)** Condenado a cumprir a pena de 01 ano por crime praticado com abuso de poder.
**(B)** Condenado a cumprir pena privativa de liberdade de 10 meses por crime praticado com violação de dever para com a Administração Pública.
**(C)** Condenado a cumprir, em regime inicial aberto, a pena de 04 anos por crime de furto simples que teve como vítima um particular.
**(D)** Em nenhuma hipótese, já que, por força da independência das instâncias, para a perda do cargo público, não basta a condenação criminal, devendo ser instaurado processo administrativo, no qual será assegurada a ampla defesa.

**A**: correta, nos termos do art. 92, I, *a*, do CP. A perda de cargo, função pública ou mandato eletivo constitui efeito *específico* da condenação. Isso quer dizer que, em vista do que dispõe o art. 92, parágrafo único, do CP, este efeito da condenação, por não ser automático, pressupõe que o juiz o pronuncie na sentença. Para facilitar a compreensão deste tema, cabe um esclarecimento. Os efeitos da condenação contemplados no art. 91 do CP são *automáticos* (genéricos). Significa dizer que é desnecessário o pronunciamento do juiz, a esse respeito, na sentença. Já o art. 92 do CP trata dos efeitos da condenação *não automáticos* (específicos), que, por essa razão, somente podem incidir se o juiz, na sentença condenatória, declará-los de forma motivada; **B**: incorreta, pois, a teor do art. 92, I, *a*, do CP, o agente somente perderá o cargo, função pública ou mandato eletivo se a pena privativa de liberdade aplicada for *igual ou superior a um ano*; **C**: incorreta, o servidor, neste caso, somente perderá o cargo, função pública ou mandato eletivo se a pena privativa de liberdade aplicada for *superior a quatro anos* - art. 92, I, *b*, do CP; **D**: incorreta, já que a perda de cargo, função pública ou mandato eletivo constitui, sim, conforme estabelece o art. 92, I, do CP, efeito da condenação em processo criminal, sem prejuízo de o servidor ser processado no âmbito administrativo.
Gabarito "A".

## 9. AÇÃO PENAL

**(Cartório/RJ – 2008 – UERJ)** A alternativa incorreta é:
**(A)** a ação penal é pública, salvo quando a lei expressamente a declara privativa do ofendido
**(B)** a ação de iniciativa privada é promovida mediante queixa do ofendido ou de quem tenha qualidade para representá-lo
**(C)** a ação pública é promovida pelo Ministério Público, dependendo, quando a lei o exige, de representação do ofendido ou de requisição do Ministro da Justiça
**(D)** a ação de iniciativa privada pode intentar-se nos crimes de ação pública, se o Ministério Público não oferece denúncia no prazo legal em razão de arquivamento do inquérito policial
**(E)** no caso de morte do ofendido ou de ter sido declarado ausente por decisão judicial, o direito de oferecer queixa ou de prosseguir na ação passa ao cônjuge, ascendente, descendente ou irmão

**A**: correta (art. 100, *caput*, do CP); **B**: correta (art. 100, § 2°, do CP); **C**: correta (art. 100, § 1°, do CP); **D**: incorreta, pois a ação penal privada subsidiária da pública somente será possível quando o Ministério Público permanecer inerte (art. 100, § 3°, do CP e art. 29 do CPP); **E**: correta (art. 100, § 4°, do CP).
Gabarito "D".

## 10. EXTINÇÃO DA PUNIBILIDADE

**(Cartório/AM – 2005 – FGV)** Assinale a afirmativa incorreta.
**(A)** O casamento do agente com a vítima, em determinados crimes contra os costumes, é causa de extinção da punibilidade.
**(B)** A prescrição, antes de transitar em julgado a sentença final, começa a correr, no crime de bigamia, da data em que o fato se tornou conhecido.
**(C)** No caso de evadir-se o condenado, a prescrição é regulada pelo tempo que resta da pena.
**(D)** A prescrição da pena de multa ocorre no mesmo prazo estabelecido para a pena privativa de liberdade quando, com esta, for cumulativamente aplicada.
**(E)** São reduzidos de metade os prazos de prescrição quando o criminoso for, na data da sentença, maior de 70 anos.

**A**: incorreta. Com o advento da Lei 11.106/2005, foram revogados do art. 107 os incisos VII e VIII, do CP, que previam a extinção da punibilidade pelo casamento do agente com a vítima, nos antigos crimes contra os costumes (denominados, a partir da Lei 12.105/2009, como crimes contra a dignidade sexual), bem como pelo casamento da vítima com terceiro, também nos mesmos crimes já referidos, se cometidos sem violência real ou grave ameaça, desde que a ofendida não requeresse o prosseguimento do inquérito policial ou da ação penal nos 60 (sessenta) dias subsequentes à celebração do matrimônio; **B**: correta (art. 111, IV, do CP); **C**: correta (art. 117, § 2º, do CP); **D**: correta (art. 114, II, do CP); **E**: correta (art. 115 do CP).

Gabarito "A".

**(Cartório/ES – 2007 – FCC)** O prazo da prescrição da pretensão executória, que se verifica depois de transitada em julgado sentença penal condenatória, começa a correr

(A) do dia em que transita em julgado a sentença, para a acusação.
(B) do dia em que transita em julgado a sentença, para ambas as partes.
(C) do dia em que transita em julgado a sentença, para o réu.
(D) do dia do julgamento do recurso interposto pelo réu.
(E) do dia em que é proferida a sentença condenatória.

De fato, nos termos do art. 112 do CP, que trata da prescrição da pretensão executória, que é aquela que se verifica após o trânsito em julgado da sentença penal condenatória, o seu termo inicial poderá ser: I - do dia em que transita em julgado a sentença condenatória, para a acusação, ou a que revoga a suspensão condicional da pena ou o livramento condicional; II - do dia em que se interrompe a execução, salvo quando o tempo da interrupção deva computar-se na pena.

Gabarito "A".

**(Cartório/MG – 2012 – FUMARC)** Dispõe o artigo 115 do Código Penal: "São reduzidos de ½ (metade) os prazos de prescrição quando o criminoso era, ao tempo do crime, menor de 21 (vinte e um) anos, ou, na data da sentença, maior de 70 (setenta) anos". Sem levar em conta os casos de redução do prazo da prescrição, o menor prazo prescricional previsto no Código Penal é de

(A) dois anos.
(B) três anos.
(C) quatro anos.
(D) oito anos.

Da análise de todo o Código Penal, vê-se que, de fato, o menor prazo prescricional, sem levarmos em conta os casos em que este pode ser reduzido, é de 2 (dois) anos. Trata-se do prazo de prescrição da pretensão punitiva da multa, que, quando for a única espécie de pena cominada ou aplicada, irá implementar-se, como dito, em um biênio, nos termos do art. 114, I, do CP. Já o segundo menor prazo de prescrição será o de 3 (três) anos, nos termos do art. 109, VI, do CP. Referido artigo consagra aquilo que se denomina de "tabela do prazo prescricional", variável de 3 (três) a 20 (vinte) anos, a depender da pena cominada – ou aplicada – à infração penal.

Gabarito "A".

**(Cartório/MG – 2012 – FUMARC)** "A", 40 anos de idade e não reincidente na prática delitiva, foi condenado a uma pena final de 02 (dois) anos e 04 (quatro) meses de reclusão, porque, no exercício de sua função, reconheceu como verdadeira, em dois documentos públicos que lhe foram apresentados, firmas que sabia não serem autênticas. "A" foi denunciado pela prática de dois crimes previstos no artigo 300 do Código Penal, em continuidade delitiva, e, ao final, foi condenado, por cada qual dos crimes, a dois anos de reclusão. O magistrado, para a fixação da reprimenda final e por também entender ter havido continuidade delitiva, valeu-se de uma das penas, posto que idênticas, e a aumentou em 1/6, totalizando 02 (dois) anos e 04 (quatro) meses, por força do disposto no artigo 71, *caput*, do Código Penal. Transitada em julgado a decisão, a prescrição da pretensão executória estatal ocorrerá, caso não haja suspensão ou interrupção, em

(A) três anos.
(B) quatro anos.
(C) oito anos.
(D) doze anos.

A questão cobra do candidato o conhecimento das regras de prescrição incidentes sobre penas que resultam de concurso de crimes (material, formal ou continuado – arts. 69 a 71 do CP). De acordo com o art. 119 do CP, em caso de concurso de crimes, a extinção da punibilidade incidirá sobre a pena de cada um deles, isoladamente. No caso relatado no enunciado, a pena de "A" foi de 2 (dois) anos e 4 (quatro) meses, em razão da majoração existente no art. 71 do CP (aumento da pena de 1/6 a 2/3, se reconhecida a continuidade delitiva). Se a pena para cada um dos crimes foi de 2 (dois) anos, mas a pena final foi de 2 (dois) anos e 4 (quatro) meses, é certo que os 4 (quatro) meses foram agregados em razão da aplicação da exasperação decorrente do concurso de crimes. Para o cálculo da prescrição, levar-se-á em conta a pena de cada um dos crimes, isoladamente, e não da pena final. Ainda, especificamente no tocante à continuidade delitiva, a Súmula 497 do STF dispõe: *"Quando se tratar de crime continuado, a prescrição regula-se pela pena imposta na sentença, não se computando o acréscimo decorrente da continuação"*. Assim, levando-se em conta apenas o prazo de 2 (dois) anos, a prescrição da pretensão executória verificar-se-á após o transcurso de 4 (quatro) anos (art. 109, V, do CP). Caso fosse levada em conta a pena final (dois anos e quatro meses), ignorando-se a referida Súmula, bem como o precitado art. 119 do CP, a prescrição iria operar-se em 8 (oito) anos.

Gabarito "B".

**(Cartório/MG – 2009 – EJEF)** Analise a situação hipotética seguinte e assinale a alternativa CORRETA. A furtou um telefone celular e o vendeu para B. Foram denunciados nos mesmos autos, por crimes de furto e receptação dolosa, respectivamente. No curso da ação penal verificou-se que o acusado A era menor de 21 anos ao tempo da ação, extinguindo-se em seu favor a punibilidade do delito de furto. O corréu B possuía 26 (vinte e seis) anos ao tempo do delito. A extinção da punibilidade que beneficiou A favorece B, denunciado pela suposta prática de receptação?

(A) Sim, por se tratar de crimes praticados em coautoria.
(B) Não, porque a extinção da punibilidade de crime que é pressuposto de outro não se estende a este.
(C) Não, por se tratar de receptação dolosa.
(D) Sim, porque extinta a punibilidade do furto desaparece o delito de receptação, pressuposto do furto.

A: incorreta. O crime de "A" foi o de furto, ao passo que o de "B" foi o de receptação. Cada qual responderá por sua própria infração penal. Não se trata de coautoria. Porém, ainda que assim fosse, o fato de a punibilidade de "A" ser extinta, em razão de sua idade fazer com que o prazo prescricional seja reduzido pela metade (art. 115 do CP), não induz pensar que seria estendida a "B". Afinal, a idade é situação pessoal, e, portanto, incomunicável (art. 30 do CP); B: correta (art. 108 do CP). Ainda que o crime de receptação tenha

como pressuposto o de furto, que lhe antecedeu, a extinção da punibilidade com relação a este não afeta aquele; **C**: incorreta, nada tendo que ver o fato de a receptação ser dolosa com a extensão da extinção da punibilidade do crime que lhe era pressuposto (no caso da questão, o furto cometido por "A"); **D**: incorreta, pelos exatos termos do art. 108 do CP.
Gabarito "B".

**(Cartório/RJ – 2008 – UERJ)** Extingue-se a punibilidade, exceto:

(A) pelo indulto
(B) pela perempção
(C) pela retratação do agente, quando a lei permitir
(D) pela retroatividade da lei que não mais considere o fato como criminoso
(E) pelo casamento do agente com a vítima, no caso de crime contra os costumes

**A**: incorreta (art. 107, II, do CP); **B**: incorreta (art. 107, IV, do CP); **C**: incorreta (art. 107, VI, do CP); **D**: incorreta (art. 107, III, do CP); **E**: correta (art. 107, VII, do CP), tendo em vista a revogação de referida causa extintiva da punibilidade pela Lei 11.106/2005.
Gabarito "E".

**(Cartório/SC – 2012)** Sobre a prescrição, em Direito Penal, é **correto** afirmar:

(A) Depois da sentença condenatória com trânsito em julgado para a acusação ou depois de improvido seu recurso, regula-se pela pena aplicada, não podendo, em nenhuma hipótese, ter por termo inicial a data do crime.
(B) Depois da sentença condenatória com trânsito em julgado para a acusação ou depois de improvido seu recurso, regula-se pelo máximo da pena prevista para o delito, não podendo, em nenhuma hipótese, ter por termo inicial a data do crime.
(C) Depois da sentença condenatória com trânsito em julgado para a acusação ou depois de improvido seu recurso, regula-se pelo mínimo da pena prevista para o delito, não podendo, em nenhuma hipótese, ter por termo inicial a data do crime.
(D) Depois da sentença condenatória com trânsito em julgado para a defesa ou depois de improvido seu recurso, regula-se pela pena aplicada, não podendo, em nenhuma hipótese, ter por termo inicial a data do crime.
(E) Depois da sentença condenatória com trânsito em julgado para a defesa, ou depois de improvido seu recurso, regula-se pelo mínimo da pena prevista para o delito, não podendo, em nenhuma hipótese, ter por termo inicial a data do crime.

**A**: correta, nos exatos termos do art. 110, § 1º, do CP, com a redação que lhe foi dada pela Lei 12.234/2010. Até então, seria possível que a prescrição da pretensão punitiva, em sua forma retroativa, tivesse por termo inicial data anterior à denúncia ou queixa, o que restou afastada por referido diploma legal; **B, C, D e E**: incorretas, pois, após a prolação de sentença condenatória, com a consequente fixação de uma pena, será esta, já concretizada, que será utilizada para o cálculo da prescrição. Esta somente levará em consideração a pena máxima prevista para o delito antes de transitar em julgado a sentença, salvo no caso já referido no art. 110, § 1º, do CP. Apenas para facilitar: antes de ser concretizada a pena, a prescrição regular-se-á pelo máximo da pena privativa de liberdade cominada à infração penal; já com a fixação de determinada pena, desde que considerada imutável (leia-se: sem que tenha havido recurso da acusação, ou, ainda que o tenha, o inconformismo não tenha prosperado), a prescrição irá basear-se não mais na pena abstratamente cominada (prescrição da pretensão punitiva propriamente dita ou pura), mas, sim, na pena concreta (prescrição da pretensão punitiva retroativa, intercorrente e executória).
Gabarito "A".

**(Cartório/SP – 2011 – VUNESP)** Assinale a alternativa incorreta.

(A) A prescrição da pena de multa ocorrerá no mesmo prazo estabelecido para prescrição da pena privativa de liberdade, quando a multa for alternativa ou cumulativamente cominada ou cumulativamente aplicada.
(B) O curso da prescrição interrompe-se pela publicação da sentença condenatória recorrível.
(C) A prescrição, depois da sentença condenatória com trânsito em julgado para a acusação, ou depois de improvido seu recurso, regula-se pela pena aplicada, podendo ter por termo inicial data anterior à do recebimento da denúncia ou da queixa.
(D) A prescrição interrompe-se pelo início ou continuação do cumprimento da pena.

**A**: correta (art. 114, II, do CP); **B**: correta (art. 117, IV, do CP); **C**: incorreta (art. 110, § 1º, do CP). Com o advento da Lei 12.234/10, a prescrição da pretensão punitiva, que toma como base a pena em concreto, não poderá ser reconhecida em data anterior à denúncia ou queixa. Antes de referida lei, a prescrição da pretensão punitiva, em sua forma retroativa, atingia lapso temporal anterior à persecução penal em juízo (geralmente, a fase de inquérito policial); **D**: correta (art. 117, V, do CP).
Gabarito "C".

**(Cartório/SP – 2011 – VUNESP)** Assinale a alternativa que não indica causa de extinção da punibilidade.

(A) Perdão aceito nos crimes de ação privada.
(B) Retroatividade da lei que não mais considera o fato como criminoso.
(C) Casamento do agente com a vítima, no crime de estupro.
(D) Retratação do agente, nos casos em que a lei a admite.

**A**: incorreta, pois o perdão aceito, nos crimes de ação penal privada, constitui causa extintiva da punibilidade (art. 107, V, do CP); **B**: incorreta, pois a retroatividade de lei posterior que não mais considera o fato como criminoso (*abolitio criminis*) é, nos termos do art. 107, III, do CP, causa extintiva da punibilidade; **C**: correta. De fato, o casamento do agente com a vítima, nos crimes sexuais, constituía causa extintiva da punibilidade até o advento da Lei 11.106/05, que revogou expressamente o inciso VII, do art. 107 do CP; **D**: incorreta, pois a retratação do agente, nos casos em que a lei a admite, configura causa extintiva da punibilidade (art. 107, VI, do CP).
Gabarito "C".

**(Cartório/SP – 2011 – VUNESP)** A sentença que concede perdão judicial

(A) será considerada para efeitos de reincidência, vedada a reabilitação.
(B) não será considerada para efeitos de reincidência.
(C) está sujeita ao reexame necessário pelo juízo *ad quem*.
(D) será considerada para efeito de reincidência, mas se sujeita às regras da reabilitação.

**A:** incorreta, pois, nos termos do art. 120 do CP, a sentença concessiva de perdão judicial, que é causa extintiva da punibilidade (art. 107, IX, do CP), não será considerada para efeitos de reincidência; **B:** correta, nos exatos termos do art. 120 do CP. Frise-se, ainda, que, no tocante à natureza jurídica da sentença que concede o perdão judicial, o STJ pacificou o entendimento de que se trata de decisão declaratória de extinção da punibilidade (Súmula 18); **C:** incorreta, por falta de previsão legal; **D:** incorreta, pois, como visto, a sentença concessiva do perdão judicial, nos termos do art. 120 do CP, não será considerada para efeito de reincidência. Outrossim, prevalecendo o entendimento de que se trata de sentença declaratória de extinção da punibilidade (Súmula 18 do STJ), não será admissível – nem necessário – pedido de reabilitação, previsto nos arts. 93 a 95 do CP, tendo em vista que seu pressuposto é que tenha havido condenação criminal, o que não ocorre, repita-se, em caso de aplicação do perdão judicial.
Gabarito "B".

**(Cartório/SP – I – VUNESP)** Em matéria de prescrição da pretensão punitiva relativa ao crime de falsificação ou alteração de assentamento do registro civil, o termo inicial do prazo de prescrição é

(A) o dia em que o crime se consumou.
(B) a data em que o fato se tornou conhecido da autoridade pública.
(C) o dia em que foi iniciada a execução do delito.
(D) a data do oferecimento da denúncia por parte do Ministério Público.

Por força da disciplina estabelecida no art. 111, IV, do CP, nos crimes de *bigamia* e *falsificação ou alteração do assentamento do registro civil*, a prescrição da pretensão punitiva tem como termo inicial a data em que o fato se tornou conhecido da autoridade.
Gabarito "B".

**(Cartório/SP – V – VUNESP)** João e Maria promoveram o registro de nascimento de filho alheio como se do casal fosse. Ao final do feito, o Magistrado, reconhecendo que eles foram movidos por motivo de reconhecida nobreza, concedeu-lhes o perdão judicial. Considerando entendimento contido em súmula do STJ, assinale a alternativa correta quanto à natureza jurídica da decisão proferida.

(A) Condenatória, na medida em que só se perdoa a quem errou.
(B) Declaratória de extinção da punibilidade.
(C) Absolutória, já que não impõe pena.
(D) Declaratória de reconhecimento da ilicitude da conduta.

Súmula nº 18, STJ: "A sentença concessiva do perdão judicial é declaratória da extinção da punibilidade, não subsistindo qualquer efeito da condenação".
Gabarito "B".

## 11. CRIMES CONTRA A PESSOA E CONTRA O PATRIMÔNIO

**(Cartório/AM – 2005 – FGV - adaptada)** Em matéria de crimes patrimoniais, é correto afirmar que:

(A) o emprego de chave falsa é causa de aumento no crime de roubo.
(B) não é punível a subtração de coisa móvel comum e fungível praticada por um sócio em relação ao outro, desde que o valor não exceda a quota a que tem direito na sociedade.
(C) no roubo próprio, a violência contra a pessoa ou grave ameaça são empregadas logo depois de subtraída a coisa.
(D) exigir, como garantia de dívida, abusando da situação de alguém, documento que pode dar causa a procedimento criminal contra terceiro é crime de extorsão direta.

**A:** incorreta. O emprego de chave falsa é qualificadora do crime de furto (art. 155, § 4º, III, do CP). As causas de aumento de pena do crime de roubo estão previstas no art. 157, § 2º, do CP, não se compreendendo, dentre elas, o emprego de chave falsa; **B:** correta (art. 156, § 2º, do CP); **C:** incorreta. No crime de roubo próprio, a violência ou a grave ameaça contra a pessoa são empregadas antes ou durante a subtração da coisa. Já se empregadas após a subtração, a fim de garantir ao agente a detenção da *res* ou sua impunidade, estaremos diante de roubo impróprio (art. 157, § 1º, do CP); **D:** incorreta, tratando-se de extorsão indireta (art. 160 do CP).
Gabarito "B".

**(Cartório/DF – 2008 – CESPE)** Considerando a jurisprudência dos tribunais superiores, julgue o item seguinte com base no direito penal brasileiro.

(1) No caso de prática do crime de estelionato, em sua forma fundamental, a reparação do dano, antes do recebimento da denúncia, obsta o prosseguimento da ação penal.

1: errada. Cometido o estelionato em sua forma fundamental (art. 171, caput, do CP), a reparação do dano, antes do recebimento da denúncia, configurará, apenas, o arrependimento posterior, que é causa de diminuição de pena (art. 16 do CP). Já se se tratar do crime de fraude no pagamento por meio de cheque (art. 171, § 2º, VI, do CP), o STF, na Súmula 554, pacificou o entendimento de que o pagamento do título emitido sem provisão de fundos, após o recebimento da denúncia, não obsta ao prosseguimento da ação penal. Em sentido contrário, se houver o pagamento do montante respectivo antes do recebimento da denúncia, a ação penal ficará obstada.
Gabarito 1C

**(Cartório/DF – 2008 – CESPE)** Considerando a jurisprudência dos tribunais superiores, julgue o item seguinte com base no direito penal brasileiro.

(1) A causa de aumento de pena pelo concurso de pessoas no crime de roubo não se aplica ao crime de furto, ainda que seja considerada mais benéfica ao réu, tendo em vista que, em relação ao furto, há previsão legal específica de aumento de pena.

1: correta (Súmula 442 do STJ). O STJ, com a edição de referida súmula, pacificou o entendimento de que a causa de aumento de pena referente ao concurso de agentes no crime de roubo (majoração de 1/3 até a 1/2 - art. 157, § 2º, do CP) não incidirá no furto, visto que, para esse crime, o concurso de agentes é considerado qualificadora (art. 155, § 4º, IV, do CP). Alegava-se que, para uma mesma circunstância (concurso de agentes), o tratamento conferido para os crimes de roubo e furto era muito diferente. É que, no caso do furto, referida circunstância é capaz de gerar a duplicação da pena cominada para o tipo fundamental (de 1 a 4 anos para 2 a 8 anos), ao passo que, no roubo, haverá o aumento da pena de 1/3 até a 1/2. Assim, sustentava-se que, para situações semelhantes, deveria ser aplicada a mesma regra, ou seja, no caso de furto praticado mediante o concurso de duas ou mais pessoas, deveria incidir o aumento previsto para o roubo, e não a duplicação da pena abstratamente cominada.
Gabarito 1C

**(Cartório/DF – 2006 – CESPE)** De acordo com a legislação e a doutrina pertinentes, e considerando, ainda, a jurisprudência do STJ e do STF, julgue o item que se segue, relativo ao direito penal.

(1) O delito de roubo consuma-se com a simples posse, ainda que breve, da coisa alheia móvel, subtraída mediante violência ou grave ameaça, sendo desnecessário que o bem saia da esfera de vigilância da vítima.

1: correta. STJ e STF adotam, no tocante ao momento consumativo do roubo, a teoria da inversão da posse. Confira-se a ementa do julgamento do HC 100189/SP, da relatoria da Min. Ellen Gracie, que também espelha o posicionamento do STJ: *"PENAL. HABEAS CORPUS. REEXAME DO CONJUNTO FÁTICO-PROBATÓRIO. INEXISTÊNCIA. ROUBO. MOMENTO CONSUMATIVO. INVERSÃO DA POSSE DA RES FURTIVA. ORDEM DENEGADA. 1. O presente caso não exige o reexame de matéria fático-probatória. O que se discute, na hipótese, é tão-somente o enquadramento jurídico dos fatos. 2. Para a consumação do crime de roubo, basta a inversão da posse da coisa subtraída, sendo desnecessária que ela se dê de forma mansa e pacífica, como argumenta a impetrante. Precedentes. 3. Ordem denegada". HC 108678/RS.*
Gabarito 1C

**(Cartório/DF – 2006 – CESPE)** De acordo com a legislação e a doutrina pertinentes, e considerando, ainda, a jurisprudência do STJ e do STF, julgue o item que se segue, relativo ao direito penal.

(1) Para a caracterização da causa de aumento de pena do crime de roubo, é imprescindível a apreensão da arma, mesmo quando outros elementos comprovarem a sua utilização.

1: errada. A jurisprudência amplamente majoritária do STJ e STF é no sentido da prescindibilidade da apreensão da arma de fogo para a caracterização da causa de aumento de pena no crime de roubo. Confira-se o excerto de julgamento realizado pelo STF, corroborando a posição do STJ: *"HABEAS CORPUS. PENAL. ROUBO COM EMPREGO DE ARMA IMPRÓPRIA. JULGADO DO SUPERIOR TRIBUNAL DE JUSTIÇA EM CONSONÂNCIA COM A JURISPRUDÊNCIA DO SUPREMO TRIBUNAL FEDERAL. DESNECESSIDADE DE APREENSÃO DA ARMA E DE PERÍCIA PARA A COMPROVAÇÃO DA CAUSA DE AUMENTO. CIRCUNSTÂNCIA QUE PODE SER EVIDENCIADA POR OUTROS MEIOS DE PROVA. PRECEDENTES. ORDEM DENEGADA. 1. A decisão do Superior Tribunal de Justiça está em perfeita consonância com a jurisprudência do Supremo Tribunal Federal. 2. É desnecessária a apreensão e a perícia da arma imprópria empregada no roubo para comprovar a qualificadora do art. 157, § 2º, inc. I, do Código Penal, já que o seu potencial lesivo pode ser demonstrado por outros meios de prova, em especial pela palavra da vítima ou pelo depoimento de testemunha presencial. Precedentes. 3. Ordem denegada." (HC 110746/MT – Relatora Min. Carmen Lúcia – j. 13/11/2012). HC 111959/SP.*
Gabarito 1E

**(Cartório/DF – 2003 – CESPE)** Durante um baile de formatura, Mário, com o intuito de ofender a dignidade de Marco, seu desafeto, desfechou-lhe um tapa no rosto e, logo em seguida, puxou-lhe os cabelos de forma aviltante. Nessa situação,

(1) Mário praticou o crime de injúria real, que, no caso específico, é de ação penal pública incondicionada.
(2) A retratação, que é causa de extinção de punibilidade, não será cabível.

1: errada, pois a ação penal no crime de injúria real (art. 140, § 2º, do CP), a despeito de constar no art. 145, caput, do CP, como sendo pública incondicionada, dependerá da espécie de lesão corporal causada à vítima. Se se tratar de lesão corporal leve, a ação penal será pública condicionada à representação, tendo em vista que o art. 88 da Lei 9.099/1995 prevê a necessidade da condição de procedibilidade para a persecução penal. Já se as lesões corporais suportadas pela vítima forem graves ou gravíssimas, aí sim a ação penal será pública incondicionada. Deve-se fazer uma leitura sistemática do precitado art. 145 do CP, que, à época em que editado, tinha o crime de lesões corporais, em qualquer de suas espécies (leve, grave ou gravíssima), como sendo de ação pública incondicionada. Porém, como dito, com o advento da Lei 9.099/1995, a situação se modificou.
2: correta, pois, de fato, a retratação, causa extintiva da punibilidade, no tocante aos crimes contra a honra, só é admissível para a calúnia e a difamação (art. 143 do CP), que afetam a honra objetiva da vítima. Lembre-se que a injúria é crime que atenta contra a honra subjetiva, ofendendo a dignidade ou o decoro, razão pela qual a retratação é impossível de gerar qualquer efeito extintivo da punibilidade.
Gabarito 1E, 2C

**(Cartório/MS – 2009 – VUNESP)** "B" sempre deixa seu carro no mesmo estacionamento. "C", querendo apossar-se do automóvel, vai a esse estacionamento e diz ao manobrista que foi buscar o carro a pedido de "B". O manobrista lhe entrega o veículo; "C" assume a direção e deixa o local. Sobre a conduta de "C", é correto afirmar tratar-se de

(A) estelionato.
(B) furto mediante fraude.
(C) apropriação indébita.
(D) furto qualificado pelo abuso de confiança.
(E) apropriação de coisa havida por erro.

A: correta. No crime de estelionato, a vítima, ludibriada, enganada, induzida em erro pelo agente, acaba por entregar o bem por este desejado, perseguido. Neste caso, o manobrista só fez a entrega do veículo de "B" a "C" porque foi levado a erro por este; B: incorreta. Importante notar que não houve subtração do bem, razão pela qual não há que se falar na prática do crime de *furto mediante fraude*, em que a fraude é empregada com o fito de viabilizar a subtração do bem. Aqui não houve subtração, já que o veículo foi entregue pelo manobrista; C: incorreta. Da mesma forma, não houve crime de *apropriação indébita* – art. 168, CP –, visto que, neste, o dolo é subsequente à posse; no estelionato é antecedente. Ademais disso, os outros requisitos do crime do art. 171 do CP se fazem presentes, a saber: emprego de ardil ou outro meio fraudulento; obtenção de vantagem ilícita; e prejuízo alheio; D: incorreta. A qualificadora que diz respeito ao abuso de confiança pressupõe a existência prévia de credibilidade, amizade, rompida por aquele que violou o sentimento de segurança anteriormente estabelecido, o que não houve no caso; E: incorreta. A apropriação de coisa havida por erro ocorre quando há falsa percepção da realidade, que leva alguém a entregar ao agente coisa pertencente a outrem. Ex. um entregador, confundindo o destinatário, passa às mãos do apropriador algo que não lhe cabe, havendo, então, o apossamento.
Gabarito "A".

**(Cartório/MT – 2005 – CESPE)** Um agente de polícia, usando arma de fogo, efetuou propositadamente disparos contra Pedro, causando a sua morte e, acidentalmente, a de Cláudio. Nessa situação, esse agente deve responder por

(A) lesões corporais, em concurso material.
(B) um único crime de homicídio doloso consumado.
(C) homicídio doloso consumado, em concurso formal.
(D) homicídio doloso consumado em relação a Pedro, e por homicídio culposo consumado em relação a Cláudio.

O relato contido no enunciado da questão retrata a prática de dois homicídios, cometidos em concurso formal de crimes. Com relação aos disparos efetuados deliberadamente contra Pedro, não há dúvidas de que o policial deverá responder por homicídio doloso consumado. Com relação a Cláudio, o disparo que acidentalmente o vitimou decorre, ao que tudo indica, de erro na execução (art. 73 do CP), hipótese em que, havendo pluralidade de resultados, aplicar-se-á o art. 70 do CP (concurso formal). Assim, o agente de polícia responderá pelo crime mais grave (homicídio doloso consumado de Pedro), mas com a pena aumentada de um sexto até metade, tendo em vista o homicídio culposo de Cláudio. Repare que o policial, mediante uma só ação (disparos de arma contra Pedro), praticou dois crimes (homicídio doloso com relação a Pedro e homicídio culposo com relação a Cláudio).
Gabarito "C".

**(Cartório/MT – 2005 – CESPE)** Mário, agindo com *animus jocandi*, ofendeu a honra de Carlos, imputando a ele fato ofensivo à sua dignidade e reputação. Nessa situação, Mário

(A) deve ser responsabilizado pela prática do crime de injúria.
(B) deve ser responsabilizado pela prática do crime de difamação.
(C) deve ser responsabilizado pela prática do crime de calúnia.
(D) não será responsabilizado criminalmente.

**A**: incorreta, pois o crime de injúria pressupõe que o agente, agindo com *animus injuriandi*, ofenda a dignidade ou o decoro da vítima (honra subjetiva), nos termos do art. 140 do CP. Situação diversa ocorre quando o agente imputa a alguém um fato ofensivo à reputação, caracterizador de difamação (art. 139 do CP); **B**: incorreta, pois, a despeito de Mário ter imputado a Carlos um fato ofensivo à dignidade ou reputação, caracterizador, em tese, de difamação (art. 139 do CP), é certo que, agindo com *animus jocandi* (intenção de brincar), restará descaracterizada a tipicidade subjetiva da infração penal, qual seja, a real intenção de difamar (*animus diffamandi*); **C**: incorreta, pois a calúnia é crime contra a honra que pressupõe que o agente impute, falsamente, a alguém, fato definido como crime (art. 138 do CP); **D**: correta. Tendo Mário agido com intenção de brincar (*animus jocandi*), afastado estará o elemento subjetivo do tipo, qual seja, a real intenção de ofender a reputação da vítima (*animus diffamandi*).
Gabarito "D".

**(Cartório/MT – 2005 – CESPE)** Augusto, logo após furtar um veículo, desferiu coronhadas na cabeça de seu proprietário, que ficou desacordado e foi arremessado para fora do veículo, mas sobreviveu. Nessa situação, Augusto praticou o crime de

(A) roubo impróprio.
(B) roubo em concurso formal com o crime de lesão corporal grave.
(C) roubo em concurso material com o crime de lesão corporal grave.
(D) furto em concurso formal com o crime de lesão corporal grave.

**A**: correta. Considerando que Augusto, apenas após a subtração da coisa (veículo, no caso), praticou a violência contra a vítima, o crime por ele cometido foi o de roubo impróprio (art. 157, § 1º, do CP). Contudo, o enunciado pecou por não ser muito preciso, eis que o crime em comento exige que a grave ameaça ou a violência, praticadas após a subtração da coisa, objetivem a detenção da coisa ou a impunidade do agente, circunstâncias não referidas na questão;

**B**, **C** e **D**: incorretas, pois o crime perpetrado por Augusto foi o de roubo impróprio, não se podendo aventar de concurso entre roubo e lesão corporal, visto que esta é o próprio meio empregado para o cometimento daquele crime. Contudo, ponderamos, novamente, que o enunciado da questão está um pouco incompleto, faltando dados mais seguros sobre a real intenção de Augusto com a prática da violência.
Gabarito "A".

**(Cartório/RJ – 2008 – UERJ)** A alternativa incorreta é:

(A) é punível a calúnia contra os mortos
(B) no crime de calúnia, admite-se exceção da verdade
(C) no crime de difamação, admite-se exceção da verdade se o ofendido é funcionário público e a ofensa é relacionada a suas funções
(D) os crimes contra a honra, cometidos contra funcionário público, no exercício de suas funções, têm suas penas aumentadas
(E) o conceito desfavorável emitido por funcionário público, em apreciação ou informação que preste no cumprimento de dever de ofício, é punível como injúria

**A**: correta (art. 138, § 2º, do CP); **B**: correta (art. 138, § 3º, do CP); **C**: correta (art. 139, parágrafo único, do CP); **D**: correta (art. 141, II, do CP); **E**: incorreta (art. 142, III, do CP).
Gabarito "E".

**(Cartório/SC – 2012)** Comete delito de estelionato o agente que obtém, para si ou para outrem, vantagem ilícita, em prejuízo alheio, induzindo ou mantendo alguém em erro, mediante artifício, ardil, ou qualquer outro meio fraudulento. Nas mesmas penas incorre quem:

(A) Frauda recebimento de indenização ou valor de seguro e exerce o curandeirismo.
(B) Fraude a entrega de coisa e pratica o charlatanismo.
(C) Fornece substância médica em desacordo com receita e frauda no pagamento por meio de cheque.
(D) Emite duplicata simulada e frauda no pagamento por meio de cheque.
(E) Defrauda penhor e dispõe de coisa alheia como própria.

Evidentemente, o enunciado da questão impõe ao candidato que assinale alternativa que contenha não simplesmente as mesmas penas cominadas ao estelionato, mas, sim, de conduta que também constitua espécie ou subtipo do mesmo crime (art. 171 do CP). Portanto, a única alternativa correta é a de letra "E", pois, realmente, a defraudação de penhor (art. 171, § 2º, III, do CP) e a disposição de coisa alheia como própria (art. 171, § 2º, I, do CP) são subespécies do mesmo crime.
Gabarito "E".

**(Cartório/SC – 2008)** Em relação aos crimes de apropriação indébita previstos no Código Penal, é correto afirmar:

(A) O delito tipificado no art. 168-A (apropriação indébita previdenciária) admite a modalidade tentada.
(B) Apenas para a modalidade previdenciária é possível o perdão judicial.
(C) A apuração do ilícito de apropriação indébita previsto no art. 168, em qualquer hipótese, independe de eventual ação civil de prestação de contas.

**(D)** O agente que se apropria de pensão do idoso, dando-lhe aplicação diversa de sua finalidade, pratica o crime de apropriação indébita (art. 168).

**(E)** O saque de valor sabidamente creditado por engano em conta bancária não caracteriza o crime de apropriação de coisa havida por erro, caso fortuito ou força da natureza (art. 169).

**A**: incorreta, pois a apropriação indébita previdenciária, prevista no art. 168-A, do CP, é crime omissivo próprio, consumando-se no momento em que o agente deixa de repassar à previdência social as contribuições recolhidas dos contribuintes. Dada a natureza do crime em comento (como dito, omissivo próprio ou puro), inadmissível a tentativa; **B**: correta. De fato, será possível o perdão judicial para o crime de apropriação indébita previdenciária (art. 168-A, § 3º, do CP), não havendo a mesma previsão para os outros crimes de apropriação indébita no CP (arts. 168 e 169); **C**: incorreta, pois, em determinados casos, a prévia prestação de contas será necessária para a caracterização do crime de apropriação indébita, especialmente quando decorrente de mandato. Confira-se: *"PENAL E PROCESSO PENAL -APROPRIAÇÃO INDÉBITA -ADVOGADO -DIREITOS TRABALHISTAS -DELAÇÃO DO CORRÉU -PRESTAÇÃO DE CONTAS -PODERES EXPRESSOS NA PROCURAÇÃO. I -Delação do corréu de que o apelante, seu advogado, teria se apropriado de parte da quantia devida por acordo firmado em reclamação trabalhista. II -As testemunhas se limitaram a confirmar a delação do corréu, referindo-se a fatos e condutas do apelante sem nenhuma relação com os narrados na denúncia. Não basta a mera e simples delação de um corréu para se afirmar a culpabilidade de outro coacusado. III -A condenação não pode se alicerçar apenas na palavra isolada do corréu, sem qualquer elemento de prova que a robore. IV -No crime de apropriação indébita há necessidade de prévia prestação de contas, em caso de mandato, como nos autos, por se tratar de créditos decorrentes de direitos trabalhistas. V -Não há apropriação indébita se o advogado levanta o dinheiro usando os poderes expressos da procuração outorgada pelo cliente e o deposita em sua própria conta. VI - Apelação provida"* (TRF2 - APELAÇÃO CRIMINAL: ACR 1484 97.02.19438-5); **D**: incorreta, pois a apropriação indébita de pensão de pessoa idosa configura o crime previsto no art. 102 do Estatuto do Idoso (Lei 10.741/2003); **E**: incorreta, pois a situação exposta na assertiva comporta o reconhecimento do crime previsto no art. 169 do CP.
"Gabarito "B"."

**(Cartório/SP – 2011 – VUNESP)** O funcionário público ofendido no exercício de sua função

(A) deverá promover ação por meio de queixa-crime.

(B) deverá promover a ação por meio de representação ao órgão ministerial.

(C) deverá aguardar a manifestação da autoridade policial.

(D) poderá promover a ação, ou por meio de queixa-crime ou por meio de representação, ao órgão ministerial.

Nos termos da Súmula 714 do STF, é concorrente a legitimidade do ofendido, mediante queixa, e do Ministério Público, condicionada à representação do ofendido, para a ação penal por crime contra a honra de servidor público em razão do exercício de suas funções.
"Gabarito "D"."

**(Cartório/SP – II - VUNESP)** No crime de extorsão mediante sequestro, a delação premiada pressupõe, entre seus requisitos, que

(A) a colaboração do agente seja espontânea.

(B) seja recuperado, ainda que parcialmente, o preço pago pelo resgate.

(C) seja facilitada a libertação do sequestrado.

(D) o crime tenha sido praticado por quadrilha ou bando.

Conforme estabelece o art. 159, § 4º, do CP, somente será admitida a *delação premiada* no crime de extorsão mediante sequestro se o delito for praticado em concurso e o delator facilitar a libertação do sequestrado, caso em que fará jus a uma redução de pena entre um e dois terços.
"Gabarito "C"."

**(Cartório/SP – III – VUNESP)** O agente que, ao subtrair um veículo mediante grave ameaça, exercida com emprego de arma de fogo, atira na vítima e, por erro na execução, atinge seu próprio comparsa, causando sua morte, pratica

(A) crimes de roubo duplamente qualificado e homicídio culposo, em concurso formal.

(B) crimes de roubo duplamente qualificado e homicídio culposo, em concurso material.

(C) crime de latrocínio.

(D) crime de roubo duplamente qualificado.

Pouco importa se da violência empregada, no latrocínio, resultou a morte da vítima, de alguém que passava pelo local ou mesmo do comparsa do agente que fez uso da violência. De uma forma ou de outra, desde que haja relação de causa e efeito entre o roubo e a morte, o agente responderá por latrocínio consumado. Nesse prisma: "O agente que, no decorrer de um assalto a mão armada, desfere tiros com o desígnio de matar a vítima, mas vem a matar por erro de execução o próprio comparsa, deve responder por latrocínio consumado, e não meramente tentado (Ap. 316.617-3, TJ/SP, 5ª C., rel. Geraldo Xavier, 31.01.2001).
"Gabarito "C"."

**(Cartório/SP – III – VUNESP)** João exige, como garantia de dívida, abusando da situação de necessidade de Pedro, carta em que este último confessa a prática de um delito. João comete

(A) fato atípico.

(B) crime de extorsão indireta.

(C) crime de exercício arbitrário das próprias razões.

(D) crime de constrangimento ilegal.

O crime de *extorsão indireta*, que ocorre quando se exige ou recebe, como garantia de dívida, abusando da situação de alguém, documento que pode dar causa a procedimento criminal contra a vítima ou contra terceiro e está previsto no art. 160 do CP.
"Gabarito "B"."

**(Cartório/SP – III – VUNESP)** Roberto lesiona levemente Mariana, tendo ciência de seu estado gravídico, e ela vem a abortar em virtude da conduta de Roberto, sem que este visasse a tal resultado. O agente comete crime de

(A) aborto provocado por terceiro.

(B) lesão corporal leve.

(C) homicídio.

(D) lesão corporal gravíssima.

Se a morte do feto foi provocada a título de culpa e o agente tinha ciência da gravidez, incorrerá este no crime do art. 129, § 2º, V, do CP, que é *preterdoloso* (dolo na lesão e culpa na interrupção da gravidez – aborto). De outro lado, se o agente, além de causar a lesão na gestante, queria, também, interromper a gravidez desta, o crime em que incorrerá é outro, pois, neste caso, resta evidente que ele agiu com dolo em relação à morte do produto da concepção, e não com culpa. Seria o caso, então, de responsabilizá-lo por crime de *aborto sem o consentimento da gestante* – art. 125, CP.
"Gabarito "D"."

**(Cartório/SP – V – VUNESP)** Pretendendo praticar crime de roubo, João arma-se e sai à rua para subtrair os bens de qualquer pessoa que encontrar. Depara-se, entretanto, com Mário, seu desafeto de longa data, e, aproveitando a situação, dele subtrai para si mediante grave ameaça exercida com o emprego da arma de fogo, o relógio, a pulseira, e dinheiro, tudo pertencente a Mário que, ante a ameaça, entrega todos os bens exigidos sem oferecer resistência. Já de posse mansa e tranquila dos objetos, não satisfeito e lembrando-se da antiga desavença, João agride violentamente Mário mediante coronhadas, só cessando a agressão quando se certifica de que seu desafeto estava morto. Qual ou quais crimes João cometeu?

(A) Latrocínio.
(B) Furto e homicídio.
(C) Roubo e homicídio.
(D) Furto, lesão corporal e homicídio.

Art. 69 do CP – concurso material heterogêneo. No latrocínio – art. 157, § 3º, do CP -, é imprescindível que a violência tenha sido empregada para o fim de subtração. Em se tratando de outra motivação, haverá homicídio em concurso com roubo.
Gabarito "C".

## 12. CRIMES CONTRA A DIGNIDADE SEXUAL, A FÉ PÚBLICA, A ADMINISTRAÇÃO PÚBLICA E AS FINANÇAS PÚBLICAS

**(Cartório/AC – 2006 – CESPE)** Julgue os itens usubsequentes, acerca dos crimes contra a fé pública.

(1) A falsificação de péssima qualidade de papel-moeda não ofende a fé pública, razão pela qual não chega a caracterizar essa espécie de crime. Nesses casos, pode ocorrer, em verdade, crime contra o patrimônio, na modalidade estelionato.
(2) Considere a seguinte situação hipotética.
João encomendou a falsificação de diploma universitário de farmacêutico para uso posterior, com o fim de obtenção da carteira de identificação profissional. Realizada a falsificação, João foi apanhado pela polícia na posse do documento, antes de fazer uso dele. Nessa situação, para considerar-se configurado o crime, não basta que a falsificação tenha mera aptidão para lesionar a fé pública, sendo indispensável a comprovação de efetivo dano.
(3) Não há concurso material de crimes na hipótese em que o agente fabrica, fornece e guarda objetos destinados à falsificação de papéis públicos. Há, nessa circunstância, ações que configuram atos preparatórios para a consumação de outras, também chamadas de *ante factum impunível*.

1: correta. De fato, nos crimes contra a fé pública, a falsificação deve ser suficientemente boa para conseguir ludibriar pessoas de mediana prudência e discernimento. Em outras palavras, todos os crimes de falso exigem aptidão ilusória, sob pena de atipicidade. De acordo com a Súmula 73 do STJ, a utilização de papel moeda grosseiramente falsificado configura, em tese, o crime de estelionato, da competência da Justiça Estadual.

2: incorreta. Muito embora o crime de uso de documento falso, previsto no art. 304 do CP, pressuponha o efetivo uso do documento falsificado ou adulterado, é certo que, para sua configuração, não se exigirá a comprovação de efetivo dano, bastando que, com a conduta, o agente possa causar lesão à fé pública.
3: correta. De fato, não há tipificado no CP qualquer crime contra a fé pública no sentido tratado na assertiva. Assim, aquele que fabricar, fornecer ou guardar objetos destinados à falsificação de papéis públicos, estará, em verdade, praticando atos de preparação de futuras falsificações, estas, sim, criminosas. Importante registrar que se se tratassem de petrechos para falsificação de moeda, aí sim estaríamos diante de crime autônomo (art. 291 do CP).
Gabarito 1C, 2E, 3C

**(Cartório/AM – 2005 – FGV)** É correto afirmar que:

(A) sempre que houver o crime de corrupção ativa haverá o de corrupção passiva.
(B) sempre que houver o crime de corrupção passiva haverá o de corrupção ativa.
(C) o funcionário público que retarda ou deixa de praticar, indevidamente, ato de ofício, contra disposição expressa de lei, sem qualquer interesse ou sentimento pessoal, pratica crime de prevaricação.
(D) é possível a prática do crime de corrupção passiva pela pessoa que ainda não assumiu a função pública.
(E) aquele que trabalha para empresa prestadora de serviço conveniada para a execução de atividade típica da Administração Pública não é equiparado a funcionário público para efeitos penais.

A: incorreta, pois poderá haver o crime de corrupção ativa sem que haja, na outra ponta, o de corrupção passiva. Bastará que o particular ofereça ou prometa vantagem indevida ao funcionário público, para determiná-lo a praticar, omitir ou retardar ato de ofício (art. 333 do CP), para que se caracterize o crime em comento. Se o funcionário público recusar a oferta ou promessa, inexistirá, de sua parte, corrupção passiva (art. 317 do CP); B: incorreta, pois o funcionário público corrupto poderá, por exemplo, solicitar a vantagem indevida, sem que o particular consinta com tal pedido. Neste caso, haverá, apenas, crime de corrupção passiva (art. 317 do CP), sem que exista corrupção ativa (art. 333 do CP); C: incorreta, pois o crime de prevaricação somente restará caracterizado quando o funcionário público retardar ou deixar de praticar, indevidamente, ato de ofício, ou praticá-lo contra disposição expressa de lei, para satisfazer interesse ou sentimento pessoal (art. 319 do CP); D: correta. De fato, de acordo com a redação do art. 317 do CP, praticará corrupção passiva o agente que solicitar ou receber, para si ou para outrem, direta ou indiretamente, ainda que fora da função ou antes de assumi-la, mas em razão dela, vantagem indevida, ou aceitar promessa de tal vantagem; E: incorreta (art. 327, § 1º, do CP).
Gabarito "D".

**(Cartório/DF – 2008 – CESPE)** Considerando a jurisprudência dos tribunais superiores, julgue o item seguinte com base no direito penal brasileiro.

(1) Considere a seguinte situação hipotética. Na qualidade de advogado de determinada empresa em uma causa cível, Wagner havia solicitado ao juiz que oficiasse ao Banco Central para a localização do endereço dos réus. Como o pedido foi indeferido, Wagner expediu, por sua própria conta, um documento assinado com o seu próprio nome, na forma de um ofício judicial, requisitando o endereço. Nessa situação, Wagner praticou o crime de falsidade ideológica.

**1**: errada, pois o ofício expedido por Wagner ao Banco Central, assinado por ele próprio, solicitando o endereço de determinada empresa, ainda que sob a forma de um ofício judicial, não caracteriza o crime do art. 299 do CP (falsidade ideológica), inexistindo, em tal documento, ao menos de acordo com o que indica a assertiva, qualquer informação falsa ou diversa da que deveria constar. Tivesse o advogado falsificado um ofício judicial, inserindo o nome do juiz do feito, aí sim poderíamos concluir ter havido crime de falso.
Gabarito 1E

**(Cartório/DF – 2006 – CESPE)** De acordo com a legislação e a doutrina pertinentes, e considerando, ainda, a jurisprudência do STJ e do STF, julgue o item que se segue, relativo ao direito penal.

**(1)** O crime de desobediência se aperfeiçoa com a vontade do agente de ofender o funcionário público no exercício das funções inerentes ao seu cargo, ofendendo-o pessoalmente, violando a autoridade e a dignidade das funções públicas por ele exercidas e menosprezando o poder estatal.

**1**: errada, pois a ofensa praticada pelo agente (particular), querendo desmerecer a autoridade e a dignidade das funções públicas exercidas por funcionário público, no exercício de suas funções, caracteriza o crime de desacato (art. 331 do CP). O crime de desobediência caracteriza-se pelo fato de o agente não ceder à autoridade ou força de alguém, resistir ou infringir. É preciso, ainda, que a ordem seja legal e do conhecimento direto de quem necessita cumpri-la.
Gabarito 1E

**(Cartório/DF – 2006 – CESPE)** De acordo com a legislação e a doutrina pertinentes, e considerando, ainda, a jurisprudência do STJ e do STF, julgue o item que se segue, relativo ao direito penal.

**(1)** Para a caracterização do crime de falsificação de documento público, é suficiente que a falsificação tenha aptidão para lesionar a fé pública, sendo dispensável, assim, a comprovação de efetivo dano.

**1**: correta. De fato, o crime do art. 297 do CP configura-se com a só falsificação, no todo ou em parte, de documento público, ou a alteração de documento público verdadeiro, bastando que a conduta do agente seja apta a causar lesão à fé pública, independentemente de efetiva causação de dano.
Gabarito 1C

**(Cartório/DF – 2003 – CESPE)** A respeito dos crimes contra a fé pública, julgue os seguintes itens.

**(1)** Considere a seguinte situação hipotética.
Paulo, proprietário de um armazém geral, recebeu, para fins de guarda e conservação, 1.000 kg de arroz do tipo 1 e emitiu, sem autorização legal, o conhecimento de depósito e o warrant, entregando-os ao depositante. Nessa situação, Paulo praticou o crime de emissão de título ao portador sem permissão legal.

**(2)** A adulteração de guia florestal, que se destina ao controle do transporte de madeiras, configura o crime de falsificação de papéis públicos.

**(3)** Considere a seguinte situação hipotética.
João fabricou, no interior de sua residência, milhares de selos postais, que, pela perfeição na impressão, induziria a erro indeterminado número de pessoas. Nessa situação, João praticou o crime de falsificação de selo ou sinal público.

**(4)** A falsificação do livro Diário de uma empresa privada, adulterando lançamentos contábeis realizados, configura crime de falsificação de documento público.

**1**: errada, pois a conduta descrita na assertiva se subsume à descrição típica contida no art. 178 do CP (emissão irregular de conhecimento de depósito ou *warrant*);
**2**: errada. A adulteração de guia florestal, destinada ao controle do transporte de madeiras, não configura o crime de emissão de papéis públicos (art. 293 do CP), não se encontrando a guia florestal inserida nos papéis a que se refere o tipo penal. Trata-se, em verdade, de falsificação de documento público (art. 297 do CP).
**3**: errada, pois a falsificação de selos postais, mediante fabricação ou adulteração, constitui o crime definido no art. 36 da Lei 6.538/78, e não o crime de falsificação de selo ou sinal público (art. 296 do CP), neste não se inserindo os selos postais.
**4**: correta. De fato, os livros mercantis, para efeitos penais, são considerados documentos públicos por equiparação, nos termos do art. 297, § 2º, do CP. Logo, a falsificação do livro Diário de uma empresa constitui crime de falsificação de documento público (art. 297 do CP).
Gabarito 1E, 2E, 3E, 4C

**(Cartório/DF – 2003 – CESPE)** No que tange aos crimes contra a administração pública, julgue os itens a seguir.

**(1)** Considere a seguinte situação hipotética.
Um particular teve acesso ao interior da sede de um cartório de registro de imóveis e, aproveitando o descuido do oficial titular e de seus funcionários, destruiu várias folhas do Livro n.º 2 — Registro Geral. Nessa situação, o particular praticou o crime de extravio, sonegação ou inutilização de livro ou documento.

**(2)** O sujeito ativo do crime de concussão é o funcionário público, mesmo que ainda não tenha assumido o cargo, mas desde que haja em virtude dele, nada impedindo, no entanto, que um particular seja coautor ou partícipe da infração penal.

**1**: errada, pois o crime de extravio, sonegação ou inutilização de livro ou documento é crime próprio, exigindo a qualidade de funcionário público (art. 314 do CP). No caso, o particular deverá responder por subtração ou inutilização de livro ou documento (art. 337 do CP), crime praticado pelo particular contra a Administração Pública;
**2**: correta. De fato, a concussão é crime cometido por funcionário público, tratando-se de crime próprio. Porém, o próprio tipo penal contempla a situação do funcionário que, ainda que fora da função, ou antes de assumi-la, mas em razão dela, exige, para si ou para outrem, direta ou indiretamente, vantagem indevida (art. 316, caput, do CP). Mesmo que estejamos diante de um crime próprio, será perfeitamente possível o concurso de pessoas (coautoria ou participação), bastando que o particular concorra, de qualquer modo, para que o funcionário público pratique referido crime. A condição de funcionário irá comunicar-se ao particular, nos termos do art. 30 do CP, tratando-se de condição de caráter pessoal.
Gabarito 1E, 2C

**(Cartório/DF – 2001 – CESPE)** Em cada um dos itens que se seguem, é apresentada uma situação hipotética, seguida de uma assertiva a ser julgada.

**(1)** Simplício pôs em circulação várias notas verdadeiras de R$ 10,00, alteradas para R$ 100,00, por meio de aposição, nas mesmas cédulas, de zeros e letras, transformando-lhes o valor. A alteração ficou grosseira, insuscetível de iludir uma pessoa de diligência ordinária. Nesse caso, Simplício responderá pelo crime de moeda falsa.

(2) Jonas, com a intenção de retirar carteira nacional de habilitação (CNH), falsificou cópias, não-autenticadas, de sua certidão de nascimento e cédula de identidade. Nesse caso, Jonas responderá pelo crime de falsificação de documento público.

(3) Maria, do lar, esposa de Joaquim, tabelião de notas, aproveitando a ausência do marido no cartório, reconheceu como verdadeira a firma do outorgante de uma procuração, quando na realidade não era. Nesse caso, Maria responderá pelo crime de falso reconhecimento de firma ou letra.

(4) Juca, necessitando viajar de carro para outra unidade da federação, comprou uma CNH falsificada de forma grosseira e perceptível por meio de exame superficial. Em uma rodovia, ao ser abordado por um policial rodoviário, apresentou a CNH falsificada, oportunidade em que foi preso em flagrante. Nesse caso, Juca responderá pelo crime de uso de documento falso.

1: errada. A falsificação grosseira, em razão de não ter aptidão ilusória, não constitui crime contra a fé pública. Porém, a depender da situação, poderá configurar crime de estelionato, nos termos da Súmula 73 do STJ "*A utilização de papel moeda grosseiramente falsificado configura, em tese, o crime de estelionato, da competência da Justiça Estadual*".
2: errada, pois a cópia não autenticada de um documento público não constitui documento, em sua acepção técnico-jurídica, não podendo, pois, ser objeto material do crime de falsificação de documento público (art. 297 do CP);
3: errada, pois Maria, não sendo tabeliã, não pode cometer o crime do art. 300 do CP. O falso reconhecimento de firma ou letra deverá ocorrer no exercício da função. Logo, Maria, do lar, não sendo a funcionária pública responsável por tal reconhecimento, não deverá responder pelo crime em comento;
4: errada, pois o uso de documento grosseiramente falsificado, perceptível por exame superficial, não caracteriza o crime do art. 304 do CP. Lembre-se que os crimes de falso exigem aptidão ilusória, capaz de colocar em risco a fé pública.
Gabarito 1E, 2E, 3E, 4E

(Cartório/DF – 2001 – CESPE) Em cada um dos itens a seguir, é apresentada uma situação hipotética, seguida de uma assertiva a ser julgada.

(1) Sílvio, agente de polícia, saiu em perseguição de um assaltante de banco, conseguindo prendê-lo e apreender uma sacola com os valores subtraídos da agência. No caminho para a delegacia, o agente abriu a sacola e apropriou-se da importância de R$ 5.000,00, já que a autoridade policial não tinha conhecimento do total de dinheiro recuperado e apreendido. Nesse caso, Sílvio responderá pelo crime de peculato.

(2) José comprou um apartamento de Manoel que, após a lavratura da escritura de compra e venda, entregou a Lúcio, oficial do cartório de notas, a importância recebida para guardá-la até o dia seguinte. Lúcio, aproveitando que não houve testemunha da entrega, apropriou-se definitivamente do dinheiro. Nesse caso, Lúcio responderá pelo crime de apropriação indébita.

(3) Oto, oficial de um cartório, solicitou de Jânio a importância de R$ 1.000,00 para agilizar o registro de uma escritura de compra e venda. Dizendo que iria ao banco sacar o dinheiro, Jânio foi até a delegacia de polícia e registrou o fato, retornando ao cartório com agentes de polícia. No cartório, Jânio retirou o dinheiro da carteira e, quando Oto ia aceitá-lo, recebeu dos agentes voz de prisão. Nesse caso, Oto responderá por tentativa de corrupção passiva.

(4) Beto, agente de polícia, quando se encontrava de plantão na delegacia, foi cientificado pessoalmente de um acidente de trânsito com vítima de morte. Por negligência, deixou de registrar a ocorrência e levá-la ao conhecimento do delegado. Nesse caso, Beto responderá pelo crime de prevaricação.

(5) Sebastião, chefe do almoxarifado de uma repartição pública, tomou conhecimento de que Joana, sua funcionária e namorada, havia se apropriado de cinco caixas de cartuchos de tinta para impressora. Para não prejudicar sua subordinada e namorada, que iria responder a processo administrativo disciplinar e estaria sujeita a demissão, Sebastião deixou de levar o fato ao conhecimento do diretor-geral. Nesse caso, Sebastião praticou o crime de condescendência criminosa.

1: correta. De fato, apropriar-se o funcionário público de dinheiro, valor, ou bem móvel público ou particular que lhe tenha chegado às mãos em razão da função, caracteriza o crime de peculato (art. 312 do CP);
2: correta, pois Lúcio, oficial do cartório de notas, não recebeu a importância entregue por Manoel em razão do cargo ou função que exerce, inexistindo qualquer motivo para que, em virtude de sua condição, receba montante decorrente de compra e venda de bem imóvel. Assim, excluída a relação entre a posse do dinheiro e a condição de funcionário público, não se cogita da prática de peculato, mas, sim, de apropriação indébita (art. 168 do CP);
3: errada, pois a corrupção passiva é considerado crime formal, consumando-se, no caso apresentado, pela mera solicitação da vantagem indevida (art. 317 do CP). Logo, eventual recebimento da vantagem caracteriza mero exaurimento do crime, não se falando, portanto, em tentativa;
4: errada, pois o crime de prevaricação se caracteriza pela omissão, retardamento ou prática de ato de ofício contra disposição expressa de lei, para a satisfação de interesse ou sentimento pessoal (art. 319 do CP). Logo, não basta a desídia do agente, sendo necessário que sua conduta, como dito, tenha como fim último satisfazer um interesse ou sentimento pessoal. Ademais, tratando-se de crime doloso, a negligência, modalidade de culpa, não poderia constituir o crime em tela;
5: correta. De fato, Sebastião, ao deixar de levar ao conhecimento do funcionário competente para responsabilizar ato ilícito perpetrado por subordinado, a conduta praticada por Joana, cometeu o crime de condescendência criminosa (art. 320 do CP).
Gabarito 1C, 2C, 3E, 5C

(Cartório/DF – 2001 – CESPE) Em cada um dos itens a seguir, é apresentada uma situação hipotética, seguida de uma assertiva a ser julgada.

(1) Maria compareceu ao Cartório de Registro Civil e registrou como sendo seu o filho recém-nascido de sua empregada. Nesse caso, Maria responderá pelo crime de falsidade ideológica.

(2) Um indivíduo, para evitar a identificação de cédulas de R$ 100,00 que recebera como preço de resgate de um sequestro, substituiu os números das respectivas estampas e séries, sem alterar o valor, bem como a numeração de cada exemplar. Nesse caso, o indivíduo praticou o crime de moeda falsa.

(3) Ao receber para registro uma escritura de compra e venda, o oficial de um Cartório de Registro de Imóveis exigiu do interessado, como condição, o pagamento indevido de emolumentos não-previstos no regimento de custas. Nesse caso, o notário responderá pelo crime de excesso de exação.

(4) Mário, chefe de repartição pública, tomou conhecimento que um funcionário subordinado à sua unidade, no final de semana, praticou um crime de furto no interior de um hipermercado. Mário, por indulgência, deixou de instaurar sindicância para responsabilizar o subordinado. Nesse caso, Mário praticou o crime de condescendência criminosa.

(5) A fim de comprovar a sua idade para efetivar matrícula em um curso, um indivíduo fez uso de cópia falsificada, sem autenticação, de uma cédula de identidade. Nesse caso, por tratar-se de cópia sem autenticação, o indivíduo não responderá pelo crime de uso de documento falso.

1: errada, pois Maria, ao registrar como seu o filho de outrem, praticou o crime do art. 242 do CP: "*Dar parto alheio como próprio; registrar como seu o filho de outrem; ocultar recém-nascido ou substituí-lo, suprimindo ou alterando direito inerente ao estado civil*".
2: errada, pois o crime de moeda falsa, definido no art. 289 do CP, pressupõe que o agente fabrique ou adultere o valor do papel-moeda ou moeda metálica, não bastando, simplesmente, que altere os números das respectivas estampas e séries. Aqui, entendemos que o fato seria atípico (*post factum* impunível), já que o sequestrador que recebe o valor do resgate, por óbvio, irá querer utilizar o montante ilicitamente obtido;
3: correta. De fato, o oficial do Cartório, ao exigir emolumentos não previstos no regimento de custas, cometeu o crime de excesso de exação (art. 316, § 1º, do CP);
4: errada, pois somente se cogita do crime de condescendência criminosa quando o funcionário público, por indulgência, deixa de responsabilizar subordinado que tenha cometido infração no exercício do cargo (art. 320 do CP). No caso relatado na assertiva, o subordinado cometeu o crime de furto em um supermercado, em nada se relacionando com as atividades desempenhadas em virtude do cargo ocupado;
5: correta. De fato, cópia não autenticada de cédula de identidade não constitui, para efeitos penais, um documento público. Logo, sua falsificação não caracteriza o crime do art. 297 do CP, bem como o seu uso não induz pensar na prática do crime do art. 304 do CP.
Gabarito 1E, 2E, 3C, 4E, 5E

**(Cartório/ES – 2007 – FCC)** O escrevente de cartório que reconhece, como verdadeira, no exercício de função pública, firma ou letra que o não seja,

(A) comete crime de falsificação de documento público.
(B) comete crime de falso reconhecimento de firma ou letra.
(C) comete crime de falsidade material de atestado ou certidão.
(D) comete crime de falsa identidade.
(E) não comete crime algum porque está no exercício de função pública.

De fato, o falso reconhecimento de firma ou letra, no exercício da função, pelo agente, caracteriza o crime do art. 300 do CP, que assim prescreve: "*Reconhecer, como verdadeira, no exercício de função pública, firma ou letra que o não seja*".
Gabarito "B".

**(Cartório/MA – 2008 – IESES)** Assinale a alternativa correta:

(A) O crime de falsidade ideológica exige, para sua configuração, especial finalidade do agente, consistente em prejudicar direito, criar obrigação ou alterar a verdade sobre fato juridicamente relevante.
(B) O crime de falso testemunho é material, próprio e de mão própria.
(C) Em se tratando do crime de peculato, embora admita este a forma culposa, exige, para sua configuração, seja público o bem, dinheiro ou valor indevidamente apropriado, desviado ou subtraído pelo funcionário.
(D) Em nenhuma hipótese pode ser imputada a particular a prática do crime de concussão.

**A**: correta. De fato, o crime de falsidade ideológica exige um especial fim de agir do agente (elemento subjetivo do tipo), qual seja, prejudicar direito, criar obrigação ou alterar a verdade sobre fato juridicamente relevante. Tal se extrai da própria redação típica (art. 299 do CP); **B**: incorreta. O crime de falso testemunho é formal, não se exigindo, para sua configuração e consumação, a verificação de efetivo prejuízo. Demais disso, trata-se de crime de mão própria ou de atuação personalíssima, podendo ser praticado apenas por testemunha, perito, contador, tradutor ou intérprete (art. 342, caput, do CP), muito embora seja admissível a participação. Por se tratar, como dito, de crime de mão própria, será inviável o reconhecimento da coautoria (apenas participação, frise-se); **C**: incorreta, tendo em vista que os objetos materiais do crime de peculato podem ser dinheiro, valor ou bem móvel, de natureza pública ou particular (art. 312 do CP); **D**: incorreta. Ainda que o crime de concussão seja próprio, vale dizer, exija a qualidade de funcionário público do agente (art. 316 do CP), é certo que será admissível o concurso de agentes (coautoria ou participação), desde que o particular tenha ciência da condição de seu comparsa. Lembre-se que as circunstâncias ou condições de caráter pessoal, embora, de início, incomunicáveis, não o serão quando forem elementares do crime (art. 30 do CP). Em outras palavras, a condição de funcionário público, por ser elementar do crime em comento, irá comunicar-se aos coautores ou partícipes.
Gabarito "A".

**(Cartório/MG – 2012 – FUMARC)** Particular que instiga pessoa, que sabe ser oficial do Cartório de Protesto de Títulos, a se utilizar de numerário correspondente aos títulos que lhe foram entregues, em razão do cargo, em benefício de ambos e em caráter não momentâneo, deve ser punido, caso praticado o desvio e constatada a relevância da instigação, por

(A) furto.
(B) peculato.
(C) concussão.
(D) apropriação indébita.

De fato, deverá responder por peculato o particular que instigar o Oficial do Cartório de Protesto de Títulos a utilizar valores correspondentes aos títulos que lhe tenham sido entregues, em razão do cargo, em benefício de ambos. Aqui, nitidamente estaremos diante das elementares típicas do referido crime (art. 312 do CP), visto que um funcionário público, na posse de dinheiro recebido em razão de títulos apresentados – e entregues – no Cartório, ao apropriar-se do montante, em proveito próprio ou de outrem, terá cometido o chamado peculato-apropriação. Frise-se que o particular responderá como partícipe do crime, em razão de haver instigado o Oficial do Cartório de Protesto a apropriar-se de montante (dinheiro) que tinha a posse em razão do cargo, sendo este o autor da infração penal.

Gabarito "B".

**(Cartório/MG – 2012 – FUMARC)** Funcionário público que pratica ato de ofício contra disposição expressa de lei, assim o fazendo para a satisfação de interesse pessoal, comete, caso presentes todos os elementos do conceito analítico de crime,

(A) prevaricação.
(B) corrupção passiva.
(C) abuso de autoridade.
(D) condescendência criminosa.

De fato, responde por prevaricação o funcionário público que, tendo competência para a prática de determinado ato de ofício, retardar ou deixar de praticá-lo, ou praticá-lo contra disposição expressa de lei, para satisfazer interesse ou sentimento pessoal (art. 319 do CP).

Gabarito "A".

**(Cartório/MG – 2012 – FUMARC)** Dispõe o artigo 301, § 1º do Código Penal: "Falsificar, no todo ou em parte, atestado ou certidão, ou alterar o teor de certidão ou atestado verdadeiro, para prova de fato ou circunstância que habilite alguém a obter cargo público, isenção de ônus ou de serviço de caráter público, ou qualquer outra vantagem. Pena – detenção de 3 (três) meses a 2 (dois) anos".

São características do delito tipificado no referido artigo de lei, **EXCETO** tratar-se de crime

(A) unissubsistente.
(B) monossubjetivo.
(C) contra a fé pública.
(D) de menor potencial ofensivo.

**A**: incorreta. O crime definido no art. 301, § 1º, do CP, não é considerado unissubsistente, visto que seu cometimento exigirá, por parte do agente, a prática de diversos atos, todos eles voltados à falsificação de atestado ou certidão ou a alteração do seu teor. Lembre-se que crimes unissubsistentes são aqueles perpetrados mediante a prática de um só ato, ao passo que os plurissubsistentes exigem o cometimento de diversos atos pelo sujeito ativo do ilícito penal; **B**: correta. Realmente, o crime do art. 301, § 1º, do CP, assim como a maioria dos crimes em nossa legislação penal, é monossubjetivo (ou unissubjetivo), isto é, poderá ser cometido por uma só pessoa, admitindo-se, porém, o concurso de pessoas; **C**: correta. O crime definido no art. 301, § 1º, do CP, vem inserido no capítulo dos Crimes contra a Fé Pública; **D**: correta, pois, de fato, o crime do art. 301, § 1º, do CP, punido com detenção, de três meses a dois anos, em razão da pena máxima cominada, enquadra-se no conceito legal de crime de menor potencial ofensivo, sujeito às disposições da Lei 9.099/95 (art. 61).

Gabarito "A".

**(Cartório/MG – 2005 – EJEF)** É CORRETO afirmar que o Tabelião ou Registrador, ao inserir na Carteira de Trabalho e Previdência Social de empregado seu declaração diversa da que deveria ter sido escrita, comete crime de

(A) estelionato.
(B) falsidade ideológica.
(C) falsificação de documento particular.
(D) falsificação de documento público.

De fato, comete o crime de falsificação de documento público aquele que inserir ou fizer inserir, na Carteira de Trabalho de Previdência Social de empregado, declaração falsa ou diversa da que deveria constar (art. 297, § 3º, II, do CP). A rigor, não se trata, propriamente, de falsificação de documento público, mas, sim, de falsidade ideológica em documento público. Porém, o legislador entendeu por bem introduzir a conduta em comento no tipo penal de falsificação de documento público.

Gabarito "D".

**(Cartório/MG – 2009 – EJEF)** Marque a assertiva CORRETA. Considera-se funcionário público, para efeitos penais,

(A) quem exerce cargo, emprego ou função pública, ainda que transitoriamente ou sem remuneração.
(B) somente quem ocupe cargo efetivo e possua estabilidade.
(C) o funcionário concursado, exceto o comissionado.
(D) apenas quem exerce cargo, emprego ou função em entidade estatal, sob remuneração.

**A**: correta. De acordo com o art. 327, *caput*, do CP, considera-se funcionário público, para efeitos penais, aquele que, embora transitoriamente, ou sem remuneração, exercer cargo, emprego ou função pública. Trata-se, aqui, do que se denomina de funcionário público próprio ou típico. Ainda, o § 1º, do mesmo dispositivo legal, traz o que a doutrina convencionou chamar de funcionário público atípico ou impróprio, assim considerado aquele que exerce cargo, emprego ou função em entidade paraestatal, e quem trabalha para empresa prestadora de serviço contratada ou conveniada para a execução de atividade típica da Administração Pública; **B** e **C**: incorretas, pois, como visto, será considerado funcionário público o detentor de cargo, emprego ou função, ainda que transitoriamente, alcançados por concurso público ou outra forma de acesso (ex.: cargos ou funcionais comissionados); **D**: incorreta, pois, para efeitos penais, mesmo os detentores de cargos, empregos ou funções não remuneradas são considerados funcionários públicos.

Gabarito "A".

**(Cartório/MS – 2009 – VUNESP)** Funcionário público que contribui culposamente para a prática de apropriação de dinheiro público, mas repara o dano antes da sentença penal irrecorrível,

(A) terá a pena reduzida de metade.
(B) terá a pena reduzida de um a dois terços.
(C) terá a seu favor apenas circunstância atenuante.
(D) terá extinta a punibilidade.
(E) poderá obter o perdão judicial.

No peculato culposo – art. 312, § 2º, do CP, a reparação do dano, quando anterior à sentença irrecorrível, extingue a punibilidade; se, todavia, lhe é posterior, reduz de metade a pena imposta, conforme prescreve o art. 312, § 3º, do CP.

Gabarito "D".

**(Cartório/MT – 2005 – CESPE)** Considere que João imputou a alguém crime de que o sabe inocente. Nesse caso, então ele pode ser responsabilizado criminalmente se houver dado causa à instauração de:

I. investigação policial.
II. processo judicial.
III. investigação administrativa.
IV. ação de improbidade administrativa.

A quantidade de itens certos é igual a

(A) 1.
(B) 2.
(C) 3.
(D) 4.

De fato, dar causa à instauração de *investigação policial*, de *processo judicial*, instauração de *investigação administrativa*, inquérito civil ou *ação de improbidade administrativa* contra alguém, imputando-lhe crime de que o sabe inocente, constitui o crime de denunciação caluniosa (art. 339, *caput*, do CP). Logo, todos os itens da questão estão corretos.
Gabarito "D".

**(Cartório/MT – 2003 – UFMT)** NÃO constitui modalidade de peculato:

(A) O peculato-desvio.
(B) O peculato-apropriação.
(C) O peculato-furto.
(D) O peculato culposo.
(E) O peculato-restituição.

Doutrinariamente, subdivide-se o peculato, definido no art. 312 do CP, em: **i)** peculato-apropriação (quando o funcionário público se apropria de dinheiro, valor ou bem móvel público ou particular de que tem a posse em razão do cargo); **ii)** peculato-desvio (quando o funcionário público desvia dinheiro, valor ou bem móvel público ou particular de que tem a posse em razão do cargo); **iii)** peculato-furto, extraído do art. 312, § 1º, do CP (quando o agente, embora não tendo a posse do dinheiro, valor ou bem, valendo-se de facilidade que lhe proporciona a qualidade de funcionário, o subtrai ou concorre para que seja subtraído); **iv)** peculato culposo, previsto no art. 312, § 2º, do CP (dá-se quando o funcionário público, culposamente, concorrer para o crime de outrem). Inexiste, com relação às alternativas em análise, a figura do peculato-restituição.
Gabarito "E".

**(Cartório/PR – 2007)** Sobre os crimes contra a administração pública, assinale a alternativa CORRETA:

(A) A promessa de vantagem indevida ao funcionário público para que retarde ato de ofício é corrupção ativa.
(B) A solicitação de vantagem indevida, em razão da função, para retardar ato de ofício é corrupção ativa.
(C) A exigência de vantagem indevida, em razão da função, para si é corrupção ativa.
(D) O extravio de livro oficial é conduta atípica.
(E) Somente os funcionários públicos concursados e estáveis podem ser acusados de peculato.

**A**: correta. De fato, oferecer ou prometer vantagem indevida a funcionário público, a fim de que retarde, pratique ou omita ato de ofício, constitui o crime de corrupção ativa (art. 333 do CP); **B**: incorreta, pois a solicitação de vantagem indevida, em razão da função, caracteriza o crime de corrupção passiva (art. 317 do CP); **C**: incorreta, pois a exigência de vantagem indevida, em razão da função, para si ou para outrem, é crime de concussão (art. 316 do CP); **D**: incorreta, pois extraviar livro oficial configura o crime do art. 314 do CP; **E**: incorreta, pois o conceito de funcionário público, para efeitos penais, abrange não somente os detentores de cargos, empregos ou funções decorrentes de concurso público, abarcando aqueles que, ainda que transitoriamente ou sem remuneração, exerçam cargos, empregos ou funções públicas (art. 327 do CP).
Gabarito "A".

**(Cartório/PR – 2007)** Em relação aos crimes contra a fé pública, assinale a alternativa correta:

(A) A alteração de documento público verdadeiro é conduta atípica.
(B) A omissão de declaração em documento público, que nele devia constar, é crime de falsidade ideológica.
(C) As penas para os delitos de falsidade material de documento particular e público são idênticas.
(D) O reconhecimento, como verdadeiro, de firma que não o seja, somente será típica se for para satisfazer interesse próprio.
(E) O funcionário público que entrar no exercício de função pública, antes de satisfeitas as exigências legais, incorre apenas em infração funcional.

**A**: incorreta, pois alterar documento público verdadeiro é modalidade de falsificação de documento público (art. 297, caput, do CP); **B**: correta, tratando-se de uma das formas de cometimento do crime de falsidade ideológica (art. 299 do CP); **C**: incorreta, pois as penas para a falsificação de documento público (art. 297 do CP) variam, como regra, de dois a seis anos de reclusão, e multa, ao passo que a falsificação de documento particular (art. 298 do CP) tem cominada, abstratamente, as penas de reclusão de um a cinco anos, e multa; **D**: incorreta, não exigindo o art. 300 do CP que o falso reconhecimento de firma ou letra, no exercício da função, o seja para satisfazer interesse próprio; **E**: incorreta, pois entrar o funcionário público no exercício de função pública, antes de satisfeitas as exigências legais, configura modalidade do crime definido no art. 324 do CP (exercício funcional ilegalmente antecipado ou prolongado).
Gabarito "B".

**(Cartório/RJ – 2012)** A conduta de reconhecer, como verdadeira, no exercício de função pública, firma ou letra que não o seja, configura o crime de

(A) falsidade material de atestado ou certidão.
(B) falso reconhecimento de firma ou letra.
(C) falsidade ideológica.
(D) falsificação de documento particular.
(E) falsificação de documento público.

Reconhecer, como verdadeira, no exercício de função pública, firma ou letra que o não seja, constitui o crime definido no art. 300 do CP, cujo *nomen juris* é *Falso reconhecimento de firma ou letra*.
Gabarito "B".

**(Cartório/RJ – 2008 – UERJ)** A alternativa incorreta é:

(A) no crime de condescendência criminosa, a ação por indulgência é elemento do tipo
(B) o crime de concussão pode ser cometido antes que o funcionário público assuma sua função
(C) o crime de corrupção passiva não pode ser cometido antes de o funcionário público assumir sua função
(D) no crime de advocacia administrativa, se o interesse for legítimo, não há aumento de pena

A: correta (art. 320 do CP); B: correta (art. 316 do CP); C: incorreta, pois o art. 317, *caput*, do CP, contempla a possibilidade de o crime de cometido pelo agente antes mesmo de haver assumido a função; D: correta, pois somente há aumento de pena se o interesse defendido pelo funcionário público for ilegítimo (art. 321, parágrafo único, do CP).
Gabarito "C".

**(Cartório/RO – III)** Assinale a alternativa incorreta:

(A) No crime de peculato o bem jurídico protegido é a administração pública, particularmente em relação ao seu próprio interesse patrimonial e moral;
(B) São sujeitos passivos do crime de peculato, em qualquer hipótese, somente o Estado e as entidades de direito público, por se tratar de delito contra a administração pública;
(C) O sujeito ativo do crime de peculato somente pode ser o funcionário público;
(D) São sujeitos passivos do crime de peculato o Estado, as entidades de direito público, e o proprietário ou possuidor do bem móvel, quando este for particular.

A: correta. De fato, o crime de peculato tutela, a um só tempo, o interesse patrimonial da Administração Pública, bem como a moralidade que deve permear a atuação dos agentes públicos; B: incorreta. Poderá ser sujeito passivo do peculato, ao lado da Administração Pública, é claro, o particular, visto que são objetos materiais do crime em comento (art. 312 do CP) o dinheiro, valou ou bem móvel, público ou particular, de que o funcionário tenha a posse em razão do cargo; C: correta. O peculato (art. 312 do CP), como se sabe, é crime próprio, exigindo a condição de funcionário público do agente delitivo. A despeito disso, importa registrar que é perfeitamente possível a coautoria ou a participação, modalidades de concurso de agentes, inclusive por particular, desde que este tenha a ciência da condição de funcionário do seu comparsa; D: correta. Como visto no comentário à alternativa "B", o particular também poderá ser sujeito passivo do crime de peculato, desde que o dinheiro, valor ou bem móvel indevidamente apropriado ou desviado, ou subtraído pelo funcionário público, sejam de natureza particular.
Gabarito "B".

**(Cartório/RO – III)** Quanto à classificação doutrinária, podemos afirmar que o tipo penal descrito no artigo 312 "caput" do Código Penal (peculato) é crime:

(A) próprio, material, instantâneo, unissubjetivo, plurissubsistente e funcional;
(B) próprio, material, instantâneo, plurissubjetivo, plurissubsistente e funcional;
(C) próprio, material, unissubjetivo, unisubsistente e funcional
(D) próprio, material, unissubjetivo, plurissubsistente e funcional.

De fato, o crime de peculato (art. 312 do CP) encontra, doutrinariamente, a seguinte classificação: a) próprio - o sujeito ativo é funcionário público; b) material - consuma-se com a ocorrência de um efetivo resultado naturalístico (apropriação, desvio ou subtração de dinheiro, valor ou bem móvel, público ou particular, nas condições definidas no caput e § 1º, do art. 312 do CP); c) unissubjetivo - trata-se de crime que pode ser praticado por uma só pessoa, muito embora seja possível o concurso de agentes; d) plurissubsistente - a conduta será praticada mediante diversos atos, daí sendo possível falar-se em tentativa; e) funcional - trata-se de crime cometido por funcionário público contra a Administração Pública em Geral.
Gabarito "A".

**(Cartório/RO – III)** Assinale a alternativa correta:

(A) No peculato culposo, a reparação do dano após a sentença criminal extingue a punibilidade;
(B) No peculato doloso, a compensação, a reparação do dano ou a restituição do objeto material não exclui o crime, mas reduz a pena imposta pela metade;
(C) No peculato culposo, a reparação do dano antes da sentença criminal irrecorrível extingue a punibilidade, e se posterior a esta, atua como circunstância atenuante ( art. 65 , III, b do C.P.);
(D) Em tratando de peculato culposo, a reparação do dano após a sentença penal irrecorrível reduz pela metade a pena imposta.

A: incorreta, de acordo com a banca examinadora. De fato, no peculato culposo, se o agente reparar o dano até a sentença irrecorrível, haverá a extinção da punibilidade, ao passo que, se posterior ao trânsito em julgado, a pena será reduzida pela metade (art. 312, § 3º, do CP). Perceba o candidato que a alternativa fala, apenas, em "sentença criminal", não estando em perfeita harmonia com o texto legal (art. 312, § 3º, do CP, repita-se). Porém, não se pode considerar errada a assertiva, pois se a reparação do dano, no peculato culposo, ocorrer após a sentença criminal (daí se presumindo ser recorrível), será extinta a punibilidade do agente. Afinal, a reparação teria ocorrido ANTES do trânsito em julgado; B: incorreta, pois, no peculato doloso, a reparação do dano ou a restituição da coisa, desde que ocorram até o recebimento da denúncia, gerará a redução da pena de um a dois terços (art. 16 do CP), aplicando-se ao caso o instituto do arrependimento posterior; C: incorreta, pois a reparação do dano no peculato culposo, se posterior à sentença irrecorrível, reduzirá a pena pela metade (art. 312, § 3º, do CP); D: correta, pois a reparação do dano no peculato culposo, se preceder à sentença irrecorrível, extinguirá a punibilidade do agente. Já se posterior, reduzirá sua pena pela metade, nos exatos termos do art. 312, § 3º, do CP.
Gabarito "D".

**(Cartório/RO – III)** Assinale a alternativa incorreta:

(A) No crime de peculato a qualidade de funcionário público do agente se estende também aos coautores ou partícipes do delito.
(B) Se o particular (coautor ou partícipe) desconhece a condição de funcionário público do sujeito ativo, responderá por outro crime, excluído o peculato.
(C) O peculato é crime funcional próprio tanto na sua modalidade fundamental (artigo 312 "caput"), quanto na modalidade peculato-furto (artigo 312, §1º).
(D) O agente que pratica o crime de peculato em sua forma culposa poderá ser beneficiado pela suspensão condicional do processo, conforme faculta a Lei 9.099/95.

A: correta. Tratando-se de condição pessoal (ser funcionário público), irá comunicar-se, nos termos do art. 30 do CP, aos coautores ou partícipes, tendo em vista ser elementar do crime de peculato (art. 312 do CP); B: correta, pois a comunicabilidade das circunstâncias ou condições pessoais de um dos agentes aos demais (coautores ou partícipes), desde que elementares do crime, somente ocorrerá se os outros concorrentes tiverem a ciência de referidas condições. No caso do peculato, o particular somente responderá pelo crime, em coautoria ou participação, se souber que seu comparsa é funcionário público. Assim não fosse, seria punido sem dolo ou culpa (responsabilidade objetiva), o que não é admitido em Direito Penal; **C**: incorreta. Denomina-se de crime funcional próprio aquele que, excluída a condição de funcionário público, o fato será considerado atípico. É o que se verifica, por exemplo, no crime de prevaricação (art. 319 do CP). No caso do peculato, excluída a condição de funcionário do agente, nas mesmas condições, responderia por apropriação indébita ou furto. Logo, estamos diante de crime funcional impróprio, que se caracteriza, exatamente, pelo fato de, afastada a condição de funcionário público, restar caracterizado outro crime da legislação penal; **D**: correta, pois a pena mínima cominada para o peculato culposo (art. 312, § 2º, do CP) é de detenção, de três meses a um ano, sendo admissível, desde que satisfeitos os requisitos, a suspensão condicional do processo (art. 89 da Lei 9.099/1995).

Gabarito "C".

**(Cartório/RO – III)** Armando Golpe, oficial-ajudante em vara cível estatizada, que não tem atribuição legal para receber das partes valores correspondentes a custas judiciais, recebeu certa quantia destinada a recolhimento de emolumentos devidos em ação civil, dela se apropriando. O interessado no pagamento desconhecia a vedação imposta ao oficial. Pergunta-se: qual dos delitos o oficial ajudante cometeu:

(A) peculato (art. 312 "caput" do CP);
(B) peculato mediante erro de outrem (art. 313 do CP);
(C) estelionato ( art. 171 "caput" do CP);
(D) concussão (art. 316 "caput" do CP);

**A**: incorreta. Não se cogita do crime de peculato (art. 312, CP), uma vez que o crime do art. 313 do CP (peculato mediante erro de outrem) é especial em relação ao primeiro, como será melhor analisado no comentário à alternativa a seguir; **B**: correta. A conduta praticada por Armando Golpe amolda-se à descrição típica do crime de peculato mediante erro de outrem, também chamado, doutrinariamente, de peculato estelionato (art.313, CP). Referido delito pressupõe que o funcionário público se aproprie de dinheiro ou qualquer outra utilidade, por ele recebida, no exercício do cargo, mediante erro de outrem. No enunciado da questão, fica bastante claro que a pessoa que pagou a Armando o montante correspondente às custas judiciais desconhecia a vedação que ele tinha para receber o numerário. Aproveitando-se da situação, o agente, após receber o montante, no exercício da função, dele se apropriou, restando, pois, caracterizado, o peculato estelionato; **C**: incorreta. Tivesse Armando induzido a vítima a entregar-lhe o valor das custas, estaríamos diante do crime de estelionato (art. 171, *caput* do CP); **D**: incorreta. Não se trata do crime de concussão, pois neste o núcleo do tipo é exigir, por parte do funcionário público vantagem indevida (art. 316 CP).

Gabarito "B".

**(Cartório/RO – III)** No que tange ao delito de peculato mediante erro de outrem, indique a alternativa incorreta:

(A) a conduta ilegal consiste na apropriação de dinheiro ou qualquer outra utilidade, que no exercício do cargo, recebeu por ter induzido outrem a erro;
(B) é indispensável que o erro na entrega da coisa ao funcionário público seja espontâneo e decorrente de quem faz a entrega;
(C) é crime próprio, material, comissivo, instantâneo, unissubjetivo, plurissubsistente e funcional;
(D) o crime só é punido quando praticado dolosamente, não havendo previsão da modalidade culposa.

**A**: incorreta, pois no crime de peculato mediante erro de outrem, a vítima, por erro, entrega ao funcionário o dinheiro ou qualquer outra utilidade, sendo por ele apropriado, no exercício da função (art. 313 do CP). Caso o funcionário induzisse a vítima ao erro, estaríamos diante de estelionato (art. 171 do CP); **B**: correta. De fato, o peculato mediante erro de outrem, também chamado de peculato-estelionato, pressupõe que a vítima, espontaneamente, ou seja, sem que tenha sido induzida pelo funcionário, lhe entregue o dinheiro ou qualquer outra utilidade, por ter incidido em erro; **C**: correta. O crime de peculato mediante erro de outrem (art. 313 do CP) é, de fato, próprio (exige a condição de funcionário público do agente), material (somente se caracteriza com a efetiva apropriação de dinheiro ou outra utilidade que, por erro, foi entregue ao funcionário pela vítima), comissivo (praticado por ação do agente, que se apropria de dinheiro ou outra utilidade da vítima, que, espontaneamente, incidiu em erro), instantâneo (consuma-se no momento em que o agente se apropria do dinheiro ou outra utilidade, invertendo seu ânimo sobre a coisa), unissubjetivo (pode ser praticado por uma só pessoa), plurissubsistente (cometido mediante diversos atos) e funcional (praticado por funcionário público contra a Administração em geral); **D**: correta. Não há a modalidade culposa do crime de peculato mediante erro de outrem (ar.t 313 do CP).

Gabarito "A".

**(Cartório/RO – III)** No que concerne ao crime de concussão (artigo 316 do CP), é correto afirmar :

(A) A concussão possui afinidades com o crime de extorsão, pois ela também é uma forma de constrangimento ilegal em que o agente exige vantagem indevida, e a vítima cede, não pelo emprego de violência, mas pelo *metus publicae potestatis*;
(B) Somente é sujeito ativo do crime de concussão o funcionário público que está no exercício pleno de suas funções, e em razão dela exige vantagem indevida de outrem;
(C) A exigência de vantagem indevida necessita estar vinculada à promessa de causação de um mal determinado que advêm do temor que a autoridade inspira na vítima;
(D) O delito de concussão se consuma com o efetivo recebimento da vantagem indevida.

**A**: correta. De fato, concussão (art. 316 do CP) e extorsão (art. 158 do CP) são crimes que se assemelham. Em ambos, a vítima é constrangida a entregar ao agente uma vantagem indevida. No entanto, enquanto que na extorsão há emprego de grave ameaça ou violência para que o ofendido entregue ao agente a indevida vantagem econômica, na concussão, a vítima, temendo sofrer represália do funcionário público, que lhe impõe um temor em razão da própria função pública exercida (*metus publicae potestatis*), acaba cedendo à exigência da vantagem indevida; **B**: incorreta. A despeito de a concussão ser crime funcional, cometido, pois, por funcionário público, é certo que se admite a coautoria ou a participação (modalidades de concurso de agentes). Logo, não é verdadeira a afirmação de que o sujeito ativo do crime em comento é somente o funcionário público, já que o particular também poderá ser responsabilizado por sua prática; **C**: incorreta. A exigência da vantagem, pelo agente delitivo, não poderá envolver a grave ameaça ou a violência, sob pena de restar caracterizado crime patrimonial, e não contra a administração pública; **D**: incorreta, pois o recebimento da vantagem indevida, na concussão (art. 316 do CP), é mero exaurimento do crime, considerado formal. Consuma-se, em verdade, no momento da exigência de vantagem indevida.

Gabarito "A".

**(Cartório/RO – III)** Sinval da Silva mantinha atividade comercial em desalinho com as normas municipais estabelecidas, violando dispositivos municipais que lhe impunham, dentre outras medidas, a pena de multa. José dos Tributos, agente fiscalizador municipal, ao tomar conhecimento de tal irregularidade, encaminha a Sinval uma carta através da qual exige deste certa quantia em dinheiro, a fim de que não seja autuado pela agência fiscalizadora. No entanto, referida "carta" é interceptada pelo chefe do setor de arrecadação e fiscalização, que além de retê-la antes de chegar ao seu destinatário, determina a autuação do estabelecimento por violação às normas legais. Pergunta-se: Que crime cometeu José dos Tributos:

(A) a conduta é atípica, não havendo crime algum a ser punido;
(B) cometeu o crime de concussão, em sua forma consumada;
(C) praticou o crime de corrupção ativa em sua forma tentada;
(D) praticou o crime de concussão em sua forma tentada;

---

**A**: incorreta. A conduta praticada por José é típica e constitui crime arrolado no CP, conforme será visto a seguir; **B**: incorreta. O crime cometido por José foi o de concussão (art. 316, CP), mas não em sua forma consumada, uma vez que a exigência de vantagem indevida não chegou ao conhecimento do destinatário, sendo interceptada pelo chefe do setor de arrecadação e fiscalização; **C**: incorreta. A conduta descrita no enunciado partiu de um funcionário público, não se aventando, portanto, de crime de corrupção ativa, que é praticado pelo particular contra a Administração Pública em geral (art. 333, CP); **D**: correta. De fato, houve a conduta do funcionário público em exigir a vantagem indevida, mas esta, que foi feita por carta, não chegou ao conhecimento do destinatário, tendo em vista ter sido interceptada antes, respondendo o agente, pois, pelo crime do art. 316, c.c. art. 14, II, ambos do CP (concussão tentada).
Gabarito "D".

**(Cartório/RO – III)** Assinale a alternativa incorreta:

(A) o funcionário público que exige pagamento de tributo ou contribuição social que já foi quitado pela vítima comete crime de excesso de exação ( art. 316, § 1º do CP);
(B) o funcionário público que exige de forma vexatória o pagamento de tributo ou contribuição social legalmente devido comete crime de excesso de exação (art. 316, § 1º do CP);
(C) o objeto material do crime de excesso de exação é somente o tributo ou a contribuição social, excluindo destas as taxas e contribuição de melhorias criadas para atender as finalidades previstas no artigo 149 da C.F. ;
(D) se o funcionário público exige pagamento de tributo ou contribuição social indevida e o desvia em proveito próprio, comete o crime de excesso de exação em sua forma qualificada (art.316, § 2º do CP);

---

**A**: correta, pois a exigência de tributo ou contribuição social já quitados amolda-se ao excesso de exação (art. 316, § 1º, do CP). Afinal, exigir tributo quitado é indevido, elemento este constante na descrição típica do crime referido; **B**: correta. Também constitui excesso de exação a exigência de tributo ou contribuição social que, embora devidos, tenham, para sua cobrança, o emprego de meios vexatórios ou gravosos não autorizados por lei. Fala-se, aqui, em exação fiscal vexatória; **C**: incorreta, pois o crime de excesso de exação abrange os "tributos", dentre os quais se incluem as taxas e as contribuições de melhoria, ao lado dos impostos e das contribuições sociais (classificação quinária); **D**: correta (art. 316, § 2º, do CP).
Gabarito "C".

**(Cartório/RO – III)** Assinale a alternativa incorreta:

(A) a distinção entre concussão e extorsão é que na primeira a vítima cede em virtude da exigência e do temor advindo do poder da autoridade, e na segunda, a vítima cede em decorrência da violência ou grave ameaça exercida pelo agente;
(B) na concussão a vítima entrega a vantagem indevida após exigência do agente , e na corrupção ativa há o oferecimento espontâneo de vantagem ao agente público;
(C) Na corrupção passiva o agente solicita, direta ou indiretamente, vantagem indevida. O delito se caracteriza, também, quando o agente recebe ou aceita promessa de vantagem indevida;
(D) Na prevaricação o funcionário público retarda ou deixa de praticar, indevidamente, ato de ofício, para satisfazer interesse ou sentimento pessoal. Por ser crime próprio, não se admite a participação de terceiros;

---

**A**: correta. De fato, concussão (art. 316 do CP) e extorsão (art. 158 do CP), são crimes que se assemelham, visto que, em ambos, a vítima cede a uma exigência de vantagem indevida. Porém, para a primeira figura, não há emprego de grave ameaça ou violência, meios executórios da extorsão, que é crime patrimonial, mas, sim, o temor advindo do poder da autoridade (*metus publicae potestatis*); **B**: correta. Realmente, na concussão (art. 316 do CP), a vítima cede à exigência de vantagem indevida feita pelo agente, ao passo que na corrupção ativa, o agente, particular, oferece vantagem indevida ao funcionário público, a fim de que este pratique, retarde ou omita ato de ofício (art. 333 do CP); **C**: correta. Pratica corrupção passiva o agente (funcionário público) que solicitar, receber ou aceitar promessa de vantagem indevida (art. 317 do CP); **D**: incorreta, pois, a despeito de a prevaricação, definida no art. 319 do CP, ser crime próprio, exigindo-se a condição de funcionário público do agente, tal fato não afasta a possibilidade de concurso de pessoas (coautoria ou participação), inclusive, particulares, que responderão pelo mesmo crime em razão da aplicação do art. 30 do CP (circunstâncias ou condições de caráter pessoal não se comunicam a terceiros, salvo se elementares do crime).
Gabarito "D".

**(Cartório/RO – III)** João Meirinho, oficial de justiça, percebendo a pressa do advogado de determinada empresa no cumprimento de mandado judicial de busca e apreensão de bens, solicita deste certa vantagem econômica, a fim de dar prioridade à realização do ato judicial. O advogado, por sua vez, reconhecendo no oficial o poder de antecipar o cumprimento do ato, cede a seu pedido, fornecendo-lhe dinheiro pelo "favor" a ser feito. Com esta conduta, João Meirinho praticou o crime de:

(A) corrupção passiva imprópria;
(B) concussão;
(C) corrupção ativa;
(D) corrupção passiva própria;;

**A**: correta. Denomina-se de corrupção passiva imprópria aquela em que o agente, dentro de suas atribuições (atos de ofício), pratica um ato lícito, ou seja, esperado para o desempenho de suas funções. No enunciado, João Meirinho, ao solicitar vantagem indevida do advogado para cumprir mandado judicial de busca e apreensão, cometeu o crime de corrupção passiva (art. 317 do CP). Perceba que o ato a ser praticado (cumprimento de mandado de busca e apreensão) é lícito, encontrando-se dentro daqueles cuja execução é esperada de um Oficial de Justiça. Daí dizer-se que se trata de corrupção passiva imprópria, pois o funcionário público "vende" um ato que deveria, de fato, praticar; **B**: incorreta, pois a concussão (art. 316 do CP) pressupõe que o agente exija a vantagem indevida, o que não se viu no caso em tela. Lembre-se que João "solicitou" dinheiro ao advogado, mas não o exigiu; **C**: incorreta, pois a corrupção ativa é crime praticado pelo particular, que oferece ou promete a um funcionário público uma vantagem indevida, a fim de que este pratique, retarde ou deixe de praticar um ato de ofício (art. 333 do CP); **D**: incorreta, pois a corrupção passiva própria é assim definida quando o agente solicita, recebe ou aceita promessa de vantagem indevida, a fim de praticar um ato ilícito, não abrangido, portanto, dentre daqueles que lhe são inerentes (atos de ofício).
Gabarito "A".

**(Cartório/RO – III)** Quando o funcionário pratica, deixa de praticar ou retarda ato de ofício, cedendo a pedido ou influência de outrem, está cometendo o crime de:

(A) prevaricação (artigo 319 do CP) porque não houve recebimento de vantagem indevida;
(B) corrupção passiva, em sua figura majorada (§1º do art. 317 do CP), porque praticou, deixou de praticar ou retardou ato de ofício;
(C) corrupção passiva, em sua figura privilegiada (§2º do art. 317 do CP), porque agiu a pedido ou sob influência de outrem;
(D) prevaricação e corrupção passiva;

De fato, comete corrupção passiva privilegiada o funcionário que pratica, deixa de praticar ou retarda ato de ofício, cedendo a pedido ou influência de outrem (art. 317, § 2º, do CP). A descrição do enunciado muito se parece com a prevaricação (art. 319 do CP), mas com ela não se confunde, pois aludido crime pressupõe que o agente retarde, se omita ou pratique ato de ofício, contra disposição expressa de lei, para satisfazer interesse ou sentimento pessoal. Esse especial fim de agir não se encontra previsto na corrupção passiva privilegiada, na qual o agente, pura e simplesmente, cede a um pedido ou influência de outrem.
Gabarito "C".

**(Cartório/SC – 2012)** Exigir, para si ou para outrem, direta ou indiretamente, vantagem indevida; oferecer ou prometer vantagem indevida a funcionário público; retardar ou deixar de praticar, indevidamente, ato de ofício; solicitar ou receber, para si ou para outrem, direta ou indiretamente, vantagem indevida, são condutas que constituem, respectivamente, os crimes de:

(A) Concussão; corrupção passiva; prevaricação e corrupção ativa.
(B) Corrupção passiva; corrupção ativa; prevaricação e concussão.
(C) Concussão; corrupção ativa; prevaricação e corrupção passiva.
(D) Corrupção passiva; concussão; corrupção ativa e prevaricação.
(E) Prevaricação, corrupção passiva, concussão e corrupção ativa.

De fato, na ordem do enunciado, tipificam-se os seguintes crimes: **i)** concussão (art. 316, *caput*, do CP); **ii)** corrupção ativa (art. 333 do CP); **iii)** prevaricação (art. 319 do CP); **iv)** corrupção passiva (art. 317, *caput*, do CP).
Gabarito "C".

**(Cartório/SC – 2008)** Assinale a alternativa correta:

(A) O Código Penal, em relação ao delito de falsificação de selo ou sinal público, prevê uma circunstância de aumento de pena aplicável ao agente que é funcionário público, ainda que cometa o crime sem se prevalecer do cargo que exerça.
(B) O agente que altera documento verdadeiro emanado de entidade paraestatal deve responder pelo crime de falsificação de documento particular.
(C) Pratica a modalidade privilegiada do delito de falsificação de moedas quem, sem fabricá-la ou alterá-la, introduz moeda falsa, por conta própria ou alheia, na circulação.
(D) O agente que reconhece, como verdadeira, no exercício de função pública, firma ou letra que não o seja, comete crime contra a fé pública e, independentemente de o documento ser público ou particular, sujeita-se a idêntica pena.
(E) Para a caracterização do delito de falsidade ideológica, é imprescindível a demonstração de que o agente possuía a intenção de prejudicar direito, criar obrigações ou alterar a verdade sobre fato juridicamente relevante.

**A**: incorreta, pois a pena, para o crime de falsificação de selo ou sinal público, será aumentada da sexta parte se o agente for funcionário público e, para cometê-lo, se prevalece do cargo (art. 296, § 2º, do CP); **B**: incorreta, pois o documento emanado de entidade paraestatal é considerado público por equiparação (art. 297, § 2º, do CP); **C**: incorreta, pois incorrerá nas mesmas penas do crime de moeda falsa o agente que, dentre outras hipóteses, a introduz na circulação (art. 289, § 1º, do CP); **D**: incorreta. A depender de o documento em que se reconhece falsamente firma ou letra ser público ou particular, a pena cominada será distinta, nos termos do preceito secundário do art. 300 do CP (reclusão de um a cinco anos, e multa, se o documento for público, e reclusão de um a três anos, e multa, se particular); **E**: correta. Na própria redação do tipo penal (art. 299 do CP), extrai-se que a conduta do agente deverá ser voltada a uma das seguintes finalidades: prejudicar direito, criar obrigação ou alterar a verdade sobre fato juridicamente relevante.
Gabarito "E".

**(Cartório/SC – 2008)** Assinale a alternativa correta:

(A) Comete o crime de prevaricação o médico conveniado com o SUS - Sistema Único de Saúde que exige pagamento indevido para efetuar cirurgia.
(B) São crimes contra a Administração Pública: resistência, desacato e tráfico de influência.
(C) O delito de corrupção passiva depende sempre, para sua consumação, de resultado.
(D) Pratica o crime de peculato-furto, previsto no art. 312, § 1º, do Código Penal, o titular de escrivania de paz que se apropria dos valores destinados ao pagamento do imposto de transmissão de bens imóveis.
(E) Aquele que presta a criminoso, fora dos casos de coautoria ou de receptação, auxílio destinado a tornar seguro o proveito do crime pratica o delito de favorecimento pessoal.

**A**: incorreta. Se o médico, conveniado do SUS, e, portanto, considerado funcionário público, exigir dinheiro (pagamento indevido) para realizar cirurgia, cometerá o crime de concussão (art. 316 do CP); **B**: correta. De fato, resistência (art. 329 do CP), desacato (art. 331 do CP) e tráfico de influência (art. 332 do CP), são crimes cometidos pelo particular contra a Administração Pública; **C**: incorreta, pois a corrupção passiva (art. 317 do CP), sendo crime formal, consuma-se independentemente de um resultado, vale dizer, de que o funcionário público pratique, deixe de praticar ou retarde a prática de ato de ofício; **D**: incorreta, pois o peculato-furto, definido no art. 312, § 1º, do CP, pressupõe que o funcionário público, embora não detenha a posse do dinheiro, valor ou bem móvel público ou particular, o subtraia, prevalecendo-se da facilidade que lhe proporciona a condição de funcionário. No caso da alternativa, o oficial da escrivania de paz (cartório que presta, simultaneamente, serviços de Tabelionato de Notas e de Registro civil), ao se apropriar dos valores destinados ao pagamento do imposto de transmissão de bens imóveis, cometeu peculato-apropriação (art. 312, *caput*, do CP); **E**: incorreta, pois a alternativa diz respeito ao crime de favorecimento real, previsto no art. 349 do CP.

Gabarito "B".

**(Cartório/SC – 2008)** Para caracterização do crime de falsificação de papéis públicos, previsto no art. 293 do Código Penal, podemos dizer que não pode ser considerado como papel público:

(A) Papel-moeda de curso legal.
(B) Passe de empresa de transporte administrada pelo município.
(C) Vale postal.
(D) Cautela de penhor da Caixa Econômica Federal.
(E) Selo destinado a controle tributário.

Nos termos do art. 293 do CP, constitui crime a conduta de falsificar, fabricando-os ou alterando-os: I - selo destinado a controle tributário, papel selado ou qualquer papel de emissão legal destinado à arrecadação de tributo; II - papel de crédito público que não seja moeda de curso legal; III - vale postal; IV - cautela de penhor, caderneta de depósito de caixa econômica ou de outro estabelecimento mantido por entidade de direito público; V - talão, recibo, guia, alvará ou qualquer outro documento relativo à arrecadação de rendas públicas ou a depósito ou caução por que o poder público seja responsável; VI - bilhete, passe ou conhecimento de empresa de transporte administrada pela União, por Estado ou por Município. Assim, todas as alternativas são corretas, exceto a "A".

Gabarito "A".

**(Cartório/SP – 2012 – VUNESP)** O ato de reconhecer, como verdadeira, no exercício de função pública, firma ou letra que não o seja é crime

(A) de ação pública condicionada à representação da vítima.
(B) apenado com reclusão se o documento é público, e detenção ou multa, se o documento é particular.
(C) somente se a norma penal for complementada pelas Normas de Serviço da Corregedoria Geral de cada estado da Federação.
(D) apenado com reclusão em qualquer hipótese.

**A**: incorreta, pois o crime de falso reconhecimento de firma ou letra, tipificado pelo art. 300 do CP, é crime de ação penal pública incondicionada, tratando-se, é bom que se diga, de infração penal que ofende a fé pública; **B**: incorreta. Se o documento em que for reconhecida, falsamente, firma ou letra, for público, a pena será de reclusão, de 1 a 5 anos, e multa, ao passo que, se particular, a pena também será de reclusão, mas variável de 1 a 3 anos, e multa, conforme disposto no preceito secundário do tipo penal em comento (art. 300 do CP); **C**: incorreta, pois o crime do art. 300 do CP (falso reconhecimento de firma ou letra) não exige, para sua configuração, complementação por Normas de Serviços da Corregedoria Geral dos Estados; **D**: correta. De fato, seja documento público, seja particular, se o funcionário com fé pública para reconhecer firma ou letra o fizer, falsamente, será apenado com reclusão (espécie de pena privativa de liberdade), nos termos do preceito secundário do tipo penal em tela (art. 300 do CP).

Gabarito "D".

**(Cartório/SP – 2012 – VUNESP)** Para fins penais, conceitua-se funcionário público como sendo

(A) qualquer pessoa que exerça cargo, emprego ou função pública, na Administração direta ou indireta do Estado, mas não os que prestam serviços para empresas privadas, ainda que contratadas ou conveniadas para a execução de atividade típica da administração.
(B) qualquer pessoa que exerça, a qualquer título, ainda que transitoriamente e sem remuneração, função pública, na Administração direta do Estado.
(C) qualquer pessoa que exerça função pública, na Administração direta ou indireta do Estado, desde que não exerça atividades em entidades paraestatais ou do Terceiro Setor.
(D) quem, embora transitoriamente ou sem remuneração, exerce cargo, emprego ou função pública, tanto na Administração direta quanto indireta do Estado.

**A**: incorreta. De acordo com o art. 327, *caput*, do CP, consideram-se funcionários públicos, para efeitos penais, aqueles que, ainda que transitoriamente ou sem remuneração, exerçam cargo, emprego ou função pública. Ainda, também se equiparam a funcionário público, para efeitos penais, aqueles que exercem cargo, emprego ou função em entidade paraestatal, bem como quem trabalha para empresa prestadora de serviço contratada ou conveniada para a execução de atividade típica da Administração Pública (art. 327, § 1º, do CP – *funcionário público por equiparação*); **B**: incorreta, pois aquele que exerce função pública na Administração Indireta também é considerado funcionário público, nos termos do art. 327, *caput*, do CP; **C**: incorreta, pois é considerado funcionário público por equiparação aquele que exerce cargo, emprego ou função em entidades paraestatais ou do terceiro setor (ex.: OSCIPS, Serviços Sociais Autônomos); **D**: correta (art. 327, caput, do CP), retratando aquilo que a doutrina denomina de "*funcionário público típico ou propriamente dito*".

Gabarito "D".

**(Cartório/SP – 2012 – VUNESP)** O ato de atestar ou certificar falsamente fato ou circunstância que habilite alguém a obter cargo público, isenção de ônus ou de serviço de caráter público, ou qualquer outra vantagem,

(A) é considerado crime somente se praticado por delegados do serviço notarial e de registro.
(B) só pode ser considerado crime se praticado em razão de função pública.
(C) é considerado crime somente se praticado por delegados do serviço notarial de registro e seus subordinados.
(D) somente pode ser considerado crime se praticado em razão de função pública e se provada a ocorrência de prejuízo.

**A e C:** incorretas. De fato, o crime previsto no art. 301 do CP (certidão ou atestado ideologicamente falso) é considerado próprio, visto que será sujeito ativo o funcionário público que, em razão de seu ofício, atestar ou certificar fato ou circunstância que habilite alguém a obter cargo público, isenção de ônus ou de serviço de caráter público, ou qualquer outra vantagem. Porém, o tipo penal não exige a condição de agente delegado de serviços notariais e de registro, mencionando, apenas, que qualquer das ações nucleares (*atestar* ou *certificar* falsamente) deverá ser praticada pelo agente em razão da função pública que exerce; **B:** correta (art. 301, *caput*, do CP); **D:** incorreta, pois o tipo penal não exige qualquer resultado (ex.: ocorrência de prejuízo), bastando, para a configuração do crime, que bastará a falsa atestação ou certificação pelo agente, em razão de sua função pública, de fato ou circunstância que habilite alguém a obter cargo público, isenção de ônus ou de serviço de caráter público, ou qualquer outra vantagem.
Gabarito "B".

**(Cartório/SP – 2011 – VUNESP)** Qual o tipo penal consistente na prática de reconhecer, como verdadeira, no exercício de função pública, firma ou letra que não o seja?

(A) Falso reconhecimento de firma ou letra.
(B) Falsidade ideológica.
(C) Petrechos de falsificação.
(D) Falsidade documental.

A conduta de "*reconhecer, como verdadeira, no exercício de função pública, firma ou letra que o não seja*" constitui o crime de falso reconhecimento de firma ou letra, tipificada no art. 300 do CP.
Gabarito "A".

**(Cartório/SP – 2011 – VUNESP)** O crime de concussão, art. 316 do Código Penal, é

(A) crime formal.
(B) crime material.
(C) crime habitual.
(D) crime de conduta especial.

De acordo com doutrina e jurisprudência, o crime de concussão, previsto no art. 316 do CP, é considerado crime formal, tendo em vista que estará consumado quando o agente (funcionário público), *exigir*, para si ou para outrem, direta ou indiretamente, ainda que fora da função ou antes de assumi-la, mas em razão dela, *vantagem indevida*. Em suma, o crime em comento restará caracterizado – e consumado – no *momento da exigência da vantagem indevida*, ainda que esta não seja entregue pela vítima ao agente.
Gabarito "A".

**(Cartório/SP – 2011 – VUNESP)** O uso de documento falso, artigo 304 do Código Penal, é absorvido pelo estelionato quando

(A) não pode ser absorvido.
(B) se exaure sem mais potencialidade lesiva.
(C) o crime de estelionato não for qualificado.
(D) o agente é funcionário público.

**A:** incorreta, pois é perfeitamente possível que o crime de uso de documento falso, previsto no art. 304 do CP, seja absorvido pelo estelionato, desde que se caracterize como crime-meio, aplicando-se o princípio da consunção; **B:** correta, pois, de fato, o crime de falso, quando se exaurir no estelionato, sem mais potencialidade lesiva, ficará por este absorvido, nos termos da Súmula 17 do STJ; **C:** incorreta, pois, como ressaltado nos comentários às alternativas anteriores, é perfeitamente possível que o crime de uso de documento falso seja absorvido pelo estelionato, pouco importando se este for praticado em sua forma simples (art. 171, caput, do CP) ou majorada (art. 171, § 3º, do CP). Frise-se que inexiste estelionato qualificado; **D:** incorreta, pois nada há que impeça que um funcionário público, quando autor de estelionato, seja punido apenas por este crime, ainda que utilize um documento falso como meio de execução – desde que sem mais potencialidade lesiva – para o cometimento do crime patrimonial.
Gabarito "B".

**(Cartório/SP – I – VUNESP)** O funcionário público que exige para si ou para outrem, direta ou indiretamente, ainda que fora da função ou antes de assumi-la, mas em razão dela, vantagem indevida, comete o crime de

(A) condescendência criminosa.
(B) prevaricação.
(C) concussão.
(D) corrupção passiva.

A conduta típica, no crime de *concussão*, capitulado no art. 316, *caput*, do CP, é representada pelo verbo *exigir*, que tem o sentido de *impor*, *ordenar*. Essa *exigência* traz ínsita uma ameaça à vítima. Não devemos, assim, confundir este crime com o do art. 317 do CP (corrupção passiva). Neste, diferentemente do que ocorre na *concussão*, há mera *solicitação* de vantagem indevida. Na concussão, o particular, sentindo-se intimidado e acuado, cede em vista do mal que poderá vir a sofrer.
Gabarito "C".

**(Cartório/SP – I – VUNESP)** No crime de peculato, praticado em concurso de pessoas, a qualidade de funcionário público

(A) constitui elementar, razão por que se comunica a coautores e partícipes, ainda que estes não sejam funcionários públicos.
(B) tem natureza de circunstância objetiva, comunicando-se aos coautores e partícipes estranhos ao quadro funcional.
(C) é circunstância de caráter pessoal, não se comunicando aos coautores e partícipes estranhos ao quadro funcional.
(D) é elementar, mas comunica-se somente aos coautores, não alcançando os partícipes.

A qualidade de *funcionário público* constitui, de fato, *elementar* do crime de peculato. Reza o art. 30 do CP que as *elementares* se comunicam aos coautores e partícipes, desde que sejam de conhecimento destes. Assim, se o crime de peculato é praticado pelo agente público em concurso com quem não faça parte dos quadros do funcionalismo, ambos responderão pelo crime do art. 312 do CP. É dizer, a condição de caráter pessoal, por ser elementar deste crime, comunica-se ao *extraneus*, seja ele partícipe ou coautor.
Gabarito "A".

**(Cartório/SP – I – VUNESP)** Assinale a alternativa incorreta.

(A) No crime de falsidade ideológica, o vício incide sobre a ideia expressa no documento.
(B) A falsidade documental grosseira, inidônea a iludir é passível de punição, dada a relevância do bem jurídico tutelado.
(C) Não é punível o falso que diga respeito a fato juridicamente irrelevante.
(D) Na falsidade documental, a nota promissória é considerada documento público.

**A:** correta. A *falsidade ideológica* – art. 299, CP – incide, de fato, sobre o conteúdo do documento, que é formalmente perfeito. Na *falsidade material*, diferentemente, o vício recai sobre o aspecto físico do documento, a sua forma; **B incorreta**: A falsidade documental grosseira, inapta para enganar e, por isso, causar prejuízos, caracteriza crime impossível por absoluta ineficácia do meio. Não há, aqui, responsabilidade penal a incidir; **C**: correta. É imprescindível, nos crimes de falso, que o conteúdo do documento seja relevante juridicamente. Isto é: deve haver repercussão no mundo do direito; **D**: correta. Nos termos do art. 297, § 2º, do CP, a nota promissória constitui **documento público por equiparação**.

Gabarito "B".

**(Cartório/SP – I – VUNESP)** O conceito de funcionário público, para fins penais,

(A) é idêntico ao do direito administrativo.
(B) alcança somente aqueles que exerçam, mediante remuneração, cargo, emprego ou função pública.
(C) abarca aqueles que exerçam, com ou sem remuneração, cargo, emprego ou função pública.
(D) é variável de acordo com cada tipo penal.

Nos termos do disposto no art. 327, *caput*, do CP, considera-se funcionário público, para os fins penais, aquele que, embora transitoriamente ou *sem remuneração*, exerce cargo, emprego ou função pública. Além disso, estabelece o art. 327, § 1º, do CP que é considerado funcionário público por equiparação aquele que exerce cargo, emprego ou função em entidade paraestatal e também quem trabalha para empresa prestadora de serviço contratada ou conveniada para a execução de atividade típica da Administração Pública.

Gabarito "C".

**(Cartório/SP – II – VUNESP)** O funcionário autorizado que exclui indevidamente dados corretos dos sistemas informatizados ou bancos de dados da Administração Pública com o fim de obter vantagem indevida para si ou para outrem ou para causar dano comete o crime de

(A) modificação ou alteração não autorizada de sistema de informações.
(B) falsidade ideológica.
(C) inserção de dados falsos em sistema de informações.
(D) falsificação de documento público.

Neste crime do art. 313-A do CP, que é próprio, visto que exige do agente uma qualidade especial, qual seja, a de ser funcionário autorizado a operar sistemas informatizados ou bancos de dados, o sujeito ativo *insere* dados falsos, *facilita* sua inserção, *altera* ou *exclui* indevidamente dados corretos nos sistemas informatizados ou bancos de dados da Administração Pública imbuído do propósito de obter vantagem indevida ou causar dano. Há doutrinadores que consideram este crime como sendo *de mão própria*.

Gabarito "C".

**(Cartório/SP – II – VUNESP)** Indique a alternativa incorreta.

(A) O vocábulo peculato deriva de *pecus*, que foi meio de troca nas sociedades primitivas.
(B) No chamado crime de peculato próprio, as condutas típicas constituem-se na apropriação ou no desvio.
(C) No crime de peculato doloso, o ressarcimento do dano, se precede à sentença irrecorrível, extingue a punibilidade.
(D) O crime de peculato impróprio também é chamado "peculato-furto".

**A**: assertiva correta. De fato, **peculato** deriva de *pecus*, que significa **gado** e foi, nas sociedades primitivas, utilizado como moeda de troca; **B**: assertiva correta. As duas modalidades do chamado **peculato próprio - peculato-apropriação** e **peculato-desvio**, estão previstas no art. 312, *caput*, do CP; **C**: assertiva incorreta. A extinção da punibilidade a que alude o art. 312, § 3º, do CP só se aplica ao *peculato culposo*; ao *peculato doloso* terá incidência, em princípio, o *arrependimento posterior* – art. 16 do CP, que constitui *causa de diminuição de pena* a que faz jus o agente desde que preenchidos os requisitos contidos no dispositivo, a saber: crime praticado sem violência ou grave ameaça à pessoa; reparação do dano ou restituição da coisa até o recebimento da denúncia ou queixa; existência de efeito patrimonial e voluntariedade do agente na reparação ou restituição; **D**: assertiva correta. Conforme descrito no art. 312, § 1º, do CP.

Gabarito "C".

**(Cartório/SP – II – VUNESP)** No que concerne ao crime de falso testemunho ou falsa perícia, indique a alternativa incorreta.

(A) O fato deixa de ser punível se, antes da sentença do processo pelo crime de falso, o agente se retrata ou declara a verdade.
(B) As penas aumentam de um sexto a um terço se o crime é praticado mediante suborno.
(C) Caracteriza-se o delito mesmo que a afirmação falsa tenha sido feita em processo administrativo.
(D) Constitui causa especial de aumento o fato de o crime ser cometido com o fim de obter prova destinada a produzir efeito em processo civil em que for parte entidade da administração pública direta ou indireta.

**A**: incorreta. A teor do art. 342, § 2º, do CP, o fato somente deixará de ser punível se o agente se retrata ou declara a verdade antes da sentença no processo em que ocorreu o ilícito, e não no processo em que é apurado o crime de falso; **B**: correta. Conforme (art. 342, § 1º, primeira parte, do CP); **C**: correta. Conforme (art. 342, *caput*, do CP); **D**: correta. Pelo (art. 342, § 1º, segunda parte, do CP).

Gabarito "A".

**(Cartório/SP – IV – VUNESP)** O preposto de um Tabelião de Notas que, no exercício de suas atribuições, reconhece como verdadeira firma ou letra que não o seja, deve responder por

(A) falsidade material de atestado ou certidão.
(B) falso reconhecimento de firma.
(C) falsificação de documento público.
(D) falsificação de selo ou sinal público.

Art. 300 do CP (falso reconhecimento de firma ou letra).

Gabarito "B".

**(Cartório/SP – V – VUNESP - adaptada)** João é constrangido, mediante grave ameaça exercida com o emprego de arma de fogo, a manter conjunção carnal com Maria, pessoa por ele desconhecida. João foi vítima de qual crime?

(A) Constrangimento ilegal.
(B) Atentado violento ao pudor.
(C) Assédio sexual.
(D) estupro

Com o advento da Lei 12.015/09, que promoveu uma série de mudanças na disciplina dos crimes sexuais, o estupro – art. 213, CP –, que incriminava tão somente a conjunção carnal realizada com mulher, mediante violência ou grave ameaça, passou a incorporar, também, a conduta antes contida no art. 214 do CP – dispositivo hoje revogado (art. 7º, Lei 12.015/09). Dito de outro modo, constitui estupro, na sua nova forma, toda modalidade de violência sexual levada a efeito para qualquer fim libidinoso, incluída, por óbvio, a conjunção carnal. Dessa forma, o crime do art. 213 do CP, com a mudança implementada pela Lei 12.015/09, passa a comportar, além da conduta consubstanciada na conjunção carnal violenta, contra homem ou mulher, também o comportamento consistente em obrigar alguém a praticar ou permitir que com o sujeito ativo se pratique outro ato libidinoso que não a conjunção carnal.

Gabarito "D".

**(Cartório/SP – VI – VUNESP)** Apropriar-se o funcionário público de dinheiro, valor ou qualquer outro bem móvel, público ou particular, de que tem a posse em razão do cargo, ou desviá-lo, em proveito próprio ou alheio, é a descrição do Código Penal para o crime de

(A) peculato.
(B) apropriação indébita de verbas ou rendas públicas.
(C) concussão.
(D) emprego irregular de verbas ou rendas públicas.

O enunciado da questão corresponde de fato ao crime de peculato, mais especificamente ao chamado *peculato próprio*, cujas modalidades são *peculato-apropriação* e *peculato-desvio*. No peculato-apropriação (art. 312, *caput*, primeira parte, do CP), o agente ingressa na posse do bem de forma legítima, como ocorre no crime de apropriação indébita. Num dado momento, opera-se o *assenhoramento*, é dizer, o agente passa a agir como se dono fosse da coisa pública móvel, inverte a natureza da posse. Já no peculato-desvio (art. 312, *caput*, segunda parte, do CP), o agente modifica a destinação original do objeto material, em proveito próprio ou alheio.

Gabarito "A".

**(Cartório/SP – VI – VUNESP)** Considerando o conceito de funcionário público para fins penais, indique a alternativa incorreta.

(A) Funcionário público é apenas aquele que exerce cargo público, criado por lei, com atribuição própria e remunerado pelos cofres públicos.
(B) Funcionário público é aquele que exerce cargo, emprego ou função pública, ainda que transitoriamente e sem remuneração.
(C) É funcionário público aquele que exerce cargo, emprego ou função pública em entidade paraestatal.
(D) É funcionário público aquele que trabalha para empresa prestadora de serviço ou conveniada para a execução de atividade típica da Administração Pública.

Nos termos do disposto no art. 327, *caput*, do CP, considera-se funcionário público, para os fins penais, aquele que, embora transitoriamente ou *sem remuneração*, exerce cargo, emprego ou função pública. Além disso, estabelece o art. 327, § 1º, do CP que é considerado funcionário público por equiparação aquele que exerce cargo, emprego ou função em entidade paraestatal e também quem trabalha para empresa prestadora de serviço contratada ou conveniada para a execução de atividade típica da Administração Pública.

Gabarito "A".

**(Cartório/SP – VI – VUNESP)** A conduta do funcionário público que exige tributo que sabe ou deveria saber indevido configura o delito de

(A) excesso de exação.
(B) concussão.
(C) corrupção passiva.
(D) prevaricação.

Art. 316, § 1º, 1ª parte, do CP.

Gabarito "A".

**(Cartório/SP – VII – VUNESP)** Promover no registro civil a inscrição de nascimento inexistente

(A) tipifica conduta penal de registro de nascimento inexistente.
(B) tipifica conduta penal de sonegação de estado de filiação.
(C) tipifica conduta penal de parto suposto, supressão ou alteração de direito inerente ao estado civil de recém-nascido.
(D) não configura ilícito penal.

**A**: correta. É a conduta tipificada no art. 241, CP; **B**: incorreta. No crime de sonegação de estado de filiação a conduta consiste em deixar em asilo de expostos ou outra instituição de assistência filho próprio ou alheio, ocultando-lhe a filiação ou atribuindo-lhe outra, com o fim de prejudicar direito inerente ao estado civil; **C**: incorreta. Neste tipo o que se incrimina são: a) dar parto alheio como próprio, b) registrar como seu o filho de outrem, c) ocultar ou substituir recém nascido (art. 242, CP); **D**: incorreta. Configura o crime do art. 241, CP.

Gabarito "A".

**(Cartório/SP – VII – VUNESP)** O artigo 312 do Código Penal, crime de peculato, pode ser imputado

(A) ao particular em coautoria, desde que tenha conhecimento da qualidade de funcionário público do autor.
(B) ao funcionário público desvinculado da função.
(C) somente ao funcionário público independentemente do exercício de sua função.
(D) somente ao particular.

O particular responde por peculato na medida em que *ser funcionário público* é elementar do crime – art. 30 do CP. Ressalte-se que só haverá comunicação quando a elementar for conhecida do coautor ou do partícipe.

Gabarito "A".

## 13. OUTROS CRIMES DO CÓDIGO PENAL

**(Cartório/MT – 2003 – UFMT)** Sobre o registro de nascimento de natimorto, assinale a afirmativa correta.

(A) É crime de sonegação de estado de filiação.
(B) É crime denominado 'Parto Suposto'.
(C) É a inscrição, no Registro Civil, de nascimento inexistente.
(D) Refere-se ao crime em que se alteram direitos do recém-nascido.
(E) Não constitui tipo incriminador.

O registro de natimorto será feito no livro "C Auxiliar", com os elementos que couberem, art. 53, § 1º da Lei 6015/73.

Gabarito "C".

**(Cartório/SC – 2008)** Relativamente aos crimes contra o estado de filiação, assinale a alternativa correta:

(A) Pratica o crime previsto no parágrafo único do art. 242 do Código Penal (supressão ou alteração de direito inerente ao estado civil de recém-nascido) quem, mesmo que por motivo nobre, registra em nome próprio filho de outrem.
(B) A conduta de "promover no registro civil a inscrição de nascimento inexistente", disposta no art. 241 do Código Penal, admite a forma culposa como elemento subjetivo do tipo.

(C) Uma das formas de transgressão da tipificação descrita no art. 242 do Código Penal consiste na prática do "parto suposto", isto é, "dar parto próprio como alheio".
(D) Comete o ilícito penal de sonegação de estado de filiação aquele que deixa em asilo de expostos ou outra instituição de assistência filho próprio ou alheio, ocultando-lhe a filiação ou atribuindo-lhe outra, mesmo que inexista a vontade de prejudicar direito inerente ao estado civil.
(E) Os crimes contra o estado de filiação, previstos nos arts. 241, 242 e 243 do Código Penal, são todos de ação penal pública incondicionada e não admitem a modalidade tentada.

A: correta; B: incorreta. Há exigência de dolo, não existe a forma culposa, nem se exige elemento subjetivo do tipo específico; C: incorreta. Ocorre situação contrária, ou seja, dar parto alheio como próprio; D: incorreta. Neste delito, exige-se o dolo e o elemento subjetivo específico, que é a vontade de prejudicar direito inerente ao estado civil; E: incorreta. Todos estes delitos admitem a tentativa.
Gabarito "A".

(Cartório/SP – 2012 – VUNESP) Em relação ao crime de bigamia, pode-se afirmar que se caracteriza quando:
I. contrai alguém, sendo casado, novo casamento;
II. contrai alguém, sendo divorciado, por sentença ainda não transitada em julgado, novo casamento;
III. contrai alguém, sendo divorciado, por sentença transitada em julgado, mas não averbada à margem do assento de casamento, novo enlace.

São corretas as afirmativas
(A) I e II, apenas.
(B) I e III, apenas.
(C) II e III, apenas.
(D) I, II e III.

I: correta. De fato, o crime de bigamia, previsto no art. 235 do CP, tem como descrição típica a seguinte conduta: "*Contrair alguém, sendo casado, novo casamento*"; II: correta. Somente com o trânsito em julgado da sentença de divórcio é que estará extinto o vínculo conjugal. Antes disso, ainda que decretado o divórcio por sentença, se esta tiver sido objeto de recurso, o agente continuará a ostentar o *status* de casado, razão pela qual, se contrair novo casamento, terá cometido o crime de bigamia (art. 235 do CP); III: incorreta. Se a sentença de divórcio já houver transitado em julgado, ainda que não averbada à margem do registro de casamento, não restará configurado o crime de bigamia caso o agente case novamente. Tal se deve pelo fato de a averbação do anterior divórcio não ser indispensável à ruptura do vínculo conjugal, tratando-se de ato necessário a dar publicidade ao desenlace.
Gabarito "A".

(Cartório/SP – 2012 – VUNESP) No tocante aos crimes quanto ao estado de filiação:
I. são considerados atos criminosos a promoção no registro civil da inscrição de nascimento inexistente, o fato de dar parto alheio como próprio e, ainda, registrar como seu filho de outrem;
II. o ato de dar parto alheio como próprio pode ser considerado apenas infração administrativa, se reconhecido por sentença judicial que praticado por motivo de reconhecida nobreza;
III. o ato de promover no registro civil a inscrição de nascimento inexistente pode deixar de ser apenado, desde que reconhecido por sentença judicial que praticado por motivo de reconhecida nobreza.

É correto o que se afirma apenas em
(A) I.
(B) I e II.
(C) I e III.
(D) II e III.

I: correta. De fato, *promover no registro civil a inscrição de nascimento inexistente* configura o crime tipificado no art. 241 do CP (registro de nascimento inexistente). Também constitui crime contra o estado de filiação o de *dar parto alheio como próprio* e o de *registrar como seu o filho de outrem*, nos termos do art. 242 do CP (Parto suposto. Supressão ou alteração de direito inerente ao estado civil de recém-nascido); II: incorreta. Como visto no comentário à assertiva anterior, o ato de dar parto alheio como próprio constitui figura criminosa prevista no art. 242 do CP. Se o agente praticar a conduta típica por motivo de reconhecida nobreza, a pena será mais branda (invés de reclusão, de dois a seis anos, será punido com detenção, de um a dois anos, podendo o juiz deixar de aplicar a pena – perdão judicial – art. 242, parágrafo único, do CP); III: incorreta. O crime previsto no art. 241 do CP (registro de nascimento inexistente) não prevê a possibilidade de aplicação do perdão judicial. Já nas figuras criminosas descritas no art. 242 do CP (*Dar parto alheio como próprio; registrar como seu o filho de outrem; ocultar recém-nascido ou substituí-lo, suprimindo ou alterando direito inerente ao estado civil*), poderá o juiz deixar de aplicar a pena (perdão judicial, que é causa de extinção da punibilidade – art. 107, IX, CP) se reconhecida que a conduta foi praticada por motivo de reconhecida nobreza (art. 242, parágrafo único, do CP).
Gabarito "A".

(Cartório/SP – 2011 – VUNESP) Promover no registro civil a inscrição de nascimento inexistente
(A) tipifica conduta penal de registro de nascimento inexistente.
(B) tipifica conduta penal de sonegação de estado de filiação.
(C) tipifica conduta penal de parto suposto, supressão ou alteração de direito inerente ao estado civil de recém-nascido.
(D) não configura ilícito penal.

A: correta, nos exatos termos do art. 241 do CP; B: incorreta, pois o crime de sonegação de estado de filiação, descrito no art. 243 do CP, restará caracterizado quando o agente *deixar em asilo de expostos ou outra instituição de assistência filho próprio ou alheio, ocultando-lhe a filiação ou atribuindo-lhe outra, com o fim de prejudicar direito inerente ao estado civil*; C: incorreta, pois o crime de parto suposto, supressão ou alteração de direito inerente ao estado civil de recém-nascido vem retratado no art. 242 do CP, com a seguinte redação: *Dar parto alheio como próprio; registrar como seu o filho de outrem; ocultar recém-nascido ou substituí-lo, suprimindo ou alterando direito inerente ao estado civil*; D: incorreta, pois, como visto no comentário à alternativa "A", a promoção, no registro civil, de inscrição de nascimento inexistente configura o crime descrito no art. 241 do CP.
Gabarito "A".

(Cartório/SP – VI – VUNESP) Dentre os crimes contra o casamento previstos no Código Penal, não mais se encontra tipificada a conduta consistente em
(A) adultério.
(B) conhecimento prévio de impedimento.

(C) induzimento a erro essencial e ocultação de impedimento.
(D) simulação de autoridade para celebração de casamento.

O art. 240 do CP, que definia o crime de adultério, foi revogado pela Lei 11.106/05. Suas implicações atualmente estão limitadas ao direito de família.
Gabarito "A".

## 14. CRIMES DA LEGISLAÇÃO EXTRAVAGANTE

**(Cartório/AC – 2006 – CESPE)** A Polícia Federal (PF) começou a acompanhar os passos de uma quadrilha, quando foi informada pela polícia de Portugal que Joaquim, investigado há mais de dez anos por suspeita de tráfico internacional de entorpecentes, estaria comprando imóveis no Brasil. Os agentes de polícia localizaram uma fazenda que estava em nome de Joaquim e de um sócio seu. A PF constatou que Joaquim vinha comprando terras nos arredores dessa fazenda a preços muito acima dos praticados no mercado. Nessa região, em que se vendia um alqueire por R$ 30 mil, o português pagava até R$ 80 mil, em uma demonstração de que tinha necessidade de investir rapidamente grande quantia em dinheiro. Tendo por base a situação hipotética acima, julgue os próximos itens.

(1) A narrativa em consideração configura uma prática tipicamente utilizada para a lavagem de dinheiro e está sujeita à incidência da Lei 9.613/1998.
(2) A hipótese dada traz, como crime antecedente, delito não previsto explicitamente na lei de lavagem de dinheiro, mas que pode ser alvo de aplicação analógica dessa lei para subsidiar eventual imputação de lavagem.

1: correta. De fato, a conduta de Joaquim de pagar por imóveis quantia acima do valor praticado no mercado, objetivando, com isso, dissimular a origem espúria de seu patrimônio, configura o crime de lavagem de dinheiro, nos moldes do art. 1º da Lei 9.613/1998; 2: errada, inclusive à época em que formulada a questão. É que, antes do advento da Lei 12.683/2012, a lavagem de dinheiro somente se caracterizava se o agente houvesse praticado algum crime antecedente, definido, então, nos incisos I a VIII, do art. 1º da Lei 9.613/1998, dentre os quais se incluía o tráfico de drogas. Atualmente, ocultar ou dissimular a natureza, origem, localização, disposição, movimentação ou propriedade de bens, direitos ou valores provenientes, direta ou indiretamente, de qualquer infração penal, caracteriza lavagem de dinheiro.
Gabarito "1C", "2E".

**(Cartório/AM – 2005 – FGV)** O crime de patrocinar diretamente interesse privado perante a administração fazendária, valendo-se da qualidade de funcionário público:

(A) é crime de patrocínio infiel, previsto no Código Penal.
(B) é crime de favorecimento pessoal, previsto no Código Penal.
(C) é crime de advocacia administrativa, previsto no Código Penal.
(D) é crime contra a ordem tributária, previsto em lei especial.
(E) é crime de exploração de prestígio, previsto no Código Penal.

Patrocinar, direta ou indiretamente, interesse privado perante a administração fazendária, valendo-se da qualidade de funcionário público, constitui crime funcional contra a ordem tributária, tipificado no art. 3º, III, da Lei 8.137/1990.
Gabarito "D".

**(Cartório/AM – 2005 – FGV)** Em matéria de contravenções penais, podemos afirmar que:

(A) as penas principais previstas na Lei das Contravenções Penais são: prisão simples, multa e perda de função pública.
(B) a lei brasileira é sempre aplicada à contravenção praticada fora do território nacional.
(C) recusar o recebimento de cheque é contravenção penal prevista na Lei de Contravenções Penais.
(D) é contravenção penal anunciar substância destinada a provocar aborto.
(E) a exploração da credulidade pública é uma contravenção penal.

**A**: incorreta, pois as penas principais previstas na Lei das Contravenções Penais são a prisão simples e a multa, nos termos do art. 5º, I e II, do Decreto-lei 3.688/1941; **B**: incorreta, pois a lei brasileira só é aplicada à contravenção praticada no território nacional (art. 2º do Decreto-lei 3.688/1941); **C**: incorreta, existindo na Lei das Contravenções Penais apenas a infração referente à recusa em receber, pelo seu valor, moeda de curso legal no país (art. 43). Ressalte-se, por oportuno, que cheque não é considerado moeda de curso legal, mas, sim, título de crédito que consubstancia uma ordem de pagamento à vista; **D**: correta (art. 20 do Decreto-lei 3.688/1941); **E**: incorreta, pois o art. 27 do Decreto-lei 3.688/1941 foi revogado pela Lei 9.521/1997.
Gabarito "D".

**(Cartório/AM – 2005 – FGV)** De acordo com o Estatuto da Criança e do Adolescente, é correto afirmar que:

(A) somente é ato infracional a conduta descrita como crime.
(B) são idênticas as medidas legais previstas para os atos infracionais praticados por crianças e adolescentes.
(C) apenas fotografar, sem a publicação, cena de sexo explícito envolvendo adolescente não é crime.
(D) entregar gratuitamente a adolescente fogos de estampido é sempre crime.
(E) é crime o ato de deixar o médico, enfermeiro ou dirigente de estabelecimento de atenção à saúde de gestante de identificar corretamente o neonato e a parturiente por ocasião do parto.

**A**: incorreta, pois o ato infracional corresponde a conduta descrita como crime ou contravenção (art. 103 da Lei 8.069/1990); **B**: incorreta, pois, às crianças, são inaplicáveis medidas socioeducativas, mas, apenas, as medidas protetivas do art. 101 do ECA. Já aos adolescentes que cometerem atos infracionais, aplicar-se-ão, sem prejuízo das medidas protetivas referidas, as medidas socioeducativas (art. 112 do ECA); **C**: incorreta (art. 240 do ECA), tratando-se de crime; **D**: incorreta, pois o art. 244 do ECA dispõe ser crime

vender, fornecer ainda que gratuitamente ou entregar, de qualquer forma, a criança ou adolescente fogos de estampido ou de artifício, exceto aqueles que, pelo seu reduzido potencial, sejam incapazes de provocar qualquer dano físico em caso de utilização indevida; **E**: correta (art. 229 do ECA).
Gabarito "E".

**(Cartório/AM – 2005 – FGV)** Assinale a alternativa que complete corretamente a proposição a seguir: Representar contra alguém imputando prática de ato de improbidade administrativa, que não constitui crime, quando o autor da denúncia o sabe inocente.

(A) é crime previsto em lei especial
(B) é crime de denunciação caluniosa, previsto no Código Penal
(C) não é crime, já que o ato imputado, embora de improbidade, não é criminoso
(D) constitui crime de difamação, previsto no Código Penal
(E) configura conduta de injúria, segundo o Código Penal

Nos termos do art. 19 da Lei 8.429/1992 (Lei de Improbidade Administrativa), constitui crime a representação por ato de improbidade contra agente público ou terceiro beneficiário, quando o autor da denúncia o sabe inocente.
Gabarito "A".

**(Cartório/DF – 2008 – CESPE)** Considerando a jurisprudência dos tribunais superiores, julgue o item seguinte com base no direito penal brasileiro.

(1) Para os fins da lei que define os crimes contra o Sistema Financeiro Nacional, instituição financeira é toda e qualquer pessoa jurídica, de direito público ou privado, que, como atividade principal ou acessória, custodie, emita, distribua, negocie, intermedeie ou administre valores mobiliários ou capte, intermedeie ou aplique recursos financeiros de terceiros, a ela se equiparando a pessoa jurídica que capte ou administre seguros, câmbio, consórcio, capitalização ou qualquer tipo de poupança ou recursos de terceiros. Dessa forma, a pessoa natural que exerça quaisquer das atividades mencionadas não está sob a incidência da referida lei.

1: errada (art. 1º, II, da Lei 7.492/1986).
Gabarito 1E

**(Cartório/DF – 2008 – CESPE)** Considerando a jurisprudência dos tribunais superiores, julgue o item seguinte com base no direito penal brasileiro.

(1) A lavagem de dinheiro é crime autônomo, não constituindo mero exaurimento do crime antecedente.

1: correta. De fato, a lavagem de dinheiro, que até o advento da Lei 12.683/2012, exigia, para sua configuração, a prática de um dos crimes antecedentes indicados no art. 1º da Lei 9.613/1998, constituía, e ainda constitui, crime autônomo, dissociado da infração penal anteriormente cometida e, cujos proveitos ou produtos, se pretenda ocultar ou dissimular.
Gabarito 1C

**(Cartório/DF – 2008 – CESPE)** Considerando a jurisprudência dos tribunais superiores, julgue o item seguinte com base no direito penal brasileiro.

(1) A autoridade judiciária pode suspender temporariamente a visita, inclusive de pais ou responsável, de adolescente que esteja cumprindo medida socioeducativa de internação, se existirem motivos sérios e fundados da prejudicialidade dessas visitas aos interesses do adolescente.

1: correta, nos exatos termos do art. 124, § 2º, da Lei 8.069/1990 (ECA).
Gabarito 1C

**(Cartório/MG – 2012 – FUMARC)** Segundo disposição expressa contida na Lei 11.101/2005, que "regula a recuperação judicial, a extrajudicial e a falência do empresário e da sociedade empresária", a sentença que decreta a falência, concede a recuperação judicial ou extrajudicial, é

(A) condição de procedibilidade para o exercício da ação por crimes nela previstos.
(B) pressuposto processual de validade do processo que envolva crimes nela previstos.
(C) condição da ação penal para os crimes nela previstos.
(D) condição objetiva de punibilidade das infrações penais nela previstas.

Nos exatos termos do art. 180 da Lei de Falências (Lei 11.101/05), a sentença que decreta a falência, concede a recuperação judicial ou concede a recuperação extrajudicial de que trata o art. 163 desta Lei é *condição objetiva de punibilidade das infrações penais descritas nesta Lei.*
Gabarito "D".

**(Cartório/MG – 2009 – EJEF)** Marque a assertiva CORRETA.

(A) Constitui crime funcional contra a ordem tributária, patrocinar o funcionário público, direta ou indiretamente, interesse privado perante a administração fazendária, valendo-se da condição de funcionário público.
(B) A ação penal pelos crimes contra a ordem tributária é pública condicionada à representação de autoridade fazendária competente.
(C) Será sempre da Justiça Federal a competência para julgamento de fatos que configurem ilícitos penais contra a ordem tributária, independentemente de envolver tributo estadual ou municipal.
(D) Os delitos praticados contra a ordem tributária exigem sujeito ativo com qualidade especial, ou seja, são cometidos apenas por funcionário público.

**A**: correta (art. 3º, III, da Lei 8.139/1990); **B**: incorreta, sendo certo que os crimes contra a ordem tributária são de ação penal pública incondicionada. Nesse sentido, inclusive, é a Súmula 609 do STF; **C**: incorreta. Se o tributo sonegado for estadual ou municipal, a competência pra o processo e julgamento será da Justiça Estadual, cabendo à Justiça Federal, por óbvio, conhecer e julgar os processos que envolvam tributos federais, em razão de envolver interesse da União (art. 109, IV, da CF); **D**: incorreta. Como regra, os crimes contra a ordem tributária são comuns, podendo ser cometidos por qualquer pessoa. Porém, é verdade que alguns crimes são considerados próprios, tais como aqueles definidos no art. 3º da Lei 8.139/1990 (crimes funcionais contra a ordem tributária).
Gabarito "A".

**(Cartório/MS – 2009 – VUNESP)** Assinale a alternativa correta.

(A) O condenado pela prática de homicídio qualificado não poderá obter a progressão de regime, fazendo jus apenas à concessão de livramento condicional desde que cumpridos 2/3 da pena imposta.
(B) Nos crimes contra a propriedade industrial (Título V da Lei n.º 9.279/1996) a ação penal é sempre pública condicionada à representação.
(C) Nos crimes definidos na Lei n.º 8.069/90 (Estatuto da Criança e do Adolescente) a ação penal é sempre pública incondicionada.
(D) O regime disciplinar diferenciado destina-se aos condenados pela prática de crime hediondo e caracteriza-se pelo recolhimento em cela individual.

**A**: incorreta. Se a prática do homicídio qualificado, que é crime hediondo, for anterior à entrada em vigor da Lei 11.464/07, que alterou, na Lei de Crimes Hediondos, o lapso exigido para a progressão de regime, deverá incidir, quanto aos condenados por crimes dessa natureza, a regência do art. 112 da LEP, que impõe, como condição para progressão de regime, o cumprimento de apenas *um sexto* da pena no regime anterior, além de bom comportamento carcerário. Este entendimento está contemplado na Súmula nº 471 do STJ. De outro lado, se o cometimento desses crimes se der após a entrada em vigor da Lei 11.464/07, por imposição do art. 2º, § 2º, da Lei 8.072/90, a progressão dar-se-á nos seguintes moldes: se se tratar de apenado primário, a progressão de regime dar-se-á após o cumprimento de dois quintos da pena; se reincidente, depois de cumpridos três quintos. De todo modo, a pena será sempre cumprida em regime inicialmente fechado, conforme determina o § 1º do art. 2º. No que toca ao *livramento condicional*, em vista do que dispõe o art. 83, V, do CP, os condenados por crimes hediondos e equiparados serão agraciados com este benefício desde que cumprido mais de 2/3 da pena, salvo se se tratar de reincidente específico, caso em que o condenado não fará jus ao benefício; **B**: incorreta. O art. 199 da Lei 9.279/96 estabeleceu que a ação penal, nos crimes contra a propriedade industrial, previstos no Título V desta Lei, é privativa do ofendido, exceção feita ao crime do art. 191, em que a ação é pública; **C**: proposição correta, em vista do que dispõe o art. 227 da Lei 8.069/90 - Estatuto da Criança e do Adolescente; **D**:incorreta. Ante o que estabelece o art. 52, *caput*, da LEP - Lei de Execução Penal, o *regime disciplinar diferenciado* destina-se ao preso *provisório* ou *condenado* que houver praticado *crime doloso*, desde que, com isso, ocasione subversão da ordem pública ou disciplina interna 9.605/98.
Gabarito "C".

**(Cartório/MT – 2005 – CESPE)** As medidas socioeducativas previstas na Lei n.º 8.069/1990 (Estatuto da Criança e do Adolescente) buscam, antes de mais nada, a ressocialização do adolescente infrator. Mas não se pode olvidar que guardam elas, também, certo conteúdo retributivo, a fim de criar no adolescente a consciência da ilegitimidade da prática de atos infracionais. Acerca desse assunto, assinale a opção correta.

(A) A medida socioeducativa deve conter relação com a gravidade do fato praticado.
(B) O adolescente infrator está sujeito à pena de detenção.
(C) O adolescente infrator está sujeito à pena de reclusão.
(D) A legislação atual prevê, para aplicação de qualquer medida socioeducativa, que se deve levar em consideração o desenvolvimento mental do adolescente.

**A**: correta (art. 112, § 1º, do ECA); **B e C**: incorretas, pois os adolescentes infratores não poderão ser submetidos a penas privativas de liberdade (reclusão, detenção ou prisão simples), mas, sim, a medidas socioeducativas (art. 112 do ECA); **D**: incorreta. Os menores de dezoito anos, pela CF (art. 228) e pela legislação infraconstitucional (art. 27 do CP e art. 104 do ECA), são considerados inimputáveis, presumindo-se, de maneira absoluta, o seu desenvolvimento mental incompleto. Portanto, esse não é critério para a aplicação das medidas socioeducativas, cabíveis apenas aos adolescentes que houverem cometido atos infracionais (art. 103 do ECA).
Gabarito "A".

**(Cartório/RJ – 2012)** Em relação às responsabilidades penais e administrativas decorrentes de ações lesivas ao meio ambiente, analise as assertivas abaixo.

I. Segundo a Lei nº 9.605/98 (Crimes Ambientais), a responsabilidade das pessoas jurídicas exclui a das pessoas físicas, autoras, coautoras ou partícipes do mesmo fato.
II. O baixo grau de instrução ou escolaridade não representa uma circunstância atenuante de pena, na prática de crimes contra o meio ambiente.
III. A perícia de constatação do dano ambiental, sempre que possível, fixará o montante do prejuízo causado para efeitos de prestação de fiança e cálculo de multa.

É correto o que se afirma em

(A) I, apenas.
(B) I e III, apenas.
(C) III, apenas.
(D) II e III, apenas.
(E) I, II e III.

I: incorreta (art. 3º, parágrafo único, da Lei 9.605/1998); II: incorreta (art. 14, I, da Lei 9.605/1998); III: correta (art. 19 da Lei 9.605/1998).
Gabarito "C".

**(Cartório/RJ – 2012)** É correto afirmar que o ato de lavrar ato notarial que envolva pessoa idosa sem discernimento de seus atos, sem a devida representação legal,

(A) é um fato atípico.
(B) é descrito como contravenção penal, mas não como crime.
(C) configura crime tipificado no Estatuto do Idoso.
(D) implica exclusivamente a anulabilidade do ato praticado.
(E) implica apenas consequências administrativas a quem lavrou o ato notarial.

Lavrar ato notarial que envolva pessoa idosa sem discernimento de seus atos, sem a devida representação legal, constitui o crime previsto no art. 108 do Estatuto do Idoso (Lei 10.741/2003).
Gabarito "C".

**(Cartório/SC – 2012)** João foi denunciado pela prática do delito previsto no art. 37 da Lei n. 11.343/2006 – Lei de Drogas – por utilizar um radiocomunicador para avisar aos traficantes do morro a presença de policiais militares na região. Como era primário, foi-lhe aplicada a seguinte sanção:

(A) 2 (dois) anos de reclusão, em regime aberto, tendo a pena sido substituída nos termos do art. 44 do Código Penal.

**(B)** 2 (dois) anos de reclusão, em regime integralmente fechado, sem direito à substituição de pena, por se tratar de crime hediondo.
**(C)** 2 (dois) anos de reclusão, em regime inicialmente fechado, sem direito à substituição de pena, por se tratar de crime hediondo.
**(D)** 2 (dois) anos de reclusão, em regime inicial semiaberto, sem direito à substituição de pena.
**(E)** 2 (dois) anos de detenção, em regime inicial aberto, tendo a pena sido substituída nos termos do art. 44 do Código Penal.

De fato, a pena cominada ao crime definido no art. 37 da Lei 11.343/2006, denominado pela doutrina de "colaboração ao tráfico de drogas", varia de 2 (dois) a 6 (seis) anos de reclusão, sem prejuízo de multa. Somente por tal razão, já se pode excluir a alternativa "E", que menciona que a pena seria de 2 (dois) anos de detenção. No mais, para que o candidato conseguisse assinalar a alternativa correta, bastaria saber que o crime em comento não é considerado equiparado ou assemelhado a hediondo, por não caracterizar, propriamente, tráfico de drogas, mas, sim, uma forma de colaboração, como informante, de grupos de narcotraficância. Destarte, as alternativas "B" e "C", igualmente, poderiam ser excluídas, visto que apenas ao tráfico de drogas é que seria possível cogitar em regime fechado. Nada obstante o disposto no art. 2º, § 1º, da Lei 8.072/1990 dispor que aos crimes hediondos e aos equiparados, o regime inicial de cumprimento de pena seja o fechado, é certo que o STF, no julgamento do HC 111.840, declarou, incidentalmente, a inconstitucionalidade da obrigatoriedade do regime inicial fechado. Por fim, considerando a pena imposta a João, bem como o fato de ser primário, perfeitamente cabível a substituição da pena privativa de liberdade por restritiva de direitos, desde que atendidos os requisitos do art. 44 do CP. Correta, pois, apenas a alternativa "A".
Gabarito "A".

**(Cartório/SP – 2011 – VUNESP)** Assinale a alternativa correta. São considerados crimes hediondos
**(A)** o perigo de contágio de moléstia grave, extorsão.
**(B)** o latrocínio, extorsão mediante sequestro, estupro.
**(C)** o sequestro e cárcere privado.
**(D)** o homicídio, o aborto e o infanticídio.

Os crimes considerados hediondos são aqueles previstos no rol do art. 1º da Lei 8.072/1990, a saber: "I - homicídio (art. 121), quando praticado em atividade típica de grupo de extermínio, ainda que cometido por um só agente, e homicídio qualificado (art. 121, § 2º, I, II, III, IV e V); II - latrocínio (art. 157, § 3º, in fine); III - extorsão qualificada pela morte (art. 158, § 2º); IV - extorsão mediante sequestro e na forma qualificada (art. 159, caput, e §§ lº, 2º e 3º); V - estupro (art. 213, caput e §§ 1º e 2º); VI - estupro de vulnerável (art. 217-A, caput e §§ 1º, 2º, 3º e 4º); VII - epidemia com resultado morte (art. 267, § 1º). VII-B - falsificação, corrupção, adulteração ou alteração de produto destinado a fins terapêuticos ou medicinais (art. 273, caput e § 1º, § 1º-A e § 1º-B, com a redação dada pela Lei nº 9.677, de 2 de julho de 1998); Parágrafo único. Considera-se também hediondo o crime de genocídio previsto nos arts. 1º, 2º e 3º da Lei nº 2.889, de 1º de outubro de 1956, tentado ou consumado". Portanto, somente os crimes previstos na alternativa "B" podem ser considerados hediondos.
Gabarito "B".

**(Cartório/SP – V – VUNESP)** Assinale a alternativa que contempla apenas repreendas previstas pela legislação ambiental (Lei 9.605/1998) a serem impostas à pessoa jurídica.
**(A)** Multa, restritivas de direitos, prestação de serviços à comunidade e liquidação forçada.
**(B)** Multa, restritivas de direitos, prisão dos administradores e liquidação forçada.
**(C)** Suspensão parcial das atividades, proibição de contratar com o poder público, interdição temporária de estabelecimento e demolição de seus imóveis.
**(D)** Suspensão total de atividades, interdição permanente de estabelecimentos, obra ou atividade e multa a ser arcada pelos administradores responsáveis pelo dano ambiental.

É dos arts. 21 e 24 da Lei 9.605/98 - Lei de Crimes Ambientais - que serão aplicadas à pessoa jurídica as penas de multa, restritivas de direitos, prestação de serviços à comunidade e liquidação forçada.
Gabarito "A".

**(Cartório/SP – VI – VUNESP)** Em relação à conduta do notário que lavra uma escritura de compra e venda em que o alienante é idoso sem discernimento de seus atos, sem a devida representação legal, tem-se que
**(A)** caracteriza o delito de falsidade ideológica.
**(B)** configura apenas ilícito administrativo.
**(C)** constitui crime próprio previsto no Estatuto do Idoso.
**(D)** se enquadra no delito de prevaricação.

Conduta prevista no art. 108 da Lei 10.741/03.
Gabarito "C".

## 15. TEMAS COMBINADOS

**(Cartório/AM – 2005 – FGV)** Assinale a afirmativa incorreta.
**(A)** Quanto ao "tempo do crime", o Código Penal adotou a teoria da atividade e não a teoria mista ou da ubiquidade.
**(B)** Segundo o nosso ordenamento jurídico, é possível a aplicação, em matéria penal, dos princípios da ultra-atividade e da retroatividade da lei penal.
**(C)** O Código Penal dispõe que a pena cumprida no estrangeiro atenua a pena imposta no Brasil pelo mesmo crime, quando diversas, ou nela é computada, quando idênticas.
**(D)** No concurso de pessoas, a instigação e o auxílio nunca são puníveis, se o crime não chega, pelo menos, a ser tentado.
**(E)** Dentre os regimes de cumprimento das penas privativas de liberdade, está o regime aberto. Ele se baseia na autodisciplina e senso de responsabilidade do condenado.

A: correta. De fato, em matéria de tempo do crime, o CP, em seu art. 4º, adotou a teoria da atividade, segundo a qual se considera praticado o crime no momento da ação ou da omissão, ainda que outro seja o do resultado, não se confundindo com a teoria mista ou da ubiquidade, adotada em matéria de lugar do crime (art. 6º do CP). Por esta teoria, considera-se praticado o crime no lugar da ação ou omissão (teoria da atividade) ou no lugar em que se produziu ou deveria produzir-se o resultado (teoria do resultado). Daí ser chamada de teoria mista, já que, a um só tempo, leva em conta os critérios da atividade e do resultado; **B**: correta (art. 5º, XL, da CF e art. 2º do CP). De fato, em matéria penal, é sabido e ressabido que a lei não retroagirá, salvo para beneficiar o réu. Portanto, havendo sucessão e leis penais no tempo, deverá ser aplicada aquela que, de qualquer modo, puder beneficiar o agente, seja pela retroatividade de lei posterior, seja pela ultratividade de lei já revogada, mas vigente ou superveniente ao fato praticado; **C**: correta (art. 8º do CP); **D**: incorreta (art. 31 do CP); **E**: correta (arts. 33, caput, e 36, ambos do CP).
Gabarito "D".

**(Cartório/MA – 2008 – IESES)** Assinale a alternativa correta:

(A) Pelo resultado que agrave especialmente a pena, somente responde o agente que o houver causado dolosamente.
(B) Ninguém pode ser punido por fato que lei posterior deixe de considerar crime, salvo em se tratando de lei excepcional ou temporária, hipótese em que verificada a ultra-atividade da lei penal no tempo.
(C) O desconhecimento da lei se constitui em hipótese de erro quanto à ilicitude do fato que, se inevitável, isenta de pena e, se evitável, poderá diminuí-la.
(D) Ninguém é obrigado a agir para evitar crime de outrem; a omissão somente é penalmente relevante em relação a resultado proveniente da conduta de terceiro ou da própria vítima nas hipóteses de crimes omissivos próprios.

A: incorreta (art. 19 do CP); B: correta (art. 3º do CP); C: incorreta. O desconhecimento da lei é inescusável. Porém, o erro sobre a ilicitude do fato, se inevitável, isentará o réu de pena. Já se evitável, acarretará a diminuição da pena (art. 21, caput, do CP); D: incorreta. A omissão será penalmente relevante nos casos expressamente previstos em lei (omissão própria), ou nas hipóteses do art. 13, § 2º, do CP (omissão imprópria).
Gabarito "B".

**(Cartório/MA – 2008 – IESES)** Assinale a alternativa correta:

(A) A prescrição da pretensão punitiva do Estado, nos crimes de falsificação ou alteração de assentamento do registro civil, não começa a correr enquanto o fato não se tornar conhecido.
(B) Postulado judicialmente o arquivamento de inquérito policial pelo órgão do Ministério Público, inicia-se o decurso do prazo decadencial de seis meses para a propositura, pelo ofendido, da queixa subsidiária.
(C) A cobrança da pena multa somente pode ser efetuada como dívida de valor, vedados, em qualquer caso, a conversão em pena privativa de liberdade e o desconto no vencimento ou salário do condenado.
(D) O autor de crime que seja comprovadamente acometido de doença mental ao tempo da ação criminosa, se imputável, terá a pena obrigatoriamente reduzida.

A: correta (art. 111, IV, do CP); B: incorreta, pois a queixa subsidiária (ação penal privada subsidiária da pública) tem como pressuposto a inércia do Ministério Público em oferecer denúncia no prazo legal (art. 100, § 3º, do CP, art. 29 do CPP e art. 5º, LIX, da CF). Se o órgão ministerial solicita o arquivamento do inquérito policial, inexiste inércia, mas, sim, entendimento de que o oferecimento da ação penal é inviável; C: incorreta. A despeito da pena de multa ser, de fato, considerada uma dívida de valor, nos termos do art. 51 do CP, será possível que se proceda ao desconto no vencimento ou salário do condenado, nas hipóteses previstas no art. 50, § 1º, do mesmo diploma legal; D: incorreta. A inimputabilidade por doença mental, ou a semi-imputabilidade, exigem, ao lado da demonstração do déficit mental que acomete o agente, que, em razão disso, ao tempo da ação ou da omissão, a sua capacidade de entendimento ou de autodeterminação estivesse absolutamente afastada (inimputabilidade - art. 26,*caput*, do CP) ou parcialmente afastada (art. 26, parágrafo único, do CP). Assim, a doença mental, por si só, é insuficiente à caracterização da inimputabilidade ou da semi-imputabilidade, devendo existir, em razão dela, a afetação da capacidade do agente de entender o caráter ilícito do fato ou de determinar-se de acordo com esse entendimento.
Gabarito "A".

**(Cartório/MA – 2008 – IESES)** Assinale a alternativa correta:

(A) O crime de fraude à execução é de ação penal de iniciativa privada.
(B) O avô que dolosamente deixa de atender ao comando de sentença judicial que o obriga ao pagamento de pensão alimentícia em favor de seu neto, pratica, em tese, o crime de abandono material.
(C) A chamada "adoção à brasileira", consistente na conduta do agente que registra como seu o filho de outrem, configura, em tese, o crime de falsidade ideológica.
(D) A alteração fraudulenta dos livros mercantis de empresa configura, em tese e por si só, o crime de falso material de documento particular.

A: correta (art. 179, parágrafo único, do CP); B: incorreta, pois o crime de abandono material, definido no art. 244 do CP, é cometido pelo cônjuge, que deixa de prover a subsistência do outro cônjuge, não lhe pagando pensão alimentícia, ou pelo pai que deixa de pagar alimentos ao filho menor de 18 (dezoito) anos ou inapto para o trabalho, ou pelo descendente que deixa de pagar pensão alimentícia ao ascendente inválido ou maior de 60 (sessenta) anos; C: incorreta, pois a adoção à brasileira consiste na conduta do agente que registra como seu o filho de outrem, caracterizadora do crime definido no art. 242 do CP, e não falsidade ideológica (art. 299 do CP); D: incorreta, pois os livros mercantis, de acordo com o art. 297, § 2º, do CP, são considerados documentos públicos por equiparação. Logo, a alteração fraudulenta deles caracteriza falsificação de documento público.
Gabarito "A".

**(Cartório/RN – 2012 – IESIS)** É certo afirmar:

I. A reincidência específica exige que o acusado pratique um novo delito igual ou de mesma categoria, daquele pelo qual sofreu anterior condenação com trânsito em julgado.
II. No Juizado Especial Criminal, o recebimento da denúncia, na hipótese de suspensão condicional do processo, não precisa ser precedido da resposta prevista no art. 81 da Lei 9099/95.
III. A concepção normativa da culpabilidade – culpabilidade como reprovabilidade – implica em um juízo de aprovação ou desaprovação que recai sobre a conduta penalmente injusta (típica e antijurídica).
IV. Dolo e culpa são considerados elementos subjetivos do crime.

Analisando as proposições, pode-se afirmar:

(A) Somente as proposições II e IV estão corretas.
(B) Somente as proposições II e III estão corretas.
(C) Somente as proposições I e IV estão corretas.
(D) Somente as proposições I e III estão corretas.

I: incorreta, pois a reincidência específica pressupõe que o agente cometa crimes idênticos, vale dizer, definidos no mesmo tipo penal (ex.: dois furtos, dois estelionatos, dois roubos etc); II: correta. De fato, a chamada "defesa preliminar", prevista no art. 81 da Lei 9.099/1995, será apresentada pelo defensor do acusado se frustrada a transação penal (art. 76 da referida lei), mas antes do recebimento

da denúncia ou queixa, procedimento este aplicável às infrações penais de menor potencial ofensivo. Já se se tratar de infração penal cuja pena mínima não supere 1 (um) ano, desde que satisfeitos os requisitos previstos no art. 89 da precitada Lei 9.099/1995, oferecida a proposta de suspensão condicional do processo, caso esta seja aceita pelo acusado e seu defensor, o juiz receberá a peça inicial acusatória (denúncia ou queixa), nos termos do § 1º, do referido dispositivo legal. Não haverá, aqui, apresentação de "defesa preliminar"; **III**: correta. De fato, para a concepção normativa da culpabilidade, esta consiste em um juízo de reprovabilidade da conduta típica e ilícita perpetrada pelo agente delitivo. Uma vez apurada a reprovabilidade do comportamento, a consequência será a imposição de pena; **IV**: incorreta, de acordo com a banca examinadora. Porém, discordamos do posicionamento adotado, tendo em vista que o dolo e a culpa são, de fato, considerados elementos subjetivos do crime (ou elementos subjetivos da conduta), visto que nenhuma infração penal poderá ser cometida sem que a conduta tenha sido dolosa ou culposa. Cremos que a intenção da banca examinadora foi a de diferenciar, no tocante aos elementos do tipo penal, a posição do dolo e da culpa. Aí sim há distinção: o dolo "específico" (especial fim de agir do agente) é considerado elemento subjetivo do tipo, ao passo que a culpa é elemento normativo do tipo, visto que exigirá, para sua configuração, um juízo de valor acerca do intérprete-aplicador do Direito.
Gabarito "B".

**(Cartório/RN – 2012 – IESIS)** É certo afirmar:

I. Nos crimes praticados por funcionário público contra a administração em geral, o sujeito ativo é somente o funcionário público.
II. No crime de facilitação de contrabando ou descaminho, o objeto material é a mercadoria contrabandeada ou o imposto não recolhido, respectivamente.
III. Disparar arma de fogo em via pública se constitui em contravenção penal.
IV. O crime de reingresso de estrangeiro expulso admite tentativa.

Analisando as proposições, pode-se afirmar:

(A) Somente as proposições I e IV estão corretas.
(B) Somente as proposições II e III estão corretas.
(C) Somente as proposições II e IV estão corretas.
(D) Somente as proposições I e III estão corretas.

**I**: incorreta, pois a despeito de os crimes praticados por funcionário público contra a administração em geral exigirem a condição especial do agente (ser funcionário público, nos moldes do art. 327 do CP), é certo que o sujeito ativo de referidos delitos poderá, também, ser um particular, na condição de coautor ou partícipe, aplicando-se, para tanto, o art. 30 do CP (as circunstâncias ou condições de caráter pessoal não se comunicam a coautores ou partícipes, salvo se elementares do crime). Assim, por exemplo, o crime de peculato (art. 312 do CP) poderá ser cometido em concurso de agentes, bastando que um deles seja funcionário público, condição esta que irá se estender ao comparsa, ainda que particular (desde que este saiba da condição especial daquele); **II**: correta. De fato, no crime de facilitação de contrabando ou descaminho (art. 318 do CP), o objeto material será a mercadoria contrabandeada (mercadoria proibida - contrabando) ou os tributos não recolhidos (descaminho); **III**: incorreta, pois o disparo de arma de fogo em via pública constitui crime (art. 15 do Estatuto do Desarmamento – Lei 10.826/2003); **IV**: correta. De fato, o crime de reingresso de estrangeiro expulso, definido no art. 338 do CP, admite a tentativa, tratando-se de crime plurissubsistente (ou seja, o *iter criminis* é fracionável).
Gabarito "C".

**(Cartório/RN – 2012 – IESIS)** É certo afirmar:

I. Autoacusar-se falsamente perante a autoridade policial ou judicial se constitui em crime, inexistindo na modalidade culposa.
II. Havendo embriaguez preordenada, será ela caso de inimputabilidade penal.
III. A imputabilidade penal se confunde com a responsabilidade penal, já que corresponde às consequências jurídicas oriundas da prática de uma infração.
IV. As causas especiais de aumento e de diminuição da pena estão previstas tanto na parte geral quanto na parte especial do Código Penal.

Analisando as proposições, pode-se afirmar:

(A) Somente as proposições II e IV estão corretas.
(B) Somente as proposições I e IV estão corretas.
(C) Somente as proposições II e III estão corretas.
(D) Somente as proposições I e III estão corretas.

**I**: correta. De fato, o crime de autoacusação falsa, definido no art. 341 do CP, somente poderá ser cometido dolosamente. Da leitura de referido tipo penal, não se encontra a definição da forma culposa do delito, motivo pelo qual não será admissível a punição do agente se houver agido por imprudência ou negligência; **II**: incorreta. A embriaguez preordenada, ou dolosa, é aquela em que o agente, deliberadamente, se embriaga, a fim de encorajar-se a cometer a infração penal. Não só não haverá exclusão da imputabilidade, como a pena do agente será agravada. Trata-se de circunstância agravante, definida no art. 61, II, "l", do CP; **III**: incorreta. A imputabilidade penal constitui um dos elementos da culpabilidade, tratando-se da capacidade que o agente deve ter para entender o caráter ilícito do fato e de determinar-se de acordo com esse entendimento (em suma: capacidade de entendimento + autodeterminação). A responsabilidade penal pressupõe a imputabilidade, mas esta não é única exigência para que um agente seja criminalmente punido. Ainda se farão necessários mais dois requisitos: a potencial consciência da ilicitude e a exigibilidade de conduta diversa; **IV**: correta, de acordo com a banca examinadora. De fato, as causas de aumento e diminuição de pena (respectivamente, majorantes e minorantes) estão previstas na Parte Geral e na Parte Especial do CP. Porém, aquelas previstas na Parte Geral são denominadas de causas gerais (ou genéricas) de aumento e diminuição, ao passo que as últimas são chamadas de causas especiais (ou específicas) de aumento e diminuição. Portanto, cremos que a banca examinadora "pecou" por ter inserido a expressão "especiais", pois, como visto, estas vêm compreendidas na Parte Especial do CP.
Gabarito "B".

**(Cartório/SC – 2012)** Maria soltou o animal da propriedade vizinha à sua, fazendo-o desaparecer.

A ação praticada por Maria é:

(A) Crime de dano.
(B) Atípica.
(C) Crime de furto.
(D) Crime de introdução ou abandono de animais em propriedade alheia.
(E) Apropriação indébita de animal.

**A**: incorreta, pois o crime de dano pressupõe que o agente destrua, deteriore ou inutilize coisa alheia (art. 163 do CP), não se amoldando a conduta de Maria ao tipo penal referido; **B**: correta. De fato, não constitui crime a conduta do agente de, pura e simplesmente, soltar o animal da propriedade vizinha, fazendo-o desaparecer. Não há no CP qualquer tipo penal cuja conduta de Maria se subsuma; **C**: incorreta, pois o crime de furto (art. 155 do CP) pressupõe que o agente subtraia a coisa, para si ou para outrem, incorporando-a ao seu próprio patrimônio ou patrimônio de terceiro; **D**: incorreta, pois a definição típica do crime do art. 164 do CP ("*introduzir ou deixar animais em propriedade alheia, sem consentimento de quem de direito, desde que o fato resulte prejuízo*") não se subsume à conduta perpetrada por Maria; **E**: incorreta, eis que o crime de apropriação indébita (art. 168 do CP) pressupõe que o agente se aproprie da coisa, portando-se como se dela fosse dono, o que incorreu com Maria, que, simplesmente, soltou o animal da propriedade vizinha, que desapareceu.

Gabarito "B".

**(Cartório/SC – 2012)** Sobre as Súmulas do Supremo Tribunal Federal, em Direito Penal, pode-se afirmar:

I.  Admite-se continuidade delitiva nos crimes contra a vida.
II. É pública incondicionada a ação penal por crime de sonegação fiscal.
III. A prescrição pela pena em concreto é somente da pretensão executória da pena privativa de liberdade.
IV. A lei penal mais grave não se aplica ao crime continuado ou ao crime permanente, mesmo que a sua vigência seja anterior à cessação da continuidade ou da permanência.

(A) Somente as proposições I, II e III estão corretas.
(B) Somente as proposições II e IV estão corretas.
(C) Somente as proposições II e III estão corretas.
(D) Somente as proposições II, III e IV estão corretas.
(E) Todas as proposições estão corretas.

**I**: incorreta (Súmula 605 do STF); **II**: correta (Súmula 609 do STF); **III**: correta (Súmula 604 do STF); **IV**: incorreta (Súmula 711 do STF).

Gabarito "C".

**(Cartório/SC – 2012)** Acerca das Súmulas do Superior Tribunal de Justiça, em Direito Penal, pode-se afirmar:

I.  O crime de extorsão depende para sua consumação da obtenção de vantagem indevida.
II. A reincidência influi no prazo da prescrição da pretensão punitiva.
III. Para efeitos penais, o reconhecimento da menoridade do réu requer prova por documento hábil.
IV. O aumento na terceira fase de aplicação da pena no crime de roubo circunstanciado exige fundamentação concreta, não sendo suficiente para sua exasperação a mera indicação do número de majorantes.

(A) Somente as proposições I, III e IV estão corretas.
(B) Somente as proposições II e IV estão corretas.
(C) Somente as proposições III e IV estão corretas.
(D) Somente as proposições I, II e III estão corretas.
(E) Somente as proposições I e III estão corretas.

**I**: incorreta (Súmula 96 do STJ), tratando-se a extorsão de crime formal, consumando-se no momento da exigência econômica indevida feita pelo agente; **II**: incorreta (Súmula 220 do STJ), sendo certo que a reincidência somente influi no prazo da prescrição da pretensão executória, aumentando-a em um terço (art. 110, *caput*, do CP); **III**: correta (Súmula 74 do STJ); **IV**: correta (Súmula 443 do STJ).

Gabarito "C".

# 6. Direito Processual Penal

Eduardo Dompieri

## 1. FONTES, PRINCÍPIOS GERAIS, EFICÁCIA DA LEI PROCESSUAL NO TEMPO E NO ESPAÇO E INTERPRETAÇÃO

**(Cartório/DF – 2008 – CESPE)** Com base na jurisprudência dos tribunais superiores, julgue o item seguinte, acerca do direito processual penal.

(1) A exigência de defesa técnica, para a observância do devido processo legal, impõe a presença do profissional da advocacia na audiência de interrogatório do acusado, sendo essa uma formalidade de cunho nitidamente constitucional.

Art. 5º, LIV e LV, da CF; art. 185 do CPP.
Gabarito 1C

**(Cartório/DF – 2008 – CESPE)** Com base na jurisprudência dos tribunais superiores, julgue o item seguinte, acerca do direito processual penal.

(1) A CF assegura aos acusados o contraditório e a ampla defesa, com os meios e recursos a ela inerentes. Entre tais meios, inclui-se o Pacto de São José da Costa Rica, que prevê garantia judicial da comunicação prévia e pormenorizada da imputação. Em consonância com essa orientação constitucional, o CPP determina que a acusação deve conter a exposição do fato criminoso, com todas as suas circunstâncias, a qualificação do acusado ou esclarecimentos pelos quais se possa identificá-lo, a classificação do crime e, quando necessário, o rol de testemunhas.

Art. 8º, item 2, "c", do Pacto de São José da Costa Rica: "Garantias judiciais. (...) 2. Toda pessoa acusada de um delito tem direito a que se presuma sua inocência, enquanto não for legalmente comprovadamente sua culpa. Durante o processo, toda pessoa tem direito, em plena igualdade, às seguintes garantias mínimas: (...) b) comunicação prévia e pormenorizada ao acusado da acusação formulada; (...)"
Gabarito 1C

**(Cartório/MG – 2012 – FUMARC)** Quanto à lei processual penal no tempo, o princípio adotado pelo Código de Processo Penal é

(A) ultratividade.
(B) retroatividade.
(C) aplicação imediata.
(D) retroatividade e ultratividade benéficas.

A lei processual penal será aplicada desde logo, sem prejuízo dos atos realizados sob o império da lei anterior. É o que estabelece o art. 2º do CPP. A exceção a essa regra fica por conta da lei processual penal dotada de carga material, em que deverá ser aplicado o que estabelece o art. 2º, parágrafo único, do CP. Nesse caso, a exemplo do que se dá com as leis penais, a norma processual nova, se favorável ao réu, deverá retroagir; se prejudicial, aplica-se a lei já revogada (*lex mitior*).
Gabarito "C".

**(Cartório/PR – 2007)** Em relação à interpretação e aplicação da norma processual penal, assinale a alternativa correta:

(A) A lei processual penal somente pode ser interpretada restritivamente.
(B) Não é permitido o uso da analogia em Direito Processual Penal.
(C) Os atos processuais penais, como regra, regem-se pela lei em vigor ao tempo de sua realização (princípio do *tempus regit actum*).
(D) Não há dispositivos processuais penais no Código Penal.

A: incorreta, pois não reflete o disposto no art. 3º do CPP; B: incorreta. A lei processual penal comporta tanto a aplicação analógica (processo de integração) quanto a interpretação analógica (processo de interpretação) - art. 3º do CPP. A propósito, a lei penal, da mesma forma, admite a interpretação analógica e também a aplicação analógica. De se ver, todavia, que a aplicação analógica somente terá lugar, em direito penal, se favorável ao réu (analogia "in bonam partem"), sendo vedada, portanto, sua aplicação em prejuízo do agente, em obediência ao princípio da legalidade; C: assertiva correta. Com efeito, a lei processual penal será aplicada desde logo, sem prejuízo dos atos realizados sob o império da lei anterior. É o que estabelece o art. 2º do CPP. A exceção a essa regra fica por conta da lei processual penal dotada de carga material, em que deverá ser aplicado o que estabelece o art. 2º, parágrafo único, do CP. Nesse caso, a exemplo do que se dá com as leis penais, a norma processual nova, se favorável ao réu, deverá retroagir; D: incorreta, visto que o Código Penal contempla, sim, dispositivos de natureza processual. Exemplo disso é o art. 100 do CP, que trata da ação penal.
Gabarito "C."

## 2. INQUÉRITO POLICIAL, AÇÃO PENAL E AÇÃO CIVIL

**(Cartório/AM – 2005 – FGV)** Em matéria de ação penal, é incorreto afirmar que:

(A) na ação penal privada, na hipótese de morte do ofendido, o direito de prosseguir na ação passará ao cônjuge, ascendente, descendente ou irmão.
(B) o órgão do Ministério Público dispensará o inquérito policial, se com a representação que lhe for dirigida forem oferecidos elementos que o habilitem a promover a ação penal, e, nesse caso, oferecerá a denúncia no prazo de 15 (quinze) dias.
(C) a denúncia será rejeitada quando houver a prescrição.
(D) a renúncia ao exercício do direito de queixa, em relação a um dos autores do crime, a todos se estende, sem que produza, todavia, efeito em relação ao que o recusar.
(E) a renúncia tácita e o perdão tácito admitirão todos os meios de prova.

A: correta, visto que, de fato, o art. 31 do CPP estabelece uma ordem que deve ser seguida na hipótese de o ofendido morrer ou mesmo ser considerado ausente por força de decisão judicial. Em primeiro lugar, o cônjuge; depois, o ascendente, descendente e irmão. Se houver discordância, deve prevalecer a vontade daquele que deseja ajuizar a ação. Mas cuidado: inexiste, na *ação penal privada personalíssima*, sucessão por morte ou ausência, razão por que, neste caso, não tem incidência o art. 31 do CPP. Tal se dá porque, nesta modalidade de ação privada, a titularidade é conferida única e exclusivamente ao ofendido. Com a morte deste, a ação penal não poderá ser proposta por outra pessoa. Havia no Código Penal dois casos. Com a revogação do art. 240 do CP (crime de adultério), restou tão somente o delito de *induzimento a erro essencial e ocultação de impedimento*, capitulado no art. 236 do CP; B: assertiva correta, pois em conformidade com o disposto no art. 39, § 5º, do CPP; C: correta, nos termos do art. 395, II, do CPP; D: incorreta (devendo ser assinalada). A *renúncia*, por constituir ato *unilateral*, prescinde da manifestação de vontade do ofensor – art. 49 do CPP e art. 104 do CP. Dito de outro modo, a sua produção de efeitos não está condicionada à aceitação do ofensor; diferentemente, o *perdão*, que é ato bilateral, somente acarretará a extinção da punibilidade se aceito pelo querelado – art. 51 do CPP e 105 do CP; E: correta, visto que corresponde ao que estabelece o art. 57 do CPP.
Gabarito "D".

**(Cartório/DF – 2008 – CESPE)** Com base na jurisprudência dos tribunais superiores, julgue o item seguinte, acerca do direito processual penal.

(1) Caso o motorista de determinada empresa seja condenado pelo juiz penal por ter praticado homicídio culposo no exercício de seu trabalho, a sentença penal condenatória constituirá título executivo contra o responsável civil — distinto do autor material do crime — pelos danos decorrentes do ilícito, ainda que não tenha feito parte da relação jurídico-processual.

Prevalece, tanto na doutrina quanto na jurisprudência, o posicionamento segundo o qual a responsabilidade civil, na ação civil *ex delicto*, somente recairá sobre aquele que figurou no processo criminal. Trata-se de tema polêmico, uma vez que o art. 64, *caput*, do CPP reza que a ação para ressarcimento do dano poderá ser proposta no juízo cível, contra o autor do crime e, se for o caso, *contra o responsável civil*.
Gabarito 1E

**(Cartório/DF – 2006 – CESPE)** Segundo a legislação e a doutrina pertinentes, e considerando, ainda, a jurisprudência do STJ e do STF, julgue o próximo item, relativo ao direito processual penal.

(1) A decisão judicial que determina o arquivamento do inquérito policial, quando fundado o pedido do Ministério Público em que o fato nele apurado não constitui crime, mais que preclusão, produz coisa julgada material.

Uma vez ordenado o arquivamento do inquérito policial pelo juiz de direito, por falta de base para a denúncia, nada obsta que a autoridade policial proceda a novas pesquisas, desde que de outras provas tenha conhecimento – art. 18 do CPP. Isso porque a decisão que determina o arquivamento do inquérito policial não gera, em regra, coisa julgada material. Agora, se o arquivamento do inquérito se der por ausência de tipicidade, a decisão, neste caso, tem efeito preclusivo, é dizer, produz coisa julgada material, impedindo, dessa forma, o desarquivamento do inquérito. A esse respeito, *Informativo STF 375*.
Gabarito 1C

**(Cartório/DF – 2006 – CESPE)** Segundo a legislação e a doutrina pertinentes, e considerando, ainda, a jurisprudência do STJ e do STF, julgue o próximo item, relativo ao direito processual penal.

(1) À ação penal de titularidade do Ministério Público são aplicáveis os institutos da renúncia, do perdão e da perempção, que não são exclusivos da ação penal de iniciativa privada.

A ação penal pública, cujo titular é o Ministério Público, não comporta os institutos da *renúncia*, do *perdão* e da *perempção*, exclusivos, portanto, da ação penal de iniciativa privada. É que a ação penal pública é regida pelos princípios da obrigatoriedade e indisponibilidade, sendo vedado, pois, ao seu titular deixar de ajuizá-la, quando presentes seus requisitos legais, ou dela desistir (art. 42, CPP).
Gabarito 1E

**(Cartório/MA – 2008 – IESES)** É certo afirmar:

I. Basicamente, o Inquérito Policial possui por finalidade colher indícios sobre autoria e materialidade, dando possibilidade ao Ministério Público de oferecer denúncia.
II. Caso o Ministério Público entenda não ser o caso de denúncia, pode determinar: o arquivamento; a baixa dos autos em diligência; a extinção da punibilidade.
III. O inquérito policial é indispensável para o oferecimento da denúncia.
IV. Segundo o Código de Processo Penal, estando o réu preso, o prazo para a conclusão do inquérito policial será de 10 dias, estando solto, de 30 dias.

Analisando as proposições, pode-se afirmar:

(A) Somente as proposições II e III estão corretas.
(B) Somente as proposições I e IV estão corretas.
(C) Somente as proposições I e III estão corretas.
(D) Somente as proposições II e IV estão corretas.

I: assertiva correta. O inquérito policial, procedimento administrativo pré-processual realizado pela Polícia Judiciária, destina-se a apurar a prática de infrações penais, de forma a fornecer ao titular da ação

penal o suporte necessário ao seu ajuizamento; II: incorreta. Se o MP entender que não é o caso de denúncia, deverá *requerer* ao juiz o arquivamento do inquérito policial, a sua devolução à autoridade policial para a realização de novas diligências, desde que imprescindíveis ao oferecimento da denúncia (art. 16, CPP), ou ainda a extinção da punibilidade. No primeiro caso, dado o que dispõe o art. 28 do CPP, o juiz, se rejeitar o pleito de arquivamento dos autos de inquérito policial formulado pelo Ministério Público, fará a remessa dos autos ao chefe do Ministério Público, o procurador-geral, que é quem tem atribuição para proceder a nova análise do pedido de arquivamento feito pelo promotor de justiça. A partir daí, pode o procurador-geral, em face da provocação do magistrado, insistir no pedido de *arquivamento do inquérito,* ratificando posicionamento firmado pelo promotor, caso em que o juiz ficará obrigado, por imposição do art. 28 do CPP, a determiná-lo. Se, de outro lado, o chefe do *parquet* entender que é caso de *oferecimento de denúncia,* poderá ele mesmo, o procurador-geral, fazê-lo ou designar outro membro do MP para ofertá-la. Tal incumbência, frise-se, não poderá recair sobre o mesmo promotor, o que implicaria violação à sua livre convicção; III: incorreta. O inquérito policial constitui instrumento de investigação cuja presença, tanto nos delitos em que ação penal é publica quanto naqueles em que é privativa do ofendido, não é indispensável, essencial ao oferecimento da denúncia ou queixa, desde que a inicial contenha elementos suficientes (existência do crime e indícios suficientes de autoria) ao exercício da ação penal; IV: correta. O art. 10, *caput,* do CPP estabelece o prazo geral de 30 dias para conclusão do inquérito, quando o indiciado não estiver preso; se se tratar de indiciado preso, o inquérito deve terminar em 10 dias. Na Justiça Federal, se o indicado estiver preso, o prazo para conclusão do inquérito é de quinze dias, podendo haver uma prorrogação por igual período, conforme dispõe o art. 66 da Lei 5.010/1966; se solto, o inquérito deve ser concluído em 30 dias, em consonância com o disposto no art. 10, *caput,* do CPP. Há outras leis especiais, além desta, que estabelecem prazos diferenciados para a ultimação das investigações.
Gabarito "B".

**(Cartório/MG – 2012 – FUMARC)** Sobre a ação penal pública condicionada, é **correto** afirmar que

(A) no silêncio da lei, a ação penal dependerá de representação do ofendido para ser proposta.

(B) o prazo para o oferecimento da representação do ofendido é de 6 (seis) meses, contados a partir da data do fato.

(C) segundo a disciplina do Código de Processo Penal, é possível a retratação da representação até o recebimento da denúncia.

(D) o Código de Processo Penal não estabelece prazo decadencial para que o Ministro da Justiça apresente requisição, quando exigida for ela por lei.

A: incorreta, visto que a ação penal, que em regra é pública *incondicionada,* somente será *condicionada* à representação do ofendido ou à requisição do MJ se a lei assim o exigir; B: incorreta. O termo inicial, neste caso, é representado pelo dia em que o ofendido ou sem representante vem a saber quem é o autor da infração penal. É o que estabelece o art. 38 do CPP; C: incorreta, já que a representação somente será retratável até o *oferecimento* da denúncia (art. 25, CPP); D: correta. De fato, o Código de Processo Penal não fixou, para a ação penal pública condicionada, prazo para a apresentação de requisição pelo ministro da Justiça, o que poderá ser feito, por essa razão, enquanto o crime não estiver prescrito.
Gabarito "D".

**(Cartório/MS – 2009 – VUNESP)** O procedimento relativo ao inquérito policial, em razão das reformas implantadas no código de processo penal pela Lei n.º 11.719/2008,

(A) não sofreu alterações.

(B) tornou-se indispensável para o oferecimento da denúncia.

(C) deixou de ter previsão legal e passará a seguir as normas da polícia judiciária.

(D) passou a ser de exclusividade do Ministério Público.

(E) passou a ser de iniciativa exclusiva do ofendido ou de quem tenha legitimidade para representá-lo.

As alterações implementadas pela Lei 11.719/2008 não atingiram o inquérito policial.
Gabarito "A".

**(Cartório/MT – 2005 – CESPE)** Considerando o arquivamento de inquérito policial em decorrência de atipicidade do fato imputado ao indiciado, fundamento essencial, permanente e não passageiro da decisão judicial, assinale a opção correta.

(A) Produzidas novas provas que modifiquem a matéria de fato, pode-se desarquivar o inquérito para o oferecimento da denúncia ou queixa.

(B) Arquivado o inquérito policial, ainda assim pode ser iniciada a ação penal correspondente.

(C) A lei impossibilita que a autoridade policial, diante da notícia de existência de novas provas, efetue de ofício diligências a respeito do fato que foi objeto do inquérito arquivado.

(D) Não há a possibilidade do desarquivamento do inquérito policial.

Uma vez ordenado, pelo magistrado, o arquivamento do inquérito policial por falta de base para a denúncia, nada obsta que a autoridade policial proceda a novas pesquisas, desde que de outras provas tenha conhecimento – art. 18 do CPP. Isso porque a decisão que determina o arquivamento do inquérito policial não gera, em regra, coisa julgada material. Registre-se, no entanto, que "outras provas" a que faz alusão o art. 18 do CPP devem ser entendidas como *provas substancialmente novas,* ou seja, aquelas que até então não eram de conhecimento das autoridades. Veja, a propósito, o teor da Súmula n. 524 do STF: "Arquivado o inquérito policial, por despacho do juiz, a requerimento do Promotor de Justiça, não pode a ação penal ser iniciada, sem novas provas". Agora, se o arquivamento do inquérito se der por ausência de tipicidade, a decisão, neste caso, tem efeito preclusivo, é dizer, produz coisa julgada material, impedindo, dessa forma, o desarquivamento do inquérito. A esse respeito, *Informativo STF 375.*
Gabarito "D".

**(Cartório/RJ – 2012)** Sobre o inquérito policial, é correto afirmar que

(A) a autoridade policial poderá arquivar autos de inquérito.

(B) o ofendido, ou seu representante legal, e o indiciado poderão requerer qualquer diligência, que deve ser cumprida pela autoridade policial.

(C) nos crimes em que não couber ação pública, os autos do inquérito serão arquivados na delegacia de polícia até a provocação do interessado.

(D) a autoridade policial depende de autorização judicial para poder realizar a reprodução simulada dos fatos.

(E) no relatório do que tiver sido apurado, a autoridade policial poderá indicar testemunhas que não foram inquiridas, mencionando o lugar onde possam ser encontradas.

A: incorreta, pois contraria o disposto no art. 17 do CPP, que estabelece que é vedado à autoridade policial mandar arquivar autos de inquérito; somente poderá fazê-lo, desde que a requerimento do MP, o juiz de direito (art. 18, CPP); B: incorreta, dado que a autoridade policial poderá indeferir a diligência pleiteada pelo ofendido, ou pelo seu representante legal, bem como pelo indiciado. É o que estabelece o art. 14 do CPP; C: a nosso ver, a proposição está incorreta, pois, neste caso, uma vez concluído o inquérito policial, a autoridade providenciará para que este seja remetido ao fórum, onde aguardará, em cartório, a provocação do interessado (art. 19 do CPP); D: a lei não estabeleceu como condição à realização da reprodução simulada dos fatos pela autoridade policial a autorização judicial (art. 7º, CPP); E: correta, pois em conformidade com o que reza o art. 10, § 2º, do CPP.
Gabarito "E".

**(Cartório/RN – 2012 – IESIS)** É certo afirmar:

I. Por ser o inquérito policial desvinculado da ação penal, não a prescindindo, é admissível que a Autoridade Policial deixe de atender às requisições do Ministério Público, quando entender serem impertinentes.

II. É cabível a substituição de uma modalidade de pena restritiva de direitos por outra, aplicada em sede de transação penal, pelo juízo do conhecimento, a requerimento do interessado, ouvido o Ministério Público.

III. Havendo retratação da representação, poderá o Promotor de Justiça requerer o arquivamento dos autos do inquérito policial ou das peças de informação.

IV. A ação pública é promovida pelo Ministério Público, dependendo, quando a lei o exige, de representação do ofendido ou de requisição do Ministério da Justiça.

Analisando as proposições, pode-se afirmar:

(A) Somente as proposições I e III estão corretas.
(B) Somente as proposições II e III estão corretas.
(C) Somente as proposições I e IV estão corretas.
(D) Somente as proposições II e IV estão corretas.

I: não cabe à autoridade policial deferir ou indeferir a requisição judicial ou ministerial para a instauração de inquérito (art. 5º, II, do CPP), pois está-se a falar de *ordem*, *determinação*, que deverá, portanto, ser cumprida; II: art. 76 da Lei 9.099/1995; III: a retratação, desde que anterior ao oferecimento da denúncia, afasta a possibilidade de o MP ajuizar a ação penal, restando-lhe, neste caso, requerer o arquivamento dos autos do inquérito policial ou das peças de informação (art. 25, CPP); IV: art. 24, *caput*, do CPP.
Gabarito "B".

**(Cartório/SC – 2012)** Consoante dispõe do Código de Processo Penal – CPP sobre o direito de representação, manifestação necessária à deflagração de algumas ações penais, é **correto** afirmar:

(A) A representação será irretratável depois de oferecida a denúncia.
(B) A representação será irretratável depois de recebida a denúncia.
(C) Não se admite a retratação da retratação, mesmo que dentro do prazo decadencial.
(D) O prazo de representação, salvo disposição em contrário, é de três meses, contados da descoberta da autoria do ilícito.
(E) O direito de representação só poderá ser exercido pessoalmente, mediante declaração escrita ou oral, feita ao juiz, ao Ministério Público ou à autoridade policial.

Em conformidade com a disciplina dos arts. 25 do CPP e 102 do CP, a representação será retratável até o *oferecimento* da denúncia. O dispositivo legal confere à vítima o direito de retroceder e retirar do Ministério Público a autorização dada para que este dê início à ação penal. Note que é perfeitamente possível, desde que dentro do prazo decadencial, que a vítima, depois de retratar-se, volte atrás e ofereça nova representação. A isso damos o nome de *retratação da retratação*. No mais, o direito de representação poderá ser exercido, conforme reza o art. 39 do CPP, pessoalmente ou por procurador com poderes especiais, mediante declaração, escrita ou oral, dirigida ao MP, ao juiz ou à autoridade policial, dentro do prazo de seis meses, que tem como termo inicial o dia em que o ofendido ou seu representante legal toma conhecimento de quem é o autor do crime (art. 38, CPP).
Gabarito "A".

**(Cartório/SC – 2012)** No Processo Penal tem-se como mera irregularidade o atraso na oferta da denúncia; todavia, tal intempestividade caracteriza constrangimento ilegal à liberdade do indiciado, passível de correção pela sua soltura. Acerca do art. 46 do Código de Processo Penal – CPP é **correto** afirmar:

(A) O prazo para o oferecimento da denúncia, estando o réu preso, é de três dias.
(B) Quando o Ministério Público dispensar o Inquérito Policial, o prazo para o oferecimento da denúncia contar-se-á da data em que tiver recebido as peças de informação ou a representação.
(C) O prazo para o oferecimento da denúncia, estando o réu solto ou afiançado, é de dez dias.
(D) O cômputo do prazo para o Ministério Público é suspenso quando houver a devolução do inquérito à autoridade policial.
(E) O prazo para aditamento da queixa pelo Ministério Público é de cinco dias.

A: incorreta. Segundo estabelece o art. 46, *caput*, do Código de Processo Penal, a denúncia deverá ser oferecida no prazo de 5 (cinco) dias, se preso estiver o indiciado, a se contar da data em que o órgão do Ministério Público receber os autos do inquérito policial, e de 15 (quinze) dias, na hipótese de o indiciado encontrar-se solto ou afiançado; B: correta, visto que em conformidade com o disposto no art. 46, § 1º, do CPP; C: incorreta, pois, se solto estiver o indiciado, o Ministério Público disporá, para o oferecimento da denúncia, do prazo de quinze dias. É o que estabelece o art. 46, *caput*, do CPP; D: incorreta. Estando o indiciado solto, o MP poderá requerer a devolução dos autos do inquérito à delegacia de polícia para a realização de diligências imprescindíveis ao oferecimento da denúncia; o prazo, nesta hipótese, que é de quinze dias, começará a contar da data em que o órgão ministerial, depois de concluídas as diligências complementares, tiver nova vista do inquérito (art. 46, *caput*, segunda parte, do CPP); E: incorreta, visto que o art. 46, § 2º, do CPP estabelece o prazo de três dias para o MP aditar a queixa.
Gabarito "B".

**(Cartório/SC – 2012)** Sobre o inquérito policial é **correto** afirmar:

(A) Pode a autoridade policial mandar arquivar autos de inquérito, desde que vislumbre, desde logo, a impossibilidade da deflagração de ação penal.
(B) Ordenado o arquivamento do inquérito, por falta de base para a denúncia, não poderá mais a autoridade policial proceder a novas pesquisas.
(C) Não concordando o juiz com a pretensão de arquivamento do inquérito, deverá devolvê-lo ao promotor de justiça.
(D) O prazo para a sua conclusão é de 30 dias no caso de réu preso.
(E) O despacho que decide pelo arquivamento do inquérito é irrecorrível.

---

A: incorreta. A autoridade policial não está credenciada, em hipótese alguma, a promover o arquivamento de autos de inquérito policial (art. 17, CPP), o que somente poderá ser feito, a requerimento do MP, pelo juiz de direito (art. 18, CPP); B: incorreta. Conforme estabelece o art. 18 do CPP, a autoridade policial poderá, em regra, depois de ordenado o arquivamento do inquérito, proceder a novas pesquisas, desde que tome conhecimento de outras provas; C: incorreta, pois, em vista do que dispõe o art. 28 do CPP, o juiz, se discordar do pleito de arquivamento dos autos de inquérito formulado pelo Ministério Público, fará a sua remessa ao chefe da instituição, o procurador-geral, que é quem tem atribuição para proceder a nova análise do pedido de arquivamento feito pelo promotor de justiça. A partir daí, pode o procurador-geral, em face da provocação do magistrado, insistir no pedido de *arquivamento do* inquérito. Neste caso, o juiz ficará obrigado, por imposição do art. 28 do CPP, a determiná-lo; se, de outro lado, o chefe do *parquet* entender que é caso de *oferecimento de denúncia*, poderá ele mesmo, o procurador-geral, fazê-lo ou designar outro membro do MP para ofertá-la. Tal incumbência, frise-se, não poderá recair sobre o mesmo promotor, o que implicaria violação à sua livre convicção; D: se se tratar de réu preso, o prazo de que dispõe a autoridade policial para a conclusão do inquérito é de 10 dias (CPP, art. 10, *caput*). Proposição, portanto, incorreta; E: correta, dado que, de fato, o despacho que decide pelo arquivamento do inquérito não comporta recurso.
Gabarito "E".

---

**(Cartório/SP – VI – VUNESP)** No que concerne à legitimidade para a propositura de ação penal nos crimes contra a honra cometidos contra funcionário público em razão da função, tem-se que

(A) é concorrente entre o ofendido, mediante queixa, e o Ministério Público, condicionada à representação do ofendido.
(B) é exclusiva do Ministério Público, mediante ação penal pública incondicionada.
(C) é apenas privativa do ofendido, mediante queixa.
(D) é apenas privativa do Ministério Público, condicionada à representação do ofendido.

---

Segundo entendimento firmado na Súmula 714 do STF, em se tratando de ação penal por crime contra honra de servidor público em razão do exercício de suas funções, será concorrente a legitimidade do ofendido, mediante queixa, e do Ministério Público, condicionada à representação do ofendido.
Gabarito "A".

---

**(Cartório/SP – V – VUNESP)** Assinale a alternativa que não descreve uma causa de perempção da ação penal de iniciativa privada.

(A) Quando o querelante deixar de formular o pedido de condenação nas alegações finais.
(B) Quando, iniciada a ação, o querelante, pessoa física ou jurídica, deixar de promover o andamento do processo durante 30 dias seguidos.
(C) Quando o querelante, pessoa jurídica, se extinguir por fusão ou incorporação.
(D) Quando o querelante, pessoa física ou jurídica, a primeira pessoalmente e a segunda por seu representante legal, deixar de comparecer sem motivo justificado a qualquer ato do processo a que deva estar presente.

---

A: correta. Hipótese contemplada no art. 60, III, 2ª parte, do CPP; B: correta. Hipótese contemplada no art. 60, I, do CPP; C: incorreta (devendo ser assinalada), pois não corresponde ao que prescreve o art. 60, IV, do CPP; D: correta. Hipótese contemplada no art. 60, III, 1ª parte, do CPP.
Gabarito "C".

---

**(Cartório/SP – V – VUNESP)** Em ação penal de iniciativa privada, movida por um querelante em face de 4 querelados (A, B, C, D), durante a instrução o querelado A faz juntar aos autos declaração lançada em documento particular, na qual o querelante o perdoa dos fatos descritos na exordial acusatória. Na declaração se vê menção expressa do querelante no sentido de que o perdão não aproveita aos demais querelados (B, C, D). Em relação à conduta a ser adotada pelo magistrado, assinale a alternativa correta.

(A) Por ser o perdão mera liberalidade do querelante, e por ser também ato unilateral, a clemência concedida atingirá tão só o querelado A, sem que haja necessidade de sua anuência, seja ela tácita ou expressa, processual ou extraprocessual.
(B) Por ser o perdão ato unilateral que a todos aproveita, o Magistrado, desde logo, irá julgar extinta a punibilidade em relação a todos os querelados (A, B, C e D).
(C) Por ser o perdão mera liberalidade do querelante, apesar de ato bilateral, seus efeitos só atingirão o querelado perdoado A que, ao juntar aos autos a declaração, anuiu tacitamente com a clemência do querelante, motivo pelo qual o Magistrado julgará extinta a punibilidade tão só em relação ao querelado perdoado.
(D) Por ser o perdão ato bilateral, o Magistrado deverá notificar os demais querelados (B, C, D) para se manifestarem no sentido de aceitação ou não do perdão, que a todos aproveitará no caso de anuência. Quanto ao querelado A, a simples juntada da declaração de perdão, por ele providenciada, equivale à anuência tácita do perdão.

---

Arts. 106, I, III e § 1º, do CP, e 58 do CPP. Se o querelante manifestar o desejo de ver perdoado um dos querelados, estará dando opor-

tunidade para que os demais também sejam beneficiados. Ocorre que o perdão está condicionado à aceitação do querelado (é ato bilateral). Dessa forma, só produzirá efeitos em relação àquele que o aceitar. Tal não se dá com a renúncia, uma vez que, neste caso, a produção de efeitos não está condicionada à aceitação por parte do ofensor (é ato unilateral).
Gabarito "D".

**(Cartório/SP – III – VUNESP)** Assinale a alternativa correta.

(A) O princípio da indivisibilidade da ação penal vige somente na ação penal privada.
(B) O princípio da indivisibilidade da ação penal só vige na ação penal pública.
(C) Se a ação penal privada não for proposta contra todos os autores do delito, deverá ser decretada a extinção da punibilidade pela decadência.
(D) O princípio da indivisibilidade da ação penal vige tanto na ação penal privada quanto na ação penal pública.

A e B: o *princípio da indivisibilidade da ação penal privada* está consagrado no art. 48 do CPP. Embora não haja disposição expressa de lei, este postulado, em princípio, é também aplicável à ação penal pública. No que se refere a esta modalidade de ação, seria inconcebível imaginar que o MP pudesse escolher contra quem ele iria propor a ação penal. Para o STF, que não compartilha desse posicionamento, a indivisibilidade não se aplica à ação penal pública (somente à ação privada). Dito de outro modo, o art. 48 do CPP, segundo o STF, somente tem incidência na ação penal de iniciativa privada. Sustenta a nossa Corte Suprema que a divisibilidade da ação penal pública reside no fato de o MP ter a liberdade de não ofertar a denúncia contra alguns autores de crime contra os quais ainda não há elementos suficientes e, assim que esses elementos forem reunidos, aditar a denúncia. Assim, a ação deixa de ser indivisível pelo simples fato de a denúncia comportar aditamento posterior. A indivisibilidade, a nosso ver, consiste na impossibilidade de o membro do MP escolher contra quem a denúncia será oferecida. Se houver elementos, a ação deverá ser promovida contra todos; C: incorreta. Não sendo a ação penal de iniciativa privada proposta em face de todos os autores do crime, é de rigor a extinção da punibilidade do agente em razão da *renúncia* - art. 107, V, do CP. Cabe aqui uma distinção: a *renúncia* constitui ato unilateral, que independe, portanto, da manifestação de vontade do ofensor – art. 49 do CPP e art. 104 do CP; o *perdão*, diferentemente, é ato bilateral, na medida em que só gera a extinção da punibilidade se for aceito pelo querelado – art. 51 do CPP e 105 do CP; D: assertiva correta. Vide comentário às alternativas "A" e "B".
Gabarito "D".

**(Cartório/SP – II – VUNESP)** Na ação penal privativa do ofendido, o Ministério Público

(A) não poderá aditar a queixa nem intervir nos atos subsequentes do processo.
(B) poderá aditar a queixa, mas não poderá intervir nos atos subsequentes do processo.
(C) não poderá aditar a queixa, mas poderá intervir nos atos subsequentes do processo.
(D) poderá aditar a queixa e deverá intervir nos atos subsequentes do processo.

Em vista do disposto no art. 45 do CPP, a queixa, na ação penal privativa do ofendido, poderá ser aditada pelo Ministério Público, a quem caberá intervir em todos os termos subsequentes do processo.
Gabarito "D".

## 3. JURISDIÇÃO E COMPETÊNCIA; CONEXÃO E CONTINÊNCIA

**(Cartório/AM – 2005 – FGV)** Segundo o Código de Processo Penal, qual opção a seguir não determina a competência jurisdicional?

(A) a conexão ou continência
(B) a prerrogativa de função
(C) o domicílio ou residência do réu
(D) a natureza da infração
(E) a requisição judicial

O art. 69 do CPP lista os chamados *critérios de fixação de competência*, entre os quais não figura a *requisição judicial*.
Gabarito "E".

**(Cartório/DF – 2003 – CESPE)** Um servidor público federal, previamente ajustado e com unidade de desígnio com um promotor de justiça aposentado do Ministério Público do estado de Goiás, praticou um crime de extorsão mediante sequestro no município de Luziânia – GO, deslocando a vítima para o Plano Piloto, no Distrito Federal, onde continuou privando-a de sua liberdade de locomoção, para a obtenção do resgate, local onde foi preso em flagrante delito. Inquérito policial foi instaurado na Comarca de Luziânia, e pela polícia judiciária do Distrito Federal, que comunicou a prisão do servidor público ao juiz da 2.ª Vara Criminal da Circunscrição Judiciária Especial de Brasília, encaminhando-lhe os autos após o encerramento. O Ministério Público do Distrito Federal e Territórios, com base no inquérito policial, ofertou denúncia contra o servidor público federal e o promotor de justiça aposentado, a qual foi recebida. Antes da apresentação da exordial acusatória, pedido de liberdade provisória foi indeferido pelo juiz da Circunscrição Judiciária de Brasília. Com base na situação hipotética acima, julgue os itens que se seguem.

(1) A competência será do juízo da 2.ª Vara Criminal da Circunscrição Judiciária Especial de Brasília, em face da prevenção, eis que tomou conhecimento da prisão e indeferiu pedido de liberdade provisória, vindo posteriormente a receber a denúncia.

Em vista do que dispõe o art. 71 do CPP, tratando-se de *crime permanente (aquele cuja consumação se prolonga no tempo por vontade do agente)*, como é o caso da extorsão mediante sequestro, em que a ação tenha se desenvolvido em diversos locais, a competência para o processamento e julgamento firmar-se-á pela *prevenção*.
Gabarito 1C.

**(Cartório/MG – 2012 – FUMARC)** A atração por continência ou conexão do processo do corréu ao foro por prerrogativa de função de um dos denunciados por prática criminosa

(A) é incabível, segundo a ordem jurídica pátria.
(B) será cabível, ainda que concurso haja entre a jurisdição comum e a militar.
(C) não viola, quando cabível e segundo orientação sumulada do Supremo Tribunal Federal, as garantias do juiz natural, da ampla defesa e do devido processo legal.

(D) deverá ocorrer sempre, em razão do princípio da unidade e coerência das decisões judiciais, ainda que praticado crime doloso contra a vida por quem não detém o foro por prerrogativa de função.

Não há que se falar em violação aos princípios em questão, segundo entendimento firmado na Súmula 704 do STF.
Gabarito "C".

**(Cartório/MG – 2012 – FUMARC)** Na forma da Lei 11.417/2006 (Súmula Vinculante), são legitimados a propor a edição de enunciado de súmula vinculante pelo Supremo Tribunal Federal em matéria processual penal, **EXCETO**

(A) os Tribunais de Justiça dos Estados.
(B) o Defensor Público-Geral da União.
(C) o Advogado-Geral da União.
(D) o Procurador-Geral da República.

O rol de legitimados a propor a edição, a revisão e o cancelamento de enunciado de súmula vinculante está no art. 3º da Lei 11.417/2006.
Gabarito "C".

**(Cartório/RJ – 2012)** Tratando-se de infração continuada ou permanente, praticada em território de duas ou mais jurisdições, a competência firmar-se-á pelo(a)

(A) prevenção.
(B) domicílio ou residência do réu.
(C) distribuição.
(D) ocorrência da infração mais grave.
(E) ocorrência da última infração.

Em vista do que dispõe o art. 71 do CPP, tratando-se de *crime continuado ou permanente*, em que a ação tenha se desenvolvido em diversos foros, a competência para o processamento e julgamento firmar-se-á pela *prevenção*.
Gabarito "A".

**(Cartório/RJ – 2012)** Sobre competência no Direito Processual Penal, é correto afirmar que

(A) a competência será, via de regra, determinada pelo lugar em que se consumar a infração, ou, no caso de tentativa, pelo lugar em que for praticado o primeiro ato de execução.
(B) nos casos de ação exclusivamente privada, o foro competente será sempre o do lugar da infração.
(C) não sendo conhecido o lugar da infração, a competência regular-se-á pelo domicílio ou residência do réu.
(D) ao Supremo Tribunal Federal competirá, privativamente, processar e julgar os seus ministros nos crimes de responsabilidade.
(E) quando o último ato de execução for praticado fora do território nacional, será competente o juiz que primeiro receber a denúncia.

A: incorreta. Nos termos do art. 70, *caput*, do CPP, "a competência, de regra, será determinada pelo lugar em que se consumar a infração, ou, no caso de tentativa, pelo lugar em que for praticado o *último* ato de execução"; B: incorreta. A proposição não corresponde ao que estabelece o art. 73 do CPP. Sabemos que, em regra, a competência será estabelecida em razão do lugar em que a infração se consumou – art. 70, *caput*, do CPP. Na hipótese de ação penal privada exclusiva, entretanto, o querelante poderá, mesmo que conhecido o lugar da infração, optar pelo foro de domicílio ou residência do querelado; C: correta, pois em conformidade com o disposto no art. 72, *caput*, do CPP; D: incorreta, pois tal julgamento cabe ao Senado Federal, nos termos do art. 52, II, da CF; E: assertiva incorreta, pois contraria o que estabelece o art. 70, § 2º, do CPP. São os chamados crimes à distância ou de espaço máximo.
Gabarito "C".

**(Cartório/RJ – 2008 – UERJ)** Não determinará a competência jurisdicional no processo penal:

(A) a prevenção
(B) a natureza da infração
(C) a data do fato criminoso
(D) a conexão ou continência
(E) o domicílio ou residência do réu

O art. 69 do CPP lista os chamados *critérios de fixação de competência*, entre os quais não figura a data do fato criminoso.
Gabarito "C".

## 4. QUESTÕES E PROCESSOS INCIDENTES

**(Cartório/AM – 2005 – FGV)** Assinale a hipótese que não é considerada exceção em matéria processual penal.

(A) questão prejudicial
(B) incompetência de juízo
(C) ilegitimidade de parte
(D) suspeição
(E) coisa julgada

As exceções estão elencadas no art. 95 do CPP, entre as quais não se encontra a questão prejudicial.
Gabarito "A".

**(Cartório/MG – 2012 – FUMARC)** Encontram-se classificadas pelo Código de Processo Penal como exceções, **EXCETO**

(A) litispendência.
(B) coisa julgada.
(C) ilegitimidade de parte.
(D) insanidade mental do acusado.

As exceções estão listadas no art. 95 do CPP, a saber: suspeição, incompetência do juízo, litispendência, ilegitimidade de parte e coisa julgada.
Gabarito "D".

**(Cartório/RJ – 2008 – UERJ)** Para os fins de processo penal, a alternativa incorreta é:

(A) o juiz poderá, de ofício, proceder à verificação da falsidade
(B) a arguição de falsidade, feita por procurador, exige poderes especiais
(C) o Ministério Público pode suscitar o incidente de falsidade
(D) qualquer que seja a decisão, não fará coisa julgada em prejuízo a ulterior processo civil
(E) reconhecida a falsidade, a decisão fará coisa julgada em relação a ulterior processo penal

A: correta, pois reflete o que dispõe o art. 147 do CPP; B: correta, pois em conformidade com o disposto no art. 146 do CPP; C: correta. Qualquer das partes poderá suscitar o incidente de falsidade (art. 145, *caput*, do CPP); D: correta, pois em conformidade com o que dispõe o art. 148 do CPP; E: incorreta (devendo ser assinalada), já que não reflete o disposto no art. 148 do CPP.
Gabarito "E".

**(Cartório/RJ – 2008 – UERJ)** A alternativa incorreta é:

(A) no processo penal, não existe a figura do arresto
(B) realizado o sequestro, o juiz ordenará a sua inscrição no Registro de Imóveis
(C) o sequestro será levantado se for julgada extinta a punibilidade ou absolvido o réu, por sentença transitada em julgado
(D) o sequestro será levantado se a ação penal não for intentada no prazo de sessenta dias, contados da data em que ficar concluída a diligência
(E) caberá o sequestro dos bens imóveis adquiridos pelo indiciado com os proventos da infração, ainda que já tenham sido transferidos a terceiro

A: tanto existe que a sua disciplina encontra-se nos arts. 136 e seguintes do CPP. Assertiva, portanto, incorreta, devendo ser assinalada; B: correta, pois reflete o que estabelece o art. 128 do CPP; C: correta, pois em conformidade com o disposto no art. 131, III, do CPP; D: correta, pois em conformidade com o disposto no art. 131, I, do CPP; E: correta, uma vez que reflete o que estabelece o art. 125 do CPP.
Gabarito "A".

**(Cartório/SC – 2012)** Não é possível, em sede de Processo Penal, opor-se exceção de:

(A) Coisa julgada a qualquer tempo.
(B) Suspeição após o recebimento da denúncia.
(C) Suspeição durante o inquérito policial.
(D) Incompetência do juízo no prazo de defesa.
(E) Suspeição contra os peritos, os intérpretes e os serventuários ou funcionários da justiça.

Art. 107 do CPP.
Gabarito "C".

**(Cartório/SC – 2012)** O art. 125 do Código de Processo Penal – CPP autoriza o sequestro de bens imóveis do indiciado adquiridos com os proventos da infração. É correto dizer sobre essa medida assecuratória:

(A) O sequestro é inadmissível quando os bens já tenham sido transferidos a terceiro.
(B) Para a decretação do sequestro não basta a existência de indícios veementes da proveniência ilícita dos bens, demandando sentença condenatória do agente.
(C) O sequestro não poderá ser concedido de ofício pelo juiz.
(D) O sequestro poderá ser ordenado em qualquer fase do processo, a requerimento do Ministério Público ou do ofendido ou mediante representação da autoridade policial, ainda que não tenha sido ofertada a denúncia ou queixa.
(E) O sequestro será processado nos próprios autos e admitirá embargos de terceiro.

A: incorreta, já que o sequestro, que tem como objeto os bens adquiridos com o *provento* da infração (lucro do crime, vantagem financeira obtida), terá lugar ainda que esses bens já tenham sido transferidos a terceiros. É o que estabelece o art. 125, parte final, do CPP; B: incorreta. Para a decretação do sequestro, é suficiente a existência de indícios veementes da proveniência ilícita dos bens (art. 126, CPP); C: incorreta, uma vez que, a teor do que dispõe o art. 127 do CPP, pode o juiz decretar o sequestro de ofício; D: correta, pois reflete o disposto no art. 127 do CPP; E: embora sejam admitidos embargos de terceiro, é incorreto dizer-se que o sequestro será processado nos próprios autos, dado que o art. 129 do CPP determina que este incidente seja autuado à parte.
Gabarito "D".

## 5. PROVA

**(Cartório/DF – 2008 – CESPE)** Com base na jurisprudência dos tribunais superiores, julgue o item seguinte, acerca do direito processual penal.

(1) A doutrina da ilicitude por derivação — também conhecida como teoria dos frutos da árvore envenenada — repudia, por serem constitucionalmente inadmissíveis, os meios probatórios que, não obstante produzidos validamente em momento ulterior, acham-se afetados pelo vício da ilicitude originária, que a eles se transmite, contaminando--os, por efeito de repercussão causal.

Art. 5º, LVI, da CF; art. 157, § 1º, do CPP.
Gabarito 1C

**(Cartório/DF – 2008 – CESPE)** Com base na jurisprudência dos tribunais superiores, julgue o item seguinte, acerca do direito processual penal.

(1) Os elementos informativos de uma investigação criminal, ou as provas colhidas no bojo de instrução processual penal, desde que obtidos mediante interceptação telefônica devidamente autorizada por juiz competente, podem ser compartilhados para fins de instruir procedimento administrativo disciplinar.

Desde que a interceptação tenha se realizado por meio de ordem judicial, é perfeitamente possível, sim, que haja o empréstimo dessa prova para fins administrativos, em especial para lastrear procedimento administrativo disciplinar. Nesse sentido, conferir: MS 14.140 (STJ, 3ª Seção, rel. Min. Laurita Vaz, j. 26.09.2012), cuja ementa foi assim publicada: "ADMINISTRATIVO. PROCESSUAL CIVIL. PROCESSO ADMINISTRATIVO DISCIPLINAR. NULIDADES. NÃO CARACTERIZADAS. CONTROLE JURISDICIONAL. POSSIBILIDADE. UTILIZAÇÃO DE PROVA EMPRESTADA. PRECEDENTES. ARGUIÇÃO QUANTO A EVENTUAIS ILEGALIDADES NA OBTENÇÃO DA INTERCEPTAÇÃO TELEFÔNICA. SEDE ADEQUADA: AÇÃO PENAL. DEMISSÃO DECORRENTE DE ATO DE IMPROBIDADE ADMINISTRATIVA NÃO EXPRESSAMENTE TIPIFICADO NA LEI N.º 8.492/1992. PROCESSO JUDICIAL PRÉVIO PARA APLICAÇÃO DA PENA DE DEMISSÃO. DESNECESSIDADE. PREPONDERÂNCIA DA LEI N.º 8.112/90. PRINCÍPIOS DA PROPORCIONALIDADE E RAZOABILIDADE. OFENSA A ESSES POSTULADOS. INEXISTENTE. SUPOSTAS NULIDADES NO PROCESSO ADMINISTRATIVO DISCIPLINAR. PRINCÍPIO DO *PAS DE NULLITÉ SANS GRIEF*. ALEGAÇÃO DE INOCÊNCIA QUANTO ÀS CONDUTAS IMPUTADAS. DILAÇÃO PROBATÓRIA. IMPOSSIBILIDADE NA VIA DO *WRIT OF MANDAMUS*.
1. No caso de demissão imposta a servidor público submetido a processo administrativo disciplinar, não há falar em juízo de conveniência e oportunidade da Administração, visando restringir a atuação do Poder Judiciário à análise dos aspectos formais do processo disciplinar. Nessas circunstâncias, o controle jurisdicional é amplo, no sentido de verificar se há motivação para o ato demissório, pois trata-se de providência necessária à correta observância dos aludidos postulados.
2. É cabível a chamada "prova emprestada" no processo administrativo disciplinar, desde que devidamente autorizada pelo Juízo Criminal. Assim, não há impedimento da utilização da interceptação telefônica produzida no ação penal, no processo administrativo disciplinar, desde que observadas as diretrizes da Lei n.º 9.296/96. Precedentes.
3. Eventuais irregularidades atinentes à obtenção propriamente dita das "interceptações telefônicas" – atendimento, ou não, aos pressupostos previstos na Lei n.º 9.296/96 – não podem ser dirimidas em sede de mandado de segurança, porquanto deverão ser avaliadas de acordo com os elementos constantes dos autos em que a prova foi produzida e, por conseguinte, deverão ser arguidas, examinadas e decididas na instrução da ação penal movida em desfavor da Impetrante.

4. A pena disciplinar aplicada à ex-servidora não está calcada tão somente no conteúdo das degravações das "interceptações telefônicas" impugnadas, mas também em farto material probante produzido durante o curso do Processo Administrativo Disciplinar.
5. O fato de o ato demissório não defluir de condenação do servidor, exarada essa no bojo de processo judicial, não implica ofensa aos ditames da Lei n.º 8.492/92, nos casos em que a citada sanção disciplinar é aplicada como punição a ato que pode ser classificado como de improbidade administrativa, mas não está expressamente tipificado no citado diploma legal, devendo, nesses casos, preponderar a regra prevista na Lei n.º 8.112/90.
6. Os comportamentos imputados à Impetrante são aptos a alicerçar a decisão de demissão, porquanto passíveis de subsunção ao tipos previstos nos arts. 117, inciso IX, e 132, incisos IV, IX e XIII, da Lei n.º 8.112/90 e, portanto, mostra-se perfeitamente razoável e proporcional a pena aplicada à ex-servidora.
7. O processo administrativo disciplinar em questão teve regular processamento, com a estrita observância aos princípios do devido processo legal, do contraditório e da ampla defesa, sem qualquer evidência de efetivo prejuízo à defesa da ex-servidora. Assim, aplicável à espécie o princípio do *pas de nullité sans grief*.
8. Não foram trazidas aos autos provas hábeis a descaracterizar as conclusões do Processo Administrativo Disciplinar, as quais firmaram-se no sentido de que as condutas reprováveis da ex-servidora eram aptas a fundamentar a pena de demissão que lhe foi aplicada. Portanto, *in casu*, verificar, se não existiram as condutas imputadas, dependeria do reexame do material fático colhido no bojo do Processo Administrativo Disciplinar, o que é matéria carecedora de dilação probatória impossível de ser realizada na via estreita do *mandamus*.
9. Segurança denegada."
Gabarito 1C

(Cartório/DF – 2003 – CESPE) No que tange ao sistema de apreciação de prova, julgue o item abaixo.

(1) No processo penal, vige o princípio do livre convencimento motivado, em que o magistrado formará sua convicção pela livre apreciação da prova carreada para os autos, em sua escolha, aceitação e valoração.

Adotamos, como regra, o *sistema da persuasão racional* ou *livre convencimento motivado*, pelo qual o magistrado é livre para avaliar e se convencer apenas e tão somente das provas produzidas no processo. Entretanto, sendo condicionado o seu convencimento aos fatos relacionados à lide, às provas produzidas para demonstrá-lo, e às regras legais de prova e de máximas da experiência, haverá sempre a necessidade de motivá-lo (art. 93, IX, CF). O *sistema da íntima convicção* é o que vige no Tribunal do Júri, onde o jurado não motiva seu voto. Existe ainda o *sistema da prova legal*. Neste caso, o juiz fica adstrito ao valor atribuído à prova pelo legislador.
Gabarito 1C

(Cartório/MS – 2009 – VUNESP) A confissão do réu

(A) é a rainha das provas e dispensa o exame de corpo de delito.
(B) supre somente o exame de corpo de delito indireto.
(C) somente se obtida durante a fase judicial dispensa o exame de corpo de delito.
(D) não pode suprir o exame de corpo de delito, direto ou indireto.
(E) deixou de ser rainha das provas no processo penal, tendo em vista que inúmeras razões podem levar a uma confissão, todavia, o exame de corpo de delito, caso a confissão seja considerada válida, torna-se dispensável.

Será indispensável, quando a infração deixar vestígios, o exame de corpo de delito; não sendo isso possível, em vista do desaparecimento dos vestígios do delito, a *prova testemunhal* poderá suprir-lhe a falta; a confissão, nunca. É o teor dos arts. 158 e 167 do CPP. A confissão deixou de ser considerada a "rainha das provas". Hodiernamente, o magistrado levará em conta a confissão tendo sempre em vista as demais provas produzidas.
Gabarito "D".

(Cartório/MT – 2003 – UFMT) O ofendido não é testemunha, assim:

(A) Não pode ser conduzido coercitivamente.
(B) Tem a obrigação de prestar compromisso.
(C) Não presta compromisso de dizer a verdade.
(D) Só pode prestar declarações em ações de natureza privada.
(E) Tem direito de ser ouvido em dia e hora que lhe convier.

A: incorreta, uma vez que o art. 201, § 1º, do CPP estabelece que o ofendido que, devidamente intimado, deixar de comparecer, sujeitar-se-á à condução coercitiva; B e C: a vítima, diferentemente da testemunha, não presta compromisso de dizer a verdade; D: incorreta. O ofendido prestará declarações tanto em ações de natureza privada quanto em ações de natureza pública; E: somente as pessoas listadas no art. 221 do CPP fazem jus à prerrogativa de serem ouvidos em local, dia e hora previamente ajustados com o juiz.
Gabarito "C".

(Cartório/SP – 2012 – VUNESP) No que se refere à prova, no processo penal, pode-se afirmar que:

I. a prova da alegação incumbirá a quem a fizer;
II. é facultado ao juiz de ofício ordenar, mesmo antes de iniciada a ação penal, a produção antecipada de provas consideradas urgentes e relevantes;
III. são inadmissíveis, devendo ser desentranhadas do processo, as provas ilícitas, assim entendidas as obtidas em violação a normas constitucionais ou legais;
IV. são inadmissíveis as provas derivadas das ilícitas, ainda que não evidenciado o nexo de causalidade entre umas e outras e as derivadas puderem ser obtidas por uma fonte independente das primeiras.

Está correto o que se afirma apenas em

(A) I, II e III.
(B) I, II e IV.
(C) I, III e IV.
(D) II, III e IV.

I: correta, pois reflete o disposto no art. 156, caput, do CPP; II: correta, pois reflete o disposto no art. 156, I, do CPP; III: correta, pois reflete o disposto no art. 157, *caput*, do CPP; IV: incorreta, pois em desconformidade com o teor do art. 157, § 1º, do CPP.
Gabarito "A".

(Cartório/SP – III – VUNESP - adaptada) Indique a alternativa correta, no que concerne à perícia no processo penal.

(A) Ela deve ser feita por dois peritos oficiais e, não havendo estes, por duas pessoas idôneas, portadoras de diploma de curso superior preferencialmente na área específica, dentre as que tiverem habilitação técnica relacionada à natureza do exame.

(B) Ela deve ser feita por um perito oficial e, não havendo este, por duas pessoas idôneas, portadoras de diploma de curso superior preferencialmente na área específica, dentre as que tiverem habilitação técnica relacionada à natureza do exame.
(C) Qualquer perito, oficial ou não, prestará compromisso de bem e fielmente desempenhar o encargo.
(D) O réu poderá indicar assistente técnico para acompanhar a perícia.

A redação anterior do art. 159 do CPP estabelecia que a perícia fosse realizada por *dois* profissionais. Atualmente, com a nova redação do dispositivo dada pela Lei 11.690/2008, a perícia será levada a efeito por *um* perito oficial portador de diploma de curso superior. À falta deste, determina o § 1º do art. 159 do CPC que o exame seja feito por duas pessoas idôneas, detentoras de diploma de curso superior preferencialmente na área específica, dentre aquelas que tiverem habilitação técnica relacionada com a natureza do exame.
Gabarito "B".

## 6. PRISÃO, MEDIDAS CAUTELARES E LIBERDADE PROVISÓRIA

(Cartório/DF – 2003 – CESPE) A respeito da prisão e da liberdade provisória, julgue os itens subsequentes.

(1) Considere a seguinte situação hipotética. Durante um plantão, por volta das 24 h 30 min, um agente de polícia recebeu um telefonema anônimo comunicando que um homicídio estava na iminência de ser perpetrado no interior de uma residência. O agente deslocou-se até a residência indicada e verificou, pela janela, que uma mulher acabava de desfechar vários tiros de revólver contra o seu marido, lesionando-o gravemente. Nessa situação, apesar do estado de flagrância, o agente de polícia não poderá adentrar a residência e efetuar a prisão da mulher, por não portar mandado judicial nem possuir o consentimento da moradora.

(2) Considere a seguinte situação hipotética. Um indivíduo foi preso em flagrante pela prática do crime de latrocínio, tendo a autoridade policial lavrado o auto de prisão onze dias após a sua captura. Nessa situação, anulado o auto de prisão pela autoridade judiciária, nada impedirá a decretação da prisão preventiva, presentes os requisitos legais.

(3) Praticada a infração penal pelo agente sob coação irresistível ou em estrita obediência à ordem, não manifestamente ilegal, de superior hierárquico, admite-se a concessão pela autoridade judiciária, após oitiva do Ministério Público, da liberdade provisória sem fiança, com vinculação.

1: incorreta. A prisão de uma pessoa que se encontra em situação flagrancial e dentro de uma residência prescinde do consentimento do morador e pode ser levada a cabo a qualquer hora do dia. O dispositivo constitucional que trata da inviolabilidade de domicílio (art. 5º, XI) excepciona, dentre outras, a situação de flagrante; 2: é fato que a prisão em flagrante, no caso retratado nesta proposição, deve ser relaxada, visto que inexistia, no momento da detenção, situação de flagrante. *Vide* art. 302, CPP, que estabelece as hipóteses em que é possível essa modalidade de prisão provisória. Nada obsta, no entanto, que, depois de proceder ao relaxamento da prisão, o juiz decrete, desde que presentes os requisitos do art. 312 do CPP, a prisão preventiva. Assertiva correta; 3: incorreta, já que o art. 310, parágrafo único, do CPP contempla tão somente as situações contidas no art. 23 do CP (causas excludentes de ilicitude).
Gabarito 1E, 2C, 3E.

(Cartório/RJ – 2012) Sobre prisão preventiva, é correto afirmar que

(A) não poderá ser decretada de ofício.
(B) é irrevogável até a sentença.
(C) a sua decretação não poderá ocorrer se imposta outra medida cautelar ao agente, ainda que não cumprida.
(D) poderá o juiz substituí-la pela domiciliar quando o agente for imprescindível aos cuidados especiais de pessoa menor de 6 (seis) anos de idade ou com deficiência.
(E) a sua decretação em nada implica motivos de conveniência da instrução criminal.

A: com o advento da Lei de Reforma 12.403/2011, que conferiu nova conformação à prisão e à liberdade provisória, a custódia preventiva, que antes podia ser determinada de ofício também na fase de inquérito, somente poderá sê-lo, a partir de agora, no curso da ação penal. É dizer, para que a prisão preventiva seja decretada no curso da investigação, o que continua a ser possível, é necessário que haja provocação da autoridade policial, mediante representação, ou do Ministério Público, por meio de requerimento. Assertiva, portanto, incorreta. Atenção: a prisão temporária, destinada a viabilizar investigações de crimes graves, somente pode ser decretada na fase de inquérito. Aqui, nada mudou; B: incorreta, posto que, dado o que estabelece o art. 316 do CPP: se a prisão preventiva mostrar-se desnecessária ao processo, deve o juiz revogá-la; se, de outro lado, surgir nova prova, apta a alterar a situação fática e justificar novo decreto prisional, deverá o juiz assim proceder, mandando expedir o competente mandado de prisão; C: incorreta, pois em desconformidade com o disposto no art. 282, § 4º, do CPP; D: correta, pois reflete o disposto no art. 318, III, do CPP; E: incorreta, visto que não reflete o disposto no art. 312, *caput*, do CPP.
Gabarito "D".

(Cartório/SP – 2012 – VUNESP) Ocorre o "flagrante presumido" quando o agente

(A) está cometendo a infração penal.
(B) acaba de cometer a infração penal.
(C) é perseguido, logo após a infração penal, pela autoridade, pelo ofendido ou por qualquer pessoa, em situação que faça presumir ser autor da infração.
(D) é encontrado, logo depois da infração penal, com instrumentos, armas, objetos ou papéis que façam presumir ser ele autor da infração.

No *flagrante ficto* ou *presumido* (art. 302, IV, CPP), o agente é encontrado logo depois do crime na posse de instrumentos, armas, objetos ou papéis, em circunstâncias que revelem ser ele o autor da infração penal. Não deve ser confundido com o *flagrante impróprio*, *imperfeito* ou *quase-flagrante*, modalidade em que o sujeito, logo em seguida à prática criminosa, é perseguido e, depois disso, preso (art. 302, III, CPP). O art. 302, I e II, do CPP, por sua vez, contempla o chamado *flagrante próprio*, *real* ou *verdadeiro*, em que o agente é surpreendido cometendo a infração, ou quando acaba de cometê-la.
Gabarito "D".

**(Cartório/SP – VII – VUNESP)** Pode-se afirmar que a autoridade policial somente poderá conceder fiança nos casos de

(A) infração punida com detenção.
(B) infração punida com prisão simples.
(C) infração punida com detenção ou prisão simples.
(D) infração punida com pena de multa.

Novidade trazida pela Lei 12.403/2011, a autoridade policial, doravante, pode arbitrar fiança em qualquer infração penal cuja pena máxima cominada não seja superior a quatro anos (reclusão ou detenção). Pela redação anterior do art. 322 do CPP, o delegado somente estava credenciado a arbitrar fiança nas contravenções e nos crimes apenados com detenção. Note que a questão foi elaborada com base na redação anterior do dispositivo.
Gabarito "C".

**(Cartório/SP – II – VUNESP)** Ocorre o "flagrante impróprio" quando

(A) o agente acaba de cometer a infração penal.
(B) o agente é perseguido, logo após a prática da infração penal, pelo ofendido ou por qualquer pessoa, em situação que faça presumir ser autor do fato.
(C) o agente é encontrado, logo depois, com instrumentos, armas, objetos ou papéis que façam presumir ser ele autor da infração.
(D) é preparado pela autoridade policial, sendo também chamado "flagrante provocado".

No chamado *flagrante impróprio*, *imperfeito* ou *quase-flagrante*, o sujeito, logo em seguida à prática criminosa, é perseguido e, depois disso, preso, ainda que a perseguição se estenda por horas ou até mesmo dias. O que importa, nesta modalidade de flagrante, é que a perseguição seja ininterrupta e tenha início logo em seguida ao cometimento do delito (art. 302, III, CPP). Difere, assim, do *flagrante ficto* ou *presumido* (art. 302, IV, CPP), já que neste inexiste perseguição. O agente, neste caso, é encontrado logo depois do crime na posse de instrumentos, armas, objetos ou papéis, em circunstâncias que revelem ser ele o autor da infração penal. O art. 302, I e II, do CPP, por sua vez, contempla o chamado *flagrante próprio*, *real* ou *verdadeiro*, em que o agente é surpreendido cometendo a infração, ou quando acaba de cometê-la.
Gabarito "B".

**(Cartório/SP – I – VUNESP)** Presenciando a prática de um crime de ação penal pública incondicionada, no interior da unidade em que exerce sua atividade, o notário

(A) tem o dever de prender em flagrante o agente, dada a sua condição de servidor público.
(B) não poderá efetuar a prisão em flagrante, devendo comunicar o fato imediatamente à autoridade policial.
(C) é obrigado a efetuar a prisão em flagrante, em razão do local em que o delito foi cometido.
(D) pode prender o agente em flagrante.

A obrigação de prender quem quer que se encontre em situação de flagrante é imposta somente à *autoridade policial* e *seus agentes*. Estes, portanto, têm o dever, sob pena de responsabilização criminal e funcional, de efetuar a prisão em flagrante – art. 301, segunda parte, CPP. A doutrina chama esta modalidade de flagrante de *obrigatório*. Diferentemente, qualquer pessoa do povo, aqui incluído o notário, tem a prerrogativa, conferida pelo art. 301, primeira parte, do CPP, de prender aquele que se acha em situação de flagrante. Este é o *flagrante facultativo*.
Gabarito "D".

# 7. SUJEITOS PROCESSUAIS, CITAÇÃO, INTIMAÇÃO E PRAZOS

**(Cartório/RJ – 2008 – UERJ)** Acerca do processo penal, a alternativa incorreta é:

(A) a suspeição não pode ser conhecida de ofício
(B) o impedimento pode ser suscitado pelo Ministério Público
(C) a suspeição não poderá ser declarada nem reconhecida, quando a parte injuriar o juiz ou de propósito der motivo para criá-la
(D) o impedimento ou a suspeição decorrente de parentesco por afinidade cessará pela dissolução do casamento que lhe tiver dado causa, salvo sobrevindo descendentes
(E) ainda que dissolvido o casamento sem descendentes, não funcionará como juiz o sogro, o padrasto, o cunhado, o genro ou enteado de quem for parte no processo

A: incorreta (devendo ser assinalada), pois deve o juiz reconhecer a suspeição de ofício; se não o fizer, a parte poderá recusá-lo (art. 254, caput, do CPP); B: correta. O impedimento, se não reconhecido de ofício pelo juiz, pode ser suscitado pelas partes; C: correta, nos termos do art. 256 do CPP; D: correta, nos termos do art. 255, primeira parte, do CPP; E: correta, nos termos do art. 255, segunda parte, do CPP.
Gabarito "A".

**(Cartório/RJ – 2008 – UERJ)** No processo penal, o juiz será considerado suspeito, exceto se:

(A) seu cônjuge for diretamente interessado no feito
(B) for amigo íntimo ou inimigo capital de qualquer das partes
(C) for credor ou devedor, tutor ou curador, de qualquer das partes
(D) ele, seu cônjuge, ascendente ou descendente, estiver respondendo a processo por fato análogo, sobre cujo caráter criminoso haja controvérsia
(E) ele, seu cônjuge, ou parente, consanguíneo, ou afim, até o terceiro grau, inclusive, sustentar demanda ou responder a processo que tenha de ser julgado por qualquer das partes

A assertiva "A" contempla hipótese de impedimento (art. 252, IV, do CPP); as demais constituem hipótese de suspeição, cujo rol está previsto no art. 254 do CPP.
Gabarito "A".

**(Cartório/SP – V – VUNESP)** Em inquérito policial instaurado para apuração de crime que causou grande clamor social, foi designado membro do Ministério Público para acompanhar as investigações. No que pertine a impedimento ou suspeição para propositura da ação penal e acompanhamento de seus ulteriores atos, considerada a designação mencionada, é correto afirmar que o Promotor de Justiça que acompanhou as investigações

(A) é suspeito e, portanto, não pode oferecer denúncia nem acompanhar o feito em seus ulteriores atos, uma vez que não mais possui a indispensável imparcialidade para tanto.
(B) está impedido de oferecer denúncia e acompanhar o feito em seus ulteriores atos, uma vez que passou a ter conhecimento pessoal dos fatos.

(C) pode oferecer denúncia e acompanhar o feito em seus ulteriores atos, não sendo suspeito ou impedido para tanto.

(D) pode oferecer denúncia, porém não pode acompanhar o feito em seus ulteriores atos, estando na posição de impedido para tanto.

Súmula n. 234, STJ: "A participação de membro do Ministério Público na fase investigatória criminal não acarreta seu impedimento ou suspeição para o oferecimento da denúncia". De toda sorte, impende consignar que o Plenário do STF em breve decidirá em que circunstâncias o membro do MP poderá realizar investigação criminal.
Gabarito "C".

## 8. PROCESSOS E PROCEDIMENTOS; SENTENÇA E COISA JULGADA

(Cartório/DF – 2006 – CESPE) Segundo a legislação e a doutrina pertinentes, e considerando, ainda, a jurisprudência do STJ e do STF, julgue o próximo item, relativo ao direito processual penal.

(1) No processo e julgamento dos crimes de responsabilidade dos funcionários públicos, é necessária a resposta preliminar na ação penal instruída por inquérito policial.

Incorreta, visto que a formalidade imposta pelo art. 514 do CPP (defesa preliminar) somente se fará necessária, segundo entendimento firmado na Súmula n. 330 do STJ, quando a denúncia se basear em outras peças de informação que não o inquérito policial. De se notar, todavia, que o STF, de forma diversa, proferiu vários julgados no sentido de que a defesa preliminar, ainda que a ação penal seja calcada em inquérito policial, se faz necessária.
Gabarito 1E

(Cartório/DF – 2003 – CESPE) Josué foi preso em flagrante pela prática do crime de extorsão mediante sequestro. Respondeu todo o processo-crime preso, tendo sido, ao final, condenado à pena privativa de liberdade de oito anos de reclusão, a ser expiada em regime integralmente fechado.

Com base nessa situação hipotética, julgue o seguinte item, referente à intimação da sentença no processo penal.

(1) Josué deverá ser intimado da sentença penal condenatória por intermédio de mandado, pessoalmente, sendo indispensável, também, a intimação do seu defensor, seja dativo ou constituído.

De fato, se preso estiver o réu, deverá o mesmo ser intimado pessoalmente da sentença (art. 392, I, CPP); quanto ao seu defensor, será este intimado pela imprensa, se constituído, ou por mandado, se dativo.
Gabarito 1C

(Cartório/DF – 2003 – CESPE) A respeito do procedimento do júri e do desaforamento, julgue o item a seguir.

(1) A influência política do acusado e de seus familiares, que poderão interferir na isenção e parcialidade dos jurados, são motivos para fundamentar pedido de desaforamento, a ser realizado durante a fase da instrução criminal de processo-crime da competência do júri.

Segundo atual posicionamento adotado pelo STF, a influência política do acusado e de seus familiares constitui motivo bastante a justificar o desaforamento do julgamento para comarca diversa daquela em que o crime foi praticado. Ainda segundo o STF, é suficiente, neste caso, que haja fundada suspeita de parcialidade dos jurados (não se exige certeza). Nesse sentido: STF, 96.785-ES, rel. Min. Eros Grau, j. 25.11.2008.
Gabarito 1C

(Cartório/MS – 2009 – VUNESP) A recente alteração nos dispositivos legais do código de processo penal concernentes ao procedimento relativo ao Tribunal do Júri pôs fim

(A) ao libelo crime acusatório.
(B) ao amplo contraditório.
(C) à pronúncia ou impronúncia do réu.
(D) ao desaforamento.
(E) ao sorteio para convocação dos jurados.

O *libelo crime acusatório*, com a reforma implementada pela Lei 11.689/2008, foi extinto. A acusação em plenário, com isso, passa a ser calcada na pronúncia.
Gabarito "A".

(Cartório/MS – 2009 – VUNESP) O questionário contendo os quesitos a serem apreciados pelos jurados no Tribunal do Júri, de acordo com o art. 483 do CPP, deverá ser formulado na seguinte ordem, e indagando sobre:

(A) materialidade, autoria, nexo de causalidade, qualificadoras e causas de aumento e diminuição de pena.
(B) materialidade, autoria, privilégios e qualificadoras, causas de aumento e diminuição.
(C) materialidade, autoria, se o acusado deve ser absolvido, se existe causa de diminuição de pena, circunstâncias qualificadoras, ou causas de aumento de pena.
(D) autoria, materialidade, agravantes e atenuantes, causas de aumento e d e diminuição de pena.
(E) autoria, materialidade, causas de aumento e de diminuição de pena.

A alteração implementada pela Lei 11.689/2008 teve como escopo tornar o sistema de quesitação mais objetivo e claro. Os quesitos devem ser elaborados nos termos do art. 483 do CPP.
Gabarito "C".

(Cartório/MS – 2009 – VUNESP) Assinale a alternativa que apresenta o prazo correto para o oferecimento da resposta à acusação nos procedimentos ordinário e sumário.

(A) 15 dias em ambos os procedimentos.
(B) 10 dias em ambos os procedimentos.
(C) 15 dias no procedimento ordinário e 10 dias no procedimento sumário.
(D) 20 dias no procedimento sumário e 10 dias no procedimento ordinário.
(E) 10 dias no procedimento ordinário e 5 dias no procedimento sumário.

Art. 396, *caput*, do CPP. Dispositivo introduzido pela Lei 11.719/2008.
Gabarito "B".

**(Cartório/MS – 2009 – VUNESP)** Seguindo a regra geral contida no art. 403 do CPP, é correto afirmar que no procedimento ordinário as alegações finais serão

(A) oferecidas por escrito no prazo de 10 dias.
(B) orais por vinte minutos, respectivamente, pela acusação e pela defesa, com direito à prorrogação por mais 10 minutos.
(C) apresentadas no prazo sucessivo de 5 dias, por memorial.
(D) orais por trinta minutos, respectivamente, pela acusação e pela defesa, com direito à prorrogação por mais 10 minutos.
(E) oferecidas por escrito no prazo de 8 dias, respectivamente, pela acusação e pela defesa.

Em vista do que dispõe o art. 403 do CPP, as *alegações finais* serão, em regra, orais, por 20 minutos, respectivamente, pela acusação e pela defesa, prorrogáveis por mais 10, mas o juiz poderá, dada a complexidade do caso ou o número de acusados, deferir às partes o prazo de cinco dias sucessivamente para a apresentação de memoriais (alegações escritas).
Gabarito "B".

**(Cartório/MT – 2005 – CESPE)** Um promotor de justiça, ao receber os autos de inquérito policial, concluído e relatado pela autoridade policial, ofereceu de pronto a denúncia. O referido inquérito versava sobre a prática de crimes contra a honra de vítima que se tornou funcionário público após o crime. Na hipótese acima, o juiz deve

(A) receber a denúncia.
(B) rejeitar a denúncia sob o argumento de que se trata de ação penal privada, sujeita a queixa-crime.
(C) rejeitar a denúncia sob o argumento de que falta condição de procedibilidade para a ação penal.
(D) determinar o arquivamento da ação penal.

De fato, o MP não dispõe, neste caso, de legitimidade ao ajuizamento da ação penal, dado que esta, por força do que estabelece o art. 145, *caput*, do CP, é de iniciativa privativa do ofendido. É que, ao tempo em que o crime foi praticado, a vítima ainda não era funcionário público. Se fosse, e o crime tivesse sido praticado em razão das funções exercidas pelo ofendido, a ação penal, segundo o disposto no art. 145, parágrafo único, do CP, seria *pública condicionada à representação*. De se ver, no entanto, que o STF, por meio da Súmula 714, firmou entendimento no sentido de que, nesses casos (crimes contra a honra de funcionário público em razão de suas funções), a legitimidade é concorrente entre o ofendido (mediante queixa) e o Ministério Público (ação pública condicionada à representação do ofendido).
Gabarito "B".

**(Cartório/RJ – 2008 – UERJ)** Considerando-se as peculiaridades do processo penal, a alternativa incorreta é:

(A) tratando-se de infração da competência de outro juízo, a este serão encaminhados os autos
(B) se, em consequência de definição jurídica diversa, houver possibilidade de proposta de suspensão condicional do processo, o juiz procederá de acordo com o disposto na lei
(C) o juiz, sem modificar a descrição do fato contida na denúncia ou queixa, poderá atribuir-lhe definição jurídica diversa, ainda que, em consequência, tenha de aplicar pena mais grave

(D) nos crimes de ação pública, o juiz poderá proferir sentença condenatória, ainda que o Ministério Público tenha opinado pela absolvição, bem como reconhecer agravantes, embora nenhuma tenha sido alegada
(E) se o juiz reconhecer a possibilidade de nova definição jurídica do fato, em consequência da prova existente nos autos de circunstância elementar, não contida, explícita ou implicitamente, na denúncia, baixará o processo para que a Defesa se manifeste e, caso queira, produza provas, inclusive testemunhal

A: assertiva correta. De fato, se, no âmbito da *emendatio libelli* e da *mutatio libelli*, a infração for da competência de outro juízo, a este deverão os autos ser encaminhados (arts. 383, § 2º, e 384, § 3º, do CPP); B: correta, pois reflete o disposto no art. 383, § 1º, do CPP; C: correta. O acusado, no processo penal, defende-se dos fatos que lhe são imputados, e não da capitulação que é atribuída ao crime na peça acusatória, denúncia ou queixa. Pouco importa, pois, a classificação operada pelo titular da ação penal na exordial. É isso que estabelece o art. 383 do CPP (*emendatio libelli*). Note que o fato, na *emendatio libelli*, permanece inalterado, sem prejuízo, por isso mesmo, para a defesa. A mudança, aqui, incide na classificação da conduta, levada a efeito pela acusação, no ato da propositura da ação, e retificada pelo juiz, de ofício, no momento da sentença, sendo desnecessário, em vista disso, ouvir a esse respeito o defensor, ainda que a pena correspondente ao novo tipo penal seja mais grave; D: correta, visto que reflete o disposto no art. 385 do CPP; E: assertiva incorreta (devendo ser assinalada), porquanto corresponde à redação anterior do dispositivo, que foi alterado por força da Lei 11.719/2008. Com isso, passa a ser de rigor, no âmbito da *mutatio libelli*, o aditamento da denúncia pelo Ministério Público, em qualquer caso. Antes, o aditamento somente se impunha na hipótese de aplicação de pena mais grave.
Gabarito "E".

**(Cartório/RN – 2012 – IESIS)** É certo afirmar:

I. O mandado de prisão será lavrado pelo escrivão e assinado pela autoridade; designará a pessoa, que tiver de ser presa, por seu nome, alcunha ou sinais característicos, mencionará a infração penal que motivar a prisão, declarará o valor da fiança arbitrada, quando afiançável a infração e será dirigido a quem tiver qualidade para dar-lhe execução.
II. Tratando-se de procedimento sumaríssimo, no caso de citação por edital, o prazo para a defesa começará a fluir a partir do comparecimento pessoal do acusado ou do defensor constituído.
III. Na instrução do procedimento sumário, poderão ser inquiridas até 3 (três) testemunhas arroladas pela acusação e 3 (três) pela defesa.
IV. O procedimento a ser aplicado será o ordinário, quando tiver por objeto crime cuja sanção máxima cominada for igual ou superior a 4 (quatro) anos de pena privativa de liberdade.

Analisando as proposições, pode-se afirmar:

(A) Somente as proposições II e III estão corretas.
(B) Somente as proposições I e III estão corretas.
(C) Somente as proposições II e IV estão corretas.
(D) Somente as proposições I e IV estão corretas.

I: assertiva correta, pois corresponde ao teor do art. 285 do CPP, que elenca os requisitos que o mandado de prisão deve contemplar; II: incorreta, pois, no âmbito do juizado especial, em que o procedimento a ser seguido é o sumaríssimo, não se procederá à citação por

edital. Na hipótese de o autor não ser encontrado para citação, o juiz encaminhará as peças ao juízo comum para adoção do procedimento previsto em lei – art. 66, parágrafo único, da Lei 9.099/1995. Vale consignar que o rito sumaríssimo é aplicado ao processamento e julgamento das infrações penais de menor potencial ofensivo (contravenções penais e crimes para os quais a pena máxima restritiva de liberdade cominada não exceda a dois anos - art. 61, Lei 9.099/1995); III: no procedimento sumário, o legislador limitou a *cinco* o número de testemunhas que poderá arrolar a acusação. O mesmo número vale para a defesa. É o que estabelece o art. 532 do CPP. Registre-se que este procedimento será adotado quando se tratar de crime cuja sanção máxima seja inferior a quatro anos e superior a dois (art. 394, § 1º, II, CPP). Assertiva incorreta; IV: correta. De fato, o rito ordinário terá lugar sempre que se tratar de crime cuja sanção máxima cominada for igual ou superior a quatro anos de pena privativa de liberdade (art. 394, § 1º, I, CPP).
Gabarito "D".

**(Cartório/SP – VII – VUNESP)** O funcionário público processado criminalmente por prática de crime funcional tem direito às regras do art. 514 do Código de Processo Penal, defesa preliminar,

(A) quando for maior de sessenta anos.
(B) somente se não for reincidente.
(C) quando, tendo praticado mais de um crime, a soma das penas não ultrapasse quatro anos de reclusão.
(D) sempre que o delito for afiançável.

De fato, a *defesa preliminar*, prevista no art. 514 do CPP, somente terá lugar nos crimes funcionais *afiançáveis*.
Gabarito "D".

**(Cartório/SP – V – VUNESP)** Consoante entendimento sumular do Superior Tribunal de Justiça, acerca da defesa preliminar na hipótese de processo que apura crimes de responsabilidade praticados por servidores públicos, é possível afirmar que

(A) é desnecessária se a inicial acusatória se fizer acompanhar de justificação judicial que faça presumir a existência da infração penal.
(B) é desnecessária se a inicial acusatória se fizer acompanhar de inquérito policial.
(C) é desnecessária se a inicial acusatória se fizer acompanhar de documentos licitamente obtidos que façam presumir a existência da infração penal.
(D) é sempre necessária, independentemente do que instruir a inicial acusatória.

Este é o entendimento contemplado na Súmula nº 330 do STJ, segundo a qual é despicienda a *defesa preliminar* na hipótese de a ação penal achar-se calcada em inquérito policial. Registre-se, no entanto, que o STF, adotando outro posicionamento, proferiu vários julgados no sentido de que a defesa preliminar, ainda que a ação penal seja calcada em inquérito policial, se faz necessária.
Gabarito "B".

**(Cartório/SP – IV – VUNESP)** A resposta apresentada pelo funcionário público, antes do recebimento da denúncia ou da queixa, em processo referente a crime funcional, denomina-se

(A) defesa imprópria.
(B) defesa prévia.
(C) alegações finais.
(D) defesa preliminar.

Cuida-se do contraditório instaurado por meio da impugnação ofertada pelo funcionário antes do recebimento da denúncia. É a chamada *defesa preliminar*, prevista no art. 514 do CPP, que somente terá incidência nos crimes funcionais afiançáveis.
Gabarito "D".

**(Cartório/SP – IV – VUNESP)** Em caso de absolvição imprópria, deverá ser aplicada ao réu

(A) pena restritiva de direito.
(B) pena privativa de liberdade.
(C) medida de segurança.
(D) pena de multa.

Na *sentença absolutória imprópria* (art. 386, parágrafo único, III, CPP), o juiz, sem acolher a pretensão punitiva estatal, impõe ao inimputável, desde que devidamente comprovadas, no curso do processo, *materialidade* e *autoria*, *medida de segurança*, espécie do gênero *sanção*. Vide, a esse respeito, o teor da Súmula nº 422 do STF.
Gabarito "C".

**(Cartório/SP – I – VUNESP)** Constitui nota característica do procedimento referente aos crimes de responsabilidade dos funcionários públicos:

(A) a existência de um contraditório antes da decisão sobre o recebimento da denúncia ou queixa, com a apresentação da chamada defesa preliminar.
(B) possibilidade de o juiz substituir o interrogatório do réu por apresentação de defesa escrita.
(C) a concentração de todos os atos instrutórios em uma única audiência.
(D) desnecessidade de fundamentação da decisão de rejeição da denúncia.

A peculiaridade do procedimento referente aos crimes de responsabilidade dos funcionários públicos reside na impugnação ofertada pelo funcionário antes do recebimento da denúncia. É a chamada *defesa preliminar*, prevista no art. 514 do CPP, que somente terá incidência nos crimes funcionais afiançáveis, não se estendendo ao particular que, na qualidade de coautor ou partícipe, tomar parte no crime. Com a edição da Súmula n.º 330 do STJ, esta defesa que antecede o recebimento da denúncia deixou de ser necessária na ação penal alicerçada em inquérito policial. Dessa forma, a formalidade imposta pelo art. 514 do CPP somente se fará necessária, segundo o STJ, quando a denúncia se basear em outras peças de informação que não o inquérito policial. De se notar, todavia, que o STF, de forma diversa, proferiu vários julgados no sentido de que a defesa preliminar, ainda que a ação penal seja calcada em inquérito policial, se faz necessária.
Gabarito "A".

# 9. NULIDADES

**(Cartório/DF – 2006 – CESPE)** Segundo a legislação e a doutrina pertinentes, e considerando, ainda, a jurisprudência do STJ e do STF, julgue o próximo item, relativo ao direito processual penal.

(1) A ausência de intimação pessoal do defensor dativo para a sessão de julgamento de recurso de apelação é causa de nulidade relativa.

Proposição incorreta. Nesse sentido: STJ, HC 227.161-SP, 6ª T., rel. Min. Maria Thereza de Assis Moura, j. 13/03/2012, DJe 26/03/2012.
Gabarito 1E.

**(Cartório/DF – 2003 – CESPE)** Um servidor público federal, previamente ajustado e com unidade de desígnio com um promotor de justiça aposentado do Ministério Público do estado de Goiás, praticou um crime de extorsão mediante sequestro no município de Luziânia – GO, deslocando a vítima para o Plano Piloto, no Distrito Federal, onde continuou privando-a de sua liberdade de locomoção, para a obtenção do resgate, local onde foi preso em flagrante delito. Inquérito policial foi instaurado na Comarca de Luziânia, e pela polícia judiciária do Distrito Federal, que comunicou a prisão do servidor público ao juiz da 2.ª Vara Criminal da Circunscrição Judiciária Especial de Brasília, encaminhando-lhe os autos após o encerramento. O Ministério Público do Distrito Federal e Territórios, com base no inquérito policial, ofertou denúncia contra o servidor público federal e o promotor de justiça aposentado, a qual foi recebida. Antes da apresentação da exordial acusatória, pedido de liberdade provisória foi indeferido pelo juiz da Circunscrição Judiciária de Brasília. Com base na situação hipotética acima, julgue o item que se segue.

(1) A falta de notificação dos acusados para responderem, por escrito, após o oferecimento da denúncia, será causa se nulidade absoluta, mesmo tratando-se de ação penal precedida de inquérito policial.

A incorreção da assertiva se dá por várias razões. A elas. Em primeiro lugar, a inobservância da formalidade contida no art. 514 do CPP (defesa preliminar) gera nulidade relativa. É a posição do STF. Além disso, a *defesa preliminar* somente terá incidência nos crimes afiançáveis praticados por funcionário público contra a administração pública (chamados delitos funcionais, o que não inclui o crime de extorsão mediante sequestro). Mais: em face do que enuncia a Súmula n.º 330 do STJ, a formalidade imposta por este dispositivo somente se fará necessária quando a denúncia se basear em outras peças de informação que não o inquérito policial. Ademais disso, a *notificação* para apresentação da defesa preliminar não se estende ao particular (promotor de justiça aposentado).
Gabarito "E".

**(Cartório/RJ – 2012)** Sobre as nulidades no processo penal, é correto afirmar que

(A) a nulidade de um ato, uma vez declarada, causará a dos atos que dele diretamente dependam ou sejam consequência.
(B) a declaração de nulidade independe da ocorrência de prejuízos para a acusação ou para a defesa.
(C) ocorrerá nulidade por incompetência, mas não por suspeição do juiz.
(D) a nulidade por ilegitimidade do representante da parte não poderá ser sanada, mesmo diante da ratificação dos atos processuais.
(E) é possível arguir nulidade a que tenha dado causa.

A: correta, nos termos do art. 573, § 1º, do CPP; B: incorreta, pois, em se tratando de *nulidade relativa*, em que o prejuízo não é presumido, é necessário, para se decretar a nulidade do ato, verificar se o mesmo gerou prejuízo. É o *princípio do prejuízo*, consagrado no art. 563 do CPP; C: incorreta, pois estabelece o art. 564, I, do CPP que "A nulidade ocorrerá nos seguintes casos: I – por incompetência, *suspeição* ou suborno do juiz (...)"; D: incorreta. Segundo reza o art. 568 do CPP, a nulidade decorrente de ilegitimidade do representante da parte pode ser a todo tempo sanada, mediante ratificação dos atos processuais; E: incorreta, pois contraria o disposto no art. 565 do CPP.
Gabarito "A".

**(Cartório/SC – 2012)** Acerca das Súmulas do Superior Tribunal de Justiça, em Direito Processual Penal, pode-se afirmar:

I. A interposição de recurso, mesmo sem efeito suspensivo, contra decisão condenatória, obsta a expedição de mandado de prisão.
II. Intimada a defesa da expedição da carta precatória, torna-se desnecessária intimação da data da audiência no juízo deprecado.
III. É necessária a resposta preliminar de que trata o artigo 514 do Código de Processo Penal - CPP, na ação penal instruída por inquérito policial.
IV. A decisão que determina produção antecipada de provas com base no artigo 366 do Código de Processo Penal - CPP deve ser concretamente fundamentada, não a justificando o mero decurso do tempo.

(A) Somente as proposições II e IV estão corretas.
(B) Somente as proposições I, II e IV estão corretas.
(C) Somente a proposição I e III estão corretas.
(D) Somente as proposições II, III e IV estão corretas.
(E) Somente as proposições I e II estão corretas.

I: incorreta, pois não corresponde ao entendimento firmado na Súmula n. 267 do STJ; II: correta, pois corresponde ao entendimento firmado na Súmula n. 273 do STJ; III: incorreta, pois não corresponde ao entendimento firmado na Súmula n. 330 do STJ; IV: correta, pois corresponde ao entendimento firmado na Súmula n. 455 do STJ.
Gabarito "A".

## 10. RECURSOS

**(Cartório/AM – 2005 – FGV)** Em relação à decisão que julgar o incidente de falsidade, segundo o Código de Processo Penal, é correto afirmar que:

(A) não é possível haver recurso imediato, devendo ser atacada quando do recurso da sentença condenatória ou absolutória.
(B) caberá recurso em sentido estrito.
(C) é possível a interposição de agravo.
(D) caberá apelação.
(E) caberá recurso inominado.

Art. 581, XVIII, do CPP.
Gabarito "B".

**(Cartório/MG – 2012 – FUMARC)** Segundo o Código de Processo Penal, caberá apelação no prazo de 05 dias nas situações seguintes do rito do Júri, **EXCETO** quando

(A) proferida decisão que pronunciar o réu.
(B) for a decisão dos jurados manifestamente contrária à prova dos autos.
(C) for a sentença do juiz-presidente contrária à lei expressa ou à decisão dos jurados.
(D) houver erro ou injustiça no tocante à aplicação da pena ou da medida de segurança.

A: incorreta (devendo ser assinalada), visto que é caso de interposição de *recurso em sentido estrito*, conforme estabelecido no art. 581, IV, do CPP; B: correta, nos termos do art. 593, III, *d*, do CPP; C: correta, nos termos do art. 593, III, *b*, do CPP; D: correta, nos termos do art. 593, III, *c*, do CPP.
Gabarito "A".

**(Cartório/MG – 2012 – FUMARC)** Em relação às disposições gerais dos recursos no processo penal, **NÃO** é correto afirmar que

(A) em caso de ação penal privada comum, o querelante não poderá desistir do recurso interposto.
(B) não se admitirá recurso da parte que não tiver interesse na reforma ou modificação da decisão.
(C) o recurso poderá ser interposto pelo Ministério Público, ou pelo querelante, ou pelo réu, seu procurador ou seu defensor.
(D) não serão prejudicados os recursos que, por erro, falta ou omissão dos funcionários, não tiverem seguimento ou não forem apresentados dentro do prazo.

A: a *ação penal privada*, ao contrário da pública, é regida pelo *princípio da disponibilidade*, na medida em que pode o seu titular desistir de prosseguir na demanda por ele ajuizada bem assim do recurso que houver interposto. O *princípio da indisponibilidade* – art. 42, CPP – é exclusivo da ação penal pública. Assertiva, portanto, incorreta, devendo ser assinalada; B: correta, pois em conformidade com o que prescreve o art. 577, parágrafo único, do CPP; C: correta, pois em conformidade com o que prescreve o art. 577, *caput*, do CPP; D: correta, pois em conformidade com o que prescreve o art. 575 do CPP.
Gabarito "A".

**(Cartório/PR – 2007)** No tocante às nulidades e recursos em geral, assinale a alternativa correta:

(A) Há no processo pressupostos subjetivos (juiz investido, competente absolutamente e imparcial e partes capazes) e objetivos (ausência de litispendência e coisa julgada, e regularidade procedimental) que são os requisitos para uma relação processual.
(B) A decisão que concede liberdade provisória não pode ser atacada por recurso em sentido estrito.
(C) A nulidade absoluta exige que se demonstre a ocorrência de prejuízo.
(D) A nulidade absoluta preclui, se não for arguida na primeira oportunidade após o seu conhecimento.

A: o processo, como instrumento de composição de litígios, possui requisitos de existência (o mínimo necessário para que o processo exista) e validade (necessários ao desenvolvimento do processo). São os chamados *pressupostos processuais*. São, segundo a doutrina, *pressupostos processuais de existência*: petição inicial; jurisdição; citação inicial; e capacidade de ser parte. De outro lado, constituem os chamados *pressupostos processuais de validade*: competência absoluta; citação válida; petição inicial válida; juiz imparcial; e ausência de coisa julgada, litispendência e perempção. A ausência de pressuposto processual leva à rejeição da denúncia ou queixa – art. 395, II, do CPP; B: incorreta, pois contraria o disposto no art. 581, V, do CPP; C e D: diz-se *absoluta* da nulidade que ofende norma de interesse público. Neste caso, as partes estão dispensadas de fazer prova do prejuízo experimentado, visto que este é presumido pela lei. Não convalida e não se submete à preclusão, devendo o juiz reconhecê-la a qualquer tempo. Já na *nulidade relativa*, o prejuízo há de ser demonstrado pela parte, sob pena de o ato não ser reconhecido como nulo (art. 563, CPP). A norma violada, aqui, é infraconstitucional. No mais, esta modalidade de nulidade deve ser suscitada dentro do prazo estabelecido no art. 571 do CPP, sob pena de preclusão.
Gabarito "A".

**(Cartório/RJ – 2012)** Sobre recursos no processo penal, é **incorreto** afirmar que

(A) salvo a hipótese de má-fé, a parte não será prejudicada pela interposição de um recurso por outro.
(B) o Ministério Público não poderá desistir de recurso que haja interposto.
(C) caberá apelação no prazo de 5 (cinco) dias da sentença que decretar a prescrição ou julgar, por outro modo, extinta a punibilidade.
(D) caberá recurso de apelação das decisões do Tribunal do Júri quando correr nulidade posterior à pronúncia.
(E) se o recorrido for o réu, será intimado do prazo para oferecer contrarrazões na pessoa do seu defensor.

A: assertiva correta. Com efeito, desde que o recorrente não aja imbuído de má-fé, a interposição de um de um recurso por outro não obstará o seu processamento (princípio da fungibilidade recursal). É o que estabelece o art. 579 do CPP; B: correta. De fato, à luz do princípio da indisponibilidade, é defeso ao Ministério Público desistir da ação penal proposta (CPP, art. 42) e do recurso interposto (CPP, art. 576). Cuidado: não se quer com isso dizer que o membro do MP é obrigado a recorrer, mas, uma vez interposto o recurso, é-lhe vedado dele desistir; C: incorreta (devendo ser assinalada), já que, neste caso, a decisão deve ser combatida por meio de *recurso em sentido estrito*, em obediência ao que prescreve o art. 581, VIII, do CPP; D: correta, visto que reflete o disposto no art. 593, III, *a*, do CPP; E: correta, pois em conformidade com o disposto no art. 588, parágrafo único, do CPP.
Gabarito "C".

**(Cartório/SC – 2012)** João foi denunciado pela prática do delito previsto no art. 121, *caput*, do Código Penal. Após regular instrução, decidiu-se, tendo em vista ausência de provas de que tinha sido autor do disparo fatal, pela sua impronúncia. Não concordando, o Ministério Público interpôs:

(A) Recurso em sentido estrito.
(B) Agravo.
(C) Recurso inominado.
(D) Apelação.
(E) Carta testemunhável.

O recurso cabível em face da decisão de impronúncia é a *apelação* – art. 416, CPP. A pronúncia, por sua vez, deve ser impugnada por meio de *recurso em sentido estrito*, nos termos do art. 581, IV, do CPP.
Gabarito "D".

**(Cartório/SP – 2012 – VUNESP)** Cabe recurso em sentido estrito da decisão, despacho ou sentença

(A) do Tribunal do Júri, quando houver erro ou injustiça no tocante à aplicação da pena ou medida de segurança.
(B) que decretar a prescrição ou julgar, por outro modo, extinta a punibilidade.

(C) que absolver sumariamente o acusado.
(D) que pronunciar ou impronunciar o acusado.

A: incorreta, visto que esta decisão desafia *recurso de apelação* - art. 593, III, *c*, do CPP; B: correta, nos termos do disposto no art. 581, VIII, do CPP; C e D: art. 416 do CPP. Com o advento da Lei 11.689/2008, que modificou os arts. 416 e 581, IV e VI, do CPP, a decisão de *impronúncia* e *absolvição sumária*, que antes comportava *recurso em sentido estrito*, passou a ser combatida por meio de *recurso de apelação*. A *pronúncia*, por sua vez, continua a ser impugnada por meio de *recurso em sentido estrito*, nos termos do art. 581, IV, do CPP.
Gabarito "B".

**(Cartório/SP – 2012 – VUNESP)** O recurso cabível contra a decisão ou sentença de homologação de laudo, no incidente de insanidade mental é o(a)

(A) agravo.
(B) recurso em sentido estrito.
(C) apelação.
(D) correição parcial.

Art. 593, II, do CPP.
Gabarito "C".

**(Cartório/SP – VII – VUNESP)** Assinale a alternativa correta.

Qual o recurso cabível das decisões de absolvição sumária e impronúncia?

(A) Apelação.
(B) Recurso em sentido estrito.
(C) Agravo.
(D) Nenhuma das alternativas anteriores.

Art. 416 do CPP. Com o advento da Lei 11.689/2008, que modificou os arts. 416 e 581, IV e VI, do CPP, a decisão de *impronúncia* e *absolvição sumária*, que antes comportava *recurso em sentido estrito*, passou a ser combatida por meio de *recurso de apelação*. A pronúncia, por sua vez, continua a ser impugnada por meio de *recurso em sentido estrito*, nos termos do art. 581, IV, do CPP.
Gabarito "A".

**(Cartório/SP – VII – VUNESP)** Qual o recurso cabível da decisão, despacho ou sentença que concluir pela incompetência do juízo?

(A) Correição Parcial.
(B) Apelação.
(C) Agravo.
(D) Recurso em Sentido Estrito.

Art. 581, II, do CPP.
Gabarito "D".

**(Cartório/SP – VI – VUNESP)** A carta testemunhável é

(A) um recurso previsto no CPP.
(B) uma precatória para a inquirição de testemunhas.
(C) um procedimento judicial, solicitando a inquirição de testemunhas por via postal.
(D) um documento expedido por via postal, trazendo o relato de testemunhas.

A carta testemunhável – arts. 639 e seguintes do CPP –, que, segundo a doutrina majoritária, tem natureza jurídica de recurso, destina-se a suscitar o reexame da decisão que obstar o seguimento do *recurso em sentido estrito* ou do *agravo em execução*.
Gabarito "A".

**(Cartório/SP – V – VUNESP)** Oferecida denúncia em face de João, por crime de desacato, é ela rejeitada. Inconformado com a decisão, o Promotor de Justiça recorre em sentido estrito. Para oferecimento das contrarrazões, o magistrado nomeia Defensor Público. Assinale a alternativa correta.

(A) A nomeação foi desnecessária uma vez que, não havendo recebimento da denúncia não há que se falar em contrarrazões de recurso, já que o processo contra João é findo e não há interesse de sua parte em se manifestar.
(B) A nomeação foi oportuna uma vez que, como não foi recebida a denúncia, a relação processual não se aperfeiçoou e a nomeação de defensor público é suficiente para assegurar a ampla defesa.
(C) A nomeação foi precipitada uma vez que ao denunciado deveria ser dada oportunidade para manifestar-se antes mesmo do recebimento da denúncia em homenagem ao princípio do contraditório e da ampla defesa.
(D) A nomeação foi precipitada uma vez que se deu antes da intimação do denunciado que, a seu critério, poderia constituir defensor de sua confiança.

Súmula n. 707, STF: "Constitui nulidade a falta de intimação do denunciado para oferecer contrarrazões ao recurso interposto da rejeição da denúncia, não a suprindo a nomeação de defensor dativo".
Gabarito "D".

**(Cartório/SP – IV – VUNESP)** Assinale a alternativa que indica o recurso cabível contra a decisão que decreta a prescrição ou julga, por qualquer outro modo, extinta a punibilidade.

(A) Recurso em sentido estrito.
(B) Embargos de declaração.
(C) Apelação.
(D) Revisão criminal.

Art. 581, VIII, do CPP.
Gabarito "A".

## 11. *HABEAS CORPUS* E REVISÃO CRIMINAL

**(Cartório/AM – 2005 – FGV)** No tocante à revisão criminal, podemos afirmar que:

(A) o prazo para ser requerida é de 2 (dois) anos.
(B) também será admitida quando a sentença condenatória for contrária à evidência dos autos.
(C) poderá ser requerida até em caso de sentença absolutória por insuficiência de provas quando o requerente pretender provar não haver praticado o fato criminoso.
(D) será sempre admissível a reiteração do pedido de revisão criminal.
(E) a revisão somente poderá ser requerida pelo próprio réu, sendo personalíssima. Em caso de morte, não poderá ser requerida pelo cônjuge, ascendente, descendente ou irmão.

A: incorreta, já que **inexiste prazo para ingressar com a revisão criminal, que poderá ser ajuizada a partir do trânsito em julgado**

da sentença penal condenatória, antes ou depois de extinta a pena (art. 622, *caput*, do CPP); B: correta, visto que em conformidade com o que estabelece o art. 621, I, do CPP; C: incorreta. Constitui pressuposto ao ajuizamento da revisão criminal a existência de uma sentença condenatória com trânsito em julgado; somente caberá a revisão criminal contra a sentença absolutória se esta for *imprópria*, assim entendida a que, a despeito de impingir ao acusado medida de segurança, julga improcedente a acusação; D: incorreta, visto que não reflete o que estabelece o art. 622, parágrafo único, do CPP; E: incorreta, vez que contraria o disposto no art. 623 do CPP.
Gabarito "B".

**(Cartório/DF – 2008 – CESPE)** Com base na jurisprudência dos tribunais superiores, julgue o item seguinte, acerca do direito processual penal.

(1) De acordo com a jurisprudência do STJ, a alegação de atipicidade da conduta por ausência de dolo é compatível com a via estreita do *habeas corpus*.

Incorreta. Nesse sentido: STJ, HC 177.099-PB, 6ª T., rel. Min. Maria Thereza de Assis Moura, j. 07/02/2013, DJe 20/02/2013.
Gabarito 1E.

**(Cartório/DF – 2008 – CESPE)** Com base na jurisprudência dos tribunais superiores, julgue o item seguinte, acerca do direito processual penal.

(1) Devido à ausência de expressa previsão legal, é incabível a revisão criminal no âmbito dos juizados especiais.

Incorreta, visto que é admissível, sim, a revisão criminal de decisão condenatória proferida pelo juizado especial criminal, dado que inexiste dispositivo que exclua tal possibilidade. No sentido do afirmado, conferir: "CONFLITO NEGATIVO DE COMPETÊNCIA ENTRE TRIBUNAL DE JUSTIÇA E COLÉGIO RECURSAL – REVISÃO CRIMINAL – CRIME DE MENOR POTENCIAL OFENSIVO – AMEAÇA – AÇÃO PENAL QUE TEVE CURSO PERANTE OS JUIZADOS ESPECIAIS – AUSÊNCIA DE PREVISÃO LEGAL EXPRESSA PARA A REVISÃO NO ÂMBITO DOS JUIZADOS – GARANTIA CONSTITUCIONAL – VEDAÇÃO TÃO SOMENTE QUANTO À AÇÃO RESCISÓRIA – INCOMPETÊNCIA DO TRIBUNAL DE JUSTIÇA PARA REVER O *DECISUM* QUESTIONADO – IMPOSSIBILIDADE DE FORMAÇÃO DE GRUPO DE TURMAS RECURSAIS – UTILIZAÇÃO ANALÓGICA DO CPP – POSSIBILIDADE, EM TESE, DE CONVOCAÇÃO DE MAGISTRADOS SUPLENTES A FIM DE EVITAR O JULGAMENTO PELOS MESMOS JUÍZES QUE APRECIARAM A APELAÇÃO – COMPETÊNCIA DA TURMA RECURSAL.
1. Apesar da ausência de expressa previsão legal, mostra-se cabível a revisão criminal no âmbito dos Juizados Especiais, decorrência lógica da garantia constitucional da ampla defesa, notadamente quando a legislação ordinária vedou apenas a ação rescisória, de natureza processual cível.
2. É manifesta a incompetência do Tribunal de Justiça para tomar conhecimento de revisão criminal ajuizada contra *decisum* oriundo dos Juizados Especiais.
3. A falta de previsão legal específica para o processamento da ação revisional perante o Colegiado Recursal não impede seu ajuizamento, cabendo à espécie a utilização subsidiária dos ditames previstos no Código de Processo Penal.
4. Caso a composição da Turma Recursal impossibilite a perfeita obediência aos dispositivos legais atinentes à espécie, mostra-se viável, em tese, a convocação dos magistrados suplentes para tomar parte no julgamento, solucionando-se a controvérsia e, principalmente, resguardando-se o direito do agente de ver julgada sua ação revisional.
5. Competência da Turma Recursal." (STJ, Conflito de Competência 47.718/RS, 3ª Seção, rel. Min. Jane Silva – Des. convocada do TJMG, j. 13/08/2008).
Gabarito 1E.

**(Cartório/DF – 2006 – CESPE)** Segundo a legislação e a doutrina pertinentes, e considerando, ainda, a jurisprudência do STJ e do STF, julgue o próximo item, relativo ao direito processual penal.

(1) O *habeas corpus* é a via adequada para a correção da dosagem de pena.

Incorreta. Nesse sentido, *vide*: STF, 2ª T., HC 86.540-SP, j. 06/12/2005, rel. Min. Carlos Velloso, DJ 03/02/2006.
Gabarito 1E.

**(Cartório/DF – 2003 – CESPE)** Acerca da revisão criminal e do *habeas corpus*, julgue os itens subsequentes.

(1) A revisão criminal pode ser proposta pelo órgão do Ministério Público em favor do réu, na qualidade de fiscal da lei.
(2) A pessoa jurídica pode impetrar *habeas corpus* em favor de seu empregado que estiver sendo submetido a constrangimento ilegal na liberdade de locomoção.

1: incorreta. Os legitimados ao ajuizamento da revisão criminal, que constitui instrumento exclusivo da defesa cujo objetivo é rescindir uma sentença condenatória com trânsito em julgado, estão contemplados no art. 623 do CPP. O Ministério Público carece de legitimidade para ajuizá-la, ainda que em favor do acusado; 2: correta, já que o *habeas corpus* pode ser impetrado por qualquer pessoa, inclusive a *jurídica*, bem como pelo MP (art. 654, *caput*, do CPP). Cuidado: a despeito disso, pensamos que a pessoa jurídica não pode figurar como paciente, visto que o *habeas corpus* se presta a amparar a liberdade de locomoção.
Gabarito 1E, 2C.

**(Cartório/MT – 2005 – CESPE)** Considere que determinado delegado federal praticou ato ilegal, apreendendo bens vinculados legitimamente a um suspeito de falsidade de documentos particulares que teria cometido crime de estelionato contra estabelecimento bancário. Como resposta ao ato ilegal, o investigado afrontou a autoridade policial, chamando-o de ignorante e desejoso de, com o seu ato ilegal, procurar obter oferta de propina. Ato contínuo, o delegado deu voz de prisão em flagrante por delito de desacato, sendo o investigado detido e recolhido a uma cela por efeito da intervenção de vários policiais. Com base nessa situação hipotética, assinale a opção correta.

(A) Cabe a juiz federal, ante inexistência de ação penal, conhecer impetração de *habeas corpus* destinada a obter a libertação do acusado.
(B) Cabe a juiz estadual, ante inexistência de ação penal, conhecer impetração de *habeas corpus* destinada a obter a libertação do acusado.
(C) Cabe ao tribunal de justiça estadual conhecer impetração de *habeas corpus* destinada a trancar a ação penal, ante alegação de não haver, na conduta do acusado, imputação de fato cujo julgamento seja da competência de juízo federal.
(D) O juiz federal deve julgar-se incompetente para apreciar a impetração de *habeas corpus*, pois o crime que se investigava era de competência da justiça estadual.

Súmula nº 147 do STJ: "Compete à Justiça Federal processar e julgar os crimes praticados contra funcionário público federal, quando relacionados com o exercício da função".
Gabarito "A".

(Cartório/SC – 2012) Sobre o *habeas corpus* pode-se afirmar:

I. Poderá ser impetrado somente por advogado, bem como pelo Ministério Público.
II. Poderá ser impetrado com caráter preventivo.
III. Será decidido pelo juiz, após as diligências, em 24 horas, e nos Tribunais na primeira oportunidade em que o órgão competente reunir-se.
IV. Poderá ser impetrado mesmo quando extinta a pena privativa de liberdade.

(A) Somente as proposições I, II e IV estão corretas.
(B) Somente a proposições I, II e III estão corretas.
(C) Somente as proposições III e IV estão corretas.
(D) Somente as proposições I e II estão corretas.
(E) Somente as proposições II e III estão corretas.

I: incorreta, dado que o *habeas corpus*, ação de índole constitucional, pode ser impetrado por qualquer pessoa, ainda que sem capacidade postulatória, inclusive pelo Ministério Público, conforme estabelece o art. 654, *caput*, do CPP; II: correta, visto que os arts 5°, LXVIII, da CF e 647 do CPP contemplam duas espécies de *habeas corpus*: **repressivo**, destinado a afastar o constrangimento já efetivado; e o **preventivo**, que visa a afastar uma ameaça de violência ou coação à liberdade de locomoção; III: correta, nos termos dos arts. 660, *caput*, e 664 do CPP; IV: incorreta, visto que não reflete o que dispõe a Súmula n. 695, STF: "Não cabe *habeas corpus* quando já extinta a pena privativa de liberdade".
Gabarito "E".

## 12. EXECUÇÃO PENAL

(Cartório/SP – 2012 – VUNESP) Pelo instituto da remição,

(A) computa-se, na pena privativa de liberdade e na medida de segurança, o tempo de prisão provisória.
(B) o ofendido concede perdão ao querelado.
(C) o querelante deixa de formular pedido de condenação nas alegações finais.
(D) o tempo de execução da pena em regime fechado ou semiaberto é reduzido pelo trabalho do condenado.

De fato, devemos entender, por *remição*, como o desconto, na pena, pelo trabalho executado pelo preso que se acha no regime fechado ou semiaberto. De se ver que, recentemente, atendendo aos anseios da jurisprudência (Súmula n° 341, STJ), foi editada a Lei 12.433/2011, que instituiu e disciplinou, finalmente, a remição pelo estudo, alterando o dispositivo da LEP que regia o tema (art. 126). Hoje, portanto, a remição se opera tanto pelo trabalho quanto pelo estudo, nos moldes do dispositivo supracitado. A competência para declarar os dias remidos é do juízo da execução, conforme reza o art. 126, § 8°, da Lei 7.210/1984 (Execução Penal).
Gabarito "D".

(Cartório/SP – 2012 – VUNESP) Durante a execução da pena privativa de liberdade, ressalvada a hipótese de regime disciplinar diferenciado, é vedada(o)

(A) a concessão de regalias.
(B) a suspensão de direitos por mais de 30 dias.
(C) o isolamento na própria cela.
(D) a restrição de direitos.

A: incorreta, pois não reflete o que estabelece o art. 56, II, da LEP; B: correta, visto que em conformidade com o que dispõe o art. 58, *caput*, da LEP; C: incorreta, pois não reflete o que estabelece o art. 53, IV, da LEP; D: incorreta, pois não reflete o que estabelece o art. 53, III, da LEP.
Gabarito "B".

(Cartório/SP – VII – VUNESP) Transitando em julgado a sentença que impuser pena privativa de liberdade, se o réu já estiver preso, ou vier a ser preso, para o cumprimento da pena, o juiz ordenará a expedição de

(A) Ordem de prisão confirmatória.
(B) Carta de ordem.
(C) Mandado de prisão.
(D) Carta de guia.

Art. 105 da Lei 7.210/1984 – Lei de Execução Penal.
Gabarito "D".

## 13. LEGISLAÇÃO EXTRAVAGANTE E TEMAS COMBINADOS

(Cartório/AM – 2005 – FGV) Assinale a alternativa que complete corretamente a proposição a seguir: No Juizado Especial Criminal, a composição civil, em ação penal pública condicionada, acarreta .

(A) renúncia ao direito de queixa
(B) extinção da punibilidade
(C) transação penal com aplicação de pena restritiva de direitos ou multa, a ser especificada na proposta
(D) perdão judicial
(E) absolvição criminal

A *composição civil*, na ação penal privada ou pública condicionada à representação do ofendido, acarreta a renúncia ao direito de queixa ou de representação e, por conseguinte, extingue a punibilidade do autor do fato (art. 74, parágrafo único, da Lei 9.099/1995).
Gabarito "B".

(Cartório/MA – 2008 – IESES) Assinale a alternativa correta:

(A) A prisão de autor de crime que se encontre em situação de flagrância, conquanto seja faculdade do cidadão comum, se constitui em dever dos agentes públicos em geral.
(B) Constituem-se infrações de menor potencial ofensivo, as contravenções penais e os crimes cuja pena privativa de liberdade não exceda a dois anos ou aos quais, qualquer que seja a pena privativa de liberdade prevista, seja alternativamente cominada pena de multa.
(C) A inquirição das testemunhas no processo penal somente é efetuada por intermédio do Juiz que presida o respectivo ato, a quem incumbe formular, da maneira que entender adequada, os questionamentos que lhe forem dirigidos pelas partes, cabendo a estas, caso discordem do encaminhamento adotado, consignarem no termo respectivo seu inconformismo.
(D) Determinada, na sentença penal condenatória pela prática de crime falimentar, a inabilitação para o exercício de atividade empresarial, deverá ser procedida a notificação do Registro Público de Empresas, a quem incumbirá a adoção das providências necessárias para impedir novo registro em nome do inabilitado.

A: a autoridade policial e seus agentes, a teor do que dispõe o art. 301 do CPP, *devem* prender quem quer que se encontre em situação de flagrante. Este é o chamado *flagrante obrigatório*. Agora, qualquer pessoa do povo *poderá* (caso queira) efetuar a prisão em flagrante. Bem por isso, a esta modalidade de flagrante damos o nome de *facultativo*. Assertiva correta; B: estão sob a égide do Juizado Especial Criminal as contravenções penais e os crimes cuja pena máxima cominada não seja superior a dois anos, cumulada ou não com multa, conforme dispõe o art. 61 da Lei 9.099/1995. Como se vê, a assertiva está incorreta na medida em que o dispositivo não excepcionou as infrações que, apenadas com pena privativa de liberdade superior ao limite estabelecido na lei, prevejam a aplicação alternativa de pena de multa; C: com a reforma implementada pela Lei 11.690/2008, abandonou-se, no que toca às reperguntas, o *sistema presidencialista*, segundo o qual as perguntas formuladas pelas partes devem ser feitas por intermédio do juiz; vedava-se, nesse contexto, portanto, a inquirição direta. Atualmente, em consonância com a nova redação conferida ao art. 212 do CPP, as partes formularão suas indagações diretamente à testemunha, sem a necessidade de intermediação do magistrado, que se limitará a fiscalizar o ato, não admitindo as perguntas que puderem induzir a resposta, não tiverem relação com a causa ou importarem na repetição de outra já respondida. A esse sistema damos o nome de *direct* e *cross examination*; D: incorreta, pois não reflete o disposto no art. 181, § 2º, da Lei 11.101/2005.

Gabarito "D".

**(Cartório/MG – 2012 – FUMARC)** Segundo o disposto na Lei 4.737/1965 (Código Eleitoral), das decisões finais de condenação ou absolvição proferidas por juiz eleitoral cabe recurso para o Tribunal Regional Eleitoral, a ser interposto no prazo de

(A) 2 (dois) dias.
(B) 5 (cinco) dias.
(C) 10 (dez) dias.
(D) 15 (quinze) dias.

Art. 362 da Lei 4.737/1965 – Código Eleitoral.

Gabarito "C".

**(Cartório/MG – 2012 – FUMARC)** Sobre a Lei 11.343/2006 (Tóxicos) e em conformidade ao que nela está previsto, é **correto** afirmar que

(A) toda e qualquer conduta tipificada na referida Lei é idônea a ensejar prisão em flagrante delito.
(B) o inquérito policial será concluído no prazo de 10 (dez) dias, se o indiciado estiver preso, e de 30 (trinta) dias, se estiver solto.
(C) é permitida, em qualquer fase da persecução criminal e mediante autorização judicial, a infiltração por agentes de polícia, em tarefas de investigação.
(D) o indiciado ou acusado que colaborar voluntariamente com a investigação policial e o processo criminal na identificação dos demais coautores ou partícipes do crime e na recuperação total ou parcial do produto do crime, no caso de condenação, terá pena reduzida de 1/6 (um sexto) a 2/3 (dois terços).

A: proposição incorreta, já que o art. 48, § 2º, da Lei 11.343/2006 estabelece que jamais se imporá prisão em flagrante àquele que praticar qualquer das condutas previstas no art. 28 desta mesma Lei; neste caso, o usuário será de imediato encaminhado ao juízo competente ou, na falta deste, assumirá o compromisso de a ele comparecer, o que, na prática, é mais comum; B: pela disciplina estabelecida no art. 51, *caput*, da Lei 11.343/2006 (atual Lei de Drogas), o inquérito, estando o indiciado preso, será concluído no prazo de 30 dias; se solto estiver, o prazo será de 90 dias. O parágrafo único do mesmo artigo dispõe que os prazos aludidos no *caput* podem ser duplicados mediante pedido justificado da autoridade policial, sempre ouvido o MP. Assertiva, portanto, incorreta; C: assertiva correta, pois reflete o disposto no art. 53, I, da Lei de Drogas; D: incorreta, visto que o art. 41 da Lei de Drogas, ao tratar da *delação premiada*, estabeleceu como patamar mínimo de redução *um terço*, e não *um sexto*, como consta da assertiva.

Gabarito "C".

**(Cartório/MT – 2005 – CESPE)** Acerca de interceptação telefônica, objeto da Lei n.º 9.296/1996, julgue os itens a seguir.

I. A interceptação telefônica pode ser feita pela polícia com prévia autorização do Ministério Público e conduzida pelo juiz.
II. Desde que precedida de autorização judicial, a interceptação telefônica é válida para produzir prova em processo criminal.
III. Desde que precedida de autorização judicial, a interceptação telefônica é válida para produzir prova em inquérito policial.
IV. Essa interceptação pode ser deferida pelo judiciário, desde que haja requerimento da administração pública.

Estão certos apenas os itens

(A) I e II.
(B) I e IV.
(C) II e III.
(D) III e IV.

I: incorreta. Somente ao juiz cabe autorizar a interceptação de comunicações telefônicas. O MP, titular da ação penal pública, poderá requerer, na qualidade de parte interessada, a interceptação, que também poderá ser determinada - sempre pelo juiz - em face da representação formulada pela autoridade policial. É o que estabelece o art. 3º da Lei 9.296/1996; II: correta, visto que em conformidade com o disposto nos arts. 1º, *caput*, e 3º, II, da Lei 9.296/1996; III: correta, visto que em conformidade com o disposto nos arts. 1º, *caput*, e 3º, I, da Lei 9.296/1996; IV: incorreta. Desde que presentes os requisitos do art. 2º da Lei 9.296/1996, poderá o juiz, mesmo de ofício, determinar a interceptação telefônica, que também poderá ser decretada a requerimento do MP ou ainda por meio de representação do delegado de polícia.

Gabarito "C".

**(Cartório/RN – 2012 – IESES)** É certo afirmar:

I. O crime falimentar, também conhecido como famélico, ocorre quando o agente furta alimentos para seu sustento ou de sua família.
II. Nas infrações penais em que haja vítima determinada, da competência do juizado especial criminal, em caso de desinteresse desta ou de composição civil, deixa de existir justa causa para ação penal.
III. Aplicar-se-á o procedimento sumaríssimo para as infrações penais de menor potencial ofensivo tipificadas na Lei 9.099/1995.
IV. Para a decretação do sequestro, bastará a existência de indícios veementes da proveniência ilícita dos bens.

Analisando as proposições, pode-se afirmar:

(A) Somente as proposições II e IV estão corretas.
(B) Somente as proposições I e III estão corretas.
(C) Somente as proposições I e IV estão corretas.
(D) Somente as proposições II e III estão corretas.

I: incorreta. A assertiva contempla o conceito do chamado *furto famélico*, que nenhuma relação tem com o denominado *crime falimentar*, que se refere às condutas criminosas tipificadas nos arts. 168 a 178 da Lei 11.101/2005 (Lei de Falências); II: correta. A assertiva corresponde ao Enunciado nº 99 do Fórum Nacional de Juizados Especiais; III: o *rito sumaríssimo*, previsto na Lei 9.099/1995, terá incidência nas infrações penais de menor potencial ofensivo (crimes cuja pena máxima não seja superior a dois anos, bem como as contravenções penais), previstas no Código Penal e nas demais leis extravagantes, e não na Lei 9.099/1995, que não contempla tipos penais. Proposição, portanto, incorreta; IV: correta, visto que em consonância com o que estabelece o art. 126 do CPP.
Gabarito "A".

**(Cartório/RN – 2012 – IESIS)** É certo afirmar:

I. Tratando-se de falência de microempresa ou de empresa de pequeno porte, e não se constatando prática habitual de condutas fraudulentas por parte do falido, poderá o juiz reduzir a pena de reclusão de 1/3 (um terço) a 2/3 (dois terços) ou substituí-la pelas penas restritivas de direitos, pelas de perda de bens e valores ou pelas de prestação de serviços à comunidade ou a entidades públicas.
II. Ocorre o crime de favorecimento de credores, somente quando praticado depois da sentença que decretar a falência, conceder a recuperação judicial ou homologar plano de recuperação extrajudicial, ato de disposição ou oneração patrimonial ou gerador de obrigação, destinado a favorecer um ou mais credores em prejuízo dos demais.
III. Adquirir o juiz, o representante do Ministério Público, o administrador judicial, o gestor judicial, o perito, o avaliador, o escrivão, o oficial de justiça ou o leiloeiro, por si ou por interposta pessoa, bens de massa falida ou de devedor em recuperação judicial, ou, em relação a estes, entrar em alguma especulação de lucro, quando tenham atuado nos respectivos processos, constitui crime de violação de impedimento.
IV. Os prazos prescricionais previstos na Lei de Recuperação Judicial e Falência são independentes daqueles previstos no Código Penal.

Analisando as proposições, pode-se afirmar:

(A) Somente as proposições I e IV estão corretas.
(B) Somente as proposições II e IV estão corretas.
(C) Somente as proposições II e III estão corretas.
(D) Somente as proposições I e III estão corretas.

I: correta, pois reflete o disposto no art. 168, § 4º, da Lei 11.101/2005; II: incorreta. O crime de favorecimento de credores, previsto no art. 172 da Lei 11.101/2005, poderá ser praticado *antes* ou *depois* da sentença que decretar a falência, conceder a recuperação judicial ou homologar plano de recuperação extrajudicial; III: correta, visto que corresponde ao disposto no art. 177 da Lei 11.101/2005 (crime de violação de impedimento); IV: incorreta, na medida em que não reflete o disposto no art. 182 da Lei 11.101/2005.
Gabarito "D".

**(Cartório/RN – 2012 – IESIS)** É certo afirmar:

I. Em determinados casos o ordenamento jurídico vigente permite ao ofendido ou a quem legalmente o represente, o direito de promover a ação penal.
II. Somente o juiz da execução penal é competente para julgar e aplicar as sanções decorrentes das faltas disciplinares cometidas pelos presos.
III. Guia de recolhimento e guia de execução são sinônimos, observadas para as penas restritivas de direitos.
IV. Exceção da verdade e questões incidentais não afastam a competência dos Juizados Especiais, se a hipótese não for complexa.

Analisando as proposições, pode-se afirmar:

(A) Somente as proposições I e IV estão corretas.
(B) Somente as proposições I e III estão corretas.
(C) Somente as proposições II e III estão corretas.
(D) Somente as proposições II e IV estão corretas.

I: correta. É o que se dá nas chamadas *ações penais de iniciativa privada*, cuja iniciativa para a sua propositura cabe ao ofendido ou a quem o represente (art. 30, CPP). Cuidado: nesta modalidade de ação, somente é delegada ao ofendido a legitimidade para deflagrar o processo, o que não inclui o *direito de punir*, que permanece nas mãos do Estado, seja a ação pública ou privativa do ofendido. Insisto: o Estado nunca deixa de ser o titular exclusivo do direito de punir; II: incorreta, pois em desacordo com o disposto no art. 54, *caput*, da Lei 7.210/1984 (Execução Penal); III: incorreta (art. 105 da LEP); IV: correta (Enunciado 60 do Fórum Nacional de Juizados Especiais).
Gabarito "A".

**(Cartório/SC – 2012)** Sobre as Súmulas do Supremo Tribunal Federal, em Direito Processual Penal, pode-se afirmar:

I. Constitui nulidade a falta de intimação do denunciado para oferecer contrarrazões ao recurso interposto da rejeição da denúncia, porém sanável com a nomeação de defensor dativo.
II. Quando nula a decisão de primeiro grau, o acórdão que prove o recurso contra a rejeição da denúncia vale pelo recebimento dela.
III. No processo penal, contam-se os prazos da data da intimação, e não da juntada aos autos do mandado ou da carta precatória ou de ordem.
IV. Transitada em julgado a sentença condenatória, compete ao juízo das execuções a aplicação da lei mais benigna.

(A) Somente as proposições I, III e IV estão corretas.
(B) Somente as proposições II e IV estão corretas.
(C) Somente as proposições III e IV estão corretas.
(D) Somente as proposições I, II e III estão corretas.
(E) Somente as proposições II e III estão corretas.

I: incorreta, pois em desacordo com a Súmula 707 do STF; II: incorreta, pois em desacordo com a Súmula 709 do STF; III: correta, visto que corresponde ao teor da Súmula 710 do STF; IV: correta, visto que corresponde ao teor da Súmula 611 do STF.
Gabarito "C".

(Cartório/SP – 2012 – VUNESP) Constatada a prática de violência doméstica e familiar contra a mulher, nos termos da Lei n.º 11.340/2006 (Lei Maria da Penha), a autoridade judicial poderá determinar, liminarmente, medidas protetivas de urgência:

I. de imediato, independentemente de audiência das partes e de manifestação do Ministério Público;
II. que obrigam o agressor à prestação de alimentos provisionais ou provisórios;
III. de suspensão das procurações conferidas pelo agressor à ofendida;
IV. de proibição temporária para celebração de contratos de locação de propriedade comum, salvo expressa autorização judicial.

São corretas apenas as afirmativas

(A) I, II e III.
(B) I, II e IV.
(C) I, III e IV.
(D) II, III e IV.

I: correta, pois, a teor do que estabelece o art. 19, § 1º, da Lei 11.340/2006, tais medidas poderão ser deferidas de pronto, independentemente de audiência das partes e de manifestação do MP, que deverá, no entanto, ser prontamente comunicado da decisão; II: correta, visto que corresponde à medida protetiva contemplada no art. 22, V, da Lei 11.340/2006; III: incorreta, visto que a medida protetiva contemplada no art. 24, III, da Lei 11.340/2006 prevê a suspensão das procurações outorgadas pela ofendida ao agressor, e não o contrário, como constou da assertiva; IV: correta, visto que corresponde à medida protetiva contemplada no art. 24, II, da Lei 11.340/2006.
Gabarito "B".

(Cartório/SP – V – VUNESP) O instituto da transação penal, criado pela Lei n.º 9.099/95, é uma mitigação do princípio da

(A) indivisibilidade da ação penal.
(B) oficialidade da ação penal.
(C) indisponibilidade da ação penal.
(D) intranscendência da ação penal.

Pelo *princípio da indisponibilidade*, que constitui um desdobramento do da *obrigatoriedade*, uma vez proposta a ação penal, é vedado ao Ministério Público, seu titular, dela dispor (art. 42, CPP). De acordo com a doutrina, tal princípio, informador da ação penal pública, comporta duas exceções, sendo uma delas a *transação penal* (art. 76, Lei 9.099/1995), em que o titular da ação penal, nas infrações de menor potencial ofensivo, não mais é obrigado a ajuizar a ação penal, podendo, no seu lugar, promover a solução da questão pela via da conciliação. Outra hipótese que, para a doutrina, configura exceção ao postulado da indisponibilidade é a *suspensão condicional do processo* (art. 89, Lei 9.099/1995), aplicável às infrações penais cuja pena mínima não exceda a um ano.
Gabarito "C".

(Cartório/SP – V – VUNESP) Assinale a alternativa correta quanto ao recurso que caberá contra a decisão que rejeita queixa oferecida perante o Juizado Especial Criminal por crime de pequeno potencial ofensivo, bem como seu prazo para interposição e oferecimento das razões recursais.

(A) Recurso em sentido estrito, a ser interposto em 5 dias, com 8 dias para posterior oferecimento das razões recursais.
(B) Apelação, a ser interposta em 10 dias, já acompanhada das razões recursais.
(C) Apelação, a ser interposta em 5 dias, com 8 dias para posterior oferecimento das razões recursais.
(D) Recurso em sentido estrito, a ser interposto em 5 dias, já acompanhado das razões recursais.

Art. 82 da Lei 9.099/1995.
Gabarito "B".

(Cartório/SP – V – VUNESP) Constatado que a mulher encontra-se em situação de violência doméstica, compete à autoridade policial, nos termos da Lei n.º 11.340/2006 (Lei Maria da Penha),

(A) informar à ofendida os direitos a ela conferidos na legislação mencionada e os serviços disponíveis.
(B) determinar que o agressor se afaste do lar ou local de convivência com a ofendida.
(C) determinar a suspensão do porte de armas do agressor.
(D) determinar a proibição do contato do agressor com as testemunhas por qualquer meio de comunicação.

Art. 11, V, da Lei 11.340/2006.
Gabarito "A".

(Cartório/SP – V – VUNESP) Assinale a alternativa correta no que pertine ao programa especial de proteção a vítimas e testemunhas ameaçadas (Lei n.º 9.807/1999).

(A) A circunstância da alteração do nome completo será averbada à margem do registro original, com expressa referência ao novo nome que ficará protegido pelo sigilo do registro e pela cautela do oficial registrador.
(B) A circunstância da alteração do nome completo será averbada à margem do registro original de nascimento sem, no entanto, constar o novo nome.
(C) A circunstância da alteração do nome completo resulta no cancelamento do registro original de nascimento, com expressa referência à sentença autorizatória e ao Juiz que a exarou, bem como o novo nome, tudo a fim de ser possível eventual retorno ao *status quo* na hipótese de cessação das ameaças.
(D) A circunstância da alteração do nome completo resulta no cancelamento do registro original de nascimento, no qual deverá constar expressa referência à sentença autorizatória e ao Juiz que a exarou. Novo termo deverá ser lavrado sem qualquer menção à situação que lhe deu origem, tudo a fim de que a integridade física do beneficiário seja preservada.

Art. 9º, § 3º, I, da Lei 9.807/1999.
Gabarito "B".

# 7. DIREITO CIVIL

Gabriela Rodrigues

## 1. LINDB

**(Cartório/MA – 2008 – IESES)** Sobre a Lei de Introdução ao Código Civil, que, na verdade, é uma "metanorma", já que perpassa e instrui todo o sistema jurídico, é correto afirmar:

(A) A sucessão de bens de estrangeiros situados no Brasil será regulada pela lei brasileira, vedada em qualquer hipótese a aplicação da lei pessoal do *de cujus*.
(B) No direito brasileiro, é amplamente reconhecida a repristinação, independentemente de previsão expressa.
(C) Caso ocorra nova publicação do texto da lei (visando a sua correção), antes que tenha entrado em vigor, o prazo começará a correr da nova publicação.
(D) A "vacatio legis", salvo expressa previsão em contrário, é de 90 (noventa) dias.

A: incorreta, pois a sucessão de bens de estrangeiros situados no Brasil apenas será regulada pela lei brasileira se ela for mais benéfica ao cônjuge ou filhos brasileiros, ou de quem os represente. Caso contrário, isto é, se a lei pessoal do *de cujus* trouxer maiores benefícios, será ela que será aplicada (art. 10, §1º do LINDB); B: incorreta, pois a repristinação é expressamente vedada no ordenamento jurídico pátrio (art. 2º, §3º da LINDB). Atente-se, porém que a repristinação não se confunde com o "efeito repristinatório", o que é plenamente possível de ocorrer. Tal se dá nas seguintes hipóteses: a) quando a lei revogadora for declarada inconstitucional; b ) quando a lei revogadora tiver sua eficácia suspensa por meio de medida cautelar em ação declaratória de inconstitucionalidade; c) quando a lei expressamente o admitir; C: correta, pois o neste caso considera o prazo da norma corretora (art. 1º, §3º da LINDB); D: incorreta, pois a *vacatio legis*, salvo previsão expressa é de 45 dias (art. 1º, *caput*, da LINDB).
Gabarito "C".

**(Cartório/MS – 2009 – VUNESP)** Um casal de sírios, no momento residentes no Brasil, casa-se na Síria, silenciando quanto ao regime de casamento a ser adotado. Durante a constância da união houve aquisição de patrimônio imobiliário, sendo que após alguns anos houve sua ruptura, com o consequente divórcio e partilha de bens. Alega o marido que, por serem sírios aplica-se a lei síria, em que a mulher teria direito a 1/6. Analisando a questão, apenas com os elementos dados, responda o posicionamento correto.

(A) Apesar de o casamento ter sido realizado por estrangeiros, no caso concreto, o domicílio do casal está estabelecido no Brasil, devendo aplicar-se a legislação brasileira quanto ao regime legal de bens.
(B) O regime de bens estabelecido na lei síria somente terá vigência se comprovado o registro do casamento perante a autoridade diplomática ou consular síria, provando-se o regime de bens então adotado.
(C) Em se tratando de cônjuges estrangeiros, mesmo que seja celebrado no Brasil, vigorará o regime de casamento sírio, se um dos cônjuges tiver residência estabelecida naquele país.
(D) A lei brasileira não faz distinção entre a nacionalidade dos nubentes quanto às condições para a realização de um casamento realizado no Brasil ou no exterior, devendo obedecer aos mesmos requisitos.
(E) Se o casamento tivesse sido celebrado no Brasil, seria aplicada a lei brasileira quanto aos impedimentos dirimentes, às formalidades da celebração e ao regime de bens, independentemente do domicílio.

A: correta, pois no que tange ao regime de bens, legal ou convencional, deve ser obedecida a lei do país em que tiverem os nubentes domicílio (art. 7º, §4º, da LINDB); B: incorreta, pois muito embora o casal tenha nacionalidade síria e tenha se casado na Síria, ambos têm domicílio no território brasileiro. Daí quanto ao regime de bens a ser aplicado deve obedecer as leis brasileiras (art. 7º, §4º da LINDB); C: incorreta, pois não necessariamente o regime de bens aplicado será aquele vigente na Síria, pois havendo os nubentes domicílios diversos, aplica-se a lei do primeiro domicílio do casal (art. 7º, §4º, da LINDB); D: incorreta, pois no que tange ao casamento de estrangeiros a lei faculta a possibilidade de sua ocorrência perante autoridades diplomáticas ou consulares do país de ambos os nubentes (art. 7º, §2º, da LINDB); E: incorreta, pois se o casamento tivesse sido celebrado no Brasil, seria aplicada a lei brasileira apenas quanto aos impedimentos dirimentes, às formalidades da celebração. No que tange ao regime de bens, aplica-se a lei do país em que tiverem domicílio os cônjuges (art. 7º, §§1º e 4º, da LINDB).
Gabarito "A".

**(Cartório/RO – III)** Considerando o que dispõe a Lei de Introdução do Código Civil, Assinale a alternativa correta:

(A) No caso dos nubentes possuírem domicílio diverso, regerá os casos de invalidade do casamento a lei do último domicílio conjugal.

(B) Ao casamento de nubentes estrangeiros realizado no Brasil não será aplicada à lei brasileira quanto aos impedimentos dirimentes e às formalidades da celebração.
(C) Ao casamento de nubentes estrangeiros realizado no Brasil será aplicada a lei brasileira quanto aos impedimentos dirimentes e às formalidades da celebração.
(D) O estrangeiro naturalizado brasileiro, casado no exterior, independentemente de qualquer formalidade, poderá requerer ao juiz, no ato de entrega do decreto de naturalização, que se apostile ao mesmo a adoção do regime de comunhão parcial de bens, respeitados os direitos de terceiros e dada esta adoção ao competente registro.

A: incorreta, pois no caso dos nubentes possuírem domicílio diverso, regerá os casos de invalidade do casamento a lei do *primeiro* domicílio conjugal (art. 7º, §3º, da LINDB); B: incorreta, pois aos casamentos realizados no Brasil, independentemente da nacionalidade dos cônjuges, será aplicada a lei brasileira quanto aos impedimentos dirimentes à as formalidades da celebração (art. 7º, §1º, da LINBD); C: correta (art. 7º, §1º, da LINDB); D: incorreta, pois este estrangeiro naturalizado brasileiro, casado no exterior, apenas pode proceder dessa forma mediante expressa autorização de seu cônjuge (art. 7º, §5º da LINBD).
Gabarito "C".

**(Cartório/SP – VUNESP)** A lei posterior revoga a anterior quando
I. com ela for incompatível;
II. regule inteiramente a matéria tratada na lei anterior;
III. a anterior for declarada inconstitucional;
IV. a posterior for declarada constitucional.

São incorretas as afirmações
(A) I e III.
(B) II e IV.
(C) I e IV.
(D) III e IV.

Nos termos do art. 2º, §1º,da LINDB "A lei posterior revoga a anterior quando expressamente o declare, quando seja com ela incompatível ou quando regule inteiramente a matéria de que tratava a lei anterior". Portanto as alternativas III e IV estão incorretas.
Gabarito "D".

**(Cartório/SP – IV – VUNESP)** Quanto à Lei de Introdução do Código Civil Brasileiro, assinale a alternativa errada.
(A) A lei do país em que for domiciliada a pessoa determina as regras sobre o começo e o fim da personalidade, o nome, a capacidade, os direitos de família. Por isso, é errado dizer que as formas dos atos de estado civil são regidas pelo princípio *locus regit actum*.
(B) Tratando-se de brasileiros, as autoridades consulares brasileiras são competentes para celebrar o casamento e demais atos de Registro Civil e de Tabelionato, inclusive o registro de nascimento e de óbito de filho de brasileiro ou brasileira nascido no país da sede do consulado.
(C) A lei do domicílio do herdeiro ou legatário regula a capacidade para suceder.
(D) Quando a lei for omissa, o Juiz decidirá o caso de acordo com a analogia, os costumes e os princípios gerais de direito, observando-se que a solução por analogia é por autointegração e que a solução pelos costumes é por heterointegração.

A: incorreta, (devendo ser assinalada), pois por tal razão é *certo* dizer que as formas dos atos de estado civil são regidas pelo princípio *locus regit actum;* B: correta (art. 18 da LINDB); C: correta (art. 10, §2º, da LINDB); D: correta (art. 4º da LINDB).
Gabarito "A".

**(Cartório/SP – 2011 – VUNESP)** Assinale a alternativa incorreta.
(A) O casamento de franceses, no Brasil, poderá ser realizado no Consulado da França.
(B) Alemão residente no Brasil poderá casar-se com noiva brasileira perante a Autoridade Consular Alemã estabelecida no Brasil, regendo-se o casamento pelas leis brasileiras.
(C) Casal de brasileiros, residindo no exterior, poderá casar-se perante a Autoridade Consular brasileira.
(D) A lei do país em que for domiciliada a pessoa determina as regras sobre começo e o fim da personalidade, nome, capacidade e os direitos de família.

A: correta, pois o casamento de estrangeiros celebrado no Brasil pode ser celebrado perante autoridades diplomáticas ou consulares do país de qualquer dos nubentes (art. 7º, §2º, da LINDB); B: incorreta (devendo ser assinalada), pois a lei apenas faculta o casamento perante autoridade consular para o casamento entre estrangeiros realizado no Brasil. No caso em tela a noiva é brasileira, logo tal permissão não se aplica (art. 7º, §2º, da LINBD) ; C: correta, pois tratando-se de brasileiros, são competentes as autoridades consulares brasileiras para lhes celebrar o casamento e os mais atos de Registro Civil e de tabelionato, inclusive o registro de nascimento e de óbito dos filhos de brasileiro nascido no país da sede do Consulado (art. 18 da LINDB); D: correta (art. 7º, *caput*, da LINBD).
Gabarito "B".

**(Cartório/SP – 2012 – VUNESP)** Acerca da vigência da lei federal em todo o território nacional, caso não mencionado expressamente nenhum prazo no ato de sua publicação, pode-se concluir que
(A) haverá *vacatio legis* de noventa dias, com prazo progressivo.
(B) sua vigência será imediata.
(C) haverá *vacatio legis* de quarenta e cinco dias, com vigência sincrônica.
(D) a vigência ocorrerá de forma sincrônica no dia útil seguinte ao da publicação.

Em regra, o prazo de *vacatio legis* vem previsto no próprio texto legal. Contudo, caso a lei seja omissa, aplica-se o art. 1º, *caput*, da LINDB, o qual prevê que "Salvo disposição contrária, a lei começa a vigorar em todo o país quarenta e cinco dias depois de oficialmente publicada".
Gabarito "C".

**(Cartório/SP – 2012 – VUNESP)** Quando o intérprete se defrontar com a necessidade de preencher lacuna da lei, de modo a proceder à aplicação de uma norma existente, destinada a reger caso semelhante, é correto afirmar que há
(A) interpretação extensiva.
(B) aplicação do direito alternativo.

(C) analogia *juris*.
(D) analogia *legis*.

A: incorreta, pois na utilização da técnica da interpretação extensiva não há falar-se em lacuna na lei. Isto se dá, pois neste caso *há* norma e o intérprete apenas amplia o seu sentido; B: incorreta, pois o direito alternativo não é utilizado como forma de integração de lacuna; C: incorreta, pois na *analogia iuris* tem-se a aplicação de um conjunto de normas próximas, visando extrair elementos que possibilitem a analogia; D: correta, pois na *analogia legis* segue-se exatamente este procedimento: não havendo para o caso concreto norma que se subsuma a sua resolução, recorre-se a uma norma semelhante do ordenamento, a fim de se preencher a lacuna, evitando-se, assim o *non liquet*.
Gabarito "D".

## 2. GERAL

### 2.1. PESSOAS NATURAIS

**(Cartório/AM – 2005 – FGV)** Assinale a alternativa correta.

(A) A partilha amigável feita por herdeiros, ainda que capazes, depende, exclusivamente, de escritura pública.
(B) A nomeação de tutor compete tanto ao pai, quanto à mãe, separadamente.
(C) A obrigação de prestar alimentos não se transmite aos herdeiros do devedor sob qualquer pretexto ou modo.
(D) Não se permite o casamento, sem autorização dos pais, para os homens menores de 18 (dezoito) anos e para as mulheres menores de 16 (dezesseis) anos.
(E) A dissolução da sociedade conjugal não extingue o bem de família.

A: incorreta, pois a partilha amigável, havendo herdeiros capazes, pode ser feita tanto por escritura pública, como por termo nos autos do inventário, ou ainda por instrumento particular homologado pelo juiz (art. 2.015 do CC); B: incorreta, pois o direito de nomear tutor compete aos pais em conjunto (art. 1.729 do CC); C: incorreta, pois a obrigação de prestar alimentos transmite-se aos herdeiros do devedor (art. 1.700 do CC); D: incorreta, pois a Lei não faz distinção quanto ao gênero no que tange à idade núbil. Tanto o homem quanto a mulher, completados 16 anos podem se casar, com a autorização de ambos os pais ou representantes legais, enquanto não atingida a maioridade civil (art. 1.517 do CC); E: correta (art. 1.721 do CC).
Gabarito "E".

**(Cartório/BA – 2004 – CESPE)** Considere que o pseudônimo de uma pessoa é usado por ela para atividades lícitas e que um terceiro esteja empregando em publicações o pseudônimo dessa pessoa, de sorte a expô-la ao desprezo público. Em face dessas considerações, julgue os itens que se seguem.

(1) Como a lei protege somente o nome, em princípio, não é possível afirmar que houve ofensa ao direito de personalidade.
(2) Havendo ofensa ao direito de personalidade e estando morto o ofendido, terá legitimação para requerer dos direitos da personalidade e reclamar perdas e danos o cônjuge sobrevivente, ou qualquer parente em linha reta, ou colateral até o quarto grau.
(3) Se a publicação fosse uma propaganda comercial que não expusesse a pessoa da referida situação ao desprezo público, isso poderia ser realizado independentemente de autorização.
(4) O ofendido pode fazer cessar a lesão ao direito da personalidade mas não poderá reclamar perdas e danos, quando a publicação não se refere ao seu nome, mas apenas ao pseudônimo.

1: incorreta, pois nos termos do art. 19 do CC, o pseudônimo adotado para atividades lícitas goza da mesma proteção dada ao nome; 2: correta (art. 12, parágrafo único, do CC); 3: incorreta (art. 18 do CC e Enunciado 278 CJF); 4: incorreta, pois o indivíduo certamente poderá reclamar perdas e danos, uma vez que pseudônimo lícito recebe a mesma proteção dada ao nome (art. 19 do CC). Neste passo, o art. 12 do CC prevê que "pode-se exigir que cesse a ameaça ou a lesão a direito da personalidade, e reclamar perdas e danos sem prejuízo de outras sanções previstas em lei". Considerando que tal dispositivo aplica-se ao nome, por extensão também se aplica ao pseudônimo.
Gabarito 1E, 2C, 3E, 4E

**(Cartório/DF – 2003 – CESPE)** Joãozinho e Paulinho, ambos com 16 anos de idade, empregados em uma indústria, sofreram, em setembro de 2003, um acidente no curso da jornada de trabalho, ao manejarem uma máquina para a qual não estavam habilitados a operar. O acidente levou Joãozinho à perda de um dos olhos, que foi substituído por uma prótese ocular para esconder a lesão sofrida. O laudo pericial concluiu que houve negligência do empregador em seu dever de vigilância. Considerando a situação hipotética acima, julgue os itens subsequentes.

(1) A simples existência de relação de emprego, aos 16 anos completos, não enseja, por si só, a Joãozinho e a Paulinho a cessação da sua incapacidade relativa para a prática de atos da vida civil.
(2) Paulinho pode testemunhar o fato — como ocorreu o acidente — perante o juiz do processo civil, desde que esteja devidamente assistido pelos pais ou pelo responsável.

1: correta, pois para que ocorra a cessação da incapacidade não basta apenas a relação de emprego, sendo indispensável que o menor tenha economia própria, isto é, consiga se sustentar (art. 5º, parágrafo único, V, do CC); 2: incorreta, uma vez que o maior de dezesseis anos tem capacidade para ser testemunha, independentemente de assistência dos pais ou responsáveis (art. 228, I, do CC).
Gabarito 1C, 2E

**(Cartório/MG – 2012 – FUMARC)** Considerando o Código Civil Brasileiro, serão registrados em registro público

(A) os nascimentos e a sentença declaratória de ausência.
(B) os casamentos e as sentenças que decretarem o divórcio.
(C) as sentenças que decretarem a anulação do casamento e os nascimentos.
(D) os atos judiciais que reconhecerem a filiação e a sentença declaratória de ausência.

A: correta (art. 9º, I e IV, do CC). As demais alternativas estão incorretas, haja vista que tanto a sentença que decreta o divórcio, como aquela que decreta a anulação de casamento, como os atos judiciais que reconhecem a filição são passíveis de averbação, nos termos dos art. 10, I, do CC.
Gabarito "A".

(Cartório/MG – 2012 – FUMARC) Considerando o Código Civil Brasileiro, são incapazes relativamente a certos atos, ou à maneira de os exercer,

(A) os pródigos; os maiores de dezesseis e menores de dezoito anos; os viciados em tóxicos; os ébrios habituais.
(B) os ébrios habituais; os viciados em tóxicos; os maiores de dezesseis e menores que vinte e um anos; o índio.
(C) os pródigos; o índio; os excepcionais, sem desenvolvimento mental completo; os maiores de dezesseis e menores de vinte e um anos.
(D) os excepcionais, com desenvolvimento mental completo; os pródigos; os ébrios habituais; os maiores de dezesseis e menores de dezoito anos.

A: correta (art. 4°, IV, I e II, do CC respectivamente); B: incorreta, pois a incapacidade relativa cessa aos dezoito anos, e não aos 21 anos (art. 4°, I, do CC). No que tange ao índio, sua capacidade é regulada por lei especial (art. 4°, parágrafo único do CC). De acordo com o Estatuto do índio (Lei 6.001/1973), o índio pode ser classificado em: I) *isolado*, com nenhum ou pouco contato com a civilização; II) *em vias de integração*, com contato intermitente ou permanente com a civilização, mas mantendo parte de suas tradições e; III) *integrado*, que está incorporado à comunhão nacional e reconhecido no pleno exercício dos direitos civis, ainda que conserve elementos de sua cultura. O índio integrado é plenamente capaz para atos da vida civil, enquanto o não integrado é tutelado pela FUNAI. A lei diz que os atos praticados pelos índios não integrados dependem, para serem válidos, da assistência dos agentes da FUNAI, o que daria a ideia de que são relativamente incapazes. Entretanto, a falta de assistência torna o ato nulo, e não anulável, circunstância própria dos atos praticados pelo absolutamente incapaz (E.I, art. 8°). Não será nulo o ato se o índio revelar consciência e conhecimento do ato praticado e da extensão de seus efeitos, desde que não lhe seja prejudicial (E.I, art. 8°, parágrafo único); C: incorreta, *vide* observação retro quanto aos índios e a quanto à idade (art. 4°, IV, II e I, do CC); D: incorreta, pois se consideram relativamente incapazes os excepcionais *sem* desenvolvimento mental completo (art. 4°, II, do CC).
Gabarito "A".

(Cartório/RO – III) Assinale a alternativa correta:
(A) São absolutamente incapazes para exercer os atos da vida civil os menores de 18 e maiores de 16 anos.
(B) São relativamente incapazes para exercer os atos da vida civil os que por causa transitória não puderem exprimir sua vontade.
(C) São absolutamente incapazes para exercer pessoalmente os atos da vida civil os excepcionais, sem o desenvolvimento mental completo.
(D) Nenhuma das alternativas está correta.

A: incorreta, pois se trata de caso de incapacidade relativa (art. 4°, I, do CC); B: incorreta, pois se trata de hipótese de incapacidade absoluta (art. 3°, III, do CC); C: incorreta, pois se trata de incapacidade relativa (art. 4°, III, do CC); D: correta, pois todas as alternativas trazem impropriedades.
Gabarito "D".

(Cartório/RO – III) Assinale a alternativa correta. Cessará, para os menores, a incapacidade:
(A) Por ato concessivo dos pais ou de um deles na falta do outro, mediante instrumento, dependente de homologação judicial.
(B) Pela constituição de sociedade de fato;
(C) pelo casamento;
(D) pelo exercício de cargo público em comissão.

A: incorreta, pois o art. 5°, parágrafo único, do CC prevê que a concessão deve ser feita pelos pais, por instrumento público, dispensada a homologação judicial; B: incorreta, pois a Lei não prevê essa causa para a cessação da incapacidade; C: correta (art. 5°, parágrafo único, II); D: incorreta, pois apenas o exercício de cargo público *efetivo* gera a cessação da incapacidade.
Gabarito "C".

(Cartório/SC – 2008) Assinale a alternativa INCORRETA, levando-se em consideração os dispositivos do Código Civil brasileiro atinentes à personalidade e à capacidade:
(A) São absolutamente incapazes de exercer pessoalmente os atos da vida civil: os menores de 16 anos; os que, por enfermidade ou deficiência mental, não tiverem o necessário discernimento para a prática desses atos; os que, mesmo por causa transitória, não puderem exprimir sua vontade.
(B) São incapazes, relativamente a certos atos, ou à maneira de os exercer: os maiores de 16 e menores de 18 anos; os ébrios habituais, os viciados em tóxicos, e os que, por deficiência mental, tenham o discernimento reduzido; os excepcionais, sem desenvolvimento mental completo, e os pródigos.
(C) A menoridade cessa aos 18 anos completos, quando a pessoa fica habilitada à prática de todos os atos da vida civil.
(D) Cessará, para os menores, a incapacidade: pela concessão dos pais, ou de um deles na falta do outro, mediante instrumento público, independentemente de homologação judicial, ou por sentença do juiz, ouvido o tutor, se o menor tiver 16 anos completos; pelo casamento; pelo exercício de emprego público efetivo; pela colação de grau em curso de ensino médio; pelo estabelecimento civil ou comercial, ou pela existência de relação de emprego, desde que, em função deles, o menor com 16 anos completos tenha economia própria.
(E) A personalidade civil da pessoa começa do nascimento com vida, porém a lei põe a salvo, desde a concepção, os direitos do nascituro.

A: correta (art. 3° do CC); B: correta (art. 4° do CC); C: correta (art. 5° do CC); D: incorreta (e deve ser assinalada), pois a colação de grau em curso de ensino *médio* não é causa de cessação da incapacidade, mas apenas a colação em curso de nível *superior* (art. 5°, parágrafo único, IV do CC); E: correta (art. 2° do CC).
Gabarito "D".

(Cartório/SP – IV – VUNESP) Quanto à pessoa natural, assinale a alternativa correta.
(A) A morte, em situações de catástrofe, pode ser presumida, sem declaração de ausência, possibilitando o assento de óbito em cumprimento de mandado judicial.
(B) A mudança de estado civil afeta a capacidade de agir, mas não interfere na legitimação.
(C) Patronímico é elemento imutável integrante do nome.

**(D)** Os direitos da personalidade são intransmissíveis, irrenunciáveis e de pretensão relativa (não *erga omnes*).

A: correta (art. 7º, I, do CC e art. 88 da Lei 6.015/73 – Lei de Registros Públicos – LRP); B: incorreta, uma vez que a alternativa trouxe conceitos invertidos. Neste passo, a mudança do estado civil afeta a *legitimação* e não a *capacidade de agir*. A legitimação constitui-se na capacidade especial para a prática de determinados atos. Assim, por exemplo, se o indivíduo era solteiro e passa a ser casado, dependendo do regime escolhido para o casamento, apenas poderá praticar determinados atos com a anuência de seu cônjuge (art. 1.647 do CC, art. 10 do CPC). Caso a anuência não seja dada, haverá falta de legitimação para a prática do ato. No que concerne a capacidade de agir, ela independe do estado civil; C: incorreta, pois o patronímico não é imutável. Neste passo, ao longo de sua existência o indivíduo pode adquirir novo nome (entenda-se: prenome + patronímico) em decorrência de atos judiciais, como a adoção, ou em virtude de fundada coação ou ameaça decorrente de colaboração com apuração de crime (art. 57, §7º, da LRP), ou ainda em decorrência do casamento; D: incorreta, tendo em vista que os direitos da personalidade são oponíveis *erga omnes* (contra todos). Isso significa que tais direitos geram deveres de abstenção dos indivíduos, inclusive para o Estado. Sendo assim, tais direitos são oponíveis de modo absoluto. Aproveitando a oportunidade, faz-se uma ressalva quanto a intransmissibilidade, uma vez que o *direito* não é passível de cessão, mais o *exercício* em algumas ocasiões pode ser cedido. Exemplo: o direito moral do nome do autor em sua obra não pode ser cedido, mas a exploração econômica dos exemplares à uma editora pode.
Gabarito "A".

**(Cartório/SP – V – VUNESP)** Assinale a alternativa correta.

**(A)** Quando o artigo 2.º do Código Civil afirma que a lei põe a salvo os direitos do nascituro, o legislador reconhece que a personalidade civil da pessoa começa da concepção.
**(B)** A incapacidade dos menores cessa com o casamento.
**(C)** São absolutamente incapazes os pródigos.
**(D)** Presume-se a morte, quanto aos ausentes, nos casos em que a lei autoriza a abertura da sucessão provisória.

A: incorreta, pois muito embora a lei coloque a salvo os direitos do nascituro, a primeira parte do art. 2º é categórica ao afirmar que a personalidade civil da pessoa se inicia com o nascimento com vida. Neste passo, há que se chamar a atenção para o fato de que o nascituro corresponde a um sujeito de direito que ainda não possui personalidade jurídica, pois ainda não nasceu. A personalidade é a aptidão *genérica* conferida pela lei a determinados entes para adquirir direitos e contrair obrigações. Sendo o nascituro um ente despersonalizado, possui apenas aptidões *específicas* previstas em Lei (direito à vida – art. 5º CF, *caput*; direito à filiação – art. 1.596 CC; direito à integridade física, a alimentos, a adequada assistência pré-natal – art. 8º do ECA –; a um curador que represente e zele por seus interesses, a receber doação – art. 542 do CC). Assim, predomina o entendimento de que o Código Civil adotou a teoria natalista, segundo a qual o nascimento com vida faz nascer a personalidade; B: correta (art. 5º, parágrafo único, II, do CC); C: incorreta, pois o pródigo é relativamente incapaz (art. 4º, IV, do CC); D: incorreta (art. 6º do CC).
Gabarito "B".

**(Cartório/SP – V – VUNESP)** Na hipótese de morte presumida de pessoa desaparecida por afogamento, o assento de óbito

**(A)** independe de qualquer medida administrativa ou judicial, desde que notória a probabilidade da morte de pessoa que estava em perigo de vida.
**(B)** depende de prévia ação declaratória judicial quanto à morte presumida.
**(C)** depende de procedimento administrativo quanto à morte presumida.
**(D)** depende da declaração de ausência.

A: incorreta, pois é necessária a intervenção judicial, por meio da qual haverá uma sentença que fixará a data provável do falecimento (art. 7º, parágrafo único do CC); B: correta (art. 7º, parágrafo único do CC e art. 88 da LRP); C: incorreta, pois não se trata de procedimento administrativo, e sim judicial; D: incorreta, pois neste caso a morte presumida pode ser declarada sem a decretação de ausência (art. 7º, I, do CC).
Gabarito "B".

**(Cartório/SP – V – VUNESP)** Os índios, enquanto não integrados,

**(A)** por serem só relativamente incapazes, estão sujeitos, normalmente, como todos os brasileiros natos, à inscrição do nascimento no Registro Civil das Pessoas Naturais do lugar onde tiver ocorrido o parto, sem prejuízo do registro facultativo junto à FUNAI – Fundação Nacional do Índio.
**(B)** não se sujeitam à inscrição do nascimento, porque a organização social, costumes, línguas, crenças e tradições dos silvícolas têm reconhecimento constitucional, competindo à União preservá-los, razão pela qual só deverão, obrigatoriamente, ser registrados em livro próprio da FUNAI, que é o órgão federal encarregado de sua assistência.
**(C)** não se lhes aplica qualquer tipo de registro, quer obrigatório, quer facultativo, em qualquer órgão da União, do Estado ou dos Municípios, pois a Constituição Federal lhes reconhece direitos originários sobre as terras que tradicionalmente ocupam, competindo à União apenas demarcá-las.
**(D)** não estão sujeitos à inscrição do nascimento no Registro Civil das Pessoas Naturais, pois são submetidos a regime tutelar estabelecido em legislação especial, podendo, entretanto, haver registro facultativo em livro próprio da FUNAI, órgão encarregado de sua assistência.

A: incorreta. A questão do índio na legislação brasileira vem tratada especificamente no Estatuto do Índio, Lei 6.001/1973. Essa lei dispõe que os atos praticados pelos índios *não integrados* dependem, para serem válidos, da *assistência* de agentes da FUNAI (ligada à União), o que daria a ideia de que são *relativamente incapazes*; entretanto, a falta de assistência torna o ato *nulo* (e não *anulável*), circunstância própria dos atos praticados pelo *absolutamente incapaz* ( art. 8º); de qualquer forma, não será nulo o ato se o índio revelar consciência e conhecimento do ato praticado e da extensão dos seus efeitos, desde que não lhe seja prejudicial (art. 8º, parágrafo único); assim, a situação do índio é bem específica e não se encaixa na divisão tradicional dos institutos citados, prevista no Código Civil. De qualquer forma, o fato de serem relativamente incapazes não os torna sujeitos à inscrição do registro de nascimento, uma vez que o art. 50, § 2º da LRP apenas lhe *faculta* essa possibilidade.; B: incorreta. De fato, a Constituição

Federal reconhece aos índios sua organização social, costumes, línguas, crenças e tradições (art. 231), mas esta não é uma causa para não se sujeitarem à inscrição do nascimento. A alternativa também está incorreta, pois quando afirma que "só deverão, obrigatoriamente, ser registrados em livro próprio da FUNAI", ignora os dizeres do art. 50, § 2°, da LRP, o qual faculta aos índios não integrados à inscrição de nascimento no Cartório de Registro Civil de Pessoas Naturais, ressaltando que o procedimento também *poderá* ser feito em livro próprio do órgão federal da assistência aos índios; C: incorreta, pois conforme justificativas anteriores, os índios devem se submeter a registro; D: correta (art. 50, § 2°, da LRP e art. 13 da Lei 6.001/1973).
Gabarito "D".

**(Cartório/SP – 2011 – VUNESP)** Assinale a alternativa correta.

(A) Cinco anos após o trânsito em julgado da sentença de sucessão provisória, poderão os interessados requerer a sucessão definitiva e o levantamento das cauções prestadas.

(B) A presunção de morte decorrente da ausência autoriza a viúva do ausente a casar-se novamente.

(C) O Código Civil não admite outras modalidades de presunção de morte além da ausência.

(D) Somente até o momento da abertura da sucessão definitiva o ausente poderá recuperar seus bens.

A: incorreta, pois o prazo previsto em lei são 10 anos (art. 37 do CC); B: correta. A viúva do ausente pode casar-se novamente, nos termos do art. 1.571, §1°, do CC. Entende-se que com relação ao ausente houve a morte presumida, o que dissolve o vínculo matrimonial liberando a viúva para novas núpcias; C: incorreta, pois além da morte presumida com a declaração de ausência, temos ainda casos em que a lei dispensa o procedimento, como o caso do indivíduo ter desaparecido por ter sido exposto a sério perigo de morte ou àquele que desapareceu em campanha ou foi feito prisioneiro, e não foi encontrado até dois anos após o término da guerra (art. 7° do CC); D: incorreta, pois após a abertura da sucessão definitiva a Lei ainda confere uma chance ao ausente de recuperar os seus bens. Nesta esteira, regressando o indivíduo nos dez anos seguintes à abertura da sucessão definitiva, terá ele direito em relação aos bens ainda existentes, no estado em que se encontrarem, ou em relação àqueles bens que foram comprados da venda dos bens que lhe pertenciam (art. 39 do CC).
Gabarito "B".

**(Cartório/SP – 2011 – VUNESP)** Analise as seguintes proposições a respeito da capacidade civil.

I. A emancipação voluntária pode ser concedida pelos pais, mediante instrumento particular autêntico, independentemente de homologação judicial, se o menor tiver dezesseis anos completos.

II. São relativamente incapazes os ébrios habituais que tenham discernimento reduzido.

III. Pessoa que sofreu grave acidente e encontra-se em coma por vários meses pode ser interditada como absolutamente incapaz.

IV. Declarado nulo o matrimônio e reconhecido o casamento putativo em favor daquele que alcançou a capacidade por força do casamento, a emancipação continua válida e produz todos seus efeitos. Está correto o contido apenas em

(A) I, II e III.
(B) I e IV.
(C) II e III.
(D) II, III e IV.

I: incorreta, pois a emancipação voluntária exige instrumento público (art. 5°, parágrafo único, I do CC); II: correta (art. 4°, II, do CC); III: correta (art. 3°, III, do CC); IV: correta, pois a emancipação não é afetada pelo fim do casamento, salvo em caso de invalidação deste, quanto ao que estiver de má-fé, segundo corrente majoritária.
Gabarito "D".

## 2.2. PESSOAS JURÍDICAS.

**(Cartório/BA – 2004 – CESPE)** Quanto às pessoas jurídicas, julgue os itens seguintes.

(1) As organizações religiosas possuem liberdade para a criação, a organização, a estruturação interna e o funcionamento, sendo vedado ao poder público negar-lhes reconhecimento ou registro dos atos constitutivos e necessários ao seu funcionamento.

(2) Nas associações, a qualidade de associado é intransmissível, salvo previsão estatutária em sentido contrário. Também é lícito afirmar que, para haver categorias de associado com vantagens especiais, é mister a previsão em estatuto.

(3) Os partidos políticos serão organizados e funcionarão conforme o disposto em lei específica e, dessa forma, não são classificados como pessoa jurídica de direito privado.

(4) Considere a seguinte situação hipotética.
Na condição de servidor público do estado da Bahia, Jerônimo, no exercício de suas funções, causou dano a terceiros.
Nessa situação, o estado da Bahia responderá civilmente pelos danos que Jerônimo causou a terceiros, cabendo direito regressivo contra Jerônimo, se houver, por parte deste, culpa ou dolo.

(5) Se, eventualmente, o fim a que se destina uma fundação particular tornar-se ilícito, impossível ou inútil ou ainda se vencido o prazo de sua existência, o Ministério Público, ou qualquer interessado, poderá promover-lhe a extinção.

(6) Para alterar o estatuto de uma fundação, é necessário que a reforma não contrarie ou desvirtue o fim desta fundação e, também, que seja deliberada por dois terços dos competentes para gerir e representar a fundação, além de ser homologado em juízo, não competindo ao Ministério Público aprovar ou reprovar, uma vez que cabe a ele apenas velar pelas fundações.

(7) No estatuto das associações, a ausência dos requisitos para admissão, demissão e exclusão dos associados constitui fator de nulidade.

1: correta (art. 44, § 1°, do CC); 2: correta: (arts. 56 e 55 do CC); 3: incorreta (art. 44, V, do CC); 4: certa, pois a Constituição Federal prevê no seu art. 37, § 6° que a "pessoa jurídica de direito público responde pelos danos que seus agentes, nessa qualidade, causarem a terceiros (...)". Essa primeira parte do dispositivo reflete verdadeira hipótese de responsabilidade objetiva. De outra parte, o direito de regresso lhe é assegurado contra o servidor, mas nesse caso deverá comprovar que agiu com dolo ou culpa, isto é, a responsabilidade neste é subjetiva; 5: correta (art. 69 do CC); 6: incorreta, pois o Ministério Público, além de ter o dever de zelar pelas fundações, também tem competência para aprovar ou reprovar a alteração e, caso ele a

denegue, poderá o juiz supri-la a requerimento do interessado (art. 67, III, do CC); 7: certa (art. 54, II, do CC).
Gabarito 1C, 2C, 3E, 4C, 5C, 6E, 7C

**(Cartório/MG – 2012 – FUMARC)** De acordo com o Código Civil Brasileiro, são consideradas pessoas jurídicas de direito público interno

(A) as autarquias.
(B) as fundações.
(C) as organizações religiosas.
(D) as pessoas regidas pelo direito internacional público.

A: correta (art. 41, IV, do CC); B e C: incorretas, pois as fundações e organizações religiosas são consideradas pessoas jurídicas de direito privado (art. 44, III e IV, do CC); D: incorreta, pois as pessoas regidas pelo direito internacional público são consideradas jurídicas de direito público externo (art. 42 do CC).
Gabarito "A"

**(Cartório/MG – 2005 – EJEF)** É CORRETO afirmar que são pessoas jurídicas

(A) de direito privado as associações, as sociedades e as fundações.
(B) de direito público externo os Estados estrangeiros e todas as pessoas que forem regidas pelo direito nacional público.
(C) de direito público interno a União, os Estados, o Distrito Federal, os Territórios, os Municípios, as autarquias e as demais entidades de caráter público criadas por estatutos.
(D) de direito público interno a União, os Estados, o Distrito Federal, os Territórios, os Municípios, as autarquias e as demais entidades de caráter público criadas por decreto.

A: correta (art. 44, I, II e III, do CC); B: incorreta (art. 42 do CC); C e D: incorreta (art. 41, V, do CC).
Gabarito "A"

**(Cartório/MG – 2005 – EJEF)** É CORRETO afirmar que, se a administração da pessoa jurídica vier a faltar, o Juiz, a requerimento de qualquer interessado, lhe nomeará administrador

(A) definitivo.
(B) facultativo.
(C) oficial.
(D) provisório.

Art. 49 do CC.
Gabarito "D"

**(Cartório/RO – III)** Assinale a alternativa correta:

(A) São pessoas de direito público interno a União, os municípios, as autarquias, as fundações e as bolsas de valores.
(B) A existência legal das pessoas jurídicas de direito privado começa com o protocolo do ato constitutivo no respectivo registro.
(C) Decai em 2 (dois) anos o direito de anular a constituição das pessoas jurídicas de direito privado, por defeito do respectivo ato, contado o prazo da publicação de sua inscrição no registro.
(D) Nenhuma das alternativas está correta.

A: incorreta (art. 41 CC); B: incorreta, pois a existência legal das pessoas jurídicas de direito privado começa a *inscrição* do ato constitutivo no respectivo registro, e não com o mero protocolo (art. 45 CC); C: incorreta, pois o prazo de decadência é de três anos (art. 45, parágrafo único, CC); D: correta, pois todas as alternativas trazem impropriedades.
Gabarito "D"

**(Cartório/RO – III)** Assinale a alternativa correta:

(A) Para o registro das pessoas de direito privado é suficiente: denominação, os fins, a sede, o tempo de duração e o fundo social, quando houver; o modo de administração e representação ativa e passiva, judicial e extrajudicialmente; as condições de extinção e a destinação patrimonial.
(B) Se a pessoa jurídica tiver administração coletiva, em qualquer hipótese, as decisões serão tomadas observando a maioria dos votos presente.
(C) Decai em 2 (dois) anos o direito de anular as decisões descritas na alternativa "b".
(D) Nenhuma alternativa está correta.

A: incorreta, pois além desses requisitos ainda devem ser indicados: o nome e a individualização dos fundadores ou instituidores, e dos diretores; se o ato constitutivo é reformável no tocante à administração, e de que modo e se os membros respondem, ou não, subsidiariamente, pelas obrigações sociais (art. 46, II, IV e V CC); B: incorreta, pois é possível que o estatuto disponha de forma diversa. Daí ser incorreto o uso da expressão "*em qualquer hipótese*" (art. 48 CC); C: incorreta, pois na verdade o prazo é de 3 anos (art. 48, parágrafo único, CC); D: correta, pois todas as alternativas trazem impropriedades.
Gabarito "D"

**(Cartório/RO – III)** Assinale a alternativa correta.

(A) Nas associações há entre os associados direitos e obrigações recíprocos.
(B) Nas associações em qualquer hipótese os associados deverão ter iguais direitos.
(C) Caso o estatuto não disponha sobre o assunto, a qualidade de associado é intransmissível.
(D) Nenhuma das alternativas está correta.

A: incorreta (art. 53, parágrafo único, CC); B: incorreta (art. 55 CC); C: correta (art. 56 CC); D: incorreta, pois a alternativa "C" está correta.
Gabarito "C"

**(Cartório/SP – 2011 – VUNESP)** Leia as afirmações e assinale a alternativa correta.

(A) A fundação pode ser criada por ato intervivos, mediante instrumento particular autêntico, com assinatura de duas testemunhas, ou por testamento.
(B) Segundo orientação jurisprudencial do Superior Tribunal de Justiça, o Código de Defesa do Consumidor adotou a teoria menor da desconsideração da personalidade jurídica, admitindo responsabilização dos sócios sempre que a personalidade for, de alguma forma, obstáculo ao ressarcimento de prejuízos causados aos consumidores.
(C) É possível criar fundação com finalidade político-partidária.
(D) A responsabilidade civil das pessoas jurídicas de direito público é fundada no risco integral, não admitindo excludentes de caso fortuito/força maior ou culpa da vítima.

A: incorreta (art. 62 CC); B: correta, pois de fato o Superior Tribunal de Justiça vem adotando esse posicionamento no que tange ao art. 28 do CDC, como é possível se verificar seguintes julgados: REsp 1.096.604/DF, rel. Min. Luis Felipe Salomão, 4.ª T., j. 02.08.2012, DJe 16.10.2012; AgRg no Ag 1.342.443/PR, rel. Min. Massami Uyeda, 3.ª T., j. 15.05.2012, DJe 24.05.2012.; REsp 1.267.232/PR, rel. Min. Mauro Campbell Marques, 2.ª T., j. 01.09.2011, DJe 08.09.2011). A teoria menor da desconsideração traz um facilitador para que o "manto" da pessoa jurídica seja retirado, uma vez que há requisitos menos rígidos para que isso ocorra. Exige-se apenas a dificuldade de penhorar bens do fornecedor, não sendo necessário comprovar fatos adicionais, como abuso de personalidade, confusão patrimonial, dentre outros, como se dá no âmbito de uma relação regida pelo Código Civil. Neste sentido, vide Enunciado 50 do CJF; C: incorreta (art. 62, parágrafo único, CC e Enunciado 8 CJF); D: incorreta, pois o Direito Brasileiro não adotou a teoria do risco integral no que tange a responsabilidade das pessoas jurídicas de direito público interno. A teoria adotada foi a do risco administrativo. Essa teoria baseia-se no risco inerente da atividade administrativa, sendo seus pressupostos: a)existência de um ato ou fato administrativo; b) dano; c)nexo de causalidade. Admite-se ainda formas de exclusão da responsabilidade do Estado, como a culpa exclusiva da vítima, ausência de nexo de causalidade, caso fortuito e força maior (art. 37, § 6º CF e art. 43 CC).
Gabarito "B".

**(Cartório/SP – 2011 – VUNESP)** Assinale a alternativa correta a respeito das fundações.

(A) Para criar uma fundação, o seu instituidor deverá lavrar escritura pública, vedado o testamento.
(B) Para que se possa alterar o estatuto da fundação, é mister que a reforma seja deliberada por unanimidade dos competentes para gerir e representar a fundação.
(C) A fundação somente poderá constituir-se para fins religiosos, morais, culturais ou de assistência.
(D) Velará pelas fundações o Ministério Público do Estado, mesmo se funcionarem no Distrito Federal ou em território.

A: incorreta (art. 62 do CC); B: incorreta (art. 67, I, do CC); C: correta (art. 62 parágrafo único, e Enunciado 8 do CJF); D: incorreta (art. 66, § 1º, do CC).
Gabarito "C".

## 2.3. DOMICÍLIO

**(Cartório/RO – III)** Assinale a alternativa correta:

(A) É domicílio da pessoa natural é o lugar onde ela exerce sua profissão.
(B) É domicílio da pessoa natural é o lugar onde ela estabelece sua residência com ânimo definitivo.
(C) Se a pessoa natural não tem residência habitual, ter-se-á por seu domicílio o lugar onde ela se encontra.
(D) Todas as alternativas estão corretas.

A: correta (art. 72 do CC); B: correta (art. 70 do CC); C: correta (art. 73 do CC); D: correta, pois todas as alternativas estão certas.
Gabarito "D".

**(Cartório/SC – 2008)** Em relação ao domicílio da pessoa natural, é correto afirmar:

(A) Se a pessoa natural tiver mais de uma residência, onde viva alternadamente, considerar-se-á seu domicílio apenas aquela onde passe o maior período do ano.
(B) Considera-se domicílio da pessoa natural o lugar onde ela estabelece a sua residência com ânimo definitivo.
(C) O lugar onde a pessoa natural exerce a profissão, se for diverso daquele onde reside, não pode ser considerado como seu domicílio, mesmo que para as relações concernentes à profissão.
(D) O servidor público e o militar têm seu domicílio necessário no local onde residem, mesmo que diverso daquele onde respectivamente exerça sua função ou preste o serviço.
(E) Nos contratos escritos, os contratantes não poderão especificar o domicílio onde serão exercitados e cumpridos os direitos e obrigações deles resultantes.

A: incorreta (art. 71 do CC); B: correta (art. 70 do CC); C: incorreta (art. 62 do CC); D: incorreta (art. 76, parágrafo único, do CC); E: incorreta (art. 78 do CC).
Gabarito "B".

## 2.4. DIREITOS DA PERSONALIDADE E NOME

**(Cartório/SP – V – VUNESP)** A lesão a direito da personalidade dá ensejo à reclamação por perdas e danos. Em caso de falecimento da vítima, quanto à legitimidade ativa ad causam, é correto afirmar que detém legitimidade

(A) o cônjuge sobrevivente, qualquer parente na linha reta ou colateral até o quarto grau.
(B) o cônjuge sobrevivente e qualquer parente na linha reta.
(C) apenas o cônjuge sobrevivente.
(D) o cônjuge sobrevivente, o companheiro ou qualquer herdeiro na linha reta ou colateral até o terceiro grau.

Art. 12, parágrafo único, do CC e Enunciado 400 do CJF.
Gabarito "A".

## 2.5. AUSÊNCIA

**(Cartório/BA – 2004 – CESPE)** Antenor, com 82 anos de idade, desapareceu sem deixar notícias há 8 anos. Não se sabe do seu paradeiro. Antenor foi declarado ausente e já se realizou a sucessão provisória de seus bens.

Com relação à situação hipotética apresentada, julgue os itens que se seguem.

(1) Nessa situação, os interessados já podem pedir a sucessão definitiva dos bens de Antenor, uma vez que ele tem mais de 80 anos de idade e há 8 anos não se tem notícias dele.
(2) Ainda que se realize a sucessão definitiva de seus bens, Antenor não poderá ser presumido como morto.

1: correta, pois conforme o art. 38 do CC é possível requerer a sucessão definitiva daquele que desaparece do seu domicílio contando com 80 anos de idade e há 5 anos não dá nenhuma notícia. Note-se que este dispositivo excepciona a regra geral do prazo quanto ao pedido de sucessão definitiva, que é de 10 anos depois de passada em julgado a sentença que concede a abertura da sucessão provisória (art. 37 do CC); 2: incorreta, pois o art. 6º do CC prevê expressamente que tem-se a morte presumida, quanto aos ausentes, nos casos em que a lei autoriza a abertura da sucessão definitiva. Então, aberta a sucessão definitiva Antenor será considerado presumivelmente morto.
Gabarito 1C, 2E

**(Cartório/RO – III)** Assinale a alternativa correta.

(A) Os atos de alienação, de hipoteca e de desapropriação de imóveis de ausentes só serão permitidos após autorização judicial.
(B) Os empossados nos bens, e os sucessores provisórios ficarão representando ativa e passivamente o ausente, de modo que contra eles correrão as ações pendentes e as futuras àqueles movidas.
(C) Se dois indivíduos falecerem ao mesmo tempo, não se podendo averiguar qual deles morreu primeiro, presumir-se á morte em primeiro lugar do mais idoso.
(D) Nenhuma alternativa está correta.

A: incorreta. Na verdade a alternativa encontra-se incompleta, pois muito embora tais atos só possam ser realizados com autorização judicial, atos de alienação e hipoteca apenas podem ocorrer com uma única finalidade, qual seja, evitar a ruína do imóvel (art. 31 do CC); B: correta (art. 32 do CC); C: incorreta, pois a Lei não traz a presunção de que o idoso teria falecido primeiro. Em verdade, entende-se que ambos faleceram ao mesmo tempo (comoriência), e um não herdará do outro (art. 8º do CC); D: incorreta, pois a alternativa "B" está correta.
Gabarito "B".

**(Cartório/SP – II – VUNESP)** Assinale a afirmação incorreta.

(A) São fases da ausência: curadoria, sucessão provisória e sucessão definitiva.
(B) Só há ausência, em sentido técnico, se reconhecida como tal por decisão judicial.
(C) A abertura da sucessão provisória coincide com o advento da presunção de morte do ausente.
(D) A ausência, importando em ruptura da vida em comum, pode ser causa de separação judicial e divórcio.

A: correta. A fase de curadoria é composta pela formulação do pedido de declaração de ausência em juízo e arrecadação de bens, momento em que será nomeado um curador para tutelá-los (arts. 22 a 26 do CC). Após um ano da arrecadação de bens, ou três anos se houver procurador, os interessados poderão requerer que seja aberta a sucessão provisória, nos termos dos arts. 26 a 36 do CC. E, por fim passados dez anos do trânsito em julgado da sentença que abriu a sucessão provisória, ou cinco anos das últimas notícias daquele que desapareceu contando com 80 anos, inicia-se a fase de sucessão definitiva, consoante arts. 37 a 39 do CC; B: correta, pois o procedimento de ausência está detalhadamente regrado no Código Civil (arts. 22 a 39) e no Código de Processo Civil (arts. 1.159 a 1.169), de modo que a decisão judicial é indispensável para que o indivíduo seja considerado ausente; C: incorreta (e deve ser assinalada), pois o advento de presunção de morte do ausente se dá com a abertura da sucessão definitiva (art. 6º do CC); D: correta. De fato, a ausência pode ser causa de separação judicial ou divórcio, consoante prevê o art. 1.571, § 1º, do CC. De acordo com os dizeres deste artigo, o casamento se dissolve pela morte e pelo divórcio,
de modo que a morte pode ser tanto real como presumida. Aberta a sucessão definitiva, o ausente é considerado presumivelmente morto, liberando o seu cônjuge para novas núpcias.
Gabarito "C".

## 2.6. BENS

**(Cartório/BA – 2004 – CESPE)** Quanto à classificação dos bens, julgue os itens a seguir.

(1) Considere que uma pessoa faleceu, deixando para seu único herdeiro um carro. Nessa situação, o direito que esse herdeiro tem sobre o carro é considerado imóvel por determinação da lei.
(2) Considere que Pedro comprou um carro novo e resolveu vender o antigo que possuía há três anos. Nesse sentido, o carro antigo de Pedro, colocado à venda, é considerado um bem inconsumível.
(3) As pertenças são bens acessórios que, não constituindo partes integrantes, se destinam, de modo duradouro, ao uso, ao serviço ou ao aformoseamento de outro. E, dessa forma, os negócios jurídicos que dizem respeito ao bem principal não abrangem as pertenças, salvo se o contrário resultar da lei, da manifestação de vontade, ou das circunstâncias do caso.

1: correta, pois esse direito que o herdeiro possui sobre o carro constitui-se no direito à sucessão aberta, e o Código Civil no art. 80, II, o considera um bem imóvel; 2: incorreta, pois bem inconsumível é aquele que o seu uso não importa na sua destruição e que não esteja destinado a alienação. No caso em tela, o carro foi alienado, perdendo assim tal característica; 3: certa (art. 93 e 93 do CC).
Gabarito 1C, 2E, 3C

**(Cartório/DF – 2008 – CESPE)** Quanto à disciplina dos bens no atual Código Civil, julgue os itens a seguir.

(1) Os bens públicos são inalienáveis, mesmo quando desafetados.
(2) Mesmo quando ainda não estão separados do bem principal, os frutos e produtos podem ser objeto de negócio jurídico.
(3) São fungíveis os bens móveis e imóveis que podem ser substituídos por outros de mesma espécie, qualidade e quantidade.

1: incorreta, pois a partir do momento em que ocorre a desafetação, o bem deixa de ter a destinação específica para a qual servia, sendo incluído no rol de bens dominicais do Estado. Característica importante desse tipo de bem é que podem ser alienados (art. 101 do CC), diferentemente dos bens de uso comum e de uso especial (art. 100 do CC); 2: certa (art. 95 do CC); 3: errada, pois a fungibilidade é característica exclusiva dos bens móveis (art. 85 do CC).
Gabarito 1E, 2C, 3E

**(Cartório/MG – 2005 – EJEF)** É CORRETO afirmar que, para os efeitos legais, se consideram bens móveis

(A) as energias que tenham valor econômico.
(B) as energias que tenham valor ideal.
(C) os direitos ideais sobre objetos móveis e as ações correspondentes.
(D) os direitos reais sobre objetos móveis e as ações independentes.

Art. 83, I, do CC.
Gabarito "A".

**(Cartório/MG – 2005 – EJEF)** Considerando-se suas especificidades características, é CORRETO afirmar que são bens

(A) consumíveis os móveis cujo uso importa conservação imediata da própria substância.
(B) divisíveis os que se podem fracionar com alteração na sua substância, com diminuição considerável de valor ou com prejuízo do uso a que se destinam.
(C) fungíveis os móveis que podem substituir-se por outros da mesma espécie, qualidade e quantidade.
(D) singulares os que, embora separados, se consideram de *per si*, independentemente dos demais.

A: incorreta, pois a característica principal dos bens consumíveis é exatamente inversa, isto é, são aqueles cujo uso importa na sua destruição ou destinados à alienação; B: incorreta (art. 87 do CC); C: correta (art. 85 do CC); D: incorreta, pois bens singulares são aqueles que, embora *reunidos*, se consideram de *per si*, independentemente dos demais.
Gabarito "C".

**(Cartório/MG – 2012 – FUMARC)** Segundo o Código Civil, consideram-se benfeitorias voluptuárias aquelas realizadas para

(A) aumentar o bem.
(B) facilitar o uso do bem.
(C) impedir que o bem se deteriore.
(D) mero deleite, ainda que de elevado valor.

Nos termos do art. 96, § 1º, do CC, são consideradas voluptuárias as benfeitorias de mero deleite ou recreio, que não aumentam o uso habitual do bem, ainda que o tornem mais agradável ou sejam de elevado valor. De outra parte, são consideradas benfeitorias úteis as que aumentam ou facilitam o uso do bem (art. 96, § 2º, do CC). Por fim, são chamadas necessárias as benfeitorias que evitam que o bem se deteriore (art. 96, § 3º, do CC).
Gabarito "D".

**(Cartório/SC – 2008)** Assinale a alternativa correta, de acordo com as disposições contidas nos arts. 79 a 81 do Código Civil brasileiro:

(A) Os direitos reais sobre imóveis e as ações que os asseguram são considerados móveis, para os efeitos legais.
(B) As edificações que forem separadas do solo, mas conservarem a sua unidade e forem removidas para outro local, serão consideradas bens móveis.
(C) O direito à sucessão aberta é tido como bem de natureza móvel, para os efeitos legais.
(D) Os materiais provisoriamente separados de um prédio, para nele se reempregarem, perdem o caráter de bem imóvel.
(E) São bens imóveis o solo e tudo quanto se lhe incorporar natural ou artificialmente.

A: incorreta (art. 80, I, do CC); B: incorreta (art. 81, I, do CC); C: incorreta (art. 80, II, do CC); D: incorreta (art. 81, II, do CC); E: correta (art. 79 do CC).
Gabarito "E".

**(Cartório/SP – III – VUNESP)** Na classificação dos bens, o direito à sucessão aberta enquadra-se

(A) na classe dos bens complexos, na esfera do direito sucessório.
(B) na categoria dos bens móveis pela sua natureza.
(C) na classe dos bens imóveis, para os efeitos legais.
(D) no campo dos bens correspondentes aos direitos potestativos.

Art. 80, II, do CC.
Gabarito "C".

**(Cartório/SP – 2011 – VUNESP)** A respeito dos bens públicos, é correto afirmar:

(A) os bens dominicais podem ser alienados, observadas as exigências da lei.
(B) o hospital municipal, o prédio da escola pública e o Fórum são bens de uso comum do povo.
(C) é admissível a usucapião constitucional em bens públicos.
(D) o uso comum dos bens públicos será sempre gratuito.

A: correta, pois de fato os bens dominicais podem ser alienados, uma vez que constituem patrimônio disponível do Poder Público. Entretanto esta alienação deve preencher os requisitos legais, dentre os quais a necessidade de avaliação e realização de licitação (art. 101 do CC); B: incorreta, pois tais prédios públicos são típicos exemplos de bens de uso especial, isto é, aqueles destinados à execução dos serviços públicos ou a servir de estabelecimento para os entes públicos (art. 98, II, do CC); C: incorreta, pois os bens públicos são imprescritíveis, isto é, não estão sujeitos à usucapião de nenhum espécie (art. 102 do CC e Súmula 340 do STF); D: incorreta, pois o uso comum dos bens públicos pode ser gratuito ou remunerado, conforme for estabelecido legalmente pela entidade a cuja administração pertencem.
Gabarito "A".

**(Cartório/SP – 2011 – VUNESP)** As utilidades que se retiram da coisa e lhe diminuem a quantidade, pois não se reproduzem periodicamente, são:

(A) frutos civis (rendimentos).
(B) frutos percipiendos.
(C) pertenças.
(D) produtos.

A e B: incorretas, pois frutos são utilidades que se reproduzem. Quanto a sua definição, os frutos podem ser civis (juros, aluguéis), naturais (frutos de uma árvore) ou industriais (produção de uma fábrica). Quanto ao seu estado, podem ser pendentes (enquanto unidos à coisa que os produziu), percebidos ou colhidos (depois de separados da coisa que os produziu), estantes (os separados e armazenados ou acondicionados para a venda), percipiendos (os que deviam ser, mas não foram colhidos e percebidos) e os consumidos (os que não existem mais porque foram utilizados); C: incorreta (art. 93 do CC); D: correta, pois produtos são justamente as utilidades da coisa que não se reproduzem.
Gabarito "D".

**(Cartório/SP – 2011 – VUNESP)** Assinale a alternativa correta:

(A) Não se consideram benfeitorias os melhoramentos ou acréscimos sobrevindos ao bem sem a intervenção do proprietário, possuidor ou detentor.
(B) São úteis as benfeitorias que têm por fim conservar o bem ou evitar que se deteriore.
(C) O reivindicante, obrigado a indenizar as benfeitorias ao possuidor de boa-fé, tem o direito de optar entre o seu valor atual e o seu custo.

(D) O possuidor de má-fé tem direito ao ressarcimento das benfeitorias necessárias e úteis, sem direito de retenção, e tem direito a levantar as benfeitorias voluptuárias.

A: correta (art. 97 do CC); B: incorreta, pois tais melhoramentos tratam-se de benfeitorias necessárias (art. 96, § 2°, do CC); C: incorreta, pois o reivindicante obrigado a indenizar o possuidor de boa-fé não tem o direito de optar entre o seu valor atual e o seu de custo, apenas podendo fazê-lo pelo seu valor atual (art. 1.222 do CC); D: incorreta, pois ao possuidor de má-fé apenas serão indenizadas as benfeitorias necessárias, além do que não tem o direito de levantar as benfeitoriais voluptuárias. (art. 1.220 do CC).
Gabarito "A".

## 2.7. FATOS JURÍDICOS

(Cartório/AC – 2006 – CESPE) Acerca do negócio jurídico, julgue os itens a seguir.

(1) Considere que uma pessoa tenha alienado uma grande área de terreno como sendo imóvel destinado à construção, ocultando intencionalmente do comprador que, na referida área, por declaração da autoridade municipal, não é permitido edificar qualquer construção. Nessa situação, o negócio jurídico terá sido praticado com omissão dolosa do vendedor, o que vicia a vontade negocial da outra parte e torna o negócio anulável.

(2) A simulação é vício que acarreta a nulidade do negócio jurídico e caracteriza-se pelo intencional desacordo entre a vontade interna e a declarada, no sentido de criar aparentemente um negócio jurídico que de fato não existe ou então ocultar sob determinada aparência o ato realmente querido. A simulação é, assim, a declaração enganosa da vontade, visando produzir efeito diverso do ostensivamente declarado, com intuito de enganar terceiros.

1: correta, pois resta nítida a intenção maliciosa do vendedor, ao anunciar o imóvel como sendo destinado à construção e, ao mesmo tempo omitir a relevante informação de que a autoridade pública proibiu que fossem feitas edificações. Certamente se o comprador soubesse dessa informação não teria realizado o negócio jurídico. O caso em tela é um típico exemplo da figura do dolo essencial, isto é, aquele em que uma das partes utiliza-se de artifícios maliciosos (no caso, o silêncio intencional) para levar a outra a praticar um ato que não praticaria se soubesse das circunstâncias reais (art. 147 do CC). Diante de tal situação a Lei autoriza que haja a anulação do negócio jurídico, nos termos do art. 178, II do CC; 2: correta, pois de fato na simulação há uma discrepância entre a vontade e a declaração, entre a essência e a aparência. Pode ser de duas espécies: a) absoluta: há um negócio jurídico celebrado, mas no âmbito da vontade não foi desejado negócio algum; b) relativa: celebra-se um negócio jurídico "X" (negócio simulado), mas a real intenção era que fosse celebrado o negócio "Y" (negócio dissimulado). O instituto é regulamentado pelo art. 167 do CC, o qual prevê que "*é nulo o negócio jurídico simulado, mas subsistirá o que se dissimulou, se válido for na substância e na forma*". (vide Enunciados 152, 153, 293 e 294 do CJF).
Gabarito 1C, 2C

(Cartório/BA – 2004 – CESPE) Considere que determinada pessoa realize um contrato viciado com dolo acidental, e que esse contrato gere ao lesado um prejuízo de grande monta. Em face dessa consideração, julgue os itens que se seguem.

(1) O negócio jurídico é anulável, devendo a anulabilidade ser requerida pelos interessados, dentro do prazo legal.

(2) O negócio jurídico está eivado de dolo acidental; portanto, quem ludibriou estará obrigado a responder por perdas e danos.

1: incorreta, pois esse negócio jurídico não é anulável, uma vez que reflete hipótese de dolo acidental. O dolo acidental é aquela circunstância em que, mesmo se soubesse da situação real, a parte contratante celebraria o negócio jurídico, porém de outro modo; 2: correta pois conforme mencionado o dolo acidental não é causa invalidante do negócio jurídico, acarretando apenas o direito a indenização por perdas e danos (art. 146 do CC).
Gabarito 1E, 2C

(Cartório/DF – 2006 – CESPE) Julgue os itens a seguir, a respeito dos negócios jurídicos.

(1) Nos negócios jurídicos onerosos entre presentes, a declaração expressa de vontade é parte integrante do ato negocial, equivalendo o silêncio de qualquer das partes à anuência tácita. Nesses negócios, a conduta subjetiva do agente ou a sua capacidade não têm influência sobre a validade da avença, não se perquirindo, portanto, o elemento subjetivo e verificando-se tão somente se a conduta dos contratantes atende aos padrões esperados no ambiente sociocultural vigente e aos usos e costumes do lugar.

(2) O negócio jurídico é anulável quando realizado com erro substancial quanto à natureza do negócio, seu objeto, ou com erro de direito pertinente à identidade ou à qualidade da pessoa com quem se celebra o negócio. Quando se tratar de erro de direito, ainda que esse não seja o motivo determinante da declaração de vontade, pois, nesse caso, implicaria recusa à aplicação da lei, se as partes desejarem conservar o contrato, poderão retificar as declarações de vontade ou executá-lo segundo a vontade declarada, se qualquer das partes o desejar, sanando-se, assim, o vício apontado.

1: incorreta, pois não é possível afirmar que, o silêncio por si só acarreta anuência tácita das partes. O art. 111 do CC ensina que o silêncio importa anuência, *quando as circunstâncias ou os usos o autorizarem*, e não for necessária a declaração de vontade expressa. Dessa forma, não basta mero silêncio para que se entenda ter havido manifestação de vontade tácita. É necessário que haja outras circunstâncias ou comportamentos (ou mesmo alguma disposição legal, como no caso do art. 539 do CC) que levem à conclusão de anuência. Ademais, é necessário que o negócio não seja daqueles que reclamam declaração de vontade expressa, o que ocorre nos negócio jurídicos onerosos. De outra parte, a vontade do agente e sua capacidade influenciam de maneira decisiva sobre a validade da avença, de forma que se a vontade for viciada ou o agente não gozar de capacidade de fato teremos causas invalidantes do negócio jurídico; 2: incorreta, pois a questão mistura os conceitos do art. 139 do CC. De fato, apenas o erro substancial anula o negócio jurídico.

O erro é substancial quando: I) interessa à natureza do negócio, ao objeto principal da declaração, ou a alguma qualidade essencial dele; II) concerne a identidade ou à qualidade essencial da pessoa a quem se refira a declaração de vontade, desde que tenha influído nesta de modo relevante; III) sendo de direito e não implicando recusa a aplicação da lei, for o motivo único ou principal do negócio jurídico. Então verificamos que o erro pode recair sobre o negócio, sobre a pessoa ou sobre o direito. Para que o negócio jurídico seja anulado por erro de direito são necessários dois requisitos cumulativos: a) deve ter sido o único ou principal motivo de sua celebração; b) não implique recusa a aplicação da lei. Por tratar-se de caso de anulabilidade, o negócio jurídico é passível de convalidação e confirmação pela vontade das partes, isto é, o vício pode ser sanado se retificada a vontade do emitente o receptor se oferecer a executá-la nos seus exatos moldes (art. 144 do CC).
Gabarito 1E, 2E

**(Cartório/ES – 2007 – FCC)** A cláusula que, derivando exclusivamente da vontade das partes, subordina o efeito do negócio jurídico a evento futuro e incerto denomina-se.

(A) encargo resolutivo.
(B) termo inicial.
(C) encargo.
(D) termo final.
(E) condição.

Art. 121 do CC.
Gabarito "E".

**(Cartório/ES – 2007 – FCC)** A respeito do negócio jurídico, considere:

I. Objeto indeterminável.
II. Coação.
III. Lesão.
IV. Objeto ilícito.
V. Dolo.
VI. Incapacidade relativa do agente.

Implicam em nulidade do negócio jurídico as causas indicadas SOMENTE em

(A) I, III e V.
(B) I e IV.
(C) II, III e VI.
(D) II, IV e V.
(E) IV, V e VI.

I e IV: corretas, pois um dos requisitos para que o negócios jurídico seja válido é que o seu objeto seja lícito e determinado ou ao menos determinável, sob pena de nulidade (art. 104, II, art. 166, II, do CC); II, III e V, VI: incorretas, pois tais causas tratam-se de hipóteses que acarretam a *anulabilidade* do negócio jurídico (art. 171 do CC).
Gabarito "B".

**(Cartório/MG – 2005 – EJEF)** Analise estas afirmativas concernentes a defeitos do negócio jurídico e assinale com V as verdadeiras e com F as falsas:

( ) Se ambas as partes procederem com dolo, ambas podem alegá-lo para anular o negócio ou reclamar indenização.
( ) A transmissão errônea da vontade por meios interpostos é nula nos mesmos casos em que o é a declaração direta.
( ) Considera-se coação a ameaça do exercício normal de um direito ou o simples temor reverencial.

Assinale a alternativa que apresenta a sequência de letras CORRETA.

(A) (F) (F) (F)
(B) (F) (V) (F)
(C) (V) (F) (V)
(D) (V) (V) (F)

1: falsa (art. 150 do CC); 2: falsa (art. 141 do CC); 3: falsa (art. 153 do CC).
Gabarito "A".

**(Cartório/MS – 2009 – VUNESP)** Observe as assertivas a seguir:

I. A sentença que pronunciar a inexistência do ato praticado com reserva mental irregular tem eficácia *ex nunc*, atingindo o ato após seu trânsito em julgado.
II. Havendo dúvida, os direitos devem prevalecer sempre sobre as restrições.
III. Escritura pública se retifica mediante outra escritura pública e não por meio de mandado judicial.
IV. Os direitos hereditários podem ser objeto de cessão, podendo ser realizada por meio de instrumento particular.
V. O silêncio importa anuência, quando as circunstâncias ou os usos o autorizarem, e não for necessária a declaração de vontade expressa.

É correto o que se afirma apenas em

(A) I e II.
(B) III e IV.
(C) I, II e IV.
(D) II, III e V.
(E) I, IV e V.

I: incorreta, tendo em vista que no caso em tela a sentença terá eficácia *ex tunc*, invalidando os efeitos do ato desde a sua prática. Interessante ressaltar que a doutrina se divide ao definir a reserva mental como causa de nulidade absoluta ou de inexistência do negócio jurídico. De qualquer forma a sentença que a reconhece terá efeitos retroativos; II: correta, uma vez que as restrições à direitos devem se dar de forma expressa e inequívoca, caso contrário não podem ser aplicadas; III: correta, pois uma vez expedido o ato a sua retificação se dará pela expedição de um novo ato de mesma natureza, sendo dispensável para tanto a intervenção judicial; IV: incorreta, pois a cessão de direitos hereditários apenas pode ser feita por escritura pública (art. 1.793 do CC); V: correta (art. 111 do CC).
Gabarito "D".

**(Cartório/PR – 2007)** Os requisitos de existência do negócio jurídico são seus elementos estruturais, na falta de qualquer deles o negócio jurídico inexiste.

Sobre tal afirmativa marcar V para as assertivas verdadeiras e F para as assertivas falsas:

( ) A vontade é um elemento de caráter subjetivo, que se exterioriza pela sua declaração, sendo esta requisito de existência do negócio jurídico.
( ) O silêncio pode ser considerado manifestação tácita de vontade e, em determinadas circunstâncias, produz efeitos jurídicos.
( ) O Código Civil de 2002 não contemplou o instituto da reserva mental, por entender-se que é irrelevante à validade e existência do negócio jurídico.

( ) A idoneidade do objeto é necessária para a realização do negócio jurídico que se pretende realizar, apresentando os requisitos ou qualidades que a lei exige para que o negócio produza os efeitos desejados.
( ) A finalidade negocial ou jurídica é o propósito de adquirir, conservar, modificar e extinguir direitos.

Marcar a sequência correta:

(A) F,F,F,V,V.
(B) V,V,F,V,F.
(C) F,V,V,F,V.
(D) V,V,F,V,V.
(E) V,F,V,F,F.

1: verdadeira, pois a vontade manifestada é elemento básico para que um negócio exista. Ela pode ser manifestada de forma expressa (pela palavra falada, escrita ou gestos), tácita (pelo comportamento do agente) ou presumida (decorre de presunções legais); 2: verdadeira, nos termos do art. 111 do CC. O dispositivo impõe que o silêncio importa anuência, apenas quando as circunstâncias ou os usos o autorizarem, e não for necessária a declaração de vontade expressa; 3: falsa, pois o Código Civil manifestou-se expressamente sobre a reserva mental em seu art. 110; 4: verdadeira, pois a declaração de vontade do agente apenas terá sentido se recair sobre um objeto que tenha pertinência ao negócio que se deseja fazer; 5: verdadeira, na medida que a finalidade negocial é o elemento diferenciador entre o negócio jurídico e o ato jurídico em sentido estrito. Por meio dela os agentes podem negociar os efeitos jurídicos que nascerão de sua declaração. As partes podem adquirir, conservar, modificar e extinguir direitos e ainda prever as consequências para tanto. Ao passo que, no ato jurídico em sentido estrito e consequência já vem definida na própria lei.
Gabarito "D".

(Cartório/PR – 2007) O capítulo V do Código Civil de 2002 trata da Invalidade do Negócio Jurídico, quanto a suas nulidades e anulabilidades, sendo correto afirmar que:

I. Em caso de nulidade absoluta, o negócio jurídico não produz qualquer efeito, pois ofende princípios de ordem pública, operando ex tunc. Pode ser alegada por qualquer interessado, devendo ser pronunciada de ofício pelo juiz.
II. É nulo o negócio jurídico simulado, quando os instrumentos particulares forem antedatados, ou pós-datados.
III. O negócio nulo produz efeitos até o momento em que é decretada a sua invalidade, isto é, efeitos ex tunc.
IV. Anulabilidade é a sanção imposta em lei quando o negócio jurídico se apresenta eivado de vício do consentimento ou quando for firmado por agente relativamente incapaz, operando ex nunc.

É correta ou são corretas:

(A) apenas I e II.
(B) apenas II e III.
(C) I, II e IV.
(D) apenas III e IV.
(E) apenas I e III.

I: correta, pois a nulidade absoluta é causa invalidante do negócio jurídico que o atinge em seu nascedouro. Daí a razão dos efeitos da sentença serem ex tunc. O negócio não é passível de convalidação pelo decurso do tempo nem confirmação pela vontade das partes, podendo ser alegada por qualquer interessado, pelo juiz, de ofícios, ou pelo Ministério Público quando lhe couber intervir (art. 168 e 169 do CC); II: correta (art. 167, §1º, III do CC); III: incorreta, pois considerando que o efeito da sentença proferida em ação declaratória de nulidade é ex tunc, a invalidade é reconhecida desde a prática do ato, extirpando os seus efeitos do mundo jurídico desde o seu nascedouro; IV, correta, nos termos do art. 171 do CC, sendo que a declaração de invalidade do negócio jurídico apenas valerá a partir do momento em que a sentença da ação anulatória for proferida (art. 177 do CC).
Gabarito "C".

(Cartório/PR – 2007) Os elementos acidentais do negócio jurídico são cláusulas que se acrescentam facultativamente a este com a finalidade de alterar as suas consequências naturais. Nestes termos, marcar a resposta correta:

(A) O encargo não suspende a aquisição nem o exercício do direito, salvo quando expressamente imposto no negócio jurídico, pelo disponente, como condição resolutiva.
(B) Se for resolutiva a condição, enquanto esta se não realizar, vigorará o negócio jurídico, podendo exercer-se desde a conclusão deste o direito por ele estabelecido.
(C) Ao titular do direito eventual, nos casos de condição suspensiva ou resolutiva, não é permitido praticar os atos destinados a conservá-lo.
(D) O termo inicial suspende o exercício e a aquisição do direito.
(E) Salvo disposição legal ou convencional em contrário, computam-se os prazos, incluindo o dia do começo, e excluindo o do vencimento.

A: incorreta, pois o encargo não suspende a aquisição nem o exercício do direito, salvo quando expressamente imposto no negócio jurídico, pelo disponente, como condição *suspensiva*. (art. 136 do CC); B: correta (art. 127 do CC); C: incorreta (art. 130 do CC); D: incorreta (art. 131 do CC); E: incorreta, pois salvo disposição legal ou convencional em contrário, computam-se os prazos, excluído o dia do começo, e *incluído* o do vencimento (art. 132 do CC).
Gabarito "B".

(Cartório/RN – 2012 – IESES) Os negócios jurídicos, para sua validade, dependem de agente capaz, objeto lícito, possível, determinado ou determinável, e forma prescrita ou não defesa em lei. A manifestação da vontade é essencial para os negócios jurídicos, assim:

I. Os negócios jurídicos celebrados por relativamente incapaz podem ser confirmados.
II. A reserva mental feita pelo autor e desconhecida do destinatário deve ser considerada na interpretação do negócio jurídico.
III. O silêncio de uma das partes sempre implica na anuência ou concordância.
IV. Ao se interpretar um negócio jurídico importa mais a real vontade dos declarantes do que o sentido literal da linguagem escrita.

Assinale a alternativa correta:

(A) As assertivas I e IV estão corretas.
(B) As assertivas II, III e IV estão corretas.
(C) As assertivas I e III estão corretas.
(D) Apenas a assertiva IV está correta.

I: correta, pois os negócios jurídicos celebrados por relativamente incapazes são atos anuláveis, e todo ato anulável é passível de confirmação (art. 171, I e art. 172 do CC); II: incorreta, pois se a reserva mental for desconhecida do destinatário a manifestação de vontade subsiste, não havendo que se falar em possível interpretação para invalidar o negócio jurídico (art. 110 do CC); III: incorreta, pois o silêncio de uma das partes apenas importa anuência se as circunstâncias ou os usos o autorizarem, e não for necessária a declaração de vontade expressa. Caso contrário o silencio importará em recusa (art. 111 do CC); IV: correta, pois dá-se maior importância à intenção das partes do que à literalidade da declaração (art. 112 do CC).
Gabarito "A".

**(Cartório/SC – 2012)** O silêncio intencional de uma das partes a respeito de fato ou qualidade que a outra parte haja ignorado, nos negócios jurídicos bilaterais, constitui omissão dolosa quando:

(A) O dolo for acidental.
(B) A omissão for acidental.
(C) Houver prova de que sem a omissão não teria sido celebrado.
(D) O negócio teria sido celebrado independentemente da omissão.
(E) Somente na hipótese de ocorrer dolo de terceiro.

A: incorreta, pois o dolo será acidental quando a seu despeito, o negócio seria realizado, embora por outro modo (art. 146 do CC); B: incorreta, pois a omissão dolosa é incompatível com a omissão acidental; C: correta, pois nesta hipótese a informação omitida era de extrema relevância, a ponto de, caso fosse de conhecimento do contratante, desinteressá-lo pela celebração do negócio (art. 147 do CC); D: incorreta, pois neste caso a omissão seria irrelevante, não interferindo na vontade de contratar; E: incorreta, pois constitui omissão dolosa na hipótese de dolo próprio.
Gabarito "C".

**(Cartório/SP – I – VUNESP)** A faz doação de um imóvel a B, estabelecendo que o contrato somente produzirá efeitos quando B tiver filhos. A modalidade de ato jurídico a identificar é

(A) encargo.
(B) termo inicial.
(C) condição suspensiva.
(D) condição resolutiva.

A alternativa "C" está correta, uma vez que a condição suspensiva é aquela que subordina a eficácia inicial do ato ao seu implemento (art. 121 do CC). Neste caso, o contrato de doação somente terá eficácia quando os filhos de B nascerem. Lembrando que se trata de *condição* e não de *termo*, pois o nascimento dos filhos constitui-se em evento futuro e incerto.
Gabarito "C".

**(Cartório/SP – III – VUNESP)** O que é condição potestativa?

(A) É a condição escolhida pelos próprios contratantes.
(B) É a condição imposta de forma imperativa pelo legislador civil, ao tratar das modalidades dos atos jurídicos.
(C) É a condição subordinada à vontade de um dos contratantes.
(D) É a condição juridicamente impossível de se realizar.

Quanto a origem as condições podem ser classificadas em causais e potestativas. As condições causais são aquelas que têm origem em fatos naturais (exemplo: "te comprarei uma galocha caso chova"). Já as potestativas tem origem na vontade humana, sendo que podem ser simplesmente potestativas, isto é, dependem da vontade intercalada de ambas as partes (exemplo: "comprarei o carro se tiveres bom desempenho na prova") ou puramente potestativas, isto é, ficam ao arbítrio da vontade de apenas uma das partes (exemplo: "pagarei se quiser"). As condições puramente potestativas são ilícitas, nos termos do art. 122 do CC.
Gabarito "C".

**(Cartório/SP – III – VUNESP)** No capítulo Da Condição, Do Termo e Do Encargo, o que se entende por "meado", na terminologia do legislador civil?

(A) Expressão correspondente à parte da meação.
(B) Designação do décimo quinto dia, em qualquer mês.
(C) Denominação técnica do mês de ano bissexto.
(D) Termo relativo à divisão pela metade.

Art. 132, § 2º, do CC.
Gabarito "B".

**(Cartório/SP – V – VUNESP)** Na hipótese de invalidade dos negócios jurídicos, a ratificação é admitida somente para a hipótese de

(A) nulidade, podendo ser praticada por qualquer forma.
(B) nulidade, devendo ser praticada pela mesma forma do ato inquinado.
(C) anulabilidade, devendo ser praticada pela mesma forma do ato inquinado.
(D) anulabilidade, podendo ser praticada por qualquer forma.

A e B: incorretas, pois o negócio jurídico nulo não admite ratificação nem confirmação pelas partes (art. 168, parágrafo único, e art. 169 do CC); C: correta (art. 173 do CC); D: incorreta, uma vez que a ratificação deve ser praticada pela mesma forma do ato inquinado.
Gabarito "C".

**(Cartório/SP – V – VUNESP)** Admite-se a conversão substancial da forma quanto aos negócios jurídicos

(A) nulos, desde que contenham os requisitos de outro, subsistindo este quando o fim, a que visavam as partes, permitir supor que o teriam querido, se houvessem previsto a nulidade.
(B) anuláveis, desde que contenham os requisitos de outro, subsistindo este quando o fim, a que visavam as partes, permitir supor que o teriam querido, mesmo sem a previsão quanto à anulabilidade.
(C) nulos, desde que contenham os requisitos de outro, subsistindo este quando o fim, a que visavam as partes, permitir supor que o teriam querido, mesmo sem a previsão quanto à nulidade.
(D) nulos ou anuláveis, desde que contenham os requisitos de outro, subsistindo este quando o fim, a que visavam as partes, permitir supor que o teriam querido, com ou sem a previsão quanto à nulidade ou anulabilidade.

Muito embora os negócios jurídicos nulos não estejam sujeitos à confirmação pela vontade das partes, nem convalesçam pelo decurso do tempo, é admissível a possibilidade de conversão quando se está tratando de negócio jurídico simulado (art. 170 do CC).
Gabarito "A".

**(Cartório/SP – VI – VUNESP)** Conforme o art. 170 do Código Civil, "se o negócio jurídico nulo contiver os requisitos de outro, subsistirá este quando o fim a que visavam as partes permitir supor que o teriam querido, se houvessem previsto a nulidade". Isto é conhecido na doutrina como

(A) aproveitamento material e substancial
(B) princípio pelo qual não há nulidade sem prejuízo.
(C) conversão do negócio jurídico.
(D) princípio do aproveitamento.

De fato, a ideia é a de conversão do negócio jurídico. Uma vez que o negócio dissimulado preenche todos os requisitos legais de existência e validade ele torna-se plenamente considerado para o Direito.
"Gabarito "C".

**(Cartório/SP – 2011 – VUNESP)** A declaração de vontade, cujos efeitos são predeterminados pela lei e independem da intenção do agente, é denominada

(A) negócio jurídico de disposição.
(B) ato jurídico.
(C) negócio jurídico unilateral.
(D) contrato.

A e C: incorreta, pois negócio jurídico é a declaração de vontade qualificada, cujos efeitos são regulados pelo próprio interessado; B: correta. Neste ponto vale a pena esquematizar a explicação. Ato jurídico é todo acontecimento *humano* que produz efeitos jurídicos. Opõe-se ao fato jurídico em sentido estrito, que é todo acontecimento *natural* que produz efeitos jurídicos. O ato jurídico pode ser lícito ou ilícito. Dentro dos atos lícitos temos o ato jurídico em sentido estrito e o negócio jurídico. A resposta da alternativa refere-se ao ato jurídico em sentido estrito, que é comportamento humano, voluntário, consciente e conforme o Direito, cujos efeitos jurídicos são predeterminados pela lei; D: incorreta, pois o contrato é um exemplo de negócio jurídico, portanto os efeitos são negociados pelas partes.
Gabarito "B".

**(Cartório/SP – 2011 – VUNESP)** A consequência da estipulação de condição fisicamente impossível em negócio jurídico é:

(A) considera-se inexistente a condição, se for suspensiva.
(B) nulidade do negócio, se a condição for resolutiva.
(C) nulidade do negócio, se a condição for suspensiva.
(D) considera-se inexistente a condição, seja suspensiva ou resolutiva.

Nos termos do art. 123, I, do CC torna-se nulo o negócio jurídico que for subordinado a uma condição fisicamente impossível, quando suspensiva. Neste passo, importante observar que a nulidade atinge apenas a cláusula que impõe a condição, e não todo o negócio jurídico, a não ser que a invalidade da cláusula inviabilize o negócio como um todo. De outra parte, sendo a condição impossível resolutiva, a consequência será a inexistência do negócio, consoante art. 124 do CC.
Gabarito "C".

**(Cartório/SP – 2011 – VUNESP)** Analise as seguintes afirmações.

I. O menor com quinze anos de idade, que agindo de má-fé declarou-se maior, não poderá pleitear anulação do negócio jurídico.

II. Declarada a nulidade do negócio jurídico celebrado com incapaz, este não será obrigado a devolver os valores que havia recebido, salvo se a outra parte demonstrar que tal quantia reverteu em favor do incapaz.

III. Quando a lei dispuser que determinado ato é anulável, sem estabelecer prazo para se pleitear a anulação, será este de quatro anos, a contar da data da conclusão do ato.

IV. A impossibilidade inicial relativa do objeto não invalida o negócio jurídico.

Assinale a alternativa correta.

(A) I é falsa e II é verdadeira.
(B) I e IV são verdadeiras.
(C) Todas as alternativas são falsas.
(D) III e IV são verdadeiras.

I: falsa, pois no caso o negócio jurídico é nulo, uma vez que foi celebrado por um absolutamente incapaz. Importante não confundir esse hipótese com aquela prevista no art. 180 do CC, isto é, se fosse um relativamente incapaz a alternativa estaria correta; II: verdadeira (art. 181 do CC); III: falsa, pois o prazo correto é de a anos (art. 179 do CC); IV: falsa, A impossibilidade inicial do objeto não invalida o negócio jurídico apenas se for relativa, ou se cessar antes de realizada a condição a que ele estiver subordinado (art. 106 do CC).
Gabarito "A".

**(Cartório/SP – 2011 – VUNESP)** O curador de um absolutamente incapaz, interditado em razão de enfermidade mental, celebrou contrato de locação no qual figurou simultaneamente como locatário e representante legal do locador.

Sobre essa afirmação, assinale a alternativa correta.

(A) O negócio é válido, pois se trata de ato de simples administração.
(B) O negócio é nulo em razão do dolo.
(C) O negócio é anulável.
(D) O negócio é inexistente.

O negócio jurídico é anulável, pois na hipótese em tela há nítido conflito de interesses. Note-se que, ao ser nomeado curador do absolutamente incapaz o seu dever é zelar integralmente por seu patrimônio, bem estar e demais interesses. No caso, se a intenção do absolutamente incapaz era a de figurar como locatário no contrato, o curador deve atuar em prol desta figura. Entretanto, a questão descreve que na mesma avença o curador foi nomeado representante legal do locador. São posições antagônicas, incompatíveis. O art. 119 do CC prevê a anulabilidade.
Gabarito "C".

**(Cartório/SP – 2011 – VUNESP)** Analise as seguintes proposições e assinale a alternativa correta.

I. Não anula o negócio jurídico a coação praticada por terceiro da qual o beneficiário do contrato não tinha conhecimento.

II. Na fraude pauliana decorrente de ato de liberalidade, é irrelevante a boa-fé do beneficiário da doação.

III. A lesão, no Código Civil, não exige o dolo de aproveitamento.

IV. A ameaça de mal dirigido a pessoa não pertencente à família do contratante pode caracterizar coação.

(A) Apenas a alternativa II é verdadeira.
(B) Todas as alternativas são falsas.
(C) Todas as alternativas são verdadeiras.
(D) Apenas as alternativas I e II são verdadeiras.

I: correta (art. 154 do CC); II: correta, pois nos negócios jurídicos gratuitos é irrelevante que o alienante esteja de boa-fé, pois a intenção fraudulenta será presumida (art. 158 do CC); III: correta (Enunciado 150 do CJF); IV: correta (art. 151, parágrafo único, do CC).
Gabarito "C".

**(Cartório/SP – 2011 – VUNESP)** O representante convencional recebeu procuração com poderes ilimitados para alienar imóvel do representado. Porém, ao contratar com terceiro, contrariou instruções verbais do mandante quanto ao preço mínimo de venda do bem. Nesse caso, pode-se afirmar que o negócio é

(A) anulável.
(B) nulo.
(C) válido.
(D) ineficaz perante o mandante.

O negócio jurídico é válido, uma vez que a relação é regida pelo princípio da autonomia da vontade entre as partes. Considerando que o representado optou por conceder poderes ilimitados ao representante via procuração e que instruções quanto ao preço mínimo foram passadas de forma verbal, o terceiro adquirente de boa-fé não tinha condições de saber que o negócio estava sendo realizado fora dos parâmetros. Logo, esse terceiro deve ser protegido, mantendo-se íntegro o negócio celebrado. Os Tribunais Superiores têm prestigiado o terceiro de boa-fé em casos análogos, consoante Súmulas 92, 375 do STJ e 489 do STF.
Gabarito "C".

**(Cartório/SP – 2011 – VUNESP)** Assinale a alternativa correta:

(A) A reserva mental é vício que acarreta nulidade do negócio jurídico.
(B) O dolo acidental do terceiro acarreta nulidade do negócio jurídico.
(C) O erro de direito não autoriza anulação do negócio jurídico, pois ninguém pode alegar ignorância da Lei.
(D) Não é anulável o negócio se o destinatário da declaração, dotado da diligência normal, não tinha condições de perceber a existência do erro substancial no qual incidiu o declarante.

A: incorreta, pois a reserva mental não acarreta nenhum tipo de invalidade para o negócio jurídico. O art. 110 do CC em sua parte final apenas ressalva que se o destinatário tinha conhecimento dela, é como se a manifestação de vontade não existisse, daí o negócio não precisa ser cumprido; B: incorreta, pois o dolo acidental, seja do terceiro ou do próprio emitente, apenas obriga à satisfação das perdas e danos (art. 146 do CC); C: incorreta, pois o Código Civil prevê que o erro de direito pode ser considerado erro substancial (portanto, causa invalidante do negócio jurídico) quando, não implicando recusa à aplicação da lei, for o motivo único ou principal do negócio jurídico (art. 139, III, do CC); D: correta, pois com as informações que a questão fornece apenas é possível saber que: o declarante incidiu em erro substancial; o destinatário tem diligência normal e não tinha condições de perceber o erro substancial do declarante. Daí é possível verificar que o único prejudicado no negócio é o declarante. E sobre ele só há a informação de que o erro é dessa natureza **não havendo menção aos demais requisitos para a configuração do instituto do "erro". Logo, o negócio jurídico não será anulável.**
Gabarito "D".

**(Cartório/SP – 2012 – VUNESP)** Nos negócios jurídicos, são vedadas as condições

(A) puramente potestativas.
(B) simplesmente potestativas.
(C) mistas.
(D) casuais.

A: correta. As condições puramente potestativas são aquelas que sujeitam o negócio jurídico a vontade unilateral de apenas uma das partes. São ilícitas, nos termos do art. 122, parte final, do CC; B: incorreta, pois diversamente alternativa anterior, as condições simplesmente potestativas são aquelas que são estipuladas com a vontade conjugada das partes; C: incorreta, pois as condições mistas são aquelas que dependem, ao mesmo tempo, de um ato volitivo somado a um ato natural (exemplo: "darei uma casa se você cuidar do meu filho, desde que ocorra um terremoto"); D: incorreta, pois condições causais são aquelas que têm origem em eventos naturais (exemplo: "te empresto meu carro, se chover").
Gabarito "A".

**(Cartório/SP – 2012 – VUNESP)** Dois indivíduos pretendem realizar determinado negócio prejudicial a terceiro ou em fraude à lei. Para escondê-lo, ou dar-lhe aparência diversa, realizam outro negócio. Há, portanto, dois negócios: um deles é o aparente, destinado a enganar; o outro é o oculto, mas verdadeiramente desejado. Nesse caso, há

(A) dolo.
(B) simulação absoluta.
(C) simulação relativa.
(D) lesão.

A: incorreta, pois o dolo é um vício de consentimento conceituado como o vício provocado pela parte contrária ou por terceiro, por meio de expediente malicioso (arts. 145 a 150 do CC); B: incorreta, pois muito embora o caso configure hipótese de simulação, não se trata de simulação absoluta, isto é, aquela em que não se quer negócio algum; C: correta, pois a simulação relativa é justamente aquela em que, na aparência há um negócio, e na essência outro. Em outras palavras, o negócio desejado resta encoberto. Temos o negócio jurídico simulado (o que se declara, mas não se quer) e o dissimulado (o que se pretende de verdade). O instituto está regrado no art. 167 do CC; D: incorreta, pois a lesão corresponde à assunção de prestação manifestamente desproporcional ao valor da prestação oposta, por premente necessidade ou inexperiência (art. 157 do CC e Enunciados 149, 150, 290, 291 do CJF).
Gabarito "C".

**(Cartório/SP – 2012 – VUNESP)** Na teoria geral dos negócios jurídicos, no âmbito dos elementos gerais extrínsecos, emergem as figuras do agente, lugar e tempo. Tais elementos referem-se ao plano da

(A) eficácia do negócio jurídico.
(B) pós-eficácia do negócio jurídico.
(C) existência do negócio jurídico.
(D) validade do negócio jurídico.

Os negócios jurídicos podem ser analisados sob três planos: existência, validade e eficácia. Dentro do plano da existência estuda-se se o negócio jurídico apresenta os elementos essenciais para que ele exista. Estes elementos dividem-se em três categorias: elementos gerais comuns a todos os negócios; elementos categoriais: próprios de cada tipo de negócio; elementos particulares existem em um negócio determinado, sem serem comuns a todos os negócios ou a certos tipos de negócios. Os elementos gerais podem ser extrínsecos (também chamados de pressupostos do negócio) ou intrínsecos, sendo que os extrínsecos são formados pelo agente, lugar e tempo da celebração.
Gabarito "C".

## 2.8. PRESCRIÇÃO E DECADÊNCIA

**(Cartório/DF – 2008 – CESPE)** Acerca da prescrição e da decadência, julgue os seguintes itens.

(1) Prescreve em um ano a pretensão dos tabeliães pela percepção de emolumentos.
(2) Não corre a prescrição contra os ausentes do país.
(3) A prescrição é causa de extinção da pretensão do titular do direito.
(4) A decadência convencional é reconhecível, de ofício, pelo juiz.

1: certa (art. 206, §1º, III do CC); 2: incorreta, pois apenas não corre prescrição contra o ausente do país em serviço público da União, dos Estados e dos Municípios (art. 198, II, do CC); 3: correta (art. 189 do CC); 4: incorreta (art. 211 do CC).
Gabarito 1C, 2E, 3C, 4E

**(Cartório/ES – 2007 – FCC)** A apresentação de título de crédito em concurso de credores

(A) suspende a prescrição.
(B) impede a prescrição.
(C) interrompe a decadência
(D) interrompe a prescrição.
(E) suspende a decadência

Art. 202, IV, do CC.
Gabarito "D".

**(Cartório/MG – 2012 – FUMARC)** Tendo em vista os atos que interrompem a prescrição, na forma do que dispõe o Código Civil, considere os itens:

I. despacho do Juiz incompetente que ordenar a citação, se o interessado a promover no prazo e na forma da lei processual;
II. apresentação do título de crédito em juízo de inventário ou em concurso de credores;
III. qualquer ato inequívoco, sem o reconhecimento do direito pelo devedor.

A opção **correta** é

(A) Apenas o item I está correto.
(B) Apenas os itens I e II estão corretos.
(C) Apenas os itens I e III estão corretos.
(D) Apenas os itens II e III estão corretos.

I: correta, pois o despacho do juiz que determina a citação é causa interruptiva da prescrição, ainda que o juiz seja incompetente para julgar a causa (art. 202, I, do CC); II: correta, pois reproduz os dizeres do art. 202, IV, do CC; III: incorreta, pois o ato inequívoco deve importar reconhecimento do direito pelo devedor (art. 202, VI, do CC).
Gabarito "B".

**(Cartório/RO – III)** Assinale a alternativa correta:

(A) Os prazos prescricionais podem ser convencionados pelos contratantes.
(B) Corre a prescrição entre cônjuges na constância do casamento.
(C) Não corre a prescrição contra os ausentes do País em serviço público do município.
(D) Nenhuma alternativa está correta.

A: incorreta (art. 192 do CC); B: incorreta (art. 197, I, do CC); C: correta (art. 198, II, do CC); D: incorreta, pois a alternativa "C" está correta.
Gabarito "C".

**(Cartório/RO – III)** Assinale a alternativa correta

(A) A prescrição ocorre em 5 (cinco) anos quando a lei não lhe haja fixado prazo menor.
(B) Prescreve em 2 (dois) anos a pretensão dos tabeliães, pela percepção de emolumento.
(C) A interrupção da prescrição por um dos credores solidários não aproveita aos outros.
(D) Nenhuma alternativa está correta.

A: incorreta, pois o prazo geral é de 10 anos (art. 205 do CC); B: incorreta, pois o prazo é de 1 ano (art. 206, § 1º, III do CC); C: incorreta (art. 204, §1º, do CC); D: correta, pois todas as alternativas trazem impropriedades.
Gabarito "D".

**(Cartório/RR – 2001 – CESPE)** Carlos devia determinada quantia em dinheiro a Sandro. Entretanto, Sandro, credor, faleceu, deixando um herdeiro com quatro anos de idade. Nesse caso hipotético, nos termos do Código Civil vigente, a prescrição não

(A) corre, pois o menor é púbere.
(B) corre até que o herdeiro seja emancipado pelos pais.
(C) corre até que o herdeiro complete dezesseis anos de idade.
(D) corre até que o herdeiro complete dezoito anos de idade.
(E) corre até que o herdeiro complete 21 anos de idade.

A alternativa "C" está correta, pois nos termos do art. 198, I, do CC, não corre prescrição contra os absolutamente incapazes. O prazo prescricional apenas terá início quando o menor atingir dezesseis anos, pois contra os relativamente incapazes essa regra não é aplicada.
Gabarito "C".

**(Cartório/SC – 2012)** Sobre a prescrição é **correto** afirmar:

I. Durante o poder familiar, não corre entre ascendentes e descendentes.
II. Corre entre os cônjuges na constância da sociedade conjugal.
III. Não corre entre tutelados e seus tutores durante a tutela.
IV. Corre entre curatelados e curadores durante a curatela.
V. Entre ascendentes e descendentes corre durante o poder familiar.

(A) Somente as proposições I, II e V estão corretas.
(B) Somente as proposições I e III estão corretas.
(C) Somente as proposições II, IV e V estão corretas.
(D) Somente as proposições III e IV estão corretas.
(E) Todas as proposições estão corretas.

I: correta (art. 197, II, do CC); II: incorreta, pois *não* corre prescrição entre os cônjuges, na constância da sociedade conjugal (art. 197, I, do CC); III: correta (art. 197, III, do CC); IV: incorreta, pois assim como não corre prescrição entre tutelado e tutor durante a tutela, também não corre entre curatelado e curador durante a curatela (art. 197, III, do CC); V: incorreta, pois durante o poder familiar *não* corre prescrição entre ascendente e descendente.
Gabarito "B".

**(Cartório/SP – IV – VUNESP)** O prazo máximo de decadência para o vendedor recobrar o imóvel cuja venda estipulou a possibilidade de retrovenda é de

(A) três anos.
(B) trinta anos.
(C) vinte anos.
(D) quinze anos.

Art. 505 do CC.
Gabarito "A".

**(Cartório/SP – 2011 – VUNESP)** A respeito da prescrição,

(A) o simples protesto cambial não interrompe a prescrição.
(B) a exceção prescreve na metade do prazo da pretensão.
(C) a prescrição não pode ser reconhecida de ofício.
(D) a prescrição interrompida contra um dos devedores solidários atinge os demais.

A: incorreta (art. 202, III, do CC); B: incorreta (art. 190 do CC); C: incorreta, pois o art. 194 do CC, o qual vedada o reconhecimento de ofício da prescrição foi revogado pela Lei 11.280/2006. Ademais, o art. 219, § 5º, do CPC prevê expressamente que a prescrição pode ser reconhecida de ofício pelo juiz; D: correta (art. 201, § 1º, parte final).
Gabarito "D".

**(Cartório/RN – 2012 – IESES)** Assinale a alternativa **INCORRETA**:

(A) A interrupção da prescrição somente pode se dar uma vez.
(B) Apesar de previstos em lei, os prazos prescricionais podem ser alterados por vontade das partes.
(C) Não corre prescrição entre cônjuges, na constância da sociedade conjugal.
(D) Se ocorrer a interrupção da prescrição, começa a correr novamente da data que a interrompeu.

A: correta (art. 202, *caput*, do CC); B: incorreta (devendo ser assinalada), pois os prazos prescricionais não podem ser alterados pela vontade das partes (art. 192 do CC); C: correta (art. 197, I, do CC); D: correta (art. 202, parágrafo único, do CC).
Gabarito "B".

## 3. OBRIGAÇÕES

### 3.1. INTRODUÇÃO, CLASSIFICAÇÃO E MODALIDADES DAS OBRIGAÇÕES

**(Cartório/MG – 2012 – FUMARC)** Sobre a solidariedade passiva, determinada no Código Civil Brasileiro,

(A) importará renúncia da solidariedade a propositura de ação pelo credor contra um ou alguns dos devedores.
(B) no caso de rateio entre os codevedores, os exonerados da solidariedade pelo credor não contribuirão pela parte que, na obrigação, incumbia ao insolvente.
(C) proposta a ação contra um dos devedores, o demandado responderá pelos juros da mora, não respondendo o devedor culpado aos outros pela obrigação acrescida.
(D) o devedor acionado pode opor ao credor as exceções que lhe forem pessoais e as comuns a todos, não lhe aproveitando as exceções pessoais a outro codevedor.

A: incorreta, pois *não importará* renúncia da solidariedade a propositura de ação pelo credor contra um ou alguns dos devedores (art. 275, parágrafo único, do CC); B: incorreta, pois no caso de rateio entre os codevedores, *contribuirão também* os exonerados da solidariedade pelo credor, pela parte que na obrigação incumbia ao insolvente (art. 284 do CC); C: incorreta, pois todos os devedores respondem pelos juros da mora, ainda que a ação tenha sido proposta somente contra um; mas o culpado responde aos outros pela obrigação acrescida (art. 280 do CC); D: correta (art. 281 do CC).
Gabarito "D".

**(Cartório/PR – 2007)** Considerando as modalidades de obrigações previstas no Código Civil Brasileiro, numere a segunda coluna relacionando-a com a primeira.

| Primeira coluna | Segunda coluna |
|---|---|
| 1. Obrigação alternativa | ( ) Impossibilitando-se, sem culpa do devedor, uma das prestações, este continua obrigado pela prestação subsistente. |
| 2. Obrigação genérica ou de dar coisa incerta | ( ) Antes da tradição os riscos com o perecimento da coisa objeto da prestação correm por conta do devedor. |
| 3. Obrigação de fazer | ( ) Antes da escolha, o devedor não poderá alegar perda da coisa nem mesmo por caso fortuito ou força maior. |
| 4. Obrigação de dar coisa certa | ( ) Tem por objeto a prestação pelo devedor de um fato positivo, que satisfará o interesse do credor. |

Assinale a alternativa que contém a sequência correta de cima para baixo:

(A) 1, 2, 4, 3.
(B) 4, 3, 2, 1.
(C) 1, 2, 3, 4.
(D) 2, 4, 1, 3.
(E) 1, 4, 2, 3.

Quanto aos modelos obrigacionais, de proêmio é interessante fazer uma breve distinção a fim de facilitar a compreensão da matéria. O Código Civil traz seis modalidades de obrigações: obrigação de dar, obrigação de fazer, obrigação de não fazer, obrigação alternativa, obrigação divisível/indivisível e obrigação solidária. A *obrigação de dar*, pode se perfazer de duas formas: entrega (dar originário) ou restituição (devolução). O objeto da prestação pode ser algo certo ou incerto, sendo que no primeiro caso a regulamentação encontra-se entre os arts. 233 a 242 CC e no segundo entre os arts. 243 a 246 do CC. Já a *obrigação de fazer* consiste num comportamento comissivo assumido pelo devedor. Pode ser fungível ou infungível, a depender do caráter personalíssimo na execução dos trabalhos. Está prevista entre os arts. 247 a 249 do CC. De

outra parte, a *obrigação de não fazer* consiste numa abstenção de comportamento assumida pelo devedor (arts. 250 e 251 do CC). As *obrigações alternativas* são aquelas que possuem mais de um objeto e o devedor se exonera com a prestação de apenas um deles (252 a 256 do CC). No que tange a divisibilidade, a obrigação é *divisível* quando objeto prestacional comporta cisão e é indivisível quando o objeto prestacional não comporta cisão. Sendo divisível, cada um será responsável pelo pagamento de sua cota parte. Sendo indivisível, cada um é responsável pela dívida toda, mas veja, apenas e exclusivamente pelo fato do objeto ser indivisível. E aquele que pagou a dívida fica sub-rogado nos direitos do credor. Note que se numa obrigação em que o objeto prestacional é indivisível, se o bem perecer e a obrigação se converter em perdas e danos (dinheiro bem divisível), cada um arcará com sua cota parte. Tais obrigações estão regulamentadas entre os arts. 257 e 263 do CC. Por fim, as *obrigações solidárias* são aquelas em que por convenção das partes ou por determinação legal todos os credores e/ou devedores ficam obrigados pela dívida toda. Neste caso os sujeitos se obrigam pela dívida toda ou por meio de um contrato ou porque a lei os abriga a tanto. Então, diferentemente da hipótese anterior, a natureza do objeto é irrelevante. Destarte, mesmo o objeto sendo divisível é possível que um devedor seja acionado para pagar a dívida por inteiro, pois o que rege as obrigações solidárias são os sujeitos, e se *eles próprios* optaram pela solidariedade deverão arcar com o cumprimento da regra. Estão previstas nos arts. 264 a 285 do CC. Adentrando na resposta à questão, 1) tratando-se de obrigação alternativa, se a prestação se torna impossível sem culpa do devedor, fica ele sujeito a obrigação restante. Ocorre a chamada "concentração (escolha) compulsória do objeto (art. 253 do CC) 4) quanto a obrigação de dar coisa certa, se a coisa se perder, sem culpa do devedor antes da tradição fica resolvida a obrigação para ambas as partes; se com culpa do devedor, deverá devolver os valores pagos mais perdas e danos (art. 234 do CC); 2) Na obrigação de dar coisa incerta, o devedor não pode alegar o perecimento da coisa antes da escolha por uma razão muito simples: a coisa incerta é aquele definida inicialmente pelo gênero e pela quantidade. O gênero é algo que não perece. Então enquanto não houver a concentração do objeto, isto é, enquanto o objeto não for especificado, o devedor sempre terá condições de cumprir a obrigação, por isso que não pode alegar as excludentes de caso fortuito ou força maior (art. 246 do CC); 3) Conforme mencionado, na obrigação de fazer o devedor se compromete a prestar atos ou serviços para o credor.
Gabarito "E".

**(Cartório/SC – 2012)** Na obrigação de dar coisa incerta, se determinada pelo gênero e pela quantidade, a escolha pertence:

(A) Ao credor, sendo o devedor obrigado a prestar a coisa melhor.
(B) Ao devedor, podendo escolher a coisa que melhor lhe aprouver.
(C) Ao devedor, se o contrário não resultar do título da obrigação.
(D) Sempre ao credor, escolhendo a que melhor lhe aprouver.
(E) Sempre ao devedor, não sendo este obrigado a prestar a melhor, nem podendo dar a pior.

"Nas coisas determinadas pelo gênero e pela quantidade, a escolha pertence ao *devedor*, se o contrário não resultar do título da obrigação; mas *não poderá dar a coisa pior, nem será obrigado a prestar a melhor*" (art. 244 do CC, grifo nosso).
Gabarito "C".

**(Cartório/SC – 2012)** Há solidariedade nas obrigações quando:

I. Na mesma obrigação concorre mais de um credor com direito a toda a dívida.
II. Na mesma obrigação concorre mais de um devedor obrigado à dívida toda.
III. A solidariedade se presume.
IV. Na mesma obrigação concorrem apenas um credor e um devedor.
V. Em duas obrigações distintas concorrem o mesmo devedor e o mesmo credor.

(A) Somente as proposições III e IV estão corretas.
(B) Somente as proposições I, III e V estão corretas.
(C) Somente as proposições I e II estão corretas.
(D) Somente as proposições II, III e IV estão corretas.
(E) Todas as proposições estão corretas.

I e II: corretas (art. 264 do CC); III: incorreta, pois a solidariedade não se presume. Apenas decorre de lei ou da vontade das partes (art. 265 do CC); IV: incorreta, pois a solidariedade é um vínculo entre sujeitos do mesmo polo da relação obrigacional, por isso é indispensável que haja mais de um (art. 264 do CC); V: incorreta, pois para que haja solidariedade é necessário que numa *mesma obrigação* concorra mais de um credor ou mais de um devedor, pois se as obrigações forem distintas, não haverá vínculo entre os sujeitos (art. 264 do CC).
Gabarito "C".

**(Cartório/SP – 2012 – VUNESP)** No âmbito das obrigações divisíveis com pluralidade de sujeitos no polo passivo, nada sendo expressamente disposto em lei, nem no contrato, acerca da natureza e limites da obrigação de cada qual, no aspecto interno presume-se que a obrigação é

(A) solidária.
(B) alternativa.
(C) conjuntiva
(D) fracionária.

As obrigações possuem dois âmbitos de análise, o interno, que a relação entre os sujeitos do mesmo polo e o externo, que é a relação entre sujeitos de polos diversos. No aspecto interno, considerando que não há convenção entre os devedores ou determinação legal que os obrigue a manter uma relação solidária, conclui-se que entre eles não há vínculo de solidariedade. Logo, responderão com base na regra geral do art. 283 do CC.
Gabarito "D".

**(Cartório/SP – 2012 – VUNESP)** Nas obrigações de não fazer, incorre-se em mora

(A) após regular notificação acerca da prática do ato cuja abstenção era exigível, delineando-se a mora *ex persona*.
(B) somente após regular distribuição de ação em conflito de interesses processual.
(C) a partir do momento em que se executa o ato de que deveria abster-se, independentemente de qualquer notificação, caracterizando-se a mora *ex re*.
(D) somente após citação válida em sede de conflito de interesses processual.

Façamos uma distinção entre *mora ex re* e mora *ex personae*. A mora *ex re* é aquela que não necessita de notificação para a sua constituição, pois o fato que a ocasiona está previsto objetivamente em lei. Já na mora *ex personae* o devedor precisa ser notificado para saber que a partir daquele momento está em mora, daí é necessário que o credor tome

uma providência para que a mora se constitua. No caso de obrigação de não fazer a mora é automática, o que significa dizer que o devedor tem *prévio conhecimento* de que não deve realizar o comportamento que se comprometeu abster-se. Sabe que a partir do momento em que agir estará descumprindo a obrigação. Daí ser totalmente dispensável qualquer tipo de notificação ou até mesmo citação em processo judicial.
Gabarito "C".

**(Cartório/SP – 2012 – VUNESP)** Nas obrigações solidárias passivas, sob o aspecto interno, ou seja, na relação entre os codevedores, a obrigação é

(A) fracionária.
(B) alternativa.
(C) solidária.
(D) conjunta.

A alternativa "A" está correta, pois no aspecto interno os devedores respondem de forma fracionária entre si. Neste passo, o devedor que satisfaz a dívida por inteiro tem o direito de exigir de cada um dos codevedores a sua cota parte, dividindo-se igualmente por todos a do insolvente, se houver, presumindo-se iguais, no débito, as partes de todos os codevedores (art. 283 do CC).
Gabarito "A".

**(Cartório/SP – 2012 – VUNESP)** Na teoria do enriquecimento sem causa, como fonte da obrigação,

(A) o deslocamento patrimonial indevido não implica necessariamente que deverá haver empobrecimento de outrem.
(B) o caráter desproporcional terá de evidenciar deslocamento excessivo.
(C) exige-se deslocamento patrimonial indevido e necessário empobrecimento da outra parte.
(D) se a lei conferir outros meios para o lesado ressarcir-se do prejuízo sofrido, estes serão sempre subsidiários em relação ao enriquecimento sem causa, que emergirá como fonte principal.

A: correta (Enunciado 35 do CJF.); B: incorreta, pois o caráter desproporcional não terá de evidenciar o deslocamento excessivo, uma vez que basta que haja o simples desfalque de patrimônio por parte do lesado; C: incorreta (Enunciado 35 do CJF.); D: incorreta, pois em verdade a subsidiariedade é da ação de locupletamento, uma vez que ela só pode ser ajuizada diante da ausência da possibilidade de ajuizamento de outra ação pela qual o empobrecido possa obter o resultado pretendido (art. 886 do CC e Enunciado 36 do CJF)
Gabarito "A".

## 3.2. TRANSMISSÃO, ADIMPLEMENTO E EXTINÇÃO DAS OBRIGAÇÕES

**(Cartório/ES – 2007 – FCC)** No que concerne ao pagamento, no direito das obrigações, de acordo com o Código Civil, é correto afirmar que

(A) o pagamento feito por terceiro, com desconhecimento ou oposição do devedor, não obriga a reembolsar aquele que pagou, se o devedor tinha meios para ilidir a ação.
(B) o terceiro não interessado, que paga a dívida em seu próprio nome, tem direito a reembolsar-se do que pagar, sub-rogando-se nos direitos do credor.
(C) não vale o pagamento cientemente feito ao credor incapaz de quitar, mesmo se o devedor provar que em benefício dele efetivamente reverteu.
(D) a entrega do título ao devedor firma a presunção do pagamento, ficando sem efeito a quitação assim operada se o credor provar, no prazo máximo de 120 dias, a falta do pagamento.
(E) em regra, efetuar-se-á o pagamento no domicílio do credor, salvo se as partes convencionarem diversamente, ou se o contrário resultar da lei, da natureza da obrigação ou das circunstâncias.

A: correta (art. 306 do CC); B: incorreta, pois o terceiro não interessado, que paga a dívida em seu próprio nome, tem direito a reembolsar-se do que pagar; mas *não* se sub-roga nos direitos do credor (art. 305 do CC); C: incorreta, pois não vale o pagamento cientemente feito ao credor incapaz de quitar, *se o devedor não provar* que em benefício dele efetivamente reverteu (art. 310 do CC); D: incorreta, pois ficará sem efeito a quitação assim operada se o credor provar, em *sessenta dias*, a falta do pagamento (art. 324 *caput* e parágrafo único, do CC); E: incorreta, pois em regra efetuar-se-á o pagamento no domicílio do *devedor*, salvo se as partes convencionarem diversamente, ou se o contrário resultar da lei, da natureza da obrigação ou das circunstâncias (art. 327 do CC).
Gabarito "A".

**(Cartório/ES – 2007 – FCC)** Considere o seguinte conceito: "Substituição nos direitos creditórios daquele que solveu obrigação alheia ou emprestou a quantia necessária para o pagamento que satisfez o credor". Trata-se da:

(A) Imputação do pagamento.
(B) Sub-rogação pessoal.
(C) Dação em Pagamento.
(D) Compensação.
(E) Novação.

A: incorreta, pois imputação do pagamento é a indicação ou determinação da dívida a ser quitada quando uma pessoa obrigada por dois ou mais débitos da mesma natureza e com o mesmo credor só pode pagar parte deles (arts. 352 a 355 do CC); B: correta, pois na sub-rogação pessoal a dívida se transfere a terceiro que a pagou, com todos os seus acessórios. Há uma sub-rogação subjetiva, uma vez que há troca de devedor. Extingue-se a obrigação com relação ao credor original. Por outro lado, transfere-se ao outro credor todos os direitos, ações, privilégios e garantias do primitivo credor em relação à dívida (art. 346 a 351 do CC); C: incorreta, pois dação em pagamento é o acordo de vontades por meio do qual o credor aceita receber prestação diversa da que lhe é devida (art. 356 a 359 do CC); E: incorreta, pois novação é a criação de uma obrigação nova para extinguir a anterior (art. 360 a 367 do CC).
Gabarito "B".

**(Cartório/MG – 2012 – FUMARC)** A respeito do pagamento com sub-rogação, nos termos do Código Civil, é considerada de convencional quando

(A) o credor com preferência ou quirografário paga a dívida do devedor comum.
(B) terceira pessoa interessada paga a dívida pela qual era ou podia ser obrigado, no todo ou em parte.
(C) o adquirente do imóvel hipotecado paga a credor hipotecário, bem como terceiro que efetiva o pagamento para não ser privado de direito sobre imóvel.
(D) terceira pessoa empresta ao devedor a quantia precisa para solver a dívida, sob a condição expressa de ficar o mutuante sub-rogado nos direitos do credor satisfeito.

A: incorreta, pois neste caso a sub-rogação é considerada legal, e não convencional (art. 346, II e I, respectivamente); B: incorreta, pois nesta hipótese também há sub-rogação legal (art. 346, III, do CC); C: incorreta, pois trata-se de sub-rogação legal (art. 346, II, do CC); D: correta (art. 347, II, do CC).
Gabarito "D".

**(Cartório/MG – 2012 – FUMARC)** Quanto à novação, de acordo com o Código Civil Brasileiro, é **correto** o que se afirma em

(A) Não podem ser objeto de novação obrigações anuláveis, nulas ou extintas.
(B) Opera-se quando o devedor contrai com o credor nova dívida sem substituir a anterior.
(C) A novação por substituição do devedor pode ser efetuada independentemente de consentimento deste.
(D) Se o novo devedor for insolvente, não tem o credor, que o aceitou, ação regressiva contra o primeiro, independentemente se este obteve por má-fé a substituição.

A: incorreta, pois podem ser objeto de novação as obrigações anuláveis. A exceção aplica-se apenas quanto às nulas e as extintas (art. 367 do CC); B: incorreta, pois a novação opera-se justamente quando o devedor contrai com o credor nova dívida para *extinguir e substituir* a anterior (art. 360, I, do CC); C: correta. É a chamada "novação por expromissão" (art. 362 do CC); D: incorreta, pois se o novo devedor for insolvente, não tem o credor, que o aceitou, ação regressiva contra o primeiro, *salvo se* este obteve por má-fé a substituição (art. 363 do CC).
Gabarito "C".

**(Cartório/SC – 2012)** A cessão de crédito tem eficácia em relação ao devedor quando:

I. Por escrito particular ele se declarou ciente da cessão.
II. Não foi notificado porque mudou de endereço.
III. Negou-se a receber a notificação.
IV. Por escrito público ele se declarou ciente da cessão.
V. Foi notificado da cessão.

(A) Somente as proposições II e III estão corretas.
(B) Somente as proposições II, III e V estão corretas.
(C) Somente as proposições I e V estão corretas.
(D) Somente as proposições I, IV e V estão corretas.
(E) Todas as proposições estão corretas.

I: correta (art. 290 do CC); II: incorreta, pois neste caso a cessão será ineficaz, haja vista que o ato não chegou devidamente ao conhecimento do devedor. A lei não prevê exceção, ainda que o devedor tenha mudado de endereço; III: incorreta, pois ainda que o devedor se negue a receber a notificação ele será tido como ciente da cessão, e, portanto, o ato será totalmente eficaz; IV: correta (art. 290 do CC); V: correta (art. 290 do CC).
Gabarito "D".

**(Cartório/SP – I – VUNESP)** Assinale a alternativa incorreta sobre a novação.

(A) A alteração da taxa de juros e a cambial emitida em reforço da obrigação original significam novação.
(B) As garantias reais e fiança prestadas por terceiros somente se mantêm se eles anuírem à nova obrigação.
(C) Se o novo devedor for insolvente, não há ação regressiva contra o devedor originário.
(D) Caso seja nula a nova obrigação, sobrevive a obrigação original.

A: incorreta, ( e deve ser assinalada), uma vez que a novação apenas ocorre nas hipóteses do art. 360 do CC. Neste passo, a simples alteração da taxa de juros e a cambial emitida em reforço da obrigação original, somente são fatores variantes da obrigação originária. Nenhuma das duas situações extingue por si só a obrigação e, nem de longe expressam a ideia de que as partes estejam com a intenção de novar (art. 361 do CC); B: correta, (arts. 364 e 366 do CC); C: correta (art. 363 do CC); D: correta (art. 367 do CC).
Gabarito "A".

**(Cartório/SP – II – VUNESP)** Assinale a alternativa que corresponde à imputação do pagamento.

(A) Quem tiver de pagar, a um só credor, dois ou mais débitos da mesma natureza, líquidos e vencidos, tem o direito de indicar a qual deles oferece pagamento.
(B) Quem tiver a receber, de um só devedor, dois ou mais débitos da mesma natureza, líquidos e vencidos, tem o direito de indicar a qual deles corresponderá o pagamento recebido.
(C) Quem sofrer cobrança de débito, líquido e vencido, já transferido a terceiro, imputará a este a responsabilidade pelo pagamento.
(D) Quem tiver direito ao recebimento de débito, líquido e vencido, que saiba ter sido transferido pelo devedor originário a terceiro, poderá imputar a este a responsabilidade pelo pagamento.

A alternativa "A" está correta, nos termos do art. 352 do CC, *in verbis* "A pessoa obrigada por dois ou mais débitos da mesma natureza, a um só credor, tem o direito de indicar a qual deles oferece pagamento, se todos forem líquidos e vencidos".
Gabarito "A".

**(Cartório/SP – V – VUNESP)** A extinção de obrigações entre pessoas que são ao mesmo tempo credoras e devedoras umas das outras é forma de pagamento indireto denominada

(A) confusão.
(B) novação.
(C) compensação.
(D) transação.

A alternativa "C" está correta, pois a definição repete exatamente o conceito previsto no art. 368 do CC.
Gabarito "C".

**(Cartório/SP – 2011 – VUNESP)** Assinale a alternativa incorreta quanto ao tema da extinção das obrigações.

(A) O fiador não pode compensar seu débito com o débito que o credor tem para com o afiançado.
(B) A dívida oriunda de comodato não admite compensação.
(C) Se o credor for evicto na coisa recebida em dação em pagamento, restabelece-se a obrigação original, ficando sem efeito a quitação.
(D) A novação por substituição do devedor pode ser efetuada independentemente de consentimento deste.

A: incorreta (e deve ser assinalada, art. 371 do CC); B: correta (art. 373, II, do CC); C: correta (art. 359 do CC); D: correta (art. 362).
Gabarito "A".

**(Cartório/SP – 2011 – VUNESP)** Dá-se a novação quando

(A) ocorre o pagamento parcial da dívida, em termos de compensação.
(B) o credor consentir em receber prestação diversa da que lhe é devida.
(C) o credor for evicto da coisa recebida em pagamento.
(D) o devedor contrai com o credor nova dívida para extinguir e substituir a anterior.

A alternativa "D" está correta, nos termos do art. 360, I, do CC, *in verbis* "Dá-se a novação: *I* quando o devedor contrai com o credor nova dívida para extinguir e substituir a anterior"
Gabarito "D".

## 3.3. INADIMPLEMENTO DAS OBRIGAÇÕES

**(Cartório/AM – 2005 – FGV)** Assinale a alternativa correta:

(A) A cláusula penal tem o objetivo de reforço obrigacional.
(B) A cláusula penal tem a natureza, exclusivamente, compensatória.
(C) Não há qualquer vedação legal a que o valor da cominação imposta na cláusula penal exceda o da obrigação principal.
(D) Para exigir a pena convencional, é necessário que o credor alegue prejuízo.
(E) Tendo a obrigação pluralidade de devedores e sendo indivisível, a lei civil não prevê ação regressiva aos não culpados contra quem deu causa à aplicação da pena convencional.

A: correta, pois a cláusula penal é a obrigação acessória que incide caso uma das partes deixe de cumprir a obrigação principal. Assim, reflete nítido reforço da obrigação principal, seja porque pode ser utilizada como meio de coerção para o seu cumprimento, seja porque pode servir para a prefixação dos parâmetros das perdas e danos; B: incorreta, pois além de ter natureza compensatória, também possui natureza moratória ou compulsória. Compensatória no sentido de que é estipulada para a hipótese de total inadimplemento da obrigação; moratória, pois pode ser estipulada para evitar o retardamento culposo no cumprimento da obrigação ou para dar uma segurança especial a uma cláusula determinada; C: incorreta (art. 412 do CC); D: incorreta (art. 416 do CC); E: incorreta (art. 414 *caput* e parágrafo único, do CC).
Gabarito "A".

**(Cartório/PR – 2007)** A cláusula penal ou pena convencional é estabelecida em contrato como cláusula acessória ao contrato principal, mediante a qual a parte que descumprir total ou parcialmente o contrato ou alguma cláusula em especial, compromete-se a pagar a outra um valor em dinheiro ou a entregar-lhe de um bem fungível. Sobre a matéria, assinale entre parênteses "V" para a as alternativas verdadeiras e "F" para as falsas.

( ) A cláusula penal moratória pode ser exigida juntamente com o valor da obrigação principal e com perdas e danos.
( ) A cláusula penal será reduzida pelo juiz se o seu montante ultrapassar o valor da obrigação principal, ou se a obrigação principal tiver sido cumprida em parte.
( ) A cláusula penal compensatória pode ser exigida juntamente com o valor da obrigação principal e com perdas e danos, independentemente de acordo entre as partes.
( ) Desde que estipulado em contrato, admite-se indenização suplementar, se o valor da cláusula penal compensatória for insuficiente para cobrir os prejuízos resultantes do inadimplemento. Nesse caso, o valor da penal valerá como mínimo, cabendo ao credor fazer prova do prejuízo excedente.

Assinale a alternativa que contém a sequência correta:

(A) V, V, F, F.
(B) V, V, V F.
(C) F, V, F, V.
(D) V, V, F, V.
(E) F, V, V, V.

I: verdadeira (art. 411 do CC); II: verdadeira (arts. 412 e 413 do CC); III: falsa, pois tendo em vista que a cláusula penal compensatória é estipulada para a hipótese de total inadimplemento da obrigação, neste caso o credor só poderá exigir a multa, uma vez que a prestação já não pode mais ser cumprida. Note-se que o art. 410 do CC prevê que " Quando se estipular a cláusula penal para o caso de total inadimplemento da obrigação, esta converter-se-á em *alternativa* a benefício do credor"; IV: verdadeira: (art. 416, parágrafo único, do CC).
Gabarito "D".

**(Cartório/PR – 2007)** De acordo com a disciplina jurídica dos juros moratórios prevista no Código Civil brasileiro de 2002, é, correto afirmar:

(A) Nas obrigações provenientes de delito ou ato ilícito, os juros moratórios fluem da data da propositura da ação.
(B) No inadimplemento de obrigações positivas, líquidas e a termo, os juros moratórios fluem a partir da citação inicial.
(C) Quando os juros moratórios não forem convencionados, ou forem sem taxa estipulada, ou quando provierem de determinação da lei, serão fixados segundo a taxa que estiver em vigor para a mora do pagamento de impostos devidos à Fazenda Nacional.
(D) Não pode ser cumulada a cobrança de juros compensatórios e de juros moratórios pelo inadimplemento da mesma obrigação.
(E) Os juros moratórios legais, quando não estipulados em contrato, serão devidos à taxa de 6% ao ano ou 0,5% ao mês.

A: incorreta, pois nas obrigações provenientes de delito ou ato ilícito os juros fluem desde a data do evento danoso, nos termos do art. 398 CC e Súmula 54 do STJ; B: incorreta, pois consoante o art. 397 do CC, nas obrigações positivas, líquidas e a termo, os juros moratórios fluem desde o vencimento. Apenas ressalte-se que, quando a obrigação não estiver sujeita a termo, os juros fluem a partir da interpelação, notificação ou protesto (art. 397, parágrafo

único, do CC e Enunciado 427 do CJF); C: correta (art. 406 do CC); D: incorreta, pois a cumulação é permitida dada a diversidade de fundamentos: os juros compensatórios remuneram o capital exigível e os juros moratórios consistem em indenização pelo retardamento na execução da prestação; incorreta, pois em regra são devidos à taxa de 1% ao mês (art. 406 do CC, art.161, § 1º, do CTN e Enunciado 164 do CJF).
Gabarito "C".

**(Cartório/SC – 2012)** Sobre as arras confirmatórias é possível afirmar:

I. Firmam a presunção de obrigatoriedade do contrato.
II. Significam a antecipação da prestação prometida pelo contratante.
III. Fixam prévia determinação das perdas e danos pelo não cumprimento das obrigações.
IV. Não mais existem ante a não repetição do artigo 1.094 do Código Civil de 1916 CC/1916.
V. Valem como taxa mínima na hipótese de descumprimento do contrato, podendo a parte inocente pedir indenização suplementar.

(A) Somente as proposições I, II e V estão corretas.
(B) Somente as proposições III e IV estão corretas.
(C) Somente as proposições II, III e IV estão corretas.
(D) Somente as proposições I, II, III e V estão corretas.
(E) Todas as proposições estão corretas.

I: correta, pois as arras servem para demonstrar que os contratantes estão com propósitos sérios a respeito do contrato, com a verdadeira intenção de contratar e manter o negócio; II: correta, pois as arras ou sinal antecipa-se parte da prestação, a fim de demonstrar a seriedade na intenção de contratar (art. 417 do CC); III: correta, pois havendo o inadimplemento, o valor das arras servirá como taxa mínima para indenização (art. 419 do CC); IV: incorreta, pois as arras confirmatórias estão previstas nos arts. 417 a 419 do CC; V: correta, pois as arras servem de parâmetro mínimo para a indenização, podendo a parte prejudicada pedir indenização suplementar, caso o valor se mostre insuficiente para cobrir os seus danos (art. 419 do CC).
Gabarito "D".

**(Cartório/SP – I – VUNESP)** Assinale a alternativa incorreta sobre a mora.

(A) Nas obrigações a termo, líquidas e positivas, a mora decorre do simples vencimento, independentemente de qualquer aviso ou interpelação. É a chamada mora "ex re", com aplicação da regra "dies interpellat pro homine".
(B) Nas obrigações sem prazo assinado, há necessidade de o credor constituir o devedor em mora, por interpelação ou protesto ou notificação. É a chamada mora "ex persona".
(C) A mora do devedor perpetua a obrigação, que passa a responder pela impossibilidade da prestação, salvo se demonstrar que a perda ou deterioração da coisa decorreu de caso fortuito ou força maior.
(D) A mora do devedor pressupõe inexecução culposa. Sem culpa do devedor não há mora, mas mero retardamento.

A: correta (art. 397, caput, do CC); B: correta (art. 397, parágrafo único, do CC); C: incorreta (e deve ser assinalada), pois o devedor em mora responde pela impossibilidade da prestação, mesmo que ela ocorra por caso fortuito e força maior, se estes ocorrerem durante o atraso. Ele apenas não responderá se provar isenção de culpa, ou que o dano sobreviria ainda quando a obrigação fosse oportunamente desempenhada (art. 399 do CC); D: correta, Neste passo, são pressupostos para a configuração da mora: a exigibilidade da prestação, a viabilidade com cumprimento tardio e a inexecução culposa. Quanto ao último requisito, se o devedor conseguir provar que a inexecução ocorreu por caso fortuito ou força maior, fica excluída a mora (art. 396 do CC).
Gabarito "C".

**(Cartório/SP – II – VUNESP)** Quanto à cláusula penal, é incorreto dizer que

(A) pode se referir à inexecução de alguma cláusula especial.
(B) deverá sempre ser estipulada conjuntamente com a obrigação, não se admitindo estipulação posterior.
(C) não pode impor cominação de valor superior ao da obrigação principal.
(D) a pena estipulada para o caso de inadimplemento poderá ser proporcionalmente reduzida pelo juiz quando se cumprir em parte a obrigação.

A: correta (art. 409 do CC); B: incorreta (e deve ser assinalada, art. 409 do CC); C: correta (art. 412 do CC); D: correta (art. 413 do CC).
Gabarito "B".

**(Cartório/SP – III – VUNESP)** Na matéria relativa à cláusula penal, como é disciplinada no Código Civil a nulidade da obrigação e da respectiva cláusula?

(A) A nulidade da obrigação não afeta a da cláusula penal.
(B) A nulidade da obrigação importa a da cláusula penal.
(C) A nulidade da obrigação não envolve a da cláusula penal, se o vício decorrer de erro.
(D) A nulidade da obrigação não atinge a cláusula penal, se o defeito resultar de inobservância de mera formalidade.

Como obrigação acessória, a eficácia da cláusula penal será sempre dependente da eficácia do contrato principal, embora a nulidade da cláusula não afete o instrumento como um todo. Essa regra era prevista no Código Civil de 1916, em seu art. 922, *in verbis:* "A nulidade da obrigação principal importa a da cláusula penal". **Não obstante o Novo Código Civil não tenha reproduzido o dispositivo, o preceito ainda é aplicado com fundamento no princípio da gravitação jurídica, segundo, o qual o bem acessório segue o principal, salvo disposição em contrário.**
Gabarito "B".

**(Cartório/SP – IV – VUNESP)** Não havendo termo para o cumprimento de uma obrigação de fazer, como se caracteriza a mora do devedor?

(A) Pelo protesto cambial.
(B) Pelo ajuizamento de ação.
(C) Mediante interpelação judicial ou extrajudicial.
(D) Pela reclamação.

Art. 397, parágrafo único, do CC.
Gabarito "B".

(Cartório/SP – IV – VUNESP) Incorre de pleno direito o devedor na cláusula penal,

(A) desde que haja condenação judicial.
(B) mesmo nas hipóteses em que o descumprimento da obrigação tenha-se dado por caso fortuito ou força maior.
(C) somente se houver prejuízo.
(D) desde que, culposamente, deixe de cumprir a obrigação ou se constitua em mora.

Neste ponto, repise-se os conceitos de mora *ex persona* e mora *ex re*. No primeiro caso trata-se de obrigação sujeita a termo, em que o devedor não a cumpre no prazo estipulado. Neste caso automaticamente estará constituído em mora. Na segunda hipótese, a obrigação não está subordinada a termo, daí a necessidade de interpelação judicial ou extrajudicial para que a mora se constitua. Neste contexto, a culpa é elemento indispensável, nos termos do art. 396 do CC (vide também Enunciado 354 do CJF).
Gabarito "D".

## 4. CONTRATOS

### 4.1. CONCEITO, PRESSUPOSTOS, FORMAÇÃO E PRINCÍPIOS DOS CONTRATOS

(Cartório/AC – 2006 – CESPE) Quanto à teoria dos contratos julgue os itens que se seguem.

(1) Além dos pressupostos gerais, válidos para todos os atos jurídicos, os contratos possuem como requisito especial o consentimento ou acordo de vontades entres as partes, que pode ser expresso ou presumido, este exteriorizado pelo silêncio como manifestação positiva da vontade.
(2) A evicção é uma garantia que recai sobre o alienante e tem como fundamento a obrigação do alienante de garantir ao adquirente, ainda que em hasta pública, o uso e gozo da coisa. A evicção se dá pela perda definitiva da propriedade, da posse ou do uso da coisa, seja por ato judicial ou extrajudicial, a outrem que tenha direito anterior ao contrato aquisitivo, isto é, baseada em causa preexistente ao contrato.

1: incorreta, pois na verdade o consentimento ou acordo de vontades não é um requisito especial, e sim um pressuposto geral de existência dos contratos. Assim, deverá estar sempre presente, sob pena do negócio jurídico sequer chegar a ser formado; 2: correta (arts. 447 a 457 do CC).
Gabarito 1E, 2C

(Cartório/PR – 2007) Contrato é um acordo de vontades que tem como finalidade criar, modificar e extinguir direitos. Algumas vezes resulta em negociações preliminares, outras vezes não se mostra conveniente a contratação definitiva. Nestes termos podem os interessados firmar um contrato provisório ou preliminar. Marcar a resposta correta:

(A) Concluído o contrato preliminar e desde que dele não conste cláusula de arrependimento, qualquer das partes terá o direito de exigir a celebração do contrato definitivo, assinando prazo à outra para que o efetive. O contrato preliminar não será levado ao registro competente.
(B) Se no contrato preliminar for estipulado o direito de arrependimento para qualquer das partes, as arras ou sinal terão função unicamente indenizatória. Neste caso, quem as deu perdê-las-á em benefício da outra parte; e quem as recebeu devolvê-las-á, mais o equivalente. Em ambos os casos haverá direito à indenização suplementar.
(C) O contrato preliminar, exceto quanto à forma, deve conter todos os requisitos essenciais ao contrato a ser celebrado, quais sejam, objeto lícito, possível, determinado e determinável, bem como que os contraentes tenham capacidade genérica para a vida civil.
(D) Se o estipulante não der execução ao contrato preliminar, poderá a outra parte considerá-lo desfeito, sem direito a exigir as perdas e danos.
(E) É inadmissível que o juiz supra a vontade da parte inadimplente ao contrato preliminar, conferindo a este caráter definitivo, mesmo que a natureza da obrigação assim o permita.

A: incorreta, pois o contrato preliminar deverá ser levado ao registro competente (art. 463, parágrafo único, do CC); B: incorreta, pois em ambos os casos *não* haverá direito a indenização suplementar (art. 420 do CC); C: correta, nos termos do art. 462 do CC. Ressalte-se que os requisitos essenciais do negócio jurídico estão elencados no art. 104 do CC; D: incorreta (art. 465 do CC); E: incorreta (art. 464 do CC).
Gabarito "C".

(Cartório/PR – 2007) O contrato é a mais importante fonte de obrigação e a mais comum, devido às inúmeras formas e consequências jurídicas. Portanto, negócio jurídico resultante do consenso de duas vontades. Dentro destas definições, podemos afirmar que:

I. O Código Civil de 2002 em seu artigo 421 expressa a concepção social do contrato, como um dos pilares da teoria contratual moderna, aliado aos princípios da autonomia da vontade e obrigatoriedade.
II. A função social é cláusula geral, portanto norma de ordem pública, podendo o juiz aplicá-la *ex officio*, independente de pedido da parte ou do interessado.
III. O Código Civil prevê a possibilidade de celebração do contrato consigo mesmo, desde que a lei ou o representado autorizem a sua realização. Sem a observância dessa condição, o negócio é nulo.
IV. Os requisitos de validade do contrato podem ser distribuídos em subjetivos, objetivos e formais. Os requisitos subjetivos consistem na manifestação de vontade de duas partes, aptidão específica para contratar e no consentimento.

É correta ou são corretas:

(A) apenas I e II.
(B) apenas II e III.
(C) I, II e IV.
(D) apenas I.
(E) apenas III e IV.

I: correta. O princípio da função social dos contratos é aquele só legitima e protege contratos que objetivam trocas úteis, justas e não prejudiciais ao interesse coletivo. Tal princípio é inspirado na

diretriz da socialidade do atual Código Civil, que, traduzida para o plano contratual, impõe que o contrato seja instrumento adequado de convívio social; (Enunciados 21, 22 e 23, 361 do CJF) II: correta. De fato, a função social dos contratos é norma de ordem pública, e, portanto permite ao juiz a atuação de ofício. O princípio tem tríplice função no plano operacional: função interpretativa, isto é, serve de vetor interpretativo das normas jurídicas gerais e individuais; função integrativa, no sentido de que é meio da integração dos contratos na hipótese de lacuna contratual e, por fim, função corretiva, na medida em que possibilita ao juiz que corrija cláusulas contratuais injustas e abusivas (Art. 421 do CC; Enunciados 21, 22 e 23, 166, 167, 360, 361 e 431 do CJF); III: incorreta, pois sem a observância destes requisitos, o negócio será anulável (art. 117, caput, do CC); IV: correta. Apenas em complemento à alternativa, os requisitos objetivos do contrato são objeto lícito, possível e determinável, bem como inexistência de configuração de outras hipóteses legais de ato anulável ou nulo (art. 166, II, VI e VII do CC) e, o requisito formal está no art. 166 IV do CC, qual seja, obediência à forma, quando prescrita em lei.
Gabarito "C".

**(Cartório/SC – 2012)** Sobre os contratos é **correto** afirmar:

(A) Os contratantes são obrigados a guardar os princípios da boa-fé e da probidade apenas na conclusão dos contratos.
(B) Quando de adesão, as cláusulas ambíguas ou contraditórias se interpretam em favor do estipulante.
(C) São lícitas as cláusulas de renúncia antecipada a direitos pelo aderente nos contratos de adesão.
(D) É ilícita a estipulação de contratos atípicos, mesmo observadas as normas gerais fixadas pelo Código Civil.
(E) A função social do contrato limita a liberdade de contratar.

A: incorreta, pois os contratantes são obrigados a guardar os princípios da boa-fé e da probidade em todas as fases do contrato, quais sejam, negociações preliminares, conclusão, execução e pós-execução (art. 422 do CC e Enunciado 170 do CJF); B: incorreta, pois quando de adesão, as cláusulas ambíguas ou contraditórias interpretam-se em favor do aderente (art. 423 do CC); C: incorreta, pois são nulas as cláusulas de renúncia antecipada pelo aderente (art. 424 do CC); D: incorreta, pois a segunda parte da assertiva ("mesmo observadas as normas gerais fixadas pelo Código Civil") traz a ideia de que a adoção das cláusulas gerais do Código Civil seria facultativa, o que na verdade não procede, pois a lei prevê expressamente que "É lícito às partes estipular contratos atípicos, observadas as normas gerais fixadas neste Código", o que demonstra a noção de obrigatoriedade (art. 425 do CC); E: correta, pois a liberdade de contratar não é ampla e irrestrita. Ela apenas pode ser exercida no limite da função social do contrato. A noção de utilidade do contrato atualmente é mais ampla do que no passado. Além de atender o interesse das partes (função social intrínseca) deve também ser útil e não prejudicial à toda a coletividade (função social extrínseca), nos termos do art. 421 do CC e Enunciados 22, 23 e 360 do CJF.
Gabarito "E".

**(Cartório/SC – 2008)** No Direito das Obrigações, em relação às disposições gerais do contrato, é correto afirmar

(A) Quando houver no contrato de adesão cláusulas ambíguas ou contraditórias, dever-se-á adotar a interpretação mais favorável à parte economicamente mais forte.
(B) A herança de pessoa viva poderá ser objeto de contrato, desde que devidamente registrado no Cartório competente.
(C) O devedor responde pelos prejuízos resultantes de caso fortuito ou de força maior, quais sejam, aqueles cujos efeitos não tenha sido possível evitar ou impedir, mesmo que conste disposição expressa em contrário no contrato firmado entre as partes.
(D) A liberdade de será exercida em razão e nos limites da função social do contrato, devendo os contratantes guardar, tanto na conclusão do contrato como em sua execução, os princípios de probidade e boa-fé.
(E) A liberdade de contratar é plena entre os contratantes, pois o acordo faz lei entre as partes.

A: incorreta, pois quando houver no contrato de adesão cláusulas ambíguas ou contraditórias, dever-se-á adotar a interpretação mais favorável ao aderente (art. 423 do CC e Enunciado 171 do CJF); B: incorreta (art. 426 do CC); C: incorreta (art. 393 do CC); D: correta (art. 421 e 422 do CC e Enunciados 21a 27 166 a 170, 360 a 362 do CJF); E: incorreta, pois a liberdade de contratar apenas pode ser exercida em razão e nos limites da função social do contrato. Assim, por exemplo, à época da Revolução Industrial um sujeito poderia contratar o outro para trabalhar 16 horas por um prato de comida. Tendo em vista que houve anuência entre as partes, o contrato era planamente existente, válido e eficaz, e o Estado não possui nenhum poder de ingerência para alterá-lo. Era o *pacta sunt servanda* em seu conceito absoluto. Entretanto, atualmente uma avença dessa espécie não é possível de ser entabulada, pois fere frontalmente a função social dos contratos, na medida em que não há trocas justas e úteis para as partes.
Gabarito "D".

**(Cartório/SP – I – VUNESP)** Assinale a alternativa incorreta.

(A) No Direito brasileiro, embora existam exceções, em regra é proibido o contrato que tem por objeto a herança de pessoa viva.
(B) A exceção de contrato não cumprido aplica-se a todos os contratos.
(C) Admite-se, quando a lei não exigir que seja expressa, a manifestação tácita de vontade em matéria contratual.
(D) Os contratos benéficos merecem interpretação estrita.

A: correta, pois a assertiva reflete o disposto no art. 426 do CC. Quanto às exceções, Silvio de Salvo Venosa complementa: "O princípio, porém, sofre ou sofria duas exceções. Uma das situações era a possibilidade de, nos pactos antenupciais, os nubentes poderem dispor a respeito da recíproca e futura sucessão. Tratava-se da doação *propter nuptias* que, estipulada no pacto antenupcial, aproveitava aos filhos do donatário, se este falecesse antes do doador (art. 314 do Código Civil de 1916). Não parece que no sistema atual esse negócio seja vedado. Note, aqui, que a doação não vem subordinada à morte, mas às bodas; sendo a morte mera consequência, não encontrando oposição no atual sistema. Outra exceção é a do art. 2.018 (...). Essa é, na verdade, a única exceção real ao art. 426, porque possibilita a ocorrência de uma disposição antecipada de bens para após a morte" (*Código Civil Interpretado*. Atlas, p. 437); B: incorreta (e deve ser assinalada), pois a exceção do contrato não cumprido apenas aplica-se aos contratos bilaterais (art. 476 do CC); C: correta. A manifestação de vontade, de fato pode se dar de forma expressa ou tácita. A manifestação tácita é aquela que decorre de um comportamento. Por exemplo, uma pessoa recebe uma proposta para ganhar um bem em doação e, sem nada dizer, recolhe o imposto de transmissão de bens, aceitando tacitamente a doação; D: correta (art. 114 do CC).
Gabarito "B".

**(Cartório/SP – V – VUNESP)** Na hipótese de superveniente insolvência do comprador antes da tradição da coisa,

(A) aplica-se o princípio geral da exceção do contrato não cumprido, autorizando-se o vendedor a sobrestar a entrega da coisa até que o comprador ofereça caução de pagar no tempo ajustado.
(B) aplica-se a cláusula *rebus sic stantibus*, autorizando-se o vendedor a pedir a resolução do contrato por onerosidade excessiva.
(C) admite-se a resolução da avença, aplicando-se a cláusula resolutiva expressa, por se tratar de negócio jurídico bilateral.
(D) admite-se a resolução da avença, aplicando-se o princípio da *exceptio non adimpleti contractus*, automaticamente.

A: correta (art. 477 do CC e Enunciado 438 do CJF); B: incorreta. A *cláusula rebus sic stantibus* constitui um dos vieses de análise do princípio da obrigatoriedade contratual. Quanto a sua terminologia, também é chamada de teoria da imprevisão, teoria da onerosidade excessiva, princípio da revisão contratual ou teoria da objetivação do contrato. Sua aplicação dar-se-á apenas se atendidos os requisitos específicos do art. 477 do CC. Assim, faz-se necessário que o contrato seja de execução diferida ou duradoura, que a prestação de uma das partes se torne excessivamente onerosa, e que o motivo da excessiva onerosidade seja uma circunstância imprevisível, extraordinária e que gere considerável vantagem para a outra parte. Note-se que a alternativa confunde os conceitos, afirmando que o devedor ficaria autorizado a pedir a resolução do contrato, quando o escopo da cláusula é justamente a manutenção do pacto por meio da revisão contratual (Enunciados 365 e 366 do CJF); C: incorreta. Entende-se como cláusula resolutiva a disposição contratual que prevê o término do contrato pela inexecução, por parte de um dos contratante, das obrigações que nele se contraíram. No caso em tela, ainda não é possível falar que houve a inexecução do contrato, pois por ora o comprador apenas foi reduzido a insolvência. Logo, cabe ao vendedor exigir a garantia, sobrestando a entrega da coisa até que ela seja prestada. Teríamos verdadeira inexecução se, sendo o comprador solvente o vendedor não entregasse o bem, ou tendo o vendedor entregue o bem, o comprador não pagasse o preço. Neste caso a cláusula resolutiva expressa poderia ser aplicada. Como não se trata da hipótese, o correto é aplicar a cláusula resolutiva tácita da exceção do contrato não cumprido; D: incorreta, pois a *excepcio non adimpleti contractus* é situação que enseja a propositura de medida judicial. Não basta o descumprimento de uma das partes para colocar a outra livre de suas obrigações contratuais, é necessário que essa situação seja levada a juízo.
Gabarito "A".

**(Cartório/SP – V – VUNESP)** Assinale a alternativa incorreta.

(A) No contrato de retrovenda, o devedor de coisa imóvel pode reservar-se o direito de recobrá-la no prazo máximo prescricional de três anos.
(B) Na venda com cláusula de retrovenda, o direito de retrato, que é cessível e transmissível a herdeiros e legatários, poderá ser exercido contra o terceiro adquirente.
(C) A cláusula de retrovenda é pacto adjeto à compra e venda.
(D) O pacto de retrovenda, apenas admissível nas vendas de imóveis, torna a propriedade resolúvel.

A: incorreta (e deve ser assinala), pois o prazo é decadencial e não prescricional (art. 505 do CC); B: correta (art. 507 do CC); C: correta, em medida em que a retrovenda é pacto acessório ao contrato de compra e venda. Por conseguinte, a invalidade da cláusula de retrovenda não invalida a obrigação principal (art. 184, parte final, do CC); D: correta, uma vez que sendo o domínio gravado com pacto adjeto surge o conceito de propriedade resolúvel, ou seja, aquela que se extinguirá com o advento da condição.
Gabarito "A".

**(Cartório/SP – 2012 – VUNESP)** A lesão e a onerosidade excessiva na teoria geral dos contratos referem-se ao princípio do(a)

(A) autonomia privada.
(B) função social do contrato.
(C) boa-fé objetiva.
(D) equilíbrio econômico.

Inicialmente importante traçar a correlação entre os institutos da lesão e da onerosidade excessiva. Ambos são formas de revisão do contrato em decorrência do desequilíbrio econômico. A lesão é uma forma de revisão contratual incidente nas obrigações de execução instantânea (se perfaz num único ato presente). Já a onerosidade excessiva é forma de revisão do contrato aplicada em obrigações diferidas (execução em um único ato futuro. Ex: contratar hoje para pagar em 30 dias) e duradouras, que podem ser de duas espécies: i) trato sucessivo prestação em um único ato e contraprestação em diversos momentos futuros. Ex: compro um carro hoje para pagar em 36 meses; ii) execução periódica há várias prestações e contraprestações que se protraem ao longo do tempo. Ex: fornecimento de gás, energia elétrica. Na lesão, temos um sujeito que sob premente necessidade, ou por inexperiência, se obriga a prestação manifestamente desproporcional ao valor da prestação oposta (art. 157 do CC). Na onerosidade excessiva temos a situação em que no momento em que a avença foi entabulada tínhamos a situação "X", e depois, em momento subsequente quando a prestação deveria ser cumprida temos uma nova situação "Y" que, por motivos imprevisíveis e extraordinários altera a equação do contrato, impondo ao devedor obrigação mais pesada do que as partes haviam pretendido no passado. A diferença entre a revisão decorrente da lesão e a revisão decorrente da onerosidade excessiva é que, no primeiro caso o contrato *nasce* com prestações desequilibradas, ao passo que no segundo caso ele *se torna* desequilibrado na fase de cumprimento da avença. Na lesão o contrato nasce excessivamente oneroso porque há vício de consentimento. A anomalia do contrato está no consentimento do sujeito contratante, posto que se trata de um vício de vontade. Na revisão pela onerosidade excessiva a anomalia surge no contrato por fatos externos à relação contratual e durante a fase de cumprimento.
Gabarito "D".

**(Cartório/SP – 2012 – VUNESP)** Na troca ou permuta de valores desiguais entre ascendentes e descendentes, sem consentimento dos outros descendentes e do cônjuge do alienante, o ato é

(A) ineficaz
(B) inexistente.
(C) anulável.
(D) nulo.

Art. 533, II, do CC.
Gabarito "C".

**(Cartório/SP – 2012 – VUNESP)** Na teoria geral dos contratos, a denominada frustração do fim do contrato, que torna a prestação inútil, tem guarida no princípio da(o)

(A) autonomia privada.
(B) boa-fé objetiva.

(C) equilíbrio econômico.
(D) função social do contrato.

A resolução do contrato por frustração de seu fim ocorre em casos em que a parte tem a sua pretensão fática frustrada por fatos alheios a sua vontade. Tem guarida pela aplicação do art. 421 do CC (função social do contrato), consoante prevê o Enunciado 166 do CJF. Neste passo, a prestação deixa de ser útil à parte, daí a sua correlação com o princípio da função social do contrato. O professor Flávio Tartuce traz um interessante exemplo ao justificar o mencionado enunciado: Imagine-se o famoso exemplo do locador que aluga um imóvel com a finalidade exclusiva de poder assistir ao desfile de coroação do rei, cujo cortejo passará na rua para a qual o imóvel tem vista privilegiada. O rei adoece e o desfile não se realizará. Tem-se um caso em que: a) as prestações são perfeitamente exequíveis o locador pode alugar e o locatário pode pagar; b) o preço ajustado não se alterou. Mesmo assim, o contrato não tem mais utilidade, razão de ser. Não se trata de um caso de impossibilidade, nem mesmo de excessiva onerosidade, ou, ainda de perda de objeto. Tem-se, em verdade, a frustração do fim do contrato" (Justificativas do Enunciado enviadas pelo Conselho da Justiça Federal aos participantes da III Jornada).
Gabarito "D".

**(Cartório/SP – 2012 – VUNESP)** O denominado exercício inadmissível de posições jurídicas, abrangendo o *venire contra factum proprium, tu quoque, suppressio* e *surrectio*, coaduna-se com o princípio do(a)

(A) equilíbrio econômico.
(B) boa-fé objetiva.
(C) função social do contrato.
(D) autonomia privada.

Os institutos *venire contra factum proprium, tu quoque, suppressio* e *surrectio* representam verdadeira expressão do princípio da boa-fé objetiva. Tais conceitos devem ser utilizados com função integrativa, suprindo lacunas dos contratos e trazendo deveres implícitos às partes contratuais. Consoante ensina o professor Flávio Tartuce (*Direito Civil*. 4. ed. São Paulo: Método. vol. 3, p. 126/127), quanto à *supressio* (*Verwirkung*), significa a supressão, por renúncia tácita, de um direito ou de uma posição jurídica, pelo seu não exercício com o passar dos tempos. O seu sentido pode ser notado pela leitura do art. 330 do CC, que adota o conceito, eis que "o pagamento reiteradamente feito em outro local faz presumir renúncia do credor relativamente ao previsto no contrato.". Ao mesmo tempo em que o credor perde um direito por essa supressão, surge um direito a favor do devedor, por meio da *surrectio* (*Erwirkung*), direito este que não existia juridicamente até então, mas que decorre da efetividade social, de acordo com os costumes. Em outras palavras, enquanto a *supressio* constitui a perda de um direito ou de uma posição jurídica pelo seu não exercício no tempo; a *surrectio* é o surgimento de um direito diante de práticas, usos e costumes. Já o termo *tu quoque* significa que um contratante que violou uma norma jurídica não poderá, sem a caracterização do abuso de direito, aproveitar-se dessa situação anteriormente criada pelo desrespeito. Desse modo, está vedado que alguém faça contra o outro o que não faria contra si mesmo. Por fim, pela máxima *venire contra factum proprium non potest*, determinada pessoa não pode exercer um direito próprio contrariando um comportamento anterior, devendo ser mantida a confiança e o dever de lealdade decorrentes da boa-fé objetiva, depositada quando da formação do contrato.
Gabarito "B".

## 4.2. VÍCIOS REDIBITÓRIOS

**(Cartório/DF – 2006 – CESPE)** A respeito dos contratos, julgue o item que se segue.

(1) Considere que determinada pessoa adquiriu um veículo usado, com o objetivo de revendê-lo. No contrato de venda e compra desse veículo, foi inserida cláusula de garantia do veículo, pelo prazo de 20 dias. Depois de entregue ao comprador, o veículo apresentou um grave defeito oculto, preexistente ao momento da tradição do bem, o que diminuiu sensivelmente o valor desse bem. Nessa situação, o adquirente poderá valer-se de ação para haver o abatimento do preço da coisa recebida com vício redibitório ou para rescindir o contrato e reaver o valor pago. O prazo decadencial dessa ação começa a correr após o transcurso do período da garantia estabelecido pelo vendedor.

Vícios são problemas ocultos presentes em coisas recebidas em virtude de contrato comutativo, que as tornem impróprias ao uso a que são destinadas ou lhes diminuam ou valor. Pode ser de três espécies: aparente (também chamado de fácil constatação, percebido por mero exame superficial da coisa), oculto (já existe à época da alienação, e gera consequências desse momento, mas que só será descoberto em exame minucioso ou pericial) e oculto de difícil percepção (já existe na data da alienação, mas não gera consequências, não podendo ser detectado à época da alienação). O Código Civil só protege os dois últimos. O instituto está previsto nos arts. 441 a 446 do CC. O seu fundamento é o princípio da garantia quanto à coisa. Constatado o vício redibitório, a Lei faculta ao adquirente a possibilidade de escolha entre ficar com o bem e exigir o abatimento do preço (art. 442 do CC) ou enjeitar a coisa, exigindo a rescisão do contrato (art. 441 do CC). No primeiro caso a pretensão deverá ser exercida por meio de ação estimatória, e no segundo caso por meio de ação redibitória (são as chamadas "ações edilícias"). Quanto aos prazos para o seu exercício, a regra para o *vício oculto* é a seguinte: a lei prevê 30 dias quando tratar-se de bem móvel e um ano quando tratar-se de bem imóvel (art. 445 do CC). O termo inicial dos prazos será a entrega efetiva, quando o adquirente não estiver na posse da coisa ou da data da alienação, quando estiver na posse da coisa (e neste caso os prazos ficam reduzidos pela metade). No que tange ao *vício oculto de difícil percepção* a lei estipula um prazo máximo para a ciência do vício. Esse prazo é de 180 dias para móvel e um ano para imóvel (art. 445, §1º do CC). Assim, se uma pessoa comprar uma moto com esse tipo de vício e vier a descobri-lo 170 dias depois, cumpriu o primeiro prazo de 180 dias para a tomada da ciência do problema da coisa. Em seguida começará o segundo prazo, o de garantia para ingressar com uma das ações mencionadas. No caso o prazo será de 30 dias, por tratar-se de móvel. Mas se a pessoa só tem ciência do vício 190 dias após a aquisição, o prazo para a ciência do vício terá terminado, ficando prejudicado o direito. Neste caso, nem se começa a contar o prazo de garantia legal. Transportando a explicação para a questão proposta, trata-se de vício oculto em que o adquirente terá 30 dias (bem móvel) para ingressar com uma das duas ações, a contar da entrega efetiva, pois não estava na posse da coisa. Este prazo apenas começará a fluir esgotados os vinte dias da garantia contratual que lhe foram concedidos.
Gabarito 1C.

**(Cartório/MT – 2005 – CESPE)** Acerca da evicção e dos vícios redibitórios, assinale a opção correta.

(A) O direito de demandar pela evicção supõe a perda da coisa adquirida por sentença judicial, que condene o alienante a indenizar o evicto, na quantia correspondente à devolução do que pagou, corrigido monetariamente.

(B) A deterioração da coisa, em poder do adquirente, não afasta a responsabilidade do alienante, que responderá por evicção total, exceto se o adquirente agiu dolosamente e provocou a deterioração do bem.
(C) O adquirente de bem em hasta pública não tem a garantia da evicção, pois a natureza processual da arrematação afasta a natureza negocial da compra e venda.
(D) Poderá o adquirente, alegando vício redibitório, rescindir o contrato ou reclamar o abatimento no preço, quando constatar que a coisa adquirida não é o que pretendeu comprar.

---

A: incorreta, pois a coisa deve ter sido adquirida por meio de contrato comutativo oneroso, e não por sentença judicial. Neste passo, aquele que adquire um bem onerosamente tem a garantia contra o alienante caso a coisa seja perdida em decorrência de ação judicial ou decisão administrativa. O evicto, além de ter o direito de receber os valores pagos corrigidos monetariamente, ainda tem todos os direitos elencados no art. 450 do CC; B: correta (art. 451 do CC); C: incorreta (art. 447 do CC); D: incorreta, pois se o adquirente percebe que comprou algo que não pretendia, temos verdadeira hipótese de erro e não de vício redibitório. O negócio pode ser anulado se demonstrado que o erro é substancial e escusável. Note que no erro o vício está na psique do sujeito que, por circunstâncias próprias se equivoca. Mas o objeto está em perfeitas condições. No vício redibitório, a impropriedade está justamente no objeto, que está eivado de máculas que o torna impróprio ao fim a que se destina.
Gabarito "B".

**(Cartório/SC – 2012)** Assinale a alternativa **INCORRETA**:

(A) O adquirente decai do direito de obter a redibição ou abatimento no preço no prazo de trinta dias se a coisa for móvel, e de um ano se for imóvel, contado da entrega efetiva.
(B) Se já estava na posse da coisa móvel ou imóvel, o prazo conta-se da alienação, só que, neste caso, reduzido à metade.
(C) Se, por sua natureza, o vício só puder ser conhecido mais tarde, o prazo contar-se-á do momento em que o adquirente dele tiver ciência, até o prazo máximo de 180 dias, em se tratando de bens móveis.
(D) As partes, por cláusula expressa, não podem reforçar, diminuir ou excluir a responsabilidade pela evicção.
(E) Se, por sua natureza, o vício só puder ser conhecido mais tarde, o prazo contar-se-á do momento em que o adquirente dele tiver ciência, até o prazo máximo de um ano, em se tratando de bens imóveis.

---

A: correta (art. 445, *caput*, do CC); B: correta (art. 445, *caput*, parte final, do CC); C: correta (art. 445, § 1º, do CC); D: incorreta (devendo ser assinalada), pois as partes podem, por cláusula expressa, reforçar, diminuir ou excluir a responsabilidade pela evicção (art. 448 do CC); E: correta (art. 445, § 1º, do CC).
Gabarito "D".

## 4.3. COMPRA E VENDA

**(Cartório/AM – 2005 – FGV)** A respeito da retrovenda, analise as proposições a seguir e assinale a alternativa correta.

(A) Se a duas ou mais pessoas couber o direito de retrato sobre o mesmo imóvel, e só uma o exercer, poderá o comprador intimar as outras para nele acordarem, prevalecendo o pacto em favor de quem haja efetuado o depósito, contanto que seja integral.
(B) O direito de retrato é suscetível de cessão por ato inter-vivos.
(C) O exercício da retrovenda é intransmissível por ato *causa mortis*.
(D) O direito de resgate não se extingue mesmo diante de caso fortuito ou força maior.
(E) Todas as alternativas anteriores estão incorretas.

---

A: correta (art. 508 do CC); B e C: incorretas, pois o direito de retrato é cessível e transmissível a herdeiros e legatários (art. 507 do CC); D: incorreta, pois o caso fortuito e força maior acarretam o inadimplemento não culposo. Assim, de mesma forma que extingue o dever do comprador entregar a coisa, também extingue o direito de retrato do vendedor; E: incorreta, pois a alternativa "A" está correta.
Gabarito "A".

**(Cartório/DF – 2006 – CESPE)** A respeito dos contratos, julgue os itens que se seguem.

(1) O contrato de compra e venda forma-se a partir de manifestação de vontades distintas, porém coincidentes, recíprocas e concordantes sobre o mesmo objeto. Forma-se esse negócio no momento em que as partes materializam o acordo. Trata-se de contrato instantâneo ou de execução única, visto que as obrigações são cumpridas em um único instante, quer logo após sua formação, quer em momento futuro. Se as partes decidirem dividir a prestação no tempo, o contrato transforma-se em contrato de duração ou aleatório.
(2) Na venda de um imóvel, com precisa estipulação da área vendida, quando houver divergência entre as medidas ou as dimensões não corresponderem às dimensões apresentadas, o comprador prejudicado tem direito potestativo, podendo, à sua escolha, exigir do vendedor a complementação da área — pretensão esta deduzida por intermédio da ação *ex empto*, por inadimplemento contratual — ou, se isso não for possível, pedir a resolução do contrato, enjeitando a coisa, ou o abatimento do preço.

---

1: incorreta, pois tratando-se a compra e venda de um contrato consensual, basta o consenso para que ele surja no mundo jurídico. Este contrato é de forma livre, daí pode ser celebrado de forma escrita, verbal. A materialização do acordo é mero ato de formalização, não tendo caráter indispensável para a formação da avença. Excepcionalmente, apenas a compra e venda de imóveis com valor superior a trinta salários mínimos exige forma predeterminada, qual seja, escrita por escritura pública (art. 108 do CC). No que tange a sua execução, em regra a compra e venda é um contrato de execução instantânea, mas nada impede que o cumprimento seja de forma diferida ou duradoura (execução periódica ou trato sucessivo), e isso não desvirtua a natureza do negócio jurídico, que, em regra continua

sendo comutativo; 2: correta, na medida em que a assertiva reproduz o texto do art. 500, *caput*, do CC. Trata-se da venda *ad mensuram*, isto é, aquela em que o comprador tem como principal interesse o tamanho do imóvel. Caso o comprador perceba que a área entregue é menor do que a contratada, de fato pode exigir o seu complemento, ou resolver o contrato por meio de ação redibitória, ou ainda exigir o abatimento proporcional do preço por meio de ação estimatória.
Gabarito 1E, 2C

**(Cartório/MG – 2012 – FUMARC)** Sobre a compra e venda, segundo o Código Civil, é **correto** afirmar

(A) É lícita a compra e venda entre cônjuges, com relação a bens incluídos da comunhão.
(B) É anulável a venda de ascendente a descendente, mesmo se os outros descendentes e o cônjuge do alienante expressamente houverem consentido.
(C) É nulo o contrato de compra e venda, quando se deixa ao arbítrio a fixação do preço.
(D) É ilícito às partes fixar o preço em função de índices ou parâmetros, desde que suscetíveis de objetiva determinação.

A: incorreta, pois é lícita a compra e venda entre cônjuges, com relação a bens *excluídos* da comunhão (art. 499 do CC); B: incorreta, pois apenas é anulável a venda de ascendente a descendente, se os outros descendentes e o cônjuge do alienante não houverem consentido expressamente (art. 496, *caput*, do CC); C: correta (art. 489 do CC); D: incorreta, pois é *lícito* às partes fixar o preço em função de índices ou parâmetros, desde que suscetíveis de objetiva determinação (art. 487 do CC).
Gabarito "C".

**(Cartório/SP – IV – VUNESP)** Considera-se perfeita a venda e compra quando

(A) um dos contratantes se obriga a transferir o domínio de uma coisa e o outro, a pagar o preço.
(B) haja acordo sobre a coisa e seja efetuado o pagamento.
(C) é entregue a coisa, ainda que o pagamento deva ser realizado posteriormente.
(D) há a imissão provisória na posse da coisa, condicionada a posse definitiva ao pagamento do preço.

A: correta, pois para que o contrato exista basta que uma das partes se obrigue a transferir e a outra se obrigue a pagar (art. 481 do CC); B: incorreta, pois o pagamento não é requisito indispensável para que ela se aperfeiçoe, afinal ele pode ocorrer em momento futuro, como por exemplo numa compra e venda de execução diferida. Na compra e venda pura e simples basta o acordo sobre o objeto e o preço (art. 482 do CC e Enunciado 441 do CJF ); C e D: incorretas, pois o contrato de compra e venda é consensual, e não real. Logo a entrega da coisa é irrelevante para o seu aperfeiçoamento.
Gabarito "A".

**(Cartório/SP – V – VUNESP)** Assinale a alternativa incorreta.

(A) Na venda de coisa móvel, pode o vendedor reservar para si, ou terceiros, a propriedade até que o preço seja pago.
(B) A cláusula de reserva de domínio será estipulada por escrito e depende de registro no domicílio do comprador para valer contra terceiros.
(C) A preempção ou preferência impõe ao comprador a obrigação de oferecer ao vendedor a coisa que aquele vai vender ou dar em pagamento, para que este use de seu direito de prelação na compra, tanto por tanto.
(D) O vendedor também pode exercer o seu direito de prelação, intimando o comprador quando lhe constar que este vai vender a coisa.

A: incorreta (e deve ser assinalada), pois o vendedor pode reservar apenas para si a propriedade, e não para terceiros (art. 521 do CC); B: correta (art. 522 do CC); C: correta (art. 513 do CC); D: correta (art. 514 do CC).
Gabarito "A".

## 4.4. COMPROMISSO DE COMPRA E VENDA

**(Cartório/DF – 2003 – CESPE)** Em fevereiro de 2003, Leandro da Silva, pai de José da Silva, adquiriu para o filho, da Construtora Ômega, um apartamento que estava em construção. A aquisição foi feita por meio de contrato particular de promessa de compra e venda, com cláusula de arrependimento, sendo que Leandro pagou no ato o valor correspondente ao sinal. O contrato foi celebrado em nome de José da Silva, que se responsabilizaria pelas prestações, sendo o bem gravado com cláusula de inalienabilidade. José da Silva passou a residir no imóvel em março de 2003, quando foi entregue pela construtora. O contrato particular de promessa de compra e venda nunca foi registrado. Atualmente, José da Silva encontra-se inadimplente com relação às prestações devidas à Construtora Ômega e com as quotas condominiais. Acerca da situação hipotética acima, julgue os itens a seguir.

(1) Para que José da Silva, promitente comprador, adquira o direito real à aquisição do imóvel de que trata o texto, é necessário e suficiente que o instrumento particular de promessa de compra e venda seja registrado no Cartório de Registro de Imóveis.
(2) Caso a inadimplência contratual de José da Silva tenha sido em virtude de onerosidade excessiva, por desequilíbrio resultante de critérios para atualização das prestações, ele pode, com fundamento na teoria da imprevisão, pleitear a rescisão do contrato.
(3) Havendo rescisão do contrato, a inadimplência de José da Silva justifica a perda de valores pagos a título de preço, desde que prevista contratualmente, tendo, ademais, a promitente vendedora direito ao ressarcimento das despesas do negócio e da indenização pela ruptura do contrato.
(4) Sendo a ocupação do imóvel por José da Silva, promitente comprador, conhecida, a esse título, pelo condomínio, ele é responsável pelo pagamento das quotas condominiais, até a data de devolução do imóvel à construtora, caso aconteça, mesmo que a promessa de compra e venda não tenha sido registrada no Cartório de Registro de Imóveis.

(5) Caso José da Silva ocupe, de boa-fé, o referido imóvel, contínua e incontestadamente, sem oposição da promitente vendedora, por dez anos, ele poderá, segundo legislação atualmente vigente, adquirir a sua propriedade por usucapião, não obstando o reconhecimento da prescrição aquisitiva a existência de cláusula de inalienabilidade, uma vez que se trata de modalidade de aquisição originária do domínio.

1: incorreta, uma vez que muito embora o art. 1.417 do CC fale sobre a indispensabilidade do registro, a doutrina e a jurisprudência já se posicionaram no sentido de que o direito a adjudicação compulsória não se condiciona ao registro (Sumula 239 do STJ e Enunciado 95 do CJF). Ademais, há um outro problema na questão, uma vez que consta que o pacto foi celebrado com cláusula de arrependimento. Nos termos do art. 1.417 do CC, o instrumento público ou particular apenas adquire força para transferir a propriedade se for celebrado sem essa cláusula; 2: correta, pois sendo o contrato de execução duradoura (modalidade trato sucessivo), se a prestação para uma das partes se tornar excessivamente onerosa, com extrema vantagem para a outra parte, em decorrência de fatos extraordinários e imprevisíveis, pode a parte prejudicada pedir a resolução do contrato. Trata-se de típico caso da teoria da imprevisão (art. 478 do CC e Enunciados 365 a 367, 439 e 440 do CJF); 3: incorreta, pois havendo rescisão da avença, não necessariamente José perderá todas as parcelas pagas, ainda que previsto expressamente em contrato. Considerando que a questão não menciona quantas parcelas eram no total e quantas José já havia pago, não temos como saber com segurança qual o contexto da situação. Isso é relevante, pois não se descarta a hipótese de José ter pago quase todas as parcelas, o que permitiria aplicar-se a teoria do adimplemento substancial. De fato, se houver descumprimento de obrigação contratual, "a parte lesada pelo inadimplemento pode pedir a resolução do contrato, se não preferir exigir-lhe o cumprimento, cabendo, em qualquer dos casos, indenização por perdas e danos", conforme dispõe o artigo 475 do Código Civil. Entretanto, a doutrina e a jurisprudência têm admitido o reconhecimento do adimplemento substancial, com o fim de preservar o vínculo contratual. Segundo a teoria do adimplemento substancial, o credor fica impedido de rescindir o contrato, caso haja cumprimento de parte essencial da obrigação assumida pelo devedor; porém, não perde o direito de obter o restante do crédito, podendo ajuizar ação de cobrança para tanto. Neste sentido: "*Direito Civil. Contrato de venda e compra de imóvel. OTN como indexador. ausência de estipulação contratual quanto ao número de parcelas a serem adimplidas. Contrato de adesão. Interpretação mais favorável ao aderente. Exceção do contrato não cumprido. Afastada. Inadimplemento mínimo verificado. Adjudicação compulsória cabível. Aplicação da equidade com vistas à conservação negocial. Aplicação da teoria do adimplemento substancial. Dissídio não demonstrado.* (...) *3. Aparente a incompatibilidade entre dois institutos, a exceção do contrato não cumprido e o adimplemento substancial, pois na verdade, tais institutos coexistem perfeitamente podendo ser identificados e incidirem conjuntamente sem ofensa à segurança jurídica oriunda da autonomia privada 4. No adimplemento substancial tem-se a evolução gradativa da noção de tipo de dever contratual descumprido, para a verificação efetiva da gravidade do descumprimento, consideradas as consequências que, da violação do ajuste, decorre para a finalidade do contrato. Nessa linha de pensamento, devem-se observar dois critérios que embasam o acolhimento do adimplemento substancial: a seriedade das consequências que de fato resultaram do descumprimento, e a importância que as partes aparentaram dar à cláusula pretensamente infringida.* 5. Recurso Especial improvido.(STJ, REsp 1.215.289/SP, rel. Min. Sidnei Beneti, 3.ª T, j. 05.02.2013, DJe 21.02.2013, grifos nossos); 4: correta, pois uma vez que João da Silva ingressou no imóvel ele passa a ter deveres de condômino como qualquer outro, não importando a que título detenha o imóvel (seja como proprietário seja como possuidor). Assim é responsável pelo pagamento das quotas condominiais, nos termos do art. 1336 do CC. Note que o fato da promessa de compra e venda não ter sido registrada é fato irrelevante, nos termos da Sumula 239 do STJ e Enunciado 95 do CJF; 5: certa, pois trata-se da hipótese de usucapião ordinária, haja vista a existência de justo título (art. 1.242 do CC). Ressalte-se que a existência da cláusula de inalienabilidade não impede a aquisição do domínio, pois se tratando a usucapião de modo de aquisição originária da propriedade, isso faz com que tal aquisição de dê escoimada de qualquer vício, cláusula ou condição. Não se trata, portanto, de um negócio jurídico envolvendo o bem, mas de uma mudança de titularidade decorrente do cumprimento dos requisitos estabelecidos em lei. Neste sentido, interessante a explicação da professora Maria Helena Diniz: "a usucapião é um direito novo, autônomo, independente, de qualquer ato negocial de um possível proprietário, tanto assim que o transmitente da coisa objeto de usucapião não é o antecessor, o primitivo proprietário, mas a autoridade judiciária que reconhece e declara a aquisição por usucapião (*Curso de Direito Civil Brasileiro*. 19.ed. vol.4, p.155).
Gabarito 1E, 2C, 3E, 4C, 5C

**(Cartório/MS – 2009 – VUNESP)** João realizou compromisso de compra e venda, celebrado e quitado em 1986, com empresa comercial, sendo que o pedido de registro no Cartório de Registro de Imóveis foi protocolado somente em 1989, quando o imóvel já se encontrava hipotecado e arrecadado em processo falimentar da promitente-alienante. Houve suscitação de dúvida pelo oficial. Diante desse fato, aponte a alternativa correta.

(A) Jurisprudência pacífica do Superior Tribunal de Justiça reconhece a validade de contrato de compra e venda, embora não efetuada a transcrição no registro imobiliário, para efeito de preservação do direito da posse do terceiro adquirente de boa-fé.
(B) A jurisprudência firmou-se no sentido de que não há necessidade do registro do título translativo no cartório imobiliário para tornar eficaz o contrato de compra e venda, em razão da falência da vendedora.
(C) A indisponibilidade patrimonial prevista se refere exclusivamente a atos de alienação de iniciativa do administrador judicial da massa falida, não obstando o registro de bem alienado anterior à falência.
(D) Inadmissível o pedido de registro se este, na data do protocolo do referido pedido, já se encontrava arrecadado pela massa falida da promitente alienante, estando sujeito às vicissitudes da alienante.
(E) A só ausência de registro no Ofício Imobiliário confere legitimidade ao promitente cessionário para requerê-la, ainda mais quando a cessão havia sido realizada.

A: incorreta. Muito embora essa assertiva encontre guarida nas Súmulas 84 e 375 do STJ, neste caso o terceiro adquirente não poderá alegar boa-fé, pois havia hipoteca registrada na matrícula do imóvel além do processo judicial em trâmite. Logo, detinha plenas condições de saber sobre a litigiosidade da coisa; B: incorreta. Note que a falência da vendedora não possui nenhuma correlação com a dispensabilidade do registro. Neste espeque o Resp 204.784/SE "É torrencial a jurisprudência da Corte no sentido de que o direito a adjudicação é de caráter pessoal, restrito aos contratantes, não se condicionando a *obligatio faciendi* à inscrição no registro de imóveis" (Sumula 239 do STJ); C: incorreta, pois a indisponibilidade dos bens hipotecados e arrecadados em processo falimentar não se refere exclusivamente a atos de alienação de iniciativa do administrador judicial. Note que é sobre o *bem* que recai a característica da indisponibilidade, e dessa forma, independentemente da pessoa que objetivar aliená-lo, será proibida de fazê-lo. Isso porque o bem arrecadado em processo falimentar objetiva adimplir os débitos da empresa frente aos credores, seguindo uma ordem predeterminada. Por tal razão, não pode o oficial do cartório efetuar esse registro tardio e conceder o imóvel a João, uma vez que isso diminuiria o ativo do processo de falência; D: correta, uma vez que realmente o pedido é inadmissível, pois quando a hipoteca e a arrecadação foram efetuadas o bem estava livre, isto é, legalmente constava que ele fazia parte do patrimônio da empresa comercial. Isso nos leva a concluir que o procedimento foi plenamente válido. Daí, o pedido de registro tardio não poder ser admitido, pois completamente incompatível; E: incorreta, pois ainda que a cessão tenha sido realizada, tal fato não legitima o promitente-cessionário a obter o registro, haja vista que o fato de recair sobre o imóvel hipoteca e arrecadação em processo falimentar o impede de obter tal direito.

Gabarito "D".

**(Cartório/PR – 2007)** Pelo contrato de compra e venda, um dos contratantes se obriga a transferir o domínio de certa coisa e o outro, a pagar-lhe certo preço em dinheiro. Quanto às cláusulas especiais da compra e venda, é correto afirmar que:

I. Na cláusula da retrovenda, o vendedor de coisa imóvel pode reservar-se o direito de recobrá-la no prazo máximo de decadência de três anos, restituindo o preço recebido e reembolsando as despesas do comprador, inclusive as que, durante o período de resgate, efetuaram-se com a sua autorização escrita, ou para a realização de benfeitorias necessárias.
II. A venda feita a contento do comprador entende-se realizada sob condição suspensiva, enquanto que a venda sujeita à prova presume-se feita sob a condição resolutiva.
III. Na venda da coisa móvel com reserva de domínio, verificada a mora do comprador, poderá o vendedor mover contra ele a competente ação de cobrança das prestações vencidas e vincendas e o mais que lhe for devido; ou poderá recuperar a posse da coisa vendida, sendo-lhe facultado o direito de reter as prestações pagas para cobrir a depreciação da coisa e demais despesas que vier a comprovar. Se houver valor excedente, devolverá ao comprador, o que faltar lhe será cobrado.
IV. Responderá por perdas e danos o comprador, se alienar a coisa sem ter dado ao vendedor ciência do preço e das vantagens que por ela lhe oferecem. Responderá solidariamente o adquirente, se tiver procedido de má-fé.

É correta ou são corretas:

(A) apenas II e III.
(B) apenas I, III e IV.
(C) apenas I e III.
(D) apenas I.
(E) apenas I e IV.

I: correta (art. 505 do CC); II: incorreta, pois tanto a venda feita a contento como a venda sujeita a prova presumem-se feitas sob condição suspensiva. A venda a contento ou *ad gustum* é a cláusula acessória à compra e venda que subordina os efeitos do contrato à condição suspensiva de o adquirente gostar do produto. Já a venda sujeita a prova tem a estrutura idêntica ao item anterior com uma diferença: o evento futuro e incerto que pode fazer com que o com que o contrato ganhe eficácia não é o adquirente gostar do produto, mas sim que o bem objetivamente apresente as características que foram prometidas pelo vendedor (arts. 509 e 510 do CC); III: correta (arts. 526 e 527 do CC); IV: correta (art. 518 do CC).

Gabarito "B".

**(Cartório/SP – V – VUNESP)** No compromisso de compra e venda, o inadimplemento parcial do contrato, por qualquer das partes, dá ensejo à aplicação do princípio da

(A) onerosidade excessiva, constituindo causa de resolução da avença.
(B) *exceptio non adimpleti contractus*, ficando assegurado à parte que não cumpriu a sua obrigação o direito de exigir o implemento da obrigação quanto à outra parte.
(C) onerosidade excessiva, constituindo causa de anulação da avença.
(D) *exceptio non adimpleti contractus*, reservando-se àquele que sofreu o inadimplemento suspender o cumprimento da sua parte na avença.

No compromisso de compra e venda, havendo o inadimplemento parcial do contrato aplicar-se-á o princípio da *exceptio non adimpleti contractus*, reservando-se àquele que sofreu o inadimplemento suspender o cumprimento da sua parte na avença. Esta regra advém do art. 476 do CC, *in verbis* "Nos contratos bilaterais, nenhum dos contratantes, antes de cumprida a sua obrigação, pode exigir o implemento da do outro". O princípio da onerosidade excessiva não se aplica na hipótese em tela, pois apenas pode ser invocado como forma de resolução ou revisão na hipótese de a prestação se tornar excessivamente onerosa para uma das partes, com extrema vantagem para a outra, em virtude de acontecimentos extraordinários e imprevisíveis (art. 478 do CC).

Gabarito "C".

## 4.5. DOAÇÃO

**(Cartório/AM – 2005 – FGV)** Assinale a alternativa correta.

(A) O Código Civil prevê a doação condicional e a doação remuneratória.
(B) O descumprimento do encargo não importa a revogação da doação onerosa se o donatário incorrer em mora.
(C) A prova de um fato jurídico por confissão não pode ser anulada sob qualquer pretexto.
(D) É vedada a transferência do contrato de seguro de dano a terceiro com a cessão do interesse segurado.
(E) O fiador não pode se sub-rogar nos direitos do credor, mesmo que pague integralmente a dívida.

A: correta, pois ambas as modalidades de doação estão previstas no Código Civil. O art. 546, *i.e*, traz a hipótese de doação em contemplação de casamento futuro com certa e determinada pessoa. Trata-se de hipótese de doação feita sob condição suspensiva, haja vista que os efeitos da doação ficam subordinados e evento futuro

e incerto, qual seja a celebração do casamento. Pode-se mencionar também o art. 542 do CC, doação feita ao nascituro. Muito embora aceita por seu representante legal, fica subordinada a evento futuro e incerto para que produza efeitos, qual seja, o nascimento com vida. No que tange a doação remuneratória, isto é, aquela realizada como retribuição, contraprestação pelos serviços prestados, encontra previsão no art. 540 do CC; B: incorreta, pois a inexecução do encargo na doação onerosa está prevista expressamente como causa de revogação da doação (art. 555 do CC); C: incorreta, pois a prova advinda de confissão pode ser anulada se decorreu de erro de fato ou de coação (art. 214 do CC); D: incorreta, pois em regra admite-se a transferência do contrato a terceiro com a alienação ou cessão do interesse segurado (art. 785 do CC); E: incorreta, pois o fiador que pagar integralmente a dívida fica sub-rogado nos direitos do credor (art. 831 do CC).
Gabarito "A".

**(Cartório/RJ - 2012)** Quanto ao contrato de doação, é correto afirmar que

(A) é anulável a doação de todos os bens sem reserva de parte, ou renda suficiente para a subsistência do doador.

(B) é anulável a doação quanto à parte que exceder a de que o doador, no momento da liberalidade, poderia dispor em testamento.

(C) a doação será realizada sempre por escritura pública ou particular, mas nunca verbalmente.

(D) é possível a renúncia antecipada do direito de revogar a liberalidade por ingratidão do donatário.

(E) não prevalece cláusula de reversão em favor de terceiro.

A: incorreta, pois a doação de todos os bens sem reserva de parte, ou renda suficiente para a subsistência do doador é nula, e não anulável (art. 548 do CC); B: incorreta, pois também é nula a doação quanto à parte que exceder à de que o doador, no momento da liberalidade, poderia dispor em testamento (art. 549 do CC); C: incorreta, pois a doação poderá ser feita por escritura pública, instrumento particular ou verbalmente. A doação verbal será válida, se, versando sobre bens móveis e de pequeno valor, se lhe seguir *incontinenti* a tradição (art. 541, parágrafo único, do CC); D: incorreta, pois não se pode renunciar antecipadamente o direito de revogar a liberalidade por ingratidão do donatário (art. 556 do CC); E: correta (547, parágrafo único, do CC)
Gabarito "E".

**(Cartório/MS - 2009 - VUNESP)** Linésia, casada sob o regime de separação de bens, vendeu a Amarildo, por meio de escritura pública, um imóvel. Ocorre que, dias após o negócio, dois dos cinco filhos de Linésia, compraram, também por escritura pública, o mesmo imóvel de Amarildo, com dinheiro que receberam da mãe. Linésia faleceu em 12 de agosto de 2003. Os demais irmãos dos compradores e o marido de Linésia ingressaram com ação de anulação das escrituras de compra e venda por considerarem que houve simulação, pois a verdadeira intenção da mãe era uma doação, em 11 de julho de 2008. Em análise da questão, aponte a alternativa correta.

(A) A ação proposta deverá ser julgada prescrita, uma vez que o prazo para a propositura da ação prescreveu em dois anos.

(B) O marido de Linésia não tem direito a reclamar a anulação da compra e venda, uma vez que é casado com separação de bens.

(C) O marido de Linésia não tem direito de reclamar a anulação da compra e venda, por não ser herdeiro necessário.

(D) A ação não está prescrita, pois não estabelecendo a lei prazo específico para sua propositura, prevalece a regra geral de dez anos.

(E) Não há direito à propositura da ação, uma vez que Maria tinha o direito de doar o imóvel a seus filhos, respeitando a legítima.

A: incorreta, pois o prazo para o ajuizamento da ação é de um ano (art. 559 do CC); B: correta, pois uma vez que era casada no regime da separação convencional de bens, Linésia tinha permissão legal para dispor livremente dos seus bens, independentemente da anuência do cônjuge (art. 1.647 do CC). Assim, seu marido não tem o direito de pleitear a anulação da compra e venda, uma vez que ela é plenamente válida; C: incorreta, pois muito embora ele não tenha o direito de pleitear a anulação da compra e venda, isso se dá em decorrência do regime de bens que eram casados e não em decorrência da sua qualidade de herdeiro. Ademais, o marido era herdeiro necessário de Linésia, daí mais uma impropriedade da assertiva; D: incorreta, pois a lei traz o prazo específico de 1 ano, razão pela qual não se aplica o prazo geral (art. 559 do CC); E: incorreta, pois muito embora o art. 544 do CC preveja a possibilidade de doação de ascendente para descendente, é possível o ajuizamento da ação caso seja haja suspeita de fraude, como por exemplo de simulação.
Gabarito "B".

**(Cartório/MS - 2009 - VUNESP)** Observe as assertivas a seguir:

I. É válida a doação de um cônjuge ao outro na constância do matrimônio, quando adotado, por força da lei, o regime de separação de bens.

II. No regime de comunhão parcial, as dívidas contraídas no exercício da administração obrigam os bens comuns e particulares do cônjuge que os administra, e os do outro na razão do proveito que houver auferido.

III. O direito de revogar a doação se transmite aos herdeiros do doador.

IV. O doador não é obrigado a pagar juros moratórios, nem é sujeito às consequências da evicção ou do vício redibitório. Nas doações para casamento com certa e determinada pessoa, o doador ficará sujeito à evicção, salvo convenção em contrário.

V. A doação em forma de subvenção periódica ao beneficiado extingue-se morrendo o doador, salvo se este outra coisa dispuser, morrendo o donatário, transmite-se aos herdeiros a quem aproveite a doação.

Está correto o que se afirma apenas em

(A) I, III e V.
(B) II, III e IV.
(C) I, II e IV.
(D) III e V.
(E) IV e V.

I: correta, pois a doação entre cônjuges é plenamente válida, importando adiantamento do que lhe cabe por herança (art. 544 do CC). Ressalte-se que o cônjuge só herda quando casado no regime da separação obrigatória, quando concorrer com ascendente ou colateral (art. 1.829, II e IV, do CC). Não herda quando concorrer com descendentes (art. art. 1829, I, do CC), daí neste caso não há de se

falar que a doação corresponde a adiantamento; II: correta (art. 1.663, § 1º, do CC); III: incorreta, pois o direito de revogar a doação não se transmite aos herdeiros do doador, nem prejudica os do donatário. Entretanto, os herdeiros do doador podem prosseguir na ação iniciada pelo ele, continuando-a contra os herdeiros do donatário, se este falecer depois de ajuizada a lide (art. 560 do CC); IV: correta (art. 552 do CC); V: incorreta pois morrendo o donatário a doação não persiste, em decorrência do seu caráter personalíssimo (art. 545 do CC).
Gabarito "C".

**(Cartório/SP – I– VUNESP)** Assinale a alternativa correta sobre o contrato de doação.

(A) Cabe revogação da doação por ato de vontade unilateral do doador, sem intervenção judicial.
(B) A doação universal é nula.
(C) A doação dos pais aos filhos importa em adiantamento da legítima, desde que tal cláusula tenha sido expressamente estipulada no contrato.
(D) A doação opera, por si só, a transferência do domínio do bem doado, independentemente da tradição ou do registro.

A: incorreta, pois a intervenção judicial é indispensável para a revogação da doação e deverá ser pleiteada dentro de um ano, a contar de quando chegue ao conhecimento do doador o fato que a autorizar, e de ter sido o donatário o seu autor (art. 559 do CC); B: correta, pois a lei invalida a doação daquele que dispôs de todos os seus bens sem reserva de parte ou renda suficiente para a sua subsistência, a fim de preservar o próprio doador (art. 548 do CC); C: incorreta, pois a doação de pai para filho importa em antecipação da legítima em decorrência de disposição legal, não dependendo, portanto, de cláusula expressa em contrato (art. 544 do CC); D: correta, pois a doação se configura como um contrato consensual, isto é, não necessita da entrega da coisa para que exista, basta o consenso.
Gabarito "B".

**(Cartório/SP – III – VUNESP)** O Código Civil admite doação *causa mortis*?

(A) Não, por ser a doação ato *inter vivos*, admitindo-se apenas a exceção da doação *propter nuptias*.
(B) Existe previsão legal expressa sobre a admissibilidade, como regra geral.
(C) Sim, por corresponder à manifestação de vontade antecipada do doador.
(D) As doações dessa natureza são admissíveis e seguem as normas da sucessão hereditária.

A doação, em regra constitui ato *inter vivos*, pelo qual uma pessoa, por liberalidade transfere bens ou vantagens à outra. Daí, é necessário que se concretize enquanto o doador ainda esteja vivo. Apenas em uma hipótese é possível a sua concretização válida após a morte do doador: no caso de doação *propter nuptias*, que é aquela que se dá condicionada à realização do casamento, estipulada nos contratos antenupciais (art. 546 do CC).
Gabarito "A".

**(Cartório/SP – III – VUNESP)** O artigo 547 do Código Civil dispõe que: "o doador pode estipular que os bens doados voltem ao seu patrimônio, se sobreviver ao donatário". Essa cláusula de reversão prevalece em favor de terceiro?

(A) Diante da expressa previsão legal, não prevalece a cláusula de reversão em favor de terceiro.
(B) Na consideração de que a reversão comporta interpretação extensiva, a resposta é afirmativa.
(C) O ato de liberalidade pode contemplar, validamente, essa cláusula de reversão, sob o entendimento de que "quem pode o mais, pode o menos".
(D) Não subsiste a cláusula, na hipótese de existência de parentesco do doador com o terceiro beneficiário.

Em nenhuma hipótese a cláusula de reversão pode se dar em favor de terceiro, consoante expressa vedação do art. 547 do CC.
Gabarito "A".

**(Cartório/SP – IV – VUNESP)** A doação feita por pessoa idosa, que por ela fica sem bens ou renda para garantir sua subsistência, é

(A) inexistente.
(B) válida.
(C) nula.
(D) anulável.

Na verdade a doação feita por qualquer pessoa de forma universal, isto é, sem reserva de bens ou renda suficiente para garantir a sua subsistência é nula de pleno direito, nos termos do art. 548 do CC.
Gabarito "C".

**(Cartório/SP – VI – VUNESP)** Na doação conjuntiva, é correto dizer que

(A) se os donatários forem marido e mulher, somente subsistirá na totalidade a doação para o cônjuge sobrevivo, se esse direito de acrescer for expressamente estipulado no título de doação.
(B) se os donatários forem marido e mulher, subsistirá na totalidade a doação para o cônjuge sobrevivo, mesmo que não estipulado no título de doação tal direito de acrescer.
(C) não sendo os donatários marido e mulher, subsistirá na totalidade a doação para os donatários sobrevivos, mesmo que não estipulado o direito de acrescer.
(D) entende-se distribuída por igual entre os donatários, desde que expressamente estipulada tal proporcionalidade no título de doação.

A: incorreta, pois o direito de acrescer já está presumido em lei (art. 551, parágrafo único, do CC); B: correta, pois o cônjuge sobrevivo tem o direito de permanecer com a totalidade dos bens, independentemente de haver previsão no título de doação (art. 551, parágrafo único, do CC). Trata-se de hipótese de sucessão anômala, isto é, uma situação prevista em lei que dá ao patrimônio do *de cujus* um destino diverso daquele normalmente estabelecido pela ordem de vocação hereditária (art. 1.829 do CC); C: incorreta, pois se os donatários não forem marido e não há falar-se que subsistirá na totalidade a doação para os donatários sobrevivos; D: incorreta, pois entende-se distribuída por igual entre os donatários, salvo declaração em contrário (art. 551, *caput*, do CC).
Gabarito "B".

**(Cartório/SP – 2011 – VUNESP)** Marcus Aurelius recebeu de Augustus um imóvel em doação, com condição resolutiva. Posteriormente, Marcus Aurelius vendeu o imóvel a Tito, sendo ambos os negócios levados a registro na matrícula do imóvel. Algum tempo depois, houve implemento da condição resolutiva. É correto afirmar que

(A) a compra e venda é eficaz e Tito conserva o bem comprado.
(B) a venda na pendência da condição é nula.

(C) Tito deverá restituir o imóvel a Augustus apenas na hipótese de o donatário Marcus ter se tornado insolvente e não tiver condições de ressarcir o valor da coisa ao doador.
(D) resolvida a propriedade do donatário pelo implemento da condição, também se encontra resolvido o direito do adquirente Tito, que deverá restituir a coisa ao doador.

A: incorreta, pois embora a compra e venda seja eficaz, Tito comprou o imóvel sabendo que Marcus detinha a propriedade resolúvel do bem, afinal havia registro na matrícula. Daí assumiu o risco de a condição se implementar. Portanto, não há falar-se que conservará o bem doado (art. 1.359 do CC); B: incorreta, pois a venda é plenamente válida, haja vista que a lei não veda a alienação de bem na pendência de condição; C: incorreta, pois a devolução do imóvel de Tito para Augustus é dever que se opera automaticamente implementada a condição resolutiva. Daí o fato de Marcus tornar-se insolvente e não ter condições de ressarcir o valor da coisa ao doador não tem nenhuma relevância; D: correta, pois é exatamente essa a sequência dos fatos. Implementada a condição, resolve-se a propriedade para o donatário e para eventual terceiro que adquiriu o bem sabendo que a propriedade era resolúvel (art. 1.359 do CC).
Gabarito "D".

**(Cartório/SP – 2011 – VUNESP)** Podem ser revogadas por ingratidão as doações
(A) feitas para determinado casamento.
(B) se o donatário cometeu contra o doador ofensa física.
(C) puramente remuneratórias.
(D) eitas em contemplação do merecimento do donatário.

Podem ser revogadas por ingratidão as doações se o donatário cometeu ofensa física contra o doador (art. 557, II, do CC). Ressalte-se, entretanto, que o rol do art. 557 é exemplificativo, consoante Enunciado 33 do CJF, admitindo excepcionalmente outras hipóteses semelhantes.
Gabarito "B".

**(Cartório/SP – 2011 – VUNESP)** César doou um imóvel a Brutus. Logo depois, o donatário vendeu o imóvel a Lívio. Anos mais tarde, Brutus atentou contra a vida de César e a doação foi revogada por ingratidão. Pode-se afirmar que
(A) Lívio será obrigado a restituir a coisa a César, sem direito de indenização, pois não há evicção em contrato gratuito.
(B) Resolvida a doação pela ingratidão, resolve-se o direito do adquirente Lívio, que deverá restituir a coisa a César.
(C) Lívio será considerado proprietário perfeito e restará a César o direito de cobrar o valor da coisa de Brutus.
(D) Lívio tem direito de preempção, pagando o valor da coisa a César e exercendo o direito da evicção contra Brutus.

A: incorreta, pois a compra e venda do imóvel de Brutus com relação a Lívio foi plenamente existente, válida e eficaz. Quando da alienação do bem Brutus era o seu legítimo proprietário, podendo dele dispor como bem lhe conviesse. Portanto Lívio é adquirente de boa-fé, daí não faz nenhum sentido que perca o bem em favor de César. Note que são duas relações contratuais diferentes e autônomas: de um lado a doação de César para Brutus e de outro a compra e venda de Brutos para Lívio; B: incorreta, pois mesmo que a doação seja revogada por ingratidão Lívio não perderá o imóvel, consoante alhures explicitado; C: correta, pois de fato Lívio é proprietário perfeito do bem. Assim, revogada a doação, resta a César pleitear indenização à Brutus, haja vista que não mais detém o imóvel em seu patrimônio para efetuar a devolução; D: incorreta, pois não há falar-se em direito de preempção por parte de Lívio no caso em tela, vez que César não tem o direito de recobrar o bem. Ademais, também não há falar-se em evicção em favor de Lívio, haja vista que ele sequer perderá o imóvel.
Gabarito "C".

**(Cartório/SP – 2011 – VUNESP)** Analise as seguintes proposições.
I. O donatário de imóvel com condição resolutiva, na pendência da condição, pode ingressar com ação possessória contra esbulhador do bem.
II. O encargo ilícito ou impossível considera-se não escrito, salvo se constituir o motivo determinante da liberalidade, caso em que torna nulo o negócio.
III. Na doação modal em benefício da coletividade, o Ministério Público pode exigir a execução do encargo, conquanto já falecido o doador sem ter exigido o cumprimento,
IV. O doador, na doação com encargo, não pode revogar a liberalidade em razão do descumprimento do encargo, apenas pode demandar sua execução.

Assinale a alternativa correta.
(A) Todas são verdadeiras.
(B) Apenas a IV é falsa.
(C) Apenas a I e a IV são falsas.
(D) Apenas a II é verdadeira.

I: correta, pois muito embora a propriedade do donatário seja resolúvel, levando em consideração que exerce a posse direta sobre o imóvel possui todo o direito de defendê-la de eventual esbulho ou turbação, manejando as medidas judiciais cabíveis (art. 1.210 do CC). Note que os direitos possessórios podem ser exercidos independentemente do direito de propriedade. Aliás são institutos completamente independentes. A posse é uma situação de fato. A propriedade é uma situação de direito; II: correta, nos termos do art. 137 do CC. Esta disposição aplica-se principalmente no caso de doação. Quando houver uma doação com encargo ilícito ou impossível, considerar-se-á não escrito o encargo, isto é, inexiste, tornando-se a doação pura e simples. Mas se este encargo constituir motivo determinante da liberalidade, daí o negócio jurídico como um todo será considerado nulo; III: correta, pois de acordo com o art. 553, parágrafo único, do CC; IV: incorreta, pois a doação pode ser revogada pelo doador no caso de inexecução do encargo (art. 555 do CC).
Gabarito "B".

## 4.6. MÚTUO, COMODATO E DEPÓSITO

**(Cartório/AM – 2005 – FGV)** Em matéria de contratos bancários, são feitas as proposições a seguir:
I. Redesconto é a operação pela qual um Banco, que desconta título, poderá descontá-lo em outro Banco.
II. Pelo desconto recebe-se o prêmio devido pelo pagamento antecipado de um título de crédito ainda não exigível.
III. A extinção do contrato de conta-corrente pela morte do correntista só se dá depois de sacado todo o saldo existente na conta.

Assinale:

(A) se apenas a proposição I estiver correta.
(B) se apenas a proposição II estiver correta.
(C) se apenas as proposições I e II estiverem corretas.
(D) se apenas as proposições I e III estiverem corretas.
(E) se todas as proposições estiverem corretas.

I: correta, pois as operações de redesconto são um instrumento de política monetária que consiste na concessão de assistência financeira de liquidez aos bancos comerciais.na execução dessas operações, o BACEN funciona como banco dos bancos, descontando títulos das bancos comerciais a uma taxa pré-fixada com a finalidade de atender às suas necessidades momentâneas de caixa a curtíssimo prazo; II: correta, pois a operação de desconto bancário é justamente aquela por meio da qual através da qual o banco adianta créditos de terceiros para clientes, deduzindo-se os juros da operação mediante a cessão do crédito que é feita através do endosso cambiário; III: correta, pois enquanto houver saldo na conta, entende-se que o contrato ainda está vigente. Assim, o simples falecimento do correntista não extingue por si só o contrato. Este é o entendimento que é possível se extrair do seguinte julgado do Tribunal do Rio Grande do Sul " *Negócios jurídicos bancários. Reparação de danos materiais e morais. Encerramento da conta-corrente. Morte da correntista.* Na situação concreta a falha na prestação de serviço bancário restou evidenciada. *A correntista faleceu e, no ano seguinte, o autor, viúvo, levantou todo o valor disponível na conta bancária de sua esposa falecida, mediante apresentação da certidão de óbito e alvará de autorização judicial, expedido pela Vara de Família e Sucessões. Intenção de encerramento da conta-corrente evidentemente presumida a partir de então, quando a conta ficou inativa,* descabendo a cobrança das tarifas e encargos referentes a período posterior. Dano moral evidenciado, em decorrência da indevida e insistente cobrança dos valores frente ao demandante, com ameaça de cadastramento negativo do nome de sua falecida esposa. Valor arbitrado mantido, ante o caráter retributivo e punitivo da condenação e porque módico. Apelo do réu improvido."(Apelação Cível 70045946779, 12.ª Câmara Cível, TJRS, rel. Des. Orlando Heemann Júnior, j. 24.11.2012). Logo, nota-se que o Tribunal entendeu que a conta apenas extinta a partir do saque dos valores, e não quando da morte da correntista, o que se deu um ano antes.
Gabarito "E".

**(Cartório/ES – 2007 – FCC)** A respeito do comodato é correto afirmar:

(A) O comodatário pode recobrar do comodante as despesas feitas com o uso e gozo da coisa emprestada.
(B) Os tutores e curadores poderão dar em comodato, sem autorização especial os bens confiados à sua guarda.
(C) Se duas ou mais pessoas forem simultaneamente comodatárias de uma coisa, ficarão solidariamente responsáveis para com o comodante.
(D) O comodato é o empréstimo oneroso de coisas fungíveis e perfaz-se com a tradição do respectivo objeto.
(E) No comodato presumem-se devidos juros, os quais, sob pena de redução, não poderão exceder o preço médio de mercado.

A: incorreta, pois o comodatário não poderá jamais recobrar do comodante as despesas feitas com o uso e gozo da coisa emprestada (art. 584 do CC); B: incorreta, pois os tutores, curadores e em geral todos os administradores de bens alheios não poderão dar em comodato, sem autorização especial, os bens confiados à sua guarda (art. 582 do CC); C: correta (art. 585 do CC); D: incorreta, pois o comodato é o empréstimo *gratuito* de coisas não fungíveis (art. 579 do CC); E: incorreta, pois o comodato é contrato firmado a título gratuito, daí não há falar-se em juros (art. 579 do CC).
Gabarito "C".

**(Cartório/SP – 2012 – VUNESP)** No comodato precário,

(A) a mora é *ex re*, de modo que a qualquer tempo afigura-se viável o pedido de reintegração de posse do bem.
(B) a mora é *ex persona*, impondo-se como condição de procedibilidade à reintegração a prévia notificação do comodatário.
(C) o comodante poderá retomar a coisa a qualquer tempo, com o uso moderado dos meios necessários, prescindindo de intervenção judicial.
(D) o comodatário poderá opor a exceção de usucapião, com fundamento na continuidade da posse legítima.

A: incorreta, pois no comodato firmado por prazo indeterminado a mora é *ex persona*, de modo que o comodante deve notificar o comodatário acerca da sua intenção de retomada do bem. Caso o comodatário não o devolva, sua posse se tornará precária dando azo à propositura da ação de reintegração de posse ao comodante; B: correta, pois de fato a mora é *ex persona*, cons: *"Ação possessória Comodato verbal por prazo indeterminado Notificação prévia do* comodatário. *Honorários advocatícios Advogado nomeado pelo Convênio PGE/OAB. 1. Em se tratando de comodato verbal por prazo indeterminado, é imprescindível a constituição em* mora *do comodatário como condição da ação de reintegração de posse, por meio de notificação, sendo certo que, na ausência, o processo deve ser extinto sem apreciação do mérito. 2. O advogado nomeado pelo convênio OAB/PGE tem o direito de receber verba honorária pelos serviços que prestou, independentemente do resultado da demanda. Recurso parcialmente provido.* (TJSP, Ap. 990102090400); C: incorreta, pois enquanto não constituir o comodatário em mora, sua posse continuará sendo justa, retirando, portanto, a legitimidade do comodante de agir com desforço imediato ou legítima defesa. Apenas após a notificação é que estas medidas tornam-se possíveis, desde que o faça logo. Não o fazendo, necessitará da intervenção judicial, por meio da ação de reintegração de posse (art. 1.210, § 1º, do CC); D: incorreta, pois enquanto estava na posse como comodatário, o fazia com a anuência do comodante, e logo não teve início o prazo da usucapião. Daí impossível alegar a exceção, uma vez que ausente um de seus requisitos.
Gabarito "B".

**(Cartório/SP – 2012 – VUNESP)** O depósito necessário que se efetua por ocasião de alguma calamidade, como o incêndio, a inundação ou o naufrágio ou o saque, corresponde ao

(A) depósito miserável.
(B) depósito do hospedeiro.
(C) depósito legal.
(D) depósito irregular.

A: correta, na medida em que o depósito miserável é uma das espécies de depósito necessário, isto é aquele decorre de obrigação legal. Está previsto no art. 647, II, do CC; B: incorreta, na medida em que o depósito do hospedeiro é a outra espécie de depósito necessário e se dá em relação às bagagens dos hóspedes nas hospedarias onde estiverem (art. 649 do CC); C: incorreta, pois muito embora esta espécie de depósito esteja prevista em lei, há regulamentação específica, no sentido de tratar-se de depósito miserável (art. 647, II, do CC); D: incorreta, pois o depósito irregular constitui espécie de depósito convencional que tem por objeto coisas fungíveis ou consumíveis, pelo qual fica o depositário autorizado a dispor da mesma e, inclusive consumi-las, liberando-se da sua obrigação mediante a entrega, não da coisa depositada, mas de outra equivalente em espécie, qualidade e quantidade. Regula-se pelos mesmos dispositivos do mútuo, art. 1.280 Código Civil.
Gabarito "A".

## 4.7. LOCAÇÃO

**(Cartório/ES – 2007 – FCC)** Na locação de coisas por prazo determinado,

(A) se, findo o prazo contratual, o locatário, notificado, não restituir a coisa, pagará, enquanto a tiver em seu poder, o aluguel que o locador arbitrar e que não poderá ser reduzido pelo juiz ainda que excessivo.
(B) se, findo o prazo, o locatário continuar na posse da coisa alugada, sem oposição do locador, presumir-se á prorrogada a locação pelo mesmo aluguel e pelo mesmo prazo anteriormente estabelecido.
(C) morrendo o locatário, o contrato extingue-se de pleno direito, não se transferindo aos seus herdeiros.
(D) não poderá o locatário devolver a coisa ao locador, senão pagando, proporcionalmente, a multa prevista no contrato.
(E) o locatário goza do direito de retenção, no caso de benfeitorias úteis, ainda que tenham sido feitas sem o expresso consentimento do locador.

A: incorreta, pois o juiz pode reduzir o valor do aluguel se verificar que é manifestamente excessivo, mas sempre levando em conta o caráter de penalidade (art. 575, parágrafo único, do CC); B: incorreta, pois neste caso a locação prorrogar-se-á por prazo indeterminado (art. 574 do CC); C: incorreta, pois com a morte do locatário o contrato se transmite aos herdeiros por tempo determinado (art. 577 do CC); D: correta, pois havendo prazo estipulado à duração do contrato, antes do vencimento não poderá o locador reaver a coisa alugada, senão ressarcindo ao locatário as perdas e danos resultantes, nem o locatário devolvê-la ao locador, senão pagando, proporcionalmente, a multa prevista no contrato (art. 571 do CC); E: incorreta, pois apenas há direito de retenção por benfeitorias úteis caso o locador tenha consentido para a sua realização (art. 578 do CC; Vide Enunciado 433 CJF e Súmula 335 do STJ).
Gabarito "D".

**(Cartório/SP – II – VUNESP)** No que concerne à locação, pode-se afirmar que

(A) o locatário somente poderá exercer direito de retenção por benfeitorias se estas houverem sido autorizadas pelo locador.
(B) a caução em dinheiro não poderá exceder o equivalente a um ano de locação.
(C) não havendo acordo a respeito, caberá ação revisional de aluguel após três anos de vigência do contrato.
(D) no caso de venda do imóvel, o locatário terá preferência para adquiri-lo, desde que conste expressamente do contrato cláusula específica nesse sentido.

A: incorreta, no que tange às benfeitorias necessárias, o locatário tem direito de retenção, ainda que realizadas sem a anuência do locador (art. 578 do CC. Vide Enunciado 433 CJF e Súmula 335 do STJ); B: incorreta, pois a regra é mais restritiva, asseverando que a caução em dinheiro, que não poderá exceder o equivalente a três meses de aluguel (art. 38, § 2º, da Lei 8.245/1991); C: correta (art. 19 da Lei 8.245/1991); D: incorreta, pois o direito de preferência do locatário decorre de lei e não de previsão contratual (art. 27 da Lei 8.245/1991).
Gabarito "C".

**(Cartório/SP – V – VUNESP)** Se a coisa for alienada durante a locação, o adquirente

(A) em qualquer caso ficará obrigado a respeitar o contrato, independentemente de cláusula expressa ou registro.
(B) não ficará obrigado a respeitar o contrato, independentemente de cláusula expressa, desde que haja registro.
(C) ficará obrigado a respeitar o contrato, desde que haja cláusula expressa e registro.
(D) ficará obrigado a respeitar o contrato desde que haja cláusula expressa, independentemente de registro.

A: incorreta, pois o adquirente só será obrigado a respeitar o contrato se houver cláusula de vigência devidamente registrada (art. 576, caput, do CC); B: incorreta, pois se houver cláusula expressa registra, o adquirente será obrigado a respeitar o contrato; C: correta, pois havendo cláusula expressa e registro o adquirente tem condições de ter pleno conhecimento da existência da locação, daí o ser dever de respeitar o contrato (art. 576 do CC); D: incorreta, pois registro é indispensável para vincular terceiros, pois só assim dá-se publicidade à cláusula (art. 576, caput do CC).
Gabarito "C".

## 4.8. OUTROS CONTRATOS

**(Cartório/AC – 2006 – CESPE)** Quanto ao contrato de alienação fiduciária em garantia, julgue os itens que se seguem.

(1) Em contrato de alienação fiduciária em garantia, a mora decorre automaticamente do vencimento do prazo para pagamento de uma prestação ou de toda a dívida, porém comprova-se pelo protesto do título, se houver, ou pela notificação feita, extrajudicialmente, pelo envio de uma carta registrada expedida por intermédio do Cartório de Títulos e Documentos, que é considerada válida se entregue no endereço do domicílio do devedor, ainda que não seja entregue pessoalmente a ele.
(2) A alienação fiduciária em garantia expressa negócio jurídico em que o adquirente de um bem móvel transfere, sob condição resolutiva, ao credor que financia a dívida, a posse indireta do bem adquirido. No entanto, é defeso inserir no referido contrato, além da garantia, cláusula que represente pacto comissório, isto é, de que, ocorrendo a inadimplência do financiado, a propriedade do bem se consolida na esfera patrimonial do credor.

1: correta, pois no presente caso a mora é ex re, isto é, automática, pois esta é a regra para as obrigações líquidas e com prazo para vencimento (art. 397, caput, do CC). Neste sentido: "Alienação fiduciária em garantia. busca e apreensão. Âmbito da defesa. Incidência do Código de Defesa do Consumidor. Bens já integrantes do patrimônio do devedor. Taxa de juros. Capitalização mensal. comissão de permanência. Aplicação da TR. Mora dos devedores configurada. Mora dos devedores configurada na espécie, a despeito de não admitidas a capitalização mensal dos juros e a comissão de permanência. A mora no caso constitui-se ex re, decorrendo do simples vencimento do prazo (art. 2º, § 2º, do Decreto-lei 911, de 01.10.69). Recurso especial conhecido, em parte, e provido.(STJ, REsp 264.126/RS, rel. Min. Barros Monteiro, 4.ª T., j. 08.05.2001, DJ 27.08.2001, p. 344).

A assertiva reproduz exatamente os dizeres do art. 2º, *caput* e § 2º, do Decreto-lei, 911/1969; 2: correta, pois a alienação fiduciária em garantia consiste no negócio por meio do qual o devedor-fiduciante transfere a propriedade de bem móvel infungível ao credor-fiduciário, como forma de garantia de sua dívida. Assim, ocorre um desmembramento da posse, permanecendo o fiduciante com a posse direta e o fiduciário com a posse indireta. Por fim, de fato a lei proíbe o pacto comissório, na medida em que estabelece ser "nula a cláusula que autoriza o proprietário fiduciário a ficar com a coisa alienada em garantia, se a dívida não for paga no vencimento". (art. 1.365 do CC).

Gabarito 1C, 2C

**(Cartório/AM – 2005 – FGV)** Analise os itens a seguir que complementam a seguinte proposição: O contrato de incorporação imobiliária deverá conter cláusulas atinentes:

I. ao preço que as partes atribuem ao terreno e à construção.
II. aos efeitos da mora no pagamento da parcela relativa ao terreno e sua extensão ao contrato de construção e vice-versa.
III. à obrigação de informar os adquirentes sobre o estado da construção, por meio de comunicação escrita, no mínimo de seis em seis meses.

Assinale:

(A) se apenas a proposição I estiver correta.
(B) se apenas a proposição II estiver correta.
(C) se apenas as proposições I e II estiverem corretas.
(D) se apenas as proposições I e III estiverem corretas.
(E) se todas as proposições estiverem corretas.

I: correta (art. 29 c.c art. 41, § 1º da Lei 4.591/1964); II: incorreta, pois os efeitos da mora decorrem de lei e não do contrato (art. 63 da Lei 4.591/1964).; III: correta, pois esta é uma das obrigações do incorporador quando for contratada a entrega de umidade a prazo (art. 43, I, da Lei 4.591/1964).

Gabarito "D".

**(Cartório/DF – 2006 – CESPE)** A respeito dos contratos, julgue o item que se segue.

(1) No contrato de permuta, cada parte obriga-se a transferir à outra uma coisa por outra que não seja dinheiro. Assim, todos os bens que não têm qualquer indisponibilidade natural, legal ou voluntária, podem ser permutados. Tais bens não precisam pertencer à mesma espécie nem ter o mesmo valor. Admite-se a permuta de bens de valores desiguais, podendo, nesse caso, haver ou não complementação da diferença em dinheiro. Se uma das coisas ou ambas forem imóveis, o instrumento contratual deverá ser feito mediante escritura pública.

Nos termos do art. 533 do CC. "Aplicam-se à troca as disposições referentes à compra e venda", com as modificações trazidas em seus incisos. Assim, no contrato de compra e venda uma das partes do obriga a transferir o domínio de certa coisa e a outra a pagar-lhe o preço. Na troca, as partes se obrigam reciprocamente a transferir o objeto" X" pelo objeto" Y". Note que, por questão de lógica, não faz sentido que o bem seja dinheiro. De fato, os itens que serão vendidos/trocados não podem ter nenhum tipo de indisponibilidade não precisam pertencer a mesma espécie nem ter o mesmo valor. Neste último caso admite-se a complementação do importe. Sendo uma das coisas imóvel com valor superior a 30 salários mínimos, o instrumento contratual deverá ser feito por escritura pública (art. 108 do CC).

Gabarito 1C

**(Cartório/DF – 2003 – CESPE)** Terêncio Transvan, sócio-gerente da Transportadora Transvan Ltda, adquiriu, em nome dessa empresa, mediante alienação fiduciária em garantia ao Banco Zeta, três caminhões — os únicos da empresa — para utilização na atividade-fim da transportadora. Os sócios da Transportadora Transvan Ltda. são somente Terêncio e sua esposa, casados no regime da comunhão parcial de bens. A empresa não conseguiu cumprir as obrigações decorrentes do financiamento, restando vencidas seis prestações, e, a vencer, mais de 80% das parcelas. Diante da difícil situação financeira, a Transportadora Transvan Ltda. transferiu um dos caminhões à empresa Transportes Alfa Ltda. Considerando a situação hipotética acima e sabendo que o Banco Zeta requereu judicialmente a busca e apreensão dos três caminhões, julgue os itens seguintes.

(1) A Transportadora Transvan Ltda. tem a propriedade resolúvel dos três caminhões de que trata o texto; tal propriedade, todavia, se desfaz com o implemento da condição resolutiva que é o inadimplemento pela referida transportadora de pelo menos três parcelas do financiamento.
(2) Em razão de se tratar de bens indispensáveis à atividade econômica da empresa devedora, é admitido que os dois caminhões cuja posse ainda detém permaneçam na posse da Transportadora Transvan Ltda. durante a tramitação do processo decorrente da ação de busca e apreensão.
(3) Não questionada a boa-fé da Transportes Alfa Ltda. na aquisição do caminhão, é indispensável para a apreensão do caminhão sob sua posse que haja o registro da alienação fiduciária na repartição competente para o licenciamento do veículo, com a respectiva anotação no Certificado de Propriedade de Veículo automotor.
(4) Considerando que um dos veículos não foi encontrado na posse da Transportadora Transvan Ltda., é admissível a conversão da ação de busca e apreensão em depósito e, mediante a aplicação da teoria da desconsideração da personalidade jurídica, a decretação da prisão civil de Terêncio Transvan, sócio-gerente da empresa.
(5) Os caminhões a que se refere o texto são considerados, para a Transportadora Transvan Ltda., bens móveis suscetíveis de movimento próprio, principais, singulares, indivisíveis, fungíveis, fisicamente e juridicamente consumíveis.

1: incorreta, pois quem tem a propriedade resolúvel é o fiduciário (Banco Zeta). Note que quando é firmado o negócio jurídico de alienação fiduciária em garantia o credor torna-se proprietário da coisa, porém sob condição resolutiva. Isso significa que a coisa é dele até que o devedor pague todas as parcelas. Implementada a condição, isto é, paga a dívida sua propriedade se resolve e automaticamente e a alienação é cancelada. Se a condição não for implementada, isto é, se o devedor deixar de pagar as parcelas, a propriedade do credor, que antes era resolúvel tornar-se-á plena (art. 1.359/1.361 do CC e art. 1º do Decreto Lei 911/1969); 2: correta, pois a retirada dos bens da posse da devedora poderia acarretar a diminuição ou paralisação de suas funções, o que aumentaria substancialmente as chances de não pagamento da dívida. Este é o entendimento do TJSP: *"Alienação Fiduciária Bens indispensáveis à atividade industrial do devedor Permanência dos bens alienados em poder da devedora como depositária Possibilidade Tratando-se de bens indispensáveis à atividade econômica da agravada, devem os bens permanecer em seu poder, de modo a viabilizar o cumprimento da obrigação contratual. Agravo não provido* (Agravo de Instrumento 1228823005, rel. Des. Sá Moreira de Oliveira, Itaquaquecetuba, 33ª Câmara de Direito Privado; j. 10.11.2008; *DJ* 24.11.2008); 3: correta, pois apenas com o registro é que se dá publicidade a terceiros acerca da alienação fiduciária que recai sobre o bem (art. 1.361, § 1º, do CC c.c art. 1º, § 1º, e art. 66, § 10 do Decreto-lei 911/1969). Assim, se a alienação não estiver registrada, não é possível a apreensão do bem que estiver em sua posse, pois o adquiriu de boa-fé; 4: incorreta, pois a desconsideração da personalidade jurídica apenas pode se dar em caso de fraude ou confusão patrimonial (art. 50 do CC). Logo, neste caso não pode ser desconsiderada. Considerando que quem fez a compra foi a sociedade (pessoa jurídica), constatado que o bem não se encontra mais em seu poder, a busca e apreensão converte-se em depósito e apenas resta ao credor executar a sociedade pelo valor do débito; 5: incorreta, pois os caminhões são considerados bens móveis suscetíveis de remoção por força alheia. De fato, são principais, singulares e indivisíveis. Contudo, são bens infungíveis, pois não podem ser substituídos por outros da mesma espécie, quantidade ou qualidade. Por fim, muito embora sejam juridicamente consumíveis (pois passíveis de alienação), não são fisicamente consumíveis haja vista que o seu uso não importa na sua destruição imediata.

Gabarito 1E, 2C, 3C, 4E, 5E

**(Cartório/DF – 2001 – CESPE)** Cansado de andar com seu carro velho, Mauro decidiu vendê-lo e comprar um automóvel zero quilômetro. Como não tinha dinheiro suficiente para comprar o veículo que desejava, Mauro buscou um modo de pagar o bem de forma parcelada. Ao contatar a concessionária Beta, foi-lhe oferecida uma opção que ele julgou adequada: um contrato de arrendamento mercantil. Todavia, não se pôde realizar o *leasing* porque o Banco FM S.A., instituição financeira que participaria da operação, exigiu que Mauro apresentasse um fiador para a dívida. Mauro, então, optou pela realização de uma alienação fiduciária em garantia. Considerando a situação hipotética descrita e a legislação pertinente, julgue os itens a seguir.

(1) Caso o contrato de *leasing* houvesse sido realizado, a venda do carro não seria feita diretamente a Mauro, mas ao Banco FM, que alugaria o automóvel a Mauro por um prazo determinado. Somente após o decurso desse prazo, Mauro poderia tornar-se proprietário do bem.

(2) Considerando que as operações de crédito são fatos geradores do imposto sobre operações de crédito, câmbio e seguro, ou relativas a títulos ou valores mobiliários (IOF), seria correto afirmar que o contrato de arrendamento mercantil mencionado na situação em apreço é fato gerador desse tributo.

(3) A fiança, tal como o depósito gratuito, é um ato jurídico unilateral.

(4) Na alienação fiduciária em garantia, a venda do carro seria realizada entre a concessionária e Mauro, o qual, posteriormente, transferiria ao fiduciário o domínio resolúvel e a posse indireta do automóvel.

(5) Nos contratos de alienação fiduciária em garantia, assim como nos contratos que instituem direito real de anticrese, é nula a cláusula que autoriza o credor a ficar com o bem na hipótese de a dívida não ser paga no seu vencimento.

1: correta, pois a ideia básica que envolve o contrato de *leasing* consiste na locação de bens móveis duráveis máquinas, aparelhos, veículos ou imóveis, facultada a sua aquisição, ao final do prazo contratual segundo o preço previamente definido e descontadas as parcelas dadas, ou ainda facultada a renovação ou extinção do vínculo. A Resolução 2.309/1996 do Banco Central, juntamente com a Lei 6.099/1974 cuidam da regulamentação do *leasing* no Brasil; 2: incorreta, pois o imposto incidente na operação de *leasing* é o ISS, nos termos da Súmula 138 do STJ. O Supremo Tribunal Federal inclusive já se manifestou nesse sentido, por meio do Recurso Extraordinário 592.905-1/SC: *"Recurso extraordinário. Direito tributário. ISS. Arrendamento mercantil. Operação de leasing financeiro. Artigo 156, III, da Constituição do Brasil.* O arrendamento mercantil compreende três modalidades, [I] o leasing operacional, [II] o *leasing* financeiro e [III] o chamado *lease-back*. No primeiro caso há locação, nos outros dois, serviço. A lei complementar não define o que é serviço, apenas o declara, para os fins do inciso III do artigo 156 da Constituição. Não o inventa, simplesmente descobre o que é serviço para os efeitos do inciso III do artigo 156 da Constituição. No arrendamento mercantil (*leasing* financeiro), contrato autônomo que não é misto, o núcleo é o financiamento, não uma prestação de dar. *E financiamento é serviço, sobre o qual o ISS pode incidir, resultando irrelevante a existência de uma compra nas hipóteses do* leasing *financeiro e do* lease-back. *Recurso extraordinário a que se nega provimento;* 3: incorreta, pois tanto a fiança como o depósito gratuito são contratos unilaterais e não atos jurídicos unilaterais. São relações estabelecidas necessariamente entre duas ou mais pessoas, onde há obrigações para apenas um das partes; 4: correta, pois no caso de alienação fiduciária em garantia o credor-fiduciário (concessionária) torna-se dono da coisa. Contudo, sua propriedade é resolúvel, condicionada ao adimplemento das parcelas. Neste espeque, o credor-fiduciário detém a posse indireta e o devedor-fiduciante conserva a posse direta do bem (art. 1.361, *caput* e § 1º, do CC e art. 1º do Decreto-lei 911/1969); 5: correta, pois em ambos os casos a lei veda o pacto comissório (aliás, o veda em todos os direitos reais de garantia). Isso porque com a alienação do bem em leilão faz-se o ajuste de contas entre o valor da garantia e o valor da dívida. Ademais, o pacto comissório fere os princípios basilares da sociabilidade e eticidade, fundamentos do Código Civil de 2002, podendo causar inclusive enriquecimento sem causa por parte do credor (art. 1.365 do CC).

Gabarito 1C, 2E, 3E, 4C, 5C

**(Cartório/ES – 2007 – FCC)** O mandato

(A) pode ser especial a um ou mais negócios determinadamente, ou geral a todos os do mandante.

(B) deve conter a indicação do lugar em que foi passado e não poderá ser verbal, nem tácito.

(C) outorgado por instrumento público não se pode substabelecer por instrumento particular.

(D) para transigir independe de procuração com poderes especiais e expressos.

(E) que não tiver prazo estabelecido na procuração não se extingue pela morte ou interdição de uma das partes.

A: correta, pois o mandato pode ser outorgado com cláusulas gerais ou com cláusulas especiais. Em regra, nos termos gerais o mandato apenas confere poderes de administração ao mandatário. Entretanto, para a prática de atos como alienação, hipoteca, transação é necessária cláusula especial neste sentido (art. 661 do CC); B: incorreta, pois o

mandato pode tranquilamente ser verbal ou tácito (art. 656 do CC); C: incorreta, pois ainda quando se outorgue mandato por instrumento público, pode substabelecer-se mediante instrumento particular (art. 655 do CC). Entretanto alerta o Enunciado 182 do CJF que "O mandato outorgado por instrumento público previsto no art. 655 do Código Civil somente admite substabelecimento por instrumento particular quando a forma pública for facultativa e não integrar a substância do ato"; D: incorreta, pois para que o mandatário possa transigir é indispensável procuração com poderes especiais (art. 661, § 1º, do CC); E: incorreta, pois a morte ou interdição de uma das partes é causa automática para a extinção do mandato quando não outorgado com prazo determinado.
Gabarito "A".

**(Cartório/MS – 2009 – VUNESP)** No contrato de troca de imóvel é incabível o pedido de resolução do contrato. Este posicionamento está

(A) correto, porque se aplicam à troca as disposições referentes à compra e à venda.
(B) correto, porque a diferença de área é meramente enunciativa em sua transcrição.
(C) incorreto, porque a troca pura de imóveis implica eventuais diferenças.
(D) incorreto, porque não se aplica à troca o pedido de resolução.
(E) incorreto, porque não é possível haver troca *ad mensuram*.

A alternativa "A" está correta, pois caso não conste de forma expressa no contrato, presume-se que a venda/troca foi feita *ad corpus* (art. 500, § 3º, do CC). Assim, tendo em vista que o imóvel for vendido como coisa certa e discriminada, não haverá complemento de área, nem devolução de excesso e também não será facultado o pedido de resolução do contrato, por ausência de previsão legal. Veja que se a venda/troca for *ad mensuram*, o pedido de resolução seria possível, nos termos do art. 500, *caput*, do CC.
Gabarito "A".

**(Cartório/PR – 2007)** A alienação fiduciária regulada pela Lei 9.514/97 é o negócio jurídico pelo qual o devedor, ou fiduciante, com o escopo de garantia, contrata a transferência ao credor, ou fiduciário, da propriedade resolúvel de coisa imóvel. Podemos afirmar o que segue:

I. A alienação fiduciária poderá ser contratada por pessoa física ou jurídica, não sendo privativa das entidades que operam no SFI, podendo ter como objeto, além da propriedade plena, bens enfitêuticos, hipótese em que será exigível o pagamento do laudêmio, se houver a consolidação do domínio útil no fiduciário.
II. Constitui-se a propriedade fiduciária de coisa imóvel mediante registro, no competente Registro de Imóveis, do contrato que lhe serve de título.
III. Vencida e não paga a dívida, o fiduciante, ou seu representante legal ou procurador regularmente constituído, será intimado, a requerimento do fiduciário, pelo oficial do competente Registro de Imóveis, a satisfazer, no prazo de dez dias, a prestação vencida e as que se vencerem até a data do pagamento, os juros convencionais, as penalidades e os demais encargos contratuais, os encargos legais, inclusive tributos, as contribuições condominiais imputáveis ao imóvel, além das despesas de cobrança e de intimação.
IV. Vencida e não paga, no todo ou em parte, a dívida e constituído em mora o fiduciante, consolidar-se-á, a propriedade do imóvel em nome do fiduciário.

Marcar a alternativa correta:

(A) II, III e IV estão corretas.
(B) I, II e IV estão corretas.
(C) II e III estão INCORRETAS.
(D) somente III está correta.
(E) I e III estão INCORRETAS.

I: correta (art. 22, §1º, I, da Lei 9.514/1997); II: correta (art. 23, *caput*, da Lei 9.514/1997); III: incorreta, pois o prazo para a satisfação da dívida é de 15 dias (art. 26, § 1º, da Lei 9.514/1997); IV: correta (art. 26, *caput*, da Lei 9.514/1997).
Gabarito "B".

**(Cartório/PR – 2007)** Opera-se o mandato quando alguém recebe de outrem poderes para, em seu nome, praticar atos ou administrar interesses. A procuração é o instrumento do mandato. Nestes termos, marcar a resposta correta:

(A) O mandante é obrigado a pagar ao mandatário a remuneração ajustada e as despesas da execução do mandato, quando o negócio surta o efeito esperado, pois se trata de uma obrigação de resultado.
(B) Para alienar, hipotecar, transigir, ou praticar outros quaisquer atos, depende a procuração de poderes exclusivamente de administração.
(C) O mandatário pode compensar os prejuízos a que deu causa com os proveitos que, por outro lado, tenha obtido a favor de seu constituinte.
(D) O instrumento particular deve conter a indicação do lugar onde foi passado, a qualificação do outorgante e do outorgado, a data e o objetivo da outorga com a designação e a extensão dos poderes conferidos. Somente o terceiro com quem o mandatário tratar poderá exigir que a procuração traga a firma reconhecida.
(E) Conferido o mandato com a cláusula "em causa própria", a sua revogação terá eficácia e se extinguirá pela morte de qualquer das partes, ficando o mandatário dispensado de prestar contas.

A: incorreta, pois a obrigação do mandante ao mandatário no que tange ao pagamento da remuneração ajustada e as despesas de execução deve ser feito independentemente de o negócio surtir o efeito esperado, salvo na hipótese de haver culpa do mandante (art. 676 do CC); B: incorreta, pois para alienar, hipotecar, transigir, ou praticar outros quaisquer atos é preciso que a procuração traga poderes especiais para tanto (art. 661, §1º do CC); C: incorreta, pois o mandatário não pode compensar os prejuízos a que deu causa com os proveitos que, por outro lado, tenha granjeado ao seu constituinte (art. 669 do CC); D: correta (art. 654, §§ 1º e 2º, do CC); E: incorreta, pois conferido o mandato em causa própria sua revogação não terá eficácia e não se extinguirá pela morte de qualquer das partes, ficando o mandatário dispensado de prestar contas (art. 685 do CC).
Gabarito "D".

**(Cartório/RJ – 2008 – UERJ)** É correta a alternativa:

(A) em direito privado, não se admite mandato verbal
(B) o maior de 16 e menor de 18 anos, não emancipado, não pode ser mandatário
(C) a procuração em causa própria relativa a imóveis deverá conter os requisitos da compra e venda e por suas normas serão regidas
(D) uma vez conferido o mandato, fica o mandatário desobrigado à prestação de contas ao mandante
(E) o relativamente capaz pode outorgar procuração apenas por instrumento público, sendo, neste caso, dispensada a assistência ao ato

A: incorreta, pois se admite mandato verbal em direito privado (art. 656 do CC). Entretanto, importante fazer a ressalva prevista no art. 657 do CC, no sentido de que "A outorga do mandato está sujeita à forma exigida por lei para o ato a ser praticado. Não se admite mandato verbal quando o ato deva ser celebrado por escrito". Assim, *i.e*, no contrato de mandato para a venda de um imóvel cujo valor ultrapasse 30 salários mínimos, a procuração necessariamente deverá ser por escrito e por escritura pública, pois esta é a forma exigida para a prática do ato principal; B: incorreta, pois o maior entre 16 e 18 anos, ainda que não emancipado pode ser mandatário independentemente de representação (art. 666 do CC); C: correta, pois a procuração deve seguir os mesmos requisitos exigidos para a prática dos atos principais (art. 657 do CC), e será regida pelas normas regulamentadoras de tais atos; D: incorreta, pois o mandatário é obrigado a dar conta de sua gerência ao mandante (art. 668 do CC); E: incorreta, pois o relativamente capaz pode outorgar procuração também por instrumento particular, desde que devidamente assistido. Neste sentido *"Previdenciário. Menores. Procuração por instrumento público. Desnecessidade. Art. 515, § 3º, CPC. Termo inicial do benefício. Prescrição. Correção monetária das parcelas pagas em atraso. Súmula Nº 09/TRF-4ª Região*. Inversão da sucumbência. 1. O menor relativamente incapaz, desde que assistido, pode outorgar procuração por instrumento particular ao mandante, sendo desnecessário o instrumento público. 2. A teor do disposto no § 3º do artigo 515 do Código de Processo Civil, acrescido pela Lei 10.032/01, em sua exegese extensiva, consoante os novos ditames do direito processual civil moderno, que cada vez mais busca valorizar os primados da instrumentalidade e da celeridade processuais, existe espaço para o imediato exame do mérito da demanda, desde que em condições de julgamento e versando sobre matéria exclusivamente de direito. 3.*Omissis* 8. Apelação provida." (STJ, EREsp 202.291/SP, 3ª Seção, rel. Min. Hamilton Carvalhido, *DJU* 11.09.2000, p. 220).De outra parte, atente-se, porém, que este mesmo personagem pode atuar como mandatário independentemente de assistência, nos termos do art. 666 do CC.
Gabarito "C".

**(Cartório/SP – I – VUNESP)** Considere as afirmações sobre o contrato de mandato.

I. É nula a obrigação cambial assumida por procurador do mutuário vinculado ao mutuante, no exclusivo interesse deste.
II. Havendo mais de um mandatário, nomeados no mesmo instrumento, presume-se sejam solidários, no silêncio do contrato.
III. A procuração em causa própria dispensa o mandatário da prestação de contas, sobrevive à morte do mandante e se contiver os requisitos e formalidades do negócio visado, vale por ele.
IV. No caso de morte do mandante, são válidos os atos praticados pelo mandatário enquanto este ignorar o fato, em relação aos contraentes de boa fé.

Pode-se dizer que são corretas somente as afirmações

(A) I e II.
(B) I, III e IV.
(C) I, II e III.
(D) III e IV.

I: correta (Súmula 60 do STJ); II: incorreta, pois a solidariedade não será presumida entre eles. Neste ponto, importante recordar que a solidariedade não se presume, decorrendo apenas da lei ou da vontade das partes (art. 265 do CC). O art. 672 do CC trata da hipótese em que são nomeados dois ou mais mandatários no mesmo instrumento, asseverando que "qualquer deles poderá exercer os poderes outorgados, se não forem expressamente declarados conjuntos, nem especificamente designados para atos diferentes, ou subordinados a atos sucessivos. Se os mandatários forem declarados conjuntos, não terá eficácia o ato praticado sem interferência de todos, salvo havendo ratificação, que retroagirá à data do ato". Em nenhum momento, contudo, aduz que serão solidários; III: correta (art. 685 do CC); IV: correta (art. 689 do CC).
Gabarito "B".

**(Cartório/SP – II – VUNESP)** Frederico, mediante mandato, outorgou a Ricardo poderes para vender sua casa na Rua do Império. Dias depois, viajou para Jerusalém e, no percurso, afogou-se. Ricardo, ignorando o óbito, vendeu a casa a Felipe, que a comprou de boa-fé. Neste caso, o ato

(A) é nulo.
(B) é anulável.
(C) só será válido se o mandato for por prazo indeterminado.
(D) é válido.

O ato é válido, uma vez que Ricardo (mandatário) o praticou ignorando a morte de Frederico (mandante). Neste passo, Felipe (terceiro), também não tinha conhecimento da morte do outorgante, tendo agido, portanto, de boa-fé. Assim, a compra e venda será plenamente válida, nos termos do art. 689 do CC.
Gabarito "D".

**(Cartório/SP – IV – VUNESP)** Em que caso se extingue o mandato em causa própria?

(A) Com a morte do mandatário.
(B) Com a morte do mandante.
(C) Em nenhum caso.
(D) Pela revogação.

O mandato em causa própria não se extingue nem com a morte/incapacidade do mandatário, nem com a morte/incapacidade do mandante e sua eventual revogação também não gera eficácia. Portanto, não se extingue em nenhum caso. A razão é simples: o mandato em causa própria é aquele no qual se outorgam poderes ao mandatário para administrar certo negócio, como se fosse seu no *seu próprio interesse*, fazendo *suas* as vantagens do negócio (art. 685 do CC).
Gabarito "C".

**(Cartório/SP – V – VUNESP)** A fiança prestada por mais de uma pessoa a um só débito sem o benefício de divisão importa

(A) no compromisso de assumir integralmente o montante devido, invocando o benefício de ordem quanto à parte que não lhe couber, proporcionalmente, no pagamento.

(B) no direito de invocar o benefício de ordem.
(C) no compromisso de assumir o montante devido pela parte que, em proporção, lhe couber no pagamento.
(D) no compromisso de solidariedade entre elas

A fiança prestada por mais de uma pessoa a um só débito sem o benefício de divisão impor no compromisso de solidariedade entre elas. Esta é uma hipótese excepcional em que a lei presume solidariedade entre as partes, reservando o benefício da divisão apenas se elas declararem expressamente em contrato. Portanto, no caso de se mantiverem silentes, não poderão invocar o benefício de ordem (art. 829 do CC).
Gabarito "D".

**(Cartório/SP – V – VUNESP)** Os atos praticados por quem não tenha mandato ou o tenha sem poderes suficientes são
(A) ineficazes em relação ao mandante, salvo ratificação.
(B) nulos.
(C) anuláveis, salvo ratificação.
(D) ineficazes em relação a terceiros, mas vinculam as partes.

Os atos praticados por quem não tenha mandato, ou o tenha sem poderes suficientes, são "ineficazes em relação àquele em cujo nome foram praticados, salvo se este os ratificar". (art. 662, caput, do CC).
Gabarito "A".

**(Cartório/SP – V – VUNESP)** Na troca ou permuta
(A) cada um dos contratantes pagará por metade as despesas com o instrumento.
(B) não há despesas com o instrumento, dada a equivalência presumida em relação aos bens.
(C) somente haverá despesas se os valores forem desiguais.
(D) cada um dos contratantes pagará as despesas com o instrumento, proporcionalmente ao acréscimo patrimonial obtido.

A: correta (art. 533, I, do CC); B: incorreta, pois não há equivalência presumida com relação aos bens. Note que os bens trocados podem ser de valores desiguais, admitida a complementação do valor; C: incorreta, pois a questão das despesas não está necessariamente vinculada ao valor dos bens. É possível que haja, i.e, despesas com transporte, transferência etc.; D: incorreta, pois em regra cada um dos contratantes pagará por metade as despesas com o instrumento da troca. Eventual disposição em sentido contrário apenas valerá se estiver expressamente prevista no contrato (art. 533, I, do CC).
Gabarito "A".

**(Cartório/SP – VI – VUNESP)** Analise as seguintes assertivas.
I. O mandato para alienar bem imóvel depende de poderes especiais e expressos.
II. Sempre que o mandato contiver cláusula de irrevogabilidade e o mandante o revogar, tal revogação será ineficaz.
III. O maior de dezesseis anos e o menor de dezoito anos não emancipado podem ser mandatários.
IV. Os atos praticados por quem não tenha mandato, ou o tenha sem poderes suficientes, são ineficazes em relação àquele em cujo nome foram praticados, salvo se este os ratificar.

Está correto apenas o contido em
(A) I, II e III.
(B) I, II e IV.
(C) I, III e IV.
(D) II, III e IV.

I: correta, pois para alienar, hipotecar, transigir, ou praticar outros quaisquer atos que exorbitem da administração ordinária, depende a procuração de poderes especiais e expressos. Alienar um imóvel é exemplo clássico (art. 661, § 1º, do CC); II: incorreta, pois a revogação apenas será ineficaz quando a cláusula de irrevogabilidade for condição de um negócio bilateral, ou tiver sido estipulada no exclusivo interesse do mandatário. Caso contrário, a revogação poderá ocorrer, entretanto o mandante pagará perdas e danos (art. 683 e 684 do CC); III: correta (art. 666 do CC); IV: correta (art. 662 do CC).
Gabarito "C".

**(Cartório/SP – 2011 – VUNESP)** A respeito do mandato "em causa própria", assinale a alternativa incorreta.
(A) Extingue-se com a morte do mandante.
(B) Dispensa o mandatário de prestar contas.
(C) É ineficaz a manifestação de vontade do mandante de revogação.
(D) Permite que o mandatário transfira para si os bens móveis ou imóveis objeto do mandato.

A: incorreta (devendo ser assinalada), pois o mandato em causa própria não se extingue com a morte/incapacidade do mandante (art. 685 do CC); B, C, D: corretas (arts. 685 do CC).
Gabarito "A".

**(Cartório/SP – 2012 – VUNESP)** No contrato de fiança, se o fiador exige do devedor outro fiador para o caso em que venha exercer seu direito regressivo, é correto afirmar que há
(A) subfiança.
(B) cofiança.
(C) retrofiança.
(D) ineficácia do ato, à luz de interpretação restritiva do instituto.

A: incorreta, pois subfiança, nas palavras de Flávio Tartuce (Direito Civil. 4. ed. São Paulo: Método. vol. 3, p. 415) é a hipótese em que se tem o fiador do fiador. Trata-se de um subcontrato ou contrato derivado. O abonador tem uma responsabilidade subsidiária, pois só pode ser acionada na hipótese de insolvência do devedor e do fiador. A figura estava tratada no art. 1.482 do CC/1916. Como não houve nenhum dispositivo correspondente no Novo Código Civil, à primeira vista pode parecer que e o instituto foi banido. Entretanto é forçoso concluir que não há ilicitude na sua previsão, podendo o contrato celebrado nessas circunstância ser enquadrado no art. 425 do CC, como contrato atípico; B: incorreta, pois a cofiança é fiança conjuntamente prestada a um só débito por mais de uma pessoa (arts. 829 e 830 CC); C: correta, pois retrofiança, é aquela em que o fiador exige do devedor outro fiador, contra o qual poderá exercer o direito de regresso. Também não há vedação de sua previsão, também como contrato atípico; D: incorreta, pois o ato é existente válido e eficaz, haja vista não haver disposição em sentido contrário.
Gabarito "C".

## 4.9. TEMAS COMBINADOS DE CONTRATOS

**(Cartório/RJ – 2008 – UERJ)** A alternativa incorreta é:

(A) a locação constitui contrato oneroso
(B) o comodato é um contrato oneroso, real, típico e de trato sucessivo
(C) a mora se consuma pelo descumprimento culposo da obrigação no lugar, tempo e forma convencionadas
(D) o empréstimo gratuito de coisa infungível caracteriza o comodato, mesmo na hipótese de prever o pagamento dos impostos incidentes sobre o bem
(E) o devedor em mora responde pelos prejuízos decorrentes do caso fortuito ou de força maior, ressalvada a hipótese de ocorrência do dano, mesmo se houvesse adimplido a obrigação assumida

A: correta, pois contratos onerosos são aqueles em que há vantagens para ambas as partes. No caso da locação, o locatário tem como vantagem o recebimento da posse direta do bem e o locador a contraprestação; B: incorreta (devendo ser assinalada), pois o comodato é contrato gratuito, o que significa dizer que há vantagem para apenas uma das partes, no caso, o comodatário que terá o uso e o gozo da coisa emprestada. No mais, a alternativa está correta; C: correta, pois havendo termo para o seu cumprimento, a partir do momento em que aquele que deveria cumprir a obrigação deixa de fazê-lo culposamente, incidirá em mora de forma automática, independentemente de interpelação judicial ou extrajudicial (art. 394 e 396 do CC); D: correta, pois o pagamento de impostos não desnatura o contrato de comodato, haja vista ser um contraprestação ínfima se comparada com o valor da coisa emprestada; E: correta (art. 399 do CC).
Gabarito "B".

**(Cartório/SE – 2006 – CESPE)** A respeito dos contratos, julgue os itens que se seguem.

(1) O contrato bilateral cria obrigações para ambas as partes, e as obrigações são recíprocas e interdependentes. Em decorrência dessa interdependência, cada contratante não pode, antes de cumprir sua obrigação, exigir do outro o cumprimento da que lhe cabe.
(2) Nos contratos celebrados entre pessoas presentes, a proposta tem força obrigatória mesmo que seja feita sem prazo ou que não seja imediatamente aceita. Por força dessa vinculação, a proposta cria uma relação jurídica e sujeita o inadimplente à composição dos prejuízos por meio de indenização por perdas e danos.
(3) A promessa de fato de terceiro consiste na obrigação assumida pelo promitente em face do promissário de obter o consentimento do terceiro em se obrigar a prestar algo em seu favor. Assim, quem se obriga é o promitente, e não o terceiro, que somente passa a se vincular perante o promissário quando expressa o seu consentimento.

1: correta, pois de fato os contratos bilaterais são aqueles que geram obrigações, isto é, sacrifício patrimonial para ambas as partes. À prestação corresponderá sempre uma contraprestação. Exemplos clássicos são a compra, venda e a locação. Por esta dinâmica, uma parte apenas tem o direito de exigir o cumprimento da obrigação da outra caso tenha anteriormente cumprido com o seu dever na avença. Neste espeque: "*Embargos infringentes* Ação de rescisão contratual c/c perdas e danos *Contrato bilateral e sinalagmático Multa contra-*tual *Descabimento* Não *realização do serviço contratado por ambas as partes Prequestionamento Desnecessidade Acórdão mantido Recurso improvido*.Tratando-se de contrato bilateral e sinalagmático, e não tendo a parte cumprido com sua obrigação, não pode exigir o cumprimento da obrigação da outra, induzindo a aplicação da exceção do contrato não cumprido (*exceptio non adimpleti contractus*). Não há necessidade de manifestação expressa sobre as normas legais prequestionadas, visto que foram devidamente examinadas à luz do direito e da justiça (TJMS, Embargos Infringentes em Apelação Cível, EI 806 MS 2005.000806-3/0001.00)*;* 2: incorreta, pois nos contratos celebrados entre pessoas presentes, a proposta deixa de ser obrigatória se, feita sem prazo, não foi imediatamente aceita (art. 428, I, do CC). Assim, não há de se falar em vinculação do proponente, e menos ainda em indenização por perdas e danos; 3: correta, pois de fato, a promessa por fato de terceiro pode ser conceituada como o contrato pelo qual uma das partes se compromete a conseguir o consentimento de terceiro para a prática do ato. Um exemplo desse tipo de promessa é uma produtora de eventos prometer que um cantor fará um *show*. Inicialmente, quem tem o dever de cumprir a obrigação é o promitente, afinal o terceiro não prometeu nada a ninguém; entretanto, caso este mesmo terceiro venha a anuir com a promessa feita pelo promitente, passará então a ser o único responsável, liberando assim o promitente da qualquer débito ou responsabilidade (439 e 440 do CC).
Gabarito 1C, 2E, 3C

**(Cartório/SP – II – VUNESP)** Assinale a alternativa incorreta

(A) Aprovado o projeto de loteamento, o loteador deverá submetê-lo ao registro imobiliário, no prazo legal, sob pena de caducidade da aprovação.
(B) Aprovado o projeto de loteamento, o loteador deverá apresentar ao registro imobiliário os documentos necessários, entre os quais exemplar do contrato-padrão.
(C) O contrato-padrão deverá conter cláusula de retratabilidade, garantindo a possibilidade de arrependimento a qualquer tempo.
(D) A falência de qualquer das partes não rescindirá os contratos de compromisso de compra e venda que tenham por objeto a área loteada ou os lotes.

A: correta, pois aprovado o projeto de loteamento ou de desmembramento, o loteador deverá submetê-lo ao registro imobiliário dentro de 180 (cento e oitenta) dias, sob pena de caducidade da aprovação (art. 18 da Lei 6.766/1979); B: correta, pois deverá ser apresentado, dentre outros documentos um exemplar do contrato padrão de promessa de venda, ou de cessão ou de promessa de cessão (art. 18, VI, da Lei 6.766/1979); C: incorreta (devendo ser assinalada), pois a cláusula de arrependimento não é item obrigatório na composição do contrato-padrão, nos termos do art. 26 da Lei 6.766/1979; D: correta (art. 30 da Lei 6.766/1979).
Gabarito "C."

## 5. RESPONSABILIDADE CIVIL

### 5.1. OBRIGAÇÃO DE INDENIZAR

**(Cartório/MG – 2012 – FUMARC)** Considerando o Código Civil Brasileiro, são também responsáveis pela reparação civil, **EXCETO**

(A) o tutor e o curador, pelos pupilos e curatelados que se acharem nas mesmas condições.
(B) os donos de hotéis, hospedarias, casas ou estabelecimentos onde se albergue por dinheiro, exceto para fins de educação, pelos seus hóspedes, moradores e educandos.

(C) o empregador ou comitente, por seus empregados, serviçais e prepostos, no exercício do trabalho que lhes competir, ou em razão dele.
(D) os que, gratuitamente, houverem participado nos produtos do crime, até a concorrente quantia.

A: correta (art. 932, II, do CC); B: incorreta (devendo ser assinalada), pois eles são responsáveis mesmo para fins de educação (art. 932, IV, do CC); C: correta (art. 932, III, do CC); D: correta (art. 932, V, do CC).
Gabarito "B".

**(Cartório/MG – 2012 – FUMARC)** Segundo o Código Civil, sobre a responsabilidade civil, é **correto** afirmar que

(A) o direito de exigir reparação e a obrigação de prestá-la não se transmitem com a herança.
(B) o devedor, não podendo cumprir a prestação na espécie ajustada, a substituirá pelo seu valor, em moeda corrente.
(C) o incapaz não responde pelos prejuízos que causar, se as pessoas por ele responsáveis não tiverem obrigação de fazê-lo ou não dispuserem de meios suficientes.
(D) a responsabilidade criminal é independente da civil, não podendo questionar mais sobre a existência do fato, ou sobre quem seja o seu autor, quando estas questões se acharem decididas no juízo civil.

A: incorreta, pois o direito de pedir reparação pelos danos sofridos transmite-se com a herança (art. 943 do CC); B: correta (art. 947 do CC); C: incorreta, pois, o incapaz *responde* pelos prejuízos que causar, se as pessoas por ele responsáveis não tiverem obrigação de fazê-lo ou não dispuserem de meios suficientes (art. 928, *caput*, do CC); D: incorreta, pois os termos da questão estão invertidos. Na verdade a responsabilidade *civil* é independente da *criminal*, não se podendo questionar mais sobre a existência do fato, ou sobre quem seja o seu autor, quando estas questões se acharem decididas no juízo *criminal*
Gabarito "B".

**(Cartório/MS – 2009 – VUNESP)** Em se tratando de responsabilidade extracontratual, é solidariamente responsável com os autores do dano o empregado em relação ao empregador. Este posicionamento está

(A) correto, porque a responsabilidade civil se assenta na conduta do agente.
(B) correto, porque em nosso ordenamento vige o sistema da solidariedade legal.
(C) incorreto, porque se funda em elementos subjetivos de ato ilícito absoluto.
(D) incorreto, porque a solidariedade passiva somente decorre da lei ou do contrato.
(E) incorreto, porque a solidariedade passiva será sempre convencional.

A: incorreta, pois a responsabilidade civil assenta-se no trinômio conduta (dolosa ou culposa), dano e nexo de causalidade. Esta é a fórmula da responsabilidade subjetiva (art. 186 do CC). Importante ressaltar que quando se tratar de responsabilidade objetiva é irrelevante saber se a conduta é dolosa ou culposa, pois esta espécie de responsabilidade possui outros fundamentos (art. 187 e art. 927, parágrafo único, do CC); B: correta, pois o sistema da solidariedade legal encontra expressa previsão nos art. 942, *caput* e parágrafo único, do CC; C: incorreta, pois em se tratando de relação de emprego, o empregador responde objetivamente pelos atos praticados por seu empregado no exercício do trabalho, consoante art. 932, III, do CC. Note-se que para o STF a culpa do patrão é presumida (Súmula 341); D: incorreta, pois em verdade qualquer solidariedade apenas decorre de lei ou do contrato, e não só a passiva (arts. 265 e art. 942 do CC); E: incorreta, pois a solidariedade, além de decorrer da vontade das partes também pode decorrer da lei (art. 264 do CC).
Gabarito "B".

**(Cartório/MT – 2005 – CESPE)** Quanto à responsabilidade civil, assinale a opção correta.

(A) Em se tratando de condenação à indenização oriunda de acidente entre veículos, por se cuidar de responsabilidade extracontratual, sobre as quantias a serem indenizadas incidem os juros de mora, a contar da data da citação.
(B) Considere a hipótese de desabamento da marquise de um prédio construído há 10 anos, provocado por defeito de construção, causando a morte de uma transeunte. Nessa situação, será excluída a responsabilidade do dono da coisa, porque o desabamento ocorreu por caso fortuito.
(C) Caso ocorra o furto de veículo estacionado por manobrista de um estabelecimento comercial, ainda que na via pública, este deverá indenizar a vítima, pois a entrega do veículo caracteriza-se como contrato de depósito.
(D) A responsabilidade por danos causados por obra pública realizada por empreitada não será da administração pública que determinou a execução, mas da empreiteira executadora do serviço.

A: incorreta, pois o STJ tem posição consolidada no sentido de que, em se tratando de responsabilidade extracontratual conta-se os juros desde a data do evento danoso (Súmula 54 do STJ); B: incorreta, pois caso fortuito e força maior são os eventos que não são possíveis de evitar ou impedir (art. 393, parágrafo único, do CC). Na hipótese em tela, é possível verificar que a marquise veio a desabar por falta de manutenção. Assim, o dono do prédio responderá objetivamente nos termos do art. 937 do CC; C: correta, pois a situação de entrega de um carro a um manobrista de estacionamento subsume-se perfeitamente no conceito de contrato de depósito, vejamos: " Pelo contrato de depósito recebe o depositário um objeto móvel, para guardar, até que o depositante o reclame" (art. 627 do CC). Caso o veículo seja furtado, a empresa responsável pelo estacionamento responderá perante o cliente em decorrência da conduta de seu funcionário, independentemente de culpa. (arts. 932, III, e 933 do CC), pois trata-se de típico caso de responsabilidade por culpa de terceiro. Em complemento, interessante colacionar a Súmula 130 do STJ: "A empresa responde, perante o cliente, pela reparação do dano/furto em seu estacionamento"; D: incorreta, pois a administração pública responde solidariamente com a pessoa jurídica de direito privado contratada para realizar a obra, podendo a vítima escolher quem vai acionar ou acionar ambas. Note-se que a empreiteira não é prestadora de serviços públicos, mas mera contratada. Note-se ainda, que o Estado poderia ter realizado diretamente a obra, caso desejasse. Ao delegar a sua execução a terceiro, é comum que o Estado objetive a transferência dos riscos da obra para a contratada. Entretanto, o risco assumido pela pessoa jurídico de direito privado é *negocial privado*, isto é, refere-se à relação contratual que estabelece com o Poder Público; enquanto o risco que fundamenta a responsabilidade do Estado é administrativo, público, insuscetível de transferência voluntária. Assim, perante o usuário a Administração responde objetivamente. Entretanto, terá direito de regresso contra o causador do dano, nos termos do art. 37, § 6º, da CF.
Gabarito "C".

**(Cartório/RN – 2012 – IESES)** Sobre a responsabilidade Civil dos notários e registradores, assinale a assertiva correta:

(A) Os notários e oficiais de registro responderão pelos danos que eles e seus prepostos causem a terceiros, na prática de atos próprios da serventia, assegurado aos primeiros direito de regresso no caso de dolo ou culpa dos prepostos.
(B) A responsabilidade civil sempre depende da criminal, diante de sua fé pública.
(C) Os notários e oficiais de registro responderão pelos danos que eles e seus prepostos causem a terceiros, na prática de atos próprios da serventia, assegurado aos primeiros direito de regresso no caso apenas de dolo dos prepostos.
(D) Os notários e oficiais de registro responderão pelos danos que eles e seus prepostos causem a terceiros, na prática de atos próprios da serventia, assegurado aos primeiros direito de regresso no caso apenas de culpa dos prepostos.

A: correta (art. 22 da Lei 8.935/1994); B: incorreta, pois a responsabilidade civil independe da criminal pelos delitos que cometerem (art. 28, parágrafo único, da Lei 6.015/1973 e art. 23 da Lei 8.935/1994); C e D: incorretas, pois o direito de regresso é assegurado tanto nos casos de culpa, como nos de dolo dos prepostos (art. 22 da Lei 8.935/1994).
Gabarito "A".

**(Cartório/SP – II – VUNESP)** Responsabilidade aquiliana é

(A) a oriunda do descumprimento do contrato.
(B) a derivada de ato ilícito.
(C) a que decorre de ato de terceiro.
(D) a fundada no risco.

A: incorreta, pois a responsabilidade pelo descumprimento do contrato é chamada de *responsabilidade contratual* ou *inadimplemento contratual*; B: correta, pois a responsabilidade por ato ilícito é denominada de *responsabilidade extracontratual* ou *aquiliana*; C: incorreta, pois a responsabilidade que decorre por ato de terceiro não possui essa denominação; D: incorreta, pois a responsabilidade fundada no risco é chamada de *responsabilidade objetiva* (art. 927, parágrafo único, do CC).
Gabarito "B".

**(Cartório/SP – II – VUNESP)** Em uma favela, todas as construções eram de madeira. Nero, ali residente, soltou um balão, que caiu sobre o barraco de Pedro, incendiando-o. Entre o de Pedro e o de Antônio, ficava o barraco de João, que foi alcançado pelo fogo. Antônio, para evitar que o incêndio atingisse sua própria morada, destruiu, a machadadas, o barraco de João. Neste caso, pode-se afirmar que

(A) João poderá reclamar indenização de Antônio, com fundamento na prática de ato ilícito por este.
(B) João não poderá reclamar indenização de Antônio, pois este agiu em estado de necessidade, nem de Pedro.
(C) João poderá reclamar indenização de Antônio, apesar de não praticado ato ilícito por este, que ficará com ação regressiva contra Nero.
(D) João poderá reclamar indenização de Pedro, com fundamento em direito de vizinhança, ou de Nero, por culpa, mas não de Antônio.

A: incorreta, pois apesar da ilicitude do ato, Antônio está amparado pela excludente do estado de necessidade. Assim, o fundamento da exigência da reparação não é a ilicitude do ato, vez que Antônio agiu de forma moderada, dentro dos limites do indispensável para remover a situação de perigo (art. 188, II e parágrafo único, do CC); B: incorreta, pois apesar de Antônio ter agido amparado pela excludente do estado de necessidade, tem o dever de reparar o dano causado a João, haja vista o prejuízo por ele sofrido. Entretanto, considerando que o culpado pelo incêndio foi Nero, paga a indenização Antônio terá direito de regresso contra ele (art. 934 do CC); C: correta, pois de fato o ato praticado por Antônio tornou-se lícito devido a excludente de responsabilidade. Entretanto, Antônio reparará os danos causados a João e após, terá direito regressivo em face de Nero (art. 934 do CC). Quanto a Pedro não cabe indenização, haja vista que o fato de o incêndio ter ultrapassado o seu barraco para barraco de João constitui força maior, o que exclui a responsabilidade; D: incorreta, pois Pedro está amparado pela excludente da força maior. Quanto a Nero, João até poderia reclamar indenização, mas seria demasiadamente difícil comprovar o nexo causal entre o seu dano e a conduta. O ideal é que a reparação seja cobrada de Antônio (afinal o nexo entre as machadadas e a destruição do barraco é evidente), e após Antônio ressarcir-se em face de Nero.
Gabarito "C".

**(Cartório/SP – VI – VUNESP)** A obrigação de reparar o dano, independentemente de culpa, é denominada responsabilidade civil

(A) completa.
(B) subjetiva.
(C) objetivo-subjetiva.
(D) objetiva.

A responsabilidade civil objetiva está prevista no art. 927, parágrafo único, do CC é fundada nos casos expressamente previstos em lei ou quando a atividade normalmente desenvolvida pelo autor do dano implicar, por sua natureza, risco para os direitos de outrem (Enunciados 37, 38 e 451 do CJF).
Gabarito "D".

## 5.2. INDENIZAÇÃO

**(Cartório/DF – 2003 – CESPE)** Joãozinho e Paulinho, ambos com 16 anos de idade, empregados em uma indústria, sofreram, em setembro de 2003, um acidente no curso da jornada de trabalho, ao manejarem uma máquina para a qual não estavam habilitados a operar. O acidente levou Joãozinho à perda de um dos olhos, que foi substituído por uma prótese ocular para esconder a lesão sofrida. O laudo pericial concluiu que houve negligência do empregador em seu dever de vigilância. Considerando a situação hipotética acima, julgue os itens subsequentes.

(1) Na definição do valor da indenização devida a Joãozinho em decorrência do acidente, não é possível a cumulação das parcelas do dano estético com as do dano moral, visto que este é consequência daquele e ambos foram decorrentes do mesmo fato.
(2) Provado o fato e as circunstâncias pessoais do acidentado, não há necessidade de prova objetiva do prejuízo para o reconhecimento em juízo do dano moral sofrido por Joãozinho, ou seja, não se exige prova do desconforto, da dor ou da aflição a que ele foi e é submetido, em decorrência do acidente.

(3) Em uma eventual ação fundada na responsabilidade civil comum, de natureza subjetiva, promovida por Joãozinho contra o empregador, com vista a se ressarcir integralmente dos danos sofridos, cumpre a Joãozinho comprovar, entre outros elementos, a culpa do empregador no acidente.

1: incorreta, pois o dano moral não se com o dano estético, razão pela qual ambos são perfeitamente cumuláveis ainda que decorrentes do mesmo acidente. O dano moral consiste na ofensa ao patrimônio moral da pessoa, basicamente quando há violação a um direito da personalidade. O dano estético é o dano verificado na aparência da pessoa, manifestado em qualquer alteração que diminua a beleza que esta possua. Pode ser em virtude de alguma deformidade, cicatriz, perda de membros ou outra causa qualquer. Acerca da possibilidade cumulação o STJ possui jurisprudência consolidada, vide REsp 49.913, REsp 904.025, REsp 705.457, REsp 254.445 (Súmula 387 STJ e Enunciado 192 do CJF); 2: correta, pois dispensa-se a prova objetiva do prejuízo, uma vez que dos próprios fatos já é possível presumi-lo. Ademais, consoante Enunciado 445 do CJF, é dispensável a verificação da dor e do sofrimento para que o dano moral se caracterize; 3: correta, pois a responsabilidade do empregador com relação ao empregado é subjetiva, consoante art. 951 do CC, *in verbis*: "O disposto nos arts. 948, 949 e 950 aplica-se ainda no caso de indenização devida por aquele que, no exercício de atividade profissional, por *negligência, imprudência ou imperícia*, causar a morte do paciente, agravar-lhe o mal, causar-lhe lesão, ou inabilitá-lo para o trabalho". Os arts. 948 a 950 tratam da responsabilidade pela lesão à saúde. Neste passo, nota-se que o empregado deverá provar a culpa *in vigilando* do empregador para que lhe seja imputada a responsabilidade pela reparação do dano.
Gabarito 1E, 2C, 3C

# 6. COISAS

## 6.1. POSSE

**(Cartório/MG – 2012 – FUMARC)** Considerando o Código Civil Brasileiro sobre a posse, é **correto** afirmar que

(A) o possuidor de má-fé tem direito, enquanto ela durar, aos frutos percebidos.
(B) obsta à manutenção ou reintegração na posse a alegação de propriedade, ou de outro direito sobre a coisa.
(C) os frutos naturais e industriais reputam-se colhidos e percebidos, logo que são separados; os civis reputam-se percebidos dia por dia.
(D) a posse de má-fé só perde este caráter no caso e desde o momento em que as circunstâncias façam presumir que o possuidor não ignora que possui indevidamente.

A: incorreta, pois apenas o possuidor de boa-fé tem direito aos frutos percebidos, na constância do exercício da posse (art. 1.214, *caput*, do CC); B: incorreta, pois a alegação de propriedade não é óbice para as ações possessórias, uma vez que o direito de posse pode ser exercido inclusive contra o proprietário (art. 1.210, § 2º, do CC); C: correta, pois a assertiva reproduz exatamente os dizeres do art. 1.215 do CC; D: incorreta, pois na verdade a posse de boa-fé é que perde esse caráter no caso e desde o momento em que as circunstâncias façam presumir que o possuidor não ignora que possui indevidamente (art. 1.202 do CC)
Gabarito "C".

**(Cartório/RJ – 2008 – UERJ)** A alternativa correta é:

(A) a posse não se transmite aos herdeiros ou legatários
(B) o possuidor com justo título é obrigado a provar a sua boa fé
(C) é injusta a posse que não for violenta, clandestina ou precária
(D) salvo prova em contrário, entende-se manter a posse caráter com que foi adquirida
(E) o possuidor tem de fato o exercício pleno de todos os poderes inerentes à propriedade

A: incorreta, pois a posse transmite-se aos herdeiros e legatários do possuidor com os mesmos caracteres (art. 1.206 do CC e Enunciado 494 do CJF); B: incorreta, pois a posse do justo título faz presumir a boa-fé do possuidor, salvo prova em contrário, ou quando a lei expressamente não admite essa presunção (art. 1.201, parágrafo único, do CC); C: incorreta, pois, o conceito é exatamente o oposto: é justa a posse que não estiver inquinada pelos vícios da posse, quais sejam, violência, clandestinidade e precariedade (art. 1.200 do CC); D: correta, pois em regra, a posse mantém as características no que tange a forma que foi conquistada. Assim, se "A" adquiriu a posse de forma clandestina, portanto viciada, com o seu falecimento, o seu herdeiro a receberá eivada com o mesmo vício, sofrendo as consequências daí inerentes (art. 1.203 do CC); E: incorreta pois conforme art. 1.196 do CC, "o possuidor é todo aquele que tem de fato o exercício, *pleno ou não*, de *algum* dos poderes inerentes à propriedade". Os poderes inerentes a propriedade consistem em usar, gozar, dispor e reivindicar. Para que o indivíduo seja considerado possuidor, basta que exerça um desses poderes, ainda que de forma parcial.
Gabarito "D".

**(Cartório/SP – II – VUNESP)** Assinale a alternativa incorreta.

(A) Qualquer possuidor que fizer jus ao ressarcimento de benfeitorias necessárias terá direito de retenção pelo valor correspondente.
(B) Ao possuidor de boa-fé serão ressarcidas as benfeitorias necessárias.
(C) Ao possuidor de má-fé serão ressarcidas as benfeitorias necessárias.
(D) Ao possuidor de boa-fé serão ressarcidas as benfeitorias úteis.

A: incorreta (devendo ser assinalada), pois o possuidor da má-fé não tem direito de retenção pelas benfeitorias necessárias (art. 1.220 do CC); B e C: corretas, pois as benfeitorias necessárias são sempre indenizadas, havendo boa ou má-fé. A diferença é que na posse de má-fé o possuidor não tem o direito de retê-las (arts. 1.219 e 1.220 do CC); D: correta, nos termos do art. 1.219 do CC.
Gabarito "A".

**(Cartório/SP – IV – VUNESP)** Tício, proprietário e possuidor de um imóvel, vendeu-o para Caio e, por força de um negócio, continuou na posse do bem por mais de um ano, como locatário. Então, nesse negócio, houve

(A) composse.
(B) *traditio brevi manu*.
(C) constituto possessório.
(D) quase-posse.

A: incorreta, pois a composse é o exercício da posse por várias pessoas em conjunto. É a posse exercida por duas ou mais pessoas sobre coisa indivisa. Exemplos: a posse dos cônjuges sobre o patrimônio comum e a posse dos herdeiros antes da partilha; B: incorreta, pois na *traditio brevi manu* aquele que possuía o bem em nome alheio passa a possuí-lo em nome próprio. É conceito nitidamente contrário ao constituto possessório: C: correta, pois o constituto possessório, ou cláusula *constituti* é a operação jurídica em que se altera a titularidade da posse, de maneira que, aquele que a possuía em seu nome próprio passa a possuí-la em nome de outrem. O exemplo do proprietário que vende o seu imóvel e continua em sua posse a título de locatário subsume-se perfeitamente ao conceito. Note-se que com o contrato de locação a posse foi desmembrada, permanecendo Tício com a posse direta do bem e Caio com a posse indireta (art. 1.197 do CC). D:incorreta, pois a *posse dos direitos* é que é chamada de quase-posse. O *ius possidendi* (direito de possuir), é a faculdade que tem uma pessoa, por já ser titular de uma situação jurídica, de exercer a posse sobre determinada coisa.

Gabarito "C".

**(Cartório/SP – VI – VUNESP)** Aquele que, achando-se em relação de dependência para com outro, conserva a posse em nome deste e em cumprimento de ordens ou instruções suas, é denominado pela lei como

(A) possuidor direto.
(B) detentor.
(C) possuidor indireto.
(D) representante possessório.

A: incorreta, pois possuidor direto é aquele que recebeu o bem, temporariamente, para usá-lo ou gozá-lo, em virtude de direito pessoal ou real, sem nenhum tipo de subordinação ou relação de dependência. Ademais, o possuidor direto conserva a posse em nome próprio (art. 1.197 do CC). Exemplo: locatário; B: correta, pois detenção é justamente aquela situação em que alguém conserva a posse em nome de outro e em cumprimento à suas ordens e instruções.É o típico exemplo do caseiro. Em geral, eles usam e cuidam da coisa exteriorizando um dos poderes da propriedade. Todavia, o próprio art. 1.198 do CC exclui do conceito de posse a situação em que se encontra o detentor. Assim, o caseiro em relação ao imóvel que cuida tem mera detenção sobre a coisa, não recebendo os direitos típicos daquele que exerce posse; C: incorreta, pois possuidor indireto é aquele que cedeu, temporariamente, o uso e o gozo da coisa a uma pessoa. Exemplo: locador; D: incorreta, pois este termo não é comumente utilizado. A expressão que mais se aproxima deste conceito seria a prevista na alternativa "b", detentor.

Gabarito "B".

## 6.2. PROPRIEDADE IMÓVEL

**(Cartório/AM – 2005 – FGV)** Assinale a alternativa que complete corretamente a proposição a seguir: Adquire a propriedade do imóvel, não onerosamente, aquele que, contínua e incontestadamente, com justo título e boa-fé, o possuir por .

(A) dez anos
(B) quinze anos
(C) vinte anos
(D) dez anos entre presentes e quinze anos entre ausentes
(E) quinze anos entre presentes e vinte anos entre ausentes

A alternativa "A" está correta, pois a questão traz a descrição da usucapião ordinária, nos termos do art. 1.242, *caput*, do CC.

Gabarito "A".

**(Cartório/AM – 2005 – FGV)** Segundo o Código Civil, a aquisição por acessão não pode se dar:

(A) por avulsão.
(B) pela formação de ilhas.
(C) por aluvião.
(D) por usucapião.
(E) por plantações e construções.

A aquisição por acessão não pode se dar por usucapião, pois a usucapião é uma forma autônoma de aquisição da propriedade, ao lado da aquisição pelo registro. Ademais o art. 1.248 do CC é taxativo ao expressar as formas de aquisição por acessão.

Gabarito "D".

**(Cartório/DF – 2006 – CESPE)** Quanto ao direito das coisas, julgue os seguintes itens.

(1) Com a transmissão do direito de superfície a propriedade torna-se resolúvel, sendo subdivida em propriedade do solo e propriedade da superfície. Quando a transmissão se der por contrato oneroso, durante a vigência deste, poderá o detentor da propriedade superficiária modificar unilateralmente a destinação da utilização do terreno, quando essa não beneficiar a propriedade economicamente ou quando a destinação concedida não for autorizada pela administração pública ou pela vigilância sanitária.

(2) Na compose, modalidade de posse exercida concomitantemente por mais de um titular sobre o mesmo bem que se encontra em estado de indivisão, não estando determinada a parcela que compete a cada um, cada um terá uma parte ideal. Nenhum compossuidor, sem autorização expressa ou implícita dos demais, pode praticar atos possessórios que excluam os dos outros.

(3) A acessão, uma forma de aquisição da propriedade pela via originária, consiste na prerrogativa de que pertence ao proprietário tudo que se une ou se incorpora ao bem. Ela se caracteriza pela união física entre duas coisas, formando, de maneira indissolúvel, um conjunto em que uma das partes, embora possa ser reconhecível, não guarda autonomia, está subordinada, dependente do todo, seguindo-lhe o destino jurídico.

(4) No condomínio tradicional, o uso com exclusividade da totalidade da coisa comum por apenas um dos condôminos, ainda que sem oposição a essa utilização pelos demais comunheiros, faculta a estes exigir o pagamento dos alugueres correspondentes aos seus quinhões e impõe ao condômino que detém a posse direta do bem a obrigação pela totalidade das despesas de conservação.

1: incorreta, pois com a instituição do direito real de superfície a propriedade não se torna resolúvel, apenas o que ocorre é o desmembramento dos seus atributos. Independentemente de a transmissão ter se dado por contrato oneroso ou gratuito restará extinta a concessão se superficiário der ao terreno, sem anuência do proprietário, destinação diversa daquela para que foi concedida (art. 1.374 do CC); 2: correta, pois a compose é a posse exercida por duas ou mais pessoas sobre coisa indivisa. São exemplos a posse dos cônjuges sobre o patrimônio comum e dos herdeiros antes da partilha. Os compossuidores são legitimados a exercer atos

possessórios, contanto que não excluam os dos outros (art. 1.199 do CC); 3: correta, pois de fato a acessão é o modo originário de aquisição da propriedade, pelo qual fica pertencendo ao proprietário tudo quanto se une ou se incorpora ao seu bem. Pode ser de origem natural, consistente na união do acessório ao principal advinda de acontecimento natural, ou artificial, resultante de trabalho humano (art. 1.248 do CC); 4: incorreta. Muito embora os demais condôminos possam cobrar alugueres, as despesas de conservação do bem deverão ser rateadas na proporção da cota de cada um (art. 1.315, *caput* do CC e STJ, REsp 983.450, em especial "(...) Concorrência de ambos os condôminos nas despesas de conservação da coisa e nos ônus a que estiver sujeita. Possível dedução.").
Gabarito 1E, 2C, 3C, 4E

**(Cartório/ES – 2007 – FCC)** Aquele que, não sendo proprietário de imóvel rural ou urbano, adquirirá a propriedade de área de terra em zona rural não superior a

(A) 30 hectares, que possua como sua, por no mínimo dez anos ininterruptos, sem oposição, tornando-a produtiva por seu trabalho ou de sua família, tendo nela sua moradia.

(B) 30 hectares, que possua como sua, por no mínimo cinco anos ininterruptos, sem oposição, tornando-a produtiva por seu trabalho ou de sua família, tendo nela sua moradia.

(C) 50 hectares, que possua como sua, por no mínimo cinco anos ininterruptos, sem oposição, tornando-a produtiva por seu trabalho ou de sua família, tendo nela sua moradia.

(D) 50 hectares, que possua como sua, por no mínimo dez anos ininterruptos, sem oposição, tornando-a produtiva por seu trabalho ou de sua família, tendo nela sua moradia.

(E) 100 hectares, que possua como sua, por no mínimo cinco anos ininterruptos, sem oposição, tornando-a produtiva por seu trabalho ou de sua família, tendo nela sua moradia.

A questão trata da usucapião constitucional rural. Esta modalidade está expressamente prevista na Carta Magna, art. 191, e reproduzida no art. 1.239 do CC. Trata-se de modalidade especial de usucapião, onde o constituinte optou por reduzir o prazo prescricional de aquisição da propriedade, em nítido prestígio à sua função social (Vide Enunciados 312, 313, 317 e 497 do CJF).
Gabarito "C".

**(Cartório/PR – 2007)** O Código Civil de 2002 trata dos diversos modos de aquisição, separando a propriedade imóvel da móvel, conferindo tratamento diferenciado a uma e outra. Dos diferentes modos de aquisição, apontar a alternativa INCORRETA:

(A) O possuidor que houver estabelecido no imóvel a sua moradia habitual, ou nele realizado obras ou serviços de caráter produtivo, por quinze anos, sem interrupção, nem oposição, adquire-lhe a propriedade, independentemente de título e boa-fé; podendo requerer ao juiz que assim o declare por sentença, a qual servirá de título para o registro no Cartório de Registro de Imóveis.

(B) Transfere-se entre vivos a propriedade mediante o registro do título translativo no Registro de Imóveis. No entanto, enquanto não se registrar o título translativo, o alienante continua a ser havido como dono do imóvel, como também não se promover, por meio de ação própria, a decretação de invalidade do registro, e o respectivo cancelamento, o adquirente continua a ser havido como dono do imóvel.

(C) Aquele que possuir, como sua, área urbana de até duzentos e cinquenta metros quadrados, por cinco anos ininterruptamente e sem oposição, utilizando-a para sua moradia ou de sua família, adquirir-lhe-á o domínio, desde que não seja proprietário de outro imóvel urbano ou rural.

(D) Aquisição por acessão pode dar-se: por formação de ilhas; por aluvião; por avulsão; por abandono de álveo; por plantações ou construções.

(E) Se o teor do registro translativo de propriedade não exprimir a verdade, poderá o interessado reclamar que se retifique ou anule. Uma vez cancelado o registro, poderá o proprietário reivindicar o imóvel, independentemente da boa-fé ou do título do terceiro adquirente.

A: incorreta (devendo ser assinalada), pois esta é uma hipótese em que o prazo de usucapião extraordinária é reduzido para dez anos, haja vista o possuidor ter estabelecido no imóvel sua moradia habitual, ou nele realizado obras ou serviços de caráter produto produtivo (art. 1.238, parágrafo único, do CC e Enunciado 86 do CJF); B: correta, pois a efetiva transferência da propriedade imóvel apenas se dá com o registro da escritura pública no Cartório de Registro de Imóveis. Enquanto o ato translativo não for registrado a situação permanece como está, isso é, o alienante continua sendo o dono e o adquirente mero pretenso a dono. De outra parte, caso o imóvel seja registrado, a propriedade se transfere ao adquirente, que apenas a perderá se o registro for invalidado e posteriormente cancelado (arts. 1.245 do CC e art. 172 da Lei 6.015/1973); C: correta, pois tal definição trata da usucapião constitucional urbana, prevista no art. 183 da CF, art. 1.240 do CC e art. 9º da Lei 10.257/2001 (vide Enunciados 313, 317 e 497 do CJF); D: correta, consoante art. 1.248 do CC. E: correta, pois a assertiva reproduz exatamente o disposto no art. 1.247 do CC.
Gabarito "A".

**(Cartório/RR – 2001 – CESPE)** Assinale a opção correta com relação ao direito das coisas, previsto no Código Civil Brasileiro.

(A) A sucessão *causa mortis* não transfere a propriedade imóvel.
(B) O registro de um bem imóvel estabelece a presunção absoluta de veracidade.
(C) A propriedade imóvel é adquirida mediante contrato de compra e venda.
(D) A posse justa é aquela que não for violenta, clandestina ou precária.
(E) Usucapião é direito real de garantia

A: incorreta, pois tanto a sucessão *inter vivos* como a sucessão *mortis causa* são formas hábeis a transferir a propriedade imóvel. No caso da sucessão por morte, a herança transmite-se imediatamente aos herdeiros, sendo plenamente possível que dentro da massa de bens que integram o patrimônio do falecido existam bens imóveis que, inicialmente integrarão uma universalidade de direitos (herança) e após, com a partilha, serão individualizados e transferidos. Assim, com a morte de uma pessoa, seus bens são automaticamente transmitidos aos herdeiros, independente do registro da partilha, mas o formal de partilha deverá ser registrado no competente Registro de Imóveis, não só para dar publicidade ao fato, mas para possibilitar as futuras transmissões pelos novos proprietários. (art. 1.784 do CC e art. 172 da Lei 6.015/1973); B: incorreta, pois o registro estabelece

presunção relativa de veracidade, tanto é que pode ser retificado ou anulado (art. 1.247 do CC e art. 252 da Lei 6.015/1973); C: incorreta, pois por meio do contrato de compra e venda o alienante apenas se obriga a transferir o domínio, e não o transfere efetivamente. Trata-se de um contrato consensual, que se aperfeiçoa com mero acordo de vontades. Não é hábil a transferir a propriedade imóvel, uma vez que para tanto é indispensável escritura pública devidamente registrada. O contrato de compra e venda apenas reflete a intenção de transferir a propriedade, mas não a transmite verdadeiramente (arts. 108, 481 e 1.245 do CC; art. 172 da Lei 6.015/1973); D: correta, pois posse justa é aquela destituída de vícios (art. 1.200 do CC); E: incorreta, pois a usucapião é forma de aquisição originária da propriedade (Título III, Capítulo II, Seção I, do CC).
Gabarito "D".

**(Cartório/SC – 2008)** Assinale a alternativa INCORRETA em relação ao direito de propriedade, previsto nos arts. 1.128 e seguintes do Código Civil brasileiro:

(A) O proprietário tem a faculdade de usar, gozar e dispor da coisa, e o direito de reavê-la do poder de quem quer que injustamente a possua ou detenha.

(B) A propriedade do solo abrange as jazidas, minas e demais recursos minerais, os potenciais de energia hidráulica, os monumentos arqueológicos e outros bens referidos por leis especiais, sem restrição.

(C) O proprietário pode ser privado da coisa, nos casos de desapropriação, por necessidade ou utilidade pública ou interesse social.

(D) Os frutos e mais produtos da coisa pertencem, ainda quando separados, ao seu proprietário, salvo se, por preceito jurídico especial, couberem a outrem.

(E) O proprietário pode ser privado da coisa, por requisição, em caso de perigo público iminente.

A: correta, pois são atributos da daquele que tem a propriedade plena o uso, o gozo, a disposição e a reivindicação da coisa (art. 1.228, *caput*, do CC); B: incorreta (devendo ser assinalada), pois a propriedade do solo abrange a do espaço aéreo e a do subsolo correspondentes, em altura e profundidade úteis ao seu exercício, não podendo o proprietário opor-se a atividades que sejam realizadas, por terceiros, a uma altura ou profundidade tais, que não tenha ele interesse legítimo em impedi-las. De outra parte, a propriedade do solo *não abrange* as jazidas, minas e demais recursos minerais, os potenciais de energia hidráulica, os monumentos arqueológicos e outros bens referidos por leis especiais (art. 1.230 do CC); C: correta, pois em prestígio ao princípio da supremacia do interesse público sobre o interesse privado, o proprietário pode perder a propriedade do bem para atender a uma necessidade pública ou a um interesse social. A Constituição Federal prevê expressamente essa situação em seu art. 5º, XXIV, a qual é reproduzida nos arts. 1.228, § 3º, e 1.275, V do CC; D: correta, pois a assertiva reproduz os dizeres do art. 1.232 do CC; E: correta, pois em caso de perigo público iminente, a Administração pode requisitar o imóvel do particular para utilizá-lo até que cesse a situação de anormalidade, devendo, todavia indenizá-lo, no caso de dano, consoante art. 5º, XXV, da CF e art. 1.228, § 3º, do CC.
Gabarito "B".

**(Cartório/SC – 2008)** Em relação à usucapião especial de imóvel urbano, é correto afirmar:

(A) Aquele que possuir, como sua, área urbana de até 360 metros quadrados, por cinco anos, ininterruptamente e sem oposição, utilizando-a para sua moradia ou de sua família, adquirir-lhe-á o domínio, desde que não seja proprietário de outro imóvel urbano ou rural.

(B) O possuidor não pode, para o fim de contar o prazo exigido por lei, acrescentar sua posse à de seu antecessor, mesmo que ambas sejam contínuas.

(C) O autor terá os benefícios da justiça e da assistência judiciária gratuita, excetuando-se as despesas perante o cartório de registro de imóveis.

(D) Na pendência da ação de usucapião especial urbana não ficarão sobrestadas quaisquer outras ações, petitórias ou possessórias, que venham a ser propostas relativamente ao imóvel usucapiendo.

(E) Na ação de usucapião especial urbana é obrigatória a intervenção do Ministério Público.

A: incorreta, pois e metragem indicada pela Lei é de 250 metros quadrados (art. 183 da CF, art. 1.240 do CC e art. 9º da Lei. 10.257/2001); B: incorreta, pois o tempo de posse do antecessor pode ser tranquilamente somado ao do sucessor, nos termos do art. 1.207 do CC, *in verbis*: "O sucessor universal continua de direito a posse do seu antecessor; e ao sucessor singular é facultado unir sua posse à do antecessor, para os efeitos legais". Há previsão específica no que tange a soma de prazos para a usucapião, conforme art. 1.243 do CC; C: incorreta, pois dentre os benefícios da gratuidade estão incluídas as despesas perante o Cartório de Registro de Imóveis. A Lei 6.969/1981 concede a gratuidade nos casos de usucapião especial, desde que requerida pelo beneficiário. De forma mais abrangente, o próprio STJ já se manifestou no sentido de que a gratuidade da justiça estende-se aos atos extrajudiciais relacionados à efetividade do processo judicial em curso, mesmo em se tratando de registro imobiliário. Como consequência desse entendimento, que pode/deve ser levado a todos os processos judiciais com a mesma questão, a parte beneficiária da assistência gratuita estará isenta do pagamento pelos serviços registrais que forem consequentes à decisão judicial e/ou necessários a sua efetividade; D: incorreta, pois na pendência da ação de usucapião especial urbana *ficarão* sobrestadas quaisquer outras ações, petitórias ou possessórias, que venham a ser propostas relativamente ao imóvel usucapiendo, nos termos do art. 11 da Lei 10.257/2001; E: correta, na medida em que é obrigatória a intervenção do Ministério Público como *custos legis* (art. 12, § 1º, da Lei 10.257/2001).
Gabarito "E".

**(Cartório/SE – 2006 – CESPE)** Acerca da propriedade imobiliária, julgue os itens a seguir.

(1) A validade do registro imobiliário é sempre condicionada ao conteúdo do título translativo da propriedade e os vícios originários desse título se transmitem junto à cadeia de adquirentes.

(2) Entre as causas de perda da propriedade está a usucapião que, sendo ordinária, exige a prova do justo título e da boa-fé e consuma-se no prazo de dez anos de posse ininterrupta, sem oposição e exercida com o ânimo de dono.

1: correta, pois o registro é eficaz desde o momento em que se apresentar o título ao oficial do registro, e este o prenotar no protocolo (art. 1.246 do CC).Neste passo a validade do registro está condicionada a trasladação dos documentos, com a mesma ortografia e pontuação, com referência às entrelinhas ou quaisquer acréscimos, alterações, defeitos ou vícios que tiver o original apresentado, e, bem assim, com menção precisa aos seus característicos exteriores e às formalidades legais, podendo a transcrição dos documentos mercantis, quando levados a registro, ser feita na mesma disposição gráfica em que estiverem escritos, se o interessado assim o desejar (art. 142 da LRP); 2: certa, pois por meio da usucapião

o proprietário pode perder o seu imóvel em favor do usucapiente. A usucapião é forma originária de aquisição da propriedade, razão pela qual constitui verdadeira exceção ao princípio da continuidade registral na medida que não existe um transmitente que realiza a transferência do imóvel. Não há vínculo entre o anterior titular do domínio e o possuidor que adquire o imóvel. Na sua *modalidade ordinária*, deve-se atender os requisitos do art. 1.242 do CC, quais sejam, posse mansa, pacífica e ininterrupta pelo prazo de 10 anos, justo título, boa fé e *animus domini*. Ressalte-se que o prazo pode ser diminuído para 5 anos se o imóvel houver sido adquirido, onerosamente, com base no registro constante do respectivo cartório, cancelada posteriormente, desde que os possuidores nele tiverem estabelecido a sua moradia, ou realizado investimentos de interesse social e econômico (1.242 parágrafo único, do CC).
Gabarito "C, 2C".

**(Cartório/SP – II – VUNESP)** Assinale a alternativa incorreta em relação à alienação fiduciária de coisa imóvel.

(A) Para que se constitua a propriedade fiduciária de coisa imóvel, basta o registro do contrato no Registro de Imóveis.

(B) Com a constituição da propriedade fiduciária, torna-se o fiduciante (devedor) único possuidor da coisa imóvel, na qualidade de titular da propriedade resolúvel.

(C) Vencida e não paga, no todo ou em parte, a dívida, e constituído em mora o fiduciante (devedor), consolidar-se-á a propriedade imóvel em nome do fiduciário.

(D) A mora poderá ser purgada no Registro de Imóveis.

A: correta (art. 23 da Lei 9.514/1997 e item 35 do art. 167 da Lei. 6.015/1973); B: incorreta (devendo ser assinalada), pois com a constituição da propriedade fiduciária há um desdobramento da posse, permanecendo o devedor-fiduciante com a posse direta e o credor-fiduciante com a indireta (art. 23, parágrafo único, da Lei 9.514/1997), sendo que este último é o titular da propriedade resolúvel; C: correta (art. 26, *caput*, da Lei 9.514/1997); D: correta (art. 26, § 5º, da Lei 9.514/1997).
Gabarito "B".

**(Cartório/SP – III – VUNESP)** O termo que opera a transferência do domínio é a data

(A) do título aquisitivo.
(B) do registro imobiliário.
(C) da ocorrência do acordo de vontades entre os contratantes.
(D) do compromisso de compra e venda, com a transmissão da posse.

A: incorreta, pois o título aquisitivo apenas gera a direito pessoal aos contratantes, isto é, apenas gera a obrigação de transferir; B: correta, pois a propriedade imobiliária apenas se consolida com o *registro* do título aquisitivo (regra geral, a escritura pública, nos termos do art. 108 do CC). Neste passo, é claro o disposto no art. 1.245 do CC ao prever que a propriedade entre vivos é transferida mediante o registro do título translativo no Registro de Imóveis. Assim, enquanto essa formalidade não for atendida, o alienante continua a ser havido como dono do imóvel (art. 1.245, § 1º, do CC. Vide ainda art. 167, I, item 29 da Lei 6.015/1973); C: incorreta, pois o acordo de vontades é apenas o primeiro passo das tratativas. É necessário que este acordo seja formalizado por instrumento adequado e, após devidamente registrado no Cartório de Registro de Imóveis; D: incorreta, pois o compromisso de compra e venda nada mais é do que a formalização do acordo de vontade. Por si só não transfere a propriedade, mas apenas obriga a alienante a transferi-la. Preenchidos os requisitos do art. 1.417 do CC, o promitente comprador, titular de direito real, pode exigir do promitente vendedor, ou de terceiros, a quem os direitos deste forem cedidos, a outorga da escritura definitiva de compra e venda, conforme o disposto no instrumento preliminar; e, se houver recusa, requerer ao juiz a adjudicação do imóvel. Mas veja, a mera celebração do compromisso não gera a transferência de domínio (art. 1.418 do CC, Enunciado 95 e 253 do CJF e Súmula 239 do STJ).
Gabarito "B".

**(Cartório/SP – V – VUNESP)** Assinale a alternativa correta.

(A) A servidão de passagem de um imóvel a outro pode ser constituída por testamento e subsequente registro no Cartório de Registros de Imóveis.

(B) A servidão de passagem proporciona utilidade para o prédio dominante e grava o prédio serviente, que pertence ao mesmo dono.

(C) A servidão de passagem se constitui pela averbação no registro imobiliário.

(D) A servidão de passagem pressupõe a relação de dois imóveis, necessariamente vizinhos e contíguos.

A: correta, pois além de se constituir por declaração expressa dos proprietários, a servidão de passagem também se constitui por testamento, com o subsequente registro no Cartório de Registro de Imóveis em ambos os casos (art. 1.378 do CC); B: incorreta, pois o prédio serviente pertence a dono diverso (art. 1.378 do CC); C: incorreta, pois a servidão de passagem se constitui pelo registro no Cartório de Registro de Imóveis, e não pela averbação (art. 1.378 do CC e art. 167, I, item 6 da Lei 6.015/1973); D: incorreta, pois não necessariamente os imóveis precisam ser vizinhos e contíguos. Normalmente o são, mas se não for suficiente a colaboração deste, pode-se atingir o vizinho não imediato; procura-se o imóvel que mais natural e facilmente se preste à passagem.
Gabarito "A".

**(Cartório/SP – 2011 – VUNESP)** Assinale a alternativa incorreta a respeito da aquisição da propriedade imóvel.

(A) O registro é eficaz desde o momento em que se apresentar o título ao oficial do registro, e este o prenotar no protocolo.

(B) A aquisição *causa mortis* não depende de registro do título.

(C) A presunção que decorre do registro do título translativo não é absoluta, podendo ser objeto de anulação.

(D) Não é possível cancelar o registro em prejuízo do terceiro adquirente de boa-fé.

A: correta, pois repete o disposto no art. 1.246 do CC; B:correta, pois aberta a sucessão a herança se transmite automaticamente aos herdeiros. Assim todo o patrimônio do *de cujus* passa a integrar a esfera patrimonial dos herdeiros, independentemente de registro ou outra formalidade. Note que o registro é indispensável para a aquisição da propriedade imóvel apenas por ato *inter vivos* (arts. 1.784 e 1.245 do CC); C: correta, pois, de fato a presunção é relativa, vez que admite prova em contrário. Neste passo, o art. 1.247 do CC prevê expressamente que "Se o teor do registro não exprimir a verdade, poderá o interessado reclamar que se retifique ou anule". Neste sentido, vide art. 252 da Lei 6.015/1973; D: incorreta (devendo ser assinalada), pois este é um dos poucos casos em que o Código não privilegia o terceiro de boa-fé,sendo plenamente possível o proprietário reivindicar o imóvel, independentemente de boa-fé ou do título do terceiro adquirente, no caso de cancelamento do registro (art. 1.247, parágrafo único, do CC).
Gabarito "D".

**(Cartório/SP – 2012 – VUNESP)** No que se refere às árvores limítrofes, é correto afirmar que os frutos que eventualmente se desprenderem de uma árvore situada em terreno vizinho e vierem a cair em solo particular pertencerão

(A) em condomínio necessário, em igualdade, aos proprietários confinantes.
(B) ao proprietário do solo em que caírem, se este for de propriedade particular.
(C) exclusivamente ao proprietário onde situada a árvore.
(D) sempre ao Poder Público.

Nos termos do art. 1.284 do CC "Os frutos caídos de árvore do terreno vizinho pertencem ao dono do solo onde caírem, se este for de propriedade particular". Portanto, a alternativa "B" está correta.
Gabarito "B".

**(Cartório/SP – 2012 – VUNESP)** Cotejando a usucapião extraordinária e ordinária, resulta que aquela dispensa os seguintes requisitos em relação a esta:

(A) Justo Título e Boa-fé subjetiva.
(B) apenas o Justo Título, sendo necessária a Boa-fé subjetiva.
(C) apenas a Boa-fé subjetiva, sendo necessário o Justo Título.
(D) apenas a Boa-fé objetiva, sendo necessária a subjetiva.

Para que se configure o direito a usucapião extraordinária basta que haja posse mansa, pacífica e ininterrupta, *animus domini* e que seja completado o lapso temporal, em regra de 15 anos. Justo título e boa-fé (tanto objetiva quanto subjetiva) são requisitos totalmente dispensáveis (art. 1.238 do CC), diferentemente do que ocorre na usucapião ordinária, consoante art. 1.242 do CC (Enunciado 86 do CJF). Por isso que a lei exige um prazo de prescrição aquisitiva mais extenso para a usucapião extraordinária, haja vista que completado o lapso temporal todos os eventuais vícios da posse serão sanados, de modo que é possível, por exemplo que um esbulhador de torne proprietário do bem.
Gabarito "A".

**(Cartório/SP – 2012 – VUNESP)** Espécie de acessão em que sedimentos de rios lentamente se depositam à margem de um terreno, unindo-se à propriedade já existente, denomina-se

(A) avulsão.
(B) aluvião.
(C) abandono de álveo.
(D) formação de ilhas.

A: incorreta, pois avulsão consiste no deslocamento de uma porção de terra de um prédio a outro por força natural e violenta (art. 1.251 do CC); B: correta, pois aluvião é o acréscimo natural e imperceptível de terras às margens dos rios. Ocorre quando a terra vai se depositando em uma margem do rio, formando um novo pedaço de terra. A doutrina denomina aluvião imprópria aquela situação em que esse pedaço de terra se forma pelo afastamento de águas, que descobrem parte do álveo, ou seja, parte da área coberta pelas águas (art. 1.250 do CC) ; C: incorreta, pois álveo abandonado é o rio que seca ou desvia em virtude de fenômeno natural (art. 1.252 do CC); D: incorreta, pois na formação de ilhas em rios não navegáveis ocorre o depósito paulatino de materiais (trazidos pela corrente) ou rebaixamento de águas, deixando descoberta e a seco parte do fundo ou do leito (art. 1.249 do CC e art. 23 do Decreto 24.643/1934).
Gabarito "B".

## 6.3. PROPRIEDADE MÓVEL

**(Cartório/SP – III – VUNESP)** O que é descoberta, na conceituação do legislador civil?

(A) Elaboração de regras desconhecidas, no campo científico.
(B) Achado de coisa alheia perdida.
(C) A descoberta de minerais ou de instrumentos mecânicos.
(D) Criação engenhosa de mecanismos e instrumentos.

A descoberta está prevista nos arts. 1.233 a 1.237 do CC. Trata-se do achado de coisa perdida por seu proprietário. O regime jurídico da descoberta determina que aquele que ache coisa alheia perdida há de restituí-lo ao dono ou ao legítimo possuidor. Se não o encontrar, entregará a coisa achada à autoridade competente. Aquele que restituir terá direito a uma recompensa não inferior a 5% do seu valor, e à indenização pelas despesas que houver feito, se o dono não preferir abandoná-la. Decorridos sessenta dias da divulgação da notícia pela autoridade ou pela imprensa ou edital, não se apresentando quem comprove a propriedade da coisa, será esta vendida em hasta pública e, deduzidas de preço as despesas, mais a recompensa do descobridor, pertencerá o remanescente ao Município onde se achou o objeto perdido. Sendo a coisa de pequeno valor, o Município poderá dá-la a quem achou. A doutrina chama a recompensa pela entrega da coisa de "achádego" e o descobridor de "inventor".
Gabarito "B".

**(Cartório/SP – 2011 – VUNESP)** Aquele que, trabalhando em matéria-prima em parte alheia, obtiver espécie nova, desta será proprietário, se não se puder restituir à forma anterior. A regra legal representa qual instituto?

(A) Especificação.
(B) Confusão.
(C) Comissão.
(D) Adjunção.

A: correta, pois especificação é modo de aquisição da propriedade pela transformação de coisa móvel em espécie nova, em virtude de trabalho ou indústria do especificador, desde que não seja possível reduzi-la à forma primitiva (art. 1.269 do CC). Um exemplo é o trabalho feito por artesão em matéria-prima do qual não é dono. O fundamento do instituto é a valorização do trabalho e da função social da propriedade; B: incorreta, pois confusão é a mistura entre coisas líquidas. Ex: água e álcool (art. 1.272 a 1.274 do CC); C: incorreta, pois a comissão é a mistura entre coisas secas ou sólidas. Ex: açúcar e farinha (art. 1.272 a 1.274 do CC); D: incorreta, pois adjunção é a justaposição de coisas, sem a possibilidade de destacar acessório do principal. Ex: duas coisas coladas (art. 1.272 a 1.274 do CC).
Gabarito "A".

**(Cartório/SP – 2012 – VUNESP)** No regime da descoberta, uma vez encontrado o bem, é correto afirmar que

(A) qualquer que seja o valor, não há nenhuma obrigação de restituição, seguindo-se o brocardo popular de que "achado não é roubado".
(B) se de pequeno valor, desconhecendo-se o dono, a lei legitima a posse e domínio do descobridor.

(C) cumpre ao descobridor devolvê-lo ao seu verdadeiro proprietário ou possuidor, por determinação legal. Se não o encontrar, deverá entregá-lo à autoridade competente, fazendo jus à recompensa no valor mínimo de cinco por cento do bem.
(D) localizado o proprietário, o descobridor fará jus, no mínimo, à metade do valor do bem, qualquer que seja a sua natureza.

A: incorreta, pois encontrada coisa perdida, o descobridor tem a obrigação de tentar localizar o dono e, caso não o encontre deve entregar o bem à autoridade competente (art. 1.233 do CC); B: incorreta, pois ainda que de pequeno valor o descobridor deve levar o bem à autoridade caso não localize o seu dono, sendo que a autoridade terá 60 dias para tentar localizar o proprietário por meio de editais ou divulgação da notícia e outros meios de informação. Caso ninguém apareça, sendo de diminuto valor a coisa em questão, poderá o Município abandoná-la em favor de quem a achou. Daí, note que é necessário todo esse procedimento para que o descobridor permaneça legitimamente com a coisa (art. 1.233, parágrafo único, e art. 1.237, parágrafo único, do CC); C: correta, pois conforme previsão dos arts. 1.233 e 1.234 do CC; D: incorreta, pois o descobridor tem direito a uma recompensa não inferior a cinco por cento do valor do bem, e não à metade do valor, nos termos do art. 1.234 do CC.
Gabarito "C".

## 6.4. CONDOMÍNIO

**(Cartório/ES – 2007 – FCC)** No condomínio edilício, a construção de outro pavimento destinado a conter novas unidades imobiliárias depende da aprovação

(A) da maioria dos votos dos condôminos presentes à assembleia.
(B) de dois terços dos votos de todos os condôminos.
(C) de dois terços dos votos dos condôminos presentes à assembleia.
(D) da maioria dos votos de todos os condôminos.
(E) da unanimidade dos condôminos.

A construção de outro pavimento destinado a conter novas umidades imobiliárias depende da aprovação da unanimidade dos condôminos, nos termos do art. 1.343 do CC.
Gabarito "E".

**(Cartório/MA – 2008 – IESES)** Em relação ao condomínio edilício, o atual Código Civil prevê:

(A) A unidade imobiliária pode ser privada do acesso ao logradouro público.
(B) A cada unidade imobiliária caberá, como parte inseparável, uma fração ideal no solo e nas outras partes comuns, que será identificada em forma decimal ou ordinária no instrumento de instituição do condomínio.
(C) O terraço de cobertura é parte comum, ainda que disposição em contrário se faça na escritura de constituição do condomínio.
(D) Não pode haver, em edificações, partes que são propriedade exclusiva, e partes que são propriedade comum dos condôminos.

A: incorreta, pois nenhuma umidade pode ser privada do acesso ao logradouro público (art. 1.331, § 4º, do CC); B: correta (art. 1.331,
§ 3º, do CC); C: incorreta, pois é permitida a exceção a esta regra por meio da escritura de constituição do condomínio (art. 1.331, §5º do CC); D: incorreta, pois esta situação é perfeitamente permitida, nos termos do art. 1.331, caput, do CC.
Gabarito "B".

**(Cartório/MG – 2012 – FUMARC)** De acordo com o Código Civil, as disposições da Convenção de Condomínio edilício obrigam a todos os condôminos a respeitá-la. Para ser oponível contra terceiros, o ato convencional deverá ser inscrito, obrigatoriamente, no Cartório

(A) de Pessoas Jurídicas.
(B) de Registro de Imóveis.
(C) de Tabelionato de Notas.
(D) de Registro de Títulos e Documentos.

A convenção de condomínio deverá ser devidamente registrada no Cartório de Registro de Imóveis, nos termos do art. 1.333, parágrafo único, do CC e art. 167, I, item 1 da Lei 6.015/1976.
Gabarito "B".

**(Cartório/PR – 2007)** A Lei 10.931/2004 dispõe sobre o patrimônio de afetação de incorporações imobiliárias, entre outras disposições, alterando a Lei 4.591/1964 – Lei de Condomínio e Incorporações. Nestes termos marcar a resposta correta:

(A) O patrimônio de afetação não se comunica com os demais bens, direitos e obrigações do patrimônio geral do incorporador ou de outros patrimônios de afetação por ele constituídos e só responde por dívidas e obrigações vinculadas à incorporação respectiva.
(B) O incorporador não responde pelos prejuízos que causar ao patrimônio de afetação.
(C) Considera-se constituído o patrimônio de afetação mediante registro, a qualquer tempo, no Registro de Imóveis, de termo firmado pelo incorporador e, quando for o caso, também pelos titulares de direitos reais de aquisição sobre o terreno.
(D) Os efeitos da decretação da falência ou da insolvência civil do incorporador poderão atingir os patrimônios de afetação constituídos, integrando a massa concursal o terreno, as acessões e demais bens, direitos creditórios, obrigações e encargos objeto da incorporação.
(E) O patrimônio de afetação extinguir-se-á pela averbação da extinção das obrigações do incorporador perante a instituição financiadora do empreendimento.

A: correta (art. 31-A, § 1º, da Lei 4.591/64); B: incorreta (art. 31-A, § 2º, da Lei 4.591/64); C: incorreta, pois a constituição se faz mediante averbação e não mediante registro (art. 31-B da Lei 4.591/64); D: incorreta, pois os efeitos da decretação da falência ou da insolvência civil do incorporador *não atingem* os patrimônios de afetação constituídos, *não integrando* a massa concursal o terreno, as acessões e demais bens, direitos creditórios, obrigações e encargos objeto da incorporação; E: incorreta, pois a extinção dar-se-á mediante averbação da construção, registro dos títulos de domínio ou de direito de aquisição em nome dos respectivos adquirentes e, quando for o caso, extinção das obrigações do incorporador perante a instituição financiadora do empreendimento (art. 31-E, I, da Lei 4.591/64).
Gabarito "A".

**(Cartório/PR – 2007)** Quanto às incorporações imobiliárias regidas pela Lei 4.591/1964 – Lei de Condomínio e Incorporações Imobiliárias, é correto afirmar:

(A) Oficial de Registro de Imóveis responde criminalmente, se efetuar o arquivamento de documentação contraveniente à lei ou der certidão sem o arquivamento de todos os documentos exigidos.
(B) Considera-se incorporador a pessoa jurídica, comerciante ou não, que embora não efetuando a construção, compromisse ou efetive a venda de frações ideais de terreno objetivando a vinculação de tais frações a unidades autônomas.
(C) O incorporador somente poderá negociar sobre unidades autônomas após ter registrado, no cartório competente de Registro de Imóveis, o título de propriedade de terreno, ou de promessa, irrevogável e irretratável, de compra e venda ou de cessão de direitos ou de permuta do qual conste cláusula de imissão na posse do imóvel.
(D) Os contratos de compra e venda, promessa de venda, cessão ou promessa de cessão de unidades autônomas são irretratáveis e, uma vez averbados, conferem direito real oponível a terceiros, atribuindo direito à adjudicação compulsória perante o incorporador ou a quem o suceder, inclusive na hipótese de insolvência posterior ao término da obra.
(E) Considera-se incorporação imobiliária a atividade exercida com o intuito de promover e realizar a construção, para alienação total ou parcial, de edificações ou conjunto de edificações compostas de unidades autônomas.

A: incorreta, pois o Cartório de Registro de Imóveis responde civil e criminalmente se efetuar o arquivamento de documentação contraveniente à lei ou der certidão sem o arquivamento de todos os documentos exigidos (art. 32, § 7º, da Lei 4.591/1964); B: incorreta, pois além de pessoa jurídica, o incorporador pode ser também pessoa física. Ademais a assertiva encontra-se incompleta. Neste sentido, art. 29 da Lei 4.591/64, *in verbis*: "Considera-se incorporador a pessoa física ou jurídica, comerciante ou não, que embora não efetuando a construção, compromisse ou efetive a venda de frações ideais de terreno objetivando a vinculação de tais frações a unidades autônomas, em edificações a serem construídas ou em construção sob regime condominial, ou que meramente aceite propostas para efetivação de tais transações, coordenando e levando a termo a incorporação e responsabilizando-se, conforme o caso, pela entrega, a certo prazo, preço e determinadas condições, das obras concluídas"; C: incorreta, pois o incorporador somente poderá negociar sobre unidades autônomas após ter *arquivado* (não registrado) no cartório competente de Registro de Imóveis, o título de propriedade de terreno, ou de promessa, irrevogável e irretratável, de compra e venda ou cessão de direitos ou de permuta do qual conste cláusula de imissão na posse do imóvel (art. 32, *a*, da Lei 4.591/1964); D: incorreta, pois os contratos de compra e venda, promessa de venda, cessão ou promessa de cessão de unidades autônomas são irretratáveis e, uma vez *registrados* (e não averbados), conferem direito real oponível a terceiros, atribuindo direito à adjudicação compulsória perante o incorporador ou a quem o suceder, inclusive na hipótese de insolvência posterior ao término da obra (art. 32, §2º da Lei 4.591/1964); E: correta (art. 28, parágrafo único, da Lei 4.591/1964).
Gabarito "E."

**(Cartório/RN – 2012 – IESES)** Do condomínio edilício, assinale a assertiva correta:

(A) Para ser oponível contra terceiros, a convenção do condomínio não necessita ser registrada no Cartório de Registro de Imóveis, necessitando apenas estar disponível aos proprietários de suas unidades imobiliárias.
(B) Qualquer unidade imobiliária pode ser privada do acesso ao logradouro público.
(C) A convenção de condomínio aprovada, ainda que sem registro, é eficaz para regular as relações entre os condôminos.
(D) O terraço de cobertura é parte comum, devendo sempre constar na escritura de constituição do condomínio tal fato.

A: incorreta, pois para ser oponível a terceiros, a convenção de condomínio deve estar devidamente registrada no Cartório de Registro de Imóveis (art. 1.333, parágrafo único, do CC). Caso contrário vinculará apenas as partes signatárias; B: incorreta, pois nenhuma unidade imobiliária pode ser privada do acesso ao logradouro público (art. 1.331, § 4º, do CC); C: correta, pois ratificada por todos os condôminos, a convenção de condomínio tem eficácia desde logo, independentemente de registro (art. 1.333 *caput*, do CC); D: incorreta, pois o terraço de cobertura, em regra, é parte comum, salvo disposição contrária da escritura de constituição do condomínio (art. 1.331, §5º, do CC).
Gabarito "C."

**(Cartório/SP – II – VUNESP)** No que concerne à convenção de condomínio, é correto dizer que, desde que reúna as assinaturas de titulares de direitos

(A) que representem a maioria das frações ideais que compõem o condomínio, considera-se aprovada a convenção, que deverá ser registrada no Registro de Imóveis.
(B) que representem, no mínimo, dois terços das frações ideais que compõem o condomínio, considera-se aprovada a convenção, que deverá ser registrada no Registro de Imóveis.
(C) que representem a maioria das frações ideais que compõem o condomínio, considera-se aprovada a convenção, que deverá ser registrada no Registro de Títulos e Documentos.
(D) que representem, no mínimo, dois terços das frações ideais que compõem o condomínio, considera-se aprovada a convenção, que deverá ser registrada no Registro de Títulos e Documentos.

Desde que subscrita pelos titulares de pelo menos dois terços das frações ideais, a convenção de condomínio torna-se, desde logo obrigatória para os titulares de direitos sobre as unidades, ou para quantos sobre elas tenham posse ou detenção. Neste passo, deverá ser registrada no Cartório de Registro de Imóveis para ser oponível a terceiro (art. 1.333 do CC).
Gabarito "B."

**(Cartório/SP – 2011 – VUNESP)** Assinale a alternativa correta a respeito do condomínio edilício.

(A) A instituição é ato solene, somente pode ser realizada por escritura pública.
(B) É possível determinar na escritura de constituição do condomínio que o terraço de cobertura não seja parte comum do prédio.

(C) A Convenção que constitui o condomínio deve ser subscrita pelos titulares de, no mínimo, metade das frações ideais.
(D) Num edifício de apartamentos é vedada a alienação de garagem de um condômino a outro.

A: incorreta, pois o condomínio pode ser instituído por ato particular *inter vivos* ou testamento, registrado no Cartório do Registro de Imóveis (art. 1.332, *caput*, do CC); B: correta (art. 1.331, § 5º, do CC); C: incorreta, pois a convenção deve ser subscrita por no mínimo dois terços dos titulares de frações ideais (art. 1.333 do CC); D: incorreta, pois a alienação de garagem de um condômino a outro é perfeitamente permitida, sendo vedado, entretanto, a alienação ou locação a pessoas estranhas ao condomínio, salvo autorização expressa em contrário na convenção (art. 1.331, § 1º, do CC e Enunciados 91 e 320 do CJF).
Gabarito "B".

(Cartório/SP – 2012 – VUNESP) A Convenção Condominial tem natureza jurídica de

(A) ato jurídico em sentido estrito.
(B) negócio jurídico plurilateral.
(C) negócio jurídico unilateral.
(D) negócio jurídico bilateral.

Trata-se de negócio jurídico plurilateral. *Negócio jurídico*, pois se constitui em declaração de vontade qualificada, cujos efeitos são regulados pelos próprios interessados. *Plurilateral*, pois firmado por várias partes em conjunto, com interesses comuns.
Gabarito "B".

(Cartório/SP – 2012 – VUNESP) Condomínio que existe em virtude da propriedade comum de lindeiros quanto à meação de paredes, cercas, muros e valas entre casas denomina-se:

(A) Condomínio *in solidum*.
(B) Condomínio voluntário.
(C) Condomínio edilício.
(D) Condomínio necessário.

A: incorreta, pois o condomínio *in solidum*, ou condomínio *em solidariedade* é figura impossível de se constituir no ordenamento, haja vista a impossibilidade de existir propriedade ou posse de duas ou mais pessoas solidariamente, sobre a mesma coisa de maneira sobreposta, o que significa dizer que o fato de já haver um *dominus* exclui totalmente a ideia de haver um outro dono, mesmo sendo lícita a sua pertinência a mais de um sujeito, *pro parte*; B: incorreta, pois condomínio voluntário é o resultante do acordo de vontades, como a aquisição conjunta de um bem; C: incorreta, pois condomínio edilício é aquele caracterizado pela existência de uma propriedade comum ao lado de uma propriedade privativa (art. 1.331 do CC); D: correta, pois é aquele resultante da imposição da ordem jurídica, como consequência do estado de indivisão da coisa, justamente como as paredes, cercas, muros e valas.
Gabarito "D".

## 6.5. DIREITO REAIS NA COISA ALHEIA FRUIÇÃO

(Cartório/MG – 2012 – FUMARC) De acordo com o Código Civil Brasileiro, a respeito do usufruto, cabe ao usufrutuário

(A) transferir o usufruto por alienação.
(B) pagar as deteriorações resultantes do exercício regular do usufruto.
(C) o direito à posse, o domínio, o uso, a administração e a percepção dos frutos.
(D) pagar as prestações e os tributos devidos pelos rendimentos da coisa usufruída.

A: incorreta, pois o direito de usufruto não pode ser transferido por alienação. Contudo, ressalte-se que o seu exercício pode ceder-se por título gratuito ou oneroso (art. 1.393 do CC); B: incorreta, pois as deteriorações decorrentes do uso regular não são indenizáveis (art. 1.402 do CC); C: incorreta, pois o usufrutuário não tem o direito ao domínio da coisa, na medida em que essa prerrogativa é apenas no proprietário (art. 1.394 do CC); D: correta, pois as obrigações tributárias são de responsabilidade do usufrutuário (art. 1.403, II, do CC).
Gabarito "D".

(Cartório/RN – 2012 – IESES) Sobre as Servidões, assinale a assertiva **INCORRETA**:

(A) Restringir-se-á o exercício da servidão às necessidades do prédio dominante, evitando-se, quando possível, agravar o encargo ao prédio serviente.
(B) O dono do prédio serviente não poderá embaraçar de modo algum o exercício legítimo da servidão.
(C) Mesmo nas desapropriações, a servidão, uma vez registrada, só se extingue, com respeito a terceiros, quando cancelada.
(D) Uma das formas de extinção da servidão, ficando ao dono do prédio serviente a faculdade de fazê-la cancelar, mediante prova da extinção, se dá pelo não uso, durante 10 (dez) anos contínuos.

A: correta (art. 1.385, *caput*, do CC); B: correta (art. 1.383 do CC); C: incorreta, pois no caso de desapropriação a servidão se extingue com relação a terceiros, independentemente do cancelamento do registro (art. 1.387, *caput*, do CC); D: correta (art. 1.389, III, do CC).
Gabarito "C".

(Cartório/SP – 2011 – VUNESP) Em relação ao usufruto, é correto afirmar que

(A) não se pode transferir o usufruto por alienação.
(B) não se pode ceder seu exercício por título gratuito.
(C) não se pode ceder seu exercício por título oneroso.
(D) pode ser transferido por alienação.

"O usufruto pode não pode ser transferido por alienação; mas o seu exercício pode ceder-se a título gratuito ou oneroso" (art. 1.393 do CC).
Gabarito "A".

(Cartório/ES – 2007 – FCC) A respeito do usufruto, é certo que:

(A) Se a coisa estiver segurada, incumbe ao proprietário pagar as contribuições do seguro.
(B) O usufrutuário pode mudar a destinação econômica do prédio sem expressa autorização do proprietário.
(C) O usufrutuário é obrigado a pagar as deteriorações resultantes do exercício regular do usufruto.
(D) Incumbe ao proprietário as prestações e os tributos devidos pela posse ou rendimento da coisa usufruída.
(E) Não se pode transferir o usufruto por alienação, mas o seu exercício pode ceder-se por título gratuito ou oneroso.

A: incorreta, pois se a coisa estiver segurada incumbe ao *usufrutuário* (e não ao proprietário) pagar as contribuições do seguro (art. 1.407, *caput*, do CC); B: incorreta, pois o usufrutuário apenas pode mudar

a destinação econômica do prédio com autorização do proprietário (art. 1.399 do CC); C: incorreta, pois o usufrutuário *não* é obrigado a pagar as deteriorações resultantes do exercício regular do usufruto (art. 1.402 do CC); D: incorreta, pois incumbe ao *usufrutuário* (e não ao proprietário) as prestações e os tributos devidos pela posse ou rendimento da coisa usufruída; E: correta (art. 1.393 do CC).
Gabarito "E".

**(Cartório/PR – 2007)** Com a entrada em vigor do Código Civil de 2002 ocorreu a derrogação da Lei 10.257/2001 – Estatuto da Cidade – no que tange ao direito de superfície. O direito de superfície passou a ser regulado inteiramente pelos artigos 1.369 a 1.377 do CC/2002. Sobre o direito de superfície, é correto afirmar:

(A) Trata-se do direito de o proprietário de imóvel, urbano ou rural, conceder a outrem o direito de construir ou de plantar em seu terreno, por tempo determinado, mediante escritura pública devidamente registrada no Cartório de Registro de Imóveis competente.
(B) O direito de superfície pode transferir-se a terceiros e, por morte do superficiário, aos seus herdeiros, podendo ser estipulado pelo concedente, pagamento pela transferência.
(C) Resolver-se-á a concessão do direito de superfície somente na ocorrência do termo final, mesmo que o superficiário dê ao terreno destinação diversa daquela para que foi concedida.
(D) Extinta a concessão, o proprietário passará a ter a propriedade plena sobre o terreno, construção ou plantação, não tendo o superficiário direito à indenização, ainda que haja previsão expressa nesse sentido.
(E) Em caso de extinção do direito de superfície, a indenização será paga ao proprietário exclusivamente.

A: correta, pois essa é exatamente a definição constante do art. 1.369, *caput*, do CC; B: incorreta, pois embora a primeira parte da assertiva esteja de acordo com o art. 1.372, *caput*, o concedente não pode exigir qualquer pagamento pela transferência (art. 1.372 parágrafo único, do CC); C: incorreta, pois antes da ocorrência do termo final resolve-se o direito de superfície se o superficiário der ao terreno destinação diversa daquela para que foi concedida (art. 1.374 do CC); D: incorreta, pois se houver previsão expressa no sentido de que o superficiário tem direito a indenização, o proprietário deverá indenizá-lo (art. 1.375 do CC); E: incorreta, pois no caso de extinção do direito de superfície, o superficiário terá direito a indenização se assim tiver sido estipulado (art. 1.375 do CC). No caso de extinção em consequência de desapropriação, tanto o proprietário como o superficiário terão direito de ser indenizados, no valor correspondente ao direito real de cada um (art. 1.376 do CC).
Gabarito "A".

**(Cartório/RJ – 2008 – UERJ)** O usufruto constituído em favor de pessoa jurídica extingue-se com esta, ou se ela perdurar pelo decurso temporal de:

(A) 10 (dez) anos a partir de seu exercício
(B) 30 (trinta) anos a partir de seu exercício
(C) 40 (quarenta) anos a partir de seu exercício
(D) 60 (sessenta) anos a partir de seu exercício
(E) 100 (cem) anos a partir de seu exercício

Nos termos do art. 1.410, III do CC, o usufruto será extinto se a pessoa jurídica perdurar pelo decurso de trinta anos da data em que se começou a exercer o direito.
Gabarito "B".

**(Cartório/RJ – 2008 – UERJ)** Constituí direito real:

(A) a doação
(B) a herança
(C) o usufruto
(D) a herança jacente
(E) todas as respostas anteriores

O rol taxativo de direitos reais está previsto no art. 1.225 do CC, sendo que dentre as opções elencadas acima apenas o *usufruto* faz parte do elenco ali previsto (art. 1.225, IV, do CC).
Gabarito "C".

**(Cartório/SC – 2008)** Assinale a alternativa correta:

(A) O usufrutuário pode usufruir do prédio em pessoa, ou mediante arrendamento, com a possibilidade, inclusive, de alterar a sua destinação econômica, independentemente da autorização do proprietário.
(B) Não se pode transferir o usufruto por alienação; mas o seu exercício pode ser cedido por título gratuito ou oneroso.
(C) O usufrutuário é obrigado a pagar as deteriorações resultantes do exercício regular do usufruto.
(D) O usufruto de imóveis, mesmo quando resulte de usucapião, constituir-se-á mediante registro no Cartório de Registro de Imóveis.
(E) Os frutos civis vencidos na data inicial do usufruto pertencem ao usufrutuário; e os vencidos na data em que cessa o usufruto, ao proprietário.

A: incorreta, pois o usufrutuário apenas pode mudar a destinação econômica do prédio se expressamente autorizado pelo proprietário (art. 1.399 do CC); B: correta (art. 1.393 do CC); C: incorreta, pois o usufrutuário *não* é obrigado a pagar as deteriorações resultantes do exercício regular do usufruto (art. 1.402 do CC); D: incorreta, pois o usufruto de imóveis, *apenas quando não resulte de usucapião*, constituir-se-á mediante registro no Cartório de Registro de Imóveis (art. 1.391 do CC); E: incorreta, pois os frutos civis, vencidos na data inicial do usufruto, pertencem ao *proprietário* (e não ao usufrutuário), e ao *usufrutuário* (e não ao proprietário) os vencidos na data em que cessa o usufruto (art. 1.398 do CC).
Gabarito "B".

**(Cartório/SP – II – VUNESP)** Assinale a alternativa verdadeira.

(A) A concessão do direito de superfície poderá ser gratuita ou onerosa.
(B) Por morte do superficiário, o direito de superfície será extinto.
(C) O direito de superfície não pode ser transferido a terceiros.
(D) O direito de superfície não abrange o direito de utilizar o subsolo.

A: correta (art. 1.370 do CC); B: incorreta, pois com a morte do superficiário não necessariamente o direito de superfície será extinto, pois a lei permite que ele seja transmitido aos herdeiros (art. 1.372, *caput*, do CC); C: incorreta, pois o direito de superfície *pode* transferir-se a terceiros (art. 1.372 do CC); D: incorreta, pois o direito de superfície abrange o direito de usar o subsolo de forma excepcional, desde que seja inerente ao objeto da concessão (art. 1.369, parágrafo único, do CC).
Gabarito "A".

**(Cartório/SP – III – VUNESP)** A respeito do usufruto, direito real sobre coisas alheias, assinale a proposição incorreta.

(A) O usufrutuário tem direito a posse, uso, administração e percepção dos frutos.
(B) usufruto de imóveis, quando não resulte de usucapião, constituir-se-á de transcrição no Registro de Imóveis.
(C) Os frutos civis vencidos na data inicial do usufruto pertencem ao proprietário, e ao usufrutuário, os vencidos na data em que cessa o usufruto.
(D) Salvo disposição em contrário, o usufruto não se estende aos acessórios da coisa e seus acrescidos.

A: correta (art. 1.394 do CC); B: correta (art. 1.391 do CC); C: correta (art. 1.398 do CC); D: incorreta (devendo ser assinalada), pois em regra o usufruto estende-se aos acessórios da coisa e seus acrescidos, salvo disposição em contrário (art. 1.392, *caput*, do CC).
Gabarito "D".

**(Cartório/SP – IV – VUNESP)** Considere as seguintes informações:

I. É possível o registro imobiliário de compromisso de venda e compra em que o promitente-comprador consta como usufrutuário na matrícula do imóvel, não havendo necessidade de prévia renúncia ao usufruto.
II. Usufrutuário não pode alienar o usufruto em si, mas pode ceder a terceiro o seu exercício a título oneroso ou gratuito, cessão essa que não pode ingressar no fólio real, pois apenas gera direito pessoal (não direito real).
III. Usufrutuário não pode alienar o imóvel, mas pode dispor dos frutos ou rendimentos e, assim, admite-se que os ofereça em anticrese, em escritura pública que comporta registro imobiliário.
IV. Titulares de domínio pleno, de domínio útil e de domínio resolúvel têm legitimação para instituir usufruto, mas compromissário comprador não a tem.

Pode-se dizer que

(A) todas as afirmações estão corretas.
(B) todas as afirmações estão incorretas.
(C) estão corretas apenas as afirmações II e IV.
(D) estão corretas apenas as afirmações I e III.

I: correta, pois não há nenhuma proibição ou incompatibilidade legal de o usufrutuário tornar-se promitente-comprador do imóvel. O compromisso pode ser registrado, mas enquanto a venda não se consolidar o direito de propriedade continuará com os seus atributos desmembrados, e teremos ainda a figura do nu-proprietário/promitente-vendedor e do usufrutuário/promitente-comprador. Transferida a propriedade por meio do registro, o direito de propriedade consolidar-se-á de forma plena nas mãos deste último, extinguindo-se assim o direito real de usufruto nos termos do art. 1.410, VI, do CC; II: correta, pois, de fato o direito ao usufruto é inalienável pelo usufrutuário, podendo ele apenas ceder o seu exercício a título oneroso ou gratuito (art. 1.393 do CC). Note que a propriedade é formada por quatro atributos: usar, gozar, dispor e reivindicar. Instituído o usufruto, concede-se ao usufrutuário o direito de usar e gozar da coisa, reservando o proprietário o direito de dispor e reivindicar (por isso que neste caso o proprietário passa a ser denominado "nu-proprietário", pois é como se sua propriedade estivesse "despida"). Apenas aquele que tem a propriedade plena (isto é, o proprietário) é que tem a possibilidade de desmembrá-la e instituir novos direitos reais sobre ela. Isso nos leva a concluir qualquer ato tomado pela usufrutuário com relação ao seu direito de usufruto apenas gerará direito pessoal em relação a terceiro, e não direito real, haja vista ele possuir apenas alguns atributos da propriedade; III: correta, pois considerando que a lei concede ao usufrutuário o direito a percepção de frutos, isso significa que ele se tornará proprietário desses frutos (art. 1.394 do CC). Neste passo, prevê o art. 1.396 do CC que o usufrutuário faz seus os frutos naturais, pendentes ao começar o usufruto, salvo direito adquirido por outrem e, no que tange aos frutos civis pertencem ao usufrutuário os vencidos na data em que cessa o usufruto. (art. 1.398 do CC). Assim, o usufrutuário obtém a permissão para alienar esses frutos, afinal é seu proprietário. Nesta linha de raciocínio, pode, portanto, dar o bem em anticrese, pois nos termos do art. 1.420 do CC "Só aquele que pode alienar poderá empenhar, hipotecar ou dar em anticrese; só os bens que se podem alienar poderão ser dados em penhor, anticrese ou hipoteca". Por fim, o direito real de garantia constituído pela anticrese é perfeitamente registrável no Cartório de Registro de Imóveis, conforme art. 167, I, item 11 da Lei 6.015/1973; IV: correta, pois tanto no domínio pleno, quanto no domínio útil, quanto no domínio resolúvel não ocorre o desmembramento dos atributos da propriedade. Daí, em todos esses casos o seu titular tem legitimação para instituir o usufruto, pois continua inserido na figura de proprietário. No que concerne ao compromissário-comprador, embora a promessa de compra e venda se constitua num direito real (o que lhe garante o direito a adjudicação compulsória caso não seja cumprida, arts. 1.417 a 1.418 do CC), esta via não é hábil para transferir a propriedade. Essencialmente, a promessa de compra e venda apenas reflete um acordo de intenções, em que a lei lhe atribuiu eficácia real. De qualquer forma, a propriedade apenas será realmente transmitida com o registro. Neste espeque, apenas nesse momento o compromissário-comprador tornar-se-á proprietário pleno, podendo exercer todos os direitos daí inerentes, inclusive o de instituir o usufruto em favor de outrem.
Gabarito "A".

**(Cartório/SP – IV – VUNESP)** Quando o usufruto resulta de reserva na doação da coisa, além de usufruto reservado, também é conhecido como

(A) usufruto restrito.
(B) usufruto impróprio (ou quase-usufruto).
(C) usufruto deducto.
(D) usufruto sucessivo.

O usufruto reservado também é conhecido como usufruto deducto. Dá-se quando o proprietário aliena tão somente a nua-propriedade, por venda ou doação. Dedução vem do latim *deductione*, que significa "reduzir", "subtrair". Destarte, o usufruto deducto nada mais é do que o usufruto reservado, ainda que não explicitada a reserva, pois ela de deduz. Assim, se "A" faz uma doação ou venda a "B" da nua-propriedade de um imóvel, mesmo que não se faça menção no título, deduz-se a reserva do usufruto, pois sendo transmitida unicamente a nua-propriedade continua o outorgante como titular da posse direta e do domínio útil.
Gabarito "C".

**(Cartório/SP – V – VUNESP)** O direito do usufrutuário pode ser penhorado e alienado em hasta pública?

(A) Sim, desde que na instituição do usufruto não tenha sido convencionada a cláusula de impenhorabilidade sobre esse direito.
(B) Sim, desde que o nu-proprietário seja intimado da penhora.
(C) Não. Apenas o exercício desse direito pode ser penhorado e os frutos produzidos servirão para pagar a dívida.
(D) Sim, porém somente após a extinção da nua-propriedade.

Prevê o art. 649, I, do CPC que são impenhoráveis os bens/direitos inalienáveis. Considerando que o art. 1.393 do CC veda a alienação do direito ao usufruto, portanto, a sua penhora também está absolu-

tamente vedada. A razão de ser impenhorável o usufruto é simples: sendo um direito com caráter personalíssimo – uma servidão pessoal– é contrário à sua essência torná-lo alienável. Se assim não fosse, o direito poderia ser levado à hasta pública, e consequentemente seria alterado o seu titular. Ademais, se o usufrutuário pudesse alienar o seu direito ao usufruto, haveria sério risco de o nu-proprietário jamais recuperar a propriedade plena. Isso porque, caso o usufruto não tenha sido instituído por tempo certo, é possível que tenha sido instituído de forma vitalícia, o que apenas o extinguirá com a morte do usufrutuário. Assim, caso este último pudesse alienar o seu direito, quando sentisse que está perto de morrer poderia transmiti-lo a terceiro e assim sucessivamente. De outra parte, permite-se, contudo, a penhora ao *exercício* do usufruto, isto é, aos frutos dele decorrentes.Nesta esteira, tais frutos são de propriedade do usufrutuário, o que significa que são bens que integram o seu patrimônio. Daí, plenamente possível a sua penhora para o pagamento de dívida.
Gabarito "C".

**(Cartório/SP – VI – VUNESP)** Quanto ao usufruto

(A) constituído vitaliciamente em favor de duas ou mais pessoas, reverterá em favor dos sobreviventes, acrescendo aos quinhões destes a parte do falecido, salvo se, por estipulação expressa, extinguir-se em relação a cada uma das que falecerem.
(B) constituído vitaliciamente em favor de duas ou mais pessoas, extinguir-se-á a parte em relação a cada uma das que falecerem, salvo se, por estipulação expressa, o quinhão desses couber ao sobrevivente.
(C) não se pode transferir por alienação, nem o seu exercício pode ceder-se a título gratuito ou oneroso.
(D) não poderá ser instituído com termo (ou prazo) de duração.

A: incorreta, pois a regra é justamente o contrário. Caso o usufruto seja constituído em favor de duas ou mais pessoas, extinguir-se-á a parte em relação a cada uma das que falecerem, salvo se, por estipulação expressa, o quinhão desses couber ao sobrevivente (art. 1.411 do CC); B: correta, (art. 1.411 do CC);C: incorreta, pois é possível a cessão do exercício do usufruto a título oneroso ou gratuito (art. 1.393 do CC); D: incorreta, pois o usufruto pode ser constituído de forma vitalícia ou com prazo certo, consoante se extrai do art. 1.410, II, do CC.
Gabarito "B".

**(Cartório/SP – 2012 – VUNESP)** Os frutos civis vencidos quando do início do usufruto pertencem ao

(A) proprietário.
(B) usufrutuário.
(C) proprietário e usufrutuário, em igualdade.
(D) Estado.

Os frutos civis vencidos quando do início do usufruto pertencem ao proprietário, nos termos do art. 1.398 do CC.
Gabarito "A".

## 6.6. DIREITOS REAIS SOBRE COISA ALHEIA GARANTIA

**(Cartório/AM – 2005 – FGV)** Assinale a alternativa que não complete corretamente a proposição a seguir: Os contratos de penhor ou hipoteca declararão, sob pena de não terem eficácia, .

(A) o bem dado em garantia com as suas especificações
(B) o valor do crédito, sua estimação, ou valor máximo
(C) o prazo fixado para pagamento
(D) a taxa de juros, se houver
(E) cláusula que autoriza o credor pignoratício ou hipotecário a ficar com o objeto da garantia, se a dívida não for paga no vencimento.

Os requisitos dos contratos de penhor e hipoteca estão enumerados no art. 1.424 do CC, sendo que o único item não consta do seu rol é a *cláusula que autoriza o credor pignoratício ou hipotecário a ficar com o objeto da garantia, se a dívida não for paga no vencimento*. Portanto, a alternativa "E" está incorreta.
Gabarito "E".

**(Cartório/AM – 2005 – FGV)** A respeito de hipoteca, assinale a alternativa que não encontre respaldo no Código Civil.

(A) A hipoteca extingue-se pela resolução da propriedade.
(B) O registro da hipoteca legal vale mesmo depois de extinta a obrigação, sendo que a sua especialização deve ser renovada de cinco em cinco anos.
(C) As hipotecas são registradas no cartório do lugar do imóvel, ou no de cada um deles, se o título se referir a mais de um.
(D) A Lei confere hipoteca ao credor sobre o imóvel arrematado para garantia do pagamento do restante do preço da arrematação.
(E) A hipoteca extingue-se pela remissão.

A: incorreta, pois esta previsão se encontra no art. 1.499, III, do CC; B: correta, pois no que tange ao assunto o Código Civil prevê regra diversa, isto é, determina que vale o registro da hipoteca, enquanto a obrigação perdurar; mas a especialização, em completando vinte anos, deve ser renovada (art. 1.498 do CC); C: incorreta, pois a assertiva encontra respaldo no art. 1.492 do CC; D: incorreta, pois de acordo com o previsto no art. 1.489, V, do CC; E: incorreta, pois a remissão é uma das formas legais de extinção da hipoteca, conforme art. 1.499, V, do CC.
Gabarito "B".

**(Cartório/MS – 2009 – VUNESP)** Analisando as características jurídicas da hipoteca, aponte a alternativa correta.

(A) A arrematação extingue a hipoteca, pois tem conteúdo de aquisição originária, livre dos ônus que anteriormente gravavam o bem por esse meio adquirido.
(B) A hipoteca firmada entre a construtora e o agente financeiro, antes da alienação da unidade autônoma do empreendimento, tem eficácia para o adquirente.
(C) Por ser um efeito de sentença condenatória, a hipoteca judiciária pode ser constituída unilateralmente, sem opções ao devedor.
(D) A hipoteca judiciária é um efeito secundário da sentença condenatória, obstando sua efetivação a pendência de julgamento de apelação recebida em ambos os efeitos.
(E) Enquanto não registrado o acordo de constituição da hipoteca, ou quando for inscrito indevidamente, há apenas vínculo de direito real entre os acordantes.

A: correta, pois a arrematação é uma das formas originárias de aquisição da propriedade imóvel, uma vez que se constitui em aquisição de forma direta e independente do antigo proprietário, sem com este manter qualquer vínculo. Por tal razão, o imóvel arrematado virá livre de qualquer ônus ou gravame, extinguindo-se, portanto, eventual hipoteca que sobre ele recaia (art. 1.499, VI, do CC). Mas a lei faz uma

ressalva no sentido de que "não extinguirá a hipoteca, devidamente registrada, a arrematação ou adjudicação, sem que tenham sido notificados judicialmente os respectivos credores hipotecários, que não forem de qualquer modo partes na execução" (art. 1.501 do CC); B: incorreta, pois a hipoteca firmada entre a construtora e o agente financeiro, antes da alienação da unidade autônoma do empreendimento, *não* tem eficácia para o adquirente (Súmula 308 do STJ); C: incorreta, pois apesar de a hipoteca judicial poder ser requerida independentemente da anuência do devedor, preenchidos apenas os requisitos legais (existência de uma sentença condenando a entregar coisa ou quantia; liquidez do ato decisório; especialização; registro na forma prescrita na Lei de Registros Públicos; e para alguns o transito em julgado da decisão) por se constituir consequência imediata da sentença, é inegável que para sua constituição dever-se-á respeitar o devido processo legal. Neste passo, prevê o art. 5º, LIV, da CF que "Ninguém será privado da liberdade ou de seus bens sem o devido processo legal". Daí, a plenitude da defesa reclama sejam os sujeitos parciais do processo cientificados de todos os atos praticados no desenrolar do processo, com a possibilidade de manifestarem-se. Desta forma o devedor terá pleno direito a observância do contraditório, pois ínsito à sistemática do Código de Processo Civil. Isso porque, da própria constituição da penhora – objetivando, igualmente a garantir a efetividade futura de provimento condenatório – o devedor se manifesta a cada momento (arts. 652, 654, 655, 668 e 669 do CPC), daí não pode restar dúvida de que para a hipoteca em apreço, o devedor também necessita ser ouvido. D: incorreta, pois há forte posicionamento no sentido de que a hipoteca judiciária pode ser efetuada, mesmo que não tenha ocorrido o trânsito em julgado da sentença. Theotonio Negrão, à luz do transcrito art. 466, aduz que a hipoteca judiciária "é consequência imediata da sentença, pouco importando a pendência ou não de recurso contra esta" (*Código de Processo Civil e legislação processual em vigor*. 31. ed. São Paulo: Saraiva, 2000).Verifica-se, nesse sentido, que, na esteira de alguns precedentes, a 12ª Câmara do 1º Tribunal de Alçada Civil de São Paulo, em julgamento unânime, teve oportunidade de patentear que, *in verbis*:"A sentença que condena o réu no pagamento de prestação em dinheiro vale como título constitutivo de hipoteca judiciária (CPC, art. 466, *caput*).Cuida-se de efeito que não depende do trânsito em julgado da decisão, nascendo da publicação da sentença de mérito condenatória (Vicente Greco Filho, *Direito Processual Civil Brasileiro*, vol. 2/230; Wellington Moreira Pimentel, *Comentários ao Código de Processo Civil*, vol. III/567; Humberto Theodoro Júnior, *Processo de conhecimento*, vol. II/667); E: incorreta, pois enquanto não registrado o acordo de constituição da hipoteca, ou quando for inscrito indevidamente, há apenas vínculo de *direito pessoal* (e não real) entre os acordantes, sem o direito de sequela e sem o direito de preferência.
Gabarito "A".

**(Cartório/RJ – 2012)** Sobre hipoteca, analise as assertivas abaixo.

I. Pode ser objeto de hipoteca o domínio direto, mas não o domínio útil.
II. O dono do imóvel hipotecado pode constituir outra hipoteca sobre ele, mediante novo título, desde que em favor de outro credor.
III. O adquirente do imóvel hipotecado, desde que não se tenha obrigado pessoalmente a pagar as dívidas aos credores hipotecários, poderá exonerar-se da hipoteca, abandonando-lhes o imóvel.

É correto o que se afirma em

(A) I, apenas.
(B) II, apenas.
(C) III, apenas.
(D) I e III, apenas.
(E) II e III, apenas.

I: incorreta, pois o domínio útil também pode ser objeto de hipoteca (art. 1.473, III, do CC); II: incorreta (art. 1.476 do CC); III: correta (art. 1.479 do CC)
Gabarito "C".

**(Cartório/RJ – 2008 – UERJ)** O negócio jurídico no qual o devedor entrega ao credor bem móvel como garantia de cumprimento de sua obrigação é denominado:

(A) caução
(B) penhor
(C) hipoteca
(D) anticrese
(E) garantia fiduciária

A: incorreta, pois caução é um termo genérico que abrange várias espécies de garantia. Está prevista nos arts. 826 a 838 do CPC; B: correta, pois o penhor é um direito real de garantia que recai sobre coisa imóvel e fica constituído de acordo com a tradição, a transferência efetiva da posse da coisa ao credor, que passa a ser depositário da coisa. Por se tratar de contrato solene, deverá ser levado a registro, sendo que no penhor comum este se dará no Cartório de Títulos e Documentos (arts. 1.431 a 1.434 do CC e art. 127, II, da Lei 6.015/1973) ; C: incorreta, pois hipoteca é o direito real em garantia que recai sobre imóveis e seus acessórios, o domínio direto, o domínio útil, as estradas de ferro, os navios, as aeronaves, dentre outros. Abrange as ações e melhoramentos feitos posteriormente no imóvel. A hipoteca deve ser registrada no cartório do lugar do imóvel (arts. 1.473 a art. 1.505 do CC e art. 167, I, item 2, da Lei 6.015/1973); D: incorreta, pois anticrese é o direito real de garantia em que o devedor entrega imóvel ao credor, que recebe o direito de perceber os frutos e rendimentos da coisa, para compensação da dívida. Deverá ser registrada junto ao Cartório de Registro de Imóveis para a sua devida constituição. (art.1.506 do CC e art. 167, I, item 11 da Lei 6.015/1973); E: incorreta, pois garantia fiduciária é uma forma de garantia derivada da alienação fiduciária em garantia, por meio da qual o devedor transfere ao credor a propriedade resolúvel e a posse indireta de um bem infungível (art. 1.361 do CC), ou de um bem imóvel (Lei 9.514/1997, arts. 22 a 33), como garantia de seu débito, resolvendo-se o direito do adquirente com o adimplemento da obrigação.
Gabarito "B".

**(Cartório/RJ – 2008 – UERJ)** Relativamente à hipoteca, é correto afirmar que:

(A) a lei veda sua prorrogação
(B) a prorrogação somente dar-se-á por novo contrato
(C) mediante simples averbação, requerida por ambas as partes, poderá prorrogar-se a hipoteca, até 20 (vinte) anos da data do contrato. Desde que perfaça esse prazo, só poderá subsistir o contrato de hipoteca reconstituindo-se por novo título e novo registro; e, nesse caso, lhe será mantida a precedência que então lhe competir
(D) mediante simples averbação, requerida por ambas as partes, poderá prorrogar-se a hipoteca, até 30 (trinta)reconstituindo-se por novo título e novo registro; e, nesse caso, lhe será mantida a precedência que então lhe competir
(E) mediante registro, requerido por ambas as partes, poderá prorrogar-se a hipoteca, até 20 (vinte) anos da data do contrato. Desde que perfaça esse prazo, só poderá subsistir o contrato de hipoteca reconstituindo-se por novo título e novo registro; e, nesse caso, lhe será mantida a precedência que então lhe competir

A alternativa "D" está correta, pois reproduz literalmente o disposto no art. 1.485 do CC; A, B, C e E: incorretas, pois a hipoteca *pode ser prorrogada* mediante simples *averbação*, requerida por ambas as partes, até *trinta anos* da data do contrato. Não necessita, portanto, de novo contrato.

Gabarito "D".

**(Cartório/SP – I – VUNESP)** São direitos reais de garantia:

(A) enfiteuse, penhor e hipoteca.
(B) habitação, anticrese e hipoteca.
(C) servidão, hipoteca e penhor.
(D) penhor, anticrese e hipoteca.

A: incorreta, pois com a entrada em vigor do Código Civil de 2002 a enfiteuse deixou de compor o rol dos direitos reais de garantia (art. 2.038 do CC). A enfiteuse era um direito real que conferia ao seu titular a posse, o uso e o gozo, de imóvel alheio, alienável, o qual se obrigava a pagar ao titular do domínio da coisa uma pensão anual invariável; B: incorreta, pois a habitação constitui direito real de fruição (arts. 1.414 a 1.418 do CC); C: incorreta, pois a servidão constitui direito real de fruição (arts. 1.378 a 1.388 do CC); D: correta (arts. 1.419 a 1.510 do CC)

Gabarito "D".

**(Cartório/SP – I – VUNESP)** No sistema do Código Civil, em matéria de direitos reais de garantia, o chamado pacto comissório

(A) encontra vedação expressa em lei, sendo nula a cláusula que o institui.
(B) admite-se somente na hipoteca.
(C) é perfeitamente lícito.
(D) é proibido, mas a disposição contratual neste sentido mostra-se apenas anulável.

A: correta, pois com o advento do Código Civil de 2002 restou absolutamente vedada a possibilidade de o credor ficar com o objeto da garantia, caso a dívida não seja adimplida no prazo estabelecido. É o que prevê o art. 1.428 do CC, *in verbis*: "É nula a cláusula que autoriza o credor pignoratício, anticrético ou hipotecário a ficar com o objeto da garantia, se a dívida não for paga no vencimento". Entretanto, o legislador faz uma ressalva no parágrafo único do mesmo dispositivo: "Após o vencimento, poderá o devedor dar a coisa em pagamento da dívida". Essa regra veio em boa hora, revogando o disposto no art. 1.163 do CC/1916 que previa que "Ajustado que se desfaça a venda, não se pagando o preço até certo dia, poderá o vendedor, não pago, desfazer o contrato, ou pedir o preço". O texto de seu parágrafo único constava: "Se, em 10 (dez) dias de vencido o prazo, o vendedor, em tal caso, não reclamar o preço, ficará de pleno direito desfeita a venda", isto é, se o devedor deixasse de honrar algum dos pagamentos perderia automaticamente o bem adquirido em favor do alienante, sem devolução dos valores pagos, e ainda, não era necessário notificar o devedor, bastando-se aguardar o transcurso do prazo de (apenas) 10 dias. Atualmente não há mais essa possibilidade, sendo que o STJ entende, inclusive, que a proibição do pacto comissório "não se limita aos casos expressamente previstos" no Código Civil, incidindo em contratos de mútuo, parcelamento do solo, compra e venda e outras formas de transferência da propriedade imobiliária com pagamento protraído no tempo, ou seja, todas as hipóteses em que se conveciona que o credor poderá ficar com o imóvel prometido à venda caso o adquirente não cumpra a forma prevista de pagamento.

Gabarito "A".

**(Cartório/SP – VI – VUNESP)** Na hipoteca convencional,

(A) considera-se insolvente o devedor por faltar ao pagamento das obrigações garantidas por hipotecas posteriores à primeira.
(B) é lícito às partes, no exercício da liberdade de contratar, estipular a proibição de alienação do imóvel hipotecado.
(C) é defeso às partes convencionar que vencerá o crédito hipotecário, se o imóvel for alienado.
(D) é nula a cláusula que proíbe ao proprietário alienar o imóvel hipotecado.

A: incorreta, pois *não* se considera insolvente o devedor por faltar ao pagamento das obrigações garantidas por hipotecas posteriores à primeira (art. 1.477, parágrafo único, do CC); B: incorreta, pois é nula a cláusula que proíbe ao proprietário alienar imóvel hipotecado (art. 1.475, *caput*, do CC); C: incorreta, pois é possível que as partes convencionem que vencerá o crédito hipotecário, se o imóvel for alienado (art. 1.475, parágrafo único, do CC); D: correta (1.475, *caput*, do CC).

Gabarito "D".

**(Cartório/SP – 2011 – VUNESP)** Sobre hipoteca é incorreto afirmar que

(A) não podem ser objeto de hipoteca o domínio direto, o domínio útil e o direito real de uso.
(B) pode convencionar-se que vencerá o crédito hipotecário, se o imóvel for alienado.
(C) é nula a cláusula que proíbe ao proprietário alienar imóvel hipotecado.
(D) a hipoteca pode ser constituída para garantia de dívida futura ou condicionada, desde que determinado o valor máximo do crédito a ser garantido.

A: incorreta (devendo ser assinalada), pois tanto o domínio direto, como o domínio útil, como o direito real de uso podem ser objeto de hipoteca, conforme o art. 1.473, II, III e IX, do CC; B: correta (art. 1.475, parágrafo único, do CC); C: correta (art. 1.475, *caput*, do CC); D: correta (art. 1.487 do CC).

Gabarito "A".

**(Cartório/SP – 2011 – VUNESP)** As hipotecas sobre as estradas de ferro serão registradas no

(A) Registro de Imóveis correspondente à estação final da respectiva linha.
(B) Registro de Imóveis correspondente à estação inicial da respectiva linha.
(C) Registro de Imóveis correspondente à área de maior abrangência da respectiva via férrea.
(D) Registro de Títulos e Documentos correspondente à estação final da respectiva linha.

As hipotecas sobre as estradas de ferro serão registradas no Cartório de Registro de Imóveis, nos termos do art. 167, I, item 2, da Lei 6.015/1973, da localidade correspondente a estação inicial da respectiva linha (art. 1.502 do CC).

Gabarito "B".

**(Cartório/SP – 2012 – VUNESP)** Os bens que podem ser objeto de hipoteca são

(A) todos os bens móveis.
(B) todos os bens imóveis e seus acessórios, excluídos quaisquer outros.
(C) os imóveis, seus acessórios, o domínio direto, o domínio útil, as estradas de ferro, os recursos naturais referidos no art. 1230 do Código Civil, independentemente do solo em que se acham, os navios e as aeronaves.

(D) os imóveis, seus acessórios, o domínio direto, o domínio útil, as estradas de ferro, os recursos naturais referidos no art. 1.230 do Código Civil, independentemente do solo em que se acham. Os navios e aeronaves não poderão ser objeto de hipoteca, porquanto não caracterizam bens imóveis.

Os bens que podem ser objeto de hipoteca estão previstos em extenso rol no art. 1.473 do CC, reproduzidos literalmente na assertiva "C" da questão em comento.
Gabarito "C".

**(Cartório/SP – 2012 – VUNESP)** As hipotecas de vias férreas serão registradas no(a)

(A) Município da sede da empresa ferroviária.
(B) Município do destino final da respectiva linha.
(C) Município da estação inicial da respectiva linha.
(D) Capital do Estado em que estiver sediada a linha, por tratar-se de concessão de serviço público.

As hipotecas de vias férreas serão registradas no Município do destino final da respectiva linha (art. 1.502 do CC).
Gabarito "C".

## 7. FAMÍLIA

### 7.1. CASAMENTO

**(Cartório/AC – 2006 – CESPE)** Quanto ao direito de família, julgue os itens subsequentes.

(1) Considere que uma pessoa adquiriu um imóvel por meio de escritura pública, quando solteira; em seguida, casou-se e, só então, na constância do casamento celebrado pelo regime da comunhão parcial de bens, registrou a escritura pública. Nessa hipótese, o bem será considerado aquesto, ou seja, integrará o patrimônio do casal, pois a transmissão da propriedade só ocorre pelo registro do título de transferência no Registro de Imóveis.

(2) No processo de habilitação para o casamento, os nubentes devem fazer sua opção por um dos regimes de bens previstos em lei, obrigatoriamente, por escritura pública devidamente registrada no cartório competente. A forma prevista para o pacto antenupcial é a escritura pública, ou seja, essa é condição da existência do contrato e da validade do casamento.

1: incorreta, pois o bem não será considerado aquesto. Conceitua-se aquestos como os bens adquiridos na constância do casamento em decorrência do esforço comum. Na hipótese em tela, não houve esforço comum para a aquisição do bem, haja vista que a pessoa o adquiriu quando era solteira. Logo, o imóvel não entrará na comunhão, ainda que o registro de transferência seja efetuado na constância do matrimônio (art. 1.672 do CC); E: errada, pois nos termos do art. 1.640, parágrafo único, do CC, "quanto a forma (da escolha do regime), reduzir-se-á a termo se a opção for pela comunhão parcial, fazendo-se o pacto antenupcial por escritura pública, nas demais escolhas". Vê-se, pois que apenas se a escolha for por um regime diferente do da comunhão parcial é que será necessário o pacto antenupcial por escritura pública. Outra incorreção da assertiva é afirmar que a feitura do pacto por escritura pública é condição de existência e validade do casamento. Na realidade, considerar-se-á nulo o pacto caso não seja feito por escritura pública, e ineficaz caso o casamento não seja celebrado (art. 1.653 do CC). Perceba que os vícios inquinam o pacto, e não o casamento em si.
Gabarito 1E, 2E.

**(Cartório/BA – 2004 – CESPE)** O item seguinte apresenta uma situação hipotética acerca do direito de família, seguida de uma assertiva a ser julgada.

(1) Carlos, ainda jovem, conheceu Efigênia, com quem teve uma filha de nome Marilda. Carlos só viu Marilda no dia do nascimento e sequer a registrou. Anos mais tarde, Carlos se casou com Clarissa, com quem teve um filho chamado Osvaldo. Por força do destino, Osvaldo e Marilda se conheceram, se apaixonaram e se casaram. Em uma confraternização de natal, Osvaldo e Marilda resolveram unir suas famílias. Nesse momento, Carlos e Efigênia se encontraram pela primeira vez após o nascimento de Marilda. Durante o jantar, Efigênia revelou a todos que Marilda e Osvaldo eram irmãos. Nessa situação, o casamento é anulável, em virtude do impedimento existente.

A alternativa está errada, uma vez que não existe essa vedação na legislação. O art. 1.550 do CC traz as causas de anulabilidade do casamento, entretanto não contempla o casamento entre irmãos. Portanto, legalmente o casamento seria plenamente existe, valido e eficaz.
Gabarito 1E.

**(Cartório/BA – 2004 – CESPE)** Maria, aos 14 anos de idade, engravidou de seu então namorado Caio, e teve um filho chamado Petrúcio. Quando Maria fez 15 anos, eles se casaram no regime de comunhão parcial de bens. Ao completar um ano de casado, Caio empreendeu uma viagem com seu único filho. Nessa viagem, ocorreu um acidente e Caio veio a falecer juntamente com seu filho. Dois meses após o falecimento de Caio, Maria e o pai de Caio, Sr. Florêncio, resolveram contrair núpcias. Ocorre que o pai de Maria declarou que não consentiria com esse casamento, por considerá-lo absurdo. Com referência ao caso hipotético apresentado, julgue os itens a seguir.

(1) Se, nesta hipótese, Maria casar-se sem autorização dos pais, será excluída da sucessão por constituir hipótese de indignidade.

(2) Maria tornou-se emancipada com o casamento, pois esta é uma das hipóteses de emancipação.

(3) Maria, para casar-se novamente, dependerá de autorização dos pais. Sendo injusta a denegação dos pais, a falta do consentimento será suprida pelo juiz.

(4) Maria não poderá casar-se com o seu sogro, pois trata-se de impedimento absoluto, que não cessa com a viuvez.

1: incorreta, pois esta causa não é justificante para a exclusão da sucessão por indignidade. Neste passo, o art. 1.814 do CC traz o rol taxativo de motivos para a exclusão e não contempla tal hipótese; 2: correta (art. 5º, parágrafo único, II do CC); 3: incorreta, uma vez que Maria emancipou-se ,em decorrência do primeiro casamento. Daí não precisa de autorização dos pais para contrair novas núpcias. Note que os efeitos da emancipação são definitivos, o que significa dizer que não é porque Maria tornou-se viúva que deixa de ser emancipada; 4: correta (art. 1.521, II, e art. 1.595, § 2º do CC).
Gabarito 1E, 2C, 3E, 4C.

**(Cartório/DF – 2008 – CESPE)** A respeito do direito de família, julgue o item subsequente.

(1) A sociedade conjugal termina pela declaração judicial de ausência de um dos cônjuges.

A alternativa está incorreta, pois a sentença que declara a ausência tem como consequência principal acarretar a abertura da sucessão provisória, nos termos do art. 26 do CC. O término da sociedade conjugal apenas ocorrerá quando for aberta a sucessão definitiva, isto é passados dez anos após o transito em julgado da sentença que concedeu a abertura da sucessão provisória (art. 37 do CC).
Gabarito 1E

**(Cartório/DF – 2006 – CESPE)** A respeito do direito de família, julgue os itens subsequentes.

(1) O nubente que possuir vários sobrenomes em seu nome pode, ao se casar, suprimir um ou mais desses, desde que conserve, ao menos, um deles, ao acrescentar o sobrenome do outro nubente.

(2) Caso seja celebrado um casamento religioso sem as formalidades da lei civil, o registro civil poderá ser feito a qualquer tempo, bastando que se faça a devida habilitação perante a autoridade competente. Nesse caso, os efeitos jurídicos do casamento, ainda que tardio o registro, retroagem à data da celebração do casamento religioso.

1: correta. O Código Civil de 2002, em seu art. 1.565, § 1º prevê que "qualquer dos nubentes, querendo, poderá acrescer ao seu sobrenome o do outro". O dispositivo trouxe uma verdadeira inovação frente ao art. 70, item 8º da Lei 6.015/1973, o qual previa que apenas a mulher poderia ter o nome alterado. No que tange supressão de alguns nomes de solteiro, essa possibilidade varia conforme os estados da federação. Em São Paulo, por exemplo isso é possível, nos termos do item 72 das Normas de Serviços da Corregedoria Geral de Justiça do Estado de São Paulo, *in verbis*: "Qualquer dos nubentes, querendo, poderá acrescer ao seu o sobrenome do outro, vedada a supressão total do sobrenome de solteiro"; 2: correta (art. 1.516, § 2º, e art. 1.515 do CC).
Gabarito 1C, 2C

**(Cartório/ES – 2007 – FCC)** No regime de comunhão parcial, entram na comunhão

(A) os bens adquiridos com valores exclusivamente pertencentes a um dos cônjuges em sub-rogação dos bens particulares.
(B) as obrigações anteriores ao casamento.
(C) os bens que sobrevieram, na constância do casamento, por doação ou sucessão.
(D) as benfeitorias em bens particulares de cada cônjuge.
(E) os proventos do trabalho pessoal de cada cônjuge.

Art. 1.660, IV, do CC.
Gabarito "D".

**(Cartório/ES – 2007 – FCC)** A respeito do casamento, é correto afirmar:

(A) O casamento celebrado no Brasil prova-se pela certidão do registro. Justificada a falta ou perda do registro civil, é admissível qualquer outra espécie de prova.
(B) O nubente que, por manifestar-se arrependido, der causa à suspensão da celebração do casamento poderá retratar-se no mesmo dia.
(C) A eficácia da habilitação para o casamento será de trinta dias, a contar da data em que foi extraído o certificado.
(D) Poderá ser anulado o casamento de que resultou gravidez, por não ter um dos cônjuges completado a idade mínima para casar.
(E) Tanto os impedimentos quanto as causas suspensivas do casamento poderão ser opostos verbalmente, dentro do prazo do edital de habilitação.

A: correta (art. 1.543 do CC); B: incorreta (art. 1538, parágrafo único, do CC); C: incorreta, pois o prazo é de 90 dias. (art. 1.532 do CC); D: incorreta (art. 1.551 do CC); E: incorreta, pois poderão ser opostos até o momento da celebração do casamento (art. 1.552 do CC).
Gabarito "A".

**(Cartório/MA – 2008 – IESES)** Em relação ao regime de bens entre os cônjuges, o atual Código Civil prevê:

(A) A impossibilidade de os nubentes, depois do casamento, estipular, quanto aos seus bens, o que lhes aprouver.
(B) A impossibilidade de os nubentes estipular, quantos aos seus bens, o que lhes aprouver.
(C) A possibilidade de os nubentes, mediante autorização judicial, estipular, quanto aos seus bens, o que lhes aprouver.
(D) A possibilidade de os nubentes, antes de celebrado o casamento, estipular, quanto aos seus bens, o que lhes aprouver.

A e B: incorretas, pois os cônjuges podem deliberar sobre o regime de bens, de acordo com sua conveniência, seja no momento da contração das núpcias, seja posteriormente. Neste passo, o Código Civil permite a alteração do regime após a celebração do casamento mediante autorização judicial, desde que haja pedido motivado de ambos os cônjuges, apurada a procedência das razões e não haja prejuízo à terceiro. (art. 1.639, *caput* e § 2º, do CC); C: incorreta, pois os cônjuges deliberam por meio de pacto antenupcial, sendo dispensada a intervenção judicial; D: correta (art. 1.639 do CC).
Gabarito "D".

**(Cartório/MA – 2008 – IESES)** Assinale a alternativa correta:

(A) A habilitação para o casamento poderá ser dispensada, em caso de urgência.
(B) Não é possível a escolha de outro regime de bens na união estável, além do regime legal de comunhão parcial, desde que feito por contrato escrito.
(C) Não é possível a realização do divórcio sem a partilha dos bens.
(D) A união estável independe de declaração ou contrato escrito para seu reconhecimento.

A: incorreta, na medida em que a habilitação não pode ser dispensada, ainda que haja urgência. Neste espeque, o que pode ser dispensada neste caso é a publicação do edital na imprensa oficial (art. 1.527, parágrafo único, do CC); B: incorreta, pois no que se refere a união estável é plenamente possível a escolha de regime de bens diverso da comunhão parcial, desde que haja contrato escrito (art. 1.725 do CC e Enunciado 346 do CJF); C: incorreta (art. 1.581 do CC); D: correta, na medida em que para que a união estável se configure basta que duas pessoas mantenham convivência pública, contínua e duradoura, estabelecida com o objetivo de constituir família.
Gabarito "D".

**(Cartório/MT – 2005 – CESPE)** Com relação ao direito de família, assinale a opção correta.

(A) Maria, casada em regime de comunhão parcial de bens, na constância do casamento adquiriu um imóvel rural com o produto auferido mediante a alienação do patrimônio herdado de seu pai. Nessa situação, sobrevindo a separação do casal, o imóvel adquirido por Maria não se inclui na comunhão e não será objeto de partilha, por ser bem particular de um dos cônjuges.
(B) O casamento religioso celebrado com as formalidades da lei civil deverá ser registrado no cartório competente, no prazo de até 90 dias. Findo esse prazo, não mais será possível o registro.
(C) São parentes em linha colateral as pessoas que, tendo tronco comum, não descendem umas das outras. Assim, os irmãos são parentes colaterais em primeiro grau.
(D) Na hipótese de ser declarada a nulidade do casamento e reconhecida a má-fé de ambos os cônjuges, ainda que não seja adotado o regime legal, a partilha dos bens adquiridos durante o casamento será de 50% para cada um dos cônjuges.

A: correta, na medida em que prevê o art. 1.659, I do CC que excluem-se da comunhão os bens que sobrevier ao cônjuge, na constância do casamento, e os sub-rogados em seu lugar; B: incorreta, pois caso o prazo se escoe será necessária nova habilitação para requerer o registro (art. 1.516, §1°); C: incorreta, pois os irmãos são parentes colaterais em segundo grau (arts. 1592 e 1.594 do CC).; D: incorreta, estando ambos os cônjuges de má-fé, os efeitos civis só aos filhos de aproveitam (art. 1561, §2° do CC).
Gabarito "A".

**(Cartório/PR – 2007)** Sobre o regime de bens no casamento considere as questões abaixo, indicando a seguir a alternativa correta:

I. O regime de bens nunca poderá ser alterado após a realização do casamento.
II. O Código Civil de 2002 incluiu no ordenamento jurídico brasileiro o regime de bens de participação final nos aquestos.
III. Para as pessoas que se casam após os 55 (cinquenta e cinco) anos de idade o regime obrigatório será de separação de bens.
IV. É permitido ao casal criar seu próprio regime de bens ao invés de optar pelos regimes predefinidos em lei.

Estão corretas:

(A) todas.
(B) apenas I e III.
(C) apenas I, II e IV.
(D) apenas II e IV.
(E) apenas I e II.

I: incorreta, pois é admissível alteração do regime de bens, mediante autorização judicial em pedido motivado de ambos os cônjuges, apurada a procedência das razões invocadas e ressalvados os direitos de terceiros (art. 1639, § 2°, do CC e Enunciados 113 e 260 do CJF); II: correta, na medida em que este regime não existia no Código Civil de 1916; III: incorreta, na medida em que o regime da separação obrigatória é para pessoas com 70 anos ou mais (art.

1.641, II do CC); IV: correta. Caso os cônjuges não optem pelo regime legal, poderão estipular as regras que melhor lhes parecer conveniente, por meio de pacto antenupcial (art. 1.639, *caput*, do CC e Enunciado 331 do CJF).
Gabarito "D".

**(Cartório/PR – 2007)** Analise as afirmativas abaixo e, em seguida, assinale a alternativa correta:

I. A Constituição Federal e o Código Civil de 2002 admitem a conversão da união estável em casamento.
II. Nos casos em que um dos cônjuges não puder comparecer pessoalmente à cerimônia de casamento civil, admite-se o casamento por procuração, que poderá ser feita por instrumento particular.
III. A viúva que tiver filho com o cônjuge falecido não poderá se casar antes do inventário e partilha de bens do *de cujus*. A infringência a essa regra constitui impedimento para o casamento, podendo ser denunciada por qualquer pessoa que tiver conhecimento do fato.
IV. O casamento denominado nuncupativo é aquele que ocorre quando um dos nubentes encontra-se em iminente risco de vida.

Está correta ou estão corretas:

(A) Todas.
(B) Somente II e IV.
(C) Somente I e IV.
(D) Somente I.
(E) Somente II e III.

I: correta (art. 226, § 3°, da CF e art. 1.726 do CC e Enunciados 135 e 526 do CJF); II: incorreta, pois a procuração deve ser feita por instrumento público, com poderes especiais (art. 1.542 do CC); III: incorreta. Na verdade a viúva pode se casar, mas incidirá em causa suspensiva para o casamento, cuja consequência será a aplicação do regime da separação obrigatória de bens (arts. 1.523, II, e art. 1.641, I, do CC). As causas suspensivas somente podem ser arguidas pelos parentes em linha reta de um dos nubentes, sejam consanguíneos os afins, e pelos colaterais em segundo grau, sejam também consanguíneos ou afins (art. 1.524 do CC); IV: correta (arts. 1.540, 1542, § 2° do CC e art. 76 da Lei 6.015/1973).
Gabarito "C".

**(Cartório/RN – 2012 – IESES)** Assinale a alternativa correta:

(A) O casamento civil pode ser celebrado por autoridade religiosa
(B) A celebração do casamento civil é gratuita apenas para os que declararem a pobreza, sob as penas da lei.
(C) O casamento celebrado em iminente risco de vida poderá ser celebrado na presença de seis testemunhas, que deverão em 10 dias comparecer no cartório de registro civil para que seja realizado o seu registro.
(D) O casamento civil somente poderá ser celebrado em prédio particular se houver justificativa.

A: correta, pois o casamento pode tranquilamente ser celebrado por autoridade religiosa. Será válido desde que atenda as exigências da lei civil e desde que seja registrado no registro próprio (art. 1.515 do CC); B: incorreta, pois a celebração é sempre gratuita, independentemente de declaração de pobreza (art. 1.512 do CC); C: incorreta, pois as seis testemunhas devem comparecer perante a autoridade

judicial mais próxima para que esta lhes tome as declarações, e não perante o cartório de registro civil (art. 1.541 do CC); D: incorreta, pois para que o casamento seja celebrado em prédio particular basta que as partes o desejem e a autoridade celebrante consinta (art. 1.534, *caput*, do CC).
Gabarito "A".

**(Cartório/RN – 2012 – IESES)** O casamento civil pode ser dissolvido pelo divórcio. Em relação ao divórcio, é correto afirmar que:

I. Para concessão do divórcio é necessário a separação prévia.
II. É possível o divórcio sem a partilha dos bens.
III. No divórcio, o cônjuge que acrescentou o sobrenome do outro é obrigado a retirar.
IV. Após o divórcio, a pessoa volta ao estado civil de solteiro.

Assinale a correta:

(A) Estão corretas as assertivas I, III e IV.
(B) Estão corretas as assertivas I e III.
(C) Apenas a assertiva II está correta.
(D) Estão corretas as assertivas I, II e III.

I: incorreta, pois com a Emenda Constitucional 66/2010, foi suprimida da Constituição Federal a exigência de prévia separação judicial para que o casal possa se divorciar. Atualmente, basta que seja formulado o pedido, independentemente de qualquer prazo; B: correta, pois a partilha não é pré-requisito para a decretação do divórcio, podendo ser decretada posteriormente, conforme livre conveniência do casal (art. 1.581 do CC); III: incorreta, pois o cônjuge pode manter o nome de casado, salvo se a sentença judicial dispuser em sentido contrário (art. 1.571, § 2°, do CC); IV: incorreta, pois após o divórcio a pessoa passa a ter o estado civil de *divorciada*, e não de solteira.
Gabarito "C".

**(Cartório/RN – 2012 – IESES)** O Código Civil, no artigo 5°, prevê que o casamento civil faz cessar para os menores a incapacidade. Portanto:

I. O menor de 18 anos casado e que não tenha filhos poderá realizar o divórcio consensual através de escritura pública independentemente da autorização dos seus pais.
II. Se realizado o divórcio antes de completar 18 anos, o divorciado voltará a ser incapaz até que complete aquela idade.
III. A união estável também faz cessar a incapacidade do menor de 18 anos.
IV. O casamento do menor de 18 anos pode ser anulado diretamente no cartório enquanto não completar aquela idade.

Assinale a alternativa correta:

(A) Estão corretas as assertivas I, III e IV.
(B) Todas as assertivas estão corretas.
(C) Estão corretas as assertivas I, II e III.
(D) Está correta a assertiva I.

I: correta, pois muito embora tenha menos de 18 anos, o indivíduo já contraiu plena capacidade civil por ter se casado. Portanto, todos os efeitos da maioridade são antecipados, razão pela qual á dispensável a autorização dos pais para a prática de quaisquer atos. Daí, considerando que não há filhos menores ou incapazes, o divórcio poderá ser feito extrajudicialmente, por meio de escritura pública (art. 1.124-A do Código de Processo Civil); II: incorreta, pois uma vez adquirida a capacidade plena pelo casamento, ela subsiste ainda que o casal se divorcie; III: incorreta, pois não há disposição legal nesse sentido. Apenas o casamento tem o condão de fazer cessar a incapacidade (art. 5°, II, do CC); D: incorreta, pois o casamento apenas pode ser anulado por meio de ação judicial, haja vista que apenas o juiz poderá desconstituir o ato (art. 1.555 do CC).
Gabarito "D".

**(Cartório/RJ – 2012)** É correto afirmar que é nulo o casamento

(A) de quem não completou a idade mínima para casar.
(B) por incompetência da autoridade celebrante.
(C) realizado pelo mandatário, sem que ele ou o outro contraente soubesse da revogação do mandato, e não sobrevindo coabitação entre os cônjuges.
(D) do incapaz de consentir ou manifestar, de modo inequívoco, o seu consentimento.
(E) contraído por infringência de impedimento.

As respostas A, B, C, D estão incorretas, pois em todos esses casos o casamento é anulável (art. 1.550, I, VI, V, IV, do CC respectivamente). A alternativa "E" está correta, nos termos do art. 1.548, II, do CC.
Gabarito "E".

**(Cartório/MG – 2012 – FUMARC)** Sobre o Processo de Habilitação para o casamento, de acordo com o Código Civil Brasileiro,

(A) caso haja impugnação do oficial ou de terceiro, a habilitação será submetida ao Ministério Público.
(B) a habilitação será feita perante o oficial do Registro Civil e, após a audiência do Ministério Público, será homologada pelo juiz.
(C) o oficial do registro dará aos nubentes ou a seus representantes nota da oposição, indicando os fundamentos, as provas e o nome de quem a ofereceu.
(D) tanto os impedimentos quanto as causas suspensivas serão opostos oralmente, com a apresentação das provas do fato alegado, ou com a indicação do lugar onde possam ser obtidas.

A: incorreta, pois caso haja impugnação do oficial, ou de terceiro, ou do Ministério Público, a habilitação será submetida ao juiz (art. 1.526, parágrafo único, do CC); B: incorreta, pois a habilitação será feita pessoalmente perante o oficial de Registro Civil, com audiência do Ministério Público. Apenas será submetida ao juiz se houver impugnação destes ou de terceiro (art. 1.526 do CC e Enunciado 120 do CJF); C: correta, pois a fim de garantir o direito de defesa o oficial de registro concede tais informações aos nubentes para que possam replicá-la (art. 1.530, *caput*, do CC); D: incorreta, pois tanto os impedimentos como as causas suspensivas deverão ser opostas por escrito e assinadas (art. 1.529 do CC)
Gabarito "C".

**(Cartório/MG – 2012 – FUMARC)** São requisitos que devem instruir o requerimento de habilitação para o casamento, **EXCETO**

(A) autorização por escrito das pessoas sob cuja dependência legal estiverem, ou ato judicial que a supra.
(B) declaração do estado civil, do domicílio e da residência atual dos contraentes e de seus pais, se forem conhecidos.

(C) declaração de duas testemunhas maiores, não parentes, que atestem conhecê-los e afirmem não existir impedimento que os iniba de casar.
(D) certidão de óbito do cônjuge falecido, de sentença declaratória de nulidade ou de anulação de casamento, transitada em julgado, ou do registro da sentença de divórcio.

A: correta (art. 1.525, II, do CC); B: correta (art. 1.525, IV, do CC); C: incorreta (devendo ser assinalada), pois as testemunhas podem ser parentes ou não (art. 1.525, III, do CC); D: correta (art. 1.525, V, do CC)
Gabarito "C".

**(Cartório/RO – III)** Assinale a alternativa correta:

(A) É admissível a alteração do regime de bens mediante autorização judicial em pedido motivado de um dos cônjuges, apurada a procedência das razões e invocadas e ressalvados os direitos de terceiros.
(B) É obrigatório o regime de comunhão parcial de bens no casamento de pessoas maiores de sessenta anos.
(C) Ressalvados os casos em que o juiz supriu a vontade de um dos cônjuges, é vedado a eles, exceto no regime de separação absoluta de bens, gravar de ônus real os bens imóveis.
(D) Nenhuma alternativa está correta.

A: incorreta, na medida em que o pedido deve ser de ambos os cônjuges (art. 1.639, § 2º, do CC e Enunciados 113 e 260 do CJF); B: incorreta, pois a lei não traz nenhuma hipótese em que o regime da comunhão parcial seja obrigatório. Apenas o regime da separação legal é aquele que traz a ideia de obrigatoriedade de sua imposição, nos casos do art. 1.641 do CC; C: correta (art. 1647, I, do CC); D: incorreta, pois a alternativa "C" está correta.
Gabarito "C".

**(Cartório/SC – 2008)** Sobre o regime de bens, é correto afirmar:

(A) É admissível alteração do regime de bens mediante escritura pública, apurada a procedência das razões invocadas e ressalvados os direitos de terceiros.
(B) É obrigatório o regime da separação de bens no casamento de pessoa maior de 65 anos e daqueles que dependem de suprimento judicial.
(C) O cônjuge que estiver na posse dos bens particulares do outro será para com este, e seus herdeiros, responsável como procurador se não for usufrutuário nem depositário.
(D) A decretação de invalidade dos atos praticados sem outorga uxória, sem consentimento, ou sem suprimento do juiz, somente poderá ser demandada pelo cônjuge a quem cabia concedê-la.
(E) Qualquer que seja o regime de bens, tanto o marido quanto a mulher podem livremente reivindicar os bens comuns, móveis ou imóveis, doados ou transferidos pelo outro cônjuge ao concubino, desde que provado que os bens não foram adquiridos pelo esforço comum destes, se o casal estiver separado de fato por mais de cinco anos.

A: incorreta, pois o regime de bens apenas pode ser alterado mediante autorização judicial, preenchidos os requisitos do art. 1.639, § 2º, do CC (vide Enunciados 113 e 260 do CJF); B: incorreta, pois o regime da separação obrigatória apenas se aplica àqueles que tenham mais de 70 anos, àqueles que casarem sob causa suspensiva e àqueles que dependerem de suprimento judicial para casar (art. 1.641 do CC); C: incorreta, pois o cônjuge que estiver na posse dos bens particulares do outro será para com este, e seus herdeiros, responsável como procurador se tiver mandato expresso ou tácito para os administrar (art. 1652, II, do CC); D: incorreta, pois os herdeiros do cônjuge a quem cabia pleiteá-la também podem pedir a anulação (art. 1.650 do CC); E: correta (art. 1642, V, do CC).
Gabarito "E".

**(Cartório/SC – 2008)** Assinale a alternativa correta:

(A) O casamento religioso que atender às exigências da lei para a validade do casamento civil equipara-se a este a partir do registro em livro próprio.
(B) A habilitação para o casamento, o registro e a primeira certidão serão isentos de selos, emolumentos e custas para as pessoas cuja pobreza for declarada, sob as penas da lei.
(C) O casamento religioso, celebrado sem as formalidades exigidas no Código Civil/2002, somente terá efeitos civis após o respectivo suprimento judicial e registro em livro próprio.
(D) O casamento é considerado realizado no momento em que o homem e a mulher manifestarem, perante o juiz e, no mínimo, três testemunhas, a sua vontade de estabelecerem vínculo conjugal.
(E) Concedida a autorização para casamento de menores de 16 anos, não mais poderá ser ela revogada.

A: incorreta, pois o casamento religioso que atender às exigências da lei para a validade do casamento civil equipara-se a este a partir do registro em *registro* próprio (e não livro próprio), produzindo efeitos a partir da data de sua celebração (art. 1.515 do CC); B: correta (art. 1.512, parágrafo único, do CC); C: incorreta, pois o casamento religioso, celebrado sem as formalidades exigidas no Código, terá efeitos civis se, a requerimento do casal, for registrado, a qualquer tempo, no registro civil, mediante prévia habilitação perante a autoridade competente e observado o prazo do art. 1.532 (art. 1.516, § 2º, do CC); D: incorreta, pois o casamento é considerado realizado, no momento em que as partes manifestarem, perante o juiz, presentes pelo menos duas testemunhas, a sua vontade de estabelecerem o vínculo conjugal (art. 1.534 do CC); E: incorreta, pois a autorização pode ser revogada até a data da celebração (art. 1.518 do CC).
Gabarito "B".

**(Cartório/SP – III – VUNESP)** Ratificado o casamento contraído por incapaz, quando adquire a maioridade, retroagem seus efeitos a partir da

(A) data da aquisição da maioridade pelo nubente.
(B) data da manifestação judicial sobre a ocorrência
(C) data da celebração do matrimônio.
(D) época da ratificação do ato.

Os efeitos retroagem até a data da celebração do matrimônio, por analogia ao art. 1.563 do CC. Neste passo, a sentença que decreta a nulidade do casamento retroage à data de sua celebração, preservados os direitos de terceiros. *Contrario sensu*, ratificado o casamento, os seus efeitos também retroagem à tal momento, haja vista que foi a partir dele que a nova situação (casamento) se constituiu.
Gabarito "C".

**(Cartório/SP – III – VUNESP)** O direito à meação é renunciável, cessível ou penhorável?

(A) O direito à meação não é renunciável, cessível ou penhorável.
(B) Dependendo do regime matrimonial, admite-se a renúncia, cessão ou penhora do direito à meação.
(C) É cabível a renúncia, a cessão ou a penhora do direito à meação, em qualquer regime matrimonial.
(D) A resposta é afirmativa, em relação à renúncia, cessão ou penhora, na vigência do regime da comunhão parcial de bens.

O direito à meação não é renunciável, cessível ou penhorável na vigência do regime matrimonial, nos termos do art. 1682 do CC.
Gabarito "A".

**(Cartório/SP – III – VUNESP)** As convenções antenupciais terão efeito perante terceiros

(A) após a celebração do casamento.
(B) no momento da celebração do pacto.
(C) depois de registradas em livro especial, no Registro de Imóveis.
(D) a partir da data da habilitação para o casamento.

As convenções antenupciais terão efeito perante terceiros, apenas após o registro em livro especial, no Registro de Imóveis do domicílio dos cônjuges, conforme art. 1.657 do CC.
Gabarito "C".

**(Cartório/SP – IV – VUNESP)** Sobre o regime de bens, é correto afirmar que

(A) é obrigatório o regime de separação de bens de todos os que dependerem, para casar, de suprimento judicial.
(B) havendo convenção nula, em pacto antenupcial, o regime a prevalecer terá de ser objeto de decisão judicial.
(C) mesmo no regime de separação, não é dado a cada um dos cônjuges alienar ou gravar de ônus real seus bens sem o consentimento do outro.
(D) subsiste, no direito brasileiro, o regime dotal.

A: correta (art. 1.641, III, do CC); B: incorreta, pois caso o pacto antenupcial seja nulo o regime que prevalecerá será o da comunhão parcial (art. 1.640, parágrafo único, do CC); C: incorreta, pois no regime da separação absoluta de bens os cônjuges podem livremente alienar ou gravar de ônus real seus bens independentemente do consenso do outro (art. 1.647, *caput*, do CC); D:incorreta, pois o Código Civil de 2002 traz em seu rol cinco regimes de bens: comunhão parcial, comunhão universal, participação final nos aquestos, separação convencional e separação legal. O regime dotal foi extirpado do ordenamento.
Gabarito "A".

**(Cartório/SP – VI – VUNESP)** A solenidade de celebração do casamento, na sede do cartório, exige a presença de pelo menos duas testemunhas

(A) que não sejam parentes dos contraentes, em qualquer grau.
(B) que não sejam parentes dos contraentes, até terceiro grau.
(C) que não sejam parentes dos contraentes, até quarto grau.
(D) parentes ou não dos contraentes.

Para fins de atendimento a solenidade da celebração, as duas testemunhas podem ser parentes ou não dos contraentes, nos termos do art. 1.534 do CC.
Gabarito "D".

**(Cartório/SP – VI – VUNESP)** São impedimentos para o matrimônio, não podendo casar,

(A) o tutor ou o curador e os seus descendentes, ascendentes, irmãos, cunhados ou sobrinhos, com a pessoa tutelada ou curatelada, enquanto não cessar a tutela ou curatela e não estiverem saldadas as respectivas contas.
(B) o viúvo ou a viúva que tiver filho do cônjuge falecido, enquanto não fizer inventário dos bens do casal e der partilha aos herdeiros.
(C) os ascendentes com os descendentes, seja o parentesco natural ou civil.
(D) a viúva, ou a mulher cujo casamento se desfez por ser nulo ou ter sido anulado, até dez meses depois do começo da viuvez, ou da dissolução da sociedade conjugal.

A: incorreta, pois essa circunstância constitui causa suspensiva para o casamento (art. 1.523, IV, do CC); B: incorreta, pois essa circunstância constitui causa suspensiva para o casamento (art. 1.523, I, do CC); C: correta, nos termos do art. 1.521, I, do CC; D: incorreta, pois essa circunstância constitui causa suspensiva para o casamento (art. 1.523, II do CC).
Gabarito "C".

**(Cartório/SP – VI – VUNESP)** Analise as afirmações seguintes.

I. São herdeiros necessários os descendentes, os ascendentes e o cônjuge.
II. O direito de representação dá-se na linha reta descendente, mas nunca na ascendente.
III. O renunciante à herança de uma pessoa poderá representá-la na sucessão da outra.
IV. Somente podem testar os maiores de 18 anos.

Estão corretos apenas os itens

(A) I, II e III.
(B) I, II e IV.
(C) I, III e IV.
(D) II, III e IV.

I: correta (art. 1.845 do CC); II: correta (art. 1.852 do CC); III: correta (art. 1.856 do CC); IV: incorreta, pois podem testar os maiores de 16 anos (art. 1.860, parágrafo único, do CC).
Gabarito "A".

**(Cartório/SP – 2011 – VUNESP)** A habilitação de casamento será feita perante o Oficial do Registro Civil, com a audiência do Ministério Público, conforme a regra prevista no artigo 1.526 do Código Civil. A autoridade que detém a atribuição para dirimir questionamentos do Oficial, ou decidir impugnação do Ministério Público, segundo orientação traçada no âmbito do Estado de São Paulo, é o

(A) Juiz Corregedor Permanente.
(B) Juiz da Vara da Família e das Sucessões.
(C) Juiz de Casamento.
(D) Juiz de Paz.

Segundo orientação traçada no âmbito do Estado de São Paulo, é competente para dirimir questionamentos do Oficial ou decidir impugnação do Ministério Público o Juiz Corregedor Permanente, nos termos do Processo 28, de 24 de janeiro de 2003 da Corregedoria Geral de Justiça do Estado de São Paulo.
Gabarito "A".

**(Cartório/SP – 2011 – VUNESP)** Assinale a alternativa incorreta a respeito do casamento.

(A) As causas suspensivas do casamento podem ser relevadas judicialmente, provando inexistência de prejuízo.
(B) O casamento do relativamente incapaz depende da anuência de ambos os pais e de autorização judicial.
(C) O companheiro viúvo não pode se casar com a filha de sua companheira, pois o parentesco por afinidade também se estabelece na união estável.
(D) Os pais, tutores e curadores podem, até o momento da celebração do casamento, revogar a autorização concedida ao incapaz para se casar.

A: correta (art. 1.523 parágrafo único, do CC); B: incorreta, (devendo ser assinalada), pois basta a autorização dos pais ou representantes legais (art. 1.550 II, e art. 1.555 do CC); C: correta, pois o parentesco em linha reta não se extingue com a dissolução da união estável (art. 1.595, § 2º, do CC). Neste passo, o **Código** Civil veda o casamento entre os afins em linha reta (art. 1.521, II, do CC); D: correta (art. 1.518 do CC).
Gabarito "B".

**(Cartório/SP – 2011 – VUNESP)** Analise as proposições apresentadas e assinale a alternativa correta.

I. No regime de separação absoluta, o marido pode alienar ou gravar imóveis sem autorização da cônjuge.
II. No regime de comunhão parcial de bens, o cônjuge pode alienar imóvel adquirido antes do casamento independentemente da autorização do outro.
III. No regime de comunhão parcial, o cônjuge depende da autorização do outro para prestar aval, ressalvada a possibilidade de obter suprimento judicial.
IV. No regime de comunhão parcial, é nula a venda de imóvel adquirido onerosamente no curso do matrimônio sem anuência do cônjuge.

(A) As alternativas I e III são falsas.
(B) As alternativas II e IV são verdadeiras.
(C) A alternativa I é verdadeira e a IV é falsa.
(D) apenas a alternativa IV é verdadeira.

I: correta (art. 1.647, caput, do CC); II: incorreta, pois o art. 1.647 do CC não excepciona o regime da comunhão parcial de bens, de modo que é necessária a autorização do cônjuge para a alienação de bens imóveis, ainda que adquiridos antes do casamento (vide Enunciado 340 do CJF); III: correta (art. 1.647, III, do CC). Mas note-se que nos termos no Enunciado 114 do CJF "O aval não pode ser anulado por falta de vênia conjugal, de modo que o inc. III do art. 1.647 apenas caracteriza a inoponibilidade do título ao cônjuge que não assentiu". Sobre o tema vide também Enunciado 132 do CJF; IV: incorreta, pois essa aquisição é anulável, podendo o outro cônjuge pleitear-lhe a anulação, até dois anos depois de terminada a sociedade conjugal (art. 1.649 do CC).
Gabarito "C".

**(Cartório/SP – 2011 – VUNESP)** Analise as proposições.
I. É nulo o casamento de quem não completou a idade mínima para casar.
II. É nulo o casamento contraído pelo enfermo mental sem o necessário discernimento para os atos da vida civil.
III. É nulo o casamento por incompetência da autoridade celebrante.
IV. É nulo o casamento de jovem com 17 anos completos, realizado sem autorização dos seus pais.

Assinale a alternativa correta.

(A) Apenas I, II e IV são corretas.
(B) Todas são corretas.
(C) Todas são falsas.
(D) Apenas a II é verdadeira.

I: incorreta, pois o casamento neste caso é anulável (art. 1.550, I, do CC); II: verdadeira (art. 1.548, II, do CC); III: incorreta, pois neste caso o casamento é anulável (art. 1550, VI, do CC); IV: incorreta, pois o casamento também é anulável nesta hipótese (art. 1550, II, do CC)
Gabarito "D".

**(Cartório/SP – 2011 – VUNESP)** Assinale a alternativa incorreta a respeito do regime de comunhão parcial.

(A) Entram na comunhão os frutos dos bens particulares de cada cônjuge, percebidos na constância do matrimônio.
(B) Exclui-se da comunhão a herança recebida pelo cônjuge na constância do casamento.
(C) Entra na comunhão a doação recebida pelo cônjuge na constância do matrimônio.
(D) Entra na comunhão o prêmio de loteria que o cônjuge ganhou.

A: correta (art. 1.660, V, do CC); B: correta (art. 1.659, I, do CC); C: incorreta (devendo ser assinalada, de acordo com o art. 1.659, I, do CC); D: correta (art. 1660, II, do CC)
Gabarito "C".

**(Cartório/SP – 2011 – VUNESP)** Assinale a alternativa incorreta.

(A) É ineficaz o pacto antenupcial se não se seguir o casamento.
(B) A eficácia do pacto antenupcial, realizado por menor, fica condicionada à aprovação de seu representante legal, salvo as hipóteses de regime obrigatório de separação de bens.
(C) O pacto antenupcial poderá ser feito por escritura pública ou instrumento particular autêntico, registrado no Registro de Imóveis do domicílio dos cônjuges.
(D) pacto antenupcial, para produzir efeitos perante terceiros, deverá ser registrado no Registro de Imóveis do domicílio dos nubentes.

A: correta (art. 1.653, in fine, do CC); B: correta (art. 1.654 do CC); C: incorreta (devendo ser assinalada), pois é nulo pacto antenupcial que não for feito por escritura pública (art. 1.640, parágrafo único do CC); D: correta (art. 1.657 do CC).
Gabarito "C".

**(Cartório/SP – 2012 – VUNESP)** No que se refere ao casamento religioso com efeitos civis, assinale a alternativa incorreta.

(A) O casamento religioso que atender às exigências legais para a validade do casamento civil produz efeitos a partir da data de sua inscrição no livro de Registro Civil das Pessoas Naturais.
(B) Os efeitos civis do casamento religioso serão alcançados após o regular processo de habilitação, que poderá ser prévio ou posterior à celebração do casamento.
(C) A morte de um dos cônjuges não impedirá o registro civil do casamento religioso realizado validamente, quando o pedido de registro for encaminhado dentro do prazo da lei.
(D) Será nulo o registro civil do casamento religioso quando já registrado anteriormente o casamento civil de algum dos cônjuges.

A: incorreta (devendo ser assinalada), pois os efeitos passam a surtir desde a data da celebração, desde que registrado no registro próprio (art. 1.515 do CC); B: correta (art. 1.516, §§ 1º e 2º, do CC); C: correta, pois se o casamento foi realizado atendendo todos os seus requisitos legais, poderá ser perfeitamente registrado, independentemente da morte do cônjuge (art. 1.515 do CC); D: correta (art. 1.516, § 3º, do CC).
Gabarito "A".

**(Cartório/SP – 2012 – VUNESP)** No que tange ao casamento nuncupativo, assinale a alternativa correta.

(A) O ato nupcial é celebrado na presença de seis testemunhas, parentes ou não dos contraentes.
(B) O nubente que não estiver em iminente risco de vida poderá fazer-se representar.
(C) Nele, um dos nubentes está acometido de moléstia grave que o impede de locomover-se ou aguardar a data da celebração futura.
(D) É exigida a presença do Oficial do Registro Civil.

A: incorreta, pois os nubentes não podem ter parentesco em linha reta, ou, na colateral até o segundo grau com as testemunhas (art. 1.540 do CC); B: correta (art. 1.542, § 2º, do CC); C: incorreta, pois no casamento nuncupativo um dos nubentes está em iminente risco de vida (art. 1.540 do CC); D: incorreta, pois o casamento nuncupativo se dá justamente quando ocorrer a ausência do Oficial do Registro Civil e de seu substituto e um dos nubentes estiver em iminente risco de vida (art. 1.540 do CC) :
Gabarito "B".

**(Cartório/SP – 2012 – VUNESP)** No regime da participação final nos aquestos,

(A) o direito à meação é penhorável na vigência do regime matrimonial.
(B) a administração dos bens móveis e imóveis que integram o patrimônio próprio é exclusiva de cada cônjuge, que os poderá livremente alienar.
(C) à época da dissolução do vínculo conjugal, cada cônjuge tem direito à metade dos bens adquiridos pelo casal a título oneroso ou gratuito, na constância do casamento.
(D) integram o patrimônio próprio os bens que cada cônjuge possuía ao casar e os por ele adquiridos, a qualquer título, na constância do casamento.

A: incorreta (art. 1,682); B: incorreta, pois a alienação só é livre se os bens forem móveis (art. 1.673, parágrafo único, e art. 1647, I ,do CC); C: incorreta, pois não entram na comunhão os bens adquiridos a título gratuito (art. 1.672 do CC); D: correta (art. 1.673 do CC).
Gabarito "D".

## 7.2. UNIÃO ESTÁVEL

**(Cartório/SP – V – VUNESP)** Na união estável, não existindo contrato inscrito, prevalece o regime da

(A) comunhão universal.
(B) separação total.
(C) comunhão dos aquestos
(D) comunhão parcial.

Caso a união estável não conte com contrato escrito, aplica-se o regime da comunhão parcial, nos termos do art. 1.725 do CC.
Gabarito "D".

## 7.3. PARENTESCO E FILIAÇÃO

**(Cartório/DF – 2008 – CESPE)** A respeito do direito de família, julgue o item subsequente.

(1) O parentesco em linha reta e o parentesco em linha colateral são limitados ao quarto grau.

O parentesco em linha reta não sofre limitação de grau, pois não há limitação legal. Já o parentesco na linha colateral, de fato limita-se até o quarto grau (art. 1.592 do CC).
Gabarito 1E

**(Cartório/DF – 2008 – CESPE)** No que concerne à filiação, julgue os próximos itens.

(1) Cabe ao marido o direito de contestar a paternidade dos filhos nascidos de sua mulher, sendo tal ação imprescritível.
(2) Presumem-se concebidos na constância do casamento os filhos havidos por fecundação artificial homóloga, mesmo que falecido o marido.
(3) Quando confessado, o adultério da mulher à época da concepção do filho é suficiente para a exclusão da presunção de paternidade.

1: correta(art. 1.601 do CC e Enunciado 130, 258 e 520 do CJF); 2: correta (art. 1.597, III, do CC e Enunciados 126 e 127 do CJF); 3: incorreta (art. 1.600 do CC)
Gabarito 1C, 2C, 3E

**(Cartório/ES – 2007 – FCC)** A respeito da filiação, considere:

I. Presumem-se concebidos na constância do casamento os filhos nascidos nos trezentos dias subsequentes à dissolução da sociedade conjugal, por morte, separação judicial, nulidade e anulação do casamento.
II. Cabe ao marido o direito de contestar a paternidade dos filhos nascidos de sua mulher, prescrevendo tal ação em cinco anos contados do nascimento.
III. A prova da impotência do cônjuge para gerar, à época da concepção, ilide a presunção da paternidade.

Está correto o que se afirma SOMENTE em
(A) II.
(B) III.
(C) I e II.
(D) I e III.
(E) II e III.

I: correta (art. 1.597, II, do CC); II: incorreta, pois a ação é imprescritível (art. 1.601 do CC e Enunciado 130, 258 e 520 do CJF); III: correta (art. 1.599 do CC).
Gabarito "D".

**(Cartório/RN – 2012 – IESES)** Assinale a alternativa correta:
(A) O reconhecimento de filho feito por escritura pública pode ser revogado a qualquer tempo, desde que o registro civil ainda não tenha sido feito.
(B) A lei presume que os filhos de mulheres casadas são do marido, podendo o nome do pai/marido ser registrado apenas com a apresentação da certidão de casamento, mesmo sem a sua presença no ato.
(C) Se a mulher ficar viúva durante a gestação, terá que realizar exame de DNA após o nascimento do filho para provar que é de seu marido.
(D) Os filhos havidos de relações extraconjugais somente podem ser reconhecidos se houver a concordância do cônjuge traído.

A: incorreta, pois o reconhecimento de filho é irrevogável (art. 1.609, caput, do CC e art. 1º da Lei 8.560/1992); B: correta, pois há presunção legal de que os filhos concebidos na constância do casamento são mesmo do marido, respeitados os prazos do art. 1.597 do CC. Assim, basta que a mulher compareça ao Registro Civil munida de sua certidão de casamento e requeira que no registro da criança conste o nome do marido como sendo o pai; C: incorreta, pois a presumem-se concebidos na constância do casamento os filhos nascidos, cento e oitenta dias, pelo menos depois de estabelecida a convivência conjugal (art. 1.597, I, do CC). Assim, há uma presunção legal de que o filho é do marido, razão pela qual basta que a mulher compareça ao cartório portando a certidão de casamento e requeira o registro; D: incorreta, pois o reconhecimento de filho havido fora do casamento pode ser feito independentemente de qualquer condição (art. 1.613 do CC)
Gabarito "B".

**(Cartório/RJ – 2012)** Sobre o reconhecimento de filhos havidos fora do casamento, é **incorreto** afirmar que
(A) é ato irrevogável.
(B) poderá ser feito por escrito particular, a ser arquivado em cartório.
(C) poderá ser feito por testamento, ainda que incidentalmente manifestado.
(D) tanto o filho maior quanto o menor não precisam consentir e nem podem impugnar o reconhecimento.
(E) são ineficazes a condição e o termo apostos ao ato de reconhecimento de filho.

A: correta (art. 1.609, caput, do CC e art. 1º , caput, da Lei 8.560/1992); B: correta (art. 1.609, II, e art. 1º, II, da Lei 8.560/1992); C: correta (art. 1.609, III, do CC e art. 1º, III, da Lei 8.560/1992); D: incorreta (devendo ser assinalada), pois o filho maior não pode ser reconhecido sem o seu consentimento, e o filho menor tem o prazo de quatro anos que se seguirem a maioridade para impugnar o reconhecimento (art. 1.614 do CC e art. 4º da Lei 8.560/1992); E: correta (art. 1.613 do CC).
Gabarito "D".

**(Cartório/PR – 2007)** Sobre a averiguação oficiosa da paternidade, de acordo com o disposto na Lei 8.560/92, é correto afirmar que:
(A) Em registro de nascimento de menor apenas com a maternidade estabelecida, o oficial remeterá ao juiz certidão integral do registro e o nome e prenome, profissão, identidade e residência do suposto pai, a fim de ser averiguada oficiosamente a procedência da alegação. O juiz, sempre que possível, ouvirá a mãe sobre a paternidade alegada e mandará, em qualquer caso, notificar o suposto pai, independentemente de seu estado civil. No caso de o suposto pai confirmar expressamente a paternidade, será lavrado termo de reconhecimento e remetida certidão ao oficial do registro, para a devida averbação. Se o suposto pai não atender, no prazo de 30 dias, a notificação judicial, ou negar a alegada paternidade, o juiz remeterá os autos ao representante do Ministério Público para que intente, havendo elementos suficientes, a ação de investigação de paternidade.
(B) O oficial procede ao registro e remete ao juiz certidão integral da qual constará nome e prenome, profissão, identidade e residência do suposto pai. O juiz notifica o suposto pai, independentemente de seu estado civil. Em seguida ouve a mãe sobre a paternidade alegada. No caso de o suposto pai confirmar expressamente a paternidade, os autos serão remetidos ao oficial do registro para lavratura do termo de reconhecimento e para a devida averbação. Se o suposto pai não atender, no prazo de 30 dias, a notificação judicial, ou negar a alegada paternidade, o juiz remeterá os autos ao representante do Ministério Público para que intente, havendo elementos suficientes, a ação de investigação de paternidade.
(C) O oficial procede ao registro e remete ao juiz certidão integral da qual constará nome e prenome, profissão, identidade e residência do suposto pai. O juiz ouve a mãe sobre a paternidade alegada e notifica o suposto pai, salvo se for casado. No caso de o suposto pai confirmar expressamente a paternidade, será lavrado termo de reconhecimento e remetida certidão ao oficial do registro, para a devida averbação. Se o suposto pai não atender, no prazo de 30 dias, a notificação judicial, ou negar a alegada paternidade, o juiz remeterá os autos ao representante do Ministério Público para que, querendo, intente, a ação de investigação de paternidade.
(D) O oficial ouve a mãe e procede ao registro remetendo ao juiz certidão integral da qual constará nome, prenome, profissão, identidade e residência do suposto pai. O juiz notifica o suposto pai, salvo se for casado. No caso de o suposto pai confirmar expressamente a paternidade, será lavrado termo de reconhecimento e remetida certidão ao oficial do registro, para a devida averbação. Se o suposto pai não atender, no prazo de 30 dias, a notificação judicial, ou negar a alegada paternidade, o juiz remeterá os autos ao representante do Ministério Público para que, querendo, intente a ação de investigação de paternidade.

(E) Feito o registro de nascimento apenas com a maternidade estabelecida, o oficial remeterá ao juiz certidão integral do registro e o nome e prenome, profissão, identidade e residência do suposto pai, a fim de ser averiguada oficiosamente a procedência da alegação. O juiz notifica o suposto pai, salvo se for casado, quando então, obrigatoriamente, a diligência deverá ser cumprida em segredo de justiça. No caso de o suposto pai confirmar expressamente a paternidade, os autos serão remetidos ao oficial do registro para lavratura do termo de reconhecimento e para a devida averbação. Se o suposto pai não atender, no prazo de 10 dias, a notificação judicial, ou negar a alegada paternidade, o juiz remeterá os autos ao representante do Ministério Público para que intente, havendo elementos suficientes, a ação de investigação de paternidade.

A: correta (art. 2º, §§ 1º, 2º e 4º da Lei 8.560/1992); B: incorreta, pois o oficial não profere o registro do pai de imediato. Ele apenas encaminha o registro já existente (apenas com os dados da mãe) com as informações qualificativas do suposto pai ao juiz competente. E ainda, no caso de o suposto pai confirmar expressamente a paternidade, será lavrado termo de reconhecimento e remetida certidão ao oficial do registro, para a devida averbação (art. 2º, §3º da Lei 8.560/1992); C: incorreta, pois novamente o oficial não profere o registro do pai de imediato. Além do que o juiz notificará o suposto pai independentemente do seu estado civil. Por fim, havendo elementos suficientes o Ministério Público *deve* propor a ação de investigação de paternidade (art. 2º, *caput* e §§1º e 4º, do CC); D: incorreta, pois o juiz não profere o registro paterno de imediato, com a simples oitiva da mãe. O juiz notificará o suposto pai independentemente do seu estado civil. Havendo elementos suficientes o Ministério Público tem o dever de ingressar com a ação; E: incorreta, pois a notificação do suposto pai independe do seu estado civil. Ademais o juiz apenas decretará segredo de justiça se entender necessário (art. 2º, §2º, da Lei 8.560/1992). Se o suposto pai confirmar a paternidade será lavrado termo de reconhecimento e remetida certidão ao oficial do registro, para a devida averbação.
Gabarito "A".

**(Cartório/PR – 2007)** Filiação é estado familiar da pessoa que decorre do fato ou do direito e, um vez legalmente estabelecido faz emergir poderes e deveres de que decorrem efeitos a partir do nascimento, ainda que somente *a posteriori* à filiação seja declarada estabelecida. Sobre o assunto, analise as afirmativas:

I. O Código Civil brasileiro classifica os seguintes tipos de filiação de acordo com a origem: legítima, ilegítima, incestuosa ou espúria.
II. É possível o reconhecimento de filho realizado como disposição de última vontade, por meio de testamento público.
III. Para o reconhecimento de filhos concebidos na constância do casamento aplica-se a presunção absoluta *pater iste est*.
IV. A prova da impotência *generandi* do varão à época da concepção não ilide a presunção de paternidade.

Está correta ou estão corretas:

(A) Somente I, II e II.
(B) Somente II e IV.
(C) Somente I e II.
(D) Todas.
(E) Somente II.

I: incorreta, pois diferentemente do Código Civil de 1916, o Novo Código Civil não mais diferencia os filhos quanto a sua origem (art. 1.596 do CC). Neste passo, a própria Constituição Federal prevê a máxima de igualdade entre os filhos no seu art. 227, § 6º; II: correta (art. 1º, III, da Lei 8.560/1992 e art. 1.609, III, do CC); III: incorreta, pois a presunção é relativa, tanto é que pode ser contestada (art. 1601 do CC); IV: incorreta, pois a prova da impotência do cônjuge para gerar, à época da concepção, afasta a presunção de paternidade (art. 1.599 do CC). de
Gabarito "E".

**(Cartório/SP – I – VUNESP)** Considere as afirmações sobre as formas de reconhecimento voluntário de filhos.

I. No próprio termo de nascimento.
II. Por escritura pública ou outro documento público.
III. Por testamento, ainda que incidentalmente manifestado.
IV. Por instrumento particular, a ser arquivado em cartório.
V. Por manifestação direta e expressa perante o juiz, ainda que não constitua objeto único e principal do ato que o contém.

Pode-se dizer que estão corretas

(A) I, II e III, apenas.
(B) I, II, III e V, apenas.
(C) I, II, III, IV e V.
(D) I, II, III e IV, apenas.

I: correta (art. 1.609, I, do CC e art. 1º, I, da Lei 8.560/1992); II: correta (art. 1.609, II, do CC e art. 1º, II, da Lei 8.560/1992); III: correta (art. 1.609, III, do CC e art. 1º, III, da Lei 8.560/1992); IV: correta (art. 1.609, II, do CC e art. 1º, II, da Lei 8.560/1992); V: correta (art. 1.609, IV, do CC e 1.609, IV, da Lei 8.560/1992).
Gabarito "C".

**(Cartório/SP – IV – VUNESP)** Sobre o reconhecimento de filhos havidos fora do casamento, é possível dizer que

(A) é eficaz o reconhecimento feito sob condição.
(B) é irrevogável, mesmo se feito em testamento.
(C) não pode preceder o nascimento do filho.
(D) somente tem valor, quando feito judicialmente, se constituir o objeto único do ato que o contém.

A: incorreta, pois são ineficazes a condição e o termo apostos ao ato de reconhecimento de filho (art. 1.613 do CC); B: correta (art. 1.610 do CC e art. 1º da Lei 8.560/1992); C: incorreta, pois é possível que o reconhecimento seja feito antes do nascimento (art. 1.609, parágrafo único, do CC); D: incorreta, pois o reconhecimento pode ser feito extrajudicialmente, seja no registro de nascimento, seja por escritura pública ou instrumento particular registrado em cartório, seja por testamento (art. 1.609 do CC). Contudo, se feito judicialmente, o reconhecimento terá valor ainda que não haja sido o objeto único e principal do ato que o contém (art. 1º, IV da Lei 8.560/92).
Gabarito "B".

**(Cartório/SP – V – VUNESP)** Assinale a alternativa correta.

(A) O reconhecimento voluntário de filho é feito por meio de escritura pública, averbada diretamente no Registro Civil.
(B) O reconhecimento de filho, feito por meio de testamento, será automaticamente revogado com a revogação do testamento.

(C) O reconhecimento da paternidade pode ser posterior ao falecimento do filho, desde que este tenha deixado descendente.
(D) O reconhecimento do filho é ato personalíssimo, não admitindo representação por procuração.

A: incorreta, há outras formas de reconhecimento de filho que não apenas a escritura pública averbada em cartório, a saber: reconhecimento no registro de nascimento, por testamento, ainda que incidentalmente manifestado e por manifestação direta e expressa perante o juiz, ainda que o reconhecimento não haja sido o objeto único e principal do ato que o contém (art. 1.609 do CC e art. 1º da Lei 8.560/1992); B: incorreta, pois não obstante a revogação do testamento, a cláusula de reconhecimento da paternidade subsiste, haja vista constituir-se em disposição não patrimonial referente ao estado de filiação de terceiro (art. 1.857, §2º, c.c art. 1.610 do CC); C: correta (art. 1.690, parágrafo único, do CC); D: incorreta, pois o art. 59 da Lei 6.015/1973 prevê a possibilidade de reconhecimento de paternidade por procurador.
Gabarito "C".

(Cartório/SP – 2011 – VUNESP) Assinale a alternativa incorreta a respeito do reconhecimento de filhos.

(A) O reconhecimento de filho por testamento deve constar de disposição específica, não sendo válido reconhecimento manifestado incidentalmente.
(B) O reconhecimento poderá ser feito por escritura pública ou escrito particular, a ser arquivado em cartório.
(C) O reconhecimento de filho maior depende de seu consentimento.
(D) O reconhecimento pode preceder o nascimento do filho ou ser posterior ao seu falecimento, se ele deixar descendentes.

A: incorreta (devendo ser assinalada), pois é válido o reconhecimento ainda que feito incidentalmente (art. 1.609, III, do CC e art. 1º, III da Lei 8.560/1992); B: correta (art. 1.609, II, do CC e art. 1º, II, da Lei 8.560/1992); C: correta (art. 1.614 do CC e art. 4º da Lei 8.560/1992); D: correta (art. 1.609, parágrafo único, do CC)
Gabarito "A".

## 7.4. PODER FAMILIAR, ADOÇÃO, TUTELA E GUARDA

(Cartório/BA – 2004 – CESPE) O item seguinte apresenta uma situação hipotética acerca do direito de família, seguida de uma assertiva a ser julgada.

(1) Um garoto de doze anos de idade quer vender um imóvel que ganhou de um tio. Como é menor impúbere, será representado por seu pai, que irá assinar a escritura pública de transferência do imóvel. Nessa situação, como o menor estará representado, o vício que prejudicaria o negócio jurídico estará suprido, não havendo necessidade de autorização judicial para se realizar a venda do imóvel.

A assertiva está errada, pois além da necessidade de o menor estar representado, é indispensável que haja autorização judicial para a venda do imóvel, ainda que a representação se dê pelos próprios pais. No exercício do poder familiar, os genitores apenas têm o direito de usufruir dos bens da prole e de administrar os bens dos filhos menores que estejam sob sua autoridade (art. 1.689 do CC). O art. 1.691 veda que os pais alienem, gravem de ônus real os imóveis dos filhos, bem como contraiam obrigações que ultrapassem os limites da simples administração, salvo por necessidade ou evidente interesse dos infantes, mediante prévia autorização do juiz.
Gabarito 1E

(Cartório/BA – 2004 – CESPE) Pedro, de 40 anos de idade, pai de dois filhos, viúvo, com formação em curso superior, é viciado em jogos de azar, joias e festas e gasta desordenadamente o seu patrimônio de maneira que compromete a sua manutenção e a de seus filhos. O pai de Pedro, Antenor, requereu judicialmente a sua interdição. Em decorrência do requerimento do pai, Pedro foi submetido a perícia que envolvia avaliação psiquiátrica, na qual se comprovou que Pedro não apresentava maiores comprometimentos mentais mas sim uma prodigalidade que o levava a dissipar o seu patrimônio. Diante dessa situação, o juiz entendeu pela interdição, considerando Pedro relativamente incapaz e nomeando o pai dele como curador. Após ter sido legalmente interditado, Pedro resolveu levantar um empréstimo e, para tanto, hipotecou um dos poucos bens que lhe restaram — um terreno localizado em Ilhéus, na Bahia —, sem que seu curador o assistisse. Acerca da situação hipotética descrita acima, julgue os itens que se seguem.

(1) Nessa situação, a interdição de Pedro por incapacidade relativa deverá ser averbada em registro público.
(2) Pedro não poderia ter hipotecado o seu terreno pelo fato de que este estava interditado, porém o negócio jurídico foi realizado. Nesse caso, caberá aos interessados requerer a anulabilidade do negócio jurídico.
(3) Se o Ministério Público tivesse conhecimento do negócio jurídico que envolvia a hipoteca, poderia requerer a anulabilidade, uma vez que cabe a esse intervir nos atos que possam prejudicar os incapazes.

1: correta, pois a interdição é passível de registro, e não de averbação (art. 9º, III, do CC e art. 29, V, e art. 92 da Lei 6.015/1973); 2: correta, pois tendo em vista que Pedro agiu sem assistência o negócio jurídico é anulável, nos termos do art. 171, I, do CC. A parte interessada terá o prazo de quatro anos para pedir a anulação do negócio, contados do dia em que cessar a incapacidade (art. 178, III, do CC); 3: incorreta, pois apenas os interessados têm legitimidade para requerer a anulação do negócio jurídico, consoante art. 177 do CC.
Gabarito 1E, 2C, 3E

(Cartório/MA – 2008 – IESES) Em relação à adoção, o atual Código Civil prevê:

(A) Só a pessoa maior de dezesseis anos pode adotar.
(B) Só a pessoa maior de vinte e um anos pode adotar.
(C) Só a pessoa maior de dezoito anos pode adotar.
(D) Só com o consentimento dos pais de quem se deseja adotar, em sendo este maior de dezoito anos, poderá ser feita a adoção

A Lei 12.010/2009 revogou os dispositivos acerca da adoção previstos no Código Civil, sendo que atualmente a matéria está tratada pelo Estatuto da Criança e do Adolescente (Lei 8.069/1990). De qualquer forma a alternativa "C" está correta, nos termos do art. 42 do ECA.
Gabarito "C".

**(Cartório/MG – 2012 – FUMARC)** Considerando o exercício da tutela, nos termos do Código Civil, incumbe ao tutor quanto à pessoa do menor, **EXCETO**

(A) alienar os bens do menor destinados à venda.
(B) transigir, com autorização ou aprovação ulterior do juiz.
(C) representar o menor, até os 18 (dezoito) anos, nos atos da vida civil.
(D) promover-lhe, mediante preço conveniente, o arrendamento de bens de raiz.

A: correta (art. 1.747, IV, do CC); B: correta (art. 1.748, III, do CC); C: incorreta (devendo ser assinalada), pois o dever de representação ocorre até os 16 anos. Após, o tutor tem a incumbência de *assisti-lo* (art. 1.747, I, do CC); D:correta (art. 1.747, V, do CC).
Gabarito "C".

**(Cartório/SP – IV – VUNESP)** A adoção

(A) elimina os vínculos com os parentes consanguíneos, inclusive os impedimentos para o casamento.
(B) pressupõe que o adotante seja pelo menos doze anos mais velho que o adotado.
(C) depende de sentença constitutiva, mesmo quando diga respeito a maiores de dezoito anos.
(D) pode ser livremente feita por duas pessoas, conjuntamente.

A: incorreta, pois os impedimentos para o casamento permanecem (art. 41 do ECA); B: incorreta, pois o adotante deve ser no mínimo 16 anos mais velho do que o adotado (art. 42, § 3º, do ECA); C: correta, pois a adoção depende de sentença constitutiva em qualquer caso, independentemente da idade do adotando (art. 47 do CC); D: incorreta, pois para a adoção conjunta é indispensável que os adotantes sejam casados civilmente ou mantenham união estável, comprovada a estabilidade da família (art. 42, § 2º, do ECA).
Gabarito "C".

**(Cartório/SP – V – VUNESP)** A adoção avoenga

(A) é permitida somente em relação a menores.
(B) é permitida somente em relação a maiores.
(C) dispensa o estágio de convivência em decorrência do vínculo havido entre as partes.
(D) é proibida.

A adoção feita pelos avós é proibida, por uma questão de incompatibilidade do instituto. Neste espeque, prevê o art. 41do ECA: "A adoção atribui a condição de filho ao adotado, com os mesmos direitos e deveres, inclusive sucessórios, desligando-o de qualquer vínculo com pais e parentes, salvo os impedimentos matrimoniais". De proêmio já é possível notar que o neto não tem condições de tornar-se filho do avô. Além do que haveria verdadeiro tumulto na questão sucessória. Por fim, a adoção é instituto que extingue os vínculos com a família biológica, o que neste caso não ocorreria. Logo se vê que é algo inconcebível. Em verdade os avós têm direito a tutela sob os netos e não a adoção.
Gabarito "D".

**(Cartório/SP – V – VUNESP)** A alteração do regime de bens adotado no casamento é admitida

(A) por meio de escritura pública, desde que sejam ressalvados os direitos de terceiros.
(B) quando o regime adotado não for o da comunhão universal.
(C) mediante autorização judicial.
(D) se inexistir pacto antenupcial.

A: incorreta, pois a alteração de regime de bens apenas pode ser feita por meio de autorização judicial (art. 1.639, § 2º, do CC e Enunciado 113 e 260 do CJF); B: incorreta, pois a alteração pode ser feita independentemente do regime. A Lei não faz restrição (art. 1.639, § 2º, CC); C: correta, pois para que haja alteração do regime a autorização judicial é imprescindível (art. 1.639, § 2º, do CC e Enunciado 113 e 260 do CJF);D: incorreta, pois a existência ou não de pacto antenupcial é irrelevante para a alteração.
Gabarito "C".

**(Cartório/SP – 2011 – VUNESP)** Sobre adoção, conforme disciplina da Lei n.º 8.069/90, é incorreto afirmar que

(A) a adoção poderá ser deferida ao adotante que, após inequívoca manifestação de vontade, vier a falecer no curso do procedimento e antes de prolatada a sentença.
(B) a adoção é medida irrevogável.
(C) o adotante deve ser, pelo menos, 16 (dezesseis) anos mais velho do que o adotando.
(D) a adoção por procuração exige escritura pública.

A: correta (art. 42, § 6º, do ECA); B: correta (art. 39, art. § 1º, do ECA); C: correta (art. 42, § 3º, do ECA); D: incorreta (devendo ser assinalada), pois é vedada a adoção por procuração (art. 39, § 2º, do ECA e Enunciado 272 do CJF).
Gabarito "D".

**(Cartório/SP – 2012 – VUNESP)** A adoção póstuma

(A) assegura todos os vínculos originados da adoção, salvo os referentes ao direito sucessório, pois os efeitos da adoção póstuma só se operam após o trânsito em julgado da sentença constitutiva da adoção.
(B) não é permitida no ordenamento jurídico pátrio.
(C) poderá ser deferida ao adotante que, após inequívoca manifestação de vontade, vier a falecer no curso do processo de adoção, antes de prolatada a sentença.
(D) é concedida após a morte do adotando, ocorrida no curso do procedimento de adoção, antes de prolatada a sentença.

A: incorreta, pois a adoção póstuma assegura todos os vínculos originados da adoção, inclusive os referentes a direitos sucessórios, uma vez que neste caso os efeitos da sentença retroagem a data do óbito (art. 47, § 7º, do ECA); B: incorreta, pois há permissão expressa no art. 42, § 6º, do ECA; C: correta (art. 42, §6º, do ECA); D: incorreta, pois adoção póstuma é aquela concedida na ocorrência de morte do *adotante* que, após inequívoca manifestação de vontade veio a falecer no curso do procedimento, antes de prolatada a sentença.
Gabarito "C".

## 7.5. ALIMENTOS

**(Cartório/MG – 2012 – FUMARC)** Sobre os alimentos, nos termos da Lei n. 11.804/2008, é **correta** a afirmação

(A) O réu será citado para apresentar resposta em 10 (dez) dias.
(B) Perdurarão até o nascimento da criança, sopesando as necessidades da parte autora e as possibilidades da parte ré.
(C) Após o nascimento com vida, os alimentos gravídicos ficam convertidos em pensão alimentícia em favor do menor, sem possibilidade de revisão pela parte devedora.

(D) Referem-se à parte das despesas que deverá ser custeada pelo futuro pai, considerando-se a contribuição que também deverá ser dada pela mulher grávida, na proporção dos recursos de ambos, não compreendendo as despesas adicionais.

A: incorreta, pois o prazo de resposta são 5 dias (art. 7º da Lei 11.804/2008); B: correta, pois os alimentos gravídicos têm a finalidade de complementar as despesas com a gravidez e, realmente perdurarão até o nascimento da criança, sopesando as necessidades da parte autora e as possibilidades da parte ré. Nascida a criança, serão convertidos em pensão alimentícia, até que uma das partes solicite sua revisão (art. 6º da Lei 11.804/2008); C: incorreta, pois após os nascimentos é possível o pedido de revisão dos alimentos pela parte interessada (art. 6º, parágrafo único, da Lei 11.804/2008); D: incorreta, pois os alimentos previstos por esta lei servem justamente para cobrir as despesas adicionais do período de gravidez e que sejam dela inerentes (art. 2º, *caput*, da Lei 11. 804/2008)
Gabarito "B".

**(Cartório/MS – 2009 – VUNESP)** Considerando a obrigação de pagar alimentos, é correto afirmar que

(A) o espólio não deve prestar alimentos àquele a quem o *de cujus* devia, mesmo quando vencidos após a sua morte.
(B) o menor não pode, sem a anuência da mãe, sua representante legal, considerar quitada a obrigação do pai.
(C) não se transmite, aos herdeiros do alimentante, a obrigação de prestar alimentos ao alimentando.
(D) na ausência do pai, os avós não podem ser chamados a complementar os alimentos dos netos.
(E) o dever de prestar alimentos entre ex-cônjuges reveste-se de características indenizatórias.

A: incorreta, pois a obrigação de prestar alimentos subsiste para o espólio, mesmo quando vencidos após a morte, afinal é um débito do *de cujus* que, assim como qualquer outro precisa ser adimplido. Neste passo, as obrigações serão transmitidas aos herdeiros até o limite das forças da herança (art. 1.700 do CC e Enunciado 343 do CJF); B: correta, pois é nula a quitação dada pelo menor sem representação (art. 166, I, do CC); C: incorreta, pois a obrigação alimentar se transmite aos herdeiros nas forças da herança (art. 1.700 do CC e Enunciado 343 do CJF); D: incorreta, pois os avós podem ser chamados a prestar alimentos caso o pai não tenha condição de suportá-los. Mas note que a obrigação dos avós é subsidiária e não solidária, na medida em que eles apenas serão invocados na total impossibilidade do pai assumir o ônus (art. 1.698 do CC e Enunciado 342 do CJF); E: incorreta, pois os alimentos apenas terão caráter indenizatório se a obrigação decorrer de ato ilícito. No caso de ex-cônjuges a obrigação alimentar nasce do vínculo familiar e dever se solidariedade.
Gabarito "B".

**(Cartório/SP – 2012 – VUNESP)** Os alimentos côngruos são

(A) aqueles destinados à manutenção da condição social do credor de alimentos.
(B) aqueles estritamente necessários à sobrevivência do alimentando.
(C) aqueles que têm como causa a morte do alimentante e são fixados por meio de legado de alimentos, em cédula testamentária.
(D) de natureza indenizatória, decorrentes de ato ilícito.

A: correta, pois alimentos côngruos são aqueles destinados a manter a condição social, inclusive educação do alimentado (art. 1.694 do CC); B: incorreta, pois esta é a definição de alimentos naturais ou necessários; C: incorreta, pois os alimentos côngruos não possuem correlação com a morte do alimentante; D: incorreta, pois alimentos indenizatórios são aqueles decorrentes da responsabilidade civil.
Gabarito "A".

## 7.6. BEM DE FAMÍLIA

**(Cartório/RN – 2012 – IESES)** Exclui-se a impenhorabilidade do bem de família nos seguintes casos, **EXCETO**:

(A) Para cobrança de impostos, predial ou territorial, taxas e contribuições devidas em função do imóvel familiar.
(B) Créditos decorrentes de direitos trabalhistas e previdenciários dos trabalhadores da obra do bem de família.
(C) Obrigação garantida por hipoteca do imóvel bem de família.
(D) Quando o imóvel bem de família for demasiadamente valioso.

A: incorreta (art. 3º, IV, da Lei 8.009/1990); B: incorreta (art. 3º, I, da Lei 8.009/1990); C: incorreta (art. 3º, V, da Lei 8.009/1990); D: correta (art. 4º da Lei 8.009/1990)
Gabarito "D".

**(Cartório/MT – 2005 – CESPE)** Ainda acerca do direito de família, assinale a opção correta.

(A) O bem de família oferecido em garantia hipotecária de determinado contrato perde o privilégio da impenhorabilidade para a execução de outras dívidas.
(B) O credor de alimentos pode pleitear alimentos complementares ao parente de outra classe se o mais próximo não estiver em condições de suportar totalmente o encargo.
(C) Para que seja reconhecida a impenhorabilidade do bem de família é necessária a prova de que o imóvel em que reside a família do devedor é o único imóvel de propriedade do devedor.
(D) O exercício da curatela, tal como da tutela, pode ser compartilhado por duas pessoas, desde que sejam casadas, ou que tenham residência comum.

A: incorreta, pois a impenhorabilidade apenas deixará de existir no caso de execução de hipoteca sobre o próprio imóvel oferecido como garantia real pelo casal ou pela entidade familiar (art. 3º, V, da Lei 8.009/1990); B: correta, na medida em que se aquele que deve alimentos não estiver na condição de suportá-los, serão chamados a concorrer os de grau imediato (art. 1.698 do CC e Enunciado 342 do CJF); C: incorreta, pois a impenhorabilidade é presumida, vez que decorre de lei. Daí, compete ao credor a prova de que aquele não é o único imóvel do devedor; D: incorreta: pois a tutela não pode ser compartilhada entre duas pessoas. Neste sentido, prevê o art. 1.733, § 1º, que "No caso de ser nomeado mais de um tutor por disposição testamentária sem indicação de precedência, *entende-se que a tutela foi cometida ao primeiro*, e que os outros lhe sucederão pela ordem de nomeação, se ocorrer morte, incapacidade, escusa ou qualquer outro impedimento". Assim, haverá apenas um tutor na ativa. No que tange à curatela, aplica-se a mesma regra, nos termos do art. 1.774 do CC.
Gabarito "B".

**(Cartório/RJ : – 2008 – UERJ)** Para formalizar a instituição do bem de família, é necessário:

(A) escritura pública
(B) escritura pública transcrita no Registro de Imóveis
(C) escritura pública e publicação de editais no Diário Oficial
(D) escritura pública registrada no cartório de títulos e documentos
(E) escritura pública transcrita no Registro de Imóveis e a publicação de editais no Diário Oficial

Para formalizar a instituição do bem de família faz-se necessário a escritura pública devidamente registrada no Cartório de Registro de Imóveis, nos termos dos arts. 1.711 e 1.713, §2º do CC.
Gabarito "B".

**(Cartório/SC – 2008)** Sobre o bem de família civil, é correto afirmar:

(A) O bem de família consistirá em prédio residencial urbano ou rural, destinando-se, em ambos os casos, a domicílio familiar, e não poderá abranger valores mobiliários.
(B) A dissolução da sociedade conjugal extingue o bem de família, salvo quando, em caso de morte, o cônjuge sobrevivente optar em mantê-lo.
(C) O bem de família é isento de execução por dívidas posteriores à sua instituição, com a única exceção daquelas provenientes dos tributos relativos ao prédio.
(D) O bem de família, quer instituído pelos cônjuges ou por terceiro, constitui-se pelo registro de seu título no Registro de Imóveis.
(E) Comprovada a impossibilidade de manutenção do bem de família nas condições em que foi instituído, poderá o juiz, a requerimento de qualquer interessado, independentemente da ouvida do instituidor, extingui-lo, como também autorizar a sub-rogação dos bens.

A: incorreta, pois o bem de família pode abranger tranquilamente valores mobiliários, nos termos do art. 1.712 do CC; B: incorreta, pois a dissolução da sociedade conjugal não extingue o bem de família. No caso de morte, o cônjuge sobrevivente pode pedir a extinção do bem de família se for o único bem do casal (art. 1.721 do CC); C: incorreta, pois esta não é a única exceção, uma vez que ele pode ser penhorado em decorrência de despesas do condomínio (art. 1.715 do CC); D: correta (art. 1.714 do CC); E: incorreta, pois para o juiz extinguir o bem de família será indispensável a oitiva do instituidor e do Ministério Público (art. 1.719 do CC).
Gabarito "D".

**(Cartório/SE – 2006 – CESPE)** Quanto ao bem de família, julgue os itens subsequentes.

(1) O bem de família, quer seja voluntário ou legal, institui-se com o registro da escritura pública no registro imobiliário competente. Esse bem permanece vinculado enquanto viver um dos cônjuges ou enquanto existirem filhos menores ou incapazes.
(2) O imóvel, urbano ou rural, destinado à moradia da família é impenhorável. Por essa característica, não responde por dívida civil ou bancária, mesmo quando se tratar de obrigação decorrente de fiança concedida em contrato de locação.

1: incorreta, pois apenas o bem de família voluntário constitui-se mediante escritura pública registrada no Registro de Imóveis competente (art. 1.714 do CC). Quanto ao bem de família legal, como o próprio nome sugere, a lei o institui. Basta que seja o único imóvel residencial próprio do casal ou da entidade familiar e que os indivíduos nele residam (arts. 1º e 5º da Lei 8.009/1990). E veja, a jurisprudência estende este conceito ao imóvel pertencente a pessoas solteiras, separadas e viúvas, nos termos da Súmula 364 do STJ. No que tange a segunda parte da questão não há incorreções; 2: incorreta, pois a impenhorabilidade é afastada quando se tratar de execução por obrigação decorrente de fiança concedida em contrato de locação (art. 3º, VII ,da Lei 8.009/1990)
Gabarito 1E, 2E

## 7.7. TUTELA E CURATELA

**(Cartório/SP – III – VUNESP)** Quando começa a produzir efeitos a sentença de interdição?

(A) A sentença de interdição produz efeitos a contar do ajuizamento do pedido.
(B) Os efeitos do decreto judicial de interdição começam a ter vigência a partir da data do respectivo trânsito em julgado.
(C) A sentença que declara a interdição produz efeitos desde logo, embora sujeita a recurso.
(D) A partir do momento da intimação às partes.

A: incorreta, pois no momento do ajuizamento sequer há sentença proferida; B: incorreta, pois não é necessário que se aguarde o trânsito em julgado para que sentença comece a produzir efeito; C: correta (art. 1.773 do CC); D: incorreta, pois a intimação não é pressuposto necessário para que a sentença surta efeito.
Gabarito "C".

**(Cartório/SP – 2011 – VUNESP)** Os imóveis pertencentes aos menores sob tutela

(A) somente podem ser vendidos quando houver manifesta vantagem, mediante prévia avaliação judicial e aprovação do juiz.
(B) são inalienáveis.
(C) somente podem ser vendidos mediante prévia avaliação judicial, aprovação do juiz e em hasta pública.
(D) somente podem ser vendidos por motivo de necessidade e aprovação do juiz, dispensada avaliação judicial se realizada alienação em hasta pública.

A: correta (art. 1.750 do CC); B: incorreta, pois podem ser alienados respeitados os requisitos do art. 1.750 do CC; C: incorreta, pois não é necessária hasta pública para alienação (note que o art. 1.750 do CC não faz essa exigência); D: incorreta, pois é imprescindível a avaliação judicial ainda que a venda se dê em hasta pública (art. 1.750 do CC).
Gabarito "A".

**(Cartório/SP – 2012 – VUNESP)** No que concerne ao protutor, é correto afirmar que

(A) não está obrigado à prestação de contas.
(B) ele é nomeado pelo juiz para fiscalizar os atos do tutor.
(C) a ele incumbe o exercício exclusivo da tutela, mediante aprovação judicial, se os atos de gestão exigirem conhecimentos técnicos, forem complexos ou realizados em lugares distantes do domicílio do tutor.
(D) não faz jus ao percebimento de uma gratificação arbitrada pelo juiz.

A: incorreta, pois a lei não o dispensa da prestação de contas. Muito embora não haja previsão expressa quanto a essa obrigação, ao protutor aplicam-se os mesmos deveres do tutor, caso ele administre em algum momento os bens do menor (arts. 1.755 a 1.762); B: correta (art. 1.742 do CC); C: incorreta, pois neste caso o juiz pode deferir a delegação do exercício parcial da tutela, daí não há exclusividade por parte do protutor. (art. 1.743 do CC); D: incorreta (art. 1.752, § 1°, do CC).
Gabarito "B".

## 8. SUCESSÕES

### 8.1. SUCESSÃO EM GERAL

**(Cartório/AC – 2006 – CESPE)** Acerca do direito das sucessões, julgue os itens que se seguem.

(1) A cessão de direitos hereditários relativa a imóvel tem natureza obrigacional, razão pela qual pode ser alienada a terceiros, por meio de ajuste firmado em documento particular, desde que registrado em cartório de títulos e documentos da situação do imóvel. O referido negócio jurídico é válido, eficaz inclusive em relação a terceiros e constitui título hábil a transferência do domínio de bem imóvel.

(2) O direito real de habitação é benefício instituído em favor do cônjuge supérstite, sem prejuízo da participação que lhe caiba na herança, qualquer que seja o regime de bens, não se exigindo para a sua constituição o registro imobiliário. Ao cônjuge sobrevivente é garantido o direto real de habitação no único imóvel que componha a herança e sirva de residência para a família.

1: incorreta, pois a cessão de direitos hereditários tem natureza real, vez que diretamente ligada ao direito a sucessão aberta (que por ficção jurídica é considerada bem imóvel art. 80, II, do CC – ainda que todos os bens deixados pelo *de cujus* sejam móveis ou direitos pessoais). Neste passo, prevê o art. 1.793 do CC "O direito à sucessão aberta, bem como o quinhão de que disponha o coerdeiro, pode ser objeto de cessão por escritura pública". Assim, a lei prevê expressamente que a cessão de direitos hereditários apenas pode se dar por escritura pública. E note-se que não faz diferenciação quanto a bens móveis ou imóveis, pois em verdade trata-se de cessão sobre *direitos* e não sobre um bem singularmente considerado. Caso a cessão seja feita por instrumento particular ainda que registrado em cartório de títulos e documentos gerará mero direito obrigacional entre cedente e cessionário, sendo nula em relação a terceiros (art. 166, IV, do CC); 2: correta, pois a assertiva encontra total respaldo no art. 1.831 do CC. Ainda que o imóvel não se comunique com o cônjuge sobrevivente, em razão do regime de casamento ou por fazer parte do patrimônio particular do cônjuge falecido, o direito de habitação resulta dos princípios de proteção da família, e não de uma relação patrimonial. Por isso mesmo, esse direito de habitação do cônjuge, chamado pela doutrina de usufruto vidual, existe e é juridicamente assegurado independentemente do seu registro no cartório de imóveis.
Gabarito 1E, 2C

**(Cartório/DF – 2006 – CESPE)** Quanto ao direito das sucessões, julgue os itens que se seguem.

(1) O herdeiro necessário pode alienar os seus direitos sucessórios, ainda estando vivo o autor da herança, desde que o faça por escritura pública e sob condição, isto é, com cláusula que subordine os efeitos do negócio jurídico ao evento morte do titular do direito alienado. Assim, o referido negócio é válido, ficando, no entanto, a sua eficácia subordinada a termo.

(2) A pessoa física ou jurídica pode instituir seu sucessor e transmitir a herança por meio de testamento, estando restrita essa autonomia à herança dos herdeiros legítimos, ou seja, não podendo haver incompatibilidade com a sucessão legítima.

(3) Se morrer o filho adotivo, a sua herança, não havendo descendentes nem cônjuge sobreviventes, pertence, em sua integralidade, aos seus pais naturais. Porém, se esses estiverem falecidos, caberá a sucessão aos adotantes, mesmo se o autor da herança tiver outros ascendentes naturais de grau mais remoto.

1: incorreta, pois não pode ser objeto de negócio jurídico a herança de pessoa viva (art. 426 do CC). Além do que, o herdeiro necessário tem mera expectativa de direito sucessório, pois enquanto não ocorrer a abertura da sucessão, é possível que seja deserdado pelo autor da herança. Assim o seu direito não se concretizaria. Logo, o herdeiro necessário não pode alienar algo que ainda não é seu propriamente; 2: incorreta, pois a autonomia está restrita apenas aos herdeiros necessários (art. 1.845 do CC). Neste passo, recorde-se que os herdeiros legítimos podem ser necessários (cônjuge, ascendente e descendente) ou facultativos (colaterais até o 4° grau). Havendo herdeiros necessários o testador apenas pode testar 50% do seu patrimônio, pois a outra metade faz parte de uma reserva legal e inalterável (parte legítima) a essa categoria (arts. 1.789 e 1.846 do CC). Caso o testador apenas tenha parentes na linha colateral será livre para testar a integralidade do seu patrimônio; 3: incorreta, pois a adoção extingue todos os vínculos do adotado com a sua família natural, subsistindo apenas os impedimentos matrimoniais (art. 41 do ECA). Por consequência estão extintos também os vínculos sucessórios. Logo, neste caso a herança será considerada jacente, aplicando-se o disposto nos arts. 1.819 a 1.823 do CC.
Gabarito 1E, 2E, 3E

**(Cartório/MA – 2008 – IESES)** Assinale a alternativa INCORRETA:

(A) É anulável a venda de ascendente a descendente se não houver o consentimento expresso dos outros descendentes e do cônjuge do alienante.

(B) Em regra, os descendentes que concorrerem a sucessão do ascendente comum são obrigados, para igualar as legítimas, a conferir o valor das doações que receberam em vida, sob pena de sonegação.

(C) O doador pode dispensar a colação dos bens em testamento ou no próprio ato de liberalidade.

(D) É possível a doação de bens de forma desigual do ascendente aos descendentes, desde que seja de sua parte disponível.

A: correta (art. 496 do CC); B: correta (art. 2.002 do CC); C: incorreta (devendo ser assinalada), pois "a dispensa da colação pode ser outorgada pelo doador em testamento, ou no próprio *título* de liberalidade", e não no próprio *ato* de liberalidade (art. 2.006 do CC); D: correta, pois no que tange a parte disponível o testador é livre para dela dispor como bem entender. Logo, as doações podem ser feitas em frações desiguais, ou os ascendentes e descendentes sequer podem ser contemplados. Mas caso sejam, é importante ressaltar que isso não prejudica a parte legítima (art. 1.849 do CC).
Gabarito "C".

**(Cartório/MG – 2012 – FUMARC)** Sobre a aceitação e a renúncia da herança, de acordo com o Código Civil Brasileiro, é **correto** afirmar

(A) A transmissão tem-se por não verificada quando o herdeiro renuncia à herança.
(B) Importa aceitação a cessão gratuita, pura e simples, da herança aos demais coerdeiros.
(C) A renúncia da herança deve constar expressamente de instrumento particular ou termo judicial.
(D) Exprimem aceitação de herança os atos oficiosos, como o funeral do finado, os conservatórios, ou os de administração e guarda provisória.

A: correta (art. 1.804, parágrafo único, do CC); B: incorreta, pois não importa igualmente aceitação a cessão gratuita, pura e simples, da herança, aos demais coerdeiros (art. 1.805, § 2º, do CC); C: incorreta, pois a renúncia da herança deve constar expressamente de *instrumento público* ou termo judicial (art. 1.806 do CC); D: incorreta, pois *não exprimem* aceitação de herança os atos oficiosos, como o funeral do finado, os meramente conservatórios, ou os de administração e guarda provisória (art. 1.805, §1º, do CC).
Gabarito "A".

**(Cartório/PR – 2007)** Não podem ser nomeados herdeiros nem legatários:

I. As testemunhas do testamento.
II. A pessoa que, a rogo, escreveu o testamento.
III. O tabelião que fizer ou aprovar o testamento.
IV. Os descendentes de quem escreveu o testamento.

São corretas:

(A) I, II, III e IV.
(B) apenas I, II e III.
(C) apenas III e IV.
(D) apenas I e III.
(E) apenas II e IV.

Todas as pessoas mencionadas nos itens I, II, III e IV não podem ser herdeiros nem legatários, nos termos do art. 1.801 do CC.
Gabarito "A".

**(Cartório/SP – VI – VUNESP)** Aberta a sucessão, a herança transmite-se, desde logo, aos herdeiros legítimos e testamentários. Tal regra é decorrente do princípio conhecido como

(A) saisine.
(B) transmissibilidade imediata.
(C) sucebilidade incondicional.
(D) herança instantânea.

Sobre a questão, interessante trazer o brilhante ensinamento da doutrinadora Giselda Hironaka, em sua obra *Direito das Sucessões*: "A sucessão considera-se aberta no instante mesmo ou no instante presumido da morte de alguém, fazendo nascer o direito hereditário e operando a substituição do falecido por seus sucessores a título universal nas relações jurídicas em que aquele figurava. Não se confundem, todavia. A morte é antecedente lógico, é pressuposto e causa. A transmissão é consequente, é efeito da morte. Por força de ficção legal, coincidem em termos cronológicos, (1) presumindo a lei que o próprio *de cujus* investiu seus herdeiros (2) no domínio e na posse indireta (3) de seu patrimônio, porque este não pode restar acéfalo. Esta é a fórmula do que se convenciona denominar *droit de saisine*".
Gabarito "A".

**(Cartório/SP – 2011 – VUNESP)** Leia as afirmações e assinale a alternativa incorreta.

(A) Até a partilha, o direito dos herdeiros, quanto à propriedade e posse da herança, será indivisível.
(B) O herdeiro não pode ceder sua cota hereditária a pessoa estranha à sucessão se outro herdeiro quiser exercer seu direito de preferência.
(C) A cessão de direitos hereditários é ineficaz se tiver por objeto bem da herança considerado singularmente.
(D) A cessão de direitos hereditários pode ser realizada mediante instrumento particular.

A: correta (art. 1.791, parágrafo único, do CC); B: correta (arts. 1.794 e 1.795 do CC); C: correta (art. 1.793, § 2º, do CC); D: incorreta (devendo ser assinalada), pois é indispensável que a cessão seja feita por escritura pública (art. 1.793, *caput*, do CC).
Gabarito "D".

**(Cartório/SP – 2012 – VUNESP)** Na hipótese de renúncia à herança,

(A) os credores do herdeiro renunciante não poderão aceitá-la em nome do renunciante.
(B) os descendentes do herdeiro renunciante poderão participar da sucessão por direito de representação.
(C) o renunciante será privado da administração e usufruto dos bens que em razão da renúncia venham eventualmente a tocar a seus filhos menores.
(D) os descendentes do herdeiro renunciante poderão vir a herdar por direito próprio e por cabeça, se o renunciante era o único de sua classe.

A: incorreta, pois os credores poderão aceitar a herança mediante autorização judicial (art. 1.813, *caput*, do CC); B: incorreta, pois ninguém pode suceder representando herdeiro renunciante. Se, porém, ele for o único legítimo da sua classe, ou se todos os outros da mesma classe renunciarem a herança, os filhos poderão vir à sucessão, por direito próprio, e por cabeça (art. 1.811 do CC); C: incorreta, pois o renunciante continua do direito de administrar e usufruir dos bens que em razão da renúncia venham eventualmente a tocar os seus filhos menores. Não há vedação legal para tanto. Ademais, o art. 1.689 do CC prevê que "o pai ou a mãe enquanto no exercício do poder familiar têm a administração dos bens dos filhos menores sob sua autoridade". Por fim, interessante fazer um paralelo com as hipóteses de indignidade, pois nos termos do art. 1.816, parágrafo único, do CC "O excluído da sucessão não terá direito ao usufruto ou à administração dos bens que a seus sucessores couberem na herança, nem à sucessão eventual desses bens". Daí nota-se que a privação é quanto ao herdeiro indigno e não quanto ao herdeiro renunciante; D: correta, nos termos do art. 1.811 do CC.
Gabarito "D".

**(Cartório/SP – 2012 – VUNESP)** O prelegatário ou legatário precípuo é

(A) o legatário que foi aquinhoado com o legado de maior valor.
(B) a pessoa que reúne a condição de herdeiro legítimo e legatário.
(C) aquele que recebe legado de usufruto.
(D) o indivíduo que figura no testamento como único legatário.

O testador pode tranquilamente contemplar um herdeiro legítimo com um legado. Assim, o mesmo herdeiro herdará a título universal e a título singular.
Gabarito "B".

## 8.2. SUCESSÃO LEGÍTIMA

**(Cartório/DF – 2003 – CESPE)** Alfredo é casado com Glória, em regime da comunhão universal de bens, não tendo filhos desse casamento. Alfredo tem um único descendente, um filho cuja mãe é Marilda, com quem teve uma relação extraconjugal de um único final de semana. O filho chama-se Roberto e foi devidamente reconhecido pelo pai. A única ascendente viva de Alfredo é a sua mãe, Joana. Em um acidente de barco, ocorrido em novembro de 2003, faleceram Alfredo e Roberto. O único bem que compõe o acervo patrimonial de Alfredo é a sua parte do apartamento onde residia com Glória. Acerca dessa situação hipotética, julgue os itens a seguir.

(1) Considerando que não há transmissão de direitos sucessórios entre comorientes, caso tenha ocorrido comoriência, Glória será proprietária de 75% do apartamento e Joana herdará os 25% restantes.
(2) Se o laudo pericial comprovar que houve premoriência de Alfredo, Glória será herdeira em concorrência com Roberto, ficando com os 50% do apartamento correspondentes à sua meação mais 25% atinentes à herança, sendo que os 25% restantes serão herdados por Marilda.
(3) Havendo ou não comoriência, é assegurado a Gloria, sem prejuízo da participação que eventualmente lhe couber na herança, o direito real de habitação e o usufruto do apartamento de que trata o texto.
(4) Sendo a comoriência uma presunção legal relativa, ela admite prova em contrário; assim, no curso de um processo judicial, uma presunção *juris tantum* pode ser elidida por uma presunção *homini*.
(5) Se não forem encontrados os cadáveres para exame, mas sendo extremamente provável a sua morte no acidente, o juiz poderá declarar a morte presumida de Alfredo e Roberto, sem decretação de ausência, desde que requerida depois de esgotadas as buscas e averiguações, devendo a sentença fixar a data provável do falecimento e ser registrada em registro público.

1: correta. Considerando que Glória era casada no regime da comunhão universal, não seria considerada herdeira se concorresse apenas com descendentes do *de cujus*. Apenas teria direito a sua meação (art. 1.829 do CC). Entretanto, caso ocorra comoriência, Glória automaticamente passará a concorrer com a ascendente de Alfredo, Joana. Note que a concorrência do cônjuge com ascendente existirá independentemente do regime de casamento. Assim, Glória terá direito a 50% do apartamento a título de meação e os outros 25% provirão da divisão da parte deixada por Alfredo. Daí, temos 75% do apartamento para Glória (50% a título de meação + 25% a título de herança) e 25% para Joana (recebidos a título de herança); 2: incorreta, pois havendo premoriência de Alfredo, Glória passaria a concorrer com o descendente do *de cujus* (cônjuge em concorrência com descendente). Neste caso Glória não herda, apenas meia (art. 1.829 do CC). Portanto terá direito a apenas 50% do apartamento em decorrência de sua meação. Os 50% Alfredo serão transmitidos a Roberto. Considerando que Roberto faleceu na sequência, sem deixar descendentes, a herança passará aos seus ascendentes – mãe (Marilda) e avó (Joana). Neste passo, os mais próximos excluem os mais remotos (art. 1.836, § 1°, do CC), assim Marilda ficará com os outros 50%; 3: incorreta, pois atualmente o cônjuge não tem mais direito ao usufruto vidual como outrora previsto no Código Civil de 1916. Isso porque, como herdeiro que concorre com ascendentes e descendentes, terá direitos infinitamente superiores aos que tinha anteriormente. O Direito Real de Habitação, anteriormente, garantido apenas ao cônjuge casado pela Comunhão Universal de Bens (art. 1.611,§ 2°, do CC/1916), agora foi ampliado e é garantido ao cônjuge sobrevivente, independentemente do regime de bens (art. 1.831 do CC); 4: correta, pois caso se descubra ao longo do processo a ordem da morte dos *de cujus*, as regras serão aplicadas conforme os novos fatos (art. 8° do CC); 5: correta, nos termos do art. 7°, I, e parágrafo único do CC.

Gabarito 1C, 2E, 3E, 4C, 5C

**(Cartório/ES – 2007 – FCC)** Maria é casada com Paulo e não tem filhos, possuindo genitores ainda vivos. Todos os seus avós são falecidos. No dia 22 de Setembro de 2007, Maria faleceu em um acidente automobilístico e não deixou testamento. A sucessão legítima dos bens deixados pela falecida ocorrerá da seguinte forma:

(A) os ascendentes serão chamados em concorrência com o cônjuge sobrevivente Paulo, desde que este não fosse casado com a finada no regime da separação obrigatória de bens, cabendo aos ascendentes a metade da herança e ao cônjuge sobrevivente a outra metade.
(B) os ascendentes serão chamados em concorrência com o cônjuge sobrevivente Paulo, desde que este não fosse casado com a finada no regime da comunhão universal, cabendo aos ascendentes a metade da herança e ao cônjuge sobrevivente a outra metade.
(C) os ascendentes serão chamados em detrimento do cônjuge sobrevivente Paulo se ao tempo do falecimento o casal estava separado de fato há um ano, por culpa exclusiva da falecida.
(D) o cônjuge será chamado em primeiro lugar se for casado com a falecida no regime da comunhão universal.
(E) os ascendentes serão chamados em concorrência com o cônjuge sobrevivente Paulo, pouco importando o regime matrimonial adotado, cabendo aos ascendentes 2/3 da herança e ao cônjuge 1/3.

A e B: incorretas, pois o cônjuge concorrerá na herança com os ascendentes de Maria independentemente do regime de casamento. Ademais, considerando que Paulo concorre com ascendente em primeiro grau, tocará a ele direito a 1/3 da herança, nos termos do art. 1.837 do CC; C: incorreta, pois o cônjuge apenas não terá direito sucessório se ao tempo da morte do outro estavam separados judicialmente ou separados de fato há mais de dois anos, salvo prova, neste último caso de que essa convivência se tornara impossível por culpa do falecido (art. 1.830 do CC); D: incorreta, pois novamente o regime de bens em nada influencia quando o cônjuge concorre com ascendentes; E: correta (art. 1.837 do CC)

Gabarito "E"

**(Cartório/ES – 2007 – FCC)** No que concerne às sucessões em geral, considere as seguintes assertivas sobre a herança e sua administração:

I. Até o compromisso do inventariante, a administração da herança de pessoa falecida, que vivia com uma companheira de nome Joana há mais de dez anos e tinha dois filhos, sendo João, com 30 anos e Marcela com 28 anos, caberá, sucessivamente, à João, Marcela e Joana.
II. O coerdeiro não poderá ceder a sua quota hereditária a pessoa estranha à sucessão, se outro coerdeiro a quiser, tanto por tanto.
III. O direito à sucessão aberta, bem como o quinhão de que disponha o coerdeiro, pode ser objeto de cessão por escritura pública ou particular, mediante prévia autorização do juiz da sucessão.
IV. O herdeiro não responde por encargos superiores às forças da herança, cabendo a ele, porém, a prova do excesso, salvo se houver inventário que a escuse, demonstrando o valor dos bens herdados.

De acordo com o Código Civil está correto o que se afirma APENAS em

(A) I, II e III.
(B) I, II e IV.
(C) II, III e IV.
(D) II e IV.
(E) III e IV.

I: incorreta, pois até o compromisso do inventariante, a administração da herança caberá, no caso em tela, à companheira (art. 1.797, I, do CC); II: correta (art. 1.794 do CC); III: incorreta, pois a cessão apenas pode se dar por escritura pública (art. 1.793 do CC); IV: correta (art. 1.792 do CC).
Gabarito "D".

**(Cartório/MA – 2008 – IESES)** Em relação à sucessão legítima, assinale a proposição correta:

(A) O cônjuge sobrevivente não concorre com os ascendentes.
(B) Se irmãos bilaterais concorrerem à herança, os irmãos unilaterais nada herdarão.
(C) Ao cônjuge sobrevivente, e apenas no regime de comunhão universal de bens, assegura-se, sem prejuízo da participação que lhe caiba na herança, o direito real de habitação relativamente ao imóvel destinado à residência da família desde que seja o único daquela natureza a inventariar.
(D) O cônjuge sobrevivente concorre com os descendentes, salvo se aquele for casado com o falecido no regime da comunhão universal ou no da separação obrigatória de bens.

A: incorreta, pois o cônjuge sobrevivente concorre com ascendentes da ausência de concorrência com descendentes (art. 1.829, II, do CC); B: incorreta, pois não distinção de direitos no que tange a irmãos unilaterais ou bilaterais (art. 227, § 6º, da CF e 1.596 do CC); C: incorreta, pois o direito real de habitação é concedido ao cônjuge independentemente do regime de casamento (art. 1.831 do CC); D: correta (art. 1.829, I do CC).
Gabarito "D".

**(Cartório/MA – 2008 – IESES)** No tocante à sucessão, é correto afirmar:

(A) São herdeiros necessários os ascendentes, os descendentes e o cônjuges, cabendo-lhes, de pleno direito, a metade dos bens da herança.
(B) O direito de representação opera-se apenas na linha ascendente e descendente.
(C) A petição de herança é imprescritível, assim como ocorre com a investigação de paternidade,
(D) A sucessão é regulada pela lei vigente ao tempo do ajuizamento do inventário respectivo.

A: correta (arts. 1.845 e 1.846 do CC); B: incorreta, pois o direito de representação apenas se opera na linha descendente (art. 1.852 do CC); C: incorreta, pois a ação de petição de herança prescreve no prazo de 10 anos a contar da abertura da sucessão. Interessante mencionar que o legislador perdeu a de regulamentar esse prazo de forma específica, de modo que se aplica a regra geral do art. 205 do CC. Há certa polêmica quanto ao seu termo inicial, mas a maioria da doutrina e jurisprudência entende que a contagem se inicia da abertura da sucessão; D: incorreta, pois "regula a sucessão e a legitimação para suceder a lei vigente ao tempo da abertura daquela" (art. 1.787 do CC).
Gabarito "A".

**(Cartório/MG – 2012 – FUMARC)** Sobre a petição de herança, considerando o Código Civil Brasileiro,

(A) sendo exercida por um só dos herdeiros, poderá compreender todos os bens hereditários.
(B) são eficazes as alienações feitas, a título gratuito, pelo herdeiro aparente a terceiro de boa-fé.
(C) a partir da citação, a responsabilidade do possuidor se há de aferir pelas regras concernentes à posse de boa-fé e à mora.
(D) o herdeiro aparente, que de boa-fé houver pago um legado, está obrigado a prestar o equivalente ao verdadeiro sucessor, ressalvado a este o direito de proceder contra quem o recebeu.

A: correta (art. 1.825 do CC); B: incorreta, pois são eficazes as alienações feitas apenas a título a *título oneroso*, pelo herdeiro aparente a terceiro de boa-fé (art. 1.827, parágrafo único, do CC); C: A partir da citação, a responsabilidade do possuidor se há de aferir pelas regras concernentes à posse de *má-fé* e a mora (art. 1.826, parágrafo único, do CC); D: incorreta, pois o herdeiro aparente, que de boa-fé houver pago um legado, *não está obrigado* a prestar o equivalente ao verdadeiro sucessor, ressalvado a este o direito de proceder contra quem o recebeu (art. 1.828 do CC).
Gabarito "A".

**(Cartório/SP – I – VUNESP)** O direito de representação, em matéria sucessória,

(A) dá-se na linha descendente, nunca na ascendente, e pode se dar na linha transversal.
(B) não se dá nunca na linha transversal, mas só na descendente e ascendente.
(C) só se dá na linha reta ascendente, e não na descendente.
(D) só se dá na linha transversal, nunca na descendente e ascendente.

O direito de representação pode se dar na linha descendente e transversal, nos termos dos arts. 1.852 e 1.853 do CC.
Gabarito "A".

**(Cartório/SP – II – VUNESP)** Heleno morreu sem testamento e deixou três filhos vivos: Péricles, Alcebíades e Milcíades. Um outro filho, Temístocles, havia falecido dois anos antes, deixando, por sua vez, três filhos vivos. Péricles tem dois filhos. Alcebíades também tem dois filhos. Milcíades tem apenas um filho. Ocorre que Alcebíades, por indignidade, foi excluído da sucessão. Assinale a alternativa verdadeira quanto aos bens de Heleno.

(A) A totalidade da herança caberá a Péricles e Milcíades, que a dividirão igualmente.
(B) A herança será dividida em cinco quotas iguais, atribuídas a Péricles, Milcíades e aos três filhos de Temístocles.
(C) A herança será dividida em três quotas iguais. Uma caberá a Péricles. Outra a Milcíades. A terceira será subdividida em três porções distintas, atribuídas a cada um dos filhos de Temístocles.
(D) As partes de Péricles e Milcíades corresponderão, cada uma, a um quarto da herança.

A: incorreta, pois os filhos de Alcebíades terão o direito de herdar, uma vez que os efeitos da declaração de indignidade são pessoais, assim os descendentes do excluído herdam como se ele morto fosse (art. 1.816 do CC). Ademais, os filhos de Temístocles herdarão por direito de representação (art. 1.851 do CC); B e C: incorretas, pois a herança será dividida em quatro cotas iguais correspondente a cada filho, Péricles, Alcebíades, Milcíades e Temístocles. Entretanto, uma vez que Alcebíades foi considerado indigno ele não herdará sua cota parte, sendo os seus dois filhos chamados a herdar por estirpe. Assim, as crianças receberão 1/8 cada. Quanto à quota de Temístocles, os seus três filhos também as herdarão por estirpe, cabendo a cada um 1/12; D: correta, pois Péricles e Milcíades receberão sua quota parte de direito.
„Gabarito "D".

**(Cartório/SP – III – VUNESP)** Doação inoficiosa é

(A) a que diz respeito à inexistência de autorização necessária.
(B) a que corresponde à doação fora do ofício.
(C) a parte da doação a herdeiros necessários, que vulnera a legítima, sujeitando-se à redução.
(D) a que não se reveste de caráter oficial.

De fato, doação inoficiosa *é aquela que excede a parte que o doador poderia deixar em testamento, em razão da existência de herdeiros necessários. Tal doação é nula, pois caso contrário seria uma forma de o testador burlar a parte legítima conforme sua conveniência. Neste passo, os herdeiros prejudicados podem pleitear a redução até o limite da cota disponível (art. 1.967, caput, do CC).*
„Gabarito "C".

**(Cartório/SP – V – VUNESP)** João e Maria, casados sob o regime da comunhão universal de bens, sem ascendentes, nem descendentes, faleceram em um acidente de avião, sendo declarada a comoriência. O patrimônio do casal, no valor total de R$ 120.000,00, será assim distribuído:

(A) ao único irmão de João, no valor de R$ 120.000,00.
(B) às duas irmãs de Maria, no valor de R$ 60.000,00 para cada uma.
(C) às duas irmãs de Maria e ao único irmão de João, no valor de R$ 40.000,00 para cada um.
(D) às duas irmãs de Maria, no valor de R$ 30.000,00 para cada uma e ao único irmão de João, no valor de R$ 60.000,00.

Considerando que houve comoriência, presume-se que morreram simultaneamente, logo um não herdará do outro (art. 8º do CC). Portanto, sobra apenas a meação de João e a meação de Maria, dividindo-se, assim, o patrimônio em 50% para cada. Neste passo, tendo em vista que João possui apenas um irmão, ele terá direito a integralidade da quota (R$ 60.000,00). Quanto as irmãs de Maria, cada uma receberá R$30.000,00, totalizando os outros 50%.
„Gabarito "D".

**(Cartório/SP – V – VUNESP)** Paulo, casado com Antonia sob o regime da comunhão parcial de bens no ano de 2000, com quem teve dois filhos, adquiriu um imóvel por falecimento de seu pai em 2001. Paulo faleceu em 2002 e ao imóvel foi atribuído o valor de R$ 90.000,00, que será assim distribuído:

(A) 1/2 do imóvel, no valor de R$ 45.000,00, a título de meação para Antonia, e 1/4 do imóvel, no valor de R$ 22.500,00, a título de herança para cada um dos seus dois filhos.
(B) 1/3 do imóvel, no valor de R$ 30.000,00, a título de herança para Antonia e para cada um dos seus dois filhos.
(C) 1/2 do imóvel, no valor de R$ 45.000,00, a título de herança para cada um dos seus dois filhos.
(D) a totalidade do imóvel, no valor de R$ 90.000,00 a título de meação para Antonia.

O imóvel não entrará na meação do casal, vez que excluem-se da comunhão os bens que sobrevierem aos cônjuges, na constância do casamento decorrentes de sucessão (art. 1.659, I, do CC). Assim, o imóvel não será considerado aquesto, razão pela qual passará a integrar o acervo de bens particulares de Paulo. Nos termos do art.1.829, I, do CC, tendo sido o matrimônio sido contraído no regime da comunhão parcial de bens, havendo concorrência do cônjuge com descendentes , o cônjuge herdará sobre os bens particulares do falecido. Assim, o valor de R$90.000,00 será dividido igualmente entre Antônia e os dois filhos, cabendo 1/3 (R$30.000,00) para cada (art. 1.832 do CC).
„Gabarito "B".

**(Cartório/SP – 2012 – VUNESP)** Na sucessão legítima, a aceitação da herança pelo herdeiro

(A) pode ser submetida a termo ou condição.
(B) pode ser reputada por ineficaz se for verificada a incapacidade sucessória do herdeiro.
(C) pode abranger apenas alguns bens ou direitos do acervo hereditário.
(D) é revogável.

A: incorreta (art. 1.808 do CC); B: correta, pois uma vez que o herdeiro não tem capacidade para suceder, consequentemente sua manifestação de vontade quanto a aceitação ou renúncia da herança é irrelevante. Veja que a capacidade sucessória se tornou pressuposto para a eficácia da aceitação ou renúncia da herança.C: incorreta (art. 1.808, *caput*, do CC). Mas veja, interessante chamar a atenção para o disposto no art. 1.808, § 2º, do CC, que prevê "O herdeiro, chamado, na mesma sucessão, a mais de um quinhão hereditário, sob *títulos sucessórios diversos*, pode livremente deliberar quanto aos quinhões que aceita e aos que renuncia"; D: incorreta (art. 1812 do CC).
„Gabarito "B".

**(Cartório/SP – 2012 – VUNESP)** A exclusão por indignidade

(A) é feita por testamento, com declaração de causa.
(B) abrange todos os motivos da deserdação.
(C) está sempre fundada em fatos anteriores à morte do autor da herança.
(D) alcança os herdeiros legítimos e testamentários.

A: incorreta, pois a exclusão por indignidade deve ser declarada por sentença judicial (art. 1.815 do CC); B: incorreta, pois os motivos da indignidade são restritos ao rol do art. 1.814 do CC. Em verdade os motivos da deserdação que abrangem todos os motivos da indignidade (art. 1.961 do CC); C: incorreta, pois não necessariamente os fatos serão anteriores à morte do autor da herança. Veja o seguinte exemplo: o art.1.814, II, do CC prevê que "São excluídos da sucessão os herdeiros ou legatários que houverem acusado caluniosamente em juízo o autor da herança ou incorrerem em crime contra a sua honra, ou de seu cônjuge ou companheiro". Imagine que "X" seja herdeiro de "Y". Em decorrência de grave acidente "Y" falece. Meses depois "X" pratica crime contra a honra do cônjuge de "Y". Neste caso "X" pode sofrer uma ação de indignidade, por fato ocorrido após a morte do autor da herança; D: correta, pois a indignidade está prevista nas disposições gerais das sucessões. Logo, aplica-se aos herdeiros legítimos e testamentários.
Gabarito "D".

**(Cartório/SP – 2012 – VUNESP)** Na ordem de vocação hereditária, os colaterais

(A) são herdeiros facultativos, até o quarto grau.
(B) são herdeiros necessários, até o terceiro grau.
(C) são herdeiros necessários, até o sexto grau.
(D) não são herdeiros necessários, nem, tampouco, facultativos, podendo ser contemplados, tão somente, por meio de testamento.

Os herdeiros legítimos dividem-se em herdeiros necessários e herdeiros facultativos. Os necessários estão previstos no art. 1.845 do CC, isto é, ascendente, descendente e cônjuge. O colateral não foi contemplado neste rol, daí ser considerado herdeiro facultativo. Neste passo, a lei limita a possibilidade de herdar aos colaterais até o quarto grau. (art. 1.839 do CC). Note, porém que, não obstante a diferenciação, ainda está-se a falar da sucessão legítima. Daí é incorreto afirmar que o colateral apenas pode ser beneficiado por meio de testamento.
Gabarito "A".

## 8.3. SUCESSÃO TESTAMENTÁRIA

**(Cartório/AM – 2005 – FGV)** Assinale a alternativa correta.

(A) Só podem testar os maiores de 18 (dezoito) anos.
(B) O direito de impugnar a validade do testamento conta-se da data do óbito do testador.
(C) São testamentos especiais o marítimo, o aeronáutico e o militar.
(D) A disposição de testamento por incapaz se valida com a superveniência da capacidade.
(E) O Código Civil considera testamentos ordinários somente o público e o particular.

A: incorreta, pois podem testar os maiores de 16 anos (art. 1.860, parágrafo único, do CC); B: incorreta, pois o prazo conta-se da data do registro do testamento (art. 1.859 do CC); C: correta (art. 1.886 do CC); D: incorreta, pois o art. 1.861 do CC é enfático em prever o contrário; E: incorreta, pois o testamento cerrado também é considerado ordinário (art. 1.862 do CC).
Gabarito "C".

**(Cartório/AM – 2005 – FGV)** Assinale a alternativa correta.

(A) O fiduciário tem a propriedade da herança ou legado, mas restrita e resolúvel.
(B) A revogação do testamento, em regra, só pode ser total.
(C) O direito de provar a causa da deserdação se extingue no prazo de dois anos, a contar do óbito do testador.
(D) O legado alternativo é nulo de pleno direito, pois não se pode deixar ao herdeiro a opção.
(E) É inadmissível em nosso direito o codicilo cerrado.

A: correta, pois propriedade plena apenas se consolidará nas mãos do fideicomissário (art. 1.953 do CC); B: incorreta, pois o testamento também pode ser revogado parcialmente (art. 1.970 do CC); C: incorreta, pois o direito de provar a causa da deserdação se extingue em quatro anos, a contar da data da abertura do testamento (art. 1.965, parágrafo único, do CC); D: incorreta, pois o legado alternativo é plenamente válido, consoante art. 1.932 do CC; E: incorreta, pois a lei permite expressamente a elaboração do codicilo cerrado (art. 1.885 do CC).
Gabarito "A".

**(Cartório/MA – 2008 – IESES)** Assinale a alternativa correta:

(A) É eficaz a cessão de direito hereditário sobre qualquer bem da herança considerado singularmente.
(B) Somente podem realizar testamento os maiores de 18 anos capazes.
(C) O nascimento de filho do testador posterior à elaboração do testamento o rompe na integralidade, desde que este sobreviva ao testador.
(D) É possível renunciar uma parte da herança e aceitar outra.

A: incorreta, pois a é ineficaz a cessão do direito hereditário sobre qualquer bem da herança considerado singularmente (art. 1.793, § 2º, do CC); B: incorreta, podem testar os maiores de 16 anos (art. 1.860, parágrafo único, do CC); C: correta, pois com o nascimento de um novo descendente altera-se o número de beneficiários da parte legítima, o que por consequencia influencia na parte disponível a ser distribuída em testamento (art. 1.973 do CC); D: incorreta, pois não se pode aceitar ou renunciar a herança em parte, sob condição ou a termo (art. 1.808 do CC).
Gabarito "C".

**(Cartório/RJ – 2012)** É correto afirmar que o testamento,

(A) quando particular, pode ser escrito em língua estrangeira, contanto que as testemunhas a compreendam.
(B) quando ordinário, pode ser público, cerrado, particular ou militar.
(C) quando cerrado, deve obrigatoriamente ser redigido pelo testador.
(D) quando conjuntivo, é válido e permitido.
(E) no qual se impõe a cláusula de inalienabilidade aos bens por ato de liberalidade, não implica a impenhorabilidade e incomunicabilidade.

A: correta (art. 1.880 do CC); B: incorreta, pois o testamento militar é modalidade de testamento especial (art. 1.886, III, do CC); C: incorreta, pois o testamento cerrado pode ser escrito pelo próprio testador, ou por outrem, a seu rogo (art. 1.871 do CC); D: incorreta, pois é vedado o testamento conjuntivo, haja vista que o testamento é ato personalíssimo (art. 1.863 do CC); E: incorreta, pois a cláusula de inalienabilidade implica, por consequência, a impenhorabilidade e incomunicabilidade do bem (art. 1.911 do CC).
Gabarito "A".

# 7. DIREITO CIVIL

**(Cartório/MG – 2012 – FUMARC)** Pelo Código Civil, a pessoa que estiver em viagem, a bordo de navio nacional, pode testar perante o comandante. Sobre o testamento marítimo, é **correto** afirmar que

(A) não necessita ser registrado no diário de bordo.
(B) será feito na presença de duas testemunhas, por forma que corresponda ao testamento público ou cerrado.
(C) ficará sob a guarda de uma das testemunhas, que o entregará às autoridades administrativas do primeiro porto nacional.
(D) será válido se, ao tempo em que se fez, o navio estava em porto onde o testador pudesse desembarcar e testar de forma ordinária.

A: incorreta, pois o testamento marítimo será registrado no diário de bordo (art. 1.888, parágrafo único, do CC); B: correta (art. 1.888, *caput*, do CC); C: incorreta, pois o testamento marítimo ficará sob a guardo do *comandante*, que o entregará às autoridades administrativas do primeiro porto nacional (art. 1.890 do CC); D: incorreta, pois nesta hipótese o testamento será nulo, uma vez que o testador tinha condições de testar de forma ordinária (art. 1.892 do CC).
Gabarito "B".

**(Cartório/MG – 2012 – FUMARC)** A respeito das formalidades exigidas para a validade do testamento cerrado, é **correto** afirmar

(A) O tabelião lavrará, desde logo, o auto de aprovação, na presença de duas testemunhas, lendo, em seguida, ao testador e às testemunhas.
(B) Depois de aprovado e cerrado, permanecerá com o tabelião, que lançará no seu livro nota do lugar, dia, mês e ano em que o testamento foi aprovado.
(C) Pode dispor de seus bens em testamento cerrado quem não saiba ou não possa ler, desde que seja o testamento lido na presença de três testemunhas.
(D) Não poderá ser escrito a rogo do testador pelo tabelião.

A: correta (art. 1.868, III, do CC); B: incorreta, pois após aprovado, o testamento será *entregue ao testador* (art. 1.874 do CC); C: incorreta, pois não pode testar por testamento cerrado, quem não saiba ou não possa ler (art. 1.872 do CC); D: incorreta, pois é permitido que o testamento cerrado seja escrito a rogo do tabelião (art. 1.870 do CC)
Gabarito "A".

**(Cartório/PR – 2007)** São requisitos essenciais do testamento público:

I. ser escrito por tabelião ou por seu substituto legal, sem seu livro de notas.
II. ser lido em voz alta pelo tabelião ao testador e na presença de pelo menos uma testemunha, a um só tempo; ou pelo testador, se o quiser, na presença da testemunha e do oficial.
III. ser o instrumento, em seguida à leitura, assinado pelo testador, pelas testemunhas e pelo tabelião.
IV. o testamento público pode resultar de minuta preparada por terceiro, entregue ao tabelião pelo testador, com a declaração por ele feita, perante o notário e testemunhas, de que aquele é o seu testamento.

São corretas:
(A) I, II, III e IV.
(B) apenas I, II e III.
(C) apenas I e III.
(D) apenas II e IV.
(E) apenas I, III e IV.

I: correta (art. 1.864, I, do CC); II: incorreta, pois a leitura deve se dar na presença de duas testemunhas (art. 1.864, II, do CC); III: correta (art. 1.864, III, do CC); IV: correta (art. 1.864, I, do CC).
Gabarito "E".

**(Cartório/RJ – 2008 – UERJ)** Para tornar sem efeito as disposições feitas em testamento cerrado, é necessário:

(A) lavrar um testamento público e nele promover a revogação do cerrado
(B) lavrar outro testamento cerrado e nele declarar a revogação do anterior
(C) abrir o testamento cerrado, mesmo sem inutilizá--lo, sendo, porém, conveniente a sua destruição
(D) destruir o testamento cerrado, comunicando o ato, obrigatoriamente, ao tabelião que o aprovou, para averbar a revogação daí decorrente
(E) comparecer perante o juiz de direito para sessão solene de revogação e inutilização do testamento.

Para tornar sem efeito as disposições feitas em testamento cerrado basta que ocorra o seu rompimento. Daí a tamanha fragilidade e insegurança que essa opção proporciona. Elaborado o testamento cerrado, ele será entregue ao testador. Após o seu falecimento, nos termos do art. 1.875 do CC, "ele será apresentado ao juiz, que o abrirá e o fará registrar, ordenando seja cumprido, se não achar vício externo que o torne eivado de nulidade ou suspeito de falsidade". Portanto, para que o testamento cerrado perca a eficácia não é necessário novo testamento revogando-o, intervenção do tabelião, ou intervenção judicial.
Gabarito "C".

**(Cartório/SP – I – VUNESP)** O testamento conjuntivo simultâneo, vedado pelo Código Civil, é aquele em que

(A) os testadores, em atos distintos, mas contemporâneos, dispõem beneficiando um ao outro.
(B) os testadores, num só ato, dispõem beneficiando um ao outro.
(C) os testadores, num só ato, dispõem conjuntamente em favor de terceiro.
(D) os testadores, num só ato, efetuam disposições em retribuição de outras correspondentes.

Testamento conjunto é aquele feito por mais de um testador, em um único ato. E simultâneo é aquele em que os dois testadores dispõem conjuntamente em favor de uma terceira pessoa. Essa forma de elaboração do testamento é expressamente vedada, consoante art. 1.863 do CC.
Gabarito "C".

**(Cartório/SP – II – VUNESP)** Caio foi proprietário da Fazenda Nova Roma de 1970 a 1990. Júlio, por testamento de 1985, legou essa mesma fazenda, que não lhe pertencia, a César. Em 1990, o mencionado imóvel foi comprado, de Caio, por Júlio. Assinale a alternativa verdadeira, para o caso de morte de Júlio.

(A) Basta a existência do testamento de 1985 para que o legado seja válido.

(B) César receberá o legado, desde que Júlio tenha ratificado o testamento de l985 após a aquisição, em 1990, da fazenda.
(C) César não receberá a fazenda, pois é nulo o legado de coisa alheia.
(D) A validade do legado dependerá da anuência de Caio, seja por ocasião da venda do bem a Júlio, seja posteriormente.

A: correta, pois a instituição do legado é plenamente válida, não obstante Julio a tenha feito quando ainda não era proprietário da Fazendo Nova Roma. Veja que a questão que poderia ser suscitada posteriormente diz respeito a eficácia do legado, e não a sua validade. Neste sentido, prevê o art. 1.912 do CC "É ineficaz o legado de coisa certa que não pertença ao testador no momento da abertura da sucessão". Daí, nota-se que é indispensável que a coisa legada seja de propriedade do testador no momento da morte do testador e não no momento da elaboração do testamento; B: incorreta, pois a ratificação do testamento é desnecessária para a validação do legado; C: incorreta, pois a o legado é plenamente válido, uma vez que ao tempo da morte Julio era proprietário da fazenda; D: incorreta, pois a validade do legado não depende da anuência de Caio, nos termos acima expostos.
Gabarito "A".

**(Cartório/SP – III – VUNESP)** Quais as formas de elaboração do codicilo?

(A) As vias judiciais.
(B) Todas as formas admissíveis para a manifestação da vontade.
(C) Os instrumentos públicos.
(D) É uma só, a forma hológrafa.

O codicilo apenas pode ser elaborado na forma hológrafa, isto é, na forma particular, consoante art. art. 1.881 do CC.
Gabarito "D".

**(Cartório/SP – III – VUNESP)** Na sucessão testamentária, o momento da transmissão da herança é o

(A) da homologação do testamento.
(B) da abertura do inventário.
(C) da abertura da sucessão.
(D) do trânsito em julgado da sentença de partilha.

Nos termos do art. 1.784 do CC, "aberta a sucessão, a herança transmite-se desde logo aos herdeiros legítimos e testamentários". Esse dispositivo traz nítida expressão do princípio de *saisine*, que assevera, que, ocorrida a morte, imediata e automaticamente a herança se transmite aos herdeiros, seja a sucessão legítima, ou testamentária.
Gabarito "C".

**(Cartório/SP – III – VUNESP)** Vintena, expressão usada antes do advento do Código Civil de 1916, significa

(A) prêmio a que faz jus o testamenteiro, que não seja herdeiro ou legatário, pelo exercício do cargo.
(B) retribuição pecuniária ao inventariante, pelo desempenho de suas funções.
(C) percentual de 20% das custas ou emolumentos.
(D) quota-parte correspondente aos herdeiros ou legatários, na herança.

O principal direito do testamenteiro está assentado na percepção de uma remuneração por seu trabalho desempenhado e o esforço dispensado em sua atuação. A remuneração ora aludida é denominada de *prêmio* ou *vintena*. A possibilidade de seu arbitramento está expressamente prevista no art. 1.987 do CC, *in verbis*: "Salvo disposição testamentária em contrário, o testamenteiro, que não seja herdeiro ou legatário, terá direito a um prêmio, que, se o testador não o houver fixado, será de um a cinco por cento, arbitrado pelo juiz, sobre a herança líquida, conforme a importância dela e maior ou menor dificuldade na execução do testamento. Parágrafo único. O prêmio arbitrado será pago à conta da parte disponível, quando houver herdeiro necessário". A expressão *vintena* remonta a retribuição que correspondia à vigésima parte do valor apurado no espólio deixado pelo *de cujus*. A atual sistemática adotada pelo Ordenamento Civil, consoante se infere da redação do artigo 1.987 do Código Civil, assinalou que a vintena incidirá sobre a herança líquida, quando não houver herdeiros necessários ou, ainda, sobre a metade disponível, em caso contrário, desde que o testador não tenha disposto a quantia a ser paga, a título de prêmio. Por fim, Código Civil impõe limites mínimo e máximo à apuração da vintena, que poderá ser fixada entre 1% (um por cento) e 5% (cinco por cento) sobre o valor líquido do monte partilhável. Dentre esses percentuais, incide a discricionariedade do julgador, que deverá avaliar o valor do patrimônio e o trabalho desempenhado pelo profissional nomeado pelo Juízo, para então arbitrar a verba.
Gabarito "A".

# 9. DIREITO EMPRESARIAL

## 9.1. EMPRESÁRIO E SOCIEDADE

**(Cartório/MG – 2012 – FUMARC)** Segundo o Código Civil Brasileiro, dissolve-se a sociedade quando ocorrer

(A) o consenso da maioria absoluta dos sócios.
(B) a falta de pluralidade de sócios, não reconstituída no prazo de cento e oitenta dias.
(C) a deliberação dos sócios, por maioria simples, na sociedade de prazo indeterminado.
(D) a requerimento de qualquer dos sócios extrajudicialmente, quando anulada a sua constituição, mediante averbação no Registro Competente.

A: incorreta, pois é necessário o consenso *unânime* dos sócios (art. 1.033, II, do CC); B: correta (art. 1.033, IV, do CC); C: incorreta, pois na sociedade constituída por prazo indeterminado, para que haja a sua dissolução é necessária a deliberação por maioria absoluta (art. 1.033, III ,do CC); D: incorreta, pois, quando for anulada sua constituição a sociedade apenas poderá ser dissolvida mediante requerimento *judicial* de qualquer dos sócios (art. 1.034, I, do CC).
Gabarito "B".

**(Cartório/MA – 2008 – IESES)** Em relação ao empresário, assinale a proposição correta:

(A) O empresário que instituir sucursal, filial ou agência está dispensado de fazer a averbação no Registro Público de Empresas Mercantis da respectiva sede.
(B) É obrigatória a inscrição do empresário no cartório de registro de títulos e documentos da respectiva sede.
(C) Considera-se empresário quem exerce profissão intelectual, de natureza científica, literária ou artística, com o concurso de auxiliares ou colaboradores.
(D) Considera-se empresário quem exerce profissionalmente atividade econômica organizada para a produção ou a circulação de bens ou de serviços.

A: incorreta, pois em qualquer caso, a constituição do estabelecimento secundário deverá ser averbada no Registro Público de Empresas Mercantis da respectiva sede (art. 969, parágrafo único do CC); B: incorreta, pois é obrigatória a inscrição do empresário no *Registro Público de Empresas Mercantis* da respectiva sede, antes do início de sua atividade (art. 967 do CC e Enunciados 168, 199 e 202 do CJF); C: incorreta, pois não se considera empresário quem exerce profissão intelectual, de natureza científica, literária ou artística, ainda com o concurso de auxiliares ou colaboradores (art. 966, parágrafo único, do CC); D: correta (art. 966, *caput*, do CC).
Gabarito "D".

## 9.2. TÍTULOS DE CRÉDITO

**(Cartório/MA – 2008 – IESES)** Em relação aos títulos de crédito, assinale a proposição correta:

(A) A omissão de qualquer requisito legal, que tire ao escrito a sua validade como título de crédito, implica a invalidade do negócio jurídico que lhe deu origem.

(B) São requisitos imprescindíveis à validade do título de crédito a data da sua emissão, a indicação precisa dos direitos que confere, a assinatura do emitente e a data do vencimento.

(C) São atributos dos títulos de crédito a literalidade, a cartularidade e a autonomia.

(D) Admite-se a garantia por aval parcial.

A: incorreta, pois a omissão de qualquer requisito legal, que tire ao escrito a sua validade como título de crédito, *não* implica a invalidade do negócio jurídico que lhe deu origem (art. 888 do CC); B: incorreta, pois a data do vencimento não é imprescindível (art. 889 do CC); C: correta (art. 887 do CC). Pelo princípio da literalidade só produzem efeitos os atos lançados no próprio título de crédito, ou seja, só valerá aquilo que constar expressamente do título. Já o princípio da cartularidade reza que o exercício do direito de crédito documentado em título pressupõe a sua posse pelo credor. Por fim, pelo primado da autonomia das obrigações cambiais, eventuais vícios que venham a acarretar a nulidade, anulabilidade ou ineficácia de uma determinada relação jurídica documentada em um título de crédito não contaminam as demais relações jurídicas que nele estejam documentadas; D: incorreta (art. 897, parágrafo único, do CC).
Gabarito "C".

## 10. DIREITO DO CONSUMIDOR

**(Cartório/MG – 2012 – FUMARC)** Considerando o Código de Defesa do Consumidor, sobre o direito de reclamar pelos vícios aparentes ou de fácil constatação, é **correto** o que se afirma em

(A) Prescreve em trinta dias, tratando-se de fornecimento de serviço e de produtos duráveis.

(B) Caduca em noventa dias, tratando-se de fornecimento de serviço e de produtos não duráveis.

(C) Tratando-se de vício oculto, o prazo decadencial inicia-se no momento da compra do produto defeituoso.

(D) Inicia-se a contagem do prazo decadencial a partir da entrega efetiva do produto ou do término da execução dos serviços.

A: incorreta, pois prescreve em trinta dias, tratando-se de fornecimento de serviço e de produtos *não duráveis* (art. 26, I, do CDC); B: incorreta, pois *prescreve* em noventa dias, tratando-se de fornecimento de serviço e de produtos *duráveis* (art. 26, II, do CDC); C: incorreta, pois tratando-se de vício oculto, o prazo decadencial inicia-se no *momento em que for evidenciado o defeito* (art. 26, § 3º, do CDC); D: correta, pois tratando-se de vício aparente ou de fácil constatação este é o termo inicial para o início da contagem do prazo (art. 26, § 1º, do CC).
Gabarito "D".

**(Cartório/RN – 2012 – IESES)** Considerem-se as seguintes afirmações quanto aos direitos do consumidor:

I. Informação precisa é aquela exata e definida, que esteja vinculada ao produto ou serviço de forma física ou visual, sem embaraço físico ou visual.

II. A necessidade de cálculos para compreensão do serviço ou produto não fere o direito do consumidor à informação clara.

III. Consumidor hipossuficiente é apenas aquele em desvantagem econômica perante o prestador de serviço ou o comerciante de um produto.

Diante de tais afirmações, é correto afirmar que:

(A) Apenas o item I está correto.
(B) Apenas o item II está correto.
(C) Os itens I e III estão corretos.
(D) Os itens I e II estão corretos.

I: correta, pois informação precisa é aquela que detalha ao máximo as características do produto, não causando maiores dúvidas ao consumidor. Nos termos do art. 6º, III, do CDC, a informação deve ser clara, com especificação correta de quantidade, características, composição, qualidade e preço, bem como sobre os riscos que os produtos apresentem; II: incorreta, pois o art. 6º, III, determina que a informação deve ser inequívoca no que tange à quantidade. Assim, a necessidade de cálculo pode vir a ferir essa exigência. Além do que existem diferentes perfis de consumidor, daí não se pode presumir que todos têm condições de enfrentar a matemática. Vê-se, pois que a exigência de cálculo pode inviabilizar o exercício de um direito, daí afronta de maneira cristalina a legislação consumeirista; III: incorreta, pois esse não é a melhor definição para consumidor hipossuficiente. Neste passo, importante que se faça uma observação. Todo consumidor é vulnerável, mas nem todo consumidor é hipossuficiente (art. 4º, I, do CDC). A vulnerabilidade é característica presumida no sistema, na medida em que e entende-se que o consumidor ocupa o polo mais fraco da relação, daí porque necessita de proteção especial. Já a hipossuficiência tem correlação com a capacidade de produzir provas. A hipossuficiência, além de ser econômica, pode ser ainda técnica ou jurídica, por exemplo. Constada sua presença, concede-se ao consumidor o direito de inversão do ônus da prova, capitulado no art. 6º, VIII, do CDC.
Gabarito "A".

**(Cartório/SP – 2012 – VUNESP)** No sistema de defesa do consumidor, a aplicabilidade de suas normas

(A) estará adstrita aos ditames do Código de Defesa do Consumidor.

(B) veda, expressamente, a inserção de todas as normas do Código Civil, porquanto estranhas ao sistema.

(C) exclui a eficácia de todos os tratados internacionais, com fundamento na premissa de que a defesa do consumidor é considerada direito fundamental.

(D) permite a absorção de normas elencadas no ordenamento jurídico brasileiro, desde que mais favoráveis ao consumidor, em sede de relação de consumo.

A: incorreta, pois a defesa do consumidor não está adstrita às normas do Código de Defesa do Consumidor, uma vez que o escopo da legislação é trazer a maior proteção possível a esse grupo da população. Daí se houver alguma lei mais benéfica fora do CDC, inequivocamente ela poderá ser aplicada (art. 7º, *caput*, do CDC); B e C: incorretas, pois não há nenhum tipo de vedação da aplicação das normas do Código Civil. Neste espeque, o Código Civil virá complementar aquilo que o Código de Defesa do Consumidor for omisso, sempre tendo em mente a proteção do consumidor. Assim, também não se exclui a aplicação de tratados internacionais. De fato, a proteção do consumidor é direito fundamental previsto no art. 5º, XXXII, da CF, mas isso não exclui a aplicação de um tratado que traga norma mais benéfica, eventualmente do que aquela prevista na legislação interna (art. 7º, *caput*, do CDC); D: correta, pois o objetivo maior é sempre a proteção do consumidor, independentemente da origem da regra. A máxima do "diálogo das fontes" é extremamente adequada para justificar a questão, na medida em que o sistema permite essa comunicação dinâmica entre as diversas fontes normativas, a fim de que se promover a defesa plena do consumidor.
Gabarito "D".

**(Cartório/SP – 2012 – VUNESP)** Um usuário de transporte aéreo sofreu intoxicação alimentar derivada de refeição fornecida a bordo da aeronave, por empresa de *catering*, diversa da companhia aérea. Neste caso, é correto afirmar que houve

(A) fato exclusivo da vítima, que exclui o dever de indenizar.
(B) fortuito interno, inescusável, porquanto atrelado ao risco da atividade empreendida pelo transportador.
(C) fato exclusivo de terceiro (empresa de *catering*), excludente válida da responsabilidade do transportador.
(D) fortuito externo, já que se tratou de fato estranho à atividade do transportador, bem como aos riscos do transporte aéreo.

A: incorreta, pois a vítima em nada contribuiu para a criação do evento que lhe causou dano, seja dando causa ou agravando as suas consequências; B: correta, pois de fato trata-se de fortuito interno inerente ao risco da atividade. O fornecimento de alimentação em transporte aéreo é pratica intrincada na atividade, na medida em que há a expectativa do consumidor em recebê-la, além do que o consumidor paga por ela de forma embutida no custo da passagem. Assim, eventual intoxicação merece ser indenizada, pois a empresa aérea assume o risco por aquilo que disponibiliza no mercado, ainda que o alimento não seja produzido diretamente por ela. Nesta esteira, a intoxicação alimentar demonstra verdadeiro defeito no fornecimento do serviço, na medida em que maculou direito da personalidade do consumidor, trazendo-lhe danos físicos. Assim, merece sem indenizado, independentemente da aferição de culpa (art. 14, *caput*, e § 1º, II do CDC); C: incorreta, pois não é possível falar em fato exclusivo de terceiro, na medida em que toda a cadeia de fornecedores responde frente ao consumidor. Daí é opção dele escolher em face de quem demandar, seja contra a empresa aérea, seja contra a empresa de *catering*, seja contra ambas, sendo a responsabilidade objetiva. Solucionada a questão com relação ao consumidor, a empresa aérea pode se voltar contra a empresa de *catering* invocando direito de regresso por eventual indenização despendida, provando culpa da mesma. Mas veja que esse é um momento posterior, em que a tutela do consumidor já foi solucionada (arts. 12 e 14, *caput*, do CDC); D: incorreta, pois mesmo que o fornecimento de alimentos não seja a atividade principal da empresa aérea, é atividade inerente a ela. Destarte, assume o mesmo risco com relação àquele concernente a sua atividade principal.
Gabarito "B".

**(Cartório/MG – 2012 – FUMARC)** Considerando o Código de Defesa do Consumidor, sobre os Contratos de Adesão, é correto afirmar, **EXCETO**

(A) A inserção de cláusula no formulário desfigura a natureza de adesão do contrato.
(B) Admite-se cláusula resolutória, desde que alternativa, cabendo a escolha ao consumidor, ressalvando-se o disposto no § 2° do artigo 53 do CDC.
(C) As cláusulas que implicarem limitação de direito do consumidor deverão ser redigidas com destaque, permitindo sua imediata e fácil compreensão.
(D) As cláusulas podem ser aprovadas pela autoridade competente ou estabelecidas unilateralmente pelo fornecedor de produtos ou serviços, sem que o consumidor possa discutir ou modificar substancialmente seu conteúdo.

A: incorreta (devendo ser assinalada), pois a inserção de cláusula no formulário *não desfigura* a natureza de adesão do contrato. Assim, ainda que sejam incluídos novos apontamentos, se o contrato mantiver a sua essência de "contrato de adesão", aplicar-se-ão as normas do CDC (art. 54, § 1º, do CDC); B: correta (art. 54, § 2°, do CDC); C: correta (art. 54, § 4°, do CDC); D: correta (art. 54, *caput*, do CDC).
Gabarito "A".

**(Cartório/SP – I – VUNESP)** Não é direito do consumidor

(A) ser sempre protegido contra práticas comerciais desleais e contra publicidade enganosa.
(B) ser sempre informado, de maneira clara e com completa especificação de quantidade, qualidade e preço, sobre diferentes produtos e serviços.
(C) ver sempre alcançado o patrimônio do sócio, para reparação de danos causados pelo descumprimento de obrigação contratual da pessoa jurídica.
(D) ter acesso ao órgão judiciário para prevenção de danos puramente morais.

A: incorreta (art. 6º, IV, do CDC); B: incorreta (art. 6º, III, do CDC); C: correta, pois não consta no rol de direitos do art. 6º do CDC; D: incorreta (art. 6º, VI, do CDC).
Gabarito "C".

**(Cartório/SP – I – VUNESP)** Fornecedor, nos termos do Código de Defesa do Consumidor,

(A) pode ser a pessoa jurídica nacional, privada ou pública, mas não a pessoa jurídica estrangeira.
(B) pode ser apenas a pessoa jurídica, quando estrangeira.
(C) pode ser tanto a pessoa física quanto a jurídica, privada ou pública, mas nacional.
(D) pode ser um ente despersonalizado.

Art. 3º do CDC.
Gabarito "D".

**(Cartório/SP – II – VUNESP)** Segundo a Lei nº 8.078/90 (Código de Defesa do Consumidor), "o fornecedor de serviços responde, independentemente da existência de culpa, pela reparação dos danos causados aos consumidores por defeitos relativos à prestação dos serviços, bem como por informações insuficientes ou inadequadas sobre sua fruição e riscos". Assinale a alternativa verdadeira.

(A) Quanto aos profissionais liberais, aplica-se a regra, mas com a ressalva de que depende da verificação de culpa.
(B) Equipara-se a serviço defeituoso o prestado com adoção de novas técnicas, não previstas originalmente.
(C) Por se tratar de responsabilidade objetiva, o fornecedor de serviços não poderá se eximir mediante prova da culpa exclusiva de terceiro.
(D) Por se tratar de responsabilidade objetiva, o fornecedor de serviços não poderá se eximir mediante prova da culpa exclusiva do consumidor.

A: correta (art. 14, § 4º, do CDC); B: incorreta, pois o serviço não é considerado defeituoso pela adoção de novas técnicas (art. 14, § 2º, do CDC); C e D: incorretas, pois comprovada a culpa exclusiva de terceiro ou do consumidor, o fornecedor estará isento de responsabilidade (art. 14, § 3º, II, do CDC).
Gabarito "A".

## 11. CRIANÇA E ADOLESCENTE

**(Cartório/MG – 2012 – FUMARC)** Considerando o que dispõe o Estatuto da Criança e do Adolescente (Lei n. 8.069/90) sobre a guarda, é **correto** o que se afirma em

(A) Confere à criança ou ao adolescente a condição de dependente, para todos os fins e efeitos de direito, exceto previdenciários.
(B) Destina-se a regularizar a posse de fato, podendo ser deferida, liminar ou incidentalmente, nos procedimentos de tutela, adoção e adoção por estrangeiros.
(C) Obriga a prestação de assistência material, moral e educacional à criança ou ao adolescente, conferindo a seu detentor o direito de opor-se a terceiros, exceto aos pais.
(D) Deferir-se-á a guarda, excepcionalmente, fora dos casos de tutela e adoção, para atender a situações peculiares, podendo ser deferido o direito de representação para a prática de atos determinados.

A: incorreta, pois a criança ou ao adolescente têm condição de dependente, para todos os fins e efeitos de direito, *inclusive previdenciários* (art. 33, § 3º, da Lei 8.069/1990); B: incorreta, pois ela não pode ser deferida na adoção por estrangeiro (art. 33, § 1º, da Lei 8.069/1990 ); C: incorreta, pois é possível que o detentor da guarda se oponha inclusive aos pais (art. 33, *caput*, da Lei 8.069/1990); D: correta, pois a guarda é um instituto transitório, conferida durante os procedimentos de tutela e adoção por nacionais. Fora desses casos somente será concedida dentro das hipóteses trazidas peça assertiva (art. 33, § 2º, da Lei 8.069/1990)
Gabarito "D".

**(Cartório/MG – 2012 – FUMARC)** Considerando o que dispõe o Estatuto da Criança e do Adolescente (Lei n. 8.069/90) sobre o Direito à Profissionalização e à Proteção no Trabalho,

(A) é assegurada bolsa de aprendizagem ao adolescente até dezesseis anos de idade.
(B) é proibido qualquer trabalho a menores de dezesseis anos de idade, salvo na condição de aprendiz.
(C) é assegurado o caráter educativo da remuneração recebida pela participação na venda de produtos de seu trabalho.
(D) é permitido o trabalho noturno ao adolescente empregado, realizado entre as vinte e duas horas de um dia e as cinco horas do dia seguinte.

A: incorreta, pois a bolsa de aprendizagem é assegurada ao adolescente até *quatorze anos* de idade (art. 64 da Lei 8.069/1990); B: incorreta, pois é proibido qualquer trabalho aos menores de *quatorze anos* de idade, salvo na condição de aprendiz (art. 60 da Lei 8.069/1990); C: correta, pois tanto é assegurado o caráter educativo, que a remuneração que o adolescente recebe pelo trabalho efetuado ou a participação na venda dos produtos de seu trabalho não o desfigura (art. 68, § 2º, da Lei 8.069/1990); D: incorreta, pois é vedado ao adolescente o trabalho noturno (art. 67, I, da Lei 8.069/1990).
Gabarito "C".

## 12. TEMAS COMBINADOS

**(Cartório/MG – 2012 – FUMARC)** Considerando a Lei n. 10.931, de 02/08/2004, sobre a Cédula de Crédito Imobiliário, é **correto** afirmar que

(A) a emissão e a negociação de CCI depende de autorização do devedor do crédito imobiliário que ela representa.
(B) as CCI fracionárias poderão ser emitidas, simultaneamente ou não, mesmo após do vencimento que elas representam.
(C) a CCI é título executivo judicial, exigível pelo valor apurado de acordo com as cláusulas e condições pactuadas no contrato que lhe deu origem.
(D) a constrição judicial que recaia sobre crédito representado por CCI será efetuada nos registros da instituição custodiante ou mediante apreensão da respectiva cártula.

A: incorreta, pois a emissão e a negociação de CCI *independe* de autorização do devedor do crédito imobiliário que ela representa (art. 21 da Lei 10.931/2004); B: incorreta, pois as CCI fracionárias poderão ser emitidas simultaneamente ou não, *a qualquer momento antes do vencimento* do crédito que elas representam (art. 18, § 2º, da Lei 10.931/2004); C: incorreta, pois a CCI é título executivo *extrajudicial*, exigível pelo valor apurado de acordo com as cláusulas e condições pactuadas no contrato que lhe deu origem (art. 20, *caput*, da Lei 10.931/2004); D: correta, na medida em que este é o procedimento adotado, consoante art. 18, § 7º, da Lei 10.931/2004.
Gabarito "D".

**(Cartório/SP – II – VUNESP)** Indique a alternativa incorreta.

(A) O penhor comum sobre coisas móveis é passível de transcrição no Registro de Títulos e Documentos.
(B) A impenhorabilidade do bem de família, no regime da Lei nº 8.009/90, não compreende bens móveis.

(C) Álveo é a superfície que as águas cobrem sem transbordar para o solo normalmente enxuto.
(D) Se a posse da coisa móvel se prolongar por cinco anos, produzirá usucapião independentemente de título e boa-fé.

A: correta (art. 1.432 do CC); B: incorreta (devendo ser assinalada), pois a impenhorabilidade abrange os móveis que guarnecem a residência, desde que quitados (art. 1º, parágrafo único, da Lei 8.009/1990); C: correta, pois álveo é justamente a superfície coberta pelas águas, de modo que o abandono do álveo é a seca do rio, que fica descoberto, abandonado (art. 1.252 do CC); D: correta, pois esta é a hipótese de usucapião extraordinária de bem móvel (art. 1.261 do CC)
Gabarito "B".

**(Cartório/SP – II – VUNESP)** Assinale a alternativa incorreta.

(A) Só se poderá cogitar de usucapião especial de área urbana se perfeitamente identificado, quanto a suas divisas e confrontações, o terreno ocupado por cada possuidor.
(B) O direito de preempção confere ao Poder Público preferência para aquisição de imóvel urbano objeto de alienação onerosa entre particulares.
(C) O direito de superfície será concedido mediante escritura pública registrada no Registro de Imóveis.
(D) A constituição do condomínio especial previsto no Estatuto da Cidade depende de prévia sentença judicial.

A: incorreta (devendo ser assinalada), pois é viável que haja usucapião especial de área urbana ainda que não seja possível identificar os terrenos ocupados por cada possuidor desde que os possuidores não sejam proprietários de outro imóvel urbano ou rural (art. 10 da Lei 10.257/2001) B: correta (art. 25 da Lei 10.257/2001); C: correta (art. 167, I, item 39 da Lei 6.015/1973 e art. 21 da Lei 10.25720/01); D: correta (art. 10, §2º da Lei 10.257/2001).
Gabarito "A".

**(Cartório/SP – IV – VUNESP)** Assinale a alternativa incorreta.

(A) O proprietário da obra responde, solidariamente com o empreiteiro, pelos danos que a demolição de prédio causa no imóvel vizinho.
(B) Convenção de condomínio aprovada, mas não registrada, não tem eficácia alguma.
(C) O incorporador, como fornecedor de um produto durável, é solidariamente responsável pelos vícios de qualidade ou quantidade, sejam aparentes, ocultos ou de estrutura, que forem verificados na obra.
(D) Não pode exceder de cinco anos a indivisão estabelecida pelo doador ou pelo testador.

A: correta, pois não obstante o Código Civil não trate expressamente da responsabilidade do proprietário com relação ao empreiteiro, a questão é solucionada pela regra do seu art. 942, *in verbis* "Os bens do responsável pela ofensa ou violação do direito de outrem ficam sujeitos à reparação do dano causado; e, se a ofensa tiver mais de um autor, todos responderão solidariamente pela reparação". Assim, considerando que o proprietário da obra se faz substituir pelo empreiteiro na execução da tarefa, é responsável, juntamente com o seu substituto, pelos danos que este vier a causar, quer decorram de falta contratual, quer de falta delitual, desde que relacionados com o exercício da substituição; B: incorreta (devendo ser assinalada), pois a convenção de condomínio sem o respectivo registro apenas deixa de ter eficácia contra terceiros, sendo plenamente oponível aos condôminos que a ratificaram (art. 1.333 do CC); C: correta (art. 1.369 do CC e art. 167, I, item 39 da Lei 6.015/1973); D: correta, pois o condomínio especial é aquele decorrente da usucapião coletiva e, nos termos do art. 9º, § 2º, da Lei 10.257/2001 "a usucapião especial coletiva de imóvel urbano será declarada pelo juiz, mediante sentença, a qual servirá de título para registro no cartório de registro de imóveis".
Gabarito "B".

# 8. DIREITO PROCESSUAL CIVIL

Tiago Queiroz de Oliveira

## 1. PRINCÍPIOS NO PROCESSO CIVIL

**(Cartório/SC – 2012)** Assinale a alternativa **INCORRETA** no que diz respeito à eficácia das leis processuais no tempo e no espaço:

(A) Pelo nosso sistema processual permite-se a aplicação direta pelo juiz da norma processual estrangeira.
(B) O Código de Processo Civil, em tema de direito intertemporal, adotou o *princípio "tempus regit actum"*.
(C) O princípio que regula as leis processuais no tempo é o da irretroatividade, ou seja, a lei nova, ao entrar em vigor, disciplina os processos em curso, respeitados o ato jurídico perfeito, o direito adquirido e a coisa julgada.
(D) O princípio que define a eficácia espacial das normas processuais é o da territorialidade (*lexfori*).
(E) Pelo nosso sistema processual só indiretamente se permite ao juiz examinar norma processual estrangeira, quando verificar que um ato processual realizado em outro território pode ser considerado válido e eficaz.

A: incorreto. A respeito da eficácia espacial das normas processuais, vige o *princípio da territorialidade* (art. 1º do CPC), em função do qual os órgãos jurisdicionais brasileiros deverão adotar indistintamente a lei processual civil pátria para a consecução dos atos do processo, mesmo que o mérito da lide perpasse pela aplicação de direito material estrangeiro. Corroborando o que ora se aduz: "Prevalece a lei processual brasileira para realização de atos processuais no Brasil, ainda que estrangeiras as partes e mesmo que se trate de julgar sobre *fatos ocorridos no exterior* ou mediante a imposição de normas estrangeiras de direito material (CPC, 337). Fatos ocorridos no exterior podem ser objeto de julgamento pelo juiz civil brasileiro, sempre que dotado de *competência internacional*; no sistema brasileiro, a nacionalidade das partes é irrelevante para determinação dessa competência. Por outro lado, a territorialidade de que aqui se cuida é somente da lei *processual*, sendo admissível a regência da própria (causa) por leis de outro país". (DINAMARCO, Cândido Rangel. *Instituições de Direito Processual Civil*. São Paulo: Malheiros, 2001. vol. I, p. 91) [grifos no original]; B e C: corretos. Segundo o brocardo *tempus regit actum* – do qual deriva a teoria do isolamento dos atos processuais – cada ato praticado no processo deve ser regido pela norma em vigor à época de sua realização, de modo que a lei processual nova não incide sobre atos ocorridos antes de sua vigência (art. 1.211 do CPC). A propósito, confira-se o seguinte julgado: PROCESSUAL CIVIL. APLICAÇÃO INTERTEMPORAL DA LEI 11.232/05. CUMPRIMENTO DE SENTENÇA. PENHORA REALIZADA SOB VIGÊNCIA DA LEI ANTIGA. INTIMAÇÃO DA PENHORA, ATO PENDENTE E COLHIDO PELA LEI NOVA, PODE SE REALIZAR NA PESSOA DO ADVOGADO DO EXECUTADO, NOS TERMOS DO ART. 475-J, §1º, CPC. - Embora o processo seja reconhecido como um instrumento complexo, no qual os atos que se sucedem se inter-relacionam, tal conceito não exclui a aplicação da teoria do isolamento dos atos processuais, pela qual a lei nova, encontrando um processo em desenvolvimento, respeita a eficácia dos atos processuais já realizados e disciplina, a partir da sua vigência, os atos pendentes do processo. Esse sistema, inclusive, está expressamente previsto no art. 1.211 do CPC. - Se pendente a intimação do devedor sobre a penhora que recaiu sobre os seus bens, esse ato deve se dar sob a forma do art. 475-J, §1o, CPC, possibilitando a intimação do devedor na pessoa de seu advogado. Recurso Especial provido. (REsp 1076080/PR, Rel. Ministra NANCY ANDRIGHI, TERCEIRA TURMA, julgado em 17/02/2009, DJe 06/03/2009); D: correto, nos termos dos comentários tecidos na primeira assertiva; E: correto. Com supedâneo no mesmo princípio da territorialidade, o ordenamento jurídico brasileiro reconhece a validade e a eficácia em território nacional dos atos processuais praticados no exterior, desde que obedecidos os ditames da lei estrangeira e inexista ofensa à ordem pública, aos bons costumes e à soberania nacional (art. 17 da LICC), tudo sob pena de não homologação da sentença estrangeira (art. 15 da LICC) e de invalidade dos atos de cooperação internacional praticados, a exemplo das cartas rogatórias de citação e de produção probatória. Nesse soar, eis novamente a doutrina de Dinamarco: "Inverso é o problema dos *atos processuais* realizados no exterior, com reflexos no Brasil. O mesmo princípio da territorialidade da lei processual, que impede a imposição desta além-fronteiras, conduz ao reconhecimento da validade desses atos quando obedientes à lei do país em que foram realizados e compatíveis com a ordem pública brasileira. Se faltar um desses requisitos, não se homologa a sentença estrangeira (LICC, art. 17) nem se têm por válidos os atos realizados no curso de uma cooperação internacional (cumprimento de carta rogatória para a citação do demandado ou para a produção de prova etc.)" (DINAMARCO, Cândido Rangel. *Instituições de Direito Processual Civil*. São Paulo: Malheiros, 2001. vol. I, p. 91) [grifos no original]. Complementando o que restou assentado: SENTENÇA ESTRANGEIRA CONTESTADA - DISSÍDIO INDIVIDUAL DO TRABALHO EXAMINADO POR ÓRGÃO QUE INTEGRA A JUSTIÇA DO TRABALHO MEXICANA - ACORDO CELEBRADO - RESOLUÇÃO Nº 09/2005 DO STJ - HOMOLOGAÇÃO DEFERIDA. 1. Restou demonstrado que a Junta de Conciliação e Arbitragem de Juarez, Chihuahua, integra a Justiça Trabalhista dos Estados Unidos do México, constitui o órgão competente, segundo as leis daquela pessoa jurídica de Direito Público Externo, para examinar os dissídios trabalhistas formados entre empregados e empregadores e não ofende a ordem pública tampouco a soberania nacional. 2. A Lei Federal do Trabalho Mexicana prevê, nos moldes da CLT, etapa conciliatória prévia e resguarda, no processo ordinário realizado perante as Juntas de Conciliação e Arbitragem, o direito ao contraditório e à ampla defesa. 3. Homologação deferida. (SEC 4.933/EX, Rel. Ministra ELIANA CALMON, CORTE ESPECIAL, julgado em 05/12/2011, DJe 19/12/2011).

Gabarito "A".

**(Cartório/DF – 2001 – CESPE)** Com base nos princípios gerais que informam o processo civil brasileiro, julgue os seguintes itens.

(1) No direito processual civil, é adotado o sistema do impulso das partes, ou seja, deve o autor promover o andamento do processo em cada fase, sob pena de extinção do feito com base no abandono da causa. No processo penal, entretanto, em virtude da indisponibilidade que lhe é peculiar, o sistema adotado é o do impulso oficial.

(3) Na hipótese de improcedência do pedido, poderá o autor renová-lo, propondo idêntica ação, desde que fundado em novas alegações, não deduzidas na ação anterior, e que, por isso, não estão acobertadas pela coisa julgada.

(4) Havendo a lei deferido ao administrador o poder de aferir a conveniência ou oportunidade de ato administrativo, não se extrai do Poder Judiciário a possibilidade de investigá-lo sob o seu aspecto de legalidade, vedada, porém, ao juiz a substituição do critério do administrador pelo seu próprio critério.

(5) Sempre que os interessados na realização de negócio jurídico pretenderem a intervenção judicial para garantir a sua legalidade, acobertando-o com a segurança da coisa julgada, poderão pleitear a sua homologação judicial, em procedimento de jurisdição voluntária.

1: errado (art. 262 do CPC); 3: errado, por influxo da preclusão do deduzido e do dedutível (art. 474 do CPC); 4: correto. O ato administrativo discricionário não é infenso ao controle jurisdicional de legalidade, moralidade e razoabilidade. Nesse sentido, veja-se aresto da Corte Especial assim ementado: "ADMINISTRATIVO. CONCURSO PÚBLICO. JUIZ SUBSTITUTO DA MAGISTRATURA DO ESTADO DO CEARÁ. CONTROLE JUDICIAL DO ATO ADMINISTRATIVO. LIMITAÇÃO. OPORTUNIDADE E CONVENIÊNCIA. EXIGÊNCIA DO ENUNCIADO DA QUESTÃO NÃO VALORADA NO ESPELHO DE CORREÇÃO DA PROVA DE SENTENÇA PENAL. AUSÊNCIA DE RAZOABILIDADE. OFENSA AOS PRINCÍPIOS DA CONFIANÇA E DA MORALIDADE. INCLUSÃO DE NOVO ITEM NO ESPELHO DE CORREÇÃO. REDISTRIBUIÇÃO DOS PONTOS. 1. É cediço que o controle judicial do ato administrativo deve se limitar ao exame de sua compatibilidade com as disposições legais e constitucionais que lhe são aplicáveis, sob pena de restar configurada invasão indevida do Poder Judiciário na Administração Pública, em flagrante ofensa ao princípio da separação dos Poderes. 2. Desborda do juízo de oportunidade e conveniência do ato administrativo, exercido privativamente pelo administrador público; a fixação de critérios de correção de prova de concurso público que se mostrem desarrazoados e desproporcionais, o que permite ao Poder Judiciário realizar o controle do ato, para adequá-lo aos princípios que norteiam a atividade administrativa, previstos no art. 37 da Carta Constitucional. 3. Mostra-se desarrazoado e abusivo a Administração exigir do candidato, em prova de concurso público, a apreciação de determinado tema para, posteriormente, sequer levá-lo em consideração para a atribuição da nota no momento da correção da prova. Tal proceder inquina o ato administrativo de irregularidade, pois atenta contra a confiança do candidato na administração, atuando sobre as expectativas legítimas das partes e a boa-fé objetiva, em flagrante ofensa ao princípio constitucional da moralidade administrativa. 4. Recurso ordinário provido" (RMS 27.566/CE, Rel. Ministro JORGE MUSSI, Rel. p/ Acórdão Ministra LAURITA VAZ, QUINTA TURMA, julgado em 17/11/2009, DJe 22/02/2010). Confira-se ainda: "MANDADO DE SEGURANÇA - PROCESSO ADMINISTRATIVO DISCIPLINAR - APLICAÇÃO DA PENA DE DEMISSÃO - PEDIDO DE RECONSIDERAÇÃO RECEBIDO SEM EFEITO SUSPENSIVO - PRERROGATIVA DA ADMINISTRAÇÃO PÚBLICA. SEGURANÇA DENEGADA. [...] 2. Embora discricionário, o ato administrativo, em tela, é suscetível de controle jurisdicional, que se realiza por meio dos princípios da razoabilidade e da proporcionalidade. 3. Decisão administrativa que se entende razoável, diante da inexistência de fato novo e de provas que justificam a inocência do Impetrante. 4. Segurança denegada" (MS 9.776/DF, Rel. Ministro PAULO MEDINA, TERCEIRA SEÇÃO, julgado em 11/05/2005, DJ 01/08/2005, p. 317); 5: errado (art. 1.111 do CPC). A sentença prolatada na jurisdição voluntária não se reveste de coisa julgada material. Corroborando tal afirmativa: "PROCESSO CIVIL. RETIFICAÇÃO DE REGISTRO DE ÓBITO. JURISDIÇÃO ADMINISTRATIVA. INSTAURAÇÃO DO CONTRADITÓRIO E DA AMPLA DEFESA. INSTRUÇÃO PROBATÓRIA. SENTENÇA. CARÁTER SUBSTITUTIVO, LIDE, INÉRCIA E DEFINITIVIDADE. PECULIARIDADES DA JURISDIÇÃO CONTENCIOSA. FORMALISMO. REPÚDIO. APROVEITAMENTO DOS ATOS PROCESSUAIS. POSSIBILIDADE. COMORIÊNCIA. TEMA NÃO OBJETO DO RECURSO. RECURSO PROVIDO. I - A retificação de registro de óbito, prevista no art. 109 da Lei de Registros Públicos (nº 6.015/73), inclui-se nos procedimentos de jurisdição voluntária. Todavia, se supervenientemente se instaurou o contraditório e houve produção de provas documentais e testemunhais, o procedimento tomou o caráter contencioso, com a presença do conflito de interesses. II - A 'jurisdição voluntária' distingue-se da contenciosa por algumas características, a saber: na voluntária não há ação, mas pedido; não há processo, mas apenas procedimento; não há partes, mas interessados; não produz coisa julgada, nem há lide. III - O sistema das nulidades processuais no direito brasileiro prestigia o aproveitamento dos atos processuais, desde que a finalidade tenha sido alcançada e não haja prejuízo para qualquer das partes" (REsp 238.573/SE, Rel. Ministro SÁLVIO DE FIGUEIREDO TEIXEIRA, QUARTA TURMA, julgado em 29/08/2000, DJ 09/10/2000, p. 153).

Gabarito 1E, 3E, 4C, 5E.

**(Cartório/SP – V – VUNESP)** São princípios processuais básicos relativos à prova, na processualística civil:

(A) livre convencimento motivado do juiz, oralidade, ubiquidade, imediação, aquisição processual ou comunhão da prova, identidade física do juiz e concentração.

(B) dispositivo, oralidade, identidade física do juiz, imediação, aquisição processual ou comunhão da prova, congruência e livre convencimento motivado do juiz.

(C) identidade física do juiz, oralidade, imediação, aquisição processual ou comunhão da prova, congruência, reserva legal e cautelaridade.

(D) imediação, livre convencimento motivado do juiz, oralidade, identidade física do juiz, aquisição processual ou comunhão da prova e concentração.

A: incorreto. O princípio da ubiquidade concerne ao direito penal, notadamente ao exame do lugar do crime; B e C: incorretos. O princípio da congruência está relacionado aos limites objetivos da lide e não à disciplina probatória (arts. 128 e 460 do CPC); D: correto. Todos os princípios enumerados em tal assertiva dizem respeito ao campo probatório.

Gabarito "D".

## 2. PARTES, PROCURADORES, MINISTÉRIO PÚBLICO E JUIZ

**(Cartório/SP – 2012 – VUNESP)** João pretende cobrar judicialmente Antônio por débito por este contraído. Antes do ajuizamento da demanda, João toma conhecimento de que Antônio faleceu, tendo sido aberto inventário com nomeação de inventariante dativo. João deverá mover a demanda em face

(A) do cônjuge de Antônio.
(B) do espólio de Antônio, representado pelo inventariante dativo.
(C) dos herdeiros e sucessores de Antônio.
(D) do espólio de Antônio, representado pelo cônjuge sobrevivente.

Art. 12, § 1º, do CPC.
Gabarito "C".

**(Cartório/MG – 2012 – FUMARC)** Considerando o disposto no Código de Processo Civil,

(A) a alienação, a título particular e por ato entre vivos, do bem objeto da lide altera a legitimidade das partes.
(B) o adquirente ou o cessionário terão sempre assegurado o direito de intervir no processo, para assistir o alienante ou o cedente.
(C) o adquirente ou o cedente, independentemente do consentimento da parte contrária, poderão ingressar em juízo, substituindo o alienante ou o cedente.
(D) na hipótese de morte ou incapacidade do advogado da parte ré, não constituído novo mandatário no prazo legal estipulado pelo juiz, o processo será extinto sem exame do mérito.

A: incorreto (art. 42, *caput*, do CPC); B: correto. Antes de mais nada, é preciso alertar o candidato para a diferença havida entre *substituição de partes* (também denominada *sucessão processual*) e *substituição processual*. Tais noções não se confundem. A primeira trata da substituição de uma parte por outra no processo, ou seja, a parte originária se retira da lide, dando vez para que outrem assuma a sua condição, seja em decorrência da vontade dos litigantes ou de um outro evento, a exemplo da morte de um deles. Deve-se destacar que tal fenômeno é excepcional no processo civil e só se afigura possível nas hipóteses previstas em lei, a exemplo da substituição voluntária das partes prevista no art. 42, § 1º, do CPC. Em regra, as partes não podem substituir-se, visto que, com a citação válida (art. 219 do CPC), ocorre a *estabilização subjetiva da lide*, isto é, o processo marchará até o seu final, passando por suas diversas fases, sem que haja alteração nos polos da demanda. Já na *substituição processual*, não há ingresso nem saída de qualquer das partes; o que existe é o fenômeno da legitimação extraordinária, em que a parte – o substituto processual – defende, em nome próprio, direito alheio: o do substituído processual (art. 6º do CPC). A hipótese de alienação da coisa litigiosa é uma das excepcionalidades em que se permite a *substituição voluntária das partes*, desde que haja um triplo consentimento (do adquirente, do alienante e da parte contrária). Faltando um deles, o adquirente do bem *sub judice* poderá, enquanto substituído processual, intervir como *assistente litisconsorcial do alienante* – o substituto processual – até porque a sentença proferida nos autos estenderá os efeitos da coisa julgada ao adquirente, ainda que não haja intervindo no feito (art. 42, § 3º, do CPC); C: incorreto, nos termos do comentário traçado na assertiva anterior; D: incorreto. Nessa situação, ser-lhe-á decretada a revelia (art. 265, § 2º, do CPC).
Gabarito "B".

**(Cartório/MG – 2012 – FUMARC)** Considerando o disposto no Código de Processo Civil,

(A) somente as pessoas físicas e jurídicas têm capacidade de ser parte no processo civil.
(B) a jurisdição civil, contenciosa e voluntária, é exercida pelos juízes e promotores, em todo o território nacional.
(C) o Município é representado, em juízo, ativa e passivamente, por seu Prefeito e pelo Presidente da Câmara Municipal.
(D) para as causas que versem sobre direitos reais imobiliários, os cônjuges são litisconsortes necessários, se réus; mas não o serão, se autores.

A: incorreto (art. 12, III, IV, V, VII e IX, do CPC). A massa falida, a herança jacente ou vacante, o espólio, as sociedades despersonalizadas e o condomínio, nada obstante serem desprovidos de personalidade jurídica, possuem capacidade de ser parte. São dotados, pois, de *personalidade judiciária*, podendo figurar como autores ou réus no processo; B: incorreto (art. 1º do CPC); C: incorreto (art. 12, II, do CPC); D: correto. Cuida-se de hipótese *de integração da capacidade processual* e não de litisconsórcio necessário, visto que somente o cônjuge que ajuizou a demanda real imobiliária é parte processual (art. 10, *caput* e § 1º, I, do CPC).
Gabarito "D".

**(Cartório/MG – 2012 – FUMARC)** Considerando o disposto no Código de Processo Civil,

(A) a capacidade de postulação no sistema processual brasileiro compete exclusivamente aos advogados legalmente habilitados.
(B) é assegurado ao advogado o direito de examinar, sem qualquer ressalva, em cartório ou secretaria de tribunal, os autos de qualquer processo.
(C) os direitos e deveres dos advogados, relacionados ao exercício do mandato judicial, estão disciplinados exclusivamente no Estatuto da Ordem dos Advogados.
(D) sendo comum às partes o prazo para se manifestar, só em conjunto ou mediante prévio ajuste, por petição nos autos, poderão os seus procuradores retirar os autos do cartório, salvo para extrair cópias de peças do processo, para o que cada procurador terá o prazo de uma hora, independentemente de ajuste.

A: incorreto. Antes de mais nada, afigura-se imprescindível destacar que os termos *capacidade de ser parte*, *capacidade processual* e *capacidade postulatória* não se confundem. Os dois primeiros institutos têm natureza jurídica de pressuposto de validade do processo, ao passo que o último configura-se como pressuposto processual de existência (art. 37, parágrafo único, do CPC). Com relação à *capacidade postulatória*, é de se notar que, ordinariamente, ninguém poderá postular em juízo uma determinada pretensão, senão através de advogado (art. 36 do CPC e art. 8º, § 1º, da Lei 8.906/2004). Excepcionalmente, a lei atribui à parte a faculdade de dirigir petições ao Judiciário sem a intervenção de profissional regularmente inscrito na OAB, a exemplo: das causas que, nos Juizados Especiais Cíveis (art. 9º, *caput*, da Lei 9.099/1995), não ultrapassem vinte salários mínimos; dos *habeas corpus* (art. 654, *caput*, do CPP e art. 1º, § 1º, da Lei 8.906/1994); das informações prestadas pela autoridade coatora em mandado de segurança; da defesa produzida pelo juiz nas exceções de impedimento e suspeição (art. 313 do CPC); de algumas demandas de competência da Justiça do Trabalho etc. Os membros

do Ministério Público, por sua vez, possuem capacidade postulatória, conforme arts. 129, III, da CF, 81 do CPC, 5° da Lei 7.347/1985, 82, I, do CDC e 210, I, do ECA. Os membros da Advocacia-Geral da União também detêm capacidade postulatória, na forma do art. 131, *caput*, da CF. Portanto, a capacidade de postulação no sistema processual brasileiro *não* compete exclusivamente aos advogados legalmente habilitados; B: incorreto (arts. 40, I, do CPC e 7°, XIII, da Lei 8.906/1994); C: incorreto (arts. 36 a 40 do CPC); D: correto (art. 40, § 2°, do CPC).
Gabarito "D".

**(Cartório/MG – 2012 – FUMARC)** Considerando o disposto no Código de Processo Civil,

(A) os deveres de lealdade e probidade a que aludem os artigos 14 e 15 somente se aplicam ao autor e ao réu, não atingindo aos terceiros intervenientes.
(B) o litigante de má-fé, além do ressarcimento dos prejuízos, sujeita-se a pagar a multa de até um por cento sobre o valor da causa, devendo essa verba ser revertida em favor da Fazenda Pública.
(C) no caso de pluralidade de litigantes de má-fé, o juiz condenará cada um na proporção de seu respectivo interesse na causa, ou solidariamente aqueles que se coligaram para lesar a parte contrária.
(D) se o réu, reconhecendo o fato em que se fundou a ação, opuser fato impeditivo, modificativo ou extintivo do direito do autor, este será ouvido, facultando-lhe o juiz a produção de prova, mas somente testemunhal.

A: incorreto (art. 14, *caput*, do CPC); B: incorreto (art. 18, *caput*, do CPC); C: correto (art. 18, § 1°, do CPC); D: incorreto (art. 326 do CPC).
Gabarito "C".

**(Cartório/SP – 2011 – VUNESP)** A representação processual em juízo, ativa e passivamente, é atribuída da seguinte forma:

(A) a massa falida, pelo maior credor.
(B) o Município, pelo servidor público credenciado.
(C) a herança jacente ou vacante, por seu procurador.
(D) o espólio, pelo inventariante.

A: incorreto (art. 12, III, do CPC); B: incorreto (art. 12, II, do CPC); C: incorreto (art. 12, IV, do CPC); D: correto (art. 12, V, do CPC).
Gabarito "D".

**(Cartório/MG – 2009 – EJEF)** Assinale a assertiva *FALSA*.

(A) Ambos os cônjuges serão necessariamente citados para as ações que versem sobre direitos reais imobiliários.
(B) Nas ações possessórias, a participação do cônjuge do autor ou do réu somente é indispensável nos casos de composse ou de ato por ambos praticados.
(C) As sociedades sem personalidade jurídica, quando demandadas, poderão opor a irregularidade de sua constituição.
(D) A herança jacente ou vacante será representada, em juízo, ativa e passivamente, por seu curador.

A: correto (art. 10, § 1°, I, do CPC); B: correto (art. 10, § 2°, do CPC); C: incorreto (art. 12, §2°, do CPC); D: correto (art. 12, IV, do CPC).
Gabarito "C".

**(Cartório/SC – 2008)** É INCORRETO afirmar que o representante do Ministério Público:

(A) Será civilmente responsável quando, no exercício de suas funções, proceder com dolo ou fraude.
(B) Intervindo como fiscal da lei, terá vista dos autos depois das partes.
(C) Só intervirá nas causas em que há interesses de incapazes e nas concernentes ao estado da pessoa, pátrio poder, tutela, curatela, interdição, casamento, declaração de ausência e disposições de última vontade.
(D) Deverá ser intimado quando for obrigatória sua intervenção, sob pena de nulidade do processo.
(E) Intervindo como fiscal da lei, poderá juntar documentos e certidões, produzir prova em audiência e requerer medidas ou diligências necessárias ao descobrimento da verdade.

A: correto (art. 85 do CPC); B: correto (art. 83, I, do CPC); C: incorreto (art. 82, III, do CPC); D: correto (art. 84 do CPC); E: correto (art. 83, II, do CPC).
Gabarito "C".

**(Cartório/PR – 2007)** É princípio constitucional a imparcialidade do Juiz. Considerando essa assertiva, marque a alternativa correta:

(A) é pressuposto processual objetivo a imparcialidade do juiz.
(B) os casos justificativos da exclusão do juiz do processo, por impedimento ou suspeição, são de ordem objetiva e se referem ao juízo, independentemente da pessoa do juiz.
(C) os casos justificativos da exclusão do juiz do processo, por impedimento ou suspeição, são de ordem subjetiva, referem-se à competência do juiz.
(D) os casos justificativos da exclusão do juiz do processo, por impedimento ou suspeição, são de ordem objetiva, mas atinente à competência do juiz.
(E) os casos justificativos da exclusão do juiz do processo, por impedimento ou suspeição, são de ordem subjetiva, atinentes à pessoa do juiz.

Segundo a doutrina de Humberto Theodoro Júnior, os pressupostos processuais classificam-se em de existência e de validade, sendo que estes se subdividem, ainda, em subjetivos e objetivos. Com efeito, são considerados *pressupostos processuais subjetivos*: competência do juízo e ausência de causas de impedimento ou de suspeição do juiz, capacidade civil das partes e sua representação por advogado. Por sua vez, são *pressupostos processuais objetivos*: observância da forma processual adequada à pretensão, existência nos autos do instrumento de mandato conferido ao advogado e a inexistência de litispendência, coisa julgada, compromisso, de inépcia da petição inicial, ou de qualquer das nulidades previstas na legislação processual (THEODORO JÚNIOR, Humberto. *Curso de Direito Processual Civil.* Vol. 1. 47. edição. Rio de Janeiro: Forense, 2007, p. 70). Logo, a imparcialidade do juiz é pressuposto positivo e subjetivo de validade do processo. Nos casos de impedimento, o legislador presume de modo absoluto e objetivo (*jure et de jure*) a parcialidade do magistrado, não admitindo prova em contrário. As hipóteses de impedimento estão enumeradas no art. 134 do CPC. Paralelamente, a suspeição do juiz é caso de parcialidade relativa, cabendo, portanto, a produção de provas que afastem a referida presunção (*juris tantum*). São pressupostos de nuance subjetiva, cuja comprovação é mais dificultosa. As hipóteses de suspeição estão arroladas no art. 135 do CPC. De qualquer forma, as causas legais de impedimento e de suspeição devem ser apuradas em face da pessoa do *juiz* e não do *juízo*, através de exceção que será autuada em apenso aos autos principais (arts. 299, segunda parte, e 304 do CPC).

Gabarito "E".

**(Cartório/ES – 2007 – FCC)** De acordo com o Código de Processo Civil, é defeso ao juiz exercer as suas funções no processo contencioso ou voluntário quando

(A) nele estiver postulando, como advogado da parte, parente seu, consanguíneo ou afim, na linha colateral de segundo grau.
(B) for amigo íntimo ou inimigo capital de qualquer das partes.
(C) interessado no julgamento da causa em favor de uma das partes.
(D) alguma das partes for sua credora ou devedora.
(E) for herdeiro presuntivo, donatário ou empregador de alguma das partes.

A: correto. Cuida-se de caso de impedimento (art. 134, IV, do CPC); B, C, D e E: incorretos. Tais assertivas encerram hipótese de suspeição, e não de impedimento do juiz (art. 135, I, V, II e III, respectivamente, do CPC).

Gabarito "A".

**(Cartório/SE – 2006 – CESPE)** Quanto aos sujeitos do processo, julgue os itens a seguir.

(1) Em regra, a titularidade da ação vincula-se à titularidade do pretendido direito material subjetivo envolvido na lide. Por exceção e nos casos expressamente autorizados em lei, admite-se a substituição processual, que consiste em demandar a parte, em nome próprio e seu interesse, em defesa de pretensão alheia.

(2) É obrigatória a intervenção do Ministério Público, como fiscal da lei, em todo e qualquer procedimento de jurisdição cautelar, porque nesse procedimento não é assegurado o princípio do contraditório, notadamente em virtude da concessão da medida cautelar liminarmente, isto é, sem ouvir o réu.

(3) São deveres das partes e de todos aqueles que de qualquer forma participam do processo submeter-se às ordens contidas nos provimentos judiciais de natureza mandamental e assegurar exequibilidade dos provimentos judiciais. Ressalvados os advogados, e nos atos restritos à sua atividade profissional, o desatendimento desse dever constitui ato atentatório ao exercício de jurisdição.

1: certo. Antes de mais nada, é preciso alertar o candidato para a diferença havida entre *substituição de partes* (também denominada *sucessão processual*) e *substituição processual*. Tais noções não se confundem. A primeira trata da substituição de uma parte por outra no processo, ou seja, a parte originária se retira da lide, dando vez para que outrem assuma a sua condição, seja em decorrência da vontade dos litigantes ou de um outro evento, a exemplo da morte de um deles. Deve-se destacar que tal fenômeno é excepcional no processo civil e só se afigura possível nas hipóteses previstas em lei, a exemplo da substituição voluntária das partes prevista no art. 42, § 1º, do CPC. Em regra, as partes não podem substituir-se, visto que, com a citação válida (art. 219 do CPC), ocorre a *estabilização subjetiva da lide*, isto é, o processo marchará até o seu final, passando por suas diversas fases, sem que haja alteração nos polos da demanda. Já na *substituição processual*, não há ingresso nem saída de qualquer das partes; o que existe é o fenômeno da legitimação extraordinária, em que a parte – o substituto processual – defende, em nome próprio, direito alheio: o do substituído processual (art. 6º do CPC). Tal dispositivo, em verdade, ao enunciar que, salvo autorização legal, ninguém poderá pleitear, em nome próprio, direito alheio, está proclamando que a regra, no processo civil, é a *legitimação ordinária*, onde o titular do direito material coincide com o sujeito que postula tal direito em juízo, isto é, a parte processual é justamente a detentora do direito substantivo invocado. Excepcionalmente, em razão de disposição expressa de lei ou em decorrência do próprio sistema jurídico, é que se admite a legitimação extraordinária, por substituição processual, onde o titular do direito material – substituído processual – não se confunde com o titular da ação: o substituto processual. Sendo assim, o art. 6º do CPC consagra numa única frase os dois tipos de legitimação: ordinária e extraordinária, esta por substituição processual; 2: errado. O processo cautelar se desenvolve sob o pálio do contraditório e da ampla defesa (arts. 802 e 803 do CPC). Ademais, a mera possibilidade de concessão liminar da medida cautelar não justifica, *de per si*, a intervenção do *Parquet*, a qual terá lugar nas hipóteses do art. 82 do CPC. **Apenas para ilustrar alguns dos casos em que o órgão jurisdicional poderá conceder liminarmente a providência requestada pelo autor, confiram-se os arts. 273, 461, § 3º, e 804, todos do CPC. Note-se que, em tais situações, não há falar-se em ofensa ao contraditório, mas sim de sua efêmera postergação**; 3: certo (art. 14, V e parágrafo único, do CPC).

Gabarito 1C, 2E, 3C.

**(Cartório/SP – VI – VUNESP)** Após a morte de João dos Santos, sua família está diligenciando a venda de um imóvel pertencente ao espólio do *de cujus*, e então percebe que há necessidade de fazer previamente uma retificação judicial da área do referido bem. Para que isso seja feito, quem terá legitimidade para representar o espólio em juízo será

(A) a viúva-meeira.
(B) o curador nomeado.
(C) o inventariante.
(D) o primogênito do *de cujus*.

Art. 12, V, do CPC.

Gabarito "C".

**(Cartório/SP – V – VUNESP)** A representação e a assistência dos incapazes, na forma da lei civil, quanto à pratica de atos processuais, incumbe

(A) aos pais, tutores e curadores, sendo que os tutores e curadores necessitam de autorização judicial para demandar no polo ativo.
(B) aos pais, tutores e curadores, dispensando-se autorização judicial para demandar, na hipótese de tutela e curatela definitivas.
(C) aos pais, tutores e curadores, dispensando-se autorização judicial para demandar em procedimentos de jurisdição voluntária.
(D) aos pais, tutores e curadores, os quais, em qualquer caso, necessitam de autorização judicial para demandar no polo ativo.

Arts. 8º do CPC, 1.748, V, e 1.781 do CC.

Gabarito "A".

**(Cartório/SP – V – VUNESP)** Os motivos de suspeição do juiz, previstos na lei processual,

(A) são de presunção absoluta, *iuris et de iure,* de sua parcialidade, de modo que, não oposta a exceção pela parte, não ocorre preclusão e o vício não se convalida.

(B) são todos de presunção relativa, *iuris tantum,* de parcialidade, de sorte que, não oposta exceção pela parte, ocorre a preclusão e o juiz se torna imparcial, podendo julgar a causa.

(C) só são de presunção absoluta, *iuris et de iure,* de parcialidade, quando decorrerem de amizade íntima ou inimizade capital com qualquer das partes, sendo, nas demais hipóteses previstas na lei processual, de presunção meramente relativa *iuris tantum.*

(D) são de presunção relativa, *iuris tantum,* de parcialidade, mas, naquelas hipóteses que se reportam a algum interesse do juiz no julgamento da causa a favor de uma das partes, podem ser alegados e provados a qualquer tempo e grau de jurisdição.

A imparcialidade do juiz é pressuposto positivo e subjetivo de validade do processo. Nos casos de impedimento, o legislador presume de modo absoluto e objetivo (*jure et de jure*) a parcialidade do magistrado, não admitindo prova em contrário. As hipóteses de impedimento estão enumeradas no art. 134 do CPC. Paralelamente, a suspeição do juiz é caso de parcialidade relativa, cabendo, portanto, a produção de provas que afastem a referida presunção (*juris tantum*). Se a parte não a arguir em momento oportuno, sujeitar-se-á à preclusão. São pressupostos de nuance subjetiva, cuja comprovação é mais dificultosa. As hipóteses de suspeição estão arroladas no art. 135 do CPC. De qualquer forma, as causas legais de impedimento e de suspeição devem ser apuradas em face da pessoa do *juiz* e não do *juízo,* através de exceção que será autuada em apenso aos autos principais (arts. 299, segunda parte, e 304 do CPC). Vale registrar, outrossim, que a suspeição do juiz não enseja ação rescisória; apenas o *impedimento* do magistrado dá ensejo à rescisão do julgado (art. 485, II, do CPC). Nesse sentido: "AGRAVO REGIMENTAL NO AGRAVO DE INSTRUMENTO. EXCEÇÃO DE SUSPEIÇÃO. PRAZO. TERMO INICIAL. PRIMEIRA OPORTUNIDADE QUE LHE COUBER FALAR NOS AUTOS. PRECLUSÃO. 1. O agravante afirma nas razões recursais e na instância ordinária que entendeu por bem aguardar que se formasse uma conjuntura tal de fatos para, quando conveniente, por em dúvida a imparcialidade da Magistrada. 2. Todavia, a suspeição do julgador deve ser arguida pela parte interessada na primeira oportunidade que lhe couber falar nos autos (CPC, art. 138, § 1º), sob pena de preclusão. Em se tratando de suspeição fundada em motivo preexistente, deve ser suscitada, no prazo para resposta (CPC, art. 297), e, quando fundada em motivo superveniente, no prazo de quinze dias, previsto no art. 305, c/c o art. 304 do Estatuto Processual Civil, contando da ciência do fato causador da suspeição. 3. A prolação de sentença desfavorável à parte gera tão somente ao recorrente direito de interpor o recurso cabível, e não de suscitar a suspeição por atos ocorridos no decurso do trâmite processual. Tampouco a lei processual deixa à conveniência da parte a oportunidade para manejar a exceção de suspeição. 4. Agravo regimental não provido com aplicação de multa" (AgRg no Ag 1383973/CE, Rel. Ministro LUIS FELIPE SALOMÃO, QUARTA TURMA, julgado em 14/08/2012, DJe 22/08/2012).
Gabarito "B".

**(Cartório/SP – IV – VUNESP)** Sobre as partes do processo, é correto dizer que

(A) a pendência do processo é fator impeditivo da alienação da coisa litigiosa.

(B) a alienação da coisa litigiosa por ato *inter vivos,* no curso do processo, não altera a legitimidade, prosseguindo o feito entre as partes originárias e somente podendo ingressar o adquirente, em substituição ao alienante, se a parte contrária o consentir.

(C) falecendo uma das partes, em nenhum caso será extinto o processo, sendo sempre possível a habilitação dos sucessores.

(D) pessoa falecida pode ser parte, desde que devidamente representada pelos sucessores.

A: incorreto (art. 42, *caput,* do CPC); B: correto. Antes de mais nada, é preciso alertar o candidato para a diferença havida entre *substituição de partes* (também denominada *sucessão processual*) e *substituição processual.* Tais noções não se confundem. A primeira trata da substituição de uma parte por outra no processo, ou seja, a parte originária se retira da lide, dando vez para que outrem assuma a sua condição, seja em decorrência da vontade dos litigantes ou de um outro evento, a exemplo da morte de um deles. Deve-se destacar que tal fenômeno é excepcional no processo civil e só se afigura possível nas hipóteses previstas em lei, a exemplo da substituição voluntária das partes prevista no art. 42, § 1º, do CPC. Em regra, as partes não podem substituir-se, visto que, com a citação válida (art. 219 do CPC), ocorre a *estabilização subjetiva da lide,* isto é, o processo marchará até o seu final, passando por suas diversas fases, sem que haja alteração nos polos da demanda. Já na *substituição processual,* não há ingresso nem saída de qualquer das partes; o que existe é o fenômeno da legitimação extraordinária, em que a parte – o substituto processual – defende, em nome próprio, direito alheio: o do substituído processual (art. 6º do CPC). A hipótese de alienação da coisa litigiosa é uma das excepcionalidades em que se permite a substituição voluntária das partes, desde que haja um triplo consentimento (do adquirente, do alienante e da parte contrária). Faltando um deles, o adquirente do bem *sub judice* poderá, enquanto substituído processual, intervir como assistente litisconsorcial do alienante – o substituto processual – até porque a sentença proferida nos autos estenderá os efeitos da coisa julgada ao adquirente, ainda que não tenha intervindo no feito (art. 42, § 3º, do CPC); C: incorreto (art. 267, IX, do CPC); D: incorreto, por lhe faltar o pressuposto processual de validade condizente com a *capacidade de ser parte* (art. 43 do CPC).
Gabarito "B".

**(Cartório/SP – IV – VUNESP)** Sobre os atos do Juiz, é correto dizer que

(A) os despachos de mero expediente não precisam ser proferidos pelo Juiz, podendo sê-lo pelo próprio cartório.

(B) decisão interlocutória é o mesmo que decisão terminativa simples.

(C) sentença é o ato que põe fim ao processo, com ou sem julgamento de mérito.

(D) dependem sempre de provocação das partes, não podendo ser praticados de ofício.

A: incorreto (art. 164, *caput,* do CPC); B: incorreto. Denominam-se sentenças *definitivas* ou de *mérito* aquelas que contêm uma das situações previstas no art. 269 do CPC. Em contrapartida, chamam-se de *processuais* ou *terminativas* as sentenças que consubstanciam uma das hipóteses elencadas pelo art. 267 do CPC.. Cumpre anotar que a antecipação da parte incontroversa do pedido versada no §6º do art. 273 do CPC revela hipótese de decisão interlocutória fundada em *cognição exauriente,* e não em *cognição sumária,* tal qual se dá nos demais casos. Para Nelson Nery Jr. E Rosa Maria de Andrade Nery, tal circunstância encerra verdadeiro julgamento antecipado

da lide, *proporcionando decisão definitiva e de mérito*. Confira-se a respeito: "Assim, pode o juiz, a requerimento do autor, antecipar os efeitos executivos da parte não contestada da pretensão do autor, com fundamento no CPC 273 II. Nessa parte, a decisão é de mérito e definitiva (julgamento antecipado da lide – CPC 330), motivo pelo qual subsiste, ainda que haja decisão diferente quanto ao restante do pedido (extinção com ou sem resolução do mérito) [...] Não há necessidade de a lei permitir expressamente o julgamento antecipado da lide nesse caso, pois isso decorre do sistema: a antecipação de parte não controvertida é de mérito e definitiva. Já era assim antes da L 10444/02". (NERY JR. Nelson; NERY, Rosa Maria de Andrade. *Código de processo civil comentado e legislação extravagante*. 10. edição. São Paulo: Revista dos Tribunais, 2007, p. 530). Logo, trata-se de decisão interlocutória que contempla a situação descrita no art. 269, I, do CPC; C: correto, porquanto a assertiva foi elaborada antes da vigência da Lei 11.232/2005. De qualquer sorte, atualmente tal afirmação não se afigura verdadeira, eis que a reforma operada no sistema processual civil brasileiro com o advento da Lei 11.232/2005 levou em *consideração o conteúdo e a finalidade do pronunciamento judicial para definir o que é sentença. Nos termos do art. 162, § 1º, do CPC, sentença é o ato do juiz que implica alguma das situações previstas nos arts. 267 e 269 desta Lei (conteúdo) e que, ao mesmo tempo, extingue o processo ou a fase de conhecimento em primeiro grau de jurisdição (finalidade)*. Entretanto, há hipóteses em que o juiz pode decidir parcela do mérito da causa, sem que, contudo, tal decisão necessariamente ponha fim ao processo, ou seja, há decisões que possuem *conteúdo* de sentença, mas, por não finalizarem o processo ou a fase de conhecimento em primeiro grau, são decisões interlocutórias. Tal situação ocorre, por exemplo, quando o juízo verifica a ocorrência da prescrição da pretensão de cobrança de parcela da obrigação exigida pelo credor. Embora ostente o conteúdo do art. 269, IV, do CPC, cuida-se de decisão interlocutória, visto que o processo marchará quanto à fração da obrigação cuja pretensão não foi atingida pela prescrição. Outro exemplo interessante é aquele em que o órgão jurisdicional, liminarmente, decide por excluir um dos litisconsortes da lide por ilegitimidade de parte. Tal pronunciamento contém a hipótese vertida no art. 267, VI, do CPC, mas, por não extinguir o processo ou a fase de conhecimento em primeiro grau, não pode ser tido como sentença. A esse respeito, note-se o magistério de Nelson Nery Jr. e de Rosa Maria de Andrade Nery: "[...] o pronunciamento do juiz somente poderá ser classificado como sentença se contiver uma das matérias expressas no CPC 267 ou 269, mas não extinguindo o processo, o pronunciamento do juiz será *decisão interlocutória* recorrível por agravo. Embora com conteúdo de sentença, são decisões interlocutórias: a) exclusão de um litisconsorte do processo por ilegitimidade de parte (CPC 267 VI) – julga-se a *ação* quanto ao litisconsorte excluído, mas o processo continua quanto ao outro litisconsorte; b) indeferimento liminar de reconvenção (CPC 315) ou de ação declaratória incidental (CPC 5º e 325) – julga-se a *ação* (CPC 267 ou 269) secundária, mas o processo (conjunto formado pelas várias ações cumuladas: *in casu*, ação principal e reconvencional ou ADI) continua quanto à ação principal [...] Todos são exemplos de pronunciamentos com conteúdo do CPC 267 ou 269, que pela tão só literalidade do CPC 162 §1º poderiam ser classificados como sentença, mas que, por não encerrarem *também* o processo no primeiro grau de jurisdição, têm de ser classificados como *decisão interlocutória*, e, consequentemente, são impugnáveis por meio do recurso de agravo (CPC 162 §2º e 522)" (NERY JR. Nelson; NERY, Rosa Maria de Andrade. *Código de processo civil comentado e legislação extravagante*. 10. edição. São Paulo: Revista dos Tribunais, 2007, p. 429) [grifos não original]. Logo, sentença é o ato do juiz que, a um só tempo, consubstancia uma das hipóteses assinaladas nos arts. 267 e 269 do CPC, e põe termo ao processo ou, ainda, encerra a fase cognitiva em primeiro grau; D: incorreto, com supedâneo no princípio do impulso oficial (arts. 162, § 3º e 262 do CPC).
Gabarito "C".

(Cartório/SP – III – VUNESP) Qual é a consequência de ordem processual, em caso de não intervenção do Ministério Público, como fiscal da lei, exigida no processo civil?

(A) Nulidade do processo, a partir do momento em que o órgão devia ter sido intimado.
(B) Provocação de nulidade relativa no processo, vinculada à ocorrência de dano efetivo.
(C) Nulidade do processo, a contar da data da sentença, inclusive.
(D) Nulidade do processo, a partir do momento da arguição da falha processual.

A: correto (arts. 84 e 246 do CPC). Todavia, vale alertar o candidato para o fato de que o STJ pacificou o entendimento de que a pronúncia de nulidade, ainda nas hipóteses em que a intervenção do *Parquet* se mostre obrigatória (art. 82 do CPC), depende da efetiva demonstração de prejuízo (*pas de nullité sans grief*). Ao abono de tal assertiva, veja-se o seguinte precedente do STJ: "PROCESSUAL CIVIL E ADMINISTRATIVO. AÇÃO RESCISÓRIA. ART. 485, V, DO CPC. NOMEAÇÃO EM CONCURSO PÚBLICO. PORTADOR DE DEFICIÊNCIA FÍSICA. NÃO INTERVENÇÃO DO MINISTÉRIO PÚBLICO. DIREITO DISPONÍVEL. INEXISTÊNCIA DE PREJUÍZO. AUSÊNCIA DE NULIDADE. DIVERGÊNCIA JURISPRUDENCIAL NÃO CONFIGURADA. 1. A intervenção do Ministério Público, fundamentada na qualidade da parte dotada de capacidade civil, deve envolver direitos indisponíveis ou de tamanha relevância social que evidenciem a existência de interesse público no feito. (Nesse sentido: AgRg no REsp 565.084/DF, Rel. Min. Maria Thereza de Assis Moura, Sexta Turma, julgado em 24.8.2009, DJe 14.9.2009). 2. A ausência de intimação do Ministério Público, por si só, não enseja a decretação de nulidade do julgado, a não ser que se demonstre o efetivo prejuízo às partes ou para apuração da verdade substancial da controvérsia jurídica, à luz do princípio *pas de nullités sans grief*. 3. Até mesmo nas causas em que a intervenção do Parquet é obrigatória, seria necessária a demonstração de prejuízo deste para que se reconheça a nulidade processual. (Precedentes: REsp 1.010.521/PE, Rel. Min. Sidnei Beneti, Terceira Turma, julgado em 26.10.2010, DJe 9.11.2010; REsp 814.479/RS, Rel. Min. Mauro Campbell Marques, Segunda Turma, julgado em 2.12.2010, DJe 14.12.2010). [...]" (REsp 1249050/RN, Rel. Ministro HUMBERTO MARTINS, SEGUNDA TURMA, julgado em 21/06/2011, DJe 29/06/2011)
Gabarito "A".

## 3. ATOS PROCESSUAIS

(Cartório/MG – 2012 – FUMARC) Considerando o disposto no Código de Processo Civil,

(A) a assinatura dos magistrados nos atos de seu ofício, por meio eletrônico, somente é permitida nos Juizados Especiais e em segundo grau de jurisdição.
(B) é vedada nos juízos a delegação aos servidores de prática de atos de administração e de atos de mero expediente sem caráter decisório.
(C) é permitido às partes e a seus advogados retirar autos suplementares de cartório.
(D) a desistência da ação só produzirá efeito depois de homologada por sentença.

A: incorreto (art. 164, parágrafo único, do CPC); B: incorreto (art. 162, § 4º, do CPC); C: incorreto (art. 159, § 2º, do CPC); D: correto (art. 158, parágrafo único, do CPC).
Gabarito "D".

**(Cartório/MG – 2012 – FUMARC)** Considerando o disposto no Código de Processo Civil,

(A) é vedado o uso da taquigrafia e da estenotipia em primeiro grau de jurisdição.
(B) é permitida a prática de citação e penhora, em domingos e feriados, ou nos dias úteis, fora do horário legal, independentemente da autorização do juiz, bastando que a parte que requereu o ato demonstre a excepcionalidade do caso e a urgência da medida ao oficial de justiça.
(C) tratando-se de processo total ou parcialmente eletrônico, eventuais contradições na transcrição deverão ser suscitadas oralmente no momento da realização do ato, sob pena de preclusão, cabendo ao juiz, frente à eventual impugnação, decidir de plano, registrando-se a alegação e a decisão no termo.
(D) tratando-se de processo parcialmente eletrônico, os atos processuais praticados na presença do juiz não poderão ser produzidos e armazenados do modo integralmente digital em arquivo eletrônico inviolável, ainda que mediante registro, em termo assinado pelo juiz, pelo escrivão e pelos advogados das partes.

A: incorreto (art. 170 do CPC); B: incorreto (art. 172, § 2º, do CPC); C: correto (art. 169, § 3º, do CPC); D: incorreto (art. 169, § 2º, do CPC). Gabarito "C".

**(Cartório/MG – 2012 – FUMARC)** Considerando o disposto no Código de Processo Civil,

(A) todos os prazos fixados para as partes são preclusivos.
(B) a ausência de qualquer das condições da ação gera carência de ação, impondo a extinção do processo.
(C) a efetiva observância das regras do procedimento não se insere na garantia constitucional do devido processo legal.
(D) relativamente à classificação dos atos processuais, foi adotada a teoria objetiva, que permite sejam eles agrupados em atos de iniciativa, atos de desenvolvimento e atos de conclusão.

A: incorreto. Conforme o SIMP XIII (Simpósio de Direito Processual Civil ocorrido na cidade de Curitiba em outubro de 1975, cujas conclusões foram publicadas em RT 482/270), "Para os fins do art. 181, por prazo dilatório deve ser entendido o que é fixado por norma dispositiva e por prazo peremptório o fixado por norma cogente". Nada obstante, a convenção para ampliação de prazo dilatório só tem eficácia se, requerida antes do vencimento do prazo, se fundar em motivo legítimo (art. 181, *caput*, do CPC); B: correto. O *interesse processual* ou *interesse de agir*, ao lado da *legitimidade para a causa* e da *possibilidade jurídica do pedido*, constituem as três *condições da ação*, que, em apertada síntese, são requisitos cujo preenchimento se revela imprescindível para que o órgão jurisdicional possa enfrentar o mérito da lide, isto é, possa acolher ou rejeitar o pedido formulado pela parte. Ausente uma delas, o juízo, reputando o autor carecedor de ação, deverá extinguir o feito sem resolução do mérito com arrimo no art. 267, VI, do CPC; C: incorreto. Como corolário do Estado Democrático de Direito, a garantia constitucional do *due process of law*, em sua acepção formal, exige o respeito ao procedimento previsto em lei. Consoante pontifica Dinamarco, o procedimento deve ser *imposto* pelo legislador e *obedecido* pelos juízes, a fim de que as partes, de antemão, tenham ciência das oportunidades, bem assim do tempo, modo e lugar em que os atos processuais devem ser praticados, por imperiosidade de segurança jurídica. Sobre o tema: "Projetada sobre o sistema processual, essa cláusula democrática exige do legislador a *imposição* e do juiz, a concreta *observância* de certas diretrizes capazes de oferecer aos litigantes suficiente nível de segurança quanto ao que cada um pode esperar do andamento do processo. O *due process of Law* exige também que a cada um dos sujeitos processuais sejam *oferecidas oportunidades* previamente conhecidas para a realização dos atos do processo, assim como lhe sejam impostas certas limitações relacionadas com o tempo, lugar e modo de realização dos atos permitidos – o que constitui fator de segurança para os demais sujeitos. O traçado do procedimento, como conjunto de atos ordenados, é por isso um dos aspectos do devido processo legal em sua projeção sobre o sistema do processo civil" (DINAMARCO, Cândido Rangel. *Instituições de Direito Processual Civil*. 5. edição. São Paulo: Malheiros, 2005. vol. II, p. 30); D: incorreto. O CPC adotou a *teoria subjetiva* dos atos processuais, de vez que os agrupou conforme os sujeitos que os praticam. Classificam-se em: 1) atos do juiz; 2) atos dos auxiliares da justiça; e 3) atos das partes. A respeito, confira-se o Título V, Capítulo I, Seções II, III e IV, do CPC. Gabarito "B".

**(Cartório/MG – 2012 – FUMARC)** Considerando o disposto no Código de Processo Civil,

(A) os prazos peremptórios podem ser reduzidos ou prorrogados pelas partes, desde que legítimo o motivo e todos estejam de acordo.
(B) todos os prazos estão previstos no Código, por isso é vedado ao juiz determinar o prazo em que o ato do processo pode ser praticado.
(C) atos processuais realizam-se, de ordinário, na sede do juízo, mas o magistrado, por ato de deferência, poderá praticá-los em outro lugar.
(D) a jurisdição de cada juiz está limitada ao território de sua circunscrição, por isso a realização de citação em outro Estado da Federação não pode ser por ele determinada, senão mediante carta precatória.

A: incorreto (art. 182, primeira parte, do CPC); B: incorreto (art. 177 do CPC); C: correto (art. 176 do CPC); D: incorreto, visto que a citação postal poderá ser realizada para qualquer comarca do País (art. 222, *caput*, do CPC). Gabarito "C".

**(Cartório/SP – 2011 – VUNESP)** Leia o que segue e assinale a alternativa correta.

(A) A interrupção da prescrição se dará a partir da citação, quando ela ocorrer após 90 dias do ajuizamento da ação por problemas de eficiência do Poder Judiciário.
(B) A citação será feita pelo correio, excetuadas aquelas demandas em que a parte solicite a citação por mandado ou que envolvam questões de estado, capacidade ou, ainda, que o réu seja uma pessoa jurídica de direito público.
(C) A citação por edital prefere à citação por mandado.
(D) A prescrição será interrompida de maneira retroativa à data de propositura da ação, independentemente do atraso na citação.

A: incorreto (art. 219, § 1º, do CPC); B: correto (art. 222, *caput*, "a", "c" e "f", do CPC); C: incorreto. A citação pessoal prefere à ficta (art. 215, *caput*, do CPC); D: incorreto (art. 219, § 4º, do CPC). Gabarito "B".

## 8. DIREITO PROCESSUAL CIVIL

**(Cartório/MS – 2009 – VUNESP)** Sobre os atos processuais, é correto afirmar que

(A) a assinatura dos juízes não pode ser feita eletronicamente.
(B) as partes não podem reduzir ou prorrogar os prazos peremptórios, ainda que todas estejam de acordo.
(C) comparecendo o réu apenas para arguir a nulidade e sendo esta decretada, considerar-se-á feita a citação na data em que ele ou seu advogado for intimado da decisão.
(D) intimação é o ato pelo qual se chama a juízo o réu ou interessado a fim de se defender.
(E) anulado o ato, reputam-se de nenhum efeito todos os subsequentes, que dele dependam, e a nulidade de uma parte do ato prejudicará as outras que dela sejam independentes.

A: incorreto (art. 164, parágrafo único, do CPC); B: correto (art. 182, *caput*, primeira parte, do CPC). Nessa direção, *mutatis mutandis*: "AGRAVO REGIMENTAL. AGRAVO DE INSTRUMENTO. RECURSO ESPECIAL INTEMPESTIVO. INTERPOSIÇÃO VIA CORREIO. DATA DE PROTOCOLO DO TRIBUNAL. PRAZO RECURSAL. PRORROGAÇÃO. IMPOSSIBILIDADE. 1 - A tempestividade do recurso especial é aferida pela data de protocolo no Tribunal 'a quo', não pela data de entrega nas dependências do correio. 2 - Prazo recursal é peremptório e, portanto, impossível a prorrogação. 3 - Agravo regimental improvido" (AgRg no AgRg no Ag 496.255/RS, Rel. Ministro FERNANDO GONÇALVES, QUARTA TURMA, julgado em 05/08/2004, DJ 23/08/2004, p. 241); C: correto (art. 214, § 2º, do CPC); D: incorreto. Esse é o conceito de citação (art. 213 do CPC). O conceito legal de intimação está inserto na regra proclamada pelo art. 234 do CPC; E: incorreto (art. 248 do CPC).
Gabarito "C".

**(Cartório/RJ – 2008 – UERJ)** Os seguintes atos poderão ser realizados pelo oficial de justiça nos fins de semana:

(A) citação e penhora
(B) sequestro e arresto
(C) arrecadação e penhora
(D) citação e arrecadação
(E) busca e apreensão, e arrecadação

Art. 172, § 2º, do CPC.
Gabarito "A".

**(Cartório/SC – 2008)** Assinale a afirmativa correta:

(A) A citação pelo correio pode ser utilizada em qualquer tipo de ação.
(B) O foro de residência da mulher é competente para a ação de separação dos cônjuges.
(C) Os atos processuais serão sempre públicos.
(D) A citação será efetuada em qualquer lugar em que se encontre o réu.
(E) Se o oficial de justiça por duas vezes não encontrar o réu em seu domicílio ou residência, promoverá a citação por hora certa.

A: incorreto (art. 222 do CPC); B: correto (art. 100, I, do CPC); C: incorreto (art. 155 do CPC); D: incorreto (art. 217 do CPC); E: incorreto (art. 227 do CPC).
Gabarito "B".

**(Cartório/MA – 2008 – IESES)** Em relação aos atos processuais, assinale a alternativa ERRADA:

(A) Em casos excepcionais, a citação e a penhora poderão se realizar em domingos e feriados ou nos dias úteis fora do horário estabelecido legalmente (das 6 às 20 horas), independentemente de autorização expressa do juiz.
(B) A citação, ainda que ordenada por juiz incompetente, constitui em mora o devedor e interrompe a prescrição.
(C) A superveniência das férias suspenderá o curso dos prazos processuais.
(D) Não se admite a citação pelo correio nas ações de estado.

A: incorreto (art. 172, § 2º, do CPC); B: correto (art. 219, *caput*, do CPC); C: correto (art. 179 do CPC); D: correto (art. 222, *a*, do CPC).
Gabarito "A".

**(Cartório/ES – 2007 – FCC)** No que concerne à comunicação dos atos processuais é correto afirmar:

(A) A citação válida torna prevento o juízo, induz litispendência e faz litigiosa a coisa, mas quando ordenada por juiz incompetente não constitui em mora o devedor.
(B) Não se fará a citação, salvo para evitar o perecimento do direito, ao cônjuge do morto no dia do falecimento e nos 10 (dez) dias seguintes.
(C) A carta precatória pode ser expedida por meio eletrônico, situação em que a assinatura do juiz deverá ser eletrônica, na forma da lei.
(D) A prescrição não poderá ser pronunciada de ofício pelo juiz.
(E) Encaminhada a carta de intimação de ato processual ao endereço fornecido pela parte em sede de contestação, sem comunicação posterior de alteração, não se presume válida a intimação se não houver prova do seu recebimento pelo destinatário.

A: incorreto (art. 219, *caput*, do CPC); B: incorreto (art. 217, II, do CPC). Não se fará citação nos *sete* dias seguintes ao falecimento; C: correto (art. 202, § 3º, do CPC); D: incorreto (art. 219, §5º, do CPC); E: incorreto (art. 238, parágrafo único, do CPC).
Gabarito "C".

**(Cartório/MT – 2005 – CESPE)** Com referência a ato citatório, assinale a opção correta.

(A) A citação válida, por colocar o devedor em mora, provoca a incidência de juros legais desde sua consumação, e isto se dá, nas dívidas expressas em dinheiro, mesmo sem pedido do devedor.
(B) Um dos efeitos da citação é a interrupção da prescrição. Assim, realizada a citação, ainda que ordenada por juiz incompetente, ou mesmo quando o ato processual padeça de alguma irregularidade, há o efeito interruptivo da prescrição que retroagirá à data da propositura da ação.

(C) Considere a seguinte situação hipotética. Efetuada a citação de uma pessoa incapaz, pelo correio, para responder ação de execução de sentença, o seu representante legal compareceu a juízo e ofereceu defesa. Em seguida, o Ministério Público foi intimado e manifestou desinteresse na causa. Nessa situação, a nulidade decorrente da citação se convalidou por não ter sido alegada, devendo o processo ter regular seguimento.

(D) Não será decretada a nulidade da citação por edital, caso esta tenha conseguido a sua finalidade, mesmo quando o autor alegar falsamente que desconhecia o paradeiro do réu.

A: correto. Avulta observar que o autor deve fixar os limites objetivos da lide, especificando em que consiste o provimento pleiteado junto ao Estado-Juiz (art. 128 do CPC), ressalvadas as hipóteses em que são admitidos pedidos implícitos, a exemplo dos juros legais, dos honorários advocatícios e das prestações que se vencerem durante a lide, no caso das obrigações de trato sucessivo (Súmula 256 do STF e arts. 290 e 293 do CPC); B: incorreto. A inexistência de citação ou a invalidade de tal ato conduz à inexistência do processo, visto que inexiste processo em relação ao réu. Confira-se a doutrina de Marcus Vinícius Rios Gonçalves: "Aqui não há diferença entre falta ou vício de citação. Irrelevante se ela não se aperfeiçoou ou não se realizou de forma adequada. O que importa é que o réu não tomou conhecimento do processo e não teve a oportunidade de participar. [...] Como o vício de citação gera inexistência e não nulidade, será impróprio o ajuizamento de ação rescisória, pois nada haverá a rescindir. O correto será a ação declaratória de inexistência por falta de citação, denominada *querela nulitatis insanabilis*, que não tem prazo para ser aforada" (GONÇALVES, Marcus Vinícius Rios. *Novo Curso de Direito Processual Civil. Vol 1.* 8. edição. São Paulo: Saraiva, 2011, p. 118); C: incorreto (art. 247 do CPC). Conquanto a banca tenha aventado a hipótese de nulidade absoluta por ofensa ao disposto no art. 222, *b*, do CPC – a qual, como cediço, não se sujeita à preclusão nem se convalida acaso não arguida desde logo –, pensamos que, com lastro no princípio da instrumentalidade das formas, não há cogitar-se de nulidade do processo, ante a inexistência de prejuízo para a defesa (*pas de nullité sans grief*), até porque o ato pretensamente inquinado cumpriu a sua finalidade (arts. 244 e 250 do CPC). Nessa direção: "PROCESSUAL CIVIL – CITAÇÃO PELO CORREIO – PESSOA FÍSICA – COMPARECIMENTO ESPONTÂNEO – CIÊNCIA INEQUÍVOCA DA DEMANDA RECONHECIDA PELO ARESTO RECORRIDO – CONTESTAÇÃO – ALEGAÇÃO POSTERIOR DE NULIDADE DO ATO CITATÓRIO – INADMISSIBILIDADE. I - Afirmado pelo acórdão recorrido que houve ciência inequívoca da demanda, tanto que apresentada defesa, não obstante a irregularidade formal do ato citatório, sem que essa assertiva fosse contestada pelos réus, ora recorrentes, impróspero o recurso especial. II – O processo civil moderno orienta-se pelo princípio da instrumentalidade das formas. Reputa-se válido o ato que, mesmo realizado de forma diferente, cumpriu a sua finalidade. III - Só se conhece de recurso especial pela alínea "c" do permissivo constitucional, se o dissídio estiver comprovado nos moldes exigidos pelos artigos 541, parágrafo único, do Código de Processo Civil e 255, parágrafos 1.º e 2.º, do Regimento Interno do Superior Tribunal de Justiça. Recurso especial não conhecido" (REsp 514.304/MT, Rel. Ministro CASTRO FILHO, TERCEIRA TURMA, julgado em 02/12/2003, DJ 19/12/2003, p. 460). Derradeiramente, endossando tal ensinança: "O princípio da instrumentalidade das formas não deve ser aplicado apenas às hipóteses de nulidade relativa, mas também às absolutas. *Por exemplo, a citação não será invalidada se atingir a sua finalidade, permitindo que o réu compareça aos autos e ofereça a sua resposta.* O art. 244 faz uma ressalva, ao dizer que o juiz considerará válido o ato praticado em desconformidade com o determinado em lei, desde que esta não prescreva a nulidade. Hoje, porém, admite-se que, mesmo quando haja tal prescrição, não se declara a nulidade se o ato atingiu o fim objetivado. Por isso, se do ato não adveio nenhum prejuízo, seja para as partes, seja para o desenvolvimento do processo, não haverá razão para declarar a sua nulidade. (GONÇALVES, Marcus Vinícius Rios. *Novo Curso de Direito Processual Civil. Vol 1.* 8. edição. São Paulo: Saraiva, 2011, p. 256)" [grifos nossos]; D: incorreto. Corroborando o entendimento da banca: "PROCESSUAL PENAL. HABEAS CORPUS. LATROCÍNIO COM RESULTADO MORTE. CITAÇÃO POR EDITAL. NÃO ESGOTAMENTO DOS MEIOS PARA LOCALIZAÇÃO DO PACIENTE. NÃO OCORRÊNCIA. RÉU EM LOCAL INCERTO E NÃO SABIDO. CONSTRANGIMENTO ILEGAL NÃO CONFIGURADO. ORDEM DENEGADA. 1. A citação, em regra, deve ser feita pessoalmente, em consagração ao princípio da ampla defesa. A citação por edital, portanto, é medida de exceção. Se for realizada antes de esgotadas as diligências possíveis de localização do réu constituirá causa de nulidade do processo. 2. Não há falar em inobservância do procedimento citatório quando é sabido que o réu reside em determinada cidade, mas não há informação precisa de seu paradeiro, inviabilizando, assim, a citação pessoal. 3. Ordem denegada" (HC 96.031/MS, Rel. Ministro ARNALDO ESTEVES LIMA, QUINTA TURMA, julgado em 23/02/2010, DJe 22/03/2010). Com efeito, de par com os argumentos expendidos na assertiva anterior, não há como se pronunciar a nulidade, ainda que absoluta, se o ato atingiu a sua finalidade, salvo se dele sobreveio prejuízo ao citando. De qualquer sorte, o juízo deverá impor a multa de que trata o art. 233 do CPC à parte que requereu de má-fé a citação por edital. Gabarito "A".

**(Cartório/AM – 2005 – FGV)** Assinale a alternativa que complete corretamente a proposição a seguir: O juiz poderá, nas Comarcas onde for difícil o transporte, prorrogar quaisquer prazos, mas nunca por mais de _____.

(A) sessenta dias
(B) vinte dias
(C) quinze dias
(D) cinco dias úteis
(E) quarenta e oito horas

Art. 182, *caput*, segunda parte, do CPC. Gabarito "A".

**(Cartório/AM – 2005 – FGV)** Assinale a alternativa que não complete corretamente a proposição a seguir. Começa a correr o prazo quando _____.

(A) houver vários réus, da data de juntada aos autos do primeiro aviso de recebimento ou mandado citatório cumprido
(B) a citação ou intimação for pelo correio, da data de juntada aos autos do aviso de recebimento
(C) a citação ou intimação for por oficial de justiça, da data de juntada aos autos do mandado cumprido
(D) o ato se realizar em cumprimento de carta de ordem, precatória ou rogatória, da data de sua juntada aos autos devidamente cumprida
(E) a citação for por edital, finda a dilação assinada pelo juiz

A: incorreto (devendo ser assinalada). Ressalvada a hipótese de execução de título extrajudicial (art. 738, § 1º, do CPC), quando houver vários réus, o prazo começa a correr da data de juntada aos autos do *último* (e não do primeiro) aviso de recebimento ou mandado citatório cumprido (art. 241, III, do CPC); B: correto (art. 241, I, do CPC); C: correto (art. 241, II, do CPC); D: correto (art. 241, IV, do CPC); E: correto (art. 241, V, do CPC).

Gabarito "A".

**(Cartório/DF – 2003 – CESPE)** Com relação à preclusão, julgue os itens a seguir.

(1) O juiz não pode rever, na sentença, questão relativa às condições da ação e a pressupostos processuais já decidida no despacho saneador, daí por que se diz que ocorre, nessa hipótese, a preclusão *pro iudicato*. Às partes, entretanto, cabe interpor recurso de agravo contra o despacho saneador para rediscutir a questão no tribunal.

(2) O juiz, após proferir sentença e publicá-la, pode, de ofício ou a requerimento das partes, decretar sua nulidade se verificar que era absolutamente incompetente para julgar o feito, pois a competência absoluta pode ser arguida a qualquer tempo ou grau de jurisdição.

1. errado. Com efeito, nas hipóteses de deferimento de provas requeridas pelas partes, de concessão ou de denegação de pleitos antecipatórios ou de liminares em cautelares, bem assim de decretação ou de rejeição de nulidades relativas, a decisão proferida pelo juízo não pode mais ser revista, salvo se houver fato novo que justifique sua modificação superveniente. Nesses casos, portanto, opera-se a preclusão *pro judicato*, não podendo o magistrado rever o decisório proferido, sob pena de causar tumulto à marcha processual (art. 473 do CPC). Todavia, em se tratando de provimentos que indeferiram provas (dado que o juiz poderá determiná-las de ofício, na forma do art. 130 do CPC), ou, igualmente, de hipóteses que importem em nulidade absoluta (condições da ação, pressupostos processuais, juízo de admissibilidade recursal, prescrição, decadência, impedimento do juiz etc.), o órgão jurisdicional pode e deve rever as decisões anteriormente proferidas, por se tratar de questões de ordem pública (arts. 219, § 5º, 267, § 3º, e 301, § 4º, do CPC), de modo que, em tais circunstâncias, não há falar-se em preclusão *pro judicato*; 2. errado. A *incompetência absoluta,* enquanto objeção processual, desponta como matéria de ordem pública, sendo cognoscível de ofício, pois, pelo órgão judicante (arts. 301, II e § 4º, do CPC). Além disso, é articulada no bojo dos próprios autos e não se sujeita à preclusão, podendo ser alegada em qualquer tempo e grau de jurisdição pela parte a quem aproveita, salvo nas instâncias excepcionais (STF e STJ), de vez que, por força dos arts. 102, III, e 105, III, ambos da Carta Magna, a matéria precisa ter sido decidida nas instâncias ordinárias, sob pena de não preenchimento do pressuposto de recorribilidade atinente ao prequestionamento (arts. 113, *caput*, 267, § 3º, 301, X e § 4º, do CPC). Nada obstante, a *parte interessada deverá apelar ao órgão ad quem, a fim de ver anulado o julgado proferido, com a consequente remessa do caderno processual ao juízo competente* (art. 113, § 2º, do CPC), porquanto, com a prolação de sentença, *esgota-se o ofício jurisdicional do juízo de piso (princípio da inalterabilidade da sentença), salvo nas situações contempladas no corpo do art. 463 do CPC, bem assim nos casos tipificados nos arts. 285-A, § 1º, e 296, caput, do CPC*.

Gabarito 1E, 2E

**(Cartório/SP – VI – VUNESP)** Os atos de um processo judicial podem ser armazenados e assinados por meio eletrônico?

(A) Sim, uma vez que a lei é omissa e, assim, não veda tal conduta.
(B) Sim, nos termos da lei.
(C) Não, por falta de previsão legal, a ferir o princípio do devido processo legal.
(D) Não, até que haja autorização expressa e específica do Conselho Nacional de Justiça.

Art. 154, § 2º, do CPC.

Gabarito "B".

**(Cartório/SP – IV – VUNESP)** Considere as seguintes frases:

I. A citação por via postal não é admissível em ações de estado ou quando for ré pessoa incapaz.
II. O comparecimento espontâneo do réu não supre a falta da citação, que deve ser sempre realizada pelos meios previstos em lei.
III. A citação por Oficial de Justiça não pode em hipótese alguma ser feita em dias feriados.
IV. Na citação por edital, o prazo nele fixado pelo Juiz não se confunde com o prazo de defesa, decorrente do procedimento observável em cada caso.

Pode-se dizer que estão

(A) corretas apenas as de n.º I e IV.
(B) todas corretas.
(C) corretas apenas as de n.º II e III.
(D) corretas apenas as de n.º III e IV.

I: correto (art. 222, *a* e *b*, do CPC); II: incorreto (art. 214, § 1º, do CPC); III: incorreto (art. 172, § 2º, do CPC); IV: correto. O prazo versado no art. 232, IV, do CPC – vinte a sessenta dias – concerne ao tempo estimado para a realização da citação, findo o qual se iniciará a contagem do prazo para resposta (art. 241, V, do CPC).

Gabarito "A".

**(Cartório/SP – III – VUNESP)** Segundo o artigo 219 do Código de Processo Civil, ainda quando ordenada por juiz incompetente, a citação válida interrompe a prescrição. Indaga-se: a que termo retroage a interrupção?

(A) A interrupção da prescrição não conta com efeito retroativo.
(B) A interrupção retroagirá à data da assinatura judicial do mandado de citação.
(C) A interrupção retroagirá à data da ordem judicial de citação.
(D) A interrupção retroagirá à data da propositura da demanda.

Art. 219, § 1º, do CPC.

Gabarito "D".

**(Cartório/SP – I – VUNESP)** A citação pelo correio, para qualquer comarca do País, pode ser feita

(A) nas ações de estado.
(B) quando o autor requerer de outra forma.
(C) quando for ré uma autarquia.
(D) quando for ré pessoa jurídica de direito privado.

A, B e C: incorretos (art. 222, *a*, *f* e *c*, do CPC). Em tais hipóteses, a citação não poderá ser realizada pela via postal; D: correto, *a contrario sensu* do art. 222 do CPC.
Gabarito "D".

## 4. LITISCONSÓRCIO, ASSISTÊNCIA E INTERVENÇÃO DE TERCEIROS

**(Cartório/SP – 2012 – VUNESP)** É cabível a nomeação à autoria

(A) por quem pretender, no todo ou em parte, a coisa ou o direito sobre que controvertem autor e réu, até ser proferida a sentença.

(B) do proprietário ou do possuidor, por aquele que detiver a coisa em nome alheio, sendo-lhe demandada em nome próprio.

(C) do alienante, na ação em que terceiro reivindica a coisa, cujo domínio foi transferido à parte, a fim de que esta possa exercer o direito que da evicção lhe resulta.

(D) do devedor, na ação em que o fiador for réu.

A: incorreto. Nesse caso, afigura-se cabível a oposição (art. 56 do CPC); B: correto (art. 62 do CPC); C: incorreto. Em tal hipótese, terá cabimento a denunciação da lide (art. 70, I, do CPC); D: incorreto. Nessa situação, será adequado o chamamento ao processo (art. 77, I, do CPC).
Gabarito "B".

**(Cartório/MG – 2012 – FUMARC)** Considerando o disposto no Código de Processo Civil,

(A) a nomeação à autoria deverá ser requerida pelo réu, obrigatoriamente, na peça de contestação.

(B) aceita a nomeação à autoria, o processo passará a correr contra o terceiro nomeado e o primitivo demandado.

(C) presume-se recusada a nomeação à autoria quando o autor, regularmente intimado, deixar de se manifestar expressamente a respeito.

(D) a nomeação à autoria não é uma faculdade, mas sim um dever da parte demandada, de cuja inobservância deriva a responsabilidade por perdas e danos.

A: incorreto. A nomeação à autoria é mecanismo provocado de intervenção de terceiros, que se destina à correção do polo passivo da demanda. É cabível quando a ação é aforada em face do *detentor* da coisa móvel ou imóvel, o qual, justo por não ser o titular do direito material afirmado pelo autor, aponta o verdadeiro titular do bem (proprietário ou possuidor); cabe, ainda, quando o réu de ação indenizatória promovida pelo proprietário ou por quem detenha direitos sobre a coisa assevera obedecer ordens ou seguir instruções de terceiro. O objetivo em ambos os casos é fazer com que haja a substituição de quem figura no polo passivo da lide – posto que parte ilegítima – pelo verdadeiro legitimado, a fim de que o mesmo assuma o processo. *De qualquer sorte, é dever do réu proceder à nomeação, sob pena de responder por perdas e danos (art. 69 do CPC).* Vale observar, ainda, que a nomeação à autoria deverá ser requerida pelo réu *no prazo para contestar*, e não na contestação. Pelo exposto, pode ser articulada mediante petição simples, eis que, recusado o nomeado, o nomeante disporá de novo prazo para contestar (art. 64, primeira parte, e 67 do CPC); B: incorreto (art. 66 do CPC); C: incorreto. Em tal hipótese, presume-se aceita a nomeação (art. 68, I, do CPC); D: correto (art. 69, I, do CPC).
Gabarito "D".

**(Cartório/AM – 2005 – FGV)** Assinale a alternativa correta.

(A) Ao decidir simultaneamente a oposição e a ação, deve o juiz conhecer da ação em primeiro lugar.

(B) Na hipótese de revelia do assistido, o assistente é considerado o seu gestor de negócios.

(C) Em nenhuma hipótese poderão as partes, de comum acordo, reduzir os prazos, ainda que dilatórios.

(D) Os prazos são irrenunciáveis, ainda que em favor da própria parte.

(E) Realizada uma segunda perícia, substituirá a primeira, vinculando o juiz quanto à sua análise exclusiva.

A: incorreto (art. 61 do CPC); B: correto (art. 52, parágrafo único, do CPC); C: incorreto (art. 181, *caput*, do CPC); D: incorreto (art. 186 do CPC); E: incorreto (art. 439, parágrafo único, do CPC).
Gabarito "B".

## 5. JURISDIÇÃO E COMPETÊNCIA

**(Cartório/RN – 2012 – IESIS)** Quanto à competência no processo civil brasileiro, é correto afirmar, **EXCETO**, que:

(A) No sistema de competência do CPC, o critério material é relativo.

(B) A competência relativa não pode ser conhecida de ofício pelo magistrado.

(C) A competência é determinada no momento em que a ação é proposta.

(D) Os critérios para que se estabeleça a competência podem ser absolutos ou relativos.

A: incorreto (devendo ser assinalada). A competência em razão da matéria, da hierarquia (critério funcional) e da pessoa encerram hipóteses de competência absoluta (arts. 102 e 111, *caput*, do CPC). Já a competência apurada em face do valor da causa e do território é relativa, à exceção do foro da situação do imóvel, nas ações que tenham por objeto os direitos reais imobiliários declinados no art. 95 do CPC, hipótese em que o critério territorial é absoluto. Nesse particular, vale registrar que a competência em razão do valor da causa é relativa apenas para fins de *eleição do foro*, isto é, da comarca onde a demanda deve ser aforada (art. 111, *caput*, do CPC). Todavia, quando destacada pela respectiva lei estadual de organização judiciária como parâmetro de fixação da competência, o valor da causa se transmuta em critério para apuração da *competência de juízo*, a qual, por essência, é sempre absoluta, não podendo ser derrogada por vontade das partes. Em síntese, as partes podem – se se tratar de competência relativa – eleger o foro (comarca), mas não o juízo em que irão litigar. Nesse sentido, a boa doutrina de Marcus Vinícius Rios Gonçalves: "A competência de juízo é sempre absoluta e não está sujeita a prorrogação ou derrogação, mesmo quando apurada pelo critério territorial ou do valor da causa. O CPC admite a eleição de foro, mas não de juízo" (GONÇALVES, Marcus Vinícius Rios. *Novo Curso de Direito Processual Civil. Vol 1.* 8. edição. São Paulo: Saraiva, 2011, p. 87). À vista disso, nem toda regra de competência fixada em função do valor da causa é invariavelmente relativa. Por último, Marcos Destefenni, endossando os ensinamentos de Athos Gusmão Carneiro, faz interessante observação acerca do valor da causa, registrando que o juízo competente para conhecer das causas de maior valor – a exemplo dos juízos comuns – também o é para conhecer das de menor montante, embora a recíproca não seja verdadeira. Observe-se tal lição, aplicável mormente aos Juizados Especiais Cíveis: "Aqui se aplica o conhecido ditado de que 'quem pode o mais, pode o menos'. Ou seja, quem pode conhecer de causas de valor ilimitado pode também conhecer de *pequenas causas*. Porém, quem tem competência para julgar *pequenas causas* não pode julgar causas que não sejam consideradas pela lei, em razão do valor, *pequenas*" (DESTEFENNI, Marcos. *Curso de Processo Civil. Vol. 1. Tomo I.* 2. edição. São Paulo: Saraiva, 2009, p. 60). [grifos no original]; B: correto. É defeso ao juiz reconhecer *ex officio* a incompetência relativa (Súmula 33 do STJ); C: correto. A *perpetuatio jurisdictionis* – estabilização da competência – ocorre com o aforamento da demanda, na forma do art. 87 do CPC, e não com a citação do réu. Em função desse princípio, a competência é determinada no momento em que a ação é ajuizada, de forma que as modificações do estado de fato ou de direito ocorridas após o aforamento da demanda não têm o condão de modificar a competência, salvo quando suprimirem o órgão judiciário *ou alterarem a competência em razão da matéria ou da hierarquia* (art. 87 do CPC); D: correto, nos termos dos comentários tecidos na primeira alternativa.

Gabarito "A".

**(Cartório/MG – 2012 – FUMARC)** Considerando o disposto no Código de Processo Civil,

(A) a conexão e a continência são, no sistema do Código, critérios de modificação da competência.
(B) declarada a incompetência absoluta, os autos serão remetidos ao juiz competente, que anulará todos os atos processuais praticados.
(C) a pessoa jurídica de direito privado, para a ação em que for ré, somente pode ser demandada no domicílio do estabelecimento em que se praticou o ato.
(D) segundo o critério do Código, se o conhecimento da lide civil depender necessariamente da verificação da existência do fato delituoso, o juiz mandará sobrestar o andamento do processo até que se pronuncie em definitivo a justiça criminal.

A: correto (art. 102 do CPC); B: incorreto. Somente os atos decisórios serão nulos (art. 113, § 2º, do CPC); C: incorreto (art. 100, IV, *a*, do CPC); D: incorreto (art. 110, parágrafo único, do CPC).

Gabarito "A".

**(Cartório/SE – 2006 – CESPE)** A respeito da competência do juízo cível, julgue os itens que se seguem.

(1) A competência estabelecida segundo o critério funcional tem natureza absoluta. Esse critério é estabelecido sempre que o legislador impõe alteração de competência no mesmo processo, em razão das funções exercidas pelo juiz em fases distintas, ou vincula um processo a outro pelo mesmo motivo.
(2) A competência do juízo é pressuposto de desenvolvimento válido e regular do processo. Assim, constitui dever legal do juiz o reconhecimento, de ofício, em qualquer fase processual, da incompetência relativa ou da absoluta e a determinação de se remeterem os autos ao juízo competente.

1: certo. O critério que justifica a distribuição por dependência, por exemplo, é o *funcional*. Segundo tal proposição, a descoberta do juízo competente não demanda maiores esforços mentais, bastando que se observe quem foi o órgão jurisdicional que primeiro atuou no feito, posto que ele será automaticamente prevento para os demais processos interligados por algum nexo funcional com o inicial (reconvenção, ação declaratória incidental, cautelar, embargos à execução, aquele ligados por conexão ou continência etc.), ainda quando o originário haja sido extinto sem resolução do mérito (art.

253, II, do CPC). Com efeito, a referida regra visa a evitar o direcionamento de processos, conduta esta que seria permitida acaso a parte autora, ao se deparar com um julgador avesso à tese invocada, pudesse desistir da ação e intentá-la novamente, no afã de lograr um magistrado simpático aos seus desígnios. Ao obstacularizar a burla, a norma garante a observância do princípio constitucional do juiz natural. Ratificando tal posicionamento, confira-se o magistério de Dinamarco: "A prevenção do juiz em relação ao processo pendente (distribuição) expande-se, em virtude das regras de competência funcional, a outros processos a serem instaurados depois e relativos ao mesmo contexto litigioso. Tal expansão é reflexo da coordenação funcional entre dois ou mais processos, que constitui razão suficiente para exigir que o mesmo juiz se encarregue do processo e julgamento das demandas interligadas (processo de conhecimento e processo executivo; processo principal e processo cautelar etc.). As regras de competência funcional determinam que, automaticamente e sem perquirições de qualquer natureza, o juiz prevento em um desses processos se repute tal também para os outros processos, que ao primeiro estejam ligados por um desses vínculos funcionais" (DINAMARCO, Cândido Rangel. *Instituições de Direito Processual Civil. Vol. I.* São Paulo: Malheiros, 2005, p. 629). O mesmo raciocínio se estende, *v.g.*, à competência para o cumprimento do acórdão ou decisão. Logo, nas causas de sua competência originária (art. 475-P, II, do CPC), o tribunal que atuou na etapa cognitiva será competente para processar a ação executiva, por se tratar de competência absoluta funcional (art. 475-P, I, do CPC). Registre-se, todavia, que, a partir da entrada em vigor da Lei 11.232/2005, a regra de competência elencada pelo art. 475-P, II, do CPC, deixou de ser *funcional (absoluta)* para se transformar em *territorial (relativa)*. Tal metamorfose se deve à previsão contida no parágrafo único do mesmo dispositivo, eis que o cumprimento de sentença poderá ser ajuizado, concorrentemente, perante o próprio juízo prolator da sentença, no foro do domicílio do devedor, ou, finalmente, no foro onde se situam os bens expropriáveis do devedor (art. 475-P, parágrafo único, do CPC). Ao abono desse entendimento: "Trata-se de competência funcional, portanto absoluta (RJTJSP 112/432, 98/37/ RTFR 164/65). Não se pode processar o pedido de *cumprimento do acórdão* em outro juízo que não o tribunal que o proferiu. Como já frisamos, a regra de competência absoluta prevista na norma comentada só é válida nos casos de competência originária do tribunal. Caso o tribunal julgue o mérito de recurso a ele dirigido, esse acórdão substituirá a decisão recorrida (efeito substitutivo do recurso – CPC 512) e é ele que passará a valer e ter eficácia, inclusive executiva. Mas deve ser executado no primeiro grau de jurisdição porque, embora acórdão de tribunal, não proveio da competência originária do mesmo tribunal" (NERY JR. Nelson; NERY, Rosa Maria de Andrade. *Código de processo civil comentado e legislação extravagante*. 10. edição. São Paulo: Revista dos Tribunais, 2007, p. 759). Por último, ainda tratando da competência funcional, se a causa fundar-se em direito real imobiliário não discriminado expressamente pela redação do art. 95 do CPC (a exemplo do direito real de hipoteca), a competência será territorial, e, por isso, relativa, razão pela qual é derrogável por vontade das partes e admite, por conseguinte, a cláusula contratual de eleição de foro (art. 111, *caput*, do CPC). Todavia, se o litígio versar sobre direito discriminado de modo inequívoco pelo referido repositório legal, tal qual a propriedade, vizinhança, servidão, posse, divisão e demarcação de terras e nunciação de obra nova, a competência será territorial funcional, e, portanto, absoluta. Nesse sentido: "RECURSO ESPECIAL - PROCESSO CIVIL - NEGATIVA DE PRESTAÇÃO JURISDICIONAL - NÃO OCORRÊNCIA - EXCEÇÃO DE INCOMPETÊNCIA - AÇÃO DE EXTINÇÃO DE HIPOTECA (AÇÃO QUE NÃO SE ENCONTRA FUNDADA EM DIREITO REAL, ATINGINDO-O APENAS INDIRETAMENTE) - HIPÓTESE NÃO INSERIDA NO ROL CONSTANTE DA SEGUNDA PARTE DO ARTIGO 95 DO CÓDIGO DE PROCESSO CIVIL, QUE VEICULA CRITÉRIO DE COMPETÊNCIA TERRITORIAL FUNCIONAL - COMPETÊNCIA TERRITORIAL - CRITÉRIO DE COMPETÊNCIA RELATIVA -

DERROGAÇÃO DAS PARTES - POSSIBILIDADE - CLÁUSULA DE ELEIÇÃO DE FORO INSERIDA EM CONTRATO DE ADESÃO - VALIDADE, DESDE QUE AUSENTES A HIPOSSUFICIÊNCIA DA PARTE ADERENTE E A INVIABILIZAÇÃO DO ACESSO AO PODER JUDICIÁRIO - PARTES COM CAPACIDADE TÉCNICA, JURÍDICA E FINANCEIRA - VERIFICAÇÃO - RECURSO ESPECIAL IMPROVIDO. I - Nos termos do artigo 95 do Código de Processo Civil, é possível identificar que o critério de competência adotado para as ações fundadas em direito real é territorial, porém, com características híbridas, porquanto, ora com viés relativo (em regra), ora com viés absoluto (nas hipóteses expressamente delineadas). II - O mencionado dispositivo legal deixa assente que as ações reais imobiliárias têm como foro competente a comarca em que se encontra situado o bem imóvel. Trata-se, é certo, de fixação de competência territorial, e, por isso, em regra, relativa, admitindo-se a derrogação do foro pelas partes, ou mesmo sua prorrogação, nos termos dos artigos 111 e 114 do Código de Processo Civil, respectivamente. *Entretanto, nos termos legais, caso o litígio recaia sobre direito de propriedade, vizinhança, servidão, posse, divisão e demarcação de terras e nunciação de obra nova, a ação correspondente deverá necessariamente ser proposta na comarca em que situado o bem imóvel, já que, de acordo com norma cogente, a competência é, nesses casos, territorial funcional e, portanto, absoluta.* III - Por consectário, a ação, ainda que se refira a um direito real sobre imóvel, excluídos aqueles que expressamente ensejam a competência absoluta do foro em que situada a coisa, poderá ser ajuizada pelo autor no foro do domicílio (alternativa, 'in casu', não adotada pela parte autora) ou, se houver, no foro eleito pelas partes, justamente por se estar diante do critério territorial, de nuance relativa; IV - *Para que a ação seja necessariamente ajuizada na comarca em que situado o bem imóvel, esta deve ser fundada em direito real (naqueles expressamente delineados pelo artigo 95 do Código de Processo Civil), não sendo suficiente, para tanto, a mera repercussão indireta sobre tais direitos.* V - A cláusula que estipula a eleição de foro em contrato de adesão é, em princípio, válida, desde que verificadas a necessária liberdade para contratar (ausência de hipossuficiência) e a não inviabilização do acesso ao Poder Judiciário. As pessoas jurídicas litigantes são suficientemente capazes, sob o enfoque financeiro, jurídico e técnico, para demandarem em qualquer comarca que, voluntariamente, assim contratem; VI - Recurso Especial improvido" (REsp 1048937/PB, Rel. Ministro MASSAMI UYEDA, TERCEIRA TURMA, julgado em 22/02/2011, DJe 03/03/2011). [grifos nossos]; 2: errado. A *incompetência relativa* (ou *territorial*) deve ser atacada através de exceção, ou seja, por meio de petição distinta, que será processada em apenso aos autos principais (arts. 112, *caput*, 299 e 304 do CPC). Vale ressaltar, por outro lado, que a *incompetência absoluta* será arguida por meio de preliminar em contestação, e não através de exceção (Art. 301, II, do CPC), podendo ser alegada em qualquer tempo e grau de jurisdição pela parte a quem aproveite, salvo nas instâncias excepcionais (STF e STJ), de vez que, por força dos arts. 102, III, e 105, III, ambos da Carta Magna, a matéria precisa ter sido decidida nas instâncias ordinárias, sob pena de não preenchimento do pressuposto de recorribilidade atinente ao prequestionamento (arts. 113, *caput*, 267, § 3º, 301, X e § 4º, do CPC). Por outro lado, a incompetência relativa não acarreta a invalidade do processo. Se não invocada oportunamente pelo réu através da exceção de que trata o art. 307 do CPC, a competência se prorroga (art. 114 do CPC), sanando-se o vício que outrora existia. Não se pode olvidar, igualmente, que é defeso ao juiz reconhecer *ex officio* a incompetência relativa (Súmula 33 do STJ). Somente a *competência absoluta* é pressuposto processual; de qualquer forma, cuida-se de pressuposto processual *positivo* (que necessariamente deve existir), sob pena de nulidade absoluta do processo, porquanto não se prorroga nem pode ser derrogada por convenção das partes. Desrespeitadas as normas de competência absoluta, mostra-se cabível a ação rescisória fundada no art. 485, II, do CPC.
Gabarito 1C, 2E

**(Cartório/DF – 2006 – CESPE)** No que se refere à competência, julgue os itens que se seguem.

**(1)** A reunião de duas ações conexas, uma possessória e outra petitória, leva a prevalecer o princípio da perpetuação da jurisdição; dado ter sido modificada em razão da conexão, a competência transmuda-se de relativa para absoluta. Entretanto, uma vez extinta a ação que deu causa à conexidade, não mais subsistirá a *vis attractiva* que motivou o deslocamento da competência. Consequentemente, deverá ser determinado o retorno dos autos ao juízo onde a ação foi originalmente proposta.

**(2)** Considere a seguinte situação hipotética.
Uma ação de indenização por danos materiais decorrente de acidente de trânsito foi proposta perante juízo de comarca diversa e distinta do local do fato e da residência do autor e do réu. Depois de receber a petição inicial, o juiz verificou que as testemunhas arroladas pelo autor residiam no local onde ocorrera o sinistro.
Nessa situação, é facultado ao juiz, de ofício, reconhecer sua incompetência e remeter o processo para o juízo do local do fato, fundamentando a sua decisão nos princípios da razoabilidade e da busca da verdade real.

1: errado. A prevenção expansiva, fruto da conexidade existente entre as demandas que aludem ao mesmo bem, tem natureza absoluta, eis que fundada em razões de ordem pública. Todavia, uma vez extinta a demanda que prorrogou (ampliou) a competência do juízo prevento, não há cogitar-se de dispersão das demais que lhe são conexas, pena de afronta à *perpetuatio jurisdictionis, ex vi* do art. 87 do CPC. É de se notar que, não se tratando de alteração dos critérios de competência estabelecidos em função da matéria ou da hierarquia, ou, ainda, de supressão do órgão jurisdicional, inexistem razões para o novo deslocamento da competência. De igual teor é o magistério de Dinamarco: "Na hipótese de ter fim um dos processos aos quais o juízo estivesse vinculado pela prevenção – e mesmo que seja o primeiro deles, aquele do qual a prevenção se expandiu aos demais – ainda assim o juízo permanece competente para todos os que não tiverem sido extintos, desde que já pendentes e reunidos quando daquela extinção. A regra da perpetuação da competência, *ex* art. 87 do Código de Processo Civil, tem amplitude suficiente para impedir que, cessado o vínculo que unia os processos, os remanescentes se dispersem. Cessa a competência do juiz prevento quando ocorre algum dos motivos abrangidos pelas ressalvas do art. 87 do Código de Processo Civil à perpetuação da competência [...]" (DINAMARCO, Cândido Rangel. *Instituições de Direito Processual Civil. Vol. I.* São Paulo: Malheiros, 2001, p. 624); 2: errado. É defeso ao juiz reconhecer *ex officio* a incompetência relativa (Súmula 33 do STJ).
Gabarito 1E, 2E

**(Cartório/DF – 2003 – CESPE)** Em relação à competência, julgue os itens subsequentes.

**(1)** Se, após a prolação de sentença e antes do julgamento da apelação, a Caixa Econômica Federal pleitear sua admissão como assistente em embargos à execução, por ser cessionária de direitos, desloca-se a competência para a justiça federal, a quem cabe apreciar o pedido de assistência e julgar o recurso, caso seja admitida a assistência.

(2) A competência para julgar qualquer ação proposta contra a União em comarca que não seja sede de justiça federal é do juiz de direito daquele foro, com recurso para o Tribunal Regional Federal com jurisdição naquela região.

(3) A competência para processar e julgar pedido de retificação de atestado de óbito visando à inclusão do nome da companheira para fins de recebimento de pensão previdenciária é da justiça federal, patente o interesse do INSS no feito.

1: correto (art. 109, I, da CF). De par com tal afirmação, veja-se: "Competência. Conflito. Cessão de contrato. Cessionária: Caixa Econômica Federal. Intervenção. Fase Recursal. Assistência. Justiça Estadual X Justiça Federal. - A cessão de direitos e ações pelo Banco Meridional do Brasil à Caixa Econômica Federal, com a consequente intervenção desta, na qualidade de assistente, em embargos à execução, após a prolação da sentença, mas antes do julgamento da apelação, desloca a competência para a Justiça Federal. - A Justiça Federal é competente para apreciar o pedido de assistência formulado pela entidade federal e, caso admita a intervenção, poderá julgar o mérito do recurso. - Do contrário, inadmitida a Caixa Econômica como assistente, será competente, para o julgamento daquele recurso, a Justiça Estadual" (CC 35.929/RS, Rel. Ministra NANCY ANDRIGHI, SEGUNDA SEÇÃO, julgado em 23/10/2002, DJ 06/10/2003, p. 200); **2: errado. A** competência para julgar qualquer ação proposta contra a União em comarca que não seja sede de justiça federal será do juiz de direito daquele foro, com recurso para o Tribunal Regional Federal com jurisdição naquela região, *se a lei ordinária assim permitir* (art. 109, § 3º, da CF). Ao menos, essa foi a tônica do julgamento proclamado pela Corte Suprema no bojo do RE 228.955, o qual culminou, inclusive, no cancelamento da Súmula 183 do STJ. Confira-se a ementa do sobredito julgado: "AÇÃO CIVIL PÚBLICA PROMOVIDA PELO MINISTÉRIO PÚBLICO FEDERAL. COMPETÊNCIA DA JUSTIÇA FEDERAL. ART. 109, I E § 3º, DA CONSTITUIÇÃO. ART. 2º DA LEI Nº 7.347/1985. O dispositivo contido na parte final do § 3º do art. 109 da Constituição é dirigido ao legislador ordinário, autorizando-o a atribuir competência (*rectius* jurisdição) ao Juízo Estadual do foro do domicílio da outra parte ou do lugar do ato ou fato que deu origem à demanda, desde que não seja sede de Varas da Justiça Federal, para causas específicas dentre as previstas no inciso I do referido artigo 109. No caso em tela, a permissão não foi utilizada pelo legislador que, ao revés, se limitou, no art. 2º da Lei nº 7.347/1985, a estabelecer que as ações nele previstas 'serão propostas no foro do local onde ocorrer o dano, cujo juízo terá competência funcional para processar e julgar a causa'. Considerando que o Juiz Federal também tem competência territorial e funcional sobre o local de qualquer dano, impõe-se a conclusão de que o afastamento da jurisdição federal, no caso, somente poderia dar-se por meio de referência expressa à Justiça Estadual, como a que fez o constituinte na primeira parte do mencionado § 3º em relação às causas de natureza previdenciária, o que no caso não ocorreu. Recurso conhecido e provido" (RE 228.955, Relator(a): Min. ILMAR GALVÃO, Tribunal Pleno, julgado em 10/02/2000, DJ 24-03-2001); **3: errado.** A propósito, confira-se o seguinte precedente do STJ: "**CONFLITO DE COMPETÊNCIA. RETIFICAÇÃO DE REGISTRO DE ÓBITO. 1. Seguindo orientação firmada nesta 2ª Seção, compete à Justiça Comum do Estado processar e julgar pedido de retificação de registro de óbito, ainda que - circunstância não configurada no presente caso - o requerimento tenha fins previdenciários. 2. Conflito de competência conhecido para reconhecer a competência do Juízo de Direito" (CC 19.492/BA, Rel. Ministro CARLOS ALBERTO MENEZES DIREITO, SEGUNDA SEÇÃO, julgado em 14/10/1998, DJ 07/12/1998, p. 38).**

**(Cartório/DF – 2001 – CESPE)** Julgue os itens a seguir.

(1) De regra, a competência, entendida como a jurisdição para o caso específico, é atributo do órgão judicial, e não de seu agente.

(2) Ordenada a citação do réu por juiz absolutamente incompetente, o ajuizamento posterior de nova ação, idêntica à primeira, não poderá ter seu prosseguimento obstado em razão da litispendência.

(3) Em caso de impedimento do juiz, reconhecido de ofício ou alegado pela parte, a causa será remetida a outro órgão de igual competência, aproveitando-se os atos praticados pelo juiz impedido, desde que não tenham conteúdo decisório.

(4) Proposta ação declaratória para reconhecimento e dissolução de sociedade de fato *post mortem*, movida pela mulher contra os herdeiros de seu falecido companheiro, ex-funcionário do Senado Federal, deverá a ação correr na justiça federal devido aos reflexos patrimoniais a serem suportados pela União em caso de procedência da ação, já que a autora passará a ser beneficiária de pensão previdenciária vitalícia, paga pelos cofres federais.

(5) Proposta ação em uma das varas cíveis do DF contra o estado de São Paulo, pode o demandado arguir, em preliminar de contestação, a incompetência absoluta do juízo *ratione personae*, requerendo a remessa dos autos a uma das varas da fazenda pública do DF, foro privativo da fazenda pública.

1: correto. Reputa-se competente o juízo – o órgão jurisdicional – e não o juiz, isto é, o agente político investido de jurisdição; 2: correto. Nesse sentido: "MANDADO DE SEGURANÇA. CARREIRAS DA ADVOCACIA-GERAL DA UNIÃO. PRELIMINARES DE LITISPENDÊNCIA, ILEGITIMIDADE PASSIVA E DECADÊNCIA AFASTADAS. PRAZO DE CONCLUSÃO DO ESTÁGIO PROBATÓRIO. TRÊS ANOS. ORDEM DENEGADA. 1 – 'A impetração de segurança de forma equivocada perante Juízo incompetente *ratione numeris* não induz litispendência, sendo inafastável a jurisdição do Juízo competente' (REsp nº 147.502/ES, Relator o Ministro Vicente Leal, DJU de 20/9/1999) [...]" (MS 14.274/DF, Rel. Ministro HAROLDO RODRIGUES (DESEMBARGADOR CONVOCADO DO TJ/CE), TERCEIRA SEÇÃO, julgado em 09/02/2011, DJe 11/10/2011) (art. 219, *caput*, do CPC); 3: errado, visto que é defeso ao juiz impedido exercer as suas funções em qualquer processo (art. 134, *caput*, do CPC); 4: errado. Compete à Justiça Comum Estadual dirimir conflitos pertinentes ao direito de família, dentre eles o reconhecimento de união estável, ainda quando haja reflexo previdenciário. Nessa direção: "CONFLITO NEGATIVO DE COMPETÊNCIA. PREVIDENCIÁRIO E CIVIL. JUÍZO FEDERAL E JUÍZO DE DIREITO DA VARA DE FAMÍLIA. RECONHECIMENTO DE UNIÃO ESTÁVEL, PARA FINS DE OBTENÇÃO DE PENSÃO POR MORTE. COMPETÊNCIA DA JUSTIÇA COMUM ESTADUAL. 1. De acordo com a Súmula 53 do extinto TFR, 'compete à Justiça Estadual processar e julgar questões pertinentes ao Direito de Família, ainda que estas objetivem reivindicação de benefícios previdenciários'. 2. Conflito conhecido para declarar a competência do Juízo de Direito da Vara de Família e Sucessões de Varginha - MG, ora suscitante" (CC 104.529/MG, Rel. Ministra MARIA THEREZA DE ASSIS MOURA, TERCEIRA SEÇÃO, julgado em 26/08/2009, DJe 08/10/2009). Na mesma direção: "PROCESSUAL CIVIL E ADMINISTRATIVO. AÇÃO DE RECONHECIMENTO DE UNIÃO ESTÁVEL. PERCEPÇÃO DE PENSÃO POR MORTE A SER PAGA POR ÓRGÃO FEDERAL. COMPETÊNCIA DA JUSTIÇA ESTADUAL. 1. Se a finalidade da ação é o reconhecimento de união estável após a morte do servidor público e o cadastramento da autora em órgão federal, para fins de percepção da correspondente pensão por morte, a competência para apreciar o pedido é da Justiça estadual. Precedentes. 2. Recurso especial provido" (REsp 1015769/PB, Rel. Ministro JORGE MUSSI, QUINTA TURMA, julgado em 16/06/2009, DJe 03/08/2009); 5: errado. O Estado não goza de foro privilegiado, de modo que sua figuração num dos polos da lide não altera as regras gerais estabelecidas pelo CPC quanto à apuração da competência de foro. Assim sendo, nas demandas que versem sobre direitos reais imobiliários, o foro competente será o da situação da coisa (*forum rei sitae*). De igual sorte, nas ações fundadas em direito pessoal ou em direitos reais sobre bens móveis em que o Estado é autor, segue-se a regra geral do foro do domicílio do réu, a teor do que dispõe o art. 94, *caput*, do CPC. Todavia, se o Estado for réu, deverá ser demandado em seu próprio domicílio, qual seja o foro de sua capital (art. 99 do CC), nos juízos privativos da fazenda pública, onde houver. Desse modo, o Estado de São Paulo deverá opor exceção de incompetência, perfilhando a aplicação da regra geral esculpida no art. 94, *caput*, do CPC, a fim de que os autos sejam remetidos a uma das Varas da Fazenda Pública Estadual da Comarca de São Paulo, pena de prorrogação da competência (art. 114 do CPC).

Gabarito 1C, 2C, 3E, 4E, 5E

**(Cartório/SP – I – VUNESP)** Assinale a alternativa correta.

**(A)** Dá-se a conexão entre duas ou mais ações sempre que há identidade quanto às partes e à causa de pedir, mas o objeto de uma, por ser mais amplo, abrange o das outras.
**(B)** Reputam-se conexas duas ou mais ações, quando lhes forem comuns o objeto e o interesse de agir.
**(C)** Dá-se a continência entre duas ou mais ações sempre que há identidade quanto às partes e à causa de pedir, mas o objeto de uma, por ser mais amplo, abrange o das outras.
**(D)** Dá-se continência entre duas ou mais ações quando lhes forem comuns o objeto e a causa de pedir.

A: incorreto (art. 104 do CPC). Nesse caso, dá-se a continência; B: incorreto (art. 103 do CPC); C: correto (art. 104 do CPC); D: incorreto. Nessa hipótese, verifica-se a conexão (art. 103 do CPC).
Gabarito "C".

## 6. PRESSUPOSTOS PROCESSUAIS E CONDIÇÕES DA AÇÃO

**(Cartório/RJ – 2008 – UERJ)** A ausência de pressupostos processuais de constituição e desenvolvimento do processo, bem como das condições da ação:

**(A)** pode ser examinada após a sentença
**(B)** só pode ser examinada no despacho inicial
**(C)** depende exclusivamente da iniciativa da parte
**(D)** só pode ser examinada no despacho saneador
**(E)** pode ser reconhecida de ofício pelo Juiz ou a requerimento de qualquer das partes até que seja proferida sentença

As condições da ação e os pressupostos processuais, posto que objeções processuais, despontam como matérias de ordem pública, sendo cognoscíveis de ofício, pois, pelo órgão judicante. Além disso, são articuladas no bojo dos próprios autos e não se sujeitam à preclusão, podendo ser alegadas em qualquer tempo e grau de jurisdição pela parte a quem aproveita, salvo nas instâncias excepcionais (STF e STJ), de vez que, por força dos arts. 102, III, e 105, III, ambos da Carta Magna, a matéria precisa ter sido decidida nas instâncias ordinárias, sob pena de não preenchimento do pressuposto de recorribilidade atinente ao prequestionamento (arts. 267, § 3º, 301, X e § 4º, do CPC);
Gabarito "E".

**(Cartório/SP – VI – VUNESP)** O interesse de agir é uma das condições da ação. Ele se subdivide no binômio:

**(A)** necessidade do provimento jurisdicional objetivado e adequação da via processual eleita.
**(B)** necessidade do provimento jurisdicional objetivado e valor econômico relevante.
**(C)** interesse de conteúdo econômico evidenciado e recolhimento das custas devidas.
**(D)** pretensão resistida e diferimento de custas.

O *interesse processual* ou *interesse de agir*, ao lado da *legitimidade para a causa* e da *possibilidade jurídica do pedido*, constituem as três *condições da ação*, que, em apertada síntese, são requisitos cujo preenchimento se revela imprescindível para que o órgão jurisdicional possa enfrentar o mérito da lide, isto é, possa acolher ou rejeitar o pedido formulado pela parte. Subdivide-se no binômio interesse-necessidade (quando o ajuizamento da demanda se revela indispensável à obtenção do bem jurídico material almejado) e interesse-adequação (consubstanciado pela eleição de meio processual compatível com a pretensão deduzida, a fim de que produza resultado útil).
Gabarito "A".

## 7. FORMAÇÃO, SUSPENSÃO E EXTINÇÃO DO PROCESSO. NULIDADES

**(Cartório/MG – 2012 – FUMARC)** Considerando o disposto no Código de Processo Civil,

**(A)** extingue-se o processo, com resolução do mérito, quando a ação for considerada intransmissível por disposição legal.
**(B)** admite-se que, em convenção, as partes possam, de comum acordo, alterar o pedido ou a causa de pedir, mesmo depois da citação.
**(C)** a extinção do processo, sem exame do mérito, decretada por reconhecimento de litispendência, coisa julgada ou perempção, não impede a renovação da ação.
**(D)** se o autor der causa, por três vezes, à extinção do processo, por abandono, não poderá intentar nova ação contra o réu com o mesmo objeto, ficando ainda impossibilitado de alegar em defesa o seu direito.

A: incorreto (art. 267, IX, do CPC); B: correto (art. 264, *caput*, do CPC); C: incorreto (art. 268, *caput*, do CPC); D: incorreto (art. 268, parágrafo único, do CPC).
Gabarito "B".

**(Cartório/MS – 2009 – VUNESP)** Analise as afirmações referentes ao processo:

I. A alteração do pedido ou da causa de pedir será permitida após o saneamento do processo.
II. Suspende-se o processo pela convenção das partes.
III. Durante a suspensão não é defeso praticar qualquer ato processual; todavia, poderá o juiz determinar a realização de atos urgentes, a fim de evitar dano irreparável.

IV. Extingue-se o processo, sem resolução do mérito, quando o juiz acolher a alegação de perempção, litispendência ou coisa julgada.
V. Haverá resolução do mérito quando o autor renunciar ao direito sobre que se funda a ação.

É verdadeiro o contido apenas nas assertivas

(A) I, II e III.
(B) II, III e V.
(C) I, III e IV.
(D) II, IV e V.
(E) I, IV e V.

I: incorreto (art. 264, parágrafo único, do CPC); II: correto (art. 265, II, do CPC); III: incorreto (art. 266 do CPC); IV: correto (art. 267, V, do CPC); V: correto (art. 269, V, do CPC).
Gabarito "D".

**(Cartório/SP – IV – VUNESP)** Podem ser conhecidas de ofício pelo Juiz, para efeito de extinção do processo sem apreciação do mérito, as seguintes matérias:

(A) compromisso arbitral, decadência e coisa julgada.
(B) compromisso arbitral, pressupostos processuais e litispendência.
(C) prescrição, condições da ação e pressupostos processuais.
(D) coisa julgada, perempção e condições da ação.

A e B: incorretos, eis que o compromisso arbitral não pode ser conhecido de ofício pelo órgão judicante, por força da vedação contida no art. 301, § 4o, do CPC; C e D: corretos. A questão sob comento possui duas alternativas corretas, visto que todas as matérias elencadas em tais assertivas podem ser reconhecidas de ofício pelo juízo, na forma dos arts. 219, § 5o, 267, IV e V e VI, todos do CPC.
Gabarito "D".

**(Cartório/SP – III – VUNESP)** Qual é a consequência processual da renúncia ao direito sobre o qual se funda a ação?

(A) Extinção do processo, sem impedir a renovação da lide.
(B) Extinção do processo sem julgamento de mérito.
(C) É a mesma que resulta da desistência do processo.
(D) Extinção do processo com julgamento de mérito.

Art. 269, V, do CPC.
Gabarito "D".

**(Cartório/SP – II – VUNESP)** A nulidade dos atos do processo deve ser alegada na primeira oportunidade em que couber à parte falar nos autos, sob pena de preclusão, exceto se

I. relativa a pressupostos de constituição e desenvolvimento válido e regular do processo;
II. relativa a ato do processo que puder ser repetido;
III. relativa a qualquer das condições da ação;
IV. relativa a erro de forma do processo.

Pode-se dizer que estão corretos somente os itens

(A) I e IV.
(B) II e IV.
(C) I, III e IV.
(D) I e III.

I e III: corretos (art. 267, § 3º, do CPC). As condições da ação e os pressupostos processuais, posto que objeções processuais, despontam como matéria de ordem pública, sendo cognoscíveis de ofício, pois, pelo órgão judicante. Além disso, são articuladas no bojo dos próprios autos e não se sujeitam à preclusão, podendo ser alegadas em qualquer tempo e grau de jurisdição pela parte a quem aproveita, salvo nas instâncias excepcionais (STF e STJ), de vez que, por força dos arts. 102, III, e 105, III, ambos da Carta Magna, a matéria precisa ter sido decidida nas instâncias ordinárias, sob pena de não preenchimento do pressuposto de recorribilidade atinente ao prequestionamento (arts. 267, § 3º, 301, X e § 4º, do CPC); II e IV: incorretos (art. 245, *caput*, do CPC). Justo por consubstanciarem hipóteses de nulidade relativa, debelam-se à preclusão, acaso a parte não as invoque na primeira oportunidade em que lhe couber falar nos autos. É de se notar que vige no ordenamento brasileiro o *princípio da instrumentalidade das formas*, de modo que a nulidade não será pronunciada quando o ato processual, ainda que em descompasso com a forma cominada, cumpra a finalidade que lhe seja essencial e dele não resulte prejuízo à parte atingida (arts. 244 e 250 do CPC).
Gabarito "D".

**(Cartório/SP – II – VUNESP)** Feita a citação, é permitido ao autor modificar o pedido ou a causa de pedir desde que

(A) seja repetida a citação, independente da fase em que se encontrar o processo.
(B) sejam substituídas as partes.
(C) o réu concorde com a alteração e não tenha ocorrido o saneamento do processo.
(D) a audiência de instrução e julgamento, embora iniciada, ainda não se tenha encerrado.

Art. 264 do CPC.
Gabarito "C".

## 8. TUTELA ANTECIPADA E LIMINAR EM CAUTELAR

**(Cartório/SC – 2012)** Sobre a antecipação da tutela é **INCORRETO** afirmar:

(A) O processo prosseguirá até final julgamento, mesmo que não concedida a tutela antecipada.
(B) A antecipação de tutela não poderá ser concedida se apenas um dos pedidos cumulados ou parcela deles forem incontroversos.
(C) Ainda que requerida a título de tutela antecipada, o juiz pode deferir providência de natureza cautelar incidental no processo ajuizado se presentes os pressupostos.
(D) É possível a concessão de tutela antecipatória se caracterizado o abuso de direito de defesa ou o manifesto propósito protelatório do réu.
(E) A liminar concessiva da antecipação de tutela é desde logo passível de efetivação prática.

A: correto (art. 273, § 5º, do CPC); B: incorreto, devendo ser assinalada (art. 273, § 6º, do CPC); C: correto (art. 273, § 7º, do CPC); D: correto (art. 273, II, do CPC); E: correto (art. 273, § 3º, do CPC).
Gabarito "B".

**(Cartório/DF – 2008 – CESPE)** A respeito da tutela antecipada, julgue os itens subsequentes.

(1) Segundo jurisprudência do STF, é vedada a concessão de tutela antecipada contra a fazenda pública em questões previdenciárias.

(2) A reversibilidade do provimento é um dos requisitos para a concessão da tutela antecipada.
(3) Após preclusa a decisão que confere a tutela antecipada, esta só poderá ser revogada ou alterada na sentença.

1: errado (Súmula 729 do STF: A DECISÃO NA AÇÃO DIRETA DE CONSTITUCIONALIDADE NÃO SE APLICA À ANTECIPAÇÃO DE TUTELA EM CAUSA DE NATUREZA PREVIDENCIÁRIA). A propósito, confira-se: "Reclamação: descabimento: antecipação de tutela que, quanto à questão de fundo - integralidade de pensão de servidor público - está de acordo com a jurisprudência reiterada do Supremo Tribunal, além de se tratar de questão previdenciária, que não é alcançada pelas vedações da L. 9.494/1997 objeto da ADC 4-MC. Precedentes" (Rcl 3935 AgR, Relator(a): Min. SEPÚLVEDA PERTENCE, Tribunal Pleno, julgado em 03/05/2006, DJ 10-08-2006 PP-00020 EMENT VOL-02241-02 PP-00369); 2: certo (art. 273, § 2º, do CPC), registrando-se que a irreversibilidade que se afigura como óbice intransponível à outorga da medida é aquela que se erige no plano *fático*, a exemplo da demolição de um prédio histórico (ainda que se construa outro, este não será igual ao original). Todavia, a irreversibilidade que se impõe *apenas no campo jurídico* não impede a concessão da antecipação, visto que eventuais prejuízos *se resolvem em perdas e danos*, devendo o sujeito beneficiado pela antecipação indenizar a parte contrária pelos danos que lhe foram causados com a efetivação da decisão. Nesse sentido, note-se a seguinte lição: "Irreversibilidade impeditiva. Caso haja real perigo de irreversibilidade ao estado anterior, a medida não deve ser concedida. É o caso, por exemplo, de antecipação determinando a demolição de prédio histórico ou de interesse arquitetônico; derrubado o prédio, sua eventual reconstrução não substituirá o edifício original. Aqui existe a irreversibilidade *de fato*, que impede a concessão da tutela antecipada. Quando houver irreversibilidade *de direito*, ou seja, quando puder resolver-se em perdas e danos, a tutela antecipada pode, em tese, ser concedida" (NERY JR. Nelson; NERY, Rosa Maria de Andrade. *Código de processo civil comentado e legislação extravagante*. 10. edição. São Paulo: Revista dos Tribunais, 2007, p. 529) [grifos do autor]; 3: errado (art. 273, § 4º, do CPC).
Gabarito 1E, 2C, 3E

**(Cartório/SP – V – VUNESP)** A respeito da tutela antecipatória dos efeitos da sentença de mérito, assinale a alternativa correta.

(A) Confunde-se com o julgamento antecipado da lide, pois o juiz julga o próprio mérito da causa antecipadamente, entregando ao autor a sua pretensão.
(B) Quando a antecipação é dada a propósito de parte incontrovertida do pedido, deixa de ser provisória e revogável, ficando sujeita à coisa julgada material.
(C) Por ser fundada na urgência, tem natureza cautelar, pois visa, ao adiantar os efeitos da tutela de mérito, assegurar o resultado útil do processo de conhecimento ou execução ou, ainda, a viabilidade do direito afirmado pelo autor.
(D) É espécie do gênero *tutelas de urgência*, consistente em providência que tem natureza jurídica mandamental, que se efetiva mediante execução *lato sensu*, com o objetivo de entregar ao autor, total ou parcialmente, a própria pretensão deduzida em juízo ou os seus efeitos, de forma antecipada, sem assumir o caráter de irreversibilidade da coisa julgada material.

A: incorreto, já que a antecipação dos efeitos da tutela não se confunde com o julgamento antecipado da lide. Aquela se manifesta por decisão interlocutória, ao passo que o julgamento antecipado da lide se perfaz através de sentença, encerrando, de modo geral, a etapa cognitiva, conforme enuncia o art. 331 do CPC. Não é por outro motivo que o § 5º do art. 273 afirma que, uma vez concedida ou não a tutela, o processo segue até final julgamento; B: incorreto (art. 273, § 6º, do CPC). Muito embora a banca tenha certificado a incorreção de tal assertiva, ousamos discordar de tal posicionamento, de vez que a antecipação da parte incontroversa do pedido versada no § 6º do art. 273 do CPC cuida de hipótese de decisão fundada em *cognição exauriente*, e não em *cognição sumária*, tal qual se dá nos demais casos. Trata-se de decisão interlocutória apta a se tornar irreversível em decorrência da coisa julgada material. Para Nelson Nery Jr. e Rosa Maria de Andrade Nery, tal circunstância encerra verdadeiro julgamento antecipado da lide, *proporcionando decisão definitiva e de mérito*. Confira-se a respeito: "Assim, pode o juiz, a requerimento do autor, antecipar os efeitos executivos da parte não contestada da pretensão do autor, com fundamento no CPC 273 II. Nessa parte, a decisão é de mérito e definitiva (julgamento antecipado da lide – CPC 330), motivo pelo qual subsiste, ainda que haja decisão diferente quanto ao restante do pedido (extinção com ou sem resolução do mérito) [...] Não há necessidade de a lei permitir expressamente o julgamento antecipado da lide nesse caso, pois isso decorre do sistema: a antecipação de parte não controvertida é de mérito e definitiva. Já era assim antes da L 10444/02". (NERY JR. Nelson; NERY, Rosa Maria de Andrade. *Código de processo civil comentado e legislação extravagante*. 10. edição. São Paulo: Revista dos Tribunais, 2007, p. 530). Fredie Didier Jr. chancela tal afirmação: "Avança-se um pouco mais em relação à tutela antecipada, pois, muito embora seja decisão anterior à sentença, não se trata de tutela fundada em cognição sumária ou em razão de verossimilhança. Há cognição exauriente e juízo de certeza, e tendo em vista que a tutela não se funda em um juízo de probabilidade, não há razão para se temer a irreversibilidade. Cuida-se de uma decisão interlocutória apta a coisa julgada material e que, por isso mesmo, pode ser executada definitivamente" (DIDIER JR. Fredie. *Curso de Direito Processual Civil*. Vol. 2. 6. Ed. Salvador: JusPodivm, 2011, p. 534); C: incorreto. De fato, ambas se fundam em juízo de probabilidade acerca das alegações deduzidas pela parte. Por isso, são examinadas com base em cognição sumária (não exauriente). Porém, as cautelares têm em mira assegurar o resultado útil do provimento final, evitando-se, destarte, o perecimento do objeto do processo principal. Não há tutela de mérito, salvo o disposto no art. 810 do CPC. Diferem, por natureza, dos provimentos de índole antecipatória, porquanto nestes a parte pretende o adiantamento do próprio bem da vida pleiteado no bojo dos autos. Não há referibilidade a outro processo, como sói ocorrer no processo cautelar. A antecipação – frise-se – diz respeito aos efeitos da *tutela de mérito* requestada junto ao Estado-Juiz; há, pois, satisfação da pretensão do autor, a partir da entrega antecipada do bem da vida postulado (art. 273, *caput*, do CPC). Ademais, a verossimilhança da alegação exigida pelo art. 273, *caput*, do CPC tem contornos mais rígidos do que a "fumaça do bom direito" necessária para a concessão liminar da medida cautelar postulada. Nesse sentido: "Costuma-se distinguir a exigência de verossimilhança das tutelas antecipadas do *fumus boni juris* das cautelares argumentando que, no exame do primeiro, o juiz deve ser mais rigoroso. A plausibilidade haveria de ser maior para a concessão da tutela antecipada do que para a cautelar. No entanto, fica muito difícil estabelecer uma linha divisória entre os dois níveis de plausibilidade. Ou o que se alega é verossímil e suficiente para a concessão de uma tutela de urgência, ou não. Essa linha de distinção torna-se ainda mais tênue diante da adoção da fungibilidade entre as tutelas de urgência" (GONÇALVES, Marcus Vinícius Rios. *Novo Curso de Direito Processual Civil. Vol 1*. 8. edição. São Paulo: Saraiva, 2011, p. 294); D: correto. De nítida eficácia mandamental, a antecipação dos efeitos da tutela de mérito consubstancia provimento tomado em sede de cognição sumária (não exauriente) que permite ao autor obter, antes mesmo da decisão final, a fruição do bem da vida pretendido, desde que atendidos os requisitos estabelecidos pelo art. 273 do CPC. Não é por outro motivo que a doutrina afirma que tal modalidade de tutela de urgência ostenta caráter satisfativo. A assertiva praticamente transcreve as lições de Nelson Nery Jr. e de Rosa Maria de Andrade Nery. Observe-se: "Tutela antecipatória dos efeitos da sentença de mérito, espécie do gênero *tutelas de urgência*, é providência que tem natureza jurídica *mandamental*, que se efetiva mediante *execução lato sensu*, com o objetivo de entregar ao autor, total ou parcialmente, a própria pretensão deduzida em juízo ou os seus efeitos. É tutela satisfativa no plano dos fatos, já que realiza o direito, dando ao requerente o bem da vida por ele pretendido com a ação de conhecimento" (NERY JR. Nelson; NERY, Rosa Maria de Andrade. *Código de processo civil comentado e legislação extravagante*. 10. edição. São Paulo: Revista dos Tribunais, 2007, p. 523).

Gabarito "D".

## 9. PROCESSO DE CONHECIMENTO, RITOS ORDINÁRIO E SUMÁRIO

**(Cartório/MG – 2012 – FUMARC)** Considerando o disposto no Código de Processo Civil,

(A) o pedido de exibição de documentos não pode ser formulado contra quem não é parte no processo.
(B) o instrumento público, quando for exigido pela lei, como substância do ato, é insuprível por qualquer outro meio de prova, por mais especial que seja.
(C) a segunda perícia, cujo objeto sejam os mesmos fatos sobre os quais recaiu a primeira, invalida aquela, que perde o seu valor probatório.
(D) o documento, feito por oficial público incompetente, ou sem a observância das formalidades legais, ainda que subscrito pelas partes, não tem a mesma eficácia probatória do documento particular.

A: incorreto (arts. 360 a 362 do CPC); B: correto (art. 366 do CPC); C: incorreto (art. 439, parágrafo único, do CPC); D: incorreto (art. 367 do CPC).

Gabarito "B".

**(Cartório/MG – 2012 – FUMARC)** Considerando o disposto no Código de Processo Civil,

(A) é vedado ao juiz, antes da citação, proferir sentença de improcedência do pedido traduzido na inicial.
(B) na obrigação indivisível com pluralidade de credores, é vedado àquele que não participou do processo receber a sua parte.
(C) no procedimento sumário, o não comparecimento pessoal do réu à audiência de conciliação, sem justificativa, importa em confissão quanto à veracidade dos fatos alegados pelo autor na inicial, salvo se presente preposto credenciado para transigir.
(D) ao contrário do que ocorre no Juizado Especial, não se admite a possibilidade de o juiz ser auxiliado na audiência de conciliação por conciliador.

A: incorreto (art. 285-A, *caput*, do CPC); B: incorreto (art. 291 do CPC); C: correto. No procedimento comum sumário, a revelia – bem assim a possibilidade de decretação da pena de confissão ficta quanto à matéria fática – tem lugar na hipótese de o réu e de seu patrono deixarem, injustificadamente, de comparecer à audiência de conciliação (art. 277, § 2°, do CPC). Ocorre também quando, presente em audiência conciliatória ao menos o advogado habilitado pelo réu na forma do art. 277, § 3°, do CPC, este não oferta defesa. Nesse sentido: "PROCESSO CIVIL. AÇÃO INDENIZATÓRIA. PROCEDIMENTO SUMÁRIO. AUDIÊNCIA DE CONCILIAÇÃO. PRESENÇA DO ADVOGADO E AUSÊNCIA DO RÉU REGULARMENTE CITADO. INOCORRÊNCIA DE CONTESTAÇÃO. REVELIA. DEBATES ORAIS. AUSÊNCIA. NULIDADE AFASTADA. CPC, ARTS. 278, 281 E 319. RECURSO ESPECIAL. PREQUESTIONAMENTO. SÚMULA/STJ, ENUNCIADO N. 211. DISSÍDIO NÃO DEMONSTRADO. DOUTRINA. RECURSO DESACOLHIDO. I - A citação no procedimento sumário é para que o réu compareça à audiência inicial a fim de que, em um primeiro momento, se procure a conciliação e, em caso negativo, seja apresentada sua defesa, sob pena de revelia. II - Dentre outras hipóteses, tem-se como caracterizada a revelia do réu, nas causas de procedimento sumário, quando, apesar de regularmente citado o réu, deixa de comparecer à audiência de conciliação, se faz considerando que, no caso, seu advogado, regularmente constituído e com poderes para transigir, compareceu ao ato, mas não apresentou contestação. [...]" (REsp 149.729/PR, Rel. MIN. SALVIO DE FIGUEIREDO TEIXEIRA, QUARTA TURMA, julgado em 23/03/1999, DJ 21/06/1999, p. 161). De igual teor é o seguinte precedente do STJ: "PROCESSO CIVIL. PROCEDIMENTO SUMÁRIO. AUDIÊNCIA DE CONCILIAÇÃO E JULGAMENTO. COMPARECIMENTO PESSOAL DO AUTOR. COISA JULGADA. EXTINÇÃO DO PROCESSO. IMPOSSIBILIDADE. REALIZAÇÃO DE NOVA AUDIÊNCIA. ART. 23 DO CÓDIGO DE ÉTICA E DISCIPLINA DA OAB. INAPLICABILIDADE. 1. A teor do disposto no art. 277, § 3°, do CPC, na audiência de conciliação e julgamento promovida no procedimento sumário, a parte autora não necessita comparecer pessoalmente, sendo bastante a presença de seu advogado dotado de poderes expressos para transigir [...]" (REsp 705269/SP, Rel. Ministro JOÃO OTÁVIO DE NORONHA, QUARTA TURMA, julgado em 22/04/2008, DJe 05/05/2008; D: incorreto (art. 277, § 1°, do CPC).

Gabarito "C".

**(Cartório/MG – 2012 – FUMARC)** Considerando o disposto no Código de Processo Civil,

(A) a sentença de interdição produz efeito imediato, embora sujeita a apelação.
(B) os motivos e a verdade dos fatos estabelecidos como fundamentos da sentença fazem coisa julgada.
(C) segundo a regra da imutabilidade da sentença, publicada a sentença, o juiz não poderá mais alterá-la.
(D) não está sujeita ao duplo grau necessário de jurisdição a sentença proferida contra fundações de direito público.

A: correto (art. 1.184, primeira parte, do CPC); B: incorreto (art. 469, I e II, do CPC); C: incorreto. *Com a prolação de sentença, esgota-se o ofício jurisdicional do juízo de piso (princípio da inalterabilidade da sentença), salvo nas situações contempladas no corpo do art. 463 do CPC, bem assim nos casos tipificados nos arts. 285-A, § 1°, e 296, caput, do CPC*; D: incorreto (art. 475, I, do CPC).

Gabarito "A".

**(Cartório/MG – 2012 – FUMARC)** Considerando o disposto no Código de Processo Civil,

(A) segundo entendimento do Supremo Tribunal Federal, a reconvenção é inadmissível em ação declaratória.
(B) a extinção do processo, sem resolução do mérito, por desistência da ação, impede o prosseguimento da reconvenção.

(C) a exceção de impedimento ou suspeição do juiz deverá ser dirigida e protocolada no Tribunal a que se acha subordinado o juiz impugnado.

(D) na exceção de incompetência, o protocolo da petição poderá se dar no juízo do foro do domicílio do réu, com requerimento de sua imediata remessa ao juízo que determinou a citação.

A: incorreto (Súmula 258 do STF: "É admissível reconvenção em ação declaratória"); B: incorreto (art. 317 do CPC); C: incorreto (art. 312 do CPC); D: correto (art. 305, parágrafo único, do CPC).
Gabarito "D".

**(Cartório/MG – 2012 – FUMARC)** Considerando o disposto no Código de Processo Civil,

(A) ocorrendo a revelia, o autor poderá demandar declaração incidente, sem promover nova citação do réu.

(B) não pode o juiz, de ofício, determinar o comparecimento pessoal da parte para interrogá-la sobre os fatos da causa.

(C) quando a parte alegar direito municipal, estadual, estrangeiro ou consuetudinário, poderá o juiz exigir-lhe a respectiva prova.

(D) no procedimento ordinário, frustrada a audiência de conciliação, é obrigatória a designação de audiência de instrução e julgamento.

A: incorreto (art. 321 do CPC); B: incorreto. Cuida-se do denominado *interrogatório da parte* (art. 342 do CPC); C: correto (art. 337 do CPC); D: incorreto (arts. 330, I, e 331, § 2º, do CPC).
Gabarito "C".

**(Cartório/RJ – 2012)** Em se tratando de provas, analise as assertivas abaixo.

I. Cessa a fé do documento, público ou particular, sendo-lhe declarada judicialmente a falsidade.

II. Cessa a fé do documento particular quando lhe for contestada a assinatura e enquanto não se lhe comprovar a veracidade.

III. Incumbe o ônus da prova, quando se tratar de contestação de assinatura, à parte que produziu o documento.

É correto o que se afirma em

(A) I e II, apenas.
(B) II, apenas.
(C) I e III, apenas.
(D) I, II e III.
(E) III, apenas.

I: correto (art. 387, *caput*, do CPC); II: correto (art. 388, I, do CPC); III: correto (art. 389, II, do CPC).
Gabarito "D".

**(Cartório/RN – 2012 – IESIS)** Quanto à prova no direito processual civil brasileiro, é correto afirmar, **EXCETO**, que:

(A) O denunciado à lide não poderá ser submetido ao depoimento pessoal.

(B) Aos peritos aplicam-se as mesmas regras de impedimento e suspeição que se aplicam aos magistrados.

(C) A testemunha não é obrigada a depor sobre fatos que acarretem grave dano ao seu cônjuge.

(D) O documento público prova sua existência e também os fatos que o agente público atesta terem ocorrido em sua presença.

A: incorreto, devendo ser assinalada. A considerar que o denunciado ingressa na lide principal como litisconsorte do denunciante – em verdade, cuida-se de assistência simples, nada obstante a norma fale em litisconsórcio (arts. 74 e 75, I, do CPC) – é possível que o juízo, por ocasião da audiência de instrução, decida, inclusive de ofício, por colher o depoimento pessoal do litisdenunciado, enquanto parte no processo (art. 342 do CPC); B: correto (art. 138, III, do CPC); C: correto (art. 406, I, do CPC); D: correto (art. 364 do CPC).
Gabarito "A".

**(Cartório/RN – 2012 – IESIS)** Quanto à sentença, é correto afirmar, **EXCETO**, que:

(A) A sentença que determina a busca e apreensão é executiva.

(B) A sentença de interdição é constitutiva positiva.

(C) A sentença não poderá ser exclusivamente declaratória quanto à existência de uma relação jurídica.

(D) A sentença mandamental dirige uma ordem para coagir o réu.

A: correto. Cuida-se de sentença executiva *lato sensu*; B: correto (art. 1.184 do CPC); C: incorreto (art. 4º, I, do CPC); D: correto. Mandamental ou injuncional é espécie de provimento jurisdicional. Cuida-se de decisão que se caracteriza pela emissão de uma ordem ao destinatário, cujo cumprimento se faz através de mandado judicial. Não se limita, pois, a condenar o demandado a fazer ou deixar de fazer alguma coisa, pois nela o juiz *manda* que se realize determinada conduta. São exemplos de ações mandamentais: o mandado de segurança, a ação de manutenção de posse e as ações cautelares.
Gabarito "C".

**(Cartório/SC – 2012)** Quanto à causa de pedir, na petição inicial, aponte a alternativa **correta**:

(A) A errônea capitulação legal não conduz à inépcia.

(B) O nosso sistema processual adotou o princípio da substanciação, razão por que é desnecessária a exposição dos fatos para a compreensão da relação jurídica.

(C) Os fundamentos jurídicos do pedido se confundem com os fundamentos legais.

(D) O nome dado à ação é relevante, tanto que ele é exigido pelo art. 282 do Código de Processo Civil - CPC.

(E) A lei exige que o autor mencione o artigo de lei em que se baseia o pedido.

A: correto. Na visão de Nelson Nery Jr., os fundamentos fáticos constituem a causa de pedir próxima, ao passo que as razões jurídicas em que se assenta o pedido do autor consubstanciam a causa de pedir remota. Em razão de o sistema processual civil brasileiro haver adotado a teoria da substanciação – do que é decorrente a máxima do *jura novit curia* – o autor deverá declinar corretamente e o juiz deverá se ater tão somente *aos fatos* que embasam a pretensão deduzida, sendo irrelevante o equívoco cometido quanto à qualificação jurídica do fato narrado; B: incorreto, nos termos do comentário anterior; C: incorreto. Fundamento jurídico é a autorização e a base conferida pelo ordenamento jurídico para que o autor formule uma pretensão perante o Estado-Juiz, a qual, *v.g.*, tanto pode ser a lei como o contrato. Ratificando o que era se aduz: "Fundamento jurídico é a autorização e a base que o ordenamento dá ao autor para que possa deduzir pretensão junto ao Poder Judiciário. É o *título* do pedido (a que "título" você pede?),

que tanto pode ser a *lei* como o *direito*, o *contrato* etc. [...]" (NERY JR., Nelson; NERY, Rosa Maria de Andrade. *Código de processo civil comentado e legislação extravagante*. 10. edição. São Paulo: Revista dos Tribunais, 2007, p. 550) [grifos no original]; D: incorreto, visto que o rótulo ou *nomen iuris* emprestado pelo autor não vincula o juízo. A natureza jurídica da demanda é conferida pela causa de pedir e pelo pedido que a constituem. Ao abono de tal ensinamento, veja-se o aresto a seguir: "PROCESSUAL CIVIL. AÇÃO DECLARATÓRIA COM PEDIDO ANULATÓRIO. IRRELEVÂNCIA DO *NOMEN IURIS*. RETORNO DOS AUTOS À ORIGEM PARA APRECIAÇÃO DO MÉRITO. 1. Conforme a jurisprudência do STJ, *a natureza jurídica da ação é definida por meio do pedido e da causa de pedir, não tendo relevância o* nomen iuris *dado pela parte autora*. 2. No caso sob exame, apesar de a ação ter sido designada Declaratória de Inexistência de Débito, o pedido formulado e a causa de pedir exposta contêm pretensão de reconhecimento da ilegalidade do Auto de Infração e, consequentemente, do débito relativo ao ICMS. 3. O acórdão recorrido, que decidiu pela carência de ação – ao entendimento de inadequação da via eleita –, deve ser reformado, com o retorno dos autos à origem para fins de apreciação do mérito. 4. Agravo Regimental não provido" (AgRg no REsp 594.308/PB, Rel. Ministro HERMAN BENJAMIN, SEGUNDA TURMA, julgado em 07/05/2009, DJe 20/08/2009) [grifos nossos]; E: incorreto. O art. 282, III, do CPC, exige que o autor decline os *fundamentos jurídicos* do pedido, de modo que os fundamentos legais não integram a causa de pedir sem servem para individualizar a demanda.
Gabarito "A".

**(Cartório/SC – 2012)** Examine as seguintes proposições e assinale a alternativa **correta**:

I. Obsta o prosseguimento da reconvenção a desistência da ação.
II. Citado o réu, não é lícito ao autor alterar o pedido, salvo com o consentimento do réu, se antes do saneador.
III. A desistência da ação só produz efeito após homologada por sentença.
IV. Não havendo recurso tempestivo do despacho saneador, ocorre a preclusão consumativa.

(A) Somente as proposições I e II estão corretas.
(B) Somente as proposições II, III e IV estão corretas.
(C) Somente as proposições I, II e IV estão corretas.
(D) Somente as proposições III e IV estão corretas.
(E) Todas as proposições estão corretas.

A: incorreto (art. 317 do CPC); II: correto (art. 264, *caput*, do CPC); III: correto (art. 158, parágrafo único, do CPC); IV: correto. Malgrado a banca tenha considerado verdadeira tal afirmação, haverá, nesse particular, preclusão temporal, eis que a perda da faculdade de interpor recurso se deu em virtude do transcurso do prazo legal, e não em função da prévia realização do mesmo ato processual, tal qual ocorre na preclusão consumativa. Sobre a preclusão temporal, observe-se a doutrina de Marcus Vinícius Rios Gonçalves: "[...] é a perda da faculdade processual que não foi exercida no prazo estabelecido em lei. É o que ocorre se a resposta do réu não é apresentada a tempo, ou se as partes não interpõem recurso no prazo. As partes não poderão mais valer-se daquelas faculdades processuais, por não terem cumprido o ônus de exercê-las no prazo" (GONÇALVES, Marcus Vinícius Rios. *Novo Curso de Direito Processual Civil. Vol 1*. 8.edição. São Paulo: Saraiva, 2011, p. 249).
Gabarito "B".

**(Cartório/SC – 2012)** Assinale a alternativa **correta** acerca da prova:

(A) A sentença pode fundar-se unicamente em prova emprestada, mesmo que as partes não tenham tido a oportunidade de sobre ela se manifestar.

(B) A confissão ficta alcança o litisconsorte.
(C) Tratando-se de direito indisponível, não é pleno o poder instrutório do juiz.
(D) Tratando-se de direito estadual, municipal, estrangeiro ou consuetudinário, deve-se provar o direito invocado, inclusive seu teor e vigência, se assim determinar o juiz.
(E) Ainda que incontroversos os fatos, é necessária sua prova.

A: incorreto. Encontra-se pacificado o entendimento de que a prova emprestada somente pode ser utilizada se houver respeito às garantias constitucionais do contraditório e do devido processo legal. Logo, se as partes tiveram cerceada a sua oportunidade de se manifestar sobre a prova produzida, há infringência ao direito de participação ínsito ao contraditório. Ao abono de tal afirmação: "ADMINISTRATIVO. PROCESSUAL CIVIL. EMBARGOS DE DECLARAÇÃO NO AGRAVO EM RECURSO ESPECIAL RECEBIDOS COMO AGRAVO REGIMENTAL. REVOLVIMENTO FÁTICO-PROBATÓRIO. INCIDÊNCIA DA SÚMULA 7/STJ. CERCEAMENTO DE DEFESA NÃO CARACTERIZADO. PROVA EMPRESTADA PRODUZIDA SOB O DEVIDO PROCESSO LEGAL. AGRAVO REGIMENTAL NÃO PROVIDO. [...] 3. Não há falar em cerceamento de defesa pela utilização de prova emprestada, se produzida com observância do contraditório e do devido processo legal. Nesse sentido: AgRg no REsp 1.066.838/SC, Rel. Min. HERMAN BENJAMIN, Segunda Turma, DJe de 4/2/11. [...]" (EDcl no AREsp 179.824/RJ, Rel. Ministro ARNALDO ESTEVES LIMA, PRIMEIRA TURMA, julgado em 11/12/2012, DJe 04/02/2013). Na mesma direção: "PROCESSO CIVIL E TRIBUTÁRIO. IMPOSTO DE RENDA. LANÇAMENTO. PROVA EMPRESTADA. FISCO ESTADUAL. ARTIGO 199 DO CTN. ART. 658 DO REGULAMENTO DO IMPOSTO DE RENDA (ART. 936 DO RIR VIGENTE). [...] 3. Consoante entendimento do Supremo Tribunal Federal, não se pode negar valor probante à prova emprestada, coligida mediante a garantia do contraditório (RTJ 559/265). 4. Recurso especial improvido" (REsp 81094/MG, Rel. Ministro CASTRO MEIRA, SEGUNDA TURMA, julgado em 05/08/2004, DJ 06/09/2004, p. 187); B: incorreto (ars. 48 e 350, *caput*, do CPC); C: incorreto. O juiz, de acordo com seus poderes instrutórios, tem papel ativo – e não de mero espectador – quanto à realização, *de ofício*, das provas que reputar necessárias à instrução do feito, daí por que o CPC não adotou o princípio dispositivo rígido. Essa atividade probatória do juiz se dá com plenitude nos procedimentos de jurisdição voluntária e nas causas que versem sobre direitos indisponíveis. Cuida-se de aplicação no processo civil dos ditames da *verdade material* e *do princípio inquisitivo*, visto que o juiz, atento ao escopo de pacificação social do processo, bem assim à necessidade de outorga de um provimento jurisdicional justo e atrelado à realidade dos fatos, tem o poder-dever de ordenar a produção das provas imprescindíveis ao esclarecimento da controvérsia fixada, sobretudo quando a matéria não lhe parecer suficiente esclarecida (art. 130); D: correto (art. 337 do CPC); E: incorreto (art. 334, III, do CPC).
Gabarito "D".

**(Cartório/SC – 2012)** Sobre a coisa julgada, analise as proposições a seguir:

I. Fazem coisa julgada material as razões de decidir, porque relativas aos motivos da sentença.
II. As sentenças extintivas sem julgamento de mérito fazem coisa julgada material.
III. As sentenças proferidas nos procedimentos de jurisdição voluntária fazem apenas coisa julgada formal.

IV. Passada em julgado a sentença de mérito, pelo *princípio do dedutível e do deduzido*, reputar-se-ão deduzidas e repelidas todas as alegações e defesas que a parte poderia opor tanto ao acolhimento como à rejeição do pedido.

(A) Somente as proposições II e III estão corretas.
(B) Somente as proposições II e IV estão corretas.
(C) Somente as proposições I, III e IV estão corretas.
(D) Somente as proposições III e IV estão corretas.
(E) Todas as proposições estão corretas.

I: incorreto (art. 469, I, do CPC); II: incorreto, justo porque não resolvem o mérito da lide; III:correto (art. 1.111 do CPC). **A sentença prolatada na jurisdição voluntária não se reveste de coisa julgada material**; IV: correto (art. 474 do CPC).
Gabarito "D".

**(Cartório/SP – 2012 – VUNESP)** Documento feito por oficial público incompetente ou sem a observância das formalidades legais, subscrito pelas partes,

(A) não tem eficácia probatória, não servindo como meio de prova.
(B) é prova bastante dos fatos declarados pelo oficial.
(C) é válido como início de prova a ser complementada por outras provas.
(D) tem a mesma eficácia probatória do documento particular.

Art. 367 do CPC.
Gabarito "D".

**(Cartório/SP – 2012 – VUNESP)** Contestada no curso do processo a assinatura de documento particular exibido por uma das partes, sem reconhecimento de firma por tabelião, o ônus da prova incumbe

(A) à parte que contestou a assinatura.
(B) à parte a quem o juiz atribuir o ônus de comprovar a autenticidade da assinatura.
(C) à parte que produziu o documento.
(D) ao autor quando se tratar de prova relativa a fato constitutivo do seu direito; ao réu quando se tratar de prova relativa a fato impeditivo, modificativo ou extintivo do direito do autor.

Art. 389, II, do CPC.
Gabarito "C".

**(Cartório/SP – 2011 – VUNESP)** Sobre a resposta do réu, é correto afirmar:

(A) antes de discutir o mérito, o réu poderá discutir pagamento, transação, compensação e fatos que levem à extinção da obrigação.
(B) o prazo para contestar é de 15 dias, ainda que vários réus com advogados distintos.
(C) a reconvenção é incabível na ação monitória, após a conversão do procedimento em ordinário.
(D) antes de discutir o mérito, o réu poderá discutir pressupostos processuais, tais como inexistência de citação e incompetência absoluta.

A: incorreto (art. 301 do CPC). Ademais, tais matérias estão imbricadas ao próprio mérito da lide; B: incorreto (art. 191 do CPC); C: incorreto (Súmula 292 do STJ: A reconvenção é cabível na ação monitória, após a conversão do procedimento em ordinário); D: correto (art. 301, I e II, do CPC).
Gabarito "D".

**(Cartório/MS – 2009 – VUNESP)** No que se refere à prova, é correto afirmar que

(A) no depoimento pessoal, quem ainda não depôs não pode assistir ao interrogatório da outra parte.
(B) o documento subscrito pelas partes, feito por oficial público incompetente, ou sem a observância das formalidades legais, não tem eficácia probatória.
(C) é lícito às partes, em qualquer tempo, juntar aos autos documentos novos, quando destinados a fazer prova de fatos ocorridos depois dos articulados, ou para contrapô-los aos que foram produzidos nos autos.
(D) vale como confissão a admissão, em juízo, de fatos relativos a direitos indisponíveis.
(E) o perito e assistentes técnicos são sujeitos a impedimento ou suspeição.

A: correto. Em que pese ter sido apontada como incorreta pela banca examinadora, pensamos que tal alternativa está correta, com fulcro no art. 344, parágrafo único, do CPC; B: incorreto (art. 367 do CPC); C: correto. Art. 397 do CPC (única assertiva considerada correta pela banca examinadora); D: incorreto (art. 351 do CPC); E: incorreto (arts. 138, III, e 423 do CPC).
Gabarito "C".

**(Cartório/MS – 2009 – VUNESP)** É correto afirmar sobre a sentença que

(A) condenado o devedor a emitir declaração de vontade, a sentença, uma vez transitada em julgado, produzirá todos os efeitos da declaração não emitida.
(B) o juiz pode proferir sentença ilíquida quando o autor tiver formulado pedido certo.
(C) é defeso ao juiz proferir sentença, a favor do autor, de natureza diversa da pedida, porém vedado condenar o réu em quantidade superior ou em objeto diverso do que lhe foi demandado.
(D) a sentença condenatória não produz a hipoteca judiciária quando pendente arresto de bens do devedor.
(E) quando decidida relação jurídica condicional, a sentença pode ser incerta.

A: correto (art. 466-A do CPC); B: incorreto (art. 459, parágrafo único, do CPC); C: incorreto (art. 460, *caput*, do CPC); D: incorreto (art. 466, parágrafo único, II, do CPC); E: incorreto (art. 460, parágrafo único, do CPC).
Gabarito "A".

**(Cartório/DF – 2008 – CESPE)** Com relação ao réu e sua resposta ao processo, julgue os itens que se seguem.

(1) A revelia é espécie do gênero contumácia.
(2) Depois da contestação, é lícito ao réu deduzir novas alegações quando competir ao juiz conhecer delas, de ofício.
(3) Qualquer que seja a modalidade de incompetência, deve o réu argui-la por meio de exceção.

1: certo. Contumácia é sinônimo de omissão que pode ser irrogada a qualquer das partes, no que diz respeito à prática de um determinado ato processual ou ao exercício de uma dada faculdade. A revelia é, pois, a contumácia total do réu, que não apresenta defesa ou o faz intempestivamente; 2: certo (art. 303, II, do CPC); 3: A *incompetência relativa* (ou territorial) deve ser atacada através de exceção, ou seja, por meio de petição distinta, que será processada em apenso aos autos principais (arts. 112, caput, 299 e 304 do CPC). Vale ressaltar, por outro lado, que a *incompetência absoluta* será arguida por meio de preliminar em contestação, e não através de exceção (Art. 301, II, do CPC).

Gabarito 1C, 2C, 3E

**(Cartório/RJ – 2008 – UERJ)** A alternativa incorreta é:

(A) publicada a sentença, o Juiz não poderá alterá-la
(B) é defeso ao juiz proferir sentença a favor do autor, de natureza diversa da pedida
(C) a sentença deve ser certa, ainda que quando decidida relação jurídica condicional
(D) é requisito essencial da sentença o dispositivo em que o juiz resolverá as questões que as partes lhe submeterem
(E) são requisitos essenciais da demanda os fundamentos em que o juiz analisará as questões de fato e de direito

A: incorreto (art. 463 do CPC); B: correto (art. 460, *caput*, do CPC); C: correto (art. 460, parágrafo único, do CPC); D: correto (art. 458, III, do CPC); E: correto (art. 458, II, do CPC).

Gabarito "A".

**(Cartório/PR – 2007)** Assinale a alternativa mais completa no que diz respeito ao momento processual adequado para ser examinada pelo julgador questão envolvendo ilegitimidade das partes:

I. quando do despacho da petição inicial.
II. no despacho saneador.
III. no despacho saneador ou na sentença.
IV. quando do julgamento do recurso.

É correta ou são corretas:

(A) apenas I.
(B) todas.
(C) apenas IV.
(D) apenas II, III e IV.
(E) apenas II e III.

O *interesse processual* ou *interesse de agir*, ao lado da *legitimidade para a causa* e da *possibilidade jurídica do pedido*, constituem as três *condições da ação*, que, em apertada síntese, são requisitos cujo preenchimento se revela imprescindível para que o órgão jurisdicional possa enfrentar o mérito da lide, isto é, possa acolher ou rejeitar o pedido formulado pela parte. As condições da ação, enquanto objeções processuais, despontam como matéria de ordem pública, sendo cognoscíveis de ofício, pois, pelo órgão judicante. Além disso, são articuladas no bojo dos próprios autos e não se sujeitam à preclusão, podendo ser alegadas em qualquer tempo e grau de jurisdição pela parte a quem aproveita, salvo nas instâncias excepcionais (STF e STJ), de vez que, por força dos arts. 102, III, e 105, III, ambos da Carta Magna, a matéria precisa ter sido decidida nas instâncias ordinárias, sob pena de não preenchimento do pressuposto de recorribilidade atinente ao prequestionamento (arts. 267, § 3º, 301, X e § 4º, do CPC).

Gabarito "B".

**(Cartório/PR – 2007)** Considera-se inepta a petição inicial, no processo civil, quando:

I. o pedido for juridicamente impossível.
II. a parte for manifestamente ilegítima.
III. o autor carecer de interesse processual.
IV. o tipo de procedimento, escolhido pelo autor, não corresponder à natureza da causa.

É correta ou são corretas:

(A) I, II e III.
(B) apenas I.
(C) II, III e IV.
(D) apenas II e III.
(E) apenas I e IV.

I: correto (art. 295, parágrafo único, III, do CPC); II, III e IV: incorretos. Cuida-se de hipóteses em que a petição inicial será liminarmente indeferida (art. 295, II, III e V, do CPC).

Gabarito "B".

**(Cartório/ES – 2007 – FCC)** Considere as seguintes assertivas sobre a sentença, de acordo com o Código de Processo Civil:

I. A sentença condenatória não produz hipoteca judiciária se o credor puder promover a execução provisória da sentença.
II. Quando o autor tiver formulado pedido certo, é vedado ao juiz proferir sentença ilíquida, mas a sentença pode ser incerta, quando decidir relação jurídica condicional.
III. Condenado o devedor a emitir declaração de vontade, a sentença, uma vez transitada em julgado, produzirá todos os efeitos da declaração emitida.
IV. Se, depois da propositura da ação, algum fato constitutivo, modificativo ou extintivo do direito influir no julgamento da lide, caberá ao juiz tomá-lo em consideração, de ofício ou a requerimento da parte, no momento de proferir a sentença.

De acordo com o Código de Processo Civil está correto o que se afirma APENAS em

(A) I, II e III.
(B) I, III e IV.
(C) II, III e IV.
(D) I e IV.
(E) III e IV.

I: incorreto (art. 466, parágrafo único, III, do CPC); II: incorreto (art. 460, parágrafo único, do CPC); III: correto (art. 466-A do CPC); IV: correto (art. 462 do CPC).

Gabarito "E".

**(Cartório/DF – 2006 – CESPE)** A respeito da sentença e da coisa julgada, julgue os itens a seguir.

(1) O objeto da coisa julgada material é a sentença de mérito e, dentro da sentença, somente o dispositivo é acobertado pela autoridade da coisa julgada. No entanto, a eficácia preclusiva transcende os limites do processo em que foi proferida a sentença coberta pela coisa julgada, alcançando todas as alegações e as defesas que a parte poderia opor tanto ao acolhimento como à rejeição do pedido.

(2) A sentença declaratória da morte presumida pressupõe, sempre, a decretação da ausência. Nesse caso, o juiz deve fixar a data provável do óbito como sendo aquela em que se encerraram todas as buscas e averiguações a respeito do paradeiro da pessoa desaparecida, cessando, assim, a probabilidade de sobrevivência do indivíduo.

(3) A sentença *citra petita*, porque omissa, pode ser complementada por força da interposição de embargos de declaração pelo juiz prolator da sentença. Entretanto, se a parte assim não proceder, não será lícito ao tribunal contemplar pedido sobre o qual a sentença tenha se omitido, porque isso equivaleria a julgar a pretensão diretamente na instância *ad quem*, com violação do princípio do duplo grau de jurisdição.

---

1: certo (arts. 469 e 474 do CPC). A coisa julgada material se cinge a tornar imutável somente o dispositivo da decisão; 2: errado. Nas hipóteses insertas nos incisos I e II do art. 7º do CC, a morte presumida poderá ser declarada sem decretação de ausência; 3: certo. Tal questão se resolve pelo próprio princípio da *correlação*, *congruência*, ou da *adstrição*, de modo que o juízo, na sentença, deve se cingir ao pedido e à causa de pedir, sob pena de julgamento *citra*, *ultra* ou *extra petita*. O juiz não pode inovar ou ampliar os limites objetivos da lide, devendo decidi-la nos lindes em que foi proposta, sob pena de afronta aos princípios da ampla defesa, do contraditório e ao princípio dispositivo. Prevalecem os seguintes posicionamentos quanto aos vícios intrínsecos da sentença: a) a decisão *infra* ou *citra petita* pode ser corrigida com a oposição de embargos de declaração, de forma que o próprio órgão prolator da decisão poderá remediar a omissão; b) interposto e admitido o recurso de apelação, a sentença *extra petita* deve ser anulada pelo tribunal, a fim de que os autos sejam remetidos ao órgão *a quo* para prolação de nova sentença, não havendo cogitar-se de substituição da referida decisão. A sentença *extra petita é nula* em razão de ofender os mencionados princípios constitucionais e processuais; c) interposto e admitido o recurso de apelação, a sentença *ultra petita* pode ser corrigida pelo tribunal, mediante simples redução da parte que sobejou ao pedido formulado, sem necessidade de regresso dos autos à origem; d) quanto à sentença *infra* ou *citra petita*, se, a despeito de opostos os declaratórios, o órgão prolator da decisão não suprir a omissão, a parte prejudicada poderá apelar ao tribunal, a fim de que este supra o respectivo vício, sem necessidade de retorno dos autos à origem, com base no art. 515, § 3º, do CPC. Todavia, não restando colmatadas as hipóteses em que incide a teoria da causa madura, o tribunal não deverá invalidar ou reformar a sentença, mas tão somente determinar o retorno dos autos ao juízo de piso para que julgue a parcela faltante do pedido. Nesse diapasão, tem-se a doutrina de Fredie Didier Jr.: "No primeiro caso, não deve o tribunal invalidar a decisão. Como visto, não há o que ser invalidado; deve o tribunal determinar que o juízo *a quo* complete o julgamento, decidindo o pedido não examinado. O tribunal pode fazer isso independentemente de pedido na apelação, pois, como já foi visto, a decisão recorrida não está sendo reformada ou anulada. Trata-se de um juízo de fato do tribunal, que constata a ausência de solução de um pedido, determinando que o juízo *a quo* termine o seu ofício. [...]" (DIDIER JR. Fredie. *Curso de Direito Processual Civil*. Vol. 2. 6. Ed. Salvador: JusPodivm, 2011, p. 323).

Gabarito 1C, 2E, 3C

**(Cartório/DF – 2006 – CESPE)** Em 29/4/2006, Pedro adquiriu de Carlos um apartamento residencial localizado na Cidade Alvorada, no edifício Morar Bem, por preço certo, em 12 parcelas mensais. Depois de formalizada a transferência da propriedade e da posse do bem, o Condomínio Residencial Morar Bem ajuizou, contra Pedro, ação de conhecimento sob o rito sumário para a cobrança de despesas condominiais vencidas e não pagas desde o mês de junho de 2004, no valor de R$ 25.000,00.

Diante dessa situação hipotética, julgue os itens a seguir.

(1) Na contestação, Pedro deverá denunciar à lide Carlos, invocando a exceção do contrato não cumprido, sustentando a existência de obrigações recíprocas, ou seja, cada uma das partes deve e é credora, simultaneamente. Assim, como Carlos não cumpriu sua obrigação de pagar as despesas condominiais, ele deve integrar a lide, assegurando-se ao réu o direito de compensação.

(2) Considere que somente o advogado constituído regularmente por Pedro, que não tem poderes especiais para transigir, tenha comparecido à audiência de conciliação e tenha apresentado contestação. Nessa situação, não é possível haver conciliação, devendo ser decretada a revelia de Pedro, presumindo-se verdadeiros os fatos afirmados pelo autor na inicial.

(3) Considerando-se que o valor atribuído à causa ultrapasse a sessenta vezes o valor do salário mínimo, a ação de cobrança não pode ser processada pelo rito sumário. Assim, o juiz, de ofício, deve corrigir o procedimento, determinando que a ação seja processada pelo rito comum ordinário.

---

1: errado, porquanto não se admite denunciação da lide no procedimento comum sumário (art. 280 do CPC); 2: correto. No procedimento comum ordinário, a revelia se dá quando o réu não apresenta contestação, após ter sido validamente citado, ou, ainda, caso a ofereça intempestivamente. No procedimento comum sumário, tal fenômeno tem lugar na hipótese de o réu e de seu patrono deixarem, injustificadamente, de comparecer à audiência de conciliação (art. 277, § 2º, do CPC). Ocorre também quando, presente em audiência conciliatória ao menos o advogado habilitado pelo réu na forma do art. 277, § 3º, do CPC, este não oferta defesa. Nesse sentido: "PROCESSO CIVIL. AÇÃO INDENIZATÓRIA. PROCEDIMENTO SUMÁRIO. AUDIÊNCIA DE CONCILIAÇÃO. PRESENÇA DO ADVOGADO E AUSÊNCIA DO RÉU REGULARMENTE CITADO. INOCORRÊNCIA DE CONTESTAÇÃO. REVELIA. DEBATES ORAIS. AUSÊNCIA. NULIDADE AFASTADA. CPC, ARTS. 278, 281 E 319. RECURSO ESPECIAL. PREQUESTIONAMENTO. SÚMULA/STJ, ENUNCIADO N. 211. DISSÍDIO NÃO DEMONSTRADO. DOUTRINA. RECURSO DESACOLHIDO. I - A citação no procedimento sumário é para que o réu compareça à audiência inicial a fim de que, em um primeiro momento, se procure a conciliação e, em caso negativo, seja apresentada sua defesa, sob pena de revelia. II - Dentre outras hipóteses, tem-se como caracterizada a revelia do réu, nas causas de procedimento sumário, quando, apesar de regularmente citado o réu, deixa de comparecer à audiência de conciliação, se faz considerando que, no caso, seu advogado, regularmente constituído e com poderes para transigir, compareceu ao ato, mas não apresentou contestação. [...]" (REsp 149.729/PR, Rel. MIN. SALVIO DE FIGUEIREDO TEIXEIRA, QUARTA TURMA, julgado em 23/03/1999, DJ 21/06/1999, p. 161). De igual teor é o seguinte precedente do STJ: "PROCESSO CIVIL. PROCEDIMENTO SUMÁRIO. AUDIÊNCIA DE CONCILIAÇÃO E JULGAMENTO. COMPARECIMENTO PESSOAL DO AUTOR. COISA JULGADA. EXTINÇÃO DO PROCESSO. IMPOSSIBILIDADE. REALIZAÇÃO DE NOVA AUDIÊNCIA. ART. 23 DO CÓDIGO DE ÉTICA E DISCIPLINA DA OAB. INAPLICABILIDADE. 1. A teor do disposto no art. 277, § 3º, do CPC, na audiência de conciliação e julgamento promovida no procedimento sumário, a parte autora não necessita comparecer pessoalmente, sendo bastante a presença de seu advogado dotado de poderes expressos para transigir [...]" (REsp 705269/SP, Rel. Ministro JOÃO OTÁVIO DE NORONHA, QUARTA TURMA, julgado em 22/04/2008, DJe 05/05/2008); 3: errado. Se o objeto da lide disser respeito a uma das hipóteses elencadas no art. 275, II, do CPC, a demanda correrá pelo procedimento comum, rito sumário, independentemente do valor atribuído à causa. No caso trazido pela questão, cuida-se de ação em que o condomínio pleiteia a cobrança ao condômino de quantias que lhe reputa sejam devidas, situação esta que se amolda àquela tratada no art. 275, II, b, do CPC, não havendo, portanto, qualquer óbice à tramitação do processo pelo rito sumário.

Gabarito 1E, 2C, 3E

**(Cartório/AM – 2005 – FGV)** Assinale a alternativa que não complete corretamente a proposição a seguir. A data do documento particular, quando a seu respeito surgir dúvida ou impugnação entre os litigantes, provar-se--á por todos os meios de direito. Mas, em relação a terceiros, considerar-se-á datado o documento particular _____.

(A) do ato ou fato que estabeleça, de modo certo, a anterioridade da formação do documento
(B) no dia em que foi registrado
(C) da sua apresentação em repartição pública ou em juízo
(D) na data da sentença
(E) a partir da impossibilidade física, que sobreveio a qualquer dos signatários

D: correto (art. 370 do CPC). As demais assertivas estão dispostas nos incisos V, I, IV e III, respectivamente, do art. 370 do CPC.

Gabarito "D".

**(Cartório/AM – 2005 – FGV)** Assinale a alternativa incorreta. São suspeitos para depor como testemunha:

(A) o que é parte na causa
(B) o que, por seus costumes, não for digno de fé
(C) o inimigo capital da parte, ou seu amigo íntimo
(D) o que tiver interesse no litígio
(E) o condenado por crime de falso testemunho, havendo transitado em julgado a sentença

A: incorreto, devendo ser assinalada. Cuida-se de hipótese de impedimento, e não de suspeição (art. 405, § 2º, II, do CPC). As demais alternativas revelam casos de suspeição (art. 405, § 3º, I, II, III e IV, do CPC).

Gabarito "A".

**(Cartório/MT – 2005 – CESPE)** Com relação à sentença, assinale a opção correta.

(A) Ao proferir a sentença, deve o juiz se pronunciar explicitamente sobre todos os temas controvertidos da causa e responder, ponto a ponto, todas as alegações das partes, mesmo quando já tenha encontrado motivo suficiente para fundar a decisão.
(B) A decisão *citra petita*, porque omissa, pode ser complementada por força da interposição de embargos de declaração pelo juiz prolator da mesma ou, em grau de recurso, o tribunal *ad quem* decidirá o pedido sobre o qual a sentença tenha se omitido, entregando-se, assim, a efetiva prestação jurisdicional pedida pelos litigantes.
(C) Após a publicação da sentença, o juiz entrega a prestação jurisdicional pedida pelo autor, cessando a função jurisdicional. Em consequência, o juiz não pode praticar qualquer ato processual e nem alterar a sentença mesmo que seja para corrigir erro material. Ocorre, assim, a preclusão para o juiz e a decisão proferida só poderá ser modificada pela instância superior.
(D) Na sentença constitutiva, a decisão judicial opera com plena eficácia após transitada em julgado, fazendo prescindir qualquer outra atividade jurisdicional complementar.

A: incorreto. O órgão jurisdicional não é obrigado a rebater, um a um, todos os argumentos trazidos pela parte. Basta que a decisão resolva de forma clara e satisfatória as questões essenciais à solução da controvérsia. Nessa direção, inclina-se a jurisprudência do STJ: "AGRAVO REGIMENTAL - RECURSO ESPECIAL - OFENSA AO ART. 535 DO CPC - INEXISTÊNCIA - REEXAME DO CONJUNTO FÁTICO-PROBATÓRIO - IMPOSSIBILIDADE - SÚMULA 7/STJ - DISPOSITIVO LEGAL INDICADO COMO VIOLADO INSUFICIENTE PARA DESCONSTITUIR O ACÓRDÃO RECORRIDO. 1.- A jurisprudência desta Casa é pacífica ao proclamar que, se os fundamentos adotados bastam para justificar o concluído na decisão, o julgador não está obrigado a rebater, um a um, os argumentos utilizados pela parte. [...]" (AgRg no AREsp 57.661/RJ, Rel. Ministro SIDNEI BENETI, TERCEIRA TURMA, julgado em 22/11/2011, DJe 06/12/2011); B: incorreto. Quanto à sentença *infra* ou *citra petita*, se, a despeito de opostos os declaratórios, o órgão prolator da decisão não suprir a omissão, a parte prejudicada poderá apelar ao tribunal, a fim de que este supra o respectivo vício, sem necessidade de retorno dos autos à origem, com base no art. 515, § 3º, do CPC. Todavia, não restando colmatadas as hipóteses em que incide a teoria da causa madura, o tribunal não deverá invalidar ou reformar a sentença, mas tão somente determinar o retorno dos autos ao juízo de piso para que julgue a parcela faltante do pedido. Nesse diapasão, tem-se a doutrina de Fredie Didier Jr.: "No primeiro caso, não deve o tribunal invalidar a decisão. Como visto, não há o que ser invalidado; deve o tribunal determinar que o juízo *a quo* complete o julgamento, decidindo o pedido não examinado. O tribunal pode fazer isso independentemente de pedido na apelação, pois, como já foi visto, a decisão recorrida não está sendo reformada ou anulada. Trata-se de um juízo de fato do tribunal, que constata a ausência de solução de um pedido, determinando que o juízo *a quo* termine o seu ofício. [...]" (DIDIER JR. Fredie. *Curso de Direito Processual Civil*. Vol. 2. 6. Ed. Salvador: JusPodivm, 2011, p. 323); C: incorreto (art. 463 do CPC); D: correto. Em regra, as sentenças declaratórias e constitutivas já produzem, *de per si*, toda a eficácia pretendida, independentemente de qualquer atividade executiva posterior, ressalvados os atos executórios destinados a lhes conferir publicidade. Ao menos, esse é o magistério de Humberto Theodoro Jr.: "Há sentenças que trazem em si toda a carga eficacial esperada do provimento jurisdicional. Dispensam, portanto, atos ulteriores para satisfazer a pretensão deduzida pela parte em juízo. É o que se passa, em regra, com as sentenças declaratórias e constitutivas. [...] O fato de as sentenças declaratórias e as constitutivas não dependerem de atos executivos para realizar o provimento jurisdicional a que correspondem, não afasta a hipótese de ser tomada alguma providência ulterior, no terreno, principalmente, da documentação e publicidade. Assim, em muitas ações de rescisão ou anulação de negócios jurídicos (sentenças constitutivas), de nulidade de contratos, ou de reconhecimento de estado de filiação (sentenças declaratórias), há necessidade de expedir-se mandado para anotações em registros públicos (efeitos mandamentais complementares aos efeitos substanciais da sentença)" (THEODORO JÚNIOR, Humberto. Curso de direito processual civil. 41. Edição. Rio de Janeiro: Forense, 2007, p. 24).

Gabarito "D".

**(Cartório/MT – 2005 – CESPE)** A respeito da resposta do réu, assinale a opção correta.

(A) Caso a incompetência do juízo, absoluta ou relativa, não seja alegada como preliminar na contestação, ocorre a chamada prorrogação de competência.

(B) Ocorrendo a conexão de ações, desde que o réu tenha requerido, o juiz ordenará a reunião das ações propostas em separado, a fim de que sejam decididas na mesma sentença, evitando-se, assim, decisões conflitantes.
(C) Se o réu comparecer e alegar apenas a inexistência ou a invalidade da citação, será concedido novo prazo para o réu deduzir o restante da defesa, caso a alegação não seja acolhida.
(D) Em obediência ao princípio da concentração das defesas, o réu deve alegar na contestação toda a matéria de defesa, exceto aquelas que devem ser veiculadas por meio de exceção, ainda que uma somente possa ser acolhida se outra for rejeitada.

A: incorreto. A *prorrogação* é fenômeno afeto às hipóteses de *competência* relativa; tem por pressuposto a ocorrência de *preclusão* em face do réu que deixa de arguir a incompetência relativa, por meio de *exceção*, dentro do prazo de resposta. Nesse caso, o juízo originariamente *relativamente incompetente* se torna então competente para o processamento e julgamento da causa, a considerar a preclusão havida por inércia do réu. A *incompetência relativa* (ou *territorial*) deve ser atacada através de exceção, ou seja, por meio de petição distinta, que será processada em apenso aos autos principais (arts. 112, *caput*, 299 e 304 do CPC). Vale ressaltar, por outro lado, que a *incompetência absoluta* será arguida por meio de preliminar em contestação, e não através de exceção (Art. 301, II, do CPC). De qualquer sorte, a incompetência relativa não acarreta a invalidade do processo. Se não alegada oportunamente pelo réu através da exceção de que trata o art. 307 do CPC, a competência se prorroga (art. 114 do CPC), sanando-se o vício que outrora existia. Somente a *competência absoluta* é pressuposto processual; cuida-se de pressuposto processual *positivo*, isto é, que necessariamente deve existir, sob pena de nulidade absoluta do processo, porquanto não se prorroga nem pode ser derrogada por convenção das partes. Desrespeitadas as normas de competência absoluta, mostra-se cabível a ação rescisória fundada no art. 485, II, do CPC; B: incorreto. O juízo poderá reconhecer, de ofício, a conexão (art. 301, VII e § 4º, do CPC); C: incorreto. Ser-lhe-á concedido novo prazo, *desde que a alegação seja necessariamente acolhida* (art. 214, § 2º, do CPC); D: correto. Em razão do princípio da *eventualidade* ou da *concentração*, o réu deve alegar, na contestação, toda a matéria de defesa, expondo as razões fáticas e jurídicas com que impugna o pedido do autor e especificando as provas que pretende produzir (art. 300 do CPC). Em outras linhas, o réu, por influxo de tal princípio, deverá alegar na contestação todas as defesas – processuais e substanciais – que tiver contra a pretensão deduzida pelo autor na petição inicial, sob pena de preclusão, ressalvadas aquelas reproduzidas pelo art. 303 do CPC, bem assim as exceções de que cuida o art. 304 do Diploma Processual Civil, as quais deverão ser opostas por meio de petição distinta, que será processada em apenso aos autos principais (arts. 299 e 304 do CPC).
"Gabarito "D".

**(Cartório/MT – 2005 – CESPE)** Francisco ajuizou ação de manutenção de posse contra Marcos, alegando que, por intermédio de instrumento particular de compromisso de compra e venda, comprometeu-se a adquirir do réu um imóvel, em 48 prestações mensais. O adquirente tomou posse do terreno e deu prosseguimento à construção do imóvel residencial ali existente. No entanto, o réu praticou atos de turbação à posse do autor, invadindo a propriedade, ali realizando serviços e fechando a casa com novas chaves e cadeados. Contestando a ação, o réu provou que Francisco tornou-se inadimplente há mais de um ano. Alegou que foi atribuída ao autor apenas a posse precária do imóvel, continuando o réu com a posse plena. Após a juntada aos autos da contestação, mas ainda dentro do prazo legal, o réu apresentou reconvenção, na qual requereu a rescisão da promessa de venda e a reintegração na posse do imóvel. Diante da situação hipotética apresentada acima, assinale a opção correta.

(A) A reconvenção apresentada por Marcos deverá ser julgada procedente, para declarar a rescisão do instrumento particular de venda e compra e determinar a expedição, em favor do réu-reconvinte, do mandado de reintegração de posse do imóvel.
(B) Se ficar provada a culpa do comprador pela rescisão do contrato de compra e venda, este não será ressarcido dos gastos que efetuou na complementação da construção e não tem o direito de retenção do imóvel.
(C) O possuidor direto na condição de promitente-comprador de imóvel, desde que atendidas as demais exigências legais, poderá adquirir a propriedade do bem por usucapião, uma vez que é possível a transformação do caráter originário da posse.
(D) O réu não poderá reconvir a ação de manutenção de posse contra si proposta, pois o proprietário que pretender reaver a posse do bem deverá manejar ação reivindicatória.

A e D: incorretos. As possessórias se amoldam ao conceito das ações dúplices. Trata-se daquelas demandas em que, por razões de ordem material ou processual, faculta-se ao réu, na própria contestação, apresentar pedido contraposto, isto é, formular uma *pretensão contra o autor* – e não tão somente resistir àquela deduzida por ele na petição inicial – *independentemente de reconvenção*. São exemplos de ações dúplices: prestação de contas, possessórias, desapropriação, declaratórias, aquelas submetidas aos juizados especiais cíveis, consignação em pagamento, renovatórias etc. Nos interditos possessórios, o réu poderá formular pedido contraposto no bojo da contestação, daí por que lhe é vedado, em regra, o ajuizamento de reconvenção (art. 922 do CPC). Excepcionalmente, o réu poderá se valer desta modalidade de resposta, se a pretensão nela deduzida não disser respeito à proteção possessória nem a perdas e danos. De par com tal fundamento: "Se o réu de possessória pretender outra coisa que não a proteção possessória ou a indenização pelos danos oriundos do esbulho ou turbação, deverá fazê-lo pelo meio da ação declaratória incidental, ou pela via reconvencional, pois na contestação somente poderá pedir o que a lei autoriza: a proteção possessória e a indenização por perdas e danos" (NERY JR. Nelson; NERY, Rosa Maria de Andrade. *Código de processo civil comentado e legislação extravagante*. 10. edição. São Paulo: Revista dos Tribunais, 2007, p. 991). Pelo exposto, reputa-se carecedor de ação o réu que postula a tutela possessória no ventre da lide reconvencional, a considerar que tal requerimento deve ser feito no âmago da própria contestação, em razão, como já explicitado, do caráter dúplice de tais demandas; B: incorreto (art. 1.219 do CC); C: correto. Nesse sentido, confira-se o enunciado de nº 237 das Jornadas de Direito Civil da CJF: "Art. 1.203: É cabível a modificação do título da posse – *interversio possessionis* – na hipótese em que o até então possuidor direto demonstrar ato exterior e inequívoco de oposição ao antigo possuidor indireto, tendo por efeito a caracterização do *animus domini*". Em tal circunstância, a posse precária se transmuta em *ad usucapionem*.
Gabarito "C".

**(Cartório/MT – 2003 – UFMT)** Qual pessoa, dentre outras, é considerada suspeita, conforme estabelecido no artigo 405 do Código Processual Civil?

(A) A que é parte na causa.
(B) A interdita por demência.
(C) A que, por seus costumes, não for digna de fé.
(D) A que intervém em nome de uma parte, como o tutor na causa do menor, o representante legal da pessoa jurídica, o juiz, o advogado e outros, que assistam ou tenham assistido as partes.
(E) A menor de dezesseis anos.

A e D: incorretos. Cuida-se de casos de impedimento (art. 405, § 2º, II e III, do CPC); B e E: incorretos. Trata-se de hipóteses de incapacidade (art. 405, § 1º, I e III, do CPC); C: correto (art. 405, § 3º, II, do CPC).
Gabarito "C".

**(Cartório/MT – 2003 – UFMT)** Em que situação o juiz indeferirá pedido de perícia, segundo o parágrafo único do artigo 420 do Código Processual Civil?

(A) Quando a perícia for desnecessária em vista de outras provas produzidas.
(B) Quando o assistente técnico deixar de ser indicado.
(C) Quando não forem apresentados os quesitos pelas partes.
(D) Quando o perito não for intimado para a elaboração da perícia.
(E) Quando o assistente técnico não comparecer nos trabalhos da perícia, formalmente intimado para o ato.

Art. 420, parágrafo único, II, do CPC.
Gabarito "A".

**(Cartório/SP – VI – VUNESP)** Conforme o previsto no art. 257 do Código de Processo Civil, se no prazo de trinta dias contados da distribuição do feito não forem recolhidas as custas de preparo, e não sendo hipótese de concessão de justiça gratuita ou diferimento do recolhimento das custas, o juiz

(A) extinguirá o processo, por impossibilidade jurídica do pedido.
(B) proferirá sentença de improcedência da ação.
(C) mandará citar o réu, dando prosseguimento do feito.
(D) determinará que seja cancelada a distribuição do feito.

Art. 257 do CPC.
Gabarito "D".

**(Cartório/SP – VI – VUNESP)** O CPC admite, dando-lhes a mesma força probatória de documento original, as cópias reprográficas de peças do próprio processo judicial, desde que declaradas autênticas pelo advogado, sob sua responsabilidade pessoal, bastando que, para tanto,

(A) não lhes seja impugnada a autenticidade.
(B) haja posterior ratificação pelo escrivão do juízo, à vista das vias originais.
(C) um tabelião emita documento que corrobore serem elas autênticas e fidedignas.
(D) o documento original seja também trazido aos autos antes da sentença.

Art. 365, IV, do CPC.
Gabarito "A".

**(Cartório/SP – V – VUNESP)** A reconvenção

(A) deverá ser extinta na hipótese de desistência da ação.
(B) deverá ser extinta na hipótese de extinção da ação por qualquer causa.
(C) deverá ser extinta na hipótese de extinção por carência ou desistência da ação.
(D) poderá ter prosseguimento, mesmo nas hipóteses de desistência ou extinção da ação.

Art. 317 do CPC.
Gabarito "D".

**(Cartório/SP – V – VUNESP)** Sobre a confissão extrajudicial, é correto afirmar que

(A) se feita por escrito à parte ou a quem a represente, bem como, se contida em testamento, será livremente apreciada pelo juiz, mas tem a mesma eficácia probatória da judicial.
(B) se feita por escrito ou oralmente à parte ou a quem a represente, tem a mesma eficácia probatória da judicial.
(C) se feita por escrito à parte ou a quem a represente, tem a mesma eficácia probatória da judicial, mas feita a terceiro ou contida em testamento, será livremente apreciada pelo juiz.
(D) se feita por escrito à parte ou a quem a represente ou contida em testamento, tem a mesma eficácia probatória da judicial, mas feita a terceiro será livremente apreciada pelo juiz.

Art. 353, *caput*, do CPC.
Gabarito "C".

**(Cartório/SP – V – VUNESP)** É lícito à parte inocente provar com testemunhas

(A) nos contratos simulados, a divergência entre a vontade real e a vontade declarada, nos contratos cujo valor não exceder ao décuplo do salário mínimo vigente.
(B) nos contratos cujo valor não exceder ao décuplo do salário mínimo vigente, os vícios do consentimento.
(C) nos contratos realizados por escritura pública, os vícios do consentimento.
(D) todas as alternativas estão corretas.

Arts. 401 e 404, I e II, do CPC.
Gabarito "D".

**(Cartório/SP – V – VUNESP)** No procedimento sumário, não admite a lei processual a intervenção de terceiro, salvo

(A) a oposição, a assistência e a nomeação à autoria.
(B) a denunciação da lide, o recurso de terceiro prejudicado e o chamamento ao processo.
(C) a intervenção fundada em contrato de seguro, a assistência e a nomeação à autoria.
(D) a assistência, o recurso de terceiro prejudicado e a intervenção fundada em contrato de seguro.

Art. 280 do CPC.
Gabarito "D".

**(Cartório/SP – V – VUNESP)** Quanto à eficácia preclusiva da decisão de saneamento do processo,

(A) é absoluta, tendo em vista as disposições processuais que vedam ao juiz decidir novamente no processo as questões já decididas relativas à mesma lide, e às partes de tornarem a matéria velha, a cujo respeito já se tenha operado a preclusão.
(B) só não ocorre nos processos em que há interesses de incapazes, onde obrigatória a intervenção do Ministério Público como *custos legis*.
(C) é relativa, pois embora se trate de decisão interlocutória, a sugerir que as questões nela decididas, se não impugnadas por recurso de agravo, ficam cobertas pela preclusão, há exceção no que tange às questões de ordem pública decididas no saneador, a cujo respeito, mesmo depois de transitada em julgado a decisão de saneamento, o juiz poderá decidir novamente.
(D) é inexistente, pois o juiz poderá, na sentença, redecidir a respeito de toda e qualquer questão incidente apreciada no saneador, uma vez que é a sentença o ato pelo qual o juiz compõe definitivamente a lide e entrega a prestação jurisdicional do Estado.

Registre-se que tal decisão interlocutória *não transita em julgado*, e sim *torna preclusa* a discussão do que restou decidido em seu bojo, à exceção das matérias de ordem pública. Com efeito, nas hipóteses de deferimento de provas requeridas pelas partes, de concessão ou de denegação de pleitos antecipatórios ou de liminares em cautelares, bem assim de decretação ou de rejeição de nulidades relativas a, decisão proferida pelo juízo não pode mais ser revista, salvo se houver fato novo que justifique sua modificação superveniente. Nesses casos, portanto, opera-se a preclusão *pro judicato*, não podendo o magistrado rever o decisório proferido, sob pena de causar tumulto à marcha processual (art. 473 do CPC). Todavia, em se tratando de provimentos que indefiram provas (dado que o juiz poderá determiná-las de ofício, na forma do art. 130 do CPC), ou, igualmente, de hipóteses que importem em nulidade absoluta (condições da ação, pressupostos processuais, juízo de admissibilidade recursal, prescrição, decadência, impedimento do juiz etc.), o órgão jurisdicional pode e deve rever as decisões anteriormente proferidas, por se tratar de questões de ordem pública (arts. 219, § 5º, 267, § 3º, e 301, § 4º, do CPC), de modo que, em tais circunstâncias, não há falar-se em preclusão *pro judicato*.
Gabarito "C".

**(Cartório/SP – V – VUNESP)** No procedimento sumário, a lei processual prescreve que o autor, na petição inicial, apresentará o rol de testemunhas e, se requerer perícia, formulará quesitos, podendo indicar assistente técnico. Se o autor, porém, não o fizer,

(A) poderá suprir, a todo tempo, as omissões, até 5 dias antes da data designada para a audiência, em homenagem ao princípio constitucional da ampla defesa e por não ser preclusiva essa oportunidade.
(B) ocorrerá a preclusão *pro judicato*, mas se houver o consentimento do réu o autor poderá suprir a omissão em momento posterior.
(C) ocorrerá a preclusão consumativa, estando o autor impedido de fazê-lo em momento posterior, ainda que o consinta o réu.
(D) sempre lhe será facultado, por ser sumário o procedimento, levar testemunhas à audiência, independentemente de rol e intimação, para serem ouvidas.

Caso o autor não decline, na petição inicial, o rol de testemunhas nem ofereça a quesitação concernente à prova técnica postulada, ou, ainda, deixe de indicar seu assistente técnico, haverá *preclusão consumativa*. Em outras linhas, o ato não poderá mais ser realizado, em virtude de já haver sido praticado (art. 276 do CPC).
Gabarito "C".

**(Cartório/SP – V – VUNESP)** Quando a obrigação consistir em prestações periódicas,

(A) a inclusão no pedido dependerá de requerimento expresso do autor quanto às prestações que vencerem após o ajuizamento da ação.
(B) a inclusão no pedido dependerá de requerimento expresso do autor quanto às prestações vencidas após o ajuizamento da ação e intimação do réu.
(C) a inclusão no pedido não dependerá de requerimento expresso do autor quanto às prestações que vencerem após o ajuizamento da ação e, se o devedor, no curso do processo, deixar de pagá-las ou consigná-las, a sentença as incluirá na condenação.
(D) é vedada a inclusão no pedido quanto às prestações que vencerem após o ajuizamento da ação.

Art. 290 do CPC.
Gabarito "C".

**(Cartório/SP – V – VUNESP)** No documento público, há presunção de veracidade quanto

(A) à sua própria formação, a saber, quanto à autoria e ao conteúdo exterior do documento.
(B) à sua própria formação, a saber, quanto à autoria, mas não quanto ao conteúdo exterior do documento.
(C) à sua formação, no que diz respeito à autoria e conteúdo exterior, bem como, quanto às declarações de vontade intrínsecas das partes.
(D) ao conteúdo exterior do documento, mas não quanto à sua autoria.

Art. 364 do CPC.
Gabarito "A".

**(Cartório/SP – V – VUNESP)** Reputa-se autêntico o documento

(A) mediante o reconhecimento de firma do signatário pelo tabelião.
(B) a partir do registro.
(C) em função de sua apresentação em repartição pública ou em juízo.
(D) a partir do registro ou apresentação em repartição pública ou em juízo.

Art. 369 do CPC.
Gabarito "A".

**(Cartório/SP – V – VUNESP)** Quanto à revelia,

(A) não serão tidos por incontroversos os fatos se, havendo pluralidade de réus quanto a fatos comuns a todos, algum deles contestar a ação.

(B) haverá presunção de veracidade em qualquer caso, exceto se o litígio versar sobre direitos indisponíveis de titularidade do réu revel ou do autor da ação.
(C) a presunção de veracidade poderá ocorrer, mesmo nas hipóteses em que a inicial estiver desacompanhada de instrumento público indispensável à prova do negócio jurídico.
(D) independentemente de promover nova citação do réu, o autor poderá demandar declaração incidente.

A: correto (art. 320, I, do CPC); B: incorreto (art. 320, II, do CPC); C: incorreto (art. 320, III, do CPC); D: incorreto (art. 321 do CPC).
Gabarito "A".

**(Cartório/SP – V – VUNESP)** Não dependem de prova
(A) os fatos notórios e aqueles afirmados por uma parte e confessados pela parte contrária.
(B) os fatos admitidos, no processo, como incontroversos.
(C) os fatos em cujo favor milita presunção legal de existência ou de veracidade.
(D) todas as alternativas estão corretas.

Art. 334 do CPC.
Gabarito "D".

**(Cartório/SP – IV – VUNESP)** Considere as assertivas a seguir sobre a força probante dos documentos:
I. A escritura pública, mesmo quando da essência do ato, pode ser suprida por declaração conjunta dos interessados ou por confissão.
II. Autor do documento particular é quem o assina ou, mesmo sem assinar, quem o manda compor, no caso de documentos que segundo a experiência comum não são assinados (como livros comerciais e assentos domésticos).
III. Fazem a mesma prova que os originais os trasladados e as certidões extraídas por Oficial Público, de instrumentos ou documentos lançados em suas notas.
IV. Não tem fé pública a escritura, lavrada por Tabelião, na parte correspondente ao conteúdo das declarações feitas pelos particulares que comparecem ao ato.

Pode-se afirmar que
(A) apenas a assertiva I é falsa.
(B) são verdadeiras todas as assertivas.
(C) são falsas as assertivas II e IV.
(D) são falsas as assertivas I e IV.

I: incorreto (art. 366 do CPC); II: correto (art. 371 do CPC); III: correto (art. 365, II, do CPC); IV: correto (art. 364 do CPC).
Gabarito "A".

**(Cartório/SP – II – VUNESP)** Considere as seguintes afirmações:
I. o documento feito por oficial público incompetente, ou sem a observância das formalidades legais, sendo subscrito pelas partes, tem a mesma eficácia probatória do documento particular;
II. o documento público faz prova não só da sua formação, mas também dos fatos que o escrivão, o tabelião, ou o funcionário declararem que ocorreram em sua presença;
III. as declarações constantes do documento particular, escrito e assinado, ou somente assinado, presumem-se verdadeiras em relação ao signatário;
IV. o documento particular, admitido expressa ou tacitamente, é indivisível, sendo defeso à parte que pretende utilizar-se dele, aceitar os fatos que lhe são favoráveis e recusar os que são contrários ao seu interesse, salvo se provar que estes não se verificaram.

Pode-se dizer que estão corretas as afirmações contidas em
(A) I, III e IV, apenas.
(B) I, II e III, apenas.
(C) I, III e IV, apenas.
(D) I, II, III e IV.

I: correto (art. 367 do CPC); II: correto (art. 364 do CPC); III: correto (art. 368, *caput*, do CPC); IV: correto (art. 373, parágrafo único, do CPC).
Gabarito "D".

**(Cartório/SP – I – VUNESP)** Observar-se-á o procedimento sumário, exceto
(A) nas causas de cobrança ao condômino de quaisquer quantias devidas ao condomínio.
(B) nas causas cujo valor não exceder 40 (quarenta) vezes o maior salário mínimo vigente no país.
(C) nas causas de cobrança de honorários dos profissionais liberais, ressalvando o disposto em legislação especial.
(D) nas causas de ressarcimento por danos em prédio urbano ou rústico.

A: correto (art. 275, II, *b*, do CPC); B: incorreto (art. 275, I, do CPC); C: correto (art. 275, II, *f*, do CPC); D: correto (art. 275, II, *c*, do CPC).
Gabarito "B".

## 10. DA DECLARAÇÃO DE INCONSTITUCIONALIDADE E DA HOMOLOGAÇÃO DE SENTENÇA ESTRANGEIRA

**(Cartório/SP – 2011 – VUNESP)** A sentença proferida por tribunal estrangeiro não terá eficácia no Brasil senão depois de homologada pelo
(A) Tribunal de Justiça.
(B) Supremo Tribunal Federal.
(C) Superior Tribunal de Justiça.
(D) Tribunal de Justiça, após a expedição do "exequatur".

Arts. 105, I, *i*, da CF, e 475-N, VI, do CPC.
Gabarito "C".

**(Cartório/MG – 2005 – EJEF)** Analise estas afirmativas concernentes à homologação de sentença estrangeira e assinale com V as verdadeiras e com F as falsas:

( ) A competência para a homologação desse tipo de sentença é do Superior Tribunal de Justiça.
( ) Não será homologada sentença que ofenda a soberania nacional, a ordem pública e os bons costumes.
( ) Não será homologada sentença que ofenda a ordem nacional, a soberania pública e os bons costumes.

Assinale a alternativa que apresenta a sequência de letras *CORRETA*.

(A) (F) (F) (V)
(B) (F) (V) (F)
(C) (V) (F) (V)
(D) (V) (V) (F)

I: verdadeiro (arts. 105, I, *i*, da CF, e 475-N, VI, do CPC); II: verdadeiro. A cognição operada no procedimento de homologação de sentença estrangeira é parcial, de modo que é vedado ao STJ analisar as questões de fundo debatidas na sentença estrangeira transitada em julgado. Isso posto, é da alçada do STJ apreciar as questões formais ínsitas à decisão homologanda, tais como a ofensa à ordem pública, aos bons costumes e à soberania nacional. Nessa direção: "PROCESSUAL CIVIL. EMBARGOS DE DECLARAÇÃO. ART. 535 DO CPC. AUSÊNCIA DOS PRESSUPOSTOS. HOMOLOGAÇÃO DE SENTENÇA ARBITRAL ESTRANGEIRA. LEI 9.307/1996. APLICAÇÃO IMEDIATA. CONSTITUCIONALIDADE. UTILIZAÇÃO DA ARBITRAGEM COMO SOLUÇÃO DE CONFLITOS. AUSÊNCIA DE VIOLAÇÃO À ORDEM PÚBLICA. IMPOSSIBILIDADE DE ANÁLISE DO MÉRITO DA RELAÇÃO DE DIREITO MATERIAL. OFENSA AO CONTRADITÓRIO E À AMPLA DEFESA. INEXISTÊNCIA. FIXAÇÃO DA VERBA HONORÁRIA. ART. 20, § 4º DO CPC. EMBARGOS DE DECLARAÇÃO REJEITADOS. [...] IV - O controle judicial da homologação da sentença arbitral estrangeira está limitado aos aspectos previstos nos artigos 38 e 39 da Lei nº 9.307/1996, não podendo ser apreciado o mérito da relação de direito material afeto ao objeto da sentença homologanda. Precedentes. [...] VI - O ato homologatório da sentença estrangeira limita-se à análise dos seus requisitos formais. Isto significa dizer que o objeto da delibação na ação de homologação de sentença estrangeira não se confunde com aquele do processo que deu origem à decisão alienígena, não possuindo efetivo conteúdo econômico. É no processo de execução, a ser instaurado após a extração da carta de sentença, que poderá haver pretensão de cunho econômico. [...]" (EDcl na SEC 507/GB, Rel. Ministro GILSON DIPP, CORTE ESPECIAL, julgado em 06/12/2006, DJ 05/02/2007, p. 173); III: falso, pelos motivos já expostos no item anterior.

Gabarito "D".

**(Cartório/DF – 2003 – CESPE)** Em relação ao controle de constitucionalidade de leis e atos do poder público, julgue os itens a seguir.

(1) É cabível ação direta de inconstitucionalidade para obter a declaração de inconstitucionalidade de súmula de tribunal, cujo conteúdo malfira a Constituição Federal, pois as súmulas classificam-se como atos do poder público.
(2) Se a parte pretender que o juiz afaste, no caso concreto, a aplicação de determinado dispositivo legal, por reputá-lo inconstitucional, deverá fazer pedido expresso de declaração de inconstitucionalidade *incidenter tantum*, pois o direito processual brasileiro não admite pedido implícito, salvo quando se tratar da condenação em honorários de advogado e custas processuais.

1: errado. Nessa direção: "CONSTITUCIONAL. SÚMULA DA JURISPRUDÊNCIA PREDOMINANTE. AÇÃO DIRETA DE INCONSTITUCIONALIDADE. ATO NORMATIVO. SÚMULA N. 16, DO SUPERIOR TRIBUNAL DE JUSTIÇA. I. A SÚMULA, PORQUE NÃO APRESENTA AS CARACTERÍSTICAS DE ATO NORMATIVO, NÃO ESTÁ SUJEITA À JURISDIÇÃO CONSTITUCIONAL CONCENTRADA. II. AÇÃO DIRETA DE INCONSTITUCIONALIDADE NÃO CONHECIDA. (ADI 594, Relator(a): Min. CARLOS VELLOSO, Tribunal Pleno, julgado em 19/02/1992, DJ 15-04-1994 PP-08046 EMENT VOL-01740-01 PP-00008; 2: errado. Insta salientar que não há qualquer óbice quanto ao conhecimento, até de ofício, das questões afetas à constitucionalidade das normas. Desse modo, revela-se prescindível pedido expresso da parte nesse tocante. Nesse sentido: "A questão de constitucionalidade deve ser suscitada pelas partes ou pelo Ministério Público, podendo vir a ser reconhecida *ex officio* pelo juiz ou tribunal" (MENDES, Gilmar *et alii*. *Curso de direito constitucional*. 3. ed. São Paulo: Saraiva, 2008, p. 1.070).

Gabarito 1E, 2E.

**(Cartório/DF – 2001 – CESPE)** Julgue os itens abaixo.

(1) O reconhecimento da inconstitucionalidade de lei ou de ato do poder público pode ser pleiteado pela parte como fundamento de ação em qualquer processo, mas não pode ser objeto de pedido em sentido estrito.
(2) A declaração de inconstitucionalidade *incidenter tantum* feita por juiz de primeiro grau ou por órgão colegiado ficará acobertada pela coisa julgada.
(3) Estando o juiz adstrito ao pedido do autor (*ne procedat iudex ex officio*), somente se declarará a inconstitucionalidade incidente se esta for arguida pela parte.
(4) O Superior Tribunal de Justiça, ainda que adstrito, em sede de recurso especial, a exame de questão federal infraconstitucional, pode examinar *incidenter tantum* a inconstitucionalidade da norma aplicada, observado o princípio da reserva de plenário.

1: correto. Cuida-se do controle difuso de constitucionalidade, comumente denominado de controle pela via de exceção. Avulta observar que o procedimento previsto nos arts. 480 a 483 do CPC não se aplica ao primeiro grau de jurisdição, mas sim à declaração de inconstitucionalidade suscitada perante órgão fracionário de tribunal. Ademais, o controle concentrado ou abstrato de constitucionalidade, isto é, aquele realizado por meio de ação direta, só pode ser suscitado pelos legitimados constantes do art. 103 da CF; 2: incorreto, porquanto a matéria constitucional é decidida *incidenter tantum*, ou seja, como questão prejudicial ao mérito da lide; 3: incorreto. Convém gizar que não há qualquer óbice quanto ao conhecimento, de ofício, das questões afetas à constitucionalidade das normas. Nesse sentido: "A questão de constitucionalidade deve ser suscitada pelas partes ou pelo Ministério Público, podendo vir a ser reconhecida *ex officio* pelo juiz ou tribunal" (MENDES, Gilmar *et alii*. *Curso de direito constitucional*. 3. ed. São Paulo: Saraiva, 2008, p. 1.070); 4: correto (arts. 5º, XXXV, e 97 da CF). A exemplo do que ora se assevera, note-se o julgado assim ementado: "CONSTITUCIONAL. TRIBUTÁRIO. LEI INTERPRETATIVA. PRAZO DE PRESCRIÇÃO PARA A REPETIÇÃO DE INDÉBITO, NOS TRIBUTOS SUJEITOS A LANÇAMENTO POR HOMOLOGAÇÃO. LC 118/2005: NATUREZA MODIFICATIVA (E NÃO

SIMPLESMENTE INTERPRETATIVA) DO SEU ARTIGO 3º. INCONSTITUCIONALIDADE DO SEU ART. 4º, NA PARTE QUE DETERMINA A APLICAÇÃO RETROATIVA. 1. Sobre o tema relacionado com a prescrição da ação de repetição de indébito tributário, a jurisprudência do STJ (1ª Seção) é no sentido de que, em se tratando de tributo sujeito a lançamento por homologação, o prazo de cinco anos, previsto no art. 168 do CTN, tem início, não na data do recolhimento do tributo indevido, e sim na data da homologação – expressa ou tácita - do lançamento. Segundo entende o Tribunal, para que o crédito se considere extinto, não basta o pagamento: é indispensável a homologação do lançamento, hipótese de extinção albergada pelo art. 156, VII, do CTN. Assim, somente a partir dessa homologação é que teria início o prazo previsto no art. 168, I. E, não havendo homologação expressa, o prazo para a repetição do indébito acaba sendo, na verdade, de dez anos a contar do fato gerador. 2. Esse entendimento, embora não tenha a adesão uniforme da doutrina e nem de todos os juízes, é o que legitimamente define o conteúdo e o sentido das normas que disciplinam a matéria, já que se trata do entendimento emanado do órgão do Poder Judiciário que tem a atribuição constitucional de interpretá-las. 3. O art. 3º da LC 118/2005, a pretexto de interpretar esses mesmos enunciados, conferiu-lhes, na verdade, um sentido e um alcance diferente daquele dado pelo Judiciário. Ainda que defensável a 'interpretação' dada, não há como negar que a Lei inovou no plano normativo, pois retirou das disposições interpretadas um dos seus sentidos possíveis, justamente aquele tido como correto pelo STJ, intérprete e guardião da legislação federal. 4. Assim, tratando-se de preceito normativo modificativo, e não simplesmente interpretativo, o art. 3º da LC 118/2005 só pode ter eficácia prospectiva, incidindo apenas sobre situações que venham a ocorrer a partir da sua vigência. 5. O art. 4º, segunda parte, da LC 118/2005, que determina a aplicação retroativa do seu art. 3º, para alcançar inclusive fatos passados, ofende o princípio constitucional da autonomia e independência dos poderes (CF, art. 2º) e o da garantia do direito adquirido, do ato jurídico perfeito e da coisa julgada (CF, art. 5º, XXXVI). 6. Arguição de inconstitucionalidade acolhida" (AI nos EREsp 644736/PE, Rel. Ministro TEORI ALBINO ZAVASCKI, CORTE ESPECIAL, julgado em 06/06/2007, DJ 27/08/2007, p. 170).

Gabarito 1C, 2E, 3E, 4C

## 11. CUMPRIMENTO DE SENTENÇA E PROCESSO DE EXECUÇÃO

(Cartório/SP – 2012 – VUNESP) A averbação no registro de imóveis da certidão comprobatória do ajuizamento da execução

(A) assegura ao exequente a preferência no recebimento do dinheiro por ocasião da venda do imóvel em hasta pública.
(B) faz presumir ter sido realizada em fraude de execução a alienação posterior do bem sobre o qual recaiu a averbação.
(C) autoriza o exequente a realizar, com prioridade sobre os demais credores, a penhora do bem imóvel sobre o qual recaiu a averbação.
(D) dispensa o exequente de realizar a penhora subsequente do bem imóvel sobre o qual recaiu a averbação.

Art. 615-A, § 3º, do CPC.
Gabarito "B".

(Cartório/SP – 2012 – VUNESP) João da Silva compra, por meio de escritura pública, imóvel de José dos Santos, situado na Comarca de Campinas, com pagamento à vista do preço. Após a lavratura da escritura de compra e venda e recebimento da posse pelo comprador, o imóvel é penhorado em execução de título executivo extrajudicial movida na Comarca de São Paulo contra o vendedor, o qual foi citado antes da venda e não tem outros bens suficientes para a satisfação do débito. O exequente não procedeu à averbação prevista no art. 615-A do CPC, nem o vendedor comunicou ao comprador a existência da execução. De acordo com entendimento sumular do Superior Tribunal de Justiça,

(A) não ocorreu fraude à execução, pois o seu reconhecimento depende do registro da penhora do bem alienado ou da prova de má-fé do terceiro adquirente.
(B) não ocorreu fraude à execução, pois o seu reconhecimento depende da lavratura do auto ou termo de penhora do bem alienado, independente do respectivo registro, ou da prova de má-fé do terceiro adquirente.
(C) ocorreu fraude à execução, pois a escritura de compra e venda é posterior ao ajuizamento da execução.
(D) ocorreu fraude à execução, pois a escritura de compra e venda é posterior à citação válida do executado.

Súmula 375 do STJ: "O reconhecimento da fraude à execução depende do registro da penhora do bem alienado ou da prova de má-fé do terceiro adquirente".
Gabarito "A".

(Cartório/SP – 2012 – VUNESP) Para satisfação do débito reconhecido no título executivo, não pode(m) ser penhorado(s)

(A) os bens do sucessor do devedor a título singular, tratando-se de execução fundada em direito real ou obrigação reipersecutória.
(B) os bens do devedor, quando em poder de terceiros.
(C) a quantia depositada em caderneta de poupança até o limite de 40 (quarenta) salários mínimos.
(D) o bem móvel que guarnece a residência do executado, quando a execução referir-se ao crédito concedido para a aquisição do próprio bem.

A: incorreto (art. 592, I, do CPC); B: incorreto (art. 592, III, do CPC); C: correto (art. 649, X, do CPC); D: incorreto (649, § 1º, do CPC).
Gabarito "C".

(Cartório/RJ – 2012) Sobre o processo de execução, analise as assertivas abaixo.

I. É definitiva a execução fundada em título extrajudicial, assim como a execução enquanto pendente apelação da sentença de improcedência dos embargos do executado, quando recebidos com efeito suspensivo.
II. Ficam sujeitos à execução os bens do sucessor a título singular, tratando-se de execução fundada em direito real ou obrigação reipersecutória.

III. O credor, que estiver, por direito de retenção, na posse de coisa pertencente ao devedor, poderá promover a execução sobre outros bens, mesmo antes de excutida a coisa que se achar em seu poder.

É correto o que se afirma em

(A) I, apenas.
(B) II, apenas.
(C) III, apenas.
(D) II e III, apenas.
(E) I, II e III.

I: incorreto (art. 587 do CPC); II: correto (art. 592, I, do CPC); III: incorreto (art. 594 do CPC).
Gabarito "B".

**(Cartório/MG – 2012 – FUMARC)** Considerando o disposto no Código de Processo Civil,

(A) são absolutamente impenhoráveis os frutos e rendimentos dos bens inalienáveis.
(B) constitui título executivo extrajudicial o instrumento de transação referendado pela Defensoria Pública.
(C) o ajuizamento de qualquer ação pertinente ao débito constante do título executivo inibe o credor de promover-lhe a execução.
(D) os títulos executivos extrajudiciais, oriundos de país estrangeiro, dependem de homologação pelo Supremo Tribunal Federal, para ter eficácia executiva no Brasil.

A: incorreto (art. 650 do CPC); B: correto (art. 585, II, do CPC); C: incorreto (art. 585, § 1º, do CPC); D: incorreto (art. 585, § 2º, do CPC).
Gabarito "B".

**(Cartório/MG – 2012 – FUMARC)** Considerando o disposto no Código de Processo Civil,

(A) a impugnação ao cumprimento de sentença não poderá versar sobre a inexigibilidade do título.
(B) a desistência do recurso, se ofertadas contrarrazões, depende da anuência da parte recorrida ou dos litisconsortes.
(C) verificando o tribunal que o preparo foi feito a menor, decretará de imediato a deserção do recurso e determinará a devolução dos autos à instância de origem.
(D) a apelação interposta contra sentença que homologar a divisão ou a demarcação será recebida somente no efeito devolutivo, sendo possível a execução provisória enquanto estiver pendente o recurso.

A: incorreto (art. 475-L, II, do CPC); B: incorreto (art. 501 do CPC); C: incorreto (art. 511, § 2º, do CPC); D: correto (arts. 475-I, § 1º, 520, I, e 521 do CPC).
Gabarito "D".

**(Cartório/RN – 2012 – IESIS)** Quanto à liquidação de sentença, é correto afirmar, **EXCETO**, que:

(A) A causa não poderá ser rediscutida na liquidação.
(B) Cabe agravo de instrumento contra a decisão de liquidação.
(C) A liquidação por arbitramento se dá por atividade do magistrado que determina o valor devido, conforme critérios de ponderação aplicados à natureza da causa.
(D) A liquidação por artigos se impõe quando houver a necessidade de se alegar e provar fato novo.

A: correto (art. 475-G do CPC); B: correto (art. 475-H do CPC); C: incorreto, devendo ser assinalada. Na liquidação por arbitramento, o valor da condenação é apurado com base em laudo pericial (art. 475-D, *caput*, do CPC); D: correto (art. 475-E do CPC).
Gabarito "C".

**(Cartório/SP – 2011 – VUNESP)** Sobre a execução, assinale a alternativa incorreta.

(A) Após a avaliação e antes mesmo das hastas públicas, o credor poderá requerer a adjudicação dos bens em seu favor. Se o valor da dívida for inferior ao da avaliação, caberá ao credor completar a diferença.
(B) Quando a avaliação do bem revelar que ele é muito superior à dívida, ouvidas as partes, o juiz mandará reduzir a penhora a bens disponíveis e que satisfaçam a execução.
(C) As hastas públicas serão realizadas por leiloeiro público, que não poderá ser indicado pelo credor, pois se trata de função de confiança do Juízo, a quem competirá inclusive a fixação da comissão.
(D) Quando o exequente aceita a estimativa feita pelo executado sobre o valor do bem penhorado, desnecessária a avaliação judicial.

A: correto (arts. 647, I, e 685-A, § 1º, do CPC); B: correto (art. 685, I, do CPC); C: incorreto, devendo ser assinalada (arts. 704 e 706 do CPC); D: correto (art. 684, I, do CPC).
Gabarito "C".

**(Cartório/SP – 2011 – VUNESP)** O juiz autorizará a alienação antecipada dos bens penhorados, quando

(A) sujeitos à deterioração ou depreciação.
(B) houver urgência no pagamento de indenização.
(C) o credor for beneficiário da justiça gratuita.
(D) a dívida tributária pendente, a cargo do devedor, exigir pronto pagamento.

Art. 670, I, do CPC.
Gabarito "A".

**(Cartório/MS – 2009 – VUNESP)** No processo de execução, pode-se afirmar sobre os títulos executivos que

(A) dependem de homologação pelo Supremo Tribunal Federal, para serem executados, os títulos executivos extrajudiciais, oriundos de país estrangeiro.
(B) a propositura de qualquer ação relativa ao débito constante do título executivo inibe o credor de promover-lhe a execução.
(C) são títulos executivos judiciais o crédito de serventuário de justiça, de perito, de intérprete, ou tradutor, quando as custas, emolumentos ou honorários forem aprovados por decisão judicial.
(D) a execução para cobrança de crédito poderá fundar-se em título de obrigação ilíquida.
(E) é definitiva a execução fundada em título extrajudicial; é provisória enquanto pendente apelação da sentença de improcedência dos embargos do executado, quando recebidos com efeito suspensivo.

A: incorreto (art. 585, § 2°, do CPC); B: incorreto (art. 585, § 1°, do CPC); C: incorreto. Cuida-se de título executivo *extrajudicial* (art. 585, VI, do CPC); D: incorreto (art. 580 do CPC); E: correto (art. 587 do CPC).
Gabarito "E".

**(Cartório/MS – 2009 – VUNESP)** Sobre os embargos do devedor, é correto afirmar que

(A) o executado poderá opor-se à execução por meio de embargos, desde que fundamentado em penhora, depósito ou caução.
(B) quando houver mais de um executado, o prazo para embargar conta-se a partir da juntada do último mandado citatório.
(C) quando os executados litisconsortes tiverem diferentes procuradores, ser-lhes-ão contados em dobro os prazos para falar nos autos.
(D) quando o efeito suspensivo atribuído aos embargos disser respeito apenas a parte do objeto da execução, esta prosseguirá quanto à parte restante.
(E) a concessão de efeito suspensivo impedirá a efetivação dos atos de penhora e de avaliação dos bens.

A: incorreto (art. 736, *caput*, do CPC). O ajuizamento de embargos à execução pelo devedor independe de penhora, depósito ou caução; B: incorreto (art. 738, § 1°, do CPC); C: incorreto (art. 738, § 3°, do CPC); D: correto (art. 739-A, § 3°, do CPC); E: incorreto (art. 739-A, § 6°, do CPC).
Gabarito "D".

**(Cartório/MA – 2008 – IESES)** Sobre o processo de execução, é correto afirmar:

(A) Opostos embargos à execução, independentemente da garantia do juízo (penhora, depósito ou caução), poderá o juiz atribuir-lhes efeito suspensivo quando, sendo relevantes seus fundamentos, o prosseguimento da execução manifestamente possa causar ao executado grave dano de difícil ou incerta reparação.
(B) É considerado título executivo extrajudicial o documento particular assinado pelo devedor e por duas testemunhas, assim também o instrumento de transação referendado pelo Ministério Público, pela Defensoria Pública ou pelos advogados dos transatores.
(C) Os embargos à execução serão oferecidos no prazo de até 10 (dez) dias, contados da data da juntada aos autos do mandado de citação do executado.
(D) Em caso de execução fundada em título extrajudicial, o executado será citado para efetuar o pagamento em 03 (três) dias ou nomear bens a penhora, caso pretenda opor embargos à execução

A: incorreto. Para que seja atribuído efeito suspensivo aos embargos, é mister que o juízo esteja garantido por penhora, depósito ou caução (art. 739-A, § 1°, do CPC); B: correto (art. 585, II, do CPC); C: incorreto (art. 738, *caput*, do CPC). O devedor poderá afolar os embargos no prazo de 15 dias, contados da juntada aos autos do mandado de citação cumprido; D: incorreto (art. 736, *caput*, do CPC). O ajuizamento de embargos à execução pelo devedor independe de penhora, depósito ou caução.
Gabarito "B".

**(Cartório/RJ – 2008 – UERJ)** É correto afirmar que os embargos de devedor, opostos em lugar da impugnação ao cumprimento da sentença:

(A) serão sempre recebidos no efeito suspensivo
(B) independem da garantia do Juízo
(C) a decisão relativa aos efeitos dos embargos não poderá ser modificada pelo Juiz
(D) serão ofertados no prazo de 15 (quinze) dias, contados da data da citação do executado
(E) quando recebidos no duplo efeito, inviabilizam a efetivação dos atos de penhora e avaliação

A: incorreto (art. 739-A, *caput* e § 1°, do CPC); B: correto (art. 736, *caput*, do CPC); C: incorreto (art. 739-A, § 2°, do CPC); D: incorreto (art. 738, *caput*, do CPC); E: incorreto (art. 739-A, § 6°, do CPC).
Gabarito "B".

**(Cartório/SC – 2008)** Assinale a afirmativa INCORRETA. São títulos executivos extrajudiciais:

(A) O cheque, a duplicata, a nota promissória e a escritura pública assinada pelo devedor.
(B) A duplicata e o instrumento de transação referendado pelo Ministério Público, pela Defensoria Pública ou pelos advogados dos transatores.
(C) A letra de câmbio, a duplicata, a nota promissória, a debênture e o cheque.
(D) Os contratos garantidos por hipoteca, penhor e anticrese bem como os de seguro de vida.
(E) A letra de câmbio, a duplicata e o documento particular assinado pelo devedor.

Art. 585, II, segunda parte, do CPC. Apenas o documento particular assinado pelo devedor *e por duas testemunhas* é que possui a natureza de título executivo extrajudicial.
Gabarito "E".

**(Cartório/SE – 2006 – CESPE)** Em relação ao processo de execução e aos embargos do devedor, julgue os itens subsequentes.

(1) Na execução contra devedores solidários em que são penhorados bens de apenas um deles, fica garantido o juízo, o que enseja a qualquer um desses devedores, isoladamente ou em conjunto, a apresentação de embargos à execução.
(2) Se, na ação de execução por título extrajudicial, depois de efetivado o arresto, o devedor não for encontrado, e, permanecer inviável sua localização, admite-se a citação por edital.

1: correto. Apesar de o item 1 ter sido apontado como verdadeiro pelo gabarito oficial, cumpre registrar que, desde o advento da Lei 11.382/2006, afigura-se prescindível a garantia do juízo para que o devedor apresente embargos (art. 736, *caput*, do CPC); 2: correto (art. 654 do CPC).
Gabarito 1C, 2C.

**(Cartório/MG – 2005 – EJEF)** É *CORRETO* afirmar que, na execução de sentença contra a Fazenda Pública Municipal, inexistindo oposição de embargos, a requerimento da parte exequente, deve o Juiz requisitar o pagamento por intermédio

(A) de penhora *online*.
(B) do Presidente do Tribunal.

(C) do Secretário da Fazenda Municipal.
(D) do sistema BACENJUD.

Art. 730, I, do CPC.
Gabarito "B".

**(Cartório/DF – 2003 – CESPE)** Em relação ao processo de execução, julgue os seguintes itens, com base no entendimento do STJ.

(1) Não é vedada a penhora de vaga de garagem com registro e matrícula próprios, ainda que o imóvel seja considerado bem de família, característica que não alcança a vaga.
(2) A decretação de falência de uma empresa não paralisa o processo de execução fiscal contra ela anteriormente instaurado, não desloca a competência para o juízo da falência e tampouco desconstitui a penhora realizada anteriormente à decretação da quebra.
(3) Se, após o decreto da falência de uma empresa, for instaurada contra ela execução fiscal pela União, esta tramitará na justiça federal, e a penhora será determinada pelo juiz federal, no rosto dos autos da falência.

1: certo (Súmula 449 do STJ: "A vaga de garagem que possui matrícula própria no registro de imóveis não constitui bem de família para efeito de penhora"); 2 e 3: certos (arts. 5º e 29, *caput*, da Lei 6.830/1980, 76, *caput*, da Lei 11.101/2005 e 187, *caput*, do CTN). Nada obstante o item 3 ter sido apontado como correto pela banca examinadora, impende assinalar que o juízo da execução fiscal poderá alienar os bens penhorados no bojo da ação executiva. Todavia, o produto da arrematação deverá ser remetido ao juízo universal da falência, em atenção à preferência de que goza o crédito trabalhista sobre os de natureza tributária, observada a ordem de prioridade legal. Corroborando tal assertiva: "EXECUÇÃO FISCAL – PENHORA ANTERIOR À DECRETAÇÃO DA FALÊNCIA DO DEVEDOR – PACIFICAÇÃO DA MATÉRIA PELA CORTE ESPECIAL E PELA PRIMEIRA SEÇÃO DO STJ, NO SENTIDO DE ARRECADAR O PRODUTO DA PENHORA PARA O JUÍZO FALIMENTAR. 1. A controvérsia dos autos resume-se à possibilidade de o bem imóvel, objeto de penhora em execução fiscal, ser arrecadado pela massa falida após penhora, ou mesmo após o leilão daquele bem perante o juízo da execução fiscal. 2. A Súmula 44 do extinto Tribunal Federal de Recursos assim dispõe: 'ajuizada a execução fiscal anteriormente à falência, com penhora realizada antes desta, não ficam os bens penhorados sujeitos à arrecadação no juízo falimentar; proposta a execução fiscal contra massa falida, a penhora far-se-á no rosto dos autos do processo da quebra, citando-se o síndico'. 3. Entretanto, em vista da preferência dos créditos trabalhistas em face dos créditos tributários, o produto da arrematação realizada na execução fiscal deve ser colocado à disposição do juízo falimentar para garantir a quitação dos créditos trabalhistas. Trata-se de interpretação sistemática dos arts. 29 da Lei n. 6.830/1980 e 186 e 187, estes do Código Tributário Nacional - CTN. 4. Precedentes: EREsp 444.964/RS; Rel. Min. Eliana Calmon, DJ 9.12.2003; AgRg no REsp 815.161/SP, Rel. Min. José Delgado, julgado em 11.4.2006, DJ 22.5.2006; REsp 440.787/RS, Rel. Min. Eliana Calmon, Segunda Turma, DJU 13.9.2004. Agravo regimental improvido" (AgRg no REsp 783.318/SP, Rel. Ministro HUMBERTO MARTINS, SEGUNDA TURMA, julgado em 19/03/2009, DJe 14/04/2009).
Gabarito "1C, 2C, 3C".

**(Cartório/MT – 2003 – UFMT)** Sobre execução de título extrajudicial, que contenha obrigação de pagar quantia certa, é correto afirmar:

(A) Feita a penhora, intimar-se-á o devedor para embargar a execução no prazo de 48 horas, a partir da juntada do mandado de intimação aos autos.
(B) Feita a penhora, intimar-se-á o devedor para embargar a execução no prazo de 10 dias, a partir da juntada aos autos do mandado de intimação aos autos.
(C) O executado, independentemente de penhora, poderá opor-se à execução por meio de embargos, no prazo de 15 dias, contados da data da juntada aos autos do mandado de citação.
(D) Feita a penhora, intimar-se-á o devedor para embargar a execução no prazo de 5 dias, a partir da juntada do mandado de intimação aos autos.
(E) Feita a penhora, intimar-se-á o devedor para impugnar a execução no prazo de 15 dias, a partir da intimação realizada na pessoa do advogado.

Arts. 736, *caput*, e 738, *caput*, do CPC.
Gabarito "C".

**(Cartório/SP – V – VUNESP)** A liquidação de sentença por artigos

(A) comporta prova técnica se cumulada com arbitramento.
(B) comporta prova técnica sempre que necessário.
(C) não comporta prova técnica, reservada ao arbitramento.
(D) comporta prova técnica, se houve referência expressa quanto à sua necessidade na sentença.

Arts. 475-E e 475-F do CPC, até porque se aplicam à liquidação por artigos as regras do procedimento comum ordinário, inclusive aquelas pertinentes ao campo probatório.
Gabarito "B".

**(Cartório/SP – V – VUNESP)** Assinale a alternativa correta.

(A) Quando o juiz decidir relação jurídica sujeita a condição suspensiva, poderá o credor executar a sentença independentemente de prova da ocorrência do evento futuro e incerto.
(B) Quando o juiz decidir relação jurídica sujeita a encargo, poderá o credor executar a sentença independentemente de prova do cumprimento da obrigação.
(C) Quando o juiz decidir relação jurídica sujeita a condição ou termo, o credor não poderá executar a sentença sem provar que se realizou a condição ou que ocorreu o termo.
(D) Quando o juiz decidir relação jurídica sujeita a termo, o credor não poderá executar a sentença sem provar que ocorreu o termo, mas, se sujeita a relação a condição suspensiva ou resolutiva, o credor poderá executar a sentença, independentemente da prova de realização do evento futuro e incerto.

Art. 572 do CPC.
Gabarito "C".

**(Cartório/SP – V – VUNESP)** Na hipótese de alienação em hasta pública de bem imóvel hipotecado ou emprazado,

(A) é facultativa a intimação do credor hipotecário ou senhorio direto, exceto se forem partes na execução.
(B) é obrigatória a intimação relativamente ao credor pignoratício, hipotecário ou anticrético e ao usufrutuário, sob pena de ineficácia da alienação.
(C) é obrigatória a intimação do credor hipotecário ou senhorio direto, desde que sejam partes na execução, sob pena de nulidade da alienação.
(D) é obrigatória a intimação do credor pignoratício, hipotecário ou anticrético, mas é facultativa a intimação do usufrutuário, que figurará obrigatoriamente como parte na execução.

Arts. 615, II, 619 e 698 do CPC.
Gabarito "B".

**(Cartório/SP – V – VUNESP)** Na hipótese de hasta pública para alienação de bem imóvel hipotecado,

(A) é dispensável a cientificação do cônjuge do credor hipotecário, ante a falta de interesse de agir desse cônjuge.
(B) é obrigatória a cientificação do cônjuge do credor hipotecário, por se tratar de negócio jurídico referente a direito real sobre bem imóvel.
(C) é obrigatória a cientificação do cônjuge do credor hipotecário, uma vez que a este último será assegurado o exercício do direito de preferência na aquisição da coisa.
(D) é obrigatória a cientificação do cônjuge do credor hipotecário, pois a alienação implica na extinção da hipoteca, direito real sobre bem imóvel.

O art. 655, § 2º, do CPC, prevê a necessidade de intimação do cônjuge do executado quando a penhora recair sobre bem imóvel. Portanto, à míngua de exigência normativa e até de necessidade da medida, revela-se prescindível a cientificação do cônjuge do credor hipotecário em tal circunstância.
Gabarito "A".

**(Cartório/SP – V – VUNESP)** São títulos executivos extrajudiciais:

(A) os contratos de hipoteca, de penhor, de anticrese e de caução, bem como de seguro de vida e de acidentes pessoais de que resulte morte ou incapacidade.
(B) a escritura pública ou outro documento público assinado pelo devedor, o documento particular assinado pelo devedor e por duas testemunhas.
(C) os instrumentos de transação referendados pelo Ministério Público, pela Defensoria Pública ou pelos advogados dos transatores.
(D) todas as alternativas estão corretas.

Arts. 585, II e III, do CPC, registrando-se que a questão foi formulada antes da reforma operada pela Lei 11.382/2006.
Gabarito "D".

**(Cartório/SP – V – VUNESP)** São requisitos da carta de sentença:

(A) a autuação, a petição inicial e a sentença exequenda.
(B) a petição inicial, a procuração das partes, a contestação e a sentença exequenda.
(C) a petição inicial, a contestação, a sentença exequenda e o despacho do recebimento do recurso.
(D) todas as alternativas estão corretas.

A questão foi elaborada com arrimo no já revogado art. 590 do CPC. Atualmente, a matéria está disciplinada pelo art. 475-O, § 3º, do CPC.
Gabarito "D".

**(Cartório/SP – V – VUNESP)** A penhora de bens imóveis realizar-se-á

(A) por auto ou termo de penhora, cabendo ao exequente providenciar o respectivo registro no cartório imobiliário para produzir eficácia *erga omnes* do ato constritivo, independentemente de mandado judicial.
(B) por meio do competente registro no cartório imobiliário respectivo, sob pena de inexistência do ato.
(C) por meio do competente registro no cartório imobiliário, por mandado judicial, sob pena de invalidade do ato.
(D) por auto ou termo de penhora, dependendo o registro no cartório imobiliário de mandado judicial para eficácia da medida.

Art. 659, § 4º, do CPC.
Gabarito "A".

**(Cartório/SP – IV – VUNESP)** Admite-se a penhora

(A) do veículo de transporte, mesmo quando utilizado como instrumento de trabalho pelo devedor.
(B) do imóvel residencial próprio do executado ou da entidade familiar, na execução promovida pelo credor em decorrência de financiamento destinado à construção ou aquisição do imóvel.
(C) do salário.
(D) dos livros, máquinas e utensílios, ainda se necessários ou úteis ao exercício de qualquer profissão.

A: incorreto. Nesse sentido: "PROCESSUAL CIVIL E TRIBUTÁRIO. EXECUÇÃO FISCAL. IMPENHORABILIDADE DE BEM. ART. 649, V, DO CPC. AUSÊNCIA DE PROVA. SÚMULA 7/STJ. ART. 332 DO CPC. PROVA TESTEMUNHAL. OBJEÇÃO DE IMPENHORABILIDADE. DILAÇÃO PROBATÓRIA. DESCABIMENTO. 1. As diversas leis que disciplinam o processo civil brasileiro deixam claro que a regra é a penhorabilidade dos bens, de modo que as exceções decorrem de previsão expressa em lei, cabendo ao executado o ônus de demonstrar a configuração, no caso concreto, de alguma das hipóteses de impenhorabilidade previstas na legislação, como a do art. 649, V, do CPC, *verbis*: 'São absolutamente impenhoráveis (...) os livros, as máquinas, as ferramentas, os utensílios, os instrumentos ou outros bens móveis necessários ou úteis ao exercício de qualquer profissão'. 2. Cabe ao executado, ou àquele que teve um bem penhorado, demonstrar que o bem móvel objeto de constrição judicial enquadra-se nessa situação de 'utilidade' ou 'necessidade' para o exercício da profissão. Caso o julgador não adote uma interpretação cautelosa do dispositivo, acabará tornando a impenhorabilidade a regra, o que contraria a lógica do processo civil brasileiro, que atribui ao executado o ônus de desconstituir o título executivo ou de obstruir a satisfação do crédito. 3. Assim, a menos que o automóvel seja a própria ferramenta de trabalho, como ocorre no caso dos taxistas (REsp 839.240/CE, Rel.Min. Eliana Calmon, Segunda Turma, DJ de 30.08.06), daqueles que se dedicam ao transporte escolar (REsp 84.756/RS, Rel. Min. Ruy Rosado, Quarta Turma, DJ de 27.05.96), ou na hipótese de o proprietário ser instrutor de auto-escola, não poderá ser considerado, de per si, como 'útil' ou 'necessário' ao desempenho profissional, devendo o executado, ou o terceiro interessado, fazer prova dessa 'necessidade' ou 'utilidade'. Do contrário, os automóveis passarão à condição de bens absolutamente impenhoráveis, independentemente de prova, já que, de uma forma ou de outra, sempre serão utilizados para o deslocamento de pessoas de suas residências até o local de trabalho, ou do trabalho até o local da prestação do serviço. 4. No caso, o aresto recorrido negou provimento ao agravo do ora recorrente, porque ele não fez prova da 'utilidade' ou 'necessidade' do veículo penhorado para o exercício profissional. Assim, para se infirmar a tese adotada no aresto recorrido - de que o recorrente não fez prova da 'utilidade' ou 'necessidade' do bem penhorado para o exercício de sua profissão - será necessário o reexame de matéria fática, o que é incompatível com a natureza do recurso especial, nos termos da Súmula 7/STJ. 5. Tendo sido a discussão sobre a impenhorabilidade do bem travada no âmbito da própria execução, por meio de objeção de impenhorabilidade, não cabia, como não cabe, dilação probatória, não havendo que se falar em cerceamento de defesa pela não realização da prova testemunhal. Ademais, se o ora recorrente sabia da necessidade de produzir provas em juízo, deveria ter recorrido da decisão que cancelou a autuação dos embargos à penhora, convertendo-o em objeção de impenhorabilidade inclusa nos próprios autos da execução. Ausência de violação do art. 332 do CPC. 6. Recurso especial conhecido em parte e não provido, divergindo da nobre Relatora" (REsp 1196142/RS, Rel. Ministra ELIANA CALMON, Rel. p/ Acórdão Ministro CASTRO MEIRA, SEGUNDA TURMA, julgado em 05/10/2010, DJe 02/03/2011); B: correto (arts. 649, § 1º, do CPC e 3º, II, da Lei 8.009/1990); C: correto. Em que pese a banca examinadora ter apontado como errada tal assertiva, é de rigor ponderar que o salário pode ser penhorado para o adimplemento de prestação alimentícia (art. 649, IV e § 2º, e 734, ambos do CPC). Nessa direção: "PROCESSUAL CIVIL. RECURSO ESPECIAL. EXECUÇÃO DE ALIMENTOS. VERBAS PRETÉRITAS. NATUREZA ALIMENTAR DAS PRESTAÇÕES EXEQUENDAS QUE NÃO SE ALTERA COM O DECURSO DO TEMPO. PENHORABILIDADE DO SOLDO DO DEVEDOR. 1. O caráter absoluto da impenhorabilidade dos vencimentos, soldos e salários (dentre outras verbas destinadas à remuneração do trabalho) é excepcionado pelo § 2º do art. 649 do CPC - aplicável às execuções que tramitam sob o rito do art. 732 da lei processual civil - quando se tratar de penhora para pagamento de prestações alimentícias. 2. A natureza do crédito alimentar, que constitui verba destinada à satisfação das necessidades de quem não pode com elas arcar, não se transmuda com o mero decurso do tempo. Precedente. 3. Não admitir a constrição de verbas salariais, por efeito do lapso temporal já transcorrido desde o não pagamento da dívida de alimentos, resulta em inaceitável premiação à recalcitrância do devedor inadimplente. 4. Recurso especial provido" (REsp 1139401/RS, Rel. Ministra NANCY ANDRIGHI, TERCEIRA TURMA, julgado em 18/09/2012, DJe 05/12/2012). Confira-se ainda: "PROCESSUAL CIVIL E LOCAÇÃO. ALEGADA VIOLAÇÃO AOS ARTS. 591, 646, 649, INCISO IV, E 655, INCISO I, DO CÓDIGO DE PROCESSO CIVIL. INOCORRÊNCIA. VERBA ALIMENTAR ORIUNDA DE SALÁRIO E CRÉDITO DE FGTS DECORRENTE DE RESCISÃO CONTRATUAL. 1. A jurisprudência deste Superior Tribunal de Justiça somente tem admitido a penhora de verbas de natureza alimentar, bem como de valores decorrentes de FGTS, depositadas em conta-corrente, nas hipóteses de execução de alimentos. Nas demais execuções, as referidas verbas estão resguardadas pela impenhorabilidade prevista no art. 649, inciso IV, do Código de Processo Civil. 2. Recurso especial desprovido" (REsp 805.454/SP, Rel. Ministra LAURITA VAZ, QUINTA TURMA, julgado em 04/12/2009, DJe 08/02/2010); D: incorreto (art. 649, V, do CPC).

Gabarito "B".

(Cartório/SP – IV – VUNESP) Condenado o obrigado, em processo de conhecimento, a emitir declaração de vontade:

(A) não é admitida, no sistema processual brasileiro, sentença nos moldes do enunciado.
(B) caberá processo de execução para a exigência do cumprimento, com possibilidade de oposição de embargos.
(C) a obrigação será exigida mediante cominação de multa diária e, no caso de descumprimento, será convertida em perdas e danos.
(D) a sentença, uma vez transitada em julgado, produzirá os efeitos da declaração a ser emitida.

Art. 466-A do CPC.

Gabarito "D".

(Cartório/SP – III – VUNESP) O devedor ou responsável pode requerer a substituição do bem penhorado por dinheiro?

(A) Não, porque a penhora é insubstituível após a efetivação do ato.
(B) Sim, a todo tempo, antes da arrematação ou da adjudicação.
(C) Sim, desde que haja concordância do credor exequente.
(D) Sim, após a arrematação ou a adjudicação, antes da assinatura do respectivo auto pelo juiz.

A questão foi formulada sob a égide da antiga redação do art. 668 do CPC, in verbis: "O devedor, ou responsável, pode, a todo tempo, antes da arrematação ou da adjudicação, requerer a substituição do bem penhorado por dinheiro; caso em que a execução correrá sobre a quantia depositada". Atualmente, o caput do referido dispositivo legal assim dispõe: "O executado pode, no prazo de 10 (dez) dias após intimado da penhora, requerer a substituição do bem penhorado, desde que comprove cabalmente que a substituição não trará prejuízo algum ao exequente e será menos onerosa para ele devedor (art. 17, incisos IV e VI, e art. 620)".

Gabarito "B".

(Cartório/SP – II – VUNESP) Considere as seguintes afirmações:

I. o fiador, quando executado, poderá nomear à penhora bens livres e desembaraçados do devedor;
II. o espólio responde pelas dívidas do falecido e, feita a partilha, cada herdeiro responde por elas com a totalidade de seu patrimônio, de forma solidária;
III. o sócio, quando demandado pela dívida, tem direito de exigir que sejam primeiro excutidos os bens da sociedade;
IV. os bens do devedor estão sujeitos à execução, ainda quando em poder de terceiros.

Pode-se dizer que está correto o contido em

(A) I e III, somente.
(B) I, II e III, somente.
(C) I, III e IV, somente.
(D) I, II, III e IV.

I: correto (art. 595, caput, primeira parte, do CPC); II: incorreto (art. 597 do CPC); III: correto (art. 596, caput, segunda parte, do CPC); IV: correto (art. 592, III, do CPC).

Gabarito "C".

## 12. AÇÃO RESCISÓRIA. RECURSOS

**(Cartório/MG – 2012 – FUMARC)** Considerando o disposto no Código de Processo Civil,

**(A)** o juiz não receberá o recurso de apelação, quando a sentença estiver em conformidade com a Súmula do Superior Tribunal de Justiça ou do Supremo Tribunal Federal.

**(B)** o prazo estipulado para o juiz reexaminar os pressupostos de admissibilidade da apelação, após a resposta do recorrido, é de 15 dias.

**(C)** é vedado ao relator negar seguimento liminar ao agravo de instrumento ou convertê-lo em agravo retido.

**(D)** é inadmissível recurso adesivo em sede de recurso extraordinário.

A: correto (art. 518, § 1°, do CPC); B: incorreto. O prazo é de cinco dias (art. 518, § 2°, do CPC); C: incorreto (art. 527, I e II, do CPC); D: incorreto (art. 500, II, do CPC).
Gabarito "A".

**(Cartório/RJ – 2012)** Sobre os recursos no processo civil, é **incorreto** afirmar que

**(A)** quando não forem interpostos embargos infringentes, o prazo para recurso extraordinário ou recurso especial relativo à parte unânime da decisão terá como dia de início aquele em que transitar em julgado a decisão por maioria de votos.

**(B)** o recurso adesivo será admissível na apelação, nos embargos infringentes, no recurso extraordinário e no recurso especial.

**(C)** o recurso adesivo não será conhecido se houver desistência do recurso principal, ou se for ele declarado inadmissível ou deserto.

**(D)** a apelação será recebida em seu efeito devolutivo e suspensivo quando interposta de sentença que decidir o processo cautelar.

**(E)** a apelação será recebida apenas em seu efeito devolutivo quando interposta de sentença que confirmar a antecipação dos efeitos da tutela.

A: correto (art. 498, parágrafo único, do CPC); B: correto (art. 500, II, do CPC); C: correto (art. 500, III, do CPC); D: incorreto (art. 520, IV, do CPC); E: correto (art. 520, VII, do CPC).
Gabarito "D".

**(Cartório/RN – 2012 – IESIS)** Quanto aos recursos, é correto afirmar, **EXCETO**, que:

**(A)** Os embargos de declaração não são recebidos no efeito devolutivo, eis que é o próprio juiz da causa que o analisará.

**(B)** O efeito devolutivo constitui-se na devolução de toda matéria ao tribunal *ad quem*, até mesmo as matérias não impugnadas pelo recurso.

**(C)** Em regra, a apelação é recebida no efeito suspensivo.

**(D)** O recurso de agravo de instrumento poderá ser recebido no efeito suspensivo.

A: correto. Em que pese a banca examinadora ter apontado como correta tal assertiva, pensamos que os declaratórios são dotados tanto de efeito *suspensivo*, posto que sobrestam a eficácia da decisão combatida, quanto *devolutivo*, porquanto devolvem a matéria objeto de impugnação à apreciação do próprio órgão jurisdicional que prolatou o *decisum*. De qualquer sorte, sua cognição é limitada à análise da existência de contradição, de omissão ou de obscuridade; B: incorreto (art. 515, *caput*, do CPC). Por força do efeito devolutivo – corolário do princípio dispositivo –, o órgão *ad quem* só poderá examinar as matérias efetivamente impugnadas pela parte recorrente. Tal princípio encontra-se proclamado na máxima *tantum devolutum quantum appellatum*; C: correto (art. 520, *caput*, do CPC); D: correto (art. 527, III, do CPC).
Gabarito "B".

**(Cartório/SC – 2012)** Acerca do recurso próprio das decisões abaixo, assinale a resposta **INCORRETA:**

**(A)** Cabe agravo da exclusão de um dos litisconsortes passivos da relação processual no despacho saneador.

**(B)** Cabe agravo da decisão que resolve o incidente de impugnação do valor da causa.

**(C)** É agravável a decisão concessiva ou negativa de liminar em sede de ação cautelar.

**(D)** O agravo das decisões proferidas na audiência de instrução e julgamento será o retido.

**(E)** Cabe apelação da concessão da antecipação de tutela, por envolver decisão de mérito.

A e C: corretos. Tais itens foram analisados nos comentários à última alternativa; B: correto (art. 475-M, § 3°, primeira parte, do CPC); D: correto (art. 523, § 3°, do CPC). Ressalve-se, todavia, a possibilidade de interposição de agravo de instrumento em face de deliberação tomada em audiência de instrução e julgamento, desde que sobrevenha hipótese de urgência ou de lesão grave ou de difícil reparação(art. 522, *caput*, do CPC). Corroborando tal ensinamento, eis a doutrina de Fredie Didier Jr.: "Proferida decisão em audiência, o agravo deve ser retido e oral, interposto imediatamente, ou seja, antes de encerrada a audiência. Caso a audiência se encerre sem que tenha sido interposto o agravo, haverá preclusão. Se, contudo, surgir hipótese de urgência ou de lesão grave ou de difícil reparação, caberá agravo de instrumento, e não agravo retido. É possível que o relator não repute o caso urgente, por não ter a parte demonstrado a ocorrência de lesão grave ou de difícil reparação. Nesse caso, o relator deverá negar seguimento ao agravo, e não determinar sua conversão em retido, eis que se revelará inadmissível, mercê da preclusão" (DIDIER JR., Fredie. *Curso de Direito Processual Civil*. Vol. 3. 7. edição. Salvador: JUSPODIVM, 2009, p. 140); E: incorreto. Primeiramente, convém divisar os conceitos de sentença e de decisão interlocutória, segundo a sistemática processual atual. Nesse sentir, a reforma operada no sistema processual civil brasileiro com o advento da Lei 11.232/2005 levou em consideração o *conteúdo* e a *finalidade* do pronunciamento judicial para definir o que é sentença. Nos termos do art. 162, § 1°, do CPC, sentença é o ato do juiz que implica alguma das situações previstas nos arts. 267 e 269 desta Lei (conteúdo) e que, ao mesmo tempo, extingue o processo ou a fase de conhecimento em primeiro grau de jurisdição (finalidade). Entretanto, há hipóteses em que o juiz pode decidir parcela do mérito da causa, sem que, contudo, tal decisão necessariamente ponha fim ao processo, ou seja, há decisões que possuem *conteúdo* de sentença, mas, por não finalizarem o processo ou a fase de conhecimento em primeiro grau, são decisões interlocutórias, sujeitas, portanto, ao recurso de agravo. Tal situação ocorre, por exemplo, quando o juízo verifica a ocorrência da prescrição da pretensão de cobrança de parcela da obrigação exigida pelo credor. Embora ostente o conteúdo do art. 269, IV, do CPC, cuida-se de decisão interlocutória, visto que o processo marchará quanto à fração da obrigação cuja pretensão não foi atingida pela prescrição. Outro exemplo interessante é aquele em que o órgão jurisdicional, liminarmente, decide por excluir um dos litisconsortes da lide por ilegitimidade de parte. Tal pronunciamento contém a hipótese vertida

no art. 267, VI, do CPC, mas, por não extinguir o processo ou a fase de conhecimento em primeiro grau, não pode ser tido como sentença. A esse respeito, note-se o magistério de Nelson Nery Jr. e de Rosa Maria de Andrade Nery: "[...] o pronunciamento do juiz somente poderá ser classificado como sentença se contiver uma das matérias expressas no CPC 267 ou 269, mas não extinguindo o processo, o pronunciamento do juiz será *decisão interlocutória* recorrível por agravo. Embora com conteúdo de sentença, são decisões interlocutórias: a) exclusão de um litisconsorte do processo por ilegitimidade de parte (CPC 267 VI) – julga-se a *ação* quanto ao litisconsorte excluído, mas o processo continua quanto ao outro litisconsorte; b) indeferimento liminar de reconvenção (CPC 315) ou de ação declaratória incidental (CPC 5º e 325) – julga-se a *ação* (CPC 267 ou 269) secundária, mas o processo (conjunto formado pelas várias ações cumuladas: *in casu*, ação principal e reconvencional ou ADI) continua quanto à ação principal [...] Todos são exemplos de pronunciamentos com conteúdo do CPC 267 ou 269, que pela tão só literalidade do CPC 162 § 1º poderiam ser classificados como sentença, mas que, por não encerrarem *também* o processo no primeiro grau de jurisdição, têm de ser classificados como *decisão interlocutória*, e, consequentemente, são impugnáveis por meio do recurso de agravo (CPC 162 § 2º e 522)" (NERY JR. Nelson; NERY, Rosa Maria de Andrade. *Código de processo civil comentado e legislação extravagante*. 10. edição. São Paulo: Revista dos Tribunais, 2007, p. 429) [grifos nos original]. Logo, por ostentar natureza interlocutória, são recorríveis por meio de *agravo* as decisões que concedem liminarmente a antecipação dos efeitos da tutela ou a medida cautelar requestada.
"Gabarito "E".

**(Cartório/SC – 2012)** É correto afirmar:

(A) O recurso interposto por um devedor, havendo solidariedade passiva, não aproveitará aos outros, mesmo que as defesas opostas ao credor lhes forem comuns.
(B) O recurso interposto por um dos litisconsortes somente a este aproveita, salvo se distintos ou opostos os seus interesses.
(C) No litisconsórcio facultativo, o juiz poderá limitar o número de litigantes quando se comprometer a rápida solução do litígio ou dificultar a defesa.
(D) Ainda que cada litisconsorte seja considerado litigante distinto nas relações com a parte adversa, os atos de um sempre prejudicarão ou beneficiarão os outros.
(E) Havendo conexão entre as causas, o litisconsórcio será obrigatório.

A: incorreto (art. 509, parágrafo único, do CPC); B: incorreto (art. 509, *caput*, do CPC); C: correto (art. 46, parágrafo único, do CPC); D: incorreto (art. 48 do CPC); E: incorreto. Cuida-se de hipótese de litisconsórcio facultativo (art. 46, III, do CPC).
"Gabarito "C".

**(Cartório/SP – 2011 – VUNESP)** Sobre recursos, assinale a alternativa incorreta.

(A) O recurso adesivo será admitido na apelação, mas não será conhecido se o recurso principal for declarado deserto.
(B) O recurso adesivo será admitido na apelação, mas não será conhecido se houver desistência ou improvimento do recurso principal.
(C) No Juizado Especial Cível, como regra, o recurso terá somente o efeito devolutivo. A atribuição de efeito suspensivo será excepcional, se provada situação de dano irreparável.
(D) No Juizado Especial Cível, os embargos de declaração serão interpostos por escrito ou oralmente, no prazo de 05 dias, contados da ciência da decisão. Quando interpostos contra sentença, suspendem o prazo para recurso.

A: correto (art. 500, II e III, do CPC); B: incorreto, devendo ser assinalada (art. 500, III, do CPC). O recurso adesivo não será conhecido se o recurso principal for declarado inadmissível ou deserto; C: correto (art. 43 da Lei 9.099/1995); D: correto (arts. 49 e 50 da Lei 9.099/1995).
"Gabarito "B".

**(Cartório/MS – 2009 – VUNESP)** Quanto aos recursos, é correto afirmar que

(A) o recurso extraordinário e o recurso especial impedem a execução de sentença.
(B) a parte que aceitar expressa ou tacitamente a sentença ou a decisão não poderá recorrer.
(C) recebida a apelação em ambos os efeitos, o juiz poderá inovar no processo; recebida no efeito devolutivo, o apelado não poderá promover a execução provisória da sentença.
(D) o recurso adesivo é admissível no agravo de instrumento.
(E) não se conhecerá o agravo retido se a parte não requerer, expressamente nos embargos de declaração, sua apreciação pelo Tribunal.

A: incorreto (art. 497, primeira parte, do CPC); B: correto (art. 503 do CPC); C: incorreto (art. 521 do CPC); D: incorreto (art. 500, II, do CPC); E: incorreto (art. 523, § 1º, do CPC).
"Gabarito "B".

**(Cartório/DF – 2008 – CESPE)** Acerca de recursos e ação rescisória, julgue os seguintes itens.

(1) O terceiro juridicamente interessado e o Ministério Público têm legitimidade para propor ação rescisória.
(2) Em regra, o autor de ação rescisória deve depositar a importância de 5% do valor da causa, a título de multa, caso a ação seja, por unanimidade de votos, declarada inadmissível ou improcedente.
(3) Quando o pedido ou a defesa tiver mais de um fundamento e o juiz acolher apenas um deles, a apelação devolverá ao tribunal o conhecimento dos demais.
(4) Cabem embargos infringentes contra acórdão não unânime que, em grau de recurso extraordinário, reformar o resultado da apelação.
(5) Em regra, os recursos especial e extraordinário são recebidos no efeito suspensivo quando interpostos contra a fazenda pública.
(6) O prazo para a interposição dos embargos de declaração é o mesmo previsto para a apelação.

1: certo (art. 487, II e III, do CPC); 2: certo (art. 488, II, do CPC); 3: certo (art. 515, § 2º, do CPC); 4: errado. Cabem embargos infringentes contra o acórdão que julga *procedente* o pedido contido na ação rescisória (art. 530 do CPC). Do mesmo modo, os embargos infringentes dirigem-se contra acórdão não unânime que houver reformado, *em grau de apelação*, sentença de mérito ou definitiva (art. 530, primeira parte, do CPC); 5: errado (art. 542, § 2º, do CPC); 6: errado (arts. 508 e 536 do CPC).
"Gabarito 1C, 2C, 3C, 4E, 5E, 6E.

**(Cartório/MA – 2008 – IESES)** Sobre os recursos, é correto afirmar:

(A) O juízo de admissibilidade é exercido pelo próprio juiz prolator da sentença, cujo entendimento, todavia, não vincula o tribunal para onde o recurso é encaminhado.
(B) Após interposto o recurso, o recorrente somente poderá desistir do mesmo se houver a anuência do recorrido.
(C) A apelação será recebida apenas no efeito devolutivo. Excepcionalmente, ser-lhe-á conferido efeito suspensivo a critério do desembargador relator.
(D) Os embargos de declaração poderão ser opostos no prazo de 05 (cinco) dias, caso em que permanecerá suspenso o prazo para a interposição de outros recursos.

A: correto. O juízo de admissibilidade recursal, por encerrar matéria de ordem pública, pode ser realizado, de ofício, tanto pelo órgão prolator da decisão quanto pelo *ad quem*, sendo que a este compete deliberar, em caráter definitivo, sobre o conhecimento ou não do recurso. Não se sujeita, pois, à preclusão *pro judicato*, até porque, sendo diferido, revela-se provisório o exame procedido pelo órgão *a quo*. Com efeito, nas hipóteses de deferimento de provas requeridas pelas partes, de concessão ou de denegação de pleitos antecipatórios ou de liminares em cautelares, bem assim de decretação ou de rejeição de nulidades relativas, a decisão proferida pelo juízo não pode mais ser revista, salvo se houver fato novo que justifique sua modificação superveniente. Nesses casos, portanto, opera-se a preclusão *pro judicato*, não podendo o magistrado rever o decisório proferido, sob pena de causar tumulto à marcha processual. Todavia, em se tratando de provimentos que indefiram provas (dado que o juiz poderá determiná-las de ofício, na forma do art. 130 do CPC), ou, igualmente, de hipóteses que importem em nulidade absoluta (condições da ação, pressupostos processuais, juízo de admissibilidade recursal, prescrição, decadência, impedimento do juiz etc.), o órgão jurisdicional pode e deve rever as decisões anteriormente proferidas, por se tratar de questões de ordem pública (arts. 219, § 5°, 267, § 3°, e 301, § 4°, do CPC), de modo que, em tais circunstâncias, não há falar-se em preclusão *pro judicato*; B: incorreto (art. 501 do CPC); C: incorreto. Via de regra, a apelação será recebida no duplo efeito: devolutivo e suspensivo (art. 520, primeira parte, do CPC); D: incorreto, visto que os declaratórios *interrompem* o prazo para interposição de outros recursos (art. 538, *caput*, do CPC).
Gabarito "A".

**(Cartório/RJ – 2008 – UERJ)** Sobre o recurso de apelação, é correto afirmar que:

(A) será sempre recebido pelo Juiz
(B) sempre é recebido no efeito suspensivo
(C) poderá sempre ser interposto pelo Ministério Público
(D) poderá sempre ser interposto pelo terceiro interessado
(E) devolve ao tribunal a apreciação e o julgamento de todas as questões suscitadas e discutidas no processo, ainda que a sentença não as tenha julgado por inteiro

A: incorreto (art. 518, §§ 1° e 2°, do CPC; B: incorreto (art. 520 do CPC); C: incorreto (art. 499, § 2°, do CPC); D: incorreto (art. 499, § 1°, do CPC); E: correto (art. 515, § 1°, do CPC).
Gabarito "E".

**(Cartório/RJ – 2008 – UERJ)** É possível desconstituir a sentença transitada em julgado através de:

(A) recurso especial
(B) ação rescisória
(C) ação declaratória
(D) recurso extraordinário
(E) mandado de segurança

Art. 485 do CPC. A ação rescisória é, por natureza, uma demanda autônoma de impugnação (assim como o mandado de segurança contra ato judicial e os embargos de terceiro), com requisitos bem definidos, quais sejam: 1) sentença ou acórdão de mérito (embora se admita ação rescisória contra as interlocutórias de mérito); 2) transitado em julgado; 3) revestido de coisa julgada material; e 4) preenchimento de uma das hipóteses de cabimento previstas taxativamente no art. 485 do CPC. O escopo de tal demanda é desconstituir a sentença de mérito já transitada em julgado. Sendo assim, para efeitos de admissibilidade da rescisória, não se exige sequer que a decisão transitada em julgado tenha sido impugnada mediante recurso.
Gabarito "B".

**(Cartório/RJ – 2008 – UERJ)** Em relação ao agravo, é correta a seguinte afirmação:

(A) será dirigido diretamente ao Tribunal, quando na modalidade de instrumento
(B) é cabível contra decisão de mero expediente
(C) deverá ser interposto no prazo de 05 dias
(D) sempre independe de preparo
(E) todas as respostas acima

A: correto (art. 524, *caput*, do CPC); B: incorreto (arts. 504 e 522, *caput*, do CPC); C: incorreto (art. 522, *caput*, do CPC); D: incorreto (art. 525, § 1°, do CPC); E: prejudicada.
Gabarito "A".

**(Cartório/SC – 2008)** Assinale a alternativa correta:

I. A apelação será recebida no efeito suspensivo quando interposta de sentença que condenar à prestação de alimentos.
II. A apelação será recebida no efeito devolutivo quando rejeitar liminarmente os embargos à execução ou julgá-los improcedentes.
III. Das decisões interlocutórias caberá agravo no prazo de dez dias.
IV. Não se conhecerá do agravo retido se a parte não requerer expressamente, nas razões ou na resposta da apelação, sua apreciação pelo tribunal.

(A) Todas as proposições estão corretas.
(B) As proposições III e IV estão corretas.
(C) Todas as proposições estão incorretas.
(D) As proposições I e III estão corretas.
(E) Só a proposição II está incorreta.

I: incorreto (art. 520, II, do CPC); II: incorreto. A sentença será recebida *somente* no efeito devolutivo em tal hipótese (art. 520, V, do CPC); III: correto (art. 522, *caput*, do CPC); IV: correto (art. 523, § 1°, do CPC).
Gabarito "B".

**(Cartório/DF – 2006 – CESPE)** A respeito dos recursos no processo civil, julgue os itens seguintes.

(1) O recurso adesivo é uma forma de interposição de apelação, embargos infringentes, recursos extraordinário e especial. Ele exige, para a sua admissibilidade, além da sucumbência recíproca, a existência de recurso conhecido, tipificado, interposto pela parte contrária.

(2) Havendo litisconsórcio entre os litigantes vencidos, o efeito da interposição de recurso por um dos colitigantes se estende aos demais litisconsortes, ainda que o litisconsórcio não seja unitário, inclusive para aqueles que tenham desistido de recurso interposto.

(3) São cabíveis embargos infringentes contra acórdãos não unânimes que reformarem total ou parcialmente a sentença de mérito ou que julgarem procedente o pedido em ação rescisória. Esses embargos objetivam a modificação do acórdão, para fazer prevalecer o voto vencido, na medida da divergência entre os julgadores.

(4) O efeito devolutivo nos embargos de declaração tem como consequência devolver-se ao órgão judicante a oportunidade de ele manifestar-se no sentido de aclarar a decisão obscura, completar a decisão omissa ou afastar a contradição de que padece a decisão. Tais embargos podem ter, excepcionalmente, caráter infringente quando se tratar de recurso com o objetivo de suprir omissão, contradição entre o fundamento e o *decisum* ou em caso de manifesto erro material cujo reconhecimento não implique reexame de prova ou da tese jurídica adotada na decisão embargada.

1: certo. O recurso adesivo só é admitido na apelação, nos embargos infringentes, no recurso especial e no recurso extraordinário (art. 500, II, do CPC). Por força do art. 540 do CPC, admite-se-o também no recurso ordinário, eis que se lhe aplicam as mesmas regras da apelação. Da mesma forma, o recurso adesivo é subordinado ao principal e tem cabimento quando houver sucumbência recíproca (art. 500, *caput* e III, do CPC). Por último, ao recurso adesivo, ante o disposto no art. 500, parágrafo único, do CPC, incidem as mesmas regras do recurso independente, quanto às condições de admissibilidade, preparo e julgamento no tribunal superior. Sendo assim, o recorrente que opta pela forma adesiva deve preencher todos os requisitos de admissibilidade recursal, tal qual o estivesse interpondo de modo independente; 2: errado. O art. 509 do CPC se aplica somente nos casos de litisconsórcio unitário. Perfilhando o mesmo entendimento: "O *caput* da norma se aplica apenas ao litisconsórcio unitário (CPC 47). Como a decisão judicial não pode ser cindida, devendo atingir os litisconsortes unitários de modo uniforme no plano do direito material, o recurso de apenas um deles se estenderá aos demais. O mesmo regime se aplica ao assistente litisconsorcial (CPC 54), porque, caso tivesse ingressado no feito desde o início, seria litisconsórcio facultativo unitário do assistido" (NERY JR. Nelson; NERY, Rosa Maria de Andrade. *Código de processo civil comentado e legislação extravagante*. 10. edição. São Paulo: Revista dos Tribunais, 2007, p. 843); 3: correto. Cabem embargos infringentes contra o acórdão que julga *procedente* o pedido contido na ação rescisória (art. 530 do CPC). Do mesmo modo, os embargos infringentes dirigem-se, na primeira hipótese, contra acórdão não unânime que houver reformado, em grau de apelação, *sentença de mérito* ou *definitiva* (art. 530, primeira parte, do CPC); 4: correto. Os embargos declaratórios são dotados de efeito *suspensivo*, posto que sobrestam a eficácia da decisão combatida; possuem também efeito *devolutivo*, porquanto devolvem a matéria objeto de impugnação à apreciação do próprio órgão jurisdicional que prolatou o *decisum*. De qualquer sorte, sua cognição é limitada à análise da existência de contradição, de omissão ou de obscuridade. Excepcionalmente, ante a verificação de algum dos vícios constantes do art. 535 do CPC, pode atribuído caráter infringente aos declaratórios. Sufragando tal entendimento, veja-se o aresto a seguir: "EMBARGOS DE DECLARAÇÃO NO RECURSO ESPECIAL.

TRIBUTÁRIO. OPÇÃO PELO SIMPLES. RECEITA BRUTA ANUAL. LIMITES. LEI 9.317/1996, LEI 9.841/1999, DECRETO 5.028/2004 E LEI 11.196/2005. ACÓRDÃO EMBARGADO QUE AFIRMOU A ADOÇÃO DO PRINCÍPIO *TEMPUS REGIT ACTUM*, MAS, AO FINAL, APLICOU OS LIMITES PREVISTOS NA NORMA ANTERIOR. CONTRADIÇÃO VERIFICADA. PREJUDICADO O PEDIDO FAZENDÁRIO DE INVERSÃO DO ÔNUS SUCUMBENCIAIS. EMBARGOS DE DECLARAÇÃO DA EMPRESA CONTRIBUINTE ACOLHIDOS, COM EFEITOS MODIFICATIVOS, PARA NEGAR PROVIMENTO AO RECURSO ESPECIAL DA FAZENDA NACIONAL, RESTABELECENDO *IN TOTUM* A SENTENÇA DE PRIMEIRO GRAU. EMBARGOS DA FAZENDA NACIONAL PREJUDICADOS. 1. A teor do disposto no art. 535, incisos I e II do CPC, os embargos de declaração destinam-se a suprir omissão, afastar obscuridade ou eliminar contradição existente no julgado. 2. É possível a concessão de efeitos infringentes aos Aclaratórios no caso em que, conforme seja a deficiência a ser corrigida, seu suprimento acarrete, inevitavelmente, a modificação do julgado recorrido, conforme reverberam abalizada doutrina e jurisprudência atuais (EDcl na AR 2.510/SP, Rel. Min. ADILSON VIEIRA MACABU, DJe 16.06.2011; EDcl no AgRg no Ag 1.214.723/MG, Rel. Min. TEORI ALBINO ZAVASCKI, DJe 10.06.2011; EDcl nos EDcl nos EDcl no AgRg nos EDcl no Ag 1.316.589/RS, Rel. Min. SIDNEI BENETI, DJe 17.06.2011, dentre outros). 3. No caso em apreço, resta configurada a contradição no acórdão embargado, porquanto apesar do eminente Ministro LUIZ FUX, Relator originário do presente feito, ter assegurado a adoção da norma vigente à época da ocorrência do fato (*tempus regit actum*) que se deu em 2004 (Decreto 5.028/04), ao final, aplicou os limites previstos na lei anterior, qual seja Lei 9.841/99. 4. Diante do acolhimento dos Embargos da contribuinte, com o consequente desprovimento do Recurso Especial fazendário, resta prejudicado os Aclaratórios da Fazenda Nacional que pugnava apenas pela inversão dos ônus sucumbenciais. 5. Embargos de Declaração da empresa contribuinte acolhidos com efeitos infringentes, para negar provimento ao Recurso Especial da Fazenda Nacional, restabelecendo *in totum* a sentença de primeiro grau. Embargos Declaratórios da Fazenda Nacional prejudicados" (EDcl no REsp 961.117/RS, Rel. Ministro NAPOLEÃO NUNES MAIA FILHO, PRIMEIRA SEÇÃO, julgado em 13/03/2013, DJe 02/04/2013).

**(Cartório/SE – 2006 – CESPE)** Com relação aos recursos no processo civil, julgue os itens seguintes.

(1) Tem legitimidade para interpor recurso de apelação contra a sentença proferida no processo de dúvida registrária, além do apresentante do título, o terceiro prejudicado, o Ministério Público e o notário ou o registrador que suscitou a dúvida.

(2) O efeito devolutivo do recurso importa devolver ao órgão revisor da decisão a matéria impugnada com seus limites e fundamentos. A extensão desse efeito compreende a própria impugnação, pois aplica-se ao órgão *ad quem* o princípio da adstrição, segundo o qual não lhe é lícito ultrapassar os limites da impugnação.

(3) O recorrente pode desistir do recurso interposto, com a anuência do recorrido, ainda que se trate de recurso voluntário ou oficial, isto é, aquele interposto pelo representante do Ministério Público. Essa desistência importa em extinção do procedimento recursal, por perda superveniente do objeto.

1: errado. Da sentença, poderão interpor apelação, com os efeitos devolutivo e suspensivo, o interessado, o Ministério Público e o terceiro prejudicado (art. 202 da Lei 6.015/1973); 2:correto. Por força do efeito devolutivo – corolário do princípio dispositivo –, o órgão *ad quem* só poderá examinar as matérias efetivamente impugnadas pela parte recorrente. Tal princípio encontra-se proclamado na máxima *tantum devolutum quantum appellatum*; 3: errado (art. 501 do CPC).

Gabarito 1E, 2C, 3E

**(Cartório/DF – 2003 – CESPE)** Em relação a recursos e ação rescisória, julgue os itens a seguir.

(1) Na sistemática dos recursos, o juízo prolator da decisão (*a quo*) é competente para exercer, de forma definitiva e preclusiva, o juízo de admissibilidade recursal, cabendo ao juízo ao qual o recurso é dirigido (*ad quem*) exercer o juízo de mérito.

(2) Nas ações que tenham por objeto direitos indisponíveis, a sentença que evidenciar a má apreciação da prova feita pelo juiz pode ser reformada por recurso de apelação, embargos infringentes (desde que atendidos os demais pressupostos), recurso especial e, após o trânsito em julgado da sentença, por ação rescisória.

1. errado. O juízo de admissibilidade recursal, por encerrar matéria de ordem pública, pode ser realizado, de ofício, tanto pelo órgão prolator da decisão quanto pelo *ad quem*, sendo que a este compete deliberar, em caráter definitivo, sobre o conhecimento ou não do recurso. Não se sujeita, pois, à preclusão *pro judicato*, até porque, sendo diferido, revela-se provisório o exame procedido pelo órgão *a quo*. Com efeito, nas hipóteses de deferimento de provas requeridas pelas partes, de concessão ou de denegação de pleitos antecipatórios ou de liminares em cautelares, bem assim de decretação ou de rejeição de nulidades relativas, a decisão proferida pelo juízo não pode mais ser revista, salvo se houver fato novo que justifique sua modificação superveniente. Nesses casos, portanto, opera-se a preclusão *pro judicato*, não podendo o magistrado rever o decisório proferido, sob pena de causar tumulto à marcha processual. Todavia, em se tratando de provimentos que indefiram provas (dado que o juiz poderá determiná-las de ofício, na forma do art. 130 do CPC), ou, igualmente, de hipóteses que importem em nulidade absoluta (condições da ação, pressupostos processuais, juízo de admissibilidade recursal, prescrição, decadência, impedimento do juiz etc.), o órgão jurisdicional pode e deve rever as decisões anteriormente proferidas, por se tratar de questões de ordem pública (arts. 219, § 5º, 267, § 3º, e 301, § 4º, do CPC), de modo que, em tais circunstâncias, não há falar-se em preclusão *pro judicato*; 2. errado. A pretensão de simples reexame de prova não enseja recurso especial (Súmula 7 do STJ). Primeiramente, revela-se inadmissível a interposição do apelo especial, a considerar que a pretensão recursal importa em mera reapreciação do quadro fático-probatório. Logo, por se tratar de revolvimento a *questão de fato* decidida de modo definitivo pelas instâncias ordinárias, inviável se mostra sua revisão no bojo de recurso especial (Súmulas 7 do STJ e 279 do STF). Nessa direção, avulta observar que nem toda matéria concernente à prova tem sua análise obstaculizada nos recursos de índole extraordinária, mas tão somente aquela condizente com o seu simples *reexame*, situação esta que, como já frisado, se coaduna com a descrita na assertiva sob comento. Vale dizer que o tema atinente à *valoração da prova* – que não se confunde com a mera reapreciação dos elementos probatórios coligidos aos autos – se erige como *questão de direito*, motivo por que pode ser enfrentado por ocasião do julgamento do recurso especial ou extraordinário. Exemplo do que se diz ocorre na classificação jurídica dos fatos reconhecidos pelo tribunal *a quo*, bem como no debate sobre a disciplina legal das provas. Note-se a doutrina de Ada Pellegrini Grinover: "não se exclui, entretanto, a reapreciação de questões atinentes à disciplina legal da prova e também à qualificação jurídica de fatos assentados no julgamento de recursos ordinários" (GRINOVER, Ada Pellegrini *e tal. Recursos no processo penal*. 3. edição. São Paulo: Revista dos Tribunais, 2001,

p.270). Por imperiosidade didática, apontando a precisa diferença havida entre reexame e valoração da prova, note-se o julgado a seguir ementado: "PROCESSO CIVIL - AGRAVO REGIMENTAL - RECURSO ESPECIAL - APLICAÇÃO DAS SÚMULAS 356/STF E 7/STJ - NULIDADE DA CITAÇÃO E DA PENHORA - INEXISTÊNCIA DE PODERES OUTORGADOS AO ADVOGADO. 1. Se o Tribunal *a quo* entendeu inexistir prova de que o advogado detinha poderes para receber a citação e assinar o auto de penhora, não houve prequestionamento dos dispositivos legais tidos por violados. 2. Se no especial, ao contrário do entendimento do julgado, a parte alega que os documentos comprovam suas alegações, correta a aplicação da Súmula 7/STJ. 3. Não é o Superior Tribunal de Justiça terceira instância, sendo sua função constitucional uniformizar a interpretação da legislação federal, preservando sua correta aplicação, motivo pelo qual o recurso especial reveste-se de tecnicidade, cujas hipóteses de admissibilidade estão previstas no art. 105, inciso III da CF/88, devendo ser observados os pressupostos recursais genéricos e específicos para sua admissão. 4. *A valoração da prova refere-se ao valor jurídico desta, sua admissão ou não em face da lei que a disciplina, podendo ser ainda a contrariedade a princípio ou regra jurídica do campo probatório, questão unicamente de direito, passível de exame nesta Corte.* 5. O reexame da prova implica a reapreciação dos elementos probatórios para concluir-se se eles foram ou não bem interpretados, constituindo matéria de fato, soberanamente decidida pelas instâncias ordinárias, insuscetível de revisão no recurso especial. 6. Agravo regimental improvido" (AgRg no REsp 420217/SC, Rel. Ministra ELIANA CALMON, SEGUNDA TURMA, julgado em 04/06/2002, DJ 16/12/2002, p. 301) [grifos nossos]. Sob outro enfoque, é expressamente permitida a discussão de matéria fática em ação rescisória (art. 494 do CPC), a exemplo do que ocorre no caso do art. 485, VI, do CPC, por meio do qual é facultado ao autor produzir a prova da falsidade nos próprios autos da ação rescisória, bem assim nos recursos de fundamentação livre, dos quais são espécies a apelação e os embargos infringentes.

Gabarito 1E, 2E

**(Cartório/DF – 2001 – CESPE)** Júlio — que manteve, por quatro anos, união estável com Ana — foi condenado, por sentença proferida por juiz absolutamente incompetente, a pagar à ex-companheira a importância de R$ 600.000,00, relativa a 50% dos bens adquiridos durante a referida união.

Julgue os seguintes itens, relativos à situação hipotética acima e à legislação a ela pertinente.

(1) A sentença é nula e depende de interposição de recurso da parte para que a nulidade seja declarada, caso contrário, uma vez transitada em julgado, operar-se-á a convalidação da nulidade.

(2) Verificado o trânsito em julgado da sentença, esta poderá ser atacada por ação rescisória, no prazo de dois anos do seu trânsito em julgado, ainda que a parte não tenha exaurido a instância, interpondo, contra ela, o recurso cabível.

(3) A sentença rescindível, antes do julgamento que venha a dar pela procedência da rescisória, ou se esta não for proposta no prazo legal, operará todos os efeitos.

(4) É cabível, a requerimento do autor, que seja concedida a antecipação de um dos efeitos do acórdão de procedência da rescisória, suspendendo-se, em tal hipótese, os efeitos da sentença.

(5) Júlio poderá, na execução da sentença, opor embargos, alegando a nulidade do título por incompetência absoluta do juízo prolator da sentença.

1 e 3: certos. O processo que contenha nulidade absoluta, enquanto não transitada em julgado a decisão final de mérito, pode ser declarado nulo pelo órgão jurisdicional competente. Porém, com o trânsito, a decisão passa a surtir plenos efeitos – posto que imbuída da autoridade da coisa julgada material – e o ato, de nulo, torna-se *rescindível*, pela via da ação rescisória. Caso tal demanda não seja intentada dentro do prazo decadencial de 2 (dois) anos cominado pelo art. 495 do CPC, a sentença, mesmo que apresente um dos vícios reproduzidos no bojo do art. 485 do CPC, continuará produzindo todos os seus efeitos, sendo que, a partir de então, não poderá mais ser atacada em razão de ter se tornado definitiva. Logo, a parte prejudicada deverá apelar, planeando a anulação da sentença proferida. Observe-se, nesse particular, a doutrina de Arruda Alvim: "Aliás, no processo civil, à diferença do que ocorre no Direito Civil, tanto as nulidades quanto as anulabilidades se sanam. Estas, se não arguidas, sanam-se no mesmo processo em que se produziram; aquelas, em princípio, no prazo de dois anos a contar do trânsito em julgado da sentença (de mérito) que põe fim à causa em que tiveram lugar" (ALVIM, Arruda. *Manual de Direito Processual Civil. Vol. 1.* 7. edição. São Paulo: Saraiva, 2000, p. 477-478); 2: certo. A ação rescisória é, por essência, demanda autônoma de impugnação (assim como o mandado de segurança contra ato judicial e os embargos de terceiro), com requisitos bem definidos, quais sejam: 1) sentença ou acórdão de mérito (embora se admita ação rescisória contra as interlocutórias de mérito); 2) transitado em julgado; 3) revestido de coisa julgada material; e 4) preenchimento de uma das hipóteses de cabimento previstas taxativamente no art. 485 do CPC. O escopo de tal demanda é desconstituir a sentença de mérito já transitada em julgado. *Sendo assim, para efeitos de admissibilidade da rescisória, por força da dicção do art. 485 do CPC, não se exige que a decisão transitada em julgado tenha sido impugnada mediante recurso* (Súmula 514 do STF: "Admite-se ação rescisória contra sentença transitada em julgado, ainda que contra ela não se tenham esgotado todos os recursos"); 4: certo (art. 489 do CPC). A ação rescisória será intentada junto ao tribunal de onde emanou o julgado que se pretende rescindir (arts. 493 e 494 do CPC). Vale destacar, nesse diapasão, a doutrina de Alexandre Freitas Câmara: "No caso de ter transitado em julgado sentença proferida por órgão de primeira instância, será competente para a ação rescisória o tribunal que teria sido, em tese, competente para apreciar a apelação que contra aquela sentença poderia ter sido interposta" (FREITAS CÂMARA, Alexandre. *Ação rescisória.* Rio de Janeiro: Lumen Juris, 2007, p. 41-42). Logo, a concessão de medias antecipatórias ou cautelares *no âmbito da rescisória*, a fim de sobrestar a execução que corre em primeira instância, são providências que somente podem ser determinadas pelo relator da rescisória, e não pelo juízo processante da execução. Ademais, o simples ajuizamento da rescisória não impede o cumprimento da decisão que transitou em julgado; 5: errado (art. 474 do CPC), conforme os comentários tecidos no item 1.

Gabarito: 1C, 2C, 3C, 4C, 5E

**(Cartório/DF – 2001 – CESPE)** Julgue os itens abaixo.

**(1)** Na hipótese de competência originária dos tribunais, o recurso ordinário constitucional não tem fundamentação vinculada, diversamente do que ocorre com o recurso extraordinário e com o recurso especial.

1: correto. O recurso ordinário se classifica como recurso de fundamentação livre (ao lado do agravo, da apelação e dos embargos infringentes) e não vinculada (tal qual o extraordinário, o especial e os embargos de declaração), de modo que os óbices quanto à matéria fática e jurídica existentes para os apelos extremos não se aplicam ao recurso ordinário, o qual, segundo Barbosa Moreira, "é uma apelação sem o nome" (BARBOSA MOREIRA, José Carlos. *Comentários ao Código e Processo Civil,* v. V, 11. edição. Rio de Janeiro: Forense, 2003, p. 572). Nesse sentido: "PROCESSUAL CIVIL. RECURSO ORDINÁRIO EM MANDADO DE SEGURANÇA. TRIBUTÁRIO. ICMS. ENERGIA ELÉTRICA. DEMANDA DE POTÊNCIA. MANDADO DE SEGURANÇA APRESENTADO PELO USUÁRIO DO SERVIÇO. ILEGITIMIDADE ATIVA *AD CAUSAM.* MATÉRIA COGNOSCÍVEL DE OFÍCIO, NO ÂMBITO DOS RECURSOS ORDINÁRIOS. 1. Por força do efeito translativo dos recursos ordinários, as matérias de ordem pública podem ser conhecidas de ofício, na forma do art. 301, § 4º, do CPC, que excepciona apenas o compromisso arbitral. Essa regra também se aplica ao recurso ordinário dirigido ao Superior Tribunal de Justiça, porquanto se trata de recurso de fundamentação livre e não vinculada, com efeito devolutivo amplo, permitindo o exame tanto de matéria de direito, inclusive norma de direito local e constitucional, quanto de fato, ou seja, a matéria é analisada sem as restrições referentes ao recurso especial. 2. Essa orientação tem sido adotada pela jurisprudência desta Corte, conforme demonstram os seguintes precedentes: RMS 5.118/GO, 1ª Turma, Rel. Min. Cesar Asfor Rocha, DJ de 19.6.1995; RMS 18.742/RJ, 1ª Turma, Rel. Min. Teori Albino Zavascki, DJ de 2.5.2006; RMS 21.067/BA, 1ª Turma, Rel. Min. Denise Arruda, DJ de 2.8.2007; RMS 21.748/MT, 2ª Turma, Rel. Min. Eliana Calmon, DJe de 1º.7.2009; RMS 23.571/RJ, 2ª Turma, Rel. Min. Castro Meira, DJ de 21.11.2007; RMS 16.295/GO, 5ª Turma, Rel. Min. José Arnaldo da Fonseca, DJ de 28.3.2005; RMS 16.804/MG, 5ª Turma, Rel. Min. Laurita Vaz, DJ de 25.9.2006; RMS 21.603/DF, 6ª Turma, Rel. Min. Maria Thereza de Assis Moura, DJe de 2.8.2010. 3. Nesse contexto, a 'carência de ação' constitui matéria que pode ser analisada de ofício no âmbito dos recursos ordinários (art. 301, X, do CPC). 4. O usuário do serviço de energia elétrica (consumidor em operação interna), na condição de contribuinte de fato, é parte ilegítima para discutir a incidência do ICMS sobre a demanda contratada de energia elétrica ou para pleitear a repetição do tributo mencionado. 5. Reconhecida a ilegitimidade ativa *ad causam* da impetrante (ora recorrente), impõe-se a extinção do processo sem resolução de mérito, na forma do art. 267, VI, do CPC. 6. Processo extinto, de ofício, sem resolução de mérito. Recurso ordinário prejudicado" (RMS 25.558/PB, Rel. Ministro MAURO CAMPBELL MARQUES, SEGUNDA TURMA, julgado em 15/03/2011, DJe 22/03/2011).

Gabarito: 1C

**(Cartório/SP – VI – VUNESP)** O agravo de instrumento, interposto em razão de decisão do juízo de primeiro grau que apreciou pedido de tutela antecipada, será interposto perante o

(A) juízo prolator da decisão atacada pelo recurso.
(B) tribunal competente para sua apreciação.
(C) juízo prolator da decisão atacada ou o tribunal, a critério da parte agravante.
(D) juízo prolator da decisão atacada ou o tribunal, conforme haja ou não urgência.

Art. 524, *caput*, do CPC.

Gabarito: "B".

**(Cartório/SP – V – VUNESP)** A sentença de mérito, transitada em julgado, pode ser rescindida quando

I. se verificar que foi dada por prevaricação, concussão ou corrupção do juiz;

II. houver fundamento para invalidar confissão, desistência ou transação;

III. fundada em erro de fato, resultante de atos ou de documentos da causa quando a sentença admitir um fato inexistente ou quando considerar inexistente um fato efetivamente ocorrido;

IV. depois da sentença, o autor obtiver documento novo, cuja existência ignorava, ou de que não pôde fazer uso, capaz, por si só, de lhe assegurar pronunciamento favorável.

Quanto às proposições acima, é correto afirmar que

(A) apenas as assertivas I e IV são verdadeiras.
(B) apenas as assertivas II, III e IV são verdadeiras.
(C) apenas as assertivas I e II são verdadeiras.
(D) todas as assertivas são verdadeiras.

I: correto (art. 485, I, do CPC); II: correto (art. 485, VIII, do CPC); III: correto (art. 485, IX e § 1º, do CPC); IV: correto (art. 485, VII, do CPC).
„Gabarito "D".

(Cartório/SP – V – VUNESP) A conversão do julgamento da apelação em diligência, para produção de novas provas,

(A) implica julgamento *ultra* ou *extra petita*, uma vez que a ordenação processual civil não possibilita aos Tribunais a prerrogativa de determinarem a produção de provas, reabrindo instrução encerrada sem recurso das partes.
(B) induz nulidade absoluta porque, uma vez declarada encerrada a instrução pelo juízo de primeiro grau, sem recurso das partes, não cabe ao Tribunal, de ofício, reabri-la, posto bafejada pela preclusão a matéria, certo que nenhum juiz decidirá novamente as questões já decididas, relativas à mesma lide, a cujo respeito tenha-se operado a preclusão.
(C) não caracteriza julgamento *extra* ou *ultra petita* e nem induz nulidade, relativa ou absoluta, pois a lei processual civil faculta também aos Tribunais a prerrogativa de determinarem a produção de prova, desde que o façam com imparcialidade e sem ensejar injustificado favorecimento de uma das partes, uma vez que o dever de julgar segundo a verdade real, quando esta se ache ao alcance do julgador, supera as regras da distribuição do ônus da prova e da oportunidade processual da sua produção.
(D) só se placita, aos Tribunais, nos procedimentos de jurisdição voluntária, em que é permitido ao julgador, *ex legis*, investigar livremente os fatos e ordenar de ofício a realização de quaisquer provas.

Arts. 130, 515, § 4º, e 560, parágrafo único, do CPC. O juiz (e isso se estende também aos Tribunais), de acordo com seus poderes instrutórios, tem papel ativo – e não de mero espectador – quanto à realização, *de ofício*, das provas que reputar necessárias à instrução do feito, daí por que o CPC não adotou o princípio dispositivo rígido. Essa atividade probatória do juiz se dá com plenitude nos procedimentos de jurisdição voluntária e nas causas que versem sobre direitos indisponíveis. Cuida-se de aplicação no processo civil dos ditames da *verdade material* e do *princípio inquisitivo*, visto que o juiz, atento ao escopo de pacificação social do processo, bem assim à necessidade de outorga de um provimento jurisdicional justo e atrelado à realidade dos fatos, tem o poder-dever de ordenar a produção das provas imprescindíveis ao esclarecimento da controvérsia fixada, sobretudo quando a matéria não lhe parecer suficiente esclarecida (art. 130 do CPC). Ratificando o que restou asseverado: "AGRAVO REGIMENTAL NO RECURSO ESPECIAL. PREVIDÊNCIA PRIVADA. PROPOSTA DE INSCRIÇÃO. VERACIDADE DE ASSINATURA. PROVA TÉCNICA. RESULTADO INCONCLUSIVO. EXAME DE OUTROS ELEMENTOS E PROVAS DOS AUTOS. REEXAME. IMPOSSIBILIDADE. SÚMULA 7/STJ. 1. Não cabe recurso especial para reapreciar os fatos e provas colhidos durante a instrução (Súmula 7). 2. Legal a conversão do julgamento em diligência, em fase de apelação, para a realização de nova perícia, diante da incongruência dos laudos constantes dos autos. Cabe ao magistrado valorar livremente a prova, de forma fundamentada, não estando adstrito a nenhuma delas isoladamente considerada (CPC, art. 131). 3. Agravo regimental a que se nega provimento" (AgRg no REsp 1136002/RJ, Rel. Ministra MARIA ISABEL GALLOTTI, QUARTA TURMA, julgado em 28/06/2011, DJe 03/08/2011). De igual teor é o seguinte precedente também da Corte Superior: "RECURSO ESPECIAL - PREQUESTIONAMENTO AUSÊNCIA - CONVERSÃO DE APELAÇÃO EM DILIGÊNCIA - PRODUÇÃO DE PROVA - JULGAMENTO *ULTRA* OU *EXTRA PETITA* - NÃO OCORRÊNCIA - ART. 130 DO CPC - COISA JULGADA - TRÍPLICE IDENTIDADE - DIVERGÊNCIA JURISPRUDENCIAL NÃO CONFIGURADA. - Falta prequestionamento quando o dispositivo legal supostamente violado não é discutido na formação do acórdão recorrido. - A conversão de apelação em diligência para produção de provas não implica julgamento *ultra* ou *extra petita*, pois o Art. 130 do CPC também possibilita aos Tribunais a prerrogativa de determinarem a produção de provas, que consideram necessárias. [...]" (REsp 985.077/SC, Rel. Ministro HUMBERTO GOMES DE BARROS, TERCEIRA TURMA, julgado em 18/10/2007, DJ 06/11/2007, p. 170).
„Gabarito "C".

(Cartório/SP – IV – VUNESP) Em matéria recursal, é adequado falar que

(A) cabe agravo contra decisões interlocutórias e contra sentenças de extinção do processo sem julgamento do mérito.
(B) a apelação é o recurso cabível contra sentença, tenha ou não sido apreciado o mérito.
(C) cabe agravo contra despachos de mero expediente.
(D) os embargos de declaração são destinados a possibilitar a reconsideração da decisão pelo próprio órgão judiciário que a proferiu.

A: incorreto (arts. 513 e 522, *caput*, do CPC); B: correto (art. 513 do CPC); C: incorreto (art. 504 do CPC); D: incorreto. Os embargos de declaração se prestam a sanar contradição, obscuridade ou omissão existente no corpo da decisão impugnada. De qualquer sorte, tal recurso é interposto perante o órgão prolator do *decisum* (art. 535 do CPC).
„Gabarito "B".

(Cartório/SP – I – VUNESP) Considere as seguintes assertivas.

I. São títulos executivos extrajudiciais: a letra de câmbio, a nota promissória, a duplicata, o cheque e o crédito decorrente de aluguel comprovado por contrato escrito.
II. Nas decisões interlocutórias caberá agravo retido nos autos no prazo de 5 dias, ou por instrumento, no prazo de 10 dias.
III. Cabem embargos declaratórios quando houver na sentença ou acórdão: obscuridade, contradição, omissão ou dúvida.
IV. Cabem embargos infringentes quando não for unânime o julgado proferido em apelação e em agravo de instrumento.

Pode-se afirmar que somente

(A) I é verdadeira.
(B) I e II são verdadeiras.
(C) I e IV são verdadeiras.
(D) IV é verdadeira.

I: correto (art. 585, I e V, do CPC); II: incorreto (art. 522, *caput*, do CPC); III: incorreto (art. 535 do CPC). Todavia, no âmbito dos juizados especiais cíveis são cabíveis os embargos de declaração fundados em dúvida (art. 48, *caput*, da Lei 9.099/1995); IV: incorreto (art. 530 do CPC).
„Gabarito "A".

## 13. CAUTELARES

**(Cartório/MG – 2012 – FUMARC)** Considerando o disposto no Código de Processo Civil,

(A) a prioridade ao idoso ou portador de doença grave, a que alude o código, cessa com a morte do beneficiado.
(B) é vedado ao juiz, no procedimento cautelar, acolher alegação de decadência ou de prescrição do direito do autor.
(C) contra a sentença que decidir o processo cautelar, rejeitando o pedido de medida preventiva, cabe agravo de instrumento.
(D) a lei processual civil impõe ao requerente o dever de responder pelos prejuízos que o requerido sofrer, em razão de medida cautelar, se o juiz julgar extinto o processo principal, com ou sem julgamento do mérito.

A: incorreto (art. 1.211-C do CPC); B: incorreto (art. 810 do CPC); C: incorreto. Nesse caso, mostra-se cabível o recurso de apelação (arts. 513 e 520, IV, do CPC); D: correto (arts. 808, III, e 811, III, do CPC).
Gabarito "D".

**(Cartório/SP – 2011 – VUNESP)** No processo cautelar, é correto dizer que

(A) o sequestro tem lugar quando o devedor sem domicílio certo intenta ausentar-se ou alienar os bens que possui, ou deixa de pagar a obrigação no prazo estipulado.
(B) o arresto, a busca e apreensão, o sequestro e a interpelação são medidas de natureza constritiva.
(C) cabe à parte propor a ação principal, no prazo de 30 dias, contados da efetivação da medida cautelar, quando ela for concedida em procedimento preparatório.
(D) o arresto subsiste ainda que se dê a novação da dívida.

A: incorreto. Nessa hipótese, reputa-se cabível o arresto cautelar (art. 813, I, do CPC); B: incorreto. A interpelação não tem natureza constritiva, mas sim conservativa de direitos; C: correto (art. 806 do CPC); D: incorreto (art. 820, II, do CPC).
Gabarito "C".

**(Cartório/MS – 2009 – VUNESP)** Sobre as cautelares nominadas, é correto afirmar que

(A) o sequestro tem lugar quando o devedor, que tem domicílio, ausenta-se ou tenta ausentar-se furtivamente.
(B) o juiz, a requerimento da parte, pode decretar o arresto dos frutos e rendimentos do imóvel reivindicando, se o réu, depois de condenado por sentença ainda sujeita a recurso, os dissipar.
(C) se procede ao arrolamento sempre que há fundado receio de extravio ou de dissipação de bens.
(D) a produção antecipada de provas tem lugar, como procedimento preparatório, no caso de documento próprio ou comum, em poder de cointeressado, sócio, condômino, credor ou devedor; ou em poder de terceiro que o tenha em sua guarda, como inventariante, testamenteiro, depositário ou administrador de bens alheios.

(E) todo aquele que desejar prevenir responsabilidade, prover a conservação e ressalva de seus direitos ou manifestar qualquer intenção de modo formal, poderá fazer por escrito a sua justificação, em petição dirigida ao juiz e requerer que da mesma se intime a quem de direito.

A: incorreto, visto que cabível o arresto cautelar (art. 813, II, a, do CPC); B: incorreto. Em tal circunstância, reputa-se adequada a cautelar de sequestro (art. 822, II, do CPC); C: correto (art. 855 do CPC); D: incorreto. Nessa situação, deve-se ajuizar a cautelar de exibição (art. 844, II, do CPC); E: incorreto. Em tal caso, o interessado deverá aforar a cautelar de protesto (art. 867 do CPC).
Gabarito "C".

**(Cartório/ES – 2007 – FCC)** Paulo ajuizou ação cautelar de sustação de protesto contra a empresa Alpha, objetivando sustar o protesto de uma duplicata mercantil. O Magistrado concede a liminar e determina a expedição de ofício ao cartório de protestos. Paulo deverá ajuizar ação principal declaratória de inexigibilidade e nulidade de título de crédito no prazo de:

(A) 30 dias, contados da efetivação da medida cautelar.
(B) 30 dias, contados da data da intimação do despacho que concedeu a medida cautelar.
(C) 60 dias, contados da efetivação da medida cautelar.
(D) 60 dias, contados da data da intimação do despacho que concedeu a medida cautelar.
(E) 90 dias, contados da data da intimação do despacho que concedeu a medida cautelar.

Art. 806 do CPC.
Gabarito "A".

**(Cartório/AM – 2005 – FGV)** Assinale a alternativa correta.

(A) A execução do arresto não se suspende.
(B) O autor estrangeiro, com residência fora do Brasil, e que aqui não tenha bens imóveis que assegurem o pagamento das custas e honorários de advogado da parte contrária, deverá prestar caução para intentar ação, contestar, reconvir ou lançar mão de qualquer meio de defesa.
(C) A novação da dívida faz cessar o arresto do bem.
(D) Entre os bens penhoráveis está o seguro de vida.
(E) O recurso adesivo só é admissível na apelação.

A: incorreto (art. 819 do CPC); B: incorreto (arts. 835 e 836, II, do CPC); C: correto (art. 820, II, do CPC); D: incorreto (art. 649, VI, do CPC); E: incorreto (art. 500, II, do CPC).
Gabarito "C".

**(Cartório/AM – 2005 – FGV)** O Código de Processo Civil aponta no artigo 888 o que denomina "outras medidas provisionais". Assinale a alternativa que não apresente uma dessas medidas.

(A) obras de conservação em coisa litigiosa ou judicialmente apreendida
(B) a entrega de bens de uso pessoal do cônjuge e dos filhos
(C) o afastamento do menor autorizado a contrair casamento contra a vontade dos pais
(D) a guarda e a educação dos filhos, regulado o direito de visita
(E) o protesto e a apreensão de títulos

Arts. 882 a 887 do CPC.
Gabarito "E".

**(Cartório/MT – 2003 – UFMT)** O artigo 820, do Código Processual Civil atual, prescreve que cessará o arresto com:

(A) a prescrição.
(B) a decadência.
(C) a inadimplência.
(D) a novação.
(E) a confissão.

Art. 820, II, do CPC.
Gabarito "D".

**(Cartório/SP – I – VUNESP)** Considera-se medida cautelar

(A) a substituição de título ao portador.
(B) a restauração de autos.
(C) a consignação em pagamento.
(D) o sequestro de bens móveis.

A, B, e C: Cuida-se de procedimentos especiais de jurisdição contenciosa (arts. 907, 1.063 e 890, respectivamente, do CPC); D: correto (art. 822, I, do CPC).
Gabarito "D".

## 14. PROCEDIMENTOS ESPECIAIS

**(Cartório/RJ – 2012)** Quanto às ações de divisão e de demarcação de terras particulares, é **incorreto** afirmar que

(A) cabe a ação de demarcação ao proprietário para obrigar o seu confinante a estremar os respectivos prédios, fixando-se novos limites entre eles ou aviventando-se os já apagados.
(B) é lícita a cumulação destas ações.
(C) o autor pode requerer a demarcação com queixa de esbulho ou turbação, mas não pode formular pedido de restituição do terreno invadido.
(D) qualquer condômino é parte legítima para promover a demarcação do imóvel comum, citando-se os demais como litisconsortes.
(E) a sentença, que julgar procedente a ação, determinará o traçado da linha demarcanda.

A: correto (art. 946, I, do CPC); B: correto (art. 947 do CPC); C: incorreto (art. 951 do CPC); D: correto (art. 952 do CPC); E: correto (art. 958 do CPC).
Gabarito "C".

**(Cartório/SP – 2011 – VUNESP)** Assinale a alternativa incorreta:

(A) Na ação de consignação em pagamento fundada na dúvida sobre o legítimo credor, havendo disputa do crédito pelos réus, o juiz declarará extinta a obrigação do autor e a demanda prosseguirá apenas entre os credores, observando-se o rito ordinário.
(B) Nas ações possessórias, é lícito ao autor cumular o pedido possessório com perdas e danos, cominação de multa para o caso de nova turbação ou esbulho e desfazimento de construção ou plantação. O réu poderá formular pedido para tutela de sua posse e que poderá abranger a indenização resultante da turbação ou esbulho imputado ao autor.
(C) A ação de divisão poderá ser cumulada com a ação de demarcação, porém, nesta hipótese, deverá ser processada primeiramente a divisão, citando-se condôminos e confinantes.
(D) Os embargos de terceiro podem servir para a defesa da posse de bens atingidos por arrolamento de bens em que o embargante não era parte.

A: correto (art. 898 do CPC); B: correto (arts. 921 e 922 do CPC); C: incorreto, devendo ser assinalada (art. 947 do CPC); D: correto (art. 1.046, caput, do CPC).
Gabarito "C".

**(Cartório/MS – 2009 – VUNESP)** A ação que o Município deve propor a fim de impedir que o particular construa em contravenção da lei, do regulamento ou de postura é

(A) interdito proibitório.
(B) usucapião de terras particulares.
(C) divisão de terras particulares.
(D) demarcação de terras particulares.
(E) nunciação de obra nova.

Art. 934, III, do CPC.
Gabarito "E".

**(Cartório/MS – 2009 – VUNESP)** Sobre as ações possessórias, é correto afirmar que

(A) a propositura de uma ação possessória em vez de outra obstará a que o juiz conheça do pedido e outorgue a proteção legal correspondente àquela, cujos requisitos estejam provados.
(B) o possuidor direto ou indireto, que tenha justo receio de ser molestado na posse, poderá impetrar ao juiz que o segure da turbação ou esbulho iminente, mediante mandado proibitório, em que se comine ao réu determinada pena pecuniária, caso transgrida o preceito.
(C) contra as pessoas jurídicas de direito público será deferida a manutenção ou reintegração liminar sem prévia audiência dos respectivos representantes judiciais.
(D) na pendência do processo possessório não é defeso ao réu intentar com ação de reconhecimento de domínio.
(E) o réu pode demandar proteção possessória e indenização, pelos prejuízos resultantes da turbação ou esbulho cometido pelo autor, porém deverá fazê-lo através de reconvenção.

A: incorreto (art. 920 do CPC); B: correto (art. 932 do CPC); C: incorreto (art. 928, parágrafo único, do CPC); D: incorreto (art. 923 do CPC); E: incorreto (art. 922 do CPC).
Gabarito "B".

**(Cartório/MS – 2009 – VUNESP)** Quem sofrer turbação ou esbulho na posse de seus bens por ato de apreensão judicial, não sendo parte no processo, poderá requerer lhes sejam manutenidos ou restituídos por meio de

(A) busca e apreensão.
(B) reintegração de posse.
(C) usucapião.
(D) embargos de terceiro.
(E) interdito proibitório.

Art. 1.046, *caput*, do CPC. Os embargos de terceiro ostentam a natureza de ação de conhecimento, constitutiva negativa, com rito especial ou sumarizado (o que é diferente de rito sumário!), e têm por objetivo possibilitar a terceiro – alguém que não é parte do processo original e que detenha, sobre um determinado bem, dentre outros, a propriedade ou somente a posse – o desfazimento de constrição judicial indevidamente imposta (penhora, depósito, arresto, sequestro, alienação judicial, arrecadação, arrolamento, inventário, partilha etc.). Podem ser opostos até o trânsito em julgado da sentença, no processo de conhecimento, e até 5 dias após a remição, adjudicação ou arrematação, desde que antes de assinada a respectiva carta (art. 1.048 do CPC).

Gabarito "D".

**(Cartório/PR – 2007)** Sobre procedimentos especiais de jurisdição voluntária, é correto afirmar:

I. na separação consensual os interessados devem estipular na inicial, obrigatoriamente e desde que os filhos sejam menores, cláusula a respeito do regime de visitas.

II. a sentença proferida no pedido de interdição não faz coisa julgada material e produzirá efeitos desde logo.

III. as disposições gerais estabelecem que o prazo para responder é de quinze dias.

IV. nos procedimentos de jurisdição voluntária não será permitida a produção de provas, mesmo que requeridas pelos interessados.

Estão corretas:

(A) apenas I, II e IV.
(B) apenas II e III.
(C) apenas II e IV.
(D) apenas I e II.
(E) todas.

I: correto (art. 1.121, II, do CPC); II: correto (arts. 1.111, 1.184 e 1.186 do CPC); III: incorreto (art. 1.106 do CPC); IV: incorreto (art. 1.107 do CPC).

Gabarito "D".

**(Cartório/MT – 2005 – CESPE)** Maria e sua família residem em um imóvel adquirido de José, por meio de contrato particular de compromisso de compra e venda, em 30/01/2003. O instrumento de alienação não foi levado a registro no cartório imobiliário. No entanto, para garantia do negócio, José outorgou à adquirente uma procuração por instrumento público com poderes irrenunciáveis e irretratáveis para, em nome do outorgante, transferir a propriedade do imóvel alienado. Posteriormente, o bem adquirido por Maria foi penhorado em sede de execução fiscal proposta em meados do ano passado contra aquele que lhe havia alienado o imóvel. Acerca da situação hipotética apresentada, assinale a opção correta.

(A) A promessa de compra e venda é hábil a transferir o domínio do bem imóvel, por ser um direito real oponível contra terceiros.

(B) O negócio jurídico entabulado entre Maria e José é ineficaz em face da credora, por caracterizar fraude à execução, pois em sede de execução fiscal não há exigência do registro da penhora, sendo suficiente a existência de dívida inscrita para presumir fraudulenta a alienação de bens de sujeito passivo em débito com a Fazenda Pública.

(C) Maria poderá opor embargos de terceiro visando excluir a penhora que recaiu sobre o bem imóvel que adquiriu de José.

(D) Não tem validade jurídica a cláusula inserta na procuração por instrumento público com poderes irrenunciáveis e irretratáveis para, em nome dos outorgantes, transferir a propriedade à embargante, por simular uma cessão de direitos, em face da amplitude dos poderes que lhe foram conferidos notadamente que, não obstante ser aparentemente um mandatário, é o efetivo dono da coisa, e o mandante age em seu próprio interesse.

A: incorreto. Conquanto o direito do promitente comprador ostente natureza jurídica de direito real – desde que o respectivo instrumento seja registrado à margem imobiliária (arts. 1.225, VII, e 1.417 do CC) –, a promessa de compra e venda não desponta como título bastante para a transferência do domínio da coisa. Somente a escritura definitiva de compra e venda ou a sentença de procedência da demanda de adjudicação compulsória é que possuem tal condão, na forma do art. 1.418 do CC; B: incorreto, porquanto a alienação do imóvel a Maria e José – esta efetuada em 30/01/03, isto é, antes do advento da Lei Complementar 118/05 – precede o ajuizamento de execução fiscal – e, por conseguinte, a citação do alienante – daí porque inocorrente, na espécie, a fraude à execução fiscal. Nessa direção, eis o didático acórdão do STJ lavrado sob a sistemática do art. 543-C do CPC: "PROCESSUAL CIVIL. RECURSO ESPECIAL REPRESENTATIVO DE CONTROVÉRSIA. ART. 543-C, DO CPC. DIREITO TRIBUTÁRIO. EMBARGOS DE TERCEIRO. FRAUDE À EXECUÇÃO FISCAL. ALIENAÇÃO DE BEM POSTERIOR À CITAÇÃO DO DEVEDOR. INEXISTÊNCIA DE REGISTRO NO DEPARTAMENTO DE TRÂNSITO - DETRAN. INEFICÁCIA DO NEGÓCIO JURÍDICO. INSCRIÇÃO EM DÍVIDA ATIVA. ARTIGO 185 DO CTN, COM A REDAÇÃO DADA PELA LC N.º 118/2005. SÚMULA 375/STJ. INAPLICABILIDADE. 1. A lei especial prevalece sobre a lei geral (*lex specialis derrogat lex generalis*), por isso que a Súmula n.º 375 do Egrégio STJ não se aplica às execuções fiscais. 2. O artigo 185, do Código Tributário Nacional - CTN, assentando a presunção de fraude à execução, na sua redação primitiva, dispunha que: 'Art. 185. Presume-se fraudulenta a alienação ou oneração de bens ou rendas, ou seu começo, por sujeito passivo em débito para com a Fazenda Pública por crédito tributário regularmente inscrito como dívida ativa em fase de execução. Parágrafo único. O disposto neste artigo não se aplica na hipótese de terem sido reservados pelo devedor bens ou rendas suficientes ao total pagamento da dívida em fase de execução.' 3. A Lei Complementar n.º 118, de 9 de fevereiro de 2005, alterou o artigo 185, do CTN, que passou a ostentar o seguinte teor: 'Art. 185. Presume-se fraudulenta a alienação ou oneração de bens ou rendas, ou seu começo, por sujeito passivo em débito para com a Fazenda Pública, por crédito tributário regularmente inscrito como dívida ativa. Parágrafo único. O disposto neste artigo não se aplica na hipótese de terem sido reservados, pelo devedor, bens ou rendas suficientes ao total pagamento da dívida inscrita'. 4. Consectariamente, a alienação efetivada antes da entrada em vigor da LC n.º 118/2005 (09.06.2005) presumia-se em fraude à execução se o negócio jurídico sucedesse a citação válida do devedor; posteriormente à 09.06.2005, consideram-se fraudulentas as alienações efetuadas pelo devedor fiscal após a inscrição do crédito tributário na dívida ativa. 5. A diferença de tratamento entre a fraude civil e a fraude fiscal justifica-se pelo fato de que, na primeira hipótese, afronta-se interesse privado, ao passo que, na segunda, interesse público, porquanto o recolhimento dos tributos serve à satisfação das necessidades coletivas. 6. É que,

consoante a doutrina do tema, a fraude de execução, diversamente da fraude contra credores, opera-se *in re ipsa*, vale dizer, tem caráter absoluto, objetivo, dispensando o *concilium fraudis*. (FUX, Luiz. *O novo processo de execução*: o cumprimento da sentença e a execução extrajudicial. 1. ed. Rio de Janeiro: Forense, 2008, p. 95-96 / DINAMARCO, Cândido Rangel. *Execução civil*. 7. ed. São Paulo: Malheiros, 2000, p. 278-282 / MACHADO, Hugo de Brito. *Curso de direito tributário*. 22. ed. São Paulo: Malheiros, 2003, p. 210-211 / AMARO, Luciano. *Direito tributário brasileiro*. 11. ed. São Paulo: Saraiva, 2005. p. 472-473 / BALEEIRO, Aliomar. *Direito Tributário Brasileiro*. 10. ed. Rio de Janeiro: Forense, 1996, p.604). 7. A jurisprudência hodierna da Corte preconiza referido entendimento consoante se colhe abaixo: 'O acórdão embargado, considerando que não é possível aplicar a nova redação do art. 185 do CTN (LC 118/05) à hipótese em apreço (*tempus regit actum*), respaldou-se na interpretação da redação original desse dispositivo legal adotada pela jurisprudência do STJ'. (EDcl no AgRg no Ag 1.019.882/PR, Rel. Ministro Benedito Gonçalves, Primeira Turma, julgado em 06/10/2009, DJe 14/10/2009) 'Ressalva do ponto de vista do relator que tem a seguinte compreensão sobre o tema: [...] b) Na redação atual do art. 185 do CTN, exige-se apenas a inscrição em dívida ativa prévia à alienação para caracterizar a presunção relativa de fraude à execução em que incorrem o alienante e o adquirente (regra aplicável às alienações ocorridas após 9.6.2005)'; (REsp 726.323/SP, Rel. Ministro Mauro Campbell Marques, Segunda Turma, julgado em 04/08/2009, DJe 17/08/2009); 'Ocorrida a alienação do bem antes da citação do devedor, incabível falar em fraude à execução no regime anterior à nova redação do art. 185 do CTN pela LC 118/2005' (AgRg no Ag 1.048.510/SP, Rel. Ministra Eliana Calmon, Segunda Turma, julgado em 19/08/2008, DJe 06/10/2008); 'A jurisprudência do STJ, interpretando o art. 185 do CTN, até o advento da LC 118/2005, pacificou-se, por entendimento da Primeira Seção (EREsp 40.224/SP), no sentido de só ser possível presumir-se em fraude à execução a alienação de bem de devedor já citado em execução fiscal' (REsp 810.489/RS, Rel. Ministra Eliana Calmon, Segunda Turma, julgado em 23/06/2009, DJe 06/08/2009). 8. A inaplicação do art. 185 do CTN implica violação da Cláusula de Reserva de Plenário e enseja reclamação por infringência da Súmula Vinculante n.º 10, *verbis*: 'Viola a cláusula de reserva de plenário (cf, artigo 97) a decisão de órgão fracionário de tribunal que, embora não declare expressamente a inconstitucionalidade de lei ou ato normativo do poder público, afasta sua incidência, no todo ou em parte.'. 9. Conclusivamente: **(A)** a natureza jurídica tributária do crédito conduz a que a simples alienação ou oneração de bens ou rendas, ou seu começo, pelo *sujeito passivo por quantia inscrita em dívida ativa, sem a reserva de meios para quitação do débito*, gera presunção absoluta (jure et de jure) de fraude à execução (lei especial que se sobrepõe ao regime do direito processual civil);
**(B)** a alienação engendrada até 08.06.2005 exige que tenha havido prévia citação no processo judicial para caracterizar a fraude de execução; se o ato translativo foi praticado a partir de 09.06.2005, data de início da vigência da Lei Complementar n.º 118/2005, basta a efetivação da inscrição em dívida ativa para a configuração da figura da fraude;
**(C )**a fraude de execução prevista no artigo 185 do CTN encerra presunção *jure et de jure*, conquanto componente do elenco das 'garantias do crédito tributário';
**(D)** a inaplicação do artigo 185 do CTN, dispositivo que não condiciona a ocorrência de fraude a qualquer registro público, importa violação da Cláusula Reserva de Plenário e afronta à Súmula Vinculante n.º 10, do STF. 10. *In casu*, o negócio jurídico em tela aperfeiçoou-se em 27.10.2005, data posterior à entrada em vigor da LC 118/2005, sendo certo que a inscrição em dívida ativa deu-se anteriormente à revenda do veículo ao recorrido, porquanto, consoante dessume-se dos autos, a citação foi efetuada em data anterior à alienação, restando inequívoca a prova dos autos quanto à ocorrência de fraude à execução fiscal. 11. Recurso especial conhecido e provido. Acórdão submetido ao regime do artigo 543-C do CPC e da Resolução STJ n.º 08/2008" (REsp 1141990/PR, Rel. Ministro LUIZ FUX, PRIMEIRA SEÇÃO, julgado em 10/11/2010, DJe 19/11/2010). Ademais, mesmo em execução fiscal, o registro da penhora é necessário (art. 7º, IV e 14, *caput*, da Lei 6.830/80); C: correto. Afiguram-se cabíveis os embargos de terceiro, com lastro também na Súmula 84 do STJ: "É admissível a oposição de embargos de terceiro fundados em alegação de posse advinda do compromisso de compra e venda de imóvel, ainda que desprovido de registro"; D: incorreto (art. 117 do CC). Trata-se do instituto denominado *contrato consigo mesmo*, o qual, avessamente ao que dispunha o CC/1916, é expressamente admitido pela atual lei civil. Logo, é possível que a mesma pessoa, exibindo qualidades jurídicas distintas – *in casu*, mandatário e comprador – celebre a respectiva compra e venda. Note-se, a respeito, a doutrina de Sílvio Rodrigues: "O contrato consigo mesmo é a convenção em que um só sujeito de direito, revestido de duas qualidades jurídicas diferentes, atua simultaneamente em seu próprio nome e no de outrem. É o caso do indivíduo que, como procurador de terceiro, vende a si mesmo determinada coisa. Tal modalidade de negócio tem sido objeto de críticas e, dentro do antigo sistema brasileiro, esbarrava com a proibição dos incisos I e II do Código Civil de 1916 [...]" (RODRIGUES, Sílvio. *Direito Civil. Vol. I.* 33. Edição. São Paulo: Saraiva, p. 166).

Gabarito "C".

**(Cartório/MT – 2005 – CESPE)** Assinale a opção correta.

(A) Suponha que tenha sido proposta ação ordinária perante a justiça estadual e, logo após, outra que lhe é conexa na justiça federal. Nessa situação, considerando a exigência legal da reunião dos processos, a ação proposta na justiça estadual deverá ser remetida ao juiz federal, para que as ações conexas sejam processadas conjuntamente.

(B) Considere que tenha sido entabulado um negócio jurídico por meio do qual José tornou-se credor de João assinando uma nota promissória no valor de R$ 5.000,00 e comprometendo-se a pagar, em dinheiro, o valor dos juros e da correção monetária por ocasião do pagamento. Vencida a obrigação, o credor recusou-se a receber o pagamento de R$ 5.000,00, alegando que a quantia oferecida pelo devedor não correspondia ao seu débito. Nessa situação, se o devedor ajuizar ação de consignação em pagamento, não poderá o credor, munido de título executivo, propor ação de execução para receber o seu crédito, por existir identidade da relação jurídica material, configurando no caso litispendência.

(C) Se for proposta ação de manutenção de posse contra um espólio, representado pela viúva do *de cujus* e o autor provar que não foi instaurado o processo de inventário e partilha, que os filhos são maiores e capazes e que residem em outra comarca, então, a ação deverá ser extinta por ilegitimidade passiva.

(D) Se no curso de uma ação ocorrer o falecimento da parte autora, o processo não poderá prosseguir enquanto não houver a habilitação de seus sucessores.

A: incorreto. Ainda que conexos, os feitos deverão correr separadamente, em razão da incompetência absoluta da Justiça Comum Estadual para o processamento e julgamento de causas em que se verifique uma das situações delineadas pelo art. 109 da CF. Logo, reputa-se indevida a reunião dos processos para julgamento simultâneo. Possível, porém, a suspensão do processo por prejudicialidade, com arrimo no art. 265, IV, a, do CPC. Corroborando o que ora se aduz: "CONFLITO DE COMPETÊNCIA. JUSTIÇA ESTADUAL E JUSTIÇA FEDERAL. FINANCIAMENTO IMOBILIÁRIO. SFH. AÇÃO DE ANULAÇÃO DE ATO JURÍDICO CUMULADA COM REPETIÇÃO DE INDÉBITO. AÇÕES DE IMISSÃO E MANUTENÇÃO DE POSSE PROPOSTAS PERANTE A JUSTIÇA ESTADUAL E FEDERAL. POSSIBILIDADE DE DECISÕES CONFLITANTES. INTERPRETAÇÃO EXTENSIVA DO ART. 115 DO CPC. CONEXÃO. PREJUDICIALIDADE. SUSPENSÃO. 1. A mera potencialidade ou risco de que sejam proferidas decisões conflitantes é suficiente para caracterizar o conflito de competência, consoante interpretação extensiva conferida por esta Corte ao disposto no artigo 115 do Código de Processo Civil. 2. Os fundamentos das duas causas não se identificam, em que pese possa ser alegada a conexão, pois há que se reconhecer a existência de um vínculo substancial entre as duas demandas. 3. Segundo o disposto no art. 109 da CF/88, a Justiça Federal é absolutamente competente para julgar ação em que a União, entidade autárquica ou empresa pública federal tenham interesse na condição de autoras, rés, assistentes ou oponentes. Inexistente essa condição, a reunião de ações para julgamento conjunto não é possível, pois a competência absoluta é improrrogável. 4. Há que se reconhecer a existência de uma relação de prejudicialidade entre as demandas, autorizando a suspensão prevista no art. 265, IV, a, do CPC. 5. Agravo regimental provido" (AgRg no CC 112.956/MS, Rel. Ministra NANCY ANDRIGHI, SEGUNDA SEÇÃO, julgado em 25/04/2012, DJe 02/05/2012); B: incorreto (art. 585, § 1º, do CPC); C: incorreto (arts. 985 e 986 do CPC). Nessa circunstância, o espólio será representado pela viúva, na condição de administradora provisória do espólio; D: correto (art. 265, I e § 1º, do CPC).
Gabarito "D".

**(Cartório/MG – 2005 – EJEF)** Analise estas afirmativas concernentes aos procedimentos especiais de jurisdição voluntária e assinale com V as verdadeiras e com F as falsas:

( ) Ao Juiz é lícito investigar livremente os fatos e ordenar de ofício a realização de quaisquer provas.
( ) O prazo para contestar é de 10 dias.
( ) A sentença poderá ser modificada, sem prejuízo dos efeitos já produzidos, se ocorrerem circunstâncias supervenientes.

Assinale a alternativa que apresenta a sequência de letras CORRETA.

(A) (F) (F) (V)
(B) (F) (V) (F)
(C) (V) (F) (V)
(D) (V) (V) (F)

1. verdadeiro (art. 1.107 do CPC); 2. falso, pois o prazo para *responder* é de dez dias, registrando-se que nos procedimentos especiais de jurisdição voluntária não há contestação nem, consectariamente, revelia, porquanto inocorrente o conflito de interesses hábil a ensejar a existência de pretensões resistidas. Não há cogitar-se, outrossim, de reconvenção pelos mesmos fundamentos (art. 1.106 do CPC); 3. Verdadeiro (art. 1.111 do CPC). A sentença prolatada na jurisdição voluntária não se reveste de coisa julgada material.
Gabarito "C".

**(Cartório/DF – 2003 – CESPE)** Em relação a embargos do devedor e a embargos de terceiros, julgue os itens subsequentes.

(1) Na execução por carta, os embargos de terceiro devem ser ofertados perante o juízo deprecado, competente para julgar o feito, salvo se o bem constrito tiver sido indicado pelo juízo deprecante.
(2) Os embargos de terceiro não são a via processual adequada para que pessoa estranha à relação processual obtenha o reconhecimento de seu direito sobre o bem objeto da disputa entre autor e réu.

1: correto (Súmula 33 do TFR: "O Juízo deprecado, na execução por carta, é o competente para julgar os embargos de terceiro, salvo se o bem apreendido foi indicado pelo Juízo deprecante"). A propósito, confira-se: "CONFLITO DE COMPETÊNCIA. EXECUÇÃO FISCAL POR CARTA PRECATÓRIA. PENHORA DE BEM INDICADO PELO JUÍZO DEPRECADO. EMBARGOS DE TERCEIRO. APLICAÇÃO DA SÚMULA N.º 33 DO TFR. COMPETÊNCIA DO JUÍZO DEPRECADO. 1. À luz do princípio insculpido no enunciado sumular n.º 33 do antigo Tribunal Federal de Recursos, sedimentou-se nesta Corte Superior o entendimento de que o julgamento de embargos de terceiro opostos à penhora efetuada em cumprimento a carta precatória é da competência do juízo deprecado, salvo se o bem em questão fora previamente indicado pelo juízo deprecante. 2. Precedentes: CC n.º 46.430/SP, Primeira Seção, Rel. Min. Castro Meira, DJ de 06/06/2005; CC n.º 46.152/PE, Segunda Seção, Rel. Min. Nancy Andrighi, DJ de 03/11/2004; e CC n.º 20.818/MT, Segunda Seção, Rel. Min. Barros Monteiro, DJ de 16/09/2002. 3. *In casu*, a realização da penhora do bem objeto dos embargos de terceiro foi determinada pelo Juízo deprecado, ora suscitado, e não pelo deprecante, razão pela qual é daquele e não deste a competência para o processamento dos referidos embargos. 4. Conflito conhecido para declarar competente o Juízo de Direito do Serviço Anexo das Fazendas Públicas da Comarca de Jundiaí-SP, ora suscitado" (CC 39.384/MG, Rel. Ministro LUIZ FUX, PRIMEIRA SEÇÃO, julgado em 24/08/2005, DJ 12/09/2005, p. 195); 2: correto. Em tal circunstância, mostra-se cabível o ajuizamento de oposição pelo prejudicado (art. 56 do CPC). Cuida-se de modalidade de intervenção espontânea de terceiros, em que o opoente ajuíza demanda contendo pretensão incompatível com aquela deduzida pelos opostos no processo principal. Como a oposição é exercida perante autor e réu da ação originária, a doutrina a denomina *demanda bifronte*, tendo em vista a formação de um litisconsórcio passivo necessário entre tais partes. Ademais, insta salientar que a oposição configura a inserção de uma nova lide em processo pendente, daí por que há um acréscimo tanto subjetivo (de parte) quanto objetivo (de pedido). No caso sob exame, o sujeito que alega a titularidade do bem exerce pretensão, *de per si*, incompatível com a deduzida pelas partes da ação primitiva, porquanto pretende haver para si a coisa. Sendo assim, para a consecução de tal mister, afiguram-se inadequados os embargos de terceiro, *ex vi* do art. 1.046, *caput*, do CPC. Corroborando tal ensinança: "A oposição não se confunde com os embargos de terceiro, ação em que terceiro postula ao juiz que faça cessar a constrição determinada no processo em que ele não é parte. Neles, não há incompatibilidade entre a pretensão do embargante e a das partes. O terceiro não disputa com elas o mesmo objeto litigioso, mas apenas busca fazer cessar uma constrição que, equivocadamente, recaiu sobre seu bem. Os embargos de terceiro não mantêm, por isso, relação de prejudicialidade com a ação originária, que poderá prosseguir, mesmo que eles sejam acolhidos" (GONÇALVES, Marcus Vinícius Rios. *Novo Curso de Direito Processual Civil. Vol 1*. 8. edição. São Paulo: Saraiva, 2011, p. 184-185).

Gabarito "C".

**(Cartório/MT – 2003 – UFMT)** Segundo o artigo 991 do Código Processual Civil vigente, incumbe ao inventariante entre demais atos:

(A) Prestar contas ao representante do Ministério Público.
(B) Prestar as primeiras declarações apenas por procuradores com poderes *ad judicia*.
(C) Representar o espólio ativamente, somente em Juízo, observando-se, quanto ao dativo, o disposto no artigo 12, § 1º.
(D) Exibir a qualquer tempo os documentos relativos aos herdeiros.
(E) Exibir em cartório, a qualquer tempo, para exame das partes, os documentos relativos ao espólio.

A: incorreto (art. 991, VII, do CPC); B: incorreto (art. 991, III, do CPC); C: incorreto (art. 991, I, do CPC); D: incorreto (art. 991, IV, do CPC); E: correto (art. 991, IV, do CPC).

Gabarito "E".

**(Cartório/MT – 2003 – UFMT)** Nas ações possessórias de força nova para concessão de antecipação de tutela, é necessário comprovar:

(A) *Fumus boni Iuri* e *periculum in mora*.
(B) Verossimilhança da posse e da agressão alegadas.
(C) Verossimilhança do dano emergente.
(D) Relevância do fundamento do fato deduzido.
(E) Prova documental da posse alegada.

Primeiramente, revela-se prescindível a demonstração do *periculum in mora* por parte do autor, visto que os requisitos elencados pelo art. 927 do CPC destoam daqueles erigidos pela antecipação geral constante do art. 273 do CPC. Dito de outra forma, basta que o demandante demonstre a sua posse, a turbação ou o esbulho praticado pelo réu, a data da turbação ou do esbulho e a continuação da posse, embora turbada (na ação de manutenção), ou a perda da posse (na ação de reintegração), para que logre o deferimento *in limine* da tutela possessória postulada. Impõe observar, portanto, que, conquanto ambas possuam natureza satisfativa – e não cautelar, frise-se – a antecipação prevista no art. 273 do CPC se distingue daquela esculpida no art. 927 do mesmo diploma por conta da dessemelhança existente entre os requisitos necessários à sua outorga; ontologicamente, pretendem o mesmo, ainda que por vias diversas. Em favor de tal lição, desponta o precioso magistério de Donaldo Armelin (*apud* DESTEFENNI, Marcos. *Curso de Direito Processual Civil, Vol. 3*, 3. edição. São Paulo: Saraiva, 2009, p. 390-391): "Essa peculiaridade das ações possessórias não foi esgarçada com a admissão no sistema processual do instituto da antecipação de tutela. Na antecipação genérica dos efeitos da tutela jurisdicional exigem-se requisitos que não se reclamam naquela específica. Assim é que, para a concessão das liminares possessórias, é despicienda a existência de fundado receio de dano irreparável ou de difícil reparação como o exige o art. 273. Suficiente será para o possuidor esbulhado, turbado ou ameaçado, a prova de sua posse e do esbulho, turbação ou ameaça, condicionando-se em relação aos dois primeiros fatos, sua ocorrência em menos de ano e dia". Sob outro enfoque, colmatados os requisitos do art. 927, o juízo deve conceder liminarmente a tutela possessória requestada pelo requerente; senão, deverá designar audiência de justificação da posse, com vistas a colher a prova a ser produzida pelo requerente, não havendo, pois, qualquer discricionariedade em tal análise. Ratificando o que ora se aduz: "A liminar não está sujeita ao arbítrio do juiz. A discricionariedade não se coaduna com as decisões judiciais, mas apenas com os atos administrativos. Se estiverem preenchidos os requisitos, o juiz deverá concedê-la. Do contrário, não. [...] É que, tendo o autor postulado a concessão de liminar, cabe ao juiz verificar se os elementos por ele trazidos são suficientes para a concessão de liminar. Se não o forem, não se vislumbra razão para que o juiz indefira a liminar, sendo necessário que primeiro designe audiência de justificação, dando ao autor nova oportunidade para demonstrar o alegado. Essa interpretação é que resulta da leitura do art. 928, no qual se estabelece que o juiz determinará a realização da audiência se não puder conceder desde logo a liminar" (GONÇALVES, Marcus Vinícius Rios. *Novo Curso de Direito Processual Civil. Vol 2*. 7. edição. São Paulo: Saraiva, 2011, p. 284-285).

Gabarito "B".

**(Cartório/SP – V – VUNESP)** Quanto aos títulos ao portador, é correto afirmar que aquele que tiver

(A) perdido título ao portador poderá apenas reivindicá-lo da pessoa que o detiver, mas não caberá requerer-lhe a anulação e substituição.
(B) perdido título ao portador ou dele houver sido injustamente desapossado poderá reivindicá-lo da pessoa que o detiver ou requerer-lhe a anulação e substituição por outro.
(C) perdido título ao portador poderá apenas reivindicá-lo da pessoa que o detiver ou requerer-lhe a substituição por outro, mas não caberá requerer-lhe a anulação.
(D) sido injustamente desapossado de título ao portador poderá apenas reivindicá-lo da pessoa que o detiver, mas não requerer-lhe a anulação e substituição por outro.

Art. 907 do CPC.

Gabarito "B".

**(Cartório/SP – II – VUNESP)** Considere as seguintes afirmações, relativas aos inventários e arrolamentos de bens:

I. no arrolamento, não são conhecidas ou apreciadas questões relativas ao lançamento, ao pagamento ou à quitação de taxas judiciárias e de tributos incidentes sobre a transmissão da propriedade de bens do espólio;
II. o juiz julgará por sentença a partilha depois de pago o imposto de transmissão a título de morte e apresentada a certidão negativa de dívida para com a Fazenda Pública;
III. a partilha amigável somente pode ser homologada mediante prova da quitação dos tributos relativos aos bens do espólio e às suas rendas;
IV. a existência de credores do espólio impede a homologação da partilha ou da adjudicação até o pagamento da dívida.

Pode-se dizer que estão corretas as afirmações

(A) I e II, apenas.
(B) II e III, apenas.
(C) I, II e III, apenas.
(D) I, II, III e IV.

I: correto (art. 1.034, *caput*, do CPC); II: correto (art. 1.036, § 5º, do CPC); III: correto (art. 1.031, *caput*, do CPC); IV: incorreto (art. 1.035, *caput*, do CPC).
„Gabarito "C".

## 15. LEGISLAÇÃO EXTRAVAGANTE

(Cartório/SP – 2012 – VUNESP) Na ação de busca e apreensão de automóvel alienado fiduciariamente em garantia, a comprovação da mora do devedor deve se dar pela juntada com a petição inicial de

(A) notificação realizada por intermédio de Cartório de Títulos e Documentos ou de termo de protesto do título representativo da dívida, a critério do credor.
(B) notificação realizada por intermédio de Cartório de Títulos e Documentos ou, se comprovada a impossibilidade de apresentação desta, de termo de protesto do título representativo da dívida.
(C) termo de protesto do título representativo da dívida ou, se comprovada a impossibilidade de apresentação deste, de notificação realizada por intermédio de Cartório de Títulos e Documentos.
(D) notificação realizada por intermédio de Cartório de Títulos e Documentos e de termo de protesto do título representativo da dívida, cumprindo ao credor apresentar ambos os documentos.

Art. 2º, § 2º, do Decreto-Lei 911/1969.
„Gabarito "A".

(Cartório/SP – 2012 – VUNESP) Na ação de despejo por falta de pagamento, admite-se a concessão de medida liminar para desocupação do imóvel desde que

(A) o atraso no pagamento dos aluguéis seja superior a três meses e preste o autor caução idônea.
(B) o atraso no pagamento dos aluguéis seja superior a seis meses, preste o autor caução no valor equivalente a três meses de aluguel e esteja o contrato garantido por fiança.
(C) preste o autor caução no valor equivalente a seis meses de aluguel e esteja o contrato garantido por seguro de fiança locatícia.
(D) preste o autor caução no valor equivalente a três meses de aluguel e esteja o contrato desprovido de garantia locatícia.

Art. 59, § 1º, IX, da Lei 8.245/1991.
„Gabarito "D".

(Cartório/SP – 2012 – VUNESP) A impenhorabilidade do imóvel residencial próprio do casal ou da entidade familiar, considerado bem de família, é oponível em qualquer processo de execução, salvo se movido para

(A) cobrança de débito decorrente do não pagamento de contrato de abertura de crédito em conta corrente.
(B) cobrança de débito decorrente de fiança concedida em contrato de locação.
(C) cobrança de débito decorrente de contrato de alienação fiduciária.
(D) cobrança de débito decorrente de relação de consumo.

Art. 3º, VII, da Lei 8.009/1990.
„Gabarito "B".

(Cartório/SP – 2012 – VUNESP) É possível a concessão de liminar para desocupação do imóvel locado em ação de despejo que tiver por fundamento o término do prazo de locação

(A) não residencial, tendo sido proposta a ação em até 60 (sessenta) dias do termo ou do cumprimento de notificação comunicando o intento de retomada.
(B) residencial, tendo sido proposta a ação em até 60 (sessenta) dias do termo ou do cumprimento de notificação comunicando o intento de retomada.
(C) não residencial, tendo sido proposta a ação em até 30 (trinta) dias do termo ou do cumprimento de notificação comunicando o intento de retomada.
(D) residencial, tendo sido proposta a ação em até 30 (trinta) dias do termo ou do cumprimento de notificação comunicando o intento de retomada.

Art. 59, § 1º, VIII, da Lei 8.245/1991.
„Gabarito "C".

(Cartório/SP – 2012 – VUNESP) Nas ações coletivas previstas no Código de Defesa do Consumidor, de acordo com o art. 103 do mencionado estatuto, a sentença faz coisa julgada

(A) *erga omnes*, na hipótese de interesses ou direitos coletivos, exceto se o pedido for julgado improcedente por insuficiência de provas.
(B) *ultra partes*, na hipótese de interesses ou direitos individuais homogêneos, apenas no caso de procedência da ação.
(C) *ultra partes*, na hipótese de interesses ou direitos difusos, salvo improcedência por insuficiência de provas.
(D) *erga omnes*, na hipótese de interesses ou direitos individuais homogêneos, apenas no caso de procedência da ação, para beneficiar as vítimas e seus sucessores.

A: incorreto (arts. 81, parágrafo único, I, e 103, I, do CDC); B e C: incorretos (art. 81, parágrafo único, II, e art. 103, II, do CDC); D: correto (arts. 81, parágrafo único, III, e 103, III, do CDC).
„Gabarito "D".

(Cartório/RJ – 2012) É correto afirmar que, nos contratos de locação não residencial, o direito de inerência ao ponto comercial

(A) decorre exclusivamente do objeto mercantil do contrato.
(B) permite ao locatário ingressar com a ação renovatória após terminado o prazo e cumpridas as obrigações contratuais.

(C) exclui a possibilidade de o locador utilizar qualquer uma das exceções de retomada.
(D) garante aos cessionários (se possível a cessão) da locação a possibilidade de utilização da ação renovatória.
(E) exclui a possibilidade do locador alegar, na contestação da ação renovatória, possuir proposta de terceiro em melhores condições.

A: incorreto. Há outros requisitos de ordem *formal* (celebração por escrito da avença) e *temporal* (prazo de exploração da mesma empresa, lapso de duração do contrato) que também devem ser observados (art. 51, I, II, e III, da Lei 8.245/1991); B: incorreto, em virtude da decadência de pleitear a renovação da locação (art. 51, § 5º, da Lei 8.245/1991); C: incorreto (art. 72 da Lei 8.245/1991); D: correto (art. 51, §1º, da Lei 8.245/1991); E: incorreto (art. 72, III, da Lei 8.245/1991).
Gabarito "D".

**(Cartório/RJ – 2012)** Na arbitragem, é correto afirmar que
(A) se, durante o procedimento arbitral, um árbitro vier a ser substituído, a produção de provas não poderá ser repetida.
(B) a revelia da parte impedirá que a sentença arbitral seja proferida.
(C) a produção de provas no procedimento arbitral sempre dependerá do requerimento das partes.
(D) é nula a sentença arbitral se não decidir todo o litígio submetido à arbitragem.
(E) a demanda para a decretação de nulidade de sentença arbitral deverá ser proposta no prazo de até 2 (dois) anos após o recebimento da notificação da sentença arbitral ou de seu aditamento.

A: incorreto (art. 22, § 5º, da Lei 9.307/1996); B: incorreto (art. 22, § 3º, da Lei 9.307/1996); C: incorreto (art. 22, *caput*, da Lei 9.307/1996); D: correto (art. 32, V, da Lei 9.307/1996); E: incorreto (art. 33, § 1º, da Lei 9.307/1996).
Gabarito "D".

**(Cartório/SP – 2011 – VUNESP)** Sobre o Código de Defesa do Consumidor, assinale a incorreta.
(A) Nas ações de responsabilidade do fornecedor por produtos e serviços, a ação poderá ser promovida no foro do domicílio autor (consumidor).
(B) O art. 6.º, inciso VIII, da Lei n.º 8.078/1990, cuida da inversão do ônus da prova operada pelo juiz.
(C) O art. 14, parágrafo 3.º, da Lei n.º 8.078/1990, atribuiu ao fornecedor o ônus de provar a inexistência do defeito do serviço, a culpa exclusiva do consumidor ou do terceiro.
(D) A defesa dos direitos e interesses individuais divisíveis e decorrentes de origens variáveis poderá ser efetivada coletivamente, respeitada a legitimidade do art. 82 da Lei n.º 8.078/1990.

A: correto (art. 101, I, do CDC); B: correto. Cuida-se da inversão *ope judicis* (art. 6º, VIII, do CDC); C: correto (art. 14, § 3º, do CDC); D: incorreto, devendo ser assinalada (art. 81, parágrafo único, III, do CDC).
Gabarito "D".

**(Cartório/SP – 2011 – VUNESP)** Assinale a alternativa correta.
(A) Na ação renovatória de contrato de locação, os recursos terão efeitos devolutivo e suspensivo.
(B) Na ação de despejo por falta de pagamento, será concedida liminar para desocupação em 15 dias e independentemente de audiência da parte contrária, mediante caução, se provado que o contrato não previa garantia, ou se a garantia estivesse encerrada ou extinta.
(C) A ação revisional de aluguel traduz exclusivo direito de o locador elevar o valor do aluguel para o valor de mercado.
(D) Na procedência da ação renovatória, as diferenças dos aluguéis vencidos serão executadas em ação própria, sendo vedada a cobrança nos próprios autos.

A: incorreto (art. 58, V, da Lei 8.245/1991); B: correto (art. 59, § 1º, IX, da Lei 8.245/1991); C: incorreto (art. 68, II, *b*, da Lei 8.245/1991); D: incorreto (art. 69, § 2º, da Lei 8.245/1991).
Gabarito "B".

**(Cartório/SP – 2011 – VUNESP)** Assinale a alternativa incorreta:
(A) A conciliação é possível nas ações que tramitam nos Juizados Especiais da Fazenda Pública.
(B) É cabível recurso extraordinário contra decisão proferida por juiz de primeiro grau nas causas de alçada, ou por turma recursal de juizado especial cível e criminal.
(C) Liminares concedidas em mandados de segurança poderão ser suspensas em uma única decisão do Tribunal ao qual estiver vinculado o órgão prolator da decisão impugnada. A suspensão poderá, inclusive, atingir liminares supervenientes, bastando o aditamento do pedido de suspensão da segurança.
(D) Quando o direito ameaçado ou violado couber a várias pessoas, será cabível o mandado de segurança coletivo, sendo vedado o manejo do mandado de segurança individual.

A: correto (art. 1º, *caput*, da Lei 12.153/2009); B: correto (Súmula 640 do STF: "É cabível recurso extraordinário contra decisão proferida por juiz de primeiro grau nas causas de alçada, ou por turma recursal de Juizado Especial cível e criminal"); C: correto (art. 15, *caput* e § 5º, da Lei 12.016/2009); D: incorreto, devendo ser assinalada (art. 1º, § 3º, da Lei 12.016/2009).
Gabarito "D".

**(Cartório/MG – 2009 – EJEF)** Assinale a assertiva *INCORRETA*.
(A) O *habeas corpus* pode ser utilizado por terceiro de boa-fé para liberar objeto de sua propriedade, apreendido em razão de inquérito policial ou de ação penal.
(B) O mandado de segurança destina-se a proteger direito líquido e certo não amparado por *habeas corpus* ou *habeas data*, quando o responsável pela ilegalidade ou abuso de poder for autoridade pública ou agente de pessoa jurídica no exercício de atribuições do Poder Público.

(C) A ação de mandado de segurança poderá destinar-se também a assegurar direitos coletivos, de partidos políticos, com representantes no Congresso Nacional, de organizações sindicais, de entidades de classe ou associações legalmente constituídas e em funcionamento há pelo menos um ano.

(D) A Constituição de 1988 estabelece que qualquer cidadão é parte legitima para propor ação popular visando a anular, entre outros, ato lesivo ao meio ambiente.

A: incorreto, devendo ser assinalada. Revela-se cabível a impetração de mandado de segurança, mas não de *habeas corpus*, a considerar a inexistência de vulneração ao direito de locomoção de qualquer sujeito de direitos. Nesse sentido: "RMS - PROCESSUAL PENAL - MANDADO DE SEGURANÇA - ADEQUAÇÃO - o 'Habeas Corpus' não se confunde com o Mandado de Segurança. Ações constitucionalizadas, conforme art. 5°, LXVIII e LXIX. A natureza da relação jurídica litigiosa distingue as ações; com efeito, a causa da relação processual diferencia com nitidez, o processo civil e o processo penal. Essa distinção, registra-se, não afasta, por si mesma, a adequação do Mandado de Segurança e do 'Habeas Corpus'. Tais institutos podem ser idôneos para um ou para outro; por seus elementos constitutivos, entretanto, o primeiro é mais próximo do processo civil, enquanto o outro se faz presente, com maior frequência no processo penal. O 'Habeas Corpus' é adequado para impugnar a prisão civil, ao fundamento de haver impossibilidade justificável do não pagamento da pensão alimentícia. *O mandado de segurança, por sua vez, pode ser utilizado, exemplificativamente, por terceiro de boa-fé, para liberar objeto de sua propriedade, apreendido em razão de inquérito policial, ou de ação penal. Da mesma forma, podem fazê-lo o indiciado em inquérito policial, ou o réu, em ação penal. Importa, fundamental é o bem juridicamente tutelado que se visa a preservar. Assim decorre por força da Carta Política: o 'Habeas Corpus' busca afastar, ou impedir que se concretize violência, ou coação ao direito de locomoção.* No caso dos autos, o Recorrente, por Mandado de Segurança, visava a impedir que atuasse, no recurso, como Desembargador, pai do Promotor Público que pedirá a condenação, em 1ª instância. Ação, pois adequada. O recorrente não postulava proteção ao direito de liberdade. Ao contrário, respeito ao devido processo legal, que, no feixe normativo, confere ao réu o direito a ser julgado por juiz imparcial. Daí, a possibilidade de arguir impedimento, ou suspeição" (RMS 8.916/SP, Rel. Ministro LUIZ VICENTE CERNICCHIARO, SEXTA TURMA, julgado em 16/06/1998, DJ 03/08/1998, p. 330) [grifos nossos]; B: correto (art. 1°, *caput* e § 1°, da Lei 12.016/2009); C: correto (art. 21, *caput*, da Lei 12.016/2009); D: correto (art. 5°, LXXIII, da CF).

Gabarito "A".

**(Cartório/DF – 2006 – CESPE)** No tocante à ação popular e ao mandado de segurança, julgue os próximos itens.

(1) Na ação popular em defesa do patrimônio público, da moralidade administrativa ou do meio ambiente, pode o juiz conceder a suspensão liminar dos efeitos do ato administrativo impugnado, desde que presentes os requisitos autorizadores da medida.

(2) A sentença que julgar procedente a ação popular e declarar nulo o ato administrativo terá, necessariamente, de condenar o administrador público ao pagamento de indenização, independentemente de pedido do autor na exordial e de comprovação do prejuízo material experimentado pelo poder público.

(3) A denegação do mandado de segurança em virtude do reconhecimento de que não houve violação ao direito reclamado pelo impetrante não faz coisa julgada material e não impede que se busque, na via própria, novamente, a satisfação do direito, por serem distintos a causa de pedir e o pedido, no *writ* e na ação ajuizada pelo rito ordinário.

1. certo (art. 5°, § 4°, da Lei 4.717/1965); 2. errado. Tal assertiva se resolve pelo próprio princípio da *correlação, da congruência*, ou da *adstrição*, de modo que o juízo, na sentença, deve se cingir ao pedido e à causa de pedir, sob pena de julgamento *citra, ultra* ou *extra petita*. O juiz não pode inovar ou ampliar os limites objetivos da lide, devendo decidi-la nos lindes em que foi proposta, sob pena de afronta aos princípios da ampla defesa, do contraditório e ao princípio dispositivo. Logo, a condenação do réu ao ressarcimento do erário se consubstancia como providência que depende de requerimento expresso do demandante. Cuida-se de pretensão abarcada pelo princípio dispositivo e não de efeito necessário da sentença de procedência dos pleitos contidos em ação popular. A propósito, confira-se: "ADMINISTRATIVO. PROCESSUAL CIVIL. AÇÃO POPULAR. ANULAÇÃO DE CERTAME PARA REALIZAÇÃO DE CONCURSO. LITISCONSÓRCIO NECESSÁRIO DE APROVADOS. DESCABIMENTO. PRECEDENTES. LITISCONSÓRCIO DO PREFEITO. AUSÊNCIA DE PREQUESTIONAMENTO. JULGAMENTO *EXTRA PETITA*. ALEGAÇÃO ACOLHIDA. 1. Trata-se, originariamente, de Ação Popular que visa a anulação, por irregularidades, de certame para realização de concurso público. A sentença de procedência foi mantida pelo Tribunal de origem. [...] 5. Assiste razão à recorrente a respeito da alegação de julgamento *extra petita*. Não houve pedido de condenação ao ressarcimento do Erário. A lesão é pressuposto da Ação Popular (art. 1° da Lei 4.717/1965) e a nulidade do negócio jurídico pode ser deduzida autonomamente desde que tal pressuposto seja demonstrado (ainda que *in re ipsa*). O pedido de ressarcimento é cabível, mas seu acolhimento depende de sua presença na exordial, o que não se verificou no caso concreto. Nulidade de parcela da condenação reconhecida. 6. Recurso Especial parcialmente conhecido e, nessa parte, provido para anular a condenação à devolução da quantia contratada aos cofres públicos e do valor pago pelas inscrições aos candidatos" (REsp 1283121/ES, Rel. Ministro HERMAN BENJAMIN, SEGUNDA TURMA, julgado em 06/12/2012, DJe 08/03/2013). De qualquer sorte, ainda que o autor tenha deduzido tal pedido na inaugural, a condenação do réu a ressarcir o erário é medida que necessita da comprovação de efetivo consumo de dinheiro público, acaso o ato impugnado não esteja compreendido dentre as hipóteses presumidas de prejuízo constantes do art. 4° da Lei 4.717/1965. Ao abono de tal entendimento: "RECURSO ESPECIAL. ADMINISTRATIVO. VIOLAÇÃO DO ART. 535, INCISOS I E II, DO CPC. NÃO OCORRÊNCIA. ART. 333, I, DO CPC. PREQUESTIONAMENTO. AUSÊNCIA. SÚMULA 211/STJ. AÇÃO POPULAR. ATO ILEGAL E LESIVIDADE AO ERÁRIO. CONFIGURAÇÃO. [...] 3. Na ação popular, quando o ato impugnado não corresponde às hipóteses de lesividade presumida ao erário, previstas no art. 4° da Lei n° 4.717/1965, exige-se a demonstração do efetivo dispêndio de recursos públicos. 4. No caso dos autos, o Tribunal de origem consignou a existência de ato ilegal que implicou em violação aos princípios da impessoalidade e moralidade administrativa, bem como a lesão aos cofres públicos, concernente na fabricação de material informativo, considerado de promoção pessoal, com verba pública, cujo montante deve ser apurado na liquidação do julgado levando-se em conta os valores devolvidos. Assim, consignado o ato lesivo e também a utilização de recursos provenientes do erário na confecção do material publicitário, deve ser mantido o acórdão que condenou o recorrente a promover o ressarcimento ao erário. 5.

Recurso especial conhecido em parte e não provido" (REsp 1203749/SP, Rel. Ministro CASTRO MEIRA, SEGUNDA TURMA, julgado em 07/08/2012, DJe 21/08/2012); 3. errado. Em tal situação, a decisão transitada em julgado faz coisa julgada material, visto que apreciou o mérito do *mandamus* (art. 19 da Lei 12.016/2009).

Gabarito 1C, 2E, 3E

**(Cartório/MT – 2005 – CESPE)** Acerca de mandado de segurança, assinale a opção correta.

(A) Contra a decisão denegatória de liminar em mandado de segurança impetrado perante tribunal de justiça, cabe agravo de instrumento para o Superior Tribunal de Justiça.
(B) A sentença concessiva de mandado de segurança que assegurou o direito de reajuste salarial de determinada categoria de servidores públicos não pode ser executada provisoriamente.
(C) O terceiro prejudicado por ato judicial não poderá impugná-lo por mandado de segurança, caso não tenha interposto o recurso cabível contra a decisão que o prejudicou e atingiu seus direitos.
(D) Compete ao tribunal de justiça julgar mandado de segurança contra ato de juiz de direito do juizado especial.

A: incorreto. Afigura-se cabível a interposição de recurso ordinário perante o STJ (arts. 105, II, *b*, da CF, e 539, II, *a*, do CPC); B: correto (arts. 7º, § 2º, e 14, § 3º, da Lei 12.016/2009); C: incorreto (Súmula 202 do STJ: "A impetração de segurança por terceiro, contra ato judicial, não se condiciona à interposição de recurso"); D: incorreto (Súmula 376 do STJ: "Compete a turma recursal processar e julgar o mandado de segurança contra ato de juizado especial").

Gabarito "B".

**(Cartório/MT – 2005 – CESPE)** A respeito da lei dos juizados especiais cíveis — Lei n.º 9.099/1995, assinale a opção correta.

(A) A presunção de veracidade dos fatos alegados no pedido inicial decorre da ausência do demandado à sessão de conciliação ou à audiência de instrução, e não da falta de defesa. Assim, será decretada a revelia do réu que não comparecer à audiência de instrução e julgamento, ainda que compareça o seu advogado ou que seja apresentada defesa escrita.
(B) Segundo os princípios da simplicidade e da informalidade que regem o julgamento nos juizados especiais, qualquer que seja o valor da causa, a parte vencida, ainda que não possua capacidade postulatória, poderá recorrer pessoalmente da decisão monocrática e requerer a sua revisão pela turma recursal.
(C) Caso seja proposta ação monitória, perante o juízo cível, objetivando o recebimento da quantia de R$ 500,00, representado por um cheque prescrito, deverá o juiz declinar de sua competência em razão do valor da causa e remeter os autos a uma das varas do juizado especial cível.
(D) Contra a decisão proferida em última instância pelo juizado especial cível que afronta a lei infraconstitucional, é cabível o recurso especial para o Superior Tribunal de Justiça.

A: correto (art. 20 da Lei 9.099/1995); B: incorreto (art. 41, § 2º, da Lei 9.099/1995); C: incorreto. Marcos Destefenni, endossando os ensinamentos de Athos Gusmão Carneiro, faz interessante observação acerca do valor da causa, registrando que o juízo que pode conhecer das causas de maior valor – a exemplo dos juízos comuns – também é competente para conhecer das de menor montante, sendo que a recíproca não é verdadeira, o que, de fato, macula a proposição ora em comento. Observe-se tal lição, aplicável mormente aos Juizados Especiais Cíveis: "Aqui se aplica o conhecido ditado de que 'quem pode o mais, pode o menos'. Ou seja, quem pode conhecer de causas de valor ilimitado pode também conhecer de *pequenas causas*. Porém, quem tem competência para julgar *pequenas causas* não pode julgar causas que não sejam consideradas pela lei, em razão do valor, *pequenas*" (DESTEFENNI, Marcos. Curso de Processo Civil. Vol. 1. Tomo I. 2. edição. São Paulo: Saraiva, 2009, p. 60) [grifos no original]; D: incorreto (Súmula 203 do STJ: "Não cabe recurso especial contra decisão proferida por órgão de segundo grau dos juizados especiais").

Gabarito "A".

**(Cartório/DF – 2003 – CESPE)** Em relação à dúvida registrária, julgue os itens a seguir.

(1) Não se admite a extração de carta de sentença em procedimento de dúvida registrária, tendo em vista os efeitos do recebimento da apelação que obstam a propositura de execução provisória da decisão.
(2) Se, no curso do procedimento de dúvida, o juiz constatar uma sucessão de fatos que envolveram os imóveis e suas transcrições, gerando confusão quanto à delimitação e posição de cada fração, não pode a sentença que julgar a dúvida procedente limitar-se a determinar a suspensão de quaisquer registros nas matrículas dos imóveis, mas deve o juiz transformar o procedimento administrativo de dúvida em processo de jurisdição contenciosa, determinando a citação de todos os interessados para integrar o feito como litisconsortes necessários.

1. certo (arts. 475-I, § 1º, e 521 do CPC, e 202 da Lei 6.015/1973); 2. errado. A decisão da dúvida tem natureza administrativa e não impede o uso do processo contencioso competente, este a cargo do interessado que se sentir prejudicado pelo resultado da deliberação (art. 204 da Lei 6.015/1973). Ademais, a convocação, de ofício, do procedimento administrativo de dúvida em processo judicial esbarra no *princípio da demanda* inserto no art. 2º do CPC, consubstanciado no brocardo *ne procedat iudex ex officio*.

Gabarito 1C, 2E

**(Cartório/SP – V – VUNESP)** Na ação renovatória de contrato de locação, desejando o proprietário exercer o direito de retomada do imóvel para seu próprio uso, deverá fazê-lo

(A) mediante pedido contraposto de retomada deduzido na própria contestação, dada a natureza dúplice da ação.
(B) por intermédio de reconvenção.
(C) ajuizando ação própria, distribuída livremente.
(D) mediante o ajuizamento, por dependência, de ação própria.

Art. 74 da Lei 8.245/1991.

Gabarito "A".

**(Cartório/SP – III – VUNESP)** No Estado de São Paulo, o órgão competente para apreciar o recurso de sentença proferida no procedimento administrativo de dúvida registrária é:

(A) uma das Câmaras de Direito Privado do Tribunal de Justiça.
(B) a Corregedoria Geral da Justiça.
(C) o 1.º Tribunal de Alçada Cível.
(D) o Conselho Superior da Magistratura.

Art. 64, VI, do Código Judiciário do Estado de São Paulo - Decreto-Lei Complementar nº 3/1969.
Gabarito "D".

## 16. COMBINADOS

**(Cartório/SC – 2012)** Acerca da revelia, assinale a resposta **INCORRETA**:

(A) Nos Juizados Especiais Cíveis, a ausência injustificada do réu à audiência de instrução e julgamento ou à sessão de conciliação produz a revelia, reputando-se verdadeiros os fatos alegados no pedido inicial, salvo se o contrário resultar da convicção do juiz.
(B) Não é exigível o comparecimento pessoal do réu à audiência de conciliação, no procedimento sumário, podendo ele ser representado por preposto, mesmo sem poderes para transigir.
(C) Sendo nula ou inexistente a citação, não ocorrem os efeitos da revelia.
(D) Falecendo o procurador do demandado e não constituindo o réu outro mandatário no prazo de vinte dias, o processo prosseguirá à sua revelia.
(E) Será reputado revel o réu que não sanar a incapacidade processual ou a irregularidade da representação no prazo assinado pelo juiz.

A: correto (art. 20 da Lei 9.099/1995); B: incorreto, devendo ser assinalada (art. 277, § 3º, do CPC); C: correto. A inexistência de citação ou a invalidade de tal ato conduz à inexistência do processo, visto que inexiste processo em relação ao réu. Confira-se a doutrina de Marcus Vinícius Rios Gonçalves: "Aqui não há diferença entre falta ou vício de citação. Irrelevante se ela não se aperfeiçoou ou não se realizou de forma adequada. O que importa é que o réu não tomou conhecimento do processo e não teve a oportunidade de participar. [...] Como o vício de citação gera inexistência e não nulidade, será impróprio o ajuizamento de ação rescisória, pois nada haverá o que rescindir. O correto será a ação declaratória de inexistência por falta de citação, denominada *querela nulitatis insanabilis*, que não tem prazo para ser aforada" (GONÇALVES, Marcus Vinícius Rios. *Novo Curso de Direito Processual Civil. Vol 1.* 8. edição. São Paulo: Saraiva, 2011, p. 118); D: correto (art. 265, § 2º, do CPC); E: correto (art. 13, II, do CPC).
Gabarito "B".

**(Cartório/SC – 2012)** Assinale a alternativa **correta**:

(A) No litisconsórcio passivo, o reconhecimento do pedido por um dos réus não deve prejudicar os demais, assim como a confissão de um não alcança os demais litisconsortes.
(B) O reconhecimento da procedência do pedido alcança somente os fatos e não o direito.
(C) Das diversas modalidades de intervenção de terceiros previstas no Código de Processo Civil - CPC, o réu somente poderá provocar a nomeação à autoria e a denunciação da lide.
(D) A reconvenção não pode ser apresentada independentemente de contestação.
(E) Na ação declaratória incidental se pode objetivar tanto a declaração da relação jurídica subordinante quanto algum pedido constitutivo ou condenatório diverso contraposto.

A: correto (arts. 48 e 350, *caput*, do CPC); B: incorreto. O reconhecimento da procedência do pedido tem por base o acolhimento, pelo réu, da tese jurídica sustentada pelo demandante, isto é, do *direito* alegado, e não dos fatos articulados. Implica, ainda, a extinção do processo com resolução de mérito (art. 269, II, do CPC). Difere da confissão – meio de prova por natureza –pois qualquer das partes pode confessar os *fatos* deduzidos pelo seu adversário processual; C: incorreto. O réu poderá valer-se, ainda, do chamamento ao processo (arts. 77 e 78 do CPC); D: incorreto. O réu tem a faculdade de reconvir, mesmo quando não conteste; E: incorreto (art. 325 do CPC). A ação declaratória incidental contém sempre um pedido de índole exclusivamente declaratória, qual seja a declaração, com autoridade de coisa julgada, de questão prejudicial concernente à existência ou não de uma dada relação jurídica. Distancia-se, nesse ponto, da reconvenção, na qual o réu poderá deduzir pleitos de toda natureza.
Gabarito "A".

**(Cartório/MG – 2012 – FUMARC)** Considerando o disposto no Código de Processo Civil,

(A) no procedimento ordinário, finda a instrução, no caso de oposição, o juiz dará a palavra, em primeiro lugar, ao advogado do oponente para sustentar suas razões, pelo prazo de vinte minutos.
(B) é proibido ao juiz, de ofício, modificar o valor ou a periodicidade da multa estabelecida para atraso no cumprimento do provimento antecipatório de obrigação de fazer ou não fazer.
(C) é vedado ao Tribunal, em grau de apelação, completar o julgamento do mérito efetuado pelo juiz de primeiro grau.
(D) na sistemática atual, no procedimento ordinário, a falta de comparecimento dos advogados das partes à audiência de instrução e julgamento, injustificadamente, autoriza a extinção do processo, sem julgamento do mérito.

A: correto (art. 454, § 2º, do CPC); B: incorreto (art. 461, § 6º, do CPC); C: incorreto. Quanto à sentença *infra* ou *citra petita*, se, a despeito de opostos os embargos declaratórios, o órgão prolator da decisão não suprir a omissão, a parte prejudicada poderá apelar ao tribunal, a fim de que este supra o respectivo vício, sem necessidade de retorno dos autos à origem, com base no art. 515, § 3º, do CPC. Todavia, não restando colmatadas as hipóteses em que incide a teoria da causa madura, o tribunal não deverá invalidar ou reformar a sentença, mas tão somente determinar o retorno dos autos ao juízo de piso para que julgue a parcela faltante do pedido. Nesse diapasão, tem-se a doutrina de Fredie Didier Jr.: "No primeiro caso, não deve o tribunal invalidar a decisão. Como visto, não há o que ser invalidado; deve o tribunal determinar que o juízo *a quo* complete o julgamento, decidindo o pedido não examinado. O tribunal pode fazer isso independentemente de pedido na apelação, pois, como já foi visto, a decisão recorrida não está sendo reformada ou anulada. Trata-se de um juízo de fato do tribunal, que constata a ausência de solução de um pedido, determinando que o juízo *a quo* termine o seu ofício. [...]" (DIDIER JR. Fredie. *Curso de Direito Processual Civil*. Vol. 2. 6. Ed. Salvador: JusPodivm, 2011, p. 323); D: incorreto (art. 453, § 2°, do CPC). Nesse sentido: "RESPONSABILIDADE CIVIL. ACIDENTE DE VEÍCULO. AUDIÊNCIA DE INSTRUÇÃO. NÃO COMPARECIMENTO DO PATRONO DO RÉU. DISPENSA DAS TESTEMUNHAS POR ELE ARROLADAS. POSSIBILIDADE. PROVA EXCLUSIVAMENTE TESTEMUNHAL. AUSÊNCIA. DECISÃO FUNDADA EM PROVA DOCUMENTAL. ALTERAÇÃO. SÚMULA 07/STJ. 1. Nos termos do art. 453, § 2°, do Código de Processo Civil, está o juiz autorizado a dispensar a produção das provas requeridas pelo advogado que não comparece à audiência injustificadamente. 2. Consoante se verifica do voto condutor do aresto recorrido, a prova testemunhal não se constitui no único fundamento para determinar a procedência da demanda, funcionando, na realidade, como coadjuvante da prova documental acostada aos autos. 3. No mais, acolher as assertivas do recorrente no sentido de que a prova documental não é conclusiva, ou que aponta para culpa da recorrida, é providência que demanda incursão no conjunto fático-probatório dos autos, vedada nesta excepcional instância (Súmula 07/STJ). 4. Recurso especial não conhecido" (REsp 679.377/AM, Rel. Ministro FERNANDO GONÇALVES, QUARTA TURMA, julgado em 09/12/2008, DJe 02/02/2009).

Gabarito "A".

**(Cartório/MG – 2012 – FUMARC)** Considerando o disposto no Código de Processo Civil,

(A) a retirada dos autos do cartório pelo advogado da parte recorrente não importa em ciência da sentença e nem equivale a intimação, para contagem de prazo recursal.

(B) a lei confere legitimidade para recorrer à parte vencida no processo e ao Ministério Público, quando atua no feito, sendo vedado ao terceiro interferir no processo através de recurso.

(C) o prazo para o revel que não tenha advogado recorrer somente tem início com a sua intimação pessoal ou com a publicação da sentença na imprensa oficial.

(D) nas ações voltadas ao ressarcimento de danos causados em acidente de veículos, processadas sob o procedimento comum sumário, é defesa a sentença ilíquida, cumprindo ao juiz, se for o caso, fixar, de plano, a seu prudente critério, o valor devido.

A: incorreto. A propósito, observe-se o seguinte julgado do STJ: "AGRAVO INTERNO NOS EMBARGOS DE DECLARAÇÃO NO AGRAVO DE INSTRUMENTO. PROCESSUAL CIVIL. INTEMPESTIVIDADE DO RECURSO ESPECIAL. CARGA DOS AUTOS PELO ADVOGADO DA PARTE. CIÊNCIA INEQUÍVOCA DA DECISÃO. INÍCIO DA CONTAGEM DO PRAZO RECURSAL. AGRAVO DESPROVIDO. 1. O Superior Tribunal de Justiça possui entendimento pacificado de que a carga dos autos pelo advogado da parte, antes de sua intimação por meio de publicação na imprensa oficial, enseja a ciência inequívoca da decisão que lhe é adversa, iniciando-se a partir daí a contagem do prazo para interposição do recurso cabível. 2. Agravo interno a que se nega provimento" (AgRg nos EDcl no Ag 1306136/TO, Rel. Ministro RAUL ARAÚJO, QUARTA TURMA, julgado em 04/12/2012, DJe 04/02/2013); B: incorreto (art. 499, *caput* e §1°, do CPC); C: incorreto (art. 322 do CPC). De par com tal ilação: "PROCESSUAL CIVIL. AGRAVO REGIMENTAL NO AGRAVO EM RECURSO ESPECIAL. ALEGADA VIOLAÇÃO A PRINCÍPIOS CONSTITUCIONAIS. INCOMPETÊNCIA DESTA CORTE PARA APRECIAÇÃO. RÉU REVEL. CONTAGEM DOS PRAZOS PARA MANIFESTAÇÃO. DATA DA PUBLICAÇÃO EM CARTÓRIO. ART. 322 DO CPC. PRECEDENTES DESTA CORTE. 1. É incabível a apreciação de matéria constitucional na via do recurso especial, sob pena de usurpação da competência do eg. Supremo Tribunal Federal, nos termos do que dispõe o art. 102, III, da Magna Carta. 2. A orientação jurisprudencial desta Corte Superior é de que, 'nos termos do artigo 322 do Código de Processo Civil, o prazo recursal para o revel corre a partir da publicação da sentença em cartório, independentemente de sua intimação' (REsp 1.027.582/CE, Segunda Turma, Rel. Min. Herman Benjamin, DJe de 11/3/2009). 3. Agravo regimental a que se nega provimento" (AgRg no AREsp 118.269/GO, Rel. Ministro RAUL ARAÚJO, QUARTA TURMA, julgado em 07/02/2013, DJe 08/03/2013); D: correto (art. 475-A, § 3°, do CPC). Embora aparentemente tal afirmação esteja correta, é crível que a banca a tenha invalidado por apego à literalidade da redação do art. 275, II, *d*, do CPC, porquanto tal hipótese alude ao ressarcimento por danos causados em acidente de veículo *de via terrestre*. O adjunto adnominal ora destacado deve ter sido relevante para que a comissão decidisse pela anulação da questão, por ausência de resposta correta.

ANULADA.

**(Cartório/MG – 2012 – FUMARC)** Considerando o disposto no Código de Processo Civil,

(A) é vedado ao juiz recusar o cumprimento de carta precatória que circula entre juízes do mesmo grau de jurisdição.

(B) na execução de título executivo extrajudicial, o executado somente poderá oferecer embargos depois de seguro o juízo.

(C) comprovada a ocorrência de nulidade absoluta, o ato somente pode ser invalidado pelo juiz mediante provocação da parte prejudicada.

(D) havendo urgência, permite a norma processual civil que a carta de ordem e a carta precatória sejam transmitidas por telegrama, radiograma ou telefone.

A: incorreto (art. 209 do CPC); B: incorreto (art. 736, *caput*, do CPC); C: incorreto (art. 245, parágrafo único, do CPC); D: correto (art. 205 do CPC).

Gabarito "D".

**(Cartório/MG – 2012 – FUMARC)** Considerando o disposto no Código de Processo Civil,

(A) a incompetência absoluta somente pode ser arguida pela parte através de exceção.

(B) os motivos de impedimento e de suspeição, a que alude o Código, aplicam-se também ao perito e ao intérprete.

(C) o Ministério Público não tem legitimação para suscitar conflito de competência, mas será necessariamente ouvido em todos os conflitos suscitados, que são de ordem pública.

(D) o juiz apreciará livremente a prova, atendendo aos fatos e às circunstâncias dos autos, ainda que não alegados pelas partes, podendo sempre decidir por equidade, independentemente de previsão legal.

A: incorreto. *A incompetência absoluta*, enquanto objeção processual, desponta como matéria de ordem pública, sendo cognoscível de ofício, pois, pelo órgão judicante (arts. 301, II e § 4º, do CPC). Além disso, é articulada no bojo dos próprios autos – mais propriamente em preliminar de contestação – e não se sujeita à preclusão, podendo ser alegada em qualquer tempo e grau de jurisdição pela parte a quem aproveita, salvo nas instâncias excepcionais (STF e STJ), de vez que, por força dos arts. 102, III, e 105, III, ambos da Carta Magna, a matéria precisa ter sido decidida nas instâncias ordinárias, sob pena de não preenchimento do pressuposto de recorribilidade atinente ao prequestionamento (arts. 113, *caput*, 267, § 3º, 301, X e § 4º, do CPC); B: correto (art. 138, III e IV, do CPC); C: incorreto (art. 118, II, do CPC); D: incorreto (art. 127 do CPC).
Gabarito "B".

**(Cartório/MG – 2012 – FUMARC)** Considerando o disposto no Código de Processo Civil,

(A) o protesto ou a interpelação admite defesa e contraprotesto nos autos em que a medida é processada.
(B) a sentença condenará o vencido a pagar ao vencedor as despesas que antecipou e os honorários advocatícios, salvo nos casos em que funcionar como advogado em causa própria.
(C) salvo as disposições concernentes à justiça gratuita, compete ao autor adiantar as despesas relativas a atos cuja realização o juiz determinar de ofício ou a requerimento do Ministério Público.
(D) a petição inicial referente à ação de atentado será autuada em separado e será processada e julgada pelo juiz que conheceu originariamente a causa principal, salvo se esta se encontrar no tribunal.

A: incorreto (art. 871 do CPC); B: incorreto (art. 20, *caput*, do CPC); C: correto (art. 19, § 2º, do CPC); D: incorreto (art. 880, parágrafo único, do CPC).
Gabarito "C".

**(Cartório/MG – 2012 – FUMARC)** Considerando o disposto no Código de Processo Civil,

(A) carece o Ministério Público de legitimidade para propor execução forçada.
(B) a sentença estrangeira, desde que traduzida por intérprete autorizado, tem plena eficácia no Brasil.
(C) a ação rescisória é viável tanto nas sentenças de mérito como nas de conteúdo meramente processual.
(D) o sub-rogado, nos casos de sub-rogação legal ou convencional, tem legitimidade para promover a execução, ou nela prosseguir.

A: incorreto (art. 566, II, do CPC); incorreto (arts. 105, I, "i", da CF, 475-N, VI, e 483, *caput*, do CPC); C: incorreto (art. 485, *caput*, do CPC); D: correto (art. 567, III, do CPC).
Gabarito "D".

**(Cartório/MG – 2012 – FUMARC)** Considerando o disposto no Código de Processo Civil,

(A) o ônus da impugnação específica dos fatos, na contestação, não se aplica ao curador especial, ao órgão do Ministério Público e ao advogado dativo.
(B) os absolutamente incapazes serão representados em juízo, na forma da lei, por não possuírem capacidade para figurar no polo ativo ou passivo da lide.
(C) a apelação interposta contra sentença que julgar procedente o pedido de instituição de arbitragem será recebida em ambos os efeitos, devolutivo e suspensivo.
(D) verificando a incapacidade processual ou a irregularidade de representação das partes, o juiz deve excluir, de imediato, o terceiro do processo, se a irregularidade a ele se referir.

A: correto (art. 302, parágrafo único, do CPC); B: incorreto. Antes de mais nada, afigura-se imprescindível destacar que os termos capacidade de ser parte, capacidade processual e capacidade postulatória não se confundem. Os dois primeiros institutos têm natureza jurídica de pressuposto de validade do processo, ao passo que o último consubstancia pressuposto processual de existência (art. 37, parágrafo único, do CPC). Nessa direção, a fim de que haja uma melhor compreensão do tema, é necessário recorrer-se às lições da parte geral do Código Civil. A capacidade de direito ou de gozo não se confunde com a capacidade de fato ou de exercício, requisito este exigido para que a pessoa exercite pessoalmente direitos na órbita civil sem a necessidade de estar representado ou assistido. Isso posto, a personalidade jurídica oriunda do direito civil está para a capacidade de ser parte, assim como a capacidade de fato ou de exercício está para a capacidade processual ou capacidade para estar em juízo. Por ser instituto afeto apenas às pessoas naturais, só os maiores e capazes é que detêm capacidade processual. Sendo assim, o recém-nascido com vida tem personalidade jurídica, motivo pelo qual possui capacidade de ser parte, e, por isso, pode pleitear alimentos. Para tanto, será representado por seu representante legal durante o processo, visto que desprovido de capacidade processual ou capacidade para estar em juízo. Afinal, a ninguém é dado, regra geral, pleitear direito alheio em nome próprio (arts. 6º, 7º e 8º, do CPC); C: incorreto (art. 520, VI, do CPC); D: O juiz, vislumbrando o defeito de representação da parte em juízo, deve determinar, em primeiro lugar, a suspensão do processo, a fim de que seja regularizada a situação dentro do prazo assinalado. Persistindo a irregularidade, o juiz deve excluir o terceiro do processo, acaso o defeito de representação lhe diga respeito (art. 13, *caput* e inciso III, do CPC).
Gabarito "A".

**(Cartório/MG – 2012 – FUMARC)** Considerando o disposto no Código de Processo Civil,

(A) a alteração superveniente da competência, ditada por norma constitucional, invalida a sentença anteriormente proferida.
(B) o chamamento ao processo é cabível em qualquer espécie de procedimento, no processo de cognição e de execução.
(C) o Ministério Público tem legitimidade para propor ação rescisória de sentença, se não foi ouvido no processo em que lhe era obrigatória a intervenção.
(D) por ser qualificada como obrigatória nos casos legalmente previstos no sistema do Código de Processo Civil, a denunciação da lide pode ser realizada de ofício.

A: incorreto. Toda vez que a competência *ratione materiae* sofrer alteração em virtude do advento de nova norma constitucional, é possível que o Pretório Excelso, ao redefinir sua jurisprudência, imprima efeitos prospectivos à decisão exarada, com vistas a pontuar no tempo o momento em que a novel regra deve incidir, de modo, inclusive, a preservar os atos processuais já praticados. Cuida-se de zelo condizente com o princípio da segurança jurídica. Nesse sentido, observe-se o seguinte julgado da Suprema Corte: "EMENTA: CONSTITUCIONAL. COMPETÊNCIA JUDICANTE EM RAZÃO DA MATÉRIA. AÇÃO DE INDENIZAÇÃO POR DANOS MORAIS E PATRIMONIAIS DECORRENTES DE ACIDENTE DO TRABALHO, PROPOSTA PELO EMPREGADO EM FACE DE SEU (EX-)EMPREGADOR. COMPETÊNCIA DA JUSTIÇA DO TRABALHO. ART. 114 DA MAGNA CARTA. REDAÇÃO ANTERIOR E POSTERIOR À EMENDA CONSTITUCIONAL Nº 45/2004. EVOLUÇÃO DA JURISPRUDÊNCIA DO SUPREMO TRIBUNAL FEDERAL. PROCESSOS EM CURSO NA JUSTIÇA COMUM DOS ESTADOS. IMPERATIVO DE POLÍTICA JUDICIÁRIA. Numa primeira interpretação do inciso I do art. 109 da Carta de Outubro, o Supremo Tribunal Federal entendeu que as ações de indenização por danos morais e patrimoniais decorrentes de acidente do trabalho, ainda que movidas pelo empregado contra seu (ex-)empregador, eram da competência da Justiça comum dos Estados-Membros. 2. Revisando a matéria, porém, o Plenário concluiu que a Lei Republicana de 1988 conferiu tal competência à Justiça do Trabalho. Seja porque o art. 114, já em sua redação originária, assim deixava transparecer, seja porque aquela primeira interpretação do mencionado inciso I do art. 109 estava, em boa verdade, influenciada pela jurisprudência que se firmou na Corte sob a égide das Constituições anteriores. 3. Nada obstante, como imperativo de política judiciária - haja vista o significativo número de ações que já tramitaram e ainda tramitam nas instâncias ordinárias, bem como o relevante interesse social em causa -, o Plenário decidiu, por maioria, que o marco temporal da competência da Justiça trabalhista é o advento da EC 45/04. Emenda que explicitou a competência da Justiça Laboral na matéria em apreço. 4. A nova orientação alcança os processos em trâmite pela Justiça comum estadual, desde que pendentes de julgamento de mérito. É dizer: as ações que tramitam perante a Justiça comum dos Estados, com sentença de mérito anterior à promulgação da EC 45/2004, lá continuam até o trânsito em julgado e correspondente execução. Quanto àquelas cujo mérito ainda não foi apreciado, hão de ser remetidas à Justiça do Trabalho, no estado em que se encontram, com total aproveitamento dos atos praticados até então. A medida se impõe, em razão das características que distinguem a Justiça comum estadual e a Justiça do Trabalho, cujos sistemas recursais, órgãos e instâncias não guardam exata correlação. 5. O Supremo Tribunal Federal, guardião-mor da Constituição Republicana, pode e deve, em prol da segurança jurídica, atribuir eficácia prospectiva às suas decisões, com a delimitação precisa dos respectivos efeitos, toda vez que proceder a revisões de jurisprudência definidora de competência ex ratione materiae. O escopo é preservar os jurisdicionados de alterações jurisprudenciais que ocorram sem mudança formal do Magno Texto. 6. Aplicação do precedente consubstanciado no julgamento do Inquérito 687, Sessão Plenária de 25.08.99, ocasião em que foi cancelada a Súmula 394 do STF, por incompatível com a Constituição de 1988, ressalvadas as decisões proferidas na vigência do verbete. 7. Conflito de competência que se resolve, no caso, com o retorno dos autos ao Tribunal Superior do Trabalho. [grifos nossos]" (CC 7204, Relator(a): Min. CARLOS BRITTO, Tribunal Pleno, julgado em 29/06/2005, DJ 09-12-2005 PP-00005 EMENT VOL-02217-2 PP-00303 RDECTRAB v. 12, n. 139, 2006, p. 165-188 RB v. 17, n. 502, 2005, p. 19-21 RDDP n. 36, 2006, p. 143-153 RNDJ v. 6, n. 75, 2006, p. 47-58); B: incorreto. As hipóteses de intervenção de terceiro típicas do processo de conhecimento não se aplicam ao processo de execução (ressalvada a assistência), a considerar a natureza satisfativa que lastreia este tipo de processo. Ademais, enquanto o processo de conhecimento tem por escopo a formação de um título executivo, o processo de execução tem o título como pressuposto. Conforme ressalta Marcos Destefenni: "na execução não há formação de título executivo, mesmo porque não há sentença sobre a pretensão do credor no processo de execução" (DESTEFENNI, Marcos. Curso de Processo Civil. Vol. 1. Tomo I. 2. Edição. São Paulo: Saraiva, 2009, p. 228). Hipótese diversa ocorre nos embargos à execução, posto que tal demanda ostenta natureza de ação de conhecimento constitutiva negativa. Corroborando o que ora se diz: "Excluem-se, em razão da índole satisfativa da demanda executória, as formas intervencionais típicas do processo de conhecimento. Não comporta a execução, a par dos atos executivos, operando no mundo físico, a simultânea resolução da lide trazida por uma das partes. [...] Em última análise, portanto, os dois institutos [o autor se refere à denunciação da lide e ao chamamento ao processo] visam à criação de título executivo. Ora, no bojo da relação processual executiva semelhante escopo se afigura impertinente e esdrúxulo, pois o título antecede e baseia a execução [...] Por isso, a natureza dessas modalidades de intervenção de terceiros desautoriza, nada obstante o silêncio do CPC, sua admissibilidade na execução. Admite-se apenas a assistência. Essas questões se recolocam, todavia, no âmbito dos embargos do devedor (art. 736) e nos embargos de terceiro, e, neles, a resposta pode ser diversa, como a seu tempo se examinará" (ASSIS, Araken de. Manual da execução. 11. edição. São Paulo: Revista dos Tribunais, 2007, p. 387-388); C: correto (art. 487, III, a, do CPC). Todavia, vale alertar o candidato para o fato de que o STJ pacificou o entendimento de que a pronúncia de nulidade, ainda nas hipóteses em que a intervenção do Parquet se mostre obrigatória (art. 82 do CPC), depende da efetiva demonstração de prejuízo (pas de nullité sans grief). Ao abono de tal assertiva, veja-se o seguinte precedente do STJ: "PROCESSUAL CIVIL E ADMINISTRATIVO. AÇÃO RESCISÓRIA. ART. 485, V, DO CPC. NOMEAÇÃO EM CONCURSO PÚBLICO. PORTADOR DE DEFICIÊNCIA FÍSICA. NÃO INTERVENÇÃO DO MINISTÉRIO PÚBLICO. DIREITO DISPONÍVEL. INEXISTÊNCIA DE PREJUÍZO. AUSÊNCIA DE NULIDADE. DIVERGÊNCIA JURISPRUDENCIAL NÃO CONFIGURADA. 1. A intervenção do Ministério Público, fundamentada na qualidade da parte dotada de capacidade civil, deve envolver direitos indisponíveis ou de tamanha relevância social que evidenciem a existência de interesse público no feito. (Nesse sentido: AgRg no REsp 565.084/DF, Rel. Min. Maria Thereza de Assis Moura, Sexta Turma, julgado em 24.8.2009, DJe 14.9.2009). 2. A ausência de intimação do Ministério Público, por si só, não enseja a decretação de nulidade do julgado, a não ser que se demonstre o efetivo prejuízo às partes ou para apuração da verdade substancial da controvérsia jurídica, à luz do princípio pas de nullités sans grief. 3. Até mesmo nas causas em que a intervenção do Parquet é obrigatória, seria necessária a demonstração de prejuízo deste para que se reconheça a nulidade processual. (Precedentes: REsp 1.010.521/PE, Rel. Min. Sidnei Beneti, Terceira Turma, julgado em 26.10.2010, DJe 9.11.2010; REsp 814.479/RS, Rel. Min. Mauro Campbell Marques, Segunda Turma, julgado em 2.12.2010, DJe 14.12.2010). [...]" (REsp 1249050/RN, Rel. Ministro HUMBERTO MARTINS, SEGUNDA TURMA, julgado em 21/06/2011, DJe 29/06/2011); D: incorreto. Esta modalidade de intervenção provocada de terceiros tem natureza de ação condenatória que surge, seja por provocação do autor ou do réu, no bojo de outra ação condenatória. Presta-se a obtenção de sentença que reconheça o direito de regresso do denunciante em face do terceiro alienante, proprietário, possuidor indireto ou responsável civil, tudo, insista-se, dentro da mesma relação processual travada originariamente entre autor e réu. Por ostentar natureza de ação, é defeso ao órgão jurisdicional deflagrá-la, de vez que tal intento esbarra no princípio da demanda inserto no art. 2º do CPC, consubstanciado no brocardo ne procedat iudex ex officio.

Gabarito "C".

**(Cartório/MA – 2008 – IESES)** Analise as afirmativas abaixo e assinale a alternativa correta:

I. Decisão interlocutória é o ato pelo qual o juiz, no curso do processo, resolve questão incidente. Da decisão interlocutória cabe agravo, no prazo de 10 (dez) dias, na forma retida, salvo quando se tratar de decisão suscetível de causar à parte lesão grave e de difícil reparação, bem como nos casos de inadmissão da apelação e nos relativos aos efeitos em que a apelação é recebida, quando será admitida a sua interposição por instrumento.

II. Extingue-se o processo sem resolução de mérito, por carência de ação, quando ao autor faltar legitimação ativa derivada de ausência de capacidade de ser parte, o seu patrono não apresentar no prazo legal o instrumento de mandato e o pedido for juridicamente impossível.

III. São manifestações do princípio processual do devido processo legal as seguintes garantias: acesso à justiça, igualdade de tratamento, publicidade dos atos processuais, contraditório, ampla defesa, julgamento por juiz natural e competente, de acordo com provas obtidas licitamente por decisão fundamentada.

IV. As medidas cautelares incidentais são requeridas ao juiz da causa e quando preparatórias, ao juiz competente para conhecer da ação principal; interposta a apelação contra a sentença em ação principal, a medida cautelar é requerida diretamente ao tribunal.

(A) As assertivas I, III e IV estão corretas.
(B) As assertivas I, II e IV estão corretas.
(C) As assertivas I, II e III estão corretas.
(D) As assertivas II, III e IV estão corretas.

I: correto (arts. 162, § 2º, e 522, *caput*, do CPC); II: incorreto. A capacidade de ser parte e a capacidade postulatória ostentam a natureza jurídica de pressupostos processuais, e não de condições da ação. Segundo a doutrina de Humberto Theodoro Júnior, os pressupostos processuais classificam-se em de existência e de validade, sendo que estes se subdividem, ainda, em subjetivos e objetivos. Com efeito, são considerados *pressupostos processuais subjetivos*: competência do juízo e ausência de causas de impedimento ou de suspeição do juiz, capacidade civil das partes e sua representação por advogado. Por sua vez, são *pressupostos processuais objetivos*: observância da forma processual adequada à pretensão, existência nos autos do instrumento de mandato conferido ao advogado e a inexistência de litispendência, coisa julgada, compromisso, de inépcia da petição inicial, ou de qualquer das nulidades previstas na legislação processual (THEODORO JÚNIOR, Humberto. *Curso de Direito Processual Civil*. Vol. 1. 47. edição. Rio de Janeiro: Forense, 2007, p. 70) (art. 267, VI, do CPC); III: correto. Todas as garantias informadas podem ser derivadas do princípio do *due process of law*; IV: correto (art. 800 do CPC), ressalvado o disposto no art. 880, parágrafo único, do CPC.
Gabarito "A".

**(Cartório/AM – 2005 – FGV)** Assinale a alternativa correta.

(A) Existindo litisconsórcio, a desistência do recurso pelo recorrente não depende da anuência dos demais litisconsortes.
(B) A regra geral é que os fatos afirmados por uma parte, ainda que confessados pela parte contrária, dependem de prova.
(C) Mesmo emanando de coação, a confissão é irrevogável.
(D) A exceção de incompetência não suspende o curso do processo.
(E) No procedimento comum ordinário, contestada a ação, só poderá o autor desistir dela, sem o consentimento do réu, até a audiência de instrução e julgamento.

A: correto (art. 501 do CPC); B: incorreto (art. 334, II, do CPC); C: incorreto (art. 352, *caput*, do CPC); D: incorreto (art. 265, III, do CPC); E: incorreto (art. 267, § 4º, do CPC).
Gabarito "A".

# 9. Direito Empresarial

Robinson Sakiyama Barreirinhas

## 1. EMPRESA E EMPRESÁRIO

**(Cartório/SP – 2011 – VUNESP)** Assinale a alternativa incorreta.

(A) O empresário, cuja atividade rural constitua sua principal profissão, pode requerer inscrição no Registro Público de Empresas Mercantis.
(B) A cooperativa que tenha por objeto a construção e alienação de imóveis aos seus cooperados é sociedade empresária.
(C) Independentemente de seu objeto, a sociedade por ações é sempre sociedade empresária.
(D) Na sociedade em comum, a responsabilidade dos sócios é solidária e ilimitada pelas obrigações sociais.

A: correta, nos termos do art. 971 do CC; B: incorreta, pois a cooperativa, qualquer que seja seu objeto, será considerada sociedade simples – art. 982, parágrafo único, do CC; C: correta, conforme o art. 982, parágrafo único, do CC, que dispõe: "Independentemente de seu objeto, considera-se *empresária* a *sociedade por ações*; e, simples, a cooperativa." D: correta, nos termos do art. 990 do CC: "Todos os sócios respondem solidária e ilimitadamente pelas obrigações sociais, excluído do benefício de ordem, previsto no art. 1.024, aquele que contratou pela sociedade".
Gabarito "B".

**(Cartório/SP – 2011 – VUNESP)** Leia as afirmações e assinale a alternativa incorreta.

(A) O empresário casado, exceto no caso de regime de separação de bens, não pode alienar bens imóveis que integram o patrimônio da empresa sem autorização do cônjuge.
(B) É obrigatória a inscrição do empresário no Registro Público de Empresas Mercantis.
(C) É possível ao empresário individual solicitar a transformação do seu registro para registro de sociedade empresária, caso venha a admitir sócios.
(D) Pode ser considerado empresário aquele que exerce profissão artística, conquanto o exercício da profissão constitua elemento de empresa.

A: incorreta, pois o empresário casado pode, sem necessidade de outorga conjugal, qualquer que seja o regime de bens, alienar os imóveis que integrem o patrimônio da empresa ou gravá-los de ônus real – art. 978 do CC; B: correta, nos termos do art. 967 do CC; C: correta, correspondendo ao disposto no art. 968, § 3º, do CC; D: correta, conforme a ressalva do art. 966, parágrafo único, *in fine*, do CC.
Gabarito "A".

**(Cartório/SP – 2011 – VUNESP)** A consequência da interdição do empresário é:

(A) Extinção da empresa.
(B) Suspensão da atividade até obtenção de novo sócio capaz.
(C) Dissolução parcial da empresa, com exclusão do interditado.
(D) Continuação da empresa por meio de representante, com necessária autorização judicial.

No caso, o incapaz poderá continuar a empresa por meio de representante ou devidamente assistido (a depender de ser absoluta ou relativamente incapaz, respectivamente), sendo necessária a prévia autorização judicial nos termos do art. 974 do CC. Por essa razão, a alternativa "D" é a correta.
Gabarito "D".

**(Cartório/RN – 2012 – IESIS)** Quanto ao empresário e a empresa, é correto afirmar, **EXCETO**, que:

(A) Como organizada, entende-se aquela atividade em que o empresário articula capital, mão de obra, insumos e tecnologia.
(B) O profissionalismo é requisito que qualifica o empresário.
(C) O médico que presta seus serviços é empresário, pois, mesmo que não exerça uma atividade organizada com a contratação de colaboradores, exerce tal atividade de forma profissional.
(D) O conceito de empresa remete à atividade, e não à sociedade.

A: correta, pois a organização desses fatores para a produção de bens e serviços com intuito de lucro é a essência da atividade empresarial – art. 966, *caput*, do CC; B: correta, pois a atividade empresarial pressupõe exercício profissional de atividade econômica organizada – art. 966, *caput*, do CC; C: incorreta, pois o profissional liberal não é considerado empresário, exceto se o exercício da profissão constituir elemento de empresa – art. 966, parágrafo único, do CC; D: correta, pois empresa é a atividade do empresário ou da sociedade empresária (note que no dia a dia utilizamos o termo como sinônimo de sociedade empresária, mas não é assim no Código Civil) – art. 966 do CC.
Gabarito "C".

**(Cartório/SC – 2012)** Analisando as proposições abaixo, assinale a alternativa **correta**:

I. O Código Civil adotou a teoria da empresa em substituição à antiga teoria dos atos de comércio, razão pela qual não se utilizam mais as expressões ato de comércio e comerciante, que foram substituídas pelas expressões empresa e empresário.

II. A sociedade empresária tem patrimônio próprio distinto do patrimônio dos sócios que a integram. O empresário individual também goza dessa separação patrimonial, não respondendo com seus bens particulares pelo risco do empreendimento. Ambos possuem apenas responsabilidade subsidiária.

III. Empresário é quem exerce profissionalmente atividade econômica organizada para a produção ou a circulação de bens ou de serviços.

IV. Considera-se empresário quem exerce profissão intelectual, de natureza científica, literária ou artística, quando em concurso de auxiliares ou colaboradores.

(A) Somente as proposições I, II e IV estão corretas.
(B) Somente as proposições II, III e IV estão corretas.
(C) Somente as proposições I e III estão corretas.
(D) Somente as proposições I e IV estão corretas.
(E) Todas as proposições estão corretas.

I: correta, pois houve a substituição da teoria dos atos de comércio pela teoria da empresa, que se define pelo conceito de atividade – art. 966 do CC, entre outros; II: incorreta, pois, no caso do empresário individual, há confusão entre os patrimônios pessoal e empresarial. Note que não é o caso da empresa individual de responsabilidade limitada, regulamentada pelo art. 980-A do CC; III: correta, pois essa é a definição do art. 966 do CC; IV: incorreta, pois esse profissional não será considerado empresário, exceto se o exercício da profissão constituir elemento de empresa – art. 966, parágrafo único, do CC.
Gabarito "C".

**(Cartório/AC – 2006 – CESPE)** O direito comercial cuida do exercício da atividade econômica, organizada para o fornecimento de bens ou serviços de denominada empresa. Seu objeto é o estudo dos meios socialmente estruturados de superação dos conflitos de interesses que envolvem empresários ou estão relacionados às empresas que exploram. Considerando o destaque da empresa e do empresário no direito comercial, julgue o item subsequente.

(1) Uma obrigação do empresário, isto é, do profissional que exerce atividade econômica organizada para a produção ou a circulação de bens ou serviços, é inscrever-se no registro de empresas antes de dar início à exploração de seu negócio.

1: correta, pois, nos termos do art. 967 do CC, é obrigatória a inscrição do empresário no Registro Público de Empresas Mercantis da respectiva sede, antes do início de sua atividade. Importante salientar que a ausência de inscrição, apesar de implicar ilícito, não desqualifica a atividade empresária (pode haver, por exemplo, sociedade em comum – art. 986 do CC).
Gabarito 1C.

**(Cartório/BA – 2004 – CESPE)** Quanto ao direito de empresa, julgue o item seguinte.

(1) Se dois advogados, com o concurso de auxiliares ou colaboradores, exercem a advocacia em sociedade, então eles são considerados empresários que exercem profissionalmente atividade econômica organizada para a produção de serviços, mesmo que não venham a constituir elemento de empresa, pois esse é o entendimento do Código Civil em vigor.

1: incorreta, pois não se considera empresário quem exerce profissão intelectual, de natureza científica, literária ou artística, ainda que com o concurso de auxiliares ou colaboradores, salvo se o exercício da profissão constituir elemento de empresa – art. 966, parágrafo único, do CC.
Gabarito 1E.

**(Cartório/DF – 2008 – CESPE)** Com relação à disciplina do empresário, das sociedades comerciais (empresárias), da empresa e do estabelecimento empresarial, conforme disposto no Código Civil de 2002, julgue os itens seguintes.

(1) O empresário é o sujeito de direito que exerce a empresa e sobre cujos bens recai o risco da atividade. Já os sujeitos que exercem profissão intelectual, de natureza científica, literária ou artística, ainda que com o concurso de auxiliares ou colaboradores, não podem ser considerados empresários, mesmo que o exercício da profissão constitua elemento de empresa.

(2) O empresário individual casado, qualquer que seja o regime de bens, pode, sem a necessidade da outorga conjugal, alienar os imóveis que integrem o patrimônio da empresa ou gravá-los de ônus reais. No entanto, salvo se casado em regime de separação absoluta, não pode prestar aval para garantir uma obrigação decorrente da atividade empresarial sem a outorga conjugal.

(3) Considera-se sociedade comercial (empresária) aquela cujo objeto é o exercício da atividade própria do empresário individual, ou seja, atividade econômica organizada para a produção de bens ou serviços, atividade essa que pode restringir-se a um ou mais negócios determinados, o que não se aplica ao empresário individual.

1: incorreta. Em regra, os riscos da atividade recaem sobre o capital do empresário investido na empresa; os bens pessoais do empresário respondem pelos riscos da empresa apenas excepcionalmente, a depender do tipo societário (em nome coletivo, por exemplo – art. 1.039 do CC) ou por culpa na administração (arts. 50 e 1.016 do CC); os profissionais intelectuais (liberais) são empresários caso sua atividade constitua elemento de empresa – art. 966, parágrafo único, *in fine*, do CC; 2: correta. Em princípio, a outorga conjugal é exigida para todos os atos listados no art. 1.647 do CC (exceto no regime de separação absoluta), o que inclui a alienação de imóveis ou gravação de ônus real, além da concessão de aval ou de fiança; há regra excepcional, no entanto, que autoriza o empresário a alienar imóvel que integre o patrimônio da empresa ou gravá-lo de ônus real sem a outorga do cônjuge – art. 978 do CC; 3: correta, nos termos do art. 966, *caput*, c/c art. 982, ambos do CC. A possibilidade de restrição da atividade a um ou mais negócios determinados refere-se apenas à sociedade empresária – art. 981, parágrafo único, do CC.
Gabarito 1E, 2C, 3C.

**(Cartório/DF – 2006 – CESPE)** Quanto ao regime do empresário individual no âmbito do Código Civil, julgue os itens subsequentes.

(1) O empresário casado pode, sem necessidade de outorga conjugal, qualquer que seja o regime de bens, alienar os imóveis que integrem o patrimônio da empresa ou gravá-los com ônus real.

(2) A sentença que decretar ou homologar a separação judicial de empresário e o ato de reconciliação, independentemente de estarem arquivados e averbados no registro público de empresas, podem ser opostos a terceiros.

1: correta, pois essa é a exata previsão do art. 978 do CC; 2: incorreta, pois, nos termos do art. 980 do CC, a sentença que decretar ou homologar a separação judicial do empresário e o ato de reconciliação não podem ser opostos a terceiros, antes de arquivados e averbados no Registro Público de Empresas Mercantis – art. 980 do CC.
Gabarito 1C, 2E

**(Cartório/ES – 2007 – FCC)** Mário, 30 anos, empresário, proprietário da lanchonete GFG, em razão de um acidente ficou absolutamente incapaz de exercer os atos da vida civil. Neste caso, Mário

(A) não poderá continuar a empresa antes exercida por ele enquanto capaz, uma vez que só podem exercer a atividade de empresário os que estiverem em pleno gozo da capacidade civil e não forem legalmente impedidos.
(B) poderá, devidamente representado, continuar a empresa antes exercida por ele enquanto capaz, mas a este ato precederá autorização judicial.
(C) não poderá continuar a empresa antes exercida por ele enquanto capaz, uma vez que só poderia continuar a exercer se a sua incapacidade fosse relativa e não absoluta.
(D) poderá, devidamente representado, continuar a empresa antes exercida por ele enquanto capaz, não sendo necessária prévia autorização judicial.
(E) não poderá continuar a empresa antes exercida por ele enquanto capaz, uma vez que, neste caso específico, a condição de empresário será transferida necessariamente aos descendentes, ascendentes ou colaterais capazes.

O incapaz poderá, por meio de representante ou devidamente assistido, continuar a empresa antes exercida por ele enquanto capaz, por seus pais ou pelo autor de herança – art. 974 do CC. Será necessária prévia autorização judicial, após exame das circunstâncias e dos riscos da empresa, bem como da conveniência em continuá-la, podendo a autorização ser revogada pelo juiz, ouvidos os pais, tutores ou representantes legais do menor ou do interdito, sem prejuízo dos direitos adquiridos por terceiros – art. 974, § 1º, do CC. Por essas razões, a alternativa "B" é a única correta.
Gabarito "B".

**(Cartório/MS – 2009 – VUNESP)** No que concerne à conceituação de empresário, é correto afirmar que se trata

(A) do intermediário de serviços e produtos.
(B) do comerciante.
(C) do sujeito de direito que exerce a produção ou a circulação de bens ou de serviços, mediante a organização dos fatores de produção, com ou sem fins lucrativos.
(D) do sujeito de direito que explora profissionalmente atividade econômica organizada para a produção ou circulação de bens ou de serviços.
(E) daquele que combina a aplicação de seus recursos com a finalidade de divisão dos frutos ou lucros.

Nos termos do art. 966 do CC, considera-se empresário quem exerce profissionalmente atividade econômica organizada para a produção ou a circulação de bens ou de serviços. A: incorreta, pois, como visto, a simples intermediação de serviços e bens não é elemento suficiente para caracterizar o empresário; B: incorreta, já que há empresários que não são comerciantes, em sentido estrito, como os prestadores de serviços e as instituições financeiras, por exemplo; C: assertiva incorreta, pois a busca do lucro, como resultado da atividade econômica, é característica básica do empresário; D: correta, pois reflete o disposto no art. 966 do CC; E: incorreta, pois a finalidade de divisão de frutos ou lucros não caracteriza o empresário.
Gabarito "D".

**(Cartório/SC – 2008)** De acordo com as regras a respeito do Direito de Empresa no novo Código Civil, observadas as proposições abaixo, é correto afirmar:

I. As pessoas em pleno gozo da capacidade civil e que não forem legalmente impedidas podem exercer a atividade de empresário; poderá o incapaz, contudo, por meio de representante ou devidamente assistido, continuar a empresa antes exercida por ele enquanto capaz, ou exercida por seus pais ou pelo autor da herança.
II. Qualquer que seja o regime de bens, é permitido aos cônjuges contratar sociedade, entre si ou com terceiros; todavia, o empresário casado não pode, sem a outorga conjugal, alienar os imóveis que integrem o patrimônio da empresa, ou gravá-los de ônus real.
III. Para que a sentença que decreta ou homologa a separação judicial do empresário possa ser oposta a terceiros, deve ser averbada no Registro Público de Empresas Mercantis.
IV. A aquisição da personalidade jurídica de uma sociedade ocorre com a inscrição dos seus atos constitutivos no registro próprio e na forma da lei; enquanto não inscritos, e exceto naquelas por ações em organização, os bens e dívidas sociais constituem patrimônio especial, do qual os sócios são titulares em comum.

(A) Todas as proposições estão corretas.
(B) Somente as proposições I e II estão corretas.
(C) Somente as proposições III e IV estão corretas.
(D) Somente as proposições I e IV estão corretas.
(E) Somente as proposições I, III e IV estão corretas.

I: correta, conforme os arts. 972 e 974 do CC; II: incorreta, pois os cônjuges casados em regime de comunhão universal ou de separação obrigatória não podem contratar sociedade entre si ou com terceiros (art. 977 do CC) e a outorga conjugal é dispensada na alienação ou gravação de imóvel integrante do patrimônio empresarial (art. 978 do CC); III: correta, nos termos do art. 980 do CC; IV: correta, conforme os arts. 45, 985 e 988 do CC.
Gabarito "E".

**(Cartório/SE – 2006 – CESPE)** Lucas e Caio constituíram a sociedade Comando Serviços Gerais Ltda., cujo objeto principal é a prestação de serviços de limpeza e conservação. A publicação da inscrição do contrato social da referida sociedade empresária, no registro competente, se deu no dia 03.05.2006. Contudo, o referido instrumento portava defeito quanto à discriminação do capital social. Tomando como parâmetro inicial a situação hipotética acima descrita, julgue os itens seguintes, acerca da disciplina jurídica do empresário e da sociedade empresária.

(1) A empresa é o complexo de bens de Comando Serviços Gerais Ltda. por meio dos quais a sociedade presta os serviços de limpeza e conservação.
(2) Segundo a teoria individualista, uma das que tentam explicar a natureza da personalidade das pessoas jurídicas, Lucas e Caio são detentores de personalidade e não a sociedade constituída por eles.
(3) O direito de anular a constituição da sociedade Comando Serviços Gerais Ltda., pelo defeito de seu ato constitutivo, decairá no prazo de 3 anos a contar do dia 03.05.2006.
(4) Após o regular arquivamento do contrato social de Comando Serviços Gerais Ltda. no Registro Público de Empresas Mercantis, somente poderão obter certidões acerca do referido instrumento os sócios e aqueles que provarem legítimo interesse, mediante deferimento de requerimento formal endereçado à junta comercial competente, no caso destes últimos.

1: incorreta, pois essa é a definição de estabelecimento empresarial (art. 1.142 do CC). Empresa é a atividade econômica organizada para a produção ou a circulação de bens ou de serviços, desenvolvida profissionalmente pelo empresário ou pela sociedade empresária (art. 966 do CC); 2: correta, pois a assertiva reflete posição doutrinária. No entanto, o direito brasileiro reconhece a personalidade jurídica das sociedades, distinta da dos sócios – art. 985 do CC; 3: correta, pois o prazo de três anos, contado da publicação da inscrição no registro, é previsto no art. 45, parágrafo único, do CC; 4: incorreta, já que qualquer pessoa pode consultar os registros públicos e obter certidões, independentemente de comprovação de interesse, desde que pague os preços eventualmente estabelecidos – art. 29 da Lei 8.934/1994.
Gabarito 1E, 2C, 3C, 4E

**(Cartório/SP – III – VUNESP)** Para que o empresário que exerce atividade rural como sua principal profissão esteja sujeito às regras comuns a qualquer empresário, é preciso

(A) o mero exercício da atividade rural.
(B) a sua inscrição no Registro Público de Empresas Mercantis.
(C) tornar-se uma sociedade personificada.
(D) associar-se a um ou mais empresários rurais.

B: correta. O registro do empresário cuja atividade rural constitua sua principal profissão não é obrigatório, mas necessário para que fique equiparado, para todos os efeitos, ao empresário sujeito a registro – art. 971 do CC. Por essa razão, a alternativa "B" é a correta.
Gabarito "B".

**(Cartório/SP – IV – VUNESP)** Entre as hipóteses aventadas, são empresários:

(A) os prestadores de serviços de internet que só atendem a domicílio para consertar e adaptar aparelhos de computador, auxiliados por ajudantes gerais.
(B) os médicos, os dentistas, os engenheiros e arquitetos que se associaram para dividir o mesmo estabelecimento, adquirido para exercerem suas atividades.
(C) os técnicos em contabilidade, em eletrônica, corretores de seguros, que se associaram e organizaram empresa para prestar serviços, cobrando remuneração mensal.
(D) nenhuma das alternativas anteriores.

A: correta. A distinção a ser feita refere-se àqueles que organizam o trabalho e o capital para a produção ou circulação de bens ou serviços com intuito lucrativo, qualificando-se como empresários ou sociedades empresárias. O simples profissional liberal, ou sociedade formada por esses profissionais que exercem profissão intelectual, de natureza científica, literária ou artística, ainda que com o concurso de auxiliares ou colaboradores, não são considerados empresários ou sociedade empresária, exceto se o exercício da profissão constituir elemento de empresa (se a atividade basear-se na exploração de capital e trabalho). Nesse sentido, somente a alternativa "A" indica empresários.
Gabarito "A".

**(Cartório/SP – VII – VUNESP)** Leia as afirmações e assinale a alternativa incorreta.

(A) O empresário casado, exceto no caso de regime de separação de bens, não pode alienar bens imóveis que integram o patrimônio da empresa sem autorização do cônjuge.
(B) É obrigatória a inscrição do empresário no Registro Público de Empresas Mercantis.
(C) É possível ao empresário individual solicitar a transformação do seu registro para registro de sociedade empresária, caso venha a admitir sócios.
(D) Pode ser considerado empresário aquele que exerce profissão artística, conquanto o exercício da profissão constitua elemento de empresa.

A: incorreta, pois, nos termos do art. 978 do CC, o empresário casado pode, sem necessidade de outorga conjugal, qualquer que seja o regime de bens, alienar os imóveis que integrem o patrimônio da empresa ou gravá-los de ônus real; B: correta, nos termos do art. 967 do CC; C: correta, conforme o art. 968, § 3º, do CC; D: correta, pois mesmo os artistas e profissionais liberais (e as sociedades por eles formadas) terão natureza empresarial, caso o exercício da profissão constituir elemento de empresa – art. 966, parágrafo único, in fine, do CC.
Gabarito "A".

**(Cartório/SP – VII – VUNESP)** A consequência da interdição do empresário é

(A) extinção da empresa.
(B) suspensão da atividade até obtenção de novo sócio capaz.
(C) dissolução parcial da empresa, com exclusão do interditado.
(D) continuação da empresa por meio de representante, com necessária autorização judicial.

D: correta. Nos termos do art. 974 do CC, poderá o incapaz, por meio de representante ou devidamente assistido, continuar a empresa antes exercida por ele enquanto capaz, por seus pais ou pelo autor de herança. Será necessária prévia autorização judicial, após exame das circunstâncias e dos riscos da empresa, bem como da conveniência em continuá-la, podendo a autorização ser revogada pelo juiz, ouvidos os pais, tutores ou representantes legais do menor ou do interdito, sem prejuízo dos direitos adquiridos por terceiros – art. 974, § 1º, do CC. Por essa razão, a alternativa "D" é a correta.
Gabarito "D".

## 2. NOME EMPRESARIAL

**(Cartório/MG – 2012 – FUMARC)** Tendo em vista o disposto no Código Civil, **NÃO** é correto o que se afirma em:

(A) O nome empresarial e o estabelecimento podem ser objeto de alienação.
(B) A sociedade limitada pode adotar firma ou denominação como nome empresarial.
(C) Permite-se o uso do nome de um ou mais sócios na denominação da sociedade limitada.
(D) A omissão da palavra "limitada" determina a responsabilidade solidária e ilimitada dos administradores que assim empregarem a firma ou a denominação da sociedade.

A: incorreta, devendo ser indicada, pois o nome empresário, diferentemente do estabelecimento, não pode ser alienado – arts. 1.143 e 1.164 do CC; B: correta, nos termos do art. 1.158 do CC: "Pode a sociedade limitada adotar firma ou denominação, integradas pela palavra final "limitada" ou a sua abreviatura"; C: correta, pois isso é admitido pelo art. 1.158, § 1º, do CC: "A firma será composta com o nome de um ou mais sócios, desde que pessoas físicas, de modo indicativo da relação social"; D: correta, pois essa responsabilidade é prevista no art. 1.158, § 3º, do CC.
Gabarito "A".

**(Cartório/SC – 2012)** De acordo com o § 3º do art. 1.158 do Código Civil – CC, a omissão da palavra "limitada" determina a responsabilidade solidária e ilimitada dos administradores que assim empregarem a firma ou a denominação da sociedade. Esta disposição constitui exemplo do seguinte princípio:

(A) Veracidade.
(B) Novidade.
(C) Ubiquidade.
(D) Adequação Social.
(E) Solidariedade.

Pelo princípio da veracidade, a denominação deve designar corretamente o objeto e o tipo societário, no caso, a indicação de que a responsabilidade dos sócios é limitada ao valor de suas quotas – arts. 1.052, 1.158 do CC, e art. 34 da Lei 8.934/1994. Por essa razão, a alternativa "A" é a correta.
Gabarito "A".

**(Cartório/AM – 2005 – FGV)** Assinale a alternativa incorreta.

(A) Nas sociedades limitadas, a denominação deve designar o objeto da sociedade, sendo permitido nela figurar o nome de um ou mais sócios.
(B) Nas sociedades limitadas, a firma será composta com o nome de um ou mais sócios, desde que pessoas físicas, de modo indicativo da relação social.
(C) A sociedade em conta de participação e a sociedade limitada podem adotar firma ou denominação.
(D) A omissão da palavra "limitada" determina a responsabilidade solidária e ilimitada dos administradores que assim empregarem a firma ou a denominação da sociedade limitada.
(E) O nome de empresário deve distinguir-se de qualquer outro já inscrito no mesmo registro.

A: correta, pois reflete exatamente o disposto no art. 1.158, § 2º, do CC; B: correta, nos precisos termos do art. 1.158, § 1º, do CC; C: incorreta, pois a sociedade em conta de participação não pode ter firma ou denominação – art. 1.162; D: correta, nos termos do art. 1.158, § 3º, do CC; E: correta, pois reflete o princípio da novidade previsto no art. 1.163 do CC.
Gabarito "C".

Veja a seguinte tabela, para estudo dos nomes empresariais:

|  | Uso | Exemplo |
|---|---|---|
| Firma individual | a) empresário individual – responsabilidade ilimitada | a) João da Silva Marcenaria |
| Firma coletiva, razão social | b) sociedade em nome coletivo – responsabilidade ilimitada | b) João da Silva e companhia; João da Silva e Pedro de Souza; João da Silva e irmãos |
|  | c) sociedade em comandita simples | c) João da Silva e companhia |
|  | d) sociedade limitada – não há responsabilidade ilimitada, desde que conste a palavra "limitada" ou "ltda." | d) João da Silva Marcenaria Ltda. |
|  | e) comandita por ações – diretor responde subsidiária e ilimitadamente | e) João da Silva Marcenaria Comandita por Ações |
| Denominação social | f) sociedade limitada – não há responsabilidade ilimitada, desde que conste a palavra "limitada" ou "ltda." | f) Marcenaria Modelo Ltda. |
|  | g) sociedade anônima – responsabilidade limitada ao preço das ações | g) Marcenaria Modelo Sociedade Anônima; Companhia Marcenaria Modelo; João da Silva Marcenaria S.A. |
|  | h) comandita por ações – diretor responde subsidiária e ilimitadamente | h) Marcenaria Modelo Comandita por Ações |
|  | i) sociedade cooperativa – pode ser de responsabilidade limitada ou ilimitada | i) Cooperativa Modelo de Marceneiros |

**(Cartório/DF – 2008 – CESPE)** Joaquim Silva e Pedro Parente, pessoas físicas domiciliadas em Brasília – DF, constituíram uma sociedade empresária à qual deram o nome empresarial Joaquim Silva e Pedro Parente Ltda., com sede em Brasília – DF e registro na Junta Comercial do DF, onde os sócios-administradores tomam as decisões sobre os seus interesses sociais.

(1) A espécie do nome empresarial adotado é firma social, conforme facultado pela lei para a espécie de sociedade empresária criada, o que indica que os sócios respondem pelas obrigações da sociedade de forma subsidiária.

---

1: incorreta, pois a sociedade limitada pode adotar firma, sem que isso signifique responsabilidade pessoal dos sócios, desde que conste do nome a palavra "Limitada" ou sua abreviação (Ltda.). No caso, os sócios respondem apenas pelo valor de suas cotas – arts. 1.052 e 1.158 do CC.
Gabarito 1E

## 3. ESTABELECIMENTO EMPRESARIAL

**(Cartório/MG – 2012 – FUMARC)** Sobre **estabelecimento** e observado o que determina o Código Civil, **NÃO** é correto o que se afirma em:

(A) O contrato que tenha por objeto a alienação, o usufruto ou o arrendamento do estabelecimento somente produzirá efeito perante terceiros após o seu registro junto ao cartório de títulos e documentos.

(B) Em caso de alienação do estabelecimento, para a sua eficácia, é necessária a existência de patrimônio do alienante suficiente para solver seu passivo ou consentimento de todos os seus credores, que deverão ser notificados a respeito dessa transação.

(C) Sendo omisso o contrato de alienação do estabelecimento, não poderá o alienante fazer concorrência ao adquirente nos 5 (cinco) anos subsequentes à transferência. Já nas hipóteses de arrendamento ou usufruto, fica proibida a concorrência por prazo igual ao do contrato.

(D) Mesmo ocorrendo a alienação, o vendedor permanece obrigado solidariamente pelo pagamento dos débitos, pelo prazo de 1 (um) ano, a partir, quanto aos créditos vencidos, da publicação do contrato respectivo na imprensa oficial, e, quanto aos outros, da data do vencimento.

---

A: incorreta, pois o requisito para a eficácia do contrato perante terceiros é a averbação à margem da inscrição do empresário, ou da sociedade empresária, no Registro Público de Empresas Mercantis, e sua publicação na imprensa oficial – art. 1.144 do CC; B: correta, nos termos do art. 1.145 do CC; C: correta, conforme a norma do art. 1.147 do CC; D: correta, pois a responsabilidade do alienante é prevista no art. 1.146, *in fine*, do CC.
Gabarito "A".

**(Cartório/SC – 2012)** No tocante ao estabelecimento empresarial, é **correto** afirmar:

(A) Constitui apenas o local onde o empresário ou a sociedade empresária exerce sua atividade.

(B) Constitui todo complexo de bens organizado, ressalvados os bens imateriais, para exercício da empresa, por empresário ou por sociedade empresária.

(C) Constitui-se apenas no local onde o empresário exerce suas atividades empresariais e na denominação da empresa.

(D) Constitui-se, de acordo com o Código Civil – CC, apenas no local onde o empresário exerce sua atividade, na denominação da empresa e nos bens imobilizados pertencentes ao empresário ou à sociedade empresária.

(E) Constitui todo complexo de bens organizado, para exercício da empresa, por empresário ou por sociedade empresária.

---

Nos termos do art. 1.142 do CC, estabelecimento é todo complexo de bens organizado, para exercício da empresa, por empresário, ou por sociedade empresária (universalidade de fato – art. 90 do CC). Os bens que compõem o estabelecimento podem ser materiais ou corpóreos (como prédios, estoques etc.) e também imateriais ou incorpóreos (como marcas, patentes, ponto comercial etc.). Por essa razão, a alternativa "E" é a correta.
Gabarito "E".

**(Cartório/AC – 2006 – CESPE)** O direito comercial cuida do exercício da atividade econômica, organizada para o fornecimento de bens ou serviços e denominada empresa. Seu objeto é o estudo dos meios socialmente estruturados de superação dos conflitos de interesses que envolvem empresários ou estão relacionados às empresas que exploram. Considerando o destaque da empresa e do empresário no direito comercial, julgue o item subsequente.

(1) Estabelecimento empresarial é o complexo de bens reunidos pelo empresário para o desenvolvimento de sua atividade econômica. Influenciada pelo princípio da informalidade, a alienação do estabelecimento empresarial não está sujeita à observância de cautelas específicas, como, por exemplo, o contrato ser arquivado na junta comercial.

---

1: incorreta. A primeira parte indica adequadamente o conceito de estabelecimento empresarial, nos termos do art. 1.142 do CC. O erro está na segunda parte, pois o contrato que tenha por objeto a alienação, o usufruto ou arrendamento do estabelecimento só produzirá efeitos quanto a terceiros depois de averbado à margem da inscrição do empresário, ou da sociedade empresária, no Registro Público de Empresas Mercantis, e de publicado na imprensa oficial – art. 1.144 do CC.
Gabarito 1E

**(Cartório/DF – 2008 – CESPE)** Com relação à disciplina do empresário, das sociedades comerciais (empresárias), da empresa e do estabelecimento empresarial, conforme disposto no Código Civil de 2002, julgue os itens seguintes.

(1) Se, entre os bens do estabelecimento empresarial, estiver incluído um bem imóvel, o negócio definitivo de sua alienação deverá ser realizado, necessariamente, por escritura pública, para que possa haver o efeito translativo ao adquirente do estabelecimento cedido.

---

1: incorreta, pois não é necessária escritura pública. Na verdade, o contrato que tenha por objeto a alienação, o usufruto ou arrendamento do estabelecimento, só produzirá efeitos quanto a terceiros depois de averbado à margem da inscrição do empresário, ou da

sociedade empresária, no Registro Público de Empresas Mercantis, e de publicado na imprensa oficial, nos termo dos art. 1.144 do CC.
Gabarito 1E

**(Cartório/DF – 2008 – CESPE)** Joaquim Silva e Pedro Parente, pessoas físicas domiciliadas em Brasília – DF, constituíram uma sociedade empresária à qual deram o nome empresarial Joaquim Silva e Pedro Parente Ltda., com sede em Brasília – DF e registro na Junta Comercial do DF, onde os sócios-administradores tomam as decisões sobre os seus interesses sociais. A atividade principal dessa sociedade empresária consiste na fabricação de embalagens plásticas à base de polietileno. Dadas as facilidades e os incentivos fiscais oferecidos pelo estado de Goiás, o estabelecimento empresarial – a fábrica – foi instalado no Município de Aparecida de Goiânia – GO, em imóvel de propriedade da sociedade, onde foi criada uma filial e feito o registro perante a Junta Comercial daquele estado. Para a formação do capital social da sociedade, Joaquim Silva contribuiu com o valor de R$ 1.000.000,00, dividido em 10 dez parcelas mensais e consecutivas de R$ 100.000,00, com vencimento da primeira parcela no momento da formalização do contrato de constituição da sociedade. Já o sócio Pedro Parente obrigou-se, no contrato de sociedade, à transferência de uma nota promissória emitida à sua ordem por Francisco, no valor de R$ 1.000.000,00. Com base nessa situação hipotética, julgue os itens seguintes.

(1) Se a sociedade alienasse seu estabelecimento comercial após ter realizado um contrato de arrendamento mercantil de alguns de seus bens, a transferência do estabelecimento, não havendo disposição contratual ou legal em contrário, importaria na sub-rogação do adquirente no referido contrato, mesmo contra a vontade da sociedade arrendadora de tais bens.

1: correta, nos termos do art. 1.148 do CC.
Gabarito 1C

**(Cartório/SP – I – VUNESP)** O estabelecimento comercial é

(A) considerado um bem móvel, composto pelos bens corpóreos de que se vale o empresário para exercício de sua atividade.
(B) considerado um bem imóvel, consistente na base física em que se instala o empresário, instrumento para exercício de sua atividade.
(C) considerado um bem móvel, composto de bens corpóreos e incorpóreos, que o empresário une para exercício de sua atividade.
(D) considerado um bem imóvel, composto por bens corpóreos móveis e imóveis, necessário ao exercício da atividade empresarial.

C: correta. O estabelecimento é considerado pela doutrina como bem móvel, podendo ser alienado por simples contrato particular, observado o disposto no art. 1.144 do CC, relativo à averbação no Registro Público de Empresas Mercantis para produzir efeitos quanto a terceiros. Trata-se, a rigor, de complexo de bens corpóreos e incorpóreos organizados pelo empresário

ou sociedade empresária para o exercício da empresa, ou seja, uma universalidade de fato (art. 90 do CC) e, como tal, pode ser objeto unitário de direitos e de negócios jurídicos, translativos ou constitutivos, que sejam compatíveis com a sua natureza, conforme expressamente previsto pelo art. 1.143 do CC. Por essas razões, a alternativa "C" é a correta.
Gabarito "C".

**(Cartório/SP – II – VUNESP)** Fundo de comércio é expressão sinônima de

(A) estabelecimento comercial.
(B) ponto comercial.
(C) firma comercial.
(D) marca ou nome comercial.

A: correta. Fundo de comércio é expressão sinônima de estabelecimento comercial (ou empresarial), definido pelo art. 1.142 do CC.
Gabarito "A".

**(Cartório/SP – III – VUNESP)** Com relação ao contrato de trespasse do estabelecimento empresarial, é incorreto afirmar que

(A) implica a transferência ao adquirente de todos os débitos anteriores a ele.
(B) só produzirá efeitos quanto a terceiros depois de averbado à margem da inscrição do empresário no Registro Público de Empresas Mercantis e publicado na imprensa oficial.
(C) traz sempre implícita a cláusula de não restabelecimento, ressalvada pactuação diversa.
(D) importa na sub-rogação do adquirente nos contratos estipulados para exploração do estabelecimento, se não tiverem caráter pessoal.

A: incorreta, pois há transferência de responsabilidade apenas quanto aos débitos anteriores regularmente contabilizados – art. 1.146 do CC; B: correta, pois o trespasse, ou a alienação do estabelecimento empresarial, só produzirá efeitos quanto a terceiros depois de averbado à margem da inscrição do empresário, ou da sociedade empresária, no Registro Público de Empresas Mercantis, e de publicado na imprensa oficial – art. 1.144 do CC; C: correta, pois, não havendo autorização expressa, o alienante do estabelecimento não pode fazer concorrência ao adquirente, nos cinco anos subsequentes à transferência (no caso de arrendamento ou usufruto do estabelecimento, a proibição prevista neste artigo persistirá durante o prazo do contrato) – art. 1.147 do CC; D: correta, pois, salvo disposição em contrário, a transferência importa a sub-rogação do adquirente nos contratos estipulados para exploração do estabelecimento, se não tiverem caráter pessoal, podendo os terceiros rescindir o contrato em noventa dias a contar da publicação da transferência, se ocorrer justa causa, ressalvada, neste caso, a responsabilidade do alienante – art. 1.148 do CC.
Gabarito "A".

**(Cartório/SP – V – VUNESP)** Dentre as teorias do estabelecimento empresarial, destacou-se inicialmente, na doutrina, aquela que não lhe conferia o caráter de um novo bem, muito embora reconhecesse que, no momento da sua alienação, as coisas que o compunham eram transferidas em conjunto. Denomina-se essa teoria

(A) universalista.
(B) atomista.
(C) divisionista.
(D) unitária.

B: correta. As teorias atomistas tendem a analisar o estabelecimento a partir de seus componentes individuais, embora reconheçam a unicidade no momento da alienação. As teorias universalistas, como indica o nome, apreciam o estabelecimento como uma universalidade de bens (complexo relacionado à mesma pessoa e com destinação única). Por essas razões, a alternativa "B" é a correta.
Gabarito "B".

**(Cartório/SP – V – VUNESP)** A regulação do regime de circulação do estabelecimento empresarial é uma novidade no ordenamento jurídico brasileiro, trazida pelo Código Civil de 2002. O ato negocial relativo à transferência do estabelecimento é denominado

(A) cessão a título universal.
(B) compra e venda.
(C) transação.
(D) trespasse.

D: correta. A alienação do estabelecimento empresarial é denominada *trespasse* e é regulada pelos arts. 1.143 e ss. do CC.
Gabarito "D".

## 4. REGISTROS E LIVROS

**(Cartório/SP – 2012 – VUNESP)** Incumbe ao Registro Público de Empresas Mercantis a matrícula, dentre outros, dos:

(A) Leiloeiros, tradutores públicos, intérpretes comerciais e corretores de imóveis.
(B) Tradutores públicos, intérpretes comerciais, corretores de imóveis, trapicheiros e administradores de armazéns gerais.
(C) Leiloeiros, corretores de imóveis, trapicheiros e administradores de armazéns gerais.
(D) Leiloeiros, tradutores públicos, intérpretes comerciais, trapicheiros e administradores de armazéns gerais.

O Registro Público de Empresas Mercantis e Atividades Afins compreende a matrícula e o cancelamento dos leiloeiros, tradutores públicos e intérpretes comerciais, trapicheiros e administradores de armazéns-gerais – art. 32, I, da Lei 8.934/1994. Por essa razão, a alternativa "D" é a correta.
Gabarito "D".

**(Cartório/MG – 2012 – FUMARC)** Sobre o que dispõe a Lei 9.492/1997, **NÃO** é correto o que se afirma em:

(A) O título do documento de dívida cujo protesto tiver sido sustado judicialmente só poderá ser pago com autorização judicial.
(B) Após o protocolo do título para protesto, o devedor poderá ser intimado por edital, caso resida fora da competência territorial do tabelionato.
(C) Qualquer interessado poderá solicitar o cancelamento do registro do protesto perante o cartório competente, desde que apresente o documento protestado, cuja cópia ficará arquivada.
(D) Antes da intimação do devedor a respeito do protesto, poderá o credor desistir do ato; no entanto, após a mencionada comunicação, para a desistência torna-se indispensável a concordância do devedor.

A: correta, nos termos do art. 17, § 1º da Lei 9.492/1997; B: correta, conforme o art. 15 da Lei 9.492/1997; C: correta, nos termos do art. 26 da Lei 9.492/1997; D: incorreta, devendo ser indicada, pois a desistência deve ser anterior à lavratura do protesto – art. 16 da Lei 9.492/1997.
Gabarito "D".

**(Cartório/MG – 2012 – FUMARC)** Sobre o que dispõe a Lei 9.492/1997, é **correto** o que se afirma em

(A) Tratando-se de títulos ou documentos de dívida sujeitos a qualquer tipo de correção, o pagamento será feito pela conversão vigorante no dia da apresentação, no valor indicado pelo apresentante.
(B) Após o protocolo do título para protesto, o devedor será intimado ou pelo próprio tabelião ou por oficial por ele designado, sob pena de nulidade do ato quando realizado de modo diverso.
(C) Ao Tabelião, compete analisar os caracteres formais dos títulos a ele apresentados, especialmente a prescrição.
(D) Somente se permite, no Brasil, o protesto de títulos emitidos no seu vernáculo.

A: correta, nos termos do art. 11 da Lei 9.492/1997; B: incorreta, pois a remessa da intimação poderá ser feita por portador do próprio tabelião, ou por qualquer outro meio, desde que o recebimento fique assegurado e comprovado através de protocolo, aviso de recepção (AR) ou documento equivalente – art. 14, § 1º, da Lei 9.492/1997; C: incorreta, pois não cabe ao Tabelião de Protesto investigar a ocorrência de prescrição ou caducidade – art. 9º da Lei 9.492/1997; D: incorreta, pois é admitido o protesto de títulos em língua estrangeira, desde que acompanhados de tradução efetuada por tradutor público juramentado – art. 10 da Lei 9.492/1997.
Gabarito "A".

**(Cartório/MG – 2012 – FUMARC)** Considerando o que determina a Lei 6.015/73, **NÃO** é correto o que se afirma em:

(A) Os contratos de compra e venda em prestações, os de alienação ou de promessas de venda referentes a bens móveis e os de alienação fiduciária, para que surtam efeitos perante terceiro, deverão ser registrados no Cartório de Registro de Títulos e Documentos.
(B) O registro civil de pessoas naturais apresentado no horário regulamentar e que não for registrado até a hora do encerramento do serviço aguardará o dia seguinte, no qual será registrado, preferencialmente aos apresentados nesse dia.
(C) Os registros relativos a imóveis situados em comarcas ou circunscrições limítrofes serão feitos em todas elas, devendo os Registros de Imóveis fazer constar dos registros tal ocorrência.
(D) Caberá ao Registro de Títulos e Documentos a realização de quaisquer registros não atribuídos expressamente a outro ofício.

A: correta, nos termos do art. 129, 5º, da Lei 6.015/1973; B: incorreta, pois o registro civil de pessoas naturais não poderá ser adiado – art. 10, parágrafo único, da Lei 6.015/1973; C: correta, nos termos do art. 169, II, da Lei 6.015/1973; D: correta, conforme o art. 127, parágrafo único, da Lei 6.015/1973.
Gabarito "B".

**(Cartório/SC – 2012)** Quanto aos serviços do registro público de empresas mercantis e atividades afins, é **correto** afirmar:

(A) Serão exercidos, em todo o território nacional, pelo SINREM, composto pelo DNRC, órgão central, com funções supervisora, orientadora, coordenadora e normativa, no plano técnico; e supletiva, no plano administrativo; e pelas Juntas Comerciais, como órgãos locais, com funções executora e administradora dos serviços de registro.

(B) Serão exercidos nos Estados pelo SIEREM, composto pelo DERC, órgão central, com funções supervisora, orientadora, coordenadora e normativa, no plano técnico; e supletiva, no plano administrativo; e pelas Juntas Comerciais, como órgãos locais, com funções executora e administradora dos serviços de registro.

(C) Serão exercidos, em todo o território nacional, pelo SIEREM, composto pelo DERC e pelas Juntas Comerciais, os quais, nos âmbitos federal e estaduais, possuem funções supervisora, orientadora, coordenadora e normativa, no plano técnico; e, no plano administrativo, com funções executora e administradora dos serviços de registro.

(D) Serão exercidos, em todo o território nacional, pelo SINREM, composto pelas Juntas Comerciais, com funções supervisora, orientadora, coordenadora e normativa, no plano técnico; e supletiva, no plano administrativo; e pelos DERCs, como órgãos locais, com funções executora e administradora dos serviços de registro.

(E) Serão exercidos, nacionalmente, pelo DNRC, e, no âmbito dos Estados e do Distrito Federal, pelas Juntas Comerciais, com funções supervisora, orientadora, coordenadora, normativa, executora e administradora dos serviços de registro.

Nos termos do art. 3º da Lei 8.934/1994, os serviços do Registro Público de Empresas Mercantis e Atividades Afins serão exercidos, em todo o território nacional, de maneira uniforme, harmônica e interdependente, pelo Sistema Nacional de Registro de Empresas Mercantis (Sinrem), composto pelos seguintes órgãos: (i) o Departamento Nacional de Registro do Comércio, órgão central Sinrem, com funções supervisora, orientadora, coordenadora e normativa, no plano técnico; e supletiva, no plano administrativo e (ii) as Juntas Comerciais, como órgãos locais, com funções executora e administradora dos serviços de registro. Por essa razão, a alternativa "A" é a correta.
Gabarito "A".

**(Cartório/MG – 2012 – FUMARC)** No Registro de Imóveis, deverão ser registrados, de acordo com o determinado pela Lei 6.015/73, **EXCETO:**

(A) Contratos de locação de prédios, nos quais tenha sido consignada cláusula de vigência no caso de alienação da coisa locada.
(B) Imissão provisória na posse, quando concedida à União, aos Estados, ao Distrito Federal, aos Municípios ou às suas entidades delegadas, e respectiva cessão e promessa de cessão.
(C) Instituição de bem de família.
(D) Contrato de locação, para os fins de exercício de direito de preferência.

A: correta, nos termos do art. 167, I, 3, da Lei 6.015/1973; B: correta, nos termos do art. 167, I, 36, da Lei 6.015/1973; C: correta, nos termos do art. 167, I, 1, da Lei 6.015/1973; D: incorreta, pois é caso de averbação, não de registro – art. 167, II, 16, da Lei 6.015/1973.
Gabarito "D".

**(Cartório/MG – 2012 – FUMARC)** O assento do nascimento deverá conter, em conformidade com o que dispõe a Lei 6.015/1973, **EXCETO:**

(A) A cor do registrando.
(B) O sexo do registrando.
(C) A ordem de filiação de outros irmãos do mesmo prenome que existirem ou tiverem existido.
(D) O dia, mês, ano e lugar do nascimento e a hora certa, sendo possível determiná-la, ou aproximada.

A: incorreta, pois a atual redação do art. 54, 2º, da Lei 6.015/1973 não prevê a cor do registrando; B, C, D e E: corretas, nos termos do art. 54, 1º, 2º e 6º, da Lei 6.015/1973.
Gabarito "A".

**(Cartório/SP – 2011 – VUNESP)** Na sustação de protesto por ordem judicial, é correto afirmar que os títulos:

(A) Serão remetidos obrigatoriamente ao Juízo que proferiu a ordem de sustação.
(B) Serão remetidos obrigatoriamente ao Juiz Corregedor do Tabelião de Protestos.
(C) Permanecerão no Tabelionato à disposição do Juízo que proferiu a ordem de sustação.
(D) Serão retirados pelo credor para apresentação no processo judicial.

Nos termos do art. 17 da Lei 9.492/1997, o título ou documento de dívida cujo protesto for judicialmente sustado permanecerá no Tabelionato, à disposição do juízo respectivo. Por essa razão, a alternativa "C" é a correta.
Gabarito "C".

**(Cartório/AC – 2006 – CESPE)** O direito comercial cuida do exercício da atividade econômica, organizada para o fornecimento de bens ou serviços de denominada empresa. Seu objeto é o estudo dos meios socialmente estruturados de superação dos conflitos de interesses que envolvem empresários ou estão relacionados às empresas que exploram. Considerando o destaque da empresa e do empresário no direito comercial, julgue o item subsequente.

(1) Os livros comerciais gozam da proteção do princípio do sigilo, independentemente de ordem judicial ou de autoridade fiscal.

1: incorreta, pois, embora os livros comerciais sejam protegidos por sigilo, o juiz poderá autorizar sua exibição. Nas demandas relativas à sucessão, comunhão ou sociedade, administração ou gestão à conta de outrem, ou em caso de falência (casos de exibição *integral* – art. 1.191, *caput*, do CC e art. 381 do CPC), se houver recusa, os livros serão apreendidos judicialmente. Na hipótese de o juiz determinar a exibição parcial (art. 1.191, § 1º, do CC e art. 382 do CPC), a recusa implica presunção de veracidade daquilo que foi alegado pela parte contrária para se provar pelos livros – art. 1.192, *caput*, e parágrafo único, do CC.
Gabarito 1E

**(Cartório/BA – 2004 – CESPE)** Julgue o item que se segue, referente ao direito comercial brasileiro.

(1) Toda sociedade empresária deverá fazer uso do livro diário, o qual deverá ser autenticado perante o Registro Público de Empresas Mercantis, antes de posto em uso.

1: correta. Além dos demais livros exigidos por lei, é indispensável o Diário, que pode ser substituído por fichas no caso de escrituração mecanizada ou eletrônica – art. 1.180 do CC. Salvo disposição especial de lei, os livros obrigatórios e, se for o caso, as fichas, antes de postos em uso, devem ser autenticados no Registro Público de Empresas Mercantis – art. 1.181 do CC.
Gabarito 1C

**(Cartório/BA – 2004 – CESPE)** Julgue os itens seguintes, que se referem às atividades e aos livros empresariais.

(1) Toda sociedade empresária deve manter um sistema de contabilidade, com base na regular escrituração de seus livros empresariais, que deve ser necessariamente mecanizado, a fim de possibilitar a fiscalização pelos agentes públicos.

1: incorreta, pois, em relação às normas gerais dos arts. 1.179 e ss. do CC, a utilização de escrituração mecanizada é facultativa, não obrigatória (importante salientar que há legislação específica, no âmbito tributário, que exige escrituração eletrônica e utilização de equipamentos informatizados).
Gabarito 1E

**(Cartório/MS – 2009 – VUNESP)** O requerimento para inscrição do empresário individual deve

(A) ser protocolado perante a Junta Comercial, contendo o seu nome, nacionalidade, domicílio, estado civil (se casado o regime de bens), a firma, com a respectiva assinatura autógrafa, o capital, o objeto e a sede do estabelecimento.
(B) ser apresentado perante o Registro Civil de Pessoa Jurídica.
(C) apresentar o seu contrato social ao Departamento Nacional de Registro do Comércio.
(D) ser protocolado perante o Registro Civil de Pessoa Jurídica com cópia autenticada da sua cédula de identidade, e comprovante de endereço.
(E) apresentar requerimento para a formalização de sua constituição.

A: correta, pois reflete as exigências previstas no art. 968 do CC; B e D: incorretas, pois a inscrição do empresário e da sociedade empresária se dá no Registro Público de Empresas Mercantis (Juntas Comerciais), nos termos dos arts. 967 e 985 do CC; C: incorreta, pois o DNRC não registra empresários ou sociedades empresárias, pois é órgão federal com funções supervisora, orientadora, coordenadora e normativa, no plano técnico, e supletiva, no plano administrativo – art. 3º, I, da Lei 8.934/1994; E: incorreta, pois o empresário individual não é constituído, mas simplesmente inscrito, até porque se confunde com a pessoa natural.
Gabarito "A".

**(Cartório/MS – 2009 – VUNESP)** O contrato de trespasse produzirá efeitos perante terceiros quando

(A) publicado na imprensa oficial e noticiado aos credores.
(B) registrado perante a Junta Comercial e depois de efetivada comunicação aos credores para que remetam por escrito sua aceitação.
(C) registrado no Registro Civil de Pessoa Jurídica e averbado na Junta Comercial.
(D) averbado à margem da inscrição do empresário ou da sociedade empresária, no Registro Público de Empresas Mercantis e publicado na imprensa oficial.
(E) o estabelecimento for objeto unitário de direitos e de negócios jurídicos, translativos ou constitutivos, que sejam compatíveis com a sua natureza.

D: correta. Nos termos do art. 1.144 do CC, o contrato que tenha por objeto a alienação, o usufruto ou o arrendamento do estabelecimento, só produzirá efeitos quanto a terceiros depois de averbado à margem da inscrição do empresário, ou da sociedade empresária, no Registro Público de Empresas Mercantis, e de publicado na imprensa oficial. Por essa razão, a alternativa "D" é a única correta.
Gabarito "D".

**(Cartório/MS – 2009 – VUNESP)** O Sistema Nacional de Registro do Comércio é formado pelos seguintes órgãos:

(A) Junta Comercial e Registro Civil de Pessoa Jurídica.
(B) Registro Civil de Pessoa Jurídica e Departamento Nacional de Registro do Comércio.
(C) SINREM e Departamento Nacional de Registro do Comércio.
(D) Junta Comercial e Departamento Nacional de Registro do Comércio.
(E) Órgão oficial da União ou do Estado, conforme o local da sede do empresário ou da sociedade.

D: correta. Nos termos do art. 3º da Lei 8.934/1994, o Sistema Nacional de Registro de Empresas Mercantis (Sinrem) é composto pelo (i) Departamento Nacional de Registro do Comércio e pelas (ii) Juntas Comerciais. Por essa razão, a alternativa "D" é a correta.
Gabarito "D".

**(Cartório/SP – III – VUNESP)** Dentre os seguintes atos, assinale aquele que o empresário individual não necessita levar ao Registro Público de Empresas Mercantis.

(A) Pactos e declarações antenupciais.
(B) Prova de sua emancipação e da autorização do incapaz e de eventual revogação desta.
(C) Certificado de habilitação para o casamento.
(D) Sentença que decretar ou homologar a sua separação.

A, B e D: corretas. Devem ser levados a arquivo e averbação no Registro Público das Empresas Mercantis, nos termos do art. 979, 976 e 980 do CC, respectivamente; C: incorreta, pois a simples habilitação para o casamento não precisa ser levada ao Registro Público de Empresas Mercantis.
Gabarito "C".

**(Cartório/SP – III – VUNESP)** Podem-se arquivar nas Juntas Comerciais:

(A) os atos constitutivos de sociedades simples.
(B) os atos constitutivos de empresas que, além das cláusulas exigidas em lei, não designarem o capital social e o objeto social.
(C) documentos que contiverem matéria contrária aos bons costumes ou à ordem pública.
(D) atas de assembleias gerais realizadas há mais de 30 dias.

A: incorreta, pois os atos constitutivos das sociedades simples (sem natureza empresarial) são arquivados nos Registros Civis das Pessoas Jurídicas – art. 1.150 do CC; B: incorreta, pois não podem ser arquivados os atos constitutivos de empresas mercantis que, além das cláusulas exigidas em lei, não designarem o respectivo capital, bem como a declaração precisa de seu objeto, cuja indicação no nome empresarial é facultativa – art. 35, III, da Lei 8.934/1994; C: assertiva correta, pois não podem ser arquivados os que contiverem matéria contrária aos bons costumes ou à ordem pública, nos termos do art. 35, I, da Lei 8.934/1994; D: correta, nos termos do art. 32, II, "e" c/c art. 36, da Lei 8.934/1994.
Gabarito "D".

**(Cartório/SP – V – VUNESP)** Reza a lei regente que é obrigatória a inscrição do empresário no Registro Público de Empresas Mercantis da respectiva sede, antes do início de sua atividade (art. 967, CC) e dispõe, outrossim, que a sociedade adquire personalidade jurídica com a inscrição, no registro próprio e na forma da lei, dos seus atos constitutivos (art. 985, CC).

Presentes esses conceitos, a inscrição do empresário, ou da sociedade empresária, no Registro Público de Empresas Mercantis, não é requisito essencial para delinear a sua

(A) regularidade e possibilidade de contratar com o Poder Público.
(B) eficácia *inter partes* e *erga omnes* e presunção, *juris tantum*, de autenticidade dos atos praticados e submetidos ao registro.
(C) caracterização, pois se admite o exercício da empresa sem tal providência.
(D) regularidade e a sua legitimidade ativa para pedir a falência de outro devedor empresário.

A: incorreta. A empresa não inscrita está em situação irregular (na verdade, não existe como sociedade personificada) e, portanto, não pode contratar com o poder público – art. 967 do CC e art. 28, II e III, da Lei 8.666/1993; B: incorreta. A eficácia *erga omnes* e a presunção de autenticidade dependem do registro – art. 1.154 do CC; C: correta. O empresário e a sociedade empresária caracterizam-se pela atividade desenvolvida, e não pelo registro (antes da inscrição, existe sociedade em comum) – arts. 966, 982 e 986 do CC; D: incorreta. A ausência de inscrição implica irregularidade e ilegitimidade do empresário ou da sociedade empresária para requerer falência do devedor – art. 97, § 1º, da Lei 11.101/2005.
Gabarito "C".

## 5. DIREITO SOCIETÁRIO

**(Cartório/SP – 2012 – VUNESP)** A sociedade simples:

(A) Constitui-se independentemente de qualquer formalidade.
(B) Constitui-se por escritura pública ou testamento, mediante aprovação do Ministério Público.
(C) Vincula-se, em regra, ao Registro Civil das Pessoas Jurídicas.
(D) Vincula-se, em regra, ao Registro Público de Empresas Mercantis.

Nos termos do art. 1.150 do CC, o empresário e a sociedade empresária vinculam-se ao Registro Público de Empresas Mercantis a cargo das Juntas Comerciais, e a sociedade simples ao Registro Civil das Pessoas Jurídicas, o qual deverá obedecer às normas fixadas para aquele registro, se a sociedade simples adotar um dos tipos de sociedade empresária. Enquanto não inscritos os atos constitutivos, não há personalidade jurídica, sendo considerada sociedade em comum – art. 986 do CC. Por essa razão, a alternativa "C" é a correta.
Gabarito "C".

**(Cartório/SP – 2012 – VUNESP)** No silêncio do contrato da sociedade limitada, os administradores podem praticar os atos pertinentes à gestão da sociedade. Não constituindo objeto social, a oneração ou a venda de bens imóveis depende:

(A) Do consentimento de todos os sócios.
(B) Da deliberação da maioria.
(C) Da prévia dissolução da sociedade.
(D) De autorização judicial.

Nos termos do art. 1.015, *in fine*, do CC, não constituindo objeto social, a oneração ou a venda de bens imóveis depende do que a maioria dos sócios decidir. Por essa razão, a alternativa "B" é a correta.
Gabarito "B".

**(Cartório/MG – 2012 – FUMARC)** A respeito das **sociedades em comum** e de acordo com o disposto no Código Civil, **NÃO** é correto o que se afirma em:

(A) Os bens e as dívidas sociais constituem patrimônio especial, do qual os sócios são titulares em comum.
(B) As sociedades em comum, apesar de terem natureza de sociedade, não possuem personalidade jurídica.
(C) A prova da existência da sociedade em comum entre os sócios poderá ser realizada por todos os meios em direito admitidos, especialmente testemunhal.
(D) Como regra geral e salvo exceção expressa em lei, os bens sociais da sociedade em comum respondem pelos atos de gestão praticados por qualquer dos sócios.

A: correta, nos termos do art. 988 do CC; B: correta, pois as sociedades em comum, assim como as sociedades em conta de participação, são despersonificadas – art. 986 do CC; C: incorreta, pois os sócios, nas relações entre si ou com terceiros, somente por escrito podem provar a existência da sociedade – art. 987 do CC; D: adequada, embora o pacto expresso limitativo de poderes, que somente terá eficácia contra o terceiro que o conheça ou deva conhecer, também implique exceção a essa regra geral – art. 989 do CC.
Gabarito "C".

**(Cartório/MG – 2012 – FUMARC)** Ainda sobre a **sociedade simples** e de acordo com o disposto no Código Civil, **NÃO** é correto o que se afirma em

(A) É permitida a contribuição do sócio mediante prestação de serviços.
(B) Impõe-se obrigatória a nomeação do administrador no contrato social.
(C) A morte de um dos sócios não implica, necessariamente, na liquidação de sua quota.
(D) Nas sociedades simples por tempo determinado, permite-se, para a retirada do sócio, denúncia cheia, desde que provada judicialmente a justa causa.

A: correta, nos termos do art. 997, V, do CC; B: incorreta, devendo ser indicada, pois o administrador pode ser nomeado por instrumento em separado, hipótese em que deve averbá-lo à margem da inscrição da sociedade – art. 1.012 do CC; C: correta, pois há

exceções à regra da liquidação da quota em caso de morte do sócio, nos termos do art. 1.028, I a III, do CC; D: correta, conforme o art. 1.029, *caput, in fine*, do CC.
Gabarito "B".

**(Cartório/MG – 2012 – FUMARC)** Sobre **sociedade limitada** e em observância ao disposto no Código Civil, **NÃO** é correto o que se afirma em:

(A) É vedada a contribuição em prestação de serviços.
(B) O capital social divide-se em quotas sempre iguais, permitida a existência de condomínio.
(C) É possível atribuir a administração da sociedade limitada àquele que não compuser o quadro societário.
(D) A administração da sociedade limitada poderá ser realizada por todos os sócios, desde que assim ajustado no contrato social; o ingresso de novo sócio, por essa simples condição, não implica no direito de administrar.

A: correta, nos termos do art. 1.055, § 2º, do CC; B: incorreta, devendo ser indicada, pois as quotas podem ser iguais ou desiguais, cabendo uma ou diversas a cada sócio – art. 1.055, *caput*, do CC; C: correta, pois é possível a designação de administradores não sócios, desde que aprovados pela unanimidade dos sócios, enquanto o capital não estiver integralizado, e de 2/3 (dois terços), no mínimo, após a integralização – art. 1.061 do CC; D: correta, conforme o art. 1.060 do CC.
Gabarito "B".

**(Cartório/MG – 2012 – FUMARC)** Sobre **sociedades** e nos termos do Código Civil, **NÃO** é correto o que se afirma em:

(A) A transformação de uma sociedade em outra impõe a dissolução ou liquidação da primeira.
(B) O credor anterior ao ato de cisão que for por ele prejudicado poderá promover a sua anulação judicial.
(C) A fusão implica na extinção das sociedades que se unem, sucedendo a sociedade nova nos direitos e deveres das anteriores.
(D) Havendo incorporação de sociedade, a incorporadora declarará extinta a incorporada e promoverá a respectiva averbação no registro próprio.

A: incorreta, devendo ser indicada, pois o ato de transformação independe de dissolução ou liquidação da sociedade, conforme o art. 1.113 do CC; B: correta, pois, até noventa dias após publicados os atos relativos à incorporação, fusão ou cisão, o credor anterior, por ela prejudicado, poderá promover judicialmente a anulação deles; C: correta, refletindo o disposto no art. 1.119 do CC; D: correta, nos termos do art. 1.118 do CC.
Gabarito "A".

**(Cartório/MG – 2012 – FUMARC)** Sobre a **sociedade simples**, e de acordo com o disposto no Código Civil, **NÃO** é correto o que se afirma em:

(A) Constituir-se-á mediante contrato escrito, público ou particular.
(B) O contrato deverá ser levado a registro perante a Junta Comercial do Estado.
(C) Existindo sócio remisso, poderá a maioria dos demais sócios preferir a redução das quotas ao montante já realizado pelo primeiro à sua exclusão.
(D) Havendo cessão de quotas – total ou parcial – até o decurso do prazo de 2 (dois) anos de averbada a modificação do contrato, responderá o cedente com o cessionário perante a sociedade e terceiros pelas obrigações que tinha como sócio.

A: correta, nos termos do art. 997, *caput*, do CC; B: incorreta, devendo ser indicada, pois a sociedade simples vincula-se ao Registro Civil das Pessoas Jurídicas – art. 1.150 do CC; C: correta, nos termos do art. 1.004, parágrafo único, do CC; D: correta, nos termos do art. 1.003, parágrafo único, do CC.
Gabarito "B".

**(Cartório/MG – 2012 – FUMARC)** Levando em consideração as disposições do Código Civil relativas às **sociedade simples**, é **correto** o que se afirma em:

(A) Podem os sócios estipular, mediante contrato, outras causas para a dissolução da sociedade que não as previstas em lei.
(B) Nos casos de sociedade simples, por tempo indeterminado, qualquer sócio pode se retirar, desde que notifique os demais com antecedência mínima de 30 (trinta) dias.
(C) Permite-se, desde que com o consentimento unânime dos sócios, que o sócio cuja contribuição consista em prestação de serviços fique excluído de participar das perdas.
(D) A retirada ou morte do sócio não exime o primeiro ou os herdeiros do segundo de responsabilidade pelas obrigações sociais contraídas, até 5 (cinco) anos após averbada a resolução da sociedade.

A: correta, pois, nos termos do art. 1.035 do CC, o contrato pode prever outras causas de dissolução, a serem verificadas judicialmente quando contestadas; B: incorreta, pois a antecedência mínima é de pelo menos 60 dias, conforme o art. 1.029 do CC; C: incorreta, pois é nula a estipulação contratual que exclua qualquer sócio de participar dos lucros e das perdas – art. 1.008 do CC; D: incorreta, pois a responsabilidade pelas obrigações sociais anteriores é de até 2 anos depois de averbada a resolução da sociedade – art. 1.032 do CC.
Gabarito "A".

**(Cartório/MG – 2012 – FUMARC)** Sobre **sociedade limitada** e em observância ao disposto no Código Civil, **NÃO** é correto o que se afirma em:

(A) As deliberações infringentes do contrato ou da lei tornam ilimitada a responsabilidade dos que expressamente as aprovaram.
(B) É lícita a existência de conselho fiscal composto no mínimo por 3 (três) membros e respectivos suplentes, sócios ou não, observadas as limitações legais.
(C) A responsabilidade pela exata estimação dos bens conferidos ao capital social recai somente sobre sócio que a efetivou e pelo prazo de 5 (cinco) anos da data do registro da sociedade.
(D) A renúncia do seu administrador torna-se eficaz em relação à sociedade desde o momento em que esta toma conhecimento da comunicação escrita do renunciante; e, em relação a terceiros, após a averbação e a publicação.

A: correta, refletindo o disposto no art. 1.080 do CC; B: correta, nos termos do art. 1.066 do CC; C: incorreta, devendo ser indicada, já que todos os sócios respondem solidariamente pela correta estimação

dos bens conferidos ao capital social – art. 1.055, § 1º, do CC; D: correta, nos termos do art. 1.063, § 3º, do CC.
Gabarito "C".

**(Cartório/RJ – 2012)** Sobre as sociedades, analise as assertivas abaixo.

I. A incorporação, fusão ou cisão podem ser operadas entre sociedades de tipos iguais, sendo vedados tais procedimentos entre sociedades de tipos diferentes.
II. A fusão é a operação pela qual duas ou mais sociedades são absorvidas por outra, que lhes sucede em todos os direitos e obrigações.
III. A transformação de sociedade obedecerá aos preceitos que regulam a constituição e o registro do tipo a ser adotado pela sociedade.

É correto o que se afirma em

(A) I, apenas.
(B) II, apenas.
(C) III, apenas.
(D) I e III, apenas.
(E) I, II e III.

I: incorreta, pois não há essa vedação em relação a sociedades de tipos diferentes – arts. 1.113 a 1.122 do CC; II: incorreta, pois a assertiva descreve a incorporação – art. 1.116 do CC; III: correta, nos termos do art. 1.113, *in fine*, do CC. Por essas razões, a alternativa "C" é a correta.
Gabarito "C".

**(Cartório/SC – 2012)** Em relação às operações societárias, é **correto** afirmar:

I. A incorporação, fusão ou cisão podem ser operadas entre sociedades de tipos iguais ou diferentes e deverão ser deliberadas na forma prevista para a alteração dos respectivos estatutos ou contratos sociais.
II. Na fusão, uma ou várias sociedades são absorvidas por outra, que lhes sucede em todos os direitos e obrigações, devendo todas aprová-la, na forma estabelecida para os respectivos tipos.
III. A incorporação determina a extinção das sociedades que se unem para formar sociedade nova, que a elas sucederá nos direitos e obrigações.
IV. A cisão é a operação pela qual a companhia transfere parcelas do seu patrimônio para uma ou mais sociedades, constituídas para esse fim ou já existentes, extinguindo-se a companhia cindida se houver versão de todo o seu patrimônio, ou dividindo-se o seu capital se parcial a versão.

(A) Somente as proposições I e IV estão corretas.
(B) Somente as proposições I, II e III estão corretas.
(C) Somente as proposições II e III estão corretas.
(D) Somente as proposições II, III e IV estão corretas.
(E) Todas as proposições estão corretas.

I: correta, nos termos dos arts. 1.116, 1.120 e 1.122 do CC; II: incorreta, pois a assertiva descreve a incorporação – art. 1.116 do CC; III: incorreta, pois não há extinção da incorporadora, que subsiste. A assertiva refere-se à fusão – art. 1.119 do CC; IV: correta, nos termos do art. 229 da Lei das Sociedades por Ações – LSA (Lei 6.404/1976).
Gabarito "A".

**(Cartório/SC – 2012)** Em relação às sociedades empresariais, é **correto** afirmar:

I. As pessoas físicas e as pessoas jurídicas podem tomar parte na sociedade em nome coletivo, respondendo aquelas solidária e ilimitadamente, e estas, no limite de seus capitais, pelas obrigações sociais.
II. Na sociedade em comandita simples tomam parte sócios comanditados, pessoas físicas, responsáveis solidária e ilimitadamente pelas obrigações sociais; e os comanditários, obrigados somente pelo valor de sua quota.
III. A sociedade em comandita por ações é híbrida, haja vista que nela há duas categorias de sócios: comanditário, que possui responsabilidade ilimitada; e comanditado, que possui responsabilidade limitada.
IV. Nas sociedades limitadas e nas sociedades anônimas não é permitido aos sócios contribuir com serviços para a formação do capital social.

(A) Somente as proposições II, III estão corretas.
(B) Somente as proposições I, II e III estão corretas.
(C) Somente as proposições II, III e IV estão corretas.
(D) Somente as proposições II e IV estão corretas.
(E) Todas as proposições estão corretas.

I: incorreta, pois somente pessoas físicas (= naturais) podem compor sociedade em nome coletivo – art. 1.039 do CC; II: correta, conforme o art. 1.045 do CC; III: incorreta, pois os termos estão invertidos. Os comanditados respondem solidária e ilimitadamente pelas obrigações sociais, enquanto os comanditários têm responsabilidade limitada preço de emissão das ações – arts. 1.088, 1.090 e 1.091 do CC; IV: correta, conforme o art. 1.055, § 2º, do CC e o art. 7º da LSA.
Gabarito "D".

**(Cartório/RN – 2012 – IESIS)** Quanto à classificação das sociedades empresárias, tem-se as seguintes afirmações:

I. Nas sociedades em nome coletivo, os sócios respondem de forma ilimitada.
II. Nas sociedades anônimas, os sócios respondem de forma limitada.
III. Nas sociedades por comandita simples, que é sociedade mista, uma parte dos sócios tem responsabilidade limitada e outra parte tem responsabilidade ilimitada.

Diante de tais afirmações, é correto afirmar que:

(A) Apenas o item II está correto.
(B) Os itens I e II estão corretos.
(C) Apenas o item I está correto.
(D) Os itens I e III estão corretos.

I: correta, pois todos os sócios da sociedade em nome coletivo respondem solidária e ilimitadamente pelas obrigações sociais – art. 1.039 do CC; II: correta, pois a responsabilidade dos sócios é limitada ao preço de emissão de suas ações – art. 1.088 do CC; III: correta, pois os sócios comanditados respondem solidária e ilimitadamente pelas obrigações sociais, enquanto os sócios comanditários obrigam-se apenas pelo valor de sua quota – art. 1.045 do CC.
ANULADA

**(Cartório/SP – 2011 – VUNESP)** A sociedade entre cônjuges é:

(A) Válida em qualquer regime de bens, ressalvada aos terceiros a possibilidade de demonstrar a simulação do ato.
(B) Juridicamente impossível.
(C) Válida se o regime de bens for comunhão universal.
(D) Válida se o regime de casamento for comunhão parcial.

Nos termos do art. 977 do CC, faculta-se aos cônjuges contratar sociedade, entre si ou com terceiros, desde que não tenham casado no regime da comunhão universal de bens, ou no da separação obrigatória. Por essa razão, a alternativa "D" é a correta.
Gabarito "D".

**(Cartório/SP – 2011 – VUNESP)** Em relação às sociedades em nome coletivo disciplinadas no Código Civil, assinale a alternativa correta.

(A) O credor do sócio poderá requerer a liquidação da quota do devedor, independente da dissolução da sociedade.
(B) A responsabilidade é sempre limitada à participação de cada sócio no capital social.
(C) Somente as pessoas jurídicas podem tomar parte do quadro societário.
(D) Sem prejuízo da responsabilidade perante terceiros, podem os sócios, no ato da constituição da sociedade ou em momento posterior, limitar entre si a responsabilidade de cada um.

A: incorreta, pois, em relação à sociedade em nome coletivo, o credor particular de sócio não pode, antes de dissolver-se a sociedade, pretender a liquidação da quota do devedor – art. 1.043 do CC; B: incorreta, pois todos os sócios respondem solidária e ilimitadamente pelas obrigações sociais – art. 1.039 do CC; C: incorreta, pois somente as pessoas físicas podem compor a sociedade em nome coletivo – art. 1.039 do CC; D: correta, pois reflete o disposto no art. 1.039, parágrafo único, do CC.
Gabarito "D".

**(Cartório/AM – 2005 – FGV)** Assinale a alternativa verdadeira.

(A) Segundo o Código Civil, a regra é que é possível o aumento do capital social em uma sociedade limitada, ainda que não totalmente integralizado.
(B) Estão previstas no Código Civil a sociedade em comandita por ações, a sociedade em comandita simples e a sociedade em nome coletivo.
(C) Em uma sociedade limitada, o capital social deverá, obrigatoriamente, se dividir em quotas iguais.
(D) O Código Civil aboliu, de forma expressa, o exercício do direito de preferência dos cotistas em participar do aumento de capital de uma sociedade limitada.
(E) O Código Civil admite, amplamente e sem qualquer ressalva, a sociedade entre cônjuges.

A: incorreta, pois a integralização das quotas é pressuposto necessário para o aumento de capital – art. 1.081, *caput*, do CC; B: correta, pois o CC prevê esses tipos societários – ver arts. 1.039, 1.045 e 1.090 do CC; C: incorreta, pois as quotas da sociedade limitada podem ser iguais ou desiguais, cabendo uma ou diversas a cada sócio – art. 1.055, *caput*, do CC; D: incorreta, pois até 30 dias após a deliberação os sócios terão preferência para participar do aumento, na proporção das quotas de que sejam titulares – art. 1.081, § 1º, do CC; E: incorreta, pois não podem contratar sociedade entre si ou com terceiros os cônjuges casados no regime de comunhão universal de bens ou de separação obrigatória – art. 977 do CC.
Gabarito "B".

**(Cartório/AP – 2011 – VUNESP)** Uma vez totalmente integralizado o capital social, a responsabilidade dos sócios, por dívidas sociais, nas sociedades limitadas

(A) é subsidiária e ocorrerá sempre que se esgote o patrimônio da sociedade.
(B) é exclusiva dos controladores e limitada ao valor de sua participação no capital social.
(C) atinge somente o patrimônio pessoal dos sócios controladores até o valor total do capital social.
(D) depende da comprovação da regularidade da sociedade na Junta Comercial local.
(E) é excepcional e depende de disposição legal específica, como no caso de desconsideração da personalidade jurídica.

Na sociedade limitada, a responsabilidade de cada sócio é restrita ao valor de suas quotas, mas todos respondem solidariamente pela integralização do capital social – art. 1.052 do CC. A, B e C: incorretas, conforme comentário inicial; D: incorreta. Não se deve confundir sociedade irregular (com registros desatualizados, por exemplo) com sociedade sem inscrição no registro competente. Havendo inscrição da sociedade limitada no registro, há personalidade jurídica própria e, portanto, afasta-se a responsabilidade pessoal dos sócios – arts. 45 e 985 do CC (não é preciso comprovar a regularidade, mas apenas a existência de inscrição válida no registro próprio). Apenas se não houvesse o registro é que existiria responsabilidade pessoal e ilimitada dos sócios da sociedade em comum – art. 990 do CC; E: assertiva correta, conforme comentário inicial e art. 50 do CC.
Gabarito "E".

**(Cartório/AP – 2011 – VUNESP)** Como consequência da fusão das sociedades "A" e "B"

(A) as ações ou quotas de "A" e "B" passam a pertencer integralmente à nova sociedade, surgida a partir da fusão.
(B) a maior das duas sociedades passa a ser composta não apenas por seus bens, direitos e obrigações, mas também pelos bens, direitos e obrigações da menor.
(C) extinguem-se as sociedades "A" e "B", surgindo com a fusão uma nova sociedade que as sucederá nos direitos e obrigações.
(D) os acionistas dissidentes na deliberação de fusão não terão direito a recesso.
(E) sob pena de perda do direito, credores das sociedades "A" e "B" terão 60 dias para manifestar-se e assegurar que seus créditos foram incluídos na nova sociedade.

A: incorreta, pois as sociedades "A" e "B" deixam de existir com a fusão (art. 228 da Lei das Sociedades por Ações – LSA). Os sócios ou acionistas das sociedades incorporadas, fundidas ou cindidas receberão, diretamente da companhia emissora, as ações que lhes couberem – art. 223, § 2º, da Lei das Sociedades por Ações – LSA (Lei 6.404/1976); B: incorreta, pois "A" e "B" deixam de existir – art. 228 da LSA; C: correta, conforme comentários anteriores e expressamente disposto no art. 228, *caput*, da LSA; D: incorreta, pois há direito de retirada do acionista que discordou da fusão, conforme art. 137 c/c art. 136, IV, da LSA; E: incorreta, pois existe prazo de 60

dias apenas para que os credores prejudicados peçam judicialmente a anulação da fusão, e não para se assegurarem que seus créditos foram incluídos na nova sociedade – art. 232 da LSA.
Gabarito "C".

**(Cartório/BA – 2004 – CESPE)** Quanto ao direito de empresa, julgue o item seguinte.

(1) A sociedade em conta de participação é uma sociedade em comum não personificada.

1: incorreta. O Código Civil prevê apenas duas espécies de sociedade não personificada: a sociedade em comum (sem inscrição dos atos constitutivos – art. 986) e a sociedade em conta de participação (cuja atividade constitutiva do objeto social é exercida unicamente pelo sócio ostensivo - art. 991). Perceba-se, portanto, que são espécies societárias distintas, daí porque a assertiva é incorreta.
Gabarito 1E.

**(Cartório/BA – 2004 – CESPE)** Julgue o item que se segue, referente ao direito comercial brasileiro.

(1) Considere a seguinte situação hipotética.
Ricardo deixou o serviço público em certo programa de demissão voluntária e convidou Daniel, servidor público federal, a adquirir quotas do capital social de determinada sociedade limitada, que possui como principal atividade a prestação de serviços de consultoria empresarial. Nessa situação, a Daniel será vedado adquirir as quotas sociais, em face de sua qualidade de servidor público federal.
(2) Considere a seguinte situação hipotética.
Os três sócios de determinada sociedade limitada decidiram promover a dissolução de fato da pessoa jurídica, ou seja, sem a observância dos preceitos normativos. Nessa situação, eventuais credores da sociedade poderão arrolar, no polo passivo de ação proposta contra a sociedade, todos os três sócios.
(3) Processada a regular dissolução de determinada sociedade empresária, proceder-se-á à liquidação da mesma, com a nomeação de liquidante, o qual deverá fazer parte do quadro de sócios.

1: incorreta, pois é vedada ao servidor público federal a participação na gerência ou administração de sociedade privada ou o exercício do comércio, mas não o ingresso como simples acionista, cotista ou comanditário – art. 117, X, da Lei 8.112/1990; 2: correta, pois, conforme a jurisprudência do STJ, "em caráter excepcional, o sócio de sociedade por cotas de responsabilidade limitada responde com seus bens particulares por dívida da sociedade, quando esta foi dissolvida de modo irregular" (REsp 586.222/SP); 3: incorreta, pois, nos termos do art. 1.038 do CC, se não estiver designado no contrato social, o liquidante será eleito por deliberação dos sócios, podendo a escolha recair em pessoa estranha à sociedade.
Gabarito 1E, 2C, 3E.

**(Cartório/BA – 2004 – CESPE)** Cada um dos itens que se seguem contém uma situação hipotética acerca de sociedades empresariais, seguida de uma assertiva a ser julgada.

(1) Flávia e Fátima, colegas de trabalho, decidiram aderir ao programa de demissão voluntária proposto por empregador comum para explorar atividade de venda de alimentos na modalidade autosserviço (*self-service*). Fátima, que ficou encarregada de promover a inscrição do contrato social no respectivo registro, esqueceu-se de levar a efeito esse ato. Nessa situação, a sociedade em comum formada por Flávia e Fátima está desprovida de capacidade processual ativa contra terceiros.
(2) Uma sociedade em comum, que atua no ramo de confecção e venda de uniformes escolares, tornou-se inadimplente perante seus credores. Nesse caso, os sócios são solidária e ilimitadamente responsáveis pelas obrigações descumpridas pela sociedade constituída.
(3) Duas sociedades empresárias levaram a efeito contrato de compra e venda mercantil de produtos a serem comercializados. Nessa situação, salvo cláusula em contrário no contrato de compra e venda, cabe à sociedade vendedora custear as despesas com a entrega dos bens adquiridos.

1: discutível. Nos termos do art. 12, VII, do CPC, as sociedades sem personalidade jurídica (caso da sociedade em comum – art. 986 do CC) serão representadas em juízo ativa e passivamente pela pessoa a quem couber a administração dos seus bens, o que indica, em nosso entender capacidade processual não apenas passiva, mas também ativa (embora não seja usual, na prática, a propositura de ação nessa situação); 2: correta, pois todos os sócios da sociedade em comum respondem solidária e ilimitadamente pelas obrigações sociais, excluído do benefício de ordem aquele que contratou pela sociedade – art. 990 c/c o art. 1.024 do CC; 3: correta, pois, salvo cláusula em contrário, ficarão as despesas de escritura e registro a cargo do comprador, e a cargo do vendedor as da tradição – art. 490 do CC.
Gabarito 1C, 2C, 3C.

**(Cartório/DF – 2008 – CESPE)** Com relação à disciplina do empresário, das sociedades comerciais (empresárias), da empresa e do estabelecimento empresarial, conforme disposto no Código Civil de 2002, julgue os itens seguintes.

(1) A autonomia patrimonial é característica tanto da sociedade limitada quanto da sociedade anônima, o que vale dizer que a sociedade responde pelas suas obrigações, de regra, com seus próprios bens, restringindo-se a responsabilidade dos sócios pelas obrigações sociais ao limite da integralização ou da subscrição do capital social.

C: correta, nos termos dos arts. 1.052 e 1.088 do CC.
Gabarito 1C.

**(Cartório/DF – 2008 – CESPE)** Joaquim Silva e Pedro Parente, pessoas físicas domiciliadas em Brasília – DF, constituíram uma sociedade empresária à qual deram o nome empresarial Joaquim Silva e Pedro Parente Ltda., com sede em Brasília – DF e registro na Junta Comercial do DF, onde os sócios-administradores tomam as decisões sobre os seus interesses sociais. A atividade principal dessa sociedade empresária consiste na fabricação de embalagens plásticas à base de polietileno. Dadas as facilidades e os incentivos fiscais oferecidos pelo estado de Goiás, o estabelecimento empresarial – a fábrica – foi instalado no município de Aparecida de Goiânia – GO, em imóvel de propriedade da sociedade, onde foi criada uma filial e feito o registro perante a Junta Comercial daquele Estado. Para a formação do capital social da sociedade, Joaquim Silva contribuiu com o valor de R$ 1.000.000,00, dividido em 10 dez parcelas mensais e consecutivas de R$ 100.000,00, com vencimento da primeira parcela no momento da formalização do contrato de constituição da sociedade. Já o sócio Pedro Parente obrigou-se, no contrato de sociedade, à transferência de uma nota promissória emitida à sua ordem por Francisco, no valor de R$ 1.000.000,00. Com base nessa situação hipotética, julgue os itens seguintes.

(1) Para a espécie de sociedade mencionada, a criação do conselho fiscal é facultativa e os sócios podem, no contrato social, prever a regência supletiva da sociedade pelas normas dispostas para as sociedades anônimas.

(2) Caso o sócio Joaquim Silva tivesse ficado inadimplente na sua contribuição estabelecida no contrato social e tivesse adimplido tal obrigação nos trinta dias seguintes ao da notificação pela sociedade, ele responderia, mesmo assim, perante esta por dano emergente de sua mora.

(3) Caso um dos sócios faleça e não haja, após cento e oitenta dias da morte, a reconstituição, a sociedade será dissolvida.

1: correta, nos termos dos arts. 1.053, *caput* e parágrafo único, e 1.066, ambos do CC; 2: incorreta, pois a responsabilidade por dano emergente da mora somente ocorre pela inadimplência após 30 dias contados da notificação – art. 1.004 do CC c/c art. 1.053, *caput*, ambos do CC; 3: correta, conforme o art. 1.033, IV, c/c art. 1.053, *caput*, ambos do CC.

Gabarito 1C, 2E, 3C

(Cartório/DF – 2006 – CESPE) Com relação a sociedades, julgue os itens seguintes.

(1) Na sociedade limitada, a administração atribuída no contrato a todos os sócios estende-se, de pleno direito, aos que, posteriormente, adquiram essa qualidade.

(2) A sociedade de garantia solidária é uma pessoa jurídica constituída sob a forma de sociedade anônima para a concessão de garantia a seus sócios participantes mediante a celebração de contratos.

(3) A sociedade em comandita por ações que tenha por objeto o exercício de atividade própria de empresário rural pode optar por se registrar na junta comercial ou no cartório de registro de pessoas jurídicas.

(4) A sociedade de economia mista, diferentemente das demais pessoas jurídicas de direito privado, nasce automaticamente da lei que autoriza a sua criação, e não mediante o respectivo registro.

(5) Nos órgãos de registro, o arquivamento dos atos constitutivos de sociedades que se enquadrem como microempresas ou empresas de pequeno porte, bem como o arquivamento de suas alterações, são dispensados do visto de advogados.

(6) Equipara-se ao nome empresarial, para os efeitos da proteção da lei, a denominação das sociedades simples, associações e fundações.

1: incorreta, pois, nos termos do art. 1.060, parágrafo único, do CC, a administração atribuída no contrato a todos os sócios não se estende de pleno direito aos que posteriormente adquiram essa qualidade; 2: correta, conforme a definição do art. 25 da Lei 9.841/1999, revogada pelo art. 89 da LC 123/2006. Apesar dessa revogação, o art. 3º, § 5º, da LC 123/2006 faz referência expressa a esse tipo societário; 3: incorreta, pois a sociedade por ações será sempre considerada empresária, independentemente de seu objeto, de modo que deve registrada no Registro Público de Empresas Mercantis – arts. 982, parágrafo único, e 1.150 do CC; 4: incorreta, pois a lei apenas autoriza a criação da sociedade de economia mista (art. 37, XIX, da CF), que se efetiva apenas com a inscrição dos atos constitutivos no registro competente – arts. 45 e 985 do CC; 5: correta, pois o visto de advogado é dispensado, nos termos do art. 9º, § 2º, da LC 123/2006 c/c o art. 1º, § 2º, da Lei 8.906/1994; 6: correta, pois reflete exatamente o disposto no art. 1.155, parágrafo único, do CC.

Gabarito 1E, 2C, 3E, 4E, 5C, 6C

(Cartório/DF – 2001 – CESPE) Determinada sociedade por quotas de responsabilidade limitada – sociedade A – foi transformada em sociedade anônima. Em um segundo momento, essa companhia foi unida à sociedade B, sendo ambas extintas e criada uma nova sociedade, C. Finalmente, essa sociedade C foi dividida e todo o seu patrimônio foi transferido para duas novas sociedades, o que resultou na criação das sociedades D e E.

Com base na situação hipotética apresentada, julgue os itens abaixo.

(1) Salvo se o contrato social da sociedade A tivesse fixado quórum diverso, seria exigida a manifestação unânime de seus sócios para transformá-la em sociedade anônima.

(2) A transformação da sociedade A de limitada para anônima independe de dissolução ou liquidação.

(3) A operação pela qual a sociedade anônima A se uniu à sociedade B, sendo ambas extintas para a criação de uma nova sociedade, consiste na fusão de empresas.

(4) É considerada uma cisão total a operação por meio da qual a sociedade C transferiu todo o seu patrimônio às sociedades D e E, sendo, em seguida, extinta.

(5) As sociedades D e E responderão solidariamente pelas dívidas anteriormente contraídas pela sociedade C.

1: correta, pois a transformação depende do consentimento de todos os sócios, salvo se prevista no ato constitutivo, caso em que o dissidente poderá retirar-se da sociedade – art. 1.114 do CC; 2: correta, pois a transformação de um tipo societário em outro independe de dissolução ou liquidação da sociedade, conforme expressamente previsto pelo art. 1.113 do CC; 3: correta, pois a fusão determina a extinção das sociedades que se unem, para formar sociedade nova, que a elas sucederá nos direitos e obrigações – art. 1.119 do CC; 4: correta, pois cisão é a operação pela qual a sociedade transfere parcelas do seu patrimônio para uma ou mais sociedades, constituídas para esse fim ou já existentes, extinguindo-se a companhia cindida, se houver versão de todo o seu patrimônio (= cisão total), ou dividindo-se o seu capital, se parcial a versão (= cisão parcial), conforme a definição do art. 229 da Lei das Sociedades por Ações – LSA (Lei 6.404/1976); 5: correta, pois, em conformidade com o disposto no art. 233 da LSA, na cisão com extinção da companhia cindida, as sociedades que absorverem parcelas do seu patrimônio responderão solidariamente pelas obrigações da companhia extinta.

Gabarito 1C, 2C, 3C, 4C, 5C

**(Cartório/ES – 2007 – FCC)** Considere as seguintes assertivas a respeito da Transformação, da Incorporação, da Fusão e da Cisão das Sociedades:

I. Até seis meses após publicados os atos relativos à incorporação, fusão ou cisão, o credor anterior, por ela prejudicado, poderá promover judicialmente a anulação deles.
II. O ato de transformação independe de dissolução ou liquidação da sociedade, e obedecerá aos preceitos reguladores da constituição e inscrição próprios do tipo em que vai converter-se.
III. Na incorporação, uma ou várias sociedades são absorvidas por outra, que lhes sucede em todos os direitos e obrigações, devendo dois terços delas aprová-la, na forma estabelecida para os respectivos tipos.
IV. A fusão determina a extinção das sociedades que se unem, para formar sociedade nova, que a elas sucederá nos direitos e obrigações.

De acordo com as normas previstas no Código Civil brasileiro está correto o que se afirma APENAS em

(A) I e III.
(B) I e IV.
(C) I, II e IV.
(D) II e III.
(E) II e IV.

I: incorreta, pois o prazo para a propositura da ação para a anulação é de 90 dias, nos termos do art. 1.122 do CC; II: correta, conforme o art. 1.113 do CC, segundo o qual o ato de transformação independe de dissolução ou liquidação da sociedade, e obedecerá aos preceitos reguladores da constituição e inscrição próprios do tipo em que vai converter-se; III: incorreta, pois nenhuma sociedade pode ser incorporada ou incorporar outra sem sua própria concordância. De fato, o art. 1.116 do CC dispõe que todas as sociedades envolvidas devem aprovar a incorporação, na forma estabelecida para os respectivos tipos societários; IV: correta, nos exatos termos do art. 1.119 do CC.
Gabarito "E".

**(Cartório/MS – 2009 – VUNESP)** No que se refere ao contrato de sociedade, de acordo com o Código Civil, pode-se afirmar que celebram contrato de sociedade as pessoas que

(A) desejam abrir uma empresa.
(B) desejam constituir uma pessoa jurídica sem fins lucrativos.
(C) reciprocamente se obrigam a contribuir, com bens ou serviços, para o exercício de atividade econômica e a partilha, entre si, dos resultados.
(D) constituem uma firma.
(E) registram empresas, para compatibilizar o atual regime à sistemática da inscrição pelo novo Código Civil de 2002.

A: incorreta. A empresa é a atividade exercida pelo empresário (pessoa natural) ou pela sociedade empresária (pessoa jurídica) e com eles não se confunde – arts. 966 e 982 do CC. Perceba, portanto, que embora seja comum, no dia a dia, usarmos o termo "empresa" para nos referirmos à sociedade empresária ("fulano abriu a empresa tal") havendo, inclusive, disposições legais que adotam essa significação, isso é incorreto à luz do Código Civil; B: incorreta, pois o contrato de sociedade previsto no art. 981 do CC refere-se ao exercício de atividade econômica e a partilha, entre os sócios, dos resultados, ou seja, não se refere a pessoas sem fins lucrativos; C: correta, pois essa é a definição do art. 981 do CC; D: o termo "firma" refere-se ao empresário individual, especificamente ao seu nome empresarial – art. 1.156 do CC; E: incorreta, conforme comentário à alternativa "A".
Gabarito "C".

**(Cartório/MT – 2005 – CESPE)** Assinale a opção incorreta acerca do direito societário.

(A) Considera-se desprovida de personalidade jurídica determinada sociedade empresária que já tenha lavrado competente ato constitutivo, mas que ainda não o tenha inscrito no registro próprio e na forma da lei.
(B) O título de doação, de determinado empresário, de bem clausulado de incomunicabilidade ou inalienabilidade deverá ser arquivado e averbado no Registro Público de Empresas Mercantis e Atividades Afins.
(C) Se determinado sócio diretor de sociedade empresária decidir proceder à gravação de imóvel integrante do patrimônio da pessoa jurídica com ônus real, será necessária a competente outorga conjugal, caso o mesmo seja casado sob o regime da comunhão parcial de bens.
(D) A sociedade em conta de participação poderá ser constituída mediante contrato verbal, desde que as partes sejam capazes, que seja lícito o objeto e que haja mútuo consenso.

A: correta, pois a sociedade adquire personalidade jurídica com a inscrição, no registro próprio e na forma da lei, dos seus atos constitutivos – arts. 45 e 985 do CC; B: correta, pois, além de no Registro Civil, serão arquivados e averbados, no Registro Público de Empresas Mercantis, os pactos e declarações antenupciais do empresário, o título de doação, herança, ou legado, de bens clausulados de incomunicabilidade ou inalienabilidade – art. 979 do CC; C: incorreta, pois o empresário casado pode, sem necessidade de outorga conjugal, qualquer que seja o regime de bens, alienar os imóveis que integrem o patrimônio da empresa ou gravá-los de ônus real – art. 978 do CC; D: correta, pois a constituição da sociedade em conta de participação independe de qualquer formalidade e pode provar-se por todos os meios de direito – art. 992 do CC. Os requisitos de partes capazes, objeto lícito e consenso referem-se à validade dos negócios jurídicos e sua própria formação – ver art. 104 do CC.
Gabarito "C".

**(Cartório/MT – 2005 – CESPE)** Acerca das sociedades limitadas, assinale a opção correta.

(A) Caso haja previsão no contrato social, na sociedade limitada, o sócio poderá integralizar suas quotas mediante prestação de serviços.
(B) Em sociedade limitada constituída por dezessete membros, o pedido de concordata dependerá de deliberação dos sócios, a qual deverá se dar, obrigatoriamente, em assembleia.
(C) A assembleia de sócios será semestral e, entre outras deliberações, serão tomadas as contas dos administradores.

(D) Se, no ato constitutivo de determinada sociedade limitada, houver a previsão de administração desta por pessoa estranha ao quadro de sócios, a deliberação pela nomeação desse administrador dependerá da aprovação de um total de sócios que detenham, no mínimo, três quartos do capital social, caso este já esteja integralizado.

A: incorreta, pois não se admite a integralização de capital na sociedade limitada mediante prestação de serviços – art. 1.055, § 2º, do CC; B: correta, pois a deliberação dos sócios, exigida para o caso de pedido de recuperação judicial (não há mais concordata), deverá ser realizada em assembleia sempre que o número de sócios for superior a dez – arts. 1.071, VIII, e 1.072, § 1º, do CC; C: incorreta, pois a assembleia dos sócios deve realizar-se ao menos uma vez por ano (não semestralmente, necessariamente), nos quatro meses seguintes ao término do exercício social, com o objetivo de (i) tomar as contas dos administradores e deliberar sobre o balanço patrimonial e o de resultado econômico, (ii) designar administradores, quando for o caso e (iii) tratar de qualquer outro assunto constante da ordem do dia – art. 1.078 do CC; D: incorreta, pois a designação de administradores não sócios dependerá de aprovação da unanimidade dos sócios, enquanto o capital não estiver integralizado, e de 2/3 (dois terços), no mínimo, após a integralização – art. 1.061 do CC.
Gabarito "B".

**(Cartório/PR – 2007)** As sociedades podem sofrer transformações mediante fusão, incorporação e cisão. Sobre o assunto assinale a alternativa INCORRETA:

(A) As condições para a incorporação, fusão ou cisão deverão constar de protocolo firmado pelos órgãos de administração das empresas envolvidas no evento e suas operações deverão ser submetidas à assembleia geral, mediante justificação.
(B) Cisão é a operação pela qual a companhia transfere parcelas de seu patrimônio para uma ou mais sociedades, constituídas para esse fim ou já existentes, extinguindo-se a companhia cindida, se houver versão de todo o seu patrimônio, ou dividindo-se o seu capital, se parcial a versão.
(C) A fusão determina a extinção das sociedades que se unem para formar sociedade nova, que a elas sucederá nos direitos e obrigações.
(D) Na fusão de duas ou mais sociedades, dado que os bens, direitos e obrigações das sociedades originais passam a integrar o patrimônio da nova sociedade, para fins tributários, são devidos o ICMS – Imposto sobre Circulação de Mercadorias e ITBI – Imposto sobre Transmissão de Bens Imóveis.
(E) Na cisão total, com extinção da empresa cindida, as sociedades que absorverem parcelas de seu patrimônio responderão solidariamente pelas obrigações da empresa extinta.

A: correta, nos termos do art. 225 da LSA; B: correta, nos exatos termos do art. 229 da LSA; C: correta, conforme a definição dada pelo art. 1.119 do CC e pelo art. 228 da LSA; D: incorreta, pois não há circulação de mercadoria (o que afasta o ICMS) e há, em princípio, imunidade relativa ao ITBI, conforme o art. 156, § 2º, I, da CF.
Gabarito "D".

**(Cartório/SP – I – VUNESP)** A responsabilidade dos sócios, nas sociedades por quotas de responsabilidade limitada, é, em regra,

(A) limitada ao importe das dívidas anteriormente constituídas.
(B) ilimitada.
(C) limitada ao importe do capital social não integralizado.
(D) limitada ao importe total do capital social.

D: correta. Na sociedade limitada, a responsabilidade de cada sócio é restrita ao valor de suas quotas, mas todos respondem solidariamente pela integralização do capital social – art. 1.052 do CC. Assim, em regra, a responsabilidade fica limitada ao total do capital social, ainda que não totalmente integralizado, razão pela qual a alternativa "D" é a correta. É interessante lembrar que há casos de desconsideração da personalidade jurídica da sociedade e, portanto, responsabilidade dos sócios além do montante correspondente ao capital social. Para a desconsideração é necessário, em regra, o abuso da personalidade jurídica, caracterizado pelo desvio de finalidade, ou pela confusão patrimonial – art. 50 do CC. A desconsideração foi positivada também no art. 28 do CDC, além de disposições específicas quanto a atos culposos ou dolosos praticados pelos administradores com efeitos em relação à sua responsabilidade pessoal (por exemplo, art. 1.016 do CC e arts. 134, II e VII, e 135, III, ambos do CTN).
Gabarito "D".

**(Cartório/SP – II – VUNESP)** As sociedades de economia mista

(A) podem ser abertas ou fechadas.
(B) podem ser apenas abertas.
(C) podem ser apenas fechadas.
(D) por envolverem capital público, não são reguladas pela Lei das S/A.

A: correta. As sociedades de economia mista devem adotar o tipo das sociedades anônimas, sujeitando-se à Lei das Sociedades por Ações (Lei 6.404/1976), podendo ser abertas ou fechadas – art. 235 da LSA. Por essas razões, a alternativa "A" é a correta.
Gabarito "A".

**(Cartório/SP – II – VUNESP)** Em se tratando de sociedades por quotas de responsabilidade, a alteração do contrato social pelos sócios que detêm 55% do capital social depende

(A) da ausência de cláusula restritiva no contrato sobre deliberações majoritárias.
(B) da concordância de outros sócios, atingindo o quórum de 75% ou 3/4 do capital social.
(C) apenas da maioria dos sócios, independentemente do capital social que estes detenham.
(D) da concordância expressa dos sócios que detêm o restante do capital social.

A: correta, conforme gabarito oficial. Todavia, a modificação do contrato social da sociedade limitada (art. 1.071, V, do CC) depende de deliberação tomada pelos votos correspondentes, no mínimo, a três quartos do capital social – art. 1.076, I, do CC. Por essa razão, discordamos do gabarito oficial e entendemos que a alternativa "D" é a única correta.
Gabarito "A".

Veja a seguinte tabela com os quóruns de aprovação nas sociedades limitadas.

| Matéria a ser deliberada na sociedade limitada – arts. 1.061, 1.063, § 1º, 1.071 e 1.085 do CC | Quórum de aprovação – art. 1.076 do CC |
|---|---|
| Designação de administradores não sócios | Unanimidade dos sócios, enquanto o capital não estiver integralizado, e 2/3, no mínimo, após a integralização |
| Destituição de sócio nomeado administrador no contrato | Titulares de quotas correspondentes, no mínimo, a 2/3 do capital social, salvo disposição contratual diversa |
| Aprovação das contas da administração | Maioria de votos dos presentes, salvo se o contrato exigir maioria mais elevada |
| Designação dos administradores, quando feita em ato separado | Votos correspondentes a mais de metade do capital social |
| Destituição dos administradores | |
| Modo de sua remuneração, quando não estabelecido no contrato | |
| Modificação do contrato social | Votos correspondentes, no mínimo, a três quartos do capital social |
| Incorporação, a fusão e a dissolução da sociedade, ou a cessação do estado de liquidação | |
| Nomeação e destituição dos liquidantes e o julgamento das suas contas | Maioria de votos dos presentes, salvo se o contrato exigir maioria mais elevada |
| Pedido de concordata (recuperação judicial) | Votos correspondentes a mais de metade do capital social |
| Exclusão de sócio minoritário no caso do art. 1.085 do CC | Maioria dos sócios, representativa de mais da metade do capital social |
| Matérias do art. 997 do CC (no caso de aplicação subsidiária às limitadas – art. 1.053 do CC) | Unanimidade (art. 999 do CC) |
| Transformação | Unanimidade, salvo se prevista no ato constitutivo (art. 1.114 do CC) |

**(Cartório/SP – II – VUNESP)** A sociedade em conta de participação tem a seguinte característica:

(A) arquivamento dos atos societários no Registro de Comércio.
(B) a possibilidade de responsabilização de qualquer dos sócios até o limite do capital social.
(C) a manutenção obrigatória dos livros comerciais.
(D) o gerenciamento é exercido pelo sócio ostensivo, que agirá exclusivamente em nome próprio.

A: incorreta, pois não é necessário arquivamento que, se ocorrer, não confere personalidade jurídica à sociedade – art. 993 do CC; B: incorreta, pois o sócio ostensivo (e somente ele) responde pessoalmente e ilimitadamente pelas obrigações perante terceiros – art. 991, parágrafo único, do CC; C: incorreta, até porque se trata, a rigor, de contrato de investimento (na definição de Fábio Ulhoa Coelho) firmando entre um empreendedor (o sócio ostensivo) e investidores (os sócios participantes), e não efetiva sociedade com registros, livros etc.; D: correta, conforme o art. 991 do CC.
Gabarito "D".

**(Cartório/SP – III – VUNESP)** Qual o regime de responsabilidade na sociedade em comum?

(A) Os sócios respondem pelas obrigações da sociedade diretamente, de forma solidária e ilimitada.
(B) Responde pelas obrigações da sociedade somente o sócio que contratou com o terceiro.
(C) Os sócios não respondem pelas obrigações da sociedade.
(D) Os sócios respondem pelas obrigações da sociedade subsidiariamente, de forma solidária e ilimitada, com exceção do sócio que contratou pela sociedade, o qual responde diretamente.

D: correta. Todos os sócios da sociedade em comum respondem solidária e ilimitadamente pelas obrigações sociais, subsidiariamente em relação à sociedade – art. 990 c/c art. 1.024 do CC. Assim, os bens da sociedade respondem pelas obrigações e, caso não sejam suficientes, os sócios passam a responder ilimitada e solidariamente entre si. Entretanto, o sócio que contratou pela sociedade fica excluído do benefício de ordem, ou seja, responde diretamente – art. 990, in fine, do CC. Por essa razão, a alternativa "D" é a correta.
Gabarito "D".

**(Cartório/SP – III – VUNESP)** Em que hipóteses a lei exige deliberação da unanimidade dos sócios de uma sociedade limitada?

(A) Incorporação, fusão e cisão.
(B) Transformação em outro tipo societário, mudança de nacionalidade de sociedade brasileira e designação de administrador não sócio, enquanto não estiver integralizado o capital.
(C) Modificação do objeto social e dissolução da sociedade.
(D) Retirada e exclusão de sócio.

B: correta; Consulte a tabela anteriormente apresentada, com os quóruns de aprovação nas sociedades limitadas, e verifique que a alternativa "B" é a correta.
Gabarito "B".

**(Cartório/SP – III – VUNESP)** Como efeito da transformação de uma sociedade em nome coletivo em uma sociedade por ações, é correto afirmar que

(A) todos os sócios continuam respondendo solidária e ilimitadamente pelas obrigações sociais anteriores à transformação.
(B) em razão da publicidade da operação de transformação, os sócios somente continuarão respondendo pelas obrigações sociais se algum credor, no prazo de 60 dias contados da publicação da assembleia geral de transformação, apresentar oposição.
(C) os sócios não respondem ilimitadamente pelas obrigações sociais porque, de acordo com o artigo 1.º, da Lei 6.404/76 (Lei das S/A), a responsabilidade dos acionistas é limitada ao preço de emissão das ações subscritas ou adquiridas.
(D) os sócios somente responderão pelas obrigações sociais em virtude de ato praticado com abuso de poder ou em violação da lei ou do estatuto.

A: correta. Na sociedade em nome coletivo, todos os sócios respondem pessoal e ilimitadamente pelas obrigações sociais – art. 1.039 do CC. A transformação não modificará nem prejudicará, em qualquer caso, os direitos dos credores – art. 1.115 do CC. Por essa razão, os credores de obrigações anteriores à transformação não terão suas garantias diminuídas, ou seja, os sócios continuam a responder pessoal e ilimitadamente por elas. Por essas razões, a alternativa "A" é a correta.
Gabarito "A".

**(Cartório/SP – IV – VUNESP)** Sem prejuízo da faculdade de participar das deliberações sociais, não pode o comanditário

(A) pagar dívida da sociedade.
(B) praticar ato de gestão ou ter o nome na firma social.
(C) receber procuração específica para negociar título não resgatado por devedor insolvente.
(D) nenhuma das alternativas anteriores.

B: correta. Na sociedade em comandita simples, os comanditados são os sócios pessoa física que praticam os atos de gestão e respondem solidária e ilimitadamente pelas obrigações sociais. Já os comanditários são os sócios que não praticam atos de gestão e, nessa condição, não respondem pelas obrigações sociais. Nesse sentido, sem prejuízo da faculdade de participar das deliberações da sociedade e de lhe fiscalizar as operações, não pode o comanditário praticar qualquer ato de gestão, nem ter o nome na firma social, sob pena de ficar sujeito às responsabilidades de sócio comanditado. O comanditário pode ser constituído procurador da sociedade, para negócio determinado e com poderes especiais – arts. 1.045 e 1047 do CC. As sociedades com sócios de responsabilidade ilimitada (caso da comandita simples) opera sobe firma na qual somente o nome desses sócios poderão figurar (dos comanditados, no caso) – art. 1.157 do CC. Por essas razões, a alternativa "B" é a única que indica ato vedado ao comanditário.
Gabarito "B".

**(Cartório/SP – IV – VUNESP)** A apuração de haveres do sócio excluído é feita

(A) por balanço de determinação ou real.
(B) pelo último balanço aprovado em reunião para tal fim.
(C) pela avaliação feita por auditor nomeado pelos majoritários.
(D) pela média avaliatória feita com base em três critérios: I) valor de mercado das cotas, II) avaliação pelo auditor, III) último balanço contábil.

A: correta. Nos casos em que a sociedade se resolver em relação a um sócio, o valor da sua quota, considerada pelo montante efetivamente realizado, liquidar-se-á, salvo disposição contratual em contrário, com base na situação patrimonial da sociedade, à data da resolução, verificada em balanço especialmente levantado – art. 1.031 do CC. Balanço especial, de determinação ou real são, nesse sentido, expressões equivalentes, indicando a situação da sociedade em uma data especial, razão pela qual a alternativa "A" é a correta.
Gabarito "A".

**(Cartório/SP – IV – VUNESP)** O direito de retirada da sociedade simples assiste

(A) ao sócio que não tiver condições de integralizar o aumento do capital social.
(B) aos sócios que divergirem das decisões da maioria em reunião ou assembleia geral.
(C) ao sócio, na hipótese de o contrato prever cláusula de recesso, com voto unânime dos cotistas.
(D) a qualquer sócio em sociedade por prazo indeterminado e, na por prazo determinado, àquele que ajuizou ação justificando as razões de sua saída.

A: incorreta, pois, nesse caso, o sócio remisso poderá ser excluído ou ter reduzida sua quota ao montante já realizado, caso a maioria dos demais sócios não prefira a indenização pelo dano emergente da mora, nos termos do art. 1.004 do CC. Não há, portanto, direito de retirada; B e C: incorretas, pois, salvo disposição contratual nesse sentido, não se trata de hipóteses de retirada; D: correta. Além dos casos previstos na lei ou no contrato, qualquer sócio pode retirar-se da sociedade; se de prazo indeterminado, mediante notificação aos demais sócios, com antecedência mínima de sessenta dias; se de prazo determinado, provando judicialmente justa causa – art. 1.029 do CC.
Gabarito "D".

**(Cartório/SP – IV – VUNESP)** Cabe ao Juiz, na expulsão, se proposta a demanda,

(A) apreciar apenas a ilegalidade da deliberação.
(B) verificar se os pressupostos de fato (as faltas) realmente ocorreram e se são graves e suficientes para legitimar a expulsão do rixoso.
(C) julgar a justiça ou injustiça da conduta do sócio rixoso.
(D) apreciar a falta sob o prisma da justiça, equidade, oportunidade e a ligação entre a falta injusta e o dano para a sociedade.

O sócio pode ser excluído judicialmente somente por falta grave no cumprimento de suas obrigações ou por incapacidade superveniente, mediante iniciativa da maioria dos demais sócios – art. 1.030 do CC. O sócio minoritário pode ser excluído também extrajudicialmente, caso esteja pondo em risco a continuidade da empresa, em virtude de atos de inegável gravidade, e desde que a exclusão por justa causa seja prevista no contrato social – art. 1.085 do CC. Existe ainda a possibilidade de exclusão do sócio remisso da sociedade limitada, se não integralizar sua quota social no prazo definido – art. 1.058 do CC. A: incorreta, pois o juiz deve analisar se houve efetivamente falta grave a justificar a expulsão; B: correta, conforme comentários anteriores; C: discutível, mas, em princípio, o juiz não adentra os aspectos subjetivos da conduta do sócio; D: incorreta, pois a análise é objetiva, em relação à conduta do sócio a ser excluído em relação aos demais sócio e à sociedade.
Gabarito "B".

**(Cartório/SP – IV – VUNESP)** O procedimento extrajudicial da exclusão do sócio remisso deve obedecer à(s) seguinte(s) regra(s):

**(A)** convocação, com imputação da falta, notificação, defesa, discussão dos fatos, deliberação pela maioria e expulsão.
**(B)** simples convocação para reunião.
**(C)** convocação, apresentação de defesa, deliberação e expulsão.
**(D)** convocação, notificação, defesa, deliberação pela unanimidade dos sócios, expulsão e ata da reunião.

O sócio minoritário pode ser excluído também extrajudicialmente, caso esteja pondo em risco a continuidade da empresa, em virtude de atos de inegável gravidade, e desde que a exclusão por justa causa seja prevista no contrato social. Exige-se deliberação da maioria dos sócios, representativa de mais da metade do capital social. A exclusão somente poderá ser determinada em reunião ou assembleia especialmente convocada para esse fim, ciente o acusado em tempo hábil para permitir seu comparecimento e o exercício do direito de defesa – art. 1.085 do CC. A: correta, conforme comentários iniciais; B: incorreta, pois é preciso a ciência ao acusado em tempo hábil para permitir seu comparecimento à reunião ou à assembleia especialmente convocada para esse fim e para o exercício do direito de defesa – art. 1.085, parágrafo único, do CC; C: incorreta, por ser incompleta em relação à alternativa "A"; D: incorreta, pois não se exige deliberação pela unanimidade dos sócios (o que seria impossível, exceto se o próprio expulso votasse nesse sentido).
Gabarito "A".

**(Cartório/SP – IV – VUNESP)** A exclusão do sócio exige, na sociedade limitada,

**(A)** justa causa, prevista no contrato, apurável em juízo.
**(B)** falta grave, prevista no contrato, mediante iniciativa da maioria dos sócios em ação ajuizada para expulsá-lo.
**(C)** justa causa prevista no contrato e iniciativa dos majoritários para que possam, em reunião ou assembleia, excluir o *socius rixosus* que quebrou a *affectio societatis*.
**(D)** falta grave não prevista no contrato, mas fundada em lei, cuja ação só pode ser movida pelos majoritários.

O sócio pode ser excluído judicialmente somente por falta grave no cumprimento de suas obrigações ou por incapacidade superveniente, mediante iniciativa da maioria dos demais sócios – art. 1.030 do CC. O sócio minoritário pode ser excluído também extrajudicialmente, caso esteja pondo em risco a continuidade da empresa, em virtude de atos de inegável gravidade, e desde que a exclusão por justa causa seja prevista no contrato social – art. 1.085 do CC. Existe ainda a possibilidade de exclusão do sócio remisso da sociedade limitada, se não integralizar sua quota social no prazo definido – art. 1.058 do CC. A e B: incorretas, pois a expulsão do sócio minoritário por justa causa prevista no contrato social pode se dar extrajudicialmente; C: correta, conforme comentários iniciais. A exclusão somente poderá ser determinada em reunião ou assembleia especialmente convocada para esse fim, ciente o acusado em tempo hábil para permitir seu comparecimento e o exercício do direito de defesa – art. 1.085 do CC; D: incorreta, pois a falta grave permite a exclusão judicial mediante a iniciativa da maioria dos demais sócios (podem ser minoritários, portanto) – art. 1.030 do CC.
Gabarito "C".

**(Cartório/SP – V – VUNESP)** Na sociedade simples, os bens pessoais dos sócios

**(A)** respondem, subsidiariamente, esgotado o patrimônio da própria sociedade, pelas obrigações sociais.
**(B)** respondem, ilimitadamente, pelas obrigações sociais.
**(C)** respondem, conforme o que for disposto no contrato social, pelas obrigações assumidas pela pessoa jurídica.
**(D)** respondem pelas obrigações sociais, mas só enquanto não for integralizado o capital.

Como regra, na sociedade simples, os bens pessoais dos sócios respondem subsidiariamente pelas dívidas (depois de esgotado o patrimônio social), na proporção em que participem das perdas sociais, exceto se houver previsão de solidariedade – arts. 1.023 e 1.024 do CC (por essa aproximação, a alternativa "A" seria adequada). Importante notar, entretanto, que o contrato social pode dispor de maneira diversa – art. 997, VIII, do CC (o que torna, por essa ótica, a alternativa "C" adequada).
Gabarito "C".

**(Cartório/SP – V – VUNESP)** Na sociedade limitada, se o administrador for designado no próprio contrato social, ele pode ser destituído

**(A)** somente por deliberação unânime de todos sócios.
**(B)** por deliberação aprovada com *quorum* qualificado de dois terços dos sócios, se não houver disposição contratual diversa.
**(C)** por deliberação aprovada por maioria simples, contados votos por cabeça.
**(D)** por deliberação aprovada por maioria simples, contados votos conforme a participação de cada sócio no capital social.

Como regra, a designação de administrador (quando feita em ato separado do contrato) e sua destituição dependem de voto representativo de mais da metade do capital social – art. 1.076, II, c/c art. 1.071, II e III, ambos do CC. Caso se trate de sócio designado administrador no próprio contrato social, sua destituição depende de maioria representativa de dois terços do capital social, exceto se o contrato fixar regra diversa – art. 1.063, § 1º, do CC. Se o contrato permitir a designação de administrador não sócio, dependerá de unanimidade dos sócios, antes da integralização do capital, e maioria de dois terços, após a integralização – art. 1.061 do CC. Por essas razões, a alternativa "B" é a correta.
Gabarito "B".

**(Cartório/SP – V – VUNESP)** Numa sociedade em conta de participação, o sócio participante

**(A)** responde, perante terceiros, com seu patrimônio pessoal, pelas obrigações assumidas.
**(B)** integraliza o capital social e, perante terceiros, responde pelas obrigações assumidas nos limites de sua contribuição.
**(C)** não responde, perante terceiros, pelas obrigações derivadas dos negócios sociais.
**(D)** pode ter sua falência decretada, em razão das dívidas acumuladas pela sociedade.

A, B e D: incorretas, pois na sociedade em conta de participação somente o sócio ostensivo responde pelas obrigações perante terceiros (pessoal e ilimitadamente). O sócio participante responde somente perante o sócio ostensivo, nos termos do contrato social (exceto se realizar atos de gestão) – arts. 991 e 994 do CC; C: essa é a correta, conforme comentário anterior.
Gabarito "C".

**(Cartório/SP – V – VUNESP)** Sobre a administração da sociedade limitada, assinale a alternativa correta.

(A) Não pode ser exercida por não sócios.
(B) Só pode ser exercida por não sócios mediante a aprovação unânime de todos os sócios, se o capital não estiver integralizado.
(C) Pode, a partir de deliberação aprovada por maioria absoluta do capital, ser exercida por não sócios.
(D) A partir de deliberação aprovada por maioria simples dos presentes em assembleia ou reunião, pode ser exercida por não sócios.

A: incorreta, pois é possível a nomeação de administrador não sócio, mediante aprovação da unanimidade dos sócios, enquanto o capital não estiver integralizado, e de 2/3, no mínimo, após a integralização – art. 1.061 do CC; B: correta, conforme comentário à alternativa anterior; C: incorreta, pois o quórum para a nomeação do administrador refere-se unanimidade ou 2/3 dos sócios, conforme o art. 1.061 do CC, sem relação direta com a participação no capital social; D: incorreta, pois exige-se unanimidade ou aprovação por 2/3 dos sócios, conforme comentários anteriores.
Gabarito "B".

**(Cartório/SP – V – VUNESP)** Na falta de prazo estipulado em lei, ou em ato do poder público, a autorização dada pelo Poder Executivo para o funcionamento de sociedade que dela dependa, será considerada

(A) caduca, se a sociedade não entrar em funcionamento, nem iniciar suas atividades, nos 12 meses seguintes à respectiva publicação na imprensa oficial e não poderá ser revalidada, devendo a interessada cumprir novamente todos os requisitos necessários para obter a concessão de nova autorização governamental para funcionar.
(B) caduca, se a sociedade não entrar em funcionamento nos 06 meses seguintes à respectiva publicação na imprensa oficial, mas poderá ser revalidada por igual período, dispensada a interessada do cumprimento das exigências à concessão de uma nova autorização.
(C) concedida para utilização por prazo indeterminado.
(D) prescrita dentro do prazo de 05 anos, contado da publicação na imprensa oficial, sem possibilidade da sua revalidação.

No caso de sociedade que dependa de autorização do Poder Executivo para funcionar, não havendo prazo estipulado em lei ou em ato do poder público, será considerada caduca a autorização se a sociedade não entrar em funcionamento nos 12 meses seguintes à respectiva publicação – art. 1.124 do CC. Por essa razão, a alternativa "A" é a correta.
Gabarito "A".

**(Cartório/SP – VI – VUNESP)** Segundo a jurisprudência e a doutrina atualmente dominantes, em sociedade limitada constituída por vários sócios, na pretensão de retirada de um deles, mediante ação de dissolução parcial, para apuração de seus haveres,

(A) os demais sócios são partes ilegítimas para figurarem no polo passivo da demanda, devendo esta voltar-se somente contra a pessoa jurídica.
(B) a pessoa jurídica é parte ilegítima para figurar no polo passivo, pois a pretensão de retirada, enquanto envolve modificação do contrato social, só pode ser atendida pelos sócios remanescentes.
(C) somente deverão figurar no polo passivo da demanda a pessoa jurídica e os sócios que tiverem divergido da alteração contratual para a retirada do sócio dissidente e apuração de seus haveres para pagamento, na forma disposta no contrato social.
(D) todos os sócios remanescentes, indistintamente, e mais a pessoa jurídica, deverão figurar no polo passivo da ação, pois, conquanto a alteração contratual só pudesse ser atendida pelos primeiros, o certo é que, julgada procedente a ação, o patrimônio da sociedade é que arcará com o pagamento do que for devido ao que se retira.

A assertiva em "D" reflete o entendimento dominante. Importante lembrar que, nas sociedades por prazo indeterminado, o sócio pode retirar-se a qualquer momento, conforme o art. 1.029 do CC.
Gabarito "D".

**(Cartório/SP – VII – VUNESP)** A sociedade entre cônjuges é

(A) válida em qualquer regime de bens, ressalvada aos terceiros a possibilidade de demonstrar a simulação do ato.
(B) juridicamente impossível.
(C) válida se o regime de bens for comunhão universal.
(D) válida se o regime de casamento for comunhão parcial.

D: correta. Faculta-se aos cônjuges contratar sociedade, entre si ou com terceiros, desde que não tenham casado no regime da comunhão universal de bens, ou no da separação obrigatória – art. 977 do CC. Por essa razão, a alternativa "D" é a única correta.
Gabarito "D".

**(Cartório/SP – VII – VUNESP)** Em relação às sociedades em nome coletivo disciplinadas no Código Civil, assinale a alternativa correta.

(A) O credor do sócio poderá requerer a liquidação da quota do devedor, independente da dissolução da sociedade.
(B) A responsabilidade é sempre limitada à participação de cada sócio no capital social.
(C) Somente as pessoas jurídicas podem tomar parte do quadro societário.
(D) Sem prejuízo da responsabilidade perante terceiros, podem os sócios, no ato da constituição da sociedade ou em momento posterior, limitar entre si a responsabilidade de cada um.

A: incorreta, pois, nos termos do art. 1.043 do CC, o credor particular de sócio não pode, antes de dissolver-se a sociedade, pretender a liquidação da quota do devedor; B: incorreta, pois a responsabilidade dos sócios pelas obrigações da sociedade em nome coletivo é solidária e ilimitada – art. 1.039 do CC; C: incorreta, pois somente pessoas físicas podem tomar parte na sociedade em nome coletivo – art. 1.039 do CC; D: correta, pois há possibilidade de os sócios limitarem entre si a responsabilidade de cada um, no ato constitutivo ou por convenção unânime posterior, sem prejuízo da responsabilidade perante terceiros – art. 1.039, parágrafo único, do CC.
Gabarito "D".

## 6. SOCIEDADES ANÔNIMAS

**(Cartório/SP – 2012 – VUNESP)** De acordo com a Lei das Sociedades por Ações, a escritura de emissão de debêntures, sem garantia real, deve ser inscrita no:

(A) Registro civil de pessoa jurídica.
(B) Registro de imóveis.
(C) Registro de títulos e documentos.
(D) Registro do comércio.

Nos termos do art. 62, II, da Lei das Sociedades por Ações – LSA (Lei 6.404/1976), a escritura de emissão de debêntures deve ser inscrita no registro do comércio. Por essa razão, a alternativa "D" é a correta.
„Gabarito "D".

**(Cartório/MG – 2012 – FUMARC)** Sobre **sociedades anônimas** e nos termos da Lei 6.404/1976, é **correto** o que se afirma em:

(A) A ação é indivisível em relação à companhia, sendo vedado o condomínio.
(B) Consideram-se ações em circulação no mercado todas aquelas do capital da companhia aberta.
(C) A contribuição dos subscritores ou acionistas, para a formação do capital social inicial, não poderá consistir em bens.
(D) Quando a entrada do capital social consistir em crédito, o subscritor ou acionista responderá pela solvência do devedor.

A: incorreta, pois se admite o condomínio, caso em que os direitos por ela conferidos serão exercidos pelo representante do condomínio – art. 28, parágrafo único, da LSA; B: incorreta, pois não se consideram em circulação no mercado as ações de propriedade do acionista controlador, de diretores, de conselheiros de administração e as em tesouraria – art. 4º, § 2º, da LSA; C: incorreta, pois o capital social poderá ser formado com contribuições em dinheiro ou em qualquer espécie de bens suscetíveis de avaliação em dinheiro – art. 7º da LSA; D: correta, nos termos do art. 10, parágrafo único, da LSA.
„Gabarito "D".

**(Cartório/MG – 2012 – FUMARC)** Sobre **sociedades anônimas** e nos termos da Lei 6.404/1976, **NÃO** é correto o que se afirma em:

(A) Permite-se a conversão de debêntures em ações.
(B) As companhias abertas e fechadas podem emitir partes beneficiárias.
(C) As debêntures geram para os seus titulares direito de crédito contra a companhia.
(D) As partes beneficiárias conferirão aos seus titulares direito de crédito eventual contra a companhia, consistente na participação nos lucros anuais.

A: correta, pois a debênture poderá ser conversível em ações nas condições constantes da escritura de emissão – art. 57 da LSA; B: incorreta, devendo ser indicada, pois somente as companhias fechadas podem emitir partes beneficiárias – art. 47, parágrafo único, da LSA; C: correta, nos termos do art. 52 da LSA; D: correta, corresponde ao disposto no art. 46, § 1º, da LSA.
„Gabarito "B".

**(Cartório/MG – 2012 – FUMARC)** Sobre **sociedades anônimas** e nos termos da Lei 6.404/1976, **NÃO** é correto o que se afirma em:

(A) O resgate consiste no pagamento do valor das ações; para retirá-las definitivamente de circulação, com redução ou não do capital social, mantido o mesmo capital, será atribuído, quando for o caso, novo valor nominal às ações remanescentes.
(B) A amortização consiste na distribuição aos acionistas, a título de antecipação e sem redução do capital social, de quantias que lhes poderiam tocar em caso de liquidação da companhia, podendo ocorrer apenas de modo parcial.
(C) Somente os valores mobiliários de emissão de companhia registrada na Comissão de Valores Mobiliários podem ser negociados no mercado de valores mobiliários.
(D) O reembolso é a operação pela qual, nos casos previstos em lei, a companhia paga aos acionistas dissidentes de deliberação da assembleia geral o valor de suas ações.

A: correta, nos termos do art. 44, § 1º, da LSA; B: incorreta, devendo ser indicada, pois a amortização pode ser integral ou parcial e abranger todas as classes de ações ou só uma delas – art. 44, § 3º, da LSA; C: correta, refletindo o disposto no art. 4º, § 1º, da LSA; D: correta, nos termos do art. 45 da LSA.
„Gabarito "B".

**(Cartório/RJ – 2012)** É correto afirmar que o Conselho de Administração:

(A) É obrigatório nas sociedades de economia mista.
(B) É facultativo nas sociedades de capital autorizado.
(C) É obrigatório nas sociedades limitadas com mais de 10 (dez) sócios.
(D) Funciona como órgão de representação da sociedade anônima.
(E) Funciona como órgão de deliberação de quaisquer matérias nas sociedades anônimas.

A: correta, nos termos do art. 239 da LSA: "As companhias de economia mista terão obrigatoriamente Conselho de Administração, assegurado à minoria o direito de eleger um dos conselheiros, se maior número não lhes couber pelo processo de voto múltiplo"; B: incorreta, pois as companhias abertas e as de capital autorizado terão, obrigatoriamente, conselho de administração – art. 138, § 2º, da LSA; C: incorreta, pois não há obrigatoriedade de conselho de administração nas sociedades limitadas. O que existe é a obrigatoriedade de deliberação em assembleia, quando o número de sócios da limitada for superior a 10 – art. 1.072, § 1º, do CC; D: incorreta, pois o conselho de administração é órgão de deliberação colegiada, sendo a representação da companhia privativa dos diretores – art. 138, § 1º, da LSA; D: incorreta, pois as competências do conselho de administração nas sociedades por ações são delimitadas pelo art. 142 da LSA. A assembleia geral das sociedades por ações é que podem decidir todos os negócios relativos ao objeto da companhia e tomar as resoluções que julgar convenientes à sua defesa e desenvolvimento – art. 121 da LSA.
„Gabarito "A".

**(Cartório/AM – 2005 – FGV)** A respeito das debêntures, é correto afirmar que:

(A) conferem ao debenturista, como regra, a condição de sócio da sociedade emissora.
(B) conferem dividendos aos debenturistas.
(C) atribuem ao seu possuidor um direito de crédito contra a sociedade emitente.
(D) não podem ser emitidas com garantia real.
(E) só são passíveis de emissão pelas sociedades por pessoas.

A: incorreta, pois a debênture confere a seu titular a condição de credor da companhia, não de sócio – art. 52 da Lei das Sociedades por Ações – LSA (Lei 6.404/1976); B: imprecisa, pois a debênture poderá assegurar ao seu titular juros, fixos ou variáveis, participação no lucro da companhia e prêmio de reembolso, mas não exatamente dividendos, que são pagos aos acionistas – arts. 56 e 201 e ss. da LSA; C: correta, conforme comentário à alternativa ■A■; D: incorreta, pois a debênture poderá, conforme dispuser a escritura de emissão, ter garantia real ou garantia flutuante, não gozar de preferência ou ser subordinada aos demais credores da companhia – art. 58 da LSA; E: incorreta. A debênture é emitida pela companhia (= sociedade anônima ou por ações) – arts. 1º e 52 da LSA.

Gabarito "C".

**(Cartório/AM – 2005 – FGV)** Assinale a alternativa correta quanto à competência privativa da assembleia geral em uma sociedade anônima.

(A) Autorizar a emissão de debêntures.
(B) Fixar as atribuições dos diretores da companhia.
(C) Escolher e destituir os auditores independentes.
(D) Analisar, ao menos trimestralmente, o balancete.
(E) Fixar a orientação geral dos negócios da companhia.

A: correta. Nos termos do art. 122 da LSA, somente a autorização para emissão de debêntures, dentre as alternativas, está incluída na competência privativa da assembleia geral.

Gabarito "A".

Veja a tabela a seguir, para estudo e memorização das competências privativas da assembleia geral:

| Compete privativamente à assembleia geral – art. 122 da LSA |
| --- |
| Reformar o estatuto social; |
| Eleger ou destituir, a qualquer tempo, os administradores e fiscais da companhia, ressalvado o disposto no inc. II do art. 142 da LSA; |
| Tomar, anualmente, as contas dos administradores e deliberar sobre as demonstrações financeiras por eles apresentadas; |
| Autorizar a emissão de debêntures, ressalvado o disposto nos §§ 1º, 2º e 4º do art. 59 da LSA; |
| Suspender o exercício dos direitos do acionista (art. 120 da LSA); |
| Deliberar sobre a avaliação de bens com que o acionista concorrer para a formação do capital social; |
| Autorizar a emissão de partes beneficiárias; |
| Deliberar sobre transformação, fusão, incorporação e cisão da companhia, sua dissolução e liquidação, eleger e destituir liquidantes e julgar-lhes as contas; |
| Autorizar os administradores a confessar falência e pedir concordata (atualmente, recuperação judicial); |
| Em caso de urgência, a confissão de falência ou o pedido de concordata (atualmente, recuperação judicial) poderá ser formulado pelos administradores, com a concordância do acionista controlador, se houver, convocando-se imediatamente a assembleia geral, para manifestar-se sobre a matéria. |

**(Cartório/AP – 2011 – VUNESP)** Nas Sociedades Anônimas, é considerado controlador aquele que

(A) faz o poder de voto de suas ações prevalecer, de maneira permanente, nas deliberações sociais e nas eleições de administradores, orientando os negócios da companhia.
(B) possui mais de 75% das ações com direito a voto.
(C) é titular de mais de 50% do capital social da companhia e tenha integralizado sua participação tempestivamente, nos termos do quanto definido no estatuto social.
(D) tem o poder de assinar contratos e celebrar negócios em nome da companhia, individualmente.
(E) o estatuto social nomeie como controlador, a partir do momento em que tiver sido assinado o termo de compromisso respectivo.

A: correta. Acionista controlador é a pessoa, natural ou jurídica, ou o grupo de pessoas vinculadas por acordo de voto, ou sob controle comum, que: (i) é titular de direitos de sócio que lhe assegurem, de modo permanente, a maioria dos votos nas deliberações da assembleia geral e o poder de eleger a maioria dos administradores da companhia; e (ii) usa efetivamente seu poder para dirigir as atividades sociais e orientar o funcionamento dos órgãos da companhia – art. 116, *a* e *b*, da LSA. Por essa razão, a alternativa "A" é a correta.

Gabarito "A".

**(Cartório/DF – 2001 – CESPE)** Determinada fundação de direito privado prestou serviços em favor da sociedade Cia. Agrícola do Planalto, que explora atividades de agricultura. Para permitir a cobrança do seu crédito, a fundação emitiu título contra a referida companhia que, não sendo pago, foi objeto de protesto.

Em face da situação hipotética acima descrita, julgue os itens a seguir.

(1) A Cia. Agrícola do Planalto só poderá ser legalmente representada por seus diretores que também sejam sócios dessa sociedade.
(2) Caso a Cia. Agrícola do Planalto decida abrir seu capital social, deverá, obrigatoriamente, adotar conselho de administração.
(3) Se a Cia. Agrícola do Planalto não pagar suas dívidas, seus administradores serão chamados a responder, subsidiariamente, até o valor do capital social a realizar.

1: incorreta, pois o estatuto ou o conselho de administração pode indicar pessoa que não seja diretor como representante da companhia. Ademais, no silêncio do estatuto e inexistindo deliberação do conselho de administração, competirá a qualquer diretor a representação da companhia e a prática dos atos necessários ao seu funcionamento regular – art. 144, *caput*, da LSA. Interessante lembrar que o diretor não precisa ser, necessariamente, acionista da sociedade – art. 146 da LSA. Finalmente, os diretores poderão constituir mandatário da companhia, nos termos e limites fixados no art. 144, parágrafo único, da LSA; 2: correta, pois as companhias abertas e as de capital autorizado terão, obrigatoriamente, conselho de administração – art. 138, § 2º, da LSA; 3: incorreta, pois não existe responsabilidade subsidiária dos administradores por simples inadimplência da companhia – art. 158 da LSA.

Gabarito 1E, 2C, 3E.

**(Cartório/DF – 2001 – CESPE)** Considerando as regras constantes na Lei 6.404/1976, que trata das sociedades por ações, julgue os itens a seguir.

(1) Se os acionistas ordinários de determinada sociedade anônima, reunidos em assembleia geral extraordinária, deliberarem, por maioria absoluta de votos, excluir de determinada classe de acionistas preferenciais certas vantagens, a eficácia dessa medida dependerá de prévia aprovação, ou ratificação, de mais da metade de referidos acionistas preferenciais.

(2) Caso venha a falecer o acionista controlador cujo nome de família figure na denominação de certa sociedade anônima, não haverá necessidade de ser alterado o nome da sociedade, ainda que não haja nenhum outro acionista, incluídos os herdeiros, com o mesmo nome de família.
(3) Se a assembleia geral de certa companhia deliberar mudar o objeto social, o acionista vencido poderá exercer o direito de retirada, a ser realizado mediante o resgate de suas ações.
(4) A sociedade anônima poderá criar conselho de administração, que, em regra, é órgão facultativo. Somente poderão ser eleitos para referido órgão aqueles que forem acionistas.
(5) Até dois terços do total das ações que compõem o capital social da sociedade anônima poderão corresponder a ações preferenciais sem direito a voto.

1: correta. Nos termos do art. 136, II, da LSA, a alteração nas preferências, vantagens e condições de resgate ou amortização de uma ou mais classes de ações preferenciais, ou criação de nova classe mais favorecida depende da aprovação de acionistas que representem metade, no mínimo, das ações com direito a voto, se maior *quorum* não for exigido pelo estatuto da companhia cujas ações não estejam admitidas à negociação em bolsa ou no mercado de balcão. Ademais, a eficácia da deliberação depende de prévia aprovação ou da ratificação, em prazo improrrogável de um ano, por titulares de mais da metade de cada classe de ações preferenciais prejudicadas, reunidos em assembleia especial convocada pelos administradores e instalada com as formalidades da LSA – art. 136, § 1º, da LSA; 2: correta, pois pode constar da denominação o nome do fundador, acionista, ou pessoa que haja concorrido para o bom êxito da formação da empresa, nos termos do art. 1.160, parágrafo único, do CC e do art. 3º, § 1º, da LSA; 3: incorreta, pois o direito de retirada se dá mediante reembolso do valor das ações – art. 137, *caput*, c/c art. 136, VI, da LSA; 4: incorreta, pois não há mais exigência de que os membros do conselho de administração sejam acionistas da companhia – art. 146 da LSA. Ademais, as companhias abertas e as de capital autorizado terão, obrigatoriamente, conselho de administração – art. 138, § 2º, da LSA; 5: incorreta, pois o número de ações preferenciais sem direito a voto, ou sujeitas a restrição no exercício desse direito, não pode ultrapassar 50% do total das ações emitidas – art. 15, § 2º, da LSA.
Gabarito 1C, 2C, 3E, 4E, 5E

**(Cartório/MS – 2009 – VUNESP)** De acordo com a Lei 6.404/1976, é correto afirmar que o acionista controlador

(A) fica subordinado às decisões superiores emanadas do conjunto de acionistas, devendo cumprir suas deliberações.
(B) deve usar o seu poder com o fim de fazer a companhia cumprir seu objetivo social e gerar lucro aos acionistas, independente do cumprimento da sua função social.
(C) deve usar seu poder para que a companhia gere lucro aos acionistas, independente do cumprimento da sua função social, mas devendo respeitar os direitos dos trabalhadores.
(D) deve usar o seu poder para que a companhia cumpra sua função social, independente da realização do seu objetivo social, o que não caracteriza desvio de função, devendo respeitar tão somente os direitos dos trabalhadores.
(E) deve usar seu poder com o fim de fazer a companhia realizar o seu objeto social e cumprir sua função social, com deveres e responsabilidades para com os demais acionistas, trabalhadores e comunidade, cujos direitos e interesses deve lealmente respeitar e atender.

A: incorreta, pois o controlador dirige as atividades sociais e orienta o funcionamento dos órgãos da companhia – art. 116, *b*, da LSA; B e C: incorretas, pois o cumprimento da função social deve ser visado pelo controlador – art. 116, parágrafo único, da LSA; D: incorreta, pois o controlador deve usar o poder com o fim de fazer a companhia realizar seu objeto social – art. 116, parágrafo único, da LSA; E: correta, pois reflete exatamente o disposto no art. 116, parágrafo único, da LSA.
Gabarito "E".

**(Cartório/MT – 2005 – CESPE)** Quanto ao instituto das sociedades anônimas, assinale a opção incorreta.

(A) As sociedades anônimas serão designadas mediante denominação, da qual poderá constar o nome de pessoa que por qualquer modo tenha concorrido para o sucesso da empresa.
(B) Nas sociedades anônimas, o capital social poderá ser constituído por contribuição pecuniária ou por bens, mediante prévia avaliação, por peritos ou empresa especializada.
(C) Às companhias brasileiras é vedada a emissão de debêntures no exterior com garantia real ou flutuante de bens situados no Brasil.
(D) O titular de ações preferenciais poderá ser privado do direito de voto em assembleia geral, desde que estabelecido no estatuto da companhia.

A: correta, nos termos do art. 1.160, parágrafo único, do CC e do art. 3º, § 1º, da LSA; B: correta, conforme os arts. 7º e 8º da LSA; C: incorreta, pois é possível a emissão de debêntures no exterior com garantia real ou flutuante de bens situados no país, desde que haja prévia aprovação pelo Banco Central do Brasil – art. 73 da LSA; D: correta, conforme o art. 17, §§ 1º e 2º, da LSA.
Gabarito "C".

**(Cartório/SC – 2008)** A respeito das sociedades anônimas, observadas as proposições abaixo, assinale a alternativa correta:

I. Para sua constituição, todas as ações em que se divide o capital social fixado no estatuto devem ser subscritas por no mínimo duas pessoas.
II. No mínimo 10% do preço de emissão das ações deve ser realizado em dinheiro, e todo o valor dessa forma realizado deve ser depositado em estabelecimento bancário autorizado.
III. A constituição pode ser por subscrição pública ou particular, exigindo-se, no primeiro caso, o prévio registro na Comissão de Valores Mobiliários.
IV. A constituição por subscrição particular somente pode ser feita mediante escritura pública, e nenhuma companhia poderá funcionar sem que sejam arquivados e publicados seus atos constitutivos no Registro Público de Empresas Mercantis.

(A) Somente as proposições I e III estão corretas.
(B) Todas as proposições estão corretas.
(C) Somente as proposições II e IV estão corretas.

(D) Somente as proposições I, II e III estão corretas.
(E) Somente as proposições III e IV estão corretas.

I: correta, conforme o art. 80, I, da LSA; II: correta, nos termos do art. 80, II e III, da LSA; III: correta, em conformidade com os arts. 82 e 88 da LSA; IV: incorreta, pois a constituição por subscrição particular pode se dar por deliberação em assembleia geral ou por escritura pública – art. 88 da LSA. IV: incorreta. Os atos constitutivos de qualquer empresa devem ser arquivados e publicados antes do início de funcionamento – art. 94 da LSA.
Gabarito "D".

**(Cartório/SC – 2008)** Considerando a Lei das Sociedades Anônimas, assinale a alternativa correta:

(A) Não compete ao registro do comércio verificar se as prescrições legais foram observadas na constituição da companhia e se no estatuto existem cláusulas contrárias à lei, à ordem pública e aos bons costumes.
(B) A sociedade anônima deverá compor nome empresarial por meio de firma.
(C) A constituição da companhia independe da subscrição das ações em que se divide o capital social fixado no estatuto.
(D) A incorporação, fusão ou cisão podem ser operadas apenas entre sociedades de tipos iguais e deverão ser deliberadas na forma prevista para a alteração dos respectivos estatutos ou contratos sociais.
(E) A transformação – operação pela qual a sociedade passa, independentemente de dissolução e liquidação, de um tipo para o outro – obedecerá aos preceitos que regulam a constituição e o registro do tipo a ser adotado pela sociedade.

A: incorreta, pois os registros devem efetuar essa verificação – art. 97 da LSA; B: incorreta, já que a sociedade anônima não poderá adotar firma, embora o nome do fundador, de acionista ou de pessoa relevante para o êxito da formação da empresa possa constar da denominação social – art. 3º da LSA; C: incorreta, pois é o oposto – a constituição depende da subscrição de todas as ações – art. 80, I, da LSA; D: incorreta, já que a incorporação, a fusão e a cisão podem se dar entre sociedades de tipos distintos – art. 223, caput, da LSA; E: correta, nos termos do art. 220 da LSA.
Gabarito "E".

**(Cartório/SE – 2006 – CESPE)** Quanto à disciplina jurídica das sociedades anônimas, julgue o item abaixo.

(1) Considere que três dos acionistas de certa sociedade anônima não tenham integralizado as ações por eles subscritas. Nesse caso, os demais acionistas são solidariamente responsáveis pelo valor das ações subscritas e não integralizadas.

1: incorreta, pois essa solidariedade, prevista com relação às cotas das sociedades limitadas (art. 1.052 do CC), não existe no caso das companhias. A sociedade anônima pode executar o crédito contra o sócio remisso (e eventuais responsáveis) ou mandar vender as ações em bolsa – art. 107 da LSA.
Gabarito 1E.

**(Cartório/SP – I – VUNESP)** Para a constituição de uma sociedade anônima são necessários, pelo menos,

(A) sete sócios.
(B) dois sócios.
(C) quatro sócios.
(D) cinco sócios.

B: correta. Para a constituição das sociedades em geral, são necessários no mínimo dois sócios, razão pela qual a alternativa "B" é a correta. Especificamente, no caso da sociedade por ações, sua constituição depende da subscrição, por pelo menos 2 pessoas, de todas as ações em que se divide o capital social fixado no estatuto – art. 80, I, da LSA. Interessante lembrar que, nos termos do art. 206, I, "d", da LSA, a companhia é dissolvida pela existência de um único acionista, verificada em assembleia geral ordinária, se o mínimo de dois não for reconstituído até à do ano seguinte, ressalvado o disposto no art. 251 da LSA (caso da subsidiária integral).
Gabarito "B".

**(Cartório/SP – V – VUNESP)** Assinale a alternativa correta.

(A) As ações preferenciais sempre conferem direitos adicionais de natureza patrimonial.
(B) Caso existam diferentes classes de ações preferenciais, elas não podem diferir quanto à prioridade no recebimento de dividendos.
(C) As ações preferenciais, caso não sejam distribuídos dividendos por três exercícios consecutivos, conferem direito de voto a seus titulares.
(D) Não é possível, em hipótese alguma, ser criada uma classe de ações preferenciais dotada de poder de veto sobre deliberações assembleares.

A: incorreta, pois, além de direitos patrimoniais, como prioridade no recebimento de dividendos e reembolsos de capital, as ações preferenciais podem conferir vantagens políticas, como a eleição, em separado, de membros dos órgãos de administração – art. 18 da LSA; B: incorreta, pois pode haver distinção quanto à prioridade no recebimento de dividendos – art. 17, § 4º, e art. 19 da LSA; C: correta, nos termos do art. 111, § 1º, da LSA; D: incorreta, pois há peculiar possibilidade de poder de veto consignada no art. 17, § 7º, da LSA.
Gabarito "C".

**(Cartório/SP – V – VUNESP)** A emissão de debêntures com garantia flutuante

(A) impede que a companhia possa alienar bens componentes de seu ativo permanente sem a aquiescência dos debenturistas.
(B) não influencia a disponibilidade de bens de titularidade da companhia emissora.
(C) confere aos debenturistas poder de veto sobre deliberações do conselho de administração e da assembleia geral da companhia emissora.
(D) impossibilita sejam emitidas outras e sequenciais séries de debêntures.

A e B: a garantia flutuante não impede a negociação dos bens que compõem o ativo da companhia – art. 58, § 1º, da LSA. Por essa razão, a alternativa "A" é incorreta e a "B" é correta; C: incorreta, pois não há previsão legal nesse sentido; D: incorreta, pois são possíveis novas emissões, sendo que as mais antigas têm prioridade em relação às mais novas – art. 58, § 3º, da LSA.
Gabarito "B".

**(Cartório/SP – V – VUNESP)** Entre as atribuições dos membros do conselho de administração de uma sociedade por ações, não se inclui(em)

(A) a representação da companhia perante terceiros.
(B) manifestar-se acerca das contas anuais apresentadas pela diretoria.
(C) eleger e destituir os diretores da companhia.
(D) fixar a orientação dos negócios da companhia.

A: correta. Nos termos do art. 142 da LSA, somente a alternativa "A" indica atribuição que não é do Conselho de Administração, pois a representação da companhia é privativa dos diretores – art. 138 da LSA.
Gabarito "A".

Veja a tabela a seguir, para estudo e memorização das competências do Conselho de Administração:

| Compete ao Conselho de Administração – art. 142 da LSA |
|---|
| Fixar a orientação geral dos negócios da companhia; |
| Eleger e destituir os diretores da companhia e fixar-lhes as atribuições, observado o que a respeito dispuser o estatuto; |
| Fiscalizar a gestão dos diretores, examinar, a qualquer tempo, os livros e papéis da companhia, solicitar informações sobre contratos celebrados ou em via de celebração, e quaisquer outros atos; |
| Convocar a assembleia geral quando julgar conveniente, ou no caso do art. 132 da LSA |
| Manifestar-se sobre o relatório da administração e as contas da diretoria; |
| Manifestar-se previamente sobre atos ou contratos, quando o estatuto assim o exigir; |
| Deliberar, quando autorizado pelo estatuto, sobre a emissão de ações ou de bônus de subscrição; |
| Autorizar, se o estatuto não dispuser em contrário, a alienação de bens do ativo não circulante, a constituição de ônus reais e a prestação de garantias a obrigações de terceiros; |
| Escolher e destituir os auditores independentes, se houver. |

## 7. CONTRATOS EMPRESARIAIS

(Cartório/SP – 2012 – VUNESP) Considere as afirmações a seguir.

I. O contrato de alienação fiduciária em garantia pode ter por objeto bem que já integrava o patrimônio do devedor.
II. A comprovação da mora é imprescindível à busca e apreensão do bem alienado fiduciariamente.
III. A notificação destinada a comprovar a mora nas dívidas garantidas por alienação fiduciária dispensa a indicação do valor do débito.
De acordo com as Súmulas do Superior Tribunal de Justiça, estão corretas:

(A) I e II, apenas.
(B) I e III, apenas.
(C) II e III, apenas.
(D) I, II e III.

I: correta, refletindo o disposto na Súmula 28 do STJ; II: correta, nos termos da Súmula 72 do STJ; III: correta, conforme a Súmula 245 do STJ.
Gabarito "D".

(Cartório/SP – 2011 – VUNESP) Segundo a jurisprudência do Superior Tribunal de Justiça, assinale a alternativa incorreta a respeito de alienação fiduciária.

(A) O contrato de alienação fiduciária em garantia pode ter por objeto bem que já integrava o patrimônio do devedor.
(B) A notificação destinada a comprovar a mora nas dívidas garantidas por alienação fiduciária deve necessariamente indicar o valor do débito.

(C) Cabe ação monitória para haver saldo remanescente oriundo de venda extrajudicial de bem alienado fiduciariamente em garantia.
(D) Na falência do devedor alienante, fica assegurado ao credor fiduciário o direito de pedir a restituição do bem alienado fiduciariamente.

A: correta, conforme a Súmula 28 do STJ; B: incorreta, devendo ser indicada, pois, nos termos da Súmula 245 do STJ, a notificação destinada a comprovar a mora nas dívidas garantidas por alienação fiduciária dispensa a indicação do valor do débito; C: correta, refletindo o disposto na Súmula 384 do STJ; D: correta, nos termos do art. 7º do DL 911/1969.
Gabarito "B".

(Cartório/RJ – 2012) É correto afirmar que, no contrato estimatório,

(A) a coisa consignada não pode ser restituída.
(B) a coisa consignada não pode ser objeto de penhora ou sequestro pelos credores do consignatário, enquanto não pago integralmente o preço.
(C) o consignante pode dispor da coisa mesmo antes de lhe ser restituída ou de lhe ser comunicada a restituição.
(D) o consignatário se exonera da obrigação de pagar o preço, se a restituição da coisa, em sua integridade, se tornar impossível.
(E) o consignante doa bens móveis ao consignatário, que tem a obrigação de vendê-los e prestar contas ao consignante.

A: incorreta, pois o consignatário pode optar por restituir ao consignante a coisa consignada, no prazo estabelecido – art. 534 do CC; B: correta, pois reflete o disposto no art. 536 do CC; C: incorreta, pois o consignante não pode dispor da coisa antes de lhe ser restituída ou de lhe ser comunicada a restituição – art. 537 do CC; D: incorreta, pois não há exoneração do consignatário nessa hipótese, ainda que a impossibilidade decorra de fato que não lhe seja imputável – art. 535 do CC; E: incorreta, pois o consignante não doa os bens, apenas entrega bens móveis ao consignatário, que fica autorizado a vendê-los – art. 534 do CC.
Gabarito "B".

(Cartório/AM – 2005 – FGV) Assinale a alternativa que defina corretamente conhecimento de depósito.

(A) É a prova do contrato de depósito mercantil.
(B) É um título de crédito que dá direito à prestação de coisa fungível.
(C) É uma ordem de pagamento sobre coisa fungível.
(D) É uma notificação sobre a guarda e entrega de coisa móvel ou imóvel.
(E) É um título de crédito cuja transmissão só se dá por endosso em preto.

A: correta. O conhecimento de depósito é título emitido pelos armazéns gerais que incorpora o direito de propriedade sobre as mercadorias depositadas, nos termos do art. 15 do Dec. 1.102/1903. O termo é também utilizado para designar a prova do depósito mercantil em geral (art. 280 do antigo Código Comercial – ver art. 627 do CC). Por essas razões, a alternativa "A" é a correta.
Gabarito "A".

**(Cartório/AM – 2005 – FGV)** Assinale a alternativa correta sobre *warrant*.

(A) Tem como primeiro endossante o depositante da mercadoria.
(B) Não pode ser objeto de protesto.
(C) Não pode ser transferida por endosso.
(D) Não tem qualquer vínculo jurídico com o conhecimento de depósito.
(E) Não se submete a protesto especial, visando ao requerimento de falência.

A: correta, pois o título é emitido pelo depositário (armazém geral) e entregue ao depositante, de modo que será ele, necessariamente, o primeiro endossante – arts. 15, *caput*, e 18 do Dec. 1.102/1903; B: incorreta, pois o portador do *warrant* que no dia do vencimento não for pago, e que não achar consignada no armazém geral a importância do seu crédito e juros, deverá interpor o respectivo protesto nos prazos e pela forma aplicáveis ao protesto das letras de câmbio no caso de não pagamento – art. 23 do Dec. 1.102/1903; C: incorreta, pois o conhecimento do depósito e o *warrant* podem ser transferidos, unidos ou separados, por endosso – art. 18 do Decreto 1.102/1903; D: incorreta, pois o conhecimento de depósito e o *warrant* são dois títulos unidos, mas separáveis à vontade, emitidos pelos armazéns gerais – art. 15 do Decreto 1.102/1903; E: incorreta, pois a impontualidade injustificada, que caracteriza a insolvência jurídica e dá ensejo ao pedido de falência, exige sempre o protesto do título para fim falimentar – arts. 94, I e § 3º, da Lei de Recuperação e Falência – LF (Lei 11.101/2005).
Gabarito "A".

**(Cartório/AP – 2011 – VUNESP)** Quanto ao resseguro é correto afirmar:

(A) Por ele, duas ou mais seguradoras dividem em quotas iguais a responsabilidade pela indenização do segurado no caso de sinistro.
(B) Há resseguro quando a SUSEP (Superintendência de Seguros Privados) determina que uma seguradora seja substituída por outra com maior capacidade financeira para assumir o risco de indenização do sinistro.
(C) Significa a renovação automática de um contrato de seguro na data de seu vencimento.
(D) Trata-se de meio de distribuição de cobertura de risco que pressupõe que uma resseguradora cubra parte da prestação da seguradora em caso de sinistro.
(E) As seguradoras brasileiras não estão obrigadas a contratar resseguro.

A: incorreta. Resseguro, na definição do art. 2º, § 1º, III, da LC 126/2007, é a operação de transferência de riscos de uma cedente para um ressegurador, ressalvada a possibilidade de retrocessão. A retrocessão, por sua vez, é a operação de transferência de riscos de resseguro de resseguradores para resseguradores ou de resseguradores para sociedades seguradoras locais (inc. IV do mesmo dispositivo); B: incorreta, conforme comentário à alternativa anterior; C: incorreta, conforme comentário à alternativa "A"; D: essa é a alternativa correta, conforme a normatização da LC 126/2007; E: incorreta, pois o resseguro é obrigatório quando o valor segurado supera a capacidade de uma seguradora.
Gabarito "D".

**(Cartório/BA – 2004 – CESPE)** Julgue o item que se segue, referente ao direito comercial brasileiro.

(1) O contrato de comissão mercantil assemelha-se ao de mandato no que se refere à responsabilidade do comissário, que deverá agir em nome do comitente, ao efetuar contratos com terceiros.
(2) Suponha que Márcio e Juliana tenham celebrado contrato de comissão mercantil. Caso venha a ser declarada judicialmente a insolvência de Márcio, as comissões devidas a Juliana gozarão de privilégio geral.
(3) Suponha a celebração de contrato de comissão mercantil em que não esteja fixada cláusula de remuneração do comissário. Nesse caso, as comissões serão arbitradas em conformidade com os usos correntes do lugar da execução contratual.

1: incorreta, pois o comissário age em seu próprio nome, ainda que à conta do comitente – art. 693 do CC; 2: correta, pois o crédito do comissário, relativo a comissões e despesas feitas, goza de privilégio geral, no caso de falência ou insolvência do comitente – art. 707 do CC; 3: correta, pois, não estipulada a remuneração devida ao comissário, será ela arbitrada segundo os usos correntes no lugar – art. 701 do CC.
Gabarito 1E, 2C, 3C

**(Cartório/BA – 2004 – CESPE)** Cada um dos itens subsequentes contém uma situação hipotética acerca de contratos empresariais, seguida de uma assertiva a ser julgada.

(1) Um comissário atuou em desconformidade com o que fora estipulado em contrato de comissão mercantil e desses atos resultaram vantagens ao comitente. Nesse caso, consideram-se justificados aqueles atos.
(2) Marcelo e Tiago celebraram contrato de comissão mercantil, com a cláusula *del credere*, sendo o primeiro o comitente e o segundo, o comissário. Após isso, Tiago, agindo como comissário, celebrou com Paula contrato de compra e venda de coisa que possuía vício oculto que a tornava imprópria para uso. Nessa hipótese, Marcelo e Tiago respondem solidariamente perante Paula.

1: correta, pois serão considerados justificados os atos do comissário, se deles houver resultado vantagem para o comitente, e ainda no caso em que, não admitindo demora a realização do negócio, o comissário agiu de acordo com os usos – art. 695, parágrafo único, do CC; 2: incorreta, pois a cláusula *del credere* é garantia para o comitente (Marcelo, no caso), não para o terceiro contratante (Paula). Pela cláusula *del credere*, o comissário (Tiago) responde solidariamente pelo pagamento ao comitente (a Marcelo) – art. 698 do CC. Interessante notar que o art. 43 da Lei 4.886/1965 veda expressamente a cláusula *del credere* nos contratos de representação comercial.
Gabarito 1C, 2E

**(Cartório/DF – 2006 – CESPE)** Acerca de contratos comerciais e títulos de crédito, julgue os itens a seguir.

(1) O contrato de franquia, que deve ser, sempre, escrito e assinado na presença de duas testemunhas, tem validade independentemente de ser levado a registro; no entanto, para que produza efeitos perante terceiros, deve ser registrado no Instituto Nacional da Propriedade Industrial (INPI).

(2) De acordo com o atual entendimento sumulado do STJ, a cobrança antecipada do valor residual garantido (VRG) não descaracteriza o contrato de arrendamento mercantil.

1: incorreta na parte final, pois não há previsão de registro do contrato de franquia no INPI – art. 6º da Lei 8.955/1994; 2: correta, nos termos da Súmula 293 do STJ: "A cobrança antecipada do valor residual garantido (VRG) não descaracteriza o contrato de arrendamento mercantil."
Gabarito 1E, 2C

**(Cartório/SC – 2008)** A respeito dos contratos mercantis, observadas as proposições abaixo, assinale a alternativa correta:

I. A compra e venda mercantil é aquela realizada entre dois empresários, tendo por objeto uma mercadoria e por finalidade a sua circulação.
II. Na comissão mercantil, uma das partes (comissário) se obriga a praticar atos por conta e em nome da outra (comitente).
III. No mútuo bancário, o limite máximo da taxa de juros é aquela prevista pelo Código Civil de 2002.
IV. No seguro empresarial, o segurado é invariavelmente empresário e a garantia pretendida com o contrato recai sobre um insumo para a empresa.

(A) Somente as proposições I e IV estão corretas.
(B) Somente as proposições II e IV estão corretas.
(C) Somente as proposições I e III estão corretas.
(D) Somente as proposições II e III estão corretas.
(E) Somente as proposições I, II e IV estão corretas.

I: correta, pois a assertiva descreve adequadamente o contrato de compra e venda mercantil; II: incorreta, pois o comissário age em nome próprio, por conta de terceiro. Não há poderes para assumir obrigações em nome do comitente (ou seria mandato) – art. 693 do CC; III: incorreta, já que o mútuo bancário não se submete ao limite de juros da Lei de Usura (Dec. 22.626/1933), ao índice previsto no art. 406 do CC, nem se submetia à antiga limitação constitucional de juros reais a 12% ao ano (o § 3º do art. 192 da CF foi revogado pela EC 40/2003); IV: correta, já que a garantia pode recair sobre um insumo, mas também sobre outros bens da empresa.
Gabarito "A".

**(Cartório/SE – 2006 – CESPE)** José firmou contrato de cartão de crédito com certa administradora. Ao tentar efetuar a compra de um veículo automotor, em valor bem inferior ao crédito concedido, a concessionária, credenciada perante a administradora do cartão de crédito, se recusou a levar a efeito a venda. Tendo como motivação inicial a situação hipotética acima descrita, julgue os itens subsequentes, acerca da disciplina normativa do contrato de cartão de crédito.

(1) Mesmo credenciada pela administradora do cartão de crédito, a concessionária pode se recusar a vender o veículo automotor, não tendo qualquer responsabilidade perante José.
(2) Por ser considerada uma instituição financeira, a administradora do cartão de crédito deve conservar sigilo em suas operações e serviços.

1: correta, pois o contrato entre a administradora de cartão de crédito e a empresa (concessionária) normalmente não impõe o dever de vender qualquer bem por esse meio de pagamento. Ainda que houvesse previsão contratual nesse sentido entre a empresa e a administradora de cartão, ninguém é legalmente obrigado a aceitar qualquer meio de pagamento que não seja moeda corrente (muito menos financiar a compra, o que acontece na venda por cartão de crédito, já que a concessionária receberia o pagamento apenas 30 dias depois, aproximadamente). Caso houvesse previsão contratual, a recusa poderia implicar, apenas, sanção contratual da operadora contra a empresa. 2: correta, pois a administradora de cartão de crédito é equiparada a instituição financeira para fins de submissão às normas de sigilo bancário – art. 1º, § 1º, VI, da LC 105/2001.
Gabarito 1C, 2C

**(Cartório/SP – I – VUNESP)** O arrendamento mercantil diferencia-se da compra e venda com reserva de domínio porque

(A) o arrendatário tem a posse direta e indireta do bem, enquanto o comprador tem a posse direta, indireta e a propriedade do bem, sujeita à condição resolutiva, consistente no inadimplemento das prestações de pagamento do preço.
(B) o arrendatário paga contraprestações com natureza de aluguel, havendo valor residual para aquisição da propriedade, enquanto o comprador, sob condição suspensiva, paga prestações de amortização do preço.
(C) o arrendatário adquire a propriedade ao término do pagamento das contraprestações, que amortizam o preço, enquanto o comprador a adquire no ato da compra, sob condição resolutiva, consistente no inadimplemento das prestações de pagamento do preço.
(D) o arrendatário paga contraprestações de amortização do preço da coisa, enquanto o comprador paga prestações pelo uso da coisa durante a pendência de condição resolutiva.

O arrendamento mercantil ou *leasing* é contrato em que o arrendatário paga prestações pelo uso de um bem por determinado período (como no aluguel) e, ao final, tem a opção de adquirir a propriedade, mediante pagamento do valor residual, ou devolvê-lo ao arrendatário. Durante o arrendamento, o arrendador (proprietário) permanece com a posse indireta, enquanto o arrendatário tem a posse direta do bem. No contrato de compra e venda, o vendedor se obriga a transferir o domínio da coisa e o comprador assume o dever de pagar o preço (é contrato consensual). Não é o contrato de compra e venda, a rigor, que transfere a propriedade da coisa, mas sim a tradição ou o registro imobiliário (no caso de bens móveis e imóveis, respectivamente). A: incorreta, pois o arrendatário tem somente a posse direta da coisa. O contrato de compra e venda impõe ao vendedor a obrigação de transferir o domínio da coisa, e ao comprador o dever de pagar o preço (contrato consensual), mas não transmite, por si só, a propriedade – art. 481 do CC; B: correta. Essa é a melhor alternativa, especialmente pela incontroversa definição de arrendamento mercantil, embora seja discutível a existência de condição suspensiva no caso de compra e venda com parcelamento do preço; C: incorreta, pois a aquisição do domínio, no arrendamento mercantil, é uma opção do arrendatário, ao final do contrato, mediante pagamento do valor residual; D: incorreta, pois o arrendatário paga pelo uso da coisa durante o contrato, enquanto o comprador paga o preço pela transmissão do domínio.
Gabarito "B".

**(Cartório/SP – I – VUNESP)** Na alienação fiduciária, o devedor fiduciário

(A) aliena bem ao credor, mantendo a posse direta, transferindo a indireta e o domínio resolúvel.
(B) aliena bem ao credor, mantendo a posse indireta, transferindo a direta e o domínio resolúvel.
(C) adquire bem do credor, mantendo a posse direta, transferindo a indireta e o domínio resolúvel.
(D) adquire bem do credor, mantendo a posse indireta, transferindo a direta e o domínio resolúvel.

A: correta. Na alienação fiduciária, o devedor transfere ao credor a propriedade resolúvel da coisa dada em garantia. O devedor permanece com a posse de direta, mas o credor, além da propriedade resolúvel, passa a ter a posse indireta do bem. Com o adimplemento da obrigação garantida, a propriedade se resolve em relação ao credor e volta para o devedor, que consolida as posses direta e indireta – art. 1.361 do CC. Por essas razões, a alternativa "A" é a correta.
Gabarito "A".

**(Cartório/SP – III – VUNESP)** No contrato de franquia, os documentos básicos que devem, previamente a qualquer vinculação, ser apresentados pelo franqueador ao franqueado são:

(A) projeção da receita líquida e do prazo provável para o retorno do investimento.
(B) o estudo de viabilidade econômica e o prospecto, elaborados pelo franqueador.
(C) a circular de oferta de franquia, o modelo do contrato-padrão e, se for o caso, o modelo do pré-contrato-padrão.
(D) certidões das pendências judiciais envolvendo o franqueador e suas controladoras, questionando o sistema de franquia, ou as que possam diretamente impossibilitar o funcionamento da franquia.

C: correta. Sempre que o franqueador tiver interesse na implantação de sistema de franquia empresarial, deverá fornecer ao interessado em tornar-se franqueado uma circular de oferta de franquia, por escrito e em linguagem clara e acessível, contendo obrigatoriamente, dentre outras informações essenciais, modelo do contrato-padrão e, se for o caso, também do pré-contrato-padrão de franquia adotado pelo franqueador, com texto completo, inclusive dos respectivos anexos e prazo de validade – art. 3º, XV, da Lei 8.955/1994. O dispositivo legal não prevê os documentos listados nas alternativas "A", "B" e "D", de modo que "C" é a única correta.
Gabarito "C".

**(Cartório/SP – V – VUNESP)** Considerado o contrato de comissão, assinale a alternativa correta.

(A) São conferidos, ao comissário, poderes para representar o comitente, obrigando-o perante terceiros.
(B) O comissário responde, diretamente, perante terceiros, pelas obrigações assumidas no interesse do comitente.
(C) O comissário só responde, diretamente, perante terceiros, pelas obrigações assumidas no interesse do comitente, na hipótese de falência deste último.
(D) O comissário responde sempre pela insolvência das pessoas com que tratar.

A: incorreta, pois o comissário age em nome próprio, por conta de terceiro. Não há poderes para assumir obrigações em nome do comitente (ou seria mandato) – art. 693 do CC; B e C: o comissário responde pessoalmente perante terceiros pelas obrigações assumidas por conta do comitente – art. 694 do CC, de modo que a alternativa "B" é a correta, e a "C" é incorreta; D: incorreta, pois o comissário não responde pela insolvência das pessoas com quem contrata, salvo culpa ou cláusula del credere (hipótese em que responde solidariamente) – arts. 697 e 698 do CC.
Gabarito "B".

**(Cartório/SP – V – VUNESP)** Dentre as operações bancárias, encontram-se os chamados contratos de garantia de boa execução à primeira solicitação ou *performance bond*, que se caracterizam por serem uma

(A) operação bancária ativa, pela qual terceiros garantem, à simples solicitação do banco, o cumprimento das obrigações do garantido inadimplente.
(B) operação bancária passiva, pela qual o banco obriga-se, perante um seu cliente, ordenante, a pagar a terceiro, caso este último apresente-lhe documentos comprobatórios do cumprimento das obrigações contraídas junto ao cliente, o valor do seu crédito, mediante a simples exibição destes.
(C) operação bancária passiva, pela qual o banco assume por uma empreiteira, perante o contratante de uma obra, a obrigação de pagar, até certo valor, a quantia que o titular da garantia lhe solicitar, por indenização em decorrência do atraso ou da defeituosa realização dos serviços pelo garantido.
(D) operação de garantia fidejussória ativa, pela qual o banco aceita fiança pessoal dos sócios da sociedade empresária, em garantia de descontos de títulos, com a cláusula de pronta reposição dos valores daqueles que não forem pagos pelos sacados exatamente dentro dos seus vencimentos.

C: correta. *Performance bond* refere-se à outorga onerosa de garantia por instituição financeira, exemplificada adequadamente pela assertiva "C".
Gabarito "C".

**(Cartório/SP – V – VUNESP)** Nos contratos de seguro, distinguem-se duas espécies, os seguros de dano, e os seguros de pessoas. Em relação aos seguros de dano, é correto afirmar que

(A) na hipótese de sinistro, a prestação devida pela seguradora tem natureza indenizatória, e a liquidação do seguro não pode, em nenhuma hipótese, importar enriquecimento ao segurado.
(B) contratado o seguro de certo bem com cobertura limitada a determinada quantia expressamente referida na apólice, verificado o sinistro, a seguradora é obrigada a pagar tal importância, ainda que, à época, o valor de mercado do bem segurado seja sensivelmente inferior ao valor contratado, aplicando-se o princípio *pacta sunt servanda*.
(C) é lícito ao segurado contratar sobresseguro, referente ao mesmo interesse, por valor integral.

**(D)** na hipótese conhecida como infrasseguro, isto é, quando o interesse for segurado por importância inferior ao seu real valor, nisso aquiescendo a seguradora, esta responde, ocorrendo o sinistro, pelo pagamento da indenização pelo valor real.

A: correta. No seguro de dano, a garantia prometida não pode ultrapassar o valor do interesse segurado no momento do contrato, e a indenização não pode ultrapassar o valor do interesse segurado no momento do sinistro – arts. 778 e 781 do CC, razão pela qual a alternativa "A" é a correta, e a B: incorreta; C: incorreta, pois a somatória das garantias contratadas contra o mesmo risco não pode ultrapassar o valor do interesse segurado – art. 782 do CC; D: incorreta, já que, na hipótese, o pagamento será limitado ao valor da garantia e, em caso de sinistro parcial, o pagamento será reduzido proporcionalmente – arts. 781 e 783 do CC.
Gabarito "A".

**(Cartório/SP – V – VUNESP)** No contrato de fretamento, o instrumento contratual correspondente é chamado de

(A) carta partida.
(B) conhecimento de frete.
(C) conhecimento de carga.
(D) mandato mercantil.

A: correta. O instrumento contratual do fretamento é a carta partida ou carta de fretamento. Quando o responsável pelo transporte (capitão, no Código Comercial) recebe a carga, emite o conhecimento – art. 566 do Código Comercial. Por essa razão, a alternativa "A" é a correta.
Gabarito "A".

**(Cartório/SP – VI – VUNESP)** No contrato de fretamento, o instrumento contratual correspondente é chamado de

(A) conhecimento de carga.
(B) conhecimento de frete.
(C) carta partida.
(D) mandato mercantil.

C: correta. O instrumento contratual do fretamento é a carta partida ou carta de fretamento. Quando o responsável pelo transporte (capitão, no Código Comercial) recebe a carga, emite o conhecimento – art. 566 do Código Comercial. Por essa razão, a alternativa "C" é a correta.
Gabarito "C".

**(Cartório/SP – VI – VUNESP)** O contrato pelo qual um banco paga ao distribuído (fornecedor) o preço à vista das mercadorias vendidas ao distribuidor (colaborador, concessionário) e cobra deste a prazo com os acréscimos remuneratórios do capital, em operação com que o fornecedor, que a garante, visa facilitar a atuação do seu colaborador na criação ou na consolidação de mercado dos seus produtos, denomina-se contrato de

(A) mútuo bancário.
(B) crédito documentário.
(C) fomento mercantil.
(D) vendor.

D: correta. A assertiva refere-se ao contrato de vendor, espécie de contrato de empréstimo bancário rotativo – ver REsp 439.511/PB, razão pela qual a alternativa "D" é a correta.
Gabarito "D".

**(Cartório/SP – VI – VUNESP)** O seguro empresarial é um contrato de adesão, comutativo e consensual, no qual o prêmio tecnicamente representa

(A) o valor a ser pago pela segurada à seguradora, para garantia do seu interesse contra riscos determinados.
(B) o valor da indenização paga pela seguradora à segurada em caso de sinistro.
(C) o valor do desconto na renovação do contrato de seguro em que não houve sinistro.
(D) a dispensa do pagamento da franquia em caso de sinistro.

A: correta. O termo "prêmio" refere-se ao valor que o segurado paga ao segurador, nos termos da assertiva "A", que reflete o disposto no art. 757 do CC.
Gabarito "A".

# 8. TÍTULOS DE CRÉDITO

## 8.1. TEORIA E NORMAS GERAIS

**(Cartório/RN – 2012 – IESIS)** Quanto aos títulos de crédito, é correto afirmar, **EXCETO**, que:

(A) O que não se encontra expressamente consignado no título de crédito não interfere na relação jurídico-cambial.
(B) Duas obrigações que estejam representadas pelo mesmo título de crédito continuam autônomas entre si.
(C) Em regra, o credor de um título de crédito que quiser exercer seu direito quanto ao título deverá ter a posse da cártula.
(D) O título de crédito é a própria obrigação pecuniária.

A: correta, referindo-se ao princípio da literalidade; B: correta, conforme o princípio da autonomia; C: correta, conforme o princípio da cartularidade; D: incorreta, devendo ser indicada, pois o título de crédito é apenas o documento necessário ao exercício do direito literal e autônomo nele contido, não se confundindo com ele – art. 887 do CC.
Gabarito "D".

**(Cartório/SC – 2012)** São títulos de crédito:

(A) Aval, letra de câmbio, cheque e duplicata.
(B) Letra de câmbio, nota promissória, cheque e duplicata.
(C) Letra de câmbio, nota promissória, cheque e endosso.
(D) Nota promissória, cheque, protesto e duplicata.
(E) Nota promissória, cheque, letra de câmbio e fiança.

A: incorreta, pois aval é garantia dada em relação ao pagamento do título de crédito – art. 897 do CC; B: correta, pois indica apenas espécies de títulos de crédito; C: incorreta, pois endosso é meio pelo qual se transfere o título, o que se completa com sua tradição – art. 910, § 2º, do CC; D: incorreta, pois protesto é meio pelo qual se comprova a mora em relação a algum ato cambiário, interrompendo a prescrição – art. 202, III, do CC, entre outros; E: incorreta, pois fiança é contrato de garantia pessoal, não se confundindo com título de crédito – art. 818 do CC.
Gabarito "B".

**(Cartório/AM – 2005 – FGV)** Assinale a alternativa correta.

(A) Não é possível a responsabilidade solidária entre o avalista e o avalizado no cumprimento de uma obrigação cambiária.
(B) Se casado o avalista, só é possível o aval com a outorga uxória.
(C) O aval e a fiança, na realidade, são o mesmo instituto, só que aplicados a títulos diversos.
(D) O avalista é solidariamente responsável ao avalizado pelo pagamento da obrigação cambiária.
(E) O aval é o instrumento hábil para fazer circular apenas a letra de câmbio.

A: incorreta, pois o avalista equipara-se àquele cujo nome indicar, ou seja, responde solidariamente com ele pela obrigação cambiária, sem prejuízo da ação de regresso – arts. 897 e 899 do CC; B: incorreta. O art. 1.647, III, do CC exige a outorga conjugal para a prestação de fiança ou aval, exceto no regime de separação absoluta de bens – no entanto, entende-se que a ausência de autorização não invalida o aval, apenas impede que seja oposto ao cônjuge que não assentiu; C: incorreta, pois o aval é garantia cambiária e autônoma, dada no próprio título de crédito (art. 897 do CC), enquanto a fiança é garantia acessória à obrigação de qualquer espécie e que, diferentemente do aval, admite benefício de ordem (arts. 818 e 827 do CC), cada um deles submetidos a regimes próprios e com características essencialmente distintas.
Gabarito "D".

**(Cartório/ES – 2007 – FCC)** Com relação às disposições gerais previstas no Código Civil a respeito dos títulos de crédito é certo que

(A) o credor é obrigado a receber o pagamento antes do vencimento do título, e aquele que o paga, antes do vencimento, fica responsável pela validade do pagamento.
(B) a omissão de qualquer requisito legal, que tire ao escrito a sua validade como título de crédito, implica a invalidade do negócio jurídico que lhe deu origem.
(C) aquele que, sem ter poderes, lança a sua assinatura em título de crédito, como mandatário, fica pessoalmente obrigado, mas, pagando o título, não terá os mesmos direitos que teria o suposto mandante.
(D) é vedado expressamente o preenchimento do título de crédito incompleto ao tempo da emissão, inclusive se preenchido em conformidade com os ajustes realizados.
(E) o pagamento de título de crédito, que contenha obrigação de pagar soma determinada, pode ser garantido por aval, sendo vedado o aval parcial.

A: incorreta, pois o credor não é obrigado a receber o pagamento antes do vencimento do título embora, de fato, e aquele que o paga, antes do vencimento, fique responsável pela validade do pagamento – art. 902 do CC; B: incorreta, pois a omissão de qualquer requisito legal, que tire ao escrito a sua validade como título de crédito, não implica a invalidade do negócio jurídico que lhe deu origem – art. 888 do CC; C: incorreta, pois, caso pague o título, ele terá os mesmos direitos que teria o suposto mandante ou mandatário – art. 892, *in fine*, do CC; D: incorreta, pois o título de crédito, incompleto ao tempo da emissão, deve ser preenchido de conformidade com os ajustes realizados – art. 891 do CC; E: correta, pois reflete o disposto no art. 897 do CC. Importante lembrar que a regra do Código Civil não subsiste se houver norma específica (art. 903 do CC), como é o caso da letra de câmbio, da promissória e do cheque, cuja legislação admite aval parcial (arts. 30 e 77 da Lei Uniforme – Dec. 57.663/1996 – e art. 29 da Lei 7.357/1985 – Lei do Cheque).
Gabarito "E".

**(Cartório/PR – 2007)** Segundo o direito brasileiro, título de crédito pode ser conceituado como "o documento escrito cuja apresentação física é necessária para o exercício do direito literal e autônomo, de pagamento de quantia em dinheiro, nele mencionado". Sobre o assunto assinale a alternativa INCORRETA:

(A) Deve o título de crédito conter a data da emissão, a indicação precisa dos direitos que confere e a assinatura do emitente.
(B) São caracteres típicos dos títulos de crédito a incorporação, a literalidade e a autonomia.
(C) A omissão de qualquer requisito legal, que tire ao escrito a sua validade como título de crédito, implica a invalidade do negócio jurídico que lhe deu origem.
(D) Aquele que, sem ter poderes lança a sua assinatura em título de crédito como mandatário ou representante de outrem, fica pessoalmente obrigado, e, pagando o título, tem ele os mesmos direitos que teria o suposto mandante ou representado.
(E) É vedado o aval parcial em garantia do pagamento de título de crédito que contenha obrigação de pagar soma determinada, salvo as exceções previstas em lei

A: correta, pois é o que dispõe o art. 889, *caput*, do CC; B: correta, pois cartularidade (ou incorporação), literalidade e autonomia são os elementos essenciais e princípios que regem os títulos de crédito; C: incorreta, pois a omissão de qualquer requisito legal, que tire ao escrito a sua validade como título de crédito, não implica a invalidade do negócio jurídico que lhe deu origem – art. 888 do CC; D: correta, pois reflete exatamente o disposto no art. 892 do CC; E: correta, pois reflete o disposto no art. 897 do CC. Importante lembrar que a regra do Código Civil não subsiste se houver norma específica (art. 903 do CC), como é o caso da letra de câmbio, da promissória e do cheque, cuja legislação admite aval parcial (arts. 30 e 77 da Lei Uniforme – Dec. 57.663/1996 – e art. 29 da Lei 7.357/1985 – Lei do Cheque).
Gabarito "C".

Veja a seguinte tabela, com os princípios do direito cambiário:

| Princípios do Direito Cambiário |
|---|
| **Cartularidade:** o documento (cártula) é necessário para o exercício dos direitos cambiários.<br>Caso de relativização da *cartularidade*: protesto da duplicata por indicação – art. 13, § 1º, da Lei das Duplicatas. |
| **Literalidade:** somente aquilo que está escrito no título produz efeitos jurídicos-cambiais.<br>Caso de relativização da *literalidade*: aceite informado por escrito, previsto no art. 29 da Lei Uniforme. |
| **Autonomia:** cada obrigação que deriva do título é autônoma em relação às demais – os vícios que comprometem a validade de uma relação jurídica, documentada em título de crédito, não se estendem às demais relações abrangidas no mesmo documento. | Subprincípio da **Abstração**: com a circulação, há desvinculação do título em relação ao ato ou ao negócio jurídico que deu ensejo à sua criação.<br>Caso de relativização da *abstração*: necessidade de se indicar a origem do crédito para habilitação em falência – art. 9º, II, da Lei de Falências. |
| | Subprincípio da **Inoponibilidade**: o executado não pode opor exceções pessoais a terceiro de boa-fé; |

**(Cartório/RO – III)** Entre as características principais dos títulos de crédito, NÃO se inclui:

(A) Incorporação.
(B) Personalização.
(C) Literalidade.
(D) Abstração

B: correta. A doutrina aponta cartularidade (ou incorporação), literalidade e autonomia (abrangendo a abstração e a inoponibilidade) como elementos ou características essenciais e também como princípios que regem os títulos de crédito. Por essa razão, a alternativa "B" deve ser indicada, até porque a ideia de personalização vai contra a autonomia das obrigações cambiárias.
Gabarito "B".

**(Cartório/RO – III)** É correto afirma-se que o aval prestado, num título de crédito, significa que a obrigação do avalista:

(A) Mantém-se, ainda que considerada nula por qualquer razão que não seja um vício de forma;
(B) Segue a mesma sorte da fiança comum, tornando-se insubsistente se houver nulidade da obrigação avalizada ou afiançada;
(C) Mantém-se sempre, ainda que considerada nula por qualquer razão, seja um vício de forma ou não;
(D) Só se mantém enquanto ele estiver vivo, não subsistindo para os seus herdeiros nem para o cônjuge sobrevivente.

A: correta, pois essa autonomia da obrigação cambiária decorrente do aval é prevista expressamente no art. 899, § 2º, do CC; B: incorreta, pois o aval é garantia cambiária autônoma, que não se confunde com a fiança, esta sim garantia acessória em relação a uma obrigação principal e que, diferentemente do aval, admite benefício de ordem (arts. 818 e 827 do CC); C: incorreta, pois o vício de forma que implique nulidade da obrigação cambiária afasta excepcionalmente a responsabilidade do avalista – art. 899, § 2º, do CC; D: incorreta, pois o aval não é obrigação de caráter personalíssimo, de modo que os herdeiros respondem por ele, até o limite dos bens herdados – ver REsp 260.004/SP-STJ.
Gabarito "A".

**(Cartório/RO – III)** Em relação ao endosso-mandato, é correto afirmar que:

(A) Morrendo o endossatário-mandatário, poderá ainda assim o portador exercer todos os direitos inerentes ao título;
(B) Morrendo o endossante-mandante, poderá ainda assim o portador exercer todos os direitos inerentes ao título;
(C) Morrendo o endosatário-mandatário, o título será obrigatoriamente restituído ao inventariante, que arrolará aquele crédito no processo de inventário do *de cujus*;
(D) Morrendo o endossatário-mandatário, o título será obrigatoriamente restituído ao inventariante, que arrolará aquele crédito no processo de inventário do *de cujus*;

A: incorreta, pois a obrigação e os poderes do endossatário do endosso mandato são pessoais e desaparecem com o falecimento – art. 682, II, do CC. O art. 917, § 2º, do CC prevê excepcionalmente a manutenção do endosso-mandato apenas no caso de morte ou incapacidade superveniente do endossante (não do endossatário); B: correta, conforme comentário anterior, nos termos do art. 917, § 2º, do CC; C: incorreta, pois o título é, em princípio, do endossante, devendo ser a ele devolvido; D: incorreta. Em princípio, o endossatário é mandatário, não mandante (o endossante é o mandante), embora possa endossar novamente o título na qualidade de procurador – art. 917, § 1º, do CC. De qualquer forma, a assertiva é incorreta conforme comentários à alternativa anterior.
Gabarito "B".

**(Cartório/RO – III)** Em relação a classificação dos títulos de crédito, quanto a circulação, NÃO se inclui:

(A) Ao portador.
(B) Personalização.
(C) À ordem.
(D) Nominativos

B: correta. O Código Civil dispõe sobre os títulos (i) ao portador, (ii) à ordem e (iii) nominativos – ver arts. 904, 910 e 921 do CC. Por essa razão, a alternativa "B" deve ser indicada.
Gabarito "B".

Veja a seguinte tabela, com classificações dos títulos de crédito:

| Classificações dos Títulos de Crédito | |
|---|---|
| **Critério** | **Espécies** |
| Modelo | – vinculados<br>– livres |
| Estrutura | – ordem de pagamento<br>– promessa de pagamento |
| Hipóteses de emissão | – causais<br>– limitados<br>– não causais |
| Circulação | – ao portador<br>– nominativos à ordem<br>– nominativos não à ordem<br>(ou ao portador, à ordem e nominativos) |

**(Cartório/SP – I – VUNESP)** A obrigação do avalista, em título de crédito,

(A) depende do destino da obrigação do avalizado.
(B) não está sujeita a prescrição.
(C) é inexigível, se inexigível a obrigação principal.
(D) persiste, mesmo que nula a obrigação avalizada, por qualquer razão que não seja um vício de forma.

A: incorreta, pois o aval, como as obrigações cambiárias em geral, é autônomo, de modo que subsiste a responsabilidade do avalista, ainda que nula a obrigação daquele a quem se equipara, a menos que a nulidade decorra de vício de forma – art. 899, § 2º, do CC; B: incorreta, pois há prescrição do direito de cobrança contra o avalista, na forma das leis especiais; C: incorreta, pois a obrigação decorrente do aval é autônoma em relação à obrigação do devedor principal (afastada apenas no caso de nulidade por vício de forma); D: correta, conforme comentários anteriores, nos termos do art. 899, § 2º, do CC.
Gabarito "D".

Veja a seguinte tabela com os prazos prescricionais para cobrança de títulos de crédito, para estudo e memorização:

|  | Prazos prescricionais para letras de câmbio e promissórias – art. 70 da Lei Uniforme | Prazos prescricionais para duplicatas – art. 18 da Lei 5.474/1968 |
|---|---|---|
| Contra o devedor principal (aceitante, na letra – sacado, na duplicata) e seus avalistas | 3 anos a contar do vencimento | 3 anos a contar do vencimento |
| Contra os coobrigados – endossantes e seus avalistas (também o sacador, no caso de letra aceita) | 1 ano do protesto tempestivo ou do vencimento (se houve cláusula "sem despesas") | 1 ano do protesto tempestivo |
| Regresso dos coobrigados uns contra os outros | 6 meses do dia em que o coobrigado pagou o título ou em que ele próprio foi acionado | 1 ano da data de pagamento do título |

**(Cartório/SP – I – VUNESP)** O protesto de um título de crédito, no Direito brasileiro,

(A) serve a conservar direito regressivo e a provar apresentação do título.
(B) serve apenas a conservar direito regressivo.
(C) serve a conservar direito regressivo ou a provar a existência da obrigação subjacente ao título.
(D) serve a provar a existência da obrigação regressiva e o não pagamento do título.

A: correta. A recusa de aceite ou de pagamento deve ser comprovada pelo respectivo protesto, exceto se houver cláusula "sem despesas", "sem protesto" ou outra equivalente – arts. 44 e 46 da Lei Uniforme. Ademais, sem o protesto o titular da cártula perde o direito de cobrança contra os coobrigados e seus avalistas (permanece o direito de cobrança apenas contra o devedor principal e seus avalistas) – art. 53 e 45 da LU. Note que o termo "regresso" é utilizado comumente em dois sentidos, (i) *regresso* do portador contra endossantes e avalistas (*v.g.* art. 13, § 4°, da Lei da Duplicata – prejudicado pela falta de protesto) e (ii) *regresso* do coobrigado que paga o título e cobra o valor de outro devedor (*v.g.* art. 59, parágrafo único, da Lei do Cheque); B: incorreta, pois o protesto comprova a inadimplência e conserva o direito do portador contra os coobrigados e seus avalistas; C: incorreta, pois é desnecessária a comprovação da obrigação subjacente, nem cabe protesto para isso; D: incorreta. O protesto comprova a inadimplência e preserva direitos de cobrança, mas não serve para provar a existência das obrigações (para isso o título é suficiente).
Gabarito "A".

**(Cartório/SP – II – VUNESP)** O aval

(A) necessariamente supõe assinatura em título cambial ou cambiariforme.
(B) para ter validade pode ser firmado em título cambial ou instrumento particular referente ao negócio subjacente.
(C) para ter validade deve conter a assinatura da mulher do avalista e a expressão "por aval".
(D) depende do protesto para poder servir como título em processo de execução por quantia certa.

A: correta, pois o aval deve ser dado necessariamente no verso ou no anverso do título (atrás ou na frente – art. 898 do CC) ou em folha anexa, quando autorizado pela lei especial (art. 31 da LU, aplicável às letras de câmbio e promissórias, e art. 30 da LC, aplicável aos cheques); B: incorreta, pois, pelos princípios da cartularidade e da literalidade, o aval deve ser dado no próprio título; C: incorreta. Quando há assinatura na frente do documento (anverso), sem indicação expressa, entende-se que se trata de aval – art. 898, § 1°, do CC. Assim, somente quando a assinatura é aposta no verso do título é que se exige a indicação de que se trata de aval (ou então será considerado endosso – art. 910, § 1°, *in fine*, do CC). O art. 1.647, III, do CC exige a outorga conjugal para a prestação de fiança ou aval, exceto no regime de separação absoluta de bens – no entanto, entende-se que a ausência de autorização não invalida o aval, apenas impede que seja oposto ao cônjuge que não assentiu; D: correta, pois o protesto é requisito para comprovação da inadimplência, exceto se houver cláusula "sem despesa", "sem protesto" ou equivalente – arts. 44 e 46 da LU. Ademais, a ausência de protesto tempestivo prejudica o direito do portador contra os coobrigados e seus avalistas. Entretanto, é importante salientar que obrigação subsiste contra o devedor principal e seus avalistas mesmo no caso de protesto intempestivo.
Gabarito "D".

**(Cartório/SP – III – VUNESP)** Quando o endossante designa o endossatário, o Código Civil define tal endosso como

(A) direto.
(B) em preto.
(C) nominativo.
(D) parcial.

B: correta. Trata-se de endosso em preto, em oposição ao endosso em branco (em que o endossatário não é indicado), de modo que a alternativa "B" é a correta.
Gabarito "B".

**(Cartório/SP – III – VUNESP)** Nos termos do Código Civil, título de crédito é o documento

(A) que tem como negócio subjacente determinado contrato específico.
(B) necessário ao exercício do direito literal e autônomo nele contido.
(C) abstrato que somente produz efeito quando preenche os requisitos da lei.
(D) que não tem como causa um determinado negócio específico.

A: incorreta, pois o título de crédito é caracterizado pela autonomia (especificamente, pela abstração), ou seja, a partir do momento em que é posto em circulação, desvincula-se do ato ou do negócio jurídico que deu ensejo à sua criação – arts. 906 e 915 do CC; B: correta. Nos termos do art. 887 do CC, título de crédito é o documento necessário ao exercício do direito literal e autônomo nele contido, e somente produz efeito quando preencha os requisitos da lei; C: incorreta. O Código Civil, em seu art. 887, utiliza o termo "autônomo", de modo que a alternativa é incorreta, à luz da pergunta formulada (nos termos do Código Civil), embora a abstração seja um subprincípio da autonomia; D: incorreta, pois o título de crédito normalmente tem como causa um determinado negócio, embora desvincule-se dele a partir do momento em que é posto em circulação (após o primeiro endosso pelo beneficiário original).
Gabarito "B".

**(Cartório/SP – V – VUNESP)** Assinale a alternativa incorreta.

(A) O endosso-penhor confere, ao endossatário, direito real de garantia sobre o próprio título endossado.
(B) O endosso-mandato permite, ao endossatário, realizar um novo endosso, desde que ostente a mesma natureza do antecedente.
(C) O endosso parcial não é vedado.
(D) O endossante pode, mediante cláusula especial, limitar sua responsabilidade pela solvência do título.

A: correta, nos termos do art. 918 do CC; B: correta, pois o endossatário de endosso-mandato somente pode lançar novo endosso mandato com os mesmos poderes que recebeu – art. 917, § 1º, do CC; C: incorreta, pois é vedado o endosso parcial – art. 912, parágrafo único, do CC e art. 12 da Lei Uniforme; D: correta, conforme o art. 914 do CC, observado o disposto no art. 903 do CC.
Gabarito "C".

**(Cartório/SP – V – VUNESP)** A responsabilidade decorrente de aval, sendo espécie de obrigação cambial, com a morte do avalista

(A) não se transmite aos herdeiros, por se tratar de obrigação personalíssima, autônoma e decorrente de ato de declaração unilateral de vontade, subsistindo a responsabilidade só do avalizado.
(B) transmite-se sempre aos herdeiros, vez que a morte do responsável cambiário é modalidade de transferência anômala da obrigação, que é repassada aos herdeiros mesmo que o óbito tenha ocorrido antes do vencimento do título, respondendo estes, em proporção, até os limites das forças da herança.
(C) é repassada aos herdeiros legais só se a morte tiver ocorrido após o vencimento do título, porque antes disso não há, ainda, a constituição definitiva da obrigação cambial do *de cujus*, respondendo os herdeiros, então, até os limites das forças da herança.
(D) fica extinta, porque *mors omnia solvit*, subsistente a obrigação do avalizado, pela regra da independência das assinaturas no título de crédito, não cabendo ação cambial contra a herança ou os herdeiros e sucessores do avalista, legítimos ou testamentários.

B: correta. O aval não é obrigação de caráter personalíssimo, de modo que os herdeiros respondem por ele, até o limite dos bens herdados – ver REsp 260.004/SP-STJ. A rigor, as obrigações cambiárias em geral são transferidas normalmente aos herdeiros, segundo as regras do Direito das Sucessões – arts. 1.792 e 1.821 do CC. Por essas razões, a alternativa "B" é a correta.
Gabarito "B".

**(Cartório/SP – V – VUNESP)** Tem-se, em Direito Cambiário, por endosso póstumo, aquele que é lançado no título, pelo portador legitimado,

(A) após a morte do emitente ou do sacador, equivalendo a uma cessão civil.
(B) após a morte do sacado, não sendo translativo da propriedade do título de crédito, dando ao endossatário apenas poderes de mero detentor precário.
(C) sem a cláusula à ordem, suprimindo o direito do endossatário de transferi-lo mediante novo endosso.
(D) como espécie de endosso-cessão, que se realiza após o vencimento ou protesto do título de crédito, tendo efeito de uma simples cessão civil.

D: correta. O endosso póstumo ou tardio, lançado no título após o vencimento, tem os efeitos do endosso anterior – art. 920 do CC. No caso das letras de câmbio e das promissórias, se o endosso for posterior ao protesto por falta de pagamento, ou após o prazo para protesto, tem os efeitos de cessão ordinária de crédito – art. 20 da LU. Por essa razão, a alternativa "D" é melhor.
Gabarito "D".

**(Cartório/SP – VI – VUNESP)** Na sua classificação quanto ao modelo, os títulos de crédito dividem-se em:

(A) causais, limitados e abstratos.
(B) ao portador, nominativos à ordem e nominativos não à ordem.
(C) vinculados e livres.
(D) ordem de pagamento a vista, promessa de pagamento e ordem de pagamento a prazo.

C: correta. Os títulos de crédito são classificados: (i) quanto ao **modelo** em *vinculados e livres*; (ii) quanto à **estrutura** em *ordem de pagamento* e *promessa de pagamento*, (iii) quanto às **hipóteses de emissão** em *causais, limitados* e *não causais*; e (iv) quanto à **circulação** em *ao portador, nominativos à ordem* e *nominativos não à ordem* (ou *ao portador, à ordem* e *nominativos*). Por essa razão, a alternativa "C" é a correta.
Gabarito "C".

## 8.2. LETRA DE CÂMBIO

**(Cartório/DF – 2001 – CESPE)** O Banco X, com base em letra de câmbio, propôs ação executiva contra João da Silva, avalista do título, contra a sociedade J. Silva e Cia. Ltda., subscritora do título, e contra a Cia. Papelaria do Planalto, sociedade contra quem a letra foi emitida. Todos os executados opuseram embargos à execução. João da Silva, em seus embargos, argumentou que a ação contra ele somente poderia ser proposta após esgotados os meios para a cobrança da dívida ao seu avalizado. Argumentou, ainda, que a ação contra ele somente poderia ser proposta se tivesse o título sido protestado, o que não ocorreu. A sociedade J. Silva e Cia. Ltda. argumentou, em seus embargos, que a falta de protesto impediria a sua execução. A Cia. Papelaria do Planalto, a seu turno, argumentou em seus embargos que não possuía qualquer responsabilidade pelo pagamento da letra, haja vista não constar no título qualquer declaração sua que pudesse ser entendida como aceite cambial.

Em face dessa situação hipotética, julgue os itens que se seguem.

(1) Não assiste razão a João da Silva quando argumenta que somente poderia ser proposta ação contra ele após esgotados os meios para recebimento do crédito junto ao avalizado.
(2) Tendo sido em branco o aval prestado por João da Silva, presume-se que ele seja avalista do sacado.

(3) Se, na letra de câmbio, emitida pelo sacador, faltasse requisito essencial, esse vício poderia ser arguido pelo avalista.
(4) A ação cambiária contra J. Silva e Cia. Ltda. independe de protesto cambial, haja vista ser ele o devedor principal do título.
(5) São procedentes os argumentos apresentados pela Cia. Papelaria do Planalto, haja vista o sacado em letra de câmbio não poder ser executado se a letra de câmbio não tiver sido aceita.

1: correta, pois não há benefício de ordem em favor do avalista, que responde da mesma maneira que a pessoa por ele garantida – art. 32 da Lei Uniforme – LU (Decreto 57.663/1966); 2: incorreta, pois, na falta da indicação da pessoa, considera-se que o aval foi dado em relação ao sacador (= emitente do título) – art. 31 da LU; 3: correta, pois o vício de forma (e somente ele) pode ser arguido pelo avalista – art. 32 da LU; 4: incorreta, pois a recusa de aceite ou de pagamento deve ser comprovada pelo respectivo protesto, exceto se houver cláusula "sem despesas", "sem protesto" ou outra equivalente – arts. 44 e 46 da LU; 5: correta, pois o sacado não faz parte da relação cambiária antes de apor seu aceite na cártula – art. 43 da LU.
Gabarito 1C, 2E, 3C, 4E, 5C.

**(Cartório/SP – V – VUNESP)** Numa letra de câmbio, o sacador

(A) pode, mediante cláusula específica, limitar sua responsabilidade pelo pagamento.
(B) não pode limitar sua responsabilidade pelo aceite ou pelo pagamento.
(C) pode, mediante cláusula específica, limitar sua responsabilidade pelo aceite.
(D) nenhuma das alternativas anteriores.

A: incorreta, pois, embora o sacador (= emitente da letra) possa exonerar-se da garantia da aceitação, não pode fazer o mesmo em relação à obrigação de pagamento. Assim, toda e qualquer cláusula pela qual ele se exonere da garantia do pagamento considera-se como não escrita – art. 9º da LU; B: incorreta, pois, como dito, o sacador pode exonerar-se da garantia da aceitação – art. 9º da LU; C: correta, conforme comentários anteriores; D: incorreta, pois a alternativa "C" reflete o disposto no art. 9º da LU.
Gabarito "C".

## 8.3. NOTA PROMISSÓRIA

**(Cartório/SP – 2012 – VUNESP)** A simples assinatura de um terceiro constante do anverso de uma nota promissória, abaixo da assinatura do subscritor, é considerada como:

(A) Aceite.
(B) Aval.
(C) Endosso.
(D) Fiança.

A assinatura do terceiro (que não seja o subscritor) na frente do título (= anverso), sem qualquer outra indicação, significa aval, ou seja, garantia de pagamento da promissória – art. 898, § 1º, do CC e art. 31 da Lei Uniforme – LU (promulgada pelo Decreto 57.663/1966). Por essa razão, a alternativa "B" é a correta.
Gabarito "B".

**(Cartório/SP – 2012 – VUNESP)** A nota promissória em que se não indique a época do pagamento é considerada

(A) À vista.
(B) Pagável em 1 (um) mês.
(C) Pagável em 1 (um) ano.
(D) Nula.

Nos termos do art. 76 da LU, a nota promissória que não indique a época do pagamento será considerada pagável à vista. Por essa razão, a alternativa "A" é a correta.
Gabarito "A".

**(Cartório/SP – 2012 – VUNESP)** A indicação alternativa de lugar de pagamento na nota promissória é:

(A) Facultada, tendo o portador direito de opção.
(B) Vedada, sendo o título considerado nulo.
(C) Considerada não escrita; o lugar onde o título foi passado considera-se como sendo o lugar do pagamento.
(D) Considerada não escrita; o lugar designado ao lado do nome do subscritor considera-se como sendo o lugar do pagamento.

Em princípio, a nota promissória deve indicar o lugar em que se deve efetuar o pagamento – art. 75 da LU. A omissão dessa informação, entretanto, não implica nulidade. O portador pode completar o título de crédito, de conformidade com os ajustes realizados – art. 891 do CC. Caso não o faça e a nota não indique o lugar do pagamento, será considerado o do domicílio do subscritor do título – art. 76 da LU. Por essas razões, a alternativa "A" é a correta.
Gabarito "A".

**(Cartório/RO – III)** Alam emitiu nota promissória em nome de Belo, com cláusula expressa vedativa de endosso. Apesar disso, Belo endossou para Cris. Vencido o título, Cris buscou o pagamento, recusado por Alam, sob a alegação de inexistência de vínculo entre eles, em razão da cláusula. Assinale a alternativa correta.

(A) Alam é obrigado a pagar, porque teve vantagem e, se não pagar, ocorrerá enriquecimento ilícito.
(B) Alam é obrigado a pagar a Cris, porque inválida a cláusula vedativa de endosso.
(C) Alam não é obrigado a pagar, porque Belo descumpriu a cláusula.
(D) Alam não é obrigado a pagar, por inexistência de vínculo entre ele e Cris.

A aposição da cláusula vedativa de endosso significa que título só é transmissível pela forma e com os efeitos de uma cessão ordinária de créditos (art. 11 c/c art. 77 da LU), ou seja, nos termos do art. 286 e ss. do CC. No caso, Alam responde pelo pagamento a Cris, podendo opor exceções, inclusive pessoais – art. 294 do CC. A: imprecisa, pois Alam deve pagar simplesmente porque é o devedor principal do crédito cedido. Apesar disso, parece-nos a melhor alternativa, pois não é absolutamente errada; B: incorreta, pois a cláusula é válida, implicando apenas transmissão pela forma e com os efeitos da cessão ordinária de créditos – discordamos, portanto, do gabarito oficial (a assertiva estaria correta se afirmasse que a cláusula não afasta a possibilidade de cessão); C e D: incorretas, conforme comentários iniciais.
Gabarito "B".

**(Cartório/SE – 2006 – CESPE)** Joana vendeu alguns produtos de beleza a Inácia e, como a compradora não dispunha da quantia devida no momento da formalização da avença, firmou nota promissória com prazo de vencimento a certo termo de vista. Em razão do elevado valor dos produtos, Joana exigiu que o título de crédito fosse avalizado. Considerando essa situação hipotética e com fulcro nas normas que regem os títulos de crédito, julgue os itens que se seguem.

**(1)** A nota promissória emitida por Inácia é pagável à vista, pois a Lei Uniforme não admite a emissão de nota promissória com vencimento a certo termo de vista.

**(2)** Para ter validade, o aval prestado na nota promissória emitida por Inácia poderá se dar com a simples assinatura do avalista no verso ou no anverso do próprio título.

1: incorreta, pois a nota promissória pode ter vencimento a certo termo da vista – art. 33 c/c art. 77 e art. 78, todos da Lei Uniforme; 2: incorreta, já que o aval pode ser dado no anverso (frente, parte anterior) ou no verso do título, mas, neste último caso (verso) deve haver indicação de que se trata de aval (ou pode ser confundido com endosso) – art. 898 do CC e art. 31 c/c art. 77, ambos da Lei Uniforme.
Gabarito 1E, 2E

**(Cartório/SP – VI – VUNESP)** Endossar uma nota promissória significa

(A) transferir o direito cambial autônomo que ela representa.
(B) garantir o seu pagamento.
(C) alterar o seu valor nominal.
(D) realizar sua cobrança.

A: correta. O endosso serve para transferir o título de crédito, razão pela qual a assertiva "A" é a correta. Importante salientar, entretanto, que endossante da promissória, salvo cláusula em contrário, garante o pagamento – art. 15 c/c art. 77 da LU. Não se aplica a disposição do art. 914, *caput*, do CC, por existir norma especial – art. 903 do CC.
Gabarito "A".

## 8.4. CHEQUE

**(Cartório/SP – 2012 – VUNESP)** Quando o microempresário ou empresa de pequeno porte efetua o pagamento do título com cheque sem a devida provisão de fundos, os benefícios referentes ao protesto de títulos são automaticamente suspensos pelos cartórios de protesto pelo prazo de:

(A) 1 (um) mês.
(B) 1 (um) ano.
(C) 3 (três) anos.
(D) 5 (cinco) anos.

No caso de protesto de título, se o devedor microempresário ou empresa de pequeno porte realizar o pagamento com cheque sem provisão de fundos, serão automaticamente suspensos pelos cartórios de protesto, pelo prazo de 1 ano, todos os benefícios previstos no art. 73 da LC 123/2006, independentemente da lavratura e do registro do respectivo protesto – art. 73, V, da mesma Lei. Por essa razão, a alternativa "B" é a correta.
Gabarito "B".

**(Cartório/SP – 2012 – VUNESP)** O cheque, em princípio, admite:

(A) Aposição de visto pelo sacado, aval e endosso.
(B) Aceite, aval e endosso.
(C) Aceite, aposição de visto pelo sacado e endosso.
(D) Aceite, aposição de visto pelo sacado e aval.

A: correta, nos termos dos arts. 7º, 17 e 29 da Lei do Cheque – LC (Lei 7.357/1985); B, C e D: incorretas, pois o cheque não admite aceite, considerando-se não escrita qualquer declaração com esse sentido – art. 6º da Lei do Cheque.
Gabarito "A".

**(Cartório/SP – 2011 – VUNESP)** Sobre o cheque, é incorreto afirmar:

(A) O cheque com cláusula "não à ordem" ou equivalente não é transmissível por endosso ou por cessão de crédito.
(B) O cheque deve conter a assinatura do emitente ou do mandatário com poderes especiais.
(C) O cheque pode ser endossado ao próprio emitente, que por sua vez também pode fazer novo endosso.
(D) O pagamento do cheque pode ser garantido, no todo ou em parte, por aval prestado por terceiro.

A: incorreta, devendo ser indicada, pois a cláusula "não à ordem" impede o endosso, mas não a transmissão pela forma e com os efeitos da cessão de crédito – art. 17, § 1º, da Lei do Cheque – LC (Lei 7.357/1985); B: correta, nos termos do art. 1º, VI, da Lei do Cheque; C: correta, nos termos do art. 17, § 2º, da Lei do Cheque; D: correta, nos termos do art. 29 da LC.
Gabarito "A".

**(Cartório/SP – 2011 – VUNESP)** Assinale a alternativa correta a respeito do cheque.

(A) Cabe ação executiva contra o emitente e seus avalistas, ainda que não apresentado o cheque ao sacado no prazo legal, desde que não prescrita a ação cambiária.
(B) A morte do emitente ou sua incapacidade superveniente invalidam os efeitos do cheque.
(C) O cheque deve ser apresentado para pagamento, a contar do dia da emissão, no prazo de 30 dias, quando emitido no lugar onde houver de ser pago; e de 90 dias, quando emitido em outro lugar do País ou no exterior.
(D) A ação de regresso de um obrigado ao pagamento do cheque contra outro prescreve em 2 anos, contados da data em que foi demandado ou realizou o pagamento amigavelmente.

A: correta, pois a apresentação em tempo hábil e a comprovação da recusa pelo protesto ou por declaração do sacado são requisitos para a execução do cheque apenas contra os endossantes e seus avalistas, mas não contra o emitente e seus avalistas – art. 47, I e II, da Lei do Cheque – LC (Lei 7.357/1985). Assim, se o cheque não for apresentado em 30 ou 60 dias (a depender se emitido ou não no lugar onde deve ser pago – art. 33 da Lei do Cheque), o portador perde o direito de execução contra endossantes e seus avalistas. Entretanto, manterá o direito de execução contra o emitente e seus avalistas até o prazo de 6 meses contados da expiração do prazo de apresentação – art. 59 da Lei de Cheque; B: incorreta, pois esses eventos não invalidam os efeitos do cheque – art. 37 da Lei de Cheque; C: incorreta, pois os prazos são, respectivamente, de 30 e 60 dias – art. 33 da Lei do Cheque; D: incorreta, pois o prazo prescricional para a ação de regresso é de 6 meses – art. 59, parágrafo único, da Lei do Cheque.
Gabarito "A".

**(Cartório/DF – 2006 – CESPE)** Acerca de contratos comerciais e títulos de crédito, julgue os itens a seguir.

(1) De acordo com a jurisprudência do STJ, o cheque prescrito constitui instrumento idôneo a aparelhar ação monitória, sendo, entretanto, necessárias a indicação e a prova do negócio jurídico subjacente.
(2) Salvo disposição diversa em lei especial, os títulos de crédito regem-se pelo disposto no Código Civil.
(3) O Código Civil admite o aval parcial.

1: incorreta, parte final. De fato, nos termos da Súmula 299 do STJ, é admissível a ação monitória fundada em cheque prescrito. Há erro na afirmação porque o autor da monitória fica, nesse caso, dispensado de comprovar o fato que deu origem à dívida, embora o réu possa discuti-lo em embargos, cabendo-lhe o ônus probatório – ver REsp 926.312/SP; 2: correta, nos termos do art. 903 do CC; 3: incorreta, pois o Código Civil veda o aval parcial – art. 897, parágrafo único, do CC. Importante lembrar que a regra do Código Civil não subsiste se houver norma específica (art. 903 do CC), como é o caso da letra de câmbio, da promissória e do cheque, cuja legislação admite aval parcial (arts. 30 e 77 da Lei Uniforme – Dec. 57.663/1996 – e art. 29 da Lei 7.357/1985 – Lei do Cheque).
Gabarito 1E, 2C, 3E

**(Cartório/DF – 2001 – CESPE)** Determinado cheque foi emitido em Brasília, no dia 1º.7.2001, contra agência bancária localizada nessa mesma praça, sendo lançada no cheque a data de sua efetiva emissão. No entanto, em pequena folha avulsa, lançou-se a expressão "bom para 15.9.2001". O cheque foi emitido nominativo em favor da sociedade X, que o endossou a empresa de fomento mercantil (*factoring*). Considerando a situação hipotética descrita acima, julgue os itens seguintes.

(1) Caso o cheque seja apresentado ao sacado no dia 17.9.2001 e não tenha fundos disponíveis, poderá ser proposta ação executiva contra o emitente e o endossante do título, que responderão solidariamente.

(2) Prescrita a ação executiva do cheque, poderá ser o título utilizado para propor ação monitória contra seu emitente.

(3) Demonstrado que o endossatário do cheque se dedica à atividade de *factoring*, não poderá ele propor qualquer ação judicial em face da ilicitude do objeto que originou o crédito.

(4) É nulo o endosso em cheque. Daí resulta a impossibilidade de ser proposta ação contra o endossante.

(5) Na situação em apreço, a empresa de fomento mercantil, detentora do cheque, caso queira propor ação executiva com base no referido título, não será obrigada a demonstrar a origem do seu crédito.

1: incorreta. O prazo para apresentação do cheque para pagamento, quando emitido na mesma praça (no lugar onde deve ser pago) é de 30 dias contados da data de emissão, após o qual o portador perde o direito de execução contra os endossantes e seus avalistas. Ademais, após o prazo de apresentação, o portador perde também o direito de execução contra o emitente, se ele tinha fundos disponíveis durante o prazo de apresentação e os deixou de ter, em razão de fato que não lhe seja imputável – arts. 33 e 47, II e § 3º, da Lei do Cheque – LC (Lei 7.357/1985); 2: correta, nos termos da Súmula 299 do STJ; 3: incorreta. O contrato de faturização (*factoring*) implica cessão do crédito do faturizado para o faturizador e é reconhecido pela jurisprudência. Na hipótese, o faturizador (cessionário) assume isoladamente o risco do inadimplemento e o faturizado (cedente) garante apenas a existência do crédito – arts. 295 e 296 do CC. Ver, a propósito, o AgRg no Ag 1.115.325/RS-STJ; 4: incorreta, pois cabe endosso ao cheque, que deve ser puro e simples, reputando-se não escrita qualquer condição a que seja subordinado, sendo vendado apenas o endosso parcial e o do sacado – art. 18 da LC. Ademais, o portador pode promover a execução do cheque contra o endossonante, nos termos do art. 47, II, da LC; 5: correta, pois essa é a jurisprudência do STJ – ver REsp 1.270.885/SC.
Gabarito 1E, 2C, 3E, 4E, 5C

**(Cartório/RO – III)** Artur emitiu cheque em favor de Beto. Apresentado, o sacado recusou o pagamento, sob alegação de inexistência de data da emissão. O sacado agiu corretamente?

(A) Sim, porque emitido o cheque, não pode mais ser completado.
(B) Sim, Porque a data é elemento essencial do cheque.
(C) Sim, Porque no caso o beneficiário deverá buscar o pagamento ao emitente.
(D) Sim, porque o beneficiário não pode aceitá-lo sem data.

A: incorreta, pois embora a indicação da data seja essencial (arts. 1º, V, e 2º da LC), pode ser completado com observância do que foi convencionado com o emitente – art. 891 do CC e art. 16 da LC; B: correta, pois a data é essencial para a validade do título como cheque (art. 2º da LC), mas é importante ressaltar que a omissão pode ser suprida, completando-se o título com observância do que foi convencionado com o emitente, conforme comentário à alternativa anterior; C: incorreta, pois o banco sacado pagará o cheque, desde que o portador complete o título, conforme convencionado com o emitente; D: incorreta, pois o beneficiário pode receber o cheque sem a data e completá-lo posteriormente, sempre observando o que foi combinado com o emitente.
Gabarito "B".

**(Cartório/RR – 2001 – CESPE)** Determinado cheque foi emitido em Boa Vista no dia 1.º.10.2001, contra agência bancária localizada nesta capital. Caso ele somente seja apresentado ao sacado no dia 15.11.2001 e não seja pago ante a falta de provisões, o credor, com vistas ao recebimento de seu crédito, no dia 20.11.2001, deverá propor ação

(A) cambial contra o emitente, não sendo mais possível a proposição dessa ação contra eventual endossante, haja vista o cheque ter sido apresentado ao sacado fora do prazo legal.
(B) monitória, não sendo mais possível a proposição de ação cambial.
(C) de cobrança contra emitente, eventuais avalistas e endossantes, não sendo mais possível a proposição de ação cambial.
(D) cambial contra emitente e eventuais endossantes.
(E) de enriquecimento, não sendo mais possível a proposição de ação cambial.

A: correta. O prazo para apresentação do cheque para pagamento, quando emitido na mesma praça (no lugar onde deve ser pago) é de 30 dias contados da data de emissão (art. 33 da LC), após o qual o portador perde o direito de execução contra os endossantes e seus avalistas – art. 47, II, da Lei do Cheque – LC (Lei 7.357/1985). 6 meses após o final do prazo de apresentação, prescreve a ação de execução do título – art. 59 da LC. Entretanto, após o prazo de apresentação (depois dos 30 dias da emissão, no caso), e mesmo antes do decurso do prazo prescricional de 6 meses, o portador perde também o direito de execução contra o emitente, se ele tinha fundos disponíveis durante o prazo de apresentação e os deixou de ter, em razão de fato que não lhe seja imputável – art. 47, § 3º, da LC; B: incorreta, pois a prescrição contra o emitente ocorre apenas depois de 6 meses contados a partir do final do prazo de apresentação do cheque (30 dias, no caso de emissão na mesma praça do pagamento), exceto na hipótese do art. 47, § 3º da LC; C: incorreta, pois cabe ação de execução (cambial) contra o emitente, conforme comentários anteriores; D: incorreta, pois

se o cheque não foi apresentado ao banco sacado no prazo (30 dias, quando emitido na praça do pagamento, ou 60 dias), o portador perde o direito de ação contra os endossantes e seus avalistas – art. 47, II, da LC; E: incorreta, pois cabe a ação de execução contra o emitente. Ademais, ainda que prescrito, o cheque permite a cobrança por meio de ação monitória (Súmula 299 do STJ).
Gabarito "A".

**(Cartório/SP – I – VUNESP)** O prazo de prescrição para a execução de um cheque é de

(A) dois anos.
(B) um ano.
(C) seis meses.
(D) três anos.

C: correta. O prazo de prescrição para a execução do cheque é de 6 meses, contado do fim do prazo para apresentação, que pode ser de 30 dias a partir da data de emissão, nos casos em que é emitido na mesma praça do pagamento, ou de 60 dias – arts. 33 e 59 da LC. Por essa razão, a alternativa "C" é a correta.
Gabarito "C".

**(Cartório/SP – II – VUNESP)** O cheque administrativo e endossado

(A) pode ser sustado pelo banco emitente e pelo endossador.
(B) pode ser sustado só pelo endossador.
(C) pode ser endossado só pelo banco emitente.
(D) não pode ser sustado.

A: correta. Cheque administrativo é aquele emitido contra o próprio banco sacador (o banco emite cheque que será pago por ele mesmo), sempre nominal (nunca ao portador) – art. 9º, III, da LC. O cheque administrativo, como outro qualquer, pode ser "sustado" (oposição ao pagamento, ou sustação do pagamento), nos termos do art. 36 da LC. O STJ admite que o favorecido e endossante do cheque (o cliente que pediu a emissão pelo banco e endossou o cheque ao vendedor de um imóvel, por exemplo) pode apresentar oposição ("sustar o cheque") invocando o negócio subjacente ao endosso (por conta de vício na venda do imóvel, nesse exemplo) – ver REsp 130.428/PR. Por essa razão, a alternativa "A" é a correta.
Gabarito "A".

**(Cartório/SP – VI – VUNESP)** O cheque pode ser emitido contra o próprio banco sacador?

(A) Sim, desde que não ao portador.
(B) Sim, desde que ao portador.
(C) Sim, sempre.
(D) Não, jamais.

A: correta. Sim. Trata-se do cheque administrativo, sacado pelo banco contra ele mesmo (o sacador é também o sacado), e que não pode ser ao portador – art. 9º, III, da LC. Por essa razão, a alternativa "A" é a correta.
Gabarito "A".

**(Cartório/SP – VII – VUNESP)** Sobre o cheque, é incorreto afirmar:

(A) o cheque com cláusula "não à ordem" ou equivalente não é transmissível por endosso ou por cessão de crédito.
(B) o cheque deve conter a assinatura do emitente ou do mandatário com poderes especiais.
(C) o cheque pode ser endossado ao próprio emitente, que por sua vez também pode fazer novo endosso.
(D) o pagamento do cheque pode ser garantido, no todo ou em parte, por aval prestado por terceiro.

A: incorreta, pois o cheque pagável a pessoa nomeada, com a cláusula "não à ordem", ou outra equivalente, é transmissível pela forma e com os efeitos de cessão – art. 17, § 1º, da LC; B: correta, nos termos do art. 1º, VI, da LC; C: correta, pois, nos termos do art. 17, § 2º, da LC, o endosso pode ser feito ao emitente, ou a outro obrigado, que podem novamente endossar o cheque; D: correta, pois, de fato, o pagamento do cheque pode ser garantido, no todo ou em parte, por aval prestado por terceiro, exceto o sacado, ou mesmo por signatário do título – art. 29 da LC.
Gabarito "A".

**(Cartório/SP – VII – VUNESP)** Assinale a alternativa correta a respeito do cheque.

(A) Cabe ação executiva contra o emitente e seus avalistas, ainda que não apresentado o cheque ao sacado no prazo legal, desde que não prescrita a ação cambiária.
(B) A morte do emitente ou sua incapacidade superveniente à emissão invalidam os efeitos do cheque.
(C) O cheque deve ser apresentado para pagamento, a contar do dia da emissão, no prazo de 30 dias, quando emitido no lugar onde houver de ser pago; e de 90 dias, quando emitido em outro lugar do País ou no exterior.
(D) A ação de regresso de um obrigado ao pagamento do cheque contra outro prescreve em 2 anos, contados da data em que foi demandado ou realizou o pagamento amigavelmente.

A: correta, pois a falta de apresentação do cheque no prazo legal (30 dias, se emitido na mesma praça do pagamento, ou 60 dias) exclui o direito de execução contra os coobrigados, mas não contra os devedores principais (= emitente e seus avalistas), observado o prazo prescricional de 6 meses (contado a partir do fim do prazo para apresentação do cheque) – arts. 47, II, e 59 da LC; B: incorreta, pois as obrigações cambiárias relativas ao cheque (como os títulos de crédito em geral) não são personalíssimas, de modo que os herdeiros respondem por elas até o limite da herança recebida; C: incorreta, pois os prazos são de 30 e 60 dias, respectivamente – art. 33 da LC; D: incorreta, pois o prazo para a ação de regresso é de 6 meses – art. 59, parágrafo único, da LC.
Gabarito "A".

## 8.5. DUPLICATA

**(Cartório/SP – 2012 – VUNESP)** Na compra e venda mercantil entre partes domiciliadas no território brasileiro, o título de crédito que documenta o saque do vendedor pela importância faturada ao comprador é:

(A) A duplicata.
(B) O conhecimento de transporte.
(C) A letra de câmbio.
(D) A nota promissória.

Somente a duplicata pode ser emitida para documentar o saque do vendedor pela importância faturada ao comprador, excluindo-se qualquer outra espécie de título de crédito para essa finalidade – art. 2º, caput, da Lei das Duplicatas – LD (Lei 5.474/1968). Por essa razão, a alternativa "A" é a correta.
Gabarito "A".

**(Cartório/SP – 2012 – VUNESP)** O protesto comum da duplicata é tirado:

(A) No domicílio do sacador.
(B) No domicílio do sacado.
(C) Na praça de pagamento constante do título.
(D) Na praça de pagamento constante do título ou no domicílio do sacado.

Nos termos do art. 13, § 3º, da Lei das Duplicatas – LD (Lei 5.474/1968), o protesto será tirado na praça de pagamento constante do título. Por essa razão, a alternativa "C" é a correta.
Gabarito "C".

**(Cartório/SP – 2011 – VUNESP)** A respeito do protesto de duplicatas, é incorreto afirmar que:

(A) Para exercício do direito de regresso contra endossantes e respectivos avalistas, o portador deverá tirar o protesto do título dentro do prazo de 30 dias, contados da data do seu vencimento.
(B) Se a duplicata não mencionar a praça de pagamento, o protesto deverá ser tirado no domicílio do comprador.
(C) O protesto pode ser feito por falta ou recusa de aceite, falta ou recusa de pagamento e por falta de devolução do título.
(D) A ausência de protesto da duplicata por falta de aceite impede o protesto por falta de pagamento.

A: correta, nos termos do art. 13, § 4º, da Lei das Duplicatas – LD (Lei 5.474/1968); B: correta. No caso de omissão quanto ao lugar de emissão e de pagamento, considera-se o do domicílio do emitente (= devedor principal) – art. 889, § 2º, do CC. O protesto da duplicata é realizado no local de pagamento (art. 13, § 3º, da LD) e, portanto, no caso de omissão quanto a esse lugar, o protesto deverá ser tirado no domicílio do sacado (= comprador, devedor principal) por aplicação da regra subsidiária do art. 889, § 2º, do CC; C: correta, nos termos do art. 13 da LD; D: incorreta, devendo ser indicada, pois a ausência de protesto por falta de aceite ou de devolução não impede o protesto por falta de pagamento – art. 13, § 2º, da LD.
Gabarito "D".

**(Cartório/AP – 2011 – VUNESP)** Na duplicata mercantil, o aceite é

(A) facultativo e poderá ser suprido pelo protesto do título juntamente com a comprovação da entrega da mercadoria.
(B) obrigatório e poderá ser suprido pelo protesto do título juntamente com a comprovação da entrega da mercadoria.
(C) facultativo e poderá ser suprido pela anuência do endossante.
(D) obrigatório e poderá ser suprido pela anuência do endossante.
(E) facultativo e poderá ser recusado em caso de vício na mercadoria.

B: correta. Diferentemente da letra de câmbio, o aceite da duplicata é obrigatório, exceto nas hipóteses do art. 8º da Lei das Duplicatas – LD (Lei 5.474/1968). Caso o comprador não aceite o título, ainda assim é possível executá-lo, desde que (i) a duplicata tenha sido protestada, (ii) esteja acompanhada de documento hábil comprobatório da entrega e recebimento da mercadoria e (iii) o sacado não tenha, comprovadamente, recusado o aceite, no prazo, nas condições e pelos motivos previstos nos arts. 7º e 8º da LD – art. 15, II, da LD. Por essa razão, a alternativa "B" é a correta.
Gabarito "B".

**(Cartório/DF – 2008 – CESPE)** Joaquim Silva e Pedro Parente, pessoas físicas domiciliadas em Brasília – DF, constituíram uma sociedade empresária à qual deram o nome empresarial Joaquim Silva e Pedro Parente Ltda., com sede em Brasília – DF e registro na Junta Comercial do DF, onde os sócios-administradores tomam as decisões sobre os seus interesses sociais. A atividade principal dessa sociedade empresária consiste na fabricação de embalagens plásticas à base de polietileno. Dadas as facilidades e os incentivos fiscais oferecidos pelo estado de Goiás, o estabelecimento empresarial – a fábrica – foi instalado no município de Aparecida de Goiânia – GO, em imóvel de propriedade da sociedade, onde foi criada uma filial e feito o registro perante a Junta Comercial daquele Estado. Para a formação do capital social da sociedade, Joaquim Silva contribuiu com o valor de R$ 1.000.000,00, dividido em 10 dez parcelas mensais e consecutivas de R$ 100.000,00, com vencimento da primeira parcela no momento da formalização do contrato de constituição da sociedade. Já o sócio Pedro Parente obrigou-se, no contrato de sociedade, à transferência de uma nota promissória emitida à sua ordem por Francisco, no valor de R$ 1.000.000,00. Com base nessa situação hipotética, julgue os itens seguintes.

(1) A contribuição do sócio com o direito de crédito incorporado na mencionada nota promissória, que é um título de crédito a ordem, monetário e abstrato, se não realizada por meio do endosso, tem efeito de cessão civil, não respondendo, portanto, o sócio Pedro Parente, perante a sociedade, pela solvência do emitente do aludido título de crédito.
(2) Havendo o saque de uma duplicata mercantil contra a sociedade em questão, relativa à compra de matéria-prima, sem a remessa à sacada para aceite, seria válido o protesto da duplicata por indicação, a ser realizado por meio de boleto bancário.

1: incorreta, pois, apesar do disposto nos arts. 295, 296 e 919 do CC, o sócio que transmite título de crédito para formação de capital responde pela solvência do devedor – art. 1.005 c/c art. 1.053, *caput*, ambos do CC; 2: incorreta, pois o protesto da duplicata por indicação ocorre pela falta de devolução (o que pressupõe o envio da cártula para aceite) – art. 13, § 1º, *in fine*, da LD.
Gabarito 1E, 2E.

**(Cartório/SP – II – VUNESP)** O pagamento de duplicata, pelo sacado, feito diretamente ao emitente, embora tenha sido lavrado o protesto em razão da apresentação do título pelo banco que o recebeu em caução,

(A) permite, mediante ação judicial contra o banco, o cancelamento do protesto.
(B) é ineficaz frente ao banco apresentante.
(C) autoriza o cancelamento do protesto mediante requerimento administrativo e extrajudicial.
(D) é motivo para ação de repetição de indébito contra o endossatário.

B: correta. A obrigação cambiária é autônoma, ou seja, o pagamento ao emitente não pode ser oposto contra o apresentante do título de crédito, de modo que a alternativa "B" é a correta. De fato, o devedor de um título de crédito deve pagar apenas contra a apresentação da cártula.
Gabarito "B".

**(Cartório/SP – V – VUNESP)** Acerca da duplicata mercantil, assinale a afirmação correta.

(A) Constitui título abstrato e endossável.
(B) Pode ser emitida com base em mais de uma fatura, somados seus valores em um único título.
(C) Sempre ostenta número de ordem, este derivado de escrituração especial.
(D) Não admite aceite ou aval.

A: incorreta, pois a duplicata é classificada como título causal (ou não abstrato), pois sua emissão está vinculada a determinada causa, qual seja a emissão de fatura – art. 2º da LD. Note que o termo *abstrato* é comumente utilizado pela doutrina em dois sentidos diversos, (i) como espécie de título (título abstrato ou não causal, em oposição ao título causal) e (ii) como subprincípio atinente aos títulos de crédito (abstração como desvinculação do ato ou negócio jurídico que deu ensejo à usa criação, que surge a partir do momento em que o título é colocado em circulação). Esta alternativa utiliza o termo naquela primeira acepção (espécie de título, como a duplicata); B: incorreta, pois uma só duplicata não pode corresponder a mais de uma fatura – art. 2º, § 2º, da LD; C: correta, conforme os arts. 2º, § 1º, I, e 19 da LD; D: incorreta, pois a duplicata é emitida para ser aceita pelo sacado (comprador das mercadorias ou tomador dos serviços) e pode ser avalizada – arts. 2º, VII, e 12 da LD.
Gabarito "C".

**(Cartório/SP – VII – VUNESP)** A respeito do protesto de duplicatas, é incorreto afirmar que

(A) para exercício do direito de regresso contra endossantes e respectivos avalistas, o portador deverá tirar o protesto do título dentro do prazo de 30 dias, contados da data do seu vencimento.
(B) se a duplicata não mencionar a praça de pagamento, o protesto deverá ser tirado no domicílio do comprador.
(C) o protesto pode ser feito por falta ou recusa de aceite, falta ou recusa de pagamento e por falta de devolução do título.
(D) a ausência de protesto da duplicata por falta de aceite impede o protesto por falta de pagamento.

A: correta, conforme o art. 13, § 4º, da LD; B: correta, conforme o art. 17 c/c art. 13, § 3º, da LD; C: correta, nos termos do art. 13, *caput*, da LD; D: incorreta, pois o fato de não ter sido exercida a faculdade de protestar o título, por falta de aceite ou de devolução, não elide a possibilidade de protesto por falta de pagamento – art. 13, § 2º, da LD.
Gabarito "D".

## 8.6. OUTROS TÍTULOS DE CRÉDITO E TEMAS COMBINADOS

**(Cartório/SP – 2012 – VUNESP)** Assinale a alternativa incorreta.

(A) A cédula de crédito industrial é promessa de pagamento em dinheiro, com garantia real, cedularmente constituída.
(B) A cédula de crédito industrial somente vale contra terceiros desde a data da inscrição; antes da inscrição, a cédula obriga apenas seus signatários.
(C) O portador que não tira, em tempo útil e forma regular, o instrumento do protesto da cédula de crédito industrial, perde o direito de regresso contra endossadores e avalistas.
(D) Os bens vinculados à cédula de crédito industrial não serão penhorados ou sequestrados por outras dívidas do emitente ou do terceiro prestante da garantia real.

A: correta, pois essa é a definição dada pelo art. 9º do DL 413/1969; B: correta, nos termos do art. 29 do DL 413/1969; C: incorreta, devendo ser indicada, pois o art. 52 do DL 413/1969 dispensa expressamente o protesto para garantir direito de regresso contra endossantes e avalistas; D: correta, nos termos do art. 57 do DL 413/1969.
Gabarito "C".

**(Cartório/RJ – 2012)** Sobre a Cédula de Produto Rural (CPR), é correto afirmar que:

(A) Para cobrança da CPR com liquidação financeira, cabe ação de execução por quantia certa.
(B) A garantia cedular da obrigação poderá consistir apenas em hipoteca ou penhor.
(C) Pode o emitente de CPR invocar em seu benefício o caso fortuito ou de força maior.
(D) A CPR, para ter eficácia contra terceiros, independe de inscrição no Cartório de Registro de Imóveis do domicílio do emitente.
(E) A entrega do produto antes da data prevista na cédula não depende da anuência do credor.

A: correta, pois é o que dispõe o art. 4º-A, § 2º, da Lei 8.929/1994; B: incorreta, pois se admite também a alienação fiduciária – art. 5º, III, da Lei 8.929/1994; C: incorreta, pois, além de responder pela evicção, não pode o emitente da CPR invocar em seu benefício o caso fortuito ou de força maior – art. 11 da Lei 8.929/1994; D: incorreta, pois a inscrição no Cartório de Registro de Imóveis do domicílio do emitente é requisito para que a CPR tenha eficácia contra terceiros – art. 12 da Lei 8.929/1994; E: incorreta, pois a entrega do produto antes da data prevista na cédula depende da anuência do credor – art. 13 da Lei 8.929/1994.
Gabarito "A".

**(Cartório/SC – 2008)** A respeito de títulos de crédito, observadas as proposições abaixo, assinale a alternativa correta:

I. Em nenhuma hipótese o emitente de um cheque ou nota promissória pode opor ao portador endossatário todas as exceções que poderia opor contra o endossante.
II. Para a execução de uma duplicata ou triplicata não aceita e não devolvida, é necessário o protesto por indicação e a comprovação hábil da remessa da mercadoria.
III. O aval pode ser dado no cheque, na sua parte anterior ou face; no verso, quando a assinatura é antecedida de expressões como "por aval" ou "em aval de", ou outras equivalentes; ou ainda em folha anexa, mesmo que esta não circule juntamente com o cheque.
IV. Se, numa nota promissória, a importância estiver escrita mais de uma vez e apenas por extenso, ou apenas em algarismos, havendo divergência, valerá a importância menor.

(A) Somente as proposições I e IV estão corretas.
(B) Somente a proposição III está correta.
(C) Somente as proposições II e III estão corretas.
(D) Somente a proposição II está correta.
(E) Somente a proposição IV está correta.

I: incorreta, pois, em caso de má-fé do portador, afasta-se a inoponibilidade de exceções pessoais – art. 25, *in fine*, da LC e art. 17, *in fine*, da Lei Uniforme; II: incorreta, já que, além do protesto, não basta comprovar a remessa, é necessário prova de que a mercadoria foi recebida pelo sacado e que não tenha recusado o aceite nas hipóteses legalmente admitidas – art. 15, II, *b* e *c*, da LD; III: incorreta, pois a folha anexa (folha de alongamento), em que conste o aval, deve circular juntamente com o cheque – art. 30 da Lei LC; IV: correta, nos termos do art. 6º da Lei Uniforme.

Gabarito "E".

**(Cartório/SP – V – VUNESP)** Acerca das partes beneficiárias, assinale a alternativa incorreta.

(A) Não podem ser, na atualidade, emitidas por companhias abertas.
(B) Só podem ser emitidas mediante autorização estatutária específica.
(C) Conferem direito de crédito eventual a seus titulares.
(D) Podem ser emitidas em diferentes classes, conferindo-se diferentes espécies de direitos aos seus titulares.

A: correta, conforme o art. 47, parágrafo único, da LSA; B: correta, nos termos dos arts. 46 e 47 da LSA; C: correta, conforme o art. 46, § 1º, da LSA; D: incorreta, pois é proibida a criação de mais de uma classe ou série – art. 46, § 4º, da LSA.

Gabarito "D".

**(Cartório/SP – V – VUNESP)** Sobre o conhecimento de depósito, é incorreto afirmar que

(A) é endossável e constitui um dos títulos representativos de mercadorias.
(B) só pode ser sacado por armazém geral, dotado de específica autorização governamental de funcionamento.
(C) só pode ser transmitido com as formalidades da cessão de crédito.
(D) não permite endosso pignoratício.

Quando solicitado pelo depositante, o armazém geral emitirá dois títulos unidos, mas separáveis, denominados conhecimento de depósito e *warrant* – art. 15 do Dec. 1.102/1903. Esses títulos podem ser transferidos, unidos ou separados, por endosso – art. 18 do Dec. 1.102/1903. O cessionário que tenha os dois títulos tem direito de livre disposição da mercadoria depositada. Se o cessionário for titular apenas do *warrant*, terá direito de penhor sobre a mercadoria. O conhecimento de depósito separado do *warrant* confere ao titular o direito de dispor da mercadoria, mas resguardado o direito do credor, portador do warrant. Nesse sentido, o conhecimento de depósito incorpora o direito de propriedade sobre as mercadorias depositadas, resguardada a garantia conferida ao portador do *warrant*. A: correta, nos termos do art. 18 do Dec. 1.102/1903; B: correta, conforme o art. 15 c/c art. 2º do Dec. 1.102/1903; C: incorreta, pois o conhecimento de depósito e o *warrant* podem ser transferidos por simples endosso – art. 18 do Dec. 1.102/1903; D: adequada, pois, em princípio, o *warrant* tem a função de título pignoratício, conferindo ao endossatário o direito de penhor sobre as mercadorias.

Gabarito "C".

**(Cartório/SP – V – VUNESP)** Acerca da cédula de crédito rural, assinale a alternativa incorreta.

(A) Admite a instituição de garantia hipotecária sem a necessidade de instrumento público.
(B) Permite vencimento antecipado, caso o emitente não aplique o financiamento para os fins ajustados.
(C) Não admite a cumulação de garantias reais e pessoais.
(D) Permite vários vencimentos, os quais podem, mediante aditivo, ser alterados.

A: correta, nos termos do art. 9º, II, do DL 167/1967. Interessante ressaltar que, embora a cédula rural hipotecária não exija instrumento público, deverá ser inscrita no Cartório de Registro de Imóveis da circunscrição em que esteja situado o imóvel hipotecado, para que tenha eficácia contra terceiros – art. 30, "b", do DL 167/1967; B: correta, pois importa vencimento de cédula de crédito rural independentemente de aviso ou interpelação judicial ou extrajudicial, a inadimplência de qualquer obrigação convencional ou legal do emitente do título ou, sendo o caso, do terceiro prestante da garantia real – art. 11 do DL 167/1967; C: incorreta, pois além das garantias reais (pignoratícias ou hipotecárias), admitem-se garantias pessoais, desde que prestadas pelas pessoas físicas participantes da empresa emitente, por esta ou por outras pessoas jurídicas – art. 60, § 3º, do DL 167/1967; D: correta, pois a cédula de crédito rural admite amortizações periódicas e prorrogações de vencimento que serão ajustadas mediante a inclusão de cláusula, na forma prevista no DL 167/1967 (art. 13).

Gabarito "C".

**(Cartório/SP – II – VUNESP)** O imóvel objeto de hipoteca constituída por cédula de crédito rural

(A) é penhorável de forma ilimitada.
(B) não pode ser penhorado no período de vigência do contrato.
(C) só pode ser penhorado dois anos após o resgate da cédula.
(D) admite outra penhora concomitante desde que o valor seja inferior ao da cédula de crédito rural.

B: correta. Os bens objeto de penhor ou de hipoteca constituídos pela cédula de crédito rural não serão penhorados, arrestados ou sequestrados por outras dívidas do emitente ou do terceiro empenhador ou hipotecante, cumprindo ao emitente ou ao terceiro empenhador ou hipotecante denunciar a existência da cédula às autoridades incumbidas da diligência ou a quem a determinou, sob pena de responderem pelos prejuízos resultantes de sua omissão – art. 69 do DL 167/1967. Por essa razão, a alternativa **B** é a correta.

Gabarito "B".

## 9. RECUPERAÇÃO E FALÊNCIA

**(Cartório/SP – 2012 – VUNESP)** A concessão da recuperação judicial

(A) Depende da apresentação de certidões negativas dos cartórios de protesto.
(B) Impede o protesto de títulos ou documentos de dívida de responsabilidade do devedor.
(C) É anotada no Registro Público de Empresas.
(D) Implica novação dos créditos anteriores ao pedido e afastamento do devedor ou seus administradores da condução das atividades empresariais.

A: incorreta, pois não há essa exigência no art. 51 da Lei de Recuperação e Falência – LF (Lei 11.101/2005); B: incorreta, pois não há esse impedimento – art. 59 da LF; C: correta, conforme o art. 69, parágrafo único, da LF; D: incorreta, pois, em regra, durante o procedimento de recuperação judicial, o devedor ou seus administradores serão mantidos na condução da atividade empresarial, sob fiscalização do Comitê, se houver, e do administrador judicial – art. 64 da LF.

Gabarito "C".

**(Cartório/SP – 2011 – VUNESP)** Sobre os efeitos da falência disciplinada na Lei n. 11.101/2005, é correto afirmar:

(A) Os contratos bilaterais resolvem-se pela falência, sendo vedado ao administrador judicial dar a eles cumprimento.
(B) A decretação da falência não suspende o exercício do direito de retenção sobre os bens ainda que o administrador entenda ser o caso de arrecadação.
(C) A decretação da falência não faz cessar o mandato judicial conferido pelo devedor falido, cabendo ao mandatário prestar contas de sua gestão ao administrador, que poderá revogar o aludido mandato.
(D) O falido fica inabilitado para exercer qualquer atividade empresarial a partir da decretação da falência, durante 05 anos.

A: incorreta, pois os contratos bilaterais não se resolvem pela falência e podem ser cumpridos pelo administrador judicial se o cumprimento reduzir ou evitar o aumento do passivo da massa falida ou for necessário à manutenção e preservação de seus ativos, mediante autorização do Comitê – art. 117 da Lei de Recuperação e Falência – LF (Lei 11.101/2005); B: incorreta, pois a decretação da falência suspende o exercício do direito de retenção sobre os bens sujeitos à arrecadação, os quais deverão ser entregues ao administrador judicial – art. 116, I, da LF; C: correta, pois o mandato conferido para representação judicial do devedor continua em vigor até que seja expressamente revogado pelo administrador judicial – art. 120, § 1º, da LF; D: incorreta, pois a inabilitação para exercer qualquer atividade empresarial a partir da decretação da falência perdura até a sentença que extingue as obrigações do falido – art. 102 da LF.
Gabarito "C".

**(Cartório/SP – 2011 – VUNESP)** Sobre o administrador judicial disciplinado na Lei n. 11.101/2005, é incorreto afirmar que:

(A) Pode ser nomeada como administrador judicial uma pessoa jurídica especializada.
(B) Na falência, o administrador judicial poderá transigir sobre o recebimento de créditos da falida, inclusive concedendo abatimentos, desde que sejam créditos de difícil recuperação, dispensando-se, nesta hipótese, a necessidade de autorização judicial ou concordância dos credores.
(C) Na recuperação judicial, ao administrador judicial compete requerer a falência no caso de descumprimento de obrigação prevista no plano, sem prejuízo da iniciativa de credores ou do Ministério Público.
(D) Na falência, o administrador judicial representará a massa falida em Juízo.

A: correta, pois o administrador judicial será profissional idôneo, preferencialmente advogado, economista, administrador de empresas ou contador, ou pessoa jurídica especializada – art. 21 da Lei de Recuperação e Falência – LF (Lei 11.101/2005); B: incorreta, devendo ser indicada, pois, na falência, o administrador judicial não poderá, sem autorização judicial, após ouvidos o Comitê e o devedor no prazo comum de 2 dias, transigir sobre obrigações e direitos da massa falida e conceder abatimento de dívidas, ainda que sejam consideradas de difícil recebimento – art. 22, § 3º, da LF; C: correta, conforme o art. 22, II, b, da LF; D: correta, conforme o art. 22, III, n, da LF.
Gabarito "B".

**(Cartório/MG – 2012 – FUMARC)** De acordo com o que dispõe a Lei 11.101/2005 (Lei de Falência), é **correto** o que se afirma em:

(A) Compete ao administrador judicial avaliar os bens arrecadados e de propriedade do falido.
(B) Permite-se ao devedor requerer a recuperação judicial, desde que comprove o exercício regular de suas atividades pelo prazo mínimo de 1 (um) ano.
(C) Ainda que decretada a falência, permanece incólume o direito à privacidade, constitucionalmente garantido ao devedor, vedando-se ao administrador judicial abrir as correspondências dirigidas àquele.
(D) Apesar dos poderes de que dispõe, é vedado ao administrador judicial requerer a falência da empresa, nos casos de descumprimento do plano de recuperação judicial, respondendo ele perante o Comitê de Credores nestes casos.

A: correta, conforme o art. 22, III, g, da Lei de Recuperação e Falência – LF (Lei 11.101/2005); B: incorreta, pois o prazo mínimo de exercício regular das atividades é de 2 anos, para requerimento da recuperação judicial – art. 48, caput, da LF; C: incorreta, pois o administrador judicial pode receber e abrir a correspondência dirigida ao devedor, entregando a ele o que não for assunto de interesse da massa – art. 22, III, d, da LF; D: incorreta, pois o administrador pode requerer a falência no caso de descumprimento de obrigação assumida no plano de recuperação, conforme o art. 22, II, b, da LF.
Gabarito "A".

**(Cartório/MG – 2012 – FUMARC)** Ainda sobre a Lei 11.101/2005 (Lei de Falência), é **correto** o que se afirma em:

(A) O plano de recuperação judicial não implica novação dos créditos anteriores ao pedido.
(B) Sendo permitida a alienação pelo plano de recuperação e aprovado pelo juiz, o arrematante das filiais do devedor não sucederá as obrigações deste, inclusive as tributárias, observadas as prescrições legais.
(C) Deferida a recuperação judicial, o devedor permanecerá nesta condição até que se cumpram todas as obrigações previstas no plano que se vencerem até 5 (cinco) anos depois da concessão da medida.
(D) Considerar-se-ão créditos quirografários e sem qualquer privilégio, em caso de decretação de falência do devedor em recuperação judicial, aqueles pertencentes a fornecedores de bens ou serviços que continuarem a provê-lo normalmente após o pedido de recuperação judicial.

A: incorreta, pois o plano de recuperação judicial implica novação dos créditos anteriores ao pedido – art. 59 da Lei de Recuperação e Falência – LF (Lei 11.101/2005)F; B: correta, conforme o art. 60, parágrafo único, da LF e o art. 133, § 1º, II, do CTN; C: incorreta, pois o prazo de vencimento das obrigações abrangidas no plano a serem cumpridas é de 2 anos – art. 61 da LF; D: incorreta, pois esses créditos quirografários terão privilégio geral no recebimento em caso de decretação de falência, no limite do valor dos bens ou serviços fornecidos durante o período da recuperação – art. 67, parágrafo único, da LF.
Gabarito "B".

**(Cartório/MG – 2012 – FUMARC)** A classificação dos créditos na falência obedece à seguinte ordem, nos termos da Lei 11.101/2005:

(A) Créditos derivados da legislação do trabalho, limitados a 150 (cento e cinquenta) salários mínimos por credor, e os decorrentes de acidentes de trabalho; créditos tributários, independentemente da sua natureza e tempo de constituição, excetuadas as multas tributárias; créditos com garantia real até o limite do valor do bem gravado.
(B) Créditos tributários, independentemente da sua natureza e tempo de constituição, excetuadas as multas tributárias; créditos derivados da legislação do trabalho, limitados a 150 (cento e cinquenta) salários mínimos por credor, e os decorrentes de acidentes de trabalho; créditos com garantia real até o limite do valor do bem gravado.
(C) Créditos derivados da legislação do trabalho, limitados a 150 (cento e cinquenta) salários mínimos por credor, e os decorrentes de acidentes de trabalho; créditos com garantia real até o limite do valor do bem gravado; créditos tributários, independentemente da sua natureza e tempo de constituição, excetuadas as multas tributárias.
(D) Créditos derivados da legislação do trabalho, limitados a 150 (cento e cinquenta) salários mínimos por credor, e os decorrentes de acidentes de trabalho; créditos com privilégio especial; créditos com garantia real até o limite do valor do bem gravado; créditos tributários, independentemente da sua natureza e tempo de constituição, excetuadas as multas tributárias.

Veja a tabela a seguir, com a ordem de classificação dos créditos na falência – art. 83 da Lei de Recuperação e Falência – LF (Lei 11.101/2005) e verifique que a alternativa "C" é a correta.

Gabarito "C".

| Ordem de classificação dos créditos na falência (art. 83 da LF) |
|---|
| **1º** – os créditos derivados da legislação do trabalho, limitados a 150 (cento e cinquenta) salários mínimos por credor, os decorrentes de acidentes de trabalho. Também os créditos equiparados a trabalhistas, como os relativos ao FGTS (art. 2º, § 3º, da Lei 8.844/1994) e os devidos ao representante comercial (art. 44 da Lei 4.886/1965). |
| **2º** – créditos com garantia real até o limite do valor do bem gravado (será considerado como valor do bem objeto de garantia real a importância efetivamente arrecadada com sua venda, ou, no caso de alienação em bloco, o valor de avaliação do bem individualmente considerado). |
| **3º** – créditos tributários, independentemente da sua natureza e tempo de constituição, excetuadas as multas tributárias. |
| **4º** – com privilégio especial (= os previstos no art. 964 da Lei 10.406/2002; os assim definidos em outras leis civis e comerciais, salvo disposição contrária da LF; e aqueles a cujos titulares a lei confira o direito de retenção sobre a coisa dada em garantia). |
| **5º** – créditos com privilégio geral (= os previstos no art. 965 do CC; os previstos no parágrafo único do art. 67 da LF; e os assim definidos em outras leis civis e comerciais, salvo disposição contrária da LF). |
| **6º** – créditos quirografários (= aqueles não previstos nos demais incisos do art. 83 da LF; os saldos dos créditos não cobertos pelo produto da alienação dos bens vinculados ao seu pagamento; e os saldos dos créditos derivados da legislação do trabalho que excederem o limite estabelecido no inc. I do *caput* do art. 83 da LF). Ademais, os créditos trabalhistas cedidos a terceiros serão considerados quirografários. |
| **7º** – as multas contratuais e as penas pecuniárias por infração das leis penais ou administrativas, inclusive as multas tributárias. |
| **8º** – créditos subordinados (= os assim previstos em lei ou em contrato; e os créditos dos sócios e dos administradores sem vínculo empregatício) |
| Lembre-se que os **créditos extraconcursais** (= basicamente os surgidos no curso do processo falimentar, que não entram no concurso de credores) são pagos com precedência sobre todos esses anteriormente mencionados, na ordem prevista no art. 84 da LF: **(i)** remunerações devidas ao administrador judicial e seus auxiliares, e créditos derivados da legislação do trabalho ou decorrentes de acidentes de trabalho relativos a serviços prestados após a decretação da falência; **(ii)** quantias fornecidas à massa pelos credores; **(iii)** despesas com arrecadação, administração, realização do ativo e distribuição do seu produto, bem como custas do processo de falência; **(iv)** custas judiciais relativas às ações e execuções em que a massa falida tenha sido vencida; e **(v)** obrigações resultantes de atos jurídicos válidos praticados durante a recuperação judicial, nos termos do art. 67 da LF, ou após a decretação da falência, e tributos relativos a fatos geradores ocorridos após a decretação da falência, respeitada a ordem estabelecida no art. 83 da LF. |

**(Cartório/MG – 2012 – FUMARC)** De acordo com o disposto pela Lei 11.101/2005, é **correto** o que se afirma em:

(A) Da decisão que decreta a falência cabe apelação.
(B) O prazo para contestação do pedido de falência é o de 15 (quinze) dias.
(C) Quem por dolo requerer a falência de outrem será condenado, na sentença que julgar improcedente o pedido, a indenizar o devedor, apurando-se as perdas e danos em liquidação de sentença.
(D) Durante o prazo para contestar o pedido de falência, ao devedor permite-se elidi-lo, confessá-lo, sendo-lhe, no entanto, vedado requerer sua recuperação judicial.

A: incorreta, pois, da decisão que decreta a falência cabe agravo, e da sentença que julga a improcedência do pedido cabe apelação – art. 100 da Lei de Recuperação e Falência – LF (Lei 11.101/2005); B: incorreta, pois o prazo de contestação ao pedido de falência é de 10 dias – art. 98 da LF; C: correta, pois reflete o disposto no art. 101 da LF; D: incorreta, pois o devedor pode requerer sua recuperação judicial, desde que atenda aos requisitos do art. 48 da LF (inclusive não ser falido) – arts. 95 e 98, parágrafo único, da LF.

Gabarito "C".

**(Cartório/MG – 2012 – FUMARC)** De acordo com o disposto pela Lei 11.101/2005, **NÃO** é correto o que se afirma em:

(A) Permite-se a realização do ativo, mediante alienação, ainda que o valor da oferta seja inferior ao da avaliação.

(B) Em qualquer modalidade de alienação do ativo do falido, o Ministério Público será intimado pessoalmente, sob pena de nulidade.

(C) O prazo prescricional relativo às obrigações do falido recomeça a correr a partir do dia em que transitar em julgado a sentença do encerramento da falência.

(D) Na alienação do ativo do falido para terceiro, estranho à empresa e sem qualquer grau de parentesco com o falido ou a empresa devedora, o arrematante responde solidariamente com o devedor pelos ônus que sobre os bens recaírem.

A: correta, pois a alienação dar-se-á pelo maior valor oferecido, ainda que seja inferior ao valor de avaliação – art. 142, § 2º, da Lei de Recuperação e Falência – LF (Lei 11.101/2005); B: correta, refletindo o disposto no art. 142, § 7º, da LF; C: correta, nos termos do art. 157 da LF; D: incorreta, devendo ser indicada, pois não haverá sucessão do arrematante nas obrigações do devedor, inclusive as de natureza tributária, com as exceções do art. 141, § 1º, da LF e do art. 133, § 2º, do CTN (inclui o caso de arrematante parente até 4º grau do falido ou de sócio da falida, quando excepcionalmente haverá a sucessão e responsabilidade do adquirente) – ver também o art. 60, parágrafo único, da LF.
"Gabarito "D".

**(Cartório/MG – 2012 – FUMARC)** Levando em consideração o que dispõe a Lei 11.101/2005 (Lei de Falência), **NÃO** é correto o que se afirma em:

(A) Pessoas jurídicas especializadas e físicas podem ser nomeadas administradores judiciais.

(B) Esta lei não se aplica à sociedade operadora de plano de assistência à saúde e à sociedade seguradora.

(C) As execuções de natureza fiscal não são suspensas pelo deferimento da recuperação judicial, ressalvada a concessão de parcelamento nos termos do Código Tributário Nacional e da legislação ordinária específica.

(D) Todas as ações judiciais anteriormente propostas contra uma empresa, que versem sobre quantia líquida ou ilíquida, serão processadas e julgadas pelo juízo que houver decretado a falência ou deferido o pedido de recuperação judicial.

A: correta, conforme o art. 21 da Lei de Recuperação e Falência – LF (Lei 11.101/2005); B: correta, nos termos do art. 2º, II, da LF. Interessante anotar que estão *absolutamente* excluídas da legislação falimentar: (i) empresas públicas e sociedades de economia mista – art. 2º, I, da LF; (ii) câmaras ou prestadoras de serviços de compensação e de liquidação financeira – art. 194 da LF; e (iii) entidades fechadas de previdência complementar – art. 47 da LC 109/2001. Estão *relativamente* excluídas: (i) companhias de seguro – art. 26 do DL 73/1966; (ii) operadoras de planos privados de assistência à saúde – Lei 9.656/1998; e (iii) instituições financeiras e equiparadas (empresas de *leasing*, consórcios, fundos, sociedades de capitalização etc.) – Lei 6.024/1974, Lei 5.768/1971 e DL 261/1967; C: correta, refletindo o disposto no art. 6º, § 7º, da LF; D: incorreta, pois terá prosseguimento no juízo no qual estiver se processando a ação que demandar quantia ilíquida – art. 6º, § 1º, da LF. Ademais, o juízo da falência não abrange as causas trabalhistas, fiscais e aquelas não reguladas na LF em que o falido figurar como autor ou litisconsorte ativo – art. 76 da LF.
"Gabarito "D".

**(Cartório/MG – 2012 – FUMARC)** Sobre a Lei 11.101/2005, é **correto** o que se afirma em:

(A) Permite-se ao devedor requerer, apenas por uma vez, durante o exercício das atividades da empresa, a recuperação judicial.

(B) Na recuperação judicial, os salários de empregados não poderão ser reduzidos, ainda que fixados em convenção ou acordo coletivo, regularmente processados.

(C) Constitui documento que deverá instruir a petição inicial da recuperação judicial a relação dos bens particulares dos sócios controladores e dos administradores do devedor.

(D) O plano de recuperação será apresentado pelo devedor, em juízo, no prazo improrrogável de 30 (trinta) dias da publicação da decisão que deferir o processamento da recuperação judicial, sob pena de convolação em falência.

A: incorreta, pois, em tese, o devedor pode requerer a recuperação judicial inúmeras vezes, desde que atenda os requisitos do art. 48 da Lei de Recuperação e Falência – LF (Lei 11.101/2005), dentre eles não ter, há menos de 5 anos, obtido concessão de recuperação judicial; B: incorreta, pois é possível, na recuperação judicial, a redução salarial, compensação de horários e redução da jornada, mediante acordo ou convenção coletiva – art. 50, VIII, da LF; C: correta, nos termos do art. 51, VI, da LF; D: incorreta, pois o prazo é de 60 dias para apresentação do plano – art. 53 da LF.
"Gabarito "C".

**(Cartório/MG – 2012 – FUMARC)** Sobre a Lei 11.101/2005, **NÃO** é correto o que se afirma em:

(A) Estão sujeitos à recuperação judicial todos os créditos existentes na data do pedido, ainda que não vencidos.

(B) A rejeição do plano de recuperação judicial pela assembleia geral de credores dá causa à decretação da falência.

(C) O juízo da falência é indivisível e competente para conhecer todas as ações sobre bens, interesses e negócios do falido, inclusive as causas trabalhistas e fiscais.

(D) O devedor não poderá desistir do pedido de recuperação judicial após o deferimento de seu processamento, salvo se obtiver aprovação da desistência na assembleia geral de credores.

A: correta, pois reflete o disposto no art. 49 da Lei de Recuperação e Falência – LF (Lei 11.101/2005); B: correta, nos termos do art. 56, § 4º, da LF ; C: incorreta, devendo ser indicada, pois o juízo da falência não abrange as causas trabalhistas, fiscais e aquelas não reguladas na LF em que o falido figurar como autor ou litisconsorte ativo – art. 76 da LF; D: correta, nos termos dos arts. 52, § 4º, e 35, I, *d*, da LF.
"Gabarito "C".

**(Cartório/MG – 2012 – FUMARC)** Levando-se em conta o determinado pela Lei 11.101/2005, **NÃO** é correto o que se afirma em:

(A) Os processos de falência e os seus incidentes preferem a todos os outros na ordem dos feitos, em qualquer instância.
(B) A decretação da falência determina o vencimento antecipado das dívidas do devedor e dos sócios, ilimitada e solidariamente responsáveis, com o abatimento proporcional dos juros.
(C) A decisão que decreta a falência da sociedade com sócios ilimitadamente responsáveis também acarreta a falência destes, que ficam sujeitos aos mesmos efeitos jurídicos produzidos em relação à sociedade falida, ainda que o sócio tenha se retirado voluntariamente ou que tenha sido excluído da sociedade, há menos de 2 (dois) anos, quanto às dívidas existentes na data do arquivamento da alteração do contrato, no caso de não terem sido solvidas até a data da decretação da falência.
(D) Será decretada a falência do devedor que, sem relevante razão de direito, não paga, no vencimento, obrigação líquida materializada em título ou títulos executivos protestados cuja soma não ultrapasse o equivalente a 20 (vinte) salários mínimos na data do pedido de falência.

A: correta, pois reflete o disposto no art. 79 da Lei de Recuperação e Falência – LF (Lei 11.101/2005); B: correta, conforme o art. 77 da LF; C: correta, nos termos do art. 81 da LF; D: incorreta, devendo ser indicada. A decretação de falência decorre da insolvência jurídica, caracterizada pela (i) impontualidade injustificada, (ii) execução frustrada ou (iii) prática de atos de falência – art. 94, I, II e III, da LF. A impontualidade injustificada refere-se a débitos superiores a 40 salários mínimos (não 20, como consta da assertiva).
Gabarito "D".

**(Cartório/MG – 2012 – FUMARC)** De acordo com o disposto pela Lei 11.101/2005, é **correto** o que se afirma em:

(A) Para a realização do ativo, faz-se necessário concluir o quadro geral de credores.
(B) Sendo permitida a locação de bens da massa falida, esta situação jurídica gera direito de preferência na compra ao locatário.
(C) A falência do locador resolve o contrato de locação e, na falência do locatário, o administrador judicial pode, a qualquer tempo, denunciar o contrato.
(D) O executado, por qualquer quantia líquida que não paga, não deposita e não nomeia à penhora bens suficientes dentro do prazo legal, sujeitar-se-á a falência.

A: incorreta, pois a realização do ativo será iniciada logo após a arrecadação dos bens, com a juntada do respectivo auto ao processo de falência – art. 139 da Lei de Recuperação e Falência – LF (Lei 11.101/2005); B: incorreta, pois não há essa preferência, sendo que a alienação dar-se-á pelo maior valor oferecido, ainda que seja inferior ao valor de avaliação – art. 142, § 2º, da LF; C: incorreta, pois a falência do locador não resolve o contrato de locação – art. 119, VII, da LF; D: correta, pois trata-se da hipótese de execução frustrada, que dá ensejo à decretação de falência – art. 94, II, da LF.
Gabarito "D".

**(Cartório/RJ – 2012)** No que tange ao instituto da Falência e da Recuperação de Empresas, marque V para verdadeiro ou F para falso e, em seguida, assinale a alternativa que apresenta a sequência correta.

( ) Na falência, os créditos extraconcursais serão pagos imediatamente após o pagamento de todos os créditos de natureza concursal.
( ) O proprietário de bem arrecadado no processo de falência deverá oportunamente fazer a habilitação do seu crédito.
( ) Dentro do prazo para contestar a falência, o devedor poderá pleitear sua recuperação judicial.

(A) V/ V/ V
(B) V/ F/ F
(C) F/ F/ V
(D) F/ V/ F
(E) F/ F/ F

1ª: falsa, pois os créditos extraconcursais não entram no concurso de credores, ou seja, são pagos antes dos créditos concursais – art. 84 da Lei de Recuperação e Falência – LF (Lei 11.101/2005); 2ª: falsa, pois o proprietário de bem arrecadado no processo de falência ou que se encontre em poder do devedor na data da decretação da falência poderá pedir sua restituição – art. 85 da LF; 3ª: verdadeira, nos termos do art. 95 da LF. Por essas razões, a alternativa "C" é a correta.
Gabarito "C".

**(Cartório/RJ – 2012)** Na recuperação judicial de empresas, é correto afirmar que:

(A) É obrigatória a constituição da Assembleia Geral de Credores.
(B) Estão sujeitos todos os créditos existentes na data do pedido, desde que vencidos.
(C) O plano de recuperação não poderá envolver alienação judicial de filiais ou de unidades produtivas isoladas do devedor.
(D) O plano de recuperação implica novação dos créditos anteriores ao pedido.
(E) Durante o procedimento de recuperação, o devedor ou seus administradores serão afastados da condução da atividade empresarial.

A: incorreta, pois a assembleia geral será convocada apenas no caso de haver objeção de qualquer credor ao plano de recuperação judicial – art. 56, caput, da Lei de Recuperação e Falência – LF (Lei 11.101/2005); B: incorreta, pois também os créditos vincendos serão abrangidos pela recuperação judicial, desde que existentes na data do pedido – art. 49 da LF; C: incorreta, pois isso é possível – art. 140, II, da LF; D: correta, nos termos do art. 59 da LF; E: incorreta, pois, em regra, durante o procedimento de recuperação judicial, o devedor ou seus administradores serão mantidos na condução da atividade empresarial, sob fiscalização do Comitê, se houver, e do administrador judicial – art. 64 da LF.
Gabarito "D".

**(Cartório/RN – 2012 – IESIS)** Quanto à recuperação judicial é correto afirmar, **EXCETO**, que:

(A) O empresário individual está excluído da Lei de Recuperação de Empresas, eis que os dispositivos dedicam-se às sociedades empresárias.
(B) As instituições financeiras, públicas ou privadas, estão incluídas na Lei de Recuperação de Empresas.

(C) O devedor não poderá desistir do pedido de recuperação judicial após o deferimento de seu processamento, salvo se obtiver aprovação da desistência na assembleia geral de credores.

(D) O juiz poderá decretar a falência durante o processo de recuperação judicial por deliberação da assembleia geral de credores.

A: incorreta, devendo ser indicada, pois tanto o empresário como a sociedade empresária sujeitam-se à Lei de Recuperação e Falência – art. 1º da Lei de Recuperação e Falência – LF (Lei 11.101/2005); B: discutível. O art. 2º, II, da LF dispõe expressamente que a Lei de Recuperação e Falência não se aplica a instituição financeira pública ou privada. Ocorre que, de fato, elas estão apenas *relativamente* excluídas, sendo possível o requerimento de falência nos termos do art. 21, *b*, da Lei 6.024/1974, por exemplo – ver também Lei 5.768/1971 e DL 261/1967; C: correta, conforme o art. 52, § 4º, da LF; D: correta, nos termos do art. 73, I, da LF.
Gabarito "A".

(Cartório/SC – 2012) A sentença que decreta a falência tem natureza:

(A) Declaratória.
(B) Constitutiva.
(C) Mandamental.
(D) Cautelar.
(E) Executória.

A sentença que decreta a falência cria nova situação jurídica, gerando novas relações entre os credores e os devedores, de modo que tem natureza constitutiva – art. 99 da LF, entre outros. Por essa razão, a alternativa "B" é a correta.
Gabarito "B".

(Cartório/SC – 2012) Examinando as proposições abaixo, assinale a alternativa **correta**:

I. A falência tem por objetivo o afastamento do devedor de suas atividades para preservar e otimizar a utilização produtiva dos bens, ativos e recursos produtivos, inclusive os intangíveis, da empresa.
II. As empresas públicas e as sociedades de economia mista, quando constituídas para exploração de atividade econômica, submetem-se ao regime jurídico falimentar aplicável às empresas privadas.
III. A Lei n. 11.101/2005, que regula a recuperação judicial, a extrajudicial e a falência do empresário e da sociedade empresária, retirou do ordenamento jurídico pátrio o arcaico instituto da autofalência.
IV. De acordo com a Lei n. 11.101/2005, que regula a recuperação judicial e a falência do empresário, os créditos com privilégio especial não precedem, na ordem, os créditos com garantia real até o limite do valor do bem gravado.

(A) Somente as proposições I e IV estão corretas.
(B) Somente as proposições II, III e IV estão corretas.
(C) Somente as proposições I e III estão corretas.
(D) Somente as proposições I, III e IV estão corretas.
(E) Todas as proposições estão corretas.

I: correta, pois reflete o disposto no art. 75 da Lei de Recuperação e Falência – LF (Lei 11.101/2005); II: incorreta, pois as empresas públicas e sociedades de economia mista não se submentem à Lei de Recuperação e Falência – art. 2º, I, da LF; III: incorreta, pois o devedor pode requerer sua própria falência – art. 97, I, da LF; IV: correta, pois os créditos com garantia real, até o limite do valor gravado, ficam abaixo apenas dos créditos trabalhistas, limitados a 150 salários mínimos por credor, e dos decorrentes de acidentes de trabalho – art. 83, II, da LF.
Gabarito "A".

(Cartório/AC – 2006 – CESPE) De acordo com os institutos da falência e da recuperação judicial, julgue os itens a seguir.

(1) A formação da massa falida subjetiva, a suspensão das ações individuais contra o falido, o vencimento antecipado dos créditos e a suspensão da fluência dos juros são, em regra, efeitos produzidos pela sentença declaratória de falência em relação aos credores.
(2) No caso de recuperação judicial, as atribuições da assembleia dos credores incluem aprovar, rejeitar ou modificar o plano de recuperação judicial apresentado pelo devedor e deliberar quanto ao pedido de desistência do devedor.
(3) Existem três fases de recuperação judicial: a postulatória, a deliberativa e a de execução. Nesta última, discute-se e aprova-se um plano de recuperação do devedor ou de reorganização da empresa.
(4) As hipóteses de reabilitação do falido incluem o pagamento dos créditos ou a novação destes com garantia real e o decurso do prazo de 5 anos após o encerramento da falência, independentemente de o falido ou de o representante legal da sociedade falida ter incorrido em crime falimentar.

1: correta, nos termos dos arts. 77 [vencimento antecipado das dívidas], 99, V [suspensão de ações e execuções], 115 [massa falida subjetiva] e 124 [inexigibilidade de juros contra a massa falida] da Lei de Recuperação e Falência – LF (Lei 11.101/2005; 2: correta, pois a atribuição é prevista no art. 35, I, "a", da LF; 3: incorreta. Na (i) *fase postulatória* é formulado o pedido de recuperação (ver arts. 48 e 51 da LF), a (ii) *fase deliberativa* inicia-se com o deferimento do processamento da recuperação judicial pelo juiz, com diversas providências relacionadas à apresentação e análise do plano de recuperação, apuração das dívidas e comunicações aos credores e, inexistindo objeção ou havendo aprovação pela assembleia geral de credores, concessão da recuperação judicial pelo juiz (ver arts. 52 a 58 da LF), e, finalmente, a (iii) fase executiva refere-se à implementação do plano de recuperação e, em caso de sucesso, termina com a sentença que decreta o encerramento da recuperação judicial (ver arts. 60 a 63 da LF). Portanto, a assertiva refere-se à fase deliberativa, não à de execução, razão pela qual é incorreta; 4: incorreta, pois o prazo para extinção das obrigações do falido (habilitação civil) é de 10 anos, quando há condenação pela prática de crime falimentar – art. 158, IV, da LF.
Gabarito 1C, 2C, 3E, 4E.

(Cartório/AM – 2005 – FGV) Segundo a legislação em vigor, não se extinguem as obrigações do falido:

(A) em qualquer hipótese, com a sentença de encerramento.
(B) com o pagamento de todos os créditos.

(C) com o pagamento, depois de realizado todo o ativo, de mais de 50% (cinquenta por cento) dos créditos quirografários, sendo facultado ao falido o depósito da quantia necessária para atingir essa porcentagem se para tanto não bastou a integral liquidação do ativo.

(D) com o decurso do prazo de 5 (cinco) anos, contado do encerramento da falência, se o falido não tiver sido condenado por prática de crime previsto na Lei de Falências.

(E) com o decurso do prazo de 10 (dez) anos, contado do encerramento da falência, se o falido tiver sido condenado por prática de crime previsto na Lei de Falências.

A: correta. Nos termos do art. 158 da LF, extingue as obrigações do falido (i) o pagamento de todos os créditos, (ii) o pagamento, depois de realizado todo o ativo, de mais de 50% dos créditos quirografários, sendo facultado ao falido o depósito da quantia necessária para atingir essa porcentagem se para tanto não bastou a integral liquidação do ativo, (iii) o decurso do prazo de 5 (cinco) anos, contado do encerramento da falência, se o falido não tiver sido condenado por prática de crime previsto na LF, ou (iv) o decurso do prazo de 10 anos, contado do encerramento da falência, se o falido tiver sido condenado por prática de crime previsto na LF. Como se vê, a assertiva "A" deve ser anotada, pois não indica hipótese de habilitação civil do falido.
Gabarito "A".

**(Cartório/AP – 2011 – VUNESP)** Empresário que exerce atividade empresária sem prévia inscrição no Registro do Comércio

(A) poderá pleitear recuperação judicial em caso de crise econômico financeira.

(B) estará sujeito à decretação de sua falência no caso de impontualidade.

(C) poderá requerer a falência de empresário irregular.

(D) poderá requerer a falência de empresário regular.

(E) não poderá habilitar seu crédito na recuperação judicial de empresário regular.

A: incorreta, pois somente o empresário regular pode pleitear recuperação judicial – art. 51, II, da LF; B: correta, pois mesmo o empresário não inscrito se sujeita à falência, bastando que exerça a atividade empresária – art. 966 do CC e art. 1º da LF. Em relação às sociedades, mesmo a despersonalizada (nunca houve inscrição no registro competente – é sociedade em comum – art. 986 do CC) ou a simplesmente irregular (houve inscrição no registro competente, mas, posteriormente, descumpriu-se algum requisito para a regularidade registrária) submetem-se à LF, desde que exerçam atividade empresária; C e D: incorretas, pois somente o empresário ou a sociedade empresária regular poderá requerer a falência de outro ou a autofalência – arts. 97, § 1º, e 105, I, da LF; E: incorreta, pois a habilitação do crédito não depende da regularidade do credor – art. 9º da LF.
Gabarito "B".

**(Cartório/AP – 2011 – VUNESP)** Quanto à recuperação extrajudicial é correto afirmar:

(A) O plano pode abranger somente os credores signatários, hipótese em que pode tratá-los de modo heterogêneo.

(B) Os atos praticados em cumprimento ao plano homologado judicialmente não estão sujeitos a revogação, na hipótese de decretação de falência, ainda que demonstrado prejuízo a outros credores.

(C) O plano deve contemplar o pagamento integral dos créditos trabalhistas no prazo máximo de 1 ano a contar da homologação judicial.

(D) Enquanto estiver cumprindo regularmente o plano homologado, o devedor não poderá ter sua falência decretada, ainda que a pedido de credor não sujeito ao plano.

(E) É a Assembleia Geral de Credores que aprova o plano, por meio de *quorum* especial.

A: correta, conforme o art. 161, *caput*, e §§ 4º e 5º, da LF; B: incorreta, pois são revogáveis os atos praticados com a intenção de prejudicar credores, provando-se o conluio fraudulento entre o devedor e o terceiro que com ele contratar e o efetivo prejuízo sofrido pela massa falida – art. 130 da LF. Ademais, ato pode ser declarado ineficaz ou revogado, ainda que praticado com base em decisão judicial – art. 138 da LF; C: incorreta, pois os créditos trabalhistas não são abrangidos pela recuperação extrajudicial – art. 161, § 1º, da LF. A assertiva se refere à recuperação judicial – art. 54 da LF; D: incorreta, pois o pedido de homologação do plano de recuperação extrajudicial não acarretará suspensão de direitos, ações ou execuções, nem a impossibilidade do pedido de decretação de falência pelos credores não sujeitos ao plano de recuperação extrajudicial – art. 161, § 4º, da LF; E: incorreta, pois não há assembleia de credores na recuperação extrajudicial, sendo que o plano é proposto diretamente pelo devedor aos credores e com eles negociado – art. 161 da LF.
Gabarito "A".

**(Cartório/BA – 2004 – CESPE)** Julgue o item que se segue, referente ao direito comercial brasileiro.

(1) Poderá ser declarada a falência de determinada sociedade anônima que, executada, não pague a dívida nem nomeie bens passíveis de penhora, dentro do prazo legal.

1: correta, pois a sociedade anônima sempre tem natureza empresarial, qualquer que seja seu objeto (art. 982, parágrafo único, do CC), de modo que se sujeita inequivocamente à falência (art. 1º da LF), e porque a impontualidade injustificada e a execução frustrada caracterizam a insolvência jurídica que dá ensejo à falência (art. 94, I e II, da LF).
Gabarito 1C.

**(Cartório/BA – 2004 – CESPE)** No que se refere a falências e concordatas, julgue os seguintes itens.

(1) Considere que determinada sociedade em comum seja credora de sociedade limitada que procedeu à liquidação precipitada dos bens sociais. Nessa situação, é lícito que a sociedade em comum requeira a falência da sociedade limitada.

(2) Declarada a falência de determinado empresário, devem ser encerradas as contas correntes por ele mantidas.

1: incorreta, pois a sociedade em comum é irregular (= não foi inscrita no registro competente), o que, no caso de sociedade empresarial, impede que requeira a falência do devedor – art. 97, § 1º, da LF; 2: correta, pois as contas correntes com o devedor consideram-se encerradas no momento de decretação da falência, verificando-se o respectivo saldo – art. 121 da LF.
Gabarito 1E, 2C.

**(Cartório/DF – 2008 – CESPE)** Com relação à disciplina do empresário, das sociedades comerciais (empresárias), da empresa e do estabelecimento empresarial, conforme disposto no Código Civil de 2002, julgue os itens seguintes.

(1) Não constitui causa de decretação de falência o fato de um empresário transferir seu estabelecimento empresarial a terceiro sem o consentimento de todos os seus credores, de modo a ficar sem bens suficientes para solver o seu passivo.

1: incorreta, nos termos do art. 94, III, *c*, da Lei 11.101/2005 – é causa para decretação de falência.
Gabarito 1E

**(Cartório/DF – 2008 – CESPE)** Joaquim Silva e Pedro Parente, pessoas físicas domiciliadas em Brasília – DF, constituíram uma sociedade empresária à qual deram o nome empresarial Joaquim Silva e Pedro Parente Ltda., com sede em Brasília – DF e registro na Junta Comercial do DF, onde os sócios-administradores tomam as decisões sobre os seus interesses sociais. A atividade principal dessa sociedade empresária consiste na fabricação de embalagens plásticas à base de polietileno. Dadas as facilidades e os incentivos fiscais oferecidos pelo estado de Goiás, o estabelecimento empresarial – a fábrica – foi instalado no município de Aparecida de Goiânia – GO, em imóvel de propriedade da sociedade, onde foi criada uma filial e feito o registro perante a Junta Comercial daquele Estado. Para a formação do capital social da sociedade, Joaquim Silva contribuiu com o valor de R$ 1.000.000,00, dividido em 10 dez parcelas mensais e consecutivas de R$ 100.000,00, com vencimento da primeira parcela no momento da formalização do contrato de constituição da sociedade. Já o sócio Pedro Parente obrigou-se, no contrato de sociedade, à transferência de uma nota promissória emitida à sua ordem por Francisco, no valor de R$ 1.000.000,00. Com base nessa situação hipotética, julgue os itens seguintes.

(1) Na eventualidade de um pedido de recuperação judicial em decorrência de crise financeira da sociedade, o juízo da Comarca de Brasília – DF seria competente para deferir a recuperação judicial, homologar o plano de recuperação extrajudicial ou decretar uma possível falência.

(2) No caso de eventual recuperação judicial da sociedade em questão, nem o credor do contrato de arrendamento mercantil nem o credor de contrato de alienação fiduciária em garantia, desde que tais contratos contivessem cláusula de irrevogabilidade ou irretratabilidade, se submeteriam aos efeitos da recuperação judicial, prevalecendo o direito de propriedade sobre as coisas e as condições contratuais estabelecidas.

1: correta, pois a competência do juízo da recuperação e da falência é fixada pelo local em que está o principal estabelecimento da empresa, qual seja o centro das atividades empresariais (ver CC 37.736/SP-STJ) – art. 3º da Lei 11.101/2005; o local onde são tomadas as decisões sociais (DF) é um critério importante para essa definição, muito embora a instalação da fábrica em Goiás possa causar controvérsia a respeito; 2: correta, conforme o art. 49, § 3º, da Lei 11.101/2005.
Gabarito 1C; 2C

**(Cartório/DF – 2006 – CESPE)** Acerca da nova Lei de Falências, julgue os próximos itens.

(1) A nova Lei de Falências determina que os registros públicos de empresas deverão manter banco de dados público, gratuito e disponível na rede mundial de computadores, contendo a relação de todos os devedores falidos ou em recuperação judicial.

(2) Caso falte ao cumprimento de quaisquer dos deveres que a nova Lei de Falências lhe impõe, após intimado pelo juiz a fazê-lo, o falido responderá por crime de desobediência.

1: correta, nos termos do art. 196 da LF; 2: correta, pois é o que dispõe o art. 104, parágrafo único, da LF.
Gabarito 1C; 2C

**(Cartório/DF – 2001 – CESPE)** O banco Z celebrou com a sociedade comercial X contrato de mútuo. A primeira parcela do empréstimo terá seu vencimento para o dia 15.9.2001.

Considerando a situação hipotética descrita, julgue os seguintes itens, relacionados à universalidade do juízo da falência e à competência para o seu requerimento.

(1) Observados os requisitos legais, o banco Z poderá requerer a falência da sociedade X mesmo antes do vencimento de seu crédito.

(2) Se o empréstimo tiver sido garantido por hipoteca, ainda que seu crédito esteja vencido, o banco Z não poderá requerer a falência do devedor.

(3) Caso seja decretada a falência da sociedade X, todas as execuções em curso, inclusive aquelas propostas pela fazenda pública, serão suspensas e seus autores deverão pedir habilitação na falência.

(4) Se for decretada a falência da sociedade X, as reclamações trabalhistas que tenham sido propostas contra ela deverão ser julgadas pelo juízo da falência.

(5) Se for decretada a falência da sociedade X, a remuneração a ser paga ao síndico da falência gozará dos mesmos privilégios atribuídos aos créditos trabalhistas e será paga prioritariamente em relação aos créditos de natureza tributária.

1: correta, pois além da impontualidade injustificada e da execução frustrada (que pressupõem a inadimplência do devedor), também a prática de atos de falência caracteriza a insolvência jurídica que dá ensejo à falência, ainda que não haja atraso no pagamento – art. 94, III, da LF; 2: incorreta, pois mesmo o credor garantido por hipoteca tem legitimidade para requerer a falência do devedor, desde que haja insolvência jurídica caracterizada na forma do art. 94 da LF, lembrando que seu crédito será privilegiado na ordem dos créditos concursais, nos termos do art. 83, II, da LF; 3: incorreta, pois a falência não suspende as execuções fiscais, nos termos do art. 187

do CTN e do art. 76 da LF; 4: incorreta, pois as ações trabalhistas serão processadas perante a justiça especializada até a apuração do respectivo crédito, que será inscrito no quadro-geral de credores pelo valor determinado em sentença – art. 6º, § 2º, da LF; 5: correta. Atualmente, a legislação falimentar se refere ao administrador judicial (não mais ao síndico), sendo que sua remuneração é crédito extraconcursal (não entra no concurso de credores), sendo, portanto, pago antes dos créditos listados no art. 83 da LF. Dentre os créditos extraconcursais (relativos a fatos posteriores à quebra) há também uma ordem de preferência (art. 84 da LF) e no topo dela estão as remunerações ao administrador e seus auxiliares e créditos trabalhistas e acidentários, de modo que serão pagos antes que os tributários extraconcursais (aqueles relativos a fatos geradores posteriores à quebra).

Gabarito 1C, 2E, 3E, 4E, 5C

**(Cartório/DF – 2001 – CESPE)** Determinada fundação de direito privado prestou serviços em favor da sociedade Cia. Agrícola do Planalto, que explora atividades de agricultura. Para permitir a cobrança do seu crédito, a fundação emitiu título contra a referida companhia que, não sendo pago, foi objeto de protesto.

Em face da situação hipotética acima descrita, julgue os itens a seguir.

(1) A fundação não poderá requerer a falência da sociedade em questão, haja vista a atividade explorada pela devedora ser considerada civil, e somente ser possível a decretação de falência de comerciantes individuais ou coletivos.

(2) O título emitido pela fundação deve ter sido uma duplicata de prestação de serviços, que, observadas as exigências legais, legitima o requerimento de falência.

1: incorreta, até porque a assertiva não tem sentido. O fato de apenas empresários ou sociedades empresárias estarem sujeitos à falência (art. 1º da LF) não tem relação com a qualificação do credor legitimado para o pedido. Na verdade, é certo que qualquer credor pode requerer a falência do devedor (art. 97, IV, da LF), lembrando que o credor empresário ou sociedade empresária deve ser regular (art. 97, § 1º, da LF); 2: correta, pois a duplicata é o título emitido para documentar o crédito decorrente da prestação de serviço ou venda de mercadorias. A rigor, o art. 2º da Lei das Duplicatas – LD (Lei 5.474/1968) afirma, inclusive, que não é admitida qualquer outra espécie de título de crédito para documentar o saque do vendedor pela importância faturada ao comprador.

Gabarito 1E, 2C

**(Cartório/DF – 2001 – CESPE)** O beneficiário de um cheque propôs ação executiva contra a sociedade KL S.A., emitente do título. Tendo sido frustrada a execução, ele requereu a falência da devedora.

Em face dessa situação e da legislação pertinente, julgue os seguintes itens.

(1) O requerimento de falência somente será considerado procedente se o cheque tiver sido protestado.

(2) A sociedade somente poderá apresentar defesa se efetuar o depósito elisivo da falência.

(3) O beneficiário do título, por ocasião de seu requerimento, não será obrigado a demonstrar a origem de seu crédito.

(4) Ainda que não tenham decorridos dois anos do encerramento de sua atividade, não será decretada a falência da devedora se já tiver sido liquidado e partilhado seu ativo.

(5) A sentença que venha a decretar a falência na hipótese em exame não poderá ser embargada pela devedora.

1: incorreta. Se a falência tivesse sido requerida diretamente com base no título de crédito inadimplido (impontualidade injustificada – art. 94, I, da LF), o protesto para fins falimentar seria imprescindível (§ 3º). Entretanto, o pedido em questão foi feito com fundamento na execução frustrada (art. 94, II, da LF), que não exige prévio protesto; 2: incorreta, pois o depósito elisivo quita o débito que deu ensejo ao pedido de falência e, com isso, afasta a quebra – art. 98, parágrafo único, da LF; 3: correta, pois, para o pedido de falência, basta o título de crédito inadimplido, levado ao protesto para fins falimentares – art. 94, I, e § 3º, da LF. Entretanto, é importante lembrar que, para a habilitação do crédito, o credor deverá indicar a origem e classificação, sendo exceção ao princípio da abstração dos títulos de crédito (segundo Fábio Ulhoa Coelho) – art. 9º, II, da LF; 4: correta, lembrando que a norma do art. 96, § 1º, da LF refere-se às sociedades anônimas; 5: correta, pois da decisão que decreta a falência cabe agravo (e da que julga a improcedência cabe apelação) – art. 100 da LF.

Gabarito 1E, 2E, 3C, 4C, 5C

**(Cartório/ES – 2007 – FCC)** De acordo com a Lei 11.101/2005, em regra, a decretação da falência ou o deferimento do processamento da recuperação judicial

(A) não suspende o curso da prescrição e de todas as ações e execuções em face do devedor, mas suspenderá aquelas dos credores particulares do sócio solidário.

(B) não suspende o curso da prescrição e de todas as ações e execuções em face do devedor, não suspendendo, também, aquelas dos credores particulares do sócio solidário.

(C) suspende o curso da prescrição e de todas as ações e execuções em face do devedor, inclusive aquelas dos credores particulares do sócio solidário.

(D) suspende o curso da prescrição e de todas as ações e execuções em face do devedor, exceto aquelas dos credores particulares do sócio solidário.

(E) não suspende o curso da prescrição, mas suspenderá todas as ações e execuções em face do devedor, exceto aquelas dos credores particulares do sócio solidário.

C: correta. Nos termos do art. 6º, *caput*, da LF, a decretação da falência ou o deferimento do processamento da recuperação judicial suspende o curso da prescrição e de todas as ações e execuções em face do devedor, inclusive aquelas dos credores particulares do sócio solidário. Por essa razão, a alternativa "C" é a correta.

Gabarito "C"

**(Cartório/MT – 2005 – CESPE)** Assinale a opção incorreta quanto ao direito falimentar.

(A) A falência poderá ser requerida por qualquer sócio, à exceção do comanditário, e por acionista da sociedade por ações.

(B) Levado a efeito endosso em preto, o endossatário adquirirá competência para requerer a falência da pessoa jurídica emitente do respectivo título.
(C) Instaurado competente processo falimentar, caso não seja declarada a falência, em sede de decisão de mérito, caberá recurso de apelação.
(D) Se determinada pessoa, legalmente impedida de exercer atividade empresarial, descumprir essa determinação legal, poderá advir a declaração de sua falência, a qual será fraudulenta.

A: incorreta, pois qualquer sócio cotista ou acionista do devedor pode requerer sua falência, na forma da lei ou do ato constitutivo da sociedade – art. 97, III, da LF; B: correta, pois o endossatário é, no caso, o titular do crédito (= credor) e, portanto, legitimado para o pedido – art. 97, IV, da LF; C: correta, pois da sentença que julga a improcedência cabe apelação (e da decisão que decreta a falência cabe agravo – art. 100 da LF); D: correta, podendo haver tipificação penal, inclusive – art. 176 da LF.
Gabarito "A".

**(Cartório/RR – 2001 – CESPE)** Considerando as regras que disciplinam a legitimidade para o requerimento de falência, assinale a opção correta.

(A) Somente comerciante possui legitimidade para requerer a falência de terceiro.
(B) Comerciante de fato poderá falir; não poderá, todavia, requerer falência de terceiro.
(C) Aqueles que sejam proibidos de exercer o comércio não poderão ter sua falência decretada.
(D) Somente poderá ser decretada a falência de mulher casada, assim como do homem casado, se esse cônjuge tiver exercido o comércio com autorização uxória ou marital, formalizada por instrumento público, registrado em junta comercial.
(E) Com a morte do comerciante individual, não pode ser decretada a falência de seu espólio, devendo, na hipótese, ser instaurado processo de inventário.

A: incorreta, pois qualquer credor pode requerer a falência do devedor, desde que haja insolvência jurídica – arts. 94 e 97, IV, da LF; B: correta. Mesmo o empresário ou sociedade empresária irregular (sem inscrição no registro competente) sujeita-se à falência – art. 1º da LF. Entretanto, o credor empresário deverá comprovar sua regularidade para que possa requerer a falência de devedor – art. 97, § 1º, da LF; C: incorreta, pois o exercício da atividade empresarial (e, portanto, a qualificação como empresário ou sociedade empresária) possibilita a quebra – art. 1º da LF. Interessante lembrar que esse exercício de atividade por quem foi inabilitado ou incapacitado pode implicar tipificação penal – art. 176 da LF; D: incorreta, pois não é necessária outorga conjugal para o exercício de atividade empresarial; E: incorreta, pois afasta-se a possibilidade de falência somente após 1 ano contado da morte do devedor – art. 96, § 1º, da LF.
Gabarito "B".

**(Cartório/SC – 2008)** Tendo em vista a nova Lei de Recuperação de Empresas e de Falência (Lei 11.101, de 9.2.2005), observadas as proposições abaixo, assinale a alternativa correta:

I. Sujeitam-se e podem se beneficiar da nova Lei as sociedades rurais que, observadas as formalidades do art. 968 do Código Civil, estejam inscritas no Registro de Empresa.

II. Está sujeito à falência o devedor que não paga, no vencimento, obrigação líquida materializada em título ou títulos executivos protestados cuja soma ultrapasse 20 salários mínimos na data do pedido de falência.
III. As despesas que os credores fizerem para tomar parte na recuperação judicial e na falência, salvo as custas judiciais decorrentes de litígio com o devedor, não são exigíveis na recuperação judicial e na falência.
IV. O pagamento aos credores do falido, depois de liquidados os créditos extraconcursais e feitas as restituições devidas, deve ser iniciado, qualquer que seja o valor individual por credor, pelos créditos derivados da legislação do trabalho e os decorrentes de acidentes de trabalho.

(A) Somente as proposições I e III estão corretas.
(B) Somente as proposições I e II estão corretas.
(C) Somente a proposição III está correta.
(D) Somente a proposição IV está incorreta.
(E) Todas as proposições estão corretas.

I: correta, pois as sociedades rurais inscritas no registro público, nos termos do art. 968 do CC, equiparam-se às sociedades empresárias e sujeitam-se à Lei de Recuperação e Falência – art. 984 do CC; II: incorreta, já que o limite mínimo, para o pedido de falência por inadimplência, é de 40 salários-mínimos – art. 94, I, da LF; III: correta, nos termos do art. 5º, II, da LF; IV: incorreta, conforme os arts. 149, 150 e 151 da LF.
Gabarito "A".

**(Cartório/SE – 2006 – CESPE)** O item seguinte apresenta uma situação hipotética seguida de uma assertiva a ser julgada, acerca da disciplina normativa da falência das sociedades empresárias.

(1) Determinada sociedade empresária, constituída há mais de 5 anos, tem-se esquivado de efetuar o pagamento de vários títulos executivos protestados, sem relevante razão de direito, cuja soma é de cerca de R$ 13.980,00. Nessa situação, requerida a falência da sociedade empresária, o juízo competente não poderá decretá-la, por ausência de requisitos legais.

1: correta. O débito inadimplido deve ser superior a 40 (quarenta) salários-mínimos (montante maior que R$ 13.980,00) para a decretação de falência, na hipótese do art. 94, I, da LF. No entanto, poderá ser decretada a falência caso haja execução e o débito não seja pago ou garantido por depósito ou penhora (art. 94, II, da LF), ou ainda se o devedor praticar os atos descritos no art. 94, III, da LF.
Gabarito 1C

**(Cartório/SP – II – VUNESP)** Após a decretação da falência de uma sociedade comercial, credor e devedor celebram acordo com o pagamento do credor requerente, nesta hipótese:

(A) deve o juiz revogar a falência.
(B) deve o juiz convolar a falência em concordata suspensiva.
(C) não é possível afastar o decreto de quebra.
(D) só após ação revocatória poderia ser celebrado o acordo.

O depósito elisivo (pagamento da dívida) somente afasta a quebra se for realizado dentro do prazo da contestação (nos casos dos pedidos fundados em inadimplência injustificada e execução forçada) – art. 98, parágrafo único, da LF. Por essa razão, a alternativa "C" é a correta.
Gabarito "C".

**(Cartório/SP – II – VUNESP)** O registro da permuta do estabelecimento comercial dentro do termo legal da falência

(A) é ineficaz em relação à massa falida.
(B) tem eficácia se feito anterior à quebra, independente dos fatos.
(C) para ter sua ineficácia declarada depende da prova de fraude.
(D) não pode ser feito.

A: incorreta, pois haverá ineficácia somente no caso de transferência de estabelecimento sem o consentimento expresso ou o pagamento de todos os credores, a esse tempo existentes, não tendo restado ao devedor bens suficientes para solver o seu passivo, salvo se, no prazo de 30 dias, não houver oposição dos credores, após serem devidamente notificados, judicialmente ou pelo oficial do registro de títulos e documentos – art. 129, VI, da LF. Ademais, o ato poderá ser revogado se houve intenção de prejudicar credores, na forma do art. 130 da LF; B: incorreta, conforme comentário à alternativa anterior; C: incorreta, pois é irrelevante a intenção de fraudar credores para a ineficácia objetiva prevista no art. 129 da LF, podendo ser declarada de ofício pelo juiz. Exige-se comprovação de fraude apenas nos casos de ineficácia subjetiva – art. 130 da LF, caso em que o ato é revogável; D: incorreta, pois a permuta (e consequente transferência de estabelecimento) somente é ineficaz perante a massa na hipótese do art. 129, VI, da LF (ou no caso de ineficácia subjetiva prevista no art. 130 da LF). Observação: conforme nossos comentários, discordamos do gabarito oficial, pois parece-nos que todas as alternativas são incorretas.
Gabarito "C".

**(Cartório/SP – V – VUNESP)** Estão sujeitos à recuperação judicial

(A) todos créditos vencidos e inadimplidos pelo empresário individual ou pela sociedade empresária.
(B) os créditos quirografários vencidos e inadimplidos pelo empresário individual ou pela sociedade empresária.
(C) todos créditos existentes na data do ajuizamento do pedido pelo empresário individual ou pela sociedade empresária.
(D) todos créditos quirografários vencidos e vincendos.

C: correta. O *caput* do art. 49 da LF dispõe que a recuperação judicial abrange todos os créditos vencidos e vincendos existentes na data do pedido. Por essas razões, a alternativa "C" é a correta. Importante observar, no entanto, que há exceções à regra geral (caso dos tributos, que não são incluídos na recuperação, sem prejuízo da possibilidade de parcelamento, desde que previsto em legislação específica – art. 6º, § 7º, da LF).
Gabarito "C".

**(Cartório/SP – V – VUNESP)** Na falência ou na recuperação judicial, inclui-se entre as atribuições do comitê de credores

(A) consolidar quadro geral de credores.
(B) fiscalizar a atuação do administrador judicial.
(C) deliberar sobre a alienação de bens ou a realização do ativo do devedor.
(D) convocar a assembleia geral de credores.

A: incorreta, pois a consolidação do quadro geral de credores é atribuição do administrador judicial – art. 18 da LF; B: correta, conforme o art. 27, I, *a*, da LF; C: incorreta, pois o comitê pode apenas orientar o juiz na alienação dos ativos, conforme o art. 142 da LF, além de submeter à apreciação do juiz a alienação de bens do ativo permanente antes da aprovação do plano de recuperação judicial, nas hipóteses e condições do art. 27, II, *c*, da LF; D: incorreta, pois a assembleia geral de credores é convocada pelo juiz – art. 36 da LF.
Gabarito "B".

**(Cartório/SP – V – VUNESP)** A homologação judicial do plano de recuperação extrajudicial é

(A) sempre obrigatória, não bastando o mero acordo de vontades para que se alcance o desiderato, mesmo contando com a adesão da totalidade dos credores atingidos pelas medidas nele previstas.
(B) sempre facultativa, pois visa apenas revestir o ato de maior solenidade e chamar a atenção das partes para a sua importância, não criando e nem extinguindo direitos.
(C) obrigatória somente quando a maioria dos credores atingidos concorda em apoiá-lo, mas uma minoria nega a sua adesão, em vista do maior alcance dos seus efeitos.
(D) justificável somente quando houver a necessidade de alienação de filiais ou unidades produtivas isoladas, se previstas tais medidas, ainda que não seja por hasta judicial.

C: correta. A homologação judicial é necessária apenas para obrigar a todos os credores abrangidos pelo plano de recuperação judicial (mesmo os que não aderiram a ele), desde que assinado por credores que representem mais de 3/5 (três quintos) de todos os créditos de cada espécie por ele abrangidos – art. 163 da LF. Por essa razão, a alternativa "C" é a única correta.
Gabarito "C".

**(Cartório/SP – VI – VUNESP)** A lei especial prevê hipóteses de exclusão, total ou parcial, das sociedades empresárias do regime falencial, submetendo-as, dessarte, ou sempre a regime concursal diverso do falimentar, quando total a exclusão, ou a procedimento extrajudicial de liquidação concursal alternativo ao processo falimentar, quando parcial a exclusão. Sendo assim, assinale a alternativa correta.

(A) Em nenhum caso o empresário excluído, absoluta ou relativamente, do processo falimentar, submete-se à insolvência civil.
(B) As câmaras ou prestadoras de serviços de compensação e liquidação financeira estão excluídas relativamente do processo falimentar, podendo, em certas circunstâncias especiais, ter a falência decretada.
(C) As seguradoras estão excluídas de forma absoluta do processo falimentar, não podendo ver decretada a falência em nenhuma hipótese, pois só podem ser submetidas ao procedimento específico de execução concursal, denominado *liquidação compulsória*, sob condução da Susep – Superintendência de Seguros Privados.
(D) Tanto as entidades abertas quanto as fechadas, de previdência complementar, estão excluídas, de forma absoluta, do processo falimentar, pois ambas estão sujeitas, unicamente, à liquidação extrajudicial.

Estão *absolutamente* excluídas da legislação falimentar: (i) empresas públicas e sociedades de economia mista – art. 2º, I, da LF; (ii) câmaras ou prestadoras de serviços de compensação e de liquidação financeira – art. 194 da LF; e (iii) entidades fechadas de previdência complementar – art. 47 da LC 109/2001. Estão *relativamente* excluídas: (i) companhias de seguro – art. 26 do DL 73/1966; (ii) operadoras de planos privados de assistência à saúde – Lei 9.656/1998 e MP 2.177-44/2001; e (iii) instituições financeiras e equiparadas (empresas de *leasing*, consórcios, fundos, sociedades de capitalização etc.) – Lei 6.024/1974, Lei 5.768/1971 e DL 261/1967. Em nenhuma hipótese essas entidades sujeitam-se à insolvência civil, razão pela qual a assertiva "A" é a correta.
Gabarito "A".

**(Cartório/SP – VII – VUNESP)** Sobre os efeitos da falência disciplinada na Lei 11.101/205, é correto afirmar:

(A) os contratos bilaterais resolvem-se pela falência, sendo vedado ao administrador judicial dar a eles cumprimento.
(B) a decretação da falência não suspende o exercício do direito de retenção sobre os bens ainda que o administrador entenda ser o caso de arrecadação.
(C) a decretação da falência não faz cessar o mandato judicial conferido pelo devedor falido, cabendo ao mandatário prestar contas de sua gestão ao administrador, que poderá revogar o aludido mandato.
(D) o falido fica inabilitado para exercer qualquer atividade empresarial a partir da decretação da falência, durante 05 anos.

A: incorreta, pois os contratos bilaterais não se resolvem pela falência e podem ser cumpridos pelo administrador judicial se o cumprimento reduzir ou evitar o aumento do passivo da massa falida ou for necessário à manutenção e preservação de seus ativos, mediante autorização do Comitê – art. 117 da LF; B: incorreta, pois a decretação de falência não suspende o exercício do direito de retenção sobre os bens sujeitos à arrecadação, os quais deverão ser entregues ao administrador judicial – art. 116, I, da LF; C: correta, pois o mandato conferido para representação judicial do devedor continua em vigor até que seja expressamente revogado pelo administrador judicial – art. 120, § 1º, da LF; D: incorreta, pois a inabilitação civil do falido inicia-se com a decretação da quebra e termina com a sentença que extingue suas obrigações (art. 102 da LF), o que ocorre nas situações previstas no art. 158 da LF (dentre elas, com o decurso do prazo de 5 anos contados do encerramento da falência, não da decretação da quebra). É importante lembrar que, em caso de crime falimentar, a sentença condenatória poderá implicar inabilitação para o exercício de atividade empresarial que perdurará até 5 anos após a extinção da punibilidade, podendo, contudo, cessar antes pela reabilitação penal – art. 181, I e § 1º, da LF. Ademais, o prazo para extinção das obrigações do falido (habilitação civil) é de 10 anos, quando há condenação pela prática de crime falimentar – art. 158, IV, da LF.
Gabarito "C".

**(Cartório/SP – VII – VUNESP)** Sobre o administrador judicial disciplinado na Lei 11.101/2005, é incorreto afirmar que

(A) pode ser nomeada como administrador judicial uma pessoa jurídica especializada.
(B) na falência, o administrador judicial poderá transigir sobre o recebimento de créditos da falida, inclusive concedendo abatimentos, desde que sejam créditos de difícil recuperação, dispensando-se, nesta hipótese, a necessidade de autorização judicial ou concordância dos credores.
(C) na recuperação judicial, ao administrador judicial compete requerer a falência no caso de descumprimento de obrigação prevista no plano, sem prejuízo da iniciativa de credores ou do Ministério Público.
(D) na falência, o administrador judicial representará a massa falida em Juízo.

A: correta, pois o administrador judicial será profissional idôneo, preferencialmente advogado, economista, administrador de empresas ou contador, ou pessoa jurídica especializada – art. 21 da LF; B: incorreta, pois, na falência, o administrador judicial não poderá transigir sobre obrigações e direitos da massa falida e conceder abatimento de dívidas, ainda que sejam consideradas de difícil recebimento, exceto se houver autorização judicial, após ouvidos o Comitê e o devedor no prazo comum de 2 dias – art. 22, § 3º, da LF; C: correta, nos termos do art. 22, II, "b", da LF; D: correta, conforme o art. 22, III, "n", da LF.
Gabarito "B".

# 10. TEMAS COMBINADOS E OUTRAS MATÉRIAS

**(Cartório/SP – 2012 – VUNESP)** Assinale a alternativa correta.

(A) As quotas dos Fundos de Investimento Imobiliário constituem valores mobiliários, admitida a emissão sob a forma escritural.
(B) Os Fundos de Investimento Imobiliário têm personalidade jurídica.
(C) Os bens integrantes do patrimônio do Fundo de Investimento integram o patrimônio da instituição administradora.
(D) É exigida a apresentação de Certidão Negativa de Débito, expedida pelo Instituto Nacional da Seguridade Social, para a alienação de bem imóvel integrante do patrimônio do Fundo de Investimento Imobiliário.

A: correta, nos termos do art. 3º da Lei 8.668/1993; B: incorreta, pois os fundos de investimento imobiliário não têm personalidade jurídica – art. 1º da Lei 8.668/1993; C: incorreta, pois não é possível essa confusão – art. 7º, I, da Lei 8.668/1993; D: incorreta, pois a instituição financeira fica dispensada da apresentação dessa certidão negativa para a alienação de imóveis integrantes do patrimônio do fundo de investimento imobiliário – art. 7º, § 3º, da Lei 8.668/1993.
Gabarito "A".

**(Cartório/SP – 2011 – VUNESP)** Sobre Instituições Financeiras, é incorreto afirmar:

(A) as empresas administradoras de cartão de crédito são instituições financeiras e, por isso, os juros remuneratórios por elas cobrados não sofrem as limitações da Lei de Usura.
(B) nos contratos bancários posteriores ao Código de Defesa do Consumidor, incide a multa moratória de 2%, conforme entendimento fixado no Superior Tribunal de Justiça.
(C) o Superior Tribunal de Justiça firmou entendimento de que a renegociação de contrato bancário impede a discussão sobre ilegalidades de contratos anteriores.
(D) estão sujeitas à aplicação do Código de Defesa do Consumidor.

A: correta, nos termos da Súmula 283 do STJ; B: correta, nos termos da Súmula 285 do STJ; C: incorreta, pois, nos termos da Súmula 286 do STJ, a renegociação de contrato bancário ou a confissão da dívida não impede a possibilidade de discussão sobre eventuais ilegalidades dos contratos anteriores; D: correta, conforme entendimento jurisprudencial consolidado pela Súmula 297 do STJ.
"Gabarito "C".

**(Cartório/SP – 2011 – VUNESP)** Sobre as práticas comerciais disciplinadas no Código de Defesa do Consumidor, é correto afirmar que

(A) é facultado ao fornecedor de produtos encerrar a oferta de peças de reposição, logo que cessada a produção ou a importação dos mesmos.
(B) o orçamento de serviço obriga o fornecedor pelo prazo de 10 dias, salvo estipulação em contrário.
(C) o fornecedor dos produtos e serviços não responde perante os consumidores, quando os atos forem praticados pelos representantes autônomos.
(D) é vedado ao fornecedor de produtos e serviços condicionar o fornecimento, mesmo com justa causa, a limites quantitativos.

A: incorreta, pois, cessadas a produção ou importação, a oferta deverá ser mantida por período razoável de tempo, na forma da lei – art. 32, parágrafo único, do CDC; B: correta, nos termos do art. 40, § 1º, do CDC; C: incorreta, pois o fornecedor do produto ou serviço é solidariamente responsável pelos atos de seus prepostos ou representantes autônomos – art. 34 do CDC; D: incorreta, pois a vedação é apenas quando não há justa causa – art. 39, I, do CDC.
"Gabarito "B".

**(Cartório/SP – 2011 – VUNESP)** Sobre as operações disciplinadas na Lei n. 9.514/1997 (regulamenta o Sistema Financeiro Imobiliário), é incorreto afirmar que:

(A) A alienação fiduciária pode ter como objeto o direito real de uso, desde que suscetível de alienação.
(B) As operações de financiamento imobiliário serão garantidas por hipoteca e alienação fiduciária, sendo vedada a caução de direitos creditórios.
(C) O Certificado de Recebíveis Imobiliários – CRI é título de crédito nominativo e de livre negociação.
(D) O contrato que serve de título do negócio fiduciário deverá conter, dentre outros itens, o valor do principal da dívida, o prazo e condições de reposição do empréstimo, a taxa de juros e encargos e a descrição do imóvel objeto da alienação fiduciária.

A: correta, nos termos do art. 22, § 1º, III, da Lei 9.514/1997; B: incorreta, devendo ser indicada, pois é possível a caução de direitos creditórios, nos termos do art. 17, III, da Lei 9.514/1997; C: correta, conforme a definição do art. 6º da Lei 9.514/1997; D: correta, nos termos do art. 24 da Lei 9.514/1997.
"Gabarito "B".

**(Cartório/RN – 2012 – IESIS)** Quanto ao Sistema de Financiamento Imobiliário, é correto afirmar, **EXCETO**, que:

(A) O direito de uso especial para fins de moradia pode ser objeto da alienação fiduciária.
(B) A cessão do crédito objeto da alienação fiduciária implicará a transferência, ao cessionário, de todos os direitos e obrigações inerentes à propriedade fiduciária em garantia.
(C) As operações de financiamento imobiliário em geral poderão ser garantidas somente por garantia real.
(D) Constitui-se a propriedade fiduciária de coisa imóvel mediante registro, no competente Registro de Imóveis, do contrato que lhe serve de título.

A: correta, nos termos do art. 22, § 1º, II, da Lei 9.514/1997; B: correta, refletindo o disposto no art. 28 da Lei 9.514/1997; C: incorreta, devendo ser indicada, pois as operações poderão ser garantidas por (i) hipoteca, (ii) cessão fiduciária de direitos creditórios decorrentes de contratos de alienação de imóveis, (iii) caução de direitos creditórios ou aquisitivos decorrentes de contratos de venda ou promessa de venda de imóveis e (iv) alienação fiduciária de coisa imóvel – art. 17 da Lei 9.514/1997; D: correta, nos termos do art. 23 da Lei 9.514/1997.
"Gabarito "C".

**(Cartório/RN – 2012 – IESIS)** Quanto à Propriedade Industrial, regulada pela Lei n. 9.279/1996, pode-se afirmar, **EXCETO**, que:

(A) É patenteável a invenção que atenda aos requisitos de novidade, atividade inventiva e aplicação industrial.
(B) Teorias científicas ou métodos matemáticos não podem ser considerados invenções ou modelo de utilidade.
(C) Se dois ou mais autores tiverem realizado a mesma invenção ou modelo de utilidade, de forma independente, o direito de obter patente será assegurado àquele que provar o depósito mais antigo, independentemente das datas de invenção ou criação.
(D) Não é dada ao requerente a presunção de legitimidade para obter patente.

A: correta, pois reflete o disposto no art. 8º da Lei de Propriedade Industrial – LPI (Lei 9.279/1996); B: correta, nos termos do art. 10, I, da LPI; C: correta, conforme o art. 7º da LPI; D: incorreta, devendo ser indicada, pois, salvo prova em contrário, presume-se o requerente legitimado a obter a patente – art. 6º, § 1º, da LPI.
"Gabarito "D".

Veja a seguinte tabela, com os requisitos de patenteabilidade e de registrabilidade, para estudo e memorização:

| Requisitos de patenteabilidade de invenção e modelo de utilidade ||
|---|---|
| Novidade | não pode estar compreendida no estado da técnica, ou seja, não pode ter sido tornada acessível ao público antes do depósito do pedido de patente – art. 11 da LPI |
| Atividade inventiva | não pode simplesmente decorrer, para um técnico no assunto, de maneira evidente ou óbvia, do estado da técnica – art. 13 da LPI |
| Aplicação industrial | deve ser suscetível de aplicação industrial – art. 15 da LPI |
| Desimpedimento | não é patenteável aquilo que está listado no art. 18 da LPI |

## Requisitos para registro de desenho industrial

| | |
|---|---|
| Novidade | não pode estar compreendido no estado da técnica, ou seja, não pode ter sido tornado acessível ao público antes do depósito do pedido de registro – art. 96 da LPI |
| Originalidade | dele deve resultar uma configuração visual distintiva, em relação a outros objetos anteriores – art. 97 da LPI |
| Desimpedimento | não é registrável aquilo que está listado nos arts. 98 e 100 da LPI |

## Requisitos para registro de marca

| | |
|---|---|
| Novidade relativa | não pode ter sido previamente registrada (princípio da novidade) para a classe do produto ou do serviço (princípio da especificidade) |
| Não violação de marca notoriamente conhecida | não pode violar marca de alto renome ou notoriamente conhecida – arts. 125 e 126 da LPI |
| Desimpedimento | Não é registrável aquilo que está listado no art. 124 da LPI |

**(Cartório/SC – 2012)** Em relação aos direitos relativos à propriedade industrial, é **correto** afirmar:

I. A proteção dos direitos relativos à propriedade industrial, considerado o seu interesse social e o desenvolvimento tecnológico e econômico do País, efetua-se mediante a concessão de patentes de invenção e de modelo de utilidade, a concessão de registro de desenho industrial, a concessão de registro de marca, a repressão às falsas indicações geográficas e a repressão à concorrência desleal.
II. Consideram-se bens móveis, para os efeitos legais, os direitos de propriedade industrial.
III. À marca registrada no Brasil considerada de alto renome será assegurada proteção especial em todos os ramos de atividade.
IV. O registro da marca vigorará pelo prazo de dez anos contados da data do depósito, prorrogável por três períodos sucessivos de cinco anos cada.

(A) Somente as proposições I, II e IV estão corretas.
(B) Somente as proposições II, III e IV estão corretas.
(C) Somente as proposições I, III e IV estão corretas.
(D) Somente as proposições I, II e III estão corretas.
(E) Todas as proposições estão corretas.

I: correta, nos termos do art. 2º da LPI; II: correta, pois isso é definido pelo art. 5º da LPI; III: correta, conforme o art. 125 da LPI; IV: incorreta, pois o registro da marca vigorará pelo prazo de 10 (dez) anos, contados da data da concessão do registro, prorrogável por períodos iguais e sucessivos – art. 133 da LPI.
Gabarito "D".

**(Cartório/MT – 2005 – CESPE)** Acerca dos institutos dos contratos empresariais e dos títulos de crédito, assinale a opção correta.

(A) As ações emitidas pelas sociedades anônimas possuem natureza jurídica de bens imóveis.
(B) O endosso poderá ser prestado total ou parcialmente, por lançamento de assinatura no verso do título, desde que não haja condição a que o subordine o endossante.
(C) O credor de determinado título de crédito poderá ajuizar ação executiva contra o emitente do título ou seus avalistas, mediante prévio e regular protesto.
(D) Poderá ser objeto de contrato de alienação fiduciária em garantia bem fungível de instrumento de trabalho do devedor.

A: incorreta, pois os direitos pessoais de caráter patrimonial têm natureza de bens móveis – art. 83, III, do CC; B: incorreta, pois é vedado o endosso parcial – art. 912, parágrafo único, do CC e art. 12 da Lei Uniforme; C: correta, pois o protesto comprova a inadimplência e permite a execução judicial do título. A recusa de aceite ou de pagamento deve ser comprovada pelo respectivo protesto, exceto se houver cláusula "sem despesas", "sem protesto" ou outra equivalente – arts. 44 e 46 da LU. Ademais, sem o protesto o titular da cártula perde o direito de cobrança contra os coobrigados e seus avalistas (permanece o direito de cobrança apenas contra o devedor principal e seus avalistas) – art. 53 e 45 da LU; D: incorreta, pois o bem alienado em garantia deve ser infungível – art. 1.361, caput, do CC. Interessante notar, entretanto, que o art. 66-B, § 3º, da Lei 4.728/1965 admite a alienação fiduciária de coisa fungível no âmbito do mercado financeiro e de capitais, bem como em garantia de créditos fiscais e previdenciários, embora seja discutível a possibilidade em relação a bens que podem ser considerados impenhoráveis (instrumentos de trabalho).
Gabarito "C".

**(Cartório/SP – VII – VUNESP)** Assinale a alternativa incorreta.

(A) O empresário, cuja atividade rural constitua sua principal profissão, pode requerer inscrição no Registro Público de Empresas Mercantis.
(B) A cooperativa que tenha por objeto a construção e alienação de imóveis aos seus cooperados é sociedade empresária.
(C) Independentemente de seu objeto, a sociedade por ações é sempre sociedade empresária.
(D) Na sociedade em comum, a responsabilidade dos sócios é solidária e ilimitada pelas obrigações sociais.

A: correta, pois a inscrição é facultativa nesse caso, sendo que, caso ocorra, implicará equiparação do empresário rural ao empresário sujeito a registro – art. 971 do CC; B: incorreta, pois a sociedade cooperativa será sempre considerada simples, independentemente de seu objeto – art. 982, parágrafo único, do CC; C: correta, conforme o art. 982, parágrafo único, do CC; D: correta, pois os sócios da sociedade em comum respondem solidária e ilimitadamente pelas obrigações sociais, excluído o benefício de ordem, previsto no art. 1.024 do CC, aquele que contratou pela sociedade – art. 990 do CC.
Gabarito "B".

**(Cartório/SP – VII – VUNESP)** Sobre Instituições Financeiras, é incorreto afirmar:

(A) as empresas administradoras de cartão de crédito são instituições financeiras e, por isso, os juros remuneratórios por elas cobrados não sofrem as limitações da Lei de Usura.
(B) nos contratos bancários posteriores ao Código de Defesa do Consumidor, incide a multa moratória de 2%, conforme entendimento fixado no Superior Tribunal de Justiça.
(C) o Superior Tribunal de Justiça firmou entendimento de que a renegociação de contrato bancário impede a discussão sobre ilegalidades de contratos anteriores.
(D) estão sujeitas à aplicação do Código de Defesa do Consumidor.

A: correta, pois, de fato, as administradoras de cartão de crédito são equiparadas a instituições financeiras e, portanto, não se submetem ao limite de juros da Lei de Usura (12% ao ano – Dec. 22.626/1933) – ver AgRg no Ag 748.561/RS-STJ; B: correta, pois essa é a jurisprudência do STJ – ver Súmula 297 do STJ e AgRg no REsp 1.121.432/MG; C: incorreta, pois, nos termos da Súmula 286 do STJ, a renegociação de contrato bancário ou a confissão da dívida não impede a possibilidade de discussão sobre eventuais ilegalidades dos contratos anteriores; D: correta, pois é o que dispõe a Súmula 297 do STJ.

Gabarito "C".

Veja a seguinte tabela, com as principais súmulas relativas ao direito bancário, para estudo:

| Súmulas de Direito Bancário | |
|---|---|
| Súmula 596/STF | As disposições do Dec. 22.626/1933 [Lei de Usura, que limita a taxa de juros] não se aplicam às taxas de juros e aos outros encargos cobrados nas operações realizadas por instituições públicas ou privadas, que integram o sistema financeiro nacional. |
| Súmula 382/STJ | A estipulação de juros remuneratórios superiores a 12% ao ano, por si só, não indica abusividade. |
| Súmula 381/STJ | Nos contratos bancários, é vedado ao julgador conhecer, de ofício, da abusividade das cláusulas. |
| Súmula 379/STJ | Nos contratos bancários não regidos por legislação específica, os juros moratórios poderão ser convencionados até o limite de 1% ao mês. |
| Súmula 328/STJ | Na execução contra instituição financeira, é penhorável o numerário disponível, excluídas as reservas bancárias mantidas no Banco Central. |
| Súmula 322/STJ | Para a repetição de indébito, nos contratos de abertura de crédito em conta-corrente, não se exige a prova do erro. |
| Súmula 300/STJ | O instrumento de confissão de dívida, ainda que originário de contrato de abertura de crédito, constitui título executivo extrajudicial. |
| Súmula 299/STJ | É admissível a ação monitória fundada em cheque prescrito |
| Súmula 297/STJ | O Código de Defesa do Consumidor é aplicável às instituições financeiras. |
| Súmula 296/STJ | Os juros remuneratórios, não cumuláveis com a comissão de permanência, são devidos no período de inadimplência, à taxa média de mercado estipulada pelo Banco Central do Brasil, limitada ao percentual contratado. |
| Súmula 294/STJ | Não é potestativa a cláusula contratual que prevê a comissão de permanência, calculada pela taxa média de mercado apurada pelo Banco Central do Brasil, limitada à taxa do contrato. |
| Súmula 286/STJ | A renegociação de contrato bancário ou a confissão da dívida não impede a possibilidade de discussão sobre eventuais ilegalidades dos contratos anteriores. |
| Súmula 285/STJ | Nos contratos bancários posteriores ao Código de Defesa do Consumidor incide a multa moratória nele prevista. |
| Súmula 283/STJ | As empresas administradoras de cartão de crédito são instituições financeiras e, por isso, os juros remuneratórios por elas cobrados não sofrem as limitações da Lei de Usura. |
| Súmula 258/STJ | A nota promissória vinculada a contrato de abertura de crédito não goza de autonomia em razão da iliquidez do título que a originou. |
| Súmula 247/STJ | O contrato de abertura de crédito em conta-corrente, acompanhado do demonstrativo de débito, constitui documento hábil para o ajuizamento da ação monitória. |
| Súmula 233/STJ | O contrato de abertura de crédito, ainda que acompanhado de extrato da conta-corrente, não é título executivo. |
| Súmula 30/STJ | A comissão de permanência e a correção monetária são inacumuláveis. |

**(Cartório/SP – VII – VUNESP)** Segundo a jurisprudência do Superior Tribunal de Justiça, assinale a alternativa incorreta a respeito de alienação fiduciária.

(A) O contrato de alienação fiduciária em garantia pode ter por objeto bem que já integrava o patrimônio do devedor.
(B) A notificação destinada a comprovar a mora nas dívidas garantidas por alienação fiduciária deve necessariamente indicar o valor do débito.
(C) Cabe ação monitória para haver saldo remanescente oriundo de venda extrajudicial de bem alienado fiduciariamente em garantia.
(D) Na falência do devedor alienante, fica assegurado ao credor fiduciário o direito de pedir a restituição do bem alienado fiduciariamente.

A: correta, pois é exatamente o que dispõe a Súmula 28 do STJ; B: incorreta, pois, nos termos da Súmula 245 do STJ, a notificação destinada a comprovar a mora nas dívidas garantidas por alienação fiduciária dispensa a indicação do valor do débito; C: correta, nos termos da Súmula 384 do STJ; D: correta, embora o credor possa também habilitar seu crédito na falência, como privilegiado – ver REsp 791.194/RS-STJ.
Gabarito "B".

**(Cartório/SP – VII – VUNESP)** Sobre as práticas comerciais disciplinadas no Código de Defesa do Consumidor, é correto afirmar que

(A) é facultado ao fornecedor de produtos encerrar a oferta de peças de reposição, logo que cessada a produção ou a importação dos mesmos.
(B) o orçamento de serviço obriga o fornecedor pelo prazo de 10 dias, salvo estipulação em contrário.
(C) o fornecedor dos produtos e serviços não responde perante os consumidores, quando os atos forem praticados pelos representantes autônomos.
(D) é vedado ao fornecedor de produtos e serviços condicionar o fornecimento, mesmo com justa causa, a limites quantitativos.

A: incorreta, pois, cessadas a produção ou importação do produto, a oferta de componentes e peças de reposição deverá ser mantida por período razoável de tempo, na forma da lei – art. 32, parágrafo único, do CDC; B: correta, nos termos do art. 40, § 1º, do CDC; C: incorreta, pois o fornecedor do produto ou serviço é solidariamente responsável pelos atos de seus prepostos ou representantes autônomos – art. 34 do CDC; D: incorreta, pois a justa causa pode validar a condição imposta pelo fornecedor – art. 39, I, do CDC.
Gabarito "B".

**(Cartório/SP – VII – VUNESP)** Na sustação de protesto por ordem judicial, é correto afirmar que os títulos

(A) serão remetidos obrigatoriamente ao Juízo que proferiu a ordem de sustação.
(B) serão remetidos obrigatoriamente ao Juiz Corregedor do Tabelião de Protestos.
(C) permanecerão no Tabelionato à disposição do Juízo que proferiu a ordem de sustação.
(D) serão retirados pelo credor para apresentação no processo judicial.

C: correta. Nos termos do art. 17 da Lei 9.492/1997, permanecerão no Tabelionato, à disposição do Juízo respectivo, os títulos ou documentos de dívida cujo protesto for judicialmente sustado. Por essa razão, a alternativa "C" é a correta.
Gabarito "C".

**(Cartório/SP – VII – VUNESP)** Sobre as operações disciplinadas na Lei 9.514/1997 (regulamenta o Sistema Financeiro Imobiliário), é incorreto afirmar que

(A) a alienação fiduciária pode ter como objeto o direito real de uso, desde que suscetível de alienação.
(B) as operações de financiamento imobiliário serão garantidas por hipoteca e alienação fiduciária, sendo vedada a caução de direitos creditórios.
(C) o Certificado de Recebíveis Imobiliários – CRI é título de crédito nominativo e de livre negociação.
(D) o contrato que serve de título do negócio fiduciário deverá conter, dentre outros itens, o valor do principal da dívida, o prazo e condições de reposição do empréstimo, a taxa de juros e encargos e a descrição do imóvel objeto da alienação fiduciária.

A: correta, nos termos do art. 22, § 1º, III, da Lei 9.514/1997; B: incorreta, pois as operações de financiamento imobiliário em geral poderão ser garantidas por caução de direitos creditórios ou aquisitivos decorrentes de contratos de venda ou promessa de venda de imóveis – art. 17, III, da Lei 9.514/1997; C: correta, pois, nos termos do art. 6º da Lei 9.514/1997, o Certificado de Recebíveis Imobiliários – CRI é título de crédito nominativo, de livre negociação, lastreado em créditos imobiliários e constitui promessa de pagamento em dinheiro; D: correta, conforme o art. 24 da Lei 9.514/1997.
Gabarito "B".

# 10. TEORIA GERAL DOS REGISTROS PÚBLICOS

Daniela Rosário Rodrigues

## 1. PRINCÍPIOS

**(Cartório/ES – 2007 – FCC)** Dentre os princípios que regem os registros públicos, existe o Princípio da Continuidade, que expressa a necessidade de encadeamento entre assentos pertinentes. Pode ser considerado expressão do Princípio da Continuidade a seguinte exigência constante da Lei n. 6.015/73:

(A) obrigatoriedade de referência à matrícula ou registro anterior na escritura ou instrumento particular.
(B) omissão quanto à origem da filiação na certidão de nascimento.
(C) numeração de página de um livro correspondendo ao número de ordem dentro deste livro, fazendo-se menção sempre ao número de ordem de cada livro, pois que o número do livro é que faz a diferença.
(D) impossibilidade de novo registro de título anterior registrado em ofício de registro de imóveis diverso do registro anterior.
(E) possibilidade de registro de imóvel matriculado, ainda que o título precedente não tenha sido registrado, bastando, o último registro até então efetivado.

A: Correta. A exigência de que tais dados constem no instrumento público vem prevista no artigo 222 da Lei n. 6.015/1973. O objetivo é a verificação da sucessividade entre os negócios jurídicos praticados, vinculando o negócio jurídico anterior ao negócio ali entabulado; B: Incorreta. O princípio da continuidade, previsto no artigo 237 da Lei de Registros Públicos, trata da cadeia lógica entre os atos que serão praticados na matrícula do imóvel. Dessa forma, por se tratar de regra imediatamente ligada ao serviço de registro de imóveis, não atingirá a omissão da origem da filiação, cuja previsão se encontra no artigo 19, § 3º, da Lei de Registros Públicos; C: Incorreta. A finalidade do mencionado princípio é garantir a lógica da ordem dos atos entabulados no instrumento com aqueles que constam nos livros imobiliários e não a escrituração dos livros da Serventia, que compreende a transposição de dados dos títulos para os livros de registro; D: Incorreta. Efetivamente não se registra novamente título já registrado porque o registro já produz todos os seus efeitos, sendo desnecessário repeti-lo em caso de mudança de circunscrição ou Comarca; E: Incorreta. O princípio da continuidade exige a conduta exatamente inversa, ou seja, não é admitido o registro do título posterior se o anterior ainda não se encontrar registrado.

Gabarito "A".

**(Cartório/MG – 2007 – EJEF)** Princípio da especialidade do registro público implica:

(A) Exigir a perfeita e correta identificação de tudo o que se lança no registro, o que abrange o objeto do direito real sobre o qual recai o negócio jurídico, incluindo o direito obrigacional objeto da garantia, e a completa individuação dos sujeitos da avença, mas sua aplicação é exigência exclusiva do registro de imóveis.
(B) Impedir o registro de título através do qual se faça alienação de imóvel *ad corpus* (art. 500, § 3º, do Código Civil de 2002).
(C) Exigir a perfeita e correta identificação de tudo o que se lança no registro, o que pode abranger o objeto do direito real sobre o qual recai o negócio jurídico, incluindo o direito obrigacional objeto da garantia, no que concerne a seu montante, juros, prazo e condições de pagamento, bem como a completa individuação dos sujeitos da avença, servindo, portanto, de indispensável apoio aos princípios da continuidade e da prioridade.
(D) Assegurar a constituição de direitos, seja quanto à situação jurídica do imóvel, seja no que concerne a sua situação de fato, isto é, os dados de fato incluídos na sua descrição, entre os quais os concernentes à área.

O princípio da especialização ou especialidade se apresenta sob dois aspectos. Quanto ao aspecto objetivo, diz respeito ao direito real, que se trata do negócio jurídico para que se verifique se ele é apto ou não a ingressar nos assentos imobiliários. Além disso, há outras faces da especialização objetiva em razão da espécie de direito que ingressará na matrícula. Dessa forma, como exemplo, para o registro dos direitos reais de garantia é imprescindível que o instrumento traga todos os requisitos previstos no artigo 1.424 do Código Civil de 2002. Caso se trate de uma alienação fiduciária de bem imóvel, os requisitos da especialização objetiva encontram-se previstos no artigo 24 da Lei n. 9.514/1997. O segundo aspecto é o subjetivo. Ele atinge as partes envolvidas no negócio jurídico, que devem estar completamente qualificadas, na forma do disposto no artigo 176, § 1º, II, 4), da Lei de Registros Públicos.

Gabarito "C".

**(Cartório/MG – 2005 – EJEF)** Considerando-se o princípio da publicidade, é CORRETO afirmar que

(A) a alteração posterior ao ato cuja certidão é pedida deve, de regra, em proteção ao interesse do terceiro de boa-fé, ser mencionada obrigatoriamente pelo Oficial, não obstante as especificações do pedido, sob pena de sua responsabilidade civil ou penal.
(B) a certidão será lavrada apenas em inteiro teor ou em resumo, não podendo ser retardada por mais de cinco dias úteis.
(C) o Oficial que receber alguma petição fornecerá nota de entrega, devidamente autenticada, ao interessado, desde que solicitado a fazê-lo.
(D) os Oficiais e os Encarregados dos Serviços de Registro sujeitos ao regime estabelecido na Lei dos Registros Públicos — Lei n. 6.015, de 1973 — são obrigados a lavrar certidão somente do que lhes for requerido por escrito.

A: Correta. Trata-se da previsão do artigo 21 da Lei de Registros Públicos e tem por finalidade garantir que o requerente da certidão tenha conhecimento de fato superveniente ao momento do seu pedido. É o que pode ocorrer, por exemplo, no caso de uma pessoa requerer a expedição de uma certidão de matrícula de um imóvel e, antes de ser emitida a certidão, ser prenotado título referente ao imóvel cuja certidão será emitida. É dever do Oficial fazer constar tal informação na certidão; B: Incorreta. O *caput* do artigo 19 da Lei n. 6.015/1973 prevê que a certidão será lavrada em inteiro teor, em resumo ou em relatório, conforme os quesitos que sejam apresentados. Além disso, *na lei federal*, não há previsão da contagem do prazo para emissão de certidões em dias úteis, mas apenas em dias – que são cinco; C: Incorreta. Nos termos do disposto no artigo 20, parágrafo único, da Lei de Registros Públicos, a expedição de nota em razão de haver recebido petição, *não está condicionada a requerimento da parte*; D: Incorreta. O direito à obtenção de certidão daquilo que consta no registro está previsto no artigo 16 da Lei n. 6.015/1973. Nesse dispositivo, expressamente se prevê que as certidões serão lavradas em razão de requerimento da parte, sem qualquer exigência de que o requerimento se faça exclusivamente por escrito.
Gabarito "A".

**(Cartório/MS – 2009 – VUNESP)** Assinale a alternativa cujo texto está diretamente relacionado ao princípio da legalidade.

(A) Tem por objetivo impedir que sejam registrados títulos inválidos, ineficazes ou imperfeitos.
(B) Consiste na determinação precisa do conteúdo do direito que se procura assegurar e da individualidade do imóvel que dele é objeto.
(C) Garante a ordem cronológica da apresentação dos títulos e, em decorrência, a prioridade de exame e de registro e a preferência do direito real oponível perante terceiros.
(D) Impõe a provocação ao registro, ou seja, impede que o oficial, salvo as exceções legais, aja *ex officio*.
(E) Tem por escopo evitar que títulos não sejam registrados, pois quem não observar este dever arcará com o ônus da sua omissão.

A: Correta. O princípio da legalidade tem por objetivo garantir a regularidade dos atos levados à matrícula ou aos livros do registro imobiliário. Visa conferir segurança às partes porque registraram um negócio aparentemente hígido; B: Incorreta. Trata-se do princípio da especialidade objetiva; C: Incorreta. Trata-se da prenotação, que é o ato pelo qual o título ingressa na Serventia registral imobiliária para qualificação e registro. A prenotação é um protocolo do título; D: Incorreta. Trata-se do princípio da rogação, previsto no artigo 13 da Lei de Registros Públicos. Em razão de tal princípio, os Oficiais dependem, como regra, de ordem judicial, de requerimento do Ministério Público, quando a lei autorizar, ou de provocação de um dos legitimados em lei para a prática dos atos de seu ofício. Ademais, a Lei de Registros Públicos não admite registro *ex officio*, prevendo, apenas, a hipótese de averbação *ex officio* como, por exemplo, dos nomes dos logradouros decretados pelo Poder Público (art. 167, II, 13), da Lei n. 6.015/1973); E: Incorreta. Trata-se do princípio da obrigatoriedade, previsto no artigo 169, Lei de Registros Públicos.
Gabarito "A".

**(Cartório/PR – 2007)** Sobre a publicidade dos registros públicos, assinale a INCORRETA:

(A) Salvo determinação judicial, nas certidões de registro civil, não se mencionará a circunstância de ser legítima ou ilegítima a filiação.
(B) Ressalvados os casos expressamente previstos em Lei, a certidão de registro será lavrada independentemente de despacho judicial, devendo mencionar o livro de registro ou o documento arquivado no cartório.
(C) As certidões serão lavradas em inteiro teor, em resumo, ou em relatório, conforme quesitos e devidamente autenticadas pelo oficial ou seus substitutos legais, não podendo ser retardadas por mais de 5 dias.
(D) Qualquer pessoa do povo pode requerer certidão do registro bastando informar ao oficial ou ao funcionário o motivo ou interesse do pedido.
(E) As certidões de nascimento mencionarão, além da data em que foi feito o assento, a data, por extenso, do nascimento e, ainda, expressamente, o lugar onde o fato houver ocorrido.

A: Correta, conforme disposto no artigo 19, § 3º, da Lei de Registros Públicos, embora não haja mais qualquer distinção legal quanto à filiação legítima ou ilegítima; B: Correta, conforme disposto no artigo 18 da Lei de Registros Públicos; C: Correta, conforme artigo 19, *caput*, Lei n. 6.015/1973; D: Incorreta, devendo esta alternativa ser assinalada, nos termos do disposto no artigo 17, Lei de Registros Públicos. Isso porque, em razão da publicidade inerente aos serviços registrais, qualquer pessoa poderá requerer certidão do que consta nos livros do serviço sem que haja qualquer exigência ou necessidade de declinar os motivos pelos quais o faz; E: Correta, conforme disposto no artigo 19, § 4º, Lei n. 6.015/1973.
Gabarito "D".

**(Cartório/SP – I – VUNESP)** Os serviços extrajudiciais são

(A) particulares, exercidos em caráter público, por funcionários públicos comissionados.
(B) públicos, exercidos em caráter público, por delegação.
(C) particulares, exercidos em caráter privado, por delegação.
(D) públicos, exercidos em caráter privado, por delegação.

A regulamentação primária dos serviços notariais e de registro (extrajudiciais) vem prevista no artigo 236 da Constituição Federal. Ali se prevê expressamente a natureza *pública* dos serviços. No entanto, o próprio legislador constitucional prevê a forma de exer-

cício desse serviço. Assim, será ele exercido em caráter privado, por uma delegação feita pelo Poder Público ao particular, aprovado em concurso público de provas e títulos. Logo, correta a assertiva "D".
Gabarito "D".

**(Cartório/SP – I – VUNESP)** O ingresso na atividade notarial e de registro, de acordo com a Lei n. 8.935, de 18 de novembro de 1994, depende do preenchimento de vários requisitos. Assinale a alternativa que se refere ao requisito não exigido.

(A) Capacidade civil.
(B) Verificação de conduta condigna para o exercício da profissão.
(C) Estado civil.
(D) Nacionalidade brasileira.

Os requisitos para o ingresso na atividade extrajudicial estão previstos no artigo 14 da Lei n. 8.935/1994, Lei esta que regulamenta o artigo 236 da Constituição Federal e dispõe sobre os serviços notariais e de registro. São requisitos cumulativos, de tal sorte que a ausência de um deles impede a assunção do serviço. No entanto, entre os elencados na questão proposta, não consta o *estado civil* ou mesmo a sua comprovação específica como requisito. A capacidade civil, a verificação de conduta condigna para o exercício da profissão e a nacionalidade brasileira estão previstas, respectivamente, nos incisos III, VI e II do artigo 14 da Lei n. 8.935/1994.
Gabarito "C".

**(Cartório/SP – I – VUNESP)** Ser o Delegado dotado de fé pública significa que

(A) os atos por ele ou perante ele praticados gozam de presunção relativa de autenticidade.
(B) ele pode praticar todo e qualquer ato de sua atribuição.
(C) os atos por ele ou perante ele praticados gozam de presunção absoluta de veracidade.
(D) ele pode delegar a prática de ato, sob sua responsabilidade.

A atribuição de fé pública ao delegado do serviço notarial e de registro vem prevista no artigo 3º da Lei n. 8.935/1994. Somente tem fé pública quem recebe esse especial atributo do legislador. Com esse atributo, cria-se uma presunção relativa de veracidade dos atos por ele praticados ou perante ele. Assim, por exemplo, no momento em que o registrador imobiliário inscreve em uma matrícula a aquisição do imóvel por certa pessoa, apõe a sua fé pública ao ato fazendo com que ele seja presumidamente válido até que se prove o contrário. Isso implica dizer que não compete aos Notários e Registradores comprovar que os atos por eles praticados são validos, verdadeiros e regulares; pelo contrário, caberá ao interessado comprovar que não o é. E, por haver a possibilidade de demonstrar a falta de veracidade do ato, trata-se, certamente, de presunção relativa ou *juris tantum*.
Gabarito "A".

## 2. ESPÉCIES DE REGISTROS PÚBLICOS

**(Cartório/AM – 2005 – FGV)** A Lei 6.015/73, que trata dos registros públicos, não prevê, expressamente, o funcionamento do:

(A) Registro Civil de Pessoas Jurídicas.
(B) Registro de Títulos e Documentos.
(C) Registro de Imóveis.
(D) Registro de Marcas e Patentes.
(E) Registro Civil de Pessoas Naturais.

Os serviços de *registros* estão previstos no artigo 1º, § 1º, da Lei n. 6.015/1973. Entre eles, não há previsão do registro de marcas e patentes, cuja atribuição é do INPI (Instituto Nacional de Propriedade Industrial), órgão do Poder Executivo Federal, vinculado ao Ministério do Desenvolvimento, Indústria e Comércio Exterior.
Gabarito "D".

## 3. OBJETO E FINALIDADE DOS REGISTROS PÚBLICOS

**(Cartório/ES – 2007 – FCC)** Sobre os serviços notariais e de registro é correto afirmar que

(A) são serviços privados, prestados em nome e por conta do notário ou registrador.
(B) destinam-se a garantir a publicidade, autenticidade, segurança e eficácia dos atos jurídicos.
(C) são serviços judiciais delegados ao particular, que os executa por sua conta e risco.
(D) são exercidos em sua totalidade por oficiais de registro, servidores públicos dotados de fé pública.
(E) visam aperfeiçoar a prática do ato jurídico, que até então não gozam de eficácia e exigibilidade.

A: Incorreta. Os serviços extrajudiciais são *exercidos* em caráter privado, mas são serviços públicos, na forma do artigo 236, da Constituição Federal. A gestão administrativa e financeira das Serventias é de competência dos delegados, como regulado na Lei n. 8.935/1994; B: Correta. As finalidades dos serviços extrajudiciais estão previstas no artigo 1º da Lei n. 8.935/1994 e parcialmente previstas no artigo 1º, caput, da Lei n. 6.015/1973 e consistem em atingir autenticidade, eficácia, publicidade e segurança jurídica; C: Incorreta. Os serviços não são judiciais, embora sejam fiscalizados pelo Poder Judiciário por expressa determinação constitucional (artigo 236, § 1º, parte final); D: Incorreta. Os serviços são exercidos, como consta no artigo 3º da Lei n. 8.935/1994, por oficiais de registro e por notários. Tanto uns quanto outros exercem atividade extrajudicial, o que os qualifica como agentes públicos ou particulares em colaboração com o estado, mas não como servidores públicos, vez que não se submetem ao regime próprio do funcionalismo público; E: Incorreta. A exigibilidade de um ato jurídico, a possibilidade da adoção de força (pública, estatal, decorrente da intervenção do Poder Judiciário) para que uma obrigação seja cumprida não está entre os atributos referentes à atividade extrajudicial, mas sim dentro dos elementos da obrigação civil.
Gabarito "B".

**(Cartório/MT – 2003 – UFMT)** Nos termos da Lei dos Notários e Registradores, os serviços notariais e de registro são os de organização técnica e administrativa destinados a garantir:

(A) Publicidade, autenticidade, segurança e eficácia dos atos jurídicos.
(B) Publicidade, legalidade, continuidade, especialidade e unitariedade dos atos jurídicos.
(C) Prioridade, preferência, precedência e segurança hipotecária.
(D) Mutação jurídica que faz nascer os direitos reais em nosso sistema.
(E) Autenticidade de atos e fatos jurídicos para produzir efeitos *erga omnes*.

As finalidades dos serviços notariais e de registro estão previstas no artigo 1º da Lei n. 8.935/1994. São elas: autenticidade, eficácia, publicidade e segurança jurídica. A autenticidade consiste na atribuição de veracidade ao ato praticado; declará-lo por autêntico é declará-lo por verdadeiro. A eficácia é a capacidade de um ato em produzir efeitos jurídicos, é a força que decorre do ato notarial ou registral de fazer com que o negócio ou ato jurídico ali praticado irradie seus efeitos. A publicidade é a notícia pública do ato realizado, permitindo que qualquer pessoa tenha acesso às informações que constam nos assentos registrais e notariais. Por fim, a segurança jurídica consiste na proteção dada ao ato praticado.

Gabarito "A".

## 4. FUNÇÃO E FÉ PÚBLICA REGISTRÁRIA

(Cartório/ES – 2007 – FCC) O registro público tem a finalidade de dar publicidade a ato, negócio ou direito. Sobre a publicidade, dispõe a Lei de Registros Públicos que os oficiais e encarregados das serventias extrajudiciais são obrigados a lavrar certidão do que lhes for requerido. Deste modo, a certidão pode ser lavrada em inteiro teor, em resumo, ou em relatório, conforme quesitos, e devidamente autenticada pelo oficial ou seus substitutos. Sobre as certidões de registro, é INCORRETO afirmar:

(A) a certidão de inteiro teor poderá ser extraída por meio reprográfico.
(B) as certidões do Registro Civil de Pessoas Naturais mencionarão, sempre, a data em que foi lavrado o assento.
(C) as certidões de nascimento mencionarão, dentre outros elementos, a data por extenso, do nascimento e o lugar onde o fato houver ocorrido.
(D) o prazo máximo previsto em lei para expedição de certidão é de 5 dias, não podendo ser retardada, sob pena de ser aplicada sanção disciplinar ao oficial.
(E) sempre que houver qualquer alteração posterior ao ato cuja certidão é pedida, o oficial não deve mencioná-la de ofício, sob pena de responsabilidade civil e penal.

A: Correta; no caso de certidão por inteiro teor, dada a fidelidade ao ato de que certifica, poderá ser emitida por meio reprográfico, na forma do disposto no artigo 19, § 1º, Lei de Registros Públicos; B e C: Corretas; é essencial que sejam mencionadas tais informações em razão da natureza do serviço em que se obtém a certidão, como dispõe o artigo 19, § 4º, Lei de Registros Públicos; D: Correta, na forma do artigo 19, *caput*, da Lei de Registros Públicos. Todos os prazos previstos em lei para a prática de atos notariais e registrais são deveres impostos aos registradores e tabeliães, no exercício de suas funções. Dessa forma, a violação de qualquer dos deveres inerentes à função constitui infração disciplinar que pode ser punida na forma da Lei n. 8.935/1994; E: Incorreta, devendo esta alternativa ser assinalada. As alterações a que se refere esta assertiva *devem* ser mencionadas nas certidões como forma de prevenir a possível modificação do fato certificado ao interessado, como exige o artigo 20 da Lei de Registros Públicos.

Gabarito "E".

(Cartório/MG – 2009 – EJEF) De acordo com a Constituição da República e o Estatuto Profissional dos Notários e Registradores (Lei 8.935, de 1994) em vigor, em relação aos serviços notariais e de registro é CORRETO afirmar:

(A) São delegados do Poder Privatizado e exercidos em caráter público, competindo à lei regular suas atividades, disciplinar as responsabilidades civil e criminal dos titulares das delegações e seus prepostos, definir a fiscalização de seus atos pelo Poder Judiciário e estabelecer normas gerais para fixação de emolumentos, somente admitido o ingresso na atividade por concurso público de provas e títulos.
(B) São delegados do Poder Público e exercidos em caráter privado, competindo à lei federal regular suas atividades, disciplinar as responsabilidades civil e criminal dos titulares das delegações e seus prepostos, definir a fiscalização de seus atos pelo Poder Judiciário Estadual e estabelecer normas gerais para fixação de emolumentos, somente admitido o ingresso na atividade por concurso público de provas e títulos.
(C) São delegados do Poder Público e exercidos em caráter privado, competindo à lei estadual regular suas atividades, disciplinar as responsabilidades civil e criminal dos titulares das delegações e seus prepostos, definir a fiscalização de seus atos pelo Poder Judiciário e estabelecer normas gerais para fixação de emolumentos, somente admitido o ingresso na atividade por concurso público de provas e títulos.
(D) São delegados do Poder Público e exercidos em caráter privado, competindo à lei federal regular suas atividades, disciplinar as responsabilidades civil e criminal dos titulares das delegações e seus prepostos, definir a fiscalização de seus atos pelo Poder Judiciário Federal e estabelecer normas gerais para fixação de emolumentos, admitido a remoção na atividade por concurso público de provas e títulos.

O artigo 236 da Constituição Federal é expresso em determinar que a natureza do serviço notarial e registral é pública. No entanto, o mesmo dispositivo determina a forma de exercício do serviço, que é privada. E essa transmissão do exercício do serviço se faz por delegação, após aprovação em concurso público de provas e títulos. A previsão constitucional ainda determina que a fiscalização será realizada pelo Poder Judiciário e a atividade, bem como a responsabilidade decorrente de seu exercício será regulada em lei. A lei que atendeu à previsão constitucional do artigo 236, § 1º é a Lei n. 8.935/1994. Além disso, o § 2º do mesmo dispositivo constitucional determina que em lei federal haveria a previsão de normas gerais relativas a emolumentos. Tal matéria se encontra regulada na Lei n. 10.169/2000. Todavia, há que se ressaltar que, sem prejuízo das disposições federais, a matéria de emolumentos depende de regulamentação estadual e distrital, que não pode ser conflitante com as disposições federais.

Gabarito "B".

(Cartório/MG – 2005 – EJEF) Sabe-se que o Oficial do Registro Público, o Tabelião de Notas ou o Tabelião de Protestos estão sujeitos à requisição de certidões necessárias à prova das alegações das partes.

Nesse caso, é CORRETO afirmar que tal requisição pode ser feita

(A) a qualquer tempo e em qualquer Grau de Jurisdição.
(B) a qualquer tempo, mas somente no Primeiro Grau de Jurisdição.
(C) antes da sentença, mas somente no Primeiro Grau de Jurisdição.
(D) antes da sentença, tanto pela Justiça Comum quanto pela Justiça Especializada.

A possibilidade de requisição e obtenção de certidões está prevista nos artigos 16 e 17 da Lei n. 6.015/1973. Em ambos os dispositivos se preveem que qualquer pessoa tem direito à certidão e é dever do Oficial fornecer a certidão do que lhes for requerido, não havendo restrição temporal ou a exigência de fundamentos ou justificativas para a sua obtenção.

Gabarito "A".

**(Cartório/MG – 2005 – EJEF)** O procedimento registral tem início com o desempenho da função qualificadora, que consiste no exame prévio dos títulos e documentos exibidos para registro, em sentido amplo. Considerando-se que tal função tem por escopo garantir a segurança e a eficácia dos atos jurídicos previstos na lei civil, é CORRETO afirmar que

(A) o exame formal dos títulos se circunscreve, em linhas gerais, aos planos da legalidade das formas extrínsecas e intrínsecas, da validade, própria dos negócios jurídicos, e à concordância de seu conteúdo com os assentos registrais, cabendo ao Registrador examiná-los à luz dos princípios normativos dos registros públicos, bem como das imposições das legislações tributária e previdenciária, sob pena de responsabilidade civil, criminal e funcional.
(B) o exercício da função qualificadora se cinge aos títulos extrajudiciais, posto que a legislação estabeleceu hierarquia dos títulos em razão de sua procedência, excluindo de tal exame prévio os títulos de origem judicial, por força da autoridade da coisa julgada.
(C) o Oficial Registrador, ao qualificar título de procedência judicial, pode controlar a legalidade da ordem mediante o exame da competência do Juízo, a congruência do mandado com o procedimento seguido, os fundamentos da decisão, as formalidades extrínsecas do instrumento apresentado e os eventuais obstáculos que surgirem do cotejo entre o título, os dados e os elementos contidos nos assentos anteriores, porque seu acesso ao serviço acarretará efeitos sobre terceiros não intervenientes no processo, em face dos atributos constitutivo e publicitário *erga omnes* que emanam do registro público.
(D) o princípio da legalidade deixa a critério do Oficial Registrador, profissional do Direito que possui independência no exercício de suas atribuições, deixar de formular exigências antes de consumar o registro, pois o exercício da função qualificadora corresponde a ato administrativo de natureza discricionária.

A Qualificação registral não é uma tarefa de liberdade ao registrador, de tal sorte que possa, a seu livre entender, promover o registro ou a qualificação negativa do título posto à sua análise. Dessa forma, lhe compete se fixar na legalidade para a qualificação positiva ou negativa de um título. Além disso, não pode se afastar dos princípios registrais, como a continuidade, a especialização objetiva e subjetiva, rogação, entre outros. Não lhe cabe, por conseguinte, a verificação de elementos que são subjetivos ou que somente poderiam ser comprovados em juízo, com ampla dilação probatória.

Gabarito "A".

**(Cartório/MG – 2005 – EJEF)** Considerando-se a natureza e caracterização das certidões e traslados, é INCORRETO afirmar que

(A) a certidão pode ser de inteiro teor, em resumo ou em relatório, conforme quesitos, devendo ser fornecida no prazo máximo de cinco dias.
(B) as certidões, por força do princípio da instância, devem obedecer às especificações do pedido, inobstante as alterações posteriores.
(C) ambos são considerados instrumentos públicos, uma vez tendo sido os originais produzidos em Juízo, como prova de algum ato.
(D) ambos têm força probante idêntica ao instrumento ou documento lançado nos livros do Serviço.

Gabarito "B".

## 5. DELEGAÇÃO E ASPECTO INSTITUCIONAL DOS SERVIÇOS DE REGISTROS PÚBLICOS.

**(Cartório/AC – 2006 – CESPE)** Acerca dos serviços notariais e de registro, segundo a Lei n. 8.935/1994, julgue os seguintes itens.

(1) Os notários e registradores, no exercício da função pública, devem-se submeter ao princípio da legalidade, só podendo praticar os atos de seu ofício permitidos por lei. Os serviços notariais e de registro são exercidos em caráter privado, por delegação do poder público, nos quais prevalecem os princípios norteadores da administração pública.
(2) Os escreventes, os auxiliares e os demais empregados são prepostos e substitutos legais dos notários e registradores na realização de todos os serviços internos e externos da serventia. Todos os atos de competência dos notários são delegados aos referidos prepostos, que podem, estando o notário ausente ou impedido, lavrar qualquer instrumento e subscrevê-lo, pois essa substituição integral é automática.
(3) O controle de bens e de pessoal, a orientação de todo o trabalho da serventia e o gerenciamento administrativo e financeiro dos serviços notariais e de registro são responsabilidade do respectivo titular ou de um de seus substitutos.
(4) A responsabilidade civil por ato ilícito praticado por notário ou oficial registrador, no exercício de atos próprios da serventia, é do Estado, do cartório e de seu titular, ainda que este não ocupasse o cargo à época da prática do ato lesivo aos interesses da vítima. Trata-se de litisconsórcio passivo necessário e de responsabilidade solidária e objetiva, por se caracterizar relação de consumo.

1: Correta. Em razão da natureza dos serviços, os Notários e Registradores não estão legitimados a atuar em razão do seu interesse ou da oportunidade. Pelo inverso, em razão da legalidade, somente podem atuar dentro da esfera que lhes seja atribuída por lei, como previsto nas Leis Federais n°s 6.015/1973 e 8.935/1994.

Mais ainda, em razão da natureza, os serviços notariais e de registro são regidos pelos mesmos princípios que norteiam a Administração Pública, ou seja, legalidade, impessoalidade, moralidade, publicidade e eficiência. Por fim, oportuno recordar que atuarão em razão de provocação, salvo a existência de expressa autorização em lei para a atuação de ofício; 2: Errada. A regulamentação quanto à atividade dos prepostos está prevista no artigo 20 da Lei dos Notários e Registradores (Lei n. 8.935/1994). Os prepostos são os colaboradores da prestação do serviço extrajudicial. São eles auxiliares ou escreventes, de acordo com as funções que desempenham. No entanto, somente os escreventes podem praticar atos e, ainda assim, somente podem praticar os atos autorizados pelo Oficial ou pelo Tabelião. Aí, então, entre os escreventes, o responsável pelo serviço extrajudicial escolherá seus substitutos, sendo que estes estão autorizados a praticar todos os atos próprios dos notários e registradores. E, entre os substitutos, o responsável pelo serviço escolherá aquele que responderá pelo serviço nas suas ausências ou impedimentos; 3: O artigo 21 da Lei dos Notários e Registradores determina que "o *gerenciamento administrativo e financeiro dos serviços notariais e de registro é da responsabilidade exclusiva do respectivo titular*", não sendo possível delegá-la nem mesmo ao substituto; 4: Errada. O artigo 22 da Lei n. 8.935/1994, determina que a responsabilidade civil pelos atos próprios da Serventia é do próprio Oficial ou Tabelião. Além disso, segundo orientação do Superior Tribunal de Justiça, não há que se falar em relação de consumo por não estarem presentes os elementos da relação consumerista, bem como por se tratar de relação subordinada a lei especial (REsp 625.144-SP).

Gabarito 1C, 2E, 3E, 4E

**(Cartório/AM – 2005 – FGV)** Verificada a absoluta impossibilidade de se prover, por meio de concurso público, a titularidade de serviço notarial ou de registro por desinteresse ou inexistência de candidatos, é correto afirmar que:

(A) o juízo competente proporá à autoridade competente a extinção do serviço e a anexação de suas atribuições ao serviço da mesma natureza mais próximo ou àquele localizado na sede do respectivo Município ou de Município contíguo.
(B) serão os serviços notarial ou de registro automaticamente oficializados, passando a sua gestão definitivamente para o Poder Público.
(C) serão automaticamente extintos os serviços notarial ou de registro.
(D) será o serviço notarial, automaticamente, extinto, mas o serviço de registro será anexado ao serviço da mesma natureza mais próximo.
(E) existindo na mesma localidade serviço notarial e de registro, serão eles fundidos em um só serviço, que será, então, automaticamente oficializado com a gestão exclusiva e definitiva feita pelo Poder Público.

Trata-se de disposição expressa do artigo 44 da Lei n. 8.935/1994. Há que se ter em mente que o objetivo do legislador é garantir que o serviço continue sendo prestado e o seja na forma prevista na Carta Maior: por delegado, aprovado em concurso público de provas e títulos. Além disso, a obrigatoriedade de concurso público para que o serviço seja delegado ao particular é considerada cláusula pétrea, razão pela qual não pode o serviço ser transmitido ao estado com a oficialização.

Gabarito "A".

**(Cartório/DF – 2001 – CESPE)** Quanto ao direito notarial e ao direito registral, julgue os itens que se seguem.

(1) Devido ao *status* jurídico privado que a Constituição da República confere aos serviços notariais, eventual dano causado a usuário em decorrência deles deverá ser suportado unicamente pelo titular do serviço que gerou o dano, pois não cabe invocar responsabilidade civil do Estado nesses casos.
(2) A posição do Poder Judiciário em relação aos notários e registradores não é a de poder delegante, mas a de órgão encarregado, entre outras competências, da fiscalização da atividade dessas serventias.
(3) Considere a seguinte situação hipotética.
Romeu era advogado militante na área penal e, após regular aprovação, tomou posse como notário. Tempos depois, um antigo cliente e amigo procurou-o para queixar-se de que fora condenado injustamente em um processo-crime, com graves ofensas aos princípios constitucionais aplicáveis ao processo penal. Romeu, sensibilizado com a situação dessa pessoa, impetrou *habeas corpus* em favor dela ao tribunal competente, sem cobrar-lhe nada.
Nessa situação, Romeu praticou ato proibido, pois, como notário, estava legalmente impedido de exercer a advocacia.
(4) Os registradores sujeitam-se a restrições à sua atividade nos casos de incompatibilidade ou impedimento, entre outros, sendo que, na segunda hipótese, o ato poderá ser praticado pelo registrador se o fato gerador do impedimento desaparecer.
(5) Considere a seguinte situação hipotética.
Um cidadão apresentou um título para registro e o oficial, ao analisá-lo, entendeu que havia certas exigências a cumprir. Suscitou dúvida, que foi julgada improcedente, mas cuja decisão não convenceu o oficial do desacerto de suas conclusões.
Nessa situação, uma vez que a decisão no processo de dúvida possui natureza administrativa, assistia ao registrador o direito de impetrar mandado de segurança contra o ato judicial que pretendia obrigá-lo a efetuar o registro, contra sua convicção.

1: Errada. Os serviços notariais e de registro são constitucionalmente definidos como serviços *públicos*. Apesar disso, são exercidos em caráter privado, o que gera a responsabilidade dos próprios delegados pelos danos causados; 2: Correta. Por expressa determinação constitucional, prevista na parte final do § 1º do artigo 236, compete ao Poder Judiciário a fiscalização dos serviços, cuja regulamentação se encontra na Lei n. 8.935/1994; 3: Errada. Embora haja a vedação ao exercício da advocacia, como previsto no artigo 25, *caput*, da Lei n. 8.935/1994, o manejo do *habeas corpus* não é privativo do exercício da advocacia (artigo 1º, § 1º, da Lei n. 8.906/1994 – Estatuto da OAB), podendo ser impetrado por qualquer pessoa (artigo 654, *caput*, do Código de Processo Penal). Assim, o Tabelião não atuou como advogado; 4: Correta. As causas de impedimento e incompatibilidade estão previstas nos artigos 25 e 27 da Lei dos Notários e Registradores. Nas hipóteses de incompatibilidade, uma atividade será excludente da outra. No entanto, nas hipóteses de impedimento, trata-se de circunstância transitória, razão pela qual a sua cessação autoriza a prática do ato; 5: O registrador não é interessado no teor da dúvida, por isso mesmo não tem legitimidade recursal. Dessa forma, caso seja julgada improcedente, o Oficial deve, assim que lhe for apresentado o título, promover seu registro após a qualificação positiva.

Gabarito 1E, 2C, 3E, 4C, 5E

**(Cartório/DF – 2001 – CESPE)** No que respeita à Lei dos Serviços Notariais e de Registro (LSNR) — Lei n. 8.935, de 18 de novembro de 1994 –, julgue o seguinte item.

(1) Embora a Constituição da República estabeleça que a atividade notarial e de registro detém caráter privado, o ingresso nela depende de concurso público, o qual, por expresso comando constitucional, tem de concluir-se no prazo de até seis meses, contados da abertura da vaga a prover.

Errado. O tema se encontra regulado no artigo 236, *caput* e § 3º, da Constituição Federal. Pelo texto ali previsto, é certo afirmar que o serviço não ostenta caráter privado, mas sim o seu exercício. Além disso, o comando constitucional determina que o concurso seja realizado dentro do prazo de seis meses a contar da vacância. Quanto à conclusão do mesmo, o Conselho Nacional de Justiça determinou, pela Resolução n. 81, que se conclua no prazo de um ano (artigo 2º, § 1º, da referida Resolução).

Gabarito 1E

**(Cartório/DF – 2001 – CESPE)** Ainda no que se refere à LSNR, julgue o item seguinte.

(1) Considere a seguinte situação hipotética. Alexandre era titular de um tabelionato de notas desde 1979 e, no ano 2000, veio a falecer. O respectivo tribunal de justiça abriu concurso para provimento da vaga. Nessa situação, embora se trate de tabelionato criado anteriormente à LSNR, a providência do tribunal de abrir concurso foi correta, do ponto de vista jurídico, e o novo tabelião estará integralmente subordinado ao regime dessa lei.

Correto. O regime implementado pela Constituição Federal de 1988 (artigo 236, § 3º) e regulamentado pela Lei n. 8.935/1994 (artigo 14, inciso I) não admite o ingresso na atividade notarial e registral por outra forma que não seja o concurso público.

Gabarito 1C

**(Cartório/ES – 2007 – FCC)** Nos termos da Lei n. 8.935/94, poderá ocorrer extinção de serventia extrajudicial, com anexação de suas atribuições ao serviço da mesma natureza mais próximo ou àquele localizado na sede do respectivo Município ou de Município contíguo, na hipótese de

(A) renúncia do notário ou registrador titular da serventia, sem que exista substituto para que possa permanecer na função até abertura de concurso.
(B) impossibilidade de se prover, por concurso público, a titularidade do serviço notarial ou de registro, por desinteresse ou inexistência de candidatos.
(C) extinção da delegação dada ao notário ou registrador e não abertura de concurso público para provê-la no prazo máximo de um ano.
(D) perda da delegação por sentença judicial irrecorrível em que serão condenados o notário ou registrador e seus substitutos.
(E) por aposentadoria facultativa do titular da serventia e consequente aposentadoria facultativa do substituto mais antigo.

As causas de extinção da delegação, previstas no artigo 39 da Lei n. 8.935/1994 não podem ser confundidas com a extinção da serventia, com previsão no artigo 44 da mesma Lei. As hipóteses previstas nas assertivas "A", "D" e "E" são causas de extinção da delegação, ou seja, extinção da outorga feita a certa pessoa, mas que não atinge o serviço. De outro lado, a hipótese da assertiva "C" é a única que atinge o próprio serviço.

Gabarito "B".

**(Cartório/MA – 2008 – IESES)** Excluídos o provimento por remoção e aqueles que tenham exercido função notarial ou de registro por 10 (dez) ou mais anos, a delegação para o exercício da atividade notarial e de registro depende dos seguintes requisitos, dentre outros:

I. Habilitação em concurso público de provas e títulos.
II. Estado civil.
III. Nacionalidade brasileira ou comprovação de naturalização brasileira.
IV. Diploma de bacharel em direito.

(A) As alternativas I e IV estão corretas.
(B) As alternativas II e IV estão corretas.
(C) As alternativas II e III estão corretas.
(D) As alternativas II e III estão corretas.

Os requisitos que devem ser preenchidos para que a pessoa possa receber a delegação do serviço notarial ou de registro estão previstos no artigo 14 da Lei n º 8.935/1994. Dentre eles, o *estado civil* em nada influencia na delegação, mas sim a *capacidade civil*.

Gabarito "A".

**(Cartório/MA – 2008 – IESES)** No concurso de ingresso na Atividade Notarial e de Registro, as vagas serão preenchidas alternadamente, duas terças partes por concurso público de provas e títulos e uma terça parte por meio de remoção, não se permitindo que qualquer serventia notarial ou de registro fique vaga, sem abertura de concurso de provimento inicial ou de remoção, por mais de seis meses. Com fundamento na afirmativa acima, responda:

I. Para estabelecer o critério do preenchimento, tomar-se-á por base a média da data entre a vacância da titularidade e a da criação do serviço.
II. Para estabelecer o critério do preenchimento, tomar-se-á por base a data de vacância da titularidade sem necessidade da verificação da data da criação do serviço, tendo em vista a rigorosa ordem de classificação no concurso.
III. Para estabelecer o critério do preenchimento, tomar-se-á por base a data de vacância da titularidade ou, quando vagas na mesma data, aquela da criação do serviço.
IV. Para estabelecer o critério do preenchimento, tomar-se-á por base a data da remoção ou, quando vagas na mesma data, aquela da titularidade.

(A) Somente a alternativa IV está correta.
(B) Somente a alternativa I está correta.
(C) Somente a alternativa II está correta.
(D) Somente a alternativa III está correta.

Os critérios para a inclusão de uma ou outra serventia no critério de provimento ou remoção estão regulados no artigo 16 da Lei n. 8.935/1994, nos seguintes termos: "Art. 16. As vagas serão preenchidas alternada-

mente, duas terças partes por concurso público de provas e títulos e uma terça parte por meio de remoção, mediante concurso de títulos, não se permitindo que qualquer serventia notarial ou de registro fique vaga, sem abertura de concurso de provimento inicial ou de remoção, por mais de seis meses. Parágrafo único. Para estabelecer o critério do preenchimento, tomar-se-á por base a data de vacância da titularidade ou, quando vagas na mesma data, aquela da criação do serviço".
Gabarito "D".

**(Cartório/MG – 2007 – EJEF)** Serviços notariais e de registro são os de organização técnica e administrativa destinados a garantir a:

(A) Publicidade, autenticidade, segurança e eficácia dos atos jurídicos.
(B) Publicidade, eficiência, eficácia e segurança dos atos jurídicos.
(C) Publicidade, autogestão, segurança e eficiência dos atos jurídicos.
(D) Publicidade, veracidade, impessoalidade e eficácia dos atos jurídicos.

As finalidades dos serviços extrajudiciais estão elencadas no artigo 1º da Lei n. 8.935/1994 e estão indicadas na assertiva "A" da questão.
Gabarito "A".

**(Cartório/MG – 2007 – EJEF)** De acordo com o respectivo Estatuto Profissional, os titulares de serviços notariais são denominados:

(A) Notários ou oficiais de protestos.
(B) Tabeliães de protestos de títulos e oficiais de notas.
(C) Tabeliães de notas ou notários.
(D) Tabeliães, oficiais de contratos marítimos e de distribuição.

A denominação daqueles que respondem diretamente pelos serviços extrajudiciais vem prevista no artigo 3º da Lei n. 8.935/1994. Os titulares dos serviços notariais são Tabeliães de Notas ou Notários e os titulares dos ofícios de registro são Oficiais de Registro ou Registradores. Para facilitar a compreensão, os prepostos são os colaboradores do serviço, previstos no Capítulo II do mesmo diploma legal.
Gabarito "C".

**(Cartório/MG – 2007 – EJEF)** Oficial de Registro é a denominação dada:

(A) aos delegatários, habilitados por concurso público de provas e títulos e devidamente nomeados pelo Governador do Estado que registram instrumentos, reconhecem firmas e autenticam cópias.
(B) aos titulares dos serviços de registro civil de pessoas naturais, interdições e tutelas, registro civil de pessoas jurídicas, registro de títulos e documentos, registro de imóveis, registro de distribuição e registro de contratos marítimos.
(C) àqueles que, de conformidade com a legislação concernente aos registros públicos, competem formalizar juridicamente a vontade das partes.
(D) aos titulares de serviços do extrajudicial encarregados de protocolar os documentos de dívida, para prova do descumprimento da obrigação, intimar os devedores para aceitá-los, devolvê-los ou pagá-los, sob pena de protesto.

Nos termos do disposto no artigo 12 da Lei n. 8.935/1994, os responsáveis pelos serviços de registro estão elencados na alternativa "B" De outro lado, de forma sintética, é de se consignar que: A: não há mais nomeação pelo Governador do Estado, como outrora ocorreu; C: trata-se de atribuição do Tabelião de Notas; D: trata-se de atribuição do Tabelião de Protesto de Títulos e outros documentos de dívida.
Gabarito "B".

**(Cartório/MG – 2007 – EJEF)** Extingue-se a delegação, entre outras causas, pela:

(A) renúncia pura e simples.
(B) aposentadoria compulsória.
(C) renúncia sob condição ou termo.
(D) perda em virtude de sentença judicial sujeita ao reexame necessário.

As hipóteses de extinção da delegação estão previstas no artigo 39 da Lei dos Notários e Registradores (Lei n. 8.935/1994). Entre elas, *não é* causa de extinção a aposentadoria *compulsória*. Mas, cabe registrar que até a decisão proferida na ADIN 2602-MG pelo Supremo Tribunal Federal, o entendimento anterior era pela aplicação da aposentadoria compulsória aos Notários e Registradores.
Gabarito "A".

**(Cartório/MG – 2005 – EJEF)** Considerando-se os prepostos dos serviços notariais e de registros, é CORRETO afirmar que

(A) os Escreventes Substitutos responderão civilmente pelos danos que, na prática de atos próprios da serventia, causem a terceiros, assegurado o direito de regresso no caso de dolo ou culpa dos respectivos Titulares.
(B) os Escreventes Substitutos responderão criminalmente pelos ilícitos penais praticados no exercício da delegação, desde que já responsabilizados civil e administrativamente.
(C) um, entre os Escreventes Substitutos, será designado, pelo Notário ou Oficial de Registro, para praticar todos os atos que lhe sejam próprios, sem exceção, desde que autorizado pelo respectivo Titular.
(D) um, entre os Escreventes Substitutos, será designado, pelo Notário ou Oficial de Registro, para responder pelo serviço nas ausências e impedimentos do Titular, com imediata comunicação ao Juiz Diretor do Foro.

Os prepostos são os colaboradores na execução dos serviços extrajudiciais, como previsto no artigo 20 da Lei dos Notários e Registradores. Entre eles, o Oficial ou Notário escolherá o substituto, cuja função lhe permite praticar todos os atos próprios, na forma do § 4º do mesmo dispositivo. E, entre os Substitutos, será designado um que responderá pelo próprio serviço nas ausências ou impedimentos do titular. Não há previsão na própria Lei n. 8.935/1994 quanto à comunicação ao juízo. No entanto, há essa previsão nas normas de serviço de diversos Estados.
Gabarito "D".

**(Cartório/MG – 2005 – EJEF)** É CORRETO afirmar que os Notários e Registradores estão sujeitos a

(A) acumular o exercício da atividade notarial e de registro com o desempenho de mandato eletivo, uma vez diplomados e empossados.
(B) compatibilizar o exercício da atividade notarial e de registro com o da advocacia ou o de cargo, emprego ou função públicos comissionados, em horários não coincidentes, por força de direito adquirido.
(C) manter em ordem os livros, papéis e documentos de sua serventia, guardando-os em locais seguros; atender as partes com eficiência, urbanidade

e presteza; dar recibo dos emolumentos percebidos pela prática dos atos do seu ofício, cujas tabelas devem ser afixadas em local visível, de fácil leitura e acesso ao público; e fiscalizar o recolhimento dos impostos incidentes sobre os atos que, entre outros, devem praticar.

(D) praticar atos do seu ofício no interesse de cônjuge e de parentes, na linha reta ou na colateral, consanguíneos ou afins, a partir do terceiro grau.

As hipóteses tratadas nas assertivas "A", "B" e "D" são, em verdade, situações em que os titulares dos serviços extrajudiciais não podem atuar, em razão da incompatibilidade ou do impedimento previstos nos artigos 25 e 27 da Lei dos Notários e Registradores. De outro lado, sobre os deveres atribuídos aos registradores e notários, elencados no artigo 30 da Lei n. 8.935/1994 e em outros dispositivos legais, temos todas as condutas indicadas na assertiva "C"

Gabarito "C".

(Cartório/MG – 2005 – EJEF) É CORRETO afirmar que a fiscalização dos atos notariais e de registro será exercida

(A) pelo Curador de Registros Públicos da comarca em que for sediado o Serviço Notarial ou de Registro, tal como prevê o Estatuto Profissional dos Notários e Registradores – Lei Federal n. 8.935, de 1994.
(B) pelo Juiz de Registros Públicos da comarca em que for sediado o Serviço Notarial ou de Registro, conforme determina a Lei de Organização e Divisão Judiciárias – Lei Complementar Estadual n. 59, de 2001, com a redação que lhe deu a Lei Complementar Estadual n. 85, de 2005.
(C) pelo Juízo competente, que, segundo a legislação do Estado de Minas Gerais, se trata do Juiz Diretor do Foro da comarca em que for sediado o Serviço Notarial ou de Registro.
(D) pelo Juízo competente, tal como previsto na repartição de competência da Justiça Comum Estadual, na Constituição da República.

O poder de fiscalização dos serviços notariais e de registro está constitucionalmente atribuído ao Poder Judiciário, como previsto no artigo 236, § 1º, parte final. Trata-se do Poder Judiciário Estadual, Justiça Comum. A organização judiciária de cada Estado definirá, de forma concreta, quem exercerá os poderes de fiscalização. No Estado de Minas Gerais, a correta é assertiva "C"

Gabarito "C".

(Cartório/MG – 2005 – EJEF) Considerando-se os emolumentos relativos aos atos praticados pelos Serviços Notariais e de Registro, é CORRETO afirmar que

(A) compete aos Estados e ao Distrito Federal fixar o valor deles, observadas as normas previstas em lei federal, a correspondência entre o efetivo custo e a adequada e suficiente remuneração dos serviços prestados, permitindo-se o reajuste de seu valor com a publicação das respectivas tabelas até o último dia do ano, respeitado o princípio da anterioridade.
(B) é competência privativa do legislador federal fixar o valor deles, levando em conta, para tanto, a natureza pública e o caráter social dos Serviços Notariais e de Registro, atendidas as peculiaridades socioeconômicas de cada região.
(C) há previsão legal para cobrança das partes interessadas de quaisquer outras quantias não expressamente previstas nas tabelas de emolumentos, por força da interpretação analógica.
(D) serão cotados os atos relativos a situações jurídicas sem estimativa financeira ou de conteúdo econômico inestimável tendo em conta a capacidade contributiva do interessado, observando-se faixas previamente estabelecidas com valores mínimos e máximos para grupos de atos específicos de cada serviço.

Os emolumentos devidos pela prática dos atos notariais e de registro estão regulados, de forma geral, na Lei Federal n. 10.169/2000, em atendimento ao comando constitucional constante do artigo 236, § 2º. Dada a natureza tributária dos emolumentos (taxa, conforme decidido na ADIN 1378-ES, como exemplo). Assim, sendo tributo, fica submetido ao Sistema Constitucional Tributário e, por conseguinte, ao princípio da anterioridade, entre outros. Além disso, as custas e os emolumentos cartorários são fixados por cada ente da Federação, respeitados os ditames gerais da Lei n. 10.169/2000.

Gabarito "A".

(Cartório/MS – 2009 – VUNESP) Os livros e papéis pertencentes ao arquivo do cartório ali permanecerão

(A) por 10 anos.
(B) por 20 anos.
(C) até que se opere a decadência do ato ou negócio jurídico.
(D) até que se opere a prescrição do negócio jurídico.
(E) indefinidamente.

Até de que outra forma se regule, o acervo de uma Serventia permanecerá ali indefinidamente, como reza o artigo 26 da Lei n. 6.015/1973. Assim, não há previsão legal geral (legislação federal) para o descarte ou a inutilização de documentos. Há que se ressaltar que mesmo a autorização para a substituição de documentos físicos por repositórios eletrônicos demonstra a necessidade de perpetuação e conservação dos livros e papéis da Serventia.

Gabarito "E".

(Cartório/MT – 2003 – UFMT) Quanto aos serviços notariais e de registro, pode-se afirmar:

(A) Os serviços notariais e de registro são exercidos em caráter privado, por delegação do Poder Público.
(B) A responsabilidade criminal será individualizada, aplicando-se, no que couber, a legislação relativa aos crimes contra a administração da justiça.
(C) A revogação da delegação dependerá de decisão judicial ou processo administrativo, observada a ampla defesa.
(D) Os notários e oficiais de registro responderão pessoalmente pelos danos causados a terceiros, assegurado o direito de regresso, no caso de culpa dos prepostos.
(E) O exercício da atividade notarial e de registro é incompatível com o da advocacia, o da intermediação de seus serviços ou o de qualquer função pública, exceto cargos em comissão.

Trata-se de previsão expressa do artigo 236 da Constituição Federal, que define a natureza *pública* do serviço extrajudicial, mas estabelece o seu *exercício* em caráter privado.

Gabarito "A".

**(Cartório/RJ – 2008 – UERJ)** Verificada a absoluta impossibilidade de se prover, por meio de concurso público, a titularidade de serviço notarial ou de registro por desinteresse ou inexistência de candidatos, é correto afirmar que:

(A) serão automaticamente extintos os serviços notariais ou de registro;
(B) serão os serviços notarial ou de registro automaticamente oficializados, passando a sua gestão definitivamente para o Poder Público;
(C) será o serviço notarial automaticamente extinto, mas o serviço de registro será anexado ao serviço da mesma natureza mais próximo;
(D) o juízo competente proporá ao Corregedor-Geral da Justiça a extinção do serviço e a anexação de suas atribuições ao serviço da mesma natureza mais próximo ou àquele localizado na sede do respectivo município ou do município contíguo.
(E) existindo, na mesma localidade, serviço notarial e de registro, serão eles fundidos em um só serviço, que será, então, automaticamente, oficializado com a gestão exclusiva e definitiva feita pelo Poder Público.

O artigo 44 da Lei n. 8.935/1994 trata dessa hipótese e determina a solução indicada na assertiva "D" É importante lembrar que o serviço, em razão da sua natureza, não pode deixar de ser prestado. Assim, a extinção prevista em lei determina que não haja o serviço naquela localidade, mas seja ele incorporado e prestado pelo serviço da mesma natureza mais próximo ou por aquele localizado na sede do Município ou Município contíguo.
Gabarito "D".

# 6. DEONTOLOGIA: DIREITOS E DEVERES DE TABELIÃES, OFICIAIS DE REGISTRO E SEUS PREPOSTOS. DIREITOS E DEVERES PERANTE O CONSELHO NACIONAL DE JUSTIÇA. DEVERES DE LEITURA, ATUALIZAÇÃO, INFORMAÇÕES E DECLARAÇÕES.

**(Cartório/AM – 2005 – FGV)** Os Notários e os Oficiais de Registro estão sujeitos, pelas infrações que praticarem, assegurado amplo direito de defesa, às seguintes penas, com exceção de:

(A) multa.
(B) repreensão.
(C) suspensão por noventa dias, prorrogáveis por mais trinta.
(D) advertência.
(E) perda da delegação.

As sanções oriundas das infrações disciplinares são taxativas e se encontram previstas no artigo 32 da Lei dos Notários e Registradores. Entre elas, não há previsão de aplicação de pena de *advertência*, sendo a punição assemelhada à repreensão. A multa, a repreensão, a suspensão por noventa dias, prorrogáveis por mais trinta e a perda da delegação estão previstas, respectivamente, nos incisos II, I, III e IV do artigo 32 da Lei n. 8.935/1994.
Gabarito "D".

**(Cartório/DF – 2008 – CESPE)** Relativamente à legislação e jurisprudência aplicáveis às serventias registradoras e notariais, julgue o item seguinte.

(1) Consoante a Lei dos Serviços Notariais e de Registro, o tabelião que cobrar de um casal reconhecidamente pobre os emolumentos de registro civil do nascimento do filho desse casal poderá ser punido com a devolução em dobro do valor cobrado e multa de um salário mínimo.

Errado. Em primeiro, deve haver a correção referente à pessoa que exerce a função de registro civil das pessoas naturais, que é o registrador e não o tabelião. Caso o registrador promova essa irregular cobrança, o legislador prevê ser causa de perda de delegação, nos termos do disposto no artigo 39, VI, da Lei n. 8.935/1994.
Gabarito 1E

**(Cartório/DF – 2001 – CESPE)** No que respeita à Lei dos Serviços Notariais e de Registro (LSNR) – Lei n. 8.935, de 18 de novembro de 1994 –, julgue o seguinte item.

(1) Considere a seguinte situação hipotética. Caetano era oficial do registro civil em uma determinada circunscrição e recebeu, certo dia, Danilo, seu primo, que desejava prestar declarações para o registro de nascimento de uma filha sua. Caetano, porém, informou a Danilo que não poderia efetuar o registro pessoalmente, por impedimento legal. No outro dia, Caetano recebeu Iraci, sua nora, a qual pretendia registrar a sentença que decretou a interdição de uma irmã dela. Nesse caso, Caetano efetuou o registro. Nessa situação, o oficial agiu corretamente no primeiro caso, ao recusar o registro, pela incompatibilidade, e, no segundo, ao entendê-la inexistente.

Errado. No primeiro caso, o registrador deveria ter promovido o registro porque não havia *impedimento* legal. O impedimento determina que o oficial não pode praticar o ato em favor de certa pessoa porque seu vínculo de parentesco com o interessado pode torná-lo parcial, tendencioso. No entanto, os impedimentos se limitam ao parentesco em terceiro grau. Assim, considerando que o primo é parente em quarto grau, não há impedimento. De outro lado, em relação à nora, há parentesco em 2º grau por afinidade, razão pela qual fica impedido de praticar o ato. Todavia, há que ser lembrado que o substituto poderia fazê-lo, como reza o artigo 20, § 5º, da Lei n. 8.935/1994.
Gabarito 1E

**(Cartório/DF – 2001 – CESPE)** Ainda no que se refere à LSNR, julgue o item seguinte.

(1) Considere a seguinte situação hipotética. Marcel foi designado pelo tribunal de justiça, em caráter precário, para substituir oficial de um serviço registral que falecera, até a nomeação do novo oficial. Nesse ínterim, a área territorial correspondente àquele serviço foi desmembrada. Marcel, então, formalizou opção pela nova serventia, resultante do desmembramento da primeira. Nessa situação, Marcel não tem direito à opção.

Correto. Um dos direitos legalmente conferidos aos *titulares* dos serviços extrajudiciais é o de opção em caso de desmembramento ou desdobramento da Serventia, como previsto no artigo 29, I, da

Lei n. 8.935/1994. Dessa forma, somente o titular pode fazer essa escolha, mas não o designado para responder pelo serviço em razão da sua vacância.
Gabarito "C"

**(Cartório/ES – 2007 – FCC)** Quanto à ordem de serviço disposta na Lei no 6.015/73, é correto afirmar que

(A) os horários de funcionamento dependem da conveniência do notário ou registrador.
(B) quando o interessado pelo registro for o registrador, ou algum parente seu, em grau que determine impedimento, o ato incumbe ao substituto legal.
(C) a remuneração paga aos notários e registradores é paga pelo Estado delegante e recebe a denominação de emolumentos.
(D) o registro civil das pessoas naturais funcionará somente nos dias úteis, sem exceção.
(E) o valor das despesas, como custas de escrituras, certidões, buscas, averbações e registros constará apenas de recibo emitido pela serventia.

A assertiva "B" está prevista no artigo 27 da Lei n. 8.935/1994, cuja finalidade é garantir a imparcialidade do notário ou registrador, impedindo-o de praticar o ato no interesse de parente seu (com o grau de parentesco previsto em lei) ou cônjuge ou companheiro. Quanto às demais assertivas, temos: A: Incorreta. O horário de funcionamento está regulado em lei, no artigo 4º da Lei dos Notários e Registradores e é alheio à conveniência do registrador ou do Notário; C: Incorreta. A remuneração, denominada emolumentos, é paga pelo tomador do serviço notarial e de registro e, na forma do disposto nos artigos 21 e 28 da Lei dos Notários e Registradores, tem por destino garantir a gestão financeira da serventia; D: Incorreta. O registro civil das pessoas naturais, exatamente em razão das suas peculiaridades e de fatos nele registrados que podem acontecer a qualquer momento (nascimento e óbito), funcionará nos dias úteis, nos horários estabelecidos, bem como aos sábados, domingos e feriados, em sistema de plantão; E: Incorreta. Tais valores constarão do recibo, bem como dos atos praticados.
Gabarito "B".

**(Cartório/ES – 2007 – FCC)** Às serventias extrajudiciais caberá a remuneração por

(A) taxa de fiscalização.
(B) custas extrajudiciais.
(C) emolumentos.
(D) repasse de verbas estaduais.
(E) taxa extrajudicial de serviço.

A contraprestação pelos serviços extrajudiciais será feita pelo pagamento dos emolumentos, que deverão ser fixados de acordo com a Lei n. 10.169/2000 e cobrados de acordo com a Tabela vigente em cada Estado e Distrito Federal. Os Notários e Registradores têm direito à percepção de tais emolumentos, como previsto no artigo 28 da Lei n. 8.935/1994.
Gabarito "C".

**(Cartório/ES – 2007 – FCC)** São deveres dos notários e registradores, EXCETO:

(A) atender as partes com eficiência, urbanidade e presteza.
(B) afixar em local visível, de fácil leitura e acesso ao público, as tabelas de emolumentos em vigor.
(C) manter em arquivos as leis, regulamentos, resoluções, provimentos, regimentos, ordens de serviço e quaisquer outros atos que digam respeito à sua atividade.
(D) fazer intermediação de seus serviços ou de qualquer cargo, emprego ou função pública.
(E) guardar sigilo sobre a documentação e os assuntos de natureza reservada de que tenham conhecimento em razão do exercício de sua profissão.

Os deveres dos notários e registradores estão previstos no artigo 30 da Lei n. 8.935/1994 e em outros dispositivos legais. Entre eles, não consta a previsão de intermediação de serviços que, aliás, é vedada, na forma do disposto no artigo 25 da mesma lei. Trata-se de hipótese de incompatibilidade do serviço extrajudicial. Quanto às demais assertivas, temos: A: previsto no inciso II; B: previsto no inciso VII; C: previsto no inciso IV; E: previsto no inciso VI, todos do artigo 30 citado.
Gabarito "D".

**(Cartório/ES – 2007 – FCC)** Acerca do regime de trabalho dos prepostos dos notários e registradores, é correto afirmar que

(A) podem ser contratados pelo regime estatutário ou celetista, a critério do titular da serventia.
(B) os substitutos são servidores estatutários e os escreventes e auxiliares são empregados submetidos ao regime celetista.
(C) são escreventes e auxiliares empregados, com remuneração livremente ajustada e sob o regime da legislação do trabalho.
(D) não possuem vínculo empregatício com os notários e registradores, sendo empregados públicos diretamente concursados e lotados nas serventias.
(E) os substitutos ocupam cargos públicos e os escreventes e auxiliares são empregados públicos, mas todos são concursados.

Com o advento da Lei n. 8.935/1994, os antigos estatutários tiveram que fazer a opção ou se manter no antigo regime ou passar ao regime da legislação trabalhista comum, privada, na forma do artigo 51, § 1º, da Lei dos Notários e Registradores. Quanto aos novos prepostos, ou seja, aqueles contratados já na vigência da Lei dos Notários e Registradores, o único regime aplicável à relação de trabalho é o celetista (artigo 48 da referida Lei).
Gabarito "C".

**(Cartório/ES – 2007 – FCC)** Dispõe a Lei n. 8.935/94 que extinguir-se-á a delegação a notário ou oficial de registro, dentre outras formas, pela aposentadoria facultativa. O STF já se pronunciou em várias oportunidades sobre a questão de aposentadoria compulsória de notários e registradores. Deste modo, considerando o posicionamento do STF e a Lei n. 8.935/94, é correto afirmar que

(A) os notários e registradores não se submetem ao regime da aposentadoria compulsória aos setenta anos por não serem servidores públicos, mas sim ocupantes de função pública delegada.
(B) os notários e registradores são considerados servidores públicos e, nesta qualidade, estão submetidos também ao regime da aposentadoria compulsória.
(C) os notários são excluídos do regime da aposentadoria compulsória, porque apenas exercem função pública delegada, ao passo que os registradores equiparam-se a servidores públicos ocupantes de cargo em comissão.

(D) só tem cabimento falar em aposentadoria compulsória aos setenta anos para os notários e registradores que alcançaram esta idade depois da EC 40/98, que alterou a regra constitucional para aposentadoria compulsória.
(E) a Lei n. 8.935/94 teve declarado inconstitucional o dispositivo que prevê extinção da delegação com aposentadoria facultativa, já que a extinção só pode se dar com a aposentadoria compulsória.

A decisão proferida na ADIN 2602-MG assentou a questão dispondo que, em razão da forma de exercício da delegação, não há que se aplicar a regra da aposentadoria compulsória a notários e registradores vez que estes não são servidores públicos em sentido estrito e, por tal razão, não se submetem a dita regra.
Gabarito "A."

**(Cartório/ES – 2007 – FCC)** Será nomeado interventor, na serventia extrajudicial, no caso

(A) de decisão decorrente de processo administrativo instaurado pelo juízo competente, para apurar falta grave cometida pelo titular da serventia.
(B) do afastamento do titular da serventia por motivo de foro íntimo.
(C) de aplicação de pena de extinção da delegação por decisão judicial irrecorrível que condena o titular da serventia por crime contra a administração.
(D) de suspensão do titular da serventia, preventivamente, pelo prazo de 90 dias, prorrogável por mais 30 dias, para apuração de faltas a este imputadas.
(E) de invalidez temporária do titular da serventia, quando este não seja concursado nos termos da Magna Carta.

A intervenção será determinada na hipótese do artigo 36 da Lei n. 8.935/1994, caso em que se fará necessária exatamente para a apuração de faltas cometidas pelos notários e registradores. O objetivo é garantir que os responsáveis pelos serviços não interfiram na apuração e nem impeçam que ela se conclua. A previsão legal de nomeação de interventor está no § 1º do artigo 36 citado.
Gabarito "D."

**(Cartório/ES – 2007 – FCC)** Aos notários e registradores que praticarem infrações disciplinares previstas na Lei n. 8935/94 podem ser aplicadas, conforme a gravidade, em grau crescente, as penas de:

(A) repreensão; multa; suspensão por 90 dias, prorrogável por mais 30 dias; perda da delegação.
(B) multa; advertência; intervenção por 90 dias, prorrogável por mais 90 dias; extinção da delegação.
(C) advertência; multa; suspensão por 30 dias; extinção da delegação.
(D) multa; repreensão; suspensão por 60 dias, prorrogável por mais 60 dias; perda da delegação.
(E) repreensão; advertência; multa; suspensão por 30 dias; intervenção por 90 dias, prorrogável por mais 30 dias; perda da delegação.

As sanções pelas faltas dos notários e registradores estão previstas nos artigos 32 e 33 da Lei n. 8.935/1994. Nos termos do disposto no artigo 34 do mesmo diploma, devem ser aplicadas independentemente da forma gradativa, de acordo com a gravidade da conduta faltosa.
Gabarito "A."

**(Cartório/MA – 2008 – IESES)** Assinale a alternativa INCORRETA de acordo com a Lei n. 8.935/94.

(A) Os notários e oficiais de registro gozam de independência no exercício de suas atribuições, têm direito à percepção dos emolumentos integrais pelos atos praticados na serventia e só perderão a delegação na aposentadoria.
(B) São deveres dos notários e dos oficiais de registro, dentre outros: (i) manter em ordem os livros, papéis e documentos de sua serventia, guardando-os em locais seguros; (ii) atender as partes com eficiência, urbanidade e presteza e (iii) fiscalizar o recolhimento dos impostos incidentes sobre os atos que devem praticar.
(C) Devem os notários e oficiais de registro facilitar, por todos os meios, o acesso à documentação existente às pessoas legalmente habilitadas.
(D) São direitos do notário e do registrador, dentre outros: (i) exercer opção, nos casos de desmembramento ou desdobramento de sua serventia; (ii) organizar associações ou sindicatos de classe e deles participar.

O erro na assertiva diz respeito exatamente à aposentadoria. Em primeiro porque não se trata de causa de perda, mas sim de extinção da delegação, como previsto no artigo 39, II, da Lei dos Notários e Registradores. De outro lado, a perda de delegação somente poderá ocorrer nas hipóteses taxativamente previstas em lei, desde que garantido o direito ao devido processo legal e à ampla defesa.
Gabarito "A."

**(Cartório/MA – 2008 – IESES)** Assinale a alternativa correta de acordo com a Lei n. 8.935/94.

(A) A responsabilidade civil, dos notários e oficiais de registro, depende da criminal. A responsabilidade criminal será individualizada, aplicando-se, no que couber, a legislação relativa aos crimes contra a administração pública.
(B) A responsabilidade civil, dos notários e oficiais de registro, independe da criminal. A responsabilidade criminal será individualizada, aplicando-se, no que couber, a legislação relativa aos crimes contra a administração pública.
(C) Os notários e oficiais de registro responderão pelos danos que eles e seus prepostos causem a terceiros, na prática de atos próprios da serventia, assegurado aos primeiros direito de regresso somente no caso de dolo dos prepostos.
(D) Os notários e oficiais de registro responderão pelos danos que eles e seus prepostos causem a terceiros, na prática de atos próprios da serventia, vedado aos primeiros direito de regresso no caso de dolo ou culpa dos prepostos.

Trata-se de regra própria da responsabilidade civil, expressamente prevista no artigo 935 do Código Civil, que na responsabilidade civil independe da criminal. Mesma regra é estampada no artigo 23 da Lei n. 8.935/1994. Mais ainda, no que se refere à responsabilidade de notários e registradores, em razão da função pública que exercem, determina o legislador que se apliquem as regras relativas aos crimes contra a administração pública, naquilo que couber (artigo 24 da Lei n. 8.935/1994).
Gabarito "B."

**(Cartório/MA – 2008 – IESES)** No que se refere às infrações disciplinares e às penalidades, assinale a alternativa INCORRETA:

(A) Quando, para a apuração de faltas imputadas a notários ou a oficiais de registro, for necessário o afastamento do titular do serviço, poderá ele ser suspenso, preventivamente, pelo prazo de cento e vinte dias, prorrogável por trinta dias.
(B) A perda da delegação dependerá de sentença judicial transitada em julgado ou de decisão decorrente de processo administrativo instaurado pelo juízo competente, assegurado amplo direito de defesa.
(C) As sanções serão impostas pelo juízo competente, independentemente da ordem de gradação, conforme a gravidade do fato.
(D) O procedimento de ação disciplinar para verificação do cumprimento dos deveres e para eventual imposição de penalidade obedecerá às regras estabelecidas para o processo administrativo disciplinar dos servidores do Poder Judiciário e às do Estatuto dos Servidores Públicos Civis do Estado, no que não conflitar com a Lei n. 8.935/94.

Nos termos do disposto no artigo 36 da Lei dos Notários e Registradores, a suspensão será de *90* dias, prorrogável por mais 30 e não de 120. Além disso, é hipótese de prorrogação, não se podendo, desde o início, aplicar pena de suspensão por 120 dias.
Gabarito "A".

**(Cartório/MG – 2009 – EJEF)** No tocante às prerrogativas e direitos dos titulares dos serviços notariais e de registro, pode-se afirmar, com base na legislação de regência:

(A) São profissionais do direito, dotados de fé pública que gozam de independência no exercício de suas atribuições, com direito à percepção dos emolumentos integrais pelos atos praticados na serventia, somente perderão a delegação nas hipóteses definidas em lei, competindo-lhes ainda a posse direta e propriedade pelos livros, fichas, documentos, papéis, microfilmes e arquivos de computação da serventia, mesmo em caso de vacância da delegação.
(B) São profissionais do direito, dotados de fé pública que gozam de independência no exercício de suas atribuições, com direito à percepção dos emolumentos integrais pelos atos praticados na serventia, somente perderão a delegação nas hipóteses definidas em lei, competindo-lhes ainda, com a devida justificação e mediante prévia autorização da autoridade competente, a instalação de sucursal do serviço respectivo.
(C) Nas unidades federativas onde já exista lei estadual específica à época da entrada em vigor da Lei federal 8.935, de 1994, é validada a atribuição para a lavratura de instrumentos translatícios de direitos reais, procurações, reconhecimentos de firmas e autenticações de cópias reprográficas aos serviços de Registro Civil de Pessoas Jurídicas.
(D) São profissionais do direito, dotados de fé pública que gozam de independência no exercício de suas atribuições, com direito à percepção dos emolumentos integrais pelos atos praticados na serventia, somente perderão a delegação nas hipóteses definidas em lei, competindo-lhes ainda a guarda e responsabilidade pelos livros, fichas, documentos, papéis, microfilmes e sistemas de computação da serventia, mesmo em todas as diligências judiciais e extrajudiciais, inclusive em caso de exame pericial, que deverão ocorrer na própria sede do serviço em dia e hora adrede designados, com ciência do titular e autorização do juízo competente.

A: Incorreta. Embora a parte inicial da assertiva esteja correta, os notários e registradores não são proprietários do acervo e demais documentos da Serventia que devem, por expressa determinação legal, ali permanecer indefinidamente (artigo 26 da Lei n.. 6.015/1973); B: Incorreta. Inexiste autorização legal para a instalação de sucursal. Pelo contrário, o artigo 43 da Lei n. 8.935/1994 é expresso em vedar sua existência. É de se ressaltar que o atendimento em maternidades para o registro civil das pessoas naturais não se confunde com essa prática; C: Incorreta. O tema vem regulado no artigo 53 da Lei dos Notários e Registradores, dispondo que nessas unidades da federação, os mencionados atos poderão ser praticados pelo oficial de registro civil das pessoas naturais.
Gabarito "D".

**(Cartório/MG – 2007 – EJEF)** De acordo com a Lei n. 8.935, de 1994, o exercício da atividade Notarial e de Registro é:

(A) acumulável com cargo público de provimento em comissão, mediante prévia autorização do Juiz Diretor do Foro.
(B) compatível com a advocacia, desde que exercida em comarca diversa daquela para a qual recebeu a delegação.
(C) incompatível com a advocacia, e com qualquer cargo, emprego ou função públicos.
(D) compatível com o exercício de mandato eletivo.

O artigo 25 da Lei n. 8.935/1994 trata das hipóteses de incompatibilidade do exercício da função extrajudicial com outras funções. Ali se prevê que: A: é incompatível com o exercício de qualquer cargo, emprego ou função públicos, ainda que em comissão; B: é incompatível com o exercício da advocacia; C: é incompatível com o exercício de cargo ou função decorrente de mandato eletivo, caso em que caberá o afastamento da função extrajudicial enquanto houver o exercício do mandato.
Gabarito "C".

**(Cartório/MG – 2005 – EJEF)** É CORRETO afirmar que o prazo prescricional relativo à pretensão dos Tabeliães pela percepção de emolumentos é de

(A) seis meses.
(B) um ano.
(C) cinco anos.
(D) 10 anos.

A prescrição do direito de exigir o adimplemento de obrigações decorrentes do não pagamento dos emolumentos devidos pela prática dos atos notariais e de registro é de *um ano*, nos termos do disposto no artigo 206, § 1º, III, do Código Civil.
Gabarito "B".

**(Cartório/MS – 2009 – VUNESP)** O reiterado descumprimento dos deveres ou a falta grave sujeita os notários e os oficiais de registro à pena de

(A) repreensão.
(B) advertência.
(C) multa de 1 a 10 salários mínimos.
(D) suspensão por 30 dias.
(E) suspensão por até 120 dias.

A gravidade da sanção decorre exatamente da reiteração da conduta faltosa. Por tal razão, ainda que como pena imediata e inicial, já que não se exige gradação, será aplicável a pena de suspensão por 90 dias, prorrogável por mais 30, na forma dos artigos 32, III, e 33, III, da Lei dos Notários e Registradores.
Gabarito "E".

**(Cartório/PR – 2007)** Em caso de impedimento ou suspeição do oficial do Registro, assinale a alternativa correta:

(A) Declarada a suspeição ou impedimento, caberá ao oficial do Registro comunicar o fato dentro de 48 horas ao Juiz de Direito Diretor do Fórum, para que este designe o oficial substituto para lavratura do ato.
(B) o ato deverá ser lavrado ou registrado em outra serventia, necessariamente.
(C) O ato será lavrado na mesma serventia, por um oficial *ad hoc* entre os titulares de serviços da mesma natureza, designado pelo Juiz da Vara dos Registros Públicos.
(D) A lavratura do ato dependerá de autorização judicial, em qualquer caso.
(E) o ato poderá ser lavrado ou registrado pelo substituto da própria serventia, desde que este não incorra no mesmo impedimento ou suspeição.

A solução da hipótese vem prevista nos artigos 20, § 5º, e 27 da Lei dos Notários e Registradores e determina que o ato seja praticado pelo Substituto. No entanto, é de se consignar que a referida Lei somente trata do impedimento, não fazendo qualquer previsão referente à suspeição.
Gabarito "E".

**(Cartório/RJ – 2008 – UERJ)** Considerando-se o previsto na Lei 8.935, de 1994, é permitido aos Notários:

(A) somente acumular com a função notarial o mandato eletivo;
(B) exercer a advocacia fora dos limites do município onde esteja instalada a sua serventia;
(C) exercer opção, nos casos de desmembramento ou desdobramento de sua serventia;
(D) cobrar emolumentos acima da tabela somente no caso de comprovada urgência;
(E) praticar atos de seu ofício no interesse de cônjuge e de parentes, na linha reta ou colateral, consanguíneos ou afins, a partir do terceiro grau.

O direito de opção está expressamente previsto no artigo 29, I, da Lei n. 8.935/1994 e garante ao titular do serviço escolher seu destino em caso de desmembramento (território) ou desdobramento (serviço). Oportuno constar que há expressa previsão legal impondo a incompatibilidade do exercício do serviço extrajudicial com a advocacia ou o mandato eletivo (artigo 25 da Lei n. 8.935/1994), bem como há impedimento para a prática de atos no interesse de parentes seus até o terceiro grau, cônjuges ou companheiros, por extensão (artigo 27 da Lei n. 8.935/1994). Além disso, a cobrança da denominada "taxa de urgência" é ato ilegal, proibido expressamente pelo artigo 31,III, da Lei n. 8.935/1994.
Gabarito "C".

**(Cartório/RJ – 2008 – UERJ)** De acordo com a Lei Federal 8.935 de 18/11/1994 (Lei dos Notários e Registradores), no serviço de que é titular, o notário e o registrador:

(A) poderão praticar qualquer ato de seu interesse, ou de parente, já que possuem fé pública;
(B) poderão praticar qualquer ato de seu interesse, desde que autorizado pelo Juízo competente;
(C) não poderão praticar qualquer ato de seu interesse, ou de seu cônjuge ou de parentes, na linha reta, ou na colateral, consanguíneos ou afins até o terceiro grau;
(D) não poderão praticar qualquer ato de seu interesse, ou de seu cônjuge ou de parentes, na linha reta, ou na colateral, consanguíneos ou afins até o segundo grau;
(E) não poderão praticar qualquer ato de seu interesse, ou de interesse de seu cônjuge ou de parentes na linha reta, podendo fazê-lo para o parente consanguíneo até o terceiro grau.

O impedimento para a prática de atos de seu ofício no interesse de pessoas com as quais guarde vínculo de parentesco ou estreita afeição e afinidade (cônjuges e companheiros) tem por finalidade garantir a higidez dos atos sem intervenção externa decorrente de tais vínculos, nos termos do artigo 27 da Lei n. 8.935/1994. Dessa forma, correta a assertiva "C".
Gabarito "C".

**(Cartório/RJ – 2008 – UERJ)** De acordo com a Lei Federal 8.935 de 18/11/1994 (Lei dos Notários e Registradores), é incorreta a afirmativa:

(A) notário e registrador podem renunciar à delegação que lhes foi outorgada;
(B) deputado federal, no exercício do mandato, não pode simultaneamente exercer as atividades notariais ou de registro;
(C) por serem profissionais do Direito, os notários e registradores podem exercer a advocacia fora da comarca para a qual receberam a delegação;
(D) os serviços notariais e de registros têm como finalidade específica garantir a publicidade, autenticidade, segurança e eficácia dos atos jurídicos;
(E) escrevente substituto, se provar exercício de atividade notarial e de registro por 10 (dez) anos completos, pode concorrer a concurso de provimento de serventia, mesmo que não seja bacharel em Direito.

A: Correta. A renúncia é uma das hipóteses de extinção da delegação, conforme previsto no artigo 39, IV, da Lei n. 8.935/1994 e decorre apenas do interesse do titular do serviço; B: Correta. No que se refere ao cargo de deputado federal, há efetiva incompatibilidade com o exercício da função extrajudicial, como previsto em lei, ocorrendo o mesmo com o exercício da advocacia (artigo 25 da Lei n. 8.935/1994); D: Correta. As finalidades do serviço extrajudicial estão expressamente previstas no artigo 1º da Lei n. 8.935/1994; E: Correta. Nos termos do disposto no artigo 15, § 2º, da Lei n. 8.935/1994, o exercício da função de escrevente por 10 anos permite a habilitação em concurso de outorga, no critério de provimento, independentemente do bacharelado em Direito.
Gabarito "C".

(Cartório/RJ – 2002 – NCE-UFRJ) Os Notários e os Oficiais de Registro, para o desempenho de suas funções, poderão contratar escreventes, dentre eles escolhendo os substitutos e auxiliares como empregados. Os escreventes substitutos podem praticar todos os atos próprios dos Tabeliães e Oficiais titulares:

(A) simultaneamente com os Tabeliães e Oficiais titulares todos os atos que lhe sejam próprios;
(B) desde que autorizados pelo Notário ou Oficial de Registro, exceto nos tabelionatos de Notas, lavrar testamentos;
(C) desde que autorizados pelo Notário ou Oficial de Registro;
(D) e inclusive responder pelo serviço nas ausências e nos impedimentos do titular;
(E) e inclusive lavrar testamento nos tabelionatos de Notas.

Enquanto os escreventes podem praticar os atos autorizados pelo Notário ou Registrador, aquele que for designado como Substituto poderá praticar todos os atos próprios da Serventia, como previsto no artigo 20, § 4º, da Lei dos Notários e Registradores, excetuando-se, no Tabelionato de Notas, a lavratura de escrituras. De outro lado, para responder pelo serviço nas ausências ou impedimentos do Oficial, a nomeação deve atender o disposto no artigo 20, § 5º, da referida Lei.
Gabarito "B".

(Cartório/RJ – 2002 – NCE-UFRJ) Afastado o Notário ou o Oficial de Registro para apuração de falta funcional, o Juízo competente designará interventor, quando o substituto também for acusado ou quando a medida se revelar conveniente para os serviços. Nesta hipótese, receberá a renda líquida da serventia:

(A) o interventor nomeado;
(B) o Notário ou Oficial afastado;
(C) o Fundo Especial do Tribunal de Justiça;
(D) o titular, metade da renda líquida, e a outra metade será depositada em conta bancária;
(E) o Erário Público do Estado do Rio de Janeiro.

A nomeação de interventor está prevista no artigo 36, da Lei dos Notários e Registradores. Durante o período da intervenção, deve o interventor ser remunerado pelo trabalho que exerce e o será na proporção da metade da renda líquida da serventia. A outra metade deverá ser depositada em conta bancária especial e corrigida monetariamente. Com a decisão final, caso o titular seja condenado, o interventor fará jus a tais valores; se absolvido, os valores depositados serão levantados pelo titular.
Gabarito "D".

(Cartório/RO – III) São deveres dos notários e dos oficiais de registro:

(A) proceder de forma a dignificar a função exercida, tanto nas atividades profissionais como na vida privada;
(B) perceber os emolumentos integrais pelos atos praticados na serventia;
(C) gozar de independência no exercício de suas funções;
(D) organizar associações ou sindicatos de classe e deles participar.

Os deveres dos notários e registradores estão previstos, notadamente, no artigo 30 da Lei n. 8.935/1994. Entre eles, o inciso V trata das condutas previstas na assertiva "A". De outro lado, as demais hipóteses tratam apenas de *direitos*, que estão previstos nos artigos 28 e 29 da mesma Lei.
Gabarito "A".

(Cartório/RO – III) A respeito de desmembramento de serventia, é correto afirmar:

(A) quando a lei criar novo cartório, o arquivo do antigo cartório será transferido ao cartório recém-instalado;
(B) o notário ou registrador tem o direito de exercer opção de titularidade em caso de desmembramento de sua serventia;
(C) quando a lei criar novo cartório, e enquanto este não for instalado, os registros continuarão a ser feitos no cartório mais próximo ao que sofreu o desmembramento;
(D) instalado novo cartório de registro de imóvel, os atos praticados na serventia anterior deverão ser repetidos no novo ofício;

Com a criação da nova serventia, a Lei de Registros Públicos determina que: a) o acervo da antiga serventia ali permanecerá indefinidamente; b) os atos continuarão sendo ali praticados, até que a nova serventia seja efetivamente instalada; c) os atos já praticados no antigo ofício independem de repetição no novo, para o qual serão apenas transportados, conforme disposto no artigo 27 da Lei n. 6.015/1973.
Gabarito "B".

(Cartório/SP – II – VUNESP) Assinale a alternativa que não corresponde a um dever dos Notários e dos Oficiais de Registro.

(A) Exercer opção, nos casos de desmembramento ou desdobramento de sua serventia.
(B) Observar os emolumentos fixados para a prática dos atos do seu ofício.
(C) Proceder de forma a dignificar a função exercida, tanto nas atividades profissionais como na vida privada.
(D) Encaminhar ao juízo competente as dúvidas levantadas pelos interessados, obedecida a sistemática processual fixada pela legislação respectiva.

Somente a assertiva "A" trata da hipótese de um direito e não de um dever, nos termos do artigo 29, I, da Lei dos Notários e Registradores.
Gabarito "A".

(Cartório/SP – I – VUNESP) O atendimento ao público, nos serviços extrajudiciais, deve ser eficiente e adequado,

(A) a qualquer horário, desde que por oito horas diárias, no mínimo, nos dias úteis.
(B) todos os dias, em horários fixados pelo Delegado, com autorização do juízo competente, atendidas as peculiaridades locais.
(C) em dias e horários fixados pelo juízo competente, por seis horas diárias, no mínimo.
(D) nos horários estabelecidos pelo juízo competente, por oito horas diárias, no mínimo, todos os dias.

O artigo 4º da Lei n. 8.935/1994 prevê que o serviço extrajudicial será prestado de modo adequado e eficiente e por no mínimo por seis horas diárias, em dias e horários estabelecidos pela autoridade competente, considerando-se, ainda, as peculiaridades locais.
Gabarito "C".

**(Cartório/SP – I – VUNESP)** Os substitutos do Notário ou Oficial de Registro são escolhidos entre os

(A) escreventes, autorizados a praticar todos os atos extrajudiciais, simultaneamente com o Delegado, exceto lavrar testamentos.
(B) auxiliares, autorizados a praticar todos os atos extrajudiciais, na ausência do Delegado, exceto lavrar testamentos.
(C) escreventes e auxiliares, autorizados a praticar todos os atos extrajudiciais, simultaneamente com o Delegado, exceto lavrar testamentos.
(D) escreventes e auxiliares, autorizados a praticar todos os atos extrajudiciais, na ausência do Delegado.

É a previsão do artigo 20, §§ 4º e 5º, da Lei dos Notários e Registradores.
Gabarito "A".

**(Cartório/SP – I – VUNESP)** Os escreventes são prepostos contratados pelo Delegado do serviço extrajudicial, pelo regime

(A) estatutário, que não podem praticar ato algum notarial ou de registro.
(B) trabalhista, que podem praticar os atos autorizados pelo Notário ou Oficial de Registro.
(C) estatutário, que podem praticar os atos autorizados pelo Notário ou Oficial de Registro.
(D) trabalhista, que podem praticar qualquer ato notarial ou de registro.

Os colaboradores do serviço extrajudicial são denominados prepostos e estão regulados no artigo 20, da Lei dos Notários e Registradores. Pelo regime implementado pelo mencionado diploma legal, serão eles contratados pelo regime trabalhista, somente *permanecendo* sob regime estatutário aqueles que tenham feito a expressa opção. Entre os escreventes, o notário ou o registrador irá definir a esfera de atuação, autorizando a prática de atos. Os escreventes somente poderão praticar os atos que forem autorizados, ao passo que o substituto poderá praticar todos os atos próprios do ofício.
Gabarito "B".

**(Cartório/SP – I – VUNESP)** Em cada serviço de registro haverá, de acordo com a Lei n. 8.935, de 18 de novembro de 1994,

(A) tantos substitutos, escreventes e auxiliares quantos forem necessários.
(B) um substituto, dez escreventes e quantos auxiliares forem necessários.
(C) um substituto, cinco escreventes e quantos auxiliares forem necessários.
(D) dois substitutos e quantos escreventes e auxiliares forem necessários.

O número de prepostos deverá ser proporcional ao serviço e ao bom andamento da serventia. Assim, serão tantos escreventes, auxiliares e substitutos quantos necessários. É de se lembrar que o gerenciamento da serventia é de responsabilidade de seu titular, na forma do artigo 21 da Lei n. 8.935/1994, mas que o juiz competente, na forma do artigo 38 da mesma Lei, poderá indicar planos de melhoria da prestação do serviço.
Gabarito "A".

**(Cartório/SP – I – VUNESP)** A função correcional dos serviços extrajudiciais é exercida

(A) pela Corregedoria Geral do Estado-Membro.
(B) pelo Ministério Público Federal.
(C) pela Corregedoria da Justiça Federal.
(D) pelas Corregedoria Geral e Permanente do Judiciário do Estado-Membro.

A fiscalização dos serviços notariais e de registro, por determinação constitucional, é exercida pelo Poder Judiciário, pela Justiça Comum Estadual (artigo 236, § 1º, parte final, da Constituição Federal). Assim, essa fiscalização é executada pela Corregedoria Geral do Tribunal de Justiça, bem como pelas Corregedorias Permanentes das localidades em que haja prestação do serviço, na forma da organização judiciária de cada Estado-Membro.
Gabarito "D".

## 7. TEMAS COMBINADOS DE REGISTROS PÚBLICOS

**(Cartório/AM – 2005 – FGV)** Assinale a alternativa incorreta.

(A) No registro civil das pessoas jurídicas, serão matriculados os jornais e demais publicações periódicas.
(B) No registro civil das pessoas naturais, a averbação dos atos será feita com a simples menção, sem maiores indicações em minúcias, da sentença ou do ato que a determinar.
(C) Formulada a dúvida pelo oficial do registro, a decisão nela proferida tem natureza administrativa.
(D) Não serão registrados, no mesmo dia, títulos pelos quais se constituam direitos reais contraditórios sobre o mesmo imóvel.
(E) No registro civil de pessoas jurídicas, serão inscritos os atos constitutivos e os estatutos dos Partidos Políticos.

As averbações do registro civil das pessoas naturais devem ser extremamente cuidadosas e detalhadas, lembrando, especialmente, o objeto que se tem em mãos: dados da pessoal natural. Assim, nos termos do disposto no artigo 99 da Lei n. 6.015/1973, a averbação será feita com a indicação minuciosa da sentença ou ato que a determinar.
Gabarito "B".

**(Cartório/BA – 2004 – CESPE)** Acerca da Lei dos Registros Públicos, julgue o item que se segue.

(1) O processo de dúvida se estende aos casos oriundos dos cartórios de protesto e aos serviços concernentes aos registros públicos de imóveis, civil de pessoas naturais, civil de pessoas jurídicas e de títulos e documentos.

Embora o processo de dúvida esteja regulado no capítulo referente ao registro de imóveis da Lei de Registros Públicos, o artigo 296 da mesma Lei determina que ele é aplicável às demais atribuições previstas no artigo 1º, § 1º, I, II e III, da referida Lei, a saber: registro civil das pessoas naturais, registro civil das pessoas jurídicas e registro de títulos e documentos.
Gabarito 1E.

**(Cartório/DF – 2008 – CESPE)** Relativamente à legislação e jurisprudência aplicáveis às serventias registradoras e notariais, julgue o item seguinte.

(1) Se determinada serventia possui funções de notas, protesto e registro civil, seu titular terá que designar, no mínimo, três substitutos.

Errado. A nomeação de substitutos deve ser feita em razão do bom andamento do serviço e serão tantos quantos os titulares das serventias entenderem necessários, como determina o artigo 20, § 1º, da Lei dos Notários e Registradores.
Gabarito 1E

**(Cartório/DF – 2003 – CESPE)** A respeito da Lei dos Serviços Notariais e de Registro (LSNR – Lei n. 8.935/1994), julgue os seguintes itens.

(1) Não há exigência de distribuição para que o interessado se valha dos serviços dos oficiais de registro de imóveis, de títulos e documentos civis das pessoas jurídicas, civis das pessoas naturais e de interdições e tutelas, mas, em relação a alguns desses, deve haver normas definidoras de circunscrições geográficas, conforme o caso.
(2) Um escrevente contratado pelo notário ou registrador pode, a depender da situação, praticar todos os atos próprios daquele, com exceção da lavratura de testamentos.
(3) Na fiscalização da atividade notarial e registral por parte do Poder Judiciário, se o juiz dela encarregado se deparar com indícios do cometimento de crime de ação penal de iniciativa pública, deverá instaurar procedimento administrativo para apuração do fato e, ao final, apenas no caso de vir a ser aplicada a punição cabível na esfera administrativa, deverá remeter cópia dos autos à polícia judiciária, com vistas à instauração de inquérito policial.

1: Correta. Não há necessidade de prévia distribuição porque tais serviços têm, por determinação legal (artigo 12, da Lei n. 8.935/1994), territorialidade em relação ao exercício de suas funções, conforme o caso; 2: Errada. O escrevente será autorizado a praticar os atos indicados pelo oficial ou tabelião. A pessoa que pode praticar todos os atos próprios do serviço é o Substituto e depende de nomeação expressa para tal função; 3: Correta. É dever do fiscalizador dar notícia de eventual ilícito criminal. Trata-se de previsão expressa do artigo 37, parágrafo único, da Lei n. 8.935/1994.
Gabarito 1C, 2E, 3C

**(Cartório/DF – 2008 – CESPE)** Relativamente à legislação e jurisprudência aplicáveis às serventias registradoras e notariais, julgue o item seguinte.

(1) Se uma norma válida, publicada em 2/1/2009, estabelecer uma nova tabela de emolumentos cartorários destinada a elevar o valor desses emolumentos, os cartórios somente poderão cobrar pelos novos valores a partir de 2010.

Correta. Os emolumentos têm natureza tributária, conforme firme jurisprudência do STF (ADIN 1378-ES). Dessa forma, as normas que tenham por objeto o tema emolumentar, ficam submetidas ao Sistema Constitucional Tributário e, por conseguinte, ao princípio da anterioridade que veda a cobrança de tributo no mesmo exercício em que ele tenha sido majorado.
Gabarito 1C

**(Cartório/DF – 2001 – CESPE)** Em relação ao sistema jurídico da LRP, julgue os itens a seguir.

(1) No caso de atos registrais que houverem de ser feitos por mandado oriundo de processo judicial, não cabe ao oficial efetuar análise quanto ao preenchimento de requisitos legais para o registro.
(2) A dação em pagamento de bens imóveis não está sujeita ao registro de títulos e documentos para valer em face de terceiros.

1: Errada. Todos os títulos apresentados a registro dependem de prévia qualificação, independentemente da origem; 2: Correta. Para que a dação de bens móveis valha contra terceiros, ou seja, para que aquele que recebeu em pagamento possa opor a terceiros a sua condição de proprietário, o título deve ser registrado perante o Oficial de Registro de Imóveis do local da situação do bem.
Gabarito 1E, 2C

**(Cartório/DF – 2001 – CESPE)** Ainda no que se refere à LSNR, julgue o item seguinte.

(1) A cobrança de custas dos serviços forenses é uma das matérias disciplinadas pela LSNR, salvo no que tange aos valores, que são fixados em atos específicos de cada tribunal ou ramo do Poder Judiciário, conforme o caso.

Errada. A matéria referente a custas e emolumentos cartorários está regulamentada na Lei Federal n. 10.169/2000. De outro lado, a Lei dos Notários e Registradores (Lei n. 8.935/1994), que trata dos serviços notariais e de registro em atendimento ao disposto no artigo 236 da Constituição Federal, não trata detalhadamente de custas e emolumentos extrajudiciais e, menos ainda, de custas dos serviços judiciais.
Gabarito 1E

**(Cartório/ES – 2007 – FCC)** A Lei n. 6.015/73 dispõe sobre

(A) o serviço notarial e de registro.
(B) os notários e registradores.
(C) os registros públicos.
(D) a atividade notarial.
(E) os tabelionatos e cartórios de registro.

A Lei n. 6.015/1973 é a *Lei de Registros Públicos*. Trata, portanto, exclusivamente da atividade das serventias de *registro*. Além disso, é expressa em determinar que outros registros serão regulados por leis próprias (artigo 1º, § 2º).
Gabarito "C"

**(Cartório/MA – 2008 – IESES)** Assinale a alternativa INCORRETA de acordo com a Lei n. 6.015/73:

(A) Quando o interessado no registro for o oficial encarregado de fazê-lo ou algum parente seu, em grau que determine impedimento, o ato incumbe ao substituto legal do oficial.
(B) Salvo as anotações e as averbações obrigatórias, os atos do registro serão praticados: (i) por ordem judicial; (ii) a requerimento verbal ou escrito dos interessados; (iii) a requerimento do Ministério Público, quando a lei autorizar.
(C) Será anulável o registro lavrado fora das horas regulamentares ou em dias em que não houver expediente, sendo civil e criminalmente responsável o oficial que der causa à anulabilidade.

(D) Todos os títulos, apresentados no horário regulamentar e que não forem registrados até a hora do encerramento do serviço, aguardarão o dia seguinte, no qual serão registrados, preferencialmente, aos apresentados nesse dia. O registro civil de pessoas naturais não poderá, entretanto, ser adiado.

O registro lavrado fora das horas regulamentares ou em dia em que não houver expediente é tido por nulo, como determina o artigo 9º da Lei n. 6.015/1973, respondendo civil e criminalmente o oficial que der causa à nulidade.
Gabarito "C".

**(Cartório/MA – 2008 – IESES)** Quanto à escrituração, estabelece a Lei n. 6.015/73.

I. A escrituração será feita em livros encadernados, que obedecerão aos modelos anexos à Lei de Registros Públicos (Lei n. 6.015/73), sujeitos à correição da autoridade judiciária competente.
II. Para facilidade do serviço podem os livros ser escriturados mecanicamente, em folhas soltas, obedecidos os modelos aprovados pela autoridade judiciária competente.
III. Os livros de escrituração serão abertos, numerados, autenticados e encerrados pelo Juiz, podendo ser utilizado, para tal fim, processo mecânico de autenticação previamente aprovado pela autoridade judiciária competente.
IV. Considerando a quantidade dos registros, o Juiz poderá autorizar a diminuição do número de páginas dos livros respectivos, até a metade do consignado na Lei de Registros Públicos (Lei n. 6.015/73).

(A) As alternativas II e IV estão corretas.
(B) As alternativas II e III estão corretas.
(C) As alternativas I e II estão corretas.
(D) As alternativas III e IV estão corretas.

Os itens I e II estão expressamente previstos no artigo 3º, *caput* e § 2º, da Lei de Registros Públicos, respectivamente. Quanto ao item III, os livros são abertos, rubricados e encerrados pelo Oficial e não pelo juiz, como reza o artigo 4º, *caput*, da Lei de Registros Públicos. Quanto ao item IV, a diminuição das páginas pode ser autorizada até a terça parte e não apenas até a metade, como prevê o artigo 5º da Lei de Registros Públicos.
Gabarito "C".

**(Cartório/MA – 2008 – IESES)** Quanto aos registros públicos, responda:

I. Os livros de registro, bem como as fichas que os substituam, somente sairão do respectivo cartório mediante autorização judicial ou por requerimento da parte interessada dirigido ao Oficial de Registro.
II. Os livros e papéis pertencentes ao arquivo do cartório ali permanecerão por 20 anos, e posteriormente poderão ser arquivados no fórum da comarca em que pertencer a serventia.
III. Quando a lei criar novo cartório, e enquanto este não for instalado, os registros continuarão a ser feitos no cartório que sofreu o desmembramento, não sendo necessário repeti-los no novo ofício.

(A) Somente a alternativa II está incorreta.
(B) Todas as alternativas estão incorretas.
(C) Somente a alternativa III está correta.
(D) Somente a alternativa I está correta.

I: Incorreta. A regra é que os livros não saiam da serventia. Por isso, a retirada tem sempre caráter excepcional e jamais poderá decorrer de critério firmado pelo Oficial. Assim, sempre dependerá de autorização do juiz, na forma do artigo 22, da Lei de Registros Públicos; II: Incorreta. A conservação e a perpetuação dos livros e papéis da serventia estão reguladas no artigo 26 da Lei de Registros Públicos e ela prevê que eles ali permanecerão indefinidamente; III: Correta. É a exata previsão do artigo 27 da Lei de Registros Públicos e comprova a eficácia do ato praticado em um ofício como ato definitivo, não sendo necessário repeti-lo a cada mudança de circunscrição.
Gabarito "C".

**(Cartório/MA – 2008 – IESES)** Quanto à natureza de fins das atividades notariais e registrais, responda:

I. Notário, ou tabelião, e oficial de registro, ou registrador, são profissionais da administração pública, dotados de fé pública, a quem é delegado o exercício da atividade notarial e de registro.
II. Os serviços notariais e de registro serão prestados, de modo eficiente e adequado, em dias e horários convenientes ao atendimento ao público e de acordo com as peculiaridades locais, em local de fácil acesso ao público e que ofereça segurança para o arquivamento de livros e documentos.
III. O serviço de registro civil das pessoas naturais será prestado, também, nos sábados, domingos e feriados pelo sistema de plantão.
IV. Serviços notariais e de registro são os de organização técnica e administrativa destinados a garantir a publicidade, autenticidade, segurança e eficácia dos atos jurídicos.

(A) As alternativas II e IV estão corretas.
(B) As alternativas I e III estão corretas.
(C) As alternativas I e II estão corretas.
(D) As alternativas III e IV estão corretas.

I: Incorreta. Os notários e registradores são profissionais do direito, nos termos do artigo 3º da Lei dos Notários e Registradores, não estando vinculados à Administração Pública; II: Incorreta. Os serviços serão prestados em dias e horários estabelecidos pelo juízo competente e não pela conveniência de atendimento, como prevê o artigo 4º da Lei dos Notários e Registradores; III: Correta. Dada a essencialidade do serviço, o registro civil das pessoas naturais funcionará em sistema de plantão para poder praticar atos de urgência (artigo 4º, § 1º, da Lei dos Notários e Registradores); IV: Correta. São as finalidades previstas no artigo 1º da Lei dos Notários e Registradores.
Gabarito "D".

**(Cartório/MA – 2008 – IESES)** Julgue as seguintes proposições e assinale apenas a opção INCORRETA:

(A) Os oficiais do Registro de Imóveis e seus auxiliares são obrigados a lavrar certidão do que lhes for requerido e a fornecer às partes as informações solicitadas.
(B) A Corregedoria Geral da Justiça poderá instalar postos de serviços de registro de nascimento e de óbito nas maternidades e hospitais, vinculados à serventia respectiva.
(C) O desmembramento territorial do ofício do Registro de Imóveis posterior ao registro efetuado exige a repetição do registro no novo ofício.

**(D)** No Registro Civil das Pessoas Naturais, todo óbito deverá ser comunicado ao oficial de Registro de Nascimento e Casamento do falecido, para a devida averbação. A omissão sujeita o oficial à pena de multa prevista em lei.

É desnecessário e dispendioso que o ato seja repetido na nova Serventia, instalada em razão do desmembramento. Dessa forma, o ato antes praticado é tido por definitivo e independe de repetição.
Gabarito "C".

**(Cartório/MG – 2009 – EJEF)** Em relação aos serviços notariais e de registro a que se refere o art. 236 da Constituição da República, é CORRETO afirmar:

**(A)** Independem os oficiais de registros civis das pessoas naturais para a prática dos atos relacionados na legislação pertinente aos registros públicos, de que são incumbidos, de limites geográficos nas respectivas circunscrições em que atuam;
**(B)** Independem de prévia distribuição os atos relacionados na legislação pertinente aos registros públicos, de que são incumbidos, os oficiais de registro de imóveis, de títulos e documentos e civis de pessoas jurídicas, civis de pessoas naturais e de interdições e tutelas.
**(C)** Independe de nacionalidade brasileira a delegação para o exercício da atividade notarial e de registro.
**(D)** Independentemente de prévia exigência, compete privativamente aos oficiais de registro de distribuição proceder à distribuição equitativa pelos serviços da mesma natureza, registrando os atos praticados ou registrar as comunicações recebidas, efetuar as averbações e cancelamentos e expedir as certidões de atos e documentos que constem de seus registros e papéis, de sua competência.

Trata-se da previsão do artigo 12 da Lei n. 8.935/1994; Quanto à assertiva "A", existe tal dependência, vez que os registradores civis de pessoas naturais estão vinculados à territorialidade para a prática de seus atos; Quanto à assertiva "C", um dos requisitos para a delegação do serviço extrajudicial, como previsto no artigo 14 da Lei n. 8.935/1994, é a nacionalidade brasileira; e, quanto à assertiva "D", o artigo 13, I, da Lei n. 8.935/1994, prevê que a mencionada distribuição somente será promovida quando previamente exigido.
Gabarito "B".

**(Cartório/MG – 2009 – EJEF)** Pelos atos que praticarem em decorrência da Lei dos Registros Públicos (Lei n. 6.015, de 1973), os oficiais de registro terão direito, a título de remuneração, à integralidade dos emolumentos fixados nos Regimentos de Custas do Distrito Federal, dos Estados e dos Territórios, os quais serão pagos, pelo interessado que os requerer, no ato de requerimento ou no da apresentação do título, EXCETO:

**(A)** Em qualquer situação, os assentos do registro civil de nascimento e o de óbito, assim como a primeira certidão respectiva; na hipótese dos reconhecidamente pobres, fica assegurada a isenção de pagamento de emolumentos pelas demais certidões extraídas pelos serviços de registro civil de pessoas naturais.

**(B)** Os emolumentos devidos pelos atos relacionados com aquisição imobiliária para fins residenciais, oriundas de programas e convênios com a União, Estados, Distrito Federal e Municípios, para a construção de habitações populares destinadas a famílias de baixa renda, pelo sistema de mutirão e autoconstrução orientada.
**(C)** Nos atos praticados relativos a financiamento rural cuja propriedade tenha extensão de até 5 (cinco) módulos rurais.
**(D)** Os emolumentos devidos pelos atos relacionados com a primeira aquisição imobiliária para fins residenciais, financiada pelo Sistema Financeiro Habitacional.

A gratuidade a que se refere a assertiva "A" tem por finalidade garantir o acesso a documentos essenciais à pessoa natural e à sua identificação, exercício de direitos inerentes à cidadania, capacidade etc. Dessa forma, entendeu por bem o legislador em não exigir o dispêndio de valores para tanto, concedendo, desde o texto constitucional, a gratuidade, como se verifica do teor do artigo 5º, LXXVI.
Gabarito "A".

**(Cartório/MG – 2009 – EJEF)** Todas as afirmativas abaixo são verdadeiras, EXCETO:

**(A)** Na lavratura da escritura nos casos de inventário e partilha, deverão ser apresentados, dentre outros, os seguintes documentos: certidão de óbito do autor da herança; RG e CPF das partes e do autor da herança; certidões de registro civil comprobatórios do vínculo de parentesco dos herdeiros; certidão de casamento do cônjuge sobrevivente e dos herdeiros casados; certidão de registro de imóveis de propriedade e de ônus atualizada.
**(B)** O recolhimento do ITCD, no Estado de Minas Gerais, deve ser antecedente à lavratura da escritura.
**(C)** Concorrendo à herança irmão bilateral, herdarão, em partes iguais, os unilaterais.
**(D)** Para lavratura de escritura pública de imóvel rural, além das exigências previstas no art. 215 do Código Civil Brasileiro e na Lei n. 7.433, de 1985, é necessária a apresentação do CCIR (certificado de cadastro do imóvel rural), onde consta o código, denominação e localização do imóvel; nome e nacionalidade do detentor.

Na sucessão legítima, o legislador civil criou uma situação especial quando o autor da herança deixa apenas parentes colaterais em segundo grau (irmãos) como herdeiros. Assim, o irmão unilateral terá direito de receber metade do que receber o irmão bilateral, ou seja, irmão de mesma mãe e mesmo pai, como prevê o artigo 1.841 do Código Civil. E assim ocorre em razão da presunção de que o irmão unilateral ainda tem a outra família (do pai ou mãe que não é comum) para participar da sucessão.
Gabarito "C".

**(Cartório/MG – 2007 – EJEF)** A Lei dos Registros Públicos (Lei n. 6.015, de 1973) prevê que:

**(A)** Exigência fiscal ou dúvida poderá obstar a apresentação de um título e o seu lançamento no Protocolo com o respectivo número de ordem, nos casos em que da precedência decorra prioridade de direitos para o apresentante.

(B) O registro civil de pessoas naturais poderá ser diferido caso não consumado no horário regulamentar, ficando sua lavratura adiada para o dia seguinte, com preferência.

(C) Segundo o princípio da instância ou da demanda o oficial registrador pode em regra atuar de ofício independentemente de ordem judicial ou de requerimento verbal ou escrito dos interessados.

(D) O serviço começará e terminará às mesmas horas em todos os dias úteis, à exceção do registro civil de pessoas naturais, que funcionará todos os dias, sem exceção, cominando pena de nulidade absoluta do registro lavrado fora das horas regulamentares ou em dias em que não houver expediente e impondo responsabilidade civil e criminal ao oficial que der causa à nulidade.

A: Nos termos do disposto no artigo 12 da Lei n. 6.015/1973, nenhuma exigência fiscal ou *dívida* impedirá a prenotação do título vez que esta garante a prioridade do direito em relação a outros; B: Não há previsão legal para que se promova o diferimento de atos registrários; C: O princípio da rogação, previsto no artigo 13 da Lei n. 6.015/1973, determina que os oficiais atuarão em razão de provocação de um dos legitimados ali previstos. Fora dessas hipóteses, a atuação de ofício depende de expressa previsão legal; D: Correta, é a previsão expressa dos artigos 8º e 9º da Lei n. 6.015/1973.
„Gabarito "D".

(Cartório/MG – 2007 – EJEF) A Lei Federal n. 6.015, de 1973, que "dispõe sobre os Registros Públicos", regula os serviços:

(A) de Tabeliães de Notas; de Tabeliães e Oficiais de Registros de Contratos Marítimos; de Tabeliães de Protesto de Títulos; de Oficiais de Registro de Imóveis; de Oficiais de Registro de Títulos e Documentos e Civis das Pessoas Jurídicas; de Oficiais de Registro Civil das Pessoas Naturais e de Interdições e Tutelas; de Oficiais de Registro de Distribuição.

(B) de Registro Civil de Pessoas Naturais; de Registro Civil de Pessoas Jurídicas; de Registro de Títulos e Documentos; e de Registro de Imóveis.

(C) de Registro Civil de Pessoas Naturais; de Registro de Interdições e Tutelas; de Registro de Títulos e Documentos e Civil de Pessoas Jurídicas; de Registro de Imóveis; de Registro de Protestos de Títulos e outros Documentos de Dívidas.

(D) de Tabeliães de Notas; de Oficiais de Protesto de Títulos; de Oficiais de Registro de Imóveis; de Oficiais de Registro de Títulos e Documentos; de Oficiais de Registro Civil de Pessoas Naturais e Jurídicas; de Oficiais de Registro de Distribuição.

Os serviços regulados pela Lei n. 6.015/1973 estão previstos no artigo 1º, § 1º da própria Lei e indicados na assertiva "B" da questão. Os Serviços de Tabelionato de Notas e de Tabelionato de Protesto, além do distribuidor e do Ofício de Contratos Marítimos, estão previstos na Lei n. 8.935/1994.
„Gabarito "B".

(Cartório/MG – 2005 – EJEF) É CORRETO afirmar que é atribuição dos Oficiais de Registros

(A) expedir certidões de atos e documentos que constem de seus registros e papéis, desde que requeridas por escrito.

(B) praticar os atos relacionados na legislação pertinente aos registros públicos, de que são incumbidos, independentemente de prévia distribuição, mas sujeitos os Oficiais de Registros de Imóveis e Civis das Pessoas Naturais às normas que definirem as circunscrições geográficas.

(C) praticar os atos relacionados na legislação pertinente aos registros públicos, de que são incumbidos, independentemente de prévia distribuição, mas sujeitos os Oficiais de Registros de Imóveis e Civis das Pessoas Naturais e Jurídicas às normas que definirem as circunscrições geográficas.

(D) receber o pagamento dos títulos protocolizados, dando quitação por escrito.

O artigo 12 da Lei n. 8.935/1994 trata exatamente da questão da assertiva "B" No entanto, em relação à questão, é importante ter em mente que para o pedido de certidão é dispensável o requerimento escrito.
„Gabarito "B".

(Cartório/MG – 2005 – EJEF) Considerando-se os atos praticados pelos Oficiais Registradores sujeitos ao regime estabelecido na Lei dos Registros Públicos – Lei n. 6.015, de 1973 –, é CORRETO afirmar que

(A) a averbação consiste em qualquer alteração no registro já existente, só podendo ser praticada mediante sentença judicial, pois atinge o direito da parte.

(B) a comunicação e a anotação independem de qualquer provocação do interessado ou de ordem judicial, constituindo-se atos de ofício, privativos e obrigatórios, em exceção ao princípio da instância, pois visam a dar segurança às relações jurídicas, notadamente nas remissões recíprocas entre um e outro(s) assento(s).

(C) a transcrição é ato praticado na coluna específica do Livro de Registro, à margem do assento, e, na sistemática da legislação concernente aos Registros Públicos, pode ser averbada por ordem judicial para inserção de dados não constantes no assento original.

(D) o registro equivale ao assentamento propriamente dito, distinguindo-se, assim, da designação genérica que engloba a inscrição e a transcrição a que se referem as leis civis.

A regra do sistema extrajudicial é de que os responsáveis pelos serviços somente atuarão em razão de requerimento, ou seja, em razão de provocação. Em caráter excepcional e desde que com expressa previsão em lei, poderão atuar sem requerimento, na forma do disposto no artigo 13 da Lei de Registros Públicos. Dessa forma, quando autorizados a agir de ofício, deverão fazê-lo para proteção da própria relação jurídica ou direito alcançado.
„Gabarito "B".

(Cartório/MT – 2005 – CESPE) Acerca da disciplina dos registros públicos, julgue os itens a seguir.

I. Ao final dos livros, não deverão ser interrompidos os números de ordem dos registros, que seguirão indefinidamente nos livros seguintes da mesma espécie.

II. O procedimento de dúvida, direta e inversa, previsto expressamente na Lei n. 6.015/1973, salvo pequenas adaptações, é o mesmo para todas as especialidades registrais.

## 10. TEORIA GERAL DOS REGISTROS PÚBLICOS

III. A certidão poderá ser expedida de modo que relate o que consta do registro, em resposta aos quesitos apresentados pelo requerente.
IV. O procedimento de retificação, expressamente previsto na Lei n. 6.015/1973, salvo pequenas adaptações, é o mesmo para todas as especialidades registrais.

Estão certos apenas os itens

(A) I e III.
(B) I e IV.
(C) II e III.
(D) II e IV.

---

I: Correta. A sucessão dos atos deve seguir a ordem numérica de sua prática, sem que existam espaços em branco ou ordens sem uso, na forma do artigo 7º da Lei n. 6.015/1973; II: Incorreta. A Lei de Registros Públicos somente prevê o procedimento de dúvida em seu artigo 198, não tratando da denominada dúvida inversa. Além disso, o procedimento será exatamente o mesmo em todas as especialidades registrarias de acordo com o artigo 296 da referida Lei; III: Correta. Uma das espécies de certidão é expedida por quesitos, na forma do artigo 19 da Lei n. Nesse caso, o interessado indicará os quesitos e o Oficial certificará as respostas de acordo com os dados constantes de seus livros; IV: Incorreta. O procedimento de retificação, cuja finalidade é a correção de dados constantes dos livros de registro, é a adequação de informações à realidade, tem procedimento especial em razão da natureza de cada serviço, podendo, por exemplo, ser ou não exigida a participação do representante do Ministério Público.
Gabarito "A".

**(Cartório/MT – 2005 – CESPE)** Acerca da Lei n. 8.935/1994, julgue os itens seguintes.

I. Se comparecer ao serviço notarial o tio do tabelião, requerendo a lavratura de uma declaração pública, o tabelião não poderá proceder pessoalmente ao ato, uma vez que a lei proíbe que se lavre pessoalmente escritura de interesse próprio, ou do interesse de seus parentes em linha reta, ou colateral, consanguíneos ou afins, até o terceiro grau. No entanto, o ato poderá ser lavrado por um funcionário da serventia, desde que não o assine o titular do serviço.
II. Aos oficiais de registro de imóveis compete formalizar definitivamente a vontade das partes no que se refere às transações envolvendo bens imóveis, assim como os direitos reais sobre coisas alheias.
III. O protesto de títulos deverá, ser submetido à prévia distribuição quando houver mais de um tabelião de protestos na mesma localidade.
IV. Ao contrário dos médicos, psicólogos e advogados, os notários e registradores não estão adstritos a sigilo profissional, uma vez que suas notas e registros são essencialmente públicos.

Estão certos apenas os itens

(A) I e III.
(B) I e IV.
(C) II e III.
(D) II e IV.

---

I: Correta. A assertiva I trata da hipótese de impedimento do titular do serviço. Como o tio do Tabelião é parente em terceiro grau, prevalece o impedimento, razão ela qual o substituto do serviço deverá atuar;
II: Incorreta. A formalização da vontade das partes, nos termos do disposto no artigo 6º, I, da Lei n. 8.935/1994, é uma atribuição do Tabelião de Notas; III: Correta. Trata-se da previsão do artigo 11, parágrafo único, da Lei dos Notários e Registradores, que determina a distribuição como forma de igualar o volume de títulos apontados; IV: Incorreta. O sigilo profissional está expressamente previsto no artigo 30, VI, da Lei n. 8.935/1994 e determina que os responsáveis pelos serviços notariais e de registro não podem noticiar os fatos de que tomaram conhecimento em razão do ofício. Não se confunde com a publicidade que, nesse caso, é apenas indireta. De outro lado, caso haja requerimento, os responsáveis deverão certificar os fatos solicitados.
Gabarito "A".

**(Cartório/MT – 2005 – CESPE)** Acerca da atividade dos notários e registradores e sua disciplina prevista nas Leis n. 10.169/2000 e 8.935/1994, julgue os itens os seguintes.

I. Os atos gratuitos praticados pelos oficiais de registro civil das pessoas naturais devem ser compensados, sendo essa providência de competência da União, que deve legislar sobre registros públicos.
II. Quando o notário fizer constar da escritura o valor dos emolumentos recolhidos, é indispensável a entrega ao usuário de recibo em que conste informação idêntica.
III. O tabelião de notas, embora não possa praticar os atos que lhe são atribuídos legalmente fora do município para o qual recebeu a delegação, pode lavrar, em Cuiabá, uma escritura de compra e venda de um imóvel sito em Goiânia. Não obstante, é dever do tabelião fiscalizar o recolhimento do ITBI cobrado, em razão do negócio, por este último município.
IV. É dever dos notários e registradores atender prioritariamente as requisições de papéis, documentos, informações ou providências que lhes forem solicitadas pelas autoridades judiciárias ou administrativas para a defesa dos entes da administração direta ou indireta.

Estão certos apenas os itens

(A) I e II.
(B) II e III.
(C) II e IV.
(D) III e IV.

---

I: Incorreta. A compensação dos atos gratuitos praticados pelo Oficial de registro civil das pessoas naturais é atribuição dos Estados e Distrito Federal, na forma do disposto no artigo 8º da Lei n. 10.169/2000; II: Correta. Um dos deveres dos notários e registradores é a emissão de recibo dos atos praticados, como determinado pelo artigo 30, IX, da Lei n. 8.935/1994; III: Correta. O dever de fiscalização dos recolhimentos tributários devidos pelos atos praticados pelos responsáveis dos serviços está previsto tanto na Lei dos Notários e Registradores como no Código Tributário Nacional. No que se refere à territorialidade, os Tabeliães não podem sair de sua zona territorial para praticar atos fora dela. No entanto, não estão impedidos de praticarem atos referentes a imóveis localizados fora de sua área de atuação, se assim forem procurados pelos interessados; IV: Incorreta. A redação do artigo 30, III, da Lei n. 8.935/1994, indica que esse atendimento prioritário deve se referir às *requisições de papéis, documentos, informações ou providências que lhes forem solicitadas pelas autoridades judiciárias ou administrativas para a defesa das pessoas jurídicas de direito público em juízo.*
Gabarito "B".

**(Cartório/PR – 2007)** Sobre as atribuições, competências e responsabilidade dos notários, analise as seguintes alternativas:

I. O tabelião de notas poderá praticar atos de seu ofício fora do Município para o qual recebeu delegação, quando se tratar de comarcas circunvizinhas.
II. É livre a escolha do tabelião de notas, qualquer que seja o domicílio das partes ou o lugar de situação dos bens objeto do ato ou negócio.
III. O exercício de atividade notarial e de registro é incompatível com o da advocacia, o da intermediação de seus serviços ou de qualquer cargo, emprego ou função públicos, excetuados os cargos em comissão.
IV. Os notários e oficiais de registro responderão pelos danos que eles e seus prepostos causem a terceiros, na prática de atos próprios da serventia, assegurado aos primeiros direito de regresso no caso de dolo ou culpa dos prepostos.

São corretas:

(A) apenas I e III.
(B) I, III e IV.
(C) apenas II e IV.
(D) apenas III e IV.
(E) I, II e IV.

I: Incorreta. Nos termos do disposto no artigo 9º da Lei n. 8.935/1994, o Tabelião de Notas não pode praticar atos fora do Município de sua delegação. Vale lembrar que configura infração funcional tal atuação; II: Correta. O Tabelião de Notas deve ser a pessoa de confiança dos interessados no negócio jurídico vez que ele, por atribuição legal, é a pessoa que orienta e formaliza a vontade das partes. Logo, a escolha do mesmo deve ser livre, não havendo imposição de se procurar certo serviço notarial em razão da localização do imóvel ou do domicílio das partes; III: Incorreta. O exercício da atividade extrajudicial é incompatível com cargos e funções públicas, mesmo que em caráter comissionado, nos termos do artigo 25 da Lei n. 8.935/1994; IV: Correta. A responsabilidade dos notários e registradores está prevista no artigo 22 da Lei n. 8.935/1994 e permite, efetivamente, o direito de regresso contra o preposto que tenha sido o efetivo causador do dano.
Gabarito "C".

**(Cartório/RJ – 2008 – UERJ)** Com base na Lei Federal 8.935 de 18/11/1994 (Lei dos Notários e Registradores), é correta a afirmativa:

(A) é direito do notário e do registrador exercer opção, nos casos de desmembramento ou desdobramento de sua serventia;
(B) certidões expedidas por notário ou registrador no exercício de sua profissão têm presunção de verdade;
(C) o notário e o registrador têm direito à percepção dos emolumentos integrais pelos atos praticados na serventia;
(D) ao concurso de remoção somente serão admitidos titulares que exerçam a atividade por mais de dois anos;
(E) todas as afirmativas estão corretas.

A: Correta. O direito de opção se encontra expressamente previsto no artigo 29, I, da Lei dos Notários e Registradores; B: Correta. As certidões fazem a mesma prova do ato com base no qual são extraídas, como prevê o artigo 217 do Código Civil, razão pela qual têm presunção de veracidade. Além disso, são emitidos por pessoas dotadas de fé pública, o que faz crer pela veracidade do ato (artigo 3º da Lei dos Notários e Registradores); C: Correta. O direito à percepção dos emolumentos integrais devidos pelos seus atos está previsto no artigo 28 da Lei dos Notários e Registradores. Trata-se do direito à contraprestação do ato praticado; D: Correta. O direito de prestar o concurso de remoção vem do artigo 236 da Constituição Federal e se encontra regulado no artigo 17 da Lei dos Notários e Registradores.
Gabarito "E".

**(Cartório/RO – III)** Assinale a alternativa incorreta:

(A) no registro civil das pessoas naturais haverá os seguintes livros: "A" (de registro de nascimento); "B" (de registro de casamento); "B Auxiliar" (de registro de casamento religioso para efeitos civis); "C" (de registro de óbito); "C Auxiliar" (de registro de natimortos); "D" (de registro de proclamas); "E" (de registro de habilitação para casamento).
(B) no registro de imóveis haverá os seguintes livros: Livro n. 1 (protocolo), Livro n. 2 (registro geral), Livro n. 3 (registro auxiliar), Livro n. 4 (indicador real) e Livro n. 5 (indicador pessoal);
(C) no registro civil das pessoas jurídicas haverá os seguintes livros: Livro A e o Livro B;
(D) No registro de títulos e documentos haverá os seguintes livros: Livro A (protocolo para apontamentos); Livro B (para transladação integral de títulos e documentos); Livro C (para inscrição de títulos e documentos) e Livro D (indicador pessoal).

No registro civil das pessoas naturais, o Livro E, que somente existirá no primeiro ofício da sede da Comarca, se destina à prática dos atos atribuídos a esse ofício, mas que não sejam previstos para a prática nos demais livros, como previsto no artigo 33, parágrafo único, da Lei de Registros Públicos. Nele serão praticados os demais atos referentes ao estado civil, ao estado da pessoa natural, tais como a ausência, a emancipação e a interdição.
Gabarito "A".

As respostas às 7 questões seguintes devem considerar exclusivamente a Lei de Registros Públicos (LRP – Lei n. 6.015, de 31 de dezembro de 1973), a Lei dos Serviços Notariais e de Registro (LSNR – Lei n.º 8.935, de 18 de novembro de 1994) e a Lei de Protesto de Títulos (LPT – Lei n.º 9.492, de 10 de setembro de 1997), conforme o caso, pondo de parte eventuais discussões acerca da incompatibilidade de qualquer delas com quaisquer outras leis, de qualquer hierarquia. Outras leis deverão ser consideradas apenas se a questão a elas se reportar.

**(Cartório/RR – 2001 – CESPE)** Quanto ao direito notarial e registral, assinale a opção correta.

(A) Devido ao caráter privado com que são prestados os serviços notariais e de registro, compete aos notários e registradores, em face das peculiaridades locais, estabelecer os dias e horários para que o público tenha acesso aos serviços.
(B) Em virtude da relevância dos efeitos jurídicos do nascimento e do caráter via de regra imprevisível desse acontecimento – aí incluídos os casos de natimortos e de nascidos que morrem logo após o parto, os quais exigem atos registrais imediatos, o

serviço de registro civil das pessoas naturais deve funcionar, nas mesmas bases, isto é, de modo ordinário, todos os dias.

(C) Se um indivíduo comparecer a um serviço notarial e solicitar certidão do conteúdo de ato que não seja protegido por alguma espécie de sigilo, não precisará indicar o motivo ou o interesse que haja inspirado o pedido da certidão para que tenha direito a obtê-la, nem a expedição estará, como regra, sujeita a despacho judicial.

(D) Em qualquer caso para o qual a lei preveja a necessidade de ato registral, este poderá realizar-se por força de requisição do Ministério Público.

(E) Em função das atuais tecnologias e das regras acerca da conservação e do expurgo de documentos, os livros e papéis componentes do arquivo do serviço notarial ou registral podem ser descartados em determinados prazos, a critério do notário ou registrador.

---

O dever de expedir certidões dos atos, documentos e papéis existentes nos Ofícios independe de comprovação de interesse ou apresentação de justificativa por parte do requerente vez que qualquer pessoa, nos termos dos artigos 16 e 17 da LRP, pode requerer certidões. De outro lado, caso se trate de informação acobertada por proteção especial de sigilo, a certidão contendo tal informação somente pode ser emitida com autorização judicial expressa.
„Gabarito "C".

**(Cartório/SE – 2007 – CESPE)** A respeito dos serviços notariais, julgue os próximos itens.

(1) Embora os emolumentos se prestem a remunerar serviços públicos, eles não têm a natureza de taxa.

(2) Apesar de os serviços notariais serem exercidos em caráter privado, o Poder Judiciário detém competência constitucional para fiscalizá-los.

(3) O produto de custas e emolumentos não pode ser destinado ao custeio de entidades meramente privadas, como, por exemplo, caixas de assistência a advogados.

(4) Exercidos em caráter privado, os emolumentos cobrados pelos serviços notariais não se sujeitam ao princípio da legalidade tributária.

(5) Há responsabilidade objetiva do Estado por dano causado por serventuário, pois os serviços notariais são exercidos por delegação do Poder Público.

(6) A responsabilidade civil por ato ilícito praticado por oficial do registro de imóveis não é pessoal e, por isso, alcança o seu sucessor na serventia.

(7) O ingresso na atividade notarial e de registro depende de concurso público de provas e títulos, não se permitindo que qualquer serventia fique vaga, sem abertura de concurso de provimento ou de remoção, por mais de seis meses.

(8) A aposentadoria por implemento de idade se aplica aos serviços notariais e de registro, que são realizados por ocupantes de cargos efetivos.

(9) O Ministério Público, a advocacia e a defensoria pública constituem funções essenciais à justiça.

(10) O controle externo, a cargo do Congresso Nacional, é exercido com o auxílio do Tribunal de Contas da União.

---

1: Errada. A jurisprudência do STF é firme em reconhecer a natureza tributária dos emolumentos, na modalidade de taxa (ADIN 1378-ES); 2: Certa. O poder de fiscalização vem expressamente previsto no artigo 236, § 1º, parte final, da Constituição Federal como atribuição do Poder Judiciário; 3: Certa. Embora o exercício seja em caráter privado, os serviços são públicos e os emolumentos têm natureza tributária, razão pela qual não podem ser destinados à finalidade privada; 4: Errada. Em razão da natureza tributária dos emolumentos, todo o seu regramento está subordinado ao Sistema Constitucional Tributário e a todos os princípios dele decorrentes; 5: Certa. Pela leitura literal do disposto no artigo 37, § 6º, da Constituição Federal, é possível tal interpretação. No entanto, a jurisprudência é bastante vacilante em afirmar de maneira absoluta essa forma de responsabilidade; 6: Errada. A responsabilidade é pessoal e, segundo orientação jurisprudencial do STJ, não admite sucessão; 7: Certa. É a redação do artigo 236, § 3º, da Constituição Federal e do artigo 16, parte final, da Lei n. 8.935/1994; 8: Errada. Nos termos do artigo 39, II, da Lei n. 8.935/1994, a aposentadoria voluntária é causa de extinção da delegação, mas não há mais a aposentadoria compulsória, decorrente de idade; 9: Certa. São funções previstas no Capítulo IV do Título IV (Da organização dos Poderes) da Constituição Federal; 10: Certa. Redação do artigo 71, *caput*, da Constituição Federal.
Gabarito 1E, 2C, 3C, 4E, 5C, 6E, 7C, 8E, 9C, 10C

**(Cartório/SE – 2007 – CESPE)** Com relação aos serviços notariais e de registro, julgue os itens subsequentes.

(1) Os registros de imóveis e os registros civis de pessoas naturais são submetidos às normas que definem as circunscrições geográficas, ao contrário do registro civil de pessoas jurídicas e de títulos e documentos, cuja escolha é livre. Assim, circunscrição, para efeitos registrários, é a área determinada em lei e atribuída ao registro de imóveis e ao registro civil de pessoas naturais.

(2) Todos os atos de atribuição dos tabeliães de notas podem ser delegados aos seus prepostos, com exceção do testamento público, que é de atribuição exclusiva daquele que estiver no exercício da função notarial.

(3) Apenas um dos escreventes substitutos deve, a todo tempo, ter designação expressa, informada ao juízo competente, para substituir o titular em suas ausências e impedimentos.

(4) A fiscalização judiciária incide sobre o exercício das atribuições e competência dos notários e registradores e, se o juiz verificar a existência de crime de ação pública, remeterá ao Ministério Público as cópias e os documentos necessários ao oferecimento da denúncia.

---

1: Certa. Redação do artigo 12 da Lei n. 8.935/1994; 2: Errada. Os escreventes serão autorizados a praticar os atos eleitos pelo Tabelião. Dentre eles, o Tabelião escolherá um ou mais substitutos, que poderão praticar todos os atos. No entanto, o artigo 20, § 4º, da Lei n. 8.935/1994, determina que os substitutos não podem lavrar testamentos, independentemente da espécie, seja testamento público ou cerrado; 3: Errada. O artigo 20, § 1º, da Lei n. 8.935/1994, determina que em cada serviço notarial e de registro existirão tantos auxiliares, escreventes e substitutos quantos necessários ao bom andamento do serviço; 4: Certa. Trata-se da previsão do artigo 37, parágrafo único, da Lei n. 8.935/1994.
Gabarito 1C, 2E, 3E, 4C

**(Cartório/SC – 2008)** Assinale a alternativa correta:

(A) A escolha do tabelião de notas depende do domicílio das partes ou do lugar de situação dos imóveis objeto do ato ou negócio.
(B) O tabelião de notas poderá praticar atos de seu ofício fora do Município para o qual recebeu a delegação.
(C) O exercício da atividade notarial e de registro é compatível com o da advocacia, o da intermediação de seus serviços ou de qualquer cargo, emprego ou função públicos, ainda que em comissão.
(D) Cada serviço notarial ou de registro funcionará em um ou mais locais, permitida a instalação de sucursal.
(E) Os notários e oficiais de registro responderão pelos danos que eles e seus prepostos causem a terceiros, na prática de atos próprios da serventia, assegurado aos primeiros direito de regresso no caso de dolo ou culpa dos prepostos.

O artigo 236, § 1º, da Constituição Federal determinou que fosse editada uma lei para tratar, entre outros temas, da responsabilidade dos notários e registradores. A responsabilidade veio regulamentada na Lei n. 8.935/1994, cujo artigo 22 traz exatamente a redação da assertiva "E"
Gabarito "E".

**(Cartório/SP – VI – VUNESP)** O inciso XIII do art. 30 da Lei n. 8.935/1994 dispõe, dentre os deveres dos notários e oficiais de registro, o de "encaminhar ao juízo competente as dúvidas levantadas pelos interessados...". Assim,

(A) diante de qualificação positiva, deve ser encaminhado ao juízo competente o resíduo das dúvidas ainda pendentes dos interessados.
(B) se o notário ou oficial de registro estiver em dúvida sobre a prática do ato notarial ou de registro, deve formular consulta ao seu juiz corregedor.
(C) se os interessados não estiverem certos sobre a prática de ato notarial, o notário não o pode lavrar e deve encaminhar ao juízo a dúvida deles.
(D) diante de qualificação negativa, os interessados têm direito à requalificação em juízo, que não se pode obstar.

O procedimento de dúvida, na forma do disposto no artigo 198 da LRP, será deflagrado em razão de requerimento do interessado, que não se conforma com as exigências formuladas ou não tem condições de cumpri-las. Assim, uma vez que o Oficial denegue o registro em razão de exigências a serem cumpridas, se o interessado não se conformar e requerer que as exigências sejam postas à apreciação do juízo competente, é dever do Oficial levantar a dúvida requerida.
Gabarito "D".

**(Cartório/SP – V – VUNESP)** O contrato de parceria agrícola ou pecuária é

(A) registrado no Registro de Imóveis.
(B) transcrito no Registro de Títulos e Documentos.
(C) averbado no Registro de Imóveis.
(D) registrado no Registro de Títulos e Documentos e averbado no Registro de Imóveis.

O artigo 127, V, da LRP, trata expressamente do registro do mencionado contrato perante o Oficial de Registro de Títulos e Documentos, como atribuição expressa e não residual.
Gabarito "B".

**(Cartório/SP – V – VUNESP)** A vedação para o titular, notário e registrador, quanto à prática de ato de seu interesse, ou de interesse de seu cônjuge ou parentes, constitui impedimento que

(A) obsta a prática do ato naquela serventia.
(B) obsta a prática do ato pessoalmente pelo delegado.
(C) diz respeito exclusivamente a cônjuge e parentes consanguíneos.
(D) diz respeito exclusivamente a cônjuge e não se aplica ao companheiro/companheira, mas se estende aos parentes por afinidade.

O impedimento não afasta a prática do ato naquela Serventia. Ele tem por finalidade exatamente proteger a higidez do ato, fazendo com que ele seja praticado por pessoa isenta de parcialidade. Assim, o ato apenas não pode ser praticado pelo próprio notário ou registrador, como determinado no artigo 27 da LSNR.
Gabarito "B".

**(Cartório/SP – IV – VUNESP)** No que se refere à expedição de certidões, analise as seguintes assertivas:

I. os oficiais e servidores do cartório são obrigados a lavrar certidões do que lhes for requerido e a fornecer às partes as informações solicitadas, desde que haja determinação judicial;
II. qualquer pessoa pode requerer certidão do registro sem informar ao Oficial ou ao funcionário o motivo ou interesse do pedido, salvo disposição expressa em contrário;
III. qualquer pessoa pode requerer certidão do registro, e o Oficial e servidor são obrigados a fornecê-la, desde que justifique o interesse na obtenção do documento;
IV. a certidão será lavrada independentemente de despacho judicial.

Pode-se afirmar que são corretas as seguintes proposições:

(A) II e IV, somente.
(B) I e III, somente.
(C) I, II e IV, somente.
(D) II e III, somente.

A expedição de certidões independe de despacho, determinação ou autorização judicial, exceto se houver causa especial de sigilo. Nos termos do disposto nos artigos 16 e 17 da LRP, a certidão será lavrada em razão de requerimento de qualquer pessoa, que não precisa indicar o motivo ou fazer prova de interesse.
Gabarito "A".

**(Cartório/SP – IV – VUNESP)** Assinale a alternativa correta.

(A) A responsabilidade civil dos Notários e dos Oficiais de Registro depende da responsabilidade criminal.
(B) Cada serviço Notarial ou de Registro funcionará em um só local, sendo permitida a instalação de sucursal.
(C) Os assentos do registro civil de nascimento e os de óbito, bem como as respectivas certidões são gratuitos para os reconhecidamente pobres.

(D) Ao Oficial de Registro Civil compete a prática dos atos relacionados na legislação pertinente, dependendo de prévia distribuição, não ficando sujeitos às normas que definirem as circunscrições geográficas.

A gratuidade de tais atos de registro civil das pessoas naturais vem estampada no artigo 5º, LXXVI, da Constituição Federal, bem como regulamentada na Lei Federal n. 9.534/1997, com a finalidade de garantir o acesso a tais serviços por qualquer pessoa, já que não haverá despesas para tanto.
Gabarito "C".

**(Cartório/SP – IV – VUNESP)** Assinale a alternativa incorreta, relativamente aos emolumentos.

(A) São contribuintes dos emolumentos as pessoas físicas ou jurídicas que se utilizarem dos serviços ou da prática dos atos notariais e de registro.
(B) Lei Estadual estabelecerá normas gerais para fixação de emolumentos relativos aos atos praticados pelos Serviços Notariais e de Registro.
(C) Na falta de previsão nas notas explicativas e respectivas tabelas, só serão cobradas as despesas pertinentes ao ato praticado quando autorizadas pela Corregedoria Geral da Justiça.
(D) São sujeitos passivos por substituição, no que se refere aos emolumentos, os Notários e os Registradores.

O estabelecimento de normas gerais referentes a custas e emolumentos, por expressa determinação do artigo 236, § 2º, da Constituição Federal, foi responsabilidade atribuída à União Federal. Em atendimento ao ditame constitucional, foi editada a Lei n. 10.169/2000.
Gabarito "B".

**(Cartório/SP – III – VUNESP)** O pequeno volume dos serviços ou da receita em determinados municípios autoriza

(A) outorga de delegação sem concurso público.
(B) a acumulação dos serviços enumerados no artigo 5.º, da Lei n.º 8.935/94.
(C) que o ato notarial ou de registro seja praticado em outra localidade.
(D) livre escolha da praça para apresentação de título a protesto.

O objetivo da norma do artigo 26, parágrafo único, da Lei n. 8.935/1994, é garantir que o serviço extrajudicial seja efetivamente prestado, não desaparecendo da localidade em razão do desinteresse de pessoas pela má remuneração ou pelo pequeno volume de trabalho. Trata-se de regra de caráter excepcional, vez que os serviços não devem ser acumulados, como preceitua o *caput* do mesmo dispositivo.
Gabarito "B".

**(Cartório/SP – II – VUNESP)** Assinale a alternativa incorreta.

(A) Qualquer pessoa pode requerer certidão do registro, sem informar ao oficial ou seu substituto o motivo ou interesse do pedido.
(B) As certidões expedidas pelos Oficiais de Registro são dotadas de presunção absoluta de veracidade, em relação aos atos e aos fatos a que se referem, em razão da fé pública a estes atribuída.
(C) Ainda que não especificado no respectivo pedido, e ressalvadas as hipóteses expressamente previstas em lei, deve o Oficial de Registro, obrigatoriamente, sob pena de responsabilidade civil e penal, mencionar todas as alterações posteriores ao ato cuja certidão lhe foi pedida.
(D) As certidões extraídas dos registros públicos devem ser fornecidas em papel e mediante escrita que permitam a sua reprodução por fotocópia ou outro processo equivalente.

As certidões expedidas pelos notários e registradores fazem prova plena daquilo que nelas consta por serem o reflexo daquilo que foi extraído dos livros e papéis da serventia. Por terem sido elaboradas por pessoas dotadas de fé pública, têm presunção de veracidade. Todavia, há que se distinguir a presunção de veracidade daquilo que consta na certidão da presunção absoluta de veracidade do ato que foi praticado no ofício. E assim ocorre porque o sistema pátrio, por regra, adota a presunção relativa como suficiente para os atos registrários. Logo, até prova em contrário, aquilo que se certificou é tido por verdadeiro.
Gabarito "B".

**(Cartório/SP – II – VUNESP)** O registro lavrado fora das horas regulamentares e em dia em que não houver expediente é:

(A) anulável, devendo a anulabilidade ser declarada somente se demonstrado que disto resultou prejuízo a qualquer interessado.
(B) nulo, podendo, porém, ser ratificado se disto não resultar prejuízo a qualquer interessado.
(C) nulo, sendo civil e penalmente responsável o Oficial que der causa à nulidade.
(D) válido, ressalvada ação judicial própria para que o prejudicado dele requeira o cancelamento.

Trata-se de ato nulo de pleno direito, como determinado pelo artigo 9º da Lei de Registros Públicos.
Gabarito "C".

# 11. Registro Civil das Pessoas Naturais

Henrique Subi

## 1. COMPETÊNCIA E ATRIBUIÇÕES DO REGISTRO CIVIL DAS PESSOAS NATURAIS. ADMINISTRAÇÃO DOS SERVIÇOS

**(Cartório/MG – 2012 – FUMARC)** Registram-se no registro civil das pessoas naturais, **EXCETO:**

(A) As sentenças que deferirem a legitimação adotiva.
(B) As sentenças declaratórias de ausência.
(C) As opções de nacionalidade.
(D) Os divórcios consensuais.

A: correta, nos termo do art. 29, VIII, da Lei n. 6.015/1973; B: correta, nos termo do art. 29, VI, da Lei n. 6.015/1973; C: correta, nos termo do art. 29, VII, da Lei n. 6.015/1973; D: incorreta, devendo ser assinalada. O divórcio não está previsto dentre os atos registráveis. Na verdade, ele será objeto de averbação (art. 29, § 1º, I, da Lei n. 6.015/1973).
Gabarito "D".

**(Cartório/MG – 2009 – EJEF)** Quanto à ordem do serviço para o registro de pessoas naturais, assinale a opção INCORRETA.

(A) O serviço de registro civil das pessoas naturais será prestado todos os dias, sem exceção.
(B) No caso de ter a criança nascido morta, será o registro feito no livro "C Auxiliar", com os elementos que couberem.
(C) No caso de a criança morrer na ocasião do parto, tendo, entretanto, respirado, serão feitos os dois assentos, o de nascimento e o de óbito, com os elementos cabíveis e com remissões recíprocas.
(D) Para os reconhecidamente pobres não serão cobrados emolumentos pelas certidões de nascimento e casamento, contudo, far-se-á a inserção nas certidões, da condição de pobreza, a fim de justificar a gratuidade do serviço.

A: correta, nos termos do art. 4º, § 1º, da Lei 8.935/1994; B: correta, nos termos do art. 53, § 1º, da Lei 6.015/1973; C: correta, nos termos do art. 53, § 2º, da Lei 6.015/1973; D: incorreta, devendo ser assinalada. Não deve ser feita qualquer menção à situação de pobreza na certidão (art. 30, § 4º, da Lei 6.015/1973).
Gabarito "D".

**(Cartório/MG – 2007 – EJEF)** Podem ser levados a registro, EXCETO:

(A) os nascimentos.
(B) os óbitos.
(C) as interdições.
(D) os acidentes automobilísticos em que haja deformação física de eventual vítima.

Todas as hipóteses estão previstas no art. 29 da Lei 6.015/1973, com exceção dos acidentes automobilísticos em que haja deformação física de eventual vítima – alternativa incorreta, portanto, que deve ser assinalada.
Gabarito "D".

**(Cartório/RJ – 2008 – UERJ)** Não é objeto de registro civil das pessoas naturais:

(A) as opções de nacionalidade
(B) as sentenças declaratórias de ausência
(C) a sentença de tutela de menor abandonado
(D) as sentenças que deferirem legitimação adotiva
(E) as emancipações por outorga dos pais ou por sentença do juiz

Todas as hipóteses estão previstas no art. 29 da Lei 6.015/1973, com exceção da sentença de tutela de menor abandonado – alternativa incorreta, portanto, que deve ser assinalada.
Gabarito "C".

**(Cartório/RN – 2012 – IESIS)** Sujeitam-se a registro no cartório de registro civil de pessoas naturais:

(A) Os nascimentos, os casamentos, as sentenças que decidirem a nulidade ou anulação do casamento, o desquite e o restabelecimento da sociedade conjugal, os óbitos, as emancipações, as interdições, as sentenças declaratórias de ausência, as opções de nacionalidade e as sentenças que deferirem a adoção.
(B) Os nascimentos, os casamentos, as sentenças que decidirem a nulidade ou anulação do casamento, o divórcio e o restabelecimento da sociedade conjugal, os óbitos, as emancipações, as interdições, as sentenças declaratórias de ausência, as opções de nacionalidade e as sentenças que deferirem a adoção.
(C) Os nascimentos, os casamentos, os óbitos, as emancipações, as interdições, as sentenças declaratórias de ausência, as opções de nacionalidade e as sentenças que deferirem a adoção.

(D) As sentenças que decidirem a nulidade ou anulação do casamento, o divórcio e o restabelecimento da sociedade conjugal; os atos judiciais ou extrajudiciais de reconhecimento de filhos; as escrituras de adoção e os atos que a dissolverem; e as alterações ou abreviaturas de nomes.

Nos termos do art. 29, *caput*, da Lei n. 6.015/1973, sujeitam-se a registro no cartório de registro civil de pessoas naturais: I – os nascimentos; II – os casamentos; III – os óbitos; IV – as emancipações; V – as interdições; VI – as sentenças declaratórias de ausência; VII – as opções de nacionalidade; e VIII – as sentenças que deferirem a legitimação adotiva. Os demais atos, que não esses, descritos nas alternativas sujeitam-se a **averbação**, nos termos do parágrafo único do mesmo artigo.
Gabarito "C".

**(Cartório/SP – 2012 – VUNESP)** As comunicações entre as unidades de serviços do registro civil das pessoas naturais do Estado de São Paulo, para fins de anotações de novos registros e averbações nos assentamentos primitivos, são feitas

(A) por meio eletrônico, no e-mail oficial da serventia que foi informado à Corregedoria Geral da Justiça do Estado, desde que a remessa seja devidamente assinada com Certificado Digital ICP-Brasil.
(B) por meio eletrônico, no e-mail oficial da serventia que foi informado à Corregedoria Geral da Justiça do Estado.
(C) por meio eletrônico, via "intranet".
(D) mediante carta relacionada em protocolo, anotando-se à margem ou sob o ato comunicado o número do protocolo.

Nos termos do art. 127.1 do Capítulo XVII das Normas de Serviço da Corregedoria-Geral de Justiça de São Paulo, as comunicações deverão ser realizadas por meio eletrônico, através do sistema "intranet", desde que destinadas ao Estado de São Paulo. Caso a comunicação envolva outro Estado da Federação, deverá ser remetida carta relacionada em protocolo.
Gabarito "C".

## 2. LIVROS E CLASSIFICADORES EM GERAL E ESPECÍFICOS DO SERVIÇO DE REGISTRO CIVIL DAS PESSOAS NATURAIS. ESCRITURAÇÃO E ORDEM DO SERVIÇO. PUBLICIDADE. CERTIDÕES. COMUNICAÇÕES. CONSERVAÇÃO. RESPONSABILIDADE. AUTENTICAÇÃO DE LIVROS MERCANTIS. CHANCELA MECÂNICA.

**(Cartório/BA – 2004 – CESPE)** Com respeito a expediente especial de funcionamento dos serviços do registro civil das pessoas naturais, julgue o item seguinte.

(1) Os documentos relativos ao registro civil de pessoas naturais apresentados no horário regulamentar e que não forem registrados até a hora do encerramento do serviço aguardarão o dia seguinte, quando serão registrados preferencialmente aos apresentados nesse dia.

1: incorreta. A assertiva reflete, realmente, a regra da ordem de serviço dos registros. Entretanto, o registro civil de pessoa natural é exceção expressa a essa determinação, pois não poderá ser adiado em hipótese alguma, nos termos do art. 10, parágrafo único, da Lei 6.015/1973.
Gabarito 1E.

**(Cartório/DF – 2003 – CESPE)** Acerca da Lei de Registros Públicos (LRP — Lei n. 6.015/1973), julgue o item subsequente.

(1) A despeito dos avanços tecnológicos e dos equipamentos atualmente disponíveis, a lei permite que as certidões do registro civil sejam extraídas em forma manuscrita; em qualquer caso, porém, a certidão não pode ter claros em seu texto, pois estes devem ser preenchidos.

1: correta, nos termos do art. 19, § 2º, da Lei 6.015/1973.
Gabarito 1C.

**(Cartório/ES – 2007 – FCC)** Excepcionalmente, o sigilo na certidão é previsto em lei. Salvo em casos de determinação judicial para que conste o inteiro teor do registro ou averbação, haverá omissão em certidão de nascimento de fatos constantes à margem do registro

(A) de nomes, prenomes, naturalidade e profissão dos pais.
(B) do fato de ser gêmeo, quando assim tiver acontecido.
(C) da averbação do nome alterado em razão de fundada coação ou ameaça decorrente de colaboração com a apuração de crime.
(D) do nome do pai, quando se tratar de filho ilegítimo, ainda que tenha havido reconhecimento voluntário.
(E) das interdições, com data da sentença e limites da curadoria.

A regra é que constem nas certidões todos os dados constantes do registro ou à sua margem. Apenas em casos de alteração de nome determinada pelo acolhimento da pessoa em programa de proteção a vítimas e testemunhas, por colaborar diretamente com a investigação de fato criminoso (Lei 9.807/1999), é que se autoriza a omissão dos dados relativos ao nome anterior e à sentença que determinou sua alteração na certidão (art. 57, § 7º, da Lei 6.015/1973).
Gabarito "C".

**(Cartório/ES – 2007 – FCC)** Sobre as certidões que podem ser expedidas pelo Registro Civil das Pessoas Naturais, é correto afirmar que

(A) é vedada a certidão de inteiro teor quando houver dados que não possam ser mencionados, salvo por ordem judicial.
(B) será fornecida à pessoa legitimamente interessada certidão do mandado que determinou o registro da sentença de adoção.
(C) a certidão deverá mencionar toda a e qualquer alteração constante do registro, inclusive averbações.
(D) a certidão é também denominada pública-forma.
(E) a certidão deve ser emitida nos estritos limites especificados no pedido, sem qualquer elemento posterior que não tenha sido objeto do requerimento.

A: correta, nos termos do art. 426 do Código de Normas da Corregedoria-Geral de Justiça do Estado do Espírito Santo; B: incorreta. A certidão não será fornecida a qualquer pessoa, exceto por ordem judicial (art. 428 do Código de Normas da Corregedoria-Geral de Justiça do Estado do Espírito Santo); C: incorreta. Há alterações que não podem constar das certidões (exemplos: a alteração de nome por conta de inclusão em programa de proteção a vítimas e testemunhas; a alteração do nome dos pais em caso de adoção etc.); D: incorreta. Pública-forma é o documento emitido por tabelião que representa a transcrição literal de um documento, do qual da sua fé de que está idêntico ao original. Modernamente, foi substituída pela autenticação de cópia; E: incorreta. Salvo as restrições legais já mencionadas, a certidão mencionará todos os dados constantes do registro, ainda que não tenham sido objeto de pedido expresso (art. 427 do Código de Normas da Corregedoria-Geral de Justiça do Estado do Espírito Santo).
Gabarito "A".

**(Cartório/MG – 2005 – EJEF)** A Lei de Registros Públicos não só indica quais são os atos de registro atribuídos ao Ofício de Registro Civil de Pessoas Naturais, como também designa em que Livro deve ser procedida cada modalidade de registro. Considerando-se, pois, o que determina essa Lei, é CORRETO afirmar que,

(A) no Livro B, devem ser registrados os casamentos religiosos para efeitos civis.
(B) no Livro C Auxiliar, devem ser registradas as emancipações, as interdições e as sentenças declaratórias de ausência.
(C) no Livro C, devem ser registrados os óbitos e natimortos.
(D) no Livro E, devem ser registrados os demais atos relativos ao estado civil, no Cartório do 1º Ofício ou da 1ª Subdivisão Judiciária.

A: incorreta. Os casamentos religiosos com efeitos civis são registrados no Livro "B Auxiliar"; B: incorreta. As emancipações, interdições e sentenças declaratórias de ausência são registradas em livro especial no cartório do 1º Ofício ou da 1ª subdivisão judiciária de cada comarca (art. 89 da Lei 6.015/1973); C: incorreta. Os natimortos são registrados no Livro "C Auxiliar"; D: correta, nos termos do art. 33, parágrafo único, da Lei 6.015/1973.
Gabarito "D".

## 3. REGISTROS. AVERBAÇÕES. ANOTAÇÕES.

**(Cartório/BA – 2004 – CESPE)** Julgue os itens subsequentes.

(1) Sobrevindo ao oficial de registro civil incertezas quanto efetivação do traslado, deverá o mesmo suscitar dúvida perante o juiz da vara de registros públicos.
(2) A decisão da dúvida tem natureza administrativa e não impede o uso do processo contencioso competente.

1: correta, nos termos do art. 10 do Provimento 01/2003 da Corregedoria-Geral de Justiça do Estado da Bahia; 2: correta, nos termos do art. 204 da Lei 6.015/1973.
Gabarito 1C, 2C

**(Cartório/MG – 2007 – EJEF)** Serão averbados, EXCETO:

(A) as sentenças que decidirem a nulidade ou anulação do casamento.
(B) as emancipações.
(C) as alterações ou abreviaturas de nomes.
(D) as sentenças que decidirem o restabelecimento da sociedade conjugal.

Todas as hipóteses estão previstas no art. 29, § 1º, da Lei 6.015/1973 como atos que devem ser objeto de averbação, com exceção das emancipações, as quais devem ser **registradas** (arts. 29, IV, e 89 da Lei 6.015/1973).
Gabarito "B".

**(Cartório/MG – 2005 – EJEF)** É INCORRETO afirmar que se deve fazer averbação no Registro Público

(A) da alteração do sobrenome materno, em decorrência de casamento, no termo de nascimento do filho.
(B) das alterações nos registros de interdições e ausências.
(C) das sentenças declaratórias de ausência e morte presumida.
(D) das sentenças que decretarem a nulidade ou anulação do casamento.

Todas as hipóteses estão previstas no art. 29, § 1º, da Lei 6.015/1973 como atos que devem ser objeto de averbação, com exceção das sentenças declaratórias de ausência e morte presumida, as quais devem ser **registradas** (arts. 29, VI, e 94 da Lei 6.015/1973). A despeito de não haver menção expressa à morte presumida, é certo que essa, no que toca aos seus efeitos jurídicos, equipara-se ao óbito, razão pela qual deve ser objeto de registro.
Gabarito "C".

**(Cartório/MG – 2005 – EJEF)** É CORRETO afirmar que as sentenças de abertura de sucessão provisória devem ser

(A) anotadas, com remissões recíprocas, no assento de nascimento.
(B) averbadas no assento de ausência, após o trânsito em julgado.
(C) inscritas no assento de óbito, com referência especial ao testamento do *de cujus*, se houver, e indicação de seus herdeiros habilitados.
(D) registradas no Cartório do 1º Ofício ou da 1ª Subdivisão Judiciária, em Livro Especial.

Nos termos do art. 104, parágrafo único, da Lei 6.015/1973, as sentenças de abertura de sucessão provisória do ausente devem ser averbadas no assento de ausência após o trânsito em julgado da decisão.
Gabarito "B".

**(Cartório/SP – IV – VUNESP)** Ao proceder a um registro de casamento, deverá o Oficial

(A) enviar comunicação com resumo do assento matrimonial ao Oficial em cujo cartório encontrem-se os assentos de nascimento dos contraentes, salvo se estes estiverem localizados perante a sua serventia.
(B) comunicar o fato ao Juiz-Corregedor Permanente do Serviço.
(C) comunicar o fato à Corregedoria-Geral da Justiça.
(D) entregar aos contraentes cópia do assento lavrado, sendo defesa a cobrança de emolumentos, para que providenciem a comunicação nos Serviços onde localizados seus assentos de nascimento.

Correta a alternativa "A", nos termos do art. 127 do Capítulo XVII das Normas de Serviço da Corregedoria-Geral de Justiça do Estado de São Paulo. Cabe ao oficial do registro informar o cartório onde consta o assento de nascimento dos nubentes sobre o casamento, para que esse possa proceder à respectiva averbação.

Gabarito "A".

**(Cartório/SP – IV – VUNESP)** Sabendo-se a diferença existente entre ato de registro e ato de averbação, assinale a alternativa que contém apenas atos de registro.

(A) Os nascimentos, a sentença que decretar a nulidade do casamento e a interdição por incapacidade absoluta.
(B) Os óbitos, a emancipação por outorga dos pais e a interdição por incapacidade relativa.
(C) Os casamentos, a sentença declaratória de ausência e a sentença que decretar o restabelecimento da sociedade conjugal.
(D) Os nascimentos, a interdição por incapacidade absoluta ou relativa e os atos judiciais que reconhecerem a filiação.

A: incorreta. Sentença que decreta nulidade de casamento é objeto de averbação (art. 29, § 1º, "a", da Lei 6.015/1973); B: correta, conforme os incisos III, IV e V do art. 29, caput, da Lei 6.015/1973; C: incorreta. A sentença que decreta o restabelecimento de sociedade conjugal é objeto de averbação (art. 29, § 1º, "a", da Lei 6.015/1973); D: incorreta. O reconhecimento de filhos é objeto de averbação (art. 29, § 1º, "d", da Lei 6.015/1973).

Gabarito "B".

## 4. REGISTRO CIVIL DAS PESSOAS NATURAIS EM GERAL.

**(Cartório/DF – 2003 – CESPE)** Acerca da Lei de Registros Públicos (LRP — Lei n. 6.015/1973), julgue o item subsequente.

(1) A testemunha para o assento de registro civil deve ser necessariamente conhecida do oficial encarregado do registro ou, ao menos, deve ser conhecida de pessoa conhecida do oficial.

1: incorreta. A testemunha deve obedecer somente aos requisitos constantes do Código Civil, sendo inclusive admitido o parente em qualquer grau do registrado. Não sendo ela conhecida do oficial de registro, basta que se identifique com documento hábil (art. 42 da Lei 6.015/1973).

Gabarito 1E.

**(Cartório/DF – 2001 – CESPE)** Ainda no atinente ao registro civil de pessoas naturais na LRP, julgue o item seguinte.

(1) A fim de poder produzir efeitos jurídicos válidos *erga omnes*, a sentença que houver decretado a separação judicial de um casal deverá ser registrada no mesmo cartório em que se houver lavrado o assento do matrimônio.

1: incorreta. A sentença de separação judicial deverá ser **averbada**, não registrada (art. 29, § 1º, "a", da Lei 6.015/1973). A esse respeito, afirma Walter Ceneviva (*Lei dos Registros Públicos Comentada*. 17. ed. São Paulo: Saraiva, 2006. p. 222): "ocorrendo o casamento em uma comarca e a separação e o divórcio em outra, nesta será expedido mandado para o oficial do primeiro serviço registrário inscrever a sentença no livro 'E', sem prejuízo da averbação, que, por ofício, será feita junto ao assento matrimonial".

Gabarito 1E.

**(Cartório/MG – 2009 – EJEF)** Serão registrados no Registro Civil de Pessoas Naturais, EXCETO

(A) os nascimentos.
(B) a emancipação por outorga dos pais ou por sentença do juiz.
(C) a sentença declaratória de ausência.
(D) a sentença que decretar a nulidade do casamento.

Todas as hipóteses estão previstas no art. 29 da Lei 6.015/1973 como atos que devem ser objeto de registro, com exceção das sentenças que decretarem a nulidade do casamento, as quais devem ser **averbadas** (art. 29, § 1º, "a", da Lei 6.015/1973).

Gabarito "D".

**(Cartório/PR – 2007)** No Livro de Nascimento serão averbados:

I. a perda e a suspensão do pátrio poder.
II. o reconhecimento judicial ou voluntário de filhos.
III. as escrituras de adoção.
IV. A perda de nacionalidade brasileira, quando comunicada pelo Ministério da Justiça.

São corretas:

(A) apenas II e III.
(B) apenas II, III e IV.
(C) I, II, III e IV.
(D) apenas I e II e III.
(E) apenas III e IV.

Conforme dispõe o art. 102 da Lei 6.015/1973, considerando apenas os itens recepcionados pela CF, serão averbados no Livro de Nascimentos, as escrituras de adoção, o reconhecimento judicial ou voluntários dos filhos, a perda da nacionalidade brasileira (quando comunicada pelo Ministério da Justiça), a perda e a suspensão do poder familiar.

Gabarito "C".

**(Cartório/SP – VI – VUNESP)** São, respectivamente, registros de eficácia declarativa (I) e de eficácia constitutiva (II):

(A) registro de óbito (I) e registro de casamento (II).
(B) registro de nascimento (I) e registro de óbito por morte presumida (II).
(C) registro de interdição (I) e registro de emancipação voluntária (II).
(D) registro de casamento (I) e registro de sentença de ausência (II).

Registro de eficácia declarativa é aquele que tem por finalidade apenas atestar, publicar uma situação já consolidada. Eficácia constitutiva, por outro lado, qualifica o registro que é essencial para a validade do ato. Com isso, temos que: óbito – declarativa; casamento – constitutiva; nascimento – declarativa; óbito por morte presumida – declarativa; interdição – declarativa; emancipação voluntária – constitutiva; ausência – declarativa. A nosso ver, a questão tem duas respostas corretas, pois a alternativa "A" também atende ao pedido no enunciado, além da alternativa "C" Essa última, porém, foi considerada correta pelo gabarito oficial.

Gabarito "C".

**(Cartório/SP – IV – VUNESP)** No momento da entrada em vigor do novo Código Civil (11.01.2003), a idade de João correspondia a dezenove anos completos. Em março de 2003, João decidiu, sem qualquer justificativa, alterar o seu prenome. Acerca da pretensão de João, é correto afirmar-se que era

(A) viável, uma vez que a alteração realizar-se-ia no primeiro ano após ter sido atingida a maioridade civil do interessado.
(B) inviável, já que o prenome jamais pode ser alterado sem justificativa plausível.
(C) inviável, uma vez que o prazo para tanto já teria transcorrido.
(D) viável, pois entre nós vigora o princípio da mutabilidade do prenome.

Correta a alternativa "A" O art. 56 da Lei 6.015/1973 autoriza a pessoa a solicitar a alteração de seu nome no prazo de um ano após atingir a maioridade civil. No caso em tela, ela adveio com a vigência do CC, portanto João ainda poderia requerer a alteração.
Gabarito "A".

**(Cartório/SP – IV – VUNESP)** Não é objeto de registro em Registro Civil das Pessoas Naturais a

(A) emancipação por outorga dos pais.
(B) interdição por capacidade relativa.
(C) sentença declaratória de ausência.
(D) sentença de tutela de menor abandonado.

Todas as hipóteses estão previstas no art. 29 da Lei 6.015/1973, com exceção da sentença de tutela de menor abandonado – alternativa incorreta, portanto, que deve ser assinalada.
Gabarito "D".

## 5. NASCIMENTO E NATIMORTO

**(Cartório/AC – 2006 – CESPE)** Ainda a respeito da Lei dos Registros Públicos, julgue o item a seguir.

(1) Quando se tratar de filiação oriunda de relação fora do casamento, isto é, pais não casados entre si, a adição do nome do pai no assento do nascimento depende da expressa autorização deste ou de ser ele o declarante. Nesse caso, o pai, ou seu procurador, manifestará o reconhecimento da filiação por meio da assinatura do termo, na presença de testemunhas.

1: correta, nos termos do art. 59 da Lei 6.015/1973.
Gabarito 1C

**(Cartório/BA – 2004 – CESPE)** Com relação ao nascimento, ao óbito e aos respectivos registros, julgue os itens que se seguem.

(1) No caso de a criança ter nascido morta, será o registro feito no livro C Auxiliar, com os elementos que couberem.
(2) No caso de a criança morrer na ocasião do parto, tendo, entretanto, respirado, serão feitos dois assentos, o de nascimento e o de óbito, com os elementos cabíveis e com remissões recíprocas.

1: correta, nos termos do art. 53, § 1º, da Lei 6.015/1973; 2: correta, nos termos do art. 53, § 2º, da Lei 6.015/1973.
Gabarito 1C, 2C

**(Cartório/MG – 2009 – EJEF)** Quanto ao conteúdo do assento de nascimento, assinale a opção INCORRETA.

(A) Deverá conter o dia, mês, ano e lugar do nascimento e a hora certa, sendo possível determiná-la, ou aproximada.
(B) Deverá conter o sexo do registrando.
(C) Deverá conter os nomes e prenomes, a naturalidade, a profissão e o estado civil dos pais.
(D) Deverá conter o fato de ser gêmeo, quando assim tiver acontecido.

Todas as assertivas elencam elementos obrigatórios do registro de nascimento previstos no art. 54 da Lei 6.015/1973, com exceção da alternativa "C", que deve ser assinalada. Não se indica no assento de nascimento o estado civil dos pais.
Gabarito "C".

**(Cartório/MG – 2007 – EJEF)** Todo nascimento deverá ser registrado, quando:

(A) ocorrer no território brasileiro, no lugar da residência dos avós.
(B) ocorrer no território brasileiro, no lugar em que tiver ocorrido o parto ou no lugar da residência dos pais, no prazo de 30 dias.
(C) ocorrer no território brasileiro, no lugar em que tiver ocorrido o parto ou no lugar da residência dos pais, no prazo de 15 dias.
(D) ocorrer no estrangeiro, no prazo de até 3 meses.

A: incorreta. O registro será feito no lugar de residência dos pais ou onde tiver ocorrido o parto (art. 50 da Lei 6.015/1973); B: incorreta. O prazo é de quinze dias (art. 50 da Lei 6.015/1973); C: correta, nos termos do art. 50 da Lei 6.015/1973; D: incorreta. Não há dilação de prazo para os nascimentos ocorridos no estrangeiro, que devem ser registrados no respectivo consulado observando-se as normas aplicáveis a esse procedimento (art. 50, § 5º, da Lei 6.015/1973).
Gabarito "C".

**(Cartório/MG – 2007 – EJEF)** São obrigados a fazer a declaração de nascimento, EXCETO:

(A) o pai.
(B) em falta ou impedimento do pai, a mãe.
(C) no impedimento de ambos, o parente mais próximo, mesmo sendo menor, porém achando-se presente.
(D) os administradores de hospitais ou os médicos e parteiras que tiverem assistido o parto.

Todas as assertivas trazem pessoas obrigadas a proceder à declaração de nascimento junto ao Registro Civil de Pessoas Naturais (art. 52 da Lei 6.015/1973), com exceção da alternativa "C", que deve ser assinalada. No impedimento de ambos os genitores, a declaração será feita pelo parente mais próximo, desde que seja maior de idade (art. 52, item 3, da Lei 6.015/1973).
Gabarito "C".

**(Cartório/MG – 2005 – EJEF)** Para o necessário registro de criança que nasceu de parto ocorrido, sem assistência médica, em residência ou fora de Unidade Hospitalar ou Casa de Saúde, a lei exige a presença de duas testemunhas.

Assim sendo, é INCORRETO afirmar que essas testemunhas devem

(A) atestar apenas o ato do assentamento.

(B) fornecer seu nome e prenome, bem como profissão e residência.
(C) ser consideradas instrumentárias.
(D) ter presenciado o nascimento da criança.

Todas as alternativas traduzem o disposto no art. 54, item 9, da Lei 6.015/1973, com exceção da letra "D", que deve ser assinalada. Com efeito, o mencionado artigo indica que as testemunhas exigidas são testemunhas **do assento de nascimento,** ou seja, instrumentárias, apenas para o ato. Não precisam, assim, ter presenciado o parto.
Gabarito "D".

**(Cartório/MG – 2005 – EJEF)** É CORRETO afirmar que, na hipótese de a criança morrer na ocasião do parto, tendo, entretanto, respirado, o Oficial do Registro Civil das Pessoas Naturais deve

(A) efetuar dois assentos, o de nascimento e o de óbito, com os elementos cabíveis e com remissões recíprocas.
(B) efetuar dois assentos, o de natimorto e o de óbito, com os elementos que couberem e respectivas anotações.
(C) efetuar o registro no livro de nascimento, com os elementos que couberem e com remissão ao do óbito.
(D) efetuar o registro no livro de natimorto, com os elementos que couberem.

Dispõe o art. 53, § 2º, da Lei 6.015/1973, se a criança morreu no parto, mas respirou ao menos uma vez, tem-se que ela nasceu com vida, razão pela qual devem ser lavrados dois assentos – um de nascimento e um de óbito – com os elementos cabíveis para cada um deles e com remissões recíprocas.
Gabarito "A".

**(Cartório/RN – 2012 – IESIS)** Assinale a resposta correta.

I. Na falta ou impedimento do genitor, incumbirá à mãe efetuar o registro de nascimento; e, na falta de ambos, ao administrador do hospital ou ao médico ou parteira que tiverem assistido o parto.
II. O assento do nascimento do natimorto conterá os elementos referentes ao caso e a remissão ao do óbito, com o registro no livro C Auxiliar.
III. A alteração posterior do nome, inclusive em se tratando de pessoa capaz, pressupõe a intervenção do Ministério Público e a sentença judicial.
IV. Havendo motivo ponderável, poderá o enteado ou a enteada requerer ao juiz competente que seja averbado, no registro de nascimento, o nome da família do seu padrasto ou madrasta, conforme o caso.

(A) Apenas as assertivas I e III estão corretas.
(B) Apenas as assertivas I e II estão corretas.
(C) Apenas as assertivas II, III e IV estão corretas.
(D) Apenas as assertivas II e III estão corretas.

I: incorreta. Antes do administrador do hospital, médicos ou parteiras, o registro cabe ao parente mais próximo. Somente na falta desse que se admitirá o registro feito por aqueles (art. 52 da Lei n. 6.015/1973); II: correta, nos termos do art. 53, *caput* e § 1º, da Lei n. 6.015/1973; III: correta, nos termos do art. 57 da Lei n. 6.015/1973; IV: incorreta. A averbação do nome de família do padrasto ou madrasta, previsto no art. 57, § 8º, da Lei n. 6.015/1973, depende da expressa concordância desses e não pode prejudicar os apelidos de família do enteado ou enteada.
Gabarito "D".

**(Cartório/SP – 2012 – VUNESP)** Quando o declarante do registro de nascimento não indicar o nome completo da criança, o Oficial

(A) fará constar do registro apenas o prenome do registrado.
(B) lançará adiante do prenome escolhido o nome do pai e, na falta, o da mãe.
(C) prorrogará o prazo da declaração por 45 (quarenta e cinco) dias.
(D) submeterá o caso por escrito à decisão do juízo competente.

Dispõe o art. 55 da Lei 6.015/1973 que, nesse caso, o oficial deverá lançar adiante do prenome escolhido o nome do pai e, na falta, o da mãe, se forem conhecidos.
Gabarito "B".

**(Cartório/SP – 2012 – VUNESP)** Sobre as declarações de nascimento feitas após o decurso do prazo legal, não é correto afirmar que

(A) o registro é feito no lugar de residência do interessado.
(B) é dispensada a assinatura das 2 (duas) testemunhas no requerimento de registro, se o registrando tiver menos de doze anos de idade.
(C) o Oficial do Registro Civil, se suspeitar da falsidade da declaração, poderá exigir prova suficiente; persistindo a suspeita, o Oficial encaminhará os autos ao Juiz-Corregedor Permanente.
(D) se o requerimento for formulado, em hipótese que o permita, pelo próprio registrando, o estabelecimento de sua filiação dependerá da anuência dos apontados pais.

A: correta, nos termos do art. 46 da Lei 6.015/1973; B: incorreta, devendo ser assinalada. O registro tardio de nascimento sempre depende da assinatura de duas testemunhas, independentemente da idade do registrando (art. 46, § 1º, da Lei 6.015/1973); C: correta, nos termos do art. 46, § 3º, da Lei 6.015/1973; D: correta, nos termos do art. 50.5 do Capítulo XVII das Normas de Serviço da Corregedoria-Geral de Justiça de São Paulo.
Gabarito "B".

**(Cartório/SP – 2012 – VUNESP)** No registro de nascimento, não se fará qualquer referência:

I. à natureza da filiação;
II. ao lugar e cartório do casamento dos pais;
III. ao estado civil dos pais.

Está correto o contido em

(A) I e II, apenas.
(B) II e III, apenas.
(C) I e III, apenas.
(D) I, II e III.

Nos termos do art. 5º da Lei 8.560/1992, não deve haver, no registro de nascimento, qualquer referência à natureza da filiação, à sua ordem em relação a outros irmãos do mesmo prenome (exceto gêmeos), ao lugar e cartório do casamento dos pais e ao estado civil desses.
Gabarito "D".

**(Cartório/SP – 2012 – VUNESP)** No caso de a criança morrer na ocasião do parto, tendo, entretanto, respirado,

(A) o registro será feito no livro "C Auxiliar" – de registro de natimortos, com os elementos que couberem.
(B) será dispensado o registro de óbito, fazendo-se a averbação no registro de nascimento.
(C) será lavrado o registro de óbito, no livro "C", dispensando-se a lavratura do registro de nascimento.
(D) serão feitos dois assentos, o de nascimento e o de óbito, com os elementos cabíveis e com remissões recíprocas.

Dispõe o art. 53, § 2º, da Lei 6.015/1973 que, nesse caso, deverão ser feitos dois assentos: um para o nascimento (no Livro "A") e outro para o óbito (no Livro "C"), com remissões recíprocas.
Gabarito "D".

**(Cartório/SP – 2011 – VUNESP)** Assinale a alternativa que possua apenas requisitos do assento de nascimento, segundo as normas da Corregedoria Geral da Justiça do Estado de São Paulo.

(A) Dia, mês, ano, lugar e hora certa ou aproximada do nascimento; o sexo do registrando; ordem de filiação em caso de existirem irmãos que não sejam gemelares, quando assim tiver acontecido; o prenome e o sobrenome da criança; os prenomes e os sobrenomes, a naturalidade, a profissão dos pais, a idade da genitora do registrando em anos completos, na ocasião do parto, e o domicílio ou a residência do casal; os prenomes e os sobrenomes dos avós paternos e maternos.
(B) Dia, mês, ano, lugar e hora certa ou aproximada do nascimento; o sexo do registrando; o fato de ser gêmeo, quando assim tiver acontecido; o prenome e o sobrenome da criança; os prenomes e os sobrenomes, a naturalidade, o estado civil e a profissão dos pais, a idade da genitora do registrando em anos completos, na ocasião do parto, e o domicílio ou a residência do casal; os prenomes e os sobrenomes dos avós paternos e maternos.
(C) Dia, mês, ano, lugar e hora certa ou aproximada do nascimento; o sexo do registrando; o fato de ser gêmeo, quando assim tiver acontecido; o prenome e o sobrenome da criança; os prenomes e os sobrenomes, a naturalidade, a profissão dos pais, a idade da genitora do registrando em anos completos, na ocasião do parto, e o domicílio ou a residência do casal; os prenomes e os sobrenomes dos avós paternos e maternos.
(D) Dia, mês, ano, lugar e hora certa ou aproximada do nascimento; o sexo do registrando; o fato de ser gêmeo, quando assim tiver acontecido; o prenome e o sobrenome da criança; os prenomes e os sobrenomes, a naturalidade, a profissão dos pais, Unidade de Serviço de casamento dos pais; a idade da genitora do registrando em anos completos, na ocasião do parto, e o domicílio ou a residência do casal; os prenomes e os sobrenomes dos avós paternos e maternos.

Correta a alternativa "C", a única que contempla apenas os requisitos do assento de nascimento previstos no art. 39 do Capítulo XVII das Normas de Serviço da Corregedoria-Geral de Justiça de São Paulo.
Gabarito "C".

**(Cartório/SP – 2011 – VUNESP)** Grávida, aos sete meses de gestação, deu à luz a bebê do sexo masculino, que veio a falecer após dez minutos. No caso em tela, em relação ao fruto da gestação, deve ser lavrado pelo oficial do Registro Civil das Pessoas Naturais um registro de

(A) óbito no Livro C-Auxiliar.
(B) natimorto no Livro C-Auxiliar, sem consignação de nome do registrado.
(C) óbito no Livro C.
(D) nascimento no Livro A e um de óbito no Livro C, com todos os requisitos devidos, inclusive com consignação do nome da criança.

Dispõe o art. 53, § 2º, da Lei 6.015/1973 que, nesse caso, deverão ser feitos dois assentos: um para o nascimento (no Livro "A") e outro para o óbito (no Livro "C"), com remissões recíprocas.
Gabarito "D".

**(Cartório/SP – 2011 – VUNESP)** Genitora comparece munida da declaração de nascido vivo (DNV) perante o oficial registrador civil, acompanhada de menor relativamente capaz, com 16 anos de idade, que declara ser o pai da criança a ser registrada. Você, na qualidade de registrador civil, e supondo que os demais requisitos para lavratura do assento de nascimento estejam em termos,

(A) lavra o registro de nascimento da criança apenas com o nome da mãe e orienta os pais a procurarem a Justiça para o reconhecimento judicial do filho e posterior inclusão do nome paterno.
(B) lavra o registro de nascimento da criança normalmente e lança não apenas o nome de mãe, como o nome do pai da criança, colhendo a assinatura de ambos no assento.
(C) não lavra o registro de nascimento e orienta o pai da criança a voltar posteriormente, acompanhado de seus genitores, para que eles possam representá-lo no ato de registro.
(D) lavra o registro de nascimento da criança apenas com o nome da mãe e orienta o casal a esperar que o pai complete dezoito anos de idade para poder proceder a uma das espécies de reconhecimento voluntário do filho.

A Declaração de Nascido Vivo é documento suficiente para se proceder ao registro de nascimento, desde que presentes todos os demais requisitos legais, com a inserção do nome da mãe. Em relação ao pai, vale consignar que, nos termos do art. 6º, § 4º, do Provimento CNJ 16/2012, o reconhecimento de filho por pessoa relativamente incapaz é possível e não depende de assistência dos pais, tutor ou curador. Portanto, deve o Oficial registrar o nascimento normalmente, fazendo constar o nome de ambos os genitores.
Gabarito "B".

**(Cartório/SP – IV – VUNESP)** Zeca, analfabeto, comparece ao Serviço de Registro Civil para lavrar o assento de nascimento de seu filho que nascera no dia anterior, juntamente com a genitora da criança, com a qual não é casado. Assinale a alternativa correta para o caso.

(A) A genitora deverá assinar o ato e, quanto ao analfabeto, basta apor sua impressão datiloscópica à margem do assento.
(B) Far-se-á declaração no assento, assinando a rogo outra pessoa e tomando-se a impressão datiloscópica da que não assinar, à margem do assento.
(C) Basta que a genitora, munida do documento do pai, seja declarante do assento de nascimento, dispensando-se o analfabeto para tanto.
(D) Qualquer das condutas é considerada correta.

A: incorreta. Nesse caso, por se tratar de filho havido fora da relação de casamento, outra pessoa deve assinar a rogo do analfabeto na presença de duas testemunhas (art. 59 da Lei 6.015/1973); B: correta, nos termos do art. 59 da Lei 6.015/1973 e 50.4 do Capítulo XIV das Normas de Serviço da Corregedoria-Geral de Justiça de São Paulo; C: incorreta. Não há qualquer previsão legal nesse sentido; D: incorreta, uma vez que as opções "A" e "C" não são autorizadas.
Gabarito "B".

## 6. CASAMENTO. CONVERSÃO DE UNIÃO ESTÁVEL EM CASAMENTO. RECONCILIAÇÃO.

**(Cartório/BA – 2004 – CESPE)** A respeito da habilitação e da celebração do casamento, julgue os itens a seguir.

(1) Considere que Alfredo morou em Pernambuco de novembro de 2003 a outubro de 2004 e que em janeiro de 2005 deu entrada no pedido de habilitação para seu casamento civil com Rejane, em Salvador, onde ela sempre residiu e ele reside atualmente. Nessa hipótese, o oficial de registro deverá recusar o pedido de habilitação, que somente poderá ser feito após habilitação prévia no estado de Pernambuco, com vistas a comprovar a ausência de impedimentos ao casamento.
(2) Se Duarte e Patrícia residem em domicílios de diferentes distritos de registro civil, segundo a legislação em vigor, deverão requerer a habilitação em ambos os distritos para se casarem.
(3) Celebrado o casamento, lavrar-se-á o assento no livro de registros, que deverá ser assinado pelo presidente do ato, pelos cônjuges, pelas testemunhas e pelo oficial do registro.
(4) Ocorrendo iminente risco à vida de algum dos contraentes e não sendo possível a presença da autoridade competente para presidir o ato, o casamento poderá realizar-se na presença de seis testemunhas, as quais deverão, dentro de dez dias, apresentarem-se perante a autoridade judicial mais próxima para prestarem declaração do ato.

1: incorreta. O art. 67 da Lei 6.015/1973 determina que a habilitação deve ser realizada no domicílio de qualquer dos nubentes; 2: incorreta, pela mesma razão do comentário anterior; 3: correta, nos termos do art. 70 da Lei 6.015/1973; 4: incorreta. O prazo para as testemunhas se apresentarem perante a autoridade judicial é de cinco dias, nos termos do art. 76 da Lei 6.015/1973.
Gabarito 1E, 2E, 3C, 4E.

**(Cartório/DF – 2001 – CESPE)** Em relação ao registro de pessoas naturais e jurídicas, julgue o seguinte item.

(1) O registro do assento ou termo de casamento religioso em que tenha havido prévia habilitação será, em qualquer hipótese, realizado após oitiva do juiz dos registros públicos, que autorizará o ato de inscrição.

1: incorreta. O registro casamento religioso para efeitos civis independe de autorização judicial, ainda que não tenha havido habilitação prévia (art. 74 da Lei 6.015/1973).
Gabarito 1E.

**(Cartório/MA – 2008 – IESES)** Assinale a alternativa INCORRETA de acordo com a Lei n. 6.015/1973, em relação à Habilitação para o Casamento:

(A) Se os nubentes residirem em diferentes distritos do Registro Civil, em um e em outro se publicará e se registrará o edital.
(B) Autuada a petição de certidão com os documentos, o oficial mandará afixar proclamas de casamento em lugar ostensivo de seu cartório e fará publicá-los na imprensa local, se houver. Em seguida, abrirá vista dos autos ao órgão do Ministério Público, para manifestar-se sobre o pedido e requerer o que for necessário à sua regularidade, podendo exigir a apresentação de atestado de residência, firmado por autoridade policial, ou qualquer outro elemento de convicção admitido em direito.
(C) Na habilitação para o casamento, os interessados, apresentando os documentos exigidos pela lei civil, requererão ao oficial do registro do distrito de residência de um dos nubentes, que lhes expeça certidão de que se acham habilitados para se casarem.
(D) Se o órgão do Ministério Público impugnar o pedido de certidão ou a documentação, os autos serão encaminhados ao Juiz, que decidirá havendo possibilidade de recurso.

A: correta, nos termos do art. 67, § 4º, da Lei 6.015/1973; B: correta, nos termos do art. 67, § 1º, da Lei 6.015/1973; C: correta, nos termos do art. 67, caput, da Lei 6.015/1973; D: incorreta, devendo ser assinalada. Da decisão do juiz, nessa hipótese, não caberá recurso (art. 67, § 2º, da Lei 6.015/1973).
Gabarito "D".

**(Cartório/MG – 2005 – EJEF)** Considerando-se o processamento de habilitação para o casamento, é INCORRETO afirmar que

(A) a expedição de certidão de habilitação dando os nubentes como pré-qualificados para a celebração do casamento não impede que impugnações possam ser oferecidas no decorrer da cerimônia.
(B) a expedição dos proclamas é determinada no processo de habilitação de casamento, mas seu registro ocorre no Livro B Auxiliar.

(C) a publicação dos proclamas pode ser dispensada pela autoridade judiciária competente, havendo urgência ou, então, quando um dos contraentes estiver em iminente risco de vida.
(D) os proclamas constituem edital expedido pelo Oficial de Registro Civil dando notícia de que os nubentes pretendem se casar.

A: correta, nos termos do art. 1.522 do CC; B: incorreta, devendo ser assinalada. O livro "B Auxiliar" presta-se ao registro dos casamentos religiosos com efeitos civis (art. 33, III, da Lei 6.015/1973). O registro dos proclamas ocorrerá no livro "D" (art. 33, VI, da Lei 6.015/1973); C: correta, nos termos do art. 69 da Lei 6.015/1973; D: correta, por traduzir fielmente o conceito e a natureza dos proclamas.
„Gabarito "B".

(Cartório/MG – 2005 – EJEF) Analise estas afirmativas concernentes ao Registro de Casamento Religioso para efeitos civis:

I. Para obter o registro de seu casamento religioso, a fim de que passe a produzir efeitos civis, os nubentes deverão preencher todas as formalidades do processo de habilitação, que poderá ser processado antes ou depois do casamento.
II. O casamento religioso, celebrado sem as formalidades legais, terá efeitos civis se, a requerimento do casal, for registrado, a qualquer tempo, no registro civil, mediante prévia habilitação perante a autoridade competente e observado o prazo de 90 dias.
III. O casamento religioso, que atender às exigências da lei para a validade do casamento civil, equipara-se a este, desde que registrado no registro próprio, produzindo efeitos a partir da data do efetivo assentamento.
IV. Será nulo o registro civil do casamento religioso se, antes dele, qualquer dos consorciados houver contraído, com outrem, casamento civil.

A partir dessa análise, pode-se concluir que

(A) apenas as afirmativas I e IV estão corretas.
(B) apenas as afirmativas II e III estão corretas.
(C) apenas as afirmativas I, II e III estão corretas.
(D) apenas as afirmativas I, II e IV estão corretas.

I: correta, nos termos do art. 74 da Lei 6.015/1973; II: correta, nos termos do art. 1.516 do CC; III: incorreta. Os efeitos civis do casamento religioso retroagem à data de sua celebração (art. 1.515 do CC); IV: correta, nos termos do art. 1.516, § 3º, do CC.
„Gabarito "D".

(Cartório/MG – 2005 – EJEF) Considerando-se os impedimentos e as causas suspensivas para o casamento, é INCORRETO afirmar que

(A) o divorciado não deve casar enquanto não houver sido homologada ou decidida a partilha dos bens do casal.
(B) o Oficial do Registro Civil das Pessoas Naturais e o Juiz de Paz têm a obrigação de declarar a existência de algum impedimento de que tenham conhecimento.
(C) o vínculo de afinidade existente entre o sogro e a nora constitui uma dessas causas suspensivas.
(D) os impedimentos matrimoniais são todos de caráter absoluto.

A: correta, nos termos do art. 1.523, III, do CC; B: correta, nos termos do art. 1.522, parágrafo único, do CC; C: incorreta, devendo ser assinalada. Trata-se de causa impeditiva do casamento (art. 1.521, II, do CC); D: correta. As causas impeditivas previstas no art. 1.521 são normas de caráter cogente, inquinando de nulidade os casamentos celebrados sem a sua observância.
„Gabarito "C".

(Cartório/MG – 2005 – EJEF) Atendidos todos os pressupostos legais e estando os nubentes devidamente habilitados, será realizada a celebração de seu casamento. Considerando-se a legislação pertinente à celebração do casamento, é INCORRETO afirmar que

(A) estará realizado o casamento após a manifestação pelos nubentes do livre propósito de se casarem e concluídas as palavras do Presidente do ato, declarando-os casados.
(B) haverá suspensão imediata da celebração se algum dos contraentes recusar a solene afirmação da sua vontade, declarar que esta não é livre e espontânea ou manifestar-se arrependido.
(C) se admite, na solenidade do casamento civil, a representação de qualquer dos nubentes ou de ambos mediante procuração com poderes especiais, com prazo de validade de 30 dias, no caso de ter sido outorgada por instrumento particular, e de 60 dias para o instrumento público.
(D) se exige a presença simultânea dos contraentes, ou procuradores com poderes especiais, perante a autoridade competente, na presença das testemunhas e do Oficial do Registro Civil das Pessoas Naturais.

A: correta, nos termos do art. 1.535 do CC; B: correta, nos termos do art. 1.538 do CC; C: incorreta, devendo ser assinalada. O prazo do mandato é de até 90 dias e somente pode ser conferido por meio de procuração por instrumento público (art. 1.542, caput e § 3º, do CC); D: correta, nos termos do art. 1.535 do CC.
„Gabarito "C".

(Cartório/MG – 2005 – EJEF) Considerando-se a capacidade dos nubentes para o casamento, é INCORRETO afirmar que

(A) a idade mínima exigida para que tanto o homem quanto a mulher possam contrair matrimônio é de 16 anos.
(B) a legislação civil admite, em caso de gravidez, o casamento de menores de idade núbil.
(C) a lei excepciona, para evitar imposição ou cumprimento de pena criminal, o casamento de quem ainda não alcançou a idade núbil.
(D) os nubentes menores de 18 anos necessitam, para o casamento, da autorização dos pais ou daquele sob cuja guarda estiverem, caso estes sejam separados ou divorciados.

A: correta, nos termos do art. 1.517 do CC; B: correta, nos termos do art. 1.520, in fine, do CC; C: correta, nos termos do art. 1.520, primeira parte, do CC; D: incorreta, devendo ser assinalada. A autorização deve sempre ser conferida por ambos os pais (art. 1.517 do CC).
„Gabarito "D".

**(Cartório/MG – 2005 – EJEF)** É INCORRETO afirmar que, entre as situações que constituem um impedimento para o casamento, se inclui a

(A) do adotado com o filho do adotante.
(B) do adotante com quem foi cônjuge do adotado ou do adotado com quem o foi do adotante.
(C) do cônjuge sobrevivente com o condenado por homicídio ou tentativa de homicídio contra seu consorte.
(D) do viúvo ou da viúva que tiver filho do cônjuge falecido, enquanto não fizer inventário dos bens do casal e der partilha aos herdeiros.

Todas as hipóteses estão elencadas no art. 1.521 do CC como causas impeditivas do casamento, com exceção da alternativa "D", que deve ser assinalada. Trata-se essa, na verdade, de uma causa suspensiva do casamento (art. 1.523, I, do CC).
„Gabarito "D".

**(Cartório/MG – 2005 – EJEF)** Considerando-se o casamento em que um dos nubentes se encontra acometido de grave moléstia, é INCORRETO afirmar que

(A) a celebração, sendo urgente, poderá ocorrer à noite, presidida pela autoridade competente, perante duas testemunhas que saibam ler e escrever.
(B) a falta ou o impedimento do Oficial do Registro Civil poderão ser supridos por outro *ad hoc*, nomeado pelo Presidente do ato.
(C) o casamento poderá ser celebrado, não se obtendo a presença da Autoridade a que incumba presidir o ato nem a de seu Substituto, na presença de seis testemunhas.
(D) o Presidente do ato é autorizado a celebrá-lo onde se encontrar o impedido.

A: correta, nos termos do art. 1.539 do CC; B: correta, nos termos do art. 1.539, § 1º, do CC; C: incorreta, devendo ser assinalada. Essa hipótese está autorizada somente em caso de iminente perigo de morte de um dos contraentes, não quando está apenas acometido de grave moléstia (art. 1.540 do CC); D: correta, nos termos do at. 1.539 do CC.
„Gabarito "C".

**(Cartório/MS – 2009 – VUNESP)** Ocorrendo iminente risco de vida de algum dos contraentes, e não sendo possível a presença da autoridade competente para presidir o ato, o casamento poderá realizar-se na presença de testemunhas, que comparecerão, dentro de cinco dias, perante a autoridade judiciária mais próxima, a fim de que sejam reduzidas a termo suas declarações. Nessas circunstâncias, o número de testemunhas exigido por lei é de

(A) duas.
(B) três.
(C) cinco.
(D) seis.
(E) oito.

O casamento nuncupativo será realizado na presença de seis testemunhas (art. 1.540 do CC).
„Gabarito "D".

**(Cartório/RJ – 2002 – NCE-UFRJ)** Jacob e Sarah celebraram no Brasil casamento religioso segundo as leis de Israel perante congregação israelita. O casamento foi reconhecido pelo Tribunal Rabínico de Israel em Tel-Aviv como de efeitos civis. Pretendem eles a transcrição para que produza efeitos civis no Brasil. Nesta hipótese, é correto afirmar que:

(A) o casamento não pode ser reconhecido no Brasil, em qualquer hipótese;
(B) a transcrição independe da habilitação prévia quer ao ato quer ao registro;
(C) com a legalização perante o Consulado Brasileiro estaria suprida a necessidade prévia de habilitação;
(D) o casamento é reconhecido no Brasil;
(E) para a transcrição é necessária a habilitação prévia ao ato ou ao registro.

O casamento religioso pode ser registrado para que tenha efeitos civis, desde que seja realizada a habilitação prévia dos nubentes. Em regra, ela deve ser feita antes da celebração (art. 71 da Lei 6.015/1973), mas nada impede que lhe seja posterior, mas antes do registro (art. 74 da Lei 6.015/1973). Como, no caso, o casamento foi realizado no Brasil, não há qualquer necessidade de consularização do documento.
„Gabarito "E".

**(Cartório/RN – 2012 – IESIS)** Sobre a habilitação de casamento, assinale a alternativa **INCORRETA**.

(A) O casamento religioso, celebrado sem a prévia habilitação perante o oficial de registros públicos, poderá ser registrado desde que apresentado pelos nubentes, com o requerimento do registro, a prova do ato religioso e os documentos exigidos pela lei civil, suprindo eles eventual falta de requisitos no termo da celebração.
(B) A dispensa dos proclamas somente poderá ser feita mediante apreciação judicial do pedido, que indicará os motivos da urgência; e, havendo a necessidade de produção de provas, será dada ciência ao Promotor de Justiça para, depois, ser proferida sentença judicial.
(C) Havendo a apresentação de algum impedimento matrimonial, conceder-se-á aos nubentes o prazo de três dias para apresentarem prova em sentido contrário, sendo, então, os autos remetidos ao Ministério Público, que emitirá parecer, no prazo de cinco dias, cabendo ao juiz decidir em igual prazo.
(D) A decisão judicial que analisa o pedido de impugnação formulado pelo Ministério Público é irrecorrível.

A: correta, nos termos do art. 74 da Lei n. 6.015/1973; B: correta, nos termos do art. 69 da Lei n. 6.015/1973; C: incorreta, devendo ser assinalada. O procedimento em caso de apresentação de impedimento ao matrimônio está previsto no art. 67, § 5º, da Lei n. 6.015/1973, que dispõe que o prazo de três dias é dado aos nubentes para que **indiquem as provas que pretendem produzir**. Em seguida, os autos são encaminhados ao juízo para que as provas efetivamente se produzam no prazo de 10 dias; D: correta, nos termos do art. 67, § 2º, da Lei n. 6.015/1973.
„Gabarito "C".

**(Cartório/SP – 2012 – VUNESP)** Na celebração de casamento civil, o Oficial do Registro Civil deverá observar o seguinte:

I. Quando o casamento for celebrado na própria Unidade de Serviço de Registro Civil das Pessoas Naturais, as portas devem estar abertas e presentes, pelo menos, 2 (duas) testemunhas, parentes ou não dos contraentes.

II. Quando o casamento for celebrado em casa particular, ficará esta de portas abertas durante o ato e, caso algum dos contraentes não saiba escrever, serão 3 (três) as testemunhas.

III. Se algum dos nubentes não puder comparecer ao ato, poderá ser representado por pessoa devidamente autorizada, mediante declaração feita por instrumento público ou particular; neste caso, no original, com reconhecimento de firma por autenticidade.

(A) Todas as afirmativas estão corretas.
(B) Somente as afirmativas I e II estão corretas.
(C) Somente a afirmativa I está correta.
(D) Todas as afirmativas estão incorretas.

_I: correta, nos termos do art. 76 do Capítulo XVII das Normas de Serviço da Corregedoria-Geral de Justiça de São Paulo; II: incorreta. Nesse caso, deverão estar presentes quatro testemunhas (art. 77 do Capítulo XVII das Normas de Serviço da Corregedoria-Geral de Justiça de São Paulo); III: incorreta. O art. 1.542 do CC exige que o representante do nubente esteja munido de procuração lavrada por instrumento público e com poderes especiais.
Gabarito "C".

**(Cartório/SP – 2012 – VUNESP)** De acordo com as Normas de Serviço do Extrajudicial da Corregedoria Geral da Justiça, o assento de conversão da união estável em casamento é lavrado no

(A) Livro "B" – de registro de casamento.
(B) Livro "B" – Auxiliar – de registro de casamento Religioso para Efeitos Civis.
(C) Livro "D" – de registro de proclama.
(D) Livro "E"

O assento deverá ser feito no Livro "B", nos termos do art. 87.4 do Capítulo XVII das Normas de Serviço da Corregedoria-Geral de Justiça de São Paulo.
Gabarito "A".

**(Cartório/SP – 2012 – VUNESP)** Em relação ao casamento, conforme previsto nas Normas de Serviço da Corregedoria Geral da Justiça,

(A) qualquer dos nubentes, querendo, poderá acrescer ao seu o sobrenome do outro, sendo admitida a supressão total do sobrenome de solteiro.
(B) qualquer dos nubentes, querendo, poderá acrescer ao seu o sobrenome do outro, sendo vedada a supressão total do sobrenome de solteiro.
(C) apenas a mulher poderá acrescer ao seu o sobrenome do homem, sendo admitida a supressão total do sobrenome de solteiro.
(D) apenas a mulher poderá acrescer ao seu o sobrenome do homem, sendo vedada a supressão total do sobrenome de solteiro.

Nos termos do art. 72 do Capítulo XVII das Normas de Serviço da Corregedoria-Geral de Justiça de São Paulo, qualquer dos cônjuges poderá acrescer o seu sobrenome ao do outro, sendo vedada a supressão total do nome de solteiro.
Gabarito "B".

**(Cartório/SP – 2012 – VUNESP)** Em relação ao registro do casamento religioso para efeitos civis, analise as seguintes afirmações.

I. A habilitação matrimonial perante o oficial do registro civil das pessoas naturais poderá ser antes ou depois da celebração pela autoridade ou ministro religioso.

II. O termo ou assento do casamento religioso será assinado pelo celebrante do ato, pelos nubentes e pelas testemunhas, sendo exigido, para o seu registro, o reconhecimento da firma do celebrante.

III. O registro civil de casamento religioso deverá ser promovido dentro de noventa dias de sua realização. Após referido prazo, o registro dependerá de nova habilitação.

IV. O casamento religioso celebrado sem as formalidades exigidas pela lei civil poderá ser registrado a qualquer tempo desde que se proceda à prévia habilitação.

Está correto o que se afirma em

(A) II, apenas.
(B) I e III, apenas.
(C) II e III, apenas.
(D) I, II, III e IV.

_I: correta, nos termos dos arts. 71 e 74 da Lei 6.015/1973; II: correta, nos termos do art. 86 do Capítulo XVII das Normas de Serviço da Corregedoria-Geral de Justiça de São Paulo; III: correta, nos termos do art. 86.1 do Capítulo XVII das Normas de Serviço da Corregedoria-Geral de Justiça de São Paulo; IV: correta, nos termos do art. 86.2 do Capítulo XVII das Normas de Serviço da Corregedoria-Geral de Justiça de São Paulo.
Gabarito "D".

**(Cartório/SP – 2011 – VUNESP)** Quanto à conversão da união estável em casamento é correto afirmar-se que deve ser lavrada

(A) no Livro C.
(B) no livro B-Auxiliar.
(C) no Livro B.
(D) no Livro D.

O assento deverá ser feito no Livro "B", nos termos do art. 87.4 do Capítulo XVII das Normas de Serviço da Corregedoria-Geral de Justiça de São Paulo.
Gabarito "C".

**(Cartório/SP – VI – VUNESP)** Um homem e uma mulher, ambos solteiros e com mais de 60 anos de idade, sem filhos em comum, com uma comunhão de vida sem interrupções, iniciada em 26 de março de 1966, pretende convolar núpcias. É correto afirmar que o regime de bens do matrimônio

(A) deverá ser necessariamente o da comunhão de bens, para garantir a comunicação dos bens adquiridos individualmente durante o período em que mantiveram uma comunhão de vida.

(B) deverá ser o da separação legal de bens ou da separação convencional de bens, haja vista a idade dos nubentes.
(C) deverá ser o da separação legal de bens, haja vista a idade dos nubentes.
(D) poderá ser livremente convencionado, haja vista expressa disposição legal exceptiva.

Essa questão merece alguns comentários importantes. Primeiro, lembre-se que desde 2010 a imposição do regime de separação de bens vale somente quando um dos nubentes contar mais de **70 anos** de idade (art. 1.641, II, do CC). Considerando que a questão foi elaborada antes dessa alteração legislativa, vale ainda salientar que a alternativa considerada correta (letra "D") também padece de problemas. O caso narrado é amplamente acolhido pela jurisprudência como exceção a essa obrigatoriedade, ou seja, tanto STJ quanto STF afirmam que, se a união estável é anterior à idade estabelecida em lei, os contraentes são livres para escolher o regime de bens do casamento que resulta da conversão da união estável. Esse entendimento está também sacramentado no Enunciado 261 das Jornadas de Direito Civil do Conselho da Justiça Federal. Todavia, não há "expressa disposição legal exceptiva" conforme consta da alternativa.
Gabarito "D".

**(Cartório/SP – V – VUNESP)** Na hipótese de restabelecimento da sociedade conjugal,

(A) a averbação no registro público é prescindível, exceto se determinada em sentença judicial.
(B) a averbação no registro público é imprescindível.
(C) a averbação no registro público é sempre facultativa.
(D) não há averbação no registro público.

O restabelecimento da sociedade conjugal deve ser averbado no respectivo registro, por ordem do art. 101 da Lei 6.015/1973.
Gabarito "B".

**(Cartório/SP – V – VUNESP)** O procedimento de assento, no registro civil, da conversão da união estável em casamento,

(A) deve ser obrigatoriamente precedido de justificação judicial.
(B) deve ser precedido de habilitação e publicação de proclamas.
(C) dispensa, em regra, pronunciamento judicial ou habilitação e publicação de proclamas.
(D) deve ser precedido de requerimento de retificação de registro, dada a modificação no estado civil.

Nos termos do art. 87.1 do Capítulo XVII das Normas de Serviço dos Cartórios Extrajudiciais da Corregedoria-Geral de Justiça de São Paulo, o registro da conversão da união estável em casamento deve ser precedido de habilitação nos mesmos moldes do casamento, devendo constar dos editais a natureza do ato.
Gabarito "B".

**(Cartório/SP – IV – VUNESP)** Pretendendo a conversão da união estável em casamento, os conviventes devem

(A) requerê-la perante o Oficial do Registro Civil das Pessoas Naturais de seu domicílio, iniciando-se o procedimento de habilitação. Deferido o pedido pelo Juiz-Corregedor, será lavrado o assento da conversão, independentemente de qualquer solenidade, prescindindo o ato da celebração do matrimônio.
(B) requerê-la diretamente ao Juiz-Corregedor que, após colher prova da união estável, deferirá ou não o pedido. Em caso de deferimento, em face do princípio da publicidade, deverá constar do assento a data inicial da união estável.
(C) requerê-la perante o Oficial do Registro Civil das Pessoas Naturais de seu domicílio, dando início ao processo de habilitação. Não havendo impugnação, será realizada a solenidade da conversão, nos mesmos moldes do matrimônio, considerando-se efetivada a conversão somente após o Juiz de Casamento usar a fórmula estabelecida pela lei.
(D) requerê-la perante o Oficial de Registro Civil das Pessoas Naturais de seu domicílio que, após dar início ao procedimento de habilitação, encaminhará o pedido ao Juiz-Corregedor. Este colherá prova da união estável, deferindo ou não o pedido, salvo quando existirem filhos anteriormente registrados em nome dos conviventes, caso em que ficará dispensada a colheita da prova.

O procedimento está previsto no art. 87 do Capítulo XVII das Normas de Serviço dos Cartórios Extrajudiciais da Corregedoria-Geral de Justiça de São Paulo: requerimento perante o Oficial de Registro; habilitação; deferimento pelo Juiz-Corregedor Permanente; registro da conversão, independentemente de solenidades, dispensada a celebração do matrimônio. Vale salientar que o registro da conversão é feito no livro "B", o mesmo destinado ao registro dos casamentos.
Gabarito "A".

**(Cartório/SP – IV – VUNESP)** Não depende de testemunhas

(A) o assento de conversão da união estável em casamento.
(B) o assento de declarante procurador, desde que a procuração seja por escritura pública, outorgada com poderes especiais, com menção de pelo menos duas testemunhas, devidamente qualificadas, que presenciaram o fato objeto do assento e o ato notarial.
(C) a petição de registro tardio (registro civil fora do prazo).
(D) a habilitação de casamento, desde que as testemunhas compareçam à celebração.

O único ato que dispensa testemunhas é o assento de conversão de união estável em casamento (art. 87 do Capítulo XVII das Normas de Serviço dos Cartórios Extrajudiciais da Corregedoria-Geral de Justiça de São Paulo). Todos os demais exigem a presença das testemunhas instrumentais (art. 215, § 1º, II, do CC, art. 46, § 1º, da Lei 6.015/1973, e art. 53, "d", do Capítulo XVII das Normas de Serviço dos Cartórios Extrajudiciais da Corregedoria-Geral de Justiça de São Paulo).
Gabarito "A".

# 7. ÓBITO

**(Cartório/AM – 2005 – FGV)** Assinale a alternativa correta a respeito de cremação de cadáver.

(A) Na hipótese de morte violenta, só será possível depois de autorizada pela autoridade judiciária.
(B) Depende sempre de autorização da autoridade judiciária.

(C) Independe, em qualquer hipótese, de autorização da autoridade judiciária.
(D) Depende da manifestação de vontade do incinerado, mesmo no interesse da saúde pública.
(E) Todas as alternativas estão incorretas.

Estabelece o art. 77, § 2º, da Lei 6.015/1973 que a cremação de cadáver depende de manifestação de vontade do incinerado **ou** de interesse de saúde pública, após a assinatura do atestado de óbito por dois médicos ou um médico legista e, em caso de morte violenta, somente depois de autorização judicial.
Gabarito "A".

**(Cartório/BA - 2004 – CESPE)** Julgue os itens subsequentes.

(1) No caso de a criança ter nascido morta, será o registro feito no livro C Auxiliar, com os elementos que couberem.
(2) No caso de a criança morrer na ocasião do parto, tendo, entretanto, respirado, serão feitos dois assentos, o de nascimento e o de óbito, com os elementos cabíveis e com remissões recíprocas.

1: correta, nos termos do art. 53, § 1º, da Lei 6.015/1973; 2: correta, nos termos do art. 53, § 2º, da Lei 6.015/1973.
Gabarito 1C, 2C

**(Cartório/BA – 2004 – CESPE)** Acerca do registro civil das pessoas naturais, julgue o item a seguir.

(1) No assento de óbito de pessoa conhecida, deve constar o estado civil do *de cujus* e, sendo este casado ou divorciado, o nome do cônjuge ou do ex-cônjuge sobrevivente.

1: incorreta. Sendo o defunto divorciado, não há necessidade de declaração do nome do ex-cônjuge (art. 80, item 4, da Lei 6.015/1973).
Gabarito 1E

**(Cartório/DF – 2006 – CESPE)** A respeito do serviço de registro civil das pessoas naturais e de interdições e tutelas, julgue o item seguinte.

(1) No assento de óbito de pessoa conhecida, deve constar o estado civil do *de cujus* e, caso este seja casado, divorciado ou viúvo ou vivia em união estável, deve constar o nome do cônjuge, do ex-cônjuge ou companheiro sobrevivente.

1: incorreta. Sendo o defunto divorciado, não há necessidade de declaração do nome do ex-cônjuge (art. 80, item 4, da Lei 6.015/1973).
Gabarito 1E

**(Cartório/MA – 2008 – IESES)** A Lei de Registros Públicos (Lei n. 6.015/1973), quanto ao óbito, dispõe:

I. Nenhum sepultamento será feito sem certidão, do oficial de registro do lugar do falecimento, extraída após a lavratura do assento de óbito, em vista do atestado de médico, se houver no lugar, ou em caso contrário, de duas pessoas qualificadas que tiverem presenciado ou verificado a morte.
II. A cremação de cadáver somente será feita daquele que houver manifestado a vontade de ser incinerado ou no interesse da saúde pública e se o atestado de óbito houver sido firmado por 2 (dois) médicos ou por 1 (um) médico legista e, no caso de morte violenta, depois de autorizada pela família do falecido.
III. A declaração de óbito poderá ser feita por meio de preposto, autorizando-o o declarante em escrito ou verbalmente, de que constem os elementos necessários ao assento de óbito.
IV. Poderão os Juízes togados admitir justificação para o assento de óbito de pessoas desaparecidas em naufrágio, inundação, incêndio, terremoto ou qualquer outra catástrofe, quando estiver provada a sua presença no local do desastre e não for possível encontrar-se o cadáver para exame.

(A) As alternativas I e III estão corretas.
(B) As alternativas I, III e IV estão corretas.
(C) As alternativas I e IV estão corretas.
(D) As alternativas II e IV estão corretas.

I: correta, nos termos do art. 77 da Lei 6.015/1973; II: incorreta. Em caso de morte violenta, a cremação depende de autorização judicial (art. 77, § 2º, da Lei 6.015/1973); III: incorreta. A declaração por meio de preposto somente pode ser autorizada por escrito (art. 79, parágrafo único, da Lei 6.015/1973); IV: correta, nos termos do art. 88 da Lei 6.015/1973.
Gabarito "C".

**(Cartório/MG – 2009 – EJEF)** Assinale a opção INCORRETA.

(A) Antes de proceder ao assento de óbito de criança de menos de 1(um) ano, o oficial verificará se houve registro de nascimento, que, em caso de falta, será previamente feito.
(B) O registro de óbito, via de regra, deve ser feito dentro de 24 (vinte e quatro) horas do falecimento.
(C) A cremação de cadáver não repercute na esfera do registro civil.
(D) Nos termos da Lei dos Registros Públicos, o vizinho, quanto ao falecimento que tiver notícia, mesmo que supletivamente, não é obrigado a fazer a declaração de óbito.

A: correta, nos termos do art. 77, § 1º, da Lei 6.015/1973; B: correta, nos termos do art. 78 da Lei 6.015/1973; C: correta. Desde que cumpridos os requisitos estabelecidos no art. 77, § 2º, da Lei 6.015/1973, o registro do óbito será feito no mesmo prazo e com os mesmos elementos do sepultamento; D: incorreta, devendo ser assinalada. O art. 79, item 5, *in fine,* da Lei 6.015/1973 impõe a obrigação ao vizinho de declarar o óbito do qual tiver notícia.
Gabarito "D".

**(Cartório/MG – 2005 – EJEF)** O art. 79 da Lei dos Registros Públicos enumera as pessoas que têm o dever legal de declarar o óbito. É CORRETO afirmar que, nesse caso, a ordem de obrigação estabelecida é

(A) alternativa.
(B) enunciativa.
(C) simultânea.
(D) sucessiva.

A ordem estabelecida pelo art. 79 da Lei 6.015/1973 é sucessiva, isto é, a presença de pessoa indicada primeiramente exclui a obrigação das posteriores. Isso pode ser lido nos próprios itens do rol, que sempre remetem à ausência das pessoas descritas nos itens anteriores.
Gabarito "D".

**(Cartório/MG – 2005 – EJEF)** O Oficial do Registro Civil das Pessoas Naturais foi procurado para efetuar o assento de óbito de pessoa já sepultada, a que falta atestado de médico ou de duas pessoas qualificadas.

Considerando-se a situação descrita, é CORRETO afirmar que a conduta do Oficial deve

(A) efetuar o assento após a conclusão do competente inquérito civil público, caso não tenha sido comprovada a suspeita de homicídio.
(B) instaurar o procedimento de dúvida, após a negativa do assentamento, uma vez que a regra segundo a qual nenhum sepultamento pode ser feito sem o atestado de óbito é de caráter absoluto.
(C) solicitar ao declarante que apresente duas testemunhas que tenham assistido ao falecimento ou ao funeral e possam atestar, por conhecimento ou informação, a identidade do cadáver e, assim que cumprida a diligência, efetuar o assento.
(D) verificar onde a pessoa foi enterrada, pois o óbito é assentado na mesma localidade do sepultamento, ainda que o nascimento tenha ocorrido em outra.

Nesse caso, conforme dispõe o art. 83 da Lei 6.015/1973, deve o Oficial de Registro exigir a apresentação de duas testemunhas que tenham assistido ao falecimento ou ao funeral e que possam atestar a identidade do cadáver.
Gabarito "C".

**(Cartório/RN – 2012 – IESIS)** Assinale a resposta correta.

I. O assento de óbito deverá ser assinado pela pessoa que fizer a comunicação ou por alguém a seu rogo.
II. Quando o assento for posterior ao enterro, faltando o atestado médico ou de duas pessoas qualificadas, assinarão, com a que fizer a declaração, duas testemunhas que tiverem assistido ao falecimento ou ao funeral e puderem atestar, por conhecimento próprio ou por informação que tiverem colhido, a identidade do cadáver.
III. O assento de óbito ocorrido em hospital, prisão ou qualquer outro estabelecimento público será feito mediante requerimento da pessoa responsável pela administração do lugar, mesmo quando houver declaração de parentes.
IV. A justificação por assento de óbito poderá ser feita diretamente pelo oficial do registro público.

(A) Apenas II e III estão corretas.
(B) Apenas II, III e IV estão corretas.
(C) Apenas I e III estão corretas.
(D) Apenas I e II estão corretas.

I: correta, nos termos do art. 82 da Lei n. 6.015/1973; II: correta, nos termos do art. 83 da Lei n. 6.015/1973; III: incorreta. Os administradores dos estabelecimentos públicos deverão notificar o óbito somente na falta de parentes conhecidos (art. 87 da Lei n. 6.015/1973); IV: incorreta. A justificação presta-se a obter o reconhecimento judicial do óbito daquele que desapareceu em naufrágio, inundação, incêndio, terremoto ou outra catástrofe, bem como em campanha militar. Como dito, o reconhecimento cabe ao juiz, não ao oficial do registro (art. 88 da Lei n. 6.015/1973).
Gabarito "D".

**(Cartório/RN – 2012 – IESIS)** Sobre o sepultamento e a cremação, assinale a afirmação **INCORRETA**:

(A) Nenhum sepultamento será feito sem certidão, do oficial de registro do lugar do falecimento, extraída após a lavratura do assento de óbito, em vista do atestado de médico, se houver no lugar, ou em caso contrário, de duas pessoas qualificadas que tiverem presenciado ou verificado a morte.
(B) Sendo o finado desconhecido, o assento deverá conter a informação "indigente", assim como: declaração de estatura ou medida, se for possível, cor, sinais aparentes, idade presumida, vestuário e qualquer outra indicação que possa auxiliar de futuro o seu reconhecimento; e, no caso de ter sido encontrado morto, serão mencionados esta circunstância e o lugar em que se achava e o da necropsia, se tiver havido.
(C) A cremação de cadáver somente será feita daquele que houver manifestado a vontade de ser incinerado ou no interesse da saúde pública e se o atestado de óbito houver sido firmado por 2 (dois) médicos ou por 1 (um) médico legista e, no caso de morte violenta, depois de autorizada pela autoridade judiciária.
(D) Na impossibilidade de ser feito o registro dentro de 24 (vinte e quatro) horas do falecimento, pela distância ou qualquer outro motivo relevante, o assento será lavrado depois, com a maior urgência, e dentro dos prazos fixados na lei.

A: correta, nos termos do art. 77 da Lei n. 6.015/1973; B: incorreta, devendo ser assinalada. Não é autorizada a menção ou qualquer alusão, ainda que indireta, à condição de "indigente" (art. 81 da Lei n. 6.015/1973); C: correta, nos termos do art. 77, § 2º, da Lei n. 6.015/1973; D: correta, nos termos do art. 78 da Lei n. 6.015/1973.
Gabarito "B".

**(Cartório/SP – 2012 – VUNESP)** O Oficial do Registro Civil das pessoas naturais deverá anotar o óbito

(A) nos assentos de casamento e nascimento do falecido.
(B) nos assentos de casamento e nascimento e na Carteira de Trabalho e Previdência Social do falecido; esta, facultativamente, quando for apresentada pelo declarante.
(C) nos assentos de casamento e nascimento, nas procurações eventualmente outorgadas na mesma unidade de serviço e na Carteira de Trabalho e Previdência Social do falecido; esta, facultativamente, quando for apresentada pelo declarante.
(D) nos assentos de casamento e nascimento, nas procurações eventualmente outorgadas na mesma unidade de serviço, na Carteira de Trabalho e Previdência Social (CTPS) e no Certificado de Alistamento Militar (CAM) do falecido; estes, facultativamente, quando forem apresentados pelo declarante.

O art. 107 da Lei 6.015/1973 exige apenas que o óbito seja anotado nos assentos de nascimento e casamento do falecido.
Gabarito "A".

**(Cartório/SP – 2012 – VUNESP)** O registro de óbito é feito na circunscrição

(A) do lugar do falecimento.
(B) do último domicílio do falecido.
(C) do lugar do falecimento ou daquele do último domicílio do falecido.
(D) do lugar do sepultamento.

Nos termos do art. 77 da Lei 6.015/1973, o assento do óbito deve ser realizado pelo Oficial de Registros do lugar do falecimento.
Gabarito "A".

**(Cartório/SP – 2012 – VUNESP)** No caso de registro de óbito de pessoa estrangeira, deverá o oficial do registro civil das pessoas naturais enviar cópia ou certidão desse registro para a seguinte instituição:

(A) Embaixada ou Consulado no Brasil do país de nacionalidade do morto.
(B) Ministério das Relações Exteriores.
(C) Ministério da Justiça.
(D) Receita Federal do Brasil.

Nos termos do art. 28.8 do Capítulo XVII das Normas de Serviço da Corregedoria-Geral de Justiça de São Paulo, os óbitos de estrangeiros devem ser comunicados mensalmente ao Ministério da Justiça.
Gabarito "C".

## 8. EMANCIPAÇÃO, INTERDIÇÃO E AUSÊNCIA.

**(Cartório/BA – 2004 – CESPE)** Acerca do registro civil das pessoas naturais, julgue o item a seguir.

(1) O menor pode ser emancipado por concessão dos pais ou tutores, desde que a outorga da capacidade civil seja feita por meio de escritura pública, que necessariamente deve ser inscrita no registro civil competente.

1: incorreta. O tutor não pode emancipar o menor exclusivamente por sua vontade, sendo necessária autorização judicial para tanto (art. 5º, parágrafo único, I, *in fine*, do CC).
Gabarito 1E.

**(Cartório/MG – 2009 – EJEF)** Assinale a opção INCORRETA.

(A) O registro da emancipação bem como o da interdição são feitos no livro "B", nos termos do artigo 33 da Lei dos Registros Públicos.
(B) A emancipação legal (parágrafo único do artigo 5º. do Código Civil), independe de assentamento específico, produzindo efeitos desde logo, a partir do ato ou fato que a justifique.
(C) Quando o juiz conceder emancipação, deverá comunicá-la, de ofício, ao oficial de registro, se não constar dos autos haver sido efetuado este dentro de 8 (oito) dias.
(D) A sentença que declara a interdição produz efeitos desde logo, embora sujeita a recurso, devendo ser inscrita no registro civil de pessoas naturais.

A: incorreta, devendo ser assinalada. Tais registros devem ser realizados no livro "E" do 1º Ofício ou 1ª subdivisão judiciária da comarca (arts. 89 e 92 da Lei 6.015/1973); B: correta. O registro será feito, porém, não é condição para a validade ou eficácia do ato; C: correta, nos termos do art. 91 da Lei 6.015/1973; D: correta, nos termos dos arts. 1.773 e 9º, III, do CC.
Gabarito "A".

**(Cartório/MG – 2005 – EJEF)** Considerando-se os atos de emancipação, interdição e ausência, é CORRETO afirmar que

(A) a averbação das sentenças declaratórias de ausência que nomearem Curador será feita no Cartório do domicílio anterior do ausente.
(B) a emancipação, em qualquer caso, não produzirá efeitos antes da obrigatória averbação no Livro dos Assentos Especiais.
(C) a emancipação, quando concedida pelos pais, se processará segundo as regras dos procedimentos especiais de jurisdição voluntária.
(D) o Curador não poderá assinar o respectivo termo antes do registro da sentença que decretar a interdição.

A: incorreta. Não se trata de ato de averbação, mas de **registro** (art. 94 da Lei 6.015/1973); B: incorreta. A emancipação produz efeitos desde logo. O registro não é condição de validade ou eficácia do ato; C: incorreta. A emancipação voluntária é feita por escritura pública (art. 5º, parágrafo único, I, do CC); D: correta, nos termos do art. 93, parágrafo único, da Lei 6.015/1973.
Gabarito "D".

**(Cartório/RN – 2012 – IESIS)** A emancipação voluntária, outorgada pelo detentor do poder familiar àquele que possui, pelo menos, 16 anos de idade completos, terá seu registro feito, mediante:

(A) Trasladação da sentença oferecida em certidão ou do instrumento, limitando-se, se for de escritura pública, as referências da data, livro, folha e ofício em que for lavrada com dependência, em qualquer dos casos, da presença de testemunhas, mas com a assinatura do apresentante. Dele sempre constarão: data do registro e da emancipação; nome, prenome, idade, filiação, profissão, naturalidade e residência do emancipado; data e cartório em que foi registrado o seu nascimento; nome, profissão, naturalidade e residência dos pais ou do tutor.
(B) Trasladação da sentença oferecida em certidão, contendo as referências da data, livro, folha e ofício em que for lavrada sem dependência, em qualquer dos casos, da presença de testemunhas, mas com a assinatura do apresentante. Dele sempre constarão: data do registro e da emancipação; nome, prenome, idade, filiação, profissão, naturalidade e residência do emancipado; data e cartório em que foi registrado o seu nascimento; nome, profissão, naturalidade e residência dos pais ou do tutor.
(C) Trasladação da sentença oferecida em certidão ou do instrumento, limitando-se, se for de escritura pública, as referências da data, livro, folha e ofício em que for lavrada sem dependência, em qualquer dos casos, da presença de testemunhas, mas com a assinatura do apresentante. Dele sempre constarão: data do registro e da emancipação; nome, prenome, idade, filiação, profissão, naturalidade e residência do emancipado; data e cartório em que foi registrado o seu nascimento; nome, profissão, naturalidade e residência dos pais ou do tutor.

(D) Trasladação do instrumento, limitando-se a escritura pública às referências da data, livro, folha e ofício em que for lavrada sem dependência, em qualquer dos casos, da presença de testemunhas, mas com a assinatura do apresentante. Dele sempre constarão: data do registro e da emancipação; nome, prenome, idade, filiação, profissão, naturalidade e residência do emancipado; data e cartório em que foi registrado o seu nascimento; nome, profissão, naturalidade e residência dos pais ou do tutor.

A alternativa "D" é a única que elenca todos os requisitos do registro de emancipação previstos no art. 90 da Lei n. 6.015/1973.
Gabarito "D".

**(Cartório/SE – 2007 – CESPE)** A respeito do registro civil das pessoas naturais, julgue os itens seguintes.

(1) A emancipação, voluntária ou judicial, será registrada, em livro especial, no cartório do 1.º ofício ou da 1.ª subdivisão judiciária da comarca do domicílio do menor. Quando essa for diversa da comarca em que foi registrado, se fará menção no registro e a emancipação será anotada, com remissões recíprocas, no assento de nascimento.

1: correta, nos termos dos arts. 89 e 107, § 1º, da Lei 6.015/1973.
Gabarito 1C

**(Cartório/SP – 2012 – VUNESP)** A sentença de interdição

(A) não é passível de inscrição no registro civil.
(B) é averbada no registro de nascimento e de casamento do curador.
(C) é registrada no Livro "E", salvo quando desdobrado, pela natureza dos atos, em livros especiais, do 1.º Subdistrito da sede da Comarca e anotada no assento de nascimento e de casamento do interdito.
(D) é averbada no registro de nascimento e de casamento do interdito.

A sentença de interdição, nos termos do art. 92 da Lei 6.015/1973, será registrada no Livro "E" do Cartório do 1º Ofício ou da 1ª subdivisão judiciária, que poderá ser desdobrado em livros especiais (art. 33, parágrafo único, da Lei 6.015/1973), e anotada dos registros de nascimento e casamento do interdito (art. 107, § 1º, da Lei 6.015/1973).
Gabarito "C".

**(Cartório/SP – 2011 – VUNESP)** Quanto à emancipação voluntária, é correto afirmar que deverá ser lavrada perante um Tabelião de Notas,

(A) e averbada perante o Oficial do Registro Civil da comarca do domicílio do emancipado para inscrição no Livro E.
(B) ou feita mediante instrumento particular, registrada perante o Oficial do Registro Civil da sede da comarca do domicílio do emancipado para registro no Livro E e anotada no Livro de nascimento do emancipado.
(C) e averbada no Livro A.
(D) registrada perante o Oficial do Registro Civil da sede da comarca do domicílio do emancipado para registro no Livro E e anotada no Livro de nascimento do emancipado.

A emancipação voluntária, concedida pelos pais nos termos do art. 5º, parágrafo único, I, do CC, deverá ser realizada por instrumento público lavrado por Tabelião de Notas, registrada perante o Oficial do Registro Civil da sede da comarca do emancipado no Livro "E" (art. 106 do Capítulo XVII das Normas de Serviço da Corregedoria-Geral de Justiça de São Paulo) e anotada nos assentos de nascimento e casamento (art. 107, § 1º, da Lei 6.015/1973).
Gabarito "D".

**(Cartório/SP – VI – VUNESP)** A emancipação legal

(A) necessita, para produzir efeito, de seu registro no Livro E do oficial de registro civil das pessoas naturais do 1.º subdistrito competente.
(B) necessita, para produzir efeito, de sua anotação à margem do assento de nascimento do emancipado.
(C) necessita, para produzir efeito, de sua averbação à margem do assento de nascimento do emancipado.
(D) independe de assentamento específico no registro público, produzindo efeito desde logo, a partir do ato ou do fato que a justifique.

O registro, apesar de obrigatório, não é condição de validade ou de eficácia da emancipação, que produzirá efeitos desde logo.
Gabarito "D".

**(Cartório/SP – VI – VUNESP)** Em relação às sentenças de interdição, considere as assertivas:

I. são registradas no registro civil do 1.º subdistrito da sede da comarca, no Livro E ou seu desmembramento;
II. produzem efeitos desde logo, devendo o curador assinar o respectivo termo antes de seu registro;
III. são anotadas de ofício ou mediante comunicação nos assentos de nascimento e casamento do interdito.

São verdadeiras apenas as afirmações

(A) I e III.
(B) II e III.
(C) I e II.
(D) I.

I: correta, nos termos dos arts. 33, parágrafo único, e 89 da Lei 6.015/1973; II: incorreta. É vedado ao curador assinar o termo antes do registro da sentença de interdição (art. 93, parágrafo único, da Lei 6.015/1973); III: correta, nos termos do art. 93, *caput*, da Lei 6.015/1973.
Gabarito "A".

**(Cartório/SP – V – VUNESP)** Assinale a alternativa que apresenta um item que deverá constar no registro de sentenças declaratórias de ausência.

(A) Tempo de ausência até a data da propositura do pedido.
(B) Tempo de ausência até a data da sentença.
(C) Tempo de ausência até a data do registro respectivo.
(D) Tempo de ausência até a data da assinatura do termo de curatela.

Os requisitos do registro da sentença declaratória de ausência estão dispostos no art. 94 da Lei 6.015/1973. São eles: data do registro; nome, idade, estado civil, profissão e domicílio anterior do ausente; data e cartório em que foram registrados seu nascimento e casamento, bem como o nome do cônjuge, se for casado; tempo de ausência até a data da sentença; nome do promotor que atuou no processo; data da sentença, nome e vara do juiz que a proferiu; nome, estado civil, profissão, domicílio e residência do curador e os limites da curatela.

Gabarito "B".

## 9. TRASLADOS DE ASSENTOS LAVRADOS NO EXTERIOR. OPÇÃO DE NACIONALIDADE.

**(Cartório/DF – 2008 – CESPE)** Relativamente à legislação e jurisprudência aplicáveis às serventias registradoras e notariais, julgue os itens seguintes.

(1) Considere a seguinte situação hipotética. Júlio, filho de brasileiro casado com estrangeira, nasceu na Europa, onde seu pai estava, por conta própria, cursando doutorado. Dois anos depois, quando seu pai concluiu o curso, a família veio residir no Brasil. Nessa situação, para que Júlio obtenha registro civil de seu nascimento, em seu domicílio no Brasil, terá que requerê-lo em juízo.

1: correta, nos termos do art. 32, § 2°, da Lei 6.015/1973.
Gabarito 1C

**(Cartório/DF – 2003 – CESPE)** Acerca da Lei de Registros Públicos (LRP — Lei n. 6.015/1973), julgue o item subsequente.

(1) Se um agente público brasileiro falecer em serviço em país estrangeiro, deverá a autoridade consular competente para o local registrar em livro próprio o assento do óbito, o qual valerá para todos fins, mas deverá ser convalidado por registro a ser feito, no prazo de até um ano, no serviço de registro civil do último domicílio do finado no Brasil.

1: incorreta. Para produzir efeitos no país, o registro deve ser **trasladado** para o 1° Ofício do último domicílio do falecido, não havendo prazo estabelecido em lei para tanto (art. 32, § 1°, da Lei 6.015/1973).
Gabarito 1E

**(Cartório/DF – 2001 – CESPE)** Em relação ao registro de pessoas naturais e jurídicas, julgue os seguintes itens.

(1) É admissível o registro do assento de nascimento de menor, filha de pais paraguaios, nascida em Assunção, desde que a mãe, adotando posteriormente a nacionalidade brasileira, por via de naturalização, o requeira perante o cartório do 1.° ofício do local de seu domicílio.
(2) Os casamentos celebrados no exterior, por autoridade estrangeira, após legalização pelo consulado brasileiro, serão transcritos no Livro B, relativo aos registros de casamento.

1: incorreta. A naturalização é um ato personalíssimo, que altera a nacionalidade somente daquele que a requer. Não há transmissão de nacionalidade secundária por vias consanguíneas; 2: incorreta. Os registros serão feitos no livro "E", no 1° Ofício da comarca (art. 33, parágrafo único, da Lei 6.015/1973).
Gabarito 1E, 2E

**(Cartório/DF – 2001 – CESPE)** O Estado tem no registro civil a fonte principal de referência estatística: comete crime o oficial que não remeter, trimestralmente, à Fundação Instituto Brasileiro de Geografia e Estatística, os mapas de nascimentos, casamentos e óbitos. É uma base para que os governos decidam suas medidas administrativas e de política jurídica. O indivíduo nele encontra meios de provar seu estado, sua situação jurídica. Fixa, de modo inapagável, os fatos relevantes da vida humana, cuja conservação em assentos públicos interessa à Nação, ao indivíduo e a todos os terceiros. Seu interesse reside na importância mesma de tais fatos e, outrossim, na sua repercussão na existência do cidadão: ele é maior ou menor, capaz ou incapaz, interdito, emancipado, solteiro ou casado, filho, pai. É todo um conjunto de condições a influir sobre sua capacidade e sobre as relações de família, de parentesco e com terceiros.

Walter Ceneviva. Lei dos registros públicos comentada. 12.ª ed., atual. São Paulo: Saraiva, 1997. p. 73 (com adaptações).

Considerando a relevância do tema tratado no texto acima, julgue os seguintes itens, a respeito do tratamento dado ao registro civil de pessoas naturais na LRP.

(1) Considere a seguinte situação hipotética. Michael nasceu no Estado do Alabama, nos Estados Unidos da América, filho de pais brasileiros. Ao preencher os requisitos previstos na legislação brasileira, optou pela nacionalidade deste país. Nessa situação, Michael deverá, necessariamente, registrar sua opção em cartório do registro civil localizado no DF.
(2) Se um casal de brasileiros contrair matrimônio no exterior, o ato somente terá validade, no Brasil, quando o respectivo assento, desde que realizado de acordo com a lei do local, for trasladado em qualquer cartório do registro civil brasileiro.

1: incorreta. Michael deve registrar sua opção junto ao cartório do 1° ofício da comarca de seu domicílio (art. 32, § 4° da Lei 6.015/1973); 2: incorreta. O traslado deve ser feito junto ao cartório do 1° ofício da comarca de domicílio dos cônjuges (art. 32, § 1°, da Lei 6.015/1973).
Gabarito 1E, 2E

**(Cartório/RJ – 2008 – UERJ)** Os nascidos no estrangeiro entre 7 de junho de 1994 e a data da promulgação da Emenda Constitucional n. 54/2007 (21.09.2007), filhos de pai brasileiro ou mãe brasileira, desde que cumpridos os requisitos previsto no art. 12 da Constituição e no art. 95 do ADCT, poderão ser registrados em ofício de registro no livro:

(A) "E" do Serviço do 1° Ofício de Registro de Títulos e Documentos da comarca de domicílio do registrado
(B) "E" do Serviço do 1° registro civil de pessoas naturais do 1° Distrito ou da 1ª subdivisão judiciária do 1° distrito da comarca de domicílio do registrado
(C) "A" do Serviço do 1° do registro civil de pessoas naturais do 1° Distrito ou da 1ª subdivisão judiciária do 1° distrito da comarca de domicílio do registrado

(D) "B" do Serviço do 1º do registro civil de pessoas naturais do 1º Distrito ou da 1ª subdivisão judiciária do 1º distrito da comarca de domicílio do registrado

(E) "E" do Serviço do 1º do registro civil de pessoas jurídicas do 1º Distrito ou da 1ª subdivisão judiciária do 1º distrito da comarca de domicílio do registrado

O registro civil de nascido no exterior, após o cumprimento das exigências legais, será realizado no livro "E" do 1º cartório de registro civil de pessoas naturais da comarca onde primeiro residir o registrando (art. 32, § 2º, da Lei 6.015/1973).
Gabarito "B".

**(Cartório/SP – IV – VUNESP)** Para que um assento de casamento de brasileiro em país estrangeiro, tomado por Oficial Público daquele país, seja considerado autêntico, é necessário que

(A) a respectiva certidão esteja legalizada pelo Cônsul brasileiro, e deve ser registrada no prazo de 180 (cento e oitenta) dias, contados da volta de um ou ambos os cônjuges ao Brasil, no cartório do respectivo domicílio ou, na sua falta, no 1.º Ofício da Capital do Estado em que passarem a residir.

(B) a respectiva certidão esteja legalizada pelo Cônsul brasileiro e deve ser registrada a qualquer tempo, sempre no cartório do 1.º Ofício da Capital do Estado em que passarem a residir.

(C) a respectiva certidão esteja legalizada pelo Cônsul brasileiro e deve ser registrada no Registro de Títulos e Documentos, devidamente traduzida.

(D) acompanhada a certidão da devida tradução, deve ser homologada pelo STJ e registrada no 1.º Ofício da Capital do Estado em que passarem a residir.

Conforme determina o art. 8.3 do Capítulo XVII das Normas de Serviço dos Cartórios Extrajudiciais da Corregedoria-Geral de Justiça de São Paulo, a certidão seja legalizada pelo cônsul brasileiro (que consiste no reconhecimento da firma do oficial que celebrou o ato) e registrada, no prazo de 180 dias, contados da volta de um ou ambos os cônjuges ao Brasil, no cartório do respectivo domicílio ou no 1º Ofício da capital do Estado em que vierem a residir.
Gabarito "A".

## 10. RETIFICAÇÕES, RESTAURAÇÕES E SUPRIMENTOS.

**(Cartório/AC – 2006 – CESPE)** Ainda a respeito da Lei dos Registros Públicos, julgue o item a seguir.

(1) Como regra, o prenome da pessoa física é imutável. Contudo, pode o interessado, no prazo de três anos depois de completada a maioridade, requerer, ao juízo a que estiver sujeito o registro, a retificação do seu assentamento civil para alterar o seu nome, desde que não se trate de registro especial, no caso de gêmeos que tiverem o prenome igual, e que não se prejudiquem os apelidos de família.

1: incorreta. O prazo para solicitação de alteração do prenome é de **um** ano após atingida a maioridade, nos termos do art. 56 da Lei 6.015/1973.
Gabarito 1E.

**(Cartório/DF – 2001 – CESPE)** O Estado tem no registro civil a fonte principal de referência estatística: comete crime o oficial que não remeter, trimestralmente, à Fundação Instituto Brasileiro de Geografia e Estatística, os mapas de nascimentos, casamentos e óbitos. É uma base para que os governos decidam suas medidas administrativas e de política jurídica. O indivíduo nele encontra meios de provar seu estado, sua situação jurídica. Fixa, de modo inapagável, os fatos relevantes da vida humana, cuja conservação em assentos públicos interessa à Nação, ao indivíduo e a todos os terceiros. Seu interesse reside na importância mesma de tais fatos e, outrossim, na sua repercussão na existência do cidadão: ele é maior ou menor, capaz ou incapaz, interdito, emancipado, solteiro ou casado, filho, pai. É todo um conjunto de condições a influir sobre sua capacidade e sobre as relações de família, de parentesco e com terceiros.

Walter Ceneviva. Lei dos registros públicos comentada.
12.ª ed., atual. São Paulo: Saraiva, 1997. p. 73
(com adaptações).

Considerando a relevância do tema tratado no texto acima, julgue o seguinte item, a respeito do tratamento dado ao registro civil de pessoas naturais na LRP.

(1) Considere a seguinte situação hipotética. Hélio, menor impúbere legalmente representado por sua mãe, ajuizou ação de investigação de paternidade em face de seu suposto pai e nela requereu expressamente que, em caso de procedência, fosse expedido mandado para alteração do assento de seu nascimento, a fim de que dele passasse a constar o nome do genitor. O autor obteve a procedência do pedido de investigação de paternidade. Nessa situação, em face de exigência expressa da LRP, somente por processo autônomo poderia dar-se a alteração do assento, não bastando a sentença favorável na ação de investigação de paternidade.

1: incorreta. Não há qualquer menção expressa na Lei 6.015/1973 nesse sentido. Além disso, o art. 1.616 do CC assevera que a sentença de procedência do pedido na ação de investigação de paternidade terá os mesmos efeitos do reconhecimento do filho, de sorte que vale como documento suficiente para a respectiva averbação.
Gabarito 1E.

**(Cartório/DF – 2001 – CESPE)** Ainda no atinente ao registro civil de pessoas naturais na LRP, julgue o item seguinte.

(1) Considere a seguinte situação hipotética. Miguel completou 21 anos de idade no dia 31 de dezembro de 1998. Em março de 2000, requereu alteração de seu nome, para o fim de acrescentar o de um avô a quem muito queria e que o havia criado. Para tanto, apresentou ao juiz razões que justificariam a demora no requerimento. Nessa situação, a despeito do tempo levado por Miguel para requerer a alteração, é juridicamente admissível a alteração.

1: correta. A Lei 6.015/1973 prevê o prazo de um ano após atingida a maioridade para a solicitação de alteração do nome (art. 56). Não obstante, permite a retificação posterior, desde que excepcional e motivadamente, ouvido o Ministério Público (art. 57 da Lei 6.015/1973).
Gabarito 1C

**(Cartório/DF – 2001 – CESPE)** Ainda no atinente ao registro civil de pessoas naturais na LRP, julgue o item seguinte.

(1) Considere a seguinte situação hipotética. Juliano recebeu esse prenome de seu pai, que também o tinha. Porém, o pai de Juliano, irresponsavelmente, abandonou a família, fato que causou grande repulsa no filho, que, à época, ainda era infante. A revolta de Juliano foi tamanha que ele repudiou o próprio nome e passou a apresentar-se como Murilo, nome do padrasto que o criou e pelo qual se tornou amplamente conhecido. Logo que completou a maioridade, Juliano requereu a alteração de seu nome para Murilo. Nessa situação, o requerente faz jus à mudança do prenome.

1: correta. Independentemente de toda a história relatada, ao efetivar a solicitação da mudança de seu prenome dentro do primeiro ano após atingida a maioridade, Juliano tem direito à alteração (art. 56 da Lei 6.015/1973). Mesmo que transcorrido esse prazo, a retificação é possível diante dos motivos apresentados (art. 57 da Lei 6.015/1973). E, por fim, restaria ainda a alteração fundamentada no apelido público notório (art. 58 da Lei 6.015/1973).
Gabarito 1C

**(Cartório/ES – 2007 – FCC)** Tício, com 60 anos de idade, pretende ver retificado seu registro de nascimento, para suprimir referência à espécie de filiação, já que consta na observação se tratar de filho ilegítimo adulterino. O cartório de Registro Civil das Pessoas Naturais

(A) não poderá fazer esta alteração, por ser ato jurídico perfeito, já que a lei não pode retroagir para ferir o ato jurídico perfeito, conforme disposição constitucional neste sentido.
(B) não poderá fazer esta alteração, por ser impossível qualquer alteração no registro de nascimento, salvo as averbações previstas em lei, onde não se inclui esta hipótese.
(C) poderá fazer a alteração após procedimento judicial de justificação para provar que esta condição é falsa, visto ser o registro expressão da verdade.
(D) poderá fazer a alteração após anuência do Ministério Público em procedimento oficioso instaurado pelo Oficial do Registro Civil, com fundamento constitucional e na Lei n. 8.560/1992.
(E) poderá fazer a alteração após requerimento escrito dirigido ao juiz de direito competente em matéria de registros públicos, que decidirá depois de ouvido o Ministério Público, fundado na Constituição Federal de 1988 e na Lei n. 8.560/1992.

O registro de nascimento de Tício, realizado sob a égide da Lei 6.015/1973 antes da promulgação da CF, foi realizado conforme os ditames legais aplicáveis à época. Ocorre que tal determinação não foi recepcionada pela CF em 1988 e, com isso, a Lei 8.560/1992, em seu art. 8º, autorizou a retificação dos assentos realizados anteriormente para que se suprimam as referências pejorativas ao estado de filiação por decisão judicial, após manifestação do Ministério Público.
Gabarito "E".

**(Cartório/MG – 2009 – EJEF)** Assinale a opção INCORRETA.

(A) Admite-se a substituição do prenome em razão de fundada coação ou ameaça decorrente da colaboração com a apuração de crime, sendo, nesses casos, por se tratar de exceção ao princípio da imutabilidade, desnecessária a intervenção do Ministério Público.
(B) Admite-se a alteração do nome civil, após o decurso do prazo de um ano, contado da maioridade civil, somente por exceção e motivadamente.
(C) É possível a correção de erros de grafia em assentamentos no registro civil pela via administrativa, que será processada junto ao próprio cartório do local do registro, independentemente de pagamento de selos e taxas.
(D) É admissível alteração do regime de bens mediante autorização judicial em pedido motivado de ambos os cônjuges, ressalvados os direitos de terceiros.

A: incorreta, devendo ser assinalada. A intervenção do Ministério Público é sempre necessária (art. 58, parágrafo único, da Lei 6.015/1973); B: correta, nos termos do art. 57 da Lei 6.015/1973; C: correta, nos termos do art. 110 da Lei 6.015/1973; D: correta, nos termos do art. 1.639, § 2º, do CC.
Gabarito "A".

**(Cartório/RJ – 2002 - NCE-UFRJ)** Assinale a afirmação INCORRETA:

(A) É admitida a substituição do prenome por apelidos públicos notáveis não proibidos em lei.
(B) É admitida a retificação do prenome por erro gráfico.
(C) O oficial pode, a requerimento da parte interessada, fazer averbar o patronímio de seu companheiro.
(D) O oficial pode impugnar a adoção de nomes que possam expor ao ridículo seus portadores.
(E) O registro tardio, em regra, prescinde de justificação judicial.

A: correta, nos termos do art. 58 da Lei 6.015/1973; B: correta, nos termos do art. 110 da Lei 6.015/1973; C: incorreta, devendo ser assinalada. A inserção do patronímio do companheiro será feita somente mediante autorização judicial (art. 57, § 2º, da Lei 6.015/1973); D: correta, nos termos do art. 55, parágrafo único, da Lei 6.015/1973; E: correta, nos termos do art. 46 da Lei 6.015/1973. A autorização judicial será necessária somente se o Oficial suspeitar da falsidade da declaração de nascimento.
Gabarito "C".

**(Cartório/RN – 2012 – IESIS)** Sobre as retificações:

(A) Somente caberá a impugnação pelo interessado, mas nunca pelo Ministério Público, porque se trata de questão de natureza personalíssima.
(B) Não cabe o cumprimento da decisão judicial em jurisdição diversa porque o juiz corregedor do cartório é sempre de idêntica jurisdição.
(C) Da decisão judicial caberá recurso, apenas no efeito devolutivo.

**(D)** Serão feitas à margem do registro, com as indicações necessárias, ou, quando for o caso, com a trasladação do mandado, que ficará arquivado. Contudo, não havendo espaço, far-se-á o transporte do assento, com as remissões a margem do registro original.

A: incorreta. Pode o Ministério Público impugnar o pedido de retificação de registro, nos termos do art. 109, § 1º, da Lei n. 6.015/1973; B: incorreta. Havendo de ser cumprida a ordem judicial em jurisdição diversa, é necessária a ciência do juiz corregedor da comarca onde será feita a retificação, ato que se denomina "cumpra-se" (art. 109, § 5º, da Lei n. 6.015/1973); C: incorreta. Da decisão que julgar a retificação cabe recurso nos dois efeitos, devolutivo e suspensivo (art. 109, § 3º, da Lei n. 6.015/1973); D: correta, nos termos do art. 109, § 6º, da Lei n. 6.015/1973.

Gabarito "D".

**(Cartório/RO – III)** Assinale a alternativa incorreta:

**(A)** a correção de erros de grafia poderá ser processada no próprio cartório onde se encontrar o assentamento, mediante petição assinada pelo interessado ou procurador, após o recolhimento dos selos e taxas devidos;

**(B)** a correção de erros de grafia será averbada à margem do registro pelo respectivo oficial, após o deferimento do pedido pela autoridade judiciária competente;

**(C)** quem pretender que se retifique assentamento no Registro Civil, requererá, em petição fundamentada e instruída com documentos ou com indicação de testemunhas, que o juiz o ordene, ouvido o órgão do Ministério Público e os interessados no prazo de cinco dias, que correrá em cartório;

**(D)** as retificações dos assentos civis serão feitos à margem do respectivo registro, com as indicações necessárias, ou, quando for o caso, com o traslado do mandado, que ficará arquivado.

A: incorreta, devendo ser assinalada. A retificação de erros de grafia realizada diretamente no cartório independe do pagamento de selos e taxas (art. 110 da Lei 6.015/1973); B: correta, nos termos do art. 110, § 4º, da Lei 6.015/1973; C: correta, nos termos do art. 109 da Lei 6.015/1973; D: correta, nos termos do art. 109, § 6º, da Lei 6.015/1973.

Gabarito "A".

**(Cartório/SP – 2012 – VUNESP)** O Oficial de Registro Civil das Pessoas Naturais pode, de ofício, após manifestação conclusiva do Ministério Público,

**(A)** averbar o nome abreviado, usado como firma comercial registrada ou em qualquer atividade profissional.

**(B)** averbar a alteração do nome em razão de fundada coação ou ameaça decorrente de colaboração com a apuração de crime.

**(C)** averbar o nome de família do padrasto ou da madrasta, desde que haja expressa concordância destes, no registro de nascimento do enteado ou da enteada.

**(D)** corrigir os erros que não exijam qualquer indagação para a constatação imediata da necessidade de sua correção.

A: incorreta. Essa averbação depende de autorização judicial (art. 57, § 1º, da Lei 6.015/1973); B: incorreta. Essa averbação também depende de autorização judicial (art. 57, § 7º, da Lei 6.015/1973); C: incorreta. Aqui também é imprescindível a ordem judicial (art. 57, § 8º, da Lei 6.015/1973); D: correta. Dentre as alternativas, essa é a única na qual o Oficial de Registro está autorizado a agir de ofício (art. 110 da Lei 6.015/1973).

Gabarito "D".

**(Cartório/SP – 2011 – VUNESP)** Poderão ser corrigidos de ofício pelo Oficial do Registro Civil das Pessoas Naturais, no próprio cartório onde se encontrar o assentamento, mediante requerimento do interessado, quando se tratar de erros que não exijam qualquer indagação para constatação imediata de necessidade de sua correção?

**(A)** Sim, após manifestação conclusiva do Ministério Público.

**(B)** Sim, após decisão favorável do Juiz-Corregedor Permanente, sem impugnação oferecida pelo representante do Ministério Público.

**(C)** Sim, após sentença proferida pelo Juiz-Corregedor Permanente, deferindo a retificação, sem intervenção do Ministério Público.

**(D)** Sim, pelo próprio Oficial, sem intervenção do Ministério Público ou do Juiz-Corregedor Permanente.

Nos termos do art. 110 da Lei 6.015/1973, tais retificações poderão ser realizadas de ofício pelo Oficial de Registro Civil após manifestação conclusiva do Ministério Público.

Gabarito "A".

**(Cartório/SP – IV – VUNESP)** Em relação ao procedimento de retificação de registro civil das pessoas naturais, assinale a alternativa que contém afirmação falsa.

**(A)** Da decisão do Juiz cabe recurso de apelação com ambos os efeitos.

**(B)** Na hipótese de correção de grafia, é desnecessária a representação da parte interessada por advogado.

**(C)** A intervenção do Ministério Público é sempre obrigatória.

**(D)** Trata-se de procedimento que visa corrigir erros contidos nas certidões referentes aos interessados.

A: correta, nos termos do art. 109, § 3º, da Lei 6.015/1973; B: correta, nos termos do art. 110 da Lei 6.015/1973, que autoriza a assinatura do pedido pelo próprio interessado; C: correta, nos termos do art. 109 da Lei 6.015/1973; D: incorreta, devendo ser assinalada. O procedimento não tem por escopo corrigir erros nas **certidões,** e sim nos **assentos,** nos registros propriamente ditos. Erros em certidões são corrigidos mediante a expedição de nova certidão.

Gabarito "D".

**(Cartório/SP – IV – VUNESP)** Antes da assinatura dos assentos, serão estes lidos às partes e às testemunhas. Ocorrendo omissões ou erros, pode-se afirmar que:

**(A)** ocorrendo irregularidade, e fazendo-se adições ou emendas, desatendidas as regras legais, mesmo assim elas produzirão efeitos jurídicos, de responsabilidade do Oficial.

(B) somente é possível fazer adições ou emendas, desde que feitas antes das assinaturas, logo em seguida à leitura.
(C) após a assinatura dos assentos, mesmo que não haja outro lavrado, adições ou emendas, somente podem ocorrer através da lavratura de outro assento, de re-ratificação.
(D) é possível a ocorrência de adições ou emendas, antes das assinaturas, ou ainda, em seguida, mas antes de outro assento, assinando-se a ressalva por todos.

Nos termos do art. 39 da Lei 6.015/1973, em caso de erro ou omissão que necessite de adição ou emenda, essas serão feitas antes da assinatura ou mesmo depois delas, mas sempre antes do próximo assento, devendo a ressalva ser novamente assinada por todos.
Gabarito "D".

## 11. RECONHECIMENTO DE FILHOS.

(Cartório/DF – 2001 – CESPE) Ainda no atinente ao registro civil de pessoas naturais na LRP, julgue o item seguinte.

(1) Considere a seguinte situação hipotética. Jorge nasceu na constância do casamento de Dagmar e Humberto, os quais figuraram no assento de nascimento como seus pais. Ao crescer, Jorge convenceu-se de que seu pai não era Humberto, na verdade, mas outro homem. Por isso, ajuizou ação de investigação de paternidade em face dele. Nessa situação, para a alteração do registro de nascimento, Jorge terá de mover ação própria, após o trânsito em julgado da sentença que eventualmente julgar procedente o pedido da ação de investigação de paternidade.

1: incorreta. O art. 1.616 do CC assevera que a sentença de procedência do pedido na ação de investigação de paternidade terá os mesmos efeitos do reconhecimento do filho, de sorte que vale como documento suficiente para a respectiva averbação.
Gabarito 1E

(Cartório/DF – 2001 – CESPE) Ainda no atinente ao registro civil de pessoas naturais na LRP, julgue o item seguinte.

(1) Se um homem for casado e tiver um filho fora do matrimônio, ainda assim, conquanto a lei dispense especial proteção ao casamento e estímulo à constituição dele, poderá comparecer ao cartório do registro civil e prestar as declarações necessárias ao assento do nascimento da criança, no qual poderá figurar validamente como pai.

1: correta. O ordenamento jurídico protege o casamento, mas protege com ainda mais intensidade a dignidade da pessoa humana e seu direito à filiação. Com isso, ainda que se trate de filho havido fora do casamento, seu reconhecimento pode ser voluntário (art. 1.607 do CC).
Gabarito 1C

(Cartório/MG – 2009 – EJEF) Quanto ao reconhecimento dos filhos havidos fora do casamento, assinale a opção INCORRETA.

(A) O filho havido fora do casamento pode ser reconhecido pelos pais, conjunta ou separadamente.
(B) O reconhecimento não pode ser revogado, nem mesmo quando feito em testamento.
(C) O filho maior pode ser reconhecido independentemente de seu consentimento.
(D) O reconhecimento pode ser feito por escritura pública ou escrito particular, a ser arquivado em cartório.

A: correta, nos termos do art. 1.607 do CC; B: correta, nos termos do art. 1.610 do CC; C: incorreta, devendo ser assinalada. O reconhecimento de filhos maiores depende do consentimento desse (art. 1.614 do CC); D: correta, nos termos do art. 1.609, II, do CC.
Gabarito "C".

(Cartório/MG – 2005 – EJEF) É CORRETO afirmar que, no caso de registro de nascimento sem paternidade estabelecida, havendo manifestação escrita da genitora, com os dados de qualificação e endereço do suposto pai, o Oficial deve, obrigatoriamente,

(A) instaurar procedimento de dúvida, tendo em vista o fato de a genitora não ser casada, o que impossibilita, consequentemente, a menção, no registro, do nome do suposto pai.
(B) notificar o suposto pai, independentemente de seu estado civil, para que se manifeste sobre a paternidade que lhe é atribuída.
(C) remeter ao Delegado de Polícia a manifestação escrita da genitora, a fim de que seja instaurado o competente inquérito, para apuração de suposta falsidade ideológica.
(D) remeter ao Juiz certidão integral do registro, assim como dos dados do suposto pai, a fim de ser averiguada, oficiosamente, a procedência da alegação.

Nesse caso, o procedimento a ser observado é aquele previsto no art. 2º da Lei 8.560/1992, que determina a remessa da certidão integral do registro ao juiz juntamente com os dados do suposto pai, para que se verifique oficiosamente a veracidade da declaração da genitora.
Gabarito "D".

(Cartório/MG – 2005 – EJEF) É CORRETO afirmar que deve ser averbada, no Cartório de Registro Civil, a Escritura Pública

(A) Declaratória de União Estável.
(B) de Convenção de Pacto Antenupcial.
(C) de Emancipação.
(D) de Reconhecimento de Filiação.

Dentre os listados, o único ato de **averbação** no Registro Civil de pessoas naturais é o da escritura pública de reconhecimento de filhos (art. 29, § 1º, "d", da Lei 6.015/1973). A declaração de união estável e a convenção de pacto antenupcial são registrados no Registro de Títulos e Documentos e a emancipação deverá ser **registrada**.
Gabarito "D".

(Cartório/MG – 2005 – EJEF) Considerando-se o processo de reconhecimento de filiação, é CORRETO afirmar que

(A) a condição e o termo aposto na Escritura de Reconhecimento de Filho são ineficazes.
(B) o ato de reconhecer filho havido fora do casamento será sempre revogável.
(C) o ato de reconhecer filho pode ser feito apenas mediante Escritura Pública.
(D) o filho havido fora do casamento não pode ser reconhecido por meio de testamento.

A: correta, nos termos do art. 1.613 do CC; B: incorreta. O ato será sempre irrevogável, ainda que feito em testamento (art. 1.610 do CC); C: incorreta. O reconhecimento de filhos pode dar-se ainda por escrito particular, testamento e manifestação expressa e direta perante o juiz (art. 1.609 do CC); D: incorreta. Não há limitação de reconhecimento por qualquer das formas estabelecidas em lei.
Gabarito "A".

(Cartório/SC – 2008) Ao deparar-se com pedido de registro de nascimento de menor apenas com a maternidade estabelecida, o oficial deverá:

(A) Efetuar o registro, dele remetendo ao juiz certidão integral e o nome e prenome, profissão, identidade e residência do suposto pai, a fim de ser averiguada a procedência da alegação, não fazendo qualquer referência à natureza da filiação.

(B) Efetuar o registro, dele fazendo constar a natureza da filiação, remetendo ao Conselho Tutelar certidão integral do registro e o nome e prenome, profissão, identidade e residência do suposto pai, a fim de ser averiguada a procedência da alegação.

(C) Efetuar o registro, dele fazendo constar a natureza da filiação, e orientar a mãe para que procure um advogado para ingressar com a devida ação de investigação de paternidade.

(D) Efetuar o registro, sem dele fazer constar qualquer referência à natureza da filiação, e orientar a mãe para que procure o Conselho Tutelar de sua cidade ou um advogado para ingressar com a ação de investigação de paternidade.

(E) Negar-se a fazer o registro da criança, pois é obrigatório, pelas leis brasileiras, que conste nome de pai e mãe no registro, nos livros e nos demais assentamentos do cartório.

Nesse caso, o procedimento a ser observado é aquele previsto no art. 2º da Lei 8.560/1992, que determina a remessa da certidão integral do registro ao juiz juntamente com os dados do suposto pai, para que se verifique oficiosamente a veracidade da declaração da genitora.
Gabarito "A".

(Cartório/SP – 2012 – VUNESP) O reconhecimento espontâneo de paternidade, no registro do nascimento, pelo genitor relativamente incapaz, com menos de 18 (dezoito) anos de idade,

(A) pode ser efetuado sem assistência de seus pais ou tutor.
(B) depende da assistência de seus pais ou tutor, mas dispensa autorização judicial.
(C) depende de autorização judicial.
(D) só pode ocorrer depois de atingida a maioridade.

Nos termos do art. 6º, § 4º, do Provimento CNJ 16/2012, o reconhecimento de filho por pessoa relativamente incapaz é possível e não depende de assistência dos pais, tutor ou curador.
Gabarito "A".

(Cartório/SP – V – VUNESP) Pedido de retificação de assento de nascimento, fundado em acordo extrajudicial de reconhecimento de paternidade, visando à inclusão do nome de terceiro (pai biológico constatado) como pai de menor, em substituição àquele que já figura como pai no registro, constante do respectivo termo e que nele fora o declarante, assumindo a paternidade registral sem, entretanto, que fosse o efetivo pai biológico, como comprovado por exame de DNA,

(A) é ilegítimo, uma vez que não basta à sua revogação, a simples afirmação, em acordo extrajudicial, de que outro é o pai, sendo imprescindível, por se tratar de direito indisponível, que a pretensão se dê pela via judicial, mediante ação de nulidade do registro, ainda que não seja absoluta a presunção de paternidade constante do assento de nascimento.

(B) é legítimo para ser atendido administrativamente pelo Oficial do Registro Civil, mesmo sem a concordância da pessoa que figura como pai registral, a fim de remover a falsidade que permitiu figurasse no registro outro que não o pai verdadeiro, certo de que o direito à paternidade verdadeira é atributo da dignidade humana.

(C) é legítimo e pode ser atendido diretamente pelo Oficial do Registro Civil, desde que conte com a concordância da representante do menor e da pessoa que está assumindo a ascendência, comprovada esta pelo exame, uma vez que prevista em lei a possibilidade de reconhecimento da paternidade biológica por instrumento público ou particular, com sua inclusão no assento de nascimento.

(D) é passível de atendimento registral somente após homologação judicial desse acordo de reconhecimento de paternidade, pois esta é sempre possível de ser investigada a qualquer tempo, com alteração do registro de nascimento, mormente contando com a concordância da pessoa que nele figura como sendo o pai.

O pedido não pode ser acolhido pelo Oficial de Registro, porque afronta a ordem jurídica. Ao registrar o filho como seu, o pai que consta no assento de nascimento reconheceu a filiação, ato irrevogável (art. 1.610 do CC). Com isso, a única forma de alteração do estado de filiação é mediante sentença judicial proferida em ação de retificação ou de nulidade do registro realizado em desconformidade com a paternidade biológica.
Gabarito "A".

(Cartório/SP – V – VUNESP) O relativamente capaz pode proceder a reconhecimento espontâneo de filho?

(A) Não, enquanto perdurar a incapacidade relativa, devendo o reconhecedor aguardar a aquisição da capacidade plena, das graves consequências desse ato.

(B) Sim, desde que seja assistido por seu representante legal e, em havendo conflito de interesses, a relativa incapacidade poderá ser suprida por decisão judicial.

(C) Sim, porém deverá fazê-lo por intermédio de pedido administrativo a ser encaminhado e analisado, previamente, pelo Juiz-Corregedor Permanente.

(D) Sim, sem que para isso seja necessária a assistência de seu representante legal.

Nos termos do art. 6º, § 4º, do Provimento CNJ 16/2012, o reconhecimento de filho por pessoa relativamente incapaz é possível e não depende de assistência dos pais, tutor ou curador.
Gabarito "D".

**(Cartório/SP – IV – VUNESP)** Em relação ao reconhecimento de filho:

I. pode ser feito, entre outras hipóteses, por escritura pública ou testamento;
II. o filho maior não pode ser reconhecido sem o seu consentimento;
III. o reconhecimento de paternidade por absolutamente incapaz somente poderá ser efetivado por decisão judicial;
IV. o reconhecimento espontâneo do filho pelo relativamente incapaz poderá ser efetuado sem assistência de seus pais ou tutor.

Dentre as afirmações acima, pode-se afirmar que estão corretas

(A) todas.
(B) I, II e III, apenas.
(C) I, II e IV, apenas.
(D) I e II, apenas.

_I: correta, nos termos do art. 1.609, II e III, do CC; II: correta, nos termos do art. 1.614 do CC; III: correta, nos termos do art. 5°, § 2°, in fine, do Provimento CNJ 12/2010; IV: correta, nos termos do art. art. 6°, § 4°, do Provimento CNJ 16/2012.
Gabarito "A".

## 12. ADOÇÃO E REGISTRO CIVIL.

**(Cartório/BA – 2004 – CESPE)** Acerca do registro civil das pessoas naturais, julgue o item a seguir.

(1) A sentença de adoção será averbada, por meio de mandado ou carta precatória, no registro civil onde foi realizado o assento primitivo, que averbará também o cancelamento do registro do adotado, ainda que a ordem judicial silencie a respeito.

1: correta, nos termos do art. 29, § 1°, "e", da Lei 6.015/1973 e art. 47 do Estatuto da Criança e do Adolescente (ECA), aplicável supletivamente às adoções de pessoas maiores de idade (art. 1.619 do CC).
Gabarito 1C.

**(Cartório/MG – 2009 – EJEF)** Quanto à adoção, assinale a opção INCORRETA.

(A) O vínculo de adoção constitui-se por sentença judicial, que será inscrita no registro civil mediante mandado do qual não se fornecerá certidão.
(B) O mandado judicial, que será arquivado, cancelará o registro original do adotado.
(C) A inscrição consignará o nome dos adotantes como pais, bem como o nome de seus ascendentes.
(D) A adoção produz seus efeitos a partir da inscrição no registro civil.

A: correta, nos termos do art. 47 do ECA; B: correta, nos termos do art. 47, § 2°, do ECA; C: correta, nos termos do art. 47, § 1°, do ECA; D: incorreta, devendo ser assinalada. A adoção produz seus efeitos a partir do trânsito em julgado da sentença constitutiva (art. 47, § 7°, do ECA).
Gabarito "D".

**(Cartório/MG – 2005 – EJEF)** O Oficial do Registro Civil das Pessoas Naturais recebe mandado judicial extraído de sentença proferida em processo de adoção, porém sem a determinação de cancelamento do registro original do adotado. Nesse caso, é CORRETO afirmar que, em relação ao registro original, esse Oficial deve

(A) abrir vista ao Promotor de Justiça, cuja intervenção é obrigatória, para que este, no prazo de cinco dias, requeira o que entender de direito.
(B) instaurar o procedimento de dúvida, objetivando o pronunciamento judicial quanto ao fato de não constar do mandado a determinação de cancelamento do registro original do adotado.
(C) interpor embargos declaratórios objetivando a sanação da omissão detectada.
(D) proceder, assim mesmo, ao cancelamento do registro original, dada a inviabilidade de subsistência de duas linhas de filiação para o mesmo adotado.

A sentença de adoção determina o cancelamento do registro original (art. 47, § 2°, do ECA), ainda que nada diga a respeito. Isso porque a adoção rompe o vínculo de filiação com os pais biológicos e instaura o novo estado em relação aos adotivos. Ademais, é impossível que uma pessoa tenha registrada simultaneamente duas linhas hereditárias.
Gabarito "D".

**(Cartório/SE – 2007 – CESPE)** A respeito do registro civil das pessoas naturais, julgue os itens seguintes.

(1) Deferida a adoção pelo juiz, a sentença respectiva terá efeito constitutivo, devendo ser averbada, mediante mandado, no registro civil do domicílio dos adotantes, expedindo-se comunicação ao registrador que realizou o assento primitivo, que averbará o cancelamento do registro do adotado, ainda que a ordem judicial silencie a respeito.

1: correta, nos termos dos arts. 47, caput e parágrafos, do ECA, e 106 da Lei 6.015/1973.
Gabarito 1C.

**(Cartório/SP – 2012 – VUNESP)** Assinale a alternativa incorreta sobre a adoção de criança e de adolescente.

(A) O vínculo da adoção constitui-se por sentença judicial, que será inscrita no registro civil mediante mandado.
(B) A inscrição consignará o nome dos adotantes como pais, omitindo-se os nomes e prenomes dos avós paternos e maternos.
(C) A pedido do adotante, o novo registro poderá ser lavrado perante o Oficial de Registro Civil do Município de sua residência.
(D) A sentença conferirá ao adotado o nome do adotante e, a pedido de qualquer deles, poderá determinar a modificação do prenome.

A: correta, nos termos do art. 47 do ECA; B: incorreta, devendo ser assinalada. Deverá constar da inscrição o nome dos avós paternos e maternos, referidos no art. 47, § 1°, do ECA como os ascendentes dos adotantes; C: correta, nos termos do art. 47, § 3°, do ECA; D: correta, nos termos do art. 47, § 5°, do ECA.
Gabarito "B".

**(Cartório/SP – VI – VUNESP)** Efetivada, no ano de 2009, adoção de pessoa maior, o ato a ser escriturado pelo registrador civil das pessoas naturais será

(A) averbação de escritura pública de adoção simples, efetuada à margem do assento de nascimento do adotado.
(B) cancelamento do assento de nascimento originário do adotado e efetivação de novo registro de nascimento, em cumprimento a mandado judicial respectivo.
(C) averbação da sentença judicial concessiva da adoção, efetuada à margem do assento de nascimento do adotado em cumprimento a mandado judicial respectivo.
(D) cancelamento do assento de nascimento originário do adotado e efetivação de novo registro de nascimento, em cumprimento à escritura pública de adoção simples.

A adoção se constitui por sentença judicial (art. 47 do ECA, aplicável subsidiariamente às pessoas maiores, nos termos do art. 1.619 do CC), a qual será averbada no assento de nascimento do adotado (art. 102, item 3, da Lei 6.015/1973). Cumpre esclarecer que a adoção do maior de idade não opera o cancelamento de seu registro original, com vistas à manutenção da segurança jurídica dos atos por ele praticados até então (art. 120, "h", do Capítulo XVII das Normas de Serviço da Corregedoria-Geral de Justiça de São Paulo).
Gabarito "C".

**(Cartório/SP – IV – VUNESP)** A respeito da adoção:

I. só a pessoa maior de dezoito anos pode adotar, ou, em se tratando de adoção conjunta (por ambos os cônjuges ou companheiros), exige-se que um deles tenha completado dezoito anos;
II. o registro original do adotado será cancelado por mandado, arquivando-se este em pasta própria;
III. o adotante há de ser pelo menos quinze anos mais velho que o adotado;
IV. serão registradas no Livro de Registro de Nascimento as sentenças concessivas de adoção (mediante mandado).

Estão corretas:

(A) II e IV, apenas.
(B) I, II e III, apenas.
(C) I, II e IV, apenas.
(D) II, III e IV, apenas.

I: correta. Esse entendimento decorre da interpretação teleológica do ECA. Em sua redação original, a regra estava expressa, com a idade de 21 anos (vez que vigente à época do CC de 1916), no art. 42, § 2º, mas foi suprimida pela Lei 12.010/2009. A doutrina e a jurisprudência, não obstante, continuam aplicando-a, sob o argumento de que não há prejuízo para o adotado e o Estatuto hoje silencia a respeito, sem trazer também qualquer regra proibitiva; II: correta, nos termos do art. 114.2 do Capítulo XVII das Normas de Serviço da Corregedoria-Geral de Justiça de São Paulo; III: incorreta. O adotante deverá ser, no mínimo, **dezesseis** anos mais velho que o adotado (art. 42, § 3º, do ECA; IV: correta, nos termos do art. 114 do Capítulo XVII das Normas de Serviço da Corregedoria-Geral de Justiça de São Paulo.
Gabarito "C".

## 13. GRATUIDADE NO SERVIÇO DE REGISTRO CIVIL. FUNDO DE RESSARCIMENTO DOS ATOS GRATUITOS

**(Cartório/BA – 2004 – CESPE)** Acerca do registro civil das pessoas naturais, julgue o item a seguir.

(1) À pessoa que se declarar pobre para efeitos legais será assegurada a gratuidade dos registros de óbito e nascimento ou eventuais averbações, tais como adoção, emancipação, interdição e tutela, bem como as respectivas certidões.

1: incorreta. A gratuidade dos registros de óbito e nascimento alcança somente o assento em si e as primeiras certidões respectivas, não estando abrangidas as averbações e a expedição de novas certidões (art. 30 da Lei 6.015/1973).
Gabarito 1E.

**(Cartório/DF – 2008 – CESPE)** Relativamente à legislação e jurisprudência aplicáveis às serventias registradoras e notariais, julgue o item seguinte.

(1) Consoante entendimento do STF, fere a CF a norma que isenta os reconhecidamente pobres do pagamento dos emolumentos devidos pela expedição de registro civil de óbito.

1: incorreta. No julgamento da ADC 5/DF, DJ 11.06.2007, rel. Min. Nelson Jobim, o STF estabeleceu que "não ofende o princípio da proporcionalidade lei que isenta os 'reconhecidamente pobres' do pagamento dos emolumentos devidos pela expedição de registro civil de nascimento e de óbito, bem como da primeira certidão respectiva".
Gabarito 1E.

**(Cartório/DF – 2006 – CESPE)** A respeito do serviço de registro civil das pessoas naturais e de interdições e tutelas, julgue o item seguinte.

(1) À pessoa que se declarar pobre para efeitos legais será assegurada a gratuidade de todos os atos de casamento, incluindo-se a publicação dos proclamas, o registro e a primeira certidão.

1: correta, nos termos do art. 1.512, parágrafo único, do CC.
Gabarito 1C.

**(Cartório/DF – 2001 – CESPE)** O Estado tem no registro civil a fonte principal de referência estatística: comete crime o oficial que não remeter, trimestralmente, à Fundação Instituto Brasileiro de Geografia e Estatística, os mapas de nascimentos, casamentos e óbitos. É uma base para que os governos decidam suas medidas administrativas e de política jurídica. O indivíduo nele encontra meios de provar seu estado, sua situação jurídica. Fixa, de modo inapagável, os fatos relevantes da vida humana, cuja conservação em assentos públicos interessa à Nação, ao indivíduo e a todos os terceiros. Seu interesse reside na importância mesma de tais fatos e, outrossim, na sua repercussão na existência do cidadão: ele é maior ou menor, capaz ou incapaz, interdito, emancipado, solteiro ou casado, filho, pai. É todo um conjunto de condições a influir sobre sua capacidade e sobre as relações de família, de parentesco e com terceiros.

> Walter Ceneviva. Lei dos registros públicos comentada.
> 12.ª ed., atual. São Paulo: Saraiva, 1997. p. 73
> (com adaptações).

Considerando a relevância do tema tratado no texto acima, julgue o seguinte item, a respeito do tratamento dado ao registro civil de pessoas naturais na LRP.

(1) A legislação brasileira estabelece que são gratuitos para os reconhecidamente pobres, na forma da lei, o registro civil de nascimento e a certidão de óbito; se, porém, constatar-se que determinada pessoa afirmou de maneira falsa sua condição de pobreza para eximir-se do pagamento dos custos decorrentes desses documentos, a única sanção prevista para o caso é a responsabilidade civil pelo referido pagamento.

1: incorreta. A falsidade da declaração de pobreza, uma vez comprovada, dá azo à responsabilização civil **e penal** do interessado (art. 30, § 3º, da Lei 6.015/1973).
Gabarito 1E

## 14. REGISTRO TARDIO DE NASCIMENTO. LEI FEDERAL 11.790/2008

**(Cartório/DF – 2003 – CESPE)** Acerca da Lei de Registros Públicos (LRP — Lei n. 6.015/1973), julgue o item subsequente.

(1) O registro tardio de nascimento somente pode ser feito, em qualquer caso, mediante autorização judicial e pagamento da multa devida.

1: incorreta. O registro tardio pode ser realizado com a assinatura de duas testemunhas, sendo necessária autorização judicial somente se o Oficial suspeitar da falsidade da declaração (art. 46 da Lei 6.015/1973). Não há mais previsão de pagamento de multa, revogada pela Lei 10.215/2001.
Gabarito 1E

**(Cartório/RJ – 2008 – UERJ)** O oficial do Registro Civil que aceita registrar declaração de nascimento, após o decurso do prazo legal, comete:

(A) fato atípico
(B) crime de desobediência
(C) crime de falsidade ideológica
(D) crime de advocacia administrativa
(E) crime de usurpação de função pública

O registro tardio de nascimento é ato lícito, inclusive incentivado pela legislação mediante a revogação da obrigatoriedade do pagamento da multa antigamente prevista (Lei 10.215/2001). O direito ao registro civil é um direito fundamental da pessoa, não podendo ficar preso a burocracias. Portanto, a realização do ato é fato atípico, não configurando qualquer conduta penalmente relevante.
Gabarito "A".

**(Cartório/SP – VI – VUNESP)** O registro tardio de nascimento de pessoa com mais de 12 anos de idade

(A) poderá ser feito diretamente na serventia de registro civil das pessoas naturais, sem necessidade de intervenção judicial, desde que o oficial tenha segurança jurídica para a prática do ato e com a observância das disposições normativas regulamentadoras da questão.
(B) deverá ser iniciado por procedimento administrativo na própria serventia de registro civil das pessoas naturais, porém, o registro necessariamente dependerá de final autorização do juízo corregedor, haja vista a idade do registrando.
(C) dependerá necessariamente de determinação judicial, após regular procedimento jurisdicional.
(D) deverá ser feito, de pronto, na própria serventia de registro civil das pessoas naturais, não mais havendo possibilidade de análise da questão pelo juízo corregedor, haja vista a atual legislação em vigor.

O registro tardio pode ser realizado diretamente no cartório de Registro Civil de Pessoas Naturais, independentemente da idade do registrando. Exige o art. 46 da Lei 6.015/1973, somente, que o requerimento seja assinado por duas testemunhas e que o Oficial tenha segurança na veracidade da declaração. Havendo suspeita, remeterá os autos ao juiz-corregedor para a solução da questão.
Gabarito "A".

**(Cartório/SP – IV – VUNESP)** Considerando a hipótese de pedido de registro de nascimento após decurso do prazo legal, analise as seguintes assertivas:

I. o assento somente poderá ser lavrado após o despacho do Juiz competente;
II. antes de submeter o pedido ao Juiz, o Oficial deve entrevistar o registrando e as testemunhas;
III. as testemunhas ouvidas pelo Oficial deverão ser mais idosas do que o registrando.

São verdadeiras:

(A) apenas I.
(B) apenas I e II.
(C) apenas II e III.
(D) todas as assertivas.

I: incorreta. Em regra, é desnecessária a autorização judicial para o registro tardio. Ela ocorrerá somente se o Oficial tiver suspeita sobre a veracidade da declaração (art. 46 da Lei 6.015/1973); II: correta, nos termos do art. 4º do Provimento CNJ 28/2013; III: correta, nos termos do art. 4º, "d", do Provimento CNJ 28/2013.
Gabarito "C".

## 15. TEMAS COMBINADOS DE REGISTRO CIVIL DE PESSOAS NATURAIS

**(Cartório/BA – 2004 – CESPE)** Acerca do registro civil das pessoas naturais, julgue o item a seguir.

(1) Havendo ato de restabelecimento da sociedade conjugal, mediante reconciliação se separados, ou novo casamento se divorciados, esse ato deve ser averbado no livro de casamento e, havendo bens imóveis no patrimônio conjugal, a averbação

do fato deve ser feita em relação a cada um dos imóveis pertencentes ao casal no registro imobiliário da situação dos imóveis, existindo ou não pacto antenupcial.

1: correta, nos termos dos arts. 29, § 1º, "a", e 167, II, item 10, da Lei 6.015/1973.
Gabarito 1C

**(Cartório/MA – 2008 – IESES)** Assinale a alternativa INCORRETA:

(A) Não serão cobrados emolumentos pelo processo de habilitação para o casamento de pessoas reconhecidamente pobres.
(B) Os registros de nascimento e de óbito e a primeira certidão expedida são inteiramente gratuitos a todo e qualquer cidadão.
(C) São isentos de pagamento de emolumentos o registro e a averbação de quaisquer atos relativos a crianças ou a adolescentes em situação de risco.
(D) As certidões de nascimento ou de casamento, quando destinadas ao alistamento eleitoral, não contam com o benefício da gratuidade.

A: correta, nos termos do art. 1.512, parágrafo único, do CC; B: correta, nos termos do art. 30 da Lei 6.015/1973; C: correta, nos termos do art. 102, § 2º, do ECA; D: incorreta, devendo ser assinalada. Nos termos do art. 47 do Código Eleitoral, as certidões de nascimento e casamento, quando destinadas ao alistamento do eleitor, devem ser fornecidas gratuitamente.
Gabarito "D".

**(Cartório/MG – 2009 – EJEF)** Assinale a opção INCORRETA.

(A) O Ministério Público deve investigar e adotar providências eficazes diante de irregularidades envolvendo o serviço notarial e de registro, por se tratar de assunto de extrema gravidade para a sociedade, podendo, para tanto, utilizar-se das medidas necessárias, inclusive, de natureza penal.
(B) Quando, em autos ou papéis de que conhecer, o Juiz verificar a existência de crime de ação penal pública, poderá remeter ao Ministério Público as cópias e os documentos necessários ao oferecimento da denúncia.
(C) O Ministério Público tem legitimidade para promover a interdição de pessoa portadora de doença mental grave.
(D) Se o Ministério Público impugnar pedido de correção de erros de grafia em assentamentos no registro civil, o processo justificatório tomará feição contenciosa.

A: correta. Cabe ao Ministério Público a defesa da ordem jurídica e dos direitos individuais indisponíveis (art. 127 da CF), o que inclui a regularidade dos registros públicos diante de sua função de garantir a publicidade, autenticidade, segurança e eficácia dos atos jurídicos (art. 1º da Lei 8.935/1994); B: incorreta, devendo ser assinalada. Nos termos do art. 37, parágrafo único, da Lei 8.935/1994, essa diligência é um **dever** do juiz, não uma possibilidade; C: correta, nos termos do art. 1.769, I, do CC; D: correta, nos termos do art. 109, § 1º, da Lei 6.015/1973.
Gabarito "B".

**(Cartório/MG – 2005 – EJEF)** Considerando-se as formas de se provar o casamento, é INCORRETO afirmar que,

(A) justificada a falta ou perda do Registro Civil, é admissível qualquer outra espécie de prova.
(B) na dúvida entre as provas favoráveis e contrárias, se julgará pelo casamento, se os cônjuges, cujo casamento se impugna, viverem ou tiverem vivido na posse do estado de casados.
(C) no Brasil, o casamento celebrado se prova pela certidão do registro.
(D) quando a prova da celebração legal do casamento resultar de processo judicial, o registro da sentença no livro do Registro Civil produzirá, tanto no que toca aos cônjuges, como no que respeita aos filhos, todos os efeitos civis desde a data do assentamento.

A: correta, nos termos do art. 1.543, parágrafo único, do CC; B: correta, nos termos do art. 1.547 do CC; C: correta, nos termos do art. 1.543 do CC; D: incorreta devendo ser assinalada. O registro, nesse caso, produzirá efeitos retroativos desde a data do **casamento** (art. 1.546 do CC).
Gabarito "D".

**(Cartório/MG – 2005 – EJEF)** Considerando-se as anotações obrigatórias, é CORRETO afirmar que

(A) a dissolução e a anulação do casamento, bem como o restabelecimento da sociedade conjugal, serão, também, anotados nos assentos de nascimento dos filhos.
(B) as escrituras de adoção e os atos que a dissolverem serão anotados, quando houver a perda do poder familiar, no Livro de Casamento dos adotantes.
(C) o nascimento será anotado no assento de casamento dos pais, quando houver o registro de testamento em que o filho seja contemplado.
(D) o óbito deverá ser anotado, com as remissões recíprocas, nos assentos de casamento e nascimento, e o casamento no deste.

A: incorreta. Tais atos devem ser anotados somente no assento de nascimento dos cônjuges (art. 107, § 2º, da Lei 6.015/1973); B: incorreta. Tais atos serão averbados no Livro de Nascimentos (art. 102, item 3, da Lei 6.015/1973); C: incorreta. Não há qualquer previsão legal nesse sentido; D: correta, nos termos do art. 107 da Lei 6.015/1973.
Gabarito "D".

**(Cartório/RJ – 2008 – UERJ)** Considerando o registro civil das pessoas naturais, é correto afirmar que:

(A) o restabelecimento de sociedade conjugal deverá ser registrado no Livro E
(B) a emancipação judicial produzirá efeitos após o trânsito em julgado da decisão, independentemente do registro no Livro E
(C) o prenome de pessoa natural pode ser alterado, mediante autorização judicial, somente quando expuser a ridículo o seu portador
(D) a sentença que declara a interdição produz efeitos desde logo, independentemente de transitar em julgado e de haver registro no Livro E
(E) em caso de nascimento de índio já integrado, o registro de nascimento deverá ser necessariamente feito através de encaminhamento da FUNAI

A: incorreta. O restabelecimento da sociedade conjugal será **averbado** no livro "B" (arts. 29, § 1º, "a", e 101 da Lei 6.015/1973); B: incorreta. A emancipação produzirá efeitos somente após seu registro (art. 91, parágrafo único, da Lei 6.015/1973); C: incorreta. Há diversas hipóteses em que o prenome da pessoa pode ser alterado: por sua opção, no primeiro ano após atingir a maioridade, a substituição por apelido público notório e em caso de vítima ou testemunha que esteja colaborando diretamente com a investigação criminal, além da exposição ao ridículo mencionada na alternativa (arts. 56 a 58 da Lei 6.015/1973); D: correta, nos termos dos arts. 1.773 do CC e 92 da Lei 6.015/1973; E: incorreta. Os índios integrados estão sujeitos à obrigatoriedade do registro de nascimento como toda a população. A FUNAI cuida apenas do cadastramento dos índios não integrados (art. 50, § 2º, da Lei 6.015/1973).

Gabarito "D".

**(Cartório/SE – 2007 – CESPE)** A respeito do registro civil das pessoas naturais, julgue os itens seguintes.

(1) Anotação é o ato praticado pelo oficial, à margem do assento de nascimento, de óbito ou de casamento, que consiste em remissões recíprocas dos registros e averbações, com a finalidade de modificar ou cancelar o registro existente.

1: incorreta. Segundo Walter Ceneviva (*Lei dos Registros Públicos Comentada*. 17. ed. São Paulo: Saraiva, 2006. p.233), "*anotação é o ato praticado pelo oficial, à margem do assento, consistente em remissões recíprocas dos registros e averbações, feitos em seus livros. (...) A anotação não se confunde com a averbação mesmo quando esta é feita de ofício (art. 103). A finalidade da averbação é modificar o registro existente; a anotação se destina a recordar, para facilidade de buscas, os registros recíprocos. Não atinge o direito da parte*".

Gabarito 1E

**(Cartório/SC – 2008)** Sobre casamentos é correto afirmar:

(A) A eficácia da habilitação de casamento será de 30 dias, a contar da data em que foi extraído o certificado.
(B) O homem e a mulher com 18 anos podem casar, exigindo-se autorização de ambos os pais, ou de seus representantes legais, enquanto não atingida a maioridade civil.
(C) A eficácia da habilitação de casamento será de 90 dias, a contar da data em que foi extraído o certificado.
(D) Não podem casar os irmãos, unilaterais e bilaterais e demais colaterais, até o 4º grau inclusive.
(E) No prazo de 120 dias a contar da realização, o celebrante ou qualquer interessado poderá, apresentando o assento ou termo de casamento religioso, requerer-lhe registro ao oficial do cartório que expediu a certidão.

A: incorreta. Nos termos do art. 1.532 do CC, a eficácia da habilitação é de 90 dias; B: incorreta. A idade núbil no direito brasileiro é de 16 anos, desde que acompanhada por autorização dos pais (art. 1.517 do CC); C: correta, nos termos do art. 1.532 do CC; D: incorreta. O impedimento para o casamento alcança somente o 3º grau na linha colateral (art. 1.521, IV, do CC); E: incorreta. O prazo estabelecido no art. 73 da Lei 6.015/1973 é de 30 dias.

Gabarito "C".

**(Cartório/SP – IV – VUNESP)** Assinale a alternativa correta no que se refere ao Registro Civil.

(A) Qualquer documento pode ser inutilizado, desde que reproduzido previamente, não havendo necessidade de autorização.
(B) Nenhum documento pode ser inutilizado, sendo a guarda e manutenção deles de responsabilidade do Oficial.
(C) Alguns documentos, elencados por leis e normas, podem ser inutilizados, após prévia reprodução e autorização do Juiz-Corregedor Permanente.
(D) Qualquer documento pode ser inutilizado, desde que haja prévia autorização da Corregedoria Geral da Justiça.

Apenas os documentos elencados no art. 11.1 do Capítulo XVII das Normas de Serviço da Corregedoria-Geral de Justiça de São Paulo poderão ser inutilizados, desde que precedida a diligência de reprodução por processo de microfilmagem ou mídia digital e autorização do Juiz-Corregedor Permanente.

Gabarito "C".

# 12. REGISTRO CIVIL DE PESSOA JURÍDICA

Alexandre Gialluca e Henrique Subi

## 1. COMPETÊNCIA. PRINCÍPIOS INFORMATIVOS. LIVROS E CLASSIFICADORES

**(Cartório/BA – 2004 – CESPE)** A respeito do registro civil das pessoas jurídicas, julgue o item seguinte.

(1) Os atos e contratos constitutivos de pessoas jurídicas e suas alterações só serão registrados e arquivados quando visados por advogados.

1: correta, conforme art. 1º, § 2.º, da Lei 8.906/1994 (Estatuto da Advocacia), cuja redação é a seguinte: *art. 1º (...) § 2º. Os atos e contratos constitutivos de pessoas jurídicas, sob pena de nulidade, só podem ser admitidos a registro, nos órgãos competentes, quando visados por advogados.*
Gabarito 1C

**(Cartório/DF – 2003 – CESPE)** Acerca das atividades dos notários e registradores, à luz do novo Código Civil, julgue o item a seguir.

(1) Ainda que não componha sociedade, a pessoa física que exerce o empresariado como comerciante individual deve registrar-se no Registro Público de Empresas Mercantis; da mesma forma, a pessoa física que exerce atividade profissional intelectual deve registrar-se em registro de títulos e documentos e de pessoas jurídicas.

1: incorreta. Em que pese ser obrigatória a inscrição do empresário no Registro Público de Empresas Mercantis, nos termos do art. 967 do CC/2002, a pessoa física que exerce atividade profissional intelectual não é considerada empresário, conforme o parágrafo único do art. 966, segundo o qual *Não se considera empresário quem exerce profissão intelectual, de natureza científica, literária ou artística, ainda com o concurso de auxiliares ou colaboradores, salvo se o exercício da profissão constituir elemento de empresa.*
Gabarito 1E

**(Cartório/DF – 2003 – CESPE)** Acerca das atividades dos notários e registradores, à luz do novo Código Civil, julgue os itens a seguir.

(1) A serventia de registro de títulos e documentos e de pessoas jurídicas só pode registrar ato constitutivo de Sociedade de Capital e Indústria se esta tiver por objeto o exercício de profissão intelectual, de natureza científica, literária ou artística, configurando sociedade simples.

1: incorreta. O Código Civil de 2002, ao revogar o Livro I do Código Comercial, aboliu do regime jurídico empresarial brasileiro a sociedade de capital e indústria, razão pela qual seu ato constitutivo não pode ser registrado no Registro Civil de Pessoas Jurídicas.
Gabarito 1E

**(Cartório/DF – 2003 – CESPE)** Após ser requerido o registro de ato constitutivo de uma sociedade, o oficial de Registro Civil das Pessoas Jurídicas deve promover um acurado exame do cumprimento das exigências legais pertinentes à matéria. Nos itens que se seguem são apresentadas situações em que o oficial de Registro deve examinar e decidir quanto ao cumprimento das exigências legais. Julgue-as quanto ao acatamento do registro do contrato.

(1) O contrato social destina-se à constituição de uma sociedade empresária, do tipo sociedade limitada, e contém cláusula que atribui aos sócios responsabilidade solidária pela integralização do capital social. Nessa situação, o oficial de Registro deve acatar o registro.

(2) O contrato social destina-se à constituição de uma sociedade simples, do tipo limitada, e não prevê a existência de conselho fiscal. Nessa situação, o oficial de Registro deve acatar o registro.

(3) O contrato social destina-se à constituição de uma sociedade simples, do tipo sociedade em nome coletivo, e prevê limitações da responsabilidade de alguns sócios entre si. Nessa situação, o registro deve ser acatado.

(4) O contrato social destina-se à constituição de uma sociedade simples, do tipo sociedade em comandita simples, cujos sócios comanditários, apesar de terem seus nomes compondo a firma social, ficaram, por determinação contratual, excluídos das responsabilidades dos sócios comanditados. Nessa situação, o oficial de Registro deve acatar o contrato.

(5) O contrato social destina-se à constituição de uma sociedade simples, do tipo limitada, e não define o nome de nenhum dos administradores. Nessa situação, o oficial de Registro deve acatar o registro.

(6) O contrato social destina-se à constituição de uma sociedade simples, do tipo limitada, e reza que o capital social é dividido em 10 mil cotas, das quais 5 mil tinham valor unitário de R$ 1,00 e as outras 5 mil, de R$ 2,00. Nessa situação, o contrato deve ser acatado.

(7) O contrato social destina-se à constituição de uma sociedade simples, do tipo limitada, e reza que 10% da parcela do capital social será integralizado em serviços. Nessa situação, o contrato deve ser acatado.

1: incorreta. Se estivermos tratando de contrato social constitutivo de sociedade empresária, o oficial de registro deve negar o ato, porque a competência para tal é do Registro Público de Empresas Mercantis, a cargo da Junta Comercial do Estado (art. 1.150 do CC); 2: correta. O ato constitutivo de sociedade simples, ainda que adote um dos tipos societários previstos no Código Civil, deve ser registrado no Registro Civil de Pessoas Jurídicas (art. 1.150 do CC). Em relação às sociedades limitadas, cujas normas serão aplicadas à sociedade simples por força da adoção desse tipo societário (art. 983 do CC), a criação do conselho fiscal é facultativa (art. 1.066 do CC); 3: correta. Nos termos do comentário anterior, segundo as normas aplicáveis à sociedade em nome coletivo, é possível a limitação da responsabilidade entre os sócios, portanto o contrato deve ser registrado (art. 1.039, parágrafo único do CC); 4: incorreta. Nesse caso, o contrato desrespeita a determinação contida no art. 1.157, parágrafo único, do CC, que determina a responsabilidade ilimitada dos sócios que tiverem seus nomes incluídos no contrato social da sociedade em comandita simples; 5: correta. Os administradores poderão ser designados posteriormente, em ato separado (art. 1.060 do CC); 6: correta. As quotas do capital social poderão ter valores diferentes entre si (art. 1.055 do CC); 7: incorreta. A contribuição de sócio que consista exclusivamente em serviços é autorizada na sociedade simples (art. 997, V, do CC). Porém, ao optar por adotar o tipo societário das limitadas, a sociedade simples submete-se às regras que são próprias àquela (art. 983 do CC), na qual é vedada a participação de sócio apenas com serviços (art. 1.055, § 2º, do CC).
Gabarito 1E, 2C, 3C, 4E, 5C, 6C, 7E

**(Cartório/DF – 2001 – CESPE)** Ainda quanto ao registro de imóveis e ao registro civil das pessoas jurídicas na LRP, julgue o item abaixo.

(1) Os sindicatos são pessoas jurídicas cujo processo de constituição é peculiar, pois, devido ao regramento constitucional de 1988, que alterou a legislação a eles aplicável, essas entidades adquirem personalidade jurídica com o registro de seus atos no órgão regional do Ministério do Trabalho e Emprego.

1: incorreta. Nos termos do art. 8º, I, da CF, é livre a criação de sindicatos, os quais não dependerão de autorização ou registro do Estado para funcionar. Considerando que os sindicatos são pessoas jurídicas de direito privado do tipo associação (art. 511 da Consolidação da Leis do Trabalho), eles adquirem personalidade jurídica com a inscrição de seus atos constitutivos no Registro Civil de Pessoas Jurídicas (art. 1.150 do CC).
Gabarito 1E

**(Cartório/MG – 2005 – EJEF)** Considerando-se as funções do Serviço de Pessoas Jurídicas, é CORRETO afirmar que, nele, são registráveis

(A) as associações religiosas, as sociedades não-empresárias e as cooperativas.

(B) as cooperativas, os pactos antenupciais dos empresários e as fundações.

(C) as fundações, as associações desportivas e as sociedades em comandita simples.

(D) as sociedades simples, as sociedades por ações e as sociedades em comum.

A: correta. São registráveis no Registro Civil de Pessoas Jurídicas os atos constitutivos e respectivas alterações das sociedades simples (não empresárias), associações, fundações, organizações religiosas e partidos políticos (art. 114 da Lei 6.015/1973 – LRP). Interessante que aqui o examinador considerou como correto o registro de cooperativas no Registro Civl de Pessoa Jurídica e não o registro na Junta Comercial (art. 32, II, a da Lei 8934/94); B: incorreta. Os pactos antenupciais do empresário devem ser registrados no Registro Público de Empresas Mercantis (art. 979 do CC); C: incorreta. Porém não concordamos com o gabarito, pois as sociedades em comandita simples também pode ser de natureza simples e portanto, podem ser registradas no RCPJ; D: incorreta. As sociedades por ações são empresárias por força de lei (art. 982, parágrafo único, do CC), razão pela qual seus atos sociais não são levados a registro no Serviço de Pessoas Jurídicas (art. 114, II, da LRP), somente na Junta Comercial.
Gabarito "A".

**(Cartório/MT – 2003 – UFMT)** A quem compete proceder ao registro das Fundações?

(A) Ao Ministério Público do Estado, por intermédio da Promotoria de Justiça de Fundações. Esse registro é feito no Livro de Registro das Fundações.

(B) Ao Oficial de Registro de Imóveis, caso tenha sido feita dotação especial de bem imóvel. Esse registro é feito no Livro nº 3 (Registro Auxiliar), sem prejuízo do registro da transmissão do imóvel na competente matrícula.

(C) À Junta Comercial, quando o patrimônio de constituição for representado por bens móveis.

(D) Ao Ministério da Justiça, quando o patrimônio for constituído de bens imóveis localizados em vários Estados da Federação. O registro será lavrado no Livro Especial das Fundações.

(E) Ao Oficial do Registro Civil das Pessoas Jurídicas.

E: correta. Nos termos do art. 114, I, da LRP, o registro das fundações compete ao Registro Civil das Pessoas Jurídicas.
Gabarito "E".

**(Cartório/PR – 2007)** No Registro Civil das Pessoas Jurídicas serão inscritos:

I. Os atos constitutivos e os estatutos dos partidos políticos.

II. As sociedades civis que revestirem a forma de sociedade anônima.

III. Os contratos, os atos constitutivos, o estatuto ou compromissos das sociedades civis, religiosas, pias, morais, científicas ou literárias, bem como das fundações e das associações de utilidade pública.

IV. Jornais, periódicos, oficinas impressoras, empresas de radiofusão e agências de notícias.

São corretas:

(A) I e II.
(B) II, III e IV.
(C) apenas III e IV.
(D) I, III e IV.
(E) apenas II e III.

I: correta, pois que consonante à redação do art. 114, III, da Lei 6.015/1973: *art. 114. No Registro Civil de Pessoas Jurídicas serão inscritos: (Renumerado do art. 115 pela Lei nº 6.216, de 1975) (...) III - os atos constitutivos e os estatutos dos partidos políticos. (Incluído pela Lei nº 9.096, de 1995)*; II: incorreta, pois o art. 114, II da Lei 6.015/1973 estabelece que as sociedades civis deverão fazer registro no RCPJ salvo as que se revestirem da forma de sociedade anônima. Isto porque o art. 982 do CC determina que as sociedades por ações sempre serão empresárias, e, portanto, deverão ser registradas na Junta Comercial; III: correta, pois que ostenta redação idêntica à do art. 114, I, da Lei 6.015/1973: *Art. 114. No Registro Civil de Pessoas Jurídicas serão inscritos: (Renumerado do art. 115 pela Lei nº 6.216, de 1975): I - os contratos, os atos constitutivos, o estatuto ou compromissos das sociedades civis, religiosas, pias, morais, científicas ou literárias, bem como o das fundações e das associações de utilidade pública*; IV: correta, nos termos do parágrafo único do art. 114, da Lei 6.015/1973: *Parágrafo único. No mesmo cartório será feito o registro dos jornais, periódicos, oficinas impressoras, empresas de radiodifusão e agências de notícias a que se refere o art. 8º da Lei 5.250, de 09.02.1967.*
Gabarito "D".

**(Cartório/RO – III)** No registro civil de pessoas jurídicas serão inscritos:

(A) as sociedades civis que revestirem as formas estabelecidas nas leis comerciais, inclusive as anônimas;

(B) os atos constitutivos e os estatutos dos partidos políticos;

(C) as sociedades de advogados;

(D) as sociedades mercantis de fato.

A: incorreta, pois o art. 114, II da Lei 6.015/1973 estabelece que as sociedades civis deverão fazer registro no RCPJ salvo as que se revestirem da forma de sociedade anônima. Isto porque o art. 982 do CC determina que as sociedades por ações sempre serão empresárias e, portanto, deverão ser registradas na Junta Comercial; B: correta, pois que consonante à redação do art. 114, III, da Lei 6.015/1973: *art. 114. No Registro Civil de Pessoas Jurídicas serão inscritos: (Renumerado do art. 115 pela Lei nº 6.216, de 1975) (...) III - os atos constitutivos e os estatutos dos partidos políticos. (Incluído pela Lei 9.096, de 1995)*; C: incorreta, pois a sociedade de advogados deve ser registrada perante o Conselho Seccional da Ordem dos Advogados do Brasil em que tiver sede, nos termos do art. 15, § 1º, da Lei 8.906/1994 (Estatuto da OAB): *art. 15. Os advogados podem reunir-se em sociedade civil de prestação de serviço de advocacia, na forma disciplinada nesta lei e no regulamento geral. § 1º A sociedade de advogados adquire personalidade jurídica com o registro aprovado dos seus atos constitutivos no Conselho Seccional da OAB em cuja base territorial tiver sede*; D: incorreta, pois sociedades de fato são aquelas sociedades que não são levadas a registro no órgão próprio e que atualmente são chamadas de sociedade em comum e são regidas pelas regras dos arts. 986 e seguintes do CC. Ademais, se as sociedades possuem natureza mercantil, caso sejam levadas a registro, deverão ser registradas na Junta Comercial e não no RCPJ.
Gabarito "B".

**(Cartório/SP – II – VUNESP)** É competente para proceder ao registro das Fundações,

(A) a Junta Comercial do Estado de São Paulo - JUCESP, quando o patrimônio de constituição for representado por bens móveis.

(B) o Ministério Público do Estado, por intermédio da Promotoria de Justiça de Fundações. Esse registro é feito no Livro de Registro das Fundações.

(C) o Oficial de Registro de Imóveis, caso tenha sido feita dotação especial de bem imóvel. Esse registro é feito no Livro 3 - Registro auxiliar, sem prejuízo do registro da transmissão do imóvel na competente matrícula.

(D) o Oficial do Registro Civil das Pessoas Jurídicas.

D: correta. Nos termos do art. 114, I, da LRP, o registro das fundações compete ao Registro Civil das Pessoas Jurídicas.
Gabarito "D".

## 2. ESCRITURAÇÃO E ORDEM DE SERVIÇO. CERTIDÕES. COMUNICAÇÕES. CONSERVAÇÃO

**(Cartório/MG – 2009 – EJEF)** Acerca da modalidade do registro de documentos, o livro de registro integral de títulos será escriturado nos termos do art. 142 da Lei 6.015, de 1973, lançando-se, antes de cada registro, o número de ordem, a data do protocolo e o nome do apresentante, e conterá colunas para as seguintes declarações, EXCETO:

(A) Número de ordem.

(B) Mês e ano.

(C) Transcrição.

(D) Anotações e averbações.

B: incorreta. Nos termos do art. 136, 2º, da LRP, o livro de registro integral de títulos deverá conter coluna para declaração de *dia e mês*, não mês e ano, como consta na alternativa "B", que deve ser assinalada.
Gabarito "B".

**(Cartório/SP – V – VUNESP)** Para o registro dos atos constitutivos de pessoas jurídicas, deve o oficial registrador analisar seu objeto e atividades. Considerando os motivos a seguir enumerados:

I. atividades nocivas ao bem público;

II. atividades perigosas aos bons costumes;

III. atividades perigosas à moral;

Assinale a alternativa correta.

(A) Todos impedem o registro.

(B) Impedem o registro apenas aqueles previstos nos itens I e II.

(C) Impedem o registro apenas aqueles previstos nos itens I e III.

(D) Impedem o registro apenas aqueles previstos nos itens II e III.

A: correta. Todas as assertivas trazem causas que impedem o registro de pessoa jurídica, conforme art. 115 da Lei 6.015/1973: *art. 115. Não poderão ser registrados os atos constitutivos de pessoas jurídicas, quando o seu objeto ou circunstâncias relevantes indiquem destino ou atividades ilícitos ou contrários, nocivos ou perigosos ao bem público, à segurança do Estado e da coletividade, à ordem pública ou social, à moral e aos bons costumes. (Renumerado do art. 116 pela Lei nº 6.216, de 1975). Parágrafo único. Ocorrendo qualquer dos motivos previstos neste artigo, o oficial do registro, de ofício ou por provocação de qualquer autoridade, sobrestará no processo de registro e suscitará dúvida para o Juiz, que a decidirá.*
Gabarito "A".

## 3. REGISTROS. AVERBAÇÕES. ANOTAÇÕES. NOTIFICAÇÕES

**(Cartório/ES – 2007 – FCC)** Sobre registros e averbações de atos constitutivos no Registro Civil das Pessoas Jurídicas, é correto afirmar que

(A) devem ser registrados os atos constitutivos de sociedades cooperativas de *factoring*.
(B) o registro de atos constitutivos cujo objetivo envolva atividade privativa de profissionais habilitados pelos respectivos órgãos de classe, como a Ordem dos Advogados do Brasil, não será feito sem a prévia comprovação da referida qualificação.
(C) o registro dos atos constitutivos e averbações das fundações, inclusive de previdência privada, só se fará com a aprovação do Ministério Público e do INSS conjuntamente.
(D) deverá ser feito o registro ou a matrícula de oficinas impressoras, jornais, periódicos, empresas de radiodifusão e agências de notícias, no mesmo município, ou de outros com a mesma denominação, variando apenas o número do registro por letra do alfabeto.
(E) quando a averbação ou o registro de alterações de contratos de associação e sociedades civis, sem que os atos constitutivos registrados estejam registrados no mesmo cartório, deverá ser aberta uma matrícula primeiro, fazendo referência à matrícula original.

A: incorreta. Dispõe o art. 893 do Código de Normas da Corregedoria Geral de Justiça do Espírito Santo que *não se fará o registro de sociedades cooperativas, de* factoring, *ou de firmas individuais*; B: correta, nos termos do art. 895 do Código de Normas da Corregedoria Geral de Justiça do Espírito Santo; C: incorreta. Nos termos do art. 902, § 3º, do Código de Normas da Corregedoria Geral de Justiça do Espírito Santo, as fundações de cunho previdenciário dispensam a aprovação do Ministério Público, pois são fiscalizadas pelo Ministério da Previdência e Assistência Social; D: incorreta, por afrontar diretamente o disposto no art. 916, § 3º, do Código de Normas da Corregedoria Geral de Justiça do Espírito Santo, que proíbe o registro nessas condições; E: incorreta. Conforme dispõe o art. 899 do Código de Normas da Corregedoria Geral de Justiça do Espírito Santo, é vedado o registro ou averbação de quaisquer atos relativos a pessoas jurídicas se seus atos constitutivos não estiverem registrados na mesma serventia.
Gabarito "B".

## 4. REGISTROS DE ASSOCIAÇÕES, FUNDAÇÕES, PARTIDOS POLÍTICOS E SOCIEDADES. MATRÍCULA DE JORNAIS, PERIÓDICOS, OFICINAS IMPRESSORAS E EMPRESAS DE RADIODIFUSÃO

**(Cartório/BA – 2004 – CESPE)** A respeito do registro civil das pessoas jurídicas, julgue o item seguinte.

(1) A matrícula da agência de notícias se confunde com o registro da pessoa jurídica a que pertence. Assim, o seu registro é lançado no registro civil de pessoas jurídicas e na junta comercial.

1: incorreta. A matrícula não se confunde com o registro da pessoa jurídica a que pertence. Nos termos do art. 122, IV, da LRP, as empresas que tenham por objeto o agenciamento de notícias são exclusivamente matriculadas no Registro Civil de Pessoas Jurídicas.
Gabarito 1E.

**(Cartório/DF – 2001 – CESPE)** Em relação ao registro de pessoas naturais e jurídicas, julgue o seguinte item.

(1) Não sendo possível registrar-se ato constitutivo de sociedade que tenha por objetivo o exercício de atividade proibida expressamente por lei, deverá o oficial – não lhe cabendo, de ofício, suscitar dúvida ao juiz – devolver ao apresentante o ato constitutivo, para que este, se for o caso, requeira a instauração do incidente.

1: incorreta, pois de acordo com o art. 115, parágrafo único, da LRP, deve o oficial suscitar dúvida perante o juiz corregedor, de ofício ou por provocação de qualquer autoridade, cabendo ao magistrado decidir sobre a possibilidade do registro.
Gabarito 1E.

**(Cartório/DF – 2001 – CESPE)** No que tange ao registro civil das pessoas jurídicas na LRP, julgue os seguintes itens.

(1) Considere a seguinte situação hipotética. O procurador de um grupo de pessoas que pretendia constituir pessoa jurídica apresentou ao oficial de registro estatuto que previa para ela finalidades claramente ilegais e ofensivas ao bem público. Em face disso, o oficial sobrestou no registro e suscitou dúvida, dando ciência disso aos apresentantes, que não se manifestaram. O juiz competente, por confirmar a análise do oficial, julgou procedente a dúvida e indeferiu o registro, sem ouvir os requerentes. Nessa situação, estritamente à luz da LRP, o juiz agiu de modo correto, pois não precisava colher a manifestação dos interessados.

(2) Considere a seguinte situação hipotética. François e Michel, ambos franceses natos, vieram residir no Brasil e, em 1987, adquiriram a cidadania brasileira. Em 1999, apresentaram para matrícula os atos constitutivos de uma empresa de radiodifusão, da qual seriam proprietários. O oficial do registro examinou os documentos e considerou que, à parte o aspecto da nacionalidade dos interessados, os demais requisitos legais estavam cumpridos. Suscitou, então, dúvida ao juiz competente, que a julgou improcedente e determinou o registro. Nessa situação, agiu corretamente o juiz, pois o local de nascimento de François e Michel, no caso, não era óbice ao registro.

(3) Se um jornal de periodicidade semanal for matriculado no registro civil das pessoas jurídicas sem a informação de seu diretor ou redator-chefe, tal omissão considerar-se-á mera irregularidade, passível de gerar sanção administrativa contra o oficial registrador, mas não acarretará consequência alguma contra o periódico.

1: correta. O procedimento adotado está integralmente de acordo com o disposto no art. 115, parágrafo único, da LRP; 2: correta. Conforme prevê o art. 222 da CF, a propriedade de empresa de radiodifusão sonora ou de sons e imagens é privativa de brasileiro nato ou naturalizado há mais de 10 anos, requisito que já havia sido cumprido pelos requerentes quando da apresentação dos documentos para registro; 3: incorreta. O ato, nesse caso, implica multa (art. 124 da LRP) e a clandestinidade do jornal (art. 125 da LRP).

Gabarito 1C, 2C, 3E

**(Cartório/MA – 2008 – IESES)** O registro das sociedades, fundações e partidos políticos consistirá na declaração, feita em livro, pelo oficial, do número de ordem, da data da apresentação e da espécie do ato constitutivo, com as seguintes indicações, dentre outras.

I. As condições de extinção da pessoa jurídica e nesse caso, a forma de distribuição, entre os membros da diretoria, do seu patrimônio.
II. Condições de extinção da pessoa jurídica e nesse caso, o destino do seu patrimônio.
III. Se os membros respondem ou não, subsidiariamente, pelas obrigações sociais.
IV. A forma de remuneração de sua diretoria.

(A) As alternativas I e III estão corretas.
(B) As alternativas I e IV estão corretas.
(C) As alternativas II e III estão corretas.
(D) As alternativas II e IV estão corretas.

I: incorreta, uma vez que a lei não exige a indicação da distribuição do patrimônio entre os membros da pessoa jurídica em caso de extinção, já que tal circunstância não consta do rol do art. 120 da Lei 6.015/1973, que é o dispositivo legal a cuidar das indicações necessárias para o registro sociedades, fundações e partidos políticos; II: correta, nos termos do art. 120, V, da Lei 6.015/1973, conforme segue: *art. 120. O registro das sociedades, fundações e partidos políticos consistirá na declaração, feita em livro, pelo oficial, do número de ordem, da data da apresentação e da espécie do ato constitutivo, com as seguintes indicações: (Redação dada pela Lei 9.096, de 1995) (...) V - as condições de extinção da pessoa jurídica e nesse caso o destino do seu patrimônio*; III: correta, pois que repete o texto do art. 120, IV, da Lei 6.015/1973; IV: incorreta, pois não há tal exigência no rol do art. 120 da Lei 6.015/1973, que é o dispositivo legal a cuidar das indicações necessárias para o registro sociedades, fundações e partidos políticos.

Gabarito "C".

**(Cartório/MG – 2009 – EJEF)** O registro das sociedades, fundações e partidos políticos consistirá na declaração, feita em livro, pelo oficial, do número de ordem, da data da apresentação e da espécie do ato constitutivo, com as seguintes indicações:

I. a denominação, o fundo social, quando houver, os fins e a sede da associação ou fundação, bem como o tempo de sua duração;
II. o modo por que se administra e representa a sociedade, ativa e passivamente, judicial e extrajudicialmente;
III. se o estatuto, o contrato ou o compromisso é reformável, no tocante à administração, e de que modo;
IV. se os membros respondem ou não, subsidiariamente, pelas obrigações sociais;
V. as condições de extinção da pessoa jurídica e nesse caso o destino do seu patrimônio;
VI. os nomes dos fundadores ou instituidores e dos membros da diretoria, provisória ou definitiva, com indicação da nacionalidade, estado civil e profissão de cada um, bem como o nome e residência do apresentante dos exemplares.

Marque a opção INCORRETA.

(A) Apenas os incisos I e II estão corretos.
(B) Apenas os incisos III e IV estão corretos.
(C) Apenas os incisos V e VI estão corretos.
(D) Todos os incisos estão errados.

I: correta, pois repete o texto do art. 120, I, da Lei 6.015/1973; II: correta, pois repete o texto do art. 120, II, da Lei 6.015/1973; III: correta, pois repete o texto do art. 120, III, da Lei 6.015/1973; IV: correta, pois repete o texto do art. 120, IV, da Lei 6.015/1973; V: correta, pois repete o texto do art. 120, V, da Lei 6.015/73; VI: correta, pois repete o texto do art. 120, VI, da Lei 6.015/1973. Vejamos: *art. 120. O registro das sociedades, fundações e partidos políticos consistirá na declaração, feita em livro, pelo oficial, do número de ordem, da data da apresentação e da espécie do ato constitutivo, com as seguintes indicações: (Redação dada pela Lei 9.096, de 1995) I - a denominação, o fundo social, quando houver, os fins e a sede da associação ou fundação, bem como o tempo de sua duração; II - o modo por que se administra e representa a sociedade, ativa e passivamente, judicial e extrajudicialmente; III - se o estatuto, o contrato ou o compromisso é reformável, no tocante à administração, e de que modo; IV - se os membros respondem ou não, pelas obrigações sociais; V - as condições de extinção da pessoa jurídica e nesse caso o destino do seu patrimônio; VI - os nomes dos fundadores ou instituidores e dos membros da diretoria, provisória ou definitiva, com indicação da nacionalidade, estado civil e profissão de cada um, bem como o nome e residência do apresentante dos exemplares. Parágrafo único. Para o registro dos partidos políticos, serão obedecidos, além dos requisitos deste artigo, os estabelecidos em lei específica. (Incluído pela Lei 9.096, de 1995)*

Gabarito "D".

**(Cartório/MG – 2009 – EJEF)** Assinale a afirmativa INCORRETA. Segundo o capítulo da Lei nº 6.015, de 1973, dedicado ao registro de jornais e demais empresas de comunicação, serão matriculados no registro civil das pessoas jurídicas

(A) os jornais e demais publicações periódicas.
(B) as oficinas impressoras de quaisquer natureza, pertencentes a pessoas naturais ou jurídicas.
(C) as empresas de radiodifusão que mantenham serviços de notícias, reportagens, comentários, debates, entrevistas e distribuição de jornais e revistas.
(D) as empresas que tenham por objeto o agenciamento de notícias.

A: correta, nos termos do art. 122, I, da Lei 6.015/1973; B: correta, nos termos do art. 122, II, da Lei 6.015/1973; C: incorreta, pois no inciso III do art. 122, da Lei 6.015/1973, não consta empresas de distribuição de jornais e revistas; D: correta, nos termos do art. 122, IV, da Lei 6.015/1973. Vejamos: *art. 122. No registro civil das pessoas jurídicas serão matriculados: (Renumerado do art. 123 pela Lei 6.216, de 1975). I - os jornais e demais publicações periódicas; II - as oficinas impressoras de quaisquer natureza, pertencentes a pessoas naturais ou jurídicas; III - as empresas de radiodifusão que mantenham serviços de notícias, reportagens, comentários, debates e entrevistas; IV - as empresas que tenham por objeto o agenciamento de notícias.*

Gabarito "C".

**(Cartório/RJ – 2008 – UERJ)** O prazo e o local em que a sociedade simples deverá requerer a inscrição do contrato social no Registro Civil das Pessoas Jurídicas, são, respectivamente:

(A) no prazo de 15 (quinze) dias e no local de sua sede
(B) no prazo de 30 (trinta) dias e no local de sua sede

(C) no prazo de 10 (dez) dias apenas no local de sua constituição
(D) no prazo de 30 (trinta) dias e no local da sua constituição
(E) no prazo de 15(quinze) dias, no local de sua sede e de sua filial, agência ou sucursal, se houver

B: correta. O ato constitutivo da sociedade simples será registrado no prazo de 30 dias (art. 998 e art. 1.151, § 1º, do CC) no cartório de Registro Civil de Pessoas Jurídicas de sua sede (art. 850 da Consolidação Normativa – Parte Extrajudicial – da Corregedoria Geral da Justiça do Estado do Rio de Janeiro).
Gabarito "B".

**(Cartório/RO – III)** Assinale a alternativa correta:

(A) os jornais e demais publicações periódicas serão matriculados no registro civil das pessoas naturais;
(B) os jornais e demais publicações periódicas serão matriculados no registro de títulos e documentos;
(C) os jornais e demais publicações periódicas serão matriculados no registro civil das pessoas jurídicas;
(D) os jornais e demais publicações periódicas serão registrados no registro de títulos e documentos.

C: correta, de acordo com o que determina o parágrafo único do art. 114 da LRP, conforme segue: *art. 114. No Registro Civil de Pessoas Jurídicas serão inscritos: (Renumerado do art. 115 pela Lei 6.216, de 1975). (...) Parágrafo único. No mesmo cartório será feito o registro dos jornais, periódicos, oficinas impressoras, empresas de radiodifusão e agências de notícias a que se refere o art. 8º da Lei 5.250, de 09.02.1967.*
Gabarito "C".

**(Cartório/SP – V – VUNESP)** O parágrafo único do artigo 982, do Código Civil, estabelece que, independentemente do seu objeto, considera-se simples a sociedade cooperativa. A sua inscrição

(A) deverá ser feita exclusivamente no Registro Civil de Pessoas Jurídicas da respectiva sede.
(B) é da exclusiva competência do Registro Público de Empresas Mercantis, a cargo das Juntas Comerciais, da respectiva sede.
(C) é dispensável, tal como nas sociedades em conta de participação, por serem suas características específicas, dentre outras, a dispensa de capital e o concurso de sócios em número mínimo necessário à composição da administração da sociedade, mas sem limitação, porém, de número máximo.
(D) é obrigatória em ambos os órgãos registrários de pessoas jurídicas de direito privado, em razão da característica específica que as rege, da intransferibilidade das quotas do seu capital a terceiros estranhos à sociedade, ainda que por herança.

A: incorreta, pois o tema não é tratado pela Lei 6.015/1973, mas sim pela Lei 8.934/1994, que dispõe sobre o registro público de empresas mercantis e atividades afins e dá outras providências, sendo que o art. 32, II, "a", determina que o arquivamento dos atos constitutivos das cooperativas deve ser efetuado junto ao registro público de empresas mercantis, vinculados às Juntas Comerciais; B: correta, nos termos do art. 32, II, "a", da Lei 8.934/1994, conforme segue: *art. 32. O registro compreende: (...) II - O arquivamento: a) dos documentos relativos à constituição, alteração, dissolução e extinção de firmas mercantis individuais, sociedades mercantis e cooperativas*; C: incorreta, nos termos do comentário à alternativa "A"; D: não seria possível fazer o registro da mesma pessoa jurídica em dois órgãos de registro distintos.
Gabarito "B".

## 5. TEMAS COMBINADOS DE REGISTRO CIVIL DE PESSOA JURÍDICA

**(Cartório/DF – 2001 – CESPE)** No que tange ao registro civil das pessoas jurídicas na LRP, julgue o seguinte item.

(1) Embora, de acordo com a LRP, a existência legal das pessoas jurídicas somente comece com o registro válido de seus atos constitutivos, isso não significa que as chamadas sociedades de fato não possam praticar atos jurídicos e que eles não possam ser cabalmente adimplidos.

1: correta. A sociedade em comum, juridicamente irregular por não ter registrado seus atos constitutivos, pratica atos jurídicos válidos e que devem ser cumpridos normalmente (arts. 986 do CC). A irregularidade não pode ser oposta como argumento de defesa para evitar o adimplemento de obrigação, por força do brocardo "turpitudinem suam allegans non auditor" (ninguém pode alegar a própria torpeza).
Gabarito 1C.

**(Cartório/MA – 2008 – IESES)** Com base na Lei nº 6.015/1973, responda.

I. No Registro Civil de Pessoas Jurídicas será feito o registro dos jornais, periódicos, oficinas impressoras, empresas de radiodifusão e agências de notícias a que se refere o art. 8º da Lei nº 5.250, de 09.02.1967.
II. Não poderão ser registrados os atos constitutivos de pessoas jurídicas, quando o seu objeto ou circunstâncias relevantes indiquem destino ou atividades ilícitos ou contrários, nocivos ou perigosos ao bem público, à segurança do Estado e da coletividade, à ordem pública ou social, à moral e aos bons costumes.
III. Todos os exemplares de contratos, de atos, de estatuto e de publicações, registrados e arquivados serão encadernados por periódicos certos, acompanhados de índice que facilite a busca e o exame.
IV. A existência legal das pessoas jurídicas só começa com o registro de seus atos constitutivos.

(A) Somente as alternativas I, III e IV estão corretas.
(B) Somente as alternativas II e III estão corretas.
(C) As alternativas I, II, III e IV estão corretas.
(D) Somente as alternativas III e IV estão corretas.

I: correta, pois repete o texto do parágrafo único do art. 114, da Lei 6.015/1973; II: correta, pois reproduz o texto do art. 115 da Lei 6.015/1973; III: correta, vez que transcreve a redação do art. 117 da Lei 6.015/1973; IV: correta, pois relata o texto do art. 119 da Lei 6.015/1973.
Gabarito "C".

**(Cartório/MG – 2009 – EJEF)** Assinale a alternativa CORRETA, segundo a lei civil brasileira:

(A) Começa a existência legal das pessoas jurídicas de direito privado com a inscrição do ato constitutivo no respectivo registro, precedida, quando necessário, de autorização ou aprovação do Poder Executivo, averbando-se no registro todas as alterações por que passar o ato constitutivo.

(B) Salvo disposição em contrário, as pessoas jurídicas de direito público, a que se tenha dado estrutura de direito privado, regem-se, no que couber, quanto ao seu funcionamento, pelas normas do órgão responsável por sua criação.
(C) As pessoas jurídicas de direito público interno são civilmente responsáveis por atos dos seus agentes que causem danos a terceiros, ressalvado direito regressivo contra os causadores do dano, se houver, por parte destes, dolo.
(D) As pessoas jurídicas são de direito público, externo, e de direito privado.

A: correta, nos termos dos arts. 119 e 128, ambos da Lei 6.015/1973, conforme segue: *art. 119. A existência legal das pessoas jurídicas só começa com o registro de seus atos constitutivos. (Renumerado do art. 120 pela Lei 6.216, de 1975). Parágrafo único. Quando o funcionamento da sociedade depender de aprovação da autoridade, sem esta não poderá ser feito o registro. Art. 128. À margem dos respectivos registros, serão averbadas quaisquer ocorrências que os alterem, quer em relação às obrigações, quer em atinência às pessoas que nos atos figurarem, inclusive quanto à prorrogação dos prazos. (Renumerado do art. 129 pela Lei 6.216, de 1975)*; B: incorreta. Nos termos do art. 41, parágrafo único, do CC, tais pessoas jurídicas serão regidas, na ausência de disposição legal diversa, pelo próprio Código Civil; C: incorreta, pois as pessoas jurídicas de direito público interno não terão direito de regresso apenas no caso de dolo do causador do dano, mas também quando este agir com culpa, nos termos do art. 43 do CC; D: incorreta, pois de acordo com o art. 40 do CC as pessoas jurídicas podem ser de direito público, interno e externo, e de direito privado.
Gabarito "A".

**(Cartório/MG – 2005 – EJEF)** Considerando-se a adoção, pelo novo Código Civil, da teoria da empresa, é INCORRETO afirmar que

(A) a sociedade controlada é aquela cujo capital é possuído por outra, que tem maioria dos votos nas deliberações dos quotistas ou da Assembleia Geral e poder de eleger a maioria dos administradores daquela.
(B) a sociedade cooperativa tem como característica, entre outras, a vedação da transferência das cotas do capital a terceiros estranhos à sociedade, ainda que por herança.
(C) o empresário casado pode, com a vênia conjugal, alienar os imóveis que integram o patrimônio de sua empresa ou gravá-los com ônus real.
(D) quem exerce profissão intelectual não é considerado empresário, salvo se o exercício da profissão constituir atividade econômica organizada para a produção ou a circulação de bens ou de serviços.

A: correta, nos termos do art. 1.098, I, do CC; B: correta, nos termos do art. 1.094, IV, do CC; C: incorreta, devendo ser assinalada. Tais atos do empresário não dependem de vênia conjugal, qualquer que seja o regime de bens (art. 978 do CC); D: correta, nos termos do art. 966, parágrafo único, do CC. Vale salientar que a alternativa traz uma interpretação sobre o que seja "elemento de empresa". Para a maioria, a profissão intelectual passa a ser empresária quando desaparece o seu caráter personalíssimo, a confiança depositada pelo cliente num profissional específico. O exemplo clássico é o do médico, que passa a exercer atividade empresária quando abre uma clínica com diversos outros médicos empregados, de forma que as pessoas não vão até seu estabelecimento para se consultar necessariamente com ele.
Gabarito "C".

**(Cartório/MG – 2005 – EJEF)** Analise estas afirmativas concernentes à constituição e funcionamento da fundação:

I. Pode ser instituída por documento público ou testamento, com dotação especial de bens livres, destinação específica e forma de administração.
II. Para que se possa alterar o Estatuto de uma fundação, faz-se necessária a aprovação de dois terços dos gestores ou representantes, vedada a alteração do fim a que se destina, desde que passando pelo referendo do *Parquet*.
III. O novo Código Civil diminuiu o prazo – de um ano para 10 dias – para a minoria vencida arguir a nulidade de uma alteração estatutária.
IV. Constituída uma fundação, em razão do princípio da irrevogabilidade da declaração de vontade do instituidor, este é obrigado a transferir os bens dotados, sob pena de suprimento judicial.

A partir dessa análise, pode-se concluir que

(A) apenas as afirmativas III e IV estão corretas.
(B) apenas as afirmativas I, II e III estão corretas.
(C) apenas as afirmativas I, II e IV estão corretas.
(D) as quatro afirmativas estão corretas.

I: correta, conforme dispõe o art. 62 do CC, segundo o qual *para criar uma fundação, o seu instituidor fará, por escritura pública ou testamento, dotação especial de bens livres, especificando o fim a que se destina, e declarando, se quiser, a maneira de administrá-la*; II: correta, pois que condizente com o que determina o art. 67 do CC, conforme segue: *para que se possa alterar o estatuto da fundação é mister que a reforma: I - seja deliberada por dois terços dos competentes para gerir e representar a fundação; II - não contrarie ou desvirtue o fim desta; III - seja aprovada pelo órgão do Ministério Público, e, caso este a denegue, poderá o juiz supri-la, a requerimento do interessado*; III: correta, pois que condizente com a redação do art. 68 do CC, segundo o qual *quando a alteração não houver sido aprovada por votação unânime, os administradores da fundação, ao submeterem o estatuto ao órgão do Ministério Público, requererão que se dê ciência à minoria vencida para impugná-la, se quiser, em dez dias*; IV: correta, já que consagra regra prevista no art. 64 do CC, segundo o qual *constituída a fundação por negócio jurídico entre vivos, o instituidor é obrigado a transferir-lhe a propriedade, ou outro direito real, sobre os bens dotados, e, se não o fizer, serão registrados, em nome dela, por mandado judicial*.
Gabarito "D".

**(Cartório/RN – 2012 – IESIS)** A falta do pedido de matrícula de jornais, oficinas impressoras, empresas de radiofusão e agências de notícias, assim como a ausência das declarações ou da averbação da alteração, importará:

(A) Na pena judicial de multa de meio a dois salários-mínimos, além da fixação do prazo de, pelo menos, 20 dias, para que se proceda a matrícula ou alteração das declarações.
(B) Na pena judicial de multa de meio a cinco salários-mínimos, além da fixação do prazo de até 20 dias, para que se proceda a matrícula ou alteração das declarações.
(C) Na pena judicial de multa de meio a dois salários-mínimos, além da fixação do prazo de até 20 dias, para que se proceda a matrícula ou alteração das declarações.
(D) Na pena judicial de multa de meio a três salários-mínimos, além da fixação do prazo de até 20 dias, para que se proceda a matrícula ou alteração das declarações.

A: correta. Nos termos do art. 124, § 1º, da LRP, a multa imposta será de meio a dois salários mínimos e o juiz fixará prazo de pelo menos 20 dias para a matrícula ou alteração das declarações.
Gabarito "A".

**(Cartório/RN – 2012 – IESIS)** Assinale a alternativa correta:

(A) Não poderão ser registrados os atos constitutivos de pessoas jurídicas, quando o seu objeto indique destino ou atividades ilícitos, ou contrários, nocivos ou perigosos ao bem público, à segurança do Estado e da coletividade, à ordem pública ou social, à moral e aos bons costumes, exceto quando na mesma comarca já existir registro de pessoa jurídica com a mesma denominação.

(B) O registro de atos constitutivos ou de alteração de sociedade, cujo objeto envolva atividade privativa de profissionais habilitados pelos respectivos conselhos de fiscalização de profissões regulamentadas, não será feito sem a prévia comprovação da referida qualificação e apresentação da certidão de regularidade profissional atualizada.

(C) Não poderão ser registrados os atos constitutivos de pessoas jurídicas, quando o seu objeto indique destino ou atividades ilícitos, nocivos ou perigosos ao bem público, à segurança do Estado e da coletividade, à ordem pública ou social, à moral e aos bons costumes, quando em outra comarca já existir registro de pessoa jurídica com a mesma denominação.

(D) O registro de atos constitutivos ou de alteração de sociedade, cujo objeto envolva atividade privativa de profissionais habilitados pelos respectivos conselhos de fiscalização de profissões regulamentadas, será feito mesmo sem a prévia comprovação da referida qualificação, todavia, exigida a apresentação da certidão de regularidade profissional atualizada.

A: incorreta. Não há qualquer exceção à vedação do registro nessas hipóteses. Na verdade, a existência de pessoa jurídica registrada com a mesma denominação é também uma hipótese de proibição de registro (art. 459 do Código de Normas da Corregedoria Geral de Justiça do Rio Grande do Norte); B: correta, nos termos do art. 458 do Código de Normas da Corregedoria Geral de Justiça do Rio Grande do Norte; C: incorreta, nos termos do comentário à alternativa "A"; D: incorreta, nos termos do comentário à alternativa "B".
Gabarito "B".

**(Cartório/SC – 2012)** Os jornais ou outras publicações periódicas devem ser matriculados no Registro Civil de Pessoas Jurídicas e o pedido de matrícula conterá as informações e será instruído com os documentos seguintes, **EXCETO**:

(A) Nome, idade, residência e prova da nacionalidade do proprietário.

(B) Nome, idade, residência e prova da nacionalidade do diretor ou redator-chefe.

(C) Título do jornal ou periódico, sede da redação, administração e oficinas impressoras, esclarecendo, quanto a estas, se são próprias ou de terceiros, e indicando, neste caso, os respectivos proprietários.

(D) Nome, idade, residência e prova de nacionalidade do jornalista responsável pelos serviços de notícias, reportagens, comentários, debates e entrevistas.

(E) Se propriedade de pessoa jurídica, exemplar do respectivo estatuto ou contrato social e nome, idade, residência e prova de nacionalidade dos diretores, gerentes e sócios da pessoa jurídica proprietária.

A única alternativa que não contempla um requisito da matrícula de jornais e periódicos dentre os previstos no art. 123, I, da LRP é a letra "D", pois não há exigência de comprovação de nacionalidade do jornalista responsável por essas atividades, e sim do proprietário e do diretor ou redator-chefe.
Gabarito "D".

**(Cartório/SP – 2012 – VUNESP)** O registro e a autenticação dos livros das associações civis são feitos

(A) pelo Oficial do Registro Civil das Pessoas Naturais da localidade da sede da entidade.

(B) por Tabelião de Notas de livre escolha da entidade.

(C) pelo Oficial do Registro Civil das Pessoas Jurídicas onde os atos constitutivos da entidade estiverem registrados.

(D) pela Junta Comercial do Estado.

C: correta. O registro e autenticação dos livros das associações civis são feitos junto ao Oficial de Registro Civil de Pessoas Jurídicas onde seus atos constitutivos estiverem registrados, nos termos do item 28 do Capítulo XVIII do Tomo II das Normas de Serviço da Corregedoria Geral de Justiça do Estado de São Paulo.
Gabarito "C".

**(Cartório/SP – 2012 – VUNESP)** Sobre atos societários envolvendo imóveis, pode-se afirmar o seguinte:

I. Os atos de transferência de imóveis para empresas comerciais, decorrentes de integralização de quota de capital social, serão objeto de registro.

II. Os atos de transferência de imóveis, decorrentes de fusão ou cisão de empresa, serão objeto de registro.

III. Os atos de transferência de imóveis, decorrentes de incorporação total de empresa, serão objeto de registro.

IV. A alteração do nome ou denominação social das pessoas jurídicas e a transformação do tipo societário serão objeto de averbação.

(A) Todas as afirmativas estão corretas.
(B) Somente as afirmativas I e IV estão corretas.
(C) Somente as afirmativas II e III estão corretas.
(D) Todas as afirmativas estão incorretas.

I: correta, nos termos do item 1-A, "a", nº 32, do Capítulo XX do Tomo II das Normas de Serviço da Corregedoria Geral de Justiça do Estado de São Paulo; II e III: incorretas. Trata-se de atos sujeitos a averbação (item 1-A, "b", nº 16 do Capítulo XX do Tomo II das Normas de Serviço da Corregedoria Geral de Justiça do Estado de São Paulo); IV: correta, nos termos do item 1, "d", do Capítulo XVIII do Tomo II das Normas de Serviço da Corregedoria Geral de Justiça do Estado de São Paulo.
Gabarito "B".

**(Cartório/SP – 2011 – VUNESP)** No Registro Civil das Pessoas Jurídicas, são praticados os seguintes atos:

(A) registro de associações religiosas e autenticações de livros de sociedades empresárias.
(B) registro de fundações de direito público e privado e autenticações de livros de sociedades simples.
(C) registro de associações religiosas e matrícula de oficinas impressoras.
(D) registro de autônomos que explorem atividade econômica e de associações públicas.

A: incorreta. O registro das sociedades empresárias fica a cargo do Registro Público de Empresas Mercantis, exercido pelas Juntas Comerciais dos Estados (art. 1.150 do CC); B: incorreta. As fundações de direito público não estão sujeitas a registro no Registro Civil de Pessoas Jurídicas (item 1, "a", do Capítulo XVIII do Tomo II das Normas de Serviço da Corregedoria Geral de Justiça do Estado de São Paulo); C: correta, nos termos dos arts. 114, I, e 122, II, da LRP; D: incorreta. Não serão registrados atos de constituição de firmas individuais (item 21 do Capítulo XVIII do Tomo II das Normas de Serviço da Corregedoria Geral de Justiça do Estado de São Paulo).
Gabarito "C".

**(Cartório/SP – 2011 – VUNESP)** Ao examinar o estatuto de uma associação, o oficial registrador civil de pessoa jurídica deverá emitir nota devolutiva quando o estatuto

(A) estabelecer categorias de associados com vantagens especiais.
(B) omitir a forma de aprovação das contas.
(C) estabelecer o *quorum* qualificado de três quartos dos associados para realizar qualquer alteração estatutária.
(D) omitir forma de destinação do patrimônio quando dissolvida a associação.

B: correta. A nota devolutiva é elaborada quando o oficial de registro estiver impedido de realizá-lo por estar diante de um documento que não atende as especificações legais. No caso do estatuto de uma associação, é obrigatório nele constar, sob pena de nulidade, a forma de aprovação das contas da pessoa jurídica (art. 54, VII, do CC). Correta, portanto, a alternativa "B", pois as demais não apresentam violações às disposições legais aplicáveis ao registro.
Gabarito "B".

**(Cartório/SP – 2011 – VUNESP)** Sobre o Registro Civil das Pessoas Jurídicas, é correto afirmar que

(A) a sociedade por ações, a depender de seu objeto, pode ser considerada simples. Nesse caso, seu estatuto será registrado no Registro Civil das Pessoas Jurídicas.
(B) a sociedade simples pode assumir a forma de comandita simples e seu estatuto será registrado no Registro Civil das Pessoas Jurídicas.
(C) a sociedade de advogados adquire personalidade jurídica com o registro de seu contrato no Registro Civil das Pessoas Jurídicas de sua sede.
(D) a sociedade cooperativa é sempre empresária, portanto, seu estatuto deve ser registrado na Junta Comercial de sua sede.

A: incorreta. A sociedade por ações é sempre empresária (art. 982, parágrafo único, do CC), razão pela qual seu registro se dará no Registro Público de Empresas Mercantis, a cargo da Junta Comercial (art. 1.150 do CC); B: correta, nos termos do art. 114, I, da LRP (que ainda utiliza a expressão "sociedade civil", prevista no revogado Código Civil de 1916); C: incorreta. A sociedade de advogados deve ser registrada no Conselho Seccional da OAB de sua sede (art. 15, § 1º, da Lei 8.906/1994); D: incorreta. A sociedade cooperativa é considerada sempre sociedade simples (art. 982, parágrafo único, do CC) não empresária como consta na questão.
Gabarito "B".

**(Cartório/SP – 2011 – VUNESP)** Sobre os livros obrigatórios do Registro Civil de Pessoa Jurídica, é correto afirmar que

(A) o Livro Protocolo pode ser dispensado se a serventia utilizar-se de serviços de microfilmagem.
(B) no Livro A devem ser lançados todos os requerimentos, documentos, papéis e títulos ingressados que digam respeito a atos de registro ou averbação.
(C) a ocorrência do procedimento de dúvida deverá ser anotada no Livro Protocolo.
(D) o Livro Protocolo pode ser o mesmo utilizado para o Registro de Títulos e Documentos, pois essas modalidades são sempre cumuladas.

A: incorreta. O livro Protocolo não poderá ser substituído por microfilmagem, apenas os Livros "A" e "B" (item 5.1 do Capítulo XVIII do Tomo II das Normas de Serviço da Corregedoria Geral de Justiça do Estado de São Paulo); B: incorreta. Tais atos devem ser lançados no Livro Protocolo (item 6 do Capítulo XVIII do Tomo II das Normas de Serviço da Corregedoria Geral de Justiça do Estado de São Paulo e art. 114 da LRP); C: correta, nos termos dos itens 5, "c", e 8.1 do Capítulo XVIII do Tomo II das Normas de Serviço da Corregedoria Geral de Justiça do Estado de São Paulo; D: incorreta. As escriturações desses dois livros devem ser independentes (item 6.1 do Capítulo XVIII do Tomo II das Normas de Serviço da Corregedoria Geral de Justiça do Estado de São Paulo).
Gabarito "C".

# 13. REGISTRO DE TÍTULOS E DOCUMENTOS

Alexandre Gialluca e Henrique Subi

## 1. COMPETÊNCIA. PRINCÍPIOS INFORMATIVOS. LIVROS E CLASSIFICADORES

**(Cartório/AC – 2006 – CESPE)** Acerca das atribuições dos oficiais registradores, julgue o item a seguir.

**(1)** São funções exclusivas do registro de títulos e documentos, entre outras, produzir o efeito do conhecimento dos atos registrados, assegurar a transferência de domínio sobre os bens objeto de instrumento registrado, e efetuar a notificação a terceiros. Em cidades dotadas de mais de um cartório, deverá haver prévia distribuição entre eles dos registros a serem efetuados.

1: incorreta. Produzir efeito do conhecimento dos registrados não é uma função exclusiva do Registro de Títulos e Documentos (RTD). Ademais, de acordo com o art. 131 da Lei 6.015/1973 os registros serão feitos independentemente de prévia distribuição.
Gabarito 1E

**(Cartório/BA – 2004 – CESPE)** Acerca da Lei dos Registros Públicos, julgue o item que se segue.

**(1)** O instrumento particular, feito e assinado, ou somente assinado por quem esteja na disposição e administração livre de seus bens, subscrito por duas testemunhas, prova as obrigações convencionais de qualquer valor. Mas os seus efeitos, bem como os da cessão, não se operam, a respeito de terceiros, antes de transcrito no registro público.

1: correta, pois retrata a regra do art. 221 do CC: *O instrumento particular, feito e assinado, ou somente assinado por quem esteja na livre disposição e administração de seus bens, prova as obrigações convencionais de qualquer valor; mas os seus efeitos, bem como os da cessão, não se operam, a respeito de terceiros, antes de registrado no registro público.*
Gabarito 1C

**(Cartório/BA – 2004 – CESPE)** Acerca do registro de títulos e documentos, julgue os itens a seguir.

**(1)** Como regra, os serviços de registro dedicam-se ao assentamento de títulos de interesse público para garantir oponibilidade a terceiros, segurança, autenticidade e eficácia dos atos da vida civil a que se refiram.

**(2)** O contrato de locação de prédios, para surtir efeitos em relação a terceiro, deve estar registrado no competente registro de títulos e documentos, exceto quando nele for inserida cláusula de vigência no caso de alienação da coisa locada. Nesse caso, o registro obrigatório deverá ser feito no cartório de registro de imóveis.

1: correta, nos termos do art. 1.º da Lei 6.015/1973; 2: incorreta. Nos termos dos arts. 129, 1º, e 167, I, 3, da Lei 6.015/1973, o contrato de locação de prédios deve ser registrado no Registro de Títulos e Documentos desde que tenha sido consignada a cláusula de vigência no caso de alienação da coisa locada.
Gabarito 1C, 2E

**(Cartório/BA – 2004 – CESPE)** No que se refere às atribuições e deveres dos oficiais do registro de títulos e documentos e às pessoas jurídicas, julgue os itens subsequentes.

**(1)** O oficial deverá comunicar à Secretaria da Receita Federal sobre documentos registrados que caracterizem aquisição ou alienação de bens imóveis por pessoas físicas ou jurídicas.

**(2)** O oficial, mesmo suspeitando da autenticidade do documento, não poderá recusar-se a anotar o ingresso desse documento no protocolo.

1: correta, nos termos do art. 8.º da Lei 10.426/2002; 2: correta, nos termos do art. 156, parágrafo único, da Lei 6.015/1973.
Gabarito 1C, 2C

**(Cartório/ES – 2007 – FCC)** É atribuição do cartório de Registro de Títulos e Documentos, dentre outras, o registro:

(A) de instrumentos públicos, para prova das obrigações legais.
(B) de imóvel rural.
(C) que não for de atribuição específica de outro ofício.
(D) de contratos de compra e venda de bens imóveis objeto de incorporação.
(E) de testamentos e codicilos.

Os documentos que devem ser obrigatoriamente transcritos no Registro de Títulos e Documentos estão listados no art. 127 da Lei 6.015/1973. O Registro de Títulos e Documentos tem também a função residual de registrar todo e qualquer documento cuja atribuição não pertença a outro ofício (art. 127, parágrafo único, da Lei 6.015/1973).
Gabarito "C"

**(Cartório/MG – 2009 – EJEF)** No Registro de Títulos e Documentos será feita a transcrição:

I. dos instrumentos particulares, para a prova das obrigações convencionais de qualquer valor;
II. do penhor comum sobre coisas móveis;
III. da caução de títulos de crédito pessoal e da dívida pública federal, estadual ou municipal, ou de Bolsa ao portador;
IV. do contrato de parceria agrícola ou pecuária;
V. do mandado judicial de renovação do contrato de arrendamento para sua vigência, quer entre as partes contratantes, quer em face de terceiros (art. 19, § 2.º, do Decreto 24.150, de 20 de abril de 1934);
VI. facultativo, de quaisquer documentos, para sua conservação.

Das afirmativas acima estão CORRETAS:

(A) apenas os incisos I, II, e III.
(B) apenas os incisos IV, V e VI.
(C) apenas os incisos I, III, V e VI.
(D) todos os incisos estão corretos.

I: correta. A assertiva corresponde ao inciso I do art. 127 da Lei 6.015/1973; II: correta. A assertiva corresponde ao inciso II do art. 127 da Lei 6.015/1973; III: correta. A assertiva corresponde ao inciso III do art. 127 da Lei 6.015/1973; IV: correta. A assertiva corresponde ao inciso V do art. 127 da Lei 6.015/1973; V: correta. A assertiva corresponde ao inciso VI do art. 127 da Lei 6.015/1973; VI: correta. A assertiva corresponde ao inciso VII do art. 127 da Lei 6.015/1973.
Gabarito "D".

**(Cartório/MG – 2007 – EJEF)** Considerando a obrigação de se manter os livros exigidos no Registro de Títulos e Documentos, é INCORRETO afirmar ser necessário:

(A) o Livro A para o protocolo de apontamento dos títulos, documentos e papéis apresentados.
(B) o Livro C para inscrição, por extração, de títulos e documentos.
(C) o Livro D para indicação real e pessoal, substituível pelo sistema de fichas.
(D) o Livro B para trasladação integral de títulos e documentos, conservação e validade.

A: correta, conforme redação do art. 132, I, da Lei 6.015/1973, segundo o qual *Livro A – protocolo para apontamentos de todos os títulos, documentos e papéis apresentados, diariamente, para serem registrados, ou averbados*; B: correta, conforme redação do art. 132, III, da Lei 6.015/1973, segundo o qual *Livro C – para inscrição, por extração, de títulos e documentos, a fim de surtirem efeitos em relação a terceiros e autenticação de data*; C: incorreta (devendo ser assinalada), pois o livro D se destina ao indicador pessoal e não ao indicador real, nos termos do art. 132, IV, da Lei 6.015/1973, segundo o qual *Livro D – indicador pessoal, substituível pelo sistema de fichas, a critério e sob a responsabilidade do oficial, o qual é obrigado a fornecer, com presteza, as certidões pedidas pelos nomes das partes que figurarem, por qualquer modo, nos livros de registros*; D: correta, conforme art. 132, II, da Lei 6.015/1973, segundo o qual *Livro B – para trasladação integral de títulos e documentos, sua conservação e validade contra terceiros, ainda que registrados por extratos em outros livros*.
Gabarito "C".

**(Cartório/MG – 2005 – EJEF)** Considerando as funções do registro no Cartório de Títulos e Documentos, é INCORRETO afirmar que o documento assim inscrito:

(A) adquire eficácia legal, vinculando as partes envolvidas no cumprimento dos direitos e obrigações que descreve.
(B) afeta o objeto da relação jurídica, visando a criar o cadastro da propriedade móvel, como sucede com o registro de bens imóveis.
(C) prova a data do negócio, ante a obrigatoriedade da transcrição dos atos na sequência da apresentação.
(D) tem garantidas sua perpetuação e sua conservação, mediante registro facultativo.

A: correta, valendo consignar apenas que nem todos os documentos dependem de registro para adquirirem eficácia legal. Essa providência é necessária somente nas hipóteses previstas em lei; B: incorreta (devendo ser assinalada). O Registro de Títulos e Documentos não cria qualquer cadastro de propriedade nem altera o objeto da relação jurídica. A propriedade móvel se transfere com a simples tradição, não sendo necessária qualquer outra formalidade (art. 1.267 do Código Civil); C: correta, nos termos do art. 150 da Lei 6.015/1973; D: correta, nos termos do art. 127, VII, da Lei 6.015/1973.
Gabarito "B".

**(Cartório/MG – 2005 – EJEF)** Considerando-se a realização do registro no Cartório de Títulos e Documentos, é INCORRETO afirmar que, entre os negócios jurídicos a ele sujeitos, se inclui:

(A) a cessão de crédito.
(B) a fiança.
(C) o contrato de locação.
(D) o penhor mercantil.

A: correta, conforme art. 129, 9.º, da Lei 6.015/1973, segundo o qual estão sujeitos a registro, no Registro de Títulos e Documentos (...) *9.º) os instrumentos de cessão de direitos e de créditos, de sub-rogação e de dação em pagamento*; B: correta, conforme art. 129, 3.º, da Lei 6.015/1973, segundo o qual estão sujeitos a registro, no Registro de Títulos e Documentos (...) *3.º) as cartas de fiança, em geral, feitas por instrumento particular, seja qual for a natureza do compromisso por elas abonado*; C: correta, conforme art. 129, 4.º, da Lei 6.015/1973, segundo o qual estão sujeitos a registro, no Registro de Títulos e Documentos (...) *4.º) os contratos de locação de serviços não atribuídos a outras repartições*; D: incorreta (devendo ser assinalada), pois o penhor mercantil não consta do rol de negócios jurídicos elencados no art. 129 da Lei 6.015/1973, o qual estabelece quais negócios jurídicos serão registrados junto ao Registro de Títulos e Documentos. Este deverá ser registrado no Livro nº 3 - Registro Auxiliar do Registro de Imóveis, em consonância com o que dispõe o art 178, IV da Lei 6.015/73 -
Gabarito "D".

**(Cartório/MG – 2005 – EJEF)** Sabe-se que a notificação pode ser judicial ou extrajudicial, caso em que deve ser realizada no Cartório de Títulos e Documentos. Se optar por esta última forma, o credor deve considerar que há, no texto legal, expressa previsão para:

(A) constituição em mora no caso de alienação fiduciária.
(B) constituição em mora no caso de venda com reserva de domínio.
(C) denúncia da locação por prazo indeterminado.
(D) exoneração dos fiadores e avalistas.

Nos termos do art. 2.º, § 2.º, do Decreto-lei 911/1967, a notificação extrajudicial é caminho suficiente para comprovação da mora em caso de alienação fiduciária. A constituição em mora em caso de venda com reserva de domínio depende de protesto do título ou notificação judicial (art. 525 do Código Civil). A denúncia da locação e a exoneração de fiadores podem ser feitas por escrito, independentemente de formalidades.
Gabarito "A".

**(Cartório/MG – 2005 – EJEF)** Considerando-se a escrituração no Cartório de Títulos e Documentos, é INCORRETO afirmar que:

(A) o registro mediante sistema de microfilmagem é facultado, dispensando-se, com isso, o lançamento prévio dos títulos, documentos e papéis no Livro A.
(B) o registro no Livro B pode ter por finalidade, entre outras, a conservação e a perpetuação do título ou documento.
(C) o registro no livro resumido torna o título operativo em relação a terceiros e, também, autêntica a data consignada.
(D) os documentos em língua estrangeira, para serem registrados por extrato, devem ser, necessariamente, traduzidos.

A: incorreta (devendo ser assinalada), pois o art. 141 da Lei 6.015/1973 determina que o registro por microfilmagem pode ocorrer, desde que seja efetuado por lançamentos remissivos, em que constem o protocolo, nome dos contratantes, data e natureza dos documentos apresentados, conforme segue: *Art. 141. Sem prejuízo do disposto no art. 161, ao oficial é facultado efetuar o registro por meio de microfilmagem, desde que, por lançamentos remissivos, com menção ao protocolo, ao nome dos contratantes, à data e à natureza dos documentos apresentados, sejam os microfilmes havidos como partes integrantes dos livros de registro, nos seus termos de abertura e encerramento*; B: correta, nos termos do art. 132, II, da Lei 6.015/1973, segundo o qual haverá o *Livro B – para trasladação integral de títulos e documentos, sua conservação e validade contra terceiros, ainda que registrados por extratos em outros livros*; C: correta. O registro resumido gera os mesmos efeitos dos demais, desde que realizado nos termos do art. 143 da Lei 6.015/1973; D: correta, conforme redação expressa do parágrafo único do art. 148 da Lei 6.015/1973, cuja redação é: *(...)Parágrafo único. Para o registro resumido, os títulos, documentos ou papéis em língua estrangeira, deverão ser sempre traduzidos.*
Gabarito "A".

**(Cartório/MG – 2005 – EJEF)** A e B formularam um negócio jurídico de compra e venda de um bem imóvel, consistente em um lote de 250 m², urbano, no valor de R$ 8.000,00, mediante instrumento particular. Na qualidade de adquirente, A levou o documento a registro no Cartório de Títulos e Documentos. Na oportunidade, o Registrador suscitou dúvida junto ao Juiz competente, ao argumento de que, embora o registro no Cartório de Títulos e Documentos tenha atribuição supletiva em relação aos demais registros, a compra e venda de imóveis depende da forma pública, sendo, portanto, da competência do Tabelionato de Notas, enquanto o registro do título translativo de domínio por ato *inter vivos* ou *causa mortis* é da atribuição exclusiva do Cartório de Registro de Imóveis. Considerando-se a situação descrita, é CORRETO afirmar que, nesse caso, a decisão consiste em o Juiz julgar a dúvida:

(A) improcedente, cabendo à parte interessada apresentar novamente os documentos para que o Registrador, à vista do mandado ou da certidão da sentença, proceda ao registro, lançando no protocolo o resultado.
(B) procedente, devolvendo à parte interessada os documentos trazidos e dando ciência também ao Registrador para lançar no protocolo o deslinde e proceder ao cancelamento da prenotação.
(C) procedente, em parte, tão somente com relação à atribuição conferida ao Cartório de Registro de Imóveis para o registro do título translatício de domínio de direitos reais, já que, supletivamente, o contrato particular pode ser registrado no Cartório de Títulos e Documentos, embora sem os fins específicos daquele outro Cartório.
(D) procedente, em parte, tão somente com relação à atribuição conferida ao Tabelionato de Notas para a lavratura da escritura pública, que é da essência do ato, já que o documento público pode ser registrado no Cartório de Títulos e Documentos supletivamente.

A dúvida deve ser julgada procedente em parte. A competência do Cartório de Registro de Imóveis realmente é absoluta, não podendo ser suplementada por qualquer outro ofício (art. 169 da Lei 6.015/1973). Por outro lado, nada impede que o oficial de registro de títulos e documentos registre o contrato particular, nos termos do art. 127, I, da Lei 6.015/1973. Obviamente, isso não dará ao documento a forma pública que teria se tivesse sido constituído pelo Tabelião de Notas, mas o seu registro é permitido para conferir-lhe autenticidade de data, segurança do negócio jurídico e garantia de sua conservação.
Gabarito "C".

**(Cartório/PR – 2007)** Sobre o Registro de Títulos e Documentos, é INCORRETO afirmar que:

(A) Dentro do prazo de 10 (dez) dias da data da sua assinatura pelas partes, todos os atos enumerados nos artigos 127 a 129 da Lei dos Registros Públicos serão registrados no domicílio das partes contratantes e, quando residam estas em circunscrições territoriais diversas, far-se-á o registro no domicílio da parte que o requereu e promoveu o pagamento das custas registrais.
(B) Contém 4 livros, todos com 300 folhas, sendo o Livro A de protocolo, Livro B de Registro Integral, Livro C de registro resumido, Livro D de índice de Localização (que pode ser substituído por fichas).
(C) Caberá ao registro de Títulos e Documentos a realização de quaisquer registros não atribuídos expressamente a outro ofício.
(D) No Registro de Títulos e Documentos será feita a transcrição do penhor comum sobre coisas móveis.
(E) No Registro de Títulos e Documentos será feita a transcrição facultativa de quaisquer documentos, para a sua conservação.

A: incorreta (devendo ser assinalada). O prazo conferido para a diligência é de 20 dias e, se os contratantes residirem em circunscrições territoriais diversas, o registro deverá ser feito no domicílio de todos eles, nos termos do art. 130 da Lei 6.015/1973; B: correta, conforme se depreende do art. 132 da Lei 6.015/1973: *Art. 132. No registro de Títulos e Documentos haverá os seguintes livros, todos com 300 folhas: I - Livro A – protocolo para apontamentos de todos os títulos, documentos e papéis apresentados, diariamente, para serem registrados, ou averbados; II - Livro B – para trasladação integral de títulos e documentos, sua conservação e validade contra terceiros, ainda que registrados por extratos em outros livros; III - Livro C – para inscrição, por extração, de títulos e documentos, a fim de surtirem efeitos em relação a terceiros e autenticação de data; IV - Livro D – indicador pessoal, substituível pelo sistema de fichas, a critério e sob a responsabilidade do oficial, o qual é obrigado a fornecer, com presteza, as certidões pedidas pelos nomes das partes que figurarem, por qualquer modo, nos livros de registros*; C: correta, conforme previsão expressa no parágrafo único do art. 127 da Lei 6.015/1973, que tem a seguinte redação: *Parágrafo único. Caberá ao Registro de Títulos e Documentos a realização de quaisquer registros*

não atribuídos expressamente a outro ofício; D: correta, nos termos do inciso II do art. 127, da Lei 6.015/1973, segundo o qual: *Art. 127. No Registro de Títulos e Documentos será feita a transcrição: (...) II - do penhor comum sobre coisas móveis*; E: correta, conforme redação do inciso VII do art. 127, da Lei 6.015/1973, que tem o seguinte teor: *Art. 127. No Registro de Títulos e Documentos será feita a transcrição: (...) VII - facultativo, de quaisquer documentos, para sua conservação.*
Gabarito "A".

**(Cartório/RJ – 2008 – UERJ)** Sobre títulos e documentos, considerando as seguintes afirmativas:

I. Em cidades dotadas de mais de um cartório de registro de títulos e documentos, deverá haver prévia distribuição entre eles dos registros a serem efetuados.
II. Os títulos, documentos ou papéis escritos em língua estrangeira somente poderão ser registrados no Livro B se estiverem traduzidos por tradutor juramentado, mesmo para efeito de conservação ou perpetuidade.
III. Havendo indícios de falsificação do documento apresentado para registro, o registrador deverá recusar-lhe o registro, devolvendo o documento ao apresentante.
IV. O cancelamento de registro ou averbação far-se-á sempre em razão de determinação judicial.
V. Quando o documento a ser registrado for impresso e idêntico a outro já anteriormente registrado na íntegra, o registro poderá ser feito em forma resumida, fazendo-se remissão, quanto ao restante, àquele já registrado.

A (s) alternativa (s) correta (s) é (são):

(A) somente as alternativas I e IV;
(B) somente as alternativas II e V;
(C) somente a alternativa V;
(D) somente a alternativa II;
(E) somente a alternativa III.

I: incorreta, pois o art. 131 da Lei 6.015/1973 afirma que o registro dos títulos e documentos será feito independentemente de prévia distribuição; II: incorreta, pois para o registro de documentos ou papéis estrangeiros cujo objetivo seja apenas conservação ou perpetuidade não se exige que estejam traduzidos, conforme dispõe o art. 148 da Lei 6.015/1973: *Art. 148. Os títulos, documentos e papéis escritos em língua estrangeira, uma vez adotados os caracteres comuns, poderão ser registrados no original, para o efeito da sua conservação ou perpetuidade. Para produzirem efeitos legais no País e para valerem contra terceiros, deverão, entretanto, ser vertidos em vernáculo e registrada a tradução, o que, também, se observará em relação às procurações lavradas em língua estrangeira. Parágrafo único. Para o registro resumido, os títulos, documentos ou papéis em língua estrangeira, deverão ser sempre traduzidos*; III: incorreta, conforme se verifica da redação do parágrafo único do art. 156 da Lei 6.015/1973: *Art. 156 (...) Parágrafo único. Se tiver suspeita de falsificação, poderá o oficial sobrestar no registro, depois de protocolado o documento, até notificar o apresentante dessa circunstância; se este insistir, o registro será feito com essa nota, podendo o oficial, entretanto, submeter a dúvida ao Juiz competente, ou notificar o signatário para assistir ao registro, mencionando também as alegações pelo último aduzidas*; IV: incorreta, pois o cancelamento não se origina apenas de determinação judicial, conforme se depreende dos arts. 164 e 165, ambos da Lei 6.015/1973: *Art. 164. O cancelamento poderá ser feito em virtude de sentença ou de documento autêntico de exoneração do título registrado. Art. 165. Apresentado qualquer dos documentos referidos no artigo anterior, o oficial certificará, na coluna das averbações do livro respectivo, o cancelamento e a razão dele, mencionando-se o documento que o autorizou, datando e assinando a certidão, de tudo fazendo referência nas anotações do protocolo. Parágrafo único. Quando não for suficiente o espaço da coluna das averbações, será feito novo registro, com referências recíprocas, na coluna própria*; V: correta, conforme reza o § 2.º do art. 142, da Lei 6.015/1973, segundo o qual: *§ 2.º Tratando-se de documento impresso, idêntico a outro já anteriormente registrado na íntegra, no mesmo livro, poderá o registro limitar-se a consignar o nome das partes contratantes, as características do objeto e demais dados constantes dos claros preenchidos, fazendo-se remissão, quanto ao mais, àquele já registrado.*
Gabarito "C".

## 2. ESCRITURAÇÃO E ORDEM DE SERVIÇO. CERTIDÕES. COMUNICAÇÕES. CONSERVAÇÃO

**(Cartório/BA – 2004 – CESPE)** Acerca do registro de títulos e documentos, julgue o item a seguir.

(1) O documento, contrato ou papel estrangeiro, escrito em português, não necessita de tradução ou legalização para ser registrado por extrato.

1: incorreta, pois o art. 148 da Lei 6.015/1973 determina não somente a conversão para o vernáculo, como também o registro da tradução, conforme segue: *Art. 148. Os títulos, documentos e papéis escritos em língua estrangeira, uma vez adotados os caracteres comuns, poderão ser registrados no original, para o efeito da sua conservação ou perpetuidade. Para produzirem efeitos legais no País e para valerem contra terceiros, deverão, entretanto, ser vertidos em vernáculo e registrada a tradução, o que, também, se observará em relação às procurações lavradas em língua estrangeira. Parágrafo único. Para o registro resumido, os títulos, documentos ou papéis em língua estrangeira, deverão ser sempre traduzidos.*
Gabarito 1E.

**(Cartório/DF – 2001 – CESPE)** Com referência ao registro de títulos e documentos na LRP, julgue o item a seguir.

(1) Contrato firmado na Itália, em italiano, pode ser registrado, nessa língua, em ofício de títulos e documentos no Brasil.

1: correta, pois a 1.ª parte do *caput* do art. 148 da Lei 6.015/1973 permite o registro do documento em língua estrangeira, no original, desde que seja com o objetivo de conservação ou perpetuidade, conforme segue: *Art. 148. Os títulos, documentos e papéis escritos em língua estrangeira, uma vez adotados os caracteres comuns, poderão ser registrados no original, para o efeito da sua conservação ou perpetuidade. Para produzirem efeitos legais no País e para valerem contra terceiros, deverão, entretanto, ser vertidos em vernáculo e registrada a tradução, o que, também, se observará em relação às procurações lavradas em língua estrangeira.*
Gabarito 1C.

**(Cartório/RO – 2005)** Assinale a alternativa incorreta:

(A) no Registro de Títulos e Documentos será feita a transcrição do contrato de parceria agrícola ou pecuária;
(B) no Registro de Títulos e Documentos será feito o registro de quaisquer documentos não atribuídos expressamente a outro ofício;
(C) estão sujeitos a registro, no Registro de Títulos e Documentos, para surtir efeitos contra terceiros, as cartas de fiança, em geral, feitas por instrumento particular, seja qual for a natureza do compromisso por elas elaborado;

(D) é necessária a prévia distribuição dos documentos apresentáveis aos ofícios de Registro de Títulos e Documentos.

A: correta, nos termos do inciso V do art. 127 da Lei 6.015/1973: *Art. 127. No Registro de Títulos e Documentos será feita a transcrição:. (...) V - do contrato de parceria agrícola ou pecuária*; B: correta, conforme redação do parágrafo único do art. 127, da Lei 6.015/1973, segundo o qual (...) *Parágrafo único. Caberá ao Registro de Títulos e Documentos a realização de quaisquer registros não atribuídos expressamente a outro ofício*; C: correta, conforme redação do item 3.º do art. 129 da Lei 6.015/1973: *Art. 129. Estão sujeitos a registro, no Registro de Títulos e Documentos, para surtir efeitos em relação a terceiros: (...) 3.º) as cartas de fiança, em geral, feitas por instrumento particular, seja qual for a natureza do compromisso por elas abonado*; D: incorreta (devendo ser assinalada), pois o art. 131 da Lei 6.015/1973 dispensa a prévia distribuição dos documentos, conforme segue: *Art. 131. Os registros referidos nos artigos anteriores serão feitos independentemente de prévia distribuição.*
Gabarito "D".

## 3. REGISTROS. AVERBAÇÕES. ANOTAÇÕES. NOTIFICAÇÕES

**(Cartório/DF – 2006 – CESPE)** Quanto ao serviço de registro de títulos e documentos e registro civil das pessoas jurídicas, julgue os próximos itens.

(1) Quando o título ou documento apresentado ao registro não se revestir das formalidades legais, relativas à forma extrínseca, ou quando o oficial suspeitar que o documento seja falso, deverão ser recusados o ingresso do documento no protocolo, sua anotação e registro, devendo, em seguida, ser suscitada dúvida registrária ao juiz competente e notificado o requerente do registro para acompanhá-la.

1: incorreta, pois quando o oficial suspeitar que o documento seja falso, poderá sobrestar no registro, após o protocolo do documento, notificando o apresentante do ocorrido. Havendo insistência do apresentante, pode ser o documento registrado com essa nota, sendo faculdade do oficial submeter a dúvida ao juiz competente ou notificar o signatário para assistir ao registro, conforme estabelece o parágrafo único do art. 156 da Lei 6.015/1973: *Art. 156. O oficial deverá recusar registro a título e a documento que não se revistam das formalidades legais. Parágrafo único. Se tiver suspeita de falsificação, poderá o oficial sobrestar no registro, depois de protocolado o documento, até notificar o apresentante dessa circunstância; se este insistir, o registro será feito com essa nota, podendo o oficial, entretanto, submeter a dúvida ao Juiz competente, ou notificar o signatário para assistir ao registro, mencionando também as alegações pelo último aduzidas.* Por fim, vale dizer que nas Normas Extrajudiciais de São Paulo "Quando evidente a falsificação, o documento será encaminhado, após protocolizado, ao Juiz Corregedor Permanente, para as providências cabíveis".
Gabarito 1E.

**(Cartório/DF – 2003 – CESPE)** Determinada instituição requereu ao oficial de Registro Civil e de Títulos e Documentos o registro de um contrato de alienação fiduciária em garantia de um empréstimo concedido para aquisição de um veículo. O oficial de Registro realizou verificação do documento para apurar o cumprimento das exigências legais pertinentes à matéria. Julgue os itens que se seguem, a respeito dessa matéria.

(1) Se o contrato prevê que o alienante passe a ter o domínio resolúvel e a posse indireta do veículo, então o oficial de Registro deve acatar o contrato.

(2) Se o contrato prevê dívida de valor por estimativa e não líquido e certo, então o oficial de Registro deve acatar o contrato.

1: incorreta. Nos termos do art. 156 da Lei 6.015/1973, o oficial de registro não poderá registrar título ou documento que não revista as formalidades legais. O contrato de alienação fiduciária em garantia, por sua vez, pressupõe que o alienante seja o possuidor direto da coisa alienada, transferindo ao credor o domínio resolúvel a posse indireta (art. 1.º do Decreto-lei 911/1967). Portanto, é impossível o registro nas condições apresentadas; 2: correta. É autorizada a previsão do valor da dívida por estimativa, nos termos do art. 1.º, § 1.º, "a", do Decreto-lei 911/1967.
Gabarito 1E, 2C

**(Cartório/SP – 2008 – VUNESP)** Os títulos, documentos e papéis em língua estrangeira, para fins do registro integral ou traslado no Registro de Títulos e Documentos,

(A) só poderão ter ingresso após a tradução por tradutor público juramentado, salvo se for o Oficial versado na língua em que tiverem sido redigidos, hipótese em que o registro poderá ser feito independentemente daquela.

(B) poderão ser registrados no original, sem que se façam acompanhar de tradução juramentada, uma vez adotados, no seu texto, os caracteres da escrita ocidental, apenas para fins de sua conservação e perpetuidade, não surtindo efeitos no País e nem valendo contra terceiros.

(C) mesmo que escritos em caracteres diversos do alfabeto como nós o conhecemos, podem ser registrados em seus originais, sem que se façam acompanhar de tradução juramentada, se for só para fins de conservação e perpetuidade, não produzindo efeitos legais no País e nem valendo contra terceiros, caso a serventia disponha de serviço de microfilmagem ou outro método de reprodução fiel.

(D) não podem, em hipótese alguma, ter ingresso, sem estarem acompanhados da respectiva tradução por tradutor público juramentado, mesmo que seja só para sua conservação e perpetuidade, em homenagem ao preceito constitucional que dispõe ser o português o idioma oficial da República Federativa do Brasil.

A: incorreta, pois os documentos em língua estrangeira poderão ser registrados no original, se o objetivo seja sua conservação ou perpetuidade. Contudo, para produzirem efeitos e valerem contra terceiros, necessitam de conversão em vernáculo e ser registrada sua tradução, nos termos do *caput* do art. 148 da Lei 6.015/1973; B: correta, já condizente com a redação do art. 148 da Lei 6.015/1973, conforme segue: *Art. 148. Os títulos, documentos e papéis escritos em língua estrangeira, uma vez adotados os caracteres comuns, poderão ser registrados no original, para o efeito da sua conservação ou perpetuidade. Para produzirem efeitos legais no País e para valerem contra terceiros, deverão, entretanto, ser vertidos em vernáculo e registrada a tradução, o que, também, se observará em relação às procurações lavradas em língua estrangeira*; C: incorreta, pois o art. 148 da Lei 6.015/1973 permite o registro de documento em língua estrangeira, quando o objetivo é sua conservação ou perpetuidade, desde que sejam utilizados caracteres comuns ao vernáculo. O dispositivo também não faz nenhuma ressalva quanto a serviço de microfilmagem ou método reprográfico; D: incorreta, pois o art. 148 da Lei 6.015/1973 (transcrito no comentário da alternativa "B") traz expressamente hipótese em que não seja necessária a tradução do documento em língua estrangeira para realização de seu registro.

Gabarito "B".

## 4. TEMAS COMBINADOS DE REGISTRO DE TÍTULOS E DOCUMENTOS

**(Cartório/MG – 2007 – EJEF)** Considerando os atos a serem apresentados no Serviço de Títulos e Documentos, é INCORRETO afirmar ser necessário para surtir efeitos em relação a terceiros o registro de:

(A) cartas de fiança em geral.
(B) contratos de compra e venda com reserva de domínio, referentes a bens móveis.
(C) contrato de locação com cláusula de vigência para a hipótese de alienação.
(D) instrumentos de cessão de direitos e de créditos, de sub-rogação e de dação em pagamento.

A: correta, conforme art. 129, 3.º, da Lei 6.015/1973: *Art. 129. Estão sujeitos a registro, no Registro de Títulos e Documentos, para surtir efeitos em relação a terceiros: (...) 3.º) as cartas de fiança, em geral, feitas por instrumento particular, seja qual for a natureza do compromisso por elas abonado*; B: incorreta (devendo ser assinalada). Dependem de registro, nos termos do art. 129, 5.º, da Lei 6.015/1973, apenas os contratos de compra e venda em prestações; C: correta, conforme o art. 129, 1.º, da Lei 6.015/1973, segundo o qual estão sujeitos a registro no Registro de Títulos e Documentos os contratos de locação de prédios, sem prejuízo do disposto no art. 167, I, 3, da mesma lei, cuja redação é a seguinte: *Art. 167 - No Registro de Imóveis, além da matrícula, serão feitos. I - o registro: (...) 3) dos contratos de locação de prédios, nos quais tenha sido consignada cláusula de vigência no caso de alienação da coisa locada;* D: correta, nos termos do art. 129, 9.º, da Lei 6.015/1973, segundo o qual serão registrados no Registro de Títulos e Documentos *os instrumentos de cessão de direitos e de créditos, de sub-rogação e de dação em pagamento*.

Gabarito "B".

**(Cartório/RJ – 2008 – UERJ)** Sobre o registro de títulos e documentos, é possível afirmar-se que:

I. O oficial do cartório de títulos e documentos é responsável pelos danos decorrentes da anulação de documento, por vício extrínseco ou intrínseco, causado a terceiro.
II. É defeso ao oficial recusar-se a lavrar a certidão integral de título registrado.
III. A quitação, para fins de cancelamento (art. 164 da Lei 6.015/73), não será válida, em sendo firmada pelo procurador do credor, mesmo acompanhada da procuração.
IV. O instrumento de fiança pode ser registrado, mesmo sem anuência do devedor.
V. O protocolo do Ofício de Títulos e Documentos não enseja ordem de prioridade.

Neste caso, a única opção correta é:

(A) todas as alternativas são verdadeiras.
(B) somente as alternativas I e V são verdadeiras.
(C) somente as alternativas II e IV são verdadeiras.
(D) somente as alternativas II e V são verdadeiras.
(E) somente as alternativas II, III e IV são verdadeiras.

I: incorreta, pois o oficial não será responsável pelos danos decorrentes da anulação do título, salvo quando agir de má-fé, nos termos do art. 157 da Lei 6.015/1973: *Art. 157. O oficial, salvo quando agir de má-fé, devidamente comprovada, não será responsável pelos danos decorrentes da anulação do registro, ou da averbação, por vício intrínseco ou extrínseco do documento, título ou papel, mas, tão somente, pelos erros ou vícios no processo de registro*; II: correta, pois em havendo recusa de expedição de certidão o interessado poderá reclamar à autoridade judiciária, conforme o *caput* do art. 20 da Lei 6.015/1973: *Art. 20. No caso de recusa ou retardamento na expedição da certidão, o interessado poderá reclamar à autoridade competente, que aplicará, se for o caso, a pena disciplinar cabível*; III: correta, porque o art. 962 da Consolidação Normativa da Corregedoria Geral de Justiça do Rio de Janeiro – Parte Extrajudicial assevera que o instrumento de quitação deverá ter a firma do credor reconhecida, não se autorizando, portanto, o ato mediante procuração; IV: correta, nos termos do art. 129, 3.º, da Lei 6.015/1973; V: incorreta, pois o art. 151 da Lei 6.015/1973 também prevê ordem prioridade no que se refere aos registros de títulos e documentos.

Gabarito "E".

**(Cartório/RN – 2012 – IESIS)** Devem ser registrados no Cartório de Títulos e Documentos, para gerar efeitos em relação a terceiros, entre outros:

(A) As cartas de fiança, em geral, feitas por instrumento particular, seja qual for a natureza do compromisso por elas abonado; os contratos de locação de serviços não atribuídos a outras repartições; e os instrumentos de cessão de direitos e de créditos, de sub-rogação e de dação em pagamento.
(B) Os documentos decorrentes de depósitos, ou de cauções feitos em garantia de cumprimento de obrigações contratuais, ainda que em separado dos respectivos instrumentos; o compromisso de compra e venda de imóvel; e as quitações, recibos e contratos de compra e venda de automóveis, bem como o penhor destes, qualquer que seja a forma que revistam.
(C) Os contratos de locação de prédios, o testamento público e todos os documentos de procedência estrangeira, acompanhados das respectivas traduções, para produzirem efeitos em repartições da União, dos Estados, do Distrito Federal, dos Territórios e dos Municípios ou em qualquer instância, juízo ou tribunal.
(D) O pacto antenupcial, os contratos de locação de serviços não atribuídos a outras repartições e os contratos de compra e venda em prestações, com reserva de domínio ou não, qualquer que seja a forma de que se revistam, os de alienação ou de promessas de venda referentes a bens móveis e os de alienação fiduciária.

Os títulos e documentos que devem ser registrados para gerar efeitos em relação a terceiros estão dispostos no art. 129 da Lei 6.015/1973. A alternativa "A" é a única que apresenta documentos inseridos no respectivo rol (itens 3.º, 4.º e 9.º, respectivamente).

Gabarito "A".

**(Cartório/RN – 2012 – IESIS)** Os livros de escrituração do Cartório de Títulos e Documentos são:

(A) Livro A – protocolo para apontamentos de todos os títulos, documentos e papéis apresentados, diariamente, para serem registrados, ou averbados; para trasladação integral de títulos e documentos, sua conservação e validade contra terceiros, ainda que registrados por extratos em outros livros; Livro B – para inscrição, por extração, de títulos e documentos, a fim de surtirem efeitos em relação a terceiros e autenticação de data; Livro C – indicador pessoal, substituível pelo sistema de fichas, a critério e sob a responsabilidade do oficial, o qual é obrigado a fornecer, com presteza, Livro D – as certidões pedidas pelos nomes das partes que figurarem, por qualquer modo, nos livros de registros.

(B) Livro A – protocolo para apontamentos de todos os títulos, documentos e papéis apresentados, diariamente, para serem registrados, ou averbados; Livro B – para trasladação integral de títulos e documentos, sua conservação e validade contra terceiros, ainda que registrados por extratos em outros livros; para inscrição, por extração, de títulos e documentos, a fim de surtirem efeitos em relação a terceiros e autenticação de data; Livro C – indicador pessoal, substituível pelo sistema de fichas, a critério e sob a responsabilidade do oficial, o qual é obrigado a fornecer, com presteza, as certidões pedidas pelos nomes das partes que figurarem, por qualquer modo, nos livros de registros.

(C) Livro A – protocolo para apontamentos de todos os títulos, documentos e papéis apresentados, diariamente, para serem registrados, ou averbados; Livro B – para trasladação integral de títulos e documentos, sua conservação e validade contra terceiros, ainda que registrados por extratos em outros livros; Livro C – para inscrição, por extração, de títulos e documentos, a fim de surtirem efeitos em relação a terceiros e autenticação de data; Livro D – indicador pessoal, substituível pelo sistema de fichas, a critério e sob a responsabilidade do oficial, o qual é obrigado a fornecer, com presteza, as certidões pedidas pelos nomes das partes que figurarem, por qualquer modo, nos livros de registros.

(D) Livro A – protocolo para apontamentos de todos os títulos, documentos e papéis apresentados, diariamente, para serem registrados, ou averbados; para trasladação integral de títulos e documentos, sua conservação e validade contra terceiros, ainda que registrados por extratos em outros livros; e Livro B – para inscrição, por extração, de títulos e documentos, a fim de surtirem efeitos em relação a terceiros e autenticação de data; indicador pessoal, substituível pelo sistema de fichas, a critério e sob a responsabilidade do oficial, o qual é obrigado a fornecer, com presteza, as certidões pedidas pelos nomes das partes que figurarem, por qualquer modo, nos livros de registros.

Nos termos do art. 132 da Lei 6.015/1973, o Registro de Títulos e Documentos é feito nos seguintes livros: Livro A – protocolo para apontamentos de todos os títulos, documentos e papéis apresentados, diariamente, para serem registrados, ou averbados; Livro B – para trasladação integral de títulos e documentos, sua conservação e validade contra terceiros, ainda que registrados por extratos em outros livros; Livro C – para inscrição, por extração, de títulos e documentos, a fim de surtirem efeitos em relação a terceiros e autenticação de data; Livro D – indicador pessoal, substituível pelo sistema de fichas, a critério e sob a responsabilidade do oficial, o qual é obrigado a fornecer, com presteza, as certidões pedidas pelos nomes das partes que figurarem, por qualquer modo, nos livros de registros.
Gabarito "C".

**(Cartório/RN – 2012 – IESIS)** Assinale a afirmativa INCORRETA:

(A) Nos contratos de parceria, o parceiro proprietário será considerado o credor.
(B) O registro integral dos documentos consistirá na trasladação dos mesmos, com a mesma ortografia e pontuação, com referência às entrelinhas ou quaisquer. acréscimos, alterações, defeitos ou vícios que tiver o original apresentado, e, bem assim, com menção precisa aos seus característicos exteriores e às formalidades legais, podendo a transcrição dos documentos mercantis, quando levados a registro, ser feita na mesma disposição gráfica em que estiverem escritos, se o interessado assim o desejar.
(C) É cabível o registro resumido, que consistirá na declaração da natureza do título, do documento ou papel, valor, prazo, lugar em que tenha sido feito, nome e condição jurídica das partes, nomes das testemunhas, data da assinatura e do reconhecimento de firma por tabelião, se houver, o nome deste, o do apresentante, o número de ordem e a data do protocolo, e da averbação, a importância e a qualidade do imposto pago.
(D) É cabível o registro do contrato de penhor, mas não cabe o registro de contrato de caução.

A: correta, nos termos do art. 92, § 1.º, da Lei 4.504/1964 (Estatuto da Terra); B: correta, nos termos do art. 142 da Lei 6.015/1973; C: correta, nos termos do art. 143 da Lei 6.015/1973; D: incorreta (devendo ser assinalada). O contrato de caução poderá ser registrado, nos termos do art. 129, 2.º, da Lei 6.015/1973.
Gabarito "D".

**(Cartório/SC – 2012)** Sobre o Registro de Títulos e Documentos, assinale a alternativa INCORRETA:

(A) Quando o título, já registrado por extrato, for levado a registro integral, ou for exigido simultaneamente pelo apresentante o duplo registro, mencionar-se-á essa circunstância no lançamento posterior e, nas anotações do protocolo, far-se-ão referências recíprocas para verificação das diversas espécies de lançamento do mesmo título.
(B) Os títulos, documentos e papéis escritos em língua estrangeira, uma vez adotados os caracteres comuns, poderão ser registrados no original, para o efeito da sua conservação ou perpetuidade. Para produzirem efeitos legais no País e para valerem contra terceiros, deverão, entretanto, ser vertidos em vernáculo e registrada a tradução, o que também se observará em relação às procurações lavradas em língua estrangeira.

(C) Os contratos de compra e venda em prestações, com reserva de domínio ou não, qualquer que seja a forma de que se revistam, os de alienação ou de promessas de venda referentes a bens móveis e os de alienação fiduciária estão sujeitos a registro, no Registro de Títulos e Documentos, para surtir efeitos em relação a terceiros. Este registro produz efeitos em relação a terceiros a partir da data da apresentação do contrato, desde que apresentado dentro do prazo de 20 dias da data da sua assinatura pelas partes.

(D) Caberá ao Registro de Títulos e Documentos a realização de quaisquer registros não atribuídos expressamente a outro ofício.

(E) O registro de contratos de penhor, caução e parceria será feito com declaração do nome, profissão e domicílio do credor e do devedor, valor da dívida, juros, penas, vencimento e especificações dos objetos apenhados, pessoa em poder de quem ficam, espécie do título, condições do contrato, data e número de ordem.

A: correta, nos termos do art. 155 da Lei 6.015/1973; B: correta, nos termos do art. 148 da Lei 6.015/1973; C: incorreta (devendo ser assinalada). Somente após Ultrapassado o prazo de vinte dias é que o registro produzirá efeitos somente a partir da apresentação (art. 130, parágrafo único, da Lei 6.015/1973), se apresentado no prazo legal possui efeito "ex tunc", assim Se realizado dentro do prazo, a eficácia do registro retroage à data da assinatura da avença; D: correta, nos termos do art. 127, parágrafo único, da Lei 6.015/1973; E: correta, nos termos do art. 144 da Lei 6.015/1973.
Gabarito "C".

(Cartório/SP – 2012 – VUNESP) A transcrição de penhor comum sobre coisas móveis e contrato de parceria agrícola ou pecuária será feita no:

(A) Registro de Títulos e Documentos ou Registro Imobiliário, a depender do objetivo do interessado.
(B) Registro Imobiliário.
(C) Registro Civil de Pessoas Jurídicas.
(D) Registro de Títulos e Documentos.

O registro será feito no Registro de Títulos e Documentos, nos termos do art. 127, II e IV, da Lei 6.015/1973.
Gabarito "D".

(Cartório/SP – 2011 – VUNESP) No Registro de Títulos e Documentos, há livros obrigatórios destinados ao seu expediente. Sobre eles, é correto afirmar que:

(A) é permitida a substituição do livro protocolo por sistema de fichas.
(B) é facultada a dispensa do livro de inscrição por extratos, desde que a serventia se utilize do livro de trasladação integral.
(C) é possível a dispensa do uso do livro de trasladação integral na hipótese de utilizar-se pasta classificadora de cópias reprográficas dos documentos.

(D) há possibilidade de dispensa do livro de inscrição por extratos, desde que a serventia se utilize de serviços de microfilmagem.

A: incorreta. Apenas o livro de indicador pessoal (Livro D) pode ser substituído por sistema de fichas (art. 132, IV, da Lei 6.015/1973); B: incorreta. O livro de inscrição por extratos pode ser dispensado somente perante a adoção de sistema de microfilmagem (art. 8 do Capítulo XIX do Tomo II das Normas de Serviço da Corregedoria Geral de Justiça de São Paulo; C: incorreta. O livro de trasladação integral não pode ser dispensado em qualquer hipótese; D: correta, nos termos do art. 8.1 do Capítulo XIX do Tomo II das Normas de Serviço da Corregedoria Geral de Justiça de São Paulo.
Gabarito "D".

(Cartório/SP – 2011 – VUNESP) A respeito do registro de títulos e documentos de origem estrangeira, assinale a alternativa correta.

(A) O Livro B não permite o registro de documentos escritos em língua estrangeira.
(B) Podem ser registrados na sua língua original, no livro "A".
(C) Devem ser traduzidos para português para o registro no Livro C.
(D) O Livro D permite o registro, desde que adotados os caracteres latinos.

Os documentos em língua estrangeira poderão ser registrados no livro "B", desde que adotem caracteres comuns ao vernáculo, ou no livro "C", desde que estejam devidamente traduzidos (art. 31 do Capítulo XIX do Tomo II das Normas de Serviço da Corregedoria Geral de Justiça de São Paulo).
Gabarito "C".

(Cartório/SP – 2011 – VUNESP) É constituído, por meio do registro do instrumento em Registro de Títulos e Documentos,

(A) penhor pecuário.
(B) penhor de direito.
(C) penhor mercantil.
(D) penhor legal.

Nos termos do art. 1.452 do Código Civil, o penhor de direito é constituído mediante o registro de seu instrumento do Registro de Títulos e Documentos.
Gabarito "B".

(Cartório/SP – 2011 – VUNESP) É obrigatório o registro em títulos e documentos:

(A) cláusula de venda com reserva de domínio, para validade perante terceiros.
(B) doação manual, para validade entre as partes.
(C) propriedade fiduciária de coisa móvel fungível, para sua constituição.
(D) cláusula de retrovenda de coisa móvel, para sua constituição.

A: correta, nos termos do art. 129, 5.º, da Lei 6.015/1973; B, C e D: incorretas. Os documentos mencionados sempre valerão entre as partes e consideram-se constituídos desde sua assinatura. Podem ser levados a registro para conferir-lhes maior autenticidade e segurança, mas nunca para sua existência, validade ou eficácia.
Gabarito "A".

# 14. TABELIONATO DE NOTAS

Henrique Subi

## 1. TEORIA GERAL DOS ATOS NOTARIAIS. PRINCÍPIOS. ESPÉCIES. OBJETO. FINALIDADE. FUNÇÃO. FÉ PÚBLICA NOTARIAL. DELEGAÇÕES E ASPECTO INSTITUCIONAL DOS SERVIÇOS NOTARIAIS

**(Cartório/DF – 2003 – CESPE)** A respeito da Lei dos Serviços Notariais e de Registro (LSNR — Lei n.º 8.935/1994), julgue o seguinte item.

(1) Os notários, conforme o caso, podem, por vontade das partes, intervir em qualquer ato ou negócio jurídico lícito, a fim de dar-lhe autenticidade, ainda que não haja previsão legal específica da necessidade dessa intervenção; nesses casos, o original do instrumento que vier a ser redigido permanecerá em poder do notário.

1: correta, nos termos do art. 6º, I e II, da Lei 8.935/1994.
Gabarito 1C

**(Cartório/DF – 2001 – CESPE)** Ainda no que se refere à LSNR, julgue o item seguinte.

(1) No regime da LSNR, a escrituração lavrada pelo tabelião goza de autenticidade no que diz respeito ao próprio instrumento e ao registro dele; todavia, não confere, necessariamente, autenticidade ao próprio ato ou fato jurídico que a originou.

1: correta. Nos termos do art. 3º da Lei 8.935/1994, os tabeliães e oficiais de registro gozam de fé pública, o que garante a presunção de veracidade e autenticidade de seus atos. Isso não significa, por outro lado, que eles se responsabilizam pelos atos ou fatos jurídicos em si: o ato notarial serve apenas para afirmar que o fato presenciado pelo tabelião realmente aconteceu ou que o documento lhe foi entregue exatamente naquelas determinadas condições.
Gabarito 1C

**(Cartório/MG – 2012 – FUMARC)** São requisitos formais essenciais do instrumento público notarial, **EXCETO**

(A) a assinatura do tabelião.
(B) a nomeação das partes.
(C) a redação em língua nacional.
(D) a declaração de ter sido lida em presença dos comparecentes ou de que todos a leram.

A: correta, nos termos do art. 12, "e", do Provimento nº 54/1978, do Conselho Superior da Magistratura do Estado de Minas Gerais; B: correta, nos termos do art. 12, "c", do Provimento nº 54/1978, do Conselho Superior da Magistratura do Estado de Minas Gerais; C: correta, nos termos do art. 12, "a", do Provimento nº 54/1978, do Conselho Superior da Magistratura do Estado de Minas Gerais; D: incorreta, devendo ser assinalada. A leitura do ato não é um requisito essencial interente a todos os instrumentos notariais, devendo ser cumprida apenas quando expressamente exigida.
Gabarito "D".

**(Cartório/MG – 2009 – EJEF)** Sobre a atividade notarial, assinale a alternativa INCORRETA.

(A) Serviços notariais e de registro são os de organização técnica e administrativa destinada a garantir a publicidade, autenticidade, segurança e eficácia dos atos jurídicos.
(B) A perfeição do ato jurídico realizado pelo notário serve também para evitar a falsidade, inexatidão ou imperfeição de um documento.
(C) O notário não é consultor jurídico e por isso não deve analisar os fatos de natureza econômica, moral ou familiar submetidos por seus clientes à sua apreciação, sob o prisma do direito.
(D) A função notarial tem caráter cautelar, imparcial, público e técnico.

A: correta, nos termos do art. 1º da Lei 8.935/1994; B: correta. Ao ficar estabelecido que o ato notarial confere autenticidade e segurança aos documentos, sua função remonta à análise dos documentos apresentados, a fim de evitar que instrumentos falsos ou que violem a lei sejam utilizados pelas partes; C: incorreta, devendo ser assinalada. Nos termos do art. 7º, "b", do Provimento 54/1978, do Conselho Superior da Magistratura do Estado de Minas Gerais, integra a atividade notarial o aconselhamento, com imparcialidade e independência, dos interessados, instruindo-os sobre a natureza e as consequências do ato que pretendem realizar; D: correta. É cautelar porque atua previamente, conferindo segurança aos negócios jurídicos. É pública porque os registros são acessíveis a quaisquer interessados. É imparcial porque o notário está adstrito ao princípio da legalidade. É técnico porque o tabelião ou oficial de registro é bacharel em Direito, ostentando, portanto, conhecimento especializado na matéria que analisa.
Gabarito "C".

**(Cartório/MG – 2009 – EJEF)** Todas as afirmativas abaixo são verdadeiras, EXCETO:

(A) A atividade notarial, sendo função pública delegada pelo Estado ao particular, deve ser realizada pelos princípios norteadores da Administração Pública, eis que os poderes delegados aos notários são regrados pelo sistema jurídico vigente.

(B) Alguns princípios específicos da atividade notarial estão expressos no art. 6º da Lei 8.935, de 1994.

(C) São princípios específicos da atividade notarial, a forma (compete aos notários formalizar juridicamente à vontade das partes); a rogação (os notários só podem intervir nos atos e negócios jurídicos mediante solicitação das partes) e a autenticação (cabe ao notário autenticar fatos).

(D) A atribuição de fé pública aos atos praticados pelos notários tem por finalidade torná-los autênticos, transformando-os em instrumentos de prova, mas podem ser contestados por falsidade em qualquer grau da esfera administrativa.

---

A: correta. O particular titular da serventia extrajudicial atua por delegação do Poder Público (art. 236 da CF), razão pela qual devem submeter-se a um regime jurídico híbrido, parcialmente privado e parcialmente público. Nesse campo, ganham destaque os princípios aplicáveis à Administração Pública (legalidade, impessoalidade, moralidade, publicidade e eficiência); B: correta. São eles: princípio da forma (art. 6º, I), princípio da matricidade ou conservação e princípio da rogação ou instância (art. 6º, II) e princípio da autenticação (art. 6º, III); C: correta, todos eles também previstos no art. 6º da Lei 8.935/1994; D: incorreta, devendo ser assinalada. A fé pública garante aos documentos autenticados presunção de veracidade e legitimidade de seu conteúdo, a qual não pode ser contestada nas instâncias administrativas. Apenas o Poder Judiciário pode afastá-la.
Gabarito "D".

---

**(Cartório/MG – 2005 – EJEF)** Analise estas afirmativas concernentes às espécies de documentos produzidos a partir de atos notariais:

I. Traslado é a primeira cópia integral e fiel da Escritura Pública, extraída com a mesma data.

II. Certidão é a cópia integral ou resumida de escrito existente em livro ou arquivo do Cartório.

III. Os traslados e as certidões considerar-se-ão instrumentos públicos se os originais se houverem produzido em Cartório como prova de algum ato.

IV. Terão a mesma força probante os traslados e as certidões extraídos por Tabelião de instrumentos ou documentos lançados, por este, em suas notas.

A partir dessa análise, pode-se concluir que

(A) apenas as afirmativas I e II estão corretas.
(B) apenas as afirmativas I, II e IV estão corretas.
(C) apenas as afirmativas I, III e IV estão corretas.
(D) apenas as afirmativas II, III e IV estão corretas.

---

I: correta, nos termos do art. 14 do Provimento 54/1978, do Conselho Superior da Magistratura do Estado de Minas Gerais; II: correta, nos termos do art. 15 do Provimento 54/1978, do Conselho Superior da Magistratura do Estado de Minas Gerais; III: incorreta. Para serem considerados instrumentos públicos os respectivos traslados e certidões, os originais devem ter sido produzidos em **juízo** como prova do ato (art. 218 do Código Civil - CC); IV: correta, nos termos do art. 217 do CC.
Gabarito "B".

---

**(Cartório/SP – 2012 – VUNESP)** No que concerne ao expediente das serventias notariais e de registro, a jornada de trabalho para atendimento ao público obedecerá ao horário ininterrupto nas unidades que contarem, no mínimo, com

(A) dois prepostos.
(B) dois escreventes.
(C) três prepostos.
(D) três escreventes.

---

Dispõe o item 1.2 do Capítulo II das Normas do Pessoal dos Serviços Extrajudiciais da Corregedoria Geral de Justiça do Estado de São Paulo que o horário será ininterrupto nas unidades que contarem com, ao menos, três escreventes.
Gabarito "D".

---

**(Cartório/SP – VI – VUNESP)** Quando se diz que é próprio da função dos notários não só a narração documental (*dictum*) com fé pública (*auctoritas* + *fides*), mas também a adequada qualificação jurídica do fato (*actum*) que há de ser escriturado, estão sendo ressaltadas, respectivamente, as seguintes funções dos notários:

(A) instrumentadora, conciliadora e jurisdicional.
(B) interventora, representativa estatal e de aconselhamento.
(C) formalizadora, certificadora e de administração de interesses públicos.
(D) redatora, autenticadora e de assessoramento.

---

Podemos extrair do item 1º do Capítulo XIV das Normas de Serviço da Corregedoria Geral de Justiça do Estado de São Paulo* as seguintes funções dos notários: **a) redatora:** a qual compreende a redução a termo dos fatos que ocorrerem em sua presença (lavratura de testamentos e quaisquer outros atos); **b) autenticadora:** relativa à aposição de fé pública sobre documentos e assinatura; **c) certificadora:** no que toca à expedição de traslados, certidões, fotocópias e outros instrumentos autorizados por lei; e **d) assessoramento:** sobre o dever de indicar às partes qual o melhor ato a ser realizado, prestando-lhes as informações necessárias. Correta, portanto, a alternativa "D".
Gabarito "D".

\* Atualmente redação similar se encontra no item 2, do Capítulo XIV: 2. A função pública notarial, atividade própria e privativa do tabelião de notas, que contempla a audiência das partes, o aconselhamento jurídico, a qualificação das manifestações de vontade, a documentação dos fatos, atos e negócios jurídicos e os atos de autenticação, deve ser exercida com independência e imparcialidade jurídicas.

---

**(Cartório/SP – VI – VUNESP)** "... provêm de dispositivos das Ordenações..." e "é lançado pelo tabelião em papéis e atos avulsos (como certidões e reconhecimentos de firma); não cabe, segundo a boa técnica, nos seus livros de notas, pois isso, segundo deixa entrever Rocha de Siqueira, aberraria da própria finalidade autenticatória da rubrica" (Sylvio do Amaral). A referência do texto é feita

(A) à certificação digital de tabelião.
(B) ao sinal público de tabelião.
(C) à pública-forma.
(D) ao selo de autenticidade.

O texto refere-se ao sinal público do tabelião, que nada mais é do que sua rubrica ou assinatura lançada sobre o selo de autenticidade ou qualquer outro documento a ser autenticado. Segundo a doutrina mais autorizada, ele tem origem nas Ordenações Filipinas e deveria ser uma assinatura diferenciada, especial e difícil de ser reproduzida, hábito que caiu em desuso. Por tal razão, alguns denominam "sinal raso" a assinatura do tabelião aposta com a finalidade de sinal público.
Gabarito "B".

## 2. COMPETÊNCIA E ATRIBUIÇÕES DO TABELIONATO DE NOTAS. ADMINISTRAÇÃO DO SERVIÇO

**(Cartório/AC – 2006 – CESPE)** A respeito das atribuições dos tabeliães de notas, julgue os itens que se seguem.

(1) No caso de doação de bens imóveis, não importa a localização deles para determinar a atribuição do notário. O interessado pode escolher o tabelião de notas para lavratura de qualquer ato notarial, independentemente do local de sua residência.

(2) Aos tabeliães de notas compete com exclusividade lavrar, mediante solicitação, ata notarial, que pode ser corretamente definida como a narrativa objetiva de fato verificado ou presenciado pelo notário, sem seu juízo de valor, e, sendo o notário detentor da fé pública, a ata constitui prova pré-constituída e goza de credibilidade plena para fins de prova em juízo ou em qualquer outra situação de fato ocorrido.

1: correta, nos termos do art. 8º da Lei 8.935/1994; 2: correta. A atribuição está expressamente prevista no art. 7º, III, da Lei 8.935/1994. A ata notarial nada mais é do que a redução a termo de fato presenciado pelo tabelião. A fé pública ínsita aos documentos notariais garante-lhe presunção de legitimidade e veracidade, cujo valor probante somente pode ser afastado mediante prova cabal em sentido contrário.
Gabarito 1C, 2C.

**(Cartório/BA – 2004 – CESPE)** Com relação aos serviços prestados pelos notários ou tabeliães, julgue os seguintes itens.

(1) Aos notários compete autenticar documentos, mas não fatos.

(2) São de competência exclusiva dos tabeliães de notas a autenticação de documentos e o reconhecimento de firma.

(3) O atendimento ao público será de, no mínimo, 6 horas diárias, podendo esse limite ser reduzido para 4 horas diárias, a critério do titular do cartório.

(4) É dever do notário encaminhar ao juízo competente o nome de seu substituto.

1: incorreta. O art. 6º, III, da Lei 8.935/1994 estabelece expressamente a competência do tabelião para autenticar fatos; 2: correta, nos termos do art. 7º, IV e V, da Lei 8.935/1994; 3: incorreta. Não há na lei qualquer previsão para redução do horário de atendimento (art. 4º, § 2º, da Lei 8.935/1994); 4: correta, nos termos do art. 20, § 2º, da Lei 8.935/1994.
Gabarito 1E, 2C, 3E, 4C.

**(Cartório/DF – 2008 – CESPE)** Relativamente à legislação e jurisprudência aplicáveis às serventias registradoras e notariais, julgue o item seguinte.

(1) Entre as funções dos tabeliães está, fundamentalmente, a de intervir nos atos e negócios jurídicos a que as partes devam ou queiram dar forma legal ou autenticidade.

1: correta, nos termos do art. 6º, II, da Lei 8.935/1994.
Gabarito 1C.

**(Cartório/MA – 2008 – IESES)** João Silveira, empresário no setor imobiliário em São Luís do Maranhão é primo de Nilo Silveira, Tabelião de Notas de uma cidade vizinha, e sob a justificativa de agilizar a prestação dos serviços direciona seus negócios para a serventia de seu primo, que autoriza seu substituto a praticar os atos notariais na empresa de João Silveira.

I. A atitude de Nilo está incorreta porque a lei estabelece que o tabelião de notas não poderá praticar atos de seu ofício fora do Município para o qual recebeu delegação.
II. A atitude de Nilo está correta porque se trata de mera diligência.
III. A atitude de Nilo está correta, pois as partes têm ampla liberdade de escolherem o Tabelião de sua confiança.
IV. A atitude de Nilo está correta, porque somente o Tabelião pessoalmente pode praticar atos fora de sua serventia.

(A) Somente a alternativa II está correta.
(B) Somente a alternativa I está correta.
(C) As alternativas I, III e IV estão corretas.
(D) As alternativa II e III estão corretas.

I: correta, nos termos do art. 9º da Lei 8.935/1994; II: incorreta. A lei não estabelece exceções para a regra exposta no comentário à afirmação anterior; III: incorreta. A despeito de haver plena liberdade das partes para escolha do tabelião de notas, esse não pode praticar atos fora do município onde exerce a delegação; IV: incorreta. Nem mesmo o tabelião está autorizado a descumprir o comando genérico do art. 9º da Lei 8.935/1994.
Gabarito "B".

**(Cartório/MG – 2012 – FUMARC)** O exercício da atividade notarial e de registro é compatível com

(A) advocacia.
(B) mandato eletivo.
(C) emprego ou funções públicos.
(D) intermediação de seus serviços.

Nos termos do art. 25 da Lei nº 8.935/1994, o exercício da atividade notarial é incompatível com a intermediação de seus serviços (o que significa que o notário não pode agenciar seu próprio cartório), a advocacia e emprego e funções públicas. Correta, portanto, a alternativa "B", pois nada impede a acumulação da atividade notarial com mandato eletivo.
Gabarito "B".

**(Cartório/MG – 2012 – FUMARC)** Dentre as atribuições dos tabeliães de notas estão a lavratura de escrituras e procurações públicas e as atas notariais. **NÃO** é correto o que se afirma em

(A) A ata notarial pode registrar um fato jurídico natural.
(B) O tabelião, na lavratura das escrituras, narrará a vontade das partes.

(C) Nas atas notariais, o tabelião narra o fato que vê, porém o fato não pode ser ilícito.
(D) O tabelião pode lavrar uma escritura de revogação de procuração em que o mandatário na procuração será notificado pelo outorgante da procuração.

A: correta. A ata notarial se presta a autenticar fatos, qualquer que seja sua natureza (art. 6º, III, da Lei nº 8.935/1994); B: correta. A lavratura de escrituras públicas visa a formalizar juridicamente a vontade das partes, que deve ser transcrita com fidelidade pelo tabelião (art. 6º, I, da Lei nº 8.935/1994); C: incorreta, devendo ser assinalada. Como já dito, a natureza do fato, natural ou humano, lícito ou ilícito, não impede a lavratura da ata notarial; D: correta. Não é necessário que ambas as partes estejam presentes no momento da lavratura da escritura pública, desde que sejam cientificadas do fato para atribuir-lhe os respectivos efeitos jurídicos.
Gabarito "C".

(Cartório/MG – 2009 – EJEF) Nos termos do Estatuto Profissional dos Notários e Registradores (Lei n. 8.935, de 1994), é INCORRETO afirmar:

(A) É livre a escolha do tabelião de notas, conforme seja o domicílio das partes ou o lugar da situação dos bens objeto do ato ou negócio, não podendo praticar, em nenhuma hipótese, atos de seu ofício fora do Município para o qual recebeu a delegação, competindo-lhe ainda reconhecer firmas em documentos destinados a fins de direito marítimo.
(B) Compete aos notários formalizar juridicamente a vontade das partes nos atos e negócios jurídicos a que devam ou simplesmente desejam dar forma legal, autorizando a redação ou redigindo os instrumentos adequados, competindo-lhes conservar os originais e expedir cópias fidedignas de seu conteúdo, além de autenticar fatos.
(C) Aos tabeliães de notas compete autenticar cópias, reconhecer firmas, lavrar atas notariais, testamentos públicos e aprovar os cerrados, bem como escrituras e procurações públicas.
(D) Os tabeliães de protesto, além de lavrá-lo, são encarregados de registrar o ato em livro próprio, microfilme ou outra forma de documentação, cabendo-lhes ainda averbar o cancelamento do protesto e as alterações necessárias para atualização dos registros efetuados.

A: incorreta, devendo ser assinalada. A escolha do tabelião de notas é totalmente livre pelas partes, não estando vinculados àquele atuante em qualquer dos municípios ou no local da celebração do negócio (art. 8º da Lei 8.935/1994); B: correta, nos termos do art. 6º da Lei 8.935/1994; C: correta, nos termos do art. 7º da Lei 8.935/1994; D: correta, nos termos do art. 11, IV e VI, "a" e "b", da Lei 8.935/1994.
Gabarito "A".

(Cartório/MG – 2009 – EJEF) Aos tabeliães de notas, nos termos da Lei 8.935, de 1994, compete com exclusividade, EXCETO:

(A) Lavrar registro de escrituras públicas de bens móveis e imóveis e semoventes.
(B) Lavrar escrituras e procurações públicas; Lavrar testamentos públicos e aprovar os cerrados.

(C) Lavrar atas notariais, extrair e conferir ou consertar públicas formas.
(D) Reconhecer firmas e autenticar documentos.

Todos os itens estão previstos nos incisos do art. 7º da Lei 8.935/1994, com exceção da letra "A".
Gabarito "A".

(Cartório/MG – 2007 – EJEF) Tendo em vista o princípio da territorialidade aplicável ao tabelião de notas na forma da Legislação Federal, considere as assertivas abaixo:

I. O interessado pode escolher o tabelião de notas para lavratura de qualquer ato notarial, independentemente do local de sua residência.
II. Em caso de doação de bens imóveis, não importa a localização deles para determinar a competência do notário.
III. O tabelião poderá praticar atos de seu ofício em qualquer cidade da mesma região metropolitana e independentemente dos limites territoriais dos municípios.

Assinale a alternativa CORRETA.

(A) Apenas I e III.
(B) Apenas II e III.
(C) Apenas I.
(D) Apenas I e II.

I e II: correta, nos termos do art. 8º da Lei 8.935/1994; III: incorreta. É vedada a prática de atos pelo tabelião fora do município onde ele exerce a delegação, não havendo exceção para regiões metropolitanas (art. 9º da Lei 8.935/1994).
Gabarito "D".

(Cartório/MG – 2007 – EJEF) Nos termos da Lei n. 8.935, de 1994, o escrevente de um Tabelionato de Notas poderá praticar apenas

(A) reconhecimentos de firmas, por semelhança.
(B) autenticações de cópias extraídas no Tabelionato.
(C) reconhecimentos de firmas, de quaisquer espécies.
(D) os atos que o notário autorizar, expressamente.

A Lei 8.935/1994 não arrola os atos que podem ser praticados pelos escreventes, deixando a cargo do tabelião defini-los. Nos termos do art. 20, § 3º, do mencionado diploma legal, o escrevente poderá realizar todos os atos que o tabelião autorizar.
Gabarito "D".

(Cartório/MG – 2007 – EJEF) Dispondo a Lei n. 8.935, de 1994, que a responsabilidade criminal por ato próprio da serventia praticado por preposto de serviço notarial será individualizada, conclui-se que:

(A) tanto o tabelião quanto o seu preposto responderão criminalmente pelo ato.
(B) somente o tabelião, como empregador, responderá penalmente.
(C) a individualização prevista no caput não exime os notários de sua responsabilidade civil.
(D) o tabelião responderá civilmente, e o preposto, criminalmente, não cabendo direito de regresso no caso de dolo ou culpa do preposto.

A Lei 8.935/1994 estampa a seguinte diferença entre a responsabilidade civil e a responsabilidade criminal do tabelião e seus escreventes: em relação à responsabilidade civil, o tabelião responde pelo ato praticado pelo escrevente, assegurado-lhe o direito de regresso em caso de dolo ou culpa do funcionário (art. 22); no que toca à responsabilidade criminal, como sempre deve ser, ela é pessoal, ou seja, responde pelo crime a pessoa que praticou o ato (ou o tabelião ou o escrevente – art. 24). Não se pode esquecer, contudo, que o art. 23 consolida a regra geral de que a responsabilidade civil independe da criminal, ou seja, ainda que um escrevente venha a ser responsabilizado, individual e pessoalmente, por ato definido como crime, ainda assim, havendo lesão a ser indenizada ao prejudicado, responderá o tabelião pelo respectivo ressarcimento (porque estamos no campo, aqui, da responsabilidade civil, não da criminal).
Gabarito "C".

**(Cartório/MG – 2007 – EJEF)** O tabelião, em seu próprio Tabelionato, poderá promover a lavratura de atos de interesse de seu cônjuge ou de parentes, na linha reta ou na colateral, consanguíneos ou afins, até o terceiro grau, desde que:

(A) ele exija representação dessas pessoas, por procuração pública.
(B) os atos notariais sejam firmados por seu substituto legal.
(C) ela seja precedida de autorização judicial expressa.
(D) os atos notariais sejam subscritos por colega tabelião da mesma cidade.

O art. 27 da Lei 8.935/1994 cria impedimento para a prática de atos notariais em benefício do cônjuge e dos parentes indicados no enunciado. Note, porém, que o dispositivo proíbe a lavratura dos atos **pessoalmente** pelo tabelião, o que implica a possibilidade deles serem realizados pelo seu substituto.
Gabarito "B".

**(Cartório/MG – 2007 – EJEF)** Tabelião de notas de Fortuna de Minas foi procurado por comprador de imóvel localizado em Belo Horizonte, para fazer a escritura definitiva de imóvel objeto de contrato particular, não registrado. O tabelião, alegando razões éticas e normativas, negou-se a atender a solicitação. Dentre as justificativas propostas abaixo, assinale a CORRETA:

(A) Não poderia o tabelião de Fortuna de Minas lavrar escritura de imóvel localizado fora de sua circunscrição territorial.
(B) Como o contrato particular não era registrado, o tabelião está correto em não lavrar o instrumento.
(C) Não poderia a escritura ser lavrada e assinada através do Tabelionato de Fortuna de Minas, pois esse Tabelionato não poderia colher as assinaturas em Belo Horizonte, local de residência dos vendedores, que não só se recusavam a ir a Fortuna de Minas para assinar o instrumento, mas também se negavam a outorgar procuração para tal fim.
(D) A mulher do vendedor é irmã do tabelião de Fortuna de Minas, razão pela qual ele não poderia nem mandar lavrar a escritura por um substituto seu.

A: incorreta. É livre a escolha pelas partes do tabelião de notas (art. 8º da Lei 8.935/1994); B: incorreta. Não se exige o registro do contrato para a lavratura do ato notarial, pois esse deverá ser prestado sempre que for de interesse das partes dar maior segurança jurídica ao instrumento; C: correta. A questão tem um formato diferente: informações essenciais para a resposta são encontradas na própria alternativa. Se as partes residem em outro município e recusam-se a deslocar-se, realmente o tabelião de Fortuna de Minas não poderá lavrar o ato em cidade diversa daquela onde exerce sua delegação (art. 9º da Lei 8.935/1994); D: incorreta. O impedimento previsto no art. 27 da Lei 8.935/1994 não veda a prática do ato por substituto do tabelião.
Gabarito "C".

**(Cartório/MG – 2005 – EJEF)** É CORRETO afirmar que aos Tabeliães de Notas compete,

(A) com exclusividade, lavrar escrituras, procurações e testamentos públicos.
(B) com exclusividade, formalizar juridicamente a vontade das partes.
(C) com exclusividade, intervir nos atos e negócios jurídicos a que as partes devam ou queiram dar forma legal.
(D) simultaneamente com os Escreventes Substitutos, lavrar testamentos.

A: correta, nos termos do art. 7º, I e II, da Lei 8.935/1994; B: incorreta. Tal atribuição não é exclusiva dos notários em geral (art. 6º, I, da Lei 8.935/1994), pois é função ínsita também à advocacia; C: incorreta, pela mesma razão da alternativa anterior (art. 6º, II, da Lei 8.935/1994); D: incorreta. Essa atribuição é exclusiva do tabelião, não havendo atuação simultânea (art. 7º, II, da Lei 8.935/1994).*
Gabarito "A".

* Observação: O Art. 1.864 do Código Civil permite expressamente que o substituto lavre testamentos.

**(Cartório/MG – 2005 – EJEF)** Considerando-se o Tabelionato de Notas, é CORRETO afirmar que

(A) compete privativamente ao(à) Titular de um Tabelionato de Notas proceder à lavratura e ao registro de atas notariais.
(B) é livre a escolha do Tabelião de Notas, qualquer que seja o domicílio das partes ou o lugar de situação dos bens objeto do ato ou negócio.
(C) é obrigatória, havendo mais de um Tabelionato de Notas na mesma localidade, a antecipada distribuição dos títulos.
(D) pode o Tabelião de Notas praticar atos de seu ofício igualmente fora do Município para o qual recebeu delegação, mediante prévia autorização do Juiz Corregedor permanente.

A: incorreta. Cabe ao tabelião apenas a lavratura das atas (art. 7º, III, da Lei 8.935/1994), sendo o registro atribuição do oficial de registro; B: correta, nos termos do art. 8º da Lei 8.935/1994; C: incorreta. Essa obrigatoriedade existe apenas para os tabelionatos de protesto (art. 11, parágrafo único, da Lei 8.935/1994); D: incorreta. É vedada a lavratura de atos pelo tabelião fora do município onde exerce delegação, não havendo exceções (art. 9º da Lei 8.935/1994).
Gabarito "B".

**(Cartório/PR – 2007)** Aos tabeliães de notas, nos termos da Lei que regulamenta os serviços notarias e de registro, compete com exclusividade:

(A) Lavrar escrituras e procurações públicas; lavrar testamentos públicos, lavrar atas notariais, reconhecer firmas e autenticar cópias, lavrar protestos registrando o ato em livro próprio.
(B) Lavrar escrituras e procurações públicas, reconhecer firmas, autenticar cópias e lavrar registros de títulos e documentos de pessoas físicas ou jurídicas domiciliadas e com sede no Brasil.
(C) Lavrar escrituras e procurações públicas; lavras testamentos públicos, lavrar atas notariais, reconhecer firmas, autenticar cópias, lavras registro de títulos e documentos e de escrituras públicas de doação, compra e venda e dação em pagamento de bens móveis.
(D) Lavrar escrituras e procurações públicas, reconhecer firmas, autenticar cópias e lavrar registros de títulos e documentos de pessoas físicas ou jurídicas domiciliadas e com sede no Brasil, lavrar registro de escrituras públicas de bens móveis e imóveis.
(E) Lavrar escrituras e procurações públicas; lavrar testamentos públicos, lavrar atas notariais, reconhecer firmas e autenticar cópias.

Nos termos do art. 7º da Lei 8.935/1994: "aos tabeliães de notas compete com exclusividade: I – lavrar escrituras e procurações públicas; II – lavrar testamentos públicos e aprovar os cerrados; III - lavrar atas notariais; IV – reconhecer firmar; V – autenticar cópias". Lavrar protestos é competência do Tabelião de Protestos; lavrar registros de títulos e documentos de pessoas físicas ou jurídicas domiciliadas e com sede no Brasil, é competência do Oficial de Registro de Títulos e Documentos.
Gabarito "E".

**(Cartório/RJ – 2008 – UERJ)** Considerando-se o previsto na Lei 8.935, de 1994, é possível afirmar-se que compete aos tabeliães de notas:

(A) todas as opções abaixo
(B) com exclusividade, lavrar escrituras, procurações e atas notariais
(C) com exclusividade, lavrar testamentos públicos e aprovar os cerrados
(D) com exclusividade, reconhecer firmas, autenticar cópias e autenticar fatos simultaneamente com seus escreventes, formalizar juridicamente a vontade das partes e lavrar testamentos
(E) simultaneamente com seus escreventes, formalizar juridicamente a vontade das partes e lavrar testamentos

Nos termos do art. 7º da Lei 8.935/1994: "aos tabeliães de notas compete com exclusividade: I – lavrar escrituras e procurações públicas; II – lavrar testamentos públicos e aprovar os cerrados; III - lavrar atas notariais; IV – reconhecer firmar; V – autenticar cópias". Ainda, nos termos do § 4º, do artigo 20 da Lei 8.935/1994: "Os substitutos poderão, simultaneamente com o notário ou o oficial de registro, praticar todos os atos que lhe sejam próprios exceto, nos tabelionatos de notas, lavrar testamentos". *
Gabarito "C".

* Observação: O Art. 1.864 do Código Civil permite expressamente que o substituto lavre testamentos.

**(Cartório/RJ – 2008 – UERJ)** Os notários e os oficiais de registro poderão, para o desempenho de suas funções, contratar escreventes, dentre eles escolhendo os substitutos, e auxiliares como empregados, com remuneração livremente ajustada e sob o regime da legislação do trabalho. Considerando-se o que foi descrito, podemos afirmar que:

(A) as afirmativas "a" e "d" estão corretas
(B) dentre os substitutos, um deles será designado pelo notário para responder pelo respectivo serviço nas ausências e nos impedimentos do titular
(C) os notários responderão criminalmente pelos ilícitos penais praticados pelos prepostos, desde que já responsabilizados civil e administrativamente
(D) os escreventes substitutos responderão criminalmente pelos ilícitos penais praticados pelos empregados, desde que já responsabilizados civil e administrativamente
(E) os escreventes substitutos responderão civilmente pelos danos que, na prática de atos próprios da serventia, causem a terceiros, assegurado o direito de regresso no caso de dolo ou culpa do titular

A: incorreta. Vide esclarecimentos a seguir; B: correta, nos termos do art. 20, § 5º, da Lei 8.935/1994; C: incorreta. A responsabilidade penal é individual, não sendo possível imputar ao tabelião a prática de crime por ato do preposto (art. 24 da Lei 8.935/1994); D: incorreta, pela mesma razão da assertiva anterior; E: incorreta. A relação está invertida: o titular responderá civilmente pelos atos dos prepostos, assegurado o direito de regresso em caso de dolo ou culpa desses últimos (art. 22 da Lei 8.935/1994).
Gabarito "B".

**(Cartório/RN – 2012 – IESIS)** Compete aos tabeliães de notas, com exclusividade:

(A) Lavrar escrituras e procurações, públicas e privadas; testamentos públicos e aprovar os cerrados e hológrafos; atas notariais; reconhecer firmas; e autenticar cópias.
(B) Lavrar escrituras e procurações, públicas; testamentos públicos e aprovar os cerrados e hológrafos; atas notariais; reconhecer firmas; e autenticar cópias.
(C) Lavrar escrituras e procurações, públicas; testamentos públicos e aprovar os cerrados; atas notariais; reconhecer firmas; e autenticar cópias.
(D) Lavrar escrituras e procurações, públicas e privadas; testamentos públicos e aprovar os cerrados; atas notariais; reconhecer firmas; e autenticar cópias.

A: incorreta. As procurações privadas, como o próprio nome sugere, não são elaboradas pelo tabelião de notas, e sim pelo próprio particular. Além disso, os testamentos particulares (também chamados de "hológrafos") não dependem de aprovação do tabelião (art. 7º, I e II, da Lei nº 8.935/1994); B: incorreta, por conta da enumeração da aprovação de testamento hológrafo (art. 7º, II, da Lei nº 8.935/1994; C: correta, nos termos do art. 7º da Lei nº 8.935/1994; D: incorreta, por conta da enumeração da lavratura de procurações privadas (art. 7º, I, da Lei nº 8.935/1994).
Gabarito "C".

**(Cartório/RO – III)** Assinale a alternativa incorreta:

(A) podendo o tabelião de notas ser escolhido livremente pelas partes interessadas, poderá aquele praticar atos de seu ofício fora do município para o qual recebeu delegação;
(B) aos tabeliães de notas compete com exclusividade, lavrar atas notariais, reconhecer firmas e autenticar cópias;
(C) aos notários compete formalizar juridicamente a vontade das partes;
(D) cada serviço notarial funcionará em um só local, vedada a instalação de sucursal.

A: incorreta, devendo ser assinalada. É vedada a prática de atos pelo tabelião fora do município onde exerce sua delegação (art. 9º da Lei 8.935/1994); B: correta, nos termos do art. 7º, III, IV e V, da Lei 8.935/1994; C: correta, nos termos do art. 6º, I, da Lei 8.935/1994; D: correta, nos termos do art. 43 da Lei 8.935/1994.
Gabarito "A".

**(Cartório/SP – 2011 – VUNESP)** Leia as afirmações e assinale a alternativa correta.

(A) As partes devem procurar o tabelião de notas do local de sua residência ou domicílio.
(B) É livre a escolha do Tabelião de notas, qualquer que seja o domicílio das partes ou o lugar de situação dos bens objeto do ato ou negócio.
(C) O tabelião pode colher assinaturas e lavrar atos fora de seu município, desde que autorizado pela parte.
(D) Havendo mais de um tabelião de notas em sua localidade, será obrigatória a prévia distribuição dos serviços.

A: incorreta. É livre a escolha do tabelião de notas (art. 8º da Lei 8.935/1994); B: correta, conforme art. 8º da Lei 8.935/1994; C: incorreta. É vedado ao tabelião praticar atos fora do município onde exerce a delegação (art. 9º da Lei 8.935/1994); D: incorreta. Como é livre a escolha do tabelião pelas partes, não há de se falar em distribuição para equiparação dos serviços. A exigência existe somente para o tabelião de protestos (art. 11, parágrafo único, da Lei 8.935/1994).
Gabarito "B".

**(Cartório/SP – III – VUNESP)** Quanto à escolha do tabelião de notas,

(A) as partes interessadas têm livre escolha e esta não depende do domicílio das partes contratantes ou do lugar de situação do bem objeto do ato ou negócio.
(B) ela é livre, mas deve ser observada a obrigatoriedade dentre aqueles do domicílio dos contratantes.
(C) é obrigatório que recaia sobre o tabelião do lugar do imóvel.
(D) sua liberdade somente é possível quando envolva compra e venda de bem imóvel.

A alternativa "A" está correta e representa fielmente o disposto no art. 8º da Lei 8.935/1994. Todas as demais estão incorretas por apresentarem alguma discordância com o dispositivo legal.
Gabarito "A".

## 3. LIVROS E CLASSIFICADORES EM GERAL E ESPECÍFICOS DO SERVIÇO NOTARIAL. ESCRITURAÇÃO E ORDEM DO SERVIÇO. ATOS NOTARIAIS EM GERAL E EM ESPÉCIE. PUBLICIDADE. CERTIDÕES. COMUNICAÇÕES. CONSERVAÇÃO. RESPONSABILIDADE

**(Cartório/DF – 2008 – CESPE)** Relativamente à legislação e jurisprudência aplicáveis às serventias registradoras e notariais, julgue o item seguinte.

(1) Ao lavrar escritura de transferência da propriedade de um imóvel, o tabelião pode optar por manter em cartório o original ou cópias autenticadas da respectiva certidão de ações reais e pessoais reipersecutórias ou por transcrever na escritura pública os elementos necessários à identificação daquela certidão.

1: correta, nos termos do art. 2º do Decreto 93.240/1986.
Gabarito 1C.

**(Cartório/DF – 2003 – CESPE)** Acerca da Lei de Registros Públicos (LRP – Lei n.º 6.015/1973), julgue o item subsequente.

(1) Considere a seguinte situação hipotética. O Ministério Público investigava se em um processo judicial fora apresentado traslado falso de escritura e, para tanto, requisitou ao serviço notarial adequado a remessa do livro correspondente, para que fosse objeto de perícia. Nessa situação, a perícia poderia ser realizada, mas, segundo a LRP, o livro deveria permanecer no próprio serviço notarial e não ser enviado ao órgão encarregado da investigação.

1: correta. Apesar de o enunciado indicar a Lei 6.015/1973, o assunto é tratado no art. 46, parágrafo único, da Lei 8.935/1994, que determina que a perícia seja realizada na própria sede do serviço, em dia e hora designados com a ciência do titular da delegação.
Gabarito 1C.

**(Cartório/RJ – 2008 – UERJ)** O reconhecimento de firmas falsas de fiadores em contrato de locação implica a responsabilidade:

(A) do Estado
(B) da serventia
(C) pessoal e objetiva do tabelião
(D) solidária do Estado e do tabelião
(E) solidária do Tabelião e do Estado

A conduta configura crime de falso reconhecimento de firma ou letra, tipificado no art. 300 do Código Penal. Nesse caso, determina o art. 24 da Lei 8.935/1994 que a responsabilidade criminal é individualizada, ou seja, é do preposto que praticou o ato. Já quanto à responsabilidade civil, caso tenha resultado prejuízo a qualquer das partes, o tabelião responde objetivamente, nos termos do art. 22 da mesma lei, assegurado direito de regresso contra o preposto que praticou o ato se provado que esse agiu com dolo ou culpa.
Gabarito "C".

**(Cartório/SP – 2012 – VUNESP)** Com relação à escrituração do livro Registro Diário da Receita e da Despesa, pode-se afirmar que

I. ao final do ano, será feito o balanço, indicando-se a receita, a despesa e o líquido mês a mês, apurando-se, em seguida, a renda líquida ou o "déficit" de cada unidade do serviço notarial e de registro no exercício, que deverá ser assinado por contador ou técnico em contabilidade, devidamente inscrito no respectivo Conselho Regional de Contabilidade (CRC);
II. o livro Registro Diário da Receita e da Despesa será escriturado pelo notário ou registrador ou por seu substituto legal, sendo pessoal a sua responsabilidade, ainda que a tarefa seja entregue a outro preposto;
III. a receita será lançada no livro Registro Diário da Receita e da Despesa no dia da prática do ato, mesmo que o delegado do serviço notarial e de registro não tenha ainda recebido os emolumentos;
IV. nos casos em que se admitir depósito prévio, este deverá ser provisoriamente escriturado no livro de Registro Diário da Receita e da Despesa, para o controle dessas importâncias recebidas a esse título, até que sejam os depósitos convertidos em pagamento dos emolumentos, ou devolvidos, conforme o caso.

(A) Todas as afirmativas estão corretas.
(B) Somente a afirmativa II está correta.
(C) Somente as afirmativas II, III e IV estão corretas.
(D) Somente as afirmativas II e III estão corretas.

I: incorreta. Não há necessidade de assinatura do balanço por contador ou contabilista (item 52 do Capítulo XIII das Normas de Serviço da Corregedoria Geral de Justiça do Estado de São Paulo); II: correta, nos termos do item 42 do Capítulo XIII das Normas de Serviço da Corregedoria Geral de Justiça do Estado de São Paulo; III: correta, nos termos do item 49 do Capítulo XIII das Normas de Serviço da Corregedoria Geral de Justiça do Estado de São Paulo; IV: incorreta. O depósito prévio deverá ser escriturado em livro próprio (item 49.1 do Capítulo XIII das Normas de Serviço da Corregedoria Geral de Justiça do Estado de São Paulo).*

Gabarito "D".

* Observação: Esse capítulo sofreu alterações posteriores à data da prova. Recomenda-se a leitura das Normas de Serviço atualizadas.

**(Cartório/SP – 2012 – VUNESP)** Em relação ao livro de notas, é correto afirmar que

(A) a aquisição será realizada por meio da corregedoria permanente de cada tabelionato.
(B) a atualização, junto ao fabricante do livro, do nome dos responsáveis pelas unidades vagas será realizada pela Corregedoria-Geral da Justiça.
(C) o Tabelião poderá autorizar prepostos, mediante indicação expressa ao fabricante, a receber, em seu nome, livro de notas.
(D) o fabricante do livro encaminhará semestralmente à Corregedoria-Geral da Justiça inventário completo das entregas realizadas a cada serventia.

A: incorreta. A aquisição será feita diretamente junto ao fabricante credenciado pelo Colégio Notarial do Brasil (item 36.1 do Capítulo XIV das Normas de Serviço da Corregedoria Geral de Justiça do Estado de São Paulo); B: incorreta. Essa atualização é dever de cada tabelião (item 36 do Capítulo XIV das Normas de Serviço da Corregedoria Geral de Justiça do Estado de São Paulo); C: correta, nos termos do item 36.2 do Capítulo XIV das Normas de Serviço da Corregedoria Geral de Justiça do Estado de São Paulo; D: incorreta. A informação deve ser prestada todo mês (item 36.5 do Capítulo XIV das Normas de Serviço da Corregedoria Geral de Justiça do Estado de São Paulo). *

Gabarito "C".

* Observação: Esse capítulo sofreu alterações posteriores à data da prova. Recomenda-se a leitura das Normas de Serviço atualizadas.

**(Cartório/SP – 2012 – VUNESP)** Sobre a certidão de ato notarial, pode-se concluir corretamente que

(A) a emissão de traslado de ato incompleto somente é possível mediante ordem da Corregedoria Permanente.
(B) o papel de segurança de certidão pode ser excepcionalmente repassado entre unidades extrajudiciais, desde que haja autorização da Corregedoria-Geral da Justiça.
(C) a utilização da pública-forma é permitida quando há expresso pedido do usuário, devendo essa petição ser arquivada em classificador próprio.
(D) é obrigatória a manutenção de classificador próprio para arquivamento dos documentos referentes à requisição e recebimento de papel de segurança.

A: incorreta. A única possibilidade de emissão de traslado de ato incompleto é por ordem judicial, sob pena de responsabilidade civil e criminal (item 50 do Capítulo XIV das Normas de Serviço da Corregedoria Geral de Justiça do Estado de São Paulo); B: incorreta. É vedado o repasse do papel de segurança em qualquer hipótese (item 49.1, "g", do Capítulo XIV das Normas de Serviço da Corregedoria Geral de Justiça do Estado de São Paulo); C: incorreta. O uso da pública-forma é vedado pelo item 51.2 do Capítulo XIV das Normas de Serviço da Corregedoria Geral de Justiça do Estado de São Paulo; D: correta, nos termos do item. 49.1, "f", do Capítulo XIV das Normas de Serviço da Corregedoria Geral de Justiça do Estado de São Paulo.*

Gabarito "D".

* Observação: Esse capítulo sofreu alterações posteriores à data da prova. Recomenda-se a leitura das Normas de Serviço atualizadas.

**(Cartório/SP – 2012 – VUNESP)** O Livro de Registro Diário da Receita e da Despesa deve ser visado pelo Juiz Corregedor Permanente:

(A) trimestralmente.
(B) quadrimestralmente.
(C) semestralmente.
(D) anualmente.

O visto do juiz deverá ser feito anualmente, até o décimo dia útil do mês de fevereiro (item 53 do Capítulo XIII das Normas de Serviço da Corregedoria Geral de Justiça do Estado de São Paulo). *

Gabarito "D".

* Observação: Esse capítulo sofreu alterações posteriores à data da prova. Recomenda-se a leitura das Normas de Serviço atualizadas.

**(Cartório/SP – 2012 – VUNESP)** Sobre o livro de Visitas e Correições, pode-se afirmar corretamente que

(A) será aberto e numerado pelo delegado do serviço notarial ou registral, e o termo de abertura será subscrito pelo Juiz Corregedor Permanente, que também autenticará e rubricará todas as suas folhas, podendo utilizar, para tal, processo mecânico de autenticação.
(B) será aberto, numerado, autenticado e encerrado pelo delegado, podendo ser utilizado, para rubrica em todas as suas folhas, processo mecânico de autenticação, previamente aprovado pela autoridade judiciária competente.
(C) será aberto, numerado, autenticado e encerrado pelo Juiz Corregedor Permanente, que poderá utilizar processo mecânico de autenticação para apor sua rubrica em todas as suas folhas.
(D) é utilizado livro-padrão encaminhado pela Corregedoria Geral da Justiça do Estado, para lavratura dos termos de visitas e correições realizadas pelo Juiz Corregedor Permanente e pela Corregedoria Geral da Justiça do Estado e das inspeções realizadas pela Corregedoria Nacional de Justiça.

Nos termos do item 39 do Capítulo XIII das Normas de Serviço da Corregedoria Geral de Justiça do Estado de São Paulo, os livros obrigatórios (dentre os quais está o Livro de Visitas e Correições – item 38, "d") serão abertos, numerados, autenticados e encerrados pelo próprio delegado, sendo permitido o uso de processo mecânico para autenticação de todas as folhas, desde que previamente autorizado pela autoridade judiciária.*
Gabarito "B".

* Observação: Esse capítulo sofreu alterações posteriores à data da prova. Recomenda-se a leitura das Normas de Serviço atualizadas.

**(Cartório/SP – 2011 – VUNESP)** Para fins de Registro Civil e Notas, podem ser considerados documento de identidade:

(A) C.N.H. modelo atual, instituído pela Lei n.º 9.503/97, e R.G., apenas.
(B) C.N.H. modelo atual, instituído pela Lei n.º 9.503/97, R.G., Passaporte, Carteira de Trabalho (CTPS) e carteira de exercício profissional emitida pelos órgãos criados por Lei Federal, nos termos da Lei n.º 6.206/75.
(C) R.G., passaporte e Carteira de Trabalho (CTPS).
(D) C.N.H, modelo atual, instituído pela Lei n.º 9.503/97, R.G., passaporte e carteira de exercício profissional emitida pelos órgãos criados por Lei Federal, nos termos da Lei n.º 6.206/75.

Serão aceitos como documento de identidade o RG, a CNH no modelo atual (com foto) e o passaporte, nos termos do item 21.1 do Capítulo XVII das Normas de Serviço da Corregedoria Geral de Justiça do Estado de São Paulo.*
Gabarito "D".

* Para fins notariais atualmente é aceita também a CTPS modelo atual, nos termos do PROVIMENTO CG N° 24/2013: "Item 179. É obrigatória a apresentação do original de documento de identidade (Registro Geral; Carteira Nacional de Habilitação, modelo atual, instituído pela Lei n.º 9.503/97; carteira de exercício profissional expedida pelos entes criados por Lei Federal, nos termos da Lei n.º 6.206/75; passaporte, que, na hipótese de estrangeiro, deve estar com o prazo do visto não expirado; e Carteira de Trabalho e Previdência Social, modelo atual, informatizado) para abertura da ficha-padrão."

**(Cartório/SP – 2011 – VUNESP)** As unidades do serviço notarial e de registro possuirão os seguintes classificadores obrigatórios:

(A) para atos normativos e decisões do Conselho Superior da Magistratura; para atos normativos e decisões da Corregedoria Geral da Justiça; para atos normativos e decisões da Corregedoria Permanente; para arquivamento dos documentos relativos à vida pessoal dos delegados e seus prepostos; para cópias de ofícios expedidos; para ofícios recebidos; para guias de custas devidas ao Estado e contribuições à Carteira de Previdência das Serventias Não Oficializadas; para guias de recolhimento ao IPESP e IAMSPE; para guias de recolhimento de imposto sobre a renda retido na fonte; para folhas de pagamento dos prepostos e acordos salariais; para o arquivamento dos documentos relativos à expedição de certificados digitais, quando a unidade funcionar como instalação técnica para a emissão de certificados.
(B) para atos normativos e decisões do Conselho Superior da Magistratura; para atos normativos e decisões da Corregedoria Geral da Justiça; para atos normativos e decisões da Corregedoria Permanente; para arquivamento dos documentos relativos à vida funcional dos delegados e seus prepostos; para cópias de ofícios expedidos; para ofícios recebidos; para guias de custas devidas ao Estado e contribuições à Carteira de Previdência das Serventias Não Oficializadas; para guias de recolhimento ao IPESP e Associação dos Magistrados Brasileiros; para guias de recolhimento de imposto sobre a renda retido na fonte; para folhas de pagamento dos prepostos e acordos salariais; para o arquivamento dos documentos relativos à expedição de certificados digitais, quando a unidade funcionar como instalação técnica para a emissão de certificados.
(C) para atos normativos e decisões do Conselho Superior da Magistratura; para atos normativos e decisões da Corregedoria Geral da Justiça; para atos normativos e decisões da Corregedoria Permanente; para arquivamento dos documentos relativos à vida funcional dos delegados e seus prepostos; para cópias de ofícios expedidos; para ofícios recebidos; para guias de custas devidas ao Estado e contribuições à Carteira de Previdência das Serventias Não Oficializadas; para guias de recolhimento ao IPESP e IAMSPE; para guias de recebimento de imposto sobre a renda retido na fonte; para folhas de pagamento dos prepostos e acordos salariais; para o arquivamento dos documentos relativos à expedição de certificados digitais, quando a unidade funcionar como instalação técnica para a emissão de certificados.
(D) para atos normativos e decisões do Conselho Superior da Magistratura; para atos normativos e decisões da Corregedoria Geral da Justiça; para atos normativos e decisões da Corregedoria Permanente; para arquivamento dos documentos relativos à vida funcional dos delegados e seus

prepostos; para cópias de ofícios expedidos; para ofícios recebidos; para guias de custas devidas ao Estado e contribuições à Carteira de Previdência das Serventias Não Oficializadas; para guias de recolhimento ao IPESP e IAMSPE; para guias de recolhimento de imposto sobre a renda retido na fonte; para folhas de pagamento dos prepostos e acordos salariais; para o arquivamento dos documentos relativos à expedição o de certificados digitais, quando a unidade funcionar como instalação técnica para a emissão de certificados.

A alternativa "D" é a única que arrola todos os classificadores obrigatórios previstos no item 57 do Capítulo XIII das Normas de Serviço da Corregedoria Geral de Justiça do Estado de São Paulo. *

Gabarito "D".

* Observação: Esse capítulo sofreu alterações posteriores à data da prova. Recomenda-se a leitura das Normas de Serviço atualizadas.

**(Cartório/SP – IV – VUNESP)** É obrigação do Tabelião:

(A) quando da colheita de assinatura dos interessados fora do cartório, por auxiliares, determinar o preenchimento da ficha de assinaturas, se ainda não existir no arquivo do cartório.

(B) quando da lavratura de instrumento público em idioma estrangeiro, exigir a participação de tradutor público juramentado, comunicando o fato ao Juiz Corregedor Permanente.

(C) remeter a todos os cartórios de Notas e de Registro de Imóveis do Estado cartões com seus autógrafos e os de seus substitutos autorizados a subscrever traslados e certidões, reconhecer firmas e autenticar cópias reprográficas, para o confronto com as assinaturas lançadas nos instrumentos que lhes forem apresentados.

(D) nenhuma das alternativas.

A: incorreta. É vedada a colheita de assinaturas fora do cartório por auxiliares item 3º do Capítulo XIV do Tomo II das Normas de Serviço da Corregedoria Geral de Justiça do Estado de São Paulo); B: incorreta. É vedada a lavratura de instrumento público em idioma estrangeiro (item 6º do Capítulo XIV do Tomo II das Normas de Serviço da Corregedoria Geral de Justiça do Estado de São Paulo); C: correta, nos termos do item 7º do Capítulo XIV do Tomo II das Normas de Serviço da Corregedoria Geral de Justiça do Estado de São Paulo); D: incorreta, porque a alternativa "C" está certa. *

Gabarito "C".

* Observação: Esse capítulo sofreu alterações posteriores à data da prova. Recomenda-se a leitura das Normas de Serviço atualizadas.

## 4. ESCRITURA PÚBLICA. REQUISITOS

**(Cartório/BA – 2004 – CESPE)** Quanto à escritura pública, julgue os itens subsequentes.

(1) Constitui requisito da escritura pública, entre outros, a declaração de ter sido lida na presença das partes e demais comparecentes, ou de que todos a leram.

(2) Quando o tabelião não conhecer algum dos comparecentes, nem puder identificá-lo por documento, deverão participar do ato pelo menos duas testemunhas que o conheçam e atestem sua identidade.

(3) O tabelião deverá fazer constar da escritura pública a declaração de cumprimento das exigências legais e fiscais inerentes à legitimidade do ato.

1: correta, nos termos do art. 215, § 1º, VI, do CC; 2: correta, nos termos do art. 215, § 5º, do CC; 3: correta, nos termos do art. 215, § 1º, V, do CC.

Gabarito 1C, 2C, 3C

**(Cartório/DF – 2008 – CESPE)** Relativamente à legislação e jurisprudência aplicáveis às serventias registradoras e notariais, julgue os itens seguintes.

(1) Considerando que Augusto tenha todos os seus documentos furtados e não possa se identificar por documento no ato notarial, nessa situação hipotética o tabelião poderá lavrar o respectivo ato, desde que Augusto se apresente acompanhado de duas testemunhas identificadas que o conheçam e que atestem sua identidade.

(2) Caso um tabelião, ao lavrar uma escritura, cometa um erro material referente à descrição do imóvel objeto da venda, enquadrado, portanto, como erro relativo à substância do ato, somente poderá saná-lo mediante escritura de re-ratificação ou por autorização do juiz de registros públicos.

1: correta, nos termos do art. 215, § 5º, do CC; 2: correta, nos termos do art. 33, parágrafo único, do Provimento Geral da Corregedoria de Justiça do Distrito Federal aplicado aos Serviços Notariais e de Registro.

Gabarito 1C, 2C

**(Cartório/DF – 2006 – CESPE)** Com relação aos serviços notariais, julgue o item subsequente.

(1) A escritura de pacto antenupcial, além da qualificação dos contratantes e do ajuste convencionado sobre o regime de bens, deve conter obrigatoriamente a discriminação dos bens imóveis pertencentes aos nubentes. O registro do pacto antenupcial é feito no livro auxiliar no serviço correspondente ao do primeiro domicílio dos cônjuges, com averbação obrigatória da situação dos imóveis de propriedade deles.

1: incorreta, apenas na parte que diz ser obrigatória a discriminação dos bens imóveis. Segundo o art. 48 do Provimento Geral da Corregedoria de Justiça do Distrito Federal aplicado aos Serviços Notariais e de Registro, fica a critério dos nubentes a discriminação, ou não, dos bens.

Gabarito 1E

**(Cartório/DF – 2003 – CESPE)** Acerca das atividades dos notários e registradores, à luz do novo Código Civil, julgue o item a seguir.

(1) Para o registro da venda de um imóvel que pertence ao patrimônio de uma empresa, somente será necessária a outorga do cônjuge do empresário se o regime de casamento for o da comunhão universal de bens.

1: incorreta. Qualquer que seja o regime de bens, não será exigida outorga uxória ou marital para o empresário casado alienar ou gravar de ônus real bens imóveis pertencentes ao patrimônio da empresa (art. 978 do CC).

Gabarito 1E

**(Cartório/MG – 2012 – FUMARC)** Foi lavrada uma escritura de emancipação, na qual não constou a profissão do emancipado. A atitude que o registrador deve tomar é de

(A) fazer o procedimento de levantamento de dúvida.
(B) devolver a escritura para ser retificada pelo tabelionato.
(C) registrar a emancipação, pois a profissão do menor não é essencial.
(D) perguntar aos pais qual a profissão do emancipado e fazer o registro.

A: incorreta. O procedimento de dúvida tem lugar quando a parte não concorda com a exigência formulada pelo notário ou registrador, sendo dirimida pelo juiz; B: correta. Conforme dispõe o art. 13, "b", do Provimento nº 54/1978 do Conselho Superior da Magistratura do Estado de Minas Gerais, a profissão das partes é requisito essencial da escritura pública, isto é, não pode ser suprimido sem comprometer a validade do ato. Considerando que é atribuição exclusiva do tabelião a lavratura dessa espécie de documento (art. 7º, I, da Lei nº 8.935/1994), deve o registrador devolver o documento para que seja feita a competente retificação; C e D: incorretas, conforme o comentário anterior.
Gabarito "B".

**(Cartório/MG – 2005 – EJEF)** É INCORRETO afirmar que se constitui(em) requisito(s) genérico(s) do instrumento público de escritura

(A) a assinatura das partes e de duas testemunhas, bem como do Tabelião ou Substituto legal, encerrando o ato.
(B) a referência ao cumprimento das exigências legais e fiscais inerentes à legitimidade do ato.
(C) o nome, nacionalidade, estado civil, profissão, domicílio e residência das partes e demais comparecentes, com a indicação, quando necessário, do regime de bens do casamento, nome do outro cônjuge e filiação.
(D) o texto redigido na língua nacional ou devidamente traduzido por Tradutor Público ou pessoa capaz que, a juízo do Tabelião, tenha idoneidade e conhecimento bastantes.

A: incorreta, devendo ser assinalada. Não se exige a assinatura de testemunhas na escritura pública (art. 215, § 1º, VII, do CC); B: correta, nos termos do art. 215, § 1º, V, do CC; C: correta, nos termos do art. 215, § 1º, III, do CC; D: correta, nos termos do art. 215, §§ 3º e 4º, do CC.
Gabarito "A".

**(Cartório/RJ – 2008 – UERJ)** O fideicomisso está inserido no sistema legal como forma excepcional de nomeação sucessiva de herdeiros e legatários. Na qualidade de Tabelião de Notas, examine as proposições abaixo alinhadas e indique aquela que NÃO guarda conformidade com o ordenamento jurídico:

(A) o fideicomisso pode incidir sobre herança ou legado
(B) não se admite a instituição de fideicomisso por ato inter vivos
(C) o fideicomisso pode recair sobre bens móveis ou imóveis, desde que respeitada a legítima dos herdeiros necessários
(D) apenas a prole eventual de pessoa viva poderá ser favorecida pela substituição fideicomissária, observando que a capacidade e legitimação dependerá fundamentalmente do seu efetivo nascimento no prazo de dois anos, contados da abertura da sucessão
(E) é vedada a instituição de fideicomisso além do segundo grau, circunstância que autoriza afirmar que são sempre três as posições jurídicas na lavratura: o fideicomitente (aquele beneficiado que sucede em primeiro lugar), o fiduciário (testador) e o fideicomissário (aquele que recebe a herança ou o legado por último)

A: correta, nos termos do art. 1.951 do CC; B: correta. O fideicomisso somente pode ser instituído por testamento (art. 1.951 do CC); C: correta. Por se tratar de uma espécie de sucessão testamentária, deve sempre ser resguardada a legítima (art. 1.857 do CC); D: correta, nos termos do art. 1.799, I, e 1.800, § 4º, do CC; E: incorreta, devendo ser assinalada. Fideicomitente é o testador; fiduciário é a pessoa que recebe os bens no primeiro momento, mantendo sua propriedade resolúvel até o nascimento do fideicomissário, que é o destinatário definitivo dos bens entregues pelo testamento.
Gabarito "E".

**(Cartório/RJ – 2008 – UERJ)** Sobre os requisitos para a lavratura de escrituras públicas, é CORRETO afirmar que:

(A) não haverá, em qualquer hipótese, necessidade de armazenamento na serventia do original ou cópias autenticadas das certidões apresentadas
(B) ressalvadas as hipóteses em que a lei autorize a efetivação do pagamento após a sua lavratura, deverá ser apresentado o comprovante do recolhimento do Imposto de Transmissão de Bens Móveis e de Direitos a eles relativos
(C) apenas nas hipóteses de negócios que impliquem transferência de domínio, será exigida a apresentação de certidões sobre a existência de ações reais e pessoais reipersecutórias
(D) a existência de ações reais e pessoais reipersecutórias relativas ao imóvel objeto do negócio jurídico será exclusivamente indicada através das certidões, não sendo exigível que o outorgante da obrigação venha declarar qualquer outra informação não certificada
(E) em relação aos imóveis rurais, deverá ser apresentado o certificado de cadastro emitido pelo Instituto Nacional de Colonização e Reforma Agrária – INCRA, com a prova de quitação do último Imposto Territorial Rural lançado ou, quando o prazo para o seu pagamento ainda não tenha vencido, do Imposto Territorial Rural correspondente ao exercício imediatamente anterior

A: incorreta. A regra é a manutenção dos originais ou cópias autenticadas. Poderá o tabelião não o fazer caso transcreva na escritura pública os elementos necessários à identificação da respectiva certidão e essa acompanhe o traslado da escritura (art. 2º do Decreto 93.240/1986); b: incorreta, apenas por faltar a expressão "quando incidente sobre o ato" constante no art. 1º, II, do Decreto 93.240/1986. C: incorreta. Tais certidões deverão ser sempre exigidas, não havendo limitação legal (art. 2º, IV, do Decreto

93.240/1986); D: incorreta. Nos termos do art. 1º, § 3º, do Decreto 93.240/1986, "a apresentação das certidões" relativas a ações reais e reipersecutórias "não eximirá o outorgante da obrigação de declarar na escritura pública, sob pena de responsabilidade civil e penal, a existência de outras ações reais e pessoais reipersecutórias, relativas ao imóvel, e de outros ônus reais incidentes sobre o mesmo"; E: correta, nos termos do art. 1º, III, "b", do Decreto 93.240/1986.
Gabarito "E".

**(Cartório/RJ – 2008 – UERJ)** É certo afirmar que, para a prática de atos notariais, independem de assistência:

(A) os maiores de 16 e menores de 18 anos
(B) os maiores de 60 anos que quiserem testar
(C) os deficientes mentais cujo discernimento seja reduzido
(D) os excepcionais, sem desenvolvimento completo
(E) o cônjuge, quando casado pelo regime da comunhão parcial de bens

A prática autônoma de atos notariais depende da plena capacidade civil, o que exclui os absoluta e os relativamente incapazes (arts. 3º e 4º do CC). A nosso ver, a questão deveria ter sido anulada ou, ao menos, reconhecido como corretas as alternativas "B" e "E". A alternativa "B" foi indicada como o gabarito oficial, com razão, diante da presunção de capacidade civil do maior de 60 anos (a senilidade não é causa, de per si, de incapacidade). A alternativa "E", porém, também está correta. A uma porque a necessidade de assinatura do outro cônjuge por conta do regime de bens do casamento não é hipótese de assistência, mas de outorga uxória ou marital. A duas porque a exigência da outorga aplica-se somente para a alienação ou gravação de ônus real de bem imóvel, sendo que o enunciado não especifica a espécie de ato notarial a ser praticado.
Gabarito "B".

**(Cartório/RJ – 2002 - NCE-UFRJ)** A, brasileira, solteira, militar, promete comprar um imóvel financiado pelo SFH. A seguir veio a casar-se com B pelo regime da comunhão parcial de bens. Após decorrido algum tempo, A divorciou-se de B. No acordo do divórcio ficou acertado que o imóvel pertenceria, na totalidade a A, que poderia passar para seu nome a escritura definitiva. Para fins de registro é necessário:

(A) escritura definitiva, lavrada em nome de A, que deverá ser acompanhada de uma cópia do acordo e da sentença homologatória do divórcio e uma certidão de casamento com averbação do divórcio;
(B) escritura definitiva de compra e venda lavrada em nome de A;
(C) escritura definitiva de compra e venda lavrada em nome de A e o respectivo formal de partilha do divórcio do casal;
(D) escritura definitiva de compra a venda lavrada em nome de A e a certidão de casamento com a averbação do divórcio;
(E) escritura definitiva de compra e venda lavrada em nome de A e B.

O registro de imóveis será feito mediante a apresentação da escritura pública de compra e venda em nome de A, acompanhada da certidão de casamento atualizada, ou seja, em que conste a averbação do divórcio. A certidão de casamento é necessária para fins de qualificação da parte, sendo dispensável o formal de partilha diante da presença da escritura pública.
Gabarito "D".

**(Cartório/RJ – 2002 - NCE-UFRJ)** Caio procura sua Serventia e lhe pede que seja lavrada uma procuração com poderes expressos para a compra de um imóvel rural. O solicitante não é seu conhecido e nem se identifica por intermédio de documento de identidade válido. O Escrevente deverá:

(A) baseado nos princípios da economia e celeridade dos atos, e por tratar-se de procuração com poderes para compra, pedir ao Tabelião de Notas que autorize o solicitante assinar a procuração.
(B) recusar a lavratura pois, sem documento de identidade válido, não é permitido o comparecimento da parte a qualquer ato notarial.
(C) colher a impressão digital do solicitante acompanhada de sua assinatura.
(D) dispensar a identificação do outorgante, se for casado e sua mulher comparecer ao ato e atestar sua identidade.
(E) exigir que ao ato compareçam ao menos duas testemunhas que o conheçam e que atestem sua identidade.

Nos termos do art. 215, § 5º, do CC, o tabelião deve exigir a presença de duas testemunhas que conheçam o solicitante e atestem sua identidade.
Gabarito "E".

**(Cartório/SP – VI – VUNESP)** Dentre os requisitos da escritura pública de venda e compra a seguir, quais são os essenciais?

(A) Local, qualificação das partes, identificação do objeto, preço e forma de pagamento.
(B) Data, qualificação das partes, identificação do objeto e preço.
(C) Data, local, qualificação das partes, identificação do objeto e quitação.
(D) Data, local, qualificação das partes, preço e transmissão da posse.

Data, local e qualificação das partes são requisitos essenciais previstos no art. 215, § 1º, I e III, do CC. Além disso, o inciso IV do mesmo dispositivo alude à "manifestação clara da vontade das partes", ou seja, o objeto da escritura. Tratando-se de compra e venda, tem-se essa perfeita quando as partes estão de acordo quanto ao objeto e ao preço (art. 482 do CC), os quais são reputados, portanto, como os elementos essenciais da compra e venda. Decorre daí a obrigatoriedade de constarem da escritura.
Gabarito "B".

**(Cartório/SP – V – VUNESP)** Se a pessoa que desejar lavrar uma escritura de declaração de união estável não possuir nenhum documento que a identifique, o Tabelião

(A) deverá se recusar a lavrar o ato, pois não foi atendido o requisito legal de identificação das partes.
(B) poderá lavrar o ato, colhendo a impressão digital do polegar direito da pessoa no livro de notas.
(C) poderá lavrar o ato, se dele participarem duas testemunhas que conheçam a pessoa e atestem sua identidade.
(D) em hipótese alguma poderá lavrar atos notariais nos quais participem pessoas que não tenham documentos hábeis para sua identificação.

Nos termos do art. 215, § 5°, do CC, o tabelião deve exigir a presença de duas testemunhas que conheçam o solicitante e atestem sua identidade.
Gabarito "C".

**(Cartório/SP – V – VUNESP)** A escritura pública de inventário, na qual é constatado erro quanto ao órgão expedidor do documento de identificação da parte, não pode ser corrigida

(A) com a lavratura de escritura pública de retificação e ratificação comparecendo todas as partes e com anotação na escritura retificada.
(B) por aditivo retificador lavrado pelo tabelião consultando a cópia dos documentos da parte anexada a sua ficha de firma, com anotação na escritura retificada.
(C) por averbação feita na própria escritura que contém o erro, pelo tabelião que a lavrou, mencionando que cópia dos documentos da parte está arquivada com sua ficha de firma.
(D) pela juntada de cópia autenticada do documento de identidade da parte, na escritura.

Uma escritura pública somente pode ser retificada por outra escritura pública ou mediante averbação à margem do ato notarial (item 104.1 da Seção X do Capítulo XIV do Tomo II das Normas de Serviço da Corregedoria Geral de Justiça do Estado de São Paulo). Portanto, incabível a retificação mediante a simples juntada de cópia autenticada do documento de identidade.
Gabarito "D".

* Observação: Esse capítulo sofreu alterações posteriores à data da prova. Recomenda-se a leitura das Normas de Serviço atualizadas.

**(Cartório/SP – IV – VUNESP)** Em que caso se pode lavrar escritura pública de adoção?

(A) Nenhum.
(B) Com autorização dos pais do adotando.
(C) Com alvará judicial.
(D) Se o adotando for maior.

A adoção somente se reconhece por decisão judicial (art. 1.619 do CC), não havendo nenhuma hipótese de sua constituição por escritura pública.
Gabarito "A".

## 5. ESCRITURAS DE IMÓVEIS EM GERAL

**(Cartório/MG – 2009 – EJEF)** Todas as afirmativas abaixo são verdadeiras, EXCETO:

(A) A escritura pública lavrada em notas de tabelião deve conter data e local de sua realização; nome, nacionalidade, estado civil, domicílio e residência das partes e demais comparecentes, com a indicação, quando necessário, do regime de bens do casamento, nome do outro cônjuge e filiação.
(B) A certidão de quitação para com a Justiça Eleitoral é documento indispensável na escritura pública de compra e venda quando uma das partes for ocupante de cargos no Poder Executivo e Legislativo.

(C) Na escritura pública a manifestação clara da vontade das partes e dos intervenientes deve ser expressamente consignada, configurando assim o núcleo do negócio jurídico.
(D) Se alguma das partes ou intervenientes não souber assinar, outra pessoa capaz assinará a seu rogo, devendo o notário declarar no ato tal circunstância e colher a impressão digital, indicando o polegar. Em torno de cada impressão deverá ser escrito o nome da pessoa a que pertence, e o notário não poderá dispensar as testemunhas do ato.

A: correta, nos termos do art. 215, § 1°, III, do CC; B: incorreta, devendo ser assinalada. Não há qualquer previsão nesse sentido nas normas regulamentadoras da matéria; C: correta, nos termos do art. 215, § 1°, IV, do CC; D: correta, nos termos do art. 215, § 2°, do CC.
Gabarito "B".

**(Cartório/MG – 2007 – EJEF)** Considere os itens abaixo sobre um imóvel urbano que tenha descrição e caracterização em certidão do Registro de Imóveis:

I. Número do registro ou matrícula no Registro de Imóveis.
II. Rua, Bairro e Estado onde se situa o imóvel.
III. Nome dos confrontantes do imóvel.
IV. Designação cadastral.

Quais deles poderá o tabelião se limitar a declarar na identificação desse imóvel em escritura pública, de acordo com a Lei n. 7.433, de 1985, e seu regulamento?

(A) Apenas I e II.
(B) Apenas II e III.
(C) Apenas II, III e IV.
(D) Apenas I.

Nos termos do art. 2°, § 1°, da Lei 7.433/1985 e art. 3° do Decreto 93.240/1986, nesse caso o tabelião pode se limitar a consignar o número de registro ou matrícula no Registro de Imóveis.
Gabarito "D".

**(Cartório/MG – 2005 – EJEF)** Considerando-se a Escritura Pública de Permuta, é INCORRETO afirmar que

(A) a diferença de valores no tocante aos bens, ainda que de grande monta, não desvirtua a natureza do contrato.
(B) a troca de valores desiguais entre ascendentes e descendentes, sem consentimento dos outros descendentes e do cônjuge do alienante, é anulável.
(C) as disposições referentes à compra e venda se aplicam, igualmente, à troca.
(D) cada um dos contratantes deve pagar por metade das despesas com o instrumento de troca.

A: incorreta, devendo ser assinalada. A doutrina aponta a diferença de grande monta entre os bens a serem permutados como um desvirtuamento do contrato, havendo indícios de simulação, por se tratar, na verdade, de um ato gratuito (doação, por exemplo); B: correta, nos termos do art. 533, II, do CC; C: correta, nos termos do art. 533, *caput*, do CC; D: correta, nos termos do art. 533, I, do CC.
Gabarito "A".

**(Cartório/SC – 2008)** Na Escritura Pública de Venda e Compra de imóvel urbano em que caso poderá o Notário fazer constar somente o número da matrícula do Registro Imobiliário, a completa localização do bem imóvel, logradouro, número, bairro, cidade e Estado?

(A) Quando houver concordância das partes contratantes.
(B) Somente com autorização judicial.
(C) Quando o traslado da escritura de venda e compra for entregue à parte adquirente acompanhado do traslado da escritura relativa à aquisição anterior feita pelo vendedor.
(D) Em nenhuma hipótese, uma vez que é compulsória a descrição e caracterização do imóvel transacionado.
(E) Quando sua descrição e caracterização constam de certidão expedida pelo Serviço Registral Imobiliário competente.

Nos termos do art. 2º, § 1º, da Lei 7.433/1985 e art. 3º do Decreto 93.240/1986, quando a completa descrição e caracterização do imóvel constarem da certidão do cartório de registro de imóveis.
Gabarito "E".

**(Cartório/SC – 2008)** Para lavratura de Escritura Pública de Venda e Compra de bem imóvel em que são partes contratantes pessoas físicas residentes no local da situação do bem objeto da transação, quais os documentos que podem ter sua apresentação dispensada, a critério do outorgado?

(A) As Certidões Negativas de Ações Reais e Pessoais Reipersecutórias.
(B) A Certidão de Ônus Reais.
(C) O Comprovante do Pagamento do Imposto de Transmissão de Bens Imóveis.
(D) As Certidões Negativas Fiscais referentes aos tributos que incidam sobre o imóvel transacionado.
(E) O boleto bancário relativo ao pagamento do Fundo de Reaparelhamento da Justiça.

A seu critério e sob responsabilidade de arcar com os débitos eventualmente existentes, o outorgado pode dispensar a apresentação das certidões fiscais relativas aos tributos incidentes sobre o imóvel objeto do negócio, nos termos do art. 1º, § 2º, *in fine*, do Decreto 93.240/1986.
Gabarito "D".

**(Cartório/SP – V – VUNESP)** A lavratura/registro de escritura/escritos particulares autorizados por lei que tenham por objeto imóvel hipotecado a entidade do Sistema Financeiro da Habitação ou direitos a eles relativos

(A) é vedada em qualquer hipótese.
(B) é vedada, salvo se constar dos mesmos, expressamente, a menção ao ônus real e ao credor, bem como a prévia comunicação ao credor.
(C) é permitida em qualquer hipótese, para salvaguardar direitos.
(D) é permitida, desde que se faça constar dos mesmos, expressamente, a menção ao ônus real e ao credor.

O registro é, em regra, vedado, exceto se constar a menção ao ônus real e ao credor, bem como a comunicação deste, necessariamente feita pelo alienante, com antecedência de, no mínimo, 30 dias (art. 292 da Lei 6.015/1973).
Gabarito "B".

**(Cartório/SP – IV – VUNESP)** Qual o prazo de validade da certidão do Registro de Imóveis para a lavratura de escritura pública?

(A) 15 dias.
(B) 30 dias.
(C) 45 dias.
(D) 60 dias.

O prazo de validade é de 30 dias (art. 1º, IV, do Decreto 93.240/1986).
Gabarito "B".

## 6. LEI 11.441/2007 – ESCRITURAS DE INVENTÁRIO, PARTILHA, SEPARAÇÃO E DIVÓRCIO CONSENSUAIS, DECLARAÇÃO E RECONHECIMENTO DE UNIÃO ESTÁVEL, E CORRELATAS

**(Cartório/ES – 2007 – FCC)** Sobre a Lei nº 11.441/07, que alterou dispositivos do Código de Processo Civil, todas as afirmações abaixo são corretas, EXCETO:

(A) o inventário e a partilha podem ser feitos por escritura pública quando as partes são maiores e capazes.
(B) só poderá ser lavrada escritura pública se todas as partes interessadas estiverem assistidas por advogado, cuja qualificação e assinatura deverão constar da escritura.
(C) é possível a separação e o divórcio se operarem por escritura pública, desde que, observados os prazos legais, não tenha o casal filhos menores ou incapazes.
(D) as escrituras públicas de inventário, partilha, separação e divórcio só terão eficácia com homologação judicial, após o que constituirão título hábil para o registro de imóveis e o registro civil.
(E) àqueles que se declararem pobres sob as penas da lei, segundo dispõe o CPC, com redação dada pela Lei no 11.441/07, terão direito à gratuidade na escritura e demais atos notariais.

A: correta, nos termos do art. 982 do Código de Processo Civil (CPC), com a redação dada pela Lei 11.441/2007; B: correta, nos termos do art. 982, § 1º, do CPC, com a redação dada pela Lei 11.441/2007; C: correta, nos termos do art. 1.124-A do CPC, com a redação dada pela Lei 11.441/2007; D: incorreta, devendo ser assinalada. Dispõe o art. 1.124-A, § 1º, do CPC, com a redação dada pela Lei 11.441/2007, que a escritura pública não depende de homologação judicial e constitui, ela própria, título hábil para registro civil e de imóveis; E: correta, nos termos do art. 1.124-A, § 3º, do CPC, com a redação dada pela Lei 11.441/2007.
Gabarito "D".

**(Cartório/ES – 2007 – FCC)** Dentro das recentes reformas do Código de Processo Civil, a Lei nº 11.441, de 04/01/2007, passou a disciplinar a possibilidade de divórcio, separação judicial, conversão de separação em divórcio, inventário e partilha fora do Poder Judiciário. Estes atos poderão ser realizados no

(A) Registro de Imóveis.
(B) Tabelionato de Protesto.
(C) Registro Civil das Pessoas Naturais.

(D) Registro de Títulos e Documentos.
(E) Tabelionato de Notas.

A competência para lavras as escrituras públicas para os atos jurídicos mencionados é do tabelião de notas (art. 982, § 1º, do CPC, com a redação dada pela Lei 11.441/2007).
Gabarito "E".

**(Cartório/MG – 2012 – FUMARC)** São documentos necessários para a lavratura de escritura de inventário e partilha, **EXCETO**

(A) documento oficial das partes.
(B) certidões de nascimento ou casamento, das partes e do advogado.
(C) certidão de pacto antenupcial, se o autor da herança era casado em regime de bens diferente do legal.
(D) certidões que atestem a situação fiscal e tributária do autor da herança, comprovando que estava "em dia" com suas obrigações.

A e C: corretas, nos termos do art. 13, "b", do Provimento nº 54/1978, do Conselho Superior da Magistratura do Estado de Minas Gerais; B: incorreta, devendo ser assinalada. Não consta qualquer exigência de documentos pessoais do advogado na legislação aplicável; D: correta, nos termos do art. 13, "f", Provimento nº 54/1978, do Conselho Superior da Magistratura do Estado de Minas Gerais.
Gabarito "B".

**(Cartório/MG – 2012 – FUMARC)** Em uma escritura pública de divórcio, uma das partes será representada por procuração. Quais características do mandato devem ser observadas pelo notário?

(A) Tem que ser pública e com poderes específicos para o ato.
(B) Pode ser particular, mas o procurador deverá ser advogado.
(C) Pode ser particular com firma reconhecida por autenticidade.
(D) Tem que ser pública, podendo conter poderes gerais e com, no máximo, 60 dias da data da outorga.

Por força do princípio do paralelismo das formas, aplica-se ao caso o art. 1.542 do Código Civil, que dispõe que o casamento poderá ser celebrado por procuração lavrada através de instrumento **público**, com **poderes especiais** e cujo prazo não ultrapasse **90 dias**. Se o negócio jurídico do casamento pode ser celebrado nessas condições, elas também devem ser observadas para seu desfazimento, ou seja, o divórcioSegundo a Resolução 35/2007 do CNJ, a procuração tem que ser pública, com poderes específicos para o ato e com prazo de validade de 30 dias.
Gabarito "A".

**(Cartório/MG – 2012 – FUMARC) NÃO** se pode realizar por escritura pública

(A) inventário e partilha.
(B) restabelecimento de sociedade conjugal.
(C) sobrepartilha, quando a partilha tiver sido judicial.
(D) conversão de separação em divórcio, existindo filhos menores.

A: correta. O procedimento administrativo é permitido pelo art. 982 do Código de Processo Civil; B: correta. A sociedade conjugal, desde que rompida exclusivamente pela separação judicial, pode ser restabelecida por escritura pública (art. 48 da Resolução nº 35/2007 do CNJ); C: correta, nos termos do art. 25 da Resolução nº 35/2007

do CNJ; D: incorreta, devendo ser assinalada. O divórcio somente pode ser realizado extrajudicialmente, por meio de escritura pública, se não houver filhos menores ou incapazes (art. 1.124-A do Código de Processo Civil).
Gabarito "D".

**(Cartório/MG – 2012 – FUMARC)** Após a abertura de processo judicial de inventário e partilha, os herdeiros optaram pela realização via escritura pública. O prazo que o tabelião tem para comunicar ao juiz do feito a lavratura da escritura é de

(A) 30 dias.
(B) 45 dias.
(C) 60 dias.
(D) 90 dias.

Nos termos do art. 2º da Resolução nº 35/2007 do CNJ, o prazo para comunicação ao juiz é de 30 dias.
Gabarito "A".

**(Cartório/MG – 2009 – EJEF)** Com relação aos termos da Lei n. 11.441, de 04 de janeiro de 2007, NÃO É CORRETO AFIRMAR:

(A) A separação consensual e o divórcio consensual, não havendo filhos menores ou incapazes do casal, poderão ser realizados por escritura pública.
(B) O tabelião somente lavrará a escritura de separação consensual se os contratantes estiverem assistidos por advogado.
(C) A escritura de divórcio consensual dependerá de homologação judicial, o mesmo não acontecendo com a escritura de separação consensual, que constituirá, neste caso, título hábil para o registro civil.
(D) A escritura e demais atos notariais serão gratuitos àqueles que se declararem pobres.

A: correta, nos termos do art. 1.124-A do CPC, com a redação dada pela Lei 11.441/2007; B: correta, nos termos do art. 982, § 1º, do CPC, com a redação dada pela Lei 11.441/2007; C: incorreta, devendo ser assinalada. Dispõe o art. 1.124-A, § 1º, do CPC, com a redação dada pela Lei 11.441/2007, que a escritura pública não depende de homologação judicial e constitui, ela própria, título hábil para registro civil e de imóveis; D: correta, nos termos do art. 1.124-A, § 3º, do CPC, com a redação dada pela Lei 11.441/2007.
Gabarito "C".

**(Cartório/RJ – 2008 – UERJ)** Na análise das afirmativas abaixo:

I. Na escritura pública de inventário e partilha, deverá ser apresentado, além dos documentos exigidos por lei, o Certificado de Cadastro de Imóvel Rural – CCIR – se houver imóvel rural a ser partilhado.
II. Não é necessário fazer menção aos documentos apresentados nas escrituras previstas na Lei 11.441/07, se os mesmos forem arquivados.
III. Havendo um só herdeiro, maior e capaz, com direito à totalidade da herança, não haverá partilha, lavrando-se a escritura do inventário e adjudicação de bens.
IV. Não é admissível a sobrepartilha por escritura pública.
V. A existência de credores do espólio impedirá a realização do inventário e partilha, ou adjudicação, por escritura pública.

É correto afirmar que:

(A) todas as afirmações estão corretas
(B) somente as afirmações I e III estão corretas
(C) somente as assertivas I e IV estão corretas
(D) apenas as assertivas IV e V estão corretas
(E) as afirmações II, III e V estão corretas

I: correta, nos termos do art. 22, "h", da Resolução CNJ nº 35/2007; II: incorreta, por afronta direta ao art. 24 da Resolução CNJ nº 35/2007, que não prevê exceção à regra da menção aos documentos apresentados; III: correta, nos termos do art. 26 da Resolução CNJ nº 35/2007; IV: incorreta. A sobrepartilha é possível, conforme disposto no art. 25 da Resolução CNJ nº 35/2007; V: incorreta. Estabelece o art. 27 da Resolução CNJ nº 35/2007 que a existência de credores do espólio não inviabiliza a lavratura de escritura pública de inventário e partilha.
Gabarito "B".

**(Cartório/RJ – 2008 – UERJ)** É correto afirmar que, para a lavratura dos atos notariais de que trata a Lei nº.11.441/07:

(A) a escritura deverá ser lavrada aplicando-se as regras de competência do Código de Processo Civil
(B) se as partes não tiverem advogado, o tabelião deverá indicar-lhes um de sua confiança, assumindo a responsabilidade pela indicação
(C) lavrada a escritura pública de inventário e partilha, separação e divórcio consensuais, as partes terão o prazo de 30 dias para que seja homologada em juízo e recolhidos os tributos
(D) não é possível a promoção de inventário extrajudicial por cessionário de direitos hereditários, mesmo com o comparecimento e concordância dos herdeiros
(E) é facultada aos interessados a opção pela via judicial ou extrajudicial, podendo ser solicitada, a qualquer momento, a suspensão, pelo prazo de 30 dias, ou a desistência da via judicial, para promoção da via extrajudicial

A: incorreta. É livre a escolha do tabelionato de notas para lavratura da escritura (art. 1º da Resolução CNJ nº 35/2007; B: incorreta. É vedada a indicação de advogado pelo tabelião, podendo apenas recomendar-lhes a Defensoria Pública, onde houver, ou a Seccional da OAB (art. 9º da Resolução CNJ nº 35/2007); C: incorreta. A escritura independe de homologação judicial (art. 1.124-A, § 1º, do CPC, com redação dada pela Lei 11.441/2007); D: incorreta. O art. 16 da Resolução CNJ nº 35/2007 autoriza essa situação; E: correta, nos termos do art. 2º da Resolução CNJ nº 35/2007.
Gabarito "E".

**(Cartório/RJ – 2008 – UERJ)** Dadas as proposições abaixo:

I. Não é admissível inventário negativo por escritura pública.
II. Não se aplica a Lei nº 11.441/07 aos casos de óbitos ocorridos antes de sua vigência.
III. A escritura pública de inventário e partilha pode ser lavrada a qualquer tempo, cabendo ao tabelião fiscalizar o recolhimento de eventual multa, conforme previsão em legislação tributária estadual específica.
IV. É vedada a lavratura de escritura pública de inventário e partilha referente a bens localizados no exterior.
V. O tabelião não poderá se negar a lavrar escritura de inventário ou partilha mesmo que haja indícios de fraude ou em caso de dúvidas sobre a declaração de vontade de algum herdeiro.

É correto afirmar que:

(A) todas as assertivas estão corretas
(B) apenas as assertivas I e V estão corretas
(C) apenas as assertivas II e V estão corretas
(D) apenas as assertivas III e IV estão corretas
(E) apenas as assertivas IV e V estão corretas

I: incorreta. O inventário negativo é admissível nos termos do art. 28 da Resolução CNJ nº 35/2007; II: incorreta. A Lei 11.441/2007 é aplicável a óbitos ocorridos antes de sua vigência, conforme art. 30 da Resolução CNJ nº 35/2007; III: correta, nos termos do art. 31 da Resolução CNJ nº 35/2007; IV: correta, nos termos do art. 29 da Resolução CNJ nº 35/2007; V: incorreta. O tabelião poderá negar-se a lavrar a escritura nesses casos (art. 32 da Resolução CNJ nº 35/2007).
Gabarito "D".

**(Cartório/SP – VI – VUNESP)** A competência notarial para lavrar escritura pública de separação consensual requer que o casal que esteja se separando

(A) resida na circunscrição territorial da competência do tabelião de notas.
(B) não tenha filhos menores ou incapazes.
(C) não tenha filhos menores, nem tampouco exista testamento válido de algum dos cônjuges, no momento da lavratura do ato notarial da separação consensual.
(D) não tenha bens a partilhar.

A única exigência legal para a realização da separação consensual por escritura pública lavrada pelo tabelião de notas é a ausência de filhos menores ou incapazes do casal que esteja se separando (art. 1.124-A do CPC, com redação dada pela Lei 11.441/2007).
Gabarito "B".

**(Cartório/SP – VI – VUNESP)** Quanto às escrituras públicas de separação e divórcio consensuais, em que o separando ou divorciando for representado por mandatário, e às respectivas procurações, assinale a alternativa errada.

(A) Essas escrituras públicas de separação e divórcio não podem conter cláusula de renúncia nem de ajuste de obrigação alimentar (essa matéria deve ser objeto de solução judicial).
(B) O prazo de validade dessas procurações é de 30 (trinta) dias, mas se forem lavradas no exterior podem ter prazo de validade de até 90 (noventa) dias.
(C) O mandatário deve ser constituído em instrumento público.
(D) Poderes especiais não se confundem com descrição de cláusulas essenciais do ato a ser praticado, e essas procurações devem expressar ambos.

A: incorreta, devendo ser assinalada. Deve obrigatoriamente constar da escritura pública o quanto acordado em relação à pensão alimentícia, o que abrange, evidentemente, eventual disposição de não exercício desse direito (art. 1.124-A do CPC, com redação dada pela Lei 11.441/2007); B: correta, nos termos do art. 36 da Resolução CNJ nº 35/2007 e item 135.1 do Capítulo XIV do Tomo II das Normas de Serviço da Corregedoria Geral de Justiça do Tribunal

de Justiça do Estado de São Paulo; C: correta, nos termos do art. 36 da Resolução CNJ nº 35/2007; D: correta, conforme item 135 do Capítulo XIV do Tomo II das Normas de Serviço da Corregedoria Geral de Justiça do Tribunal de Justiça do Estado de São Paulo.*
Gabarito "A".

* Observação: O capítulo XIV das Normas de Serviço de SP sofreu alterações posteriores à data da prova. Recomenda-se a leitura das Normas de Serviço atualizadas.

**(Cartório/SP – V – VUNESP)** Nas escrituras de separação e divórcio, realizadas em Tabelionatos de Notas,

(A) as partes devem ser maiores e capazes e estar assistidas por dois advogados, um para cada uma das partes.
(B) o acordo quanto a pensão alimentícia ou a renúncia aos alimentos, a retomada ou não do nome de solteiro e a guarda dos filhos devem constar obrigatoriamente na escritura.
(C) os bens adquiridos na constância do casamento devem, obrigatoriamente, ser arrolados, sendo facultativa a partilha desses bens.
(D) sobre a diferença entre o valor da meação e o quinhão atribuído a cada uma das partes, na partilha do patrimônio comum, só incidirá imposto de transmissão se a cessão for a título gratuito.

A: incorreta. As partes podem estar assistidas por um só advogado comum, representante dos interesses de ambas (art. 1.124-A, § 2º, do CPC, com redação dada pela Lei 11.441/2007; B: incorreta. O art. 36 da Resolução CNJ nº 35/2007 autoriza a lavratura da escritura por meio de procurador regularmente constituído; C: assertiva considerada correta no gabarito oficial. O art. 1.124-A do CPC, com redação dada pela Lei 11.441/2007, afirma que da escritura pública "**constarão** as disposições relativas à descrição e **à partilha dos bens comuns**". O item 139 do Capítulo XIV do Tomo II das Normas de Serviço da Corregedoria Geral de Justiça do Tribunal de Justiça do Estado de São Paulo, porém, autoriza a partilha *a posteriori* por opção do casal. D: incorreta. Havendo filhos menores, sobre os quais deve haver acordo em relação à guarda, não é possível a realização de separação ou divórcio por escritura pública (art. 1.124-A do CPC, com redação dada pela Lei 11.441/2007); E: incorreta. Se a cessão for a título oneroso, mesmo assim incidirá tributo sobre essa transmissão, no caso, o ITBI municipal.
Gabarito "C".

## 7. DAS PROCURAÇÕES

**(Cartório/DF – 2006 – CESPE)** Com relação aos serviços notariais, julgue o item subsequente.

(1) Os tabelionatos de notas, ao lavrarem instrumentos públicos de substabelecimento de procuração ou revogação de mandato escriturado em suas próprias serventias, averbarão essa circunstância, sem ônus à parte, à margem do ato revogado ou substabelecido. Quando o ato revogatório ou o substabelecimento tiverem sido lavrados em outra serventia, a esta deverão ser encaminhadas cópias dos instrumentos respectivos, no prazo de quarenta e oito horas.

1: incorreta apenas quanto ao prazo, que é de 24 horas (art. 58, § 1º, do Provimento Geral da Corregedoria de Justiça do Distrito Federal aplicado aos Serviços Notariais e de Registro.
Gabarito 1E

**(Cartório/MG – 2005 – EJEF)** Considerando-se a instituição do mandato, é INCORRETO afirmar que

(A) o maior de 16 e o menor de 18 anos não podem ser mandatários em hipótese alguma.
(B) o mandato pode substabelecer-se mediante instrumento particular, ainda quando se outorgue por instrumento público.
(C) o mandato, em termos gerais, confere poderes apenas para administração ordinária.
(D) o terceiro com quem o mandatário tratar pode exigir que a procuração particular traga a firma reconhecida.

A: incorreta, devendo ser assinalada. Nos termos do art. 666 do CC, o relativamente incapaz pode ser mandatário, mas o mandante não terá ação contra ele senão de acordo com as regras estabelecidas para as obrigações contraídas por menores; B: correta, nos termos do art. 655 do CC; C: correta, nos termos do art. 661 do CC; D: correta, nos termos do art. 654, § 2º, do CC.
Gabarito "A".

**(Cartório/MG – 2005 – EJEF)** Considerando-se os poderes dos mandatários, é INCORRETO afirmar que,

(A) ainda que haja ratificação retroativa à data do ato de sua realização, não têm validade os atos praticados por um dos mandatários, quando estes forem declarados conjuntos.
(B) conferido o mandato com a cláusula "em causa própria", a revogação dele não tem eficácia nem ele se extingue pela morte de qualquer das partes, ficando o mandatário dispensado de prestar contas e podendo transferir para si os bens móveis ou imóveis objeto do mandato, obedecidas as formalidades legais.
(C) pela revogação, pela renúncia, pela morte ou pela interdição de uma das partes, cessa o mandato.
(D) sendo dois ou mais mandatários nomeados no mesmo instrumento, qualquer deles pode exercer os poderes outorgados, se não forem aqueles expressamente declarados conjuntos nem especialmente designados para atos diferentes ou subordinados para atos sucessivos.

A: incorreta, devendo ser assinalada. O art. 672, *in fine*, do CC autoriza a ratificação retroativa para conferir eficácia à prática de ato praticado por um dos mandatários constituídos conjuntamente; B: correta, nos termos do art. 685 do CC; C: correta, nos termos do art. 682, I e II, do CC; D: correta, nos termos do art. 672, primeira parte, do CC.
Gabarito "A".

**(Cartório/RJ – 2002 - NCE-UFRJ)** Assinale a opção correta:

(A) Toda e qualquer pessoa maior emancipada, no gozo dos direitos civis, pode outorgar procuração por instrumento particular, a qual valerá desde que tenha a sua assinatura.
(B) O maior de 16 e menor de 21 anos, não emancipado, não pode ser mandatário.
(C) O relativamente capaz pode outorgar procuração, apenas por instrumento público, sendo neste caso dispensada a assistência ao ato.
(D) Uma vez conferido o mandato, fica o mandatário desobrigado à prestação de contas ao mandante.
(E) Em direito privado não se admite mandato verbal.

A: correta, nos termos do art. 654 do CC; B: incorreta. O relativamente incapaz poderá ser mandatário, mas o mandante não terá ação contra ele senão de acordo com as regras estabelecidas para as obrigações contraídas por menores (art. 666 do CC); C: incorreta. Vale, nesse caso, a regra geral dos atos jurídicos praticados por relativamente incapazes, os quais dependem, obrigatoriamente, de assistência; D: incorreta. O mandatário é obrigado a prestar contas ao mandante (art. 668 do CC); E: incorreta. É possível o mandato verbal, desde que a forma escrita não seja essencial ao ato (art. 657 do CC).
Gabarito "A".

**(Cartório/SP – 2012 – VUNESP)** Sobre a procuração, é correto afirmar que

(A) mandato redigido por notário francês necessita consularização para ser utilizado em escritura pública.
(B) procuração outorgada a sociedade de advogados deve conter, como mandatária, a própria pessoa jurídica, com seu registro na OAB.
(C) excetuados os casos previstos em lei, o mandato de origem estrangeira utilizado em escritura deverá ser trasladado previamente no Registro de Títulos e Documentos.
(D) a informação de ato revocatório de procuração deve ser obrigatoriamente comunicada à serventia que lavrou o ato original, vedada a cobrança do interessado da despesa postal decorrente.

A: incorreta. Não há previsão de obrigatoriedade de consularização nesse caso; B: incorreta. Nos termos do art. 15, § 3º, da Lei 8.906/1994, as procurações serão outorgadas individualmente a cada advogado com simples menção à sociedade de advogados; C: correta, nos termos do item 21 do Capítulo XIV do Tomo II das Normas de Serviço da Corregedoria Geral de Justiça do Estado de São Paulo; D: incorreta. A despesa postal será paga pelo interessado (item 22.2 do Capítulo XIV do Tomo II das Normas de Serviço da Corregedoria Geral de Justiça do Estado de São Paulo).*
Gabarito "C".

\* Observação: O capítulo XIV das Normas de Serviço de SP sofreu alterações posteriores à data da prova. Recomenda-se a leitura das Normas de Serviço atualizadas.

**(Cartório/SP – 2012 – VUNESP)** Para a lavratura do ato notarial, considera-se atualizada a certidão do Registro de Imóveis expedida há

(A) 5 (cinco) dias.
(B) 10 (dez) dias.
(C) 30 (trinta) dias.
(D) 90 (noventa) dias.

Para tal fim, considera-se atualizada a certidão do Registro de Imóveis expedida há menos de 30 dias (item 12, "d", do Capítulo XIV do Tomo II das Normas de Serviço da Corregedoria Geral de Justiça do Estado de São Paulo).
Gabarito "C".

\* Observação: O capítulo XIV das Normas de Serviço de SP sofreu alterações posteriores à data da prova. Recomenda-se a leitura das Normas de Serviço atualizadas.

**(Cartório/SP – VI – VUNESP)** Francisca nomeia sua neta Sabrina, de 16 anos de idade, como sua mandatária, com plenos e gerais poderes. Pode-se afirmar que

(A) a procuração somente poderá ser utilizada por Sabrina depois que ela completar 18 anos.

(B) a procuração é nula porque Sabrina é relativamente capaz.
(C) a procuração é válida, porém Francisca não tem como pedir prestação de contas.
(D) os atos praticados por Sabrina que exigem capacidade plena como, por exemplo, venda de imóveis, são anuláveis.

Nos termos do art. 666 do CC, o relativamente incapaz pode ser mandatário, mas o mandante não terá ação contra ele senão de acordo com as regras estabelecidas para as obrigações contraídas por menores. Dentre elas, impossível exigir a prestação de contas.
Gabarito "C".

## 8. DAS DOAÇÕES

**(Cartório/MG – 2005 – EJEF)** É INCORRETO afirmar que, na Escritura Pública

(A) de Compra e Venda, o alienante responde pela evicção de direito.
(B) de Compra e Venda, podem as partes, por cláusula expressa, reforçar, diminuir ou excluir a responsabilidade por evicção.
(C) de Doação Pura, o doador não responde por evicção de direito.
(D) de Doação, podem as partes, por cláusula expressa, reforçar, diminuir ou excluir a responsabilidade por evicção.

Conforme dispõe o art. 447 do CC, a responsabilidade pela evicção ocorre somente nos contratos onerosos, como a compra e venda, sendo possível reduzi-la ou excluí-la pela vontade das partes (art. 448 do CC). Nos contratos gratuitos, como a doação, não há responsabilidade do doador pela evicção, razão pela qual não se aplica a regra mencionada.
Gabarito "D".

**(Cartório/MG – 2005 – EJEF)** Analise estas afirmativas concernentes ao instituto da doação:

I. É nula a doação de todos os bens sem reserva de parte, ou renda, suficiente para a subsistência do doador.
II. Nula é a doação quanto à parte que exceder à de que o doador, no momento da liberalidade, poderia dispor em testamento.
III. O doador pode estipular cláusula de reversão a favor de terceiros.
IV. Na doação feita ao nascituro, dispensa-se a aceitação.

A partir dessa análise, pode-se concluir que

(A) apenas as afirmativas I e II estão corretas.
(B) apenas as afirmativas II e III estão corretas.
(C) apenas as afirmativas I, II e III estão corretas.
(D) apenas as afirmativas I, III e IV estão corretas.

I: correta, nos termos do art. 548 do CC; II: correta, nos termos do art. 549 do CC; III: incorreta. A cláusula de reversão, que prevê o retorno dos bens doados ao patrimônio do doador se esse sobreviver ao donatário, não pode ser estipulada em favor de terceiro, porque resultaria em hipótese não autorizada de fideicomisso (art. 547, parágrafo único, do CC); IV: incorreta. A aceitação é obrigatória e deve ser exarada pelo representante legal do nascituro (art. 542 do CC).
Gabarito "A".

**(Cartório/MT – 2003 – UFMT)** Desejando doar por escritura pública um bem imóvel à prole, um zeloso pai deseja impor cláusulas restritivas de inalienabilidade, incomunicabilidade e impenhorabilidade. Assinale o procedimento correto para tanto.

(A) Socorrer-se de notário público, de livre escolha das partes, rogando-lhe a lavratura da escritura pública de doação com imposição, no mesmo ato, de cláusulas restritivas de domínio, a qual deverá ser objeto de registro e averbação das cláusulas.
(B) Formular requerimento dirigido ao Oficial do Registro, instruído com a escritura de doação, solicitando a averbação das cláusulas restritivas de domínio e o subsequente registro do título.
(C) Socorrer-se do notário público, que deverá ser obrigatoriamente o do local da situação do bem imóvel, rogando-lhe a lavratura da escritura pública de doação com imposição, no mesmo ato, de cláusulas restritivas de domínio.
(D) Socorrer-se do notário público rogando-lhe a lavratura de dois instrumentos notariais: escritura pública de doação e escritura pública de inalienabilidade, impenhorabilidade e incomunicabilidade de bens. Ambas deverão ser objeto de registro.
(E) Socorrer-se do notário público, que deverá ser obrigatoriamente do local da situação do bem imóvel, rogando-lhe a lavratura da escritura pública ou particular de doação com imposição, no mesmo ato, de cláusulas restritivas de domínio.

Por se tratar de transmissão de propriedade de bem imóvel, é necessária escritura pública, a ser lavrada por notário (ou tabelião) – art. 7º, I, da Lei 8.935/1994. A escolha do notário é livre, não ficando adstrita à localização do imóvel (art. 8º da Lei 8.935/1994). A escritura deve conter a manifestação clara da vontade das partes (art. 215, § 1º, IV, do CC), a qual inclui o desejo de gravar os bens com as cláusulas de incomunicabilidade, inalienabilidade e impenhorabilidade. Essa escritura, ao final, deverá ser levada ao Oficial do Registro de Imóveis onde o bem estiver matriculado para que se proceda: 1 – o registro da doação (art. 167, I, 33, da Lei 6.015/1973); e 2 – a averbação das cláusulas (art. 167, II, 11, da Lei 6.015/1973).
Gabarito "A".

**(Cartório/RJ – 2002 - NCE-UFRJ)** Mévio e sua mulher, Rose, doaram a seu pai e sogro, Caio, um de seus muitos imóveis. Mévio falece dois meses após o registro da escritura. Os filhos do doador, maiores e capazes, exigem que esse imóvel seja levado a inventário, sob a alegação de que a escritura é nula, pois dela não participaram. Caio, donatário e seu cliente, procura você, Tabelião, pedindo orientação. Assinale a alternativa correta:

(A) A escritura não é nula, mas sim anulável, caso os netos não convalidem o ato.
(B) A doação de descendentes para ascendentes importa adiantamento de legítima, devendo o bem ser colacionado.
(C) A doação é nula, pois os filhos não podem fazer doação aos pais, sem a anuência dos netos.
(D) A escritura está correta, já que os doadores, como determinado na lei, não gravaram o bem com nenhuma cláusula restritiva.
(E) A escritura está correta, dela não tinham que participar os netos.

Os filhos do doador não têm qualquer legitimidade para pleitear a nulidade da doação. Os atos de disposição do patrimônio são livres, respeitados os limites da lei, sendo que os descendentes possuem, em regra, apenas expectativa de direito à herança. Por se tratar de um ato gratuito, devemos lembrar, é obrigatório respeitar a legítima dos herdeiros necessários (art. 549 do CC). O enunciado, contudo, assevera que os doadores possuem "muitos imóveis", o que denota que o direito de herança dos filhos do doador foi respeitado. Logo, a doação pura e simples foi realizada corretamente sem qualquer intervenção dos netos do donatário.
Gabarito "E".

**(Cartório/RJ – 2002 - NCE-UFRJ)** Inela, casada sob o regime convencional da separação de bens, servidora pública federal, e seu marido, Patrick, aposentado, solicitam ao Escrevente de sua Serventia que lhes lavre Escritura de Doação dos dois únicos imóveis do casal a seus filhos, com reserva e instituição de usufruto apenas para o Doador e constando cláusula expressa na qual a Doadora declara possuir renda suficiente para sua subsistência. Nesse contexto, assinale a alternativa correta:

(A) Efetuado o recolhimento do ITCD, lavrar a escritura, suprimindo, porém, a declaração da doadora, por descabida.
(B) Não se pode lavrar a escritura. O usufruto obrigatoriamente deve caber aos doadores.
(C) Lavrar a escritura, como solicitado, desde que cumpridas as formalidades legais.
(D) Não se pode lavrar a escritura, pois ninguém pode doar a totalidade de seus bens.
(E) Lavrar a escritura, desde que a doadora lhe apresente as cinco últimas declarações do Imposto de Renda.

A: incorreta. A declaração da doadora não é descabida, pois a doação é nula se não restar ao doador renda suficiente para sua subsistência (art. 548 do CC); B: incorreta. É possível a constituição de usufruto em favor de qualquer pessoa, não havendo obrigatoriedade de vinculá-lo aos doadores; C: correta. As formalidades legais, no caso, referem-se especialmente ao recolhimento do ITCMD; D: incorreta. É possível a doação da totalidade dos bens, desde que os doadores possam prover a própria subsistência (art. 548 do CC). No caso em exame, o doador continua com o usufruto do imóvel, o que supre esse requisito; E: incorreta. A declaração da doadora é suficiente, não sendo ela obrigada a comprovar sua condição financeira mediante documentos.
Gabarito "C".

**(Cartório/SP – VI – VUNESP)** Júlio, casado sob o regime de separação de bens com Maria, pretende doar, a seu primogênito Júnior, imóvel particular seu. O tabelião deverá

(A) exigir a autorização de Maria e a anuência dos irmãos de Júnior.
(B) dispensar a autorização de Maria e a anuência dos irmãos de Júnior.
(C) exigir a autorização de Maria e dispensar a anuência dos irmãos.
(D) dispensar a autorização de Maria e exigir a anuência dos irmãos de Júnior.

Não é necessária a outorga uxória por conta do regime da separação de bens (art. 1.647, *caput*, do CC) nem a participação dos demais descendentes. Sua anuência não é requisito da doação, mas essa constituirá adiantamento de legítima (art. 544 do CC).

Gabarito "B".

**(Cartório/SP – V – VUNESP)** Na doação inoficiosa,

(A) a escritura é nula e ineficaz.
(B) a escritura é anulável.
(C) a escritura é ineficaz quanto à parte excedente.
(D) a escritura é nula, mas eficaz em relação a terceiros.

Doação inoficiosa é aquela que extrapola o montante que o doador poderia dispor, no momento do contrato, em testamento. Segundo o art. 549 do CC, ela é nula "quanto à parte que exceder" a legítima, ou seja, a escritura será ineficaz (não produzirá efeitos) nessa mesma proporção.

Gabarito "C".

## 9. DOS TESTAMENTOS

**(Cartório/BA – 2004 – CESPE)** Com relação aos testamentos, julgue os itens a seguir.

(1) O testador de testamento público deverá assiná-lo juntamente com as testemunhas e o tabelião.
(2) O substituto do tabelião não poderá fazer a leitura do testamento público quando o testador for cego.
(3) Se o tabelião tiver escrito o testamento cerrado, a rogo do testador, ficará impedido de aprová-lo, ficando a aprovação a cargo do substituto.
(4) Não podem dispor de seus bens em testamento cerrado quem não saiba ler e o surdo-mudo.
(5) O tabelião perante o qual se fez o testamento, ou que o tenha aprovado, não pode ser herdeiro do testador, mas tão somente seu legatário.
(6) Os testamentos ordinários são o público e o particular, sendo todos os demais especiais.

1: correta, nos termos do art. 1.864, III, do CC; 2: incorreta. O substituto está autorizado a realizar a leitura do testamento do cego pelo art. 1.867 do CC; 3: incorreta. O tabelião pode aprovar o testamento por ele mesmo escrito a rogo do testador (art. 1.870 do CC); 4: incorreta. A proibição incide somente sobre quem não saiba ou não possa ler, o que não é o caso do surdo-mudo (arts. 1.872 e 1.873 do CC); 5: incorreta. O tabelião, nesse caso, não poderá ser herdeiro nem legatário (art. 1.801, IV, do CC); 6: incorreta. Também é espécie de testamento ordinário o testamento cerrado.

Gabarito 1C, 2E, 3E, 4E, 5E, 6E

**(Cartório/DF – 2003 – CESPE)** A respeito da Lei dos Serviços Notariais e de Registro (LSNR — Lei n.º 8.935/1994), julgue o seguinte item.

(1) Se um indivíduo quiser pôr em testamento suas disposições de última vontade, deverá fazê-lo apenas perante o tabelião de notas de seu domicílio; caso mude de domicílio, não precisará, porém, registrar nem averbar o testamento no novo tabelionato.

1: incorreta. As disposições de última vontade podem ser inseridas, além do testamento público, em testamento particular ou cerrado. Ainda que se opte pelo testamento público, é livre a escolha do tabelião de notas, não ficando o testador adstrito ao seu domicílio (art. 8º da Lei 8.935/1994).

Gabarito 1E

**(Cartório/MG – 2012 – FUMARC)** Qual ato inicia a contagem do prazo de extinção do direito de impugnar a validade de um testamento?

(A) O registro do testamento.
(B) O falecimento do testador.
(C) O registro do óbito no Registro Civil das Pessoas Naturais.
(D) A entrada da petição inicial com a apresentação do testamento.

A decadência do direito de impugnar a validade de um testamento ocorre no prazo de cinco anos, contados da data do registro do ato (art. 1.859 do Código Civil).

Gabarito "A".

**(Cartório/MG – 2012 – FUMARC) NÃO** é correto o que se afirma em

(A) O deficiente visual pode fazer testamento público.
(B) O testamento cerrado só pode ser lido em língua nacional.
(C) Os inteiramente surdos podem designar quem leia o seu testamento público.
(D) Os maiores de 16 anos e menores de 18 anos podem ser testemunhas em testamentos.

A: correta, nos termos do art. 1.867, do Código Civil; B: incorreta, devendo ser assinalada. O testamento cerrado pode ser redigido em língua estrangeira (art. 1.871 do Código Civil) e não é lido pelo tabelião, mas sim entregue, ainda lacrado, ao juiz (art. 1.875 do Código Civil); C: correta, nos termos do art. 1.866, parte final, do Código Civil; D: correta, nos termos do art. 228 do Código Civil.

Gabarito "B".

**(Cartório/MG – 2005 – EJEF)** É CORRETO afirmar que é considerada capaz de adquirir por testamento

(A) a pessoa jurídica.
(B) a testemunha do testamento.
(C) o concubino do testador casado, salvo se este, sem sua culpa, estiver separado de fato do cônjuge há mais de cinco anos.
(D) o cônjuge ou companheiro da pessoa que a rogo escreveu o testamento.

A: correta, nos termos do art. 1.799, II, do CC; B: incorreta, por força do art. 1.801, II, do CC; C: incorreta, por força do art. 1.801, III, do CC; D: incorreta, por força do art. 1.801, I, do CC.

Gabarito "A".

**(Cartório/MG – 2005 – EJEF)** Analise estas afirmativas concernentes a testamentos em geral:

I. Toda pessoa capaz pode dispor, por testamento, da totalidade dos seus bens, ou de parte deles, para depois de sua morte.
II. A incapacidade superveniente do testador não invalida o testamento, assim como o testamento do incapaz não se valida com a superveniência da capacidade.
III. Segundo a legislação vigente, podem testar os maiores de 16 anos.
IV. É proibido o testamento conjuntivo, seja simultâneo, recíproco ou correspectivo.

A partir dessa análise, pode-se concluir que

(A) apenas as afirmativas I e II estão corretas.
(B) apenas as afirmativas III e IV estão corretas.
(C) apenas as afirmativas I, II e III estão corretas.
(D) as quatro afirmativas estão corretas.

I: correta, nos termos do art. 1.857 do CC; II: correta, nos termos do art. 1.861 do CC; III: correta, nos termos do art. 1.860, parágrafo único, do CC; IV: correta, nos termos do art. 1.863 do CC. Testamento conjuntivo, ou de mão conjunta, é o testamento que contenha as disposições de última vontade de mais de uma pessoa. Diz-se simultâneo quando os testadores dispõem conjuntamente em favor da mesma pessoa; recíproco, se um nomeia o outro como seu herdeiro; e correspectivo, caso existam condições em retribuição de outras estabelecidas pelo segundo testador.
Gabarito "D".

**(Cartório/RJ – 2008 – UERJ)** No que se refere à lavratura de um Testamento Público, está correta a alternativa.

(A) o indivíduo inteiramente surdo, não sabendo ler, deverá o tabelião ler, sempre presentes as testemunhas
(B) lavrado o testamento, este deverá ser lido em voz alta pelo Tabelião ao testador e posteriormente às duas testemunhas, sempre no mesmo dia
(C) ao cego só se permite o testamento particular se presentes cinco testemunhas; aquele lhe será lido em voz alta por duas das testemunhas instrumentárias
(D) se o testador não souber, ou não puder assinar, o tabelião assim o declarará, assinando, neste caso, pelo testador e, a seu rogo, um parente seu até o terceiro grau
(E) ser escrito em livro próprio, de acordo com as declarações do testador, podendo este servir-se de minuta, notas ou apontamentos, é considerado como um dos requisitos do testamento público

A: incorreta. Cabe ao surdo indicar a pessoa que lerá seu testamento (art. 1.866 do CC); B: incorreta. O testador e as testemunhas devem ouvir a leitura ao mesmo tempo (art. 1.864, II, do CC); C: incorreta. Ao cego somente se permite o testamento público, que será lido duas vezes (art. 1.867 do CC); D: incorreta. Quem assinará pelo testador será uma das testemunhas instrumentárias (art. 1.865 do CC); E: correta, nos termos do art. 1.864, I, do CC).
Gabarito "E".

**(Cartório/RJ – 2008 – UERJ)** Os testamentos públicos e cerrados são:

(A) ambos lavrados e aprovados por tabelião
(B) lavrados e aprovados por tabelião ou registrador
(C) ambos lavrados e aprovados pelo tabelião ou por um dos seus substitutos
(D) respectivamente, o primeiro, lavrado, e o segundo, aprovado por tabelião
(E) ambos lavrados por tabelião, sendo exigida ainda a aprovação do segundo

"Lavrar" é sinônimo de "redigir", "escrever". O testamento público é lavrado pelo tabelião, porque somente esse pode redigir a escritura pública. O testamento cerrado é aprovado pelo tabelião, que não conhece seu conteúdo (art. 7º, II, da Lei 8.935/1994).
Gabarito "D".

**(Cartório/RJ – 2002 - NCE-UFRJ)** O tabelião, ao aprovar o testamento de uma pessoa cega, deverá determinar que o termo de aprovação seja lido por duas vezes em voz alta, uma feita pelo próprio tabelião e a outra por uma das testemunhas designadas pelo testador, fazendo-se de tudo circunstanciada menção. Quanto a esse procedimento, pode-se afirmar que:

(A) pessoa cega não pode dispor de seus bens em testamento cerrado;
(B) o testador cego deve conhecer a voz da testemunha que leu a aprovação;
(C) o testador cego deve escrever na face externa do papel, que se trata de seu testamento cerrado;
(D) o testador cego deverá escrever todo o testamento e assiná-lo;
(E) o tabelião deverá aprovar o testamento cerrado, desde que faça circunstanciada menção, no termo de aprovação, das formalidades legais.

A: correta. Ao cego permite-se somente o testamento público (art. 1.867 do CC); B: incorreta. Não há qualquer exigência nesse sentido; C: incorreta, pela proibição já mencionada ao testamento cerrado; D: incorreta. Todo e qualquer testamento público somente pode ser redigido pelo tabelião (art. 7º, II, da Lei 8.935/1994); E: incorreta, pela já mencionada proibição ao testamento cerrado do cego.
Gabarito "A".

**(Cartório/RJ – 2002 - NCE-UFRJ)** Provar a veracidade da causa alegada pelo testador para deserdar um herdeiro necessário é incumbência do/a:

(A) Ministério Público;
(B) testamenteiro e inventariante;
(C) meeiro(a);
(D) herdeiro instituído, ou aquele a quem aproveita a deserdação;
(E) legatário.

Tem legitimidade para arguir e provar a deserdação o herdeiro instituído ou qualquer pessoa a quem aquela aproveite, nos termos do art. 1.965 do CC. Lembre-se que esse direito está sujeito ao prazo de decadência de 04 anos.
Gabarito "D".

**(Cartório/RJ – 2002 - NCE-UFRJ)** Em se tratando de testamento cerrado e escrito em idioma estrangeiro, caso o testador não saiba ou não possa assinar, deverá assinar a seu rogo:

(A) o legatário;
(B) o testamenteiro nomeado;
(C) o tabelião que aprovar o testamento;
(D) ninguém, pois pela legislação brasileira o testamento cerrado somente valerá se escrito em idioma nacional;
(E) aquele que tiver escrito o testamento pelo testador, qualquer que seja o idioma escolhido.

Deve assinar a rogo do testador quem o redigiu, seja o tabelião, seja qualquer outra pessoa (art. 1.871 do CC).
Gabarito "E".

**(Cartório/RJ – 2002 - NCE-UFRJ)** Em um testamento, será considerada válida a disposição que:

(A) institua herdeiro ou legatário, sob a condição captatória de que este disponha, também por testamento, em benefício do testador ou de terceiro;

(B) beneficie pessoa incerta, cuja identidade não se possa averiguar;

(C) favoreça pessoa incerta, cometendo a determinação de sua identidade a terceiro;

(D) deixe ao arbítrio do herdeiro ou de outrem, fixar o valor do legado;

(E) favoreça pessoa incerta que deva ser determinada por terceiro, dentre duas ou mais pessoas mencionadas pelo testador, ou pertencentes a uma família, um corpo coletivo ou um estabelecimento por ele designado.

A: incorreta, por força do art. 1.900, I, do CC. Cláusula ou condição captatória é a exigência junto ao herdeiro de que esse também nomeie o testador como seu herdeiro; B: incorreta, por força do art. 1.900, II, do CC; C: incorreta, por força do art. 1.900, III, do CC; D: incorreta, por força do art. 1.900, IV, do CC; E: correta, consoante o disposto no art. 1.901, I, do CC.
Gabarito "E".

**(Cartório/RJ – 2002 - NCE-UFRJ)** Bob Bush apresenta ao Tabelião de Notas um escrito na língua alemã, dizendo tratar-se de seu testamento cerrado, e solicita que lhe seja aprovado. O Tabelião de Notas não conhece o idioma do testador. Pode ser lavrado o Auto de Aprovação:

(A) Não, pois o Tabelião de Notas não conhece o idioma.

(B) Sim, pois o Tabelião não pode ter conhecimento das disposições testamentárias.

(C) Sim, desde que alguma testemunha instrumentária conheça o idioma.

(D) Sim, havendo a intervenção do Tradutor Público Juramentado.

(E) Não, pois ao estrangeiro é vedado o testamento cerrado.

No testamento cerrado, apenas o testador, como regra, tem conhecimento das disposições testamentárias. Com isso, não há qualquer necessidade do tabelião conhecer o idioma no qual foi escrito, devendo aprová-lo normalmente, desde que cumpridas as exigências do art. 1.868 do CC.
Gabarito "B".

**(Cartório/SC – 2012)** Sobre o testamento é **correto** afirmar:

I. É proibido o testamento conjuntivo, seja simultâneo, recíproco ou correspectivo.

II. Qualquer tipo de testamento só pode ser escrito em língua nacional.

III. O analfabeto não pode testar.

IV. O cego pode testar através de testamento particular.

V. O surdo-mudo pode fazer testamento cerrado.

(A) Somente as proposições III e V estão corretas.

(B) Somente as proposições I, II e IV estão corretas.

(C) Somente as proposições II, III e IV estão corretas.

(D) Somente as proposições I e V estão corretas.

(E) Todas as proposições estão corretas.

I: correta, nos termos do art. 1.863 do Código Civil; II: incorreta. O testamento cerrado e o testamento particular podem ser escritos em língua estrangeira (arts. 1.871 e 1.880, respectivamente, do Código Civil); III: incorreta. O analfabeto pode elaborar o testamento público (art. 1.865 do Código Civil); IV: incorreta. Ao cego somente é permitido o testamento público (art. 1.867 do Código Civil); V: correta, nos termos do art. 1.873 do Código Civil.
Gabarito "D".

**(Cartório/SP – VI – VUNESP)** Com relação ao testamento público, assinale a alternativa correta.

(A) Ao cego só se permite o testamento cerrado.

(B) Ao estrangeiro que não compreende o vernáculo só se admite o testamento com tradutor público juramentado.

(C) O legatário pode figurar como testemunha.

(D) Pode ser feito por menor púbere.

A: incorreta. Ao cego somente se permite o testamento público (art. 1.867 do CC); B: incorreta. O estrangeiro pode até mesmo redigir o testamento particular em sua língua-mãe, desde que as testemunhas instrumentárias a compreendam (art. 1.880 do CC; C: incorreta. É vedado que o legatário seja testemunha do testamento (art. 1.801, II, do CC); D: correta, nos termos do art. 1.860, parágrafo único, do CC.
Gabarito "D".

**(Cartório/SP – V – VUNESP)** Os testamentos públicos e cerrados são

(A) ambos lavrados e aprovados por tabelião.

(B) ambos lavrados por tabelião, sendo exigida ainda a aprovação do segundo.

(C) respectivamente, o primeiro, lavrado, e o segundo, aprovado por tabelião.

(D) lavrados e aprovados por tabelião ou registrador.

"Lavrar" é sinônimo de "redigir", "escrever". O testamento público é lavrado pelo tabelião, porque somente esse pode redigir a escritura pública. O testamento cerrado é aprovado pelo tabelião, que não conhece seu conteúdo (art. 7º, II, da Lei 8.935/1994).
Gabarito "C".

**(Cartório/SP – III – VUNESP)** Assinale a alternativa correta no que se refere ao testamento cerrado.

(A) O tabelião deverá iniciar o instrumento de aprovação imediatamente após a última palavra do testamento, não admitido o seu início em folha separada.

(B) O tabelião deverá iniciar o instrumento de aprovação em folha separada, visto que o testamento lhe foi apresentado cerrado pelo testador, dizendo-lhe que o dava por bom, firme e valioso.

(C) Lavrado o instrumento de aprovação, o tabelião o lerá na presença do testador, que o assinará, sendo vedada a assinatura a seu rogo.

(D) Entregue o testamento ao testador, lançará o tabelião no livro próprio ou de Notas apenas nota do lugar, dia, mês e ano em que o testamento foi aprovado e entregue.

A: incorreta. É possível que o instrumento se inicie em folha separada se não houver espaço na última folha do testamento, devendo o tabelião certificar a situação e apor seu sinal público (art. 1.869, parágrafo único, do CC); B: incorreta. A regra é que instrumento se inicie logo após a última palavra do testamento (art. 1.869, caput, do CC); C: incorreta. A leitura deverá ser feita ao testados e às testemunhas (art. 1.868, III, do CC); D: correta, nos termos do art. 1.874 do CC.
Gabarito "D".

## 10. DO TRASLADO E CERTIDÃO

**(Cartório/DF – 2006 – CESPE)** Com relação aos serviços notariais, julgue o item subsequente.

(1) Compete ao tabelião de notas lavrar escrituras e procurações públicas e, depois de elaborar o instrumento público, expedir cópia autêntica do que foi elaborado e entregá-la ao interessado. O traslado deve ser tirado em tantas cópias quantos forem as partes e os intervenientes, sem acréscimo de despesas.

1: correta, nos termos do art. 71 do Provimento Geral da Corregedoria de Justiça do Distrito Federal aplicado aos Serviços Notariais e de Registro. Anote-se que o tabelião deve respeitar o prazo de 24 horas para cumprimento dessa diligência.
Gabarito 1C

## 11. DA AUTENTICAÇÃO DE DOCUMENTOS. DO SELO DE AUTENTICIDADE. RECONHECIMENTO DE FIRMAS

**(Cartório/DF – 2006 – CESPE)** Com relação aos serviços notariais, julgue o item subsequente.

(1) O ato de autenticação deve ser realizado mediante rigoroso confronto entre os originais e as cópias apresentadas, ainda que se trate de cópia de cópia com autenticação da própria serventia. Cada autenticação deve corresponder a uma conferência, sendo o anverso e o verso de um documento considerados um único ato.

1: correta, nos termos dos arts. 67, 68 e 69, IV, do Provimento Geral da Corregedoria de Justiça do Distrito Federal aplicado aos Serviços Notariais e de Registro.
Gabarito 1C

**(Cartório/MG – 2012 – FUMARC)** É vedado o reconhecimento de firma quando o documento

(A) contiver assinaturas de pessoas falecidas, mas que tenha sido assinado antes do óbito.
(B) estiver preenchido totalmente, mas abaixo da assinatura não estiver o nome legível do assinante.
(C) for redigido em língua estrangeira, para ter efeitos no país, estando acompanhado de tradução oficial.
(D) for redigido em língua estrangeira, para produzir efeitos no exterior, e o tabelião não tenha conhecimento e domínio do idioma no qual foi escrito.

Nos termos do art. 21, "b" e parágrafo único, do Provimento nº 54/1978, do Conselho Superior da Magistratura do Estado de Minas Gerais, o tabelião somente pode reconhecer firma em documento redigido em língua estrangeira se, destinado a produzir efeito no Brasil, estiver acompanhado de tradução oficial ou, destinado a produzir efeito no exterior, se ele (tabelião) possuir conhecimentos bastantes do idioma que o permita conhecer o conteúdo.
Gabarito "D".

**(Cartório/MG – 2007 – EJEF)** O contrato de locação foi apresentado no Tabelionato de Notas para reconhecimento das firmas das partes contratantes e das testemunhas. Compareceram pessoalmente a locatária e as testemunhas. O locador, que já era cadastrado no Tabelionato, não compareceu. Mas a locatária, preocupada, insistiu no reconhecimento de todas as assinaturas. Nesse caso, o tabelião, em conformidade com as normas legais, fará o reconhecimento das assinaturas:

(A) por semelhança a do vendedor, que não compareceu, e por autenticidade as dos demais, já que presentes.
(B) por semelhança a do vendedor, declarando a causa e os motivos de seu não comparecimento, e por autenticidade as dos demais.
(C) de todos por autenticidade, à exceção da do vendedor, a qual deverá ele se recusar a reconhecer.
(D) de todos por autenticidade, uma vez que o vendedor, além de possuir cadastro, é conhecido pessoalmente pelo tabelião, podendo este assumir o risco de fazê-lo desta forma.

Mesmo sem a presença da pessoa, é possível reconhecer sua firma anteriormente cadastrada no tabelionato. Nesse caso, o ato será obrigatoriamente feito "por semelhança", considerando que o reconhecimento por autenticidade pressupõe a conferência, pelo tabelião, do documento pessoal da parte para confirmar que se trata da pessoa indicada no documento (art. 20, § 1º, do Provimento nº 54/78 do Conselho Superior da Magistratura de Minas Gerais). Portanto, na hipótese apresentada, será reconhecida por semelhança a firma do vendedor e por autenticidade a dos demais.
Gabarito "A".

**(Cartório/MG – 2005 – EJEF)** Considerando-se a utilização dos selos de fiscalização, é CORRETO afirmar que,

(A) desde que haja expressa autorização do Corregedor Geral de Justiça, esses selos podem ser repassados, cedidos ou trocados.
(B) em todos os atos praticados pelos Serviços Notariais e de Registro, exceto naqueles sujeitos à gratuidade, esses selos devem ser sempre usados.
(C) na hipótese de o documento constituir-se em mais de um ato, devem ser usados tantos selos quantos forem os atos praticados
(D) no documento que possuir mais de uma folha, devem ser usados tantos selos quantas forem as folhas, independentemente do número de atos praticados.

A: incorreta, por expressa proibição do art. 10, I, da Portaria Conjunta nº 02/2005/TJMG/CGJ/SEF-MG; B: incorreta. O selo deverá ser usado inclusive nos atos abrangidos pela gratuidade (art. 10, caput, da Portaria Conjunta nº 02/2005/TJMG/CGJ/SEF-MG); C: correta, nos termos do art. 10, VI, da Portaria Conjunta nº 02/2005/TJMG/CGJ/SEF-MG; D: incorreta. A regra é um selo por ato. Sendo várias folhas, porém um único ato, o selo será afixado na folha em que constar a assinatura do notário ou registrador (art. 10, VII, da Portaria Conjunta nº 02/2005/TJMG/CGJ/SEF-MG).
Gabarito "C".

**(Cartório/MG – 2005 – EJEF)** Considerando-se o ato de reconhecimento de firma, é INCORRETO afirmar que

(A) o instrumento notarial de reconhecimento de firma por abono deve ser lavrado ao final do documento, em espaço disponível ou, não havendo, em folha à parte.

(B) o reconhecimento de firma ou de letra e firma é vedado quando o documento não estiver preenchido totalmente.
(C) o reconhecimento de letra consiste em certificar-se a autoria de dizeres manuscritos em documento particular, lançados em presença do Tabelião ou que o autor lhe declare ter escrito, sendo conhecido o Tabelião ou por ele identificado.
(D) o reconhecimento pode ser aposto mediante impresso ou carimbo que contenha, entre os requisitos necessários, a indicação de sua espécie, o nome de quem firmou e o nome do signatário do ato.

A: incorreta, devendo ser assinalada. A folha à parte deve tornar-se parte inseparável do documento caso o ato notarial não possa ser lavrado nele mesmo por falta de espaço (art. 20, § 2º, do Provimento nº 54/78 do Conselho Superior da Magistratura de Minas Gerais); B: correta, nos termos do art. 21, "a", do Provimento nº 54/78 do Conselho Superior da Magistratura de Minas Gerais; C: correta, nos termos do art. 19 do Provimento nº 54/78 do Conselho Superior da Magistratura de Minas Gerais; D: correta, nos termos do art. 20, § 3º, do Provimento nº 54/78 do Conselho Superior da Magistratura de Minas Gerais.
Gabarito "A".

**(Cartório/RJ – 2008 – UERJ)** O contrato particular de compra e venda foi apresentado no tabelionato de notas para reconhecimento das firmas das partes contratantes e das testemunhas. Compareceram pessoalmente a compradora e as testemunhas. O vendedor, que já era cadastrado no tabelionato, não compareceu. A compradora, preocupada, insistiu no reconhecimento de todas as assinaturas. Nesse caso, o tabelião deverá fazer o reconhecimento das assinaturas da forma seguinte:

(A) todas as alternativas estão corretas
(B) de todos por autenticidade, à exceção do vendedor, a qual deverá ele se recusar a reconhecer
(C) de todos por semelhança, de vez que o vendedor dá quitação de valor apreciável em dinheiro
(D) por semelhança à do vendedor, que não compareceu, e por autenticidade às dos demais, já que presentes
(E) de todos por autenticidade, uma vez que o vendedor, além de já possuir seu cadastro no tabelionato, é conhecido pessoalmente pelo tabelião, podendo este assumir o risco de fazê-lo desta forma

Mesmo sem a presença da pessoa, é possível reconhecer sua firma anteriormente cadastrada no tabelionato. Nesse caso, o ato será obrigatoriamente feito "por semelhança", considerando que o reconhecimento por autenticidade pressupõe a conferência, pelo tabelião, do documento pessoal da parte para confirmar que se trata da pessoa indicada no documento (art. 344, §§ 1º e 2º, da Consolidação Normativa da Corregedoria Geral de Justiça do Estado do Rio de Janeiro). Portanto, na hipótese apresentada, será reconhecida por semelhança a firma do vendedor e por autenticidade a dos demais.
Gabarito "D".

**(Cartório/RJ – 2002 - NCE-UFRJ)** Para os fins da lei de Registros Públicos, o termo autenticar significa declarar, do ponto de vista formal, que o documento apresentado:

(A) é verdadeiro, digno de fé;
(B) é idêntico;
(C) é semelhante;
(D) parece verdadeiro;
(E) aparentemente é idêntico.

No Direito Registral, a expressão "autenticação" liga-se à afirmação pelo tabelião de que o documento foi analisado e é verdadeiro, digno de fé, ou seja, deve ser aceito seu conteúdo ou mesmo o próprio documento como se original fosse, em caso de cópia.
Gabarito "A".

**(Cartório/SE – 2007 – CESPE)** Com relação aos serviços notariais e de registro, julgue o item subsequente.

(1) Para o reconhecimento de firma, qualquer que seja o documento, não se exige do notário a análise da forma e do objeto do documento apresentado, mas tão somente de seus aspectos extrínsecos, ou seja, a autenticidade da assinatura e a capacidade do agente.

1: incorreta. A capacidade do agente (leia-se: o titular da firma a ser reconhecida) não é um requisito extrínseco ao ato que deva ser avaliada pelo tabelião.
Gabarito 1E.

**(Cartório/SP – 2012 – VUNESP)** Sobre o selo de autenticidade, pode-se afirmar o seguinte:

I. É obrigatória a aplicação de um selo de autenticidade o qual integrará a forma dos atos de autenticação de cópias de documentos, de reconhecimento de firmas e de certidões.
II. Os documentos eletrônicos receberão selo eletrônico, no modelo previamente aprovado pela Corregedoria Geral da Justiça do Estado de São Paulo.
III. A contratação da distribuição e da fabricação de selos constitui encargo do Colégio Notarial do Brasil – Seção de São Paulo e da Associação dos Notários e Registradores do Estado de São Paulo – ANOREG-SP, que deverão escolher empresas especializadas para tanto, desde que preenchidos os requisitos de segurança e idoneidade. A escolha das empresas fabricantes será submetida à homologação da Corregedoria Geral da Justiça, apenas para a verificação dos requisitos acima assinalados.

(A) Todas as afirmativas estão corretas.
(B) Todas as afirmativas estão incorretas.
(C) Apenas a afirmativa I está correta.
(D) Apenas as afirmativas II e III estão corretas.

I: incorreta. As certidões não necessitam de selo de autenticidade (item 72 do Capítulo XIV das Normas de Serviço da Corregedoria Geral de Justiça do Estado de São Paulo); II: incorreta. O selo eletrônico não está previsto nas Normas de Serviço da Corregedoria Geral de Justiça do Estado de São Paulo; III: incorreta. O encargo da contratação para distribuição e fabricação dos selos incumbe ao Colégio Notarial do Brasil e à Associação dos Registradores de Pessoas Naturais do Estado de São Paulo – ARPENSP (item 73 do Capítulo XIV do Tomo II das Normas de Serviço da Corregedoria Geral de Justiça do Estado de São Paulo). *
Gabarito "B".

* Observação: O capítulo XIV das Normas de Serviço de SP sofreu alterações posteriores à data da prova. Recomenda-se a leitura das Normas de Serviço atualizadas.

**(Cartório/SP – 2012 – VUNESP)** Sobre autenticação de cópias, é lícito afirmar que

(A) o Tabelião, ao autenticar cópias e para fornecer segurança jurídica ao ato praticado, deverá restringir-se à conferência do texto e do aspecto morfológico da escritura.
(B) sempre que possível, o instrumento de autenticação deverá constar no verso da cópia, para não prejudicar a legibilidade do documento.
(C) em cópias de diversas folhas, que constituam um único documento, o escrevente autorizado poderá apor seu carimbo individualizado apenas na primeira e na última cópias.
(D) é excepcionalmente permitida cópia autenticada de conjunto de cópias, desde que estas constituam documento originário.

A: incorreta. Determina o item 53 do Capítulo XIV das Normas de Serviço da Corregedoria Geral de Justiça do Estado de São Paulo que o tabelião deve também avaliar, com cautela, se o documento copiado contém rasuras, supressão de palavras ou linhas, ou quaisquer outros sinais suspeitos indicativos de fraude; B: incorreta. A regra é que o instrumento de autenticação conste do anverso da cópia (item 55.1 do Capítulo XIV das Normas de Serviço da Corregedoria Geral de Justiça do Estado de São Paulo); C: incorreta. Cada folha corresponderá a um instrumento de identificação (item 55 do Capítulo XIV das Normas de Serviço da Corregedoria Geral de Justiça do Estado de São Paulo); D: correta, nos termos do item 54.1 do Capítulo XIV das Normas de Serviço da Corregedoria Geral de Justiça do Estado de São Paulo.*

Gabarito "D".

* Observação: O capítulo XIV das Normas de Serviço de SP sofreu alterações posteriores à data da prova. Recomenda-se a leitura das Normas de Serviço atualizadas.

**(Cartório/SP – 2012 – VUNESP)** Do ato de reconhecimento de firmas, é correto concluir que

(A) é obrigatório o uso de etiqueta adesiva na lavratura de reconhecimento de firma por autenticidade, devendo nela constar as assinaturas da parte e do escrevente autorizado.
(B) o reconhecimento, por tabelião, de firma de Juiz de Direito, em documento autenticado por Oficial de Justiça, é obrigatório para gerar efeitos na comarca onde o documento será apresentado.
(C) é possível o reconhecimento de firma em documento redigido em língua estrangeira apenas se apresentada conjuntamente com ele a tradução realizada por tradutor juramentado.
(D) é possível reconhecimento de firma de uma das partes em documento no qual falte assinatura de todas as outras.

A: incorreta. O uso da etiqueta adesiva é facultativo (item 61.5 do Capítulo XIV das Normas de Serviço da Corregedoria Geral de Justiça do Estado de São Paulo); B: incorreta. O reconhecimento da firma do juiz já autenticada por Oficial de Justiça somente será exigido quando a lei assim determinar ou quando houver dúvida em relação à autenticidade (item 64-A do Capítulo XIV das Normas de Serviço da Corregedoria Geral de Justiça do Estado de São Paulo); C: incorreta. Não é necessária a tradução juramentada, apenas que a língua estrangeira utilize os caracteres comuns do Português (item 67 do Capítulo XIV das Normas de Serviço da Corregedoria Geral de Justiça do Estado de São Paulo); D: correta, nos termos do item 64.1 do Capítulo XIV das Normas de Serviço da Corregedoria Geral de Justiça do Estado de São Paulo.*

Gabarito "D".

* Observação: O capítulo XIV das Normas de Serviço de SP sofreu alterações posteriores à data da prova. Recomenda-se a leitura das Normas de Serviço atualizadas.

**(Cartório/SP – 2012 – VUNESP)** É competente para autenticar microfilmes apresentados por particulares o

(A) tabelião de notas.
(B) oficial do registro de títulos e documentos.
(C) oficial do registro civil das pessoas naturais em relação às empresas registradas na Junta Comercial do Estado e localizadas no território de sua competência registral.
(D) oficial do registro civil das pessoas jurídicas onde os atos constitutivos da entidade estiverem registrados.

A competência é do oficial de registro de títulos e documentos (item 50 do Capítulo XIX das Normas de Serviço da Corregedoria Geral de Justiça do Estado de São Paulo).

Gabarito "B".

**(Cartório/SP – V – VUNESP)** Quanto ao reconhecimento de firma, é correto dizer que

(A) o signatário cego ou provido de visão reduzida que o impeça de ler com clareza está impedido de ter a firma reconhecida a contar de fichário, exceto se lançada na presença do titular ou de substituto autorizado.
(B) o reconhecimento não pode ser realizado por chancela mecânica, sendo obrigatória a assinatura da autoridade reconhecedora de próprio punho.
(C) o documento em língua estrangeira pode ter a firma reconhecida sem a correspondente e prévia tradução, desde que a assinatura nele lançada conste de ficha existente no serviço notarial.
(D) o reconhecimento de firma deve ser sempre precedido de fichário subscrito pelo signatário diante de duas testemunhas.

A: incorreta. O item 59, "f", do Capítulo XIV do Tomo II das Normas de Serviço da Corregedoria Geral de Justiça do Estado de São Paulo autoriza o depósito de ficha-padrão pelo cego, desde que ele tenha preenchido-a após sua identificação junto ao tabelião e na presença de dois apresentantes (testemunhas); B: incorreta. O uso de chancela mecânica, com o mesmo valor da assinatura de próprio punho do tabelião, está autorizado pelo item 68 do Capítulo XIV das Normas de Serviço da Corregedoria Geral de Justiça do Estado de São Paulo; C: correta, nos termos do item 67 do Capítulo XIV das Normas de Serviço da Corregedoria Geral de Justiça do Estado de São Paulo; D: incorreta. O cartão pode ser elaborado no mesmo momento em que se reconhecerá a firma.*

Gabarito "C".

* Observação: O capítulo XIV das Normas de Serviço de SP sofreu alterações posteriores à data da prova. Recomenda-se a leitura das Normas de Serviço atualizadas.

(Cartório/SP – III – VUNESP) Assinale a alternativa incorreta.

(A) É vedado o reconhecimento por abono, salvo no caso de procuração firmada por réu preso e outorgada a advogado, desde que visada pelo Diretor do Presídio, com sinal ou carimbo de identificação.
(B) Os tabeliães estão autorizados a extrair, às suas expensas, cópia reprográfica do documento de identidade apresentado para preenchimento da ficha-padrão, caso em que as cópias serão devidamente arquivadas para fácil verificação.
(C) Para o reconhecimento de firma poder-se-á exigir a presença do signatário ou a apresentação do seu documento de identidade e da prova de inscrição no CIC.
(D) Se o instrumento contiver todos os elementos do ato, pode o tabelião ou escrevente autorizado reconhecer a firma de apenas uma das partes, não obstante faltar a assinatura da outra, ou das outras.

A: correta, nos termos do item 61.1 do Capítulo XIV do Tomo II das Normas de Serviço da Corregedoria Geral de Justiça do Estado de São Paulo; B: incorreta, devendo ser assinalada. As cópias reprográficas devem ser extraídas às expensas dos interessados (item 60 do Capítulo XIV do Tomo II das Normas de Serviço da Corregedoria Geral de Justiça do Estado de São Paulo; C: correta, nos termos do item 63 do Capítulo XIV do Tomo II das Normas de Serviço da Corregedoria Geral de Justiça do Estado de São Paulo; D: correta, nos termos do item 64.1 do Capítulo XIV do Tomo II das Normas de Serviço da Corregedoria Geral de Justiça do Estado de São Paulo.
Gabarito "B".

## 12. FISCALIZAÇÃO TRIBUTÁRIA – IMPOSTO DE TRANSMISSÃO DE BENS IMÓVEIS (ITBI). O IMPOSTO DE TRANSMISSÃO *CAUSA MORTIS* E DOAÇÕES (ITCMD). DECLARAÇÃO SOBRE OPERAÇÕES IMOBILIÁRIAS (DOI) EMOLUMENTOS

(Cartório/MG – 2012 – FUMARC) O Conselho Nacional de Justiça, no uso de suas atribuições, visando à segurança jurídica, fez a recomendação n. 03 em 2012, publicada pela Corregedoria Geral de Justiça – MG, para que os agentes dos serviços notariais, em atos em que ocorressem alienação ou oneração de bem imóvel, também cientificassem as partes envolvidas. Essa recomendação se refere à certidão negativa de

(A) tributos federais.
(B) débitos trabalhistas.
(C) feitos ajuizados federais.
(D) débitos relativos às contribuições previdenciárias.

O art. 1º, I, da Recomendação nº 3/2012 do CNJ refere-se à certidão negativa de débitos trabalhistas.
Gabarito "B".

(Cartório/MG – 2005 – EJEF) É INCORRETO afirmar que o Imposto sobre Transmissão Causa Mortis e Doação de Quaisquer Bens ou Direitos (ITCD) incide na

(A) extinção de usufruto não oneroso.
(B) instituição de usufruto convencional.
(C) instituição de usufruto não oneroso.
(D) transmissão decorrente de doação de quaisquer bens e direitos, a qualquer título, ainda que em adiantamento da legítima.

Nos termos do art. 1º da Lei Estadual nº 14.941/2003, o ITCMD do Estado de Minas Gerais não incidirá sobre a instituição de usufruto convencional, diante da ausência expressa de previsão nesse sentido. Todas as demais estão previstas como hipóteses de incidência no mencionado dispositivo legal.
Gabarito "B".

(Cartório/MG – 2005 – EJEF) É INCORRETO afirmar que, entre os fatos geradores do Imposto de Transmissão de Bens Imóveis (ITBI), se inclui a

(A) arrematação de bem imóvel em hasta pública.
(B) cessão gratuita de direitos reais relativos a bens imóveis situados no Município.
(C) compra e venda pura ou convencional.
(D) instituição de usufruto convencional.

Dispõe o art. 35 do Código Tributário Nacional (CTN) que o ITBI tem como fato gerador a transmissão, a qualquer título, de propriedade ou domínio útil de imóveis ou de direitos reais sobre eles (exceto os de garantia), bem como a cessão desses direitos. Isso inclui a arrematação de imóvel em hasta pública (transmissão de propriedade), compra e venda pura ou convencional (idem) e instituição de usufruto convencional (direito real). Foge do conceito a cessão **gratuita** de direitos reais, porque essa faz incidir o ITCMD. A expressão "a qualquer título" constante do dispositivo legal não autoriza a extensão do ITBI a negócios jurídicos gratuitos, porquanto é seara reservada à tributação estadual.
Gabarito "B".

(Cartório/MG – 2005 – EJEF) Considerando-se o recolhimento de emolumentos nos Tabelionatos, é CORRETO afirmar que

(A) as intervenções ou anuências de terceiros não autorizam acréscimos de valores e emolumentos se não implicarem outros atos.
(B) o adicional de serviço de urgência ou plantão pode ser cobrado pelos Tabeliães.
(C) o Tabelião deve cobrar, no caso de atos não previstos nas tabelas referentes aos emolumentos e taxas judiciárias, o menor valor, nelas, presente.
(D) o Tabelião pode conceder desconto de emolumentos, mas não poderá fazê-lo em relação a taxas judiciárias.

A: correta, nos termos do art. 11 da Lei Estadual nº 15.424/2004; B: incorreta. A prática é vedada pelo art. 16, VI, da Lei Estadual nº 15.424/2004; C: incorreta. Se o ato não está previsto na tabela, nada deve ser cobrado (art. 16, I e II, da Lei Estadual nº 15.424/2004); D: incorreta. Não é permitido qualquer tipo de desconto remuneratório (art. 16, VIII, da Lei Estadual nº 15.424/2004).
Gabarito "A".

(Cartório/MS – 2009 – VUNESP) O imposto sobre a transmissão onerosa de bens imóveis, intervivos, é instituído pelo ente tributante

(A) Municipal.

(B) Estadual.
(C) Municipal ou Estadual, conforme o caso.
(D) Federal.
(E) Federal, Estadual e Municipal, concorrentemente.

O ITBI é de competência municipal (art. 156, II, da CF).
Gabarito "A".

**(Cartório/PR – 2007)** Na lavratura de atos notariais, inclusive os relativos a imóveis, além dos documentos de identificação das partes, serão apresentados:

(A) Apenas documento comprobatório de IPTU (imposto predial e territorial urbano) ou IPTR, (imposto predial e territorial rural) conforme se trate de imóvel urbano ou rural, sendo obrigatória sua transcrição.
(B) documento comprobatório do pagamento do imposto de transmissão *inter vivos* (ITBI), as certidões fiscais, feitos ajuizados, e ônus reais, sendo obrigatória sua transcrição.
(C) documento comprobatório do pagamento do imposto de transmissão inter vivos, as certidões fiscais, feitos ajuizados, e ônus reais, além de documento comprobatório de IPTU (imposto predial e territorial urbano) ou IPTR, (imposto predial e territorial rural) conforme se trate de imóvel urbano ou rural, ficando dispensada sua transcrição.
(D) documento comprobatório do pagamento do imposto de transmissão inter vivos (ITBI), as certidões fiscais, feitos ajuizados, e ônus reais, ficando dispensada sua transcrição.
(E) Apenas documento comprobatório do pagamento dos impostos de transmissão inter vivos (ITBI) e de imposto predial e territorial urbano (IPTU) ou de imposto predial e territorial rural (IPTR), caso se trate de imóvel urbano ou rural, ficando dispensada sua transcrição.

A Lei nº 7.433/1985, em seu art. 1º, parágrafo único, exige apenas a apresentação do documento comprobatório do pagamento do ITBI, as certidões fiscais, de feitos ajuizados e de ônus reais atinentes ao imóvel, ficando dispensada sua transcrição.
Gabarito "D".

**(Cartório/SP – V – VUNESP)** As alternativas enumeram hipóteses obrigatórias de preenchimento da DOI (Declaração de Operação Imobiliária) pelo Oficial do Registro de Imóveis, com exceção de uma. Assinale-a.

(A) Compra e venda de imóvel formalizadas por instrumento particular.
(B) Adjudicação de imóvel decorrente de ação judicial.
(C) Doação de imóvel formalizada por escritura pública na qual não consta a expressão "EMITIDA A DOI".
(D) Partilha de bens entre herdeiros, formalizada por escritura pública na qual consta a expressão "EMITIDA A DOI".

O art. 2º na Instrução Normativa RFB nº 1.112/2010 não menciona a partilha formalizada por escritura pública como hipótese obrigatória de emissão de DOI.
Gabarito "D".

**(Cartório/SP – V – VUNESP)** Quanto à DOI (Declaração de Operação Imobiliária), é correto afirmar que a declaração deverá ser apresentada quando ocorrer operação imobiliária

(A) de aquisição ou alienação, realizada por pessoa física ou jurídica, independentemente de seu valor, emitindo-se uma declaração para cada imóvel, com o valor da operação imobiliária informado pelas partes e na ausência desse valor, o valor que serviu de base de cálculo para o ITBI ou ITCMD.
(B) de transferência de imóvel, realizada por pessoa física, brasileira ou estrangeira, independentemente de seu valor, emitindo-se uma declaração em nome de cada um dos adquirentes, com o valor da operação imobiliária informado pelas partes e na ausência desse valor, o valor que serviu de base de cálculo para o ITBI ou ITCMD.
(C) de aquisição ou alienação, realizada por pessoa física ou jurídica, com valor superior a 30 salários mínimos, emitindo-se uma declaração para cada imóvel, com o valor da operação imobiliária informado pelas partes e na ausência desse valor, o valor que serviu de base de cálculo para o ITBI ou ITCMD.
(D) de aquisição ou alienação, realizada por pessoa física ou jurídica, independentemente de seu valor, emitindo-se uma declaração para cada imóvel, com o valor que serviu de base de cálculo para o ITBI ou ITCMD, ainda que inferior ao valor informado pelas partes.

Correta a alternativa "A", nos termos do art. 2º, *caput*, da Instrução Normativa RFB nº 1.112/2010.
Gabarito "A".

**(Cartório/SP – III – VUNESP)** A expressão DOI significa

(A) declaração sobre ônus imobiliário.
(B) documento de ônus imobiliário.
(C) dúvida de orientação inversa.
(D) declaração sobre operação imobiliária.

DOI significa Declaração sobre Operação Imobiliária, nos termos do art. 1º da Instrução Normativa RFB nº 1.112/2010.
Gabarito "D".

## 13. RESPONSABILIDADE DOS TABELIÃES

**(Cartório/SP – 2012 – VUNESP)** Os Notários e os Oficiais de Registro estão sujeitos, pelas infrações que praticarem, assegurado amplo direito de defesa, à pena de suspensão por

(A) 30 (trinta) dias.
(B) 60 (sessenta) dias, prorrogável por mais 30 (trinta).
(C) 90 (noventa) dias, prorrogável por mais 30 (trinta).
(D) 120 (cento e vinte) dias, prorrogável por mais 30 (trinta).

Conforme o art. 7, "c", do Capítulo V das Normas de Serviço da Corregedoria Geral de Justiça do Estado de São Paulo, a pena de suspensão pode chegar a 90 dias, prorrogáveis por mais 30.
Gabarito "C".

(Cartório/SP – 2011 – VUNESP) Os Oficiais de Registros e Notários estão sujeitos à seguinte penalidade:

(A) perda da delegação, que não dependerá de sentença judicial transitada em julgado ou decisão em processo administrativo.
(B) multa, em caso de dupla reincidência.
(C) repreensão, em caso de descumprimento dos deveres ou de falta grave.
(D) suspensão, em caso de reiterado descumprimento dos deveres ou de falta grave.

A: incorreta. A perda da delegação depende de sentença judicial transitada em julgado ou de decisão em procedimento administrativo (art. 35 da Lei 8.935/1994); B: incorreta. A multa é aplicada já na primeira reincidência (art. 33, II, da Lei 8.935/1994); C: incorreta. A repreensão é aplicada em caso de faltas leves (art. 33, I, da Lei 8.935/1994); D: correta, nos termos do art. 33, III, da Lei 8.935/1994.
Gabarito "D".

## 14. TEMAS COMBINADOS DE TABELIONATO DE NOTAS

(Cartório/MG – 2009 – EJEF) Assinale a alternativa INCORRETA.

(A) Os notários não estão adstritos a sigilo profissional, uma vez que suas notas e registros são essencialmente públicos.
(B) A serventia deverá fornecer recibo, relativo ao pagamento pelo ato de reconhecimento de firma, autenticação de documento, e demais emolumentos incidentes sobre as escriturações realizadas.
(C) Constitui infração disciplinar do notário a cobrança indevida ou excessiva de emolumentos, ainda que sob a alegação de urgência.
(D) É dever dos notários afixar em local visível, de fácil leitura e acesso ao público, as tabelas de emolumentos em vigor.

A: incorreta, devendo ser assinalada. O notário é obrigado a qualquer sigilo sobre os fatos referentes ao ato jurídico e em relação a confidência dos interessados (art. 10 do Provimento 54/1978, do Conselho Superior da Magistratura do Estado de Minas Gerais ); B: correta, nos termos do art. 8º da Lei Estadual 15.424/2004; C: correta, nos termos dos arts. 16, VI, e 30, III, da Lei Estadual 15.424/2001; D: correta, nos termos do art. 30, I, da Lei Estadual 15.424/2004.
Gabarito "A".

(Cartório/MG – 2009 – EJEF) Assinale a afirmativa INCORRETA.

(A) O exercício da atividade notarial é incompatível com o da advocacia, o da intermediação de seus serviços ou o de qualquer cargo, emprego ou função públicos, ainda que em comissão.
(B) A diplomação, na hipótese de mandato eletivo, e a posse, nos demais casos, implicarão o afastamento da atividade notarial.
(C) Aos notários é vedada a participação em associações ou sindicatos de classe.
(D) Cada serviço notarial funcionará em um só local, vedada a instalação de sucursal.

A: correta, nos termos do art. 25 da Lei 8.935/1994; B: correta, nos termos do art. 25, § 1º, da Lei 8.935/1994; C: incorreta, devendo ser assinalada. Esse é um direito dos notários garantido pelo art. 29, II, da Lei 8.935/1994; D: correta, nos termos do art. 43 da Lei 8.935/1994.
Gabarito "C".

(Cartório/MG – 2009 – EJEF) Assinale a afirmativa INCORRETA.

(A) A cessão de direitos hereditários, o contrato de constituição de renda e o pacto antenupcial somente poderão ser celebrados por escritura pública.
(B) Os notários poderão lavrar escrituras públicas de compra e venda ad corpus com cláusula resolutiva expressa; doação de bens imóveis; divórcio consensual com ou sem partilha de bens, separação consensual com ou sem partilha de bens; declaratória de união estável; inventário e partilha de bens e inventário negativo.
(C) O tabelião, não conhecendo a língua expressa no documento, não poderá autenticar a sua cópia, pois não conhece o seu conteúdo, e tampouco reconhecer a assinatura do signatário de qualquer documento em língua estrangeira.
(D) O relativamente capaz pode outorgar procuração, apenas por instrumento público, desde que assistido por seu pai, mãe, ou tutor.

A: correta, nos termos dos arts. 1.793, 807 e 1.640 do CC; B: correta. A transmissão de propriedade de bens imóveis depende de escritura pública e a Lei 11.441/2007 autoriza a realização de inventário, divórcio, separação e partilha consensual e a união estável por esse instrumento; C: incorreta, devendo ser assinalada.; D: nos termos do art. 666 do CC, apenas para ser nomeado mandatário é que não se exige a assistência para o ato.
Gabarito "C".

(Cartório/MG – 2009 – EJEF) Todas as afirmativas abaixo são verdadeiras, EXCETO:

(A) O cidadão com 17 anos não pode ser testemunha em atos lavrados por tabelião.
(B) Havendo testamento ou interessado incapaz, proceder-se-á ao inventário judicial. Todavia, se todos forem capazes e concordes, o inventário e a partilha podem ser feitos por escritura pública, a qual constituirá título hábil para o registro imobiliário. O tabelião somente lavrará a escritura pública se todas as partes interessadas estiverem assistidas por advogado comum ou advogados de cada uma delas, cuja qualificação e assinatura constarão do ato notarial.
(C) Nos casos de inventário e partilha, a gratuidade do ato não isenta a parte do recolhimento de impostos de transmissão cabível.
(D) O cônjuge sobrevivente concorre com os descendentes, salvo se aquele for casado com o falecido no regime da comunhão universal ou no da separação obrigatória de bens.

A: incorreta, devendo ser assinalada. Somente os absolutamente incapazes não são admitidos como testemunhas (art. 228, I, do CC; B: correta, nos termos do art. 982 do CPC; C: correta. A gratuidade refere-se aos emolumentos devidos ao tabelião, não alcançando a obrigação tributária decorrente do fato gerador; D: correta, nos termos do art. 1.829, I, do CC.
Gabarito "A".

**(Cartório/MG – 2009 – EJEF)** Assinale a alternativa INCORRETA.

(A) Constitui crime lavrar ato notarial que envolva pessoa idosa sem discernimento de seus atos, sem a devida representação legal, punido com pena de reclusão de dois a quatro anos.
(B) Constitui crime coagir, de qualquer modo, o idoso a doar, contratar, testar ou outorgar procuração, punido com pena de reclusão de dois a cinco anos.
(C) A responsabilidade civil, dos notários e oficiais de registro, independe da criminal. A responsabilidade criminal será individualizada, aplicando-se, no que couber, a legislação relativa aos crimes contra a administração pública.
(D) O tabelião está dispensado de apresentar à Receita Federal a Declaração Sobre Operações Imobiliárias relativa à escritura de dação de imóvel em pagamento de dívida.

A: correta, nos termos do art. 108 da Lei 10.741/2003 (Estatuto do Idoso); B: correta, nos termos do art. 107 do Estatuto do Idoso; C: correta, nos termos dos arts. 23 e 24 da Lei 8.935/1994; D: incorreta, devendo ser assinalada. Nos termos do art. 2º da Instrução Normativa RFB 1.112/2010, a DOI deverá ser apresentada sempre que ocorrer operação imobiliária de aquisição ou alienação de bem imóvel.
Gabarito "D".

**(Cartório/MT – 2005 – CESPE)** Acerca da atividade dos tabeliães de notas, assinale a opção correta.

(A) Para a lavratura de escrituras públicas relativas à aquisição de imóveis rurais, deve ser apresentado o certificado de cadastro emitido pelo Instituto Nacional da Reforma Agrária (INCRA). Do mesmo modo, tratando-se o adquirente de pessoa física estrangeira, e de aquisição de imóvel com mais de três módulos, deve ser apresentada a respectiva certidão do registro de imóveis, comprobatória de que a operação de aquisição não ultrapassa os limites máximos permitidos para a aquisição de imóveis rurais por estrangeiro.
(B) Quando a escritura pública se refere a imóvel urbano, cuja descrição e caracterização constem na certidão do registro imobiliário, o instrumento pode consignar, a critério do tabelião, exclusivamente o número do registro ou da matrícula no registro de imóveis, dispensando a sua completa localização.
(C) Desde que transcreva na escritura pública os elementos necessários à identificação das certidões apresentadas, o tabelião fica desobrigado de arquivar em cartório os referidos documentos.
(D) A escritura de pacto antenupcial destina-se a que os nubentes ajustem o regime de bens de seu casamento. Todavia, por requerimento dos nubentes, além do ajuste do regime de bens, a escritura referida pode relacionar bens já pertencentes aos noivos, não devendo, por essa razão, ser rejeitada pelo oficial do registro civil das pessoas naturais.

A: incorreta. Deve ser comprovada a autorização concedida pelo Congresso Nacional para a aquisição de imóvel rural com mais de três módulos (art. 23, § 2º, da Lei 8.629/1993); B: incorreta. Além do número de registro ou matrícula deve constar a completa localização do imóvel (art. 3º do Decreto 93.240/1986); C: incorreta. Para que o tabelião fique desobrigado ao arquivamento dos originais nessa hipótese ele deve fazer as certidões acompanharem o traslado da escritura (art. 2º do Decreto 93.240/1986); D: correta. Nos termos do art. 1.639 do CC, os nubentes podem pactuar tudo o que lhes aprouver em relação a seus bens, tanto os que já possuem quanto os que vierem a ser adquiridos.
Gabarito "D".

**(Cartório/RJ – 2002 - NCE-UFRJ)** Tício, natural desta Capital, 38 anos de idade, e sua esposa, Nirva, 28 anos de idade, casados há mais de 7 anos, desejam adotar Natasha, 2 anos de idade. Solicitam que lhes seja lavrada Escritura Pública de Adoção. O Tabelião:

(A) não pode lavrar a escritura;
(B) não lavra a escritura, pois ninguém pode ser adotado por mais de uma pessoa;
(C) lavra a escritura desde que presente a mãe da adotada expressamente consentindo com o ato;
(D) lavra a escritura havendo prova de que os adotantes têm condições materiais suficientes para criarem a adotada;
(E) não pode lavrar a escritura. O ato solicitado deve ser realizado no Cartório do Registro Civil das Pessoas Naturais.

A adoção somente se reconhece por decisão judicial (art. 1.619 do CC), não havendo nenhuma hipótese de sua constituição por escritura pública.
Gabarito "A".

**(Cartório/RJ – 2002 - NCE-UFRJ)** Vans, tutor de Lorens, 17 anos, solicita que lhe seja lavrada Escritura de Emancipação de sua pupila. Apresenta ao Escrevente a certidão de nascimento de Lorens e os documentos de identidade dos comparecentes. É possível a lavratura:

(A) Sim, desde que a pupila manifeste o seu consentimento na própria escritura de emancipação.
(B) Sim, desde que haja sentença do juiz, ouvido o tutor.
(C) Sim, desde que se apresente o Termo de Tutela.
(D) Não. A outorga da emancipação é privativa dos pais naturais.
(E) Não. Tal emancipação é privativa do Poder Judiciário.

O tutor somente pode conceder emancipação com autorização judicial (art. 5º, parágrafo único, I, do CC).
Gabarito "E".

**(Cartório/SP – 2012 – VUNESP)** Sobre a lavratura de escritura pública, é correto afirmar que

(A) em ato de interesse de fundação definida como entidade fechada de previdência privada, nos termos da Lei n.º 6.435/77, deve obrigatoriamente comparecer a Curadoria das Fundações.
(B) em escritura declarada incompleta, por falta de assinatura de uma das partes, por culpa dela, é devida a metade do valor previsto na tabela.
(C) na instituição de direito de superfície em imóvel de valor menor que trinta salários mínimos, é obrigatório o instrumento público.
(D) na escritura cujo objeto for bem imóvel urbano objeto de transcrição, ficam dispensadas sua descrição e caracterização.

A: incorreta. Para entidades dessa natureza está expressamente dispensada a intervenção do Ministério Público (item 10.1 do Capítulo XIV das Normas de Serviço da Corregedoria Geral de Justiça do Estado de São Paulo); B: incorreta. Deverá ser pago o valor correspondente a 1/3 dos emolumentos (item 26.1 do Capítulo XIV das Normas de Serviço da Corregedoria Geral de Justiça do Estado de São Paulo c/c nota explicativa da Lei 11.331/2002 que instituiu a Tabela de Emolumentos do Estado de São paulo); C: correta, nos termos dos arts. 108 e 1.369 do CC; D: incorreta. A dispensa somente ocorrerá se os elementos de descrição e caracterização estiverem presentes na certidão do Cartório de Registro de Imóveis (art. 2º da Lei 7.433/1985).*

Gabarito "C".

* Observação: O capítulo XIV das Normas de Serviço de SP sofreu alterações posteriores à data da prova. Recomenda-se a leitura das Normas de Serviço atualizadas.

**(Cartório/SP – IV – VUNESP)** Assinale a alternativa incorreta.

(A) Mesmo que ressalvadas, ficam reprovadas as entrelinhas que afetem partes essenciais do ato.
(B) Ato revocatório ou de substabelecimento de procuração somente pode ser efetivado na serventia onde lavrado.
(C) Nas escrituras tornadas sem efeito, deverá o Tabelião certificar os motivos, datando e assinando o ato.
(D) Na ausência de assinatura de uma das partes, o Tabelião declarará incompleta a escritura, consignando as assinaturas faltantes, ficando proibido o fornecimento de certidão ou traslado sem ordem judicial.

A: correta, nos termos do item 23.1, do Capítulo XIV das Normas de Serviço da Corregedoria Geral de Justiça do Estado de São Paulo; B: incorreta, devendo ser assinalada. É possível a adoção de ato revocatório ou substabelecimento em serventia diversa, devendo apenas o tabelião informar o titular da serventia original do novo ato (item 22.2 do Capítulo XIV das Normas de Serviço da Corregedoria Geral de Justiça do Estado de São Paulo); C: correta, nos termos do item 26 do Capítulo XIV das Normas de Serviço da Corregedoria Geral de Justiça do Estado de São Paulo; D: correta, nos termos do item 26.1 do Capítulo XIV das Normas de Serviço da Corregedoria Geral de Justiça do Estado de São Paulo.*

Gabarito "B".

* Observação: O capítulo XIV das Normas de Serviço de SP sofreu alterações posteriores à data da prova. Recomenda-se a leitura das Normas de Serviço atualizadas.

**(Cartório/SP – III – VUNESP)** Considere as seguintes informações:

I. para preservação do princípio da continuidade, é recomendável que se evitem os atos relativos a imóveis sem que o título anterior esteja transcrito ou registrado na matrícula do imóvel, exceto quando o interessado conheça a circunstância e assuma responsabilidade pelo registro dos atos anteriores;
II. na escrituração dos livros, os números relativos à data da escritura, preço e metragem deverão ser escritos por extenso;
III. nas procurações em que advogados figurem como mandatários, constará o número de suas inscrições ou a declaração do outorgante de que o ignora, e nas outorgadas às sociedades de advogados constarão, como mandatários, os advogados que as integram;
IV. em todos os atos que praticarem, os tabeliães farão sempre referência ao livro e à folha do Registro de Títulos e Documentos em que tenham sido trasladados os mandatos de origem estrangeira a que tenham de reportar-se.

Pode-se dizer que estão corretas as afirmações contidas em

(A) I, II, III e IV.
(B) I, III e IV, apenas.
(C) I, II e III, apenas.
(D) II, III e IV, apenas.

I: correta, nos termos do item 17 do Capítulo XIV das Normas de Serviço da Corregedoria Geral de Justiça do Estado de São Paulo; II: correta, nos termos do item 18 do Capítulo XIV das Normas de Serviço da Corregedoria Geral de Justiça do Estado de São Paulo; III: correta, nos termos do item 20 do Capítulo XIV das Normas de Serviço da Corregedoria Geral de Justiça do Estado de São Paulo; IV: correta, nos termos do item 21 do Capítulo XIV das Normas de Serviço da Corregedoria Geral de Justiça do Estado de São Paulo.*

Gabarito "A".

* Observação: O capítulo XIV das Normas de Serviço de SP sofreu alterações posteriores à data da prova. Recomenda-se a leitura das Normas de Serviço atualizadas.

**(Cartório/SP – III – VUNESP)** Indique a alternativa incorreta no que concerne à lavratura dos atos notariais.

(A) O tabelião e escrevente devidamente autorizado, antes da lavratura de quaisquer atos, deverão verificar se as partes e demais interessados acham-se munidos dos documentos necessários de identificação, em especial cédula de identidade, CIC ou CNPJ.
(B) A responsabilidade da redação dos atos notariais é exclusiva do tabelião, devendo, porém, constar do instrumento a informação de ter sido feito sob minuta, se for o caso.
(C) É vedada a concessão de autorização para subscrição de escrituras, procurações, traslados e certidões, cassadas aquelas já concedidas a escreventes, com exceção do substituto legal do serventuário, interino ou substituto.
(D) Na escrituração dos livros, os números relativos à data da escritura, preço e metragem deverão ser escritos por extenso.

A: correta, nos termos do item 12, "a", do Capítulo XIV das Normas de Serviço da Corregedoria Geral de Justiça do Estado de São Paulo; B: incorreta, devendo ser assinalada. A responsabilidade é realmente exclusiva do tabelião e, por essa razão, não deve fazer constar a afirmação de que o ato foi lavrado sob minuta (item 13 do Capítulo XIV das Normas de Serviço da Corregedoria Geral de Justiça do Estado de São Paulo); C: correta, nos termos do item 13.1 do Capítulo XIV das Normas de Serviço da Corregedoria Geral de Justiça do Estado de São Paulo; D: correta, nos termos do item 18 do Capítulo XIV das Normas de Serviço da Corregedoria Geral de Justiça do Estado de São Paulo.*

Gabarito "B".

* Observação: O capítulo XIV das Normas de Serviço de SP sofreu alterações posteriores à data da prova. Recomenda-se a leitura das Normas de Serviço atualizadas.

# 15. TABELIONATO DE PROTESTO

Alexandre Gialluca

## 1. TEORIA GERAL. PRINCÍPIOS. ESPÉCIES. OBJETO. FINALIDADE. FUNÇÃO. FÉ PÚBLICA NOTARIAL. DELEGAÇÕES E ASPECTO INSTITUCIONAL DOS SERVIÇOS DE PROTESTO

**(Cartório/AM – 2005 – FGV)** Analise as proposições a seguir:

I. Em se tratando de protesto de cheque, poderá este ser lavrado no lugar do pagamento ou do domicílio do emitente.
II. Protesto é um ato formal e solene pelo qual se prova a inadimplência e o descumprimento de obrigação originada em títulos e outros documentos de dívida.
III. O tabelião de protestos arquivará mandados e ofícios judiciais.

Assinale:

(A) se somente a proposição I estiver correta.
(B) se somente a proposição II estiver correta.
(C) se somente as proposições I e a III estiverem corretas.
(D) se todas as proposições estiverem corretas.
(E) se nenhuma proposição estiver correta.

I: correta, conforme art. 6.º, 1.ª parte, da Lei 9.492/1997; II: correta, pois retrata a redação do art. 1.º da Lei 9.492/1997; III: correta, pois segundo o art. 35, IV, da Lei 9.492/1997, o tabelião de protestos arquivará mandados e ofícios judiciais.
Gabarito "D".

**(Cartório/DF – 2001 – CESPE)** No que diz respeito à Lei de Protesto de Títulos (LPT) – Lei 9.492, de 10 de setembro de 1997 –, julgue o item que se segue.

(1) Considere a seguinte situação hipotética. Um indivíduo apresentou um título para protesto por falta de pagamento, e o título não previa o termo inicial para a cobrança de juros e correção monetária. O tabelião cientificou o devedor e comunicou-lhe o prazo para pagamento, mas este se manteve inerte. Em consequência, o protesto foi lavrado dias depois. Nessa situação, o termo inicial para cálculo de juros e correção monetária será o dia do registro do protesto e não o da apresentação do título.

1: correta, isto porque o art. 40 da Lei 9.492/1997 determina que não havendo prazo assinado, o termo inicial para incidência de juros e atualizações monetárias será a data do registro do protesto.
Gabarito 1C.

**(Cartório/MS – 2009 – VUNESP)** O protesto especial associa-se à:

(A) ação monitória.
(B) ação ordinária de cobrança.
(C) ação revisional.
(D) execução singular.
(E) execução concursal.

O art. 94, I, da Lei 11.101/2005 trata do pedido de falência com base na impontualidade injustificada. Para tanto, é necessário ter um título executivo vencido e protestado, No entanto, o próprio art. 94, § 3.º estabelece que o credor deverá fazer o protesto para fim falimentar nos termos da legislação específica. Neste sentido, o art. 23, parágrafo único, da Lei 9.492/1997 prescreve que "Somente poderão ser protestados, para fins falimentares, os títulos ou documentos de dívida de responsabilidade das pessoas sujeitas às consequências da legislação falimentar". Assim, o protesto especial está associado ao processo de falência, que é também chamada de execução concursal, pois haverá concurso de credores para receber da massa falida do empresário falido.
Gabarito "E".

**(Cartório/SE – 2007 – CESPE)** No que se refere ao serviço de protesto de títulos e outros documentos de dívida, julgue os itens que se seguem.

(1) O protesto por falta de aceite ou por devolução somente pode ser efetuado até o respectivo vencimento da obrigação e decorrido o prazo legal para o aceite ou a devolução.
(2) O protesto extrajudicial, por si só, não se presta a constituir direito nem a suspender e interromper a prescrição cambiária ou civil, mas apenas a constituir em mora o devedor e a provar a inadimplência ou o descumprimento de obrigação do devedor.
(3) O processo de dúvida não se estende aos casos oriundos dos cartórios de protesto, pois os direitos neles discutidos são atos de comércio entre pessoas capazes, portanto, de ordem patrimonial e disponível.

1: correta, conforme dispõe o § 1.º do art. 20 da Lei 9.492/1997, segundo o qual "o protesto por falta de aceite somente poderá ser efetuado antes do vencimento da obrigação e após o decurso

do prazo legal para o aceite ou a devolução"; 2: incorreta, visto que pelo art. 202, III, do CC, o protesto cambial interrompe o prazo prescricional; 3: incorreta, pois na forma do art. 18 da Lei 9.492/1997 "as dúvidas do Tabelião de Protesto serão resolvidas pelo Juízo competente".
Gabarito 1C, 2E, 3E

## 2. COMPETÊNCIA E ATRIBUIÇÕES DO TABELIÃO DE PROTESTO. ADMINISTRAÇÃO DO SERVIÇO

**(Cartório/AC – 2006 – CESPE)** Julgue o item que se segue.

(1) Aos tabeliães de protesto de título compete privativamente lavrar protesto, registrando, em livro próprio, a declaração de que o devedor não satisfez sua obrigação para com o título apresentado para aceite ou pagamento. O tabelião deverá fazer uma verificação do título e, caso constate irregularidade – formal ou material – ou a ocorrência da prescrição, antes de fazer o apontamento, deverá suscitar dúvida ao juízo competente.

1: incorreta, conforme art. 9.º, 2.ª parte, da Lei 9.492/1997, segundo o qual o Tabelião de Protesto não tem atribuição para verificar a irregularidade material e tampouco investigar a ocorrência de prescrição ou caducidade do título.
Gabarito 1E

**(Cartório/DF – 2006 – CESPE)** Com referência ao serviço de protesto de títulos, julgue o item que se segue.

(1) O substituto legal do tabelião de protesto poderá, simultaneamente com o notário, praticar todos os atos que lhes sejam próprios, exceto o de cancelamento de protesto.

1: incorreta, pois é possível que o cancelamento de protesto seja efetuado pelo substituto legal do tabelião, nos termos do art. 26, § 5.º, da Lei 9.492/1997.
Gabarito 1E

**(Cartório/DF – 2003 – CESPE)** Quanto à Lei de Protesto de Títulos (LPT – Lei 9.492/1997), julgue o item a seguir.

(1) Em casos excepcionais, previstos na LPT, qualquer oficial de registro pode receber pagamentos relativos ao protesto de títulos.

1: incorreta, pois é atribuição privativa do Tabelião de Protesto o recebimento do pagamento relativo ao protesto de título, conforme art. 3.º da Lei 9.492/1997. E na referida lei não há hipóteses de exceção à regra retro referida.
Gabarito 1E

**(Cartório/DF – 2001 – CESPE)** No que respeita à Lei dos Serviços Notariais e de Registro (LSNR) – Lei 8.935, de 18 de novembro de 1994 –, julgue o seguinte item.

(1) No caso de o devedor de um título não o pagar, devolver ou aceitar, conforme o caso, incumbirá ao tabelião lavrar o cabível protesto, o qual, por segurança, deve, necessariamente, ser registrado em livro próprio, cuja guarda é responsabilidade do notário.

1: incorreta, isto porque anuncia que "necessariamente" o registro deve ser feito em livro próprio!. Vale dizer que a Lei 8.935/1994 em seu art. 11, IV, preconiza que "aos tabeliães de protesto de título compete privativamente: IV - lavrar o protesto, registrando o ato em livro próprio, em microfilme ou sob outra forma de documentação". Deste modo, o registro não precisa ser necessariamente feito em livro próprio, poderá também ser feito em microfilme ou outra forma de documentação.
Gabarito 1E

**(Cartório/DF – 2001 – CESPE)** No que diz respeito à Lei de Protesto de Títulos (LPT) – Lei 9.492, de 10 de setembro de 1997 –, julgue o item que se segue.

(1) A lei geral acerca dos atos notariais e registrais é a LRP, que se aplica subsidiariamente a todos os serviços ligados àqueles atos, e todos eles se sujeitam à fiscalização e orientação do Poder Judiciário; em consequência, no caso do tabelionato de protesto de títulos, a utilização de sistemas de computação, de microfilmagem, de gravação eletrônica de imagem e de outros meios de reprodução depende de autorização do juiz competente.

1: incorreta, pois contraria o art. 41 da Lei 9.492/1997, segundo o qual a utilização de sistemas de computação, microfilmagem, gravação eletrônica de imagem e quaisquer outros meios de reprodução pelos tabelionatos de protesto de títulos independem de autorização.
Gabarito 1E

**(Cartório/MA – 2008 – IESES)** Assinale a alternativa INCORRETA de acordo com a Lei 8.935/94, em relação ao protesto de títulos.

(A) Aos tabeliães de protesto de título compete privativamente receber o pagamento dos títulos protocolizados, dando quitação.
(B) Havendo mais de um tabelião de protestos na mesma localidade, será facultada a prévia distribuição dos títulos.
(C) Aos tabeliães de protesto de título compete privativamente protocolar de imediato os documentos de dívida, para prova do descumprimento da obrigação.
(D) Aos tabeliães de protesto de título compete privativamente averbar o cancelamento do protesto.

A: correta, nos termos do art. 11, III, da Lei 8.935/1994; B: incorreta (devendo ser assinalada), nos termos do parágrafo único do art. 11 da Lei 8.935/1994, pois no caso de haver mais de um tabelião de protestos na mesma localidade, a distribuição dos títulos será obrigatória e não facultativa; C: correta, nos termos do art. 11, I, da Lei 8.935/1997; D: correta, nos termos do art. 11, VI, "a", da Lei 8.935/1997.
Gabarito "B".

**(Cartório/RJ – 2002 – NCE-UFRJ)** Para fins falimentares poderão ser protestados:

(A) quaisquer títulos pré existentes, ainda que originariamente não sujeitos a protesto;
(B) somente os títulos ou documentos de dívida de responsabilidade das pessoas sujeitas às consequências da legislação falimentar;
(C) todos os títulos ou documentos de dívida de responsabilidade de quaisquer pessoas;
(D) somente os títulos vencidos anteriormente à data da decretação da falência;
(E) somente os títulos judiciais.

O protesto para fins falimentares é necessário para o ajuizamento da falência com base na impontualidade injustificada estabelecida no art. 94, I, da Lei 11.101/2005. Este protesto poderá envolver

título executivo judicial ou extrajudicial. Todavia, é importante destacar que de acordo com os arts 1.º e 2.º da Lei 11.101/2005 somente o empresário, sociedade empresária e Eireli empresária poderão sofrer processo de falência. E é por este motivo que o art. 23, parágrafo único, da Lei 9.492/1997 determina que "somente poderão ser protestados, para fins falimentares, os títulos ou documentos de dívida de responsabilidade das pessoas sujeitas às consequências da legislação falimentar". Neste sentido, a única alternativa correta é a B.
Gabarito "B".

**(Cartório/SP – III – VUNESP)** Indique a alternativa que não corresponde a uma competência privativa dos tabeliães de protesto de título, de acordo com a Lei 8.935/94.

(A) Acatar o pedido de desistência do protesto formulado pelo apresentante.
(B) Intimar os devedores dos títulos para aceitá-los, devolvê-los ou pagá-los, sob pena de protesto.
(C) Autenticar cópias.
(D) Protocolar de imediato os documentos de dívida, para prova do descumprimento da obrigação.

A: incorreta, pois contém hipótese de competência privativa dos tabeliães de protesto de título, conforme art. 11, V, da Lei 8.935/1997; B: incorreta, pois contém hipótese de competência privativa dos tabeliães de protesto de título, conforme art. 11, II, da Lei 8.935/1997; C: correta, pois não contém hipótese de atribuição privativa dos tabeliães de protesto de título, cuja competência é estabelecida pelo art. 11 da Lei 8.935/1997; D: incorreta, pois contém hipótese de competência privativa dos tabeliães de protesto de título, conforme art. 11, I, da Lei 8.935/1997.
Gabarito "C".

**(Cartório/RN – 2012 – IESIS)** Compete privativamente ao Tabelião de Protesto de Títulos:

(A) Na tutela dos interesses públicos e privados, a protocolização, a intimação, o acolhimento da devolução ou do aceite, o recebimento do pagamento, do título e de outros documentos de dívida, bem como lavrar e registrar o protesto ou acatar a desistência do credor em relação ao mesmo, proceder às averbações, prestar informações, estimular o acordo e fornecer certidões relativas a todos os atos praticados.
(B) Na tutela dos interesses públicos e privados, a protocolização, a intimação, o acolhimento da devolução ou do aceite, o recebimento do pagamento, do título e de outros documentos de dívida, bem como lavrar e registrar o protesto ou acatar a desistência do credor em relação ao mesmo, proceder às averbações, prestar informações e fornecer certidões relativas a todos os atos praticados.
(C) Na defesa exclusiva dos interesses públicos, a protocolização, a intimação, o acolhimento da devolução ou do aceite, o recebimento do pagamento, do título e de outros documentos de dívida, bem como lavrar e registrar o protesto ou acatar a desistência do credor em relação ao mesmo, proceder às averbações, prestar informações e fornecer certidões relativas a todos os atos praticados.
(D) Na defesa exclusiva dos interesses privados, a protocolização, a intimação, o acolhimento da devolução ou do aceite, o recebimento do pagamento, do título e de outros documentos de dívida, bem como lavrar e registrar o protesto ou acatar a desistência do credor em relação ao mesmo, proceder às averbações, prestar informações e fornecer certidões relativas a todos os atos praticados.

A: incorreta, pois a Lei de Protesto quando trata da competência privativa do Tabelião de Protesto não determina "a estimulação de acordo" como está na questão. B: correta pois retrata a redação expressa do art. 3.º da Lei 9.492/1997 que define: "Compete privativamente ao Tabelião de Protesto de Títulos, na tutela dos interesses públicos e privados, a protocolização, a intimação, o acolhimento da devolução ou do aceite, o recebimento do pagamento, do título e de outros documentos de dívida, bem como lavrar e registrar o protesto ou acatar a desistência do credor em relação ao mesmo, proceder às averbações, prestar informações e fornecer certidões relativas a todos os atos praticados, na forma desta Lei." C e D estão incorretas visto que o art. 3º da Lei 9.492/97 determina a tutela de interesses privados e públicos e não apenas interesses privados ou apenas interesses públicos.
Gabarito "B".

## 3. LIVROS E CLASSIFICADORES EM GERAL E ESPECÍFICOS DO SERVIÇO DE PROTESTO. ESCRITURAÇÃO E ORDEM DO SERVIÇO. DAS ESPÉCIES DE PROTESTO.

**(Cartório/AM – 2005 – FGV)** Analise as proposições a seguir:

I. Segundo dispõe a Lei 9.492/97, o protesto será registrado dentro de três dias úteis contados da protocolização do título ou documento de dívida.
II. Todos os documentos apresentados ou distribuídos no horário regulamentar serão protocolizados dentro de vinte e quatro horas, obedecendo à ordem cronológica de entrega.
III. Tratando-se de títulos ou documentos de dívida sujeitos a qualquer tipo de correção, o pagamento será feito pela conversão vigorante no dia da apresentação no valor indicado pelo apresentante.

Assinale:

(A) se somente a proposição I estiver correta.
(B) se somente a proposição II estiver correta.
(C) se somente as proposições I e a II estiverem corretas.
(D) se somente as proposições I e a III estiverem corretas.
(E) se todas as proposições estiverem corretas.

I: correta, pois conforme art. 12: "O protesto será registrado dentro de três dias úteis contados da protocolização do título ou documento de dívida"; II: correta, vez que o art. 5.º da Lei 9.492/1997 determina que: "Todos os documentos apresentados ou distribuídos no horário regulamentar serão protocolizados dentro de vinte e quatro horas, obedecendo à ordem cronológica de entrega"; III: correta, visto que o art. 10, § 2.º, dispõe: "Em caso de pagamento, este será efetuado em moeda corrente nacional, cumprindo ao apresentante a conversão na data de apresentação do documento para protesto".
Gabarito "E".

**(Cartório/BA – 2004 – CESPE)** Com relação aos livros do cartório de protestos e títulos, julgue os itens a seguir.

(1) O livro de protocolo poderá ser escriturado mediante processo manual, mecânico, eletrônico ou informatizado, sendo vedada a utilização de folhas soltas.

(2) As colunas destinam-se às seguintes anotações: número de ordem, natureza do título ou documento de dívida, valor, apresentante, devedor e ocorrências.

(3) A abertura dos livros de registro de protesto é de competência exclusiva do tabelião titular, cabendo ao seu substituto a numeração e rubrica das folhas dos mesmos.

(4) A escrituração será diária, devendo constar do termo de encerramento o número de documentos apresentados no dia, sendo a data de protocolização a mesma do termo diário de encerramento.

(5) O prazo de arquivamento para livros de protocolo é de cinco anos e para livros de registro de protesto é de dez anos.

1: incorreta, pois a utilização de folhas soltas é permitida sim pelo art. 32 da Lei 9.492/1997 que estabelece que "o livro de Protocolo poderá ser escriturado mediante processo manual, mecânico, eletrônico ou informatizado, em folhas soltas e com colunas destinadas às seguintes anotações: número de ordem, natureza do título ou documento de dívida, valor, apresentante, devedor e ocorrências".; 2: correta, de acordo com a redação do art. 32 da Lei 9.492/1997; 3: incorreta, isto porque, a abertura dos livros de registro de protesto não é de competência exclusiva do tabelião titular. Importando esclarecer que segundo o art. 33 os livros de Registros de Protesto também poderão ser abertos e encerrados pelos Substitutos, ou ainda por Escrevente autorizado; 4: correta, seguindo o disposto no parágrafo único do art. 32; 5: incorreta, pois, conforme o art. 36 da Lei 9.492/1997 o prazo de arquivamento é de três anos para livros de protocolo e não de cinco anos como está descrito na alternativa.
Gabarito 1E, 2C, 3E, 4C, 5E

**(Cartório/DF – 2001 – CESPE)** Em relação aos títulos apresentados para protesto, julgue o item que se segue.

(1) Os termos dos protestos lavrados, inclusive para fins falimentares, por falta de pagamento, de aceite ou de devolução serão registrados em um único livro e conterão as anotações do tipo e do motivo do protesto.

1: correta, pois conforme o art. 23 da Lei 9.492/1997: "Os termos dos protestos lavrados, inclusive para fins especiais, por falta de pagamento, de aceite ou de devolução serão registrados em um único livro e conterão as anotações do tipo e do motivo do protesto, além dos requisitos previstos no artigo anterior".
Gabarito 1C

**(Cartório/DF – 2001 – CESPE)** No que diz respeito à Lei de Protesto de Títulos (LPT) – Lei 9.492, de 10 de setembro de 1997 –, julgue o item que se segue.

(1) Considere a seguinte situação hipotética. Um tabelião de protestos recebeu título que lhe foi apresentado por falta de pagamento. Quando deu ciência disso ao devedor, este ajuizou ação de sustação de protesto e obteve medida cautelar, de que o tabelião foi intimado e cujo mandado conservou em seus arquivos. Tempos depois, o tabelião foi oficialmente comunicado do trânsito em julgado do acórdão que julgou improcedente o pedido da ação de sustação. Em razão disso, foi finalmente lavrado o protesto. Nessa situação, o mandado de sustação podia ser expurgado pelo tabelião de seus arquivos.

1: correta, isto porque consoante o art. 35, § 3.°, da Lei 9.492/1997: "Os mandados judiciais de sustação de protesto deverão ser conservados, juntamente com os respectivos documentos, até solução definitiva por parte do Juízo". Assim, considerando que o tabelião recebeu comunicação do trânsito em julgado do acórdão que julgou improcedente a ação de sustação (solução definitiva) poderá sim expurgar o mandado de seus arquivos.
Gabarito 1C

**(Cartório/MS – 2009 – VUNESP)** Acerca das certidões do protesto, é correto afirmar que:

(A) abrangerão o período máximo dos 5 anos anteriores, contados da data do pedido, salvo quando se referirem a protesto específico.

(B) delas constarão os registros cujos cancelamentos tiverem sido averbados, salvo por requerimento escrito do próprio devedor ou por ordem judicial.

(C) poderão ser fornecidas, quando se refiram a protestos não cancelados, a quaisquer interessados, desde que requeridas por escrito.

(D) ocorrendo homonímia, sempre que a mesma possa ser verificada simplesmente pelo confronto do número do documento de identificação, o Tabelião de Protesto dará certidão positiva.

(E) os cartórios não poderão fornecer às entidades representativas da indústria e do comércio, em qualquer hipótese, certidão diária, em forma de relação, dos protestos tirados e dos cancelamentos efetuados.

A: incorreta, pois de acordo com o art. 27 da Lei 9.492/1997 as certidões de Protesto abrangerão o período mínimo dos cinco anos anteriores (e não período máximo como dispõe a alternativa), contados da data do pedido, salvo quando se referir a protesto específico; B: incorreta, pois conforme o art. 27, § 2.°, da Lei 9.492/1997: "Das certidões não constarão os registros cujos cancelamentos tiverem sido averbados, salvo por requerimento escrito do próprio devedor ou por ordem judicial. C: correta, pois o art. 27, § 2.°, da Lei 9.492/1997 autoriza o apontamento de registros cancelados desde que requeridos por escrito por parte do devedor ou por ordem judicial. D: incorreta, visto que o art. 28 da Lei 9.492/1997 determina que sempre que a homonímia puder ser verificada simplesmente pelo confronto do número de documento de identificação, o Tabelião de Protesto dará certidão negativa e não positiva como aparece na questão. E: incorreta, isto porque ao contrário do que dispõe na alternativa, o art. 29 da Lei 9.492/1997 dispõe que "os cartórios fornecerão às entidades representativas da indústria e do comércio ou àquelas vinculadas à proteção do crédito, quando solicitada, certidão diária, em forma de relação, dos protestos tirados e dos cancelamentos efetuados, com a nota de se cuidar de informação reservada, da qual não se poderá dar publicidade pela imprensa, nem mesmo parcialmente".
Gabarito "C"

**(Cartório/MS – 2009 – VUNESP)** O Tabelião de Protestos deverá arquivar os documentos que a lei especifica e pelo prazo que determina. Nos termos da lei que rege a matéria, os arquivos relativos às intimações e editais correspondentes a documentos protestados e ordens de cancelamento deverão ser conservados, pelo menos, durante:

(A) 30 dias.
(B) 6 meses.
(C) 1 ano.
(D) 5 anos.
(E) 10 anos.

A alternativa correta é a C, pois o art. 35, § 1.º, I, da Lei 9.492/1997 determina que os arquivos deverão ser conservados, pelo menos, durante um ano, para as intimações e editais correspondentes a documentos protestados e ordens de cancelamento.
Gabarito "C".

**(Cartório/SC – 2008)** Em que hipótese um título ou documento de dívida pode ser protestado por falta de aceite?

(A) Quando for apresentado para protesto através de boleto bancário.
(B) Quando a obrigação já estiver vencida.
(C) Somente após decorrido o tríduo legal.
(D) O protesto por falta de aceite somente poderá ser extraído antes do vencimento da obrigação.
(E) Quando autorizado pelo apresentante do título ou documento de dívida.

A: incorreta, pois o boleto bancário não é título. Todavia, o boleto pode corresponder às indicações – os dados – de uma duplicata. Nesse caso, como o protesto pode ser feito mediante indicações do credor, é possível que o boleto seja visto como o documento em que esses dados são repassados aos Cartórios pelos bancos; B: incorreta, pois na forma do art. 21, § 2.º, da Lei 9.492/1997 após o vencimento, o protesto sempre será efetuado por falta de pagamento, não poderá ser por falta de aceite. C: incorreta, pois o art. 21, § 1.º, da Lei 9.492/1997 reza que "o protesto por falta de aceite somente poderá ser efetuado antes do vencimento da obrigação e após o decurso do prazo legal para o aceite ou a devolução"; D: correta, pois nos moldes do art. 21, § 2.º, da Lei 9.492/1997 após o vencimento, o protesto sempre será efetuado por falta de pagamento, não poderá ser por falta de aceite; E: incorreta, pois o protesto é de competência privativa do Tabelião de Protesto e no procedimento não há nenhum tipo de autorização por parte do apresentante.
Gabarito "D".

**(Cartório/SC – 2008)** Qual o prazo de arquivamento dos livros de protocolo e de registros de protesto?

(A) Três anos os de protocolo e dez anos os de registros de protesto.
(B) Ambos *ad eternum*.
(C) Cinco anos para os livros de protocolo e dez anos para os de registros de protesto.
(D) Um ano para os livros de protocolo e cinco anos para os de registros de protesto.
(E) Ambos pelo prazo de cinco anos.

De acordo com o art. 36 da Lei 9.492/1997 "o prazo de arquivamento é de três anos para livros de protocolo e de dez anos para os livros de registros de protesto e respectivos títulos", razão pela qual a única alternativa correta é a A.
Gabarito "A".

**(Cartório/SP – V – VUNESP)** Assinale a alternativa correta.

(A) Os termos dos protestos lavrados, inclusive para fins especiais, por falta de pagamento, de aceite ou de devolução serão registrados em um único livro e conterão a anotação do tipo do protesto, ficando dispensada a anotação do motivo.
(B) Os termos dos protestos lavrados, inclusive para fins especiais, por falta de pagamento ou de aceite serão registrados em um único livro e conterão as anotações do tipo e do motivo do protesto, sendo que o protesto por falta de devolução, registrado no mesmo livro, conterá apenas a anotação do tipo do protesto.
(C) Os termos dos protestos lavrados, inclusive para fins especiais, por falta de pagamento, de aceite ou de devolução serão registrados em um único livro e conterão as anotações do tipo e do motivo do protesto.
(D) Os termos dos protestos lavrados, inclusive para fins especiais, por falta de pagamento ou de devolução serão registrados em um único livro e conterão a anotação do tipo do protesto, sendo que o protesto por falta de aceite, registrado no mesmo livro, conterá apenas a anotação do motivo do protesto.

A: incorreta, conforme o art. 23 da Lei 9.492/1997 não está dispensada a anotação do motivo; B: incorreta, pois além de conter a anotação do tipo do protesto, deve conter o motivo também; C: correta, pois o art. 23 determina que: "Os termos dos protestos lavrados, inclusive para fins especiais, por falta de pagamento, de aceite ou de devolução serão registrados em um único livro e conterão as anotações do tipo e do motivo do protesto, além dos requisitos previstos no artigo anterior"; D: incorreta, pois nos moldes do art. 23 o protesto por falta de aceite também deve conter tipo e motivo de protesto.
Gabarito "C".

**(Cartório/SP – 2011 – VUNESP)** O Tabelião deve saber que o protesto por falta de aceite de uma Letra de Câmbio:

(A) dá ensejo ao lançamento apenas do nome do sacado nos índices da Serventia, bem como no termo de protesto.
(B) dá ensejo ao lançamento do nome e documento do sacado nos índices da Serventia, bem como no termo de protesto.
(C) somente poderá ser lavrado se comprovado o vínculo contratual, mediante apresentação do contrato firmado entre o sacador-apresentante e o sacado-devedor.
(D) somente poderá ser lavrado antes do vencimento da obrigação representada no título, e desde que decorrido o prazo legal para o aceite ou a devolução.

A assertiva correta é a "D" por disposição do art. 21, § 1.º, da Lei 9.492/1997: "O protesto por falta de aceite somente poderá ser efetuado antes do vencimento da obrigação e após o decurso do prazo legal para o aceite ou a devolução."
Gabarito "D".

**(Cartório/SC – 2012)** Sobre a sentença arbitral e o Tabelionato de Protestos, assinale a alternativa correta:

(A) A sentença arbitral, mesmo contendo condenação líquida, necessita de homologação pelo Poder Judiciário, para possibilitar a apresentação para cobrança no Tabelionato de Protestos.

(B) A sentença arbitral que contenha condenação líquida pode ser apresentada para cobrança no Tabelionato de Protestos.

(C) A sentença arbitral, mesmo contendo condenação líquida, não pode ser apresentada para cobrança em Tabelionato de Protestos, por não se tratar de título de crédito ou documento de dívida.

(D) A sentença arbitral que contenha condenação líquida, por constituir-se em título executivo judicial, não pode ser apresentada para cobrança em Tabelionato de Protestos.

(E) A sentença arbitral, por constituir-se em título executivo extrajudicial, pode ser apresentada para cobrança em Tabelionato de Notas.

Na doutrina e jurisprudência, em especial após Parecer da Corregedoria Geral da Justiça de São Paulo número 076/05-E, com excepcional fundamentação de José Antônio de Paula Santos Neto, lançado no Proc. CG 864/2004, tem se entendido que o alcance da expressão "outros documentos de dívida" constante da parte final do art 1º da Lei 9492/97 abrange títulos executivos judiciais e extrajudiciais revestidos de liquidez, certeza e exigibilidade. Neste sentido, de acordo com o Art. 475-N, IV do CPC a sentença arbitral é título executivo judicial. Assim, se é título executivo e está revestida de liquidez poderá sim ser protestada, razão pela qual a alternativa correta é a B.
Gabarito "B".

**(Cartório/RN – 2012 – IESIS)** Constarão dos arquivos do Tabelião de Protestos:

(A) Dois anos, para as intimações e editais correspondentes a documentos protestados e ordens de cancelamento; doze meses, para as intimações e editais correspondentes a documentos pagos ou retirados além do tríduo legal; e trinta dias, para os comprovantes de entrega de pagamento aos credores, para as solicitações de retirada dos apresentantes e para os comprovantes de devolução, por irregularidade, aos mesmos, dos títulos e documentos de dívidas.

(B) Um ano, para as intimações e editais correspondentes a documentos protestados e ordens de cancelamento; seis meses, para as intimações e editais correspondentes a documentos pagos ou retirados além do tríduo legal; e trinta dias, para os comprovantes de entrega de pagamento aos credores, para as solicitações de retirada dos apresentantes e para os comprovantes de devolução, por irregularidade, aos mesmos, dos títulos e documentos de dívidas.

(C) Um ano, para as intimações e editais correspondentes a documentos protestados e ordens de cancelamento; doze meses, para as intimações e editais correspondentes a documentos pagos ou retirados além do tríduo legal; e trinta dias, para os comprovantes de entrega de pagamento aos credores, para as solicitações de retirada dos apresentantes e para os comprovantes de devolução, por irregularidade, aos mesmos, dos títulos e documentos de dívidas.

(D) Dois anos, para as intimações e editais correspondentes a documentos protestados e ordens de cancelamento; seis meses, para as intimações e editais correspondentes a documentos pagos ou retirados além do tríduo legal; e trinta dias, para os comprovantes de entrega de pagamento aos credores, para as solicitações de retirada dos apresentantes e para os comprovantes de devolução, por irregularidade, aos mesmos, dos títulos e documentos de dívidas.

A assertiva "B" está correta, pois é a inteira redação do art. 35 em seu § 1.º que define: "§ 1.º Os arquivos deverão ser conservados, pelo menos, durante os seguintes prazos: I - um ano, para as intimações e editais correspondentes a documentos protestados e ordens de cancelamento; II - seis meses, para as intimações e editais correspondentes a documentos pagos ou retirados além do tríduo legal; III - trinta dias, para os comprovantes de entrega de pagamento aos credores, para as solicitações de retirada dos apresentantes e para os comprovantes de devolução, por irregularidade, aos mesmos, dos títulos e documentos de dívidas."
Gabarito "B".

**(Cartório/SP – 2011 – VUNESP)** O Livro Protocolo é de suma importância para o Tabelionato de Protesto e deve ser escriturado com rigoroso registro dos títulos e documentos de dívida apresentados. Exige-se, ainda,

(A) escrituração diária, especificando apenas o dia do lançamento, sem necessidade de qualquer termo de encerramento.

(B) escrituração diária, consignando, ao final do dia, termo de encerramento com número de títulos apresentados.

(C) escrituração semanal, especificando em cada período o número de títulos apresentados em cada dia, fazendo indicação, no termo de encerramento, do total daquela semana.

(D) escrituração mensal, indicando o total dos títulos apresentados naquele período.

A: incorreta, pois o art. 32, parágrafo único da Lei 9.492/97 exige que a escrituração diária tenha o termo de encerramento; B: correta, por disposição do parágrafo único do art. 32 da Lei 9.492/1997 que define: "A escrituração será diária, constando do termo de encerramento o número de documentos apresentados no dia, sendo a data da protocolização a mesma do termo diário do encerramento."; C e D estão incorretas, visto que a escrituração não poderá ser semanal ou mensal, mas sim diária em conformidade com o art. 32, parágrafo único da Lei 9.492/97.
Gabarito "B".

## 4. PRAZO E REGISTRO DO PROTESTO

**(Cartório/ES – 2007 – FCC)** Sobre a contagem de prazo para lavratura do protesto, é correto afirmar que o prazo:

(A) é de três dias úteis da apresentação do título, excluindo o dia do começo e incluindo o dia do final na contagem.

(B) é de um dia útil a contar da efetiva intimação, excluindo o dia do começo na contagem.

(C) para protesto é de três dias úteis da intimação, incluindo o dia do começo.

(D) para protesto é de dois dias úteis da apresentação e de um dia útil da intimação, totalizando três dias úteis, excluindo o dia da apresentação.
(E) conta-se da intimação que retorna sem efeito, ainda que posteriormente tenha sido publicado edital de intimação.

A: correta, pois o art. 12 da Lei 9.492/1997 dispõe que "o protesto será registrado dentro de três dias úteis contados da protocolização do título ou documento de dívida"; B: incorreta, pois o prazo é de três dias úteis e não de apenas um; C: incorreta, pois o prazo será de três dias úteis contados da protocolização, e na forma do art. 12, § 1.º, na contagem do prazo exclui-se o dia do começo e inclui-se o do vencimento; D: incorreta, vez que o prazo é três dias úteis que correm a partir da protocolização; E: incorreta, pois pela Lei de Protesto a contagem se dá com a protocolização e não da intimação.
Gabarito "A".

**(Cartório/MS – 2009 – VUNESP)** Contados da protocolização, o protesto será registrado dentro de:

(A) 1 dia útil.
(B) 2 dias úteis.
(C) 3 dias úteis.
(D) 4 dias úteis.
(E) 5 dias úteis.

A alternativa correta é a C, pois o art. 12 da Lei 9.492/1997 preconiza que: "O protesto será registrado dentro de três dias úteis contados da protocolização do título ou documento de dívida".
Gabarito "C".

**(Cartório/MT – 2003 – UFMT)** Em que prazo legal o protesto será registrado?

(A) Dentro de três dias úteis, contados da intimação do devedor, excluindo-se o dia da intimação e incluindo-se o do vencimento.
(B) Dentro de três dias úteis, contados da protocolização, excluindo-se o dia da protocolização e incluindo-se o do vencimento.
(C) Dentro de três dias úteis, incluindo-se o dia da protocolização.
(D) Dentro de cinco dias úteis, contados da protocolização, excluindo-se o dia da protocolização e incluindo-se o do vencimento.
(E) No prazo necessário para a regular intimação do obrigado, se o tabelião de protesto empreender diligências para sua localização, nos limites ou fora da comarca.

A: incorreta, pois na forma do art. 12 da Lei 9.492/1997 o prazo de três dias úteis é contado da protocolização e não da intimação. Ademais, de acordo com o art. 12, § 1.º, na contagem do prazo exclui-se o dia da protocolização e inclui-se o do vencimento; B: correta, visto que o art. 12 da Lei 9.492/1997 preconiza que: "O protesto será registrado dentro de três dias úteis contados da protocolização do título ou documento de dívida"; C: incorreta, pois neste prazo não se inclui o dia da protocolização (art. 12, § 1.º); D: incorreta, pois o prazo é de três dias e não de cinco como está na alternativa; E: incorreta, pois o prazo legal de protesto é o descrito no art. 12 da Lei 9.492/1997, isto é, três dias úteis contados da protocolização do título ou documento de dívida.
Gabarito "B".

**(Cartório/PR – 2007)** Protesto é o ato formal e solene pelo qual se prova a inadimplência e o descumprimento de obrigação originada em títulos e outros documentos de dívida. Os serviços concernentes ao protesto são regulamentados pela Lei 9.492/97. Quanto ao protesto, é FALSO afirmar:

(A) O protesto será registrado dentro de três dias úteis contados da protocolização do título ou documento de dívida.
(B) Na contagem do prazo de protesto inclui-se o dia da protocolização e exclui-se o do vencimento.
(C) Considera-se não útil o dia em que não houver expediente bancário para o público ou aquele em que este não obedecer ao horário normal.
(D) Quando a intimação for efetivada no último dia do prazo ou além dele, por motivo de força maior, o protesto será tirado no primeiro dia útil subsequente.
(E) Qualquer irregularidade formal observada pelo Tabelião obstará o registro do protesto.

A: incorreta, sendo a afirmação verdadeira, pois o art. 12 da Lei 9.492/1997 determina que o "protesto será registrado dentro de três dias úteis contados da protocolização do título ou documento de dívida"; B: correta, sendo a afirmação falsa, pois de acordo com o art. 12, § 1.º, na contagem do prazo exclui-se o dia da protocolização e inclui-se o do vencimento; C: incorreta, sendo a afirmação verdadeira, pois o art. 12, § 2.º, da Lei 9.492/1997 considera-se não útil o dia em que não houver expediente bancário para o público ou aquele em que este não obedecer ao horário normal; D: incorreta, sendo a afirmação verdadeira, pois o art. 13 da Lei 9.492/1997 estabelece que "quando a intimação for efetivada excepcionalmente no último dia do prazo ou além dele, por motivo de força maior, o protesto será tirado no primeiro dia útil subsequente"; E: incorreta, sendo a afirmação verdadeira, pois conforme art. 9.º, parágrafo único: "Qualquer irregularidade formal observada pelo Tabelião obstará o registro do protesto".
Gabarito "B".

**(Cartório/MG – 2009 – EJEF)** Quanto ao registro do protesto, assinale a alternativa FALSA.

(A) Serão intimados, obrigatoriamente, todos os devedores, assim compreendidos como emitentes de cheques e notas promissórias, sacados de letras de câmbio e duplicatas, avalistas e endossantes.
(B) Após o vencimento, o protesto sempre será efetuado por falta de pagamento, vedada a recusa da lavratura e registro do protesto por motivo não previsto na lei cambial.
(C) O Tabelião de Protesto, que conserva em seus arquivos gravação eletrônica da imagem, cópia reprográfica ou micrográfica do título protestado, fica dispensado de sua transcrição literal, bem como das demais declarações nele inseridas.
(D) É permitido o protesto de títulos de responsabilidade de pessoas não sujeitas às consequências da legislação falimentar.

A: correta, sendo a única alternativa falsa, pois de acordo com o art. 21, § 4.º "os devedores, assim compreendidos os emitentes de notas promissórias e cheques, os sacados nas letras de câmbio e duplicatas, bem como os indicados pelo apresentante ou credor como responsáveis pelo cumprimento da obrigação, não poderão

deixar de figurar no termo de lavratura e registro de protesto", a Lei de Protesto não menciona a intimação obrigatória dos avalistas e endossantes; B: incorreta, sendo a alternativa verdadeira, conforme § 2.º do art. 21 da Lei 9.492/1997, cuja redação é "após o vencimento, o protesto sempre será efetuado por falta de pagamento, vedada a recusa da lavratura e registro do protesto por motivo não previsto na lei cambial"; C: incorreta, sendo a alternativa verdadeira, conforme parágrafo único do art. 22 da Lei 9.492/1997, segundo o qual "quando o Tabelião de Protesto conservar em seus arquivos gravação eletrônica da imagem, cópia reprográfica ou micrográfica do título ou documento de dívida, dispensa-se, no registro e no instrumento, a sua transcrição literal, bem como das demais declarações nele inseridas". D: incorreta, de acordo com o gabarito oficial. Porém, trata-se de uma pegadinha! Isto porque, é permitido sim o protesto de títulos de responsabilidade de pessoas não sujeitas às consequências da legislação falimentar, desde que seja o protesto comum! Neste sentido, nada impede o protesto de um cheque emitido por uma sociedade simples ou uma associação. Vale destacar que a Lei de Protesto em seu art. 23, parágrafo único, impede o protesto para fins falimentares de títulos de responsabilidade de pessoas não sujeitas às consequências da legislação falimentar. Assim, não cabe protesto para fins falimentares de cheque emitido por associação, fundação ou sociedade simples.
Gabarito "A".

**(Cartório/SP – III – VUNESP)** O termo inicial da incidência de juros, taxas e atualizações monetárias sobre o valor da obrigação contida no título ou documento de dívida, não havendo prazo assinado, é a data:

(A) do recibo do protocolo.
(B) da apresentação do título ou documento.
(C) do registro do protesto.
(D) da intimação do devedor.

A: incorreta, pois o art. 40 da Lei 9.492/1997 estabelece que o termo inicial é o da data do registro; B: incorreta, pois o art. 40 da Lei 9.492/1997 estabelece que o termo inicial é o da data do registro; C: correta, pois conforme o art. 40 da Lei 9.492/1997 "não havendo prazo assinado, a data do registro do protesto é o termo inicial da incidência de juros, taxas e atualizações monetárias sobre o valor da obrigação contida no título ou documento de dívida"; D: incorreta, pois o art. 40 da Lei 9.492/1997 estabelece que o termo inicial é o da data do registro.
Gabarito "C".

**(Cartório/SP – 2012 – VUNESP)** O prazo para tirada do protesto é, em princípio, de:

(A) 3 (três) dias úteis, contados da protocolização do título ou do documento de dívida.
(B) 3 (três) dias úteis, contados da data em que a intimação for efetivada.
(C) 5 (cinco) dias úteis, contados da protocolização do título ou do documento de dívida.
(D) 5 (cinco) dias úteis, contados da data em que a intimação for efetivada.

A alternativa correta é a A, pois o art. 12 da Lei 9.492/1997 preconiza que: "O protesto será registrado dentro de três dias úteis contados da protocolização do título ou documento de dívida".
Gabarito "A".

**(Cartório/RN – 2012 – IESIS)** Não havendo prazo assinado, a data do registro do protesto é:

(A) Proporciona ao devedor dilação de prazo para o pagamento, pena de incorrer em mora.

(B) O termo inicial da exigibilidade formal do valor constante do título, sobre o qual haverá a posterior incidência de juros, taxas e atualizações monetárias sobre o valor da obrigação contida no título ou documento de dívida.
(C) O termo inicial da incidência de juros, taxas e atualizações monetárias sobre o valor da obrigação contida no título ou documento de dívida.
(D) Constitui o devedor em mora, porém não lhe acarreta o pagamento de juros a correção monetária, senão após o termo final para adimplemento, fixado na notificação.

A assertiva "C" está correta, pois é a redação expressa do art. 40 da Lei de protestos que define: "Não havendo prazo assinado, a data do registro do protesto é o termo inicial da incidência de juros, taxas e atualizações monetárias sobre o valor da obrigação contida no título ou documento de dívida."
Gabarito "C".

## 5. DA APRESENTAÇÃO, DO EXAME E QUALIFICAÇÃO DOS TÍTULOS PROTESTÁVEIS

**(Cartório/BA – 2004 – CESPE)** Com relação aos títulos e documentos protocolizados, julgue os itens subsequentes.

(1) É lícito ao tabelião recusar o registro de protesto de título em razão de vício formal.
(2) É lícito ao tabelião recusar o registro de protesto de título em razão de prescrição ou caducidade.
(3) O protesto pode não ser lavrado se o devedor, regularmente intimado, alegar já ter efetuado o pagamento.
(4) O tabelião não pode reter o título ou o documento de dívida nem dilatar o prazo para protesto, ainda que a pedido das partes.
(5) O protesto poderá deixar de ser lavrado se o apresentante desistir do protesto e pagar os emolumentos e as demais despesas.

1: correta, pois em conformidade com o art. 9.º, parágrafo único, da Lei 9.492/1997 "qualquer irregularidade formal observada pelo Tabelião obstará o registro do protesto"; 2: incorreta, isto porque segundo o art. 9.º da Lei 9.492/1997 não compete ao Tabelião de Protesto investigar a ocorrência de prescrição ou caducidade; 3: incorreta, pois o tabelião somente deixará de lavrar o protesto caso haja o pagamento no Tabelionato, ou por ordem judicial ou por desistência do apresentante. Assim, não adianta o devedor alegar que já pagou!, o devedor precisará ajuizar uma medida judicial de sustação de protesto ou notificar pedindo que o apresentante desista do protesto; 4: correta. O Tabelião não pode reter o título ou documento de dívida nem dilatar o prazo para protesto; 5: correta, pois na forma do art. 16: "Antes da lavratura do protesto, poderá o apresentante retirar o título ou documento de dívida, pagos os emolumentos e demais despesas".
Gabarito 1C, 2E, 3E, 4C, 5C.

**(Cartório/BA – 2004 – CESPE)** Relativamente ao prazo para registro do protesto, julgue os itens que se seguem.

(1) O protesto será registrado dentro de três dias úteis, contados da protocolização do título ou documento de dívida.
(2) Caso o protocolo se dê antes do meio-dia, inclui-se este dia na contagem do prazo.

1: correta, vez que está em consonância com o art. 12 da Lei 9.492/1997 que dispõe que o "protesto será registrado dentro de três dias úteis contados da protocolização do título ou documento de dívida"; 2: incorreta, pois conforme o art. 12, § 1.º, na contagem do prazo exclui-se o dia da protocolização e inclui-se o do vencimento.
Gabarito 1C, 2E

**(Cartório/DF – 2008 – CESPE)** Relativamente à legislação e jurisprudência aplicáveis às serventias registradoras e notariais, julgue os itens seguintes.

(1) Se alguém protocoliza um título para protesto, o tabelião de protesto deve, de acordo com a lei, examiná-lo em seus caracteres formais, inclusive quanto a prescrição ou caducidade.

(2) A pessoa que apresenta um título para protesto detém, também, o direito de arrependimento, ou seja, o direito de retirar o título, desde que o faça antes da lavratura do protesto e desde que pague os emolumentos e demais despesas referentes à apresentação.

1: incorreta, pois em conformidade com o art. 9.º da Lei 9.492/1997 o tabelião tem sim que verificar os aspectos formais do título mas não pode investigar sobre prescrição e caducidade do título; 2: correta, pois a desistência está prevista no art. 16 da Lei 9.492/1997 que determina: "Antes da lavratura do protesto, poderá o apresentante retirar o título ou documento de dívida, pagos os emolumentos e demais despesas".
Gabarito 1E, 2C

**(Cartório/DF – 2006 – CESPE)** Com referência ao serviço de protesto de títulos, julgue os itens que se seguem.

(1) Os títulos e documentos de dívida protocolizados devem ser examinados em seus aspectos formais, ou seja, devem ser examinados os elementos extrínsecos do instrumento apresentado. A existência de irregularidade formal não impede o ato de protocolar, mas obsta o registro do protesto. Não cabe ao tabelião perquirir a origem da dívida, a falsidade do documento ou a ocorrência de prescrição ou caducidade.

1: correta, pois é um direito do apresentante ver seu título protocolizado. Assim, de acordo com o art. 9.º da Lei 9.492/1997 somente depois de protocolizado o título é que o Tabelião deve verificar a existência de irregularidade formal. Ademais, nos moldes do art. 9.º, parágrafo único: "Qualquer irregularidade formal observada pelo Tabelião obstará o registro do protesto". Por fim, cabe ressaltar que na forma do art. 9º da Lei de Protesto não cabe ao Tabelião de Protesto investigar a ocorrência de prescrição ou caducidade e tampouco perquirir a origem da dívida uma vez que o tabelião não possui função jurisidicional.
Gabarito 1C

**(Cartório/DF – 2003 – CESPE)** Quanto à Lei de Protesto de Títulos (LPT – Lei 9.492/1997), julgue o item a seguir.

(1) Se um credor apresentar ao tabelionato próprio um título para protesto por falta de aceite, o protesto poderá ser tirado, desde que a obrigação em questão realmente crie o dever para o devedor de aceitar o título; em qualquer caso, o protesto por falta de aceite somente poderá ocorrer antes do termo previsto para o vencimento do título.

1: correta, pois na forma do art. 21, § 1.º, da Lei 9.492/1997 "o protesto por falta de aceite somente poderá ser efetuado antes do vencimento da obrigação e após o decurso do prazo legal para o aceite ou a devolução".
Gabarito 1C

**(Cartório/SP – III – VUNESP)** Podem ser objeto de protesto os títulos e outros documentos de dívida em moeda estrangeira, emitidos fora do Brasil?

(A) Sim, desde que acompanhados de tradução efetuada por tradutor público juramentado.
(B) Sim, sem qualquer outra exigência.
(C) Não, por não ser admitida a conversão da dívida em moeda corrente nacional.
(D) Não, por expressa proibição legal.

A: correta, pois o art. 10 da Lei 9.492/1997 determina que "poderão ser protestados títulos e outros documentos de dívida em moeda estrangeira, emitidos fora do Brasil, desde que acompanhados de tradução efetuada por tradutor público juramentado"; B: incorreta, pois há a exigência da tradução efetuada por tradutor público juramentado; C: incorreta, vez que é admitida sim a conversão da dívida em moeda corrente nacional, cumprindo ao apresentante a conversão na data de apresentação do documento para protesto, nos moldes art. 10, § 2.º; D: incorreta, pois tem a permissão legal do art. 10 da Lei 9.492/1997.
Gabarito "A"

**(Cartório/SP – III – VUNESP)** Podem ser protestados, para fins falimentares, os títulos ou documentos de dívida de responsabilidade das pessoas não sujeitas às consequências da legislação falimentar?

(A) Sim, porque compete ao tabelião o exame subjetivo sobre a questão.
(B) A resposta é negativa, diante da expressa previsão legal.
(C) A resposta é afirmativa, porque a lei não faz distinção.
(D) Depende da análise do caso concreto a tomada de posição sobre a matéria.

A: incorreta, pois a falência é um instituto do direito empresarial, razão pela qual incidirá apenas sobre o empresário individual, sociedade empresária e Eireli empresarial. Assim é que o art. 23, parágrafo único, da Lei 9.492/1997 dita que somente podem ser protestados para fins falimentares os títulos ou documentos de dívidas das pessoas que estão sujeitas às consequências da legislação falimentar; B: correta, pois o art. 23, parágrafo único, da Lei 9.492/1997 determina que "somente poderão ser protestados, para fins falimentares, os títulos ou documentos de dívida de responsabilidade das pessoas sujeitas às consequências da legislação falimentar"; C: incorreta, vez que a lei faz a distinção prevista no art. 23, parágrafo único, da Lei 9.492/1997; D: incorreta, pois não depende de análise do caso em concreto, mas sim da verificação da hipótese de incidência do art. 23, parágrafo único, da Lei 9.492/1997.
Gabarito "B".

**(Cartório/SP – III – VUNESP)** Quanto à qualificação dos títulos apresentados no serviço de Protesto de Títulos e outros documentos de dívida, pode-se afirmar que:

(A) verificada a existência de vícios formais, os títulos permanecerão em cartório pelo prazo de 30 dias, com anotação da irregularidade, devendo ser devolvidos ao apresentante, findo o trintídio, se não providenciadas as regularizações necessárias.
(B) o protesto não poderá ser obstado, se a constatação de qualquer irregularidade formal ocorrer após já protocolizado o título.
(C) não poderão ser apontadas ou protestadas, por falta de pagamento, salvo se tiverem circulado por endosso, as letras de câmbio sem aceite, nas quais o sacador e o beneficiário-tomador sejam a mesma pessoa.

**(D)** o protesto será tirado, mesmo que o apresentante desista do protesto.

A: incorreta, pois o art. 9.º, parágrafo único, da Lei 9.492/1997 reza que "qualquer irregularidade formal observada pelo Tabelião obstará o registro do protesto"; B: incorreta, pois a verificação da irregularidade deverá ocorrer após a protocolização do título. E segundo o art. 9.º, parágrafo único, se o Tabelião averiguar e constatar vício formal deverá obstar o registro do protesto; C: correta, pela observância do Provimento 30/1997 do Tribunal de Justiça de São Paulo, entendimento esse, proferido no item 6.3 que define: "Também não poderão ser apontadas ou protestadas, por falta de pagamento, salvo se tiverem circulado por endosso, as letras de câmbio sem aceite, nas quais o sacador e o beneficiário-tomador sejam a mesma pessoa."; D: incorreta, visto que o art. 16 da Lei 9.492/1997 permite que, antes da lavratura do protesto, o apresentante retire o título ou documento de dívida, pagos os emolumentos e demais despesas, e, neste caso, o protesto não será registrado.

Gabarito "C".

**(Cartório/SP – 2011 – VUNESP)** Para aceitação do apontamento de títulos emitidos fora do Brasil, em moeda estrangeira, são exigidas:

**(A)** tradução juramentada, registro em Unidade de Títulos e Documentos e indicação do valor da obrigação em moeda nacional.
**(B)** tradução juramentada e indicação pelo apresentante do valor da conversão para a moeda local.
**(C)** provas de aprovação do crédito por órgão público federal competente e da realidade do negócio.
**(D)** tradução feita pelo próprio apresentante e declaração de que a dívida não lhe foi paga, não sendo exigível qualquer conversão para a moeda corrente nacional.

A assertiva correta é a "B". Isto porque de acordo com o art. 10 da Lei 9492/97 "Poderão ser protestados títulos e outros documentos de dívida em moeda estrangeira, emitidos fora do Brasil, desde que acompanhados de tradução efetuada por tradutor público juramentado". Ademais, o art. 10, § 2.º, da Lei 9.492/1997 dispõe que: "Em caso de pagamento, este será efetuado em moeda corrente nacional, cumprindo ao apresentante a conversão na data de apresentação do documento para protesto."

Gabarito "B".

**(Cartório/RN – 2012 – IESIS)** Sobre a apresentação de documento ao Tabelião de Protesto de Títulos, é INCORRETO dizer:

**(A)** O apresentante é responsável pelos dados fornecidos ao Tabelião de Protesto de Títulos.
**(B)** Todos os documentos apresentados ou distribuídos no horário regulamentar serão protocolizados dentro de vinte e quatro horas, obedecendo à ordem cronológica de entrega.
**(C)** O cheque poderá ser protestado no lugar do pagamento ou do domicílio do emitente.
**(D)** Admite-se a entrega de recibo resumido, indicativo do nome do título apresentado.

A: correta, razão pela qual não é a alternativa do gabarito, tendo em vista a redação do parágrafo único do art. 8.º da Lei 9.492/1997 que define: "Poderão ser recepcionadas as indicações a protestos das Duplicatas Mercantis e de Prestação de Serviços, por meio magnético ou de gravação eletrônica de dados, sendo de inteira responsabilidade do apresentante os dados fornecidos, ficando a cargo dos Tabelionatos a mera instrumentalização das mesmas."; B: correta, razão pela qual não é a alternativa do gabarito, por disposição expressa do art. 5.º da Lei de Protestos: "Todos os documentos apresentados ou distribuídos no horário regulamentar serão protocolizados dentro de vinte e quatro horas, obedecendo à ordem cronológica de entrega."; C: correta, razão pela qual não é a alternativa do gabarito, por disposição expressa do art. 6.º da Lei de protestos, a saber: "Tratando-se de cheque, poderá o protesto ser lavrado no lugar do pagamento ou do domicílio do emitente, devendo do referido cheque constar a prova de apresentação ao Banco sacado, salvo se o protesto tenha por fim instruir medidas pleiteadas contra o estabelecimento de crédito."; D: incorreta (devendo ser assinalada), pois no art. 5.º em seu parágrafo único da Lei de protesto define que "ao apresentante será entregue recibo com as características essenciais do título ou documento de dívida, sendo de sua responsabilidade os dados fornecidos."

Gabarito "D".

## 6. DA INTIMAÇÃO

**(Cartório/DF – 2003 – CESPE)** Quanto à Lei de Protesto de Títulos (LPT – Lei 9.492/1997), julgue o item a seguir.

**(1)** Apresentado o título ao tabelião de protestos, este deverá intimar o devedor para cumprir a obrigação prevista naquele, e é dever do tabelião diligenciar para identificar os endereços onde o devedor possa ser encontrado.

1: incorreta, visto que na forma do art. 14: "Protocolizado o título ou documento de dívida, o Tabelião de Protesto expedirá a intimação ao devedor, no endereço fornecido pelo apresentante do título ou documento, considerando-se cumprida quando comprovada a sua entrega no mesmo endereço". Assim, o tabelião não tem o dever de identificar os endereços do devedor, isto é responsabilidade do apresentante.

Gabarito 1E.

**(Cartório/SP – 2011 – VUNESP)** A tirada do protesto é de três dias úteis, contados da protocolização do título ou do documento da dívida. Em caso de devedor residente em local certo e determinado, mas em Comarca diversa daquela do Tabelionato de Protesto, em função do local de pagamento, a intimação se faz:

**(A)** por meio de delegação ao Tabelião do local onde residente o devedor para que promova a intimação.
**(B)** pelo correio, com aviso de recebimento.
**(C)** por edital afixado no Tabelionato de Protesto e publicado pela imprensa local, onde houver jornal de circulação diária.
**(D)** apenas pelo Tabelionato onde residente o devedor, devolvendo àquele do local do pagamento o título correspondente para que seja reapresentado a outro Tabelião.

A assertiva "C" está correta pela redação do art. 15 da Lei 9.492/1997 que prevê: "A intimação será feita por edital se a pessoa indicada para aceitar ou pagar for desconhecida, sua localização incerta ou ignorada, for residente ou domiciliada fora da competência territorial do Tabelionato, ou, ainda, ninguém se dispuser a receber a intimação no endereço fornecido pelo apresentante."

Gabarito "C".

## 7. DO PAGAMENTO

**(Cartório/MG – 2009 – EJEF)** Em relação ao pagamento do título ou do documento de dívida apresentado para protesto, é CORRETO afirmar que:

(A) o pagamento é feito no valor histórico do título, acrescido dos emolumentos.
(B) o termo inicial da incidência de juros de mora de título com data de vencimento é o da data do registro do protesto.
(C) a quitação dada pelo oficial de protestos não impede a cobrança pelo credor das parcelas correspondentes à correção monetária e juros cabíveis.
(D) o pagamento do título por meio de cheque de emissão de estabelecimento bancário tem caráter *pro soluto*.

A: incorreta, pois segundo o art. 19 da Lei 9.492/1997 o pagamento do título ou do documento de dívida apresentado para protesto será feito diretamente no Tabelionato competente, no valor igual ao declarado pelo apresentante, acrescido dos emolumentos e demais despesas também. B: incorreta, porque de acordo com o art. 40 da Lei 9.492/1997 a data do registro do protesto é o termo inicial para incidência de juros de mora de título sem data de vencimento expressa. C: correta, pois nada impede do credor de cobrar do devedor parcelas correspondentes à correção monetária e juros cabíveis, mesmo quando que seja dada quitação pelo oficial de protesto; D: incorreta, pois na forma do art. 19, § 3.º: "Quando for adotado sistema de recebimento do pagamento por meio de cheque, ainda que de emissão de estabelecimento bancário, a quitação dada pelo Tabelionato fica condicionada à efetiva liquidação", razão pela qual podemos afirmar que possui caráter *pro solvendo* e não caráter *pro soluto*.
Gabarito "C".

**(Cartório/PR – 2007)** Sobre o pagamento do título ou do documento apresentado para protesto é, correto afirmar que:

(A) Não poderá ser recusado pagamento oferecido dentro do prazo legal, desde que feito no Tabelionato de Protesto competente, no valor igual ao declarado pelo apresentante, acrescido dos emolumentos e demais despesas.
(B) No ato do pagamento, o Tabelionato de Protesto dará a respectiva quitação, e o valor devido será colocado à disposição do apresentante no segundo dia útil subsequente ao do recebimento.
(C) Quando do pagamento no Tabelionato ainda subsistirem parcelas vincendas, será dada quitação da parcela paga em apartado, permanecendo o original do título em Cartório de Protesto, até o pagamento das demais parcelas.
(D) Quando o pagamento for feito por meio de cheque de estabelecimento bancário da mesma praça em que está situado o Tabelionato, a quitação será imediata.
(E) Não se admite pagamento por meio de cheque, de título ou documento de dívida sob protesto.

A: correta, pois consoante o art. 19, § 1.º, da Lei 9.492/1997 "não poderá ser recusado pagamento oferecido dentro do prazo legal, desde que feito no Tabelionato de Protesto competente e no horário de funcionamento dos serviços"; B: incorreta, porque conforme o art.19, § 2.º, da Lei 9.492/1997 depois do pagamento, o Tabelionato de Protesto dará a respectiva quitação, e o valor devido será colocado à disposição do apresentante no primeiro dia útil subsequente ao do recebimento e não no segundo dia como dispõe a alternativa; C: incorreta, pois na forma do art. 19, § 4.º, da Lei 9.492/1997: "Quando do pagamento no Tabelionato ainda subsistirem parcelas vincendas, será dada quitação da parcela paga em apartado, devolvendo-se o original ao apresentante" e ao dizer que o original ficaria no Cartório a assertiva tornou-se incorreta; D: incorreta, pois a quitação não será imediata, mas fica condicionada à efetiva liquidação do cheque na forma do art. 19, § 3.º, da Lei 9.492/1997; E: incorreta, pois o pagamento por meio de cheque poderá ser admitido sim conforme dispõe o art. 19, § 3.º, da Lei 9.492/1997.
Gabarito "A".

**(Cartório/SP – 2012 – VUNESP)** Efetuado o pagamento de um título no Tabelionato de Protesto, o dinheiro ou os cheques de liquidação serão postos à disposição do credor ou do apresentante autorizado a receber no:

(A) primeiro dia útil depois do pagamento.
(B) segundo dia útil depois do pagamento.
(C) terceiro dia útil depois do pagamento.
(D) quinto dia útil depois do pagamento.

A alternativa correta é a A. Isto porque o art. 19, § 2.º, da Lei 9.492/1997 preconiza que "no ato do pagamento, o Tabelionato de Protesto dará a respectiva quitação, e o valor devido será colocado à disposição do apresentante no primeiro dia útil subsequente ao do recebimento".
Gabarito "A".

## 8. SUSTAÇÃO E DESISTÊNCIA DE PROTESTO

**(Cartório/DF – 2006 – CESPE)** Com referência ao serviço de protesto de títulos, julgue o item que se segue.

(1) O título do documento de dívida cujo protesto tiver sido sustado judicialmente só poderá ser pago, protestado ou retirado com autorização judicial. No caso de sustação judicial do protesto, uma vez revogada a ordem de sustação, o tabelião deverá providenciar nova intimação do devedor, sendo o prazo legal para o protesto contado da resposta dada pelo devedor ou do decurso do prazo para a manifestação deste.

1: incorreta, pois uma vez revogada a ordem de sustação não haverá necessidade de o tabelião providenciar nova intimação, nos termos do art. 17, § 2.º, da Lei 9.492/1997.
Gabarito 1E

**(Cartório/DF – 2003 – CESPE)** Quanto à Lei de Protesto de Títulos (LPT – Lei 9.492/1997), julgue o item a seguir.

(1) O apresentante pode desistir do protesto e retirar o título do tabelionato, desde que o faça antes da lavratura do protesto e pague os emolumentos e demais despesas incidentes; além disso, o protesto também pode ser sustado por ordem judicial.

1: correta, nos termos dos arts. 16 ("antes da lavratura do protesto, poderá o apresentante retirar o título ou documento de dívida, pagos os emolumentos e demais despesas") e 17, *caput* ("permanecerão no Tabelionato, à disposição do Juízo respectivo, os títulos ou documentos de dívida cujo protesto for judicialmente sustado"), da Lei 9.492/1997.
Gabarito 1C

**(Cartório/MG – 2007 – EJEF)** Sobre a desistência e a sustação do protesto, é CORRETO afirmar que:

(A) o título do documento de dívida cujo protesto tiver sido sustado judicialmente só poderá ser pago, protestado ou retirado com autorização judicial.
(B) antes da lavratura do protesto, o apresentante não poderá retirar o título ou documento de dívida, mesmo quando pagos emolumentos e demais despesas.
(C) tornada definitiva a ordem judicial de sustação do protesto, os títulos ou documentos de dívida são, obrigatoriamente e em qualquer hipótese, remetidos ao juízo competente que determinou tal medida para que sejam juntados aos autos do processo ou arquivados perante o citado juízo.
(D) revogada a ordem de sustação de protesto, há necessidade de se promover nova intimação do devedor para que possa o mesmo requerer expressamente a lavratura do protesto e a sua efetivação.

A: correta, de acordo com a redação expressa do § 1.º do art. 17 da Lei 9.492/1997, segundo o qual "o título do documento de dívida cujo protesto tiver sido sustado judicialmente só poderá ser pago, protestado ou retirado com autorização judicial"; B: incorreta, pois antes da lavratura do protesto, o apresentante poderá retirar o título ou documento de dívida, se pagar os emolumentos e demais despesas, nos termos do art. 16 da Lei 9.492/1997; C: incorreta, pois de acordo com o art. 17, § 3.º, da Lei 9.492/1997, "tornada definitiva a ordem de sustação, o título ou o documento de dívida será encaminhado ao Juízo respectivo, quando não constar determinação expressa a qual das partes o mesmo deverá ser entregue, ou se decorridos trinta dias sem que a parte autorizada tenha comparecido no Tabelionato para retirá-lo"; D: incorreta, pois uma vez revogada a ordem de sustação do protesto, não haverá necessidade de se proceder à nova intimação do devedor, a não ser que a materialização do ato depender de consulta a ser formulada ao apresentante, conforme art. 17, § 2.º, da Lei 9.492/1997.
Gabarito "A".

**(Cartório/PR – 2007)** Em caso de sustação de protesto:

I. Serão enviados, de imediato pelo oficial do Cartório, ao juízo competente, os títulos ou documentos de dívida objeto de sustação judicial de protesto.
II. O título do documento de dívida cujo protesto foi sustado judicialmente poderá ser pago em cartório de protesto, dentro de 24 horas, independentemente de autorização judicial.
III. Revogada a ordem de sustação, não há necessidade de se proceder à nova intimação do devedor, sendo a lavratura e o registro do protesto efetivados até o primeiro dia útil subsequente ao do recebimento da revogação, salvo se a materialização do ato depender de consulta a ser formulada ao apresentante, caso em que o mesmo prazo será contado da data da resposta dada.
IV. As dúvidas do Tabelião de Protesto serão resolvidas pelo juízo competente.

São corretas:

(A) apenas I e II.
(B) apenas I, III e IV.
(C) apenas III e IV.
(D) apenas I e IV.
(E) I, II, III e IV.

I: incorreta, pois de acordo com o art. 17 da Lei 9.492/1997 os títulos ou documentos de dívida cujo protesto for judicialmente sustado devem permanecer no Tabelionato, à disposição do Juízo respectivo e não ser encaminhado ao juízo competente como dispõe a alternativa; II: incorreta, pois segundo o art. 17, § 1.º, da Lei 9.492/1997 "o título do documento de dívida cujo protesto tiver sido sustado judicialmente só poderá ser pago, protestado ou retirado com autorização judicial; III: correta, conforme dispõe o art. 17, § 2.º, da Lei 9.492/1997: "Revogada a ordem de sustação, não há necessidade de se proceder a nova intimação do devedor, sendo a lavratura e o registro do protesto efetivados até o primeiro dia útil subseqüente ao do recebimento da revogação, salvo se a materialização do ato depender de consulta a ser formulada ao apresentante, caso em que o mesmo prazo será contado da data da resposta dada"; IV: correta, na forma do art. 18 da Lei 9.492/1997.
Gabarito "C".

**(Cartório/SP – 2012 – VUNESP)** O título ou documento de dívida cujo protesto tiver sido sustado judicialmente:

(A) poderá ser pago pelo devedor ou retirado pelo apresentante, independentemente de autorização judicial.
(B) poderá ser pago pelo devedor, independentemente de autorização judicial.
(C) poderá ser retirado pelo apresentante, independentemente de autorização judicial.
(D) só poderá ser pago ou retirado com autorização judicial.

A, B e C: incorretas, pois na forma do art. 17, § 1.º: "O título do documento de dívida cujo protesto tiver sido sustado judicialmente só poderá ser pago, protestado ou retirado com autorização judicial". D: correta, pois retrata a redação do art. 17, § 1.º.
Gabarito "D".

**(Cartório/SP – 2011 – VUNESP)** O título, cujo protesto foi sustado judicialmente, mas sem qualquer decisão definitiva e no curso do processo, pode ser retirado pelo apresentante:

(A) independentemente de qualquer autorização judicial, eis que é o único interessado no protesto e pode dele desistir, arcando, evidentemente, com as consequências do ato.
(B) somente com autorização judicial.
(C) independentemente de autorização judicial, desde que exibida concordância do devedor.
(D) somente mediante prova de pagamento do título pelo devedor.

A assertiva correta é a "B", por observância do disposto no art. 17, § 1.º, da Lei 9.294/1997: "O título do documento de dívida cujo protesto tiver sido sustado judicialmente só poderá ser pago, protestado ou retirado com autorização judicial."
Gabarito "B".

**(Cartório/RN – 2012 – IESIS)** A respeito da sustação de protesto, assinale a afirmativa correta.

I. Antes da lavratura do protesto, poderá o apresentante retirar o título ou documento de dívida, isentando-se do pagamento dos emolumentos e demais despesas.

II. Os títulos ou documentos de dívida cujo protesto for judicialmente sustado permanecerão no tabelionato, porém à disposição do Poder Judiciário.
III. O pagamento, protesto ou a retirada de título do documento de dívida cujo protesto foi sustado judicialmente apenas poderá ocorrer mediante autorização judicial.
IV. A revogação da ordem de sustação torna necessária a nova intimação do devedor.

(A) Apenas I e III estão corretas.
(B) Apenas II e III estão corretas.
(C) Apenas I e II estão corretas.
(D) Apenas II e IV estão corretas.

I: incorreta, pois a redação do art. 16 da Lei de protestos define: "Antes da lavratura do protesto, poderá o apresentante retirar o título ou documento de dívida, pagos os emolumentos e demais despesas."; II: correta, tendo em vista a redação do art. 17 da Lei 9.492/1997 que define: "Permanecerão no Tabelionato, à disposição do Juízo respectivo, os títulos ou documentos de dívida cujo protesto for judicialmente sustado."; III: correta, tendo em vista a redação do § 1.º do art. 17 que define: "O título do documento de dívida cujo protesto tiver sido sustado judicialmente só poderá ser pago, protestado ou retirado com autorização judicial."; IV: incorreta, pois a Lei de Protesto no § 2.º do art. 17 define: "Revogada a ordem de sustação, não há necessidade de se proceder a nova intimação do devedor, sendo a lavratura e o registro do protesto efetivados até o primeiro dia útil subsequente ao do recebimento da revogação, salvo se a materialização do ato depender de consulta a ser formulada ao apresentante, caso em que o mesmo prazo será contado da data da resposta dada."
Gabarito "B".

## 9. INSTRUMENTO DE PROTESTO. REQUISITOS

(Cartório/MG – 2009 – EJEF) Quanto ao lugar para lavratura do protesto por falta de pagamento, é CORRETO afirmar que:

(A) o protesto do cheque pode ser lavrado no domicílio do sacado, desde que o lugar do seu pagamento seja o mesmo.
(B) o protesto da duplicata é sempre lavrado no domicílio do devedor.
(C) o protesto da duplicata é sempre lavrado no domicílio do credor.
(D) sacada ou aceita a letra de câmbio para ser paga em outro domicílio que não o do sacado, naquele domicílio deve ser tirado o protesto.

A: incorreta, pois de acordo com o art. 6.º da Lei 9.492/1997 o protesto do cheque poderá ser lavrado no lugar do pagamento ou do domicílio do emitente, a não ser que a finalidade do protesto seja instruir medidas pleiteadas contra o estabelecimento de crédito; B: incorreta, pois o art. 13, § 3.º, da Lei 5.474/1968 estabelece que o protesto da duplicata será lavrado na praça de pagamento constante do título; C: incorreta, pois o art. 13, § 3.º, da Lei 5.474/1968 estabelece que o protesto da duplicata será lavrado na praça de pagamento constante do título; D: correta, nos termos da 2.ª parte, do parágrafo único, do art. 28, do Decreto 2.044/1908, segundo o qual "o protesto deve ser tirado do lugar indicado na letra para o aceite ou para o pagamento. Sacada ou aceita a letra para ser paga em outro domicílio que não o do sacado, naquele domicílio deve ser tirado o protesto".
Gabarito "D".

(Cartório/MG – 2007 – EJEF) Quando o tabelião de protesto não conservar em seus arquivos gravação eletrônica da imagem, cópia reprográfica ou micrográfica do título ou documento de dívida, pode-se dizer, sobre o registro do protesto, que em seu instrumento deverá conter, dentre outros dados, EXCETO:

(A) nome, número do documento de identificação do credor e endereço.
(B) data e número de protocolização.
(C) certidão das intimações feitas e das respostas eventualmente oferecidas.
(D) a aquiescência ao portador do aceite por honra.

A: correta, pois os dados do **"credor"** não constarão no registro do protesto, mas sim os dados do **"devedor"**, conforme dispõe o art. 22, VII da Lei 9.492/1997; B: incorreta, pois data e número de protocolização devem constar no registro do protesto conforme dita o art. 22, I, da Lei 9.492/1997; C: incorreta, pois certidão das intimações feitas e das respostas eventualmente oferecidas deve constar no registro do protesto nos moldes do art. 22, IV, da Lei 9.492/1997; D: incorreta, pois a aquiescência ao portador do aceite por honra também deve constar no registro do protesto em consonância com o art. 22, VI, da Lei 9.492/1997.
Gabarito "A".

(Cartório/DF – 2006 – CESPE) Com referência ao serviço de protesto de títulos, julgue o item que se segue.

(1) Não sendo possível a apresentação do original do título ou do documento protestado, o interessado no cancelamento do protesto deve apresentar documento de anuência expressa de quem figure, no registro, como credor originário ou do endossatário, com a identificação da pessoa física ou jurídica e firma reconhecida.

1: correta, conforme dispõe o § 1.º do art. 26 da Lei 9.492/1997, segundo o qual "na impossibilidade de apresentação do original do título ou documento de dívida protestado, será exigida a declaração de anuência, com identificação e firma reconhecida, daquele que figurou no registro de protesto como credor, originário ou por endosso translativo".
Gabarito 1C.

(Cartório/MS – 2009 – VUNESP) Dentre outras atribuições, compete, com exclusividade, aos tabeliães de notas:

(A) formalizar juridicamente a vontade das partes.
(B) lavrar atas notariais.
(C) autenticar fatos.
(D) intervir nos atos a que as partes devam dar forma legal.
(E) intervir nos negócios jurídicos a que as partes queiram dar autenticidade.

B: correta, conforme dispõe o art. 7.º, III, da Lei 8.935/1994. A, C, D e E: incorretas. As alternativas não trazem competências exclusivas dos tabeliães, as quais foram estabelecidas no art. 7.º da Lei 8.935/1994.
Gabarito "B".

## 10. DAS RETIFICAÇÕES DO PROTESTO

**(Cartório/BA – 2004 – CESPE)** A respeito da averbação de retificação de erros materiais, julgue os seguintes itens.

(1) A averbação somente pode ser feita a requerimento do interessado.
(2) Para a averbação da retificação, serão indispensáveis a apresentação do instrumento expedido e a comprovação documental do erro.
(3) Pela referida averbação não são devidos emolumentos.

1: incorreta, pois é admitida a retificação de ofício, conforme art. 25, *caput*, da Lei 9.492/1997; 2: correta, conforme redação expressa do § 1.º do art. 25, da Lei 9.492/1997; 3: correta, conforme disposto no § 2.º do art. 25 da Lei 9.492/1997.
Gabarito 1E, 2C, 3C

**(Cartório/MS – 2009 – VUNESP)** Assinale a assertiva correta no que respeita às averbações e ao cancelamento do protesto.

(A) A averbação de retificação de erros materiais pelo serviço será efetuada, exclusivamente, a requerimento do interessado, sob responsabilidade do Tabelião de Protesto de Títulos.
(B) Para a averbação da retificação, é dispensável a apresentação do documento eventualmente expedido e do documento que comprove o erro, na medida em que é efetuada de ofício pelo Tabelião de Protesto de Títulos.
(C) O cancelamento do registro do protesto será solicitado ao Tabelião titular, e por ele promovido, não se admitindo que seja feito por qualquer de seus substitutos.
(D) Ainda que a extinção da obrigação decorra de processo judicial, o documento da dívida é indispensável para fins do cancelamento do registro de protesto.
(E) Para que possa ser feito o cancelamento do registro, na hipótese de protesto em que tenha figurado apresentante por endosso-mandato, será suficiente a declaração de anuência passada pelo credor endossante.

A: incorreta, pois a averbação de retificação de erros materiais pode ser realizada também de ofício e não apenas a requerimento do interessado, conforme art. 25, *caput*, da Lei 9.492/1997; B: incorreta, pois a apresentação do documento eventualmente expedido e do documento que comprove o erro é indispensável, conforme § 1.º do art. 25 da Lei 9.492/1997; C: incorreta, pois o § 5.º do art. 26 da Lei 9.492/1997, permite que o cancelamento do registro de protesto seja realizado pelo Tabelião titular, por seus substitutos ou por Escrevente autorizado; D: incorreta, pois no caso de processo judicial o § 4.º do art. 26 da Lei 9.492/1997, autoriza o cancelamento do registro de protesto por solicitação com apresentação da certidão expedida pelo Juízo processante, o que substituirá o título ou o documento de dívida protestado; E: correta, conforme redação do § 2.º do art. 26 da Lei 9.492/1997, segundo o qual "na hipótese de protesto em que tenha figurado apresentante por endosso-mandato, será suficiente a declaração de anuência passada pelo credor endossante".
Gabarito "E".

**(Cartório/RN – 2012 – IESIS)** Sobre a averbação de retificação e o cancelamento, no Tabelionato de Protesto de Títulos:

(A) Na impossibilidade de apresentação do original do título ou documento de dívida protestado, será exigida a declaração de anuência, com identificação daquele que figurou no registro de protesto como credor, originário ou por endosso translativo, sendo desnecessária a firma reconhecida.
(B) Os erros materiais do serviço poderão ser retificados de ofício, sob responsabilidade do Tabelião de Protesto de Títulos.
(C) Havendo o protesto em que tenha figurado apresentante por endosso-mandato, não será suficiente a declaração de anuência passada pelo credor endossante, cabendo a prova documental a este respeito.
(D) O cancelamento do registro do protesto poderá ser pedido, exclusivamente, pelo devedor.

A: incorreta, por disposição do art. 26, § 1.º, da Lei de protestos que dispõe: "Na impossibilidade de apresentação do original do título ou documento de dívida protestado, será exigida a declaração de anuência, com identificação e firma reconhecida, daquele que figurou no registro de protesto como credor, originário ou por endosso translativo."; B: correta, por disposição do art. 25 da Lei de Protestos que define: "A averbação de retificação de erros materiais pelo serviço poderá ser efetuada de ofício ou a requerimento do interessado, sob responsabilidade do Tabelião de Protesto de Títulos."; C: incorreta, pela previsão do § 2.º do art. 26 da Lei de protestos que dispõe: "Na hipótese de protesto em que tenha figurado apresentante por endosso-mandato, será suficiente a declaração de anuência passada pelo credor endossante."; D: incorreta, pois o § 5.º do art. 26 da Lei 9.492/1997 que dispõe: "O cancelamento do registro do protesto será feito pelo Tabelião titular, por seus Substitutos ou por Escrevente autorizado."
Gabarito "B".

## 11. DAS CERTIDÕES

**(Cartório/DF – 2001 – CESPE)** No que diz respeito à Lei de Protesto de Títulos (LPT) – Lei 9.492, de 10 de setembro de 1997 –, julgue os itens que se seguem.

(1) Considere a seguinte situação hipotética. Uma pessoa jurídica apresentou título para protesto por falta de aceite, em 2 de janeiro de 1994. O protesto foi lavrado em 20 do mesmo mês. Em 2 de fevereiro de 2000, a pessoa jurídica solicitou ao tabelião certidão daquele protesto, para o que indicou os dados de identificação do título, do devedor e do registro. Nessa situação, o tabelião está obrigado ao fornecimento da certidão, mesmo considerando que o protesto data de mais de cinco anos do pedido de certidão.
(2) Se o registro de um protesto houver sido cancelado por ordem judicial, em nenhuma hipótese o protesto figurará em certidão emitida pelo tabelião, sob pena de responsabilidade administrativa e civil, inclusive por dano moral.

1: correta, pois se trata de protesto específico, conforme estabelece a parte final do *caput* do art. 27 da Lei 9.492/1997, segundo o qual "o Tabelião de Protesto expedirá as certidões solicitadas dentro de

cinco dias úteis, no máximo, que abrangerão o período mínimo dos cinco anos anteriores, contados da data do pedido, **salvo quando se referir a protesto específico**"; 2: incorreta, pois em que pese o art. 27, § 2.º, da Lei 9.492/1997 afirmar que das certidões não constarão os registros cujos cancelamentos tiverem sido averbados, este mesmo dispositivo determina que por requerimento escrito do próprio devedor ou por ordem judicial será possível constar na certidão os cancelamentos.
Gabarito 1C, 2E

**(Cartório/MG – 2009 – EJEF)** Em relação à certidão e informações do protesto, assinale a alternativa FALSA.

(A) A certidão abrangerá os protestos lavrados e registrados por falta de pagamento, de aceite ou de devolução, ainda que sustados ou cancelados por ordem judicial.
(B) As certidões solicitadas serão expedidas dentro de cinco dias úteis, no máximo, e abrangerão o período mínimo dos cinco anos anteriores, contados da data do pedido.
(C) Os cartórios fornecerão às entidades representativas da indústria e do comércio ou àquelas vinculadas à proteção do crédito, quando solicitada, certidão diária, em forma de relação, dos protestos tirados e dos cancelamentos efetuados.
(D) As certidões deverão obrigatoriamente indicar, além do nome do devedor, seu número no Registro Geral (R.G.), constante da Cédula de Identidade, ou seu número no Cadastro de Pessoas Físicas (C.P.F.), se pessoa física.

A: correta, sendo a única afirmação falsa, pois a certidão abrangerá os protestos lavrados e registrados por falta de pagamento, de aceite ou de devolução, todavia, de acordo com o art. 27, § 2.º, das certidões não constarão os registros cujos cancelamentos tiverem sido averbados, salvo por requerimento escrito do próprio devedor ou por ordem judicial; B: incorreta, sendo verdadeira a afirmação, conforme *caput* do art. 27 da Lei 9.492/1997; C: incorreta, sendo a afirmação verdadeira, nos termos da 1.ª parte do *caput* do art. 29 da Lei 9.492/1997; D: incorreta, sendo verdadeira a afirmação, nos termos do § 1.º do art. 27 da Lei 9.492/1997.
Gabarito "A".

**(Cartório/MG – 2007 – EJEF)** Sobre as certidões e informações do protesto, é CORRETO afirmar que:

(A) o tabelião de protesto expedirá as certidões solicitadas dentro do prazo máximo de 03 (três) dias úteis, que abrangerão o período mínimo dos 05 (cinco) anos anteriores, contados da data do pedido, salvo quando se referir a protesto específico.
(B) nos casos de homonímia que puder ser verificada pelo confronto do número de documentos de identificação, o tabelião de protesto somente poderá expedir certidão negativa após autorização judicial.
(C) nas certidões expedidas pelo tabelião de protesto sempre deverão constar os registros cujos cancelamentos tiverem sido averbados.
(D) poderão ser fornecidas certidões de protestos, não cancelados, a quaisquer interessados, desde que requeridas por escrito.

A: incorreta, pois o prazo máximo para expedição das certidões é de 5 (cinco) dias úteis e não 3 (três) dias úteis como diz a alternativa, conforme *caput* do art. 27 da Lei 9.492/1997; B: incorreta, pois de acordo com o art. 28 da Lei 9.492/1997, *sempre que a homonímia puder ser verificada simplesmente pelo confronto do número de documento de identificação, o Tabelião de Protesto dará certidão negativa*; C: incorreta, pois os registros cujos cancelamentos foram averbados poderão constar da certidão se houver requerimento escrito do próprio devedor ou por ordem judicial, conforme art. 27, § 2.º, da Lei 9.492/1997; D: correta, conforme dispõe o art. 31 da Lei 9.492/1997.
Gabarito "D".

**(Cartório/SP – 2011 – VUNESP)** O art. 31 da Lei 9.492, de 10.09.97, (Lei do Protesto de Títulos) estabelece que as certidões de protestos não cancelados podem ser fornecidas "a quaisquer interessados". Em relação às entidades representativas da indústria e do comércio e àquelas vinculadas à proteção do crédito, porém, permite o art. 29 da mesma lei que a elas sejam encaminhadas informações diárias que:

(A) não podem ser divulgadas, ainda que parcialmente, mesmo porque se cuidam de informações sigilosas.
(B) podem ser divulgadas, inclusive pela imprensa, não havendo qualquer distinção em relação ao fornecimento de certidões.
(C) podem ser divulgadas apenas com a indicação dos títulos protestados e dos respectivos devedores, mas sem especificação do valor do título ou do documento da dívida.
(D) podem ser divulgadas apenas em relação aos devedores citados por edital, cujos nomes já foram indicados na imprensa local.

A assertiva correta é a "A" por disposição expressa no art. 29: "Os cartórios fornecerão às entidades representativas da indústria e do comércio ou àquelas vinculadas à proteção do crédito, quando solicitada, certidão diária, em forma de relação, dos protestos tirados e dos cancelamentos efetuados, com a nota de se cuidar de informação reservada, da qual não se poderá dar publicidade pela imprensa, nem mesmo parcialmente."
Gabarito "A".

**(Cartório/RN – 2012 – IESIS)** As certidões expedidas pelos serviços de protesto:

(A) Serão expedidas em até três dias úteis, abrangendo o período anterior a cinco anos, exceto se versar sobre protesto específico, nelas não constando os registros cujos cancelamentos tiverem sido averbados
(B) Serão expedidas em até cinco dias úteis, abrangendo o período anterior a cinco anos, exceto se versar sobre protesto específico, nelas não constando os registros cujos cancelamentos tiverem sido averbados.
(C) Serão expedidas em até três dias úteis, abrangendo o período anterior a cinco anos, exceto se versar sobre protesto específico, nelas constando os registros cujos cancelamentos tiverem sido averbados.
(D) Serão expedidas em até cinco dias úteis, abrangendo o período anterior a cinco anos, exceto se versar sobre protesto específico, nelas constando os registros cujos cancelamentos tiverem sido averbados.

A assertiva "B" está correta, pois a redação do art. 27, *caput*, e a redação do § 2.º do mesmo dispositivo legal, Lei 9.492/1997, define: "Art. 27. O Tabelião de Protesto expedirá as certidões solicitadas dentro de cinco dias úteis, no máximo, que abrangerão o período mínimo dos cinco anos anteriores, contados da data do pedido, salvo quando se referir a protesto específico. (...) § 2.º Das certidões não constarão os registros cujos cancelamentos tiverem sido averbados, salvo por requerimento escrito do próprio devedor ou por ordem judicial."

Gabarito "B".

## 12. RESPONSABILIDADE DOS TABELIÃES DE PROTESTO

**(Cartório/MG – 2009 – EJEF)** Sobre a responsabilidade dos Tabeliães de Protesto, assinale a alternativa CORRETA.

(A) O Tabelião de Protesto responde, subsidiariamente, pelos prejuízos causados pelos seus substitutos e escreventes por dolo ou culpa.

(B) O Tabelião que registrar protesto de título prescrito responde pelos prejuízos causados ao devedor.

(C) A responsabilidade civil dos Tabeliães, em relação aos atos praticados por seus substitutos e escreventes, é objetiva.

(D) Os Tabeliães têm direito de regresso contra os seus prepostos apenas na hipótese destes agirem com dolo.

A: incorreta, pois na forma do art. 38 da Lei 9.492/1997 "os Tabeliães de Protesto de Títulos são civilmente responsáveis por todos os prejuízos que causarem, por culpa ou dolo, pessoalmente, pelos substitutos que designarem ou Escreventes que autorizarem, assegurado o direito de regresso"; B: incorreta, vez que segundo o art. 9.º da Lei 9.492/1997 não compete ao Tabelião investigar prescrição ou caducidade do título; C: correta, em razão do art. 38 que determina que "Tabeliães de Protesto de Títulos são civilmente responsáveis por todos os prejuízos que causarem, por culpa ou dolo, pessoalmente, pelos substitutos que designarem ou Escreventes que autorizarem, assegurado o direito de regresso"; D: incorreta, pois de acordo com o art. 38 da Lei 9.492/1997 não condiciona o direito de regresso ao dolo.

Gabarito "C".

## 13. TEMAS COMBINADOS DE TABELIONATO DE PROTESTO

**(Cartório/MA – 2008 – IESES)** Considerando que o protesto é o ato formal e solene pelo qual se prova a inadimplência e o descumprimento de obrigação originada em títulos e outros documentos de dívida, responda.

I. Todos os títulos e documentos de dívida protocolizados serão examinados em seus caracteres formais e terão curso se não apresentarem vícios, não cabendo ao Tabelião de Protesto investigar a ocorrência de prescrição ou caducidade.

II. O protesto será registrado dentro de três dias úteis contados da protocolização do título ou documento de dívida.

III. A intimação poderá será feita por edital somente nos casos em que a pessoa indicada para aceitar ou pagar for desconhecida, sua localização incerta ou ignorada.

IV. O pagamento do título ou do documento de dívida apresentado para protesto será feito diretamente no Tabelionato competente, no valor igual ao declarado pelo apresentante, acrescido de juros, atualização monetária por índice oficial e emolumentos e demais despesas.

(A) As alternativas III e IV estão corretas.
(B) As alternativas II, III e IV estão corretas.
(C) As alternativas I e II estão corretas.
(D) As alternativas I, III e IV estão corretas.

I: correta, nos termos do *caput* do art. 9.º da Lei 9.492/1997; II: correta, de acordo com a redação do art. 12, *caput*, da Lei 9.492/1997; III: incorreta, pois além dos casos mencionados na alternativa, a intimação por edital ocorrerá também quando a pessoa for residente ou domiciliada fora da competência territorial do Tabelionato, ou quando ninguém se dispuser a receber a intimação no endereço fornecido pelo apresentante, conforme se depreende do art. 15, *caput*, da Lei 9.492/1997; IV: incorreta, pois o pagamento será realizado pelo valor declarado pelo apresentante, acrescido dos emolumentos e demais despesas, conforme art. 19, *caput*, da Lei 9.492/1997, não determinando a lei de forma expressa o pagamento de juros e correção monetária.

Gabarito "C".

**(Cartório/MG – 2009 – EJEF)** Quanto à prescrição da pretensão executiva fundada em títulos de crédito, é CORRETO afirmar que:

(A) o simples protesto cambiário não interrompe a prescrição.

(B) em relação aos avalistas do aceitante de uma duplicata, é de 03 (três) anos, contados da data do vencimento.

(C) o protesto cambiário, quando apenas um dos devedores é intimado, interrompe a prescrição em relação aos demais coobrigados.

(D) a prescrição da nota promissória, em relação aos endossantes, é de 03 (três) anos a contar do seu vencimento.

A: incorreta, porque conforme o art. 202, III, do CC o protesto cambial interrompe o prazo prescricional; B: correta, pois o aceitante da duplicata é o sacado, e neste sentido o art. 18, I, da Lei 5.474/1968 dispõe que a pretensão à execução da duplicata prescreve contra o sacado e respectivos avalistas, em 3 (três) anos, contados da data do vencimento do título; C: incorreta, pois segundo o art. 204 do CC "a interrupção da prescrição por um credor não aproveita aos outros; semelhantemente, a interrupção operada contra o codevedor, ou seu herdeiro, não prejudica aos demais coobrigados"; D: incorreta, pois na forma do art. 70 do Decreto 57.663/1966 (LUG) contra o endossante da nota promissória o prazo prescricional é de 1 (um) ano contado do protesto.

Gabarito "B".

**(Cartório/MG – 2009 – EJEF)** Assinale a alternativa CORRETA.

(A) Caso o devedor esteja em lugar incerto e não sabido, a sua intimação será feita por edital, publicado no prazo máximo de 15 (quinze) dias, uma vez no órgão oficial e pelo menos duas vezes em jornal local, onde houver.

(B) A lei brasileira não admite o protesto de títulos e outros documentos de dívida em moeda estrangeira, emitidos fora do Brasil.

(C) Uma vez registrado o protesto, o Tabelião de Protestos de Títulos e Documentos não pode retificar o instrumento de protesto, ainda que para sanar erros materiais.
(D) Para cancelamento de protesto em que tenha figurado apresentante por endosso-mandato, a declaração de anuência pode ser passada pelo credor endossante.

A: incorreta, apesar do art. 15 da Lei 9.492/1997, determinar que a intimação será feita por edital se a localização da pessoa indicada para aceitar ou pagar for incerta ou ignorada, o § 1.º do referido artigo estabelece que o edital será afixado no Tabelionato de Protesto e publicado pela imprensa local onde houver jornal de circulação diária; B: incorreta, pois o art. 10, *caput*, da Lei 9.492/1997, permite o protesto de títulos e documentos de dívida em moeda estrangeira, emitidos fora do Brasil, desde que acompanhados de tradução efetuada por tradutor público juramentado; C: incorreta, pois a retificação de erros materiais é permitida por meio de averbação, conforme arts. 25 e ss., da Lei 9.492/1997; D: correta, nos termos da redação do § 2.º do art. 26 da Lei 9.492/1997, segundo o qual "na hipótese de protesto em que tenha figurado apresentante por endosso-mandato, será suficiente a declaração de anuência passada pelo credor endossante".
Gabarito "D".

**(Cartório/MG – 2009 – EJEF)** Quanto à cláusula "sem despesas", lançada pelo sacador de uma letra de câmbio, assinale a alternativa CORRETA.

(A) Dispensa o portador de fazer um protesto por falta de aceite ou falta de pagamento, para poder exercer os seus direitos de ação em face dos devedores diretos e indiretos.
(B) Impede o protesto do título.
(C) Impede o Tabelionato de Protesto cobrar emolumentos.
(D) Deixa evidenciada a mora do devedor, independentemente do protesto.

O art. 46 do Decreto 57.663/1966 determina que "o sacador, um endossante ou um avalista pode, pela cláusula "sem despesas", "sem protesto", ou outra cláusula equivalente, dispensar o portador de fazer um protesto por falta de aceite ou falta de pagamento, para poder exercer os seus direitos de ação". Portanto, a única alternativa correta é a A.
Gabarito "A".

**(Cartório/MT – 2005 – CESPE)** Em 26/10/2004, a empresa Júpiter Ltda. recebeu, em razão de renegociação de dívida, um cheque pré-datado no valor de R$ 2.000,00, emitido pela empresa Titan Ltda. nessa mesma data. Apresentado para pagamento em 26/1/2005, o cheque foi devolvido pelo banco sacado por insuficiência de fundos. Considerando a situação hipotética descrita, julgue os itens a seguir.

I. Se a empresa Júpiter Ltda. não pudesse comprovar a apresentação da cártula ao banco, não poderia o tabelião admitir o protesto do cheque, a não ser que a intenção da empresa fosse processar o próprio banco.
II. O cheque apenas pode ser protestado para fins falimentares porque, tendo sido emitido pré-datado em pagamento de dívida pré-existente, restou descaracterizada sua natureza de título de crédito, de modo que apenas pode ser cobrado por ação monitória ou ordinária, ou ainda, servir de documento hábil para, após o ato notarial pertinente, fundamentar requerimento de falência da empresa Titan Ltda.

III. A garantia por aval ou a circulação por endosso são fatos que autorizam o protesto de cheque devolvido por motivo de furto, roubo e extravio de folhas ou do talonário.
IV. O protesto do cheque para fins falimentares será registrado em livro específico no tabelionato competente, devendo-se sujeitar, pelas graves consequências que acarreta, ao mais rigoroso controle por parte do titular do serviço.

Estão certos apenas os itens:

(A) I e II.
(B) I e III.
(C) II e III.
(D) II e IV.

I: correta, pois o art. 6.º da Lei 9.492/1997 estabelece que "tratando-se de cheque, poderá o protesto ser lavrado no lugar do pagamento ou do domicílio do emitente, devendo do referido cheque constar a prova de apresentação ao Banco sacado, salvo se o protesto tenha por fim instruir medidas pleiteadas contra o estabelecimento de crédito"; II: incorreta, pois como não tem prova da sua apresentação ele não poderá ser protestado para fins falimentares também, além disso, pela redação do art. 23, parágrafo único, da Lei 9.492/1997 somente poderão ser protestados para fins falimentares, os títulos ou documentos de dívida de responsabilidade das pessoas sujeitas às consequências da legislação falimentar e a Instituição Financeira está excluída da incidência da falência por força do art. 2.º, II, da Lei 11.101/2005; III: correta, de acordo com a maioria das Normas de Corregedoria dos estados não é admitido o protesto de cheque devolvido por motivo de furto, roubo e extravio de folhas ou do talonário, salvo se garantido por aval ou ter circulado por endosso; IV: incorreta, visto que o art. 23 da Lei 9.492/1997 ensina que os termos dos protestos lavrados, inclusive para fins especiais, por falta de pagamento, de aceite ou de devolução serão registrados em um único livro, não há livro específico para o protesto especial.
Gabarito "B".

**(Cartório/RJ – 2008 – UERJ)** Com base nas proposições a seguir:

I. Segundo dispõe a Lei 9.492/97, o protesto será registrado dentro de três dias úteis contados da protocolização do título ou documento de dívida.
II. Todos os documentos apresentados ou distribuídos no horário regulamentar serão protocolizados dentro de vinte e quatro horas, obedecendo à ordem cronológica de entrega.
III. Tratando-se de títulos ou documentos de dívida sujeitos a qualquer tipo de correção, o pagamento será feito pela conversão vigorante no dia da apresentação no valor indicado pelo apresentante.

É correto afirmar que:

(A) somente a proposição I está correta.
(B) somente a proposição II está correta.
(C) somente as proposições I e II estão corretas.
(D) somente as proposições I e III estão corretas.
(E) todas as proposições estão corretas.

I: correta, nos termos do art. 12, *caput*, da Lei 9.492/1997, segundo o qual o protesto será registrado dentro de três dias úteis contados da protocolização do título ou documento de dívida; II: correta, uma vez que possui redação idêntica à do art. 5.º da Lei 9.492/1997; III: correta, uma vez que possui redação idêntica à do art. 11 da Lei 9.492/1997.
Gabarito "E".

**(Cartório/RJ – 2008 – UERJ)** Com relação às proposições a seguir:

I. Em se tratando de protesto de cheque, poderá este ser lavrado no lugar do pagamento ou do domicílio do emitente.
II. Protesto é um ato formal e solene pelo qual se prova a inadimplência e o descumprimento de obrigação originada em títulos e outros documentos de dívida.
III. O tabelião de protestos arquivará mandados e ofícios judiciais.

É correto afirmar que:

(A) todas as proposições estão corretas.
(B) somente a proposição I está correta.
(C) somente a proposição II está correta.
(D) somente a proposição III está correta.
(E) somente as proposições I e III estão corretas.

I: correta, nos termos da 1.ª parte do art. 6.º da Lei 9.492/1997, segundo o qual tratando-se de cheque, poderá o protesto ser lavrado no lugar do pagamento ou do domicílio do emitente; II: correta, conforme se depreende da redação idêntica do art. 1.º da Lei 9.492/1997; III: correta, nos termos do art. 35, IV, da Lei 9.492/1997, segundo o qual os mandados e ofícios judiciais compõem um dos expedientes a serem arquivados pelo Tabelião de Protestos.
Gabarito "A".

**(Cartório/RR – 2001 – CESPE)** Com referência à LPT, julgue os itens seguintes.

I. O regime previsto na LPT destina-se exclusivamente aos títulos de crédito, com a finalidade de provar a de obrigação neles contida.
II. Considere a seguinte situação hipotética. Moisés sacou um cheque contra o Banco XXX S.A., para que este pagasse determinada quantia a Benito. O credor compareceu ao banco para receber o valor do cheque e o caixa disse-lhe não haver fundos suficientes na conta de Moisés. Este solicitou o cheque de volta imediatamente, antes mesmo que o caixa registrasse no título a ausência de fundos, e dirigiu-se até Moisés, para tentar receber seu crédito. Não teve sucesso. Foi então ao tabelionato de protestos, para o protesto do cheque. Nessa hipótese, mesmo com base nas declarações do credor, não poderia ser lavrado o protesto.
III. Considere a seguinte situação hipotética. Cláudia residia e tinha domicílio em Boa Vista – RR e emitiu, a favor de Laura, residente e domiciliada em Porto Velho – RO, um cheque contra agência do Banco YYY S.A. em Rio Branco – AC. O cheque, porém, foi devolvido por insuficiência de fundos. Nesse caso, Laura poderá apresentar o cheque ao tabelionato de protestos tanto em Boa Vista quanto em Rio Branco, mas não em Porto Velho.
IV. Ainda que um portador apresente a protesto uma duplicata cujo crédito não possa mais ser validamente cobrado por causa da prescrição, não cabe ao tabelião recusar a lavratura do protesto sob esse fundamento, desde que o título esteja formalmente perfeito.

V. Se um indivíduo emitir na Itália uma letra de câmbio, em italiano e pagável em liras italianas, para que o devedor a pague no Brasil, o não pagamento não permitirá que o título seja protestado no Brasil.

A quantidade de itens certos é igual a:

(A) 1.
(B) 2.
(C) 3.
(D) 4.
(E) 5.

I: incorreta, pela observância do art. 1.º da Lei de Protestos que define: "Protesto é o ato formal e solene pelo qual se prova a inadimplência e o descumprimento de obrigação originada em títulos e outros documentos de dívida". Assim, outros documentos de dívida revestidos de certeza, exigibilidade e liquidez poderão ser protestados, tais como sentenças condenatórias com trânsito em julgado, contrato de mútuo, contrato de confissão de dívida, etc. Vale dizer que na doutrina e jurisprudência, em especial após Parecer da Corregedoria Geral da Justiça de São Paulo número 076/05-E, com excepcional fundamentação de José Antônio de Paula Santos Neto, lançado no Proc. CG 864/2004, tem se entendido que o alcance da expressão "outros documentos de dívida" constante da parte final do art 1º da Lei 9492/97 abrange títulos executivos judiciais e extrajudiciais revestidos de liquidez, certeza e exigibilidade ; II: Correta: pois de acordo com o art. 6º da Lei 9.492/97 para que o cheque seja protestado deve constar a prova de apresentação ao Banco sacado, o que não em tela não ocorreu, visto que o credor solicitou o cheque de volta imediatamente, antes mesmo que o caixa registrasse no título a ausência de fundos. III: correta, tendo em vista a redação do art. 6.º da Lei 9.492/1997 que ressalta: "Tratando-se de cheque, poderá o protesto ser lavrado no lugar do pagamento ou do domicílio do emitente, devendo do referido cheque constar a prova de apresentação ao Banco sacado, salvo se o protesto tenha por fim instruir medidas pleiteadas contra o estabelecimento de crédito.". IV: correta, pela disposição do art. 9.º da Lei 9.492/1997 que venha a definir: "Todos os títulos e documentos de dívida protocolizados serão examinados em seus caracteres formais e terão curso se não apresentarem vícios, não cabendo ao Tabelião de Protesto investigar a ocorrência de prescrição ou caducidade."; V: incorreta, por previsão expressa do art. 10 da Lei 9.492/1997 que define: Poderão ser protestados títulos e outros documentos de dívida em moeda estrangeira, emitidos fora do Brasil, desde que acompanhados de tradução efetuada por tradutor público juramentado."
Gabarito "C".

**(Cartório/RR – 2001 – CESPE)** Ainda no que se refere à LPT, assinale a opção correta.

(A) Se um cidadão precisar apresentar a protesto um determinado contrato e na localidade houver mais de um tabelionato de protestos, o documento deverá necessariamente ser objeto de distribuição, ou seja, não poderá o interessado escolher o tabelionato ao qual solicitará que se tire o protesto; o serviço de distribuição, por seu turno, deverá ser obrigatoriamente instalado e mantido pelos próprios tabelionatos.

(B) Na distribuição de títulos e documentos destinados aos serviços de protesto, o critério deverá ser o de rodízio quantitativo entre os tabelionatos, a fim de que a quantidade recebida por eles seja matematicamente a mais próxima possível de uma divisão exata.
(C) Com a finalidade de evitar erro na intimação destinada ao protesto, esta somente se considera aperfeiçoada, para os fins da LPT, se for entregue pessoalmente ao devedor.
(D) Se um título houver sido protocolizado no tabelionato de protestos no dia 11 de outubro de 2001, quinta-feira, véspera do feriado nacional consagrado a Nossa Senhora Aparecida, então o protesto deveria registrar-se, em princípio, até o dia 17 de outubro do mesmo ano.
(E) Estritamente de acordo com a LPT, se o credor fornecer endereço errôneo do devedor e, em razão disso, vier a lavrar-se o protesto, deverá aquele necessariamente responder por perdas e danos que causar ao segundo.

A: O Gabarito deu como incorreta, no entanto, salvo melhor juízo entendemos ser correta, isto porque por previsão do parágrafo único do art. 7.º da Lei 9.492/1997 que venha a definir que "onde houver mais de um Tabelionato de Protesto de Títulos, a distribuição será feita por um Serviço instalado e mantido pelos próprios Tabelionatos, salvo se já existir Ofício Distribuidor organizado antes da promulgação desta Lei."; B: incorreta, por previsão do art. 8 da Lei 9.492/97: "Os títulos e documentos de dívida serão recepcionados, distribuídos e entregues na mesma data aos Tabelionatos de Protesto, obedecidos os critérios de quantidade e qualidade.."; C: incorreta, pois em conformidade com o art. 14 da Lei 9.492/97 a intimação será considerada cumprida quando comprovada a sua entrega no mesmo endereço e não precisa ser entregue pessoalmente; D: correta. O artigo 12 dispõe que "O protesto será registrado dentro de três dias úteis contados da protocolização do título ou documento de dívida". O § 1.º do referido artigo menciona que "Na contagem do prazo a que se refere o *caput* exclui-se o dia da protocolização e inclui-se o do vencimento." Neste sentido, o início da contagem deveria ser o dia 12, porém, este dia é feriado nacional, e, portanto, não é considerado dia útil para fins de protesto nos moldes do art. 12, § 2º que determina "Considera-se não útil para o dia em que não houver expediente bancário para o público ou aquele em que este não obedecer ao horário normal.". Deste modo, o a contagem deverá ter início no dia 15 (segunda-feira). Sendo assim, protesto deveria registrar-se, em princípio, até o dia 17 de outubro do mesmo ano. E: incorreta, de acordo com o art. 15, § 2.º, que define: "Aquele que fornecer endereço incorreto, agindo de má-fé, responderá por perdas e danos, sem prejuízo de outras sanções civis, administrativas ou penais.". Logo, não basta fornecer endereço errado, e necessário agir de má-fé !.
Gabarito "D".

(Cartório/SP – III – VUNESP) Assinale a alternativa incorreta.

(A) O protesto será registrado dentro de cinco dias úteis contados da protocolização e inclui-se o do vencimento.
(B) A averbação de retificação de erros materiais pelo tabelionato de protesto de títulos poderá ser efetuada de ofício ou a requerimento do interessado.
(C) Não são devidos emolumentos pela averbação de retificação de erros materiais pelo serviço de tabelionato de protesto de títulos.
(D) O deferimento da concordata não impede o protesto.

A: incorreta (devendo ser assinalada), pois o protesto será registro dentro de três dias úteis contados da protocolização do título ou do documento de dívida, conforme art. 12, *caput*, da Lei 9.492/1997, e não em cinco dias úteis; B: correta, pois sua redação corresponde à redação da 1.ª parte do *caput* do art. 25 da Lei 9.492/1997; C: correta, nos termos do § 2.º do art. 25 da Lei 9.492/1997; D: correta, pois o art. 24 da Lei 9.492/1997 assenta que "o deferimento do processamento de concordata não impede o protesto".
Gabarito "A".

(Cartório/MG – 2012 – FUMARC) Considerando a Lei 10.931, de 02 de agosto de 2004, sobre a Cédula de Crédito Bancário, **NÃO** é correto afirmar:

(A) A cédula de crédito bancário poderá ser emitida sem garantia, real ou fidejussória, cedularmente constituída.
(B) A cédula de crédito bancário em favor de instituição domiciliada no exterior não poderá ser emitida em moeda estrangeira.
(C) A instituição credora deve integrar o SFN, sendo admitida a emissão da cédula em favor de instituição domiciliada no exterior, desde que a obrigação esteja sujeita exclusivamente à legislação brasileira.
(D) É título de crédito emitido por pessoa física ou jurídica em favor de instituições financeiras ou de entidades a estas equiparadas, representando promessa de pagamento em dinheiro, decorrente de operação de crédito de qualquer modalidade.

A: não é a resposta do gabarito (por estar correta), conforme a redação expressa do art. 27 da Lei 10.931/2004 ao definir: "A Cédula de Crédito Bancário poderá ser emitida, com ou sem garantia, real ou fidejussória, cedularmente constituída."; B: está incorreta, (alternativa a ser considerada), pois é contrária à disposição do art. 26, § 2.º, da Lei 10.931 que define: "A Cédula de Crédito Bancário em favor de instituição domiciliada no exterior poderá ser emitida em moeda estrangeira."; C: não é a resposta do gabarito (por estar correta), visto que a redação do art. 26, § 1.º, da Lei 10.931 determina que: "A instituição credora deve integrar o Sistema Financeiro Nacional, sendo admitida a emissão da Cédula de Crédito Bancário em favor de instituição domiciliada no exterior, desde que a obrigação esteja sujeita exclusivamente à lei e ao foro brasileiros."; D: não é a resposta do gabarito (por estar correta), retrata a redação do art. 26, *caput*, da Lei 10.931 que define: "A Cédula de Crédito Bancário é título de crédito emitido, por pessoa física ou jurídica, em favor de instituição financeira ou de entidade a esta equiparada, representando promessa de pagamento em dinheiro, decorrente de operação de crédito, de qualquer modalidade.".
Gabarito "B".

(Cartório/SC – 2012) Segundo a Lei 10.931/2004:

I. A validade e eficácia da Cédula de Crédito Bancário dependem de registro, mas as garantias reais, por ela constituídas, ficam sujeitas, para valer contra terceiros, aos registros ou averbações previstos na legislação aplicável.

II. A Cédula de Crédito Bancário é título de crédito emitido, por pessoa física ou jurídica, em favor de instituição financeira ou de entidade a esta equiparada, representando promessa de pagamento em dinheiro, decorrente de operação de crédito, de qualquer modalidade.

III. O bem constitutivo da garantia deverá ser descrito e individualizado de modo que permita sua fácil identificação.

IV. Cédula de Crédito Bancário poderá ser protestada por indicação, desde que o credor apresente declaração de posse da sua única via negociável, inclusive no caso de protesto parcial.

(A) Somente as proposições II e III estão corretas.
(B) Somente as proposições II, III e IV estão corretas.
(C) Somente as proposições I, II e IV estão corretas.
(D) Somente as proposições I, III e IV estão corretas.
(E) Todas as proposições estão corretas.

I: incorreta, pois o art. 42 da Lei 10.931/2004 define que a validade e a eficácia não dependem de registro, conforme a redação do dispositivo: "A validade e eficácia da Cédula de Crédito Bancário não dependem de registro, mas as garantias reais, por ela constituídas, ficam sujeitas, para valer contra terceiros, aos registros ou averbações previstos na legislação aplicável, com as alterações introduzidas por esta Lei."; II: correta, pois dispõe a redação do art. 26 da Lei 10.931/2004: "A Cédula de Crédito Bancário é título de crédito emitido, por pessoa física ou jurídica, em favor de instituição financeira ou de entidade a esta equiparada, representando promessa de pagamento em dinheiro, decorrente de operação de crédito, de qualquer modalidade."; III: correta, pois define a redação do art. 33 da Lei 10.931/2004: "O bem constitutivo da garantia deverá ser descrito e individualizado de modo que permita sua fácil identificação."; IV: correta, conforme a redação do art. 41 da Lei 10.931/2004 ao definir "A Cédula de Crédito Bancário poderá ser protestada por indicação, desde que o credor apresente declaração de posse da sua única via negociável, inclusive no caso de protesto parcial.".

Gabarito "B".

# 16. REGISTRO DE IMÓVEIS

Daniela Rosário

## 1. COMPETÊNCIA. PRINCÍPIOS INFORMATIVOS

**(Cartório/AC – 2006 – CESPE)** Acerca do registro de imóveis, de acordo com a Lei dos Registros Públicos, julgue o próximo item.

**(1)** A publicidade dos atos submetidos a registro público está assegurada pelo princípio da publicidade, o qual também garante a qualquer pessoa o direito de requerer e obter gratuitamente certidão do registro de um bem imóvel ou mesmo informações de todos os termos do assento, mediante solicitação verbal, pertinentes a esse registro.

1: Incorreto. O direito de obter certidões e informações está expressamente previsto na lei de registros públicos (art. 17 da Lei 6.015/1973). No entanto, não há previsão de gratuidade em relação a tais serviços. Assim prevê os arts. 14 e parágrafo único e 16, 1º, da Lei 6.015/1973: Art. 14. Pelos atos que praticarem, em decorrência desta Lei, os Oficiais do Registro terão direito, a título de remuneração, aos emolumentos fixados nos Regimentos de Custas do Distrito Federal, dos Estados e dos Territórios, os quais serão pagos, pelo interessado que os requerer, no ato de requerimento ou no da apresentação do título. Parágrafo único. O valor correspondente às custas de escrituras, certidões, buscas, averbações, registros de qualquer natureza, emolumentos e despesas legais constará, obrigatoriamente, do próprio documento, independentemente da expedição do recibo, quando solicitado. Art. 16. Os oficiais e os encarregados das repartições em que se façam os registros são obrigados: 1º a lavrar certidão do que lhes for requerido (...)". Vale ressaltar que, dada a natureza tributária dos emolumentos, qualquer dispensa de pagamento, total ou parcial, deve decorrer de lei.
Gabarito 1E

**(Cartório/AC – 2006 – CESPE)** Ainda a respeito da Lei dos Registros Públicos, julgue o item a seguir.

**(1)** Um dos princípios registrários é a unitariedade, que consiste na impossibilidade de a matrícula conter mais do que um imóvel em sua descrição, ou de abertura de matrícula de parte ideal de imóvel. Portanto, cada imóvel tem assento em uma única matrícula, e cada matrícula descreve um único imóvel.

1: Correto. O princípio da unitariedade ou unicidade matricial vem previsto no art. 176, § 1º, I, da LRP. O objetivo é conferir plena segurança aos negócios jurídicos, de tal sorte que não haja negócios registrados em mais de uma matrícula, nem a mesma matrícula concentre mais de um imóvel.
Gabarito 1C

**(Cartório/AC – 2006 – CESPE)** Acerca das atribuições dos oficiais registradores, julgue os itens a seguir.

**(1)** O registro de imóveis tem como função o cadastro da propriedade imobiliária, detendo todas as informações acerca de seu estado atual e procedendo às mudanças, às alterações e à extinção dos direitos relativos ao imóvel. Nele são efetuados os atos de matrícula, registro e averbação.

**(2)** O oficial de registro de imóvel poderá dispensar a prenotação quando a parte apresentar o título para exame de sua registrabilidade ou para cálculo de emolumentos, pois, nesse caso, a protocolização é dispensada, ficando certa a inexistência de interesse em afirmar a precedência do registro e a garantia de prioridade registrária.

1: Correto. É no registro de imóveis que se encontrará o fiel repositório da propriedade imobiliária e dos direitos a ela referentes. Os atos de registro e averbação serão praticados na matrícula do imóvel, em que se concentrarão todos os atos referentes ao histórico do mesmo; 2: Correto. Em tais casos, o Oficial, nos termos do disposto no art. 12, parágrafo único, da LRP, nem mesmo deve promover a prenotação do título, já que esta confere prioridade ao interessado no registro (art. 186 da LRP), ao passo que o título apresentado para exame e cálculo de emolumentos não goza dessa benesse. Dessa forma, o título apresentado para exame e cálculo de emolumentos deve ser apontado em livro separado do Livro 1 – Protocolo.
Gabarito 1C, 2C

**(Cartório/BA – 2004 – CESPE)** Em relação à Lei dos Registros Públicos, particularmente no que diz respeito ao registro de imóveis, julgue o item subsequente.

**(1)** Considere a seguinte situação hipotética. João vendeu a José um bem imóvel de sua propriedade, devidamente registrado, mediante escritura de venda e compra. José, antes mesmo de registrá-lo, vendeu-o a Helena, outorgando a esta a escritura de venda e compra. Helena dirigiu-se, então, ao cartório imobiliário para registro de seu título. Nessa situação, será possível o registro da mencionada escritura, se houver anuência de José e recolhimento do imposto devido.

1: Incorreto. Não é possível o registro pretendido por ofensa ao Princípio da Continuidade, que exige uma sequência lógica e cronológica dos títulos apresentados a registro, como determina o art. 195 da LRP. Assim, deve primeiramente ser registrado o título anterior para que, então, o título de Helena tenha ingresso no fólio real.
Gabarito 1E

**(Cartório/DF – 2001 – CESPE)** Julgue o item abaixo, relativo ao registro de imóveis.

(1) Se for criado outro ofício de registro de imóvel que passe a ter competência territorial em relação ao imóvel X, o interessado em averbar o cancelamento de hipoteca incidente sobre tal imóvel deverá fazê-lo perante o novo ofício, pois as normas de natureza processual, especialmente as relativas à competência judicial e extrajudicial, são aplicadas de imediato.

1: Incorreto. O art. 169, I, da LRP, determina que as averbações serão feitas na Comarca anterior, ainda que o imóvel tenha passado a pertencer a outra Comarca.
Gabarito 1E

**(Cartório/DF – 2001 – CESPE)** Ainda quanto ao registro de imóveis e ao registro civil das pessoas jurídicas na LRP, julgue os itens abaixo.

(1) A LRP confere grande relevo à defesa da preferência entre direitos, sobretudo os reais, decorrente da prioridade, a qual, por sua vez, tem como ponto de partida a prenotação dos títulos; desse modo, sempre que um título for prenotado antes de outro, terá prioridade sobre o posterior, caso ambos venham a ser objeto de registro nos prazos legais.
(2) A prenotação, por si só, não assegura preferência nem confere direito real.
(3) No sistema da LRP, vigora a presunção de que o proprietário é a pessoa, física ou jurídica, em cujo nome está registrado o bem imóvel; essa presunção, contudo, é apenas relativa, pois há casos em que se pode comprovar que o verdadeiro proprietário é outrem, efeito que pode surgir até por meio de procedimento administrativo, como o de retificação.

1: Incorreto. A situação apresentada na questão trata da regra geral. No entanto, a regra admite exceções, como as previstas nos arts. 189 e 190 da LRP; 2: Correto. A prenotação confere prioridade, mas não preferência ou garantia do direito real, que somente serão conferidos com o registro do título; 3: Correto. O sistema registral brasileiro se pauta em uma presunção relativa de veracidade daquilo que nele consta. Dessa forma, nos termos do disposto no art. 252 da LRP, o registro produz todos os seus efeitos enquanto não for cancelado.
Gabarito 1E, 2C, 3C

**(Cartório/MG – 2007 – EJEF)** Princípio da especialidade do registro público implica:

(A) Exigir a perfeita e correta identificação de tudo o que se lança no registro, o que abrange o objeto do direito real sobre o qual recai o negócio jurídico, incluindo o direito obrigacional objeto da garantia, e a completa individuação dos sujeitos da avença, mas sua aplicação é exigência exclusiva do registro de imóveis.

(B) Impedir o registro de título através do qual se faça alienação de imóvel *ad corpus* (art. 500, § 3º, do Código Civil de 2002).
(C) Exigir a perfeita e correta identificação de tudo o que se lança no registro, o que pode abranger o objeto do direito real sobre o qual recai o negócio jurídico, incluindo o direito obrigacional objeto da garantia, no que concerne a seu montante, juros, prazo e condições de pagamento, bem como a completa individuação dos sujeitos da avença, servindo, portanto, de indispensável apoio aos princípios da continuidade e da prioridade.
(D) Assegurar a constituição de direitos, seja quanto à situação jurídica do imóvel, seja no que concerne a sua situação de fato, isto é, os dados de fato incluídos na sua descrição, entre os quais os concernentes à área.

O princípio da especialidade ou especialização se apresenta sob duas faces: a) objetiva, que exige a perfeita e completa identidade do objeto do negócio jurídico com os dados tabulares; b) subjetiva, que exige a completa identificação das partes envolvidas no negócio levado ao registro imobiliário, como previsto no art. 176 da LRP. Como exemplo de especialidade objetiva, temos os requisitos da alienação fiduciária em garantia de bem imóvel, previstos no art. 24 da Lei 9.514/1997.
Gabarito "C"

**(Cartório/MS – 2009 – VUNESP)** "Somente será viável o registro de título contendo informações perfeitamente coincidentes com as constantes da matrícula sobre as pessoas e bem nela mencionados." Referida circunstância é imposta pelo princípio da

(A) continuidade.
(B) instância.
(C) prioridade.
(D) inscrição.
(E) disponibilidade.

O princípio da continuidade encontra previsão nos arts. 195 e 237 da LRP e exige essa perfeita sequência de dados entre os constantes da matrícula e do título apresentado.
Gabarito "A"

**(Cartório/MS – 2009 – VUNESP)** Assinale a alternativa cujo texto está diretamente relacionado ao princípio da legalidade.

(A) Tem por objetivo impedir que sejam registrados títulos inválidos, ineficazes ou imperfeitos.
(B) Consiste na determinação precisa do conteúdo do direito que se procura assegurar e da individualidade do imóvel que dele é objeto.
(C) Garante a ordem cronológica da apresentação dos títulos e, em decorrência, a prioridade de exame e de registro e a preferência do direito real oponível perante terceiros.
(D) Impõe a provocação ao registro, ou seja, impede que o oficial, salvo as exceções legais, aja *exofficio*.
(E) Tem por escopo evitar que títulos não sejam registrados, pois quem não observar este dever arcará com o ônus da sua omissão.

O princípio da legalidade está diretamente ligado à função exercida pelo registrador, de tal sorte que lhe compete a perfeita análise do título apresentado a registro para verificar a viabilidade ou

não de levá-lo aos livros da Serventia. Enquanto agente privado ao qual se atribui por delegação o exercício de função pública, o Oficial de registro também está adstrito aos princípios que regem a Administração Pública (art. 236 da CF). Dessa forma, o princípio da legalidade revela o âmbito de atuação do registrador. Assim, a qualificação ou legalidade visa a garantir a higidez das relações e direitos registrados, evitando-se o registro de títulos e direitos inválidos, ineficazes ou imperfeitos.
Gabarito "A".

**(Cartório/MS – 2009 – VUNESP)** Aos Oficiais de Registro de Imóveis incumbe

(A) praticar atos referentes ao registro e transmissão de imóveis.
(B) registrar testamentos cerrados.
(C) registrar, em livro próprio, as procurações referidas nas escrituras que lavrar, arquivando-as por cópia reprográfica, quando não puder fazê-lo com o original.
(D) encaminhar, mensalmente, ao Corregedor-Geral de Justiça, a relação dos atos que envolvam a aquisição e transferência de imóvel rural por pessoa estrangeira.
(E) organizar, pelo nome das partes, e manter em dia índice alfabético ou fichário dos atos lançados em suas notas.

Entre as atribuições do registro imobiliário está a prática de atos referentes ao registro e transmissão de bens imóveis, como os atos previstos no artigo 167, LRP, sem prejuízo daqueles previstos em outras leis. Se forem bens móveis, como regra, trata-se de atribuição do Oficial de Registro de Títulos e Documentos. O parágrafo único do art. 127 da LRP determina que "Caberá ao Registro de Títulos e Documentos a realização de quaisquer registros não atribuídos expressamente a outro ofício". No que se refere à comunicação de aquisição de imóveis rurais por estrangeiros, ela é trimestral e não mensal, sendo que o INCRA também deverá ser comunicado. (art. 11 da Lei 5.709/1971 e art. 16 do Decreto 74.965/1974.
Gabarito "A".

**(Cartório/MT – 2003 – UFMT)** Para cumprimento do princípio de continuidade (art. 195 da Lei n.º 6.015/73) o oficial exigirá a prévia matrícula e o registro do título anterior. Se um dado imóvel situar-se em mais de uma comarca ou circunscrição limítrofe, o Oficial, para o registro do título anterior, exigirá:

(A) O registro do título anterior apenas na comarca ou circunscrição em que situada a sede do imóvel para o deferimento do registro do título que lhe sucede.
(B) O registro do título anterior nas comarcas ou circunscrições do domicílio das partes para deferimento do título que lhe sucede.
(C) O registro do título em todas as comarcas ou circunscrições limítrofes para deferimento do registro do título que lhe sucede.
(D) O registro do título anterior na comarca ou circunscrição de maior número de habitantes.
(E) O registro do título em qualquer comarca ou circunscrição limítrofe para deferimento do registro do título que lhe sucede.

O art. 169, II, da LRP, determina que o registro deve ser feito em todas as Comarcas, mencionando-se tal fato no próprio registro.
Gabarito "C".

**(Cartório/MT – 2003 – UFMT)** A reforma do Código do Processo Civil (CPC) consagrou a regra de que a penhora de bens imóveis realizar-se-á mediante auto ou termo de penhora, cabendo ao exequente providenciar o respectivo registro no ofício imobiliário. A presunção que decorre do registro é:

(A) Relativa em relação a terceiros e absoluta em relação às partes do processo.
(B) Relativa em relação a terceiros e às partes do processo.
(C) *Juris tantum* em relação a terceiros.
(D) Mista, irradiando-se *erga omnes*.
(E) Absoluta de conhecimento por terceiros.

Com o registro ou averbação da penhora (a natureza do ato depende das normas de serviço de cada Estado), não mais é possível alegar desconhecimento da mesma, que se torna, definitivamente, oponível a terceiros (art. 659, § 4°, do CPC). A Súmula 375 do STJ assim determina: O reconhecimento da fraude à execução depende do registro da penhora do bem alienado ou da prova de má-fé do terceiro adquirente.
Gabarito "E".

**(Cartório/SP – VI – VUNESP)** A necessidade de prévia averbação de edificação noticiada na escritura de compra e venda, não constante na matrícula do imóvel, para posterior registro do título, é indispensável, em observância ao princípio de

(A) especialidade objetiva.
(B) inscrição.
(C) continuidade.
(D) legitimação registral.

Trata-se de respeito ao princípio da especialidade objetiva exatamente como forma de garantir a perfeita identidade entre o que consta no título e o que consta na matrícula (arts. 176, § 1°, II, 3 e 225 da LRP).
Gabarito "A".

## 2. LIVROS E CLASSIFICADORES. ESCRITURAÇÃO E ORDEM DOS SERVIÇOS. CERTIDÕES. COMUNICAÇÕES. CONSERVAÇÃO

**(Cartório/DF – 2006 – CESPE)** Acerca do registro imobiliário, julgue o item subsequente.

(1) No livro de protocolo, somente são cadastrados os títulos prenotados, ou seja, uma vez recepcionados, os títulos entram em uma fila de precedência, possuindo preferência para registro com relação a eventuais títulos que sejam recepcionados posteriormente, o que caracteriza o chamado princípio da prioridade, o qual determina que, no confronto de direitos contraditórios submetidos simultaneamente a qualificação, os registros seguem a ordem de prenotação dos respectivos títulos.

1: Correto. É a expressão dos arts. 174 e 186 da LRP. Trata-se de regra de caráter geral, cujas exceções devem ser sempre previstas em lei.
Gabarito 1C.

**(Cartório/DF – 2003 – CESPE)** Acerca da Lei de Registros Públicos (LRP — Lei n.º 6.015/1973), julgue os itens subsequentes.

(1) Se um título for apresentado a registro e este não puder ocorrer no mesmo dia, por qualquer motivo, deverá ser necessariamente devolvido ao apresentante, para que retorne ao serviço no dia seguinte ou em outro que lhe aprouver, caso em que deverá novamente se submeter à ordem de apresentação ao serviço.

(2) Todos os títulos sujeitos a registro, notadamente os relativos a direitos imobiliários, somente poderão ser aceitos para lançamento no protocolo se as correspondentes obrigações tributárias estiverem integral e devidamente quitadas.

1: Incorreto. O título apresentado a registro será, antes dele, qualificado. O registro não é feito no momento da apresentação. Assim, ao ser apresentado, deve ser prenotado (protocolo no Livro 1) e depois qualificado. Em caso de qualificação positiva é que será, então, registrado; 2: Incorreto. Por expressa determinação do art. 12, caput, da LRP, nenhuma exigência fiscal ou dívida impedirá a prenotação do título, vez que dela decorre a prioridade.
Gabarito 1E, 2E

**(Cartório/DF – 2003 – CESPE)** Acerca da Lei de Registros Públicos (LRP — Lei n.º 6.015/1973), julgue os itens subsequentes.

(1) Se um indivíduo praticar ato relativo a imóvel cujo território abranja mais de uma comarca, o ato deverá ser levado ao registro imobiliário de ambas as comarcas, circunstância que deverá ser mencionada no registro de cada uma delas.

(2) O registro imobiliário atribuirá a cada imóvel novo uma matrícula, por ocasião do primeiro registro que for feito em relação a ele; a numeração sequencial das matrículas será reiniciada a cada ano pelo serviço registral de imóveis.

(3) Ainda que uma pessoa apresente ao registro imobiliário, ao mesmo tempo, mais de um título concernente ao mesmo imóvel, deverá estabelecer-se ordem de precedência e, portanto, de preferência entre eles, a qual se baseará no número de ordem que cada título vier a receber.

1: Correto. Trata-se da previsão do art. 169, II, da LRP, com o fito de dar plena publicidade aos atos praticados; 2: Incorreto. Embora cada imóvel deva ter matrícula própria e esta deva ser aberta para que o registro possa ser feito, não há previsão para que se reinicie qualquer ordem numérica. Pelo contrário, a ordem seguirá ao infinitivo, conforme os atos forem sendo praticados; 3: Correto. Trata-se de disposição de caráter geral, extraída do texto do art. 186 da LRP.
Gabarito 1C, 2E, 3C

**(Cartório/DF – 2001 – CESPE)** Julgue o item abaixo, relativo ao registro de imóveis.

(1) Se o registro não se ultimar por negligência do apresentante do título ou documento, o oficial certificará a ocorrência, submetendo o Livro de Protocolo, à primeira hora do expediente do dia que se seguir, ao juiz de registros públicos, que autorizará se lhe aponha a expressão "sem efeito, pelo certificado neste ato", com data, hora e assinatura do oficial.

1: Incorreto. Se o registro não for concluído porque o interessado não cumpriu as exigências no prazo legal de trinta dias de vigência da prenotação, esta perderá automaticamente os seus efeitos, e, por conseguinte, haverá a cessação da prioridade que havia sido estabelecida, na forma do disposto no art. 205, da LRP.
Gabarito 1E

Segundo João Pedro Lamana Paiva, o registro imobiliário no Brasil tem sua origem fixada pela Lei n.º 601, de 18 de setembro de 1850, e seu Regulamento n.º 1.318, de 30 de janeiro de 1854, quando a posse passou a ser reconhecida perante o vigário da Igreja Católica. Por isso, essa lei passou a ser conhecida por "Registro do Vigário" e se fazia na freguesia da situação do imóvel. O efeito desse registro era meramente declaratório, para diferenciar o domínio particular do domínio público, conforme lição de Waldemar Loureiro.

Hoje, depois de mais de trinta anos de vigência do Decreto n.º 4.857, de 1939, e mais de vinte e cinco anos de império da Lei n.º 6.015, de 1973, chega-se à conclusão de que, apesar da grande evolução havida na legislação registrária, novas modificações já são sugeridas, não só pela ânsia de aperfeiçoamento do direito, mas, também, para adequar o sistema aos avanços tecnológicos. Essa, contudo, é outra história que ainda será escrita.

Ulysses da Silva. A caminhada de um título — da recepção ao ato final. In: Registro de imóveis: estudos de direito registral imobiliário — XXV e XXVI. Encontros dos Oficiais de Registro de Imóveis no Brasil. São Paulo/1998. Recife/1999. Porto Alegre: Instituto de Registro Imobiliário do Brasil/Sérgio Antonio Fabris, 2000, p. 157-8 (com adaptações).

**(Cartório/DF – 2001 – CESPE)** Considerando o texto acima, julgue o item que se segue, relativamente ao registro de imóveis na LRP.

(1) Cada imóvel possui, no registro próprio, um assentamento básico, que o identifica; cabe ao oficial registral efetuar o assento de atos como a aquisição definitiva do bem; deve também mencionar circunstâncias relevantes que digam respeito ao imóvel. Tais institutos jurídicos referem-se, respectivamente, à matrícula, à transcrição e à averbação.

1: Correto. O Oficial somente levará para seus livros as informações que digam respeito ao direito real, ao imóvel ou às partes. Para isso, haverá matrícula, que narra toda a vida do imóvel; registro, referente, por exemplo, aos atos de transmissão da propriedade imobiliária e averbação, referente às mutações do imóvel ou das partes.
Gabarito 1C

**(Cartório/MA – 2008 – IESES)** Responda com fundamento na Lei nº 6.015/73.

I. São requisitos da escrituração do Livro nº 1 - Protocolo: o número de ordem, que seguirá indefinidamente nos livros da mesma espécie; a data da apresentação; o nome do apresentante; a natureza formal do título e os atos que formalizar, resumidamente mencionados.

II. O Livro nº 3 - Registro Auxiliar - será destinado ao registro dos atos que, sendo atribuídos ao Registro de Imóveis por disposição legal, não digam respeito diretamente a imóvel matriculado.
III. O Livro nº 4 - Indicador Real - será o repositório de todos os imóveis que figurarem nos demais livros, devendo conter sua identificação, referência aos números de ordem dos outros livros e anotações necessárias.
IV. O Livro nº 5 - Indicador Pessoal – dividido alfabeticamente, será o repositório dos nomes de todas as pessoas que, individual ou coletivamente, ativa ou passivamente, direta ou indiretamente, figurarem nos demais livros, fazendo-se referência aos respectivos números de ordem.

(A) Somente as alternativas I, II e IV estão corretas.
(B) Somente as alternativas II, III e IV estão corretas.
(C) Somente as alternativas I, II e III estão corretas.
(D) As alternativas I, II, III e IV estão corretas.

Os dados apresentados nas assertivas estão, respectivamente, nos arts. 175 (Livro 1 – Protocolo); 177 (Livro 3 – Registro Auxiliar); 179 (Livro 4 – Indicador Real); e 180 (Livro 5 – Indicador Pessoal).
"Gabarito "D".

(Cartório/MG – 2009 – EJEF) Considerando-se a Lei n. 6.015, de 31 de dezembro de 1973, marque a opção INCORRETA.

(A) O livro nº 3 – registro auxiliar – será destinado ao registro dos atos que, sendo atribuídos ao Registro de Imóveis por disposição legal, não digam respeito diretamente a imóvel matriculado.
(B) Poderão ser abertos e escriturados, concomitantemente, até cinco livros de "registro geral", obedecendo, neste caso, a sua escrituração ao algarismo final da matrícula.
(C) O livro nº 4 – indicador Real – será o repositório de todos imóveis que figurarem nos demais livros, devendo conter sua identificação, referência aos números de ordem dos outros livros e anotações necessárias.
(D) O livro nº 5 – indicador pessoal – dividido alfabeticamente, será o repositório dos nomes de todas as pessoas que, individual ou coletivamente, ativa ou passivamente, direta ou indiretamente, figurarem nos demais livros, fazendo-se referência aos respectivos números de ordem.

A Lei de Registros Públicos autoriza a abertura simultânea de até 10 livros de registro geral, na forma do art. 181da Lei 6.015/1973.
"Gabarito "B".

(Cartório/MG – 2007 – EJEF) Para escrituração no Registro de Imóveis a Lei Federal n. 6.015, de 1973, prevê os seguintes livros:

(A) 1 – Protocolo; 2 – Registro Geral; 3 – Registro Auxiliar; 4 – Indicador Real; 5 – Indicador Pessoal.
(B) 1 – Protocolo; 2 – Matrículas; 3 – Registro Geral – 4 – Fichário Real; 5 – Fichário Pessoal; 6 – Bloqueio de Registros e Matrículas.
(C) 1 – Matrículas e Registros; 2 – Prenotação; 3 – Registro Auxiliar; 4 – Índice de Imóveis; 5 – Índice de Pessoas; 6 – Bloqueio de Matrículas.
(D) 1 – Protocolo; 2 – Matrículas e Registros Gerais; 3 – Registros Diversos; 4 – Indicador Real; 5 – Indicador Pessoal; 6 – Registros de Loteamentos; 7 – Registro de Cédulas de Crédito; 8 – Livro Talão.

A redação final da Lei de Registros Públicos previu apenas cinco livros para o Registro de Imóveis, indicados na assertiva a) e no art. 173 da LRP.
"Gabarito "A".

(Cartório/MG – 2007 – EJEF) No Registro de Imóveis faz-se o apontamento dos títulos:

(A) no Livro 2 – Títulos sujeitos a protesto.
(B) no Livro 1 – Prenotação.
(C) no Livro 1 – Apontamentos.
(D) no Livro 1 – Protocolo.

Os títulos apresentados a registro devem ser prenotados no Livro 1- Protocolo, como reza o art. 174 da LRP.
"Gabarito "D".

(Cartório/MG – 2007 – EJEF) Pela Lei n. 6.015, de 1973, a apresentação de título a registro e/ou averbação pode ser feita:

(A) apenas pelas pessoas juridicamente interessadas.
(B) por qualquer pessoa.
(C) apenas por quem figure no título como adquirente ou como transmitente; ou como credor ou como devedor; ou como interveniente.
(D) apenas pelos despachantes e/ou procuradores.

Por qualquer pessoa, que responderá pelas despesas devidas pelo ato, na forma do art.217 da LRP.
"Gabarito "B".

(Cartório/MS – 2009 – VUNESP) No Registro de imóveis haverá livros que, de acordo com a Lei de Registros Públicos, têm denominação associada a determinada escrituração. Nesse sentido, o livro destinado ao registro de atos que, sendo atribuídos ao Registro de Imóveis por disposição legal, não digam respeito diretamente a imóvel matriculado, denomina-se Livro

(A) Protocolo.
(B) Registro Geral.
(C) Registro Auxiliar.
(D) Indicador Real.
(E) Indicador Pessoal.

O Livro de Registro Auxiliar (Livro 3) se destina aos atos com atribuição legal ao registro de imóveis, mas que não dizem respeito diretamente à propriedade imobiliária ou direitos a ela referentes; caso contrário, deveriam ser registrados no Livro 2 – Registro Geral. Trata-se de regra prevista no art. 177 da LRP.
"Gabarito "C".

(Cartório/RJ – 2008 – UERJ) No registro de imóveis, poderão ser abertos e escriturados concomitantemente, no tocante aos livros de "Registro Geral", até:

(A) 02 (dois) livros
(B) 04 (quatro) livros
(C) 05 (cinco) livros
(D) 07 (sete) livros
(E) 10 (dez) livros

Embora não seja uma prática usual, a autorização legal (art. 181 da LRP) confere essa permissão.
"Gabarito "E".

(Cartório/RJ – 2008 – UERJ) No Livro 03 do registro de imóveis, faz-se o registro das:

(A) enfiteuse.
(B) convenções de condomínio.
(C) servidões instituídas nos imóveis.
(D) sentenças declaratórias de usucapião.
(E) citações de ações reais ou pessoais reipersecutórias relativas a imóveis.

O registro da convenção de condomínio está previsto no art. 178, III, da LRP como ato a ser praticado no Livro 3- Registro Auxiliar, exatamente porque só diz respeito à propriedade imobiliária de forma indireta.
Gabarito "B".

(Cartório/RJ – 2008 – UERJ) O prazo de validade da certidão do Registro de Imóveis para a lavratura de escritura pública é de:

(A) 15 dias
(B) 30 dias
(C) 45 dias
(D) 60 dias
(E) 90 dias

Regra prevista no art. 1º, IV, do Decreto 93.240/1986, que regulamenta a Lei Federal 7.433/1985.
Gabarito "B".

(Cartório/SE – 2007 – CESPE) Acerca do registro de imóveis, julgue os itens a seguir.

(1) O livro de registro geral é destinado à matrícula dos imóveis e ao registro ou à averbação de outros atos que, apesar de não terem relação direta com o imóvel matriculado, por exigência legal são averbados no cartório imobiliário, como, por exemplo, as convenções de condomínio, os pactos antenupciais, a instituição de bem de família e a cédula de crédito hipotecário.

1: Incorreto. Os títulos que tiverem por objeto os atos e negócios jurídicos descritos no enunciado deverão ser registrados no Livro 3 – Registro Auxiliar, conforme prescrito pelos arts. 177 e 178 da LRP, e não no Livro 2 – Registro Geral, exatamente porque não dizem respeito de forma direta ao imóvel.
Gabarito 1E.

(Cartório/SC – 2008) Nos serviços de Registros de Imóveis, o Livro nº 1 (Protocolo) é destinado a:

(A) Determinar a prioridade do registro em caso de permuta de imóveis pertencentes à mesma circunscrição imobiliária.
(B) Promover o registro, no mesmo dia, de títulos pelos quais se constituam direitos reais contraditórios sobre o mesmo imóvel.
(C) Indicação da numeração sequencial de matrícula dos títulos apresentados.
(D) Apontamento de títulos apresentados apenas para exame e cálculo dos respectivos emolumentos.
(E) Prenotação dos títulos, com numeração de ordem que lhes competir em razão da sequência rigorosa de sua apresentação.

O livro de protocolo é o livro de entrada de títulos para qualificação e registro. Deve haver rigoroso respeito à ordem de sua escrituração para que não sejam estabelecidas prioridades indevidas ou para que a prioridade não deixe de ser conferida. É a regra estampada nos arts. 174 e 175 da LRP.
Gabarito "E".

(Cartório/SP – V – VUNESP) O registro de emissão de debêntures pelas sociedades anônimas far-se-á validamente, segundo a atualidade legal vigente, somente

(A) no Livro Número 3 (Registro Auxiliar) do Registro de Imóveis, sem prejuízo do registro eventual e definitivo, na matrícula do imóvel (Livro Número 2 – Registro Geral), da hipoteca, anticrese ou penhor que abonarem especialmente tais emissões.
(B) no Registro do Comércio, sem prejuízo do registro, no Registro de Imóveis (Livro Número 2 – Registro Geral), da hipoteca, anticrese ou penhor que abonarem especialmente tais emissões.
(C) no Registro de Títulos e Documentos, sem prejuízo do registro, no Registro de Imóveis (Livro Número 2 – Registro Geral), da hipoteca, anticrese ou penhor que abonarem especialmente tais emissões.
(D) no Registro Civil das Pessoas Jurídicas, sem prejuízo do registro, no Registro de Imóveis (Livro Número 2 – Registro Geral), da hipoteca, anticrese ou penhor que abonarem especialmente tais emissões.

A competência, anteriormente, era conferida ao registro de imóveis, como estava previsto no art. 178, I, da LRP. No entanto, com a alteração implementada pela Lei 10.303/2001, a competência passou ao registro do comércio, na forma do art. 62 da Lei 6.404/1976.
Gabarito "B".

(Cartório/SP – V – VUNESP) Assinale a alternativa correta.

(A) No caso de adiamento do registro para cumprimento de exigências, o prazo de validade da prenotação será de 30 dias a contar da data da devolução do título.
(B) Torna-se obrigatória a prenotação apenas quando o apresentante solicitar.
(C) A apresentação de título apenas para exame e cálculo depende de apontamento no Protocolo – Livro número 1.
(D) O apontamento, no Protocolo – Livro número 1 de um título apresentado para registro deve ser feito quando de sua apresentação.

Não há previsão legal para que se promova o adiamento da prenotação, vez que ela que confere prioridade. Dessa forma, necessário que se promova a prenotação assim que apresentado o título.
Gabarito "D".

(Cartório/SP – V – VUNESP) Assinale a alternativa incorreta.

(A) O prazo para registro, concedido pela Lei n.º 6.015, de 1973, é de 30 dias, a contar do apontamento do título no Protocolo – Livro número 1.
(B) Enquanto não cancelado, o registro continua produzindo seus efeitos legais, ainda que se prove, por outra maneira, que ele está desfeito, extinto, anulado ou rescindido.

(C) A cessão fiduciária de quotas de fundo de investimento é admitida como garantia de contrato de locação.

(D) No caso de permuta, pertencendo os imóveis à mesma circunscrição, serão feitos dois apontamentos no Protocolo – Livro número 1.

Caso seja apresentado a registro título de permuta de imóveis localizados na mesma circunscrição, basta que se promova uma prenotação, não sendo necessário realizar uma para cada via do título ou para cada imóvel permutado. Trata-se da regra do art. 187 da LRP.
Gabarito "D".

(Cartório/SP – II – VUNESP) A apresentação de título apenas para exame e cálculo dos respectivos emolumentos

(A) independe de apontamento no protocolo.
(B) não pode ser efetuada porque o Oficial de Registro não tem função consultiva.
(C) deve ser objeto de imediato lançamento no protocolo, mas não confere ao título precedência para registro.
(D) deve ser objeto de imediato lançamento no protocolo e confere ao título precedência para oportuno registro.

Nos termos do art. 12 da LRP, o título apresentado nessas condições não pode ser prenotado no Livro 1 – Protocolo porque ele não percebe as vantagens decorrentes da prioridade advinda da prenotação. Assim, devem ser apontados em livro separado.
Gabarito "A".

## 3. REGISTROS. AVERBAÇÕES. PRENOTAÇÃO. ANOTAÇÕES

(Cartório/AC – 2006 – CESPE) Acerca do registro de imóveis, de acordo com a Lei dos Registros Públicos, julgue os próximos itens.

(1) É possível a unificação de imóveis contíguos, abrindo-se apenas uma matrícula e encerrando-se as primitivas, o que somente poderá ser efetivado pelo oficial do Registro de Imóveis, quando esses bens forem do mesmo proprietário.

1: Correto. As disposições referentes à unificação ou fusão de imóveis estão previstas nos arts. 234 e 235 da LRP. Ao que consta na assertiva, é imprescindível acrescentar que, em atendimento ao princípio da rogação, a unificação somente será promovida se houver requerimento expresso do interessado.
Gabarito 1C

(Cartório/BA – 2004 – CESPE) Acerca do registro de imóveis, julgue os itens subsequentes.

(1) Na hipótese de uma escritura pública com garantia hipotecária em segundo grau ser apresentada para registro e na matrícula do imóvel não existir nada onerando o imóvel, o oficial deverá prenotá-la. E após transcorrido o prazo legal sem que seja apresentado o título com a garantia hipotecária anterior, o título acima referido será registrado e obterá a preferência sobre aquele.

1: Correto. Trata-se de uma das exceções à regra geral da prioridade decorrente da prenotação, prevista no art. 189 da LRP. Neste caso, embora a hipoteca de segundo grau tenha sido apresentada antes, somente será registrada se, passados 30 dias, a hipoteca de primeiro grau não for apresentada.
Gabarito 1C

(Cartório/BA – 2004 – CESPE) Acerca dos registros públicos, julgue os itens que se seguem.

(1) Serão registrados, no mesmo dia, títulos pelos quais se constituam direitos reais contraditórios sobre o mesmo imóvel. No entanto, prevalecerão, para efeito de prioridade de registro, os títulos prenotados no protocolo sob o número de ordem mais baixo.

(2) É possível a anexação ou fusão de bens imóveis contíguos pertencentes ao mesmo proprietário. Nesse caso, abre-se apenas uma matrícula e nela reúnem-se os diversos imóveis em nome daquele proprietário. No final, o oficial registrador deve promover o encerramento mediante averbação de cada uma das matrículas das áreas que deram origem à abertura da nova matrícula.

1: Incorreto. O art. 190 da LRP determina que NÃO serão registrados os títulos apresentados nessas condições; 2: Correto. Trata-se do procedimento previsto nos arts. 234 e 235 da LRP. É importante constatar que, em atendimento ao princípio da unitariedade matricial, para a abertura da nova matrícula, cujo objeto será o resultante da unificação de imóveis do mesmo proprietário, deve ser feita, de ofício, a averbação do encerramento das matrículas anteriores, já que os imóveis ali descritos deixam de existir.
Gabarito 1E, 2C

(Cartório/BA – 2004 – CESPE) A respeito dos registros dos títulos e documentos, julgue os itens seguintes.

(1) O usufruto só tem validade após o seu registro na matrícula do imóvel e a sua extinção por morte do usufrutuário, independentemente de sentença judicial para ser reconhecida, podendo ser averbada mediante simples requerimento instruído com os documentos necessários.

1: Correto. O direito real de usufruto sobre bem imóvel somente se constitui com o registro do título constitutivo. Logo, enquanto não registrado, não há direito real. O mesmo se aplica em relação ao cancelamento, como determina o art. 252 da LRP. Além disso, os cancelamentos serão feitos na forma do art. 250 da LRP, caso em que, para o cancelamento do usufruto, bastará o requerimento acompanhado dos documentos hábeis ao cancelamento e eventual recolhimento tributário, se incidir.
Gabarito 1C

(Cartório/DF – 2008 – CESPE) Relativamente à legislação e jurisprudência aplicáveis às serventias registradoras e notariais, julgue os itens seguintes.

(1) O inquilino que deseja garantir o direito de preferência de compra de um imóvel deve promover a averbação de seu contrato de locação perante o registro de imóveis correspondente.

1: Correto. O direito do locatário de exercer o direito de preferência em caso de alienação do imóvel locado depende da averbação do contrato na matrícula do imóvel como determinado no art. 33, parágrafo único, da Lei 8.245/1991. Se não for feita a averbação, não

haverá eficácia real ao direito, mas apenas direito obrigacional, a ser resolvido em ação indenizatória. O locatário, caso o contrato esteja averbado no Registro de Imóveis, é titular do direito de depositar o valor do imóvel alienado pelo locador e demais despesas para almejar a aquisição da propriedade, cujo exercício deverá ocorrer dentro de 6 meses do registro do título do negócio de transmissão celebrado entre o locador e o terceiro. Tal direito será exercido por meio da ação de prelação, que somente terá lugar se o contrato houver ingressado na matrícula ao menos 30 dias antes do registro da alienação, na forma do disposto no artigo 33 da Lei 8.245/1991.
Gabarito 1C

**(Cartório/DF – 2001 – CESPE)** Julgue o item abaixo, relativo ao registro de imóveis.

(1) Considere a seguinte situação hipotética. Márcia e Rodrigo, domiciliados em Brasília, firmaram por escritura pública pacto antenupcial, optando pelo regime de separação total de bens, inclusive dos aquestos. Logo após o casamento, requereram ao cartório de registro de imóveis do local de seu domicílio o registro da escritura do pacto. O oficial, verificando que o casal não possuía imóvel algum no local, recusou-se a fazer o registro.
Nessa situação, agiu acertadamente o oficial, porque o pacto somente deve ser averbado na matrícula do imóvel, na serventia onde este esteja localizado.

1: Incorreto. Nos termos do disposto no art. 178, V, da LRP e no art. 1.657 do CC, os pactos antenupciais devem ser registrados no Livro 3-Registro Auxiliar. Esse registro não tem relação imediata com os imóveis de que os cônjuges sejam titulares; tem por finalidade, em verdade, conferir eficácia em relação a terceiros. De outro lado, oportuno consignar que, feito o registro do pacto, o art. 244 da LRP determina a averbação do fato na matrícula de cada imóvel de que o casal seja proprietário.
Gabarito 1E

**(Cartório/DF – 2001 – CESPE)** Julgue os itens a seguir.

(1) Segundo a LRP, qualquer título apresentado será lançado no Livro de Protocolo, passando a gozar de prioridade, a menos que não tenham sido recolhidas previamente as custas, caso em que se presume que tenha sido apresentado apenas para exame e cálculo dos respectivos emolumentos.
(2) Não são devidos emolumentos para o registro de ações e de penhoras determinado pelo juiz da causa.
(3) A extinção de usufruto por morte de usufrutuário independe de sentença judicial para ser reconhecida, podendo ser averbada mediante requerimento acompanhado do documento comprobatório e do imposto devido.

1: Incorreto. Somente serão lançados no livro de protocolo os títulos apresentados a registro. A apresentação de título para exame e cálculo de emolumentos é excepcional e depende de requerimento expresso para tanto, não havendo presunção legal de que o interessado tenha apresentado para tal fim; 2: Incorreto. Somente haverá dispensa do pagamento de emolumentos se houver enquadramento em alguma hipótese legal, mas não por simples determinação do juízo; 3: Correto. Os cancelamentos estão regulados no art. 250 da LRP. A hipótese ventilada está enquadrada exatamente no inciso III do mencionado dispositivo.
Gabarito 1E, 2E, 3C

**(Cartório/ES – 2007 – FCC)** Sobre a terminologia empregada na Lei de Registros Públicos, considere os seguintes conceitos:

I. ato praticado pelo oficial, à margem do assento existente, de fato jurídico que o modifica ou cancela, decorrendo de carta de sentença, mandado ou petição acompanhada de certidão ou documento legal ou autêntico, com audiência do Ministério Público;

II. ato praticado pelo oficial, à margem dos assentos, consistente em remissões recíprocas dos registros e averbações feitas nos livros, como acontece, por exemplo, com o óbito em relação aos assentos de casamento e nascimento.

São conceitos, respectivamente, de:

(A) averbação e anotação.
(B) anotação e remissões recíprocas.
(C) averbação e comunicação.
(D) comunicação e remissões recíprocas.
(E) anotação e comunicação.

O ato que tem por finalidade a alteração de dados da matrícula ou de outro ato dela constante, ou que tenha por fim o cancelamento ou mesmo a inserção, correção ou atualização de dados será praticado por averbação. De outro lado, os atos praticados de ofício, com a finalidade de publicizar situações atuais do estado civil, são praticados por anotações.
Gabarito "A".

**(Cartório/ES – 2007 – FCC)** Sobre matrícula, registro e averbação no Registro Imobiliário, conforme o Código de Normas da CGJES, é correto afirmar que

(A) no desmembramento ou divisão de imóvel, será aberta uma única matrícula para cada uma das partes resultantes, e nesta matrícula, será registrado o título da divisão.
(B) as escrituras antenupciais serão registradas no serviço registral do domicílio conjugal, sem prejuízo de sua averbação obrigatória no lugar da situação dos imóveis de propriedade do casal, ou dos que forem sendo adquiridos e sujeitos ao regime de bem diverso do legal.
(C) não serão admitidos, para matrícula no registro geral, títulos nos quais os imóveis sejam caracterizados com medidas ou áreas enunciadas por aproximação, mediante a utilização de expressões tais como "mais ou menos", "aproximadamente" e "cerca de".
(D) não será objeto de averbação, na matrícula ou no registro, os atos de tombamento definitivo de imóveis, movidos pelo Poder Público.
(E) as cópias reprográficas de documentos particulares serão consideradas documentos hábeis para registro e averbação, desde que autenticadas por tabelião.

Trata-se de regra prevista nos arts.178, V e 244, da LRP.
Gabarito "B".

**(Cartório/MA – 2008 – IESES)** Assinale a alternativa INCORRETA de acordo com a Lei nº 6.015/73, em relação ao Registro de Imóveis:

(A) No Registro de Imóveis, além da matrícula, será feito o registro por cancelamento, da extinção dos ônus e direitos reais.
(B) No Registro de Imóveis, além da matrícula, será feito o registro dos contratos de penhor rural.
(C) No Registro de Imóveis, além da matrícula, será feito o registro das rendas constituídas sobre imóveis ou a eles vinculadas por disposição de última vontade.
(D) No Registro de Imóveis, além da matrícula, será feito o registro das penhoras, arrestos e sequestros de imóveis.

Os cancelamentos serão feitos sempre por averbação e jamais por ato de registro, cuja finalidade não é a alteração, inserção de dados ou correção de informações constantes da matrícula. Apenas é necessário atenção ao item d), vez que há divergência entre os Estados quanto à natureza do ato que leva a penhora para a matrícula. Em alguns, pelo princípio da cronologia, se pratica o ato de averbação por ser este previsto na Lei 11.382, que deu nova redação ao art. 659 do CPC, e, portanto, norma posterior à Lei 6.015/1973 (art. 2º, § 1º, fine, da LINDB); para outros, o ato é de registro, em razão do princípio da especialidade na solução da antinomia aparente de normas, por ser essa a natureza prevista na LRP.
Gabarito "A".

**(Cartório/MA – 2008 – IESES)** Assinale a alternativa INCORRETA de acordo com a Lei nº 6.015/73, em relação ao Registro de Imóveis:

(A) Quando dois ou mais imóveis contíguos pertencentes ao mesmo proprietário, constarem de matrículas autônomas, pode ele requerer a fusão destas em uma só, reaproveitando um dos números.
(B) Podem ser unificados, com abertura de matrícula única, dois ou mais imóveis constantes de transcrições anteriores à Lei 6.015/73, à margem das quais será averbada a abertura da matrícula que os unificar.
(C) Os imóveis unificados em matrícula única, bem como os oriundos de desmembramentos, partilha e glebas destacadas de maior porção, serão desdobrados em novas matrículas, juntamente com os ônus que sobre eles existirem, sempre que ocorrer a transferência de uma ou mais unidades.
(D) A matrícula será cancelada quando em virtude de alienações parciais, o imóvel for inteiramente transferido a outros proprietários.

Não há previsão legal para o "reaproveitamento" de número de matrícula. O legislador determina que cada imóvel será objeto de matrícula própria e esta seguirá a rigorosa ordem dos atos praticados na serventia.
Gabarito "A".

**(Cartório/MA – 2008 – IESES)** Assinale a alternativa INCORRETA de acordo com a Lei nº 6.015/73:

(A) O registro da penhora faz prova quanto à fraude de qualquer transação posterior.
(B) O contrato de locação, com cláusula expressa de vigência no caso de alienação do imóvel, registrado no Livro nº 1, consignará também, o seu valor, a renda, o prazo, o tempo e o lugar do pagamento, bem como pena convencional.
(C) O registro de hipoteca convencional valerá pelo prazo de 30 (trinta) anos, findo o qual só será mantido o número anterior se reconstituída por novo título e novo registro.
(D) As escrituras antenupciais serão registradas no livro nº 3 do cartório do domicílio conjugal, sem prejuízo de sua averbação obrigatória no lugar da situação dos imóveis de propriedade do casal, ou dos que forem sendo adquiridos e sujeitos a regime de bens diverso do comum, com a declaração das respectivas cláusulas, para ciência de terceiros.

O contrato de locação em que conste a cláusula de vigência será, nos termos do disposto no art. 242 da LRP, registrado no Livro 2 – Registro Geral (art. 176 da LRP), na matrícula do imóvel.
Gabarito "B".

**(Cartório/MG – 2007 – EJEF)** Protocolizado o título, qual o prazo previsto pela Lei n. 6.015, de 1973, para se proceder ao registro?

(A) 5 dias corridos.
(B) 5 dias úteis.
(C) 1 semana.
(D) 30 dias.

O prazo máximo para a conclusão do processo de registro é de trinta dias, vez que esse é o prazo de vigência da prenotação, como reza o art. 188 da LRP. Apesar disso, é sempre necessário ter em mente que o serviço extrajudicial deve ser prestado de modo eficiente, por expressa determinação legal.
Gabarito "D".

**(Cartório/MT – 2003 – UFMT)** Do ponto de vista cronológico, o registro é válido e eficaz e produz todos os seus regulares efeitos a partir:

(A) Da data do registro, sendo este consumado no prazo legal.
(B) Da data constante da certidão do registro, sendo este consumado no prazo legal (publicidade formal).
(C) Da data da prenotação original, tendo o título sido prenotado sucessivamente para cumprimento de exigências sanáveis.
(D) Da data da lavratura da escritura, tendo em vista a possível ocorrência de direitos reais contraditórios.
(E) Da data da prenotação do título, sendo o registro regularmente consumado no prazo legal.

Trata-se da eficácia retroativa do registro à data da prenotação, vez que esta estabeleceu a prioridade do direito em relação a outros, contraditórios. O art. 1.246 do CC assim prescreve: "O registro é eficaz desde o momento em que se apresentar o título ao oficial do registro, e este o prenotar no protocolo".
Gabarito "E".

**(Cartório/MT – 2003 – UFMT)** Sobre o arrolamento fiscal de bens e direitos do sujeito passivo, previsto no artigo 64 da Lei n.º 9.532/97, assinale a afirmativa correta.

(A) Uma vez inscrito no registro de imóveis competente torna, *ipso facto*, os bens inalienáveis e indisponíveis.
(B) Quando apresentado o termo respectivo, obriga o Oficial Registrador a proceder ao bloqueio da matrícula, podendo o bloqueio ser cancelado somente em virtude de decisão judicial (transitada em julgada) tirada em ação cautelar fiscal.
(C) Não tem expressa previsão legal para acesso no registro imobiliário (teoria do *numerusclausus* dos fatos inscritíveis).
(D) Depende, para ingresso no Registro, de decisão fundamentada do juiz da ação cautelar fiscal.
(E) Tem expressa previsão legal para ingresso no registro imobiliário competente quando versar sobre bens e direitos inscritos.

O art. 64, § 5º, I, da Lei 9.532/1997, expressamente prevê que o arrolamento de bens será registado na matrícula do imóvel, independentemente do pagamento de custas e emolumentos.
Gabarito "E".

**(Cartório/PR – 2007)** No Registro de Imóveis, além da matrícula, serão feitos o registro:

I. do contrato de locação, para fins de exercício do direito de preferência.
II. do contrato de concessão do direito real de uso de imóvel público.
III. das sentenças de separação, divórcio e de nulidade ou anulação do casamento, quando, nas respectivas partilhas, existirem imóveis ou direitos reais sobre imóveis.
IV. dos contratos de promessa de compra e venda de terrenos loteados em conformidade com o Decreto-lei 58, de 10 de dezembro de 1937, e respectiva cessão e promessa de cessão, quando o loteamento se formalizar na vigência da Lei de Registros Públicos.

São corretas:

(A) II, III e IV.
(B) I, II e III.
(C) apenas I e IV.
(D) I, II e IV.
(E) apenas II e IV.

I: incorreto. Nos termos do disposto no art. 33, parágrafo único, da Lei 8.245/1991, o contrato de locação será averbado para fins de preferência – e registrado para fins de vigência em caso de alienação; II: correto. Trata-se de ato de registro em sentido estrito, na forma do art. 167, I, 40, da LRP; III: incorreto. Trata-se de ato praticado por averbação, como determinado no art. 167, II, 14, da LRP; IV: correto. Os contratos firmados nessas condições serão objeto de registro, como determina o art. 167, I, 20, da LRP; no entanto, caso o loteamento seja anterior a lei, a LRP determina que esses contratos serão averbados, como previsto no art. 167, II, 3.
Gabarito "E".

**(Cartório/PR – 2007)** Sabendo-se que registro é o ato realizado pela transcrição dos textos dos documentos em sua íntegra ou por resumo, mencionando-se suas características, assinaturas e demais detalhes descritivos em livros apropriados e sob uma rígida ordem sequencial de apresentação e que a averbação consiste na anotação realizada à margem de um registro já existente.

Em relação às atribuições do Registro de Imóveis, identifique com R os casos de Registro e com A os casos de Averbação:

( ) das cédulas de crédito rural.
( ) da cessão de crédito imobiliário.
( ) das servidões em geral.
( ) da dação em pagamento.
( ) das cédulas hipotecárias.

Assinale a sequência correta:

(A) R, R, A, R, A.
(B) R, A, R, R, A.
(C) A, A, R, R, A.
(D) A, R, A, R R.
(E) R, A, A, R, A.

As cédulas de crédito rural – registradas, conforme art. 167, I, 13; cessão de crédito imobiliário – averbada, conforme art. 167, II, 21; servidões em geral – registradas, conforme art. 167, I, 6; dação em pagamento, registrada, conforme art. 167, I, 31; cédulas hipotecárias – averbadas, conforme art. 167, II, 7; todos dispositivos da Lei de Registros Públicos.
Gabarito "B".

**(Cartório/PR – 2007)** Quanto à matrícula de imóvel, é correto afirmar que:

(A) Somente poderá ser cancelada por decisão judicial.
(B) Promovida pelo titular do domínio útil não aproveita ao titular do domínio direto.
(C) Somente poderá ser cancelada, quando, em virtude de alienações parciais, o imóvel for transferido a outros proprietários.
(D) Promovida pelo titular do domínio direto aproveita ao titular do domínio útil e vice-versa.
(E) Poderá ser cancelada somente por decisão judicial e em caso de fusão de imóveis.

A matrícula será cancelada por determinação judicial, quando em virtude de alienação parciais, o imóvel for inteiramente transferido a outros proprietários ou pela fusão, nos termos do art. 234 da LRP ( art. 233 da LRP); conforme o art. 243 da LRP, a matrícula de bem enfitêutico aproveita tanto ao senhorio quanto ao foreiro.
Gabarito "D".

**(Cartório/RJ – 2002 - NCE-UFRJ)** Fulano, possuidor de dois imóveis, que utiliza como residência, institui como bem de família o prédio de maior valor, com o objetivo de ficar isento de execução por dívidas. A impenhorabilidade recairá sobre:

(A) o imóvel de menor valor;
(B) o imóvel de maior valor, se registrado no RI competente;
(C) os dois imóveis por serem residências são impenhoráveis;

(D) qualquer um dos imóveis pode ser penhorado;
(E) o imóvel de maior valor, mesmo que não esteja registrado no RGI competente.

A instituição do bem de família voluntário, em regra excepcional à Lei 8.009/1990, permite que o proprietário exclua da penhorabilidade imóvel de maior valor, desde que ambos utilizados para residência, como previsto nos art. 5º da mencionada Lei e no art. 1.715 do CC. Somente será possível a obtenção desse regime especial de proteção se o título instituidor estiver devidamente registrado no registro de imóveis competente, como exigido pelo art. 1.714 do CC.
Gabarito "B".

**(Cartório/RJ – 2002 - NCE-UFRJ)** O registro e a averbação podem ser provocados:

(A) Somente pelas partes juridicamente interessadas;
(B) Apenas pelo transmitente ou pelo adquirente, pelo credor ou pelo devedor;
(C) Só por quem haja participado do título apresentado;
(D) Por qualquer pessoa;
(E) Somente pelo notário que haja lavrado o título.

Qualquer pessoa está autorizada por lei a provocar o registro, ou seja, a apresentar o título para prenotação e registro, como prevê o art. 217 da LRP.
Gabarito "D".

**(Cartório/RJ – 2002 - NCE-UFRJ)** Na hipótese de registro de compra e venda de imóvel com alienação fiduciária, assinale o ato seguinte a ser praticado e corretamente indicado:

(A) Registro do cancelamento da alienação fiduciária;
(B) Registro do termo de securitização;
(C) Registro da alienação fiduciária;
(D) Averbação da consolidação da propriedade;
(E) Averbação da alienação fiduciária.

O cabeçalho da questão já informou que a venda e compra será objeto de registro. E, em ato subsequente, a alienação fiduciária também será registrada, como previsto no art. 167, I, 35, da LRP.
Gabarito "C".

**(Cartório/RJ – 2002 - NCE-UFRJ)** No Registro de Imóveis, a averbação da alteração do nome:

(A) Pode ser feita à vista de escritura pública declaratória;
(B) Pode ser feita à vista da própria escritura pública de compra e venda, pois ela tem fé pública e faz prova plena;
(C) Pode ser feita à vista da carteira de identidade do interessado, expedida por Órgão competente e dotado de fé pública, ficando arquivada fotocópia autenticada;
(D) Somente pode ser feita em face de decisão em processo de Dúvida;
(E) Só pode se feita quando devidamente comprovada por certidão do Registro Civil.

O art. 246, § 1º, da LRP, indicaque o documento hábil para a averbação da alteração de nome da pessoa natural é a certidão emitida pelo Oficial de Registro Civil das Pessoas Naturais.
Gabarito "E".

**(Cartório/RJ – 2002 - NCE-UFRJ)** As citações em ações reais relativas a bens imóveis:

(A) são admitidas apenas para registro;
(B) para o registro podem vir apresentadas através de cópias autenticadas;
(C) são tanto admitidas para registro, quanto passíveis de averbação;
(D) podem ser averbadas à margem de escritura definitiva;
(E) não são admitidas para registro.

Embora não se trate de hipótese de tamanha frequência, o título deve ingressar na matrícula por registro, como determina o art. 167, I, 21, da LRP. Não deve ser confundida com a denominada averbação premonitória ou acautelatória, fundada no art. 615-A da CPC, que ingressa na matrícula por ato de averbação.
Gabarito "A".

**(Cartório/RO – III)** A respeito do Registro de Imóvel, não é correto afirmar:

(A) no registro de imóveis além da matrícula serão feitos o registro do penhor de máquinas e de aparelhos utilizados na indústria, instalados e em funcionamento, com os respectivos pertences ou sem eles;
(B) no registro de imóveis além da matrícula serão feitos o registro da doação entre vivos;
(C) no registro de imóveis além da matrícula serão feitos o registro das penhoras, arrestos e sequestros de imóveis;
(D) no registro de imóveis além da matrícula serão feitos a averbação do restabelecimento da sociedade conjugal.

De acordo com a nova normatização do Código de Processo Civil, as penhoras serão averbadas na matrícula do imóvel e não mais registradas. Trata-se da regra prevista no art. 659, § 4º, do CPC. Apesar disso, alguns Estados continuam a aplicar a redação do art.167, I, 5, da LRP, tida por lei especial, e determinam que se promova o registro da penhora.
Gabarito "C".

**(Cartório/RO – III)** No registro de imóveis, além da matrícula, será feito o registro dos seguintes documentos, exceto:

(A) Das servidões em geral.
(B) Do penhor comum sobre coisas móveis.
(C) Do penhor de máquinas e de aparelhos utilizados na indústria, instalados e em funcionamento, com os respectivos pertences ou sem eles.
(D) Das sentenças que nos inventários, arrolamentos e partilhas, adjudicarem bens de raiz em pagamento das dívidas da herança.

O penhor comum, de acordo com a determinação do art. 1.432 do CC, será registrado perante o Oficial de Registro de Títulos e Documentos. Todas as demais hipóteses estão previstas no art.167, I, da LRP, que trata dos direitos/títulos registráveis.
Gabarito "B".

**(Cartório/SE – 2007 – CESPE)** Acerca do registro de imóveis, julgue os itens a seguir.

(1) Se o título apresentado para apontamento não demonstrar de plano que a prioridade do direito nele representado decorre de uma precedência, o oficial pode recusar a apresentação do título, deixando de lançá-lo no protocolo.

1: Incorreto. Todos os títulos apresentados na serventia devem ser objeto de prenotação no momento em que são apresentados. A eventual garantia do direito de prioridade ou outro efeito somente poderá ser verificado com a qualificação.
Gabarito: E

**(Cartório/SP – V – VUNESP)** A lei civil considera o direito à sucessão aberta como bem imóvel (artigo 80, II, CC/02) e impõe, por isso, que tanto a sua cessão, quanto a renúncia, só se façam por escritura pública (artigos 1.793 e 1.806, CC/02), de modo que, para fins de Registro de Imóveis, a escritura de cessão de direitos hereditários é título

(A) não registrável, embora materializada em escritura pública e versando sobre bem considerado, *ex legis*, como imóvel, pois só se presta a transitar pelo inventário do autor da herança, visando à adjudicação do objeto da cessão ao cessionário, não se incluindo entre os títulos registráveis.

(B) registrável como qualquer outro título que verse sobre bens imóveis e direitos a eles relativos.

(C) que só terá acesso ao registro, por averbação, se forem determinados os bens da herança e cederem-nos todos os herdeiros, mas só a propósito dos bens imóveis deixados pelo *de cujus*.

(D) só registrável após a abertura do inventário e prestadas as primeiras declarações, com a determinação dos bens deixados pelo autor da herança.

A herança é transmitida a todos os herdeiros, enquanto universalidade de direito, de modo que "todos são donos de tudo e de nada em particular. Enquanto não houver a partilha dos bens a que se referem os direitos herdados, não será possível especificar o que realmente ingressará no patrimônio de cada herdeiro. Realizada a partilha dos bens, será possível determinar o quinhão de cada herdeiro e, assim, registrar o formal de partilha, ou sentença que em inventário ou em arrolamento decidiu pela atribuição dos bens (arts. 167, I, 24 e 25 da Lei 6.015/1973). Não é possível o registro, segundo a jurisprudência administrativa, porque falta especialização objetiva àquilo que se transmite pela cessão, que somente será conhecido com a partilha. Assim, havendo violação a esse princípio de direito registrário, não é viável o registro pretendido.
Gabarito: "A".

**(Cartório/SP – II – VUNESP)** Confere prioridade de direitos para o apresentante,

(A) a ordem cronológica com que são feitos os registros dos diferentes títulos, sendo a prioridade para o registro estabelecida pela ordem das datas de elaboração dos títulos.

(B) a ordem cronológica dos protocolos dos diferentes títulos apresentados, devendo o protocolo ser feito conforme prioridade decorrente da natureza judicial ou extrajudicial dos títulos.

(C) a ordem cronológica dos registros que deverão ser feitos conforme a ordem de apresentação dos títulos, respeitada, porém, a prioridade de registro dos títulos apresentados por maiores de 65 anos de idade.

(D) o protocolo que deverá ser feito conforme a ordem cronológica de apresentação dos títulos.

A prioridade decorre diretamente da prenotação do título. No exato momento em que seja feita a prenotação, o interessado percebe em seu favor uma vantagem em relação a outros títulos que sejam apresentados posteriormente ao seu, considerando que os demais títulos tratemde direito contraditório ao seu. Por tal razão, de extrema importância, pelos efeitos produzidos, que: a) se promova a prenotação de todos os títulos apresentados a registro; b) seja rigorosamente respeitada a ordem de apresentação dos títulos.
Gabarito: "D".

## 4. TÍTULOS EXTRAJUDICIAIS E JUDICIAIS. QUALIFICAÇÃO. NOTIFICAÇÕES

**(Cartório/BA – 2004 – CESPE)** Em relação à Lei dos Registros Públicos, particularmente no que diz respeito ao registro de imóveis, julgue o item subsequente.

(1) Na hipótese do recebimento, via correio, de carta precatória expedida pelo juízo de outra comarca, determinando a penhora de um bem matriculado e registrado no cartório de registro de imóvel da cidade de recebimento da referida carta, o registrador deverá, de imediato, protocolar e proceder ao registro, cumprindo, assim, a ordem judicial recebida.

1: Incorreto. A carta precatória A carta precatória é ato judicial de trânsito entre órgãos do Poder Judiciário. Dessa forma, deve ser ela encaminhada ao juízo competente para que este, após exarar o "cumpra-se", determine o eventual registro/averbação. Cabe ressaltar que, para fins de penhora, o título hábil é a certidão emitida pelo juízo para tal fim.
Gabarito: E

**(Cartório/DF – 2006 – CESPE)** Acerca do registro imobiliário, julgue o item subsequente.

(1) A escritura de cessão de direitos hereditários pode ser acolhida para registro perante o serviço imobiliário, independentemente do formal de partilha ou da carta de adjudicação. A cessão de direitos hereditários inclui-se entre os atos registráveis, porque a herança é transmitida ao herdeiro no momento da abertura da sucessão.

1: Incorreto. Embora seja vigente o princípio da saisine, pelo qual com a abertura da sucessão se opera a imediata transferência do patrimônio do autor da herança para os seus herdeiros, o registro imobiliário depende da apresentação de título hábil ao registro. Referido título é o formal de partilha ou a carta de adjudicação, de acordo com a qualidade e número de sucessores. A escritura de cessão, por falta tanto de previsão legal quanto de especialização objetiva, não permite registro.
Gabarito: E

**(Cartório/DF – 2001 – CESPE)** Julgue o item abaixo, relativo ao registro de imóveis.

(1) O oficial disporá do prazo de quinze dias, a partir da apresentação do título no serviço, para proceder ao seu apontamento no Livro de Protocolo, período no qual deverá examinar o título, relacionando as exigências que deverão ser satisfeitas para o respectivo registro.

(2) Se for criado outro ofício de registro de imóvel que passe a ter competência territorial em relação ao imóvel X, o interessado em averbar o cancelamento de hipoteca incidente sobre tal imóvel deverá fazê-lo perante o novo ofício, pois as

normas de natureza processual, especialmente as relativas à competência judicial e extrajudicial, são aplicadas de imediato.

(3) Se o registro não se ultimar por negligência do apresentante do título ou documento, o oficial certificará a ocorrência, submetendo o Livro de Protocolo, à primeira hora do expediente do dia que se seguir, ao juiz de registros públicos, que autorizará se lhe aponha a expressão "sem efeito, pelo certificado neste ato", com data, hora e assinatura do oficial.

(4) Se o apresentante não concordar com as exigências do oficial, deverá requerer que seja suscitada dúvida ao juiz de registros públicos, caso em que será interrompido o prazo para a efetivação do registro, prevalecendo os efeitos da prenotação até o trânsito em julgado da decisão judicial.

1: Incorreto. Uma vez que o título seja apresentado, o Oficial deverá imediatamente promover a sua prenotação. Não há autorização ou previsão legal para retardar esse ofício; 2: Incorreto. Os cancelamentos se fazem sempre por averbação. E, mesmo que haja o desmembramento, as averbações, por determinação do art. 169, I, da LRP, continuarão a ser feitas na Comarca ou circunscrição anterior; 3: Incorreto. Se o interessado não atender as exigências, em razão de negligência sua, deixando transcorrer o prazo da prenotação, esta será automaticamente cancelada, como determinado no art.205 da LRP; 4: Correto. Com a suscitação de dúvida o prazo de trinta dias de vigência da prenotação para de correr e assim continua até que se tenha a decisão definitiva.
Gabarito 1E, 2E, 3E, 4C

(Cartório/MG – 2009 – EJEF) Em relação aos princípios informadores dos sistemas notarial e de registros públicos, é CORRETO afirmar:

(A) Em se tratando de título judicial, vedado é ao oficial registrador e ao tabelião de protestos o exame e qualificação de suas formalidades legais extrínsecas, já que os serviços de registro, por previsão constitucional, estão sujeitos à fiscalização do Poder Judiciário, seja quanto aos atos já praticados, seja no tocante aos atos a serem efetivados.
(B) O princípio da inscrição significa que a constituição, transmissão e extinção de direitos reais sobre imóveis só se operam por atos *causa mortis*, mediante sua inscrição no registro.
(C) A fé pública de que é dotada a escritura pública lavrada em notas de tabelião faz prova plena e assegura a autenticidade tanto dos escritos quanto dos direitos constantes desses escritos.
(D) Ainda que se cuide de título judicial, o oficial registrador, profissional do direito que goza de fé pública, havendo exigência a ser satisfeita, deverá indicá-la por escrito e recusar registro a título e documento que não se revistam das formalidades legais, por força do princípio da legalidade e como imperativo de sua independência jurídica, facultado ao interessado requerer-lhe a suscitação de dúvida.

A origem do título apresentado a registro é irrelevante para determinar que será ele registrado ou não. Assim, nenhum título poderá escapar da qualificação registrária exatamente como forma de garantir a higidez do registro. Dessa forma, será indispensável a qualificação do título judicial que, sendo negativa, deverá ser devolvido ao interessado com as exigências a serem cumpridas formuladas por escrito. E, caso o interessado não se conforme ou não possa cumprir as exigências, poderá requerer ao Oficial que suscite dúvida ao juízo competente, de acordo com as normas da organização judiciária do Estado (art. 198 da Lei 6.015/1973).
Gabarito "D".

(Cartório/RJ – 2008 – UERJ) Quanto ao registro de imóveis, é incorreto afirmar que:

(A) O registro da penhora faz prova quanto à fraude de qualquer transação posterior.
(B) O cancelamento não poderá ser feito em virtude de sentença sujeita, ainda, a recurso.
(C) Nenhum registro poderá ser feito sem que o imóvel a que se referir esteja matriculado.
(D) As hipóteses de averbação estão taxativamente indicadas no item II do art. 167 da Lei n.º 6.015/73.
(E) Requerida a inscrição de imóvel rural no Registro Torrens, o oficial protocolizará e autuará o requerimento e os documentos que o instruírem e verificará se o pedido se acha em termos de ser despachado.

Diferentemente do que ocorre com os atos de registro, as averbações estão previstas em numerus apertus na Lei 6.015/1973. É, aliás, o que se depreende da leitura do art. 246 da LRP. Dessa forma, serão averbáveis quaisquer outras ocorrências que, por qualquer modo alterem o registro e não somente os atos previstos no art. 167, II, da LRP.
Gabarito "D".

(Cartório/SP – V – VUNESP) No processo de registro, em caso de permuta quanto a imóveis pertencentes à mesma circunscrição

(A) serão feitos os registros nas matrículas correspondentes, sob números de ordem sequenciais.
(B) serão feitos registros nas matrículas correspondentes, sob um único número de ordem no Protocolo.
(C) será feito um único registro, com averbações nas matrículas correspondentes, sob um único número de ordem de Protocolo.
(D) serão feitos os registros nas matrículas correspondentes, sob números de ordem correspectivos.

Em caso de permuta de imóveis pertencentes à mesma circunscrição, será feito um único protocolo, na forma do art. 187 da LRP, e, por ele, serão feitos os registros necessários à transferência da propriedade imobiliária.
Gabarito "B".

# 5. PROCEDIMENTO DE DÚVIDA

(Cartório/DF – 2001 – CESPE) Julgue o item abaixo, relativo ao registro de imóveis.

(1) Se o apresentante não concordar com as exigências do oficial, deverá requerer que seja suscitada dúvida ao juiz de registros públicos, caso em que será interrompido o prazo para a efetivação do registro, prevalecendo os efeitos da prenotação até o trânsito em julgado da decisão judicial.

1: Correto. O direito de requerer a suscitação de dúvida está previsto no art. 198 da LRP e traz, como consequência, a interrupção do prazo de 30 dias de vigência da prenotação. Dessa forma, até que haja a decisão definitiva, o prazo da prenotação deixa de correr e, caso seja julgada improcedente, o interessado promoverá o registro do seu título vinculado àquela prenotação originária e à tabela de custas da época.
Gabarito 1C

**(Cartório/ES – 2007 – FCC)** Havendo exigência a ser satisfeita, o oficial indicá-la-á por escrito. Não se conformando o apresentante com a exigência do oficial, ou não a podendo satisfazer, deverá

(A) peticionar ao juiz de direito para que seja judicialmente dispensada a exigência do oficial.
(B) suscitar procedimento administrativo de dúvida ao juiz de direito do fórum, para que apure a regularidade da exigência feita pelo oficial.
(C) representar o oficial junto à Corregedoria Geral de Justiça, para que sejam aplicadas sanções administrativas em caso de recusa de registro por desatendimento, pelo interessado, de exigência anteriormente feita.
(D) requerer ao oficial, com razões de inconformismo e declaração de dúvida, que seja suscitada dúvida, ao juiz competente do descabimento da exigência do oficial, atendendo-se ao procedimento estatuído na Lei nº 6.015/73.
(E) representar o oficial junto ao Ministério Público, para instauração de inquérito civil para apuração de ilegalidade na exigência feita pelo oficial.

O procedimento de suscitação de dúvida está previsto no art. 198 e ss. da LRP e ali se prevê que o interessado deverá requerer que o Oficial suscite dúvida ao juízo competente, não havendo previsão para a denominada suscitação de dúvida inversa, ou seja, ato pelo qual o interessado se dirige diretamente ao juiz requerendo que verifique a razão ou não as exigências formuladas. A dúvida inversa é também denominada dúvida invertida ou dúvida às avessas.
Gabarito "D".

**(Cartório/MG – 2009 – EJEF)** A Lei 6.015, de 1973, estabelece em seu art. 198 que, havendo exigência a ser satisfeita, o oficial indicar-la-á por escrito. Não se conformando o apresentante com a exigência do oficial, ou não a podendo satisfazer, será o título, a seu requerimento e com a declaração de dúvida, remetido ao juízo competente para dirimi-la, obedecendo-se aos seguintes incisos, EXCETO:

(A) I - no Protocolo, anotará o oficial, à margem da prenotação, a ocorrência da dúvida;
(B) II - após certificar, no título, a prenotação e a suscitação da dúvida, rubricará o oficial todas as suas folhas;
(C) III - em seguida, o oficial dará ciência dos termos da dúvida ao apresentante, fornecendo-lhe cópia da suscitação e notificando-o para impugná-la, perante o juízo competente, no prazo de 15 (quinze) dias;
(D) IV - certificado o cumprimento do disposto no item anterior, remeter-se-ão ao juízo competente, as razões da dúvida, para ser julgado por sentença.

Os passos iniciais do procedimento de suscitação de dúvida estão previstos no art. 198 da LRP. O inciso IV do mencionado dispositivo determina que após a certificação de que o interessado foi intimado da dúvida requerida, as razões da dúvida serão remetidas ao juízo competente, acompanhadas do título correspondente. É imprescindível a juntada do título em original porque, caso a dúvida seja julgada improcedente, será expedido mandado para o registro, instruído exatamente com o título em seu original. Aliás, a jurisprudência administrativa é firme no sentido de que fica prejudicada a dúvida quando não seja juntado o título em original.
Gabarito "D".

**(Cartório/PR – 2007)** Suscitada a dúvida judicial sobre o registro de imóveis, da sentença poderão interpor apelação:

(A) Apenas o interessado, o terceiro prejudicado e o Oficial do Registro.
(B) Apenas o interessado.
(C) O interessado, o terceiro prejudicado, o Oficial do Registro e o Ministério Público.
(D) Apenas o interessado e o terceiro prejudicado.
(E) O interessado, o terceiro prejudicado e o Ministério Público.

Os legitimados recursais estão previstos no art.202 da LRP. Somente são legitimados para recorrer, o interessado, o representante do Ministério Público e o terceiro prejudicado. É sempre oportuno lembrar que o Oficial de registro não tem interesse na solução da dúvida, razão pela qual não lhe é legítimo recorrer.
Gabarito "E".

**(Cartório/RO – III – 2005)** Assinale a alternativa incorreta:

(A) a dúvida é pedido de natureza administrativa formulado pelo oficial para que o juiz competente decida sobre legitimidade de exigência feita, como condição de registro pretendido;
(B) é dever do notário e registrador encaminhar ao juízo competente as dúvidas levantadas pelos interessados;
(C) a Lei 6.015/73 permitiu, de maneira expressa, a chamada dúvida inversa, qual seja, aquela suscitada pelo apresentante do título diretamente ao juiz competente;
(D) da sentença que resolver o processo de dúvida, poderão apelar o interessado, o Ministério Público e o oficial.

O oficial, nos termos do disposto no art. 202 da LRP, não é um dos interessados recursais. E não é exatamente porque o objeto da decisão da dúvida não lhe interessa na medida em que deve agir tão somente para garantir a higidez do registro. Assim, se o juízo competente entender que as exigências formuladas são incabíveis, competirá ao Oficial, quando a decisão se tornar definitiva, efetivar o registro. Há que se consignar que a Lei de Registros Públicos não fez previsão sobre a denominada dúvida inversa, como consta na assertiva C. No entanto, é comum a sua aceitação ou até mesmo a previsão nas Normas de cada Estado (Normas de Serviço ou Código de Normas).
Gabarito "D".

**(Cartório/SP – VI – VUNESP)** O inciso XIII do art. 30 da Lei n.º 8.935/94 dispõe, dentre os deveres dos notários e oficiais de registro, o de "encaminhar ao juízo competente as dúvidas levantadas pelos interessados...". Assim,

(A) diante de qualificação positiva, deve ser encaminhado ao juízo competente o resíduo das dúvidas ainda pendentes dos interessados.

**(B)** se o notário ou oficial de registro estiver em dúvida sobre a prática do ato notarial ou de registro, deve formular consulta ao seu juiz corregedor.

**(C)** se os interessados não estiverem certos sobre a prática de ato notarial, o notário não o pode lavrar e deve encaminhar ao juízo a dúvida deles.

**(D)** diante de qualificação negativa, os interessados têm direito à requalificação em juízo, que não se pode obstar.

---

Uma vez que o registro seja denegado e o interessado não se conforme com as exigências formuladas ou não as possa cumprir, poderá requerer ao Oficial que suscite dúvida ao juízo competente, para que este verifique a necessidade ou não do cumprimento das exigências formuladas para viabilizar o registro pretendido.
Gabarito "D".

---

**(Cartório/SP – VI – VUNESP)** Assinale a alternativa incorreta.

**(A)** A sentença que julga procedente dúvida inversa mantém a recusa de registro do título.

**(B)** É apelável a sentença proferida em dúvida de registro e, no Estado de São Paulo, a Egrégia Corregedoria Geral de Justiça é competente para o julgamento do recurso.

**(C)** A decisão da dúvida tem natureza administrativa e não impede o uso do processo contencioso competente.

**(D)** O procedimento de dúvida deve ser sempre instruído com o título original.

---

No Estado de São Paulo, assim como nos demais, o juízo competente para julgar o recurso de apelação interposto contra a sentença que julga a suscitação de dúvida é o Conselho Superior da Magistratura. O Corregedor Geral de Justiça é competente para decidir o recurso de apelação interposto contra decisão proferida em pedido de providências.
Gabarito "B".

---

**(Cartório/SP – V – VUNESP)** Em relação ao procedimento de dúvida suscitada por Oficial de Registro de Imóveis, assinale a alternativa correta.

**(A)** Há, em seu âmbito, mesmo não ocorrendo litígio entre os interessados, mas apenas dissídio entre o requerente do registro e o Oficial Registrador, a existência de "causa", a justificar o cabimento de recurso especial.

**(B)** Em processo de dúvida, é sempre cabível a ação rescisória.

**(C)** O tabelião de notas que lavrou a escritura objeto do procedimento de dúvida e a apresentou ao registro imobiliário é considerado interessado, para fins de interposição de recurso da sentença.

**(D)** A decisão da dúvida tem natureza administrativa e não impede o uso do processo contencioso competente.

---

A decisão proferida em processo de dúvida, nos termos do art. 204 da LRP, tem natureza administrativa, razão pela qual não impede o uso do processo contencioso para a rediscussão da matéria. Assim, certo é afirmar que tal decisão não faz coisa julgada.
Gabarito "D".

---

**(Cartório/SP – V – VUNESP)** A pessoa jurídica ABC Ltda. apresenta ao registrador imobiliário título aquisitivo de determinada unidade condominial registrada em sua serventia. Ao analisar o título, o registrador o qualifica negativamente e emite nota devolutiva enumerando 7 motivos para a recusa. Inconformada com um dos motivos enumerados, a pessoa jurídica ABC Ltda. suscita inversamente a dúvida junto ao Juízo Corregedor Permanente, postulando a superação do óbice com o qual não concorda, e se comprometendo a, após, satisfazer os 6 motivos restantes e com os quais concorda. Instado a manifestar-se, o oficial registrador revê seu posicionamento em relação ao motivo da recusa impugnado e concorda com o suscitante quanto a este mister, mantendo a recusa em relação aos demais motivos impedientes. A dúvida deverá ser julgada

**(A)** prejudicada.
**(B)** improcedente.
**(C)** totalmente procedente.
**(D)** parcialmente procedente.

---

Considera-se, segundo a jurisprudência administrativa, prejudicada a dúvida, já que não há previsão para suscitação de dúvida parcial. Tema, aliás, tratado: Processo 9000002-16.2011.8.26.0296; Apelação 0008876-60.2011.8.26.0453.
Gabarito "A".

---

**(Cartório/SP – V – VUNESP)** O interessado apresentou título para registro que, prenotado e submetido a qualificação, foi devolvido com exigências. Esgotado, sem o cumprimento da exigência, o prazo da prenotação, protocolou o interessado perante o Juízo Corregedor Permanente pedido administrativo de providências, instruído com cópia autenticada do título. Esse requerimento foi recebido como dúvida inversamente suscitada e encaminhado ao registrador para manifestação. Está correta a atuação do oficial registrador que se manifestou

**(A)** prontamente, renovando o prazo da prenotação e defendendo o óbice ao registro indicado na nota devolutiva anteriormente apresentada ao interessado.

**(B)** após prenotação da documentação encaminhada pelo Juízo, pelo descabimento da chamada dúvida inversa, cujo processamento não é admitido pelo Conselho Superior da Magistratura de São Paulo.

**(C)** pela necessidade da apresentação do original do título para nova prenotação, defendendo a pertinência da exigência questionada.

**(D)** após prenotação da documentação encaminhada pelo Juízo, pela possibilidade de que a exigência fosse relevada, por determinação do Corregedor, em face da origem jurisdicional deste novo título.

---

A jurisprudência administrativa é firme no sentido de que é obrigatória a apresentação do título em original para que a dúvida possa ser processada. É, aliás, a redação trazida pelo Provimento CG nº 11/2013. Além disso, quando suscitada a dúvida inversamente, é imprescindível a prenotação do título, inclusive para garantia dos efeitos decorrentes da prioridade. E, para a prenotação, imprescindível será a apresentação do título em seu original.
Gabarito "C".

**(Cartório/SP – II – VUNESP)** Assinale o enunciado incorreto.

(A) A decisão da dúvida tem natureza administrativa e não impede o uso do processo contencioso competente.
(B) Da sentença que julgar a dúvida, poderão interpor apelação o interessado, o oficial registrador, o Ministério Público e o terceiro prejudicado.
(C) Da sentença que julgar a dúvida cabe apelação com os efeitos devolutivo e suspensivo.
(D) Se o interessado deixar de impugnar a dúvida suscitada pelo oficial registrador, será ela, ainda assim, julgada por sentença.

O Oficial não tem legitimidade recursal, nos termos do disposto no art. 202 da LRP, porque não tem interesse no objeto da dúvida. Além disso, vale lembrar que o oficial é o veículo pelo qual o interessado chega ao juízo competente para questionar as exigências formuladas, mas não é o "autor" da dúvida porque não há conflito com a parte interessada no registro.
Gabarito "B".

## 6. RETIFICAÇÕES E GEORREFERENCIAMENTO

**(Cartório/AC – 2006 – CESPE)** Ainda a respeito da Lei dos Registros Públicos, julgue o item a seguir.

(1) A retificação de registro consensual propicia a correção das informações tabulares no Registro de Imóveis, prescindindo-se do procedimento judicial. Nessa forma de retificação de registro, exige-se, além da concordância de todos os confrontantes tabulares e físicos, que o pedido de retificação seja instruído com planta e memorial descritivo subscrito por profissional legalmente habilitado, com prova de anotação de responsabilidade técnica no competente conselho regional de engenharia e arquitetura.

1: Correto. A denominada retificação consensual está prevista no art. 213, II, da LRP, com a redação dada pela Lei 10.931/2004. Trata-se de procedimento inovador, na medida em que permite a solução diretamente no Ofício de registro de imóveis, sem depender de provocação do Poder Judiciário. É de se consignar que se trata de uma das medidas que tem por fim retirar da provocação jurisdicional relação jurídica em que não há efetivo conflito resistido de interesses.
Gabarito 1C

**(Cartório/BA – 2004 – CESPE)** Em relação à Lei dos Registros Públicos, particularmente no que diz respeito ao registro de imóveis, julgue o item subsequente.

(1) Havendo erro na individuação do imóvel matriculado, ou seja, a descrição correspondendo a imóvel diverso do que foi objeto da transação, impõe-se ao oficial do registro a correção do erro por meio de uma averbação de retificação na matrícula.

1: Incorreto. O erro quanto ao objeto do negócio jurídico não poder ser retificado por averbação no registro de imóveis. Sendo o erro proveniente do título levado a registro, este deve ser objeto de retificação, cancelamento ou anulação, para posterior adequação dos dados tabulares. Caberia ao Oficial proceder ao registro nas hipóteses do art. 213; não ocorrendo qualquer delas, necessário regularizar o título causal.
Gabarito 1E

**(Cartório/MA – 2008 – IESES)** Assinale a alternativa correta de acordo com a Lei nº 6.015/73, em relação ao Registro de Imóveis:

(A) O oficial retificará o registro ou a averbação de ofício ou a requerimento do interessado nos casos de inserção ou modificação dos dados de qualificação pessoal das partes, comprovada por qualquer documento, ou mediante despacho judicial quando houver necessidade de produção de outras provas.
(B) O oficial retificará o registro ou a averbação de ofício ou a requerimento do interessado nos casos de indicação ou atualização de confrontação.
(C) O oficial retificará o registro ou a averbação a requerimento do interessado, no caso de inserção ou alteração de medida perimetral de que resulte, ou não, alteração de área, instruído com planta e memorial descritivo assinado por profissional legalmente habilitado, com prova de anotação de responsabilidade técnica no competente Conselho Regional de Engenharia e Arquitetura - CREA, dispensadas as assinaturas dos confrontantes.
(D) O oficial retificará o registro ou a averbação de ofício ou a requerimento do interessado nos casos de alteração ou inserção que resulte de mero cálculo matemático feito a partir das medidas perimetrais constantes do registro.

As hipóteses de retificação da matrícula ou do registro estão previstas no art.213 da LRP. No inciso I estão previstas as hipóteses de retificação unilateral ou de ofício, e no inciso II a retificação bilateral ou consensual. A hipótese ventilada na questão se encontra expressamente prevista no art. 213, I, b, da LRP.
Gabarito "B".

**(Cartório/RO – III)** Há casos em que o oficial de registro de imóveis poderá retificar o registro ou a averbação de ofício ou a requerimento do interessado. Dentre os casos abaixo elencados, assinale a alternativa em que é indispensável o requerimento do interessado:

(A) Alteração de denominação de logradouro público, comprovada por documento oficial.
(B) Alteração ou inserção que resulte mero cálculo matemático a partir das medidas perimetrais constantes do registro.
(C) Omissão ou erro cometido na transposição de qualquer elemento do título.
(D) Inserção ou alteração de medida perimetral de que resulte, ou não, alteração de área, instruído com planta e memorial descritivo assinado por profissional habilitado, com prova de anotação de responsabilidade técnica no competente Conselho Regional de Engenharia e Arquitetura-CREA, bem assim pelos confrontantes.

Há que se considerar que o requerimento do interessado será sempre indispensável nos casos em que o Oficial dependa de informações não constantes em seus acervos, apresentando-se os documentos necessários à prática do ato retificatório pretendido. Dessa forma, será imprescindível a apresentação de requerimento do interessado para que se processe a averbação prevista no art.213, II, da LRP, que, diga-se, somente pode ser feita se houver requerimento expresso, em atendimento ao princípio da rogação, previsto no art.13 da LRP.
Gabarito "D".

**(Cartório/SP – V – VUNESP)** É frequente, mesmo nos Estados mais populosos, haver remanescentes de áreas maiores, parcialmente alienadas no curso do tempo, que têm se prestado, não raro, à ação de grileiros para se apossarem de imóveis, falsificando papéis e escrituras, até pela violência. A apuração desses remanescentes, no ordenamento jurídico vigente, se faz

(A) Por via administrativa atípica, diretamente perante o Oficial de Registro de Imóveis e sem necessidade de intervenção judicial, salvo caso de impugnação não solucionada por transação amigável, considerados como confrontantes tãosomente os confinantes das áreas remanescentes, ainda que isoladas.
(B) Unicamente por via judicial, em razão dos cuidados que a experiência histórica recomenda, cientificados todos os confrontantes da área maior de que se origina a sobra e citados, por editais, os terceiros incertos e não sabidos, além das Fazendas Públicas, nas pessoas de seus representantes legais.
(C) Somente mediante diligência pessoal do delegado imobiliário competente, diretamente no remanescente objeto da apuração, para a constatação, *de visu*, da sua localização, situação em face dos confrontantes e correspondência com os documentos, plantas e memoriais descritivos apresentados pelo interessado, procedendo-se, após, à cientificação dos confrontantes da área total primitiva, para impugnação no prazo de quinze (15) dias, findos os quais, solucionadas pelo próprio Oficial eventuais impugnações, procede-se aos assentamentos registrários.
(D) Pelas vias ordinárias, citados todos os confrontantes da área maior dita só parcialmente alienada, as Fazendas Públicas nas pessoas dos seus representantes legais para que manifestem interesse, ou não, e os terceiros incertos e não sabidos, por editais, realizada perícia que apure a exata localização, confrontação e extensão, com rumos e distâncias, do remanescente a ser apurado.

Em razão da alteração da redação do art.213 daLRP, a apuração de remanescente se faz pelo mesmo procedimento da retificação da descrição de imóvel, como previsto no § 7º do mencionado dispositivo legal. E, para a apuração de remanescente, será adotado o procedimento previsto para a retificação da descrição de imóveis, regulado no inciso II e parágrafos do art.213 daLRP.
Gabarito "A".

## 7. ALIENAÇÃO FIDUCIÁRIA

**(Cartório/RJ – 2002 - NCE-UFRJ)** Nas operações de financiamento imobiliário, o agente fiduciário deve intimar o fiduciante para satisfazer prestações não pagas e já vencidas:

(A) pela via judicial;
(B) somente através do Oficial do Registro de Títulos e Documentos da comarca da situação do imóvel ou do domicílio de quem deve recebê-la;
(C) somente através do Oficial do Registro de Imóveis;
(D) tanto pela via judicial como pela extrajudicial, a critério do agente fiduciário;
(E) pela via extrajudicial: (i) Oficial do Registro de Imóveis; (ii) Oficial do Registro de Títulos e Documentos da comarca da situação do imóvel ou do domicílio de quem deve recebê-la, (iii) Correio, com aviso de recebimento.

Uma das grandes vantagens do procedimento decorrente da alienação fiduciária em garantia é exatamente a celeridade em caso de inadimplemento, dispensando-se a notificação e a execução pela via judicial. Dessa forma, o art. 26, § 3º, da lei nº 9.514/1997 prevê as formas de intimação do devedor fiduciante inadimplente, privilegiando a celeridade.
Gabarito "D".

## 8. PARCELAMENTO DO SOLO URBANO E RURAL

**(Cartório/MG – 2009 – EJEF)** Considerando-se a Lei n. 6.766, de 19 de dezembro de 1979, a qual dispõe sobre o parcelamento do solo urbano, marque a opção CORRETA.

(A) Os loteamentos deverão atender, pelo menos, aos seguintes requisitos:
I. as áreas destinadas a sistemas de circulação, a implantação de equipamento urbano e comunitário, bem como a espaços livres de uso público, serão proporcionais à densidade de ocupação prevista pelo plano diretor ou aprovada por lei municipal para a zona em que se situem.
II. os lotes terão área mínima de 125 m² (cento e vinte e cinco metros quadrados) e frente mínima de 5 (cinco) metros, salvo quando a legislação estadual ou municipal determinar maiores exigências, ou quando o loteamento se destinar à urbanização específica ou edificação de conjuntos habitacionais de interesse social, previamente aprovados pelos órgãos públicos competentes;
III. ao longo das águas correntes e dormentes e das faixas de domínio público das rodovias e ferrovias, será obrigatória a reserva de uma faixa nãoedificável de 15 (quinze) metros de cada lado, salvo maiores exigências da legislação específica;
IV. as vias de loteamento deverão articular-se com as vias adjacentes oficiais, existentes ou projetadas, e harmonizar-se com a topografia local.
(B) Aprovado o projeto de loteamento ou de desmembramento, o loteador deverá submetê-lo ao Registro Imobiliário dentro de 280 (duzentos e oitenta) dias, sob pena de caducidade da aprovação, acompanhado de documentos.
(C) Antes da elaboração do projeto de loteamento, o interessado deverá solicitar à Prefeitura Municipal, ou ao Distrito Federal quando for o caso, que defina as diretrizes para o uso do solo, traçado dos lotes, do sistema viário, dos espaços livres e das áreas reservadas para equipamento urbano e comunitário, apresentando, para este fim, prévio estudo de viabilidade dos órgãos ambientais.

(D) Aos Estados caberá disciplinar a aprovação pelos Municípios de loteamentos e desmembramentos os quais deverão ser aprovados pela Prefeitura Municipal, a quem compete também a fixação das diretrizes que melhor atenda aos interesses públicos.

A: Os requisitos mínimos para a implementação de um loteamento estão previstos no art.4º da Lei 6.766/1979 e se encontram indicados no item a). Quanto às demais assertivas, temos: B: o prazo decadencial a que se refere o art.18 da Lei 6.766/1979 é de 180 (cento e oitenta dias); C: a fixação prévia de diretrizes está regulada no art.6º da mencionada lei e, entre os documentos ali exigidos, não se encontra o estudo de viabilidade de órgãos ambientais; D: as hipóteses de aprovação do parcelamento pelo Estado estão previstas no art.13 da Lei 6.766/1979.
Gabarito "A".

**(Cartório/MG – 2007 – EJEF)** Na forma da Lei n. 6.766, de 1979, o parcelamento do solo urbano:

(A) após o registro, será submetido à aprovação municipal, ou do Distrito Federal, no prazo de 180 dias, sob pena de caducidade do registro.
(B) após a aprovação do projeto, pelos órgãos competentes, o loteador deverá submetê-lo ao Registro Imobiliário, no prazo de 180 dias, sob pena de caducidade da aprovação.
(C) poderá ser feito por escritura pública, que deverá ser apresentada a registro no prazo de 30 dias após sua lavratura, sob pena de caducidade; comunicando-se o registro à Prefeitura Municipal, ou do Distrito Federal, conforme o caso.
(D) deverá ser aprovado em 180 dias, pela Prefeitura do Município ou do Distrito Federal, conforme o caso, apresentando-se a registro em 30 dias, sob pena de caducidade.

Uma vez que tenha sido aprovado o parcelamento do solo pela autoridade administrativa, a autorização valerá por 180 dias para fins de registro (art. 18 da Lei 6.766/1979). Se, no referido lapso de tempo, o processo de registro não for deflagrado, será necessário convalidar a autorização, reiniciando-se novo prazo de 180 (cento e oitenta) dias a partir do ato convalidante.
Gabarito "B".

**(Cartório/MT – 2003 – UFMT)** O cancelamento do registro de loteamento, a requerimento do loteador, quando nenhum lote for objeto de contrato, exige a observância de quais formalidades?

(A) Anuência da Prefeitura Municipal (ou Distrito Federal), devendo o Oficial publicar edital do pedido de cancelamento, procedendo ao cancelamento com ou sem impugnação.
(B) Anuência da Prefeitura Municipal (ou Distrito Federal), devendo o Oficial publicar edital do pedido de cancelamento, encaminhando o procedimento à homologação do juiz competente, ouvido o Ministério Público.
(C) Anuência da Prefeitura Municipal (ou Distrito Federal), devendo o Oficial publicar edital do pedido de cancelamento, encaminhando o procedimento à homologação do órgão encarregado pelo Ministério Público, quando houver impugnação.
(D) Anuência do Estado, por seus órgãos técnicos, devendo o Oficial publicar edital do pedido de cancelamento; havendo impugnação, as partes deverão ser remetidas para as vias ordinárias.
(E) Publicação de edital do cancelamento e, havendo impugnação, as partes deverão ser remetidas para as vias ordinárias.

O cancelamento do registro do loteamento está previsto no art. 23 da Lei 6.766/1979. Para que se promova diretamente pelo loteador, desde que nenhum lote tenha sido vendido, basta a anuência da Municipalidade ou Distrito Federal, conforme o caso, para que o procedimento se inicie. Após, o oficial encaminhará o procedimento ao juiz competente que decidirá pelo cancelamento ou não após a oitiva do representante do Ministério Público. Note-se que o cancelamento gera impacto na urbanização, razão pela qual imprescindível, sempre, ouvir o MP e a Prefeitura ou Distrito Federal.
Gabarito "B".

**(Cartório/MT – 2003 – UFMT)** Excepcionalmente, a lei prevê o acesso ao registro de imissão provisória na posse, e sucessivas cessões ou promessa de cessões, quando concedida à União, Estados, Distrito Federal, Municípios ou suas entidades delegadas especificamente para:

(A) Execução de parcelamento do solo popular, com finalidade rural, destinado às classes de menor renda.
(B) Execução de projetos de assentamento rural, implantados em área de terras devolutas, sob a responsabilidade do INCRA.
(C) Execução de parcelamento do solo popular, com finalidade urbana, destinado às classes de menor renda.
(D) Execução de projetos habitacionais destinados à classe média, com utilização de recursos do Fundo de Garantia por Tempo de Serviço (FGTS), sob a coordenação da Secretaria de Habitação dos Estados.
(E) Execução de parcelamento do solo em áreas rurais, com finalidades urbanas, destinado à regularização das chamadas "chácaras de recreio".

Trata-se de norma de caráter efetivamente excepcional na medida em que se admite o ingresso no fólio real de direito que não tem natureza de direito real imobiliário. Mas assim se justifica em razão de sua finalidade e do decurso do tempo. Dessa forma, o art. 18, § 4º, da Lei 6.766/1979 confere essa autorização. E a excepcionalidade da medida decorre do fato de que se for necessário aos entes públicos fazer prévia prova de domínio para que possa promover o parcelamento, há risco de que os beneficiários não consigam sua moradia em tempo de garantir a dignidade. De outro lado, a autorização somente é dada se preenchidos os requisitos do mencionado dispositivo.
Gabarito "C".

**(Cartório/RJ – 2002 - NCE-UFRJ)** Aprovado pela autoridade competente o projeto de desmembramento do solo urbano, o loteador deverá submetê-lo ao registro imobiliário:

(A) no prazo de 1 ano;
(B) no prazo de 180 dias;
(C) quando iniciar as vendas dos lotes;
(D) quando julgar conveniente;
(E) quando algum adquirente de lote o exigir.

O prazo de 180 dias não pode ser esquecido, dada a frequência com que questionado. Dessa forma, o art.18 da Lei 6.766/1979 determina a caducidade da aprovação se o projeto for levado a registro após 180 dias do ato de aprovação do Poder Público com o loteamento ou desmembramento.
Gabarito "B".

## 9. CONDOMÍNIOS, INCORPORAÇÕES E PATRIMÔNIO DE AFETAÇÃO

(Cartório/MG – 2009 – EJEF) A vigente Lei n. 4.591, de 11 de dezembro de 1964, a qual dispõe sobre o condomínio em edificações e as incorporações, estabelece:

I. A alienação de cada unidade, a transferência de direitos pertinentes à sua aquisição e a constituição de direitos reais sobre ela independerão do consentimento dos condôminos.
II. O condomínio por unidades autônomas instituir-se-á por ato entre vivos ou por testamento, com inscrição obrigatória no registro de imóveis, dele constando: a individualização de cada unidade, sua identificação e discriminação, bem como a fração ideal sobre o terreno e partes comuns, atribuída a cada unidade, dispensando-se a descrição interna da unidade.
III. Considera-se aprovada, e obrigatória para os proprietários, promitentes compradores, cessionários e promitentes cessionários, atuais e futuros, como para qualquer ocupante, a Convenção que reúna as assinaturas de titulares de direitos que representem, no mínimo, 2/3 das frações ideais que compõem o condomínio.

A partir dessas afirmações, pode-se concluir que

(A) apenas uma é falsa.
(B) apenas duas são falsas.
(C) todas são falsas.
(D) todas são verdadeiras.

I: correto: diferentemente do que ocorre no condomínio comum, no condomínio edilício, por serem unidades independentes entre si no que se refere ao exercício dos poderes inerentes ao direito de propriedade, nenhum dos condôminos depende dos demais para a alienação de sua unidade ou oneração, ressalvado o regime especial pertinente às vagas de garagem; II: correto: são disposições obrigatórias para a instituição de um condomínio edilício, como determinado no art. 1.332 do CC; III: correto. Para que a convenção de condomínio se considere aprovada e obrigatória, basta a anuência de 2/3 dos condôminos, como determina o art. 1.333 do CC. De outro lado, para que tenha ela eficácia em relação a terceiros, imprescindível o seu registro imobiliário, que se fará no Livro 3-Registro Auxiliar, do Oficial de Registro de Imóveis do local da situação do empreendimento. É de se recordar que o condômino que não votou ou votou contra a maioria não é considerado terceiro, razão pela qual a convenção tem eficácia contra a minoria vencida, independentemente de registro.
Gabarito "D".

(Cartório/MG – 2007 – EJEF) Considera-se constituído o "Patrimônio de afetação":

(A) Com a lavratura da respectiva escritura pública em tabelionato de Notas.
(B) Com o registro da escritura, que o houver constituído, no Registro de Imóveis.
(C) Mediante averbação de termo firmado pelo incorporador e, quando for o caso, também pelos titulares de direitos reais de aquisição sobre o terreno.
(D) Pelo registro do processo de incorporação imobiliária, no Registro de Imóveis.

O patrimônio de afetação foi instituído pela Lei 10.931/2004 como forma de conferir maior proteção aos adquirentes das unidades em caso de insolvência ou falência do incorporador. Pelo texto do art. 31-A da Lei 4.591/1964, basta o requerimento do incorporador para que a incorporação fique submetida ao regime especial do patrimônio de afetação. O art. 31-B da Lei 4.591/1964 dispõe que "considera-se constituído o patrimônio de afetação mediante averbação, a qualquer tempo, no Registro de Imóveis, de termo firmado pelo incorporador e, quando for o caso, também pelos titulares de direitos reais de aquisição sobre o terreno".
Gabarito "C".

(Cartório/MT – 2003 – UFMT) A alteração de especificação de condomínio horizontal da Lei n.º 4.591/64 exige:

(A) Aprovação unânime pela totalidade dos condôminos titulares de direitos das frações ideais que compõem o condomínio.
(B) Aprovação pelos titulares de direitos que representem, no mínimo, 2/3 das frações ideais que compõem o condomínio.
(C) Aprovação pela maioria (50% + 1) dos titulares de direito que representem, no mínimo, 2/3 das frações ideais que compõem o condomínio.
(D) Aprovação pela maioria (50% + 1) dos condôminos titulares de direitos das frações ideais que compõem o condomínio.
(E) Aprovação dos condôminos titulares de direitos das frações ideais que compõem o condomínio em quórum estabelecido em convenção condominial.

Toda alteração da estrutura fundamental do condomínio em edificações, da destinação do todo ou mesmo de uma das unidades autônomas, depende da unanimidade dos condôminos, como forma de garantir a segurança e a estabilidade das relações condominiais. A segunda parte do art. 1.351 do CC determina que "a mudança da destinação do edifício, ou da unidade imobiliária, depende da aprovação pela unanimidade dos condôminos".
Gabarito "A".

(Cartório/RJ – 2008 – UERJ) Em relação à convenção de condomínio, é correto afirmar que:

(A) Só pode ser formalizada por escritura pública.
(B) Será obrigatoriamente registrada no cartório de títulos e documentos.
(C) Pode definir *quorum* de 2/3 dos condôminos para mudança da destinação do edifício.
(D) Pode ser alterada pela deliberação de 2/3 dos condôminos presentes à Assembleia Geral.
(E) É documento eficaz para regular as relações entre condôminos, ainda que não registrada formalmente no Registro de Imóveis.

Nos termos do disposto no art. 1.333 do CC, a convenção é eficaz entre as partes, inclusive em relação à minoria vencida, desde que aprovada por 2/3 dos condôminos, independentemente de registro imobiliário, cuja finalidade é conferir eficácia a terceiros. Quanto às demais assertivas, temos: A: incorreto. A convenção, nos termos do art. 1.334, §

1º, do CC, pode ser firmada por instrumento público ou particular; B: não deve ser registrada em títulos e documentos porque há previsão expressa para seu registro perante o registro imobiliário (art. 1.333, parágrafo único, do CC; C: incorreto. Os quóruns previstos em lei pode ser modificados para criar uma situação mais gravosa aos condôminos, mas não para uma situação mais favorável. Assim, como o art. 1.351 do CC, exige unanimidade, não se pode criar quórum de votação inferior; D: incorreto.O quórum de 2/3 para alteração da convenção diz respeito aos condôminos e não aos presentes em Assembleia.
Gabarito "E".

**(Cartório/RJ – 2002 - NCE-UFRJ)** O registro da incorporação imobiliária será válido:

(A) até que sejam vendidas todas as unidades;
(B) pelo prazo de 180 dias;
(C) pelo prazo de um ano;
(D) por prazo indeterminado;
(E) até que se concluam as obras de construção.

O prazo de validade do registro da incorporação é de 180 (cento e oitenta) dias (o art. 13 da Lei 4.864/1965 ampliou o prazo previsto no art. 33 da Lei 4.591/1964 de 120 para 180 dias), conforme redação dada ao art. 33 da Lei 4.591/1964. Se, passado esse prazo, a incorporação não se houve executado, a documentação a que se refere o art. 32 da mesma lei deve ser renovada.
Gabarito "B".

**(Cartório/SC – 2008)** A respeito dos condomínios e incorporações, observadas as proposições abaixo, assinale a alternativa correta:

I. Far-se-á o registro da Convenção de Condomínio no Registro de Títulos e Documentos, bem como a averbação das suas eventuais alterações.
II. Os Oficiais de Registro de Imóveis terão 15 dias para apresentar, por escrito, todas as exigências que julgarem necessárias ao arquivamento da documentação indispensável à incorporação; satisfeitas as referidas exigências, terão o prazo de 15 dias para fornecer certidão relacionando os documentos apresentados e para devolver, autenticadas, as segundas vias, com exceção dos documentos públicos.
III. O Oficial de Registro de Imóveis responde civil e criminalmente se efetuar o arquivamento de documentação contraveniente à lei ou der certidão sem o arquivamento de todos os documentos exigidos para o registro da incorporação.
IV. O registro da incorporação será válido pelo prazo de 90 dias, findo o qual, se ela ainda não se houver concretizado, o incorporador só poderá negociar unidades depois de atualizar a documentação a que se refere o art. 32 da Lei nº 4.591/64, revalidando o registro por igual prazo.

(A) Somente as proposições II e III estão corretas.
(B) Somente as proposições I e IV estão corretas.
(C) Todas as proposições estão corretas.
(D) Somente as proposições II e IV estão corretas.
(E) Somente as proposições I e II estão corretas.

I: incorreta. A convenção de condomínio, como determinado pelo art. 1.333 do CC, deve ser registrada no Ofício de Registro de Imóveis, bem como eventuais alterações devem ser ali averbadas para eficácia perante terceiros;II: correta. O art. 32, § 6º, da Lei 4.591/1964 determina a redução do prazo para 15 dias, seja para qualificação, seja para conferir informações acerca do processo de registro, como forma de acelerar o procedimento, bem como permitir divulgação e alienação pelo incorporador; III. correta: Trata-se de responsabilização específica, prevista no art. 32, § 7º, da Lei 4.591/1964; IV: incorreta.O registro da incorporação, nos termos do disposto noart. 33 da Lei 4.591/1964, é válido por 180 dias (o art. 13 da Lei 4.864/1965 ampliou o prazo previsto no art. 33 da Lei 4.591/1964 de 120 para 180 dias).
Gabarito "A".

**(Cartório/MT – 2003 – UFMT)** A Lei nº 10.267/2001 criou a obrigação para os serviços de registro de imóveis de encaminhar ao Instituto Nacional de Colonização e Reforma Agrária (INCRA), mensalmente, as modificações ocorridas nas matrículas decorrentes de:

(A) Hipotecas e demais direitos reais de garantia, parcelamentos rurais para fins de reforma agrária, retificação de registro, reserva legal e particular do patrimônio natural e outras limitações e restrições de caráter ambiental.
(B) Mudanças de titularidade, parcelamento, desmembramento, loteamento, remembramento, retificação de área, reserva legal e particular do patrimônio natural e outras limitações e restrições de caráter ambiental de imóveis rurais.
(C) Parcelamentos rurais para fins de reforma agrária, reserva legal, tombamento, servidões administrativas e demais restrições de caráter ambiental à propriedade pública ou privada.
(D) Mudanças de titularidade, parcelamento, desmembramento, loteamento, remembramento, retificação de área, reserva legal e particular do patrimônio natural e outras limitações e restrições de caráter ambiental de todo e qualquer imóvel rural e urbano.
(E) Mudanças de titularidade, parcelamento, desmembramento, loteamento, remembramento, retificação de área, reserva legal e particular do patrimônio natural e outras limitações e restrições de caráter ambiental de todo e qualquer imóvel urbano.

B: correta. O objetivo da lei é criar a comunicação entre o serviço de registro de imóveis e o INCRA quanto às modificações ocorridas na propriedade rural. No entanto, nem todas as modificações são exigidas pelo INCRA. Assim, nos termos do disposto no art. 22, § 7º, da Lei nº 4.947/1966, com a redação dada pela Lei nº 10.267/2001, as comunicações devem se referir à *mudanças de titularidade, parcelamento, desmembramento, loteamento, remembramento, retificação de área, reserva legal e particular do patrimônio natural e outras limitações e restrições de caráter ambiental, envolvendo os imóveis rurais, inclusive os destacados do patrimônio público.*
Gabarito "B".

**(Cartório/MT – 2003 – UFMT)** O Programa de Arrendamento Residencial para atendimento exclusivo da necessidade de moradia da população de baixa renda prevê o arrendamento residencial com opção de compra (Lei nº 10.188/2001). Referido diploma legal exige expressamente o ingresso do contrato de arrendamento residencial no registro?

(A) Não, pois a aquisição fiduciária do imóvel pelo arrendador e a aquisição do imóvel pelo arrendatário não serão objeto de registro.

**(B)** Sim, pois, além do arrendamento residencial, serão objeto de registro a aquisição fiduciária do imóvel pelo arrendador e a aquisição do imóvel pelo arrendatário.

**(C)** Sim, pois, além do arrendamento residencial, será unicamente objeto de registro a aquisição do imóvel pelo arrendatário.

**(D)** Não, pois serão objeto de registro tão somente a aquisição fiduciária do imóvel pelo arrendador e o contrato de transferência do direito de propriedade ao arrendatário, que poderá ser celebrado por instrumento particular com força de escritura pública.

**(E)** Sim, porém não serão objeto de registro a aquisição fiduciária do imóvel pelo arrendador e a aquisição do imóvel pelo arrendatário.

D: correta. Nos termos do art. 8º da mencionada lei, somente os instrumentos previstos no item d) serão levados a registro, sendo que poderão ser firmados por instrumento particular com força de escritura pública.
Gabarito "D".

**(Cartório/MS – 2009 – VUNESP)** O Registro Torrens associa-se a bem

**(A)** móvel transmitido por ato oneroso.
**(B)** móvel transmitido por ato gratuito.
**(C)** imóvel rural.
**(D)** imóvel urbano.
**(E)** imóvel ou urbano, sendo faculdade de seu titular.

C: correta. Na atual sistemática legal, o procedimento especial de registro, denominado registro Torrens, somente pode ser aplicado aos imóveis rurais (no passado, na sua inicial adoção, podia ser usado para quaisquer imóveis).
Gabarito "C".

**(Cartório/RJ – 2002 - NCE-UFRJ)** Requerida a inscrição de imóvel rural no Registro Torrens, o Oficial protocolará e autuará o requerimento e documentos que o instruírem e verificará se o pedido se acha em termos de ser despachado. Expedido o edital e feita a notificação das pessoas indicadas pelo representante, ouvido o MP, o Juiz decidirá. Deve ser levado a registro o seguinte título:

**(A)** escritura pública feita em cartório de Notas;
**(B)** carta de sentença;
**(C)** autorização judicial para que o requerimento seja aceito como documento hábil;
**(D)** alvará judicial;
**(E)** cópia da publicação do Edital feita na imprensa oficial e local.

O artigo 288, LRP determina que se inscreverá (se registrará) o julgado que houver deferido o registro especial. Assim, o título hábil é a carta de sentença, a ser extraída do procedimento.
Gabarito "B".

**(Cartório/DF – 2006 – CESPE)** Acerca do registro imobiliário, julgue o item subsequente.

**(1)** A aquisição de imóvel urbano ou rural por pessoa natural ou jurídica estrangeira deve ser registrada no Livro nº 2, na matrícula do imóvel e no livro próprio existente para o registro de bens imóveis adquiridos por estrangeiros, devendo o oficial comunicar esses dados, trimestralmente, à Corregedoria e à Secretaria da Receita Federal.

1: Incorreta. Somente é devida nos termos do disposto no art. 11, da Lei nº 5.709/1971, a comunicação da aquisição de imóveis *rurais* por estrangeiros. Essa comunicação será trimestral e feita à Corregedoria Geral de Justiça de cada estado e ao INCRA. Não há comunicação à SRF dessa aquisição. A esta há, em verdade, a comunicação da operação imobiliária (DOI). Além da comunicação, há que ser feito o registro em livro especial, destinado ao controle das aquisições, sem prejuízo do registro no Livro 2 (este sim, de caráter constitutivo do direito de propriedade).
Gabarito 1E

**(Cartório/MG – 2009 – EJEF)** Com base na Lei nº 5.709, de 7 de outubro de 1971, a qual regula a aquisição de imóvel rural por estrangeiro, assinale a opção INCORRETA.

**(A)** A aquisição de imóvel situado em área considerada indispensável à segurança nacional por pessoa estrangeira, física ou jurídica, depende do assentimento prévio da Secretaria Geral do Conselho de Segurança Nacional.

**(B)** Os cartórios de Registro de Imóveis manterão cadastro especial, em livro auxiliar, das aquisições de terras rurais por pessoas estrangeiras, físicas e jurídicas, no qual deverá constar:
I. menção do documento descritivo do imóvel, com área, características, limites e confrontações; e
II. memorial descritivo do imóvel, com área, características, limites e confrontações; e
III. transcrição da autorização do órgão competente, quando for o caso.

**(C)** Semestralmente, os cartórios de Registro de Imóveis remeterão, sob pena de perda do cargo, à Corregedoria da Justiça dos Estados a que estiverem subordinados e ao Ministério da Defesa, relação das aquisições de áreas rurais por pessoas estrangeiras, da qual constem os dados do adquirente e do imóvel.

**(D)** Nos loteamentos rurais efetuados por empresas particulares de colonização, a aquisição e ocupação de, no mínimo, 30% (trinta por cento) da área serão feitas obrigatoriamente por brasileiros.

C: incorreta. Trata-se de obrigação inerente à atividade registral, cuja finalidade é o controle das aquisições de terras nacionais por estrangeiros. A violação ao dever legal é falta grave, que pode acarretar até a perda da delegação, respeitado o devido processo legal e o direito ao contraditório.
Gabarito "C".

**(Cartório/SP – VI – VUNESP)** A aquisição de imóvel rural no Brasil, com área maior que três módulos, por pessoa física estrangeira, depende de autorização do poder público. Quando a Lei estabelece o padrão-módulo, refere-se a módulo

**(A)** de exploração indefinida.
**(B)** Fiscal.
**(C)** Rural.
**(D)** de fração mínima de parcelamento.

A: correta. O critério vem definido na própria Lei nº 5.709/1971, em seu art. 3º, que usa como base o módulo de exploração indefinida – MEI (cuja dimensão é estabelecida pelo INCRA).
Gabarito "A".

**(Cartório/RJ – 2008 – UERJ)** O prazo para registro de uma cédula de crédito rural, comercial ou industrial de produto rural ou de crédito a exportação é de:

(A) três dias
(B) cinco dias
(C) dez dias
(D) quinze dias
(E) trinta dias

A: correta. O prazo, nos termos do disposto no art. 38 do Decreto-lei nº 167/1967, é de 3 (três) dias úteis.
Gabarito "A".

**(Cartório/SC – 2008)** No que se refere à lei que institui a Cédula de Produto Rural (Lei nº 8.929, de 22 de agosto de 1994), é correto afirmar:

(A) Podem ser objeto de hipoteca cedular os imóveis rurais, porém não os urbanos.
(B) A garantia cedular da obrigação poderá consistir em hipoteca, penhor, alienação fiduciária e anticrese.
(C) A descrição dos bens vinculados em garantia pode ser feita em documento à parte, assinado pelo emitente, fazendo-se, na cédula, menção a essa circunstância.
(D) O emitente da cédula, cuidando-se de penhor constituído por terceiro, responderá subsidiariamente com o empenhador pela guarda e conservação dos bens.
(E) A não identificação dos bens objeto de alienação fiduciária retira a eficácia da garantia, que poderá incidir sobre outros do mesmo gênero, qualidade e quantidade, de propriedade do garante.

C: correta. As Cédulas de Crédito (exceto bancárias), devem trazer garantias de cumprimento da obrigação (promessa de pagamento). No que se refere à CPR, o art. 3º, § 2º da mencionada Lei, expressamente prevê que a descrição dos bens dados em garantia pode ser feita em documento anexo, não sendo requisito essencial integrar o corpo da cédula. No entanto, é essencial que haja a menção a tal fato na própria cédula.
Gabarito "C".

**(Cartório/SP – V – VUNESP)** O penhor industrial, para valer contra terceiros, constitui-se

(A) só mediante instrumento público, registrado no Registro de Imóveis da sede do devedor.
(B) mediante instrumento público ou particular, registrado no Registro Público de Empresas Mercantis da sede do devedor, a cargo das Juntas Comerciais.
(C) mediante instrumento público ou particular, registrado no Registro de Imóveis da circunscrição onde estiverem situadas as coisas empenhadas.
(D) mediante instrumento particular, registrado no Registro de Títulos e Documentos em que tiverem sede tanto o devedor quanto o credor, emitida pelo primeiro, a favor do último, uma cédula de crédito industrial, se houver o compromisso do devedor de saldar em dinheiro o débito pignoratício.

C: correta. O penhor, por natureza, pode ser feito por instrumento público ou particular. De acordo com seu objeto ou sua modalidade, o órgão com atribuição para registro poderá ser o Registro de Imóveis ou o Registro de Títulos e Documentos. No que se refere ao penhor industrial, por ter por objeto bens que ordinariamente aderem ao imóvel, se vinculam a ele, deve ser registrado perante o Ofício de Registro de Imóveis do local da situação dos bens, no Livro 3 – Registro Auxiliar, como determinado nos arts. 178 da LRP e 1.448 do CC.
Gabarito "C".

**(Cartório/MA – 2008 – IESES)** Em relação ao registro de imóveis, estabelece a Lei nº 6.015/1973 :

I. O desmembramento territorial posterior ao registro exige sua repetição no novo cartório.
II. No Registro de Imóveis serão feitos, nos termos desta Lei, o registro e a averbação dos títulos ou atos constitutivos, declaratórios, translativos e extintos de direitos reais sobre imóveis reconhecidos em lei, "inter vivos" ou "mortis causa" quer para sua constituição, transferência e extinção, quer para sua validade em relação a terceiros, quer para a sua disponibilidade.
III. Em caso de permuta, e pertencendo os imóveis à mesma circunscrição, serão feitos os registros nas matrículas correspondentes, sob um único número de ordem no Protocolo.
IV. Se o imóvel não estiver matriculado ou registrado em nome do outorgante, o oficial exigirá a prévia matrícula, não necessitando do registro do título anterior, qualquer que seja a sua natureza, para manter a continuidade da matrícula.

(A) As alternativas II e IV estão corretas.
(B) As alternativas II e III estão corretas.
(C) As alternativas I e IV estão corretas.
(D) As alternativas I e IIII estão corretas.

I: incorreta. O art. 27 da LRP é expresso em determinar que não é necessário repetir tais atos, vez que se tornaram definitivos; II: correta. Trata, entre outros pontos, do princípio da disponibilidade e dos efeitos do registro, nos termos do disposto no art. 172 da LRP; III: correta. Trata-se do disposto no art. 187 da LRP, que visa concentrar os atos sob mesma prenotação, garantindo os mesmos efeitos aos interessados; IV: incorreta. Será sempre imprescindível o registro do título anterior como forma de preservar a continuidade, como determinado nos arts. 195 e 237 da LRP.
Gabarito "B".

**(Cartório/MG – 2007 – EJEF)** A Lei nº 4.591, de 1964:

(A) foi revogada pela Constituição de 1988.
(B) foi revogada pelo novo Código Civil, de 2002.
(C) rege as incorporações imobiliárias em todo o território nacional.
(D) disciplina as incorporações de imóveis na formação do capital das sociedades civis e comerciais.

C: correta. A Lei de incorporações imobiliárias continua em vigor, mesmo com o advento da Constituição Federal de 1988 e do Código Civil de 2002, não sendo o assunto tratado em outros textos normativos. É de se ressaltar, entretanto, que o tema de condomínio edilício ou condomínio especial passou a ser tratado no Código Civil, diferentemente do que ocorreu com a incorporação imobiliária.
Gabarito "C".

**(Cartório/PR – 2007)** Sobre o Registro de Imóveis, analise as afirmativas seguintes:

I. enquanto não matriculado o imóvel, as averbações das circunstâncias que, de qualquer modo, tenham influência nos registros escriturados nos livros constantes da anterior Lei de Registros Públicos ou das pessoas nelas interessadas, continuarão a ser feitas à margem das respectivas inscrições e transcrições.

II. Nos casos de desmembramento, subdivisão, unificação e fusão de imóveis urbanos é desnecessária a anuência prévia do município onde estiver situado o imóvel.

III. O direito de superfície será objeto de registro na matrícula do imóvel.

IV. O cancelamento pelo registrador de prenotação de registro de imóveis, dependerá de autorização judicial ainda que não tenha o interessado feito o pagamento dos emolumentos no prazo de 30 (trinta dias).

É correta ou são corretas:

(A) apenas II e IV.
(B) apenas III.
(C) apenas I e III.
(D) I, III e IV.
(E) apenas IV.

I: correta. As averbações continuarão sendo feitas à margem das transcrições, ao passo que os atos de registro em sentido estrito somente podem ser feitos na matrícula; II: incorreta. Nos casos em que haja alteração da estrutura física do imóvel a Municipalidade deve ser ouvida para verificar se não há violação à legislação municipal; III: correta. O direito de superfície somente se tem por constituído com o registro imobiliário, nos termos do disposto no art. 1.369 do CC/2002; IV: incorreta. O cancelamento da prenotação pode ser feito por requerimento do interessado, sem nem mesmo justificar seu motivo.
Gabarito "C".

(Cartório/RJ – 2008 – UERJ) Quanto ao registro de imóveis, dadas as seguintes assertivas:

I. O registro, enquanto não cancelado, produz todos os seus efeitos legais ainda que, por outra maneira, se prova que o título está desfeito, anulado, extinto ou rescindido.

II. O cancelamento da servidão, quando o prédio dominante estiver hipotecado, só poderá ser feito com a aquiescência do credor, expressamente manifestado.

III. O foreiro poderá, nos termos da lei, averbar a renúncia de seu direito, sem dependência do consentimento do senhorio direto.

IV. O dono do prédio serviente não tem direito a cancelar a servidão.

V. São devidas custas ou emolumentos notariais ou de registro decorrentes de regularização fundiária de interesse social, a cargo da administração pública.

As afirmativas corretas são:

(A) somente as alternativas I, II e IV
(B) somente as alternativas II e III
(C) somente as alternativas I, II e III
(D) somente as alternativas II, IV e V
(E) somente as alternativas II, III e V

I: correta. Trata-se da força probante do registro, pautada em uma presunção relativa. Assim, enquanto não desconstituído, presume-se verdadeiro e faz prova daquilo que nele consta, nos termos do art. 252 da LRP; II: correta. Trata-se do disposto no art. 1.387, parágrafo único, do CC/2002, que exige a manifestação desse credor porque seu direito pode ser atingido e diminuída a garantia; III: correta. Trata-se de disposição ainda subordinada ao Código Civil de 1916, prevista no art. 687, favorecendo o enfiteuta (de direito privado); IV: incorreta. O art. 1.388 do CC/2002, prevê as hipóteses em que o dono do prédio serviente pode cancelar a servidão, ainda que dependa de intervenção judicial; V: incorreta. O art. 68 da Lei nº 11.977/2009 é expresso em determinar que não serão cobradas custas e emolumentos em tais casos de regularização, bem como para o registro do auto de demarcação urbanística, do título de legitimação e de sua conversão em título de propriedade.
Gabarito "C".

(Cartório/RJ – 2008 – UERJ) Quanto ao registro de imóveis, é incorreto afirmar que:

(A) o registro do penhor rural independe do consentimento do credor hipotecário
(B) a matrícula do imóvel promovida pelo titular do domínio direto aproveita ao titular do domínio útil, e vice-versa
(C) quando dois ou mais imóveis contínuos, pertencentes ao mesmo proprietário, constarem de matrículas autônomas, pode ele requerer a fusão destas em uma só, de novo número, encerrando-se as primitivas
(D) segundo o Princípio da Instância, a retificabilidade do registro depende de requerimento da parte, sendo vedada a atuação de ofício pelo serventuário
(E) podem os cônjuges, ou a entidade familiar, mediante escritura pública ou testamento, destinar parte de seu patrimônio para instituir bem de família, desde que não ultrapasse metade do patrimônio líquido existente ao tempo da instituição

E: incorreta. O art. 1.711 do CC/2002, determina que o bem de família não pode ultrapassar 1/3 (um terço) do patrimônio líquido do casal ou entidade familiar. É oportuno mencionar que há hipóteses em que o Oficial pode atuar de ofício em uma retificação (como se depreende do art. 213, I, LRP). No entanto, considerando o princípio da Instância, depende de provocação.
Gabarito "E".

(Cartório/RO – III) Assinale a alternativa errada:

(A) As nulidades de pleno direito do registro, uma vez provadas, invalidam-no, independentemente de ação direta.
(B) A nulidade não será decretada se atingir terceiro de boa-fé que já tiver preenchido as condições de usucapião do imóvel.
(C) Se o Juiz entender que a superveniência de novos registros poderá causar danos de difícil reparação, poderá determinar, de ofício, a qualquer momento, ainda que sem a oitiva das partes, o bloqueio da matrícula do imóvel.
(D) Bloqueada a matrícula, o Oficial não poderá mais nela praticar qualquer ato permitindo-se, todavia, aos interessados, a prenotação de seus títulos, que ficarão com o prazo prorrogado até a solução do bloqueio.

D: incorreta. Com o bloqueio da matrícula, o Oficial somente pode praticar atos *com autorização judicial*, como previsto no art. 214, § 4°, LRP.
Gabarito "D".

**(Cartório/RO – III)** Quanto ao processo de registro dos títulos no registro de imóveis, assinale a alternativa incorreta:

(A) Em caso de permuta, e pertencendo os imóveis à mesma circunscrição, serão feitos os registros nas matrículas correspondentes, recebendo cada um número de ordem no protocolo.

(B) Não serão registrados, no mesmo dia, títulos pelos quais se constituam direitos reais contraditórios sobre o mesmo imóvel.

(C) O título de natureza particular poderá ser apresentado em uma só via, que ficará arquivada em cartório, fornecendo o oficial, a pedido, certidão do mesmo.

(D) Apresentado título de segunda hipoteca, com referência expressa à existência de outra anterior, o Oficial, depois de prenotá-lo, aguardará durante 30 (trinta) dias que os interessados na primeira promovam a inscrição. Esgotado esse prazo, que correrá da data da prenotação, sem que seja apresentado o título anterior, o segundo será inscrito e obterá preferência sobre aquele.

A: incorreta. O art. 187 da LRP, prevê que os títulos devem ser prenotados sob um só número de protocolo; B: correta. Previsão do art. 190 da LRP; C: correta. Previsão do art. 194 da LRP; D: correta. Previsão do art. 189 da LRP.
Gabarito "A".

**(Cartório/SP – II – VUNESP)** Assinale a alternativa correta.

(A) O lançamento do protocolo de um título, com o respectivo número de ordem, depende da inexistência de exigência fiscal ou de dúvida.

(B) A prática dos atos do registro depende sempre de requerimento escrito do interessado, salvo as anotações e as averbações obrigatórias.

(C) Os livros de registro ou as fichas que os substituem somente podem sair da respectiva serventia mediante autorização pessoal do Oficial de Registro e sob a exclusiva responsabilidade do portador por este designado.

(D) A parte interessada pode oferecer reclamação escrita ao Juiz Corregedor Permanente contra a indevida cobrança de custas, emolumentos, contribuições e despesas.

A: incorreta. A prenotação de um título não depende do cumprimento de qualquer obrigação fiscal, embora o registro possa depender, como determina o art. 12 da LRP; B: incorreta. O art. 13 da LRP, que trata do Princípio da Instância ou Rogação, prevê que o requerimento pode ser verbal ou escrito do interessado. Pode ainda o registro ser provocado por ordem judicial ou requerimento do Ministério Público, quando a lei autorizar; C: incorreta. Os livros e demais documentos referentes aos registro não podem sair da Serventia sem autorização judicial expressa, como prevê o art. 22 da LRP; D: correta. O art. 236 da CF/1988, bem como art. 37 da LNR

(Lei 8.935/1994), determinam que a autoridade competente para a fiscalização da atividade extrajudicial é o Poder Judiciário. Assim, o juiz que exercer a função de Corregedor será o competente para receber tais reclamações.
Gabarito "D".

**(Cartório/MG – 2012 – FUMARC)** Considerando a Lei 6.015, de 31 de dezembro de 1973, sobre o cancelamento de matrícula pela fusão de imóveis, **NÃO** é correto afirmar

(A) Os imóveis oriundos de desmembramentos serão desdobrados em novas matrículas, juntamente com os ônus que sobre eles existirem.

(B) Podem ser unificados dois ou mais imóveis constantes de transcrições anteriores à lei, à margem das quais será averbada a abertura da matrícula que os unificar.

(C) Quando dois ou mais imóveis contíguos pertencentes a diferentes proprietários constarem de matrículas autônomas, podem eles requerer a fusão destas em uma só, de novo número, encerrando-se as primitivas.

(D) Podem ser unificados dois ou mais imóveis, registrados por ambos os sistemas, caso em que, nas transcrições, será feita a averbação da abertura da matrícula e nas matrículas serão encerradas as anteriores com a unificação.

C: incorreta. Somente pode ser feita a fusão de matrículas de imóveis contíguos pertencentes aos mesmos proprietários. Se os proprietários forem diversos, será necessária a prévia aquisição do confrontante para posterior unificação.
Gabarito "C".

**(Cartório/MG – 2012 – FUMARC)** Com base na Lei 4.591, de 16 de dezembro de 1964, é correto afirmar, **EXCETO** que

(A) o condomínio por meação de parede, soalhos e tetos das unidades isoladas regular-se-á pelo disposto no Código Civil, no que lhe for aplicável.

(B) A alienação ou transferência de direitos sobre as unidades condominiais dependerá de prova de quitação das obrigações do alienante para com o respectivo condomínio.

(C) cada unidade com saída para a via pública, diretamente ou por processo de passagem comum, será sempre tratada como objeto de propriedade exclusiva, qualquer que seja o número de suas peças e sua destinação.

(D) as edificações ou conjuntos de edificações de um ou mais pavimentos construídos sob a forma de unidades isoladas entre si, destinadas a fins residenciais ou não residenciais, não poderão ser alienados, no todo ou em parte, objetivamente considerados, e constituirá cada unidade propriedade autônoma sujeita às limitações desta lei.

A: correta. Esta modalidade de condomínio está regulada no art. 1.327 e ss. do CC/2002; B: correta. A comprovação de quitação deve ser concedida pelo síndico, comprovando-se os poderes de representação deste. Vale lembrar que as contribuições condominiais são uma obrigação *propter rem*, razão pela qual se transmitem ao adquirente da unidade; C: correta. Nos condomínios edilícios, cada unidade deverá ser sempre considerada unidade autônoma em relação a todas as demais; D: incorreta. As construções realizadas nessas condições *podem* ser alienadas, como reza o art. 29 da Lei nº 4.591/1964.

Gabarito "D".

**(Cartório/MG – 2012 – FUMARC)** Considerando a Lei 6.015, de 31 de dezembro de 1973, salvo as anotações e averbações obrigatórias, os atos de registro serão praticados

- por determinação judicial;
- a requerimento verbal ou escrito dos interessados;
- a requerimento do Ministério Público, quando a lei autorizar
- pelo próprio oficial em seu favor.

Analisando os itens, é **correto** afirmar que

(A) apenas um é falso.
(B) apenas dois são falsos.
(C) três são falsos.
(D) todos são verdadeiros.

A: correta. No que se refere à provocação do Oficial para a prática dos atos do seu ofício ou a possibilidade de praticar esses atos de ofício, sem provocação, a matéria vem regulada no art. 13 da LRP. Ali, não há previsão de que o Oficial possa praticar o ato no seu próprio interesse. Mais ainda, o art. 27 da LNR (Lei 8.935/1994) é expresso em vedar essa conduta, prevendo o impedimento do Oficial.

Gabarito "A".

**(Cartório/MG – 2012 – FUMARC)** Em cada sede municipal haverá, no mínimo,

(A) um notário e um registrador civil.
(B) um registrador das pessoas naturais.
(C) um registrador das pessoas jurídicas.
(D) um registrador das pessoas naturais e um das pessoas jurídicas.

B: correta. Nos termos do art. 44, § 2º, LNR (Lei 8.935/1994), em cada sede municipal haverá ao menos um registrador civil de pessoas naturais. A finalidade da norma é garantir que todos tenham acesso ao registro dos atos essenciais ao exercício da cidadania, permitindo o rápido acesso à Serventia para os atos relativos ao estado da pessoa natural.

Gabarito "B".

**(Cartório/MG – 2012 – FUMARC)** Podem ser averbados no Registro de Imóveis, **EXCETO**

(A) mudança de numeração dos prédios.
(B) alteração do nome por casamento ou divórcio.
(C) sentença de adjudicação em inventário ou arrolamento quando não houver partilha.
(D) cancelamento da extinção dos ônus e direitos reais.

C: incorreta. A sentença que adjudica bens deve ser objeto de *registro* e não de averbação, como determina o art. 167, I, 24 da LRP.

Gabarito "C".

**(Cartório/MG – 2012 – FUMARC)** Baseado na Lei 4.591/1964, é **correto** afirmar que cada condômino poderá

(A) alterar a forma interna da fachada.
(B) embaraçar o uso das partes comuns.
(C) decorar as partes e esquadrias externas com tonalidades ou cores diversas das empregadas no conjunto da edificação.
(D) destinar a unidade à utilização diversa da finalidade do prédio, ou usá-la de forma nociva ou perigosa ao sossego, à salubridade e à segurança dos demais condôminos.

A: correta. A estrutura interna da unidade autônoma, desde que não altere a estrutura da edificação completa e comprometa o empreendimento. As alterações não podem alcançar a coisa comum ou a área comum, bem como não podem alterar a fachada do edifício.

Gabarito "A".

**(Cartório/MG – 2012 – FUMARC)** Com base na Lei 4.591/1964, o incorporador somente poderá negociar unidades autônomas após ter arquivado, no cartório competente de Registro de Imóveis, os seguintes documentos:

- Certidão negativa de imposto federal, estadual e municipal;
- Histórico dos títulos de propriedade do imóvel, abrangendo os últimos 30 anos, acompanhado de certidão dos respectivos registros;
- Projeto de construção devidamente aprovado pelas autoridades competentes;
- Certidão negativa de débito para com a Previdência Social, quando o titular de direitos sobre o terreno for responsável pela arrecadação das respectivas contribuições.

Analisando os itens, conclui-se que

(A) apenas um é falso.
(B) apenas dois são falsos.
(C) todos são falsos.
(D) todos são verdadeiros.

A: correta. Para que o incorporador possa negociar as unidades autônomas, deve, previamente, arquivar os documentos previstos no art. 32 da Lei nº 4.591/1964. Entre os documentos previstos na lei, o histórico não precisa abranger 30 anos, mas sim 20 anos.

Gabarito "A".

**(Cartório/MG – 2012 – FUMARC)** O art. 213 da Lei 6.015/1973 diz que o Oficial retificará o registro ou a averbação a requerimento do interessado, no caso de inserção ou alteração de medida perimetral de que resulte ou não alteração de área, instruído com planta e memorial descritivo assinado por profissional legalmente habilitado, com prova de anotação de responsabilidade técnica no CREA, bem assim pelos confrontantes. Se a planta não contiver a assinatura de algum confrontante, este será notificado pelo Registrador a requerimento do interessado a manifestar-se no prazo de

(A) 10 dias.
(B) 15 dias.
(C) 30 dias.
(D) 60 dias.

B: correta. Nos termos do § 2º do art. 213 da LRP, no caso de retificação bilateral, o confrontante que não houver anuído ao procedimento e tiver sido notificado, terá o prazo de 15 (quinze) dias para se manifestar.

Gabarito "B".

**(Cartório/MG – 2012 – FUMARC)** Com base na Lei 6.766/1979, o registro do loteamento somente poderá ser cancelado:

I. por decisão judicial;
II. a requerimento do loteador, com anuência da Prefeitura, enquanto nenhum lote houver sido objeto de contrato;
III. a requerimento conjunto do loteador e de todos os adquirentes de lotes, com anuência da Prefeitura e do Estado;
IV. nas hipóteses II e III, quando o oficial registrador fará publicar, em resumo, edital do pedido de cancelamento, podendo ser impugnado no prazo de 15 (quinze) dias contados da data da última publicação. Findo este prazo, com ou sem impugnação, o processo será remetido ao juiz competente para homologação do pedido de cancelamento, ouvindo o Ministério Público.

Analisando as afirmações, conclui-se que

(A) apenas IV é falsa.
(B) apenas II e IV são falsas.
(C) todas são falsas.
(D) todas são verdadeiras.

A: correta. Os casos de cancelamento do registro do loteamento estão previstos no art. 23 da Lei nº 6.766/1976. Assim, quando houver a publicação de editais para que eventuais interessados ofereçam impugnação ao pedido de cancelamento, o prazo para tanto é de 30 (trinta) dias a contar da última publicação e não de 15 (quinze) dias.
Gabarito "A".

**(Cartório/MG – 2012 – FUMARC)** Baseado na Lei 9.514/1997, o contrato de cessão fiduciária em garantia opera a transferência ao credor da titularidade dos créditos cedidos, até a liquidação da dívida garantida, e conterá, além de outros elementos:

- o total da dívida ou sua estimativa;
- o local, a data e a forma de pagamento;
- a taxa de juros;
- a identificação dos direitos creditórios objeto da cessão fiduciária.

Analisando os itens, é **correto** afirmar que

(A) apenas um é falso.
(B) apenas dois são falsos.
(C) todos são falsos.
(D) todos são verdadeiros.

D: correta. Os requisitos estão elencados no art. 18 da Lei nº 9.514/1997. Todos estão expressamente previstos no dispositivo legal.
Gabarito "D".

**(Cartório/MG – 2012 – FUMARC)** Baseado na Lei 6.015/1973, os títulos não registráveis são, **EXCETO**

(A) Escrituras públicas de cessões de direitos hereditários.
(B) Locações com cláusula de vigência, no caso de alienação.
(C) Procurações em causa própria, que não servem para a transferência da propriedade.
(D) Promessas de permuta, de doação, de dação em pagamento e outras, bem como suas cessões.

B: incorreta. Somente podem ser registrados títulos e direitos que encontrem expressa previsão legal. Diferente ocorre com as averbações, cujo rol é meramente exemplificativo. Assim, entre as assertivas, somente a locação com cláusula de vigência em caso de alienação permite registro, na forma do art. 167, I, 3 da LRP. Nos demais casos, por falta de previsão legal e por ofensa a princípios de direito registrário.
Gabarito "B".

**(Cartório/MG – 2012 – FUMARC)** De acordo com a Lei 6.015/1973, registram-se no Livro 03, **EXCETO**

(A) os mandados de penhora.
(B) as convenções antenupciais.
(C) as convenções de condomínio.
(D) as cédulas de crédito rural e de crédito industrial, sem prejuízo do registro da hipoteca.

A: incorreta. Os atos a serem registrados no Livro 3 – Registro Auxiliar estão previstos no art. 178 da LRP e são aqueles que somente de forma indireta dizem respeito ao imóvel. Entre eles, a penhora *não* é levada ao Livro 3, mas é sim averbada (ou registrada em alguns Estados) no Livro 2, na matrícula do imóvel, onerando este.
Gabarito "A".

**(Cartório/MG – 2012 – FUMARC)** Com base na Lei 9.514/1997, as operações de financiamento imobiliário poderão ser garantidas por:

- hipoteca;
- cessão fiduciária de direitos creditórios decorrentes de contratos de alienação de imóveis;
- caução de direitos creditórios ou aquisitivos decorrentes de contratos de venda ou promessa de venda de imóveis;
- alienação fiduciária de coisas imóveis.

Analisando os itens, conclui-se que

(A) apenas um é falso.
(B) apenas dois são falsos.
(C) todos são falsos.
(D) todos são verdadeiros.

D: correta. As espécies de garantias estão previstas no art. 17 da Lei nº 9.514/1997.
Gabarito "D".